法 学 阶 梯
INSTITUTIONES
普通高等教育法学规划教材
普通高等教育“十一五”国家级规划教材

民法学（上）

Civil Law

第六版

王利明 杨立新
王 轶 程 啸 著

法律出版社
—北 京—
始创于 1954 年

好书，同好老师和好学生分享

出 版 说 明

法律出版社在其奋进发展的六十年光辉历程中，秉精诚之心，集全社之力，服务于我国法学教育事业，致力于法学教材出版。尤其在改革开放三十余年间，本社以“传播法律信息，推进法制进程，积累法律文化，弘扬法治精神”为宗旨，协同司法部法学教材编辑部，规划并组织出版了国家“八五”、“九五”期间的法学规划教材，为我国改革开放之初的法学教育和法治建设做出了开创性贡献；进入21世纪之后，法律出版社又根据教育部的部署和指导，相继规划并组织出版了“十五”、“十一五”和“十二五”法学规划教材，为我国法学教育事业的发展与改革付出了艰辛努力。

承蒙法学教育领域专家作者的信任，以及广大法律院校师生的支持，法律出版社经过三十年的发展与积累，相继出版各类法学教材达四百余种。在学科范围方面，完成以法学核心课程为重心，涉及法学诸学科的“全品种”横向结构；在培养层次方面，健全以本科教育为根本，兼顾职业教育和研究生教育的“多层次”纵向结构，进而打造“法律版”法学教科书体系，以期更好地为法学教育服务，为法治建设贡献绵薄之力。

近年来，法律出版社应因法学教育的发展变化，在教材编写体例及系列安排方面做出相应调整。在教材编写体例方面，结合当前教学实际与培养方案，将系统、全面的理论知识讲授与灵活、丰富的法律实践和能力训练相结合，倡导教材内容差异化，增加教材可读性，以期更好地培养法科学生的思维能力和法学素养。在教材系列安排方面，全力推进新品教材编写与注重既有教材修订相结合，根据教材风格与特色进行适当的套系整合，集中现有的国家级规划教材和在编的规划教材，形成以“普通高等教育法学规划教材”为名的全新教材系列。

本系列教材多为出版多年并广受好评的经典教科书。此次全新推出，既是向长期以来关心支持法学教育出版事业的专家作者的崇高致敬，也是法律出版社为中国当代法学教育事业发展拳拳努力之情的真诚表达。法律出版社将以高度的精品意识和质量标准，不断丰富、完善本系列教材的结构和内容；除教材文本之外，还将配有多层次、多形式的教辅材料，更好地为广大师生服务。

“好书，同好老师和好学生分享”，法律出版社愿与法律共同体诸同仁，分享好书，分享智识，分享法治进程中的点点滴滴！

法律出版社　谨识

2014年10月

作者简介

王利明 1960年2月生,湖北省仙桃市人,法学博士。现为中国人民大学法学院教授、博士生导师;国务院学位委员会法学学科评议组成员兼召集人,“新世纪百千万人才工程”国家级人选,教育部长江学者特聘教授,中国法学会副会长,中国民法学研究会会长,国务院学科指导委员会法学组成员。代表性著作有:《违约责任论》、《侵权行为法归责原则研究》、《司法改革研究》、《物权法论》、《物权法研究》(上、下)、《合同法研究》(第一至四卷)、《民法总则研究》、《侵权责任法研究》(上、下)、《人格权法研究》、《民商法研究》(第一至九卷)、《合同法新问题研究》、《合同法疑难案例研究》等。

杨立新 1952年1月生,吉林省通化市人,研究生同等学力。现为教育部人文社会科学重点研究基地中国人民大学民商事法律科学研究中心研究员,法学院教授、博士生导师;中国民法学研究会副会长,东亚侵权法学会理事长,世界侵权法学会主席。代表性著作有:《侵权法论》、《人身权法论》、《民法总则》、《侵权责任法》、《物权法》、《合同法》、《家事法》和《民法思维与司法对策》等。

王　轶 1972年6月生,河南省镇平县人,法学博士。现为中国人民大学副校长、教授、博士生导师;教育部长江学者特聘教授,中国民法学研究会副会长兼秘书长。代表性著作有:《物权变动论》、《民法原理与民法学方法》、《合同法》(合著)、《合同法新论·分则》(合著)等。

程　啸 1976年4月生,江西省九江市人,法学博士。现为清华大学法学院副院长、教授、博士生导师;教育部长江学者青年学者。代表性著作有:《侵权责任法》、《不动产登记法研究》、《担保物权研究》、《侵权行为法总论》、《保证合同研究》、《证券市场虚假陈述侵权损害赔偿责任》和《中国抵押权制度的理论与实践》等。

第六版序言

2020年5月28日，第十三届全国人民代表大会第三次会议审议通过了《中华人民共和国民法典》（以下简称《民法典》），2021年1月1日起施行。《民法典》是我国第一部以"法典"命名的法律，是我国民商事法律领域中最重要、最基本的一部法律，是新时代我国社会主义法治建设的一项重大成果。2020年5月29日，中共中央总书记习近平在主持中共中央政治局就"切实实施民法典"举行的第二十次集体学习中指出："民法典在中国特色社会主义法律体系中具有重要地位，是一部固根本、稳预期、利长远的基础性法律，对推进全面依法治国、加快建设社会主义法治国家，对发展社会主义市场经济、巩固社会主义基本经济制度，对坚持以人民为中心的发展思想、依法维护人民权益、推动我国人权事业发展，对推进国家治理体系和治理能力现代化，都具有重大意义。""民法典系统整合了新中国成立70多年来长期实践形成的民事法律规范，汲取了中华民族5000多年优秀法律文化，借鉴了人类法治文明建设有益成果，是一部体现我国社会主义性质、符合人民利益和愿望、顺应时代发展要求的民法典，是一部体现对生命健康、财产安全、交易便利、生活幸福、人格尊严等各方面权利平等保护的民法典，是一部具有鲜明中国特色、实践特色、时代特色的民法典。"总之，《民法典》对于增进人民福祉、维护最广大人民的根本利益，对于坚持和完善社会主义基本经济制度、推动经济高质量发展，对于推进全面依法治国、推进国家治理体系和治理能力，具有非常重要的作用！

我国《民法典》分为总则、分则与附则三部分，共7编、1260条，各编依次为总则、物权、合同、人格权、婚姻家庭、继承、侵权责任。总的来说，我国《民法典》在体系结构上的特点在于：首先，坚持民商合一的立法体例，以民法典作为民商事领域的基本法，为民商事活动确立了最基本的规范；其次，人格权独立成编，贯彻《宪法》尊重人格尊严与人身自由的规定，落实党中央提出的保护广大人民的人身权、财产权和人格权的要求；再次，遵循既有的立法、司法及法学教育传统，维持合同编的独立性，以合同编通则代替债法总则，不设单独的债编；最后，将侵权行为从债法分离出来，单设侵权责任编，更好地保护广大民事主体的人身财产权益。

我国民法典的编纂不是另起炉灶、推倒重来，制定完全不同的、一部新的民事法律，而是在既有的《中华人民共和国民法通则》《中华人民共和国民法总则》《中华人民共和国合同法》《中华人民共和国物权法》《中华人民共和国侵权责任法》等民商事法律及相关法规司法解释的基础上，对分别规定的民事法律规范进行了科学的整理，消除了现有法律规定的矛盾冲突，去除了重复烦琐的内容；针对那些不适应现实情况的规定加以修改完善，并就社会经济生活中出现新情况、新问题，作出了有针对性的新规定。

《民法典》的颁布意味着我国民法学从此进入了一个新的时代。民法的教学研究需要尽快实现从立法论导向为主，向解释论导向为主的转换。通过科学深入的理解民法典关于民事活动平等、自愿、公平、诚信等基本原则，系统全面地研究民法典关于坚持主体平等、保护财产权利、便利交易流转、维护人格尊严、促进家庭和谐、追究侵权责任等基本要求，利用法教义学等多种方法阐释民法典的新规定、新概念和新精神，最终建立起精神理念一致，规则制度和谐、体系结构严谨，符合我国国情的民法学话语体系、学术体系和规范体系。

为了适应《民法典》颁布后的教学需要，使广大法学院学生与法律实务工作者能够准确地理解并适用《民法典》，作为曾全面参与民法典编纂工作的本书各位作者，在教学科研工作之余，放弃了宝贵的休息时间，对本书进行了细致全面的修订、增补与完善，从而形成了本书第六版。本书第六版继续由王利明、杨立新、王轶与程啸四位作者共同撰写，具体写作分工如下(以撰写章节先后为序)：

王利明　第1~11章(第一编)、第20~30章(第三编)

杨立新　第36~50章(第四~七编)

王　轶　第31~35章(第三编)

程　啸　第12~19章(第二编)

本书第六版之所以能够顺利、及时出版，除有赖于作者的通力协作外，最需要感谢的是法律出版社法律教育出版分社编辑吴昉女士。在此，向吴昉女士表示衷心的感谢！清华大学法学院博士研究生杨嘉祺、李西泠同学协助校对了书稿并制作了第六版的课件，在此也一并表示感谢！

本书自2005年初版印行至今已逾十五年。在十五年的时间内，使用过本书的广大读者给予了大量的支持和鼓励，提出了很多宝贵的意见和建议，使本书能够不断地完善和持续地更新。在此，向广大读者表示最真挚的感谢！本书作者也将一如既往地欢迎读者对于本书的任何意见和建议，相关邮件可发至 rechtcx@ sina. com。

最后，祝广大读者学习民法愉快！

本书依据的法律、司法解释和案例截至2020年9月1日。

作　者

2020年9月18日

第五版序言

自十八届四中全会通过的《中共中央关于全面推进依法治国若干重大问题的决定》提出要"编纂民法典"以来,我国民法典的编纂工作正在紧锣密鼓地进行。根据最高立法机关的安排,民法典编纂将按照"两步走"的思路进行:第一步是制定民法典的总则编,即《中华人民共和国民法总则》。第二步是编纂民法典的各分编,拟于 2018 年上半年整体提请全国人大常委会审议,经全国人大常委会分阶段审议后,争取于 2020 年 3 月将民法典各分编一并提请全国人民代表大会会议审议通过,从而形成统一的民法典。

经过最高立法机关和广大法学界有识之士的共同努力,2017 年 3 月 15 日第十二届全国人民代表大会通过了《中华人民共和国民法总则》(以下简称《民法总则》),自 2017 年 10 月 1 日起施行。《民法总则》的颁布意味着我国民法典编纂工作的第一步已经完成,在我国民事立法史上具有里程碑式的意义。该法正式开启并实质性地推进了民法典编纂的进程,进一步提升了我国民事立法的科学化和系统化。因为,《民法总则》不仅统领民法典的各编、普遍适用于民法各个部分,也统辖各个民事单行法律,尤其是基于我国的民商合一立法体例,该法还统领公司法、合伙企业法、证券法、保险法、票据法、破产法等商事法律。因此,在《民法总则》颁行后,民法典各分编的编纂都要协调好与《民法总则》的关系,并以其所确立的立法目的、原则、理念为基本的指导,从而最终形成一部价值融贯、规则统一、体系完备,具有中国特色的民法典。

有鉴于《民法总则》的颁行及本书第四版于 2015 年出版以来先后有若干重要法律法规规章及司法解释的颁布,如《不动产登记暂行条例》、《不动产登记暂行条例实施细则》、最高人民法院《关于适用〈中华人民共和国物权法〉若干问题的解释(一)》等,故此,对于本书进行修订变得极为迫切。本书各位作者放弃休息时间,依据新颁布的《民法总则》等法律和司法解释,对全书进行了相应的修订和完善。尤其是本书第一编"民法总则",几乎是由王利明教授重新撰写一遍。在各位作者的通力合作下,最终形成了本书的第五版。

全书依旧由王利明、杨立新、王轶和程啸四位作者共同撰写,具体写作分工如下(以撰写章节先后为序):

王利明　第 1 ~ 12 章(第一编)、第 28 ~ 36 章(第五编)

杨立新　第 13 ~ 15 章(第二编)、第 40 ~ 54 章(第六、七、八编)

王　轶　第 24 ~ 27 章(第四编)、第 37 ~ 39 章(第五编)

程　啸　第 16 ~ 23 章(第三编)

本书第五版得以顺利出版,最需要感谢的是法律出版社法律教育出版分社编辑吴昉女士。没有她的辛劳,本书第五版不可能以如此高效率、高质量的方式与读者见面。在此,对吴昉女士表示衷心感谢!清华大学法学院博士生阮神裕,硕士生石倍童、吴倩云、孙思佳、江颖杰、李虹奕、裴瑶等同学协助校对了书稿并制作了本书第五版的课件,在此也一并表示感谢!

自本书第一版于2005年出版以来,转瞬已过去十二年,而本书之所以能够不断修订完善,推陈出新,全赖广大读者的支持与鼓励!对此,本书各位作者始终心怀感恩。值新版推出之际,衷心希望广大读者能够一如既往地给予支持,并就书中存在的问题和可供完善改进之处不吝赐教。对本书的任何意见和建议,烦请发送邮件至:rechtcx@ sina. com。

最后,祝各位读者学习民法愉快!

本书依据的法律、法规和案例截至2017年7月1日。

作 者

2017年7月10日

第四版序言

时光飞逝。自 2011 年本书第三版印行以来，又过去了三个寒暑。在这四年里，本书依旧得到广大读者的厚爱，多次重印。不少读者还发来邮件，指出书中的手民之误。对此，本书作者深表谢意！

好的教科书须不断修订，精益求精，推陈出新。在教科书林立的时代，如何编写出一本既稳妥可靠又不乏新意的教科书，让人颇费思量。在经过近半年的工作后，作者推出了本书第四版。与第三版相比，第四版的修订内容主要有以下方面：

1. 完善了全书的体系结构，填补了缺漏部分。本书作者认为，未来我国民法典应由民法总论、人格权法、物权法、债法总论、合同法、亲属法、继承法与侵权责任法八部分组成。然而，长期以来，由于种种原因，本书一直缺少亲属法与继承法这两编。此次，杨立新教授不辞辛劳，倾力撰写了亲属法与继承法两编，使本书之体系结构终于得以完善。考虑到第三版的篇幅已经很大，为不增加读者的经济与阅读负担，本书作者也尽了最大努力，确保第四版不因新增两编而致篇幅剧增。

2. 教材者，教与学之用书也。本书如何能更好地让学生掌握民法的体系结构与重要知识，更方便地供教师们在教学中使用，是此次修订中作者下大力气解决的问题。首先，在求同存异的基础上，作者对全书的风格进行了统一，尽量做到要言不烦，简明扼要，追求一种稳妥、适中与简洁的叙述风格。将那些背景性的知识，过于琐碎的部分以及不适当罗列的法条统统删除。其次，为使本书表现形式更新颖活泼，减少满眼文字给读者带来的单调和枯燥，本书作者在相应部分增加图表，并对关键词句予以标示，以便更清晰、直观地展现所述内容，引起读者的阅读兴趣。最后，为便于教学，也是应广大教师的要求，本书专门制作了相应的 PPT，供教师在教学中使用。

3. 本书第三版中每章的开始有“重点问题”，结尾则有“思考题”。此次修订中，作者认为这两部分意义不大，故删除之，代以更有实际意义的“导读”与“参考案例”。“导读”旨在通过三言两语揭示出本章的核心内容，“参考案例”则为学生课后阅读相关案例提供指引。所选案例全部来自《中华人民共和国最高人民法院公报》刊登的案例及最高人民法院公布的指导性案例。希望读者们能够按图索骥，认真阅读每章所列“参考案例”的判决全文，真正做到不仅了解书本上的法，还了解生活中的法，实现“法学理论”、“法律规范”与“实践知识”间的良性互动。

4. 本书依据的法律、法规和案例截至 2014 年 4 月 1 日。

本书第四版依然由四位作者共同撰写，具体写作分工如下：

王利明　第 1 ~ 12 章（第一编）、第 28 ~ 36 章（第五编）
杨立新　第 13 ~ 15 章（第二编）、第 40 ~ 54 章（第六、七、八编）
王　轶　第 24 ~ 27 章（第四编）、第 37 ~ 39 章（第五编）
程　啸　第 16 ~ 23 章（第三编）

本书第四版也凝聚了法律出版社吴昉、谢清平女士的汗水。作为本书的责任编辑，她们提出了细致详尽的修订建议，并给予各位作者充分的信任，这确保了第四版的修订工作能如期完成。清华大学法学院硕士研究生陈丹洪、陈安琪同学帮助校对了书稿并检索了相关案例，在此一并表示感谢！

最后，作者衷心地希望本书第四版能一如既往地得到广大读者的喜欢和批评。对本书的任何意见，可发送邮件至以下邮箱：rechtcx@ sina. com。

祝读者学习民法愉快！

作　者

2014 年 10 月 1 日

第三版序言

本书初版于2005年。2007年《物权法》施行后，作者依据该法以及修订的《合伙企业法》《公司法》等法律，于2008年对本书的第一编“民法总论”、第三编“物权法”等部分进行了大幅度的修订，形成了第二版。三年之后的今天，随着《侵权责任法》以及最高人民法院若干重要的司法解释的颁行，本书又推出了现在的第三版。本书第三版修订的内容如下：

首先，依据2010年7月1日起施行的《侵权责任法》，作者对本书的第二编与第六编进行了全面的修订和完善。《侵权责任法》是继《合同法》《物权法》之后，我国民事领域的又一部重要法律。侵权责任法是未来我国民法典的重要组成部分，在有中国特色的社会主义法律体系中占据关键的地位。作为我国侵权责任领域的基本法，《侵权责任法》对于保障民事权利和行为自由，维护社会秩序具有极为重要的作用。因此，学习和掌握侵权责任法的基本规则与制度体系在整个民法教学中至关重要。

其次，依据最高人民法院颁布的《关于审理建筑物区分所有权纠纷案件具体应用法律若干问题的解释》《关于审理物业服务纠纷案件具体应用法律若干问题的解释》《关于审理房屋登记案件若干问题的规定》等司法解释以及住房和城乡建设部、国土资源部颁布的《房屋登记办法》《土地登记办法》，作者对本书第三编“物权法”中的“不动产登记”“业主的建筑物区分所有权”等部分进行了修订。

另外，结合近三年来我国民法学理论研究的最新成果以及最新的司法实践，本书的其他各编，如民法总则、合同法等也有不同程度的增补与修订。

“十有九人堪白眼，百无一用是书生”。民法学的研究成果无论多么精湛、多么严谨，都只有在为莘莘学子吸收、掌握并付诸实践后，才能真正有助于我们伟大的祖国早日建成法治国家。教科书起到的正是一个非常重要的纽带作用。有鉴于此，本书作者始终抱着“战战兢兢、如履薄冰、如临深渊”的心态来写作、修订本书，希望能够以微薄之力，编写出一本妥当、可靠的教科书，庶几不贻害学林、误人子弟！本书是否真正做到这一点，要由广大的读者加以评判。因此，作者一如既往地期望广大读者对本书的疏漏不当及错误之处提出宝贵的意见和批评，以使作者有所教益，并在将来加以修改完善。

对本书的意见和批评，请发至以下邮箱：lawchx@ gmail. com。来函请寄：100084 清华大学法学院程啸收。

祝各位读者学习民法愉快！

作　者

2011年3月1日

第二版序言

《民法学》一书于2005年出版至今，已逾两年。由于该书较为系统地阐述了我国民法学的基础理论和基本制度，且体例上较以往的教材有所创新，同时较为注重吸收、借鉴国内外民法学研究和司法实务界的最新成果与理论，因此自出版以来深受广大读者欢迎，不少高校法律院系以之作为民法学课程的指定教材。对此，参与本书撰写工作的作者十分感激！

在该书出版以后，在短短几年之内，我国经济高速发展，立法工作取得了新的重大进展。其中影响最大的是2007年3月16日由十届全国人大五次会议通过，2007年10月1日起正式施行的《中华人民共和国物权法》(以下简称《物权法》)。《物权法》的颁布是我国政治生活中的一件大事，为我国向法治国家的迈进奠定了坚实的基础，也为社会主义市场经济体制的不断完善以及改革开放三十年来所取得的伟大成果的巩固提供了强大的法律保障。尽管《物权法》的实施时间至今不过数月，理论界的研究尚待深入进行，但及时依据《物权法》的规定修订本书的相关部分，仍是非常必要的工作。除《物权法》之外，《合伙企业法》《公司法》等重要民商事法律的修订，也使本书关于法人、合伙企业的部分具有修订的必要。尤其应当看到，与立法工作进程相对应的，在我国民法学界广大学者的共同努力下，我国民法学研究也取得了较大的进步，理论研究水平在不断提高。

有鉴于此，参与本书撰写的作者按照各自的分工，依据本书出版后新颁布、新修订的民事法律以及最新研究成果，对本书进行了全面的修订、补充和调整，形成了《民法学》一书的第二版，新版在内容上更能突出重点，详略得当，更加适合教学需求。本书初版列选教育部普通高等教育“十五”国家级规划教材，第二版再次被教育部评为普通高等教育“十一五”国家级规划教材，为此，撰写本书的各位作者深感责任重大。但限于作者的认识水平与学术能力，本书第二版中的缺漏不当之处恐在所难免。我们衷心地希望广大读者对本书的疏漏提出批评，以使本书能够不断完善。

王利明

于中国人民大学明德法学楼

2008年1月22日

前　言

“工欲善其事，必先利其器”。民法，博大精深，倘无良好的民法学教科书，则难窥其堂奥，掌握其精髓。一本良好的民法学教科书能够深入浅出地阐明民法的基本概念、解释民法的基本规则，令读者明晰各项民事法律规范的精神实质与价值取舍，在实践中准确地加以应用，进而培养作为民法人应有的严谨的法律思维能力与娴熟的法律推理能力，依循法律逻辑解决实际问题的本领。可以说，良好的民法学教科书是步入民法殿堂的利器，也是普及与传播民法知识的重要桥梁。

改革开放以来，民法学教材从无到有，学术水准不断提高，教材质量日益改进，为我国民法学的振兴与中国民事立法的发展作出了巨大的贡献，也为民事审判工作提供了坚实的理论基础。许多前辈法学家在教科书的编写方面作出了卓越的贡献。例如，我国已故著名民法学家佟柔先生就十分重视编写民法学教科书，他主编的两部教科书——《民法原理》、《中国民法》——均以体系完整、条理清晰、逻辑严谨、文笔洗练而著称，曾先后重印数十次，发行量高达几十万册，惠泽无数学子。目前，民法学方面的教科书汗牛充栋，其中不乏高质量的作品。但是，这并不意味着民法学教科书的编写工作就到此为止，如何编写一部稳当可靠的、高质量的教科书仍是每一个民法学工作者所肩负的重要使命，其原因在于：

首先，随着社会主义市场经济体制改革的不断深入，我国民事立法与司法实践处于前所未有的高速发展阶段，必须将不断颁行的民事法律法规与司法解释确立的各项新规则与新制度，经过妥当的整合与说明之后及时地补充到民法学教科书中，以使读者始终能够全面、及时地把握现行民事法律体系。

其次，社会主义市场经济的发展过程出现了许多新情况、新问题，在解决这些新情况与新问题的过程中，我国民法学理论研究也取得了长足的进步，产生了许多新的理论研究成果，对此，民法学教科书也应当作出及时的反应。

最后，我国民法典的制定工作正在紧锣密鼓地进行当中，不久的将来，一部崭新的中国民法典将屹立于世界民法典之林。有预见性的编写一本体系合理、理论准确的民法学教科书不仅有助于民法典的制定工作，而且在民法典颁行之后有助于科学合理地阐释民法典的基本理念、规则与制度。

正是出于上述考虑，我接受了法律出版社的邀请，与杨立新、王轶、程啸同志合作撰写了这本民法学教科书。值本书即将出版之际，就其特点向读者做如下说明：首先，本书以正在起草的我国民法典的体系结构为基础设计体系框架，但考虑到婚姻法与继承法这两部分内容均有相应的教科书，且各高等院校法律院系一般也单独开设继承法与婚姻法的课程，因此本书不涉及这两部分的内容。具体而言，本书分为民法总论、人格权法、物权法、债法总论、合同法、侵权行为法6编，共53章。其次，本书紧密结合我国现行民事法律、法规与司法解释，详尽地介绍了民法的基本概念、规则与制度，并分析了各项民法法律规范背后的价值取舍与利益考量。再次，本书以阐述我国民法学研究中较为成熟可靠的理论与观点为主，同时注重吸收借鉴国外民法学研究的最新成果，并适当介绍了我国民法典制定过程中的各项重大疑难问题。最后，本书在理论深度上采取的是适中的做法，既可以作为高校法律院系本科生、研究生学习掌握民法基本概念、规则、制度与体系的教材，也可以作为实务工作者以及理论研究人员的参考用书。

我们深知，编写一部良好的民法学教材绝非易事，不可能一蹴而就，本书只是一个初步的尝试。然而，不积跬步，无以至千里；不积小流，无以成江海。我们坚信，随着我国民法的繁荣与发展，在不久的将来会有更多更好的民法学教材呈现给读者。

最后需要说明的是，尽管撰写本书的各位作者尽了最大的努力，但由于认识水平的局限以及我国民事立法与民法学研究的高速发展，本书不可避免地存在挂一漏万甚或不当之处。我们衷心地希望能够得到广大读者的批评指正，以期将来进一步完善本书。

王利明
于中国人民大学法学院
2005 年 5 月 19 日

缩 略 语 表

◆ 主要法律法规及缩略语

《中华人民共和国民法典》	《民法典》
《中华人民共和国民法总则》	《民法总则》
《中华人民共和国民法通则》	《民法通则》
《中华人民共和国合同法》	《合同法》
《中华人民共和国物权法》	《物权法》
《中华人民共和国担保法》	《担保法》
《中华人民共和国侵权责任法》	《侵权责任法》
《中华人民共和国合伙企业法》	《合伙企业法》
《中华人民共和国公司法》	《公司法》
《中华人民共和国个人独资企业法》	《个人独资企业法》
《中华人民共和国消费者权益保护法》	《消费者权益保护法》
《中华人民共和国产品质量法》	《产品质量法》
《中华人民共和国食品安全法》	《食品安全法》
《中华人民共和国道路交通安全法》	《道路交通安全法》
《中华人民共和国城市房地产管理法》	《城市房地产管理法》
《中华人民共和国土地管理法》	《土地管理法》
《中华人民共和国农村土地承包法》	《农村土地承包法》
《中华人民共和国企业破产法》	《企业破产法》

◆ 主要司法解释及缩略语

最高人民法院《关于贯彻执行〈中华人民共和国民法通则〉若干问题的意见（试行）》	《民法通则意见》
最高人民法院《关于审理民事案件适用诉讼时效制度若干问题的规定》	《诉讼时效解释》
最高人民法院《关于适用〈中华人民共和国担保法〉若干问题的解释》	《担保法解释》
最高人民法院《关于适用〈中华人民共和国合同法〉若干问题的解释（一）》	《合同法解释（一）》
最高人民法院《关于适用〈中华人民共和国合同法〉若干问题的解释（二）》	《合同法解释（二）》
最高人民法院《关于审理买卖合同纠纷案件适用法律问题的解释》	《买卖合同解释》
最高人民法院《关于审理商品房买卖合同纠纷案件适用法律若干问题的解释》	《商品房买卖合同解释》
最高人民法院《关于审理技术合同纠纷案件适用法律若干问题的解释》	《技术合同解释》
最高人民法院《关于审理建设工程施工合同纠纷案件适用法律问题的解释》	《建设工程施工合同解释》
最高人民法院《关于审理建筑物区分所有权纠纷案件具体应用法律若干问题的解释》	《建筑物区分所有权解释》
最高人民法院《关于适用〈中华人民共和国物权法〉若干问题的解释（一）》	《物权法解释（一）》
最高人民法院《关于适用〈中华人民共和国婚姻法〉若干问题的解释（一）》	《婚姻法解释（一）》
最高人民法院《关于适用〈中华人民共和国婚姻法〉若干问题的解释（二）》	《婚姻法解释（二）》
最高人民法院《关于贯彻执行〈中华人民共和国继承法〉若干问题的意见》	《继承法意见》
最高人民法院《关于审理人身损害赔偿案件适用法律若干问题的解释》	《人身损害赔偿解释》
最高人民法院《关于确定民事侵权精神损害赔偿责任若干问题的解释》	《精神损害赔偿解释》
最高人民法院《关于适用〈中华人民共和国民事诉讼法〉若干问题的解释》	《民事诉讼法解释》

目　录

第一编　总　则

第二编　物　　权

第三编 合 同

第四编　人　格　权

第五编　婚 姻 家 庭

第六编　继　　承

第七编　侵 权 责 任

第一编　总　　则

第一章　民法概述

导读

民法是调整平等主体之间人身关系和财产关系的法律，理解这个概念要从形式和实质两个层面来进行。民法是私法，是权利法，也是市场经济与市民社会的基本法。我国采取的是民商合一的立法体例。民法的法律渊源包括法律、行政法规、地方性法规、司法解释、行政规章、习惯等。

第一节　民法的概念

一、民法的语源

民法作为调整平等主体之间的人身关系与财产关系的法律，在各国法律体系中都占据着重要地位。“民法”一词最早见于《尚书·孔氏传》。[1] 不过，《尚书·孔氏传》中提及的“民法”一词，并非近代意义上的民法。至于古代法律典籍中出现的“民事”一词，也与现代民法中的“民事”一词有极大的差异。

据许多学者考证，私法意义上的“民法”一词出现于明治时代的日本，中文“民法”一词是由日文转译而来，而日文中“民法”一词究竟是译自法语还是荷兰语，目前仍有争议。[2] 20 世纪初叶上海南洋公学译书馆将《日本法规大全》（日本明治三十四年即 1901 年第三版）译成中文，其第三类法规为“民法”。光绪三十二年（1907 年）修订法律馆参照南洋公学译本翻译完成《新日本法规大全》，对系统化的私法法典亦采用“民法”之称谓。[3] 清末变法时，修律大臣沈家本聘请日本学者松冈义正等人起草大清民律草案，借鉴“民法”一词，结合“唐律”“明律”“清律”的传统称呼，自创“民律”一词。此后清末、民初民法典草案皆称“民律”草案。1926 年，北洋政

〔1〕 在《尚书·汤诰》篇中有“咎单作明居”一语，“孔氏传”对该句所作的注释是：“咎单，臣名，主土地之官，作《明居民法》一篇，亡。”在清末立法时，民政部奏文中称：“民法之称，见于尚书孔传。”所谓《尚书·孔氏传》，经明清学者考证，系魏晋人伪托西汉经学家孔安国对《尚书》经文的注释。在清末立法时，民政部奏文中称：“民法之称，见于尚书孔传。”

〔2〕 穗积陈重指出：“‘民法’一语，自箕作麟祥博士以其翻译法语‘droit civil’以来，开始被普遍使用，所以我们原以为这是箕作博士始创的译语。但是当就此问题请教箕作博士时，博士解释说，这是采用了津田先生《泰西国法论》说载录之单词，不是自己的发明。于是又去请教津田先生，先生回答说，这个单词是他作为荷兰语‘Burgerlyk Regt’的译语而新创的。”［日］穗积陈重：《法窗夜话》，河出书房 1951 年版，第 107～108 页。转引自叶孝信主编：《中国民法史》，上海人民出版社 1993 年版，第 2 页。

〔3〕 张生：《民国初期民法的近代化——以固有法与继受法的整合为中心》，中国政法大学出版社 2002 年版，第 4 页。

府曾起草一部民法草案,1929 年南京国民政府颁布了《中华民国民法》总则编,从而在法律上正式使用了“民法”的称谓。

近代一些大陆法系国家所使用的“民法”一词(法文为 droit civil,英文为 civil law,德文为 bürgerliches Recht,荷兰文则为 Burgerlyk Regt)皆由市民法(ius civile)转译而来。同时,因格劳秀斯编著国际法时,以万民法称之,故西方学者大多认为,罗马法的万民法为国际法的语源,而市民法则为民法的语源。词源上的“民法”都源于拉丁文的“市民法”。[4] 在罗马法中,“市民法”是对罗马市民适用的法律总称,与“万民法”(ius gentium)相对应。市民法适用于罗马公民之间的关系,万民法主要适用于罗马公民与外国人之间的关系。但是,在查士丁尼制定《国法大全》时,罗马帝国对其境内的所有居民皆赋予市民权,导致市民法与万民法的融合。自中世纪以来,“市民法”(ius civile)一词成为罗马法的总称,西方学者称之为私法。中世纪的时候,市民法又与教会法相对应。法国大革命之后,市民被理解为公民,因而民法被认为是适用于全体公民的法律。

二、我国民法的概念

我国《民法典》第 2 条从民法的调整对象和任务的角度,给民法下了一个定义,即民法是调整平等主体的自然人、法人和非法人组织之间的人身关系和财产关系的法律规范的总和。这一定义科学地揭示了我国民法所调整的社会关系的范围和任务,明确地划定了民法与其他法律部门的界限,解决了长期以来民法定义的争论。归纳起来,《民法典》第 2 条对民法的界定具有以下意义:

1. 确立了我国民法统一调整社会主义市场交易关系的基本法地位。根据《民法典》第 2 条,我国民法统一调整平等主体之间的财产关系,而平等主体之间的财产关系实质上就是指财产归属关系与交易关系。无论何类民事主体,只要以平等的民事主体的身份从事交易,就应当遵循民法的规范,并受民法的调整。

2. 突出了对人的尊重,体现了以人为本的理念。1986 年《民法通则》第 2 条曾将人身关系置于财产关系之后,但《民法典》第 2 条则将人身关系调整至财产关系之前,这宣示了民法对公民人身权利的保护,强调人身自由和人格尊严不受侵害,并以此作为民事立法的基础。

3. 界定了民法典的体系。民法典的分则就是由调整人身关系和调整财产关系的具体法律构建起来的,《民法典》第 2 条关于民法调整对象的规定奠定了民法典分则体系的基础,与民法典分则的体系是保持一致的。具体而言,人身关系主要分为两大类,即人格关系和身份关系。其中,身份关系的调整表现为婚姻家庭编、继承编,人格关系的调整则表现为人格权编;财产关系的调整在分则中分别表现为物权编、合同编。

4. 确立了我国的民商合一的立法模式。《民法典》并未根据主体或行为的性质区分普通民事主体和商事主体,并在此基础上规定不同的行为规则。这不仅符合现代民事立法的趋向,也消除了民商分离所产生的法律冲突的弊端。在《民法典》的体系中,商法是作为民法的特别法而存在的,并未与民法相分立而独立存在。

三、形式意义上的民法和实质意义上的民法

(一)形式意义上的民法

形式意义上的民法就是指民法典。法典是按照一定体系将各项法律制度系统编纂在一起

---

[4] [德]迪特尔·梅迪库斯:《德国民法总论》,邵建东译,法律出版社 2000 年版,第 15 页。

的法律规范。民法典就是指按照一定的体系结构将各项基本的民事法律规则与制度加以系统编纂而形成的规范性文件。法典化就是体系化，民法典的重要特点首先表现在它是体系化、系统化的产物，满足了形式理性的要求，所以民法典属于民事法律中最高形式的成文法。

民法的法典化最早追溯至古罗马调整私人财产关系的私法。在罗马的法典编纂方面，最有成效、影响最深远的是东罗马帝国皇帝查士丁尼的《国法大全》，即《查士丁尼法典》《学说汇纂》《法学阶梯》《新律》。自18世纪法典化运动以来，大陆法系各国大都制定了民法典，比较有代表性的法典是1804年的《法国民法典》，该法典以罗马法为蓝本，巧妙地运用法律形式把刚刚形成的资本主义社会的经济规则直接译成法的语言，从而"成为世界各地编纂一切新法典时当作基础来使用的法典"。[5] 1900年的《德国民法典》是潘德克顿学派成果的结晶，体现了法典逻辑性和科学性的要求。正是在这个意义上，该法典常常被称为"科学法"。就逻辑体系而言，《德国民法典》构建了完整的近代民法体系。[6] 因而，其被认为是代表了19世纪法典化的最高成就。1912年《瑞士民法典》及晚近颁布的1992年《荷兰民法典》等也都各具特色，在大陆法系影响很大。可见，自19世纪法典化运动以来，大陆法系各国基本上都制定了民法典，这也是大陆法系国家法律体系的主要标志。因此，"不管在哪里，民法典都往往被当作整个法律制度的核心"。[7]

我国《民法典》是新中国成立以来第一部以"典"命名的法律，其分为七编，共1260条，10万多字，民法典在中国特色社会主义法律体系中具有重要地位，是一部固根本、稳预期、利长远的基础性法律。在汉语中，所谓"典"，通常有"经典""典范""典籍"等含义。[8] 这也表明，凡是纳入《民法典》的规则，都具有基础性、典范性的特点。我国《民法典》的特点主要在于：

第一，民法典是私法的基本法。我国民事法律制度建设一直秉持"民商合一"的传统，在《民法典》之外，还有大量的单行法，包括商事特别法。整个民事立法就在民法典的统率下，构成一个完整的体系。可以说，《民法典》是我国民事法律的集大成者。

第二，民法典是市场经济的基本法。民法典关于民事活动平等、自愿、公平、诚信等基本原则，关于私法自治和保障人格尊严等基本价值的规定，既是市场经济的基本准则，也是市场主体的基本行为准则；同时，《民法典》所确立的有关物权、合同、担保等法律制度，也旨在维护交易安全和秩序，为市场经济的发展奠定了基本的法律框架和制度保障。

第三，民法典是社会生活的百科全书。《民法典》与每个人的生活息息相关。一个人从出生到死亡，均受到民法典的调整。民法典调整的民事主体之间的人身关系和财产关系，是社会生活和经济生活中最普通、最常见的社会关系和经济关系，涉及经济社会生活的方方面面，同人民群众生产生活密不可分，同各行各业的发展息息相关。

第四，民法典是行政执法和司法的基本遵循。一方面，现代法治的核心理念是"规范公权，保障私权"。确立了完善的私权保障体系，有利于规范行政执法行为。政府机关要以保障民法典有效实施为重要抓手推进法治政府建设，把民法典作为行政决策、行政管理、行政监督的重

---

[5] [德]马克思、恩格斯：《马克思恩格斯文集》(第10卷)，中共中央马克思恩格斯列宁斯大林著作编译局编译，人民出版社2009年版，第598页。

[6] [德]K. 茨威格特、H. 克茨：《比较法总论》，潘汉典等译，法律出版社2003年版，第220页。

[7] [美]艾伦·沃森：《民法法系的演变及形成》，李静冰、姚新华译，中国政法大学出版社1992年版，第191页。

[8] 例如，《说文解字》记载："典，五帝之书也。"《玉篇·丌部》云："典，经籍也。"《书·五子之歌》云："有典有则，贻厥其子孙。"《孔传》云："典谓经籍。"

要标尺。另一方面,民法典是基本的民事裁判规则。民法典确立了解决民事纠纷的基本规则,明确了法律适用的基本准则,为法官正确处理民事关系、解决民事纠纷提供了基本规范。

(二)实质意义上的民法

实质意义上的民法,是指所有调整民事关系的法律规范的总称,包括民法典和其他民事法律、法规。除民法典外,我国还有两百多部单行法律,其中大量的都是民事法律。比较典型的民事法律如《著作权法》《商标法》《专利法》《收养法》等。此外,一些法律虽然形式上是管理性质的法律,但其中也包含了大量的民事法律规范,如《产品质量法》《土地管理法》《城市房地产管理法》等,这些法律也是我国实质意义上民法的组成部分。在我国实行民商合一的立法体制下,一些商事特别法如《公司法》《保险法》《票据法》等,同样是我国民法的重要组成部分。除了法律,我国还颁行了大量的行政法规、司法解释,其中不少都是民事法律规范。它们都是实质意义上民法的组成部分(见图1-1)。

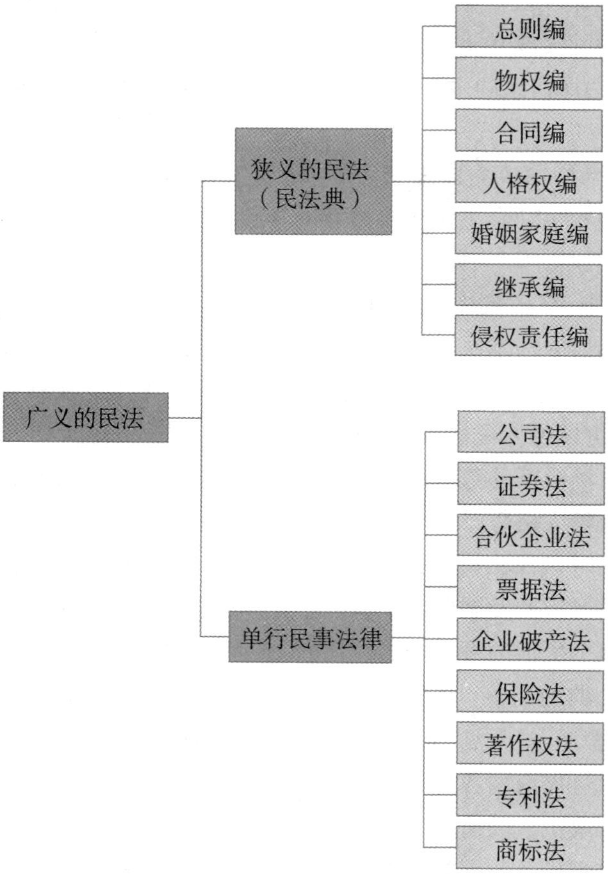

图1-1 民法的类型

实质意义上的民法的特点在于:一方面,它是调整平等主体关系的法律规范,而并不注重外在的形式。尽管形式意义上的民法典是最高形式的成文法,但毕竟无法涵盖全部的民事法律关系,还必须存在大量的置于其他法律、法规中的民法规范。另一方面,实质意义上的民法不限于法律、法规,还包括了大量的其他规范性文件和司法解释。所以,实质意义上的民法在法源上意义更为宽泛。正是由于该原因,实质意义上的民法也被称为广义的民法。

需要指出,实质意义上的民法与形式意义上的民法并不是对立的,而是相辅相成的,一方面,由于民法典是私法的基本法,因此,形式意义上的民法(民法典)可以连接整个实质意义上的民法,也就是说,在民法典统率下,我国的民事立法将构成一个完整的、具有逻辑性的、协调一致的体系。另一方面,仅仅靠形式意义上的民法调整纷繁复杂的民事关系是不够的,还需要借助大量的实质意义上的民法规范调整各种民事关系,但这些规范应当以民法典的规范为基础,不得与民法典的基本规则和制度相冲突,当然,在这一前提下,如果其他法律对民事关系的调整有特别规定,则原则上应当适用该特别规定。

四、民法和商法

商法,又称商事法,可以分为形式意义上的商法和实质意义上的商法。形式意义上的商法,专指在《民法典》之外的商法典以及公司法、保险法、破产法、票据法、海商法、证券法、信托法等单行法;实质意义上的商法,则是指一切有关商事的法律规范的总称。

关于民法与商法的关系,历来存在民商合一和民商分立的观点。所谓民商合一,是指不区分民法和商法,而将民事法律规范统一适用于各种民商事关系。从立法模式上来说,民商合一就是指只有《民法典》而不制定单独的商法典,民法规范广泛适用于调整所有平等主体之间的法律关系;然而,民商分立则意味着严格区分民法与商法,并基于主体或者行为性质的不同,在《民法典》之外独立制定商法典,采用与民事法律不同的商事法律规范。[9] 民商分立的体制最早起源于法国。20 世纪初《瑞士民法典》中包括了公司法、商业登记法等商法的内容,从而实现了民商合一的立法体例。[10]

我国《民法典》明确采纳了民商合一的体例。[11] 民商合一体例并不一定追求法典意义上的合一,其核心在于强调将民事规则统一适用于所有民商事关系,统辖商事特别法。我国《民法典》的编纂坚持民商合一的体制,即从《民法典》总则到分则,再到商事特别法,从而形成一个完整的民商合一的内在逻辑体系。《民法典》总则编的制定本身是民商事法律体系化的根本标志。申言之,《民法典》的总则编对《民法典》的各组成部分及商法规范进行了高度抽象,诸如平等原则、自愿原则、诚实信用原则、公平原则和等价有偿原则等,均应无一例外地适用于商事活动。就具体规则而言,一方面,《民法典》的总则编没有区分商人和非商人,而是规定了自然人、法人、非法人组织,这实际上既包括民事主体,又包括商事主体。自然人就包括了商自然人,法人包括了营利法人,非法人组织则包括个人独资企业、合伙企业。另一方面,《民法典》总则编既没有采用商行为的概念,也没有区分商事代理和民事代理,而采用了统一的民事法律行为与代理的概念与制度。此外,《民法典》总则编中的诉讼时效制度也适用于全部的民商事活动。

我国《民法典》坚持民商合一的立法理念,形成了在《民法典》统率下,由各个民商事单行法所组成的完整的私法规范体系,这种做法符合我国的立法传统,也有利于降低法律适用成本,保障法律规则的准确理解和适用。《民法典》与各个商事法律构成了一个有机的整体,二者之间是普通法与特别法之间的关系。也就是说,在出现商事纠纷后,首先应当适用商事特别法,如果无法适用商事特别法,则适用《民法典》的规则。

---

〔9〕 赵万一:《论民法的商法化与商法的民法化——兼谈我国民法典编纂的基本理念和思路》,载《法学论坛》2005 年第 4 期。

〔10〕 谢怀栻:《外国民商法精要》(第 3 版),程啸增订,法律出版社 2014 年版,第 57～58 页。

〔11〕 李建国:《关于〈中华人民共和国民法总则(草案)〉的说明》(2017 年 3 月 8 日第十二届全国人民代表大会第五次会议)。

第二节 我国民法的调整对象

一、民法的调整对象概述

民法的调整对象就是民法规范所调整的各种社会关系。根据我国《民法典》第2条的规定,我国民法调整平等主体之间的人身关系和财产关系。由此可见,民法调整的社会关系的最本质特点在于其平等性,这是民法区别于其他部门法的根本特点。所谓平等主体,是指主体以平等的身份介入具体的社会关系,而不是在一般意义上判断主体间的平等性。例如,国家和公民虽然不是一般意义上的平等关系,但只要在具体法律关系中,各个主体都是以平等的身份出现的,即可判断其具有平等性。平等是指在财产关系和人身关系中当事人的地位平等,并不涉及在政治关系中当事人的地位平等问题。

平等性主要表现在:第一,当事人参与法律关系时,其地位是平等的,任何一方都不具有凌驾或优越于另一方的法律地位。正是法律地位的平等,决定了当事人必须平等协商,不得对另一方发出强制性的命令或指示。第二,适用规则的平等。任何民事主体参与民事活动都要平等受到民事法律的拘束,不享有法外的特权,不能凌驾于法律之上,即"法律面前人人平等"。第三,权利保护的平等。在任何一方的权利受到侵害之后,他们都应当平等地受到民法的保护和救济。

民法主要调整平等主体间的关系,但这种关系也存在例外。一方面,在身份法领域,当事人之间的关系可能不是平等的,如父母子女之间的亲权关系、监护人与被监护人之间的监护关系等就不完全是平等的。另一方面,随着现代民法对实质正义的强化,在形式平等之外,民法已开始强调对消费者、劳动者等弱势群体的保护,以实现形式平等与实质平等、机会平等与结果平等之间的平衡。还应当看到,尽管在征收关系中,国家行使征收权本身所产生的不是平等主体之间的关系,但基于征收所产生的补偿关系可以理解为平等主体之间的关系,因此,我国《民法典》第243条也规定了征收制度。

二、民法调整平等主体之间的人身关系

所谓人身关系,是指没有直接的财产内容但有人身属性的社会关系。有人认为,"Persoenliche Eigenschaft"可以简译为"人身",而我国民法理论所言之"人身关系",原本仅指"身份关系",后来有学者理解为包含所谓"人格关系"。[12] 我国民法中的身份关系具有特定的含义,不包括人格关系。民法调整平等主体之间的人身关系,这种平等指的是法律地位的平等,而不是指具体的生活事实中的平等,如父母与未成年子女之间的关系在生活上是管教与被管教的关系,但在民法中两者的法律地位是平等的。

所谓人身关系是基于一定的人格和身份产生的,因此,人身关系包括以下两类:

1. 基于自然人、法人和非法人组织的人格产生的人身关系。这些关系在民法上表现为自然人和法人的人格权,包括自然人的生命权、身体权、健康权、姓名权、肖像权、名誉权、荣誉权、隐私权、婚姻自主权等权利,以及法人、非法人组织的名称权、名誉权、荣誉权等权利。此外,凡

---

〔12〕 徐国栋:《"人身关系"流变考》(上),载《法学》2002年第6期。

是属于《民法典》第109条所规定的自然人的人身自由、人格尊严范畴的人格权益，都属于因人格而产生的人身关系。

2. 基于自然人、法人和非法人组织的一定身份产生的人身关系。身份关系是人们基于彼此间的身份而形成的相互关系。具体表现为：第一，在亲属关系中的地位。这类关系在民法上表现为公民的身份权，包括夫妻之间、父母子女之间、有扶养关系的祖父母与孙子女或外祖父母与外孙子女之间依法相互享有的身份权，以及因监护关系产生的监护权等。第二，基于知识产权获得的地位。如自然人、法人和非法人组织基于著作权、专利权、商标权而享有的人身权，以及公民享有的在发现权和发明权中的人身权。

三、民法调整平等主体之间的财产关系

（一）民法调整平等主体之间的财产关系的内容

所谓财产关系，是指人们在产品的生产、分配、交换和消费过程中形成的具有经济内容的关系。财产关系是以社会生产关系为基础的，涉及生产和再生产的各个环节，包括各类性质不同的关系。根据我国《民法典》第2条的规定，民法所调整的财产关系只是发生在平等的民事主体之间的财产关系。其特点在于：

1. 主体平等。平等性包括两个方面：一方面，是指民事主体在从事各种交易行为以及行使财产权利、利用和取得财产等方面，彼此之间在法律地位上是平等的。无论双方的经济实力如何悬殊，都不允许任何一方将自己的意志强加于人。另一方面，民事主体在从事各种交易活动时，都应当遵循公平、等价等原则，彼此间的关系应当是平等、互利的，当其财产利益受到损害时，应当得到同等价值的补偿。民法调整的财产关系大部分应贯彻等价有偿的原则，至于当事人依法自愿形成的赠与、借用、无偿保管等民事关系，虽然不符合等价有偿原则，也是法律所允许的。

2. 平等主体间的财产关系，包括财产归属关系和财产流转关系。财产归属关系，是指财产所有人和其他权利人因占有、使用、收益、处分财产而发生的社会关系。财产流转关系，是指因财产的交换而发生的社会关系。财产归属关系往往是发生财产流转关系的前提条件，财产流转关系通常又是实现财产归属关系的方法。这两种财产关系，又称为横向财产关系，都应该由我国民法调整。这是由我国社会主义市场的统一性以及民法对市场经济关系进行统一调整所决定的。

3. 民法调整的财产关系的重心是交易关系。所谓交易，是指独立的、平等的市场主体就其所有的财产或利益进行的交换。在民法上，交易的表现形式多种多样，其正常的形式是合同，其特殊形式是侵权损害赔偿和不当得利返还等。从民法调整对象的性质来看，所谓平等主体之间的财产关系，主要指交易关系，交换关系也是典型的平等主体之间的财产关系。

（二）平等主体之间的财产关系的特征

民法调整的财产关系的首要特点，在于它是一种平等主体之间的财产关系。与身份关系相比较，该财产关系还具有下列特点：

1. 财产关系是一种以经济利益的计算为核心的关系。在市民社会中，民事主体作为理性人，能够从自身利益出发设定、变更或终止财产关系，最终实现其个人利益的最大化。而身份关系不同，尽管有些身份关系与财产关系有密切的联系，但整体来看，它并不主要是一种经济

上的利害关系。[13]

2. 财产关系充分体现了主体的自由意志。主体享有对其财产的处分权,并有权依其意志移转财产所有权权能。财产关系的产生、变更和消灭体现了法律给予主体充分的自由空间,国家尽量不予干预。但在身份关系中,当事人的意思自由要受到一定的限制。例如,法律对结婚、离婚、收养都进行了比较严格的限制,亲属法上许多权利,如监护权、亲权等,都具有专属性,不得随意抛弃和转让。尤其在现代社会,为了保护婚姻家庭关系中的弱者利益,法律逐渐加大了对婚姻家庭关系的干预,因此婚姻家庭法具有私法公法化的趋势。[14]

3. 财产关系具有很强的变动性。尤其是在市场经济社会,财产往往只有通过流转才能实现资源的合理配置,充分实现其价值,因此,财产关系总是处于一种变化之中。而身份关系则具有极大的稳定性,通常不会发生变动,[15]也不宜发生变动,其具有很强的人身专属性。

4. 就救济方式而言,财产关系遭受侵害时是用损害赔偿等财产性的救济方法来解决的;而亲属、婚姻等身份关系在受侵害时较多使用非财产救济手段,当然,依据《民法典》第1182条的规定,在部分人身权益遭受侵害的情形下,受害人也有权主张财产损害赔偿责任。

第三节 我国民法典的编纂和体系

一、我国民法典的编纂

(一)民法典的编纂过程

中国古代实行"诸法合一、民刑不分"的立法政策,以刑为本,并没有形成近代意义上的民法,甚至不存在民法的概念。清末变法时,西学东渐,民法开始传入中国,清政府于1911年第一次制定了民律草案。辛亥革命以后,国民政府的修订法律馆在北京开始了民律草案的起草工作。1925年,草案完成,史称第二次民律草案。以后,南京国民政府于1929年5月30日颁布民法典总则;1929年11月22日颁布民法债编;1929年11月30日,颁布了物权编;1930年12月26日颁布亲属编和继承编,形成《中华民国民法》。该法典在我国台湾地区继续有效。

新中国成立以后,废除了"六法全书",《中华民国民法》不再在大陆适用。我国政府曾经适应社会需要,早在1950年就颁行了《婚姻法》,后来立法机关先后于1954年、1962年、1979年和2001年四次启动民法制定工作,但都因各种原因而中断。随着我国改革开放进程的推进,急需民法规范,因此,我国立法机关于1986年颁布了《民法通则》,这是我国第一部调整民事关系的基本法,但该法只是对民事活动基本规则进行规定,且主要是关于民法总则的规范,并不是一部完整的民法典。随着改革开放的深化和市场经济的发展,我国陆续制定了一系列规范市场活动的民事基本法。例如,我国立法机关先后制定了《破产法》(1986年)、《公司法》(1993年)、《合伙企业法》(1997年)等法律,完善了市场主体法律制度;1999年颁布《合同法》,统一了我国的合同法律制度,建立和完善了市场交易的基本规则和原则。

---

〔13〕 谢怀栻:《外国民商法精要》(第3版),程啸增订,法律出版社2014年版,第138~139页。
〔14〕 夏吟兰:《论婚姻家庭法在民法典体系中的相对独立性》,载《法学论坛》2014年第4期。
〔15〕 谢怀栻:《外国民商法精要》(第3版),程啸增订,法律出版社2014年版,第138~139页。

2001 年,第九届全国人大常委会组织起草了《民法(草案)》,并于 2002 年 12 月提交全国人大常委会审议,但鉴于民法典内容复杂、体系庞大,许多重要问题尚未达成共识,立法机关决定采取分阶段、分步骤制定民法典的方式,待条件成熟以后再制定民法典。按照这一工作思路,2007 年颁行了《物权法》,对所有权、用益物权、担保物权等物权制度作出了全面规定;2009 年颁行了《侵权责任法》,对民事权利进行了更加周密的保护。这些法律都是我国民法的重要组成部分,其颁行是完善我国民事立法体系的重要步骤。

2014 年 10 月,党的十八届四中全会提出加强市场法律制度建设,并作出了"编纂民法典"的重大决定。自此,民法典的编纂进入了一个新的历史阶段。民法典编纂并不是对现行法的简单汇编,而是要在总结现行立法和司法经验的基础上,尤其是要结合我国改革开放实践中出现的各种新情况、新问题,进行必要的制度完善、设计和创新。2016 年 6 月 27 日,全国人大常委会决定按"两步走"的工作安排进行民法典编纂,即先制定民法典总则,后制定民法典各分编。[16] 2017 年 3 月 15 日,《民法总则》由中华人民共和国第十二届全国人民代表大会第五次会议通过,自 2017 年 10 月 1 日起施行。[17]《民法总则》的颁行极大地推进了我国民法典的编纂进程,它是民法典的总纲,纲举目张,整个民商事立法都应当在《民法总则》的统辖下具体展开。在此之后,民法典各分编的编纂工作全面展开。2019 年 12 月 16 日,全文共计 1260 条的《民法典(草案)》对外公布,向全社会征求意见。2020 年 5 月 28 日,最终通过了新中国成立以来的第一部《民法典》。《民法典》第 1260 条规定:"本法自 2021 年 1 月 1 日起施行。《中华人民共和国婚姻法》、《中华人民共和国继承法》、《中华人民共和国民法通则》、《中华人民共和国收养法》、《中华人民共和国担保法》、《中华人民共和国合同法》、《中华人民共和国物权法》、《中华人民共和国侵权责任法》、《中华人民共和国民法总则》同时废止。"

(二)编纂民法典的意义

1. 推进民事立法的体系化。我国《民法典》的颁布有力地促进了民事立法的体系化。一方面,就内部体系而言,《民法典》按照"总—分"结构,形成由总则编、物权编、合同编等构成的完整体系,各分编也在一定的价值和原则指引下形成了由概念、规则、制度构成的、具有内在一致性的整体,实现了形式的一致性、内容的完备性以及逻辑自足性,分别形成自成体系又密切联系的物权编、合同编、人格权编、婚姻家庭编、继承编、侵权责任编。另一方面,就外部体系而言,《民法典》的颁布有效衔接了民法典和单行法,有利于消除其与单行法之间的冲突和矛盾。例如,我国原《合同法》第 51 条关于无权处分行为的效力规则就曾与原《物权法》第 106 条规定的善意取得制度之间存在一定的冲突。此外,民法典有助于制度的科学化,为良法善治奠定基础。民法典作为上位法,可以有效指导行政法规等的制定,有利于避免民法规范与行政法规、地方法规等的矛盾冲突,可有效地防止政出多门,保障交易主体稳定的预期,维持市场经济的正常运行。

2. 有效提升国家治理体系和治理能力的现代化。国家治理体系和治理能力现代化的主要特征是实现法治,即全面依法治国。现代法治的核心在于规范公权力,保障私权利。民法典构建了完备的民事权利体系,完善了民事权利保护和救济规则,鼓励个人积极维护自身权利,有

---

〔16〕 李建国:《关于〈中华人民共和国民法总则(草案)〉的说明》(2017 年 3 月 8 日第十二届全国人民代表大会第五次会议)。

〔17〕《民法典》通过后,该法将终止。

利于规范公权。民法典的各项规则为各级政府依法行政明确了边界,国家机关要把民法典作为行政决策、行政管理、行政监督的重要标尺,不得违背法律法规随意作出减损公民、法人和非法人组织合法权益或增加其义务的决定,这必将有力推动政府治理能力的提升。另外,作为市民社会的一般私法以及百科全书,民法典通过合理的架构为民事活动提供各种基本准则,为交易活动确立基本的规则依据,为各种民事纠纷的预防和解决提供基本的遵循。《民法典》进一步强化私法自治,充分鼓励交易,维护交易安全。合同编从合同的订立到履行都强调了增进合同自由和私法自治这一宗旨,将有力调动市场主体从事交易的积极性。此外,民法典还有效地处理了个人与个人、个人与社会、个人与国家的关系,在对个人的保护中,同时强调对公共利益的维护,以实现个人和社会之间关系的平衡,必将推动社会共建共治共享、促进社会和谐有序。

3. 完善社会主义市场经济法律体系。社会主义市场经济本质上是法治经济。民法各项制度根植于市场经济的土壤,但其也反作用于市场经济,是市场经济有序发展的重要制度保障。我国《民法典》总则编所规定的诚实信用、公平原则等,确立了市场主体活动的基本原则,为诚信经济的建立提供了法律保障;民法总则中的民事主体就涵盖了市场主体;民事法律行为制度、代理制度为市场主体从事交易活动提供了巨大的便利;民法的物权制度、合同制度是市场经济最基本的规则,是支撑市场经济的两根最重要的法律支柱,民法的担保制度也为融通资金、繁荣经济、保障债权提供了有力的制度保障。编纂民法典不仅完善了市场经济基本的法律制度,而且有利于营造良好的营商环境,并充分调动民事主体的积极性和创造性、维护市场交易秩序和交易安全。[18]

4. 为实现人民群众美好幸福生活提供保障。民法典的要义是为民立法,以民为本。“人民的福祉是最高的法律”。编纂民法典,就是顺应人民群众对合法权益得到保护的新要求,形成更加完备、更加切实的民事权利体系,完善权利保护和救济规则,形成较为有效的权利保护机制,使人民群众享有更多、更直接、更实在的获得感、幸福感和安全感。我国《民法典》充分保障人民群众美好幸福生活,主要表现在以下几方面:第一,通过人格权编充分保障人格尊严。“保护人格权、维护人格尊严,是我国法治建设的重要任务”,[19] 例如,针对他人发送垃圾短信、垃圾邮件侵扰个人私人生活安宁的行为,《民法典》人格权编专门在隐私权部分规定了此种侵害隐私权的行为类型,并明确将个人私人生活安宁规定在隐私权之中,禁止非法进入、窥视、拍摄他人的住宅、宾馆房间等私密空间,非法拍摄、录制、公开、窥视、窃听他人的私密活动,非法拍摄、窥视他人身体的私密部位,有利于保障社会生活的安定有序(第 1033 条)。第二,民法典通过各项制度安排充分保障人民群众的物质生活需求。例如,《民法典》物权编新增的居住权制度,对于解决“住有所居”问题、保障个人的居住利益具有重要意义。再如,《民法典》合同编分则“典型合同”完善了租赁合同的规则,完善了优先购买权,新增加优先承租权(第 734 条),这对于稳定租赁关系、规范租赁市场秩序、保障承租人的居住利益具有重要意义。第三,民法典通过各项民事责任制度充分保障人民的合法权益。民法典通过各项规则守护百姓“舌尖上的安全”“车轮上的安全”“头顶上的安全”等财产和人身安全。

---

〔18〕 王晨:《关于〈中华人民共和国民法典(草案)〉的说明》(2020 年 5 月 22 日在第十三届全国人民代表大会第三次会议上)。

〔19〕 沈春耀:《关于民法典各分编(草案)修改情况和民法典(草案)编纂情况的汇报》,载《人民日报》2018 年 8 月 28 日。

5. 弘扬社会主义核心价值观。社会主义核心价值观是社会主义核心价值体系的内核，民法总则第一条开宗明义地指明，我国民法典的立法目的之一是，弘扬社会主义核心价值观。将社会主义核心价值观融入全过程，弘扬中华民族传统美德，强化规则意识，增强道德约束，倡导契约精神，弘扬公序良俗。[20] 民法典对于社会主义核心价值观的弘扬，主要表现在如下几个方面：第一，民法确认平等原则，强化了财产权的平等保护。这些都是法律面前人人平等原则的具体化，也是反对特权、反对歧视等社会现实的要求。第二，民法确认自愿原则，贯彻私法自治理念，贯彻了"法无禁止皆自由"的精神。这实际上进一步弘扬了自由的理念。第三，民法确认了诚实信用原则，要求从事民事活动遵循诚信原则，秉持诚实、恪守承诺，大力提倡契约精神。这有利于强化人们诚实守信、崇法尚德，有利于维护社会正常的生活和交易秩序。第四，民法确认了公序良俗原则，禁止滥用私权，强调行使民事权利必须履行民事义务，鼓励见义勇为和救助行为，致力于构建和睦的人际关系。第五，重视家庭的和睦，弘扬家庭美德，重视家庭文明建设，中华民族的传统美德就是敬老爱幼、重视治国齐家，重视家庭和睦和社会和谐，家庭成员应当敬老爱幼，互相帮助，维护平等、和睦、文明的婚姻家庭关系。

6. 为依法行政、公正司法提供基本遵循。民法典具有基础性和典范性，是公民权利保护的宣言书，是民事主体的行为准则、依法行政的基本依循，也是法院裁判民事案件的基本遵循。《民法典》对于依法行政、公正司法的作用还表现在：第一，资讯集中，方便找法。法典化的一个重要优势在于"资讯集中"。民法典的权威性和简化性，有助于"降低法律适用者搜寻成本，同时减少裁判恣意"。[21] 可以说，执法者、法官只要有一部民法典在手，并通过领略其规则和精神，就可以找到民事裁判的主要依据。第二，统一裁判依据。民法典的颁行可以保障法官裁判依据的统一性，正是因为法律适用具有一致性，法官的自由裁量权将在规范的约束下进行，保障法官平等地、统一地对不同案件作出判决，实现判决结果的可预测性，符合"类似情况类似处理"的要求，从而实现法的安定性。[22] 第三，提升执法和司法人员的能力。由于"法典集中了某一部分的所有法律规范，具有内在的体系性和完备性，从而容易为人所知晓其全部内容"，[23] 它不仅可以起到举一反三、触类旁通的效果，而且为通过法律解释来填补法典漏洞提供了制度性空间。民法典颁布后执法和司法人员能够真正学懂、弄通民法典的规则，就可以基本把握处理和裁判民事纠纷的基本规则，并能够形成体系化的思维方式处理民事纠纷。

二、我国民法典的体系

（一）大陆法系国家经典的民法典体系

民法典体系包括形式体系（外在体系）和价值体系（内在体系）两方面。[24] 形式体系，是指民法典的各编以及各编的制度、规则体系；价值体系，是指贯穿于民法典的基本价值，包括民法

---

〔20〕 李建国：《关于〈中华人民共和国民法总则（草案）〉的说明》（2017 年 3 月 8 日第十二届全国人民代表大会第五次会议）。

〔21〕 苏永钦：《民事立法与公私法的接轨》，北京大学出版社 2005 年版，第 51 页。

〔22〕 梁慧星：《中国民法典编纂的几个问题》，载《人民法院报》2003 年 4 月 30 日。

〔23〕 石佳友：《民法法典化的方法论问题研究》，法律出版社 2007 年版，第 33 页。

〔24〕 Vgl. Franz Bydlinski, *System und Prinzipien des Privatrechts*, Springer Verlag, Wien/New York, 1996, S. 48ff.

的价值、原则等内容。大陆法系国家的民法典历来以私法自治为价值体系展开。[25] 私法自治是指民事主体依法享有在法定范围内广泛的行为自由,并可以根据自己的意志产生、变更、消灭民事法律关系。凡是法律不加以禁止的领域,私法主体都可以实行意思自治,这就是所谓"法不禁止即自由"的法治理念。近几十年来,随着社会的发展和高科技的进步,民法的人文价值得到进一步发展,进入21世纪以来,尊重与保护人权已经成为整个国际社会的普遍共识。尤其是随着社会的发展,人格权和侵权行为已经成为民法新的增长点,这正凸显了人文关怀的价值。我国《民法典》不仅确立了私法自治的理念,而且以"关心人、培养人、发展人、使人之为人"作为立法的基本使命,尊重人的价值,尊重人的尊严,保护社会弱者利益,实现社会实质正义,从而彰显了人文关怀的精神。

就形式体系(外在体系)而言,从世界范围来看,大陆法国家具有两种具有代表性的民法典体系:

1. 罗马式,它是由罗马法学家盖尤斯(Gaius)在其《法学阶梯(institutiones)》一书中提出的,优帝编制法律时采用了这种形式,将民法分为人法、物法和诉讼法。这种三编的编纂体系被《法国民法典》接受。《法国民法典》剔除了其中诉讼法的内容,并把物法分为财产及对所有权的各种限制和取得财产的各种方法,从而明确规定了人法、财产法、财产权取得法等三编。瑞士、比利时、意大利等欧洲大陆国家民法采纳此种模式。[26] 但近几十年来,法国率先突破了自己的三编制体系,为适应金融担保的需要,单设了担保一编。

2. 德国式,它是罗马法大全中的《学说汇纂》所采用的体例,该体系是潘德克顿(Pandekten System)学派在注释罗马法特别是在对《学说汇纂》的解释的基础上形成的。该体系把民法典分为五编:总则、债法、物权、亲属、继承。[27] 其通过"提取公因式"的方式规定了总则,规定民法共同的制度和规则,在民事权利中区分了物权和债权,把继承单列一编,从而形成了较为完整、明晰的体系。大陆法系很多国家与地区都接受了德国式民法典体系,如日本、泰国、韩国、葡萄牙、希腊、俄罗斯等国家以及我国台湾地区、澳门特别行政区。不过,日本在继受德国式时,采纳了萨克逊式体例,将物权置于债权之前。[28]

应当看到,最近几十年来制定的民法典,如《荷兰民法典》《魁北克民法典》等,都采取了与德、法民法典有所不同的体例安排。总体来说,民法典体系虽然反映了民法的发展规律,但也要根据本国的法律传统、现实需求而相应地发展变化。不存在一成不变、普遍适用于各国的民法典体系。比如,《荷兰民法典》就根据其海运发展的现实需要而单设运输一编,而《魁北克民法典》出于保障债权的需要而单独设立了"优先权和抵押权"一编。

虽然这两大体系对大陆法系各国民法典的影响很大,但由于五编制的最突出特征在于通过提取公因式的方法抽象出了总则,减少了重复的规定或定义,[29] 避免立法中的"叠床架屋",因此大陆法系许多国家与地区都接受了德国式民法典体系。在我国,自清末变法以来,对德国

---

〔25〕 意思自治与私法自治基本上是同义语。但两者有一定的区别,意思自治与私法自治的关系表现在:前者是后者的重要组成部分,但不完全等同。因为私法自治是私法领域中的最基本原则,而私法既包括民法、商法等实体法,也包括民事诉讼法、仲裁法等程序法。而意思自治是民事实体法中的基本原则。所以意思自治应当包括在私法自治的内容之中。

〔26〕 郑玉波:《民法总则》,中国政法大学出版社2003年版,第40页。

〔27〕 Savingny, *System des heutigen römischen Rechts*, Bd. 1, S. 401ff.

〔28〕 郑玉波:《民法总则》,中国政法大学出版社2003年,第40页。

〔29〕 [德]哈里·韦斯特曼:《德国民法基本概念》,张定军等译,中国人民大学出版社2013年版,第10页。

民法的继受成为我国民事立法与理论研究的主流。中华民国的民法典更是深受《德国民法典》的影响，如梅仲协先生就曾指出："现行民法采德国立法例者十之六七，瑞士立法例十之三四，而法日苏联之成规，亦尝撷一二。"[30]

作为世界上最新的民法典，我国《民法典》固然借鉴了其他民法典的成功经验和做法，但更注重回应社会现实需求和体现时代发展特色，产生了不少亮点。其中，最令人瞩目的是民法典体系的创新，即在系统总结我国立法和司法实践经验的基础上，我国《民法典》采用的是七编制体例，将总则置于各编之首，统领分编；将物权、合同、人格权、婚姻家庭、继承五编并列，用以完整保护民事主体的各项权利；将侵权责任编置于最后，作为民事权利救济规范的集合。这种体系创新使我国《民法典》不同于世界上其他任何一部民法典，是我国《民法典》对世界范围内民事立法作出的重大贡献，也是我国《民法典》屹立于世界民法典之林的牢固基础。

（二）我国民法典的体系

我国《民法典》采取了七编制体例，即由总则、物权、合同、人格权、婚姻家庭、继承、侵权责任七编构成。具体而言：

1. 总则编。《民法典》总则编分为十章，具体包括"基本规定""自然人""法人""非法人组织""民事权利""民事法律行为""代理""民事责任""诉讼时效""期间计算"。民法总则作为民法典的奠基部分，主要包括普遍适用于民商法各个部分的基本规则，它统领整个民商立法，因而构成民法典中最基础、最通用，同时也是最抽象的部分。《民法典》总则编以《民法通则》为基础，确立了私法主体的平等地位，注重保障人的人格尊严，弘扬私法自治，强化私权保障理念。民法典之所以被称为"民事权利的宣言书"，正是因为民法总则确立的完整的权利保障体系在各分编得以充分展开。《民法典》总则编所广泛确认的人格权、物权、债权、知识产权、亲属权、继承权等权利，为各分编的制定提供了线索，决定着《民法典》的体系安排。

2. 物权编。依据《民法典》第205条规定，物权编是调整有关因物的归属和利用而产生的民事关系的规范，该编共计258条，其内容分为五个分编，包括通则、所有权、用益物权、担保物权和占有五个分编。我国物权编的体系包括如下内容：(1)通则，所谓通则，是指物权的一般规则和共同规则。(2)所有权制度。物权编第二分编规定了所有权，在所有权一编中，共分为一般规定、国家所有权和集体所有权、私人所有权、业主的建筑物区分所有权、相邻关系、共有、所有权取得的特别规定。(3)用益物权制度。《民法典》物权编第三分编规定了用益物权。在用益物权一编中，规定了一般规定、土地承包经营权、建设用地使用权、宅基地使用权、居住权、地役权。此外，还规定了海域使用权、探矿权、采矿权、取水权和养殖捕捞权等准用益物权。(4)担保物权制度。《民法典》物权编第四分编规定了担保物权。在该编中，规定了一般规定、抵押权、质权、留置权。担保物权设定的主要目的是担保债权的实现，尤其是合同之债的履行。(5)占有制度。《民法典》物权编第五分编规定了占有制度。我国物权编以专章的形式（第五分编第20章）对占有作出规定，对于保护财产既存关系、维护财产秩序具有重要意义。

3. 合同编。合同编是调整有关合同的订立、履行、保全等法律关系的规范，该编共计526条，在民法典中超过1/3，其内容分为通则、典型合同和准合同三个分编：第一分编为通则，通则是关于合同的一般规则，或者说是所有典型合同共同适用的规则，也就是合同法的总则，其主要规范合同的订立、合同的效力及合同的履行、保全、变更和转让、终止、违约责任等问题。第

[30]　梅仲协：《民法要义》，中国政法大学出版社1998年版，初版序言。

二分编为典型合同,所谓典型合同,也就是有名合同,合同编一共规定了十九种典型合同,包括买卖合同,供用电、水、气、热力合同,赠与合同,借款合同,保证合同,租赁合同,融资租赁合同,保理合同,承揽合同,建设工程合同,运输合同,技术合同,保管合同,仓储合同,委托合同,物业服务合同,行纪合同,中介合同,合伙合同。第三分编是准合同。在该分编中,规定了无因管理、不当得利制度,严格地说,这些内容都属于传统债法的内容,本不应当规定在合同编,但由于我国民法典没有设置独立的债法总则,而合同编在一定程度上又发挥了债法总则的功能,所以将这些法定之债的内容作为准合同,规定在合同编之中。

4. 人格权编。人格权编共计 51 条,其内容分为六章,即一般规定,生命权、身体权和健康权,姓名权和名称权,肖像权,名誉权和荣誉权,隐私权和个人信息保护。该体系由人格权编总则与分则两部分构成:一是总则。它是关于人格权基本规则的规定,集中在第一章一般规定中,确立了人格权一般性、共通性的法律规则。二是分则。《民法典》人格权编从第二章到第六章都是对具体人格权的详细规定,具体人格权是按照物质性人格权和精神性人格权具体展开的。人格权编通过总分结构的设计安排,构建了人格权制度的完整体系。

5. 婚姻家庭编。婚姻家庭编是调整婚姻关系和家庭关系的法律规范的总和,我国婚姻家庭编是在原《婚姻法》《收养法》的基础上经过修改、补充而形成的,其共分为五章,具体包括一般规定、结婚、家庭关系、离婚、收养,共计 79 条。该编的特点在于:以婚姻关系为核心调整婚姻关系,同时也调整家庭关系,注重树立优良家风,弘扬家庭美德,重视家庭文明建设,保持了中华民族传统的尊老爱幼、家庭和谐等优良传统美德,该编既注重保护家庭成员的权利,也注重家庭成员义务的履行和保障。

6. 继承编。继承编主要调整因为财产继承而产生的民事关系,该编一共分为四章,即一般规定、法定继承、遗嘱继承和遗赠、遗产的处理,共计 45 条。该编的特点在于:一方面,为落实宪法关于保护继承权的规定,该编强化了对私有财产的延续性保护,全面保障继承权。对遗产的概念较之以往更为抽象、概括,保持了遗产范围的开放性,更有利于财产权的保护。另一方面,该编注重弘扬社会主义核心价值观,维护家庭成员的和睦、和谐,鼓励家庭成员之间的相互扶助。在遗产分配中,不限于血缘关系,也注重家庭成员之间的相互扶养。该编不仅强化继承权的男女平等,而且也强调家庭成员之间的平等,同一顺序的继承人,原则上是平等的。此外,该编尊重遗嘱自由,强化遗嘱自由原则的保障和贯彻,取消了公证遗嘱的绝对效力,增加了打印和录像遗嘱两种遗嘱形式。

7. 侵权责任编。民法典侵权责任编共分为十章,总计 95 条,该编是按照“总则 + 分则”的模式构建其自身的体系。总体来说,我国民法典侵权责任编的分则体系是按照如下两条线索构建的:第一,归责原则的特殊性。即适用过错推定责任的侵权行为(如机动车交通事故责任和物件损害责任)、适用严格责任展开的侵权行为(如产品责任、环境污染责任、高度危险责任以及饲养动物损害责任),规定在分则中。第二,责任主体的特殊性。侵权责任编第三章所包括的各类侵权行为,具有责任主体的特殊性,表现在“侵权行为实施主体和侵权责任承担主体的分离”。在这些侵权类型中,当某一行为人实施侵权行为之后,非致害行为实施者需要对他人行为承担责任,就产生了所谓的替代责任或转承责任(vicarious liability),并在此基础上构建了侵权责任法体系。

我国《民法典》七编制的模式既借鉴了大陆法系国家民法典的经验,又为了回应当代中国的实践需要和时代需要而进行了体例上的创新,主要表现在:第一,以民事权利为中心而构建起来的，即由物权、合同债权、人格权、婚姻家庭中的权利（亲属权）、继承权以及对权利进行保护的法律即侵权责任编所构成。这表明我国民法典本质上是一部权利法，民法典分编通过全面保障民事权利，全面体现和贯彻了法治的价值。与五编制相比，七编制的权利体系更完整，既全面囊括了物权、债权、婚姻家庭中的权利（亲属权）和继承权，还对人格权进行了体系化的规范。第二，体系的重大创新。这些创新体现在人格权独立成编、侵权责任独立成编以及合同编通则发挥债法总则的功能。第三，民法典的体系是以从权利到救济而展开的。民法典各分编分别规定各项权利制度之后，又规定侵权责任制度。在七编制下，首先确认了各项基本的民事权利，最后规定了保护权利的侵权责任编，因此，我国民法典的整体框架思路是从"确权"到"救济"，始终以权利为中心来构建民法体系。第四，民法典各编自成体系，其主要是按照总分结构来构建的。这些创新充分体现了我国民法典的中国特色、实践特色和时代特色。

第四节　民法的性质

一、民法是私法

公法和私法的区分最初由罗马法学家乌尔比安提出，并被《学说汇纂》所采纳。关于公法和私法的分类标准极不统一，主要存在三种不同的划分标准：第一，利益说，即根据法律保护的利益涉及的是公共利益还是私人利益区分公法和私法。此种标准最初为乌尔比安所倡导。第二，隶属说，也称为"意思说"，此种观点为德国学者拉邦德倡导，他认为应根据调整对象是隶属关系还是平等关系来区分公、私法，公法的根本特征在于调整隶属关系，私法的根本特征在于调整平等关系。第三，主体说，该说由德国学者耶律内克所倡导。此种观点认为，应当以参与法律关系的各个主体为标准来区分公法和私法，如果这些主体中有一个是公权主体，即法律关系中有一方是国家或国家授予公权的组织，则构成公法关系。该学说为现代公法、私法划分的通说。

20世纪以来，由于国家干预经济的加强，传统的私法中渗进了公法的因素，出现了私法公法化的现象，公法中的义务介入私法领域，对民事权利构成了一定的限制。据此，很多学者认为，公法和私法发生了部分的融合，不应当再区分所谓的公法和私法，并认为民法即私法的观点已难成立。

上述各种分类标准都是相对合理的，不可能存在一种绝对合理的划分标准。应当将社会关系的性质和主体的性质结合起来，作为区分公法和私法的标准。从原则上说，凡是平等主体之间的财产关系和人身关系都属于私法关系，而具有等级和隶属性质的关系属于公法关系；私法关系的参与主体都是平等主体，国家也是作为特殊的民事主体来参与的，而公法关系中必然有一方是公权主体，其参与社会关系也仍然要行使公权力。

在我国，区分公法和私法的意义是重大的。长期以来，我国一直否认公法、私法的划分，认为在社会主义公有制下，国家广泛参与社会生活，经济关系和人身关系都有国家干预的色彩，所以社会主义国家的法律都具有公法性质，而不存在私法。这种观点显然是计划经济的反映，导致在实践中过分强调国家利益和国家干预，漠视了私人利益和私人自主调整。此种否认公法、私法分类的观点显然不符合我国社会主义市场经济的实践，也不利于社会主义民主法治的

完善。区分公法、私法的意义主要体现在以下方面:

1. 由于民法是私法,因此,要贯彻私法自治原则,赋予民事主体广泛的行为自由,并使当事人之间的合法约定能够具有优先于任意法适用的效力。按照私法自治原则,民事主体有权在法定的范围内根据自己的意志从事民事活动,通过法律行为构建其法律关系。在市场经济条件下“尽可能地赋予当事人行为自由是市场经济和意思自治的共同要求”。[31] 民事关系特别是合同关系越发达、越普遍,则意味着交易越活跃,市场经济越具有活力,社会财富才能在不断增加的交易中得到增长。私法不仅给每个人提供了必要的发展其人格的可能性,而且由私法赋予的决策自由往往对主体而言更为有利。[32] 在纠纷发生后,如果涉及私法关系,产生的就是私法上的后果,即当事人个人之间的责任;如果涉及公法关系,则产生个人对国家如何负责的问题。[33]

2. 在公法领域中,公共权力必须法定,“法无授权不可为”,没有国家法律的明确授权,公权力机关就不得任意行为。而在私法领域,奉行私法自治的理念,法无禁止即可为,其赋予了当事人广泛的自由。这两项原则也符合“规范公权、保障私权”的法治理念。

3. 有助于正确认定法律责任的性质。出现社会纠纷以后,如果涉及私法关系,产生的就是私法上的后果,即当事人之间的责任;如果涉及公法关系,则产生个人对国家如何负责的问题。[34] 私法规范的是民事法律关系,而公法主要规范行政法律关系。私法强调对公民、法人的合法民事权利的保护,充分尊重民事主体在法定的范围内所享有的行为自由,尊重民事主体依法对自己的民事权利和利益所作出的处分,[35]而公法则更注重对民事关系的干预和对社会经济生活的管理。

4. 有助于明确民法规范的基本属性。明确民法为私法,就是要在民法中尤其是在合同法中尽量减少强行性规范,努力扩大任意性规范的数量。在民法中,原则上当事人有约定时依约定,无约定时则依法律规定,当事人的约定要优先于法律的任意性规定而适用。我国民事立法中要尽量减少有关国家行政机关的管理规则,减少对当事人从事合法的民事行为所施加的限制。有关对民事关系进行限制和干预的规则应由公法而不是由民法予以规定。

最后需要指出的是,民法只是私法最主要的部分,不完全等同于私法。或者说,民法是私法的核心部分。[36] 除民法之外,国际私法等也应当属于私法的组成部分。

二、民法是市场经济的基本法

从民法的内容来看,民法调整的财产关系实际上主要就是财产归属关系和财产流通关系。在市场经济条件下,财产归属关系是财产交易的前提,而交易的最终目的也是财产的归属转换。马克思在描述商品交换过程时指出:“商品不能自己到市场去,不能自己去交换。因此,我们必须找寻它的监护人,商品占有者……为了使这些物作为商品彼此发生关系,商品监护人必须作为有自己的意志体现在这些物中的人彼此发生关系,因此,一方只有符合另一方的意志,也就是说,每一方只有通过双方共同一致的意志行为,才能让渡自己的商品,占有别人的商品。

---

〔31〕 江平、张礼洪:《市场经济和意思自治》,载《中国法学》1993 年第 6 期。

〔32〕 [德]迪特尔·梅迪库斯:《德国民法总论》,邵建东译,法律出版社 2000 年版,第 14 页。

〔33〕 谢怀栻:《外国民商法精要》,法律出版社 2002 年版,第 51 ~ 52 页。

〔34〕 谢怀栻:《外国民商法精要》,法律出版社 2002 年版,第 51 ~ 52 页。

〔35〕 梁慧星:《民法总论》,法律出版社 1996 年版,第 29 页。

〔36〕 [德]卡尔·拉伦茨:《德国民法通论》(上册),王晓晔等译,法律出版社 2003 年版,第 8 页。

可见,他们必须彼此承认对方是私有者。”[37]这就表明商品关系的形成必须具备三个条件:一是必须要有独立的商品“监护人”(所有者);二是商品交换者必须对商品享有所有权;三是商品交换者必须意思表示一致。这就是在交换过程中形成的商品关系的内在要求,与此相适应,形成了以调整财产所有和财产交换为目的,由民事主体、物权、债和合同等制度组成的具有内在联系的民法体系。民法就是按照市场经济的内在要求来构建的,符合市场经济的基本运行规律。

由于民法是市场经济的基本法,我国实行民商合一的立法体例,因此,市场主体从事各种活动,应当遵循民法的基本规则,我国《民法典》所确认的意思自治、合同自由、诚实守信等价值理念将成为市场经济的基本准则。《民法典》所确认的平等保护财产权、人身权等原则、规则,也激活了市场主体的活力,维护了交易安全和秩序,保障了市场经济的正常运转。《民法典》还构建了完善的合同制度、担保制度,既是市场交易的基本准则,也是市场经济有序发展的根本保障。如果我们要确认我国的经济是以平等、等价和自由竞争、由市场引导生产要素自由流转和组合的市场经济,那么就应当充分贯彻意思自治、诚实信用、鼓励交易、公平正义等价值理念,尽量减少国家对经济生活的干预,加强对民事主体权利的保障。所以,市场经济的成熟在很大程度上是以民商事规则的成熟为标志的。

三、民法是市民社会的基本法

市民社会(civil society),原指随着西方现代化的社会变迁而出现的,与国家相分离的社会自组织状态。现代社会中的每个社会成员,既是市民社会的成员,也是国家的公民,其以市民社会成员的身份与他人形成各种民事关系以实现自己的权利,必然要求获得民法上的保护。正是从这个意义上说,民法是市民社会的权利典章,是市民社会中民事权利的保护神,[38]而市民社会的关系都要求通过民法的调整来实现市民社会的正常秩序。民法作为市民社会的基本法,其所调整的人身关系和财产关系涉及社会生活的方方面面,直接关系到人民群众的切身利益和社会的生产生活秩序。

民法典作为市民生活的百科全书,将人民生活所形成的法律关系作为调整对象,完整覆盖了社会生活的各个方面。民法典直接关系人民群众的切身利益和社会的生产生活秩序,与每个人的生活息息相关,实现对人“从摇篮到坟墓”各个阶段的保护,每个人都将在民法慈母般爱抚的眼光下走完自己的人生旅程。例如,在司法经验的基础上,《民法典》侵权责任编中新增了“人格物”的保护规则,规定了侵害人格物的精神损害赔偿,其中就包括了对人体生殖细胞的法律保护规则。民法典强化人文关怀,对未成年人、精神障碍者等弱势群体,民法典通过监护等制度充分保护其合法利益。民法典也对妇女群体进行特殊保护,禁止家庭暴力,禁止性骚扰。此外,民法典还对老年人群体进行特殊保护,规定了成年监护、居住权、生命尊严等制度,其中,生命尊严能充分体现临终关怀,据此未来可建立生前预嘱等制度,从而确保人在生命的所有阶段都能充分享有尊严。

四、民法是权利法

民法典是全面保障私权的基本法,其立法宗旨就是“保护民事主体的合法权益”,故其是权

---

〔37〕［德］马克思、恩格斯:《马克思恩格斯文集》(第2卷),中共中央马克思恩格斯列宁斯大林著作编译局编译,人民出版社1995年版,第142～143页。

〔38〕胡宝海、王晓君:《民法上的人》,中国社会科学出版社1999年版,第3页。

利法,是权利保护法,是私权保障的宣言书,其核心功能是确认和保障私权。私权的保障彰显了人民的根本利益,是确保人民群众享受美好生活的前提和基础,更是促进人民群众追求美好生活的动力。因此,民法典通过保障民权,旨在实现人民的福祉,确保人民的美好幸福生活,为法治社会奠定基础。

我国《民法典》以民事权利的确认与保护为核心,民事权利的保护既是民法典的出发点,也是其落脚点。我国《民法典》的总则编是按照“提取公因式”的方法,将民事权利及其保护的共性规则确立下来。其中,有关自然人、法人和非法人组织的规定,构成了民事权利主体的法律规范;有关民事权利的规定,构成了民事权利的具体内容、体系以及行使方式的法律规范;有关民事法律行为和代理的规定,确认了民事权利行使所形成的法律关系;有关民事责任的规定,是因侵害民事权利所应承担的民法后果;有关诉讼时效和期间的规定,是民事权利行使的时间限制。《民法典》的分则各编是由物权、合同债权、人格权、婚姻家庭中的权利(亲属权)、继承权以及对权利进行保护的侵权责任编所构成。这表明民法典既确认了个人享有各项具体民事权利,确定这些权利的具体内容和边界,使个人能够积极行使和主张权利,同时,在权利遭受侵害后,民法典又建立了救济体系,充分保障民事主体的合法权益。

我国《民法典》在民事权利保障方面具有如下特点:一方面,在体系安排上,《民法典》各分编先列举物权、合同、人格权、婚姻家庭中的权利以及继承权,最后以侵权责任编结束和兜底,其体系构建整体上坚持了从权利到救济的思路。另一方面,我国《民法典》所保护的民事权益范围具有开放性,其不仅构建了完整的民事权利体系,而且还保护各种新型的利益,扩张了民事权益的保护范围,保持了民事权益保护范围的开放性,适应了社会生活发展的需要。此外,《民法典》提供了较为完整的救济措施和损害预防手段,总则编第 179 条规定了 11 种责任承担方式,用各种责任形式保护民事权利。在侵权责任编中,《民法典》第 1167 条确认了预防性的责任承担方式,除此之外,又在侵权责任编第二章“损害赔偿”中全面规定了损害赔偿责任,其中包括了侵害财产权、侵害人身权的损害赔偿责任,损害赔偿又具体包括了财产损害赔偿、精神损害赔偿以及惩罚性赔偿。除侵权责任外,《民法典》还在物权、人格权等编中规定了独特的物权请求权、人格权请求权,这就形成了绝对权请求权与侵权责任编中的损害赔偿请求权的有效衔接。

五、民法是人法

21 世纪是权利的世纪,是弘扬人格尊严和维护人的价值的世纪。当今世界,尊重与保护人权已经成为国际社会的共识,并成为当代法律关注的重点,对人的尊重和保护被提升到前所未有的高度。“在民法的慈母般的眼里,每一个个人就是整个的国家”。[39] 我国《民法典》充分反映这样的时代精神,全面彰显人文关怀精神,成为充分关心人、爱护人、保障人的尊严的法律。我国民法之所以是人法,主要表现在:

1. 强化了对个人人格尊严的保护,人格权之所以独立成编,主要目的就是维护个人的人格尊严。人格权编规定各项具体人格权,都是为了维护个人的人格尊严;同时,人格权编规定一般人格权,以人格尊严作为认定人格利益的标准,主要也是为了维护个人的人格尊严。

2. 民法典在维护形式正义的前提下,也注重对弱势群体的关怀,强化了对妇女、儿童、消费者等弱势群体的保护,注重对这些弱势群体的关爱,其目的在于维护实质正义。例如,民法典

---

〔39〕［法］孟德斯鸠:《论法的精神》(下册),张雁深译,商务印书馆 1997 年版,第 190 页。

合同编确认了强制缔约、对格式条款的规制等一系列规则，也是考虑到了相关主体缔约能力的不足，体现了对消费者的倾斜保护。因此通过法律的强制性规定实现合同的实质正义。

3. 对未成年人的保护。我国《民法典》充分体现未成年人利益最大化原则。例如，在监护制度中，监护人履行监护职责必须以被监护人利益最大化为原则。再如，《民法典》在规定收养的条件时，要求收养人不得有犯罪记录等，也是为了保护未成年人的利益。此外，在婚姻家庭和继承关系中，《民法典》也注重保护胎儿、未成年人的利益。例如，在离婚制度中，在子女抚养方面，《民法典》要求法院要以有利于未成年子女的原则作出判决。再如，《民法典》总则编与继承编对胎儿的继承利益作出了规定，要求为胎儿保留继承份额等，这些都体现了对胎儿、未成年人利益的保护。

六、民法主要是实体法

按照法律规定的内容不同，可将法律分为实体法与程序法。实体法一般是指规定主要权利和义务（或职权和职责）的法律，程序法一般是指保障权利和义务得以实施的程序的法律。[40] 一般认为，民法是实体法，民事诉讼法是程序法。从我国《民法典》的内容来看，其也主要是实体法规范。当然，民法典作为实体法，既是行为规范，又是裁判规则。民法典主要是行为规范，但也不限于行为规范，例如，民法关于权利能力的规定等就不是行为规范。民法典作为行为规范主要具有两个方面的功能：一是确立交易规则；二是确立生活规则。也就是说，一方面，民法典作为交易规则，为交易当事人从事各种交易行为提供明确的行为规则，使其明确自由行为的范围、逾越法定范围的后果和责任，从而对其行为后果产生合理预期。另一方面，民法典作为社会生活的规则，它是人们长期以来生活习惯的总结，确立了人与人正常交往关系的规范，是社会公共道德和善良风俗的反映。按照民法的规则行为，有助于建立人与人正常和睦的生活关系，维护社会生活的和谐与稳定。

民法典也是司法机关正确处理民事纠纷所要依循的基本准则。“民法属于行为规范，对于此种规定如不遵守，而个人相互之间惹起纷争时，就得向法院诉请裁判，此时法院应以民法为其裁判之准绳。”[41] 民法典为司法裁判提供了一套基本的体系、框架、规范和术语，力求通过法律的制定使整个司法过程都处于法律的严格控制之下。此外，民法典也对法官行使的自由裁量权作出了必要的限制。在民法中，裁判规范也可以分为两类：一类是具体的裁判规则，如《民法典》第 50 条关于在何种情形下，人民法院可以撤销死亡宣告的规定；另一类就是授予法官自由裁量权的基本规则和一般条款。在现代社会，法官不得以法无明文规定而拒绝接受对民事案件的裁判，也不得以法律规定不明确而拒绝援引法律条文。就民事案件的裁判而言，法官所应依据的基本规则就是民法典。

---

〔40〕 沈宗灵主编：《法理学》，高等教育出版社 1994 年版，第 332 页。

〔41〕 郑玉波：《民法总则》，中国政法大学出版社 2003 年版，第 15 页。

第五节 民法与其他法律部门的关系

一、民法和宪法

宪法是国家根本大法,是社会主义法律体系的基础,宪法与民法虽然是两个不同的法律部门,但两者之间也存在密切的联系,作为国家根本法的宪法,是民法的制定依据,尤其是宪法关于公民基本权利的规定是民事权利的上位法依据。因此,我国《民法典》在第1条开宗明义地规定"根据宪法,制定本法",这一规定包含如下含义:一方面,表明宪法具有最高的法律效力,民法典的规范不得与宪法的规定相抵触。在我国,宪法是国家的根本大法,是治国安邦的总章程,是保障国家统一、民族团结、经济发展、社会进步和长治久安的法律基础。要维护法制的统一,首先必须保障宪法的实施,维护宪法的权威。〔42〕同时,宪法对于民法的解释、适用也具有重要的指导意义。在我国,虽然宪法尚不具有可司法性,法官也不能直接援引宪法裁判民事案件,但在司法实践中,法官仍然可以以宪法规范作为价值指导,选择适用民法裁判规则,并对民法规范进行合宪性解释,也可以援引宪法作为论证依据。另一方面,民法典规范的价值和效力来源于宪法规定。〔43〕这就是宪法学者所说的"法源法定"。在《民法典》编纂过程中,相关规则的设计应当立足于宪法文本,遵守宪法的规定。〔44〕我国《宪法》第5条规定:"一切法律、行政法规和地方性法规都不得同宪法相抵触。"这也表明,民法典的制定必须符合宪法的原则和精神。此外,民法作为重要的法律部门,其具有贯彻宪法规则与原则的作用,例如,民法通过保护民事主体的各项人格权益,有利于落实宪法关于人格尊严保护的规定,进一步丰富和发展宪法的规则,并且为宪法的合宪性审查提供具体的参考标准。

但作为两个不同的法律部门,民法和宪法也存在较大的区别:

第一,性质不同。宪法本质上是公法,民法属于私法。宪法主要规制国家机关的行为,而民法主要规范私主体的行为。〔45〕宪法所建立的法秩序不同于民法。宪法规范国家机构的设置,国家机关的权力和义务,其中虽然会涉及个人的权利和利益,但并不直接。而民法所建构的法秩序则主要包含平等私主体之间的关系,与个人的权利和利益直接相关。

第二,调整对象和调整方法不同。宪法主要调整国家和公民之间的关系,而民法则是调整平等主体之间财产关系和人身关系的法律。因为这一原因,所以并非所有宪法上的权利都可以转化为民事权利,也并非所有的民法问题都涉及宪法,因为宪法基本权利大多是公法上的权利。而民法典所保护的权利仅限于私权,而不包括所有的公法上的权利。〔46〕

第三,义务的性质不同。宪法义务虽然对公民也有约束力,但宪法所设定的许多义务主要是针对国家的,并不能直接规制公民的行为,而是要求国家机关制定相关的法律法规,为公民

---

〔42〕 胡康生:《学习宪法 忠于宪法 维护宪法权威》,载《中国人大》2009年第5期。

〔43〕 韩大元:《由〈物权法(草案)〉的争论想到的若干宪法问题》,载《法学》2006年第3期。

〔44〕 叶海波:《"根据宪法,制定本法"的规范内涵》,载《法学家》2013年第5期。

〔45〕 赵万一:《从民法与宪法关系的视角谈我国民法典制订的基本理念和制度架构》,载《中国法学》2006年第1期。

〔46〕 王泽鉴:《民法学说与判例研究》(第2册),台北1996年自版,第218页以下;孙森焱:《民法债编总论》(上),台北1979年自版,第210页。

的行为规范提供法律依据。基于宪法的保护义务,相应的国家机关有义务依据宪法所规定的基本权利制定具体的法律法规,在部门法的层面对基本权利提供充分保护。而民法所设定的义务主要是针对民事主体,每个民事主体都负有遵守的义务。基于这一原因,民事主体违反民法义务时并不一定导致其违反宪法义务。

第四,涉及的范围不同。宪法的调整范围涉及多个法律部门,并不仅仅局限于民法。一方面,宪法所确定的权利并不仅仅涉及民事领域,一些权利也无法都转化为民事权利,一般而言,只有那些体现了特定主体的私益、具有私法上可救济性的权利,才有必要具体化为民事权利。例如,《宪法》所确认的公民所享有的宗教信仰自由就应当通过行政法予以保障,无法转化为民事权利。再如,《宪法》所确认的公民所享有的劳动的权利,就主要应当通过社会法予以保障。另一方面,宪法所确认的权利需要多个部门法共同予以保障,而不能仅靠民法。例如,在国家公权力机关违法行使权力侵害公民依据宪法上享有的财产权和人身权时,则必须通过《行政诉讼法》和《国家赔偿法》的规定给予保护。再如,如何防止个人数据信息被泄露,保护公民的通信秘密,还需要国家通过制定《个人信息保护法》等规定加以贯彻落实。

二、民法和行政法

行政法就是国家通过各级行政机关管理国家政治、文化、教育、劳动人事、卫生等事务的法律规范的总和,是规范国家机关行为并发挥其组织、指挥、监督和管理职能的法律形式。行政法是我国法律体系中的一个重要部门。

在采用公、私法划分形式的国家中,行政法属于典型的公法,与作为私法的民法在理论上是完全不同的。行政法调整一定的行政关系,这种关系与民法调整的一定范围的财产关系和人身关系是不同的,表现在:

1. 行政关系主要是根据国家意志产生的,国家对各个领域的组织、指挥、监督和管理都体现了国家权力的运用,而民事关系主要是基于民事主体的自主自愿而产生的。

2. 在行政关系中,必有一方是国家行政管理机关。任何行政关系都是在国家行政管理活动中产生的。而民事关系的主体主要是公民和法人,国家只是在例外的情况下才成为民事主体。

3. 行政关系具有隶属性。在行政关系中,国家行政管理机关处于领导者和指挥者的地位,并以自己的意志规定另一方主体的行为,而另一方则处于被领导的地位,故行政关系是按照指令和服从原则建立起来的隶属关系。而民法调整的社会关系是平等主体之间在等价有偿、平等互利的基础上形成的。

4. 行政法和民法的调整方法是不同的。民法具有任意性,民法中的大多数规范,特别是债和合同法规范多是任意性规范,当事人的意思可在合法的前提下优先于任意法而适用。而行政法多为强行法,一般不允许第三人通过协商来改变法律的规定。

5. 行政权和民事权利的性质不一样。其表现为:一方面,在行政关系中,行政机关所享有的行政权是由国家授予的,直接体现着国家的意志和利益。行政权往往与行政机关的职责密切联系,并且与特定的主体不可分离。而民事权利一般是与权利人本身的意志和利益相联系的,大多数民事权利可以依法由权利人放弃、转让和继承。另一方面,行政权从内容上来说,通常体现的是一种国家或社会利益,而民事权利主要体现的是民事主体的私人利益。行政权必须依法行使,而就民事权利而言,权利人依法可以行使,也可以不行使,其不行使权利一般不应承担任何责任。还要看到,行政权本身具有国家强制性。当主体另一方不履行法定义务时,行政机关可依据其权力,强制义务人履行义务。而在民事关系中,当义务人不履行义务时,权利人一般只能通过民事诉讼或仲裁的程序请求司法或仲裁机构处理和解决纠纷,促使义务人履行义务。

三、民法和经济法

"经济法"一词具有双重含义:一是指调整经济关系的所有经济法律规范,在这个意义上使用的经济法概念通常又称为经济立法;二是指调整特定的经济关系的法律部门,即作为独立的法律部门的经济法。在这个意义上所说的经济法,就是国家行政权力作用于经济领域,国家行政机关对国民经济实行组织、管理、监督、调节的法律规范的总称,它主要调整纵向的、具有行政隶属特征的经济管理关系。从这个意义上说,经济法也称为经济行政法。〔47〕经济法和民法在调整对象上的主要区别在于:

1. 经济法调整的经济管理关系是国家在管理经济活动中所产生的关系,其内容包括计划、组织、调节、监督等多方面。由于这种关系主要发生在有隶属关系的上下级之间,所以也称为纵向的关系。而民法的调整对象主要是发生在平等主体之间的财产关系和人身关系,民法不仅调整经济关系,也调整非经济关系,民法调整的社会关系的主要特点在于其平等性。

2. 经济法调整的经济管理关系是按指令和服从原则建立起来的行政隶属关系,所以经济法规范大多是强行性规范,违反该规范所产生的责任大多是行政责任。而民法的调整对象是民事主体之间在平等协商基础上建立起来的平等关系,故民法以任意性规范为主,违反民法的规定主要产生民事责任。由此决定了经济法主要采取指令和服从的调整方法,而民法主要采取意思自治的调整方法。

3. 经济法调整的经济管理关系是以社会需要为宗旨的关系,它主要调整的是市场主体的利益与国家利益、公共利益的冲突,其目的在于维持良好的市场秩序,实现特定的公共政策。而民法主要调整民事主体之间的关系,目的在于保护单个民事主体的合法权益。

四、民法和社会法

社会法是调整因个人基本生活权利保障而衍生的相关社会关系的法律规范总称。社会法是近几十年来发展起来的、跨越公法和私法的法律部门,其内容主要包括劳动法、社会保障法、社会救助法等法律。社会法以保护社会大众和弱势群体为宗旨,在缓和社会矛盾、维护社会稳定方面发挥着重要的作用。民法与社会法之间具有密切联系:一方面,二者都强调对弱势群体的保护。随着民法人文关怀精神的彰显,其越来越强调对人的保护,其与社会法一样,都强调对社会弱势群体的保护。另一方面,二者在功能上具有一定的互补性。社会法强调对人的保障,注重维护社会稳定,民法尤其是侵权法注重对受害人的救济,在民法无法为受害人提供充分的救济时,社会法可以对受害人提供补充性的保护。

社会法和民法的主要区别在于:

1. 从法律性质上说,民法是私法,以维护民事主体的私人利益为主要目标。尽管现代民法已经从个人本位向社会本位演进,为了维护社会公共利益也加强了对私人关系的干预,但毕竟民法维护的主要还是私人利益。而社会法作为以维护社会公共利益为主要目标的法律,在性质上并不是私法,它的目的在于建立较为完备的社会保障制度,维护社会全体成员的共同福

---

〔47〕 有关经济行政法的观点,参见梁慧星、王利明:《经济法的理论问题》,中国政法大学出版社1986年版,第70页。

利，谋求社会大众共同福利的增进，因此其兼具公法与私法双重性质。[48]

2. 民法以私法自治为原则，表现出较强的任意法的特性；而社会法主要是强行法，它不允许当事人之间自由设立权利义务。例如，就社会保险而言，尽管存在自愿险，但更多的是法定的强制险。当然，社会法中也有自治的内容，如劳动合同中的部分内容也允许当事人自由约定。

3. 民法注重维护形式正义，而社会法则注重维护实质正义。民法调整的是平等主体之间的关系，而社会法不以平等主体之间的社会关系为起点，而以实质平等的价值理念构建社会法的规则体系，尤其注重保护弱势群体的权益。[49]

4. 民法的许多规则，如债与合同、物权制度、知识产权制度等，都具有创造财富的功能，而社会法主要具有满足社会成员的基本生活需要的财富分配功能。

5. 社会法以保护公民的生存权为目标，即实现社会保障的根本目的就是使公民获得基本的生存条件。而民法不仅保护民事主体的生存权，而且保护民事主体参与市民生活所应当享有的各种权利。[50]

五、民法与民事诉讼法

民事诉讼法是用来调整当事人、法院及其他诉讼参与人之间实施诉讼活动以及由此形成的诉讼关系的法律规范的总称。马克思曾经指出："审判程序和法二者之间的联系如此密切，就像植物的外形和植物的联系，动物的外形和血肉的联系一样。审判程序和法律应该具有同样的精神，因为审判程序只是法律的生命形式，因而也是法律的内部生命的表现。"[51]可见，民法和民事诉讼法是相互依赖、密不可分的。一方面，民法所规定的实体规则在很大程度上决定了民事诉讼法的规则设计。例如，就侵权责任而言，民事诉讼法所规定的举证责任分配规则应当以《民法典》侵权责任编的相关规定为基础。另一方面，民事诉讼法可以从程序上起到对民事权利的全面保障作用，为民事权利提供了规则化、体系化的程序保护规则。法谚云，"救济走在权利之前"，民事权利的实现需要民事诉讼的保障，如果诉讼程序的设置无法保障民事权利的实现，那么实体法中的权利也就变成无源之水、无本之木，也难以真正实现。

当然，作为不同的法律部门，民法和民事诉讼法也存在如下区别：

1. 性质不同。民事诉讼法是程序法，旨在规范民事主体实现其民事权利的民事诉讼程序。而民法是实体法，旨在规范民事主体之间实体的民事权利义务关系。实体法和程序法虽然紧密联系，但基本内容和基本原则都各自不同。[52] 与此相应，民法属于私法，而民事诉讼法属于公法，因为后者以规范国家司法权的行使作为其重要内容。

2. 调整对象不同。民法调整民事主体之间的人身关系和财产关系，而民事诉讼法是调整民事诉讼活动和诉讼关系的法律，以规范诉讼程序和诉讼关系为对象，以公正、适当解决纠纷为目的。民法主要调整实体权利义务关系，而民事诉讼法主要规范当事人、法院和诉讼关系人

---

〔48〕 郑尚元：《社会法的定位和未来》，载《中国法学》2003 年第 5 期。

〔49〕 郑尚元：《社会法的定位和未来》，载《中国法学》2003 年第 5 期。

〔50〕 林嘉：《社会保障法的理念、实践与创新》，中国人民大学出版社 2002 年版，第 23 页。

〔51〕 ［德］马克思、恩格斯：《马克思恩格斯文集》（第 1 卷），中共中央马克思恩格斯列宁斯大林著作编译局编译，人民出版社 1956 年版，第 178 页。

〔52〕 张卫平：《民事诉讼法学方法论》，载《法商研究》2016 年第 2 期。

实施的民事诉讼法律关系。[53] 民法主要是任意法,以当事人意思自治为原则;而民事诉讼法为强行法,采纳程序法定主义。

3. 从立法目的来说,民法主要考量实体正义,民法中的正义除了具体的法律规范内容外,还需要综合考虑社会、历史、经济等多种因素,通过价值衡量对当事人直接的权利义务进行分配才能实现。民事诉讼法虽也以保护民法上的实体权利为目的,但其所追求的是程序正义,其以诉讼规则为准则,以法律事实为依据。当然,这并不是说两者是截然对立的。一方面,法官在追求程序正义的同时,在裁判时也需要考量多种社会因素,即将实体法中的实质正义纳入裁判的考量之中。另一方面,程序正义是通向实质正义的必经之路,程序正义是看得见的正义,只有充分维护程序正义,才能真正实现当事人权利的平等保护。

第六节　民法的渊源

民法的渊源,是指民事法律规范借以表现的形式,它主要表现在各国家机关根据其权限范围所制定的各种规范性文件之中。正是从这个意义上说,合同、章程等民事法律行为本身并不是法源。民法的渊源主要应体现在立法、司法裁判和行为规则方面,它包括裁判规则和行为规则两个方面。

一、宪法

宪法是国家的根本法,由全国人民代表大会制定,并具有最高的法律效力。毫无疑问,宪法作为国家的根本大法,理应成为民法的渊源,宪法中关于社会主义建设的方针和路线的规定、关于财产所有制和所有权的规定、关于公民基本权利和义务的规定等,都是调整民事关系的重要法律规范。因此,《民法典》第1条规定:“为了保护民事主体的合法权益,调整民事关系,维护社会和经济秩序,适应中国特色社会主义发展要求,弘扬社会主义核心价值观,根据宪法,制定本法。”

但是,宪法规范能否在裁判中被引用,一直存在争议。在我国,2009年最高人民法院发布的《关于裁判文书引用法律、法规等规范性法律文件的规定》(以下简称《引用法律规定》)第4条规定,“民事裁判文书应当引用法律、法律解释或者司法解释。对于应当适用的行政法规、地方性法规或者自治条例和单行条例,可以直接引用”。从该条来看,并没有将宪法列入民事裁判文书可以引用的范围之中。因此,依据该规定,法官在裁判民事案件时,不得直接援引宪法。但是,这并不意味着,裁判文书不能援引宪法。一方面,宪法可以成为裁判中说理论证的重要依据。另一方面,法官在裁判过程中,如果因适用法律出现复数解释时,就应当以宪法的原则、价值和规则为依据,确定文本的含义,得出与宪法相一致的法律解释结论。通过合宪性解释来确定法律文本含义时,通常采取选择或排除的方式。也就是说,如果某个解释结论符合宪法,就应当选择其作为解释结论;如果所作的解释结论违反了宪法,就应当予以排除。通过这种方式,使文本的含义能够与宪法保持一致。由此,可以让宪法规范在民法中得到贯彻。

---

〔53〕 张卫平:《民事诉讼法学方法论》,载《法商研究》2016年第2期。

二、民事法律

民事法律是由全国人民代表大会及其常委会制定和颁布的民事立法文件，是我国民法的主要表现形式。民事法律主要由两部分组成：第一，民法典。《民法典》主要由总则编、物权编、合同编、人格权编、婚姻家庭编、继承编以及侵权责任编构成。第二，民事单行法。就民事单行法而言，我国已制定了《公司法》《保险法》《海商法》《票据法》《证券法》《著作权法》《专利法》《商标法》等法律。上述法律都是民事法律的重要组成部分，也是裁判中应当依循的基本规则，法官可以直接援引这些法律裁判案件。

在各项民事法律中，《民法典》是基础性法律，是私法的基本法，民法典和民事单行法之间的关系，就像树根、主干与枝叶之间的关系，民法典是树根和主干，而民事单行法是枝叶，其必须以民法典为基础和根据。正是在《民法典》的统率下，各项民事法律构成了一个完整的整体。《民法典》为民事单行法的制定提供了民事基本法的依据，并且为民事单行法的解释、适用提供了价值基础和规范依据。

三、行政法规

国务院是最高国家行政机关，它可以根据宪法、法律和全国人民代表大会常务委员会的授权，制定、批准和发布法规、决定和命令，其中有关民事的法规、决定和命令，是民法的重要表现形式，其效力仅次于宪法和民事法律。例如，2007 年 1 月 31 日国务院颁布的《商业特许经营管理条例》、2011 年 1 月 21 日国务院颁布的《国有土地上房屋征收与补偿条例》等，都是重要的民法渊源，在处理民事案件时，法官也可以援引这些行政法规裁判案件。

四、行政规章

根据《立法法》的规定，行政规章是指国务院各部委以及各省、自治区、直辖市的人民政府和省、自治区的人民政府所在地的市以及设区市的人民政府根据宪法、法律和行政法规等制定和发布的规范性文件。一些行政规章也包含调整民事关系的内容，其也可能成为民事裁判的依据。关于行政规章在司法裁判中的运用，《引用法律规定》第 4 条并没有将其规定为民事裁判可以直接引用的裁判规范，但从该司法解释第 6 条的规定来看，对行政规章而言，法官“根据审理案件的需要，经审查认定为合法有效的，可以作为裁判说理的依据”。从该条规定来看，在民事裁判中，行政规章并不能直接作为裁判依据，而需要经过法院的审查认定。当然，在特殊情况下，如果法律对行政规章的适用作出了明确规定，则其也可以成为民事裁判的依据。

五、司法解释

司法解释是最高人民检察院和最高人民法院依法作出的属于审判、检察工作中具体应用法律的解释。《立法法》第 104 条规定：“最高人民法院、最高人民检察院作出的属于审判、检察工作中具体应用法律的解释，应当主要针对具体的法律条文，并符合立法的目的、原则和原意。”“最高人民法院、最高人民检察院作出的属于审判、检察工作中具体应用法律的解释，应当自公布之日起三十日内报全国人民代表大会常务委员会备案。”这就确立了司法解释的法律渊源地位。从法理的角度来看，司法解释并不属于法律体系的组成部分，但司法解释已经成为我国各级审判机关在处理案件中的裁判规则，并被当事人直接援引，所以司法解释事实上已经成为法律渊源。

2010 年 11 月 26 日，最高人民法院发布了《关于案例指导工作的规定》，从而建立了案例指导制度。该制度对于保障裁判的统一、规范法官的自由裁量权、保障法律的准确适用等都具有十分重要的意义。根据《关于案例指导工作的规定》第 7 条的规定，指导性案例的效力是“各级人民法院审判类似案件时应当参照”。可见,指导性案例并不是法律渊源,不能直接作为裁判依据,只是可以在判决书说理部分来加以使用。从这个意义上讲,指导性案例可以成为说理的理由。

六、地方性法规或者自治条例和单行条例

地方性法规,是指地方各级人民代表大会及其常务委员会在宪法、法律规定的权限内所制定、发布的决议、命令、法规等规范性法律文件。地方性法规虽然在效力范围上具有从属性,且在适用范围上具有地域局限性,但地方性法规是地方国家权力机关依据宪法的授权而制定的法规,同样具有法的效力,其中调整民事关系的内容属于民法的渊源。

自治条例和单行条例也可以成为民法的渊源。所谓自治条例,是指民族自治地方的人民代表大会依据宪法和法律,结合当地民族自治地区特点所制定的、管理自治地方事务的综合性法规。所谓单行条例,是指民族自治地方的人民代表大会及其常务委员会在宪法和法律所规定的自治权范围内,结合民族地区的特点,就某方面具体问题所制定的法规。《引用法律规定》第4条规定:“民事裁判文书应当引用法律、法律解释或者司法解释。对于应当适用的行政法规、地方性法规或者自治条例和单行条例,可以直接引用。”依据这一规定,自治条例和单行条例也可以成为民事裁判的依据,可以成为民法的渊源。

需要指出的是,行政规章和地方性法规虽然可以成为民法渊源,但其不能直接作为判断合同效力的依据。《合同法解释(一)》第4条规定:“合同法实施以后,人民法院确认合同无效,应当以全国人大及其常委会制定的法律和国务院制定的行政法规为依据,不得以地方性法规、行政规章为依据。”

七、国际条约和国际惯例

国际条约是两个或两个以上的国家就政治、经济、贸易、军事、法律、文化等方面的问题确定其相互权利义务关系的协议。国际条约的名称包括条约、公约、协定、和约、盟约、换文、宣言、声明、公报等。国际惯例也称为国际习惯,分为两类:一类为属于法律范畴的国际惯例,具有法律效力;另一类为属于非法律范畴的国际惯例,不具有法律效力。〔54〕按照《国际法院规约》第38条,国际惯例是指“作为通例(general practice)之证明而经接受为法律者”。因此,国际惯例主要是指前一种类型。一般而言,对于我国缔结或者参加的国际条约,如果其与我国民事法律的规定不同,除我国声明保留的条款外,应适用国际条约的规定。如果我国民事立法和我国缔结或者参加的国际条约均没有规定的,则可以适用国际惯例。从这个意义上说,我国签订或加入的国际条约以及国际惯例也可以成为我国民法的渊源。

应当指出的是,国际条约优先于国内法而适用的效力,主要是针对涉外民事关系而言的,而国内的民事关系原则上仍受国内法调整,不应当盲目地扩张国际条约的适用范围。国际惯例的适用只限于中国法律和中国缔结或者参加的国际条约没有规定的情况。显然,其效力低于中国法律,只有在不违背我国法律规定的前提下,才可适用。

八、不违背公序良俗的习惯

所谓习惯,是指当事人所知悉或在实践中的生活和交易习惯。所谓生活习惯,是指人们在长期的社会生活中形成的习惯。所谓交易习惯,是指交易当事人在当时、当地或者某一行业、某一类交易关系中,所普遍采纳的,且不违反公序良俗的习惯做法。我国是幅员辽阔的多民族

---

〔54〕黄进:《国际私法》,法律出版社1999年版,第82页。

国家,在少数民族聚居的地区,生活习惯在民法渊源中具有一定的意义。例如,1951年《最高人民法院西南分院关于赘婿要求继承岳父母财产问题的批复》中指出:“如当地有习惯,而不违反政策精神者,则可酌情处理。”《民法典》第10条规定:“处理民事纠纷,应当依照法律;法律没有规定的,可以适用习惯,但是不得违背公序良俗。”当然,习惯要成为民法渊源,并成为裁判的依据,其必须经过“合法性”判断,即不得违反法律的强制性规定和公序良俗。

依据《民法典》第10条规定,采纳“有法律依法律,无法律依习惯”的规则,也就是说,在存在具体法律规则时,应当优先适用该具体的法律规则,而不能直接适用习惯法;此处所说的“法律”是指具体的法律规则,而不包括法律的基本原则。只有在不存在具体的法律规则时,法官才能考虑适用习惯法。

第七节　民法的适用

一、民法的适用范围

民法的适用范围,是指民事法律法规在何时、何地、对何人发生法律效力。民法的适用范围,也是民法的效力范围。正确了解民事法律规范的适用范围,是准确适用民事法律规范的重要条件。从内容上看,民法的适用范围包括时间上的适用范围、空间上的适用范围和对人的适用范围。

(一)民法在时间上的适用范围

民法在时间上的适用范围,是指民事法律规范在时间上所具有的法律效力。其具体包括两个方面:民法的生效和民法的失效。民事法律规范开始生效的时间通常有以下两种情况:一是自民事法律颁布之日起生效;二是民事法律通过并颁布以后经过一段时间再开始生效。一般来说,民法的效力自实施之日发生,至废止之日停止。当然,法律规范何时开始实施,可以由法律规范本身规定,也可以由制定法律的机关以命令或决议的方式予以规定。如果立法对法律规范效力的停止时期不加规定,应认为法律一直有效,直至法律被明文废止或修改时才停止效力。也有少数法律规范在公布之时即规定了停止效力的日期。

民事法律规范对其实施前发生的民事关系有无溯及既往的效力,是关于民法在时间上的效力的一个重要问题。法律是否溯及既往,是指新的法律颁布实施后,对它生效之前发生的事件和行为是否适用。如果适用,即具有溯及力;如果不适用,即不具有溯及力。[55] 一般的原则是新法没有溯及既往的效力。法律不得溯及既往的根据在于:在法律尚未公布之前,人们只能按照旧的法律实施行为,而依据旧的法律所作出的任何行为都是合法的。如果在新的法律颁布以后,新的法律产生推翻人们依据旧的法律所实施的行为的效力,就会打破人们对依据法律而行为的后果的预期。所以,法律不溯及既往的原则,旨在提醒人们遵守法律。如果人们按照现行的法律去行为,由此形成的各种法律关系却被未来的法律所否定,也不利于社会关系的稳定和法律权威性的保障。[56]

---

〔55〕 公丕祥主编:《法理学》,复旦大学出版社2002年版,第384页。

〔56〕 高鸿钧:《现代法治的困境及其出路》,载《法学研究》2003年第2期。

当然,法律不溯及既往不是绝对的,在某些情况下,民事法规也可以作出有溯及力的规定,但需以有明文规定为限。《民法通则意见》第 196 条规定:"1987 年 1 月 1 日以后受理的案件,如果民事行为发生在 1987 年以前,适用民事行为发生时的法律、政策,当时的法律、政策没有具体规定的,可以比照民法通则处理。"一般来说,在民事领域,例外情况下实行法律溯及既往原则,必须采取有利追溯原则,即这种溯及既往对各方当事人都是有利的,且不损害国家利益和社会公共利益。

(二)民法在空间上的适用范围

民法在空间上的适用范围,是指民事法律规范在地域上所具有的效力。任何国家都是根据主权、领土完整和法制统一的原则,来确定各种法律、法规的空间效力范围的。关于空间效力,一般可以分为域内效力和域外效力。《民法典》第 12 条规定:"中华人民共和国领域内的民事活动,适用中华人民共和国法律。法律另有规定的,依照其规定。"该条对我国民事法律在空间上的适用范围作出了规定。

所谓域内效力,是指一国的法律效力可以及于该国管辖的全部领域。就民事领域而言,我国民事法律规范的效力及于我国主权管辖的全部领域,但在确定某一个具体民事法律法规的效力时,由于制定、颁布民事法规的机关不同,民事法规适用的空间范围也不相同,这大体上有两种情况:第一,凡属全国人民代表大会及其常务委员会、国务院及其所属各委、部、局、署、办等中央机关制定并颁布的民事法规,适用于中华人民共和国的领土、领空、领海,以及根据国际法、国际惯例应当视为我国领域的一切领域,如我国驻外使馆,我国航行或停泊于我国境外的船舶、飞机等。第二,凡属地方各级立法机关根据各自的权限所颁布的民事法规,只在各该立法机关管辖区域内发生效力。

需要指出的是,依据《民法典》第 12 条的规定,在我国领域范围内从事民事活动,原则上需要适用我国的法律,但在法律另有规定时,则可能需要适用其他法律。《涉外民事关系法律适用法》第 2 条规定:"涉外民事关系适用的法律,依照本法确定。其他法律对涉外民事关系法律适用另有特别规定的,依照其规定。本法和其他法律对涉外民事关系法律适用没有规定的,适用与该涉外民事关系有最密切联系的法律。"依据这一规定,对于在我国领域内发生的涉外民事关系,在法律有特别规定的情形下,也可能适用外国法。

所谓域外效力,是指法律在其制定国管辖领域以外的效力。[57] 在现代社会,法律一般不能当然产生域外效力,但是随着国际交往的发展,为保护国家和公民、法人的利益,也可以在例外情况下规定域外效力。例如,《海洋环境保护法》第 2 条第 3 款规定:"在中华人民共和国管辖海域以外,造成中华人民共和国管辖海域污染的,也适用本法。"

(三)民法对人的适用范围

民法对人的适用范围,就是指民事法律规范对于哪些人具有法律效力。关于一国法律的对人效力,存在两种不同的理论:第一,属人主义,无论其处于国内或国外,只要该人具有本国国籍,属本国国民即适用本国的法律,无论其所在何处均可适用。[58] 第二,属地主义,即是以领土主权为原则,以地域为标准,确定法律对人的拘束力。凡是居住在本国领土之内的人,无论

---

〔57〕 公丕祥:《法理学》,复旦大学出版社 2002 年版,第 383 页。
〔58〕 郑玉波:《民法总则》,中国政法大学出版社 2003 年版,第 27 页。

其国籍属于本国还是外国,均受本国法律的管辖。[59] 从《民法典》第 12 条规定来看,其对属地主义作出了规定,但没有对属人主义作出规定。

本书认为,民法应当为属人主义预留空间。民法对人的适用范围主要有以下三种不同的情况:第一,我国民法对居住在中国境内的中国公民或设立在中国境内的中国法人,具有法律效力。中国公民、中国法人在中国领域内一律适用中国法律。第二,我国民法对居留在我国境内的外国人、无国籍人和经我国政府准许设立在中国境内的外国法人,原则上具有法律效力。第三,居留在外国的我国公民,原则上应适用所在国的民法,而不适用我国民法。但是,依照我国民法的特别规定和我国缔结或参加的国际条约、双边协定以及我国认可的国际惯例,应当适用我国民法的,仍然适用我国民法。

二、民法适用的基本原则

法的适用,有广义和狭义之分。广义的法的适用是指运用法律规范调整社会关系。[60] 它包括法的遵守和司法适用。而狭义的法的适用,就是司法适用,即法院和仲裁机构依据法定职权和法定程序行使司法权、运用法律处理具体案件的专门活动。[61] 本书采广义的法的适用的概念。基于民法法源的多元化,民法的适用应当遵循一定的原则,以便准确适用法律。具体说来,民法的适用应当遵循以下基本原则。

(一)上位法优先于下位法原则

所谓上位法优先于下位法原则,是指在效力较高的规范性法律文件与效力较低的规范性法律文件相冲突的情况下,应当适用效力较高的规范性法律文件。上位法和下位法的界定,主要是从三个方面来确定的:第一,从法源或法律的位阶来看,如果一个较低的规范来自一个较高的规范,或者一个较低的规范是根据一个较高的规范而制定的,则前者可称为下位法,后者可称为上位法。第二,从制定机关来看,如果将数个法律、法规和规范性文件相比较,某个规范性文件的制定机关的地位高于另一个规范性文件的制定机关,那么处于高位阶的机关制定的规范性文件在效力上称为上位法;反之则称为下位法。第三,从立法等级效力来看,某一个位阶高的法律的效力优于位阶低的法律的效力,则前者被称为上位法,后者被称为下位法。

上位法优于下位法在我国的具体表现形式是:第一,宪法具有最高的效力。第二,法律的效力低于宪法但高于其他任何法规和规范性文件。第三,行政法规的效力高于地方性法规、规章。国务院制定的行政法规的效力高于各个部委和地方政府制定的规章,以及地方人民代表大会制定的地方性法规。第四,地方性法规的效力高于地方政府制定的规章。

在民法的适用中,如果上位法与下位法之间有冲突,那么应当优先适用上位法。但是,如果上位法规定的原则较为抽象,下位法的规定对上位法作了补充和细化,两者之间又不发生冲突和矛盾时,则可以同时适用上位法和下位法。

(二)新法优先于旧法原则

《立法法》第 92 条规定了新法优于旧法原则。该原则主要适用于同一位阶的规范之间,也就是说,是针对两个具有同等级别的法律发生冲突时所适用的规则。[62] 当然,如果在新普通法

---

[59] 郑玉波:《民法总则》,中国政法大学出版社 2003 年版,第 27 页。

[60] 梁慧星:《民法总论》,法律出版社 2007 年版,第 274 页。

[61] 孙国华、朱景文主编:《法理学》,中国人民大学出版社 1999 年版,第 315 页。

[62] 郑玉波:《民法总则》,中国政法大学出版社 2003 年版,第 27 页。

中明文规定修改或废止特别法,则新普通法优于特别法。[63] 新法优先于旧法原则适用于两种情况:一是新法颁布后,旧法已经被废止,则自然应当适用新法;二是新法颁布以后,旧法没有被废止,则旧法继续有效。如果两部法律所涉及的内容相同或相似,则应当适用新法。

(三)特别法优先于普通法原则

在法理上,根据法律的适用范围有无限制,法律可以分为普通法和特别法。民事普通法,是指适用于全国领域、规定一般事项,并且无适用的时间限制的民事法律。民事特别法,是指适用于特定区域、规定特定的事项,或在适用时间上有限制的民事法律。在具有相同等级效力的法律之间,特别法应当优先于普通法而适用。这也就是法谚所说的:"特别法优于普通法"(lex specialis derogate legi generali)。对此,我国《立法法》第 92 条规定:"同一机关制定的法律、行政法规、地方性法规、自治条例和单行条例、规章,特别规定与一般规定不一致的,适用特别规定……"在民事法律规范适用中,这一原则具体体现在如下几个方面:

1. 在不同的法律之间,民事特别法优先于民事普通法而适用。例如,有关公司法人的取得条件问题,应当先适用《公司法》的规定,在《公司法》没有规定时才适用《民法典》关于法人制度的规定。《民法典》第 11 条规定:"其他法律对民事关系有特别规定的,依照其规定。"这就明确确认了特别法优先于普通法的原则。现代社会生活纷繁芜杂,《民法典》虽然在民事立法中具有基础性地位,但一部《民法典》不可能调整所有的民事关系,即便是《民法典》生效之后,其也不能成为调整民事法律关系的唯一法律渊源,而仍然需要单行法予以配套和补充。在法律适用方面,《民法典》与民事单行法是普通法与特别法之间的关系,按照特别法优先于普通法的规则,此处所说的"其他法律",不是指《民法典》总则编以外的各分编,而是指《民法典》之外的各个单行法律。其他法律对民事关系有特别规定,具体来说包括如下情况:第一,民事特别法优先于《民法典》。《民法典》是民事领域的基本法,当然要统辖各个单行民事法律,但是在法律适用上,民事特别法的规定属于特别规定,应当优先适用。例如,知识产权的相关问题首先应当适用《著作权法》《专利法》《商标法》等法律的规定,在上述法律没有就某事项作出规定时,才适用《民法典》的规定。第二,商事特别法应当优先于《民法典》。我国已经颁布了《公司法》《票据法》《证券法》等一系列商事特别法,与《民法典》相比,其规定也属于特别规定,应当优先适用。

需要指出的是,由于《民法典》是基础性法律,因此,如果单行法和《民法典》之间存在明显的冲突,此种冲突既包括规则内容方面的冲突,也包括价值发生冲突,此时,应当援引《民法典》,而不能援引单行法的规定。另外,单行法虽然有规定,但该规定不清晰,仍然应当适用《民法典》的规定。

2. 在民法典内部,关于总则和分则之间的关系,如果两者规定的是同一事项,原则上分则的规定应当优先于总则的规定。例如,有关买卖合同中的违约责任的确定,应当优先适用关于买卖合同的规定,然后才能适用合同编通则关于违约责任的规定。

3. 如果在同一个条款中包含了一般规则和特别规则时,特别规则要优先于一般规则适用。另外,例外规定优先于原则规定原则,就是指对于特定事项,如果有例外规定,就应当适用例外规定,而排除原则规定的适用。

还要指出的是,就特别法和普通法的关系而言,如果普通法已经修改了特别法,则不应当

---

〔63〕 史尚宽:《民法总论》,中国政法大学出版社 2000 年版,第 16 页。

适用特别法优先于普通法的规则，而应当适用新法优先于旧法的规则。

（四）强行法优先于任意法原则

法律规范大体可分为任意性规范和强行性规范两种。所谓任意性规范，是指当事人可以通过约定排除其适用的规范。任意性规范允许当事人在法律规定的范围内自由作出约定，当事人之间的意思表示可以具有优先于任意性规范而适用的效力。债法中的规范大多是任意性的。

所谓强行性规范，是指当事人不能通过其约定加以改变的规范，其可分为强制性规定与禁止性规定两种。强制性规定，指命令当事人应为一定行为之法律规定。禁止性规定，指命令当事人不得为一定行为之法律规定。禁止性规定与强制性规定是不一样的。[64] 根据史尚宽先生的观点，“令行”，则为“强制规定”；“禁止”则为“禁止规定”，与其对应的是任意法（任意性规定）。[65] 此种区分在法律上的意义主要在于，违反禁止性规定通常应宣告无效；如果违反强制性规定，可以通过适当方式予以弥补，不必宣告无效。但如果不能弥补，应宣告无效。《民法典》第153条第1款规定：“违反法律、行政法规的强制性规定的民事法律行为无效。但是，该强制性规定不导致该民事法律行为无效的除外。”法律、行政法规的强制性规定在性质上属于强行法，其在效力上优于任意法，因此，对某一事项，如果强行法已经作出规定的，任意法不得再发挥作用，法官也可以直接援引强行法的规定对案件作出裁判。但如果强行法、任意法分别规定的是不同事项，则不存在两种规范冲突的问题，也自然不存在何者优先的问题。

参考案例

1. 王见刚与王永安、第三人岚县大源采矿厂侵犯出资人权益纠纷案，载《中华人民共和国最高人民法院公报》2013年第5期。
2. 中银香港公司诉宏业公司等担保合同纠纷案，载《中华人民共和国最高人民法院公报》2005年第7期。
3. 刘雪娟诉乐金公司、苏宁中心消费者权益纠纷案，载《中华人民共和国最高人民法院公报》2005年第6期。
4. 崂山国土局与南太置业公司国有土地使用权出让合同纠纷案，载《中华人民共和国最高人民法院公报》2007年第3期。
5. 吴小秦与陕西广电网络传媒（集团）股份有限公司捆绑交易纠纷申请案，载《中华人民共和国最高人民法院公报》2019年第1期。
6. 安徽省外经建设（集团）有限公司诉东方置业房地产有限公司保函欺诈纠纷案，载《中华人民共和国最高人民法院公报》2019年第9期。
7. 汤龙、刘新龙、马忠太、王洪刚诉新疆鄂尔多斯彦海房地产开发有限公司商品房买卖合同纠纷案，第72号指导案例（最高人民法院审判委员会讨论通过，2016年12月28日发布）。

---

〔64〕 王泽鉴：《民法总则》，三民书局1996年版，第234页。
〔65〕 史尚宽：《民法总论》，中国政法大学出版社2000年版，第329～330页。

第二章 民法的基本原则

导 读

民法的基本原则贯穿于整个民法制度和规范之中，是民法的本质和特征的集中体现。我国民法的基本原则包括民事权益受法律保护原则、平等原则、意思自治原则、公平原则、诚实信用原则、公序良俗原则、绿色原则等。

第一节 概 述

民法的基本原则是民法的主旨和基本准则，是制定、解释、适用和研究民法的出发点，它贯穿于整个民法制度和规范之中，是民法的本质和特征的集中体现，也是高度抽象的、最一般的民事行为规范和价值判断标准。民法的基本原则不直接涉及当事人的具体权利、义务。从规范的性质来看，民法上关于基本原则的规范是强行性规范，不允许当事人排除适用。通过基本原则的适用，法官享有了一定的自由裁量权，有助于克服审判的机械性，并进行创造性司法活动。当然，民法有具体规定时应当首先适用具体规定，只有在没有具体规定时才能借助于民法上关于基本原则的规定。

在民事案件中，法官不得以法无明文规定而拒绝裁判，但法官在裁判案件时，有具体规定的，应当援引具体规定，而不应援引基本原则裁判。法官的职责在于“你给我事实，我给你法律”，此处所说的法律主要是指具体的法律规则，而非法律的基本原则。从我国司法实践来看，有的法官在能够找到具体的法律规则时，并不适用该具体规则，而直接援引抽象的法律原则裁判。这一方面是因为援引基本原则裁判，可以很容易地连接案件裁判的大、小前提，从而在形式上实现“依法裁判”；另一方面，基本原则的内涵十分宽泛，较为抽象，几乎可以适用于各类纠纷。但事实上，在司法裁判过程中，法官如果抛开具体规定而直接援引法律原则，本身就违背了立法目的，很难说是真正的依法裁判，尤其援引基本原则裁判难以保障法官依法、公正地作出裁判。对此，应当有效地限制法官的自由裁量权，严格限制法官在裁判中援引基本原则。本书认为，法官在裁判中援引基本原则应当注意如下几点：

1. 有具体规则必须适用具体规则，而不能适用基本原则。因为在法律就某事项作出具体规定时，表明立法对该事项已经做了更为精细的安排，此时，法官直接援引基本原则裁判，本身就违背了立法的目的；而且法官援引的规定越具体、与案件联系越紧密，对于法官的自由裁量限制就越多，案件的裁判就越精确。尤其应当看到，在司法三段论中，作为案件裁判大前提的法律规范应当包含构成要件和法律效果两个部分，但基本原则本身既不包含具体的构成要件，也不包含具体的法律效果，通常难以作为案件裁判的大前提予以适用。

2. 基本原则可以与具体的规则结合起来适用。由于基本原则体现了立法的价值和精神，因此，基本原则可以和具体的规则结合起来，从而可以用于解释具体规则适用的合理性。例如，在确定合同效力时，公序良俗原则和违反公序良俗无效的规则可以结合适用。但应当指出的是，在同时适用基本原则与具体规则的情况下，基本原则不能直接作为裁判依据，而只能作为裁判说理的依据，法官裁判只应援引具体的法律规则。

3. 在法律规定不明确时，基本原则可以用于解释选择。基本原则展现了立法者的价值判断，能够为法官裁判案件提供具体的价值指引。因此，在具体的法律规则存在两种或者两种以上的合理解释时，基本原则可以为法官进行解释选择提供价值指引。

4. 在存在法律漏洞时，基本原则可以用于填补法律漏洞。在存在明显法律漏洞的情况下，争议的案件没有具体的规则可供援引，法官又不能拒绝裁判，此时，法官应当以基本原则作为填补法律漏洞的依据。从大陆法国家的法律发展来看，正是在法官运用基本原则解释法律的过程中发展出了缔约过失责任、情势变更原则、一般人格权、附保护第三人效力的契约等制度，从而使法律与社会生活相协调，[1]使古老的民法焕发了新的生机。当然，由于基本原则的内涵十分宽泛、抽象，在各种法律漏洞填补方法中，其应当属于兜底性的法律漏洞填补方法。

第二节　民事权益受法律保护原则

一、民事权益受法律保护原则的含义

《民法典》第 3 条规定："民事主体的人身权利、财产权利以及其他合法权益受法律保护，任何组织或者个人不得侵犯。"本条确立了民事权益受法律保护的原则，并将该原则作为民法的首要原则，[2]因为一方面，民法是权利法。《民法典》被称为民事权利宣言书。[3] 另一方面，《民法典》的体系就是权利体系。"民法是作为权利的体系而被构建的"，[4]《民法典》总则编提纲挈领，通过抽象民事领域的共通性规范，构建了民事权利体系，并为各分编的展开奠定了基础。在民法总则中，民事主体制度实际上确认了权利的归属；法律行为与代理制度实际上规范了主体行使权利的行为和方式；诉讼时效制度实际上是权利行使的期限规则。而《民法典》分编完全是以权利为主线展开的，以总则编所确认的物权、合同债权、人格权、婚姻家庭中的权利、继承权的确认和保护为内容，分别形成了物权编、合同编、人格权编、婚姻家庭编、继承编，并以侵权责任编对权利的救济作为《民法典》的结尾，《民法典》全面系统地确认和保护各项民事权利，构建民事权利体系，弘扬私法自治，强化对人格尊严价值的保障。因此，对权利的保护是整个民法的中心任务。

---

〔1〕［德］弗朗茨·维亚克尔：《近代私法史》（下），陈爱娥、黄建辉译，上海三联书店 2006 年版，第 496～510 页。

〔2〕在"民法总则三审稿"中，该条置于第 9 条，但是，在大会审议时，有代表提出，民事权利受法律保护是民法的基本精神，统领整个民法典和商事特别法，应当进一步突出该原则的地位，因此立法机关最后决定将该条置于第 3 条，作为民法基本原则之首加以规定。

〔3〕［英］彼得·斯坦、约翰·香德：《西方社会的法律价值》，王献平译，中国人民公安大学出版社 1990 年版，第 41 页。

〔4〕［日］大村敦志：《民法总论》，江溯、张立艳译，北京大学出版社 2004 年版，第 34 页。

二、民事权益受法律保护原则的内容

民事权益受法律保护原则包括以下四个方面的内容：

1. 民法主要保护人身、财产等权益。《民法典》总则编系统全面地规定了民事主体所享有的各项人身、财产权益。该法对知识产权的客体进行了详尽的列举，扩张了知识产权的保护范围，进一步强化了对知识产权的保护。该法强化了对英雄烈士等的姓名权、肖像权、名誉权、荣誉权的保护，有助于弘扬公共道德，维护良好的社会风尚。当然，从总则编的规定来看，其所保护的民事权益范围虽然非常宽泛，但并非所有的权益都受到民法的保护，一些公法上的权利，如劳动权、受教育权，主要受公法保护，民法保护的主要是私权，其中以人身、财产权益为基本内容。

2. 民法不仅保护权利，而且保护利益。我国《民法典》第3条采用“其他合法权益”这一表述，这就意味着，无论是权利还是利益，都受到法律保护。这为将来对新型民事权益的保护预留了空间，保持了《民法典》规则的开放性。从我国《民法典》的规定来看，其多个条款都使用了“权益”的表述，如《民法典》第126条规定：“民事主体享有法律规定的其他民事权利和利益。”任何组织和个人都不得非法侵害他人的合法权益，也不得非法干预权利人行使权利。例如，任何人不得非法查封、扣押、没收公民的合法财产。

3. 对新型民事权益进行保护。在民事权益受法律保护原则的指导下，我国《民法典》强化了对新型民事权益的保护，体现了中国特色、实践特色、时代特色，回应了当今社会的现实需求。例如，该法首次正式确认隐私权，有利于强化对隐私的保护。再如，针对互联网和大数据等技术发展带来的侵害个人信息现象，《民法典》规定了个人信息的保护规则，维护了个人的人格尊严，并将有力遏制各种“人肉搜索”、非法侵入他人网络账户、贩卖个人信息、网络电信诈骗等现象。

4. 在民事权益受到侵害时，《民法典》主要通过民事责任对权利人进行救济。权利的救济应当先于利益，《民法典》为多样的民事权利提供了多样的保护手段。从为恢复权利人对其权益圆满支配状态的物权请求权、人格权请求权，到保障债权得以实现的继续履行请求权与违约损害赔偿请求权；从针对人格权侵害的赔礼道歉、恢复名誉，到适用广泛的侵权损害赔偿请求权；从补偿性的损害赔偿，到特殊情形下的惩罚性赔偿，《民法典》为所有民事权利的保护提供了足够的“武器”。权利人在权利受到侵犯时，可以依法请求有关行政机关给予保护，也可以诉请人民法院或仲裁机关予以判决或仲裁。

三、民事权益受法律保护原则的功能

1. 体系建构功能。近代民法典的体系，就是权利体系。[5]“民法是作为权利的体系而被构建的”，[6]《民法典》体系是以私权为“中心轴”而展开的，其所规定的民事主体（自然人、法人、非法人组织）是民事权利的享有者和民事义务的承担者，各项民事权利是私权完整的内容和结构，民事法律行为是行使私权而从事的行为，而民事责任既是因侵害私权而产生的法律后果，也是保障私权实现的强有力手段。在构建了完整的民事权利体系之后，《民法典》总则编为分则的制定也奠定了基础，因为民法典分则实际上是按照物权、合同债权、亲属权、继承权、人格权以及因侵害民事权利而产生的侵权责任等内容展开的。《民法典》将系统、全面地确认和

---

[5] [日]松尾弘：《民法的体系》(第4版)，庆应义塾大学出版社2005年版，第15页

[6] [日]大村敦志：《民法总论》，江溯、张立艳译，北京大学出版社2004年版，第34页。

保护各项民事权利，构建民事权利体系，弘扬私法自治，强化对人格尊严价值的保障。因此，对权利的保护是整个民法的中心任务。

2. 价值导向功能。在处理任何民事纠纷中，法官首先要考虑有利于保护当事人的合法权益，这也是民事权益受法律保护原则的重要功能。法官援引民法典规则裁判，最终目的也是保障民事权益。在行政执法中，公权力的行使不得以损害公民的民事权益为代价，不得减损公民的民事权益，是否真正做到依法行政，应当以保障民事权益的程度作为评判标准。因此，充分保障民事权益也是依法行政的基本遵循。

3. 法律解释功能。法无解释不得适用，民事法律都需要解释，但在解释时，要以民法典的规范和价值为依据，民法的许多规则是基于充分保障私权的原则产生的，如禁止权利滥用、基本权利对第三人的效力等，所以，法官在解释法律规则时，经常要以民事权益受法律保护原则为基本依循。尤其是在出现多种解释方案时，要以民事权益受法律保护原则作为解释选择的标准和依据。

第三节　平 等 原 则

一、平等原则的含义

所谓平等原则，是指民事主体在法律地位上是平等的，其合法权益应当受到法律平等保护。我国《民法典》第 4 条规定："民事主体在民事活动中的法律地位一律平等。"民事主体地位平等原则是我国《民法典》将平等主体之间的财产关系和人身关系作为其调整对象的必然体现。《民法典》的平等原则集中反映了民法所调整的社会关系的本质特征，也构成全部民事法律制度的基础。在民法上，采纳该原则的主要意义在于：

1. 集中体现了民法的调整对象和调整方法的特点，以及民法的基本价值理念。因为民法的调整对象是平等主体之间的财产关系和人身关系，所以必须运用平等原则来确定民法调整社会关系的方法和特点，以及发生了民事违法行为以后的责任方式。

2. 充分反映了市场经济的本质要求，并构建了市场经济秩序的基础。市场经济最本质的特征就体现在主体之间的平等性上。在市场经济社会，参与市场的各个主体作为理性的人，为了实现其利益的最大化，就不可避免地存在利益的冲突与矛盾，而且在单个主体利益与社会公共利益之间也会产生冲突和矛盾，为此必须明确各类市场主体的平等地位。〔7〕因为交易天然地要求交易双方的地位是平等的，在利益上是等价的，否则就不可能产生公平的竞争，从而也不可能形成有序的市场经济秩序。

3. 体现了现代法治的基本精神，有助于建设社会主义政治文明。现代法治社会以贯彻"平等原则"为特征，而公民在法律面前的平等，必然要求具体体现为民法所确认的主体地位平等和责任自负原则、造成损害应根据损益相当的准则进行赔偿的原则、对公民和法人的合法权益平等保护的原则等。平等原则最本质的内涵就是人格的平等，它既是对封建等级制度的否定，也是对宗法制度下人与人的依附关系的否定。平等原则构建了市场经济的基础，在政治层面

---

〔7〕 魏振瀛、钱强波：《市场经济与民法观念》，载《中外法学》1994 年第 5 期。

上也是最为根本的原则,正是在平等的基础上才产生了近现代社会的各项民主制度。切实遵循民法的平等原则,才能够真正消除封建残余和特权思想,建立社会主义政治文明。

4. 有利于强化对财产的平等保护,促进社会财富的增长。平等原则不仅强调对公有财产的保护,而且也要求将对个人财产所有权的保护置于相当重要的位置。对国内财产进行一体化保护,有利于实现"有恒产者有恒心"所体现的一种利益期待,鼓励人们创造社会财富,满足社会投资的需求,实现社会财富的增长和经济的繁荣。

二、平等原则的内容

平等原则主要包括以下内容:

1. 人格的平等。人格平等就是在法律上不分尊卑贵贱、财富多寡、种族差异、性别差异,而一律认为人与人的抽象人格是平等的。我国《民法典》第 14 条明确规定:"自然人的民事权利能力一律平等。"民事权利能力与生俱来,为公民终身享有,并且公民的民事权利能力在范围上是平等的。除法律特别规定的之外,任何单位和个人不得限制和剥夺公民的民事权利能力。

2. 在具体的法律关系中,当事人的法律地位平等。尤其是在合同关系中,无论参与合同关系的当事人在事实上是否具有隶属关系或不平等的地位,在合同关系中当事人都是完全平等的。平等原则还表现在民事主体在民事法律关系的产生、变更和消灭上,必须平等协商,任何一方当事人不得将自己的意志强加给另一方当事人。

3. 对各类民事主体的平等对待,包括强势意义上的平等对待和弱势意义上的平等对待。所谓强势意义上的平等对待,是指尽可能避免对人进行分类,对各类群体给予平等待遇。而弱势意义上的平等对待,是指针对不同情况,区别对待。[8] 在法律上,则意味着凡被法律视为相同的人,都应当以法律所确定的方式来对待。[9] 例如,合同法既确定了合同自由原则,又兼顾合同正义,而合同正义的实现就建立在弱势意义上的平等对待的基础上。

4. 在补救方法上,也要充分贯彻平等性。无论主体在所有制、经济实力等方面存在何种差异,当其权利受到侵害时,法律都给予一体保护。就民事权利保护而言,任何主体都不能比其他主体享有更多的特权,即便公有财产从政治层面上讲神圣不可侵犯,但在民法中它也应与私人财产受到同等的保护。从损害的角度来看,应当按照实际损害给予救济,而不能因人而异。此外,在民法上,民事主体地位的平等性,决定了在民事责任方式上,应当贯彻损失填补原则,以弥补受害人的损失为宗旨,一般不能对加害人的行为施以类似于公法上的惩罚性措施。当然,在追究了民事责任以后,并不影响对违法者追究其他公法上的责任,这两种责任并行不悖。

应该指出,民事主体在法律地位上的平等,不等于在实际的民事法律关系中,每个当事人所享有的具体的民事权利和承担的民事义务都是一样的。在具体的民事法律关系中,各个当事人根据法律和自身的意志,享有不同的权利和义务。

---

〔8〕 郑成良:《法律之内的正义》,法律出版社 2002 年版,第 40 页。

〔9〕 [美]E. 博登海默:《法理学——法哲学及其方法》,邓正来、姬敬武译,华夏出版社 1987 年版,第 281 页。

第四节 意思自治原则

一、意思自治原则的含义

意思自治也称为私法自治,是指民事主体依法享有在法定范围内广泛的行为自由,并可以根据自己的意志产生、变更、消灭民事法律关系。意思自治原则体现为结社自由、所有权神圣、合同自由、婚姻自由、家庭自治、遗嘱自由以及过错责任等民法的具体规则。从比较法上来看,各国都十分重视保障个人的意思自治。例如,《法国民法典》第1134条规定:"依法订立的契约在当事人之间具有相当于法律的效力。"该条最直接地体现了私法自治的精神。在我国《民法典》中,该原则被称为"自愿原则"。该法第5条规定:"民事主体从事民事活动,应当遵循自愿原则,按照自己的意思设立、变更、终止民事法律关系。"尽管在民法各部分(身份法和财产法、物权法和债权法)中的强度不同,但意思自治原则作为民法的一项基本原则,贯彻于整个民法之中,体现了民法最基本的精神。该原则在民法中的重要作用和地位表现在:

1. 该原则奠定了民法作为市民社会基本法的地位。市民社会与政治国家的分离,导致了公法与私法的分立。公法的重要特点表现在规范的强制性方面,私法的重要特点表现在规范的任意性上,私法的任意性即主要体现在意思自治原则上。[10] 我国《民法典》在价值体系上以私法自治和人文关怀作为其基本的价值理念,私法自治贯彻于民法典各分编之中,当然,私法自治必须在法律规定范围内,不得违反法律规定。

2. 该原则最直接地反映了市场经济的本质需要。一方面,市场经济条件下"尽可能地赋予当事人的行为自由是市场经济和意思自治的共同要求"。[11] 正是因为私法充分体现了意思自治原则,才能赋予市场主体享有在法定范围内广泛的行为自由,并能依据自身的意志从事各种交易和创造财富的行为。另一方面,如何优化配置有限的资源是市场经济发展的基本要求,而通过意思自治在市场中分配资源是市场经济的基本运作规律。

3. 该原则是推进国家治理体系和治理能力现代化的重要方式。从国家治理体系层面来看,贯彻私法自治理念最为重要的是要实行负面清单管理模式。所谓负面清单(Negative List),是指仅列举法律法规禁止的事项,对于法律没有明确禁止的事项,都属于法律允许的事项。与负面清单管理模式相对应的是正面清单管理,即主要采用法律上列举的模式,人们只能在法律规定范围内行为。负面清单模式落实了"法无禁止即自由"这一私法自治的基本原则,因此是一种激发主体活力、促进社会财富创造的法律机制。每个民事主体作为一个理性的人,都是自己利益的最佳判断者,法律赋予其广泛的行为自由,他们可以在法定的范围内自主地安排好自己的事务。民法典充分尊重私人自治的空间,能够充分调动个人从事民事活动、创造社会财富的潜能。

意思自治与私法自治基本上是同义语,但两者有一定的区别,意思自治与私法自治的关系表现在:前者是后者的重要组成部分,但不完全等同。因为私法自治是私法领域中的最基本原

〔10〕 苏永钦:《走入新世纪的私法自治》,中国政法大学出版社2002年版,第154页。

〔11〕 江平、张礼洪:《市场经济和意思自治》,载《中国法学》1993年第6期。

则,私法既包括民法、商法等实体法,也包括仲裁法等程序法;而意思自治是民事实体法中的基本原则。

二、意思自治原则的内容

意思自治原则的内涵主要体现在如下几方面:

1. 赋予民事主体在法律规定范围内广泛的行为自由。意思自治的实质就是允许当事人在法律规定的范围内,自主决定自己的事务,自由从事各种民事行为,最充分地实现自己的利益。具体而言:第一,民事主体有权依法从事某种民事活动和不从事某种民事活动。也就是说,在民事领域,除了法律另有规定之外,当事人是否从事某种行为或不行为,是否行使某种权利或不行使权利,完全应当由当事人自由安排。第二,民事主体有权选择其行为的内容和相对人。当事人可以通过平等协商,为自己设定权利和承担义务,当客观情况发生变化以后,可以依法变更权利和义务的内容。当事人之间的协议一经合法成立,就具有法律效力,并可以改变民法的任意性规定。第三,民事主体有权选择其行为的方式。民事主体从事法律行为,有权对口头形式、书面形式、公证等方式作出选择。但法律、法规要求采取某种特殊的形式的,必须采取该形式。第四,民事主体有权选择补救方式。通常情况下,受害人能够选择对自己最为有利的要求不法行为人承担责任的方式,即便受害人选择不适当,除非他受到了不正当的影响,否则也应当由该受害人自己负担不利的后果。例如,《民法典》第 186 条规定:“因当事人一方的违约行为,损害对方人身权益、财产权益的,受损害方有权选择请求其承担违约责任或者侵权责任。”

2. 允许民事主体通过法律行为调整他们之间的关系。意思自治的重要意义就在于,允许主体在从事民事行为,尤其是从事民事法律行为时,通过其自己的意志产生、变更和消灭民事法律关系。这就是民法中的任意性调整方法。该方法的特点在于,它并不确立具体的行为准则,而只是划定了一个界限和范围,要求民事主体在该范围之内自主行为。

3. 允许民事主体依法处分和利用其民事权益。财产权可以依据民事主体依法转让,自不待言,即使就人格权而言,依据我国《民法典》人格权编的规定,权利人对其享有的有关姓名、名称、肖像、个人信息等人格利益,可以自己利用,也可以许可他人利用。权利人也有权依法自主决定无偿捐献其人体细胞、人体组织、人体器官,也有权依法决定是否参与人体临床试验等,这些都在一定程度上是私法自治的体现,对当事人依法作出的相关决定,法律应当予以尊重。

三、对意思自治的限制

任何意思自治都不是绝对的自由,而是相对的、有限制的自由。在 19 世纪,由于个人主义思潮的盛行,意思自治原则曾经被绝对化,但自 20 世纪以来,随着垄断的加强,国家加强了对经济领域的干预。以私法自治为核心的民法的三大原则都已经受到不同程度的限制,尤其是对合同自由和契约自由的限制表现得尤为突出。甚至在家庭法领域,过去极少提倡国家干预,现在也出现了社会化、公法化的趋势。例如,监护职能的社会化就体现了这样一种趋势。[12]

在我国《民法典》中,意思自治也受到必要限制。民事主体所享有的意思自治不得违背法

---

〔12〕 陈苇、李欣:《私法自治、国家义务与社会责任——成年监护制度的立法趋势与中国启示》,载《学术界》2012 年第 1 期。

律和公序良俗,如果当事人的意思自治和人格尊严价值发生冲突,则应当优先维护人格尊严的价值。例如,《民法典》第993条规定:"民事主体可以将自己的姓名、名称、肖像等许可他人使用,但是依照法律规定或者根据其性质不得许可的除外。"该条对可许可使用的人格利益的范围进行了一定限制,限制了民事主体在人格利益许可使用方面的意思自治,目的也在于维护人格尊严等价值。

第五节 公平原则

一、公平原则的概念和功能

所谓公平原则,是指民事主体应本着公平、正义的观念实施民事行为,司法机关应根据公平的观念处理民事纠纷,民事立法也应该充分体现公平的理念。在罗马法中,就有一项重要规则,即"无论何人均不得基于他人的损害而受有利益"(nam hoc natura aequum est neminem cum alterius derimento et iniuria fieri locupletiorem),这实际上体现的也是公平原则。从比较法上来看,有的国家对公平原则作出了规定,例如,《瑞士民法典》第4条规定:"依本法所作的裁判,或判断具体状况,或认定重要原因是否存在时,法官应根据法理公平裁判。"我国民法历来将公平原则作为基本原则。我国《民法典》第6条规定:"民事主体从事民事活动,应当遵循公平原则,合理确定各方的权利和义务。"这就在法律上明确确认了公平原则。

民事活动应当遵循公平原则,即应将公平原则确定为一项基本原则。其功能主要表现为:

第一,确立行为准则功能。公平原则本身是民事活动的一项基本原则。民事主体在从事民事活动的过程中,应当按照公平的观念正当行使权利和履行义务。例如,在合同订立后,应当从顾及对方当事人的利益的角度出发,进行充分的准备。在权利的行使过程中,要充分顾及他人的利益,不得滥用权利。

第二,结果评价功能。也就是说,在交易过程中,公平原则也常常成为评价交易结果的重要标准。例如,虽然当事人订立合同时是自主自愿的,但在合同订立后,出现了当事人订立合同时无法预料的情况,使合同的继续履行对当事人显失公平,此时,当事人可以重新谈判,或者要求法院变更或者解除合同。再如,《民法典》第151条规定:"一方利用对方处于危困状态、缺乏判断能力等情形,致使民事法律行为成立时显失公平的,受损害方有权请求人民法院或者仲裁机构予以撤销。"该规则的适用也需要看交易结果是否公平。

第三,价值导向功能。在处理任何民事纠纷中,法官首先要考虑是否公平,这也是评价民事活动的重要标准。同样,在行政执法中,有关机关在处理民事纠纷时也需要考虑处理结果是否公平合理,不能使当事人之间的权利义务关系完全失衡。

第四,法律解释功能。公平原则是法官适用民法应当遵循的重要理念。民法最充分体现了公平正义的要求,这是民法最基本的价值理念。法官应当依据社会的一般公平正义观念进行司法活动。不过,正是因为公平原则过于抽象,所以它只能作为一种理念,而不能替代具体的民法规则。例如,违约金调整、损害赔偿数额的确定等,均需要以公平原则为基本的依循。

公平原则体现了现代法治的精神,古罗马法学家凯尔苏斯(Celsus)曾言:"法乃公正善良之术"(Jus est ars boni et aequi)。自此以后,公平正义成为法律固有的属性。公平正义是一切法律所追求的价值,是法律的精髓和灵魂。正义体现了某种秩序的内在要求,是构建普适性秩序的内在需要。换言之,法律作为行为规范,以调整社会关系为目的,必然以公平正义作为其基本价值。当然,公平概念的内涵是动态的、发展的。随着时代的发展,人们对公平的认识也会产生相应的变化。所以,公平内涵的确定应当紧密结合社会历史发展潮流。

二、公平原则在我国民法典中的具体体现

公平原则要求将公平的理念贯彻在整个民事法律制度的设计当中,以价值的均衡为标准配置当事人之间的权利、义务。我国《民法典》不仅确认了公平原则是民法的基本原则,而且多个条款都反映了公平原则的基本要求。

(一)总则编的相关规定

公平原则不仅在《民法典》总则编第 6 条明确确认了这一原则,而且在《民法典》总则编的多个条款中,都体现了这一原则。其一,在法律行为中,民法典禁止采用欺诈、胁迫、乘人之危导致显失公平等后果,在此情形下,赋予一方享有撤销该行为的权利。其二,在代理中,禁止采用自己代理、双方代理等行为,其目的也在于维护公平原则。其三,在民事责任中,《民法典》第 183 条规定了见义勇为的公平补偿责任,该条规定:"因保护他人民事权益使自己受到损害的,由侵权人承担民事责任,受益人可以给予适当补偿。没有侵权人、侵权人逃逸或者无力承担民事责任,受害人请求补偿的,受益人应当给予适当补偿。"该条确认了侵权责任中的公平责任,这实际上是公平原则的具体化。

(二)物权编的相关规定

公平原则在物权编中具体体现为:其一,在征收中,应当按照公平原则给予被征收人补偿。《民法典》第 117 条规定:"为了公共利益的需要,依照法律规定的权限和程序征收、征用不动产或者动产的,应当给予公平、合理的补偿。"其二,在添附制度中的运用。所谓添附,是指不同所有人的物结合在一起,形成不可分离的物或具有新质的物。添附发生后,需要根据添附规则确定财产的归属,这时就需要具体适用公平原则。《民法典》第 322 条明确规定,在添附的情况下,"法律没有规定的,按照充分发挥物的效用以及保护无过错当事人的原则确定。因一方当事人的过错或者确定物的归属造成另一方当事人损害的,应当给予赔偿或者补偿"。也就是说,添附的处理,也要体现公平原则。其三,在相邻关系中的运用。在相邻关系中,一方应当容忍另一方不动产所有人或使用人权利的必要延伸,为其行使权利提供必要的便利。其存在的基础实际上是公平原则。《民法典》第 288 条规定:"不动产的相邻权利人应当按照有利生产、方便生活、团结互助、公平合理的原则,正确处理相邻关系。"

(三)合同编的相关规定

公平原则在合同法中运用得最为广泛,因为我国合同法不仅重视交易的形式平等,也注重交易的实质平等,也在一定程度上注重维护交易结果的平等。这主要是因为商品交换本身就要求遵守价值法则,体现公平、平等的要求。合同编中公平原则具体表现在如下几个方面:其一,关于格式条款的规制。《民法典》第 496 条第 2 款作出了明确规定,并强调采用格式条款订立合同的,提供格式条款的一方应当遵循公平原则确定当事人之间的权利和义务,并采取合理的方式提示对方注意免除或者减轻其责任等与对方有重大利害关系的条款,按照对方的要求,对该条款予以说明。其二,情势变更原则。所谓情势变更,是指在合同有效成立后,合同履行期间,因为合同的基础条件发生了当事人订约时难以预料的重大变化,致使合同不能履行或者履行结果显失公平，根据诚实信用原则，当事人可以请求变更或解除合同的制度。[13] 在合同订立后，却有可能因当事人在订约时无法预见的客观情况的变化导致合同不能履行或履行过于艰难，而当事人对于情势变更的发生又没有过错，在此情况下，强迫当事人继续履行合同或承担违约责任，确实有悖于诚实信用原则。《民法典》第 533 条对情势变更规则作出了规定。其三，同时履行抗辩规则。《民法典》第 525 条规定："当事人互负债务，没有先后履行顺序的，应当同时履行。一方在对方履行之前有权拒绝其履行请求。一方在对方履行债务不符合约定时，有权拒绝其相应的履行请求。"该条规定了体现了公平原则。

（四）在侵权责任编中的运用

公平原则在侵权责任编中也得到了大量应用，具体体现为：其一，公平责任。它又称衡平责任，是指当事人双方在对造成损害均无过错的情况下，由人民法院根据公平的观念，在考虑当事人的财产状况及其他情况的基础下，责令加害人对受害人的财产损失给予适当补偿（《民法典》第 1186 条）。其二，特定情形下的公平补偿规则。侵权责任编中有多个规则涉及补偿责任，这些补偿规则都是根据公平原则进行适当补偿。其三，对见义勇为的受害人的公平补偿制度（《民法典》第 183 条规定）。

公平原则作为一种基本的价值，应当体现在立法、司法及法学研究中。公平原则也是一项重要的司法原则，既适用于合同责任，也适用于侵权行为责任。公平原则作为一项"弹性"很强的原则，给予司法人员一定的自由裁量权，使他们能够针对案件的具体情况，公平合理地处理民事纠纷。

第六节　诚实信用原则

一、诚信原则的含义

在民法中，诚信原则是一项重要的原则，该原则常常被称为民法特别是债法中的最高指导原则或称为"帝王规则"。[14] 从比较法上来看，诚信原则不仅是普遍适用于民法的重要原则，同时，它也是法官解释民法的重要依据。在我国，《民法典》第 7 条规定："民事主体从事民事活动，应当遵循诚信原则，秉持诚实，恪守承诺。"诚信原则是民法中最重要的基本原则之一，应适用于民法的整个领域，民事主体行使任何民事权利、履行任何民事义务，都应当遵守这一原则。诚信原则不仅是适用于债和合同法的重要准则，而且也广泛适用于物权法等领域。

诚信原则要求秉持诚实，恪守承诺。秉持诚实，是指当事人要真实、真诚，例如，在合同订立中，要如实披露相关订约信息，告知相关真实情况，不坑蒙拐骗，不欺诈他人。在物权的行使中，也要秉持诚信，不得滥用物权。恪守承诺就是要严守契约和允诺。在法律上，诚信原则属于强行性规范，当事人不得以其协议加以排除和规避。

《民法典》第 7 条确定了诚信原则，弘扬了社会主义核心价值观中的诚信价值。中国古代历来就有"民有私约如律令"的说法。古时商鞅立木为信、季布一诺千金，曾被传为佳话。古人

---

〔13〕 梁慧星：《中国民法经济法诸问题》，法律出版社 1991 年版，第 200 页。

〔14〕 王泽鉴：《民法学说与判例研究》（第 1 册），台北 1979 年自版，第 330 页。

历来提倡“君子一言，驷马难追”“言必行，行必果”，儒学曾将“信”与“仁、义、礼、智”并列为“五常”，使其成为具有普遍意义的最基本的社会道德规范之一。守诚信、重允诺是中华民族优秀传统文化的重要组成部分。今天，诚信已经成为社会主义核心价值观的重要组成部分，我国《民法典》从维护社会主义核心价值观和市场秩序出发，必然要求民事主体从事民事活动时诚实守信，恪守承诺。《民法典》第 119 条规定：“依法成立的合同，对当事人具有法律约束力。”依据这一规定，当事人在订立合同后，只要合同合法有效，就应当严格按照合同履行，非依法律规定和当事人约定，不得擅自变更或者解除合同。合同就是当事人之间的法律，其对当事人应当具有严格的拘束力。一方在向对方作出单方允诺之后，也应当严格遵守允诺，不得随意违背允诺损害对方的信赖利益。

秉持诚实、恪守承诺是维护正常的市场秩序的前提和基础。市场经济的有序运行要求建立保护产权、严守契约、统一市场、平等交换、公平竞争、有效监管的法律制度。市场经济应当是诚信经济，只有当事人之间订立的合同能够得到履行，才能保证交易的有序进行。诚实信用原则是基本的商业道德，也是信用经济的基础。正是从这个意义上讲，契约精神是构建市场秩序的基础。严守契约不仅仅在市场经济社会的建设中意义重大，其在法治社会的构建中也居功至伟。“重合同、守信用”也是维护正常的社会和谐有序的基础。只有强化人们诚实守信的观念，督促当事人认真履行合同，才能保护交易的秩序，保障社会安定有序。

二、诚信原则的功能

（一）确立行为规则的功能

诚信原则不仅是一项抽象的法律原则，而且依据该原则可以产生各种具体的民事义务。诚信原则在民法中具体表现为：第一，要求民事主体正当行使民事权利，禁止滥用权利，造成对他人的损害。第二，忍受轻微妨害的义务。对于来自邻人轻微的妨害，应当忍受。第三，以正当的方式履行义务。在合同对义务的履行没有作出明确规定的情形下，应当根据诚信原则履行义务。第四，情势变更原则，在合同订立后履行完毕以前，发生了情势变更，导致当事人利益失衡时，如果符合法律规定的条件，应当允许当事人变更或解除合同。第五，附随义务的产生。在合同履行过程中，当事人应当依据诚信原则承担通知、协助、保密、忠实、告知、保护等附随义务。第六，禁止从违法行为中获利原则，即任何人不得从违法行为中获取不正当利益。诚信原则在民法中所派生的具体规则不限于此，从今后的发展趋势来看，必然会从诚信原则中产生更多的民法规则。诚信原则不仅适用于财产法领域，也广泛适用于对人身关系的调整之中。

（二）填补法律和合同漏洞的功能

诚信原则首先可以适用于填补法律漏洞。其次，诚信原则也可以适用于填补合同漏洞。填补合同漏洞具体表现在：第一，合同的内容存在遗漏，即对一些合同的条款，在合同中并没有进行约定，如合同中缺少对质量条款的约定的，可以依诚信原则填补漏洞。第二，合同中的约定不明确，或者约定前后矛盾的，可以依诚信原则加以完善。

（三）衡平的功能

诚信原则要求平衡当事人之间的各种利益冲突和矛盾。平等主体之间的交易关系，都是各个交易主体因追求各不相同的经济利益而产生的，而各方当事人之间的利益常常会发生冲突或矛盾，这就需要借助诚信原则加以平衡。

诚信原则不仅要平衡当事人之间的利益，而且要求平衡当事人的利益和社会利益之间的冲突与矛盾，即要求当事人在从事民事活动过程中，要充分尊重他人和社会的利益，不得滥用权利,损害国家、集体和第三人的利益。

(四)解释的功能

诚信原则要求在法律与合同缺乏规定或规定不明确时,司法审判人员应依据诚信、公平的观念,准确解释法律和合同。具体来说,一方面,在适用法律方面,诚信原则要求司法工作人员能够依据诚信、公平的观念正确解释法律、适用法律,弥补法律规定的不足。另一方面,诚信原则也是司法工作人员在解释合同时所应遵循的一项原则。

上述功能都是基于诚信原则体现了伦理道德的观念或正义的现实要求,从而在适用中能产生特殊的作用。

第七节　合法原则与公序良俗原则

一、合法原则

合法原则,是各国法律普遍确认的基本原则。从狭义上讲,合法是指所有民事法律行为都不得违反法律的强制性规定。而广义上说,合法还包括民事法律行为不得违反公序良俗。《民法典》第8条规定:"民事主体从事民事活动,不得违反法律,不得违背公序良俗。"因为本条就公序良俗作出了特别规定,所以,此处所说的合法原则是从狭义上理解的。

《民法典》第8条将合法原则表述为"不得违反法律",但其应当仅仅限于不得违反法律的强制性规定。关于违反法律强制性规定的民事法律行为的效力,《民法典》第153条第1款规定:"违反法律、行政法规的强制性规定的民事法律行为无效。但是,该强制性规定不导致该民事法律行为无效的除外。"当然,在评价民事法律行为的效力时,不仅要考虑私法中的强制性规定,还应当考虑公法中的强制性规定,这实际上为公法进入私法提供了通道,而且有利于保持公法评价和私法评价的一致性。例如,走私、贩毒行为在刑法上是犯罪行为,而当事人订立的走私、贩毒合同,也因为违反了刑法上的强制性规定而归于无效,这就可以使法秩序内部保持统一。

二、公序良俗原则

依据《民法典》第8条的规定,民事主体从事民事活动,不得违背公序良俗。公序良俗,是由"公共秩序"和"善良风俗"两个概念构成的。如前所述,从广义上理解,违法也包括违背公序良俗。《民法典》第153条第2款也规定:"违背公序良俗的民事法律行为无效。"例如,当事人订立的"包二奶"协议、斡旋行贿等合同,都应当认定为违反公序良俗而无效。我国民法所规定的公序良俗原则,不仅适用于财产关系,也适用于人身关系。它是社会主义核心价值观的体现,与《民法典》第1条所确立的"弘扬社会主义核心价值观"的目的是一致的,对于维护社会伦理,维护社会秩序,都具有重要意义。

公序良俗,是由"公共秩序"和"善良风俗"两个概念构成的,具体而言:

1. 公共秩序。所谓公序就是指公共秩序,主要包括社会公共秩序和生活秩序。公共秩序是指现存社会的秩序,[15]或者说,是"社会之存在及其发展所必要之一般秩序"。[16] 对公共秩

---

〔15〕 转引自[德]卡尔·拉伦茨:《德国民法通论》(上册),王晓晔等译,法律出版社2003年版,第598页。

〔16〕 史尚宽:《民法总论》,中国政法大学出版社2000年版,第334页。

序的维护,在法律上大多有明确的规定,因此,危害社会公共秩序的行为通常也就是违反法律的强制性规定的行为。如果合同内容损害社会公共秩序、违反现行法律规定,如走私军火、买卖枪支和毒品、以从事犯罪或帮助犯罪行为作为内容的合同等,应当以违反了法律或行政法规的强行性规定为由宣告合同无效。但有时法律规定并不可能涵盖无遗,因此,需要借助于公共秩序的概念实现对法律的有效补充。因此,凡是订立的合同危害国家公共安全和秩序,即使没有现行的法律规定,也应当被宣告无效。例如,购买"洋垃圾"、规避课税的合同等,即使现行法律没有明确作出禁止性规定,也应当认为是无效的。可见,有关禁止危害公共秩序的规定,实际上有助于弥补法律强制性规定的不足。并且,通过"公共秩序"这一概念的引入,就可以妥当协调社会公共利益和民事主体的私人利益。

2. 善良风俗。所谓良俗,就是善良风俗的简称,它相当于社会公共道德,是指社会全体成员所普遍认许、遵循的公共道德准则。善良风俗的含义包含两个方面:一是指社会所普遍承认的伦理道德,如救死扶伤、助人为乐、见义勇为等;二是指某个区域社会所普遍存在的风俗习惯,如婚礼不得撞丧。善良风俗本身就是社会生活中的一些基本规矩,而且,许多地方将善良风俗转化为乡规民约,使之成为"软法",构成社会自治的重要内容。在善良风俗中,有许多道德规则已经表现为法律的强行规定,如不得遗弃老人等。但有很多现存或在发展中的道德还没有被法律所涵盖,所以需要通过善良风俗这一条款,尽可能将其引入民法体系中来。

公序良俗原则具有调节性的功能,它可以协调个人利益与社会公共利益、国家利益之间的冲突,维护正常的社会经济和生活秩序。"公序良俗的调整机能由确保社会正义和伦理秩序向调节当事人之间的利益关系、确保市场交易的公正性转变,从而使法院不仅从行为本身,而且结合行为的有关情势综合判断其是否具有反公序良俗性。"〔17〕也就是说,这一原则实际上赋予了法官一定的自由裁量权,从而使其能够有效地调整各种利益冲突,具体表现在:一方面,如果民事主体因为追求利益的最大化所从事的行为和社会公共利益发生冲突和矛盾,无论是否存在对强行法的违反,首先应当维护社会公共利益。另一方面,一些法律法规所确定的强行法规则可能过于僵化,缺乏弹性,或者在适用中具有明显的不合理性,此时法官就应当考虑援用公序良俗原则解决个人利益与社会公共利益的冲突。

还应当看到,该原则可以弥补强行法规定的不足。公序良俗作为一个弹性条款,之所以要在法律上予以确认,根本原因在于,由于强行法不能穷尽社会生活的全部,其适用范围不能将各种民事活动都涵盖其中。尽管民法中许多条款都体现了道德规范的要求,但民法也不可能将道德全部摄入其中,由于民事活动,无论是交易活动还是一般的社会生活,大多离不开道德的评价和规制,违反了社会所普遍接受的道德准则,不仅可能会给当事人造成损害,也会造成对社会秩序的妨害,这就需要采用公序良俗的原则,作为调整民事活动的重要方式。〔18〕 公序良俗本身不是强行法,但它是沟通强行法与道德规范的桥梁,为道德规范引入法律提供了媒介。公序良俗原则也有利于避免法律的僵化,能够实现法律强行性规范与道德的有机协调,维护社会经济生活秩序的和谐稳定。

---

〔17〕 李双元、温世扬主编:《比较民法学》,武汉大学出版社 1998 年版,第 70 页。

〔18〕 [德]梅迪库斯:《德国民法总论》,邵建东译,法律出版社 2000 年版,第 511 页。

第八节　绿色原则

一、绿色原则的含义

所谓绿色原则，是指民事活动中应当遵循的节约资源、保护生态环境的原则。《民法典》第9条规定："民事主体从事民事活动，应当有利于节约资源、保护生态环境。"这就从基本原则的层面，提出了生态环境保护的要求。

良好的生态环境是美好幸福生活的重要组成，是最普惠的民生福祉。但我们现在面临严重的生态危机，工业发展导致环境被严重破坏，全球变暖、酸雨、水资源危机、海洋污染等已经对人类的生存与发展构成了直接的威胁，引起了全世界的广泛关注。我国是世界上最大的发展中国家，为了发展经济，我们必须利用各种资源，但同时又面临资源严重紧缺、生态严重恶化的危机，[19]大气污染、黑臭水体、垃圾围城等成为民生之患，[20]这就要求我们必须更重视资源的有效利用，并防止生态环境进一步恶化。《民法典》直面这一问题，在全世界范围内首次把绿色原则规定为民法基本原则，从而维护生态环境、为人民群众创造良好生产生活环境提供制度保障。

绿色原则的内涵主要包括如下两个方面：

1. 保护环境和生态。保护环境生态是环境保护法等法律的重要任务，迄今为止，已经建立了一整套保护环境的法律制度。但是，这并不意味着民法就不应当承担环境保护的使命。《民法典》将绿色原则作为一项民法基本原则进行规定，表明保护生态环境并不仅仅适用于侵权，其应当贯彻适用于整个民法。《民法典》合同编中规定"当事人在履行合同过程中，应当避免浪费资源、污染环境和破坏生态"（第509条第3款）。侵权责任编专章规定了环境污染和生态破坏责任，明确了生态修复的法律责任，对故意违反国家规定污染环境、破坏生态造成严重后果的，被侵权人有权请求相应的惩罚性赔偿。增加了生态破坏责任、规定了公益诉讼（《民法典》第1235条）。增加了故意违规污染环境、破坏生态的惩罚性赔偿（《民法典》第1232条），规定了破坏生态环境的修复责任（《民法典》第1234条），必将进一步强化对于生态环境的保护。

2. 有效率地利用资源。现代社会，资源的有限性与人类不断增长的需求和市场的发展形成尖锐的冲突和矛盾。绿色原则要求人们的生产、生活等活动要与资源、环境相协调，要实现人与自然的和谐相处，有效率地利用资源、节约资源。当然，我们提倡物尽其用，不仅需要充分发挥物的经济效用，还需要强化对环境资源的保护，也就是说，物尽其用并不是说竭泽而渔、滥用地力、无度开发，将物的价值全部用尽，恰恰相反，物尽其用的含义是将各种可用之物充分利用。尤其是在维护生态环境的前提下，应当节约利用资源、有效利用资源。

我国民法确认和保护产权本身，也是为了有效利用资源，因为只有产权界定明晰，才能更

---

〔19〕 2006年6月5日，国务院新闻办公室发表了《中国的环境保护（1996—2005）》白皮书。该白皮书指出，由于中国人均资源相对不足，地区差异较大，生态环境脆弱，生态环境恶化的趋势仍未得到有效遏制。

〔20〕 钟寰平：《调查研究，谋事之基成事之道》，载《中国环境报》2019年7月31日。

好地发挥资源的经济效用。我国民法上的其他一些制度也都在一定程度上体现了节约资源、保护环境的理念。第一,物权编、合同编强调物的利用和处分要节约资源、保护环境,禁止滥用权利污染环境。《民法典》第346条规定:"设立建设用地使用权,应当符合节约资源、保护生态环境的要求,遵守法律、行政法规关于土地用途的规定,不得损害已经设立的用益物权。"第二,规定了合同当事人在履行合同中应当遵循绿色原则,《民法典》合同编第509条第3款规定:"当事人在履行合同过程中,应当避免浪费资源、污染环境和破坏生态。"第558条规定了债权债务终止后的旧物回收义务,第619条规定了出卖人负有节约资源的包装方式的义务。

二、绿色原则的适用

《民法典》在民法基本原则部分对绿色原则作出了规定,表明其对整个民法典的规则解释和适用均具有重要的指导意义。但不能据此认为,绿色原则仅属于宣示性规定,否则其意义将大打折扣,该原则至少具有如下几个方面的功能。

(一)确立价值导向的功能

绿色原则为法律规则的制定和适用确立了一种价值导向,也就是说,无论是立法还是司法都应当考虑生态环境的保护问题,考虑社会的可持续发展。传统民法以个人权利保护为中心,强调对个人权利的确认与保护,而没有对个人权利的行使设置过多的限制。但现代民法不仅要体现权利本位的理念,而且要规范权利行使行为,以更好地兼顾私人权利的保护与社会公共利益的保护。《民法典》对绿色原则作出规定,实际上也体现了这一价值理念的转变,这也为立法适应将来社会发展预留了很大的空间。例如,关于生物多样性的保护、动物特殊地位的确立等,我国现行立法并没有作出特别规定,将来可以借助绿色原则设计相关的法律规则。

(二)对财产权利作出必要限制的功能

绿色原则也对财产权利的行使设置了一定的限制,即权利人在行使财产权利时,应当考虑个人利益与社会利益的平衡。传统民法以个人利益为中心,而生态环境体现的是公共利益,所以,保护生态环境其实在一定程度上是对个人利益的一种限制,在一定程度上可以说是民法典社会化的重要体现。[21] 例如,就物权的行使与抛弃而言,就应当尽量做到物的有效利用,要尽量节约资源、保护生态环境。

一般而言,权利人有权按照自己的意愿行使物权,他人不得非法干涉,但按照绿色原则,民事主体从事民事活动时,应当有利于节约资源、保护生态环境,这实际上是对权利人行使权利作出了一定的限制。在立法上,将来民法典物权编应当将绿色原则具体化为权利人行使其物权的具体规则,从而督促权利人以更有利于生态环境保护的方式行使其物权,这也反映了所有权的社会化现象。当然,即便法律没有要求权利人在行使物权时兼顾生态环境保护,法官也应当从具体案件出发,在考虑生态环境保护的基础上,确定权利人行使权利的具体规则。

(三)为民事主体设定法定义务的功能

我国民法典应当贯彻绿色原则,特别是在物权法编、侵权责任法编中,相关的规则设计应当切实贯彻绿色原则,为民事主体设定节约资源、保护生态环境的义务。例如,在不动产权利行使方面,应当课以不动产权利人节约资源、保护生态环境的义务,土地承包经营权人不得采用污染土地的方式利用土地等。虽然民事主体在行为时应当遵循绿色原则,但由于绿色原则

---

〔21〕 陈甦主编:《民法总则评注》(上册),法律出版社2017年版,第68页。

在性质上属于民法基本原则，一般不能直接作为裁判依据，因而，即便民事主体违反了绿色原则，仍应当依据具体的法律规则判断其是否需要承担民事责任，而不宜直接依据绿色原则加以认定。当然，在法律适用过程中，绿色原则可以指导相关规则的解释与适用。

绿色原则与禁止权利滥用也有一定的内在逻辑联系，二者之间有一定的交叉。《民法典》第 132 条对禁止权利滥用规则作出了规定，即“民事主体不得滥用民事权利损害国家利益、社会公共利益或者他人合法权益”。绿色原则实际上强调一种保护环境和维护生态的义务，生态环境是一种公共物品，节约资源、保护生态环境可以看作是公共利益，所以，民事主体在从事民事活动中，应当负有消极的、不得侵害生态环境的义务。如果权利人以破坏生态环境的方式行使权利，即便没有造成其他权利人的损害，也应当将其认定为损害社会公共利益的行为，从而构成权利滥用行为。

（四）解释合同的功能

绿色原则也可以指导合同的解释活动。例如，在当事人就标的物包装条款发生争议的情形下，应当按照有利于节约资源、保护生态环境的原则对其进行解释。严格来说，对环境的保护就是保护公共利益，因而，在涉及危害环境和生态利益的情况下，民法上的公序良俗原则具有可适用的价值。法官在解释合同时，涉及合同是否违反公序良俗，其实就要考虑合同的履行是否会损害生态环境，如果合同的履行确实有可能损害生态环境，则可能被认定为违背公序良俗，依据《民法典》第 153 条第 2 款可以宣告合同无效。当然，这并不是说，违反环境法的合同都应一概被宣告无效，法官以此为依据认定合同无效，应当尽到充分论证的义务。

参考案例

1. 迈克尔·杰弗里·乔丹与国家工商行政管理总局商标评审委员会、乔丹体育股份有限公司“乔丹”商标争议行政纠纷案，第 113 号指导案例（最高人民法院审判委员会讨论通过，2019 年 12 月 24 日发布）。
2. 王碎永诉深圳歌力思服饰股份有限公司、杭州银泰世纪百货有限公司侵害商标权纠纷案，第 82 号指导案例（最高人民法院审判委员会讨论通过，2017 年 3 月 6 日发布）。
3. 刘柯妤诉刘茂勇、周忠容共有房屋分割案，载《中华人民共和国最高人民法院公报》2016 年第 7 期。
4. 浙江省乐清市乐城镇石马村村民委员会与浙江顺益房地产开发有限公司合作开发房地产合同纠纷案，载《中华人民共和国最高人民法院公报》2008 年第 9 期。
5. 仲崇清诉上海市金轩大邸房地产项目开发有限公司合同纠纷案，载《中华人民共和国最高人民法院公报》2008 年第 4 期。
6. 泛华工程有限公司西南公司与中国人寿保险（集团）公司商品房预售合同纠纷案，载《中华人民共和国最高人民法院公报》2008 年第 2 期。
7. 吴小秦与陕西广电网络传媒（集团）股份有限公司捆绑交易纠纷申请案，载《中华人民共和国最高人民法院公报》2019 年第 1 期。
8. 汤龙、刘新龙、马忠太、王洪刚诉新疆鄂尔多斯彦海房地产开发有限公司商品房买卖合同纠纷案，第 72 号指导案例（最高人民法院审判委员会讨论通过，2016 年 12 月 28 日发布）。
9. “北雁云依”诉济南市公安局历下区分局燕山派出所公安行政登记案，第 89 号指导案例（最高人民法院审判委员会讨论通过，2017 年 11 月 15 日发布）。
10. 浙江隆达不锈钢有限公司诉 A. P. 穆勒—马士基有限公司海上货物运输合同纠纷案，载《中华人民共和国最高人民法院公报》2019年第9期。

11. 东京海上日动火灾保险(中国)有限公司上海分公司与新杰物流集团股份有限公司保险人代位求偿权纠纷案,载《中华人民共和国最高人民法院公报》2019年第12期。

第三章 民事法律关系

导读

民事法律关系是民法理论的基础，是民法规范调整的社会关系。民事法律关系要素包括主体、客体和内容。民事法律事实，是指依法能够引起民事法律关系产生、变更或消灭的客观现象，分为事件和行为。

第一节 概 述

一、民事法律关系的概念和特征

在社会生活中，“人非遗世而孤立，而是具有社会性，共营社会及经济生活”。[1] 各类主体为了满足自身的需要，必须从事社会交往，相互之间要发生各种社会关系。同时，为了使社会关系形成安定、和平、有序的状态，人与人之间形成正常的交往关系，法律需要对各种社会关系进行规范。法律关系是法律规范和调整人们在社会关系过程中所形成的一种特殊的社会关系，即法律上的权利义务关系。民事法律关系是由民法规范调整的社会关系，也就是由民法确认和保护的社会关系。民事法律关系不同于其他法律关系的特点在于：

1. 民事法律关系是民法所调整的社会关系在法律上的表现。人们在社会生活中会形成各种社会关系，各种社会关系分别由不同的法律部门调整，因此形成了不同的法律关系。而民法在调整平等主体之间的财产关系和人身关系的过程中，形成了民事法律关系，并使原来的社会关系的内容表现为法律上的权利义务关系。民事法律关系是民法调整的结果。民事法律关系与现实生活中存在的由民法所调整的社会关系并不是两个关系，而是一个关系。法律调整社会关系只是赋予当事人权利和义务，使之成为权利义务关系。不能把民事法律关系理解为一种独立于民法的调整对象以外的社会关系。[2]

2. 民事法律关系是人与人之间的权利义务关系。民事法律关系作为一种权利义务关系，实质上是发生在民事主体之间的社会关系。即使是人格权关系，也是人与人之间的关系，不是人与自身的关系。民事法律关系虽然在许多情况下要与物发生直接的联系，但是它并不是人与物、人与自然界的关系，而是通过物所发生的人与人之间的关系。[3] 明确民事法律关系为人

---

〔1〕 郑玉波：《民法总则》，中国政法大学出版社2003年版，第94页。

〔2〕 孙国华主编：《法理学教程》，中国人民大学出版社1994年版，第463～466页。

〔3〕 彭万林主编：《民法学》，中国政法大学出版社1997年版，第224页。

与人之间的关系，对于正确适用民法具有重要意义。

3. 民事法律关系具有平等性。民事法律关系就是平等主体之间财产关系和人身关系在法律上的表现，因此，在这种关系中，不仅当事人在法律地位上是平等的，而且许多法律关系中当事人的权利、义务具有对等性和相应性，一方的权利即是另一方的义务，一方的义务即是另一方的权利。

4. 民事法律关系具有一定程度的任意性。民事主体参与的各种社会关系大都体现其私人利益，所以法律赋予民事主体较大的自治权，民事法律关系具有较强的任意性。表现在：第一，发生上的任意性，即许多民事法律关系由当事人意思自治的方法产生。第二，变更上的任意性，即许多民事法律关系允许当事人协商变更。第三，消灭上的任意性，即许多民事法律关系也允许当事人通过意思自治的方法消灭。第四，内容上的任意性，民事法律关系的内容大多系由当事人意思决定，当事人的约定优先于法律规定，只要不违反国家强行性法律和公序良俗，当事人可以依法协商自由确定其权利义务内容。

二、民事法律关系在民法体系构建中的意义

1. 民事法律关系是整个民法逻辑体系展开与构建的基础。潘德克顿学派一个最伟大的贡献就在于，以法律关系的要素作为构建《民法典》总则体系的骨架。具体来说，在总则中根据法律关系的要素确立了主体、行为、客体制度，然后在分则中确立法律关系的内容，该内容主要是民事权利，具体包括债权、物权、亲属权、继承权，当总则中确立的主体、行为、客体与分则中的权利结合在一起就构成一个完整的法律关系。[4] 例如，总则中的主体、行为、客体与物权制度结合在一起，就构成完整的物权法律关系。[5] 由于法律关系的各种要素都已具备从而形成完整的法律关系，这种构架模式体现了潘德克顿体系的严谨性和科学性。在我国《民法典》制定过程中，这种体系化的构建模式对我们有重要的参考意义。我们需要以民事法律关系为《民法典》体系构建的蓝本，整合现行的零散的民事法规，建立逻辑清晰、结构严密、体系完整的民事权利体系。

2. 民事法律关系理论对整个民法学的建立和发展具有重要意义。“法书万卷，法典千条，头绪纷繁，莫可究诘，然一言以蔽之，其所研究和所规定者，不外法律关系而已”。[6] 民法学作为以民法为研究对象的学科，不是孤立地研究个别的民法规范，而是从整体着眼将民法体系作为研究的对象，法律关系正是贯穿始终的一根红线，它将民事主体、客体、行为、各种民事权利等诸要素整合为一体，形成清晰的脉络。民法学作为具有自身特点与体系的独立学科，其研究体系与论述方式的展开，也是建立在民事法律关系各项要素的基础上的。民法学在一定意义上就是民事法律关系之学。

3. 从方法论上来看，民事法律关系是指导理论研究人员与司法实务工作者解决实践问题的基本思维模式与思考方法。司法审判人员在处理民事纠纷时，需要将当事人置放在具体的民事法律关系中，分析该具体法律关系的主体、客体以及当事人的权利义务关系，把握权利的产生、变更、消灭，这样才能公正裁判，正确地解决各种民事纠纷。例如，在解决某个纠纷时，首先需要判断所涉及的是侵权法律关系还是违约法律关系，如果是合同关系，那么究竟是一个合

〔4〕［德］罗伯特·霍恩等：《德国民商法导论》，楚建译，中国大百科全书出版社 1996 年版，第 70～71 页。

〔5〕郑玉波：《民法总则》，中国政法大学出版社 2003 年版，第 95 页。

〔6〕郑玉波：《民法总则》，中国政法大学出版社 2003 年版，第 95 页。

同关系还是两个合同关系，该合同关系的内容、性质究竟为何。这就是正确审理民事案件所应当遵循的基本思路。

第二节　民事法律关系的要素

一、民事法律关系的要素概述

民事法律关系的要素，是指构成民事法律关系的必要因素。任何民事法律关系都由几项要素构成，要素发生变化，具体的民事法律关系就随之而变化。

关于法律关系的要素，在民法学界有不同的观点。本书认为，民事法律关系要素仅限于三个，即主体、客体和内容，这是任何法律关系都应具备的，民事法律关系也不例外（见图3-1）。而五要素说将法律事实包含在法律关系当中，这是值得商榷的。法律事实本身指的就是社会生活中能引起法律关系产生、变更、消灭这一后果的事实。民事法律关系都是不断变动的，考察任何一种民事法律关系都应当了解变动的原因及其变动的效果，这就意味着必须查找一定的法律事实，但是法律事实毕竟是外在于法律关系的，它是将抽象的法律规范与具体的法律关系加以连接的中间点，是使客观的权利变为主观的权利的媒介，但它本身并不是法律关系的要素。只有在考察法律事实之后才能明确其引发了何种法律关系，而在明确了该种法律关系之后已经无须再考察法律事实了。

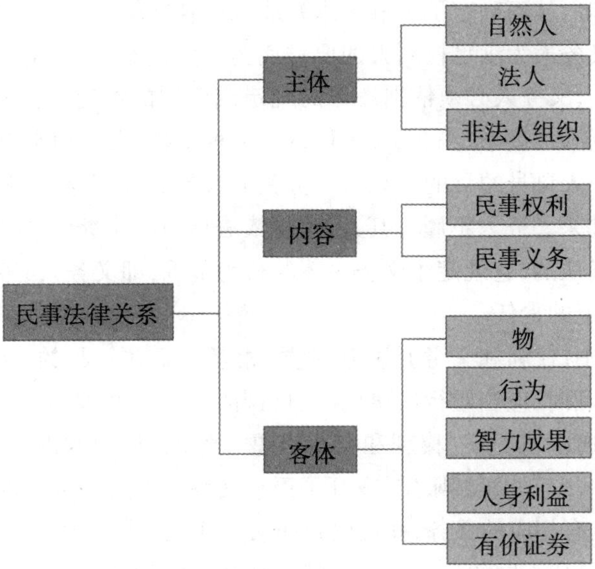

图3-1　民事法律关系的要素

那么，民事责任能否作为法律关系的一个要素呢？本书认为，民事责任在性质上是违反民事义务的法律后果，因此民事责任是民事法律关系遭到破坏、被违反之后而产生出来的新的法律关系。例如，合同法律关系被违反后就产生了违约责任，而违约责任本身就是一种法律关系，同理，因侵权行为而引发的侵权责任就是侵权法律关系。所以，民事责任本身就是法律关系的一种，是原有的法律关系的变异形态，而非法律关系的要素。

二、民事法律关系的具体要素

(一)民事法律关系的主体

民事法律关系的主体,简称民事主体,是指参加民事法律关系,享受民事权利并承担民事义务的人。在我国,民事主体包括自然人、法人和非法人组织,国家在一些场合也是民事法律关系的特殊主体。任何个人和组织要成为民事主体,必须由法律赋予其主体资格。

在具体民事法律关系中,一般都要有双方或多方当事人参加。在参加民事法律关系的当事人中,享有权利的一方是权利主体,承担义务的一方是义务主体。在某些民事法律关系中,一方只享有权利,另一方只承担义务。而在大多数民事法律关系中,双方当事人都既享有权利,又承担义务。

民事法律关系的每一方主体可以是单一的,也可以是多数的。例如,在债权关系中,债权人和债务人每一方都既可以是一个人,也可以是多个人。在相对法律关系中,每一方主体都是特定的,但在绝对法律关系中,承担义务一方是不特定的任何人。

(二)民事法律关系的内容

民事法律关系的内容,是指民事主体所享有的权利和承担的义务。任何个人和组织作为民事主体,参与民事法律关系,必然要享受民事权利和承担民事义务。

民事权利,是指由国家强制力予以保障的类型化的民事主体所享有的利益,这种法律之力和特定利益的结合则构成权利。民法是权利法,各种民事权利的共同因素包括权利主体、权利客体、权利变动的原因、权利的救济、权利的时间因素。[7] 我国《民法典》系统全面地确认了民事主体所享有的各项民事权利,并规定了民事权利行使的原则与限制,以及因侵害民事权利所应当承担的民事责任等,从而确定了民事法律关系的基本内容。

民事义务,是指义务人为满足权利人的要求而为一定的行为或不为一定的行为的法律负担。它具体包括:第一,义务人必须依据法律的规定或合同的约定,为一定的行为或不为一定的行为,以便满足权利人的要求;第二,义务体现为一种负担,义务通常以满足权利人的需要为目的,而并非满足义务人自身的目的;第三,义务具有强制性。民事义务是一种受到国家强制力约束的法律义务,如果义务人不履行其义务,将依法承担法律责任。民事义务和民事权利一样,也是由国家法律确认的,它规定了义务主体的行为范围,即义务人必须这样做或那样做,违反义务将转化为法律上的责任。

在民事法律关系中,权利和义务是相互对立、相互联系在一起的。《民法典》第 131 条规定:"民事主体行使权利时,应当履行法律规定的和当事人约定的义务"。该条对义务必须履行原则作出了规定。在通常情况下,权利和义务都是一致的,权利的内容要通过相应的义务表现,而义务的内容则由相应的权利限定,离开了民事义务就无所谓民事权利。当事人一方享有权利,必然有另一方负有相应的义务,并且权利和义务往往是同时产生、变更和消灭的。因此,民事权利和民事义务是从不同的角度表现民事法律关系的内容的。

(三)民事法律关系的客体

民事法律关系的客体,是指民事权利和民事义务所指向的对象。如果没有客体,民事权利和民事义务就无法确定。

---

[7] 杨代雄:《私权一般理论与民法典总则的体系构造——德国民法典总则的学理基础及其对我国的立法启示》,载《法学研究》2007 年第 1 期。

关于民事法律关系的客体,在理论界有不同的看法。有人认为客体是物,也有人认为客体是物和行为。本书认为,关于民事法律关系客体,应当区分不同的民事法律关系确定:就物权法律关系而言,其客体应为物;就知识产权法律关系而言,其客体应为智力成果;就债权法律关系而言,单纯的物和行为一样,都不能作为债权法律关系的要素,只有把它们结合起来,即结合成“体现一定物质利益的行为”,[8]才能成为民事法律关系的客体,如买卖关系中的客体是交付买卖标的物的行为,运输关系中的客体是安全、及时送达运输标的物的行为。

第三节　民事法律事实

一、民事法律事实的概念和特征

民事法律事实,是指依法能够引起民事法律关系产生、变更或消灭的客观现象。法律可以根据统治阶级利益的需要,规定一些事实条件,在发生这些事实以后,就使民事法律关系产生、变更和消灭。这些由法律规定的、能够产生一定法律后果的事实,就是法律事实。法律事实是法律现象产生的原因,是依法能够引起民事法律关系产生、变更和消灭的客观现象。法律事实的特征在于:

1. 它是一种客观存在的,社会生活中出现的事实,而不是当事人主观的内心意思。在法律事实中,有的与人的意志相关,有的则与人的意志无关,但不论当事人的意思如何,法律事实都是外在于主观意思而存在的客观事实,[9]如自然现象等,就行为而言,必须是表露于外的事实,单纯的内心意思无法产生法律效果。

2. 法律事实必须能够引起一定的法律后果。社会生活中出现的事实,并非都与法律规定有关,也并非都能产生一定的法律效果。例如,朋友亲戚相聚交谈、邻里之间相互串门等,不可能产生法律意义。法律事实不仅可能引起当事人预期的特定的法律效果,也可能引起当事人预期之外的其他法律后果。法律事实出现时,产生如下法律后果:第一,引起民事法律关系的产生。只有通过法律事实,才能使民事法律所规定的权利、义务,转化为当事人实际享有的权利和承担的义务。第二,引起民事法律关系的变更。因法律事实的出现而导致民事法律关系的变更通常包括:主体变更、内容变更和客体变更。第三,引起民事法律关系消灭,使主体之间的权利、义务不再存在。例如,物质资料被消费使该物的所有权关系消灭,债务的清偿使债的关系消灭。

3. 法律事实能否引起一定的法律后果或者引起何种特定的法律后果,最终都取决于法律的规定。社会生活中的各种事实,有的是由法律规范的,有的是由道德、宗教等规范的,只有为法律规范支配的事实,才是法律事实。

二、民事法律事实的分类

根据客观事实是否与人的意志有关,可以将法律事实分为事件和行为两大类(见图3-2)。

---

〔8〕 佟柔主编:《民法原理》,法律出版社1983年版,第33页。

〔9〕 江平主编:《民法学》,中国政法大学出版社2007年版,第142~143页。

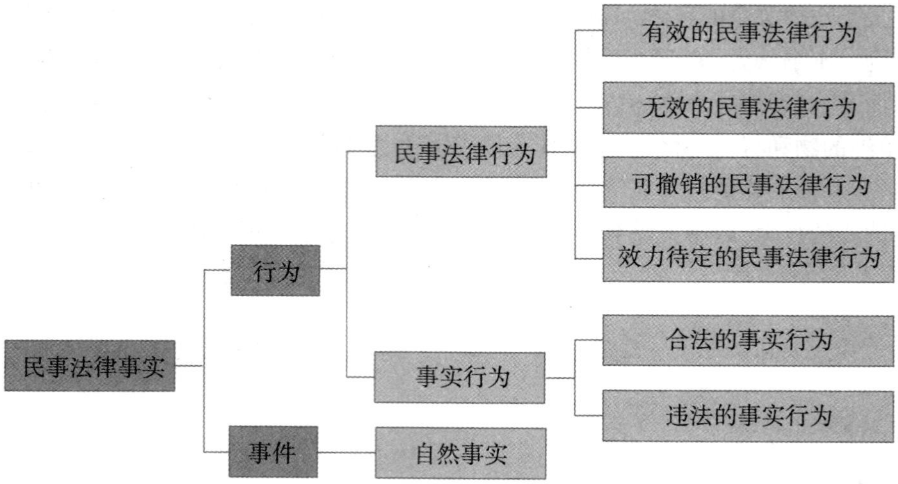

图3-2 民事法律事实的类型

事件又称为自然事实,是指与人的意志无关,能够引起民事法律后果的客观现象。例如,人的死亡使继承人取得继承遗产的权利,物的灭失引起所有权关系的消灭等。

行为是指人的有意识的活动。行为可以分为以下类型:

1. 民事法律行为,是指行为人旨在确立、变更、终止民事权利义务关系的行为。有的民事法律行为符合法律的要求,能够达到当事人预期的目的,称为有效的民事法律行为;有的民事法律行为不符合法律的要求,不能达到当事人预期的目的,发生与当事人的意志相悖的法律后果,称为无效的民事法律行为。民事法律行为是最主要的民事法律事实。

2. 事实行为,是指行为人实施一定的行为时在主观上并没有产生、变更或消灭某一民事法律关系的意识,但由于法律的规定,同样会引起一定的民事法律后果的行为。事实行为有合法的,也有不合法的。从事智力创造活动,拾得遗失物、漂流物等属于合法的事实行为,侵害国家、集体的财产权利或他人的人身、财产权利则是不合法的事实行为。

民事法律关系的产生、变更和消灭,有时只以一个法律事实为根据,有时需要以两个或两个以上的法律事实的相互结合为根据。例如,遗嘱继承法律关系,就需要立遗嘱的行为和遗嘱人死亡这两个法律事实才能够发生。这种引起民事法律关系的产生、变更或消灭的两个以上的法律事实的总和,称为民事法律关系的事实构成。要求具备事实构成的民事法律关系,只有在事实构成具备的情况下,才能引起民事法律关系的产生、变更和消灭。

第四节 民事权利客体

一、民事权利客体的概念和特征

民事权利客体,是指民事权利、义务共同指向的对象。狭义上的客体是指在法律上可以支配的对象,人是权利的主体而非权利的客体。[10] 广义上的客体是指凡是能够作为权利义务所

〔10〕 王泽鉴:《民法总则》,北京大学出版社2009年版,第195页。

指向对象的一切人和物，都可称为客体，例如，物权的客体是物，而债权的客体则可指向特定人。[11] 本书采狭义上的客体说。法律关系的客体与标的是同一的，但是它们并不完全等同于法律关系的内容。因为法律关系的内容指的就是权利、义务，而客体是权利、义务所指向的对象。民事权利客体具有以下特征：

1. 客体既是权利指向的对象，也是义务所指向的对象。从《民法典》的规定来看，民事权利客体首先是民事权利的指向对象，但由于权利义务是相对应的，因此，从义务人的角度来看，民事权利客体也是其义务指向的对象。

2. 民事权利客体必须根据不同的法律关系分别确定。虽然对于民事法律的客体在学理上可以归纳为物、行为、知识产品等几类，但是考察任何一个法律关系的客体都必须要结合具体的法律关系情况分别加以判定。

3. 人本身不能成为权利客体，能够成为客体的只能是和人身相关的利益。在现代社会，人是不能作为权利客体而成为他人权利的支配对象的。民法中的人身权（人格权和身份权），也不是以人身为客体，而是以人格利益和身份利益为客体。[12] 至于债权的客体，只是以特定人的行为为客体，也就是债务人所负有的为或不为一定行为的义务，而并非以债务人为客体。

二、民事权利客体的主要类型

（一）人身利益

1. 人格利益

人格利益分为一般人格利益和个别人格利益。依据《民法典》第109条规定，自然人的一般人格利益是指人身自由和人格尊严。依据《民法典》第110条第1款规定，自然人的人格利益包括生命权、身体权、健康权、姓名权、肖像权、名誉权、荣誉权、隐私权、婚姻自主权等权利，依据该条第2款，法人的人格利益包括名称权、名誉权、荣誉权。人格权的客体主要是指向生命、健康、名誉等人格利益。

人格利益不是物质利益，其大多体现为一定的精神利益，它一般不像财产利益那样具有有形的特征，尤其是名誉、肖像、隐私、贞操、自由等利益，都是行为与精神活动的自由和完整的利益，且是以人的精神活动为核心。就自然人而言，这些利益都以人格尊严为基础，并以彰显人格尊严为目的。对这些人格利益的侵害，必然造成主体精神上的痛苦，并损害主体的精神利益。[13]

2. 身份利益

身份利益一般是因自然人之间的身份关系以及因知识产权而获得的利益。与人格利益的固有性不同，身份利益并不具有固有性，其以一定的社会关系为基础，身份利益主要包括如下两种：第一，基于一定的婚姻关系和家庭关系等身份所取得的利益。此种身份利益以一定的身份关系存续为前提，这种身份关系一旦消灭，则相关的身份利益也将不复存在。因自然人之间身份关系所产生的身份利益主要包括因婚姻关系和家庭关系而产生的身份利益，其主要包括夫妻之间、父母子女之间、有扶养关系的祖父母与孙子女或外祖父母与外孙子女之间依法相互享有的身份权，以及因监护关系产生的监护权等。对此，《民法典》第112条规定："自然人因婚

---

〔11〕 史尚宽：《民法总论》，中国政法大学出版社2000年版，第221页。

〔12〕 王泽鉴：《民法总则》，北京大学出版社2009年版，第196页。

〔13〕 杨立新：《人身权法论》，人民法院出版社2002年版，第89页。

姻家庭关系等产生的人身权利受法律保护。”第二,因知识产权而获得的身份利益。[14] 此种身份利益主要是因知识产权的创造和发现而取得的身份利益,如因著作、专利、商标的发明、创造而享有的身份利益。应当指出的是,因知识产权而享有的身份利益的主体并不限于自然人,法人和非法人组织同样可以成为此类身份利益的主体。

(二)财产利益

财产利益不同于人身利益,表现在:第一,人身利益具有无形性,不像财产利益那样具有有形性。例如,物权的客体为物,只有那些能够为权利人所能支配和控制的物,才能成为物权的客体,因此,物权的客体通常为有体物,即具有一定的物质形体,能够为人们所感知的物。而人格权和身份权的客体则具有无形性。第二,人身利益具有人身专属性,无法与个人相分离,不得转让、放弃和继承。而财产利益通常不具有人身专属性,其通常可以转让,可以继承。第三,人身利益主要满足个人的精神需要,而财产利益满足的是个人的物质需要。人身利益的类型不同,其功能也存在一定的差别,如隐私的功能在于维护个人的私人生活安宁,名誉的功能在于保护个人的良好的社会评价,但整体上看,人身利益的主要功能在于维护个人的精神利益。而财产利益则主要是为了满足人们的生产、生活需求,其功能主要是为了满足人们的物质需要。

1. 有形财产

有形财产主要是指有体物,物作为权利的客体,必须是存在于人身之外、为人力所能支配而且能够满足人类的某种需要的财产。能够成为民事法律关系客体的物与物理学意义上的物是既有联系又有区别的,它不仅具有物质属性,而且具有法律属性。物主要是物权的客体。《民法典》第115条规定:“物包括不动产和动产。法律规定权利作为物权客体的,依照其规定。”依据该规定,物权的客体主要包括动产与不动产,但在法律有特别规定的情形下,权利也可以作为物权的客体。

2. 无形财产

所谓无形财产,主要是指除有体物以外的其他权利和利益,如对股票、债券、智力成果等的权利,其不能为人们所触觉且不占有一定的空间。[15] 传统上,民事权利的客体主要是有体物,但随着社会生活的发展和科技的进步,无形财产逐渐发展,并且在社会生活中的价值也会越来越重要。例如,知识产权、商业秘密、商号、商誉、计算机软件、空间权、经营特许以及客户信息、经营网络等都成为社会中重要的无形财产。有价证券所代表的权利具有十分重要的价值。尤其是人类社会已经进入了一个互联网、大数据时代,计算机软件、数据、网络的虚拟财产等,已经成为重要的财产。具体而言,无形财产主要包括如下几种类型:

(1)作品、发明、实用新型、外观设计、商标等智力成果。智力成果主要是知识产权的客体,智力成果是脑力劳动的产物或结果。有的智力成果需要有物质表现形式,有的不需要物质表现形式。由于21世纪是知识经济的时代,因而,智力成果是现代社会中最重要的无形财产。我国《民法典》对知识产权保护作出了规定,该法第123条规定:“民事主体依法享有知识产权。知识产权是权利人依法就下列客体享有的专有的权利:(一)作品;(二)发明、实用新型、外观设计;(三)商标;(四)地理标志;(五)商业秘密;(六)集成电路布图设计;(七)植物新品种;

---

〔14〕 郭明瑞:《人格、身份与人格权、人身权之关系——兼论人身权的发展》,载《法学论坛》2014年第1期。

〔15〕 郑玉波:《民法总则》,中国政法大学出版社2003年版,第265页。

（八）法律规定的其他客体。”

（2）数据、网络虚拟财产。数据、网络虚拟财产也是重要的民事权利的客体。《民法典》第127条规定：“法律对数据、网络虚拟财产的保护有规定的，依照其规定。”该条对数据、网络虚拟财产的保护作出了规定，适应了互联网、大数据时代的要求。

（3）股票、债券、票据等有价证券。有价证券也是民事权利的客体。所谓有价证券，是指表示一定的权利，权利人行使权利必须持有证券，原则上不得离开证券而行使权利的一种证券。[16] 有价证券的定义，最初由德国学者布伦纳（Brunner）于19世纪末期提出，他认为：“有价证券乃表彰私权之证券，其利用——主要指权利之行使而言，但权利之移转亦包括之——以证券之持有为必要者也。”[17] 有价证券通常为权利凭证，它既可以作为物权的客体，也可以作为债权的标的。我国《民法典》第125条规定：“民事主体依法享有股权和其他投资性权利。”该条对股票、债券、票据等有价证券作出了规定。当然，从我国立法来看，有价证券主要是通过《证券法》《票据法》等法律来调整的。

（4）电、热、声、光等自然力。有体物不仅包括占有一定空间的有形物（各种固体、液体和气体），还包括电、热、声、光等自然力或“能”（energies）。[18] 电、天然气等无形物在交易上是可以作为交易对象的，从交易观念出发，它可以作为物而对待，许多国家民法典明确规定电力等自然力为可以支配的物。[19] 《民法典》第115条规定：“物包括不动产和动产。法律规定权利作为物权客体的，依照其规定”。从该规定来看，民法所调整的物主要是有体物，但如果法律规定电、热、声、光等作为物权客体的，则其也可以成为物权的客体。

（三）行为

债权的客体是行为。法律上所指的行为，是指人有意识的活动。行为在民事法律关系中是另一个重要客体。例如，债权本质上是特定人之间请求为一定行为或不为一定行为的关系，所以债权的客体都是行为。这种行为就表现为债务人所应当作出的作为或不作为。

当然，在债权中也涉及物，如买卖中有标的物。但是债权的客体直接指向的是债务人的行为，而间接涉及物。任何债的关系中的债务人的给付行为都不可或缺，物则只是一部分而不是全部的债的关系。而且即便债权涉及物，物也不是债权的客体，例如，在买卖合同中，债权人只能请求债务人交付标的物，而不能直接支配标的物。

参考案例

1. 汤龙、刘新龙、马忠太、王洪刚诉新疆鄂尔多斯彦海房地产开发有限公司商品房买卖合同纠纷案，第72号指导案例（最高人民法院审判委员会讨论通过，2016年12月28日发布）。
2. 中华人民共和国无锡海关与江苏紫金农村商业银行股份有限公司葛塘支行执行异议之诉案，载《中华人民共和国最高人民法院公报》2018年第11期。
3. 孙宝荣与杨焕香、廊坊愉景房地产开发有限公司公司增资纠纷案，载《中华人民共和国最高人民法院公

〔16〕 谢怀栻：《票据法概论》，法律出版社1990年版，第3页。
〔17〕 转引自郑玉波：《民商法问题研究（四）》，台北1985年自版，第144页。
〔18〕 李双元、温世扬主编：《比较民法学》，武汉大学出版社1998年版，第247页。
〔19〕 陈华彬：《物权法原理》，国家行政学院出版社1998年版，第53页。

报》2017 年第 8 期。

4. 重庆建工集团股份有限公司与中铁十九局集团有限公司建设工程合同纠纷案,载《中华人民共和国最高人民法院公报》2014 年第 4 期。

5. 朱俊芳与山西嘉和泰房地产开发有限公司商品房买卖合同纠纷案,载《中华人民共和国最高人民法院公报》2014 年第 12 期。

6. 迈克尔·杰弗里·乔丹与国家工商行政管理总局商标评审委员会、第三人乔丹体育股份有限公司商标争议行政纠纷案,载《中华人民共和国最高人民法院公报》2018 年第 9 期。

7. 大连俸旗投资管理有限公司与中国外运辽宁储运公司等借款合同纠纷案,载《中华人民共和国最高人民法院公报》2017 年第 7 期。

8. 上海美术电影制片厂与电子工业出版社、曲建方著作权权属、侵权纠纷案,载《中华人民共和国最高人民法院公报》2018 年第 10 期。

9. 中国建设银行股份有限公司广州荔湾支行与广东蓝粤能源发展有限公司等信用证开证纠纷再审案,载《中华人民共和国最高人民法院公报》2016 年第 5 期。

10. 洪秀凤与昆明安钡佳房地产开发有限公司房屋买卖合同纠纷案,载《中华人民共和国最高人民法院公报》2016 年第 1 期。

第四章 自 然 人

导 读

自然人是最重要也是最基本的民事主体。自然人的民事权利能力指民事权利主体享受民事权利和承担民事责任的资格,始于出生,终于死亡。自然人的民事行为能力指自然人以自己行为独立从事民事活动的能力和资格,按能力完整程度分为完全民事行为能力、限制民事行为能力和无民事行为能力。宣告失踪制度通过确认自然人失踪状态和为其选定财产管理人来保护下落不明人和利害关系人的利益。宣告死亡制度通过确认自然人死亡状态来了结下落不明人与他人的财产、人身关系,从而维护正常的社会秩序。监护制度通过对无民事行为能力人、限制民事行为能力人财产、人身和其他合法权益进行监督、保护来弥补上述自然人行为能力的欠缺,维护其权益。

第一节 自然人的概念与民事权利能力

一、自然人的概念

民事主体是一个特定的法律范畴,是指依照法律规定能够参与民事法律关系,享有民事权利和承担民事义务的人。民事主体是"私法上的权利和义务所归属之主体"。[1] 民法上,"人"既包括自然人,也包括法人。所谓自然人,是指依自然规律产生,具有五官百骸,区别于其他动物的人。自然人既是一个生物学意义上的概念,又是一个法律概念。

《民法通则》第二章规定了自然人的法律地位,但该章标题为"公民(自然人)",而《民法典》的总则编修改了这一规定,明确以"自然人"作为章名,并且将自然人的民事权利能力、民事行为能力、宣告失踪、宣告死亡等规则都规定在该章中,具有重要意义。与《民法通则》的规定相比,《民法典》采用"自然人"的表述更为科学。一方面,"自然人"概念更符合民法的私法特点。公民是公法领域中主体的称谓,它是指具有一国国籍的自然人。而在私法领域中,主体的范畴是自然人。另一方面,"自然人"概念更有利于彰显民事权利能力平等的理念。采用"自然人"的概念,进一步强调了各个自然人,不分国籍,在权利能力上一律平等,从而为权利能力的平等奠定了基础。[2] 自然人不仅包括本国公民,还包括外国公民和无国籍人。如果在民法中仍然使用公民的概念,则将使我国公民之外的自然人难以获得民法赋予的民事主体资格,从而

〔1〕[日]星野英一:《私法上的人》,王闯译,载梁慧星主编:《民商法论丛》(第8卷),法律出版社1997年版,第155页。

〔2〕杨震:《民法总则"自然人"立法研究》,载《法学家》2016年第5期。

不能保护这些自然人的民事权利。

二、自然人民事权利能力的含义

(一)自然人民事权利能力的概念

自然人的民事权利能力是自然人依法享有民事权利和承担民事义务的资格,它是每个自然人平等地享有民事权利、承担民事义务的可能性。权利能力,首先是指人能成为权利主体的能力。[3] 任何生活中的实体,要成为权利主体,必须在民法中被赋予承受法律关系的资格。唯具有主体资格者,才可以成为权利主体或法律关系的主体。

(二)自然人民事权利能力的特征

1. 平等性。自然人的民事权利能力一律平等,这既是社会主义法治基本原则的具体体现,也是民法调整私法关系的本质要求。它意味着任何自然人,不分性别、民族、出身、职业、职务、文化程度、宗教信仰、政治面貌、财产状况,其民事法律地位一律平等,都可以享有法律所规定的民事权利和承担法律所规定的民事义务。《民法典》第 12 条规定:"中华人民共和国领域内的民事活动,适用中华人民共和国法律。法律另有规定的,依照其规定。"因此,外国人和无国籍人在中国领域内从事民事活动,和中国公民一样,享有平等的民事权利能力。但是,给予外国人的这种待遇是以该外国人所属国家对等地给予我国公民国民待遇为前提的。

2. 普遍性。在近现代世界各国民法中,都承认外国人和无国籍人具有民事权利能力。因为如果不承认其具有民事权利能力,则可能影响国际上的民事往来关系。另外,如果外国人和无国籍人不具有民事权利能力,则这些人的生命、健康、身体、财产等基本人权就不能得到保护,这也有违最基本的人权思想。

3. 不可剥夺性。自然人的权利能力始于出生,终于死亡。一个自然人可能因刑事犯罪而被限制自由,但不能因此而剥夺其民事权利能力。自然人的民事权利能力和民事行为能力除依法律规定并经法定程序加以限制和剥夺外,任何人不得限制或剥夺。

4. 不得转让和抛弃。权利能力与主体资格是不可分离的,因此无权利能力之人不可能成为权利主体,也不能从事任何社会经济活动,所以权利能力是不能够被抛弃或者与主体相分离的。自然人民事权利能力具有与自然人的人身不可分离和不可转让的属性,个人也不得抛弃其权利能力。

5. 内容上的广泛性。自然人的民事权利能力的内容,就是指自然人可以享有的各种民事权利的范围。在我国,自然人的民事权利能力不仅具有平等性,而且在内容上具有广泛性,能够依法享有各种人身权利和财产权利。

民事权利能力的概念是私法文明发展的结晶。从罗马法上不平等的法律人格到近代权利能力一律平等,从法律人格可以被减损、剥夺到近代对权利能力的同等保护,是一个巨大的历史进步。我国确立权利能力制度本身就是对先进的私法文化的继受。我国由于存在几千年的封建专制主义传统,缺乏人格平等的基本理念,现实生活中特权观念、等级观念和大量的不尊重人格平等的现象依然存在,因而需要在法律中确认并宣示人格平等的理念。这也是法律面前人人平等原则的体现。

(三)民事权利能力与权利的关系

民事权利能力是国家通过法律确认的民事主体享受民事权利和承担民事义务的资格,它

---

〔3〕[德]卡尔·拉伦茨:《德国民法通论》(上册),王晓晔等译,法律出版社 2003 年版,第 36 页。

是民事主体享受权利和承担义务的基础。权利能力和权利的概念经常容易混淆。这两者之间确实存在密切联系：一方面，权利能力是权利享有的基础；另一方面，权利能力的平等性也有利于实现权利取得的平等。但是两者之间也存在明显的区别，表现在：

1. 民事权利能力是民事主体享有权利、承担义务的资格，是一种法律上的可能性。只有具有这种资格的人，才能享有民事权利和承担民事义务，才能平等地参与民事法律关系。而民事权利是民事主体已经实际享有的现实权利，民事权利都是以一定的实际利益为内容的。

2. 民事权利能力，包括享有民事权利的能力以及承担民事义务的能力。民法中能够享有权利的人，也就是能够承担义务的人，现代民法中没有只能享有权利而不能承担义务的人，也没有只能承担义务而不能享受权利的人。民事权利涉及享有的权利，而不包括民事义务。

3. 民事权利能力是由国家通过法律直接赋予的，归根结底取决于社会的物质生活条件。在不同的社会，法律所规定的权利能力是不同的。而具体的权利，都是由主体决定的，主体只有参与具体的法律关系才能享有，[4] 权利的范围不仅决定于社会经济生活条件和法律的规定，有时还取决于一个人的财产状况。

4. 在存续期间上，自然人的权利能力始于出生、终于死亡，伴随民事主体的存续过程。权利是权利主体在其存续过程中介入具体的法律关系而取得的，其存续与否由特定法律事实决定。

5. 民事权利能力是享有权利、负担义务的前提，是作为主体资格的基本条件，所以，与主体有着不可分割的联系，它既不能转让，也不得放弃，本人也不得自行处分。而权利除了法律另有规定或依其性质或依当事人约定不得处分外，可以自行处分。

（四）民事权利能力与当事人能力

当事人能力，又称诉讼权利能力，是指能够成为诉讼当事人的资格，只有具有当事人能力才能成为诉讼当事人。[5] 此种能力是由民事诉讼法所确定的。《民事诉讼法》第 48 条第 1 款规定，“公民、法人和其他组织可以作为民事诉讼的当事人”，确认了公民、法人和其他组织具有当事人能力。民事权利能力和诉讼权利能力，也具有密切的联系。

一般来说，具有民事权利能力一定具有诉讼权利能力，但不具有民事权利能力也未必就不具有诉讼权利能力，主要原因在于，实体法上的社团是否具有权利能力或主体资格，往往取决于其是否具有独立的财产，能否独立承担责任，而对于一些不具有独立财产和独立责任的法人分支机构，在程序法上为了简化诉讼，可以赋予这些组织诉讼法上的主体资格。同时，在许多诉讼中，如确认之诉和形成之诉，本身和责任没有必然联系，所以不能承担独立责任的社会组织，完全可以具有诉讼上的权利能力，但却不具有民事上的权利能力。例如，法人的分支机构，在民法上可能并不具有民事权利能力，但却可能成为诉讼主体，即具有诉讼权利能力。至于其能否独立承担责任，则是执行中的问题，也可以在判决中确定。从这一意义上说，具有当事人能力或诉讼主体资格的范围更广。

三、自然人民事权利能力的开始

（一）自然人的民事权利能力始于出生

自然人的民事权利能力是自然人享受民事权利、承担民事义务的资格，是自然人法律人格

---

〔4〕 佟柔主编：《中国民法》，法律出版社 1990 年版，第 67 页。

〔5〕 江伟主编：《民事诉讼法学》，复旦大学出版社 2002 年版，第 176 页。

的要素,它具有与自然人的人身不可分割和不可转让的属性,因此,自然人的民事权利能力是自然人终生享有的。根据《民法典》第 13 条的规定,自然人的民事权利能力应自出生时开始。

何为出生?出生在性质上属于民事法律事实中的事件。出生应当具备如下条件:第一,必须与母体相分离。出生就是脱离母体成为独立的有生命的人。第二,出生时必须为活体。即使只有片刻的生命,也应当肯定其具有权利能力。医学上通常以胎儿出生时有呼吸行为作为生存的证明。如果胎儿出生时是死体,则不能将其认定为法律意义上的出生。[6]

既然出生决定着民事权利能力的产生,是一个重要的法律事实,那么正确地确定出生的时间也就具有重要意义。关于出生的时间,应以独立呼吸作为判断出生时间的标准。因为通常情况下,如果胎儿已经独立呼吸,就意味着其已经与母体相分离,成为一个独立的生命体。在某些情况下,即便没有全部娩出,但也可能独立呼吸,此时应当承认其已经成为一个独立的生命体。依据《民法典》第 15 条的规定,自然人出生时间一般以出生证明记载的时间为准,如果没有出生证明,或者出生证明没有详细记载自然人出生时间的,则应以户籍登记或者其他有效身份登记记载的时间(如个人居民身份证件记载的时间)为准。

一般来说,自然人的民事权利能力与年龄和健康状况无关。但是,对于某些领域的权利能力,法律特别规定只有达到一定年龄才能具有或有某些疾病的人不能享有。如我国《民法典》第 1047 条规定,结婚年龄,男不得早于 22 周岁,女不得早于 20 周岁。也就是说,公民只有达到这个年龄才有结婚的权利能力。也些达到一定年龄才能享有的权利能力称为特殊的民事权利能力。

(二)胎儿利益的保护

由于胎儿的利益也是需要保护的,所以法律上需要有专门的制度对此作出规制。《民法典》第 16 条规定:“涉及遗产继承、接受赠与等胎儿利益保护的,胎儿视为具有民事权利能力。但是,胎儿娩出时为死体的,其民事权利能力自始不存在。”依据该条规定,胎儿并不是民事主体,但其利益仍然受到法律保护。在涉及遗产继承时,胎儿视为具有民事权利能力。也就是说,胎儿本身并不是民事主体,只是在需要受到法律保护的情形下,可以适用民事主体的相关规则对其进行保护。

依据《民法典》第 16 条的规定,胎儿受到法律保护的利益范围如下:第一,遗产继承利益。我国《民法典》第 1155 条对胎儿继承时的特留份利益作出了规定,当然,从《民法典》第 16 条规定来看,在涉及遗产继承时,胎儿视为具有民事权利能力,这实际上在继承编规定的基础上,扩大了胎儿在遗产继承中的利益范围,不再限于特留份利益。第二,接受赠与。也就是说,在胎儿出生前,如果有人对其作出赠与时,该项赠与有效,胎儿可以保有该赠与利益。此外,《民法典》第 16 条在规定胎儿所享有的民事权利的范围时,采用了“涉及遗产继承、接受赠与等”这一表述,表明胎儿所享有的利益并不限于上述两项。例如,在胎儿未出生之前,其健康遭受侵害,也可以在其出生后请求侵权人承担侵权责任。

《民法典》第 16 条所规定的“娩出”是指胎儿从母体内产出,与“出生”这一表述相比,娩出这一表述更符合医学标准,也更加规范。也就是说,如果胎儿娩出时是死体的,则视为胎儿自始不具有民事权利能力。因此,胎儿在娩出前因继承、接受赠与等原因所取得的利益,也自始

---

[6] 黄立:《民法总则》,三民书局 1994 年版,第 71 页。

不享有。例如,胎儿在接受赠与后,如果娩出时为死体的,则该赠与无效,应当将该财产返还赠与人。

四、自然人民事权利能力的终止

(一)自然人的权利能力终于死亡

自然人死亡以后,自然不能继续成为权利的享有者、义务的承担者,其权利能力当然消灭。根据《民法典》第13条的规定,自然人的权利能力因死亡而终止。也就是说,死亡之后,自然人不能再作为民事主体享有民事权利、承担民事义务。

死亡是一种自然事件,也是引起法律关系变动的重要的法律事实,与民事权利能力的终止联系在一起。自然人的民事权利能力既然为自然人终生享有,那么,它就只能在自然人死亡时终止。死亡包括生理死亡和宣告死亡。生理死亡也称为自然死亡,是指自然人生命的自然终结。自然人死亡以后应当由医院和有关部门开具死亡证明书,自然死亡的时间一般应以死亡证明书上记载的时间为准。

自然人死亡以后,不应当作为民事主体享受权利并承担义务,但是在例外情况下法律需要对公民死亡后的某些利益进行保护。不过,关于死者利益保护的原因,应当区分各种具体情况而分别考察。民事权利以利益为内容,这种利益是社会利益和个人利益的结合,一个人死后已不可能再享有实际权利中包含的个人利益,但对于权利中包含的社会利益,在自然人死亡后,仍要进行保护。而且,损害这些利益将直接影响到曾经作为民事主体存在的该自然人的人格尊严。法律保护这些利益,体现了法律对民事主体权益保护的完整性,也有利于引导人们重视个人生前死后的声誉,维护社会公共道德和秩序。[7]

(二)生理死亡的时间认定

生理死亡的时间直接关系到民事主体是否存在、原权利义务是否变更、继承是否开始等民事法律事实,这就需要准确判断生理死亡的时间,因此,其在民法上具有一定的法律意义。关于死亡时间的认定,应当按照医学标准来确定。目前大多数医学专家主张,“脑电波消失说”比较科学,这也在临床中逐渐被采纳,因此,采纳这一标准认定死亡时间有一定的道理。

如何具体确定生理死亡的时间,需要有一定的证据证明。根据《民法典》第15条的规定,首先按照死亡证明所记载的时间确定自然人的生理死亡时间;如果没有死亡证明,则以户籍登记或者其他有效身份登记记载的时间为自然人的生理死亡时间。当然,死亡毕竟是一个事实问题,因此,如果死亡证书中记载的时间与公民死亡的真实时间有出入,则应以事实为准。

在特殊情形下,如果数人在同一事件中死亡的,可能难以确定每个人的死亡时间顺序,这就会带来继承法上的难题。对此,《民法典》第1121条第2款规定:“相互有继承关系的数人在同一事件中死亡,难以确定死亡时间的,推定没有其他继承人的人先死亡。都有其他继承人,辈份不同的,推定长辈先死亡;辈份相同的,推定同时死亡,相互不发生继承。”

---

〔7〕 最高人民法院民事审判第一庭编:《最高人民法院〈关于确定民事侵权精神损害赔偿责任若干问题的解释〉的理解与适用》,人民法院出版社2001年版,第43页。

第二节 自然人的民事行为能力

一、自然人的民事行为能力的概念和特点

自然人的民事行为能力,是指自然人能够以自己的行为行使民事权利和设定民事义务,并且能够对自己的行为承担民事责任,简言之,是自然人可以独立进行民事活动的能力或资格。其特点在于:

1. 独立进行民事活动的能力。人们对自己的行为后果并不是都能清楚认识的,如果许可一切人都可独立地进行活动,势必会对一些缺乏判断能力的人不利,也不能进行公平的交易。因此,法律规定,不具备认识能力的人的行为是无效的,不能发生法律后果。

2. 以意思能力为基础。自然人的民事行为能力是公民对自己的行为后果承担责任,使自己的行为发生法律效力的能力。而一个人要具备承担自己行为后果的能力,首先应具备认识这种行为的能力,即要以意思能力为基础。如果将意思能力理解为认识和判断自己行为的能力,那么行为能力应当包括意思能力,或者说,应当以意思能力为基础。

3. 法定性。自然人的民事行为能力与人的认识能力有关,但它不是以自然人个人的意思为标准的,也不是“天赋”的,而是由国家法律赋予的。所以除法律规定的情况和依法定程序外,任何人不得剥夺和限制公民的民事行为能力。

法律上规定自然人的民事行为能力,其根本原因在于:第一,保护无行为能力和限制行为能力人的利益。行为能力欠缺,意味着欠缺独立行为的能力,其利益在交易中容易受到损害。所以,法律有必要规定一个标准,使那些不具有或欠缺意思能力的人不能自由行为,即不能通过自己的积极活动,去设定权利义务关系,从而保护这些行为能力欠缺的人的利益。第二,保护交易的安全和秩序。如果任何人可以其无意思能力而主张交易无效,将对交易安全的保护不利,所以,对行为能力应规定严格、明确的标准。总之,法律正是根据公民的个人利益和社会利益的需要来规定自然人的民事行为能力的,但具备民事行为能力必然具备民事权利能力,而具有民事权利能力并不一定就具备民事行为能力。

二、民事行为能力和民事权利能力的关系

具备了民事主体资格,要实际地参与民事活动,还必须要有民事行为能力。民事行为能力,就是法律所认定的形成意思的能力,[8]即主体能够独立地以自己的行为取得权利、承担义务的资格。主体能否独立认识和判断自己行为的性质和后果并对自己的行为作出选择,从而具备形成意思的能力,通常是由法律确认的。

民事权利能力和民事行为能力是主体制度中的两项重要内容。没有民事权利能力,就失去了主体资格,也就不可能具有民事行为能力。但是仅有民事权利能力,而没有民事行为能力,也不能通过自己的行为去享受权利和承担义务。具体来说,二者的区别表现在(见表4-1):

---

〔8〕[德]迪特尔·梅迪库斯:《德国民法总论》,邵建东译,法律出版社2000年版,第409页。

表 4－1　民事权利能力与民事行为能力的区别

区别	民事权利能力	民事行为能力
是否为民事主体资格	是民事主体的资格	并非民事主体的资格
是否具有普遍性	具有普遍性，任何民事主体都有	不具有普遍性，有民事权利能力不一定有民事行为能力，有民事行为能力必有民事权利能力
能否受到限制或剥夺	不受限制和剥夺	可以依法被限制或被确认为无民事行为能力
是否以意思能力的存在为基础	否	是

1. 民事权利能力是成为民事主体的资格，而民事行为能力是能够以自己的行为从事民事活动的资格，[9]换言之，它是法律认定的意思能力。有民事权利能力的人，如果不具备法定的意思能力，就没有民事行为能力。但反过来说，任何具备民事行为能力的人，都具有民事权利能力。

2. 民事权利能力具有普遍性，而民事行为能力不具有普遍性。任何人都具有民事权利能力，民事权利能力也不需要特别认定，更不需要通过某种程序来认定。而对于自然人来说，在何种情况下具有民事行为能力，首先要达到一定的标准。其次，对于一些因健康等原因欠缺足够的意思能力的人认定其行为能力，要经过特殊的程序。对于自然人来说，权利能力都是平等的，但民事行为能力却可能因人而异。

3. 民事权利能力是不受限制和剥夺的，而民事行为能力却可以依据法律规定的原因和程序作出限制。例如，精神病人可以被认定为限制民事行为能力人或无民事行为能力人。

4. 民事行为能力以意思能力的存在为基础，而民事权利能力不以意思能力的存在为基础，不受年龄、精神状况和身体条件的限制。

三、民事行为能力和民事责任能力

民事行为能力不仅包括实施民事法律行为等合法行为的能力，而且包括对不法行为和不履行义务行为负责的民事责任能力。所谓民事责任能力，又称为不法行为能力或过失责任能力，是指对自己的过失行为能够承担责任的能力。[10] 民事责任能力包括侵权责任能力、违约责任能力和其他责任能力。[11] 但由于民事责任能力在侵权法中最为重要，各国对侵权责任能力都有明确规定，[12]而对于违约责任能力则规定准用侵权责任能力之规定。[13]

民事责任能力与民事行为能力有着密切的联系，但也不完全等同于民事行为能力。凡是具有民事行为能力者，均具有民事责任能力。[14] 从意思能力的角度来看，民事责任能力也要求有意思能力。但是民事行为能力和民事责任能力又有区别，主要表现在：第一，就侵权责任而言，现代民法中为了对受害人遭受的损害给予充分的补救，在分配责任的时候，不仅仅要考虑过错，还要考虑如何对受害人的损害予以充分救济，这就要突破意思能力的局限，使民事行为能力和民事责任能力分开。因此，无民事行为能力人致人损害，其监护人应当负责。侵权责任

---

〔9〕 余能斌、马俊驹主编：《现代民法学》，武汉大学出版社 1995 年版，第 83 页。

〔10〕 [德]卡尔·拉伦茨：《德国民法通论》（上册），王晓晔等译，法律出版社 2003 年版，第 156 页。

〔11〕 龙卫球：《民法总论》，中国法制出版社 2002 年版，第 266 页。

〔12〕《德国民法典》第 827、828、829、832 条，《日本民法典》第 712、713 条，我国台湾地区“民法”第 187 条。

〔13〕《德国民法典》第 276 条，我国台湾地区“民法”第 221 条。

〔14〕 梁慧星：《民法总论》，法律出版社 2011 年版，第 74 页。

中的公平原则,更是注重行为人是否具有责任财产,所以财产也称为民事责任能力的基础。第二,民事行为能力实际上是以理性的判断能力为基础的,而民事责任能力是以对不法行为的识别能力为基础的,因此,行为能力的判断标准显然要高于责任能力的判断标准。第三,民事行为能力的判断标准是由法律统一规定的,即由年龄和智力状况来进行判断。而对民事责任能力的判断,则要根据每个具体不法行为人的意思能力和财产状况等分别进行判断。[15]

四、民事行为能力的划分

(一)完全民事行为能力

所谓完全民事行为能力,是指自然人能以其自己的行为独立享有民事权利,承担民事义务的资格。《民法典》第17条规定:"十八周岁以上的自然人为成年人。不满十八周岁的自然人为未成年人。"第18条第1款规定:"成年人为完全民事行为能力人,可以独立实施民事法律行为。"依据上述规定,18周岁以上的自然人为完全民事行为能力人,《民法典》作出此种规定是合理的。一方面,根据我国《宪法》规定,年满18周岁的公民享有选举权和被选举权,且在社会生活交往中,一般认为18周岁的人为成年人,已经具有相当的社会经验和知识,能够独立地生活和就业,因此年满18周岁的人应为完全行为能力人。另一方面,对18周岁以上的自然人而言,其已经成年,对外界各种情况已经有了自己独立的判断能力,可以独立实施各种民事法律行为,有必要规定其为完全民事行为能力人。

《民法典》第18条第2款规定:"十六周岁以上的未成年人,以自己的劳动收入为主要生活来源的,视为完全民事行为能力人。"所谓"以自己的劳动收入为主要生活来源",包括两个方面:第一,具有一定的劳动收入,即依靠自己的劳动获得了一定的收入,如工资、奖金等。这种收入应当是固定的,而不是临时的、不确定的。第二,其劳动收入构成其主要生活来源。也就是说,其劳动收入能够维持其生活,不需要借助其他人的经济上的资助,也可以维持当地群众的一般生活水平。[16] 此处所说的"视为"属于法律上的不可推翻的推定,"视为"完全民事行为能力人。我国《民法典》作出上述规定的主要原因在于,法律上对于自然人是否具有行为能力的规定,是对所有的自然人的民事行为能力的一般规定,但每个自然人的情况并非完全相同,是否具有完全民事行为能力,其情况也可能是有差别的,因此,法律上有必要设定例外规定。《劳动法》第15条第1款规定:"禁止用人单位招用未满十六周岁的未成年人。"由此可见,16周岁以上的自然人就享有劳动权。既然16周岁以上的公民能够参加劳动,并可能具有一定的收入,法律上完全否定其具有完全的行为能力,也就不一定妥当。

(二)限制民事行为能力

限制民事行为能力,又称为不完全民事行为能力,是指自然人部分独立地,或者说在一定范围内具有民事行为能力。根据《民法典》的规定,限制民事行为能力人有两种:

第一,8周岁以上的未成年人。《民法典》第19条规定:"八周岁以上的未成年人为限制民事行为能力人,实施民事法律行为由其法定代理人代理或者经其法定代理人同意、追认;但是,可以独立实施纯获利益的民事法律行为或者与其年龄、智力相适应的民事法律行为。"该条将限制民事行为能力人的年龄下限从《民法通则》所规定的10周岁降低为8周岁,主要原因在于,随着经济社会的发展和生活教育水平的提高,未成年人的生理心理成熟程度和认知能力较

---

[15] 郑玉波:《民法总则》,三民书局1998年版,第89页。

[16] 柳经纬:《民法总论》,厦门大学出版社2000年版,第85页。

之以往有了一定的提高，适当降低限制民事行为能力人的年龄下限，有利于其从事与其年龄、智力状况相适应的民事活动，这也是尊重未成年人自主意识的体现，有利于保护其合法权益。[17]

第二，不能完全辨认自己行为的成年人。一些成年人（如精神病人、老年痴呆症患者）也可能因精神、智力障碍而不能完全辨认自己行为的内容与法律后果，不能独立实施一些民事活动，其也应当属于限制民事行为能力人。对此，《民法典》第22条规定："不能完全辨认自己行为的成年人为限制民事行为能力人，实施民事法律行为由其法定代理人代理或者经其法定代理人同意、追认；但是，可以独立实施纯获利益的民事法律行为或者与其智力、精神健康状况相适应的民事法律行为。"

对于限制民事行为能力人来说，法律只允许其从事纯获利益的民事法律行为和与其智力及精神健康状况相适应的民事法律行为。所谓纯获利益的民事法律行为，是指限制民事行为能力人从某项民事法律行为中纯粹获得利益而不负有负担，或者虽然负有负担，但是所获得的利益明显高于负担的民事法律行为。具体而言：第一，纯获利益的民事法律行为，即仅仅获得法律上的利益，而不会负担法律义务或减损其既有民事权利。第二，与其年龄、智力、精神健康状况相适应的民事法律行为。如理发、购买零食等。限制行为能力人应当可以从事一些日常生活所必需的交易，否则会不当限制其行为的自由，也会给其生活造成不便。

限制民事行为能力人依法不能独立实施的民事法律行为，则应当由其法定代理人代理实施。根据《民法典》第23条规定，限制民事行为能力人的监护人为其法定代理人，限制民事行为能力人依法不能独立实施的民事法律行为，应当由其监护人代理实施，否则应当属于效力待定的民事法律行为。

依据《民法典》第19条与第22条的规定，在经法定代理人允许的情形下，限制民事行为能力人可以独立实施各类民事法律行为。法定代理人的允许既可以是（事先的）同意，也可以是（事后的）追认。具体包括两种：第一，事先同意。也就是说，限制民事行为能力人的法定代理人可以事先同意或者授权该限制民事行为能力人实施民事法律行为，在此情形下，即便该民事法律行为超出了该限制民事行为能力人的年龄、智力发展状况，其也是有效的。例如，父母授权子女在300元范围内购买一辆自行车，只要其子女是在300元内购买自行车，就认为已得到父母的允许。当然，该限制民事行为能力人应当在其法定代理人允许的权限范围内行为。第二，事后追认。追认就是事后表示同意。从这一规定可以看出，此类行为并不是一概被认定为无效，而是将其作为效力待定的民事法律行为。也就是说，对限制行为能力人实施的依法不能独立实施的行为，在法律上既不是当然无效，也不是当然有效，其是否有效，要取决于其法定代理人是否追认。限制民事行为能力人有权实施上述民事行为，对于上述行为以外的其他比较复杂及重大的民事法律行为，则应当由法定代理人代理或征得其法定代理人同意后进行。

（三）无民事行为能力

所谓无民事行为能力，是指自然人无独立从事民事活动的资格。也就是说，不具有以自己的行为取得民事权利和承担民事义务的资格。在我国，无民事行为能力人包括以下两类：

1. 不满8周岁的未成年人，对此，《民法典》第20条规定："不满八周岁的未成年人为无民事行为能力人，由其法定代理人代理实施民事法律行为。"

2. 不能辨认自己行为的成年人。对此，《民法典》第21条第1款规定："不能辨认自己行为

---

〔17〕 李适时主编：《中华人民共和国民法总则释义》，法律出版社2017年版，第57页。

的成年人为无民事行为能力人,由其法定代理人代理实施民事法律行为。”依据该条规定,如果成年人因为智力、精神状况等原因而无法辨认自己的行为,则应当属于无民事行为能力人。《民法典》第21条第2款规定:“八周岁以上的未成年人不能辨认自己行为的,适用前款规定。”年满8周岁的未成年人属于限制民事行为能力人,但如果其不能辨认自己的行为,则也应当属于无民事行为能力人。对于不能辨认自己行为的自然人而言,从保护其利益出发,法律规定其为无民事行为能力人是十分必要的。

依据《民法典》第20条与第21条的规定,对无民事行为能力人而言,其须由其法定代理人代理实施民事法律行为。因此,无民事行为能力人所实施的民事法律行为都是无效的。《民法典》颁布前,最高人民法院的《民法通则意见》第6条规定,“无民事行为能力人、限制民事行为能力人接受奖励、赠与、报酬,他人不得以行为人无民事行为能力、限制民事行为能力为由,主张以上行为无效”。本书认为,无民事行为能力人通常不能辨认和理解自己的行为,因此,原则上是不能独立实施民事法律行为。但是,也不能完全排除其从事任何民事法律行为,无民事行为能力人可以实施如下两类行为:第一,纯获利益的行为,如接受赠与、奖励等。当然,此时对于纯获利益的行为要进行严格的解释,即只能对未成年人有利,而不能给其增加任何负担(无论该负担是否远远小于利益)。第二,日常生活中一些必需的、金额很小的民事法律行为。在日常生活中,无行为能力人也能会偶尔从事一些生活必需的行为,如乘坐公交车和地铁、购买早点或零食。由于这些行为所涉的金钱数额较小,且与其年龄和智力也完全相符,因此其可以实施。事实上,允许无民事行为能力人实施上述行为,既有利于保护无民事行为能力人的利益,也有利于保护交易安全。

五、自然人民事行为能力的宣告

(一)申请认定自然人为无民事行为能力人或限制民事行为能力人

在自然人因智力、精神健康状况等原因而不能辨识或者不能完全辨识自己的行为时,相关主体有权申请人民法院认定该自然人为无民事行为能力人或者限制民事行为能力人。根据《民法典》第24条第1款,申请认定自然人为无民事行为能力人或限制民事行为能力人需要具备如下条件:

1. 被认定者属于不能辨识或者不能完全辨识自己行为的成年人。从该条规定来看,其仅适用于成年人,至于未成年人为无民事行为能力人或者限制民事行为能力人,无须法院认定,可以直接依据其年龄来判断。同时,被认定者应当是不能辨识或者不能完全辨识其行为的自然人,即该自然人因为智力发育不成熟,或者因为精神健康状况方面的原因,导致其辨识能力不足。

2. 必须经利害关系人或者有关组织申请。认定自然人为无民事行为能力人或限制民事行为能力人必须依据利害关系人或者有关组织申请,法院不能依职权主动认定。所谓利害关系人,是指与被申请宣告的人有利害关系的人,如精神病人的配偶、父母、成年子女以及其他亲属等。所谓有关组织,依据《民法典》第24条第3款的规定,具体包括居民委员会、村民委员会、学校、医疗机构、妇女联合会、残疾人联合会、依法设立的老年人组织、民政部门等。只有利害关系人或有关组织才能提出申请。

3. 必须经人民法院认定。行为人能力的认定涉及个人的行为自由,也涉及交易安全,因此,任何人不得单方认定他人为无民事行为能力人或者限制民事行为能力人,而必须由人民法院予以认定。人民法院在认定某一自然人为无民事行为能力或限制民事行为能力人时,必须确定其辨识能力的状况,具体进行认定。

（二）民事行为能力的全部和部分恢复

根据《民法典》第24条第2款，民事行为能力的全部和部分恢复应当具备如下条件：

1.必须针对被人民法院认定为无民事行为能力人或者限制民事行为能力人的成年人。一方面，如果不是被人民法院认定为无民事行为能力人或者限制民事行为能力人的，则不能适用该条所规定的民事行为能力恢复规则。另一方面，从该条规定来看，其仅适用于成年人民事行为能力的恢复，如果未成年人因为年龄增长而取得限制民事行为能力或者完全民事行为能力，则不需要通过该条所规定的程序取得相应的民事行为能力。

2.必须经本人、利害关系人或者有关组织申请。依据该条规定，人民法院不能依职权主动宣告某自然人恢复相应的民事行为能力，其必须经申请才能作出相应的认定。请求恢复民事行为能力的申请人包括本人、利害关系人或者有关组织。具体来说，一是本人。民事行为能力的恢复关系到本人的切身利益，因此，与认定自然人为无民事行为能力人或限制民事行为能力人的申请不同，被认定恢复相应民事行为能力的自然人本人也可以提出相应的申请。二是利害关系人。此处的利害关系人主要是指该自然人的近亲属、债权人等。[18]　三是有关组织。具体包括居民委员会、村民委员会、学校、医疗机构、妇女联合会、残疾人联合会、依法设立的老年人组织、民政部门等。

3.根据成年人的智力、精神健康恢复的状况决定是否恢复。如果法院在考虑其智力、精神健康状况后认为其已经能够完全辨识自己的行为，则应当认定其已恢复完全民事行为能力；如果该自然人只恢复到部分辨识自己的行为的程度，则应当认定其恢复为限制民事行为能力人。在必要时，可能需要医院提供相关的诊断证明，以确定其智力、精神健康恢复状况。

六、自然人民事行为能力的终止

自然人民事行为能力的终止，是指民事行为能力的消灭。自然人的民事行为能力因一定的法律事实而取得，也因一定的法律事实而终止。死亡是自然人民事行为能力终止的法律事实。因为自然人一旦死亡，其民事权利能力终止，其就不再是民事权利主体，因而也就不可能再从事民事活动。当然，自然人民事行为能力的终止应当是基于自然死亡，在宣告死亡的情形下，如果某自然人仍然处于生存状态，则其民事行为能力不因此终止。

自然人因智力、精神健康状况而被宣告为无民事行为能力，并非意味着其民事行为能力终止。在此应当区分民事行为能力的终止与民事行为能力的中止的概念：民事行为能力的中止是自然人民事行为能力的一时丧失，而终止则是永远的消灭。自然人因智力、精神健康状况被宣告为无民事行为能力人时，其民事行为能力一时丧失，在其恢复健康时，可以重新获得行为能力。

第三节　监　　护

一、监护的概念与特征

所谓监护，是指民法上所规定的对于无民事行为能力人和限制民事行为能力人的人身、财

〔18〕　石宏主编：《中华人民共和国民法总则条文说明、立法理由及相关规定》，北京大学出版社2017年版，第53页。

产及其他合法权益进行监督、保护的一项制度。[19] 履行监督、保护义务的人,称为监护人,而被监督、保护的人,称为被监护人。从各国立法来看,为对未成年人及无民事行为能力或者限制民事行为能力的成年人进行监督和保护,设立亲权、监护、保护、保佐、辅保等制度,这些制度在内容上各有侧重,不尽相同。我国立法没有作此种区分,而对于无行为能力人和限制行为能力人的监督和保护统一采用监护制度。不过,在我国《民法典》中,监护包括两个方面:一是未成年人的监护制度,即专门针对未达到法定成年年龄的人所设立的监督和保护制度;二是成年人的监护制度,其中包括了对无民事行为能力、限制民事行为能力的成年人的法定监护与意定监护。这两种监护是根据被监护对象的不同而做出的区分,这表明两者在监护人的确定等方面存在一定的区别。

监护制度的设立,主要是为了保护无行为能力人和限制行为能力人的合法权益,同时也为了保护交易第三人的合法权益,从而维护社会秩序的稳定、保护交易的安全。关于监护制度究竟应该规定在《民法典》总则编中的自然人部分,还是规定在《民法典》分则中的亲属法中,之前一直存在争议。《民法典》选择将其规定在自然人中,不无道理,因为监护制度主要是对自然人民事行为能力的一种补充,应该成为民事行为能力制度的组成部分,而且监护本身并不一定涉及亲属关系,将其规定在亲属法中,难以涵盖所有类型的监护,会人为地割裂监护制度的内容。

监护从其本质上讲,就是对缺乏行为能力人的监督、照顾和辅助制度。法律设立监护制度的目的如下:第一,对被监护人的行为能力予以弥补,因为不具有完全民事行为能力的自然人,不能进行或不能独立地进行民事活动,这就难以满足其物质和精神生活的需要,而通过监护制度,由监护人代为或协助其进行民事活动,就可以满足被监护人的物质和精神需求,有效地保护其合法权益。第二,通过监护人的设立,可以对被监护人的财产和人身等合法利益予以保护和照顾,避免其受到他人的侵害。第三,对被监护人进行监督和管束,可以防止其实施违法行为,对他人和社会造成损害。第四,由监护人作为法定代理人代理被监护人从事民事法律行为,从而保护相对人的合法权益,维护交易安全。

二、监护的性质

监护在性质上不是一种权利,《民法典》第 34 条第 2 款也规定:"监护人依法履行监护职责产生的权利,受法律保护。"虽然这里使用了"权利"这一表述,但其实质上并不是权利,一方面,任何权利都以一定的实有利益为基础,权利都要体现权利人的利益。监护制度的着眼点在于保护被监护人的合法权益,由于监护人设立的目的并不是从监护中获得利益,即是为了对被监护人进行照顾和保护,主要体现为义务,因此,监护属于职责,而非权利。另一方面,如果说监护是一种权利,那么监护人就可以因监护而取得相应的利益,甚至借监护而谋求自身利益(如为了自己的利益不正当地处分被监护人的财产),这显然违背了监护制度的目的。

从性质上看,监护是一种职责。《民法典》第 34 条第 1 款规定,"监护人的职责是代理被监护人实施民事法律行为,保护被监护人的人身权利、财产权利以及其他合法权益等"。从该规定来看,监护的主要内容是代理被监护人实施民事法律行为,保护被监护人的权益,可见,《民法典》采纳了职责说。从整体上看,我国监护制度注重监护人所负有的职责以及对职责的正确履行。任何人作为监护人首先应意识到其对社会和国家负有的责任,而不能根据自己的意志

〔19〕 佟柔主编:《中国民法》,法律出版社 1990 年版,第 75 页。

和利益而推卸或不适当地履行此种责任。

监护与亲权是不同的。所谓亲权,是父母对未成年子女以教养保护为目的,在人身和财产方面所享有的各种权利。其中人身方面的亲权可分为保护权、教育权和惩戒权,财产方面的亲权可分为财产管理权、使用收益权、处分权和财产上的代理权、同意权。[20] 我国现行立法中没有对亲权的概念作出明确规定,有关亲权的一些内容都已经包括在监护权之中。例如,《民法典》第 26 条就规定:“父母对未成年子女负有抚养、教育和保护的义务。成年子女对父母负有赡养、扶助和保护的义务。”

三、监护的分类

依据被监护人的不同,可以将监护分为未成年人监护和成年监护。

(一)未成年人监护

所谓未成年人监护,是指以未成年人为被监护人的监护。依据《民法典》第 27 条第 1 款的规定,未成年人监护的监护人首先是该未成年人的父母,父母对未成年子女的监护因子女出生的法律事实而发生,除因死亡或按法定程序予以剥夺外,任何人不得加以剥夺或限制。父母作为未成年子女的法定监护人,以子女出生这一法律事实为发生原因,一直延续到子女年满 18 周岁。按照《民法典》的规定,养子女和生父母间的权利与义务,因收养关系的成立而消除。因此,未成年人被他人收养后,收养人即应为其法定监护人。在父母离婚后,抚养子女的一方应是未成年子女的监护人。在抚养子女的一方不履行监护职责时,另一方可以请求法院撤销原来的裁决,由自己来担任监护人。

依据《民法典》第 27 条第 2 款的规定,在未成年人的父母已经死亡或者没有监护能力的情形下,可以由其他人或者组织担任监护人。其顺序如下:一是祖父母、外祖父母,二是兄、姐,三是其他愿意担任监护人的个人或者组织,但是须经未成年人住所地的居民委员会、村民委员会或者民政部门同意。上述主体担任未成年人的监护人时,应当按照先后顺序进行,而且都应当具有监护能力。可以说,此种规定符合我国的社会习惯。在法律上规定监护的顺序有利于解决实践中因监护权发生的各种纠纷,并且也有利于明确监护人。

此外,《民法典》第 32 条规定,如果没有依法具有监护资格的人的,则由民政部门担任监护人,当然,也可以由具备履行监护职责条件的被监护人住所地的居民委员会、村民委员会担任监护人。这实际上是对《民法典》第 27 条规定的补充。对未成年人的监护人,也可以通过由法院指定来确定。《民法典》第 31 条第 1 款规定,对监护人的确定有争议的,由被监护人住所地的居民委员会、村民委员会或者民政部门指定监护人,有关当事人对指定不服的,可以向人民法院申请指定监护人;有关当事人也可以直接向人民法院申请指定监护人。

需要探讨的是,《民法典》是否规定了委托监护制度?虽然在《民法典》的相关条文中提到了监护职责的委托,但我国《民法典》并没有规定委托监护制度,因为《民法典》只是规定了监护人将其监护职责委托给他人的法律后果,而没有从正面规定委托监护制度及其具体规则。同时,虽然委托他人承担一定的监护职责在实践中也是常见的,但受托人只是基于委托合同帮助监护人履行一定的监护职责,《民法典》对其作出规定并不意味着已经承认了委托监护制度。监护人资格具有人身专属性,不得随意移转,如果允许监护人通过合同移转监护人资格,将不利于保护被监护人的利益,监护制度的目的也难以实现。因此,虽然监护人可以委托他人履行

〔20〕 史尚宽:《亲属法论》,台北 1980 年自版,第 622 页。

监护职责,但监护人的资格并没有因此移转,监护人与受托人之间的法律关系在性质上应当是委托合同关系,在被监护人造成他人损害时,监护人仍然应当依法承担监护人责任。

(二)成年监护

成年监护,是指依据法律规定和约定对无民事行为能力或者限制民事行为能力的成年人所实施的监护。从《民法典》的规定来看,成年监护包括两种:第一,法定监护,即依据法律规定对无民事行为能力或限制民事行为能力的成年人所进行的监护,监护人的范围、顺序以及监护人的设定等都是依法进行的。《民法典》第28条对成年监护的法定监护人作出了规定,即成年监护第一顺序监护人为配偶,第二顺序监护人是父母、子女,第三顺序监护人是其他近亲属,第四顺序的监护人为其他愿意担任监护人的个人或者组织。第二,意定监护,即按照具有完全民事行为能力的成年人与有关个人或组织之间的约定所形成的成年监护。关于意定成年监护,《民法典》第33条规定:"具有完全民事行为能力的成年人,可以与其近亲属、其他愿意担任监护人的个人或者组织事先协商,以书面形式确定自己的监护人。在自己丧失或者部分丧失民事行为能力时,由该监护人履行监护职责。"

我国《民法典》使用多个条款对成年监护制度作出了规定,并强化了对被监护人的成年人权益的保护,突出了对其个人意愿的尊重。这一做法具有重要意义:第一,成年监护制度有利于保护老年人的合法权益,适应了老年社会的发展需要。[21] 老年人对外界情况的判断能力和认知能力不足,对外界的风险常常难以作出清晰的判断,这也使其人身权益和财产权益极易遭受侵害。例如,在实践中,老年人常常成为电信诈骗的受害人。第二,规定成年监护符合国际上的发展趋势。随着老龄社会的到来,各国开始重视老年监护制度,即为不能完全处理自身事务的老年人设置监护人,从而对其进行照护和管理的一项民事法律制度。[22] 我国成年监护立法的重构需要以立法趋势为背景,贯彻尊重自我决定的理念,增设意定监护制度,[23] 成年监护应当尽量保障其正常生活,监护人的作用主要是一种辅助作用,而不是纯粹地对被监护人的人身、财产权益进行管理。我国《民法典》成年监护制度也反映了这一比较法上监护制度的发展趋势。

(三)未成年人监护与成年监护的区别

未成年人监护和成年监护构成了我国《民法典》中的监护制度,但二者也存在一定区别(见图4-1),主要在于:第一,被监护人不同。未成年人监护的被监护人是未成年人,而成年监护的被监护人是成年人。第二,监护职责不同。根据《民法典》第35条第2、3款规定,在未成年人监护中,监护人应当尊重被监护人的真实意愿;而在成年监护中,监护人应当最大限度地尊重被监护人的真实意愿,并且监护人应当协助被监护人实施与其年龄、精神健康状况相适应的民事法律行为,在被监护人处理其有能力独立处理的事务时,监护人不得干涉。可见,在成年监护中,监护人的职责主要是协助被监护人处理事务;而未成年人监护中,监护人的职责则更多地体现为监督和照管。第三,法定监护人的顺序不同。未成年人监护中监护人的顺序为:祖

---

〔21〕 从国务院发布的《"十三五"国家老龄事业发展和养老体系建设规划》来看,预计到2020年,全国60岁以上老年人口将增加到2.55亿人左右,占总人口比例提升到17.8%左右;高龄老年人将增加到2900万人左右,独居和空巢老年人将增加到1.18亿人左右,老年抚养比例将提高到28%左右。

〔22〕 龚梅:《试论我国老年监护制度的构建》,载《法制与社会》2009年第12期。

〔23〕 陈苇、李欣:《私法自治、国家义务与社会责任——成年监护制度的立法趋势与中国启示》,载《学术界》2012年第1期。

父母、外祖父母;兄、姐;其他愿意担任监护人的个人或者组织。成年法定监护中监护人的顺序为:配偶;父母、子女;其他近亲属;其他愿意担任监护人的个人或者组织。可见,二者监护人的顺序存在一定差别。第四,是否允许意定监护不同。对未成年人而言,为保护未成年人的利益,不允许当事人进行意定监护,而成年监护可以进行意定监护。

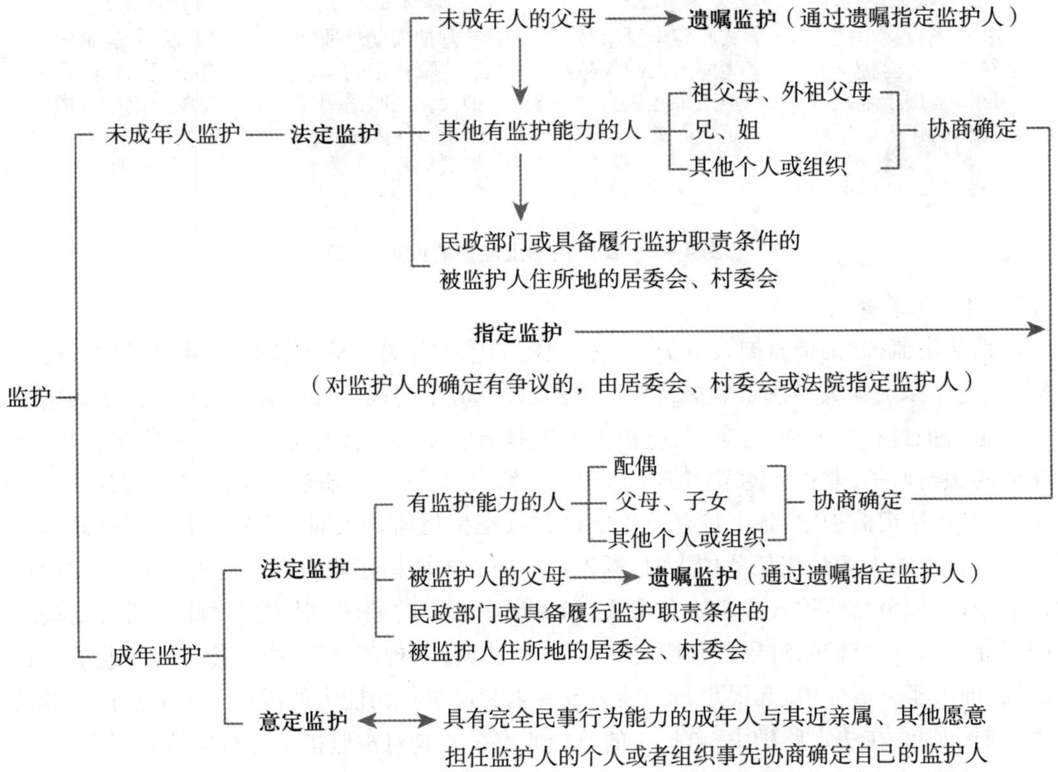

图4-1　我国民法上监护的类型

四、监护的设定

我国《民法典》构建监护制度的基本思路,是要构建以家庭监护为基础,以社会监护为补充,以国家监护为保障的监护制度。从《民法典》第32条规定来看,在没有监护人的情形下,由民政部门或者具备履行监护职责条件的被监护人住所地的居民委员会、村民委员会担任监护人,这就形成了国家治理和社会治理的良性互动。

从我国《民法典》的规定来看,关于监护的设立,主要规定了法定监护、意定监护、遗嘱监护和指定监护等方式(见图4-2)。

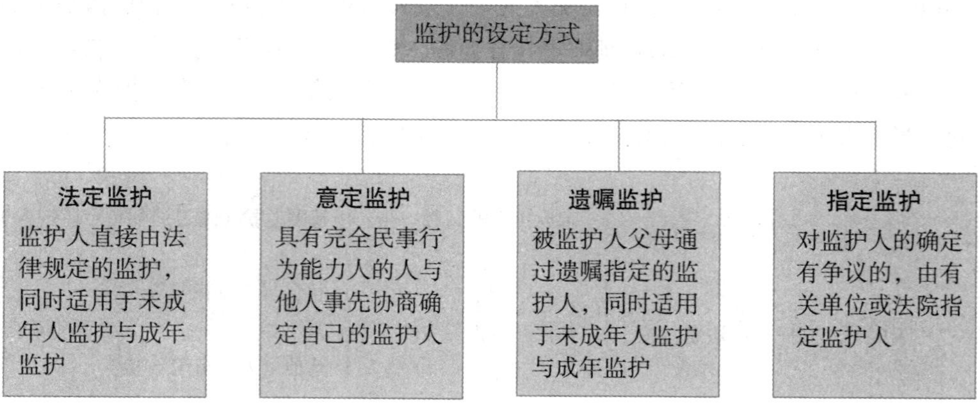

图4-2 我国民法上监护的设定方式

(一)法定监护

所谓法定监护,是指监护人由法律直接规定的监护。关于法定监护的类型,我国《民法通则》仅规定了未成年人的法定监护,《民法典》在此基础上对成年人的法定监护作出了规定。

法定监护具有如下特征:第一,监护人范围具有法定性。无论是未成年人法定监护,还是成年人的法定监护,监护人的范围都是法定的。第二,监护人具有法定的顺序。与其他类型的监护不同,在法定监护中,各个具有监护资格的人在担任监护人时,存在一定的顺序限制。即只有顺序在前的人无法担任监护人时,顺序在后的人才能担任监护人。在实践中,确实存在不少监护争议,如争当监护人或者相互推诿,如果没有法定的顺序,则法院对此类纠纷就缺乏解决的标准。第三,监护的对象具有特定性。从《民法典》的规定来看,法定监护的被监护人具有特定性,即限于未成年人、无民事行为能力或者限制民事行为能力的成年人。被监护人的认知能力较弱,因此,在法定监护中,监护人的监护职责主要是对被监护人进行监管和照顾,而在其他类型的监护中,监护人可能是对被监护人从事民事活动进行协助。

1. 未成年人法定监护人的范围

《民法典》第27条对未成年人的法定监护人范围作出了规定。依据该条规定,未成年人的法定监护人包括:

(1)未成年人的父母。在未成年人父母能够担任监护人的情形下,首先由父母担任未成年人的法定监护人。因为一般情况下,父母能够在最大限度内实现子女的利益,由其作为第一顺序的法定监护人,有利于保护未成年人的利益;同时,由父母担任第一顺序的监护人,也能够为未成年人提供更好的成长环境,更能够实现监护制度的目的。父母作为未成年子女的法定监护人,以子女出生这一法律事实为发生原因,一直延续到子女年满18周岁。亲子血缘关系和子女未成年状态是这一监护关系设立和存在的自然基础。在此意义上,可以说父母是未成年子女与生俱来的、当然的监护人,法律只不过加以确认而已。除因死亡或按法定程序予以剥夺外,任何人不得加以剥夺或限制。关于担任未成年人监护人的父母的范围,依据我国《民法典》第1111条规定,除该未成年人的生父母外,还包括养父母和继父母。与养父母相比,生父母并不享有担任未成年人监护人的优先权。

(2)其他近亲属及个人或组织。如果未成年人的父母已经死亡或者没有监护能力,则由下列有监护能力的人按顺序担任监护人:祖父母、外祖父母;兄、姐;其他愿意担任监护人的个人或者组织。如果未成年人祖父母、外祖父母、兄、姐以外的愿意担任未成年人监护人，应当经该未成年人住所地的居民委员会、村民委员会或者民政部门同意，以避免上述人担任监护人不适当地造成未成年人的损害。此外，在未成年人法定监护中，《民法典》改变了《民法通则》的规定，不再将单位作为未成人的监护人，因为在社会主义市场经济条件下，单位与职工之间是劳动合同关系，就业人员具有很强的流动性，单位缺乏履行监护职责的意愿，也不具有担任监护人的能力。《民法典》第27条所规定的"组织"主要是指社会公益组织，因为随着我国公益事业的发展，有监护意愿和能力的社会组织增多，由公益组织担任未成年人的监护人，可以作为家庭监护的有益补充。

2. 成年人法定监护人的范围

根据《民法典》第28条的规定，成年人法定监护的范围如下：

（1）配偶。与未成年人法定监护不同，在成年法定监护中，第一顺序的监护人是被监护人的配偶，而不是其父母。法律之所以作出此种规定，主要是因为配偶与被监护人长期生活在一起，与其关系更为密切，相互之间更为熟悉，而且被监护人的配偶对其生活习惯也更为熟悉，由其作为第一顺序的监护人更为合理，更有利于被监护人的权益保护。

（2）父母、子女。成年人的父母或者子女具有监护能力的，则在成年人的配偶不能担任监护人时，应当担任监护人，履行监护职责。

（3）其他近亲属。近亲属包括配偶、父母、子女、兄弟姐妹、祖父母、外祖父母、孙子女，外孙子女。但《民法典》第28条所规定的"其他近亲属"应当是除被监护人配偶和父母、子女以外的近亲属。

（4）其他愿意担任监护人的个人或者组织，但是须经被监护人住所地的居民委员会、村民委员会或者民政部门同意。从该条规定来看，其并没有对能够担任成年人法定监护人的范围进行严格限制，任何个人和组织都可以担任成年人的法定监护人，但其担任成年人的法定监护人应当具备如下条件：一是其他个人或者组织愿意担任；二是应当取得被监护人住所地的居民委员会、村民委员会或者民政部门同意；三是其他个人或者组织具有担任监护人的能力。

《民法典》第30条规定，依法具有监护资格的人之间可以协议确定监护人，协议确定监护人应当尊重被监护人的真实意愿。《民法典》第30条规定了协议监护，但必须符合如下条件：第一，必须是在依法具有监护资格的人之间进行协商，但要尊重监护人的法定顺序。例如，在父母有多个子女，或者未成年人有多个兄姐时，究竟由何人担任监护人，可以协商确定。第二，协议监护必须是父母以外的人，不能通过协议将父母排除在监护人范围之外。第三，要尊重被监护人的真实意愿。具有监护资格的数人在进行协商确定时，要考虑被监护人的真实意愿。也就是说，通常在协商时应当征求被监护人的意见。[24] 需要指出的是，该条规定的依法具有监护资格的人之间可以协议确定监护人，仍然属于法定监护的一种，而非意定监护。虽然协议确定监护人也可以适用于未成年人监护，但该协议只能在依法具有监护资格的人之间订立，因此，其应当属于法定监护的范畴。

（二）*意定监护*

所谓意定监护，依据《民法典》第33条的规定，是指具有完全民事行为能力的成年人与其近亲属、其他愿意担任监护人的个人或者组织事先协商，以书面形式确定自己监护人的方式所

〔24〕 王利明主编：《〈中华人民共和国民法总则〉条文释义》，人民法院出版社2017年版，第74页。

设定的,在其丧失或者部分丧失民事行为能力时由该监护人履行监护职责的监护。《民法典》第33条关于意定监护的规定来自《老年人权益保障法》第26条,并在此基础上做了进一步完善,如强调书面形式等,以防止发生争议。

意定监护具有如下特征:

1. 仅适用于具有完全民事行为能力的成年人。因为完全民事行为能力人具有辨认自己行为后果的能力,所以,法律上允许其通过协议确定监护人,安排自己的事务,规划好自己的生活。如果成年人是无民事行为能力人或限制民事行为能力人,则无法通过协议确定自己的监护人。[25]

2. 监护人的范围较为广泛,不限于法定监护人,也不受法定监护人顺序的限制。意定监护的监护人范围并不限于法定监护人,设定意定监护的成年人的近亲属、其他愿意担任监护人的个人或者组织都可以成为其监护人,这也赋予成年人较大的选择监护人的自由。

3. 需要采用书面形式。由于意定监护的内容直接关系被监护人的重大权益,而且在设定监护的成年人丧失或者部分丧失民事行为能力时,监护人才开始履行监护职责,此时可能因为距离协议订立时间较为久远,或者因为设定监护的成年人民事行为能力欠缺等原因,使准确确定协议的内容较为困难。为准确确定意定监护协议的内容,减少可能发生的争议,《民法典》要求设定意定监护必须采用书面形式。

4. 在设定意定监护的成年人丧失或者部分丧失民事行为能力时,监护人才开始履行监护职责。也就是说,当事人订立协议与监护人履行监护职责之间有一定的时间间隔,当事人在订立意定监护协议时,设定意定监护的成年人仍属于完全民事行为能力人,并不需要他人的监护,只有在其丧失或者部分丧失民事行为能力时,协议所设定的监护人才开始履行监护职责。因为在其未完全或者部分丧失民事行为能力时,在客观上并不需要被监护。[26]

意定监护制度能够更好地尊重当事人的意愿:一方面,成年监护中的法定监护主要是对精神病人的监护,成年人在其丧失行为能力之前,可以根据自己的意愿,选择适当的人作为其未来的监护人,这也是私法自治原则的重要体现。而且与指定监护相比,允许成年人通过协议设定监护人,也能够更好地尊重其意愿。另一方面,在意定监护中,当事人在选择监护人时,既不受法定监护人范围的限制,也不受监护顺序的限制,更不需要其住所地的居民委员会、村民委员会的同意,这就能够在最大限度内尊重当事人的意愿。

(三)遗嘱监护

遗嘱监护,是指被监护人的父母在担任监护人期间,通过遗嘱的方式为被监护人指定监护人的监护制度。我国《民法典》第29条规定:"被监护人的父母担任监护人的,可以通过遗嘱指定监护人。"《民法典》增加了遗嘱监护,规定未成年人的父母在死亡前指定对子女有利的监护人,这借鉴了比较法上的经验,同时也有利于贯彻我国监护制度中的被监护人利益最大化原则。

遗嘱监护具有如下特征:

1. 能够设定遗嘱监护的是被监护人的父母。我国监护制度的基本原则之一,是要实现未成年人利益的最大化,而父母在设定遗嘱监护时,能够从最有利于保护子女利益的角度出发,

---

〔25〕 石宏主编:《中华人民共和国民法总则条文说明、立法理由及相关规定》,北京大学出版社2017年版,第74页。

〔26〕 石宏主编:《中华人民共和国民法总则条文说明、立法理由及相关规定》,北京大学出版社2017年版,第69页。

实现子女利益的最大化。从比较法上来看,各国也都只允许父母通过遗嘱指定监护人。当然,如果被监护人的父母都是监护人的,则父母一方不得通过设定遗嘱的方式排除另一方的监护人资格。

2. 遗嘱监护既适用于未成年人监护,也适用于成年监护。遗嘱的方式通常适用于在父母去世前,因担忧被监护人没有合适的监护人会遭受人身财产损害,所以,通过遗嘱的方式为被监护人指定监护人。

3. 被监护人父母在设定遗嘱监护时必须具有监护人资格。如果其父母已经被取消监护资格,则不能通过遗嘱指定监护人。

4. 在遗嘱监护的情形下,所指定的监护人不受《民法典》第 27、28 条关于监护人范围以及顺序的限制。

5. 遗嘱监护的生效需要被指定的人同意担任监护人。如果被指定人必须无条件接受,这在性质上就不属于遗嘱监护;如果遗嘱所指定的人拒绝担任监护人,则该指定不发生效力,因此必须发生在被指定人接受担任监护人指定的情形。此外,遗嘱监护仍然应当考虑被监护人的真实意愿,因为立遗嘱人都是被监护人的父母,通常其指定的人都是符合被监护人的意愿的。如果确实不利于被监护人,也可以通过法律程序变更监护人。

6. 遗嘱监护以遗嘱人的死亡作为生效要件。遗嘱作为一种死因法律行为,其生效应当遗嘱人死亡为条件。

(四)指定监护

《民法典》第 31 条第 1 款规定:"对监护人的确定有争议的,由被监护人住所地的居民委员会、村民委员会或者民政部门指定监护人,有关当事人对指定不服的,可以向人民法院申请指定监护人;有关当事人也可以直接向人民法院申请指定监护人。"该条规定了指定监护制度。依据这一规定,指定监护包括以下两种类型:

1. 由被监护人住所地的居民委员会、村民委员会或者民政部门指定监护人。但同一顺序的当事人可能会对监护人资格产生争议,如对当事人担任监护人的资格等发生争议,而且相关当事人也可能因不愿担任监护人而发生争议。当事人就监护人的确定发生争议的,则由被监护人住所地的居民委员会、村民委员会或者民政部门指定监护人,如果当事人对该指定不服,则可以向人民法院申请指定监护人。

2. 由人民法院指定监护人。包括两种情形:一是当事人对被监护人住所地的居民委员会、村民委员会或者民政部门指定的监护人不服的,可以由人民法院指定监护人;二是人民法院也可以直接依据有关当事人的申请指定监护人,而不需要经过被监护人住所地的居民委员会、村民委员会或者民政部门指定监护人这一阶段。可见,与《民法通则》规定相比,《民法典》实际上扩大了法院在指定监护人方面的权力。

依据《民法典》第 31 条第 2 款的规定,居民委员会、村民委员会、民政部门或者人民法院在指定监护人时,应当遵循如下规则:第一,按照被监护人利益最大化的原则和尊重其意愿的原则指定。也就是说,如果被监护人有一定的辨识能力,在指定监护人时应当征求被监护人的意见,同时,也要充分考虑具有监护资格的人的品行、身体状况、经济条件以及能够为被监护人提供的教育水平或者生活照料等,进行综合判断。[27] 第二,应从有监护人资格的人中指定。居民

〔27〕 石宏主编:《中华人民共和国民法总则条文说明、立法理由及相关规定》,北京大学出版社 2017 年版,第 69 页。

委员会、村民委员会、民政部门或者人民法院在指定监护人时,应当从《民法典》第 27、28 条所确定的监护人范围中指定。指定监护人时,被指定的监护人既可以是一个,也可以是数个。

在指定监护人之前,被监护人的利益可能无人照管,如某个老人因为没有子女,其配偶也无法担任监护人,在申请居民委员会、村民委员会、民政部门或者人民法院指定监护人之前,该老人处于无监护人的状态,其人身、财产权益随时可能遭受他人侵害,此时,就有必要由相关主体担任临时监护人。依据《民法典》第 31 条第 3 款规定,出现上述情形时,可以由被监护人住所地的居民委员会、村民委员会、法律规定的有关组织或者民政部门担任临时监护人,这些主体也应当履行监护职责。

在指定监护人的情形下,监护人一旦确定,就不得随意变更。对此,《民法典》第 31 条第 4 款规定:"监护人被指定后,不得擅自变更;擅自变更的,不免除被指定的监护人的责任。"依据该条规定,在指定监护人后,因相关主体擅自变更监护人而使被监护人遭受损害的,则监护人应当承担不履行监护职责的责任。

五、监护人的职责及其履行

(一)监护人监护职责的内容

根据《民法典》第 34 条的规定,在监护关系中,监护人负担的是监护职责。监护人的监护职责包括如下内容:

1. 代理被监护人实施民事法律行为。在法定监护中,监护人是被监护人的法定代理人,代理被监护人实施民事法律行为。在意定监护中,监护人也是在被监护人丧失或者部分丧失民事行为能力时才开始履行监护职责,监护人需要代理被监护人实施部分民事法律行为。监护制度的首要目的在于弥补被监护人行为能力的不足,监护人作为被监护人的法定代理人,可以被监护人的名义进行民事活动,为被监护人取得和行使权利、设定和履行义务。

2. 保护被监护人的人身权利、财产权利以及其他合法权益。监护制度的重要目的是对被监护人进行照管,因此,保护被监护人的人身、财产及其他合法权益也是监护人监护职责的重要内容。依据《民法典》第 34 条第 3 款的规定,"监护人不履行监护职责或者侵害被监护人合法权益的,应当承担法律责任"。该条所规定的"法律责任"一般是侵权责任,但在意定监护中,监护人不履行监护职责也可能构成违约。

3. 教育被监护人。对未成年人监护来说,监护人的职责主要是保护、教育和关心未成年人,约束未成年人的行为,防止其实施侵害国家财产、集体财产或他人人身、财产的不法行为。我国《民法典》第 1058 条规定,父母对于未成年子女有抚养、教育、保护的权利和义务。所谓抚养、教育,是指教导和养育子女,使其身心健康发育。所谓保护,是指保护未成年人的人身安全,使未成年人健康成长。父母以何种方式履行其职责,法律一般不作规定。但父母的监护职责,在法律上有明确规定。我国为加强对未成年人的保护和教育,先后制定了《义务教育法》《未成年人保护法》等法律和法规,这些规定也是确定父母对未成年子女的人身监护职责的重要依据。

4. 监督和管教被监护人。未成年人由于年龄尚小,常常不能对自己的行为作出正确的判断,这就需要对其管教和约束。所以,监护人对被监护人尽到管教约束的责任,不仅仅是有利于监护人的,而且也是有利于他人和社会的。如果监护人没有尽到管教和约束被监护人的责任,致使被监护人实施侵害国家财产、集体财产或他人人身、财产的不法行为,监护人应当承担民事责任。

5. 紧急情况下对被监护人的临时照料。在紧急情况下，监护人可能因为客观原因无法履行监护职责，例如，在新冠疫情期间，监护人可能因为属于疑似患者而被隔离观察，其子女可能年龄较小无法独立生活，此时，相关主体有必要对被监护人进行临时照料。对此，《民法典》第34条第4款规定："因发生突发事件等紧急情况，监护人暂时无法履行监护职责，被监护人的生活处于无人照料状态的，被监护人住所地的居民委员会、村民委员会或者民政部门应当为被监护人安排必要的临时生活照料措施。"《民法典》对紧急情况下被监护人的临时照料规则作出规定，彰显了我国民事立法以人民为中心的理念。

(二)监护人监护职责的履行

监护人在依据法律规定或者约定履行监护职责时，任何个人或组织不得进行非法干涉。依据《民法典》第35条的规定，监护人履行监护职责应当遵循如下原则：

1. 按照最有利于被监护人的原则履行监护职责。比较法上普遍采纳了这一原则。[28] 所谓最有利于被监护人，也就是说，监护人要根据被监护人的实际情况来行使监护职责，充分地保护被监护人的财产、人身和其他利益。[29] 例如，被监护人有财产的，监护人应努力使被监护人的财产保值、增值，而不能浪费；如果被监护人生病的，则监护人应当及时将其送医救治；如果被监护人处于受教育阶段的，则监护人应当使被监护人尽量获得好的教育。在判断监护人履行监护行为是否最有利于被监护人时，应当结合监护事项的特点、对被监护人利益的影响、监护人的监护能力等多种因素加以判断。

2. 不得擅自处分被监护人的财产。监护既包括对被监护人的人身权益进行照顾，也包括对被监护人的财产进行照管，这尤其体现在成年监护中。监护人在履行监护职责时，一般只是对被监护人的财产进行管理，而不能通过被监护人的财产为自己谋利。除为维护被监护人利益的情形外，监护人不得处分被监护人的财产。

3. 尊重被监护人的意愿。我国《民法典》秉持人文关怀的理念，从关爱、保护被监护人的立场考虑，要求监护人在履行监护职责时，应当尽可能尊重被监护人的意愿。具体来说，第一，在未成年人监护中，监护人在作出与被监护人利益有关的决定时，应当根据被监护人的年龄和智力状况，尊重被监护人的真实意愿。未成年人毕竟心智发育不全，判断能力不足，其判断可能并不是最佳判断，监护人不能完全按照未成年人的意愿行为，而只是尊重其意愿，征求其意见。第二，成年人的监护人履行监护职责，应当最大限度地尊重被监护人的真实意愿，保障并协助被监护人实施与其智力、精神健康状况相适应的民事法律行为。由于成年人相对于未成年人而言，其认知能力和判断能力更强，因此，《民法典》要求监护人必须最大限度地尊重被监护人的真实意愿。所谓最大程度，就是指监护人应当尽可能地尊重被监护人的意愿，由被监护人作出决定，在作出决定时，监护人只是起到一种保障并协助的作用。[30] 例如，城市中许多老人都有自己的房屋，但老年人愿意以房养老，或者愿意将房屋以多少价格出售，或者将房屋长期出租等，这些事务究竟应当如何处置，监护人应当尽可能听取老年人的意愿，如果老年人有能力独立处理这些事务，就应当由其独立决定，监护人主要起到一种保障与协助的作用。在处分被

[28] 陈苇、李欣：《私法自治、国家义务与社会责任——成年监护制度的立法趋势与中国启示》，载《学术界》2012年第1期。

[29] 石宏主编：《中华人民共和国民法总则条文说明、立法理由及相关规定》，北京大学出版社2017年版，第77页。

[30] 石宏主编：《中华人民共和国民法总则条文说明、立法理由及相关规定》，北京大学出版社2017年版，第78页。

监护人的财产时,监护人不能认为在房价涨到最高时,就代其出卖房屋。如果被监护人能够独立作出决定,则监护人可以提供意见供被监护人参考,最终还是应由被监护人独立作出决定。

六、监护的终止

监护因一定的法律事实而发生,也因一定的法律事实而终止。监护设立的根据不同,终止的原因也不相同。根据《民法典》第 39 条的规定,监护主要因下列原因而终止:

1. 被监护人取得或者恢复完全民事行为能力。对于未成年人的监护,自被监护人成年之日起,监护即终止。成年是一个法律事实,受监护的未成年人一旦年满 18 周岁,就成为成年人,具有完全民事行为能力,可以独立地进行民事活动。此时,监护当然终止。如果被监护人是精神病人,当其痊愈以后,经利害关系人申请,由人民法院撤销对其作出的监护的裁决,才能导致监护关系终止。如果被监护人是其他原因而导致失去全部或部分民事行为能力的成年人,则当其恢复完全民事行为时,监护关系终止。

2. 监护人丧失监护能力。监护关系的成立以监护人具有行为能力为前提。监护人如果在履行职责过程中,丧失民事行为能力,也就根本不可能继续履行监护职责,从而导致监护关系终止。例如,监护人在履行职责过程中,突然患病陷入昏迷而丧失民事行为能力,则无法继续担任监护人。

3. 被监护人或者监护人死亡。如果被监护人死亡,则监护关系就不必存在,而监护人死亡,则无人履行监护职责,监护关系自然也应当终止。

4. 人民法院认定监护关系终止的其他情形。例如,在监护人不依法履行其监护职责,或者滥用监护人资格损害被监护人利益时,人民法院可以根据有关人员或者单位的申请,在查明事实后,撤销监护人的监护资格,从而导致监护关系终止。此外,如果有关当事人有正当理由,也可以向法院申请变更监护人,该申请得到法院许可,也可导致原监护关系终止。

监护人在一般情况下,不得抛弃其监护资格,也不得要求辞去监护,但如果确有正当理由使其不能履行监护职责时,可以向指定机关提出申请,请求辞去监护资格。一般来说,辞去监护仅适用于指定监护的情况,而不能适用于法定监护。

《民法典》第 39 条第 2 款规定:"监护关系终止后,被监护人仍然需要监护的,应当依法另行确定监护人。"虽然出现了上述原因导致监护关系被终止,但在某些情况下,被监护人仍然需要监护。例如,监护人死亡后,被监护人仍未成年,仍然需要监护人,此时就应当依照《民法典》的相关规定,重新确定监护人。如果由人民法院撤销监护人资格的,在撤销的同时,法院也应当依法指定监护人。

七、监护人资格的撤销

(一)撤销条件

所谓撤销监护资格,是指监护人在履行职责期间,从事了严重侵害被监护人权益的行为,从而被取消其监护资格。法律之所以规定监护人资格制度的可撤销,主要是为了保护被监护人的合法权益,对监护人进行监督。在监护关系设定后,监护人因各种原因已经无法或者未能履行职责,从保护被监护人利益角度考虑,有必要规定监护资格撤销制度。《民法典》第 36 条第 1 款规定:"监护人有下列情形之一的,人民法院根据有关个人或者组织的申请,撤销其监护人资格,安排必要的临时监护措施,并按照最有利于被监护人的原则依法指定监护人:(一)实施严重损害被监护人身心健康的行为;(二)怠于履行监护职责,或者无法履行监护职责且拒绝将监护职责部分或者全部委托给他人,导致被监护人处于危困状态;(三)实施严重侵害被监护人合法权益的其他行为。”这就对撤销监护人资格的原因和条件等作了明确规定。依据这一规定，撤销监护人资格的条件，包括如下几种：

1. 实施严重损害被监护人身心健康的行为。监护制度的本意，是实现对被监护人的照管、保护，如果监护人对被监护人实施了严重损害其身心健康的行为，就构成撤销的事由，例如监护人对被监护人实施性侵害，对被监护人进行暴力殴打、虐待等行为，都会严重损害被监护人的身心健康。此处所说的严重侵害，是针对被监护人的人身权益，而不是针对财产的侵害，而且侵害行为必须达到造成严重损害的后果的程度。

2. 怠于履行监护职责，或者无法履行监护职责并且拒绝将监护职责部分或者全部委托给他人，导致被监护人处于危困状态。具体而言，又可分为如下几种：第一，怠于履行监护职责，导致被监护人处于危困状态的。监护人本应尽到对被监护人利益最大化的保护，但监护人不作为，怠于履行监护职责。[31] 例如，监护人明知被监护人挨饿受冻，而拒绝提供食物和衣物，使被监护人处于可能冻死饿死的危急状态，则可能导致其监护资格的撤销。第二，无法履行监护职责并且拒绝将监护职责部分或者全部委托给他人，导致被监护人处于危困状态的。如果监护人因各种原因而无法履行监护职责，例如，监护人因吸毒、赌博、身患重病等原因而无法履行监护职责，在此情形下，监护人应当尽快将监护职责委托给他人行使。如果监护人及时将监护职责委托给他人行使，则并不会导致自身的监护资格被撤销。只有当监护人自己无法履行监护职责，并且拒绝将监护职责部分或者全部委托给他人时，导致被监护人的权益受到重大损害、被监护人处于危困状态的，才会发生监护人监护资格被撤销的情形。此处所说的被监护人处于危困状态，是指被监护人的人身权益受到重大威胁或侵害，例如被监护人处于挨饿、受冻状态，或者居住在危楼之中，极不安全。

3. 实施严重侵害被监护人合法权益的其他行为。该条是一个兜底条款，只要出现了其他严重侵害被监护人合法权益的行为，都可能导致监护人监护资格的撤销。例如，监护人恶意侵占被监护人的财产，导致被监护人合法的财产权益受损。

（二）指定临时监护人

监护人被撤销之后，如果没有及时指定新的监护人，则被监护人就处于无人监护的状态，对其十分不利。例如，被监护人的人身、财产都处于无人监护的状态，极易遭受第三人的侵害。因此，依据《民法典》第 36 条第 1 款规定，人民法院根据有关个人或者组织的申请，在撤销监护人资格以后，应当为被监护人安排必要的临时监护措施。所谓临时监护措施，就是为了在短期内起到保护被监护人权益的作用而采取的一些监护措施，如将被监护人安置在医院、看护所等场所，委托医院负责看护等。在采取这些措施的同时，人民法院也应当按照最有利于被监护人的原则依法指定临时监护人。

（三）申请撤销的主体

并非任何人都有权申请撤销监护人的监护资格。只有了解被监护人的情形、能够为其提供照顾、保护等措施的人，或者与被监护人有一定利害关系的人，才能作为主体申请撤销监护资格。关于申请撤销监护资格的主体，《民法典》第 36 条第 2 款规定：“本条规定的有关个人、组织包括：其他依法具有监护资格的人，居民委员会、村民委员会、学校、医疗机构、妇女联合会、残疾人联合会、未成年人保护组织、依法设立的老年人组织、民政部门等。”在这些机构中，

---

〔31〕 李适时主编：《中华人民共和国民法总则释义》，法律出版社 2017 年版，第 113 页。

居民委员会、村民委员会都是群众性的自治组织,有义务办理一些公益性的事业,防止被监护人的利益受到侵害。至于学校、医疗机构、妇女联合会、残疾人联合会、未成年人保护组织、依法设立的老年人组织、民政部门等机构,也都与被监护人的成长、生活相关,对被监护人负有照顾、保护等义务。而且该条还使用了“等”字,就表明列举的这些机构并不是完全列举,并不仅限于这些机构。这一规定作为兜底性的规定,扩大了有权申请撤销监护资格的主体范围。

此外,根据《民法典》第36条第3款在相关主体未向人民法院申请撤销监护人资格的,民政部门负有提出申请的义务。

(四)抚养费、赡养费、扶养费的支付

《民法典》第37条规定:“依法负担被监护人抚养费、赡养费、扶养费的父母、子女、配偶等,被人民法院撤销监护人资格后,应当继续履行负担的义务。”监护资格与抚养义务是区分的。抚养、赡养、扶养是法定的义务,是基于血缘等关系而确立的,这些义务不因监护关系的终止而终止。依《民法典》规定,法定扶养关系有如下三种:一是父母对未成年子女的抚养义务;二是夫妻之间的相互扶养义务;三是成年子女对父母的赡养义务。上述义务都是法定的义务,不因监护关系的撤销而终止,即便监护资格被撤销,上述义务仍然应当履行。

(五)监护资格的恢复

监护资格被撤销后,并不意味着永远丧失监护资格,其在一定条件下也可以恢复。《民法典》第38条规定:“被监护人的父母或者子女被人民法院撤销监护人资格后,除对被监护人实施故意犯罪的外,确有悔改表现的,经其申请,人民法院可以在尊重被监护人真实意愿的前提下,视情况恢复其监护人资格,人民法院指定的监护人与被监护人的监护关系同时终止。”依据这一规定,监护资格的恢复必须具备如下几个条件:

1. 被撤销监护资格的人确有悔改表现。该条规定仅适用于被撤销监护资格的自然人,主要包括两类人:一是被监护人的父母;二是被监护人的子女。如果这些人确有悔改的表现,则人民法院可以考虑恢复监护人的监护资格。当然,监护人不能仅有悔改意愿,而且必须有悔改的行为。监护人是否有悔改的表现,应当由人民法院根据具体情形予以判断。

2. 提出申请,表示愿意继续担任监护人。监护资格的恢复应当按照法定程序进行,由监护人提出申请,表示愿意继续担任监护人。因此,即便监护人有悔改表现,且被监护人愿意恢复监护关系,该监护关系也不能当然恢复,而必须由人民法院依据法定程序予以恢复。

3. 被监护人愿意恢复。监护人监护资格的恢复应当尊重被监护人的意愿,这也有利于保障被监护人的健康成长。因此,在监护资格被撤销后,即便其确有悔改表现,但如果被监护人不愿意恢复其监护人资格,则人民法院仍然不能恢复其监护资格。

4. 不存在监护人实施故意犯罪的情形。监护人能否履行职责,涉及被监护人权利保障问题,尤其是对未成年人而言,涉及其健康成长,如果监护人曾经实施过性侵害、出卖未成年人等故意犯罪行为,这就有可能导致其恢复监护人身份后,实施侵害被监护人权益的行为。因此,要恢复监护人的资格,要考虑其是否实施了故意犯罪行为。[32]

---

〔32〕 根据2014年最高人民法院、最高人民检察院、公安部、民政部《关于依法处理监护人侵害未成年人权益行为若干问题的意见》第40条第2款的规定,监护人具有下列情形之一的,一般不得判决恢复其监护人资格:(1)性侵害、出卖未成年人的;(2)虐待、遗弃未成年人6个月以上、多次遗弃未成年人,并且造成重伤以上严重后果的;(3)因监护侵害行为被判处5年有期徒刑以上刑罚的。

依据《民法典》第 38 条规定，出现了上述情况后，人民法院要视情况恢复其监护人资格，所谓视情况，就是要对监护人能否恢复监护人资格进行评估，依据具体情况判断其能否恢复监护人资格。毕竟监护关系到被监护人的利益，关系到被监护人的健康成长，事关重大，因此，需要对监护人能否恢复监护人资格进行全面评估。

第四节 宣告失踪

一、宣告失踪的概念

所谓宣告失踪，是指自然人离开自己的住所下落不明达到法定的期限，经利害关系人申请，人民法院依照法定程序宣告其为失踪人的一项制度。在自然人下落不明的情形下，其财产将处于无人照管的状态，而且其债权人和债务人也难以主张权利或者履行义务，这可能影响经济秩序的稳定，对多方当事人的利益产生影响。这就有必要在法律上设置宣告失踪制度，并通过设置财产代管人的方式，对失踪人的财产进行管理，从而保护失踪人的利益，及时了结相关的债权债务关系。

宣告失踪的目的是通过人民法院确认自然人失踪的事实，并通过设置财产代管人管理失踪人的财产，并及时了结其债权债务关系，以保护失踪人和利害关系人的利益，从而维护社会经济秩序的稳定。从比较法上看，许多国家的立法都对宣告失踪制度作出了规定。我国《民法典》也在原《民法通则》规定的基础上，对宣告失踪制度作出了规定，该法第 40 条规定："自然人下落不明满二年的，利害关系人可以向人民法院申请宣告该自然人为失踪人。"

二、宣告失踪的条件

宣告失踪应当符合法定的条件，依据《民法典》第 40、41 条的规定，宣告失踪应当具备如下条件：

1. 必须有自然人下落不明满二年的事实。依据《民法通则意见》第 26 条的规定，所谓下落不明，是指自然人离开最后居所和住所后没有音讯的状况，这种状况须持续、不间断地存在。[33] 如果自然人离开住所和居所后仍然有音讯，只是因为通讯等方面的原因无法联系到，并不属于下落不明。自然人下落不明的时间起算点并不是其离开住所或者居所的时间，而是其失去音讯的时间。如果自然人是在战争期间下落不明的，则其下落不明的时间应自战争结束之日起计算，如果有关机关确定了自然人下落不明的时间，则其下落不明的时间自该机关确定的时间起算。

2. 必须由利害关系人向人民法院提出申请。由于宣告失踪仅涉及当事人之间的私人事务，一般不涉及社会公共利益，因此，法院不能依据职权进行失踪宣告，宣告失踪必须由失踪人的利害关系人提出申请。关于利害关系人的范围，《民法典》并没有作出规定，依据《民法通则意见》第 24 条的规定，"申请宣告失踪的利害关系人，包括被申请宣告失踪人的配偶、父母、子女、兄弟姐妹、祖父母、外祖父母、孙子女、外孙子女以及其他与被申请人有民事权利义务关系的人"。上述利害关系人可以单独申请，也可以同时申请，而且其申请并没有顺序限制，即便这

---

〔33〕 柳经纬：《民法总论》，厦门大学出版社 2000 年版，第 94～95 页。

些利害关系人就是否宣告失踪发生冲突,只要符合受理的条件,法院就应当受理。[34]

3. 必须经过法院依据法定程序宣告。宣告失踪只能由人民法院作出,其他任何机关和个人无权作出宣告失踪的决定。人民法院在收到宣告失踪的申请以后,应当依据《民事诉讼法》规定的特别审理程序,发出寻找失踪人的公告,公告期满以后,仍没有该公民的音讯时,人民法院才能宣告该公民为失踪人。

三、宣告失踪的法律后果

在自然人被宣告失踪后,其民事主体资格仍然存在,其仍然可以实施各种民事行为。因此,宣告失踪并不产生消灭婚姻关系的效力,也不会导致失踪人的财产被他人继承。依据《民法典》的规定,宣告失踪的法律后果是为失踪人设置财产代管人。

(一)财产代管人的设置

财产代管人是为失踪人管理财产的人。自然人在被宣告失踪后,有必要为其设置财产代管人,因为在自然人下落不明的情形下,其财产无人照管,可能遭受毁损、灭失,这就有必要设置财产代管人为其管理财产。同时,设置财产代管人也有利于及时了解失踪人的相关权利义务关系,从而维护社会经济秩序的稳定。[35]

关于财产代管人的设置,根据《民法典》第42条规定,首先,应当由其配偶、成年子女、父母或者其他愿意担任财产代管人的人代管。可以由上述人中的一人或者数人担任失踪人的财产代管人,而且上述主体在担任财产代管人方面并没有顺序上的限制。因为这些人毕竟与失踪人存在密切联系。其次,在特殊情况下,上述主体可能对担任失踪人的财产代管人产生一定的争议,或者失踪人没有上述人担任财产代管人,或者虽然有上述主体,但上述主体均无代管能力的,由人民法院指定财产代管人。从该条规定来看,其并没有对法院指定的财产代管人的范围进行限定,因此,人民法院可依具体情况确定合适的财产代管人。

(二)财产代管人的职责

依据《民法典》第43条的规定,财产代管人的职责包括如下内容:

1. 妥善管理失踪人的财产。财产代管人管理失踪人财产的行为主要体现为一种消极的管理行为,如履行失踪人的债务,接受失踪人债务人的履行等,其一般不得积极利用失踪人的财产。当然,在特殊情形下,为了保护失踪人的利益,财产代管人也需要对失踪人的财产进行积极处分,如为防止失踪人的房屋倒塌,应当允许财产代管人请人代为修缮。同时,财产代管人在管理失踪人的财产时应当尽到善良管理人的管理义务。当然,依据《民法典》第43条第3款的规定,财产代管人只有因故意或者重大过失造成失踪人财产损失时,其才需要承担赔偿责任,财产代管人在因一般过失造成失踪人财产损失时,其并不需要承担赔偿责任。

2. 清偿失踪人的债务,并追索其债权。代管人的另一项主要职责是代理失踪人履行债务和接受履行。第一,代管人有权从失踪人的财产中支付税款、债务和其他应当支付的费用(如赡养费、抚养费等)。第二,代管人应当尽力追索失踪人的债权,代理失踪人接受债权履行。如果财产代管人怠于主张债权或者怠于接受履行造成失踪人损失的,财产代管人应当承担赔偿责任。该条并没有对财产代管人的报酬请求权作出规定,因此,财产代管人原则上只能请求失踪人偿还履行财产代管职责所支出的必要费用,而不能请求失踪人支付管理报酬。

---

〔34〕 柳经纬:《民法总论》,厦门大学出版社2000年版,第95页。

〔35〕 李浩:《民事诉讼法学》,法律出版社2011年版,第432~433页。

（三）财产代管人的变更

在自然人失踪期间，财产代管人可能因为丧失民事行为能力等原因而无法履行财产代管职责，此时，就有必要变更财产代管人，依据《民法典》第44条的规定，财产代管人的变更主要包括如下情形：

1. 失踪人的利害关系人申请变更财产代管人。在财产代管人不履行代管职责、侵害失踪人财产权益或者丧失代管能力的情形下，为失踪人设置财产代管人的目的将难以实现，此时，失踪人的利害关系人有权向人民法院申请变更财产代管人。

2. 财产代管人申请变更财产代管人。如果财产代管人有正当理由，如财产代管人因为年龄、健康状况等原因难以有效履行财产代管职责，可能导致失踪人财产遭受损失，此时，应当允许其向人民法院申请变更财产代管人。

在人民法院变更失踪人的财产代管人后，为保障新的财产代管人有效履行代管职责，同时为了明确当事人之间的权利义务关系，减少纠纷，原财产代管人应当及时将失踪人的有关财产移转给新的财产代管人，并且及时向新的财产代管人报告其担任财产代管人期间的代管情况。

四、宣告失踪的撤销

（一）撤销失踪宣告的条件

自然人在被宣告失踪后，如果又重新出现，则其有权申请撤销失踪宣告，也可由其利害关系人申请撤销。根据《民法典》第45条第1款的规定，撤销失踪宣告应当符合如下条件：

1. 失踪人重新出现。失踪人重新出现并不限于失踪人再回到原住所或者居住地，如果确知其下落，也应当属于“失踪人重新出现”。

2. 经本人或者利害关系人申请。失踪人本人或者其利害关系人在申请撤销失踪宣告方面并没有顺序限制，在失踪人重新出现后，利害关系人中的一人或者数人都可向人民法院申请撤销失踪宣告。

3. 由人民法院撤销。撤销失踪宣告的申请应当向作出失踪宣告的人民法院提出。关于撤销失踪宣告的程序，《民事诉讼法》第186条作出了详细规定：“被宣告失踪、宣告死亡的公民重新出现，经本人或者利害关系人申请，人民法院应当作出新判决，撤销原判决。”

（二）撤销失踪宣告的法律后果

失踪宣告一旦撤销，即产生如下法律效力：

1. 财产代管关系终止。财产代管人是在自然人失踪期间代其管理财产，一旦失踪宣告被撤销，相应的财产代管关系也应当终止。当然，在失踪人重新出现的情形下，财产代管人负有相应的移转财产和报告义务，此时，即应当认定财产代管关系已经终止。

2. 财产代管人的移交财产和报告义务。一旦失踪人重新出现，则其就有权请求财产代管人移交有关财产，并有权请求财产代管人报告代管其财产期间的相关情况。

第五节 宣告死亡

一、宣告死亡的概念

所谓宣告死亡，是指自然人下落不明达到法定期限，经利害关系人申请，人民法院经过法定程序在法律上推定失踪人死亡的一项制度。自然人长期下落不明可能导致相关的财产关系和人身关系长期处于不确定状态,这有可能影响经济秩序和社会秩序的稳定,通过宣告死亡制度,可以及时了结下落不明人与他人的财产关系和人身关系,从而维护正常的社会秩序。宣告死亡虽然可以了结相关的财产关系和人身关系,但其毕竟属于对下落不明人死亡的一种推定,在该自然人仍然生存的情形下,其民事权利能力并不受影响。[36]

宣告死亡和宣告失踪的联系十分密切。在多数情况下,自然人下落不明后,其利害关系人都是先申请宣告失踪,后申请宣告死亡,因为一个人下落不明的时间越长,其死亡的可能性就越大。[37] 但两者是存在区别的:一方面,从我国《民法典》的规定来看,宣告失踪并不是宣告死亡的必要步骤和条件。也就是说,只要符合申请宣告死亡的条件,无论利害关系人是否曾经申请宣告失踪,都可以直接到法院申请宣告死亡。[38] 另一方面,宣告死亡与宣告失踪的制度功能是不同的,宣告失踪制度主要解决的是被宣告失踪人的财产管理问题,而宣告死亡的制度目的则是彻底解决民事法律关系因某自然人长期失踪而产生的不确定状态,[39] 即通过宣告死亡制度,消除某些可能使法律关系悬而不决的因素,从而维持法律关系的稳定。[40] 还应当看到,宣告失踪并非宣告死亡的必经程序,在未宣告失踪的情形下,利害关系人也可以依法申请宣告死亡。

二、宣告死亡的条件

根据《民法典》第 46 条的规定,宣告死亡必须具备以下条件:

1. 自然人下落不明达到法定期限。如前所述,下落不明是指自然人离开最后居所和住所后没有音讯的状况。在宣告死亡的情形下,自然人的下落不明主要是指生死不明,如果确知某人仍然活着,只是没有和家人联系或者不知道其确切地址的,不能认为其下落不明。

依据《民法典》第 46 条的规定,在申请宣告死亡的情形下,自然人下落不明达到法定期限可以分为如下两种情形:第一,一般情形下,下落不明满 4 年。可见,与宣告失踪相比,在宣告死亡的情形下,自然人下落不明的时间应当更长,因为在宣告失踪的情况下,只是发生了被宣告失踪人的财产代管和债权债务了结的后果,但宣告死亡以后,还会发生继承的开始、身份关系解除等,因此,宣告死亡的条件应当比宣告失踪严格,下落不明的时间应当比宣告失踪时所要求的时间长。[41] 第二,在自然人因意外事件下落不明时,其下落不明需要满 2 年。由于自然人在因意外事件下落不明的情形下,其生存的可能性相对较小,因此,宣告其死亡时对其下落不明的时间要求也相对较短。此外,在自然人因意外事件下落不明的情形下,如果有关机关证明该自然人不可能生存的,此时,申请宣告该自然人死亡不受 2 年时间的限制,即在此情形下,其利害关系人即可申请宣告该自然人死亡。例如,发生沉船事故后,相关部门进行了紧急搜救,证实乘客已不可能生存,此时,其利害关系人可以立即申请宣告该人死亡,而不受 2 年期限的限制。

2. 必须要由利害关系人提出申请。此处所说的利害关系人,是与被宣告死亡法律后果具有利害关系的人。《民法典》没有对各利害关系人申请宣告死亡的顺序作出规定,但《民法通则

---

〔36〕 王泽鉴:《民法总则》,北京大学出版社 2009 年版,第 118 页。
〔37〕 朱庆育:《民法总论》,北京大学出版社 2013 年版,第 381 页。
〔38〕 李适时主编:《中华人民共和国民法总则释义》,法律出版社 2017 年版,第 132 页。
〔39〕 陈甦主编:《民法总则评注》(上册),法律出版社 2017 年版,第 330 页。
〔40〕 朱庆育:《民法总论》,北京大学出版社 2013 年版,第 381 页。
〔41〕 李适时主编:《中华人民共和国民法总则释义》,法律出版社 2017 年版,第 129 页。

意见》第 25 条规定："申请宣告死亡的利害关系人的顺序是：（一）配偶；（二）父母、子女；（三）兄弟姐妹、祖父母、外祖父母、孙子女、外孙子女；（四）其他有民事权利义务关系的人。申请撤销死亡宣告不受上列顺序限制。"该规定确立了宣告死亡申请人的顺序。这就意味着，居于优先次序的利害关系人对失踪人不申请宣告死亡的，后一顺序的利害关系人不得提出死亡宣告的申请。当然，同一顺序的利害关系人之间则无优先次序，如果部分申请宣告死亡而部分不同意宣告死亡的，则应宣告死亡。

《民法典》第 47 条规定："对同一自然人，有的利害关系人申请宣告死亡，有的利害关系人申请宣告失踪，符合本法规定的宣告死亡条件的，人民法院应当宣告死亡。"法律之所以作出此种规定，是因为宣告死亡的法律效力范围要强于宣告失踪，在不同利害关系人同时申请宣告失踪与宣告死亡的情形下，如果符合宣告死亡的条件，人民法院作出死亡宣告有利于更好地解决当事人之间的纠纷。[42]

3. 必须要由人民法院作出宣告。人民法院在受理死亡宣告的申请后，应当按照《民事诉讼法》规定的特别审理程序发出寻找下落不明人的公告，公告期届满，没有其音讯的，人民法院才能作出死亡宣告。

三、宣告死亡时间的认定

在宣告死亡的情形下，自然人死亡时间的认定对于确定相关的权利义务关系具有重要意义。被宣告死亡是人民法院基于利害关系人的申请，依据法定程序推定下落不明的公民死亡的一种法律制度。作出这种推定首先就是要确定死亡的具体时间，如果死亡的时间不确定，就不利于准确认定相关的权利义务关系。例如，自然人死亡时间的认定，对于死亡赔偿金的计算、养老金的领取、抚恤金的领取、继承开始时间的确定，甚至婚姻关系的终止时间等，均具有重要意义。

关于宣告死亡情形下自然人死亡时间的认定，《民法典》第 48 条分为以下两种情形：

1. 一般情形下被宣告死亡时死亡时间的认定。一般情形下，在自然人被宣告死亡时，人民法院宣告死亡的判决作出之日视为其死亡时间。该规则基本沿袭了《民法通则意见》第 36 条第 1 款规定："被宣告死亡的人，判决宣告之日为其死亡的日期。判决书除发给申请人外，还应当在被宣告死亡的人住所地和人民法院所在地公告。"该规则被实践证明是行之有效的。因此，《民法典》继受了这一经验，将人民法院宣告死亡的判决作出之日视为自然人的死亡时间。

2. 因意外事件被宣告死亡时死亡时间的认定。自然人在因意外事件下落不明，导致被宣告死亡的，该意外事件发生的日期将视为该自然人的死亡日期。例如，马航 MH370 航班事故属于众所周知的意外事故，该事故发生后，相关人员生死未卜，此时，如果依法作出死亡宣告，则相关人员的宣告死亡时间应当是该事故发生的日期。

四、宣告死亡的法律后果

1. 宣告死亡的效力及于一切人。自然人一旦被宣告死亡，将产生消灭其既有财产关系和人身关系的效力，该效力不仅及于申请人，且及于其他任何人。[43]

2. 宣告死亡并不当然消灭被宣告死亡人的民事主体资格。由于宣告死亡的目的在于终结被宣告死亡人原有的财产关系和人身关系，但其不同于自然死亡，只是对下落不明的自然人死

---

〔42〕 李适时主编：《中华人民共和国民法总则释义》，法律出版社 2017 年版，第 132 页。

〔43〕 施启扬：《民法总则》，中国法制出版社 2010 年版，第 79 页。

亡的一种拟制,不能完全等同于自然死亡。可见,宣告死亡并非为了绝对地消灭或剥夺被宣告死亡人的主体资格,而在于结束以被宣告死亡人既有的民事法律关系。[44] 自然人在被宣告死亡后仍然可能生存,并且也必然会从事一些民事活动,产生一些新的民事法律关系。如果被宣告死亡的失踪人被认为完全没有权利能力,则他从事任何行为都是无效的。这显然不符合法理。假如被宣告死亡的自然人完全没有权利能力还可以自行向法院申请撤销对他的死亡宣告,即实施有效的诉讼行为,这在民法上是无法解释的。[45] 因此,依据《民法典》第 49 条的规定,在被宣告死亡后,如果自然人仍然生存的,则其主体资格并不受影响,其在被宣告死亡后所实施的民事法律行为的效力也不受影响。

3. 财产关系的变动。如前所述,宣告死亡将产生消灭自然人原有的人身关系和财产关系的效力,因此,自然人一旦被宣告死亡,其财产将作为遗产由其继承人继承。同时,被宣告死亡的自然人的债权人也有权请求该自然人的继承人清偿债务。

4. 婚姻关系的消灭。对此,《民法典》第 51 条第 1 句规定:“被宣告死亡的人的婚姻关系,自死亡宣告之日起消除。”宣告死亡制度的主要功能是了结被宣告死亡人原有的人身和财产关系,因此,死亡宣告一旦作出,被宣告死亡人的婚姻关系即应当消灭。

五、死亡宣告的撤销

(一)死亡宣告撤销的条件

宣告死亡毕竟是一种法律上的死亡推定,该推定是可以被推翻的,[46] 自然人被宣告死亡后,在确知该自然人仍然生存时,其本人或者利害关系人即有权撤销之前的死亡宣告。对此,《民法典》第 50 条规定了死亡宣告的撤销应当具备如下条件:

1. 被宣告死亡的人重新出现。被宣告死亡的人重新出现包括的情形很多,例如,该自然人回到原住所或者居住地,或者有人确知其下落,或者虽然难以确定其下落,但确定其仍然处于生存状态。只要出现了能够确定被宣告死亡人仍然生存、否定其已经死亡的情形,就可以认定属于该条所规定的“重新出现”。

2. 必须经本人或者利害关系人申请。毕竟,死亡宣告的判决具有既判力,而且已经产生了相应的法律后果,所以,要推翻该判决,也必须经过法定的程序。[47] 也就是说,撤销死亡宣告需要被宣告死亡人或者利害关系人提出申请。当然,法律并没有对申请撤销死亡宣告的利害关系人的顺序和人数进行限制,因此,只要被宣告死亡的人重新出现,任何一个利害关系人都可以申请撤销死亡宣告。

3. 由人民法院作出撤销宣告。《民事诉讼法》在特别程序中对撤销死亡宣告作出了规定,该法第 186 条规定:“被宣告失踪、宣告死亡的公民重新出现,经本人或者利害关系人申请,人民法院应当作出新判决,撤销原判决。”

(二)死亡宣告撤销的法律后果

1. 财产关系的恢复

死亡宣告的撤销将产生财产关系恢复的效果。一旦自然人的死亡宣告被撤销,其继承人

---

〔44〕 王泽鉴:《民法总则》,北京大学出版社 2009 年版,第 111 页。
〔45〕 柳经纬:《民法总论》,厦门大学出版社 2000 年版,第 97 页。
〔46〕 史尚宽:《民法总论》,中国政法大学出版社 2000 年版,第 97 页。
〔47〕 李适时主编:《中华人民共和国民法总则释义》,法律出版社 2017 年版,第 137 页。

应当向其返还自己依照继承法所取得的财产，原则上应当返还原物。由于宣告死亡只是对死亡的一种拟制，被宣告死亡的自然人仍然可能生存，在被宣告死亡的自然人重新出现后，对其死亡的拟制将被推翻，相关当事人通过继承所取得的财产应当返还给被宣告死亡的人。同时，继承人取得遗产是无偿的，科以其返还义务也不会不当加重其负担。

当然，由于继承人对宣告死亡的发生并无过错，且属于合法取得财产，故在其取得财产后，有权使用、消费财产，因此，在死亡宣告被撤销后，如果其所继承的财产无法返还，如财产已经毁损灭失，其并不需要承担赔偿责任，而只需要给予适当补偿。[48] 所谓适当的补偿，主要是考虑返还义务人取得的财产价值、返还能力以及获得的利益。

如果被宣告死亡人的利害关系人隐瞒真实情况，导致他人被宣告死亡的，则其除了返还因此所取得的财产外，如果被宣告死亡人还有其他损失，则该利害关系人仍然应当予以赔偿。利害关系人隐瞒真实情况，是指利害关系人明知被宣告死亡人未死亡，但却故意告知其下落不明，或者在被询问时，未告知被宣告死亡人未死亡的信息的情形。正是由于利害关系人隐瞒真实情况，导致他人被宣告死亡。在利害关系人隐瞒真实情况的情形下，其取得相关财产具有一定的过错，具有不法性，因此，其既需要向被宣告死亡人返还因此取得的全部财产，还应当赔偿损失。返还原则上应当是返还原物，如果原物不存在，应当作出适当的补偿。如果因此还导致被宣告死亡人有其他损失，该利害关系人应当予以赔偿。

2. 婚姻关系的恢复

被宣告死亡人的婚姻关系原则上应当自行恢复，但在例外情形下，其婚姻关系则不能自行恢复，依据《民法典》第 51 条的规定，该例外情形包括如下两种：第一，其配偶已经再婚。因为在死亡宣告后，被宣告死亡人的婚姻关系已经消灭，其配偶可以再婚，该婚姻也受到法律保护，在此情形下，即便死亡宣告被撤销，被宣告死亡人的婚姻关系也不能当然恢复，这也有利于维持婚姻家庭关系的稳定。如果配偶再婚，即使再婚后又离婚或再婚后新配偶死亡，其与被宣告死亡的配偶之间的婚姻关系也不得自动恢复。第二，其配偶向婚姻登记机关书面声明不愿意恢复。也就是说，如果被宣告死亡人的配偶不愿意恢复婚姻关系的，则其有权向婚姻登记机关声明不愿恢复婚姻关系。当事人必须作出书面声明，主要是为了避免发生争议。法律作出此种规定，有利于保护当事人的婚姻自由。[49] 法律并没有对被宣告死亡人的配偶作出书面声明的时间作出限定，因此，其既可以在死亡宣告被撤销前作出，也可以在死亡宣告被撤销后作出。

3. 对收养关系的影响

《民法典》第 52 条规定："被宣告死亡的人在被宣告死亡期间，其子女被他人依法收养的，在死亡宣告被撤销后，不得以未经本人同意为由主张收养行为无效。"宣告死亡具有消灭自然人既有人身关系的效力，因此，自然人一旦被宣告死亡，如果符合收养的条件，其子女就可以被他人收养，依法产生的收养关系受法律保护，非因法律规定的原因，不得擅自解除或者被宣告无效。为了维护合法收养关系的效力，保持收养关系的稳定性，即便死亡宣告被撤销，被宣告死亡人也不得以其未同意收养为由主张收养关系无效。

---

〔48〕 李适时主编：《中华人民共和国民法总则释义》，法律出版社 2017 年版，第 141 页。

〔49〕 石宏主编：《中华人民共和国民法总则条文说明、立法理由及相关规定》，北京大学出版社 2017 年版，第 106 ~ 107 页。

第六节 个体工商户和农村承包经营户

一、"两户"制度

在我国,"两户"是个体工商户和农村承包经营户的简称。在改革开放之前,自然人从事经营活动受到严格限制。为了扩大自然人从事经营(包括工商业经营和农业经营)的自由,我国《民法典》第54～56条规定了个体工商户和农村承包经营户。可以说,"两户"是改革成果的制度化。

个体工商户是自然人从事工商业经营的法律形式,是民众成为市场经济主体的重要途径。这一制度设计推动了市场经济的发展。截至2016年年底,我国已登记的个体工商户数量,达到5929多万户,其在经济生活中发挥着十分重要的作用。[50] 在法律上规定个体工商户的法律地位,不仅有助于解决就业问题,而且,其也可以作为"大众创业、万众创新"的主要主体。农村承包经营户逾2亿户,并且成为我国家庭承包经营为基础、统分结合的农村经济制度的重要载体。[51] 《民法典》要巩固改革成果,并进一步推进改革,因此,继续规定了"两户"制度。

二、个体工商户

(一)个人工商户的概念和特征

《民法典》第54条第1句规定,"自然人从事工商业经营,经依法登记,为个体工商户"。据此可见,个体工商户就是经过依法登记,从事工商业经营的自然人。关于个体工商户的性质,理论上存在不同观点。从《民法典》的规定来看,其将个体工商户规定在"自然人"一章中,表明其在性质上仍然属于从事工商业经营活动的自然人,而不应当属于非法人组织。当然,自然人一旦以个体工商户的名义从事工商业经营活动,就成为商事主体。个体工商户的特征主要在于:

1. 是商事主体的一种类型。虽然个体工商户是在"自然人"部分规定的,但是,它与自然人不完全相同。个体工商户可以是一个自然人,也可以是数个自然人。根据《个体工商户条例》第2条的规定,"有经营能力"的自然人可以申请成为个体工商户,因而作为个体工商户的自然人,应当具备经营能力,参与市场经济活动。但个体工商户又不是一个组织体,即使是家庭经营,家庭也并非组织。

2. 有自己的经营范围。个体工商户主要从事工商业经营活动,但其经营活动是有一定的范围限制的。在我国,《个体工商户条例》等要求个体工商户明确其经营范围。这个经营范围也决定了个体工商户的权利能力和行为能力范围。依据《个体工商户条例》的规定,应当依法办理登记,并在登记事项中注明其经营范围。

3. 必须依法办理登记。自然人要成为个体工商户,不需要出资,但必须依法进行登记。在这一点上,它与法人和非法人组织的设立是不同的。法律要求个体工商户必须依法登记,是为了有效规范和监管个体工商户的经营活动,保障其正常合法经营。法律也不要求其具有字号

---

[50] 石宏主编:《中华人民共和国民法总则条文说明、立法理由及相关规定》,北京大学出版社2017年版,第111页。

[51] 石宏主编:《中华人民共和国民法总则条文说明、立法理由及相关规定》,北京大学出版社2017年版,第111页。

和名称。依据《民法典》第54条的规定,个体工商户可以起字号,这是个体工商户的权利。

依据《个体工商户条例》第4条的规定,自然人在办理个体工商户登记时,并不需要登记机关的批准,只要不属于法律、行政法规禁止进入的行业,登记机关都应当办理登记,这就极大地保障了个人的经营自由。[52] 依据《民法通则》第26条的规定,公民只有在法律允许的范围内经核准登记从事工商业经营的,才属于个体工商户,而从《民法典》第54条规定来看,其删除了《民法通则》中"在法律允许的范围内"的表述,体现了对当事人私法自治的尊重,[53]也体现了对自然人经营自由的保障。

(二)个体工商户的债务承担

依据《民法典》第56条第1款的规定,其采取了区别处理的模式:

1. 个人经营的个体工商户。个人经营个体工商户的,其债务以个人财产承担。从登记的角度来看,这些个体工商户会明确登记为"个人经营"。因为在个人经营的情况下,个体工商户和经营者是同一个主体,而且,个体工商户并没有独立的财产,因此,应当以经营者个人财产承担债务。

2. 家庭经营的个体工商户。家庭经营个体工商户的,以家庭财产承担。在办理登记时,个体工商户可以被明确地登记为"家庭经营"。不过,从实践来看,有些个体工商户虽然登记为"个人经营",但其他家庭成员也参与到经营之中,从而形成事实上的家庭经营。这里所说的家庭财产,包括了从事经营的各个家庭成员的个人财产和共同财产。因为在家庭经营的情况下,家庭成员的个人财产也要投入到家庭经营之中,因而个体工商户的财产无法与家庭财产区分开来。如此规定有利于强化对债权人的保护。但是,在有些情况下,个体工商户究竟是个人经营还是家庭经营难以区分。例如,虽然登记为"个人经营",但是其家庭成员也参与了经营活动。为了解决此时的债务承担问题,也为了强化对债权人的保护,我国《民法典》第56条第1款中规定,"无法区分的,以家庭财产承担"。

根据《个体工商户条例》第12条,"个体工商户不再从事经营活动的,应当到登记机关办理注销登记",但是,法律上并没有要求注销登记之前要进行清算,这是因为个体工商户的财产与经营者的财产并没有区分开来,而且,经营者要承担无限责任,因此,并无清算的必要。

三、农村承包经营户

(一)农村承包经营户的概念

所谓农村承包经营户,是指依法取得农村土地承包经营权,从事家庭承包经营的农户。农村承包经营户的出现是我国20世纪70年代末农村经济体制改革的产物,其至今仍然是最为重要的农村集体经济的经营形式。[54] 我国《宪法》第8条规定:"农村集体经济组织实行家庭承包经营为基础、统分结合的双层经营体制。"因此,明确农村承包经营户的法律地位,保障其合法权益,是落实宪法确立的基本经济制度的要求。

农村承包经营户与个体工商户的区别在于:

1. 农村承包经营户是以"户"为单位从事家庭承包经营的。户本身不是组织体,而是基于

---

〔52〕《个体工商户条例》第4条规定:"国家对个体工商户实行市场平等准入、公平待遇的原则。申请办理个体工商户登记,申请登记的经营范围不属于法律、行政法规禁止进入的行业的,登记机关应当依法予以登记。"

〔53〕杨震:《民法总则"自然人"立法研究》,载《法学家》2016年第5期。

〔54〕苏号朋:《民法总论》,法律出版社2006年版,第131页。

血缘、婚姻等组成的。个体工商户也并非都是以“户”为单位从事经营,其可以是个人经营,也可以是家庭经营,经营方式上比较灵活。

2. 农村承包经营户需要依法取得农村土地承包经营权。依据《民法典》第55条的规定,农村承包经营权的成员可以取得农村土地承包经营权。土地承包经营权,是指权利人依法对其承包经营的耕地、林地、草地等享有占有、使用和收益的权利,依据《民法典》的规定,该权利在性质上属于独立的用益物权。[55] 农村承包经营户可以将该权利流转,也可以利用该权利进行融资,而且在该权利被征收的情况下,农村承包经营权还有权获得征收补偿,这就更有利于保护农村承包经营户的权利。

3. 农村承包经营户从事的是土地承包经营,与个体工商户不同,农村承包经营户主要从事的是农业生产,而非工商业活动,并没有明确的经营范围。而个体工商户从事的是工商业经营,还必须经过登记取得营业执照。

4. 农村承包经营户并不以登记为前提,只要依法取得了农村土地承包经营权,就应当认定其主体资格。而个体工商户必须依法办理登记。此外,个体工商户可以起字号,该字号可作为名称权予以保护,而农村承包经营户并不享有起字号的权利。

(二)农村承包经营户的债务承担

考虑到农村承包经营户是以“户”为单位进行农业经营活动的,因此,其债务也应当由“户”来承担。《民法典》第56条第2款规定:“农村承包经营户的债务,以从事农村土地承包经营的农户财产承担……”这里所说的“农户财产”包括该户内成员的个人财产和共同财产。例如,夫妻二人组成农村承包经营户,在债务承担时,责任财产既包括其夫妻的个人财产,也包括其夫妻共同财产。

《民法典》第56条第2款规定:“事实上由农户部分成员经营的,以该部分成员的财产承担。”这也体现了权利义务一致的原则。所谓“事实上由农户部分成员经营”,就是指虽然以农户的名义签订了土地承包经营合同,但是,实际上仅农户内的部分成员从事了农业生产经营。此时,应当根据实际情况,认定农户仅由部分成员经营,债务也应当仅由参与经营的成员承担。而对于那些没有参与经营的家庭成员,在法律上就不能再要求其承担民事责任。例如,因考上大学、参军等原因,农户中的一些成员已经不再从事农业经营,要求这些成员也对农户的债务负责,是不合理的。

第七节　自然人的身份证明和住所

一、自然人的身份证明

在我国,自然人的身份证明是居民身份证。身份证是证明公民真实身份的凭证,每个公民都有一个身份号码,身份号码是国家为每个公民编制的唯一的、终身不变的身份代码,由公安机关按照公民身份号码国家标准编制。[56] 公民自年满16周岁之日起3个月内,应当向常住户

〔55〕 杨震:《民法总则“自然人”立法研究》,载《法学家》2016年第5期。

〔56〕 参见《居民身份证法》第3条。

口所在地申请；未满16周岁的公民，可自愿申请领取居民身份证。公民从事有关活动，需要证明身份的，有权使用居民身份证，有关单位及其工作人员不得拒绝。但是在特殊情况下，公民有义务出示身份证以证明自己的身份，例如，人民警察依法执行公务，需要查验居民的身份证的，我国公民有义务配合。任何组织和个人不得扣押居民身份证，公安机关和人民警察对因制作、发放、查验、扣押居民身份证而知悉的个人信息，应当予以保密。

二、自然人的住所

（一）自然人的住所概述

住所，是指公民长期居住生活的地点。在社会生活中，每个人从事一定的民事活动和社会生活，总是存在于一定的空间，例如，工作场所、营业活动的场所、居住的场所、财产所在地等，这些场所可能各不相同，住所是自然人参与的各种法律关系集中发生的中心地域，这就需要在法律上确定自然人的住所。[57]《民法典》第25条规定："自然人以户籍登记或者其他有效身份登记记载的居所为住所；经常居所与住所不一致的，经常居所视为住所。"该条对自然人的住所确定规则作出了规定。法律上确定住所的意义主要在于：

1. 确定自然人的民事主体状态。如宣告失踪、宣告死亡，都以自然人离开住所地下落不明为前提。

2. 决定债务的清偿地。《民法典》第511条规定，当事人履行地点约定不明确，依照该法第510条的规定仍不能确定的，适用下列规定：给付货币的，在接受货币一方所在地履行；交付不动产的，在不动产所在地履行；其他标的，在履行义务一方所在地履行。

3. 决定婚姻登记的管辖地点。如我国《婚姻登记条例》规定，依申请人住所管辖婚姻登记。

4. 在涉外民事关系中确定法律适用的准据法。如《涉外民事关系法律适用法》第31条规定："法定继承，适用被继承人死亡时经常居所地法律，但不动产法定继承，适用不动产所在地法律。"

5. 决定诉讼管辖法院和司法文书送达地。

在民法上，住所分为三类：第一，法定住所。所谓法定住所，是指由法律直接规定的住所。我国现行立法对于法定住所没有明确规定，但一般认为，如果无民事行为能力人及限制民事行为能力人与监护人共同生活，应当以其监护人的住所为住所。[58] 夫妻在尚未离婚以前，夫妻一方可以另一方的住所为其住所，但当事人另外选定住所的除外。第二，意定住所，也称为任意住所，对于是否允许当事人根据自己的意志确定住所，我国现行立法没有规定，本书认为，对此应当允许当事人选择。第三，拟制住所，法律规定在特殊情况下将居所推定为住所。所谓居所，即自然人居住的住处。如果自然人离开住所后长期在某居所居住，则可能将该居所推定为其住所。

（二）自然人住所的认定规则

1. 自然人以户籍登记或者其他有效身份登记记载的居所为住所。户籍登记是公安机关按照国家户籍管理的相关规定，对公民的身份信息进行记载的制度。依据相关法律法规的规定，公民应当在经常居住地的公安机关进行户籍登记。"其他有效身份登记"主要是指身份证，居

---

〔57〕 王泽鉴：《民法总则》，北京大学出版社2009年版，第144页。

〔58〕 魏振瀛主编：《民法》，北京大学出版社2010年版，第69页。

住证和外国人的有效居留证件。[59] 因为在我国,随着城镇化的发展,农村进城打工或从事各种经商等活动的人越来越多,这些人可能并没有取得当地的户籍,但是取得了相关的居住资格;另外,随着我国对外交往的增多,外国人来华工作、居住的现象也越来越普遍,这些外国人并没有在我国进行户籍登记,其有效的居留证件也可以作为认定其住所的依据。

2. 经常居所与住所不一致的,经常居所视为住所。《民法典》第25条规定:"……经常居所与住所不一致的,经常居所视为住所。"《民法通则意见》第9条规定:"公民离开住所地最后连续居住一年以上的地方,为经常居住地。但住医院治病的除外。公民由其户籍所在地迁出后至迁入另一地之前,无经常居住地的,仍以其原户籍所在地为住所。"法律之所以作出此种规定,是因为法律规定住所的主要目的是确定与自然人具有最密切联系的法律关系发生地和纠纷解决地,[60] 在自然人在住所以外的居所经常居住的情况下,将该居所视为其住所,更有利于实现住所法律规则的目的。

参考案例

1. 王德钦诉杨德胜、泸州市汽车二队交通事故损害赔偿纠纷案,载《中华人民共和国最高人民法院公报》2006年第3期。
2. 谢福星、赖美兰诉太阳城游泳池有限公司服务合同纠纷案,载《中华人民共和国最高人民法院公报》2003年第6期。
3. 张月英申请宣告陈炎死亡案,载《中华人民共和国最高人民法院公报》1996年第3期。
4. 江苏百锐特贸易有限公司诉张月红不当得利纠纷案,载《中华人民共和国最高人民法院公报》2018年第5期。
5. 张琴诉镇江市姚桥镇迎北村村民委员会撤销监护人资格纠纷案,载《中华人民共和国最高人民法院公报》2015年第8期。
6. 李某、郭某阳诉郭某和、童某某继承纠纷案,第50号指导案例(最高人民法院审判委员会讨论通过,2015年4月15日发布)。
7. 李雪花、范洋诉范祖业、滕颖继承纠纷案,载《中华人民共和国最高人民法院公报》2006年第7期。

---

[59] 李适时主编:《中华人民共和国民法总则释义》,法律出版社2017年版,第74页。
[60] 石宏主编:《中华人民共和国民法总则条文说明、立法理由及相关规定》,北京大学出版社2017年版,第56~57页。

第五章　法　　人

导读

法人是具有民事权利能力和民事行为能力，依法独立享有民事权利和承担民事义务的组织。作为现代经济社会生活的重要参与者，法人存在各式各样的形态，不同形态的法人具有不同的目的和治理结构。我国现行法律将法人分为营利法人、非营利法人与特别法人。法人作为法律上的拟制人也具有权利能力和行为能力，由其法人机关和法定代表人产生和做出法律行为，参与民事活动。

第一节　概　　述

一、法人的概念

法人(juristische person/legal person)，是相对于自然人而言的一类民事权利主体。法律上的人与通常所称的人的概念不同，其不限于自然人，还包括法人和非法人组织。我国《民法典》第57条规定："法人是具有民事权利能力和民事行为能力，依法独立享有民事权利和承担民事义务的组织。"这就在法律上确认了法人是独立的民事主体，这一规定揭示了法人的民事主体性和法人的基本特征，具体表现在：

1. 独立的名义。所谓"独立的名义"，是指法人能够以自己的名义独立地享受权利、承担义务，并能在法院起诉应诉。独立的名义也表明法人应当具有民事权利能力和民事行为能力。《民法典》第58条第2款第1句规定："法人应当有自己的名称、组织机构、住所、财产或者经费。"法人具有民事权利能力和民事行为能力，表明法人是由民法所规定的主体(人)。法人是社会组织在法律上的地位。法人成员的死亡、退出，不影响法人的存续。法人所享有的权利也不同于自然人享有的权利。任何人和法人交易时，是和一个组织体交易，而不是和自然人交易。法人具有组织上的统一性，从而极大地降低了交易费用。

2. 独立的财产。所谓"独立的财产"，是指法人所具有的独立于其投资人以及法人成员的财产。无论是营利法人还是非营利法人，都应该有自己的财产或经费。法人具有独立的财产，是法人能够参与民事活动、享受民事权利并承担民事义务的基础，也是法人独立承担民事责任的重要保障。法人具有独立的财产也决定了其责任的独立性以及法人成员的有限责任。法人的财产区别于法人成员的财产，其财产独立性越明确，就越能够防止法人成员及设立人侵害法人的财产。[1] 由于法人的财产与出资人的财产分开,所以,在法人内部要实行所有权与经营权分离,建立健全的组织结构。

3. 健全的组织机构。法人的组织机构是对内管理法人的事务、对外代表法人从事民事活动的机构的总称。法人的团体意志总是通过一定的组织机构才能形成,并且只有通过一定的组织机构才能具体实现。当然,营利法人和非营利法人的组织机构是各不相同的。例如,营利法人应当具有权力机构、执行机构和监督机构,实行决策、执行、监督机构相互独立、权责分明、相互制衡的机制。其他类型的法人也应当具有自己的意思形成和执行机构。

4. 独立的责任。《民法典》第 60 条规定:"法人以其全部财产独立承担民事责任。"因此,所谓"独立的责任",是指法人以自己的全部财产对自己的债务承担责任,法人的成员及设立人仅以其出资或认缴的出资为限对法人债务承担责任。[2] 既然法人能够享受权利,就应对自己违反民事义务的行为承担责任。除法律另有规定外(如无限责任公司),法人的创立人和成员对法人的债务不负责任。从民事主体制度的发展趋势来看,其早期强调团体的主体地位,即团体只要具有权利能力和行为能力,便承认其法人地位,并没有从责任角度来塑造法人制度。但实际上,其并不是法人的典型形式,法人成员承担有限责任才是法人的典型形式,在此种法人组织形式下,其成员的有限责任是法律赋予法人这种团体所享有的一种特权,它也是区分法人和非法人组织的重要特征。

《民法典》中法人制度一章是总则编最具有创新点的地方,该章有如下几个特点:第一,从中国实际出发,尤其是从中国改革开放的实践出发,体现了鲜明的中国元素,如创造性地规定了法人的分类。第二,体现了民商合一的原则。该章规定也吸收了商法的特殊规定,尽可能地涵盖商事特别法如公司法等,在《公司法》等特别商法未规定的情形下,适用本章规定。第三,设置了大量的引致条款,尽可能引致到特别规定。因此,准确理解本章的规定需要理解大量的单行法规定。

二、法人的性质

所谓法人的性质,是指法人作为民事主体的原因。换言之,因为什么原因,法人才能够享有权利、负担义务。关于法人的性质,主要有三种不同的观点:第一,"拟制说"。此种观点认为,法人只是观念上的无形的权利主体,是法律针对人和财产的集合而拟制的人格。法人不具有意思属性,因此法人本身是无行为能力的,法人参与民事活动必须由自然人来代理。法人机构的行为并不是法人自己的行为,而是为法人从事行为的法人机构的行为,但是作为拟制的结果,其法律后果归属于法人。[3] 第二,"否认说"。此种观点认为,法人本身不是独立的人格,而是为了一定的目的而存在的财产,即"目的财产"(Zweekvermogen)。法人的财产,并不属于法人本身所有,而属于管理其财产的自然人,只有管理法人财产的自然人,才是法律上所称的法人。也有人认为,法人仅仅是形式上的权利、义务的主体,而实际上的权利、义务的归属者,只是享有法人财产利益的多数个人。第三,实在说。此种观点认为,法人并不是法律的虚构,也并非没有团体意识和利益,而是一种客观存在的主体。[4]

---

[1] 郑玉波:《民法总则》,中国政法大学出版社 2003 年版,第 176 页。
[2] 江平主编:《民法学》,中国政法大学出版社 2007 年版,第 87 页。
[3] 龙卫球:《民法总论》,中国法制出版社 2002 年版,第 362 页。
[4] 王泽鉴:《民法总则》,北京大学出版社 2009 年版,第 151 页。

本书认为,探讨法人的本质,应当考虑其在经济社会中的实际作用。"一言以蔽之曰,法人能担当社会作用,而具有社会价值,法律有赋予其人格之必要。"[5]承认法人的主体地位,有利于方便社会组织参与交易,降低交易费用;通过在法律上承认有限责任制度,有利于鼓励交易和刺激投资,实现所有权和经营权的分离,有效促进社会经济的发展。我国法律承认法人和自然人同为独立的民事主体,具有民事权利能力和民事行为能力等,这实际上是采纳了"实在说"。但实在说也有一定的缺点,主要是没有完全考虑到法人和自然人的区别。另外,该说将法人机构的行为等同于是法人的行为,可能导致法人机构所从事的任何越权行为甚至明显违反法人意志的对法人的侵权行为,都要由法人负责,这不利于对法人利益的保护。所以,在例外情况下可以吸收拟制说的合理之处。例如,法律应对法人机构违反法人意志损害法人利益的行为进行规制,而不应当一概由法人承受相关的不利后果。

三、法人的分支机构

法人的组织机构也可包括法人的分支机构。法人的分支机构是根据法人的意志所设立的法人的组成部分。分支机构根据法人章程、决议的授权从事法人的部分经营业务,在一般情况下,法人的分支机构只是隶属于法人的机构,不能作为独立的民事权利主体。[6] 法人可以依法设立分支机构,也就是说,如果法律法规对于设立分支机构的条件、程序(如商业银行的分支机构)作出规定的,则必须依据法律的规定设立,不得随意设立。如果法律、行政法规规定分支机构必须办理登记,则应当登记。例如,《公司法》第 14 条规定,设立分公司应当向公司登记机关申请登记。因此,就必须办理登记手续。

法人的分支机构包括领取了营业执照和未领取营业执照两种,二者的区别表现在以下方面:第一,未领取营业执照的分支机构,不得以自己的名义独立从事民事活动,而只能以法人的名义订约;而领取营业执照的分支机构,可以对外从事法律行为。因为依据我国现行法律,允许领取营业执照的分支机构对外从事经营活动,实际上是允许其对外从事法律行为。第二,在诉讼上有营业执照的分支机构可以成为独立的诉讼主体,以自己的名义起诉、应诉,但无营业执照的分支机构只能以法人的名义起诉、应诉。[7] 第三,在责任承担方面,有营业执照的分支机构可以先以自己的财产承担责任,无营业执照的分支机构应当由其所属法人承担清偿责任。

根据《民法典》第 74 条第 2 款的规定,如果法人的分支机构以法人名义实施民事活动,应当由法人承担法律后果,自不待言。而如果法人的分支机构以自己的名义从事民事活动,而且分支机构有自己的财产的,应当以自己的财产承担,不足部分由法人承担。例如,各商业银行在各地都有分支机构,在发生纠纷以后,通常先由各分支机构以自己经营管理的财产承担责任,但其民事责任最终由总行承担(《商业银行法》第 22 条)。

《民法典》虽然将法人的分支机构规定在"法人"一章,但法人的分支机构在性质上并不是法人。那么,法人的分支机构是否属于非法人组织呢?本书认为,关于非法人组织,根据《民法典》第 102、103 条的规定,非法人组织是不具有法人资格但可以以自己的名义从事民事活动的组织。如果法人的分支机构已经登记,能够以自己的名义从事民事活动,则其已经符合非法人组织的特征,应当属于非法人组织。

---

〔5〕 郑玉波:《民法总则》,中国政法大学出版社 2003 年版,第 173 页。

〔6〕 石宏主编:《中华人民共和国民法总则条文说明、立法理由及相关规定》,北京大学出版社 2017 年版,第 167 ~ 168 页。

〔7〕 参见《民事诉讼法解释》第 53 条。

第二节 法人的分类

法人的分类如图 5－1 所示。

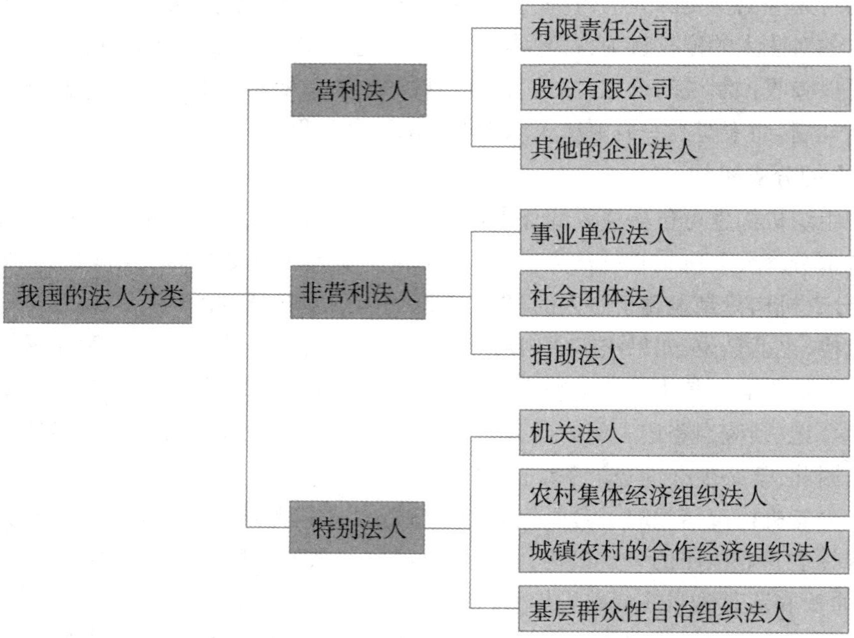

图 5－1 法人的分类

一、公法人和私法人

大陆法的民事立法和理论将法人分为公法人和私法人,但根据什么标准分类,各种观点颇不相同。一种观点认为,应以目的事业的公私(性)为标准,或以是否对国家负有实现其职能的义务为标准。[8] 另一种观点认为,应以法人设立的法律根据为标准进行分类。依公法设立的法人为公法人,如县、市等;依私法设立的法人为私法人,如公司、企业等。[9] 显然,这种分类是西方学者把法律分为公法、私法的产物。还有一种观点认为,应当以是否具有统治权力为标准,公法人可拥有公共权力并担任公共当局的专有职务。国家是公法人,而各类拥有公共权力的机构也是公法人。[10] 这种分类的意义在于受理争议的机关不同,两者适用的法律也不一样。不过,在西方国家,公法和私法的分类标准存在争议,因此公法人和私法人的区分标准也不是很明确。这些分类标准都不无道理,本书倾向于采纳综合的标准,通过考察其设立的法律依据、事业目的等进行综合判断。

我国《民法典》将法人分为营利法人、非营利法人以及特别法人,其中,特别法人包括了机

〔8〕 [日]四宫和夫:《日本民法总则》,唐晖等译,五南图书出版有限公司 1995 年版,第 85 页。
〔9〕 [德]卡尔·拉伦茨:《德国民法通论》(上册),王晓晔等译,法律出版社 2003 年版,第 179 页。
〔10〕 [葡]平托:《民法总论》,林炳辉等译,澳门法律翻译办公室、澳门大学法学院 1999 年版,第 152 页。

关法人等公法人，可见，《民法典》仍然采取了公法人与私法人相区分的做法。

二、营利法人和非营利法人

根据社团法人成立的目的，可以将其分为营利法人和非营利法人。我国《民法典》采纳了营利法人和非营利法人的分类。所谓营利法人，是指以取得利润并分配给股东等出资人为目的成立的法人。营利法人主要包括有限责任公司、股份有限公司和其他营利法人等。所谓非营利法人，是指为公益目的或者其他非营利目的成立，不向出资人、设立人或者会员分配所取得利润的法人。非营利法人包括事业单位、社会团体、基金会、社会服务机构等。从理论上看，非营利法人可以再分为公益法人和非公益法人：公益法人是专门以社会公益为目的的法人，如慈善机构、福利院等。非公益法人也可以称为中间法人，是指不以营利为目的，也不以公益为目的的法人，如同学会、同乡会等。[11]

营利法人和非营利法人都是私法人，都是独立的民事主体。依据相关法律法规的规定，其设立大多需要依法办理登记，而且二者在活动过程中都可能有一定的营利，但二者也存在一定的区别，主要体现为：

1. 设立的依据不同。比较法上，营利法人的设立通常要依据特别法而设立，而非营利法人一般依据民法的规则设立。但在我国，无论是营利法人还是非营利法人，首先要依据特别法的规定，特别法没有规定的，则适用《民法典》的规定。关于营利法人的设立，我国已经颁布了《公司法》《中外合资经营企业法》《中外合作经营企业法》等，这些法律为营利法人的设立提供了法律依据。关于非营利法人的设立，我国也颁行了相关的法律法规，如《慈善法》《基金会管理条例》《事业单位登记管理暂行条例》等。

2. 设立的原则不同。对于营利法人的设立一般采取准则主义，而对非营利法人的设立一般采取许可主义。依据我国《民法典》及其他法律法规的规定，营利法人的设立一般采准则主义，并不需要特别的许可。但非营利法人中，如捐助法人、宗教场所法人等，其设立既需要依法登记，也需要批准设立。

3. 是否向成员分配利润不同。“营利”，顾名思义，就是获取利润，也就是通过从事经营活动而谋求利润，所以，营利法人都要从事广泛的经营活动。但是在我国，某些非营利法人，如学校、医院在传统理论上属于公益法人，但在现实中广泛实施经营和营利行为，在政策放宽的情况下，大量的私立学校、私立医院、体育俱乐部、报业集团等以企业的形式涌现出来，从事一些经营活动，所以，单纯从营利本身而言，无法明确区分营利法人与非营利法人。因而，我国《民法典》采取了另一种分类方法，即以是否向成员分配利润作为区分标准。如果利润分配给出资人或者法人成员，则应当属于营利法人，但如果利润归属于法人，用于实现法人的目的，则属于非营利法人。[12]

4. 法人终止后剩余财产的分配不同。对营利法人而言，在法人终止后，如果有剩余财产，一般要返还给出资人、设立人或法人的成员。但对非营利法人而言，则要区分是为公益目的设立的法人，还是为非公益目的设立的法人，如果是为公益目的设立的法人，在其终止后，不得向出资人、设立人或者会员分配剩余财产。但是为非公益目的设立的法人，在其终止后，其剩余财产则可以分配给其成员。

---

〔11〕 洪逊欣：《中国民法总则》，三民书局 1992 年版，第 131 页。

〔12〕 李适时主编：《中华人民共和国民法总则释义》，法律出版社 2017 年版，第 230 页。

三、社团法人和财团法人

私法人又可以分为社团法人和财团法人,二者的区别如下:

1. 成立的基础不同。社团法人必须有社员,而且社员是其成立的基础;而财团法人以财产为基础,如基金会等。[13] 财团法人虽然也有管理人,但管理人员的变更不影响财团法人的存在。[14] 财团法人制度"使该一定财产之集合,成为独立体,而使其管理具有永续性,申言之,该财产既不因受益人之增减变更而变更,尤不因管理人之交替而动摇,同时对于捐助人于既捐之后,亦不再有何等牵连,如此其原来之目的,自不难达成"。[15]

2. 目的不同。社团法人的设立可以为了营利,也可以为了公益:前者称为营利社团法人,后者称为公益社团法人。而财团法人的设立则只能为了公益。

3. 设立程序不同。社团法人的设立一般符合法定条件即可,大多不需要经过行政机关的批准。而财团法人的设立则一般要经过主管机关的许可。当然,无论是社团法人还是财团法人,其设立都需要登记。

4. 设立人的地位不同。社团法人在设立以后,其设立人将取得社员资格,如公司股东享有股东权,并能够行使自益权和共益权。而财团法人在设立以后,其设立人便与法人脱离关系,因为财团法人没有成员,其设立人不作为法人成员,也不直接参与或决定法人事务,而且其设立人也并不当然成为财团法人的管理人员。

从我国《民法典》的规定来看,其并未采纳社团法人与财团法人的分类方法,但这并不意味着我国不存在财团法人。例如,我国《民法典》所规定的捐助法人实际上就是财团法人。

四、普通法人和特别法人

我国《民法典》第一编第三章第四节专门规定了特别法人,据此,可以将法人分为普通法人和特别法人。从我国《民法典》规定来看,这两类法人都是由《民法典》确认的,两者的区别主要表现在:

1. 是否属于营利法人、非营利法人不同。特别法人无法归入营利法人与非营利法人的范畴。正是因为这一原因,《民法典》以专节的行为对其作出了规定。而普通法人则可以归入到营利法人和非营利法人之中。

2. 特别法人的类型是封闭的,而营利法人、非营利法人的类型范围是开放的。从《民法典》的规定来看,其对营利法人与非营利法人类型的列举,都是采取了"典型模式 + 不完全列举"的方式,实践中出现的新的形式,可以依据其性质将其归入营利法人与非营利法人的范畴。[16] 而《民法典》对特别法人的列举采用了封闭式列举的方式。

3. 特别法人规则适用具有特殊性。由于特别法人与营利法人、非营利法人的性质存在重要区别,因此,《民法典》在规定特别法人时,并没有规定其可以参照适用营利法人与非营利法人的规则。当然,其可以适用法人的一般规则。

---

〔13〕 王泽鉴:《民法总则》,北京大学出版社 2009 年版,第 152 页。

〔14〕 江平主编:《法人制度论》,中国政法大学出版社 1994 年版,第 45 页。

〔15〕 郑玉波:《民法总则》,中国政法大学出版社 2003 年版,第 176 页。

〔16〕 石宏主编:《中华人民共和国民法总则条文说明、立法理由及相关规定》,北京大学出版社 2017 年版,第 226 页。

第三节　法人的民事权利能力和民事行为能力

一、法人的民事权利能力

（一）法人的民事权利能力的概念

法人的民事权利能力，是指法人作为民事权利主体，享受民事权利并承担民事义务的资格。尽管法人和自然人一样具有民事权利能力，但是法人的民事权利能力毕竟不同于自然人的民事权利能力。法人的民事权利能力是特殊的民事权利能力，这种特殊性具体表现在：

1. 法人不享有与公民的人身不可分离的权利。法人是一个社会组织体，某些与公民的人身不可分离的人身权（如生命权、健康权等）不能由法人享有，以性别、年龄、身份及亲属关系等为前提的权利、义务，也不能由法人享有和承担。但是，法人可以享有名称权、荣誉权、名誉权等人格权。〔17〕

2. 法人的民事权利能力依法受法律、行政法规的限制。〔18〕法人只能在法律或行政命令的范围内，具有享有权利和承担义务的能力。因法律法规规定不同，各种法人享有的能力也不相同。

3. 法人的权利能力受其章程和目的的限制。〔19〕也就是说，一方面，法人的权利能力要受到其设立人的意志的约束，其设立人在设立法人时确立的目的范围也直接决定了法人的能力范围。另一方面，法人的权利能力应当在其章程等文件中加以确定。

（二）法人的民事权利能力的开始和终止

《民法典》第59条规定："法人的民事权利能力和民事行为能力，从法人成立时产生，到法人终止时消灭。"这一规则包括如下含义：

1. 法人的民事权利能力从法人成立时产生。具体来说，营利法人从办理完毕核准登记手续，并依法领取营业执照之日起才能享有民事权利能力。事业单位法人和社会团体法人不需要办理法人登记的，从成立之日起，具有民事权利能力；依法需要办理法人登记的，从办理完毕核准登记手续之日起，具有民事权利能力。

2. 法人的民事权利能力从法人终止时消灭，法人因依法被撤销、解散、依法宣告破产或其他原因而终止以后，其民事主体资格原则上就不复存在。但是，法人在依法进行清算的阶段，其权利能力仍然是存在的，但是仅限于清算范围内的活动。

二、法人的民事行为能力

（一）法人的民事行为能力的概念

所谓法人的民事行为能力，是指法人作为民事权利主体，以自己的行为享受民事权利并承担民事义务的资格。法人和自然人一样，也享有民事行为能力，但是法人的民事行为能力与自然人的民事行为能力有以下不同之处：

---

〔17〕程合红：《商事人格权论》，中国人民大学出版社2002年版，第29～33页。

〔18〕史尚宽：《民法总论》，中国政法大学出版社2000年版，第153页。

〔19〕史尚宽：《民法总论》，中国政法大学出版社2000年版，第154页。

1. 法人的民事行为能力和其民事权利能力在时间上是一致的。法人的民事行为能力始于法人成立、终于法人消灭,在法人存续期间始终存在,所以,法人的民事权利能力和民事行为能力同时发生,同时消灭。而自然人的民事行为能力受其年龄、健康状态等因素的影响,其具有民事权利能力不一定具有民事行为能力。

2. 法人的民事行为能力和其民事权利能力在范围上是一致的。也就是说,法人能够以自己的行为取得权利和承担义务的范围,不能超出它们的民事权利能力所限定的范围。[20]

3. 法人的民事行为能力是以其不同于单个自然人意思的团体意思为前提的。法人作为一个统一的组织体,有自己的内部机构,能够产生并实现自己的意思,从而决定了法人具有民事行为能力。法人的民事行为能力是通过法人的机关来实现的。

(二)关于目的范围对法人的能力限制的法律效力

法人的目的范围,也称为业务范围,在企业法中称为经营范围。关于目的范围对法人的能力限制的法律效力,学者存在如下不同的观点:

1. 权利能力限制说。此种学说认为,法人的目的范围对于法人活动的限制,是对于法人权利能力的限制。我国学者大多采纳此种观点。[21]

2. 行为能力限制说。此种学说认为,法人的权利能力仅受其性质及法律、法规的限制,因此法人的目的范围属于对其行为能力而不是对其权利能力的限制。近年来,我国一些学者认为,从保护交易安全出发,对法人经营范围的限制是对法人行为能力的限制。[22]

3. 代表权限制说。此种学说认为,法人的目的范围,不过为了划定法人机关对外代表权的范围而已。依此说,法人的目的外行为属于超越代表权的行为,应为无效,但存在依代理的法理予以追认的可能性。并且,也肯定有准用表见代理的余地。因此,采代表权限制说,也将发生与行为能力限制说同样的问题。[23]

4. 内部责任说。此种学说认为,法人目的范围,不过是决定法人机关在法人内部的责任而已。所以,法人的目的外行为,当然应为有效。[24]

以上四种观点都不无道理。然而,代表权限制说未能揭示出目的范围对法人能力的限制。因为法人的目的范围并不是法定代表人代表权限的内容,法人的目的范围是法律法规以及法人的章程、性质等决定的法人的能力范围。但是代表权的范围主要是法人对法定代表人权限的确定和限制。法人的经营活动可以通过法定代表人来实现,也可以通过法人的机关委托代理人来从事。所以,将经营范围视为对法定代表人的代表权的限制是不妥当的。至于内部责任说,也值得商榷。因为目的范围并不是法人内部责任的确定,而实际上主要是为了维护交易安全。也就是说,是为了解决法人与第三人之间的关系,其着眼点在于确定法人和第三人之间的关系。

本书认为,可以根据情况,运用前两种学说来解释对法人的能力限制问题。对法人的能力限制的法律效力,必须要区分目的范围来确定对不同类型的法人的限制。对于机关法人而言,其主要职能是在法律法规授权的范围内行使国家公权力,发挥国家机关的管理职能,其从事民

---

[20] 魏振瀛主编:《民法》,北京大学出版社 2010 年版,第 82 页。

[21] 刘定华、屈茂辉主编:《民法学》,湖南人民出版社 2001 年版,第 123 页。

[22] 朱广新:《法定代表人的越权代表行为》,载《中外法学》2012 年第 3 期。

[23] 梁慧星:《民法总论》,法律出版社 2011 年版,第 128 页。

[24] [日]北川善太郎:《民法总则》,有斐阁 1993 年版,第 71 页。

事活动只能受到其目的范围的限制。如果其超出目的范围,从事以营利为目的的生产经营活动,显然,已经超出了其权利能力和行为能力的范围。对于营利法人而言,其经营范围不应当是对其权利能力的限制,而应当是对其行为能力的限制。因为,一方面,为适应市场经济的内在需要,应当赋予企业广泛的从事投资和交易的自由。另一方面,营利法人在从事经营活动时,将与第三人进行民事交往,如果以企业的经营范围作为对企业权利能力的限制,会导致许多民事行为无效,将不利于保护第三人的信赖利益和维护交易安全。尤其应当看到,从各国发展来看,对营利法人的经营范围的限制呈现越来越宽松的趋势。[25]

我国从发展社会主义市场经济的需要出发,对营利法人的经营范围的限制在逐渐放宽,即使企业从事了超越经营范围的行为,也不应简单地认定为无效。我国《民法典》第505条规定:"当事人超越经营范围订立的合同的效力,应当依照本法第一编第六章第三节和本编的有关规定确定,不得仅以超越经营范围确认合同无效。"也就是说,如果合同仅仅只是涉及超越经营范围的问题,不能因此而认定合同无效。当然,这并不能从反面解释,即认定超越经营范围的合同都是有效的,毕竟对于一些特殊行业,如银行业、保险业等国家限制经营、特许经营的行业,经营范围的确定十分重要。当事人不得超越经营范围行为,否则,将构成对法律、行政法规的强制性规定的违反。对于违反国家限制经营、特许经营以及法律、行政法规禁止经营的规定而超越经营范围的,因为不仅仅是保护第三人利益和维护交易安全的问题,还涉及国家对经济的法律规制和社会公共秩序,因此作为例外,这种超越经营范围的合同应当认定为无效。

三、法人的侵权行为能力

与法人的民事行为能力相联系的是法人的侵权行为能力。所谓侵权行为能力是指承担因侵权行为所致的损害赔偿的责任能力,因此,也称为责任能力。

当代各国民法大多肯定了法人有侵权行为能力。《民法典》第62条第1款规定:"法定代表人因执行职务造成他人损害的,由法人承担民事责任。"本条明确了法人具有侵权行为能力。《民法典》侵权编关于用工责任、产品责任、环境污染责任、高度危险责任、建筑物所有人或管理人的责任等的规定,实际上也肯定了法人具有侵权行为能力。承认法人具有侵权行为能力的意义主要表现在:第一,确认了法人能够以团体的名义,对因其行为产生的侵害他人财产和人身的行为承担侵权责任,并以法人的独立财产对此负责。第二,对法定代表人和法人机关成员在执行职务过程中造成他人损害的,应当视为法人的行为,由法人对该行为负责。第三,在雇佣关系和劳动关系中,法人对其工作人员执行职务的行为造成他人损害,应当承担侵权责任。

第四节 法人的设立与登记

一、法人的设立

(一)依法成立

《民法典》第58条第1款规定:"法人应当依法成立。"一方面,因为法人具有民事权利能

---

〔25〕 史尚宽:《民法总论》,中国政法大学出版社2000年版,第154页;另参见《合同法解释(一)》第10条。

力,能够独立参加民事活动,因此,社会组织要成为民事主体,必须符合法律规定的条件。另一方面,法人成员对法人责任承担有限责任,有限责任可以被理解为是法人与债权人之间的特殊交易安排。如果允许法人任意设立,则可能增加对主体设立是否合法的识别成本,影响交易安全。因此,法人必须依法设立,无论采取何种形式,都应当符合法律的规定,并且在设立后应当予以公示。法人依法成立后,便可以法人的名义对外从事民事活动,享有民事权利和承担民事义务,同时可以以法人的名义在法院起诉和应诉。

从法人制度的发展来看,各国立法关于法人的成立共有五种不同的方式:第一,自由主义,也称为放任主义,即法人的设立不必具备何种形式,只要具备法人的实质,政府即予以承认。第二,特许主义,又称为立法特许主义,即专门颁布某项法律而成立某个法人组织。第三,核准主义,又称许可主义,即法人的设立必须经过行政机关的许可,又称为行政许可主义。第四,准则主义,即只要符合国家规定的设立标准,不必经过行政机关的许可,仅需向登记主管机关办理登记,法人即可成立。此种方式又称为登记主义。第五,强制主义,即国家在一定范围内强制设立法人。[26]

在18世纪至19世纪初的自由资本主义时期,各国法律比较普遍地采取了法人自由设立主义。至垄断资本主义时期以后,除《瑞士民法典》第60条仍然对非营利法人采取自由设立主义以外,各国法律都放弃了这种设立办法,改为采取许可主义和准则主义,在特殊情况下,对于某些特殊的营利法人的设立,采取强制主义和特许主义。我国《民法典》第58条只是笼统地规定法人应当依法设立,而没有区分不同的法人类型而分别规定其设立条件。

依法成立在内容上包括如下两个方面:第一,成立程序合法。我国法律对于法人的设立程序,采取准则主义和核准主义两类。例如,公司的设立原则上采取准则主义。但对捐助法人、宗教场所法人等,其设立采核准主义。《民法典》第58条第3款规定:"设立法人,法律、行政法规规定须经有关机关批准的,依照其规定。"根据法律规定不需要进行登记的国家机关等组织,也必须依法取得有关机关的批准,才能依法取得法人资格。第二,成立条件合法。法人的成立条件合法包括法人的目的、宗旨合法,符合国家和社会公共利益的要求。法人有符合法律规定的财产、经费、组织机构等。组织的合法性还包括组织机构、经营范围、经营方式等内容的合法。

(二)法人的设立应当符合法定的条件

根据《民法典》第58条第2款的规定,法人的设立应当具备如下条件:

1. 具有自己的名称。法人的名称是某一法人区别于其他法人的标志。法人对于已经登记注册的名称享有专用权。根据《民法典》第1013条规定,法人、非法人组织享有名称权,有权依法决定、使用、变更、转让或者许可他人使用自己的名称。

2. 组织机构。法人的组织机构是对内管理法人的事务,对外代表法人从事民事活动的机构总称。一般来说,法人的类型不同,其所要求的组织机构也不完全相同。对于营利法人来说,其组织机构主要包括:第一,决策机构,即形成法人的意志、决定法人的重大事务的机构,如股东大会、职工代表大会等。第二,执行机构,是负责贯彻执行决策机关的决议、指示,具体管理法人的日常业务活动的机构。如董事会、理事会、厂长、经理等。第三,监督机构,是对法人

---

[26] 以上观点参见郑玉波:《民法总则》,中国政法大学出版社2003年版,第178页;史尚宽:《民法总论》,中国政法大学出版社2000年版,第151页。

的执行机构的活动进行监督的机构,如监事会等。

3. 住所。法人和自然人一样,也应当有自己的住所。法律要求法人要有自己的场所,这有利于国家对法人的监督和管理,同时也便于债务的履行和诉讼的管辖。

4. 有必要的财产或者经费。任何法人都要有必要的财产和经费,这是法人能够独立地享受民事权利和承担民事义务的物质基础,也是其能够独立地承担民事责任的财产保障。所谓"有必要的财产或者经费",是指法人要有自己的独立财产。不同的法人,其承担的社会职能不同,目的范围不同,因此法人在为实现其目的和维持其存在而从事的各种民事活动中,所要求的独立财产亦各不相同。

法人成立的具体条件和程序,依照法律、行政法规的规定。我国许多法律法规对各种类型的法人的设立程序都有特别规定,如《公司法》对公司的成立设立了明确的程序。根据法律规定需要依法登记的营利法人、社会团体法人等,必须履行登记手续,才能取得法人的资格。

二、法人设立的程序

(一)设立行为

营利法人在设立时,常常要由发起人从事设立行为。发起人之间订立法人设立协议的行为,在性质上是共同行为,可以准用合伙的规定,在完成特定行为后(如公司名称预先核准等),可转化为设立中的法人。

在大陆法系国家,大多规定发起人要参与订立章程,并在章程上签名,并且必须认购公司股份,所以发起人在公司成立后就是法人的成员。我国《公司法》实质上继受了大陆法系关于发起人的规定,要求发起人应当按照公司章程的规定认购其应认购的股份,并承担公司的筹办事务。[27] 由此可见,对营利法人而言,发起人一般在法人成立后即成为营利法人的成员,但发起人在特定情况下,也须对发起过程中的行为,包括欺诈、胁迫等违法行为,承担相应的责任。营利法人在设立过程中,还必须要依法订立合同和章程。

(二)登记

在我国,法人的成立,大都必须经过登记,方能取得法人资格。例如,营利法人均须办理登记(《民法典》第77条,《公司法》第6、7、12、13条等)。事业单位法人和社会团体法人,除法律规定不需要登记的外,均须办理登记。财团法人的设立,如基金会,必须要订立章程,而且要经过登记,才能设立。当然,并非所有的法人都需要登记,例如,许多事业单位法人的设立就不需要办理登记手续。

登记的重要功能在于公示,即向社会公开法人的信息,以便利第三人查询知悉,从而保障交易安全。据此,《民法典》第66条规定:"登记机关应当依法及时公示法人登记的有关信息。"依据这一规定,登记机关应当"依法"公示,就是强调公示本身要符合法律规定。在营利法人登记制度改革中,要更多地减少审批权限,而通过公示来公开法人的信息,从而发挥有效监管的作用。凡是法律规定要公开的信息,都应当通过登记及时公开。所谓"及时",就是指在法律规定的期限内将有关信息对外公开。"公示"就是对外公开,允许第三人查询。

法人登记包括设立登记、变更登记和消灭登记。根据《民法典》和《公司登记管理条例》的规定,我国民法对法人的设立登记采取登记要件主义。[28] 关于变更登记和消灭登记的效力,我

---

〔27〕 参见《公司法》第84条。

〔28〕 参见《民法典》总则编第77、88、90条,《公司登记管理条例》第25条。

国《公司法》和《公司登记管理条例》第五章、第六章作了明确规定。《民法典》第64条规定:“法人存续期间登记事项发生变化的,应当依法向登记机关申请变更登记。”据此,在法人存续期间,如果登记事项发生了变化,法人应当依据法律规定办理变更登记。例如,法人章程对于公司对外担保的限制发生变化,如原来要求超过1000万元的对外担保需要经过董事会同意,后来改为超过1000万元的对外担保需要经过股东大会同意,此种变化就应当进行变更登记。《民法典》第65条规定:“法人的实际情况与登记的事项不一致的,不得对抗善意相对人。”所谓“法人的实际情况与登记的事项不一致”,主要包括两种情形:一是在设立时法人未如实申报登记,从而导致法人登记事项与法人的实际情况不一致;二是法人在存续过程中事项发生变更,但没有及时办理变更登记,或者所办理的变更登记与法人的实际情况不一致。[29] 如果法人的登记事项与实际情形不一致,很可能影响交易安全和交易秩序,此时,应当由法人承受相应的不利后果。

《民法典》第65条中规定的“不得对抗”包含如下两方面含义:一是法人的相关事项变更后,即便没有进行变更登记,相关事项的变更仍然可以生效;[30] 二是善意相对人因为信赖登记而实施相关的民事活动时,其效力受到法律保护,法人不得主张按照法人实际情况认定相关行为的效力。所谓“善意”,是指相对人不知道或者不应当知道法人登记事项与实际情况不一致。所谓相对人,是指与法人发生某种法律关系的人。据此,只要相对人是善意的,法人因没有办理变更登记而导致实际情况与登记事项不一致,就不能对抗善意相对人。例如,法人的法定代表人发生变更后未及时办理登记,则法人原法定代表人以法人名义所实施的行为,法人仍须承受其法律后果。从比较法上看,各国普遍认为,法人登记事项与实际情况不一致时,为保护善意第三人、维护交易安全,应当由法人承受相应的法律后果。[31]

三、法人的住所

住所是民事主体从事民事活动,发生民事法律关系的主要场所。法人和自然人一样,也应当有自己的住所。确定法人住所的主要意义在于:第一,确定诉讼管辖地。法人的住所所在地就是法人所在地,因此,法人的起诉应诉地点应当依据其住所确定。第二,法律文书的送达。法律文书的送达地点,应当依法人的住所予以确定。第三,债务履行地。例如,我国《民法典》第511条规定了债务履行地点的确定规则,如果法人的住所不确定,也就无法明确债务履行地。

依据《民法典》第63条的规定,法人住所的确定要依据如下规则:

1. 法人以其主要办事机构所在地为住所。法人可能有多个活动场所或办事机构,但是,法人的住所只能有一个。无论法人的办事机构是否要登记,都要将法人的主要办事机构认定为其住所。

2. 依法需要办理法人登记的,应当将主要办事机构所在地登记为住所。也就是说,如果需要办理法人登记,而法人又有多个办事机构的,则应当将法人的主要办事机构所在地登记为住所。例如,公司主要办事机构在北京,但公司成立时是在上海登记的,因此,将其登记的住所确定为上海,此时,依据《民法典》第63条,应当更改登记,将其主要办事机构所在地登记为住所。

---

〔29〕 李适时主编:《中华人民共和国民法总则释义》,法律出版社2017年版,第186页。

〔30〕 [德]汉斯·布洛克斯、沃尔夫·迪特里希·瓦尔克:《德国民法总论》,张艳译,杨大可校,中国人民大学出版社2012年版,第444页。

〔31〕 参见《德国民法典》第68条、《意大利民法典》第34条。

四、法人的分立与合并

在法人合并、分立的情形下，会产生新的法人或者使法人资格消灭，在某种意义上也可以理解为法人设立的形式。

法人的合并，是指两个或两个以上的法人合并为一个新的法人，或者一个或多个法人归并到一个现存的法人中。其中，第一种情形称为"新设合并"或者"创设合并"，[32]对此种法人的合并而言，原有的法人消灭，产生新的法人。第二种情形称为"吸收合并"或者"存续合并"。[33]对此种法人合并而言，被合并的法人的主体资格消灭，而存续的法人主体资格仍然存在，只是因为部分法人的加入而使其在主体资格上发生变更。《民法典》第67条第1款规定："法人合并的，其权利和义务由合并后的法人享有和承担。"这是因为在合并的情形，原有的法人被新法人所吸收，所以，原法人的权利和义务应当由合并后的法人承担，以免影响债权人的利益。

法人的分立，是指一个法人分成两个或两个以上的法人，或将现有的一个或几个法人分出一部分组成为一个新的法人。法人的分立有两种情况：第一，派生分立，是指原法人仍然存在，但是，从原法人中分立出新的法人。第二，新设分立，是指原法人分立为两个或两个以上的法人，原法人因新法人设立而消灭。也就是说，被分立的企业的主体资格消灭，而产生出几个新的企业，如果新的企业具备法人条件，则将依法成立几个新法人。[34] 在分立以后，被分立的法人有可能消灭。《民法典》第67条第2款规定："法人分立的，其权利和义务由分立后的法人享有连带债权，承担连带债务，但是债权人和债务人另有约定的除外。"就法人分立而言，无论是采取何种形式，原则上由分立后的各个法人享有连带债权、承担连带债务。

五、设立中的法人

（一）设立中的法人的概念和特征

所谓设立中的法人，是指从设立法人开始至法人成立之前的组织。例如，筹备中的公司。从性质上看，设立中的法人不同于合伙组织，因为设立人之间并没有订立合伙协议，而且设立中的法人在设立期间所享受的权利和所承担的义务，都要转移给设立后的法人，其自身也不独立享有和承担此债权债务。所以应当将其视为设立中的法人，一个具有相对的民事权利能力的特殊的团体。设立中的法人具有如下特征：

1. 它是主要从事设立行为的组织。设立中的法人不同于筹备前的法人，所谓筹备前的法人，是指发起人开始筹备成立某个法人组织，但还没有成立筹备机构从事实际的设立行为，此时的组织体称为筹备前的法人。而设立中的法人主要从事设立行为，它要实际地从事设立行为。为了设立法人，它也要从事一些民事行为，如借款、举债、购买必要的建筑材料等，从而发生一定的债权债务关系，因此有必要在法律上承认设立中的法人。

2. 民事权利能力和民事行为能力受到严格限制。关于设立中的法人，德国法传统上认为其不具有法人资格，而将其视为参与设立的行为人所成立的合伙组织，准用关于合伙关系的规定。在学理上则将其称为无权利能力的社团。[35] 设立中的法人不能以法人的名义从事民事活动，其虽然有一定的民事权利能力和民事行为能力，但其权利能力的范围仅限于从事必要的设

---

〔32〕 朱庆育：《民法总论》，北京大学出版社2013年版，第434页。

〔33〕 朱庆育：《民法总论》，北京大学出版社2013年版，第434页。

〔34〕 江平主编：《民法学》，中国政法大学出版社2007年版，第111页。

〔35〕 黄立：《民法总则》，中国政法大学出版社2002年版，第141页。

立行为,凡是超出设立目的范围的民事行为都不得实施。所谓必要的设立行为,应当根据法律的规定、设立法人的协议以及根据行为的性质等来加以认定。因为这一原因,有学者认为,设立中的法人应当具有拟制的权利能力或者相对的权利能力。[36] 尽管设立中的法人具有特殊的权利能力,但因为其是为了将来法人的成立而存在的,所以当法人不能够有效成立时,其权利能力要溯及既往地消灭,而应当由筹建人和设立人承担法律后果。[37] 对此,《民法典》第 75 条第 1 款后半句规定:"法人未成立的,其法律后果由设立人承受,设立人为二人以上的,享有连带债权,承担连带债务。"

3. 与设立后的法人具有同一性。《民法典》第 75 条第 1 款前半句规定:"设立人为设立法人从事的民事活动,其法律后果由法人承受。"这就表明,我国《民法典》采用的是同一体说,即设立中的法人之所以与成立后的法人具有同一性。这是因为:一方面,设立中的法人是设立后的法人的前期阶段,从设立到设立完成是法人成立的过程。"学说上,有将筹备中之法人与已登记设立之法人譬喻为花蕊与花朵,蛹与蝴蝶,胎儿与孩童,以相呼应。"[38] 另一方面,设立中所形成的权利义务关系都要移转给设立后的法人,而不可能由设立人来承担。例如,公司的筹建处是为了公司的成立而从事的各种民事行为,所以其在设立中所发生的债权债务关系,应当由设立后的法人承担。还要看到,如果将其作为一个与设立后的法人分离的主体对待,这样法人对设立前和设立后的债权债务要分别处理,在操作上也很困难。因为在法人成立后,设立中的法人不复存在,所以无法由其继续承担责任。

(二)设立人的责任

《民法典》第 75 条第 1 款确立了三项规则:第一,如果法人设立成功,就应当由法人承受法律后果。第二,法人未成立的,其法律后果由设立人承受。在法人未成功设立的情形,毕竟设立是设立人发起的,而且是为了设立人的利益,因此,要求其承受法律后果是合理的。第三,设立人为二人以上的,享有连带债权,承担连带债务。在法人未设立的情形下,如果设立人是两人以上的,就形成了多数人之债,由多个设立人承担连带债务,享有连带债权。

在设立法人的过程中,设立人为了设立法人而实施的民事活动,可能以该设立中法人的名义进行,也可能以设立人自己的名义进行。如果设立人是以其自己的名义实施民事活动,此时,构成间接代理。《民法典》第 75 条第 2 款规定:"设立人为设立法人以自己的名义从事民事活动产生的民事责任,第三人有权选择请求法人或者设立人承担。"由此可见,本条实际上是按照间接代理的规则,允许第三人选择请求法人或设立人承担法律后果。但是,该条必须符合以下要件:第一,设立人实施民事活动必须是以设立法人为目的。如果设立人仅仅是为了自身利益而从事的民事活动,就不能适用这一规则。第二,设立人必须是以自己的名义从事民事活动,而不是以设立中法人的名义。例如,在设立法人过程中,需要购买设备,设立人以自己的名义与商场签订合同。如此,就导致无法区分究竟是设立人自己的行为,还是法人的行为。第三,因设立人实施民事活动而产生了民事责任。这里所说的民事责任,既包括违约责任,也包括侵权责任。在符合上述条件时,允许第三人选择请求法人或设立人承担法律责任。如果选择请求法人承担责任,则设立人将不再承担责任。

---

〔36〕 黄立:《民法总则》,中国政法大学出版社 2002 年版,第 67 页。

〔37〕 魏振瀛主编:《民法》(第 4 版),北京大学出版社 2010 年版,第 116 页。

〔38〕 曾世雄:《民法总则之现在与未来》,中国政法大学出版社 2001 年版,第 103 页。

第五节 法人的法定代表人

一、法定代表人的概念与特征

法人的法定代表人,是指依照法律或法人的组织章程的规定,代表法人行使职权的负责人。《民法典》第61条第1款确立了法定代表人制度。关于法定代表人在法律上的地位,依法人的学说不同而存在不同的观点。拟制说认为,法人并非客观存在的实体,不具有行为能力,所以法人的法定代表人只是法人的代理人。而法人实在说认为,法人是客观存在的事实,具有行为能力,[39]法定代表人的行为就是法人自身的行为。我国现行立法采纳法人实在说,承认法定代表人为法人的机关。法人的法定代表人具有如下特征:

1. 法人的法定代表人是由法律或法人的组织章程规定的自然人。我国有关法律明确规定了营利法人的法定代表人。例如,《公司法》第13条第1句规定:"公司法定代表人依照公司章程的规定,由董事长、执行董事或者经理担任,并依法登记。"同时,一些营利法人也可以根据其章程的规定,具体确定何人为该营利法人的法定代表人。但如果法律规定和章程的规定不一致,则应当以章程的规定为准。

2. 法人的法定代表人有权代表法人从事民事活动。法定代表人根据法律和章程的规定,有权代表法人对外行为。法定代表人不需要事先获得法人的特别授权。法定代表人依法代表法人行为时,其执行职务的行为所产生的一切法律后果都应由法人承担。法人的法定代表人与法人的其他工作人员一样,都能够代表法人行为,但是法定代表人是法人的主要负责人,如公司的董事长、总经理等。通常,要由法定代表人代表法人在法院起诉和应诉。

3. 法定代表人以法人名义从事的活动,由法人承担法律后果。一方面,法定代表人都是自然人,如果其是以自己的名义从事民事活动,原则上只能视为法定代表人自己的行为,而不能视为法人的行为。另一方面,只要法定代表人以法人的名义从事的民事活动,都应当由法人承受。这是因为法人的意志正是通过法定代表人实现的。此处所说的"承受"就包括承担和享受两层含义。[40] 具体而言,就义务和责任而言,应当由法人承担;而权利和利益,应当由法人享受。因为本条是法律直接规定的,具有强行法的性质,不允许当事人通过约定排除或限制其适用。

二、法定代表人的责任

如上所述,法人的法定代表人是法人的组成部分,但这并不是说法人的法定代表人的一切行为后果都应由法人承担。依据《民法典》第62条第1款的规定,只要法定代表人是在执行职务范围内造成他人损害,都应当由法人承担民事责任。

法定代表人造成他人损害,由法人承担责任,必须是因"执行职务"造成的。在认定法定代表人是否为执行职务时,应当考察其行为外观。无论法定代表人是否与法人签订了正式的劳动合同,也无论其是上班还是下班,只要法定代表人造成了他人的损害,且第三人有合理理由

---

〔39〕 史尚宽:《民法总论》,中国政法大学出版社2000年版,第139~140页。

〔40〕 石宏主编:《中华人民共和国民法总则条文说明、立法理由及相关规定》,北京大学出版社2017年版,第130页。

认为其是在执行职务，就认定为因执行职务而致害。

对于法人的法定代表人非执行职务而产生的行为后果，法人是不承担责任的。法人的法定代表人有权代表法人对外行使职权，同时其也有义务严格遵守国家的法律、法规，保障企业合法经营。如果其没有很好地履行自己的职责，而从事非法活动，其应当依法承担法律责任。即便法人的法定代表人所从事的违法活动是根据法人的集体意志进行的，因为其实施这些违法行为时，本身也是有过错的，所以在追究法人的法律责任的同时，应根据不同情况追究法人的法定代表人的法律责任。

在法人就法定代表人的行为承担责任后，其也可能向法定代表人追偿。《民法典》第 62 条第 2 款规定："法人承担民事责任后，依照法律或者法人章程的规定，可以向有过错的法定代表人追偿。"该条对法人对其法定代表人的追偿权作出了规定。在此应当区分两种关系：一方面，法人的对外责任承担问题，如果法人的法定代表人实施了越权代表等行为时，法人原则上仍然需要承受该行为的法律后果，即需要对相对人承担责任。另一方面，法人对法定代表人的内部追偿关系。法人在对法定代表人的无权代表行为承担责任后，其应当有权依据法律或法人章程的规定向法定代表人追偿。依据该条规定，法人对其法定代表人追偿权的成立应当符合如下两个要件：第一，法定代表人有过错，即法定代表人如果没有过错，则应当享有豁免权，即便造成法人损害，也不应当承担责任。但如果法定代表人明知对法人不利而仍然实施相关行为，或者不考虑风险控制部门提出的风险提示，显然是有过错的。第二，必须有法律或章程的依据。《民法典》第 62 条第 2 款已经为法人的追偿权作出了规定，当然，法人的章程也可以对法人追偿权的行使作出规定。

三、对法定代表人代表权的限制

《民法典》第 61 条第 3 款规定："法人章程或者法人权力机构对法定代表人代表权的限制，不得对抗善意相对人。"这一规定设定了对善意相对人信赖利益保护的规则。适用这一规则必须满足如下要件：

1. 法人章程或者法人权力机构对法定代表人的代表权作出了限制。必须认识到，法定代表人的权限也是要依法受到限制的，并非其任何代表行为都能对法人产生拘束力。当然，如果这些限制第三人难以知悉，且第三人信赖了法定代表人的行为，若事后法人以内部的限制为由主张代表行为无效，就可能妨碍交易安全。因此，该条规定就是要强化对第三人信赖的保护。也就是说，只要相对人是善意的且无过失的，章程或权力机构决议的限制，不应影响法律行为的效力。[41]

2. 必须是法人章程或者法人权力机构的限制。通常来说，法人章程都进行了登记，第三人应当知悉其中所设的限制。而法人权力机构的限制往往是通过决议的形式，属于法人的内部治理问题，并不需要登记，因而，对此种限制，相对人难以知悉。

3. 相对人是善意的。如果相对人是恶意的，则不能使该法律行为有效。例如，某个相对人已经知道法人内部决议关于不允许超过特定限额进行担保的规定，而仍然与法定代表人签订担保协议，此时，相对人就是恶意的。因此，法人章程或者法人权力机构对法定代表人代表权的限制，便可以对抗恶意相对人。

从《民法典》第 61 条第 3 款的规定来看，在法人的法定代表人越权行为的情形下，对其代

---

〔41〕 李适时主编：《中华人民共和国民法总则释义》，法律出版社 2017 年版，第 173 页。

表权的限制不得对抗善意第三人，但如何理解越权代表行为的效力，存在较多争议。一般认为，在相对人为善意的情况下，法定代表人的越权代表行为应当有效。[42] 从《民法典》第 61 条第 3 款的规定来看，其使用了"不得对抗善意相对人"这一表述。"不得对抗"，表明在善意相对人主张法人的法定代表人越权代表行为有效时，法人不得主张其无效，但善意相对人能否主张其无效，该条并没有作出规定。按照立法者的观点，对越权代表行为而言，如果相对人是善意的，则该代表行为有效。[43] 可见，立法者并没有赋予善意相对人选择是否主张代表行为无效的权利。

第六节 法人的终止

一、法人终止的原因

法人的终止，亦即法人的消灭，是指法人丧失民事主体资格，不再具有民事权利能力与行为能力的一种状态。[44] 法人终止后，其民事权利能力和行为能力消灭，民事主体资格丧失。根据《民法典》第 68 条第 1 款的规定，法人终止的原因主要包括以下情形。

（一）法人解散

根据《民法典》第 69 条的规定，法人解散的主要原因包括：

1. 法人章程规定的存续期间届满或者规定的其他解散事由出现。例如，有些项目公司的法人章程规定，项目结束以后半年内解散。

2. 法人的权力机构决议解散。如果法人是社团法人，其权力机构有权决定解散，这是法人成员共同意志的体现。例如，经全体股东大会决定，解散法人，或经出资人全体会议决定歇业。如果法人章程规定不许对法人解散，而全体成员共同决定解散，则应当视为对原章程进行了修改。

3. 因法人合并或者分立需要解散。法人分立、合并的主体不限于企业，但主要是企业。分立，是指一个法人分成两个或两个以上的法人，或将现有的一个或几个法人分出一部分组成为一个新的法人。在分立以后，被分立的法人有可能消灭。合并，是指两个或两个以上的法人合并为一个新的法人，或者一个或多个法人归并到一个现存的法人中去，或是将某个法人分成若干部分，并入到其他现存的法人中。在第一种情况下，原有的法人消灭，产生新的法人，在第二种情况下，被合并的法人的主体资格消灭，而存续的法人主体资格仍然存在，只是在主体资格上发生变更。[45]

4. 法人依法被吊销营业执照、登记证书，被责令关闭或者被撤销。《民法典》第 69 条规定，法人被吊销营业执照、登记证书的就应当解散。此种规定并不妥当。因为吊销营业执照之后，法人只是暂时不能营业，并不当然需要解散。如果法人经过整改重新取得了营业执照，则仍可

---

〔42〕 崔建远：《合同法总论》（上卷），中国人民大学出版社 2008 年版，第 356 页。
〔43〕 李适时主编：《中华人民共和国民法总则释义》，法律出版社 2017 年版，第 173 页。
〔44〕 江平主编：《法人制度论》，中国政法大学出版社 1994 年版，第 154 页。
〔45〕 江平主编：《民法学》，中国政法大学出版社 2007 年版，第 113 页。

继续存在。至于法人被责令关闭或者被撤销,主要是指法人在存续期间内,违反有关法律的强制性规定,例如,利用法人名义从事走私、贩毒等违法犯罪行为,依法被有权机关责令关闭或撤销。社会团体法人从事法律所禁止的活动时,民政机关或者其他有权机关也可以依法予以取缔。

5. 法律规定的其他情形。我国有关的法律法规就一些具体类型的法人,规定了解散事由。例如,依据《基金会管理条例》第 16 条的规定,如果基金会"无法按照章程规定的宗旨继续从事公益活动的",则应当终止。

(二)依法宣告破产

营利法人在其全部资产不足以清偿到期债务的情况下,经企业的法定代表人或其他有权代表人、主管部门以及营利法人的债权人等提出申请,由人民法院宣告企业法人破产。企业被宣告破产后,由清算组织负责对企业法人的财产、债权和债务进行清理,并变卖企业的财产清偿债务。从宣告破产之日起,营利法人终止。

(三)法律规定的其他原因

法律上还可能规定在解散和破产之外的法人终止事由。例如,因国家机关机构调整而导致机关法人的终止等。

原则上,法人的终止取决于法人成员的意思自治,但也有例外。例如,《民法典》第 68 条第 2 款规定:"法人终止,法律、行政法规规定须经有关机关批准的,依照其规定。"

二、法人清算

(一)法人清算的概念

所谓清算,是指法人在终止前,应当对其财产进行清理,对债权债务关系进行了结的行为。《民法典》第 70 条第 1 款规定:"法人解散的,除合并或者分立的情形外,清算义务人应当及时组成清算组进行清算。"之所以要求法人及时清算,主要是为了保护债权人利益,并使法人能够及时终止,退出市场。实践中,有的法人在停业后没有进行债权债务清算,也没有进入破产程序,从而成为"僵尸企业",这既损害了债权人的利益,也损害了交易安全。因此,《民法典》规定清算制度对于维护交易安全、保护交易秩序,防止法人解散后逃避债务,具有重要的意义。

《民法典》第 70 条第 1 款排除了分立和合并的情形,因为在法人分立或合并的情况下,分立后的法人或合并后的法人要对债务人承担连带责任,足以保护债权人的利益,不需要进行清算。此处所说的"及时"是指法律规定了清算期限的,应当在该期限内清算。例如,《公司法》第 183 条规定,公司应当在解散事由出现之日起 15 日内成立清算组,开始清算。如果法律没有规定,则应当尽快组织清算,不能长期拖延。

在法律上,法人的清算有两种形式:第一,依破产程序进行的清算,是指法人在宣告破产以后,由主管机关或人民法院组织有关人员成立清算组织,依照破产程序进行清算的,应适用《破产法》的规定。第二,非依破产程序进行的清算。法人除因宣告破产而被解散外,应按法律规定(如民法、民事诉讼法、公司法、其他商事特别法等有关规定)的其他程序而不按照破产程序进行清算。

清算一般是在法人终止时进行的,但是在法人负债过重的情况下,经过法人的意思机构或法人的全体成员的决定,由法人向有关单位提出申请并被批准后,可以主动清算。

(二)清算期间的法人的性质

清算期间的法人称为清算法人。清算前的法人和清算后的法人具有同一人格,因为法人在终止以后,其权利能力并不是完全归于消灭。所以,《民法典》第 72 条第 1 款规定:“清算期间法人存续,但是不得从事与清算无关的活动。”也就是说,在清算过程中,法人继续存在,只是其权利能力范围受到了一定限制,即清算中的法人仅在清算范围内享有权利能力,其行为应围绕清算目的的实现而展开。

(三)清算义务人

所谓清算义务人,是指在法人解散后负有对法人进行清算的义务的人。这里所说的清算义务人,是有义务发起清算、组织清算的人,并非要求其一定参与具体的清算活动。根据《民法典》第 70 条第 2 款的规定,清算义务人主要有:第一,就营利法人而言,主要限于执行机构中的董事。第二,对于非营利法人而言,包括理事及其他决策机构的成员。例如,根据《民办教育促进法》第 20 条第 1 款,“民办学校应当设立学校理事会、董事会或者其他形式的决策机构”,决策机构的成员也可以称为董事。第三,法律、行政法规规定的其他人员。清算义务人只是负有启动清算程序义务的主体,其义务是启动清算程序、组成清算组,但其本身并非当然的清算组织的成员。清算义务人应当组成清算组,进行清算。清算组的成员不限于前述清算义务人,例如,其可以聘请专业人员参与清算。

清算义务人负有及时履行清算的义务。根据《民法典》第 70 条第 3 款的规定,清算义务人要及时履行清算义务,包括组成清算组、开展清算。如果清算义务人迟延履行其清算义务,将引发两个方面的后果:第一,因此造成他人损害的,应当承担民事责任。例如,因迟迟不清算,导致债权人的债权无法实现的,要对债权人承担赔偿责任。第二,主管机关或者利害关系人可以申请人民法院指定有关人员组成清算组进行清算。也就是说,如果清算义务人不及时组织清算,将启动强制清算程序。此处所说的主管机关,是指法人的主管机关,如民办学校就是由教育主管部门作为其主管机关。所谓利害关系人,是指对清算有利益关系的人,如股东、债权人等。这些机构和个人都可以在法院提起诉讼,请求法院组成清算组进行清算。[46]

(四)清算组及其职权

1. 清算组及其成立

清算组又称清算人,是指具体负责清算事务的主体,其义务在于依照法定程序进行清算。[47] 依据《民法典》第 70 条的规定,清算组可以分为如下两种:

(1)清算法人自己组成的清算组。在营利法人因解散而终止的情况下,要由法人自己成立清算组织,清算组织的成员一般应由法人的意思机关(如董事会,股东大会等)选举。一般来说,法人的章程中明确规定了清算人的,应依章程的规定,章程没有规定的,应由清算法人的意思机关或全体成员选举组成,也可以吸收外部成员参加清算组。清算人不能胜任清算工作的,可以经利害关系人申请,由人民法院予以撤销并重新指定清算人。

(2)由人民法院组成的清算组。营利法人因被撤销、被宣告破产而终止的,应当由主管机关或者人民法院组织有关机关和有关人员依法成立清算组。这里所说的“有关机关”包括财政、审计、工商、税收、银行、劳动部门等单位。中外合资经营企业、中外合作经营企业或外资企业,其清算组织的成员中应包括该企业审批部门的代表。这里所说的“有关人员”包括注册会计师、律师、经济师、工程师等人员。任何人非经企业的主管机关或人民法院的许可,不得成为

---

〔46〕 石宏主编:《中华人民共和国民法总则条文说明、立法理由及相关规定》,北京大学出版社 2017 年版,第 156 页。

〔47〕 李适时主编:《中华人民共和国民法总则释义》,法律出版社 2017 年版,第 205 页。

清算组的成员。

2. 清算组的职权

在清算程序启动之后,就应当依据法律规定的程序和清算组职权,进行清算。《民法典》第71条规定:“法人的清算程序和清算组职权,依照有关法律的规定;没有规定的,参照适用公司法律的有关规定。”我国有关法律对清算程序和清算组职权作出了规定。例如,《公司法》《企业破产法》《慈善法》《民办教育促进法》等都有规定。但是,比较而言,《公司法》的规定最为完备。因此,如果相关法律没有规定,可以参照《公司法》的规定。

清算组织的职权是:对内清理财产,处理法人的有关事务;对外代表法人了结债权债务,在法院起诉和应诉。法人清算之后,如果还有剩余财产,如何处理? 首先,如果法律有特别规定的,依照其规定。例如,《民办教育促进法》第59条就对此作出了规定。其次,在法律没有特别规定的情形,应当适用私法自治原则,依据章程或者法人权力机构的决议处理。例如,法人章程明确要返还给股东的,应当依据章程。如果章程没有规定,而股东会决定返还给股东的,应当依据该决定处理。

(五)清算期间内法人存续

法人在清算期间,其人格并不消灭,清算组织就是法人在清算期间的意思机关和执行机构,应当由清算组织代表法人行使职权。《民法典》第72条第1款规定:“清算期间法人存续,但是不得从事与清算无关的活动。”也就是说,在清算期间,法人资格仍然得以存续,只不过,其权利能力和行为能力受到限制。

严格地说,法人清算并不等于法人终止。《民法典》第72条第3款规定:“清算结束并完成法人注销登记时,法人终止;依法不需要办理法人登记的,清算结束时,法人终止。”

(六)破产清算

所谓破产清算,是指营利法人被宣告破产以后所进行的清算。《民法典》第73条规定:“法人被宣告破产的,依法进行破产清算并完成法人注销登记时,法人终止。”我国目前并无适用于所有法律主体的统一的破产制度,只有企业可以破产。不过,因破产清算在《破产法》中已有详细规定,因此,应当参照《破产法》的规定,而不应参照《公司法》的规定。

《破产法》第135条规定:“其他法律规定企业法人以外的组织的清算,属于破产清算的,参照适用本法规定的程序。”一旦清算完毕,就应当办理注销登记,经注销登记后,企业法人最终归于消灭。

第七节 营利法人

一、营利法人的概念与特征

营利法人,是指以取得利润并分配给股东等出资人为目的成立的法人(《民法典》第76条第1款)。

我国《民法典》保持了《民法通则》关于企业法人与非企业法人分类的做法,独创了营利法人与非营利法人的划分类型,改变了大陆法系社团法人和财团法人的分类方法。这种方法也具有较强的包容性,因为营利法人能够涵盖公司以外的其他从事经营活动并以分配利润为目的的组织。而非营利法人能够涵盖社会团体法人、事业单位法人以外的其他不以分配利润为目的的组织,因此,此种分类有利于健全社会组织法人的治理结构,并加强对这类组织的引导和规范,促进社会治理创新。[48]

相对于非营利法人而言,营利法人的特征在于:

1. 是社团法人的一种类型。在比较法上,营利法人和非营利法人是社团法人的两种类型。从《民法典》的相关规定来看,营利法人也应当属于社团法人。例如,《民法典》第76条第2款规定其包含有限责任公司、股份有限公司等,这些都是以人的集合为基础的法人。因此,营利法人通常都要有成员。而且为了保障营利法人的正常运行,营利法人的成员需要按照约定出资。

2. 设立目的是分配利润给出资人。营利法人和非营利法人的区别并不在于是否营利,而在于是否将营利分配给其成员。[49] 事实上,某些非营利法人也可能要从事某些经营活动,并取得利润。例如,基金会也可能要将其管理的资产用于投资,并取得利润。再如,寺庙也可能对外收取门票,但这些非营利法人并不将利润分配给其成员。

3. 主要从事经营活动。营利法人通常都是从事市场经济活动的组织体,所以,对营利法人的规范涉及交易秩序和交易安全,需要民事特别法对其治理结构等作出明确规定,明确其应承担的责任。从我国现行法来看,营利法人主要适用《公司法》《全民所有制工业企业法》《中外合资经营企业法》等特别法的规定。

4. 终止后将剩余财产分配给成员。营利法人终止后,如果其尚有剩余财产的,则将该剩余财产分配给其成员。

二、营利法人的类型

《民法典》第76条第2款规定:"营利法人包括有限责任公司、股份有限公司和其他企业法人等。"具体来说,营利法人可以作如下分类:

1. 公司法人和非公司企业法人。公司法人受《公司法》调整,我国《公司法》所规定的公司包括股份有限公司和有限责任公司。有学者认为,公司法人主要包括四项要素,即依法设立、以营利为目的、以股东投资行为为设立基础以及独立的企业法人。[50] 这实际上概括了公司法人的核心特征。非公司企业法人主要是指全民所有制企业、集体所有制企业以及三资企业(中外合资经营企业、中外合作经营企业、外商独资企业)。

2. 有限责任公司、股份有限公司。这是对公司法人进行的一种细分。所谓有限责任公司,是指股东以其认缴的出资额为限对公司承担责任的公司;所谓股份有限公司,是指股东以其认购的股份为限对公司承担责任的公司。依据我国《公司法》第8条的规定,设立有限责任公司,必须在公司名称中标明"有限责任公司"或者"有限公司"字样;设立股份有限公司必须在公司名称中标明"股份有限公司"或者"股份公司"字样。有限责任公司又分为一般有限责任公司、国有独资公司和一人有限责任公司。

三、营利法人的登记设立

比较法上关于营利法人的设立多采准则主义,即只要符合法律规定的条件,就可以设

---

〔48〕 李适时主编:《中华人民共和国民法总则释义》,法律出版社2017年版,第299页。

〔49〕 石宏主编:《中华人民共和国民法总则条文说明、立法理由及相关规定》,北京大学出版社2017年版,第173页。

〔50〕 江平、方流芳主编:《新编公司法教程》,法律出版社1994年版,第24~25页。

立。[51] 依据《公司法》第6条第1、2款规定,我国对于公司的设立主要采取准则主义。当然,就一些特殊的行业或领域,基于特定的法政策考虑,也采取核准主义,其主要集中在煤炭开发、电力供应、供气供水、公用设施、航空运输、港口经营、枪支制售、危险物品、证券期货、职业介绍等领域。[52] 因为这些领域关系到国计民生、国家安全等社会公共利益,所以,目前仍然采取核准主义的模式。

营利法人的设立,必须要办理登记。因为营利法人主要是从事经营活动,要求其办理登记,一方面,有助于将其章程等事项向社会公示,从而有助于维护交易安全;另一方面,也有助于政府对其行为进行必要的监管。通过登记,政府可以掌握营利法人的信息,从而为政府的监管提供基础。同时,这有利于督促企业披露一些应当对外公开的信息,如资产经营状况、经营范围、组织结构、权益状况等信息,督促法人合法经营,从而维护交易的安全和秩序。

依据《民法典》第78条的规定,对于营利法人来说,其办理登记之后,应当取得营业执照。在我国,营业执照是允许营利法人对外从事经营的证照,而且,也是其享有法人资格的证明,具有证明经营资格和法人资格的双重功能。[53] 所以,正因如此,吊销营业执照就使法人暂时中止其经营活动。营业执照签发日期为营利法人的成立日期。

四、营利法人的章程

所谓章程,是指营利法人成员订立的规范法人活动范围、组织结构、议事规则、盈余分配、内部成员之间的权利义务及其他重要事项的法律文件。正如国家需要制定宪法一样,章程也被称为是法人的"小宪法"。《民法典》第79条规定:"设立营利法人应当依法制定法人章程。"章程在性质上是当事人合意的产物,是一种法律行为,且必须以书面形式记载,因而也是要式行为。[54]

章程的内容可以分为绝对必要记载事项和任意记载事项。绝对必要记载事项,是指法律规定在章程中必须具备的内容,不记载这些内容,则该章程无效,登记机关将不予登记。[55] 绝对必要记载事项包括法人的名称、宗旨、业务范围、住所、资本总额、所有制性质、人员等。任意记载事项,是指不是由法律明文规定不可缺少的事项,可以规定,也可以不规定在章程中。法人的章程对于法人来说至关重大,章程一经登记,就具有法律效力,成为法人的行为准则。根据我国法律规定,企业法人的章程必须经有关企业法人的主管部门或政府授权部门批准,工商行政管理机关方予以登记。企业法人的章程必须合法。登记机关在审核某个企业是否能够成为法人时,要审核该企业的章程,因为要保证企业法人的合法性,首先要保证章程的合法性。

五、营利法人的组织机构

所谓营利法人的组织机构,是指依据法律法规和章程确立的、在营利法人内部设置的机构。营利法人的组织机构也是其治理结构,通常都是由法律法规明确规定的。一般而言,营利法人的组织机构是以分权制衡为理论依据而构建的,其一般包括权力机构、执行机构、监督机构。营利法人的组织机构实行决策、执行、监督机构的相互独立、权责分明、相互制衡的机制,同时,它又是根据所有权和经营权相分离原则而形成的组织结构。从《民法典》关于营利法人

---

〔51〕 王泽鉴:《民法总则》,北京大学出版社2009年版,第154页。

〔52〕 石宏主编:《中华人民共和国民法总则条文说明、立法理由及相关规定》,北京大学出版社2017年版,第176页。

〔53〕 石宏主编:《中华人民共和国民法总则条文说明、立法理由及相关规定》,北京大学出版社2017年版,第178页。

〔54〕 郑玉波:《民法总则》,中国政法大学出版社2003年版,第222页。

〔55〕 郑玉波:《民法总则》,中国政法大学出版社2003年版,第225页。

组织机构的规定来看,其主要是我国《公司法》经验的一种总结,因为《公司法》关于公司组织机构的规定是经我国实践证明有利于公司治理的有益经验。《民法典》将其适用于所有类型的营利法人,对于完善营利法人的治理状况,建立现代法人治理结构具有重要意义。

(一)营利法人的权力机构

营利法人的权力机构是其意志的产生机构。营利法人是社团法人的一种,以人的集合为基础,为了形成营利法人的共同意志,应当设立权力机构。例如,公司应当设立股东大会,作为其权力机构。

营利法人的权力机构是其意志的形成机构。《民法典》第80条第2款规定:"权力机构行使修改法人章程,选举或者更换执行机构、监督机构成员,以及法人章程规定的其他职权。"

(二)营利法人的执行机构

所谓营利法人的执行机构,是指依据法律法规和章程,执行权力机构的决定,从事日常管理的机构。例如,公司的董事会或执行董事,就是其执行机构。再如,国有企业设立的总经理。《民法典》第81条第1款规定:"营利法人应当设执行机构。"因此,营利法人必须由执行机构从事具体的经营活动,并对外代表法人。

关于执行机构和法定代表人的关系,《民法典》第81条第3款规定:"执行机构为董事会或者执行董事的,董事长、执行董事或者经理按照法人章程的规定担任法定代表人;未设董事会或者执行董事的,法人章程规定的主要负责人为其执行机构和法定代表人。"执行机构或者执行机构中的一名成员,究竟谁来担任,首先应当由章程予以明确。第三人与公司从事交易时,应当通过章程来确定何人为法定代表人。其次,如果执行机构是董事会,通常应当由董事长作为法定代表人;如果执行机构仅为一名执行董事,通常该执行董事是法定代表人。最后,在特殊情况下,营利法人可能既没有董事会也没有执行董事,此时,可以由章程规定的主要负责人作为其法定代表人。

《民法典》第81条第2款规定,"执行机构行使召集权力机构会议,决定法人的经营计划和投资方案,决定法人内部管理机构的设置,以及法人章程规定的其他职权"。据此,执行机构享有如下职权:

1. 召集权力机构会议。例如,公司的董事会,可以召集股东大会。因为执行机构要对权力机构负责,因此,其有权召集权力机构的会议,并报告其经营情况。

2. 决定法人的经营计划和投资方案。营利法人的经营计划和投资方案,是其重大事项,应当由执行机构在章程和权力机构授权的范围内作出决定。当然,章程也可以约定,在特定情况下,需要经过权力机构批准等。

3. 决定法人内部管理机构的设置。为了从事经营活动的需要,执行机构要在其内部设置一些机构,如财务部、合规部、风控部等。因为执行机构不仅要具体落实权力机构的决定,而且要适应市场的需要从事经营活动,所以,其应当在章程和权力机构授权的范围内享有自主确定内部管理机构的职权。

4. 法人章程规定的其他职权。除上述职权之外,法人章程还可能赋予执行机构一定的职权。例如,经过章程授权,执行机构可以对外提供高额担保;再如,法人章程也可能规定其有权聘任总经理等。

(三)营利法人的监督机构

所谓监督机构,是指营利法人中监督执行机构的组织机构。例如,公司的监事会就是典型的营利法人监督机构。与权力机构和执行机构不同,依据《民法典》第82条规定,营利法人不一定都要设监事会或者监事等监督机构。我国《公司法》第51条虽然规定有限责任公司要设置监事会,但是营利法人不限于公司,对于取得法人资格的独资企业,因为其规模较小,也不一定都必须设置监事会。即使设立,监督机构的规模可大可小,对于规模较大的法人可以设监事会,对于规模较小的法人可以只设一名监事。通常来说,执行机构的人员不能同时在监督机构任职,否则,就无法发挥监督机构的功能。

《民法典》第82条规定,"营利法人设监事会或者监事等监督机构的,监督机构依法行使检查法人财务,监督执行机构成员、高级管理人员执行法人职务的行为,以及法人章程规定的其他职权"。监督机构的职权包括:第一,依法检查法人财务。监督机构的重要职权就是监督法人的财务。因此,监督机构有权查阅账目、会计资料等。通过财务监督,有助于维护出资人或成员的利益。第二,监督执行机构成员、高级管理人员执行法人职务的行为。监督机构实际上是代表法人和法人成员,对执行机构进行监督。因此,监督机构要对董事、执行董事、总经理及其他高级管理人员的行为进行监督,包括对其行为是否合法合规的监督。第三,行使法人章程规定的其他职权。为了实现营利法人的自主经营,其也可以通过章程赋予监督机构其他职权。

六、营利法人的特殊规则

(一)不得滥用出资人权利

1. 滥用出资人权利损害法人或者其他出资人利益

《民法典》第83条第1款规定:"营利法人的出资人不得滥用出资人权利损害法人或者其他出资人的利益,滥用出资人权利造成法人或者其他出资人损失的,应当依法承担民事责任。"该条实际上是在总结《公司法》第20条规定经验的基础上形成的规则,其主要针对的是出资人滥用出资人权利损害法人或者其他出资人的利益的现象。例如,大股东掏空公司财产并将之移转至新设立的公司,进而损害公司债权人及其他出资人的利益。《民法典》第83条第1款确认这一规则,并将其适用扩展至公司以外的营利法人,对于保护中小股东利益、维护交易安全具有重大意义。但适用该规定应具备如下条件:

(1)主体限于出资人。营利法人是出资人组成的法人,营利法人出资人的合法权利要受到法律保护。但是,出资人的权利也必须合法行使,不得滥用。通常,滥用权利的是控股股东,但是,小股东也可能滥用其权利。例如,小股东以查账为名,了解公司经营秘密,并透露给他人。

(2)滥用出资人权利。例如,公司大股东为自己的公司或自己的亲属提供担保,或者进行各种利益的输送,股东利用公司为自己的公司担保,或者为其个人担保,都属于滥用权利。

(3)因滥用权利损害法人或者其他出资人的利益。滥用出资人权利,可能损害法人或其他出资人的利益。其一,给法人造成了损害。例如,泄露法人的经营秘密给第三人,或者因为为自己亲属提供担保,造成法人的重大财产损害。其二,给其他出资人造成损害。例如,大股东长期拒绝同意分红,损害小股东利益。

滥用出资人权利给法人或者其他出资人造成损失的,应当依法承担民事责任。此处所说的责任,主要是指侵权责任。原则上,在滥用股东权利的情形下,遭受损害的法人和其他出资人有权向滥用出资人权利的出资人请求承担损害赔偿责任。至于公司债权人如果因此遭受损害，则可以通过法人人格否认制度主张权利，而不宜直接根据该条请求出资人承担损害赔偿责任。[56]

2. 法人人格否认

《民法典》第 83 条第 2 款规定："营利法人的出资人不得滥用法人独立地位和出资人有限责任损害法人的债权人利益；滥用法人独立地位和出资人有限责任，逃避债务，严重损害法人债权人的利益的，应当对法人债务承担连带责任。"该条是关于"揭开法人面纱"的规定。该规则已在《公司法》中明确，《民法典》总结《公司法》的经验，在营利法人中作出此规定，扩大了其适用范围，从而可以适用于非公司的营利法人。

《公司法》等法律为了鼓励投资，促进交易，确立了公司的有限责任制度。公司作为现代企业的基本形态，以有限责任作为其责任形式。从历史上看，有限责任制度的产生曾为公司在社会经济生活中发挥重要的作用奠定了基础。然而，从实践来看，一些不法行为人正是通过滥用公司的有限责任来损害债权人利益，其中最突出的问题就是一些个人在兴办各种公司以后，利用有限责任逃避债务，严重损害公司债权人利益。据此，许多学者建议，应当借鉴英美法的"揭开公司面纱"的规则经验，在特殊情况下对法人人格予以否认。此种责任在大陆法中称为"直索责任"。[57] 我国《公司法》第 20 条第 3 款实际上采纳了法人人格否认的理论。所谓法人人格否认制度，就是指司法审判人员在特殊情况下，当公司的股东特别是董事在管理公司的事务中从事各种不正当行为严重损害公司债权人的利益时，应当不考虑公司的独立人格，要求公司的股东与公司对债权人承担连带责任的制度。

我国《民法典》规定的法人人格否认制度的构成要件和法律效果如下：

(1)营利法人的出资人滥用了法人人格，包括滥用法人独立地位和出资人有限责任，在实践中表现为如下情形：其一，人格混同，即某公司与某成员之间及该公司与其他公司之间没有严格的分别，所谓"一套人马、两块牌子"，名为公司实为个人等，都属于人格混同的情况。其二，财产混合，即公司的财产不能与该公司的成员及其他公司的财产作清楚的区分，公司的盈利与股东的收益之间没有区别，公司的盈利可以随意转化为公司成员的个人财产，或者转化为另一个公司的财产，而公司的负债则为公司的债务。其三，不正当控制，所谓不正当的控制，是指一个公司对另一个公司通过控制而实施了不正当的，甚至非法的影响。表现为母公司对子公司实施了过度控制，子公司完全成了母公司的工具。[58] 其四，滥用出资人有限责任。例如，股东利用公司名义借债，然后借助于关联交易的方式逃避债务。这些行为都是对公司独立人格的滥用。

(2)滥用法人人格逃避债务。在出资人滥用法人人格的情况下，其目的必须是逃避债务。例如，有的股东利用公司的独立人格，以公司名义对外从事交易，但将利益归为自己个人享有，最后仅以公司的有限财产承担责任，股东仅以出资额为限承担责任，从而逃避了债务。[59]

(3)严重损害法人的债权人利益。《民法典》第 83 条第 2 款强调"严重"损害，目的是限制法人人格否认制度的适用。所谓严重损害法人债权人的利益，是指法人债权人的债权因法人人格的滥用而无法得到清偿，致使债权人遭受严重的损失。如果滥用法人人格仅造成对债权

---

〔56〕 刘建功：《〈公司法〉第 20 条的适用空间》，载《法律适用》2008 年第 1、2 期。

〔57〕 朱慈蕴：《公司人格否认法理研究》，法律出版社 1998 年版，第 79 ~ 92 页。

〔58〕 石少侠：《公司人格否认制度的司法适用》，载《当代法学》2006 年第 5 期。

〔59〕 石宏主编：《中华人民共和国民法总则条文说明、立法理由及相关规定》，北京大学出版社 2017 年版，第 189 页。

人的一般的或轻微的损害,则不适用该规定。

依据《民法典》第83条第2款的规定,滥用法人独立地位的出资人与法人应当对法人债务承担连带责任。所谓连带责任,是指法人和出资人对法人债务负连带的清偿责任。因此,无论法人对债权人的债务是否超出出资人的出资额,出资人都要负责。所以,这种责任可以看成是出资人有限责任的例外。也就是说,在营利法人的出资人滥用法人独立地位和出资人有限责任损害法人的债权人利益的情况下,允许债权人直接向出资人提出请求,排除法人的独立人格障碍。法律赋予了法人独立的人格,出资人因此享有有限责任的特权,但出资人享有权利的同时,必须维护法人的合法性。如果出资人从事不正当的行为,严重危害法人债权人利益,则法律上承认法人人格独立的目的不复存在,因此,有必要否认法人的人格。

(二)不得进行不当的关联交易

《民法典》第84条规定:"营利法人的控股出资人、实际控制人、董事、监事、高级管理人员不得利用其关联关系损害法人的利益;利用关联关系造成法人损失的,应当承担赔偿责任。"在市场经济条件下,关联交易本身并不一定都是有害的,也并不当然都损害债权人利益和交易安全,因为在市场经济社会,关联交易现象时有发生,特别是在较大的公司和上市公司中。如果交易双方存在关联关系,只要交易价格是正当且公平合理的,存在关联关系的交易双方进行谈判,能够节约大量的谈判成本,提高效率。尤其是在企业集团化的情形下,子公司遇到经营困难时,母公司与其进行关联交易,为其提供资金帮助,使其转危为安,或者帮助其转变经营方式,扩大经营销路,这些都有利于企业的发展。但问题在于,如果利用关联交易进行利益输送,有损公司利益和债权人利益时,则应当是法律所禁止的。因此,该条设置了不当关联交易的禁止规则。《民法典》把《公司法》的关联交易规则和禁止滥用出资人权益规则置于营利法人之中,现实意义在于,扩大了其适用对象,由单纯地适用于公司到适用于全部营利法人,尤其是适用于国企和一些以营利为目的的事业单位,如出版社等,这就有利于对这些法人的活动进行规范。同时,这也表明了《民法典》采用民商合一的体制,对于《公司法》没有规定的事项,则可以适用《民法典》的规则,从而起到一种拾遗补阙的作用。

适用该条规定必须符合如下条件:

1. 行为的主体具有特殊性。这些主体主要包括:控股出资人、实际控制人、董事、监事、高级管理人员。具体来说:(1)控股出资人,依据我国《公司法》的规定,出资额占有限责任公司资本总额50%以上或者其持有的股份占股份有限公司股本总额50%以上的股东;出资额或者持有股份的比例虽然不足50%,但依其出资额或者持有的股份所享有的表决权已足以对股东会、股东大会的决议产生重大影响的股东,都是控股出资人。[60] (2)实际控制人,它名义上并非法人的出资人,但实际上可以支配法人的决策和活动,例如,通过签订合同等方式,控制了公司的投票权。(3)董事,是指公司、民办学校等法人的执行机构的成员。(4)监事,是指法人监督机构的成员,如公司的监事等。(5)高级管理人员,是指实际从事法人管理的高级管理人员,如公司的总经理、副总经理、财务负责人等。

2. 利用了关联关系从事交易。利用关联关系从事交易的范围较广,不仅包括订立合同,还包括投资、担保等各种交易行为。

3. 损害了法人的利益。《民法典》第84条并不要求对法人的债权人造成损害,而仅仅要求

---

〔60〕 石宏主编:《中华人民共和国民法总则条文说明、立法理由及相关规定》,北京大学出版社2017年版,第192页。

对法人造成了损害。例如,挪用法人资金、为关联方提供担保、以不合理低价购买商品或服务等。《公司法》等法律为了防止关联交易,都要求对关联交易通过价格公允、投票机制等条件与程序加以控制与防范,目的都是保障关联交易的妥当性和合理性,而不是为了杜绝关联交易。如通过信息披露等方式,要求公开关联交易的具体信息,能够有效防止关联交易损害公司和债权人利益。因此,对于没有损害法人利益的关联交易,在法律上并不要求予以禁止。

《民法典》第84条规定,行为人利用关联关系给法人造成损失的,应当承担赔偿责任。在出现关联交易的情形下,相关主体可以提出两方面的请求:一是请求确认该关联交易的效力,即请求确认关联交易行为无效,或者请求撤销相关的行为。二是请求实施关联交易的行为人承担责任。具体而言,相关主体可以提出如下四种请求:一是请求确认合同无效,并请求相关主体承担责任;二是请求确认股东会决议、董事会决议无效,或者请求予以撤销;三是请求相关主体赔偿损失或请求返还关联交易所得;四是请求非关联董事承担职务失职赔偿责任等。[61]

(三)决议的撤销

《民法典》第85条规定:"营利法人的权力机构、执行机构作出决议的会议召集程序、表决方式违反法律、行政法规、法人章程,或者决议内容违反法人章程的,营利法人的出资人可以请求人民法院撤销该决议。但是,营利法人依据该决议与善意相对人形成的民事法律关系不受影响。"营利法人的权力机构和执行机构都可以作出决议,但是,如果决议行为的程序或内容违反了法律或者章程的规定,出资人可以请求撤销该决议。从广义上来说,这属于可撤销法律行为的一种类型。

具体来说,从程序的角度来看,决议违反法律、行政法规或法人章程时,可以撤销该决议;从内容的角度来说,决议违反了法人章程的,也可以撤销该决议。不过,出于维护交易安全的考虑,本条特别规定,营利法人依据该决议与善意相对人形成的民事法律关系不受影响。这就是说,撤销不应当产生对抗善意相对人的效力。例如,公司董事会超出章程的授权,作出与第三人订立数额巨大的购买合同的决议,如果第三人是善意的且无过失的,即使这一决议嗣后被撤销,买卖合同仍然应当有效。

(四)营利法人的社会责任

营利法人的社会责任,是指营利法人不能仅仅把最大限度地为股东营利作为自己的唯一存在目的,还应当最大限度地增进股东利益之外的其他社会利益。《民法典》第86条规定:"营利法人从事经营活动,应当遵守商业道德,维护交易安全,接受政府和社会的监督,承担社会责任"。这就在法律上明确了法人的社会责任。依据这一规定,营利法人应当承担如下社会责任:

1. 遵守商业道德。之所以要明确法人的社会责任,一个重要的原因是为了强化公司的道德责任。俗话说,"商贾重利""在商言商",但重利不可罔义,公司的社会责任实际上就是借助于法律规则进一步强化公司的商业道德。法律不可能穷尽公司的各种义务和责任,也不可能在公司法中详尽地规定公司的所有义务,而且公司在不同的经营时期,它负有的义务也是动态变化的,所以,仅仅依靠法定义务来约束公司显然是不够的,应该通过一些商业道德来全面规范公司的行为。

2. 维护交易安全。由于营利法人所从事的经营行为涉及交易安全和社会秩序,涉及债权

---

[61] 乔欣:《关联交易纠纷诉讼中诉权与诉提起之形态分析》,载《河北法学》2010年第3期。

人的利益,也涉及消费者的合法权益。因而,营利法人履行社会责任的一个重要内容就是维护交易安全。[62] 另外,履行社会责任也是为了保护社会利益相关者的利益。在公司经营中,会涉及社会利益相关者的利益,如劳动者利益、消费者利益、债权人利益、中小竞争者利益、环境利益、社会弱者利益及整个社会利益等。营利法人也应当注意维护这些利益相关者的利益。

3. 接受政府和社会的监督,由于营利法人所从事的活动涉及交易安全和社会秩序,社会利益相关者的利益,所以营利法人应当自觉接受政府有关主管部门的监督。例如,在市场经营事项上接受工商管理部门的监督,在食品安全问题上接受食品安全监管部门的监督,在商品价格上接受物价部门的监督等。此外,营利法人还需要接受全社会的监督,例如,新闻媒体可以对营利法人的经营活动进行舆论监督。

需要指出的是,营利法人从事经营活动未履行社会责任时应承担什么样的后果?对此一直存在不同的观点,不少学者认为,法律规定营利法人社会责任是一种倡导性规则,违反该规则并不一定导致法律责任。事实上,现行法律虽未明确规定营利法人不履行社会责任时的法律后果,但是这并不意味着营利法人就无须承担任何责任,应当考量营利法人不履行社会责任的具体类型,令其承担不同的法律责任。例如,营利法人违法用工规则、损害劳工利益也是一种不履行社会责任的表现,此时该营利法人就有可能承担劳动法上的责任;营利法人违反环保法规,同样是不履行社会责任的表现,此时就需承担环境法、侵权法上的责任。

第八节 非营利法人

一、非营利法人的概念与特征

《民法典》第 87 条第 1 款规定:“为公益目的或者其他非营利目的成立,不向出资人、设立人或者会员分配所取得利润的法人,为非营利法人。”非营利法人与营利法人相对应,其包括事业单位法人、社会团体法人、基金会、社会服务机构等。《民法典》第 87 条第 2 款规定:“非营利法人包括事业单位、社会团体、基金会、社会服务机构等。”此处使用了“等”字,表明非营利法人主要包括上述几类,但只要实践中出现了符合非营利法人定义的组织,也可以纳入非营利法人的范围。

相对于营利法人,非营利法人具有如下特征:

1. 它不向出资人、设立人或者会员分配利润。营利法人和非营利法人的区别不在于是否从事经营活动,而在于其经营所得的利润是否分配给出资人、设立人或者会员。营利法人所取得的利润可以分配给其出资人、设立人或者会员。例如,上市公司可以向其股东分红,而非营利法人则不允许进行此种利润分配。

2. 它是基于公益目的而设立的。营利法人基于私益的目的而设立,通常都是为了设立人或成员的利益而设立的,例如,公司的设立就是为了股东获得利润。而非营利法人的设立目的是公益目的。例如,为了奖励对我国法治建设作出贡献的人士,设立基金会。

3. 它的组织机构具有特殊性。营利法人都有成员,因此,其组织机构中应当包含成员大

---

〔62〕 李适时主编:《中华人民共和国民法总则释义》,法律出版社 2017 年版,第 225 页。

会。《民法典》第80条第1款规定："营利法人应当设权力机构。"这里所说的权力机构就是指成员大会。而就非营利法人而言，除了社会团体法人以外，其他类型的非营利法人并不设立成员大会。

4. 其终止后剩余财产的分配具有特殊性。与营利法人终止后将其财产分配给成员不同，依据《民法典》第95条的规定，为公益目的成立的非营利法人在终止后，不得向出资人、设立人或者会员分配其剩余财产。

《民法典》采取营利法人和非营利法人的分类，这是对我国《民法通则》中企业法人和非企业法人分类的经验总结，也体现了法律的继承性。从目的功能的角度进行法人分类，更有利于对社会组织的规范和管理。[63] 从实践来看，营利法人和非营利法人基本上都有特别法的规定，如《公司法》《基金会管理条例》等，采取目前的分类方法，也有助于《民法典》与特别法的衔接。

二、非营利法人的设立和终止

（一）非营利法人的设立

从比较法上来看，财团法人的设立原则是指在设立法人时，是否需要履行特定的手续以及履行何种手续。从历史上看，大致有自由设立主义、特许设立主义、许可设立主义、准则主义、强制设立主义等设立原则。[64] 在我国，非营利法人的设立必须要具备法人的条件才能设立。《民法典》第58条对法人的设立条件作出了规定，如应当有自己的名称、组织机构、住所等，非法人组织的设立也应当具备该条所规定的条件。

非营利法人一般都需要依法登记设立，例如，《民法典》第88条对事业单位法人的设立作出了规定，依据该条规定，事业单位法人的设立一般都需要进行登记。该法第90条规定了社会团体法人的设立，从该条规定来看，社会团体法人的设立一般也需要进行登记。该法第92条规定了捐助法人和宗教活动场所法人应当依法登记设立。从这个意义上说，可以说，我国就非营利法人总体上采许可设立主义。当然，如果法律规定不需要办理登记的，其设立也可以不进行登记。

（二）非营利法人的终止

非营利法人可以因为目的已经实现、期限届满、被撤销、合并等原因而终止。依据有关法律法规的规定，非营利法人的终止一般都要进行清算，以清理债权债务，保障债权人利益。例如，《慈善法》第18条第1款规定："慈善组织终止，应当进行清算。"

根据《民法典》第95条的规定，非营利法人终止时，其剩余财产分配应当遵循如下规则：

1. 不得向出资人、设立人或者会员分配剩余财产。非营利法人的"非营利"特点决定了其剩余财产不能分配。因为其财产本来是要用于公益事业的，因此，允许分配剩余财产，与此类法人的设立目的不相吻合。许多非营利法人的财产来源是多元化的，不仅仅来自出资人、设立人或成员，也可能来自政府的经费支持、个人或组织的捐款、税收优惠等。如果将剩余财产分配给出资人、设立人或成员，就可能使他们获得了不当的利益，也可能使非营利法人转化成为营利法人。[65]

2. 剩余财产应当按照法人章程的规定或者权力机构的决议用于公益目的。既然非营利法

---

〔63〕 李适时主编：《中华人民共和国民法总则释义》，法律出版社2017年版，第257页。

〔64〕 马俊驹、余延满：《民法原论》，法律出版社2005年版，第120页。

〔65〕 石宏主编：《中华人民共和国民法总则条文说明、立法理由及相关规定》，北京大学出版社2017年版，第222页。

人的设立出于公益目的，所以，通过法人章程或权力机构决议，可以将其继续用于公益目的。不过，这一公益目的可能与该非营利法人设立的公益目的不完全相同。

3. 无法按照法人章程的规定或者权力机构的决议处理的，由主管机关主持转给宗旨相同或者相近的法人，并向社会公告。《慈善法》第18条第3款规定："慈善组织清算后的剩余财产，应当按照慈善组织章程的规定转给宗旨相同或者相近的慈善组织；章程未规定的，由民政部门主持转给宗旨相同或者相近的慈善组织，并向社会公告。"这里所说的"无法按照法人章程的规定或者权力机构的决议处理"，是指法人章程没有规定或者权力机构没有作出决议，或者法人章程的规定或者权力机构的决议违反了法律或章程。

三、事业单位法人

(一)事业单位法人的概念与特征

所谓事业单位法人，是相对于企业法人而言的，是指从事非营利性的社会各项公益事业的法人，如从事新闻、出版、广播、电视、电影、教育、文艺、科研、医疗等事业的法人。在我国，事业单位法人种类繁多、类型复杂，但它们都具有如下特征：

1. 事业单位是非营利法人，不以营利为目的。一方面，事业活动是为公共利益服务的活动，包括文化、教育、卫生、体育、新闻、出版等事业，这些事业构成社会主义精神文明建设不可缺少的内容。某些事业单位(如部分新闻出版单位)虽然也要营利，但不完全以追求营利为目的，还具有一定的公益性。获取营利并不是事业单位的目的和宗旨。如果以追求营利为目的，这些事业单位在性质上可能就转化成为企业了。另一方面，即使事业单位从事了营利活动，其并不能将利润分配给其设立人、出资人或成员。例如，出版社虽然要追求经济效益，但也要追求社会效益，其获得的营利并没有分配给出资人。再如，公立学校虽然收取学费或者也从事其他营利活动，但所得利益只能用于增加学校资产规模，因此，其在性质上仍然属于非营利法人。

2. 事业单位大多是财团法人。在理论上，就事业单位的类型归属存在争议。本书认为，其大多可以纳入财团法人的范畴。因为事业单位主要以国家财政拨款为基础设立，不存在出资行为。而且事业单位的工作人员并非事业单位的成员，事业单位本身没有成员，无法设立成员大会。当然，与典型的财团法人不同，不少事业单位并没有章程。

3. 事业单位主要靠国家的财政拨款进行活动，在国家财政预算支出中，事业费用占据重要比重。随着我国经济的发展，国家预算将从资金供给和财务管理方面，不断提高这一项支出在整个预算中的比重，以促进我国科、教、文、卫等事业的发展。各个事业单位通过财政拨款取得的经费，由事业单位独立支配。在我国，农村集体所有制组织也可以通过集资入股或由集体出资等方式举办学校、医院等事业单位。这些集体所有制的事业单位依法所取得的财产，也可以作为事业单位的独立财产。事业单位所有或经营的财产是其对外从事民事活动，享受权利并承担义务的物质基础。事业单位以法人的名义从事民事活动所形成的债务，由事业单位以自己经营或所有的财产承担责任。

(二)事业单位法人经依法登记成立

事业单位应当依法成立。根据《民法典》第88条的规定，事业单位法人的设立要区分为两种形式：

1. 需要办理登记的事业单位。从实践来看，多数事业单位都应当办理登记。根据《事业单位登记管理暂行条例》第3条第1款的规定，"事业单位经县级以上各级人民政府及其有关主管部门(以下统称审批机关)批准成立后，应当依照本条例的规定登记或者备案"。对需要办理登记的事业单位法人，经依法登记成立，取得事业单位法人资格。也就是说，此类事业单位法人资格的取得以登记为要件，在审批机关批准并登记或备案后，方才能够取得法人资格，而不能在成立之初但尚未登记时径行取得。

2. 不需要办理登记的事业单位。在例外情况下，法律允许事业单位不办理登记。例如，银保监会、证监会等参照公务员管理的事业单位，都不需要办理登记。对不需要办理登记的事业单位法人，从成立之日起，具有事业单位法人资格。也就是说，此类事业单位法人资格的取得不以登记为要件，法人资格取得与否的判断标准是其是否已经成立。

（三）事业单位的法定代表人和组织机构

《民法典》第 89 条第 1 句规定："事业单位法人设理事会的，除法律另有规定外，理事会为其决策机构。"因为事业单位并非社团法人，其也没有成员，因此，事业单位法人不可能设立成员大会，而应当设立理事会。在我国，目前正在推行事业单位改革，实行"政事分开"，理顺政府与事业单位的关系，事业单位也要建立健全法人治理结构。因而，事业单位要建立理事会，健全决策机制，提高运行效率，确保公益目标的实现。

理事会是事业单位法人的决策机构，其享有法律法规和章程规定的权限。一般而言，理事会的权限包括确定事业单位的发展目标、制定事业单位的章程、制订事业单位的发展规划、决定事业单位重大的事项、推荐或决定事业单位的法定代表人、确定事业单位的内部管理机构等。

理事会不仅要吸纳事业单位内部的人员参与决策，还要吸纳外部人员参与决策。除了理事会以外，还应当明确管理层的权限，制定事业单位的章程，依据章程管理事业单位。例如，在我国，不少公立高校都设立了大学章程，同时也设立了理事会，校长等管理者都应当依据理事会决定和大学章程，进行学校的管理。

法定代表人是法人的代表机关。事业单位法人作为法人的一种类型，其也需要法定代表人。法定代表人的选定要依据法律、行政法规或者法人章程确定，同时，其职权也依照法律、行政法规或者法人章程的规定来确定。

四、社会团体法人

（一）社会团体法人的概念和特征

社会团体法人，是指具备法人条件，基于会员共同意愿，为公益目的或者会员共同利益等非营利目的而依法设立的社会团体，如工会、妇女联合会、工商业联合会等。《社会团体登记管理条例》第 2 条规定，本条例所称社会团体，是指中国公民自愿组成的为实现会员共同意愿，按照其章程开展活动的非营利性社会组织。社会团体法人的特征是：

1. 基于会员的共同意愿设立。因此，社会团体法人是由成员全体协商一致，自愿成立的组织。申请成立社团应当符合法定的条件，如有一定的会员、章程、规范的名称和相应的组织机构、固定的住所等。[66]

2. 非营利性。社会团体法人可以是为了公益目的设立，也是可以为追求会员共同利益而设立。社会团体法人包括从事社会公益、文学艺术、学术研究、宗教等活动的各类法人，它们既可以从事事业单位所从事的某些事业，也可以从事其他的群众性的社会活动，但社会团体所从事的各类活动不得违反法律规定，也不得超出章程所规定的活动范围。例如，非宗教团体不得

〔66〕 参见《社会团体登记管理条例》第 10 条。

专门从事宗教活动,地方社会团体法人不得在全国范围内从事业务活动。如果社会团体逾越其活动范围,将依法被追究法律责任,甚至被撤销法人资格。社会团体也可从事某些营利活动,如行业协会从事技术咨询和服务工作,依法收取一定的报酬,但是一般不得专门以营利为目的,更不得从事大规模的生产和经营活动,否则就违反了其设立目的。当然,社会团体法人也可以从事一定的经营活动,取得一定的收入,但由于其属于非营利法人,因此,其不得将该收入分配给会员。

3. 具有一定的独立财产。社会团体法人虽然属于非营利法人,但为保障其正常的运营和责任承担,其也需要有独立的财产,其财产可能来自成员出资或成员缴纳的费用,也可能来自社会捐助。这些财产归社会团体所有,并受法律保护。社会团体接受捐赠和资助必须符合章程规定的宗旨和业务范围,必须根据与捐赠人、资助人约定的期限、方式和合法用途使用。此外,社会团体法人应当向业务主管单位报告接受、使用捐赠、资助的有关情况,并应当将有关情况以适当的方式向社会公布。[67]

社会团体法人在从事民事活动中所形成的债务,应由社会团体法人以自己的财产清偿,社会团体法人的设立人和成员不必对社会团体法人的债务负责。社会团体法人终止时,应当办理注销登记手续,在办理注销登记前,应当在业务主管单位及其他有关机关的指导下成立清算组织,完成清算工作,清算期间内,社会团体法人不得实施清算活动以外的活动。

(二)社会团体法人的设立

如前所述,基于会员的共同意愿设立。依据《社会团体登记管理条例》第 3 条第 1 款的规定,“成立社会团体,应当经其业务主管单位审查同意,并依照本条例的规定进行登记”。据此,申请成立社团还应当取得业务主管单位的同意。

依据《民法典》第 90 条的规定,社会团体需要登记的,“经依法登记成立,取得社会团体法人资格;依法不需要办理法人登记的,从成立之日起,具有社会团体法人资格”。据此,社会团体法人可以登记,也可以不办理登记。对于依法需要办理登记的社会团体法人而言,其取得法人资格的时间为依法登记之日。对于依法不需要办理登记的社会团体法人而言,其取得法人资格的时间为成立之日。[68]

社会团体法人是基于会员共同意愿设立的,因此,设立社会团体法人必须具有章程。章程是社会团体法人的“宪章”,具有重要意义。《民法典》第 91 条第 1 款要求,“设立社会团体法人应当依法制定法人章程”。社会团体的章程应当记载如下事项:“(一)名称、住所;(二)宗旨、业务范围和活动地域;(三)会员资格及其权利、义务;(四)民主的组织管理制度,执行机构的产生程序;(五)负责人的条件和产生、罢免的程序;(六)资产管理和使用的原则;(七)章程的修改程序;(八)终止程序和终止后资产的处理;(九)应当由章程规定的其他事项”。[69] 章程应当由设立时的全体会员同意,而且章程应当登记。

(三)社会团体法人的组织机构

1. 权力机构。社会团体法人是以人为基础而设立的组织,其属于社团法人的范畴,因此,其组织机构之中应当设立权力机构。社会团体法人的权力机构可以是会员大会或者会员代表

---

〔67〕 参见《社会团体登记管理条例》第 26 条。

〔68〕 参见《社会团体登记管理条例》第 3 条第 3 款。

〔69〕 参见《社会团体登记管理条例》第 14 条。

大会。一般而言,社会团体法人的权力机构,可以享有修改法人章程、决定执行机构成员、决定法定代表人以及法人章程规定的其他职权。

2. 执行机构。社会团体法人还应当设置理事会等执行机构。社会团体法人可以将理事会作为执行机构,也可以将其他机构作为执行机构,具体选择因各社会团体法人的内部治理结构而有所不同。也正因社会团体法人形式多样,内部治理结构各有不同,本条在保证指引性的同时也兼具开放性,充分尊重相关主体的意思自治。[70]

社会团体也应当有法定代表人,法定代表人就是代表社会团体法人从事民事活动的人。法定代表人可以依据章程确定,由理事长或者会长等负责人按照法人章程的规定担任。社会团体法人的法定代表人不得同时担任其他社会团体的法定代表人。需要指出的是,《民法典》对社会团体法人监督机构的设置并没有作出规定,是否设立由社会团体法人根据其章程予以确定。

五、捐助法人

(一)捐助法人的概念与特征

所谓捐助法人,是指具备法人条件,为公益目的以捐助财产设立的基金会、社会服务机构等组织。《民法典》就捐助法人作出了基本规定,明确了其设立条件、组织机构、捐助人权利等内容,对于规范捐助法人的设立和运行,都具有重要意义。捐助法人具有如下特征:

1. 具有非营利性。捐助法人的非营利性主要表现在如下两个方面:一方面,设立目的具有公益性。依据《民法典》第 92 条第 1 款的规定,捐助法人的设立必须是为了“公益目的”。《慈善法》也规定,慈善组织应当以开展慈善活动为宗旨。因此,捐助法人的设立,应当旨在促进公共利益或满足成员非经济性需求,并非为其发起人或成员谋求经济利益。另一方面,不能将利润分配给捐助人。捐助法人也可能从事一定的经营活动(如寺庙可以收取门票),但其不能将利润分配给捐助人。

2. 财产的集合体。捐助法人属于典型的财团法人,它是财产的集合体,是以财产的集合为基础的法人。[71] 例如,基金会就是由各类组织以及个人自愿的捐赠所形成的。这些自愿捐赠的资金脱离了捐助人之后,具有独立性,所有权也从原捐助人转移至捐助法人,为该法人所享有。[72] 从捐助者的角度来说,捐助法人一旦成立,便与捐助者脱离关系,捐助者不再对捐助对象享有支配权。捐助法人中的有关人员也应当按照捐助章程来管理运作财产,这和社团法人也是有区别的。从比较法上来看,大陆法为谋求财产的独立性和管理的持续性,发展了财团法人制度,而英美法系发展了信托制度,两种制度各有特点,都是为了实现捐助财产与捐助者个人财产的分离,从而寻求其长期稳定的发展。[73]

3. 没有成员或会员。捐助法人以财产集合为中心,并没有自己的成员或会员,捐助法人的管理者的变动不应当影响到捐助法人的存在。虽然捐助法人是通过捐助人捐助一定的财产形成的,但捐助人并不是捐助法人的成员,而且捐助人也并不当然会成为捐助法人的管理人员,在捐助法人设立后,其将取得法人资格,与捐助人同属独立的民事主体。[74]

---

〔70〕 李适时主编:《中华人民共和国民法总则释义》,法律出版社 2017 年版,第 273 页。

〔71〕 胡岩:《财团法人之研究》,中国政法大学出版社 2013 年版,第 111 页。

〔72〕 佟柔主编:《中国民法》,法律出版社 1990 年版,第 128 页。

〔73〕 [日]我妻荣:《新订民法总则》,于敏译,中国法制出版社 2008 年版,第 109 页。

〔74〕 胡岩:《财团法人之研究》,中国政法大学出版社 2013 年版,第 112 页。

捐助法人也没有意思机关,即没有像社团法人那样的意思形成机关(成员大会)。捐助法人依据法人章程的规定进行运作,而且法人理事会等管理机构都不得改变基金会章程。

4. 是基于捐助行为而设立的。所谓捐助行为,是指以设立捐助法人为目的,出捐一定财产的行为。[75] 捐助人可以是一人或者数人。[76] 捐助行为在性质上属于民事法律行为,捐助行为的成立是由捐助人以意思表示的形式作出的。[77] 由于捐助人在作出捐助行为时,捐助法人尚未成立,因此,捐助行为在性质上应当属于单方民事法律行为。[78] 由于捐助人在实施捐助行为时,并不需要相对人受领其捐助的意思表示,因此,捐助人作出的捐助意思表示在性质上属于无相对人的意思表示。依据《民法典》第 138 条的规定,除法律另有规定外,无相对人的意思表示在表示完成时生效,因此,捐助行为应当自捐助人完成捐助的意思表示时生效。捐助行为在性质上属于无偿民事法律行为。也就是说,捐助人在作出捐助行为时,并没有要求相关主体对其作出补偿,而且在捐助法人成立后,捐助人也不得向捐助法人请求支付报酬。[79]

5. 必须登记设立。与其他类型的非营利法人不同,捐助法人都必须经过登记设立,在这一点上,捐助法人与事业单位法人等非营利法人不同,因为所有的捐助法人都必须登记成立,这也是为了规范捐助法人的设立,强化对捐助法人的监督。

捐助法人和社会团体法人都属于非营利法人,但两者之间存在一定的区别。一方面,基础不同。捐助法人在性质上属于财团法人,其以财产的结合为基础,而社会团体法人则以人的联合为基础。另一方面,设立人与组织的关系不同,对社会团体法人而言,一般情况下,设立人在法人成立后即成为该社会团体法人的成员,而捐助法人不同,即捐助法人一旦成立,设立人与法人即脱离关系,其无法成为该捐助法人的成员,也不当然成为该捐助法人的管理者。

(二)捐助法人的设立

1. 依法登记成立。捐助法人的设立都必须依法办理登记手续,这是为了规范捐助法人的管理。因此,《民法典》第 92 条第 1 款规定:“具备法人条件,为公益目的以捐助财产设立的基金会、社会服务机构等,经依法登记成立,取得捐助法人资格。”依据这一规定,捐助法人都应依法登记设立,我国相关法律法规也对此作出了规定。例如,《慈善法》第 10 条规定:“设立慈善组织,应当向县级以上人民政府民政部门申请登记。”除了登记之外,在我国,有些捐助法人的设立必须依法审批。

2. 制定章程。捐助法人是财产的集合,因此捐助法人的章程具有特别的意义。《民法典》第 93 条第 1 款规定:“设立捐助法人应当依法制定法人章程。”通过制定章程,可以使捐助人的捐助目的得以明确,从而使捐助法人的设立和运行都符合捐助人的意愿。例如,捐助人要设立以救助艾滋病患者为目的的基金会,这一目的就要通过章程固定下来。考虑到章程的重要性,法律往往都对其应当记载的事项作出了规定,如我国《慈善法》第 11 条。章程是捐助人意志的体现,也确定了捐助法人的组织和活动的基本规则。

(三)捐助法人的机构

依据《民法典》第 93 条的规定,捐助法人的治理结构包括如下几个方面:

---

〔75〕 史尚宽:《民法总论》,中国政法大学出版社 2000 年版,第 231 页。
〔76〕 史尚宽:《民法总论》,中国政法大学出版社 2000 年版,第 232 页。
〔77〕 胡岩:《财团法人之研究》,中国政法大学出版社 2013 年版,第 112 ~ 113 页。
〔78〕 [德]梅迪库斯:《德国民法总论》,邵建东译,法律出版社 2000 年版,第 866 页。
〔79〕 胡岩:《财团法人之研究》,中国政法大学出版社 2013 年版,第 114 页。

1. 决策机构，捐助法人应当设理事会、民主管理组织等决策机构。捐助法人决策机构的权力来自法律法规和章程的规定，其主要负责关系捐助法人发展的重大决策。理事长等决策机构的负责人应当作为捐助法人的法定代表人。《民法典》第 93 条第 2 款第 2 句规定："理事长等负责人按照法人章程的规定担任法定代表人"。此处强调"按照法人章程的规定"，实际上意味着，允许通过法人章程确定法定代表人，从而预留了一定的私法自治空间。

2. 执行机构。《民法典》第 93 条第 2 款第 1 句规定："捐助法人应当设理事会、民主管理组织等决策机构，并设执行机构"。此处所说的"执行机构"是指贯彻执行理事会等的意志的机构，如总经理等。执行机构主要负责执行决策机构所作出的决策，但在执行事务的过程中，其也应当享有一定的决策权，其权限和范围也应当由法律法规以及章程规定。

3. 监督机构。为了监督理事会等决策机构和执行机构的行为，贯彻捐助人的意志，捐助法人应当设立监督机构。《民法典》第 93 条第 3 款明确规定："捐助法人应当设监事会等监督机构"。依据该规定，监督机构是捐助法人应当设立的机构，而从《民法典》关于社会团体法人组织机构的规定来看，其并没有要求社会团体法人必须设置监督机构。可见，《民法典》要求对捐助法人进行更为严格的监督。按照立法者的观点，采取此种做法的主要原因在于，捐助法人没有成员，需要设置更为健全的监督机制。[80]

（四）捐助人的权利

捐助人就是向捐助法人无偿实施捐助行为的主体。捐助人可以是自然人，也可以是法人。一个人可以实施多次捐助行为。在捐助法人设立之后，捐助法人和捐助人本身是两个不同的主体，但在捐助法人的设立过程中，捐助人可以通过章程表达自己的意志。[81] 为了保证捐助法人的规范运行，使捐助法人能够贯彻捐助人的意志，捐助人应当享有一些权利。《民法典》赋予了捐助人如下三项权利：

1. 查询捐助财产的使用、管理情况。毕竟捐助法人是捐助人出资设立的，为了避免捐助财产的使用和管理违反捐助人事先确定的目的，捐助人有权了解财产的使用和管理情况。

2. 有权提出意见和建议，以使得捐助财产的使用更符合捐助人事先确定的目的。《慈善法》第 42 条规定，"慈善组织违反捐赠协议约定的用途，滥用捐赠财产的，捐赠人有权要求其改正"。

3. 可以请求人民法院撤销捐助法人的违法决定。《民法典》第 94 条第 2 款规定："捐助法人的决策机构、执行机构或者法定代表人作出决定的程序违反法律、行政法规、法人章程，或者决定内容违反法人章程的，捐助人等利害关系人或者主管机关可以请求人民法院撤销该决定。但是，捐助法人依据该决定与善意相对人形成的民事法律关系不受影响。"捐助人行使该项权利，必须符合如下条件：

（1）必须针对的是决策机构、执行机构或者法定代表人作出的决定。此处所说的"决定"，其包括的范围比较宽泛，既包括决策机构和执行机构作出的决议，也包括法定代表人作出的决定。[82]

（2）必须针对决定的内容和程序违法或违反章程的现象。《民法典》第 94 条第 2 款所采用

---

〔80〕 李适时主编：《中华人民共和国民法总则释义》，法律出版社 2017 年版，第 289 页。

〔81〕 胡岩：《财团法人之研究》，中国政法大学出版社 2013 年版，第 112 页。

〔82〕 石宏主编：《中华人民共和国民法总则条文说明、立法理由及相关规定》，北京大学出版社 2017 年版，第 221 页。

的概念是“决定”而非“决议”，这是因为前者的范围更加宽泛，包括了法定代表人所作出的决定，这些决定只要违反法律或章程就可以撤销。[83] 具体来说，第一，内容和程序违法，如捐助法人没有按照其与捐助人订立的捐助协议使用捐助款项，既违反了法律规定，又违反了捐助协议。第二，内容和程序违反法人章程。例如，章程规定高于一定数额款项的使用必须经过理事会半数以上讨论决定，但法定代表人擅自使用大额款项，违反了章程的相关规定。

(3)撤销的主体包括捐助人等利害关系人或者主管机关。第一，捐助人等利害关系人。利害关系人，是指与捐助法人有利害关系的人，包括捐款人、捐款人的继承人、捐助法人的债权人等。第二，主管机关，主要指捐助法人的主管机关，因为主管机关负有监管职责，因此其有权对违反法律或章程的决定予以撤销。当然，是否行使该撤销权应由捐助人等利害关系人或主管机关决定。在不行使撤销权的情况下，相关决定有效；在行使撤销权的情况下，相关决定自始无效，不具有拘束力。

根据《民法典》第 94 条第 2 款的规定，在行使撤销权以后，“捐助法人依据该决定与善意相对人形成的民事法律关系不受影响”。作出该规定的目的是保护交易安全和社会秩序，但需要指出的是，该规定本身还具有值得探讨之处，因为一旦作出的决定被法院撤销，必然会对交易当事人产生影响，而如果撤销后交易依然有效，则撤销的意义便不复存在。当然，在决定撤销后善意相对人可以请求捐助法人赔偿损失。

六、宗教活动场所法人

(一)宗教活动场所法人的概念和特征

宗教活动场所法人，是指取得捐助法人资格的宗教活动场所。《民法典》第 92 条第 2 款规定：“依法设立的宗教活动场所，具备法人条件的，可以申请法人登记，取得捐助法人资格。法律、行政法规对宗教活动场所有规定的，依照其规定。”这就在法律上确立了宗教场所的法人资格。依据《宗教事务条例》第 12 条第 1 款的规定，信教公民的集体宗教活动，一般应当在经登记的宗教活动场所(寺院、宫观、清真寺、教堂以及其他固定宗教活动处所)内举行。

在《民法典》制定之前，因为没有明确宗教活动场所的法人资格，导致寺院、教堂等不能在银行开设账户，善款往往以个人名义存入银行，房地产、机动车等财产的所有权不能登记在宗教活动场所名下。这些都导致宗教财产权属关系混乱，宗教财产得不到有效保护和监督管理。[84]

依据《民法典》第 92 条第 2 款规定，宗教活动场所法人具有如下特点：

1. 它是以从事宗教活动为设立目的而设置的捐助法人。一方面，宗教活动场所法人在性质上是捐助法人的一种，应当根据法律关于捐助法人的相关规定完善宗教活动场所法人的治理结构、财产管理等事务。另一方面，此种捐助法人的特殊性就在于，它的设立目的是特定的，即它以从事宗教活动为目的。在我国，宗教分为佛教、道教、基督教等，虽然各个宗教活动场所法人的设立目的有差异，但是，都必须是为了从事宗教活动，否则，不得设立为宗教活动场所法人。从这个意义上说，此种法人所提供的是一种国家对宗教事务的治理方式。

2. 它是以宗教场所为基础而形成的法人。宗教场所法人不是人的集合，而是财产的集合，是由土地、建筑、庙产等构成的财产综合体，作为财产集合，其性质应为财团法人。作为宗教活

---

〔83〕 石宏主编:《中华人民共和国民法总则条文说明、立法理由及相关规定》，北京大学出版社 2017 年版，第 221 页。

〔84〕 冯玉军:《宗教财产归属与宗教法人资格问题的法律思考》，载《苏州大学学报》(法学版)2016 年第 1 期。

动场所法人基础的财产,主要包括其依法使用的土地,依法所有或者管理使用的建筑物、构筑物、各类设施、用品、工艺品、文物、宗教收入、各类捐赠以及从事经营服务活动的合法收益和其他财产。[85]

3. 它在性质上属于非营利法人。宗教活动场所法人也是非营利法人的一种类型。宗教活动场所法人不能以营利为目的,虽然其可以从事一定的经营活动,如少林寺可以收取门票费用,但是,其获得的收益只能用于宗教活动,而不能分配给其捐助人等。正因如此,宗教活动场所不得从事承包、经营、上市等以营利为目的的活动,有关部门也不得从事"宗教搭台,经济唱戏"等将宗教活动商业化的行为。

宗教场所法人和宗教团体不同,宗教团体在性质上属于社会团体,依法需要在民政部门登记,全国性的宗教团体包括佛教协会、道教协会、伊斯兰教协会、天主教爱国会、基督教三自爱国运动委员会等。设立宗教场所通常要由宗教团体提出申请,与宗教团体相关的制度,宗教场所法人也应当遵循。但是,宗教团体与宗教场所彼此独立、互不隶属,在宗教场所取得独立法人资格后,便可以独立主体身份参与民事活动。

(二)宗教活动场所法人的设立

宗教活动场所要成为法人,必须要满足法人的设立条件。依据《民法典》第 92 条第 2 款的规定,"具备法人条件的,可以申请法人登记,取得捐助法人资格"。另外,宗教活动场所法人的设立登记,还必须遵守特别法的规定。例如,就关于宗教活动场所的筹备设立,《宗教事务条例》第 21 条采行政许可主义。设立宗教活动场所,必须符合一定的条件。在经过批准筹备并建议完工之后,宗教活动场所还需要办理登记手续。[86]

(三)宗教活动场所法人的管理

虽然《民法典》对宗教活动场所法人进行了定性,即其属于捐助法人。但考虑到宗教活动场所法人的组织、管理等都有特殊性,因此,有关的特别法对此作出了规定。例如,《宗教事务条例》就宗教活动场所法人的管理作出了一些规定,对其管理应当依据这些规定进行。依据该条例,宗教活动场所应当成立管理组织,实行民主管理。宗教活动场所管理组织的成员,经民主协商推选,并报该场所的登记管理机关备案。宗教活动场所可以按照宗教习惯接受公民的捐献,但不得利用宗教作掩护,欺骗或者诈取信徒财务。非宗教团体、非宗教活动场所不得组织、举行宗教活动,不得接受宗教性的捐献。

(四)法律适用

《民法典》第 92 条第 2 款规定:"法律、行政法规对宗教活动场所有规定的,依照其规定。"关于宗教活动场所法人,我国相关法律、行政法规已经有一些规定,因此,该规定设置了引致性规则,将调整宗教活动场所法人的法律适用规范引致到特别法的规定之中。也就是说,如果法律对宗教活动场所法人有特别规定时,则适用该特别规定,在没有特别规定时,则应当适用《民法典》的规定。

---

〔85〕 冯玉军:《宗教财产归属与宗教法人资格问题的法律思考》,载《苏州大学学报》(法学版)2016 年第 1 期。

〔86〕 参见《宗教事务条例》第 20、22 条。

第九节 特别法人

一、特别法人概述

(一)特别法人的概念和特征

特别法人,是我国法上营利法人和非营利法人之外的一类法人,包括机关法人、农村集体经济组织法人、城镇农村的合作经济组织法人、基层群众性自治组织法人(《民法典》第96条)。特别法人制度为我国《民法典》所独创,是适应我国国情而构建的法人类型。在法律上确立特别法人制度的意义主要在于:一方面,就营利法人和非营利法人之外的重要法人类型作出规定,明确这些组织的民事主体地位,以便利其从事民事活动。例如,就居委会和村委会的法律地位,长期没有法律上的确认,导致其无法以自己的名义从事民事活动。另一方面,通过特别法人的规定,使民事主体与行政主体、基层自治组织等保持衔接,从而沟通了民法与行政法等特别法的关系。

特别法人的特征主要表现在:

1. 它是营利法人和非营利法人难以包括的其他类型法人。在传统的大陆法系国家,法人被分为公法人和私法人,并主要以私法人作为民法规范的对象。在私法人中,又分为社团法人和财团法人,并以此构建了法人制度的体系。[87] 我国《民法典》并非以此作为分类标准,而采纳了营利法人和非营利法人的分类,但这种分类又确实不能将一些特殊的法人囊括其中,尤其是不能将机关法人纳入其中。因为营利法人和非营利法人主要是针对传统民法上的私法人而言的。所以,单设特别法人,是我国采营利法人和非营利法人分类的必然结果。

2. 它的设立具有特殊性。[88] 就特别法人的各种类型来看,其设立通常都具有特殊性。就机关法人而言,有些机关法人是直接依据《宪法》设立的,有些机关法人是直接依据法律法规或政府的行政命令而设立的。居委会、村委会、农村集体经济组织、城镇农村的合作经济组织一般也是直接基于法律或者行政命令而设立的。

3. 它的权利能力和行为能力具有特殊性。特别法人所承担的职责往往具有社会公益性质,因此决定了其权利能力和行为能力的特殊性。例如,依据《民法典》第97条的规定,机关法人只能从事"为履行职能所需要的民事活动"。再如,依据该法第101条第1款规定,居委会和村委会也只能从事"为履行职能所需要的民事活动"。这就在很大程度上限制了其权利能力和行为能力的范围,从而避免其过多地进入市场,避免其利用享有的公权力损害其他市场主体的权益。

(二)特别法人的类型

《民法典》第96条规定,特别法人包括四种类型,即机关法人、农村集体经济组织法人、城镇农村的合作经济组织法人以及基层群众性自治组织法人。这四种类型法人与营利法人、非营利法人类型不同,《民法典》采用封闭式列举的方式,没有使用"等"字。按照立法机关的解

---

〔87〕 蔡立东:《法人分类模式的立法选择》,载《法律科学》(西北政法大学学报)2012年第1期。

〔88〕 李适时主编:《中华人民共和国民法总则释义》,法律出版社2017年版,第300页。

释，之所以采用封闭式的列举，主要是考虑到现实社会中的绝大多数法人都可以纳入营利法人和非营利法人的范围，营利法人和非营利法人作为法人的最基础分类是合适的，特别法人的范围很小，未来也不宜扩大，否则就会侵蚀和动摇营利法人和非营利法人这一分类方法的基础性地位。[89] 但是，本书认为，采用封闭式列举的方式，未必十分妥当。一方面，《民法典》只是封闭性地列举了前述四类特别法人，还有大量的组织体无法纳入其中。例如，就民办学校、民办医院、民办养老院等兼有公益性与营利性的机构而言，因其很难纳入非营利法人，而又不属于特别法人，所以，其法律地位很难界定。[90] 另一方面，随着经济和社会的发展，一些新类型的法人也可能被纳入特别法人之中。所以，特别法人也应当保持其开放性。

二、机关法人

（一）机关法人的概念和特征

所谓机关法人，是指依照法律和行政命令组建的，享有公权力的，以从事国家管理活动为主的各级国家机关。各级国家机关是代表国家从事管理活动的组织，它们在从事民事活动的时候，具有公法人的地位。之所以在法律上要赋予国家机关法人地位，是因为虽然这些机构行使公权力，但是，其也要从事民事活动。而且，其从事民事活动时，也应当以法人的形式出现。例如，国家机关要修缮其房屋、购买办公设备、签订用工合同等。

在实践中，行政机关的身份具有多重性，在不同的法律关系中，其具有不同的主体地位和身份。在行政机关行使行政职权时，其与行政相对人是单向度的行政管理关系，而在行政机关参与民事活动时，则其与对方当事人是平等的民事主体关系。例如，政府机关经常需要采购文具等办公用品、建造和修缮房屋、签订用工合同、购买食品等，在这些法律关系中，政府显然不是公权力的执掌者、行政管理者，而是以与对方当事人完全平等的民事主体的身份参与民事活动，不能享有任何行政优益权，既然《民法典》承认国家机关可以成为民事主体，则其就可以以民事主体的身份参与民事活动，其中包括与其他民事主体订立民事合同，这些合同都受合同法调整。因此，不宜将行政机关参与订立的合同一概认定为行政协议。

机关法人的主要特征表现在：

1. 设立上具有特殊性。国家机关是依据法律的规定和行政命令而成立的。我国许多法规都直接规定设立某种机关，根据《国务院组织法》和《地方各级人民代表大会和地方各级人民政府组织法》的规定，国务院和地方人民政府从工作需要和精简原则出发，可以通过行政命令而设立行政机关。

2. 不需要办理设立登记。机关法人都是依据法律法规和行政命令而设立，因此，其不需要借助于登记发挥公示的作用。所以，机关法人自其成立之日起就已经设立。在这一点上，它与一般的法人都要办理设立登记是不同的。

3. 其是享有公权力的各类国家机关。行政机关依法享有国家赋予的行政权力，代表国家从事行政管理活动，对政治、经济、文化、教育等事务进行管理。只有在从事民事活动时，例如购置办公用品、租用国有的房屋，它们才以机关法人的身份出现，并且与其他民事主体处于平等的地位。机关法人以法人的名义从事必要的民事活动时所形成的债务，才能由机关法人以其通过预算拨款所获得的独立经费承担责任。

---

〔89〕 李适时主编：《中华人民共和国民法总则释义》，法律出版社 2017 年版，第 301 页。

〔90〕 谭启平：《中国民法典法人分类和非法人组织的立法构建》，载《现代法学》2017 年第 1 期。

4. 财产来自财政拨款。《民法典》第 97 条规定,有独立经费的机关从成立之日起,具有法人资格。国家机关要成为机关法人必须具有独立的经费。机关法人虽然没有独立经营的财产,但是有独立的经费,这些经费是根据其工作需要,由国家和地方财政拨款形成的。

5. 从事民事行为时,其民事行为能力比其他任何类型的法人受到更严格的限制。机关法人不能从事经营活动,其在从事民事活动方面的能力是受到严格限制的,而事业单位法人和社会团体法人的能力范围通常由其目的、性质和章程决定。机关法人在从事政府管理的职能行为时,它只能从事一些维持自己管理活动所必需的民事活动,如购买办公用品、建筑房屋、签订用工合同等。它不能从事广泛的经营性活动,且依据我国原《物权法》第 53 条的规定,国家机关对其直接支配的不动产和动产,只享有占有、使用和依法处分的权利,而不享有收益权,否则就超越了其权利能力的范围。

(二)机关法人的设立与终止

1. 机关法人的设立

《民法典》第 97 条规定:"有独立经费的机关和承担行政职能的法定机构从成立之日起,具有机关法人资格,可以从事为履行职能所需要的民事活动。"依据这一规定,机关法人的设立不需要经过登记,而是直接依据法律法规和行政决定而设立的。因此,其一旦设立就具有法人资格。但是,其要取得法人资格,也要具备如下条件:

(1)有独立经费。机关法人并无独立的财产,其所占有、使用的财产都是国家财产,其只有独立的经费。机关法人的经费都是通过国家和地方财政拨款的方式而取得的。这些经费是为了机关法人的运作而拨付的。

(2)承担行政职能。机关法人依法享有公权力,代表国家履行公共职能。其行使公权力的行为直接体现的是国家的意志,而不是机关本身的意志,因此所形成的利益也要归于国家。[91]

(3)经过特许成立。机关法人不同于一般的法人,其设立不是采取准则主义或许可主义,而是采取特许主义。在我国,机关法人依据法律法规或行政决定而设立,而营利法人或非营利法人通常则是通过设立人、出资人自愿成立的,而非依据法律法规或行政决定。[92]

2. 机关法人的终止

《民法典》第 98 条规定:"机关法人被撤销的,法人终止,其民事权利和义务由继任的机关法人享有和承担;没有继任的机关法人的,由作出撤销决定的机关法人享有和承担。"据此,机关法人在终止时,也具有其特殊性。也就是说,第一,机关法人不能破产,不适用破产程序,因为国家机关要履行公共职能。[93] 第二,机关法人主要是因为被撤销而终止。例如,因机构调整或机构改革而将某个国家机关(如铁道部)撤销。在撤销以后,就要处理其债权债务,清理有关财产。第三,机关法人被撤销以后,其权利和义务原则上由继任的机关法人享有和承担。所谓继任的机关法人,是指承接被撤销的机关法人的职权的机关法人。例如,国防科工委被撤销以后,工业和信息化部承接了其职权,因此,工业和信息化部就是继任的机关法人。第四,如果没有继任的机关法人,由作出撤销决定的机关法人享有原机关法人的权利,负担原机关法人的义务。

---

〔91〕 李适时主编:《中华人民共和国民法总则释义》,法律出版社 2017 年版,第 302 页。
〔92〕 石宏主编:《中华人民共和国民法总则条文说明、立法理由及相关规定》,北京大学出版社 2017 年版,第 227 页。
〔93〕 石宏主编:《中华人民共和国民法总则条文说明、立法理由及相关规定》,北京大学出版社 2017 年版,第 229 页。

三、农村集体经济组织法人

(一)农村集体经济组织法人的概念和特征

农村集体经济组织法人,是指利用农村集体的土地或其他财产,从事农业经营等活动的组织。农村集体经济组织经历了一个发展过程,最初产生于新中国成立初期的人民公社化运动,经过20世纪80年代农村改革的发展,农村集体经济组织也发生了很大的变化。目前,我国的农村集体经济组织包括三类:乡镇集体、村集体、村民小组,但是一些地方开始推进农村集体经济组织产权制度改革,设立了社区股份合作社等组织,这些组织都可以依法成为独立的农村集体经济组织,并能够以自己的名义对外从事民事活动、承担民事责任,因而可以成为法人。《民法典》第99条确认了农村集体经济组织的法人地位,有利于保护其合法权益,使农村集体经济组织能够按照法人的治理模式运营并受到相应监督与规范,从而使之在市场经济环境下更具活力,符合我国农村改革的方向。

概括而言,农村集体经济组织法人具有如下特征:

1. 财产的特殊性。农村集体经济组织的财产主要是集体所有的财产。我国《宪法》第10条第2款规定:"农村和城市郊区的土地,除由法律规定属于国家所有的以外,属于集体所有;宅基地和自留地、自留山,也属于集体所有。"农村集体经济组织是利用集体的土地从事农业经营活动而形成的各类组织。当然,对于集体所有的土地,农村承包经营户可以享有土地承包经营权,农民还可以享有宅基地使用权。

2. 成员的身份性。农村集体经济组织成员与土地存在天然的依附关系,成员的加入和退出,都和身份是密切相关的。只有取得了特定的身份,才能成为农村集体经济组织的成员。所以,农村集体经济组织成员的进入和退出是受限制的,是与特定的身份是联系在一起的,而营利法人中成员是可以自由进入和自由退出的。但是如果作为土地承包经营权人的家庭中其余的成员并不是该集体经济组织的成员,其已经在其他农村集体经济组织或者城镇落户(如承包方的子女大学毕业后在城市就业等),[94] 此时该家庭的其余成员就不能通过继承取得土地承包经营权,因为其已经不再具备该农村集体经济组织成员的资格。

3. 职能的特定性。农村集体经济组织的职能,主要为经营、管理农民集体所有的土地,从事农业生产经营活动。此处所说的农业是广义上的农业,又称大农业,包括农业、林业、牧业、各类副业、渔业等。[95] 随着市场经济的发展,其职能也不断扩大。当然,农村集体经济组织也要承担一些公益性的职能,如基础设施建设、公益设施建设等。

4. 组织体的稳定性。因为农村集体经济组织是我国农村集体所有制的组织形式,其履行特殊的职能,因此,农村集体经济组织不能随意地解散、清算,非经法律规定不能消灭。[96]

(二)农村集体经济组织法人的设立

农村集体经济组织法人的设立具有天然的地域性,有些是从人民公社转化而来的,并非需要经过批准、登记而设立。《民法典》第99条第1款规定:"农村集体经济组织依法取得法人资格。"依据这一规定,农村集体经济组织要取得法人资格,必须符合法律规定的条件和程序。《民法典》将其作为特别法人予以规定,表明其设立程序具有特殊性,一般来说,其应当直接依

---

〔94〕 胡康生主编:《中华人民共和国农村土地承包法释义》,法律出版社2002年版,第86页。

〔95〕 尹飞:《物权法・用益物权》,中国法制出版社2005年版,第293页。

〔96〕 石宏主编:《中华人民共和国民法总则条文说明、立法理由及相关规定》,北京大学出版社2017年版,第232页。

据法律法规的规定或者行政命令而设立,设立的条件也应当符合法律的规定。

但是,我国现行法对此还没有明确的规定。因此,《民法典》第99条第1款其实是为未来专门就农村集体经济组织进行立法提供依据。使用"依法"的概念具有较大的包容性,也就是说,将来要制定法律法规,予以详细规范。《民法典》第99条第2款规定:"法律、行政法规对农村集体经济组织有规定的,依照其规定。"目前,对农村集体经济组织也有一些其他的法律规定,如《农村土地承包法》《农业法》等。有关的行政法规也有规定。因此,凡是已经作出了规定的,就应当适用其规定。该条也授权法律和行政法规对农村集体经济组织的地位作出规定。

四、合作经济组织法人

(一)合作经济组织法人的概念和特征

所谓合作经济组织法人,又称为合作社法人,是指劳动者在互助基础上,自筹资金,共同经营、共同劳动并分享收益的经济组织。其成员享有退社自由,对合作社的债务一般承担有限责任,合作社在法律上享有法人资格。[97] 尽管在现代市场经济社会,企业的组织形态主要是公司,但是合作社仍然大量存在。在我国,合作社一般采取自愿联合的原则,这种联合是一种劳动者为了共同劳动或获取收益而组成的联合,并非资本的联合,所取得的成果由成员平等地分享,而并非根据出资的比例进行分配。随着经济的发展,合作社逐步向国有企业过渡,受到了国家过多的干预,缺乏独立性和自主性。20世纪80年代以后,随着我国经济体制改革的深入进行,许多农村集体企业又逐渐呈现出向合作经济方向发展的趋势,2007年我国颁布了《农民专业合作社法》,对农村的专业合作社进行了规范。《民法典》第100条第1款规定:"城镇农村的合作经济组织依法取得法人资格。"这对于明确我国实践中大量存在的合作经济组织(尤其是供销合作社)的法人地位,具有重要意义。另外,这也是我国合作经济法律化的重要探索。

合作经济组织法人应当具有如下特征:

1. 合作经济组织法人本质是一种劳动者自愿联合的经济组织,合作社的资金来源主要是合作社成员筹集的资金,其形式是由出资者自己出资、自己经营、自己劳动,不接受非合作社成员的投资,更不能向社会广泛募集资金。在股权的流动上,一般合作制企业入股自愿,退股自由,但股份不能转让。

2. 合作经济组织法人在经营目的上,不是以营利为主要目的,而主要是以社员之间的互济、互助、互惠、互利为其目的,其基本目标是为社员服务。合作社的生产经营过程就是为其成员带来利益的过程,在这一点上它和公司为投资人谋利的目的不同。

3. 合作经济组织法人在分配制度上主要不是按资分配,而是采取按交易额分配、按劳分配等多种分配方式。这就避免了公司中可能出现大股东对小股东的利益的侵害等不公平、不合理的现象,并充分保障成员之间的平等。

4. 在管理方式上,合作经济组织法人事业须由社员共同经营,不得将任何社员排除在合作事业经营之外,而委托非社员经营合作事业。[98] 所以,对一般的公司而言,采取股份民主;合作制采取劳动民主,即只要取得合作社社员资格均享有平等的投票权。[99]

5. 合作经济组织法人的社员要参与经营或劳动。由于职工股东也要参与经营或劳动,不

---

〔97〕 佟柔主编:《中国民法》,法律出版社1990年版,第25页。

〔98〕 郑少华:《法人运动与第二次法律革命》,载《法学》2001年第6期。

〔99〕 戚建刚:《论股份合作企业立法科学性取向》,载《法律科学》1998年第5期。

能仅仅凭借出资来分享收益，因此在许多合作社中，劳动的质量和数量成为收益分配的重要依据。当然，还有一些合作社，如供销合作社，主要是按照合作社与社员的交易额来分配。在我国许多股份合作社中，职工在入股后，也要参与劳动。合作社在收益分配上以按劳动比例为主，限制股金分红为辅。在联合的内容上，一般合作制企业以劳动的联合为主，非企业员工不可入股。[100]

就合作经济组织法人的性质，学界历来存在争议。有人认为，其属于营利法人；也有人认为，其属于非营利法人；还有人认为，其是介乎于营利法人和非营利法人之间的法人。根据立法机关的看法，供销合作社等合作经济组织对内具有共益性或者互益性，对外也可以从事经营活动，具有相当的特殊性。[101] 考虑到此类法人既无法归入营利法人，也无法归入非营利法人，《民法典》将其作为特殊法人处理。

（二）合作经济组织法人的设立

《民法典》第100条第1款规定："城镇农村的合作经济组织依法取得法人资格。"该条包含两层含义：一是承认其具有法人地位，并强调其设立的条件和程序都必须合法；二是为了规范城镇农村合作经济组织的需要，需要进一步完善相关的法律法规。我国现行立法对其的规定还不完善，因此，"依法"二字实际上为未来立法提供了依据。《民法典》第100条第2款规定："法律、行政法规对城镇农村的合作经济组织有规定的，依照其规定。"该条既是引致性规范，同时也授权法律和行政法规对合作经济组织的地位作出规定，落实《民法典》的立法精神。[102]

合作经济组织法人在成立时应当有自己的章程，合作社章程是合作社成立的基础。例如，《农民专业合作社法》第10条规定，设立农民专业合作社，应当"有符合本法规定的章程"。合作经济组织在这一点上具备了典型的法人形态。合作社的机构和公司一样，有社员大会（或代表大会）作为其最高权力机构，理事会（董事会）和监事会各司其职，向社员大会负责，已完全形成了能够代表组织体实现民事权利和民事义务的机构。合作经济组织的财产一般来自社员股金、积累资金和政府贷款，也有少部分其他资金。这些财产构成了对外独立支配的财产，合作社以这些财产对外独立承担民事责任。另外，一般合作社均要进行登记注册，方可有效成立。

五、基层群众性自治组织法人

（一）居民委员会和村民委员会

依据《城市居民委员会组织法》第2条第1款的规定，居民委员会（简称居委会）是"居民自我管理、自我教育、自我服务的基层群众性自治组织"。居民委员会直接行使宪法赋予的自治权和民主管理经济、文化和社会事务的权利。它是我国城市基层政权的重要基础，也是党和政府联系人民群众的桥梁和纽带之一。所谓村民委员会，是指"村民自我管理、自我教育、自我服务的基层群众性自治组织"，"实行民主选举、民主决策、民主管理、民主监督"。[103] 现在，我国农村普遍建立了村委会，这是我国农村实行村民自治的组织形式。由此可见，"两会"都是群众性自治组织。《民法典》第101条确认其法律地位有利于规范此类群众性自治组织，将其纳入法制轨道，符合建设法治国家的方针，也有利于群众自治组织更加规范、高效地开展各项活动。

---

〔100〕 许承光：《股份合作企业的法律属性探析》，载《江汉论坛》2000年第12期。

〔101〕 李适时主编：《中华人民共和国民法总则释义》，法律出版社2017年版，第319页。

〔102〕 石宏主编：《中华人民共和国民法总则条文说明、立法理由及相关规定》，北京大学出版社2017年版，第240页。

〔103〕 《村民委员会组织法》第2条。

虽然我国普遍设立了居民委员会和村民委员会,但它们是否具有法人资格并不明确。我国《民法典》确认了居民委员会和村民委员会的民事主体资格,这便利了其从事民事活动,如签订建设社区公益设施的合同等。我国《民法典》第262条第1项规定,对于集体所有的土地和森林、山岭、草原、荒地、滩涂等,属于村农民集体所有的,由村集体经济组织或者村民委员会依法代表集体行使所有权。另外,在我国不少地方,村民委员会还要代行农村集体经济组织的职权,如果不确认其法人资格,就影响到其这一职权的行使。[104] 基于这一原因,《民法典》承认了其法人地位。同时,考虑到其既不能归入到营利法人,又不能归入到非营利法人,所以,将其置于特别法人之中。居民委员会和村民委员会法人的特殊性主要在于:

1. 设立的特殊性。居民委员会和村民委员会都是依据法律法规的规定而直接设立的。我国已经颁布了《城市居民委员会组织法》和《村民委员会组织法》,这些法律都对居委会和村委会的设立作出了规定。因此,其设立并非基于设立人的意愿,也不需要办理登记。

2. 职能的特殊性。居民委员会和村民委员会的职能是法律法规直接规定的,其主要从事公益事业、提供公共服务,并依法管理有关财产。例如,依据《城市居民委员会组织法》第3条的规定,居民委员会的职能不仅具有公益性,而且具有一定的公共职能性,鉴于此,不少人认为,其也履行一定的行政职能。

3. 组织机构的特殊性。村委会和居委会的成员都要经过村民或居民的直接选举而产生,而且,必须按照法律规定设置。例如,《村民委员会组织法》第6条第1款规定:"村民委员会由主任、副主任和委员共三至七人组成。"同条第2款规定:"村民委员会成员中,应当有妇女成员,多民族村民居住的村应当有人数较少的民族的成员。"

4. 财产的特殊性。居民委员会的经费来源是由政府划拨的。村民委员会存在经费困难的,政府也要适当提供。另外,村民委员会办理本村公益事业所需的经费,由村民会议通过筹资筹劳解决。

《民法典》第101条第1款规定:"居民委员会、村民委员会具有基层群众性自治组织法人资格,可以从事为履行职能所需要的民事活动。"本条实际上明确了居委会和村委会的民事权利能力和民事行为能力的特殊性,即只能从事"为履行职能所需要的民事活动"。这一规定是为了避免其广泛地进入市场,影响其履行法定职责。

(二)未设立村集体经济组织时村民委员会的职能

《民法典》第101条第2款规定:"未设立村集体经济组织的,村民委员会可以依法代行村集体经济组织的职能。"《民法典》第262条第1项规定,对于集体所有的土地和森林、山岭、草原、荒地、滩涂等,属于村农民集体所有的,由村集体经济组织或者村民委员会依法代表集体行使所有权。也就是说,如果设立了村集体经济组织,则由该组织行使所有权,如果没有设立,则由村民委员会行使所有权。但从我国实践来看,不少地方都没有设立农村集体经济组织,而主要由村委会代行集体经济组织的职能。正是因为这一原因,《村民委员会组织法》第8条第2款规定:"村民委员会依照法律规定,管理本村属于村农民集体所有的土地和其他财产,引导村民合理利用自然资源,保护和改善生态环境"。而按照2015年中共中央和国务院发布的《深化农村改革综合性实施方案》的要求,应当逐步剥离村委会对集体资产经营管理的职能,从而实现"政经分开"。但从整体上看,这一改革目前仍然处于探索阶段,为了与这一客观情况相适

---

[104] 石宏主编:《中华人民共和国民法总则条文说明、立法理由及相关规定》,北京大学出版社2017年版,第243页。

应,《民法典》第101条第2款明确了在未设立村集体经济组织的情况下,村委会可以代行村集体经济组织的职能,这一规定也符合我国目前农村改革的现状。

参考案例

1. 中建材集团进出口公司诉北京大地恒通经贸有限公司、北京天元盛唐投资有限公司、天宝盛世科技发展(北京)有限公司、江苏银大科技有限公司、四川宜宾俄欧工程发展有限公司进出口代理合同纠纷案,载《中华人民共和国最高人民法院公报》2011年第2期。
2. 中国光大银行与内蒙古包头华达合资卧具装饰厂、中国农业银行包头市青山区支行、包头市青山区人民政府自由路办事处侵权纠纷案,载《中华人民共和国最高人民法院公报》2010年第2期。
3. 中远公司诉香港美通公司、天津美通公司拖欠海运费、港杂费纠纷案,载《中华人民共和国最高人民法院公报》2002年第4期。
4. 南通双盈贸易有限公司诉镇江市丹徒区联达机械厂、魏恒聂等六人买卖合同纠纷案,载《中华人民共和国最高人民法院公报》2011年第7期。
5. 应高峰诉嘉美德(上海)商贸有限公司、陈惠美其他合同纠纷案,载《中华人民共和国最高人民法院公报》2016年第10期。
6. 李稳博诉上海虹口区艺术合子美术进修学校合同纠纷案,载《中华人民共和国最高人民法院公报》2016年第9期。
7. 邵萍与云南通海昆通工贸有限公司、通海兴通达工贸有限公司民间借贷纠纷案,载《中华人民共和国最高人民法院公报》2017年第3期。

第六章　非法人组织

导读

非法人组织，是指不具有法人资格，但是能够依法以自己的名义从事民事活动的组织。《民法典》在自然人、法人之外规定非法人组织，丰富了民事主体的类型，有利于激发市场活力，反映了我国改革开放的现实需要。承认非法人组织的主体地位，也有利于在法律上对其进行规范和管理。

第一节　概　　述

一、非法人组织的概念和特征

所谓非法人组织，是指不具有法人资格，但是能够依法以自己的名义从事民事活动的组织。从我国立法的历史沿革来看，《民法通则》并未规定非法人组织。但《民事诉讼法》承认了其他组织的诉讼主体资格。其他相关民事法律中也规定了其他组织。[1] 尤其应当看到，我国相关立法也承认了合伙企业、个人独资企业等不具有法人资格的民事主体地位，而且此类组织也广泛参与了民事活动。因此，《民法典》在总结既有立法和司法实践经验的基础上，单设一章规定非法人组织，承认了非法人组织的民事主体地位。《民法典》在自然人、法人之外规定非法人组织，丰富了民事主体的类型，有利于激发市场活力，反映了我国改革开放的现实需要。承认非法人组织的主体地位，也有利于在法律上对其进行规范和管理。例如，法律规定要进行登记的，非法人组织应当进行登记，从而便利对其进行管理。

非法人组织主要具有如下特征：

1. 非法人组织必须依法设立。也就是说，非法人组织应当依据法律规定的条件和程序设立。从比较法上来看，有的国家明确规定，所有团体以登记作为取得权利能力的条件，未登记者，将作为无权利能力社团存在。[2] 依据《民法典》第 103 条的规定，非法人组织的设立原则上都应当登记，如果法律、行政法规规定非法人组织的设立必须经有关机关批准的，则设立非法人组织还应当经过批准。这就使非法人组织和未进行登记的民事合伙、设立中的法人等区别开来。在法律上要求非法人组织必须依法设立，有利于加强对非法人组织的监护和管理，维

---

〔1〕 原《合同法》第 2 条、原《担保法》第 7 条、《著作权法》第 2 条、《商标法》第 8 条。

〔2〕 [德]汉斯·布洛克斯、沃尔夫·迪特里希·瓦尔克：《德国民法总论》，张艳译，杨大可校，中国人民大学出版社 2012 年版，第 451 页。

护交易安全。

2. 非法人组织能够以自己的名义从事民事活动。一方面，非法人组织虽然不是法人，但其也是组织体，其与单纯的不具有法人资格的财产的集合体，如信托财产、破产财团等是相区别的。[3] 另一方面，从实践来看，社会组织的种类多种多样，但并非所有的社会组织都属于非法人组织。依据《民法典》第102条的规定，非法人组织必须能够以自己的名义从事民事活动，因此，作为一种组织体，其并非松散的民事主体的集合，而是能够以自己的名义对外行为的组织体，非法人组织虽然不具有法人资格，但其在性质上也属于独立的民事主体，具有民事权利能力和民事行为能力，能够以自己的名义从事民事活动。而且非法人组织作为独立的民事主体，其在从事民事活动时，能够取得相关的权利，负担相应的义务。例如，非法人组织可以作为合同当事人与他人订立合同，可以享有合同权利，负担合同义务。

3. 非法人组织也可能拥有自己的财产。《民法典》第104条第1句规定："非法人组织的财产不足以清偿债务的，其出资人或者设立人承担无限责任。"这就表明，非法人组织也可能有自己的财产，首先应当以自己的财产对外承担责任。例如，合伙企业也具有自己的合伙财产，合伙财产尽管在法律上是合伙人的财产，但毕竟与各合伙人的个人财产是相区别的。《合伙企业法》第20条规定："合伙人的出资、以合伙企业名义取得的收益和依法取得的其他财产，均为合伙企业的财产。"在承担债务时，首先以合伙企业的财产承担责任，只有在合伙财产不足以承担责任时，才由各合伙人承担无限连带责任。

4. 非法人组织的成员应承担无限责任。非法人组织虽然属于独立的民事主体，可以享有民事权利，负担民事义务，但其与法人不同，不能独立对外承担责任。法人可以独立对外承担民事责任，法人的责任与其成员的责任是严格区分的，在法人的财产不足以清偿其债务时，法人的成员仅以其认缴的出资额为限承担责任，而无须以自己的全部财产对法人债务承担责任。而对非法人组织而言，《民法典》第104条第1句规定："非法人组织的财产不足以清偿债务的，其出资人或者设立人承担无限责任。"可见，非法人组织并不能独立承担责任，其出资人或者设立人需要对非法人组织的债务承担无限责任。

非法人组织与《民事诉讼法》中的"其他组织"的概念并不完全相同。应当承认，《民法典》规定非法人组织，在一定程度上有利于协调其与《民事诉讼法》的关系，因为《民事诉讼法》规定了其他组织，也承认了其他组织的诉讼法律地位，实体法上对其民事主体地位予以明确，有助于实体法和程序法的衔接。尤其是为民事诉讼法规定其他组织作为诉讼主体提供实体法依据。但是两者是有区别的：第一，从目的上看，诉讼法上的其他组织是为了承认相关组织的诉讼主体资格，而《民法典》所规定的非法人组织则是为了确定相关组织的民事主体资格。传统民法认为非法人团体不具有独立的权利能力、责任能力，仅具有诉讼能力。承认非法人团体主要是为了这些组织在诉讼上的便利。[4] 非法人团体原属民事诉讼法上之名词，采纳这一概念主要是为了赋予其当事人资格。[5] 而非法人组织是为了赋予组织体以民事主体资格，而不仅仅是诉讼主体资格。第二，二者的范围不同。诉讼法上的其他组织在范围上要大于《民法典》中的非法人组织。因为诉讼法中的其他组织并不一定能够以自己的名义从事民事活动，也不

---

〔3〕 朱庆育：《民法总论》，北京大学出版社2013年版，第468页。

〔4〕 曾世雄：《民法总则之现在与未来》，中国政法大学出版社2001年版，第92页。

〔5〕 《德国民事诉讼法》第50条规定："有权利能力者，有当事人能力。无权利能力的社团可以被诉；在诉讼中，该社团具有权利能力的社团的地位。"

一定需要依法办理登记手续。例如,一般的法人分支机构可能成为诉讼主体,但如果其不能以自己的名义对外活动,则其无法成为《民法典》所规定的非法人组织。

二、非法人组织与法人

依据《民法典》第 102 条的规定,非法人组织是不具有法人资格的组织,法律上之所以设定非法人组织,其实就是赋予法人之外的组织体以主体地位。也就是说,非法人组织虽然能够以自己的名义行为,可以成为民事主体,但其并不属于法人。其与法人的区别主要表现在如下方面:

1. 是否具有独立的财产不同。法人具有独立财产,法人的财产完全独立于法人成员的个人财产,这也是法人独立对外承担责任的基础。非法人组织虽然属于独立的民事主体,能够以自己的名义从事民事活动,而且非法人组织还可以设置商事账簿。但非法人组织没有独立的财产,其财产由其成员共有。

2. 是否能够独立承担责任不同。法人的责任与其成员的责任是明确区分的,法人能够独立对外承担责任,法人成员一般以其认缴的出资额为限对法人债务承担有限责任。但非法人组织并不能独立对外承担责任,其责任由其成员承担。

3. 成员与团体的关系不同。对法人而言,法人的成员可能并不直接参与法人的经营、管理活动。例如,在公司内部,股东一般并不直接参与公司的事务。对非法人组织而言,确立了法定代表人的,法定代表人代表该组织从事民事活动,但如果非法人组织并未确立法定代表人,则其成员一般都可以代表非法人组织从事民事活动。

非法人组织与法人虽然存在上述区别,但二者均为组织体,具有密切联系,法人的许多规则都可以参照适用于非法人组织。根据《民法典》第 108 条的规定,非法人组织首先应适用《民法典》第一编第四章规定,但在第四章没有规定的情形下,还可参照适用第一编第三章第一节即法人组织的一般性规定。

三、非法人组织的分类

非法人组织也可以分为营利性和非营利性两种。例如,律师事务所在性质上应当属于非营利性的非法人组织,而个人独资企业、合伙企业在性质则属于营利性的非法人组织。关于非法人组织的类型,《民法典》第 102 条第 2 款规定:"非法人组织包括个人独资企业、合伙企业、不具有法人资格的专业服务机构等。"因此,非法人组织包括如下类型(见图 6－1)。

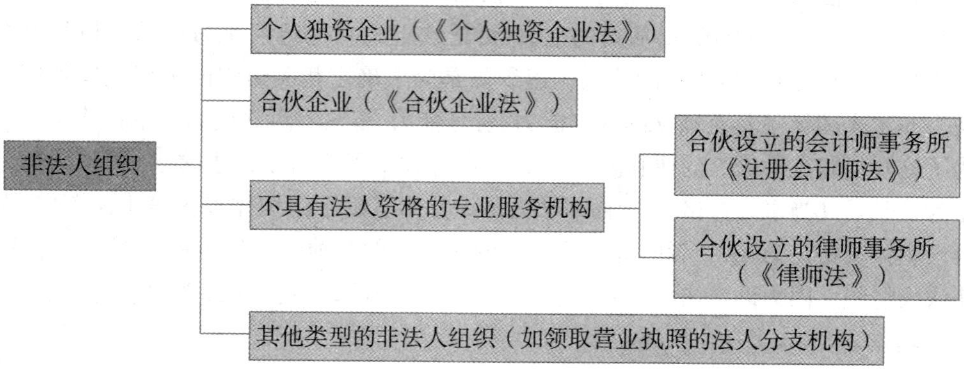

图 6－1　非法人组织的类型

(一)个人独资企业

根据《个人独资企业法》第2条的规定,个人独资企业是指"在中国境内设立,由一个自然人投资,财产为投资人个人所有,投资人以其个人财产对企业债务承担无限责任的经营实体"。个人独资企业在民商分立的国家称为商自然人,可以成为商法上的主体。个人独资企业虽然是由一个自然人投资设立的,但其与自然人不同,而属于独立的民事主体,能够以自己的名义对外开展民事活动。当然,个人独资企业虽然以企业的形式存在,但其并不能独立对外承担责任,作为投资人的自然人仍然需要对个人独资企业的债务承担无限责任。个人独资企业的主要特点在于:

1. 仅有一个投资者,且该投资者为自然人。个人独资企业,顾名思义,就是由一个自然人所创办的企业。[6] 个人独资企业与公司的区别在于,除了国有独资公司以外,公司的投资人是两个以上的民事主体。但是个人独资企业仅由一个自然人出资设立。

2. 投资者的财产和企业财产没有分离。依据《个人独资企业法》第17条的规定,个人独资企业投资人对本企业的财产依法享有所有权,其有关权利可以依法进行转让或继承。因此,独资企业的财产属于投资者个人所有,投资者也有权将其投入企业的财产依法转让。但是,如果投资者以家庭共有财产投资,则企业的财产属于家庭共有。可见,在独资企业中,并没有实现企业财产与投资者财产的分离。

3. 企业的所有权和经营权是合一的。在独资企业中,投资者的财产和企业的财产没有分离,与此相应,企业的所有权和经营权也没有发生分离。依据《个人独资企业法》第19条的规定,"个人独资企业投资人可以自行管理企业事务,也可以委托或者聘用其他具有民事行为能力的人负责企业的事务管理"。因此,投资者仍然要自行管理企业的事务,当然,其也可以委托他人管理。

4. 投资者对企业债务承担无限责任。个人独资企业的意志完全体现为投资者个人的意志,其财产与投资者的个人财产发生重合,并没有法律上的独立性,其责任最终也是由投资者个人承担的。因此,依据《个人独资企业法》第31条的规定,"个人独资企业财产不足以清偿债务的,投资人应当以其个人的其他财产予以清偿"。正是因为在个人独资企业中,企业财产和个人财产不分离,所以,投资者要对企业债务承担无限责任。因此,个人独资企业与一人公司不同,因为一人公司在性质上属于法人,而且公司责任与公司投资者的责任是区分开的,投资者原则上仅以认缴的出资额为限对公司债务承担责任。

(二)合伙企业

合伙,是指两个或两个以上的自然人或法人,根据合伙协议而共同出资、共同经营、共享收益、共担风险的营利性组织,合伙人对外一般承担连带无限责任,或者依法承担有限责任。[7] 合伙包含两方面的关系:一是合伙协议关系,它是确定合伙人之间的权利义务关系的协议。合伙协议是调整内部关系的依据;二是合伙组织,即在对外表现形式上,合伙作为一个组织体,可以与第三人发生各种法律关系。[8] 合伙乃是由合伙协议与合伙组织两部分所组成的,前者是

---

〔6〕 朱庆育:《民法总论》,北京大学出版社2013年版,第473页。

〔7〕 我国《合伙企业法》第2条第3款在普通合伙之外,还承认了有限合伙,有限合伙中的有限合伙人对合伙企业的债务承担有限责任。

〔8〕 佟柔主编:《中国民法》,法律出版社1990年版,第131页。

对合伙人有拘束力的内部关系,后者是由全体合伙人作为整体与第三人产生法律关系的外部形式,合伙大多是这两种关系的结合。尤其是在合伙企业中,合伙人不仅要订立合伙协议,而且要建立合伙组织。合伙企业也是现代企业制度的一种典型形态,是民事主体的一种类型,根据《合伙企业法》第 2 条的规定,合伙企业是指"自然人、法人和其他组织依照本法在中国境内设立的普通合伙企业和有限合伙企业"。普通合伙企业由普通合伙人组成,只要没有法律的特别规定,则全体普通合伙人应当对合伙企业债务承担无限连带责任。有限合伙企业由普通合伙人和有限合伙人组成,普通合伙人对合伙企业债务承担无限连带责任,有限合伙人以其认缴的出资额为限对合伙企业债务承担责任。

(三)不具有法人资格的专业服务机构

所谓不具有法人资格的专业服务机构,是指专门提供专业服务的非法人组织,如会计师事务所和律师事务所。我国《注册会计师法》和《律师法》分别对会计师事务所和律师事务所作出了规定。《注册会计师法》第 23 条规定:"会计师事务所可以由注册会计师合伙设立。合伙设立的会计师事务所的债务,由合伙人按照出资比例或者协议的约定,以各自的财产承担责任。合伙人对会计师事务所的债务承担连带责任。"《律师法》第 15 条规定:"设立合伙律师事务所,除应当符合本法第十四条规定的条件外,还应当有三名以上合伙人,设立人应当是具有三年以上执业经历的律师。合伙律师事务所可以采用普通合伙或者特殊的普通合伙形式设立。合伙律师事务所的合伙人按照合伙形式对该律师事务所的债务依法承担责任。"不具有法人资格的专业服务机构具有如下特征:

1. 设立的特殊性。从《民法典》第 103 条的规定来看,非法人组织的设立一般仅需要办理登记,而不需要经过批准。但从我国《律师法》《注册会计师法》的规定来看,设立不具有法人资格的专业服务机构一般都需要经过有关部门的批准。这一方面有利于规范此类专业服务机构的经营活动,另一方面也便于主管机关对其进行必要的管理。

2. 业务范围的特殊性。不具有法人资格的专业服务机构以提供专业服务为内容,因此,这类机构一般不以拥有大型生产设备为要件,而主要是由具备专业知识和专门技能的工作人员为客户提供服务,例如律师为当事人代理案件,会计师事务所为企业进行审计等。

3. 责任承担上的特殊性。一般情形下,非法人组织成员要对非法人组织的债务承担无限连带责任,但对不具有法人资格的专业服务机构而言,在特殊情况下,其成员并不需要对非法人组织的债务承担无限连带责任。例如,《律师法》第 54 条规定:"律师违法执业或者因过错给当事人造成损失的,由其所在的律师事务所承担赔偿责任。律师事务所赔偿后,可以向有故意或者重大过失行为的律师追偿。"从该条规定来看,律师违法执业或者因过错给当事人造成损失的,由律师事务所承担责任,其他律师并不需要对此承担连带责任。

(四)其他类型

关于非法人组织的类型,《民法典》第 102 条第 2 款采用了"等"这一兜底表述,表明非法人组织并不限于该条所明确列举的合伙企业、个人独资企业以及不具有法人资格的专业服务机构,还有其他类型的非法人组织,最典型的是法人的分支机构。虽然我国《民法典》在法人的一般规定中特别规定了法人的分支结构(第 74 条),将法人的分支机构作为法人的组成部分来规定,而并没有将其规定在非法人组织部分。但本书认为,法人的分支机构实际上包括两种:一类是可以有自己的财产,已经办理登记,并且能够以自己的名义对外活动的组织,如一些商业银行的分支机构。另一类则是不能以自己的名义对外活动的组织。前者符合非法人组织的特征，应当属于我国《民法典》所规定的非法人组织，而后者则不应当属于民法意义上的非法人组织。

关于非法人组织的类型，还有如下两种情形值得探讨：

1. 筹备中的法人。对于筹备中的法人而言，其目的在于设立法人，取得法人资格。我国《民法典》并没有规定筹备中的法人，而只是对筹备中法人的设立人的责任承担作出了规定，而且从实践来看，筹备中的法人大多尚未进行登记，因此，其并不属于我国《民法典》所规定的非法人组织。

2. 业主大会和业主委员会。我国台湾地区判例学说普遍认为，业主委员会和业主大会是非法人团体，也称为无权利能力社团。[9] 业主大会和业主委员会也具有自己独立的财产，能够以自己的名义对外签订合同，虽然住房和城乡建设部颁发的《业主大会和业主委员会指导规则》第33条规定，业主委员会应当自选举产生之日起30日内，在房地产相关行政管理部门进行备案，但并没有强制要求业主大会进行登记。因此，业主大会与业主委员会也难以成为我国《民法典》规定的非法人组织。

四、非法人组织的代表

（一）非法人组织可以确定代表人

《民法典》第105条也允许非法人组织确定代表人，该条规定："非法人组织可以确定一人或者数人代表该组织从事民事活动。"允许非法人组织确定代表人具有重要意义：一方面，非法人组织作为独立的民事主体，能够以自己的名义对外活动，为了便于非法人组织参与民事活动，就应当允许非法人组织确定代表人。另一方面，允许非法人组织确定代表人从事民事活动，第三人与非法人组织从事交易时能够明确知道谁能够有权代表非法人组织行为，这也有利于维护交易安全。此外，规定非法人组织代表人制度也有利于控制非法人组织自身的风险，以防止非法人组织成员实施不当代表非法人组织的行为。例如，根据《合伙企业法》第26条第2款的规定，按照合伙协议的约定或者经全体合伙人决定，可以委托一个或者数个合伙人对外代表合伙企业，执行合伙事务。此时，如果确定了代表人，应当由代表人代表非法人组织作出代表行为，其他成员不得代表。

非法人组织的代表人不同于法人的法定代表人。法定代表人依据法律规定代表法人活动，而非法人组织的代表人则是依据章程、协议或者成员的共同决定对外代表非法人组织行为。非法人组织代表人的产生原因具有多重性，这也决定了与非法人组织进行交易的第三人对该代表人负有更多的审查义务，从我国现行法律规定来看，其并没有对非法人组织代表人的登记公示等问题作出细化规定。

依据《民法典》第105条的规定，非法人组织"可以"确定代表人，而非必须确定。因此，如果非法人组织确定了代表人，则由该代表人代表非法人组织行为；如果非法人组织未确定代表人，则非法人组织的所有成员都可代表非法人组织作出代表行为。例如，《合伙企业法》第26条第1款规定："合伙人对执行合伙事务享有同等的权利。"因此，如果合伙企业未确定代表人，则每一位合伙人均可对外代表合伙，其执行合伙事务的行为对全体合伙人均发生效力。

（二）非法人组织代表人的义务

非法人组织代表人虽然有权代表非法人组织对外行为，但其也应当负担一定的义务，这些

---

〔9〕 陈聪富：《民法总则》，元照出版有限公司2014年版，第97页。

义务主要包括:

1. 勤勉义务。代表人应当在执行事务中遵循诚信原则,尽到充分谨慎的作为义务。不得擅自转委托、怠于执行非法人组织的事务等,并要按照业务判断规则的要求,为非法人组织的最大利益执行事务。如果因自己的过错而给非法人组织造成损失,应当对非法人组织承担赔偿责任。

2. 忠实义务。该项义务要求非法人组织的代表人应当对非法人组织负有忠实的义务,在执行非法人组织的事务时,应当按照非法人组织利益最大化的原则进行,不得借执行非法人组织事务的便利牟取私利,不得侵夺非法人组织的商业机会,不得与第三人恶意串通损害非法人组织的利益,也不得经营与非法人组织事业相竞争的事业。

3. 报告义务。非法人组织代表人在执行非法人组织的事务时,应当及时向非法人组织的其他成员报告事务执行情况、非法人组织的经营状况、财务状况等,以便其他成员对其进行必要的监督。

第二节 非法人组织的设立

一、非法人组织设立的登记

《民法典》第 103 条第 1 款规定:"非法人组织应当依照法律的规定登记。"从该条规定来看,非法人组织原则上都应当进行登记。本条之所以作出此种规定,一方面,因为非法人组织的类型较多,登记有利于对各类非法人组织进行更有效率的管理;另一方面,要求非法人组织原则上都进行登记,有助于使不特定第三人了解对方当事人的主体资格和交易能力,进而维护交易安全。例如,《合伙企业法》第 9 条第 1 款规定:"申请设立合伙企业,应当向企业登记机关提交登记申请书、合伙协议书、合伙人身份证明等文件。"该条对合伙企业的登记问题作出了规定。《个人独资企业法》第 9 条第 1 款规定:"申请设立个人独资企业,应当由投资人或者其委托的代理人向个人独资企业所在地的登记机关提交设立申请书、投资人身份证明、生产经营场所使用证明等文件。委托代理人申请设立登记时,应当出具投资人的委托书和代理人的合法证明。"该条对个人独资企业的登记问题作出了规定。

对于未进行登记的社会组织,其在性质上就不属于非法人组织意义上的民事主体,而应当属于民事合伙,此类社会组织不享有民事权利能力,不能以自己的名义实施民事法律行为,也不能享有权利、承担义务,其债务直接由其成员承担责任。此类未经登记的社会组织不受《民法典》民事主体制度的调整,而应当受到合同编的调整。

二、非法人组织设立的批准

《民法典》第 103 条第 2 款规定:"设立非法人组织,法律、行政法规规定须经有关机关批准的,依照其规定。"非法人组织设立需要经有关机关批准的情形主要包括如下两种:

1. 某些非法人组织的设立应当经过批准。例如,设立律师事务所和会计师事务所即需要经有关机关批准,对此,《律师法》第 18 条和《注册会计师法》第 25 条第 1 款均有规定。

2. 某些非法人组织的设立不需要经过批准,但其特定事项(如经营范围)可能需要经过批准。例如,依据《合伙企业法》第 9 条第 2 款的规定,如果合伙企业的经营范围属于法律、行政法规规定应当批准的项目，则该合伙企业的设立即应当经有关机关批准。

当然，一般而言，对于应当经批准设立的非法人组织而言，在批准之后，仍然应当办理登记。批准和登记的功能存在一定的区别，批准主要是基于管理的需要，而登记主要起到一种公示的作用，即通过登记公示非法人组织的主体资格状况，从而降低交易相对人的识别成本，维护交易安全。

第三节　非法人组织的财产责任

一、非法人组织的财产责任的一般规则

所谓非法人组织的财产责任，是指非法人组织对非法人组织代表人的行为承担的后果。如前所述，非法人组织不同于法人，不能独立承担民事责任，在其财产不足以清偿其债务时，其出资人或者设立人仍然需要对该债务承担责任。依据《民法典》第 104 条的规定，非法人组织的偿债规则包含如下两层含义：

1. 应当首先以非法人组织的财产清偿债务，这就是非法人组织的独立责任。法律之所以确认非法人组织的民事主体资格，在很大程度上就是确认其能够以自己的名义承担责任，履行义务。而且法律一旦确定其为独立的民事主体，其与一般的民事合伙就不能一概而论。原则上，凡是非法人组织有自己财产的，都应当以自己的财产承担责任。我国有关的法律法规也对此作出了规定。例如，对合伙企业而言，《合伙企业法》第 38 条规定："合伙企业对其债务，应先以其全部财产进行清偿。"《个人独资企业法》第 31 条规定："个人独资企业财产不足以清偿债务的，投资人应当以其个人的其他财产予以清偿。"上述规则都确立了首先由作为非法人组织的合伙企业、个人独资企业以自己的财产偿还自己债务的做法。

2. 非法人组织的财产不足以清偿债务的，则应由其出资人或者设立人承担无限责任。此处的无限责任，是指非法人组织的设立人或者出资人需要以其个人的全部财产对非法人组织的债务承担责任。就非法人组织的设立人或者出资人之间的关系而言，其应当对非法人组织的债务承担连带清偿责任，即每个非法人组织的设立人或者出资人连带对债权人承担清偿责任，债权人可以选择其中一人、数人或者请求其全体承担全部清偿责任。某一设立人或者出资人在清偿全部债务后，其他设立人或者出资人的清偿责任也随之消灭。

非法人组织的出资人或者设立人承担无限责任的特点在于：第一，它是一种法定责任，即非法人组织的出资人或者设立人不能通过约定免除此种责任，当事人如果作出了此种约定，该约定只能在其内部产生效力，而不能对抗债权人。但如果债权人认可的也应当对债权人发生效力。第二，无限责任是一种对外的责任。也就是说，非法人组织的出资人或者设立人应该以个人财产对非法人组织的债务负责，任何人都不能以非法人组织的债务非因个人行为造成的而提出抗辩。但是这并不妨碍某个非法人组织的设立人或者出资人在对外承担责任以后，享有向其他设立人或出资人追偿的权利。

二、非法人组织财产责任承担的例外

如果有法律特别规定非法人组织的出资人或者设立人无须对非法人组织资不抵债部分的债务承担无限连带责任或者有其他限制的，则依据该具体规定确定出资人、设立人的责任。例

如,依据《合伙企业法》第2条的规定,有限合伙人以其认缴的出资额为限对合伙企业债务承担责任。因此,在清偿合伙企业的债务时,有限合伙人所认缴的出资额是其责任承担的上限。如果有限合伙人认缴了出资,但尚未实际履行出资义务,一旦合伙企业财产不足清偿债务,该有限合伙人应如实履行出资义务。如果其已实际履行了出资义务,则在合伙企业财产不足清偿债务时,其不必再承担额外的清偿责任。不过,若有限合伙人在承担责任前已取回其出资,则在承担责任时,仍应以其出资的财产为限对合伙企业的债务负责。[10] 再如,《个人独资企业法》第28条规定:"个人独资企业解散后,原投资人对个人独资企业存续期间的债务仍应承担偿还责任,但债权人在五年内未向债务人提出偿债请求的,该责任消灭。"

第四节 非法人组织的解散

一、非法人组织解散的概念与特征

所谓非法人组织的解散,是指非法人组织章程或者法律规定的事由出现,或者基于出资人、设立人的决议,使非法人组织停止积极活动,并开始清理相关财产关系的法律程序。即非法人组织根据出资人、投资人的合意或者法律规定的情形而终止民事主体资格。[11]

非法人组织解散具有如下特征:第一,解散原因具有多样性。其既可以基于法律规定的原因解散,也可以基于章程规定的事由解散,还可以基于出资人或者设立人的决定解散。第二,并不当然导致非法人组织的终止。在非法人组织解散后,还需要进行清算,清算后才能办理相关的注销登记,非法人组织才能终止。第三,非法人组织一旦解散,其民事行为能力就受到严格限制,其只能从事与清算活动相关的活动,如向债务人主张债权、接受债务人的履行等。

非法人组织的解散与撤销不同,非法人组织的解散除了法律规定的原因外,其还可以基于章程规定或者出资人、设立人的决议而解散,其解散一般要体现非法人组织的自主自愿;而非法人组织的撤销一般不由非法人组织自己决定,而是由法律规定或由行政命令决定。

二、非法人组织解散的原因

《民法典》第106条规定:"有下列情形之一的,非法人组织解散:(一)章程规定的存续期间届满或者章程规定的其他解散事由出现;(二)出资人或者设立人决定解散;(三)法律规定的其他情形。"这些解散事由大体上可以分为两类:第一,任意解散事由,即基于组织成员(出资人、设立人等)的意愿而解散,包含了"章程规定的存续期间届满或者章程规定的其他解散事由出现"和"出资人或者设立人决定解散"两种法定情形;第二,强制解散事由,即非法人组织基于法律规定而被迫解散。例如,《合伙企业法》规定,合伙企业因为违法被主管行政机关依法吊销营业执照而解散。

三、非法人组织解散后的清算

《民法典》第107条规定:"非法人组织解散的,应当依法进行清算。"因此,在非法人组织解散后,其必须进行清算,以及时了结其相关的权利义务关系,并规范非法人组织的退出行为。

---

〔10〕 韩长印主编:《商法教程》,高等教育出版社2011年版,第135页。

〔11〕 石宏主编:《中华人民共和国民法总则条文说明、立法理由及相关规定》,北京大学出版社2017年版,第252页。

如果非法人组织在解散后长期不清算，可能导致相关的权利义务关系始终处于不确定状态，这会影响交易安全和交易秩序。

关于非法人组织清算的程序，《民法典》并没有作出统一规定，但相关的立法对个别类型的非法人组织的清算规则作出了规定。例如，《合伙企业法》对合伙企业的清算规则作出了规定，此时，非法人组织的清算应当适用该特殊规则。同时，依据《民法典》第 108 条的规定，如果相关立法没有对非法人组织的清算规则作出规定，则可以准用法人清算的一般规则。具体而言，在清算开始时，应当确定非法人组织的清算人，从而由其在清算期间代表非法人组织处理与清算相关的事务。一旦清算程序开始启动，非法人组织即应当停止与清算活动无关的活动。清算人应当及时通知该非法人组织的债权人，以便于债权人进行债权申报，清算人应当登记各债权人的债权。如果因为清算人未及时通知导致债权人未及时申报债权的，则债权人有权请求清算人承担责任。清算人应当按照债权平等原则，清偿各债权人的债权。清算结束，清算人应当编制清算报告，并向登记机关报送清算报告，申请办理注销登记，此时，非法人组织的主体资格消灭。

参考案例

1. 南通双盈贸易有限公司诉镇江市丹徒区联达机械厂、魏恒聂等六人买卖合同纠纷案，载《中华人民共和国最高人民法院公报》2011 年第 7 期。
2. 大连渤海建筑工程总公司与大连金世纪房屋开发有限公司、大连宝玉房地产开发有限公司、大连宝玉集团有限公司建设工程施工合同纠纷案，载《中华人民共和国最高人民法院公报》2008 年第 11 期。
3. 遵义市红花岗区长征镇沙坝村纪念街村民组诉遵义明顺房地产开发有限责任公司等商品房买卖合同纠纷案，载《中华人民共和国最高人民法院公报》2018 年第 12 期。
4. 世欣荣和投资管理股份有限公司与长安国际信托股份有限公司等信托合同纠纷案，载《中华人民共和国最高人民法院公报》2016 年第 12 期。
5. 南通双盈贸易有限公司诉镇江市丹徒区联达机械厂、魏恒聂等六人买卖合同纠纷案，载《中华人民共和国最高人民法院公报》2011 年第 7 期。
6. 王见刚与王永安、第三人岚县大源采矿厂侵犯出资人权益纠纷案，载《中华人民共和国最高人民法院公报》2013 年第 5 期。

第七章 民事权利

导 读

民事权利，是指由民法所规定的权利。民法以确认和保护民事权利为首要任务，民事权利构成了民法的核心内容，整个民法就是以权利为中心而构建的体系。民事权利有多种分类方法。根据权利的内容和性质，民事权利可分为财产权、人身权和综合性的权利；根据权利的作用，民事权利可分为支配权、请求权、形成权和抗辩权；根据义务主体是否特定以及权利的特点，可以将民事权利分为绝对权和相对权。根据民事权利之间的主从关系，可以将民事权利划分为主权利和从权利。民事权利的行使应当遵循自愿原则、禁止权利滥用原则等。

第一节 概 述

一、民事权利的概念

权利，是指权利人对义务人提出的与自己的利益和意愿有关的、必须作为或不作为的要求。[1] 民事权利本质上是指法律为了保障民事主体的特定利益而提供法律之力的保护，是法律之力和特定利益的结合，是类型化的利益。民法的中心问题就是民事权利问题。《民法典》之所以被称为“民事权利宣言书”，就是因为民法以确认和保护民事权利为首要任务，民事权利构成了民法的核心内容，整个民法就是以权利为中心而构建的体系。

民事权利应该是利益和法力的结合，正如一些德国学者指出的，权利是“一种由法律赋予个人的权利力量，其目的旨在满足人的利益”。[2] 利益说和力量说是从不同角度对民事权利所作的说明，但是仅仅从任何一个方面都不能对权利的本质属性作出完全的概括。利益说揭示了民事权利的内容和目的，但没有解释此种内容实现的手段和方式。而力量说则解释了权利所具有的作用，权利赋予主体一定的自由等，但并没有表达出权利的内容和目的。所以，只有将两者结合起来才较为妥当。

二、民事权利的特征

（一）民事权利是由民法所确认的一种权利

民事权利是由民法所确认的权利，这表明民事权利不同于任何个人在公法上的权利。公法上的权利主要是指宪法和行政法所确认的公民享有的各种权利，如宪法规定公民享有的选

---

〔1〕 夏勇：《中国民权哲学》，上海三联书店2004年版，第4页。

〔2〕 Enneccerus – Nipperdey, *Allgemeiner Teil des Bürgerlichen Rechts*, 15. Aufl, 1959, pp. 429 – 430.

举权和被选举权、劳动权、休息权等。这里所说的民事权利是指由民法所规定的权利,又称为私权。私权与公权之间的区别在于:

1. 法律依据不同。公权一般由公法所规定,而私权则由私法所规定。[3] 由此也决定两者在内容、行使规则等方面存在较大差别。

2. 义务主体不同。私权无论为绝对权还是相对权,其义务主体都只是特定或不特定的民事主体。而大多数公权力从形式上看是一种权利,但其实际上是国家规定的一种职责,如公民享有劳动权,则国家应承担为公民提供就业机会的义务。

3. 权利内容和目的不同。公民在公法上的权利通常是要求公权力机关为一定行为或者不为一定行为,是政治国家的一个范畴。而公民民事权利是市民社会中的权利,是用于对抗他人侵犯的权利。这两种权利的内容是不同的,并分别受到不同法律的保护。[4]

4. 救济途径不同。民事权利是私法上的权利,对该权利的侵犯一般通过民事诉讼的方式,适用民事诉讼程序提供救济。而针对侵害公法上权利的救济,则一般通过行政复议、行政诉讼的方式进行,甚至导致违宪审查方式的运用。

(二)民事权利是由民事主体所享有的利益

民事权利的设定大多体现了主体一定的利益目的,即主体为了追求一定的利益而从事一定的民事活动以取得权利。没有利益,民事权利就失去了设定的目的。[5] 同时,民事权利的内容体现了权利人的利益。民事权利分为财产权利和人身权利,分别体现为财产利益和人身利益。权利的本质就在于对个人利益的确认。民事权利本身也体现了主体的一定利益。还应当看到,民事权利的行使也体现了民事主体的利益。当事人行使或不行使权利,以及行使权利的方式等,都与权利人的利益直接相关。

应当指出,主体享有、行使、支配某种权利都是为了满足其特定利益需要。但是权利内容并不完全是个人利益的产物。因为权利本身要符合国家意志,权利需要体现一定社会目的和价值,所以国家就有必要协调个人利益和社会利益之间的冲突,从维护社会整体利益的角度出发对民事权利的内容作出某种必要的限制,从而在一定程度上使权利的内容体现社会利益的要求。所以权利内容本身是个人利益和社会利益的产物。在利益中,不仅包括民事主体的个人利益,而且在特定情况下可能还包括社会公共利益。

利益虽然是权利的主要内容,但并不是说,所有的利益都能够表现为权利。我国《民法典》第3条规定:"民事主体的人身权利、财产权利以及其他合法权益受法律保护,任何组织或者个人不得侵犯。"该条规定合法权益也受法律保护,表明在权利之外仍然有一些合法的利益存在,但它们没有被确认为权利,例如,占有的利益、死者的人格利益等。所以,完全以利益来概括权利也不十分准确。

(三)民事权利体现为民事主体一定范围内的行为自由

因为权利的存在,就为民事主体的行为提供了一定的自由空间。"权利是个人自治权的外显及行为手段",[6] 民事主体可以在权利范围内自由地行为。权利人享有的自由包括:第一,

---

[3] 郑玉波:《民法总则》,中国政法大学出版社2003年版,第65页。

[4] 申卫星:《构建公权与私权平衡下的中国物权法》,载《当代法学》2008年第4期。

[5] 郑玉波:《民法总则》,中国政法大学出版社2003年版,第65页。

[6] [葡]平托:《民法总论》,林炳辉等译,澳门法律翻译办公室、澳门大学法学院1999年版,第88页。

权利人是否行使权利的自由。第二,权利人处分非专属性权利的自由。第三,权利人选择权利行使方式的自由。第四,权利人选择权利救济方式的自由。

权利中的自由和利益是密切联系在一起的。正是给予了民事主体一定的自由,主体才有可能去实现其利益,有时自由本身就意味着一定的利益。例如,只有享有处分的自由,才可能使权利人真正实现其所有权。反之,限制了民事主体的自由,实际上就减损了其利益。例如,在物上设定用益物权或担保物权,则所有权的价值将受到减损。

(四)民事权利都受到国家强制力的保障

权利在性质上是一种法律之力。权利人可以依法请求义务人为一定行为或不为一定行为,以保证其享有或实现某种利益。但是,单纯从利益角度还不能完全揭示权利的本质。权利人因他人的行为而使其利益受到侵害时,还应当可以请求有关国家机关采取强制措施予以保护。[7] 例如,民事权利的实现大多需要赋予权利人一种请求权,即请求义务人履行义务。这也是使权利人的权利得以实现最有效的手段。这种请求的权利实际上是法律赋予其一定的力量。所以把利益说和力量说结合起来才能够解释权利的本质。总之,任何民事权利都能够获得民法上的救济,无救济则无权利。反之,某种权利能否获得民法上的救济,也是区分民事权利和公法权利的重要标准。

(五)权利是类型化了的利益

原则上,民事权利应当由成文法确认,但现代社会习惯法和判例法也可以发挥创设民事权利的功能。例如,德国法上的营业权就是由判例法所确认的;我国司法解释还创设了一般人格权等成文法没有确认的权利。这就表明,民事权利本身是一个开放的体系,完全由法律全面确认是很困难的。立法者的理性有限,而社会生活变动不居,随着社会的发展,会出现一些新型的民事权益类型,如比较法上出现的采光权、日照权等。而且随着社会的发展,一些民事利益也可能上升为民事权利。例如,从我国立法来看,隐私早期体现为一种民事利益,通过名誉权保护,后来被我国立法确认为独立的隐私权。因此,民事权利是一个动态的、变动的体系。

三、《民法典》关于民事权利规定的特色和意义

《民法典》被称为“民事权利的宣言书”。《民法典》采纳《民法通则》的经验,专设“民事权利”一章,集中地确认和宣示自然人、法人所享有的各项民事权利,充分地彰显了民法对私权保障的功能。《民法典》在全面保障私权方面呈现许多亮点,主要表现在:

1. 时代性,即体现了当代中国的时代特征,回应了当今社会的现实需求。例如,该法首次正式确认隐私权,有利于强化对隐私的保护。再如,针对互联网和大数据等技术发展带来的侵害个人信息现象,该法规定了个人信息的保护规则,维护了个人的人格尊严,并将有力遏制各种“人肉搜索”、非法侵入他人网络账户、贩卖个人信息、网络电信诈骗等现象。

2. 全面性,《民法典》广泛确认公民享有的各项人格权、物权、债权、知识产权、亲属权、继承权等权利。从保护公民财产权利的角度来看,《民法典》首次在法律上使用了“平等”保护民事主体物权的表述,确认了对数据、网络虚拟财产的保护。该法对知识产权的客体进行了详尽的列举,扩大了知识产权的保护范围,进一步强化了对知识产权的保护。该法也强化了对英雄烈士等的姓名权、肖像权、名誉权、荣誉权的保护,有助于弘扬公共道德,维护良好的社会风尚。

3. 开放性,《民法典》第 126 条规定:“民事主体享有法律规定的其他民事权利和利益”。依

---

〔7〕 魏振瀛主编:《民法》,北京大学出版社 2010 年版,第 37 页。

据该条规定,无论是权利还是利益,都受到法律保护。这不仅与保护民事权益的基本原则相对应,而且为将来对新型民事权益的保护预留了空间,保持了对私权保护的开放性。

众所周知,现代法治的核心在于"规范公权、保障私权",法律的功能主要是确认权利、分配权利、保障权利、救济权利,《民法典》全面确认和保护民事权利,使其真正成为"民事权利的宣言书",并奠定了现代法治的坚实基础。保障私权就是为了更好地保障最广大群众的根本利益,保护人民群众对美好生活的向往。此外,由于私权的保护在一定程度上界定了公权行使的范围,从而也将起到规范公权的作用。

第二节 民事权利的法定类型

我国的民事权利的法定类型和民事权利体系如图 7-1 所示。

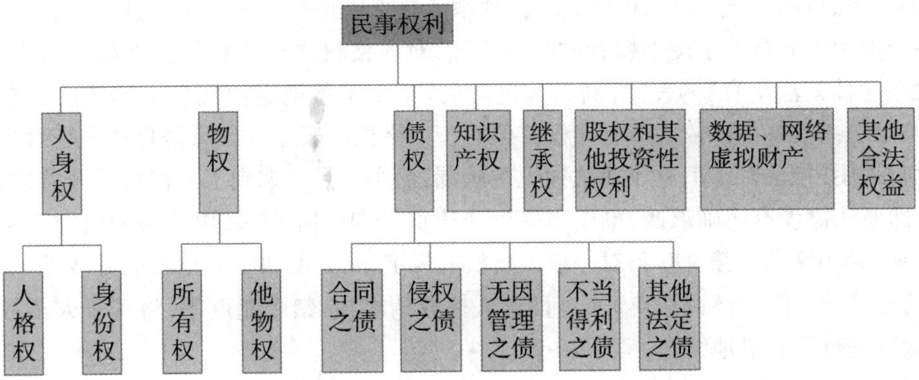

图 7-1 我国的民事权利体系

一、人身权

(一)人格权

人格权,是指以主体依法固有的人格利益为客体的,以维护和实现人格平等、人格尊严、人身自由为目的的权利,包括生命权、身体权、健康权、姓名权、名称权、肖像权、名誉权、荣誉权、隐私权、婚姻自主权等权利。我国《民法典》第 109、110、111 条对此作出了规定。

1. 一般人格权

一般人格权是相对于具体人格权而言的,它是自然人享有的、以人格尊严、人身自由为内容的、具有高度概括性和权利集合性特点的权利。《民法典》第 109 条规定:"自然人的人身自由、人格尊严受法律保护。"该条在法律上确认了一般人格权,形成了对人格权进行保护的兜底条款,这既保持了人格权体系的开放性,为新型人格利益保护预留了空间,也为法官提供了裁判依据。从该规定来看,一般人格权仅适用于自然人,而不适用于法人。一般人格权包括人身自由与人格尊严两方面:第一,人身自由。从广义上理解,人身自由不仅包括人身自由权,还包括精神的自由、个人依法享有的自主决定的权利,从这一意义上说,人身自由在性质上又属于一般人格权的范畴。《民法典》第 990 条显然是从一般人格权的角度理解人身自由概念的。至于狭义的人身自由,仅指行动自由,我国《民法典》第 1011 条规定:"以非法拘禁等方式剥夺、限制他人的行动自由,或者非法搜查他人身体的,受害人有权依法请求行为人承担民事责任。”第二,人格尊严。人格尊严,是指每个人作为“人”所应有的社会地位,以及应受到的他人和社会的最基本尊重,是人作为社会关系主体的基本前提。人在社会中生存,不仅要维持生命,而且要有尊严地生活。人格尊严虽然是一项宪法基本权利,但必须通过人格权制度将其具体化,并且只有转化为一项民事权利,才能获得民法的保护。人格尊严作为一般人格权的内容,也是评价某种新型人格利益是否应当受到法律保护的重要标准。例如,挖掘祖坟、砸毁墓碑、人格歧视等行为,侵害了他人的人格尊严,应当认定其构成对他人一般人格权的侵害。

2. 具体人格权

在具体人格权中,又可以分为两大类:

(1)自然人的人格权。《民法典》第110条第1款规定:“自然人享有生命权、身体权、健康权、姓名权、肖像权、名誉权、荣誉权、隐私权、婚姻自主权等权利。”该条系统全面地确认和保护了自然人所享有的各项具体人格权,适应了时代的发展和人民群众对人格尊严的强烈需求,我国《民法典》人格权编将该条所规定的各项具体人格权作了具体展开,其对人格权的确认和保护具有如下特点:第一,全面性,即该条详细列举了自然人所享有的各项具体人格权。第二,开放性,在总则编第五章关于民事权利的确认方面,对人格权之外的其他民事权利的表述,都采用了“民事主体依法享有”的表述,例如,《民法典》第114条规定:“民事主体依法享有物权。”第118条规定:“民事主体依法享有债权。”但对于人格权的表述仅仅只是自然人享有生命权等权利,没有采用“依法”二字,这不是法律上的疏漏,而主要是考虑到了人格权的开放性,相关人格利益,即便法律没有明确承认,也应当受到法律保护,其并没有采用严格的法定主义。尤其是《民法典》第109条和第990条对一般人格权的规定,充分反映了人格权的开放性。第三,保护方式的独特性。例如,《民法典》通过设置人格权请求权、禁令制度等,将关于人格权损害的预防与救济进行了有机地结合。

(2)法人和非法人组织的人格权。《民法典》第110条第2款规定:“法人、非法人组织享有名称权、名誉权、荣誉权。”该条虽然确认了法人、非法人组织的三项具体人格权,但采取了封闭列举的方式。由此表明,一方面,与自然人相比,法人所享有的人格权类型较为固定,其仅享有法律规定的三项人格权。另一方面,依据《民法典》第990条第2款,法人不享有一般人格权。从今后的发展趋势来看,如果确实出现了一种新的利益,确实需要受到法律保护,则可以依据《民法典》第126条的规定,对新产生的利益提供保护,但法律上没有必要再进一步扩张法人人格权的范围,通过人格权的方式对该利益提供保护。

3. 个人信息

所谓个人信息(personal information),是指与特定个人相关联的、反映个体特征的具有可识别性的符号系统,包括个人身份、工作、家庭、财产、健康等各方面的信息。我国《民法典》只是规定了个人信息应当受到法律保护,而没有使用“个人信息权”这一表述,表明《民法典》并没有将个人信息作为一项具体人格权利,而是作为一种人格利益予以保护的。

依据《民法典》第111条规定,任何组织和个人“需要获取他人个人信息的,应当依法取得并确保信息安全”。该条包括两方面的内容:第一,收集信息的主体必须合法。通常个人信息的收集机构主要有法律授权的主体(如国家机关)以及获得信息主体同意的信息收集机构,其收集他人信息必须目的合法、程序合法,依据合法。第二,收集个人信息的手段必须合法。个人信息的收集必须遵循合法、自愿和必要原则。个人信息的收集必须基于与收集者本身职能有关的合法目的[8],而不能收集与有关机关行使职权无关的个人信息;个人信息的收集应尊重信息主体的意愿,知情同意也是个人信息作为信息自主决定权的具体体现。依据《民法典》第111条规定,任何人"不得非法使用、加工、传输他人个人信息"和"不得非法买卖、提供或者公开他人个人信息",擅自向他人提供个人信息构成对信息权利人的侵害,应当承担法律责任。

(二)身份权

所谓身份权,是指为法律所保护的基于民事主体某种行为、关系所产生的与其身份有关的人身权利。[9] 身份权是由一定的身份关系所产生的权利,权利人必须具有某种身份地位才能取得相应的身份权。例如,基于一定的血亲的身份而取得亲权等。《民法典》第112条规定:"自然人因婚姻家庭关系等产生的人身权利受法律保护。"婚姻家庭编全面确认了自然人因婚姻、家庭关系等产生的人身权利。

尽管人格权和身份权存在上述共性,但二者是两类不同的权利,主要区别如下:

1. 从性质上看,人格权是指民事主体作为法律上的独立人格所必须享有的民事权利。这种权利为民事主体所固有,并为法律所承认。任何个人都享有平等的人格权,没有这些人格权,个人的主体资格将会受到影响。而就身份权而言,主体所享有的身份权并不完全相同,而且即便某个人不具备某种身份权,也并不一定会影响其民事主体资格。[10]

2. 在价值理念上,人格权主要强调对人格尊严、自由的保护,而身份权主要是为了维护一定的身份关系;人格权主要是从单个个体的角度对个人所享有的人格权利作出规定,而身份权则从一定的身份关系的视角观察个人所处的身份关系。

3. 从主体上来看,人格权不仅可以由自然人享有,亦可以由法人享有。例如,法人可以享有名称权和名誉权。而身份权因其主要是基于亲属法上的身份关系所产生的,因此只能由自然人享有。

4. 从客体上来看,人格权以人格利益为客体,人格利益包括维护自然人生理活动能力的安全利益、个人对其人格标志(如姓名、肖像等)所享有的权利、主体所获得的社会评价和自尊的安全利益等。而身份权的客体则是基于一定的身份所取得的利益,简称为身份利益。当然,身份权所支配的不是特定的人及其身份,而是基于身份关系所体现的利益。[11]

5. 权利的取得不同。人格权因主体的出生或成立而取得,并不需要主体实施一定的行为就可以取得。而身份权取得的原因则各不相同,行为人取得某些身份权不仅要有一定的行为能力,而且还要实施一定的行为,如因结婚取得配偶权、因收养而形成父母子女关系等。

6. 权利的存续期限不同。人格权的存续期限与主体作为独立人格的地位是联系在一起的,它因权利人的出生或成立而取得,因权利人的死亡或终止而丧失,人格权并没有特别的期限限制。而身份权则以一定身份关系为存在前提,并以身份的存续为权利存续的前提。如夫妻关系消灭,配偶关系丧失,则配偶权即随之消灭;收养关系消灭,则养父母子女之间的亲权关系也随之消灭。[12]

《民法典》第128条规定:"法律对未成年人、老年人、残疾人、妇女、消费者等的民事权利保

---

[8] 张新宝:《信息技术的发展与隐私权保护》,载《法制与社会发展》1996年第5期。

[9] 唐德华:《民事审判若干理论与实践问题》,吉林人民出版社2002年版,第163页。

[10] 杨立新:《人身权法论》,人民法院出版社2002年版,第105页。

[11] 杨立新:《人身权法论》,人民法院出版社2002年版,第107页。

[12] 王利明主编:《人格权法新论》,吉林人民出版社1994年版,第209页。

护有特别规定的,依照其规定。”一方面,民法典既强调形式平等,也注重维护实质平等,即考虑不同民事主体在年龄、识别能力等方面的差异性,设置不同的规则。从整体上看,现代民法越来越强调兼顾不同民事主体行为能力之间的差异,强调对特殊群体的保护。另一方面,该条明确了在特殊群体人格权保护方面,应当适用特别法的规定。例如,在我国,《未成年人保护法》《妇女权益保障法》《老年人权益保障法》《残疾人保障法》等法律中,都对特殊群体的人格权保护作出了特别规定。

二、物权

(一)物权的概念和特征

《民法典》第 114 条第 2 款规定:“物权是权利人依法对特定的物享有直接支配和排他的权利,包括所有权、用益物权和担保物权。”该条与原《物权法》第 2 条第 3 款的规定基本相同。[13]该条在法律上明确了物权的概念,对于界定物权的内容和效力、区别物权和债权具有重要意义。与其他财产权利不同,物权主要具有如下法律特征:

1. 物权的主体是特定的权利人。在物权关系中,权利人是特定的,而义务人是不特定的第三人。权利人包括了自然人、法人和非法人组织。我国原《物权法》将物权的权利主体表述为权利人,这一概念具有高度的概括性,可以将各种民事主体纳入其中,如国家所有权人、集体所有权人、私人所有权人等。

2. 物权的客体主要是有体物。与知识产权等财产法律关系不同,物权一般不以无形财产、智力成果为客体,而主要以有体物作为其客体。物权的客体是特定的物,这些物主要是动产、不动产。《民法典》第 115 条规定:“物包括不动产和动产。法律规定权利作为物权客体的,依照其规定。”动产与不动产的区分,最早起源于罗马法。大陆法系国家都采纳了这种区分。所谓不动产,是指依照其物理性质不能移动或者移动将严重损害其经济价值的有体物。所谓动产,就是不动产之外的物,是指在性质上能够移动,并且移动不损害其经济价值的物,如电视机、书本等。尽管动产和不动产在某些方面应适用共同的规则(如物权法的基本原则、物权请求权制度等对动产和不动产都是适用的),但也要看到,动产和不动产适用的仍然是两种不同的规则。物权的客体主要是动产和不动产,但在例外的情形,可以为人力所支配的无形的自然能量(如电力、光波、有线电视信号等),也可以准用物权的保护。

3. 物权本质上是一种支配权。物权体现权利人对物的直接支配。所谓支配,是指法律上或事实上的管理或控制。物权的支配性决定了物权所具有的优先性、追及性等特点。所谓直接支配,强调主体对物的一种控制,这种控制状态既包括事实上的控制,也包括法律上的控制。当然,主体依据物权对物的支配,既包括对特定的动产和不动产的使用价值的支配,也包括对物的交换价值的支配。[14]

4. 物权是排他的权利。物权的排他性主要包括以下几个方面的含义:第一,所有权的排他性。同一物之上不得存在两个所有权,即一物不容二主。第二,他物权的排他性,即同一物之上不得成立两个在内容上相互矛盾的他物权。第三,物权的对世效力。这就是说,任何人都负

---

〔13〕 原《物权法》第 2 条第 3 款规定:“本法所称物权,是指权利人依法对特定的物享有直接支配和排他的权利,包括所有权、用益物权和担保物权。”

〔14〕 谢在全:《民法物权论》(上),三民书局 2003 年版,第 20 页。

有不得侵害物权的义务。物权的效力可以对抗权利人之外一切不特定的人。[15] 第四,物权的不可侵害性。物权具有不可侵害性,物权人行使权利,有权排除他人的侵害和妨害,在物受到他人侵夺时,权利人还可以对行为人主张物权请求权。

（二）物权的分类

依据《民法典》第 114 条第 2 款规定,物权包括所有权、用益物权和担保物权。所有权,是指所有人依法享有的对其财产进行占有、使用、收益和处分的权利,它是指所有人在法律规定的范围内,独占性地支配其财产的权利。[16] 所有权制度是物权制度中的核心内容。从形态上说,所有权又可分为国家所有权、集体所有权、私人所有权。

他物权,又称为定限物权、有期物权,是指根据法律规定和当事人的约定,由非所有人在所有人的财产上享有的占有、使用和收益权以及在特殊情况下依法享有的一定的处分权。我国《民法典》将他物权进一步区分为用益物权和担保物权,并分别在物权编第三分编、第四分编中作出规定。担保物权与用益物权主要具有如下区别:一方面,用益物权是以对标的物进行使用、收益为目的的权利。用益物权人支配的是标的物的使用价值,权利人设立该权利的目的是获取使用价值,因而用益物权又可称为“使用价值权”。其作为物权的一种,着眼于财产的使用价值。而担保物权则侧重于对标的物交换价值的支配,它不以对物的实体进行利用为目的,而是通过支配物的交换价值保障其所担保的债权获得圆满实现。[17] 另一方面,用益物权除地役权以外,都是主权利,而担保物权因其主要是担保主债权的实现而设定的,因此都是从权利。此外,二者的存续期限是否具有确定性不同。为了保障权利人对物进行持续地利用,用益物权的期限具有确定性,而且期限通常较长,而担保物权以担保债权的实现为目的,债权一旦获得清偿,担保物权即消灭,在债务人不履行债务或者发生当事人约定的情形时,债权人也有权行使其担保物权,因此,担保物权期限的确定性较弱,其与债权的实现程度具有直接关联。

（三）财产权的平等保护原则

《民法典》第 113 条规定:“民事主体的财产权利受法律平等保护。”依据这一规定,财产权的主体在法律地位上是平等的,依法享有相同的权利,遵守相同的规定。民事主体的财产权受到侵害以后,应当受到法律的平等保护。平等保护原则是民法基本原则在物权法中的具体体现。原《物权法》第 4 条确立了平等保护原则,[18] 该原则是物权法的首要原则,也是我国原《物权法》中国特色的鲜明体现。《民法典》第 113 条在原《物权法》第 4 条的基础上,首次在法律上使用了“平等”二字,这是对原《物权法》的重大完善。其次,将平等保护的适用范围由物权扩张为所有财产权,从而进一步扩张了平等保护的适用范围。《民法典》明确规定“民事主体的物权受法律平等保护”,彰显了民事法律“私权平等”的价值取向。

财产权平等保护原则对维护社会主义基本经济制度具有重要作用。我国是社会主义国家,按照《宪法》第 6 条的规定,我国目前处于社会主义初级阶段,在所有制形态上实行以公有制为主体、多种所有制经济共同发展的基本经济制度。因此,“以公有制为主体,多种所有制并

---

〔15〕 申卫星:《物权法原理》,中国人民大学出版社 2008 年版,第 45 页。

〔16〕 参见王泽鉴:《民法物权 · 通则 · 所有权》,中国政法大学出版社 2001 年版,第 50 页。

〔17〕 参见崔建远:《物权:规范与学说》(下册),清华大学出版社 2011 年版,第 492 页。

〔18〕 原《物权法》第 4 条规定:“国家、集体、私人的物权和其他权利人的物权受法律保护,任何单位和个人不得侵犯。”

存”构成我国的基本经济制度,财产权平等保护原则正是对这种基本经济制度的充分反映和具体体现,也是维护市场经济秩序所应遵循的基本准则。我国《宪法》明确规定“国家实行社会主义市场经济”,作为调整财产归属和利用关系的物权法,应当把保障一切市场主体的平等法律地位和权利发展作为其基本的任务和目标之一,为此,就必须要确立财产权平等保护原则,保障所有参与市场经济活动的主体的平等地位,确立起点的平等,使每一主体能够进行平等的交易和公平的竞争。平等保护原则在法律上宣告,把个人的财产置于和国家的财产同等的地位,从而奠定了我国法治的基础,体现了对民生的关注和对个人切身利益的保护,也有利于鼓励人们创造财富、促进社会财富增长。

为落实财产权的平等保护原则,《民法典》第 117 条规定:“为了公共利益的需要,依照法律规定的权限和程序征收、征用不动产或者动产的,应当给予公平、合理的补偿。”该条就征收和征用作出了规定,进一步强化了对私有财产的保护。所谓征收,是指国家基于公共利益通过行使征收权,在依法支付一定补偿的前提下,将单位或者个人的财产移转给国家。所谓征用,是指国家因抢险、救灾等紧急需要,通过行使征用权,临时使用单位或者个人的财产。这两种方式都是对私有财产权进行合法限制的方式,但都必须要基于社会公共利益,且必须要符合法定的程序,并依法作出公平合理的补偿。在征收中严格强调依据法定的权限和程序和依法补偿,有利于政府机关依法行政,充分保障被征收人的权益。

(四)物权法定原则

《民法典》第 116 条规定:“物权的种类和内容,由法律规定。”该条确立了物权法定原则。所谓物权法定原则,是指物权的种类、内容应由法律明确规定,而不能由法律之外的其他规范性文件确定,或由当事人通过合同任意设定。物权法定是大陆法系各国物权法所普遍承认的基本原则。它对于准确地界定物权、定分止争、确立物权设立和变动规则、建立物权的秩序都具有十分重要的意义。物权法定主要包括两方面的内容:

1. 物权种类法定。所谓物权的种类法定,是指哪些权利属于物权,哪些不是物权,要由物权法和其他法律规定。此处所说的“法律”,必须是国家立法机关通过立法程序制定的规范性文件,如此才能产生普遍适用的效力。物权必须由法律设定,而不得由当事人随意创设。物权种类法定包含下述两层含义:一方面,物权的具体类型必须由法律明确确认,法律之外的规范性文件(如行政规章、地方性法规)不得创设物权,当事人不得创设法律所不承认的新的类型的物权。另一方面,种类法定既不允许当事人任意创设法定物权之外的新种类物权,也不允许当事人通过约定改变现有的法律规定的物权类型。

2. 物权内容法定。物权的内容法定包括两个方面:一方面,物权的内容必须由法律规定,当事人不得创设与法定物权内容不符的物权,也不得基于其合意自由决定物权的内容。例如,依据法律的规定,农村土地承包经营权的内容中的使用权能限于农业生产,当事人不能通过合同约定在土地上从事非农业的建设。另一方面,内容法定就是强调当事人不得作出与物权法关于物权内容的强行性规定不符的约定。例如,《民法典》第 401 条确认,抵押权人在债务履行期限届满前,与抵押人约定债务人不履行到期债务时抵押财产归债权人所有的,只能依法就抵押财产优先受偿。

物权法定原则应当具有强制性,这是保障该原则得以贯彻、遵循的基础,而这种强制性在很大程度上又体现在,如果违反了物权法定原则,将会引发法律上的不利后果。按照物权法定原则的要求,违反物权法定将导致设定与变动物权的行为无效,物权不能有效地设立与变动,但这并不影响合同的效力。[19]《民法典》第 215 条规定:"当事人之间订立有关设立、变更、转让和消灭不动产物权的合同,除法律另有规定或者当事人另有约定外,自合同成立时生效;未办理物权登记的,不影响合同效力。"这就意味着,凡是违反了法定的公示方法的,应当认定物权不能有效设定,但并不影响设定和变动物权的合同的效力。

三、债权

《民法典》第 118 条第 1 款规定:"民事主体依法享有债权。"该条就宣示了民事主体可以依法享有债权。所谓债权,是指特定主体请求特定主体为一定行为或者不为一定行为的权利。债权是重要的民事权利类型,而且在市场经济社会具有日益重要的地位。债权主要包括如下几种类型。

(一)合同之债

合同是债权发生的重要原因,而且是基于当事人的意思而产生的债权,属于意定之债的范畴。《民法典》第 119 条规定:"依法成立的合同,对当事人具有法律约束力。"本条对合同的约束力作出了规定。合同的法律约束力是指依法成立的合同在当事人之间产生的法律效力,它反映了法律对当事人之间的合意的评价。只要合同具备了法定的生效要件(或称有效要件),法律就赋予该合同一定的法律约束力。当事人应当依据合同约定行使权利和履行义务,违反合同义务应当承担相应的责任。在合同发生争议以后,当事人的约定就具有优先于法律规定而适用的效力。简言之,合同的法律约束力就是当事人必须严守合同,否则应承担法律责任。市场经济的有序运行要求建立保护产权、严守契约、统一市场、平等交换、公平竞争、有效监管的法律制度,充分发挥市场在资源配置中的基础性作用,该条对合同的约束力作出规定,对于督促当事人严守合同、维护交易安全和交易秩序具有重要意义。

依据《民法典》第 119 条的规定,只有依法成立的合同才能产生法律约束力。依法成立是合同产生法律约束力的前提。合同的拘束力包括合同的对内效力和合同的对外效力两个方面。所谓对内效力是指对合同当事人的约束力,这是合同效力的主要内容。第一,合同依法成立后,将产生合同的权利义务关系,权利义务既是合同的内容,也是合同效力的体现,合同一旦生效,债权人依据法律规定和合同约定享有权利,同时,债务人也应当依据法律规定和合同约定负担义务。第二,合同生效后,当事人必须严守合同,不得随意撤销或者解除合同。第三,合同生效后,当事人应当严格按照合同约定履行合同,否则即可能需要承担违约责任。合同的对外效力是指对合同当事人以外的第三人的效力,对外效力是合同效力的扩张在主体方面的体现。根据合同相对性的原则,只有合同当事人才能享有基于合同所产生的权利,并承担根据合同所产生的义务,当事人一方只能向对方行使权利并要求其承担义务,不能请求第三人承担合同上的义务,第三人也不得向合同当事人主张合同上的权利和承担合同上的义务。但近现代各国立法及判例,在第三人利益的合同、债权保全制度、承租权物权化、债权不可侵犯性以及附保护第三人作用的合同等领域,也突破了上述原则。依法成立的合同所具有的效力,也包括排斥第三人的非法干预和侵害的效力。

(二)侵权之债

"侵权行为"也称为侵害行为或过错行为,其本意是指侵害他人权利或利益的行为。侵权行为作为加害行为,不限于自己从事的加害行为,它还包括在法律上应当承担责任的"准侵权

---

〔19〕 梁慧星主编:《中国物权法草案建议稿》,社会科学文献出版社 2000 年版,第 103 页。

行为”,如雇员的加害行为、被监护人致人损害,以及物件致人损害的侵权行为等。[20] 侵害的“权”不仅包括民事权利,而且包括受到法律保护的利益。关于侵权之债,我国《民法典》第120条规定:“民事权益受到侵害的,被侵权人有权请求侵权人承担侵权责任。”依据该规定,侵权行为是责任承担的前提和依据,凡是实施了侵权行为的行为人,都要承担相应的后果,所谓侵权责任,是指侵权人因实施侵害或损害他人民事权益的行为而依据侵权责任法所应当承担的法律后果,它是民事责任的一种类型。

侵权责任具有如下法律特征:第一,侵权责任以侵权行为为前提。侵权行为是行为人承担侵权责任的前提,或者说侵权责任产生的法律基础是侵权行为。当然,侵权行为可能不仅产生侵权责任,有些侵权行为也会产生行政责任,甚至是刑事责任,但是行为人承担行政责任、刑事责任并不能够免除其侵权责任,因为这些不同责任所产生的依据不尽相同。第二,侵权责任主要是因侵害绝对权而产生的责任。《民法典》第120条规定:“民事权益受到侵害的,被侵权人有权请求侵权人承担侵权责任。”此处所说的“民事权益”主要是指合同债权以外的绝对权。相对权主要在特定的当事人之间发生,且缺乏公示性,故通常多不在侵权责任法的保护范围内。[21] 第三,侵权责任以损害赔偿为核心,但又不限于损害赔偿。侵权责任的主要功能在于对受害人提供补救,使受害人遭受的全部损失得到恢复。依据《民法典》第1167条,侵权责任形式不仅包括金钱损害赔偿责任,也包括停止侵害、排除妨碍、消除危险等。由于采用了多种责任形式,因此,不能说侵权责任都产生债的关系。第四,侵权责任是对受害人所承担的责任。法律责任都是以国家强制力保障其实现的责任,但侵权责任不同于刑事责任和行政责任之处就在于,侵权责任是通过损害赔偿等方式,实现对受害人的直接救济。而刑事责任和行政责任则是行为人对国家所承担的责任,其虽然也可以间接地发挥保障受害人的作用,但毕竟无法直接给受害人提供救济。

(三)无因管理之债

所谓无因管理,是指没有法定或约定的义务,而管理他人事务的行为。其中,行为人称为管理人,被管理人称为本人(又称为受益人)。所谓“无因”,即是指无法律上的义务。[22]《民法典》第121条规定:“没有法定的或者约定的义务,为避免他人利益受损失而进行管理的人,有权请求受益人偿还由此支出的必要费用。”依据该规定,无因管理的成立,必须符合如下条件:

1. 没有法定或者约定的义务。无因管理中的“无因”,是指没有法律上的原因。具体来说,其包括以下两种情形:第一,无法律上的义务。所谓法律上的义务,是指依据法律规定而产生的义务。例如,依据法律规定负有赡养、扶养义务的,行为人在履行相关赡养、扶养义务的,不构成无因管理。第二,无合同上的义务。例如,当事人之间基于委托合同,而使一方当事人负有义务,则属于“有因”的管理。

2. 行为人实施了管理他人事务的行为。构成无因管理,以管理人所管理的事务为他人事务为构成要件。管理事务的范围十分宽泛,包括处理、管理、保存、改良及提供各种服务和帮助等,只要是有利于避免他人损失,或有利于他人的行为,即便管理人不知道本人的具体身份,也

[20] 张新宝:《侵权行为法的一般条款》,载《法学研究》2001年第4期。
[21] 胡波:《中国民法典编纂体例之我见——以绝对权与相对权的二元结构为中心》,载《河北法学》2007年第4期。
[22] 王泽鉴:《债法原理》,中国政法大学出版社2003年版,第416页。

不影响无因管理的成立。[23] 例如,阳台上的花属于他人,管理人在下雨时将其搬进房屋,管理人不知道本人,并不妨碍无因管理的成立。

3. 管理人具有为他人利益进行管理的意思。为他人利益进行管理的意思,简称为管理意思,也称为他人管理事务之意思(animus aliena negotia gerendi),它是指管理人具有通过管理活动为他人谋利,或将管理所获得的利益归属于他人的意思。[24] 管理意思为无因管理成立的主观要件。在判断管理人有为他人管理事务的意思时,通常要求在管理行为发生时,大体上知道事务属于他人。

4. 管理人不应违背本人明示或可得推知的意思进行管理。构成适法无因管理,应当以管理人的管理行为符合本人明示或可以推知的意思为前提,这就要求管理人在从事管理事务时,如果知道本人的存在,而且可以联系到本人,则应当与本人联系,以确定本人是否愿意由他人管理其事务。如果本人事先已经明示了其事务管理的方法、管理的期限等,且管理人了解本人这一意思,则管理人不应当违背本人的这一意思管理其事务。

依据《民法典》第 121 条的规定,管理人在管理本人事务时,虽然没有得到本人的允许,但不仅不构成侵权,管理人反而可以依法向本人请求偿还因管理事务而支出的必要费用,这就实际上肯定了无因管理具有阻却违法的效力。依据该条规定,管理人有权请求受益人偿还由此支出的必要费用。这就是说,如果管理人因管理事务而支出了合理的费用,则其有权请求本人偿还。合理的费用包括两种:第一,必要的费用,即因为事务管理而必须要支出的费用。例如,因收留他人走散的耕牛而支出的饲料费。判断费用是否必要,应依社会一般人完成相同管理行为所需支出的费用为标准。另外,必要费用的返还也可以包括管理人因管理事务而遭受损害的赔偿。第二,有益的费用,即虽然不是必要的费用,但属于有益于被管理人的费用。例如,在收留迷路的儿童时,为其支出的教育费用。对于上述两项费用,管理人都有权请求本人偿还。

(四)不当得利之债

所谓不当得利,是指没有法律上的原因而获得利益,并使他人遭受损失的事实。例如,某人因不知道自己已经付款,又重复向出卖人支付了价款,出卖人所获得的第二笔价款就构成不当得利。《民法典》第 122 条规定:"因他人没有法律根据,取得不当利益,受损失的人有权请求其返还不当利益。"依据该条规定,不当得利的成立要满足如下条件:

1. 一方获得利益。不当得利是以一方获得利益为前提的。因为如果无人获得利益,也就不存在得利"当"与"不当"的问题。所谓获利,是指因为一定的事实而导致其财产的增加或不减少。[25] 不当得利返还义务是用来回复不当得利事件发生时当事人之间所应当具有的利益状态,因此,不当得利制度主要维护财产的静态利益。[26]

2. 无法律上的原因。不当得利中的"不当"是指没有法律上的原因。在不当得利中,受损人要求返还的利益必须有合法的基础,如果损害是由受损人的违法行为造成的,法律将不对此种损害提供救济。具有法律上的原因是受益人保有利益的权利基础,没有合法的权利基础就

---

〔23〕 江俊彦:《民法债编总论》,新学林出版股份有限公司 2011 年版,第 170 页。

〔24〕 史尚宽:《债法总论》,中国政法大学出版社 2000 年版,第 62 页。

〔25〕 郑玉波:《民法债编总论》,中国政法大学出版社 2004 年版,第 92 页。

〔26〕 黄茂荣:《不当得利》,植根法学 2011 年版,第 8 页。

构成不当得利。不当得利的成立以获利人所获利益欠缺法律上的原因为前提,不当得利构成要件中"无法律上的原因"通常包含以下情形:一是当事人之间不存在有效的合同关系;二是不具有法律规定的原因;三是无道德上的义务;四是受损人并没有就其遭受的不利表示同意。

3. 他方受到损害。所谓他方受到损害,是指一方当事人所遭受的财产上损失。损害,通常是指权利人所遭受的人身或者财产上的不利益。他方受到的损害包括积极损失和消极损失两个方面。所谓积极损失,是指现有财产利益的减少。所谓消极损失,是指应该获得的财产而没有获得。其中,既包括现存财产的减少,也包括应得利益的减少。当然,对不当得利中的损失应作宽泛的解释,不仅包括金钱价值的减少,还包括使用、收益等潜在价值的减少,受害人所遭受的损失应当由受害人举证证明。

4. 获利与受损之间具有因果关系。所谓获利与受损之间具有因果关系,是指一方获利是他方受损的原因,而他方受损就是由一方获利所造成的,在受损和获利之间具有原因和结果之间的关联性。只有受益人的获利与受害人的受损之间存在因果关系,才意味着法律需要对此种利益状态进行调整,此时不当得利返还请求权也才具有正当性,如果损失与获利之间毫无因果关系,则受损人向获利人主张返还不当得利就欠缺合理性基础。

依据《民法典》第 122 条的规定,在成立不当得利时,"受损失的人有权请求其返还不当利益",可见,不当得利的主要效力是在当事人之间产生返还义务,即受损的一方有权请求获益人返还其所受领的利益。具体而言,不当得利请求权返还的对象包括以下几类:第一,原物。在构成不当得利的情形下,受损的一方有权请求获益人返还原物。第二,原物产生的孳息。此处的孳息包括原物在获利人占有期间产生的天然孳息和法定孳息等。[27] 第三,获利人通过原物而获得的收益,主要是指获利人通过将原物出租等方式而获得的收益。例如,在行为人非法使用他人的房屋或者其他物件的情形下,行为人向权利人返还原物或者其他物件时,行为人仍获得一定的利益,受损人有权请求行为人返还该获利。第四,受损人在请求受益人返还原物时,也有权请求受益人返还原物的权利证书、权属证明等证明文件。当然,在确定不当得利的返还范围时,应当考虑受益人的主观状态,在受益人是善意的情况下,其原则上只应当返还现存利益;而在受益人为恶意的情况下,其应当返还全部利益,即使在其所获利益不存在的情形下,受益人仍应当负担返还义务。

四、知识产权

知识产权,是指权利人对其智力成果和工商业标志享有的权利。《民法典》第 123 条第 1 款规定:"民事主体依法享有知识产权。"《民法典》作出这一规定,宣示了知识产权作为一种民事权利应当受到法律保护。同时,宣示了知识产权可适用民法典的规定。知识产权法无疑是民法的重要组成部分,但这并不意味着它应成为民法典的独立一编,因其内容非常庞杂、复杂,且随着科技的进步需要频繁进行修改,应当将其在民法典之外作为特别法单独规定。但知识产权兼具人身性和财产性,其本质上仍属于民事权利的范畴,是私法上财产权利和人身权利的结合。在发生知识产权纠纷后,如果知识产权法未作出特别规定,可以适用民法典的规定。例如,侵害知识产权的责任,在知识产权法中缺乏规定时,可适用侵权责任法的规定。

《民法典》第 123 条第 2 款规定:"知识产权是权利人依法就下列客体享有的专有的权利:(一)作品;(二)发明、实用新型、外观设计;(三)商标;(四)地理标志;(五)商业秘密;(六)集

---

〔27〕 Hans Brox, *Besonders Schuldrecht*, Muenchen, 2007, S. 474.

成电路布图设计;(七)植物新品种;(八)法律规定的其他客体。”从该条规定来看,其在规定知识产权的客体时,采用了具体列举与兜底规定相结合的方式,扩大了知识产权的范围,并为将来对新型知识产权保护预留了空间。作为知识产权客体的智力成果是没有外在形体的知识财富,非物质性是智力成果的本质属性,这也是其与传统意义上的所有权的最根本的区别。[28]《民法典》规定知识产权客体的意义主要在于:第一,适应经济社会发展。相对于其他民事权利而言,知识产权受社会文化、经济发展、新技术革命影响更巨,总是处于不断发展变化之中,所以,在《民法典》中有必要对其客体作出规定。第二,授权特别法就这些客体之上的知识产权作出规定。第三,明确了这些客体除了受知识产权法的保护之外,也应当受到民法典的保护。

具体来说,知识产权的客体包括如下几种:(1)作品,作品是作者创造性智力劳动的成果,受著作权保护。(2)发明、实用新型、外观设计。发明、实用新型与外观设计是专利权的客体,受专利权保护。(3)商标,是生产者或者经营者在其商品或者服务中使用的、用于区别商品或服务来源的、具有显著特征的标志,受商标权保护。(4)地理标志,是指标示某商品来自某地区,该商品的特定质量、信誉或者其他特征,主要由该地区的自然因素或者人文因素所决定的标志,也是重要的知识产权客体。(5)商业秘密,是指“不为公众所知悉、能为权利人带来经济利益、具有实用性并经权利人采取保密措施的技术信息和经营信息”。商业秘密作为一种知识产权的客体,应当获得法律保护。(6)集成电路布图设计,是指集成电路中至少有一个是有源元件的两个以上元件和部分或者全部互连线路的三维配置,或者为制造集成电路而准备的上述三维配置。集成电路布图设计也是重要的知识产权客体。(7)植物新品种,是指经过人工培育的或者对发现的野生植物加以开发,具备新颖性、特异性、一致性和稳定性并有适当命名的植物品种。除上述知识产权客体外,如果其他法律对知识产权客体的保护有新的规定,则该知识产权客体也受到法律保护。该条对知识产权的客体使用兜底式的规定,保持了知识产权客体的开放性,也为相关立法对新型知识产权客体的保护提供了依据。

五、继承权

所谓继承权,是指继承人依据法律规定或者遗嘱而取得被继承人财产的权利。从广义上而言,继承权可以分为继承期待权和继承既得权两种。前者是指继承开始前,继承人享有的依照法律的规定或者遗嘱而继承被继承人遗产的资格;后者是指继承开始后,继承人实际享有的可以依照法律的规定或者遗嘱而继承被继承人遗产的资格。[29] 继承权并不是财产权,也不是人身权,而是综合性的权利。《民法典》第124条第1款规定:“自然人依法享有继承权。”这就在法律上确认了自然人享有的继承权。

《民法典》第124条第2款规定:“自然人合法的私有财产,可以依法继承。”依据该条规定,一方面,继承的客体必须是合法的私有财产。如果财产是非法的,则应当依法被收缴或者退还权利人,不得成为继承的对象。另一方面,该条肯定了私有财产可以被继承,从而从继承的角度强化了对私有财产的保护。对私有财产的保护,不仅要在自然人的生前加以保护,而且还要明确在自然人死亡后可以由其继承人继承。这两者对于私有财产的保护是相辅相成、缺一不可的。我国《宪法》第13条明确规定,国家依照法律规定,保护公民的私有财产权和继承权。

---

〔28〕 吴汉东:《关于知识产权本体、主体与客体的重新认识——以财产所有权为比较研究对象》,载《法学评论》2000年第5期。

〔29〕 史尚宽:《继承法论》,中国政法大学出版社2000年版,第92~93页。

这就将继承权和私有财产权密切地联系在一起。

对继承权的保护主要是通过继承法来实现的。所谓继承法,是指调整因自然人死亡而发生的继承关系的法律规范的总称。换言之,是调整有关自然人死亡后将其遗留的财产转移给生者的法律制度。[30] 从实质上看,个人的财产继承权不过是其财产所有权在死后的延伸,保护个人的财产继承权是对财产所有权的保护。因此,财产继承制度是民法的重要组成部分。我国《民法典》继承编对财产继承制度作出了全面规定。

六、股权和其他投资性权利

《民法典》第125条规定:"民事主体依法享有股权和其他投资性权利。"该条规定了两项权利:第一,股权。从广义上讲,股权是指股东可以向公司主张的各种权利;从狭义上讲,股权是指股东因出资而取得的,依法律或者公司章程的规定和程序参与公司事务并在公司中享受财产利益的,具有可转让性的权利。股权可以分为自益权和共益权。所谓自益权,是指股东从公司获取财产利益而享有的一系列权利,主要包括股票的请求权、股份转让过户的请求权、新股认购优先权、分配股息红利的请求权、分配公司剩余财产的请求权等。[31] 所谓共益权,是指股东参与公司决策、经营、管理、监督等而享有的一系列的权利,主要包括:出席股东会的表决权、任免董事等公司管理人员的请求权、查阅公司章程和账簿的请求权、要求法院宣告股东会决议无效的请求权、新股停止发行请求权等。[32] 股权实际上是成员权或社员权的一种类型。对股权的内容,我国《公司法》已经作出了相关的规定。第二,其他投资性权利。其他投资性权利主要是指民事主体通过各种投资而取得的权利,如通过购买基金、保险等而取得的权利。[33]

《民法典》第125条确认股权和其他投资性权利,完善了我国的民事权利体系。一般认为,民事权利可以分为人身权和财产权,但在人身权和财产权这一民事权利基本分类之外,还发展出了一些其他权利,尤其是随着民法从个人法向团体法的发展,社员权独立的必要性日益凸显。[34] 例如,股权在性质上即属于社员权,无法被财产权的概念所涵盖。因此,将股权等投资性权利纳入民事权利的范畴,这也进一步完善了我国的民事权利体系,也有利于鼓励投资,鼓励人们创造财富。从实践来看,股权以及其他投资性权利主要是因个人投资行为而产生的民事权利,法律保护股权等投资性权利,实际上起到了保护私人财产权的作用,这有利于鼓励人们积极开展投资活动,积极创造财富。

一般而言,股权等投资性权利是由公司法、保险法等特别法规定的,主要受特别法调整,《民法典》第125条对股权等投资性权利作出规定,表明此类权利也受《民法典》的调整和保护,这实际上是再次强调我国实行民商合一的立法体例,各商事特别法是我国民事立法的组成部分,《民法典》对各商事特别法具有统率作用。

七、数据、网络虚拟财产

当前,我们已经进入数字经济时代,借助数字技术,各种新业态、新技术、新产业大量产生,人类社会面临从工业经济的"生产大爆炸"到数字经济的"交易大爆炸"的时期,借助数字技术,

---

〔30〕 郭明瑞、房绍坤:《继承法研究》,中国人民大学出版社2003年版,前言。

〔31〕 范健、王建文:《公司法》,法律出版社2008年版,第287页。

〔32〕 范健、王建文:《公司法》,法律出版社2008年版,第288页。

〔33〕 石宏主编:《中华人民共和国民法总则条文说明、立法理由及相关规定》,北京大学出版社2017年版,第298页。

〔34〕 谢怀栻:《论民事权利体系》,载《法学研究》1996年第2期。

促进大数据的蓬勃兴起,全球数据大爆发,这是工业革命200多年以来的大变化。[35] 为了适应21世纪互联网、大数据时代的需要,顺应高科技发展的要求,《民法典》第127条规定:"法律对数据、网络虚拟财产的保护有规定的,依照其规定。"该条对数据和网络虚拟财产的保护作出了规定。具体而言:

1. 数据的权利。在数字经济时代,数据是财富,数据信息被喻为大数据时代的"新石油",是经济增长和价值创造的重要源泉。数据的开发和利用不仅已成为社会管理、科技创新的重要内容,[36] 而且也成为民事主体的重要财产。数据究竟包括哪些权利,是一个值得探讨的问题。本书认为,首先,如果数据具有独创性,则其可以受到著作权法的保护。其次,个人数据中包含的个人私密信息应当受到隐私权的保护。从法律角度看,数据中的个人信息具有双重属性:人格属性与财产属性,但首先是人格权的属性。个人可以许可他人使用其信息并获得报酬。最后,即使数据本身不具有独创性,难以获得知识产权的数据,也要受到法律保护,包括署名权、数据完整权、数据利用权等,权利人有权禁止他人发行、传播数据库中的数据。

2. 网络虚拟财产。网络虚拟财产是伴随着互联网发展而产生的新的财产,如比特币、网游中的装备、账号。它们与一般的财产在本质上有很大的共性,都具有一定的经济价值,甚至可以在一定范围内流通。在司法实践中,已经出现了电子游戏装备、QQ号码归属等纠纷。[37]《民法典》对网络虚拟财产的保护作出原则性规定,可以为网络虚拟财产的保护提供法律依据。[38] 从《民法典》第127条规定来看,既然承认网络虚拟财产具有财产性质,那么,就应当比照财产权的规则进行保护。网络虚拟财产应当受到财产权保护,而不能用人格权保护方法,侵害网络虚拟财产也不能适用精神损害赔偿。但网络虚拟财产究竟是物权还是债权,目前仍未达成共识。由于网络虚拟财产以当事人之间存在网络服务协议为前提,因而应当属于债权,可适用债权的相关规定对此类财产予以保护。

我国《民法典》对数据和网络虚拟财产的保护作出规定,不仅彰显了时代性,而且表明我国《民法典》的规定具有前瞻性,因为随着互联网和高科技的发展,数据和网络虚拟财产的重要性将日益突出。

八、其他合法权益

随着经济社会的发展,合法权益的范围是不断变化的,一些新型权益将不断出现,新型民事权益的范围十分广泛,不限于前述数据权利和网络虚拟财产两种,因此,《民法典》第126条在规定受法律保护的民事权益范围时使用了"其他民事权利和利益"这一兜底条款,这就为将来新型民事权益的保护提供了法律依据,保持了受法律保护的民事权益范围的开放性。

《民法典》第126条也有效衔接了《民法典》与民事特别法之间的关系。从本条规定来看,民事主体享有法律规定的其他民事权利和利益,此处所说的"法律规定"不限于《民法典》的规

---

〔35〕 杨东:《以民法典为契机构建数字经济竞争规则》,载《经济参考报》2020年6月16日,第8版。

〔36〕 涂子沛:《数据之巅》,中信出版社2014年版,第255~260页。

〔37〕 例如,在"李某晨诉北极冰公司案"中,游戏玩家李某晨因为游戏道具被盗,遂以游戏运营商侵害其私人财产为由诉至法院。法院认为,"关于丢失装备的价值,虽然虚拟装备是无形的,且存在于特殊的网络游戏环境中,但并不影响虚拟物品作为无形财产的一种,获得法律上的适当评价和救济。玩家参与游戏需支付费用,可获得游戏时间和装备的游戏卡均需以货币购买,这些事实均反映出作为游戏主要产品之一的虚拟装备具有价值含量"。参见北京市第二中级人民法院(2004)二中民终字第2877号民事判决书。

〔38〕 北京市朝阳区人民法院(2003)朝民初字第17848号民事判决书。

定,也包括民事单行法的规定,即民事单行法所规定的民事权利和利益,也受到法律保护。例如,《反不正当竞争法》第11条规定:"经营者不得编造、传播虚假信息或者误导性信息,损害竞争对手的商业信誉、商品声誉。"本条对企业信誉的保护作出了规定,其也受到法律保护。再如,《消费者权益保护法》第27条规定:"经营者不得对消费者进行侮辱、诽谤,不得搜查消费者的身体及其携带的物品,不得侵犯消费者的人身自由。"该条对消费者的人身自由作出了规定。《民法典》第126条规定,民事主体享有法律规定的其他民事权利和利益,实际上也发挥了引致条款的作用,有效衔接了《民法典》与其他民事单行法之间的关系。

第三节　民事权利的基本分类

民事权利的基本分类如图7-2所示。

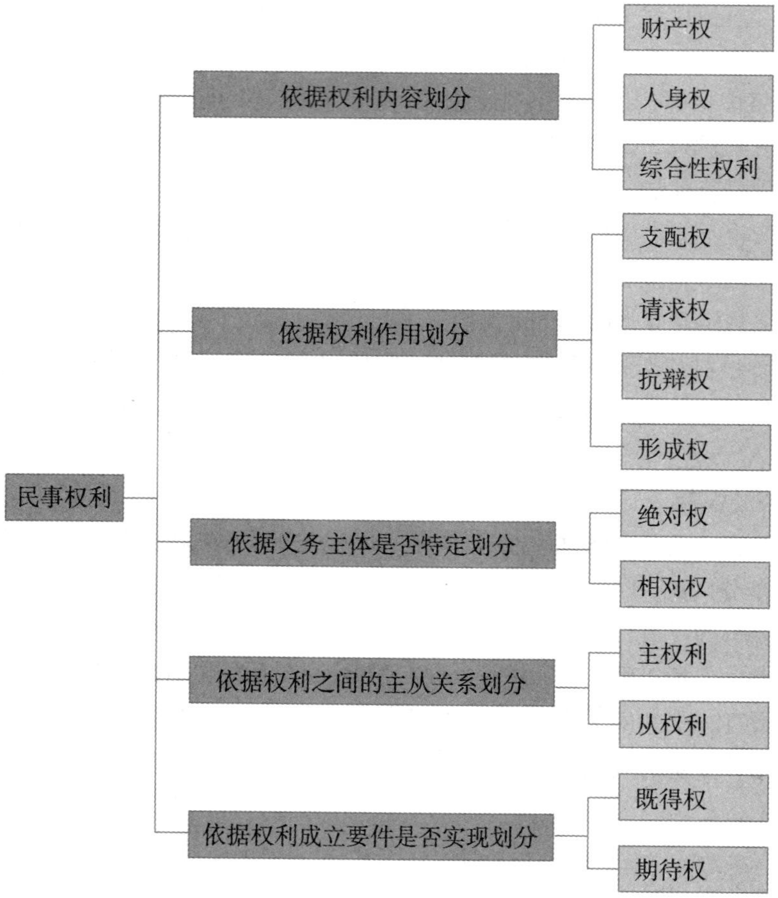

图7-2　民事权利的分类

一、财产权、人身权和综合性权利

根据权利的内容和性质,民事权利可分为财产权、人身权和综合性权利。这是民事权利最基本的分类。作出此种区分的重要意义在于:第一,权利的内容不同;第二,在是否可以转让方面存在区别;第三,保护方法不同。下面对此三种权利分别阐述。

(一)财产权

财产权,是指以财产利益为内容的权利,其主体限于现实地享有或可以取得财产的人,而不像人格权那样可以为一切人普遍地享有。[39] 财产权不具有专属性,可以由主体转让、放弃,也可以继承。

财产权利主要包括两大类,即物权和债权。所谓物权,是指权利人依法对特定的物享有直接支配和排他的权利。所谓债权,是指特定的债权人一方请求债务人为一定行为或者不为一定行为的权利。债权在内容上是一种请求关系,而且只能发生在特定的当事人之间。

(二)人身权

人身权,是指以人身所体现的利益为内容的、与权利人的人身密不可分的民事权利,包括人格权和身份权。

人格权,是指以生命、健康、名誉等人格利益为内容,并排斥他人侵害的权利。它主要包括生命健康权、姓名权、名誉权、肖像权、荣誉权、隐私权、性自主权等。身份权,是指基于权利人的特定身份而产生的权利,包括亲属权、抚养权等。身份权须有一定的行为或资格等才能产生,如具有夫妻资格,才能享有配偶权。人身权的特点在于,其内容主要体现为人格和身份等精神利益。人身权一般都具有专属性,尽管个别人格权的权能,如肖像权的权能可以转让,但人身权作为整体是不能转让的,也不能放弃和继承。

(三)综合性权利

所谓综合性权利,是指由财产权和人身权结合所产生的一类权利。这些权利的特点表现在,其内容既包括人身利益又包括财产利益,专属性并非十分明显。[40]

典型的综合性权利主要包括如下几类:第一,知识产权,所谓知识产权,就是指以对于人的智力成果和工商业标志的独占排他的利用为内容的权利,它包括著作权、专利权、商标权等。知识产权包括财产权和人身权两方面的内容。第二,社员权。所谓社员权,是指在某个团体中的成员依据法律规定和团体的章程而对团体享有的各种权利的总称。例如,对团体的收入分配请求权、投票权、管理权、监督权等。其既有身份属性,又包含了财产利益。第三,继承权。所谓继承权,是指继承人依法继承被继承人遗产的权利。继承权以继承人的特定身份为基础,以财产利益为内容。

二、支配权、请求权、抗辩权和形成权

根据权利的作用,民事权利可分为支配权、请求权、抗辩权和形成权。

(一)支配权

1. 支配权的概念与特征

支配权,是指直接支配客体,并享受一定利益的权利。物权是典型的支配权,并且以支配作为其主要权能。除物权以外,知识产权、人格权、身份权根据其性质上也可以归入支配权,但是身份权只是对身份利益的支配,而不是对他人人身的直接支配。支配权的特征表现在:

(1)支配权的客体是特定的,即特定化的财产和人身利益。尤其是就财产利益而言,支配权的客体必须特定化,才能对特定的财产产生排他的效力。

---

〔39〕 谢怀栻:《谢怀栻法学文选》,中国法制出版社 2002 年版,第 354 页。

〔40〕 谢怀栻:《论民事权利体系》,载《法学研究》1996 年第 2 期。

(2)支配权的权利主体是特定的,而义务主体是不特定的。[41] 在涉及财产为客体的支配权时,“权利人可以长久地或暂时地使用其支配的财产。同时其他人被排除在使用权之外,以确保第三人无法对权利人的支配可能性造成损害”,[42] 而除权利人之外的任何人都负有不侵害支配权的义务。

(3)支配权的实现不需要义务人的积极作为。支配权不需要义务人的介入,即可使权利人的权利实现,但义务人不得实施妨碍支配权实现的行为。

(4)支配权因支配而产生排他性的效力。例如,物权人对其物享有支配权,并因此而产生排他性、优先权、追及权等效力。

2. 支配权的分类

根据所支配的客体不同,支配权可以分为如下类型:

(1)对物的支配权。物权人能够依据自己的意志依法直接占有、使用其物,或采取其他的支配方式。物权人的支配既包括对特定的动产和不动产的实物的支配,也包括对物的价值的支配。当然实物的支配与价值的支配是不能完全分开的。例如,恢复用益物权人对土地和房产的支配,也就保护了用益物权人对不动产的使用价值的支配。保护担保物权人对实物的支配,实际上也就保护了对交换价值的支配。当然,物权人对物的支配范围不仅受物本身的性质和效用等的限制,而且要受到物权本身的内容的限制。物权人直接支配一定的标的物,必然从支配中享有一定的利益。

(2)对人身利益的支配权。人身利益包括人格利益和身份利益,对人身利益的支配主要是通过人格权和身份权实现的。

(3)对无形财产的支配权。无形财产是与有形财产相对应的概念,一般是指基于创造性的智力成果所获得的权利。但对于无形财产的概念,仍然存在不同的理解。例如,许多日本学者认为,无形财产主要是指智力创造性成果。而法国一般认为,无形财产是指特定的财产权利,是一种非物质财富,主要包括知识产权以及对现代社会的商业信息所享有的权利。[43] 对于无形财产的支配主要表现为知识产权。[44]

(二)请求权

1. 请求权的概念与特征

请求权,是指请求他人为一定行为或不为一定行为的权利。[45] 请求权人自己不能直接取得作为该权利的内容的利益,必须通过他人的特定行为间接取得。请求权的概念是由德国学者温德夏特提出的,[46] 并为许多大陆法系国家立法所采纳。请求权包括债权的请求权、物权的请求权、人格权上的请求权、继承法上的请求权、亲属法上的请求权等。可见,请求权的适用领域十分广泛,有学者认为,请求权在权利体系中居于枢纽地位。[47] 请求权的特征是:

(1)具有相对性。请求权都是发生在特定的相对人之间的一种权利,无论是基于债权产生

---

[41] 王泽鉴:《民法总则》,北京大学出版社 2009 年版,第 98 页。

[42] [德]迪特尔·梅迪库斯:《德国民法总论》,邵建东译,法律出版社 2001 年版,第 61 页。

[43] 吴汉东、胡开忠:《无形财产权制度研究》,法律出版社 2001 年版,第 37 页。

[44] 徐国建:《德国民法总论》,经济科学出版社 1993 年版,第 22 页。

[45] 王泽鉴:《民法总则》,北京大学出版社 2009 年版,第 101 页。

[46] 郑玉波:《民法总则》,中国政法大学出版社 2003 年版,第 67 页。

[47] 王泽鉴:《民法总则》,北京大学出版社 2009 年版,第 101 页。

的请求权,还是基于物权或其他绝对权利产生的请求权,都要转化为相对人之间的关系。也就是说,请求权只能向特定的义务人提出,要求其履行义务。请求权作为相对权,产生于具有特定请求内容关系的特定当事人之间。

(2)依附于基础权利。请求权是由基础权利(如物权、债权)所引发的,如果没有基础权利,则当事人也难以享有请求权。[48]

(3)请求权作为独立的实体权利,连接了实体法和程序法,因为民事诉讼可以分为三种,即确认之诉、给付之诉和变更之诉,这三种诉讼中给付之诉是民事诉讼的核心,而给付之诉的基础就是请求权。只有理解了请求权,才能理解给付之诉的基础。请求权不同于诉权,诉权是程序法上的权利,请求权是实体法上的权利。请求权可诉诸法院,请求保护,此时,它表现为诉权。

(4)请求权既可以作为独立的权利,也可以作为实体权利的内容。请求权大多表现为实体权利,如物权请求权、人格权请求权等。正是因为请求权可以采取独立的形态,权利人可以转让、抵销、准许延迟或免除请求权的具体内容。但请求权也可以只是某项权利的内容,比较典型的是,债权的请求权只是债权的内容,或者说是债权的主要内容。但债权又不限于请求权。债权除请求权以外,还包括"选择、解除、终止等权能,且债权请求权因时效而消灭时,债权虽力量减损,但仍然存在,债务人仍为履行之给付者,不得以不知时效为理由,请求返还"。[49]可见,请求权只是债权的一项权能。

2. 请求权的分类

根据请求权产生的基础关系,可以分为如下几类:第一,债权的请求权,包括合同履行的请求权、违约损害赔偿请求权、缔约过失请求权、无因管理请求权、侵权的请求权、不当得利所产生的返还请求权。但是赔礼道歉、恢复名誉等责任形式,因本质上不是一种给付关系,不应当包括在债权的请求权中。第二,物权请求权,具体包括返还原物请求权、停止侵害请求权、排除妨碍请求权、妨碍预防请求权。第三,占有保护请求权,主要包括在占有受到侵害的情况下,占有人享有的占有返还请求权、妨碍排除请求权、消除危险请求权。第四,人格权和身份权上的请求权。人格权上的请求权,主要是指在人格权受到侵害的情况下,产生的停止侵害、排除妨碍、消除危险的请求权。身份权上的请求权主要包括抚养请求权、赡养请求权等。第五,知识产权法上的请求权,主要是指在知识产权受到侵害的情况下,产生的停止侵害、排除妨碍、消除危险请求权等。

根据请求权的独立性和派生性,可以将请求权分为两类:第一,其作为权利本身的内容而存在的,如债权中的请求权,此种请求权以一定的实体法为依据,其存在不受是否有人提出主张的影响,也不受债权人是否知悉其请求权的影响。[50] 第二,在权利受到侵害的情况下,权利人针对义务人所提出的一种请求的权利,有学者将之称为"保护请求力"。在权利未受到侵害以前,此种权利是隐而不现的,一旦权利受到侵害,这种权利就表现出其作用,所以,它是实体权利的一种派生的产物,是以权利救济的手段出现的。通常所说的物权请求权、侵权行为请求权、违约请求权等都属于这种权利,是民法上请求权研究的主要对象。

---

〔48〕 郑玉波:《民法总则》,中国政法大学出版社2003年版,第67页。

〔49〕 王泽鉴:《民法债编·总论》(第1册),台北1990年自版,第17页。

〔50〕 [德]迪特尔·梅迪库斯:《德国民法总论》,邵建东译,法律出版社2001年版,第69页。

3. 请求权的体系

民法上的请求权是由一系列的请求权所组成的体系(见图7－3)。这些请求权包括合同上的请求权、不当得利请求权、侵权上的请求权、无因管理请求权、缔约过失请求权等。这些请求权组成了一个有机的整体,形成一个请求权的完整体系。本书认为,考察任何一个民事案件,必须要分析请求权的体系。原则上,请求权的体系应当按照如下顺序来确定:

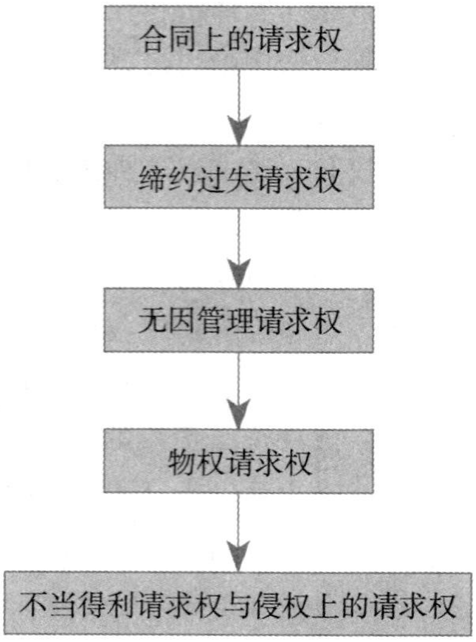

图7－3 请求权的思考顺序

(1)应将合同上的请求权作为第一顺序的请求权加以考虑。合同作为特定人之间的事先约定的关系,确定了当事人之间的权利、义务,只有首先从合同关系着手,才能向其他关系展开,即合同上的请求权与其他请求权发生密切联系时,应首先考虑运用合同上的请求权。[51]

(2)缔约过失请求权。按照梅迪库斯的看法,缔约过失的请求权与合同的请求权是不可分割的,甚至可以包含在合同的请求权之中,因为无论是在合同的缔结过程中还是在合同终止以后,都会涉及缔约过失的请求权。[52] 本书认为,这两项请求权应当分开。缔约过失的请求权适用于双方无合同关系的情况,而基于违约的请求权乃是以有效合同的存在为前提的。如果当事人之间存在合同关系,则属于合同责任;若不存在合同关系,则可以考虑缔约过失责任。缔约过失请求权仅次于合同请求权而适用,优先于其他请求权。

(3)无因管理请求权。无因管理的请求权与合同关系极为类似,它们都是产生合法占有权的依据,无因管理也常常与合同有密切的联系。但合同上的请求权应优先于无因管理上的请求权加以考虑,因为无因管理之所谓“无因”,是指无法律上的原因,包括无法定的义务或约定的义务。如果管理人和本人之间事先存在合同关系,管理人是依照约定管理他人的事务,则管理人负有管理的义务,不构成无因管理。所以合同请求权与缔约过失请求权应当优先于无因管理请求权,但由于无因管理本质上是一种合法行为,一旦无因管理请求权能够成立,不应当适用其他请求权。所以无因管理请求权应当优先于合同请求权和缔约过失请求权之外的其他请求权。

---

〔51〕 [德]迪特尔·梅迪库斯:《德国民法总论》,邵建东译,法律出版社2001年版,第60页。

〔52〕 Dieter Medicus, *Burgerliches Recht*, Carl Heymanns Verlag, 1999, p. 6.

(4)物权请求权。物权的请求权,是指基于物权而产生的请求权,也就是说,当物权人在其物被侵害或有可能遭受侵害时,有权请求恢复物权的圆满状态或防止侵害;在物权受到侵害的情况下,首先应当采用物权的请求权对物权进行保护,这是因为物权的请求权具有优先于债权的效力。例如,在破产程序中,所有人对其物享有取回权,此种取回权实际上是由所有物返还请求权而派生的,当然应优先于一般债权而受到保护。再如,所有物返还请求权一般不受诉讼时效的限制,所以物权请求权较之于侵权请求权更有利于保护受害人,因此原则上物权请求权应当优先于侵权请求权而适用。

(5)不当得利请求权与侵权上的请求权。不当得利和侵权行为都是法律禁止和限制的行为,广义上都属于不合法的行为。按照合法行为成立则排除非法的逻辑,首先应当考虑有无其他以合法行为为基础的请求权存在,如果其他请求权不能适用,最后才能适用不当得利和侵权的请求权。因此,不当得利和侵权的请求权应当置于最后的顺序考虑。

正确了解民法的请求权体系对于培养分析和运用法律的体系观念,从体系上把握整个民法的知识、制度和规范,从而正确适用民法规则具有十分重要的意义。

(三)抗辩权

1. 抗辩权的概念与特征

抗辩权又称为异议权,是指对抗对方的请求或否认对方的权利主张的权利。[53] 抗辩权是和请求权相对应的概念,如果将请求权比作矛,抗辩权就是盾(见图7-3)。抗辩权的功能就是对抗或延缓请求权的行使,或使请求权归于消灭。[54] 所以,抗辩权和请求权是相辅相成的。例如,合同编规定的同时履行抗辩权、不安抗辩权等都是针对履行请求权的权利。抗辩权具有如下特征:

(1)抗辩权是由法律明确规定的权利。抗辩权必须基于法律规定而产生,如果是约定的抗辩事由,仅产生合同的权利,一方行使基于约定的抗辩事由所产生的权利,仍然是行使合同权利。抗辩权本质上是一种私权,关系到当事人自身的利益,而与社会公共利益无关,因而是否行使抗辩权完全由当事人自己决定。如果当事人不主动援引抗辩权,则法院一般不能依其职权审查是否存在抗辩事由。当然,在当事人提出抗辩时,法院应当审查抗辩事由是否成立。[55]

(2)抗辩权是对抗或否认对方的请求权的权利。抗辩权行使的主要目的就是对抗对方所提出的请求权。从抗辩权的效力来看,其既可能是延缓对方请求的抗辩,如债务履行期限未届至的抗辩;也可能是排除对方请求权的抗辩,如当事人主张合同关系无效,从而排除对方依据合同请求履行的权利。抗辩不同于反请求,反请求是指被告依法向原告提出的独立的请求,原告提出的诉讼成为本诉,被告提出的反请求成为反诉。由于反诉与本诉基于同一个法律关系而发生或者以同一事实为根据,且反诉的请求具有对抗性,这就使反诉与抗辩常常发生混淆。本书认为,区分二者的根本标准在于:如果仅仅是否认对方的请求,只是证明对方的请求存在或者不存在,则属于抗辩而不属于反请求。而在反请求和反诉中,反请求权提出了独立的请求,而不仅仅是否认对方的请求。

---

[53] 郑玉波:《民法总则》,中国政法大学出版社2003年版,第69页。

[54] 王泽鉴:《民法总则》,北京大学出版社2009年版,第104页。

[55] 王泽鉴:《民法总则》,北京大学出版社2009年版,第104页。

(3)抗辩权的行使必须要以请求权的行使为前提。抗辩权是针对请求权而发挥作用的,只有在一方提出请求之后,另一方才能行使抗辩权。

抗辩权大多应有期限限制。例如,合同编规定的履行抗辩权原则上应当在履行期限内提出。因为请求权是有时效限制的,因而作为其反面的抗辩权也应当有期限限制,否则会使已经形成的法律关系处于不确定状态。该期限可能是法定的,也可能法律并没有作出规定,这就必须在合理的期限内行使,超过了合理期限,权利将有可能丧失。例如,一方提出请求以后,对方在很长时期内没有提出抗辩,应当视为抗辩权已经消灭。

2. 抗辩权的分类

(1)实体法上的抗辩权和程序法上的抗辩权。实体法上的抗辩权就是实体法所规定的抗辩权,如合同编规定的同时履行抗辩权、后履行抗辩权、不安抗辩权,时效制度中规定的时效届满后的抗辩权等,都是民法规定由一方所享有的权利。从实体角度来看,抗辩和抗辩权并不是同一概念。抗辩所包括的事由极为广泛,而抗辩权则是由法律明确规定由一方享有的对抗另一方请求权行使的权利。程序法上的抗辩权是指被告针对原告的诉讼请求从程序上提出异议,例如,对管辖权提出异议、对诉讼请求提出异议等。民事诉讼上的抗辩如果以主张实体法的事项为内容,则应以实体法上的权利为基础,但它又不完全等同于实体法上的抗辩权,因为实体法上的抗辩权毕竟是针对请求权而行使的,它并不限于诉讼中行使,在诉讼之外也可以行使。这两种分类的实际意义在于,程序法上的抗辩权可以由法官依职权审查,而实体法上的抗辩权由当事人自行决定行使与否,法官不得干预。

(2)消灭的抗辩权和延缓的抗辩权。所谓消灭的抗辩权,是指抗辩具有消灭或否定请求权的效力。如存在合同请求权时,合同履行、代物清偿、提存、抵销、免除、撤回合同、解除合同等构成消灭性抗辩。如果请求权应当在一定的期限行使而不行使,抗辩权人提出此种抗辩,也将导致请求权消灭。由于此种抗辩权可以使请求权的行使永远被排除,故又称为永久的抗辩权。延缓的抗辩权,是指仅能使对方的请求权在一定期限内不能行使,所以,又称为一时的抗辩权。此种抗辩权的行使,只是使请求权的行使发生障碍,一般并不能导致请求权本身的消灭。[56] 例如,同时履行抗辩权和不安抗辩权的行使只是使履行的请求权发生障碍,但由于合同本身并没有终止,所以请求权仍然存在,并没有消灭。当请求权行使的障碍消除或消灭以后,请求权人可以继续行使请求权(如图7-4所示)。

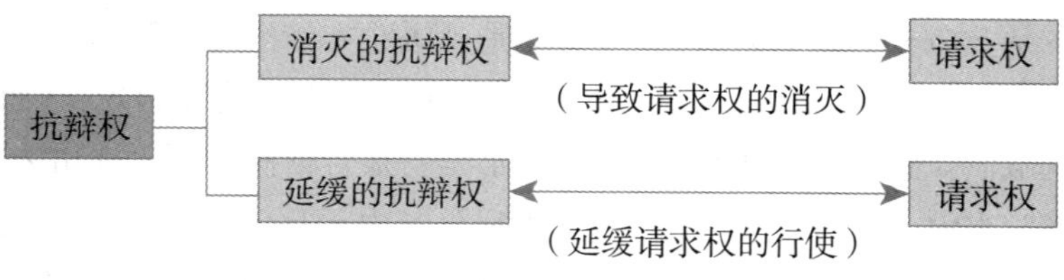

图7-4 抗辩权类型及其与请求权的关系

3. 抗辩权行使的效果

抗辩权的行使是正当行使法定权利的表现,抗辩一旦成立将会导致对方的请求权消灭或使其效力延期发生。当然,抗辩权的行使必须严格遵循法律规定的抗辩权行使的条件和程序,

[56] 施启扬:《民法总则》,中国法制出版社2010年版,第33页。

不能违反法律规定而行使权利，或滥用抗辩权，否则，不仅不能发生抗辩的效果，而且行为人还可能承担相应的民事责任。

（四）形成权

1. 形成权的概念与特征

形成权，是指当事人一方可以以自己单方的意思表示，使法律关系发生变动的权利。换言之，是指不需要他方相应地作出某种行为，即可以通过行使此种权利，使法律关系产生变动和消灭。学理上也称为能为权、变动权等。[57] 形成权的主要特征在于：

（1）它是指权利人仅根据自己的意思表示，就能够使既存的法律关系发生、变更或消灭的权利。第一，使法律关系发生。例如，无权代理中本人的追认使无权代理行为有效。第二，使法律关系发生变更。例如，受欺诈方主张变更合同的权利。第三，使法律关系效力消灭。例如，当事人行使抵销权，使债权债务关系消灭。[58] 行使形成权在绝大多数情况下，并不需要向法院提出请求。但是在特殊情况下，形成权的行使需要通过在法院提起诉讼的方式进行。因形成权本身发生争议而提起诉讼，或者基于形成权提起诉讼，此种诉讼称为形成之诉。

（2）它的效力的产生不需要另一方作出某种辅助的行为或共同的行为。按照梅迪库斯的观点，形成权是“法律允许权利主体对某项法律关系采取单方面的行动”。[59] 在一般情况下，形成权的实现不需要相对人的介入，只需要他人不妨碍其权利的行使即可。对形成权而言，仅需权利人一方的意思表示，就可以使民事法律关系产生、变更或消灭，因此，为保护当事人的合理信赖，维持法律关系的稳定，当事人在行使形成权时不得附条件或者附期限。

（3）它的行使所发生的效力很难因相对人的行为而受到影响。形成权在未行使前，对原来的法律关系没有任何影响。一旦行使，就可以使具体的法律权利和义务发生、变更或消灭。[60] 一旦行使形成权的意思表示发出并到达相对人，就可以使法律关系发生、变更或者消灭。这种特殊的行使方式，使形成权行使所发生的效力很难因相对人的行为而受到影响。

（4）它不能与其所依附的法律关系相分离。形成权本身是一种独立的权利，但是形成权大多是依据某种实体的权利（如债权等）而产生的，并可能作为该权利的一项权能而存在。例如，抵销权和撤销权就是作为债权的一项权能而发生的。所以，形成权大多需依附于一定的法律关系才能发挥作用，且不得与原权利分割而单独转让。[61]

（5）它通常都具有一定的存续期间。形成权的存续期间在学说上称为除斥期间。权利人应当在该期限内行使权利，超过了该期限，将导致形成权的消灭。而且除斥期间在性质上属于不变期间，不能中止、中断和延长。

形成权和抗辩权都有使法律关系发生变化的作用，但二者存在明显的区别，表现在：一方面，形成权的行使并不针对请求而主张，即使没有一方提出请求，权利人也仍然可以行使，但是抗辩权是针对一方提出的请求而行使的；另一方面，形成权的作用主要在于改变法律关系的效力，而抗辩权则主要在于对抗权利的主张。此外，形成权的行使适用除斥期间，该期间为不变期间，而抗辩权的行使适用诉讼时效，可因一定的事由而中断、中止、延长。

---

〔57〕 王泽鉴：《民法总则》，北京大学出版社 2009 年版，第 105～106 页。

〔58〕 施启扬：《民法总则》，中国法制出版社 2010 年版，第 33 页。

〔59〕 [德]迪特尔·梅迪库斯：《德国民法总论》，邵建东译，法律出版社 2001 年版，第 68 页。

〔60〕 王泽鉴：《民法总则》，北京大学出版社 2009 年版，第 106 页。

〔61〕 王泽鉴：《民法总则》，北京大学出版社 2009 年版，第 108 页。

2. 形成权的分类

(1)财产法上的形成权和身份法上的形成权。财产法上的形成权，是指依附于物权、债权等财产权而产生的形成权，如债权的撤销权、变更权等。身份法上的形成权，主要是指基于身份关系而产生的形成权。身份法上的形成权一般都是基于法律规定而产生，其主要包括两类：一是纯粹身份上的形成权，包括婚约撤销权、解除婚约权等；二是身份财产上的形成权，包括继承人或者受遗赠人对继承权或受遗赠权的抛弃、遗产分割权等。此种形成权尽管是基于身份而产生的，但它与财产还是有着密切的联系。[62]

(2)法定形成权和约定形成权。这是依据形成权的产生原因所作的分类。法定形成权，是指基于法律规定直接产生的形成权，大多数形成权都是法定形成权。约定形成权，是指基于当事人双方的约定而产生的形成权，如双方约定在一定条件下，一方当事人享有合同解除权。无论是法定形成权还是约定形成权，其行使的效力都是由法律直接规定的，只不过是在约定的情况下，形成权产生的原因和行使的条件以及行使的期限等是由当事人约定的。

(3)非通过诉讼而行使的形成权和通过诉讼而行使的形成权。这是根据形成权行使的方式所作的分类。所谓非通过诉讼行使的形成权，是指通过权利人单方行为而使法律关系发生变动，一般的形成权都是通过非诉讼的方式而使形成权发生效力。所谓通过诉讼行使的形成权，是指形成权必须要到法院提起诉讼，经过法院的确认才能发生权利变动的法律效果。例如，法定撤销权的行使，必须通过诉讼经过法院的确认，才能最终使合同撤销。法律之所以规定某些形成权必须通过诉讼的方式行使，一方面是因为这些形成权对第三人意义重大，另一方面是为了避免发生纠纷。

3. 形成权的行使

形成权对于相对人的影响特别重大，因此只有及时行使，才能使法律关系尽快明确。为此需要在法律上为其规定除斥期间。形成权在一定的期限内不行使，将导致权利消灭。法律规定了一定期限的，该期限就是形成权的存续期限；如果法律没有规定其行使期间，则权利人应当在合理期限内行使，否则将发生权利消灭的后果。

形成权的行使必须遵循两项重要规则：第一，形成权的行使不得附条件或附期限。形成权的行使目的在于迅速地确定法律关系，“既然形成权相对人必须接受他人行使形成权的事实，那么不应该再让他面临不确定的状态了”。[63] 第二，形成权的行使不得撤销。因为形成权一旦行使，权利人的意思表示一经到达相对人，即发生法律关系变动的效果，所以形成权一旦行使，就不能撤销该意思表示。但在到达相对人之前，意思表示并未生效，自然可以撤回。[64] 此外，形成权必须合理行使，民法上关于权利不得滥用的一般原理对于形成权的行使也应当适用。

三、绝对权和相对权

根据义务主体是否特定以及权利的特点，可以将权利分为绝对权和相对权。所谓绝对权，是指权利人的权利无须通过义务人实施一定的行为，即可以实现，并能对抗不特定人的权

---

〔62〕 林诚二:《论形成权》，载杨与龄主编:《民法总则争议问题研究》，五南图书出版有限公司 1998 年版，第 74 页。

〔63〕 [德]迪特尔·梅迪库斯:《德国民法总论》，邵建东译，法律出版社 2001 年版，第 79 页。

〔64〕 王泽鉴:《民法总则》，北京大学出版社 2009 年版，第 107～108 页。

利。[65] 绝对权主要包括所有权、人身权、知识产权。因为绝对权的权利人对抗的是除他以外的任何人，所以绝对权又称为对世权。所谓相对权，是指权利人的权利必须通过义务人实施一定的行为才能实现，权利人的权利只能对抗特定的义务人。[66] 最为典型的相对权就是债权。相对权的权利人对抗的是具体确定的义务人，因此，相对权又称对人权。[67] 两者的区别主要表现在(见表7-1)：

表7-1 绝对权和相对权的区别

区别	绝对权	相对权
义务人的范围	权利人特定，义务人不特定	权利人和义务人均特定
权利义务的对应	权利人享受一定的权利，但无相对应的义务	权利义务通常具有相对性
权利的排他性	具有排他性	只能针对特定人产生效力
权利遭受侵害的补救	首先考虑恢复原状，难以恢复原状时或根据权利人的特别要求，转换为赔偿损失	通常采用损害赔偿方式，主要目的在于补偿损失

1. 从义务人的范围来看，绝对权也就是绝对法律关系中的权利，在此种关系中，权利人是特定的，但义务人是不特定的，除权利人之外，一切人都负有不得侵害其权利的义务和妨害其行使权利的义务；相对权指义务人是特定人的权利，在此种关系中，无论是权利人还是义务人，都是特定的。

2. 从权利义务是否对应来看，在绝对权法律关系中，权利人享有一定的权利，但并不负有相对应的义务，反过来，义务人对权利人承担一定的义务，但并不因此而享有权利；在相对法律关系中，权利义务常常具有相对性。权利人享有权利的同时应当负担相应的义务，而义务人在负担相应的义务的同时也享有相应的权利。权利人须通过义务人实施一定行为才能实现其权利。

3. 从权利是否具有排他性来看，绝对权具有排他性，这种排他性主要表现在权利是否具有对抗第三人的效力上，在绝对权遭受侵害的时候，权利人可以针对任何第三人提出主张和提起诉讼；但相对权是只能针对特定人产生效力的权利。

4. 从是否具有公开性来看，绝对权大多是公开的。例如，对于所有权等权利来说，法律要求当事人必须通过公示的方法向社会公开，使第三人知道，才能够使该权利产生对抗第三人的效力。由于绝对权是公开的，所以它才能对权利人之外的一切人确立一种不得侵害他人权利的义务，从而能够起到行为规则的作用。而相对权是一种不公开的权利，它仅在特定当事人之间具有拘束力。例如，合同债权仅对合同当事人具有法律拘束力，对合同当事人以外的人则不具有法律拘束力。

5. 从两种权利遭受侵害的补救方式来看，绝对权遭受损害后，首先应当考虑恢复原状，尽可能恢复权利人享有权利的状态，在难以恢复原状时或者根据权利人的特别要求，可转换为赔偿损失。例如，侵害他人之物，首先应当适用排除妨害和恢复原状的补救方式，如不能采用这两种方式，则适用赔偿损失的救济方式。而对相对权的侵害，通常是采用损害赔偿的补救方

---

〔65〕 魏振瀛主编：《民法》，北京大学出版社2010年版，第39页。
〔66〕 史尚宽：《民法总论》，中国政法大学出版社2000年版，第22页。
〔67〕 郑玉波：《民法总则》，中国政法大学出版社2003年版，第70页。

式,其主要目的在于补偿损失。

当然,对于绝对权与相对权的区分,不能作绝对化的理解。一方面,从义务主体的范围上说,绝对权受到侵犯时,也会出现特定的义务主体,在此情况下,将会发生绝对权向相对权的转化。另一方面,即使是相对权,任何第三人也都不得侵害。所以债权在特殊情况下,也可以成为侵权的对象。[68] 尤其应当看到,随着民法的发展,绝对权和相对权出现了一种相互融合的趋势。例如,租赁权的物权化使债权具有对抗第三人的效力,从而使相对权也具有绝对权的一些效力。

四、主权利和从权利

根据民事权利之间的主从关系,可以将民事权利划分为主权利和从权利。主权利,是指在相互关联的几项民事权利中,不依赖于其他权利就可以独立存在的权利,也称为独存权。从权利,则是不能独立存在而从属于主权利的权利,如为担保债权的实现而设立的担保物权,相对于主债权是一种从权利,而主债权是主权利。由于从权利不能独立存在,而必须依附于主权利才能存在,所以也称为附属权。[69] 区分主权利和从权利主要具有以下意义:

1. 主权利和从权利是一种相对的法律概念,只有在具有主、从权利的法律关系中,才存在这种划分。换言之,主权利、从权利关系的确定,必须在具有主、从地位的法律关系中才具有意义。例如,在担保法律关系中可以发生主权利和从权利的区别,但不能笼统地说物权或债权是主权利或从权利。

2. 主权利是从权利的基础和前提,从权利必须要依附于主权利而存在,所以主权利成立和生效,从权利才有可能产生和生效。如果主权利不存在或被宣告无效,那么从权利也相应地不存在或被宣告无效;如果主权利发生转让,那么从权利也应当依法发生转让。权利人不能在转让主权利的情况下单独保留从权利,也不能在抛弃主权利的情况下单独享有从权利。

3. 从主权利和从权利的区别中,相应地区分主权利法律关系和从权利法律关系,有助于确立不同的法律关系中的义务主体及其内容。例如,在担保法律关系中,与主债权人相对应的是主债务人,而在保证合同中,权利人是债权人,义务人是保证人,两种法律关系中权利所指向的对象是不同的,而义务人也可能是不一样的。

五、既得权和期待权

根据权利成立要件是否全部实现,民事权利可分为既得权和期待权。

既得权,是指成立要件已全部实现的权利,一般权利都是既得权。期待权是指成立要件尚未全部实现、将来有实现可能的权利,[70] 如附条件民事法律行为设定的权利在条件成就前就是期待权。继承开始前,法定继承人享有的继承权,也属于期待权。

期待权,是指权利人依据法律或合同的规定,依法对未来的某种权利享有一种期望或期待的利益。不过,尽管期待权体现为一种未来的利益,但这种利益仍然是可以实际取得的,而不是一种臆想的不可能实现的利益。[71] 期待权主要包括如下类型:

1. 在所有权保留的买卖中,买受人对标的物的所有权所享有的期待利益。在所有权保留

---

〔68〕 郑玉波:《民法总则》,中国政法大学出版社 2003 年版,第 70 页。

〔69〕 史尚宽:《民法总论》,中国政法大学出版社 2000 年版,第 29 页。

〔70〕 郑玉波:《民法总则》,中国政法大学出版社 2003 年版,第 72 页。

〔71〕 申卫星:《期待权研究导论》,载《清华法学》2002 年第 1 期。

的买卖关系中，卖方虽将标的物先交付给买方，并使其享有占有、使用和收益的权利，但在该标的物的价金一部或全部付清前，或者当事人之间其他债权债务关系清结前，卖方仍保留该标的物或其加工物及其转售所得之所有权，[72]此时，买方并不享有所有权，但对取得所有权享有一种合理的期待利益，对买方的这种期望或期待地位予以法律保护并赋予其权利性质，就产生了期待权。

2. 附生效条件和附期限合同中，在期限尚未到来之前，尽管合同已经实际成立但尚未生效，当事人一方只能就合同所产生的债权享有一种期待的利益，还不能现实地享有合同债权。

3. 保险合同中受益人的权利。因为保险合同成立与生效之后，受益人不能实际地获得保险利益，只有在法定的或者约定的保险事故发生之后，受益人才能实际地取得保险利益，从而产生受益人的期待权。

4. 继承人的权利。在继承中有两种情况涉及期待权：第一，在遗嘱成立之后，遗嘱继承人对遗嘱继承的财产享有期待权，必须在遗嘱人死亡这一法律事实发生之后才能使继承人实际取得继承权。第二，在遗赠抚养协议成立以后，受遗赠人即便对遗赠人开始履行一些协议规定的义务，也不能对遗赠人用于遗赠的财产享有所有权，而只是享有一种期待权，只有在遗赠人死亡之后，此种期待权才转化为实际的权利。

区分既得权和期待权的意义主要表现在：第一，区别权利人是否实际取得某种权利。对既得权而言，权利人已经现实地取得了某种权利；但对期待权而言，权利人不能够现实地取得某种权利，而只是对将要取得某种权利享有期待利益。第二，在某种法律事实是否实际发生上不同。既得权无须某种法律事实的实际发生就已经存在了，而期待权人必须在某种特定的法律事实实际发生之后才能实际地取得权利，从期待权向既得权的转化必须要求法律事实的发生才能完成。第三，关于权利的可侵害性以及救济的方法上的区别。既得权显然具有可侵害性，但是对于期待权是否可侵害的问题，理论上存在争议。例如，恶意阻碍条件成就时，法律上视为此种条件已经成就，但这并不意味着期待权已经受到侵害。即便承认期待权能够受到侵害，但由于权利人享受的是一种未来的利益，具有不确定性，所以在确定救济方法时与既得权也存在差别。

第四节　民事权利的取得和变动

一、民事权利的取得

（一）民事权利的取得概述

民事权利的取得，是指民事主体依据合法的方式或根据获得民事权利。《民法典》第129条规定："民事权利可以依据民事法律行为、事实行为、法律规定的事件或者法律规定的其他方式取得。"依据这一规定，民事权利的取得可以分为如下情形：

1. 依民事法律行为取得。依民事法律行为取得民事权利，主要是指当事人通过买卖合同、赠与合同等方式而取得民事权利。例如，当事人通过合同取得对标的物的所有权。我国《民法

---

〔72〕 刘郁武：《所有权保留研究》，载《法学家》1998年第2期。

典》物权编对基于法律行为的物权变动规则作出了规定，该规则就是依民事法律行为取得物权的规则。从实践来看，依民事法律行为取得民事权利是民事权利最为主要的取得方式。

2. 依事实行为取得。当事人也可以依据事实行为取得物权，我国法律也对此种民事权利取得方式作出了规定。例如，《民法典》第231条规定："因合法建造、拆除房屋等事实行为设立或者消灭物权的，自事实行为成就时发生效力。"该条所规定的因合法建造房屋而取得物权就是依事实行为而取得民事权利。

3. 依法律规定的事件或法律的其他直接规定取得。事件也可以成为民事主体取得民事权利的重要原因。例如，人的死亡可以使继承人取得继承遗产的权利；再如，基于添附可以取得相关的民事权利等。除事件外，法律的直接规定也是民事主体取得民事权利的重要方式。例如，自然人的出生而获得人格权和身份权、财产权等基本的民事权利。

4. 依法院的判决取得。法院的判决也是民事主体取得民事权利的重要方式。例如，原《物权法》第28条规定："因人民法院、仲裁委员会的法律文书或者人民政府的征收决定等，导致物权设立、变更、转让或者消灭的，自法律文书或者人民政府的征收决定等生效时发生效力。"当然，此种物权变动必须是基于人民法院的生效判决或仲裁委员会的生效裁决，且此种判决和裁定必须针对物权变动而作出。

无论采取何种方式，民事权利的取得都必须合法。

（二）原始取得与继受取得

民事权利的合法取得方式可分为原始取得与继受取得两种。

1. 原始取得

所谓原始取得，是指根据法律规定或者民事法律行为，最初取得民事权利或不依赖于原权利人的意志而取得某项民事权利。在物权法领域原始取得的根据主要包括劳动生产、天然孳息和法定孳息、添附、没收、无主财产收归国有等。原始取得一般是基于法律规定取得，当然，在特殊情形下，原始取得也可能基于法律行为取得，如当事人通过加入社团而取得社员权。[73]

2. 继受取得

继受取得又称传来取得，是指通过某种法律行为从原权利人那里取得某项民事权利。这种方式是以原民事权利人对该项民事权利享有权利作为取得的前提条件的。继受取得的根据主要包括买卖、赠与、继承遗产、接受遗赠、互易等形式。权利的继受取得还可作如下分类：

（1）单一继受取得，即对单一的权利的继受取得。如甲将公司卖给乙，则甲必须把该公司所有的财产，如土地、设备、专利等一一转让给乙。单一的继受取得可以进一步分为移转的继受取得和创设的继受取得。前者指一方移转权利而另一方取得权利；后者是指一方移转权利，并在该权利基础上创设了新的权利。

（2）全部继受取得，即对一系列权利的全部取得。此种取得方式只有在法律允许的情况下，并根据法律的规定才能够进行。财产继承是最常见的，也是最重要的权利全部继受取得的情况。在企业发生分立、合并的情况下，原企业的债权也由新的企业全部继受取得。

3. 原始取得和继受取得的区别

原始取得和继受取得主要存在如下区别：

（1）是否基于原权利人的意愿不同。对原始取得而言，权利人取得权利并不是基于原权利

---

〔73〕 朱庆育：《民法总论》，北京大学出版社2013年版，第490页。

人的意愿,其可能是基于自己的劳动,或者从非权利人处取得相关权利。而继受取得则是权利人从原权利人处取得权利,而且权利人是基于原权利人的意志和意愿而取得该权利。

(2)权利人取得权利的原因不同。对原始取得而言,权利人取得权利主要是基于法律规定,如基于权利人的劳动,或者基于添附等法定原因取得权利。而对继受取得而言,权利人取得权利主要是基于法律行为而取得权利,其通常是基于权利人与原权利人之间的法律行为(如买卖合同、赠与合同等)而取得权利。

(3)权利人取得相关权利是否需要承受该权利之上的负担不同。对原始取得而言,权利人在取得相关的权利之后,并不需要承受该权利之上既有的负担,如抵押权等;而对继受取得而言,权利人仍应当承受该权利之上的权利负担。

民事权利也可以经过法律的直接规定而取得,如法定的优先权就是直接通过法律的规定而取得的权利,此种情况在学理上称为"依法律的规定而直接取得权利"。[74] 但绝大多数民事权利是基于法律行为或其他法律事实而取得的,如所有权的取得、债权的取得等。但在依法律行为方式取得的权利中,有一些权利必须要法定化,不能由当事人随意创设,如物权;还有一些权利是直接通过当事人的约定而自由创设的,如合同债权。

二、民事权利的变更

导致民事权利变更的事实主要是:

1. 根据当事人的约定而变更民事权利,如通过合同对当事人之间的债权债务关系予以变更,或通过达成调解协议而使当事人的权利义务关系发生变更。

2. 基于法律规定的原因而发生的权利变更。如所有权因添附而变更、因设置留置权而受到限制,因当事人部分履行而使其债务范围缩小。基于法律规定的原因而变更的民事权利,可以分为两种类型:一种是基于法律的规定直接发生权利变更的效果;另一种是虽然出现了一定的法律事实,但还要请求法院,通过诉讼程序来变更民事权利。

三、民事权利的消灭

民事权利的消灭,其原因可以分为两类:一是绝对消灭,如所有权因标的物的灭失而消灭;二是相对消灭,即权利主体变更,如所有权移转,对原权利人而言即为所有权的消灭。具体来说,民事权利消灭的原因主要包括以下五种:

1. 权利人抛弃权利。按照私法自治原则,民事权利的权利人在行使权利的过程中,只要不损害他人利益和社会公共利益,就可以将其权利予以抛弃。例如,放弃担保物权、免除债务人的债务、抛弃其财产等。抛弃行为完全是一种单方的行为,一旦实施便可以产生法律效果。

2. 转让,即权利人通过与他人订立合同将其权利移转给他人。通过转让使一方丧失了权利,另一方取得了权利。

3. 权利人死亡。权利是由特定权利人所享有的利益。一旦权利主体死亡,法律上不可能存在无主体的权利,因此权利将发生消灭。当然,财产权可以由其继承人继承。需要指出的是,有一些特殊的权利尽管权利人已经死亡,但利益仍然应当受到保护。例如,著作权在作者死后仍然应当受到法律保护。

4. 客体灭失。如果权利的客体因为消费、灭失等原因而不存在,权利失去了客体,该权利在一般情况下将不复存在。不过,在特别情况下,则可能发生物上代位,如在抵押权的客体灭

---

〔74〕 曾世雄:《民法总则之现在与未来》,中国政法大学出版社2001年版,第54页。

失,抵押人获有赔偿金时,抵押权人可就该赔偿金优先受偿。

5. 超过一定的期限不行使权利,将导致权利消灭。这主要指具有除斥期间限制的权利,如撤销权、追认权等形成权。

第五节 民事权利的行使

一、对于民事权利行使施加限制的必要性

民事权利的行使也就是民事权利内容的实现。权利人通过实施行使权利的行为,可以实现权利所体现的利益,以满足自身的需要。权利都是以一定的利益为内容的,权利人为满足自己的需要,要实现该利益,就必须行使自己的权利。行使权利使权利中包含的行为的可能性成为现实性。当事人所实施的行为无非包括事实行为和民事行为两种,因此,权利行使的方式可以分为事实方式和法律方式两种。所谓事实方式,是指权利人通过实施某种事实行为来行使权利,如所有人通过使用自己的财产来行使所有权。所谓法律方式,是指权利人通过实施某种民事法律行为来行使权利,例如,所有人通过赠与来行使对自己财产的处分权。

任何权利的实现,不仅关涉权利人的利益,而且也关涉到义务人的利益以及国家和社会的利益,因此对民事权利要作出必要限制。其理由在于:

1. 维护社会公共利益。权利主要体现的是一种权利人的私人利益,但是这种利益有可能和社会公共利益发生冲突。例如,《民法典》第999条规定:“为公共利益实施新闻报道、舆论监督等行为的,可以合理使用民事主体的姓名、名称、肖像、个人信息等;使用不合理侵害民事主体人格权的,应当依法承担民事责任。”据此,为了维护公共利益,可以对民事主体的相关人格权益作出必要的限制。

2. 维护社会生活的和谐有序。民事权利常常涉及各个民事主体之间的利益冲突,任何人在行使权利时,对他人对其行使权利造成的不便,负有适当容忍的义务。例如,人格权的行使与保护就经常与其他利益和价值发生冲突。例如,肖像权的行使与保护往往与舆论监督发生冲突,在新闻报道中使用他人肖像的,通常属于正常舆论监督的范畴,而不构成对肖像权的侵害。再如,个人信息权利的保护与个人信息、数据的利用之间也会发生一定的冲突,行为人在收集、利用他人个人信息时,而不得非法收集、利用、共享他人的个人信息。

3. 节约资源,保护生态环境。提高经济效益。权利的行使,必须有利于增进社会效益和福祉。《民法典》第346条规定:“设立建设用地使用权,应当符合节约资源、保护生态环境的要求,遵守法律、行政法规关于土地用途的规定,不得损害已经设立的用益物权。”《民法典》规定了合同当事人在履行合同中应当遵循绿色原则,《民法典》第509条第3款规定:“当事人在履行合同过程中,应当避免浪费资源、污染环境和破坏生态。”

二、民事权利的行使原则

在我国,有关法律、法规对民事权利的限制较多,但在民事权利法中不可能对这些限制一一列举,而只能作出一些原则性的概括规定。具体来说,民事权利的行使应当符合如下原则。

(一)自愿原则

所谓权利行使的自愿原则,是指民事主体有权按照自己的意愿行使权利,不受他人的非法

干涉。《民法典》第 130 条规定:“民事主体按照自己的意愿依法行使民事权利,不受干涉。”权利行使的自愿原则是民法自愿原则的具体体现。依据这一规定,民事主体在行使民事权利时,首先,可以选择行使或者不行使某种权利,权利本身就是赋予权利人一种行为自由。“法无禁止皆自由”,权利人有权依法从事某种民事活动和不从事某种民事活动。也就是说,在民事领域中,除法律另有规定之外,权利人是否行使某种权利,从事某种行为,完全应当由权利人自主决定。只要是在法律规定的范围内,权利人有权自主决定权利行使的内容、方式等。其次,民事主体依法行使权利的行为不受他人的非法干涉。也就是说,“自由止于权利”,权利本身界定了人与人之间行为自由的界限,权利人享有的权利也是他人不得非法逾越的行为边界,任何个人和组织,即便是政府机构,也不得非法干涉他人合法行使权利的行为。

(二)义务必须履行原则

民法本质上虽然是权利法,但我国民法在保障民事权利的同时,也注重义务的履行,从而构建了权利义务一体的法律规则体系。《民法典》第 131 条规定:“民事主体行使权利时,应当履行法律规定的和当事人约定的义务。”依据这一规定,权利人在行使权利时,必须履行其应尽的义务,具体而言,包括以下两个方面:

1. 履行法律规定的义务。法治是规则之治。法律规则是明确的、普遍的、公开的规范,是人们行为的指引,是行政执法和司法裁判的依据。法律规则是指经过国家制定或认可的关于人们行为或活动的命令、允许和禁止的规范。所以,在民法上,守法除了依法行使权利外,还意味着必须履行法律规定的义务,必须将法定义务内化于心,外化于行。

2. 履行当事人约定的义务。契约必须严守是合同法的基本原则,早在罗马法,债即被形象地称为“法锁”,其本意是强调合同必须严守。《法国民法典》第 1134 条规定:“依法成立的契约,在缔结契约的当事人间有相当于法律的效力。”这确立了契约神圣的原则。我国古代就有“民有私约如律令”的说法,它不仅包含了严守合同、履行允诺的内涵,还将民间私契在当事人之间的效力与官府律令的效力等同起来,反映了契约神圣性的观念。重允诺、守信用也是我国优秀传统文化的重要内容。《民法典》第 465 条第 2 款规定:“依法成立的合同,仅对当事人具有法律约束力,但是法律另有规定的除外。”上述规则都要求当事人在交易过程中严守合同,并且按照诚实信用原则履行合同。同时,在一方当事人违反合同约定时,对方当事人有权请求其承担违约责任,这也有利于保障当事人严守合同。《民法典》第 131 条的规定,也是我国立法经验的总结。

(三)禁止权利滥用原则

所谓权利滥用,是指行使权利违背权利设定的目的,损害了他人利益。我国《宪法》第 51 条规定:“中华人民共和国公民在行使自由和权利的时候,不得损害国家的、社会的、集体的利益和其他公民的合法的自由和权利。”《民法典》依据《宪法》的规定,于第 132 条规定:“民事主体不得滥用民事权利损害国家利益、社会公共利益或者他人合法权益。”这就确立了禁止权利滥用的规则。

权利意味着主体的意志自由,但这种自由是有一定的限度的。法律并不允许权利人以任何方式随心所欲地行使自己的权利,民事权利亦不例外。从权利行使角度来看,自由止于权利。任何权利的实现不仅关涉权利人的利益,而且也涉及义务人的利益、国家和社会的利益。因此,各国立法无不对权利的行使规定了这样或那样的限制。在罗马法中,曾经有“凡行使权利者,无论于何人皆非不法”的规定。但近代以来,各国基本都认可了禁止权利滥用的规则。[75] 我国《民法典》一方面鼓励权利人正当地行使权利,满足个人利益的需要;另外又为权利的行使划定了界限,禁止权利人超出这些界限侵犯他人和社会利益。

在民法上,关于判断滥用权利的标准,各国立法规定和实践做法也是极不统一的,大致可分为主观说和客观说两种。本书认为,判断是否滥用权利应当坚持主客观标准的统一。因为滥用权利已经成为一种特殊的侵权形态,应当与侵权要件保持一致,也就是说,如果仅有损害后果,而没有主观过错,则无法成立侵权。具体而言,滥用权利应当具备如下条件:

1. 权利人行使某种权利。滥用权利发生在权利行使过程中,如果并不存在相关权利,则谈不上权力滥用的问题。

2. 须损害了国家利益、社会公共利益或者他人的合法权益。损害他人利益是滥用权利的客观标志。权利的行使虽然是权利人的自由,但权利人应当在法律规定的范围内行使权利,即使对所有权人来说,也只能在法律规定的范围内享有所有权的各项权能。权利的行使必须要有合理的界限,这个界限就是不得损害国家利益、社会公共利益和他人的合法权益。如行使权利造成他人损害,也构成滥用权利。

3. 权利人主观上有过错。权利人行使权利中损害他人或社会利益的过错是构成滥用权利的主观标准。主观有过错,并不意味着一定要有损害的恶意,当然,滥用权利的过错在多数情况下表现为故意,但有时候也表现为过失。如实施正当防卫行为时的防卫过当,就不一定都是故意的。

滥用权利本身也是权利人在行使权利中实施的违反其应负的法律义务的行为。因此,滥用权利的行为将发生两方面的后果:第一,不能发生行为人预期的法律效果。[76] 例如,当事人利用订约自由,恶意诱使他人违约,则不能发生合同生效的效力。第二,滥用权利造成他人损害,将承担法律责任。[77] 滥用权利的行为常常以对他人构成损害为后果,因而,滥用权利往往同时也构成侵权,行为人主观上具有过错,因此,应当依据《民法典》第 1165 条第 1 款的规定承担侵权责任。

第六节　民事权利的保护

一、民事权利的自我保护

我国法律对民事权利遭受侵害时也允许民事主体自我保护,但有严格的限制。

1. 对私力救济的抑制。凡是能够实行公力救济的,都应当进行公力救济,尽量限制私力救济,目的在于防止出现丛林法则。所谓民事权利的自我保护,是指权利人自己采取各种合法手段来保护自己的权利不受侵犯。这种保护措施是由当事人自己采取的,因此又称为私力救济或自我救济。采取自我保护手段受到法律的严格限制,权利主体只能以法律许可的方式和在

---

〔75〕［日］我妻荣:《新订民法总则》,于敏译,中国法制出版社 2008 年版,第 33 页。

〔76〕［日］我妻荣:《新订民法总则》,于敏译,中国法制出版社 2008 年版,第 33 页。

〔77〕郑玉波:《民法总则》,中国政法大学出版社 2003 年版,第 550 页。

法律允许的限度内保护自己的权利。

2. 私力救济方式的法定性。通常情形下，法律对各种私力救济方式作出了明确规定，我国《民法典》第 181 条规定了正当防卫，第 182 条规定了紧急避险，第 183 条规定了对见义勇为的受害人的补偿责任，第 184 条规定了紧急救助的责任豁免。此外，在侵权责任编中，还规定了合法自助行为，《民法典》第 1177 条第 1 款规定："合法权益受到侵害，情况紧迫且不能及时获得国家机关保护，不立即采取措施将使其合法权益受到难以弥补的损害的，受害人可以在保护自己合法权益的必要范围内采取扣留侵权人的财物等合理措施；但是，应当立即请求有关国家机关处理。"这就在法律上承认自助行为可以作为一种免责事由。规定自助行为可以作为一种免责事由的意义在于：一方面，有利于强化对于财产权的保护，因为自助必须是为保护自己的合法权利。另一方面，有利于规范私力救济，同时也有利于保护一些从事合法行为的当事人。比如，某人在餐馆吃"霸王餐"，吃完饭不给钱，如果不把他的财产扣下来，餐馆的债权就不能得到实现。但是，自助行为不得超过保护请求权所必需的程度。通过扣押某项财产可以达到自助目的的，不得限制他人的人身。因自助超过必要限度，给债务人造成不应有的损害时，行为人应负适当的民事责任。

3. 私力救济方式具有多样性。虽然私力救济需要法律的明确规定，只要不违反法律和不违背公序良俗的情形下，当事人可以采取一些方式实现私力救济，其方式具有多样性。民事权利的自我保护还包括当事人通过协商解决争议。一般情况下，由于当事人的根本利益是一致的，没有什么根本性的利害冲突，因而，一旦权利被侵害，出现民事纠纷，当事人可以自行协商解决，或者在有关人员或单位的调解下通过非诉讼程序解决。但是，这绝不是说，一切民事纠纷，当事人都要自行解决。在任何时候、任何情况下，权利受到侵害的当事人都有权请求人民法院或其他国家机关依法给予保护。但在法治社会，应当对私力救济予以抑制，如原《物权法》中保护占有，一个重要目的就是限制私力救济。抑制私力救济也有利于防止暴力冲突、维护社会正常秩序。

二、民事权利的国家保护

所谓民事权利的国家保护，是指权利受到侵犯时，由国家机关给予保护。这种保护手段是由国家机关采取的，所以又称为公力救济。

由于民事权利的种类不同，受到侵害的方式不同，当事人提起诉讼请求的目的和要求也不同。一般来说，当事人提起的民事诉讼请求有如下三种类型：

1. 确认之诉，即请求人民法院确认某种权利是否存在的诉讼。请求确认的权利主要是绝对权，包括物权、知识产权、人身权等。至于相对权发生纠纷，如合同债权，一般是通过给付之诉来解决的。确认之诉的对象也主要是支配权，因为支配权本质上是对权利人特定的财产利益和人身利益的支配，一旦这种支配受到侵害或者在归属上发生争议，权利人就可以请求法院予以确认。各种权利的确认，常常是其他诉讼的前提，因为只有在权利归属明确以后，才能进一步解决侵权或者其他问题。例如，不能在权利尚未界定时就直接确认某种行为构成侵权或应当被宣告无效。

2. 给付之诉，即请求人民法院责令对方作出某种行为，以实现自己的权利，如请求对方交付财产、偿付违约金和赔偿金等。给付之诉针对的主要是请求权，请求权一般都具有可诉性，可以诉讼方式行使，形成给付之诉。当事人提起给付之诉，必须以请求权为基础，如不存在合法有效的请求权，就不能提起给付之诉。

3. 形成之诉,即请求人民法院通过判决变更现有的某种民事权利义务,形成某种新的民事权利义务的诉讼,如因请求分割共有财产、终止合同关系、解除收养关系、申请死亡宣告等而提起的诉讼。形成之诉,主要针对的是形成权,包括解除权、撤销权。通过这些权利一方的意思表示就可以使法律关系发生、变更和消灭,而义务人并不享有相对的权利,所以只要有形成权存在,通过形成之诉,使形成权实现就可以导致法律关系发生、变更和消灭。

上述各种诉讼形式本来应当属于民事诉讼法的范畴,但由于涉及不同的权利,所以通常也称为民事权利的诉讼保护方式。由于民事法律规范中有很大一部分属于任意性规范,所以在权利人的权利受到侵害以后,是否提起诉讼,可以由权利人依法自行决定。当然,对于一些涉及国家和社会利益的民事争议,国家有关机关应依法进行干预。

参考案例

1. 施某某、张某某、桂某某诉徐某某肖像权、名誉权、隐私权纠纷案,载《中华人民共和国最高人民法院公报》2016 年第 4 期。
2. 周星驰诉中建荣真无锡建材科技有限公司肖像权、姓名权纠纷案,载《中华人民共和国最高人民法院公报》2020 年第 2 期。
3. 上海美术电影制片厂诉珠海天行者文化传播有限公司等侵犯著作财产权纠纷案,载《中华人民共和国最高人民法院公报》2014 年第 9 期。
4. 李忠平诉南京艺术学院、江苏振泽律师事务所名誉权侵权纠纷案,载《中华人民共和国最高人民法院公报》2008 年第 11 期。
5. 江苏百锐特贸易有限公司诉张月红不当得利纠纷案,载《中华人民共和国最高人民法院公报》2018 年第 5 期。
6. 孙卫与南通百川面粉有限公司不当得利纠纷案,载《中华人民共和国最高人民法院公报》2015 年第 7 期。
7. 喻山澜诉工行宣武支行、工行北京分行不当得利纠纷案,载《中华人民共和国最高人民法院公报》2005 年第 6 期。
8. 谢某某诉上海动物园饲养动物致人损害纠纷案,载《中华人民共和国最高人民法院公报》2013 年第 8 期。
9. 上海佳华企业发展有限公司诉上海佳华教育进修学院股东知情权纠纷案,载《中华人民共和国最高人民法院公报》2019 年第 2 期。
10. 浙江隆达不锈钢有限公司诉 A. P. 穆勒—马士基有限公司海上货物运输合同纠纷案,第 108 号指导案例(最高人民法院审判委员会讨论通过,2019 年 2 月 25 日发布)。
11. 绵阳市红日实业有限公司、蒋洋诉绵阳高新区科创实业有限公司股东会决议效力及公司增资纠纷案,载《中华人民共和国最高人民法院公报》2011 年第 3 期。
12. 白象食品股份有限公司与国家知识产权局专利复审委员会及第三人陈朝晖外观设计专利权无效行政纠纷再审案,载《中华人民共和国最高人民法院公报》2016 年第 11 期。

第八章 民事法律行为

导 读

民事法律行为是产生、变更和终止民事法律关系的最重要的法律事实,其以意思表示为核心要素,并依该意思表示的内容而发生一定私法上的效果。学习、掌握民事法律行为理论是学好整个民法的基础。法律行为的效力指法律行为因具备法定生效要件而产生法律上的拘束力,不具备生效要件的民事法律行为分为无效、可撤销和效力待定三种类型。当事人可以为民事法律行为附条件或期限。

第一节 概 述

一、民事法律行为的概念

民事法律行为是产生、变更和终止民事法律关系的最重要的法律事实。所谓民事法律行为,是指民事主体通过意思表示设立、变更、终止民事法律关系的行为。换言之,是以意思表示为核心、能够产生当事人预期的法律效果的行为。法律行为是以发生私法上效果的意思表示为核心的行为,它是实现私法自治的工具。[1] 作为民法的重要调整手段,法律行为制度通过赋予当事人自由意志以法律效力,使当事人能够自主安排自己的事务,从而实现了民法主要作为任意法的功能。因此,法律行为是民法中最为核心的制度之一。

原《民法通则》在规定民事法律行为的概念时,强调其应当具有合法性,该法第 54 条规定:"民事法律行为是公民或者法人设立、变更、终止民事权利和民事义务的合法行为"。但《民法典》并没有作出此种要求,该法第 133 条规定:"民事法律行为是民事主体通过意思表示设立、变更、终止民事法律关系的行为"。由该规定可以看出,《民法典》从以下两个方面改变了原《民法通则》的规定:第一,取消了民事法律行为合法性的要求,因为民事法律行为即便违法,也并非当然无效。在许多情况下,即使民事主体实施了欺诈等违法行为,如果受害人未提出撤销该行为,则该行为也应当有效。第二,增加了意思表示的概念,强调民事主体要通过意思表示实施民事法律行为,这就揭示了民事法律行为的本质特征。第三,更加符合私法自治的价值理念,有利于鼓励民事主体通过实施民事法律行为从事广泛的社会交往,促进社会经济的发展。

---

〔1〕 [德]汉斯·布洛克斯、沃尔夫·迪特里希·瓦尔克:《德国民法总论》,张艳译,杨大可校,中国人民大学出版社 2012 年版,第 64 页。

二、民事法律行为的特征

民事法律行为主要具有如下特征:

1. 民事法律行为作为一种法律事实,是由当事人实施的、能够产生一定法律效果的行为。这就是说:一方面,民事法律行为必须是由民事主体实施的行为,非民事主体实施的行为,如法院的判决和仲裁机构的裁决虽然也能够发生法律后果,但不是民事法律行为。另一方面,民事法律行为应当产生一定的法律效果,即民事权利义务关系的设立、变更和终止。所谓设立民事权利义务关系,是指当事人通过民事法律行为旨在形成某种法律关系(如买卖关系、租赁关系),从而具体地享有民事权利、承担民事义务。所谓变更民事权利义务关系,是指当事人通过民事法律行为使原有的民事法律关系在内容上发生变化。变更法律关系通常是在继续保持原法律关系效力的前提下变更其内容。如果变更使原法律关系消灭并产生一个新的法律关系,则不属于变更的范畴。所谓终止民事权利义务关系,是指当事人通过民事法律行为,旨在消灭原法律关系。无论当事人从事民事法律行为旨在达到何种目的,只要当事人达成的民事法律行为依法成立并生效,就会对当事人产生法律效力,当事人也必须依照民事法律行为的规定享有权利和履行义务。[2]

2. 民事法律行为是通过意思表示而实施的行为。所谓意思表示,是指向外部表明意欲发生一定私法上效果之意思的行为。[3] 它是旨在达到某种特定法律效果的意思的表达。意思表示是德国法律行为理论中最为基础的法律概念和制度构造,是法律行为制度的精华所在。[4] 民事法律行为都是通过意思表示作出的,即表意人将其内心意思表示于外,为他人所知晓。当事人必须能够自主作出意思表示,而且这种意思表示能够依法在当事人之间产生拘束力,这也是法律行为与事实行为的根本区别。在一些事实行为中,虽然当事人也可能对其行为后果有一定的意思,而且也表达于外,但由于其不符合法律行为的本质要求而不能发生相应的法律拘束力,其法律后果是由法律直接规定的,这与法律行为中依据当事人的意思而产生相应的法律效果存在本质区别。事实行为并不以意思表示为要件。

3. 民事法律行为是能够产生当事人预期的法律效果的行为。民事法律行为能够产生当事人预期的法律效果,其主要包含以下三个方面的含义:第一,民事法律行为作为引起法律关系变动的原因,其不仅导致民事法律关系的产生,而且可以成为民事法律关系变更和终止的原因。民事法律行为在性质上属于民事法律事实,其可能导致民事法律关系的产生、变更或者消灭。无论当事人从事法律行为旨在达到何种目的,只要当事人达成的民事法律行为依法成立并生效,就会对当事人产生法律效力,当事人也必须依照民事法律行为的规定享有权利和履行义务。第二,民事法律行为并不是可以产生任何法律上的效果,而仅仅是可以产生私法上的效果。[5] 我国学者一般认为应采传统民法中法律行为的定义,只是为了将民法中的法律行为与其他法律领域中法律行为的概念区分开来,才冠以“民事”二字。[6] 所谓私法上之效果,即导致法律关系的产生、变更、消灭。第三,法律行为不仅能产生私法上的效果,而且能够产生当事

---

〔2〕 王泽鉴:《民法总则》,北京大学出版社 2009 年版,第 234 页。

〔3〕 梁慧星:《民法总论》,法律出版社 2011 年版,第 189 页。

〔4〕 龙卫球:《民法总论》,中国法制出版社 2002 年版,第 502 ~ 503 页。

〔5〕 郑玉波:《民法总则》,中国政法大学出版社 2003 年版,第 296 页。

〔6〕 梁慧星:《民法总论》,法律出版社 2011 年版,第 152 页。

人所预期的法律效果。简言之,法律行为即旨在引起法律效果的行为。[7] 法律行为能够产生当事人预期的法律效果,这也是法律行为与事实行为的重要区别。也正是因为这一原因,法律行为成为民事主体私法自治的重要工具。在某些特殊情形下,法律行为还可能产生当事人意思之外的一些法律效果。例如,当事人订立了合法有效的合同,除了发生当事人所追求的效果外,还可能产生相关的附随义务。当然,如果当事人实施的民事法律行为违法,则也难以产生当事人所预期的法律效果。

总之,民事法律行为是民事主体实施的、以意思表示为要素,且能够产生当事人所预期效果的行为。民事法律行为制度体现了私法自治的基本精神,即在一般情况下,只要当事人的意思表示符合法定的条件,就可以实现当事人的目的,依法发生当事人所期望的法律后果。这也是民事法律行为与事实行为的重要区别。民事法律行为是私法自治的工具,私法自治原则强调私人相互间的法律关系应取决于个人的自由意思,从而给民事主体提供了一种受法律保护的自由,使民事主体获得自主决定的可能性。民事法律行为制度充分体现了民法精神或私法精神,承认个人有独立的人格,承认个人为法的主体,承认个人生活中有一部分是不可干预的,即使是国家,在未经个人许可时也不得干预个人生活的这一部分。[8]

三、民事法律行为的成立

(一)民事法律行为成立的条件

民事法律行为的成立,是指当事人就民事法律关系的产生、变更和消灭作出了一定的意思表示,或意思表示一致。由于民事法律行为的类型不同,其成立条件和成立时间也存在差别。对单方法律行为而言,其成立则要根据是否需要受领作出区分。对需要受领的单方法律行为而言,自到达受领方才能生效,但对不需要受领的单方法律行为而言,只需要当事人作出意思表示即可生效。而双方法律行为则需要双方意思表示一致才能成立。例如,合同就是当事人意思表示一致的产物。双方法律行为的成立时间是当事人意思表示一致形成的时间。多方法律行为的成立需要多方当事人意思表示一致。从多方当事人合意达成时起,多方法律行为才成立。

根据《民法典》第 134 条第 2 款的规定,对决议行为而言,并非每个当事人都要作出意思表示,而只需要依据法律或者章程规定的议事方式和表决程序作出即可。

(二)民事法律行为成立的效力

民事法律行为一旦成立,即对当事人产生拘束力,任何一方当事人都不得单方否定该民事法律行为的效力。当然,民事法律行为成立只是其生效的前提,只要当事人主体适格、意思表示真实、内容合法,则除法律另有规定或者当事人另有约定的外,民事法律行为一经成立即生效。

---

[7] [德]迪特尔・梅迪库斯:《德国民法总论》,邵建东译,法律出版社 2003 年版,第 143 页。

[8] 谢怀栻:《从德国民法百周年说到中国的民法典问题》,载《中外法学》2001 年第 1 期。

第二节 民事法律行为的分类

一、单方法律行为、双方法律行为与多方法律行为

《民法典》第134条第1款规定:“民事法律行为可以基于双方或者多方的意思表示一致成立,也可以基于单方的意思表示成立。”据此,民事法律行为可以分为单方法律行为、双方法律行为、多方法律行为。

所谓单方法律行为,又称一方行为,是指根据一方的意思表示就能够成立的行为,换言之,是指某个人依据其意志而从事的能够发生法律效果的行为。单方法律行为大体上可以分为两种:第一,因行使个人权利而实施的单方行为,而该行为仅仅发生个人的权利变动,如无主物先占、抛弃所有权和其他物权等。第二,该行为涉及他人权利的发生、变更或消灭等,如授予代理权、授予处分权、立遗嘱和放弃继承、委托代理的撤销,以及行使解除合同权、选择权、择定权等。〔9〕

所谓双方法律行为,是指双方当事人意思表示一致才能成立的法律行为。双方法律行为的典型形式是合同。合同是平等主体的自然人、法人及其他组织之间设立、变更、终止民事权利义务关系的协议,也就是说,合同是一种发生民法上效果的合意。合同的成立必须要有两个以上的当事人,各方当事人须互相作出意思表示。这就是说,当事人各自从追求自身的利益出发而作出意思表示,双方的意思表示是交互的,才能成立合同。

所谓多方法律行为,又称为共同法律行为,是基于两个或两个以上共同的意思表示一致而成立的法律行为,例如,设立公司的章程行为、合伙合同。我国一些学者认为,法律上有必要区分合同与契约,契约为双方法律行为,而合同为多方法律行为。〔10〕此种观点也旨在区分双方和多方法律行为。多方法律行为和双方法律行为的区别在于:一方面,在实施多方法律行为时,当事人所追求的利益是共同的,其通常要依据法律规定和合同约定共享收益,共担后果。而在双方法律行为中,当事人的利益是相对的。另一方面,在实施共同法律行为时,共同意思表示的达成有可能需要遵循一定的程序,而双方法律行为一般不适用此种程序。例如,订立章程要遵守一些订立章程的规则、程序,这不宜完全适用合同法的规定。再如,业主订立管理规约,也要遵守一定的表决程序。

二、一般民事法律行为与决议行为

《民法典》第134条第2款规定:“法人、非法人组织依照法律或者章程规定的议事方式和表决程序作出决议的,该决议行为成立”。该条对决议行为作出了规定。应当说,决议行为与一般的民事法律行为一样,都是意思表示的产物,但《民法典》专门对决议行为作出规定,表明其与一般的民事法律行为存在一定的区别,此种区别主要体现为:

1. 主体不同。决议行为是法人和非法人组织及其内部所作出的决议,原则上只适用于法

〔9〕[德]卡尔·拉伦茨:《德国民法通论》(下册),王晓晔等译,法律出版社2003年版,第431页。

〔10〕汪翰章主编:《法律大辞典》,上海大东书局1934年版。

人或者非法人组织的内部决议事项，[11]其并不适用于自然人。而民事法律行为既可以是自然人实施的行为，也可以是法人所实施的行为。

2. 生效条件不同。决议行为是法人、非法人组织依照法律或者章程规定的议事方式和表决程序作出决议的行为。也就是说，决议行为可能直接依据章程作出而生效。例如，公司根据章程决定法定代表人的权限等，但章程制定本身则应当是共同行为。通常，民事法律行为只对实施法律行为的人具有拘束力。根据合伙合同或法人的章程，一旦决议以规定的方式作出，它对未参与决议的人也具有约束力。

3. 是否需要按照一定的程序表决不同。对决议行为而言，其主要实行多数决规则，只要是按照程序作出了决定，则成员无论是否参与或者同意该决议，该决议对其都是有效的。民事法律行为一般不需要按照一定程序实施。决议行为则需要按照法定或者约定的程序作出。但决议行为与民事法律行为之间也存在一定的联系，即二者都需要主体作出一定的意思表示。不论是民事法律行为，还是决议行为，都需要主体以意思表示的方式作出，因此，有关意思表示的规则，一般也都可以适用于决议行为。[12] 例如，有关欺诈、胁迫等意思表示瑕疵规则，也应当可以参照适用于决议行为。决议行为与共同行为不同，共同行为属于一般的民事法律行为的一种类型，而决议行为则不属于一般的民事法律行为。

三、有偿法律行为与无偿法律行为

根据当事人是否需要进行互为对价的给付，可以将法律行为分为有偿法律行为与无偿法律行为。所谓有偿法律行为，是指一方通过履行法律行为规定的义务而给对方某种利益，对方要得到该利益必须为一定给付的法律行为。有偿法律行为是商品交换最典型的法律形式。

所谓无偿法律行为，是指一方给付对方某种利益，对方取得该利益时并不需要为对待给付的法律行为。例如，赠与属于典型的无偿法律行为。无偿法律行为并不是反映交易关系的典型形式，是等价有偿原则在适用中的例外现象。在无偿法律行为中，一方当事人也要承担义务，如借用人无偿借用他人物品，还负有正当使用和按期返还的义务。

有偿法律行为与无偿法律行为的区分意义，首先在于确定某些法律行为的性质。许多法律行为如果要由有偿变为无偿，或者相反，则法律关系在性质上就要发生根本的变化。其次，在无偿法律行为中，单纯给予利益的一方原则上只应承担较低的注意义务，如无偿保管合同中，保管人只在故意或重大过失的情况下，才对保管物的毁损、灭失承担责任；而在有偿法律行为中，当事人所承担的注意义务显然要较无偿法律行为中当事人应承担的注意义务为重。再次，主体要求不同。实施有偿法律行为的当事人原则上应具备完全民事行为能力，而限制民事行为能力人非经其法定代理人的同意，不能实施较为重大的有偿法律行为；但对于一些纯获法律上利益的无偿法律行为，限制民事行为能力人和无民事行为能力人即使未取得法定代理人的同意也可以实施。最后，法律的适用不同。仅就合同关系来说，如果当事人订立的合同是无名合同，而该合同在性质上又是有偿法律行为，则依据《民法典》第 646 条的规定，应当准用买卖合同的有关规定。但如果当事人订立的合同是无偿合同，则不适用这一规定。

四、诺成法律行为与实践法律行为

所谓诺成法律行为，是指当事人一方的意思表示一旦经对方同意即能产生法律效果的法

---

〔11〕 李适时主编：《中华人民共和国民法总则释义》，法律出版社 2017 年版，第 420 页。

〔12〕 石宏主编：《中华人民共和国民法总则条文说明、立法理由及相关规定》，北京大学出版社 2017 年版，第 323 页。

律行为,即“一诺即成”的行为。此种法律行为的特点在于当事人双方意思表示一致,法律行为即告成立。所谓实践法律行为,又称要物法律行为,是指除当事人双方意思表示一致以外,尚需交付标的物才能成立的法律行为。在这种行为中,仅凭双方当事人的意思表示一致,不能产生一定的权利义务关系,还必须有一方实际交付标的物的行为,才能产生法律效果。例如,对小件寄存合同而言,只有寄存人将寄存的物品交付保管人,合同才能成立。在合同法领域,由于绝大多数合同都从双方形成合意时成立,因而诺成合同是合同的一般形式;而实践合同则必须要有法律的特别规定,可见实践合同是特殊合同。

诺成法律行为与实践法律行为的区别,并不在于一方是否应交付标的物。就大量的诺成法律行为来说,一方当事人根据合同约定也负有交付标的物的义务,例如,买卖合同中的出卖人,有向买受人交付标的物的义务。诺成法律行为与实践法律行为的主要区别在于,二者的成立与生效时间是不同的。诺成法律行为自双方当事人意思表示一致(达成合意)时即宣告成立;而对实践法律行为而言,在当事人达成合意之后,还必须由当事人交付标的物,该法律行为才能成立。诺成法律行为与实践法律行为的确定,通常应根据法律的规定及交易习惯而定。例如,根据传统民法,买卖、租赁、雇佣、承揽、委托等属于诺成法律行为,而借用、保管、运送等属于实践法律行为。然而,此种分类并非绝对不变。在我国《民法典》中,诺成合同是一般的合同,在法律没有特别规定的情况下,合同都为诺成法律行为。

五、要式法律行为与不要式法律行为

根据法律行为是否应以一定的形式为要件,可将法律行为分为要式法律行为与不要式法律行为。所谓要式法律行为,是指应当根据法律规定或当事人约定的方式而实施的法律行为。对于一些重要的交易,法律常常要求当事人必须采取特定的方式实施法律行为。例如,中外合资经营企业合同,只有获得批准时,合同方为成立或生效。所谓不要式法律行为,是指当事人实施的法律行为依法并不需要采取特定的形式,当事人可以采取口头方式、书面形式或其他形式。合同除法律、法规有特别规定以外,均为不要式法律行为。

要式法律行为与不要式法律行为的区别在于,是否应以一定的形式作为法律行为成立或生效的条件。对某些特殊法律行为而言,法律为避免纠纷的发生、维护交易的安全与秩序,特别规定书面形式是其成立或生效的要件。例如,保证合同必须采取书面形式。有关书面形式的效力问题,必须要根据法律对某类书面形式的要求,以及在该要求中所体现的效力规定来具体确定。

六、主法律行为与从法律行为

根据法律行为相互间的主从关系,可以将法律行为分为主法律行为与从法律行为。所谓主法律行为,是指不需要其他法律行为的存在即可独立存在的法律行为。例如,对于保证合同来说,设立主债务的合同就是主法律行为。所谓从法律行为,是指以其他法律行为的存在为前提的法律行为。例如,保证合同相对于主债务合同而言即为从法律行为。从法律行为又被称为“附属法律行为”,主要特点在于其附属性,即它必须以主法律行为的存在为前提。其具体表现在:

1. 发生上的依附性。从法律行为是以主法律行为的存在为前提的,只有主法律行为有效成立以后,才能成立从法律行为。

2. 效力上的从属性。从法律行为是以主法律行为的有效存在为前提的。主法律行为不能成立,从法律行为就不能有效成立;主法律行为被宣告无效或被撤销,从法律行为也将失去

效力。

3. 转让上的从属性。这就是说,主法律行为转让,从法律行为也不能单独存在,从法律行为的权利必须依附于主法律行为而转让。

4. 消灭上的从属性。从法律行为除了具有自己的消灭原因外,它一般都是为了加强主法律行为的效力而存在的,所以主法律行为消灭,从法律行为亦应当随之消灭。

当然,法律、法规有特别规定时,从法律行为的效力附随于主法律行为的效力的规则就不能适用。例如,对于设定有抵押权的债权而言,此种抵押权并不因主债权罹于诉讼时效而罹于时效,并成为不可强制执行的抵押权。

七、独立法律行为与辅助法律行为

独立法律行为,是指具有独立的、实质内容的法律行为,凡是具有完全民事行为能力的人所实施的民事法律行为,都是独立的法律行为。

辅助法律行为,是指行为人的意思表示本身并没有独立的、实质的内容,只是作为他人法律行为效力完成条件而存在的法律行为。[13] 例如,法定代理人对于限制民事行为能力人的意思表示所作出的同意表示,就属于辅助法律行为。

八、无因行为与有因行为

根据法律行为是否以原因的存在为有效要件,可以将法律行为区分为无因行为与有因行为。所谓无因行为,又称为不要因行为,是指不以原因行为的存在为有效要件的行为。[14] 例如,票据行为中汇票的出票,不受买卖等基础的法律关系效力的影响。所谓有因行为,是指以原因之存在为有效要件之行为。绝大多数法律行为都是有因行为。所谓原因,是指法律行为的目的,例如买卖之原因,在买方以取得一物的所有权为目的,在卖方则以取得价金为其目的。[15]

区分无因行为和有因行为的意义主要在于,在法律行为中将无因行为抽象出来,由于无因行为不考虑其交易目的,因而对于保护交易安全具有重要的作用。但无因行为和有因行为的问题,只限于财产法上的行为,身份行为不存在此种区分。[16]

第三节 民事法律行为的形式

一、民事法律行为的形式概述

所谓民事法律行为的形式,又称为民事法律行为的成立方式,即当事人意思表示的外在表现形式。《民法典》第 135 条规定:“民事法律行为可以采用书面形式、口头形式或者其他形式;法律、行政法规规定或者当事人约定采用特定形式的,应当采用特定形式”。该条对民事法律行为的形式作出了规定。依据该条规定,民事法律行为的形式包括两个方面:第一,法律规定

〔13〕 史尚宽:《民法总论》,中国政法大学出版社 2000 年版,第 314 页。
〔14〕 王伯琦:《民法总则》,“国立”编译馆 1957 年版,第 127 页。
〔15〕 郑玉波:《民法总则》,中国政法大学出版社 2003 年版,第 222 页。
〔16〕 郑玉波:《民法总则》,中国政法大学出版社 2003 年版,第 223 页。

的形式,如对一些特殊的合同而言,法律规定应该办理登记或审批手续,从而符合法律规定的形式要件的要求。第二,当事人约定的形式,如当事人约定采用书面形式达成决议。民事法律行为的形式是当事人意思表示的载体,即当事人意思表示的表现形式。

从比较法上看,各国一般都尊重当事人在选择民事法律行为形式方面的意思自由。例如,关于合同的形式,《欧洲民法典草案》在确立合同自由内容时,就规定了当事人有权选择合同的形式,并且在第2—1:106条明确合同当事人不受任何形式的约束。从我国《民法典》第135条的规定来看,其也规定了多种形式,而且没有要求当事人必须采用某种特定的形式,这实际上也尊重了当事人选择民事法律行为形式的自由。当然,对特殊类型的民事法律行为而言,如果法律、行政法规对其形式有特别的规定和要求,则当事人实施该种民事法律行为应当符合该形式要求。

依据《民法典》第135条的规定,如果法律、行政法规对民事法律行为的形式作出了要求,当事人应当遵守,但问题在于,如果当事人没有遵守该规定,是否必然导致民事法律行为无效?也就是说,相关法律、行政法规关于民事法律行为形式的规定是否属于效力性规定?如果法律、行政法规对当事人违反有关民事法律行为形式规定的法律后果作出了规定,则应当依据该规定认定民事法律行为的效力。但如果法律、行政法规没有对违反民事法律行为形式的法律后果作出规定,则从鼓励交易、保护当事人私法自治的精神出发,不应当轻易否定当事人民事法律行为的效力。〔17〕

二、民事法律行为的具体形式

(一)书面形式

所谓书面形式,是指以文字等可以再现民事法律行为内容的形式。书面形式主要是指合同书、信件、电报、电传、传真等,还包括微信、QQ等网络通信手段。《民法典》第469条第2、3款规定,"书面形式是合同书、信件、电报、电传、传真等可以有形地表现所载内容的形式。以电子数据交换、电子邮件等方式能够有形地表现所载内容,并可以随时调取查用的数据电文,视为书面形式"。可见,书面形式的种类十分广泛,只要能够再现当事人意思表示内容的形式,都有可能成为书面形式。

民事法律行为的书面形式可以分为当事人约定的形式和法定形式。第一,约定的书面形式,是指当事人约定实施民事法律行为必须采用书面形式。在当事人约定采用书面形式实施民事法律行为时,书面形式的达成对于判断民事法律行为的成立具有重要意义。第二,法定的书面形式,是指法律、行政法规规定当事人必须以书面形式实施民事法律行为。例如,《城市房地产管理法》第15条第1款规定:"土地使用权出让,应当签订书面出让合同"。《城市房地产管理法》第41条规定:"房地产转让,应当签订书面转让合同,合同中应当载明土地使用权取得的方式"。如果当事人没有按照法律、行政法规规定采用书面形式,则可能影响民事法律行为的有效成立。可见,民事法律行为的书面形式既可以由法律规定,也可以由当事人约定。书面形式的要求也有利于准确界定当事人之间的权利义务关系,从而有效减少纠纷。此外,书面形式还具有防止欺诈、督促当事人谨慎行为的功能。

---

〔17〕 石宏主编:《中华人民共和国民法总则条文说明、立法理由及相关规定》,北京大学出版社2017年版,第324~325页。

(二)口头形式

口头形式,是指当事人通过口头对话的方式实施民事法律行为。在社会生活中,口头形式是最普遍采用的合同订立方式,尤其是即时结清的买卖服务和消费合同,大多要采取口头形式订立,如通过电话预订房间、购买产品等。口头形式的主要优点在于简便易行、快捷迅速,《民法典》允许当事人采取口头形式实施民事法律行为,既尊重了当事人的合同自由,也有利于鼓励交易。一般来说,凡是当事人没有约定或法律没有规定采用何种形式的民事法律行为,都可以采取口头形式。但口头形式固有的缺点是缺乏文字凭据,一旦发生纠纷,也可能使当事人面临不能就合同关系的存在以及合同的内容作出举证的危险。

(三)其他方式

《民法典》第 135 条规定了民事法律行为可以采取"其他形式",但此处的"其他形式"究竟包括哪些方式,存在不同观点。所谓其他形式,是指以书面和口头形式以外的行为方式缔约的形式,其中主要指默示形式,是指当事人不是通过语言或者文字的方式来作出意思表示,而是通过一定的行为作出意思表示。默示形式包括的范围也较为广泛,例如,房屋租赁合同期满后,出租人继续接受承租人所交纳的租金。根据这一特定的行为,可以推定当事人有延长房屋租赁合同的意思表示。再如,商店设置自动售货机,顾客将规定的货币投入自动售货机内,买卖合同即告成立,即通过顾客的投币行为就可以推定合同成立。

第四节　意思表示

一、意思表示的概念和特征

民事法律行为是通过意思表示作出的行为,没有意思表示就没有法律行为,意思表示与法律行为关联密切,意思表示是法律行为的核心。所谓意思表示,是指向外部表明意欲发生一定私法上效果之意思的行为。民事法律行为之所以能够产生当事人追求的私法效果,就是因为其作出的意思表示真实、合法,因此,国家赋予该意思表示以法律上的拘束力。正是因为意思表示在民事法律行为中具有重要地位,因此,《民法典》在"民事法律行为"一章中单设"意思表示"一节,对意思表示的规则作出了详细规定。

意思表示中的"意思"是指设立、变更、终止民事法律关系的内心意图。所谓"表示",是指将此种内心意图表示于外部的行为。[18] 意思表示具有如下特征:

1. 意思表示的表意人具有旨在使法律关系发生变动的意图,该意图不违反法律强制性规定和公序良俗,因而发生当事人所预期的效力。[19] 从这个意义上说,意思表示是实现意思自治的工具,行为人可以依据自己的主观意志与外界发生法律关系,从而塑造与自身有关的私法秩序。

2. 意思表示是一个意思由内到外的表示过程。单纯地停留在内心的主观意思是没有法律意义的,该意思必须表示在外,能够为人所知晓。也就是说,意思表示必须要有外在的表示行

---

〔18〕 胡长清:《中国民法总论》(上册),商务印书馆 1935 年版,第 223 页。
〔19〕 郑玉波:《民法总则》,中国政法大学出版社 2003 年版,第 330 页。

为。意思表示就其本质而言是一种表示行为。[20] 当然,该表达出来的意思如何解释,即是应符合表意人的内心真意,还是应根据相对人理解的内容来确定,属于意思表示的解释问题。

3. 依据意思表示是否符合相应的生效要件,法律赋予其不同的效力。符合法定生效要件的意思表示可以发生当事人预期的法律效果,不符合法定生效要件的意思表示发生的法律效果可能与当事人的意思不尽一致。意思表示与法律行为关系密切。萨维尼在其《当代罗马法体系》一书中,首先在法律行为的概念中论述了意思要素。[21]

民事法律行为制度旨在规范当事人意思如何形成、按照社会一般标准如何判断及具备何种效果等问题。法律行为是以意思表示为核心的行为,只要当事人的意思不违反强行法的规定,就可以发生当事人期望实现的法律效果。由此赋予当事人广泛的行为自由,充分体现民法的意思自治。

二、意思表示与民事法律行为

民事法律行为的核心就是意思表示,而且民事法律行为的合法性判断和意思表示的合法性判断应该是一致的。同时,民事法律行为的解释和意思表示的解释也基本上可以作等同理解。尽管意思表示与民事法律行为有密切的联系,但仍然存在明显区别,主要表现在如下方面:

1. 意思表示只能是一方的意思表示,对双方或者多方民事法律行为而言,可能需要多个意思表示才能成立。也就是说,与意思表示的概念相比较,法律行为包含的范围更为广泛。民事法律行为可以仅由一个意思表示构成,这通常是指一些单方的行为,如代理权的授予、追认权的行使、设立遗嘱的行为等;也可以是多个意思表示构成,这就是双方或多方的法律行为。[22] 例如,合同的成立必须具有两个意思表示,即一方发出要约,另一方作出承诺才能成立,其中任何一项意思表示不能成立则法律行为不能成立。法律行为还可以由多方意思表示构成。例如,设立公司章程的行为,它不仅需要各方作出意思表示,还需要遵循有关的表决程序和规则,如要按照少数服从多数原则进行表决。

2. 民事法律行为与意思表示的成立要件是不同的。意思表示的成立需要有当事人、意思表示与标的,这三者构成一个整体,因为既然存在意思表示,则必然有其表意人存在,而意思表示也必然有其欲发生的法律行为的标的。而民事法律行为的成立要件是不同的,除当事人的意思表示之外,还可能存在法定的或约定的特殊成立要件,如法律规定必须要订立书面形式或登记、审批,或当事人可特别约定以公证的形式作为民事法律行为的特别成立要件。

3. 民事法律行为与意思表示的成立时间是不同的。就民事法律行为的成立而言,如果是单方法律行为,原则上以意思表示作出或到达的时间为成立时间,如果为双方或多方行为,则在当事人意思表示达成一致时成立。而且当事人可以自由约定其民事法律行为的成立条件。例如,当事人可以约定以公证为法律行为的成立要件。对一些特殊的行为,如要物行为,根据法律的规定,不仅需要意思表示的一致,当事人之间还需要完成一定的实际交付行为才能使法律行为成立。因此,对于这些特殊的民事法律行为来说,其成立时间就是完成特殊的成立要件

---

〔20〕 [日]我妻荣:《新订民法总则》,于敏译,中国法制出版社2008年版,第225页。

〔21〕 Vgl. Werner Flume, *Augemeiner Teil des Bürgerlichen Recht*, zweiten Band: Das Rechtsgeschäft, 1975, Springer, p. 30.

〔22〕 Tuhr, Der Allgemeine Teil des Deutschen Burgerlichen Rechts, zweiter Band, erste Halfte, Verlag von Duncker & Humblot: Munchen und Leipzig, 1914, S. 54.

的时间。而意思表示的成立时间通常以意思表示的发出为准。

4. 民事法律行为与意思表示的生效是不同的。依据我国《民法典》的规定，单方法律行为，一方作出意思表示就能成立。而双方法律行为则是从双方意思表示一致时成立。多方法律行为从多方当事人合意达成时成立。但对于意思表示而言，我国《民法典》区分了以对话方式作出的意思表示与以非对话方式作出的意思表示，以对话方式作出的意思表示自相对人知道时生效，而以非对话方式作出的意思表示则自到达相对人时生效。

三、意思表示的构成要素

按照传统民法理论的观点，可以将意思表示构成要素概括为如下五种：行为意思、表示意思、目的意思、效果意思、表示行为。

1. 行为意思。所谓行为意思，是指行为人自觉地从事某项行为的意思。[23] 例如，在路边招呼出租车，行为人的招呼行为所具有的自觉性，表明其具有行为意思。但某人被麻醉而失去知觉，他人将其指纹捺在文书上的行为是被人用强力所致，不具有行为意思。[24]

2. 表示意思。所谓表示意思，是指为意思表示之人认识到其行为具有某种法律上的意义。例如，打电话表示订货，对其行为的法律意义具有认知，可认为具有表示意思。表示意思虽然不需要行为人明确知道其行为可引起某一特定的法律效果，但行为人必须知道其行为可能产生一定的法律上的效果，否则即不具备表示意思。[25] 例如，行为人在拍卖场所不知道交易规则，向友人举手示意，则因为不具有表示意思而不构成竞买行为。

3. 目的意思。所谓目的意思，又称为基础意思、交易意思和法律行为意思，是指明法律行为具体内容的意思要素，它是意思表示据以成立的基础。目的意思的内容依其法律性质可分为三类：第一，要素，它构成某种意思表示或法律行为所必须具备的目的意思内容，如买卖合同中关于标的物、数量的内容；第二，常素，它是指行为人从事某种意思表示或法律行为通常应含有的意思要素，如承揽合同中承揽物与原材料风险负担的内容；第三，偶素，它是依法律行为性质并非必须具有，仅依行为人特殊意志而确定的意思要素，如买卖合同中占有改定的约定。不具备目的意思，或者目的意思不完整，或者目的意思本身有矛盾的表示行为，可能导致意思表示或法律行为无法成立，此种表示行为即使含有法效意思，实际上也无法履行。[26]

4. 效果意思。所谓效果意思，又称为法效意思、效力意思，是指意思表示人欲使其表示内容引起法律上效力的内在意思要素，[27] 是当事人所追求的使其发生法律拘束力的意图。在英美法中，效果意思又称为设立法律关系的意图。合同法中所称的缔约目的或订立合同的目的，其中也包含了效果意思。它是行为人追求设立、变更、终止民事法律关系的意图，反映了法律行为不同于其他行为如事实行为的特征。在此需要对效果意思与动机进行区分，动机是指不具有效果意思的主观意思。[28] 例如，承租人甲与出租人乙订立租赁合同，在该法律关系中，承租人甲为了方便读书而想在学校附近寻租房屋的意思，应当属于动机，而甲想通过与乙订立租赁合同而取得房屋使用权的意思，就应当属于效果意思。

---

〔23〕 王泽鉴：《民法总则》，北京大学出版社 2009 年版，第 267 页。

〔24〕 陈卫佐：《德国民法总论》，法律出版社 2007 年版，第 153 页。

〔25〕 陈卫佐：《德国民法总论》，法律出版社 2007 年版，第 153 页。

〔26〕 史尚宽：《债法总论》，中国政法大学出版社 2000 年版，第 16 页。

〔27〕 董安生：《民事法律行为》，中国人民大学出版社 1994 年版，第 227、231 页。

〔28〕 ［日］山本敬三：《民法讲义》（Ⅰ），解亘译，北京大学出版社 2004 年版，第 85 页。

此外,效果意思与目的意思也存在一定的区别:一方面,目的意思多指向意思表示的具体内容,即如何确定意思表示中的权利义务关系,在某些国家或地区,理论上称为法律行为的标的,欠缺目的意思可能使意思表示缺乏目的性,表意人所意欲发生的法律关系变动的效果也因此难以确定。另一方面,目的意思与效果意思不尽相同,前者实质是对意思表示具体内容的认知,而后者仅要求行为人以追求发生法律上的效果为必要。例如,就要约而言,目的意思即要约中所包含的未来合同中的主要条款,而效果意思则是指当事人意欲订立合同的意思或者说一经承诺即受合同拘束的意思。

5. 表示行为。所谓表示行为,是指表意人将效果意思表现于外部之行为,〔29〕或者说,表示行为是指行为人将其内在意思以一定方式表现于外部,并足以为外界所客观理解的行为要素。〔30〕 表意人在将一定的内在主观意思表示于外部时,其可以采取不同的行为方式。这些方式主要包括明示方式和默示方式两种类型。意思表示只有在特殊情况下才可以默示方式完成。单纯的缄默,除法律有明确规定或者当事人事先有明确约定的情况外,一般无法成为意思表示的表示行为。此外,以实施一定的行为,而非以言语形式作出的表示,如点头、举手、起立、拍板等,其是否为意思表示,则必须依据交易习惯或社会一般观念予以确定。

从总体上看,意思表示可以分为内在意思和外在表示两个方面,也可以称为主观要件和客观要件:(1)主观要件。主观要件主要包括行为意思、表示意思、目的意思和效果意思,法律行为必须同时具备上述要素,才能发生当事人所追求的法律效果,因为欠缺行为意思,就无法确立是否为行为人有意识的自觉行为;欠缺表示意思,也无从确定行为人是否意识到其意思能否发生法律上的效果;欠缺目的意思,则无法确定表意人所意欲发生的法律关系变动的内容;而欠缺效果意思,则不能确定当事人是否具有追求法律关系变动后果的意图。(2)客观要件。客观要件就是指表示行为。表示行为包括两个方面的内容:第一,表示行为必须是表意人有意识的自主行为,表示行为是将目的意思和效果意思表示于外部,其前提就应当是表意人具备目的意思和效果意思,因此其是表意人有意识的行为。第二,表示行为必须要足以为外界所客观地理解。如果仅有表意人的发出行为,但并没有到达于相对人,或未能为相对人所了解,则不构成完整的意思表示。

四、意思表示的生效

(一)意思表示生效的具体情形

1. 有相对人的意思表示的生效

所谓有相对人的意思表示,又称为需要受领的意思表示,它是指对相对人发出的意思表示。例如,甲向乙发出要约,就甲所发出的意思表示而言,乙就是该意思表示特定的相对人。所谓意思表示的发出,是指当事人向对方当事人作出了意思表示,完成了一切为使意思表示生效所必需的行为。〔31〕 在实践中,有特定相对人的意思表示是最为普遍的形式。例如,订立合同、行使形成权等,大多属于有特定相对人的意思表示。

根据意思表示作出的方式,又可以将有特定相对人的意思表示区分为以对话方式作出的意思表示和以非对话方式作出的意思表示,《民法典》第 137 条对以对话方式作出的意思表示

---

〔29〕 郑玉波:《民法总则》,三民书局 1959 年版,第 244 页;刘清波:《民法概论》,开明书店 1979 年版,第 99 页。

〔30〕 董安生:《民事法律行为》,中国人民大学出版社 1994 年版,第 233 页。

〔31〕 [德]迪特尔·梅迪库斯:《德国民法总论》,邵建东译,法律出版社 2001 年版,第 205 页。

和以非对话方式作出的意思表示的生效规则分别作出了规定。

（1）以对话方式作出的意思表示的生效。所谓以对话方式作出的意思表示，是指当事人直接以对话的形式发出意思表示。例如，当事人面对面地订立口头买卖合同，或者通过电话交谈的方式订立合同。关于以对话方式作出的意思表示的生效，《民法典》第 137 条第 1 款规定："以对话方式作出的意思表示，相对人知道其内容时生效"。在以对话方式作出的意思表示中，意思表示的发出和相对人受领意思表示是同步进行的。[32] 依据该条规定，对以对话方式作出的意思表示而言，只有在表意人的意思表示被相对人知悉时，意思表示才能够生效。如果相对人并不知道意思表示的内容，也无法作出相应的意思表示，此时，应当认定意思表示未生效。因此，从该条规定来看，《民法典》对以对话方式作出的意思表示的生效采取了解主义。

（2）以非对话方式作出的意思表示的生效。所谓以非对话方式作出的意思表示，是指当事人以对话以外的形式发出意思表示。例如，采用邮件、传真等方式订立合同。关于以非对话方式作出的意思表示的生效，《民法典》第 137 条第 2 款第 1 句规定："以非对话方式作出的意思表示，到达相对人时生效"。可见，关于以非对话方式作出意思表示的生效，《民法典》采用了到达主义。所谓到达，是指根据一般的交易观念，已经进入相对人可以了解的范围。到达并不意味着相对人必须亲自收到，只要意思表示已进入受领人的控制领域，并在通常情况下可以期待受领人能够知悉意思表示的内容，就视为已经到达。[33] 之所以采用到达主义，是因为到达主义为我国立法和司法实践所采纳，尤其是在合同订立中，对要约、承诺的生效采取的是到达主义。因此，《民法典》延续了这一立法和司法实践经验。[34]

（3）以非对话方式作出的采用数据电文形式的意思表示的生效。在互联网时代，采用数据电文形式作出意思表示也是从事民事法律行为的重要方式。依据《民法典》第 137 条第 2 款的规定，如果当事人对采用数据电文形式的意思表示的生效时间另有约定的，则按照合同自由原则，首先应当依据当事人的约定确定其生效时间。在当事人没有约定的情形下，其生效分为如下两种情形：一是相对人指定了特定的系统接收数据电文的，此时，该意思表示自该数据电文进入该特定系统时生效；二是相对人未指定特定的系统接收数据电文的，则自相对人知道或者应当知道该数据电文进入其系统时生效。依据原《合同法》第 16 条的规定，在相对人未指定特定的系统接收数据电文时，则自相关数据电文进入收件人的任何系统的首次时间为到达时间。可见，《民法典》改变了原《合同法》的规则，而采用了更为灵活的生效规则，即相关数据电文到达相对人的任何一个系统，即被推定为相对人知道或应当知道，该数据电文进入其系统时生效，除非相对人举证证明其不应当知道。例如，其所用的邮箱长期不予使用且相对人明知的，则可以认定相对人不应当知道。

2. 无相对人的意思表示的生效

所谓无相对人的意思表示，是指意思表示没有相对人。例如，设立遗嘱，就属于无相对人的意思表示。根据《民法典》第 138 条的规定，对无相对人的意思表示而言，除法律另有规定外，意思表示完成之时即是其生效之时，因为对于无特定相对人的意思表示，不需要到达相对人，其在发出时即已生效。当然，如果法律对其生效专门作出了规定，则依据该特别规则认定

---

〔32〕 石宏主编：《中华人民共和国民法总则条文说明、立法理由及相关规定》，北京大学出版社 2017 年版，第 328 页。

〔33〕 徐国建：《德国民法总论》，经济科学出版社 1993 年版，第 96 页。

〔34〕 石宏主编：《中华人民共和国民法总则条文说明、立法理由及相关规定》，北京大学出版社 2017 年版，第 329 页。

其效力。《民法典》作出此种规定,也为法律将来就无相对人的意思表示生效规则作出特别规定预留了空间。

3. 以公告形式作出意思表示的生效

所谓以公告的方式作出的意思表示,是指对不特定人发布公告所作出的意思表示。无特定相对人的意思表示既包括没有相对人的意思表示,也包括虽然有相对人,但相对人不特定的意思表示,前者如遗嘱,后者如以公告方式所作出的意思表示。《民法典》第 138 条与第 139 条分别对无相对人的意思表示与公告形式的意思表示作出了规定。

公告的方式多种多样,其既可以以招贴画张贴,也可以在路牌、橱窗、路灯等处刊载,还可以通过报纸、网络、电台等方式发布。以公告方式作出意思表示最为典型的是悬赏广告。例如,债权转让后,债权人应当将转让的事实通知债务人,通知应尽可能采取个别通知的方式,但如果确实不能或不宜采取个别通知方式的,也可以采取登报声明的方式发出意思表示。

虽然以公告方式作出的意思表示也有相对人,但与有特定相对人的意思表示不同,以公告方式作出的意思表示没有特定的相对人,难以判断何时到达相对人,因此,《民法典》第 139 条规定,对于以公告的方式作出的意思表示而言,该意思表示自公告发布时生效。

(二)意思表示的撤回和撤销

意思表示的撤回,是指意思表示在发出以后,在尚未到达意思表示的受领人之前,表意人将其意思表示撤回的行为。《民法典》第 141 条规定:“行为人可以撤回意思表示。撤回意思表示的通知应当在意思表示到达相对人前或者与意思表示同时到达相对人。”只要撤回的通知先于意思表示到达或者与意思表示同时到达,该撤回就是有效的。意思表示的撤回,只有在有相对人的时候才有意义,以非对话方式作出的意思表示必须在到达相对人时才能生效,因此,在其生效之前表意人发出撤回表示,且撤回表示在原意思表示生效之前生效或同时生效的,原意思表示当然不能生效。如果行为人撤回意思表示的通知晚于意思表示到达相对人,则不产生撤回意思表示的效力。由此可见,意思表示的撤回主要适用于非以数据电文方式作出的意思表示,因为对于以数据电文形式作出的意思表示而言,其瞬间到达相对人,行为人撤回意思表示的通知很难先于意思表示到达相对人或者与意思表示同时到达相对人。

意思表示的撤销,是指意思表示在发出并生效以后,表意人又撤销其意思表示的行为。大陆法系国家的民法一般不允许对已经生效的意思表示进行撤销,以免损害相对人的信赖利益。在此需要区分意思表示的撤回与撤销,意思表示的撤回是使意思表示不发生效力,而意思表示的撤销则是使已经生效的意思表示失去效力。我国《民法典》仅规定了意思表示的撤回,而没有规定意思表示的撤销,我国《民法典》合同编对要约的撤销作出了规定。不过,根据《民法典》第 476 条的规定,这种撤销受到严格的限制。

五、意思表示的形式

(一)意思表示可以明示或者默示方式作出

《民法典》第 140 条第 1 款规定:“行为人可以明示或者默示作出意思表示”。该条对意思表示的形式作出了规定,依据该条规定,意思表示既可以明示的方式作出,也可以默示的方式作出,具体而言,包括如下两种:

1. 以明示的方式作出意思表示。所谓以明示的方式作出意思表示,是指行为人将内在意思明确地表达于外部。明示形式即以作为的方式使相对人能够了解意思表示的内容,表意人可以通过口头或者书面表达的方式进行意思表示,尽管表达的方式存在差异,但表意人都明确向对方当事人作出了意思表示。对以明示方式作出的意思表示而言,当事人之间的法律关系易于证明,这有利于减少纠纷,降低法律风险。在实践中,多数意思表示都是以明示方式作出的意思表示。

2. 以默示的方式作出意思表示。默示的表示行为是指行为人没有作出明确的表示,但是可以根据法律规定进行推知,[35]如点头、举手、起立、拍板等,都可以依据交易习惯视为默示的意思表示。而且,如果一方当事人向对方当事人提出订约的要求,对方未用语言或者文字明确表示意见,但其行为表明已接受的,可以认定为默示。一般而言,法律上对当事人以默示形式作出意思表示有较为严格的限制。

(二)沉默原则上不得作为意思表示的方式

所谓沉默,是指未作出任何意思表示或不行为。从两大法系的规定来看,基本上都认为,单纯的缄默或不行动本身不构成意思表示。沉默与默示意思表示不同,在默示的意思表示情形下,表意人仍然作出了一定的表意行为,只不过未以口头或者书面形式明确表达意思表示的内容。而在沉默的情形下,当事人并未作出意思表示。例如,甲向乙、丙同时兜售某块手表,价值 100 元,甲问乙、丙是否愿意购买,乙沉默不语,未作任何表示,而丙则点头表示同意。乙的行为属于缄默或不作为,而丙的行为则属于默示地作出承诺。《民法典》第 140 条第 2 款规定:“沉默只有在有法律规定、当事人约定或者符合当事人之间的交易习惯时,才可以视为意思表示。”据此,沉默原则上不得作为意思表示的方式。但这并不意味着沉默在任何情况下都不能作为意思表示的方式,依据《民法典》第 140 条第 2 款的规定,在如下三种情形下,沉默可以视为意思表示:

1. 法律的特别规定。在法律有特别规定的情形下,沉默也可以产生意思表示的效果。例如,《民法典》第 1124 条规定,“继承开始后,继承人放弃继承的,应当在遗产处理前,以书面形式作出放弃继承的表示;没有表示的,视为接受继承。受遗赠人应当在知道受遗赠后六十日内,作出接受或者放弃受遗赠的表示;到期没有表示的,视为放弃受遗赠”。

2. 当事人的特别约定。例如,当事人双方事先约定,如果一方更改了相关合同条款,对方沉默的,视为同意更改,在此情形下,如果一方当事人更改了合同的条款,对方沉默的,即视为其同意了该更改。

3. 当事人之间的交易习惯。如果按照当事人之间特定的交易习惯,沉默可以产生意思表示的效力,则沉默也可以视为意思表示。此处的习惯既包括当地的交易习惯,也包括当事人之间在长期交易中形成的习惯。《德国民法典》第 151 条规定,根据交易惯例,承诺无须向要约人表示,或者要约人预先声明承诺无须表示的,即使没有向要约人表示承诺,可认为有承诺的事实时,合同也认为成立。例如,当事人之间长期进行系列交易,通常一方在另一方发出要约后,一定期限内不作表示的,就作为承诺对待。

六、意思表示的解释

(一)意思表示解释的概念与特征

所谓意思表示的解释,就是指在意思表示不清楚、不明确而发生争议的情况下,法院或仲裁机构对意思表示进行的解释。这里所说的意思表示的解释,是从广义上理解的意思表示的解释,它包括了法律行为的解释和法律行为之外的意思表示的解释。

---

[35] 陈卫佐:《德国民法总论》,法律出版社 2007 年版,第 157 页。

意思表示解释的特征在于:第一,意思表示解释的主体是法院和仲裁机构,并不是任何机构都可以对意思表示进行解释,必须是在当事人对意思表示发生争议时,由法院和仲裁机构进行解释。第二,意思表示解释的对象是当事人已经表示出来的意思。也就是说,以当事人已经作出的表示来解释其意思。解释的对象只能是表示出来的、确定的意思,而非深藏于内心的意思,因为内在的意思无法作为法律认识的对象。[36] 意思表示解释的对象是意思表示的内容,既包括目的意思,也包括效果意思。第三,意思表示是法院和仲裁机构依据一定的规则进行的解释,而非完全主观的任意解释。也就是说,在意思表示过程中,法院或仲裁机构要遵循法定的规则,运用一定的解释方法,否则就会违背当事人的意愿。我国《民法典》第 142 条对意思表示解释的规则作出了明确规定,该条确立了意思表示解释的基本规则。

(二)有相对人的意思表示的解释和无相对人的意思表示的解释

意思表示的解释通常分为有相对人的意思表示的解释和无相对人的意思表示的解释,所谓有相对人的意思表示的解释,就是指对表意人向特定的相对人发出的意思表示进行的解释。例如,要约是一种意思表示,但要约必须要到达于受要约人,因为它属于向特定人发出的意思表示。所谓无相对人的意思表示的解释,就是对不需要相对人的意思表示进行的解释。例如,对不特定人的悬赏广告、订立章程和决议。《民法典》第 142 条第 1 款规定:“有相对人的意思表示的解释,应当按照所使用的词句,结合相关条款、行为的性质和目的、习惯以及诚信原则,确定意思表示的含义”。《民法典》第 142 条第 2 款规定:“无相对人的意思表示的解释,不能完全拘泥于所使用的词句,而应当结合相关条款、行为的性质和目的、习惯以及诚信原则,确定行为人的真实意思”。依据这些规定,区别这两种意思表示的解释的意义在于:

1. 是否需要有意思表示的受领人不同。有相对人的意思表示的解释需要有意思表示的受领人,此种意思表示的有效性以意思表示的受领人能够感知为必要,[37] 而无相对人的意思表示的解释不需要意思表示的受领人。这种区别又导致,意思表示是否应当到达相对人或者为相对人知晓。无相对人的意思表示的解释,就不需要考虑此问题。

2. 是否需要考虑受领人的理解水平不同。对有相对人的意思表示进行解释,法官应当考虑一般的受领人的理解水平。但是对无相对人的意思表示进行解释,则不需要考虑受领人的理解水平。[38]

3. 意思表示所使用词句在意思表示解释中的作用不同。对有相对人的意思表示而言,意思表示需要受领,因此存在相对人信赖利益保护的问题,而在对无相对人的意思表示进行解释时,则无须考虑相对人信赖利益的保护问题。这种区别可能对两类意思表示的解释规则产生一定的影响:对有相对人的意思表示而言,即使行为人表示出来的意思与内心真意不符,在对意思表示进行解释时,也应当考虑相对人的信赖利益保护,而不能完全依据表意人的内心真意来解释,也就是说,应当考虑客观主义(或外观法理)的运用。如果表意人表达有误,使相对人对意思表示作出了不同于表意人所想表达的理解,那么,表意人必须承认相对人实际所理解的意义是有效的。[39] 对无相对人的意思表示而言,由于不涉及相对人的利益,所以对其解释就不

---

〔36〕 [德]迪特尔·梅迪库斯:《德国民法总论》,邵建东译,法律出版社 2001 年版,第 232 页。

〔37〕 陈卫佐:《德国民法总论》,法律出版社 2007 年版,第 161 页。

〔38〕 [德]卡尔·拉伦茨:《法学方法论》,陈爱娥译,五南图书出版公司 1992 年版,第 202 页。

〔39〕 [德]卡尔·拉伦茨:《德国民法通论》(上册),王晓晔等译,法律出版社 2003 年版,第 453 ~ 455 页。

必考虑相对人的信赖以及交易安全问题，而应当探求表意人的真实意思。例如，对遗嘱的解释应当探求表意人的内心真意。

（三）意思表示解释的规则

1. 对用语应当按照通常的理解进行解释

所谓对用语应当按照通常的理解进行解释，是指在当事人就意思表示的用语发生争议以后，对于有关的用语本身，按照一个合理人的标准来进行解释。《民法典》第142条第1款规定实际上也就是要求对用语按照通常的理解进行解释。这应当是意思表示解释的首要方法。也就是说，法官应当考虑一个合理的人在此情况下对有争议的意思表示用语所能理解的含义，以此作为解释意思表示的标准。一个合理的人既可能是一个一般的人，也可能是在一定的地域、行业中从事某种特殊交易的人。如果意思表示当事人本身是后一种类型的人，则法官应当按照在该地域、行业中从事某种特殊交易的合理人的标准来理解该用语的含义。例如，买卖双方对交货的计量标准“车”的含义发生争执，则应当考虑当事人双方是从事何种性质的买卖，并按照从事该种行业的一般人对“车”的理解来进行解释。

2. 整体解释

所谓整体解释，又称为体系解释，是指将表达当事人意思的各项合同条款、信件、文件等作为一个完整的整体，根据各方面的相互关联性、争议的条款与当事人真实意思表示的关系、在意思表示中所处的地位等各方面因素，来确定所争议的意思表示的含义。换言之，在运用意思表示的整体解释方法时，需要将各种意思表示的资料综合考虑，从整体出发来准确地理解意思表示条款的真实含义。《民法典》第142条规定要求结合相关条款进行解释，可以认为确立了整体解释原则。

整体解释原则具体表现在如下方面：首先，整体解释要求意思表示解释不能局限于意思表示的字面含义，也不应当仅仅考虑某个意思表示的资料，更不能将意思表示的只言片语作为当事人的真实意图，断章取义，而应当综合考虑各种意思表示的资料。其次，从整个意思表示的全部内容上理解、分析和说明当事人争议的有关意思表示的内容和含义。例如，在合同中如果数个条款相互冲突，应当将这些条款综合在一起，根据合同的性质、订约目的等来考虑当事人的意图，尤其是当事人在合同中所使用的语言文字必须联系起来考察，不能孤立地探究每一句话或者每一个词的意思。如果合同是由信笺、电报，甚至备忘录等构成的，在确定某一条款的意思构成时，应当将这些材料作为一个整体进行解释。最后，当事人使用了多种语言订立同一意思表示的，即使当事人没有特别约定各意思表示文本之间的关系，也可以推定各个文本所使用的词句具有相同的含义。根据我国《民法典》第466条的规定，“合同文本采用两种以上文字订立并约定具有同等效力的，对各文本使用的词句推定具有相同含义”。

3. 目的解释

所谓目的解释，是指在对意思表示进行解释时，应当根据当事人从事该民事行为所追求的目的，对有争议的意思表示进行解释。《民法典》第142条要求从行为的性质和目的进行解释，这实际上也确立了目的解释规则。按照私法自治原则，民事主体可以在法律规定的范围内，为追求其目的而表达其意思，并通过双方的协议，产生、变更、终止民事法律关系。当事人从事民事行为都要追求一定的目的，意思表示本身也不过是当事人实现其目的的手段。因此，在解释意思表示时，应当充分考虑当事人从事该民事行为的目的。

按照目的解释原则，如果有关的文本中所使用的文字的含义与当事人所明确表达的目的相违背,而当事人双方对该条文的理解又发生了争议时,在此情况下不必完全拘泥于文字,可以按照当事人的目的进行解释。例如,订立合同时,订约的双方都具有订约目的。当然,当事人双方可能具有不同的意思表示目的,一方订约的目的和另一方订约的目的可能不同,但是从意思表示的内容和订约过程能够确定一方在作出意思表示时,应当意识到另一方所具有的订约目的,则应当按照该目的来解释意思表示。[40]

如果某一意思表示既可以被解释为有效,也可以被解释为无效,则从原则上应当尽可能按照有效来解释。因为当事人作出意思表示,目的都是使交易成立,使意思表示有效。[41]

4. 习惯解释

所谓习惯解释,是指在意思表示发生争议以后,应当根据当事人所知悉或实践的生活和交易习惯来对意思表示进行解释。《民法典》第142条规定了意思表示的解释应当考虑习惯,这就确立了习惯解释的原则。习惯包括生活习惯和交易习惯两大类。一般来说,在合同中主要采用交易习惯对有争议的合同条款进行解释,不过,运用交易习惯填补合同漏洞,对各种交易习惯的存在以及内容应当由当事人双方举证证明,在当事人未举证证明交易习惯的情况下,法官也可以根据自己对交易习惯的理解选择某种习惯来填补意思表示的漏洞。除了《民法典》合同编所调整的合同之外,对于一些身份法上的合同以及一些单方的法律行为,也可以根据习惯进行解释。但这种习惯主要是生活习惯。例如,遗赠扶养协议中,对"生老病死"一词发生争议,应当按照当地的生活习惯进行解释。

5. 依据诚实信用原则解释

所谓依据诚实信用原则进行解释,是指在意思表示发生争议以后,应当根据诚实信用原则来填补有关合同漏洞,对有争议的意思表示进行解释。诚实信用原则作为意思表示解释规则的产生是意思表示解释社会化的一种表现,它实际上是要求法官将自己作为一个诚实守信的当事人来判断、理解意思表示的内容和条款的含义。这就将商业道德和公共道德运用到了意思表示的解释之中,并对意思自治施加了必要的限制。诚实信用原则在解释意思表示方面的作用,常常使该原则被称为"解释法"。《民法典》第142条规定了意思表示的解释应当按照诚信原则进行,因此,依据诚实信用原则解释也是意思表示解释的重要方法。

在解释意思表示方面,诚信原则的功能表现在两个方面:第一,解释有争议的意思表示。法官在依据诚信原则解释意思表示时,需要平衡当事人双方的利益,公平合理地确定意思表示内容。例如,对于无偿合同应按对债务人义务较轻的含义解释,对有偿合同则应按对双方都较为公平的含义解释。第二,填补合同漏洞。在此情形下,法官要考虑一个合理的、诚实守信的人在面对此情形时应如何作出履行,或者说应当如何作出意思表示,以此来填补合同的漏洞。诚信原则的解释方法更多地适用于合同漏洞的填补。例如,原被告双方在意思表示中对交付货物的计量单位"车"一词没有作出约定,在此情况下法官应当考虑的是,作为一个诚实守信的人在这种情况下对"车"的含义的理解,并依据该标准加以解释。

诚实信用原则虽然重要,但该原则一般是在上述其他原则都难以适用的情况下才采用的。其主要原因在于:一方面,诚实信用原则比较抽象,法官的自由裁量权较大。另一方面,从适用的范围来看,诚实信用原则主要适用于合同存在漏洞的情况。诚实信用原则所确定的义务并

---

〔40〕 See Farnsworth, *Contracts*, Second Edition, Little, Brown and Company, 1990, p. 513.

〔41〕 张广兴等:《意思表示法总则》(下),法律出版社1999年版,第246页。

不一定完全符合当事人的真实意思，使意思表示的解释出现了一种社会化的倾向。在某些情况下，法官依诚实信用原则所确定的意图可能与当事人的真实意图不完全符合，而当事人的意图也不违反法律和社会公共道德。在此情况下，仍然应当尊重当事人的意愿。

第五节　法律行为的效力

一、民事法律行为生效的概念

所谓民事法律行为的生效，是指已经成立的法律行为因符合法定的生效要件，从而能产生法律上的约束力。《民法典》第136条第1款规定："民事法律行为自成立时生效，但是法律另有规定或者当事人另有约定的除外"。该条对民事法律行为的生效规则作出了规定，此处所说的法律拘束力，首先是指私法上的效力，而不应当包括法律行为生效以后所可能引起的公法上的效果。其次是指法律行为发生了行为人所意欲发生的法律效果，这种效果因法律行为形态的不同而有所差异。就单方法律行为而言，在大多数情况下，主要是对表意人产生法律拘束力。当然，在某些情况下，单方行为也可能对第三人产生法律拘束力，例如，遗嘱行为可能会对继承人产生效力。就双方法律行为而言，一旦合意达成，就对双方当事人产生了拘束力，即双方必须依据合同的规定享受权利、承担义务乃至承担违约责任。

民事法律行为的效力可以分为对内的效力和对外的效力。所谓对内的效力，是指法律行为对当事人产生的法律拘束力。《民法典》第136条第2款规定："行为人非依法律规定或者未经对方同意，不得擅自变更或者解除民事法律行为"。例如，当事人在订立合同后，即应当受到合同的严格拘束，必须严格履行合同，否则应当承担违约责任。所谓对外的效力，是指法律行为对当事人以外的人产生的法律拘束力。例如，合同一旦生效，也可能会对合同当事人以外的第三人产生效力，其主要表现在为第三人利益的合同、债权保全制度、租赁权物权化、债权不可侵害性等方面。

民事法律行为能够产生法律拘束力，从表面上看是当事人的意思自治的结果，或者说是当事人自愿选择的结果；但从实质上看，法律行为的法律约束力或法律行为的效力，不仅来自当事人的意志，而且来自法律的赋予。也就是说，由于当事人的意志符合国家的意志和社会利益，因而国家赋予当事人的意志以拘束力，并且使当事人实施的法律行为能够产生其预期的效果。

《民法典》第136条第2款规定："行为人非依法律规定或者未经对方同意，不得擅自变更或者解除民事法律行为。"该条强调了民事法律行为的效力，一方面，行为人不得擅自变更民事法律行为。例如，就合同关系而言，从原则上说，合同的变更必须经当事人双方协商一致，任何一方未经过对方同意，无正当理由擅自变更合同内容，将构成违约行为。当然，在特殊情况下，依据法律规定可以使一方享有法定变更合同的权利，如在重大误解、显失公平的情况下，受害人享有请求法院或仲裁机构变更合同内容的权利。另一方面，行为人不得擅自解除民事法律行为。从我国《民法典》合同编的规定来看，合同的解除要么是基于当事人行使法律解除权实现，要么是基于当事人的协议解除或者当事人约定的解除权的行使而实现，除上述原因外，任何一方当事人都不得主张解除合同，否则将构成违约。此外，即便当事人享有解除权，其解除合同的程序也应当符合法律规定,否则无法产生合同解除的效力。

二、民事法律行为的成立与生效

如前所述,在绝大多数情况下,民事法律行为一旦依法成立,便会产生效力。但在某些情况下,法律行为成立并不一定产生一定的法律效力,要产生法律效力,则必须要符合法定的生效要件。因此,有必要区分民事法律行为的成立与生效,两者的区别主要表现在:

1. 从性质上看,民事法律行为的成立只涉及当事人个人意思的问题,其基于自主、自愿实施了一定的行为;而民事法律行为的生效则意味着法律采取一定标准对当事人的意思表示作出评价或干预。

2. 两者可能处于不同的阶段。一般情况下,民事法律行为的成立是指当事人作出了单方意思表示或者双方意思表示达成合意,而民事法律行为生效则是指法律行为对当事人产生实质法律拘束力。从法律评价标准来看,法律行为的生效实际上是在已经成立的基础上所作的价值判断,因此,法律行为生效的时间可能要晚于法律行为成立的时间。例如,对需要政府审批的合同而言,其成立后需要经过政府审批才能生效。当然,一般情况下,只要法律行为的内容和形式合法,民事法律行为成立后即生效。

3. 两者的构成要件不同。民事法律行为的成立要件包括当事人、当事人作出意思表示、当事人就意思表示达成合致。而依据《民法典》第 143 条的规定,民事法律行为的生效则需要具备下列条件:一是行为人具有相应的民事行为能力;二是意思表示真实;三是不违反法律、行政法规的强制性规定,不违背公序良俗。

4. 两者体现的国家干预的程度不同。民事法律行为的成立是指当事人作出意思表示或意思表示达成合意。因此,它主要表现了当事人的意思,至于民事法律行为的内容中是否存在欺诈、胁迫和其他违法的因素,则不是法律行为的成立制度而是法律行为生效制度调整的范围。[42] 而民事法律行为的生效是指国家对已经成立的法律行为予以认可,如果当事人的合意符合国家的意志,将被赋予法律拘束力。如果当事人的合意违背了国家意志,不仅不能产生法律约束力,而且还要承担法律行为被撤销或者被宣告无效的责任。由此可见,法律行为生效制度体现了国家对法律关系的肯定或否定的评价,反映了国家对民事关系的干预。[43]

5. 从逻辑体系来看,如果区分成立和生效,则将进一步区分民事法律行为的不成立、被撤销和无效,有助于把事实判断和价值判断分开。法律行为一旦不成立,即在性质上转化为意思表示的不成立,则严格地说已经不能再称为法律行为。尤其是区分民事法律行为的成立与民事法律行为的生效,极有助于在司法实践中正确处理各类纠纷,充分保障当事人的合法权益。

6. 从法律后果上看,民事法律行为的不成立和无效产生的法律后果是不同的。[44] 如果民事法律行为一旦被宣告不成立,那么有过失的一方当事人则应根据缔约过失责任制度,赔偿另一方所遭受的利益的损失,如果当事人已经作出履行,则应当各自向对方返还其已接受的履行。因法律行为成立主要涉及当事人的合意问题,所以民事法律行为不成立只产生民事责任而不产生其他法律责任。但对于无效法律行为来说,因为它在性质上根本违反了国家意志,所以其不仅要产生民事责任(如缔约过失责任、返还不当得利责任),而且还可能引起行政责任甚

---

〔42〕 陈安主编:《涉外经济合同的理论与实务》,中国政法大学出版社 1994 年版,第 102 页。

〔43〕 陈安主编:《涉外经济合同的理论与实务》,中国政法大学出版社 1994 年版,第 103 页。

〔44〕 王家福主编:《民法债权》,法律出版社 1991 年版,第 315 页。

至刑事责任。

三、民事法律行为的生效要件

由于法律行为一旦生效，即发生行为人所意欲发生的法律效果，所以，法律要设立一定的标准对法律行为的合法性进行考察，这些标准即法律行为的生效要件。已经成立的法律行为，必须具备一定的生效要件，才能产生法律拘束力。《民法典》第 143 条对民事法律行为一般生效要件作出了规定。

（一）行为人具有相应的民事行为能力

行为人具有相应的民事行为能力的要件，在学理上又被称为有行为能力原则或主体合格原则。任何民事法律行为都以当事人的意思表示为基础，并且以产生一定的法律效果为目的，所以，行为人必须具备正确理解自己的行为性质和后果，独立地表达自己的意思的能力，也就是说，必须具备与从事某项法律行为相应的民事行为能力。

我国《民法典》将自然人分为三类，即完全民事行为能力人、限制民事行为能力人和无民事行为能力人。除法律有特别规定外（如《婚姻法》对结婚年龄的规定），完全民事行为能力人可以独立实施所有民事法律行为。

由于限制民事行为能力人具有一定的判断和理解能力，因此，其可以独立实施一定的民事法律行为，但与完全民事行为能力人相比，其民事行为能力又是受到限制的。限制民事行为能力人只能独立从事两种类型的民事法律行为：一是纯获利益的民事法律行为，即仅仅获得法律上的利益，而不会负担法律义务或减损其既有民事权利；二是与其年龄、智力、精神健康状况相适应的民事法律行为。对此，要从行为与本人生活相关联的程度、本人的智力能否理解其行为并预见相应的行为后果，以及行为标的数额等方面认定。

无民事行为能力人不具有独立作出意思表示的能力，因此，其不能独立实施民事法律行为，只能通过其法定代理人代理其实施民事法律行为。值得探讨的是，无民事行为能力人是否不能独立实施任何民事法律行为？例如，其能否独立实施纯获利益的民事法律行为，我国《民法典》对此没有作出规定。《民法通则意见》第 6 条规定："无民事行为能力人、限制民事行为能力人接受奖励、赠与、报酬，他人不得以行为人无民事行为能力、限制民事行为能力为由，主张以上行为无效"。本书认为，这一规定具有一定的合理性，鉴于《民法通则意见》并没有被废止，因此，该规定应当继续有效。

《民法典》第 143 条所规定的行为人具有相应的民事行为能力，也包括法人实施民事行为应当具有相应的民事行为能力。当然，要求法人实施一定的民事行为应当具有行为能力，并不意味着允许营利法人超越其经营范围而行为，否则该行为应当被宣告无效。《民法典》第 505 条规定："当事人超越经营范围订立的合同的效力，应当依照本法第一编第六章第三节和本编的有关规定确定，不得仅以超越经营范围确认合同无效。"这实际上确认了如下规则，即不得以超越经营范围为由否定合同的效力。当然，在以违反国家限制经营、特许经营以及法律、行政法规禁止经营规定为由主张法律行为无效时，还可以《民法典》第 153 条第 1 款前半句"违反法律、行政法规的强制性规定"为由宣告法律行为无效。

（二）意思表示真实

所谓意思表示真实，是指表意人的表示行为应当真实地反映其内心的效果意思。也就是说，意思表示真实要求表示行为应当与效果意思相一致。

在大多数情况下，行为人表示于外部的意思同其内心真实意思是一致的。但有时行为人作出的意思表示与其真实意思不相符合,此种情况称为“非真实的意思表示”、“意思缺乏”或“意思表示不真实”。行为人的意思表示不真实包括两个方面:第一,行为人的意思表示不自由。行为人因受到欺诈、胁迫等外在原因导致其处于意志不自由的状态,因此其表达的意思不符合其真实意思。这种情况属于典型的意思表示不真实的情况。针对此种情况,我国《民法典》明确规定,欺诈、胁迫、重大误解、显失公平等行为将导致民事法律行为可能被撤销。第二,行为人的意思表示不真实,即行为人的外部表达的意思不符合其内心的真实意思。例如,甲为了逃避强制执行,与乙通谋,以赠与为名,将其房产移转给乙。在此情况下,甲、乙之间的赠与行为构成通谋的虚伪表示,应当无效。但是,如果乙将此房产转让给善意第三人丙,则甲、乙不得以其赠与行为无效对抗丙,丙可以依据善意取得制度取得该房产的所有权。再如,某人与他人订了一个名为借用、实为租赁的合同,该行为实际上是以一种行为掩盖了另一种行为。

《民法典》强调意思表示必须真实,才能发生相应的法律效力,主要是为了保障当事人行使权利的自由,充分实现私法自治,同时,否定意思表示不真实情况下民事法律行为的效力,有利于保护处于弱势地位一方当事人的利益,也有利于维护交易安全。

(三)不违反法律、行政法规的强制性规定和不违背公序良俗

1. 不违反法律、行政法规的强制性规定

从法律上看,法律行为之所以能产生法律效力,就在于当事人的意思表示符合法律的规定。对合法的法律行为,法律赋予其法律上的拘束力,而不合法的法律行为显然不能受到法律保护,也不能产生当事人预期的法律效果。法律行为不得违反法律、法规的强制性规定,否则可能导致法律行为被确认为无效。对此,可从以下两个方面进行理解:

(1)不得违反法律、行政法规的规定。因为违法的概念范围十分宽泛,可以把各种违反规范性法律文件的行为都纳入违法的范畴。如果当事人的民事法律行为违反规范性法律文件,就被认定无效,则会不当干预当事人的私法自治,过度妨碍当事人的行为自由。所以,有必要将其限定在违反法律、行政法规的强制性规定的范围内。此处的法律是指全国人大及其常委会制定的法律,行政法规是指国务院制定的行政法规。违反其他规范性文件,并不当然导致民事法律行为无效。

(2)不违反法律、行政法规的强制性规定。法律规范可以分为任意性规范和强制性规范。所谓强制性规范,是指当事人必须遵守,而不得通过协议加以改变的规定。所谓任意性规范,是指当事人可以通过协议加以改变的规定。任意性规范通常以“可以”做什么来表示,它不要求当事人必须执行,而只是提供了行为的一种标准;而强行性规范通常以“必须”“不得”等词语表示,它要求当事人必须严格遵守而不得通过协商加以改变。只有违反法律、行政法规的强制性规范时,民事法律行为才无效,民事法律行为违反法律、行政法规的任意性规范,并不当然导致该民事法律行为无效。需要指出的是,我国司法实践对强制性规定进一步区分为管理性强制性规定和效力性强制性规定,只有违反了效力性强制性规定,该民事法律行为才应被认定为无效。

2. 不违背公序良俗

民事法律行为不仅应符合法律规定,而且在内容上不得违背公序良俗。我国《民法典》将不违背公序良俗作为法律行为的生效要件,一方面,极大地弥补了法律规定的不足。因为法律的规定毕竟是有限的,不能通过法律、行政法规的强制性规定涵盖所有的社会公共利益和公共道德,因此,有必要在法律、行政法规强制性规定之外,通过公序良俗对法律行为的效力进行必

要的控制。另一方面，对于那些表面上虽未违反现行立法的禁止性规定，但实质上损害了全体人民的共同利益，破坏了社会经济生活秩序和善良风俗的行为，都应认为是无效的，从而有利于维护社会公共秩序和社会公共道德。

四、效力待定的民事法律行为

（一）效力待定的民事法律行为的概念和特征

所谓效力待定的民事法律行为，是指法律行为成立之后，是否能发生效力尚不能确定，有待于其他行为或事实使之确定的法律行为。效力待定的民事法律行为具有如下特征：

1. 效力待定的民事法律行为已经成立，但法律行为因缺乏处分权或缺乏行为能力而效力并不齐备。效力待定的民事法律行为本身表明了法律行为的成立和生效是有区别的。对一般法律行为来说，只要当事人的合意符合法定的实质要件和形式要件，就当然有效成立。但是对效力待定的民事法律行为而言，在法律行为成立以后，法律行为并不当然发生拘束力。一方面，此类法律行为因当事人意思表示一致已经宣告成立，如果在此类法律行为中存在意思表示不真实的情况，如欺诈、胁迫等，那么就可能转化为一个可撤销的法律行为。另一方面，此类法律行为虽然已经成立，但因为主体缺乏缔约能力和处分能力，所以不完全符合法律行为的有效条件，其效力是不齐备的。不过，尽管其效力不齐备，也不是当然无效的。

2. 效力待定的民事法律行为的效力既非完全无效，也非完全有效，而是处于一种效力不确定的中间状态。其原因在于，一方面，效力待定的民事法律行为即使在追认之前，对当事人也并非当然无效，只是处于一种不确定的状态，否则就难以与无效的法律行为相区别；另一方面，在追认之前它并非完全有效，也不同于可撤销的民事法律行为，因为可撤销的民事法律行为在未被撤销之前是有效的。

3. 效力待定的民事法律行为是否已经发生效力尚不能确定，有待于其他行为或事件使之确定。效力待定的民事法律行为本身是一种效力不齐备的法律行为，但它并没有违反强行法的规定和违背公序良俗，因而法律对这种法律行为并不实行国家干预，强行使其无效，而是把选择法律行为是否有效的权利赋予当事人和真正权利人，在这一点上，也充分体现了法律行为自由和私法自治的精神，并贯彻了鼓励交易的原则。例如，未成年人在其房屋漏雨时请人修缮房屋，是符合本人和其法定代理人利益的，对此类民事法律行为的效力应由法定代理人行使追认权予以确认，如果法律规定了此类民事法律行为一概无效，则根本违反了未成年人及其法定代理人的利益。

效力待定的民事法律行为不同于无效的民事法律行为。从法律上来看，效力待定和无效是存在严格区别的，主要表现在：一方面，无效民事法律行为是当然无效、自始无效。但效力待定的民事法律行为只是效力处于不确定的状态。另一方面，对无效民事法律行为来说，法律将确认无效的权力赋予法院和仲裁机构，使其可以主动地审查法律行为的效力。但对效力待定的民事法律行为来说，法院没有权力主动审查其效力。法律规定这类法律行为的目的就是把法律行为效力的确认权赋予当事人，从而排除法院干预的权力。由权利人的追认使效力待定的民事法律行为有效，消除法律行为存在的瑕疵，这既尊重了真正权利人的意志和利益，也有利于维护相对人的利益。还要看到，将效力待定民事法律行为从无效民事法律行为中分离出来，也是为了鼓励交易，这不仅有利于节省交易费用，也有利于社会财富的增长。

（二）效力待定的民事法律行为的类型

1. 限制民事行为能力人从事的依法不能独立实施的法律行为。《民法典》第 145 条第 1 款规定,限制民事行为能力人“实施的其他民事法律行为经法定代理人同意或者追认后有效”。据此可见,《民法典》将此类行为规定为效力待定的民事法律行为,必须要经限制民事行为能力人的法定代理人同意或者追认后才能生效。

2. 无代理权人因无权代理而从事的法律行为。《民法典》第171条第1款规定:“行为人没有代理权、超越代理权或者代理权终止后,仍然实施代理行为,未经被代理人追认的,对被代理人不发生效力”。因此,无权代理行为也是效力待定的民事法律行为。只有经过被代理人的追认,该民事行为才能生效。当然,无权代理行为如构成表见代理,则为有效的法律行为。

(三)效力待定的民事法律行为的效力的确定

1. 法定代理人、被代理人行使追认权

根据《民法典》第145条第1款和第171条第1款的规定,效力待定的民事法律行为必须经过追认才能生效。所谓追认,是指权利人对无缔约能力人、无代理权人与他人从事的有关法律行为的事后承认,如法定代理人对限制民事行为能力人订立的合同的追认、被代理人对无权代理人订立的合同的追认。追认是一种单方意思表示,无须相对人的同意即可发生法律效力。权利人的追认与否决定着效力待定的民事法律行为的效力。在权利人尚未追认以前,效力待定的民事法律行为虽然已经实施,但并没有实际生效。所以,当事人双方都不应作出实际履行。

《民法典》第145条第2款规定:“相对人可以催告法定代理人自收到通知之日起三十日内予以追认。法定代理人未作表示的,视为拒绝追认……”《民法典》第171条第2款规定:“相对人可以催告被代理人自收到通知之日起三十日内予以追认。被代理人未作表示的,视为拒绝追认……”依据上述规定,第一,赋予相对人催告权,也就是说,相对人有权催告法定代理人或者被代理人是否追认。此种催告的权利为善意相对人所享有。[45] 第二,明确了追认期限,依据上述规定,在相对人催告法定代理人或者被代理人是否追认时,法定代理人或者被代理人可以在收到催告通知之日起三十日内决定是否追认。第三,明确了期限届满的效力。依据上述规定,法定代理人或者被代理人未作表示时,视为拒绝追认。法律作出此种规定是合理的,如果法定代理人或者被代理人未作表示时视为同意,则无异于强制法定代理人或者被代理人必须作出不予追认的意思,这显然是不合理的。

2. 善意相对人行使撤销权

对效力待定的民事法律行为而言,如果善意相对人行使撤销权,则可以使该民事法律行为归于无效。在效力待定的民事法律行为中,与限制民事行为能力人、无权代理人从事法律行为的另一方当事人,如果在从事法律行为时出于善意,即对对方无相应民事行为能力、无代理权的事实处于不知或不应知的状态,那么其在法律行为成立以后,依法享有撤销该法律行为的权利。一旦其行使撤销权,该法律行为归于无效。

《民法典》第145条第2款规定:“……民事法律行为被追认前,善意相对人有撤销的权利。撤销应当以通知的方式作出。”《民法典》第171条第2款规定:“……行为人实施的行为被追认前,善意相对人有撤销的权利。撤销应当以通知的方式作出”。上述规定完善了善意相对人的撤销权制度。具体而言,第一,赋予善意相对人撤销民事法律行为的权利。如果与限制民事行为能力人、无权代理人进行交易的相对人对对方无相应民事行为能力或者代理权的情况不知

---

〔45〕 郑玉波:《民法总则》,中国政法大学出版社2003年版,第325页。

情,则为保护交易安全,应当允许其撤销民事法律行为。第二,明确了相对人行使撤销权的时间。依据上述规定,相对人行使撤销权的时间是民事法律行为被追认前,如果民事法律行为已经被追认,则属于有效的民事法律行为,相对人不得再主张撤销。从上述规定来看,其并没有对相对人撤销权的行使时间设置其他限制条件,因此,即便善意相对人已经对法定代理人或者被代理人作出了催告,其仍然有权主张撤销合同。第三,规定了相对人行使撤销权的方式。依据上述规定,相对人撤销权的行使以通知的方式作出,而不需要以诉讼的方式作出,通知既可以是书面形式,也可以是口头形式。

五、无效民事法律行为

(一)无效民事法律行为的概念和特征

无效民事法律行为,是指虽然已经成立,但因其在内容上违反了法律、行政法规的强制性规定和公序良俗而应当被宣告无效的民事行为。例如,无效合同、无效遗嘱等都属于无效的民事法律行为。无效民事法律行为具有如下特征:

1. 无效民事法律行为具有违法性。所谓违法性,包括两个方面内容:第一,违反了法律和行政法规的强制性规定。判断无效的标准,也应当以法律(全国人大及其常委会制定的法律)和行政法规的规定为依据。违反其他规范性法律文件中的强制性规定,不能直接认定为无效。在强制性规范中,还有必要进一步区分效力性规定与取缔性规定:前者是指导致民事法律行为无效的法律、行政法规中的强制性规定;后者是指不导致法律行为无效的法律、行政法规的强制性规定。第二,违背了公序良俗。例如,当事人订立进口"洋垃圾"的合同,即使其内容并未违反现行法律和行政法规的强制性规定,但因其内容违背了公序良俗,所以也是无效的。无效民事法律行为的违法性表明此类行为根本不符合国家意志,因此不能使此类行为发生效力。

2. 对无效民事法律行为实行国家干预。由于无效民事法律行为具有违法性,因而对此类民事法律行为应实行国家干预。这种干预主要体现在:法院和仲裁机构不待当事人请求确认法律行为无效,便可以依据职权主动审查该法律行为是否具有无效的因素,如发现法律行为属于无效民事法律行为,便应主动地确认民事法律行为无效。正是从这个意义上说,无效民事法律行为是当然无效的。例如,一方当事人主张违约,或要求变更、解除法律行为,而法官经过审查,认为民事法律行为具有违法性应当被宣告无效,则法院可以不经当事人请求而主动宣告该民事法律行为无效,并要求恢复原状、赔偿损失,而不必要求当事人另行变更诉讼请求。

3. 无效民事法律行为具有不得履行性。所谓无效民事法律行为的不得履行性,是指当事人在实施无效民事法律行为以后,不得依据民事法律行为请求实际履行(如要求履行合同),也不承担不履行的法律责任。即使当事人在实施民事法律行为时不知该民事法律行为的内容违法(如不知法律行为标的物为法律禁止流转的标的物),当事人也不得履行该无效的民事法律行为。对于无效民事法律行为而言,尽管当事人不能实际履行无效的民事法律行为,但当事人可以依据法律的规定,对民事法律行为予以修正,剔除违法的部分,使行为的内容完全合法。如果经过修正使民事法律行为在内容上符合法律的规定,则该无效的民事法律行为已转化为有效法律行为。

4. 无效民事法律行为自始无效。由于无效民事法律行为从本质上违反了法律规定,因而国家不承认此类民事法律行为的法律效力。民事法律行为一旦被确认无效,就将产生溯及力,使民事法律行为自实施之时起就不具有法律效力,以后也不能转化为有效的法律行为。对于已经履行的,应当通过返还财产、赔偿损失等方式使当事人的财产恢复到无效民事法律行为实施之前的状态。

(二)无效民事法律行为的类型

1. 无民事行为能力人实施的民事法律行为

《民法典》第144条规定:“无民事行为能力人实施的民事法律行为无效”。依据该条规定,凡是无民事行为能力人实施的民事法律行为均无效,无民事行为能力人包括8周岁以下的未成年人以及不能辨认自己行为的人。法律作出这种规定的原因,主要是为了保护无民事行为能力人的利益,防止其受到欺诈等,因为无民事行为能力人不能够判断行为的性质,理解自己行为的后果,很容易遭受他人的欺骗。当然,即便规定无民事行为能力人实施的法律行为无效,也不妨碍无民事行为能力人的行为可由其法定代理人代为实施。[46] 有些国家和地区的法律也作出了相似规定。[47] 值得注意的是,在实践中,对于与无民事行为能人年龄、智力相适应的民事法律行为,以及纯获利益的民事法律行为,不宜一概宣告无效。

2. 虚假的民事法律行为

《民法典》第146条第1款规定:“行为人与相对人以虚假的意思表示实施的民事法律行为无效。”该条规定了虚假的民事法律行为无效。所谓虚假的民事法律行为,是指行为人与相对人共同实施了虚假的民事法律行为,也称为通谋虚伪表示。[48] 例如,为逃避债务而虚假赠与财产,为逃避房地产收费而虚假离婚,为了规避房屋限购政策而虚假离婚,虚构建筑物施工合同中的债权以达到行使法定优先权的目的,等等。之所以在法律上要宣告此类行为无效,一方面,是因为此类行为并非当事人的真实意思表示,违反了诚信原则;另一方面,是因为此类行为可能规避了法律的规定,从而违反了某种法律秩序。例如,限购是政府有意追求的一种调控秩序,是法律所维护的社会秩序。如果随意被虚假的民事法律行为所规避,那么这些法律所维护的社会秩序就会被破坏殆尽,对此类规避行为如不及时宣告无效,可能会诱发连锁效应,极不利于交易安全和交易秩序的保护。

(1)虚假的民事法律行为不同于真意保留。所谓真意保留,是指在双方作出意思表示时,一方对自己的意思表示有所保留,但对方当事人对此并不知晓,即相对人并不知晓行为人表示的是虚假意思。一般认为,在真意保留的情形下,该意思表示仍然有效,但如果相对人明知该表意人为虚伪意思表示,则该意思表示无效。[49] 例如,甲到其朋友乙家中做客,见乙有一珍贵古玩,爱不释手,乙随意表示,“如喜爱可以相赠”,在场者都知道,乙的意思表示并非真意,因此,甲不得以乙作出了赠与的意思表示而取走该古玩。[50]

(2)虚假的民事法律行为不同于恶意串通损害第三人的行为。虽然虚假的民事法律行为与恶意串通损害第三人的行为都是意思表示不真实,而且都可能存在通谋,但两者毕竟存在区别。两者的区别在于:第一,恶意串通是以损害第三人的利益为目的,而通谋虚伪表示往往不是以损害第三人利益为目的。例如,为了规避房屋限购政策而虚假离婚,虽然损害的是一种法律秩序,但不一定损害到某个具体的第三人的利益。而恶意串通则损害了具体第三人的利益。正因如此,对于恶意串通,通常要由第三人主张无效,而不是任何人都可以主张无效。第二,虚

---

〔46〕 李适时主编:《中华人民共和国民法总则释义》,法律出版社2017年版,第450页。

〔47〕 《德国民法典》第105条、我国台湾地区“民法”第75条。

〔48〕 郑玉波:《民法总则》,中国政法大学出版社2003年版,第339页。

〔49〕 王泽鉴:《民法总则》,北京大学出版社2009年版,第336页。

〔50〕 郑玉波:《民法总则》,中国政法大学出版社2003年版,第339页。

假的民事法律行为的重点在于意思表示的虚假，而不在于串通。而恶意串通的重点在于，双方共同串通从事损害第三人行为。所以在虚假的民事法律行为中，法律并不要求证明当事人之间有通谋存在，而在恶意串通的情形，第三人必须证明当事人之间有故意串通存在。〔51〕

(3)虚假的民事法律行为的效力。《民法典》第146条第2款规定："以虚假的意思表示隐藏的民事法律行为的效力，依照有关法律规定处理。"这就对隐藏的民事法律行为作出了规定。所谓隐藏的民事法律行为，是指被虚假的意思表示所隐藏的民事法律行为。〔52〕例如，为了逃税，当事人订立了"黑白合同"，其中的"白合同"就是虚假的意思表示，而"黑合同"就是隐藏的民事法律行为。隐藏的民事法律行为既可能是合法的，也可能是非法的，不能一概地认定为无效，必须依据相关法律规定来认定。例如，在"黑白合同"中，"黑合同"是被隐藏的，但是，"黑合同"也可能是合法的。所以，对此要依据具体情形判断。如果被隐藏的民事法律行为是合法的，则该隐藏行为是有效的；如果被隐藏的民事法律行为是非法的，则该民事法律行为是无效的。

3. 违反法律、行政法规的强制性规定的民事法律行为

《民法典》第153条第1款规定："违反法律、行政法规的强制性规定的民事法律行为无效。但是，该强制性规定不导致该民事法律行为无效的除外。"依据这一规定，违反法律、行政法规强制性规定的民事法律行为无效。该条规定不仅确立了一种无效民事法律行为的类型，而且，确立了判断民事法律行为无效的标准。《民法典》第143条第3项从正面对民事法律行为的合法性作出了规定，第153条从反面明确违法的民事法律行为的效力，从而形成逻辑周延的法秩序。

需要指出的是，对于违反法律和行政法规的强行性规定的行为，是否有必要进一步区分为管理性强制性规定和效力性强制性规定？我国相关司法解释区分了管理性强制性规定和效力性强制性规定。〔53〕所谓管理性强制性规定，是指该规定对违法者加以制裁，以禁遏其行为，并不否认实施的行为在私法上的效力。〔54〕而效力性强制性规定是指违反该规定，会导致法律行为归于无效。从法律的强制性规定来看，有的只是规定违反法律禁止性规定应受处罚，有的则明确规定违反法律的禁止性规定不仅受到处罚，还将导致法律行为无效。所以，我国司法实践认为，如果一概地认定为无效，则不利于鼓励交易，容易导致财富的损失和浪费。因而，只有在违反效力性强制性规定的情形下，才能导致合同无效。《民法典》第153条并没有明确区分效力性和强制性规定，不过该规定中指出"但是该强制性规定不导致该民事法律行为无效的除外"，据此，也可以从中解释出《民法典》的上述规定其实包含了进一步区分管理性强制性规定和效力性强制性规定的含义。所谓"不导致该民事法律行为无效"，就是指该规范并不属于效力性强制性规定，而是管理性的强制性规定，违反该规定并不一定导致民事法律行为无效。

一般认为，如果法律法规明确规定了违反禁止性规定将导致合同无效或不成立，则该规定属于效力性强制性规定；如果法律法规虽然没有明确规定违反某个强制性规范将导致合同无效，但违反该规定后，如果使合同继续有效，将损害国家利益和社会公共利益，则应当认定该规

---

〔51〕石宏主编：《中华人民共和国民法总则条文说明、立法理由及相关规定》，北京大学出版社2017年版，第367页。

〔52〕郑玉波：《民法总则》，中国政法大学出版社2003年版，第341页。

〔53〕《合同法解释(二)》第14条规定："《合同法》第五十二条第(五)项规定的'强制性规定'，是指效力性强制性规定。"

〔54〕王泽鉴：《民法实例研习(民法总则)》，台北1995年自版，第234页。

范属于效力性强制性规定。

4. 违反公序良俗的民事法律行为

《民法典》第 153 条第 2 款规定:"违背公序良俗的民事法律行为无效"。在比较法上,许多国家都确认了违反公序良俗的民事法律行为无效,《民法典》也借鉴了这一经验。依据上述规定,违反公序良俗的民事法律行为包括以下两类行为:

(1)违背公共秩序的民事法律行为。对公共秩序的维护,在法律上大都有明确的规定,危害公共秩序的行为通常也就是违反法律、行政法规的强制性规定的行为。因此,《民法典》第 153 条第 2 款可以发挥兜底性的作用。只要民事法律行为危害了公共秩序,即使没有现行的法律规定,也应当被宣告无效。例如,购买"洋垃圾"、规避课税的合同等,即使现行法律没有明确作出规定,也应当认为是无效的。

(2)违背善良风俗的民事法律行为。从实践来看,违背善良风俗的民事法律行为主要包括如下情况:第一,危害婚姻法、损害正常的家庭关系秩序的法律行为。例如,双方离婚后约定禁止一方当事人生育,约定断绝亲子关系,夫妻在离婚时约定禁止任何一方在离婚后再婚等。第二,违反有关收养关系的法律行为。例如,收养人和送养人在达成收养协议时约定送养人收取一定的报酬,或禁止被收养的子女的姓氏随送养人。第三,违反性道德的法律行为,如有偿性服务合同等。第四,以赌债偿还为内容的法律行为。第五,贬损人格尊严和限制人身自由的法律行为。例如,双方订立合同,约定一方帮另一方还债以后,另一方以身相许。再如,在雇佣合同中规定不准雇员外出,或规定离开商场、工作场地,需要搜身等。第六,限制职业选择自由的法律行为。例如,在合同中规定不准另一方选择任何合法的职业。第七,违反公平竞争的法律行为。例如,在拍卖或招标中的串通行为,[55]数个企业互相约定共同哄抬价格、操纵市场等。第八,违反劳动者保护法的法律行为。目前我国一些私人企业的雇主在与雇员订立合同时对工伤事故订立所谓生死合同条款,即只要发生工伤事故雇主概不承担责任。这些约定不仅违反了强行法的规定,也是违反公序良俗的。第九,诱使债务人违约的法律行为。例如,双方在合同中约定,一方违反其与他人之间订立的合同,另一方将为其支付一定的费用作为报酬。第十,禁止投诉的法律行为。例如,在合同中约定,禁止一方投诉另一方的某种违法行为。

5. 恶意串通的民事法律行为

恶意串通的民事法律行为,是指双方当事人非法串通,进行某种民事法律行为,造成国家、集体或第三人利益损害。例如,企业的委托人与托管人恶意串通,借企业托管经营故意损害债权人利益。《民法典》第 154 条规定:"行为人与相对人恶意串通,损害他人合法权益的民事法律行为无效"。法律上作出此种规定的原因在于,在恶意串通的民事法律行为中,行为人的行为具有明显的不法性。概括而言,此类民事法律行为具有如下特点:

(1)当事人出于恶意。恶意,是指当事人明知其所实施的民事法律行为将造成对国家、集体或者第三人的损害而故意为之。所谓"恶意",在民法上有两种含义:第一,明知。也就是说,行为人对其行为的相关客观情况是明知的,至于其主观上是否有加害他人的故意,则不予考虑。第二,明知且具有损害他人的意图。此种恶意是指行为人不仅明知相关的客观事实,而且在实施行为时主观上有侵害他人的故意。恶意串通中的恶意应当属于第二种意义上的恶意,即行为人具有加害他人的不良动机,且实施法律行为的当事人主观上都具有损害第三人合法

---

〔55〕 梁慧星:《市场经济与公序良俗原则》,载梁慧星主编:《民商法论丛》(第 1 卷),法律出版社 1994 年版,第 57～58 页。

权益的故意。双方当事人或一方当事人不知且不应知道其行为的损害后果的,不构成恶意。

(2)当事人之间互相串通。互相串通,首先是指当事人之间存在意思联络或沟通,都希望通过实施某种行为而损害他人的合法权益。共同的目的可以表现为当事人事先达成一致的协议,也可以是一方作出意思表示,而对方或其他当事人明知实施该行为所达到的目的非法,而用默示的方式表示接受。其次是指当事人在客观上互相配合或者共同实施了该非法的法律行为。例如,为了逃避侵权责任的承担,侵权责任人与其近亲属签订合同,以极低的价格出售其不动产。

从司法实践来看,受害人要以法律行为的当事人双方恶意串通损害其利益为由而主张该法律行为无效,常常会在举证方面遇到很大的障碍。因为受害人不仅要证明双方主观上都具有加害第三人的意图,而且要证明双方必须有相互串通的行为,这种举证对原告来说是十分困难的。在司法实践中,以恶意串通而被宣告法律行为无效的案件较少,其主要原因也在于此。

(3)损害他人合法权益。此处所说的他人合法权益,包括国家、集体或第三人的合法权益。例如,数个投标人恶意串通,压低投标价格,这种行为构成不正当竞争,严重的甚至构成刑事犯罪,但如果当事人实施恶意串通行为以后,并没有订立一份损害他人的合同,这种行为不属于应当宣告无效的恶意串通行为。

需要指出的是,损害第三人利益的情形应当区分为是损害特定的第三人还是不特定的第三人,如果损害的是不特定的第三人的利益,则实质上损害的是公共秩序,应当依据《民法典》第 153 条第 2 款认定该法律行为绝对无效。而如果损害的是特定的第三人的利益,则应当适用《民法典》第 154 条,认定其属于相对无效的民事法律行为,只能由该受害的第三人主张无效。

(三)无效民事法律行为的部分无效

无效的民事法律行为可以分为全部无效的民事法律行为和部分无效的民事法律行为。所谓全部无效,是指整个法律行为的内容应当被宣告无效。所谓部分无效,仅指法律行为的部分内容应当被宣告无效。《民法典》第 156 条规定:"民事法律行为部分无效,不影响其他部分效力的,其他部分仍然有效"。依据这一规定,要考虑无效的原因是否及于民事法律行为的全部,如果无效的原因及于全部,则全部无效;如果无效的原因只是及于民事法律行为的部分内容,且不影响其他部分效力的,则确认该部分民事法律行为无效后,其他部分仍然有效。当然,如果部分无效的民事法律行为会影响其他部分效力的,则其他部分也归于无效。

一般而言,认定法律行为部分无效,必须以该法律行为在内容上具有可分性为前提。所谓可分性,是指将无效部分分离出来,还能够使未分离的有效的法律行为继续存在,而且这项行为也不得与当事人的愿望相违背。〔56〕 例如,合同中的格式条款因为剥夺了消费者的主要权利而无效,但该格式条款可以与一般条款分开,则成立部分无效。但是,如果无效部分与有效部分有牵连关系,确认部分内容无效将影响有效部分的效力,或者根据行为的目的、交易的习惯以及诚实信用和公平原则,决定剩余的部分有效对于当事人已无意义或已不公平合理,则该行为应被全部确认为无效。

六、可撤销的民事法律行为

(一)可撤销的民事法律行为的概念与特征

所谓可撤销的民事法律行为,是指当事人在从事民事法律行为时,因意思表示不真实,法

---

〔56〕 [德]迪特尔·梅迪库斯:《德国民法总论》,邵建东译,法律出版社 2001 年版,第 384 页。

律允许撤销权人通过行使撤销权而使该已经生效的法律行为归于无效。《民法典》第147~152条确认了可撤销的民事法律行为。可撤销法律行为具有以下特征:

1. 可撤销的民事法律行为主要是意思表示不真实的法律行为。可撤销法律行为主要是因意思表示不真实而产生的。可撤销的对象之所以是意思表示不真实的行为,主要是因为法律行为作为实现意思自治的工具,其主要目的是实现当事人的自由意志,从而发生当事人预期的法律效果。如果意思表示有瑕疵,则法律行为应当被撤销。尤其应当指出的是,意思表示是否真实往往只有表意人或意思表示受领人才能知道,这就需要由当事人撤销不真实的意思表示。况且,即使意思表示不真实,表意人不愿意撤销,按照私法自治的原则,法律也不应当对此进行干预。

2. 可撤销的民事法律行为须由撤销权人主动行使撤销权。由于可撤销的民事法律行为主要涉及当事人意思表示不真实的问题,而当事人的意思表示是否真实,局外人通常难以判断,即使局外人已得知一方当事人因意思表示不真实而受到损害,如果当事人不主动提出撤销而自愿承担损害的后果,法律也应允许这种行为有效。所以,法律要将是否主张撤销的权利留给撤销权人,由其决定是否撤销法律行为。因此撤销权人通常系意思表示不真实的表意人本人,[57]如因欺诈、胁迫等而作出意思表示的人。对此类法律行为的撤销问题,法院应采取不告不理的态度,如果当事人不主张提出撤销,法院不能主动地撤销该法律行为。

撤销权在性质上为一种形成权,权利人通过单方的意思表示行使撤销权,可导致此种法律行为的效力溯及既往地消灭。撤销权也是一种专属的权利,撤销权人通常是意思表示不真实、不自由、意思与表示不一致的一方当事人,或者是可撤销法律行为的受害人。此外,撤销权还是一种受期限限制的权利,撤销权必须在规定的期限内行使,超过一定的期限,则撤销权归于消灭。由于撤销权在本质上是一种实体权利,可以由当事人予以放弃,因而一旦撤销权人放弃撤销权,撤销权也随之消灭。

3. 可撤销的民事法律行为在未被撤销以前仍然是有效的。可撤销的民事法律行为在未被撤销前,既非效力待定,亦非当然无效,可被认为自成立之时起已经生效。这是此类法律行为与无效和效力待定的民事法律行为的区别所在。当事人仍应依民事法律行为规定履行义务,任何一方不得以民事法律行为具有可撤销的因素为由而拒不履行其义务。

(二)可撤销的民事法律行为的类型

1. 基于重大误解实施的民事法律行为

《民法典》第147条规定:"基于重大误解实施的民事法律行为,行为人有权请求人民法院或者仲裁机构予以撤销。"所谓重大误解的民事法律行为,是指一方因自己的过错对民事法律行为的内容等发生误解而从事的某种民事法律行为。误解直接影响到当事人所应享有的权利和承担的义务。误解既可以是单方面的误解(如出卖人误将某一标的物当作另一物),也可以是双方的误解(如买卖双方误将本为复制品的油画当成真品买卖)。因重大误解实施的民事法律行为的成立需要具备如下条件:

(1)表意人对民事法律行为的内容等发生了重大误解。当事人在实施民事法律行为时,可能因多种原因对民事法律行为的内容等发生误解,但从维护交易安全出发,并非所有误解都会导致该民事法律行为被撤销。只有在表意人对民事法律行为的内容等发生重大误解时,才能

---

[57] 洪逊欣:《中国民法总则》,三民书局1992年版,第531页。

导致该民事法律行为成为可撤销的民事法律行为。《民法通则意见》第 71 条规定:“行为人因对行为的性质、对方当事人、标的物的品种、质量、规格和数量等的错误认识,使行为的后果与自己的意思相悖,并造成较大损失的,可以认定为重大误解”。当然,从该规定来看,其列举的事项仍然十分宽泛。本书认为,在判断表意人是否构成重大误解时,应当结合个案进行具体判断,而不宜一概认定构成重大误解。例如,当事人对标的物数量的误解如果不会对其利益产生重大影响,则从鼓励交易、维护交易安全出发,不应当认定其构成重大误解。同时,误解必须是重大的,也就是说,该误解在客观上实质性地影响了当事人的权利义务关系。例如,就合同关系而言,必须是对合同主要内容发生了误解,而且该误解对当事人的权利义务关系会有重大影响。

(2)表意人因为误解作出了意思表示。一方面,表意人要将其意思表示表达出来,否则无从评价其是否存在误解问题。在此需要区分误解与表示错误。所谓表示错误,是指表意人因某种原因未能准确地表达其内心意思,或表达出来的意思与其内心意思不相符合。例如,误将 100 元写成 1000 元。在表示错误的情况下,当事人的内心意思本身并没有缺陷,只是表示发生错误;而在误解的情况下,当事人的外部表示是符合其内心的真实意思的,只是其内心真实意思发生了缺陷。另一方面,表意人作出的意思表示必须是因为误解所造成的,也就是说,表意人的错误认识与其作出意思表示之间具有因果关系。

(3)误解是由误解方自己的过错造成的,而不是因为受他人的欺骗或不正当影响造成的。在通常情况下,误解都是由表意人的过错造成的,即因其不注意、不谨慎造成的。误解完全是由误解一方自己的行为所造成的,在这一点上,它与误传是不同的。在误传的情况下,表意人所作出的意思表示是真实的,只是由于传达人或传达机关在传达过程中的失误造成了错误。

需要指出的是,依据《民法通则意见》第 71 条的规定,只有造成表意人重大损失时,才能成立重大误解。但《民法典》第 147 条并没有作出此种要求,因此可以认为,《民法典》已经修改了《民法通则意见》第 71 条的规定,即构成重大误解并不以表意人遭受重大损失为成立条件。

2. 因欺诈实施的民事法律行为

(1)欺诈的概念和构成要件

《民法典》第 148 条规定:“一方以欺诈手段,使对方在违背真实意思的情况下实施的民事法律行为,受欺诈方有权请求人民法院或者仲裁机构予以撤销”。欺诈乃是一种故意违法行为,是指“一方当事人故意告知对方虚假情况,或者故意隐瞒真实情况,诱使对方当事人作出错误意思表示”的行为,[58]因欺诈而从事的民事法律行为,是在受欺诈人因欺诈行为而错误作出意思表示的基础上产生的。它是欺诈行为的结果,但其本身与欺诈行为是有区别的。因欺诈而实施的民事法律行为“谓依他人之欺骗行为陷入错误而为之意思表示”,[59]它是在意思表示不真实的情况下实施的民事法律行为。应被撤销的因欺诈行为而实施的民事法律行为须具备以下条件:

第一,欺诈方具有欺诈的故意。所谓欺诈的故意,是指欺诈的一方明知自己告知虚假情况或隐瞒真实情况会使被欺诈人陷入错误认识,而希望或放任这种结果的发生。可见,欺诈方实际上是有恶意的。欺诈方告知虚假情况或隐瞒真实情况,无论是否使自己或第三人牟利,均不

---

〔58〕 参见《民法通则意见》第 68 条。

〔59〕 史尚宽:《民法总论》,台北 1980 年自版,第 381 页。

妨碍恶意的构成。如果欺诈方意识到自己的欺诈行为会使自己或第三人牟利,并使对方当事人遭受损害而恶意为之,则可认为欺诈者具有较大的恶意。

如果一方向他方陈述某种事实时,对于其陈述的事实的真伪不能作出准确的判断,却仍向他人作出陈述,以至于因陈述事实的虚假性而导致他方陷入错误认识,行为人主观上是否具有欺诈的故意,值得研究。例如,某人不能确定其出售的商品是否具有某种功能而向他人吹嘘该产品具有该种功能,此种情况也可认为陈述的一方具有欺诈的故意,因为陈述人不能判定其陈述的事实是否真实,也就不能告诉他人该事实是真实的。在陈述时,其应当知道该事实若属虚假,会使他人陷入错误认识,而陈述人却将其作为真实的事实向他人陈述,显然可认定陈述人具有欺诈他人的故意。

第二,欺诈方实施欺诈行为。所谓欺诈行为,是指欺诈方将其欺诈故意表示于外部的行为。在实践中,大多表现为故意陈述虚假事实或故意隐瞒真实情况使他人陷入错误。所谓故意告知虚假情况,是指虚假陈述;所谓故意隐瞒真实情况,是指行为人有义务向他方如实告知某种真实的情况而故意不告知。根据诚实信用原则,当事人应当如实地向对方告知产品的使用方法、性能、隐蔽瑕疵等重要情况,这是当事人应承担的附随义务。违反此种义务,有可能构成欺诈行为。

第三,被欺诈的一方因欺诈而陷入错误认识。一方面,欺诈人告知虚假情况或隐瞒真实情况与民事法律行为的内容有密切关系;如果与该内容并无联系,不能认为欺诈行为与认识错误之间有因果联系。另一方面,受害人基于虚假的信息而对合同内容发生了错误认识,如因误信对方的假药宣传而将假药当成了真药。此种错误并不是因为被欺诈人自己的过失造成的,而是受欺诈的结果。如果欺诈人实施欺诈行为以后,受欺诈人未陷入错误认识或者发生的错误认识并不是欺诈造成的,则不构成欺诈。

第四,被欺诈人因错误认识而作出了意思表示。被欺诈人在因欺诈发生了错误认识以后,基于错误的认识作出了意思表示并实施了民事法律行为。这就表明欺诈行为与受害人的不真实的意思表示之间具有因果联系。如果被欺诈人虽因欺诈行为陷入错误认识,但并未作出意思表示,则不能认为构成欺诈。

(2)因第三人欺诈而实施的民事法律行为

所谓因第三人欺诈而实施的民事法律行为,是指因第三人实施欺诈行为而使当事人一方在违背真实意思的情况下实施的民事法律行为。例如,生产者从事虚假广告宣传,导致消费者上当受骗,由于合同关系是在消费者和销售者之间订立的,而生产者是第三人,因此,此类情形构成第三人欺诈。《民法典》第149条规定:"第三人实施欺诈行为,使一方在违背真实意思的情况下实施的民事法律行为,对方知道或者应当知道该欺诈行为的,受欺诈方有权请求人民法院或者仲裁机构予以撤销"。法律作出此种规定,是借鉴了比较法的经验,[60]该规定有利于保护受欺诈方,同时,以"对方知道或者应当知道该欺诈行为"作为撤销民事法律行为的条件,也有利于保护善意相对人,维护交易安全。[61]

因第三人欺诈构成可撤销的民事法律行为应当符合以下条件:

第一,必须是第三人实施欺诈行为。第三人欺诈中的"第三人"应当是当事人以外的第三

---

〔60〕《德国民法典》第123条第2款,《瑞士债法典》第28、29条,《奥地利民法典》第875条。
〔61〕[日]我妻荣:《新订民法总则》,于敏译,中国法制出版社2008年版,第291页。

人,如果是当事人之间实施欺诈行为,则不构成第三人欺诈。当然,如果当事人的代理人、代表人或者当事人选任的人实施了欺诈行为,应当构成当事人一方实施欺诈行为,而不成立第三人欺诈。

第二,受欺诈方因为第三人的欺诈行为而实施民事法律行为。在第三人实施了欺诈行为后,受欺诈方因该欺诈而作出了意思表示,例如,在前例中,消费者因为生产者的虚假广告宣传而上当受骗,并据此与销售者订立合同。如果受欺诈方实施民事法律行为与第三人欺诈之间没有因果关系,则当事人不得依据该条规定主张撤销民事法律行为。

第三,相对人知道或者应当知道该欺诈行为。在第三人实施欺诈行为的情形下,为了保护交易安全,不应当一概允许受欺诈方主张撤销民事法律行为。例如,在前例中,如果销售者对生产者的虚假广告宣传并不知情,也不应当知情,则消费者不得主张撤销合同;如果销售者知道或者应当知道生产者进行了虚假广告宣传,则消费者应当有权撤销合同。

3. 因受胁迫而实施的民事法律行为

《民法典》第150条规定:“一方或者第三人以胁迫手段,使对方在违背真实意思的情况下实施的民事法律行为,受胁迫方有权请求人民法院或者仲裁机构予以撤销”。胁迫是以将来要发生的损害或以直接施加损害相威胁,使对方产生恐惧并因此而作出的行为。依据这一规定,因受胁迫而作出的民事法律行为,包括一方或者第三人实施胁迫,受胁迫方因此所实施的民事法律行为,属于可撤销的民事法律行为。自原《民法通则》颁行以来,我国相关法律法规仅规定了当事人一方实施胁迫行为,而没有对第三人实施胁迫行为作出规定。所谓第三人实施胁迫,是指当事人以外的人实施了胁迫行为。例如,出租人要求承租人退租,但一直没有协商成功,后来出租人找到第三人,第三人通过暴力胁迫的方式,强迫承租人退租,此种情形就属于因受胁迫而实施的民事法律行为。比较法上普遍认可第三人胁迫可以成为民事法律行为的撤销事由。[62] 我国《民法典》借鉴比较法的经验,第一次在法律上对第三人胁迫的规则作出了规定。

因胁迫而实施的民事法律行为,构成可撤销的民事法律行为应当符合如下条件:

(1)一方或者第三人实施了胁迫行为。胁迫行为包括两种情况:第一,以将要发生的损害相威胁。所谓将要发生的损害,是指涉及生命、身体、财产、名誉、自由、健康、信用等方面的损害。第二,胁迫者以直接面临的损害相威胁。也就是说,胁迫者通过实施某种不法行为,形成对对方当事人及其亲友人身或财产的损害,而迫使对方作出民事法律行为。如对对方施行暴力(殴打、肉体折磨、拘禁等)或散布谣言、毁人名誉、毁损房屋等。当然,将来发生的损害必须是受胁迫者可以相信将要发生的情况,并足以使受胁迫者感到恐惧、害怕。如果一方所实施的将要造成损害的威胁是毫无根据、根本不可能发生的,受胁迫者根本不相信,也就不会使受胁迫者感到恐惧,从而不构成胁迫。但只要受胁迫者在当时情况下相信损害将要发生,就可以构成胁迫。

(2)胁迫人具有胁迫的故意。所谓胁迫的故意,首先,胁迫者意识到自己的行为将造成受胁迫者心理上的恐惧而故意进行威胁。其次,胁迫者希望通过胁迫行为使受胁迫者作出某种意思表示。一般来说,胁迫的故意并不包括胁迫者希望通过胁迫行为使自己获得某种利益,牟利只是其动机问题。正是因为胁迫人都是基于故意实施的胁迫行为,而且对表意人的意思自由影响较大。因此,无论是对方当事人实施胁迫行为,还是第三人实施胁迫行为,受胁迫方都

[62] 参见《法国民法典》第1111条、《商事合同通则》第3.2.8条。

有权撤销民事法律行为。

(3)受胁迫方因胁迫而实施了民事法律行为。受胁迫方实施民事法律行为必须与胁迫行为之间具有因果关系。也就是说,表意人因为受到胁迫而产生恐惧心理,并在此种心理状态的支配下实施了民事法律行为。如果行为人的胁迫行为并没有使表意人产生恐惧心理,或者虽然产生了恐惧心理,但并没有因此作出相应的意思表示,则表意人无法依据该规则主张撤销该民事法律行为。

(4)胁迫行为是非法的。胁迫行为给对方施加了一种强制和威胁,此种威胁必须是非法的、没有法律依据的。如果一方有合法的根据对另一方施加某种压力,则不构成胁迫。例如,合同订立以后,一方拒不履行合同,另一方以将要提起诉讼等合法手段向对方施加压力,要求其履行合同,也不构成胁迫。

胁迫并不一定以危害是否重大为要件。只要一方所表示施加的危害或者正在施加的危害足以使对方感到恐惧,就可以构成胁迫行为。需要指出的是,因胁迫行为是针对特定的当事人实施的,所以确定胁迫行为是否构成,应当以特定的受害人而不是一般人在当时的情况下是否感到恐惧为标准来加以判断。即使一般人不感到恐惧,而受害人感到恐惧,亦可构成胁迫。

4. 显失公平的民事法律行为

所谓显失公平的民事法律行为,是指一方在从事某种民事法律行为时因情况紧迫或缺乏经验而作出了明显对自己有重大不利的行为。《民法典》第 151 条规定:"一方利用对方处于危困状态、缺乏判断能力等情形,致使民事法律行为成立时显失公平的,受损害方有权请求人民法院或者仲裁机构予以撤销"。显失公平主要适用于双务、有偿的民事法律行为,对无偿民事法律行为,因不存在对价问题,所以不存在双方利益的不平衡和显失公平。显失公平规则是民法公平原则的具体体现,法律规定显失公平的民事法律行为可撤销,有利于保障交易的公平合理,维护正常的交易秩序。

依据《民法典》第 151 条的规定,显失公平的构成要件,应包括客观和主观两个方面:

(1)客观要件。客观要件是指当事人在给付与对待给付之间失衡或造成利益不平衡。具体来说,包括以下两个方面:

第一,双方当事人的利益明显失衡。也就是说,交易的结果对双方的利益是明显不平衡的,即一方得到的给付明显多于另一方得到的给付。早在罗马法规则,就确立了"短少逾半规则"作为判断利益明显失衡的标准,《法国民法典》第 1674 条采纳了这一观点。在市场经济条件下,要求各种交易中给付和对待给付都达到完全的对等是不可能的,做生意总会有赔有赚。如果当事人因某个交易不成功,就以显失公平为由要求撤销合同,显然违背了显失公平制度的设立目的。显失公平制度并不是为了消除当事人应承担的交易风险,而是禁止或限制一方当事人获得超过法律允许的利益。当然,有关利益平衡或不平衡问题,应根据各种交易关系的具体情况加以认定,特别是要通过考虑供求关系、价格的涨落、交易习惯等各种因素而决定。客观上经济利益的不平衡,是以利益能够依一定的价格、收费标准等加以确定为前提的,对于那些特定物、特殊的服务等,因很难计算其实际价值,一般也不适用显失公平制度。

第二,必须是民事法律行为成立时显失公平。也就是说,这种利益的失衡发生于民事法律行为成立时,如果是民事法律行为成立时不构成显失公平,而在履行阶段显失公平,则表意人不得依据《民法典》第 151 条主张撤销民事法律行为。例如,在合同订立以后,因市场行情变化使价格发生涨落等,除非出现了情势变更的情况,否则当事人不能以显失公平为由而要求撤销合同。

(2)主观要件。主观要件是指在订立合同时一方具有利用优势或利用对方轻率、无经验等而与对方订立显失公平合同的故意。此种主观状态已表明行为人背离了诚实信用原则的要求。在法律上之所以要求考虑主观条件,其目的在于保障交易的公平和公正,维护商业道德,保护处于弱者地位的消费者的利益。具体来说,主观要件分为如下情况:

第一,利用危困状态。一般是指利用某人因陷入某种暂时性的急迫困境,从而急需金钱或有其他急需的状态。例如,某人家人突患重病,急需交付医药费、住院费等,如果有人利用这种急需要求其低价出售房屋,则有可能构成显失公平。[63]

第二,利用对方缺乏判断能力。所谓缺乏判断能力,主要是指欠缺一般的生活经验或交易经验。例如,金融机构的从业人员向判断能力较弱的老年人高价兜售收益率较低的金融理财产品,即可以认定为利用了老年人缺乏判断能力的弱点。[64] 一般认为,欠缺经验仅限于欠缺一般的生活经验或交易经验,而不包括欠缺特殊的经验。也就是说,当事人在进行特殊交易时,应当了解相关的特殊交易经验,而不得以自己缺乏交易经验为由主张撤销相关的民事法律行为。例如,当事人在进行期货交易时,应当了解期货交易的相关规则,事后不得以自己缺乏期货交易经验为由主张撤销合同。

除上述情形外,该条使用了"等"字这一表述,表明除了利用对方处于危困状态、缺乏判断能力等情形外,如果存在其他类似影响当事人意思自由的情形,表意人也应当有权主张撤销民事法律行为。实践中利用优势地位的行为即属于此种情形。所谓利用优势地位,是指一方利用经济上的地位,而使对方难以拒绝对其明显不利的合同条件。例如,大企业利用其经济上的优势地位拟定不公平的格式条款,或者提出苛刻的条件,迫使消费者予以接受。当然,如果受损失的一方仅能证明对方利用供求关系中的优势,而提出不合理的价格条件,则不构成显失公平的主观要件。因为在竞争的条件下,供求关系本身是不断变化的,此种变化是一种交易风险,很难说是哪一方利用了优势。

只有符合上述主、客观两方面的要件,才能构成显失公平。当然,对于利用对方没有经验或过于轻率的情况,应作严格限定。受害人应当举证证明对方有利用行为,而不能仅证明自己在订约时无经验或过于轻率。

(三)撤销权的行使

依据我国《民法典》的规定,撤销权的行使具有如下特点:

1. 撤销权的主体。撤销权应当由因意思表示不真实而受损害的一方当事人享有,如重大误解中的误解人、显失公平中遭受重大不利的一方。关于实施欺诈、胁迫等行为的人是否可以主张撤销,虽然学界存在争议,但一般认为,其不能享有撤销权。如果欺诈、胁迫行为人也享有撤销权,可能会鼓励其从事违法行为,也违反诚信原则。

2. 撤销权是一种专属的权利,不得与法律行为相分离而单独转让。也就是说,权利人不能在转让合同时保留撤销权,或者仅转让撤销权而保留合同债权。

3. 撤销权的行使必须采取诉讼或仲裁的方式。《民法典》的多个条款都明确规定,受害人有权请求人民法院和仲裁机关予以撤销。这表明,撤销权的行使应当通过诉讼或仲裁的方式。

---

〔63〕 李适时主编:《中华人民共和国民法总则释义》,法律出版社 2017 年版,第 474 页。
〔64〕 李适时主编:《中华人民共和国民法总则释义》,法律出版社 2017 年版,第 474 页。

一般来说,如果撤销权人向对方作出撤销的意思表示,而对方未表示异议,则可以直接发生撤销法律行为的后果;如果双方对撤销问题发生争议,则必须提起诉讼或仲裁,要求人民法院或仲裁机构予以裁决。

4. 撤销权并不包括变更权。依据我国原《合同法》第 54 条的规定,在因欺诈、胁迫、重大误解等导致意思表示不真实的情形,受害人可以主张变更或撤销合同。但《民法典》并没有规定变更权,而只是规定了撤销权。立法者认为,在欺诈等情形下,法院或仲裁机构进行变更,并不一定符合当事人的内心意思,反而容易形成公权力对私人权利领域的不当干扰,甚至导致自由裁量权的滥用。[65] 因此,可以理解为,《民法典》已经修改了原《合同法》的相关规定。在意思表示不真实的情况下,如果要提起撤销,就不能主张变更。

5. 撤销权必须在法定期限内行使。因为撤销权是形成权,其应当适用除斥期间。尤其是撤销权具有强大的效力,会导致法律行为消灭,当事人之间发生恢复原状的后果。如果没有期间限制,可能导致法律行为的效力一直处于悬而未决的状态,这就极不利于维护当事人的利益,也不利于保障交易安全。

(四)撤销权的行使期限

依据《民法典》第 152 条的规定,撤销权的行使期限包括如下情形:

1. 当事人自知道或者应当知道撤销事由之日起 1 年内,重大误解的当事人自知道或者应当知道撤销事由之日起 90 日内行使撤销权。第一,撤销权的行使期限通常为 1 年。该期限在性质上属于除斥期间,属于法定的不变期间,不存在中止、中断、延长的情形。该期限从其知道或应当知道撤销事由(如知道或应当知道其受到欺诈)之日起开始计算。如果超过 1 年不行使权利,或者在知道具有撤销事由后明确表示或者以行为的方式放弃撤销权(如在明知受欺诈以后主动要求欺诈行为人交付货物),撤销权最终归于消灭,则可撤销合同成为有效合同。第二,对于重大误解的当事人而言,自知道或者应当知道撤销事由之日起 90 日内行使撤销权。也就是说,因重大误解而撤销法律行为的,撤销权行使期限较短。因为在重大误解的情形下,撤销权人通常都具有过错,不应当使其享有与其他情形下的撤销权人同样的除斥期间。[66]

2. 当事人受胁迫,自胁迫行为终止之日起 1 年内行使撤销权。与欺诈、重大误解等行为不同,胁迫行为也具有特殊性,胁迫不终止,被胁迫人不可能自由提起撤销诉讼。因此,只能在胁迫终止后的一定期限内行使撤销权。

3. 当事人知道撤销事由后明确表示或者以自己的行为表明放弃撤销权。撤销权仍然属于私权的范畴,按照私法自治原则,权利人可以放弃其权利。如果撤销权人知道撤销事由存在,但放弃了其权利,法律自然不必干涉。这里所说的明确表示,可以采取书面形式、口头形式或其他形式。另外,放弃撤销权也可以是默示的方式,即以自己的行为表明放弃撤销权。

上述期限规定,都采用主观计算方法,即从撤销权人知道或应当知道撤销事由之日起算。此种计算方法的缺点在于,如果撤销权人长期不知道或不应当知道撤销事由,可能导致法律关系长期不确定。因此,还需要借助于客观计算方法,限制主观计算方法的适用。据此,《民法典》第 152 条第 2 款规定:“当事人自民事法律行为发生之日起五年内没有行使撤销权的,撤销权消灭”。此种计算方法的优点在于,时间确定,便于计算,有利于法律关系的尽快稳定。但

---

〔65〕 石宏主编:《中华人民共和国民法总则条文说明、立法理由及相关规定》,北京大学出版社 2017 年版,第 352 页。

〔66〕 石宏主编:《中华人民共和国民法总则条文说明、立法理由及相关规定》,北京大学出版社 2017 年版,第 362 页。

是，其缺点在于，即便撤销权人不知道撤销事由，也可以导致撤销权消灭。所以，《民法典》采取主观计算和客观计算相结合的方式。

撤销权一旦行使，经法院确认，将使法律行为的效力溯及既往地消灭。法律行为一经撤销，则自始无效，当事人应当依法互相返还财产、恢复原状。

七、民事法律行为被宣告无效或者被撤销的法律后果

《民法典》第155条规定："无效的或者被撤销的民事法律行为自始没有法律约束力"。据此可见，被确认无效和被撤销的民事法律行为自始无效，而不是从确认无效之时起无效。尤其是对无效民事法律行为来说，因其在内容上具有不法性，当事人即使在事后追认，也不能使这些民事法律行为生效。一旦民事法律行为被确认无效和被撤销，民事法律关系不再存在，原民事法律行为对当事人不再具有任何拘束力，当事人也不得基于原民事法律行为而主张任何权利或享受任何利益。例如，合同被撤销后，当事人不得请求实际履行或要求另一方承担违约责任。

民事法律行为被确认无效或被撤销以后，虽不能产生当事人所预期的法律效果，但并不是不产生任何法律后果。无效民事法律行为的违法性，决定了法律不仅要使这些行为无效并使当事人负返还财产、赔偿损失的民事责任，而且当事人订立无效民事法律行为侵犯了为法律所保护的社会秩序和社会公共利益，当事人还可能承担其他法律责任。对于可撤销的民事法律行为来说，当事人虽然可能不会承担无效民事法律行为的某些后果（如承担行政责任），但民事法律行为被撤销后，当事人之间也会产生返还财产和赔偿损失的民事责任。《民法典》第157条规定："民事法律行为无效、被撤销或者确定不发生效力后，行为人因该行为取得的财产，应当予以返还；不能返还或者没有必要返还的，应当折价补偿。有过错的一方应当赔偿对方由此所受到的损失；各方都有过错的，应当各自承担相应的责任。法律另有规定的，依照其规定"。依据这一规定，民事法律行为无效、被撤销或者确定不发生效力后，将产生如下法律后果。

（一）返还财产

所谓返还财产，是指一方当事人在民事法律行为被确认无效或被撤销以后，对其已交付给对方的财产享有返还请求权，而已经接受对方交付的财产的一方当事人则负有返还对方财产的义务。财产返还涉及如下问题：

1. 从返还财产的目的来看，返还财产旨在使财产关系恢复到民事法律行为成立以前的状态。也就是说，在民事法律行为被撤销后，当事人应当将其依据民事法律行为所取得的财产返还给对方，从而使当事人之间的利益状态恢复到民事法律行为成立以前的状态。因此，民事法律行为成立前的状态与当事人现有的财产状况之间的差距，就是当事人所应返还的范围。

2. 返还财产的对象仅限于原物及原物所产生的孳息。如果当事人接受的财产是实物或货币时，原则上应返还原物或货币，不能以货币代替实物或以实物代替货币。如果当事人接受的财产是利益，则应以当时国家规定的价格或市场价格折合成钱款予以返还。如果原物已遭到毁损、灭失，返还财产在客观上已不可能，应当如何处理呢？所谓不能返还包括事实上不能返还和法律上不能返还两种情况。事实上不能返还，主要是指标的物发生变形、毁损等质的变化，而客观上不能返还。例如，木材已经制成家具，建筑材料已经建成大楼等。法律上不能返还，主要是指财产已经转让给善意的第三人，善意第三人已取得该财产的所有权。当出现不能返还的情况时，接受履行的一方应负损害赔偿的责任。如果返还财产虽有可能，但在经济上极不合理（如机器已经被安装，如果要返还则要拆卸，因此将造成极大的损失），当事人可以通过折价补偿的方式代替返还财产。

3. 一方行使返还财产的请求权原则上不应当考虑对方是否具有过错。也就是说,如果另一方接受了一方交付的财产,只要该财产仍然存在或能够返还,便应当负有返还责任,而不考虑其在主观上是否具有过错。当然,如果当事人对民事法律行为被撤销存在过错,有过错的一方应当赔偿对方由此所受到的损失。

在民事法律行为被撤销后,当事人返还财产义务的基础是不当得利返还请求权,还是物权请求权?从比较法上来看,在采纳物权行为理论的国家,认为返还财产属于不当得利请求权的范畴。[67] 但我国《民法典》并没有采纳物权行为理论,在此情形下,民事法律行为被撤销后,受领标的物的一方当事人无法取得标的物的所有权,作出履行的一方可以基于物权请求权向对方当事人提出请求;同时,因为接受履行的一方占有该物,也构成不当得利,从而构成了不当得利返还请求权与物权请求权的竞合。

(二)赔偿损失

民事法律行为被确认无效或被撤销以后,也将产生损害赔偿的责任。民事法律行为无效后的损害赔偿责任的构成,须具备如下要件:

1. 损害事实的存在。所谓损害事实的存在,是指当事人确因民事法律行为被撤销而遭受了损害。损害必须是实际发生的且可以确定的,而不是当事人主观臆测和设想的。当事人一方要主张损害赔偿,必须要证明损害的实际存在。因民事法律行为被撤销所造成的损失主要是当事人在实施民事法律行为过程中所遭受的损失。

2. 赔偿义务人具有过错。民事法律行为无效或者被撤销后,有过错的一方应当赔偿对方因此所受到的损失,各方都有过错的,应当各自承担相应的责任。可见,过错是民事法律行为被撤销后赔偿损失责任的构成要件。过错的表现形式有多种,如违反了法律规定、采取了欺诈和胁迫手段、乘人之危等。

3. 过错与损失之间具有因果关系。所谓因果关系,是指一方或双方的过错与另一方或双方遭受的损失之间的前因后果联系。如果不存在因果关系,则即使一方具有过错,也不能赔偿另一方的损失。例如,一方违反现行法律规定出售货物给对方,另一方接受货物后因保管不善使货物遭受毁损,尽管该合同被确认无效,但另一方遭受的损失是因其自身保管不善造成的,而非合同无效所致,因此受害人的损失与对方的过错之间没有因果联系。

在民事法律行为被确认无效或被撤销以后,非过错方提出赔偿的请求权的根据是什么?本书认为,请求权的根据在于其因对方的过错而遭受了信赖利益的损失,也就是说,其因信赖民事法律行为有效而支付了各种订约和履行费用,而因民事法律行为无效使这些费用未能得到补偿,故有权要求过错方予以赔偿。其赔偿范围主要限于因信赖民事法律行为有效而支付的各种订约和履行费用,而不应当包括民事法律行为在有效的情况下所能获得的期待利益的损失(如未能获得标的物及利润的损失等),通过这种赔偿,使当事人恢复到民事法律行为成立前的状态。

---

〔67〕 MünchKomm/Baldus, Vor § 985, Rn 27.

第六节 民事法律行为的附条件和附期限

一、附条件的民事法律行为

(一)附条件的民事法律行为的概念和意义

所谓附条件的民事法律行为,是指当事人在民事法律行为中特别规定一定的条件,以条件的成就与否来决定民事法律行为效力的发生或消灭的法律行为。《民法典》第158条规定:"民事法律行为可以附条件,但是根据其性质不得附条件的除外。附生效条件的民事法律行为,自条件成就时生效。附解除条件的民事法律行为,自条件成就时失效"。附条件的民事法律行为能够将当事人的动机表现在法律行为中,从而能充分尊重当事人的意志,满足当事人的各种不同需要。

附条件的民事法律行为适用的范围是极为广泛的,可适用于各种类型的法律行为,原则上除了法律法规禁止和限制的行为之外,都可以设定附条件的民事法律行为。民事法律行为依其性质不得附条件的,主要包括两种情形:第一,就婚姻、收养、离婚、认领等身份行为而言,在性质上是不得附条件的,如果允许对此类行为附条件,可能有违公序良俗。[68] 因此,许多身份法上的行为大多不允许附条件。第二,一些民事法律行为在性质上要求即时地、确定地发生效力,不得使其效力处于不确定状态,此类行为也不得附条件。例如,抵销、解除、追认、撤销等行为。[69] 附条件的民事法律行为一旦成立,就产生一种形式上的拘束力,任何一方当事人都不得反悔。

(二)附条件的民事法律行为中的条件

"条件",是指决定民事法律行为的效力产生和消灭的未来的不确定的事实。在附条件的民事法律行为中,条件具有限制法律行为效力的作用。但民事法律行为中所附的条件,必须具备以下要求:

1. 条件必须是将来发生的事实。能够作为附条件的民事法律行为中的条件的,必须是当事人从事民事法律行为时尚未发生的事实,过去的、已经发生的事实不能作为条件。以过去的、已经发生的事实作为条件时,该种条件称为"既成条件"或"既定条件"。当事人把已知的已经发生的事实作为条件,如果该条件决定着民事法律行为效力的产生,则视为该法律行为未附任何条件。当事人不知作为条件的事实已经发生,而将这一事实作为条件的,如果当事人知道该事实已经发生后就不会从事法律行为,则该民事法律行为无效;如果当事人知道该事实已经发生后仍希望从事该民事法律行为,则应按已知的情况处理。

2. 条件必须是不确定的事实。条件在将来是否发生,当事人是不能肯定的。如果在民事法律行为成立时,当事人已经确定作为条件的事实必然发生,则实际上应当解释为当事人在民事法律行为中附期限,而不是在民事法律行为中附条件。

3. 条件成就必须可能。如果作为民事法律行为所附的条件是根本不可能发生的,如甲向

---

〔68〕 王泽鉴:《民法总则》,北京大学出版社2009年版,第426页。
〔69〕 石宏主编:《中华人民共和国民法总则条文说明、立法理由及相关规定》,北京大学出版社2017年版,第376页。

乙表示“如果地球停止转动,则借钱给你”,则视为当事人根本不希望作出法律行为。如果当事人将不可能发生的事实作为民事法律行为失效的条件,视为根本未附条件。

4. 条件必须是由当事人意定的而不是法定的。附条件民事法律行为中的条件是当事人所附加的条件,也称为“附款”,这是当事人的意思表示的一部分。关于条件究竟为意思表示的一部分,还是为另一个意思表示,有两种学说:第一,“二元论”,此种观点认为,附条件的民事法律行为有两种意思表示,一是欲发生法律行为效力的意思表示,二是限制法律行为效力的意思表示。第二,“一元论”,即认为附条件的民事法律行为只是一个意思表示,限制法律行为效力的意思表示不过是欲发生法律行为效力的意思表示的一部分。作为条件的事实必须是当事人自己选定的,是当事人意思表示一致的结果,而不是法律规定的条件(如法律规定,继承的发生以被继承人的死亡为条件)。如果法律行为中附有法定条件,则视为未附条件。

5. 条件必须合法。附条件民事法律行为中的条件,必须符合法律的规定和公序良俗。以违法或违背公序良俗的事实作为民事法律行为的条件,称为不法条件。原则上说,条件必须合法,附违法条件的民事法律行为一般应当宣告无效。但在特殊情况下,如果单独宣告条件无效,而法律行为不具有违法性,为了保护相对人的利益,该民事法律行为仍为有效。例如,某雇主与雇员约定,以雇员怀孕为解除条件订立劳动合同,则该条件因违法应当被宣告无效,而该劳动合同仍然有效。

6. 条件不得与民事法律行为的主要内容相矛盾。因附条件而使民事法律行为全体内容陷入矛盾的条件,谓之矛盾条件。[70] 在附条件民事法律行为中,条件是用以限定当事人预期的法律效果发生或不发生的,属于当事人效果意思的一个组成部分,当事人的意思表示的内容不能自相矛盾。如果相互矛盾,可以解释为该行为人不欲作出该民事法律行为,不具有真正的效果意思,因而该民事法律行为无效。

(三)附条件的民事法律行为的分类

1. 生效条件和解除条件

根据条件对于民事法律行为本身所起的作用,可将条件分为生效条件和解除条件。

生效条件,又称为停止条件或延缓条件,是指限制民事法律行为效力发生的条件。在附停止条件的民事法律行为中,民事法律行为虽然已经成立,但暂时停止发生效力。此时,权利人不能行使权利,义务人也不必履行其义务。只有在生效条件成就以后,权利人才可以请求义务人履行义务,义务人也必须履行义务。

解除条件,又称为消灭条件,是限制民事法律行为效力消灭的条件。在附解除条件的民事法律行为中,民事法律行为所确定的权利、义务已经发生了效力,在条件成就以后,民事法律行为所确定的权利义务消灭,回复到以前的法律状态,但在解除条件成就时,民事法律行为也不发生溯及既往的效力;而在条件未成就以前,继续有效,如果条件确定不成就,则该民事法律行为一直有效。

2. 积极条件和消极条件

根据条件的成就是否会发生某种事实,可将条件分为积极条件和消极条件。

积极条件,是指以某种事实的发生为内容的条件。在附积极条件的民事法律行为中,作为条件的事实未发生,视为条件未成就;作为条件的事实已经发生,则视为条件已成就,民事法律

---

〔70〕 史尚宽:《债法总论》,中国政法大学出版社 2000 年版,第 484 页。

行为生效。

消极条件,是指以某种事实的不发生为内容的条件。如甲对乙说:“如果明天不下雨,则卖给你雨伞。”“明天不下雨”即为消极条件。在附消极条件的民事法律行为中,作为条件的事实不发生,视为条件成就,法律行为生效;作为条件的事实已发生,则视为条件未成就,民事法律行为不生效。

3. 偶成条件、随意条件和混合条件

根据条件成就的原因,可分为三类:一是偶成条件,是指条件的成就与当事人的意思无关,纯粹由偶然性的客观事实决定;二是随意条件,是指条件的成就由一方当事人的意思决定;三是混合条件,是指条件的成就与否依赖于当事人与第三人的意思。

(四)附条件的民事法律行为的效力

条件的成就与不成就,决定着民事法律行为的效力发生或消灭。附条件的民事法律行为成立以后,就已经在当事人之间产生了法律拘束力。此种附条件的民事法律行为的拘束力表现在:

1. 民事法律行为已经产生形式上的拘束力。任何一方当事人都不得单方予以撤回或单方随意变更,此种效力也称为法律行为先效力。[71] 例如,对于附条件的合同而言,如果任何一方单方面地终止合同,则构成违约。此外,在附条件的民事法律行为成立以后,即便当事人已经丧失行为能力、丧失对标的物处分权等,该附条件民事法律行为的效力也不受影响,仍因条件的成就使民事法律行为的效力发生或消灭。

2. 在附条件的民事法律行为成立以后,在条件未成就以前,当事人均不得为了自己的利益,以不正当的行为促成或阻止条件的成就,而只能听任作为条件的事实自然发生。《民法典》第159条规定:“附条件的民事法律行为,当事人为自己的利益不正当地阻止条件成就的,视为条件已成就;不正当地促成条件成就的,视为条件不成就”。依据这一规定,此处所说的不正当行为是指行为人违反法律、道德和诚实信用的原则,以作为或不作为的方式促成或阻止条件的成就。具体来说,包括如下两种情形:第一,当事人不得恶意阻止条件成就。例如,甲、乙双方在租赁合同中规定,如果甲之子从外地回来,乙应搬出另租房屋。该条件属于解除条件。乙不得采取任何不正当的方式阻止甲之子从外地回来。否则,将视为条件已成就。第二,当事人不得恶意促成条件成就。当事人不正当地促成条件成就的,则视为条件不成就。例如,甲、乙订立合同时约定,如甲子从外地回来,甲就将房屋出卖给乙,如果乙恶意诱骗甲子回来,则属于恶意促成条件成就,视为条件不成就。法律作出此种规定的目的在于制裁不法行为人,保护善意当事人的合法权益。

3. 期待权的保护。在条件成就或者不成就之前,附条件的民事法律行为处于效力不确定的状态。此期间传统民法称为“未决期间”。在未决期间内,虽然法律行为尚未确定生效,但法律行为对当事人仍然具有一定拘束力。行为人“因条件成就得取得某种权利的先行地位,应予以权利化,学说上称为期待权”。[72]

期待权可以根据附条件的民事法律行为的类型分为两种:第一,附生效条件的民事法律行为中的期待权。对附生效条件的民事法律行为而言,对于一方或双方来说,因条件的成就而可

---

〔71〕 王泽鉴:《民法总则》,北京大学出版社2009年版,第433页。

〔72〕 王泽鉴:《民法总则》,北京大学出版社2009年版,第433页。

能使其享受权利,或可能获得一定的利益,这种可能的或有希望获得的权利或利益,在不同的附条件的民事法律行为中各不一样。在附停止条件的法律行为中,一方或双方都希望在条件成就时取得权利,有的学者将这种权利称为"希望权",这种希望权也属于权利的一种,并应受法律的保护。第二,附解除条件的民事法律行为中的期待权。在附解除条件的法律行为中,因为条件的成就使法律行为失效,权利将复归于原权利人,故学者将其称为"复归权"。这两种权利都是对将来的权利或利益的期待,学者又将这两种权利统称为"期待权"。[73] 由于这种权利因条件的成就,将从不确定的权利变为确定的权利,并将给当事人带来利益,因而法律保护当事人的"期待权",禁止他人侵害。

对期待权的侵害,可表现为如下情况:第一,附条件的民事法律行为的当事人一方对相对人期待权的侵害。其侵害类型可分为通过事实行为侵害和通过法律行为侵害:前者指行为人基于过错导致法律行为标的物的毁损、灭失。附条件的民事法律行为的一方于条件成就前,侵害相对人的期待权的,应负损害赔偿的责任。后者指附条件的民事法律行为的一方于条件成就前,处分该附条件的民事法律行为的标的物而侵害相对人的期待权。该侵害期待权的处分行为应属无效,但不得对抗善意第三人。第二,第三人对当事人期待权的侵害。期待权属于侵权责任保护的客体,第三人侵害当事人的期待权,如符合侵权行为的构成要件,应负损害赔偿责任。通说认为,侵害期待权的损害赔偿请求权的行使,必须待条件成就之后,方可主张。但在条件成就之前,权利人可就其侵害行使排除妨害请求权、预防妨害请求权,以保护期待权。

在附条件的民事法律行为中,当事人一方为自己的利益不正当地促成或阻止条件成就,侵害另一方的期待权的,另一方不能就其期待权遭受侵害单独提起诉讼,而只能视为条件未成就或条件已成就。

二、附期限的民事法律行为

(一)附期限的民事法律行为的概念与特征

所谓期限,是指当事人以将来客观确定到来的事实,作为决定法律行为效力的附款。[74] 所谓附期限的民事法律行为,是指当事人在法律行为中设定一定的期限,并将期限的到来作为法律行为效力发生或消灭根据的民事法律行为。例如,当事人双方在合同中约定自2005年10月1日起,甲方将租赁乙方的房屋,为期2年。此类民事法律行为便属于附期限的民事法律行为。《民法典》第160条则规定:"民事法律行为可以附期限,但是根据其性质不得附期限的除外。附生效期限的民事法律行为,自期限届至时生效。附终止期限的民事法律行为,自期限届满时失效"。

民事法律行为中所附的期限与民事法律行为中所附的条件一样,都是对民事法律行为效力的特别限制,都能够直接限制法律行为效力的发生或消失。但两者是有区别的,主要表现在:作为条件的事实是否发生是不确定的,而期限的到来却具有必然性。条件的成就与不成就是当事人所不可预知的,条件可能成就,也可能不成就,因此,条件是不确定的事实。而期限的到来是必然发生的,能够为当事人所预知的,所以期限是确定的事实。当事人在从事民事法律行为时,对于确定的事实只需在民事法律行为中附期限,而不必附条件。期限以一定时间或期间的到来对民事法律行为的效力起限制作用,因此只有尚未到来且必然到来的时间和期间才

---

〔73〕 陈钪雄:《民法总则新论》,台北1984年自版,第605页。
〔74〕 梁慧星:《民法总论》,法律出版社2011年版,第179页。

能作为附期限的民事法律行为中的期限。

期限具有如下特征:第一,期限是民事法律行为的一种附款。它与民事法律行为的其他内容一起共同构成了附期限的民事法律行为。期限原则上应当由民事法律行为的当事人自由约定。第二,期限是限制法律行为效力的附款。如果民事法律行为约定了生效期限和终止期限,则民事法律行为的效力在时间上受到限制。有的期限直接决定着民事法律行为效力的发生,有的决定民事法律行为效力的消灭。第三,期限是以将来确定事实的到来为内容的附款。因为期限是必然到来的,所以期限到来时,民事法律行为必然生效或终止。

(二)法律行为所附期限的分类

1. 生效期限与终止期限。生效期限又称为延缓期限或始期,是指决定民事法律行为效力发生的期限。附生效期限的民事法律行为,在期限到来以前,民事法律行为已经成立,但其效力仍然处于停止状态,待期限到来时,效力才发生。这就是我国《民法典》第 160 条所称的"自期限届至时生效"。例如,合同中规定,"本合同至某年某月某日生效",该期限即为始期,至该期限到来后,当事人才能实际享受权利和承担义务。终止期限也称为解除期限或终期,是指决定民事法律行为的效力消灭的期限。附终止期限的民事法律行为,在期限到来以前,法律行为继续有效,而在期限到来时,法律行为效力消灭。这就是我国《民法典》第 160 条所称的"自期限届满时失效"。例如,当事人在合同中约定,"本合同至某年某月某日终止",该期限即为终止期限。

2. 确定期限与不确定期限。作为期限内容的事实到来时期不完全确定的期限为不确定期限;作为期限内容的事实能够准确地确定到来时期的期限为确定的期限。例如,双方约定甲方自 10 月 1 日起租赁乙方的房屋,这种期限就属于确定期限。而双方约定某人死亡之日即为将房屋出售给乙方之日。由于人必有一死,但在订约时对死亡的时间不可能确定,所以这种期限属于不确定期限。

(三)附期限民事法律行为的效力

期限约定的效力,在于使民事法律行为的效力在时间上受到限制。所以,附生效期限的民事法律行为,当期限到来时,民事法律行为发生效力;附终止期限的民事法律行为,当期限到来时,民事法律行为丧失效力。在期限到来之前,当事人虽然未实际取得一定的权利或者使一定的权利回复,但存在取得权利或回复权利的可能性,因此与附条件的民事法律行为一样,当事人享有期待权,这种权利也应受到法律保护。〔75〕如果期待权受到侵害,受害人享有请求损害赔偿的权利。

参考案例

1. 徐州市路保交通设施制造有限公司与徐州市华建房地产开发有限公司、第三人尤安庆房屋买卖合同纠纷案,载《中华人民共和国最高人民法院公报》2006 年第 6 期。
2. 张艳娟诉江苏万华工贸发展有限公司、万华、吴亮亮、毛建伟股东权纠纷案,载《中华人民共和国最高人民法院公报》2007 年第 9 期。
3. 广东龙正投资发展有限公司、广东景茂拍卖行有限公司申请执行复议案,载《中华人民共和国最高人民法

〔75〕 梁慧星:《民法总论》,法律出版社 2011 年版,第 179 页。

院公报》2012 年第 12 期。

4. 中国太平洋保险(集团)股份有限公司与中国东方资产管理公司青岛办事处、王志刚、胡建君船舶保险合同纠纷再审案,载《中华人民共和国最高人民法院公报》2012 年第 11 期。
5. 张莉诉北京合力华通汽车服务有限公司买卖合同纠纷案,第 17 号指导案例(最高人民法院审判委员会讨论通过,2013 年 11 月 8 日发布)。
6. 邓美华诉上海永达鑫悦汽车销售服务有限公司买卖合同纠纷案,载《中华人民共和国最高人民法院公报》2018 年第 11 期。
7. 云南福运物流有限公司与中国人寿财产保险股份公司曲靖中心支公司财产损失保险合同纠纷案,载《中华人民共和国最高人民法院公报》2016 年第 7 期。
8. 黄仲华诉刘三明债权人撤销权纠纷案,载《中华人民共和国最高人民法院公报》2013 年第 1 期。
9. 钦州锐丰钒钛铁科技有限公司与北京航空航天大学技术合同纠纷上诉案,载《中华人民共和国最高人民法院公报》2018 年第 1 期。
10. 中国建设银行股份有限公司广州荔湾支行诉广东蓝粤能源发展有限公司等信用证开证纠纷案,第 111 号指导案例(最高人民法院审判委员会讨论通过,2019 年 2 月 25 日发布)。
11. 温州银行股份有限公司宁波分行诉浙江创菱电器有限公司等金融借款合同纠纷案,第 57 号指导案例(最高人民法院审判委员会讨论通过,2016 年 5 月 20 日发布)。
12. 广东黄河实业集团有限公司与北京然自中医药科技发展中心一般股权转让侵权纠纷案,载《中华人民共和国最高人民法院公报》2009 年第 1 期。
13. 瑞士嘉吉国际公司诉福建金石制油有限公司等确认合同无效纠纷案,第 33 号指导案例(最高人民法院审判委员会讨论通过,2014 年 12 月 18 日发布)。
14. 广东龙正投资发展有限公司与广东景茂拍卖行有限公司委托拍卖执行复议案,第 35 号指导案例(最高人民法院审判委员会讨论通过,2014 年 12 月 18 日发布)。
15. 汤龙、刘新龙、马忠太、王洪刚诉新疆鄂尔多斯彦海房地产开发有限公司商品房买卖合同纠纷案,第 72 号指导案例(最高人民法院审判委员会讨论通过,2016 年 12 月 28 日发布)。
16. 深圳市标榜投资发展有限公司与鞍山市财政局股权转让纠纷案,载《中华人民共和国最高人民法院公报》2017 年第 12 期。
17. 大宗集团有限公司、宗锡晋与淮北圣火矿业有限公司、淮北圣火房地产开发有限责任公司、涡阳圣火房地产开发有限公司股权转让纠纷案,载《中华人民共和国最高人民法院公报》2016 年第 6 期。
18. 四川金核矿业有限公司与新疆临钢资源投资股份有限公司特殊区域合作勘查合同纠纷案,载《中华人民共和国最高人民法院公报》2017 年第 4 期。
19. 洪秀凤与昆明安钡佳房地产开发有限公司房屋买卖合同纠纷案,载《中华人民共和国最高人民法院公报》2016 年第 1 期。
20. 莫志华、深圳市东深工程有限公司与东莞市长富广场房地产开发有限公司建设工程合同纠纷案,载《中华人民共和国最高人民法院公报》2013 年第 11 期。
21. 吉林市中小企业信用担保集团有限公司诉中国长城资产管理股份有限公司吉林省分公司等公司债权人利益责任纠纷案,载《中华人民共和国最高人民法院公报》2019 年第 3 期。
22. 成都讯捷通讯连锁有限公司与四川蜀都实业有限责任公司、四川友利投资控股股份有限公司房屋买卖合同纠纷案,载《中华人民共和国最高人民法院公报》2015 年第 1 期。
23. 张宇、张霞诉上海亚绿实业投资有限公司商品房预售合同纠纷案,载《中华人民共和国最高人民法院公报》2019 年第 5 期。
24. 海南康力元药业有限公司、海南通用康力制药有限公司与海口奇力制药股份有限公司技术转让合同纠纷申请再审案,载《中华人民共和国最高人民法院公报》2013 年第 2 期。

第九章　代　　理

导 读

代理是代理人以被代理人名义实施代理行为而将法律效果直接归属于被代理人的制度。代理制度具有辅助功能与延伸功能。代理的适用范围虽然极为宽泛，但并非所有的法律行为和准法律行为都可以代理。代理权是从事代理行为的法律地位和资格，主要源于法律规定或被代理人授权。代理权的行使应遵循一定原则，禁止代理权的滥用。代理人未获代理权而从事代理行为，属于无权代理，其行为的效力待定。但在无权代理满足表见代理的要件时，法律为保护相对人信赖利益而使无权代理如同有权代理那样发生相应的法律效果。

第一节　概　　述

一、代理的概念和特征

代理，是指代理人以被代理人名义实施的，其法律效果直接归属于被代理人的行为。《民法典》第 161 条第 1 款规定："民事主体可以通过代理人实施民事法律行为。"在代理关系中，被代理人又称为本人，代理他人从事民事法律行为的人称为代理人，与代理人实施民事法律行为的人称为相对人。代理的主要法律特征在于：

1. 代理涉及三方法律关系。代理包括三种法律关系：第一，被代理人和代理人之间的授权关系。代理权的授权关系与被代理人、代理人之间的基础关系不同，被代理人对代理人的授权既可以根据被代理人的授权产生，也可以基于法律的直接规定产生。第二，代理人和相对人之间的关系，即代理人依据代理权实施代理行为，以被代理人的名义向相对人为意思表示或接受意思表示。第三，效果承担关系，即代理人在代理权限内，以被代理人的名义同第三人所实施的行为，其法律效果由被代理人完全承担。[1]

2. 代理人必须以被代理人的名义行为。《民法典》第 162 条规定："代理人在代理权限内，以被代理人名义实施的民事法律行为，对被代理人发生效力。"可见，我国《民法典》规定的直接代理仅指显名代理，即代理人在对外从事民事活动时必须表明是以被代理人的名义从事一定行为。代理人以被代理人的名义从事的行为，才可能使行为的法律效果归属于被代理人。代理人以自己的名义从事一定的民事法律行为，如果不构成间接代理或者行纪，则只能认为是代理人自己的行为，由此产生的法律效果应当由其自己承担。如果代理人所为的意思表示不能

〔1〕 史尚宽：《民法总论》，中国政法大学出版社 2000 年版，第 514～515 页。

辨明是以他人的名义作出的,应认为是代理人以自己名义所为的意思表示。[2]

3. 代理人在代理权限范围内需要独立作出意思表示。代理的事项包括法律行为和准法律行为,代理人不同于传达本人意思的使者,其需要独立作出意思表示。也就是说,代理人实施代理行为并不是机械地执行被代理人的意志,而是在授权范围内独立作出意思表示。[3] 当然,代理人独立进行意思表示并不是为了自身的利益,而仍然是为了被代理人的利益。

4. 代理的法律效果由被代理人承担。代理人以被代理人的名义与第三人从事民事法律行为,由此产生的法律效果完全归属于被代理人。也就是说,代理人在代理权限内以被代理人名义所实施的民事法律行为,由此而形成的权利、义务应当直接由被代理人承受,由此引起的民事责任也要直接由被代理人承担。当然,如果代理人从事无权代理而又不构成表见代理,或者代理行为违法的,所产生的法律后果不应当完全由被代理人承担。

在现代社会,代理既是交易的工具,也是人们从事社会交往所不可缺少的手段。代理的功能主要体现在:第一,辅助功能。辅助功能主要体现在法定代理中,也就是说,通过代理以弥补被代理人行为能力的欠缺,从而保护限制行为能力人或无行为能力人的利益。法定代理的唯一目的是代理那些无行为能力人或限制行为能力人以实现他们的利益。这些人不具有以意思表示实现私法自治的能力,法定代理的产生,弥补了被代理人行为能力的欠缺。所以,从这个意义上说,代理制度是私法自治的补充。[4] 第二,延伸功能。在现代社会,由于社会分工的发展,人们不可能事必躬亲,而且有些专业领域的事项,由自己亲自办理的效果并不如请专业人士办理的效果更佳。所谓人各有异,术有专攻,代理的广泛运用既避免了"事必躬亲"的麻烦,又解决了交易者因社会分工、能力的限制而产生的从事交易的困难,为交易提供了更广阔的天地,因此,代理使被代理人的能力得以延伸。[5] 代理的广泛运用避免了必须因人因事直接交易的麻烦,事实上,任何人都不可能包办一切事务,必然要假手他人,这样才能取长补短、互助合作。通过代理可以弥补被代理人在时间、空间和专业技能上的缺陷,鼓励交易,促进经济的发展,也有利于满足人们的各种需要。[6]

我国《民法通则》将代理和民事法律行为放在一起规定,而《民法典》将代理和民事法律行为区别开来,单独作出规定,改变了传统大陆法系国家将两者合并规定的模式。这主要是考虑到代理本身已经自成体系,形成了完整的自身规则,且在实践中,其适用范围较为广泛,所以,有必要与民事法律行为分开规定。

二、不得代理的情形

代理的适用范围虽然极为宽泛,但并非所有的法律行为和准法律行为都可以代理。依据《民法典》第161条第2款的规定,以下情形不得代理:

1. 依据法律规定不得代理的情形。代理人从事的行为主要是法律行为,因此代理事项即法律行为的标的应当是合法的,代理事项是法律允许代理的行为。基于种种法政策考虑,法律规定了一些行为不允许代理,有效的代理行为应当以法律允许代理为前提。在此情形下,代理

〔2〕《德国民法典》第164条第2款。

〔3〕郑玉波:《民法总则》,中国政法大学出版社2003年版,第401页。

〔4〕郑玉波:《民法总则》,中国政法大学出版社2003年版,第397页;王泽鉴:《民法总则》,北京大学出版社2009年版,第348页以下。

〔5〕[德]卡尔·拉伦茨:《德国民法通论》(下册),王晓晔等译,法律出版社2003年版,第815页。

〔6〕[德]卡尔·拉伦茨:《德国民法通论》(下册),王晓晔等译,法律出版社2003年版,第815页。

事项本身并无违法性，但该事项不得代理，只能由本人亲自实施。例如，依据《民法典》第 1049 条第 1 句的规定，“要求结婚的男女双方应当亲自到婚姻登记机关申请结婚登记。”据此，结婚行为必须亲自实施，而不得由他人代理。

2. 依据约定不得代理的情形。如果当事人基于某种明确约定，必须由本人亲自实施某种行为，则该行为也不得代理。例如，在提供服务的合同中，当事人可能明确约定，必须由当事人亲自提供服务，此时，债务人就不得委托代理人实施该行为。

3. 按照民事法律行为的性质不得代理的情形。此类行为主要是指一些具有人身性质的法律行为，如收养行为，这些情形通常已经由法律作出了规定，但也可能法律尚未明确规定，而依照其性质是不得代理的。

此外，关于违法行为是否可以代理，存在争议。本书认为，代理事项本身不得违反法律的效力性强制性规定和公序良俗，违反管理性禁止性规定的，则不当然认定为代理行为无效。〔7〕否则，该代理行为将因标的违法而被宣告无效。此处所言的违法是指该行为无论由何人实施都应当被确认为违法的事项，如委托代理人购买毒品或者其他非法物品。

《民法典》第 167 条规定：“代理人知道或者应当知道代理事项违法仍然实施代理行为，或者被代理人知道或者应当知道代理人的代理行为违法未作反对表示的，被代理人和代理人应当承担连带责任”。依据这一规定，被代理人和代理人应当承担连带责任应当具备如下条件：第一，代理事项违法。此处所说的“违法”，既包括代理事项本身违法（如委托代理人购买毒品等行为），也包括代理事项本身不违法但代理人实施的行为却构成违法（如委托他人购买某产品，而代理人贴上假商标，冒充他人的产品）。在这两种情形下，都构成代理事项违法。〔8〕第二，代理人和被代理人知道或者应当知道代理事项违法。所谓“知道”，是指代理人和被代理人对代理行为违法是知情的；所谓“应当知道”，是指按照通常情形，代理人和被代理人应当知道代理行为违法，但其因过失而不知道。第三，代理人知道或者应当知道代理事项违法仍然实施代理行为，或者被代理人知道代理人的代理行为违法未作反对表示。例如，代理人知道其代理购买的非法物品（如枪支），但仍然实施代理行为。再如，被代理人知道代理人在购买商品时，故意购买侵犯他人专利权的商品。符合上述要件时，被代理人和代理人均存在过错，应当承担连带责任。

第二节　代理与相关概念的区别

一、代理与委托合同

代理（特别是委托代理）与委托合同关系十分密切。委托合同又称委任合同，它是指双方当事人约定一方以他方的名义和费用为他方处理事务的合同。在委托合同关系中，委托他人为自己处理事务的人称委托人，接受委托的人称受托人。委托合同的内容是由受托人用委托

---

〔7〕　参见最高人民法院《关于未取得无船承运业务经营资格的经营者与托运人订立的海上货物运输合同或签发的提单是否有效的请示的复函》（〔2007〕民四他字第 19 号）。

〔8〕　李适时主编：《中华人民共和国民法总则释义》，法律出版社 2017 年版，第 519 页。

人的名义和费用处理或管理委托人的事务。委托合同是一种典型的提供劳务的合同。代理与委托的联系表现在:一方面,在代理中,代理人在代理权范围内,以被代理人的名义从事行为,由此所产生的法律效果,由被代理人承担。同样,在委托合同中,受托人依委托合同的授权,与第三人之间进行的民事活动,其后果不是由受托人,而是由委托人承担。另一方面,在委托代理中,委托合同常常是授权行为的基础。通过委托关系,民事主体以代理、行纪和居间等法律形式借助他人之手进行民事活动。[9] 还要看到,根据《民法典》第173条的规定,被代理人取消委托或者代理人辞去委托,将导致委托代理关系终止。可见,两者之间关系十分密切。但是代理和委托仍然是两种不同的法律关系,其区别在于:

1. 委托仅仅是发生在委托人和受托人之间的内部合同关系,它是双方关系。而代理涉及代理人与第三人和被代理人的关系,它是三方关系。委托合同是代理关系发生的基础,但并不等于代理关系。通常我们要区分代理关系和引发代理关系的基础关系,而委托关系则属于代理关系的基础关系。

2. 代理权的产生基础是多样的,委托合同只是代理权产生的主要的基础关系。代理赖以产生的基础关系,除了委托合同之外,还包括职务关系、劳动合同、合伙协议、身份关系等。即使在委托代理中,代理权授予的基础还包括其他的形式(如合伙等)。代理权产生的直接原因是代理权授予行为,而委托合同的成立和生效,仅产生事务处理权,由此使直接产生代理关系的代理权授予行为具有了法律基础,但委托合同本身并不当然地产生代理权,则只有在委托人作出授予代理权的单方行为后,受托人才享有代理权。[10]

3. 在代理关系中,代理人必须以被代理人的名义从事活动,否则不能构成直接代理。而委托合同的受托人,既可以委托人的名义,也可以受托人自身名义进行活动。受托人是否以委托人名义处理事务,并不影响委托合同的性质。

4. 代理必须要求代理人作出或接受意思表示。代理的事务主要是法律行为和准法律行为,代理人从事的代理行为必须是具有法律意义的意思表示。而委托合同中的受托人既可以根据委托实施法律行为,也可以根据委托实施事实行为。例如,代为缴纳各种税费等,就是事实行为。[11]

5. 效力不同。授权行为的效力只是使代理人享有代理权,并不在当事人之间产生债的关系,也就是说,授权行为本身并不是债的发生原因,无法在当事人之间产生债权债务关系。而委托合同作为独立的有名合同类型,将在委托人与受托人之间产生债的关系,委托人有权请求受托人按照合同约定履行义务,而受托人也有权请求委托人按照约定支付报酬。

二、代理与代表

代理与代表一样,都可能发生行为效果的归属问题。依据《民法典》的规定,所谓代表,是指依照法律或者章程的规定,代表法人或者非法人组织从事民事活动的人。在实践中,经常将一些法定代表人的行为视为代理行为,将两者混淆。从法律上看,两者之间存在一定的区别,主要表现在:

1. 代理需要被代理人对代理人进行专门的授权。一般认为,代表与被代表人同属一个人

---

〔9〕 李开国:《民法基本问题研究》,法律出版社1997年版,第198页。

〔10〕 郭明瑞、王轶:《合同法分则·新论》,中国政法大学出版社1997年版,第303页。

〔11〕 陈甦编:《委托合同　行纪合同　居间合同》,法律出版社1999年版,第11页。

格,代表与第三人的关系属于被代表者与第三人的关系;而代理人与被代理人分属两个人格,代理人与第三人的行为是代理人自己的行为,只是其后果须由被代理人承担。[12] 因此,在代理中,代理人独立作出意思表示,但其法律效果归属于被代理人,而代表人的行为就直接视为主体自身的行为,不需要发生法律效果的归属过程。例如,在司法实践中,通常认为,公司的法定代表人以公司名义对外签订的合同,就直接视为公司的行为,不需要进行效果的归属和转化。[13]

2. 代表不需要专门的授权,因为相关的法律或章程已经对代表人的职权作出了规定,只不过,对公司法定代表人而言,需要进行登记。例如,《公司法》第 13 条第 1 句规定:"公司法定代表人依照公司章程的规定,由董事长、执行董事或者经理担任,并依法登记。"而代理则需要专门授权,代理人一般也不需要登记。

3. 在无权代理和无权代表的情形下,分别适用不同的规则。在无权代理的情形下,原则上对被代理人不发生效力,在被代理人追认等例外情形下对被代理人发生效力。而在无权代表的情形下,代表人的行为原则上对法人或者非法人组织发生效力,在相对人明知代表人无权代表等例外情形下对法人或者非法人组织不发生效力。

三、代理和中介

根据我国《民法典》第 961 条的规定,"中介合同是中介人向委托人报告订立合同的机会或者提供订立合同的媒介服务,委托人支付报酬的合同"。所谓中介,是指中介人向委托人报告订立合同的机会,或者提供订立合同的媒介服务,委托人支付报酬的合同。中介与代理具有一定的相似性:一方面,中介也需要取得委托人的授权;另一方面,中介人与代理人一样并不成为委托人与相对人之间的合同的当事人。在特殊情况下,中介人也可能成为一方甚至双方代理人。例如,中介人接受双方的委托,全权代表双方缔约。但是,代理和中介也存在明显的区别,表现为:

1. 中介人并没有获得代理权,其义务不是代理或独立完成某种民事法律行为,只是为委托人提供某种商业机会供其选择,或者撮合双方当事人订立合同。但代理人要以被代理人的名义从事民事法律行为,必须要获得代理权。

2. 中介人不需要对相对人独立作出意思表示或接受意思表示,其活动仅限于提供信息和媒介。至于委托人与相对人之间能否订立合同,完全由其双方决定,而不能由中介人决定。而代理人需要独立作出意思表示。

3. 中介行为本身并不产生一定的法律效果,至少不能产生使委托人承受的效果。中介人只是提供服务,但其不能决定是否与第三人订立合同,因此,中介人不对相对人独立承担合同上的责任,这与代理显然是完全不同的。

四、代理与使者

使者是表示本人已决定的意思或转达本人意思表示的人,其又称为传达人。使者和代理人都要接受本人的委托,但两者之间存在明显的区别,表现在:

1. 使者不需要获得代理权独立进行意思表示,而是替委托人传送意思表示。使者只是转

---

〔12〕 郑玉波:《民法总则》,中国政法大学出版社 2003 年版,第 191 页。

〔13〕 最高人民法院(2009)民提字第 76 号"北京公达房地产有限责任公司诉北京市祥和三峡房地产开发公司房地产开发合同纠纷案"。

达委托人的意思,所以使者无须具有相应的意思能力;而代理人需要在授权范围内独立发出或接受意思表示,因此代理人需要具有相应的意思能力。[14]

2. 使者本身不需要与第三人之间发生交易行为,也不需要参与缔约活动。而代理人要直接与相对人发生关系,直接参与谈判、缔约。

3. 使者有可能因违约而要对委托人承担违约责任,其对相对人一般不负责任。但代理人超越代理权或从事违法代理行为,有可能要向相对人承担责任。

第三节 代理的分类

一、委托代理与法定代理

《民法典》第163条第1款规定,代理包括委托代理和法定代理。需要指出的是,《民法通则》第64条除了规定上述两种代理之外,还规定了指定代理,"指定代理人按照人民法院或者指定单位的指定行使代理权"。但《民法典》没有采纳这一规定,因为按照立法者的观点,指定代理只是法定代理的一种特殊形式,而不属于独立的代理类型,法定代理和指定代理都是基于法律的直接规定而产生的代理权,在指定代理的情形只不过多了一个指定程序而已,并不影响其法定代理的性质。[15] 因此,代理仅包括委托代理和法定代理。

(一)委托代理

所谓委托代理,是指基于被代理人的委托授权而发生代理权的代理。在委托代理中,代理人所享有的代理权是由被代理人授予的,因此,此种代理又称为授权代理。由于委托授权行为是基于被代理人的意志而进行的,被代理人的意思是发生委托代理的前提条件,所以,委托代理又称为意定代理。[16]

委托代理产生的基础在于委托授权,但并不意味着委托合同是委托代理唯一的基础关系,在实践中,除了委托合同之外,基于合伙合同、雇佣合同等基础关系也能产生委托代理。

依据《民法典》第163条第2款规定,在委托代理中,代理人是按照被代理人的委托行使代理权,委托合同是代理权赖以产生的基础关系。在实践中,除了委托合同之外,还有如下几种基础关系都可以产生委托代理:第一,职务关系,即当事人在法人或非法人组织之中承担特定的职务(如副总经理、销售部经理等在职权范围内对外签订销售合同),并可以依据此种职务对外代理法人或非法人组织行为。由于产生职务代理的关系是基于当事人的意思而发生的,因此,其在性质上也应当属于委托代理的范畴。也正是因为这一原因,《民法典》将职务代理规定在"委托代理"一节中。第二,劳动合同。在当事人订立了劳动合同之后,劳动者就有可能被授权从事代理行为。第三,劳务合同。例如,自然人与其雇请的家庭保姆之间,就存在劳务合同。该保姆可能被授权从事特定的行为(如代理购买家庭用品)。需要指出的是,虽然委托合同是代理权产生的基础,但并非所有的委托合同都能产生代理权,在某些情况下,虽然当事人订立

---

〔14〕 郑玉波:《民法总则》,中国政法大学出版社2003年版,第404页。

〔15〕 李适时主编:《中华人民共和国民法总则释义》,法律出版社2017年版,第509页。

〔16〕 柳经纬:《民法总论》,厦门大学出版社2000年版,第223页。

了委托合同,但受托人只是以自己的名义从事法律行为,此时也不构成代理。

（二）法定代理

法定代理,是指依据法律规定而产生代理权的代理。法定代理权的发生不需要依赖于任何授权行为,而直接源于法律的规定。取得法定代理的资格不需要当事人作出意思表示,一般也不需要取得被代理人的同意。同时,由于法定代理人是基于法律的规定而享有代理权,而不是根据代理权授予行为而享有代理权,因此,代理人只能在法律规定的权限范围内行使代理权。[17] 法定代理人的类型包括如下情形:

1. 监护人。监护人既可以由法律直接规定,也可以由有权机关指定,还可以基于被监护人的父母通过遗嘱指定。父母是子女第一顺序的监护人,当然地享有法定代理权,同时,父母之外的监护人对被监护人也享有法定代理权。无论基于何种原因产生,监护人都是无行为能力人和限制行为能力人的法定代理人。

2. 配偶。夫妻之间由于其特殊的人身关系,可以产生特殊的法定代理权。在实践中,一方以另一方或双方共同的名义在对外从事民事活动时,通常基于配偶关系可产生权利外观,使第三人相信配偶一方获得了另一方的授权。为了保护善意相对人的信赖,法律直接规定对于日常家事,夫妻可互为代理人。所谓日常家事,指夫妻及未成年子女共同生活所必需的事项,如购买食物、缴纳水电费等。[18] 对于超出日常家事以外的事项,则不得适用家事代理。例如,不动产的转让、数额巨大的家庭财产的赠与及其他重大事务。当然,夫妻双方对家事代理权限的限制不得对抗善意第三人。

3. 失踪人的财产代管人。失踪人的财产代管人可依法代理失踪人实施民事法律行为。

4. 基于紧急状态法律特别授权的代理人。例如,在某种特殊的紧急情况下,船长、承运人、保管人依据法律规定的紧急代理权,可以作为货主的代理人。[19] 此种代理权是因法律规定而产生,也属于广义上的法定代理。

二、直接代理与间接代理

直接代理,是指代理人以被代理人的名义在授权范围内从事代理行为,代理的效果直接由被代理人承担。所谓间接代理,是指代理人以自己的名义从事民事法律行为,并符合合同编关于间接代理构成要件的代理,它是与直接代理相对应的。大陆法系国家民法一般将间接代理称为行纪[20],但我国合同编区分间接代理与行纪。《民法典》第 925 条和第 926 条分别规定了两种间接代理形式,一是第三人知道当事人之间存在委托关系的。《民法典》第 925 条第 1 句规定:“受托人以自己的名义,在委托人的授权范围内与第三人订立的合同,第三人在订立合同时知道受托人与委托人之间的代理关系的,该合同直接约束委托人和第三人”。二是第三人不知道当事人之间存在委托关系的。《民法典》第 926 条规定,第三人不知道受托人与委托人之间的代理关系的,受托人因第三人的原因对委托人不履行义务,受托人应当向委托人披露第三人,委托人因此可以行使受托人对第三人的权利。在上述两种情形下,代理人并没有以被代理人的代理人的身份行为,因而不同于直接代理。

---

〔17〕 郑玉波:《民法总则》,中国政法大学出版社 2003 年版,第 408 页。

〔18〕 王泽鉴:《民法总则》,北京大学出版社 2009 年版,第 459 页。

〔19〕 梁慧星:《民法总论》,法律出版社 2011 年版,第 221 页。

〔20〕 郑玉波:《民法总则》,中国政法大学出版社 2003 年版,第 409 页。

间接代理和直接代理具有一些共同性,这主要表现在:一方面,它们都需要通过委托和授权才能产生,这种委托和授权构成了代理人和被代理人之间的内部关系,而代理人以被代理人的名义或以自己的名义对外发生联系,形成真正的代理关系。但代理人必须在授权的范围内从事代理行为。代理人只有根据委托授权行为,该行为的后果才能对委托人产生拘束力。即使在间接代理的情况下,也要求代理人必须在授权范围内行为,否则,当第三人要求委托人承担责任时,委托人可以以受托人超越了代理权限为由提出抗辩,主张该行为的后果应当由代理人自己承担。另一方面,在直接代理的情况下,由于代理人是直接以被代理人的名义对外行为的,因此代理直接对被代理人产生效力。也就是说,代理行为所产生的权利和义务,应直接由被代理人享有和承担。而在符合间接代理要件的情况下,如果第三人行使了选择权,则间接代理也会发生和直接代理一样的效力。

尽管直接代理和间接代理有一定的相似性,但也存在明显区别,具体表现在:

1. 从事法律行为的名义不同。直接代理是指代理人以被代理人的名义并为了被代理人的利益同第三人为法律行为。直接代理也可以称为显名代理。此处所说的显名不仅要求代理人与第三人发生交易时,要向第三人披露被代理人的姓名并以被代理人的名义行为,还包括代理人在订立合同时,必须以被代理人的名义订约。也就是说,要贯彻完全的公开性原则(the publicity principle)。然而,间接代理则是指代理人以自己的名义但是为被代理人的利益与第三人为法律行为。在间接代理中,由于代理人是以自己的名义对外行为的,所以,按照传统的大陆法关于代理必须显名的要求,此种代理在性质上不属于真正的代理。对于间接代理,大陆法传统上称为行纪,而不称为代理。[21] 也有学者将其称为类似代理的制度。[22]

2. 代理的效果是否能直接对被代理人产生效力不同。在直接代理的情况下,只要代理人是在授权的范围内行为,或者即使代理人没有代理权或超越代理权,但符合表见代理的构成要件,都会使代理行为直接对被代理人产生效力,被代理人应当承受合同的权利和义务。然而,在间接代理的情况下,由于代理人是以自己的名义对外行为的,在法律上仍然是代理人和第三人之间发生的合同关系,所以只有在符合《民法典》规定的间接代理的条件以后,因本人行使介入权和第三人行使选择权,才可能使被代理人承受代理行为的效果。

3. 法律依据不同。我国《民法典》对直接代理的一般规则作出了规定,而间接代理是指符合《民法典》第925、926条规定的要件的代理。据此可见,并不是所有受托人以自己的名义从事的行为都应当作为间接代理看待,只有那些符合《民法典》第925、926条规定的要件的行为才属于间接代理。

无论是直接代理还是间接代理,都构成了我国民法的代理制度的内容。但是,两种代理在代理制度中的地位应该是有区别的。本书认为,在我国民法中,直接代理制度应当适用于一般情况,而间接代理只适用于一些特殊的情况。从这个意义上说,直接代理仍然是一般的规则,而间接代理只是一些例外的规定。

三、显名代理与隐名代理

显名代理,是指代理人所进行的代理行为,必须以被代理人的名义进行。所谓隐名代理,即代理人虽未以被代理人之名义为法律行为,而实际上有代理的意思,且相对人明知或可得而

---

〔21〕 郑自文:《国际代理法研究》,法律出版社1998年版,第3页。

〔22〕 史尚宽:《民法总论》,正大印书馆1980年版,第465页。

知者,也发生代理的效果;[23]是指代理人尽管没有以被代理人的名义与第三人订约,但根据客观情况可以合理地认定其是为被代理人的利益而订约的情况。例如,商场的售货员在柜台内向顾客出售物品,虽未明确告知是为谁出售物品,但从订约时的情况可以推定其是作为商场的代理人在从事法律行为。[24] 隐名代理也是代理的一种类型,应由法律作出规定。[25]

隐名代理人和显名代理人都不是以自己的名义为法律行为,在这一点上,他们都不同于间接代理人。也有学者将隐名代理和显名代理都称为直接代理。但是,隐名代理和显名代理仍然存在区别。例如,是否明示以被代理人的名义为法律行为。显名代理人公开地以被代理人的名义作出法律行为,这种公开可能是口头形式或书面形式。而隐名代理人往往并未公开以被代理人的名义作出法律行为,但交易相对人明知或者可得而知隐名代理人具有代理的意思。显名代理具有较强的公示作用,即代理人明确以被代理人的名义对外从事民事法律行为,第三人知道代理人是为某个特定的被代理人的利益并根据该被代理人的意志从事行为。

四、单独代理与共同代理

所谓单独代理,是指代理权属于一人的代理。所谓共同代理,是指代理权由数人共同行使的代理。法定代理中父母的代理权原则上应由父母共同行使。在委托代理中,如果被代理人选定了数个代理人,其代理权限也应当共同行使。可见,一旦代理人为数人且共同行使代理权,便构成共同代理。[26] 如果数人分别行使代理权,也属于单独代理。《民法典》第166条规定:“数人为同一代理事项的代理人的,应当共同行使代理权,但是当事人另有约定的除外”。这就在法律上承认了共同代理。

从《民法典》的规定来看,其将共同代理规定在委托代理之中,表明其适用于委托代理。但严格地说,共同代理和单独代理一样,既可以适用于委托代理,也可以适用于法定代理。例如,父母双方作为其子女的法定代理人,其属于共同代理。但共同代理和单独代理存在一些明显的区别,主要表现在:

1. 在共同代理的情况下,代理权作为一个整体由数人共同享有。例如,公司授权两个员工,作为代理人采购一台设备。此时数个代理人享有一个代理权,该权利应当由数人共同行使。如果数个代理人有数个代理权,属于集合代理,而不是共同代理。[27] 但是,在单独代理的情况下,只存在一个代理人,代理权仅由一人享有。

2. 在共同代理的情形下,必须由数个代理人共同行使代理权。如果由一人从事代理行为,将构成无权代理,非经被代理人或其他数个代理人的承认,将不发生代理效果。不过,在解释上,共同行使代理权,应当限于共同作出意思表示,任一代理人都应有权接受相对人作出的意思表示。代理人中的一人或者数人未与其他代理人协商,所实施的行为侵害被代理人权益的,由实施行为的代理人承担民事责任。但是,在单独代理的情形,只能由一人行使代理权,也不涉及与其他代理人的权利冲突问题。

3. 在共同代理的情况下,其一代理人知道代理事项违法,其他人知道或应当知道这一情形时,应当停止代理行为,如果其继续实施代理行为,则应当对造成的损害后果承担连带责任。

---

〔23〕 王泽鉴:《民法总则》,北京大学出版社2009年版,第451页。

〔24〕 王泽鉴:《债法原理》(第1册),三民书局1999年版,第307页。

〔25〕 李适时主编:《中华人民共和国民法总则释义》,法律出版社2017年版,第508页。

〔26〕 郑玉波:《民法总则》,中国政法大学出版社2003年版,第410页。

〔27〕 石宏主编:《中华人民共和国民法总则条文说明、立法理由及相关规定》,北京大学出版社2017年版,第392页。

而在单独代理的情况下,则不涉及这一问题。

需要指出的是,《民法典》第 166 条虽然将共同代理规定在委托代理中,但其并不仅仅适用于委托代理,也可以适用于法定代理。当然,法定代理通常采用单独代理的方式,即法定代理人可以单独代理被代理人实施民事法律行为。

第四节 代 理 权

一、代理权的概念

代理权本质上是一种法律地位,即为一种从事代理行为的资格和地位。这种资格和地位是指代理人可以以被代理人的名义,而向第三人为意思表示或接受意思表示。[28]《民法典》第 163 条第 2 款规定:"委托代理人按照被代理人的委托行使代理权。法定代理人依照法律的规定行使代理权。"虽然此处规定的是代理权,但其与一般的民事权利是有区别的。

通说认为,代理权在性质上不是一种权利,因为一方面,权利在内容上必须体现为一种利益,但代理人行使代理权不是为了代理人的利益,而是为了被代理人的利益。代理行为的效果直接归属于被代理人,对于代理人来说,谈不上利益或不利益的问题。[29] 另一方面,代理权在内容上包含了一定的义务,但这种义务和纯粹的民事义务不完全相同,代理权在法律上是一种地位。[30]

本书认为,代理权在法律上的性质应为一定的资格和地位,具体表现在:第一,代理人取得代理权以后,实际上就取得了一种能够从事代理行为的资格。换言之,享有代理权就是取得了代理人的资格。此种资格不是行为能力,而只是赋予其行为的自由。[31] 第二,此种资格是基于授权行为而产生的。代理人从事代理行为,具有一定的行为自由,但不得为了自身利益从事代理行为,而应当为了被代理人利益的最大化而从事代理行为。代理权存在的目的是弥补、扩张民事主体的民事法律行为能力。第三,代理人应当依法行使代理权。由于被代理人授予代理人代理权是对其能力、资格等的信任,因此,代理人不得擅自转让其代理权,代理人也不得继承。在许多情况下,特别是在法定代理的情况下,代理人也不得抛弃其代理权。

由于代理可以分为法定代理、委托代理,所以,代理权产生的根据包括法律的规定和被代理人的授权。

二、授权行为

(一)授权行为的特点

1. 单方性

所谓授权行为的单方性,是指代理权授予行为是一种单方行为,只要被代理人作出单方意思表示即可产生效力。通说认为,在委托代理中,授权行为是以发生代理权为目的的单方行

---

[28] 佟柔主编:《中国民法学·民法总则》,人民法院出版社 2008 年版,第 278 ~ 289 页。

[29] 梁慧星:《民法总论》,法律出版社 2011 年版,第 214 页。

[30] 郑玉波:《民法总则》,中国政法大学出版社 2003 年版,第 401 页。

[31] 李锡鹤:《民事代理理论的几个问题》,载梁慧星主编:《民商法论丛》(第 10 卷),法律出版社 1998 年版,第 78 页。

为,仅有一方的意思表示就可以成立,不需要代理人和被代理人就代理权的授予达成协议。其理由主要在于代理人与被代理人的权利义务关系已经在基础关系中得到了解决,授权行为只是为了让相对人知晓被代理人的授权,使代理人的代理权能够产生公示效力。所以,授权行为只需有被代理人的单方意思表示即可,无须代理人的同意。

授权行为作为单方行为,也具有相对人,但该相对人既可以是代理人,也可以是被代理人意欲与之进行交易的相对人。向代理人作出的授权,称为内部授权;向相对人作出的授权,称为外部授权。对外部授权而言,不仅明确的口头授权可以使第三人相信无权代理人具有代理权,而且被代理人对无权代理人从事的无权代理行为的容忍,也可以使第三人相信无权代理人享有代理权。

2. 独立性

授权通常在一定基础关系之上产生,基础关系可以是多种合同,包括委托合同、劳动合同等。在绝大多数情况下,授权行为以基础关系的存在为前提。但是,授权行为也可以脱离基础关系而存在,或者与基础关系相分离。[32] 授权行为与基础法律关系的分离可以有三种情况:第一,有授权行为但没有基础关系。在默示授权的情况下,通常没有基础关系,但发生了代理权的授予。在实践中,有时被代理人和代理人虽然无基础关系,但被代理人向第三人明确告知其已经授予代理人从事某种事务的代理权,而代理人也以被代理人名义从事了该种事务,此时也可以视为授权,成立有权代理,由被代理人承担相应的法律后果。第二,有基础关系但没有授权行为。这主要表现在,双方订有委托、雇佣合同,但一方并没有向另一方作出明确的授权,也没有向第三人告知其作出某种授权。在有基础关系而没有授权行为的情况下,通常都构成无权代理。第三,在基础关系发生时,尽管没有授权,但代理人从事了代理行为以后,被代理人可以补充授予代理权。从以上情况来看,授权行为和基础关系是可以分离的。

正是因为授权行为可以独立于基础关系而存在,授权行为才具有独立性。明确授权行为的独立性的意义在于:第一,确定是否产生代理法律关系或是否产生代理后果,可以将基础关系作为一个重要的因素加以考虑,但更重要的要看是否存在授权行为,有之则产生代理,无之则不产生代理。如果没有授权行为,即便存在基础关系,也不能产生代理关系。第二,因为授权行为的独立性,决定了基础关系发生变动并不当然影响代理关系的效力。即使基础关系已经终止,如果没有收回代理证明,代理行为可能仍然是有效的。如果基础关系发生变动,但没有变更授权内容的,代理行为仍然有效。

3. 无因性

授权行为在性质上应当具有无因性,是指授权行为本身独立于当事人之间的基础关系。采纳无因性的主要理由在于:第一,保护善意第三人的利益,维护交易安全。无因说的最大优点在于,不管内部关系是否变动,只要善意的第三人不知情,就不应当影响到合同的效力。这对于保护善意第三人的利益十分重要。[33] 第二,有利于督促被代理人在基础关系解除、终止、被撤销以后,及时通知第三人,或者及时收回代理证书,从而防止有关代理的纠纷的发生。第三,有利于保障代理权的正常行使,尽可能地减少和避免无权代理的发生。[34] 当然,在被代理

---

〔32〕 王泽鉴:《民法总则》,北京大学出版社 2009 年版,第 435 页。

〔33〕 马俊驹、余延满:《民法原论》,法律出版社 2005 年版,第 231 页。

〔34〕 王泽鉴:《民法总则》,北京大学出版社 2009 年版,第 437 页。

人和代理人的内部关系上,出于保障被代理人意思的实现,仍应肯定授权行为与其基础关系之间的牵连性。

授权行为的无因性主要表现在两个方面:一方面,授权行为不以基础行为的有效性为前提。代理行为一般以一定的基础关系为其存在的前提,如双方订立委托合同,基于该合同,委托人向受托人进行了授权,但基础关系不成立、无效或被撤销,不影响授权行为的效力。另一方面,实践中存在无基础关系的授权行为,也就是说,在例外情况下,即便当事人之间不存在基础关系,也可以成立授权行为。[35] 例如,甲授权乙购买手机,但当事人之间并未订立委托合同,此种情形即属于无基础关系的授权行为。当然,尽管授权行为的无因性有利于保护相对人的利益和交易安全,但是若第三人在与代理人从事民事行为时明知基础关系有无效的因素,或者明知基础关系已经终止,仍然与其进行交易行为,此时第三人不应当受到保护。

应当指出,在本人和代理人的内部关系上,出于保障本人意思的实现,在某些情形下也应当认定授权行为的有因性,主要理由在于,代理制度的功能就是为了保障或者拓展本人的能力、实现本人的意志。[36] 代理行为有因性主要体现在:一方面,当代理行为终止时,代理人应当及时交回代理证书等资料,若代理人拒绝交回代理证书等资料,本人则可以通过发布公告等形式宣布代理关系的终止。另一方面,为了保护授权人的利益,在当事人之间的基础关系消灭后,在授权人没有其他表示时,则应当推定代理权也归于消灭。[37]

(二)委托授权的表现形式

我国《民法典》第165条规定:"委托代理授权采用书面形式的,授权委托书应当载明代理人的姓名或者名称、代理事项、权限和期限,并由被代理人签名或者盖章"。依据这一规定,委托授权的表现形式是多样的,既可以是书面的,也可以是口头的,只要法律、行政法规没有明确要求,代理权的授予可以采取任何方式。[38] 但书面形式的内容在法律上有特定的要求。

1. 书面形式

书面形式,也称为授权委托书,它是证明代理人有代理权的书面文件。书面形式是实践中经常采用的方式,尤其是在代理事项较为重要、内容较为复杂的情形,为了避免纠纷,应当尽可能采用书面形式。需要指出的是,授权委托书和委托代理合同是不同的。两者的区别表现在:第一,授权委托书是授权行为这一单方法律行为的表现形式,而非合同关系存在的凭证,因此,只需要被代理人签名即可而无须双方的签字。第二,授权委托书一旦颁发,就产生授权的效力,而无须考虑代理人是否同意,但是,委托代理合同必须要由双方达成合意方能生效。第三,授权委托书可以直接证明代理权的存在,即使在代理人和被代理人之间的内部关系中委托合同已终止、无效或被撤销,只要授权委托书没有收回,相对人基于对授权委托书的信赖,与代理人进行的法律行为仍然应当受到保护。

授权委托书应当包括如下内容:第一,代理人的姓名或者名称。如果代理人是自然人,应当记载其姓名;如果代理人是法人或非法人组织,则应当记载其名称。第二,代理事项。根据代理的事项不同,可以将代理区分一般代理和特别代理。一般代理是指对代理权限没有特别

---

[35] 黄立:《民法债编总论》,中国政法大学出版社2002年版,第139页。
[36] [日]我妻荣:《新订民法总则》,于敏译,中国法制出版社2008年版,第302页。
[37] 黄立:《民法债编总论》,中国政法大学出版社2002年版,第139页。
[38] 李适时主编:《中华人民共和国民法总则释义》,法律出版社2017年版,第516页。

限定的代理。一般代理在性质上属于概括授权。所谓特别代理,即代理权限定于某一特定法律行为的代理。[39] 无论是一般代理,还是特别代理,都应当在授权委托书中写明代理事项。第三,代理权限。代理权限是代理权授予的核心内容,代理证书应当载明代理人的姓名或者名称、代理事项、权限和期限,并由被代理人签名或者盖章。在授予代理权限时应当注明是一般代理还是特别代理,如果是特别代理,应当准确地说明代理的具体事项;如果要代理特定事项,则不得采用"全权代理""总委托"之类的表述,而应当明确代理的具体事项。第四,期限。此处所说的期限,是指代理权的存续期限。为了保护交易安全,授权委托书应当载明代理期限。如果授权委托书没有载明代理期限,而只是记载了代理事项,则应当解释为,代理期限截至代理事项完成之时。第五,被代理人签名或者盖章。授权委托书只有被代理人签字或者盖章,才能正式生效。

2. 口头形式

虽然委托代理授权大多采取书面形式,但这并不意味着,委托代理授权都必须采取书面形式。因为口头形式具有简便易行的特点,尤其是对于日常的、小额的交易事项而言,没有必要都采用书面形式。即使是对于重要的交易,在作出书面授权之后,也可能因情况紧急等原因,而紧急进行了口头授权。

此外,代理权也可以以默示的方式授予。所谓默示的方式,是指根据被代理人的行为,在特殊情况下推定被代理人具有授权的意思,此种情况属于默示的授权。默示授权不同于表见代理,两者的区别主要表现在:一方面,在表见代理的情况下,本人可能不知道表见代理人从事的无权代理行为;但是在默示授权的情况下,本人知道代理人从事的是无权代理行为。另一方面,在表见代理情况下,不管本人是否愿意,均可产生有权代理的后果;但是,在默示授权的情况下,本人完全知道代理人的行为,其主观上是愿意接受代理人行为的后果的。所以,只要有证据证明本人知道他人以被代理人的名义实施民事法律行为而不作否认表示的,不管是否符合表见代理的构成要件,都产生有权代理的后果。

(三)授权不明及其责任

所谓授权不明,主要指代理的范围、期限、代理人等内容不明确。实践中普遍存在的空白授权也应当作为授权不明处理。授权不明具体包括如下情形:一是代理的范围不明确,即代理人所代理的事务或其权限不明确;二是代理期限不明确,即代理人究竟在多长时间内行使代理权未作出规定;[40] 三是代理人究竟是一人还是多人,职责如何界定,不够明确。在授权不明的情况下,虽然代理人从事代理行为没有完全的合法依据,但毕竟存在授权,所以不同于完全的无权代理行为。

关于授权不明的法律后果,本书认为,在授权不明情形下,代理人的代理行为可能构成有权代理、狭义的无权代理或者表见代理。[41] 因此,首先应当确定代理行为的效力,如果构成有权代理,则法律效果归属于本人;如果构成有权代理或者表见代理,则应当由被代理人承担代理行为的法律后果;如果构成狭义的无权代理,则应当依据《民法典》第 171 条认定当事人的

---

〔39〕 李双元、温世扬主编:《比较民法学》,武汉大学出版社 1998 年版,第 196 页。

〔40〕 通常代理权的期限同基础关系的期限保持一致,但是也可能发生基础关系成立后单独授权或在存续中撤回授权的可能。参见施启扬:《民法总则》,中国法制出版社 2010 年版,第 288 页。

〔41〕 王叶刚:《论委托代理授权不明时代理人的责任》,载《法学杂志》2018 年第 4 期。

责任。

三、职务代理

(一)职务代理的概念和特征

所谓职务代理,是指根据代理人所担任的职务而产生的代理,[42]即法人或其他组织的成员以及主要工作人员在其职权范围内所从事的民事法律行为,无须法人或其他组织的特别授权,其法律效果应当由法人或其他组织承担。《民法典》第170条第1款规定承认了职务代理。在法律上承认职务代理的意义主要在于:一方面,它使我国法上委托代理的代理权来源多元化。产生委托代理的合同不仅包括委托合同,而且包括劳动合同、合伙协议等。[43] 另一方面,有利于维护交易安全,保护善意第三人的利益。因为法人或者非法人组织需要对外从事各种交易活动,而法人或非法人组织的法定代表人又不可能实施所有这些行为,因而,职务代理在一定程度上弥补了法定代表人制度的不足。因此,当法人或者非法人组织授权、委派某位工作人员对外从事活动(如主管经销的副总经理对外签署经销协议),足以使第三人相信其有权对外订立合同,这就发生有权代理的效果。

职务代理行为不同于一般的代理行为。对一般的代理行为而言,代理人要有明确的授权,代理人也只应当在该授权范围内实施代理行为,相对人在与代理人交易时,也应当查明代理人的代理权。而对职务代理行为而言,代理人的代理权产生于其职务关系,相对人一般只需要审核该工作人员的身份即可,并不需要对其享有的具体代理权限进行审核,因此,只要其有相关的职务证明,相对人对其有代理权的信赖就是合理的。

职务代理的特征主要表现在:

1. 被代理人必须是法人或非法人组织。也就是说,职务代理只可能是法人或非法人组织的工作人员在其职务范围实施的行为。所以,被代理人只能是法人或非法人组织,而不可能是自然人。

2. 代理人必须是法人或非法人组织的法定代表人以外的其他工作人员。职务代理是法人或者非法人组织内部的人员在其职务范围内所为的行为。职务代理与代表行为的区别在于,代表行为是由法定代表人在其职务范围内的行为,而职务代理是法定代表人以外的其他工作人员在其职务范围内的行为。在一定程度上,职务代理可以弥补法定代表人制度的不足。因为法人的法定代表人仅为一人,所以大量的事项需要通过职务代理来实施。

3. 代理权的来源是法人或非法人组织内的特定职权范围。就职务代理而言,并不需要代理权的授予行为,职务代理中代理人是被代理人的工作人员,其担任一定的职务所具有的职权范围就是其获得的代理权。[44] 因此,职务代理人在其职务范围内所为的行为,应视为其所在单位所为的代理行为,法律后果由法人和非法人组织承担,而且此种代理无须特别授权。该职权范围一般没有期限或特定事项的限制,但可以依据法律、行政法规的规定、交易习惯、相对人知悉的法人章程或合伙协议,以及法人或其他组织的规定来确定。

4. 职务代理属于广义上的委托代理。也就是说,在职务代理的情形下,被代理人虽然没有单独授予代理人相关的代理权限,但代理人基于其职务关系,也可以享有相应的代理权,因此,

---

〔42〕 江平、张佩霖:《民法教程》,中国政法大学出版社1986年版,第95页。

〔43〕 尹飞:《体系化视角下的意定代理权来源》,载《法学研究》2016年第6期。

〔44〕 魏振瀛主编:《民法》,北京大学出版社2010年版,第174页。

从本质上说，此种代理权也是基于当事人之间的合同关系而产生的，其也属于委托代理的一种类型。正是因为这一原因，我国《民法典》将职务代理规定在"委托代理"之中。

（二）职务代理不得对抗善意相对人

《民法典》第 170 条第 2 款规定："法人或者非法人组织对执行其工作任务的人员职权范围的限制，不得对抗善意相对人"。该条从维护交易安全、保护善意第三人利益考虑，明确规定了法人或者非法人组织内部对员工的职权范围限制，不得对抗善意第三人。例如，公司内部对其销售部经理明确规定，不得订立超过 10 万元以上的销售合同。但是，该内容的权限限制，第三人并不知道。后来，该销售部经理以公司名义与第三人订立了 20 万元的合同，虽然超出了内部的权限限制，但是，因为第三人对此并不知情，所以，合同仍然有效。因为善意第三人并不可能知道法人内部对其工作人员职权范围的限制，如果事后法人或者非法人组织可以内部存在职权范围限制而不承认工作人员的代理行为，那么第三人的交易安全就得不到保护，这一规定也有利于对相对人和交易安全的保护。

四、复代理

（一）复代理的概念和特征

复代理是相对于本代理而言的。所谓本代理，是指由被代理人选任代理人或者直接依据法律规定产生代理人的代理，一般的代理都是本代理。所谓复代理，又称为再代理，是指代理人为了实施其代理权限内的行为，以自己的名义选定他人担任被代理人的代理人的代理。我国《民法典》第 169 条对此作出了规定，复代理的特征主要表现在：

1. 代理人以自己的名义为被代理人选定代理人。也就是说，复代理人是直接由代理人选定的，而不是由被代理人选定的，如果是由被代理人直接选定并授予其代理权，则属于本代理。代理人选定复代理人，仍然是为了被代理人的利益，而不是为了代理人的利益。在复代理关系形成以后，代理人并没有完全退出代理关系，但是其代理的主要权限已经转移给复代理人，由复代理人行使，其产生的代理后果直接归属于被代理人。〔45〕

复代理人和代理人并不是被代理人的共同代理人，这是因为：一方面，复代理产生的原因在于代理人因为时间、精力、能力等方面的原因而无法完成被代理人的事项，所以才由代理人委任新的代理人从事该代理行为，由复代理人从事委托事项并直接对被代理人负责。而共同代理是指，被代理人同时委托两个或两个以上的人作为其代理人，并从事共同代理行为，其行为的后果由被代理人负责。所以，复代理与共同代理产生的基础不同。另一方面，在复代理关系产生以后，代理人的代理权益基本移转给了复代理人，其不再从事代理事务，这与共同代理中双方要共同行使代理权是不同的。

2. 复代理人是被代理人的代理人，而不是代理人的代理人。如果复代理人仍然是代理人的代理人，则实际上是一般的代理，而不是复代理。由于复代理人是被代理人的代理人，这就决定了尽管复代理人是代理人选定的，但其仍然要以被代理人的名义行为。尤其是复代理人也享有一定的代理权限。其本身并不是代理人的辅助人，而是独立的代理人，其在代理的权限范围内仍然可以独立地作出或接受意思表示。复代理人从事代理行为所产生的一切法律效果，也应当由被代理人承担。不过，由于复代理人是因为转代理而取得代理权的，其权限不得超出代理人的代理权限。

---

〔45〕 郑玉波：《民法总则》，中国政法大学出版社 2003 年版，第 412 页。

3. 复代理人是代理人基于复任权而选任的。复任权,是指选择他人作为复代理人的权利。复代理人因为代理人行使复任权而成为复代理人,其代理权限直接源于代理人所享有的代理权,因此,复代理人的权利不能超过代理人的权限,尽管代理人因选定复代理人而不再行使代理权,但由于复代理人是代理人选定的,所以代理人对复代理人的行为享有监督的权利,并有权直接解除复代理人的代理权。如果因为选任的过失,造成了被代理人的损害,代理人应当承担选任上的过错责任。

关于复代理权的产生,应当区分法定代理和委托代理。我国《民法典》将复代理规定在“委托代理”部分,表明复代理主要适用于委托代理。但是,在法定代理中,是否可以适用复代理,值得探讨。本书认为,复代理原则上不适用于法定代理,法定代理是基于法律规定而产生的,法定代理人的职责也是由法律规定的,其原则上应当亲自履行法定代理职责,而不得另行为被代理人选择代理人。当然,在法定代理的情形,也可能出现紧急情况,需要委托他人实施代理职责。例如,某个法定代理人因出国或患病等,无法实施代理行为,此时,其可以临时委托他人进行代理,但不能完全免除法定代理人的责任。还应当看到,在复代理中,代理人在为被代理人选择代理人时,其应当有复任权,而在法定代理中,被代理人通常无法对代理人进行授权。因此,复代理一般不适用于法定代理。

(二)复代理的生效条件

1. 复代理的生效条件

在委托代理中,复代理的产生必须符合如下条件:

(1)委托代理人为被代理人的利益需要转托他人代理的,只有在代理人因为种种原因,不能够亲自执行代理事务,完成预定代理任务的情况下,为了被代理人的利益,才有必要实行转委托。所以转委托也是完成代理事务的一种特殊方式。

(2)如果为了被代理人的利益确实需要转委托,要取得被代理人的同意,[46]即使代理人为了被代理人利益考虑,有必要将委托的事务全部或部分地委托他人,也必须要事先取得被代理人的同意。如果没有取得被代理人的同意,代理人擅自将代理事项委托他人行使,也可以在代理人和第三人之间形成代理关系,但并不是复代理关系。在此情况下,应当由代理人向被代理人承担责任。

(3)出现紧急情况而不需要取得被代理人的同意。复代理人必须要取得被代理人的同意,在一般的委托代理中,代理是基于一定的人身信任关系而产生的,而代理权在性质上是一种资格,因此不得由代理人转让给他人行使。但是在征得被代理人同意的情况下,可以由代理人将代理事务转托他人。如果没有经过被代理人的同意,代理人不得擅自转委托。因此,在委托代理中,委托代理人原则上不享有复任权。只是在法律规定的例外情况下,符合法定的条件时,代理人才享有复任权。因此,《民法典》第 169 条第 1 款规定,“代理人需要转委托第三人代理的,应当取得被代理人的同意或者追认”。

2. 代理人擅自转委托的责任

《民法典》第 169 条第 3 款规定:“转委托代理未经被代理人同意或者追认的,代理人应当对转委托的第三人的行为承担责任;但是,在紧急情况下代理人为了维护被代理人的利益需要转委托第三人代理的除外。”该条规定了代理人擅自转委托责任的构成要件,具体而言:

---

〔46〕 王泽鉴:《民法总则》,北京大学出版社 2009 年版,第 425 页。

(1)转委托未经被代理人事先同意或事后追认。所谓被代理人事先同意,是指被代理人对代理人转委托行为作出了授权。所谓事后追认,是指被代理人事后对代理人转委托的行为进行了认可,表示同意该转委托行为。只有在代理人既未取得被代理人事先同意,也未取得其事后追认时,才构成擅自转委托。

(2)不存在法定的紧急情况。依据《民法典》第169条第3款,转委托代理在紧急情况下可以不需要征得被代理人的同意。一般认为,由于急病、通讯联络中断等特殊原因,委托代理人自己不能办理代理事项,又不能与被代理人及时取得联系,如不及时转托他人代理,会给被代理人的利益造成损失或者扩大损失的,属于《民法典》第169条中的"紧急情况"。只有出现了紧急情况,代理人才能选定复代理人,而不需要取得被代理人的同意。

在代理人擅自转委托的情形下,该转委托行为对被代理人不发生效力,同时,代理人应当对转委托的第三人的行为承担责任,因为在代理人未取得复任权的情形下,其擅自转委托代理的行为违背了被代理人的授权意愿,被代理人也不需要承受该第三人的行为的法律后果,被代理人因此遭受损失的,有权请求代理人赔偿。

(三)复代理的法律效果

在复代理关系产生以后,对于原代理人而言,其并没有退出代理关系,仍然可以作为代理人,其可以基于自己的判断,指示复代理人实施民事法律行为。只要是在代理的权限范围内,原代理人都可以要求复代理人从事一定的行为。正是因为这一原因,复代理人既要接受原代理人的指示,也要接受被代理人的指示。因此,复代理人需要同时对他们负责。当然,在两者的意见不一致时,复代理人应当听从被代理人的指示,因为复代理人是被代理人的代理人。[47]如果因为复代理人的原因造成被代理人的损害,如何确定原代理人的责任?依据《民法典》第169条第2款的规定,原代理人只是在两种情形下要对被代理人承担责任:第一,就其对第三人的选任负责。如果原代理人在第三人的选任方面存在过错,因此导致被代理人的损失的,应当由原代理人负责。第二,就其对第三人的指示负责。也就是说,如果原代理人所下的指示存在错误,复代理人据此行为而导致被代理人损失的,应当由原代理人负责。

对于复代理人而言,一旦转委托代理经过被代理人同意或者追认,复代理关系成立。在此情况下,复代理人成为被代理人的代理人。复代理人可以以被代理人的名义实施法律行为或准法律行为,由此产生的一切法律后果都应当由被代理人承担。《民法典》第169条第2款规定:"转委托代理经被代理人同意或者追认的,被代理人可以就代理事务直接指示转委托的第三人……"法律作出此种规定,是因为复代理人已经成为被代理人的代理人,因此,被代理人可以就代理事务直接指示复代理人,复代理人应该严格按照被代理人的指示而不是代理人的指示行为。复代理人在代理权限内所从事代理行为的效果都应当由被代理人承担,如果超越代理权限从事代理行为,则构成无权代理。如果无权代理的行为符合表见代理的构成要件,也应当由被代理人承担责任。但是,如果转委托代理未经被代理人同意或者追认的,则复代理人实施的行为构成无权代理。

对于被代理人而言,在复代理关系生效之后,复代理人实施的行为其法律后果直接归属于被代理人。而且,在代理行为实施过程中,被代理人既可以向原代理人,也可以向复代理人作出指示。

---

〔47〕 李适时主编:《中华人民共和国民法总则释义》,法律出版社2017年版,第526页。

第五节 代理权的行使

一、一般原则

代理权的行使,是指代理人在代理权限内,以被代理人的名义实施的代理行为。因代理人在代理权限内所从事的代理行为而产生的法律效果,都应当由被代理人承担。但代理人在行使代理权的过程中,应当遵守一定的原则,这些原则主要如下:

1. 代理人必须在代理权限内从事代理行为。也就是说,代理人必须严格按照授权的规定行为,具体包括:第一,代理人应当在代理权限的范围内行为。代理人只能在代理权规定的代理事由、代理范围内行使代理权。第二,代理人未经被代理人的同意,不得擅自扩大和变更代理权限。如果代理人在从事代理活动过程中,发现代理的事务因客观原因的变化应当加以改变,应当及时与被代理人联系,征求被代理人的意见。另外,除非符合法定的转代理的条件,否则,不能擅自从事转代理行为。第三,代理期限一旦届满,就应当及时告知被代理人,如果被代理人不延长期限,代理人应当停止代理活动。第四,如果授权不明,代理人应当及时向被代理人提出,尽快明确授权的范围。

2. 代理人必须亲自从事代理行为。代理关系具有浓厚的人身信赖色彩,被代理人常常是基于对代理人的知识、技能、信用等的信赖而委托代理人的。既然代理是基于高度信任关系而产生,代理人必须亲自从事代理行为,才符合被代理人的意志和利益。代理人在从事代理活动中,委托代理人为被代理人的利益需要转托他人代理的,应当事先取得被代理人的同意。只有在紧急情况下,为了保护被代理人的利益才可不经被代理人同意而转托他人代理。但转委托应当按照法律关于转委托的规定和当事人的约定进行,并尽可能维护被代理人的利益,除非经被代理人同意,或者有紧急情况,不得将代理事务转委托他人。代理人在实施代理行为时可以使用辅助人,但不得让他人替代自己实施代理行为。基于代理关系的人身信赖性质,代理权一般不得转让。

3. 代理人必须依据诚信原则从事代理行为。诚信原则是从事任何民事活动所应当遵循的一般原则,代理行为也不例外。代理人依据诚信原则行为主要表现在:第一,代理人必须努力尽到勤勉和谨慎的义务,充分维护被代理人的利益。如果客观情况发生变化需要改变委托事务,代理人应当及时向被代理人报告。代理人作出的报告应当是真实的,不应当出现虚伪不实等可能使被代理人陷入错误的陈述。第二,代理人在代理活动中,除当事人另有特别约定外,应当对被代理人的财产和各种代理事务尽到善良管理人的注意。例如,对被代理人的财产应当妥善保管,如果确实有必要,也应当从事一些必要的对财产的保存、利用和改良行为。[48] 从事这些行为,应当及时报告被代理人。另外,从事改良行为,应当以不变更物和权利的性质为限。第三,代理人应专为被代理人而非自己或第三人的利益进行代理行为,原则上不得将自己置于使被代理人利益与自己利益相冲突的地位。代理人应当从维护被代理人的利益出发,争取获得对被代理人最有利的结果。第四,代理人在从事代理活动中,应当尽到及时报告的义

---

〔48〕 魏振瀛主编:《民法》,北京大学出版社 2010 年版,第 180 页。

务，使被代理人及时了解有关情况。第五，在代理关系终止以后，代理人必须要按照诚信原则履行报告、保密、结算等义务，并应当及时交还代理证书及有关资料。

4. 代理人必须正当行使代理权。代理人在从事代理行为时，应当依据法律规定和诚信原则正当行使其代理权，不得滥用代理权，从事自己代理、双方代理等损害被代理人利益的行为。《民法典》第 164 条第 1 款规定："代理人不履行或者不完全履行职责，造成被代理人损害的，应当承担民事责任。"

二、代理权滥用的禁止

（一）自己代理

所谓自己代理，是指代理人以被代理人的名义与自己从事法律行为。自己代理存在两种情况：一种情况是代理人以自己的名义向被代理人发出要约且代理人以被代理人的名义予以承诺；另一种情况是代理人以被代理人的名义向自己发出要约且以自己的名义进行承诺。这种行为违反了代理人应当负有的忠实义务，属于滥用代理权的行为，在法律上应当予以禁止。[49]《民法典》第 168 条第 1 款规定："代理人不得以被代理人的名义与自己实施民事法律行为，但是被代理人同意或者追认的除外。"这就明确了代理人不得从事自己代理行为。

《民法典》第 168 条第 1 款实际上是将自己代理作为无权代理对待。也就是说，在代理人实施自己代理行为时，只有在两种情况下才能发生效力：第一，被代理人的事先同意。自己代理经过被代理人的同意也可以有效。如果自己代理对被代理人并无不利，并不发生利益的冲突，被代理人也会事先同意代理人的行为。第二，被代理人的事后追认。也就是说，在代理人实施了自己代理行为之后，被代理人也可以自愿追认这一行为，从而使这一无权代理转化为有权代理。

（二）双方代理

双方代理是指同时代理被代理人和相对人为同一法律行为。其特点是：第一，代理人获得了被代理人和相对人的授权，如果仅有一方的授权，不构成双方代理。第二，双方授权的内容是相同的，如果双方都对同一个代理人作出了授权，但授权的内容、代理事项不同，也不构成双方代理。第三，代理人同时代理双方为同一法律行为。

法律之所以禁止双方代理，主要是基于如下两种理由：第一，代理人在实施代理行为时，需要独立地作出意思表示，与相对人进行交易，而在双方代理的情形下，很难认定存在双方的意思表示。[50] 第二，在双方代理的情形下，由于交易双方的利益难免冲突，一人操纵包办，不免顾此失彼，并且名为双方协议，实际上却毫无协商余地，因而很容易损害被代理人的利益。此外，同自己代理一样，在双方代理中，也没有第三人实际参加进来，与代理关系的概念有所不符，并可能会损害被代理人的利益。[51] 正是因为这一原因，《民法典》第 168 条第 2 款规定："代理人不得以被代理人的名义与自己同时代理的其他人实施民事法律行为，但是被代理的双方同意或者追认的除外。"由此可见，我国《民法典》原则上禁止双方代理。

依据《民法典》的上述规定，双方代理属于效力待定的行为，只有在如下情形下才能生效：第一，双方代理经过被代理人的同意可以生效。两个被代理人都通过默示的方式同意双方代

---

〔49〕［日］四宫和夫：《日本民法总则》，唐晖等译，五南图书出版有限公司 1995 年版，第 250 页。

〔50〕郑玉波：《民法总则》，中国政法大学出版社 2003 年版，第 418 页。

〔51〕佟柔主编：《中国民法》，法律出版社 1990 年版，第 208 页。

理行为,或一方被代理人通过授权代理人从事某种代理行为,另一方被代理人知道该行为的内容而仍然授权该代理人从事该代理行为。第二,被代理人双方的事后追认。需要指出的是,虽然双方代理类似于无权代理,但是,其与无权代理仍然存在一定的区别。无权代理属于没有代理权、超越代理权或者代理权终止后的行为,而在自己代理和双方代理中,代理人属于滥用代理权,违反了代理人应当具有的忠实、勤勉义务,从而导致可能存在利益冲突,但其通常属于有权代理。

(三)代理人与相对人恶意串通,损害被代理人的利益

《民法典》第164条第2款规定:"代理人和相对人恶意串通,损害被代理人合法权益的,代理人和相对人应当承担连带责任"。本条适用于代理人和相对人恶意串通损害被代理人利益的情形,该条的适用应当满足以下两项条件:

1. 代理人和相对人恶意串通。例如,代理人和相对人串通,约定为被代理人高价购买一台设备,相对人给付代理人一定的回扣。所谓"恶意",是相对于"善意"而言的,即明知或应知某种行为将造成对被代理人的损害而故意为之。恶意串通指双方当事人非法串通在一起,共同实施某种行为致被代理人利益损害。在互相串通的情形下,当事人在主观上都具有共同的意思联络、沟通,都希望通过实施某种行为而损害被代理人的利益。如果仅有一方的损害被代理人利益的行为,而另一方并不知悉,则不能认定为串通。

2. 损害被代理人的合法权益。《民法典》第164条第2款的适用,应当以被代理人遭受了实际的损害为前提。因为在互相串通的情况下,代理人与相对人应当负连带责任,共同赔偿被代理人因此所受的损失。因此,被代理人必须实际遭受了损害。

在上述情形下,此种代理行为因为违背公序良俗原则而无效。此外,《民法典》第164条第2款规定,代理人和相对人还应当对被代理人承担连带责任。从责任性质上看,此种责任应当属于因共同侵权而承担的连带责任。

第六节　代理行为及其效果

一、代理行为的性质

关于代理行为的性质,存在以下三种不同的学说:

1. 被代理人行为说。此种观点为德国学者萨维尼倡导,认为代理人实际上是被代理人的机关,被代理人正是借助于代理人来发出或者接受意思表示。代理人表达的意思必须是被代理人的意思,代理人实际上也是在替代被代理人发出或者接受意思表示,所以代理的效果应当由被代理人承担。

2. 代理人行为说。此种观点为德国学者温德夏特所倡导,认为代理是代理人自己的行为,按照私法自治理论,代理人在从事代理行为时应当独立作出意思表示。虽然代理行为的效果应当归属于被代理人,但并不意味着就应当将代理人与被代理人混同。[52]

3. 折中说或共同行为说。此种观点认为,应当将代理行为看作是代理人与被代理人的共

---

〔52〕 郑玉波:《民法总则》,中国政法大学出版社2003年版,第404页。

同行为,因此行为的要件应当部分以代理人为准、部分以被代理人为准。[53]

本书认为,折中说比较合理。一方面,代理人都是具有相应民事行为能力的自然人,只要在授权范围内便可以自己的意思独立从事民事法律行为;尤其是授权行为不可能十分具体,而只能由代理人根据具体情况来作出判断。例如,被代理人授权代理人购买某一个标的物,则就该标的物的质量等情况要由代理人根据具体情况判断,并选择一个特定的标的物进行购买。因此,允许代理人独立地进行意思表示,既符合代理的本质要求,也能够使代理人圆满地完成被代理人委托的事项。另一方面,代理人实施代理行为也要体现被代理人的意志。代理之所以在最终的法律效果上要归属于被代理人,根本原因在于代理人是基于被代理人的意思从事代理行为。当然,代理人要按照被代理人的意志行为,主要是指代理人应当在授权范围内按照诚信原则的要求从事代理行为,而在具体的民事法律行为中,代理人又应当独立地作出或者接受意思表示。所以,代理人实施行为可以说是代理人和被代理人意志的共同产物。

二、代理行为的生效要件

(一)代理人应当具有相应的行为能力

代理人通常应当具有完全民事行为能力,但是,在委托代理中,被代理人以限制民事行为能力人作为其代理人,也是法律允许的。依据《民法典》的规定,限制民事行为能力人可以独立实施与其年龄、智力以及精神健康状况相适应的民事法律行为,其当然也可以代理实施此类民事法律行为,而且即便相关民事法律行为超出了其行为能力限度,由于在委托代理中,代理的法律效果归属于被代理人而非代理人,并不会损害代理人的利益,因此,其应当也可以代理实施此类民事法律行为。

不过,代理人不应当是无民事行为能力人。因为代理与使者的区别在于代理人需要独立作出或者接受意思表示,因此代理人需要具有意思能力,从而能够进行意思表示。

(二)代理事项应当合法

代理事项即法律行为的标的应当是合法、有效的,不能违反法律的强制性规定和公序良俗,否则,该代理行为将因标的违法而被宣告无效。所谓代理事项违法,主要包括两种情况:第一,被代理人将违法的代理事项委托给代理人实施,或者代理事项合法,但代理人实施的行为违法。例如,被代理人委托代理人购买毒品或者其他非法物品。第二,代理事项本身并无违法性,但该事项不得代理,只能由被代理人亲自实施,如果由代理人实施,也构成违法。例如,结婚行为不能由他人代理。[54] 如果代理人知道或者应当知道代理行为违法,但未作反对表示的,则被代理人应当与代理人对损害后果承担连带责任。

(三)代理人应在代理权限内从事代理行为

代理人从事代理行为必须在代理权限内进行,该行为方能合法、有效。但这并不意味着任何无权代理行为都将导致代理行为无效,如果无权代理行为事后得到被代理人的追认,或者其符合表见代理的构成要件,该行为也是有效的。此外,代理中授权必须是合法有效的,在法律对授权行为规定一定形式要件的情况下,该授权行为应当符合法定形式要件的要求。

(四)代理行为不存在效力瑕疵

所谓代理行为不存在效力瑕疵,是指代理人与相对人进行的行为中,不存在意思表示瑕

---

〔53〕 龙卫球:《民法总论》,中国法制出版社2002年版,第64~66页。

〔54〕 石宏主编:《中华人民共和国民法总则条文说明、立法理由及相关规定》,北京大学出版社2017年版,第392页。

疵、违反公序良俗等影响合同效力的因素。[55] 代理人获得代理权限后,其代理事项可能是合法的,但代理人从事这些事项过程中可能存在意思表示不真实等影响合同效力的因素。例如,代理人故意实施欺诈行为订立合同,则该合同可以被撤销。

三、代理行为的法律效果

代理行为的法律效果是指代理人从事代理行为后产生的法律效果。从效果归属上来说,只要授权行为是合法有效的,或者符合表见代理的要件,代理行为的法律效果应当归属于被代理人,具体而言:

1. 代理人在代理权限内以被代理人的名义发出或接受意思表示,直接对被代理人发生效力,[56] 所以代理的效果应当归属于被代理人。在实施无权代理行为后获得被代理人的追认,由此产生的一切权利义务关系也应当由被代理人承担。

2. 授权行为合法有效,但代理人代理被代理人与第三人订立的合同不成立、被宣告无效或者被撤销,原则上应当由被代理人向第三人承担责任,因为代理人并非该合同的当事人,但法律规定代理人应当承担责任的情况除外。

3. 在代理人从事无权代理行为但构成表见代理时,代理的效果由被代理人承担。

4. 因代理行为违法导致他人损害时,原则上应当根据过错原则来确定被代理人的责任。

四、代理人的责任

代理人依法从事代理行为,在代理行为完成后,代理人将退出被代理人和相对人之间的法律关系,对于代理行为的法律后果不应承担责任。但是,代理人在接受委托或者从事代理行为过程中,可能会存在过错。在此种情况下,代理人应当依据法律规定或者与被代理人之间的合同约定承担相应的民事责任。代理人的责任包括两种:一是对被代理人的责任,二是对相对人的责任。

(一)代理人对被代理人的责任

《民法典》第164条第1款规定:"代理人不履行或者不完全履行职责,造成被代理人损害的,应当承担民事责任"。代理人行使代理权的目的本来是实现被代理人的利益,因此,代理人履行职责应当依据法律规定或委托授权的权限从事代理行为,履行应尽的职责。如果代理人应当履行其职责,而没有履行或者没有完全履行,就应当承担责任。例如,本来应当及时购买某产品,由于贻误了时机,导致在价格上涨后购买,被代理人遭受了损害。此时,代理人就应当对被代理人负责。同时,代理人也不得滥用代理权,从事自己代理、双方代理以及其他有损被代理人利益的行为。此外,代理人不得实施违法行为,损害被代理人利益。例如,代理人本应受托购买某项技术,但未购买该技术,而实施侵害他人知识产权的行为,最终造成被代理人的损害。上述行为都表明,代理人未尽其职责,造成被代理人损害的,应当承担相应的民事责任。还应当看到,如果代理人与被代理人之间存在合同关系,因代理人不正当行使代理权而违反合同义务时,应当对被代理人承担违约责任。

(二)代理人对相对人的责任

代理人在从事代理行为时,也应当兼顾相对人利益。如果因代理人的过错导致相对人损害的,应当承担民事责任。具体来说,包括如下情形:

---

[55] [日]四宫和夫:《日本民法总则》,唐晖等译,五南图书出版有限公司1995年版,第257页。

[56] 参见《德国民法典》第164条、《日本民法典》第99条。

1. 代理人从事无权代理行为,未获得被代理人追认,又未构成表见代理的。此时,代理行为无效,代理人应当对相对人承担全部责任。

2. 代理人明知代理事项违法,而仍然从事代理事务,造成第三人损害的情况下,由于代理人和被代理人对代理事项违法存在意思联络,应当由代理人和被代理人共同承担连带责任。

3. 代理人对相对人单独从事侵权行为,代理人应承担相应的法律责任。[57] 例如,代理人在从事代理行为过程中故意实施殴打相对人的行为,造成相对人损害的,则其应当单独承担损害赔偿责任。但如果符合用工责任的构成要件,则代理人也应当承担相应的责任。

第七节 代理权的消灭

一、委托代理终止的原因

根据《民法典》第 173 条的规定,委托代理因下列原因而终止:

1. 代理期限届满或者代理事务完成。代理期限是被代理人授权代理人行使代理权的期限,代理人只能在代理期限内行使代理权。被代理人在授权代理人从事某项事务时,其可能没有明确代理期限,此时,在代理事务完成时,委托代理也应随之终止。当然,在实践中,被代理人所授予的代理期限可能不明确,或者代理事务范围不清楚,一般认为,在此情况下,被代理人有权随时以其单方意思表示加以确定。[58]

2. 被代理人取消委托或者代理人辞去委托。在代理关系存续期间内,被代理人有权取消委托,被代理人取消委托的,代理关系也随之终止。当然,代理人也可在完成某项代理事务后,随时提出终止代理关系。当然,在被代理人是基于委托合同而授予代理权的情形下,如果被代理人取消委托或者代理人单方辞去委托构成违约,则对方当事人有权请求其承担违约责任。

需要讨论的是,如果被代理人取消了委托,而第三人并不知道,或者不是全部取消委托,而是对代理权限进行了限制,第三人对此也不知情,在此情形下,第三人是善意、无过失的,此时,代理权的取消或者无效对第三人是否发生效力?一般认为,此种情形下,代理权的消灭和变更不得对抗善意第三人。[59]

3. 代理人丧失民事法律行为能力。在代理关系存续期间内,如果代理人丧失民事行为能力,无法从事代理行为,则代理关系也随之终止。当然,如果代理人并非完全丧失民事行为能力,而只是变为限制民事行为能力人,而且不因此影响其实施代理行为的,则代理关系并不当然因此终止。

4. 代理人或者被代理人死亡。代理关系具有严格的人身属性,因此代理权必须由代理人亲自行使。代理人死亡以后,代理关系自然终止,代理权不能发生继承。同时被代理人死亡的,通常也会导致代理行为的意义不复存在。因此,代理关系也应当随之终止。当然,如果出现《民法典》第 174 条第 1 款所规定的情形,则即便被代理人已经死亡,代理人所实施的代理行

---

〔57〕 郑玉波:《民法总则》,中国政法大学出版社 2003 年版,第 424 页。

〔58〕 佟柔主编:《中国民法》,法律出版社 1990 年版,第 216 页。

〔59〕 郑玉波:《民法总则》,中国政法大学出版社 2003 年版,第 428 页。

为仍继续有效,具体而言:第一,代理人不知道且不应当知道被代理人已经死亡的。为了保障代理人的利益,如果其不知道且不应当知道被代理人已经死亡的,则代理关系不终止。第二,被代理人的继承人予以承认。被代理人死亡后,如果被代理人的继承人知道代理人的身份,并对代理人实施代理行为予以承认的,则代理关系也不终止。第三,授权中明确代理权在代理事务完成时终止。如果被代理人在授权时没有明确委托代理的期间,而是规定必须完成代理事务,此时,为尊重当事人的意思自治,即便被代理人死亡,委托代理也不终止。[60] 第四,被代理人死亡前已经实施,为了被代理人的继承人的利益继续代理。也就是说,在被代理人死亡前,代理人已经实施了一定的行为,如果继续实施代理行为对被代理人的继承人是有利的,则代理关系不终止。当然,即便维持代理关系对被代理人的继承人有利,如果继承人提出异议,也应当允许其终止代理关系。

5. 作为代理人或者被代理人的法人、非法人组织终止。如果法人是被代理人或代理人,法人因各种原因终止的,其民事主体资格不复存在,代理关系因为缺乏一方主体,也不应当继续存在。但是,法人被吊销营业执照时,其主体资格并没有消灭,不能认为法人终止。在清算期间,法律允许清算法人从事必要的事务,如果已经成立代理关系,则应当继续有效。[61]

需要指出的是,《民法典》第 174 条第 2 款规定:“作为被代理人的法人、非法人组织终止的,参照适用前款规定”。依据该条规定,如果作为被代理人的法人或者非法人组织终止时,代理人不知道并且不应当知道被代理人终止的,则承继被代理人权利的民事主体予以承认,授权中明确代理权在代理事务完成时终止,被代理人终止前已经实施,为了被代理人的权利承继人的利益需要继续代理的,则代理关系也不终止。

二、法定代理终止的原因

依据《民法典》第 175 条的规定,法定代理因下列原因而终止:

1. 被代理人取得或者恢复完全民事行为能力。如果被代理人取得或恢复民事行为能力,如未成年人年满 18 周岁,或者精神病人恢复精神健康等,法定代理的原因不复存在,应导致代理权终止。

2. 代理人丧失民事行为能力。在法定代理法律关系中,法定代理人需要代理被代理人实施民事法律行为,其应当具有相应的民事行为能力,否则无法实施代理行为。因此,在代理人丧失民事行为能力时,法定代理关系也随之终止。

3. 代理人或者被代理人死亡。在法定代理中,如果代理人或者被代理人死亡,法定代理关系存在的意义也将不复存在。此处的所说的“死亡”不限于自然死亡,还包括宣告死亡。[62] 在法定代理中,如果被代理人死亡,代理关系应当终止。代理关系的终止时间,以代理人知道被代理人死亡的时间为准。如果代理人死亡,则和委托代理一样,将自动导致代理关系的终止。

4. 法律规定的其他情形。例如,收养关系解除,收养人和被收养人之间的监护关系消灭,则收养人的代理资格丧失。[63]

三、代理关系终止的效力

在代理关系终止以后,代理权归于消灭,代理人不得再以被代理人的身份从事代理活动,

---

〔60〕 石宏主编:《中华人民共和国民法总则条文说明、立法理由及相关规定》,北京大学出版社 2017 年版,第 408 页。

〔61〕 佟柔主编:《中国民法》,法律出版社 1990 年版,第 217 页。

〔62〕 郑玉波:《民法总则》,中国政法大学出版社 2003 年版,第 429 页。

〔63〕 魏振瀛主编:《民法》,北京大学出版社 2010 年版,第 184 页。

否则构成无权代理。代理关系一旦终止,代理人应当依据法律规定和诚实信用原则履行如下义务:

1. 及时报告代理事宜和移交财产的义务。代理人应当及时向被代理人以及其继承人、清算人等就有关代理的事务和财产事宜,及时报告和移交,妥善处理善后事宜。

2. 及时交回代理证书的义务。代理证书是证明代理权的证明文件,在代理终止后,如果其仍然保留在代理人手中,则会危及交易安全,也会损害被代理人和相对人的利益。因此,在代理关系终止后,被代理人有权要求代理人交还证书。[64] 如果代理人在代理权终止以后,仍然保留代理证书,以代理人的名义继续行为,将构成无权代理。

3. 履行忠实、保护等附随义务。代理人应当按照诚信原则履行后契约义务,即忠实、保密等义务。代理人不得向他人泄露有关被代理人的秘密,不得利用被代理人的有关文件从事不正当行为等。

代理关系终止以后,第三人可能并不知道代理终止的事由的发生,如果代理人仍然从事代理行为,善意第三人仍与代理人从事民事行为,则依据表见代理,此种代理行为依然有效。

第八节　无权代理

一、无权代理概述

所谓无权代理,顾名思义,是指代理人在从事代理行为时未获得代理权。代理权是代理行为发生的基础和前提,代理人只有基于代理权才能从事有效的代理行为。而在没有代理权的情况下所实施的任何行为,都构成无权代理。无权代理就是代理人无代理权、超越代理权或在代理权终止以后所从事的代理行为。具体来说,无权代理从形态上包括以下四种类型:

1. 代理人根本无代理权的代理。也就是说,代理人在未得到任何授权情况下,便以被代理人的名义从事代理行为,或者根本不是法定代理人而以法定代理人名义从事代理活动。至于无权代理人利用他人的废、假支票进行诈骗或者伪造他人的公章、营业执照、名章、合同书文本、介绍信等从事欺诈行为,则属于典型的无权代理行为。

2. 超越代理权的无权代理,即代理人虽享有一定的代理权,但其实施代理行为超越了代理权的范围或对代理权的限制。超越代理权可分为量的超越和质的超越,如超过规定的数量而购买某种产品,称为量的超越;若本应购买某种商品而购买其他商品则属于质的超越,这两种情况都构成超越代理权。[65]

3. 代理权终止以后的无权代理。代理权可能因被代理人撤销委托、代理期限届满等原因而终止,在代理权终止以后,代理人明知其无代理权而仍然以被代理人名义从事代理活动,或者因过失而不知道其代理权已丧失而继续进行代理活动,都会发生无权代理。被代理人向代理人作出限制和撤回授权的通知以后,代理人超越授权的范围而行为,也构成无权代理。

4. 在授权的意思表示未到达代理人时,代理人以被代理人的名义从事了代理行为,也构成

---

〔64〕 郑玉波:《民法总则》,中国政法大学出版社 2003 年版,第 429 页。

〔65〕 章戈:《表见代理及其适用》,载《法学研究》1987 年第 6 期。

无权代理。因为在此种情况下,被代理人的授权意思表示根本没有到达代理人,授权的意思表示并未生效,因此该授权行为不能成立,代理人实施的代理行为构成无权代理。

无权代理行为尽管从根本上违反了被代理人的意志,但该行为并非当然无效。如果代理人的代理行为虽然是无权代理,但善意相对人客观上有理由相信代理人有代理权,法律为了保护交易安全和秩序,仍然承认此种代理发生有权代理的效力,此时无权代理将转化成为表见代理。

二、无权代理的分类

无权代理可以分为两类,即表见代理和狭义的无权代理。所谓表见代理,是指行为人没有代理权、超越代理权或者代理权终止后,以被代理人名义订立合同,相对人有理由相信行为人有代理权的,该代理行为有效。[66] 从狭义上说,无权代理则仅指除表见代理以外的无权代理。狭义的无权代理与表见代理具有一定的联系,表现在:一方面,表见代理主要是因为无权代理行为而产生的,它是指行为人没有代理权、超越代理权或者代理权终止后所从事的代理行为,仍然属于广义上的无权代理。所以在实践中,许多无权代理行为既可能符合表见代理的构成要件,也可能仅属于狭义无权代理的范畴。另一方面,无论是狭义的无权代理,还是表见代理,无权代理人从事的无权代理行为都可能给被代理人造成损害,无权代理人应当向被代理人承担损害赔偿责任,不能因为狭义的无权代理已转化为表见代理就免除无权代理人应承担的损害赔偿责任。

从目的上说,尽管表见代理属于广义的无权代理范畴,它和狭义的无权代理在性质上仍然存在明显的差别。我国民法采纳表见代理制度的根本原因在于保护相对人的利益,维护交易安全。然而狭义的无权代理制度设立的根本目的不是保护相对人,而是保护被代理人的利益。因为在行为人实施这种行为以后,是否承认这种行为的效力,完全由被代理人决定,在被代理人拒绝承认该行为以后,应当由无权代理人承担责任。

狭义的无权代理与表见代理的主要区别表现在(见表9-1):

表9-1 表见代理和狭义的无权代理的区别

区别	表见代理	狭义的无权代理
目的	保护相对人的利益,维护交易安全	保护被代理人的利益
构成要件	无权代理人从事的无权代理行为使善意相对人有正当理由相信其有代理权	代理人无代理权而从事代理行为且无权代理行为不可能使相对人信赖其有代理权
法律效果	无权代理行为对被代理人产生拘束力,被代理人须对之承担责任	无权代理行为处于效力待定状态,必须经过被代理人的追认,才能对被代理人产生效力
被代理人有无追认权	无	有

1. 构成要件不同。尽管表见代理属于广义的无权代理,但其构成要件不同于狭义的无权代理。狭义的无权代理是指代理人根本无代理权而从事代理行为,且其无权代理行为也不可能使相对人信赖其有代理权。因此,狭义无权代理也可以称为"纯粹的无权代理"。而在表见代理的情况下,无权代理人所从事的无权代理行为,使善意相对人有正当理由相信其有代理权。

---

〔66〕 参见原《合同法》第49条。

2. 法律效果不同。在狭义无权代理的情况下，被代理人享有追认权。无权代理行为能否发生效力根本上取决于被代理人是否追认。正是在这个意义上，狭义无权代理行为在性质上属于效力待定的行为。而在表见代理的情况下，无权代理行为无须经过被代理人的追认就可以直接对被代理人发生效力。因此，一旦无权代理行为符合表见代理的要件，被代理人便不享有追认权，即便该无权代理行为违反了被代理人的意志或利益，被代理人也不能否认该行为对其产生的拘束力，必须承担该行为的后果。

3. 被代理人是否有权否认无权代理的效果方面不同。表见代理不同于狭义的无权代理之处还在于被代理人不得享有追认权，也就是说，只要相对人提出表见代理的要件具备、主张表见代理的效力时，根本无须考虑被代理人是否追认的问题。即使被代理人不追认，也不影响表见代理的构成。

三、狭义的无权代理

（一）狭义的无权代理的概念与特征

所谓狭义的无权代理，是指行为人既没有被代理人的实际授权，也没有足以使第三人善意误信其有代理权外观的代理。简单地讲，是指表见代理以外的欠缺代理权的代理。[67] 由于在行为人实施了狭义的无权代理行为以后，该行为将可能损害被代理人或第三人的利益，所以，法律有必要设立无权代理制度，确定在狭义无权代理的情况下，行为的效力及无权代理人的责任等问题。狭义的无权代理具有如下特点：

1. 狭义的无权代理是指表见代理以外的无权代理。在民法上通常将无权代理区分为两类，即狭义的无权代理和表见代理。在这两种情况下，代理人都不具有代理权，就法律效果而言，表见代理和有权代理是相同的。但在狭义无权代理情况下，代理人完全不具有代理权，而在其实施代理行为时第三人又不可能相信其具有代理权，因此不能强制被代理人承担责任，只能由被代理人基于自身利益的考虑决定是否承认该行为的效果。可见，表见代理与狭义的无权代理在性质上是根本不同的。

2. 狭义的无权代理是指代理人未获得相应代理权而实施的代理行为。狭义的无权代理与代理事项违法或者滥用代理权不同，后者所示情形虽然违法，但其代理人仍然享有代理权。而狭义无权代理仅指欠缺代理权，并不包括无权代理人与相对人所实施的行为违反法律、法规的强行性规定以及违背公序良俗，也不包括代理人与相对人的行为涉及欺诈、胁迫等意思表示不真实的因素，否则仅涉及合同的无效和可撤销问题，而不涉及狭义无权代理的效果问题。在无权代理的情况下，代理人通常具有完全的民事行为能力。

3. 狭义的无权代理是一种效力待定的行为。所谓效力待定，是指这种行为成立以后，并不能发生符合当事人意思表示的效力。其效力能否发生，尚未确定，一般须经有权人表示承认才能生效。我国法律认为狭义的无权代理是一种效力待定的行为。《民法典》第 171 条第 1 款规定："行为人没有代理权、超越代理权或者代理权终止后，仍然实施代理行为，未经被代理人追认的，对被代理人不发生效力。"该条之所以作出此种规定，一方面是因为无权代理行为具有代理的某些特征。由于无权代理行为并不是当然都对被代理人不利，所以法律应当给予被代理人一种追认权，由被代理人根据自己的利益和意志考虑来决定是否承认这种行为的效力，经过追认可以消除民事法律行为存在的瑕疵。由此也充分表明了我国法律对当事人利益和意志的

---

〔67〕 江帆：《代理法律制度研究》，中国法制出版社 2004 年版，第 163 页。

尊重。另一方面是因被代理人的追认而使无权代理行为有效,并不违反法律和社会公共利益,相反,经过追认而有效,既有利于促成更多的交易,也有利于维护被代理人和相对人的利益。通过被代理人的追认使效力待定的民事法律行为有效,而不是简单地宣告其为无效民事法律行为,是符合当事人的意志和利益的。

(二)狭义的无权代理与无因管理行为

狭义的无权代理与无因管理行为是不同的。所谓无因管理是指无法定或约定的义务,为避免他人遭受损失而自愿管理他人事务。在无因管理情况下,管理人确未获得本人的授权,但其实施的管理行为是为了避免本人的损失。此种行为是有利于本人的,因而无因管理是一种助人为乐的合法行为,法律不仅对此行为不应予以禁止,而且应鼓励个人实施此种行为。而狭义无权代理行为是一种不合法的代理行为,它在很多情况下都会给本人造成损害,如果本人拒绝追认狭义无权代理行为,无权代理人将向相对人承担民事责任。因此,在出现某人未获得本人的授权而代理本人行为的情况下,也有必要分析代理人的行为是否符合无因管理的构成要件,如果构成无因管理,则因其和狭义无权代理行为存在性质上的区别,因而会产生完全不同的法律效果。

(三)狭义的无权代理的效力

1. 被代理人的追认权和否认权

(1)被代理人的追认权。无权代理行为未经被代理人追认,对被代理人不发生效力。所谓追认,是指被代理人对无权代理行为在事后予以承认的一种单方意思表示,其特点在于:第一,追认的意思表示应当以明示或者默示的方式向相对人作出。如果仅向无权代理人作出此种表示,则必须使相对人知晓才能产生承认的效果。第二,追认是一种单方意思表示,无须相对人的同意即可发生法律效力。第三,一旦作出追认,在性质上视为补授代理权,从而使无权代理具有与有权代理一样的法律效果,因此,追认具有溯及既往的效力。如果被代理人明确表示拒绝承认,则无权代理行为自始无效,因无权代理所订立的合同不能对被代理人产生法律效力。

依据《民法典》第 171 条第 1 款规定,在狭义无权代理的情形下,被代理人享有追认权。被代理人的追认可以采取两种方式作出,即明示的追认和默示的追认。所谓明示的追认,是指明确向相对人表示其愿意以被代理人的身份同相对人订立合同。所谓默示的追认,即被代理人以一定行为的方式进行追认。《民法典》第 503 条规定:“无权代理人以被代理人的名义订立合同,被代理人已经开始履行合同义务或者接受相对人履行的,视为对合同的追认。”依据该条规定,在狭义无权代理的情形下,默示的追认体现为两种方式:第一,被代理人履行合同义务。虽然被代理人没有明指出追认,但如果被代理人已经开始履行合同,这一行为足以表明其愿意接受合同的约束。第二,接受相对人的履行。如果被代理人已经接受了相对人的履行行为,同样可以构成默示的追认。这主要是因为,被代理人接受履行的行为已经向相对人传达了其愿意接受合同对自己发生效力。

(2)被代理人的否认权。在无权代理的情况下,被代理人享有否认权。所谓否认权,是指拒绝承认无权代理行为的效力的权利。虽然《民法典》上述规定没有对此予以明确,但是,从该条中可以解释出,被代理人享有此种权利。否认的意思必须要向相对人明确表示或者在相对人催告以后未作表示。也就是说,被代理人可以以两种方式行使否认权:第一,被代理人发现无权代理人以被代理人名义从事无权代理行为的,在相对人催告之前,便可以直接向相对人表示否认该无权代理行为。如果被代理人仅仅只是向无权代理人作出否认的表示,还不能当然发生使无权代理行为无效的后果。否认的表示必须向相对人作出,否则,是不能当然发生使无权代理行为无效的效果的。第二,被代理人在相对人作出催告以后,可以向相对人明确表示拒绝承认无权代理的效果。

2. 相对人的催告权和撤销权

《民法典》第 171 条第 2 款规定:“相对人可以催告被代理人自收到通知之日起三十日内予以追认。被代理人未作表示的,视为拒绝追认。行为人实施的行为被追认前,善意相对人有撤销的权利。撤销应当以通知的方式作出。”可见在无权代理的情况下,相对人应当享有催告权和撤销权。

(1)相对人的催告权。所谓催告,是指相对人催促被代理人自收到通知之日起 30 日内明确答复是否追认无权代理行为。此处所说的通知,是指催告通知。被代理人是否收到通知以及收到通知的时间,应当由相对人举证。通常情况下,追认权的行使必须以催告权的行使为前提。催告权亦为形成权的一种,其行使应具备如下要件:第一,无权代理对相对人是否发生效力尚未确定,才有必要由相对人提出催告。如果被代理人已经承认该行为的效力,或者该行为符合表见代理的构成要件,也没有必要提出催告。第二,要求被代理人在 30 日内作出答复。30 日的期限属于除斥期间,如果被代理人在 30 日内拒不作出答复,则视为拒绝追认。但关于催告权的行使期限,该条并没有作出规定。一般认为,催告权应当在合理期限内行使,如果超出合理期限,也不应当产生催告的效力。第三,催告的意思必须明确地向被代理人作出。

(2)善意相对人的撤销权。法律为保护相对人的利益,除规定相对人享有催告权以外,还应当允许其行使撤销权。所谓撤销权,是指善意的相对人在被代理人未承认无权代理行为之前,可撤销其与无权代理人实施的法律行为。撤销权的行使必须具备如下要件:第一,必须在被代理人没有作出追认之前撤销。如果被代理人已经作出了承认,那么无权代理行为已经发生了有权代理的效力,自然也就不能撤销。第二,撤销权只能由善意的相对人行使。如果相对人在订约时主观上是恶意的,即明知其无代理权,而仍与其订立合同,则表明相对人具有恶意,法律自无必要对其进行保护而允许其享有撤销权。

3. 善意相对人对代理人的请求权

为了强化对善意相对人的保护,《民法典》新增了善意相对人对代理人的请求权。《民法典》第 171 条第 3 款规定:“行为人实施的行为未被追认的,善意相对人有权请求行为人履行债务或者就其受到的损害请求行为人赔偿。但是,赔偿的范围不得超过被代理人追认时相对人所能获得的利益。”依据这一规定,代理人实施了无权代理行为之后,如果该行为未被追认的,善意相对人对代理人享有如下两项请求权:

(1)请求行为人履行债务的权利。在无权代理的情形,代理行为没有得到被代理人的追认,因此不能拘束被代理人。但是,这并非不能拘束代理人。该法律行为虽然对被代理人不发生效力,但合同可以约束代理人,使相对人对代理人请求履行债务。这就意味着,在此种情况下,当事人就发生了变化,即由原来被代理人和第三人实施的法律行为,转化为代理人和第三人实施的法律行为。诚然,代理人实施法律行为时,是以被代理人的名义,而并非以代理人自己的名义。但是,法律从保护善意第三人出发,使第三人可以根据自己的实际情况,确定采取何种方式保护自己的利益。[68]

(2)损害赔偿请求权。《民法典》第171条第3款规定:"行为人实施的行为未被追认的,善意相对人有权请求行为人履行债务或者就其受到的损害请求行为人赔偿。但是,赔偿的范围不得超过被代理人追认时相对人所能获得的利益。"依据这一规定,在无权代理的情况下,因无权代理造成的损害,善意相对人可以请求无权代理人赔偿。关于无权代理人的责任性质,在法律上存在争议。本书认为,在无权代理的情形下,如果无权代理行为没有被被代理人追认,依据《民法典》第171条第3款的规定,代理人应当对相对人承担损害赔偿责任,从《民法典》第171条第3款的规定来看,"赔偿的范围不得超过被代理人追认时相对人所能获得的利益",这明显是将责任性质定性为缔约过失责任,即因无权代理人的原因导致合同无效所产生的责任。缔约过失的行为使当事人之间的缔约关系被破坏,其带来的损害是他人因信赖合同有效成立而遭受的损害,由于合同不成立或无效的结果所遭受的不利益即为信赖利益(Vertrauensinteresse,reliance interest)的损失。正是因为善意相对人请求无权代理人赔偿损失的依据是缔约过失,因此,无权代理人赔偿的就应当是信赖利益的损失,即相对人信赖无权代理人具有代理权而与其订立合同所遭受的损害。[69] 而信赖利益的赔偿范围不得超过履行利益,即无权代理行为被追认时相对人所能获得的利益。

4. 恶意相对人的责任

《民法典》第171条第4款规定:"相对人知道或者应当知道行为人无权代理的,相对人和行为人按照各自的过错承担责任。"依据这一规定,相对人知道或者应当知道行为人无权代理,仍然与代理人实施民事法律行为,此时,如果代理行为没有被追认,相对人不能请求代理人履行债务,也不能依据本条第3款的规定请求代理人赔偿。但是,相对人和无权代理人可能都遭受一定的损害,在此情形下,由于代理人和相对人对损害的发生都有一定的过错,因而应当按照各自的过错承担责任。依据该款规定,在相对人为恶意的情形下,该合同既不能约束被代理人,也不能约束代理人,该合同应当属于无效合同,代理人与相对人对损害的分担应当是对因合同无效而给当事人造成损害的分担,属于信赖利益损失的分担问题。与《民法典》第171条第3款的规定相比,法律对恶意相对人的保护相对较弱。

5. 狭义的无权代理人的责任

如前所述,在狭义无权代理人实施狭义无权代理行为后,如果该行为未获得被代理人的追认,则该行为对被代理人不产生法律效力,当然,被代理人可以基于当事人之间的委托合同等基础关系请求代理人承担责任。如果无权代理行为未获得被代理人追认,依据《民法典》第171条的规定,无权代理人应对其无权代理行为向善意相对人承担履行债务或赔偿责任。当然,在无权代理行为未获得被代理人追认时,如果相对人是恶意的,依据《民法典》第171条第4款的规定,相对人与无权代理人根据其各自的过错承担责任。此外,如果无权代理人与相对人恶意串通,损害被代理人的利益,则应承担恶意串通情况下的责任。

四、表见代理

(一)表见代理的概念

《民法典》第172条规定:"行为人没有代理权、超越代理权或者代理权终止后,仍然实施代

[68] 石宏主编:《中华人民共和国民法总则条文说明、立法理由及相关规定》,北京大学出版社2017年版,第403页。

[69] 迟颖:《〈民法总则〉无权代理法律责任体系研究》,载《清华法学》2017年第3期。

理行为,相对人有理由相信行为人有代理权的,代理行为有效”。这就在法律上确立了表见代理制度。我国民法采纳表见代理制度的根本原因在于保护交易安全。因为要求第三人在任何情况下都必须详细考察被代理人的意思,不仅要花费很大的成本,而且也很难做到。只要第三人对表面上的权利状态形成了合理信赖,即使实际情况相反,也应保护这种信赖的利益,从而维护交易的安全。

从广义上说,表见代理属于无权代理的一种。代理权是代理行为发生的基础和前提,代理人只有基于代理权才能从事有效的代理行为。而在没有代理权、逾越代理权限的情况下所实施的任何行为,都构成无权代理。尽管无权代理行为从根本上违反了被代理人的意志,但该行为并非当然无效。在表见代理的情况下,虽然代理人从事了无权代理行为,但相对人只要有合理的理由相信无权代理人具有代理权,法律应当对于此种信赖利益予以保护,使表见代理行为有效。〔70〕 在此情况下,无论被代理人是否愿意,该无权代理行为所产生的法律效果都要由被代理人承担。

(二)表见代理的构成要件

1. 无权代理人并没有获得被代理人的授权。表见代理属于广义的无权代理,因此只能在代理人无代理权而从事代理行为的情形下发生。需要指出的是,因授权不明而实施的代理行为并非无权代理,而是有权代理行为,此种行为不构成表见代理,而应当由被代理人向相对人承担责任。

2. 第三人有合理的理由相信。因为第三人的合理相信,形成权利外观。权利外观是指被代理人的授权行为已经在外部形成了一种表象,即能够使第三人有合理的理由相信无权代理人已经获得了授权。〔71〕 构成权利外观必须符合三个条件:第一,是相对人而不是其他人相信无权代理人有代理权。第二,相对人必须有合理的理由相信无权代理人具有代理权。第三,确定一种权利的外观是否存在,不能仅仅从被代理人事后否认的表示来确定,关键要从第三人是否相信或者应当相信的角度来考虑。如果第三人已经而且应当相信无权代理人具有代理权,就可能构成权利外观。

具体判断是否构成权利外观可以从如下方面加以考量:第一,特定的场所。也就是说,无权代理行为是否在被代理人的场所实施,从而使他人相信无权代理人已经获得了被代理人的授权。第二,无权代理人与被代理人的关系。因为特殊的关系的存在会使他人相信,无权代理人会获得被代理人的特别授权,或当然具有代理人的身份。例如,如果代理人与被代理人之间存在夫妻关系、父母子女关系、雇佣关系等特定关系,都可以依据具体的交易情况来认定相对人具有正当理由信赖无权代理人具有代理权。〔72〕 第三,无权代理人的行为是否与其职责相关。例如,如果无权代理人是被代理人的高级管理人员,其对外以被代理人的名义与相对人从事了与其职责相关的民事活动,就可能使相对人有理由相信其具有代理权。第四,被代理人对无权代理行为的发生所起的作用。例如,被代理人是否容忍无权代理人从事的无权代理行为、被代理人是否在代理权终止后收回代理证书及授权委托书。第五,无权代理人在与相对人缔约时宣称其有代理权的根据。一般来说,如果无权代理人持有单位的印章、介绍信、空白合同书等

---

〔70〕 史尚宽:《民法总论》,中国政法大学出版社 2000 年版,第 547 页。

〔71〕 王泽鉴:《债法原理》(第 1 册),三民书局 1999 年版,第 358 页。

〔72〕 章戈:《表见代理及其适用》,载《法学研究》1987 年第 6 期。

证明材料和文件时,都可能使第三人有理由相信其具有代理权。

3. 相对人主观上是善意的。所谓主观上的善意,是指相对人不知道或不应当知道无权代理人实际上没有代理权。确定相对人是否具有善意,一方面,必须要确定相对人不知无权代理人未获得授权。所谓不知是指在当时的情形之下,由于权利外观的形成使相对人根本不可能怀疑其未获得授权,如果相对人与无权代理人或者被代理人先前有过接触,了解到他们的实际情况,知道无权代理人不可能获得授权,或者根据一个合理的谨慎的人在当时的情形下,完全知道当时不应信赖无权代理人有代理权,则不构成善意。另一方面,必须要确定相对人不应当知道无权代理人未获得授权。例如,在代理终止之后被代理人已经发出了公告或者在公章被盗之后已经公告了该公章作废,相对人并没有阅读有关的报刊,则可以推定相对人主观上应当知道代理人不具有代理权。当然,相对人的公告必须是在指定的报刊上采用了合理的方式作出的,能够为相对人所了解。

4. 相对人必须是无过失的。如果要将相对人的善意作为表见代理的构成要件,还应当强调相对人的无过失。所谓无过失,是指相对人不知道行为人没有代理权并非因疏忽大意或懈怠造成的。如果相对人明知行为人无代理权,或者应当知道行为人无代理权,却因过失而不知,则其对无权代理行为亦负有责任,在法律上没有必要对其进行保护。

5. 无权代理行为的发生与被代理人有关。在确定是否存在权利外观的情况下,应当考虑该权利外观是否为基于被代理人的意志而形成。[73] 只要被代理人的行为与权利外观的形成具有一定的牵连性,被代理人就应当承受表见代理的后果。无权代理的发生,与被代理人无关,从实践来看主要有下列情形:第一,无权代理人假冒他人的名义与第三人订约,尤其是私刻被代理人的公章、伪造被代理人的营业执照或合同书等,被代理人对此毫不知情也无法加以防范。第二,在债的关系终止后,或者在被代理人的印章、支票、营业执照复印件、合同书等丢失或被盗以后,被代理人已经在指定的报刊上以合理的方式作出了公告,但无权代理人仍然以这些证明或文件与第三人订约,第三人因未见到这些公告而相信无权代理人具有代理权。

如果无权代理符合表见代理的要件,相对人必须对此举证证明。在符合表见代理的情况下,相对人若使该代理行为对被代理人有拘束力,也必须提出表见代理的请求,并举证证明表见代理的构成要件是否符合。[74] 如果相对人没有提出表见代理的请求,则表见代理不能自动发生效力。

(三)表见代理的法律效果

在符合表见代理的情形下,代理行为有效。如何理解《民法典》第 172 条所规定的“代理行为有效”? 本书认为,它是指表见代理人所从事的代理行为应直接归属于被代理人,即被代理人应受到表见代理人与相对人实施的民事法律行为的约束,直接享受或承担法律行为的权利、义务。在这一点上,表见代理与一般的有权代理是完全相同的。被代理人不得以其未授予代理人以代理权、代理行为违背自己的意志和利益等为由,而要求确认表见代理行为无效或拒绝接受代理行为的拘束。

但是就被代理人与无权代理人的关系而言,并不因为表见代理产生有权代理的后果而使

---

〔73〕 江平主编:《民法学》,中国政法大学出版社 2007 年版,第 229 页。
〔74〕 黄茂荣:《民商法判解评释》(第 2 册),台北 1981 年自版,第 427 页。

无权代理人免除其应当向被代理人承担的责任。在被代理人向相对人承担责任以后，代理人应依其过错而向被代理人承担损害赔偿责任。

参考案例

1. 李德勇与中国农业银行股份有限公司重庆云阳支行储蓄存款合同纠纷案，载《中华人民共和国最高人民法院公报》2015 年第 7 期。
2. 兴业银行广州分行与深圳市机场股份有限公司借款合同纠纷案，载《中华人民共和国最高人民法院公报》2009 年第 11 期。
3. 彭丽静与梁喜平、王保山、河北金海岸房地产开发有限公司股权转让侵权纠纷案，载《中华人民共和国最高人民法院公报》2009 年第 5 期。
4. 重庆正通药业有限公司、国家工商行政管理总局商标评审委员会与四川华蜀动物药业有限公司商标行政纠纷案，载《中华人民共和国最高人民法院公报》2007 年第 11 期。
5. 巴菲特投资有限公司诉上海自来水投资建设有限公司股权转让纠纷案载《中华人民共和国最高人民法院公报》2010 年第 4 期。
6. 北京公达房地产有限责任公司诉北京市祥和三峡房地产开发公司房地产开发合同纠纷案，载《中华人民共和国最高人民法院公报》2010 年第 11 期。
7. 王见刚与王永安、第三人岚县大源采矿厂侵犯出资人权益纠纷案，载《中华人民共和国最高人民法院公报》2013 年第 5 期。
8. 招商银行股份有限公司大连东港支行与大连振邦氟涂料股份有限公司、大连振邦集团有限公司借款合同纠纷案，载《中华人民共和国最高人民法院公报》2015 年第 2 期。

第十章 民事责任

导读

民事责任,是指民事主体违反了民事义务所应承担的法律后果。民事责任主要包括违约责任和侵权责任。现代民法具有多种的责任形态,我国《民法典》规定了十一种承担民事责任的形式,配合了受害者不同合法权益的救济要求。在某些特殊情况下,同一法律事实所产生的民事责任会发生竞合和聚合的现象。

第一节 概 述

一、民事责任的概念与特点

民事责任,是指当事人不履行民事义务所应承担的民法上的后果。例如,违约责任是违反合同约定而应当承担的责任,侵权责任是侵害他人权益而应当承担的赔偿等责任。《民法典》第176条规定:"民事主体依照法律规定或者按照当事人约定,履行民事义务,承担民事责任。"该条强调了权利、义务和责任的一致性。《民法典》在原《民法通则》第六章的基础上,继续规定了民事责任的一般规则,这也是对我国立法和司法经验的总结,其意义主要在于:一方面,总则中规定一般民事责任的概念可将各类责任抽象出来确定为一般的规则,从而使其普遍适用于各类民事责任,确定了民事责任的普遍性。另一方面,总则在规定了法律关系的主体、客体以及简单列举了各种民事权利之后规定民事责任,也是顺理成章的。

民事责任具有如下特点:

1. 民事责任是民事主体违反民事义务而承担的不利后果。从性质上看,民事义务是指义务人依据法律规定或当事人约定应当为一定行为或者不为一定行为。大陆法国家常常用给付义务来概括债务人应承担的义务。责任以义务的存在为前提,但是,责任本身并不是义务,而是义务人违反义务所应承担的后果。可见,责任与义务具有不同性质。具体来说,义务与责任具有如下区别:一方面,责任是为确保义务履行而设置的措施,它以义务的存在为前提,以督促义务人履行义务并保障权利人的权利为宗旨。正是因为责任制度的存在,权利才获得了一种"法律上之力"。[1] 另一方面,责任是在义务人不履行义务时国家强制义务人履行义务或承担法律责任的表现,即一旦义务人不履行义务,义务在性质上转化为一种强制履行的责任。强制履行已不仅是对义务人的责任,而且是对国家应承担的责任。由此可见,责任与义务相比较,

---

〔1〕 梁慧星:《民法学说判例与立法研究》,中国政法大学出版社1993年版,第253页。

体现了国家的强制性。[2] 先有民事义务，而后才能产生民事责任。义务在性质上属于法之“当为”，具有法律上的拘束力，因此违反民事义务将会承担法律上的不利后果，即民事责任。

2. 民事责任本质上既是对国家的一种责任，也是对当事人的一种补偿责任。一方面，民事责任体现了国家对当事人之间关系的干预，表现了国家的强制力对违法行为的追究。另一方面，与行政责任和刑事责任不同，民事责任也是违法行为人对受害人所应当承担的责任。民事责任的功能在于对受害人提供补救，使受害人遭受的全部损失得到恢复。

3. 民事责任具有强制性和一定程度的任意性。民事责任的任意性体现在，受害人免除行为人应承担的民事责任，可以与行为人通过协商的方式确定民事责任的承担。但民事责任具有强制性，这种强制性表现在，民事责任最终必须依赖国家强制力作保障，必须由法院最终确定责任的承担。如果受害人请求责任人承担责任，而责任人拒绝承担，受害人有权请求法院运用国家公权力强制执行。

4. 民事责任主要是财产责任。民事责任曾经历了一个从人身责任向财产责任（主要是损害赔偿责任）转变的发展过程。现代民法普遍承认，民事责任主要是财产责任，并禁止对违约当事人实行人身强制，由此体现了法律文明的发展。但民事责任也不限于财产责任，如恢复名誉、赔礼道歉、消除影响等就不完全是财产责任。

二、民事责任与其他性质责任的区别

民事责任、行政责任与刑事责任在性质上都属于法律责任。所谓行政责任，既包括民事主体因实施违反行政法上义务的行为而依法承担的法律责任，如被罚款、吊销营业执照、行政拘留等行政处罚等；也包括行政机关实施行政违法行为产生的法律责任，如滥用行政权力造成他人损害的国家赔偿责任等。刑事责任，是指依据刑事法律的规定，行为人因实施犯罪行为而依法应当承担的遭受刑罚处罚的法律责任，如因故意剥夺他人生命构成故意杀人罪而被人民法院依法判处死刑或者有期徒刑等。但是，民事责任与刑事责任、行政责任相比，具有如下区别：

1. 责任产生的根据不同。民事责任是违反民事义务所产生的法律责任，而行政责任与刑事责任是违反了行政法和刑法上的强制性规定而产生的法律责任。

2. 适用的对象不同。刑事责任作为规定犯罪和刑罚的法律制度，主要调整罪刑关系，所以，只有那些触犯刑律、符合刑事责任规定的犯罪要件的行为，才应受刑事责任调整；而尚未构成犯罪却造成对他人损害的不法行为，一般应受民事责任调整。行政责任适用的对象是各种行政违法行为，行政违法行为是未构成犯罪的行为，此种行为也不一定造成个人的实际损失。

3. 适用的目的不同。民事责任制度适用的目的，主要是补偿受害人因民事违约行为所受的损害，通过赔偿的办法使已经遭受侵害的财产关系和人身关系得到恢复和补救。而刑事责任的主要目的是惩罚犯罪行为人，并教育和警戒犯罪行为人与社会上可能犯罪的人，以达到预防犯罪的目的。行政责任通过制裁各种行政违法行为，保障行政机关依法行政，从而保护民事主体的合法权益。

4. 责任性质不同。民事责任中的侵权责任具有一定程度的任意性，受害人有权决定是否要求行为人赔偿，赔偿问题可由当事人协商。其中的违约责任具有更强的任意性，允许当事人事先约定免责条款和违约金条款。而在刑事责任和行政责任的规范中，体现了明显的强制性。

---

〔2〕 崔建远：《合同责任研究》，吉林人民出版社 1992 年版，第 4 页。

刑事责任除少数自诉案件以外,不得由受害人自由免除,刑事责任的承担也不能由受害人决定。行政责任作为公法上的责任,也不允许通过协商确定责任的内容以及免除等问题。

三、民事责任的优先适用

《民法典》第187条规定:"民事主体因同一行为应当承担民事责任、行政责任和刑事责任的,承担行政责任或者刑事责任不影响承担民事责任;民事主体的财产不足以支付的,优先用于承担民事责任"。该条确立了民事责任优先性的规则。也就是说,在因同一行为而产生了民事责任、行政责任和刑事责任时,行为人的财产应当优先用于承担民事责任。

在法律上确立民事责任优先性的规则,一方面,是为了强化对受害人的救济。刑事责任和行政责任是对国家的责任,而民事责任是对受害人的责任,从强化受害人保护的角度考虑,确立民事责任优先性规则是必要的。如果行为人的财产有限,优先执行刑事或行政责任而导致民事责任不能履行时,就可能使受害人的损害无法得到救济,不能体现法律对受害人的关怀。[3] 另一方面,考虑到我国保险和社会救助制度的不完善,在受害人遭受损害之后,特别是遭受人身损害之后,难以通过保险或社会救助等制度获得救济,也有必要优先承担民事责任。在承担刑事责任和行政责任的情况下,其主要是对国家的责任,虽然对不法行为人具有制裁的作用,但是,如果其财产不足以承担所有的责任,应优先赔偿受害人的损失,这体现了国家对个人利益的维护。

但在适用优先性规则时,必须明确责任主体应当是同一主体,即无论是行为主体还是责任主体,在确定其责任时,就要考虑其财产是否足以承担所有的责任。如果责任人因承担了其他的责任而不足以承担民事责任时,应当优先承担民事责任。因此,如果各类责任的承担主体不同,就不存在该规则适用的前提。例如,被用工者因实施犯罪行为而承担刑事责任,此时,由被用工者承担刑事责任,而民事责任则由用工者承担,由于责任主体不是同一主体,因而不适用民事责任优先性规则。

第二节　民事责任的分类

一、侵权责任与违约责任

违约责任,是指合同当事人违反法律、合同规定的义务而应当承担的责任。侵权责任,是指行为人因其过错侵害他人财产、人身,依法应当承担的责任,以及没有过错,在造成损害以后,依法应当承担的责任。违约责任和侵权责任的分离是因合同法与侵权行为法的分离而产生的。这两类责任的区别主要表现在:

1. 从违反义务的性质来看,合同责任是因为违反了合同义务(主要是约定义务)而产生的责任,侵权责任是行为人违反法定义务即侵权行为法所设定的任何人不得侵害他人财产和人身的普遍性的义务以及其他法定义务所产生的责任。

2. 从侵害的对象来看,违约行为侵害的是相对权即合同债权,侵权行为所侵害的是绝对权,如物权、人身权等。

---

[3] 王胜明主编:《中华人民共和国侵权责任法解读》,中国法制出版社2010年版,第48页。

3. 从事先是否存在合同关系来看，在一般情况下，当侵权行为发生时，行为人与受害人之间事先不存在某种法律关系，而只是因为侵权行为的发生双方才发生了损害赔偿之债的关系；对违约行为来说，当事人双方事先必然存在合同关系，因为违约行为的发生是以当事人之间存在合同权利、义务为前提的。

4. 从侵害的后果来看，违约损害赔偿仅限于财产损失赔偿，而且因为违约造成的损失并非都应当由违约方赔偿，只有那些违约方在订约时能够合理预见到的损失才应由违约方赔偿。而违约造成人身的伤亡和精神损害，一般不应当根据合同法进行补救。侵权损害赔偿，则既包括财产损失，也包括人身伤害和精神伤害，只要是因为侵权所造成的各种损失，无论是直接损失还是间接损失，都应当由侵权行为人赔偿。

区分违约责任和侵权责任的主要意义在于：二者在归责原则、举证责任、义务内容、诉讼时效、责任构成要件、免责事由、责任形式、责任范围、对第三人责任以及诉讼管辖等方面都存在重大的区别，正是这些区别决定了受害人选择主张何种责任，对其利益具有重大的影响，因此侵权责任和违约责任的竞合就具有现实意义。

二、过错责任、严格责任、过错推定责任

过错责任，是指在一方违反民事义务并致他人损害时，应以过错作为确定责任的要件和确定责任范围的依据的责任。若当事人没有过错（如加害行为是因不可抗力造成的），则虽有损害发生，行为人也不负责任。

严格责任，是指依据法律的特别规定，无论行为人是否具有过错，如不存在法定的免责事由，都应当承担责任。在严格责任中，行为人承担较一般过错责任更重的责任。在严格责任中，受害人并不需要就加害人的过错举证，而由行为人就其没有过错的事由予以反证，并且法律对行为人的免责事由作出严格的限制。严格责任主要适用于违约责任和法定的特殊侵权责任。一般来说，在严格责任中，行为人是很难被免除责任的，但这并不意味着严格责任不考虑过错。在侵权法中，严格责任“虽然严格，但非绝对。在严格责任下，并非表示加害人就其行为所生之损害，在任何情况下均应承担责任，各国立法例多承认加害人得提出特定抗辩或免责事由”[4]。例如，我国侵权责任编规定的高度危险作业致人损害的责任、产品责任等都属于严格责任。

过错推定也称过失推定，它是指行为人因过错侵害他人民事权益，依据法律的规定，推定行为人具有过错，如行为人不能证明自己没有过错的，应当承担侵权责任。推定，是指根据已知的事实，对未知的事实进行推断和确定。过错推定，就是要从已知的基础事实出发，依据法律的规定，对行为人有无过错进行推定。《民法典》第1165条第2款规定：“依照法律规定推定行为人有过错，其不能证明自己没有过错的，应当承担侵权责任。”《民法典》侵权责任编在特殊侵权各章中大量采用了过错推定规则。例如，物件致人损害责任、机动车交通事故责任、医疗侵权的部分情形等，大多推定物件所有人或管理人、机动车驾驶人、医生以及医院在特定事实发生后具有过错。过错推定作为一种责任形态是指在出现了法定的基础事实之后，应采取举证责任倒置的方式，由行为人反证自己没有过错，否则应当承担责任。

---

〔4〕 王泽鉴：《民法学说与判例研究》（第2册），中国政法大学出版社1998年版，第161～162页。

三、按份责任、连带责任与不真正连带责任

(一)按份责任

所谓按份责任,是指多数当事人按照法律的规定或者合同的约定,各自承担一定份额的责任。如果法律没有规定或者当事人没有明确约定份额时,应当推定责任人承担均等的责任份额。《民法典》第177条规定:"二人以上依法承担按份责任,能够确定责任大小的,各自承担相应的责任;难以确定责任大小的,平均承担责任。"该条对按份责任作出了规定。

按份责任具有如下特征:第一,按份责任属于多数人责任。按份责任是多数人责任的范畴,债务人必须是二人以上。第二,按份责任产生的依据是法律规定或者当事人约定。从该条规定来看,当事人应当是"依法"承担按份责任,但事实上,按份责任的产生并不仅是依据法律规定产生,当事人可以约定其责任承担份额,因此产生按份责任。第三,按份责任对外按照一定的份额承担责任。与连带责任不同,对按份责任而言,各债务人并不承担所有的责任,而是按照一定的份额承担责任。在债权人请求债务人承担超过其份额的责任时,债务人有权拒绝。

(二)连带责任

所谓连带责任,是指当事人按照法律的规定或者合同的约定,连带地向权利人承担责任。《民法典》第178条规定:"二人以上依法承担连带责任的,权利人有权请求部分或者全部连带责任人承担责任。连带责任人的责任份额根据各自责任大小确定;难以确定责任大小的,平均承担责任。实际承担责任超过自己责任份额的连带责任人,有权向其他连带责任人追偿。连带责任,由法律规定或者当事人约定。"该条对连带责任作出了规定。

连带责任具有如下特点:第一,它属于多数人责任。连带责任的责任人是"二人以上",当然,连带责任主要是指责任人是多数人,并不要求权利人是多数人。第二,它产生的依据是法律规定或者当事人约定。与个人责任相比,连带责任在性质上属于一种加重责任,其产生必须有法律的明确规定或者当事人的约定,否则原则上应当属于按份责任。第三,权利人有权要求责任人中的任何一个人承担全部的或者部分的责任,每个连带责任人也都负有清偿全部债务的义务,任何一个债务人在全部债务清偿前都不能免除清偿的责任。由于连带债务的各债务人的全部财产担保着债权人的债权,因此连带债务具有确保债权实现的目的和作用。根据债权人不同的请求,每一个债务人可以清偿全部的或部分的债务。第四,任何一个连带债务人对债权人作出全部清偿的,都将导致连带责任消灭。

(三)不真正连带责任

所谓不真正连带责任,是指数个责任人基于不同的原因而依法对同一被侵权人承担全部的赔偿责任,某一责任人在承担责任之后,有权向终局责任人要求全部追偿。我国《民法典》第1203条关于产品的生产者和销售者之间的连带责任、第1223条关于医疗领域产品责任的连带责任等都属于关于不真正连带责任的规定。

不真正连带责任的特点在于:第一,此种责任形态中数个责任人基于不同发生原因而依法承担;第二,每个责任人对被侵权人承担的都是全部赔偿责任;第三,被侵权人享有选择权,可以要求任何一个人承担责任;第四,此种责任形态中非终局责任人在承担全部赔偿责任后有权向终局责任人追偿。

第三节 民事责任的承担方式

一、民事责任承担方式概述

(一)民事责任承担方式的概念和特点

所谓民事责任承担方式,是指行为人承担民事责任的具体方法。[5] 换言之,它是指行为人具体承担法律上不利后果的方式,或者说是民事责任的具体体现。责任方式不确定,责任也无法最终实现,受害人也无法获得救济,故责任方式是落实民事责任的必要前提。《民法典》第179条第1款规定:“承担民事责任的方式主要有:(一)停止侵害;(二)排除妨碍;(三)消除危险;(四)返还财产;(五)恢复原状;(六)修理、重作、更换;(七)继续履行;(八)赔偿损失;(九)支付违约金;(十)消除影响、恢复名誉;(十一)赔礼道歉。”该条规定了多种民事责任承担方式,其特点在于:

1. 责任承担方式的全面性和多样性。该条所列举的十一项责任承担方式,基本概括了司法实践中对受害人提供保护的责任承担方式,其既可以适用于违约,也可以适用于侵权。该条对民事责任承担方式作出全面规定,有利于为权利人提供多层次、全方位的保护。此外,由于《民法典》第179条第3款规定“本条规定的承担民事责任的方式,可以单独适用,也可以合并适用”,因此,这些方式可以单独使用,也可以合并使用,从而强化了对受害人的救济,形成了对受害人的全面保护。

2. 责任承担方式功能的多样性。在上述责任承担方式中,既包括预防性的责任承担方式,也包括损害填补性的责任承担方式,由此也表明,民法典在民事权利方面既注重对受害人权利遭受侵害后的事后救济,也注重对损害的事先预防,其功能具有多样性。

3. 尊重当事人的选择。依据私法自治原则,这些方式可以由受害人作出选择,从而有利于受害人基于利益最大化选择对其最有利的方式,从而更好地保护自身的权利。

(二)民事责任承担方式的基本分类

《民法典》第179条所规定的民事责任承担方式可以分为救济性的责任方式、预防性的责任方式和惩罚性的责任方式。所谓救济性的责任方式,是指以救济受害人为目的的侵权责任方式。最典型的责任方式是赔偿损失,其也是适用最为广泛的责任方式。所谓预防性的责任方式,是指以预防损害的实际发生为目的的民事责任方式,如停止侵害、排除妨碍、消除危险等。当然,这些责任方式也具有一定的救济功能,但是其仍然以预防性为主。所谓惩罚性的责任方式,是指以惩罚侵权人为目的的民事责任方式。依据《民法典》第179条的规定,如果法律规定了惩罚性赔偿的,则依照其规定认定行为人的责任。例如,《民法典》第1185条所规定的惩罚性赔偿,就属于惩罚性的责任方式。上述三种责任方式的区别主要表现在:

1. 功能不同。救济性的责任方式是为了实现对受害人的完全赔偿,使其恢复到如同损害没有发生的状态。预防性的责任方式是为了预防损害的实际发生。而惩罚性的责任方式是为了惩罚侵权人,尤其是那些具有重大过错的行为人。

---

[5] 张新宝:《侵权责任法》,中国人民大学出版社2006年版,第332页。

2. 适用范围不同。救济性的责任方式适用范围广泛,几乎适用于所有的民事案件。预防性的责任方式适用于行为人危及他人人身、财产安全的情形。惩罚性的责任方式仅适用于法律有特别规定的例外情形。

3. 构成要件不同。对于预防性的责任承担方式而言,如停止侵害、排除妨碍、消除危险等责任承担方式,其适用并不要求行为人具有过错,也不要求损害结果实际发生。而救济性的责任方式一般要求损害结果发生,如适用过错责任,则一般要求行为人具有过错。

4. 具体内容不同。救济性的责任方式包括恢复原状、赔偿损失、赔礼道歉、消除影响、恢复名誉。预防性的责任方式包括停止侵害、排除妨碍、消除危险。而惩罚性的责任方式就是指惩罚性赔偿。

二、承担民事责任的具体方式

(一)停止侵害

行为人实施的侵害他人财产和人身的行为仍在继续进行中时,受害人可依法请求法院责令侵害人停止其侵害行为。任何正在实施侵权行为的不法行为人都应立即停止其侵害行为,所以,停止侵害的责任形式可适用于各种侵权行为。此种责任形式的主要作用在于:能够及时制止侵害行为,防止侵害后果扩大。尤其是在互联网时代,网络侵权具有侵权成本低、损害后果严重等特点,因此,停止侵害这一预防性责任承担方式的适用,将有助于防止侵害后果扩大。当然,停止侵害这一责任方式的适用应当以侵权行为正在进行或仍在延续中为适用条件,对尚未发生的或业已终止的侵权行为则不能适用。

(二)排除妨碍

不法行为人实施的侵害行为使受害人无法行使或不能正常行使自己的财产权利、人身权利的,受害人有权请求排除妨碍。例如,在通道上施工、设置障碍影响路人通行的,应将障碍除去。若不法行为人自己不排除妨碍,受害人可请求人民法院责令不法行为人排除妨碍。受害人在请求排除妨碍时,应注意如下问题:第一,妨碍行为必须是不正当的,妨害人主观上是否预见妨害后果,均不影响受害人提出请求。但如果妨碍行为是合法的,即正当行使权利的行为,则被请求人可拒绝受害人的请求。第二,妨碍既可以是实际存在的,也可以是将来可能出现的。受害人不仅可以对已经发生的妨碍要求排除,对尚未发生但又确有可能发生的妨碍也有权请求排除。应该指出,受害人请求排除的妨碍,必须是已经存在或确实存在某种危险,而不是主观臆想、猜测的。第三,妨碍是权利人行使权利的障碍。只要不法行为妨碍他人行使物权、人身权和知识产权,受害人就可请求排除妨碍。在妨碍物权行使时,不仅所有人,而且对被妨碍的财产享有合法占有权的人亦有权请求排除妨碍。排除妨碍的费用一般由侵害人负担。

(三)消除危险

行为人的行为对他人人身和财产安全造成威胁,或存在侵害他人人身或财产的可能,他人有权要求行为人采取有效措施消除危险。例如,房屋的所有人或管理人不修缮房屋,致使房屋处于随时倒塌、危及他人人身和财产安全状态时,应负消除危险的民事责任。适用消除危险的责任形式必须是损害尚未实际发生,也没有妨碍他人的民事权利的行使,但行为人的行为又确有可能造成损害的后果,对他人造成威胁。适用此种责任方式,能有效地防止损害的发生,充分保护民事主体的民事权利。

(四)返还财产

我国《民法典》第179条所规定的返还财产形式,是一种普遍适用于侵权责任、合同责任和返还不当得利责任的责任方式。返还财产包括三种情况：第一，返还不当得利。不当得利是债的发生原因，而返还不当得利也成为一种重要的民事责任。不当得利在许多国家已经成为合同、侵权之外的第三大领域。[6] 我国《民法典》第122条规定："因他人没有法律根据，取得不当利益，受损失的人有权请求其返还不当利益。"第二，返还依民事法律行为所作的给付。也就是说，在民事法律行为被撤销后，当事人基于该民事法律行为所取得的财产也应当返还给对方当事人。《民法典》第157条第1句规定："民事法律行为无效、被撤销或者确定不发生效力后，行为人因该行为取得的财产，应当予以返还；不能返还或者没有必要返还的，应当折价补偿。"该条实际上也是关于返还财产责任的规定。第三，不法侵占他人财产的，应当返还原物。《民法典》第235条规定："无权占有不动产或者动产的，权利人可以请求返还原物。"返还财产的目的在于使权利人恢复对原财产的占有和支配，因此也是一种充分救济受害人的方式。

（五）恢复原状

恢复原状有广义和狭义之分。广义的恢复原状，是指恢复权利被侵犯前的原有状态。例如，通过返还财产使财产关系恢复到合同订立以前的状态，通过恢复名誉使受侵害的名誉权得到恢复。狭义的恢复原状，是指将损害的财产修复，即所有人的财产在被他人非法侵害而遭到损坏时，如果能够修理，则所有人有权要求加害人通过修理，恢复财产原有的状态。在侵权责任中适用的恢复原状，主要是指狭义上的恢复原状。适用此种责任形式，应当具备如下条件：第一，须有修复的可能。恢复原状可以通过多种方式实现，但无论通过何种形式，恢复原状不仅要在实际上具有可能性，而且要在经济上具有合理性，否则，就不应该采取这种方式。第二，须有修复的必要。如果财产被破坏得已无法修复，或者虽可修复，但所有人已不需要，则不能适用恢复原状的民事责任，而应当折价赔偿。在恢复原状时，应由加害人以自己的费用进行修理，受害人进行监督。

（六）修理、重作、更换

所谓修理，是指行为人造成他人财产毁损或交付的标的物不合格，权利人有权要求行为人对财产进行修缮，以恢复原状或符合合同的要求。所谓重作，是指行为人造成他人损害或者违反合同约定，则权利人有权要求行为人按照原物予以重新制作。所谓更换，是指行为人造成他人财产毁损，或交付的标的物不合格，则权利人有权要求行为人另行交付同等质量、同等数量的标的物。在违约责任中，非违约方在不解除合同的情况下要求违约方修理、重作、更换，确实具有继续履行合同义务的特点，采取这些补救措施，也有利于实现非违约方的订约目的。在侵权的情形下，上述责任承担方式也有利于使遭受侵害的财产恢复原有的状态。

（七）继续履行

继续履行也称为实际履行，它是指在一方违反合同时，另一方有权要求其依据合同的规定继续履行。我国《民法典》第577条对继续履行这一责任承担方式作出了规定，同时，该法第579条与第580条分别对金钱债务的继续履行与非金钱债务的继续履行作出了规定。

继续履行在性质上属于违约责任承担方式，也就是说，在一方违反合同后，另一方有权要求违约方继续履行合同，也有权要求其承担支付违约金和损害赔偿等责任。是否请求实际履行是非违约方的一项权利。关于继续履行责任方式的适用，金钱债务原则上都应当继续履行，但对非金钱债务而言，其虽然一般也需要继续履行，但依据《民法典》第580条规定，在例外情

---

〔6〕 肖永平、霍政欣：《英美债法的第三支柱：返还请求权法探析》，载《比较法研究》2006年第3期。

形下并不需要继续履行。

(八)赔偿损失

赔偿损失,是指行为人因违反合同或侵权行为而给他人造成损害的,应以其财产赔偿受害人所受的损害的一种责任形式。赔偿损失主要具有补偿性,而一般不具有惩罚性,以赔偿权利人实际遭受的全部损害为原则。赔偿损失是适用最为广泛的一种责任形式,它既可以适用于违约责任,也可以适用于侵权责任。损害赔偿是民事责任中最基本的责任形式。[7] 法律允许权利人向行为人提出赔偿请求,对于有效地保护受害人的利益、维护社会秩序、消除违法行为的后果并预防损害的发生,具有极为重要的意义。

(九)支付违约金

所谓违约金,是指由当事人通过协商预先确定的,在违约发生后作出的独立于履行行为以外的给付。《民法典》第585条规定,当事人可以约定一方违约时应当根据违约情况向对方支付一定数额的违约金,该条对支付违约金责任作出了一般规定。

支付违约金在性质上属于违约责任承担方式,它是当事人通过协商预先确定的。当事人约定违约金的权利是我国法律所确立的合同自由原则的具体体现。法律上允许当事人自由约定违约金,一方面,有利于发挥当事人在合同订立和纠纷解决中的自主性,有利于鼓励交易;另一方面,由于违约金责任可以优先于法定的损害赔偿责任而适用,因此,允许当事人事先约定违约金,从而在发生争议后,免除证明损害的负担,有利于迅速地解决违约纠纷。

违约金的支付是独立于履行行为之外的给付。除法律另有规定或者当事人另有约定外,支付违约金不能替代履行合同,当事人不得因支付违约金而免除履行主债务的义务,即违约金并没有给予债务人一种违约的权利。尽管合同规定了违约金条款,但不妨碍主债务的履行。我国法律和司法实践也不允许以支付违约金替代实际履行。

(十)消除影响、恢复名誉

消除影响,是指行为人因其侵害了公民或法人的人格权应承担的在影响所及的范围内消除不良后果的一种责任形式;恢复名誉,是指行为人因其行为侵害了公民或法人的名誉应在影响所及的范围内将受害人的名誉恢复至未受侵害时的状态的一种责任形式。消除影响、恢复名誉是侵害公民、法人的人身权所承担的责任形式。一般来说,在什么范围内造成损害的,就应当在什么范围内消除影响。在适用消除影响、恢复名誉的责任方式时,应明确消除影响、恢复名誉的范围(如在某地区、某学校等消除影响)、方式(采取口头或书面以及其他形式)。

(十一)赔礼道歉

赔礼道歉,是指责令违法行为人向受害人公开认错、表示歉意,主要适用于侵害人身权的情况。赔礼道歉既可以由加害人向受害人口头表示承认错误,也可以由加害人以写道歉书的书面形式进行。当事人在诉讼中以赔礼道歉的方式承担了民事责任的,应当在判决书中叙明。

赔礼道歉作为一种承担民事责任的方式,与一般道义上的赔礼道歉不同,它是依靠国家的强制力保障实施的。单纯的赔礼道歉虽不会给侵害人的财产带来什么影响,但反映了国家、社会对侵权人的不法行为的强烈谴责。这种责任方式的适用,可以缓和矛盾,促进当事人之间的和睦团结。

---

〔7〕 王泽鉴:《损害赔偿》,三民书局2017年版,第49页。

（十二）惩罚性赔偿

《民法典》第179条第2款规定："法律规定惩罚性赔偿的，依照其规定。"该规定将惩罚性赔偿规定为民事责任的承担方式。惩罚性赔偿也称为惩戒性的赔偿或报复性的赔偿，它是指法院作出决定的赔偿数额超出实际损害数额的赔偿。[8] 我国《民法典》第179条第2款对惩罚性赔偿作出了规定，并实现了《民法典》与其他单行法规则之间的有效衔接，该制度对于弥补损害赔偿的不足、预防损害的发生，具有重要的意义。惩罚性赔偿的特点主要在于：

1. 功能具有多样性。惩罚性赔偿是集补偿、惩罚、遏制等功能为一身的一项制度，[9] 其具有补偿受害人遭受的损失、惩罚和遏制不法行为等多重功能。因为惩罚性赔偿在性质上是惩罚性的，而不是救济性的。惩罚性赔偿侧重于惩罚，因而与侵权责任法的救济法性质相冲突。

2. 惩罚性赔偿仅适用于法律有特别规定的情形。例如，《民法典》第1185条规定了故意侵害知识产权的惩罚性赔偿。《民法典》第1207条规定了明知产品存在缺陷而生产、销售的惩罚性赔偿。《民法典》第1232条关于故意污染环境、破坏生态的惩罚性赔偿。惩罚性赔偿仅适用于法律明确规定的情形，在法律没有明确规定时，不得适用。

3. 惩罚性赔偿的具体数额由法官综合考量行为人的过错程度、损害后果的严重性、行为人实施侵害行为的情节等各种因素，予以具体确定。

三、民事责任承担方式的适用

《民法典》第179条第3款规定："本条规定的承担民事责任的方式，可以单独适用，也可以合并适用。"法律上确立各种责任方式都是对受害人进行全面救济和保护的措施，侵权或违约行为发生后，按照私法自治原则，只要受害人作出的选择不违背民法的诚实信用和公序良俗原则，就可以选择以何种方式向行为人提出请求，而且在受害人提出请求的基础上才能确定责任的承担方式。例如，受害人只有提出了赔礼道歉的请求，法官才能考虑是否作出此种判决，受害人没有提出，法官不能直接判决。同时，法官只能在受害人提出请求的范围内确定最终的责任承担方式。如果受害人提出了多种请求，法官可以在其中选择或采用多种责任方式，但不能在此之外来选择。法官应当尊重当事人的处分权，受害人放弃某种请求时，法院也应当予以尊重。如果受害人坚持某项请求权，只要该请求权适当，没有给行为人强加不适当的责任，就应当支持。[10]

第四节 民事责任的减轻和免除

一、民事责任的减轻和免除概述

免责事由，是指减轻或免除行为人责任的理由，也称为抗辩事由。免责事由可以有广义和狭义两种含义。从广义上来说，免责事由既包括免除行为人责任的事由，也包括减轻行为人责

---

[8] "Exemplary Damages in the Law of Torts", 70 *Harv. L Rev.* 517, 517 (1957).

[9] Malzof v. United States, 112 S. Ct. 711, 715 (1992).

[10] 全国人大常委会法制工作委员会民法室编：《中华人民共和国侵权责任法条文说明、立法理由及相关规定》，北京大学出版社2010年版，第56页。

任的事由。但从狭义上理解,免责事由仅限于免除责任的事由。我国《民法典》第180~184条所规定的免责事由既包括免除责任的事由,也包括减轻责任的事由。《民法典》总则编所规定的免责事由具有普遍适用性,有利于法官在实践中准确认定行为人的民事责任。同时,免责事由的适用也有利于为人们的行为提供指引,从而保障个人的行为,预防损害的发生。

免责事由主要具有以下特点:

1.免责事由是免除或减轻责任的事由。免责是指符合责任构成要件,但又具备法定的免责事由,从而导致责任被免除。免责事由决定着责任的成立问题,也就是说,一旦免责事由成立,责任人就不应当承担责任。但《民法典》规定的免责事由不一定都导致免责,如正当防卫超过必要限度的,行为人仍然需要承担适当的责任,因此,其可能只是导致责任的减轻。

2.免责事由主要由法律规定。在合同中,当事人也可以约定免责条款,但其并不属于此处所说的免责事由,此处的免责事由是由法律规定的事由,其具有法定性。法律规定的免责事由具有法定的适用条件,必须符合该法定条件,才能依法免除或者减轻行为人的责任。

3.免责事由一旦成立,就导致责任人的责任免除或减轻。免责事由既可以由被告提出,也可能由法院依职权调查确定。只要能够确定免责事由的存在,就可以发生相应的法律效果,即导致责任的免除。免责事由是否存在是事实问题,但因为其一旦成立就产生相应的法律效果,因而其也是法律问题。

二、不可抗力

所谓不可抗力,是指独立于人的行为之外,并且不受当事人的意志所支配的现象,它包括某些自然现象(如地震、台风、洪水、海啸等)和某些社会现象(如战争等)。我国《民法典》第180条第2款规定:“不可抗力是指不能预见、不能避免且不能克服的客观情况”。该条对不可抗力作出了规定,在法律上,不可抗力通常属于法定的免责事由,将导致行为人被免责。不可抗力具有如下特征:

1.不可抗力是不可预见的客观情况。不可预见是从人的主观认识能力上来考虑不可抗力因素的,它是指根据现有的技术水平,一般人对某种事件的发生不可预见。[11] 预见性往往因人而异,某人可以预见,而他人却可能无法预见,反之亦然。因此,必须以一般人的预见能力而不是特定当事人的预见能力为标准,来判断对某种现象是否可以预见。例如,突如其来的台风造成损害,对当地的一般人是不可预见的,但某人在获得台风消息后冒险出航而遭到损害,就不能认为台风是不可预见的。

2.不可抗力是不可避免并不能克服的情况。也就是说,在发生不可抗力的情况下,当事人已尽到最大努力和采取一切可以采取的措施,仍然不能避免某种事件的发生并克服事件造成的损害后果。不可避免和不能克服表明事件的发生和事件造成损害具有必然性,超出了当事人的控制能力范围。应当指出的是,某种事件是否属于不能避免并不能克服,也要依据具体情况来决定。

3.不可抗力是一种客观情况。也就是说,不可抗力具有外在于人的行为的特点。不可抗力作为独立于人的行为之外的事件,不包括单个人的行为。例如,第三人的行为对被告来说是不可预见并不能避免的,但第三人的行为并不具有外在于人的行为的客观性的特点,因此,第三人的行为不能作为不可抗力对待。当然,现代民法的发展趋势表明,不可抗力的抗辩已逐渐

---

〔11〕 Pierre Catala and John Antony Weir, *Delict And Torts: A Study in Parallel*, Tolane Law Rev, June, 1963, p. 776.

具有弹性。[12] 因此,不可抗力虽具有客观性,但也要依据具体案情来判定,它因时间、地点、环境的变化而有区别。

关于不可抗力的效力,《民法典》第 180 条第 1 款规定:"因不可抗力不能履行民事义务的,不承担民事责任。法律另有规定的,依照其规定。"依据该条规定,除法律另有规定外,原则上,不可抗力都可以作为免责事由。但是,如果法律有特别规定,即使发生不可抗力,也不能完全免责,则应当依据法律规定认定当事人的责任。例如,《民法典》第 1238 条规定:"民用航空器造成他人损害的,民用航空器的经营者应当承担侵权责任;但是,能够证明损害是因受害人故意造成的,不承担责任。"该条并没有列举不可抗力,这实际上表明,不可抗力不应作为民用航空器事故责任的免责事由。

当然,因不可抗力造成损害,当事人一般不承担民事责任,但不可抗力导致免责,必须是不可抗力是损害发生的唯一原因。因此,在发生不可抗力的时候,应当查清不可抗力与造成的损害后果之间的关系,并确定当事人的活动在发生不可抗力的条件下对其所造成的损害后果的作用。如果当事人对损害的发生也有过错(如洪水来到时,未及时将堆放在低处的货物转移而造成货物毁损),或者在不可抗力造成损害以后,因当事人的过错致使损害扩大的,则不能完全免除当事人的责任。

三、正当防卫

正当防卫,是指当公共利益、他人或本人的人身或其他利益受到不法侵害时,行为人所采取的一种防卫措施。我国《民法典》第 181 条规定:"因正当防卫造成损害的,不承担民事责任。正当防卫超过必要的限度,造成不应有的损害的,正当防卫人应当承担适当的民事责任。"依据该条规定,因正当防卫造成他人损害的,可导致正当防卫人被免除或减轻责任,这是因为正当防卫是一种合法的、受法律鼓励的行为,它在性质上虽然不是履行某种公务,但属于行使法律赋予的自卫权利,以维护其合法权益不受侵害。

正当防卫的成立必须符合如下条件:

1. 防卫以不法侵害行为的存在为前提。也就是说,只有在不法侵害真实发生的情况下,才能实行正当防卫。不法侵害既可能是对财产的侵害,也可能是对人身的侵害。不过,侵害必须是实际存在的,而不是尚未发生或已经结束的。在不法侵害已经完毕以后实行的防卫,性质上属于报复侵害,构成侵权行为。

2. 防卫具有必要性和紧迫性,即防卫必须是针对非法的、非进行防卫而不能排除的侵害行为实施的。防卫行为不能针对合法行为实施,而且防卫是不得已的,也就是说,对有条件和有能力通过非防卫的合法方式而制止的侵害行为,不得实施正当防卫。

3. 正当防卫必须针对不法侵害者本人实行。正当防卫的目的在于排除和制止不法侵害,故只能对不法行为人本人进行,不能针对第三人实行。

4. 正当防卫具有保护合法权益的目的性,即防卫意识。这就意味着防卫人不仅应意识到不法侵害的现实存在,而且意识到其防卫行为是为了保护本人或他人的合法权益以及社会利益,[13] 而不能以侵害他人合法权益为目的。防卫的目的性是正当防卫作为民法上的免责事由的根据,也是正当防卫权利存在的基础。

---

〔12〕 Pierre Catala and John Antony Weir, *Delict And Torts: A Study in Parallel*, Tolane Law Rev, June, 1963, p. 777.

〔13〕 陈兴良:《正当防卫论》,中国人民大学出版社 1987 年版,第 121 页。

正当防卫不得超过必要限度。依据《民法典》第181条的规定,“正当防卫超过必要的限度,造成不应有的损害的,正当防卫人应当承担适当的民事责任”。所谓必要的限度,也称为必需限度,是指为了制止不法侵害,正当防卫必须具有足以有效制止侵害行为的应有强度。只要是为了制止侵害所必需的,就不能认为是超过了正当防卫的必要限度。[14] 如果正当防卫超过了必要限度,本身已构成侵权行为,因此,防卫人应当承担适当的责任。确定适当的民事责任,意味着损害赔偿既要与过当的损害后果相一致,同时也要根据案件的具体情况,如防卫人当时所处的境遇、意志状态、行为的合理性、保护的利益和侵害的利益之间的比例性、损害的严重程度等,来确定防卫行为是否过当。

四、紧急避险

紧急避险,是指为了使公共利益、本人或他人的合法权益免受现实和紧急的损害危险,不得已而采取的致他人和本人损害的行为。我国《民法典》第182条规定:“因紧急避险造成损害的,由引起险情发生的人承担民事责任。危险由自然原因引起的,紧急避险人不承担民事责任,可以给予适当补偿。紧急避险采取措施不当或者超过必要的限度,造成不应有的损害的,紧急避险人应当承担适当的民事责任”。

紧急避险和正当防卫一样,都可以作为免责事由,而且都是排除损害的合法行为。但两者之间存在一定的区别:一方面,在正当防卫的情况下,危害源于人的行为,而在紧急避险的情况下,危险既可能源于人的行为,也可能源于自然原因;另一方面,正当防卫只能针对实施不法侵害的行为人实施,而不能针对未从事侵害行为的人实施,但紧急避险行为一般只是对第三者或紧急避险人造成损害,而不会损害非法侵害者本人。例如,为了避免迎面开来的大型货车,某人跳入路边小商贩的货摊,造成小商贩的财产损失。此外,紧急避险与正当防卫相比,行为人“容于思考的时间往往较长些,危险也稍轻”,[15]但紧急避险人是为了使公共利益、本人或他人的人身或其他合法权利免受正在发生的危险,不得已而采取的一种损害行为。因此,在比较法上,紧急避险人一般要比正当防卫人承担更重的责任。

紧急避险的构成必须符合一定的条件,具体而言:第一,必须是合法权益面临紧急的危险。只有存在现实的紧急危险时,才能实施紧急避险行为,如果危险已经消除或尚未发生,或者已经发生但并不会造成对合法利益的侵害,则不得采取紧急避险。如果基于对危险状况的误解、臆想或错误判断而采取避险措施,并致他人损害,应向他人负赔偿责任。第二,必须是在不得已的情况下采取避险措施。所谓不得已的情况,是指不采取避险措施,就不能保全更大的法益。不得已是指必须采取避险措施,而不是说避险人只能采取某一种而不能采取另一种避险措施。如果紧急避险人能够立即得到公权力提供的救济,从而消除危险,也不能采取紧急避险。[16] 第三,避险行为不得超过必要的限度。所谓不超过必要的限度,是指在面临紧急危险时,避险人应采取适当的措施,以尽可能小的损害保全较大的法益,也就是说,紧急避险行为所引起的损害应轻于所避免的损害。若避险行为不仅没有减少损害,反而使造成的损害大于或等于可能发生的损害,那么,避险行为就超过了必要的限度。

---

〔14〕 刘云峰:《正当防卫的理解和运用》,载《中国法制报》1983年11月4日。

〔15〕 Jean Limpens, *International Encyclopedia of Comparative Law*, Torts, Vol. XI Chapter 2, Liability for One's Act, International Association of Legal Science (1983), p. 92.

〔16〕 欧洲侵权法小组编:《欧洲侵权法原则:文本与评注》,于敏、谢鸿飞译,法律出版社2009年版,第178页。

依据《民法典》第182条的规定，紧急避险将产生如下法律效力：

1.引起险情的人承担责任。也就是说，在紧急避险的情况下，首先要确定险情发生的原因，险情由谁引起，原则上就应当由谁负责。所谓引起险情的发生，是指因实施一定的行为危及公共利益或他人利益。引起险情发生的人既可以是避险人、受益人、受害人，也可以是其他人，其在主观上既可能出于过失，也可能是故意的。至于某个所有人或管理人因故意或过失致使其所有的或管理的动物、物件构成危险，亦应视为所有人或管理人引起险情的发生。

2.如果危险是因自然原因引起的，紧急避险人不承担民事责任，可以给予适当补偿。所谓自然原因引起的，是指该危险不是因人的行为而引起的，而是因非人力所能控制的自然原因引起，所以，不存在应当承担责任的行为人。例如，台风来临，行为人为了尽快躲避，骑摩托车穿过某公司的足球场，造成该公司足球场的损坏。在此情况下，根据法律规定会产生两种效果：第一，免责。因为在某些情况下，如果危险的发生非常紧急，给行为人带来极大的危险，而行为人选择了以给他人造成较小损失的方式来避险。此时，行为人就不承担责任。第二，适当补偿。也就是说，避险人为了自己的利益而避险，给他人造成了损害，可以进行适当补偿。适当补偿在性质上属于公平责任，法院在衡量补偿数额时应考虑的因素主要包括避险人和受害人的经济状况、受害人所蒙受的损失等。在某些情况下，紧急避险人实施避险行为，可能会使受害人受益，如果受害人也从中有所获益，则其应当承担相应的损失，从而符合损益相抵的公平原则。

3.紧急避险采取措施不当或超过必要限度的责任。如前所述，紧急避险的成立要求避险行为适当，且不能超过必要限度，否则，将无法产生免责的效力。紧急避险采取措施不当或者超过必要限度、造成不应有的损害的，紧急避险人应当承担适当的责任。所谓采取措施不当，主要是指在当时的情况下能够采取其他可能减少或避免损害的措施而未采取，或所采取的措施并非为排除险情所必需。所谓超过必要限度，是指因紧急避险所造成的损害大于被保全的利益。未采取适当的措施避险，表明避险人没有像一个合理的、谨慎的人那样行为，因而是有过错的。适当的责任，是指紧急避险人所承担的责任应当与其过错程度相适应。

五、因见义勇为使自己遭受损害

《民法典》第183条规定："因保护他人民事权益使自己受到损害的，由侵权人承担民事责任，受益人可以给予适当补偿。没有侵权人、侵权人逃逸或者无力承担民事责任，受害人请求补偿的，受益人应当给予适当补偿"。该条对见义勇为情形下受益人的补偿义务作出了规定，也是对我国立法和司法经验的总结。通过规定补偿义务，有利于鼓励人们实施见义勇为的行为，对于弘扬正气、醇化道德风尚具有重要意义。

受益人补偿义务的构成要件如下：

1.必须实施了防止、制止他人民事权益被侵害的行为。此处所说的他人，不仅指自然人，也包括法人；不仅指个人，还包括国家、集体。任何人从事的维护国家、集体或者他人的合法权益的行为，都是法律上应当鼓励的见义勇为行为。如果行为人实施某种行为时，主观上并没有为他人谋利的意思，但客观上有利于他人，也可以适用该规定。

2.必须是被侵权人因保护他人民事权益而使自己遭受了损害。也就是说，实施见义勇为行为和受害人遭受损害之间应当具有因果联系。如果受害人虽然从事了某种见义勇为的行为，但损害并非因为此种见义勇为的行为所致，而是因其他原因造成的，或者完全是因自身的过错造成的，也不能请求受益人予以补偿。

3. 没有侵权人、侵权人逃逸或者无力承担责任。对被侵权人遭受的损害而言，首先应当是由侵权人承担赔偿责任，毕竟侵害人是直接不法行为人，因此，从责任承担的顺序来看，受害人应当首先向侵权人请求赔偿。但若出现了下述情况，则受害人无法请求侵权人赔偿：第一，没有侵权人。没有侵权人主要是指因自然原因等导致受益人处于危险状况，受害人因见义勇为而遭受损害。例如，因刮台风使受益人的房屋处于危险状况，受害人为加固房屋而被倒塌的房屋砸伤，此种情况就属于没有侵权人的情形。第二，侵权人逃逸。即侵权人在实施侵权行为以后，无法找到行为人。所谓逃逸，是指侵权人为躲避责任而逃离，不知去向。在某些情况下，也可能是不能确定侵权人，如为制止犯罪遭受伤害，未能查获犯罪行为人。第三，侵权人无力承担民事责任。即侵权人虽然能够找到，但其没有足够的赔偿能力或者完全没有能力赔偿。在以上情形下，受害人有权请求受益人在受益范围内对受害人的损害予以适当补偿。侵权人逃逸或者无力承担责任的举证责任，应当由被侵权人负担。总之，只有受害人在不能向侵权人请求赔偿时，才能要求受益人给予适当补偿。

4. 受害人向受益人请求补偿。受益人承担补偿责任的前提是，被侵权人向其提出了请求，因为在发生补偿责任的情况下，受益人本身是第二位的责任人。被侵权人遭受了损害以后，其首先应当向侵权人请求损害赔偿。只有在侵权人逃逸或者无力赔偿时，才能请求受益人补偿。当然，即使在被侵权人没有向受益人请求补偿的前提下，受益人自愿给予补偿，法律也并不禁止。

在因见义勇为使自己遭受损害的情形下，受益人应当给予适当补偿，其在性质上属于公平责任。《民法典》第 183 条给予了法官一定的自由裁量权，允许其根据具体案情来确定补偿的数额。补偿多少是“适当”，要根据个案来判断。一般来说，判断补偿是否适当主要应当考虑如下因素：第一，被侵权人遭受的损失。一般而言，被侵权人的损失越重，就越应当增加补偿的数额。特殊情况下，即使受益人受益不多，但是受害人遭受的损害很大，也应当在受益的范围内适当增加补偿数额。第二，当事人双方的经济状况。作为一种公平责任，其仍然应当考虑双方的经济状况，尤其是受益人的经济状况。第三，受益人的受益范围。一般来说，受益人获得的利益越多，其应给予的补偿也就相应增加。

六、紧急救助造成损害的豁免

《民法典》第 184 条规定：“因自愿实施紧急救助行为造成受助人损害的，救助人不承担民事责任”。该条确认了紧急救助可以作为免责事由，该条也称为“好人条款”，为紧急救助行为人享有豁免权。法律作出此种规定的目的在于鼓励自愿的救助行为。当前，我国社会从农业社会向工业社会转化，这一社会转型过程既增加了人与人之间距离，也增加了人们相互间的不信任感，主要表现在对他人事务的冷漠。尤其是在市场经济大潮的冲击下，许多人在选择过程中往往夹带着利益的判断，甚至普遍存在明哲保身、少管闲事的心态。因此，《民法典》规定紧急救助人的豁免权，对于鼓励人们见义勇为、弘扬社会主义核心价值观具有重要意义。

救济救助作为免责事由应当具备如下条件：

1. 救助人实施了紧急救助行为。救助他人的行为必须是在紧急情况下实施的，因为在紧急情况下，救助人可能来不及考虑采用致害最小的救助措施。因此，在紧急救助的情形下，即便因救助行为造成被救助人损害，救助人也无须承担民事责任。

2. 救助人必须是自愿实施救助行为。我国立法目前不承认民事主体承担有普遍性的救助义务。与此相应，享有豁免权的施救者人，必须是自愿施救者，如果救助人负有法定或者约定的救助义务，则不享有豁免权。例如，《执业医师法》第 24 条规定："对急危患者，医师应当采取紧急措施进行诊治；不得拒绝急救处置。"因此，医师对患者的紧急救助，不适用《民法典》第 184 条所规定的紧急救助豁免权。

3. 救助人实施了无偿救助行为。如果救助人在实施救助行为之前明确提出支付报酬的要求，则已经不再是属于见义勇为，如果对此类行为也适用豁免权，则将违反规范目的。

当然，在紧急救助的情形下，《民法典》第 184 条一概免除紧急救助人的赔偿责任，可能不利于防止过度救助行为，即救助人假借紧急救助之名实施侵权行为，或者造成明显不必要的损害。法谚有云，"法爱平衡"，从比较法上来看，各国都不主张救助过度行为，过度行为都是要承担责任的。因此，救助人在进行紧急救助时，也不能任意而为，而应当尽到一定的注意义务。

第五节 侵害英雄烈士等人格利益的民事责任

一、侵害英雄烈士等人格利益的民事责任概述

"天地英雄气，千秋尚凛然。"英雄先烈是我们民族的脊梁，也是激励我们前行的力量。英雄、烈士是一个国家和民族精神的重要体现，是引领社会风尚的标杆，是人们行为的榜样。因此，强化对英烈人格利益保护，有利于弘扬烈士精神，培养公民的爱国主义精神，增强中华民族的凝聚力，也有利于激发实现中华民族伟大复兴中国梦的强大精神力量。[17] 在《民法典》颁行前，我国司法实践中出现了一些侵害英雄、烈士人格利益的纠纷，如"邱少云案"[18]"狼牙山五壮士案"，[19] 此种行为不仅损害了广大人民群众的民族情感，也不利于凝聚民族精神。[20] 为了有效规范此类行为，保护英雄烈士等的人格利益，《民法典》第 185 条规定："侵害英雄烈士等的姓名、肖像、名誉、荣誉，损害社会公共利益的，应当承担民事责任。"该条对侵害英雄烈士等人格利益的民事责任作出了规定，具有重要的现实意义。

《民法典》第 185 条确认英烈人格利益的保护条款，其主要原因在于：一方面，英烈人格利益的保护具有特殊性。英雄烈士人格利益保护不同于一般民事主体所享有的人格权益，也不同于死者人格利益的一般规则，因为一般民事主体所享有的人格权益与死者人格利益保护与社会公共利益之间并不存在直接关联，而侵害英雄烈士等人格利益则可能造成社会公共利益的损害。另一方面，保护目的具有特殊性。英雄烈士人格利益保护与社会公共利益存在密切关联，行为人侵害英雄烈士人格利益，不仅会造成英雄烈士近亲属的损害，也可能损害社会公共利益，也就是说，英雄烈士人格利益的保护兼具私益保护与公益保护的特点。《民法典》对侵害英雄烈士等人格利益的民事责任作出规定，对于强化对英雄、烈士姓名、名誉、荣誉等的法律保护，对于维护民族精神、弘扬社会公共道德、有效保护英雄烈士人格利益、弘扬社会主义核心

---

〔17〕 参见张新宝：《中华人民共和国民法总则释义》，中国人民大学出版社 2017 年版，第 401 页。

〔18〕 "邱少华与孙杰等一般人格权纠纷案"，北京市大兴区人民法院(2015)大民初字第 10012 号民事判决书。

〔19〕 "葛长生诉洪振快名誉权、荣誉权纠纷案"，北京市第二中级人民法院(2016)京 02 民终 6272 号民事判决书。

〔20〕 参见陈甦主编：《民法总则评注》(下册)，法律出版社 2017 年版，第 1324 页。

价值观,具有重要意义。[21]

二、侵害英雄烈士等人格利益民事责任的构成要件

(一)侵害了英雄烈士等的利益

依据《民法典》第185条的规定,行为人依据本条承担民事责任必须是侵害了英雄烈士等的人格利益。关于烈士的范围,我国专门颁行了《烈士褒扬条例》和《军人抚恤优待条例》,分别对公民被评定为烈士的条件和现役军人被批准为烈士的条件作出了规定。[22] 但关于本条中"英雄"的内涵,学界存在一定的争议,一种观点认为,此处的"英雄"在性质上属于形容词,应当将该条的"英雄烈士"解释为"具有英雄品质的烈士"。[23] 另一种观点认为,该条中的"英雄"属于名词,其属于与烈士并列的人,而且此处的"英雄"应当指已经去世的英雄人物。[24] 本书认为,本条中的"英雄"应当属于名词,即属于与"烈士"并列的人,当然,从该条规定来看,并没有要求"英雄"必须已经牺牲,因此,其既可以是已经牺牲的英雄,也可以是未牺牲的英雄。

从该条规定来看,本条使用了"等"这一表述,表明本条所保护的范围不限于英雄、烈士的人格利益,也包括其他人的人格利益,但按照同类解释规则,其他人也应当是与英雄、烈士类似的人,但其应当不包括一般的死者人格利益。本书认为,鉴于本条的规范目的在于维护社会公共利益,因此,只要行为人侵害他人人格权益同时损害社会公共利益的,其受害人都应当属于与该条中英雄、烈士类似的人,以更好地实现该条的规范目的。[25]

(二)侵害了姓名、肖像、名誉、荣誉四项人格利益

从该条规定来看,其在列举保护的人格利益的范围时采取了封闭列举的模式,即仅限于姓名、肖像、名誉、荣誉。从实践来看,侵害英雄烈士等人格权益的行为主要也是侵害姓名、肖像、名誉、荣誉的行为。当然,该条采用封闭式列举的方式确定所保护的人格权益的范围,也存在一定的问题,因为除上述人格权益外,行为人侵害英雄烈士等的其他人格权益,同样可能损害社会公共利益,如侵害英雄、烈士等的隐私,此类行为应当受到法律的同等评价。因此,如果侵害英雄烈士等的其他人格利益,同时损害社会公共利益的,应当可以类推适用《民法典》第185条的规定追究行为人的侵权责任。

(三)损害社会公共利益

依据该条规定,行为人在依据本条规定承担民事责任时,要求其行为必须损害了社会公共利益。社会公共利益其实是一种反射利益,也就是说,是因为侵害了英雄烈士等姓名、肖像、名誉、荣誉而引发的一种间接损害。由于英雄烈士的人格利益常常会与社会公共利益联系在一起,因此需要特别保护。众所周知,英雄烈士的人格利益总是与一定的英雄事件、历史背景相关联,更与我国的社会共识和主流价值观相关,甚至在很大程度上已经成为中华民族共同记忆和民族感情的一部分,因此构成了我国社会主义核心价值观的重要组成部分,恶意诋毁、侮辱

[21] 参见石宏主编:《中华人民共和国民法总则条文说明、立法理由及相关规定》,北京大学出版社2017年版,第440页。

[22] 《烈士褒扬条例》第8条、《军人抚恤优待条例》第8条。

[23] 张新宝:《中华人民共和国民法总则释义》,中国人民大学出版社2017年版,第400页。

[24] 杨立新:《英烈与其他死者人格利益的平等保护》,载 http://www.legaldaily.com.cn/fxjy/content/2017-03/16/content_7056376.htm?node=70948,最后访问日期:2017年4月15日。

[25] 王叶刚:《论侵害英雄烈士等人格权益的民事责任——以〈民法总则〉第185条为中心》,载《中国人民大学学报》2017年第4期。

民族英雄和革命先烈,侵害英雄烈士等的姓名、肖像、名誉、荣誉的行为同时也会伤害社会公众的民族感情,涉嫌损害社会公共利益。换言之,在很多时候,侵害英雄烈士等的姓名、肖像、名誉、荣誉,往往就意味着损害社会公共利益。

三、请求权主体

关于侵害英雄烈士人格利益的请求权主体,《英雄烈士保护法》第25条确立了如下规则:

首先,由英雄烈士的近亲属提出请求。从该条规定来看,在英雄烈士人格利益遭受侵害时,由英雄烈士的近亲属提出请求,只有在英雄烈士没有近亲属或者近亲属不提起诉讼时,才由检察机关提出请求,这实际上是将英雄烈士的近亲属作为第一顺位的请求权主体。此种规定具有一定的合理性,因为在英雄烈士人格利益遭受侵害的情形下,遭受损害的主要是英雄烈士的近亲属,首先由其提出请求,符合民法的私法自治原则。由于英雄烈士等的人格利益仍然属于私权的范畴,侵害此种利益损害的是权利人本人或者其近亲属的利益,因此,在此种利益遭受侵害时,首先,应当尊重权利人及其近亲属的选择。从《英雄烈士保护法》第25条的规定来看,英雄烈士近亲属在向行为人提出请求时,并不以侵害英雄烈士的行为损害社会公共利益为条件,也就是说,英雄烈士近亲属提出请求主要是为了救济其自身损害,而非维护社会公共利益,应当由其自主选择是否提出请求。

其次,在英雄烈士没有近亲属或者近亲属不提起诉讼时,由检察机关就公共利益部分的损害提出请求。从《英雄烈士保护法》第25条的规定来看,检察机关的请求权具有次位性,如果英雄烈士的近亲属提出了请求,则检察机关无权再向行为人提出请求。当然,从该条规定来看,只有侵害英雄烈士人格利益的行为同时损害社会公共利益时,检察机关才能向行为人提起公益诉讼,因此,与近亲属的请求权不同,检察机关提出请求的目的在于维护社会公共利益。因此,在侵害英雄烈士人格利益并损害社会公共利益时,如果英雄烈士近亲属不提出请求时,检察机关有权提起公益诉讼,以维护社会公共利益。

第六节 违约责任和侵权责任的竞合

一、违约责任和侵权责任竞合的概念

民事责任竞合,是指同一事实符合数个责任的构成要件,同时产生数个责任。从请求权的角度来看,它也称为请求权竞合,是指同一法律事实产生后发生多项请求权。从词义上说,竞者,争也;合者,符合、该当也。竞争就是指争相符合,或同时该当之意。[26] 从民法上看,竞合是指由于某种法律事实的出现而导致两种或两种以上的请求权产生,并使这些权利之间发生并存、冲突的现象。责任竞合作为法律上竞合的一种类型,它既可能发生在同一法律部门内部(如违约责任和侵权责任的竞合),亦可发生在不同的法律部门之间(如侵权责任与刑事责任、行政责任的竞合)。在民法上,请求权的竞合现象时有发生。从权利人行使权利的角度观察,它被称为请求权竞合;从义务人承担责任的角度观察,它被称为责任竞合。所以,请求权竞合和责任竞合是同一问题的两个不同方面。

---

〔26〕 陈兴良等:《法条竞合论》,复旦大学出版社1993年版,第22页。

所谓违约责任和侵权责任的竞合,是指当事人实施的违法行为,既符合违约责任的构成要件又符合侵权责任的构成要件,受害人可以选择主张违约责任或侵权责任。从权利人(受害人)的角度来看,因不法行为人的行为的多样性,使其具有因多种性质的违法行为而产生的多重请求权,此种现象称为请求权竞合,当事人可以选择一项请求权行使。[27]《民法典》第186条规定:"因当事人一方的违约行为,损害对方人身权益、财产权益的,受损害方有权选择请求其承担违约责任或者侵权责任。"这就在法律上确认了违约责任与侵权责任的竞合。

二、违约责任和侵权责任竞合的特点

违约责任与侵权责任的竞合成为我国司法实践中责任竞合的主要形态,此种责任竞合具有如下特点:

1. 行为人违反了合同约定,同时也侵害了他人的合法权益。行为人的某一行为既违反了合同的约定,同时也构成对他人权益的侵害,这是产生违约责任与侵权责任竞合的前提。如果行为人某一行为虽然构成违约,但并不构成侵权行为,而是违反了其他管理性的规定,则行为人可能同时承担违约责任与其他责任,而无法构成违约责任与侵权责任的竞合。此时,即不能按照违约责任与侵权责任的竞合处理。

2. 行为人的行为同时符合违约责任和侵权责任的构成要件。也就是说,行为人虽然仅实施了一种行为,但该行为同时违反了数个法律规定,并符合法律关于数个责任构成要件的规定,由此使行为人承担一种责任还是数种责任的问题,需要在法律上确定。从司法实践来看,一种行为符合数个责任构成要件,既可能是因为行为本身的复杂性所致,亦可能是因为法律规定本身的交叉所引起的,无论出于何种原因,此种现象完全不同于行为人实施数个行为而造成不同损害的情况。

3. 数个责任之间相互冲突。这里所说的相互冲突,一方面,是指行为人承担不同的法律责任,在后果上是不同的;另一方面,相互冲突意味着数个责任既不能相互吸收,也不应同时并存。所谓相互吸收,是指一种责任可以包容另一种责任。例如,在某些情况下,适用补偿性违约金可以包容损害赔偿责任。所谓同时并存,是指行为人依法应承担某种责任形式(如返还原物)之后,不足以弥补受害人的损失的,还应要求不法行为人承担损害赔偿责任。若数种责任是可以相互包容或同时并存的,则行为人所应承担的责任已经确定,不发生责任竞合的问题。

4. 受害人依法只能选择一项请求权行使。即便其选择的请求权不足以对受害人所遭受的损害提供充分的补救,受害人也不能选择另一种请求权行使。在诉讼过程中,受害人只能针对一项请求权提起诉讼,如果该项诉讼请求被驳回,受害人不能再根据另外一种请求权提起诉讼。

《民法典》第186条允许权利人在竞合的情况下,就违约责任和侵权责任中的一种作出选择,其意义在于:第一,充分体现了私法自治和合同自由的本质精神,有利于充分保护受害人利益,作为民法重要制度的责任竞合制度应充分体现意思自治的内容和精神。第二,因为违约责任和侵权责任在适用中常常具有较大的差异,适用哪一种责任对当事人将会产生不同的影响。违约责任与侵权责任在归责原则、举证责任、义务内容、诉讼时效、构成要件和免责条件、责任形式、责任范围、诉讼管辖及对第三人责任等多方面有着明显的不同。每一方面的差别都将对当事人的权益的保护造成不同程度的影响。对违约责任还是侵权责任的不同选择将极大地影

---

[27] 王泽鉴:《民法思维》,北京大学出版社2009年版,第131页。

响到当事人的权利和义务,产生截然不同的法律后果。在涉及当事人如此重大利益之时,只有当事人本人才是自己利益的最好判断者,任何越俎代庖的行为都可能对当事人的利益造成损害。第三,有利于限制法官的自由裁量权,允许当事人自由选择请求权能有效解决长期以来司法实践中不尊重当事人的选择权,完全由法官决定法律适用而产生的问题,有利于竞合案件的公平、公正的解决。

参考案例

1. 中山市隆成日用制品有限公司与湖北童霸儿童用品有限公司侵害实用新型专利权纠纷案,载《中华人民共和国最高人民法院公报》2015 年第 1 期。
2. 王见刚与王永安、第三人岚县大源采矿厂侵犯出资人权益纠纷案,载《中华人民共和国最高人民法院公报》2013 年第 5 期。
3. 中国太平洋保险(集团)股份有限公司与中国东方资产管理公司青岛办事处、王志刚、胡建君船舶保险合同纠纷再审案,载《中华人民共和国最高人民法院公报》2012 年第 11 期。
4. 焦建军与江苏省中山国际旅行社有限公司、第三人中国康辉南京国际旅行社有限责任公司旅游侵权纠纷案,载《中华人民共和国最高人民法院公报》2012 年第 11 期。
5. 重庆雨田房地产开发有限公司与中国农业银行股份有限公司重庆市分行房屋联建纠纷案,载《中华人民共和国最高人民法院公报》2012 年第 5 期。
6. 范有孚与银建期货经纪有限责任公司天津营业部期货交易合同纠纷再审案,载《中华人民共和国最高人民法院公报》2011 年第 6 期。
7. 世纪证券有限责任公司与天津市住房公积金管理中心、世纪证券有限责任公司天津世纪大道营业部、中国旅游国际信托投资有限公司天津证券交易营业部、中国旅游国际信托投资有限公司侵权纠纷案,载《中华人民共和国最高人民法院公报》2006 年第 5 期。
8. 陆红诉美国联合航空公司国际航空旅客运输损害赔偿纠纷案,载《中华人民共和国最高人民法院公报》2002 年第 4 期。
9. 李萍、龚念诉五月花公司人身伤害赔偿纠纷案,载《中华人民共和国最高人民法院公报》2002 年第 2 期。
10. 新疆维吾尔自治区建筑木材加工总厂与中国民主同盟新疆实业发展总公司房屋租赁纠纷上诉案,载《中华人民共和国最高人民法院公报》2002 年第 1 期。
11. 宋鹏诉中国工商银行股份有限公司南京新门口支行借记卡纠纷案,载《中华人民共和国最高人民法院公报》2017 年第 12 期。
12. 尹瑞军诉颜礼奎健康权、身体权纠纷案,载《中华人民共和国最高人民法院公报》2019 年第 3 期。
13. 中国远大集团有限责任公司与中国轻工业对外经济技术合作公司进出口代理合同纠纷案,载《中华人民共和国最高人民法院公报》2016 年第 2 期。
14. 周庆安诉王家元、李淑荣道路交通事故损害赔偿纠纷案,载《中华人民共和国最高人民法院公报》2002 年第 5 期。
15. 张庆福、张殿凯诉朱振彪生命权纠纷案,第 98 号指导案例(最高人民法院审判委员会讨论通过,2018 年 12 月 19 日发布)。
16. 葛长生诉洪振快名誉权、荣誉权纠纷案,第 99 号指导案例(最高人民法院审判委员会讨论通过,2018 年 12 月 19 日发布)。
17. 徐工集团工程机械股份有限公司诉成都川交工贸有限责任公司等买卖合同纠纷案,载《中华人民共和国最高人民法院公报》2013 年第 7 期(第 15 号指导案例)。

18. 赵春明等诉烟台市福山区汽车运输公司卫德平等机动车交通事故责任纠纷案,载《中华人民共和国最高人民法院公报》2014 年第 5 期(第 19 号指导案例)。

第十一章　时效制度和期间

导读

诉讼时效制度有利于稳定社会经济秩序，督促权利人及时行使权利，保证法院及时、准确地解决各种民事纠纷。本章将介绍诉讼时效的相关问题，包括诉讼时效的适用范围，诉讼时效的分类，诉讼时效的起算，诉讼时效的中断、终止和延长以及诉讼时效期间届满的后果。

本章还讨论了期间、除斥期间以及期间的计算问题。

第一节　时效制度概述

一、时效制度的概念和特征

顾名思义，时效就是时间的法律效力，是指一定的事实状态在法定期间内持续存在，从而产生与该事实状态相适应的法律效力的法律制度。[1] 时效是各国所普遍承认的法律制度。一般而言，时效制度分为取得时效和消灭时效。这两种时效制度在构成要件、法律效果方面均存在明显的区别，但它们均具有如下特征：

1. 时效是以一定的事实状态的存在和持续为前提的。法律之所以赋予时效以一定的法律效果，是因为一定的事实状态持续不断，无论其与真实权利关系是否一致，民事主体都已经在这种社会状态下正常生活，并且具有一定的社会稳定性。因此，这就需要在法律上对这种事实状态予以一定的规制，从而产生了时效制度。[2] 在时效制度中，占有他人的财产的事实状态持续相当的时间，占有人可以被视为真实权利人，这就是取得时效所产生的法律后果；如果不行使权利的事实状态持续相当的时间，可以认为未予行使的某种权利已经消灭，这就是消灭时效产生的法律效果。[3]

2. 时效系以一定期间的经过为要素。时间是影响法律关系产生、消灭、变更的一个重要因素。任何法律关系都可能受到时间的影响，而时效是时间对法律关系产生影响的最直接的体现。在取得时效中，一定时间的经过，将使无权占有人取得一定的法律上的权利。在诉讼时效中，一定时间的经过，将使权利人丧失一定的法律上的权利。

---

〔1〕 魏振瀛主编：《民法》，北京大学出版社 2010 年版，第 190 页；梁慧星：《民法总论》，法律出版社 2011 年版，第 236 页。

〔2〕 洪逊欣：《中国民法总则》，三民书局 1992 年版，第 554 页。

〔3〕 [日]四宫和夫：《日本民法总则》，唐晖等译，五南图书出版公司 1995 年版，第 299 页。

3. 时效为法律事实。对于时效究竟属于事件还是属于自然事实中的状态,学者有不同的看法。本书认为,无论时效的构成要件属于事件,还是自然事实,与当事人的有意志的行为在性质上是不同的,所以,不能将其归入行为的范畴,而应当将其归入行为之外的法律事实。因为时效的要件是权利不行使的状态持续一段时间,所以不属于事件,而应属于一种事实状态。

一定的事实状态的经过固然可以依法导致取得某种权利或者丧失某种权利,但时效的完成不能导致起诉权的消灭。起诉权(向法院提出请求的权利)是在任何时候都不会丧失的,因为任何人都可以请求法院保护他被侵犯的权利,这种请求权是不能被剥夺的。[4] 在时效届满以后,有关当事人可以到法院提起诉讼,法院仍然应当受理,法院不得以时效届满为由驳回起诉。但对方当事人可以主张时效利益,即主张依取得时效而取得一定权利,或主张因诉讼时效届满致使对方权利消灭。

二、时效制度的功能

严格地说,取得时效和消灭时效的功能是有一定的区别的,但是,它们作为时效制度的组成部分均有一些共同的功能。如果权利人在相当长的时间内不行使权利,财产的占有人就可能因为事实上的占有而形成某种事实上的财产秩序,并获得某种利益。义务人有可能因为权利人不主张请求权而使其给付义务长时间处于停止状态,从而获得某种利益。一定的事实状态持续相当时期,便使他人产生信赖利益。所以,从维护交易安全、稳定正常的财产秩序和生活秩序出发,需要对事实状态予以保护,产生一些民事权利上的变更。时效制度的功能主要体现在如下三个方面:

1. 督促权利人及时行使权利。时效制度的一个重要内容就是:如果权利人享有权利但不积极地行使权利,将产生权利消灭或效力减损的法律后果。时效本身就体现了“法律保护勤勉者,不保护懒惰者”的原则。财产的权利人虽然享有权利,但其长期“睡眠于权利之上”,不主动行使权利,则不利于物尽其用。无论是诉讼时效还是取得时效都具有促使权利人积极行使权利,从而提高物的使用效率的功能。法律并不保护“睡眠于权利之上者”,而只保护积极行使权利的人,这就是时效制度的立法宗旨之所在。[5]

2. 维护既定的法律秩序的稳定。在社会生活中,一定的事实状态的继续必然会产生相应的法律秩序。例如,占有人占有某项财产经过了一定合理的时间,占有人以该财产为标的租赁、买卖、设定各种法律关系和权利,从而形成一定的财产秩序。在交易中,如果请求权人长期不向义务人主张权利,就会使义务人认为,权利人已经放弃其请求权,这就在社会中形成一定的秩序。所以法律要通过时效制度来维护既定的财产秩序和交易秩序,如果经过相当长的时间,权利人行使权利将推翻既定的社会秩序,不利于法律秩序的稳定。

3. 有利于证据的收集和判断,并及时解决纠纷。“时效法欲保护的应该是被告免受由很久以前的事件引起的陈年旧账般的权利主张的困扰。”[6] 因为民事案件证据的收集通常较为复杂,年代越久,诉累越重,如无时间的限制,原权利人举证负担沉重,现在的权利人不堪其扰,法院也会增加审判的负担,所以,法律规定时效制度,从而有利于证据的收集和判断,并及时解决

[4] [苏]诺维茨基:《法律行为、诉讼时效》,康宝田译,中国人民大学出版社 1956 年版,第 155 页。

[5] 王泽鉴:《民法总则》,北京大学出版社 2009 年版,第 492 页。

[6] David Oughton, John Lowery, Robert Merkin, *Limitation of Actions*, LLP, 1998, p. 4.

纠纷。[7]

三、时效的类型

(一)取得时效与诉讼时效的含义

时效分为两种类型,即取得时效和诉讼时效。

取得时效,又称为占有时效,是指占有他人的动产、不动产或者其他财产权的事实状态经过一定的期限以后,将取得该动产和不动产的所有权和其他财产权。

诉讼时效,又称为消灭时效,是指权利人于一定期间内不行使请求权即丧失请求法院保护其权利的权利。

一般认为,完整的时效制度包括取得时效和诉讼时效两部分。各国对时效制度的立法体例存在两种模式:第一,统一主义,即将取得时效与消灭时效统一规定。《法国民法典》《日本民法典》采取了此种主张。第二,分别主义,即将两种时效分别规定。《德国民法典》采取了此种主张,在总则中设立消灭时效,而在第三编"物权"中规定取得时效。

我国原《民法通则》规定了诉讼时效,但受苏联民法理论的影响,并没有采纳取得时效制度,其主要理由在于,立法者认为取得时效承认非所有权人可以基于占有取得他人的所有权,与社会主义国家提倡的"拾金不昧""公物还家"等传统美德不符。[8] 该法专设第七章规定了诉讼时效,从而规定了时效的基本制度。我国《民法典》总则编继续采纳了原《民法通则》的做法,仅规定了诉讼时效,而没有规定取得时效。《民法典》合同编、继承编,《海商法》等法律中也分别规定了特别诉讼时效,此外,最高人民法院关于诉讼时效问题颁布了一些司法解释,从而构建了我国完整的诉讼时效制度。

(二)取得时效与诉讼时效的区别

诉讼时效与取得时效虽然同为时效制度,都是指一定的事实状态、持续一定的期间,均要产生一定的法律后果,但二者是两种不同的制度,具体区别如下:

1. 二者的法律后果不同。诉讼时效期间届满后,将导致抗辩权的发生,权利人仍然享有权利,但如果其请求法院强制义务人履行义务,债务人有权基于诉讼时效期间届满的事实而提出抗辩。债务人虽然取得了拒绝履行抗辩的法律后果,但却不能因此而获得该项实体权利。如果财物已经由债务人占有,法院也不能以诉讼时效届满为由,确认债务人对该财物享有所有权。所以诉讼时效并不具有确认产权归属的功能,甚至其与权利取得本身并无直接的关系。而依取得时效制度,占有人长期、合法、善意并且不中断地占有他人之物,经过一定的期间,可以取得所有权或其他物权。

2. 二者的适用对象不同。诉讼时效主要适用于请求权,具体包括基于合同债权的请求权、基于侵权行为的请求权、基于无因管理的请求权、基于不当得利的请求权以及其他债权请求权。[9] 但所有物返还请求权原则上不应适用诉讼时效。而取得时效的适用对象主要是物权。一般认为,人格权、知识产权等权利不适用取得时效。

3. 二者的适用条件不同。诉讼时效是指权利人在一定期限内不行使权利,致使其权利的效力减弱。其适用的条件是权利人不积极行使权利并经过了法定期限。而取得时效是指以自

---

〔7〕 王泽鉴:《民法总则》,北京大学出版社 2009 年版,第 492 页。

〔8〕 参见佟柔主编:《中国民法》,法律出版社 1990 年版,第 603 页。

〔9〕 王泽鉴:《民法总则》,北京大学出版社 2009 年版,第 411 页。

己所有的意思,公开、和平、持续地占有他人的动产或不动产,达到一定的期限,从而可以依法取得所有权和他物权。由于前者的后果为丧失权利,后者则为取得权利,因此两者在适用条件上是不同的。

第二节 诉讼时效概述

一、诉讼时效的概念

所谓诉讼时效,是指权利人在法定期间内不行使权利即导致义务人有权提出拒绝履行的抗辩权的法律制度。从比较法上看,各国的立法例各不相同。瑞士、俄罗斯、埃塞俄比亚等国家采取的是诉讼时效的概念;德国、日本、意大利等国家采取的是消灭时效的概念。[10] 在我国民法中,究竟应该采取诉讼时效还是消灭时效的概念,存在不同的观点。我国《民法通则》采纳了诉讼时效的概念。《民法典》沿用了《民法通则》的经验,采纳的是“诉讼时效”的概念。

本书认为,采纳消灭时效的概念虽有一定的道理,但比较而言,本书认为,还是采纳诉讼时效的概念更为妥当,理由在于:一方面,虽然对于仲裁、诉讼外的请求都可以适用诉讼时效制度,但国家通过法院保护权利人请求权的实现是现代社会的通例,它可以普遍适用于所有的请求权。民法上许多规定虽主要针对诉讼活动而设立,但也可适用于仲裁,诉讼时效也不例外。时效既是对权利人请求权行使的限制,当然,对诉讼中确定当事人一方的权利是否应当受到保护,也是受到诉讼时效的限制。因此,将其称为诉讼时效是恰当的。[11] 另一方面,消灭时效概念有可能会使人误以为时效届满将导致实体权利消灭,但在我国法中,时效届满并不发生请求权的消灭,而只是使义务人获得时效抗辩权。消灭时效强调消灭某种权利,但这和时效的本质不完全吻合。此外,就我国的立法实际而言,一直采用的是诉讼时效的概念,从法的延续性的角度而言,仍然应该继续采用这一概念,从而有利于保持法律的稳定性和民众对法律的一贯理解。

诉讼时效是民法总则的一项重要制度。该制度适用于各种类型的债权请求权,我国《民法典》总则以专章(第一编第九章)的形式对“诉讼时效”制度作出了规定,其包括诉讼时效的适用范围、诉讼时效届满的法律后果、法院应否主动援引诉讼时效的规定以及诉讼时效的中止、中断、延长等问题。

二、诉讼时效期间的特征

诉讼时效是关于权利行使期限的规定,它直接表现为一定的期间。在民法上,期限类型很多,因为民事法律关系的产生、变更和消灭,常常和期限联系在一起,诉讼时效不过是期限的一种类型。但和其他的期限相比较,诉讼时效期间具有如下特点:

1. 具有法定性。诉讼时效期间是权利人请求人民法院保护其民事权利的法定期限。超过

---

〔10〕 对德国民法上“Verjahrung”一词,学者间有不同的译法:郑冲、贾红梅译《德国民法典》时译之为“时效”;邵建东译《德国民法总论》时译之为“消灭时效”。梅仲协先生指出,“Verjahrung”在德国法上原指“时效”,用以指称法定期间经过后,义务人取得抗辩权,得拒绝履行其给付义务的制度,但权利并不因此而消灭,唯请求权减损其力量而已,因此称消灭时效不妥。梅仲协:《民法要义》,中国政法大学出版社 1998 年版,第 154 页。

〔11〕 佟柔主编:《中国民法学·民法总则》,中国人民公安大学出版社 1990 年版,第 314 页。

该期限以后，当事人的民事权利的效力就会受到一定的影响。[12] 诉讼时效期限不是当事人约定的期限，而是由法律直接规定的期限。不行使权利的事实，经过该法定的期限，将产生时效届满的后果。当然，与除斥期间以及其他期限相比较，诉讼时效的期限并不是固定不变的，在符合法律规定的条件下，可以中止、中断或延长。

2. 具有强制性。诉讼时效的强制性包括四个方面的内容：第一，禁止当事人通过约定排斥时效规范的适用。强行性规范本身的含义是指当事人不能通过约定排除其适用。法律规范在遇有其所规定的条件具备时将自然适用，不能由当事人通过约定予以排斥适用。[13] 第二，禁止当事人违反时效的规定约定延长或缩短诉讼时效期间。[14] 在比较法上，有些国家和地区允许当事人通过约定延长或缩短诉讼时效期间；也有些国家和地区禁止当事人作出此种约定。[15]《民法典》第197条对诉讼时效的强制性作出了规定，明确禁止当事人通过约定延长或缩短诉讼时效期间。第三，禁止当事人就诉讼时效的计算方法作出约定。此处所说的计算方法，主要是指诉讼时效自何时开始起算。如果允许当事人就时效的计算方法进行约定，实际上等同于允许其延长或缩短诉讼时效期间。第四，禁止当事人就诉讼时效中止、中断的事由作出约定。诉讼时效中止或中断的事由必须由法律规定，因为它们对于时效期间的确定具有重要意义，如果允许当事人任意约定，时效的强制性就受到很大的影响。尤其应当看到，强调诉讼时效期间等规则的强制性也有利于维护诉讼时效规则的统一性，因为如果允许当事人约定诉讼时效期间等规则，可能需要法官对每项约定是否合理作出具体判断，可能影响司法裁判的统一性，也不合理地增加了司法成本。

3. 体现了义务人的时效利益。所谓时效利益，是指诉讼时效期间届满以后，权利人丧失了请求法院依诉讼程序强制义务人履行义务的权利，义务人因此可以不履行义务，继而获得其本来不应该获得的利益。在时效期间届满以后，义务人所享有的时效利益受到法律的保护。当然，诉讼时效期间届满后，义务人所享有的时效利益本质上是当事人的私益，其有权予以抛弃。但是，考虑到债务人利益的保护，《民法典》第197条第2款禁止诉讼时效利益的预先放弃。

三、诉讼时效与仲裁时效

诉讼与仲裁均为纠纷的解决方式。仲裁时效与诉讼时效对应，它是指权利人向仲裁机构请求保护其权利的期限。[16] 从我国立法来看，有的法律对仲裁的时效问题作出了特别规定。例如，《民法典》第594条规定："因国际货物买卖合同和技术进出口合同争议提起诉讼或者申请仲裁的时效期间为四年。"

严格地说，诉讼时效和仲裁时效在性质上是有区别的，但两者又有一定的联系，因此，《仲裁法》第74条规定："法律对仲裁时效有规定的，适用该规定。法律对仲裁时效没有规定的，适用诉讼时效的规定。"《民法典》借鉴了该规则，第198条规定："法律对仲裁时效有规定的，依照其规定；没有规定的，适用诉讼时效的规定。"依据该条规定，如果法律对仲裁的时效作出了特

---

〔12〕 当然，各国对于超过诉讼时效期间的法律效果有不同的规定，有抗辩权发生说、实体权消灭说、胜诉权消灭说等各种立法例。

〔13〕 佟柔主编：《中国民法》，法律出版社1990年版，第600页。

〔14〕 参见"梁伦喜等与梁金翠物权保护纠纷上诉案"，湖北省宜昌市中级人民法院（2010）宜中民一终字第00487号民事判决书。

〔15〕 参见史尚宽：《民法总论》，中国政法大学出版社2000年版，第625页。

〔16〕 常英主编：《仲裁法学》，中国政法大学出版社2013年版，第108页。

别规定(如《劳动争议调解仲裁法》《农村土地承包经营纠纷调解仲裁法》),则适用该特别规定。例如,《农村土地承包经营纠纷调解仲裁法》第 18 条规定,农村土地承包经营纠纷的仲裁时效期间为 2 年,因此,此类纠纷的仲裁就应当适用这一规定,而不能适用《民法典》规定的 3 年时效期间。如果法律未对仲裁时效作出规定,则适用《民法典》关于诉讼时效的规则。例如,《农村土地承包经营纠纷调解仲裁法》没有对仲裁员是否可以主动援引时效规则作出规定,此时就应当适用《民法典》第 193 条的规定,不允许仲裁员主动适用仲裁时效的规定。

四、诉讼时效期间的分类

诉讼时效期间,又称时效期间,是指权利人请求人民法院保护其民事权利的法定期间。通常可以将其分为如下三种。

(一)普通诉讼时效期间

所谓普通诉讼时效期间,是指由民事基本法规定的普遍适用于应当适用时效的各种法律关系的时效期间。《民法典》第 188 条第 1 款规定,普通诉讼时效期间为 3 年,该条改变了原《民法通则》2 年普通诉讼时效的规定,更有利于保护权利人的利益。

从比较法上看,尽管存在一种消灭时效期间逐渐缩短的趋势,这主要是因为大陆法系国家的消灭时效原来规定得太长(如《法国民法典》规定的普通时效期间为 30 年),因而有必要予以缩短。但我国《民法通则》规定的 2 年时效确实过短,虽然这种规定有利于促进民事流转和交易的迅速发展,促使当事人尽快行使权利,但确实对权利人的保护是不利的,且不符合社会一般人关于债务必须履行的观念,因此,《民法典》将普通诉讼时效的期间延长为 3 年。

(二)特别诉讼时效期间

所谓特别诉讼时效期间,是指由民事基本法或特别法针对某些民事法律关系规定的时效期间。按照特别法优先于普通法的一般规则,如果符合特别诉讼时效规定的情况的,应当适用特别诉讼时效,而不应当适用普通诉讼时效。在我国现行民事立法中,有关特别诉讼时效的规定散见于原《民法通则》和民事单行法,主要包括如下几种:

1.《民法典》的相关规定。考虑到国际货物买卖的特殊性,法律上规定了特殊的诉讼时效期间。《民法典》第 594 条规定:“因国际货物买卖合同和技术进出口合同争议提起诉讼或者申请仲裁的时效期间为四年。”可见,国际货物买卖合同和技术进出口合同要比一般的普通诉讼时效期间更长。

2.《民法典》之外的其他法律规定。在《民法典》之外,《海商法》《票据法》等也都规定了特殊的诉讼时效。这些特殊时效有的比一般诉讼时效期间要短。例如,《海商法》第 257 条规定:“就海上货物运输向承运人要求赔偿的请求权,时效期间为一年,自承运人交付或者应当交付货物之日起计算;在时效期间内或者时效期间届满后,被认定为负有责任的人向第三人提起追偿请求的,时效期间为九十日,自追偿请求人解决原赔偿请求之日起或者收到受理对其本人提起诉讼的法院的起诉状副本之日起计算。”法律设定特别诉讼时效的目的,主要是根据不同纠纷的法律特点来适用不同的诉讼时效。如果证据比较清楚,法律关系比较单一,则一般要求当事人尽快地行使权利。但是对于纠纷比较复杂,且在相当长的一段时间内,证据不会丢失的,就可以适用更长一些的诉讼时效。由于《民法典》中没有上述特殊时效作出规定,依据该法第 11 条的规定,特别法的规定应当优先适用,因而,特别法上的特殊时效规则仍然应当予以适用。

(三)最长诉讼时效期间

所谓最长诉讼时效期间,学说上又称绝对时效期间,是指不适用诉讼时效中止、中断规定的时效期间。《民法典》第188条第2款规定最长诉讼时效期间为20年。从该条规定来看，最长诉讼时效期间具有如下特点：

1. 具有固定性。最长诉讼时效设立的宗旨就是要对民事权利的保护设立一个最长的固定期限，一般超过这个最长的期限，则对该民事权利不予保护。所以，该期限不适用诉讼时效中止、中断的规定。因为一旦可以适用诉讼时效中止、中断的规定，最长诉讼时效就成为可变期间，与一般的普通诉讼时效没有实质性的差别，这也使设立20年时效期间的立法目的难以实现。〔17〕

2. 在起算上，从权利产生之日起计算，而不采用主观主义的计算方法，即不是从权利人知道或者应当知道权利遭受侵害之日起计算。既然最长诉讼时效设立的目的就是对权利的保护设立一个最长期限，所以就应当对其起算点设定一个统一固定的标准，只有这样，20年的期限才能得以固定。

3. 不适用诉讼时效延长的规定。从设立最长诉讼时效制度的目的来看，其主要是给权利的行使设立一个固定的期限，或者说设立一个最长的保护期限，如果最长的期限仍然可以延长，且对延长的上限没有限制，这就造成最长诉讼时效成为可变期限，也会使最长诉讼时效的功能不复存在。

第三节　诉讼时效的适用范围

一、诉讼时效主要适用于债权请求权

诉讼时效的适用范围也称诉讼时效的客体。在德国法中，消灭时效的适用对象仅限于请求权，所以消灭时效又称为请求权的消灭时效。〔18〕 在我国，《民法典》第188条第1款规定："向人民法院请求保护民事权利的诉讼时效期间为三年。法律另有规定的，依照其规定。"该条对诉讼时效作出了规定，但其只是使用了"民事权利"这一表述，而没有对诉讼时效的适用范围作出明确界定。而《民法典》第196条关于不适用诉讼时效的请求权的情形，主要针对的是物权请求权，由此可见，诉讼时效应当主要适用于债权请求权。另外，《诉讼时效解释》第1条规定，"当事人可以对债权请求权提出诉讼时效抗辩"。该条实际上明确了，诉讼时效的适用范围原则上限于债权请求权。

债权请求权是特定的债权人请求债务人为一定的行为或不为一定行为的权利。从原则上说，债权的请求权都可以适用诉讼时效。如合同之债、侵权之债、无因管理之债、不当得利之债等，均可以适用诉讼时效。〔19〕 诉讼时效之所以适用于请求权，原因在于：一方面，请求权在内容上是请求他人为一定的行为或不为一定的行为的权利，请求权的实现有赖于义务人履行一定的给付义务，但这种给付义务实际上对义务人来说是一种负担；相反，这种负担应当在一定的

---

〔17〕 李适时主编：《中华人民共和国民法总则释义》，法律出版社2017年版，第594页。

〔18〕 蔡章麟：《简介德国民法消灭时效制度》，载郑玉波主编：《民法总则论文选辑》（下），五南图书出版公司1984年版，第786页。

〔19〕 王泽鉴：《民法总则》，北京大学出版社2009年版，第522页。

期限内存在,而不能无期限地持续下去。否则,义务人长期负担某项给付义务,不利于社会经济关系的稳定。这也决定了请求权不同于支配权,它不能无期限地长期存在下去,也就是说,它一定受到诉讼时效期限的限制。另一方面,请求权虽有赖于义务人履行义务才能实现,但如果义务人不履行义务,权利人有权请求法院保护其权利的实现。但这种请求保护的权利,也要有时间的限制,否则可能因年代久远而出现举证困难等问题,使当事人的合法权益难以受到法院的保护。[20] 所以,从诉讼保护的需要出发,也应使请求权受到诉讼时效的限制。还要看到,时效发生的效果就是产生抗辩权,抗辩权正是与请求权相对应的、针对请求权进行防御的权利。就这个角度而言,时效抗辩权只能针对请求权适用。

从《诉讼时效解释》第1条的规定来看,物权请求权不适用诉讼时效。所谓物权请求权,是指基于物权而产生的请求权,也就是说,物权人在其物被侵害或有可能遭受侵害时,有权请求恢复物权的圆满状态或防止侵害。物权请求权是基于物权而产生的与物权不可分离的一种独立的请求权。关于物权请求权是否适用诉讼时效,一直存在争议。一般认为,物权请求权原则上不适用诉讼时效的规定,主要理由在于:一方面,物权请求权是物权效力的具体体现,是包含在物权权能之中的,只要物权存在,物权请求权就应该存在。由于物权本身作为支配权,不适用诉讼时效的规定,因而作为物权的一部分的物权请求权,也不应当因时效届满而消灭。另一方面,物权请求权的主要功能是保证对物的圆满支配,它是保护物权的一种特有方法,如果物权请求权因时效届满而消灭,但是物权继续存在,将使物权成为一种空洞的权利。因而取得时效与消灭时效的时间差将导致所有权名实错位的混乱现象,出现权利真空。[21] 此外,对排除妨害、消除危险等物权请求权而言,还存在如何确定诉讼时效的起算点的困难。因为物权请求权通常适用于各种继续性的侵害行为。所谓继续性的侵害行为是指这类侵害和妨害行为通常是持续不断进行的,如在他人的房屋边挖洞,只要该洞继续存在就会威胁到他人房屋的安全。在此情况下,如何确定诉讼时效的起算点,也比较困难。

《民法典》第462条第2款规定,"占有人返还原物的请求权,自侵占发生之日起一年内未行使的,该请求权消灭"。这就是说,在侵害占有的情况下,占有人行使占有返还请求权也不适用诉讼时效制度,而应适用《民法典》物权编的上述规定。但如果权利人基于侵权行为而主张权利,则仍然可以作为债权请求权,适用诉讼时效。

二、不适用诉讼时效的请求权

并不是所有的请求权都可以适用诉讼时效,《民法典》第196条规定:"下列请求权不适用诉讼时效的规定:(一)请求停止侵害、排除妨碍、消除危险;(二)不动产物权和登记的动产物权的权利人请求返还财产;(三)请求支付抚养费、赡养费或者扶养费;(四)依法不适用诉讼时效的其他请求权。"据此可见,以下几种请求权并不适用诉讼时效。

(一)请求停止侵害、排除妨碍、消除危险

这三种情形都是绝对权受到侵害或有侵害之虞的情形,不应当适用诉讼时效,主要理由在于:上述三种请求都涉及绝对权的保护问题。如前所述,学理上一般认为,物权请求权一般不

---

〔20〕 王泽鉴:《民法总则》,北京大学出版社2009年版,第410页。

〔21〕 史尚宽:《民法总论》,中国政法大学出版社2000年版,第569页;黄立:《民法总则》,中国政法大学出版社2002年版,第463页。

适用诉讼时效。[22] 例如，某人在他人的房屋旁边挖洞，影响他人房屋安全，行为人一直未将该危险消除，此时，受害人请求消除危险不能认为诉讼时效已经届满。此外，在请求停止侵害、排除妨碍、消除危险的情形下，由于行为人的侵权行为一直处于持续状态，诉讼时效无法确定起算点，因而不应当适用诉讼时效。需要指出的是，无论是侵害物权，还是侵害人格权（参见《民法典》第995条），都可以适用停止侵害等绝对权请求权，一般都不适用诉讼时效。

《民法典》第995条规定："人格权受到侵害的……受害人的停止侵害、排除妨碍、消除危险、消除影响、恢复名誉、赔礼道歉请求权，不适用诉讼时效的规定。"该条似乎与《民法典》第196条第1项类似。事实上，《民法典》第196条第1项所规定的不适用诉讼时效的权利与《民法典》第995条关于人格权请求权的规定不同，二者的区别主要体现为：一方面，《民法典》第196条第1项所规定的请求停止侵害、排除妨碍、消除危险的权利适用于所有绝对权的保护；而《民法典》第995条关于人格权请求权的规定在形式上大于第196条第1项的范围，其还包括消除影响、恢复名誉、赔礼道歉请求权，当然，就前三项请求权（停止侵害、排除妨碍、消除危险）而言，其可以被第196条第1项所涵盖。另一方面，《民法典》第995条虽然也规定了停止侵害、排除妨碍等请求权不适用诉讼时效，但其本意是强化对人格权的保护，即只要行为人的行为影响到权利人对其人格权益的圆满支配状态，权利人就可以依据该条规定提出请求；而第196条第1项则适用于所有绝对权的保护。而且《民法典》第995条的功能不仅在于规定停止侵害、排除妨碍等请求权不适用诉讼时效，其还具有创设人格权请求权的功能。

（二）不动产物权和登记的动产物权的权利人请求返还财产

依据《民法典》第196条的规定，不动产物权和登记的动产物权的权利人请求返还财产的权利不适用诉讼时效，具体而言：

1. 不动产物权。我国对不动产物权采用登记要件主义，不动产物权的设立、变更、消灭都要办理登记，登记簿本身能够产生一定的公信力。只要登记记载中显示出了不动产的权属状态，第三人就应当相信登记记载的权利人是真实的权利人。交易第三人因信赖登记簿而进行交易的，相关的交易关系也受到法律保护。[23] 因此，就已经登记的不动产物权而言，因为不动产登记簿本身是由国家公权力机关制作的，表明了不动产的权属关系，在此情况下，单纯占有不动产本身并不能使第三人产生信赖，也不必通过时效制度来保护此种信赖。且在第三人进行不动产交易时，其也负有查询登记簿的义务。

由于不动产物权的保护不应当受到诉讼时效的限制，权利人可以随时请求返还财产。在不动产已经登记的情形下，如果已登记的不动产仍然适用诉讼时效，不动产物权超过一定期限后，权利人就不能请求返还财产，就会导致登记制度和时效制度产生冲突和矛盾。[24] 当然，该条并没有要求必须是已经登记的不动产，因此，对不动产物权而言，即便没有登记，也不能适用诉讼时效。例如，农村的房屋基本都没有进行登记，如果某个农民外出打工，其房屋被他人占有，不能认为经过三年，就不能请求返还。

2. 登记的动产物权。登记的动产物权是指依据我国法律规定进行登记的动产。例如，《民法典》第225条规定："船舶、航空器和机动车等的物权的设立、变更、转让和消灭，未经登记，不

---

〔22〕 王泽鉴：《民法总则》，北京大学出版社2009年版，第497页。

〔23〕 参见杜万华主编：《最高人民法院物权法司法解释（一）理解与适用》，人民法院出版社2016年版，第378页。

〔24〕 李适时主编：《中华人民共和国民法总则释义》，法律出版社2017年版，第624页。

得对抗善意第三人。”虽然我国物权法对特殊动产的登记采登记对抗主义,但对已经登记的动产,和不动产登记一样,也会产生一定的公信力,第三人信赖该登记而与其发生交易,该信赖应当受到法律保护。[25] 因此,这些动产的占有人不能因其占有而获得特殊的保护,也就不能主张适用诉讼时效。

需要指出的是,依据《民法典》第196条规定,未登记的动产物权应适用诉讼时效的规定。例如,甲外出打工数年,其家传古董被他人侵占,依据《民法典》第196条第2项的规定,其返还请求权可能会受到诉讼时效的限制,这显然是不合理的,也不符合社会一般人的观念。不过,虽然未登记的动产物权可以适用诉讼时效,但在诉讼时效期间届满后,义务人也不能取得该动产物权,该动产的物权仍归属于原权利人,只是在权利人主张权利时占有人享有抗辩权而已。

(三)请求支付抚养费、赡养费或者扶养费

依据《民法典》第196条第3项的规定,请求支付抚养费、赡养费或者扶养费的权利不受诉讼时效的限制。所谓抚养费,是指义务人因抚养义务而应当支付的费用;所谓赡养费,是指义务人因赡养义务而应当支付的费用;所谓扶养费,是指义务人因扶养义务而应当支付的费用。[26] 其中,长辈对晚辈支付的费用称为抚养费;晚辈对长辈支付的费用称为赡养费,相同辈分的人之间支付的费用称为扶养费。

法律之所以作出此种规定,是因为一方面,支付抚养费、赡养费或者扶养费的权利关系到权利人的基本生活保障,如果受到诉讼时效的限制,则可能影响权利人的基本生活。要构建和谐的家庭关系,对于家庭生活中的弱者不能完全按照交易规则处理,而必须对其进行倾斜性保护。尤其是为了维护家庭的和谐,提升家庭的凝聚力,应鼓励义务人支付此种费用。如果适用诉讼时效,反而与这一立法目的相背离。另一方面,从诉讼时效的功能来看,其主要是维持相关的财产秩序、保护当事人对相关财产秩序的合理信赖,但就支付抚养费、赡养费或者扶养费的权利而言,其并不涉及维持财产秩序、保护交易当事人合理信赖的问题。因此,上述请求权不应当受到诉讼时效的限制。此外,法律上规定此种请求权不适用诉讼时效,也是基于特殊的法政策考虑,尤其是弘扬社会主义核心价值观的考量而作出的规定。

(四)依法不适用诉讼时效的其他请求权

依据《民法典》第196条的规定,如果法律规定某种请求权不适用诉讼时效,则适用该规定。例如,依据《诉讼时效解释》第1条的规定,支付存款本金及利息请求权不适用诉讼时效,因为一方面,居民存款是为了将钱款进行储备,以备以后使用,并不一定在短期内行使这种债权。个人基于对银行的信赖,将其货币存在银行,即使经过三年没有支取,银行也不能以时效届满为由而不再返还本金和利益,否则,会严重侵害个人的财产权。另一方面,个人将钱款储蓄在银行,其本身是行使其所有权的表现。此外,相对于银行而言,储户属于弱者,基于对储户特殊保护的要求,不应将支付存款本金及利息请求权纳入诉讼时效的适用范围。因此,许多国家法律规定,基于储蓄关系发生的请求权,不适用诉讼时效,以保护储户的特殊利益。[27]

---

〔25〕 石宏主编:《中华人民共和国民法总则条文说明、立法理由及相关规定》,北京大学出版社2017年版,第473页。

〔26〕 李适时主编:《中华人民共和国民法总则释义》,法律出版社2017年版,第625~626页。

〔27〕 例如,《俄罗斯联邦民法典》第208条明确规定:“存款人要银行支付存款的请求不适用诉讼时效。”

第四节　诉讼时效的起算、中断、中止和延长

一、诉讼时效期间起算

（一）诉讼时效期间起算的一般规则

所谓诉讼时效期间的起算，是指诉讼时效期间开始计算的时点。换言之，是从何时开始计算诉讼时效期间。《民法典》第188条对诉讼时效期间起算的一般规则作出了规定，即诉讼时效期间自权利人知道或者应当知道权利受到损害及义务人之日起计算，具体而言：

1. 必须是权利在客观上遭受侵害。在确定起算点时，法官应当确认权利是否遭受侵害的事实，权利遭受侵害是诉讼时效适用的前提。权利遭受侵害的时间应当区分不同情形分别予以认定。以合同为例，在当事人明确约定了合同履行期限时，该期限届满，债务人未履行债务，即可认定债权人的债权遭受了侵害；但在未定履行期限的合同中，需要债权人请求后一定时间经过，债务人才应履行义务，因此，只有在该期限经过后，才可认定债权人的权利遭受了侵害。

2. 从权利人知道或应当知道其权利遭受侵害之时起算。这是一种主观主义的计算方法，所谓知道，是指权利人已经事实上了解其权利遭受侵害的事实。所谓应当知道，是指按照一个合理的人的标准来判断，权利人作为一个合理的人在当时的情况下应当知道其权利受到侵害的事实。〔28〕例如，合同明确规定了债务履行期限，期限届满之后，债权人就应当主张权利，在时效届满以后，即使债权人表明其不知道时效已经开始，但是，履行期限本身表明，其应当知道权利遭受了侵害。一方在履行期到来后不履行，就应当视为另一方知道其已经违约。在诉讼中，义务人应当就权利人知道或者应当知道其权利受到侵害的时间点进行举证。

3. 权利人知道或应当知道其权利遭受侵害还应当包括知道具体的义务人。也就是说，权利人不仅知道权利的存在，而且知道何人侵害其权利。如果权利人知道权利被侵害，但不知明确的侵害人，则因为权利人不能提出请求，时效也不能开始计算。如果仅知道被告，但不知被告的下落，则可以通过向法院提起诉讼的方式而导致时效的中断。

（二）诉讼时效起算的各种特殊情形

在实践中，诉讼时效起算的各种情形非常复杂，法律很难作出一般性的规定。但是，在某些情况下，对于权利人是否知道其权利遭受损害，义务人很难举证，或者因为特定事由的存在，权利人需要受到特殊保护，因此，法律需要对各种特殊情形的时效起算作出规定。

1. 分期履行债务中的诉讼时效的起算

《民法典》第189条规定："当事人约定同一债务分期履行的，诉讼时效期间自最后一期履行期限届满之日起计算。"该规则是我国司法实践经验的总结，《诉讼时效解释》第5条也有同样规定。例如，双方签订了分期付款买卖合同，购买一台冰箱，价值3000元，分三期支付，在订立合同时交付一次，每月交付一次，则该债务的诉讼时效应当自最后一期债务履行期限届满时起算。分期支付债务自最后一期履行期限届满之日起计算的原因在于：

（1）这是由同一债务的特殊性所决定的。本条强调的"同一债务"，是分期、分批履行债务

---

〔28〕 李适时主编：《中华人民共和国民法总则释义》，法律出版社2017年版，第593页。

中的概念,其与定期履行的债务不同,定期履行的债务如定期支付租金、工资等,其本质上属于多个债务,而分期履行债务本质上属于一个债务,只是在履行方式上分多次履行。[29] 例如,实践中的分期付款、金钱借款中的分期履行等,当事人之间仅存在一个债务,只是在履行方式上分多次。对分期履行债务而言,虽然每期债务都有一定的独立性,其履行时间和地点可能都不相同,但其本质上都是同一债务的组成部分。因此,作为整体性的同一债务,其诉讼时效应当自最后一期履行期限届满之日起计算。

(2)有利于保护债权人的权利。对分期履行的同一债务而言,自最后一期债务履行期限届满之日起计算诉讼时效,有利于保护债权人的利益。其一方面有利于简化诉讼时效的计算规则,便于债权人主张权利。基于同一合同所约定的债务具有整体性,分别起算会割裂合同的整体性,会损害债权人利益。[30] 例如,甲向乙借款1000万元,分三期履行,虽然第一次交付200万元已经迟延,但是,其后两笔都按照约定如期、足额支付。此时,诉讼时效应当从最后一笔债务到期之日起算。另一方面,从最后一期债务履行期限届满开始起算诉讼时效,也可以从整体上推迟每一期债务的诉讼时效起算时间,更有利于保护债权人的权利。

(3)有利于减少纠纷。对分期履行的同一债务而言,如果每一期履行的债务都单独计算,可能导致法律关系过于复杂。因此,对分期履行的同一债务而言,不应当单独计算每期履行的债务的时效期间,而应当自最后一期债务履行期限届满之日起计算。

2. 无民事行为能力人或者限制民事行为能力人对其法定代理人的请求权

《民法典》第190条规定:"无民事行为能力人或者限制民事行为能力人对其法定代理人的请求权的诉讼时效期间,自该法定代理终止之日起计算"。该条适用应当具备如下条件:第一,适用对象是无民事行为能力人或限制民事行为能力人。由于该条适用于针对法定代理人所提出的请求权,因此,其适用对象仅限于无民事行为能力人和限制民事行为能力人。第二,针对法定代理人提出请求。该规则适用于无民事行为能力人或者限制民事行为能力人针对其法定代理人提出请求的情形。例如,法定代理人不履行代理职责,甚至滥用代理权导致被代理人利益受损,被代理人有权请求代理人承担赔偿责任。

从比较法上来看,许多国家法律对此都作出了规定。[31] 《民法典》第190条借鉴了国外的有益经验。法律之所以作出此种规定,主要是为了保护无民事行为能力人和限制民事行为能力人的利益。因为一方面,无民事行为能力人、限制民事行为能力人的法定代理关系通常都是基于亲属关系产生的。在代理期间,代理人滥用代理权侵害被代理人利益的,而被代理人由于民事行为能力的欠缺,难以判断其利益是否受到了侵害。另一方面,法定代理人和被代理人之间具有一种照管关系和信赖关系,被代理人即使知道其权利遭受了侵害,在该法定代理关系终止前,其也难以主张权利。此外,无民事行为能力人或者限制民事行为能力人与其法定代理人之间有密切的感情关联,如果其通过诉讼主张,则可能会损害与其法定代理人之间的信赖或者情感关系,导致当事人之间的关系处于紧张状态,法定代理人更不会认真履行职责,其结果反而不利于保护被代理人的利益。[32]

---

〔29〕 李适时主编:《中华人民共和国民法总则释义》,法律出版社2017年版,第595页。

〔30〕 冯恺:《诉讼时效制度研究》,山东人民出版社2007年版,第160页。

〔31〕 《法国民法典》第2252条、《德国民法典》第207条、《日本民法典》第158条第2款。

〔32〕 石宏主编:《中华人民共和国民法总则条文说明、立法理由及相关规定》,北京大学出版社2017年版,第512页。

3. 未成年人遭受性侵害的损害赔偿请求权

《民法典》第191条规定:"未成年人遭受性侵害的损害赔偿请求权的诉讼时效期间,自受害人年满十八周岁之日起计算。"依据该条规定,在未成年人遭受性侵害的情形下,其损害赔偿请求权的诉讼时效自其年满18周岁时起算。该条借鉴了《德国民法典》第208条的规定,后者规定:"到债权人满21岁时为止,因侵害性的自主决定而发生的请求权的消灭时效停止……"但我国《民法典》与《德国民法典》的上述规定也存在一定差别,《德国民法典》规定的是受害人成年前诉讼时效停止,而我国《民法典》规定此种请求权的诉讼时效在受害人成年前不开始起算,而自其成年时起算。

该条主要是为了保护受害人的利益,因为在受害人成年前,一方面难以判断其受到损害的具体程度,甚至不知道自己遭受了侵害;另一方面,在受害人成年前,应当由其法定代理人代为行使请求权,如果受害人在年满18周岁以后,对法定代理人的处理不满意,可以再次主张其请求权。[33]

二、诉讼时效期间的中断、中止和延长

(一)诉讼时效期间的中断

1. 诉讼时效期间中断的概念

所谓诉讼时效期间的中断,是指诉讼时效进行中因法定事由的发生,推翻了诉讼时效存在的基础,因此使已进行的期间全部归于无效,诉讼时效重新起算。[34]《民法典》第195条规定:"有下列情形之一的,诉讼时效中断,从中断、有关程序终结时起,诉讼时效期间重新计算:(一)权利人向义务人提出履行请求;(二)义务人同意履行义务;(三)权利人提起诉讼或者申请仲裁;(四)与提起诉讼或者申请仲裁具有同等效力的其他情形。"该条对诉讼时效的中断作出了规定。诉讼时效的中断具有如下特点:第一,时效的中断发生在时效的进行之中,如果时效尚未开始计算,或时效已经届满,则不适用诉讼时效中断。第二,发生了一定的法定事由导致时效存在的基础被推翻。诉讼时效设立的根本目的是使怠于行使权利的权利人受到不利益,但如果出现了权利人行使权利的事实,仍然使权利人的权利继续受到时效的约束,这就与诉讼时效的目的相违背。[35] 第三,时效的中断在效力上使已经进行的时效从法定事由发生之日起重新起算。

2. 诉讼时效期间中断的事由

导致时效期间中断的法定事由是由法律明确规定的,且是在时效进行过程中发生的。法律规定这些事由的依据在于,这些事由都表明权利人在积极地行使权利,从而导致诉讼时效适用的基础丧失。由于时效中断会阻碍时效期间的完成,对于当事人的利益影响甚大,所以,必须由法律作出明确规定。在实践中,权利人必须举证证明中断事由的存在,法院不能主动援引中断的规定而使时效中断。[36] 依据《民法典》第195条规定,中断的事由包括如下几种。

(1)权利人向义务人提出履行请求

权利人向义务人提出履行请求,此种情形就是民事主体的权利行使。权利人既可以向义

〔33〕石宏主编:《中华人民共和国民法总则条文说明、立法理由及相关规定》,北京大学出版社2017年版,第455页。

〔34〕王泽鉴:《民法总则》,北京大学出版社2009年版,第533页。

〔35〕施启扬:《民法总则》,中国法制出版社2010年版,第354页。

〔36〕陈甦主编:《民法总则评注》(下册),法律出版社2017年版,第1405页。

务人主张权利,也可以向其代理人主张权利。一旦提出“履行请求”,就表明权利人积极行使了权利,从而应当导致时效的中断。[37]《民法典》第 195 条所说的“提出履行请求”的认定,必须满足两个条件:第一,必须向义务人提出请求。请求可以采取书面、口头等各种形式,请求的内容必须是要求义务人履行义务。请求向义务人作出,包括向义务人的代理人、财产代管人等提出,但请求不能向第三人提出。第二,权利人请求的意思表示必须到达义务人。依据我国《民法典》的规定,意思表示的生效通常采到达主义,也就是说,意思表示必须到达相对人,才能生效。因此,在权利人向义务人提出请求后,其意思表示也必须到达义务人,否则不发生法律效力。同时,只要权利人主张权利的请求到达义务人,即可发生法律效力,至于权利人的请求是否有充足的理由,并不影响其中断诉讼时效的效力。中断应该从请求到达义务人之日起计算。《诉讼时效解释》第 10 条对到达的具体情形作出了规定,[38]依据该规定,当事人一方下落不明,对方当事人在国家级或者下落不明的当事人一方住所地的省级有影响的媒体上刊登具有主张权利内容的公告的,也可以认定为权利人的请求已经到达义务人。关于权利人提出请求的事实应当由权利人举证。诉讼时效应自该请求到达义务人之日起中断。[39]

(2)义务人同意履行义务

比较法上普遍规定,义务人的认诺就足以构成诉讼时效的中断。所谓“认诺”,是指义务人对权利人表示承认其权利的存在,只要承认义务的存在,无须义务人同意履行即可导致时效中断。[40] 但我国《民法典》第 195 条要求,义务人必须同意履行义务才能导致时效中断,这与比较法上的普遍做法有所不同。之所以作出如此规定,是因为义务人可能承认义务的存在,但拒绝履行义务,如此还不应当导致时效的中断。

义务人同意履行义务,既可以是明示的,也可以是默示的。[41] 义务人对权利人同意履行义务可以采取各种方式,按照《诉讼时效解释》第 16 条的规定,“义务人作出分期履行、部分履行、提供担保、请求延期履行、制定清偿债务计划等承诺或者行为的”,都可以认定为义务人同意履行义务。因为这些行为都表明义务人对权利人的权利存在予以认可,从而使双方的法律关系重新趋于稳定,在此情况下,时效适用的理由不复存在,因此应当导致时效的中断。学理上将其也称为“与起诉具有同一效力的事项”。[42]

(3)权利人提起诉讼或者申请仲裁

第一,权利人提起诉讼。它是指权利人在人民法院提起诉讼,请求法院强制义务人履行义务。此处所说的诉讼,是指民事诉讼,无论是本诉、反诉还是刑事附带民事的诉讼,均为行使权利的行为。一旦提起诉讼,即导致时效中断。根据学界一般观点,申请仲裁、申请送达支付令、

---

〔37〕 郑玉波:《民法总则》,中国政法大学出版社 2003 年版,第 508 页。

〔38〕 依据该条规定,请求到达包括如下:当事人一方直接向对方当事人送交主张权利文书,对方当事人在文书上签字、盖章或者虽未签字、盖章但能够以其他方式证明该文书到达对方当事人的;当事人一方以发送信件或者数据电文方式主张权利,信件或者数据电文到达或者应当到达对方当事人的;当事人一方为金融机构,依照法律规定或者当事人约定从对方当事人账户中扣收欠款本息的;当事人一方下落不明,对方当事人在国家级或者下落不明的当事人一方住所地的省级有影响的媒体上刊登具有主张权利内容的公告的,但法律和司法解释另有特别规定的,适用其规定。

〔39〕 关于到达对方当事人的确定问题,参见《诉讼时效司法解释》第 10 条的规定。

〔40〕 杨巍:《民法时效制度的理论反思与案例研究》,北京大学出版社 2015 年版,第 367 页。

〔41〕 王泽鉴:《民法总则》,北京大学出版社 2009 年版,第 508 页。

〔42〕 王泽鉴:《民法总则》,北京大学出版社 2009 年版,第 534 页。

申请调解等事项也可以导致中断时效。《诉讼时效解释》第12条规定:“当事人一方向人民法院提交起诉状或者口头起诉的,诉讼时效从提交起诉状或者口头起诉之日起中断。”据此可见,一旦提起诉讼,便发生时效的中断,但由于诉讼本身有一个过程,时效中断以后,诉讼过程都应当视为权利人行使权利的持续状态。因此,因起诉引起时效中断,新的时效应从该诉讼过程结束时起再重新计算。[43]

根据《诉讼时效解释》第12条的规定,起诉不符合条件未予受理或被驳回,虽然不构成法律上的起诉,但未必就不能导致时效的中断。因为权利人提起诉讼表明其已经主张了权利,或者说已经有确凿的证据证明其已经向义务人主张了权利。起诉本身就表明权利人已经在积极行使权利,至于是否受理只是表明权利行使的方式是否正确的问题,因此,即使起诉不符合条件未予受理或被驳回,仍然可以构成中断的理由。

需要讨论的是,如果权利人起诉以后又撤诉,是否导致诉讼时效的中断?在“广西融海房地产开发有限公司与广西壮族自治区德保县糖厂借款担保合同纠纷案”中,最高人民法院认为,撤诉也可以导致时效的中断。[44] 本书认为,当事人起诉后又撤诉的,不应导致诉讼时效中断,但如果起诉状已经送达义务人的,可以解释为因为“权利人向义务人提出履行请求”而导致时效中断。[45]

第二,申请仲裁。它是指权利人在仲裁机构申请就争议进行仲裁。只要权利人的仲裁申请符合法律规定,就可以发生时效中断的效力。因为仲裁与诉讼类似,都是权利人行使其权利的重要途径,权利人申请仲裁也表明了其积极地行使了权利。

(4)与提起诉讼或者申请仲裁具有同等效力的其他情形

如果出现了与提起诉讼或者申请仲裁具有同等效力的其他情形(例如,权利人向有关机关提出保护自己权利的请求),也足以表明权利人已经积极行使了其权利,理应导致诉讼时效的中断。严格地说,引起诉讼时效中断的事由并非仅仅限于权利人的起诉。实际上,任何开启司法程序的行为都可导致诉讼时效的中断,因而,除了起诉之外,提起调解、仲裁及其他司法程序也同样应引起时效中断。[46] 《民法典》第195条中“与提起诉讼或者申请仲裁具有同等效力的其他情形”的理解,可以结合《诉讼时效解释》的规定进行,其主要包括两种情况:

第一,权利人向人民调解委员会以及其他依法有权解决相关民事纠纷的机构提出请求。《诉讼时效解释》第14条规定:“权利人向人民调解委员会以及其他依法有权解决相关民事纠纷的国家机关、事业单位、社会团体等社会组织提出保护相应民事权利的请求,诉讼时效从提出请求之日起中断。”依据该条规定,权利人向人民调解委员会以及其他依法有权解决相关民事纠纷的机构提出请求也可以导致诉讼时效中断,如果经调处达不成协议的,诉讼时效期间即重新起算;如果调处达成协议,义务人未按协议所定期限履行义务的,诉讼时效期间应从该期限届满时重新起算。

第二,权利人向公安机关、人民检察院、人民法院报案或者控告。《诉讼时效解释》第15条规定:“权利人向公安机关、人民检察院、人民法院报案或者控告,请求保护其民事权利的,诉讼时效从其报案或者控告之日起中断。上述机关决定不立案、撤销案件、不起诉的,诉讼时效期

[43] 魏振瀛主编:《民法》,北京大学出版社2010年版,第209页。

[44] 最高人民法院民事审判第一庭编:《民事审判指导与参考》(总第47辑),人民法院出版社2011年版,第192~208页。

[45] 参见[日]我妻荣:《新订民法总则》,于敏译,中国法制出版社2008年版,第428页。

[46] 朱岩:《消灭时效制度中的基本问题》,载《中外法学》2005年第2期。

间从权利人知道或者应当知道不立案、撤销案件或者不起诉之日起重新计算;刑事案件进入审理阶段,诉讼时效期间从刑事裁判文书生效之日起重新计算。”依据该条规定,只要权利人向公安机关、人民检察院、人民法院报案或者控告,无论上述机关是否立案、是否撤销案件或者决定不起诉,都将产生诉讼时效中断的效果。

3. 诉讼时效中断的效果

诉讼时效一旦中断,将发生如下效果:

(1)已经经过的时效统归无效。已经计算的时效只要尚未届满都可以因为中断事由的出现而失去效力。例如,在诉讼时效因权利人提出请求而中断时,则在权利人请求的通知到达义务人时,诉讼时效中断。[47] 原来的时效经过不会产生任何的法律效力。

(2)中断事由消除以后,时效期间重新计算。诉讼时效中断后,已经经过的诉讼时效将归于无效,诉讼时效将重新计算。诉讼时效中断后,重新计算的时效期间究竟应当有多长?本书认为,既然法律根据不同的情况适用普通时效和特别时效,那么在中断以后仍然应当适用原来的时效期间重新计算。这就是说,原来是普通时效的,中断后仍然适用普通时效的期间;原来是特别时效的,中断后应当按照特别时效期间重新计算。

(3)在时效中断以后,可能会发生时效再次中断的效果。依据《民法通则意见》第 173 条的规定,“诉讼时效因权利人主张权利或者义务人同意履行义务而中断后,权利人在新的诉讼时效期间内,再次主张权利或者义务人再次同意履行义务的,可以认定为诉讼时效再次中断”。因此,诉讼时效中断后,如果再次出现诉讼时效中断的事由,仍然可以发生诉讼时效中断的效力,法律上并没有限制中断的次数。

(二)诉讼时效期间的中止

1. 诉讼时效期间中止的概念

所谓诉讼时效期间的中止,是指在诉讼时效期间进行中,因发生一定的法定事由使权利人不能行使请求权,从而暂时停止计算诉讼时效期间。广义的中止还包括时效的不完成,即在时效即将完成之际,因一定事由的存在,而使已应完成的时效于该事由消灭后的法定期间内,暂缓完成。我国现行民法仅仅承认时效的中止,而未承认时效的不完成。[48] 《民法典》第 194 条第 1 款规定:“在诉讼时效期间的最后六个月内,因下列障碍,不能行使请求权的,诉讼时效中止:(一)不可抗力;(二)无民事行为能力人或者限制民事行为能力人没有法定代理人,或者法定代理人死亡、丧失民事行为能力、丧失代理权;(三)继承开始后未确定继承人或者遗产管理人;(四)权利人被义务人或者其他人控制;(五)其他导致权利人不能行使请求权的障碍。”该条对诉讼时效的中止作出了规定。

法律之所以规定诉讼时效中止,主要是为了保证权利人具有积极行使其权利的足够时间,不至于因为权利人不可控制的原因而发生诉讼时效届满的效果,因此,在出现特定事由的情形下,为保护权利人利益,阻止诉讼时效在最后阶段继续进行,避免在阻碍事由存续期间内完成时效。[49] 同时,规定诉讼时效中止制度也符合设立诉讼时效制度的宗旨。诉讼时效制度主要是通过使权利人失去一定利益以敦促权利人及时行使其权利,避免权利人“睡眠于权利之上”,

---

〔47〕 郑玉波:《民法总则》,中国政法大学出版社 2003 年版,第 520 页。

〔48〕 也有学者认为,原《民法总则》第 194 条在性质上属于诉讼时效的不完成。

〔49〕 施启扬:《民法总则》,中国法制出版社 2010 年版,第 366 页。

但在因不可抗力等客观原因造成权利人不能行使请求权的情况时,权利人主观上并没有行使权利的懈怠,如果令其承担时效届满的后果,则违背了时效制度设定的宗旨。

依据《民法典》第194条的规定,诉讼时效中止的事由应当发生在诉讼时效期间的最后6个月。关于诉讼时效何时发生中止,有三种立法例:第一,认为时效期间中止只能发生在时效期限完成的最后阶段。第二,认为时效期间的中止可以发生在时效进行中的任何时间,只要有法定事由存在,就应中止时效期间。第三,认为应当区分不同的情况,分别规定时效期限的停止和时效期间的不完成。[50]《民法典》第194条第1款规定:"在诉讼时效期间的最后六个月内,因下列障碍,不能行使请求权的,诉讼时效中止"。可见,该规定采纳了第一种主张,即诉讼时效的期间只能在最后6个月内发生中止。

诉讼时效中止不同于诉讼时效中断,二者的区别主要表现在:第一,发生的时间不同。时效中止发生在时效期限届满前6个月,而时效中断可以发生在时效进行中的任何一个阶段。第二,发生的事由不同。中止的法律事由通常是当事人主观意志所不能控制的事由,如不可抗力。而中断的法定事由一般都是当事人主观意志所能够左右的。例如,提出请求或提起诉讼,都是当事人主观上能控制的。导致诉讼时效中止的事由一般是自然事件,而导致诉讼时效中断的事由一般是人的行为。第三,法律效果不同。中止的法律效果在于使中止事由发生的时间不计入时效期间,或者说将该期限从时效期间内排除,中止事由发生前经过的时效期间仍然有效,诉讼时效期间中止的事由消除后,诉讼时效期间仍有6个月才届满。而诉讼时效中断的法律效果是在中断事由发生以后,已经经过的时效期间全部归于无效,重新开始计算时效期间。[51]

2. 诉讼时效期间的中止事由

依据《民法典》第194条的规定,诉讼时效期间中止的事由有如下几种:

(1)不可抗力。不可抗力是指不能预见、不能避免并不能克服的客观情况,[52]如战争、地震等。不可抗力是导致时效中止的主要事由,在发生不可抗力的情形下,权利人因为其意志以外的原因而无法主张权利,如果时效不中止,将导致不公平的后果。当然,不可抗力也并不当然产生诉讼时效中止的效力,也就是说,即使有不可抗力事由的发生,如果并没有影响权利人行使权利的,也不能产生时效中止的效果。[53]

(2)无民事行为能力人或者限制民事行为能力人没有法定代理人,或者法定代理人死亡、丧失民事行为能力、丧失代理权。该项规定属于欠缺法定代理人时的时效中止。[54]在诉讼时效期间的最后6个月内,如果权利人是无行为能力人或限制行为能力人,但没有法定代理人,或者法定代理人死亡、丧失代理权,或者法定代理人本人丧失行为能力的,[55]则其在客观上将无法主张权利,此时,依据《民法典》第194条的规定,诉讼时效将中止,从而为权利人预留必要的权利行使期间,以更好地保护无行为能力人和限制行为能力人的权利。当然,依据《民法典》第194条第2款的规定,自无行为能力人或限制行为能力人成为完全民事行为能力人或者重新

〔50〕史尚宽:《民法总论》,中国政法大学出版社2000年版,第685~686页。
〔51〕王泽鉴:《民法总则》,北京大学出版社2009年版,第540页。
〔52〕参见《民法典》第180条第2款。
〔53〕李适时主编:《中华人民共和国民法总则释义》,法律出版社2017年版,第615页。
〔54〕陈甦主编:《民法总则评注》(下册),法律出版社2017年版,第1398页。
〔55〕参见最高人民法院《民法通则意见》第172条。

设有法定代理人之日起,诉讼时效仍有6个月才届满。

(3)继承开始后未确定继承人或者遗产管理人。在继承开始后,继承人尚未确定或非因继承人的原因导致遗产管理人不明确,如果此种情况正好发生在时效期间的最后6个月内,也将导致继承人或遗产管理人不能行使权利,如果时效仍然继续,对于继承人或遗产管理人是不公平的。此时,将产生诉讼时效中止的效力。在继承人或者遗产管理人确定后,诉讼时效期间仍有6个月才届满。

(4)权利人被义务人或者其他人控制。如果权利人被义务人或者其他人控制,也将导致权利人客观上无法行使权利。此处所说的"控制",一般理解为权利人被限制人身自由。例如,权利人因被义务人扣押、拘禁而丧失行为自由,客观上无法主张权利。此时,可以导致诉讼时效的中止。

(5)其他导致权利人不能行使请求权的障碍。依据《民法典》第194条的规定,如果出现了其他导致权利人不能行使请求权的障碍,也将产生诉讼时效中止的效力。该规定实际上是对诉讼时效中止的事由作出了兜底规定,法律上设置这一兜底条款是必要的。因为一方面,权利行使障碍的事由比较复杂,在发生权利人无法行使权利的障碍时,应当允许人民法院根据实际情况裁定时效的中止。毕竟中止不同于中断,中断将导致已进行的期间归于无效,而中止只是使时效期间不进行,即便设置兜底条款也不会导致时效期间的不确定。另一方面,如果中止事由中没有兜底条款,则会对权利的行使限制得过死,从而不利于对权利人的权利进行保障。例如,夫妻之间因家庭暴力造成损害而产生的损害赔偿请求权,我国现行立法没有规定。但许多学者认为从我国"亲亲相隐"的法律传统考虑,应当将其作为诉讼时效中止的理由。[56] 此种观点有一定的道理。

3. 诉讼时效期间中止的效果

依据《民法典》第194条的规定,诉讼时效期间中止将产生如下效力:

(1)诉讼时效期间停止计算。依据《民法典》第194条第1款的规定,一旦出现诉讼时效中止的事由,诉讼时效期间即停止计算,中止事由消除之前的期间将不计入诉讼时效期间。

(2)中止事由发生前的时效期间仍然有效。诉讼时效中止不同于诉讼时效中断,诉讼时效期间一旦中断,其已经经过的时效期间将归于无效,诉讼时效期间重新起算。而在诉讼时效中止的情形下,已经经过的时效期间仍然有效。各国立法一般都承认在中止事由发生以后,中止事由发生前的时效期间仍然有效。

(3)中止事由消除后诉讼时效期间再计算6个月。中止的事由一旦消除,诉讼时效期间将再计算6个月。依据《民法典》第194条第2款,"自中止时效的原因消除之日起满六个月,诉讼时效期间届满"。也就是说,无论诉讼时效期间中止前诉讼时效期间还剩余多少,在中止事由消灭后,剩余的诉讼时效期间都为6个月。从比较法上来看,该条规定实际上借鉴了比较法上的诉讼时效不完成制度,改造了我国原有的诉讼时效中止制度。所谓诉讼时效不完成,是指在诉讼时效期间将近终止之时,因出现了请求权无法或者不便行使的事由,使应当完成的诉讼时效在该事由终止后的一定期间内暂缓完成,从而使权利人可以在该期间内行使权利,以中断时效的制度。[57] 我国《民法典》虽然借鉴了比较法上的诉讼时效不完成制度,但又不完全等同

〔56〕 魏振瀛主编:《民法》,北京大学出版社2010年版,第199页。

〔57〕 王泽鉴:《民法总则》,北京大学出版社2009年版,第510页。

于时效的不完成,两者的区别主要表现在:第一,发生时间不同。诉讼时效不完成可以发生在诉讼时效期间的任何阶段,而诉讼时效的中止则发生在诉讼时效期间届满前的6个月内。第二,事由不同。从比较法上看,诉讼时效不完成包括的事由是多种类型的,但诉讼时效中止的事由一般是当事人因客观原因无法主张权利。第三,效果不同。诉讼时效中止的效果是诉讼时效暂停计算,待诉讼时效期间中止的事由消除后,再计算6个月;而诉讼时效不完成的效果是在特定事由消除前诉讼时效不完成。因此,我国法上的时效中止虽然具有特殊性,但仍然属于时效中止。例如,在甲的请求权的诉讼时效期间还剩余2个月的情形下发生了诉讼时效期间中止的事由,则在中止事由消除之日起满6个月,其请求权的诉讼时效期间才届满。法律作出此种规定,有利于在诉讼时效期间中止的情形下简化诉讼时效期间的计算方法,从而减少相关的纠纷。

(三)诉讼时效期间的延长

所谓诉讼时效期间的延长,是指在诉讼时效期间届满以后,权利人基于某种正当理由,而要求人民法院根据具体情况延长时效期间,经人民法院依职权决定延长的制度。依据《民法典》第188条第2款规定,"有特殊情况的,人民法院可以根据权利人的申请决定延长",该规定适用于一般的诉讼时效期间,依据这一规定,一般诉讼时效期间的延长应当具备如下条件:第一,出现法律规定的特殊情况。第二,当事人提出延长诉讼时效期间的申请,也就是说,即便出现了法律规定的特殊情况,法院也不能依据职权决定延长诉讼时效期间,其必须由权利人提供申请。第三,由人民法院决定,即诉讼时效期间是否延长,延长多长时间等,均应当由人民法院决定。

《民法典》第188条第2款规定,"但是,自权利受到损害之日起超过二十年的,人民法院不予保护,有特殊情况的,人民法院可以根据权利人的申请决定延长"。该条对诉讼时效的延长作出了规定。关于最长权利保护期间是否可以延长,存在不同观点。一种观点认为,采文义解释,可以延长。从《民法典》第188条第2款规定的文义来看,该款关于期间延长的规定置于最长权利保护期间之后,因而应当认定,最长权利保护期间是可以延长的。另一种观点认为,采目的解释,不得延长。因为最长权利保护期间的目的就是设置最长的权利保护期间,如果允许延长,将与法律设置最长权利保护期间的目的相冲突。本书赞成后一种观点,即该条所规定的诉讼时效的延长主要适用于普通诉讼时效期间,而不适用于最长权利保护期间,法律规定最长诉讼时效制度的主要目的是给权利行使设定一个固定的期限,如果允许该期限延长,就会使该最长期限变为可变期限,法律设置该最长期限的目的也将不复存在。

第五节　诉讼时效期间届满的后果

一、诉讼时效届满后果的概述

诉讼时效届满的后果,是指在诉讼时效期间经过以后,在法律上发生何种后果。我国《民法典》第192条第1款延续了《诉讼时效司法解释》的立场,采抗辩权发生主义。此种观点认为,时效完成后,只是发生抗辩权产生的效果,即义务人仅取得拒绝履行的抗辩权,权利人的实体权利与诉权均不消灭。此种观点为德国学者欧特曼(Oertmann)所主张。德国学者拉伦茨(Larenz)指出,"请求权的时效完成后,义务人有权拒绝给付,但时效并不是请求权消灭的原因,只是给义务人提供了抗辩权”。[58]

二、诉讼时效届满的后果

关于时效届满的后果应当区分时效发生的直接后果和时效抗辩援引后的后果,前者称为直接效果,后者称为本体效果。[59]

(一)义务人产生抗辩权

《民法典》第192条第1款规定:“诉讼时效期间届满的,义务人可以提出不履行义务的抗辩”。也就是说,时效届满的主要后果是使义务人产生拒绝履行的抗辩权。具体来说,包括以下两个方面:

1. 从义务人的角度来说,在时效届满之后,其享有拒绝履行的抗辩权。也就是说,如果权利人提出请求,义务人有权拒绝,法院也不得强制义务人必须履行其义务。对于义务人来说,时效届满之后,义务人因援引时效抗辩权,不仅可以拒绝权利人的请求,而且将导致其义务转化为自然债务,从而产生某种时效利益,这种利益本质上也是一种民事权益,应当依据私法自治原则由当事人自愿行使。但义务人仅取得拒绝履行的抗辩权,权利人的实体权利与诉权均不消灭。

2. 对权利人的效果。对于权利人来说,时效届满以后,权利人的实体权利和诉权均不消灭。具体来说,对权利人而言,时效届满的法律后果包括两个方面:第一,时效期间届满并不导致权利本身的消灭,其实体权利仍然存在,只是会使其权利的效力减弱,权利人的权利已经转化为一种自然权利,即只要义务人援引时效抗辩权,债权人的权利将难以实现。当然,在时效届满以后,债权的受领权能并没有减弱。因此,债权人仍然可以受领债务人的给付,权利人仍然可以接受义务人的履行,义务人不得以权利人构成不当得利为由请求返还。第二,时效届满不导致诉权的消灭。权利人仍然可以基于其程序意义上的诉权向法院提起诉讼,只要符合起诉的条件,法院应当受理,而不得直接以时效期间届满为由驳回起诉或不予受理。因为诉权本身作为一种国家赋予当事人为保护其合法权利向法院提起诉讼的权利,是一种宪法性权利,不能因时效届满而丧失。

《民法典》第192条第1款就时效届满明确义务人享有抗辩权的主要理由在于:第一,符合诉讼时效制度的目的。从时效制度设立的目的来看,主要是督促当事人及时行使权利,惩罚权利的“睡眠者”,因此,只需要阻止权利的实现即可达成,而无须将权利从根本上加以消灭。所以诉讼时效完成,只是使义务人获得抗辩权。[60] 第二,体现了私法自治的精神。抗辩权的行使必须由抗辩权人针对权利人的请求提出,而不能由他人代替行使。尤其是对法院而言,必须在义务人针对权利人的请求提出抗辩以后,才能对诉讼时效是否届满的事实进行审查,并认定诉讼时效是否届满。时效利益不涉及第三人权益,不关涉社会公益,属于当事人自治的范畴,法院没有理由越俎代庖。第三,对于诉讼时效届满以后义务人自愿履行债务的行为进行了合理的解释。诉讼时效届满之后,权利人的请求权并没有消失,只是使义务人享有了抗辩权。抗辩权本质上仍然是一种民事权利,体现的是义务人的特定利益。在诉讼时效期间届满之后,义务人如果行使时效的抗辩权,则可以拒绝履行其义务;义务人如果不行使抗辩权,则可以理解为

---

〔58〕[德]卡尔·拉伦茨:《德国民法通论》(下册),王晓晔等译,法律出版社2003年版,第345~347页。

〔59〕[日]四宫和夫:《日本民法总则》,唐晖等译,五南图书出版公司1995年版,第332页以下。

〔60〕参见[德]卡尔·拉伦茨:《德国民法通论》(下册),王晓晔等译,法律出版社2003年版,第345页。

是其抛弃了时效利益。

需要指出的是,在保证债务的情况下,基于保证人权益保障的需要,保证人也享有主债务人的诉讼时效抗辩权。如果保证人没有主张主债务人的时效抗辩,其应当承担不利的法律后果。按照《诉讼时效解释》第 21 条第 2 款的规定,"保证人未主张前述诉讼时效抗辩权,承担保证责任后向主债务人行使追偿权的,人民法院不予支持,但主债务人同意给付的情形除外"。

(二)义务人已自愿履行的不得请求返还

《民法典》第 192 条第 2 款规定:"诉讼时效期间届满后,义务人同意履行的,不得以诉讼时效期间届满为由抗辩;义务人已经自愿履行的,不得请求返还。"本条的规定包含两方面的内容:

1. 诉讼时效届满后,义务人已经同意履行的,不得再提出抗辩。这实际上意味着,义务人同意履行,就等同于默示地放弃了其抗辩权,因此,义务人不得再提出抗辩,否则就违背了诚信原则。当然,义务人同意履行的,不能说只同意履行一部分,而不同意履行其他部分,因为这两者往往是不能分割的。

2. 诉讼时效届满后,义务人已经自愿履行的,不得请求返还。此时义务人不得请求返还的原因在于,权利人的受领权并没有受到减损,所以,义务人不能请求返还。从某种意义上说,义务人的自愿履行也可以认定为默示地抛弃了其时效利益。

(三)法院不得主动适用诉讼时效的规定

依据《民法典》第 193 条的规定,时效届满以后,法院不应当主动依职权审查时效是否已经届满,无论是在起诉阶段,还是在诉讼过程中,法院都不能主动援引时效规定。但一旦义务人提出时效的抗辩,无论是在正式答辩中提出,还是在法庭辩论中提出,法院都有义务审查时效届满的情况。如果当事人没有提出诉讼时效的抗辩,应当认为其抛弃了时效利益。[61]

此外,《诉讼时效解释》第 4 条第 1 款规定:"当事人在一审期间未提出诉讼时效抗辩,在二审期间提出的,人民法院不予支持,但其基于新的证据能够证明对方当事人的请求权已过诉讼时效期间的情形除外。"第 2 款规定:"当事人未按照前款规定提出诉讼时效抗辩,以诉讼时效期间届满为由申请再审或者提出再审抗辩的,人民法院不予支持。"据此,当事人提出时效利益的抗辩,原则上限于一审程序。如果当事人在一审没有提出,在二审和再审期间就不得提出时效的抗辩。当然,在二审期间基于新的证据能够证明对方当事人的请求权已过诉讼时效期间的情形除外。这就是说,除非债务人在二审期间发现了新的证据,且该证据足以证明诉讼时效届满,否则,其不得在二审期间提出时效的抗辩。

三、诉讼时效利益的抛弃

(一)诉讼时效利益不得预先抛弃

所谓诉讼时效利益的预先抛弃,是指在诉讼时效期间届满之前,权利人抛弃其时效利益。抛弃诉讼时效利益可分为时效届满前的预先抛弃和时效届满后的时效利益抛弃,针对前一种情况,《民法典》第 197 条第 2 款规定:"当事人对诉讼时效利益的预先放弃无效"。因此,该法禁止当事人预先放弃诉讼时效利益。法律上作出此种规定的原因在于:一方面,如果允许当事人预先抛弃时效利益,权利人就可能利用其优势地位,强迫义务人抛弃其时效利益,[62]从而会

〔61〕 参见洪逊欣:《中国民法总则》,三民书局 1992 年版,第 367 页。

〔62〕 李适时主编:《中华人民共和国民法总则释义》,法律出版社 2017 年版,第 628 页。

损害实质公平。另一方面,如果当事人预先抛弃时效利益,则不利于社会公共秩序和交易安全的维护,诉讼时效利益虽然是一种私益,但它也确实关涉社会公共利益。按照私法自治原则,义务人可以事后放弃其时效利益,但不得预先放弃其时效利益,另外,时效规则具有强制性,如果允许当事人可以预先放弃诉讼时效利益,就可能使法律上的时效规则形同虚设。

当事人预先放弃时效利益的,其无论是采取单方法律行为的形式,还是采取双方法律行为(如合同)的形式,都应当认定为无效。

(二)诉讼时效届满后时效利益的抛弃

所谓诉讼时效届满后时效利益的抛弃,是指义务人在时效届满以后,以明示或默示的方式,放弃其时效利益。从民法上看,法律关于时效的规定属于强制性规范,当事人不能通过约定变更法定的时效期限,也不得预先抛弃未来所享有的时效利益。从比较法上看,也大都采用了此种做法。[63] 但是在时效届满后,债务人可以时效届满为由对抗债权人的请求权,此时,债务人的时效利益主要体现为债务人个人的财产利益,按照民法的自愿原则,法律对任何当事人处分其个人利益且不妨害社会公共利益的行为,均应承认其有效。既然时效届满后,债务人享有的时效利益是一种财产利益,且已经为债务人所取得,则应允许其抛弃。时效利益的抛弃有如下特征:

1. 抛弃的对象是义务人因时效届满而享有的时效利益,而不是实际占有的财产。正因如此,义务人必须知道时效已经经过,其获有时效利益。

2. 抛弃是一种事后处分的行为。法律并不禁止当事人事后抛弃时效利益,毕竟此种利益仅属于当事人的私人利益。也就是说,在时效期间届满后,当事人可以就已经取得的时效利益加以处分。

3. 时效利益抛弃属于单方处分行为,应适用意思表示的一般规定,因此,抛弃者须有行为能力和处分能力。时效利益的抛弃在性质上属于单方法律行为,只要符合单方法律行为的生效要件,即可发生效力。时效利益的抛弃属于有相对人的单方法律行为,该行为应当在到达相对人时生效。[64] 当然,按照私法自治原则,当事人也可以事后通过合同约定的方式抛弃其诉讼时效利益。

4. 时效利益抛弃的方式是多样的,义务人可以单方的意思表示,也可以以协议的方式抛弃时效利益。如时效届满后,双方达成协议同意履行债务,即构成义务人对时效利益的抛弃。

(三)诉讼时效届满后时效利益抛弃的方式

1. 义务人实际履行债务

诉讼时效期间届满后,义务人的债务变为自然债务,但义务人实际履行了债务,则债权人仍有权受领,因为权利人接受义务人的履行所获利益并非不当得利,应受法律保护。《民法典》第 192 条第 2 款规定:“义务人已经自愿履行的,不得请求返还”。因为,诉讼时效届满以后,债务虽转化为自然债务,但是,债权人仍然有权受领并保有权利,一旦受领履行,债务人不能请求对方返还不当得利。即使义务人因错误而不知道时效届满,也不能以“重大误解”为由主张撤

---

〔63〕 如《瑞士债法典》第 141 条第 1 款规定:“一方当事人不能事先放弃诉讼时效的规定。”《法国民法典》第 2220 条规定:“任何人均不得提前抛弃时效;但可以抛弃已取得的时效。”参见《法国民法典》,罗结珍译,中国法制出版社 1999 年版,第 514 页。

〔64〕 参见马特主编:《民法总则讨论教学教程》,对外经济贸易大学出版社 2006 年版,第 447 页。

销。从法律上看，义务人自愿履行，可以认为是以默示的方式抛弃了时效利益。

2. 债务人同意履行债务

《民法典》第192条第2款规定："诉讼时效期间届满后，义务人同意履行的，不得以诉讼时效期间届满为由抗辩……。"依据这一规定，义务人一旦同意履行，就不能再主张时效利益。如若义务人出尔反尔，则不仅违反时效制度，而且违反了诚信原则。义务人同意履行包括以下两种情形：

（1）双方达成履行债务的协议。时效届满后，如果双方达成了履行债务的协议，也可以视为义务人放弃了时效利益。《诉讼时效解释》第22条规定："诉讼时效期间届满，当事人一方向对方当事人作出同意履行义务的意思表示或者自愿履行义务后，又以诉讼时效期间届满为由进行抗辩的，人民法院不予支持"。这里所说的债务人作出"同意履行义务的意思表示"，实际上可以解释为包括了双方达成履行债务的协议。义务人可以单方的意思表示，也可以以协议的方式抛弃时效利益。如时效届满后，双方达成协议同意履行债务，这种诉讼时效期间届满后达成的履行义务的协议的效力应为有效，即构成义务人对时效利益的抛弃。我国最高人民法院1997年4月16日发布的〔1997〕4号批复中指出："根据《中华人民共和国民法通则》第九十条规定的精神，对超过诉讼时效期间，当事人双方就原债务达成还款协议的，应当依法予以保护。"

从法律上看，双方达成书面协议实际上是一项和解协议，形成了一个新的合同。该和解协议是在纠纷发生以后，双方当事人通过协商，互相让步，以达成和解，终止争执。虽然时效届满以后，此债务已转化为自然债务，但不能否认债务纠纷的存在。通过双方达成协议，由债务人继续承担全部或一部分债务，此项债务已非自然债务，乃是一种新债务。既然该协议属于另外一个合同，则与其他合同一样发生法律约束力，如果债务人不履行其债务，法院可以强制执行。

（2）单方允诺履行债务。在诉讼时效届满以后，双方未达成和解协议，债务人单方承诺愿意承担全部或部分债务，亦可导致时效利益的抛弃。例如，在3年时效届满以后，债权人向债务人发出拖欠债务的本金、利息的通知，债务人在该通知上盖章，表示承认该债务。再如，在时效届满后，债权人向债务人催告清偿，债务人明确表示在一定期限内清偿债务，但事后发现时效已经届满，是否可以否认自己先前作出的清偿允诺？《诉讼时效解释》第22条规定："诉讼时效期间届满，当事人一方向对方当事人作出同意履行义务的意思表示或者自愿履行义务后，又以诉讼时效期间届满为由进行抗辩的，人民法院不予支持。"从该解释来看，其中所说的"当事人一方向对方当事人作出同意履行义务的意思表示"就包括了单方允诺，即债务人作出了同意履行债务的意思表示，该单方允诺一旦作出，就产生法律拘束力。《民法典》第192条第2款规定："诉讼时效期间届满后，义务人同意履行的，不得以诉讼时效期间届满为由抗辩。"该条所说的"同意履行"当然包括了以单方允诺的形式表示同意履行。因为既然法律允许时效利益的事后抛弃，则债务人当然可以通过单方允诺的方式作出。从实践来看，我国法院的一些判决也认可债务人单方允诺抛弃时效利益会对其本身产生相应的拘束力。[65]

四、义务人抛弃时效利益的法律效果

义务人抛弃其时效利益以后，就使其负有的义务又恢复了原来的效力，尤其是恢复了可以申请法院强制执行的效力。此时，义务人并没有负担新的义务，而只是使原有义务的效力增

---

〔65〕　参见"重庆某银行诉罗某某等金融借款合同纠纷案"，重庆市奉节县人民法院（2011）奉法民初字第01806号。

强。因此,一旦抛弃诉讼时效利益,则民事义务的时效期间应当重新计算。确切地说,从抛弃之日起,诉讼时效重新计算。“时效完成之利益一经抛弃,即回复时效完成前之状态,债务人不得再以时效业经完成拒绝给付。惟得援用时效利益抛弃后重行起算新时效利益”。[66]

第六节　期间与期日

一、期间的概念

期间是民法上的一个特定概念,是指具有一定法律意义的一段时间。宇宙是由时间和空间构成的,在民法上,时间的经过是一种法律事实,而某个具体的时间段可以表现为一个期间。期间的运用十分广泛,并可能产生多种法律效果。由于期间是指一段时间,它应当有起始和终了,所谓起始就是开始的时间,终了就是结束的时间。一定时间的经过依法会产生一定的法律后果。也就是说,将导致某种民事法律关系的产生、变更和消灭,所以,期间经过也可以成为民法上的法律事实。[67] 期间在民法上的意义表现为如下方面:

1. 期间首先对主体权利能力的存在产生一定的影响。例如,失踪人下落不明满4年的,可以推定其死亡。在宣告死亡的期间内,被宣告死亡的人既有的人身、财产关系将归于消灭。

2. 期间可以引起民事法律关系的产生、变更或消灭。第一,导致民事法律关系的产生。例如,附期限的合同在期限届满以后产生效力。第二,导致民事法律关系的变更。例如,诉讼时效的届满,导致抗辩权的发生,使债权转化为自然债务。第三,导致民事法律关系的消灭。例如,附终期的合同,当期限届满,则合同消灭。

3. 期间可以作为民事权利的存续期限。在民法上,有一些权利是不受期限限制的,如所有权是永恒存在的。但绝大多数民事权利都有一定的权利存续期限,权利人必须在该期限内行使权利,经过一定的期限,权利将不存在,或失去效力,或者效力减弱。这是法定的期限对权利的影响。

4. 期间可以作为一定的权利、义务实际行使或履行的期限。例如,合同中规定的履行期限。[68] 合同一旦规定了履行期限,即使合同已经成立并生效,但在履行期限未到来之前,当事人仍然不能实际地行使权利和履行义务。

许多期间的法律效果可以由当事人自己约定,所以确定期间的效果时,还应当考虑到当事人的真实意思。因此,期间除法定之外,还可以通过意定产生。

从广义上讲,时效是期间的组成部分。因为无论是时效还是期间,都是指民事法律关系产生、变更和终止的时间。从狭义上讲,期间是一个特定的概念,它是指时效之外的期间,即权利人行使权利或履行义务的期间。例如,保证期间、抵押权存续期间、撤销权行使期间以及其他期间。本书认为,我国法律采用了广义的期间概念,将时效视为一种特定的期间。

---

〔66〕 王泽鉴:《民法总则》,北京大学出版社2009年版,第432页。
〔67〕 郑玉波:《民法总则》,中国政法大学出版社2003年版,第473页。
〔68〕 魏振瀛主编:《民法》,北京大学出版社2010年版,第203页。

二、期间的分类

(一)可变期间和不变期间

民法上的期间种类繁多,但可以依据期间是否发生变化而分为可变期间和不变期间。所谓可变期间,是指期间的长短可以发生变化。诉讼时效一般属于可变期间。而所谓不变期间,是指通过法定或约定的方式确定的一个不可变更的期间。除斥期间一般属于不变期间。两者区分的意义在于,是否可以适用中止、中断的规定,而使期间发生变更。当然,就法定的期限而言,无论是除斥期间还是诉讼时效,一般不允许当事人通过合同加以改变。从这个意义上说,它们都是不变期间。但是某一些法定期限也是可以通过当事人的约定改变的。例如,法律规定的检验标的物的期限,依其性质可以允许当事人通过合同加以改变。

(二)法定期间、意定期间和指定期间

期间可以分为法定期间、意定期间和指定期间三种类型。

所谓法定期间,是指由法律直接规定的期间,如《民法典》第 692 条中所规定的保证期间。法定期间大多为强制性规定。例如,关于撤销权的规定,一般不允许当事人随意变更,即使是就诉讼时效而言,虽可以发生中止、中断或延长,但不允许当事人通过约定加以改变。不过,法定的期限可以在特殊情况下,由当事人通过约定加以变更。

所谓意定期间,是指当事人通过一定的意思表示而设定的期间。意定期间包括两种情况:一是通过单方意思表示所确定的期间,如要约中对受要约人所规定的承诺期限;二是通过双方当事人的约定确定的期限,如合同中规定的有效期。

所谓指定期间,是指由法院或其他机关在法律允许的范围内指定的期间。在许多情况下,权利的行使并没有固定的期限,如果确有必要,法院也可以指定期限。例如,在发生违约责任和侵权责任的情况下,受害人选择请求权的期限可以由法院予以指定。

三、除斥期间

(一)除斥期间的概念和特征

所谓除斥期间,也称不变期间。《民法典》第 199 条规定:"法律规定或者当事人约定的撤销权、解除权等权利的存续期间,除法律另有规定外,自权利人知道或者应当知道权利产生之日起计算,不适用有关诉讼时效中止、中断和延长的规定。存续期间届满,撤销权、解除权等权利消灭"。该条规定确立了除斥期间的基本规则,对除斥期间的起算规则、除斥期间届满后的法律效果作出了规定,确立了撤销权、解除权等形成权的行使规则。除斥期间的主要特征在于:

1. 它是撤销权、解除权等权利的存续期间。除斥期间与诉讼时效不同,它是权利的存续期间,在该期限内权利才能存在。法律设立除斥期间有利于督促权利人尽快行使权利。除斥期间是关于撤销权、解除权等权利的存续期间,撤销权是当事人请求撤销民事法律行为的权利;解除权是当事人主张解除民事法律关系的权利。从性质上看,撤销权、解除权等权利都是形成权,按照同类解释规则,该条中的"等权利"应当指的是形成权,所以,除斥期间的适用对象主要为形成权。因为形成权将会根据一方的意志而产生法律关系发生、变更和消灭的效果,期限的限制与他人的权利和社会公共利益都有一定的关联。[69]

---

〔69〕 芮沐:《民法法律行为理论之全部》,中国政法大学出版社 2003 年版,第 162 页。

2. 它可以由法律规定或者当事人约定。一方面,除斥期间可以由法律规定。例如,《个人独资企业法》第 28 条规定:“个人独资企业解散后,原投资人对个人独资企业存续期间的债务仍应承担偿还责任,但债权人在五年内未向债务人提出偿债请求的,该责任消灭”。另一方面,与诉讼时效所不同的是,除斥期间还可以由当事人约定。例如,当事人可以在合同中约定合同的解除权的期限,该期间经过的,解除权消灭。

3. 它一般自权利人知道或者应当知道权利产生之日起计算。所谓知道,是指由明确的证据表明当事人知晓了权利产生。所谓应当知道,是指虽然没有明确证据证明,但是根据社会的一般常识,可以推定当事人知悉,或者当事人有义务知悉。例如,依据《民法典》第 152 条的规定,可撤销民事法律行为中的撤销权期限为当事人知道或应当知道撤销事由之日起 1 年。

4. 不发生中止、中断和延长。由于形成权的行使仅依一方当事人的意思就可以使法律关系产生、变更、消灭,如果允许除斥期间中断、中止、延长,可能会使法律关系长期处于不确定状态,从而难以实现除斥期间法律制度的目的。因此,一旦除斥期间届满,撤销权、解除权等形成权即消灭。[70]

当然,如果法律对除斥期间的计算规则以及除斥期间是否可以中断、中止、延长等问题作出了特别规定,则应当适用该特别规定。例如,对于法定解除权,《民法典》第 564 条规定,法律没有规定或者当事人没有约定解除权行使期限,经对方催告后在合理期限内不行使的,该权利消灭。

除斥期间届满以后,法院可以主动依职权来确定该期间届满的效果。由于除斥期间作为形成权的存续期间,其完成的法律后果就是使形成权绝对、当然、确定地消灭。所以在一方主张形成权以后,无论另一方是否就此种权利的存在提出抗辩,法院都应当对该权利存在与否加以审查,这就必然涉及该权利是否因除斥期间届满而消灭的问题。从这个意义上说,除斥期间的法律效果的产生不需要当事人主张。另外,由于除斥期间经过的利益不是当事人主动选择的结果,因而当事人只能被动承受,而不能抛弃。

虽然除斥期间的适用对象主要是形成权,但是为了维护社会经济秩序,需要扩大除斥期间的适用范围。因此除斥期间的适用对象不仅仅是形成权,还包括了其他一些为法律所规定的权利。例如,《民法典》第 692 条规定的保证期间,一般认为该期限为除斥期间。

(二)除斥期间和非除斥期间

根据所适用的范围,期间又可以分为除斥期间和非除斥期间。除斥期间,是指法律直接规定或当事人依法确定的某些形成权的预定存续期间,因该期间经过,该权利当然消灭。[71] 它主要适用于形成权。

非除斥期间,包括时效期间以及法定、约定的除斥期间以外的期间。两者区分的主要意义在于,除斥期间是不变期间,是权利存续的固定不变的期限;而其他期间大多是可变的,主要适用于请求权和其他权利。

(三)除斥期间与诉讼时效

除斥期间和诉讼时效都是对权利行使的一种时间限制,都具有督促权利人及时行使权利、

---

〔70〕 李适时主编:《中华人民共和国民法总则释义》,法律出版社 2017 年版,第 633 页。

〔71〕 史尚宽:《民法总论》,中国政法大学出版社 2000 年版,第 562 页;黄立:《民法总则》,三民书局 1994 年版,第 486 页。

保持社会关系稳定的作用，并且诉讼时效与除斥期间都是民事法律事实中的状态，并因一定时间的经过而使法律关系发生变动，但二者具有显著区别，主要体现为：

1. 适用对象不同。诉讼时效主要适用于债权的请求权；除斥期间主要适用于撤销权、解除权等形成权。二者适用对象的差别也决定二者的具体规则与法律效果存在一定的差别。由于诉讼时效适用于债权请求权，可以在《民法典》中对其进行抽象规定。而除斥期间适用于形成权，由于各个形成权的规则较为特殊。例如，不同情形下的撤销权、解除权的规则即存在较大差别，因此很难进行统一规范，而应当根据所限制的形成权的具体内容而分别进行具体规定。

2. 能否由当事人约定不同。法律关于诉讼时效期间的规定属于强制性规范，不得由当事人通过约定加以改变。而除斥期间既可以由法律规定，也可以由当事人约定。

3. 是否适用中止、中断、延长不同。诉讼时效在性质上是可变期间，可因法定事由而中止、中断，例外情形下还可以延长。而除斥期间旨在排除形成权行使所导致的法律关系的不稳定性，因此，除斥期间一般不得中断、中止、延长。

4. 届满后的法律效果不同。诉讼时效期间届满，相关的请求权并不因此消灭，而只是使义务人产生相关的抗辩权。因此，从某种意义上说，诉讼时效届满后，债权人的债权已经蜕变成一种"自然债"。而除斥期间在性质上属于形成权的存续期间，一旦除斥期间届满，则直接消灭权利本身。正是因为存在上述区别，时效届满以后，义务人抛弃时效利益，自愿作出履行的，权利人仍有权保有相关的利益，而不构成不当得利；而除斥期间届满以后，义务人抛弃期限利益的行为，可以视为创设了某种权利。〔72〕

5. 是否允许法院主动援引不同。如前所述，诉讼时效届满只是使义务人产生一定的抗辩权，是否主张该抗辩权，应当由义务人自主选择，法院不得依职权进行审查。而除斥期间届满后，将使权利人的权利消灭，权利人不得再行使该权利，因此，法院有权依职权进行审查。

四、期间的计算

（一）期间的计算方法概述

期间的计算方法对于准确界定当事人之间的权利义务关系具有重要意义。关于期间的计算方法，《民法典》第 204 条规定："期间的计算方法依照本法的规定，但是法律另有规定或者当事人另有约定的除外"。依据该条规定，期间的计算方法具有法定性，也就是说，期间的开始时间、截止时间等，都是由法律规定的，这有利于简化当事人之间的交易过程，也有利于减少当事人因期间计算而引发的纠纷。但需要指出的是，尽管期间的计算是法定的，但法律关于期限的规定属于任意性规定，允许当事人通过约定加以改变。例如，《民法典》第 203 条第 1 款规定："期间的最后一日是法定休假日的，以法定休假日结束的次日为期间的最后一日。"但当事人可以约定，该法定节假日结束的当天为最后一日。

如果当事人就期间的计算能够达成一致约定的，则可以依照当事人约定来计算期间。例如，当事人可以约定采用"周"作为计算期间的方法。〔73〕

一般而言，民法上期间的确定方法主要如下：第一，规定日历上的一定时间，如 2003 年 8 月 6 日。第二，规定一定的期间，如 6 个月、1 年等。第三，规定某一法律事实出现的特定时刻，如某人结婚之时。这种规定常常与附期限的民事法律行为相联系。第四，规定以某人提出请求

---

〔72〕 魏振瀛主编：《民法》，北京大学出版社 2010 年版，第 193 页。

〔73〕 石宏主编：《中华人民共和国民法总则条文说明、立法理由及相关规定》，北京大学出版社 2017 年版，第 485 页。

的时间为准。这种期限并没有具体确定一定的期间或期日,而是由一方当事人来决定。例如,债务履行期限以一方当事人的请求为准。

(二)期间的具体计算方法

期间的计算方法主要有两种:第一,历法计算法。历法计算法就是以日历所定的日、星期、月、年为依据。第二,自然计算法,此种方法是以实际时间精确地进行计算的方法,即以时、分、秒开始起算的方法。例如,从 2003 年 9 月 1 日 5 时至 12 时。历法计算法比较简便,符合人们的期间计算观念,但与自然计算法相比,又不够精确。[74] 所以,《民法典》第 200 条规定:"民法所称的期间按照公历年、月、日、小时计算"。从该规定来看,兼采上述两种计算方法,即一方面,该条规定期间按照公历的年、月、日计算;另一方面,该条又规定按照小时计算,这实际上是同时采用了历法计算法和自然计算法两种方法。此种规定符合实践的需要,因为从实践来看,在一些交易中,当事人可能约定具体在某天的某个时刻进行交易,或者将交易的截止时间确定在某个时刻,此时就需要运用自然计算法。

(三)期间的开始和截止

为准确界定当事人之间的权利义务关系,法律需要对期间的开始和截止作出规定。我国《民法典》分别对历法计算法和自然计算法两种期间计算方法中期间的开始和截止计算方法作出了规定。

关于期间的开始,《民法典》第 201 条规定:"按照年、月、日计算期间的,开始的当日不计入,自下一日开始计算。按照小时计算期间的,自法律规定或者当事人约定的时间开始计算"。该条确立了两项规则:第一,历法计算法中期间开始的规则。即在历法计算法中,开始的当日不计入期间,而是从下一日开始起算期间。[75] 例如,双方约定,甲方于 2017 年 5 月 10 日向乙方借款 10 万元,借期 1 年,则还款日期应当为 2018 年 5 月 10 日。当然,如果当事人对期间开始的时间作出了特别约定,按照私法自治原则,应当按照当事人的约定确定期间的开始时间。例如,如果当事人约定开始的当日计入期间,则该约定有效。第二,自然计算法中期间的开始规则,即自法律规定或者当事人约定的时间开始计算。例如,当事人约定 48 小时内还款,那么就应当从当事人约定的时间开始计算 48 小时。

关于期间的截止,对历法计算法而言,依据《民法典》第 202 条的规定,以到期月的对应日为期间的最后一日,如果没有对应日,则以月末日为期间的最后一日。例如,当事人在 3 月 31 日约定,将在一个月后履行合同,由于 4 月没有 31 日,则应当以 4 月 30 日为截止日期。从实践来看,当事人之间约定的期间截止日期可能是法定休假日,对此种情形,依据《民法典》第 203 条第 1 款的规定,"期间的最后一日是法定休假日的,以法定休假日结束的次日为期间的最后一日"。此处所说的"法定休假日"包括了法定的节假日以及双休日。例如,双方约定 3 月底还款,如果 3 月的最后一天是星期六、星期日或者其他法定休假日的,则以休假日的次日为期间的最后一日。

关于自然计算法中期间的截止,《民法典》第 203 条第 2 款规定:"期间的最后一日的截止时间为二十四时;有业务时间的,停止业务活动的时间为截止时间"。例如,双方当事人约定的还款期限为本月的最后一天,则最终的还款时间应当是本月最后一天的 24 时。但对一些有确

---

〔74〕 王泽鉴:《民法总则》,北京大学出版社 2009 年版,第 487 页。

〔75〕 石宏主编:《中华人民共和国民法总则条文说明、立法理由及相关规定》,北京大学出版社 2017 年版,第 481 页。

定营业时间的主体，如某银行的业务时间为上午9点至下午5点，则应当将截止时间定为当天下午5点。

参考案例

1. 上海市虹口区久乐大厦小区业主大会诉上海环亚实业总公司业主共有权纠纷案，第65号指导案例（最高人民法院审判委员会讨论通过，2016年9月19日发布）。
2. 李杰与辽宁金鹏房屋开发有限公司金融不良债权追偿纠纷案，载《中华人民共和国最高人民法院公报》2016年第4期。
3. 中国银行股份有限公司汕头分行与广东发展银行股份有限公司韶关分行、第三人珠海经济特区安然实业（集团）公司代位权纠纷案，载《中华人民共和国最高人民法院公报》2011年第11期。
4. 中国信达资产管理公司贵阳办事处与贵阳开磷有限责任公司借款合同纠纷案，载《中华人民共和国最高人民法院公报》2009年第10期。
5. 张宇、张霞诉上海亚绿实业投资有限公司商品房预售合同纠纷案，载《中华人民共和国最高人民法院公报》2019年第5期。
6. 天津市滨海商贸大世界有限公司与天津市天益工贸有限公司、王锡锋财产权属纠纷案，载《中华人民共和国最高人民法院公报》2013年第10期。
7. 朱俊芳与山西嘉和泰房地产开发有限公司商品房买卖合同纠纷案，载《中华人民共和国最高人民法院公报》2014年第12期。
8. 绵阳市红日实业有限公司、蒋洋诉绵阳高新区科创实业有限公司股东会决议效力及公司增资纠纷，载《中华人民共和国最高人民法院公报》2011年第3期。
9. 钦州锐丰钒钛铁科技有限公司与北京航空航天大学技术合同纠纷上诉案，载《中华人民共和国最高人民法院公报》2018年第1期。

第二编　物　　权

第十二章 物权概述

导读

要学好物权法，本章是关键。本章介绍的是物权法中最基础、最重要的知识，如物权的概念与特征，物权与债权的区别，作为物权客体的"物"的含义及分类，物权效力，物权的类型等。

第一节 物权的概念、性质与特征

一、物权的概念与性质

何为物权，《民法典》第114条第2款有明确的定义："物权是权利人依法对特定的物享有直接支配和排他的权利，包括所有权、用益物权和担保物权。"从该定义可知：一方面，物权人对特定的物享有直接支配的权利，这种支配无须得到他人的同意或通过他人的协助即可实现。另一方面，物权人对特定的物享有排他的权利，即物权人可以排除他人对物的干预。除了权利人，其他一切组织或个人均负有尊重物权、不得侵害物权的义务。故此，表面上物权是人对物的权利，而本质上依然是围绕着物而发生的人与人的权利义务关系。

二、物权的特征

(一)物权是支配权

支配权是直接支配客体的权利。所谓"支配"，即权利人依其意思对权利客体进行管领或处置；"直接"支配，则意味着权利人实现权利完全无须他人的意思或行为的介入，权利人的力可以直接作用于权利客体之上。[1]

物权是最典型的支配权。首先，物权的种类不同，权利人对作为权利客体的物的支配范围有差别。[2] 所有权人享有对物的最全面、最广泛的支配，任何对物的不违反法律强制性规定或不违背公序良俗的支配方式都应归属于所有权人。所有权之外的其他物权的权利人对于物享有的是有限的支配，不可能如所有权人那样对物进行全面的支配。其次，物权人对特定物的支配方式可以是有形的或无形的。有形的支配方式意味着物权人对物的现实占有，如建设用地使用权人对土地的占有，动产质权人对动产的占有。无形的支配方式主要是借助法律的手段实现的。例如，抵押权人虽然不占有抵押财产，无法进行有形的支配，却可以在抵押权实现时就抵押财产变价所得优先受偿，即便抵押人被宣告破产或抵押物被强制执行，也不影响该优先

---

〔1〕［日］我妻荣：《日本物权法》，有泉亨修订，李宜芬校订，五南图书出版公司1999年版，第8页。

〔2〕刘鸿渐：《中华民国物权法论》，朝阳学院1933年版，第14页。

受偿权。

(二)物权是绝对权

绝对权也称“对世权”。绝对权能够对权利人之外的每一个人产生法律效力,每一个人都应尊重它。绝对权是对应着绝对义务而产生的概念。绝对义务,是指个人具有与不定数目的人或其他所有人有关的那种义务,不杀人、不偷窃、不干预别人对其财产的处理,都是绝对义务。[3] 物权是最典型的绝对权,这意味着:在法律上,物权人外的任何人都被排除在对物的处理之外,他们有义务不去干预物权人依法对物进行的支配。物权人之外的人所负有的不得侵害、妨害物权的义务属于消极的、不作为义务。

(三)物权是财产权

民事权利可以分为财产权与非财产权。财产权,是指通过对有体物和权利的直接支配,或者通过对他人请求为一定行为(包括作为和不作为)而享受生活中的利益的权利。[4] 财产权包括物权与债权等(《民法典》第113~122条)。物权与债权既有密切联系,也有显著的区别。[5]

第二节 物权的客体

一、物的概念与特征

(一)物的概念

法律上的“物”有特定的含义。以德国为代表的立法例将“物”限定为“有体物”,即有形的、可触觉并可支配的物。以法国法为代表的立法例则认为,物既包括有体物,也包括作为无体物的权利。

我国《民法典》与德国法相同,即将物原则上限定为有体物,包括不动产和动产(《民法典》第115条第1句)。但是,考虑到现实需要,例外地承认在有法律规定的情形下,权利也可以作为物权的客体(《民法典》第115条第2句)。例如,债权、知识产权中的财产权利、基金份额等可以质押,成为质权的客体;建设用地使用权、土地经营权也可以进行抵押,成为抵押权的客体。

我国法中常常使用“财产”的概念,财产有两种含义。一种含义就是指财产权益,包括物权、债权、知识产权中的财产权利、股权和其他投资性权利等具有经济价值的财产权利和财产利益;另一种含义是从权利客体的角度而言的财产,包括有体物,作品、商标、发明等知识产权的客体(《民法典》第123条第2款),数据和网络虚拟财产(《民法典》第127条)等。

(二)物的特征

民法上的物,是指存在于人体之外,为人力所支配,且能满足人类社会生活需要的有体物。

1.物必须存在于人体之外是因为,现代法治社会不允许以人作为物,任何自然人都是主

[3] [奥]凯尔森:《法与国家的一般理论》,沈宗灵译,中国大百科全书出版社1996年版,第96页。

[4] 谢怀栻:《论民事权利体系》,载《法学研究》1996年第2期。

[5] 二者的联系和区别,参见本书债法总则部分的相关论述。

体,而非客体。任何单位或个人都不得对自然人的人身加以支配。任何人、任何活着的人体都不是物。即便是以人工连接在身体上的物,如果在生活习惯上被认为已经构成身体的一部分的,也不能认为是物。例如,安装在人体内的心脏起搏器、假眼等,并非物,而是身体的一部分。身体是作为权利主体——自然人——的物质载体,它不能成为他人权利的客体。任何形式买卖人体细胞、人体组织、人体器官甚至遗体,都是非法的,该买卖行为都是无效的(《民法典》第1007条)。对于人自身的决定权来自人格权而非所有权。民事主体的人格权受法律保护,任何组织或者个人不得侵害(《民法典》第991条)。同时,人格权不得放弃、转让或者继承(《民法典》第992条)。至于那些已经与人体相分离且独立化的人体的一部分,如头发、拔去的牙齿、捐献的血液、精子、卵子、眼角膜等人体器官,在其并非为了保持被取出人的身体运行功能或并非为了将来再植入其身体的前提下,可以作为物权的客体即物,[6] 否则仍然被当作人体的一部分,受到人格权的保护。

2. 物须为人力所能控制。物权的特征之一就在于对物的支配,即管领控制该物。那些人力尚不能控制的物,如太阳、月亮,彗星、地球的外层空间等天体及云彩、海洋中的海水、流动的河水,显然不能作为民法上的物。[7] 此外,一些人类无法保存、一接触就会毁坏的东西如雪花、灰尘、煤烟等,也不属于民法中的物。判断物能否为人力所控制,并不完全以科学技术为标准,而须结合社会的一般观念。例如,宇航员利用航天飞机能够登上月球,并占有、控制月球上的某块岩石,但普通之人依然无法控制。因此,它们不是物,但如果宇航员将这块岩石带回了地球,使普通人也能加以控制,那么该岩石属于法律上的物。

3. 能够满足人类社会生活的需要,即在社会一般观念上被认为能够满足人类社会生活的需要。一粒米、一滴水在客观世界也属于物,但是,从社会观念上说,无法满足人类社会生活的需要。因此,民法上并不将之视为物。至于能够满足的究竟是物质需要还是精神需要,在所不问。

4. 有体物不同于有形物。古罗马法将有体物界定为"能触摸到的物",这实际上是指有形物。然而,随着人类科学技术的发展,有体物不仅包括那些能够看得见、摸得着的有形物,也包括无法为人们肉眼所看见或无法为人所触摸的无形物,如电、光、热等。由于这些无形物必须占据特定的空间,属于有容积体的物,故此可以被储存、转让和使用,如被装在容器内的天然气、电力等。倘若是处于漫无界限的空间的物体,如山间流水、湖面清风,则不是物。

二、不动产与动产

动产与不动产是对物的最主要的分类。简单地说,二者的区分标准为物是否可移动。不动产,是指依其自然性质不能移动,或一经移动便会损害其经济价值的物,包括土地和土地附着物等。不动产之外的物,都是动产。

(一)不动产与动产的含义

我国《民法典》并未界定何为不动产。依据国务院颁布的《不动产登记暂行条例》第2条第2款的规定,我国法上不动产主要包括土地、海域、地上(海上)定着物等(见图12－1)。

---

〔6〕 德国《联邦最高法院民事判例集》第124卷,第54页;参见[德]鲍尔、施蒂尔纳:《德国物权法》(上册),张双根译,法律出版社2004年版,第22页。

〔7〕 例如,我国曾有人以每亩298元的价格对外销售月球的土地。相关报道,参见余姝:《月球土地能在中国买卖吗?叫卖月球土地被查封》,载《羊城晚报》2005年12月10日。从法律上说,该买卖合同是无效的,因为月球的土地无法为人力支配,并非法律上的物,买卖月球土地的合同属于标的自始不能、客观不能的合同。

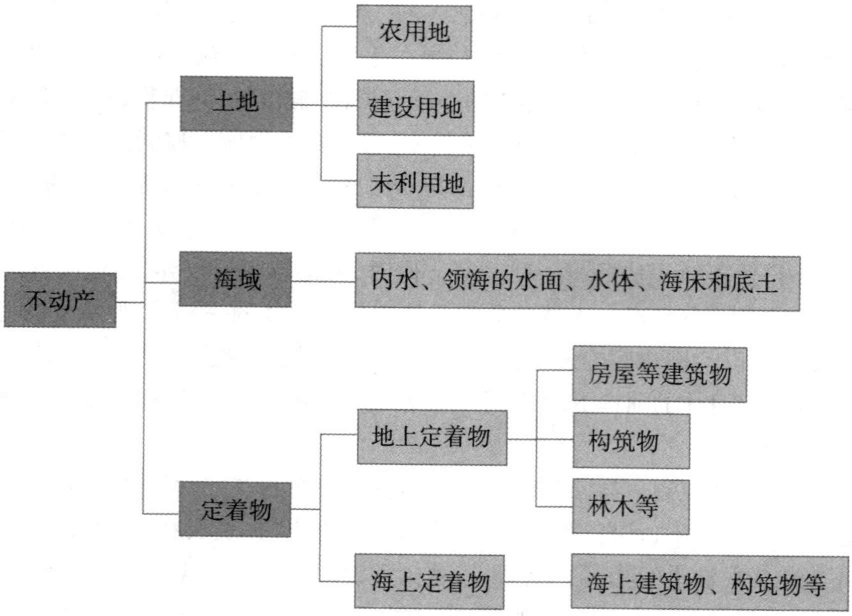

图 12－1 不动产的类型

1. 土地

自然状态下的土地,是指处于地球表面人类日常生产、生活活动所及的三维空间之内的,由土壤、沙砾、岩石、矿物、水、空气、生物七种物质构成的,处于不同地貌、地势、地物、地质、水文及相关的气候状态的自然综合体。[8] 法律上的土地不同于自然状态下的土地。法律上的"土地"概念应从法技术的角度,依据不动产登记簿的内容来理解。在法律上,土地是指被当作"土地"而登记于不动产登记簿上、人力所能支配的地球表面及其上下部分。[9] 我国实行土地用途管制制度,国家编制土地利用总体规划,规定土地用途,将土地分为农用地、建设用地和未利用地。农用地是指直接用于农业生产的土地,包括耕地、林地、草地、农田水利用地、养殖水面等;建设用地是指建造建筑物、构筑物的土地,包括城乡住宅和公共设施用地、工矿用地、交通水利设施用地、旅游用地、军事设施用地等;未利用地是指农用地和建设用地以外的土地(《土地管理法》第 4 条)。

2. 海域

海域,是指我国内水、领海的水面、水体、海床和底土。内水是指中华人民共和国领海基线向陆地一侧至海岸线的海域(《海域使用管理法》第 2 条第 1、2 款)。海域如同土地一样是绵延不绝的,如果不予特定,则无法成为物权的客体,不属于不动产。因此,作为不动产的海域不同于自然资源意义上的海域,前者仅指被特定化的海域,即所谓宗海。

3. 地上(海上)定着物

传统民法上,定着物仅指依据社会交易观念,通过持续附着于土地之上(地上、地下以及地表)从而实现其经济上的目的的有体物,包括建筑物、构筑物、林木等。现代社会,科技发达,人

---

〔8〕 周诚:《土地经济学原理》,商务印书馆 2003 年版,第 5 页。

〔9〕 [德]鲍尔、施蒂尔纳:《德国物权法》(上册),张双根译,法律出版社 2004 年版,第 23 页;郑玉波:《民法总则》,三民书局 1982 年版,第 198 页。

们在海上、海底也能建造建筑物、构筑物或其他附属设施。例如，在海上建设码头、栈桥，在海底埋设储油罐或养殖设施等。因此，定着物可分为地上定着物与海上定着物。

所谓地上定着物，是指固定的附着于土地的地表、地上或者地下的房屋等建筑物、构筑物以及特定空间。例如，住宅楼、办公楼、厂房、停车楼、地下室、单体立柱广告牌、桥梁、隧道、涵洞、地铁内的商铺、车库、车位、地下储油罐等。[10] 海上定着物，是指在海上建造的各类建筑物、构筑物，如码头、海上固定平台、海底隧道、桥梁、高架屋、人工渔礁等。[11]

在物的范围中，除了不动产，剩下的都是动产，如金钱、原材料、半成品、产品、机械设备、交通运输工具等。在动产中，有一类动产比较特殊，即机动车、船舶、航空器等交通运输工具。这类物本质上属于动产，但是由于法律上对于这些动产的物权变动也准用原本用于不动产物权变动的登记制度，故此，它们也被称为"准不动产"或"特殊动产"。

（二）区分的意义

在物权法上区分动产与不动产的意义在于：

1. 基于法律行为的物权变动的公示方法不同。在基于合同等法律行为的动产物权变动即动产物权的设立和转让中（如动产买卖、动产质押等），皆以交付作为公示方法。非经交付，动产物权的设立和转让不生效力，除非法律另有规定（《民法典》第 224 条）。然而，基于法律行为的不动产物权变动即不动产物权的设立、变更、转让和消灭（如房屋买卖、建设用地使用权抵押等），以登记作为公示方法。非经登记，不动产物权的变动原则上不生效力，除非法律另有规定（《民法典》第 209 条第 1 款）。即便是机动车、船舶、民用航空器等特殊动产因法律行为发生的动产物权的设立、变更、转让和消灭，登记也只是对抗要件，即非经登记，不得对抗善意第三人（《民法典》第 225 条），此等动产的物权设立和转让依然是以交付作为生效要件。

2. 可以设立的物权类型不同。动产和不动产均可成为所有权之客体。但是，用益物权的客体通常仅限于不动产。我国《民法典》及其他法律规定的用益物权，如土地承包经营权、建设用地使用权、宅基地使用权、地役权、居住权、海域使用权、矿业权（探矿权、采矿权）等，无不设立在土地、海域、房屋等不动产之上。此外，不动产上还可以设立抵押权等担保物权。动产上无法设立用益物权，但可以设立或产生担保物权，如动产抵押权、动产质权、留置权等。

3. 法律对不动产物权的限制多于动产物权。不动产尤其是土地等自然资源，具有不可移动性、稀缺性和不可再生性，与公共利益或国家利益等息息相关，受到一国的政治经济体制的制约甚多，故此，法律上对不动产物权的限制很多，如对不动产的征收、征用，基于相邻关系对不动产权利人的限制等。在我国，因为实行社会主义公有制，土地等自然资源归属国家所有或者集体所有，故此对不动产物权的限制就更多，如专属于国家所有的不动产禁止任何组织或个人取得所有权（《民法典》第 242 条），相当数量的不动产被禁止抵押（《民法典》第 399 条第 1

---

〔10〕 在传统民法上，种植在土地上的林木通常都属于土地的重要成分，不是单独的不动产。然而，在我国，不仅林木是单独的不动产，甚至连自然资源意义上的森林也成了独立的不动产。据此，《森林法》还规定了林地和林地上的森林、林木的所有权、使用权由不动产登记机构统一登记造册（第 15 条）。笔者认为，森林是由土地以及土地上的一棵棵的林木所组成的，既然土地、林木都成为独立的不动产，它们集合在一起形成的森林，就属于集合物，不应成为独立的不动产。因此，将森林和林木并列为独立的不动产实在毫无道理。

〔11〕《深圳市海上构筑物登记暂行办法》（2009 年 11 月 19 日深圳市人民政府颁布，自 2010 年 3 月 1 日起施行）第 35 条第 1 款规定："本办法所称海上构筑物，是指在本市海域内的固定建筑物和构筑物，包括：（一）码头；（二）海上固定平台；（三）海底隧道；（四）桥梁；（五）高架屋；（六）人工渔礁；（七）法律、法规规定的其他海上构筑物。"

款第1~3项)。至于动产,既可以移动又多具有可替代性,并不稀缺,故此法律上没有必要对动产物权作出太多的限制。

4. 诉讼管辖不同。因不动产物权引发的纠纷,实行的是专属管辖。依据《民事诉讼法》第33条,因不动产纠纷提起的诉讼,由不动产所在地人民法院管辖。所谓不动产纠纷是指因不动产的权利确认、分割、相邻关系等引起的物权纠纷。其中,农村土地承包经营合同纠纷、房屋租赁合同纠纷、建设工程施工合同纠纷、政策性房屋买卖合同纠纷,按照不动产纠纷确定管辖。不动产已登记的,以不动产登记簿记载的所在地为不动产所在地;不动产未登记的,以不动产实际所在地为不动产所在地。[12] 至于动产物权引发的纠纷,原则上适用的就是地域管辖,如由被告住所地、合同履行地、侵权行为地的法院管辖。

三、主物与从物

(一)主物与从物的含义

物还可以分为主物与从物。从物是指非主物的成分,常助主物之效用而同属于一人之物。从物所辅助的物,即主物。主物既可以是动产,也可以是不动产。在我国法上,从物则仅限于动产。

某物仅在符合下列条件时,才能属于另一个物的从物:

1. 该物必须是独立的物,而并非主物的成分。与物的诸成分的法律联系相比,主物与从物之间的法律联系更为松散。从物与主物各自具有自己独立的经济上的价值。

2. 该物常常是用来进一步发挥另一物的效用的。从物也有独立的经济上的价值,却没有独立的使用价值即独立的效用,从物的效用只有在与主物搭配时才能加以发挥。例如,电视机的遥控器有自己独立的经济价值,但其只有与电视机结合后,才能发挥效用。判别从物是否具有独立的效用,应依社会之通常观念。

3. 从物必须是持续性的有助于发挥主物的效用,如果某物只是临时地为了供主物发挥经济上的效用,则不构成从物。但如果某从物暂时脱离主物,仍不丧失其从物性质。

4. 该物与另一物必须有一定的空间上的结合关系。

5. 该物与另一物必须同归一人所有。如果分属于不同的人,则不能认为两个物之间为主从物的关系。

6. 交易上没有特别的习惯认为这两个物之间不是主物与从物的关系。例如,装米的米袋在交易观念上就认为并非米的从物。

(二)区分的意义

为了交易上的便利以及更好地发挥主物的经济效用,法律上确立了“从物随主物”的原则,即除非当事人另有约定,否则从物应当与主物同享法律命运。首先,当主物的所有权移转时,从物的所有权也随同移转,除非当事人另有约定(《民法典》第320条)。其次,在买卖合同中,因标的物的主物不符合约定而解除合同的,则解除合同的效力及于从物。但是,因标的物的从物不符合约定被解除的,解除的效力却不及于主物(《民法典》第631条)。最后,主物被上设定了限制物权如担保物权时,该物权的效力原则上也及于从物(《担保法解释》第63条)。

---

〔12〕《民事诉讼法解释》第28条。

四、原物与孳息

（一）原物与孳息的含义

原物是指产生孳息的物。孳息可以分为：天然孳息与法定孳息。天然孳息，是指按照自然规律而产生的果实以及动物的出产物，如树上的苹果、母牛产下的小牛等。法定孳息，是指基于合同等法律关系而得到的利息、租金及其他收益，如根据租赁合同而产生的租金、依据借款合同产生的利息。

（二）区分的意义

区分原物与孳息的意义在于：首先，天然孳息的归属原则依据原物的归属而确定，除非当事人另有约定。《民法典》第 321 条第 1 款规定："天然孳息，由所有权人取得；既有所有权人又有用益物权人的，由用益物权人取得。当事人另有约定的，按照其约定。"这就是说，天然孳息原则上归属于产生该孳息的原物的所有权人，但是，当原物上存在用益物权的情况下，因为用益物权本身就是以取得物的使用价值为内容的权利，用益物权人对原物享有占有、使用和收益的权利，故此，天然孳息应当归属于用益物权人。当然，这个确定天然孳息的规则可以由当事人通过约定加以排除。此外，《民法典》第 630 条也明确规定，在买卖合同中，标的物交付之前产生的孳息，归出卖人所有；交付之后产生的孳息，归买受人所有。但是，当事人另有约定的除外。至于法定孳息，则与天然孳息有所不同。法定孳息是基于法律关系而产生，故此，基于民法的意思自治原则，法定孳息的归属应当依照当事人的约定，而在当事人没有约定或者约定不明时，则按照交易习惯确定（《民法典》第 321 条第 2 款）。

其次，有权占有原物的他物权人，原则上也有权收取占有期间原物产生的孳息。例如，质权人有权收取质押财产的孳息，除非合同另有约定（《民法典》第 430 条）；留置权人有权收取留置财产的孳息（《民法典》第 452 条）。

最后，当事人有权请求返还原物时，原物的孳息也应当予以返还。《民法典》第 460 条第 1 句规定："不动产或者动产被占有人占有的，权利人可以请求返还原物及其孳息"。

五、可分物与不可分物

（一）可分物与不可分物的含义

依据物能否分割以及分割是否损害该物的用途及价值，可以将物分为可分物与不可分物。所谓可分物，是指能够分割且分割并不改变其性质或者影响其用途的物。例如，10 万斤大米、1000 吨钢材，500 桶葡萄酒等。不可分物，是指难以分割或者虽能分割但会改变其性质或者会影响其用途的物，如一幅名贵的油画、一匹马、一辆汽车等。

（二）区分的意义

区分可分物与不可分物的意义在于：首先，在分割共有物时，如果该共有物是可分物，即"共有的不动产或者动产可以分割并且不会因分割减损价值的"，则当事人如果没有就共有物的分割方式达成协议的，应当采取实物分割的方式（《民法典》第 304 条第 1 款第 2 句）；如果属于不可分物，即"难以分割或者因分割会减损价值的"，则应当采取对折价或者拍卖、变卖取得的价款予以分割的方式（《民法典》第 304 条第 1 款第 3 句）。

其次，如果留置财产是可分物的，则留置财产的价值应当相当于债务的金额（《民法典》第 450 条）。如果债务人的动产是不可分物，则债权人可以留置全部的债务人的动产（《担保法解释》第 110 条）。

最后,在多数人之债中,标的物是可分物还是不可分物,也可以决定债务是可分之债还是不可分之债。所谓可分之债,就是指由同一原因所发生的给付,其标的物具有可分性,而得由数个债权人所分享或由数个债务人所分担。[13]《民法典》第517第1款规定:“债权人为二人以上,标的可分,按照份额各自享有债权的,为按份债权;债务人为二人以上,标的可分,按照份额各自负担债务的,为按份债务。”

六、流通物、限制流通物与禁止流通物

(一)流通物、限制流通物与禁止流通物的含义

以物在流转过程中所受限制的程度为标准,可将物分为流通物、限制流通物与禁止流通物。

所谓流通物,是指可以由当事人自行决定是否作为交易的标的物的物,法律对于该物的流通方式、交易主体等都不加以限制。在市场经济的今天,理论上绝大多数物都应当是流通物。

限制流通物,是指依据法律、行政法规,在投入交易时受到限制的物,如不能进行某些种类的交易、从事交易的当事人必须是特定的主体、须经有关主管机关的审批等。例如,《文物保护法》第25条第1款规定:“非国有不可移动文物不得转让、抵押给外国人。”这就是说,非国有的不可移动的文物可以转让、抵押,但是不能转让给外国人或者将其抵押给外国人。

禁止流通物,是指法律、行政法规规定的不得作为交易标的物的物。例如,我国实行土地公有制,土地只能属于国家或集体所有,土地是禁止流通物。任何组织或者个人不得买卖或者以其他形式非法转让土地(《宪法》第10条第4款第1句),土地所有权也不得设立抵押(《民法典》第399条第1款第1项);再如,《民法典》第1007条第1款规定:“禁止以任何形式买卖人体细胞、人体组织、人体器官、遗体。”

限制流通物与禁止流通物范围的大小是由一国的特定时期的政治、经济、文化、外交等多种因素决定的。例如,改革开放前,我国实行指令性计划经济体制,生产资料的流通受到国家的严格管制,许多原本属于流通物的如钢材、金银、外汇等,也被作为限制流通物甚至禁止流通物。但是,随着社会主义市场经济体制的建立和完善,应当发挥市场在要素资源配置中的决定作用,故此不应当随意将物规定为限制流通物甚至禁止流通物。

(二)区分的意义

区分流通物、限制流通物与禁止流通物的意义在于:以之为标的物的法律行为的效力不同。以禁止流通物为标的物的法律行为是无效法律行为。例如,《民法典》第1007条规定:“禁止以任何形式买卖人体细胞、人体组织、人体器官、遗体。违反前款规定的买卖行为无效。”以限制流通物作为标的物的法律行为,该法律行为是否有效以及有效后如何处分该限制流通物,需要依据有关法律规定处理。例如,《信托法》第14条第4款规定:“法律、行政法规限制流通的财产,依法经有关主管部门批准后,可以作为信托财产。”再如,《担保法解释》第5条第2款规定:“以法律、法规限制流通的财产设定担保的,在实现债权时,人民法院应当按照有关法律、法规的规定对该财产进行处理。”至于流通物,不存在上述禁止性或限制性规定,可以自由投入交易当中,自由加以处分。

七、消费物与非消费物

消费物,是指按照对该物通常的使用方法只可使用一次即不得再为同一使用的物。例如,

---

〔13〕 郑冠宇:《民法债编总论》,新学林出版股份有限公司2015年版,第293页。

柴、米、油、盐、墨、纸等均为消费物,一经使用便不复存在。纸币、硬币等金钱虽使用依然存在,但因所有权发生了转移,故而也视为消费物。消费物之外的物即为非消费物,如汽车、衣服、房屋、机器等均为非消费物。

区分消费物与非消费物的意义在于:首先,法律上的使用、收益的权利,如用益物权、租赁权等,只能以非消费物为客体,而无法在消费物上设立。其次,消费物一次使用后即告消灭,所以消费物的使用权被转让往往就意味着所有权的转让。易言之,就消费物只能成立消费借贷,不可用于租赁。

八、可替代物与不可替代物

可替代物与不可替代物的划分限于动产。可替代物,是指具有共同的特征,在交易上能够依据品种、规格、数量、容量或重量等标准加以确定的动产。例如,煤、汽油、砖头、粮食、土豆、西红柿、一本书、一张 CD,以及根据同样类型生产的、新的产品。如果某一动产,其无法在交易上依据品种、规格、数量、容量或重量等标准加以确定,是独一无二的,则为不可替代物。例如,名画《清明上河图》、绝版的古籍、私人订制的家具以及所有使用过的物品。由此可见,法律上主要是以在交易中是否重视作为标的物的动产的个性为标准,而区分可替代物与不可替代物的。这与种类之债与特定之债的区分有所不同。替代物与不可替代物的区分是以交易惯例作为标准的,而种类之债与特定之债的区分是以当事人真实、具体的意思作为区分方法的。〔14〕

区分可替代物与不可替代物的意义在于:首先,只有可替代物方可为消费借贷、消费寄托以及指示证券的标的物。其次,只有在可替代物在被损害时,才有可能通过提供一个相同的物进行赔偿。而不可替代的物在被毁损时,只能通过金钱加以赔偿。

九、特定物与不特定物

特定物与不特定物的区分完全根据当事人的主观意思来进行,是交易方法的区别,而非物的本身的区别。特定物,是指根据当事人的意思或者其他事实具体指定的物。不特定物也称种类物,是指仅以品种、规格、质量、数量抽象指定的物。特定物与不特定物的区分决定了种类之债与特定之债的区分。通常,在不特定物上成立的是种类之债,但也能够依据当事人的意思成立特定之债。而在特定物上成立的基本上是特定之债,当然,也可以成立种类之债。例如,甲与乙约定由乙代为购买一幅徐悲鸿所画的奔马图。

由于特定物与不特定物的区分是交易方法的区分,故此,这种区分的意义主要体现在债法中,如债的履行、风险负担、违约责任等。

十、单一物、结合物与集合物

单一物,是指在形态上能够独立成为个体的物,如一头牛。结合物,是指由数个物结合而成的,在社会观念上被看作一个独立个体的物,如汽车、房屋。在结合物中,各个组成部分虽然没有丧失其个性,但形体上已组成了单一的个体。因此,法律上将各个组成部分仅视为物的成分,而将结合物的全部视为权利的客体。集合物,是指由多个单一物或结合物集合而成的物。这种集合可能是因当事人的意思或经济上的目的等事实而发生的,如图书馆的全部书籍、某商店内的全部商品、某企业的全部机器设备;也可能是因法律的规定而发生的,又称为权利与义务的集合,指多数物和权利在法律上视为一体,如遗产、夫妻法定共有财产。

对于单一物或者结合物,原则上权利应当存在于物的全部,其组成部分(成分)不能独立成

---

〔14〕 [德]迪特尔·梅迪库斯:《德国民法总论》,邵建东译,法律出版社 2000 年版,第 879 页。

为权利客体。对于集合物,原则上应就组成集合物的各个物分别成立,一般不宜将其整体作为权利的客体。但例外情况下,如财团抵押时,集合物也可以作为抵押权的客体。

第三节 物权的效力

一、概念与类型

物权的效力,是指为了实现物权的内容而由法律赋予物权人的权能。它反映了法律保障物权人能够对标的物进行支配并排除他人干涉的范围与程度,基本内容为如何实现物权。物权的效力可以分为共同效力(一般效力)与特有效力(特殊效力)。前者为所有的物权共同具有的法律效力,后者则为各个物权本身独具的效力。各类物权的特有效力在相关章节予以介绍,本节仅介绍物权的共同效力。

物权具有哪些共同效力,有四效力说、三效力说、二效力说等不同的观点。本书认为,物权的共同效力包括两种,即排他效力与优先效力,它们是物权为实现其内容必须具备的权能。物权请求权属于法律对物权的独特的保护方法,不应当纳入物权效力。至于物权的追及效力则是物权优先效力或者物上请求权的应有之义,不属于独立的物权效力。

二、排他效力

(一)概念与意义

物权属于排他性的权利。《民法典》第 114 条第 2 款将物权界定为“权利人依法对特定的物享有直接支配和排他的权利”,[15]该款中的“排他”的权利,就是指物权的排他效力或对世效力。

基于物权的排他性,同一物上不得同时存在两个所有权或者内容相互冲突的两项他物权,此谓“一物一权原则”。它肇始于“所有权遍及于全部,不得属于二人”的罗马法法谚。例如,一部电话上不可能同时存在两个所有权,也就是说,这部电话要么属于甲,要么属于乙。它不可能既归甲所有,又归乙所有。

一物一权原则并非“一人一物一权原则”(如两个人对某一物共同拥有一个所有权即共有是完全可以的),也非“一物上只能存在一项权利原则”(同一物上存在两项互不冲突的权利也是完全可以的,如同一房屋上存在多个抵押权)。

物权之所以具有排他的效力,就是为了保障权利人能够独自享有标的物的利益。如果否认物权的排他效力,一则会妨碍权利人对标的物的有效支配;二则将损害标的物交易的顺畅性;[16]三则混淆物权与债权,引发物权变动模式的混乱。[17]

---

〔15〕《物权法草案(第二次审议稿)》第 2 条第 2 款曾将物权界定为:“自然人、法人直接支配特定的物的权利。”在审议的过程中,有不少委员对此表示反对。如有的委员认为,在物权的概念中不规定排他性是不可以的,因为物权应当具有三个特点:特定性、支配性与排他性。参见“分组审议物权法草案”,载全国人大常委会办公厅编印:《十届全国人大常委会第十六次会议简报(二)》,2005 年 6 月 26 日。

〔16〕[日]高岛平藏:《物权法制的理论基础》,敬文堂 1986 年版,第 37 页。转引自陈华彬:《物权法原理》,国家行政学院出版社 1998 年版,第 91 页。

〔17〕尹飞:《重申物权的对世性》,载《检察日报》2005 年 8 月 1 日,第 3 版。

(二)具体体现

排他效力具体体现在以下几方面：第一，在同一物上，只能存在一项所有权。第二，第三人因善意取得或取得时效而取得某物的所有权时，该物上原先存在的所有权消灭，物的原所有人不能再基于其所有权请求返还原物。第三，在同一物上，不能同时存在两个或两个以上性质互不相容的他物权。所谓"性质互不相容的他物权"，主要是指用益物权。因为用益物权人需要占有物才能对该物进行使用和收益。例如，建设用地使用权人必定要占有土地，方能对之加以利用即建造建筑物。因此，无法在同一土地上的相同空间范围内设立两个建设用地使用权(土地上可以分层设立不同的建设用地使用权)。不过，有时候在同一物上也可能存在两项用益物权而互不冲突，如同一土地为两块不同所有人的土地设立两项取水地役权。第四，物权的排他效力有强弱之分。所有权是对某物的全面的归属权，任何对物的合法的使用或处分的方式都应归属于所有权人。因此，所有权的排他效力最强。以占有标的物为内容的限制物权即用益物权以及质权、留置权等效力次之，因为同一物不可能同时被两个主体所实际占有。至于不以占有标的物为内容的限制物权如抵押权等，效力再次(见图 12－2)。

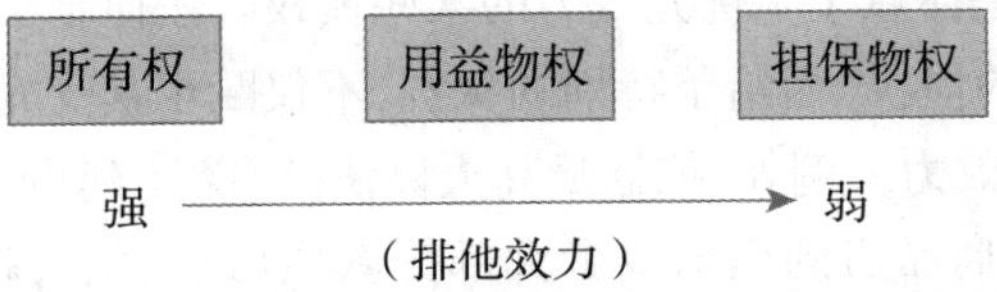

图 12－2　物权排他效力的强弱变化

三、优先效力

(一)概念

通说认为，所谓物权的优先效力，一方面，意味着物权具有优先于债权的效力；另一方面，也意味着同一物上多项物权并存时，它们相互间的效力有所不同。[18] 在现实生活中，就同一标的物既会发生债权与物权间的冲突，如出卖的标的物上同时存在他人的抵押权；也会发生不同物权间的冲突，如同一动产上既存在质权也存在抵押权等。这些权利之间的冲突都需要法律上确立一定的规则予以解决，而在解决这些权利之间的冲突时，物权的优先效力昭然若揭。

在我国以往起草原《物权法》时，对是否明确规定物权的优先效力的问题，就存在很大的争论。立法机关考虑到实际情况往往非常复杂，需要根据纠纷的具体情况确定。故此，原《物权法》最终没有对物权的优先效力作出明确的规定。我国《民法典》物权编是在原《物权法》等法律和司法解释的基础上编纂而成的，也没有对物权的优先效力作出一般性的规定，而只是在具体的各类权利冲突中有相应的规定(如《民法典》第 414、415 条等)。

(二)物权优先于债权的效力

1. 含义

(1)特定物即使已经成为某一债权的标的物，如果其上成立了物权，则该物权优先于债权。简言之，同一物之上存在物权与以该物为给付标的的债权时，物权优先。例如，A 将某房屋出售给 B、C，其中 A 与 B 先签订的合同，但并未办理所有权转移登记。A 与 C 虽然后签订合同，

---

〔18〕 姚瑞光：《民法物权论》，1999 年印行，第 5 页；谢在全：《民法物权论》(修订第 2 版，上册)，2003 年印行，第 45 页；王泽鉴：《民法物权》(第 2 版)，北京大学出版社 2012 年版，第 48～49 页；王利明：《物权法论》(修订版)，中国政法大学出版社 2003 年版，第 23～25 页。

但已经办理了该房屋所有权的转移登记,则C取得该房屋的所有权。此时,B的债权尽管成立在先,其效力也弱于C的所有权。

(2)当某物构成某人的一般财产时,其金钱债权人即使通过强制执行或者破产程序,就该物享有物权的人也优先于债权人。如果就此物享有的是所有权与用益物权,在强制执行程序中,可以基于其对执行标的所享有的权利而提出执行异议(案外人执行异议)以及提起执行异议之诉(《民事诉讼法》第227条),而在破产程序中可以行使取回权(《企业破产法》第38条)。如果对被执行标的物享的是抵押权等担保物权,虽然不能提出执行异议或行使取回权,但是强制执行措施和破产清算程序都不能影响担保物权人就标的物的优先受偿的权利。[19]

2.“物权优先于债权”的例外

(1)买卖不破租赁。各国立法普遍承认买卖不破租赁规则,认为在不动产租赁中,先设定的租赁权优先于在后的所有权或者抵押权。《民法典》第405条规定:“抵押权设立前,抵押财产已经出租并转移占有的,原租赁关系不受该抵押权的影响。”第725条规定:“租赁物在承租人按照租赁合同占有期限内发生所有权变动的,不影响租赁合同的效力。”

(2)物权不能优先于法律赋予了优先效力的某些债权。法律基于社会政策、公平观念等各种考虑而对于某些“特殊的债权”而给予特别的保护,不仅赋予其优先于普通债权的效力,甚至赋予其优先于某些物权的效力。例如,依据最高人民法院《关于建设工程价款优先受偿权问题的批复》,消费者交付购买商品房的全部或者大部分款项后,承包人就该商品房享有的工程价款优先受偿权不得对抗买受人,而建筑工程的承包人的优先受偿权又优于抵押权和其他债权。

(3)物权不能优先于办理了预告登记的债权。《民法典》第221条第1款规定:“当事人签订买卖房屋的协议或者签订其他不动产物权的协议,为保障将来实现物权,按照约定可以向登记机构申请预告登记。预告登记后,未经预告登记的权利人同意,处分该不动产的,不发生物权效力。”由此可见,经过预告登记的债权,其效力得到极大的增强。即便是在强制执行程序,办理了预告登记的债权也具有很强的效力。最高人民法院《关于人民法院办理执行异议和复议案件若干问题的规定》第30条规定:“金钱债权执行中,对被查封的办理了受让物权预告登记的不动产,受让人提出停止处分异议的,人民法院应予支持;符合物权登记条件,受让人提出排除执行异议的,应予支持。”

(三)物权之间的优先效力

物权之间的优先效力,是指同一物上并存多项物权时,各个物权之间的效力何者优先。当同一物上既存在所有权又存在某一他物权时,由于他物权本身是对所有权的限制,故当然具有优先于所有权的效力。倘若同一物上存在两项以上性质互不相容的物权,则先设立的物权有效,后设立的物权无效。例如,同一块土地上已经设定了建设用地使用权,则在该土地上不得再设立建设用地使用权。如果同一物存在两个以上性质不冲突可以并存的数个物权时,确定各个物权效力位阶所依据的标准就是权利产生的时间和公示的方法,即“时间优先,权利优先”“已经登记的,优先于未登记的”。这一点在担保物权中体现得最为明显,《民法典》第414条规定:“同一财产向两个以上债权人抵押的,拍卖、变卖抵押财产所得的价款依照下列规定清偿:(一)抵押权已经登记的,按照登记的时间先后确定清偿顺序;(二)抵押权已经登记的先于未登

〔19〕《企业破产法》第109条;最高人民法院《关于人民法院执行工作若干问题的规定(试行)》第88、93条;最高人民法院《关于人民法院办理执行异议和复议案件若干问题的规定》第27条。

记的受偿;(三)抵押权未登记的,按照债权比例清偿。其他可以登记的担保物权,清偿顺序参照适用前款规定。”

当然,在某些情况下,当法律基于各种特别的考虑而对物权间的优先效力另有规定时,当然要依照该规定。例如,《民法典》第416条规定的购置款抵押权就具有很强的优先效力,其即便是成立时间在后,只要是在标的物交付后十日内办理了抵押登记的,则除了不能优先于留置权人之外,抵押权人可以优先于抵押物买受人的所有其他担保物权人而受偿。

第四节　物权的类型

一、所有权与定限物权

以权利人对标的物的支配范围为标准,可将物权分为所有权与定限物权(见图12-3)。

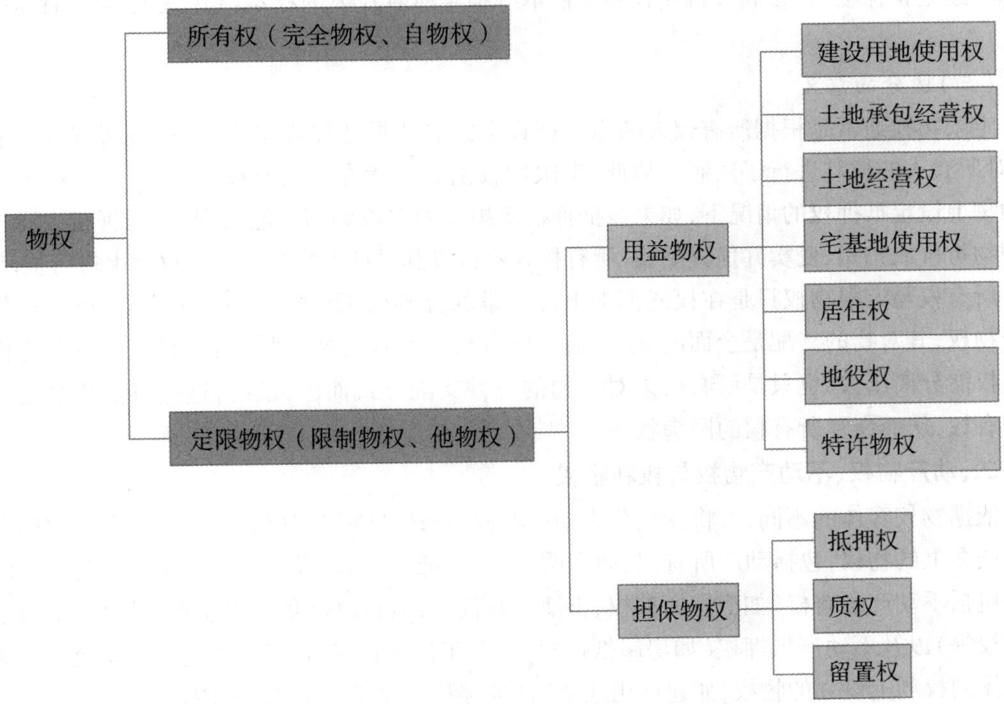

图12-3　我国《民法典》中的物权分类

(一)所有权

所有权,是指所有人对自己的不动产或者动产依法享有的占有、使用、收益和处分的权利(《民法典》第240条)。所有权人可以在不违反法律、不违背公序良俗的前提下对其所有的动产或不动产进行永久和全面的支配,并排除他人的干涉。所有权人对所有物的支配,既包括所有权人自己直接占有、使用、收益和处分该物,也包括将占有、使用、收益、处分全部或部分权能转让给他人,即转让所有权或者在自己的不动产或动产上设立用益物权和担保物权(《民法典》第241条第1句)。总之,一切不违反法律和公序良俗的对物的使用、收益和处分的方式都完全地归属于所有权人。正因如此,所有权才被称为“完全物权”。同时,由于所有权是权利人对于自己的财产享有的物权,因此也称“自物权”。

(二)定限物权

定限物权是在所有权的基础上产生的。就所有权人的角度而言,定限物权构成了对其所有权的限制(属于所有物上的权利负担),因此也称“限制物权”。此外,由于作为定限物权的担保物权或用益物权是在他人所有的物上设定的物权,所以也称“他物权”,即存在于他人之物上的物权。就定限物权人的角度而言,其基于与所有权人的合意或者直接依据法律的规定取得了对物的交换价值或使用价值并进行控制支配的某些权能,从而产生了用益物权和担保物权。

定限物权分为用益物权和担保物权。这是依据权利人对标的物所支配的内容为标准对定限物权所进行的区分。用益物权以取得对他人之物的使用价值为目的,权利人取得用益物权就是为了能够对他人的物进行占有、使用并获得相应的收益。担保物权是为了担保债的履行,在债务人或第三人的特定财产上设定的,是以取得对他人之物的交换价值的控制为目的的限制物权。通过取得担保物权,权利人对于他人的特定之物享有优先受偿的权利。但是,无论用益物权还是担保物权,权利人行使权利时都不得损害所有权人的权益(《民法典》第 241 条第 2 句)。

(三)区分的意义

定限物权通常是根据所有权人的意志而设立或者依据法律规定所生,构成所有权上的负担,对所有人的权利进行了限制。故此,定限物权的效力优先于所有权。例如,所有权人在自己的物上设定抵押权的情况下,如果该抵押权所担保的债权到期不能实现,则抵押权人有权将抵押物折价或拍卖、变卖并优先受偿,所有权人不得以其对抵押物享有所有权为由进行抗辩。

所有权与定限物权只是在权能范围上存在量的分割而无质的不同。申言之,所有权作为完全物权,其对物的支配是全面的、永久的。所有权具有弹力性,即便因所有权人的意思而将部分权能分离出去,也只是所有权人对其物的一种支配方式而已,最终,这些权能仍然要回复于所有权,从而恢复所有权的圆满状态。

二、动产物权、不动产物权与权利物权

依据物权客体的不同,可将物权分为动产物权、不动产物权与权利物权。动产物权即存在于动产之上的物权,包括动产所有权、动产质权、动产抵押权、留置权等。存在于不动产上的物权则包括不动产所有权(如房屋所有权、土地所有权)、用益物权(如建设用地使用权、土地承包经营权等)以及不动产抵押权(如房屋抵押权)。至于权利物权,是指在那些以法律允许作为物权客体的权利上设立的物权,如建设用地使用权抵押权、股权质权、债权质权等。

区分动产物权、不动产物权与权利物权的意义在于:首先,物权变动的要件与公示方法不同。基于法律行为发生的动产物权变动,如动产物权的设立或转让,以交付为条件,公示方法为占有。至于不动产物权和权利物权因法律行为而设立、变更、转让和消灭的,原则上以登记为要件,公示方法为登记。

其次,在善意取得中取得人善意的认定不同。在动产的善意取得中,判断取得人善意与否时应考虑其有无重大过失,即动产的善意取得人在交易时不能完全信赖占有的公示力,须负有一定的注意义务。如果其应当知道处分人为无处分权人却因重大过失而不知道的,应认为并非善意。但是,就不动产物权或权利物权的善意取得而言,由于有登记这一公示方法,故此只要登记簿上没有有效的异议登记且取得人不知道不动产登记簿的记载错误的,就应认为是善意的。取得人不负超越登记簿的调查核实义务,不能因为取得人没有进行调查核实而否定其善意。

三、主物权与从物权

依据物权是否有独立性,可将物权分为主物权与从物权。主物权是指能够单独或独立存在的物权,它们不依赖于其他权利而独立存在。从物权是指无法独立存在而必须依附于其他权利的物权。所有权当然是主物权,而用益物权中大部分属于主物权,只有地役权属于从物权,不得单独转让和单独抵押,须从属于不动产所有权、土地承包经营权、建设用地使用权(《民法典》第380、381条)。由于我国法不承认流通性担保物权,故此,所有的担保物权均为从物权,具有从属性,不能独立存在,而必须从属于被担保的债权(《民法典》第388、407条)。

区分主物权与从物权的意义在于:主物权可以单独处分,而从物权不能单独处分,必须与其所从属的主权利共享法律命运,即主权利不成立的,从物权不成立;主权利转让的,从物权随之转让物权;主权利抵押的,从物权随之被抵押;主权利消灭的,从物权也归于消灭。

四、意定物权与法定物权

以物权的发生是基于当事人的意思还是依据法律的规定,可将物权分为意定物权与法定物权。意定物权,是指依据当事人的意思而设立的物权,而法定物权是依据法律规定而直接产生的物权。绝大部分物权都是意定物权,如我国法上的建设用地使用权、土地承包经营权、居住权、地役权、抵押权、质权等。只有少数的物权,如留置权、船舶优先权、建设工程价款优先受偿权等,为法定物权,是直接依据法律规定而产生的。

意定物权与法定物权的主要区别在于成立要件不同。意定物权是通过法律行为而设立的,因此需要通过登记或者交付公示此种物权变动,方能发生物权设立的法律效果;而法定物权是直接依法产生的,无须登记或交付等公示方法就直接产生。

五、有期限物权与无期限物权

依据物权的存续是否有期限的限制,可将之分为有期限物权与无期限物权。

无期限物权是指没有一定存续期间而永久存续的物权。所有权就是无期限的物权,只要所有物存在,所有权就会一直存在。有期限物权是指有一定存续期间的物权,该期限可由当事人约定,如当事人在居住权设立合同约定居住权的存续期限,一旦该期限届满,则居住权归于消灭(《民法典》第370条);期限也可由法律加以规定,如《民法典》第419条规定:“抵押权人应当在主债权诉讼时效期间行使抵押权;未行使的,人民法院不予保护。”此外,即便是当事人约定,法律上也往往会对其最长期限进行限制。例如,《民法典》第332条规定:“耕地的承包期为三十年。草地的承包期为三十年至五十年。林地的承包期为三十年至七十年。前款规定的承包期限届满,由土地承包经营权人依照农村土地承包的法律规定继续承包。”

这两类物权区分的法律意义在于:有期限物权在期限届满时即当然归于消灭,而无期限物权除了转让、抛弃等特定情形外,永久存续。

第十三章　物权法概述

导读

本章介绍了物权法的概念、调整范围、物权法的功能以及物权法的基本原则。在物权法的基本原则中，最为重要的原则就是物权法定原则和公示公信原则。对于这两项原则的内容和意义，应有准确之掌握，否则难以学好物权法。

第一节　物权法的含义、调整范围与功能

一、物权法的含义

物权法就是调整因物的归属和利用而产生的民事关系的法律规范的总和。物权法有广义、狭义之分。在颁行了民法典的国家，如德国、日本、韩国等，狭义的物权法（形式上的物权法）仅指民法典中的“物权编”。广义的物权法，也称实质意义上的物权法，泛指以调整物权关系为对象的一切法律规范。它不仅包括了狭义的物权法即民法典的物权编，还包括其他所有的以调整因物的归属和利用而产生的民事关系的法律规范。

我国《民法典》第二编“物权”是狭义的物权法。该编共计258条（第205～462条），设有五个分编，分别为：第一分编“通则”、第二分编“所有权”、第三分编“用益物权”、第四分编“担保物权”和第五分编“占有”。在我国，除了《民法典》的物权编，还有不少单行法律中也有对物权归属和利用的规范，如《土地管理法》《城市房地产管理法》《海域使用管理法》《矿产资源法》《森林法》《水法》《渔业法》等；此外，还有大量的行政法规、司法解释中也有调整物权关系的法律规范，如《城镇国有土地使用权出让和转让暂行条例》《土地管理法实施条例》《物权法解释（一）》《建筑物区分所有权解释》等。这些法律、行政法规和司法解释中调整物的归属和利用的法律规范，属于广义的物权法。

二、物权法的调整范围

民事关系的范围非常广泛，如债权关系、物权关系、人格权关系、身份关系、股权关系、继承关系、侵权关系等。物权法只是调整围绕着物的归属和利用而发生的民事关系，即物权关系（《民法典》第205条）。其他的民事关系，分别由相应的法律部门如合同法、人格权法、婚姻家庭法、继承法、商法、侵权法等加以调整。总的来说，物权关系分为以下两类：

1. 因物的归属而发生的民事关系，即物上的何种物权归属于何人。例如，《民法典》物权编第二章对“物权的设立、变更、转让和消灭”的规定，第五章对“国家所有权和集体所有权、私人所有权”的规定，第九章对“所有权取得的特别规定”等。

2. 因物的利用而发生的民事关系，即确定民事主体可以何种方式对物加以利用，如《民法典》物权编第七章对相邻关系的规定，第三分编对用益物权的规定，第四分编对担保物权的规定等。

三、物权法的性质

1. 物权法属于私法但又往往受制于公法规范。物权法是调整因物的归属和利用而生的民事关系的法律，它属于私法的重要组成部分。但是，由于物权法与一国的基本政治制度、社会体制以及经济生活具有极为密切的联系，所以，在现代社会中，作为私法的物权法又不能不受制于公法规范。这一点从我国许多规范物权关系的法律、行政法规、地方性法规以及规章都要冠以“管理”一词，即可证明，如《土地管理法》《城市房地产管理法》《海域使用管理法》等。

2. 物权法中的法律规范多为强行性规范。这主要体现在以下几方面：首先，依据物权法定原则，物权的种类及内容必须由法律加以规定（《民法典》第 116 条），当事人不得约定设立新型的物权或者改变法律中既有的物权的内容。其次，基于法律行为的物权变动应当满足法律规定的公示要件，即不动产物权变动以登记为生效要件，动产物权变动以交付为生效要件，特殊动产还以登记作为对抗要件。如果当事人不遵守此等规则，则无法发生所预期的物权变动的效果。再次，对于物的转让或抵押等处分进行限制。例如，为了保持建设用地使用权的权利主体和地上定着物的权利主体的一致，要求建设用地使用权转让、互换、出资或者赠与的，附着于该土地上的建筑物、构筑物及其附属设施一并处分（《民法典》第 356 条）；建筑物、构筑物及其附属设施转让、互换、出资或者赠与的，该建筑物、构筑物及其附属设施占用范围内的建设用地使用权一并处分（《民法典》第 357 条）；以建筑物抵押的，该建筑物占用范围内的建设用地使用权一并抵押。以建设用地使用权抵押的，该土地上的建筑物一并抵押。如果抵押人未依照规定一并抵押的，未抵押的财产视为一并抵押（《民法典》第 397 条）。最后，基于公共利益的考虑，法律对物权的行使所作出的限制，当事人不得任意加以改变。否则，不仅相关的法律行为归于无效，当事人还要遭受相应的处罚。例如，《民法典》第 326 条第 1 句规定：“用益物权人行使权利，应当遵守法律有关保护和合理开发利用资源、保护生态环境的规定。”

3. 物权法具有浓厚的固有法色彩。固有法，是指蕴含了较多的本国政治、经济、文化、历史、传统的色彩的法律。物权法因与本国的政治、经济、文化传统息息相关，因此具有浓厚的固有法色彩，旨在维持本国固有的制度，即便在同一国家内，也偏重于各地的习惯。但是，物权法中并非所有的领域都具有固有法色彩，准确地说，最具固有法色彩的当属不动产的所有权制度以及用益物权制度。例如，我国是社会主义国家，实行的是土地的公有制即国家所有或者集体所有，私人不能享有土地的所有权。也正是在此基础上，我国物权法中区分了国家所有权、集体所有权和私人所有权，但实行平等保护。而我国法上的用益物权制度也极具中国特色，如土地承包经营权与土地经营权、建设用地使用权、宅基地使用权等用益物权，都是在其他一些国家或地区的民法中所没有的。

尽管物权法具有浓厚的固有法色彩，但是，随着当今世界人类交往日益密切，经济全球化的趋势无可避免且日益加深，物权法的固有法色彩在某些方面可能会逐渐淡化，以适应此种需求。因此，一国的立法者在制定物权法时，既要充分考虑本国的国情，对虽然特殊但符合本国需要的制度要力排众议地规定下来，不能一味地强调与国际相接轨或任意进行法律移植而不顾本国国情。同时，立法者也不应随意以“国情特殊”为借口，而排斥那些符合本国经济社会发展需要的域外法上的好规则与好制度。

四、物权法的功能

物权法的功能,也称“物权法的价值”,是指物权法在社会生活中具有何种作用,能够实现哪些目标。只有充分认识到这一点,广大社会民众才会高度关注物权法的制定工作,并在物权法颁行之后充分领会贯彻物权法相关规则与制度的立法精神,运用物权法维护自身的合法权益,最终实现物权法促进社会经济发展的目的。归纳起来,物权法具有以下几方面的功能。

1. 有助于实现民事主体在财产法领域中的自由与自治,使其能够有尊严地、自我负责地生活,规划自己的未来。

我国《宪法》明确规定,无论是社会主义公有财产(国有财产和集体财产)抑或公民合法的私有财产都受到法律保护,不得侵犯(第12、13条)。物权是最重要的一类财产权,而物权法就是以保护物权为己任。物权是实现个人的生存权、自由权和发展权等基本人权的基础。当人们通过努力劳动、辛勤工作而获得了财富之后,却无权支配自己的劳动成果和报酬时,其就丧失了维持存在的正当手段,遑论自由和发展。如果我们承认每个人都有生存的权利,那么这个权利就意味着任何人都有权通过自己的工作来维持自己的生存,而不是有权迫使他人为其提供生活必需品或者从他人的施舍中苟延残喘。“没有财产,就没有真正的人的独立(前俄罗斯总统叶利钦语)”。著名哲学家黑格尔曾言,所有权之所以是合乎理性的,不在于满足需要,而在于扬弃人格的纯粹主观性。人唯有在所有权中才是作为理性而存在的。[1] 人类社会的无数事实表明,窒息、扼杀个人自由的最有效途径就是剥夺个人的物权,随意侵害他的财产。

2. 有助于清晰、准确地界定物上的权利归属,减少纷争,降低交易成本,维护交易安全,实现交易的快捷与高效。

自然人的存在与延续须时刻利用外界物质,饥则食、渴则饮、寒则衣、累则住、病则医,这些都离不开外界的物质(食物、饮料、衣服、住房和药物)。从这个意义上说,人与物的关系纯粹是生理本能上的需求,无须法律来调整。然而,人既具有生物性,更具有社会性。他不是孤立存在的,而是生活在社会当中。在一个不是将现存之物供大家随意使用的社会中,或者说,在一个还不可能实现按需分配,资源永远是稀缺的社会中,必须确定哪些物属于何人以及该人对该物有什么样的权利。如果没有物权法对物上的权利(所有权、他物权)归属进行公正合理的界定,那么社会上盛行的将是“尔虞我诈、弱肉强食”的丛林规则,各种纷争不断,不仅交易成本巨大,而且交易安全将荡然无存。对此,我国古代思想家商鞅曾有精辟的阐述:“一兔走,百人逐之,非以兔可分以为百也,由名分之未定也,夫卖兔者满市,而盗不敢取,由名分已定也,故名分未定,尧舜禹汤且皆如鹜焉而逐之;名分已定,贫盗不取。”[2] 总之,在没有彻底消灭私有制的社会里,首要的规则就是明确特定物上一人与他人间的关系,这些关系包括:个人如何才能取得对其有用的物质;如何保障该物不被他人任意侵夺或损害;如何更好地使人们能够实现对物的可能的利用等。

3. 物权法对因物的归属和利用而产生的民事关系的调整能够形成一种良好的机制,为人们创造财富的行为提供持久稳定的激励机制,促使资产转换为资本,服务于繁荣社会经济的目的。

---

〔1〕［德］黑格尔:《法哲学原理》,范扬、张企泰译,商务印书馆1995年版,第50页。

〔2〕《商君书》,石磊译注,中华书局2009年版,第205页。转引自彭万林主编:《民法学》(修订本),中国政法大学出版社1998年版,第288页。

只有当任何有用的社会资源上的权利被清晰明确地界定为归属于某一主体，且这些权利得到法律严格的保护后，才能产生创造社会财富的冲动，如愉快的劳动生产与公正自愿的交易，并且这一冲动将是持久的永不松懈的。对于财产权的法律保护创造了有效率地使用资源的激励。[3] “有恒产者，有恒心”。如果人们通过辛勤汗水而获得的劳动果实或者通过合法交易而获得的财产得不到任何法律的保障，或者被肆无忌惮的剥夺，那么他就会丧失再次劳动与交易的信心与冲动，其后果将不堪设想。

第二节　我国物权法的立法目的

一、维护国家基本经济制度

物权法作为一个国家的基本民事法律，必须维护该国的基本经济制度。我国的物权法也不例外，它从以下两方面发挥了维护社会主义基本经济制度的功能。

1. 为了鲜明地体现我国的社会主义基本经济制度，《民法典》第206条明确规定：“国家坚持和完善公有制为主体、多种所有制经济共同发展，按劳分配为主体、多种分配方式并存，社会主义市场经济体制等社会主义基本经济制度。国家巩固和发展公有制经济，鼓励、支持和引导非公有制经济的发展。国家实行社会主义市场经济，保障一切市场主体的平等法律地位和发展权利。”这就意味着，维护我国基本经济制度，实行物权的平等保护，是包括《民法典》物权编在内的我国物权法的重要功能。

2.《民法典》物权编在第五章对国家所有权与集体所有权这两类公有制的法律形式作出了详细的规定，具体包括国家所有权的客体范围、国家所有权的行使、侵害国有财产的法律责任、集体所有权的客体范围、集体所有权的行使以及侵害集体财产的法律责任等。这些规定都鲜明地体现了在我国社会主义初级阶段是坚持公有制为主体的基本经济制度。

二、维护社会主义市场经济秩序

社会主义市场经济就是要使市场在社会主义国家宏观调控下对资源配置起决定性作用，使经济活动遵循价值规律的要求，适应供求关系的变化；通过价格杠杆和竞争机制的功能，把资源配置到效益较好的环节中去，并给市场主体以压力和动力，从而实现优胜劣汰。要实现全面依法治国，在新时代加快完善社会主义市场经济体制，就必须通过法律手段维护市场经济秩序，健全归属清晰、权责明确、保护严格、流转顺畅的现代产权制度。物权法通过确认物的归属，明确所有权和用益物权、担保物权的内容，保障各种市场主体的平等法律地位和发展权利，依法保护权利人的物权，对于发展社会主义市场经济具有重要作用。[4]

三、明确物的归属

“明确物的归属”就是物权法的一个重要立法目的。通过各种法律制度，物权法有效地实

---

〔3〕 [美]理查德·A.波斯纳：《法律的经济分析》(上)，蒋兆康译，林毅夫校，中国大百科全书出版社1997年版，第40~41页。

〔4〕 2007年3月8日第十届全国人民代表大会第五次会议，全国人民代表大会常务委员会副委员长王兆国：《关于〈中华人民共和国物权法(草案)〉的说明》。

现明确物的归属的立法目的,避免社会纷争,为社会财富的创造确立一种良好的、积极性的制度安排。我国《民法典》主要通过以下规则与制度来实现"明确物的归属"的立法目标。

1. 在基于法律行为的物权变动中,明确采取形式主义的立法模式,以登记、交付作为不动产、动产物权变动的生效要件。这就彻底改变了以往我国法律就基于法律行为的物权变动究竟采取生效要件主义,还是对抗要件主义的问题回答模糊不清的局面,有利于清晰地界定物权的变动,明确物的归属。

2.《民法典》物权编第二章专设第一节"不动产登记"与第二节"动产交付",分别对登记和交付的法律效力、登记簿的法律效力、预告登记、更正登记、异议登记、登记资料的查询,以及交付的法律效力、交付的类型等内容作出了详细规定。这不仅有利于当事人在交易时准确地知悉物权的变动情况,也有利于法院对物权归属纠纷作出公正的裁判。

3.《民法典》物权编第二章还在第三节对各类非基于法律行为的物权变动作出了规定。

4.《民法典》物权编第五章对国家所有权、集体所有权和私人所有权客体范围的明确规定,有助于发生纠纷时明确物的归属。

5.《民法典》物权编第六章对于业主的建筑物区分所有权中的专有部分、共有部分作出了较为详细的规定,有利于解决长期以来存在的业主与房地产开发企业对哪些属于共有部分产生的纠纷,维护业主的合法权益,构建和谐的生活秩序。

6.《民法典》物权编第八章对"共有"的概念、类型以及权利的行使作出了明确的规定,第九章专门对善意取得、拾得遗失物、发现埋藏物或隐藏物、主物与从物的关系、孳息的归属等问题作出了规定,这都有利于解决此类纠纷中物的归属问题。

7.《民法典》物权编分别在第三分编、第四分编逐一规定了用益物权、担保物权的种类、内容、法律效力、权利冲突的解决规则等问题,这也是为了更好地实现明确物的归属的立法目的。

四、发挥物的效用

"发挥物的效用",就是要真正做到物尽其用,避免资源的闲置和浪费。现代社会对物的利用形态呈现复杂化、多样化的发展态势,各种前所未有的利用方式都一一出现。例如,对地上、地下空间的分层利用,对正在建造的物(如建筑物、航空器、船舶)的交换价值的利用(如在建建筑物抵押)等。因此,现代物权法的一个重要立法目的就是要更好地充分发挥物的效用,优化营商环境,尽可能满足社会经济生活各种需要。为实现这一立法目的,首先,《民法典》规定了若干新型的用益物权和担保物权,如居住权、动产浮动抵押权、购置款抵押权、现有的以及将有的应收账款质押等。其次,《民法典》允许在土地的地表、地上或者地下分别设立建设用地使用权,允许以正在建造的建筑物、船舶、航空器设定抵押。最后,《民法典》明确了同一财产上存在多个担保物权时的清偿顺序等法律规则。

五、保护权利人的物权

我国有很长的专制社会历史,加之法治不彰,现实生活中存在很多任意侵害物权等财产权的情形。例如,随意罗织罪名侵吞或非法处置他人合法财产、违法暴力拆迁等。因此,通过《民法典》物权编等物权法来保护权利人的物权,是维护广大人民群众切身利益的需要。随着改革开放、经济发展,人民群众生活普遍改善,迫切要求切实保护他们通过辛勤劳动积累的合法财产、保护依法享有的土地承包经营权等合法权益。2016 年 11 月 4 日发布的《中共中央国务院关于完善产权保护制度依法保护产权的意见》明确指出:"产权制度是社会主义市场经济的基石,保护产权是坚持社会主义基本经济制度的必然要求。"在产权保护中要坚持平等保护、全面保护、依法保护、共同参与、标本兼治等基本原则。

物权法通过“明确并保护私人所有权、业主的建筑物区分所有权、土地承包经营权、宅基地使用权，以维护人民群众的切身利益，激发人们创造财富的活力，促进社会和谐。”[5]为了保护权利人的物权，《民法典》作出了如下规定：首先，明确了民事主体的财产权利受到法律的平等保护（第113条），规定国家所有的财产、集体所有的财产以及私人的合法财产受到法律保护，禁止任何组织或者个人侵占、哄抢、破坏（第258、265、267条）。其次，专章规定了物权的保护方法，规定了在物权归属、内容发生争议时利害关系人请求确认的权利，以及在物权被侵害时，权利人可以请求返还原物、排除妨碍、消除危险，因此遭受损害的，还可以请求损害赔偿。再次，明确限定了只有为了公共利益的需要，依照法律规定的权限和程序才能征收、征用不动产或动产并应当给予公平、合理的补偿（第117、243条）。同时，明确规定了征收集体所有的土地的，除足额支付各种补偿费用外，还应当安排被征地农民的社会保障费用，保障被征地农民的生活，维护被征地农民的合法权益（第243条第2款）；征收个人住宅的，还应当保障被征收人的居住条件（第243条第3款）；如果因征收不动产或者动产而消灭或影响用益物权的，用益物权人有权依法获得相应的补偿（第327条）。最后，对占有作出了规定，并赋予占有人以占有保护请求权。同时，明确规定停止侵害、排除妨碍、消除危险的请求权以及不动产物权和登记的动产物权的权利人请求返还财产的请求权不适用诉讼时效（第196条）。

第三节　我国物权法的基本原则

一、平等保护原则

平等保护各类物权是我国物权法的一项基本原则（《民法典》第113条、第207条）。它意味着，我国法律对于物权，无论是国家、集体的，还是私人的，都给予平等的保护。具体来说，平等保护原则具有以下两方面的含义：

一方面，无论是国家享有的物权、集体享有的物权，还是私人享有的物权，法律地位都是平等的。因为，《民法典》物权编本来就是调整平等的民事主体之间因物的归属和利用而发生的民事关系的法律，既然国家、集体、私人与其他权利人之间是平等的民事主体，那么《民法典》对各类物权的变动以及内容的规定就一体适用于各种类型的物权。例如，《民法典》第240条规定：“所有权人对自己的不动产或者动产，依法享有占有、使用、收益和处分的权利。”这一条既适用于国家所有权、集体所有权也适用于私人所有权，不能认为国家或集体的所有权的权能就比私人所有权更多更大，反之亦然。

另一方面，无论是国家的、集体的还是私人的物权，都受到同样的保护，任何单位和个人均不得侵犯。中共中央、国务院《关于完善产权保护制度依法保护产权的意见》明确指出，要“健全以公平为核心原则的产权保护制度，毫不动摇巩固和发展公有制经济，毫不动摇鼓励、支持、引导非公有制经济发展，公有制经济财产权不可侵犯，非公有制经济财产权同样不可侵犯”。

---

[5] 2007年3月8日第十届全国人民代表大会第五次会议，全国人民代表大会常务委员会副委员长王兆国：《关于〈中华人民共和国物权法（草案）〉的说明》。

人们既不能认为国家或集体的物权就比私人的物权更加神圣不可侵犯,也不能认为私人的物权需要得到更多的保护。《民法典》物权编规定的各类保护物权的方法和手段适用于所有类型的物权。

事实上,平等地保护国家、集体和私人的物权本身是不矛盾的。在现实生活中,国家的、集体抑或私人的物权,之所以会遭受侵害,主要是因为不受制约的绝对权力。一方面,国家或集体财产被各种不受制约的个人或小集团肆意挥霍、侵吞、据为己有,公有财产流失严重。另一方面,私人财产也不断被不受制约的绝对权力打着各种看起来很正当、很高尚的幌子任意侵害。不受制约的权力用左手把私人财产拿进国库,又用右手把国库的东西弄进权贵的私囊。如果不能看到问题的实质,那么无论是在纸面的法律上公有财产得到更多的保护,还是私有财产得到更多的保护,实际结果都是所有的财产均成了权力"刀俎下的鱼肉"了。[6] 正因如此,我国才应"牢固树立物权观念。要通过多种途径提高广大干部群众对物权法的认识,充分认识依据宪法和法律对国家、集体和私人的物权给予平等保护的重大意义,牢固树立依法平等保护和正确行使财产权利的物权观念,为实施物权法营造广泛的社会思想基础。"[7]

二、物权法定原则

(一)含义

物权法定原则是现代物权法中的一项基本原则,是指物权的种类和内容应由法律规定,当事人不得任意创设与法律的规定所不同的物权或者改变既有物权的内容。《民法典》第116条是对物权法定原则的规定。

1. 物权的种类必须由法律规定。无论是当事人通过法律行为,还是法律之外的规范性文件,都不得任意创设法律所没有规定的物权。例如,《民法典》规定了三种担保物权,即抵押权、质权与留置权。抵押权又包括不动产抵押权、动产抵押权、动产浮动抵押权、权利抵押权以及最高额抵押权。质权包括权利质权与动产质权。因此,在这些法律明定的担保物权类型之外,当事人不得新设担保物权,如约定不动产质权或者不动产留置权等。

2. 物权的内容必须由法律规定。所谓物权的内容就是物权法律关系中物权人所享有的权利内容和他人因此所负有的义务。这些必须由法律加以规定,当事人不得任意约定新增权利义务或者通过约定加以删减。例如,依据《民法典》第394条,抵押权中不转移抵押财产的占有,该财产依然由抵押人占有。因此,当事人不得随意改变这种规定,在设定的抵押权中约定抵押人应当转移抵押财产的占有给抵押权人。[8]

3. 物权法定原则中的"法"仅指"法律",而该"法律"应做狭义之解释,仅限于全国人民代表大会及其常务委员会制定的规范性法律文件,不包括行政法规、地方性法规或司法解释,更不包括部门规章和地方政府规章。之所以如此,是因为物权种类和内容的问题属于民事基本制度,依据我国《立法法》第8条第7项,对民事基本制度的规定是全国人民代表大会及其常务委员会的专属立法权限。

---

〔6〕 秦晖:《"权界"可以游移,"群己"不能颠倒》,载《经济观察报》2006年3月20日。

〔7〕《胡锦涛总书记在中共中央政治局第四十次集体学习时的讲话》,新华社北京2007年3月24日电。

〔8〕 需要指出的是,所谓物权法定并不包括物权的取得必须要有法律的明确规定。最高人民法院的一则判决指出:"物权法定原则是指物权的种类和内容法定,二审判决将该原则理解为物权的取得法定亦属错误,应予纠正。"参见大连羽田钢管有限公司与大连保税区弘丰钢铁工贸有限公司、株式会社羽田钢管制造所、大连高新技术产业园区龙王塘街道办事处物权确认纠纷案,载《中华人民共和国最高人民法院公报》2012年第6期。

（二）确立物权法定原则的理由

1. 物权尤其是所有权具有极其强大的效力，为国家社会经济组织的基础，如果任由当事人依其自由意志创设，其结果必然造成国家经济秩序的混乱，不利于国计民生。[9]

2. 物权是一种绝对权与支配权，其效力及于所有人，须得到每一个人的尊重。显然，只有当物权的数量被明晰化并彼此独立出来，才能有效地保护这种绝对的权利。唯其如此，方能期待第三人了解并且维护这些权利。[10] 如果人们可以任意创设新型的物权，或者改变现有物权的内容以及公示方法，则不仅第三人无法了解并尊重这些物权，也会给第三人造成难以预测的损害。

3. 产权的清晰是交易的前提与基础。“法律创设物权性权利，就是要使其权利人适于发生变更”，“法律必须自始告诉取得人，他取得的是什么。”[11] 只有在法律对物权的类型与内容作出明确规定，并且不允许当事人任意创设物权或改变既有物权的内容的情形下，才能使那些物之取得人对所取得的物权的特定内容确信无疑。如此一来，方能提高物的可转让性与可流通性，进而节约交易成本、鼓励交易。

（三）违反物权法定原则的后果

当事人从事的法律行为虽然违反物权法定原则，却并非一律无效，而应区分不同情况处理。

1. 如果法律明确规定了违反物权法定原则的效果时，则应依据该规定加以处理。例如，《民法典》第 429 条规定：“质权自出质人交付质押财产时设立。”如果当事人约定设立质权时无须交付质押财产，此时，虽然质押合同依然有效，但是因为当事人之间约定不交付质押财产即可设立动产质权违反了物权法定原则，据此，当事人之间不发生设立质权的法律效果，即债权人因为没有取得对质押财产的占有，未取得质权。

2. 虽然法律没有特别规定违反物权法定原则的法律效果，但是当事人关于物权种类或内容的约定违反了禁止性规定，原则上应当认为该约定无效。例如，《民法典》第 401 条规定：“抵押权人在债务履行期限届满前，与抵押人约定债务人不履行到期债务时抵押财产归债权人所有的，只能依法就抵押财产优先受偿。”这就是说，如果当事人作出了这种约定，该约定无效，但并不会因此导致抵押权无效，抵押权人依然可以依据《民法典》等法律规定的抵押权的实现程序就抵押财产优先受偿。

3. 如果当事人创设物权的法律行为虽未发生创设该物权的法律效果，但是符合其他法律行为的要件，则当事人之间仍然产生该法律行为的效果。例如，当事人在租赁合同中约定承租人的租赁权具有物权的效力，虽然此种约定无效，但是作为债权行为的租赁合同仍然在当事人之间发生法律效力。如果承租人违反租赁合同，仍应承担违约赔偿责任。

三、公示公信原则

（一）公示原则

公示原则（das Publizitaetsprinzip / Offenkundigkeitsprinzip），是立法者为了使物权法律关系更加清晰，保证法律交易的安全而确立的一项物权法中的基本原则。[12] 物权公示原则意味着：

---

〔9〕 刘鸿渐：《中华民国物权法论》，朝阳学院 1933 年版，第 23 页。

〔10〕［德］曼弗雷德·沃尔夫：《物权法》，吴越等译，法律出版社 2003 年版，第 14 页。

〔11〕［德］鲍尔、施蒂尔纳：《德国物权法》（上册），张双根译，法律出版社 2004 年版，第 8 页。

〔12〕 Wolfgang Lueke, Sachenrecht, S. 11.

无论动产还是不动产上的物权都应当可以从外部加以认识,在因法律行为导致物权的取得、变更或丧失时,须通过法定的方式向外界加以展示,使他人得以知悉,否则无法产生一定的法律效果。“法定的方式”即公示方法。现代物权法中,不动产物权以登记为其公示方法,动产物权则以占有(交付)为公示方法。在这一点上,无论是德国法系、法国法系,还是普通法系,都没有区别。但是,在登记和占有的法律效果上,因历史传统等因素,各国则有不同的立法例。

《民法典》第208条规定:“不动产物权的设立、变更、转让和消灭,应当依照法律规定登记。动产物权的设立和转让,应当依照法律规定交付。”这就是对公示原则的规定。不仅如此,《民法典》还分别在第209条第1款明确规定了,不动产物权的设立、变更、转让和消灭,原则上以登记作为物权变动的生效要件,除非法律另有规定;在第224条规定,动产物权的设立和转让,原则上以交付作为物权变动的生效要件,除非法律另有规定。此外,《民法典》第216条第1款还明确赋予了不动产登记簿具有推定效力。至于占有的推定效力,《民法典》未明确规定,但是从该法第459条的规定来看,也是承认的。

之所以需要公示原则是因为:一方面,实际生活关系中,物权通常是可以从外部加以认识的。例如,动产的所有权人常常是自己占有、使用动产。故此,法律就以这些生活事实为规范基础,进而对物权的公示方法予以类型化和法定化。[13] 另一方面,物权不同于债权。它不是仅在特定当事人之间具有拘束力的权利,而是对于权利人之外的一切人产生效力。物权属于绝对权,具有排他效力。除了权利人之外的一切人都必须尊重物权,不得侵害或妨害物权人的权利。既然物权具有如此强大的效力,那么它的变动就应当能从外部清晰地加以认识,否则不仅不利于明确物的归属、保护物权人的权利,也会给第三人带来不测之损害,无法保证交易的效率。

(二)公信原则

公示原则仅使物权的变动向外界加以展示。仅如此,尚不足以维护法律交易的安全与快捷。由于现实生活中权利的外观与实质不一致的情形无法避免,因此,出于各种原因,占有或登记可能并未真实准确地展现动产或不动产上的物权归属与内容。如果交易的当事人信赖该权利外观而从事物权交易,此后,又因权利外观与实质不符而认定该交易无效的话,势必有害于交易的效率和安全。在交易发达、物权变动频繁的现代社会,保护当事人对物权公示方法所展现出来的权利状态的信赖,对于维护交易安全而言,十分必要。故此,在物权法中又产生了所谓的公信原则。

公信原则(das Gutglaubensprinzip),是指对信赖令人推测物权存在的外观表象(登记、占有等公示方法)的信赖人,即使在该外观表象并不随着实质权利而为空虚存在的情形下,也保护该信赖之原则。[14] 如果说物权公示原则在于使人“知”,公信原则就在于使人“信”,二者相互配合,整个基于法律行为的物权变动方形神俱备,臻于完善。[15]

我国《民法典》明确承认公信原则。该原则既适用于不动产物权,也适用于动产物权。《民

---

〔13〕［德］鲍尔、施蒂尔纳:《德国物权法》(上册),张双根译,法律出版社2004年版,第61页。

〔14〕［日］我妻荣:《新订物权法》,有泉亨补订,罗丽译,中国法制出版社2008年版,第46页。

〔15〕事实上,公信原则的法理不仅体现在物权法中,也体现在其他的民事法律领域。例如,民法总则中的表见代理制度、票据法中票据的善意取得、公司法中表见代表制度等。

法典》第 311 条规定:“无处分权人将不动产或者动产转让给受让人的,所有权人有权追回;除法律另有规定外,符合下列情形的,受让人取得该不动产或者动产的所有权:(一)受让人受让该不动产或者动产时是善意;(二)以合理的价格转让;(三)转让的不动产或者动产依照法律规定应当登记的已经登记,不需要登记的已经交付给受让人。受让人依照前款规定取得不动产或者动产的所有权的,原所有权人有权向无处分权人请求损害赔偿。当事人善意取得其他物权的,参照适用前两款规定。”这一条规定的是不动产和动产的善意取得,其就是基于公信原则而做出的规定。

(三)公示公信原则的适用范围

一方面,公示原则仅仅适用于基于法律行为的物权变动,而不适用于非因法律行为的物权变动。因为,只有在基于法律行为物权变动即物权交易中,需要通过登记或占有将物权变动的结果加以展现。倘若物权是因法律行为之外的法律事实而发生变动,由于该物权变动要么是直接依据法律的规定而生效力(如继承、法定物权),要么是依据公法行为而生效力(如强制执行、征收),故此即便不通过占有或登记向外彰显该物权之变动,亦无损交易安全。正因如此,《民法典》第 229 条至第 231 条才规定,因法院、仲裁机构的法律文书,人民政府的征收决定,继承,合法建造或拆除房屋等法律事实而导致物权变动时,自该法律事实发生之时,即发生物权变动效力,登记或交付这些公示方法并非此类非基于法律行为的物权变动的生效要件或对抗要件。

另一方面,公信原则也仅适用于基于法律行为的物权变动。无论是不动产登记簿的公信力,还是动产的善意取得,其目的仅在于维护交易安全,提高交易效率。非因法律行为的物权变动不属于物权交易,不存在维护交易安全、提高交易效率之必要。故此,在取得人通过法律行为以外的法律事实(如依继承、强制执行等)取得物权时,不适用公信原则,不发生善意取得的问题。[16]《民法典》第 311 条第 1 款将善意取得的适用范围明确规定为“无处分权人将不动产或者动产转让给受让人”的情形,其道理正在于此。因为转让属于法律行为,可以适用善意取得,至于因法定继承、法院的强制执行等取得物权的,是非基于法律行为的物权变动,不发生善意取得。

四、物权特定原则

物权特定原则,也称“物权客体特定原则”或“一物一权原则”,是指物权的客体必须是特定的,至少在实现该物权时,其客体是可得特定的。倘无特定之客体,则物权的权利人的管领或处置将无的放矢。物权特定原则是自罗马法以来大陆法系国家物权法中的一个重要原则。只有坚持这个原则才能有效地确定物的归属,确保每一个经济上有价值的物能够被独立地加以支配并投入流通,进而实现对物的有效利用。我国《民法典》第 114 条第 2 款在界定物权的概念时,就明确指出,物权是权利人依法对“特定的物”享有直接支配和排他的权利,这充分体现了物权特定原则。

物权特定原则的唯一要求就是物权客体的特定化,而不能仅仅是列举出客体的名称。但是,物权支配的客体的特定并不意味着物权的客体只能是特定的、单个的物。多个物所组成的整体也可以成为物权的客体。而且,对于有些物权而言,即便设立之时其客体不特定,处于变动的状态,但是只要该权利实现时客体能够特定,也是可以的。例如,《民法典》第 396 条规定

---

〔16〕 王泽鉴:《民法物权》,北京大学出版社 2010 年版,第 87~88 页。

的动产浮动抵押权中,抵押权设立之时,其客体并不特定,包括抵押人“现有的以及将有的生产设备、原材料、半成品、产品”,然而,在浮动抵押权实现之时,该抵押财产必须确定。

参考案例

1. 黑龙江闽成投资集团有限公司与西林钢铁集团有限公司、第三人刘志平民间借贷纠纷案,载《中华人民共和国最高人民法院公报》2020 年第 1 期。
2. 陕西崇立实业发展有限公司与中国信达资产管理股份有限公司陕西省分公司、西安佳佳房地产综合开发有限责任公司案外人执行异议之诉案,载《中华人民共和国最高人民法院公报》2018 年第 8 期。
3. 刘柯妤诉刘茂勇、周忠容共有房屋分割案,载《中华人民共和国最高人民法院公报》2016 年第 7 期。
4. 中国建设银行股份有限公司广州荔湾支行与广东蓝粤能源发展有限公司等信用证开证纠纷案,载《中华人民共和国最高人民法院公报》2016 年第 5 期。
5. 唐某诉李某某、唐某乙法定继承纠纷案,载《中华人民共和国最高人民法院公报》2014 年第 12 期。
6. 大连羽田钢管有限公司与大连保税区弘丰钢铁工贸有限公司、株式会社羽田钢管制造所、大连高新技术产业园区龙王塘街道办事处物权确认纠纷案,载《中华人民共和国最高人民法院公报》2012 年第 6 期。
7. 青岛源宏祥纺织有限公司诉港润(聊城)印染有限公司取回权确认纠纷案,载《中华人民共和国最高人民法院公报》2012 年第 4 期。

第十四章 物权变动

导读

物权变动是物权法中最重要的内容。尤其是基于法律行为的物权变动，属于债法与物权法的交错地带，十分重要，也相当复杂。本章将对我国的物权变动模式进行介绍，并依次论述不动产登记、动产交付以及非基于法律行为物权变动。

第一节 概 述

一、物权变动的含义

所谓物权的变动，从权利本身的角度来说，就是指物权的产生、变更和消灭。而从权利人的角度来看，物权的变动即物权的取得、变更和丧失。

（一）物权的取得

1. 原始取得

原始取得，又称“固有取得”或“权利的绝对发生”，是指权利人取得某物的权利并非基于原权利人的权利。具体包括：第一，在权利人取得物权之前，作为客体的物并未成为任何民事主体的权利的客体，或者该物虽为某一民事主体权利的客体，但嗣后其抛弃了该权利或因其他原因而丧失了该权利。最典型的情形就是，合法建造建筑物、无主物的先占取得等。第二，在权利人取得物权之前，作为该物权客体的物一度是某人权利的客体，但权利人取得针对该物的物权却不是基于原权利人的意志。例如，政府为了公共利益对权利人的不动产进行征收，此时即便原权利人不同意，也无济于事。

导致物权原始取得的法律事实是事实行为。在原始取得的情形下，被取得之物上原有的一切权利负担均因此而消灭。例如，国家征收农村集体土地时，不仅土地上的集体所有权消灭，该土地上的他物权如土地承包经营权、宅基地使用权也一并消灭。

2. 继受取得

继受取得，又称“传来取得”或“权利的相对发生”，是指权利人是基于原权利人对其物权的让与而取得物权的。依据继受的方法不同，可将继受取得分为：第一，移转继受取得，即就他人物权依其原状移转而取得，如因买卖、赠与而取得房屋的所有权；第二，创设继受取得，即在物上创设某一定限物权，如通过出让设立建设用地使用权，以房屋设定抵押权，以股权出质等。依据继受的范围不同，可将继受取得又分为：第一，特定继受取得，即就特定的标的物的继受取得，如通过买卖取得负有抵押权的房屋的所有权；第二，概括继受取得，即就他人的权利义务不限于特定的物而全部取得,最典型的概括继受取得就是继承、法人的合并。

引发继受取得的法律事实多属于法律行为,如买卖、赠与、互易、抵押等。而由于继受取得本身就是基于原权利人的权利而取得的,故此原权利人不得将大于自己权利范围的"权利"让与他人,同时,受让人须承受标的物上原有的负担。

(二)物权的变更

物权的变更有广狭义之分。广义的物权变更,是指物权的主体、客体或内容的变更,如此一来,则物权的取得和消灭也被包含在物权的变更当中了。狭义的物权变更,仅指物权的主体不发生变化,只是物权的客体或内容发生变更。例如,抵押权人与抵押人协议将某一财产排除在抵押财产之外,或者增加抵押权担保的债权数额。再如,甲乙二人按份共有一栋房屋,两人协商变更各自的份额。此处的物权变更仅指狭义的物权变更。

(三)物权的消灭

物权的消灭也有广狭义之分。广义的物权消灭包括了物权的绝对消灭与相对消灭。物权的绝对消灭,是指物权从此不复存在。例如,甲的A房屋因火灾被彻底烧毁,此时,甲针对A房屋的所有权就属于绝对消灭,因为它已不复存在。物权的相对消灭,是指物权本身依然存在,只是物权的主体发生了改变,就原权利人而言,这是所谓物权的"消灭"了。实际上,这种物权的消灭就是物权的转让。此处的物权的消灭,仅指物权的绝对消灭,不包括物权的相对消灭。

导致物权绝对消灭的情形有二:第一,因物的灭失而使其上的物权消灭。例如,甲的一块蛋糕被乙吃掉。因作为所有权客体的蛋糕已经不存在了,故而甲对这块蛋糕的所有权自然也终局的消灭。当然,甲是否有权要求乙赔偿损失,则属于另外一个问题。第二,物并未灭失而其上的物权归于消灭,他人也并未因此而取得其权利。例如,A将其一部用坏的手机抛弃,无人问津。此时,手机虽然存在,但因为A已经放弃了其所有权,故此A对该手机的所有权归于消灭。

二、基于法律行为的与非基于法律行为的物权变动

依据引发物权变动的法律事实是否为法律行为,可将物权变动分为:基于法律行为的物权变动与非基于法律行为的物权变动(见图14-1)。前者是指因法律行为而导致的物权变动,如买卖机动车、抵押房地产、放弃物权等。后者是指由于法律行为之外的其他法律事实(事实行为或事件)而引发的物权变动。这些非法律行为的法律事实主要包括:取得时效、征收、没收、法定继承、生产、法定物权、强制执行、先占、拾得遗失物、发现埋藏物、添附等。我国《民法典》分别在两处对于引发物权变动的法律行为以外的法律事实作了规定:其一,物权编第二章"物权的设立、变更、转让和消灭"的第三节"其他规定"中,对因为法院、仲裁委员会的法律文书,人民政府的征收决定,继承,合法建造、拆除房屋等导致的物权设立、变更、转让和消灭作出了规定(第229~231条);其二,物权编第九章"所有权取得的特别规定"中,对拾得遗失物、漂流物以及发现埋藏物或者隐藏物,从物随主物的转让而转让,孳息的归属以及添附作出了规定(第314~322条)。此外,在合同编中还就从权利随同主债权转让而不以转移登记或转移占有为要件的问题作出了规定(第547条第2款)。

区分基于法律行为的物权变动与非基于法律行为的物权变动的意义在于:首先,法律行为尤其是双方法律行为(合同)引发的物权变动,在社会生活中最为普遍,也最重要。此类物权变动因同时涉及物权变动合同的效力与物权变动效力的区分,故此受到《民法典》物权编与合同

编的双重规范。其次,物权法中的公示公信原则仅适用于基于法律行为的物权变动,不适用于非因法律行为的物权变动。

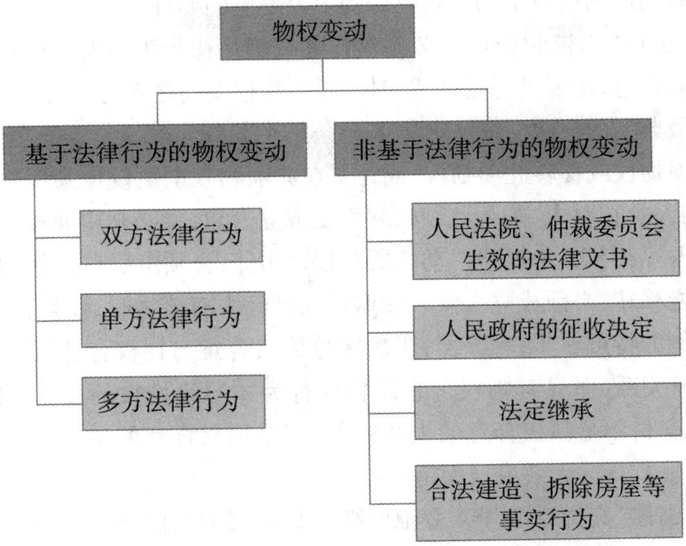

图 14－1　我国法上基于法律行为和非法律行为的物权变动类型

第二节　基于法律行为的物权变动模式

一、概述

在社会生活中,最具有经济上的重要性与法律上的复杂性的物权变动就是基于法律行为尤其是双方法律行为(合同)的物权变动。这种物权的变动通常表明:物的归属关系发生了从一个民事主体转移给另一个民事主体的变化。市场经济正有赖于此种归属关系之变化,以便于市民和专业市场参与者对财产的最佳使用。此种转移因交易当事人的意思表示而生效,无数的此类物权交易构成了市场的重要组成部分。从法律角度上说,基于合同而发的物权变动处于合同与物权的十字路口上,[1]是物权法与合同法共同规范的领域,法律关系上相当复杂。正因如此,民法上要对基于法律行为尤其是基于双方法律行为引发的物权变动问题作出详细具体的规定。就《民法典》的物权编而言,首要的就是规定物权变动模式,即因法律行为引发的物权变动究竟具备何种要件才发生物权变动的效力,是当事人合意生效时,还是依法进行了登记或交付时?

从比较法来看,对基于法律行为的物权变动模式有以下三种立法例。

1. 意思主义,也称"合意原则",是指不动产抑或动产上的物权仅因当事人的合意而发生变动,无须进行登记或者交付。该原则为《法国民法典》首创,后为比利时、卢森堡等国的民法所继受。在意思主义的立法模式之下,当事人的物权变动意思与发生债权的意思合二为一,在形

〔1〕 Arthur Hartkamp ed., *Torwards a European Civil Code*, Kluwer Law International Press, 1998, p. 495.

式上没有任何不同。如果当事人想依据一项合意而同时完成债权的发生与物权的变动这两种效果时,那么这两种效果就当然的发生。在意思主义的立法中,不区分债权行为与物权行为,交付与登记也不是动产物权或不动产物权变动效力发生的要件。

2. 形式主义,也称"物权的合意主义",是指物权因法律行为而发生变动时,不仅需要有当事人的变动物权的合意,还要进行登记或交付,否则物权变动之效力不发生。《德国民法典》是采取形式主义的最典型的立法。该法典第 873 条第 1 款规定:"为了移转土地所有权,或为了在土地上设定某项物权或移转此项物权,或为了在此项物权上更设定某项物权,除法律另有规定外,必须由权利人及相对人,关于此种权利变更成立合意,并必须将此种权利变更之事实,登记于土地登记簿内。"第 929 条规定:"动产所有权之出让,必须由所有人将物交付于取得人,而且双方就所有权之移转,必须成立合意。如取得人已经占有该物时,仅须就所有权之移转成立合意。"此种立法例的特点在于:一方面,明确区分债权合意与物权合意,债权合意即债权行为仅仅引发债权债务关系,而只有物权合意即物权行为才导致物权的设立、转让、变更或消灭。另一方面,登记或交付不是债权合意的生效要件,而是物权合意的生效要件。同时,物权行为具有无因性,不受债权行为无效或被撤销的影响。

3. 折中主义,也称"交付原则"与"登记原则",是指当物权因法律行为而发生变动时,除当事人的合意之外,仅须践行登记或交付的法定形式,就足以发生物权变动的效果。奥地利与瑞士的民法典采取了此种立法例。折中主义立法例的特点在于:一方面,它并不将当事人的意思区分为发生债权的意思表示与发生物权变动的意思表示,而是将二者合二为一,这一点与意思主义的立法例相同。另一方面,在折中主义立法中,要使物权变动的效力发生,除事人的意思表示之外,还需要履行登记或者交付的法定方式。在这方面,它又与形式主义有相同之处。

二、我国法上基于法律行为的物权变动模式

(一)原则上以交付或登记为基于法律行为的物权变动的生效要件

依据《民法典》第 209 条第 1 款和第 224 条,基于法律行为的不动产物权变动(包括不动产物权的设立、变更、转让和消灭)只有经依法登记,不动产物权变动方才发生效力,未经登记,不发生效力;基于法律行为的动产物权变动(仅限于动产物权的设立和转让),自交付时,动产物权变动方才发生效力,没有交付的,不发生效力。由此可见,我国《民法典》原则上采取了折中模式。这是因为:首先,以登记或交付作为物权变动的生效要件能使人们清晰、准确且方便地判断物权是否发生变动,法律关系上简单明了,既有效率又能维护交易安全,故而深入人心。其次,我国法律历来采取的是折中主义的物权变动模式。例如,原《民法通则》第 72 条第 2 款就曾规定:"按照合同或者其他合法方式取得财产的,财产所有权从财产交付时起转移,法律另有规定或者当事人另有约定的除外。"原《合同法》第 133 条也曾规定:"标的物的所有权自标的物交付时起转移,但法律另有规定或者当事人另有约定的除外。"原《物权法》第 9 条第 1 款和第 23 条也依然是以登记或交付作为物权变动的生效要件。《民法典》延续了我国民事立法的传统,保证了法律规定上的延续性。

(二)例外的情形

在确立了物权变动以登记或交付作为生效要件这一原则的同时,《民法典》特别规定了以下几类例外情形。

1. 无须登记的自然资源

《民法典》第 209 条第 2 款规定:"依法属于国家所有的自然资源,所有权可以不登记。"也就是说，国家的土地所有权以及属于国家所有森林、山岭、草原、荒地、滩涂等自然资源的国家所有权，虽然也是物权，但可以不进行登记。

2. 有些不动产的物权变动以登记为对抗要件主义

依据《民法典》《农村土地承包法》等法律，以下不动产物权的变动，不以登记为生效要件，而是自合同生效时，不动产物权变动的效力就发生。同时，又规定了这些不动产物权的某些变动以登记为对抗要件，即未经登记，不得对抗善意第三人。

（1）土地承包经营权的设立、互换和转让

土地承包经营权作为一种土地使用权，属于用益物权。但是，依据《民法典》第333、335条以及《农村土地承包法》第23、35条的规定，土地承包经营权的设立、互换与转让都不以登记作为生效要件，而是自承包合同生效或互换、转让合同生效时即发生效力。同时，土地承包经营权的互换和转让，又以登记为对抗要件，即未经登记，不得对抗善意第三人。这一规定的理由在于：首先，我国目前的土地承包经营权一般都是在订立合同后就取得的，土地承包经营权证和林权证等证书也是由人民政府主动向承包方颁发。现在延包工作已基本结束，如果都要求重新登记发证不符合现实，同时还可能进一步加重农民的负担。考虑到我国农村土地承包的实际情况，应当认可实践中已完成的确权发证和登记造册工作，不宜再由承包方主动向人民政府申请登记发证。因此，土地承包经营权自承包合同生效时设立，不以登记为生效的要件。

其次，之所以土地承包经营权的互换、转让，也不以登记作为生效要件是因为：一方面，农民承包的是本集体经济组织所有的土地，承包方案又是经村民会议通过的，聚集而居的农户对于自己和本集体经济组织的其他农户的承包地的情况应当是清楚的，实际上用不着一定要通过登记来公示；另一方面，变更土地承包经营权登记要履行一定的法律程序，并交纳相应的费用，可能会增加农民的负担。而且，我国目前的农村土地承包经营权登记制度也不健全，农户家庭承包的土地不仅数量很大，且地块分散，土地承包经营权的登记工作是一项非常细致艰巨的工作，需要投入大量的人力、物力和财力，因此暂时无法以登记作为生效要件。[2]

最后，考虑到农村土地承包经营权的互换和转让是一种权利流转行为，如果这种权利变动的事实不通过登记加以公示，他人难以知晓，容易因此遭受损害，故而以登记作为土地承包经营权互换、转让的对抗要件，比较合适。[3]

（2）土地经营权的设立、流转和融资担保

土地经营权是我国农村土地承包经营三权分置改革的产物，但是，对于该权利究竟是债权还是物权仍然存在争议。[4] 依据2018年修订的《农村土地承包法》，土地经营权分为两种类型：一是土地承包经营权人自己不经营农村土地，而保留土地承包权，通过与他人订立合同将经营权流转给他人，由他人取得土地经营权，对农村土地进行经营。这种土地经营权的流转期限如果是五年以上的，则当事人可以向登记机构申请土地经营权登记。未经登记，不得对抗善意第三人（《农村土地承包法》第41条）。承包方可以用承包地的土地经营权向金融机构融资担保，担保物权自融资担保合同生效时设立，当事人可以向登记机构申请登记；未经登记，不得对抗善意第三人（《农村土地承包法》第47条）。二是通过招标、拍卖、公开协商等方式承包不

---

〔2〕 王宗非主编：《农村土地承包法释义与适用》，人民法院出版社2002年版，第101页。

〔3〕 杜涛主编：《中华人民共和国农村土地承包法解读》，中国法制出版社2019年版，第202页。

〔4〕 高圣平：《土地经营权制度与民法典物权编编纂——评〈民法典物权编（草案二次审议稿）〉》，载《现代法学》2019年第5期；高圣平：《农村土地承包法修改后的承包地法权配置》，载《法学研究》2019年第5期。

宜采取家庭承包方式的荒山、荒沟、荒丘、荒滩等农村土地而取得的土地经营权(《农村土地承包法》第48、49条)。此类土地经营权经依法登记取得权属证书的,可以依法采取出租、入股、抵押或者其他方式流转土地经营权。

(3)地役权的设立

依据《民法典》第374条的规定,地役权自地役权合同生效时设立。当事人要求登记的,可以向登记机构申请地役权登记;未经登记,不得对抗善意第三人。该规定和原《物权法》第158条保持了一致。不过,在原《物权法》起草的时候,对于地役权的设立是否以登记作为生效要件,就存在不同的看法。立法机关认为:对于地役权的设立可以采取登记对抗主义,因为地役权最主要的适用地区还是我国广大的农村,由于我国社会经济发展不平衡,城乡差异较大,如果对于地役权的设立以登记作为生效要件,会给广大农村的群众造成不便,也增加了成本,因此对地役权的设立实行登记对抗主义比较合适。

3. 准不动产上的物权变动

机动车、船舶、航空器等交通运输工具属于特殊的动产,也称准不动产,即其物权的变动可以准用不动产物权变动时的登记规定。例如,《民用航空法》第14条第1款规定:"民用航空器所有权的取得、转让和消灭,应当向国务院民用航空主管部门登记;未经登记的,不得对抗第三人。"再如,《海商法》第9条第1款规定:"船舶所有权的取得、转让和消灭,应当向船舶登记机关登记;未经登记的,不得对抗第三人。"考虑到这些法律对于船舶、航空器的物权变动采取的都是登记对抗主义,多年的实践也表明这种做法没有什么弊端,为了保持法律的延续性,故此,《民法典》第225条也规定,船舶、航空器的物权的设立、变更、转让和消灭,未经登记,不得对抗善意第三人。

至于机动车上的物权变动,从《道路交通安全》第12条的规定来看,虽然也要求及时办理相应的登记,但立法者并未将此种登记作为机动车物权变动的生效要件。鉴于实践中机动车上物权变动的情形发生频繁,如果都以登记作为生效要件,对于当事人来说成本太高,不利于交易的快捷,因此《民法典》第225条只是将登记作为机动车上物权变动的对抗要件。

4. 法律没有对登记效力作出规定的不动产物权

对于宅基地使用权的取得、转让,究竟是否以登记为生效要件还是对抗要件,我国现行法的规定不明确。《民法典》第365条规定:"已经登记的宅基地使用权转让或者消灭的,应当及时办理变更登记或者注销登记。"从这个表述来看,已经登记的宅基地使用权的转让和消灭,应当是以登记作为生效要件的,否则无须使用民事法律后果强制意义上的"应当"一词。但是,现行法对于宅基地使用权的取得究竟是否以登记为生效要件,没有作出规定。

第三节 不动产登记

一、不动产登记的概念与特征

不动产登记,是指不动产登记机构依当事人的申请、有关国家机关的嘱托或依法定职权,将不动产的自然状况、权利状况及其他依法应当登记的事项记载于不动产登记簿加以公示的活动。从事登记活动的主体包括:登记机构、申请登记的当事人以及嘱托登记机构进行登记的国家机关。不动产登记的客体限于不动产，而登记的内容是不动产的自然状况、权利状况以及其他应当登记的事项，这些事项应当记载于不动产登记簿之上。

不动产登记具有以下特征：

1. 不动产登记属于私法领域中的国家行政事务。一方面，不动产登记只是基于法律行为的不动产物权变动的生效要件之一。不动产物权变动的核心在于当事人的法律行为，意思表示又是法律行为的核心。没有当事人变动不动产物权的意思表示和向登记机构提出的登记申请，也不存在登记的问题。因此，从本质上说，不动产登记归属于私法领域；另一方面，不动产登记事务是由国家公权力机关具体管理和负责的（《不动产登记暂行条例》第7条）。作为国家机关的不动产登记机构，应当依据法律规定的权限和程序进行登记。能否登记、如何登记，既不能任由当事人加以决定，也不能由其他任何单位或个人决定。国家进行的不动产登记并非对当事人的民事活动的行政管理措施，而是服务于民事活动，以保护不动产权利、维护不动产交易安全为全部目的的行政活动。故此，不动产登记属于私法领域中的国家行政事务，具有私法与公法的双重属性。

2. 不动产登记是由当事人与登记机构共同参与的活动。不动产登记只是基于法律行为的不动产物权变动之生效要件，因此登记活动中的主体有二：一是登记机构，二是申请登记的当事人。在基于法律行为的不动产物权变动中，当事人变动物权的意思表示，如转移所有权的合意（双方法律行为）、放弃物权的意思（单方法律行为）等，才是引起物权变动的真正原因。没有当事人的意思表示，不可能进行不动产登记，更不发生任何物权变动的效果。

3. 不动产登记是由登记机构依法定程序从事的活动。一方面，只有国家依法设立或确定的不动产登记机构才能负责不动产登记事务，其他的任何国家机关或单位均无权从事不动产登记活动。《民法典》第210条第1款规定："不动产登记，由不动产所在地的登记机构办理。"另一方面，不动产登记机构应按照法定的权限和程序进行不动产登记活动。为确保不动产登记簿的真实性与准确性，使登记簿记载的不动产物权的归属、内容与真实的不动产物权归属、内容最大程度上保持一致，以便充分贯彻落实物权公示与公信原则。不动产登记的权限和程序必须由法律法规加以明确规定。不动产登记机构从事登记行为时，须严格遵循法定权限和程序，不得违法进行登记，否则要承担相应的法律责任。

4. 不动产登记是登记机构将依法应登记之事项记载于不动产登记簿的行为。[5] 不动产登记制度旨在贯彻落实物权之公示公信原则。不动产登记就是将不动产的标示、不动产上的物权变动（物权的设立、变更、转让和消灭）及其他法定事项记载于不动产登记簿，从而加以公示，以维护交易安全、提高交易效率的活动。一方面，不动产登记应当将不动产的自然状况载入不动产登记簿，以便将物权的客体特定化，满足物权特定原则之要求；另一方面，登记簿上还需要记载不动产上的物权以及其他依法应当记载的事项。凡是法律没有允许载入登记簿的权利（如动产上的物权、不动产债权等）和事项，均不得载入不动产登记簿。

二、不动产登记的类型

（一）本登记与预备登记

依据登记的效力不同，可以将登记分为本登记与预备登记。

---

〔5〕《不动产登记暂行条例》第2条第1款规定："本条例所称不动产登记，是指不动产登记机构依法将不动产权利归属和其他法定事项记载于不动产登记簿的行为。"

1. 本登记。这是对不动产物权的设立、变更、转让以及消灭等法律事实所进行的登记。本登记具有终局的、确定的效力,因此,又被称为"终局登记"。依据登记的事项不同,我国《不动产登记暂行条例》将本登记分为首次登记、转让登记、变更登记、注销登记、更正登记等类型。

2. 预备登记。这是指在本登记之前进行的一项登记,该登记并不具有终局的、确定的效力,其目的主要在于限制登记名义人对所登记的权利的处分并警示第三人。预备登记主要包括异议登记、预告登记、查封登记以及预查封登记。

(二)不动产权利登记与其他登记

依据登记的内容不同,可以将不动产登记分为不动产权利登记与其他登记。不动产权利登记,是指不动产登记机构将不动产权利的变动事项记载于不动产登记簿的登记。其他登记,是指不动产登记机构将不动产权利变动事项之外的依法能够记载的事项记载于不动产登记簿的登记(见图14-2)。

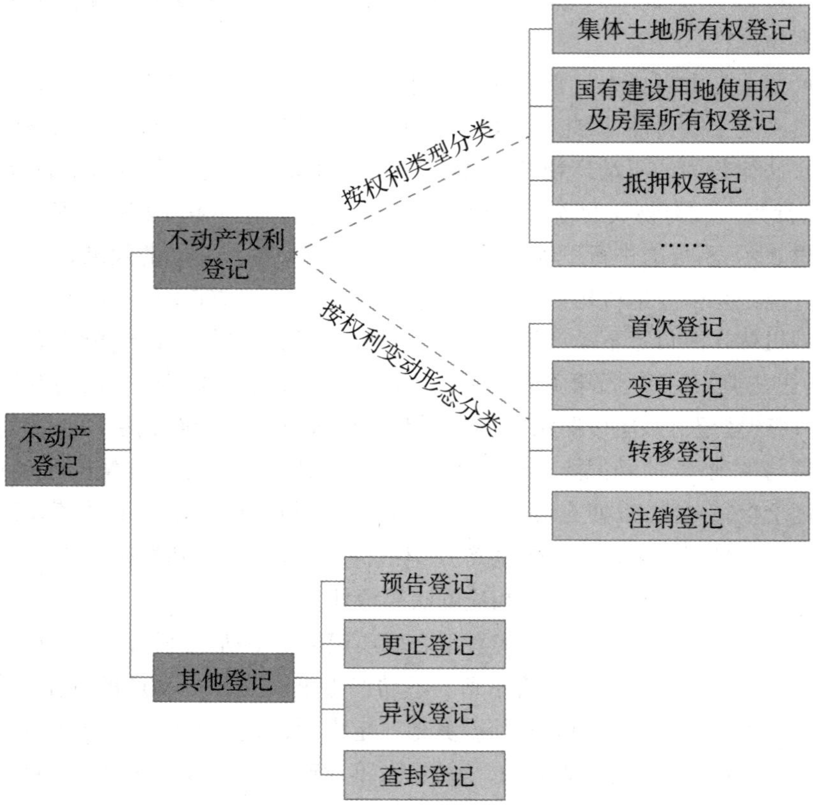

图14-2　不动产权利登记与其他登记的类型

1. 不动产权利登记

不动产权利登记又可依不同的标准加以分类,如依据登记的权利类型,可分为集体土地所有权登记,国有建设用地使用权及房屋所有权登记,宅基地使用权及房屋所有权登记,集体建设用地使用权及建筑物、构筑物所有权登记,土地承包经营权登记,海域使用权登记,地役权登记,抵押权登记。再如,依据不动产权利的变动类型的不同,又可以分为首次登记、变更登记、转移登记与注销登记。我国《不动产登记暂行条例》《不动产登记暂行条例实施细则》兼采了这两种分类方法。

（1）首次登记

首次登记，是指不动产权利第一次记载于不动产登记簿。依据《不动产登记暂行条例实施细则》第 24 条规定，“不动产首次登记，是指不动产权利第一次登记。未办理不动产首次登记的，不得办理不动产其他类型登记，但法律、行政法规另有规定的除外”。首次登记是《不动产登记暂行条例》新创的概念，它不仅适用于集体土地所有权，房屋所有权以及各种土地使用权等不动产基础权利，还适用于抵押权、地役权等他物权的设立。这实际上就把原《土地登记办法》中规定的土地总登记和初始登记，以及原《房屋登记办法》中规定的房地产权利初始登记和设立登记都包含在了首次登记当中。

第一，总登记。指在一定时间内对辖区内或者特定区域内某一类不动产进行的全面登记。《不动产登记暂行条例实施细则》第 25 条规定：“市、县人民政府可以根据情况对本行政区域内未登记的不动产，组织开展集体土地所有权、宅基地使用权、集体建设用地使用权、土地承包经营权的首次登记。依照前款规定办理首次登记所需的权属来源、调查等登记材料，由人民政府有关部门组织获取。”

第二，初始登记。指不动产所有权的第一次登记，包括土地所有权的第一次登记和房屋所有权的第一次登记。由于土地的国家所有权可以不办理登记（《民法典》第 209 条第 2 款），故土地所有权的初始登记仅指集体土地所有权的初始登记。

第三，设立登记，也称设定登记，是当事人以法律行为在不动产上设立他物权时申请的登记。我国《民法典》规定的不动产上的他物权包括土地承包经营权、建设用地使用权、宅基地使用权、居住权、地役权以及不动产抵押权。

（2）变更登记

变更登记，是指记载于登记簿的不动产权利因权利变更以及权利人姓名、名称等标识信息的变化而进行的登记。不动产权利变更，是指不动产权利人不变的情况下，其客体和内容发生变化。不动产权利的客体即不动产本身，在权利人不变，而不动产坐落、名称、用途、面积等自然状况变更的情况下，权利人应当申请变更登记。由于此种变更不涉及他人利益，故而可以由权利人单方申请变更登记。

不动产权利的内容，是指权利人依法享有的对特定不动产的支配权。当事人可以合意对不动产权利的共有性质（按份共有变更为共同共有、共同共有变更为按份共有），不动产权利的期限，抵押权的顺位、抵押担保的范围及被担保的主债权数额，最高额抵押担保的最高债权额、债权确定期间，地役权的利用目的、方法等内容进行变更。当然，此种变更的情况下，因为涉及各方当事人利益，因此应当由变更协议的双方共同申请。涉及其他人利益时，还需要相关利害关系人的同意，否则不得对其他权利人产生不利影响。例如，依据《民法典》第 409 条，抵押权担保的债权额变更的，未经同一抵押财产上其他抵押权人的书面同意，不得对其他抵押权人产生不利影响。

（3）转移登记

转移登记，是指因不动产权利的转移而进行的登记。不动产权利转移，是指不动产权利的客体和内容不变，而其权利人变化。导致不动产权利人变化的法律事实可以是法律行为，如买卖、赠与、互换不动产，以不动产作价出资（入股），协议分割、合并不动产导致权属发生转移，也可以是事件和事实行为以及法律的直接规定所导致，如因继承而取得不动产权利，因法人或者非法人组织合并、分立等原因致使不动产权利发生转移，因人民法院、仲裁机构的生效法律文书或者人民政府的征收决定而导致不动产权利发生转移。

(4)注销登记

注销登记,是指记载于登记簿的不动产权利因权利消灭而进行的登记。不动产权利消灭包括两种情形:第一,因不动产灭失而导致其上的各项权利消灭。例如,拆除房屋,则房屋上的所有权以及抵押权、地役权等,都因房屋的灭失而消灭。再如,因地震而导致特定土地灭失,此种情况下,该土地上的所有权以及使用权、抵押权等自土地灭失时消灭。第二,不动产仍然存在,但其上的不动产权利依法消灭。这包括已经登记的不动产权利因权利人的抛弃、混同、终止、存续期间届满、债务清偿或法院之确定判决等而归于消灭。例如,建设用地使用权因期限届满而消灭,抵押权因债务人清偿而消灭等。

2. 其他登记

其他登记包括四类,即预告登记、更正登记、异议登记和查封登记。

(1)预告登记

预告登记,是指不动产物权变动中的债权人为保障实现其所期望的不动产物权变动,按照与债务人的约定,向不动产登记机构申请办理的登记。《民法典》第 221 条第 1 款规定:"当事人签订买卖房屋的协议或者签订其他不动产物权的协议,为保障将来实现物权,按照约定可以向登记机构申请预告登记。预告登记后,未经预告登记的权利人同意,处分该不动产的,不发生物权效力。"

(2)更正登记

更正登记,是指有证据证明不动产登记簿上记载的事项错误时,登记机构依权利人或者利害关系人的申请,或者依职权对该错误事项加以更正而进行的登记。这一登记旨在保护真正的权利人利益,避免因登记簿的记载错误造成真正权利人的损害。《民法典》第 220 条第 1 款规定:"权利人、利害关系人认为不动产登记簿记载的事项错误的,可以申请更正登记。不动产登记簿记载的权利人书面同意更正或者有证据证明登记确有错误的,登记机构应当予以更正。"

(3)异议登记

异议登记,是指登记机构按照权利人或者利害关系人的申请将其认为登记簿记载错误的事项记载于登记簿的行为。异议登记是为了保护真正权利人利益,防止登记簿记载的权利人滥用登记公信力而暂时击破登记公信力的一种临时性的保障措施。《民法典》第 220 条第 2 款规定:"不动产登记簿记载的权利人不同意更正的,利害关系人可以申请异议登记。登记机构予以异议登记,申请人自异议登记之日起十五日内不提起诉讼的,异议登记失效。异议登记不当,造成权利人损害的,权利人可以向申请人请求损害赔偿。"

(4)查封登记

查封登记,是指不动产登记机构依据人民法院或者其他有权机关的嘱托,将对特定不动产进行查封的事实在不动产登记簿上加以记载的行为。查封登记发生限制不动产权利人处分权的效力。在办理了查封登记的情况下,登记机构不予办理处分登记。目前,我国法律中没有对查封登记作出规定,只有《不动产登记暂行条例》等行政法规以及最高人民法院的司法解释有规定。

(三)依申请登记、依嘱托登记与依职权登记

依据不动产登记程序的启动原因,可以将不动产登记分为依申请登记、依嘱托登记与依职

权登记(见图 14－3)。

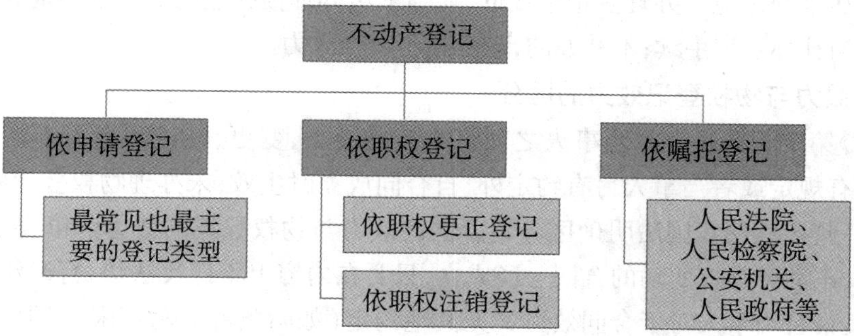

图 14－3　依据不动产登记程序启动原因对不动产登记的分类

依申请登记,是指依据当事人的申请而进行的不动产登记。我国不动产登记以申请原则即自愿登记为原则,即当事人不申请,登记机构不得进行登记,除非法律、行政法规另有规定(《不动产登记暂行条例实施细则》第 2 条第 1 款)。依申请登记原则,包括三层含义:首先,除非法律、行政法规另有规定,否则登记机构只能依当事人的申请进行登记。一方面,当事人的申请是启动登记程序的主要原因。另一方面,当事人的登记申请界定了登记机构的活动范围,登记机构不得超越该登记申请范围从事活动。其次,如果当事人提出的登记申请存在不动产登记法上的障碍时,除非法律另有规定,否则登记机构不能主动协助当事人完成登记,只是给予申请人一定期限以排除障碍。最后,在登记完成即记载于不动产登记簿前,当事人可以向登记机构申请撤回登记申请,登记机构不得加以拒绝。

依嘱托登记,是指不动产登记机构依据有权机关的嘱托而进行的登记。这是一种申请程序中的特殊类型。登记机构依有权机关之嘱托而为的登记类型非常多,既包括依嘱托进行的各种处分登记,如所有权转移登记、建设用地使用权转移登记、抵押权设立登记等,也包括查封登记、预查封登记等限制性登记。依据《不动产登记暂行条例实施细则》第 19 条第 2 款的规定,享有嘱托权的机关包括:人民法院,人民检察院,公安机关,人民政府以及法律、行政法规规定的其他有权机关(《税收征收管理法》第 38 条以及第 40 条以下赋予了税务机关有权嘱托登记机构办理相应的登记)。

依职权登记,是指不动产登记机构依据法律、行政法规赋予的职权,无须当事人申请人而主动进行的登记。依职权登记适用的登记类型较少。《不动产登记暂行条例实施细则》中仅规定了登记机构的依职权更正登记与依职权注销登记(第 17 条第 1 款第 3、4 项以及第 81 条)。

三、不动产登记能力

登记能力,是指哪些权利和法律关系可以登记。不动产登记并非要对所有不动产上的权利和法律关系进行登记,登记簿也无须反映所有不动产上的法律关系。只有那些对权利交易具有重大法律意义从而需要公示的权利,才应当在不动产登记簿上加以记载并公示。否则,不仅会丧失不动产登记的目的,而且将加重不动产登记机关的负担。

依据《不动产登记暂行条例》第 5 条规定,以下不动产权利具有登记能力:(1)集体土地所有权;(2)房屋等建筑物、构筑物所有权;(3)森林、林木所有权;(4)耕地、林地、草地等土地承包经营权;(5)建设用地使用权;(6)宅基地使用权;(7)海域使用权;(8)地役权;(9)抵押权;(10)法律规定需要登记的其他不动产权利。所谓法律规定需要登记的其他不动产权利,如《民法典》第 368 条规定的居住权登记;再如《信托法》第 10 条规定:“设立信托,对于信托财产,有关法律、行政法规规定应当办理登记手续的,应当依法办理信托登记。未依照前款规定办理信托登记的,应当补办登记手续;不补办的,该信托不产生效力。”

四、合同效力与物权登记效力的区分

《民法典》第 215 条规定:“当事人之间订立有关设立、变更、转让和消灭不动产物权的合同,除法律另有规定或者当事人另有约定外,自合同成立时生效;未办理物权登记的,不影响合同效力。”这一规定表明我国法明确区分了合同的效力与物权登记的效力。申言之,当事人之间订立的引发不动产物权变动的合同一经成立,只要在内容上不违反法律、行政法规的强行性规定和公序良俗且当事人对于合同效力又无其他约定(如附条件或附期限),即发生效力。即便该物权登记是不动产物权变动的生效要件,物权登记与否,只是决定物权变动效力是否发生,不影响物权变动合同的效力。因为物权登记旨在贯彻落实物权法的公示公信原则,故此,只要当事人之间就不动产物权的变动达成了合意,即便未办理登记,也不影响该物权变动合同本身的效力。

五、不动产登记簿

(一)不动产登记簿的概念与特征

不动产登记簿(Grundbuch),是指由不动产登记机构依法制作的,对某一特定地域辖区内的不动产及其上的权利状况加以记载的具有法律效力的官方记录。它是为了实现不动产物权公示原则而依法建立的官方记录。通过这一官方记录,不动产及其上的权利状况得以及时、准确、清晰的展示。

不动产登记簿具有以下特征:

1. 不动产登记簿是由不动产登记机构制作并管理的官方记录。一方面,只有国家设立的不动产登记机构可以制作并管理不动产登记簿(《民法典》第 216 条第 2 款)。除法定的不动产登记机构外,任何单位或个人均不得制作管理不动产登记簿,不得从事不动产登记活动。它们从事的登记不仅不会发生任何不动产物权变动效力,且有关行政主管机关还应对其给予相应的行政处分或行政处罚。另一方面,不动产登记簿并非可以任由登记机构随心所欲地决定是否设置以及如何设置。哪些不动产、哪些不动产权利可以载入登记簿以及如何记载,登记簿的格式如何、载体是什么、如何管理和保存等问题都应依据法律的规定。所谓法律的规定,就是不动产登记法的规定。作为物权程序法的不动产登记法,主要就是规范登记簿的设置和登记程序的法律。

2. 不动产登记簿是具有法律效力的簿册。不动产登记簿并非单纯的记载不动产自然状况及其上权利状况的记录册,它还是具有法律效力的官方记录。首先,不动产登记簿具有物权转让效力,即是否记载于不动产登记簿,决定了基于法律行为的不动产物权变动是否发生效力。其次,不动产登记簿具有推定效力与公信效力。最后,不动产登记簿上记载的事项存在错误时,任何人包括登记机构不得擅自更改,而必须依照法定的更正程序来更正登记簿的错误。任何人随意涂改、毁损或伪造登记簿的,均应承担相应的法律责任。

3. 不动产登记簿用于记载不动产自然状况、权利状况及其他法定事项。不动产登记簿并非对社会生活中的所有财产都加以记载,而仅仅是记录不动产的自然状况、权利状况及其他法定事项的文件。首先,不动产登记簿应当记录不动产的标示即不动产的自然状况,如土地和房屋的位置、四至、面积等。不动产登记簿要清晰地反映不动产的自然状况,这是由物权特定原则所决定的。基于物权特定原则，每一个特定的不动产要有专门的登记簿簿页加以记载，以确保其同一性。在不动产登记簿簿页上需要将不动产的自然状况进行详细、清晰的记载。唯其如此，方能保证物权的客体是特定的，为下一步记录该不动产上的物权状况奠定坚实的基础。其次，不动产登记簿是记录不动产上权利状况的文件。尽管不动产登记簿是为不动产登记而设置的文件，但是并非所有的不动产上的权利和法律关系都需要在不动产登记簿上加以登记。只有那些具有登记能力的权利才能被记载在不动产登记簿上。最后，虽非不动产权利，但是法律规定可以载入不动产登记簿的事项，也可以被载入登记簿，如《民法典》规定的异议登记。

（二）不动产登记簿的法律效力

1. 不动产登记簿的推定效力

不动产登记簿的推定力，也称“不动产登记簿的推定效力”或“不动产登记簿的正确性推定”，是指不动产物权经过登记（记载于不动产登记簿）之后，即推定不动产登记簿上记载的该物权的归属和内容与真实的物权归属和内容一致。我国《民法典》第216条第1款规定：“不动产登记簿是物权归属和内容的根据。”该条就是关于不动产登记簿推定效力的规定。所谓“推定”，是指在某些法律规范中，立法者以一定的事实（推定基础）直接推导出另外一个特定的法律要件（法律效果）。这种被推定的法律要件可以是一个事实（所谓事实推定），也可以是一种权利状态（所谓法律推定）。[6] 不动产登记簿的推定力是对权利存在或不存在的推定，因此它属于权利推定（Rechtsvermutung）。既然是推定，就可以推翻。故此，《物权法解释（一）》第2条规定：“当事人有证据证明不动产登记簿的记载与真实权利状态不符、其为该不动产物权的真实权利人，请求确认其享有物权的，应予支持。”

作为权利推定的不动产登记簿的推定力，其推定的对象是某种权利的存在或不存在。至于登记原因行为（如买卖、赠与等债权行为）存在与否非登记簿的推定力所及。申言之，就登记簿上记载的权利而言，登记簿的推定力不是要推定登记名义人是以何种方式获得该权利的，而是推定该权利是存在的；就登记簿上已经被注销的权利来说，登记簿的推定力不是推定该权利从未产生或已因某种法律事实而消灭，而是推定其已经不存在。[7] 例如，不动产登记簿上记载了甲为A房屋的所有权人时，不动产登记簿的推定力只是推定甲为A房屋的所有权人，并不推定甲究竟是通过买卖、赠与、互换等合同，还是通过继承而获得该所有权的。即便登记簿上记载了甲取得该所有权的具体方式为买卖合同，该买卖合同是否存在、有效与否也不被纳入推定的范围。反之，当甲的所有权因种种原因（如买卖合同没有成立或被宣告无效）在不动产登记簿上被注销时，也只是推定甲对A房屋的所有权不存在，而并不是推定甲的所有权并未产生或因某种原因归于消灭。

2. 不动产登记簿的公信力

不动产登记簿的公信力（der Oeffentliche Glaube des Grundbuchs），也称“不动产善意取得（der redliche Erwerb im Liegenschaftsrecht）”，是指即便不动产登记簿上记载的物权归属、内容与真实的物权归属、内容不一致，信赖该登记簿记载之人仍可如同登记簿记载正确时那样，依法律行为取得相应的不动产物权。例如，甲、乙为A房屋的共同共有人，登记簿上仅登记甲为该房屋的所有人。甲未经乙之同意擅自出售A房给第三人丙。丙因信赖登记簿上关于甲为A

---

〔6〕［德］汉斯·普维庭：《现代证明责任问题》，吴越译，法律出版社2000年版，第74页。

〔7〕Leo Rosenberg, S. 226－227.

房之所有权人的记载,支付了购房款并办理了房屋所有权转移登记。尽管登记簿上对A房所有权人的记载与真实的物权状况不一致,但因丙善意信赖登记簿之记载,其仍可如同甲就是A房的单独所有权人那样,取得该房屋之所有权。不动产登记簿的公信力是法律为维护交易安全而确立的制度。《民法典》第311~313条对不动产与动产的善意取得制度作出了系统的规定。[8]

六、不动产权属证书与登记证明

(一)不动产权属证书

不动产权属证书是由不动产登记机构依法定程序发放给权利人,据以证明权利人享有某类不动产物权的证明(《民法典》第217条)。不动产登记证明则是不动产登记机构依法发放给当事人,用以证明当事人申请的某类不动产登记已经记载于不动产登记簿的文书。我国历来实行不动产的登记发证制度,即不动产登记机构除在登记簿上进行记载外,还向不动产权利人颁发由国家统一印制的权属证书或登记证明。

在不动产统一登记之前,由于不同的不动产甚至同一不动产上不同的权利由不同的登记机构负责登记,发放的不动产权属证书和登记证明也不一样。不动产统一登记包括不动产登记簿册和证书、证明的统一。我国不动产登记立法以便民为目的,在统一不动产登记后,无论是何种类型的不动产权利,都不应再使用不同名称的权属证书,而应统称为"不动产权属证明";无论是何种应发放登记证明的情形,都应统称为"不动产登记证明"。

依据《不动产登记暂行条例实施细则》第20条规定,不动产登记机构应当根据不动产登记簿,填写并核发不动产权属证书或者不动产登记证明。除办理抵押权登记、地役权登记、预告登记、异议登记,向申请人核发不动产登记证明外,不动产登记机构应当依法向权利人核发不动产权属证书。

(二)不动产权属证书与不动产登记簿的区别

1. 性质不同。不动产权属证书仅仅是"权利人享有不动产物权"的证明,权利人丢失该证明并不会导致权利本身的丧失。因此,不动产权属证书在法律上仅仅是一种"证书"而非"证券"。"证书"是记载一定的法律事实或法律行为的文书,其作用仅仅是证明这种法律事实或法律行为曾经发生,至于这类证书的有无和存在与否并不能直接决定实体的法律关系的存在与否。行使权利与持有证书无关,转移权利也无法通过交付证书进行。[9] 因此,不动产权属证书的占有转移,不会导致不动产物权的变动。然而,不动产登记簿是物权归属和内容的根据。因此,凡是以登记作为生效要件的不动产物权变动,都必须在登记簿上加以记载之后,才能发生物权变动的效果。反之,只要在不动产登记簿上记载了物权变动,即使该物权变动事实上并未发生,如果第三人对此存在信赖并进行了交易,那么也发生与该物权变动存在时相同的效果,这就是所谓的物权的公示公信原则。因此,物权的公示与公信效力应当建立在不动产登记簿的基础上而非不动产权属证书的基础上。

2. 功能不同。不动产权属证书在交易中仅具有初步的证明作用。例如,在一宗房屋买卖交易的磋商过程开始时,欲出卖房屋的一方出示房产证,可以初步证明自己是房屋所有权人,有关的谈判可以据此展开。然而,不动产登记簿的功能在于向公众展示不动产上的权属状况,

---

[8] 需要注意的是,不动产登记簿的公信力与动产的善意取得有明显的区别,详见程啸:《论不动产登记簿公信力与动产善意取得的区分》,载《中外法学》2010年第4期。

[9] 谢怀栻:《票据法概论》(增订版),法律出版社2006年版,第2页。

从而维护交易的安全。不动产登记簿具有公信力,它是确定权利人是否享有物权的最终依据。当不动产登记簿的记载与不动产权属证书的记载不一致的时候,应当以登记簿的记载为准。就前述例子而言,如果双方初步达成一致并且准备签订房屋买卖合同时,一方当事人不应只根据对方房产证的记载就与之订立合同,而要到登记机构查阅登记簿,以了解对方是否为真正的房屋所有权人、该房屋上是否设定了抵押等情况。因为只有登记簿上的记载才是具有公信力的权利归属证明。故此,《民法典》第 217 条规定,当不动产登记簿与不动产权属证书的记载不一致时,除有证据证明不动产登记簿确有错误外,以不动产登记簿为准。

七、不动产登记资料的查询与复制

不动产登记资料包括不动产登记簿在内的不动产登记过程中形成的所有相关文件资料。为了能够既贯彻公示和公信原则,保障交易的安全和效力,防止登记机关禁止或不正当地限制对登记资料的查询,《民法典》第 218 条特别规定:“权利人、利害关系人可以申请查询、复制不动产登记资料,登记机构应当提供。”该条之所以将申请查询、复制登记资料的主体限制在“权利人、利害关系人”主要是考虑到以下因素:第一,登记簿等登记资料固然应当公开。但是,这种公开并非向所有的人公开,否则就会泄露登记簿记载的权利人的隐私、商业秘密以及其他个人信息数据,这可能会给权利人造成各种损害。第二,公示公信原则仅适用于基于法律行为的物权变动,公示并不等于向任何不特定人的展示。如果某人并未与不动产权利人之间存在法律行为,发生法律关系,那么对于他而言,就不存在公示的必要,其自然无权查询或复制登记资料。

《民法典》第 218 条中的“权利人”指的就是不动产的登记权利人,即在不动产登记簿上记载的不动产物权人,如房屋的所有权人、房屋的抵押权人、地役权人、建设用地使用权人等。权利人可以自己申请查询、复制登记资料,也可以委托他人查询、复制登记资料。所谓“利害关系人”,是指与登记的不动产具有法律上的利害关系之人,不仅包括交易的当事人,也包括与登记权利人发生其他法律纠纷之人。正因如此,《不动产登记暂行条例实施细则》第 97 条第 4 款规定:“因不动产交易、继承、诉讼等涉及的利害关系人可以查询、复制不动产自然状况、权利人及其不动产查封、抵押、预告登记、异议登记等状况。”此外,为了防止利害关系人滥用其查询到的不动产登记资料,损害不动产权利人,《民法典》第 219 条还规定:“利害关系人不得公开、非法使用权利人的不动产登记资料。”

八、更正登记与异议登记

(一)更正登记

更正登记,是指当不动产登记簿存在错误时,登记机构依当事人之申请或依职权消除该错误而进行的登记。不动产物权变动只要进行登记,那么无论采取何种审查方式,都不可避免地会出现登记错误、遗漏的情形,为了能够及时消除因登记错误或遗漏而造成的登记权利与真正权利不一致的情形,有效地保护真实权利人的合法权益,必须设置更正登记的程序。故此,《民法典》第 220 条第 1 款规定:“权利人、利害关系人认为不动产登记簿记载的事项错误的,可以申请更正登记。不动产登记簿记载的权利人书面同意更正或者有证据证明登记确有错误的,登记机构应当予以更正。”

所谓“不动产登记簿记载的事项错误”,既包括登记簿上的权利记载与实际的权利状态不相符合(登记物权与事实物权、登记权利人与真实权利人不一致的情形),也包括错误的标示登记(登记簿上的记载与标的物的实际情况不相符的情形)。前者属于权利事项的登记错误,我国《民法典》第 220 条仿效德国的立法模式,为利害关系人更正登记簿上的权利事项错误提供了两种途径:第一,利害关系人针对登记簿记载的权利人行使更正请求权并获得其书面的更正同意;第二,在登记簿记载的权利人不同意更正的情况下,向登记机构提供证明登记确有错误的证据。

错误的标示登记属于非权利事项的登记错误。由于这种错误不涉及不动产物权的归属和内容,因此,只要登记申请人提供证据证明该错误确实存在,登记机构即可办理更正登记。

(二)异议登记

异议登记(widerspruch)是我国借鉴德国法而引入的登记类型。《民法典》第220条第2款规定:"不动产登记簿记载的权利人不同意更正的,利害关系人可以申请异议登记。登记机构予以异议登记,申请人自异议登记之日起十五日内不提起诉讼的,异议登记失效。异议登记不当,造成权利人损害的,权利人可以向申请人请求损害赔偿。"规定此类登记的原因在于:更正登记的程序较为费时,申请更正的权利人与登记名义人之间的争议一时难以解决,因此有必要在法律上确立一种对真正权利人利益的临时性保护措施。[10]

异议登记只是具有击破登记簿公信力之效力,它既不能推翻登记簿的推定力,更不具有限制处分的效力。[11] 具体来说,异议登记被记载于登记簿后将发生如下法律效果:暂时击破登记簿的公信力。换句话说,异议登记是通过否定取得人的善意而击破登记簿之公信力的法律效力的,且异议登记仅为真实权利人的利益而暂时击破异议登记所指向的登记簿记载事项的公信力。此外,异议登记失效并不影响人民法院对当事人物权纠纷案件的实体审理。

异议登记不以更正登记被拒绝为前置程序。任何利害关系人只要认为不动产登记簿记载的事项存在错误,都可以直接进行异议登记。

九、预告登记

(一)预告登记的概念与特征

预告登记(Vormerkung)是由德国中世纪民法所创立的一种制度,它是为了保全关于不动产物权的请求权而将该请求权加以登记的制度。此种登记在性质上属于预备登记,即它是在本登记之前进行的一项登记,该登记并不具有终局的、确定的效力,其针对的是将来会产生的不动产物权,而非已经现实存在的不动产物权(针对已存在的不动产物权登记属于"本登记"或"终局登记")。我国《民法典》第221条对预告登记制度作出了规定。

预告登记制度具有以下特征:

1. 具有临时性。预告登记属于预备登记的一种,不能长久存在,其最终的命运要么是转为相应的本登记,如房屋所有权转移的预告登记转为房屋所有权转移登记;要么因债权消灭或自能够进行不动产登记之日起90日内未申请登记而归于失效。

2. 兼具债权性与物权性。"一方面,由于预告登记担保的对象是债权请求权,所以它位列债法领域;另一方面,预告登记又赋予了被担保的债权请求权以很强的物权效力,所以它又属于物权法的范畴。"[12] 预告登记因横跨债权法与物权法两大领域而具有债权与物权的双重特征。

3. 具有从属性。由于预告登记以担保债权请求权的实现为目的,保障登记权利人"将来实

---

〔10〕 胡康生主编:《中华人民共和国物权法释义》,法律出版社2007年版,第59页。

〔11〕 正因如此,《不动产登记暂行条例实施细则》第84条规定:"异议登记期间,不动产登记簿上记载的权利人以及第三人因处分权利申请登记的,不动产登记机构应当书面告知申请人该权利已经存在异议登记的有关事项。申请人申请继续办理的,应当予以办理,但申请人应当提供知悉异议登记存在并自担风险的书面承诺。"

〔12〕 Baur/Stuerner, Sachenrecht, § 20, Rn 9.

现物权”,因此预告登记具有从属性(Akzessorietaet)。就被担保的债权请求权而言,预告登记仅仅是其附属物,预告登记的效力取决于被担保的债权请求权的效力。[13] 预告登记与该请求权之命运,在法律上紧密相连。这不仅体现在预告登记的成立上,也体现在预告登记的转让与消灭当中。例如,《民法典》第221条第2款规定:“预告登记后,债权消灭或者自能够进行不动产登记之日起九十日内未申请登记的,预告登记失效。”

(二)预告登记的客体与适用范围

我国法针对基于法律行为的不动产物权变动以登记生效要件主义为原则,在绝大多数基于法律行为的不动产物权变动的情形中,不登记不动产物权变动的效力不发生,如土地使用权设定、土地使用权转让、房屋所有权转让、房屋抵押权的设定等。因此,在以登记为生效要件的不动产物权变动中,预告登记的客体是以实现不动产物权变动为目的的债权请求权。

依据《不动产登记暂行条例实施细则》第85条第1款规定,不动产预告登记的适用范围包括:(1)商品房等不动产预售的;(2)不动产买卖、抵押的;(3)以预购商品房设定抵押权的;(4)法律、行政法规规定的其他情形。

(三)预告登记的构成要件

预告登记的构成要件包括:第一,存在符合要求的预告登记的客体,即“当事人签订买卖房屋或者其他不动产物权的协议”;第二,当事人之间有关于预告登记的约定;第三,登记机构在登记簿上进行了登记。

(四)预告登记的效力

1. 担保效力

预告登记的首要效力在于担保功能,即防止不动产权利人违反义务对不动产进行处分。但是,如果请求权人在办理了预告登记后,不动产权利人依然违反义务对不动产进行处分,此时产生何种效果,在立法政策上可以有多种选择模式。例如,禁止在预告登记之后再进行登记,或禁止登记名义人进行处分登记,或虽允许处分登记但是此种登记相对于预告登记权利人无效而非绝对的无效。《民法典》第221条第1款第2句规定:“预告登记后,未经预告登记的权利人同意,处分该不动产的,不发生物权效力。”《物权法解释(一)》第4条规定:“未经预告登记的权利人同意,转移不动产所有权,或者设定建设用地使用权、地役权、抵押权等其他物权的,应当依照物权法第二十条第一款的规定,认定其不发生物权效力。”显然,我国法采取的是物权变动绝对无效的观点。申言之,预告登记后,登记名义人处分不动产时,其与第三人订立的合同的债权效力不受影响,但是绝对不能发生物权变动的法律效果。这一规定对于避免不必要的纠纷,确立预告登记担保效力是十分必要的。[14]

2. 顺位效力

预告登记的顺位效力,是指由于预告登记已经表明了被担保的请求权经过履行后将要产生某种不动产物权,因此将来该物权一旦产生后就会取得预告登记所具有的顺位。《民法典》对预告登记的顺位效力没有规定。[15]

---

〔13〕 MuenchKommenBGB/Wacke, § 883 Rn. 61.

〔14〕 《不动产登记暂行条例实施细则》第80条第1款更是从程序上阻止了预告登记后处分登记程序的进行。

〔15〕 对于预告登记是否具有顺位效力,学说上存在争论。参见程啸:《不动产登记法研究》(第2版),法律出版社2018年版,第820页以下。

3. 排除破产和强制执行程序的效力

在德国法中,预告登记的物权性不仅体现在违反预告登记的处分相对无效之上,还体现在破产程序和强制执行程序中的排除效力之上,即预告登记能够对抗破产程序和法院的强制执行。我国的原《物权法》、《企业破产法》以及《民事诉讼法》等法律均未就预告登记能否对抗破产程序和强制执行程序作出明确的规定。

目前,我国司法实践承认以取得物权为目的的预告登记具有对抗强制执行的效力。最高人民法院《关于人民法院办理执行异议和复议案件若干问题的规定》明确规定了以受让物权为目的的预告登记具有对抗强制执行的法律效力。该司法解释第 30 条规定:“金钱债权执行中,对被查封的办理了受让物权预告登记的不动产,受让人提出停止处分异议的,人民法院应予支持;符合物权登记条件,受让人提出排除执行异议的,应予支持。”由此可知,“预告登记权利的请求权,在性质上属于能够阻止人民法院处分该不动产的实体权利。在执行程序中,对预告登记权利人的物权期待权也应依法予以保护。被执行人转让不动产物权,受让人尚未完成物权变更登记,但对人民法院查封的该不动产已经办理了受让物权预告登记的,对于受让人提出的停止处分该不动产的案外人异议,人民法院应予支持。办理了受让物权预告登记的不动产被人民法院查封期间,预告登记权利人无法再按照不动产物权协议完成不动产物权登记”。[16]

(五)预告登记转为本登记与预告登记的失效

1. 预告登记转为本登记

预告登记只是保障债权人的一种临时性担保手段,在条件具备时,它就要转为本登记。条件具备之时即《民法典》第 221 条第 2 款规定的“能够进行不动产登记之日”。具体包括:第一,就预购商品房的买卖或抵押的预告登记而言,是指预购商品房已经办理了所有权首次登记,进而为所有权转移或抵押权设定登记奠定了基础;第二,就现房的买卖或抵押以及其他已经登记的不动产物权变动而言,是指当事人之间约定的办理本登记的条件成就或始期届至之日。

2. 预告登记的失效

(1)债权消灭。所谓债权消灭,是指作为预告登记所担保的对象的债权请求权据以产生的债权债务关系的终止。依据《物权法解释(一)》第 5 条规定,债权消灭包括买卖不动产物权的协议被认定无效、被撤销、被解除,或者预告登记的权利人放弃债权的情形。

(2)自能够进行不动产登记之日起 90 日内未申请登记。为了避免因预告登记的长时间存在而不当地限制不动产的流通性,《民法典》第 221 条第 2 款规定,预告登记后,自能够进行不动产登记之日起 90 日内未申请登记的,预告登记失效。首先,就预购商品房的预告登记、预购商品房抵押的预告登记以及在建工程抵押预告登记而言,所谓“能够进行相应房屋的登记之日”是指预售商品房或在建工程已办理所有权首次登记之日。其次,在其他的预告登记中,由于不存在所有权首次登记的问题,所以预告登记权利人很容易知悉“能够进行相应房屋的登记之日”。如果当事人就此产生争执,应当向法院提起诉讼,由法院加以确认。

(3)预告登记的其他消灭事由。除前述两项消灭事由外,预告登记还因以下事由的出现而归于消灭:一是预告登记权利人放弃预告登记,此时预告登记权利人可以单方申请注销预告登

〔16〕 江必新、刘贵祥主编:《最高人民法院关于人民法院办理执行异议和复议案件若干问题的规定理解与适用》,人民法院出版社 2015 年版,第 439 ~440 页。

记；二是预告登记本身附解除条件时，该解除条件如若成就，则预告登记归于消灭。[17]

十、不动产登记赔偿责任

（一）不动产登记赔偿责任的概念与特征

不动产登记赔偿责任，是指当事人或登记机构在不动产登记中造成他人损害时，依法应当承担的赔偿责任。《民法典》第222条对不动产登记中赔偿责任分两款加以规定，第1款规定："当事人提供虚假材料申请登记，造成他人损害的，应当承担赔偿责任。"第2款规定："因登记错误，造成他人损害的，登记机构应当承担赔偿责任。登记机构赔偿后，可以向造成登记错误的人追偿。"不动产登记赔偿责任具有以下特征：

1. 不动产登记赔偿责任是因虚假登记与违法登记所生。虚假登记是指当事人以虚假的申请材料向登记机构申请的登记。例如，当事人通过伪造不动产权属证书、身份证明以及其他相关的登记申请材料进行登记。违法登记是指登记机构没有尽到应有的审查职责将本不应登记的事项进行了违法的登记。在我国不动产登记实践中，当事人提供虚假材料欺诈登记机构进行虚假登记的情形极为常见。[18] 正因如此，《民法典》第222条第1款才专门对当事人通过提供虚假申请材料进行登记时的赔偿责任作出了专门的规定。

2. 不动产登记赔偿责任的责任主体是不动产登记中的当事人与登记机构。不动产登记的主体是当事人与不动产登记机构。在登记过程中，由于当事人提供虚假的申请材料或者登记机构没有尽到应有的审查职责，都可能给他人造成损害，从而产生赔偿责任。例如，甲为无处分权人，伪造不动产权属证书、身份证等申请材料，将乙的房屋出售给善意第三人丙，并向登记机构申请所有权转移登记。由于丙是善意的，因此其可以善意取得该房屋的所有权。真实的所有权人乙因此而丧失了房屋所有权，遭受了损害。他有权要求无权处分人甲承担赔偿责任。如果登记机构没有尽到审查职责（如本应发现权属证书是虚假的，却没有发现），也应当向乙承担赔偿责任。

3. 不动产登记赔偿责任可以是侵权赔偿责任或违约赔偿责任。不动产登记机构与受害人之间不存在合同关系，所以当登记机构给他人造成损害时，承担的赔偿责任只可能是侵权赔偿责任。但是，如果当事人因不动产登记造成他人损害的话，因加害人与受害人之间可能存在合同关系，所以受害人可以要求加害人承担侵权赔偿责任或违约赔偿责任。例如，A租赁B的房屋，后A通过伪造虚假材料将B的房屋出卖给他人。受害人B就可以要求加害人A承担侵权赔偿责任或违约赔偿责任。

（二）不动产登记赔偿责任的类型

依据引发不动产登记赔偿责任的原因不同，可以将不动产登记赔偿责任分为三类。

1. 当事人的赔偿责任

当事人的赔偿责任，也称虚假登记的赔偿责任，是指申请不动产登记的当事人提供虚假材料申请登记而造成他人损害时，该当事人依法应当承担的赔偿责任。《民法典》第222条第1款是对虚假登记赔偿责任的规定。一般来说，当事人提供虚假材料进行登记的主观心理状态

---

〔17〕［德］鲍尔、施蒂尔纳：《德国物权法》（上册），张双根译，法律出版社2004年版，第443页。

〔18〕例如，在2008年，仅广州市房地产登记机构发现的虚假登记案件就有150件，涉及金额上亿元。上海市浦东新区房地产登记处在2007年到2010年三年时间发现的当事人欲以伪造的公证文书骗取登记的案件就达46件。上海市浦东新区房地产登记处：《浦东新区房地产登记处认真做好登记材料的核查工作》，载中国房地产研究会房地产产权产籍和测量委员会秘书处编：《房地产产权产籍和测量简报》总第336期。

多为故意,因此在侵权法上,此种因虚假登记引发的赔偿责任属于故意的侵权责任。

2. 登记机构的赔偿责任

登记机构的赔偿责任,也称登记错误的赔偿责任,是指不动产登记机构因没有尽到应有的审查职责进行了错误的登记,给他人造成损害时,依法应当承担的赔偿责任。《民法典》第 222 条第 2 款是对登记错误赔偿责任的规定。实践中,除登记机构的工作人员与当事人恶意串通进行错误登记外,一般登记机构都是出于过失而进行错误登记的。

3. 多数人侵权的赔偿责任

在不动产登记赔偿责任中,共同侵权的赔偿责任包括以下两类:第一,共同侵权的赔偿责任,即进行虚假登记的当事人与登记机构的工作人员恶意串通,共同故意进行虚假登记与错误登记,从而造成他人损害。依据《民法典》第 1168 条与第 1191 条第 1 款规定,登记机构与进行虚假登记的当事人构成共同侵权人,应当向受害人承担连带赔偿责任。第二,无意思联络的数人侵权赔偿责任,即当事人进行虚假登记,而登记机构因过失未能发现该虚假登记以致作出了错误的登记,最终造成他人的损害。由于虚假登记的当事人与登记机构之间并无共同故意,他们是各自实施侵权行为的而给他人造成同一损害的,依据《民法典》第 1172 条规定,他们按照各自责任的大小分别承担相应的责任,难以确定责任大小的,平均承担赔偿责任。最高人民法院《关于审理房屋登记案件若干问题的规定》第 12 条规定:“申请人提供虚假材料办理房屋登记,给原告造成损害,房屋登记机构未尽合理审慎职责的,应当根据其过错程度及其在损害发生中所起作用承担相应的赔偿责任。”

第四节 动 产 交 付

一、交付的概念与类型

交付,即移转占有。[19] 原初的意义上的交付,仅指现实交付,即占有的现实移转。所谓动产的交付,是指动产物权的让与人将其对动产的直接管领力现实地移转给受让人。随着经济的发展,基于交易便捷的考虑,法律上又产生了观念交付,具体包括简易交付、占有改定与指示交付(见图 14-4)。

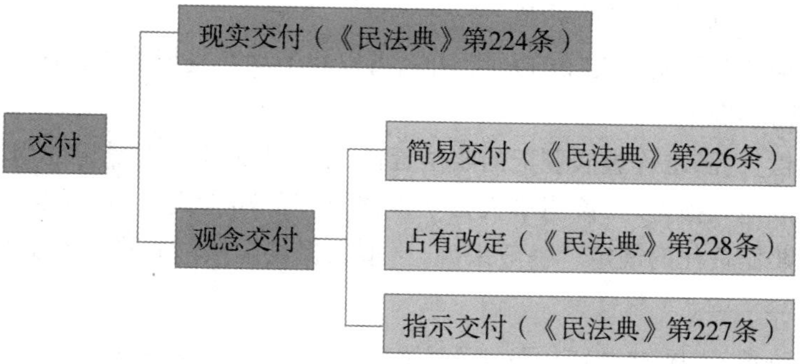

图 14-4 《民法典》中对交付类型的规定

〔19〕 崔建远:《物权法》,中国人民大学出版社 2011 年版,第 86 页。

二、现实交付

现实交付就是将物的占有现实地移转给他人。只有当受让人取得了单独占有并且出让人不享有任何占有时,现实交付才算完成。动产的交付并非必须是经由出让人之手直接移交到受让人之手,交付可以由作为占有辅助人、占有媒介人的第三人或被指令人的加入而完成。具体来说,要完成现实交付,须符合以下条件:

1. 出让人完全丧失了其对标的物的占有,即出让人不再保留对标的物的任何意义上的占有(无论是直接占有还是间接占有),也不得保留占有的任何部分。[20] 也就是说,受让人必须取得了对标的物的直接占有,如A将出售给B的汽车交给B,B取得对该汽车的事实上的管领力。

2. 交付是依据让与人与受让人的意思而作成的。也就是说,一方面,让与人具有使受让人取得占有的意思。如果受让人没有基于让与人的意思,而自行取得对动产的事实上的管领力,不构成现实交付。另一方面,如果交付没有按照受让人的意思而作成,是让与人自行转移占有,也不构成交付。例如,让与人没有告知受让人就将动产放置在受让人的办公室门前,这也不构成交付。尽管交付必须依据让与人和受让人的意思而作成,但这并不是说交付需要具有独立的意思表示。交付只是一种事实行为而非法律行为,让与人的意思只是使受让人取得对物的事实上的管领力,该意思指向的对象是一种事实而非某种法律效果。故此,无民事行为能力人与限制民事行为能力人也可以完成交付。

通过现实交付,动产物权的变动可被外界加以识别。《民法典》第224条规定:"动产物权的设立和转让,自交付时发生效力,但是法律另有规定的除外。"该条中的"交付"仅指"现实交付"。所谓"法律另有规定的除外",主要是指以下情形:第一,非基于法律行为的物权变动,即《民法典》物权编第2章第3节规定的因生效的法律文书、政府征收决定、继承、合法建造房屋等法律事实而取得动产物权的情形。在这些情形中,事实行为成就时物权变动的效力即发生,不以交付为动产物权设立和转让的生效要件。第二,动产抵押权的设定,也属于动产物权的设立,但是由于抵押权的设立无须移转抵押财产的占有,所以不存在交付的问题。第三,动产留置权的产生。因留置权是法定担保物权,非依据当事人意思表示而设立的意定物权,故此,无须自交付时设立。第四,《民法典》第226~228条规定的交易交付、占有改定和指示交付等三种观念交付。

由此可见,《民法典》第224条规定的自交付时发生效力的"动产物权的设立和转让"仅指动产所有权的转让和动产质权的设立。

三、观念交付

(一)简易交付

简易交付,是指动产物权的受让人或占有辅助人已经占有了该动产,在让与物权合意达成之时,就已发生交付该动产的效果。《民法典》第226条规定:"动产物权设立和转让前,权利人已经占有该动产的,物权自民事法律行为生效时发生效力。"由于在简易交付中,仅仅是以当事人让与动产物权的合意来替代动产的现实移转占有,故而该交付方式也称为"无形交付"。至于此前受让人或其占有辅助人究竟是基于何种原因而占有动产,在所不问。受让人可以是基

---

〔20〕《帝国法院民事判例集》,第137卷,第25页。转引自田士永:《物权行为理论研究》,中国政法大学出版社2002年版,第182页。

于委托、寄托、租赁、质权等合法的原因而占有动产,也可以是无权占有。由于法律上承认简易交付的目的就是交易的便捷,故此,即便受让人是无权占有,也完全可以适用交易交付,即此时没有必要令无权占有动产的受让人先向让与人返还动产,再由让与人将动产占有移转给他。

(二)占有改定

占有改定,是指动产物权的让与人使受让人取得对标的物的间接占有,以代替该动产现实移转的交付,而让与人继续对该标的物进行直接占有。《民法典》第228条规定:“动产物权转让时,当事人又约定由出让人继续占有该动产的,物权自该约定生效时发生效力。”法律上规定占有改定的原因在于:实践中有可能出现出卖人虽将其动产出卖给他人,但在一定期限内仍有使用该动产的需要,如需要继续使用被出售的设备,或者买受人虽已取得动产所有权,但需要出卖人对该动产进行暂时的保管或者改进。

占有改定须符合以下两项条件:[21] 第一,在让与人与受让人之间必须存在某种具体的法律关系,如租赁关系、保管关系、仓储关系等,从而使让与人具有暂时取得对标的物的直接占有的必要。第二,让与人已经对物进行了直接占有或者间接占有,否则不能发生占有改定。在让与人间接占有标的物时,其可以使受让人取得上一级的间接占有,这样就可能会存在多层次的占有关系。例如,甲将其寄放在乙处的某物出售给丙,同时又与丙订立借用合同,以代替交付,则乙为直接占有人、甲、丙都为间接占有人。

此外,让与人与受让人也可以对将来取得的物进行占有改定。例如,甲向乙购买一台尚未制造出来的机器,预先达成所有权让与合意,同时双方约定该机器生产出来后由乙暂时保管。一旦该机器生产完毕,则甲取得间接占有以替代交付,甲取得了该机器的所有权。此种对将来标的物预先进行的占有改定,称为“预定的占有改定”。

(三)指示交付

指示交付,也称“返还请求权的让与”,是指在设定或转让动产物权时,如果转让动产物权或者为他人设定动产物权之人的动产由第三人占有,负有交付义务的人可以将其享有的针对第三人的返还请求权让与给受让人,以代替现实交付。例如,甲将一辆摩托车出租给了乙,现甲将该摩托车卖给丙。甲可以将其针对乙的返还原物请求权让与给丙以代替现实交付,使丙取得该摩托车的所有权。原《物权法》第26条规定:“动产物权设立和转让前,第三人依法占有该动产的,负有交付义务的人可以通过转让请求第三人返还原物的权利代替交付。”由于该条将指示占有的情形限于“第三人依法占有该动产”,因此,让与人转让给受让人的“请求第三人返还原物的权利”仅仅是指让与人基于与第三人(直接占有人)之间的合同关系而享有的债法上的返还请求权,不包括在占有人属于非法占有时的返还原物的请求权。但是,《民法典》第227条将“依法”两字删除,规定:“动产物权设立和转让前,第三人占有该动产的,负有交付义务的人可以通过转让请求第三人返还原物的权利代替交付。”这就意味着请求第三人返还原物的权利既包括债法上的返还请求权,也包括作为物权请求权的返还原物请求权。

---

[21] 《最高人民法院公报》刊登的一则判决中,法院错误地将物权变动协议理解为占有改定的构成要件,进而认为:“占有改定构成要件表现为:一、当事人之间达成动产物权变动协议。该协议是发生交付的基础;二、除了达成物权变动协议,就该动产另外达成让与人继续占有使用该动产的协议。”参见青岛源宏祥纺织有限公司诉港润(聊城)印染有限公司取回权确认纠纷案,载《中华人民共和国最高人民法院公报》2012年第4期。

第五节　非因法律行为的物权变动

一、概述

(一)非因法律行为的物权变动不以登记或交付为生效要件

非因法律法律行为的物权变动,是指因法律行为以外的法律事实引起的物权的产生、变更、转移与消灭。能够引发物权变动的法律行为以外的法律事实主要有:添附、取得时效、先占、征收、没收、强制执行、继承、法定物权的产生等。总的来说,《民法典》有两处对于非因法律行为的物权变动集中作出了规定:[22]一处是物权编第 2 章第 3 节,规定了因为法院、仲裁机构的法律文书或人民政府的征收决定,继承以及合法建造、拆除房屋等导致的物权变动;另一处就是在物权编第 9 章"所有权取得的特别规定"中,对于拾得遗失物、漂流物,发现埋藏物或者隐藏物,从物、孳息的归属以及添附等作出了规定。后者在所有权部分予以讨论,本节仅论述前者即物权编第 2 章第 3 节规定的情形。

在非因法律行为发生物权变动时,之所以登记、交付不是物权变动的生效要件,原因在于:

首先,物权的公示与公信原则旨在维护交易安全,提高交易效率。因此,它们仅适用于物权交易领域即基于法律行为发生的物权变动的场合。如果某一物权变动并非发生在物权交易领域中的,即便不登记或不交付,也不会对交易安全与交易效率构成危害。例如,A 公司合法建造厂房一栋,以便企业扩大生产规模,并不用来进行交易。此时,显然没有维护交易安全和效率的需要。如果要求 A 公司在办理所有权首次登记后,方能取得该房屋的所有权,毫无必要。况且,新的不动产——房屋已因 A 公司的合法建造行为而产生,倘不及时确定其上的所有权,也有违明确物的归属的立法目的。

其次,在非基于法律行为的物权变动中,严格地执行登记生效要件主义,既不符合社会现实,也无法有效地保障物权人的权利。例如,甲有 A 房屋一栋,其死亡后,该房屋由唯一的继承人乙(甲的儿子)继承。如果乙只有在登记后才能取得 A 房屋的所有权,则登记之前 A 房屋将成为无主财产(因原来所有权人甲的死亡)。当有人侵害或损害 A 房屋时,因乙尚未登记,没有取得房屋所有权,则无法主张权利。这显然是不合理的。

最后,即便就公示物权的需要而言,非基于法律行为而发生的物权变动不登记或不交付,也满足了公示的需要。因为在非基于法律行为的物权变动中,导致物权变动的原因要么是法律的规定(如继承),要么是行使公权力的结果(如生效的法律文书、政府的征收决定),已经具有很强的公示力,无须再通过交付或登记向外彰显此种物权变动。

(二)非因法律行为取得不动产物权者未经登记处分该物权的,不生效力

《民法典》第 232 条规定:"处分依照本节规定享有的不动产物权,依照法律规定需要办理登记的,未经登记,不发生物权效力。"这意味着,尽管非基于法律行为的不动产物权变动不以

---

〔22〕 其他分散的规定,如《民法典》第 547 条规定:"债权人转让债权的,受让人取得与债权有关的从权利,但是该从权利专属于债权人自身的除外。受让人取得从权利不因该从权利未办理转移登记手续或者未转移占有而受到影响。"例如,不动产抵押权随同所担保的主债权转让时,该抵押权的转让不以办理转移登记为生效要件。

登记为物权变动的生效要件,但已经因此而取得了不动产物权的权利人,再行处分该物权时,如果依据法律的规定必须登记,就应当登记,否则权利人对该物权的处分不发生物权变动之效力。

首先,本条所谓的"处分"仅指法律上的处分,而不包括事实上的处分。法律上的处分如转让所有权、设立他物权、转让他物权、变更物权等。

其次,《民法典》第232条中的"登记"实际上包含了两次登记。第一次为"宣示登记",[23]即权利人向登记机构提出申请,将其因法律行为以外的法律事实而取得不动产物权载入登记簿中,从而向外界加以展示或宣示,故学说上称为"宣示登记",但实际的登记类型往往是转移登记,如因继承而取得被继承人的房屋,应当申请房屋所有权转移登记。第二次为"处分登记",即在已经办理了宣示登记的基础上,再依据权利人对不动产的法律处分的类型不同而进行相应的处分登记,如转让不动产所有权时办理所有权转移登记;设立他物权时,办理他物权的设立登记。例如,甲死亡后,其唯一的法定继承人乙依法继承甲对A房屋的所有权。由于此种所有权从甲转移到乙的转移不是因为法律行为而引发的,故此,乙自继承开始时就取得了所有权。即便其并未将自己对A房屋的所有权记入登记簿当中,也不例外。但是,在乙要将A房转让给丙时,乙应当先通过单方申请将自己对A房屋的所有权载入登记簿中(完成所谓的宣示登记)。然后,才能与丙共同申请办理房屋所有权的转移登记(进行处分登记)。当然,在登记程序上这两个登记可以合并受理,依次办理。

最后,之所以实际取得了不动产物权之人如果不办理登记,不发生效力,原因在于:一方面,基于不动产登记法中的"在先原则",[24]那些因登记而致权利被涉及者必须是其权利已被载入登记簿之人。非基于法律行为而取得不动产物权之人,虽然可以不经登记就在实体法上取得不动产物权,但由于其不动产物权没有载入登记簿(未办理宣示登记),故此,其处分该权利就会受到法律上的阻碍,登记机构有权依据在先原则拒绝为其办理相应的处分登记。另一方面,《民法典》已经明确规定,基于法律行为发生的不动产物权变动以登记为生效要件,不动产物权的设立、变更、转让和消灭,依照法律规定应当登记的,自记载于不动产登记簿时发生效力。因此,在物权人取得物权后如欲通过法律行为处分该物权,自然应当办理相应的处分登记。

二、生效法律文书

《民法典》第229条规定,因人民法院、仲裁机构的法律文书导致物权设立、变更、转让或者消灭的,自法律文书生效时发生效力。[25]法院的法律文书包括民事法律文书、刑事法律文书和行政法律文书。民事法律文书包括民事判决书、民事裁定书以及民事调解书。刑事法律文书包括刑事判决书和刑事裁定书。行政法律文书行政判决书、行政裁定书与调解书。仲裁机构的法律文书指裁决书和调解书。《民法典》第229条中的法律文书并非上述所有法律文书,仅指其中的"形成性法律文书",即具有形成效力的法律文书,包括法院的形成判决、具有形成力的调解书以及仲裁委员会作出的具有形成力的裁决书和调解书。例如,法院作出的确认不动

---

〔23〕 王利明、尹飞、程啸:《中国物权法教程》,人民法院出版社2007年版,第83页;崔建远:《物权法》,中国人民大学出版社2009年版,第70页。

〔24〕 Holzer/Kramer, Grundbuchrecht, Rz 112.

〔25〕 德国、日本等国的民法典中都没有如同《物权法》第28条这样的规定。这一条主要是借鉴我国台湾地区"民法"第759条而设立的。我国台湾地区"民法"第759条规定:"因继承、强制执行、征收、法院之判决或其他非因法律行为,于登记前已取得不动产物权者,应经登记,始得处分其物权。"

产物权变动合同无效、撤销或解除该合同的判决书，分割共有不动产的判决书和调解书等。[26]

《物权法解释（一）》第7条规定："人民法院、仲裁委员会在分割共有不动产或者动产等案件中作出并依法生效的改变原有物权关系的判决书、裁决书、调解书，以及人民法院在执行程序中作出的拍卖成交裁定书、以物抵债裁定书，应当认定为物权法第二十八条所称导致物权设立、变更、转让或者消灭的人民法院、仲裁委员会的法律文书。"需要注意的是，只有在执行程序中作出的拍卖成交裁定书、以物抵债裁定书才属于可以直接导致物权变动的法律文书。对此，最高人民法院以下司法解释有相应的规定：（1）《民事诉讼法解释》第493条规定："拍卖成交或者依法定程序裁定以物抵债的，标的物所有权自拍卖成交裁定或者抵债裁定送达买受人或者接受抵债物的债权人时转移。"（2）最高人民法院《关于人民法院网络司法拍卖若干问题的规定》第22条规定："网络司法拍卖成交的，由网络司法拍卖平台以买受人的真实身份自动生成确认书并公示。拍卖财产所有权自拍卖成交裁定送达买受人时转移。"（3）最高人民法院《关于人民法院民事执行中拍卖、变卖财产的规定》第29条规定："动产拍卖成交或者抵债后，其所有权自该动产交付时起转移给买受人或者承受人。不动产、有登记的特定动产或者其他财产权拍卖成交或者抵债后，该不动产、特定动产的所有权、其他财产权自拍卖成交或者抵债裁定送达买受人或者承受人时起转移。"

三、征收

征收是国家为了公共利益的需要而强行取得原属私人所有的不动产的公法行为。《宪法》第13条规定："公民的合法的私有财产不受侵犯。国家依照法律规定保护公民的私有财产权和继承权。国家为了公共利益的需要，可以依照法律规定对公民的私有财产实行征收或者征用并给予补偿。"此后，《土地管理法》、《城市房地产管理法》以及《民法典》相继对征收作出了规定。

征收，是指国家为了公共利益的需要，依照法律规定的权限与程序在给予公平、合理的补偿的前提下，无须权利人的同意即直接取得原属私人或者集体所有财产上的所有权或者其他权利的行为。具体类型包括：一是对国有土地上的房屋所有权、建设用地使用权等不动产权利的征收；二是对农村集体土地的所有权及其上房屋等不动产权利的征收。

四、继承

依据《民法典》第230条，因继承取得物权的，自继承开始时发生效力。继承是指将死者生前所有的于死亡时遗留的财产依法转移给他人所有的制度。其中，生前享有财产因死亡而转移给他人的死者为被继承人；被继承人死亡时遗留的财产为遗产。我国《民法典》继承编规定了法定继承、遗嘱继承和遗赠。

法定继承是指依照法律的继承人的范围、继承顺序、继承遗产的份额以及遗产的分配原则继承被继承人的遗产。法定继承适用以下情形：（1）不存在遗嘱和遗赠抚养协议；（2）虽然有遗嘱，但是遗嘱继承人放弃继承或者受遗赠人放弃受遗赠，或者遗嘱继承人丧失继承权或者受遗赠人丧失受遗赠权；（3）遗嘱继承人、受遗赠人先于遗嘱人死亡或者终止的；（4）遗嘱被依法确认无效，该无效部分所涉及的遗产；（5）遗嘱未处分的遗产（《民法典》第1154条）。

遗嘱继承，是指自然人立遗嘱将个人财产指定由法定继承人中的一人或者数人继承（《民法典》第1133条第2款）；遗赠，是指自然人以遗嘱的方式将个人财产赠与国家、集体或者法定

---

〔26〕 详见程啸：《因法律文书导致的物权变动》，载《法学》2013年第1期。

继承人以外的自然人的情形。遗赠与遗嘱继承的最大区别就在于:受遗赠人是法定继承人以外的人,包括国家、集体和法定继承人以外的人(《民法典》第1133条第3款)。还有一类特殊的情形就是遗赠扶养协议,即自然人与继承人以外的组织或者个人签订协议,约定该组织或者个人承担该自然人生养死葬的义务并享有受遗赠的权利(《民法典》第1158条)。遗赠扶养协议和遗赠的最大区别就在于:遗赠是一种单方法律行为,而遗赠扶养协议是双方法律行为,即双方在协议中约定受遗赠人承担遗赠人生养死葬的义务,同时享有受遗赠的权利。

《民法典》第1121条第1款规定:"继承从被继承人死亡时开始。"因此,《民法典》第230条中的继承"开始时"就是指被继承人死亡之时。被继承人的死亡包括自然死亡与宣告死亡。此外,《民法典》第1121条第2款规定:"相互有继承关系的数人在同一事件中死亡,难以确定死亡时间的,推定没有其他继承人的人先死亡。都有其他继承人,辈份不同的,推定长辈先死亡;辈份相同的,推定同时死亡,相互不发生继承。"

原《物权法》第29条曾规定:"因继承或者受遗赠取得物权的,自继承或者受遗赠开始时发生效力。"《民法典》第230条删掉了"受遗赠",改为"因继承取得物权的"。这主要是因为:无论是遗嘱继承还是遗赠、遗赠扶养协议,导致物权变动的法律事实仍然是在于遗嘱(单方法律行为)和遗赠扶养协议(双方法律行为)等法律行为,因此而取得的物权当然是基于法律行为的物权变动,这和法定继承这种直接依据法律的规定而取得物权的方式存在根本差别。具体而言,遗嘱继承、遗赠、遗赠扶养协议都是自被继承人死亡时发生效力(《民法典》第1121条第1款),而遗赠的生效不仅要被继承人死亡,还需要受遗赠人在知道受遗赠后60日内做出接受或者放弃受遗赠的表示方生效力,否则视为放弃受遗赠。《民法典》第230条规定的因继承而取得物权的,自继承开始时发生效力,从文义解释上看,仍然既包括法定继承,也包括遗嘱继承。《民法典》第230条删除"受遗赠"是正确的,但尚未将遗嘱继承排除在外。虽然遗嘱继承中,继承开始后,如果没有表示放弃继承的,视为接受继承,这是法律的规定(《民法典》第1124条第1款),但遗嘱继承人取得物权的原因不是法律的规定,而是被继承人生前所立遗嘱,所以性质上也属于基于法律行为的物权变动。由此可见,无论是因遗嘱继承取得物权,抑或因遗赠、遗赠扶养协议而取得物权,性质上都属于基于法律行为的物权变动,应当以登记或交付作为物权变动的生效要件。在我国《民法典》已经确立了遗产管理人制度的情形下,应由遗产管理人将动产交付给遗嘱继承人、受遗赠人,或者与他们一起办理不动产转移登记。

五、合法建造、拆除房屋等事实行为

(一)合法建造房屋

合法建造房屋,是指民事主体依照法律的规定建造房屋。《城乡规划法》《建筑法》《土地管理法》《城市房地产管理法》等法律法规,对于建造房屋应当具备的条件有相应的规定。例如,某房地产开发企业要建一栋住宅楼,它必须依法取得建设用地使用权,并经规划部门的批准,取得建设用地规划许可证、建设工程规划许可证、施工许可证等批准文件后,方能开工建造。倘若未经批准擅自建造房屋的,不仅要遭受相应的行政处罚,即便该房屋建造完成,也因其属于违法建筑,房地产开发企业不能取得所有权,无法办理房屋所有权的首次登记。依据《民法典》第231条规定,合法建造房屋而取得物权的,自"事实行为成就时"发生效力。就合法建造房屋而言,所谓"事实行为成就时",指的就是房屋建造完毕之时。

(二)拆除房屋

拆除房屋属于一种事实行为。《民法典》第231条中的拆除房屋,可能是合法的拆除,也可

能是非法的拆除。但是,只要房屋被拆除了,则房屋上的所有权就因此消灭了。无非非法拆除他人房屋的行为是侵权行为,此时,房屋上的所有权人等权利有权要求侵权人承担侵权责任以及其他法律责任而已。

第六节 物权的消灭

物权因法律行为与其他法律事实而消灭。通过法律行为消灭物权的情形包括抛弃、约定物权期限届满等;而因其他法律事实导致物权消灭的情形包括标的物灭失、混同、征收、法定原因等。这些原因中有的是所有物权共同的消灭原因,如混同、抛弃等;有的则只是个别物权或某一类物权的消灭原因,如建设用地使用权存续期间届满而未续期、抵押权因主债权实现而消灭等。本节主要论述因混同、抛弃而导致物权的消灭。

一、混同

(一)混同的概念与类型

混同,是指两个无并存必要的法律上地位同归于一人的法律事实。[27] 发生混同的原因多种多样,可能是继承、法律行为或者法律的规定等。然而,无论发生混同的原因如何,其法律效果不产生影响。混同可以分为三类:一是权利与权利的混同,如所有权与抵押权同归一人;二是权利与义务的混同,如债权与债务同时归属于一人;三是义务与义务的混同,如主债务与作为从债务的保证债务同时归属于一人。权利与义务的混同、义务与义务的混同仅仅发生在债法领域。而权利与权利的混同则仅仅发生物权法领域,即两个没有并存必要的物权在同时归属于一人的时候,其中一个物权吸收另一个物权。

我国《民法典》没有对物权的混同作出规定。从各国家及地区来看,对物权与物权混同的法律效果有三种模式:第一,混同消灭主义立法。该立法认为两项物权发生混同之时,其中一项物权因被其他的物权吸收而归于消灭。罗马法采取此种模式。[28] 第二,混同不消灭主义,即一项存在于他人土地上的权利并不因土地所有人取得权利或权利人取得土地所有权而归于消灭。德国采取此种模式。第三,折中主义,即当两项物权发生混同之时,原则上其中一项物权消灭,但是如果被消灭的物权对于权利人或者第三人具有利害关系的时候,则该项物权不消灭。日本与我国台湾地区采取此种模式。

(二)物权混同规则

1. 当所有权与他物权的混同时,原则上他物权消灭,但是,该他物权的存在对于所有人或者第三人产生法律上的利益时,则该他物权不消灭。例如,抵押人甲以其房屋一栋向债权人乙设定抵押,乙又以其对甲享有的债权及抵押权向丙设定质权。随后,因甲死亡,乙继承了甲的房屋。本来由于债权债务的混同以及抵押权与所有权的混同,乙享有的抵押权应归于消灭。但是,由于该抵押权属于丙的质权标的物,如果消灭就会导致作为丙的质权标的物的债权成为没有抵押担保的债权,因此该抵押权不因混同而消灭。

---

〔27〕 郑玉波:《民法物权》,三民书局 2007 年版,第 43 页。
〔28〕 刘鸿渐:《中华民国物权法论》,朝阳学院 1933 年版,第 63 页。

2. 他物权与以该他物权为标的的担保物权混同时,原则上该担保物权消灭,但是当该权利的存续对于权利人或者第三人产生法律上的利益时不消灭。例如,甲企业向乙企业借款100万元并以其国有土地使用权向乙设定抵押权,其后甲乙进行吸收合并,甲企业消灭。此时,因国有土地使用权人与国有土地使用权的抵押权人为同一主体即乙企业,国有土地使用权抵押权应当消灭。但是,如果乙企业以其对于甲企业的100万元债权及抵押权向丙企业设定了权利质权时,则国有土地使用权抵押权不能消灭,否则将对丙企业不利。

3. 由于物权因混同而消灭是依法律的直接规定而发生的效果,所以不动产物权因混同而消灭的,不以登记为生效要件。

二、抛弃

(一)概念与性质

抛弃是以消灭物权为目的的单独行为。对于抛弃行为的性质,学者有一些争论,焦点集中在抛弃人是否需要有抛弃的意思。肯定说,据此认为抛弃属于单方法律行为,而否定说则认为抛弃属于非意思表示的事实行为。通说认为,抛弃属于单方法律行为。我国《民法典》没有使用"抛弃",改采"放弃"的称谓。《民法典》物权编在担保物权分编对债权人放弃担保物权的问题作出了规定。

(二)要件

因物的不同、权利的不同,抛弃所需履行的手续也不同。抛弃动产所有权时,除具有抛弃的意思表示还应放弃对动产的占有。不过,其意思表示无须向任何特定的相对人为之。抛弃需要移转占有的动产物权如质权时,必须向因抛弃行为而直接受益的人作出抛弃的意思表示并交付动产。至于无须移转占有的动产他物权,则只要向因此而受益的人作出抛弃的意思表示即可。

抛弃不动产所有权,抛弃人除作为抛弃的意思表示外,还必须进行所有权注销登记;抛弃不动产上的其他物权,抛弃人必须向因抛弃行为而直接受益的人作出意思表示,同时办理他物权的注销登记。例如,抵押权人甲抛弃其不动产抵押权时,应当向因此而受益的抵押物所有人乙作出意思表示。如果物权人并不办理注销登记,则该受益人有权向登记机关申请注销登记。至于因抛弃而使动产或不动产成为无主物时,该无主物的归属,应视其性质而定。无主的动产在法律没有特别规定的时候,应当归国家所有(参照《民法典》第318条)。如果无主物是城市的不动产,则由国家取得;农村的不动产由所在地的集体经济组织取得。

参考案例

1. 遵义市红花岗区长征镇沙坝村纪念街村民组诉遵义明顺房地产开发有限责任公司等商品房买卖合同纠纷案,载《中华人民共和国最高人民法院公报》2018年第12期。
2. 中国建设银行股份有限公司广州荔湾支行与广东蓝粤能源发展有限公司等信用证开证纠纷再审案,载《中华人民共和国最高人民法院公报》2016年第5期。
3. 唐某诉李某某、唐某乙法定继承纠纷案,载《中华人民共和国最高人民法院公报》2014年第12期。
4. 四川省聚丰房地产开发有限责任公司与达州广播电视大学合资、合作开发房地产合同纠纷案,载《中华人民共和国最高人民法院公报》2014年第10期。

5. 肯考帝亚农产品贸易(上海)有限公司与广东富虹油品有限公司、第三人中国建设银行股份有限公司湛江市分行所有权确认纠纷案，载《中华人民共和国最高人民法院公报》2012年第1期。
6. 青岛源宏祥纺织有限公司诉港润(聊城)印染有限公司取回权确认纠纷案，载《中华人民共和国最高人民法院公报》2012年第4期。
7. 大连羽田钢管有限公司与大连保税区弘丰钢铁工贸有限公司、株式会社羽田钢管制造所、大连高新技术产业园区龙王塘街道办事处物权确认纠纷案，载《中华人民共和国最高人民法院公报》2012年第6期。

第十五章　物权的保护

导 读

物权是一种绝对权,受到公法、私法的严格保护。私法上的保护可以分为公力救济与自力救济。公力救济分为债法上的保护方法(损害赔偿请求权)与物权法上的保护方法(物权请求权)。我国《民法典》物权编专设一章规定物权的保护。该章重点规定了物权请求权,掌握物权请求权与损害赔偿请求权的关系,十分重要。

第一节　概　　述

物权的保护,是指法律上规定的对物权予以保护的各种机制。[1] 物权的保护分为公法保护与私法保护。前者是运用行政法、刑法等公法手段对物权进行保护,而后者主要是依据民法对物权进行保护。我国《民法典》第207条明确规定:“国家、集体、私人的物权和其他权利人的物权受法律平等保护,任何组织或者个人不得侵犯。”同时,《民法典》物权编第3章专门对“物权的保护”作出了规定。

一、公法保护

对物权的公法保护主要是由行政法和刑法提供。《民法典》属于私法,没有必要对物权的公法保护此作出规定。《民法典》只是在第187条,明确了民事主体因同一行为应当承担民事责任、行政责任和刑事责任的,承担行政责任或者刑事责任不影响承担民事责任;民事主体的财产不足以支付的,优先用于承担民事责任。

二、私法保护

对物权的私法保护可以分为两大类:公力保护与私力保护。公力保护,也称“公力救济”,是指权利人在物权受到侵害后,依法请求国家司法机关运用公权力给予的保护。私力保护,也称“私力救济”,是指当物权人的权利受到侵害时,通过自己的个人力量对权利加以保护,包括正当防卫、紧急避险和自助行为。

私法为物权人提供的“公力救济”方法包括:其一,在物权的归属和内容发生争议时,请求有权机关确认权利(《民法典》第234条);其二,在物被他人无权占有或者物权遭受侵害或妨碍时,行使物权请求权,要求返还原物、排除妨害和消除危险(《民法典》第235~236条);其三,在

[1] 王利明:《物权法研究》,中国人民大学出版社2002年版,第102页。

物被毁损或因物权被侵害而遭受损害时,要求他人修理、重作、更换或者恢复原状,或者请求损害赔偿(《民法典》第237、238条)。这些公力救济措施中,第二类属于物权请求权,第三类则属于损害赔偿请求权(见图15-1)。

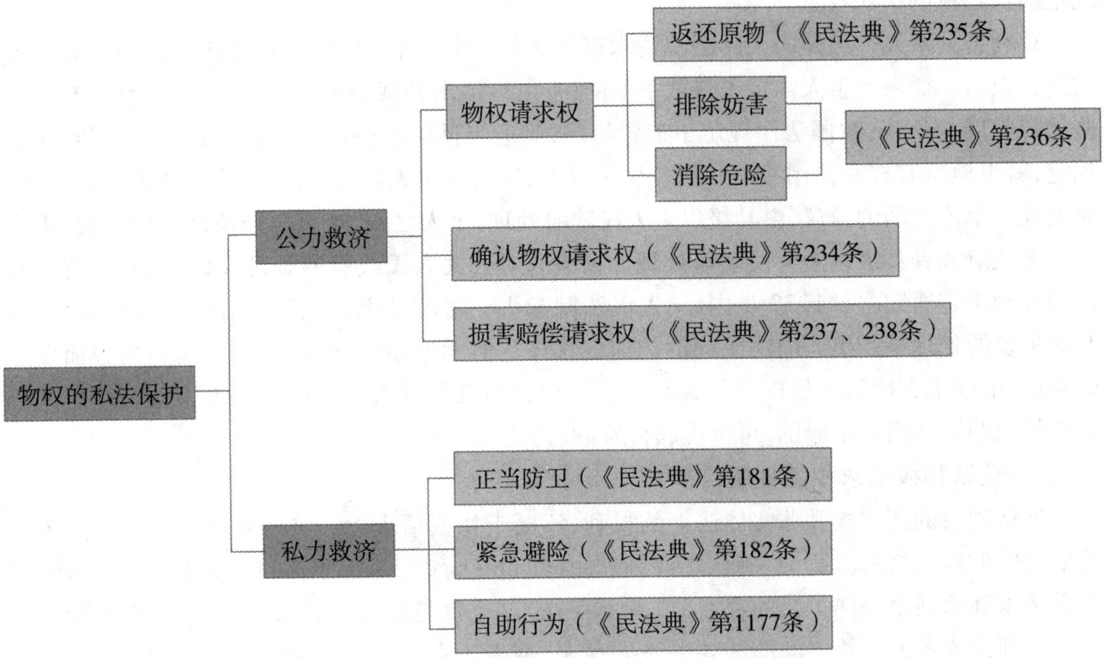

图15-1 物权的私法保护方法的类型

第二节 确认物权的请求权

一、确认物权的请求权的含义

《民法典》物权编作为调整因物的归属和利用而发生的民事关系的法律规范,必须为物权的归属的和内容发生争议时提供确定权利的法律规则。故此,《民法典》第234条规定:"因物权的归属、内容发生争议的,利害关系人可以请求确认权利。"该条规定的利害关系人请求确认权利的权利,即确认物权的请求权。确认物权的请求权具有以下特征:

1. 请求权的主体是利害关系人。所谓"利害关系人",是指与物权的归属或内容存在法律上的利害关系的人。例如,A认为登记簿记载为B单独所有的某栋房屋是其与B的夫妻共有财产,而B则认为该财产是自己单独所有的财产,二者就房屋所有权的归属发生了争议。A作为利害关系人可以请求确认其对房屋的共有权。再如,抵押权人甲认为抵押权担保的债权是1000万元,而抵押人认为担保的债权仅仅是100万元,二人对于抵押权的内容发生了争议,他们都是利害关系人,可以行使确认物权的请求权。

2. 确认物权的请求权的内容是物权的归属或者物权的内容。只有确认了物权的归属和内容后,物权人在他人无权占有、侵害或妨碍自己的物权时,才能行使物权请求权,如返还原物或排除妨害。物权人在因他人的侵害而遭受损失时,才能要求侵害人承担赔偿责任或其他民事责任。由此可见,确认物权的请求权是物权人行使法律赋予的保护物权的各种措施的前提和基础。正因如此,《民法典》才在规定返还原物请求权、排除妨害请求权、消除危险请求权之前规定确认物权的请求权。

3. 利害关系人一般是向人民法院请求确认物权,因为司法裁判具有确认物权归属和内容的终局效力。如果当事人约定了仲裁条款的,也可以请求仲裁委员会确认物权。此外,对于有些物权归属的争议,我国法律规定了前置程序,则应当遵循这一规定。《土地管理法》第 14 条规定,就土地所有权和使用权的归属发生争议的,应由当事人协商解决;协商不成的,由人民政府处理。单位之间的争议,由县级以上人民政府处理;个人之间、个人与单位之间的争议,由乡级人民政府或者县级以上人民政府处理。当事人对有关人民政府的处理决定不服的,可以自接到处理决定通知之日起 30 日内,向人民法院起诉。这就是说,政府对土地所有权和使用权归属争议的处理是当事人向法院起诉的前置程序。但无论如何,就物权的归属和内容而发生的争议,最终享有确认该物权的归属和内容的权力的机关是人民法院。当事人就行政机关确认的物权归属和内容不服的,可以提起行政诉讼。

二、确认物权请求权的性质

确认物权的请求权并非实体法上的权利,不属于物权请求权。该请求权实质是上述民事诉讼法中的确认之诉。所谓“确认之诉”(Feststellungsklage),是指原告并不诉求判处对方给付而仅请求确认某个法律关系的存在(或者不存在)。也就是说,确认具体生活事实中产生的人与人之间的或者人与物之间的法律关系的存在(或者不存在)。[2] 确认之诉的首要价值在于确认绝对权利的存在,如物权、著作权、专利权等。当然,确认之诉中也可以请求确认债权关系、身份关系的存在。

作为诉讼法上的确认之诉,确认物权的请求权与物权请求权有很大的不同:首先,物权请求权可以由物权人直接向侵夺人或妨碍者加以行使,而利害关系人所提出的确认物权的请求是向法院提出(例外情形可以向行政主管机关提出),最终的确认权在法院。其次,物权请求权是基于物权而产生的。也就是说,行使物权请求权的主体首先必须是物权人,方能行使该请求权。但是,物权的确认本身就是要确认某种物权是否存在或者现存物权的权利范围。例如,所有人要行使所有物返还请求权的前提是证明其自己为所有权人,如果就此发生了争议,那么他必须要求确认自己对该物的所有权,然后提出请求。最后,当物权人向侵夺其物品的人行使返还原物的请求权而未获实现时,其应当向法院提起判处之诉(Verurteilungsklage),即请求法院判处被告返还原物;当物权人的停止侵害请求权、排除妨碍请求权或消除危险请求权未获实现时,其应当提起的是不作为之诉与容忍强制执行之诉,这属于给付之诉(Leistungsklage)。给付之诉与确认之诉的差别在于:给付之诉只能涉及源于绝对权的各个请求权,而不是对绝对权利本身。确认之诉则可以把成为具体请求权基础的物权及整体性法律关系作为诉讼标的,通过确认之诉确定这些关系来全盘性地解决纠纷。

---

〔2〕 [德]奥特马·尧厄尼希:《民事诉讼法》(第 27 版),周翠译,法律出版社 2003 年版,第 185 页。

第三节　物权请求权

一、物权请求权的含义

物权请求权，是基于物权所生，旨在排除对物权现实的或潜在的妨害，从而回复物权圆满支配状态的请求权。关于物权请求权的性质，存在物权作用说、债权说、准债权说、独立请求权说等不同观点。[3] 本书认为，物权请求权是附属于物权而产生的一类请求权，不同于作为原权的物权。物权请求权虽基于物权而生，但从其内容及相对人来看，并非单纯的物权作用。同时，由于物权请求权是特定人之间请求为一种行为的权利，因此它与债权具有很大的相似性，却不同于债权。一方面，请求权是债权的上位概念，比债权更具一般性。通常，人们也只是在债法之外才使用请求权的概念。请求权可以基于债权债务关系、物权关系，也可以基于亲属关系或者继承关系而产生。[4] 另一方面，债权是独立的请求权，而物权请求权是非独立的请求权。物权请求权具有从属性，从属于相应的物权，因物权的产生、移转、消灭而产生、移转、消灭。因此，物权请求权虽然属于请求权，却并非债权。

二、物权请求权的类型

传统民法中的物权请求权有三类：所有物返还请求权、排除妨害请求权与预防妨害请求权。在我国，自原《民法通则》开始，立法机关就没有严格区分原权利与侵害原权利产生的请求权，也没有区分各类不同性质的请求权，而是将侵害民事权利产生的法律后果统称为“民事责任”。《民法典》虽然明确区分了作为债权的损害赔偿请求权和作为绝对权保护请求权的物权请求权、人格权请求权，但依然将这些因为原权利被侵害而产生的请求权作为民事责任的承担方式。在《民法典》第179条第1款规定的十一种承担民事责任的方式中，性质上属于绝对权保护请求权的有停止侵害、返还财产、排除妨碍、消除危险，这四类请求权在物权编中也被称为物权请求权。其中停止侵害与排除妨碍大体相当于传统民法中的妨害排除请求权，消除危险则属于妨害预防请求权，至于返还财产，在物权编中就体现为返还原物请求权。不过，我国《民法典》第235、236条只是规定了三类物权请求权，即返还原物、排除妨害和消除危险，没有将停止侵害作为物权请求权加以规定。或许立法者认为，排除妨害就包括了排除对物权的妨碍与侵害，故此，就物权而言，排除妨害就可以发挥停止侵害的作用，没有必要在物权请求权中再规定停止侵害。

三、物权请求权与损害赔偿请求权的区别

1. 是否具有独立性上的不同。如前所述，物权请求权不是独立的请求权，它具有从属性，即从属于所保护的物权。损害赔偿请求权，性质上为债法的请求权，属于独立的请求权。

2. 保护的对象不同。损害赔偿请求权适用于一切法律所保护的民事权益受到损害的场合，无论是人身权益，还是财产权益。物权请求权保护的只是性质上属于绝对权的物权，不包

---

〔3〕 详见郑玉波：《论所有物返还请求权》，载郑玉波主编：《民法物权论文选辑》（上），五南图书出版公司1984年版，第155~156页；谢在全：《民法物权论》（修订2版，上册），2003年印行，第50页。

〔4〕 ［德］迪特尔·梅迪库斯：《德国民法总论》，邵建东译，法律出版社2000年版，第68页以下。

括债权以及并非权利的民事利益。这是因为,物权作为绝对权,具有排他性,效力非常强大,可以对权利人以外的一切人发生排斥效力。

3. 适用的要件不同。归责原则只是损害赔偿的归责原则,而非任何民事责任的归责原则。例如,侵权损害赔偿责任以过错责任为最基本之归责原则,无过错责任须有法律之明文规定方能适用。故此,适用作为损害赔偿请求权的侵权责任承担方式时,原则上要求侵权人存在过错(受害人证明之或法律推定之),除非法律特别规定适用无过错责任。但是,适用作为物权请求权的侵权责任承担方式时,既无须考虑是否有损害,也无须考虑侵权人有无过错。即便侵权人没有过错,构成对绝对权的侵害、妨害或妨害之危险时,也要承担排除妨害、消除危险等侵权责任。因为权利人之外的任何人,在未经权利人同意又无法定的免责事由的情形下,对绝对权之妨害或侵害行为本身就是非法的。基于绝对权的排他性,权利人当然有权排除之。[5]

4. 是否连带承担责任上的不同。连带责任就是连带赔偿责任,也称连带债务。只有当数个侵权人承担的是性质上属于损害赔偿请求权的侵权责任,他们才可能构成连带责任。至于作为物权请求权的侵权责任,如返还财产、排除妨害、消除危险等,是无法连带承担的。

5. 是否适用诉讼时效不同。物权请求权不适用诉讼时效,对此,《民法典》第 196 条第 1、2 项和第 985 条第 2 款有明确的规定。损害赔偿请求权则适用诉讼时效。

四、返还原物请求权

(一)概念

返还原物请求权,是指所有权人以及其他物权人依法享有的要求无权占有其物或不法侵夺其物之人返还该物的请求权。就所有权人和用益物权人而言,占有对于其至关重要。倘不占有物,权利人就无法使用该物并享有由此产生的利益,或者丧失对物的交换价值的事实控制。《民法典》第 235 条规定:"无权占有不动产或者动产的,权利人可以请求返还原物。"从该条可知,返还原物的请求权不仅能适用于动产,也能适用于不动产。但无论如何,该请求权只能针对特定的物,即被他人无权占有或侵夺的那个动产或不动产,而不能针对已经替代了原物的某个物提出。返还原物请求权一般不能适用于那些具有高度流通性的物,如货币及某些有价证券等,因为对于这些物适用"占有即所有"的法律规则。

由于他人无权占有或侵夺所有物后既可能因占有人的滥用而导致所有物被损坏或毁灭而丧失价值,也有可能因占有人有效的利用与保护而保值甚至增值。因此,围绕着返还所有物请求权还发生了其他类型的请求权(债法上的请求权)以调整物上权利人与占有人间的法律关系。例如,所有人针对不法占有人的侵权损害赔偿请求权、收益返还请求权,占有人对于所有人的费用支付请求权等(《民法典》在第五分编"占有"中就此作出了规定)。从这个角度上来说,返还所有物请求权是物上权利人与占有人之间发生的法律关系中的主导性请求权,而其他请求权为从属性的请求权。

(二)构成要件

1. 请求权主体。返还原物请求权的主体为"权利人",包括物权人以及依法享有返还原物请求权的其他人,如所有权人、财产代管人、遗产管理人、清算组、破产管理人等。至于那些基于债权而占有动产或不动产的人,他们在动产或不动产被他人侵夺时,可以行使返还占有物的请求权(《民法典》第 460 条),该请求权属于占有保护请求权。

---

〔5〕 参见王洪亮:《论侵权法中的防御请求权》,载《北方法学》2010 年第 1 期。

2. 义务人。负有返还所有物之义务者须为所有物之现实占有人，如果其已丧失占有，则不能针对其行使所有物返还请求权（在符合侵权赔偿责任的要件时，所有人有权向该人请求损害赔偿）。

3. 占有的不法性。只有在占有人的占有是不法之时，权利人才能针对占有人行使返还原物的请求权。占有的不法性，是指占有人的占有属于无权占有，即占有人在被请求返还原物时没有占有的本权（如典权、质权、租赁权、留置权等）而仍占有。至于该占有人过去是否曾为有权占有，在所不问。如果占有人对于所有权人是合法的占有即有权占有时，所有权人不能要求其返还。因为，此时倘若允许所有人行使所有物返还请求权，则不仅违反了其在具体法律关系中所承担的使占有人获得并保持占有的义务，在许多情形下还构成了对诚实信用原则的违反。〔6〕有权占有，不仅意味着该占有包含在占有人与所有人之间的法律关系之内（如质权关系），也包括占有人的占有权源于其他人，但是该他人针对所有权人是享有将占有予以转让的权利的（如租赁合同中允许承租人进行转租）。对于占有人是否属于有权占有，法院应主动依职权加以审查，如果发现占有为有权占有，则应驳回所有人提出的返还所有物的请求。

五、排除妨害请求权

（一）概念

排除妨害请求权，是指当所有权与他物权之圆满状态受到他人以侵夺占有或无权占有以外的方式不法予以侵害或者妨碍时，物权人享有的请求排除该妨害，从而使自己的物权恢复圆满状态的一项请求权（《民法典》第236条）。此种请求权主要适用于不动产，动产所有人请求排除妨害的情形相对较少。例如，甲擅自在乙的土地上通行或将垃圾堆积在乙的土地上，乙有权请求甲将这些对其土地所有权之行使构成的妨碍予以排除。排除妨害请求权不同于返还原物请求权的地方在于：行使前项权利时，所有人或他物权人并未丧失对其物的占有；而行使后项权利的要件之一就是，物已为他人无权占有或被他人侵夺占有。权利人通过行使排除妨害请求权而使受到影响的权利回复到从前的圆满状态，该排除妨害的费用由妨害人负担。

（二）构成要件

1. 请求权人。《民法典》第236条规定，妨害物权的，权利人可以请求排除妨害。因此，享有排除妨碍请求权的主体必须是权利人，即所有权人以及其他依法能够享有排除妨害请求权的他物权人。

2. 不法妨害。所谓"妨害"，是指以侵夺占有以外的方法，妨碍所有人或他物权人行使其物权或者侵害物权，包括了对物权的侵害和妨碍。申言之，因他人的作为或不作为导致所有人或他物权人的权利状态与正常的情形不相符合。例如，在建造建筑物时，违反国家有关工程建设标准，妨害了相邻建筑物的通风、采光和日照（《民法典》第293条）。不动产权利人违反国家规定弃置固体废物，排放大气污染物、水污染物、噪声、光、电磁辐射等有害物质，从而对相邻不动产的权利人造成妨害（《民法典》第294条）。

"妨害"这一表述本身就意味着其是不法的，即具有违法性。只要在所有权人或他物权人不负有特别容忍的义务之时，任何对所有权或他物权行使的圆满状态的阻碍都构成妨害。特别容忍义务既可以来自合同的约定，也可以来自法律的规定。例如，某甲将其三室一厅的公寓中的一间房间租给乙，因此甲对于乙穿行于厅堂的行为就负有容忍的义务。法律上的容忍义

〔6〕［德］鲍尔、施蒂尔纳：《德国物权法》（上册），张双根译，法律出版社2004年版，第187页。

务是因现代社会群居共处的需要,如土地所有权人对于轻微的影响(如煤气、声响、臭气等)应当予以容忍。判断妨害是否轻微取决于两点:首先,此种妨害是否符合法律限定的极限值;其次,该妨害是否为合理的人所能加以忍受的。对于不动产所有权人或者用益物权人而言,更多的容忍的义务来自相邻关系的规定。

六、消除危险请求权

《民法典》第236条规定,可能妨害物权的,权利人可以请求消除危险。这是对消除危险请求权的规定。危险是指他人的行为或者设施可能造成物权人占有物的妨害,其判断标准大致为:第一,危险必须是可以合理预见的,而不是主观臆测的。第二,危险必须是确实存在的且有对他人财产、人身造成妨害的可能。如邻人的大树有可能倾倒,砸坏自己的房屋。此种妨害尚未发生但又确有可能发生,对此权利人负有证明责任。行使消除危险的请求权时不考虑行为人主观上是否具有故意或者过失。

危险发生以后,应当由危险的形成人承担消除危险的责任,因此,清除危险的费用应当由危险设施的物权人承担。如果危险虽然已经形成,却未造成实际的损害,则有可能遭受损害的人有权请求形成该危险之人消除危险,却不能请求其承担损害赔偿责任。例如,在公共场所施工时,没有设置明显标志,可以主张物权请求权,不能主张侵权损害赔偿请求权。但是,如果在形成危险以后同时又造成了他人的损害,则当受害人是物权人的时候,其不仅可以请求侵权人消除危险,也可以请求侵权人承担损害赔偿责任。

第四节　恢复原状的请求权

一、概念与特征

《民法典》第237条规定:"造成不动产或者动产毁损的,权利人可以依法请求修理、重作、更换或者恢复原状。"这就是所谓"恢复原状的请求权"的规定。事实上,在《民法典》第179条第1款规定的十一种承担民事责任的方式中,就对"恢复原状"有明确的规定。这种恢复原状的民事责任是指,当加害人导致他人财产损害后,应当恢复被侵害的财产的原有状态。通常是指修复被损坏的财物,如被损坏的房屋、家具等,对土地、渠道、道路因某种需要发生阻断或破坏的,也有责任恢复原状。[7]

恢复原状的请求权的特征如下:第一,请求权人为权利人,即所有人或者他物权人。第二,该请求权适用于不动产或者动产被毁损的场合。第三,该请求权指向的义务人承担的责任包括修理、重作、更换或者恢复原状。

《民法典》第237条中的"修理、更换、重作"主要是适用于买卖合同、加工承揽合同等合同关系的承担民事责任的方式。例如,当卖方交付的产品不符合合同约定的质量要求时,卖方应当负责修理或者更换合格的产品,加工承揽合同中承揽人交付的工作成果不符合质量要求时,应当负责修理或者重作。《民法典》第582条规定:"履行不符合约定的,应当按照当事人的约定承担违约责任。对违约责任没有约定或者约定不明确,依据本法第五百一十条的规定仍不

---

〔7〕 孙亚明主编:《民法通则要论》,法律出版社1991年版,第246页。

能确定的，受损害方根据标的的性质以及损失的大小，可以合理选择请求对方承担修理、重作、更换、退货、减少价款或者报酬等违约责任。”

二、性质

关于恢复原状的请求权的性质如何，理论界有不同的看法。有人认为，恢复原状的请求权属于物权请求权。本书认为，恢复原状的请求权并不属于物权请求权，而只是损害赔偿请求权的一种实现方式，它是与金钱赔偿相并存的一种损害赔偿的方法。[8]

事实上，对于损害赔偿责任人而言，恢复原状与损害赔偿没有实质上的差别，因为无论是赔钱还是出钱修理，都是使其承受了不利益。而就受害人而言，他实际上享有一种选择权，但被损害的物是不可替代物时，其有权要求加害人恢复原状，而不能通过金钱赔偿的方式直接取得该物的所有权。如果被损害的物是可替代物时，则通过金钱赔偿的方式更有利于受害人。此外，如果认为恢复原状请求权是一种物权请求权的话，由于物权请求权的行使不以其对方当事人是否有过错为要件，那么必然导致侵权责任全面向无过错责任的过渡。克里斯蒂安·冯·巴尔教授曾正确地指出此点，他说：“如果修理受损的动产之费用构成排除对所有权的持续侵扰的话，那么也就创设了对物之损害的一般的无过错责任；这样一来，全部侵权行为都会变成无过错责任。”[9]

参考案例

1. 长三角商品交易所有限公司诉卢海云返还原物纠纷案，载《中华人民共和国最高人民法院公报》2017 年第 1 期。
2. 连成贤诉臧树林排除妨害纠纷案，载《中华人民共和国最高人民法院公报》2015 年第 10 期。
3. 张一诉郑中伟、中国联合网络通信有限公司武汉市分公司建筑物区分所有权纠纷案，载《中华人民共和国最高人民法院公报》2014 年第 11 期。
4. 徐州西苑艺君花园（一期）业主委员会诉徐州中川房地产开发有限公司物业管理用房所有权确认纠纷案，载《中华人民共和国最高人民法院公报》2014 年第 6 期。
5. 大连羽田钢管有限公司与大连保税区弘丰钢铁工贸有限公司、株式会社羽田钢管制造所、大连高新技术产业园区龙王塘街道办事处物权确认纠纷案，载《中华人民共和国最高人民法院公报》2012 年第 6 期。
6. 上海盘起贸易有限公司与盘起工业（大连）有限公司委托合同纠纷案，载《中华人民共和国最高人民法院公报》2006 年第 4 期。
7. 胡德开等人申请确认房屋所有权案，载《中华人民共和国最高人民法院公报》1998 年第 4 期。
8. 陈德俄诉陈德群侵害房屋所有权纠纷案，载《中华人民共和国最高人民法院公报》1992 年第 4 期。

---

〔8〕 在德国法上，恢复原状是指恢复受害人假想的应有状态，即假设损害没有发生时受害人应处的状态。确切地说，恢复原状是通过经济手段使受害人处于一种经济上“同等或等值”（Gleichartigkeit und Gleichwertigkeit）的状态。详见程啸、王丹：《损害赔偿的方法》，载《法学研究》2013 年第 3 期。

〔9〕 ［德］克里斯蒂安·冯·巴尔：《欧洲比较侵权行为法》（下卷），焦美华译，张新宝校，法律出版社 2001 年版，第 667 ~ 668 页。

第十六章　所　有　权

导读

所有权是最重要也是最基本的物权。无论是用益物权，还是担保物权，都是从所有权上派生出来的。我国是社会主义国家，实行的是“公有制为主体、多种所有制经济共同发展的基本经济制度”，故此，《民法典》物权编中对国家所有权、集体所有权、私人所有权分别作出了规定。在本章，还应当掌握共有、建筑物区分所有权以及所有权取得的特别方式，尤其是善意取得制度。

第一节　概　　述

一、所有权的概念与特征

英国著名法学家布莱克斯通曾言：“没有任何事物能够像所有权那样，如此广泛地激发人们的想象力与情怀；也没有任何事物像所有权那样，让一个人可以对世界外在之物提出主张、独断专行地加以支配，并完全排除其他任何人的权利。”[1]作为人类社会生活中最基本也最重要的一项权利，所有权在人类历史发展的长河中始终发挥着至关重要的角色，以致近代资本主义国家将所有权作为一项天赋的人权而予以绝对的尊重。各国法律中，对所有权下定义的很少。我国《民法典》第240条将所有权界定为“所有权人对自己的不动产或者动产，依法享有占有、使用、收益和处分的权利。”在民法上，所有权具有以下特征：

1. 完全性。所有权的完全性，是指所有权乃所有人一般性的、全面的支配其客体的物权。与所有权不同，他物权对于物进行的是特殊的、有限制的支配。其中，担保物权支配的仅是物的交换价值，用益物权支配的是物的使用价值。然而，所有权人不仅支配物的交换价值，还支配物的使用价值，其对于所有物可以进行全面的占有、使用、收益与处分。简言之，任何对物的合法的支配和处分的方法都归属于所有权人。

2. 整体性。所有权的整体性，是指所有权是具有浑然一体的内容的物权。[2] 所有权的内容虽然主要体现为所有人对物的占有、使用、收益与处分，但不能认为将这4项权能简单相加就构成了一项完整的所有权。因为所有权的各项内容是有机的、整体性的结合在一起的。基

〔1〕 William Blackstone, Commentaries on the Law of England, Bk. Ⅱ, Ch. 1, at 2.

〔2〕 [日]我妻荣：《日本物权法》，有泉亨修订，李宜芬校订，五南图书出版公司1999年版，第240页；郑玉波：《民法物权》，三民书局1999年版，第54页。

于所有权的整体性，不能对所有权在内容或者时间上加以分割。他物权的设定也不是将构成所有权内容的某种权能进行分割，而是将所有权整体性内容中的某一部分加以具体化后由所有权人出让而形成的。如果这些他物权与所有权发生混同时，前者将归于消灭，其原因正在于此。

3. 弹力性。当物上设定了他物权时，所有人享有的权能已经受到了限制。尤其当土地上设定了某些用益物权如地上权时，所有人对于土地几乎已经失去了全部的权能。例如，在我国当国家将国有建设用地使用权出让给公民或者法人时，土地使用权人对于土地享有占有、使用、收益以及处分等大量的权能。此时，国家作为土地的所有人享有的只是一项“空虚的所有权”或者“裸体的所有权”。然而，此种限制是有限的，在经过一定的期限之后所有权会当然地回复到其圆满状态，这就是所有权的弹力性。

4. 永久性。所有权的永久性并非指所有权永远不会归于消灭，而是指对于所有权不能如他物权那样预定存续的期限，当事人不能作出此种预定，国家也不能。同样，所有权也不会因诉讼时效期间的经过，而归于消灭。

二、所有权的权能

（一）积极权能与消极权能

所有权的权能也称“所有权的内容”或者“所有权的作用”，它包括积极权能与消极权能，前者是指所有人享有的作为的权利，后者是指所有人针对就其他的人享有的要求他们不作为的权利。

1. 积极权能

所有权有四项最典型的积极权能，即占有、使用、收益和处分。

所有权的占有权能，是指对于物具有事实上的管领力的一种状态。占有作为所有权人对其物进行使用、收益的前提与基础，自然属于所有权的一项重要权能。

所有权的使用权能，是指在不毁损物或变更物的性质的情形下，而依照物的通常使用方法以满足所有人需求的行为。例如，利用笔记本电脑写作文章、使用杯子喝水等。

所有权的收益权能，主要是指收取所有物的天然孳息或者法定孳息，所有权人收取天然孳息，属于事实收益，如摘取果实、挤取牛奶等；而收取法定孳息，属于法律收益，如将房屋出租收取租金。

所有权的处分权能，包括事实上的处分与法律上的处分。事实上的处分，是指对物进行毁损、改造、破坏或者进行物理、化学性质上的改变。例如，将玻璃杯摔碎或将信件烧毁。法律上的处分是指变更、消灭对于所有物上的权利，如在房屋上设定抵押、在土地上设定地役权等。

2. 消极权能

所有权的消极权能，是指所有权人能够排除他人不正当的干涉。此种排除的方式主要就是返还原物、排除妨害、消除危险等物权请求权。所谓不正当的干涉，是指没有法律依据而对他人的所有权进行的直接侵夺、干扰或者妨害。此外，就他人不正当干涉而造成的损失，所有人有权要求干涉人承担侵权损害赔偿责任。

（二）所有权权能的分离

1. 所有人有权依据自己的意思将所有权的权能加以分离从而为他人设定限制物权。所有权的处分权能就意味着所有权人可以依据自己的意思将所有权的权能加以部分的分离，即在所有物上为他人设定用益物权和担保物权。其中，用益物权是所有权人将占有、使用、收益的权能加以分离后形成的,如建设用地使用权、土地承包经营权等。担保物权是指所有人将对所有物的交换价值加以支配的权能分离后形成的,如抵押权、质权等。

《民法典》第241条第1句规定:“所有权人有权在自己的不动产或者动产上设立用益物权和担保物权。”这是对所有权权能的分离的法律规定。该规定的意义在于:首先,有助于充分发挥物的效用。现代社会对物的利用方式呈现多样化、多层次化的特点,《民法典》通过肯定所有权人设定用益物权和担保物权的权利,以法律的形式保障了所有权人对自己的动产和不动产的利用,为实现对物的充分利用确定了前提。其次,明确了国家所有的自然资源有偿使用制度的民法属性。我国是以公有制为主体,多种所有制经济共同发展的社会主义国家,许多重要的自然资源都是属于国家所有,如城市土地、矿藏、水流、海域等,国家依法实行的是自然资源有偿使用制度。一些人错误地认为,国家将其所有的自然资源有偿交由自然人、法人或者其他组织使用的行为是公法上的行政行为或者是所谓的行政合同,并据此将这种因对国家所有的自然资源的利用而产生的民事关系理解为行政管理关系,通过当事人提起行政诉讼来解决此等纠纷。[3] 这种认识显然混淆了国家作为主权者和作为自然资源所有者的身份,不仅不利对权利人物权的保护,而且也不利于充分发挥自然资源的效用。依据《民法典》第241条第1句规定,可以非常明确的一点是,国家将自然资源有偿交由自然人、法人或其他组织使用制度是一种民事制度,国家可以通过对国家所有权权能的分离为这些民事主体设定他物权。在这种民事关系中,国家与自然人、法人等民事主体之间是平等的。

2. 行使他物权不得损害所有权人的权益。用益物权、担保物权都属于限制物权,它们是对所有权人的权利的限制。但是,用益物权人、担保物权人行使权利,不得损害所有权人的权益(《民法典》第241条第2句)。该规定的意义在于:首先,有利于维护所有权人的利益,为解决所有权人与他物权人之间的纠纷确定了裁判的依据。其次,我国自然资源实行公有制,即国家所有和集体所有,用益物权多是在国家或集体所有的自然资源上设定的。为了能够有效地保护自然资源,保护环境和维持生态的平衡,有必要明确用益物权人和担保物权人行使权利时不得损害所有权人的权益。

三、所有权的普遍性与专属性

现代法治社会中的所有权应当是抽象的、纯粹的、完全的权利,不应当包含任何人身依附性质和等级制度的色彩。在物权法中之所以产生物权法定原则,一个重要的理由就是要涤荡封建社会中所有权上附加的一切不符合市场经济发展的东西。在封建社会,所有权被肢解为身份上的所有权与使用上的所有权这双重所有权,蕴含着严重的人身依附关系。这种形式的所有权显然严重阻碍着资本主义的发展。为了反对封建的和等级的义务,资产阶级的市民法提出了“脱离一般目的的、自由的、抽象的、无所不包的所有权”。[4] 通过法律对所有权以及他物权的种类与内容的强制性规定,资产阶级扫荡了财产权上的任何人身依附性质以及等级制度的色彩,所有能够以货币加以买卖的财产都是所有权的客体,最终使所有权能够顺畅无阻地融入商品生产和财产流通的自由与强制当中。

---

〔3〕 例如,最高人民法院《关于审理行政协议案件若干问题的规定》第2条第2项就错误地将“矿业权等国有自然资源使用权出让协议”规定为行政协议,并将因此产生的诉讼规定为行政诉讼。

〔4〕 [德]罗尔夫·克尼佩尔:《法律与历史——论〈德国民法典〉的形成与变迁》,朱岩译,法律出版社2003年版,第241页以下。

我国是一个社会主义国家,实行“公有制为主体、多种所有制经济共同发展的基本经济制度”。为了实现维护国家基本经济制度的立法目的,《民法典》第242条规定,法律规定专属于国家所有的不动产和动产,如国家所有的土地、矿藏、水流、海域,无线电频谱资源,野生动物资源,法律规定专属于国家的文物等,任何单位和个人不能取得所有权。也就是说,某些不动产或者动产上面只能产生国家所有权,而不能产生集体所有权和私人所有权。专属于国家所有的不动产和动产既不能投入交易,也不能因善意取得等其他方式归集体或私人所有。[5]

第二节　征收与征用

一、征收

(一)征收的概念与性质

征收,是指政府为了公共利益的需要,依照法律规定的权限和程序不经被征收人同意而强制性地取得财产的行为。征收是国家强制取得物权的一种方式。征收的主体是国家。只有国家才能利用公共权力对集体或私人财产进行干预,甚至将其强制性地移转给国家。除国家之外,任何组织和个人都没有征收他人财产的权力。征收的对象是集体或私有的财产。被征收财产的范围,除了不动产和动产外,还包括其他的财产。但是,由于不动产具有稀缺性和不可替代性,国家在维护公共利益时可能面临不征收即无其他方法的处境,故此,被征收的财产主要就是不动产,至于动产和其他财产,一般无须征收,充其量在必要的时候也就是进行征用而已。

(二)征收的要件

为了保护广大人民群众的合法权益,解决长期以来违法征收损害人民群众财产权益的问题,《民法典》《土地管理法》《国有土地上房屋征收与补偿条例》等法律法规对于征收的要件作出了严格的限制。

1. 必须是为了公共利益的需要。《宪法》第13条第3款规定:“国家为了公共利益的需要,可以依照法律规定对公民的私有财产实行征收或者征用并给予补偿。”《民法典》第243条第1款也明确规定:“为了公共利益的需要,依照法律规定的权限和程序可以征收集体所有的土地和组织、个人的房屋以及其他不动产。”至于什么是“公共利益”,如何判断是否属于“为了公共利益的需要”,《宪法》和《民法典》都没有作出明确的规定,这主要是考虑到公共利益的判断具有复杂性、多变性等特点。不同的时期,不同的情形和不同的领域中,公共利益的内涵与外延都是存在差异的,交由具体的法律作出规定更为妥当。例如,《土地管理法》第45条规定:“为了公共利益的需要,有下列情形之一,确需征收农民集体所有的土地的,可以依法实施征收:(一)军事和外交需要用地的;(二)由政府组织实施的能源、交通、水利、通信、邮政等基础设施建设需要用地的;(三)由政府组织实施的科技、教育、文化、卫生、体育、生态环境和资源保护、防灾减灾、文物保护、社区综合服务、社会福利、市政公用、优抚安置、英烈保护等公共事业需要

---

[5] 依据《企业破产法规定(二)》第2条第3项规定,即便是债务人破产,那些“所有权专属于国家且不得转让的财产”也不得被认定为债务人的财产。

用地的;(四)由政府组织实施的扶贫搬迁、保障性安居工程建设需要用地的;(五)在土地利用总体规划确定的城镇建设用地范围内,经省级以上人民政府批准由县级以上地方人民政府组织实施的成片开发建设需要用地的;(六)法律规定为公共利益需要可以征收农民集体所有的土地的其他情形。前款规定的建设活动,应当符合国民经济和社会发展规划、土地利用总体规划、城乡规划和专项规划;第(四)项、第(五)项规定的建设活动,还应当纳入国民经济和社会发展年度计划;第(五)项规定的成片开发并应当符合国务院自然资源主管部门规定的标准。”再如,《国有土地上房屋征收与补偿条例》第8条将公共利益界定为以下几类:(1)国防和外交的需要;(2)由政府组织实施的能源、交通、水利等基础设施建设的需要;(3)由政府组织实施的科技、教育、文化、卫生、体育、环境和资源保护、防灾减灾、文物保护、社会福利、市政公用等公共事业的需要;(4)由政府组织实施的保障性安居工程建设的需要;(5)由政府依照城乡规划法有关规定组织实施的对危房集中、基础设施落后等地段进行旧城区改建的需要;(6)法律、行政法规规定的其他公共利益的需要。

2. 必须由法定的主体依照法律规定的权限和程序进行。法定的主体意味着并非任何政府部门都能进行征收,而必须依据法律规定的主体进行。例如,《土地管理法》第47条第1款规定:“国家征收土地的,依照法定程序批准后,由县级以上地方人民政府予以公告并组织实施。”再如,根据《国有土地上房屋征收和补偿条例》,因公共利益而需要征收国有土地上房屋的,须由市、县级人民政府作出房屋征收决定。法定的权限和程序意味着只有有权机关才能进行征收且必须严格依据法律规定的程序进行征收。例如,《土地管理法》第46条第1、2款规定,征收下列土地的,由国务院批准:(1)永久基本农田;(2)永久基本农田以外的耕地超过35公顷的;(3)其他土地超过70公顷的。征收前款规定以外的土地的,由省、自治区、直辖市人民政府批准。

3. 必须给予公平、合理的补偿。《宪法》第13条第3款规定:“国家为了公共利益的需要,可以依照法律规定对公民的私有财产实行征收或者征用并给予补偿。”《民法典》第117条明确规定征收、征用不动产或者动产的,应当给予“公平、合理的补偿”。该规定具有非常重要的意义。至“公平、合理”的补偿,首先必须是符合法律规定的补偿,例如,《民法典》第243条第2、3款规定,征收集体所有的土地,应当依法及时足额支付土地补偿费、安置补助费以及农村村民住宅、其他地上附着物和青苗等的补偿费用,并安排被征地农民的社会保障费用,保障被征地农民的生活,维护被征地农民的合法权益;征收组织、个人的房屋以及其他不动产,应当依法给予征收补偿,维护被征收人的合法权益;征收个人住宅的,还应当保障被征收人的居住条件。《土地管理法》第48条规定:“征收土地应当给予公平、合理的补偿,保障被征地农民原有生活水平不降低、长远生计有保障。征收土地应当依法及时足额支付土地补偿费、安置补助费以及农村村民住宅、其他地上附着物和青苗等的补偿费用,并安排被征地农民的社会保障费用。征收农用地的土地补偿费、安置补助费标准由省、自治区、直辖市通过制定公布区片综合地价确定。制定区片综合地价应当综合考虑土地原用途、土地资源条件、土地产值、土地区位、土地供求关系、人口以及经济社会发展水平等因素,并至少每三年调整或者重新公布一次。征收农用地以外的其他土地、地上附着物和青苗等的补偿标准,由省、自治区、直辖市制定。对其中的农村村民住宅,应当按照先补偿后搬迁、居住条件有改善的原则,尊重农村村民意愿,采取重新安排宅基地建房、提供安置房或者货币补偿等方式给予公平、合理的补偿,并对因征收造成的搬迁、临时安置等费用予以补偿,保障农村村民居住的权利和合法的住房财产权益。县级以上地方人民政府应当将被征地农民纳入相应的养老等社会保障体系。被征地农民的社会保障费用主要用于符合条件的被征地农民的养老保险等社会保险缴费补贴。被征地农民社会保障费用的筹集、管理和使用办法，由省、自治区、直辖市制定。”

鉴于实践中曾出现截留、挪用、私分征地款的现象，由此甚至引发了群体性事件，影响了社会稳定，故《民法典》第 243 条第 4 款特别规定：“任何组织或者个人不得贪污、挪用、私分、截留、拖欠征收补偿费等费用。”

二、征用

（一）征用的概念

征用，是指国家为了公共利益的需要而强制性地使用民事主体的财产。以往，我国法没有严格区分征收和征用，立法中常用征用来代替征收。2004 年我国修改《宪法》后，对征收和征用作出了明确区分。《宪法》第 13 条第 3 款规定：“国家为了公共利益的需要，可以依照法律规定对公民的私有财产实行征收或者征用并给予补偿。”《民法典》更是对征收和征用分别作出了详细的规定。《民法典》第 245 条规定：“因抢险救灾、疫情防控等紧急需要，依照法律规定的权限和程序可以征用组织、个人的不动产或者动产。被征用的不动产或者动产使用后，应当返还被征用人。组织、个人的不动产或者动产被征用或者征用后毁损、灭失的，应当给予补偿。”《民法典》第 117 条规定，为了公共利益的需要，依照法律规定的权限和程序征用不动产或者动产的，应当给予公平、合理的补偿。

（二）征用与征收的区别

1. 对象不同。征收的对象主要是不动产，具体来说，就是集体所有的土地和组织、个人的房屋以及其他不动产。至于国家所有的不动产，无须征收即可使用。征用的对象既可以是动产，也可以是不动产。同时，征用的是组织或个人的动产或不动产，所谓组织，包括私人企业，也包括了国家机关、国家举办的事业单位和国家出资的企业的。之所以征收的对象是不动产，原因在于：土地、房屋等不动产具有不可移动性和区位上的不可替代性，不通过强制取得所有权的方法，就没有办法维护公共利益。例如，国家要在某村的集体土地上修建国防设施。如果通过谈判来取得该集体土地，可能成本很高且时间漫长，甚至根本就谈不成。此时，只有通过征收，强制取得集体土地的所有权，才能顺利修建该国防设施，维护国防安全。然而，与不动产相比，绝大多数动产都是有可替代性的。国家除了在特别紧急的情况下，一般都可以生产或者从市场上购买，无须采取强制手段从民事主体那里夺取所有权。

2. 适用条件不同。征收必须是出于公共利益的需要，但这种公共利益的需要通常不一定是非常急迫或迫切的。征用虽然也是为了抢险救灾、疫情防控等紧急需要，也正是因为紧急需要，所以来不及从市场上购买或进行生产，故此，才有必要进行征用。当然，无论是为了公共利益而征收，还是因紧急需要而征用，都必须依照法律规定的权限和程序进行。

3. 法律效果不同。征收的结果是导致土地上的集体所有权以及组织、个人的不动产的所有权和他物权归于消灭，由国家取得了该不动产的所有权。而征用只是暂时剥夺组织或个人的不动产或动产的使用权，只要该物没有因征用而灭失的，则组织或个人对该物的所有权和他物权仍然存在。

4. 补偿不同。由于征收导致集体、组织或个人的不动产所有权的消灭，因此，必须给予补偿。此外，既然集体和组织、个人的不动产的所有权归于消灭，其上存在的他物权也归于消灭。因此，用益物权人也有权而获得补偿（《民法典》第 327 条）。征用并不一定导致所有权消灭，被征用的不动产或者动产使用后,应当返还被征用人。如果组织、个人的不动产或者动产被征用或者征用后毁损、灭失的,还应当给予补偿。

第三节　国家所有权、集体所有权与私人所有权

一、区分三类所有权的理由

《民法典》物权编第五章依据主体不同,将所有权分为国家所有权、集体所有权和私人所有权,并分别作出规定。这种立法模式并不违反物权的平等保护原则,还具有以下重要意义:

1. 贯彻落实宪法规定的需要。"作为法律制度一部分的物权法,包含着人类对财物进行支配的根本规则。而该规则之构成,又取决于(一个国家)宪法制度所确立的基本决策。"[6] 在社会主义初级阶段,实行以"公有制为主体、多种所有制经济共同发展的基本经济制度"是我国《宪法》的基本决策。无视我国《宪法》的规定,使《民法典》物权编规则之构成逸出宪法之外,显然是不可能的。《民法典》对国家所有权和集体所有权、私人所有权的规定,正是为了贯彻落实《宪法》的规定,从而更加有利于坚持和完善社会主义基本经济制度,有利于各种所有制经济充分发挥各自优势,相互促进,共同发展。

2. 三类所有权的差异所决定。《民法典》之所以分别规定国家所有权、集体所有权和私人所有权,是因为这三类所有权具有以下明显之差异,而这些差异决定了《民法典》及其他法律对之加以规范的方法与侧重点有所不同。

第一,权利的初始产生方式不同。在我国,国家对于(城市)土地、矿藏、水流、海域、森林、山岭、草原、荒地、滩涂等自然资源的所有权来自《宪法》之规定,无须征得任何自然人或者法人的同意而当然取得之。至于国家机关、国家举办的事业单位对其直接支配的不动产或动产的权利以及国家通过出资而形成的对企业享有的出资人权益,其资金都是来自国家的财产收入。国家的财政收入是由全体国民纳税而形成,纳税与否并非自愿而是完全强制的。这与私人出资组建企业从而取得股权和其他投资性权利等财产的方式完全不同。同样,在我国,集体对农村土地以及森林、山岭、草原、荒地、滩涂等自然资源享有的所有权也是通过《宪法》宣告的方式正式完成的。但是,私人所有权都是通过作为民事主体的自然人、法人或者其他组织通过生产、交易等法律行为和非法律行为的法律事实形成的,与国家所有权、集体所有权的最初形成方式完全不同。

第二,权利的主体不同。国家所有权并不属于任何具体的个人或者组织,而是从理论上属于全体人民,但这样的一种所有方式是无法如同私人所有权那样去正常行使所有权的全部权能的。因此,原则上只能由中华人民共和国中央人民政府即国务院代表国家行使所有权(《民法典》第246条第2款)。同样,集体所有权也不是属于集体中的任何成员的,而是由本集体成员集体所有。私人所有权无论是自然人的所有权,还是法人、非法人组织的所有权,都是属于特定的主体的,该主体完全有能力而无须他人代为实现所有权的全部权能。

第三,专属性上不同。为了维护《宪法》确立的国家基本经济制度,我国法律规定有些自然

---

〔6〕［德］鲍尔、施蒂尔纳:《德国物权法》(上册),张双根译,法律出版社2004年版,第3页。

资源只能专属于国家，而不能归集体或者私人所有(《民法典》第 242 条)。在这些法律规定专属于国家所有的不动产和动产上只能成立国家所有权，任何组织或者个人都不能取得所有权。故此，如果不规定国家所有权，既不能有效地维护国家基本经济制度，也会使这些重要的自然资源因归属不明而被随意侵占、破坏。

第四，权利的行使程序不同。国家所有权与集体所有权在权利主体上的高度抽象性，使在决定国家所有权或集体所有权的行使上必须采取民主的多数决程序，任何个人或组织都不能随意决定该所有权的行使，否则，就会出现“掌勺者私占大锅饭”的情形。但是，私人所有权的行使完全取决于特定的权利主体的意志，只要此种权利的行使是在法律的范围内，任何人不能随意加以干涉，也无须通过民主的多数决程序。

二、国家所有权

(一)国家所有权的概念

国家所有权，是指国家对国有财产的占有、使用、收益与处分的权利，是全民所有制在法律上的表现。[7] 《民法典》第 246 条第 1 款规定：“法律规定属于国家所有的财产，属于国家所有即全民所有。”全民所有制是指由社会主义国家代表全体人民占有生产资料的一种所有制形式。《宪法》第 7 条规定：“国有经济，即社会主义全民所有制经济，是国民经济的主导力量。国家保障国有经济的巩固和发展。”这就意味着，国有经济要在国民经济的发展中起到决定性作用，在国民经济中占据主导地位，掌握国家的经济命脉，决定我国国民经济的性质和发展水平，左右其他的经济形式。

(二)国家所有权的特征

1. 主体的特殊性。国家所有权是全民所有制在法律上的体现。由于社会主义国家并非外在于社会全体成员的共同体，更非凌驾于绝大多数共同体成员之上的异己力量，而是全体社会成员联合的产物。因此，就全体社会成员以其自身的联合体即国家而行使所有权而言，全民所有就是国家所有。所以，我国法上将“国家所有”与“全民所有”作为同一概念加以使用。[8] 这里所谓的“国家”并非指民族或地域意义上的国家，而是作为一种强制机构和社会服务机构意义上的国家。

国家拥有双重身份：一方面，它是一个经济实体，占有巨大的资源、雇佣劳动力，既有大量的消费，也提供诸如国防、治安、维护市场秩序等公共产品。另一方面，国家又是主权者，垄断了社会中的所有强制力，拥有立法权、行政权与司法权，对内维护社会秩序、打击犯罪、保护民事主体合法权益，对外保障国家安全，防御外敌入侵。国家的这种双重身份意味着：一方面，作为强制性机构的国家可以通过法律法规来确定所有权的归属并加以保护；另一方面，国家又是私法主体，可以行使并享受着国家所有权。

2. 客体的广泛性。作为社会主义国家，我国的最重要的生产资料绝大多数属于国家所有。国家所有权的客体范围十分广泛。归纳起来，包括以下几类：(1) 自然资源，除法律确定归集体所有的自然资源，其余的都属于国家，如城市土地、矿藏、水流、海域、森林、山岭、草原、荒地、滩涂、水面、无居民海岛、野生动植物资源、无线电频谱资源等。(2) 公用财产，包括公路、铁路、桥梁、通信、天然气、电力设施、水利设施、港口、码头、公园、博物馆以及国家出资建设而供公众使

---

〔7〕 佟柔主编：《中国民法》，法律出版社 1994 年版，第 249 页。

〔8〕 王利明：《国家所有权研究》，中国人民大学出版社 1991 年版，第 77 ~ 78 页。

用的财产。(3)国家投入企业的财产,包括国有独资公司的财产、国家在股份公司中所持有的股份、国家在有限公司中的出资份额等。(4)国家直接支配的财产,包括各级国家机关直接支配的动产与不动产、国家出资兴办的各类事业单位和社会团体的财产。(5)其他依法属于国家的财产,包括国防资产、国家通过各种税费的征收而获得的财政收入、所有权不明的财产、罚没的财产等。

3. 行使上的法定性。首先,国家所有权的行使主体具有法定性。依据《民法典》第 246 条第 2 款规定:"国有财产由国务院代表国家行使所有权。法律另有规定的,依照其规定。"尽管国家所有即全民所有,但并非国家所有权就必须由最高权力机关即全国人民代表大会来行使。因为全国人民代表大会主要是对国家的一切重大事务享有最高的决定权。它本身无法直接、具体地管理各项国有财产。我国以往的立法都是授权最高国家权力机关的执行机关即国务院代表国家行使国家所有权(如《土地管理法》第 2 条第 2 款、《矿产资源法》第 3 条第 1 款、《水法》第 3 条、《草原法》第 9 条第 1 款以及《海域使用管理法》第 3 条第 1 款)。其次,国家所有权行使程序是法定的。国家所有权的主体为全体人民,即全民所有,即便国务院也只是代表国家行使所有权而已,因此,对于国家所有权的行使程序必须依据法律加以严格的规定。例如,任何国家机关都不能随意向私人出让国家所有的土地、森林、矿藏、水面、滩涂、海域等的使用权,而必须依据法律的规定,履行严格的审批程序。唯其如此,方能保证国有财产的保值与增值,避免国有财产的流失,维护全体人民的利益。

(三)国家所有权的客体范围

1. 矿藏、水流、海域。矿藏、水流和海域属于重要的自然资源。依据《宪法》第 9 条第 1 款,矿藏、水流、森林、山岭、草原、荒地、滩涂等自然资源,都属于国家所有,即全民所有;由法律规定属于集体所有的森林和山岭、草原、荒地、滩涂除外。此外,《矿产资源法》第 3 条第 1 款、《海域使用管理法》第 3 条第 1 款、《水法》第 3 条、《煤炭法》第 3 条以及《物权法》第 46 条都明确规定了矿藏、水流、海域属于国家所有。

2. 城市的土地以及依法属于国家所有的农村和城市郊区的土地。《宪法》第 10 条规定:"城市的土地属于国家所有。农村和城市郊区的土地,除由法律规定属于国家所有的以外,属于集体所有;宅基地和自留地、自留山,也属于集体所有。""任何组织或者个人不得侵占、买卖或者以其他形式非法转让土地"。

3. 无居民海岛。我国《海岛保护法》第 2 条规定,海岛是指四面环海水并在高潮时高于水面的自然形成的陆地区域,包括有居民海岛和无居民海岛。该法第 4 条规定:"无居民海岛属于国家所有,国务院代表国家行使无居民海岛所有权。"故此,《民法典》第 248 条也做了相同的规定。

4. 野生动植物资源。《民法典》第 251 条规定:"法律规定属于国家所有的野生动植物资源,属于国家所有。"这就意味着并非所有的野生动植物资源都属于国家所有,只有依照法律规定属于国家所有的,才能成为国家所有权的客体。《野生动物保护法》第 3 条第 1 款规定:"野生动物资源属于国家所有。"所谓野生动物,是指珍贵、濒危的陆生、水生野生动物和有重要生态、科学、社会价值的陆生野生动物(《野生动物保护法》第 2 条第 2 款)。野生植物,是指原生地天然生长的珍贵植物和原生地天然生长并具有重要经济、科学研究、文化价值的濒危、稀有植物(《野生植物保护条例》第 2 条第 2 款)。

5. 无线电频谱资源。无线电频谱一般是 9KHz ~ 3000GHz 频率范围内发射无线电波的无线电频率的总称。无线电频谱是人类共享的一种自然资源,是现代社会得以发展的基本要素之一。但是在过去,无线电频谱作为一种自然资源还不被人们所认识,人类只知道利用它,却忽视了对它的基本属性的研究。在长期的实践中,人们逐渐对无线电频谱的自然属性有了新的认识。无线电频谱作为一种自然资源,因为它对人类社会的生存和发展有着十分重大的意义,所以其所有权由国家拥有。对此,《民法典》第252条有明确的规定。

6. 法律规定属于国家所有的文物。《民法典》第253条规定的"法律规定属于国家所有的文物",主要就是指依据《文物保护法》等法律的规定属于国家所有的文物。《文物保护法》对国家所有的文物的范围作出了明确的规定。依据该法第5条,首先,中华人民共和国境内地下、内水和领海中遗存的一切文物,属于国家所有。其次,古文化遗址、古墓葬、石窟寺属于国家所有。国家指定保护的纪念建筑物、古建筑、石刻、壁画、近代现代代表性建筑等不可移动文物,除国家另有规定的以外,属于国家所有。最后,以下可移动文物也属于国家所有:中国境内出土的文物,国家另有规定的除外;国有文物收藏单位以及其他国家机关、部队和国有企业、事业组织等收藏、保管的文物;国家征集、购买的文物;公民、法人和其他组织捐赠给国家的文物;法律规定属于国家所有的其他文物。

7. 国防资产。国防资产,是指国家为武装力量建设、国防科研生产和其他国防建设直接投入的资金、划拨使用的土地等资源,以及由此形成的用于国防目的的武器装备和设备设施、物资器材、技术成果等(《国防法》第37条第1款)。《民法典》第254条第1款和《国防法》第37条第2款规定,国防资产属于国家所有。

8. 依法属于国家所有的铁路、公路、电力设施、电信设施和油气管道等基础设施。在计划经济时代,由于铁路、公路、电力设施和油气管道等基础设施全部是由国家(中央和地方各级政府)出资兴建,因此都属于国家所有。但是,在实行社会主义市场经济的今天,《国务院关于鼓励支持和引导个体私营等非公有制经济发展的若干意见》明确允许非公有资本进入垄断行业和领域。要求"加快垄断行业改革,在电力、电信、铁路、民航、石油等行业和领域,进一步引入市场竞争机制。"因此,民营资本兴建铁路、公路、电力设施、电信设施和油气管道等基础设施将会越来越多,而只有那些由国家出资新建的基础设施才归国家所有。故此,《民法典》第254条第2款规定:"铁路、公路、电力设施、电信设施和油气管道等基础设施,依照法律规定为国家所有的,属于国家所有。"

(四)国家机关和国家举办的事业单位对其直接支配的不动产和动产的权利

国家机关和国家举办的事业单位的财产也是国有资产的重要组成部分。为了明确国家机关和国家举办的事业单位对其直接支配的动产和不动产享有哪些权利以及如何行使权利,从而防止国有资产流失,实现国有资产的保值和增值,《民法典》第255条和第256条分别对国家机关和国家举办的事业单位对其直接支配的不动产和动产的权利作出了规定。

依据《民法典》第255条的规定,国家机关对其直接支配的不动产和动产,享有占有、使用以及依照法律和国务院的有关规定处分的权利。而依据《民法典》第256条,国家举办的事业单位对其直接支配的不动产和动产,享有占有、使用以及依照法律和国务院的有关规定收益、处分的权利。需要注意的是,国家机关对其直接支配的不动产和动产只是享有占有、使用以及依照法律和国务院有关规定处分的权利,不包括收益的权利,这主要是因为国家机关之所以可以直接支配不动产和动产,目的是履行公共服务和管理的职能,不能将其用于经营,获取收益,否则就违背了国家机关的职能与性质。

(五)国家对其出资的企业享有的出资人权益

所谓国家对其出资的企业,包括国家出资的国有独资企业、国有独资公司,以及国有资本控股公司、国有资本参股公司(参见《企业国有资产法》第5条)。在设立企业法人的过程中,出资人一旦履行出资义务,将财产投入企业法人当中,该财产就属于企业法人的独立财产,出资者的所有权与企业法人的财产就实现了分离,即便是国家作为出资人也不例外。对此,《企业国有资产法》第6条有明文规定:“国务院和地方人民政府应当按照政企分开、社会公共管理职能与国有资产出资人职能分开、不干预企业依法自主经营的原则,依法履行出资人职责。”同法第4条第1款则规定:“国务院和地方人民政府依照法律、行政法规的规定,分别代表国家对国家出资企业履行出资人职责,享有出资人权益。”《民法典》第257条也规定:“国家出资的企业,由国务院、地方人民政府依照法律、行政法规规定分别代表国家履行出资人职责,享有出资人权益。”具体而言,国务院确定的关系国民经济命脉和国家安全的大型国家出资企业,重要基础设施和重要自然资源等领域的国家出资企业,由国务院代表国家履行出资人职责,而其他的国家出资企业,由地方人民政府代表国家履行出资人职责(《企业国有资产法》第4条第2款)。

(六)国有资产的保护

国家所有权是国有资产的重要组成部分,为了防止国有资产流失,实现国有资产的保值和增值,当然有必要对国有资产的保护作出相应的规定。《民法典》属于民事基本法,故此其第258条和第259条的规定主要属于宣示性的规定,具体的法律责任应当依据《刑法》《企业国有资产法》等公法加以规定。

三、集体所有权

(一)集体所有权的概念与类型

集体所有权,也称劳动群众集体所有权,是指劳动群众集体对集体财产享有的占有、使用、收益和处分等权利。集体所有权是集体所有制在法律上的表现。劳动群众集体所有制,是指由集体经济组织内的劳动者共同占有生产资料的一种公有制形式。我国的集体所有权包括农民集体所有权与城镇集体所有权。

(二)农民集体所有权

1. 农民集体所有权的概念

农民集体所有权,是指农民集体成员对归属于农民集体所有的不动产、动产享有的所有权。由于我国《宪法》以及其他法律明确规定,土地等自然资源实行全民所有与集体所有。其中集体对自然资源的所有权仅限于农民集体所有权。归纳起来,属于农民集体所有的不动产和动产包括:法律规定为集体所有的土地和森林、山岭、草原、荒地、滩涂等;集体经济组织的财产;集体所有的建筑物、水库、农田水利设施和教育、科学、文化、卫生、体育等设施;集体所有的其他不动产和动产(《民法典》第260条)。

2. 农民集体所有权的特征

农民集体所有权最大的特点在于集体性,即农民集体所有的不动产和动产属于本集体成员集体所有,由集体成员共同管理、集体成员分享收益。故此,农民集体所有权既不是共同共有也不是按份共有,而是主体为集体的一类比较特殊的所有权形式。《民法典》第262条对于集体所有的土地和森林、山岭、草原、荒地、滩涂等,如何行使所有权作出了具体的规定,即属于村农民集体所有的,由村集体经济组织或者村民委员会依法代表集体行使所有权;分别属于村内两个以上农民集体所有的，由村内各该集体经济组织或者村民小组依法代表集体行使所有权；属于乡镇农民集体所有的，由乡镇集体经济组织代表集体行使所有权。

既然农民集体所有权的最大特征是集体性，因此某人只要是农民集体的成员，无论其出生早晚，性别如何，都平等地享有权利承担义务。但是，一旦其丧失了该集体成员的身份，就不能享有成员的权利。所以，农民集体成员的权利具有很强的身份性。正是由于农民集体所有权是由本集体成员集体所有，因此法律必须对这种权利的行使程序作出规定。《民法典》第261条第2款规定："下列事项应当依照法定程序经本集体成员决定：（一）土地承包方案以及将土地发包给本集体以外的组织或者个人承包；（二）个别土地承包经营权人之间承包地的调整；（三）土地补偿费等费用的使用、分配办法；（四）集体出资的企业的所有权变动等事项；（五）法律规定的其他事项。"此外，《民法典》还对农村集体经济组织、村民委员会或者其负责人作出的决定侵害集体成员合法权益时，受侵害的农民集体成员可以请求法院予以撤销的权利作出了规定（第265条第2款）。

（三）城镇集体所有权

城镇集体所有权主要涉及的就是城镇集体所有制企业。依据《城镇集体所有制企业条例》第4条规定，城镇集体所有制企业是财产属于劳动群众集体所有、实行共同劳动、在分配方式上以按劳分配为主体的社会主义经济组织。劳动群众集体所有，应当符合下列中任一项的规定：(1)本集体企业的劳动群众集体所有；(2)集体企业的联合经济组织范围内的劳动群众集体所有；(3)投资主体为两个或者两个以上的集体企业，其中前(1)、(2)项劳动群众集体所有的财产应当占主导地位。所谓主导地位，是指劳动群众集体所有的财产占企业全部财产的比例，一般情况下应不低于51%，特殊情况经过原审批部门批准，可以适当降低。

考虑到目前我国城镇集体企业改革还在继续深化，城镇集体所有权的客体范围并不清晰，所以《民法典》第263条只是对城镇集体所有权作了非常原则性的规定：城镇集体所有的不动产和动产，依照法律、行政法规的规定由本集体享有占有、使用、收益和处分的权利。

（四）集体所有权与集体成员权益的保护

作为公有制的重要组成部分，集体所有权应当受到法律的严格保护，《民法典》第265条第1款规定："集体所有的财产受法律保护，禁止任何组织或者个人侵占、哄抢、私分、破坏。"此外，该条第2款还规定，农村集体经济组织、村民委员会或者其负责人作出的决定侵害集体成员合法权益的，受侵害的集体成员可以请求人民法院予以撤销。

四、私人所有权

（一）私人所有权的概念

"私人"不是一个法律概念。所谓"私"，是与"公"相对应的。私人所有权，是指除国家所有权和集体所有权之外的其他所有类型的所有权。私人所有权不等于自然人所有权，其既包括了自然人所有权，也包括法人、非法人组织等非公有制经济主体享有的所有权。《民法典》第266条规定："私人对其合法的收入、房屋、生活用品、生产工具、原材料等不动产和动产享有所有权。"这就是对私人所有权的规定。

（二）私人所有权的保护

《宪法》第11条规定："在法律规定范围内的个体经济、私营经济等非公有制经济，是社会主义市场经济的重要组成部分。国家保护个体经济、私营经济等非公有制经济的合法的权利和利益。国家鼓励、支持和引导非公有制经济的发展,并对非公有制经济依法实行监督和管理。”第 13 条第 1、2 款规定:“公民的合法的私有财产不受侵犯。国家依照法律规定保护公民的私有财产权和继承权。”为了落实宪法保护私人财产权的精神,实现平等保护的基本指导思想,《民法典》第 267 条至第 270 条对于保护私人财产权作出了详细的规定。

第四节　业主的建筑物区分所有权

一、业主的建筑物区分所有权的概念与特征

建筑物区分所有权是随着现代城市的兴起以及建筑的发展而产生的一种较为特殊的不动产所有权形态。在德国,建筑物区分所有权被称为“住宅所有权”(Wohnungseigentum),日本与我国台湾地区则称为“区分所有权”。我国《民法典》采取的是“业主的建筑物区分所有权”这一概念。所谓业主的建筑物区分所有权,是指业主对建筑物内的住宅、经营性用房等专有部分享有所有权,对专有部分以外的共有部分享有共有和共同管理的权利(《民法典》第 271 条)。

业主的建筑物区分所有权具有以下特征:

1. 特殊性。建筑物区分所有权是随着现代城市的兴起以及建筑技术的发展而产生的一种特殊的不动产所有权形态。它不同于建筑物的单独所有权与建筑物的共有权,而是由权利人对专有部分的单独所有权、对共有部分的共有权以及管理权相互结合形成的权利。这三类权利相互依赖、相互配合、相互制约,构成了不可分割的有机整体。由于组成建筑物区分所有权的三种权利中,占据主导性和决定性地位的是对建筑物专有部分的单独所有权,因此建筑物区分所有权仍然属于所有权的范畴,《民法典》将之规定在第二分编“所有权”当中。

2. 集合性。业主的建筑物区分所有权是一种集合性的权利,包括对建筑物中的专有部分的单独所有权、对专有部分之外的共有部分的共有权以及由此产生的共同管理权三种权利。一方面,建筑物区分所有权人对其专有部分的单独所有权占据主导地位,它的有无决定了后两项权利的有无,它的权利范围也在很大程度上决定了后两项的权利范围。另一方面,建筑物的共有权和共同管理权制约了业主对其专有部分的单独所有权的行使。业主对其建筑物专有部分虽然享有占有、使用、收益和处分的权利,但是,其行使该权利不得危及建筑物的安全,不得损害其他业主的合法权益。

3. 整体性与不可分割性。建筑物区分所有权并非三项权利的简单叠加而是有机的结合融为一体。权利人不能保留其中的某一项权利而转让或者抛弃其他权利。《民法典》第 273 条第 2 款规定:“业主转让建筑物内的住宅、经营性用房,其对共有部分享有的共有和共同管理的权利一并转让。”权利人也不能以放弃权利为由而不履行相应的义务,《民法典》第 273 条第 1 款规定:“业主对建筑物专有部分以外的共有部分,享有权利,承担义务;不得以放弃权利为由不履行义务。”

二、业主的专有权

(一)专有部分

1. 专有部分的判断标准

业主的建筑物区分所有权的专有部分就是其享有单独的所有权的那部分。《民法典》第

271条只是列举了最典型的两类专有部分,即“建筑物内的住宅、经营性用房”,却未对专有部分的判断标准加以规定。《建筑物区分所有权解释》第2条规定:“建筑区划内符合下列条件的房屋,以及车位、摊位等特定空间,应当认定为物权法第六章所称的专有部分:(一)具有构造上的独立性,能够明确区分;(二)具有利用上的独立性,可以排他使用;(三)能够登记成为特定业主所有权的客体。规划上专属于特定房屋,且建设单位销售时已经根据规划列入该特定房屋买卖合同中的露台等,应当认定为物权法第六章所称专有部分的组成部分。本条第一款所称房屋,包括整栋建筑物。”由此可知,要作为专有部分,必须符合以下要件:

(1)构造上的独立性,是指作为建筑物中属于业主专有的部分应当在建筑构造上能够与同一建筑物中的其他部分完全隔离。通常来说,就是四壁上具有确定的遮蔽性。只有这样才能使其成为单独所有权直接支配的对象。例如,房地产开发商新建商品房中都有明确的钢筋混凝土的分隔墙(四至墙界)来确保每一套房屋与其他房屋相区分,在构造上是独立的。

(2)使用上的独立性,是指该部分能够被单独地加以使用,具有独立的使用价值。例如,可以用来居住、办公或者存放物品。一般来说,判断是否具有独立的使用价值主要以能否单独使用以及有无独立的经济效用等作为标准。能够单独使用意味着,该部分无须借助其他部分的辅助即可加以利用,至于该部分的实际用途均非所问。至于达到何种程度才具有独立的经济效用,应当按照建筑物的形态及其用途以及各个专有部分的功能综合决定。

(3)能够登记成为特定业主所有权的客体,是指符合不动产单元的要求,可以被依法记载于不动产登记簿上。《不动产登记暂行条例》第8条第1款规定:“不动产以不动产单元为基本单位进行登记。不动产单元具有唯一编码。”所谓不动产单元,是指权属界线封闭且具有独立使用价值的空间。没有房屋等建筑物、构筑物以及森林、林木定着物的,以土地、海域权属界线封闭的空间为不动产单元。有房屋等建筑物、构筑物以及森林、林木定着物的,以该房屋等建筑物、构筑物以及森林、林木定着物与土地、海域权属界线封闭的空间为不动产单元。

2. 专有部分的范围

由于建筑物区分所有权的单独所有权的客体为一栋建筑物中的某个特定的建筑空间单位,因此,只有确定了该特定的建屋空间单位的范围,才能明确权利人单独所有权的效力范围。对此,理论界先后提出空间说、壁心说、墙面说和折中说等观点。本书赞同折中说,即专有部分的范围应当依据内部关系与外部关系分别确定。具体而言,在建筑物区分所有权人相互之间就建筑物的维持、管理关系而言,专有部分仅包括墙壁、地板、天花板三维边界表层所粉刷的那部分;而就外部关系即买卖、保险、税金等关系而言,专有部分达到墙壁、地板、天花板三维边界部分的中心线。专有部分的面积应当依据法律法规和相应的标准加以确定。

(二)业主的专有权的概念

业主的专有权,是指业主对于建筑物中专有部分享有的所有权。它是业主对特定的建筑空间单位即其住宅或者经营性用房等专有部分享有的所有权,这种所有权与普通的一栋房屋上的所有权没有本质的区别,都包含了占有、使用、收益、处分等权能。由于建筑物中的专有部分也属于不动产,故此,业主取得建筑物中专有部分的所有权时,应当进行所有权转移登记。

(三)业主的专有权的内容

业主对专有部分享有的是单独的所有权,其有权对之进行占有、使用、收益和处分。不过,由于业主的建筑物区分所有权是集合性的权利,故此业主对专有部分的单独所有权应当受到以下限制:

1. 相邻关系。由于在建筑物区分所有的情况下,许多业主居住在同一栋建筑物和同一建筑区划内,因此任何业主在行使其对专有部分的所有权时都应当遵循《民法典》关于相邻关系的规定。首先,《民法典》物权编第七章"相邻关系"的规定当然适用于业主之间。其次,《民法典》物权编还在"业主的建筑物区分所有权"一章中作出了特别的规定,具体包括:第一,业主行使权利不得危及建筑物的安全,不得损害其他业主的合法权益(第272条第2句)。第二,由于法律、法规和管理规约对于业主行使专有部分的单独所有权也有相应的规定,故此,业主应当遵守这些规定(第286条第1款)。第三,业主大会和业主委员会,对任意弃置垃圾、排放污染物或者噪声、违反规定饲养动物、违章搭建、侵占通道、拒付物业费等损害他人合法权益的行为,有权依照法律、法规以及管理规约,要求行为人停止侵害、消除危险、排除妨碍、恢复原状、赔偿损失(第286条第2款)。业主或者行为人拒不履行相关义务的,有关当事人可以向有关行政主管部门报告或者投诉,有关行政主管部门应当依法处理(第286条第3款)。

2. 不得擅自改变住宅的用途。近年来,一些城市居民楼的住户深受"民宅商用"之苦。五花八门的公司、店铺进入居民楼,有的商户把住宅的门改成窗,或者把窗改成门,威胁居民的安全。有的居民楼顾客熙熙攘攘,废弃物随处丢放,噪声污染严重,对市容和社会治安造成负面影响。为此,《民法典》第279条特别规定:"业主不得违反法律、法规以及管理规约,将住宅改变为经营性用房。业主将住宅改变为经营性用房的,除遵守法律、法规以及管理规约外,应当经有利害关系的业主一致同意。"依据《建筑物区分所有权解释》第11条之规定,只要是本栋建筑物内的业主,当然就认定为"有利害关系的业主",而建筑区划内本栋建筑物之外的业主主张与自己有利害关系的,应当证明其房屋价值、生活质量受到或者可能受到不利影响。〔9〕

三、业主的共有权

(一)业主的共有部分

业主建筑物区分所有权不仅包括对专有部分的所有权,还包括对建筑物的专有部分以外的共有部分的共有和共同管理的权利。业主的共有部分,也称业主的共用部分,可分为全体业主共用部分与部分业主共用部分。前者如小区的道路、绿地等,后者如某一栋楼的某一个单元的电梯、楼梯、过道等。《民法典》中并未区分全体共有的部分与部分业主共有的部分,而是对建筑区划内哪些场所、区域属于业主的共有部分作出了统一的规定。

1. 建筑区划内的道路、绿地

建筑区划内的道路分为居住区道路、小区路、组团路和宅间小路。居住区(级)道路,是指一般用以划分小区的道路。在大城市中通常与城市支路同级。小区(级)路,是指一般用以划分组团的道路。组团(级)路,是指上接小区路、下连宅间小路的道路。宅间小路,是指住宅建筑之间连接各住宅入口的道路。居住区内的绿地包括公共绿地、宅旁绿地、配套公建所属绿地和道路绿地,其中包括了满足当地植树绿化覆土要求,方便居民出入的地上或半地下建筑的屋顶绿地。公共绿地,是指满足规定的日照要求、适合于安排游憩活动设施的、供居民共享的集中绿地,应包括居住区公园、小游园和组团绿地及其他块状带状绿地等。

《民法典》第274条第1、2句规定:"建筑区划内的道路,属于业主共有,但是属于城镇公共道路的除外。建筑区划内的绿地,属于业主共有,但是属于城镇公共绿地或者明示属于个人的

---

〔9〕 参见张一诉郑中伟、中国联合网络通信有限公司武汉市分公司建筑物区分所有权纠纷案,载《中华人民共和国最高人民法院公报》2014年第11期。

除外。”这就意味着：首先，建筑区划内的道路除非属于城镇公共道路，否则都属于业主共有。不能约定某一道路专属于某个或某些业主。其次，对于绿地，如果属于城镇公共绿地的，当然不属于业主共有，也不可能归某个业主。但是除了城镇公共绿地之外的绿地，可以明示归个人所有，剩下的才能归业主共有。这一规定理由在于：首先，道路、绿地作为建筑物的附属设施，原则上应归业主共有，但如果是城镇公共道路和城镇公共绿地，因该道路和绿地是由国家投资兴建的，其占用的土地面积不计算为用地面积，它们不会被分摊给每个业主。所以城镇公共道路和城镇公共绿地即便是在建筑区划内，也不属于业主共有。其次，由于建筑区划内的道路是为了全体业主的通行而建设的，乃房屋必要之附属设施，是行使专有权所必备的，倘若专属于某个业主所有，势必对其他业主或者往来人员的通行造成妨害。因此，除了城镇公共道路，建筑区划的道路只能归全体业主共有，不得为某个业主单独所有。但是，绿地并不像道路那样是必需的，因此可以通过明确的约定将某块绿地归属个人。

2. 建筑区划内的其他公共场所、公用设施和物业服务用房

由于业主共有的部分内容很多，不可能一一列举。因此，《民法典》第 274 条第 3 句做了一个兜底性规定，即“建筑区划内的其他公共场所、公用设施和物业服务用房，属于业主共有”。建筑物区划内的其他公共场所和公用设施，就是指建筑区划内供业主共同使用的场地和设施。依据《建筑物区分所有权解释》第 3 条第 1 款，这些归属于业主共有的公共场所和公用设施包括两类：第一，建筑物的基础、承重结构、外墙、屋顶等基本结构部分，通道、楼梯、大堂等公共通行部分，消防、公共照明等附属设施、设备，避难层、设备层或者设备间等结构部分；第二，其他不属于业主专有部分，也不属于市政公用部分或者其他权利人所有的场所及设施等，如花园、水池、喷泉、大门、操场、足球场等。

物业服务用房包括物业办公用房、物业清洁用房、物业储藏用房、业主委员会活动用房等。尽管物业服务用房是房地产开发企业投资建设的，但是在商品房销售之后，房地产开发企业是不能单独享有该物业服务用房的所有权的，这是因为：物业服务用房是建筑物的附属设施，其存在的目的就是为全体业主提供物业服务的，而《民法典》第 284 条第 1 款规定：“业主可以自行管理建筑物及其附属设施，也可以委托物业服务企业或者其他管理人管理。”无论是业主自行管理还是委托物业服务企业管理，都离不开物业服务用房，倘若将物业服务用房的所有权归属于某个业主或房地产开发企业，既会影响物业服务企业为业主提供物业服务，也会产生很大的麻烦，如房地产开发企业借此要挟业主选聘其投资设立的物业服务企业。

3. 停车位、车库

车库有不同类型。依据其用途可以分为机动车库（位）与非机动车库（位）；公共停车场（库）、道路停车场和专用停车场（库）。依据其位置不同可以分为：地上停车位、地上停车库、半地下停车库、地下停车库。目前，争议最大的就是机动车库（位）的归属。因为随着我国社会经济的高速发展，公民个人拥有的轿车数量持续增长，由此导致在人口密集而土地稀少的城市里，停车库汽车的数量与停车位的比例已经开始出现了严重的失调。因此停车（库）位的权利问题成了每一个业主或者欲购买房产的人所关心的问题。《民法典》第 275、276 条对停车位和车库的问题作出了以下详细规定：第一，凡是占用业主共有的道路或者其他场地用于停放汽车的车位，属于业主共有。第二，如果建筑区划内规划用于停放汽车的车位、车库，对于其归属，应当由当事人通过出售、附赠或者出租等方式约定。这主要是考虑到这些车位、车库是由开发商投资兴建的，如果强行规定由业主共有，既不利于鼓励开发商兴建车位、车库，也容易引发业

主与开发商甚至业主与业主之间更大的矛盾纠纷。况且,实践中当事人采取约定的方法已经有效地解决了这个问题,所以法律没有必要强行规定这种停车位和车库的归属。第三,建筑区划内规划用于停放汽车的车位、车库必须首先满足业主的需要。这是因为建筑区划内的车位、车库首先是该建筑区划内的建筑物的附属设施,当然应当首先满足该建筑区划内的业主的需要。《建筑物区分所有权解释》第5条规定:“建设单位按照配置比例将车位、车库,以出售、附赠或者出租等方式处分给业主的,应当认定其行为符合物权法第七十四条第一款有关‘应当首先满足业主的需要’的规定。前款所称配置比例是指规划确定的建筑区划内规划用于停放汽车的车位、车库与房屋套数的比例。”

4. 建筑物占用范围内的建设用地使用权

《民法典》第357条规定:“建筑物、构筑物及其附属设施转让、互换、出资或者赠与的,该建筑物、构筑物及其附属设施占用范围内的建设用地使用权一并处分。”因此,当房地产开发企业将新建商品房出售给业主的时候,建筑物占用范围内的建设用地使用权也应成为业主的共有部分。《建筑物区分所有权解释》第3条第2款有明确的规定:“建筑区划内的土地,依法由业主共同享有建设用地使用权,但属于业主专有的整栋建筑物的规划占地或者城镇公共道路、绿地占地除外。”建筑区划内归全体业主共有的道路和绿地占用范围内的建设用地使用权归属于全体业主。小区内其他归全体业主共有的公共场所、公用设施和物业服务用房占用范围内的建设用地使用权归属于全体业主共有。

(二)业主的共有权的性质

业主的共有权,是业主依据法律、合同以及业主公约,针对共有部分享有的权利。就此种共有权究竟是按份共有还是共同共有,理论界存在争议。本书认为,将建筑物区分所有权中权利人对于共有部分的共有权解释为共同共有还是按份共有都不合理。首先,如果将此种共有解释为共同共有,那么共有人应当就共有物不分份额地享有权利承担义务,就共用部分的修缮费用而言理应平均分摊。但是,《民法典》第283条却规定:“建筑物及其附属设施的费用分摊、收益分配等事项,有约定的,按照约定;没有约定或者约定不明确的,按照业主专有部分面积所占比例确定。”此外,业主的共有权并非基于某种共同法律关系而产生,它是从属于业主对专有部分的所有权的。因此,业主的共有权并非共同共有。其次,如果将业主的共有权理解为按份共有,那么按照《民法典》的规定,在没有约定或者约定不明时,各共有人应当可以将该份额分出并加以处分,可是依据《民法典》的规定,业主只有在转让建筑物内的住宅、经营性用房时,其对共有部分享有的共有和共同管理的权利才一并转让。业主不能分割共有部分,也不能单独处分其对共有部分的权利。

故此,建筑物区分所有权中的共有权与民法上所确定的暂时性的共有关系有所不同,此种共有权是基于建筑物共有部分持续地、永久性地服务于专有部分的关系而产生的,其特点表现在:第一,共有人的特定性,即共有人只能是专有权人,而不能是专有权人之外的主体;第二,共有份额的不可分割性,即区分共有所有权的标的物不得请求分割;第三,共有权存在的持续性,即该共有权持续、恒久地存在。业主的共有权是一种性质上比较特殊的共有。

四、业主共同管理的权利和义务

(一)业主共同管理的权利

业主基于对专有部分的单独所有权和共有部分的共有权而产生了对共有部分进行共同管理的权利。一方面,没有对专有部分的单独所有权,不会产生共有权,更无须享有对共有部分进行共同管理的权利；另一方面，所谓业主共同管理的权利仅仅是针对共有部分产生，对于业主享有单独所有权的部分即专有部分是不存在共同管理的问题的。[10] 只要不违反法律、法规和管理规约，不危及建筑物的安全或损害其他业主的合法权益，业主可以自由地决定其单独所有权的行使。

由于业主共同管理的权利是基于业主对共同部分的不可分割的共同关系而产生的，此种权利性质上属于成员权或社员权。我国《民法典》对业主共同管理的权利作出了具体规定。

1. 设立业主大会并选举业主委员会的权利。依据《民法典》第 277 条，业主可以设立业主大会，选举业主委员会。业主大会由建筑区划内的全体业主组成。当然，业主也可以决定不设立业主大会，或虽设立业主大会，但不选举业主委员会。例如，在业主人数较少的小区内，完全可以只成立业主大会，而无须选举业主委员会。由于设立业主大会和选举业主委员会是业主的民事权利，因此无须经过地方人民政府有关部门的审批或同意，但是，地方人民政府的有关部门、居民委员会对设立业主大会和选举业主委员会负有给予指导和协助的义务。

2. 重大事项的业主共同决定权。《民法典》第 278 条第 1 款列举了应当由业主共同决定的事项：制定和修改业主大会议事规则；制定和修改管理规约；选举业主委员会或者更换业主委员会成员；选聘和解聘物业服务企业或者其他管理人；使用建筑物及其附属设施的维修资金；筹集建筑物及其附属设施的维修资金；改建、重建建筑物及其附属设施；改变共有部分的用途或者利用共有部分从事经营活动；有关共有和共同管理权利的其他重大事项。该条第 2 款还规定，在决定“筹集建筑物及其附属设施的维修资金”，“改建、重建建筑物及其附属设施”以及“改变共有部分的用途或者利用共有部分从事经营活动”这三个事项时，必须符合两个条件：首先，应当由专有部分面积占比 2/3 以上的业主且人数占比 2/3 以上的业主参与表决。其次，在符合第一个条件的前提下，应当经参与表决专有部分面积 3/4 以上的业主且参与表决人数 3/4 以上的业主同意。在决定前面三个事项之外的其他事项时，必须符合两个条件：首先，应当由专有部分面积占比 2/3 以上的业主且人数占比 2/3 以上的业主参与表决。其次，在符合第一个条件的前提下，应当经参与表决专有部分面积过半数的业主且参与表决人数过半数的业主同意。这样一来，就意味着决定前述三个重大事项时，实际上只需要专有部分面积占比 1/2 以上的业主且人数占比 1/2 以上的业主通过就可以了；而其他事项只需要专有部分面积占比 1/3 以上的业主且人数占比 1/3 以上的业主通过就可以。《民法典》的这一规定既保证了能够及时作出有效的决定，又在区分事项对业主重要程度的基础上保证了业主的利益。

3. 将住宅改变为经营性用房。虽然业主对其住宅等专有部分享有单独的所有权，但是其将住宅改变为经营性用房势必影响其他业主的合法权益，甚至损害整个建筑区划内的业主的权益。故此，业主不得违反法律、法规以及管理规约，将住宅改变为经营性用房。业主将住宅改变为经营性用房的，除遵守法律、法规以及管理规约外，应当经有利害关系的业主一致同意（《民法典》第 279 条）。

---

〔10〕 最高人民法院民事审判第一庭正确地指出：“根据《物权法》第 76 条的规定，经营性用房的专有部分具有方式不属于业主大会的共同决定事项。业主公约或者章程作出的该专有部分是自主经营还是委托经营，由全体业主按照少数服从多数原则投票共同决定的约定无效。业主大会根据该公约或者章程作出委托经营的决定后，业主委员会与他人签订的委托经营合同，对未同意或者追认的业主不发生法律效力。”参见《限制业主专用部位所有权的业主公约或者章程的效力问题》，载最高人民法院民事审判第一庭编：《民事审判指导与参考》（总第 41 集），法律出版社 2010 年版。

4. 公共维修资金的共有和共同使用权。《民法典》第 281 条第 1 款规定:“建筑物及其附属设施的维修资金,属于业主共有。经业主共同决定,可以用于电梯、屋顶、外墙、无障碍设施等共有部分的维修、更新和改造。建筑物及其附属设施的维修资金的筹集、使用情况应当定期公布。”依据这一规定,建筑物及其附属设施的维修资金即通常所谓的“公共维修资金”应当归全体业主共有。

5. 利用业主共有部分的经营收益归业主共有。以往,在实践中物业公司、建设单位等利用楼顶、外墙、电梯做广告,在小区的公共空间设置自动售货机等而取得的收益,往往是直接归于他们所有。显然这种行为侵害了业主的合法权益。《民法典》第 282 条规定:“建设单位、物业服务企业或者其他管理人等利用业主的共有部分产生的收入,在扣除合理成本之后,属于业主共有。”

6. 决定建筑物及其附属设施的费用的分摊和收益的分配的权利。业主对其建筑物中专有部分的修缮、维护费用和因使用所获得的收益,当然应自行承担或自行享有。但是,对于专有部分之外的共有部分的维护、修缮费用以及因使用所获得的收益,则应由全体业主进行分摊和分享。[11]《民法典》第 283 条规定:“建筑物及其附属设施的费用分摊、收益分配等事项,有约定的,按照约定;没有约定或者约定不明确的,按照业主专有部分面积所占比例确定。”

7. 自行管理或委托他人管理建筑物及其附属设施的权利(《民法典》第 284 条第 1 款),以及依法更换建设单位聘请的物业服务企业或其他管理人的权利(《民法典》第 284 条第 2 款)。

8. 监督物业服务企业或其他管理人的权利。《民法典》第 285 条第 1 款规定:“物业服务企业或者其他管理人根据业主的委托,依照本法第三编有关物业服务合同的规定管理建筑区划内的建筑物及其附属设施,接受业主的监督,并及时答复业主对物业服务情况提出的询问。”

9. 有权请求法院撤销业主大会或业主委员会侵害自身合法权益的决定(《民法典》第 280 条第 2 款)。

(二)业主共同管理的义务

1. 遵守法律、法规以及管理规约,保护环境的义务。《民法典》第 286 条第 1 款第 1 句规定:“业主应当遵守法律、法规以及管理规约,相关行为应当符合节约资源、保护生态环境的要求。”管理规约就是以往所称的“业主公约”,是指由全体业主依法定程序制定的对全体业主具有法律约束力的书面自治规则,该规则主要规范了业主在行使建筑物专有部分所有权时的权利义务关系、对专有部分之外的共有部分进行共同管理、使用、维护时的权利、义务和责任,以及其他涉及业主共同利益的事项。

2. 服从业主大会或者业主委员会的决定的义务。由于业主大会是由建筑区划内的全体业主依法设立的自治组织,因此,业主大会依法作出的决定体现了建筑区划内多数业主的共同意志,业主应当服从该决定。业主委员会也是由业主依法选举产生的,是业主大会的执行机构,具体实施业主大会的决定,所以业主也应当服从业主委员会的决定。当然,如果业主大会或者业主委员会的决定侵害了某个业主的合法权益时,依据《民法典》第 280 条第 2 款的规定,受侵

---

〔11〕《中华人民共和国最高人民法院公报》2010 年第 5 期刊登的“无锡市春江花园业主委员会诉上海陆家嘴物业管理有限公司等物业管理纠纷案”判决认为,共有部分在物业服务企业物业管理(包括前期物业管理)期间所产生的收益,在没有特别约定的情况下,应属全体业主所有,并主要用于补充小区的专项维修资金。物业服务企业对共有部分进行经营管理的,可以享有一定比例的收益。物业服务企业不能以个别业主拖欠的物业费来抵销利用业主共有部分所取得的收益。

害的业主可以请求人民法院予以撤销。

3. 对于物业服务企业或其他管理人执行政府依法实施的应急处置措施和其他管理措施，依法予以配合的义务(《民法典》第 286 条第 1 款)。

五、业主大会和业主委员会的诉讼主体地位

业主或者其他行为人在建筑区划内实施任意弃置垃圾、排放污染物或者噪声、违反规定饲养动物、违章搭建、侵占通道、拒付物业费等损害他人合法权益的行为,依据《民法典》第 286 条第 2 款,业主大会、业主委员会有权依照法律、法规以及管理规约,请求行为人停止侵害、排除妨碍、消除危险、恢复原状、赔偿损失。这就意味着,业主大会或者业主委员会有权就此等行为提起诉讼。司法实践的主流观点认为,业主委员会是依法规定成立,具有一定目的、名称、组织机构与场所,管理相应财产,以特定代表人对外代表团体,属于《民事诉讼法》规定的"其他组织"。业主委员会依据业主共同或业主大会的决议,在授权范围内有权就与物业管理有关的、涉及全体业主公共利益的事宜,以物业公司为被告向人民法院提起民事诉讼。与物业管理无关的、个别或部分业主的事宜,业主委员会无权向人民法院提起民事诉讼。[12]

第五节　相邻关系

一、相邻关系的概念与特征

所谓相邻关系,是指相邻的不动产上的权利人在对不动产进行占有、使用、收益或处分时,相互给予对方便利或对一方权利加以限制而对他方权利予以延伸,由此形成的权利义务关系。相邻关系不是一种独立的物权类型,而是法律基于私益协调而对不动产物权作出的某种限制。

1. 相邻关系发生在相邻的不动产的权利人之间。首先,只有不动产的权利人之间才可能发生相邻关系。这是因为,不动产是不可移动的物,仅仅依据当事人协商而无法律之规定,不动产权利人之间的冲突可能无法加以调和,即便能够调和,成本也过高。这样一来,不动产权利人对不动产难以实现有效的利用。所谓"相邻",并不要求两个不动产在空间上直接衔接,只要两个不动产的使用足以发生相互间的影响即可。[13] 其次,法律上建立不动产相邻关系制度的主要目的就是使邻人之间和睦共处,它要求任何人均不得为了自己的目的而做出以邻为壑、损人利己甚至损人不利己的事情。因此,相邻关系调整的不仅仅是数个不动产的所有人之间的关系,还包括不动产的所有人与不动产的他物权人、不动产的占有人彼此之间的关系。[14] 正因如此,我国《民法典》在规范相邻关系时使用的是"不动产的相邻权利人"的表述。所谓"不动产的相邻权利人"既包括所有权人,也包括不动产的他物权人及基于债权而对不动产进行有权占有的人。

2. 相邻关系实质上是对相邻不动产权利人的限制与延伸。不动产相邻关系在本质上是基

---

〔12〕 参见徐州西苑艺君花园(一期)业主委员会诉徐州中川房地产开发有限公司物业管理用房所有权确认纠纷案,载《中华人民共和国最高人民法院公报》2014 年第 6 期;《业主委员会是否具备诉讼主体资格问题》,载《中国民事审判前沿》(总第 2 集),法律出版社 2005 年版,第 10 页。

〔13〕 孙亚明主编:《民法通则要论》,法律出版社 1991 年版,第 138 ~ 139 页。

〔14〕 [德]鲍尔、施蒂尔纳:《德国物权法》(上册),张双根译,法律出版社 2004 年版,第 537 页。

于所有权社会化的要求,而对相邻不动产的权利人中的一方的权利加以限制,对于另一方的权利加以延伸。故此,尽管有人将相邻关系称为“相邻权”,但其绝非一项独立的权利,而是所有权或他物权的限制或延伸。

3. 相邻关系涉及物权法、侵权法等多项制度。相邻不动产权利人之间为了和睦共处而产生的一方权利如何被扩展,另一方权利如何受限制的问题由物权法加以调整,此外当相邻关系法上产生了来自私法上的妨害时,物权法赋予了受妨害方以物权请求权。如果因此遭受了损害,则赔偿问题交由侵权行为法解决。

4. 调整相邻关系的基本原则由法律加以明确规定。“有利生产、方便生活、团结互助、公平合理”就是我国法律处理不动产相邻关系的基本原则与精神(《民法典》第 288 条)。对于调整不动产的规范,除了法律、法规的明文规定外,还包括当地的习惯。《民法典》第 289 条规定:“法律、法规对处理相邻关系有规定的,依照其规定;法律、法规没有规定的,可以按照当地习惯。”

二、处理相邻关系纠纷的规则

处理相邻关系纠纷时应遵循如下具体规则:

1. 法律、法规对处理相邻关系有规定的,依照其规定。在处理因相邻关系引发的纠纷时,首先应当依据法律、法规的规定(《民法典》第 289 条第 1 句),这是毋庸置疑的。例如,在处理因相邻不动产的一方权利人施放噪声而引发的相邻纠纷中,应当依据《环境保护法》《噪声污染防治法》《建筑法》等法律法规的规定。

2. 法律、法规没有规定时,按照当地习惯处理。相邻关系纠纷涉及的问题和情形众多,随着社会的发展也在不断地变化,法律、法规不可能对所有的相邻关系都有相应的规定。故此,《民法典》第 289 条第 2 句规定:“法律、法规没有规定的,可以按照当地习惯。”所谓“当地习惯”是指在相邻关系纠纷的发生地已经存在多年且为多数人所知悉、遵从和认可的习惯。当然,适用习惯时,不能违反公序良俗(《民法典》第 10 条)。另外,对于当地习惯,应由提出主张的一方当事人承担举证责任。

3. 还应依据业主的管理规约。业主的管理规约是全体业主依法订立的一种自我管理的规约,也称业主公约。它对业主在对共有部分进行管理时候的权利、义务以及每一个业主应当承担的义务和责任作出了明确的规定。业主应当遵守法律、法规以及管理规约。

三、相邻关系的类型

(一)用水排水关系

《民法典》第 290 条规定:“不动产权利人应当为相邻权利人用水、排水提供必要的便利。对自然流水的利用,应当在不动产的相邻权利人之间合理分配。对自然流水的排放,应当尊重自然流向。”这一条是对因用水、排水而产生的相邻关系的规定。依据该规定,不动产的相邻权利人在用水、排水的问题上应当遵循以下规定:

1. 本着有利生产、方便生活、团结互助、公平合理的精神,不动产权利人应当为相邻权利人的用水、排水提供必要的便利。这个用水、排水既包括自然流水的利用和排放,也包括人工流水的利用和排放。但是,就人工流水的排放而言,排水的不动产权利人必须采取适当的保护措施排水,如仍造成损失的,其应当承担赔偿责任。如果相邻一方可以采取其他合理的措施排水而未采取,向他方土地排水毁损或者可能毁损他方财产,他方有权要求致害人停止侵害、消除危险、恢复原状、赔偿损失。

2. 对于自然流水的利用,应当在不动产的相邻权利人之间进行合理的分配。上游的不动产权利人不得擅自堵截或独占自然流水而影响他方正常生产、生活,否则该他方有权请求排除妨碍;造成损失的,擅自堵截或者独占自然流水之人应当承担赔偿责任。同样,下游的不动产权利人不得任意堵截上游自然流水的排放,应当尊重自然流向。

3. 不动产权利人因用水、排水而利用相邻不动产的,应当尽量避免对相邻的不动产权利人造成损害;造成损害的,应当给予赔偿。

(二)通行关系

当某土地或者建筑物的所有人或使用人非经过相邻不动产所有人或使用人的土地或建筑物而无法进入公路,无法对其土地或建筑物加以正常使用时,不动产权利人对相邻权利人因通行等必须利用其土地的,应当提供必要的便利(《民法典》第 291 条)。如果不动产权利人禁止相邻权利人的通行或堵塞通道,从而影响他人生产、生活的,则被妨碍者有权要求不动产权利人排除妨碍或恢复原状。倘若因此而遭受损害的,还有权要求不动产权利人承担损害赔偿责任。

此外,在出卖人出卖不动产时,其基于相邻关系而在他人不动产上享有的通行等权利不应成为转让标的。买受人享有的通行权的权源基础并非买卖合同的约定,而是相邻关系。[15]

(三)相邻土地的利用关系

不动产权利人在进行建造、修缮建筑物以及铺设电线、电缆、水管、暖气和燃气管线等工作时,原则上应在自己的土地疆界范围内或建筑物上进行施工建设,不能随意占用相邻不动产所有人或使用人的土地或建筑物。但是,由于不动产相互毗邻,一方在疆界处或在非常靠近疆界的地方进行施工建设时,可能必须要使用相邻一方的土地或建筑物,否则无法施工。为此,相邻一方应当为他人提供这种便利(《民法典》第 292 条)。

关于相邻的土地利用关系,需要注意两点:首先,施工的不动产权利人只有在必须利用相邻土地、建筑物时,该土地或建筑物的权利人才有义务提供便利,否则不动产权利人随意侵占他人土地或建筑物将构成对他人物权的侵害。其次,即便是相邻的土地、建筑物的权利人有义务提供便利,但不动产权利人在利用相邻不动产时也应尽量避免给他人造成损害,否则应当承担赔偿责任(《民法典》第 296 条)。

(四)通风、采光和日照关系

相邻的不动产权利人之间应当注意处理好相互之间的通风、采光和日照,一方不得妨害另一方的通风、采光和日照。《民法典》第 293 条规定:“建造建筑物,不得违反国家有关工程建设标准,不得妨碍相邻建筑物的通风、采光和日照。”所谓“国家有关工程建设标准”主要是指国家工程建设主管部门颁布的各类工程建筑方面涉及通风、采光和日照的国家标准等,如《住宅设计规范》(GB 50096—2011)、《建筑采光设计标准》(GB 50033—2013)、《城市居住区规划设计规范》(GB 50180—2018)等。

(五)环境保护关系

现代社会为了保护环境,实现人与自然的和谐,对于各种污染环境的行为都专门立法加以规定。例如,我国对弃置固体废物,排放大气污染物、水污染物、土壤污染物、噪声、光辐射、电

---

〔15〕 参见屠福炎诉王义炎相邻通行权纠纷案,载《中华人民共和国最高人民法院公报》2013 年第 3 期。

磁辐射等有害物质的行为有以下法律加以规范——《环境保护法》《海洋环境保护法》《固体废物污染环境防治法》《大气污染防治法》《放射性污染防治法》《环境噪声污染防治法》《水污染防治法》等。这些法律不仅主要规范的是破坏环境的公害行为,也确立了不动产的相邻权利人的行为标准。故此,《民法典》第294条规定:“不动产权利人不得违反国家规定弃置固体废物,排放大气污染物、水污染物、土壤污染物、噪声、光辐射、电磁辐射等有害物质。”

(六)危险预防关系

相邻一方在自己的土地、建筑物上进行施工,如挖掘地窖、建造建筑物或者安装设备,也不得因此危及相邻不动产的安全(《民法典》第295条)如果一方使相邻一方的地基发生了动摇或者发生了危险,或者使相邻一方的建筑物遭受了损害,则受到危险或者损害的一方有权请求对方消除危险,恢复原状或赔偿损失。[16]

第六节　共　　有

一、概述

(一)共有的概念与特征

共有,是指两个以上民事主体对同一物共同享有一个所有权的状态。它是与单独所有相对的一种所有权形态。《民法典》第297条第1句规定:“不动产或者动产可以由两个以上组织、个人共有。”共有具有以下几项特征:

1. 共有的主体是两个以上民事主体。这些民事主体可以是自然人,也可以是法人、非法人组织。共有的主体最少须为两个民事主体,至于最多是多少,并无法律上的限制。

2. 共有中多个民事主体是共同享有共有物上的一个所有权。也就是说,共有物上的所有权仍然只是一个而非多个,只是多个民事主体共同享有这个所有权而已。因此,共有并不违反一物一权原则。但也正是由于一个所有权由多个民事主体共有,所以在各个共有人对共有财产的管理、处分等权利义务关系没有约定的情况下,法律应当作出明确的规定。

3. 共有的客体不限于动产、不动产。共有的客体为不动产或动产,即两个以上组织、个人对不动产或动产上的所有权进行共有。在民法上,除了所有权,财产权益都可以共有,如建设用地使用权、土地承包经营权、抵押权、质权等他物权也可以共有。此外,债权、知识产权、股权等其他财产性权利也可以共有。由于这种对权利的共有与传统的数人共有动产、不动产不同,他们是对所有权以外的财产权的共有,所以学说上称为“准共有”,即可以准用《民法典》物权编关于共有的规定。《民法典》第310条规定:“两个以上组织、个人共同享有用益物权、担保物权的,参照适用本章的有关规定。”法律若对于共有其他财产权益另有规定的,则适用其规定。例如,《民法典》第517条第1款规定:“债权人为二人以上,标的可分,按照份额各自享有债权的,为按份债权;债务人为二人以上,标的可分,按照份额各自负担债务的,为按份债务。”第518条第1款规定:“债权人为二人以上,部分或者全部债权人均可以请求债务人履行债务的,为连带债权;债务人为二人以上,债权人可以请求部分或者全部债务人履行全部债务的,为连带债

[16]　参见顾然地诉巨星物业排除妨碍、赔偿损失纠纷案,载《中华人民共和国最高人民法院公报》2003年第6期。

务。”再如,《著作权法》第 13 条规定:“两人以上合作创作的作品,著作权由合作作者共同享有。没有参加创作的人,不能成为合作作者。合作作品可以分割使用的,作者对各自创作的部分可以单独享有著作权,但行使著作权时不得侵犯合作作品整体的著作权。”

4. 共有人共有的可以是一个物,也可以是多个物。例如,被继承人死亡之后遗产分割之前,多个继承人对于被继承人的遗产(基本上都是多个动产、不动产,还包括权利)就是共同共有。

(二)共有的类型

在人类社会发展过程中由于不同的需要,产生了不同的共同所有形态。如日耳曼法上的总有、罗马法上的按份共有以及德国法上的共同共有。现代民法承认的共有形态主要是两种,即按份共有与共同共有,无非称呼有所不同。例如,在我国台湾地区的“民法”中,“按份共有”被称为“分别共有”,而“共同共有”称为“公同共有”。在我国法上,共有包括按份共有和共同共有(《民法典》第 297 条第 2 句)。二者的区别如图 16 - 1 所示。

表 16 - 1　按份共有与共同共有的区别

区别	共同共有	按份共有
产生原因	共有人之间存在共同关系	共有人之间无须共同关系
权利享有与义务承担	平等地享有权利和承担义务	按照份额享有权利、承担义务
分割的限制	首先依约定;没有约定或约定不明的,不得分割为原则,例外可以分割	首先依约定;没有约定或约定不明的,可以随时请求分割
处分共有物	全体共同共有人同意,除非另有约定	应当经占份额 2/3 以上的按份共有人,除非另有约定
对共有的不动产或者动产作重大修缮、变更性质或者用途	全体共同共有人同意,除非另有约定	应当经占份额 2/3 以上的按份共有人,除非另有约定

二、按份共有

(一)按份共有的概念与特征

按份共有,是指数人按照各自的份额,对共有财产分享权利,分担义务。按份共有人对共有的不动产或者动产按照其份额享有所有权(《民法典》第 298 条)。按份共有的特征如下:

1. 按份共有是数人对一个或数个物(动产或不动产)共同享有所有权,其仍然是一个物上存在的一个所有权或数个物上存在的数个所有权,而非一个物上存在数个所有权。因此,按份共有与单独的所有权的区别仅在于权利人的数量不同。

2. 按份共有中,各个共有人按照其份额对共有的动产或不动产享有权利、分担义务。所谓份额,也称“应有部分”,是各个共有人就共有物的所有权在量上的划分。申言之,份额是对共有物的所有权在观念上的划分,只是确定各共有人行使权利的比例或者范围而已。按份共有人的份额是抽象的存在,并不指向共有物中任何具体的或实体的部分。它既不是对共有物在量上的划分,也不是就共有物划分使用部分。正因如此,按份共有中各共有人的权利依然是针对共有物的全部而非某一特定部分。

(二)按份共有的产生原因

产生按份共有的原因通常有两种:第一,基于当事人的约定,即意定的按份共有,例如,甲、乙分别出资70万元和30万元购买一套住宅,则甲和乙对该房屋属于按份共有。第二,法律的规定,即法定的按份共有。例如,因添附而产生的按份共有。

(三)按份共有中的份额

1. 份额的确定

确定各按份共有人所持份额的方法由共有人约定或法律规定,一般来说,当事人约定份额时采用的标准就是各共有人的出资份额。如果各共有人的份额无法确定时,则应推定各共有人的份额均等,除非某个共有人能举证证明自己的份额更大。对此,多数国家的民法典皆有明确的规定。《民法典》第309条规定:"按份共有人对共有的不动产或者动产享有的份额,没有约定或者约定不明确的,按照出资额确定;不能确定出资额的,视为等额享有。"

2. 对份额的处分

按份共有人对其份额的处分,仅指法律上的处分,而不包括事实上的处分。因为按份共有人的份额是抽象的而非具体的,如果对共有物进行实物分割,则按份共有人只可能对其份额进行法律上的处分。此外,如果认为按份共有人可以对共有物随意进行事实上的处分,也会损害其他共有人的合法权益。[17]

(1)份额的分出

按份共有财产的每个共有人有权要求将自己的份额分出。所谓"分出"即共有物的分割,它是指按份共有人请求分割共有物的行为。在我国法上,按份共有人请求分割共有物应遵循以下规定:一方面,如果共有人已经约定了不得分割共有的不动产或动产以维持共有关系的,那么按份共有人应当遵守这一约定,不得违约请求分割共有财产,除非存在重大理由需要分割(《民法典》第303条第1句)。所谓重大理由,主要是指那些对于请求分割共有财产的共有人而言具有重要的法律上和生活上的利益的理由。例如,债务人被法院宣告破产清算的,此时对于债务人与他人共有的财产应当进行分割[最高人民法院《关于适用〈中华人民共和国企业破产法〉若干问题的规定(二)》第4条第2款]。再如,甲与乙各出资10万元购买了一件古董,双方约定三年之内不能分割该共有物,以便等待古董升值。但是,两年后乙的儿子重病急需钱治病,这就属于重大理由,此时乙可以请求分割该共有财产古董。

另一方面,当按份共有人没有约定不得分割共有财产或者约定不明确时,按份共有人有权随时请求分割共有财产(《民法典》第303条第2句)。如果因分割共有财产而对其他共有人造成损害的,则请求分割的共有人应当对此承担赔偿责任(《民法典》第303条第3句)。由于按份共有人在没有约定或者约定不明时可以随时请求分割共有财产,因此,只有按份共有人以违背公序良俗的方式行使分割共有物的权利而损害其他共有人的,才需要对由此造成的损害承担赔偿责任。也就是说,不能仅仅以存在分割共有财产的行为和其他共有人有损害这两项要件而令请求分割的共有人承担责任。

共有人请求分割共有物的行为属于单方法律行为,一经作出,即生效力。至于共有物的分割方式,先由当事人协商,如果达不成协议的,则按照以下方法之一加以分割:第一,如果共有物能够分割且不会因此减损其价值的,应当进行实物分割并在各共有人之间按照各自的份额

〔17〕 王利明:《物权法论》(修订版),中国政法大学出版社2003年版,第311页。

分配；第二，如果共有物不适合分割(不可分物)，则应将共有物拍卖或变卖而分割其价金，或者采取折价的方式。所谓折价的方式，是指由共有人中的一人取得该共有物，由其向其他共有人按照各自的份额支付相应的金钱。

(2)份额的转让

按份共有财产的每个共有人有权要求将自己的份额转让(《民法典》第305条第1句)。份额的转让，也称"份额的出让"，是指共有人可以依法将自己在共有财产中的份额出让给他人的行为。对于共有人处分其份额的行为应当依据共有财产为动产或不动产分别处理之。如果共有的是动产，按份共有人处分其份额时，应当交付，使受让人与其他共有人共同占有该动产。由于共有人的份额是抽象的，除非共有人之间基于分管契约已占有共有物的特定部分之外，否则受让人不能请求让与其份额的按份共有人交付共有物的特定部分。如果共有财产是不动产，按份共有人让与其份额时尚需办理变更登记。

(3)份额的抵押

既然允许按份共有人转让其份额，那么按份共有人以份额设定抵押权自然也是允许的。《担保法解释》第54条第1款规定："按份共有人以其共有财产中享有的份额设定抵押的，抵押有效。"

(4)份额的出租

份额的出租，是指按份共有人将其按照份额对共有物享有的使用权与收益权出租给他人的行为。按份共有人的份额本身具有一定的财产价值，且此种出租行为既不违反公序良俗，法律对其亦无禁止性规定，本着合同自由的原则应当给予承认。

(5)份额的抛弃

按份共有人可以抛弃其份额，问题是被抛弃的份额归属何人？一种观点认为，此时该份额归属于其他共有人；另一种观点认为，应有部分之抛弃除非法律另有规定，否则当共有物为动产时，该份额由其他共有人依先占或时效取得；当共有物为不动产时，归国家所有。《民法典》对该问题没有规定，本书赞同第二种观点。

(6)其他共有人对份额的优先购买权

按份共有人在转让其份额时，其他共有人在同等条件下，有优先购买的权利(《民法典》第305条第2句)。这样规定主要就是为了减少共有人的人数，防止因外人的介入而使共有人内部关系趋于复杂，从而简化共有物的使用关系，实现对共有物利用上的效率。[18] 因此，按份共有人的优先购买权仅适用于按份共有人向共有人之外的人转让其份额的情形，如果按份共有人将其份额转让给按份共有人中的某人时，其他按份共有人不得主张优先购买权，除非按份共有人之间另有约定。此外，依据《物权法解释(一)》第12条第2款的规定，其他按份共有人的请求具有下列情形之一的，不予支持：其一，未在规定的期间内主张优先购买，或者虽主张优先购买，但提出减少转让价款、增加转让人负担等实质性变更要求；其二，以其优先购买权受到侵害为由，仅请求撤销共有份额转让合同或者认定该合同无效。

如果某一按份共有人出售其份额，数个按份共有人均欲行使优先购买权时，此时，依据《民

〔18〕 不仅是共有人出卖份额时，其他按份共有人有优先购买权，《民法通则意见》第92条还曾经规定，对于共有人出卖自己分割共有物所得的财产时，如果出卖的财产与其他原共有人分得的财产属于一个整体或者配套使用，则其他原共有人也有优先购买权。这样的规定显然是为了更好地发挥物的效用。

法典》第306条第2款,这些都主张行使优先购买权的按份共有人应当协商确定各自的购买比例,协商不成的,按照转让时各自的共有份额比例行使优先购买权。

所谓"同等条件下",应当综合共有份额的转让价格、价款履行方式及期限等因素加以确定。出卖份额的按份共有人应当负有通知其他共有人的义务,以便其行使优先购买权。另外,为防止优先购买权的持续存在阻碍共有人出卖其份额,对优先购买权的存续期间应予限制。[19]《民法典》第306条第1款规定:"按份共有人转让其享有的共有的不动产或者动产份额的,应当将转让条件及时通知其他共有人。其他共有人应当在合理期限内行使优先购买权。"依据《物权法解释(一)》第11条,合理期限原则上应当按照按份共有人对优先购买权的行使期间的约定确定,没有约定或者约定不明的,根据按照下列情形确定:其一,转让人向其他按份共有人发出的包含同等条件内容的通知中载明行使期间的,以该期间为准;其二,通知中未载明行使期间,或者载明的期间短于通知送达之日起15日的,为15日;其三,转让人未通知的,为其他按份共有人知道或者应当知道最终确定的同等条件之日起15日;其四,转让人未通知,且无法确定其他按份共有人知道或者应当知道最终确定的同等条件的,为共有份额权属转移之日起6个月。

(四)按份共有人的内部关系

按份共有人的内部关系是指按份共有人内部就共有的不动产、动产究竟享有何种权利、承担何种义务,以及如何行使权利和承担义务。

1. 按份共有人的使用收益权

按份共有人应当按照其份额就全部的共有物享有使用、收益的权利。所谓"按照其份额"享有权利。也就是说,共有人对于全部的共有财产,依据份额的大小比例享有并行使权利。份额越大,使用共有财产并获取收益的权利就越大;反之,则越小。例如,甲乙共有一栋房屋,份额为3:7,因此就出租该房屋所获得的租金,也应按照该3:7的比例予以分配。

2. 对共有物的管理

多人共有一物,容易导致互不相让、互相推诿等情形。故此,法律有必要就共有物的管理作出规定。《民法典》第300条规定:"共有人按照约定管理共有的不动产或者动产;没有约定或者约定不明确的,各共有人都有管理的权利和义务。"该条中规定的共有人关于共有财产的管理的约定就是指各共有人之间订立的分管协议。分管协议是指共有人之间就共有物的使用、收益或者管理方法等事项而订立的协议。本来该协议仅具有债权的效力,而并不是共有财产上的物权负担,不具有物权的效力。法律上既然没有规定应有部分的受让人应当受到分管协议的拘束,则基于合同的相对性,分管协议的效力不因份额的转让而移转于受让人。简言之,份额的受让人并不受到其前手所订立的分管协议的约束。但是,实践中为避免共有人订立分管协议后任意转让份额,导致对原有分管状态与效力的破坏,又需要在一定情形下承认分管协议对应有份额受让人的拘束力。

为了既能够有效地维护分管协议的效力,同时避免给第三人造成突然损害,立法上应当规定:按份共有人订立有关共有财产的分别管理协议且办理登记的,具有对抗第三人的效力。应有部分的受让人在受让应有部分后,应受分管协议的约束。分管协议仅限于共有人对共有财

---

〔19〕 例如,最高人民法院《关于审理城镇房屋租赁合同纠纷案件具体应用法律若干问题的解释》第24条第3项规定,出租人履行通知义务后,承租人在15日内未明确表示购买的,承租人主张优先购买房屋的,人民法院不予支持。

产的管理事宜。分管协议订立之后,共有人仍然维持共有的关系,只能依据分管的内容就共有物的分管部分进行使用收益,而不能得采取有害于共有物的使用方法对共有物进行使用收益。分管协议生效后,分管人不得任意处分其分管部分的共有物,也不得采取有害于共有物的使用方法对共有物进行使用收益。如因分管物致他人损害,各共有人都应当对受害人承担赔偿责任。

3. 对共有物的处分

虽然各按份共有人原则上有权随时处分其份额,但是对于整个共有物的处分(法律处分与事实处分)应获得全体共有人的同意,除非当事人另有约定或者法律另有规定。不过,实践中可能会出现全体共有人就共有物的处分无法达成一致的情形,从而形成僵局。为此,《民法典》放宽了按份共有人对共有物处分要求全体共有人同意的规定,而是采取多数决的原则,即处分共有的不动产或者动产,只要经过占份额 2/3 以上的按份共有人的同意即可,除非当事人对此另有约定(《民法典》第 301 条)。如果某一共有人未经其他共有人的同意而处分共有财产,则该行为是无权处分行为。此时,共有物之买受人能否取得所有权或他物权,取决于是否得到其他共有人的追认或者无权处分人事后取得处分权;如果不具备这些情形,则取决于是否构成善意取得。

4. 对共有物的重大修缮、变更性质或者用途的

首先,如果共有人之间对共有的不动产或动产的修缮有约定时,按照该约定。如果没有约定时,只有在对共有的不动产或者动产作重大修缮时,应当经占份额 2/3 以上的按份共有人的同意。因为,对共有物进行重大修缮时需要支出大笔费用且并非相当急迫,因此该费用在没有得到按份共有人的同意令其分摊显然是不公正的。“重大修缮”,是指在不改变共有财产性质的前提下,通过支出较大的费用,提升共有物的使用价值或交换价值的行为。例如,将共有的房屋内部全部铺设实木地板等。共有人对共有物的修缮没有约定时,对重大修缮之外的保存行为和简单修缮,各共有人均有权从事。所谓保存行为,是指为了防止共有物因有形的灭失或毁损及其价格减少而从事的保存其现状的行为。例如,暴雨来袭之际共有房屋的屋顶破损急需修补,此时某一共有人对之加以修缮的行为就属于保存行为。简单修缮则是指对共有物进行小修小补的行为。由于对共有物的保存行为、简单修缮是为了防止共有物及其权利免遭毁损、灭失或者限制的危险而从事的行为,费用往往比较少,对全体共有人均有利无弊且多属较急迫的行为,因此共有人可以无须经过其他共有人的同意而从事该种行为。

除了对共有物的重大修缮之外,变更共有物的性质或用途的,也必须经过占依据份额 2/3 以上的按份共有人的同意(《民法典》第 301 条)。因为变更共有物的性质或用途对于各个共有人的利益影响很大,例如,将共有的住宅变更为经营性用房,就涉及原来可以使用该住宅居住的共有人无法居住了,故此必须经过绝大多数共有人的同意。

5. 共有物的费用分摊

共有物的管理费用以及其他负担在各个按份共有人之间如何分摊,首先依照共有人的约定,如果没有约定或者约定不明的则由各共有人按其份额分摊。所谓“其他负担”包括因共有的不动产和动产而产生的各种税费以及其他对外负担的债务。

6. 共有物分割后各共有人之间的关系

共有物分割后,各共有人就所分得的部分享有单独的所有权,但共有物在分割前,其上存有的权利负担不因共有物分割而受影响,如共有的房屋上已经设定了抵押权,则分割该房屋后,该抵押权不受影响,即抵押权的不可分性。此外,各共有人对于其他共有人因分割所得到

的物,按其份额与出卖人负担相同的瑕疵担保责任(《民法典》第304条第2款)。

(五)按份共有人的外部关系

按份共有人的外部关系是指按份共有人在与外部的第三人发生法律关系时,按份共有人应当如何享受权利、承担义务,以及如何行使权利和履行义务的问题。

1. 按份共有人对第三人的物权请求权

凡是单独所有权人有权行使的物权请求权,如返还所有物请求权与所有物保全请求权,各按份共有人皆可行使,且行使此项权利时不以其份额为限,可就共有物的全部加以行使。[20] 由于共有物在法律上归属于全体共有人,而非为某个共有人所有,因此某一共有人在单独行使返还原物的请求权时,应当请求占有人向全体共有人返还共有物,而不得请求仅向自己返还。

2. 因共有的不动产或动产而产生的债权债务

因共有的不动产或者动产而产生的债权债务关系,在按份共有人内部当然也应当按照各共有人的份额来享受权利承担义务。问题是,在对外关系上,按份共有人是连带债务、连带债权人,还是按份债务人、按份债权人？对此,《民法典》第307条规定:"因共有的不动产或者动产产生的债权债务,在对外关系上,共有人享有连带债权、承担连带债务,但是法律另有规定或者第三人知道共有人不具有连带债权债务关系的除外;在共有人内部关系上,除共有人另有约定外,按份共有人按照份额享有债权、承担债务,共同共有人共同享有债权、承担债务。偿还债务超过自己应当承担份额的按份共有人,有权向其他共有人追偿。"该规定之理由在于:就对外关系而言,第三人往往并不清楚共有人之间究竟是按份共有还是共同共有关系,因此令按份共有人对外承担连带债务、享有连带债权对于维护善意第三人的利益是比较合适的。当然,如果法律对此有特别的规定,或者是第三人知道共有人不具有连带债权债务关系的除外。例如,登记簿上明确表明了共有人之间属于按份共有的关系,则应当认为第三人知道共有人不具有连带债权债务关系。至于按份共有人的内部关系上,当然应当按照份额享有债权、承担债务。如果偿还债务超过自己应当承担份额的按份共有人,有权向其他共有人追偿。如果按份共有人就对外债权获得了超过自己份额的清偿,其他共有人有权行使不当得利请求权要求其偿还。

三、共同共有

(一)共同共有的概念与特征

共同共有,是指数人依据法律规定或者当事人的约定而形成某一共同关系,基于该共同关系共同享有所有权(《民法典》第299条)。共同共有具有以下几项特征:

1. 共同共有是产生于共同关系的基础之上,以共同关系之存续为前提。此种共同关系可能是依合同的约定而生,如夫妻约定婚姻关系存续期间所得的财产以及婚前财产由夫妻双方共同所有;也可能是依法律规定而生,如继承人在遗产分割前对遗产的全部,为共同共有。

2. 共同共有人在共同关系存续期间,对于共有物不分份额、平等地享有权利、承担义务。易言之,各共有人是对整个共有财产享有占有、使用、收益与处分的权利,同时就整个共有财产而承担义务。

3. 因共同共有的存在旨在稳固共同关系之经济基础而使共同关系的目的易于达成,因此,即便共同共有人没有约定不得分割共有物,原则上共同共有人就不得请求分割共有物,除非共有的基础丧失或者有重大理由需要分割(《民法典》第303条)。

---

〔20〕 梅仲协:《民法要义》,中国政法大学出版社1998年版,第550页。

(二)共同共有的类型

1. 基于夫妻关系而产生的共同共有

男女双方可以约定婚姻关系存续期间所得的财产以及婚前财产归各自所有、共同所有或者部分各自所有、部分共同所有。如果没有约定或者约定不明确的,则夫妻在婚姻关系存续期间所得的下列财产为夫妻的共同财产,归夫妻共同所有:工资、奖金和其他劳务报酬;生产、经营、投资的收益;知识产权的收益;继承或受赠的财产(但遗嘱或赠与合同中确定只归一方的财产除外);其他应当归共同所有的财产(《民法典》第1062条)。

2. 基于家庭共同生活关系而产生的共同共有

基于家庭共同生活关系而产生的共同共有是指家庭财产的共有。家庭共有的财产为在家庭中全部或者部分成员共同所有的财产,是家庭成员在家庭共同生活关系存续期间共同创造、共同所得,用于维持家庭成员共同生产、生活的财产。[21] 家庭共有财产不同于家庭财产,后者除包括前者之外还包括家庭成员的个人财产。

这里的"家庭"是比较广义的概念,不限于仅由夫、妻与子女组成的小家庭,而是指"配偶、父母、子女和其他共同生活的近亲属"(《民法典》第1045条第3款)。实践中,应根据财产的来源、用途等因素认定是否属于家庭共有财产。如果是家庭成员共同劳动所得且用于维护整个家庭的生产或生活的财产,就属于家庭共有财产。否则,不能认定为家庭共有财产。

3. 基于合伙关系而产生的共同共有

关于合伙人对于合伙财产究竟是按份共有还是共同共有,理论上有不同的看法。本书认为,合伙人对合伙财产的共有属于共同共有。因为,在合伙关系存续期间,合伙人对合伙财产共同享有权利和承担义务。一方面,《民法典》第969条明确规定:"合伙人的出资、因合伙事务依法取得的收益和其他财产,属于合伙财产。合伙合同终止前,合伙人不得请求分割合伙财产。"第974条规定:"除合伙合同另有约定外,合伙人向合伙人以外的人转让其全部或者部分财产份额的,须经其他合伙人一致同意。"另一方面,《合伙企业法》第20条以下也明确规定,合伙企业存续期间,合伙人的出资、以合伙企业名义取得的收益和依法取得的其他财产,均为合伙企业的财产。合伙人在合伙企业清算前,除非法律另有规定,否则不得请求分割合伙企业的财产。除合伙协议另有约定外,合伙人向合伙人以外的人转让其在合伙企业中的全部或者部分财产份额时,须经其他合伙人一致同意。由此可见,合伙人对于合伙财产的共有在性质上更类似于共同共有。

4. 基于继承关系而产生的共同共有

在传统民法中,被继承人死亡后,遗产分割前,全体继承人对于该遗产是共同共有。例如,我国台湾地区"民法"第1151条规定:"继承人有数人时,在分割遗产前,各继承人对于遗产全部为公同共有。"这个"公同共有"就是我国《民法典》上的"共同共有"。我国《民法典》第1145条规定,继承开始后,遗嘱执行人为遗产管理人;没有遗嘱执行人的,继承人应当及时推选遗产管理人;继承人未推选的,由继承人共同担任遗产管理人。此处,继承人"共同担任遗产管理人"的规定,也体现了遗产在未分割前属于继承人共同共有。

(三)共同共有人的内部关系

1. 共同共有中各共有人的权利及于共有财产的全部而不局限于某一部分。这一点既说明

---

〔21〕 王利明:《物权法论》(修订版),中国政法大学出版社2003年版,第323页。

在共同共有关系存续期间共同共有人并不像按份共有那样存在所谓的“份额”,也足以表明共同共有是多个人共同享有一项所有权的实质。立法以及理论上通常都确认共同共有中的各共有人对于共有财产享有平等的权利,但实践中共同共有人如何对共有财产进行具体的管理,先要看当事人的约定。如果没有约定或者约定不明的,则各共有人都有管理的权利和义务。例如,《民法典》第1062条第2款规定:“夫妻对共同财产,有平等的处理权。”依据《婚姻法解释(一)》第17条,这个“平等的处理权”应当理解为:(1)夫或妻在处理夫妻共同财产上的权利是平等的。因日常生活需要而处理夫妻共同财产的,任何一方均有权决定。(2)夫或妻非因日常生活需要对夫妻共同财产做重要处理决定,夫妻双方应当平等协商,取得一致意见。

2. 在共同共有的基础丧失之前,共有人不得请求分割共有财产。共同共有是基于一定的法律关系和共同生活关系等基础关系而产生的,共有财产也是以维持这种基础关系的存在为目的的。因此,在基础关系仍然存在时,如果共同共有人可以随时请求分割共有财产,必然会破坏这种关系的存续。所以,《民法典》第303条第2句规定,在共同共有中,即便共有人没有约定不得分割共有财产,共同共有人原则上也不得随时请求分割,除非该共有的基础丧失或者有重大理由需要分割。此外,《合伙企业法》第21条第1款也规定:“合伙人在合伙企业清算前,不得请求分割合伙企业的财产;但是,本法另有规定的除外。”这个“本法另有规定的除外”指的是依法退伙等情形(如《合伙企业法》第48条第1款)。

3. 对共有财产的处分、重大修缮以及变更性质或用途的,原则上应当得到全体共有人的同意。由于共同共有人对共有财产享有平等的权利,因此,在共同共有关系存续期间,对共有财产的处分、重大修缮、变更性质或用途的,应当得到全体共有人的同意,除非共有人另有约定(《民法典》第301条)。

4. 共有人擅自处分共有财产构成无权处分。倘若某个共有人未经全体共有人的同意,擅自处分共有财产,如出卖共有财产或在共有财产上设定他物权等,则此种处分行为属于无权处分,构成对其他共有人权利的侵害。买受人能否因此而取得共有财产,取决于其是否符合《民法典》关于善意取得的规定。

(四)共同共有人的外部关系

1. 每一个共有人都享有物权请求权。当共有人之外的第三人侵害共有物时,任何一个共有人都有权行使基于所有权的请求权,如返还原物请求权。因为此种权利的行使旨在保护全体共同共有人的利益,故无须征得全体共有人的同意。

2. 在对外关系上各共有人享有连带债权或承担连带债务。共同共有人就因共有物而产生各类债务承担连带赔偿责任,如因修缮共有物而生的费用、因共有物致人损害而产生赔偿责任等。因共有物而在对外关系上产生的债权,各共有人之间也是连带债权人(《民法典》第307条)。

(五)共同共有的消灭以及共有物的分割

共同共有消灭的原因主要就是两项:第一,共有的基础丧失即基础法律关系的消灭,如夫妻离婚或合伙解散;第二,共有物被转让、被征收或者灭失,此时共同共有因丧失标的物而消灭。如果共有物被转让、被征收或者灭失后获得了价金、补偿金或保险金,则共同共有关系继续存在于该等财产之上。

共有人可以协商确定分割方式。达不成协议,共有的不动产或者动产可以分割并且不会因分割减损价值的,应当对实物予以分割;难以分割或者因分割会减损价值的,应当对折价或者拍卖、变卖取得的价款予以分割。此外,共有人分割所得的不动产或者动产有瑕疵的,其他共有人应当分担损失。

(六)对按份共有的推定

《民法典》第308条规定:“共有人对共有的不动产或者动产没有约定为按份共有或者共同共有,或者约定不明确的,除共有人具有家庭关系等外,视为按份共有。”这一规定的理由在于:首先,共同共有既然是以共同关系为基础的,那么在共有人之间没有这种关系时推定为共同共有显然是不合适的。其次,共同共有对于各个共有人的限制较多,不利于共有的法律关系简化。

四、准共有

所谓准共有,是指数人按份共有或者共同共有所有权以外的财产权。例如,数人共同享有一个抵押权。《民法典》第310条规定:“两个以上组织、个人共同享有用益物权、担保物权的,参照适用本章的有关规定。”这就是对准共有的规定。

准共有具有以下特征:第一,准共有的标的物是所有权之外的财产权,包括用益物权(如国有土地使用权、地役权)、担保物权(如抵押权)、知识产权以及债权。第二,准共有即准用共有的有关规定,各人就所有权之外的财产究竟是准用共同共有还是按份共有,应当视其共有关系而定。第三,准共有准用按份共有或共同共有的前提是,规范该财产权的法律没有特别规定。如果有,则应首先适应该特别规定。

第七节 所有权取得的特别方式

一、概述

《民法典》物权编第九章对“所有权取得的特别方式”作出了规定。在一章中规定的所有权取得的特别方式包括:善意取得(第311~313条);拾得遗失物(第314~318条);拾得漂流物、发现埋藏物或者隐藏物,参照适用拾得遗失物的规定(第319条);从物随主物转让的规则(第320条);孳息的归属(第321条);添附(第322条)。由于这些方式中,绝大部分取得所有权的方式不是基于法律行为而是依据法律的规定,如善意取得中受让人取得物权;无人认领的遗失物归国家所有;在当事人没有特别约定的时候,从物随主物转让而取得所有权;添附物的归属在没有约定或者法律规定时,按照充分发挥物的效用以及保护无过错当事人的原则确定等。所以,《民法典》才专门在这一章中集中加以规定,至于那些依据法律行为而取得动产或不动产物权的情形,自然可以依据《民法典》物权编第二章“物权的设立、变更、转让和消灭”中第1节和第2节的规定即可。因前文在物的分类中已经介绍了从物与主物、原物与孳息,故不再赘述。

二、善意取得

(一)善意取得的概念

善意取得,也称“善意受让”或“即时取得”,是指动产或不动产的占有人无权处分其占有的动产或不动产,将该物的所有权移转给他人或为他人设定他物权,如果该他人于受让所有权或取得他物权时为善意且符合法律规定的其他要件,则其将如同处分人有处分权时那样,取得该物的所有权或他物权。善意取得是为了维护交易安全而产生的一项法律制度。

善意取得是基于民法中的外观信赖法理而产生的制度,而基于该法理所生的制度除善意取得外,还有表见代理等其他制度。至于善意取得,也不仅适用于所有权和他物权,还适用于其他财产权益,如债权(票据权利的善意取得),股权的善意取得等。这些物权之外的其他财产权益的善意取得,在有法律规定的时候,依据相应的规定,没有规定的时候,可以参照《民法典》关于所有权的善意取得的规定。

(二)善意取得所有权的构成要件

善意取得的对象既包括所有权,也包括他物权,如抵押权、质权等。由于《民法典》第311条第1、2款只是规定善意取得所有权的要件,故此,该条第3款规定,当事人善意取得其他物权的,参照适用前两款规定。当事人善意取得不动产或动产的所有权,应当符合以下要件。

1. 标的物是动产或不动产

《民法典》没有区分不动产与动产,而是将二者的善意取得作出了统一规定。[22] 首先,作为善意取得标的物的动产或不动产,都不得是法律禁止流通的物,如海洛因、核原料、国有文物、土地所有权或者人体细胞、人体组织、人体器官、遗体等。

其次,对于遗失物能否善意取得的问题,《民法典》第312条有特别的规定。依据该条,遗失物原则上不适用善意取得,所有权人或者其他权利人有权追回遗失物。当然,他也可以不追回遗失物,而是向无处分权人请求损害赔偿。但是,《民法典》规定了遗失物的所有权人或其他权利人不得请求返还该物的两种例外情形:其一,遗失物的权利人自知道或者应当知道受让人之日起2年内没有向受让人请求返还原物的;其二,遗失物的受让人是通过拍卖或者向具有经营资格的经营者购得该遗失物,而权利人请求返还原物时拒绝支付受让人所付的费用的。在出现上述任何一种情形时,遗失物的权利人都不能请求返还原物。之所以《民法典》对遗失物作出特别的规定,原因在于:第一,遗失物是非基于所有权人的意思而脱离其占有的,这与所有人自愿地将动产的占有移转给他人不同。后者应当承担该占有人可能滥用其所给予的信任的风险。前者是所有人或其他权利人被动丢失的。为了加强对所有权的保护,原则上不应令所有人承担因他人善意取得而丧失所有权的风险。[23] 第二,尽管要加强对遗失物的所有人的保护,但是如果受让人是通过拍卖或者向具有经营资格的经营者购得该遗失物的,考虑我国《拍卖法》《拍卖管理办法》《二手车流通管理办法》等法律法规已经对拍卖机构、旧货经营者的经营资格以及物品来源的合法性等据以保障交易安全的问题作出了严格的规定,受让人对此是存在很强信赖的,所以《民法典》第312条特别规定受让人通过拍卖或者向具有经营资格的经营者购得该遗失物的,除非权利人支付受让人所付的费用,否则受让人可以善意取得该物的所有权。

再次,对于赃物能否适用善意取得的问题,《民法典》及原《物权法》均未作出规定。这主要是考虑到,赃物不仅涉及善意取得的问题,还涉及依据《刑法》《刑事诉讼法》《治安管理处罚法》等公法进行追缴以及应否退回给原主的问题。在处理赃物的问题上,不仅仅要保护所有人

---

〔22〕 事实上,二者在善意的判断上有明显的差异,不应混淆。详见程啸:《论不动产登记簿公信力与动产善意取得的区分》,载《中外法学》2010年第4期。

〔23〕 [德]曼弗雷德·沃尔夫:《物权法》(第18版),吴越、李大雪译,法律出版社2002年版,第284页。

的权利、维护交易安全,还要注意维护社会经济秩序、惩治违法犯罪行为。不过,司法实践中,刑事方面的司法解释也已经承认了某些情形下即便是赃物,也可以适用善意取得。例如,最高人民法院、最高人民检察院《关于办理诈骗刑事案件具体应用法律若干问题的解释》第10条规定:“行为人已将诈骗财物用于清偿债务或者转让给他人,具有下列情形之一的,应当依法追缴:(一)对方明知是诈骗财物而收取的;(二)对方无偿取得诈骗财物的;(三)对方以明显低于市场的价格取得诈骗财物的;(四)对方取得诈骗财物系源于非法债务或者违法犯罪活动的。他人善意取得诈骗财物的,不予追缴。”再如,最高人民法院《关于刑事裁判涉财产部分执行的若干规定》第11条规定:“被执行人将刑事裁判认定为赃款赃物的涉案财物用于清偿债务、转让或者设置其他权利负担,具有下列情形之一的,人民法院应予追缴:(一)第三人明知是涉案财物而接受的;(二)第三人无偿或者以明显低于市场的价格取得涉案财物的;(三)第三人通过非法债务清偿或者违法犯罪活动取得涉案财物的;(四)第三人通过其他恶意方式取得涉案财物的。第三人善意取得涉案财物的,执行程序中不予追缴。作为原所有人的被害人对该涉案财物主张权利的,人民法院应当告知其通过诉讼程序处理。”

2. 转让人是无处分权人

所有权人或者其他有处分权人处分不动产或动产,自然不存在善意取得的问题。只有无处分权人擅自将动产或者不动产转让给他人,才发生善意取得。“无处分权人”主要包括以下几种类型:(1)基于债权的有权占有人,如承租人、借用人、保管人等;(2)基于他物权的有权占有人;(3)虽享有所有权但是该所有权受到限制,主要是指共有人擅自处分共有物的情形;(4)无权占有人;(5)其他的无处分权人。

3. 受让人为善意

《民法典》没有对受让人受让该不动产或者动产的善意的判断问题作出规定。《物权法解释(一)》有较详细的规定。首先,该解释第15条第1款依据原《物权法》第106条,对动产和不动产善意取得中的善意判断标准作了统一规定:“受让人受让不动产或者动产时,不知道转让人无处分权,且无重大过失的,应当认定受让人为善意。”其次,该解释又分别在第16条和第17条对不动产和动产的善意取得中,如何认定第三人不构成善意分别作出了规定。一方面,依据《物权法解释(一)》第16条规定,具有下列情形之一的,应当认定不动产受让人知道转让人无处分权:(1)登记簿上存在有效的异议登记;(2)预告登记有效期内,未经预告登记的权利人同意;(3)登记簿上已经记载司法机关或者行政机关依法裁定、决定查封或者以其他形式限制不动产权利的有关事项;(4)受让人知道登记簿上记载的权利主体错误;(5)受让人知道他人已经依法享有不动产物权。如果真实权利人有证据证明不动产受让人应当知道转让人无处分权的,应当认定受让人具有重大过失。另一方面,《物权法解释(一)》第17条规定:“受让人受让动产时,交易的对象、场所或者时机等不符合交易习惯的,应当认定受让人具有重大过失。”此外,依据该司法解释第15条第2款规定,受让人是否为善意,无须由受让人举证证明,而应当主张受让人不构成善意的真实权利人承担举证证明责任。善意判断的时间点为“受让人受让该不动产或者动产时”,即受让人依法完成不动产物权转移登记或者动产交付之时。不动产登记完成的时间点为“记载于不动产登记簿时”,而动产交付完成的时间点依据交付的类型而有区别:如果当事人采取的是简易交付,则转让动产法律行为生效时为动产交付之时;如果当事人采取的是指示交付,则转让人与受让人之间有关转让返还原物请求权的协议生效时为动产交付之时。此外,如果法律对不动产、动产物权的设立另有规定的,应当按照法律规定的时间认定权利人是否为善意。

4. 以合理的价格转让

以合理的价格转让,意味着受让人必须是有偿获得该动产或不动产的所有权,因此只有在转让人与受让人之间通过有偿合同,如买卖合同、互易合同等转让所有权时才能适用善意取得。这主要是因为,善意取得制度是维护交易安全的制度,如果受让人是无偿获得动产或不动产的,即便不适用善意取得制度对其并无不利,亦无损交易安全。

由于当事人的交易价格受到当事人的谈判能力、掌握的信息数量的影响,转让价格未必等于市场价格。此外,无处分权人往往"做贼心虚",为便于货物出手,往往出价要低于市场价格。因此,合理价格之要求还应结合被转让动产或不动产的市场价格和当事人交易时的具体因素综合判断,不能完全以市场价格作为判断标准。故此,《物权法解释(一)》第19条规定,所谓"合理的价格",应当根据转让标的物的性质、数量以及付款方式等具体情况,参考转让时交易地市场价格以及交易习惯等因素综合认定。

通常受让人以极不合理的低价受让财产时,要么至少能够表明受让人对转让人有无处分权存在怀疑,或者意味着转让人和受让人恶意串通,所以《民法典》要求必须是以合理的价格转让。至于价款是否已经实际支付,对善意取得不构成影响。

5. 完成了法定的物权变动的公示要求

首先,就不动产而言,只有受让人依法办理了该不动产物权变动的公示即转移登记,才能善意取得该不动产的所有权。这是因为在基于法律行为的不动产物权变动中,登记原则上是物权变动的生效要件。因此,无处分权的转让人将不动产转让给受让人时,如果没有办理登记,则不发生物权变动的效果,自然不能善意取得。况且,此时不适用善意取得也不会构成对交易安全的损害,因为外界第三人无法基于登记簿而信赖受让人对不动产享有所有权进而继续就该不动产从事交易。其次,就动产而言,只有受让人依法完成交付,即将该动产的占有移转给受让人,受让人才能善意取得该动产的所有权。这是因为交付原则上是动产物权变动的生效要件,也是将动产上物权变动的意思向外加以公示的方法。[24] 只有当受让人从出让人手中取得了对动产的占有,才能给受让人造成出让人可以像有处分权之人一样事实上支配动产的外在表象,因而发生善意取得制度的适用。故此,在动产的善意取得中,交付不包括占有改定。

6. 转让合同不存在无效的情形或未被撤销

依据《物权法解释(一)》第21条,具有下列情形之一,受让人主张根据《物权法》第106条规定取得所有权的,不予支持:(1)转让合同因违反《合同法》第52条规定被认定无效;(2)转让合同因受让人存在欺诈、胁迫或者乘人之危等法定事由被撤销。

(三)善意取得所有权的法律效果

善意取得制度涉及真实权利人、无处分权人与善意第三人这三方当事人之间的利益调整,物权法只是调整因物的归属和利用而发生的民事关系的法律。故此,物权法主要解决的是物的归属问题,即被无权处分的不动产和动产究竟是返还给真实权利人,还是为受让人所善意取得。至于无处分权人与真实权利人、善意第三人之间的利益调整问题,应由《民法典》的合同编

---

〔24〕 即便是船舶、机动车、民用航空器等特殊的动产,也应当以交付作为善意取得的构成要件。对此,《物权法解释(一)》第20条有明文规定。

和侵权责任编加以解决。

1. 真实权利人与受让人之间

如果符合善意取得的构成要件,那么被他人无权处分的不动产和动产的所有权应由受让人取得,真实权利人无权要求受让人返还原物。对此,《民法典》第 311 条第 1 款有非常清楚的规定。存在的问题是,如果被他人无权处分的不动产和动产上存在权利负担(如抵押权)时,该权利负担是否仍然存在?就不动产的善意取得而言,由于不动产上的他物权记载在登记簿上,受让人即便是善意的,也非常清楚该权利负担的存在,所以,不能因受让人善意取得该不动产的所有权而消灭该权利负担。

至于动产所有权为受让人善意取得之后,该动产上的权利负担如动产抵押权是否存续,则涉及对善意取得的法律效果究竟是原始取得还是继受取得的认识问题。对此,理论上有不同看法。《民法典》第 313 条规定:"善意受让人取得动产后,该动产上的原有权利消灭。但是,善意受让人在受让时知道或者应当知道该权利的除外。"由此可见,《民法典》原则上是将动产所有权的善意取得视作原始取得的,而在受让人知道或者应当知道该权利上的原来权利之时,则例外地允许该权利存续,即作为继受取得。所谓"受让人在受让时知道或者应当知道该权利的"情形,主要就是指已经办理登记的动产抵押权。因为依据《民法典》第 403 条规定,如果动产抵押权经过登记则可以对抗善意第三人,这个善意第三人就包括善意受让人。

2. 真实权利人与无处分权人之间

虽然真实权利人因善意取得而丧失了权利,但他们针对无处分权人享有损害赔偿请求权。《民法典》第 311 条第 2 款规定:"受让人依据前款规定取得不动产或者动产的所有权的,原所有权人有权向无处分权人请求损害赔偿。"这个赔偿损失请求权既包括违约损害赔偿请求权,也包括侵权损害赔偿请求权。前者是指真实权利人与无权处分人之间存在合同关系时,无权处分人应当向真实权利人承担违约责任。后者是指当真实权利人与无权处分人之间没有合同关系时,无权处分人因可归责于自己的事由处分他人的动产,构成对他人所有权的侵害,应当承担侵权损害赔偿责任。此外,真实权利人还可以享有以下两种债法上的请求权:第一,不当得利返还请求权,无论无权处分人是否具有过错,其因处分动产所获得的利益应当返还给真实权利人,即真实权利人对无权处分人享有不当得利返还请求权(《民法典》第 985 条以下);第二,无因管理返还请求权,当无权处分人处分动产所获得的利益超过真实权利人所受到的损害时,就该部分利益,真实权利人可依无因管理之规定请求返还(《民法典》第 983 条第 2 句)。

三、先占

(一)先占的概念

先占,是指以所有的意思占有无主的动产而取得该动产所有权的法律事实。先占为事实行为,只要以所有的意思而占有无主动产的事实存在,就发生取得所有权的法律效果。其中,"所有的意思"是一种自然意思而非法律行为,因此先占人无须具备完全民事行为能力,只要有意思能力即可。我国《民法典》及此前的《物权法》基于某种考虑未规定先占制度,显然是不妥当的。

(二)先占的构成要件

1. 无主的动产。即不属于任何人的物,包括:第一,自始就是无主物的动产,如野生的草药、飞禽走兽、海洋动植物等,但对于我国《野生动物保护法》《渔业法》《野生植物保护条例》等法律规定的野生动物、野生植物不适用先占。因为这些野生动植物归国家所有,不属于无主物。第二,曾经是有主物后为无主物,即被抛弃的动产。例如,喝完后扔掉的饮料瓶、扔掉的书籍等。

2. 该动产并非法律禁止流通的物。例如,《医疗废物管理条例》第 14 条第 1 款规定,任何单位和个人不得转让、买卖医疗废物。因此这些医疗废物即便被某些医疗卫生机构随意抛弃也不属于抛弃物,不能适用先占,而应当依法进行收集、运送、贮存、处置等。

3. 先占人须以所有的意思而占有。也就是说,先占人是将自己放在所有人的地位上,而对物进行支配的。

(三)先占的法律效果

在符合先占之构成要件时,先占人即时取得动产的所有权。此种取得属于原始取得,动产上原先存在的权利负担一概消灭。

四、拾得遗失物

(一)拾得遗失物的概念

拾得遗失物,是指发现他人的遗失物而占有的法律事实。拾得遗失物属于事实行为,拾得人有无行为能力在所不问。拾得遗失物的情形在社会生活中属于经常发生的现象,对此法律上应予明确规范。《民法典》对拾得遗失物的问题作出了详细的规定。

(二)拾得遗失物的构成要件

1. 遗失物,即无人占有但属有主物的动产。如果动产为无主物则可能适用先占。无人占有,是指动产的所有人非基于自己的意思而丧失了动产的占有,但尚未为任何其他人取得对该动产的事实上的管领力(占有)。例如,某旅客在搭乘飞机时将一本书遗忘在候机大厅,某公司职员将手机遗失在路上等。如果所有人将物遗失在他人的房间或者汽车上,则该物的占有移转于屋主或车主。例如,乘坐出租车时遗失钱包,该钱包的占有归移转于出租车司机。

实践中还常常出现某项动产无法被明确地确定为无主物还是遗失物的情形,如沉没物、漂流物等,此时应推定其为遗失物。这是为了更好地保护所有权,避免因先占而导致真实的权利人丧失权利。

无人照管的饲养动物是否应当按照遗失物的规定处理,理论上曾有争论。本书认为,无人照管的饲养动物在法律没有特别规定的时候,应当推定为遗失物,适用拾得遗失物的相关规定。

2. 拾得了遗失物。拾得了遗失物就是指发现了遗失物并占有了该物。此种占有可以由占有辅助人为之,例如,机场的清洁工在厕所内发现了乘客遗失的包裹时,应认为机场属于拾得人;商场的售货员在柜台上发现顾客遗失的手机时,应认为商场为拾得人。

(三)拾得人的义务

1. 通知义务与返还义务。《民法典》第 314 条规定:"拾得遗失物,应当返还权利人。拾得人应当及时通知权利人领取,或者送交公安等有关部门。"所谓权利人包括遗失物的所有权人或者其他有权占有之人(如承租人、质权人等)。目前我国法律没有明确专门负责接受遗失物的机关,但是从一些部门规章、地方性的法规以及有关规定来看,目前接受遗失物的机关主要有火车站管理机构、机场管理机构、公安机关、公证机关等。例如,《铁路旅客运输规程》第 56 条第 1、2 句规定:"客流量较大的车站应设失物招领处。失物招领处对旅客遗失物品应妥善保管,正确交付。"

为了防止失物招领机关或公安机关在接到拾得人的报告、接受拾得物或拍卖拾得物所得价款时怠于履行其职务，有关部门收到遗失物，知道所有权人、遗失人等权利人的，应当及时通知其领取；不知道所有权人、遗失人等权利人的，应当及时发布招领公告（《民法典》第 315 条）。至于招领公告的发布方式，应当依据拾得物价值的不同而确定不同的发布方式。如果拾得物价值大的，应当在报纸、电台、电视台发布招领公告；而价值小的，则可以在该机关专门设置的布告栏内发布招领公告。

如果拾得人经有权受领拾得物的人请求而拒绝返还的，应承担侵权责任。构成犯罪的，依法追究刑事责任（《刑法》第 270 条第 2 款）。

2. 保管义务。《民法典》第 316 条规定："拾得人在遗失物送交有关部门前，有关部门在遗失物被领取前，应当妥善保管遗失物。因故意或者重大过失致使遗失物毁损、灭失的，应当承担民事责任。"这是因为，拾得人在遗失物送交有关部门前，有关部门在遗失物被领取前，虽然有义务妥善保管遗失物，但是，毕竟拾得人和有关部门对遗失物的保管是无偿的，故此，责任不能过重。《民法典》在对无偿保管合同中，也只是规定了无偿保管人在有故意或重大过失时，才需要对保管物毁损、灭失承担赔偿责任，故此，拾得人和有关部门也只有在因故意或重大过失造成遗失物毁损、灭失的时候才承担责任。

（四）拾得人的权利

1. 费用偿还请求权。拾得人或者保管遗失物的机关对遗失物处于无因管理人的地位。依据无因管理法律关系，管理人有权要求本人偿还其从事管理事务所支付的费用以及赔偿所遭受的损失（《民法典》第 979 条），故此，权利人领取遗失物时，应当向拾得人或者有关部门支付保管遗失物等支出的必要费用（《民法典》第 317 条第 1 款）。

2. 留置权。当有权受领遗失物的人拒绝向拾得人或者保管遗失物的机关支付上述费用时，为了确保费用偿还请求权的实现，法律常常赋予拾得人或保管遗失物的机关以留置权。《民法典》虽未直接规定拾得人或保管遗失物的机关享有留置权，但是从法理上说，可以适用《民法典》关于留置权的规定。

3. 报酬请求权。关于拾得人是否有权要求失主向其支付报酬，学界与社会上曾有很大的争论。基于弘扬做好事不求回报的精神的考虑，《民法典》没有规定拾得人的报酬请求权，只是在第 317 条第 2 款规定："权利人悬赏寻找遗失物的，领取遗失物时应当按照承诺履行义务。"此外，由于失主发布悬赏广告的目的就是鼓励拾得人尽快将拾得物交还给失主，因此当拾得人违反了此项目标，没有妥善保管遗失物导致该物被毁损甚至拒绝返还遗失物的，则应当剥夺其要求失主按照承诺履行义务的请求权。

4. 遗失物所有权的归属。在遗失物无人认领的情况下，为了避免该物被长期排斥在经济流通之外，应当及时确定遗失物的所有权的归属。从许多国家民法典的规定来看，无人认领的遗失物一般都归拾得人。但是在我国，如果遗失物自发布招领公告之日起一年内无人认领的，则归国家所有（《民法典》第 318 条）。

五、发现埋藏物或隐藏物

（一）发现埋藏物或隐藏物的概念

发现埋藏物或隐藏物，是指发现埋藏物或隐藏物并予以占有的一种法律事实。与先占、拾得遗失物相同，发现埋藏物或隐藏物也属于事实行为，不以发现人具有行为能力为必要。埋藏物或隐藏物是有主物，但其所有权人不明，这是发现埋藏物或隐藏物与先占的不同之处。与遗失物相比，埋藏物以埋藏于他物、隐藏物以隐藏于其他物体之中无法从外部加以发现为要件，而遗失物则不以此为要件。实践中，存在某些动产究竟是埋藏物或隐藏物还是遗失物难以判断的情形，此时应当推定该动产为遗失物。因为遗失物与埋藏物、隐藏物具有很大程度上的相似性，两者都是有主物且所有权人不明。所以，《民法典》第319条规定："拾得漂流物、发现埋藏物或者隐藏物的，参照适用拾得遗失物的有关规定。法律另有规定的，依照其规定。"所谓法律另有规定的，如《文物保护法》第5条第1款规定："中华人民共和国境内地下、内水和领海中遗存的一切文物，属于国家所有。"因此，埋藏在地下或我国海底的文物，归国家所有，不适用拾得遗失物的规定。

(二)发现埋藏物或隐藏物的构成要件

1. 须为埋藏物或隐藏物。埋藏物，是指埋藏于其他物当中而所有权人不明的动产，如埋在地下的金银珠宝。隐藏物，是指隐藏于他物之中而所有权人不明的动产。

2. 须经过发现且进行了占有。发现是指知道了埋藏物或隐藏物的所在，至于偶然发现或者有意寻找的过程中发现，在所不问。占有，即对该埋藏物或隐藏物具有事实上的管领力。通常情形中，发现人与占有人同一，但是如果某甲只是发现了地下埋藏的物品，但是没有占有，不久乙也发现了该物且进行了占有，则此时谁属于发现人存在争论。对此，有的人认为，发现人因发现埋藏物而取得了物上期待权，而在占有时取得所有权。因此乙如果发现并占有了该物是对甲的期待权的侵害，甲有权请求返还。[25] 此外，埋藏物或隐藏物的发现也可以依据他人的指示进行，如某甲雇佣乙挖掘某块地寻找埋藏物，如果发现埋藏物并非依据雇主的指示或者基于其职务范畴，则不在此限。

(三)埋藏物或隐藏物的所有权归属

就埋藏物或隐藏物的所有权归属，如果当事人能够证明自己拥有所有权或有权合法继承，则应当认定属于该权利人所有，权利人有权请求返还。[26] 如果埋藏物或隐藏物的所有人无法查明时，则归国家所有(《民法典》第318条)。

六、添附

添附，是指不同所有人的财产合并在一起形成不能分离的财产的一种法律事实，包括附合、混合以及加工。在《民法典》之前的法律，无论是《民法通则》还是《物权法》，均未对添附制度作出规定。这主要是因为那种将添附制度等同于侵权行为的观念占据了上风。须知，添附制度解决的是添附物的归属问题，添附的情形可能发生在存在侵权行为的场合，也可以发生在不存在侵权行为的场合。添附的当事人之间的合同关系或侵权关系，都只是解决债权债务或民事责任问题。[27] 正因如此，《民法典》第322条首次对添附作出了规定。

(一)附合

附合，是指两个以上不同所有人的有形物相互结合，在社会交易上被认为是一个物的情

---

〔25〕 王泽鉴：《民法物权：通则·所有权》，2001年台北自版，第300页。

〔26〕 《中华人民共和国最高人民法院公报》2013年第5期刊登的"汪秉诚等六人诉淮安市博物馆返还祖宅的埋藏文物纠纷案"判决认为，埋藏于公民祖宅内的文物，只要当事人能够证明属于祖产的埋藏物，其有权合法继承，在法律没有明确规定禁止私人拥有该文物的情况下，应判定该文物属于公民的私人财产。

〔27〕 例如，最高人民法院《关于审理城镇房屋租赁合同纠纷案件具体应用法律若干问题的解释》第9条以下，既对租赁合同中承租人对租赁房屋进行装修后，形成附合的装饰装修物的归属做了规定，也对租赁合同、损害赔偿等问题作了规定。

形。物上的附合包括动产与不动产的附合（如砖瓦、木板附合于房屋之中）、动产与动产的附合（如将钻石嵌入白金指环中）以及不动产与不动产的附合（因海水冲上泥沙而增加的土地面积）。实践中，不动产与不动产附合的情形较为少见。

1. 动产与不动产的附合，是指动产与他人的不动产相结合从而成为该不动产的重要成分，因而发生动产所有权变动的法律事实。动产与不动产的附合发生以下法律效力：首先，动产因附合而丧失了经济上的独立性，从而在社会经济上不再将其看作独立的物而被视为不动产的组成部分，因此，法律上不能再保持该物上单独存在一项所有权。[28] 此时，动产上的所有权消灭，不动产上的所有权扩张至该动产，即不动产所有人取得该动产的所有权。动产所有人不得主张回复原状而要求取回该动产。需要注意的是，法律上关于添附的所有权确定规则旨在避免社会资源的无益浪费，其并不构成公共秩序，因此当事人有权基于意思自治阻止这一规则的适用。同理，如果取得动产的不动产所有人不愿意基于添附制度而取得该动产，那么自然可以要求回复原状。

其次，该动产上的其他权利也归于消灭。因为动产因附合而消灭其原所有人的所有权是法律的直接规定，而不动产所有人取得该动产所有权也是基于法律的直接规定，此种取得方式为原始取得，故此该动产上存在的其他权利如抵押权、质权等也归于消灭。此项规则属于强行法，不得依照当事人的约定加以改变。但是，当因此而得到的赔偿金等代位物时，依据担保物权的物上代位法理，担保物权依然存续。

再次，在当事人没有约定的情形下，丧失动产所有权的人有权依据不当得利或者侵权请求不动产所有权人予以赔偿。

最后，对于因过错而为附合行为之人，倘其附合行为造成不动产权利人损害时，受害人有权要求该附合之人承担（侵权或违约）损害赔偿责任。例如，承租人甲在未经过出租人乙同意的情况下，擅自将乙的房屋瓷面砖全部打掉而改铺了复合木地板，就瓷面砖被毁这一损害，乙有权要求甲承担赔偿责任。如果不动产所有人与从事附合之人存在合同关系，还可以要求附合之人承担违约损害赔偿责任。例如，承租人未经出租人的许可擅自对租赁物进行装修，此时出租人可以要求承租人承担违约责任。

2. 动产与动产附合之后形成的物称为“合成物”，就其所有权的归属，通说认为必须考虑附合的动产之间有无主物与从物的关系而定。如果附合的动产中有可视为主物的，则主物的所有人取得合成物的所有权。例如，甲将乙的油漆刷在自己的椅子上，此时主物显然是椅子。判断附合的动产可否视为主物，应视该物的价值、效用、性质，依一般交易观念而定。如果主从物关系难以确定或者根本就不存在主从物的问题，那么应当由各个动产的所有人按照其动产附合时的价值共有该合成物。例如，甲的木板与乙的木板相附合做成了一个木箱。因动产与动产的附合而丧失所有权的人依不当得利请求权有权要求取得所有权的人给予补偿。

依据《民法典》第 322 条规定，就因附合而产生的物的归属，当事人有约定的，按照约定，如果没有约定或者约定不明确的，则依照法律的规定。法律没有规定的，按照充分发挥物的效用以及保护无过错当事人的原则确定。所谓“充分发挥的物的效用”主要就是看，将因附合而产生的物归属于谁，最能发挥该物的效用。一般来说，动产和不动产附合时，将附合物确定为不动产权利人所有更能发挥物的效用。至于保护无过错当事人的原则，主要是出现在未经同意

---

〔28〕［德］曼弗雷德·沃尔夫：《物权法》，吴越、李大雪译，法律出版社 2002 年版，第 17 页。

因过错而为附合行为的场合,例如,承租人在没有得到出租人同意的情形下,对租赁房屋进行装修,本身是有过错的行为。此时,由于出租人没有过错,故此可以将附合产生的物确定为归出租人所有。此外,承租人的此种过错行为给承租人造成损害的,还应当承担赔偿。对此,《城镇房屋租赁合同解释》第13条有明确的规定,承租人未经出租人同意装饰装修或者扩建发生的费用,由承租人负担。出租人请求承租人恢复原状或者赔偿损失的,人民法院应予支持。

(二)混合

混合,是指不同所有人的动产互相结合在一起,难以分开或者虽能分开但花费很大,从而产生所有权变动的法律事实。例如,中国稻米与泰国稻米混在一起,茅台酒与五粮液酒混在一起等。

对于混合物的归属,传统民法认为与动产的附合相同处理,即有主物的时候,则主物的所有人取得混合物的所有权,例如,咖啡与咖啡伴侣混合,咖啡为主物,其所有人取得所有权。我国以往的司法实践对于混合的处理一般是根据原财产价值的大小来决定,混合后的新物一般归于原财产价值大的一方所有,原财产价值小的一方可以取得相应的补偿金。[29] 如果价值差别不大,则可以由双方按份共有。实际上,此种处理方法有些类似"以量取胜",将量大的物视为主物。[30] 不过,依据《民法典》第322条,就因混合而产生的物的归属,当事人有约定的,按照约定,如果没有约定或者约定不明确的,则依照法律的规定。法律没有规定的,按照充分发挥物的效用以及保护无过错当事人的原则确定。

(三)加工

加工,是指对他人的动产进行加工改造的法律事实,有广狭义之分。狭义的加工,是指改造他人的动产而成为一个新物的法律事实。例如,将丝织成绸缎、沙子被制成玻璃,麦芽制成啤酒,煤制成煤气或谷物制成威士忌。广义的加工不仅包括改造他人的动产为新的动产,也包括虽未产生新物,但是因加工产生的价格高于材料的价格的情形。例如,在他人的宣纸上挥毫泼墨作出一幅山水画、在绸缎上绣上精美的图案等。我国司法实践采用的是广义的加工概念。

关于加工物的所有权究竟归加工人,还是原材料的所有人,历来就存在争论。依据《民法典》第322条,加工物的归属,当事人有约定的,按照约定。例如,甲有一块田黄石,请乙雕刻印章并付给酬劳,显然雕刻后的印章归属于甲。如果没有约定或者约定不明确的,则依照法律的规定。法律没有规定的,按照充分发挥物的效用以及保护无过错当事人的原则确定。以前例而言,乙如果盗窃甲的这块田黄石而雕刻成一块印章,那么乙的行为属于侵权行为,存在过错,可以确定该印章仍然归甲所有。而且,如果因一方当事人的过错或者确定物的归属造成另一方当事人损害的,应当给予赔偿或者补偿。

七、取得时效

(一)取得时效的概念

取得时效,是指无权利人以行使某权利之意思继续行使该权利,经过一定期间后,遂取得其权利的制度。具体来说就是,无权利人以一定状态继续地占有他人之物,经过法定期间而取得其所有权,或以一定状态继续地行使所有权之外的其他财产权,经过法定期间取得该权利的

---

〔29〕 王利明、郭明瑞、方流芳:《民法新论》(下册),中国政法大学出版社1988年版,第66~67页。

〔30〕 王泽鉴:《民法物权:通则·所有权》,2001年台北自版,第309页。

制度。[31] 由于取得时效是依据法律的规定而直接取得权利，所以仅仅只要有占有或者事实上行使一定的财产权且经过一定期间等要件即可，性质上属于事实行为，而非法律行为。因此，无须具有取得权利的意思，权利取得人也不必为完全行为能力人，只要有为事实行为的意思即可。

在原《物权法》起草时，就由学者主张规定取得时效，但是，立法机关认为，规定了取得时效难以避免国有资产流失，同时取得时效和诉讼时效的关系也不容易理清，故此原《物权法》没有规定取得时效。《民法典》也没有对取得时效作出规定。总的来看，《民法典》第 196 条对于不动产物权和登记的动产物权的权利人请求返还财产的请求权不适用诉讼时效的规定，意味着《民法典》基本上否定了取得时效。本书认为，取得时效制度是非常有意义的。因为法律创设取得时效制度的根本目的就在于维持社会生活的稳定性。虽然法律只保护真实的权利关系，但是如果无权利人以一定的状态占有某物，或者以一定的状态行使某种权利存在了相当期间之后，社会上与该无权利人从事交往的人必然对其产生了信赖，并以此为基础建立了各种复杂的法律关系，如果仅仅为了保护真实的法律关系，而全部推翻该存在多时的虚假权利关系及其上建立的各种法律关系，必然不利于社会生活的稳定，对交易的安全产生巨大的损害。况且，真实权利人长期漠视自己的权利，对无权利人占有其物或行使其权利泰然处之，法律就没有再给予保护的必要。

（二）动产所有权取得时效的构成要件

1. 占有。取得时效需要无权利人具备行使权利的事实状态，就动产所有权而言，此种事实状态就是占有。该占有必须是自主的、和平的、公然的占有。自主占有意味着占有人是以所有的意思进行的占有。只要占有人事实上对于物具有与所有人为同样支配的占有，均认为属于以所有的意思的占有。[32] 和平的占有是指占有人并非以暴力、胁迫取得或维持其占有；公然的占有是指，占有人以公开的能为外界所知的方式进行占有。

2. 经过一定的期限。无权利人行使权利的事实状态必须持续足够的时间才产生法律对该状态予以保护的必要性，如果无权利人短暂地行使权利，则法律上无须设立取得时效制度使其取得权利。至于究竟应当经过多长的期限，各国及地区民法典的规定不同。德国法对动产取得时效要求的时间是 10 年，日本民法则统一规定为 20 年。我国《民法典》第 196 条规定登记的动产物权的权利人请求返还财产的请求权，不适用诉讼时效。故此，在我国法上，登记的动产物权不存在适用取得时效的可能。

3. 动产为他人所有。如果动产属于取得人所有，自然不存在适用取得时效的问题。该动产也必须是可流通物，至于禁止流通物不得依时效取得。

（三）不动产所有权取得时效的构成要件

不动产所有权取得时效的构成要件包括三项：占有、经过一定期间、不动产。前两项与动产所有权取得时效大致相同，此处仅论述第三项。取得时效的客体当然是他人的不动产，但是基于不同的立法政策，各国、各地区民法上还存在差异：在德国与瑞士民法中，认为作为取得时效客体的不动产包括三类：第一，他人已登记的不动产而取得人不当登记为自己的不动产，此种时效取得称为登记时效取得。第二，他人未登记的不动产，取得人因占有该不动产而时效取

---

〔31〕 谢在全：《民法物权论》（上册），2003 年台北自版，第 146 页。

〔32〕 姚瑞光：《民法物权论》，中国政法大学出版社 2011 年版，第 61 页。

得,此种取得称为占有时效取得。第三,尽管是他人已经登记的不动产而取得人也并未不当登记为自己的不动产,在符合一定的条件时(该不动产的所有人不明或者在取得时效开始之时已经死亡或者下落不明),也可以依占有时效取得。而日本法认为,他人的不动产可以是他人已登记的或者未登记的不动产,至于取得人是否为登记簿上记载的权利人,无关紧要。由于我国《民法典》第196条已经明确规定不动产物权的权利人请求返还财产的请求权,不适用诉讼时效。故此,在我国法上,就彻底否定了不动产的取得时效。

(四)其他财产权的取得时效

按照大陆法系国家民法典的规定,对于所有权之外的财产权也可以适用取得时效。例如,通过在他人土地上建设建筑物而取得该土地的地上权等。但是并非所有权之外的一切财产权皆可适用,不能适用的有以下几类:(1)依据法律规定不能适用取得时效的财产权,如留置权;(2)因一次行使而消灭的财产权,如解除权、撤销权、以一次给付为标的的债权等;(3)具有人身属性的财产权,例如,基于扶养关系、抚养关系、赡养关系、继承关系产生的给付请求权和劳动报酬、退休金、养老金、抚恤金、安置费、人寿保险、人身伤害赔偿请求权等财产权;(4)权利实现之前无法行使或者表现于他人之物或权利之上的权利,如抵押权。关于质权能否依时效取得,理论上有不同的看法,容后详述。

(五)取得时效的效力

1. 动产所有权取得时效完成后,动产的占有人取得该动产的所有权,这一点各国法都是一致的。而不动产取得时效完成后,不动产占有人如何取得不动产的所有权,各国规定不一。

2. 取得时效完成后其效力能否溯及至占有开始之时,理论与立法上存在争论。一种观点认为,因所有权具有永久性,因此取得时效的效力应当向后发生,而不能溯及至占有开始时生效。另一种观点认为,取得时效完成后的效力溯及至占有开始之时。

3. 通过取得时效而取得所有权属于原始取得,因此以前曾经存在于标的物上的一切法律关系均因取得时效的完成而消灭。原所有人不得基于不当得利请求返还,同时也因丧失所有权而无法行使返还原物请求权。

参考案例

1. 宜兴市新街街道海德名园业主委员会诉宜兴市恒兴置业有限公司、南京紫竹物业管理股份有限公司宜兴分公司物权确认纠纷、财产损害赔偿纠纷案,载《中华人民共和国最高人民法院公报》2018年第11期。
2. 上海市虹口区久乐大厦小区业主大会诉上海环亚实业总公司业主共有权纠纷案,第65号指导案例(最高人民法院审判委员会讨论通过,2016年9月19日发布)。
3. 刘柯妤诉刘茂勇、周忠容共有房屋分割案,载《中华人民共和国最高人民法院公报》2016年第7期。
4. 孙庆军诉南京市清江花苑小区业主委员会业主知情权纠纷案,载《中华人民共和国最高人民法院公报》2015年第12期。
5. 张一诉郑中伟、中国联合网络通信有限公司武汉市分公司建筑物区分所有权纠纷案,载《中华人民共和国最高人民法院公报》2014年第11期。
6. 徐州西苑艺君花园(一期)业主委员会诉徐州中川房地产开发有限公司物业管理用房所有权确认纠纷案,载《中华人民共和国最高人民法院公报》2014年第6期。
7. 马萍申请国家赔偿案,载《中华人民共和国最高人民法院公报》2014年第2期。

8. 汪秉诚等六人诉淮安市博物馆返还祖宅的埋藏文物纠纷案，载《中华人民共和国最高人民法院公报》2013 年第 5 期。
9. 屠福炎诉王义炎相邻通行权纠纷案，载《中华人民共和国最高人民法院公报》2013 年第 3 期。
10. 高尔夫(南京)房地产有限公司诉吴咏梅供用热力合同纠纷案，载《中华人民共和国最高人民法院公报》2012 年第 12 期。
11. 夏浩鹏等人诉上海市闸北区精文城市家园小区业主委员会业主知情权纠纷案，载《中华人民共和国最高人民法院公报》2011 年第 10 期。
12. 无锡市春江花园业主委员会诉上海陆家嘴物业管理有限公司等物业管理纠纷案，载《中华人民共和国最高人民法院公报》2010 年第 5 期。
13. 彭丽静与梁喜平、王保山、河北金海岸房地产开发有限公司股权转让侵权纠纷案，载《中华人民共和国最高人民法院公报》2009 年第 5 期。
14. 青岛中南物业管理有限公司南京分公司诉徐献太、陆素侠物业管理合同纠纷案，载《中华人民共和国最高人民法院公报》2007 年第 9 期。
15. 郑州二建公司诉王良础公有住房出售协议违约纠纷案，载《中华人民共和国最高人民法院公报》2006 年第 11 期。
16. 福州商贸大厦筹备处与福建佳盛投资发展有限公司借款纠纷案，载《中华人民共和国最高人民法院公报》2006 年第 7 期。
17. 刘志兵诉卢志成财产权属纠纷案，载《中华人民共和国最高人民法院公报》2008 年第 2 期。
18. 中海雅园管委会诉海淀区房管局不履行法定职责案，载《中华人民共和国最高人民法院公报》2004 年第 5 期。
19. 重庆经纬典当行诉重庆红河物业发展有限责任公司、重庆市渝北区龙溪通用材料经营部、重庆春益房地产开发有限公司借款合同纠纷抗诉案，载《中华人民共和国最高人民检察院公报》2004 年第 3 期。
20. 顾然地诉巨星物业排除妨碍、赔偿损失纠纷案，载《中华人民共和国最高人民法院公报》2003 年第 6 期。
21. 新华日报社诉南京华厦实业有限公司相邻关系侵权损害赔偿纠纷案，载《中华人民共和国最高人民法院公报》1996 年第 3 期。
22. 李珉诉朱晋华、李绍华悬赏广告酬金纠纷上诉案，载《中华人民共和国最高人民法院公报》1995 年第 2 期。

第十七章　用益物权

——| 导读 |——

用益物权只能设立在不动产上，也只有不动产才有设立用益物权的必要。这一点在我国尤为明显。因为我国的土地等自然资源实行公有制，私人无法取得这些自然资源的所有权。其想利用自然资源，势必要通过用益物权制度。也正是由于土地公有制，我国法上的用益物权与那些实行土地私有制的国家有很大的差别。本章将逐一介绍土地承包经营权、建设用地使用权、宅基地使用权、居住权以及地役权等用益物权。

第一节　概　　述

一、用益物权的概念与特征

用益物权，是指权利人享有的对他人所有的不动产或动产在一定的范围内加以使用、收益的定限物权。用益物权具有以下特征：

1. 用益物权属于他物权。首先，用益物权是一种物权，属于民事权利中的财产性权利。因此，当国家征收或征用不动产或动产导致其上的用益物权消灭或者影响用益物权的行使时，用益物权人有权依法获得相应的补偿。其次，用益物权是一种他物权。他物权中的“他”字具有两方面的含义：一方面，表明他物权是所有人以外的其他人享有的物权；另一方面，表明他物权是对他人之物享有的物权。用益物权就是属于以他人所有的物为客体，而且也是作为所有人以外的其他人而享有的一种物权，因此它属于他物权。

2. 用益物权是以占有、使用、收益为内容的定限物权。依据物权对其标的物支配范围的不同，可以将物权分为完全物权与限制物权。完全物权就是所有权，限制物权包括担保物权与用益物权。用益物权与担保物权的一个重要区别在于，权利人得到的是对物的使用价值的支配权。因此，用益物权是以占有、使用、收益为内容的定限物权。

3. 用益物权是以不动产为客体的物权。虽然《民法典》第323条规定：“用益物权人对他人所有的不动产或者动产，依法享有占有、使用和收益的权利。”[1]但是，用益物权的客体只限于不动产，即土地、建筑物及其附属物。动产、权利以及财产的集合上几乎都无法设立用益物权。首先，依据物权的公示原则，任何基于法律行为的物权变动都必须公示，公示的方法无非就是两种：占有或登记。就担保物权而言，对于动产进行占有而公示质权、留置权的存在，没有问

〔1〕这种规定据说是为了将来给将来在动产上设立用益物权留下足够的空间。

题，因为一则其权利内容均有法律明确详细地作出了规定；二则其存续时间通常较短；三则即便将此等担保物权加以转让，依据从属性其也必须随同债权一并转让，所以不会造成对公示原则的违反。但是，就用益物权而言，一则其持续时间一般比较长；二则其权利内容虽有法律规定，但是当事人意思自治的空间也不小，所以用益物权人与所有权人之间的权利义务关系显然更为复杂多样；三则作为独立的物权，用益物权可以被交易。这三点造成了单纯的占有显然无法持久地展现纷繁复杂的权利义务关系，极易引发纠纷。因为，受让所谓“动产用益物权”的人如果不查看转让人与所有权人之间的设定用益物权的合同，就无法明白其受让了哪些权利义务。如此一来，动产用益物权的流通性显然受到了很大的制约。至于在权利上不能设立用益物权，其道理也是相同的。其次，用益物权之所以以不动产尤其是土地为客体，有其客观原因。因为土地是一种稀缺的资源，人类可利用的地球上土地面积的总量是限定的，所以这种稀缺性是不可改变的，由于人类从事任何活动都无法离开土地，所以对土地的占有、使用与收益也绝非可有可无的。正是由于这一点，使土地的所有权人绝不会轻易将所有权转让给他人，而更多的是愿意为之设定用益物权。但是，对于动产而言，无论价值多么昂贵的动产（如钻石、古董、黄金），其稀缺程度多高，由于人们对于它的占有、使用或收益都不是必需的，所以只要是能够进行交易的动产且价格合适，人们就会愿意转让它。正因如此，我国《民法典》中规定的用益物权全部都是在不动产上设立的，还没有在动产上设立的用益物权。

二、用益物权的类型

依据规定用益物权的法律的不同，可将其分为民法上的用益物权与特别法上的用益物权（见图 17－1）。前者也称典型的用益物权，是指由民法典所确立的用益物权。特别法上的用益物权，也称特别物权、特许物权或准物权，是指由单行法律所规定的用益物权，这些用益物权的取得往往要经过相应的审批或批准程序。

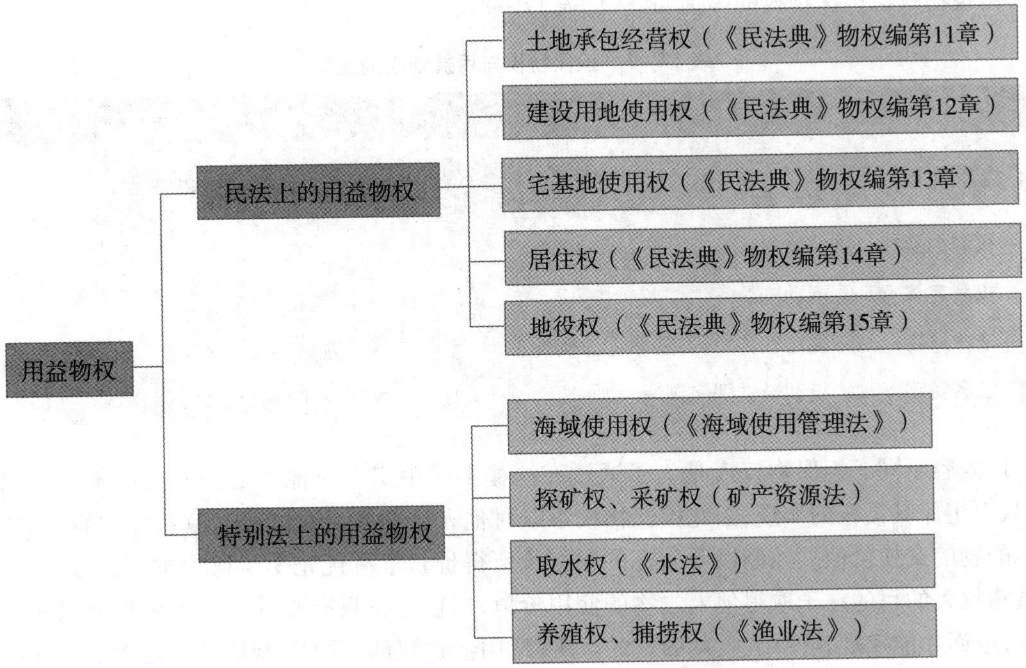

图 17－1　用益物权的类型

我国《民法典》物权编规定的用益物权就是民法上的用益物权,如土地承包经营权、建设用地使用权、宅基地使用权、居住权以及地役权。特别法上的用益物权,是指《水法》《矿产资源法》《渔业法》《海域使用管理法》等单行法律中规定的用益物权,如取水权、海域使用权、养殖权、探矿权、采矿权等。

无论是民法上的还是特别法上的用益物权,都属于用益物权,但二者存在以下差异:首先,民法上的用益物权属于比较纯粹的私权利即民事权利,因为这些用益物权的取得主要是依据法律行为而设立或转让的。但是,特别法上用益物权的客体是由国家管理的自然资源,因此其处于公私法交错的地带,带有浓厚的公法色彩。特别法上的用益物权的取得基本上都需要经过相应的行政管理机关的审批,因此有的人也称为"特许物权"。例如,依据《海域使用管理法》的规定,取得海域使用权的方法有两种,一是经过依法批准后取得,还有一种则是通过招标或拍卖方式而取得。其次,通过漫长的社会实践,民法上的用益物权的内容具有很强的稳定性。但是,特别法上的用益物权的内容常常会随着国家政策、经济社会发生需要的改变而发生变化。例如,我国《矿产资源法》一直没有规定探矿权和采矿权可以抵押,但是,随着深化市场配置要素改革的推进,正在修订中的《矿产资源法》准备明确允许探矿权和采矿权的抵押。最后,特别法上的用益物权并不牵涉很多民法理论问题,主要是一个国家对各类自然资源的行政管理问题,由行政管理方面的法律加以具体规定比较合适。故此,《民法典》只是对特别法上的物权作出了原则性规定(第328、329条)。这样做,一则可以明确特别法上物权的法律属性,即依然属于用益物权,本质上属于民事权利;二则通过单行法对这些特别法上的用益物权作出详细的规定,还可以避免《民法典》与单行法的重复,既保证《民法典》的稳定性,也防止出现《民法典》中规定行政管理的内容而与《民法典》的民事基本法属性相冲突的问题。

三、用益物权与担保物权的区别

用益物权与担保物权的区别如下(见表17-1):

表17-1 担保物权与用益物权的区别

区别	用益物权	担保物权
权利类型	农村土地承包经营权、建设用地使用权、宅基地使用权、居住权、地役权等	抵押权、质权、留置权等
权利内容	实体权	价值权
权利客体	不动产	不动产、动产、权利
法律属性	独立性为原则,从属性为例外	从属性
权利实现	权利设立即实现	权利设立与权利实现相分离

1. 内容不同。担保物权人是为了通过在法律上或事实上对他人之物的交换价值加以控制,从而担保其债权的实现,因此担保物权不以对他人之物的占有、使用、收益为内容,而是以对标的物的交换价值的控制以及就标的物变价所得价款享有优先受偿权为主要内容。反之,用益物权人的目的在于取得他人之物的使用价值,用益物权只有通过对他人之物加以实际的占有,进而才能实现其使用、收益的目的。所以,用益物权的主要内容是对标的物的实际占有以及使用收益。正因如此,理论界有人将担保物权称为"价值权"(Wertrecht),称用益物权为"实体权"(Substanzrecht)。

2. 客体不同。担保物权的客体既可以是不动产，也可以是动产，还可以是权利。而用益物权的客体原则上限于不动产。

3. 独立性不同。用益物权是一种独立的物权，无须与债权相伴而生。而担保物权产生的根本目的就在于保障债权的实现，因此担保物权必须与债权相结合，具有从属性的特征。

4. 权利实现的时间不同。用益物权以对物的占有、使用、收益为主要内容，因此一旦某人取得用益物权，则其权利即告实现，该人即可对物加以使用、收益。然而，担保物权是为了担保债权的实现，所以担保物权的存在本身对权利人没有实际价值。只有当债务人届期不履行债务，而权利人实现其担保物权即使该权利消灭时，权利人才获得了实际的价值。因此，在清偿期前的担保物权可以说是具有附条件变价权的未成熟或未完全的物权（vor der Pfandreife）。[2]

第二节 土地承包经营权

一、土地承包经营权与农村土地承包制度改革

土地承包经营权，是指权利人依法享有的对其承包经营的耕地、林地、草地等进行占有、使用和收益的权利，其有权从事种植业、林业、畜牧业等农业生产（《民法典》第 331 条）。土地承包经营权是我国独有的一类用益物权，它反映了我国经济体制改革产生的以家庭承包经营为基础、统分结合的双层经营体制（《民法典》第 330 条第 1 款）。1986 年的《民法通则》在“财产所有权和与财产所有权有关的财产权”一节中，明确规定该权利受法律保护，但又规定“承包双方的权利和义务，依照法律由承包合同规定”（第 80 条）。这就使该权利是否属于物权存在争议。2002 年 8 月 29 日颁布《农村土地承包法》对之作了全面、具体的规定，尤其是对通过家庭承包形式取得的土地使用权明确作为物权来加以保护，[3] 同时还允许通过其他方式承包取得土地使用权的，可以经依法登记而具有物权性质（《农村土地承包法》第 49 条），这就表明农村土地承包经营权属于一种物权。2007 年施行的《物权法》首次明确地将土地承包经营权规定为一类用益物权。

2015 年 11 月中共中央办公厅和国务院办公厅印发《深化农村改革综合性实施方案》，明确提出要保持现有农村土地承包关系稳定并长久不变，落实集体所有权，稳定农户承包权，放活土地经营权，实行“三权分置”改革。2016 年，中共中央办公厅和国务院办公厅又发布了《关于完善农村土地所有权承包权经营权分置办法的意见》，提出将土地承包经营权分为承包权和经营权，实行所有权、承包权和经营权分置并行。这就是所谓的“三权分置”。

三权分置改革是我国继家庭联产承包责任制后农村改革的又一重大制度创新。依据三权分置改革的要求，2018 年我国修订了《农村土地承包法》，原有的两类土地承包经营权——家庭承包方式取得的土地承包经营权与以其他方式（招标、拍卖、公开协商等方式）取得的土地承包经营权，都发生了重大变化。依据修改后的《农村土地承包法》的规定，通过家庭承包方式取得了土地承包经营权的承包户可以自己经营即享有土地承包经营权，也可以保留土地承包权而

---

〔2〕 刘得宽：《民法诸问题与新展望》，中国政法大学出版社 2002 年版，第 383 页。

〔3〕 柳随年：《关于〈中华人民共和国农村土地承包法（草案）〉的说明》（2001 年 6 月 26 日第九届全国人大常委会第 22 次会议）。

通过出租(转包)、入股或者其他方式向他人流转土地经营权,从而实现土地承包经营权中的承包权与经营权的分离。同时,修改后《农村土地承包法》规定,以招标、拍卖、公开协商等其他方式承包荒山、荒沟、荒丘、荒滩等农村土地的,承包人取得的不再是土地承包经营权,而是土地经营权。

如此一来,除了土地的所有权外,在实行土地承包经营制度的农民集体所有和国家所有由农民集体使用的耕地、林地、草地以及其他用于农业的土地上,就产生了土地承包经营权和土地经营权两类权利。

二、土地承包经营权的概念与特征

土地承包经营权属于用益物权的一种,它是指农村集体经济组织成员以家庭承包方式取得的对农村土地进行占有、使用和收益的权利,土地承包经营权人有权利用农村土地从事种植业、林业、畜牧业等农业生产。土地承包经营权具有以下特征。

1. 土地承包经营权的主体具有特定性。土地承包经营权的主体是农村集体经济组织成员。[4]《农村土地承包法》第5条规定:“农村集体经济组织成员有权依法承包由本集体经济组织发包的农村土地。任何组织和个人不得剥夺和非法限制农村集体经济组织成员承包土地的权利。”这就是说农村经济组织的所有成员,每个人都有权依法承包由本集体经济组织发包的农村土地,发包方在将土地发包给农户经营时应当按照每户所有成员的人数来确定承包土地的份额,即所谓“人人有份”。这是因为农村土地是集体所有,即属于本集体成员集体所有,故此,每个成员,无论男女老少,都享有承包的权利。

2. 土地承包经营权的客体具有特定性。土地承包经营权是以农村土地为客体的一种用益物权,因此,也称“农村土地承包经营权”。所谓农村土地,是指农民集体所有和国家所有依法由农民集体使用的耕地、林地、草地,以及其他依法用于农业的土地(《农村土地承包法》第2条)。依据《宪法》《民法典》《土地管理法》的规定,农村和城市郊区的土地,除由法律规定属于国家所有的以外,属于农民集体所有;宅基地和自留地、自留山,属于农民集体所有。法律规定属于集体所有的森林、山岭、草原、荒地、滩涂也属于集体所有权的客体。此外,国家所有的耕地、林地、草地等可以由农民集体使用。《民法典》第330条第2款规定:“农民集体所有和国家所有由农民集体使用的耕地、林地、草地以及其他用于农业的土地,依法实行土地承包经营制度。”因此,土地承包经营权是以农村土地为客体的一种用益物权,它是从农村土地集体所有权中派生出来的他物权。

3. 土地承包经营权的内容具有特定性。土地承包经营权对承包经营的耕地、林地、草地等进行占有、使用和收益,以从事种植业、林业、畜牧业等农业生产为目的。一方面,土地承包经营权人享有非常充分的权利,包括依法享有承包地使用、收益的权利,有权自主组织生产经营和处置产品;依法互换、转让土地承包经营权;依法流转土地经营权;承包地被依法征收、征用、占用的,有权依法获得相应的补偿,以及法律、行政法规规定的其他权利。另一方面,土地承包经营权也负有相应的义务,包括维持土地的农业用途,未经依法批准不得用于非农建设;依法保护和合理利用土地,不得给土地造成永久性损害以及违反法律、行政法规规定的其他义务。

---

〔4〕 农村集体经济组织,是指村民集体管理集体经济而设立的组织,其主要形式包括农业生产合作社、农村经济合作社、农村农工商公司等。农村集体经济组织不同于村民委员会。村民委员会是村民自治组织,由《村民委员会组织法》调整。

4. 土地承包经营权的期限具有稳定性。《民法典》第 332 条规定:"耕地的承包期为三十年。草地的承包期为三十年至五十年。林地的承包期为三十年至七十年。前款规定的承包期限届满,由土地承包经营权人依照农村土地承包的法律规定继续承包。"《农村土地承包法》第 21 条也规定,耕地的承包期为 30 年。草地的承包期为 30 年至 50 年。林地的承包期为 30 年至 70 年。前款规定的耕地承包期届满后再延长 30 年,草地、林地承包期届满后依照前款规定相应延长。

三、农村土地承包经营权的取得

(一)家庭承包方式

土地承包经营权的取得方式为家庭承包,即以农村集体经济组织的每一个农户家庭全体成员为一个生产经营单位,作为承包人来承包农村土地。这种方式的特征在于:

1. 集体经济组织的所有成员都享有承包本集体经济组织所有的农村土地的权利。只要是本集体经济组织的成员,无论男女老少,都平均享有承包本农民集体的农村土地的权利,除非其本人放弃这个权利。也就是说,这些农村土地对本集体经济组织的成员来说,是人人有份的,任何组织和个人都无权剥夺他们的承包权。

2. 家庭承包中的承包方不是每个集体经济组织的成员,而是本集体经济组织的农户(《农村土地承包法》第 16 条第 1 款)。家庭承包是以一个农户家庭的全体成员作为承包方,与本集体经济组织或者村委会订立一个承包合同,享有合同中约定的权利,承担合同中约定的义务。承包户家庭中的成员死亡,只要这个承包户还有其他人在,承包关系仍不变,由这个承包户中的其他成员继续承包。农户是农村中以血缘和婚姻关系为基础组成的农村最基层的社会单位。它既是独立的生产单位,又是独立的生活单位。作为生产单位的农户,一般是依靠家庭成员的劳动进行农业生产与经营活动的。对农村土地实行家庭承包的,农户成为农村集体经济中一个独立的经营层次,是农村从事生产经营活动的基本单位。

之所以规定家庭承包的承包方是本集体经济组织的农户,主要是考虑到我国农村的实际情况。首先,从农村土地承包的实际情况来看,承包是以"户"为单位进行。土地承包合同由"户"的代表与发包方签订,土地承包经营权证书是按户制作并颁发。其次,以户为单位可以解决农村无民事行为能力人或者限制民事行为能力人对自己从集体所得土地份额无法与农村集体签订承包合同并无法履行合同的问题,能较好地保护无民事行为能力人或者限制民事行为能力人的土地权益。最后,农村的传统信用系统建立在家庭信用的基础上,一般认为农户才是农民交易活动的主体,这一点在农民共同体里很重要。另外,发包方或交易相对人的另一方总是希望以家庭(户)为单位,以户的财产承担责任,以确保义务的履行。从这个角度讲,以户为承包单位符合我国农村的实际情况,有利于农村经济活动的进行。[5] 当然,在农户内的成员分家析产时,单独成户的成员可以对原家庭(户)承包的土地进行分配。

(二)取得的程序

依据《农村土地承包法》第 19 条的规定,土地承包应当遵循以下原则:第一,按照规定统一组织承包时,本集体经济组织成员依法平等地行使承包土地的权利,也可以自愿放弃承包土地的权利;第二,民主协商,公平合理;第三,承包方案应当按照《农村土地承包法》第 13 条的规定,依法经本集体经济组织成员的村民会议 2/3 以上成员或者 2/3 以上村民代表的同意;第四,

---

〔5〕 胡康生主编:《中华人民共和国农村土地承包法释义》,法律出版社 2002 年版,第 41 页。

承包程序合法。

土地承包应当按照以下程序进行:第一,本集体经济组织成员的村民会议选举产生承包工作小组;第二,承包工作小组依照法律、法规的规定拟订并公布承包方案;第三,依法召开本集体经济组织成员的村民会议,讨论通过承包方案;第四,公开组织实施承包方案;第五,签订承包合同。

(三)土地承包合同

通过家庭承包方式取得土地承包经营权时,承包方是本集体经济组织的农户,发包方则应根据土地所有权的归属来确定,具体而言:农民集体所有的土地依法属于村农民集体所有的,由村集体经济组织或者村民委员会发包;已经分别属于村内两个以上农村集体经济组织的农民集体所有的,由村内各该农村集体经济组织或者村民小组发包。村集体经济组织或者村民委员会发包的,不得改变村内各集体经济组织农民集体所有的土地的所有权。国家所有依法由农民集体使用的农村土地,由使用该土地的农村集体经济组织、村民委员会或者村民小组发包。

发包方与承包方应当签订书面的承包合同。承包合同一般包括以下条款:发包方、承包方的名称,发包方负责人和承包方代表的姓名、住所;承包土地的名称、坐落、面积、质量等级;承包期限和起止日期;承包土地的用途;发包方和承包方的权利和义务;违约责任。

承包合同生效后,发包方不得因承办人或者负责人的变动而变更或者解除,也不得因集体经济组织的分立或者合并而变更或者解除。国家机关及其工作人员不得利用职权干涉农村土地承包或者变更、解除承包合同。

四、土地承包经营权的产生及法律效力

1. 土地承包经营权的产生

依据《民法典》第333条和《农村土地承包法》第23、24条,土地承包经营权自土地承包经营权合同生效时设立。登记机构应当向土地承包经营权人发放土地承包经营权证、林权证等证书,并登记造册,确认土地承包经营权。也就是说,作为用益物权的土地承包经营权不以登记作为权利的生效要件,只要土地承包经营权合同一生效,权利就产生。之所以如此,主要是考虑到农村是熟人社会,土地承包方案已经过村民会议或村民代表会议讨论同意,在本集体经济组织内部各个成员都相互熟悉,每个农户承包的地块也是人所共知的,已经起到了公示的作用,无须通过登记加以公示。此外,要求土地承包经营权经过登记后才产生也容易给农民增加负担。至于登记发证只是起到进一步确认权利的作用而已。

2. 土地承包经营权人的权利

依据《民法典》《农村土地承包法》,土地承包经营权的权利人享有下列权利:第一,依法享有承包地使用、收益的权利,有权自主组织生产经营和处置产品;第二,依法互换、转让土地承包经营权。所谓互换,是指承包方之间为方便耕种或者各自需要,将属于同一集体经济组织的土地的土地承包经营权进行互相交换。转让则是指经发包方同意,承包方将全部或者部分的土地承包经营权转让给本集体经济组织的其他农户,由该农户同发包方确立新的承包关系,原承包方与发包方在该土地上的承包关系即行终止。依据《民法典》第335条和《农村土地承包法》第35条规定,土地承包经营权互换、转让的,当事人可以向登记机构申请登记;未经登记,不得对抗善意第三人。之所以对于土地承包经营权的互换、转让采取登记对抗要件主义,主要是考虑到在土地承包经营权进行了互换或者转让的情况下,如果不通过登记加以公示,有可能损害善意第三人的合法权益。第三，依法流转土地经营权。所谓依法流转土地经营权，是指土地承包经营权人因种种原因，自己不经营土地，而是自主决定依法采取出租（转包）、入股或者其他方式向他人流转土地经营权，并向发包方备案。在土地承包经营权依法流转土地经营权时，必须签订书面的土地经营权流转合同，同时符合以下条件：不得改变土地所有权的性质和土地的农业用途，不得破坏农业综合生产能力和农业生态环境；流转期限不得超过承包期的剩余期限；受让方须有农业经营能力或者资质；在同等条件下，本集体经济组织成员享有优先权。第四，承包方可以用承包地的土地经营权向金融机构融资担保，并向发包方备案。担保物权自融资担保合同生效时设立。当事人可以向登记机构申请登记；未经登记，不得对抗善意第三人。第五，承包地被依法征收、征用、占用的，有权依法获得相应的补偿。第六，法律、行政法规规定的其他权利。

3. 土地承包人的义务

土地承包人承担的义务包括：第一，维持土地的农业用途，未经依法批准不得用于非农建设；第二，依法保护和合理利用土地，不得给土地造成永久性损害；第三，转为非农业户口的，应当将承包的耕地和草地交回发包方。此外，还应当承担法律、行政法规规定以及合同约定的其他义务。依据最高人民法院《关于审理涉及农村土地承包纠纷案件适用法律问题的解释》第 8 条的规定，如果承包方违反《农村土地承包法》第 17 条规定，将承包地用于非农建设或者对承包地造成永久性损害，发包方请求承包方停止侵害、恢复原状或者赔偿损失的，应予支持。

4. 发包方的权利

发包方有权发包本集体所有的或者国家所有依法由本集体使用的农村土地；监督承包方依照承包合同约定的用途合理利用和保护土地；制止承包方损害承包地和农业资源的行为；并依法享有法律、行政法规规定的其他权利。

5. 发包方的义务

发包方负有的义务包括：第一，发包方应当维护承包方的土地承包经营权，不得非法变更、解除承包合同，例如，在承包期内，发包方不得单方面解除承包合同，不得假借少数服从多数强迫承包方放弃或者变更土地承包经营权，不得收回承包地搞招标承包，不得将承包地收回抵顶欠款。第二，发包方应当尊重承包方的生产经营自主权，不得干涉承包方依法进行正常的生产经营活动。第三，依照承包合同约定为承包方提供生产、技术、信息等服务。第四，执行县、乡（镇）土地利用总体规划，组织本集体经济组织内的农业基础设施建设。第五，承担法律、行政法规规定的其他义务。

五、土地经营权

（一）概念与性质

如前所述，土地经营权是我国农村土地三权分置改革的产物，通过设立土地经营权这种新型的权利，既可以使土地承包经营权人在流转土地经营权后仍然保留土地的承包权，从而实现了党中央提出的保持农村土地承包关系长期稳定并长久不变的政策，消除了承包农户的顾虑；同时，也将农村集体经济组织成员通过家庭承包方式取得的农村土地承包经营权与民事主体上不受限制而通过招标、拍卖、公开协商等方式承包荒山、荒沟、荒丘、荒滩等农村土地取得的土地经营权相互区分，更加有利于农业生产经营。

依据《农村土地承包法》的规定，土地经营权分为两种类型：其一，土地承包经营权人通过出租、入股或其他方式向他人流转的土地经营权；其二，通过招标、拍卖、公开协商等方式承包不宜采取家庭承包方式的荒山、荒沟、荒丘、荒滩等农村土地而取得的土地经营权。

土地承包经营权属于用益物权,这一点早已为原《物权法》和现在的《民法典》及《农村土地承包法》所确认,不存在争议。有疑义的是,土地经营权的性质究竟是什么?对此,理论界有物权说、债权说等不同的观点。[6] 由于《民法典》第 341 条和《农村土地承包法》第 41 条明确规定,流转期限为 5 年以上的土地经营权,自流转合同生效时设立。当事人可以向登记机构申请土地经营权登记;未经登记,不得对抗善意第三人。因此,可以看出,流转期限 5 年以下的土地经营权,其性质上应当属于债权;流转期限 5 年以上的土地经营权,则属于用益物权,但是,该权利如果不登记,不得对抗善意第三人。

(二)土地经营权的主体

与土地承包经营权的主体只能是本集体经济组织成员所不同的是,土地经营权的主体非常广泛,既包括本集体经济组织成员,也可以是非本集体经济组织的成员;既可以是自然人,也可以是合作社、公司等组织。当然,无论是自然人还是法人等组织,都必须具备农业经营能力或资质(《农村土地承包法》第 38 条第 4 项)。

(三)土地经营权的取得

1. 因土地承包经营权人自主决定依法采取出租(转包)、入股或者其他方式向他人流转土地经营权的,当事人应当签订书面的土地经营权流转合同(承包方将土地交由他人代耕不超过一年的,可以不签订书面合同)。对此,前文已经阐述,不再赘述。

2. 以其他方式承包农村土地而取得土地经营权的,则应当签订承包合同,承包方取得土地经营权。当事人的权利和义务、承包期限等,由双方协商确定。其中,以招标、拍卖方式承包的,承包费通过公开竞标、竞价确定;以公开协商等方式承包的,承包费由双方议定。荒山、荒沟、荒丘、荒滩等可以直接通过招标、拍卖、公开协商等方式实行承包经营,也可以将土地承包经营权折股分给本集体经济组织成员后,再实行承包经营或者股份合作经营。以其他方式承包农村土地,在同等条件下,本集体经济组织成员享有优先承包权。

发包方将农村土地发包给本集体经济组织以外的单位或者个人承包,应当事先经本集体经济组织成员的村民会议 2/3 以上成员或者 2/3 以上村民代表的同意,并报乡(镇)人民政府批准。由本集体经济组织以外的单位或者个人承包的,应当对承包方的资信情况和经营能力进行审查后,再签订承包合同。

依据最高人民法院《关于审理涉及农村土地承包纠纷案件适用法律问题的解释》第 20 条规定,发包方就同一土地签订两个以上承包合同,承包方均主张取得土地承包经营权的,按照下列情形,分别处理:第一,已经依法登记的承包方,取得土地承包经营权;第二,均未依法登记的,生效在先合同的承包方取得土地承包经营权;第三,依前两项规定无法确定的,已经根据承包合同合法占有使用承包地的人取得土地承包经营权,但争议发生后一方强行先占承包地的行为和事实,不得作为确定土地承包经营权的依据。

(四)土地经营权的登记

依据《民法典》第 341 条和《农村土地承包法》第 41 条规定,流转期限为 5 年以上的土地经营权,自流转合同生效时设立。当事人可以向登记机构申请土地经营权登记;未经登记,不得对抗善意第三人。立法机关作此规定的理由在于:实践中,不同类型的土地经营权人对该权利

---

〔6〕 杜涛主编:《中华人民共和国农村土地承包法解读》,中国法制出版社 2019 年版,第 242 ~ 243 页。

的需求是不同的，有些因为前期投入大，回收成本和取得收益的时间长，故此希望土地经营权更加稳定，性质上能够作为物权更好；而有些投入小，价值农作物都是一年一熟，价格波动又大，故此只是希望短期土地经营权即可。故此，通过规定5年这个界限可以满足不同的权利人的需求，如果是5年以上的，则土地经营权人为了保持权利的稳定可以通过登记公示而使该权利成为物权并可以对抗他人，而且对于以其他方式承包农村土地而取得土地经营权的权利人而言，还能在登记后将该权利进一步流转，从而满足融资的需求。反之，如果土地经营权的流转期限是5年以下的，则权利人无须登记，将该权利作为一个债权即可受到法律的保护，而且此种权利也可以用于进行融资担保。

（五）土地经营权的内容

首先，土地经营权人当然有权对农村土地进行占有、使用和收益，从事种植业、林业、畜牧业等农业生产。其次，土地经营权人在得到承包方书面同意，并向本集体经济组织备案后，可以再流转土地经营权，包括以出租、入股或者其他方式向他人再流转土地经营权。最后，土地经营权人经承包方书面同意并向发包方备案，可以向金融机构融资担保。如前所述，由于土地经营权的性质不同，五年以上的土地经营权的性质为物权，而五年以下的为债权，故此，《农村土地承包法》第47条使用了“融资担保”这一笼统的表述。同时，该法还明确规定，担保物权自融资担保合同生效时设立。当事人可以向登记机构申请登记；未经登记，不得对抗善意第三人。实现担保物权时，担保物权人有权就土地经营权优先受偿。土地经营权融资担保办法由国务院有关部门规定。《民法典》第342条明确规定，通过招标、拍卖、公开协商等方式承包农村土地，经依法登记取得权属证书的，可以依法采取出租、入股、抵押或者其他方式流转土地经营权。由此可知，经过登记的土地经营权性质上属于用益物权，故此以之进行融资担保设立的就是抵押权这一担保物权。

第三节　建设用地使用权

一、建设用地使用权的概念与特征

建设用地使用权，是指单位或者个人依法享有的在国家或集体所有的土地上营造建筑物或其他附着物，并进行占有、使用、收益的权利。建设用地使用权可以分为国有建设用地使用权与集体建设用地使用权，国有建设用地使用权以往也被称为“国有土地使用权”。

建设用地使用权具有以下特征：

1.建设用地使用权是在国有土地所有权或集体土地所有权基础上产生的一种用益物权。我国实行土地的公有制，私人不得拥有土地的所有权，土地也不得买卖。城市的土地属于国家所有，故此，民事主体在城市中要利用土地从事建设，就必须取得国有土地的使用权，即国有建设用地使用权。《民法典》第325条规定：“国家实行自然资源有偿使用制度，但是法律另有规定的除外。”《土地管理法》第10条第1句规定：“国有土地和农民集体所有的土地，可以依法确定给单位或者个人使用。”《城镇国有土地使用权出让和转让暂行条例》第2条规定，国家按照所有权与使用权分离的原则，实行城镇国有土地使用权的出让、转让制度，但地下资源、埋藏物和市政公用设施除外。在农村，土地所有权属于集体，民事主体进行建设需要使用土地的，则需要依法取得集体建设用地使用权。《土地管理法》第 61 条规定:“乡(镇)村公共设施、公益事业建设,需要使用土地的,经乡(镇)人民政府审核,向县级以上地方人民政府自然资源主管部门提出申请,按照省、自治区、直辖市规定的批准权限,由县级以上地方人民政府批准;其中,涉及占用农用地的,依照本法第四十四条的规定办理审批手续。”第 63 条第 1 款规定:“土地利用总体规划、城乡规划确定为工业、商业等经营性用途,并经依法登记的集体经营性建设用地,土地所有权人可以通过出让、出租等方式交由单位或者个人使用,并应当签订书面合同,载明土地界址、面积、动工期限、使用期限、土地用途、规划条件和双方其他权利义务。”总之,建设用地使用权是在国家或集体的土地所有权基础上产生的一种用益物权,它具有物权的支配性与排他性。

2. 建设用地使用权人对于国有或集体所有的土地享有占有、使用、收益以及处分建设用地使用权的权利。一方面,建设用地使用权人有权对土地进行开发利用,在该土地上建造建筑物、构筑物及其附属物,如房地产开发企业利用国有土地新建商品房、工厂利用国有土地建造厂房等;另一方面,建设用地使用权人在使用年限内可以将该权利本身进行转让、出租、抵押或者用于其他经济活动。

3. 建设用地使用权可以在土地的地表、地上或者地下分别设立。为了更好地实现对国有土地的有效利用,充分发挥物的效用,《民法典》第 345 条在吸收国外空间权立法有益经验的基础上规定:“建设用地使用权可以在土地的地表、地上或者地下分别设立。”这就意味着在同一块土地上可以设立多个建设用地使用权。这是因为,在出让建设用地使用权时,可以通过建设用地使用权出让合同确定建筑物、构筑物及其附属设施占用的空间。因此,同一土地上没有出让的空间就可以另行设立建设用地使用权。例如,可以将一块国有土地地下 20 米及地上 80 米为甲公司设立一个建设用地使用权,而将地下 20 ~ 40 米为乙公司再设立一个建设用地使用权。这样,甲公司和乙公司就针对同一块土地分别享有不同空间的建设用地使用权。但是,后设立的建设用地使用权不得损害已经设立的建设用地使用权等用益物权。它们之间的关系可以通过相邻关系以及地役权制度加以调整。

4. 建设用地使用权的取得程序具有法定性。《民法典》第 347 条规定:“设立建设用地使用权,可以采取出让或者划拨等方式。工业、商业、旅游、娱乐和商品住宅等经营性用地以及同一土地有两个以上意向用地者的,应当采取招标、拍卖等公开竞价的方式出让。严格限制以划拨方式设立建设用地使用权。”依据《土地管理法》的规定,乡(镇)村公共设施、公益事业建设,需要使用土地的,需要经乡(镇)人民政府审核,向县级以上地方人民政府自然资源主管部门提出申请,按照省、自治区、直辖市规定的批准权限,由县级以上地方人民政府批准(第 61 条);土地利用总体规划、城乡规划确定为工业、商业等经营性用途,并经依法登记的集体经营性建设用地,土地所有权人可以通过出让、出租等方式交由单位或者个人使用(第 63 条)。

我国现行法对建设用地使用权的出让、划拨、转让都有详细的规定。例如,依据《土地管理法》《城市房地产管理法》的规定,建设用地使用权出让,必须符合土地利用总体规划、城市规划和年度建设用地计划。县级以上地方人民政府出让土地使用权用于房地产开发的,须根据省级以上人民政府下达的控制指标拟订年度出让土地使用权总面积方案,按照国务院规定,报国务院或者省级人民政府批准。土地使用权出让,由市、县人民政府有计划、有步骤地进行。出让的每幅地块、用途、年限和其他条件,由市、县人民政府土地管理部门会同城市规划、建设、房产管理部门共同拟定方案,按照国务院规定,报经有批准权的人民政府批准后,由市、县人民政府土地管理部门实施。直辖市的县人民政府及其有关部门行使前述的权限，由直辖市人民政府规定。

5. 建设用地使用权具有期限性。建设用地使用权是一种具有期限限制的用益物权。《城市房地产管理法》第 14 条规定："土地使用权出让最高年限由国务院规定。"依据《城镇国有土地使用权出让和转让暂行条例》第 12 条规定，土地使用权出让最高年限按下列用途确定：居住用地 70 年；工业用地 50 年；教育、科技、文化、卫生、体育用地 50 年；商业、旅游、娱乐用地 40 年；综合或者其他用地 50 年。[7] 我国法律规定国有建设用地使用权的最高年限的原因在于：首先，依据我国土地实行的是公有制，土地的所有权是不能买卖的。土地所有权的一个重要特征就是无期限性，如果建设用地使用权不规定最高存续期限，那么该使用权实际上就变相地成了所有权。其次，在改革开放之前，我国的城市土地采取的是无偿、无期限使用制度。实践证明，这种制度造成了巨大的土地资源的浪费，不利于资源的优化配置，损害了国家利益。因此，在我国经济改革的过程中，必须改变原先的土地使用权无偿、无期限的让渡方式，而必须规定最高期限。只有这样才能真正实现市场在土地这一重要生产要素的配置中的决定性作用，有利于社会主义市场经济体制改革的深化和完善。

二、建设用地使用权的类型

依据产生建设用地使用权的土地所有权的类型不同，可以将建设用地使用权分为国有建设用地使用权与集体建设用地使用权（见图 17－2）。国有建设用地使用权又可以依据不同的标准进行分类，如依据取得方式不同，可以分为出让的国有建设用地使用权、划拨的建设用地使用权和转让的建设用地使用权；依据用途不同，可以分为住宅用地的建设用地使用权，工业用地的建设用地使用权，教育、科技、文化、卫生、体育用地的建设用地使用权，商业、旅游、娱乐用地的建设用地使用权，综合或者其他用地的建设用地使用权。

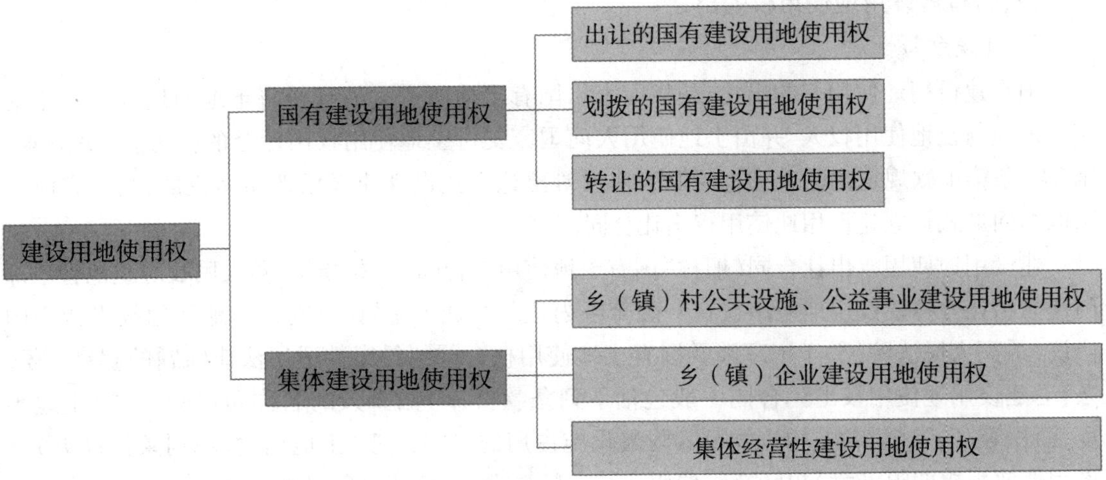

图 17－2　建设用地使用权的类型

由于我国实行土地用途管制，严格保护耕地，为防止到农村进行房地产开发，乱占耕地，更为了确保国家对土地一级市场的垄断，故此，法律上对于集体建设用地使用权的限制很多。依

〔7〕《土地管理法》第 63 条第 4 款规定："集体经营性建设用地的出租，集体建设用地使用权的出让及其最高年限、转让、互换、出资、赠与、抵押等，参照同类用途的国有建设用地执行。具体办法由国务院制定。"

据《土地管理法》第59条以下的规定，集体建设用地使用权主要有三类：其一，乡（镇）企业建设用地使用权；其二，乡（镇）村公共设施、公益事业建设用地使用权；其三，集体经营性建设用地使用权。

三、房屋所有权与建设用地使用权主体一致的原则

《民法典》第356条规定："建设用地使用权转让、互换、出资或者赠与的，附着于该土地上的建筑物、构筑物及其附属设施一并处分。"第357条规定："建筑物、构筑物及其附属设施转让、互换、出资或者赠与的，该建筑物、构筑物及其附属设施占用范围内的建设用地使用权一并处分。"这两条规定体现了我国法律中历来强调的一个基本原则——"房屋所有权主体与房屋占有范围内的土地使用权的主体一致"，亦即俗称的"房随地走，地随房走"的原则。

为了进一步贯彻"房屋所有权与建设用地使用权主体一致"的原则，《民法典》第352条还规定："建设用地使用权人建造的建筑物、构筑物及其附属设施的所有权属于建设用地使用权人，但是有相反证据证明的除外。"该规定的意义在于：第一，建设用地使用权人依法对国家或集体所有的土地享有占有、使用和收益的权利，有权利用该土地建造建筑物、构筑物及其附属设施。他人无权在建设用地使用权人的土地上建造建筑物、构筑物及其附属设施，否则不仅不能取得这些建筑物、构筑物及其附属设施的所有权，还构成了对建设用地使用权人的侵权行为。第二，《民法典》第231条规定："因合法建造、拆除房屋等事实行为设立或者消灭物权的，自事实行为成就时发生效力。"所以，建设用地使用权人在自己享有使用权的土地上合法建造建筑物、构筑物及其附属设施后，当然就享有该不动产的所有权。第三，如果就建设用地上的建筑物、构筑物及其附属设施的所有权归属发生争议时，应当推定这些不动产的所有权属于建设用地使用权人，除非存在相反的证据。这是为了更好地贯彻落实"房屋所有权主体与建设用地使用权主体一致"的原则而设的规定。

四、国有建设用地使用权的出让

（一）概念与性质

国有建设用地使用权的出让，是指国家以国有土地所有人的身份将土地使用权在一定的年限内让与土地使用权人，并由土地使用人向国家支付土地使用权出让金的行为。《民法典》第348条第1款规定："采取招标、拍卖、协议等出让方式设立建设用地使用权的，当事人应当采取书面形式订立建设用地使用权出让合同。"

建设用地使用权出让合同（旧称"国有土地使用权合同"），是指市、县人民政府土地管理部门作为出让方将建设用地使用权在一定年限内让与受让方，受让方支付土地使用权出让金的协议（最高人民法院《关于审理涉及国有土地使用权合同纠纷案件适用法律问题的解释》第1条）。建设用地使用权出让合同一般包括下列条款：（一）当事人的名称和住所；（二）土地界址、面积等；（三）建筑物、构筑物及其附属设施占用的空间；（四）土地用途、规划条件；（五）建设用地使用权期限；（六）出让金等费用及其支付方式；（七）解决争议的方法。

国有建设用地使用权出让合同中的出让方表面上虽然是作为行政机关的市、县人民政府的土地管理部门，但这时它并非作为一个行政管理机关的角色出现的，而是作为国家土地所有权的代表的身份出现的，是在依法代表国家行使国家对土地的所有权的。国家具有双重身份，一方面它是主权者，行使公权力；另一方面它又是土地等自然资源的所有者，行使私权利。《民法典》第325条规定："国家实行自然资源有偿使用制度，但是法律另有规定的除外。"因此，在土地管理机关及其他任何行政机关在代表国家行使国家所有权，进行自然资源使用权的出让活动时,它从事的是设定用益物权这一民事活动,自然应当遵循《民法典》所确立的自愿、公平、诚实信用、公序良俗等基本原则,它不应有更优越的法律地位,而是与建设用地使用权人处于平等的法律地位,二者产生的是民事权利义务关系,而非行政管理关系。国有建设用地使用权出让合同属于民事合同,而非所谓的行政合同。〔8〕

(二)国有建设用地使用权出让合同的法律特征

1. 建设用地使用权的出让方是特定的主体。由于建设用地使用权是从国家土地所有权中分离出来的,因此只有特定的代表国家行使土地所有权的机关才能作为出让方。依据《城镇国有土地使用权出让和转让暂行条例》第9、10条的规定,土地使用权的出让,由市、县人民政府负责,有计划、有步骤地进行。土地使用权出让的地块、用途、年限和其他条件,由市、县人民政府土地管理部门会同城市规划和建设管理部门、房产管理部门共同拟定方案,按照国务院规定的批准权限报经批准后,由土地管理部门实施。因此,土地使用权出让的主体是土地的所有权人,即国家,而市、县人民政府的土地管理部门按照法律的授权和有批准权限的人民政府的批准授权,具体代表国家出让建设用地使用权。最高人民法院《关于审理房地产管理法施行前房地产开发经营案件若干问题的解答》〔9〕第3条规定:"国有土地使用权出让合同的出让方,依法是市、县人民政府土地管理部门。出让合同应由市、县人民政府土地管理部门与土地使用者签订,其他部门、组织和个人为出让方与他人签订的出让合同,应当认定无效。"此外,依据最高人民法院《关于审理涉及国有土地使用权合同纠纷案件适用法律问题的解释》第2条的规定,开发区管理委员会作为出让方与受让方订立的土地使用权出让合同无效,除非在案件起诉前经市、县人民政府土地管理部门的追认。

2. 建设用地使用权出让合同的客体具有特定性。建设用地使用权出让合同的客体不是土地本身,即不是土地所有权,而是从土地的国家所有权中分离出来的土地使用权,即建设用地使用权。从物权取得的方式来说,由于建设用地使用权的出让是建立在国家土地所有权的基础上的,因此受让人通过出让合同取得建设用地使用权是权利的继受取得,而非原始取得。因此,一些学者将国有使用权的出让认定为建设用地使用权的原始取得方式,显然不妥当。〔10〕当然,通过出让取得建设用地使用权不同于通过转让取得建设用地使用权,前者是建设用地使用权的初次产生,而后者是已经产生的建设用地使用权主体的变更。因此,人们将前者形成的市场称为土地使用权的一级市场,而将后者形成的市场称为土地使用权的二级市场。

3. 建设用地使用权出让合同的受让方的范围广泛。建设用地使用权的受让方既包括法人(公司、企业),也包括非法人组织,还包括自然人。

4. 建设用地使用权出让合同是有偿合同。建设用地使用权的出让采取了有偿有期限的方式,受让方必须向出让方支付对价,即土地使用权出让金。土地使用者应当在签订土地使用权出让合同后60日内,支付全部土地使用权出让金。逾期未全部支付的,出让方有权解除合同,

---

〔8〕崔建远教授正确地指出,将国有土地使用权出让等合同划归行政合同的范畴,意味着让权力从制度的笼子里逃逸出来,行政权力膨胀,导致市场运行更多地依赖权力而非市场规律,这背离了"把权力关进制度的笼子里"的深邃思想和良苦用心,违背了"法无授权不可为"的原则和精神,不符合中共中央、国务院关于完善产权保护制度的坚定立场,会吓阻外商投资于中国,何况行政法体系内部也不自洽,故这种泛化行政合同的理念及设计极不可取。参见崔建远:《行政合同族的边界及其确定根据》,载《环球法律评论》2017年第4期。

〔9〕最高人民法院审判委员会第777次会议讨论通过(法发〔1996〕2号)。

〔10〕王卫国:《中国土地权利研究》,中国政法大学出版社1997年版,第155页。

并可请求违约赔偿(《城市房地产管理法》第16条、《城镇国有土地使用权出让和转让暂行条例》第14条)。土地使用权出让金应当全部上缴财政,列入预算,用于城市基础设施建设和土地开发。土地使用权出让金上缴和使用的具体办法由国务院规定(《城市房地产管理法》第19条)。新增建设用地的土地有偿使用费,30%上缴中央财政,70%留给有关地方人民政府(《土地管理法》第55条)。2004年3月22日国务院发布了《关于将部分土地出让金用于农业土地开发有关问题的通知》(国发〔2004〕8号)的文件,该文件要求各地:按照“取之于土,用之于土”的原则,将部分土地出让金专项用于土地整理复垦、宜农未利用地开发、基本农田建设以及改善农业生产条件的土地开发。土地出让金用于农业土地开发的比例,由各省、自治区、直辖市及计划单列市人民政府根据不同情况,按各市、县不低于土地出让平均纯收益的15%确定。土地出让平均纯收益的具体标准由财政部、自然资源部确定。

5. 建设用地使用权出让合同是要式合同。由于建设用地使用权的出让涉及复杂的权利义务关系,且建设用地使用权的存续时间较长,因此《民法典》第348条第1款规定:“通过招标、拍卖、协议等出让方式设立建设用地使用权的,当事人应当采取书面形式订立建设用地使用权出让合同。”此外,《城市房地产管理法》第15条第1款、《城镇国有土地使用权出让和转让暂行条例》第8条第2款也有相同的规定。

(三)国有建设用地使用权出让的方式之一:协议出让

协议出让建设用地使用权,是指国家以协议方式将建设用地使用权在一定年限内出让给土地使用者,由土地使用者向国家支付土地使用权出让金的行为(《协议出让国有土地使用权规定》第2条第2款)。协议出让的方式由于是出让方与特定的受让方一对一的协商,因此存在不公开、不透明、“暗箱操作”、易导致腐败与国家利益受损等诸多弊端,故而备受抨击。因此,《民法典》第347条第2款规定:“工业、商业、旅游、娱乐和商品住宅等经营性用地以及同一土地有两个以上意向用地者的,应当采取招标、拍卖等公开竞价的方式出让。”这一规定从民事基本法的角度确定了协议出让的范围,具有十分重要的意义。

(四)国有建设用地使用权出让的方式之二:招、拍、挂

“招、拍、挂”是对招标、拍卖与挂牌这三种公开竞价方式的简称。依据《招标拍卖挂牌出让国有土地使用权规定》,招标出让建设用地使用权,是指市、县人民政府土地行政主管部门发布招标公告,邀请特定或者不特定的公民、法人和其他组织参加建设用地使用权投标,根据投标结果确定土地使用者的行为。拍卖出让建设用地使用权,是指出让人发布拍卖公告,由竞买人在指定时间、地点进行公开竞价,根据出价结果确定土地使用者的行为。挂牌出让建设用地使用权,是指出让人发布挂牌公告,按公告规定的期限将拟出让宗地的交易条件在指定的土地交易场所挂牌公布,接受竞买人的报价申请并更新挂牌价格,根据挂牌期限截止时的出价结果或者现场竞价结果确定土地使用者的行为。在上述三种建设用地使用权公开竞价的出让方式中,拍卖、招标这两种公开竞价方式早已为《拍卖法》《招标投标法》所确认,挂牌则是一种新的公开竞价方式。

《民法典》第347条第2款以民事基本法的形式对于必须采取招标、拍卖等公开竞价的方式出让建设用地使用权的范围作出了规定:“工业、商业、旅游、娱乐和商品住宅等经营性用地以及同一土地有两个以上意向用地者的,应当采取招标、拍卖等公开竞价的方式出让。”

（五）出让的国有建设用地使用权的效力

1. 出让方的权利与义务

出让方的主要权利就是收取土地使用权出让金，而主要义务就是交付土地。如果因出让方的原因导致未办理土地使用权出让批准手续而不能交付土地的，受让方有权解除出让合同。

2. 受让方的权利与义务

（1）请求交付土地的权利。受让方有权要求出让方按照合同的规定及时交付土地，否则有权解除合同，并可以请求其承担违约赔偿责任（《城镇国有土地使用权出让和转让暂行条例》第15条）。

（2）占有、使用土地的权利。建设用地使用权人是为了在国家所有的土地上营造建筑物或其他附着物，因此其当然拥有占有该块土地的权利，并有权加以使用。使用权人对于在该地上建筑的房屋、其他设施享有所有权。对于依据法律或者建设用地使用权出让合同的约定而不属于建设用地使用权客体范围的土地空间以及附着物，权利人不得行使占有与使用的权利。此外，相邻的国有土地的使用权人之间的关系应当适用《民法典》物权编对相邻关系的规定。

（3）收益权与处分权。建设用地使用权人在法律规定或者合同约定的限度内，有权获取收益或者处分建设用地使用权。具体来说，处分情形包括将建设用地使用权进行转让、作价入股、赠与、互易、出租、抵押等。《民法典》第344条规定："建设用地使用权人依法对国家所有的土地享有占有、使用和收益的权利，有权利用该土地建造建筑物、构筑物及其附属设施。"第353条规定："建设用地使用权人有权将建设用地使用权转让、互换、出资、赠与或者抵押，但是法律另有规定的除外。"

（4）缴纳土地使用权出让金的义务。《民法典》第351条规定："建设用地使用权人应当依照法律规定以及合同约定支付出让金等费用。"如果受让方逾期未全部支付的，出让方有权解除合同，并可请求违约赔偿。

（5）合理利用土地且不得改变土地用途的义务。《民法典》第350条规定："建设用地使用权人应当合理利用土地，不得改变土地用途；需要改变土地用途的，应当依法经有关行政主管部门批准。"建设用地使用权人应当按照建设用地使用权出让合同的规定和城市规划的要求，开发、利用、经营土地。未按合同规定的期限和条件开发、利用土地的，市、县人民政府土地管理部门应当予以纠正，并根据情节可以给予警告、罚款直至无偿收回土地使用权的处罚。此外，没有按照土地使用权出让合同规定的期限和条件投资开发、利用土地的，土地使用权不得转让、出租。土地使用权转让后，需要改变土地使用权出让合同规定的土地用途的，应当征得出让方同意并经土地管理部门和城市规划部门批准，重新签订土地使用权出让合同，调整土地使用权出让金，并办理登记。

（6）期限届满后的返还义务。如前所述，出让的建设用地使用权受到最高存续年限的限制。由此产生的一个问题就是，建设用地使用权期限届满后，土地上可能依然存在地上建筑物及其他附着物，此时该地上建筑物和附着物的所有权如何处理。原《物权法》第149条第1款规定："住宅建设用地使用权期间届满的，自动续期。"第2款规定："非住宅建设用地使用权期间届满后的续期，依照法律规定办理。该土地上的房屋及其他不动产的归属，有约定的，按照约定；没有约定或者约定不明确的，依照法律、行政法规的规定办理。"

2016年左右，一些地方如浙江就出现了住宅建设用地使用权期限届满的问题。这些期限届满的住宅的建设用地使用权的期限是20年，因此陆续到期。对此，广大人民群众非常关切。

2016年12月8日,国土资源部(现自然资源部)办公厅针对浙江省国土资源厅的《关于如何处理少数住宅用地使用权到期问题的请示》(浙土资〔2016〕64号)作出了《关于妥善处理少数住宅建设用地使用权到期问题的复函》(国土资厅函〔2016〕1712号),该复函指出:“在尚未对住宅建设用地等土地使用权到期后续期作出法律安排前,少数住宅建设用地使用权期间届满的,可按以下过渡性办法处理:一、不需要提出续期申请。少数住宅建设用地使用权期间届满的,权利人不需要专门提出续期申请。二、不收取费用。市、县国土资源主管部门不收取相关费用。三、正常办理交易和登记手续。”2016年11月,《中共中央、国务院关于完善产权保护制度依法保护产权的意见》提出,要研究住宅建设用地等土地使用权到期后续期的法律安排,推动形成全社会对公民财产长久受保护的良好和稳定预期。

根据党中央批准的有关工作安排,该项工作由国务院有关部门研究,提出方案后,国务院提出法律修改议案,修改城市房地产管理法或者物权法。由于国务院有关部门尚未正式提出城市房地产管理法的修订方案,故此,《民法典》先作出一个原则性规定,即第359条第1款规定:“住宅建设用地使用权期限届满的,自动续期。续期费用的缴纳或者减免,依照法律、行政法规的规定办理。”本书认为,首先,住宅建设用地使用权续期费用的缴纳或减免并非一个简单的缴费与否或多少的问题,而是涉及广大民事主体最重要的财产权,如果不缴费或者少缴费,是否就不给办理续期,而不办理续期是否就意味着国家可以收回建设用地使用权及其上的住宅?这些都是民事基本制度的问题,应当由法律加以规定,而行政法规只是对法律规定的细化而已。否则,就会违反《立法法》第8条关于民事基本制度应当遵循法律保留原则的规定。

五、国有建设用地使用权的划拨

(一)国有建设用地使用权划拨的概念与特征

国有建设用地使用权划拨,是指县级以上人民政府依法批准,在土地使用者缴纳补偿、安置等费用后将该幅土地交付其使用,或者将土地使用权无偿交付给土地使用者使用的行为(《城市房地产管理法》第23条第1款)。通过行政划拨方式取得建设用地使用权的方式具有以下特征:

1. 无偿性。改革开放之前,我国建设用地使用权的获得基本上都是通过无偿的行政划拨的方式,改革开放之后,为推进建设用地使用权的市场化,实现土地这一重要生产要素的市场化配置,我国逐步推进建设用地使用权的有偿有期限的出让。但是,由于实践中存在以下原因,无法对于所有的城市建设用地使用权都由市场加以配置,而是依然保留了行政划拨土地使用权这一方式。首先,对于依靠国家财政拨款的立法机关、行政机关、司法机关、事业单位、社会团体、国防军事设施、公共设施,不可能按照市场规律的要求实行有偿出让;其次,一些财政投资兴建的公共设施、公益设施,如公共交通、水利设施、文化教育卫生设施,虽然是经营性的,但是采取有偿出让也很困难。所以,对于上述用地要采取行政划拨的方式无偿供给土地使用权。这样一来,改革以来我国建设用地使用权制度就形成了一个“有偿出让”与“无偿划拨”并存的双轨制。行政划拨的方式取得建设用地使用权的无偿性主要体现在取得建设用地使用权的一方无须缴纳土地使用权出让金。但是,获得建设用地使用权的一方仍然必须依法缴纳补偿、安置等费用。

2. 无期限性。《城市房地产管理法》第23条第2款规定:“依照本法规定以划拨方式取得土地使用权的,除法律、行政法规另有规定外,没有使用期限的限制。”之所以对于划拨取得的土地使用权原则上没有使用期限的限制,是因为:首先,划拨土地使用权的用途一般是非经营性的，因此国家在政策上要有所区别；其次，划拨土地使用权不能进入土地市场，不得转让、抵押和出租；最后，因城市建设发展需要和城市规划要求，政府可以无偿收回划拨土地使用权。[11]

（二）国有建设用地使用权划拨的适用范围

《民法典》第347条第3款规定："严格限制以划拨方式设立建设用地使用权。"根据原国土资源部颁布的《划拨用地目录》，划拨的适用范围限于十九类建设用地，只有符合该目录的建设用地项目，由建设单位提出申请，经有批准权的人民政府批准，才可以划拨方式提供土地使用权。另外，对国家重点扶持的能源、交通、水利等基础设施用地项目，可以以划拨方式提供土地使用权。对以营利为目的，非国家重点扶持的能源、交通、水利等基础设施用地项目，则应当以有偿方式提供土地使用权。

（三）划拨的国有建设用地使用权的效力

以划拨方式取得土地使用权的，除法律、行政法规另有规定外，没有使用期限的限制。由于通过划拨的方式取得土地使用权是无偿的，因此土地使用权人的权利内容较之于通过出让或转让的土地使用权人要受限制。这些限制主要有：

1. 未经批准，不得转让、出租或抵押。如果未经批准擅自转让、出租或者抵押划拨土地使用权，则不仅合同无效，而且市、县人民政府土地管理部门将没收划拨土地使用权的单位和个人的非法收入，并根据情节处以罚款。

2. 在发生特定情形的时候，市、县人民政府有权无偿收回划拨的土地使用权。这些情形包括：因迁移、解散、撤销、破产或者其他原因而停止使用土地的。所谓因"其他原因而停止使用土地的"是指除因迁移、解散、撤销、破产以外的其他原因而停止使用土地的情形，如土地使用者因公路、铁路、机场、矿场经核准报废，或因不可抗力等原因停止使用土地以及因土地使用者自愿放弃土地使用权而停止使用土地等，不应当理解为包括土地使用者因非法转让建设用地使用权而停止使用土地的情形。对土地使用者非法转让建设用地使用权的，应当依照《城镇国有土地使用权出让和转让暂行条例》第46条规定处罚。

3. 市、县人民政府可以根据城市建设发展需要和城市规划的要求无偿收回划拨土地使用权，并可依法予以出让。无偿收回划拨土地使用权时，对其地上建筑物、其他附着物，市、县人民政府应当根据实际情况给予适当补偿。

六、国有建设用地使用权的转让

国有建设用地使用权转让，是指已经产生或者已经存在的建设用地使用权的主体发生变更的情形，即建设用地使用权人将自己拥有的土地使用权再让渡给相对人，使其成为新的土地使用权受让人。建设用地使用权的转让的具体方式包括三种：出售（买卖）、互易及赠与。

建设用地使用权的买卖，是指建设用地使用权的初始受让人将土地使用权出售给第三人而使土地使用权发生移转。互易，是指两个或两个以上的建设用地使用权人互相交换各自享有的建设用地使用权。赠与，是指建设用地使用权人将自己享有的建设用地使用权无偿赠送给第三人，由该第三人取得土地使用权。建设用地使用权的转让是在平等主体之间进行的一种财产权利的让渡行为，在转让的法律关系中，建设用地使用权出让方的地位保持不变，而初始受让人（转让人）作为土地使用权人的资格即告丧失，由新的主体取得建设用地使用权。

---

〔11〕徐玉麟主编：《城市房地产管理法讲话》，中国法制出版社1994年版，第21页。

七、国有建设用地使用权的登记

建设用地使用权属于一种不动产上设立的用益物权,采取的是登记生效要件主义,即不登记,则建设用地使用权未设立。《民法典》第349条规定:“设立建设用地使用权的,应当向登记机构申请建设用地使用权登记。建设用地使用权自登记时设立。登记机构应当向建设用地使用权人发放权属证书。”

建设用地使用权转让、互换、出资或者赠与的,应当向登记机构申请变更登记建设用地使用权消灭的,出让人应当办理注销登记。登记机构应当收回权属证书。

八、国有建设用地使用权的收回

(一)因公益需要而被收回建设用地使用权

《土地管理法》第58条第1款第1项规定,为实施城市规划进行旧城区改建以及其他公共利益需要,确需使用土地的,由有关人民政府自然资源主管部门报经原批准用地的人民政府或者有批准权的人民政府批准,可以收回国有土地使用权。此种土地使用权的收回在性质上属于征收,依据《宪法》《民法典》的规定应当给予补偿。《土地管理法》第58条第2款也明确规定,对于此种国有土地使用权的情形,应当对土地使用权人给予适当补偿。《民法典》第358条规定,建设用地使用权期限届满前,因公共利益需要提前收回该土地的,应当依据《民法典》第243条的规定对该土地上的房屋及其他不动产给予补偿,并退还相应的出让金。

(二)因期限届满而被收回建设用地使用权

依据《土地管理法》第58条第1款第2项,土地出让等有偿使用合同约定的使用期限届满,土地使用者未申请续期或者申请续期未获批准的,应当收回国有土地使用权。为了更好地保护广大人民群众的财产权和生存权,《民法典》第359条区分住宅建设用地使用权和非住宅建设用地使用权,对它们期限届满的情形分别作了规定。首先,对于住宅建设用地使用权,其期间届满的,自动续期。至于此种续期是否需要缴纳费用或者有无必要给予减免,则依照法律、行政法规的规定办理。其次,对于非住宅建设用地使用权,其期间届满后的续期问题,依照法律规定办理。该土地上的房屋及其他不动产的归属,有约定的,按照约定;没有约定或者约定不明确的,依照法律、行政法规的规定办理。这种规定就为了将来对房屋和其他不动产的所有权和他物权人给予补偿留下了足够的空间,充分贯彻了物权法保护权利人物权的立法目的。

(三)因停止使用等原因而被收回建设用地使用权

《土地管理法》第58条第1款第3、4项以及《城镇国有土地使用权出让和转让暂行条例》第47条第1款规定,因单位撤销、迁移等原因停止使用原划拨的国有土地,以及公路、铁路、机场、矿场等经核准报废的,应收回土地使用权。此时土地行政主管部门收回该土地使用权的性质为行政处理决定,由于此类被收回的土地使用权多属于以划拨方式无偿提供的,因此不给予补偿。但是,对于对其地上建筑物、其他附着物,市、县人民政府应当根据实际情况给予适当补偿(《城镇国有土地使用权出让和转让暂行条例》第47条第3款)。

(四)因权利人违反出让合同而被收回建设用地使用权

《城市房地产管理法》第26条规定:“以出让方式取得土地使用权进行房地产开发的,必须按照土地使用权出让合同约定的土地用途、动工开发期限开发土地。超过出让合同约定的动工开发日期满一年未动工开发的,可以征收相当于土地使用权出让金百分之二十以下的土地闲置费;满二年未动工开发的,可以无偿收回土地使用权;但是,因不可抗力或者政府、政府有关部门的行为或者动工开发必需的前期工作造成动工开发迟延的除外。”《城镇国有土地使用权出让和转让暂行条例》第 17 条规定：“土地使用者应当按照土地使用权出让合同的规定和城市规划的要求，开发、利用、经营土地。未按合同规定的期限和条件开发、利用土地的，市、县人民政府土地管理部门应当予以纠正，并根据情节可以给予警告、罚款直至无偿收回土地使用权的处罚。”

九、集体建设用地使用权

集体建设用地使用权，是指权利人依法享有在集体所有的土地上建造建筑物、构筑物及其附属设施的权利。在很长一段时间内，我国对于集体土地上设立建设用地使用权进行了严格的限制，除了宅基地使用权外，只是承认了两类农村集体土地建设用地使用权，即乡（镇）村企业建设用地使用权与乡（镇）村公共设施与公益事业建设用地使用权。

2013 年 11 月，中共十八届三中全会通过的《关于全面深化改革若干重大问题的决定》明确提出了“建立城乡统一的建设用地市场”的改革目标。2014 年中央出台了《关于农村土地征收、集体经营性建设用地入市、宅基地制度改革试点工作的意见》，提出建立农村集体经营性建设用地入市制度。针对农村集体经营性建设用地权能不完整，不能同等入市、同权同价和交易规则亟待健全等问题，要完善农村集体经营性建设用地产权制度，赋予农村集体经营性建设用地出让、租赁、入股权能；明确农村集体经营性建设用地入市范围和途径；建立健全市场交易规则和服务监管制度。2015 年 2 月 27 日，十二届全国人大常委会第十三次会议审议通过《关于授权国务院在北京市大兴区等三十三个试点县（市、区）行政区域暂时调整实施有关法律规定的决定》，授权在试点地区暂时调整实施《土地管理法》《城市房地产管理法》有关法律规定。此后，全国人大常委会又分别在 2017 年和 2018 年连续两次延长试点时间。截至 2018 年 12 月，33 个试点县（市、区）集体经营性建设用地已入市地块 1 万余宗，面积 9 万余亩，总价款约 257 亿元，收取调节金 28.6 亿元，办理集体经营性建设用地抵押贷款 228 宗、38.6 亿元。[12]

集体经营建设用地入市改革赋予了集体建设用地与国有建设用地同等的法律地位和权能，将集体经营性建设用地纳入国有建设用地市场进行公开交易，充分发挥了市场在土地资源配置中的决定性作用，实现了城乡土地平等入市、公平竞争。集体经营性建设用地入市也培植了市场信心，激发了农村土地资源活力。[13] 鉴于此，2019 年 8 月 26 日修订的《土地管理法》正式对农村集体经营性建设用地使用作出了规定，该法第 63 条明确规定：“土地利用总体规划、城乡规划确定为工业、商业等经营性用途，并经依法登记的集体经营性建设用地，土地所有权人可以通过出让、出租等方式交由单位或者个人使用，并应当签订书面合同，载明土地界址、面积、动工期限、使用期限、土地用途、规划条件和双方其他权利义务。前款规定的集体经营性建设用地出让、出租等，应当经本集体经济组织成员的村民会议 2/3 以上成员或者 2/3 以上村民代表的同意。通过出让等方式取得的集体经营性建设用地使用权可以转让、互换、出资、赠与或者抵押，但法律、行政法规另有规定或者土地所有权人、土地使用权人签订的书面合同另有约定的除外。集体经营性建设用地的出租，集体建设用地使用权的出让及其最高年限、转让、

---

〔12〕《国务院关于农村土地征收、集体经营性建设用地入市、宅基地制度改革试点情况的总结报告》，2018 年 12 月 23 日第十三届全国人民代表大会常务委员会第七次会议。

〔13〕《国务院关于农村土地征收、集体经营性建设用地入市、宅基地制度改革试点情况的总结报告》，2018 年 12 月 23 日第十三届全国人民代表大会常务委员会第七次会议。

互换、出资、赠与、抵押等,参照同类用途的国有建设用地执行。具体办法由国务院制定。”至此,我国农村集体建设用地使用权的类型除了原有的乡镇企业建设用地使用权,乡镇公共设施、公益事业建设用地使用权外,还增加了集体经营性建设用地使用权。

第四节 宅基地使用权

一、宅基地使用权的概念与特征

宅基地使用权,是指农村集体组织的成员依法享有的在宅基地上建设住宅及其附属设施的权利(《民法典》第362条)。所谓宅基地,就是指农村集体经济组织成员经依法批准用以建造个人住宅的农民集体所有的土地。农村村民一户只能拥有一处宅基地,其宅基地的面积不得超过省、自治区、直辖市规定的标准(《土地管理法》第62条第1款)。

作为一种独立的用益物权形态,宅基地使用权除具有用益物权的一般特征之外还具有以下特征:

1. 宅基地使用权的主体是特定的,即宅基地使用权的主体只能是农村集体经济组织的成员。1988年修订《土地管理法》时曾在第41条允许城镇非农村户口居民建住宅使用集体土地,结果导致了一些农村集体经济组织以及房地产商利用该规定大肆炒卖宅基地,违法在农村进行房地产开发,为此1998年再次修订《土地管理法》时删除了该条。现在宅基地使用权主体只能是集体经济组织的成员,外乡、外村的居民也不具备该项权利的主体资格,除非其依法将户口迁入本乡或本村。

2. 宅基地使用权的用途是特定的,即只能用于建造住宅及其附属设施。住宅是指农村村民所建住房以及与住房的居住生活有关的其他建筑物和设施,如厨房、厕所、院墙、储藏室。[14]关于宅基地使用权人能够利用宅基地从事生产经营活动,存在争论。有的人认为,宅基地使用权人对宅基地的占有、使用并不局限于居住的用途,也包括从事家庭生产与经营活动。本书认为,只要宅基地使用权在依法取得的宅基地上建设了住宅而非厂房等非住宅建筑物,就应当认为符合宅基地使用权的用途。至于使用权人在自己的住宅中从事家庭生产经营活动,不属于宅基地使用权的内容而是住宅所有权的内容,因此法律上不应加以禁止。

二、宅基地使用权的取得方式

宅基地使用权的取得方式有两种:

1. 通过审批取得新增的宅基地使用权。只有符合一定条件的农村村民经过相应的审批程序才能申请宅基地。《土地管理法》第62条第4款规定,农村村民住宅用地,由乡(镇)人民政府审核批准;其中,涉及占用农用地的,依照《土地管理法》第44条的规定办理审批手续。宅基地的面积、申请条件和批准程序,由各省、自治区、直辖市的地方性法规作出具体规定。例如,《辽宁省实施〈中华人民共和国土地管理法〉办法》第29条规定,农村村民建住宅必须严格执行村庄和集镇规划,村内有空闲地的,不得占用耕地建住宅。需要使用本村集体所有土地的,由村民提出用地申请,经村民会议或者村民代表会议讨论同意,乡(镇)人民政府审核,报县人民

---

〔14〕 参见国家土地管理局政策法规司:《关于对农村村民“建住宅”含义理解问题的答复》(1992年5月28日)。

政府批准。确需占用农用地的,报市人民政府批准。第31条规定,只有符合下列条件之一的,才可以申请宅基地:(1)农村村民户无宅基地的;(2)农村村民户除父母身边留一子女外,其他成年子女确需另立门户,以及三代以上同堂并且已有宅基地低于分户标准的;(3)回乡落户的复退军人和回乡定居的华侨以及港、澳、台同胞,需要建住宅而无宅基地的;(4)宅基地影响村镇建设规划被收回的。

2. 通过集体组织成员内部的转让以及继承获得的宅基地。农村村民通过出卖、赠与住宅后,该住宅占用的宅基地使用权连同转移。宅基地使用权只能转让给本集体经济组织成员,如果转让给村外人员的,该受让人必须在本村落户并且符合申请宅基地的条件。随着宅基地使用权改革试点的开展,我国正在积极探索进城落户农民在本集体经济组织内部自愿有偿退出或转让宅基地。《土地管理法》第62条也规定,国家允许进城落户的农村村民依法自愿有偿退出宅基地,鼓励农村集体经济组织及其成员盘活利用闲置宅基地和闲置住宅。

三、宅基地使用权的内容

宅基地使用权人具有以下权利:

1. 占有权。宅基地使用权人有权占有依法批准给其建造住宅的集体土地。

2. 使用权。宅基地使用权人有权使用宅基地,包括建设个人住宅以及与居住生活相关的其他建筑物及其附属设施。

3. 收益权。宅基地使用权人有权获得由于使用宅基地而产生的收益,包括在宅基地空闲处(如房前屋后)种植果树等经济作物而产生的收益。

4. 处分权。宅基地使用权人有权在依法转让住宅所有权的时候,将该房屋占用范围内的宅基地使用权一同转让。《民法典》第365条规定,已经登记的宅基地使用权转让或者消灭的,应当及时办理变更登记或者注销登记。宅基地使用权人不得以宅基地使用权进行抵押(《民法典》第399条第2项)。

5. 宅基地使用权人必须按照规定的用途使用宅基地,在使用时不得超过确定的宅基地的范围。

第五节 居 住 权

一、居住权的概念与特征

居住权是我国《民法典》编纂时新增加的一类的用益物权。[15] 立法者规定居住权的主要目的在于:党的十九大报告提出,要加快建立多主体供给、多渠道保障、租购并举的住房制度,让全体人民住有所居。为落实党中央的要求,认可和保护民事主体对住房保障的灵活安排,满足特定人群的居住需求。故此,《民法典》中专门规定了居住权。[16] 通过确立居住权,可以满足权利人稳定生活居住需要,也有助于为公租房和老年人以房养老提供法律保障。

所谓居住权,是指自然人依据合同或遗嘱而取得的,对他人的住宅进行占有、使用,以满足

〔15〕 实际上,物权法草案就曾对居住权作出过规定,后来因为争议较大,最终被删除。

〔16〕 全国人民代表大会宪法和法律委员会《关于〈民法典各分编(草案)〉的说明》。

生活居住需要的一种用益物权。其特征在于:首先,目的的限定性,即居住权的目的是满足生活居住的需要,而不包括用于生产经营活动。其次,主体的限定性,取得居住权的只能是自然人,而不包括法人或者非法人组织。至于为自然人设立居住权人的主体,则可以是自然人,也可以是法人或者非法组织。再次,设立的无偿性。依据《民法典》第 368 条规定,居住权无偿设立,但是当事人另有约定的除外。之所以以无偿设立为原则,主要就是考虑到居住权的设立主要是在家庭成员之间,基于亲情关系,具有身份属性,故此原则上无偿的。但是,为了更好地满足生活居住的需要,也不能一律规定为无偿,还是应当尊重当事人的意思自治。最后,处分上的禁止性。居住权不得转让,也不能继承。此外,设立居住权的住宅也不得出租,除非当事人另有约定。这实际上就强调了居住权的人身属性以及目的属性,即专属于居住权人,而且只是满足其居住生活的需要,而不能用来牟利或转让给他人,居住权人死亡的,居住权就归于消灭,不能继承。

二、居住权与住宅租赁权

居住权和住宅租赁权虽然都属于针对住宅进行占有、使用,以满足生活居住需要的权利,但二者存在明显的区别:第一,权利性质不同。居住权属于用益物权,而住宅租赁权是债权。第二,设立方式不同,居住权可以通过合同设立,也可以通过遗嘱设立,且以登记为居住权的成立要件,即不登记,居住权不产生。住宅租赁权是依据租赁合同而产生的合同债权,不以登记为生效要件或对抗要件。居住权原则上是无偿设立的,除非当事人另有约定。住宅租赁合同是有偿合同。第三,主体不同。居住权的主体只能是自然人,住宅租赁权的主体可以是自然人、法人或者非法人组织。第四,权利内容不同。居住权具有专属性,不能转让、继承,居住权人死亡的,居住权就消灭。设立了居住权的住宅,也不得出租。住宅租赁权作为债权则不具有专属性,可以转让和继承,租赁权人死亡的,住宅租赁权并不因此就消灭。经过出租人同意,承租人可以将住宅进行转租(《民法典》第 716 条以下)。第五,存续期限不同。住宅租赁权属于租赁权的一类,而依据《民法典》第 705 条,租赁期限不得超过 20 年。超过 20 年的,超过部分无效。租赁期间届满,当事人可以续订租赁合同;但是,约定的租赁期限自续订之日起不得超过 20 年。

三、居住权的设立与登记

居住权的设立有两种方式:(1)通过订立居住权合同来设立居住权。依据《民法典》第 367 条,设立居住权,当事人应当采用书面形式订立居住权合同。居住权合同一般包括下列条款:一是当事人的姓名或者名称和住所;二是住宅的位置;三是居住的条件和要求;四是居住权期间;五是解决争议的方法。对于通过居住权合同设立的居住权,当事人应当共同向登记机构申请居住权登记,居住权自登记时设立(《民法典》第 368 条)。(2)通过遗嘱方式设立居住权,即住宅的所有权人通过遗嘱,在自己死后为他人设立居住权。例如,张三有儿子甲,老伴死后又与李四再婚,其生前立下遗嘱,在死后房屋归由儿子甲继承,同时又为妻子李四在该房屋上设立了 20 年的居住权,以免自己死后,李四无处居住。《民法典》第 371 条规定:“以遗嘱方式设立居住权的,参照适用本章的有关规定。”故此,以遗嘱方式设立居住权的,遗嘱中也应当明确居住权的姓名和住所,住宅的位置,居住的条件和要求以及居住权的期限等内容。此外,由于以遗嘱方式设立的居住权时,只有遗嘱人死亡的,该遗嘱才生效。故此,在遗嘱人死亡后,因遗嘱而将要取得居住权的自然人,应当持遗嘱单方向不动产登记机构申请居住权登记,居住权也是自登记时设立。

四、居住权的内容

居住权人只能对住宅进行占有、使用,其不能转让居住权(当然也不能抵押),设立了居住权的住宅不能出租,除非当事人另有约定。也就是说,原则上,居住权人不能出租设立了居住权的住宅,住宅的所有权人在设立了居住权后也不能将住宅进行出租。

五、居住权的消灭

除了一般的物权消灭的事由如作为物权客体的不动产灭失外,《民法典》第370条规定了居住权两项特殊的消灭事由为:其一,居住权期限届满,权利人未续期或未能成功续期的;其二,居住权人死亡,因居住权不能继承,故此归于消灭。居住权消灭的,应当及时办理注销登记。

第六节 地 役 权

一、地役权的概念与特征

(一)地役权的概念

地役权,是指不动产的所有权人或使用权人为了便利地利用不动产,通过法律行为设立或取得的对他人不动产加以利用,从而提高自己不动产的效益的权利。在地役权法律关系当中,需要其他土地提供便利的土地被称为"需役地",而提供此种便利的土地称为"供役地"。

地役权的历史悠久,早在古罗马法中便已存在,其后继受罗马法的法国、德国等国家也相继在民法典中规定了地役权制度。由于地役权能够在一定程度上实现社会资源的最大化利用,因此时至今日这一古老的法律制度依然具有其存在的合理性。我国《民法典》物权编第15章对地役权制度作出了规定。该法第372条第1款规定:"地役权人有权按照合同约定,利用他人的不动产,以提高自己的不动产的效益。"第2款规定:"前款所称他人的不动产为供役地,自己的不动产为需役地。"

(二)地役权的特征

1. 地役权是对他人所有或使用的不动产加以利用的用益物权。供役地必须是他人所有或使用的,因此地役权人原则上不得在自己的不动产上为自身设定地役权。但是,有的国家允许所有权人在自己的不动产上设定地役权,例如,德国联邦最高法院的一个判决指出,如果存在对所有权人地役权的经济或者精神需要,允许所有权人在自己的土地上设定地役权。[17] 但是,本书认为,当两块土地同归一人所有或使用之时,确无设定地役权的必要。然而,由于地役权不仅调整土地所有权人之间的关系,更调整土地使用人之间的关系,因此只要存在两块同归一人所有的土地,其中一块归他人使用时,所有权人就存在为自己使用的那块土地的便利而在自己所有的另一块土地上设定地役权的必要。法律对此无须加以禁止。

2. 地役权的权利主体既可以是不动产的所有权人,也可以是不动产的使用权人。在传统大陆法系民法中,不动产的使用权人包括地上权人、永佃权人、耕作权人以及典权人等就土地

〔17〕[德]曼弗雷德·沃尔夫:《物权法》,吴越、李大雪译,法律出版社2002年版,第467页。

享有用益物权的人。从我国《民法典》的规定来看,不动产的所有权包括土地的所有权人和房屋等土地上的附着物的所有权人,不动产的使用权人主要是指用益物权人,即土地承包经营权人、宅基地使用权人、建设用地使用权人、居住权人等。

3. 地役权的客体是不动产。不动产包括土地、建筑物等土地上的附着物。关于地役权的客体是仅限于土地,还是包括房屋等其他不动产,各国立法有所不同。在我国,地役权的客体是不动产,既包括土地,也包括建筑物等土地上的附着物。这一规定是合理的,因为在现代社会随着建筑物区分所有权制度的产生,各建筑物区分所有权人之间也完全存在设定地役权的必要性。

4. 地役权是权利人为了提高自己的不动产的效益而设定的用益物权。“效益”在理论上也称为“便利”,在我国制定物权法的过程中曾对何为“效益”作出过界定,但是考虑到这种界定不具有概括性,因此,最终颁布的原《物权法》没有再作出具体的规定。《民法典》也未对何为“不动产的效益”作出规定。本书认为,在地役权制度中需役地的“效益”至少应当具备以下两种性质:[18] 首先,既然是效益就应当仅限于经济层面上,而不能完全以土地所有人或使用人的个人便利为转移。其次,需役地因从供役地获得了此种便利而解除了其所有权或者使用权上的限制。例如,为了设置工作物使雨水流入他人土地,为保持充分的光线而限制邻地的高度等。如果此种效益本身就涵盖在需役地所有权或使用权的内容之中,则不属于地役权制度中的效益。从实践来看,常见为提高自己不动产的效益而需要利用他人不动产的情形包括:(1)因用水、排水、通行而需要利用他人不动产的;(2)因铺设电线、电缆、水管、输油管线、暖气和燃气管线等而需要利用他人不动产;(3)因架设铁塔、基站、广告牌等利用他人不动产的;(4)因采光、通风、保持视野等而限制他人不动产的利用。

二、地役权与相邻权的区别

相邻权(Nachbarrecht)即不动产相邻权,它是调整不动产相邻关系的一项民事法律制度。不动产相邻关系是指,两个或两个以上的不动产所有人或者占有人在对自己的财产行使占有、使用、收益或处分权时,由于不动产相邻而发生的权利义务关系。《民法典》物权编对相邻关系作出了明确的规定。地役权与相邻权存在如下区分:

1. 相邻权并非一类独立的物权形态,而是基于“有利生产、方便生活、团结互助、公平合理”等原则,从私益角度对相邻不动产的一方的所有权或使用权的适当限制,对另一方所有权或使用权的适当延伸。因此,本质上相邻权人享有的只是一种法益,而非权利。地役权是一类独立的物权形态,是相邻不动产双方基于合意而为其中一方设定的用益物权。

2. 相邻权是依据法律的明确规定对相邻不动产一方所有权或使用权的限制,所以是当事人之间产生的是一种法定的关系。而地役权是基于相邻不动产一方的意思自治而自愿对自己权利的限制,所以是约定的法律关系,依据当事人之间订立的地役权合同而设定(《民法典》第373条第1句)。之所以如此,是因为相邻关系乃是法律为了保证人与人之间的和谐共存而保障人的基本需要如通风、采光、日照等所建立的强行性规范,而地役权是基于意思自治使双方基于合意对各自的权利加以限缩或扩展。

3. 相邻权人享有的法益是依法获得的,因此无须进行登记即可产生且能够排斥第三人的妨害。而地役权由于是依据合同产生的,因合同不具有典型公开性,所以依据《民法典》第374

---

〔18〕　梅仲协:《民法要义》,中国政法大学出版社1998年版,第584～585页。

条,未经登记的地役权不得对抗善意第三人。

4. 相邻权的形态仅限于法律明确列举的情形,而地役权的形态可由当事人在不违反法律禁止性规定以及公序良俗的情形下,自由地加以设定。地役权中对供役地具体的利用目的和利用方法等内容由当事人在地役权合同中自行约定(《民法典》第 373 条第 2 款)。

5. 取得相邻权的一方无须向对方支付金钱或其他代价,因为相邻权是对相邻土地利用关系进行最低限度调节的结果,为实现诚实信用原则和土地权利人的社会义务,不存在有偿的问题,只是在发生损害时,受益人须对受害人予以赔偿。但是,地役权则是由双方通过地役权合同设定的用益物权,是否支付对价由当事人自行协商。通常,地役权人都要向对方支付一定的金钱代价的。

6. 除非相邻的不动产灭失,否则相邻权不存在期限的问题。但地役权既然是依据合同的约定而设定的,那么就可能会存在期限的限制。当然,合同当事人也可以对地役权的存在不作期限上的限制。但是,由于设立地役权的当事人所享有的用益物权是有存续期限的,因此即便当事人不约定地役权的存续期限,该期限也不得超过这些用益物权自身存在的期限。

三、地役权的属性

(一)从属性

地役权的从属性,是指地役权不得与需役地相分离而单独为转让,也不得单独成为其他权利的标的。通常,用益物权如土地使用权、典权都是一种独立的权利,它不从属于其他权利。而地役权作为一种为了需役地的便利而产生的用益物权,因而与需役地的关系极为密切,由此发生了主从权利的关系,即地役权从属于需役地的所有权或者使用权。[19] 当需役地的所有权或者使用权发生转让时,地役权也应随之发生转让。这一点上,地役权与抵押权、质权等担保物权具有某种相似性。《民法典》对地役权的从属性作出了明确的规定。

1. 转让上的从属性。《民法典》第 380 条规定:“地役权不得单独转让。土地承包经营权、建设用地使用权等转让的,地役权一并转让,但是合同另有约定的除外。”具体来说,包括三种情形:第一,需役地所有人或者使用人不能自己保留需役地的所有权或者使用权而单独将地役权让与他人;第二,需役地的所有人或者使用人不能自己保留地役权而将需役地的所有权或者使用权让与他人;第三,不能将需役地的使用权与地役权分别让与不同的人。

2. 抵押上的从属性。《民法典》第 381 条规定:“地役权不得单独抵押。土地承包经营权、建设用地使用权等抵押的,在实现抵押权时,地役权一并转让。”申言之,不能将地役权单独进行抵押。只有在需役地的使用权(土地承包经营权、建设用地使用权)被抵押时,地役权才相应地被抵押。

(二)不可分性

既然地役权是为了实现对土地利用的最大化,而实践中无论是需役地还是供役地都可能发生分割,因此为了确保地役权的宗旨能够实现,法律上有必要规定:地役权不因供役地抑或需役地的分割而有所变化。这就是地役权的不可分性。申言之,地役权的不可分性是指地役权的发生、享有以及消灭。就需役地与供役地而言,均及于其全部,不得分割为数部分或仅为

---

〔19〕 由于我国土地实行公有制,实践中能够转让的只有各类土地使用权,因此,在我国,地役权的从属性主要体现在对土地使用权的从属而非对土地所有权的从属。

一部分而存在。[20]

自罗马法以来,地役权的不可分性得到了世界各国民法典的承认。《民法典》第382条规定:"需役地以及需役地上的土地承包经营权、建设用地使用权等部分转让时,转让部分涉及地役权的,受让人同时享有地役权。"第383条规定:"供役地以及供役地上的土地承包经营权、建设用地使用权等部分转让时,转让部分涉及地役权的,地役权对受让人具有法律约束力。"

四、地役权的种类

(一)积极地役权与消极地役权

依据地役权的内容的不同,可将地役权分为积极地役权与消极地役权。积极地役权,是指供役地人负有容许需役地人为了其土地的便利而在自己的土地上从事积极作为的义务的地役权。例如,汲水地役权、通行地役权。消极地役权,是指供役地人负有为需役地的便利而消极不作为的义务的地役权。例如,不在需役地附近种植植物的地役权、不在一定的距离内建造建筑物的地役权。

(二)持续的地役权与不持续的地役权

依据地役权行使的方法是否持续,可将地役权分为持续的地役权与不持续的地役权。持续的地役权,是指权利的行使无须每次都要有地役权人的行为的地役权。例如,不在一定距离内建造建筑物的地役权。不持续的地役权,是指只有地役权人的每一次的行为才能真正实现权利的地役权。例如,汲水地役权。此种区分的意义在于取得时效上的差别,即只有那些继续并表现的地役权才能因时效而取得。至于消极的地役权或者没有表现的地役权无法通过时效取得。

(三)表现的地役权与不表现的地役权

依据地役权的行使的外观上的差异,可将地役权分为表现的地役权与不表现的地役权。表现的地役权也称为"表见的地役权",是指能够依权利行使的外部标志加以识别的地役权。反之,则为不表现地役权。例如,开设了通道的通行地役权因权利的行使具有外部标志,属于表现的地役权。而没有开设通道的通行地役权,因从外表上他人无法加以识别,属于不表现的地役权。区别这两者的意义与区别持续的地役权、不持续的地役权相同。

五、地役权的设定

(一)通过地役权合同设定地役权

原则上,当事人需要通过订立书面的地役权合同设立地役权(《民法典》第373条)。地役权合同包括但不限于下列条款:(1)当事人的姓名或者名称和住所;(2)供役地和需役地的位置;(3)利用目的和方法;(4)地役权期限;(5)费用及其支付方式;(6)解决争议的方法。

我国法上规定了一种例外情形下,当事人可以直接取得地役权。《民法典》第378条规定:"土地所有权人享有地役权或者负担地役权的,设立土地承包经营权、宅基地使用权等用益物权时,该用益物权人继续享有或者负担已经设立的地役权。"由于该条只是规定了土地承包经营权、宅基地使用权,所以其中的"土地所有权人"仅仅是指集体土地所有权人,而不包括国有土地的所有权人。这是因为,国家实行自然资源有偿使用制度,但法律另有规定的除外。因此,国家直接以国有土地所有权人的身份行使土地所有权的情形非常少,通常国家行使国有土

[20] 谢在全:《民法物权论》(下册),2003年台北自版,第426页。

地所有权都是通过拍卖、招标、划拨等让与建设用地使用权的方式实现的，这些建设用地使用权人根据自身需要可以设立地役权，无须国家直接设定地役权或者负担地役权。所谓“该用益物权人继续享有或者负担已经设立的地役权”，是指当集体土地所有权人之间通过地役权合同取得地役权或者负担地役权，那么在相应的集体土地上拥有土地承包经营权、宅基地使用权的土地承包经营权人、宅基地使用权人也相应地取得地役权或者负担地役权。这种时候，土地承包经营权人、宅基地使用权人是直接依据法律规定而取得地役权或者负担地役权的。

（二）地役权的设立采取登记对抗要件主义

我国法律对于地役权的设立没有采取登记生效要件主义，而是采取了登记对抗要件主义，即地役权自地役权合同生效时设立。当事人要求登记的，可以向登记机构申请地役权登记；未经登记，不得对抗善意第三人（《民法典》第374条）。本书认为，地役权的设立采取登记对抗要件主义，是不妥当的，因为这会混淆地役权与不作为债权。

（三）设定地役权应当经用益物权人的同意

《民法典》第379条规定：“土地上已设立土地承包经营权、建设用地使用权、宅基地使用权等用益物权的，未经用益物权人同意，土地所有权人不得设立地役权。”这一规定体现了“一物一权”的原理以及物权的排他效力，即同一个物上只能有一个所有权，同一个物上不能存在两个内容相互冲突的他物权，先设立的物权优先于后设立的物权。由于土地承包经营权、建设用地使用权、宅基地使用权、地役权都属于权利人对国家或集体所有的土地享有的以占有、使用和收益为内容的用益物权，因此如果同一土地上已经先设立了土地承包经营权、建设用地使用权、宅基地使用权，那么土地所有权人未经这些用益物权人的同意再行设定地役权的话，可能对先设立的用益物权的权利人造成损害，故此《民法典》有此规定。

六、地役权的期限

通常，地役权的期限可以由当事人通过合同自由约定，理论上可以约定永久的期限。但是，由于我国的自然人或法人能够取得的只是土地的使用权，如建设用地使用权、宅基地使用权、农村土地承包经营权等，所以地役权的期限不能由当事人约定为永久的期限。该地役权的期限不能超过土地使用权的期限，如有超过则以土地使用权的存续期限为准。故此，《民法典》第377条规定：“地役权期限由当事人约定；但是，不得超过土地承包经营权、建设用地使用权等用益物权的剩余期限。”

七、地役权的效力

（一）地役权人的权利

1. 使用供役地的权利。地役权依据地役权的设定目的和约定的范围、方式使用供役地。《民法典》第376条规定：“地役权人应当按照合同约定的利用目的和方法利用供役地，尽量减少对供役地权利人物权的限制。”“合同约定的利用目的”，是指地役权所满足的需役地的效益。例如，通行地役权使需役地的所有人或使用人可以从供役地通过以进入需役地。因此，通行地役权人只能从需役地通行而不能从供役地上取水或者排水，或从事其他的行为。而合同约定的利用方法，是指地役权人能够从供役地上的哪一部分，以何种方式行使地役权。例如，在通行地役权中，如果合同约定了地役权人只能从特定的部分通行但不能铺设专门的通道，那么能够通行的部分就是地役权设定合同约定的范围，而不能铺设通道就是地役权设定合同约定的方式。

2. 从事附随行为的权利。地役权人为实现了设定地役权的目的,有权在供役地上从事必要的附随行为。例如,取水地役权人为了从供役地上取水必然要通过供役地,此种通过之行为即属于附随行为。但附随行为必须是必要的,亦即倘无此种行为则地役权设定的目的将落空。

3. 设置附属设施的权利。地役权人为了行使权利,可以在供役地上修建必要的附属设施,并取得该设施的所有权。所谓必要的附属设施是指为实现地役权设定的目的而建造的工作物。例如,甲取得了对乙的土地的排水地役权,则甲有权在乙的土地上设置排水管道以实现通过供役地排水的目的,这个排水管道就是附属设施。附属设施的所有权虽然归属于地役权人,但地役权人不能因此取得该设施占用范围内的土地所有权或者使用权。

4. 物权请求权。物权请求权包括返还原物请求权、排除妨害请求权、消除危险请求权。对于后两种请求权,理论上皆认为能够适用于地役权。即当供役地受到侵害或者具有受到侵害的危险时,地役权人有权请求排除妨害或者消除危险。但是关于供役地受到他人非法占有而致地役权人无法行使地役权时,地役权人能否享有返还原物请求权,则存在争论。德国学者认为,由于地役权人通常不是供役地的占有人,因此不能赋予其返还原物的请求权。[21] 而我国台湾地区的一些民法学者认为,地役权人也应当享有返还原物请求权,因为地役权需要随着供役地而行使,如果供役地不存在,地役权自然无法实现满足需役地便利的目的。为了保障地役权的安全,地役权人应当享有返还请求权。[22] 由于《民法典》物权编在第一分编"通则"规定了物权请求权,而地役权中并未特别排除返还原物的请求权,因此,从体系解释的角度可知,地役权人也应当享有返还原物的请求权。

(二)地役权人的义务

1. 损害防止义务。地役权人在行使地役权如使用供役地、从事附随行为或设置附属设施时,都应当尽可能保全供役地所有人或使用人的利益,将由此产生的损害降低到最小的程度。对此,《民法典》第376条有规定。

2. 维持附属设施义务。既然地役权人为了实现设定地役权的目的而有权在供役地上建造必要的附属设施,且取得该设施的所有权,那么地役权人自然应当保养维修其附属设施,除非地役权设定合同中对附属设施保养维修的方法、费用负担等事项另有约定。倘若地役权人未尽到此种义务而致供役地所有权人或使用权人损害时,应承担损害赔偿责任。

(三)供役地所有人或使用人的义务

供役地的所有人或使用人主要负有的义务就是容忍或不作为的义务。申言之,在积极地役权中,供役地所有人或使用人负有容忍地役权人在其土地上从事一定行为的义务。例如,为了使需役地所有人或使用人能够不绕行很远的距离而在供役地开设一条通道。在消极地役权中,供役地所有人或使用人负有不于其土地上为一定行为的义务。例如,为了保证需役地上具有良好的空气、光线或者视线,而设定地役权使供役地所有人或使用人不得在该土地上建造超过一定高度的房屋。《民法典》第375条规定:"供役地权利人应当按照合同约定,允许地役权人利用其不动产,不得妨害地役权人行使权利。"

(四)供役地所有人或使用人的权利

1. 使用附属设施的权利。通常附属设施是地役权人为了实现设定地役权的目的而设置

---

〔21〕 [德]曼弗雷德·沃尔夫:《物权法》,吴越、李大雪译,法律出版社2002年版,第472页。

〔22〕 梅仲协:《民法要义》,中国政法大学出版社1998年版,第588页。

的，且其享有所有权，因此归地役权人使用。但附属设施毕竟是建立在供役地上的，因此有时供役地的所有人或使用人也有使用此附属设施的需要。为此，在一定的条件下应当允许供役地的所有人或使用人于不妨害地役权设定目的且相应地负担维修保养费用的前提下，享有使用该设施的权利。

2. 请求变更利用场所及方法的权利。当地役权的行使仅在供役地的某一部分之时，供役地的所有人或使用人在与需役地的所有人或者使用人订立地役权合同时，就会考虑尽量将利用自己土地所造成的不便降低到最低程度。但是，随着时间的经过，可能会出现这样一种情况：如果仍然使地役权在供役地的某一部分行使的话，将会对供役地的所有人或者使用人造成一些当初没有想到的不便。一般来说，由于地役权已经设定，供役地的所有人或使用人不能为此而减少地役权的行使或者妨害地役权的行使。但是，当此种不便是非常重大的或者特殊的不便时，如果法律仍然僵化地坚持地役权行使的部分不得加以改变，那么就违背了地役权制度的实现土地利用最大化的目的。因此，不少国家(如法、德、瑞、意等)的民法典都允许此时供役地的所有人或使用人可以要求将地役权的行使迁移到供役地上其他适合地役权行使的部分，地役权人不得加以拒绝，但由此产生的费用应由供役地的所有人或使用人负担。

八、地役权的消灭

地役权因如下事由消灭：

1. 地役权期限届满而未续期。

2. 当需役地的所有权与供役地的所有权同归于一人，或需役地的使用权与供役地的使用权同归于一人时，即发生混同。

3. 供役地被国家征收。

4. 地役权人抛弃地役权。

5. 地役权设定合同中约定的地役权消灭事由发生。

6. 供役地的权利人依法解除地役权合同。根据《民法典》第384条的规定，地役权人有下列情形之一的，供役地权利人有权解除地役权合同：(1)违反法律规定或者合同约定，滥用地役权；(2)有偿利用供役地，约定的付款期间届满后在合理期限内经两次催告未支付费用。

参考案例

1. 萍乡市亚鹏房地产开发有限公司诉萍乡市国土资源局不履行行政协议案，第76号指导案例(最高人民法院审判委员会讨论通过，2016年12月28日发布)。
2. 陈允斗与宽甸满族自治县虎山镇老边墙村民委员会采矿权转让合同纠纷案，载《中华人民共和国最高人民法院公报》2012年第3期。
3. 茅德贤、成县茨坝须弥山实业有限公司、甘肃有色地质勘查局106队、成县恒兴矿业有限公司与白银有色金属公司采矿权纠纷案，载《中华人民共和国最高人民法院公报》2012年第3期。
4. 中国信达资产管理公司西安办事处与陕西省粮油食品进出口公司西安中转冷库、陕西省粮油食品进出口公司借款担保合同纠纷案，载《中华人民共和国最高人民法院公报》2009年第12期。
5. 李维祥诉李格梅继承权纠纷案，载《中华人民共和国最高人民法院公报》2009年第12期。
6. 重庆索特盐化股份有限公司与重庆新万基房地产开发有限公司土地使用权转让合同纠纷案，载《中华人民共和国最高人民法院公报》2009年第4期。

7. 青岛市国土资源和房屋管理局崂山国土资源分局与青岛乾坤木业有限公司土地使用权出让合同纠纷案，载《中华人民共和国最高人民法院公报》2008 年第 5 期。
8. 山西嘉和泰房地产开发有限公司与太原重型机械(集团)有限公司土地使用权转让合同纠纷案，载《中华人民共和国最高人民法院公报》2008 年第 3 期。
9. 崂山国土局与南太置业公司国有土地使用权出让合同纠纷案，载《中华人民共和国最高人民法院公报》2007 年第 3 期。
10. 大连远东房屋开发有限公司与辽宁金利房屋实业公司、辽宁澳金利地产开发有限公司国有土地使用权转让合同纠纷案，载《中华人民共和国最高人民法院公报》2006 年第 12 期。
11. 陈清棕诉亭洋村一组、亭洋村村委会征地补偿款分配纠纷案，载《中华人民共和国最高人民法院公报》2005 年第 10 期。
12. 杜海生、杜满生诉杜喜生房产确权纠纷案，载《中华人民共和国最高人民法院公报》1995 年第 4 期。

第十八章 担保物权

导 读

担保物权以担保债权的实现为目的，是非常重要的债的担保制度。学好担保物权，不仅要学好物权法关于担保物权的规定，还要了解与担保物权相关的法律制度，包括破产法、强制执行法、非讼事件法等。《民法典》物权编规定了三种担保物权，即抵押权、质权和留置权，前两种属于意定担保物权，也是最重要的两类担保物权。

第一节 概 述

一、担保物权的概念与特征

担保物权，是指为了担保债权的实现，债务人或第三人以动产、不动产或某些权利为客体而设定的，当债务人不履行到期债务或发生当事人约定的实现担保物权的情形时，权利人有权就该担保财产变价并优先受偿的一种限制物权（《民法典》第386条）。

除具有物权的一般特征之外，担保物权还具有以下特征：

1. 担保物权是以担保债权的实现为目的的限制物权。担保物权的本质就在于通过赋予权利人对担保财产的交换价值的控制而确保债权的实现，即担保物权以担保债权的实现为目的，这是它与用益物权的重要区别。因担保物权以担保债权的实现为目的，故而担保物权设定之时或者最迟在实行之前必须存在特定的被担保的债权，否则担保物权的设定属于无的放矢。这就是“担保物权所担保之债权必须特定”的原则。[1]

2. 担保物权限制了债务人或第三人对担保标的物的处分权。用益物权人取得对标的物的直接占有，是为了获得标的物的使用价值，而非限制所有权人对标的物的处分。但就担保物权而言，只有限制提供担保物的债务人或第三人的处分权，才能使权利人确实地把握该标的物的交换价值。为此，法律上采用了两种方法：一是通过将担保物的占有移转给债权人，对担保人的处分权进行事实上的限制；二是采用登记的方法，对担保人的处分权加以法律上的约束。[2]

3. 债权人享有对担保财产的换价权。为确保担保物权的优先受偿既能得以实现，实体法上进一步赋予了担保物权具有换价（或变价）的权能。[3] 担保物权的换价权，是指当债务人不

---

〔1〕 谢在全：《民法物权论》（修订2版，中册），2003年台北自版，第343页。

〔2〕 谢怀栻：《外国民商法精要》，法律出版社2002年版，第89页。

〔3〕 [日]近江幸治：《担保物权法》，祝娅等译，法律出版社2000年版，第3页。

履行到期债务或者发生当事人约定的实现担保物权的情形时,担保物权人可以将担保财产拍卖、变卖或折价。

4. 附有担保物权的债权先于无担保的债权而受清偿。享有担保物权的债权人具有优先于其他普通债权就担保物变价所得优先受偿的权利,这就是担保物权的优先受偿性,也正是此种优先受偿权才使担保物权成为债权实现的坚强"屏障"。

二、担保物权的属性

(一)从属性

担保物权的从属性,是指担保物权必须从属于债权,其以债权的成立为前提,因债权的移转而移转,因债权的消灭而消灭。我国《民法典》没有从权利的角度而是从合同的角度对担保物权的从属性作出了规定,其第 388 条第 1 款规定:"设立担保物权,应当依照本法和其他法律的规定订立担保合同。担保合同包括抵押合同、质押合同和其他具有担保功能的合同。担保合同是主债权债务合同的从合同。主债权债务合同无效的,担保合同无效,但是法律另有规定的除外。"《民法典》该款第 2 句明确担保合同除了抵押合同、质押合同之外,还包括其他具有担保功能的合同,这意味着:首先,《民法典》虽然继续坚持物权法定主义(第 116 条),担保物权的种类和内容必须由法律规定,但是,基于意思自治原则,为了优化营商环境,允许当事人创设各种具有担保功能的合同,如融资租赁、保理、所有权保留、让与担保等非典型担保合同。其次,该句明确了非典型担保合同与主合同的关系也适用《民法典》第 388 条的规定,即其效力从属于主合同,因主合同的无效而无效,除非法律另有规定。也就是说,非典型担保与主合同的效力关系不能由当事人约定,必须由法律规定。

(二)不可分性

担保物权的不可分性,是指在被担保的债权未受全部清偿前,担保物权人可以就担保财产的全部行使权利。申言之,被担保的债权即使经过分割、部分清偿或消灭,担保物权仍为了担保各部分债权或剩余债权而存在;担保财产即使被分割或一部灭失,各部分或余存的担保财产仍为担保全部债权而存在。

担保物权的不可分性旨在维护担保物权之效力,当事人可以特约加以排除或限制适用,不过,此种排除或限制只有登记公示后方能对抗第三人。令人遗憾的是,我国《民法典》未规定担保物权的不可分性。《担保法解释》第 71 条和第 72 条对于抵押权的不可分性作出了明确的规定。

(三)物上代位性

担保物权属于一种价值权,权利人取得的是对担保财产交换价值的支配权。为了保证担保物权的担保效力不被削弱,法律上特别赋予了担保物权以物上代位性。所谓担保物权的物上代位性,是指担保财产因灭失、毁损而获得保险金、赔偿金或补偿金时,该保险金、赔偿金或补偿金成为担保财产的代替物,担保物权依然存在于其上,债权人有权就该代替物行使担保物权。担保物权的物上代位性旨在进一步加强权利人对交换价值的控制力,不因此等价值的载体改变而丧失。对于担保物权的物上代位性,《民法典》第 390 条有明确的规定。

三、担保物权的类型

(一)法定担保物权与约定担保物权

依据发生原因的不同,可以将担保物权分为法定担保物权与约定担保物权(见图 18-1)。

前者是依据法律规定的构成要件而发生的担保物权,如留置权、法定抵押权、优先权等;后者是依据当事人设立物权的意思表示而产生的担保物权,如约定抵押权、动产质权、权利质权等。由于约定担保物权的产生是基于当事人的物权意思表示,而当事人设定或转让此种物权的考虑因素又多种多样,因此约定的担保物权能够更加灵活机动地适应社会经济的发展。它可能具有较强的融资功能,也可能具有较强的担保功能,还可能二者兼而有之。

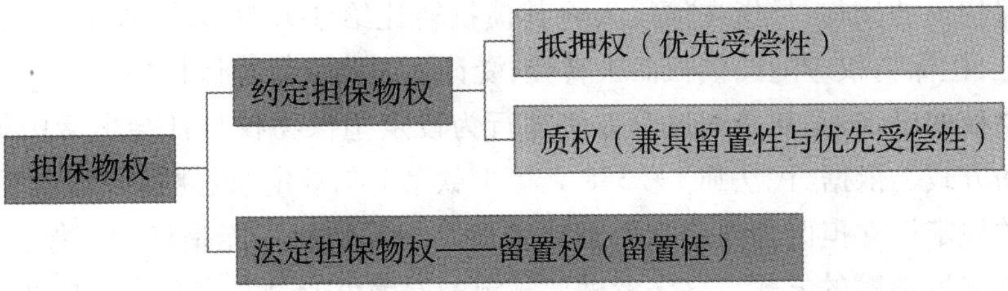

图 18－1　担保物权的类型

我国《民法典》物权编中只规定了一类法定的担保物权,即留置权。但是,《民法典》的合同编及其他法律中还承认了一些法定担保物权,如《民法典》第 807 条规定的建设工程价款优先受偿权、《海商法》第 21 条以下规定的船舶优先权、《民用航空法》第 18 条以下规定的民用航空器优先权等。

(二)留置性担保物权与优先清偿性担保物权

担保物权的主要法律效力有两项:第一,优先清偿效力。担保物权作为对标的物的交换价值加以支配的一种物权,当被担保的债权届期未受偿时担保物权人就可以行使换价权,以标的物拍卖,变卖所得价款优先实现自己的债权。优先清偿效力是担保物权得以发挥其债权担保作用的基本利器。第二,留置效力。在债务未受全部清偿前,担保物权人有权留置标的物,以迫使债务人清偿债务效力。因此,依据担保物权效力的不同又可将其分为:留置性担保物权与优先受偿性担保物权。担保物权中偏重于优先受偿效力的,称为优先受偿性担保物权,抵押权为典型的代表;担保物权中偏重于留置效力的,称为留置性担保物权,留置权就是以这种效力为中心而构造的典型代表。当然,也存在兼有留置效力与优先受偿效力的担保物权,如质权。

四、担保物权适用的民事活动范围

首先,只有在担保因民事活动而发生的债权时,才能依据《民法典》和其他法律的规定设立担保物权。所谓民事活动,就是指作为平等主体的自然人、法人、非法人组织之间产生的财产关系与人身关系,其法律内容体现为民事权利和民事义务。

其次,因民事活动而发生的债权不仅包括合同债权,也包括无因管理、不当得利、侵权行为等其他原因发生的民事债权。对于这些债权,均通过担保物权加以担保。民法上,最典型的债的发生原因是四种:合同、侵权行为、无因管理与不当得利。因后三种原因而发生的债也被称为非合同之债。其与合同之债的最大区别就在于:它们并非通过当事人的约定而产生的,乃是直接依据法律规定发生的。所以合同之债也被称为约定之债。但是,无论是约定之债还是法定之债,都属于因民事活动而发生的债权债务,因此也完全可以用设立担保物权的方式保障偿还,对此法律并无限制。

五、担保物权的取得

(一)基于法律行为而取得担保物权

取得担保物权的法律事实可以分为两类:法律行为与法律行为之外的法律事实。基于法律行为取得担保物权的情形又包括担保物权的设定和担保物权的让与。担保物权的设定,是指因设定行为而取得担保物权,包括通过双方法律行为(合同)与单方法律行为(遗嘱)设立担保物权。担保物权的让与,是指在债权人将其债权转让给他人时,基于担保物权的从属性,如无特别之约定,担保物权应随同债权而被转让,受让人因此取得担保物权。

1. 担保物权的设定,尤其是通过双方法律行为设定担保物权是社会生活中最为普遍的取得担保物权的方式。依据《民法典》第 388 条第 1 款第 1 句规定"设立担保物权,应当依照本法和其他法律的规定订立担保合同。"这就意味着设立担保物权只能是订立担保合同(双方法律行为),而不能采取遗嘱的方式。立法者做此规定的原因可能是考虑到实践中几乎很少有通过遗嘱方式设立担保物权的,最常见的就是通过担保合同这一双方法律行为设立担保物权。

2. 担保物权的让与。基于担保物权的从属性,当作为主权利的债权转让时,除非当事人有相反的约定,否则作为从权利的担保物权将一并发生转让,受让人因此不仅取得债权而且取得担保物权(《民法典》第 547 条第 1 款)。但对于留置权而言,因该权利并非与债权而是与债权人相结合,为专属于债权人的权利,因此,债权的让与并不导致留置权的让与。[4] 此外,抵押权、质权随同债权移转中,也存在一定的差异。

(二)非基于法律行为而取得担保物权

基于法律行为之外的法律事实而取得担保物权主要包括以下三种情形:

1. 因法律规定而直接取得担保物权,如留置权、建筑工程承包人的优先受偿权、民用航空器优先权、船舶优先权。

2. 因继承而取得担保物权,即被继承人死亡时,其债权连同担保物权一并为继承人所取得。

3. 因取得时效而取得担保物权,如因取得时效而取得动产抵押权。我国《民法典》没有规定取得时效制度。

六、担保物权的担保范围

法律中规定担保物权的担保范围,就债权人而言,其最大的意义在于明确当债务人届期不履行债务或者发生当事人约定的实现担保物权的情形时,债权人能优先受偿的范围;就债务人、担保人或担保物的第三取得人而言,明确担保范围可以明确为了使担保物权消灭其所必须清偿的债务范围究竟是多大。

《民法典》第 389 条规定:"担保物权的担保范围包括主债权及其利息、违约金、损害赔偿金、保管担保财产和实现担保物权的费用。当事人另有约定的,按照其约定。"也就是说,担保物权的担保范围首先取决于当事人的约定,只有在当事人没有约定的情况下,才依据法律的上述规定。

(一)主债权

主债权,即担保物权所担保的原本的债权,也称"原债权"。[5] 所谓原债权,就是依当事人之间的主合同产生的不包括约定利息、违约金或损害赔偿金在内的初始债权。一般来说,无论

---

〔4〕 史尚宽:《债法总论》,中国政法大学出版社 2000 年版,第 720 页。

〔5〕 我国台湾地区"民法"第 861 条使用的是"原债权"的称谓。

被担保的主债权属于何种债权，当事人在担保合同中都应当就被担保的主债权的种类、数额（如果是非金钱债权则估定一个数额）以及债务人为何人作出约定，需要登记的担保物权应将之记载于登记簿。这是出于担保物权的特定原则，即担保物权的标的物与被担保债权都应当是特定的，这也是不动产物权变动公示原则的最基本需求。

（二）利息

利息可以分为狭义的利息（作为本金孳生物的利益）与逾期利息（迟延利息）。前者是指，债务人对于债权人所负担的支付利息的义务而产生的债，即为利息之债，其与本金之债同属于金钱之债。作为狭义的利息的计算标准的利率，既可以是约定的（当事人在法律规定的范围内作出的约定），也可以是法定的。逾期利息，是指在债务人履行金钱债务迟延时，应当向债权人给付的利息。具体来说，就是指除应支付合同约定的贷款期间的利息以外，还应支付逾期部分的利息，即未还款之前的实际借款期间的利息。逾期利息的计算标准也可以是当事人约定或者法律的规定。不过，此时借款人向贷款人支付的利息性质上属于因金钱之债被侵害而产生的损害赔偿之债。所以，逾期利息其实是违约的损害赔偿责任在借款合同等以金钱为标的物的合同中的独特表现形式而已。由于《民法典》第 389 条分别对违约金和损害赔偿金作出了规定。故此，该条中的“利息”应当仅指作为本金孳生物的利息，不包括因借款人迟延履行债务（返还本金和借款）而产生的逾期利息。如果当事人将担保物权的担保范围明确约定为“主债权及利息”，而将逾期利息作为违约责任单独作了约定却约定不将其纳入担保范围，则显然不应将逾期利息解释为利息而纳入担保物权的担保范围。

（三）违约金

违约金，是指合同当事人约定的或者法律直接规定的，当一方违约即不履行或不适当履行合同时，应当向对方当事人支付的一定数额的货币（《民法典》第 585 条）。[6] 违约金是违约方因不履行合同、不适当履行合同或迟延履行合同后向非违约方进行的给付，其与合同标的（给付）有所不同。违约金之债属于从债务，从属于主债务，这一点上它与保证债务相同。违约金的约定往往不是以单独一份合同书的形式存在，而是与主合同条款共同存在于一份合同书当中，但这并不影响违约金作为从债务的属性。担保人在订立担保合同时是否知道主合同中存在违约金的约定或者法律对此有直接规定，不影响违约金纳入保证担保的范围。但是，就需要登记的担保物权而言，该违约金的约定必须加以登记，否则不纳入担保的范围。[7]

（四）损害赔偿金

损害赔偿金是损害赔偿（也称赔偿损失）这一民事责任的形式，它在合同法与侵权法中都存在。合同法上的损害赔偿是指违约方因不履行或不完全履行合同义务而给对方造成损失，依法承担的赔偿非违约方损失的责任。侵权法上的损害赔偿是指因不法侵害他人合法权益而造成损失时，依法应当承担的赔偿受害人损失的责任。

《民法典》第 389 条规定的损害赔偿金包括以下两种类型：第一，违约损害赔偿金，即因债务人违反主债权债务合同而给债权人造成损害时应当承担的损害赔偿金。由于该条将损害赔

---

〔6〕 一般来说，实践中的违约金多是当事人约定的，即约定违约金。法定违约金的情形较少，如《电信条例》第 34 条第 1 款、《电力供应与使用条例》第 39 条。

〔7〕 我国台湾地区“民法物权编修正草案”第 861 条第 2 款明确规定：“约定之利息、违约金或前项但书契约之约定，以经登记者为限。其利率未经登记者，依法定利率计算之。”

偿金与违约金单列,所以此种违约损害赔偿金是指违约金之外的其他赔偿金。第二,因质物的隐蔽瑕疵而造成质权人损害时的损害赔偿金。由于抵押权的设定无须移转标的物之占有,而动产质权的设定必须移转标的物的占有,质权人对于质物负有妥善保管的义务,所以当质物具有隐蔽的瑕疵而致使质权人遭受损害时,出质人应当承担赔偿责任,该赔偿责任虽与主债权没有关系,但是与质物有密切的关系,通常也纳入质权担保的债权范围当中。[8]《担保法解释》第90条规定:“质物有隐蔽瑕疵造成质权人其他财产损害的,应由出质人承担赔偿责任。但是,质权人在质物移交时明知质物有瑕疵而予以接受的除外。”

(五)保管担保财产的费用

由于抵押权并不移转抵押物的占有,因此不发生抵押权人因保管担保财产而支出费用的问题。但是,对于动产质权与留置权而言,却存在保管担保财产的费用。一方面,动产质权的设立须移转质物的占有,而质权人对质物负有妥善保管的义务,质权人因保管质物所生费用,也应当纳入质权担保的债权范围。另一方面,就留置权而言,由于留置权人占有留置物,因此留置权人负有妥善保管留置财产的义务。由此而支出的保管费用应纳入留置权担保的债权范围,但是如果留置权人因保管不善致使留置物灭失或者毁损的,留置权人应当承担民事责任。

(六)实现担保物权的费用

实现担保物权的费用,即担保物权人因实现担保物权而支出的各类费用。依据《民法典》的规定,实现担保物权的方式有拍卖、变卖等方式。当事人可以依法自行协商决定担保物权的实现方式,也可以由当事人请求人民法院拍卖、变卖担保物。无论哪一种方式都会因此而支付一定的费用,这种费用就是实现担保物权的费用。因该费用是任何人皆可预料的,且数额有限,所以即便未加登记,也应纳入担保物权担保的债权范围。[9]

七、主合同与担保合同的关系

(一)主债权债务合同与担保合同的主从合同关系

依据《民法典》第388条第1款,设立担保物权,应当依照本法和其他法律的规定订立担保合同,担保合同是主债权债务合同的从合同。在民法理论和比较法上,一般都是说担保物权是主债权的从权利,强调其从属性,保证合同是主合同的从合同。很少有像我国这样直接强调设立担保物权的担保合同是主债权债务合同的从合同的。

《民法典》第388条第1款第4句规定:“主债权债务合同无效的,担保合同无效,但是法律另有规定的除外。”这一规定表明,我国现行法没有采取物权行为独立性与无因性理论。因为在采取物权行为独立性与无因性理论的德国民法中,主合同(如买卖合同、借款合同等)中要区分债权行为与物权行为,债权行为的无效通常并不导致物权行为无效。因此买受人仍然拥有标的物的所有权,出卖人只能针对买受人行使不当得利返还请求权,而此种请求权仍然属于债权请求权,与原来的债权具有同一性。因此主合同无效却并未使主债权本身消灭,故而抵押权等担保物权依然存在。但是在我国,合同无效或被撤销的法律后果是“行为人因该行为取得的财产,应当予以返还;不能返还或者没有必要返还的,应当折价补偿。有过错的一方应当赔偿对方由此所受到的损失;各方都有过错的,应当各自承担相应的责任(《民法典》第157条)。”所谓返还财产,是一种物权请求权,而赔偿损失在性质上属于缔约过失责任,因此与原主债权债

---

〔8〕 史尚宽:《物权法论》,中国政法大学出版社2000年版,第355页。

〔9〕 杨与龄:《民法物权》,五南图书出版公司1986年版,第170页。

务关系不具有同一性，抵押权等担保物权因主债权不存在而归于消灭。[10] 故此，抵押人有权注销抵押权登记，而出质人有权要求返还质物或注销质权登记。

《民法典》第388条第1款第4句中“法律另有规定的除外”，是指如果法律特别规定了担保合同不因主债权债务合同的无效而归于无效，即担保物权依然存在，那么就按照法律的这一特别规定处理。例如，最高额抵押权担保是一定期间内将要连续发生的债权，多个债权可以进出“最高债权额限度”这一框子里，当事人还可以特别约定将最高额抵押权设立前已经存在的债权转入最高额抵押担保的债权范围。因此，最高额抵押权并不是从属于其中的某一个债权的，如果某个债权无效，最高额抵押权并不因此无效。

（二）担保合同无效的法律后果

《民法典》第388条第2款规定：“担保合同被确认无效后，债务人、担保人、债权人有过错的，应当根据其过错各自承担相应的民事责任。”依据担保合同无效的原因不同，《担保法解释》对于无效的法律后果分别作出了规定。首先，如果因主合同无效而导致担保合同无效，那么依据《担保法解释》第8条规定，担保人无过错的，担保人不承担民事责任；担保人有过错的，担保人承担民事责任的部分，不应超过债务人不能清偿部分的1/3。其次，如果主合同有效而担保合同因自身原因归于无效的，那么依据该解释第7条的规定，债权人无过错的，担保人与债务人对主合同债权人的经济损失，承担连带赔偿责任；债权人、担保人有过错的，担保人承担民事责任的部分，不应超过债务人不能清偿部分的1/2。

所谓担保人对担保合同被确认无效的过错，是指担保人明知主合同无效仍为之提供担保，或者担保人明知主合同无效仍促使主合同成立或为主合同的签订做中介等。[11] 担保人此种过错的特点在于：首先，它是主合同无效的过错向担保人的延伸，是担保人承担赔偿责任的根据。按照民事责任的原理，担保人主观上具有过错，又实施了无效的民事行为，并造成了损害后果，当然需要承担民事责任。[12] 其次，担保人的此种过错并非表现在造成主合同无效的原因，而在于其缔约时既然已经认识到主合同无效，就应意识到该合同并无法律约束力，为之提供保证的担保合同也应该无效。在此情况下，保证人对主合同的债权人就负有通知等义务，不让无效的结果发生。保证人不履行该项义务，仍提供担保，说明其放任合同无效的结果发生，错上加错，故对无效合同所产生的法律后果就应承担责任。[13]

（三）主合同被撤销对担保合同的影响

1. 主债权债务合同被撤销对担保合同的影响。当债权人享有撤销权而撤销主合同时，因撤销权的行使，不仅发生被撤销的合同自始没有法律约束力的后果，还将产生返还以及有过错的一方应当赔偿对方因此所受到的损失的后果。由于《民法典》已经明确规定了民事法律行为无效与被撤销后产生相同的法律后果，因此当债权人撤销主合同之后，也应当按照《民法典》第388条第2款的规定处理。

2. 主债权债务合同被解除时对担保合同的影响。《担保法解释》第10条规定：“主合同解

---

〔10〕 崔建远主编：《合同法》，法律出版社2003年版，第85页。

〔11〕 李国光等：《最高人民法院关于适用〈中华人民共和国担保法〉若干问题的解释理解与适用》，吉林人民出版社2000年版，第72～73页。

〔12〕 高鸿宾：《无效保证的民事责任》，载《法律适用》2002年第1期。

〔13〕 于静明：《也论无效保证合同的确认与处理》，载《法学评论》1999年第1期；孙树国：《论无效保证合同》，中国政法大学2001年硕士学位论文，第22页。

除后,担保人对债务人应当承担的民事责任仍应承担担保责任。但是,担保合同另有约定的除外。”因此,主合同解除并不导致担保合同无效,担保物权依然存在,据以担保因主合同解除而发生的民事责任。[14]

八、主债权时效届满与担保物权的存续

担保物权具有从属性,以债权的成立为前提,因债权的移转而移转,因债权的消灭而消灭。如此产生的问题是:当债权罹于时效后,具有从属性的担保物权是否因此而消灭?如果回答是否定的,那么担保物权是否能够不受制约地永久存续?这些问题不仅涉及诉讼时效期间经过后所产生的法律效果,也关系担保物权的从属性的突破抑或维持,因此成为各国民法理论与民事立法上的重要问题。

在我国物权法的制定过程中,就主合同债权罹于时效后担保物权是否继续存续的问题,存在激烈的争论。原《物权法》没有对主债权合同时效届满对所有的担保物权发生何种影响作出规定,而只是在第202条规定:“抵押权人应当在主债权诉讼时效期间行使抵押权;未行使的,人民法院不予保护。”依据该条规定,抵押权人如果没有在主债权诉讼时效期间内行使抵押权,则在主债权罹于时效后抵押权人行使抵押权的请求,法院不予支持。所谓“未行使的,人民法院不予保护”意味着:即便是主债权诉讼时效期间已经届满了,抵押权本身也不消灭,只是此时抵押权人才行使抵押权的,抵押人可以援引主债权时效届满的抗辩权,对抗抵押权人实行抵押权的请求。《民法典》第419条延续了原《物权法》第202条的规定,没有进行修改。目前司法实践中的主流观点认为,主债权诉讼时效期间届满而抵押权人没有行使抵押权的,该抵押权消灭。《全国法院民商事审判工作会议纪要》第59条第1款认为:“抵押权人应当在主债权的诉讼时效期间内行使抵押权。抵押权人在主债权诉讼时效届满前未行使抵押权,抵押人在主债权诉讼时效届满后请求涂销抵押权登记的,人民法院依法予以支持。”

此外,《民法典》没有对主债权诉讼时效期间届满而质权人或留置权人不行使质权或留置权将发生何种法律效果作出相应的规定。

九、人的担保与物的担保之并存

从实践来看,为确保债权的实现,债权人常常会综合利用多种担保方式,如就同一债权,既要求主债务人(或第三人)提供物的担保,又要求第三人提供保证担保。由此,产生了同一债权上多种担保同时存在的情形。因此这种共同担保中各担保方式的性质不同,一为物的担保,一为人的担保,因此为与共同保证、共同抵押相区分,理论上称为“混合共同担保”。对此,《民法典》第392条规定:“被担保的债权既有物的担保又有人的担保的,债务人不履行到期债务或者发生当事人约定的实现担保物权的情形,债权人应当按照约定实现债权;没有约定或者约定不明确,债务人自己提供物的担保的,债权人应当先就该物的担保实现债权;第三人提供物的担保的,债权人可以就物的担保实现债权,也可以请求保证人承担保证责任。提供担保的第三人承担担保责任后,有权向债务人追偿。”该条包括以下含义:

1. 混合共同担保时各类担保权如何行使应先按照当事人的约定。申言之,这种约定既可以是对各类担保权行使顺序的约定,也可以是各类担保权担保的债权份额的约定。

2. 混合共同担保时没有约定或者约定不明确的,应区分不同的情形确定债权人行使担保

---

[14] 对于合同解除后债权人的恢复原状请求权是否属于担保物权担保的范围,理论上与实践中的争议很大。详见程啸:《保证合同研究》,法律出版社2006年版,第331页以下。

权的顺序。第一,当物的担保是由债务人提供之时,债权人应当先行使该物的担保。至于第三人提供的究竟是物的担保还是保证,在所不问。这是因为:首先,当同一债权既有债务人提供的担保物权,又有保证人提供的一般保证担保之时,债权人于债务履行期限届满而未受偿之时,因担保物属于债务人的财产,倘若债权人不先实行该担保物权,一般保证人完全可以行使先诉抗辩权而拒绝债权人提出的履行保证债务的请求(《民法典》第687条)。其次,即便保证人提供的是连带责任保证,由于债务人是债务的终局承担者,而保证人属于第二层次上的债务人而非债务的终局承担者,所以债权人先行使债务人提供的担保物权,能够有效地简化法律关系,节约司法资源,维护保证人的利益。

第二,当物的担保是由第三人提供之时,应遵循平等原则。如果同一债权担保物权与保证并存时,而担保物权也是由债务人之外的第三人提供之时,债权人可以就物的担保实现债权,也可以要求保证人承担保证责任。[15] 这是因为:首先,无论是保证人还是物上保证人,其承担的都是补充性的债务,无非一为人的债务人,一为物的债务人。因此,不能认为债权人必须先实行其中任何一者。其次,如果一味要求必须先实行物的担保,那么在实践中则可能会导致物上保证人因为债务人没有偿还能力而成为债务的最终承担人,这对于物上保证人显然是不公平的。从公平原则出发,在当事人没有特别约定或者法律没有特别规定的情况下,应当说此种可能出现的债务人无法偿还的风险应由保证人与物上保证人进行合理的分摊,而不能完全由物上保证人承担。再次,物的担保并非任何时候都易于实行,都对债权人一定有利。有的时候由于保证人的资力雄厚,债权人可能更愿意先要求保证人承担保证责任,而非实现担保物权。考虑到我国担保物权实现存在的高额成本以及复杂的程序,这种情形发生的可能性更大。最后,同一债权既有物的担保又有人的担保时,不适用所谓的"物权优先于债权"的原则,因为这里根本不存在物权与债权相互冲突以至于要使物权优先的问题。

3. 提供担保的第三人的追偿权。首先,所谓"提供担保的第三人"既包括保证人,也包括物上保证人。其次,该条规定了物上保证人和保证人的追偿权,它是指物上保证人、保证人在代替债务人清偿债务或者因债权人行使担保物权而获清偿之后,所享有的向主债务人请求偿还的权利。保证人追偿权的法律依据是《民法典》第700条。需要注意的是,《民法典》没有承认担保人在没有约定可以互相追偿的情形下可以相互追偿,主要的考虑有两点:其一,当事人既然没有相互追偿的意思,甚至为同一债权提供担保的各个担保人都互不认识,为什么能够追偿呢?其二,如果允许追偿,就会出现因担保人循环追偿而产生的大量案件,浪费司法资源。

第二节 抵 押 权

一、抵押权的概念、特征与类型

(一)抵押权的概念

抵押权,是指债权人对于债务人或者第三人不转移占有而提供担保的财产,于债务人不履行债务或者发生当事人约定的实现抵押权的情形时,依法享有的就该财产变价并优先受偿的

---

〔15〕 原《物权法》的这一规定实际上吸收了《担保法解释》第38条第1款的规定。

权利。提供担保财产的债务人或第三人称为抵押人,而享有抵押权的债权人称为抵押权人。抵押人提供的担保财产称为抵押财产。

抵押权有广义与狭义之分。我国《民法典》中规定的抵押权就是狭义的抵押权。除狭义的抵押权之外,广义的抵押权还包括一些特殊的抵押权,如船舶抵押权、航空器抵押权、法定抵押权等,这些抵押权通常是由民事单行法加以规定。我国《海商法》《民用航空法》等法律分别规定了船舶抵押权、民用航空器抵押权等特殊的抵押权。

(二)抵押权的特征

1. 抵押权属于优先受偿性担保物权。担保物权以其具有的优先受偿效力或留置效力而发挥担保债权实现的功能,抵押权仅以优先受偿效力为其担保作用,因此性质上属于优先受偿性担保物权。抵押权的优先受偿性可以从两方面理解:一方面,与债务人的普通债权人相比,抵押权人有权就抵押物卖得的价金优先于普通债权人而受清偿。当债务人被宣告破产时,抵押权人享有别除权,仍可以就抵押财产优先受偿。《企业破产法》第109条规定:"对破产人的特定财产享有担保权的权利人,对该特定财产享有优先受偿的权利。"另一方面,与债务人的其他抵押权人相比,依据抵押权登记的顺序不同,债权人受偿的先后顺序也不同;登记的抵押权人先于未登记抵押权人受偿(《民法典》第414条)。抵押权人所能够优先受偿的范围仅以抵押财产所卖得的价金为限,倘若该价金超过债权数额的,则超过的部分归抵押人所有;倘若该价金不足清偿其所担保的债权时,则不足的部分由债务人继续清偿,债权人就未清偿的部分无权要求非债务人的抵押人清偿,也无权对债务人的其他财产享有优先受偿的效力。

2. 抵押权是不移转财产的占有的担保物权。抵押权与质权、留置权的一个重要区别就是,抵押权的成立与存续不以移转抵押财产的占有为必要。由于设定抵押权后,抵押人仍能占有标的物而进行使用、收益及处分,而抵押权人也无须负担保管标的物的义务,这对于抵押人和抵押权人都有利。此外,由于抵押权的标的物仍然保存在所有人的手中,并不妨碍抵押人对其进行保值与增值,资源得到了有效的配置,因此对于社会也是有利的。

(三)抵押权的类型

1. 意定抵押权与法定抵押权

依据抵押权的产生原因不同,可以将抵押权分为意定抵押权与法定抵押权。前者是指当事人基于法律行为而设定的抵押权,也称约定抵押权。而后者是指基于法律的规定所产生的抵押权。我国《民法典》等法律中没有规定法定抵押权。

2. 单一抵押权、共同抵押权与财团抵押权

依据抵押权标的的单复数形态不同,可以将抵押权分为单一抵押权、共同抵押权与财团抵押权。单一抵押权,是指在某一特定的财产上所设定的抵押权,如在一栋房屋或一件珠宝上设定的抵押权。共同抵押权,又称为"总括抵押权"或"聚合抵押权",它是指为担保同一个债权而在数项不动产、动产或权利上设定的抵押权。这数个不动产、动产或权利可以是分别属于同一个人的,也可以是分别属于不同的人。财团抵押权,是指抵押人(企业)将属于企业的土地、建筑物、机械等物的设备以及企业的知识产权(如专利权、商标权、著作权等)作为一个财产目录的财团,而在其上设定的抵押权。[16]

---

〔16〕 [日]近江幸治:《担保物权法》,祝娅等译,法律出版社2000年版,第214页;邓曾甲:《中日担保法律制度比较》,法律出版社1999年版,第167页。

我国《民法典》明确承认了单一抵押权以及共同抵押权,《担保法解释》第 75 条还对共同抵押权作出了比较详细的规定。至于现行法是否承认财团抵押,有不同的理解。有些人认为,从《民法典》第 395 条第 2 款的规定中可以解释出我国也承认了企业财产集合抵押或称财团抵押。〔17〕

3. 不动产抵押权、动产抵押权与权利抵押权

依据抵押权标的物的种类不同,可以将抵押权分为不动产抵押权、动产抵押权与权利抵押权。不动产抵押权是最早出现的抵押权形态,其原因在于:早期社会中不动产属于稀缺资源,具有很大的不可替代性,对于提供抵押之人至关重要,所以他们希望在不丧失对该不动产的占有与使用的前提下以之作为担保物,而担保权人考虑到不动产无法移动、易于控制,因此也乐于接受。由于《宪法》明确规定我国的土地实行公有制,即国家所有或者集体所有,任何单位或个人都不能取得土地所有权,因此《民法典》第 399 条第 1 项明确禁止以土地所有权设定抵押。因此,在我国不动产抵押,是指当事人以"建筑物和其他土地附着物"设定的抵押权(《民法典》第 395 条第 1 款第 1 项)。

至于动产,在传统的民法中只能设定需要移转占有的质权。然而,随着经济的发展,传统的不动产抵押制度和动产质押的二元划分面临着许多新的问题。现代企业的主要资产在于机器、设备、原材料等动产,企业如果以这些动产进行融资担保,只能设定需要移转占有的质权,如此一来,企业将无法继续加之利用,于是各国均在民法典之外通过特别法创设了动产抵押制度。〔18〕 我国《民法典》明确规定了动产抵押,而且对于能够用以抵押的动产的范围也比较广泛,既包括生产设备、原材料、半成品、产品,也包括交通运输工具,还包括正在建造的船舶、航空器(《民法典》第 395 条第 1 款第 4、5、6 项)。

权利抵押权,也称准抵押权,是指以不动产权利作为客体而设定的抵押权。《民法典》第 115 条第 2 句规定:"法律规定权利作为物权客体的,依照其规定。"因此,权利也可以成为抵押权的客体。能够作为抵押权客体的权利必须符合两个条件:第一,必须是不动产上的用益物权以及特许物权。申言之,并非所有的民事权利都能作为抵押权的标的物,如债权、股权等只能作为质权的标的物,只有不动产上的用益物权以及特别法确立的物权才能进行抵押。第二,即便是不动产上的用益物权以及特许物权也并非均能设定抵押权,只有那些法律允许设定抵押权的,才能抵押。〔19〕 依据我国《民法典》的规定,能够设定抵押权的权利包括以下几类:建设用地使用权,海域使用权,通过招标、拍卖、公开协商等方式承包农村土地而取得且依法登记取得权属证书的土地经营权以及法律、行政法规未禁止抵押的其他不动产权利。

4. 定额抵押权与不定额抵押权

依据抵押权所担保的主债权的数额是否确定,可以将抵押权分为定额抵押权与不定额抵押权。定额抵押权,是指抵押权担保的主债权的数额已确定的抵押权,此类抵押权是实践中较为常见的情形。不定额抵押权,也称"最高额抵押权",是指对于债权人一定范围内的不特定的债权,预定一个最高的限额,由债务人或第三人提供抵押物予以担保的特殊抵押权。《民法典》物权编第 17 章第 2 节专门规定了最高额抵押。

---

〔17〕 全国人大常委会法制工作委员会民法室:《中华人民共和国担保法释义》,法律出版社 1995 年版,第 51 页;陈本寒主编:《担保法通论》,武汉大学出版社 1998 年版,第 209 页;崔建远:《我国担保法的解释和适用初探》,载《吉林大学社会科学学报》1996 年第 2 期;邹海林、常敏:《债权担保的方式和应用》,法律出版社 1998 年版,第 206 页。

〔18〕 高圣平:《动产抵押制度研究》,中国工商出版社 2004 年版,第 13 页。

〔19〕 参见程啸:《中国抵押权制度的理论与实践》,法律出版社 2002 年版,第 113 页。

二、抵押权的属性

(一)从属性

对于抵押权的从属性,《民法典》第388、393、407条作出了规定。

1. 成立上的从属性

成立上的从属性,即抵押权的成立,以债权已经存在为前提,债权如果不存在,抵押权也不成立。既然抵押权以有效的债权存在为要件,因此当抵押权所担保的债权不成立或无效时,抵押权也无由发生。即便抵押权已经办理了登记,因违反成立上的从属性,该抵押权也属于无效。抵押人有权行使排除妨害请求权而请求注销该抵押权登记。[20]

2. 内容上的从属性

内容上的从属性,包含两层意思:一方面,除非法律另有规定,抵押权成立之后,如果当事人对于抵押权所担保的范围已有明确的约定,则未经抵押人的同意,债权人与债务人不得加重抵押人的负担,否则超过的部分不属于抵押权担保的范围。简言之,债权人只能在其债权范围内享有抵押权,抵押人的担保责任不能超过债权人的债权范围。如果对于抵押权担保的债权范围没有约定,则当债权增加或减少时,抵押权也会发生相应的变动;另一方面,只有当抵押权所担保的债权到期之后,抵押权才相应地到期,此时抵押权人才能行使抵押权。

3. 移转(或处分)上的从属性

移转(或处分)上的从属性,是指抵押权需附随于其所担保的债权,才能转让或者成为其他债权的担保,抵押权不得与债权分离而单独转让或者作为其他债权的担保。之所以抵押权不能与其所担保的债权相分离而让与,这是因为如果抵押权与债权分离而为其他债权担保,或债权人为同一债务人之其他债权人的利益可以让与或抛弃其抵押权及次序,不仅没有实际意义而且会导致法律关系的复杂化。

抵押权不得与债权分离而单独转让的情形包括下列三种:第一,抵押权人不得以抵押权单独让与他人,而自己保留债权。该转让行为无效,受让人不能因此而取得抵押权。第二,抵押权人不得将债权单独让与他人,而自己保留抵押权。让与债权时,除非当事人另有约定或者法律另有规定,否则受让人除取得债权外,还取得该债权的从权利即抵押权,且受让人取得该抵押权不因抵押权未办理转移登记手续而受到影响(《民法典》第547条)。第三,抵押权人不得将债权及抵押权分别让与两人,否则就债权的让与而言,因抵押权人将抵押权让与他人,那么当事人间的真实意思表示仅仅是让与债权,受让人可以取得债权,但这种债权只是普通债权;而就抵押权的让与而言,此种让与行为应属无效,抵押权仍存留于抵押权人手中,但因其已成为无债权的抵押权,违反抵押权成立上的从属性,归于消灭。

抵押权不得由债权分离而成为其他债权的担保的情形也包括三种:第一,抵押权人不得仅以抵押权供担保,自己保留债权。如有此项情形,不仅违反《民法典》第407条的规定,也属违反物权法定主义的原则,属于创设不动产权利的抵押权或质权的情形,应认定无效。[21] 第二,抵押权人仅以债权设质,而自己保留抵押权。此项情形,不违反抵押权处分上或其他的从属性,因为抵押权人并未单独处分抵押权,所以抵押权人可以自由从事该种行为。不过,此时该

---

〔20〕 谢在全:《民法物权论》(修订2版,中册),2003年台北自版,第379页。

〔21〕 谢在全:《民法物权论》(修订2版,中册),2003年台北自版,第382页;曹杰:《中国民法物权论》,中国方正出版社2004年版,第190页。

作为质权客体的债务是无担保的债权。如果债务人享有抵押权却怠于行使时，一般债权人可以行使代位权。第三，抵押权人分别将债权与抵押权为他人提供担保。抵押权人以债权为标的物单独为他人设定质权应无问题，不过此时属于无抵押权担保的债权质权。如果债权人单独以抵押权为他人设定质权，则应属无效。

4. 消灭上的从属性

当抵押权所担保的债权因清偿、提存、免除、混同、抵销等原因而全部消灭时，抵押权也随之而消灭，这就是抵押权消灭上的从属性（《民法典》第393条第1项）。如果抵押权所担保的债权一部分消灭时，抵押权也发生一部分消灭，抵押物的全部，仍必须用以担保剩余的债权。不过，此时已成为抵押权不可分性的问题。

（二）特定性

既然抵押权属于担保物权，因此抵押财产必须是特定的财产，这就是"物权特定原则"的要求。从我国《民法典》等法律的规定来看，抵押权的特定性主要体现在以下两点：

1. 抵押权的标的物必须特定。《民法典》第400条第2款第3项要求抵押合同中包括关于"抵押财产的名称、数量等情况"的条款，就是为了使抵押财产能够被特定化。如果抵押财产不特定，则抵押权根本无法产生。不过需要注意的是，对于抵押权标的物特定化的要求不应僵化地理解为现存的、特定的财产，事实上，出于融资的需要，现代法律允许一些虽非现存的但是将来必然存在的财产也能作为交易的标的物，例如尚未建造或者正在建造中的房屋或者其他建筑物也能出售，只要这些财产具备将来足以被特定化的要素即可。正因如此，《民法典》才允许以"正在建造的建筑物、船舶、航空器"设定抵押权。

2. 抵押权所担保的债权必须特定。当事人设定抵押权的目的就是担保主合同债权，因此抵押权是从属于主债权的从权利。主债权如果不被明确化、特定化，则抵押权无所附丽。因此，抵押合同双方当事人必须明确抵押权所担保的对象——何种主债权，即主债权的种类。如果抵押权所担保的主债权究竟是哪一个都不清楚的话，那么当事人设定抵押权的目的就根本无法实现，该设定抵押权的行为也成为无的放矢之举，抵押合同无法成立。所以《民法典》第400条第2款第1项要求抵押合同中一般包括"被担保债权的种类和数额"。此外，现行的登记制度也要求登记簿上必须记载被担保的主债权的种类。最高额抵押权所担保的债权虽然是一定期间内将要连续发生的债权，但这些债权也是由某一特定的基础法律关系所产生的，因此最高额抵押权担保的债权也具有某种程度上的特定性。

（三）不可分性

抵押权的不可分性是罗马法以来就存在的原则，它可以用两句话加以简单的概括："抵押物的全部担保债权的各部，抵押物的各部担保债权的全部。"申言之，享有抵押权的债权人有权就抵押物的全部行使抵押权，无论抵押物是否被分割或一部分灭失，抑或抵押权所担保债权（反对面就是债务，但债务存在特别规则的限制）的分割或让与或部分清偿，对于抵押权都不产生影响。

（四）物上代位性

抵押权属于典型的担保物权，自然也具有物上代位性。所谓抵押权的物上代位性，就是指当抵押权的标的物因灭失、毁损而使其价值转化为他种形态时，抵押权的效力仍可及于该他种形态的物之上。[22] 这里所谓的“他种形态的物”就是抵押物的“代位物”或“代偿物”。例如,A以其已投保的房屋一栋抵押给B,作为其对B的债务的担保。当A的这栋房屋被大火烧毁时,A可以从保险公司获得保险赔偿金若干,则该赔偿金属于“代位物”,为B的抵押权效力范围所及,即当B对A的债权未获满足时依然可以就该赔偿金行使优先受偿权。对于抵押权人等担保物权人的物上代位权如何行使,《民法典》第390条的规定比较特殊。

1.依据《民法典》第390条第1句,在“担保期间,担保财产毁损、灭失或者被征收等,担保物权人可以就获得的保险金、赔偿金或者补偿金等优先受偿。”这里显然是指被担保的债权的履行期限已经届满而债务人未履行债务或者已经发生了当事人约定的实现担保物权的事由,因此担保物权人可以直接要求负有支付保险金、赔偿金或者补偿金义务的人向其履行支付义务。

2.《民法典》第390条第2句规定“被担保债权的履行期限未届满的,也可以提存该保险金、赔偿金或者补偿金等”。依据这一规定,此时负有支付保险金、赔偿金或者补偿金等义务的人既不能向担保人履行义务,也不能向担保物权人履行义务,而必须采取提存的方式来消灭其义务。根据1995年司法部颁布的《提存公证规则》,提存包括清偿提存和担保提存。《民法典》第390条第2句的提存就是担保提存,即担保人为债权人的利益而对担保物或担保物的替代物进行提存,以担保债务履行和替代其他担保形式。[23]

三、抵押权的设定

(一)抵押合同

抵押权的设定是指债权人与债务人之间通过抵押合同而设立抵押权。依据《民法典》第400条第1款规定,当事人必须采取书面形式订立抵押合同。所谓书面形式是合同书、信件、电报、电传、传真等可以有形地表现所载内容的形式。以电子数据交换、电子邮件等方式能够有形地表现所载内容,并可以随时调取查用的数据电文,视为书面形式(《民法典》第469条第2、3款)。之所以要求抵押合同应当采取书面形式,主要基于两点考虑:首先,抵押涉及的财产数额较大,法律关系比较复杂,而且要在一段时间内为债权担保,为避免争议,便于人民法院处理纠纷,因此法律要求采用书面形式订立抵押合同。其次,我国抵押权登记的法律规则在某种程度上非常类似契据登记主义,即登记机关在办理抵押权登记时要求当事人提交书面的抵押合同,且登记簿上所记载的事项就是抵押合同中记载的内容。[24] 因此,抵押合同必须采用书面形式才能便于登记,将抵押合同的内容相应地在登记簿上加以记载。

为了优化营商环境,《民法典》简化了对抵押合同一般包括的条款的描述,依据该法第400条第2款规定,抵押合同一般包括以下条款:(1)被担保债权的种类和数额;(2)债务人履行债务的期限;(3)抵押财产的名称、数量等情况;(4)担保的范围。这些条款中属于抵押合同的必要条款的,为被担保债权的种类和数额的条款以及抵押财产的名称、数量等情况的条款。至于其他条款属于当然性条款与偶然性条款。

(二)流押契约

流押契约,是指抵押人与抵押权人在订立抵押合同时作出的如下约定:债务人届期不履行

---

〔22〕 郑玉波:《民法物权》,三民书局1999年版,第232页。

〔23〕 参见《提存公证规则》第3条。

〔24〕 参见《担保法》第44条、《城市房地产抵押管理办法》第32条。

债务时,抵押权人有权直接取得抵押物的所有权。流押契约也被称为“抵押物代偿条款”、“流抵契约”或“直流抵押”。从司法实践来看,以下约定往往被认定为流押契约:(1)借款合同当事人约定,在还款期限届至而借款人不还款时,贷款人可以将抵押物自行加以变卖的特别约定。(2)当事人在签订抵押借款合同的同时,抵押人还签署了一份授权委托书给抵押权人,授权其在债务人不能偿还到期债务时作为抵押人的代理人,可以处分抵押的房地产。(3)名为房屋买卖实为借款担保的约定。

以往我国的法律都明确禁止流押契约。如原《物权法》第186条规定:“抵押权人在债务履行期届满前,不得与抵押人约定债务人不履行到期债务时抵押财产归债权人所有。”《担保法》第40条规定:“订立抵押合同时,抵押权人和抵押人在合同中不得约定在债务履行期届满抵押权人未受清偿时,抵押物的所有权转移为债权人所有。”立法上禁止流押契约的主要理由在于:首先,禁止流押契约有利于保护债务人的利益,避免使债务人因一时的急迫而蒙受重大的不利。在我国由于企业之间不能相互借贷,因此企业在发展过程中需要资金时只是向有权从事贷款业务的金融机构进行借款,因此如果允许流押契约,那么金融机构尤其是银行可能会在企业特别是中小企业迫切需要资金的时候,强迫订立流质契约,以价值非常大的抵押物担保小额的债权,并于债务人届期不能偿债务时以图获得该抵押物的所有权,牟取暴利。如此则抵押人将遭受重大的损失,也严重违背了民法的公平、等价有偿的原则。其次,禁止流押契约也可以有效地保护国有财产。在我国国有经济占主导地位的情形下,市场经济活动的主体中国有企业也占据相当大的比例,以国有资产抵押的情形极为普遍,而在流押契约中只要债务人不能清偿债务,抵押物所有权就归属于债权人,对抵押物不需要进行任何评估。因此,如果允许流押契约也就意味着,一些人尤其是那些国企的领导人可以利用这种手段逃避国有资产管理部门对国有资产的监管,从而造成国有资产的大量流失。

《民法典》也没有承认流押契约,但是采取了与以往立法不同的表述。该法第401条规定:“抵押权人在债务履行期限届满前,与抵押人约定债务人不履行到期债务时抵押财产归债权人所有的,只能依法就抵押财产优先受偿。”也就是说,一方面,抵押权人与抵押人不能在债务履行期限届满约定债务人不履行到期债务的,抵押财产归债权人所有;另一方面,即便当事人有此约定,也只是该约定无效,并不影响抵押权人依据法律的规定就抵押财产优先受偿的权利。《民法典》作此修改的理由在于:草案审议过程中,“有的专家学者、单位提出,为进一步优化营商环境,建议完善上述规定,明确当事人事先作出此类约定的,仍享有担保权益,但只能依法就抵押财产或者质押财产优先受偿。”[25]

(三)抵押合同的当事人

设定抵押权的当事人就是抵押人与抵押权人。所谓抵押人,就是在自己的财产上设定抵押权而为自己或者他人的债务提供担保的人。取得抵押权的人就是抵押权人,由于抵押权具有从属性,因此抵押权人必定就是债权人。当债务人以其自身的财产用作抵押时,则抵押人就是债务人,而在第三人提供其自身的财产为债务人的债务做抵押担保时,该抵押人也称为“物上保证人”、“物上担保人”或“限物担保人”。[26]

---

〔25〕《全国人民代表大会宪法和法律委员会关于〈民法典各分编(草案)〉修改情况和〈中华人民共和国民法典(草案)〉编纂情况的汇报》。

〔26〕谢在全:《民法物权论》(修订2版,中册),2003年台北自版,第413页。

(四)抵押权登记

1. 登记生效要件主义与对抗要件主义并存

抵押权登记是指依据财产权利人的申请,登记机关将与在该财产上设定抵押权相关的事项记载于登记簿册上的事实。依据登记对基于法律行为而生的(不动产)物权变动效力的影响不同,各国立法上有登记生效要件主义与登记对抗要件主义。前一种立法例以登记作为不动产物权变动的生效要件,非经登记,不生物权变动效力;德国、瑞士采取此种立法模式。而后一种立法例不以登记为不动产物权变动的生效要件,当事人就不动产物权达成之合意时,即生效力,非经登记不能对抗第三人。法国、日本采取此种立法模式。我国《民法典》对于抵押权登记兼采生效要件主义与对抗要件主义。

第一,不动产抵押权和以某些不动产物权设定的抵押权采取登记生效要件主义。依据《民法典》第402条的规定,以建筑物和其他土地附着物、建设用地使用权、海域使用权和正在建造的建筑物抵押的,应当办理抵押登记,抵押权自登记时设立。所谓"抵押权自登记时设立",是指只有在办理登记之后当事人通过订立抵押合同所旨在达到的法律效果方出现,即抵押权产生。没有登记,则抵押权不产生,但是未办理抵押权登记不影响当事人之间订立的抵押合同本身的效力。

第二,以动产抵押的,无论是一般的动产抵押权还是动产浮动抵押权,都采取登记对抗要件主义。依据《民法典》第403条规定,以动产抵押的,抵押权自抵押合同生效时设立;未经登记,不得对抗善意第三人。该条中的动产,包括生产设备、原材料、半成品、产品、交通运输工具以及正在建造的船舶、航空器。所谓不得对抗善意第三人中的"第三人",首先应限于对同一标的物(即被抵押的动产)享有物权的人,而不包括一般债权人。至于债权与未登记的抵押权之间由于不属于同一性质的权利,无法发生冲突。[27] 具体到动产抵押权中,对同一标的物享有物权的第三人包括:该抵押动产的所有权取得人、该抵押动产上的其他没有登记的抵押权人、就该抵押动产享有某种具有物权性质的权利的人如动产的租赁权人等。其次,该第三人必须是善意的第三人,而不包括恶意的第三人。善意是指不知道或者虽然应当知道但非因重大过失而不知道某一动产上已经设定了抵押权的人。如果某人明知某项动产上已经设定了抵押权而仍与抵押人订立买卖合同并取得抵押物的所有权,则属于恶意。

2. 在建建筑物抵押权登记的性质

《民法典》第395条允许以"正在建造的建筑物"设定抵押。对于在建建筑物抵押权登记的性质,存在预告登记说与本登记说。本书赞同本登记说,即在建建筑物抵押权登记与房屋抵押权登记的性质相同,都属于本登记,而非预告登记。从立法目的来看,之所以正在建造的建筑物(包括正在建造的船舶和航空器)可以抵押,是因为在立法者看来,即便是正在建造的建筑物,已建成的部分也是具有一定经济价值的有体物。只要债权人愿意接受,抵押人完全可以以之抵押。唯其如此,方能扩大抵押财产的范围,为广大民事主体提供更多的融资手段,从而促进经济发展。正因如此,《民法典》第402条才明确规定,以正在建造的建筑物抵押的,应当办理抵押登记,抵押权自登记时设立。简言之,一经登记,债权人就取得了在建建筑物抵押权这一物权。

至于以"正在建造的船舶、航空器"设定抵押权,抵押权登记的性质也应与在建建筑物抵押

---

〔27〕 王泽鉴:《民法学说与判例研究》(第1册),中国政法大学出版社1998年版,第243页。

权登记的性质作相同的理解,都属于本登记。

四、抵押财产

抵押财产也称为“抵押权的标的物”。《民法典》分别从允许抵押的财产范围和禁止抵押的财产范围这两个方面作出了规定。采取这种立法模式的原因在于:第一,有利于维护我国基本经济制度。我国实行的是“公有制为主体、多种所有制经济共同发展的基本经济制度”,社会上存在大量的公有财产。如果笼统地规定所有的动产与不动产均可以抵押,那么就等于所有公有财产都可以出让和转让,这必然会危及我国经济制度的基础。第二,出于维护社会公共利益的需要。我国的教育机构、医疗卫生机构是为了社会公共利益而存在的,如果允许他们将用于公共目的的财产抵押,则必然会冲击我国的教育事业和医疗卫生事业。第三,有利于保障人民的生存权。例如,之所以禁止宅基地进行抵押,就是为了保障农民的基本生活需要。

(一)允许抵押的财产

能够抵押的财产首先必须是债务人或者第三人有权处分的财产,否则就构成无权处分,是侵权行为或违约行为。《民法典》第 395 条第 1 款通过列举加概括的方式明确了可以抵押的财产的范围。首先,该款第 1 ~6 项规定了可以抵押的财产的具体种类。其次,该款第 7 项又作了兜底性规定,即除前述六项财产之外,其他财产只要是法律、行政法规规定没有禁止抵押的,都可以作为抵押财产。我国《民法典》允许抵押的财产大致可以分为以下四类。

1. 不动产

(1)建筑物和其他土地附着物。由于《宪法》明确规定,我国土地实行公有制即国家所有与集体所有(第 10 条第 1、2 款)。因此土地这一最为重要的不动产是不能设定抵押权的。故此,《民法典》只是允许“建筑物和其他土地附着物”设定抵押。建筑物和其他土地附着物,不仅包括房屋(用于居住的建筑物),还包括其他非居住用途的建筑物,如桥梁、地窖、水塔、涵洞、水道、索道、砖瓦窑、烟囱、游泳池、纪念碑等人工构筑物,以及土地上的林木、农作物等。

(2)正在建造的建筑物。《民法典》允许以“正在建造的建筑物”设定抵押,如在建工程抵押、预购商品房抵押,从而更好地满足了经济生活中当事人融资的需要。

2. 不动产他物权

(1)法律允许抵押的用益物权,即建设用地使用权、土地经营权和海域使用权。《民法典》第 395 条第 1 款第 2 项和第 3 项将建设用地使用权、海域使用权这两项用益物权作为可以抵押的财产,同时该法第 353 条也明确规定:“建设用地使用权人有权将建设用地使用权转让、互换、出资、赠与或者抵押,但是法律另有规定的除外。”此外,依据《民法典》第 342 条规定,通过招标、拍卖、公开协商等方式承包农村土地,经依法登记取得权属证书的,可以依法采取出租、入股、抵押或者其他方式流转土地经营权。

(2)法律未禁止抵押的其他不动产物权。这主要是指特别法上规定的用益物权,如养殖权、捕捞权、采矿权、探矿权、取水权。

3. 动产

不动产之外的有体物都属于动产。动产的范围非常广泛,《民法典》第 395 条只是列举了比较典型的用于抵押的动产,如生产设备、原材料、半成品、产品,交通运输工具以及正在建造的船舶、航空器。生产设备是指企业、个人、事业单位、社会团体和其他非企业组织所有的用于进行某项工作或者供应某种需要所必需的机械设备、牲畜等生产器物。原材料是指企业用于生产某种产品所需要的物质,如钢铁厂冶炼所需的各类矿石、酒厂酿酒所需要的各种粮食等。

半成品是指尚未加工生产完毕的产品,如粗加工的矿石。产品如布匹、装瓶的白酒、电视机、冰箱等。交通运输工具包括机动车、非机动车、船舶、航空器等。正在建造的船舶、航空器是指正在建造中的各类民用船舶、民用航空器等。

4. 法律、行政法规未禁止抵押的其他财产

法律、行政法规未禁止抵押的其他财产,是一项兜底性条款,旨在适应不断变化的经济生活的需要。《民法典》第 395 条第 1 款第 7 项的规定来自原《物权法》。在物权法草案审议稿中曾采取"法律、行政法规规定可以抵押的其他财产"的表述,然而十届全国人大五次会议审议物权法时,有些代表提出,对有些财产,法律、行政法规既没有规定不得抵押,又没有规定可以抵押。遇到这种情况怎么办,应予明确。当时的全国人大法律委员会研究认为,抵押行为属于民事行为,只要法律未规定不得抵押的财产都可以抵押,因此建议将草案第 179 条关于"可以抵押"的财产的规定中"法律、行政法规规定可以抵押的其他财产"修改为"法律、行政法规未禁止抵押的其他财产"。

(二)禁止抵押的财产

基于公共利益、社会政策等各种考虑,各国法律规定了一些禁止抵押的财产。由于我国是社会主义国家,实行社会主义公有制,所以禁止抵押的财产范围比较大的。《民法典》第 399 条详细列举了禁止抵押的财产。

1. 土地所有权

我国实行的是土地公有制,土地只能归国家或集体所有,且禁止土地的买卖。《宪法》第 10 条第 1、2、4 款分别规定:"城市的土地属于国家所有。""农村和城市郊区的土地,除由法律规定属于国家所有的以外,属于集体所有;宅基地和自留地、自留山,也属于集体所有。""任何组织或者个人不得侵占、买卖、出租或者以其他形式非法转让土地。"在我国,土地所有权发生转移的情形主要就是两种:一是农民集体因互换、土地调整等原因导致集体土地所有权转移;二是国家通过征收集体土地而取得土地所有权。除此之外,任何形式的土地所有权的变化都是不允许的。正因如此,土地抵押即土地所有权的抵押也为法律所禁止,否则抵押权实现时将导致土地所有权主体的变更,违反《宪法》的规定,破坏了我国的土地公有制。

2. 宅基地、自留地、自留山等集体所有土地的使用权

宅基地,是指农村集体经济组织的成员经依法批准用以建造个人住宅的农民集体所有的土地。所谓宅基地使用权,是指农村集体经济组织的成员依法对集体所有的土地享有的占有和使用的权利。宅基地使用权人有权利用该土地建造住宅及其附属设施。禁止以宅基地使用权设定抵押的主要理由在于:首先,禁止宅基地抵押能够抑制占用农地建房,从而实现保护耕地这一基本国策;其次,有助于维护农民的基本生存条件。宅基地使用权是为了保障农民基本生活居住条件而无偿或者以非常低廉的价格批给农村集体经济组织的成员,用于建造农村村民的个人住宅的土地使用权。因此,宅基地使用权具有一定的社会保障性质,如果允许宅基地使用权可以设定抵押权,当使用权人无法清偿债务时,就会丧失该土地使用权,而农民居无定所,就会影响社会的稳定。

自留地、自留山也属于农民集体所有,是农民作为生活保障的基本生活资料,带有社会保障性质,从保护广大农民根本利益出发,故此《民法典》第 399 条第 2 项禁止以自留地、自留山的使用权抵押。

《民法典》第 399 条第 2 项中"但是法律规定可以抵押的除外",主要是虽然属于集体所有

土地的使用权,但是法律规定其可以设定抵押的,不受本项的限制。这主要包括两类土地使用权:第一,《民法典》第342条和《农村土地承包法》第53条规定,通过招标、拍卖、公开协商等方式承包农村土地,经依法登记取得权属证书的,可以依法采取出租、入股、抵押或者其他方式流转土地经营权。第二,《民法典》第398条规定,乡镇、村企业的建设用地使用权不得单独抵押。以乡镇、村企业的厂房等建筑物抵押的,其占用范围内的建设用地使用权一并抵押。

3. 学校、幼儿园、医疗机构等以公益为目的成立的非营利法人的教育设施、医疗卫生设施和其他公益设施

从原《物权法》到《民法典》,法律上都禁止以学校、幼儿园、医疗机构等以公益为目的成立的非营利法人的教育设施、医疗卫生设施和其他公益设施进行抵押。这是因为,立法机关始终认为,无论公办还是民办,学校、幼儿园、医院等客观上是我国社会公益事业的组成部分,如《民办教育促进法》第3条第1款就明确规定:"民办教育事业属于公益性事业,是社会主义教育事业的组成部分。"如果允许以学校、幼儿园的教育设施抵押,一旦债权人实现抵押权,则必然要将这些教育设施予以拍卖或变卖,这样学校、幼儿园就可能很难维持,不仅办学目的难以达到,严重的可能造成学生失学,影响社会安定。此外,要是允许以学校、幼儿园的教育设施抵押,还可能出现学校、幼儿园大力参与经济活动,如大办三产等现象。同样,如果允许以医院等医疗机构的医疗设施设定抵押,那么一旦债权人实现抵押权,就会将医疗设施加以拍卖、变卖,在当前我国医疗服务严重不足的情况下,这就必然会在很大程度上影响群众看病、治病,不利于保障人民的身体健康。至于民办教育、民办医疗事业在发展过程中的资金支持,应当由政府出面采取适当措施解决,如税收优惠、设立专项资金支持、鼓励金融机构运用信贷手段支持等。因此,原《物权法》以及《民法典》都严格禁止以学校、幼儿园、医疗机构等非营利法人的教育设施、医疗卫生设施和其他公益设施设定抵押。

从《民法典》第399条第3项的规定可知,其具有三个适用条件:其一,主体必须是学校、幼儿园、医疗机构等以公益为目的成立的非营利法人。除了明确列举的学校、幼儿园、医疗机构外,这些以公益为目的成立的非营利法人还包括公共图书馆、科学技术馆、博物馆、美术馆、少年宫、工人文化宫、敬老院、残疾人福利基金会等。无论这些非营利法人是公立的还是私立的,即私立的学校、幼儿园、医疗机构也同样适用本条规定。〔28〕其二,必须是这些非营利法人的教育设施、医疗卫生设施和其他公益设施。也就是说,法律并非一概禁止这些单位以任何财产进行抵押,而只是禁止以特定财产,即教育设施和医疗卫生设施及其他公益设施设定抵押。其中,教育设施如学校的教学楼、实验室、实验设备;医疗卫生设施如门诊大楼、住院部、救护车、CT机、化验仪器等。如果学校、幼儿园、医院抵押的财产并非教育设施、医疗设施或其他公益设施,例如,幼儿园的小卖部,学校办的商店,医院办的农副产品基地,学校领导的小车等,则不属于本项禁止之列。对此,《担保法解释》第53条规定:"学校、幼儿园、医院等以公益为目的的事业单位、社会团体,以其教育设施、医疗卫生设施和其他社会公益设施以外的财产为自身债务设定抵押的,人民法院可以认定抵押有效。"其三,这些教育设施、医疗卫生设施和其他公益设施应当是学校、幼儿园、医疗机构等以公益为目的成立的非营利法人有所有权或者处分权

〔28〕《全国人民代表大会常务委员会法制工作委员会对关于私立学校、幼儿园、医院的教育设施、医疗卫生设施能否抵押的请示的意见》(法工办发[2009]231号)指出,私立学校、幼儿园、医院和公办学校、幼儿园、医院,只是投资渠道上的不同,其公益属性是一样的。私立学校、幼儿园、医院中的教育设施、医疗卫生设施也属于社会公益设施,按照《物权法》第184条规定,不得抵押。

的。因此,实践中一些民事主体将房地产出租给这些以公益为目的成立的非营利法人之后,再拿这些房地产设定抵押时,不能认为这些房地产属于教育设施、医疗卫生设施,而禁止抵押。

4. 所有权、使用权不明或者有争议的财产

禁止以“所有权、使用权不明或者有争议的财产”抵押的理由在于:如果一项财产的所有权归属或者使用权尚且不明确,甚至存在很大的争议,那么将该项财产进行抵押,则不仅会引发更多的法律上的纠纷与争议,更会出现侵犯真正的财产所有权人或者使用权人的合法权利的情形。然而,在《民法典》颁布之前,原《担保法》第 37 条第 4 项和原《物权法》第 184 条第 4 项就有相同的规定,可是司法实践中很少适用。因为虽然法律禁止以“所有权、使用权不明或者有争议的财产”设定抵押,但不等于实践中以此等财产设定的抵押权一概归于无效。因为可能存在善意取得的问题。例如,甲、乙都认为某金戒指是自己的,但是甲占有该金戒指,此时甲将该戒指抵押给了丙,从而向其借款 5000 元。由于丙并不知道此物存在所有权的争议,其属于善意,可以善意取得该动产上的抵押权。因此,禁止以“所有权、使用权不明或者有争议的财产”的规定,更多的是一种宣示性的规定,并无实际意义。

5. 依法被查封、扣押、监管的财产

依法被查封、扣押、监管的财产,所有权仍属于财产所有人,但所有权的行使受到了法律限制,因此《民法典》禁止以此类财产设定抵押。查封,是指人民法院或有权的行政机关,如市场监督管理部门等,依法将被保全的财产、被执行人的财产或违反有关法律、法规的财产,贴上封条就地封存,并禁止该财产被转移或处理。查封一般是针对不易或不能移动的物品,如机器、设备、厂房等采用的,既包括不动产也包括某些动产。扣押,是指法院或有权行政机关将财物就地扣留,或者易地扣留,财物所有人在扣留期间不得动用或处分。监管,是指海关依照《海关法》的有关规定,对自进境起到办结海关手续的进口货物,自向海关申报起到出境止的出口货物过境、转运、通运货物,以及暂时进口货物、保税货物和其他尚未办结海关手续的进出境货物进行监督、管理,对违反《海关法》和其他有关法律法规规定的进出境货物、物品予以扣留。依据《海关法》第 37 条的规定,海关监管货物,未经海关许可,任何单位和个人不得开拆、提取、交付、发运、调换、改装、抵押、转让或者更换标记。海关加施的封志,任何人不得擅自开启或者损毁。

6. 法律、行政法规规定不得抵押的其他财产

所谓“法律、行政法规规定不得抵押的其他财产”,是指除《民法典》之外,其他法律、行政规定明确禁止抵押的其他财产。例如,《文物保护法》第 24 条规定:“国有不可移动文物不得转让、抵押。建立博物馆、保管所或者辟为参观游览场所的国有文物保护单位,不得作为企业资产经营。”第 25 条规定:“非国有不可移动文物不得转让、抵押给外国人。”再如,《宗教事务条例》第 54 条规定:“宗教活动场所用于宗教活动的房屋、构筑物及其附属的宗教教职人员生活用房不得转让、抵押或者作为实物投资。”

(三)“房地一并”抵押

1.《民法典》第 397 条的规范目的

《民法典》第 397 条第 1 款规定:“以建筑物抵押的,该建筑物占用范围内的建设用地使用权一并抵押。以建设用地使用权抵押的,该土地上的建筑物一并抵押。”第 2 款规定:“抵押人未依据前款规定一并抵押的,未抵押的财产视为一并抵押。”这一规定来自原《物权法》第 182 条。有此规定的根本原因在于:我国法上将建筑物和土地作为两类独立的不动产,但是,由于

当事人取得建设用地的就是为了建造建筑物,而建筑物必须建造在土地上,如果建设用地使用权的权利人与建筑物的权利人不保持一致,就很容易出现建设用地使用权上的权利与建筑物上的权利因主体不同而发生冲突。例如,如果一块土地上的建设用地使用权人是A公司,而房屋所有权人是B公司,那么势必出现A公司基于建设用地使用权要求B公司拆除房屋返还土地的问题。故此,在我国不动产相关法律法规上始终要求房屋和土地的权利主体保持一致,概括起来就是所谓的"房地一致""地走房走、房走地走;地抵房抵,房抵地抵"。而本条正是对这一原则的贯彻。

我国现行法对于权利主体一致原则作出明确规定的法律条文包括:(1)《民法典》第352、356、357、397、417条;(2)《城市房地产管理法》第32条;(3)《城镇国有土地使用权出让和转让暂行条例》第23、24、33条;(4)《海域使用权管理规定》第40、41条;(5)《不动产登记暂行条例实施细则》第2条第2款。依据这些规定,房地权利主体一致原则的具体含义为:首先,只有建设用地使用权人、海域使用权人才能在该土地或海域上建造房屋等建筑物、构筑物或者种植林木。《民法典》第344条规定:"建设用地使用权人依法对国家所有的土地享有占有、使用和收益的权利,有权利用该土地建造建筑物、构筑物及其附属设施。"这样的规定使建设用地使用权的主体与土地上的建筑物、构筑物及其附属设施的主体保持了一致。其次,原则上建筑物、构筑物的所有权人属于建设用地使用权人。《民法典》第352条规定:"建设用地使用权人建造的建筑物、构筑物及其附属设施的所有权属于建设用地使用权人,但是有相反证据证明的除外。"这也是为了更好地贯彻落实"房屋所有权主体与建设用地使用权主体一致"的原则而设的规定。最后,处分上始终保持一致性,即必须一并处分,即便没有一并处分的,也视为一并处分。在《民法典》中有多个条文贯彻了这一要求,如第356、357、417条等。

2.《民法典》第397条第1款的含义

《民法典》第397条第1款的规定可以看作一种提示性规定,即通过本款告诉抵押人和抵押权人,在他们协商以建筑物抵押的时候,抵押财产的范围不限于该建筑物,还包括该建筑物占用范围内的建设用地使用权;在他们约定以建设用地使用权抵押权时,如果土地上存在建筑物的,还应当将该建筑物也纳入抵押财产的范围。如果当事人没有这样做,会产生何种法律效果,则由本条第2款加以明确。

就本款中的"该建筑物占用范围内的建设用地使用权"的含义,应当区分土地上的建筑物所有权的不同类型而做不同的理解。首先,当土地上的建筑物所有权是单独所有权时,该建筑物占用范围内的建设用地使用权,是指宗地范围内的建设用地使用权。也就是说,无论土地上的建筑物是平层,还是多层或高层,在抵押建筑物时,均应以宗地范围来确定建筑物占用范围的建设用地使用权的"范围",而不应以建筑物的四至或容积率作为确定建筑物占用范围的建设用地使用权"范围"的标准。因为我国建设用地使用权的出让和登记均以宗地为单位。一宗地上只有一个建设用地使用权,一个建设用地使用权也只存在于一宗地上。权利人转让或抵押建设用地使用权,是指宗地上的建设用地使用权被转让或被抵押。一宗地只有在经过土地管理部门以及规划部门的批准后,才能通过土地分割登记被分为数个宗地,分别成立数个建设用地使用权。否则,抵押任何建筑物时都会导致整个宗地上的建设用地使用权被抵押。由此可见,当建筑物所有权是单独所有权时,抵押建筑物时,该建筑物占用范围内的建设用地使用权中的"范围"应当是指"宗地范围"。

其次,当土地上的建筑物所有权是区分所有权时,该建筑物占用范围内的建设用地使用权究竟是指什么,需要研究。业主的建筑物所有权是一种权利集合。业主只是对“建筑物内的住宅、经营性用房等专有部分”享有单独所有权,而对于专有部分以外的共有部分享有共有和共同管理的权利(《民法典》第 271 条)。尽管一个建筑区划内有多个建筑物,每个业主的专有部分所在的建筑物客观上占用的土地范围并不相同。但是,由于每个业主专有部分所对应的建设用地使用权实际上根本无法具体确定,即便确定,也只是一个观念意义上的存在。故此,讨论某一专有部分占有范围的建设用地使用权并无意义。由于我国的建设用地使用权出让和登记均以宗地为单位。宗地是指土地权属界线封闭的地块或者空间。一个宗地可以是一个建筑区划,也有可能是多个建筑区划。在我国的房地产评估和土地登记的实践中,有分摊建筑物占用范围内的土地面积的做法,但这并不意味着一个建筑区划内因有多个建筑物就产生了多个宗地或多个建筑区划,进而形成了多个建设用地使用权。只要数个建筑物是在一个建筑区划内,业主能够共有的只是一个建设用地使用权。由于建筑区划内土地上的建设用地使用权由该区划内的全体业主共有,所以某一业主单独抵押其建筑物的专有部分时,实际上不可能会使整个建设用地使用权被抵押。认为此时抵押的是该建筑物对应的观念意义上的某一部分建设用地使用权,也没有多大意义。

3.“视为一并抵押”的含义

如果抵押人没有依据本条第 1 款的规定一并抵押的,则依据本条第 2 款,未抵押的财产视为一并抵押。所谓“视为一并抵押”,具有两层含义:首先,这是对当事人意思表示的强制补充,也就是说,即便当事人在抵押合同中明确约定了抵押财产只是建筑物或者只是建设用地使用权,依据本款规定,也应当认为该建筑物占用范围内的建设用地使用权或土地上的建筑物也一并作为抵押财产。换言之,单独以建筑物设定的抵押权是有效的,但是抵押权的效力及于建筑物占用范围内的建设用地使用权及其他附着物;单独以建设用地使用权设定的抵押权也是有效的,抵押权的效力同样及于土地上的建筑物及其他附着物。

其次,这是对抵押权首次登记的强制性规定。在我国以往不动产分别登记的体制下,《民法典》本条该款规定意味着,无论当事人是仅仅办理了建设用地使用权的抵押权设立登记,还是仅仅办理了建筑物抵押权的设立登记,抵押权均因办理了登记而成立,未办理抵押权设立登记的建设用地使用权或者建筑物也被视为办理了抵押权设立登记,抵押权不因当事人仅办理建筑物抵押权的设立登记或建设用地使用权抵押权的设立登记而受影响。在抵押权实现时,应当将建设用地使用权和建筑物一并拍卖,就不同抵押权人的受偿顺位而言,应当按照各自办理的建设用地使用权抵押权的设立登记与建筑物抵押权的设立登记的先后顺序加以确定。例如,甲公司拥有 A 建设用地使用权并在该地上盖了一栋房屋 B,现甲于 2007 年 4 月 1 日向乙银行借款 1000 万元(期限 1 年),并仅以 A 建设用地使用权在土地登记部门办理了建设用地使用权的抵押权登记,登记时间是 2007 年 5 月 8 日。同年 6 月 1 日,甲又以 B 房屋向丙银行设定抵押权担保,借款 800 万元(期限 1 年)。在房屋登记部门办理房屋抵押权登记的时间为 2007 年 8 月 1 日。到 2008 年 11 月 1 日,甲公司既没有偿还向乙银行的借款,也没有偿还向丙银行的借款。此时,这两家银行都要实现抵押权时,应当将 A 建设用地使用权和 B 房屋一并拍卖,由先办理登记的乙银行优先受偿,有剩余的,则由丙银行受偿。对此,2019 年最高人民法院印发的《全国法院民商事审判工作会议纪要》作出了明确的规定,该纪要第 61 条规定:“根据《物权法》第 182 条之规定,仅以建筑物设定抵押的,抵押权的效力及于占用范围内的土地;仅以建设用地使用权抵押的,抵押权的效力亦及于其上的建筑物。在房地分别抵押,即建设用地使用权抵押给一个债权人,而其上的建筑物又抵押给另一个人的情况下,可能产生两个抵押权的冲突问题。基于'房地一体'规则,此时应当将建筑物和建设用地使用权视为同一财产,从而依照《物权法》第 199 条的规定确定清偿顺序:登记在先的先清偿;同时登记的,按照债权比例清偿。同一天登记的,视为同时登记。应予注意的是,根据《物权法》第 200 条的规定,建设用地使用权抵押后,该土地上新增的建筑物不属于抵押财产。"

需要注意的是,所谓"视为一并抵押"的前提条件当然是建设用地使用权是合法取得的,房屋也属于合法建筑,能够产生所有权。因此,"视为一并抵押"的含义有两点:一是在合法取得的土地上合法建造房屋的,未抵押的视为一并抵押;二是在合法取得的土地上违法建造房屋,未抵押的非法建筑物,在抵押权实现时也要一并处置(按照现状处置)。

(四)抵押权效力所及的标的物范围

抵押权效力所及标的物的范围,就是指当抵押权人实现抵押权时可以就哪些东西进行折价,或拍卖、变卖并优先受偿。抵押权作为通过支配标的物交换价值以确保债务清偿的价值权,其标的物的范围与所有权标的物的范围自应同一。换言之,所有权的标的物也就是抵押权的标的物。但是,为了维护抵押权标的物的经济效用与其交换价值,同时兼顾双方当事人的利益,对标的物以外的其他物或权利,在一定条件下,也应纳入抵押权标的物的范围。

1. 从物。对于抵押权的效力是否及于抵押物的从物,《民法典》没有直接规定,但是从《民法典》第 320 条确立的"从物随主物"的规则也可以得出这一抵押权的效力应当及于抵押物的从物的结论。此外,《担保法解释》第 63 条规定:"抵押权设定前为抵押物的从物的,抵押权的效力及于抵押物的从物。但是,抵押物与其从物为两个以上的人分别所有时,抵押权的效力不及于抵押物的从物。"依据该条规定,抵押权的效力及于抵押权设定之前抵押物的从物,该从物与抵押物必须是同属于一人所有。如果非属于一人所有,则即便当事人约定该物为抵押物的从物,抵押权的效力也不及于该从物。如果在抵押权设定之后,某物成为抵押物的从物,抵押权的效力能否及于该物,《担保法解释》也未规定,对此理论上有很大的争论。

2. 从权利。从权利是为了辅助主权利的效力而存在的一种权利。例如,地役权就是土地承包经营权、建设用地使用权的从权利。从权利与主权利的关系与从物与主物之关系存在一定的区别。从物具有自己独立的经济上的价值但却没有自己独立的效用,从物的效用只有在与主物搭配之时才能加以发挥。而从权利却可以具有自己独立的效用,不必一定要与主权利搭配才能发挥。因此以主权利或其所属标的物为抵押时,抵押权的效力也及于其从权利。对此,《民法典》第 381 条规定:"地役权不得单独抵押。土地经营权、建设用地使用权等抵押的,在实现抵押权时,地役权一并转让。"

3. 添附物。作为物权法中所有权取得的一种方式,添附是指不同所有人的财产合并在一起形成不能分离的财产的一种法律事实。包括附合、混合与加工等三种类型。《民法典》第 322 条对添附制度作出了规定。此外,《担保法解释》第 62 条也规定:"抵押物因附合、混合或者加工使抵押物的所有权为第三人所有的,抵押权的效力及于补偿金;抵押物所有人为附合物、混合物或者加工物的所有人的,抵押权的效力及于附合物、混合物或者加工物;第三人与抵押物所有人为附合物、混合物或者加工物的共有人的,抵押权的效力及于抵押人对共有物享有的份额。"

4. 孳息。《民法典》第 412 条第 1 款规定:"债务人不履行到期债务或者发生当事人约定的实现抵押权的情形,致使抵押财产被人民法院依法扣押的,自扣押之日起,抵押权人有权收取该抵押财产的天然孳息或者法定孳息,但是抵押权人未通知应当清偿法定孳息的义务人的除外。”第2款规定:“前款规定的孳息应当先充抵收取孳息的费用。”该条规定的就是抵押权对抵押财产的孳息的效力。

5. 代位物。由于抵押权具有物上代位性,因此抵押权的效力也及于抵押财产的代位物。《民法典》第390条对抵押权的物上代位性作出了规定。

6. 新增建筑物。《民法典》第417条规定:“建设用地使用权抵押后,该土地上新增的建筑物不属于抵押财产。该建设用地使用权实现抵押权时,应当将该土地上新增的建筑物与建设用地使用权一并处分。但是,新增建筑物所得的价款,抵押权人无权优先受偿。”此外,《城市房地产管理法》第52条规定:“房地产抵押合同签订后,土地上新增的房屋不属于抵押财产。需要拍卖该抵押的房地产时,可以依法将土地上新增的房屋与抵押财产一同拍卖,但对拍卖新增房屋所得,抵押权人无权优先受偿。”应当说,这一规定并不准确,首先,房地产抵押权的设立以登记为生效要件,而非合同签订即设立了抵押权。故此,如果是抵押合同签订后,抵押权登记前新增的地上建筑物,依据《民法典》第397条第2款的规定,在当事人申请抵押权登记时也应当将建筑物一并抵押。其次,抵押权人在实现建设用地使用权抵押权时,“应当”而非“可以”将该土地上新增的建筑物与建设用地使用权一并处分。

五、抵押权的顺位

(一)抵押权顺位的概念与确定

抵押权的顺位(或称次序、顺序),是指抵押人因担保两个或两个以上债权,就同一财产设定两个或两个以上的抵押权时,各抵押权之间优先受偿的先后次序。简言之,即同一抵押物上多个抵押权之间的关系或抵押权相互之间的效力。[29]

由于确定同一抵押物上多个抵押权之间的顺位意味着各抵押权人就该抵押物优先受偿的顺序不同,极为重要,因此各国民法典皆有相应的规定。我国《民法典》第414条对于抵押权顺位的确定也作出了相应的规定。依据该条,同一财产向两个以上债权人抵押的,拍卖、变卖抵押财产所得的价款依照下列规定清偿:(1)抵押权已登记的,按照登记的时间先后确定清偿顺序;(2)抵押权已登记的先于未登记的受偿;(3)抵押权未登记的,按照债权比例清偿。

(二)抵押权顺位固定主义与顺位升进主义

顺位在先的抵押权因实现抵押权以外的原因而消灭时,顺位在后的抵押权是否依次递进?对此有两种不同的立法例,即抵押权顺位固定主义与抵押权顺位升进主义。

抵押权顺位固定主义即前一顺位的抵押权所担保的债权即便因清偿等非抵押权实现之外的原因而消灭时,该抵押权并没有消灭而依然存在,因此后一顺位的抵押权的顺位无法相应地晋升。德国、瑞士民法采取抵押权顺位固定主义的立法例。抵押权顺位升进主义,即前一顺位的抵押权所担保的债权倘因清偿等非抵押权实现之外的原因而消灭时,该抵押权也消灭,后一顺位的抵押权的顺位相应地晋升。法国与日本民法坚持担保物权的(消灭上的)附随性,因此被认为采取的是抵押权顺位升进主义。

我国《民法典》采取的是抵押权顺位升进主义,理由在于:首先,依据《民法典》第393条规定,当主债权消灭或债权人放弃担保物权时,担保物权消灭。因此,可以认为我国《民法典》等法律采取的是抵押权顺位升进主义。其次,如果我国《民法典》采取的不是抵押权顺位升进主

---

〔29〕 姚瑞光:《民法物权论》,1999年台北自版,第221页。

义,那么其就不会在第409条第2款规定,抵押权人放弃债务人提供的抵押权的顺位时,其他担保人在抵押权人丧失优先受偿权益的范围内免除担保责任,但其他担保人承诺仍然提供担保的除外。

既然《民法典》采取的是抵押权顺位升进主义,那么《担保法解释》第77条在某些情形下有利于维护抵押人的利益。该条规定:"同一财产向两个以上债权人抵押的,顺序在先的抵押权与该财产的所有权归属一人时,该财产的所有权人可以以其抵押权对抗顺序在后的抵押权。"这是抵押权与所有权发生混同时抵押权不消灭的例外性规定,不等于承认了所有人抵押权。《担保法解释》作此例外性规定的主要目的就在于通过阻止后顺位抵押权升进,而避免抵押权人以及第三人的利益遭受损害。[30]

(三)抵押权顺位的放弃与变更

抵押权人的顺位实际上就是抵押权人依其顺位所能支配的抵押物的交换价值,即抵押权人依其顺序所能获分配的受偿金额。为了使抵押权人能更充分地利用这种交换价值,从而达到抵押权人投下的金融资本在多数债权人间仍有灵活周转的余地,并有相互调整其复杂的利害关系的手段,[31]我国《民法典》对抵押权顺位的变更与抛弃作出了明确的规定。该法第409条第1款规定:"抵押权人可以放弃抵押权或者抵押权的顺位。抵押权人与抵押人可以协议变更抵押权顺位以及被担保的债权数额等内容。但是,抵押权的变更未经其他抵押权人书面同意的,不得对其他抵押权人产生不利影响。"第2款规定:"债务人以自己的财产设定抵押,抵押权人放弃该抵押权、抵押权顺位或者变更抵押权的,其他担保人在抵押权人丧失优先受偿权益的范围内免除担保责任,但是其他担保人承诺仍然提供担保的除外。"

1. 抵押权顺位的放弃

在物权法中,抵押权顺位的放弃可以分为两种:一为相对抛弃;二为绝对抛弃。

抵押权顺位的相对抛弃,是指同一抵押物上先顺位抵押权人为了特定后顺位抵押权人的利益而将自己的优先受偿利益加以抛弃的行为。例如,甲在自己价值250万元的抵押物上分别为乙、丙、丁分别设定了第一、第二、第三顺位抵押权,担保的债权金额分别为:100万元、150万元、80万元,乙为了丁的利益而抛弃自己第一顺位抵押权。抵押权顺位的相对抛弃也是仅在当事人之间发生相对效力。但是,抵押权顺位的相对抛弃与抵押权顺位让与的不同之处在于,抛弃第一顺位抵押权的人此时与因抛弃而受利益的第三顺位的抵押权人处于同一顺位,二者依各自债权比例受偿。以前面的例子而言,假设抵押物拍卖所得价款为250万元,则正常情形下,乙能够优先受偿的是100万元,丙为150万元,丁无法受偿。现在乙为丁的利益进行相对抛弃,则中间抵押权人丙的利益不受影响仍能就150万元优先受偿,丁与乙的债权总和180万元,只能在乙能够优先受偿的100万元内按照比例即5:4受偿。如果抵押物拍卖的价格仅为200万元,则乙未相对抛弃抵押权顺位时,其优先受偿的债权是100万元,丙能够优先受偿的仅有100万元;乙为丁的利益相对抛弃抵押权顺位之后,丁与乙仍在100万元的范围内按照债权比例即5:4受偿,丙优先受偿100万元。

抵押权顺位的绝对抛弃,是指抵押权人为了全体后顺位抵押权的人利益而将自己的优先利益加以抛弃。抵押权顺位的绝对抛弃与相对抛弃一样也只是发生相对效力,这与抵押权的

---

〔30〕 详见谢在全:《抵押权次序升进原则与次序固定原则》,载《台湾本土法学杂志》2000年第7期。

〔31〕 谢在全:《民法物权论》(修订2版,中册),2003年台北自版,第496~497页。

抛弃既有相同点也有不同之处。相同点在于:当采取抵押权顺位升进主义之时,则抵押权的抛弃与抵押权顺位的绝对抛弃都导致后顺位抵押权依次升进;不同点在于:抵押权的抛弃发生绝对效力,抵押权人丧失抵押权,其债权成为普通债权,因此将对于第三人利益造成严重影响(如保证人、共同抵押人、以该抵押权及其债权为标的的质权人),所以如果不经过第三人同意,对其不发生效力或不利影响。但是抵押权顺位的绝对抛弃只是导致抛弃人的抵押权顺位处于最后。以前面的例子来说,如果乙绝对抛弃抵押权顺位,则此时第一顺位抵押权人为丙、第二顺位为丁,乙成为第三顺位抵押权人。

抵押权人放弃抵押权的顺位时,将会发生以下法律效果:首先,如果是抵押权顺位的相对抛弃,那么抛弃在先顺位抵押权的人与因抛弃而受利益的在后顺位的抵押权人处于同一顺位,二者在依各自顺位所能获得分配的合计金额中按照各自的债权比例受偿。如果是抵押权顺位的绝对抛弃,那么抛弃顺位的抵押权人由原先的在先顺位状态变为最后顺位。其次,抵押权人无论是绝对抛弃抵押权的顺位,还是相对抛弃抵押权的顺位,都会损害对同一债权提供担保的其他担保人的利益。因此,抵押权人除非获得这些担保人的同意,否则他们将在因抵押权顺位的抛弃而加重的负担内免责。《民法典》第409条第2款规定,债务人以自己的财产设定抵押,抵押权人放弃抵押权顺位的,其他担保人在抵押权人丧失优先受偿权益的范围内免除担保责任,但其他担保人承诺仍然提供担保的除外。

2. 抵押权顺位的变更

抵押权顺位的变更,是指同一抵押物上数个抵押权人将其抵押权顺位互相交换的情形。例如,债务人A以自己的一栋房屋分别为债权人B、C、D设定第一、二、三顺位,担保的债权额依次为50万元、80万元、100万元的抵押权。第一顺位抵押权人B与第三顺位抵押权人D约定将抵押权顺位进行变更,则此时抵押权人的顺位及其担保的债权依次为:第一顺位抵押权人D,担保债权100万元;第二顺位抵押权人C,担保债权80万元;第三顺位抵押权人B,担保债权50万元。抵押权顺位的变更发生绝对效力,不仅使变更的当事人之间优先受偿的利益发生改变,而且将极大地影响同一抵押物上其他抵押权人以及第三人(如以被变更的抵押权及其担保的债权为标的的质权人)的法律地位,因此抵押权顺位变更不能对其他抵押权人产生不利影响。《民法典》第409条第1款第2、3句规定:“抵押权人与抵押人可以协议变更抵押权顺位以及被担保的债权数额等内容。但是,抵押权的变更未经其他抵押权人书面同意的,不得对其他抵押权人产生不利影响。”所谓“未经其他抵押权人书面同意的,不得对其他抵押权人产生不利影响”的意思是指,如果抵押权顺位的变更没有得到其他抵押权人的同意,那么该变更不会发生绝对效力,仅在变更的当事人内部发生效力,相当于抵押权顺位的相对抛弃。此外,由于抵押权顺位的变更属于抵押权内容的变更,为物权变动,因此如果该抵押物上的抵押权是以登记作为成立要件,则未经登记变更不生效力;如果以登记为对抗要件,则未经登记不得对抗第三人。

抵押权顺位变更的法律效果主要有以下几项:首先,抵押权顺位变更发生的是顺位交换的效果,即顺位前移的抵押权取得顺位后移抵押权原先的顺位,而且此种被前移的抵押权的顺位不因顺位后移抵押权嗣后以法律行为方式被废止而丧失。其次,抵押权顺位的变更改变了抵押权的顺位,因此与抵押权顺位让与所不同的是,各个抵押权人在自己抵押权实现条件具备后,均得实现抵押权。顺位前移的抵押权人无须在顺位后移的抵押权与自身抵押权实现条件均具备之后才能实行抵押权。最后,债务人的清偿不受抵押权顺位变更的影响,可以任意为之,无须经过变更当事人的同意,这也与抵押权顺位让与不同。

六、抵押权人的权利

(一)对抵押权的处分

1. 抵押权的让与

抵押权属于一种财产权,因此具有让与的可能性,但是,由于抵押权是从属于主债权的权利,因此依据抵押权的从属性之要求,抵押权必须随同其所担保的主债权一并转让。

2. 将抵押权作为其他债权的担保

抵押权移转上的从属性决定了抵押权人应将该抵押权连同其所担保的债权一并设定担保,即成立附随抵押权的债权质权。质权人为实现债权对于质权的标的物——受让的债权,有收取的权利,同时,还可以行使抵押权来保证其债权的满足,不过要行使抵押权必须符合以下两个条件:首先,债务人届期不履行债务;其次,质权人行使作为质权标的物的债权时该债权无法获得实现。

3. 抵押权的抛弃

抵押权的抛弃可以分为相对抛弃与绝对抛弃。

相对抛弃,是指抵押权人为了同一抵押人的特定的无担保债权人的利益而抛弃其抵押权。例如,债务人甲以其抵押物为乙、丙、丁依次设定抵押权,担保的债权依次为:100 万元、80 万元、100 万元,此外债务人甲还有一个无担保债权人 A,其债权金额为 90 万元。第一顺位抵押权人乙为了该债权人 A 的利益,而抛弃其抵押权,就属于抵押权的相对抛弃。此种行为导致的法律后果是:无担保债权人 A 与抵押权人乙在乙能够优先受偿的 100 万元范围内按照各自的债权比例(10:9)受偿。由于抵押权的相对抛弃只是发生相对效力,不影响其他当事人的合法权益,所以《民法典》没有专门规定。

绝对抛弃,是指抵押权人以消灭抵押权的意思而放弃其抵押权的行为。此种行为发生绝对效力,因此在抵押权人绝对抛弃其抵押权时发生以下效果:首先,抵押权人的债权从有担保成为无担保。其次,如果抵押权以登记为生效要件,则绝对抛弃抵押权时应当办理注销登记,否则不生效力。如果以登记为对抗要件,则未办理注销登记,不得对抗第三人。最后,依据《民法典》第 409 条第 2 款规定,债务人以自己的财产设定抵押,抵押权人放弃该抵押权的,其他担保人在抵押权人丧失优先受偿权益的范围内免除担保责任,但其他担保人承诺仍然提供担保的除外。

(二)保全抵押权的权利

民法上对任何权利的保护都要考虑到该权利的特殊性和侵害行为的特点,据以提供最为适当的救济方法。由于抵押权不以标的物的占有为内容,性质上属于价值权,故此,对抵押权的侵害行为也呈现下列特点:一方面,损害抵押财产的价值,致其贬值或完全失去价值。由于抵押权属于价值权,因而保护抵押物的交换价值对于抵押权的保障极为重要。另一方面,对抵押权最有可能产生的侵害来自抵押物的所有人即抵押人。因为抵押权不以占有抵押物为内容,抵押物仍由抵押人占有。故此,法律上对抵押权的保护也就主要是禁止抵押人为某些行为。基于以上考虑,《民法典》第 408 条赋予了抵押权人以下保全抵押权的权利:

1. 抵押物价值减少防止权

如果抵押人实行的某种行为足以损害抵押财产的价值,此时法律上要赋予抵押权人防止抵押财产价值减少的权利,即抵押财产价值减少防止权(参见《德国民法典》第 1134 条、《瑞士民法典》第 808 条、我国台湾地区"民法"第 871 条第 1 款)。《民法典》第 408 条第 1 句规定:

“抵押人的行为足以使抵押财产价值减少的,抵押权人有权请求抵押人停止其行为。”从该句来看,抵押权人要行使抵押财产价值减少防止权,需要符合以下条件:

第一,必须是抵押人的行为造成的。抵押人可以是债务人,也可以是物上保证人抑或抵押财产第三取得人(如从抵押人处买得抵押物之人)。抵押财产价值减少的危险必须是由于抵押人的行为造成的,如果是由于抵押权人的行为、天灾事变或市场的因素而所造成的,抵押权人不能行使该项权利。由于《民法典》第 408 条只是规定了抵押权人针对抵押人享有抵押财产价值减少防止权,因而如果抵押人之外的第三人的行为存在造成抵押财产价值减少之虞时,抵押权人显然不能行使此项权利。此时,可以由作为抵押财产的所有人的抵押人针对第三人行使物权请求权,如停止侵害、排除妨碍、消除危险。

只要抵押人的行为足以造成抵押财产价值减少,无论其为故意还是过失,也无论是其作为抑或不作为,抵押权人都可以行使防止抵押物价值减少的权利。抵押人的不作为造成抵押物价值减少的情形是指,抵押人明知抵押物的价值会减少而漠然视之、无动于衷。例如,抵押人任由作为抵押权标的的建筑物漏雨而有倒塌之危险却不加以修整。即便抵押人造成抵押物价值足以减少的行为只是针对抵押物的一部分而进行的,抵押权人也有权行使防止抵押物价值减少的权利。因为抵押权具有不可分性,抵押物的每一部分都是担保债权的全部的,所以不能允许抵押人就抵押物的任何一部分从事有害的行为。

既然法律不允许因抵押人的行为足以使抵押物价值减少的情形出现,那么抵押人在对抵押物的使用和保管中应负有何种注意义务呢?笔者认为,抵押人在使用和保管抵押财产时应尽到善良管理人的注意义务,以一个善良管理人的标准对待自己物时所应有的态度对待抵押物,对抵押人而言也并非一个过高的要求。

第二,抵押人的行为必须足以使抵押财产的价值减少。由于抵押人仍然有权占有、使用抵押财产,因而,在使用中不可避免就会在一定程度上导致抵押财产的价值的减少。毕竟抵押财产是抵押人的财产,如果抵押权人动辄行使抵押财产价值减少防止权,必然会对抵押人正常使用抵押财产造成不当干预。故此,《民法典》第 408 条第 1 句规定只有“抵押人的行为足以使抵押财产价值减少”的时候,才能行使抵押物价值减少防止请求权。所谓“足以使得抵押财产价值减少的”,是指抵押人的行为具有足够的导致抵押财产毁损、灭失或者价值减少的可能性或者危险性。当然在情事急迫之时,抵押权人也可以采取相应的防卫措施或自助行为。

2. 恢复抵押物的价值请求权或增担保请求权

当抵押人的行为已经造成了抵押物价值的减少,此时抵押权人行使前述抵押物价值减少防止请求权已毫无意义,因此法律上特别赋予了抵押权人享有保全抵押权的权利。此种权利包括两类:一是恢复抵押财产价值的请求权;二是增担保请求权。关于这两类请求权,有以下几个问题需要研究:

第一,行使恢复抵押物的价值请求权或增担保请求权是否需要考虑抵押人的过错?尽管《民法典》第 408 条没有明确表示抵押财产的毁损或者价值减少必须是因抵押人的过错所致,但是,从抵押人应当具有过错这一点来说,却是不变的。因为抵押人本身就是抵押财产的所有人,抵押权的设立也不影响抵押人对抵押财产的占有、使用和收益。故此,抵押财产因抵押人的正常使用而减值的,抵押权人不得行使保全抵押权的权利,否则构成对抵押人所有权的不正当干预。至于抵押财产因第三人行为、自然灾害等非抵押人过错之因素而减值的,本身就是抵押权人要承担的风险,况且法律上也赋予了其物上代位权。只有当抵押财产价值减少的风险的产生或实际的减少,是抵押人故意或过失所致,即可归责于抵押人的行为所致时,抵押权人方可以行使保全抵押权的请求权。至于不可归责于抵押人的事由,是指并非抵押人的过错(故意或过失)所致的事由,包括自然原因(如洪水、雪崩、地震)、不动产市场的价格波动、建筑物的老化或者公法、私法上对所有权产生的限制等。

第二,抵押人应通过何种方法恢复抵押财产的价值?《民法典》第408条第2句中所谓"请求恢复抵押财产的价值"的方法,不限于对抵押物采取恢复原状的措施,而是包括采取各种相应的措施以达至恢复抵押物价值的目的。因为抵押物价值的减少可能存在多种原因,既包括有形的毁损,如抵押人故意将抵押的房屋加以破坏或从抵押的房屋中拆除原有的装修材料等,也包括无形毁损,如抵押房屋前面原本有一个非常漂亮的花园存在,却因抵押人怠于修剪而导致花朵枯萎、花园荒芜,以致该房屋价值下跌。针对抵押人不同的减少抵押财产价值的行为,抵押权人有权提出不同的要求,以使抵押财产的价值得以恢复。

第三,何为"提供与减少的价值相应的担保"?依据《民法典》第408条第2句,抵押权人可以行使恢复抵押财产价值的请求权,也可以要求提供与减少的价值相应的担保,因此抵押权人有权从这两种请求权中选择对自己最为有利的一种权利加以行使。所谓"提供与减少的价值相应的担保"即"增担保"或"代担保",此项担保的提供应不限于物的担保(如抵押、质押),也包括人的担保如保证,只要它们与所减少的价额相当就可以。由于保证需要保证人与抵押权人之间订立保证合同,因而当抵押权人要求抵押人提供保证担保时,此种请求权无法通过判决加以实现。至于其他的担保方法则能否由法院通过判决加以实现,存在不同的看法。反对者认为,抵押权人不能通过诉讼方式请求抵押人设定抵押权和质权,主要理由有两点:其一,抵押权和质权均属于约定担保,只有通过当事人协议的方式才能设立,法院不能强制当事人设定抵押权、质权;其二,抵押权和质权作为担保物权,其担保物必须特定,而担保物的特定只能通过权利人的行为才能实现,法院不可能通过强制执行来直接确定抵押人、质押人的财产并使之特定。赞同者认为,如果排除以诉讼方式增担保,则可能将使增担保请求权形同虚设,因为抵押权人不同意增担保的,抵押人的担保资源再充裕,也无法通过增担保方式来避免丧失期限利益。另外,增担保是否覆盖因抵押物价值减少给债权人增加的风险敞口,法院也并非无法判断。在实务中,无论抵押权人起诉请求增担保,还是抵押人起诉确认增担保效力,法院依据担保物的评估价值、保证人的责任财产状况,参酌抵押物减少的价值数额,权衡担保方式和数额是否妥当,也并不困难。笔者认为第二种观点更可取。

第四,抵押人拒绝恢复抵押财产的价值也不提供担保时应如何处理?《民法典》第408条的规定是,"抵押权人有权要求债务人提前清偿债务"。这一规定的问题在于:首先,没有区分抵押人是否为债务人而分别处理,显属不妥。因为当抵押人是物上保证人的时候,债务人对于抵押人导致抵押物价值减少的行为可能并不知情,仅仅因为物上保证人的行为就直接迫使债务人在没有任何准备的情况下丧失债务履行期限利益显然是不公平的。正因如此,我国台湾地区"民法"第872条第2、3项区分了抵押人是否为债务人而分别规定,即当抵押人是债务人之外的第三人时,其拒绝回复抵押财产的价值或提供与减少价额相当的担保的,抵押权人必须再次给一个相当的期限,向债务人提出要求增担保的请求。如果债务人届期不满足增担保要求的,抵押权人就可以要求债务人提前清偿债务;倘若抵押人就是债务人的,依据我国台湾地区"民法"第872条第3项,抵押权人有权直接请求债务人清偿债务。其次,从德国、瑞士民法的规定来看,抵押人拒绝恢复原状或者提供担保的结果只是使债务人丧失与抵押物价值减少部分金额相当的那一部分债务的期限利益,而非全部债务履行的期限,但是,《民法典》第 408 条却是迫使债务人丧失全部债务履行的期限利益。此种规定,未必公允。

(三)物权请求权

抵押权属于物权,因此抵押权人也享有《民法典》物权编所规定的停止侵害、排除妨碍、消除危险等物权请求权,但是,由于抵押权人并不占有抵押财产,故此,原则上其不得行使返还原物请求权。

(四)侵权损害赔偿请求权

抵押权作为一种民事权利,当然受到侵权行为法的保护。《民法典》第 238 条也规定:"侵害物权,造成权利人损害的,权利人可以依法请求损害赔偿,也可以依法请求承担其他民事责任。"因此,抵押权人于抵押权受到侵害时有权行使侵权损害赔偿请求权。

七、抵押人的权利

(一)同一抵押财产上设定多个抵押权

抵押权不以权利人占有抵押物为内容,故此,同一财产上可以设立多个抵押权,至于这些抵押权所担保的债权的总额是否超过抵押财产本身的价值,法律不做强制性规定,而交由当事人自行判断。原《担保法》第 35 条曾规定:"抵押人所担保的债权不得超出其抵押物的价值。财产抵押后,该财产的价值大于所担保债权的余额部分,可以再次抵押,但不得超出其余额部分。"[32] 这种代替当事人的判断而一律禁止超额抵押的做法显然是错误的。

(二)在抵押财产上设定用益物权

理论上说,不动产所有人有权在不动产上设定用益物权,不动产抵押人作为所有人或处分权人自然也可以在抵押的不动产上设定用益物权。但是,在我国,由于土地等自然资源只能归属于国家或者集体所有且禁止抵押,而用益物权均为从土地等自然资源的所有权中派生出来的,如建设用地使用权、宅基地使用权、海域使用权等,因此我国的不动产抵押人很少有可能在抵押物上设定用益物权。但是,由于《民法典》规定了地役权和居住权,因此,建设用地使用权人可以在该使用权抵押之后,再设定地役权。而住宅的所有权人在将住宅抵押后,也可以在其住宅上为他人设立居住权。

(三)出租抵押财产

抵押人作为抵押物的所有人或者处分权人并不因设定抵押权而丧失对抵押物的用益权能,因此抵押人能够将抵押物加以出租,以获得法定孳息,直到因债务人不履行债务或者发生约定的实现抵押权的事由而导致抵押物被扣押。需要讨论的是,出租人抵押租赁物,如果债务人届期不履行债务,抵押权人实现抵押权时,承租人的租赁权应当如何处理,对此,《民法典》第 405 条明确的规定:"抵押权设立前,抵押财产已经出租并转移占有的,原租赁关系不受该抵押权的影响。"在民法理论上,财产租赁权属于债权,具有相对性,只能约束特定的债权人与债务人。如果租赁期间内出租人将该项财产转让给第三人时,第三人并不受出租人与承租人之间的租赁合同关系的拘束,租赁权应归于消灭。承租人只能向出租人主张违约责任,而不能向出租人以外的第三人主张自己的债权。这就是所谓的"买卖击破租赁"规则。但是,随着社会经济的发展,为了保护承租人尤其是不动产承租人的利益,现代各国民法都逐渐采取了增强租赁

---

〔32〕 该规定是对《民法通则意见》第 115 条第 1 款的继受。另参见最高人民法院经济庭《关于同一抵押物设立数个抵押权依次受偿问题的函》(1992 年 4 月 18 日,法经〔1992〕68 号)。

权效力即使之呈现物权化的色彩。这一点主要表现在将“买卖击破租赁”的规则变为“买卖不破租赁”规则。所谓“买卖不破租赁”规则，是指租赁关系成立之后，即使出租人将出租物转卖给第三人，原已存在之租赁关系仍对买受人有效，承租人依然可以向受让人主张租赁权，受让人取得的是一项有租赁权负担的财产所有权。为保护承租人的权益，我国民法也采取了“买卖不破租赁”的规则。《民法典》颁布前，原《合同法》第 229 条规定：“租赁物在租赁期间发生所有权变动的，不影响租赁合同的效力。”《民法典》延续了这一规定，不过提出了一个附加条件即承租人应当占有租赁物，《民法典》第 725 条规定：“租赁物在承租人按照租赁合同占有期限内发生所有权变动的，不影响租赁合同的效力。”在出租人将租赁财产抵押给他人时，由于租赁权设立在先，基于买卖不破租赁的规则，抵押财产的变价对于承租人的租赁权不产生影响，即新的抵押财产取得人所取得的所有权上附有租赁权，须受租赁关系的约束。正因如此，《民法典》第 405 条才规定：“抵押权设立前，抵押财产已经出租并转移占有的，原租赁关系不受该抵押权的影响。”所谓原租赁关系不受该抵押权的影响，既包括抵押权的设立并不影响租赁合同的效力，也包括实现抵押权时，只要租赁合同是在合同有效期限内，该租赁关系也不受任何影响。

（四）转让抵押财产的权利

1. 从禁止抵押人转让抵押财产到允许转让

关于抵押人能否转让抵押财产，在《民法典》颁布之前，原《物权法》采取的是禁止抵押人转让抵押财产的立场。依据原《物权法》第 191 条的规定，抵押期间，抵押人未经抵押权人同意，不得转让抵押财产；只有得到了抵押权人的同意后，抵押人才能转让抵押财产。如果抵押人不能得到抵押权人的同意，又想要转让抵押财产，那么只有抵押财产的受让人代为清偿债务消灭抵押权这一条路径可走。

原《物权法》之所以采取禁止抵押财产转让的做法，理由在于：首先，符合抵押权的价值权属性。既然财产上已经设定了抵押权，就意味着该财产的交换价值交给了抵押权人控制，而抵押人就不能再享有抵押财产的交换价值了。抵押人只能对抵押财产进行占有和使用，即获得使用价值。如果法律上依然允许抵押人在抵押期间将抵押财产任意转让，岂不是鼓励“一物二卖”？〔33〕其次，有利于保护抵押权人。就保护抵押权人而言，禁止抵押人自由转让抵押财产是一种预先防范措施，是“防患于未然”。允许抵押人自由转让抵押财产，同时承认抵押权的追及效力，对抵押权人来说，只是“亡羊补牢”或者说“力挽狂澜”的事后救济。比较而言，预先防范不仅对抵押权人更为有利，而且够避免破坏抵押财产转让之后形成的新的财产秩序。〔34〕最后，就交易安全和秩序的维护而言，禁止抵押财产转让也是有必要的，因为只要抵押权在转让后能够继续存在于被转让的财产之上，就会出现因抵押权人行使抵押权而破坏一系列已经形成的新的财产秩序的情形。〔35〕

在民法典编纂时，有观点认为，原《物权法》第 191 条一律禁止抵押人转让抵押财产的规定并不妥当。抵押人虽然将财产设立抵押，用于担保，但并未因此丧失财产的所有权或者处分权，要求抵押人转让抵押财产必须得到抵押权人的同意，就意味着抵押人丧失了对抵押财产的

---

〔33〕 参见王胜明：《物权法制定过程中的几个重要问题》，载《法学杂志》2006 年第 1 期。

〔34〕 参见王胜明：《物权法制定过程中的几个重要问题》，载《法学杂志》2006 年第 1 期。

〔35〕 全国人大常委会法制工作委员会民法室：《中华人民共和国物权法条文说明、立法理由及相关规定》，北京大学出版社 2017 年版，第 396 页。

处分权,这从理论上就说不通。另外,虽然抵押权是价值权,抵押权人支配抵押财产的交换价值,但这并不意味着抵押财产的交换价值就被抵押权人独占地、排他地控制了,抵押权人实际上享有的只是在抵押权实现时就抵押财产变价所得价款优先受偿的权利。如果认为抵押财产的交换价值被抵押权人完全支配,那么同一财产上为什么可以设立多个抵押权呢?后顺位的抵押权人岂非对抵押财产的交换价值没有支配的权利?故此,不能认为抵押权设立就意味着完全禁止抵押人转让抵押财产。因此,《民法典》第406条改变了原《物权法》第191条的规定,允许抵押人在抵押期间转让抵押财产,承认抵押权具有追及效力。

2. 对抵押财产转让的两项限制

尽管《民法典》第406条允许抵押人在抵押期间转让抵押财产,但是,为了维护抵押权人的合法权益,避免因抵押财产转让给抵押权人造成损害,该条还规定了抵押人转让抵押财产的两项限制性措施:

第一,抵押人与抵押权人可以在抵押合同中通过约定禁止抵押财产转让。也就是说,如果抵押权人认为抵押人转让抵押财产会对自己的权益产生不利影响,则其可以与抵押人约定,不允许抵押人在抵押期间转让抵押财产。这种约定不仅仅是在抵押人与抵押权人之间产生法律效力,而且通过将此种禁止抵押财产转让的约定记载于不动产登记簿,还能产生对办理抵押财产转移登记的登记机构以及抵押财产受让人的约束效力。

第二,抵押权人可以通过证明抵押财产转让可能损害抵押权,而请求抵押人将转让所得的价款提前清偿债务或者提存而维护自己的权益。由于我国法上抵押权的客体既包括不动产,也包括动产,不动产以登记作为基于法律行为的物权变动的生效要件,故此,已经抵押的不动产在转让时也必须办理登记,受让人可以通过登记簿了解到受让财产上的权利负担,而抵押权人也可以通过登记簿的记载了解到抵押财产转让的受让人,从而在债务人不履行到期债务或者发生实现抵押权的情形时,及时实现抵押权。然而,基于法律行为的动产物权变动仅以交付为物权变动的生效要件,且动产容易隐匿,在允许抵押的动产的转让的情况下,抵押权人难以通过登记来查找抵押财产的去处。在这种情形下,抵押权人只要能够证明抵押人转让抵押财产可能给其造成损害,就可以依据《民法典》第406条第2款第2句的规定,请求抵押人将转让抵押财产所得价款提前清偿债务或者提存。

因此,总体来说,虽然《民法典》第406条在原则上改变了原《物权法》第191条的规定,但是并不会因此对抵押权人造成不利影响,抵押权人完全可以通过上述两项限制来维护自身的合法权益。

3. 抵押财产受让人的权益保护

抵押财产的转让不仅涉及抵押人对抵押财产的处分权以及债权人的抵押权的保护问题,还涉及抵押财产受让人以及该受让人再次转让抵押财产的受让人等一系列第三人的合法权益的维护问题。立法者在考虑抵押财产能否自由转让的问题时,必须要考虑到抵押财产受让人的权益的保护。如果任由抵押人自由转让抵押财产,抵押权人任意行使抵押权而无论抵押财产转让到何人手中,也势必会对交易的秩序和安全造成不利影响。对于不动产抵押而言,因为存在登记这一有效的公示方法,故此,受让人在受让不动产时完全可以通过查询不动产登记簿而了解到不动产上是否存在抵押权这样的权利负担,从而自行决定是否愿意受让这样一个有权利负担的财产。一方面,受让人可以在受让的不动产上有抵押权的情形下,通过与抵押人的协商而扣除抵押权所担保的债权的价值,给出一个抵押财产的合理受让价格;另一方面,受让人如果不想受让有权利负担的不动产，也可以通过代为清偿债务而消灭抵押权，从而取得没有权利负担的不动产。至于动产抵押，其不以登记为生效要件，但是登记具有对抗效力，即不登记不得对抗善意第三人。因此，如果动产抵押已经办理了登记，那么动产的受让人可以通过查询登记簿等谨慎的调查义务了解动产上是否存在权利负担；如果动产抵押权没有办理登记，因为不登记的动产抵押权不得对抗善意第三人（《民法典》第 403 条），且《民法典》第 404 条还规定，以动产抵押的，不得对抗正常经营活动中已支付合理价款并取得抵押财产的买受人，故此受让抵押的动产的受让人的合法权益也不会因此遭受损害。

八、抵押权与其他权利的冲突

（一）租赁权与抵押权的冲突

由于抵押权乃不以占有为内容的担保物权，因此当某人将其财产出租之后仍可以该租赁物设定抵押权，使同一项财产上租赁权与抵押权并存。于抵押权尚未实行之前，承租人获得租赁物的使用价值，而抵押权人支配抵押物的交换价值，两者相安无事。然而，一旦债务人届期无法清偿债务时，抵押权人要实行抵押权时，就会发生租赁权是否仍然存续等问题。归纳起来，租赁权与抵押权的冲突发生在两种情形中：一是先出租后抵押，对此，《民法典》第 405 条规定："抵押权设立前，抵押财产已经出租并转移占有的，原租赁关系不受该抵押权的影响。"二是先抵押后出租，原《物权法》第 190 条第 2 句规定："抵押权设立后抵押财产出租的，该租赁关系不得对抗已登记的抵押权。"但是，《民法典》第 405 条删除了这一规定，其理由主要是，这种情形可以通过适用《民法典》的相关规定加以解决，是自然而然的事情，无须特别规定。申言之，就以登记为生效要件的抵押权而言，抵押权设立在先而租赁权设立在后，那么依据"时间在先，权利在先"的原则，时间在后的租赁权当然不能对抗在先的抵押权，毋庸置疑；而就以登记为对抗要件的动产抵押权而言，如果该抵押权设立在租赁权之前，却并未办理登记，那么依据《民法典》第 403 条规定，未经登记不得对抗善意第三人，抵押权不能对抗具有物权效力的租赁权；反之，如果抵押权设立在租赁权之前且办理了登记，自然就可以对抗设立在后的租赁权。

（二）动产抵押权与动产质权的冲突

在传统民法严格界分不动产抵押、动产质押的格局之下，不存在抵押权与质权冲突的可能性。但是由于我国《民法典》规定了动产抵押权，因此，抵押的动产被出质或质押的动产被抵押这两种情形都可能发生。《民法典》为动产抵押权与动产质权发生冲突时提供了以下两项明确的解决规则：首先，依据《民法典》第 415 条规定，同一财产既设立抵押权又设立质权的，拍卖、变卖该财产所得的价款按照登记、交付的时间先后确定清偿顺序。其次，《民法典》第 416 条规定，动产抵押担保的主债权是抵押物的价款，标的物交付后 10 日内办理抵押登记的，该抵押权人优先于抵押物买受人的其他担保物权人受偿，但是留置权人除外。该条规定的就是所谓的购置款抵押权的超级优先效力。

（三）抵押权与建设工程价款的优先受偿权

建设工程价款的优先受偿权最早是由原《合同法》所规定，该法第 286 条规定："发包人未按照约定支付价款的，承包人可以催告发包人在合理期限内支付价款。发包人逾期不支付的，除按照建设工程的性质不宜折价、拍卖的以外，承包人可以与发包人协议将该工程折价，也可以申请人民法院将该工程依法拍卖。建设工程的价款就该工程折价或者拍卖的价款优先受偿。"关于该条中承包人的建设工程的价款"优先受偿"的权利为何种性质，理论界的争议非常大,有法定抵押权说、[36]留置权说[37]以及法定优先权说[38]等不同的观点。《民法典》延续了这一规定,其第807条规定:"发包人未按照约定支付价款的,承包人可以催告发包人在合理期限内支付价款。发包人逾期不支付的,除根据建设工程的性质不宜折价、拍卖外,承包人可以与发包人协议将该工程折价,也可以请求人民法院将该工程依法拍卖。建设工程的价款就该工程折价或者拍卖的价款优先受偿。"

就建设工程价款的优先受偿权与不动产抵押权关系,最高人民法院《关于建设工程价款优先受偿权问题的批复》第1条规定:"人民法院在审理房地产纠纷案件和办理执行案件中,应当依照《中华人民共和国合同法》第二百八十六条的规定,认定建筑工程的承包人的优先受偿权优于抵押权和其他债权。"此外,该批复第3条与第4条分别对建设工程价款优先受偿权的范围以及权利的产生时间、行使时间作出了明确的规定。

九、抵押权的实现

(一)概念与要件

抵押权的实现,是指债务履行期间届满债务人未履行债务时,抵押权人通过依法处理抵押财产而使债权获得清偿。抵押权的实现,本质上是抵押权人的权利,其实现与否,属于抵押权人的权利,而非义务。

抵押权的实现只有在具备一定的条件下方可为之。《民法典》第410条第1款第1句规定:"债务人不履行到期债务或者发生当事人约定的实现抵押权的情形,抵押权人可以与抵押人协议以抵押财产折价或者以拍卖、变卖该抵押财产所得的价款优先受偿。"依据该规定,只有具备以下条件才可以实现抵押权:

1. 抵押权有效存在。如果抵押权无效,自然无从实现抵押权。值得研究的是,当原抵押权人将债权连同抵押权都作为标的物出质给他人的时候,原抵押权人是否有权实现抵押权?该问题的答案因对权利质权的性质采取"权利标的主义"抑或"权利让渡主义"而有所不同。依据权利标的主义,权利质权是在权利上设定的质权,质权人因设质而取得的权利与作为质权标的的权利本身是不同的。按照此说,抵押权人将其债权与抵押权一并出质并不导致其丧失债权与抵押权,因此当抵押权担保的债权(作为质权标的物的债权)履行期限届满而未受偿时,抵押权人自然有权实现抵押权。而按照权利让渡主义,权利的出质就是权利的让渡,因此质权人所取得的权利并非新的权利,而是出质人用以出质的权利。我国民法学通说采取权利标的主义,[39]因此抵押权人以债权连同抵押权一并出质时并不导致抵押权与债权的转让,抵押权人于债权履行期限届满而债务人不履行债务之时仍有实现抵押权的权利。

2. 不履行到期债务或者发生当事人约定的实现抵押权的情形。不履行到期债务,是指债务人于债务履行期限届满而不履行债务。债务履行期限既可以是固定的某一天,也可以是一段时间。债务履行期届满债权人(抵押权人)未受清偿,无论是当事人约定的还是通过法律任意性条款明确的债务履行期限届满时,债务人都应履行其债务,使债权人得以受清偿。债务履行期届满债权人未受清偿时,就表明债务人没有按期履行债务,抵押权人可以直接实现抵押

---

〔36〕 王利明:《物权法研究》,中国人民大学出版社2002年版,第569页;梁慧星:《合同法第二百八十六条的权利性质及其适用》,载《人民法院报》2000年12月1日。

〔37〕 江平主编:《中华人民共和国合同法精解》,中国政法大学出版社1999年版,第223页。

〔38〕 曹诗权:《对合同法第286条的定位》,载《法制日报》2000年10月22日。

〔39〕 郭明瑞:《担保法》,法律出版社2004年版,第192页。

权,除非债务人又与抵押权人达成了延期履行协议。“当事人约定的实现抵押权的情形”是指当事人特别约定的实现抵押权的情形。这个当事人是指主合同当事人,也可以是抵押合同当事人。前者如,债权人与债务人约定在债务人没有按时缴纳利息达到一定时间后,即可以解除合同,要求债务人承担违约责任。此时,抵押权人自然可以实现抵押权。后者如,抵押人与抵押权人可以在抵押合同中约定抵押人必须对抵押物进行保险,否则抵押权人即可实现抵押权。

3. 抵押权的实现未受到法律上的特别限制。如有限制,则抵押权人不得当然实现抵押权。例如,《企业破产法》第 75 条第 1 款规定:“在重整期间,对债务人的特定财产享有的担保权暂停行使。但是,担保物有损坏或者价值明显减少的可能,足以危害担保权人权利的,担保权人可以向人民法院请求恢复行使担保权。”该款中的“担保权”就是担保物权。重整期间担保物权要暂停行使的原因在于:如果重整期间,享有担保物权的债权人依然有权就债务人的特定财产优先受偿,将导致重整制度赖以存在的物质基础的丧失,企业的生产经营无法继续,由此造成的损害可能要远远高于担保物权人因权利受限而蒙受的不利益。为了企业的复兴和债权人的一般利益,在调和个人利益、整体利益与社会利益的基础上对于担保物权的行使作出限制,应当说是公平的。当然,担保物权在重整期间暂停行使这只是一个原则,并非没有例外。例如,当抵押权或者质权的标的物存在损坏或者价值减少的可能性时,将对担保物权人的利益造成损害。所以,在重整期间对于那些权利的行使被暂停的担保物权人也应提供相应的救济方法。《企业破产法》第 75 条第 1 款第 2 句规定:“但是,担保物有损坏或者价值明显减少的可能,足以危害担保权人权利的,担保权人可以向人民法院请求恢复行使担保权。”所谓“担保物有损坏或者价值明显减少的可能”,是指由于自然原因导致该标的物存在腐败、灭失或者价值明显减少的危险,例如作为质物的药品的有效使用期限将要届满。

(二)抵押权实现的程序

依据《民法典》第 410 条第 1 款和第 2 款规定,抵押权的实现程序分为两类:其一,约定的实现程序,即抵押权的实现条件成就后,抵押权人与抵押人协商实现抵押权,如协商将抵押财产折价或拍卖、变卖抵押财产;其二,法定的实现程序,即抵押权实现的条件成就后,抵押人与抵押权人没有就抵押权的实现达成一致,抵押权人请求法院实现抵押权。

1. 约定的实现程序

在抵押权实现的条件成就后,抵押权人可以与抵押人协议以抵押财产折价或者以拍卖、变卖该抵押财产所得的价款受偿。在《民法典》第 410 条第 1 款第 1 句中,以抵押财产“折价”列在拍卖、变卖之前。这表明,只要当事人达成一致,立法者更倾向于当事人采取折价的方式,毕竟这种方式成本低、效率高。

为避免抵押权人与抵押人协议实现抵押权时,损害同一抵押财产上的其他物权人、债务人以及债务人的普通债权人的利益,《民法典》第 410 条采取了两项限制措施:其一,要求当事人在以抵押财产折价或者变卖抵押财产时,应当参照市场价格。该规定旨在防止因抵押财产变价后所得的价款过少,损害同一抵押财产上顺序在后的他物权人和债务人的利益。其二,赋予因抵押权人与抵押人的协议而受到损害的债权人以撤销权。《民法典》第 410 条第 1 款第 2 句中的“协议损害其他债权人利益”的情形主要是指,抵押人与抵押权人没有参照市场价格,以不合理的低价将抵押财产折抵给抵押权人或以不合理的低价变卖抵押财产,从而损害其他债权人的合法权益。“其他债权人”包括两类人:(1)同一抵押财产上顺位在后的其他担保物权人,包括建设工程价款优先受偿权人、同一抵押房屋上顺位在后的抵押权人、同一动产上的质权人等;(2)抵押人的普通债权人。当抵押人与抵押权人实现抵押权的协议存在损害其他债权人的情形时,依据上述规定,受损害的债权人可以行使撤销权。

2. 法定的实现程序

如果抵押人与抵押权人未能就抵押权的实现达成协议,那么依据《民法典》第 410 条第 2 款的规定,抵押权人可以请求人民法院拍卖、变卖抵押财产。所谓“请求人民法院拍卖、变卖抵押财产”指的就是我国《民事诉讼法》第 15 章“特别程序”中的第 7 节“实现担保物权案件”程序,该程序性质上属于非讼程序。所谓非讼程序,是指适用于非讼事件(freiwillige Gerichtsbarkeit)的程序,而诉讼程序则是适用于诉讼事件(streitige Gerichtsbarkeit)的程序。尽管现代法上部分诉讼事件也被纳入非讼程序,非讼事件与诉讼事件的区分变得困难起来,但典型的非讼事件如监护、遗产、不动产登记、证书、担保财产的拍卖与变卖等,与诉讼事件仍然存在明显的差别,即在有无私权的争议或纠纷上不同。凡是不存在私权利争议或纠纷的事件,就属于非讼事件。反之,就属于诉讼事件。

在抵押权通过作为特别程序的担保物权实现程序加以实现时,应当由抵押权人依法向抵押财产所在地或者抵押权登记地的基层人民法院提出申请(《民事诉讼法》第 196 条)。人民法院受理申请后,经审查,符合法律规定的,裁定拍卖、变卖担保财产,当事人依据该裁定可以向人民法院申请执行;不符合法律规定的,裁定驳回申请,当事人可以向人民法院提起诉讼(《民事诉讼法》第 197 条)。

(三)抵押财产的变价方法

抵押物只有经过处分程序才能转换为交换价值,这属于变价权的范畴;而抵押权人对于被具体化的交换价值享有优先受偿的手段,其担保债权方能获得优先的满足,这是优先受偿权的机能。[40] 抵押权的变价权就是抵押权人享有的与抵押人协商或者通过强制执行程序,将抵押物按照一定的方法或者程序变换为价金的权利。《民法典》第 410 条规定了三种抵押财产的变价方法:折价、拍卖或变卖。

1. 折价。所谓折价也称“以物抵债”,是指债权人与债务人(民事执行程序中就是执行人与被执行人)协议或者依据法律的规定对债务人的财产进行估价后,将该财产转移给债权人以抵偿相应债务的行为。无论是抵押物、质物还是留置物,均可采取折价的方法。在抵押权实现中采取折价这一变价方法的前提是抵押权人与抵押人达成协议,即双方一致同意将抵押财产折价。如果没有达成协议的,只能通过法律规定的担保物权实现程序来将担保财产变价,即请求法院拍卖或变卖。以往的司法实践表明,在法院强制执行过程中,采取折价来实现担保物权存在很多弊端,如“暗箱操作”、司法腐败、国有资产流失等。因此,人民法院在司法实践中已越来越少地采取折价这一执行措施了。鉴于此,《民法典》第 410 条第 2 款不允许在抵押权的法定实现程序中采取折价的方式,即抵押权人只能请求法院拍卖或变卖抵押财产。

2. 拍卖。拍卖是指以公开竞价的形式,将特定物品或者财产权利转让给最高应价者的买卖方式(《拍卖法》第 3 条)。根据不同的划分标准,可以对拍卖进行各种分类,其中最为重要的有以下几种分类:(1)自行拍卖与委托拍卖。出卖人自行组织进行的拍卖,为自行拍卖;出卖人委托专门的拍卖机构进行的拍卖,为委托拍卖。(2)法定拍卖与意定拍卖。依据法律的强制性规定而引起的拍卖属于法定拍卖;由于当事人的意志引起的拍卖属于意定拍卖,如果没有当事

〔40〕　谢在全:《民法物权论》(修订 2 版,中册),2003 年台北自版,第 550 页。

人的选择此种拍卖将不会发生。(3)强制拍卖与任意拍卖。强制拍卖是国家机关依照强制执行法等法律规定,将已扣押、查封的被执行人的财产公开竞争出价,而卖与出价最高的应买人,以卖得的钱款清偿债权的执行行为。此种拍卖是基于国家的强制力,由特定的国家机关主持或者转托拍卖行进行,因此属于公力的拍卖和法定拍卖。例如,人民法院在执行程序中拍卖被执行人的财产。任意拍卖是指民事法律关系当事人依照民事法律的规定,把财物进行拍卖。

就通过人民法院来实现抵押权而言,拍卖乃是处理抵押财产的首要选择。因为拍卖具有公开、公平的特点,通过将抵押财产以公平竞价的方式公开进行拍卖,有利于杜绝"暗箱操作",实现担保财产交换价值的最大化。

3. 变卖。所谓变卖就是以一般买卖而非公开竞价的形式出卖担保财产的方式。从性质上讲,变卖与拍卖都属于买卖,但存在很大的区别。拍卖属于一种特殊的买卖,它不像一般的买卖那样是由买卖双方协议订立合同,并依照合同的约定进行标的物的转让,而是以公开竞价的方式将特定的物品或财产权利转让给最高应价的竞买人。因此,拍卖的公开性和透明度更高,对于被执行人以及全体债权人更为有利。变卖则是对标的物进行换价的一种较拍卖简易的方式,无须经过严格的程序,也无须竞价,而是由当事人或法院直接将标的物以相当的、合理的价格出卖。其优点在于成本较低、效率高,缺点在于透明度与公开性不高,程序较为随意。因此,变价中容易出现暗箱操作,损害被执行人或者其他债权人的利益。

(四)卖得的价款的分配

抵押物被拍卖或变卖后,所得的价款应优先清偿抵押权人的债权,这就是抵押权的优先受偿效力。拍卖、变卖抵押物所得价款的具体分配顺序如下:

1. 执行费用。拍卖所得价款应首先用于支付强制执行的费用,其中包括委托拍卖、组织变卖被执行人财产等发生的费用(《执行规定》第 49 条第 2 款第 1 句)。之所以要优先清偿执行费用主要是因为这些费用的支出对于全体债权人都具有利益,因此属于共益性费用,须优先支付。

2. 土地使用权出让金。《城市房地产管理法》第 51 条规定:"设定房地产抵押权的土地使用权是以划拨方式取得的,依法拍卖该房地产后,应当从拍卖所得的价款中缴纳相当于应缴纳的土地使用权出让金的款额后,抵押权人方可优先受偿。"

3. 抵押权所担保的债权。抵押物拍卖、变卖的价金用于清偿前述强制执行费用、土地使用权出让金之后,应当用于清偿主债权的利息以及主债权(《担保法解释》第 74 条)。如果价款超过债权数额的部分归抵押人所有,不足部分由债务人清偿。

十、动产浮动抵押权

(一)动产浮动抵押权的概念与特征

浮动抵押权(floating charge)也称为"企业担保"、"浮动担保"或"浮动债务负担",是指抵押人以其现有的和将来所有的财产作为债权的担保,当债务人不履行债务时,债权人有权以抵押人尚存的财产优先受偿。浮动抵押制度最早出现在英国法中。[41] 我国《民法典》吸收借鉴了英国法上的浮动抵押制度,并作出具有特色的一些规定,其第 396 条规定:"企业、个体工商户、农业生产经营者可以将现有的以及将有的生产设备、原材料、半成品、产品抵押,债务人不

〔41〕 李曙峰:《担保和抵押》,香港三联书店 1993 年版,第 255 ~ 257 页。

履行到期债务或者发生当事人约定的实现抵押权的情形,债权人有权就抵押财产确定时的动产优先受偿。”与一般的抵押权相比,动产浮动抵押权具有以下特点。

1. 动产浮动抵押权的客体特殊。普通抵押权仅以现存的各类财产,如动产、不动产以及某些权利为客体。然而,就浮动抵押权的客体而言,一方面仅限于抵押人的动产,如生产设备、原材料、产品、半成品等;另一方面,既包括抵押人的现有的动产,也包括将有的动产。也就是说,动产浮动抵押的客体是不特定的动产,如果已经特定的动产则只能设立一般的动产抵押权,而非动产浮动抵押权。[42]

2. 动产浮动抵押权的主体特殊。设定普通抵押权的人可以是自然人、法人或者其他组织。动产浮动抵押的主体是否也可以是这些民事主体,在起草原《物权法》时曾有过争论。一种观点认为,应当将浮动抵押的抵押人限制为股份有限公司。因为浮动抵押制度的特点就是抵押期间抵押人可以处分抵押的动产,这既是浮动抵押的优点也是它最大的风险。如果抵押人出于逃避债务的目的,恶意处分其现有的动产或者恶意不去取得能够取得的动产,那么抵押权人将深受其害。因此将浮动抵押的抵押人限制为股份有限公司,利用其规模大、信用好以及信息披露制度完善的优点,就可以消除浮动抵押的这一风险。这正是比较法上不少国家将浮动抵押的设定主体限制为股份有限公司的重要理由。另一种观点认为,限制浮动抵押的设定主体没有必要。在市场经济活动中,接受哪一个主体提供的哪一种担保方式应由债权人自行决定,每一个民事主体都是其利益的最好判断者。法律强制性地限制浮动抵押设定人的范围的效果可能适得其反。

原《物权法》的起草者综合了上述两种观点,既没有将浮动抵押的设定人仅规定为股份有限公司,也不是对浮动抵押的抵押人毫无限制。依据原《物权法》第 181 条,能够设定浮动抵押的主体就是三类:企业、个体工商户和农业生产经营者。《民法典》第 396 条延续了原《物权法》的规定,将能够设立动产浮动抵押权的主体依然限定在企业、个体工商户和农业生产经营者。所谓企业,既包括具有法人资格的企业,如有限责任公司、股份有限公司,也包括作为非法人组织的企业,如合伙企业等。个体工商户,是指公民以个人财产或者家庭财产作为经营资本,依法经过核准登记,并在法定范围内从事非农业性经营活动的个人或者家庭。农业生产经营者包括农村承包经营户和农民专业合作社。笔者认为,将动产浮动抵押的主体限制在企业、个体工商户和农业生产经营者,是非常必要的。尽管理论上任何人都可以设立抵押权担保,但动产浮动抵押的客体比较特殊,其是以具有流动性的财产——生产设备、原材料、半成品、产品等为客体的。之所以允许这种特殊抵押权的存在原本也是为了适应企业经营的需要,如果对其主体不加限制,则徒增公示方法、优先顺序和交易安全保护上的复杂性。[43]

3. 动产浮动抵押权的效力特殊。在普通抵押权中,抵押人于抵押期间虽然可以转让抵押财产,但是抵押权不受影响。然而,在浮动抵押权中,抵押人用于抵押的动产本身是变动不居的,可以流入抵押权的效力范围,也可以流出。在动产浮动抵押权的抵押财产没有确定之前,流出的抵押财产不再是抵押财产,抵押人转让的动产上不存在抵押权。只有在债务人不履行到期债务或者发生当事人约定的实现抵押权的情形时,抵押财产被确定后,该抵押财产转让

〔42〕 参见九三集团(黑龙江农垦)金粮经贸有限公司与张伟等合同纠纷案,最高人民法院(2016)最高法民再 275 号民事判决书。

〔43〕 参见谢在全:《动产担保制度之最近发展》,载法学丛刊杂志社编:《跨世纪法学新思维》,2006 年台北自版,第 327 页。

的,抵押权才不受影响。也就是说,此时抵押权人对被确定之后而被转让的抵押财产才享有追及效力。即便如此,依据《民法典》第 404 条的规定,以动产抵押的,不得对抗正常经营活动中已经支付合理价款并取得抵押财产的买受人。

（二）动产浮动抵押权的登记

1. 登记对抗要件主义

依据《民法典》第 403 条规定,动产抵押权采取的是登记对抗要件主义。此外,《民法典》第 404 条还规定,以动产抵押的,不得对抗正常经营活动中已支付合理价款并取得抵押财产的买受人。该规定的理由在于:无论是动产浮动抵押权还是一般的动产抵押权,抵押人为债权人设定抵押权之后,其正常的经营活动不受到影响。也就是说,抵押人依然可以处分作为抵押物的动产,运用这些财产从事生产经营活动。因此,抵押人完全有权出售这些财产给他人。买受人在支付合理的价款并获得了对这些抵押财产的占有之后,如果法律规定动产抵押权在办理登记之后,发生绝对的对抗第三人的效力,那就意味着抵押权具有追及的效力。即便抵押财产的所有权发生转移,该财产上的权利负担——抵押权——仍不消灭。当债务人届期不履行债务或者发生当事人约定的实现抵押权的事由时,抵押权人就有权将第三人已经取得所有权的抵押财产加以拍卖或者变卖,而买受人只能通过买卖合同追究出卖人(抵押人)的权利瑕疵担保责任。此时,交易的风险就被转嫁到买受人头上。买受人为了防止此种风险,要么支出大量的费用去逐一查证作为标的物的动产是否被抵押了,要么不与设定了浮动抵押权的抵押人从事交易,该抵押人的正常生产经营活动事实上就无法开展,于是设立动产抵押权的立法目的也将落空。所以,《民法典》第 404 条特别对动产抵押权的对抗效力作出了进一步的限制。但是,《民法典》规定了一种效力很强大的特殊抵押权,即购置款抵押权。

所谓购置款抵押权,也是动产抵押权,无非担保的是购买抵押物的价款,具体而言,是指债权人提供资金给债务人用于购买其生产经营所需的动产,债务人以所购的动产作为抵押财产为债权人提供的购买该动产的价款债权提供担保,如果债务人不能履行到期债务或者发生当事人约定的实现抵押权的情形,则作为抵押权人的债权人有权以该动产变价并优先受偿。我国《民法典》第 416 条规定的购置款抵押权是在借鉴《美国统一商法典》第九编的"购买价金担保权"(purchase money security interest)和《联合国贸易法委员会担保交易立法指南》规定的"购置款担保权"的基础上,结合我国国情作出的规定。

依据《民法典》第 414、415 条规定,无论是同一财产上有多个抵押权时,还是同一财产上既有抵押权又有质权,原则上都应当遵循"时间在先,权利在先"的原则,即按照登记时间先后或者按照登记、交付的时间先后确定清偿顺序。但是,依据《民法典》第 416 条规定,购置款抵押权的效力突破了这一规则,其享有很强的优先效力,即虽然购置款抵押权登记在后,却优先于抵押物买受人的其他担保物权人受偿。作此规定的理由在于,"针对交易实践中普遍存在的借款人借款购买货物,同时将该货物抵押给贷款人作为价款担保的情形,草案赋予该抵押权优先效力,以保护融资人的权利,促进融资。"不过,购置款抵押权人要取得此种超级优先效力,必须履行一定的公示程序。《美国统一商法典》第 9－324(a)条对于非库存、非牲畜类的货物上的购买价金担保权,规定担保人在债务人占有担保物之前或者债务人占有担保物后 20 日内完成登记或其他公示方法,该购买价金担保权即享有超级优先效力。我国《民法典》第 416 条的规定则是,在标的物交付后 10 日内办理抵押登记。这个"十日"的期间也称宽限期,设置这一期限是为了交易的便捷和效率。申言之,动产的买卖双方可以先完成动产的交易,即卖方将动产交付给买方,买方支付价款给卖方。然后,在10天内由动产的购买人与购置款的提供者共同申请办理动产抵押登记。如果不规定这个宽限期,那么就意味着在动产买卖这一交易开始前,购置款的提供者就要和动产的买方共同准备抵押登记的事宜,这会影响动产交易的顺利进行。

2. 登记机关

原《物权法》第189条第1款第1句曾对动产浮动抵押权的登记机关作出了规定,即抵押人住所地的工商行政管理部门。[44] 但是,在民法典编纂过程中,考虑到我国现行的动产抵押和权利质押的登记机构较为分散,不能完全适应现代市场经济发展的需要,而建立统一的动产抵押和权利质押登记制度有助于进一步发挥其融资担保功能。故此,《民法典》中删除了有关动产抵押和权利质押具体登记机构的内容,为将来我国建立统一的动产抵押和权利质押登记制度留下空间。

(三)浮动抵押财产的确定

就动产浮动抵押权而言,在抵押期间抵押财产并不确定,而是处于变动不居的状态。这对于维持抵押人的正常经营活动具有极大的益处。但是,一旦发生债务人不履行届期债务的情形,抵押权人要实现抵押权时就必须确定浮动抵押中的财产,否则作为一种物权,浮动抵押权将因客体未被特定而无法行使。此外,在发生其他一些情形如抵押人被宣告破产时,也必须确定浮动抵押的财产,以便于抵押权人行使权利,维护自身的合法权益。因此,法律上必须规定导致浮动抵押的财产被确定的事由。浮动抵押财产的确定,也被称为"结晶"或"封押",它是指这样一个程序,即浮动抵押权因抵押财产的确定而成为固定抵押权(一般抵押权),抵押人处置抵押财产的权利终止,抵押权人有权就抵押财产变价所得价款优先受偿。我国《民法典》第411条采取了"列举+概括"的方式规定了动产浮动抵押权中抵押财产的以下确定事由。

1. 债务履行期届满,债权未实现。这一点不难理解。因为动产浮动抵押权属于物权,而物权是权利人对特定的物享有直接支配和排他的权利。动产浮动抵押权在存续期间,其标的物包括抵押人现有以及将有的动产,是不特定的,处于变动不居状态的财产。只要抵押权没有实现,这是无关紧要的。然而,一旦债务履行期届满,债务人仍然不履行债务,使债权没有实现,那么债权人就有必要实现动产浮动抵押权了,此时抵押财产必须特定,否则抵押权无法实现。

2. 抵押人被宣告破产或者解散。这种抵押财产的确定事由在英国法上被称为"自动结晶"或"自动封押",即发生这一事由时,浮动抵押自动变为固定抵押。当抵押人被宣告破产时,其财产即成为破产财产,该财产用于破产分配,因此破产宣告对于破产抵押人的财产具有约束力,破产管理人处分财产的权利在破产宣告后被剥夺。浮动抵押的财产必须确定,而浮动抵押权人将依法享有别除权(《企业破产法》第109条)。依据《民法典》第69、70条规定,除非是因为合并或分立而导致的法人解散,否则在法人解散时,清算义务人应当及时组成清算组进行清算。而清算主体在清算中应清理原企业的财产,编制财产清单,提交清算方案,所以抵押人在解散的状态下,已不能处置抵押财产,动产浮动抵押的财产也需要加以确定。

3. 发生当事人约定的实现抵押权的情形时,抵押财产也被确定。这是因为,一旦发生当事

[44] 当时的立法考虑是,动产的流动性大,其所在地可能经常变动,难以确定在哪个所在地登记,故而以抵押人住所地的工商机关作为登记部门更为合适。参见《人大代表建议物权法草案进一步修改后提请大会表决》,载中国人大网,2007年3月12日访问。

人约定的实现抵押权的情形时，债权人就可以实现抵押权，此时动产浮动抵押权的客体必须特定，这和债务人不履行届期债务是一样的原理。例如，贷款人与借款人在借款合同中约定，只要借款人未能按时足额支付交易文件项下任何到期款项，贷款人就可以立即通知借款人，"立即行使交易文件项下贷款人享有的全部其他权利和救济措施"。后贷款人与借款人签订了动产浮动抵押权合同，约定抵押财产为借款人"不时购买和/或生产加工并运送至仓库的、现有的和将有的每一批所有 90 号和 93 号汽油、柴油和燃料油和/或抵押权人奥合银行北京分行不时同意的其他货品"。因此，在借款人出现到期不能偿还债务的违约行为时，抵押权人即有权行使抵押权，此时浮动抵押的财产即被确定。[45]

4. 严重影响债权实现的其他情形。这是概括性的规定。需要结合其他法律的规定并通过司法实践不断细化。例如，抵押人因经营管理不善而导致经营状况恶化或者严重亏损，或者抵押人为了逃避债务而故意低价转让财产或隐匿、转移财产等。

十一、共同抵押权

（一）共同抵押权的概念与特征

共同抵押权又称为"总括抵押权"或"聚合抵押权"，是指为担保同一个债权而在数项不动产、动产或权利上设定的抵押权。这数个不动产、动产或权利可以是分别属于同一个人的，也可以是分别属于不同人的。例如，甲为担保其向乙借贷的 10 万元，以一辆汽车与一件首饰作抵押。再如，A 向 B 负债 1000 万元，以自有的房屋一栋为该债权设定抵押权担保，同时又由 C 以其一项土地使用权为该债权设定抵押权担保。由于共同抵押权具有累积交换价值以及分散风险从而更有效地确保债权实现的功能，[46]因此许多国家和地区的民法都对之作出了规定。从《民法典》第 395 条第 2 款允许以各类可以抵押的财产一并抵押的规定来看，我国法上是承认共同抵押权的。

共同抵押权具有以下特征：

1. 担保的是同一债权，所谓同一债权就是指基于同一债的发生原因而产生的债权，而非债权的数额同一。因此共同抵押权担保的债权中债权人、债务人以及给付的内容都必须是完全相同的。至于各个抵押物所担保的债权范围是否同一，在所不问。

2. 存在多个抵押财产，共同抵押权与普通抵押权最大的区别就在于，共同抵押权的标的物是数项财产而非一项财产，但这数项财产并非集合物而是各自独立的财产。就共同抵押权的标的物而言，近现代各国民法都将之限定为不动产，但我国《民法典》并无此种限制。在我国，允许抵押的任何两项或多项财产上都可以成立共同抵押，无论是动产、不动产还是某种权利（如国有土地使用权）。这些抵押物可以是属于同一人的，也可以不属于同一人。前者如债务人分别以土地使用权一项、房屋一栋设立抵押权担保同一债权；后者如债务人以汽车一辆设定抵押权，同时由第三人再以土地使用权一项设定抵押权，据以担保同一债权。

3. 共同抵押权是由数个抵押权担保同一债权。由于共同抵押权中存在数个抵押物，因此理论界对共同抵押权究竟是单一抵押权还是数个抵押权的问题存在很大争论。本书认为，共

---

〔45〕 参见奥地利奥合国际银行股份有限公司北京分行诉兰州海洋石化销售有限公司金融借款合同案，载国家法官学院案例开发研究中心：《中国法院 2013 年度案例·借款担保纠纷》，中国法制出版社 2013 年版，第 133 页以下。

〔46〕 ［日］近江幸治：《担保物权法》，祝娅等译，法律出版社 2000 年版，第 186 页；谢在全：《民法物权论》（修订 2 版，下册），2003 年台北自版，第 191 ~ 192 页。

同抵押权属于复数抵押权,因为如果采取单一抵押权说,不仅与一物一权原则相违背,而且无法说明共同抵押权中的一些复杂情形,例如,不同抵押物上不同顺位的抵押权担保同一债权,如果说共同抵押权为一个抵押权,那么这个抵押权的顺位究竟是什么?再如,共同抵押权人可以抛弃或者让与在某一抵押物上的抵押权的顺位,但是对于其他抵押物上抵押权的顺位不发生影响,显然这一点共同抵押权也难以说明。因此本书认为,共同抵押权的性质是在数项财产上成立的数个抵押权。

4. 如果当事人没有对各抵押人提供的抵押财产所担保的债权份额作出约定或者约定不明,则抵押权人有权就各个抵押物所卖得的价金,满足其债权的全部或者一部分(《担保法解释》第 75 条第 2 款)。

(二)共同抵押权的效力

当共同抵押权的标的物来自同一抵押人时,为了防止各个抵押物上的其他权利人遭受损害,抵押人有时会与抵押权人约定各个抵押物所担保的债权份额。当抵押物来自不同的抵押人,为了避免自己承担的担保责任过大,各个抵押人更是迫切需要明确其所有的抵押物究竟要担保多少债权份额。因此,理论上依据各个抵押物上是否限定了所担保的债权份额,可以将共同抵押权的效力分为以下两种情形:

1. 约定了抵押物所担保的债权份额的共同抵押权。如果同一抵押人与抵押权人就其提供的抵押物上担保的债权份额作出了约定,或者数个抵押人分别与抵押权人就其提供的抵押物担保的债权份额作出了约定,则当债务人届期不履行债务时,抵押权人虽然仍可以将抵押物全部予以拍卖或者变卖,但是应算清各个抵押物变价价款,并依照约定范围就各个抵押物变价价款优先受偿。第一,就各个抵押物所担保的债权份额作出了约定,且不超过被担保债权的额度,此时依照当事人之间的约定确定抵押权人就各个抵押物优先受偿的范围,即便某一抵押物变价所得价款不足以清偿其所担保的债权份额,共同抵押权人也不能就其他抵押物而超越约定的债权份额行使抵押权。第二,就各个抵押物所担保的债权份额作出了约定,但是所限定负担的债权总额超过了被担保债权的额度,此时应当按照所限定负担的债权份额之间的比例确定共同抵押权人优先受偿的范围。第三,当事人仅约定了部分抵押物所担保的债权份额,此时应当依照这些债权份额的总和与为约定负担债权份额的抵押物的价值的比例确定共同抵押权人优先受偿的范围。

2. 未约定各个抵押物所担保的债权份额的共同抵押权。如果同一抵押人对其提供的各个抵押物上担保的债权份额,或者不同的抵押人对其各自提供的抵押物上担保的债权份额没有与抵押权人作出约定或者约定不明,则当债务人届期不履行债务时,抵押权人是否能够或者是否必须将各个抵押物一并拍卖?就拍卖后各个抵押物的价款,抵押权人如何受偿?《担保法解释》第 75 条第 2 款规定:“同一债权有两个以上抵押人的,当事人对其提供的抵押财产所担保的债权份额或者顺序没有约定或者约定不明的,抵押权人可以就其中任一或者各个财产行使抵押权。”因此,抵押权人既可以将抵押物全部加以拍卖并就卖得的价款优先受偿,也可以拍卖其中的一个或多个抵押物并就价款优先受偿。

十二、最高额抵押权

(一)最高额抵押权的概念与特征

最高额抵押权,是指债务人或第三人与抵押权人协议在最高债权额限度内,以抵押财产对一定期间内将要连续发生的债权提供抵押担保,当债务人不履行债务或发生当事人约定的实现抵押权的情形时,抵押权人有权在最高债权额限度内就该担保财产优先受偿(《民法典》第420条)。例如,甲水泥公司向从事承包一项为期5年的大型工程的建筑公司乙销售水泥,双方订立了一份水泥连续供应合同,期限为5年。为担保以后乙公司从甲公司购买的各笔水泥货款的清偿,由乙公司提供一栋大楼设定抵押权于甲,其最高限额为5000万元。甲公司享有的此种抵押权就是最高额抵押权。

1. 最高额抵押权是为一定期间内将要连续发生的债权提供的担保。从保障债权的安全实现角度来说,最高额抵押权也是以担保债权人对于债务人的债权得以圆满实现为目的,就这一点而言,最高额抵押权与普通抵押权并无差别。但是,最高额抵押权担保的债权具有一些特殊性,即该债权是"一定期间内将要连续发生的债权"。首先,最高额抵押权担保的债权是一定期间内将要连续发生的债权,这个"一定期间"的开始日与终止日(决算期日)可以由当事人自行约定。其次,最高额抵押权担保的是"将要连续发生的债权",这就意味着两点:其一,在抵押权担保的债权被确定之前,该债权不是特定的。而不特定债权常常是金额不特定的或者未曾发生的债权(将来债权),但并非所有金额不特定的债权或者将来的债权就是不特定债权。作为最高额抵押权担保对象的不特定债权具有特殊含义,它是指债权本身具有变动性。申言之,最高额抵押权所担保的债权,从最高额抵押权产生之时至被担保的债权确定之时,该债权不断发生、消灭,因此具有变动性、代替性,属于一定范围内发生的、生生不息的债权。其二,将要连续发生的债权意味着最高额抵押权担保的债权就都是将来的债权,而不能包括债务人尚未履行的确定债权。

由于最高额抵押权所担保的债权并未特定而是将来的债权,因此最高额抵押权并不从属于特定的债权,而是从属于在一定期限内不断引发债权的基础法律关系。因此,该基础法律关系所产生债权虽然在一定的期间内连续发生,最高额抵押权也不受影响。这样一来,即便基础法律关系发生的债权因清偿、抵销等原因,一度归于消灭,实际的债权额为零,由于最高额抵押权是为担保将来可能发生的不特定债权而存在的,所以它并不消灭。这也是与普通抵押权在消灭上的从属性的差别。

2. 最高额抵押权存在最高债权额限度。"最高债权额限度",是指抵押权人基于最高额抵押权所能够优先受清偿的债权的最高限度数额。我们这里所说的是抵押权人"所能够"优先受清偿的债权的最高限度数额,而不是最高额抵押权所实际担保的债权数额,更不是债务人必须清偿的债权数额。在最高额抵押权实现之前中唯一能确定的数字就是抵押人与抵押权人约定的"最高债权额限度",因此当最高额抵押权所担保的债权到期,抵押权人实现其权利时,就可能出现两种情形:要么实际发生的债权数额大于最高债权额限度;要么最高债权额限度大于实际发生的债权数额。如果是前者,则优先受偿范围以最高限额为限,超过部分不具有优先受偿的效力;如果是后者,则以实际发生的债权额为限对抵押财产优先受偿(《担保法解释》第83条第2款)。

(二)最高额抵押权的设立

最高额抵押权设立的程序与普通抵押权设立的程序基本相同,但存在以下特殊性:

1. 用于担保一定期间内将要连续发生的债权。在以往的立法中,原《担保法》第60条曾限定了最高额抵押权担保的债权类型,即必须是借款合同或者当事人就某项商品在一定期间内连续发生交易而签订的合同所产生的债权。但是,随着我国社会主义市场经济的发展,原《担保法》确立的上述最高额抵押权适用范围显得极为狭窄,难以满足经济生活的需要。例如,除借款合同和商品买卖合同之外，金融企业向客户提供的银行卡透支业务、法人账户透支业务、商业汇票贴现业务等均可适用最高额抵押权担保，因此没有必要限定基础法律关系，只需要将被担保的债权确定为“一定期间内将要连续发生的债权”即可。易言之，只要是债权人因和债务人的特定的继续交易契约所产生的或因和债务人一定种类交易契约所产生的债权，以及债权人基于特定原因与债务人间继续地产生的债权或票据、支票上的请求权，均可设定最高额抵押权。因此，《民法典》没有再限定最高额抵押权担保的债权类型，而只是概括为“一定期间内将要连续发生的债权”。

2. 合同条款的特殊性。首先，最高债权额限度的约定。依据《民法典》第 400 条第 1 款，无论是普通抵押权还是最高额抵押权都必须由抵押人与抵押权人签订书面抵押合同，设定最高额抵押权的合同与设定普通抵押权的合同，两者都包括被担保的主债权种类以及抵押物的名称、数量等内容。但是，由于最高额抵押权担保的是不特定的债权，因此在设定最高额抵押权的合同中应当包括最高债权额限度。如果设定最高额抵押权的合同没有约定最高债权额限度，则最高额抵押权无法成立。其次，决算期的约定。最高额抵押权设定合同中通常具有决算期间的约定。决算期也称“确定期日”，在我国《民法典》中称为“债权确定期间”。它是使最高额抵押权所担保的不特定债权得以特定的日期。决算期并非最高额抵押合同的必备条款，它可由当事人自行约定；如果没有约定或约定不明，则为了避免抵押人因最高额抵押权的持续存在而负担过重，法律上应做相应的限制。《民法典》第 423 条第 2 项规定“没有约定债权确定期间或者约定不明确，抵押权人或者抵押人自最高额抵押权设立之日起满二年后请求确定债权”的，抵押权人的债权确定。

（三）最高额抵押权的效力

1. 最高额抵押权担保的债权范围。就普通抵押权所担保的债权范围而言，当事人可以合意确定，即便没有约定，也可依据法律规定加以确定。然而，最高额抵押权所担保的债权在抵押权设立时并没有确定具体的数额，只是确定了一个最高债权额限度以及一定的期间（决算期）。在最高额抵押权所担保的债权没有确定之前，债权数额可以随时增减变动，即使债权一度为零，也不因此影响最高额抵押权的效力，其仍对此后发生的新的债权具有担保效力。这就是所谓的“最高额抵押权担保债权的新陈代谢”。[47] 由此可见，最高额抵押权所担保的债权仅以现在及将来债权为限，而不能回溯至过去的债权。但是，如果当事人合意将最高额抵押权设立前已经存在的债权，转入最高额抵押担保的债权范围的，法律也不予禁止（《民法典》第 420 条第 2 款）。因此，当最高额抵押权确定时，如果实际债权额不足最高额的，则以实际债权额为抵押权所担保的债权额；如果实际债权额超过最高额的，则以最高额为抵押权所担保的债权额。超出部分的债权额为普通债权，不受最高额抵押权担保，由债务人按一般债权负责清偿（《担保法解释》第 83 条第 2 款）。

2. 最高额抵押权内容的变更。《民法典》第 422 条规定：“最高额抵押担保的债权确定前，抵押权人与抵押人可以通过协议变更债权确定的期间、债权范围以及最高债权额。但是，变更的内容不得对其他抵押权人产生不利影响。”

3. 最高额抵押权的转让。关于最高额抵押权的转让问题，各国立法规定虽在表述上有所

---

〔47〕 王昱之：《最高限额抵押权所担保债权之确定》，载郑玉波主编：《民法物权论文选辑》（下册），五南图书出版公司 1984 年版，第 768 页。

不同，但本质是一样的。即在最高额抵押权担保的债权确定前，每一个具体债权可以转让，但最高额抵押权并不依转移上的从属性而随之转让。《民法典》第421条也规定：“最高额抵押担保的债权确定前，部分债权转让的，最高额抵押权不得转让，但是当事人另有约定的除外。”这一规定的意思可做如下理解：首先，在最高额抵押权担保的债权确定后，因最高额抵押权成为普通抵押权，依据《民法典》第424条“最高额抵押权除适用本节规定外，适用本章第一节的有关规定”，所以债权可以转让，同时在当事人没有相反约定的情况下，抵押权也转让。其次，在最高额抵押权担保的债权确定之前，因债权未被确定，处于变动不居的状态，可以消灭也可以产生，因此部分债权转让自然也没有问题。但是，最高额抵押权因从属于发生债权的基础法律关系，所以在当事人没有约定的情况下，不得转让。

（四）最高额抵押权担保的债权的确定

最高额抵押权担保的债权的确定也称“最高额抵押权担保的债权的特定”，它是指最高额抵押权所担保的一定范围内的不特定债权，因一定事由的发生而归于具体特定。[48] 依据《民法典》第423条之规定，最高额抵押权所担保的债权的特定化事由包括：

1. 约定的确定债权期间届满。约定的确定债权的期间届满，即决算期届至，此时最高额抵押权担保的债权应当确定。当事人可以在合同中明确约定确定债权的期间，如约定被担保债权的发生期限为2015年12月30日至2018年12月30日，因此，一旦超过该期限，则当事人之间的债权将不再受最高额抵押担保，债权被确定。关于当事人约定的债权确定期间，各国家及地区有最长期限的限制。例如，日本规定最长不得超过5年（《日本民法典》第398条之六）。我国台湾地区“民法”第881条之四第2款规定，当事人约定的债权确定之期日，“自抵押权设定时起，不得逾三十年。逾三十年者，缩短为三十年”。但是，同条第3款又规定：“前项期限，当事人得更新之。”也就是说，实际上债权确定期限完全可以通过当事人的更新而超过30年的限制。我国《民法典》对当事人约定的债权确定期限没有最长不得超过多少年的规定。不过，由于最高额抵押权的债权确定期限不得超过基础性法律关系的期限，而银行等金融机构贷款的期限一般都有最长期限的限制。例如，《贷款通则》第11条第2、3款规定：“自营贷款期限最长一般不得超过10年，超过10年应当报中国人民银行备案。票据贴现的贴现期限最长不得超过6个月，贴现期限为从贴现之日起到票据到期日止。”实践中，个人住房贷款最长的期限一般不超过30年。故此，债权确定期限实际上也是有限制的。

2. 没有约定确定债权期间或者约定不明确的，抵押权人或者抵押人自最高额抵押权设立之日起满2年后可请求确定债权。这主要是考虑到，实践中当事人有时没有约定决算期或者有约定却又不明确，如果任由该最高额抵押权持续下去，只要主债务人仍在继续从债权人处得到融资，抵押人就不能摆脱担保责任，如此就可能会长期约束债务人之外的抵押人，立法上需要提供相应的保护措施。而《民法典》第423条第2项就是这种措施。所谓自最高额抵押权设立之日起满2年，这个“2年”是一个固定期间，不存在中止、中断的问题，其起算点是最高额抵押权设立之日。

3. 新的债权不可能发生。主要包括两种情形：其一，债务人与债权人之间的基础法律关系已经消灭，不可能发生新的债权。例如，银行与借款签订了一定期间的授信协议，并发放了数

---

〔48〕 谢在全：《最高限额抵押权确定之研究（一）——我国台湾地区“民法”物权编修正草案评释》，载中国民商法律网：http//www.civillaw.com.cn，2017年6月1日访问。

笔贷款,其中有一笔贷款到期,而借款人未按照约定偿还本息。于是,最高额抵押权人解除了与借款人之间的借款关系,并要求实现抵押权。此时,债权将被确定。因为新的债权不可能再发生了。[49] 其二,当事人在合同中约定,债权人有权单方面宣布主合同项下的全部债务提前到期,此时,即便债权人单方面宣布全部债务到期之时仍在当事人约定的债权发生期限之内,但由于债权人的此种单方面宣布所有债务提前到期,意味着新的债权不可能再发生了,债务人必须偿还全部债务,故此债权也被确定。[50]

4. 抵押权人知道或者应当知道抵押财产被查封、扣押。此处所谓的抵押财产被查封、扣押,是指最高额抵押权中抵押人提供的抵押财产因其他抵押权人或债务人向人民法院申请强制执行或财产保全措施而被查封或扣押。之所以此时债权必须特定,理由在于:首先,当查封或扣押抵押财产是基于财产保全目的时,如果债权仍不确定,就会出现抵押人与最高额抵押权人串通,故意在抵押物被查封后连续制造虚假的债权,或者即便没有恶意串通却因新债权发生,而损害保全申请人的权益的可能性。这样一来,财产保全的目的就完全落空了。其次,当抵押财产是因为抵押人的其他债权人向法院申请的强制执行措施而被查封或扣押时,债权也必须特定。因为查封或扣押的目的是保证对财产的顺利换价,实现债权的清偿。查封或扣押只是一种临时性的措施,是为了进一步的拍卖或变卖做准备的。通过查封、扣押等措施,可以将查封、扣押的财产与被执行人的其他财产分开,从而告知社会公众不要就查封物进行交易,具有维护交易安全的作用。因此,债权必须特定。《执行工作规定》第 39 条规定:"查封、扣押财产的价值应当与被执行人履行债务的价值相当。"第 40 条规定"人民法院对被执行人所有的其他人享有抵押权、质押权或留置权的财产,可以采取查封、扣押措施。财产拍卖、变卖后所得价款,应当在抵押权人、质押权人或留置权人优先受偿后,其余额部分用于清偿申请执行人的债权。"同时,依据《担保法解释》第 55 条规定,"已经设定抵押的财产被采取查封、扣押等财产保全或者执行措施的,不影响抵押权的效力"。既然在抵押物被查封、扣押时,最高额抵押权人的优先受偿权不受影响,而如果不明确最高额抵押权人优先受偿的范围,对于最高额抵押权人也是不利的。

对于抵押财产被查封、扣押时,债权被确定的时间点,《查扣冻规定》第 27 条做出了更详细的规定:"人民法院查封、扣押被执行人设定最高额抵押权的抵押物的,应当通知抵押权人。抵押权人受抵押担保的债权数额自收到人民法院通知时起不再增加。人民法院虽然没有通知抵押权人,但有证据证明抵押权人知道查封、扣押事实的,受抵押担保的债权数额从其知道该事实时起不再增加。"如果人民法院在查封或扣押抵押财产时没有通知最高额抵押权人,且最高额抵押权人也不知道查封、扣押的事实,那么债权并不特定。故此,应当明确在抵押财产被查封或扣押时只有抵押权人知道或者应当知道这一事实的情况下,最高额抵押权的债权才确定,

---

〔49〕 相关案例参见九江农村商业银行股份有限公司浔阳支行诉段勇等金融借款合同、最高额抵押权纠纷案,九江市浔阳区人民法院(2014)浔民二初字第 64 号民事判决书。

〔50〕 相关案例参见中国民生银行股份有限公司杭州分行与绍兴县经济技术担保有限公司、浙江玻璃股份有限公司等金融借款合同纠纷案,最高人民法院(2013)民提字第 141 号民事判决书。该案中,当事人在最高额保证合同中约定,依据法律规定或主合同约定主债权人宣布主合同项下全部债务提前到期时,本合同项下被担保的债权确定。并且,被担保的债权确定时未清偿的主合同项下的债权,不论该债权履行期限是否已经届满或者是否附加有条件,均属于被担保的债权的范围。故此,最高人民法院认为,依照这一约定,债权人民生银行依据主合同约定宣布贷款提前到期的行为导致了最高额保证合同被担保债权的确定。因此,在民生银行宣布本案贷款提前到期之时,未清偿的主合同项下的不特定债权已确定,均被纳入最高额保证合同约定的被担保债权范围。

否则即便有查封或扣押发生，债权也不确定。例如，在最高人民法院审理的一个案件中，当事人争议的一个问题就是，最高额抵押的财产在2016年7月28日被甘肃省高级人民法院查封，浦发银行兰州分行与三峰公司于2016年8月30日及11月2日签订的流动资金借款合同所涉借款是否在本案最高抵押权担保的债权范围之内。最高人民法院认为，尽管本案所涉抵押财产因他案被甘肃省高级人民法院于2016年7月28日查封，"《物权法》虽对最高额抵押权所担保债权确定的原因进行了规定，但《查扣冻规定》第二十七条又进一步规定：'人民法院查封、扣押被执行人设定最高额抵押权的抵押物的，应当通知抵押权人。抵押权人受抵押担保的债权数额自收到人民法院通知时起不再增加。人民法院虽然没有通知抵押权人，但有证据证明抵押权人知道查封、扣押事实的，受抵押担保的债权数额从其知道该事实时起不再增加。'根据该条规定，最高额抵押权人受抵押担保的债权数额自抵押权人收到人民法院通知时或有证据证明抵押权人知道查封、扣押事实时确定。"原《物权法》第206条第4项仅仅以"抵押财产被查封、扣押"的客观事实作为最高额抵押权担保的债权确定的事由并不合理，因为抵押权人可能根本就不知道或不应当知道查封、扣押的事实。鉴于此，在借鉴司法解释合理规定的基础上，我国《民法典》第423条明确将"抵押权人知道或者应当知道抵押财产被查封、扣押"这一事实作为最高额抵押权担保的债权的确定事由。

5. 债务人、抵押人被宣告破产或者解散。当债务人被宣告破产之时，依照《企业破产法》第107条第2款规定，人民法院受理破产申请时对债务人享有的债权称为破产债权。此时，如果仍然不确定最高额抵押权担保的债权，仍任由其变动，必然有损其他破产债权人的合法权益。依据《民法典》第69、70条规定，法人解散的，应当进行清算，清算就是要对法人的债权债务进行清理，故此，最高额抵押权担保的债权也必须特定，否则无法依法进行清算。至于抵押人被宣告破产，依据《企业破产法》第107条第2款的规定，被宣告破产的抵押人为破产人，其财产称为破产财产，最高额抵押权人虽然针对抵押财产享有别除权，但是如果任由债权继续增加，将会损害其他破产债权人的合法权益，因此也必须确定。债务人、抵押人被解散时，最高额抵押权担保的债权必须被确定的理由也是一样的。

最高额抵押权在被担保的债权特定之后，发生下列效力：首先，只有在特定时已经发生的主债权属于抵押权担保的范围，特定之后产生的债权即便是来自基础法律关系也不属于担保的范围。至于特定时已经存在的被担保主债权的利息、违约金、损害赔偿金只有在特定时已经发生而且与主债权合计数额没有超过最高债权额限度时，才可以列入最高额抵押权担保的债权范围。其次，最高额抵押担保的债权一经特定，无论出于何种原因，担保债权的流动性随之丧失，该抵押权所担保的不特定债权变为特定债权，此时最高额抵押权的从属性与普通抵押权完全相同。

第三节 质 权

一、质权的概念、特征与类型

(一)质权的概念与特征

质权，是指债务人或第三人将特定的财产交由债权人占有，作为债权的担保，在债务人不履行债务时,债权人有权以该财产折价或以拍卖、变卖所得价款优先受偿的权利。债务人或者第三人交由债权人占有的特定财产称为质物;债权人称为质权人,而提供特定财产出质的人称为出质人。

质权具有以下几方面的特征:

1. 质权是为了担保债权的实现而产生的担保物权。质权属于担保物权的一种,它是以担保债权的实现为目的,因此与所担保的债权之间具有从属关系,被担保的债权为主权利,而质权为从权利。这就是质权的从属性,申言之,质权以主债权的存在为前提,因主债权的转让而转让,因主债权的消灭而消灭。

2. 质权是在债务人或者第三人提供的特定财产上设定的担保物权。质权只能在债务人或者第三人提供的特定的财产上设定,而不能在债权人自己的财产上设定,也不能在债权人已经占有的他人财产上当然设定。[51]

3. 质权的标的物为动产与某些权利,而不能是不动产。而抵押权的标的物既可以是动产、不动产,也可以是用益物权以及法律允许抵押的特许物权。

4. 质权是以移转标的物的占有或者登记为生效要件的物权。申言之,当事人之间设定动产质权必须转移标的物的占有,即有质权人占有该标的物(《民法典》第429条),[52] 权利质权的设定,则需要交付权利凭证或者进行登记(《民法典》第441~445条)。抵押权的设定原则上以登记为其生效要件。

5. 质权属于兼具留置效力与优先受偿效力的物权。由于质权以移转标的物的占有为要件,质权人得占有标的物,因此在质权所担保的主债权受清偿前,质权人得留置质物而拒绝质物所有人的返还请求,由此造成出质人的心理负担,间接促使其尽快履行债务。当债务人届期不履行债务时,质权人有权以质物变价并优先受偿。因此,质权属于兼具留置效力与优先受偿效力的担保物权。而抵押权属于仅具有优先受偿效力的担保物权(二者区别如表18-1所示)。

表18-1　质权与抵押权的区别

区别	质权	抵押权
标的物范围	动产、财产性权利	不动产、动产、不动产权利
是否移转占有	动产质权须移转占有	动产抵押无须移转占有
权利效力	留置效力、优先受偿效力	优先受偿效力

(二)质权的类型

1. 意定质权与法定质权

依据质权产生原因的不同,可以将质权分为意定质权与法定质权。意定质权,是指当事人通过法律行为所设定的质权,也称约定质权。法定质权,是指依据法律的规定而直接产生的质权。我国现行法没有规定法定质权。

2. 动产质权、不动产质权、权利质权

依据质权的标的物不同,可以将质权分为动产质权、不动产质权、权利质权。日本民法对

---

〔51〕 郭明瑞:《担保法原理与实务》,中国方正出版社1995年版,第230~231页。

〔52〕 参见《德国民法典》第1205条、《瑞士民法典》第884条第1款。

这三种类型的质权均予承认,而德国民法仅承认动产质权、权利质权以及船舶质权,不承认不动产质权。法国民法则承认动产质权与不动产质权,至于权利质权未予承认,因为法国民法将债权、知识产权、股权等作为动产或无体动产。我国法律只承认动产质权与权利质权。

3. 民事质权、商事质权、营业质权

按照适用的法律不同,可以将质权分为民事质权、商事质权和营业质权。民事质权是指适用民法规定的质权,商事质权是指适用商法规定的质权,而营业质权是指适用当铺业法的当铺业质权。

在德国、日本等国家,因采取民商分离的立法体系,因此分别制定了民法典与商法典,故而产生了民事质权与商事质权之分。我国采取民商合一的立法模式,因此,不存在民事质权与商事质权的区分。至于营业质权却是我国自古就有的一项制度。〔53〕 在我国现行法中,营业质权与抵押权合称为"典当"。〔54〕 所谓典当,是指当户将其动产、财产权利作为当物质押或者将其房地产作为当物抵押给典当行,交付一定比例费用,取得当金,并在约定期限内支付当金利息、偿还当金、赎回当物的行为(《典当管理办法》第 3 条第 1 款)。理论上说,营业质权的特殊之处在于:民事质权不允许约定流质契约,但是典当则可以。申言之,当当户在约定期限届满后仍不赎回当物,则该典当成为"绝当"或"死当",而当物成为"绝当物品",典当行有权取得其所有权。但是,依据《典当管理办法》第 43 条规定,如果绝当物品的估价金额在 3 万元以上的,可以按照原《担保法》的有关规定处理,也可以双方事先约定绝当后由典当行委托拍卖行公开拍卖。拍卖收入在扣除拍卖费用及当金本息后,剩余部分应当退还当户,不足部分向当户追索。如果绝当物估价金额不足 3 万元的,典当行可以自行变卖或者折价处理,损益自负。如果绝当物品是上市公司股份,则典当行应当取得当户的同意和配合,不得自行变卖、折价处理或者委托拍卖行公开拍卖绝当物品中的上市公司股份。

4. 普通质权与特殊质权

普通质权就是传统形态的质权,在我国法上就是指动产质权与权利质权。特殊质权是指质权发展过程中出现的新型的质权,主要包括共同质权、最高额质权等。共同质权是指为担保同一个债权而在数项动产或权利上设定的质权,而最高额质权是指为出质人与质权人协议在最高债权额限度内,以质物对一定期间内连续发生的债权作担保。由于共同质权、最高额质权的基本法理分别与共同抵押权、最高额抵押权相同,因此在法律没有特别规定时也可以适用共同抵押权、最高额抵押权的有关规定。〔55〕 我国《民法典》第 439 条第 2 款规定:"最高额质权除适用本节有关规定外,参照适用本编第十七章第二节的有关规定。"因此,我国法律是明确承认最高额质权的。

(三)质权的属性

1. 从属性。指质权作为为担保债权的受偿而设定或者发生的担保物权,具有从属于被担保债权即主债权的属性。质权的发生、移转或者消灭,从属于主债权的存在、移转或者消灭。

2. 不可分性。即"质物的全部担保债权的各部,质物的各部担保债权的全部"。申言之,质

〔53〕 日本民法也承认营业质权,其"典当商营业法"对之专门作出了规定。参见[日]近江幸治:《担保物权法》,祝娅等译,法律出版社 2000 年版,第 73 页。

〔54〕 详见史尚宽:《物权法论》,中国政法大学出版社 2000 年版,第 342 页。

〔55〕 史尚宽:《物权法论》,中国政法大学出版社 2000 年版,第 352 页。

权不因质物的分割、部分灭失或让与而受影响,也不因被担保债权的分割、部分清偿或让与而受影响,质权人仍得以质物的全部担保债权的全部(《担保法解释》第 96 条)。

3. 物上代位性。指当质物因灭失、毁损而获得保险金、赔偿金、补偿金时,它们成为质物的代替物,质权人有权对该项赔偿金行使质权。这里因质物灭失、毁损所获得的保险金、赔偿金、补偿金等被称为“代位物”或“代偿物”。

二、动产质权

(一)动产质权的概念与特征

动产质权,是指为担保债务的履行,债务人或者第三人将其动产移交债权人占有,将该动产作为债权的担保,债务人不履行到期债务或者发生当事人约定的实现质权的情形时,债权人有权就该动产变价并优先受偿的权利(《民法典》第 425 条第 1 款)。其中“债务人或者第三人”为出质人,而“债权人”是质权人,“交付的动产”为质押财产(《民法典》第 425 条第 2 款)。

动产质权具有以下特征:

1. 动产质权是以他人的动产为标的物所设定的担保物权。动产质权的标的物为动产且必须属于他人即债务人或者第三人所有。债权人不能在自己所有的动产上为担保自己的债权而设定动产质权。此外,法律、行政法规禁止转让的动产不得出质(《民法典》第 426 条)。这是由于动产质权在实现时需要进行拍卖、变卖或折价,从而发生所有权人的变化。如果以法律、行政法规禁止转让的动产出质,必然导致动产质权无法实现,债权人的权利受到损害。

2. 动产质权以质权人占有作为质物的动产为生效要件。《民法典》第 429 条规定:“质权自出质人交付质押财产时设立。”动产质权以移转占有为生效要件的原因在于:与不动产物权变动所不同的是,动产物权的变动以占有为公示要件,且质权须通过留置效力实现其担保主债权实现的功能。如果不使债权人占有动产,既无法向外界展示动产上存在的质权,使第三人蒙受不测的损害,也不能保全质权的效力,债权人在实现质权时会发生严重的困难。如果令债权人占有动产,就可以避免此种弊端。

出质人向质权人移转质物的占有即质物的交付不局限于现实交付,也包括简易交付与指示交付。但是,出质人不得以占有改定的方式而继续占有标的物,其原因在于:一方面,动产质权以占有作为公示要件,如果出质人代质权人占有质物,则无法将该动产上所设立的质权加以公示,必将有害于交易安全;另一方面,由于出质人仍直接占有质物,因此质权人无法对质物加以留置,质权的留置效力丧失殆尽。正因如此,《民法典》第 228 条在规定占有改定时,只是允许“动产物权转让时,当事人又约定由出让人继续占有该动产的,物权自该约定生效时发生效力”,而没有允许“动产物权设定,当事人又约定由负有设定物权义务之人继续占有该动产的,物权自该约定生效时发生效力”。[56]

通常,当事人在质押合同中都对质物的名称、数量、质量、状况作出明确的约定,而且出质人交付质物也就是合同中约定的质物。如果质押合同中对质押的财产约定不明,或者约定的出质财产与实际移交的财产不一致的,依据《担保法解释》第 89 条应当以实际交付占有的财产为准。从司法实践来看,“约定的出质财产与实际移交的财产不一致的”主要是指在当事人订

---

[56] 《担保法解释》第 87 条第 1 款第 1 句也规定,出质人代质权人占有质物的,质押合同不生效。

立质押合同且交付质物之后，出质人又将原质物取回而交付了新的质物的情形。[57]

3. 动产质权是以质物所卖得的价金优先受偿的权利。动产质权是以担保主债权的实现为目的的，因此在债务人不履行到期债务或者发生当事人约定的实现质权的情形时，质权人可以与出质人协议以质押财产折价，也可以就拍卖、变卖质押财产所得的价款优先受偿。

（二）动产质权的设定

动产质权的设定就是指通过质押合同设定动产质权，这是实践中最为常见的质权取得方式。《民法典》第427条第1款规定："设立质权，当事人应当采用书面形式订立质押合同。"此外，《民法典》第427条第2款对质押合同的内容作出了例示性的规定，依据该款，质押合同一般包括以下条款：（1）被担保债权的种类和数额。被担保债权的种类，是指质权担保的究竟是当事人之间的哪一个债权。由于现在社会的债权重叠化现象很普遍，因此同一债权人与债务人之间可能存在多种债权，如1000万元的买卖机械设备的合同债权、800万元的专利权许可使用合同债权，出质人与质权人必须明确设立的质权究竟担保其中的哪一个。（2）债务人履行债务的期限。债务人履行债务的期限主要的作用是决定质权人何时行使质权，只有债务履行期届满而债权人未受清偿时，其才能行使质权。（3）质押财产的名称、数量等情况。这是为了特定化质押财产。因为作为物权的动产质权必须遵循物权特定原则。如果质押财产未特定化，质权就无从产生。（4）担保的范围。（5）质押财产交付的时间和方式，这对于质权的设立很重要，因为动产质权自出质人交付质押财产时设立。

（三）动产质权的效力

1. 动产质权担保的债权范围

动产质权担保的债权范围可由当事人自行约定，如果没有约定，则包括主债权及利息、违约金、损害赔偿金、质物保管费用和实现质权的费用。

2. 动产质权效力所及的标的物范围

作为质物的动产首先为质权的效力所及，此外，为了维护质物的经济效用与其交换价值，同时兼顾双方当事人的利益，对质物以外的其他物或权利，在一定条件下，也应纳入质权效力所及的标的物范围。这些物或权利包括：

（1）从物。《担保法解释》第91条规定："动产质权的效力及于质物的从物。但是，从物未随同质物移交质权人占有的，质权的效力不及于从物。"

（2）孳息。动产质权与动产抵押权的一个重要区别就是前者必须移转质押财产的占有，而后者无须移转抵押财产的占有。这一区别导致了动产质权与动产抵押权对担保财产的孳息的效力有所不同。在动产质权中，由于质押财产处于质权人占有之下，所以由他来收取质押财产的孳息显然最为方便，是最合理的选择。因此，《民法典》第430条第1款规定："质权人有权收取质押财产的孳息，但是合同另有约定的除外。"所谓"合同另有约定的除外"，是指质权人与出质人在质权合同中特别约定由何人收取质押财产的孳息。

（3）添附物。《民法典》对添附作出了规定。此外，依据《担保法解释》第96条规定，质物因附合、混合或者加工使质物的所有权为第三人所有的，质权的效力及于补偿金；质物所有人为附合物、混合物或者加工物的所有人的，质权的效力及于附合物、混合物或者加工物；第三人

[57] 相关案例参见临沭县城区农村信用合作社与中国农业银行临沭县支行存单纠纷上诉案，山东省临沂市中级人民法院民事判决书（2000）临经终字第13号。

与质物所有人为附合物、混合物或者加工物的共有人的,质权的效力及于出质人对共有物享有的份额。

(4)代位物。《民法典》第 390 条规定:“担保期间,担保财产毁损、灭失或者被征收等,担保物权人可以就获得的保险金、赔偿金或者补偿金等优先受偿。被担保债权的履行期限未届满的,也可以提存该保险金、赔偿金或者补偿金等。”

3. 出质人的权利

(1)质物的收益权。由于出质人须将质物的占有移转给质权人,因此原则上出质人对于质物没有使用收益的权利,但出质人可以与质权人约定仍然保留对质物的收益权。

(2)质物的处分权。出质人虽须将质物移交债权人占有,但出质人将质物移交债权人占有并不导致其丧失对质物的所有权。因此,动产上设定质权后,出质人仍然有权处分该动产。不过此种“处分”仅指法律上的处分,而非事实上的处分,因为出质人在丧失对质物的占有之后已经无法对质物进行事实上的处分,况且此种处分也将有害于质权人的利益。[58]

(3)物上保证人的追偿权。当出质人是主债务人之外的第三人时为“物上保证人”,其在代债务人清偿债务之后或因质权的实现而丧失质物的所有权时,物上保证人享有追偿权。

(4)保全质物的权利。尽管出质人将其财产设定质权,但是这并不会改变出质人仍然属于质物所有权人的事实。因此,在质物为质权人占有的情形之下,虽然《民法典》第 432 条第 1 款规定了质权人必须妥善保管质押财产,并且在保管不善导致质押财产毁损、灭失的时候要承担赔偿责任。但这毕竟是一种事后的补救,当质权人的行为可能致使质押财产毁损、灭失时,必须给予出质人一种预先的防范措施。为此,《民法典》第 432 条第 2 款规定了出质人针对质权人导致质押财产毁损、灭失行为的预先防范措施。依据该款,如果质权人的行为可能使质押财产毁损、灭失的,出质人可以请求质权人将质押财产提存,或者要求提前清偿债务并返还质押财产。由此,产生的提存费用应由质权人负担;如果出质人提前清偿债务的,则应当扣除未到期部分的利息(《担保法解释》第 92 条)。

4. 出质人的义务

因质物存在隐蔽的瑕疵而致质权人遭受损害时,依据《担保法解释》第 90 条,应由出质人承担赔偿责任。

5. 质权人的权利

(1)质物的留置权。其是指质权人在其债权没有获得全部清偿之前,有权留置质物。申言之,在质权人的债权没有获得满足前,无论是出质人还是质物的第三取得人请求其交付质物,质权人都可以加以拒绝。《担保法解释》第 95 条第 1 款第 1 句规定,债务履行期届满质权人未受清偿的,质权人可以继续留置质物,并以质物的全部行使权利。

(2)优先受偿权。当债务人不履行债务时,质权人有权依法以作为质物的动产折价或者以拍卖、变卖该动产的价款优先受偿。质权人的优先受偿权体现在:首先,质权人较债务人的一般债权人(无质权担保其债权者)优先受偿;其次,出质人破产时,质权人有别除权,质物不能列入破产财产;最后,即便作为质物的动产被查封或扣押,也不能影响质权人的优先受偿权。

(3)孳息收取权。除非质押合同另有约定,否则质权人有权收取质物所生的孳息。所收取的孳息应当先充抵收取孳息的费用(《民法典》第 430 条第 2 款)。

---

〔58〕 谢在全:《民法物权论》(修订 2 版,下册),2003 年台北自版,第 267 页。

(4)转质权。转质,是指质权人为了担保自己的或者他人的债务,将质物向第三人再度设定新的质权。例如,甲为了担保自己向乙所欠的债务10万元,而将劳力士手表为乙设定质权。此后,质权人乙为了担保自己欠丙的债务5万元,又以该手表为丙设定质权。在民法中,质物的转质可以分为两类:一是责任转质,即质权人于质权存续期间,无须经过出质人的同意,而以自己的责任将质物为第三人设定质权;二是承诺转质,即质权人在获得出质人的同意后,为了担保自己或者他人的债务而以质物向第三人设定质权。即质权人在得到质物所有人的处分承诺(授予处分权)时,为担保自己的债务于其占有的质物上设定比自己享有的质权更为优先的一个新的质权。《民法典》第434条规定:"质权人在质权存续期间,未经出质人同意转质,造成质押财产毁损、灭失的,应当承担赔偿责任。"由此可知,我国法上既承认责任转质,也承认承诺转质。

(5)因质权受侵害的请求权。作为担保物权,质权具有对世的效力,质权人当然享有物权请求权。此外,质权人还可以基于占有而行使《民法典》规定的占有保护请求权。《担保法解释》第87条第2款规定:"因不可归责于质权人的事由而丧失对质物的占有,质权人可以向不当占有人请求停止侵害、恢复原状、返还质物。"[59]

(6)代充质物的权利。《民法典》第433条规定:"因不可归责于质权人的事由可能使质押财产毁损或者价值明显减少,足以危害质权人权利的,质权人有权请求出质人提供相应的担保;出质人不提供的,质权人可以拍卖、变卖质押财产,并与出质人通过协议将拍卖、变卖所得的价款提前清偿债务或者提存。"该条规定的就是质权人代充质物的权利。质权人代充质物的权利亦称"变价权",是指在质物有毁损或者其价值显有减少的可能,足以危害质权人的权利时,质权人可以拍卖或者变卖质物,以所得的价金代充质物的权利。[60]"代充质物",是指质权存在于该项价金之上,而非指以该项价金直接满足债权。

6. 质权人的义务

(1)妥善保管质押财产的义务。《民法典》第432条第1款规定:"质权人负有妥善保管质押财产的义务;因保管不善致使质押财产毁损、灭失的,应当承担赔偿责任。"由于动产质权存续期间,质权人占有质押财产,因此,质权人负有妥善保管质押财产的义务。这种规定对于质权人与出质人都是有好处的。如果保管不善导致质押财产毁损或者灭失的,那么质权人应当承担赔偿责任。

(2)不得擅自使用、处分质押财产的义务。质权人虽然在质权存续期间有权占有质押财产,但是出质人并未因设立动产质权而丧失对质押财产的所有权。因此,质权人在没有得到出质人的同意时,不得擅自使用、处分质押财产,否则应当就由此给出质人造成的损害承担赔偿责任。因此,《民法典》第431条规定:"质权人在质权存续期间,未经出质人同意,擅自使用、处分质押财产,造成出质人损害的,应当承担赔偿责任。"

(3)返还质物的义务。《民法典》第436条第1款规定:"债务人履行债务或者出质人提前清偿所担保的债权的,质权人应当返还质押财产。"对此很容易理解,既然债务人已经履行了债务或者出质人代为提前清偿了质权所担保的债权,那么因主债权消灭,作为担保物权的质权自然亦归于消灭,债权人已经不再享有质权,其原先基于质权而对质押财产的占有是有权占有,

---

〔59〕 司法解释显然采取的是德国做法,参见《德国民法典》第1227条。

〔60〕 史尚宽:《物权法论》,中国政法大学出版社2000年版,第370页。

现在已经成为无权占有,此时质权人当然负有返还质押财产给出质人的义务。如果其拒绝返还,则出质人有权请求其返还。

(四)动产质权的实现

动产质权的实现,是指债务人不履行到期债务或者发生当事人约定的实现质权的情形,质权人与出质人协议以质押财产折价,也可以就拍卖、变卖质押财产所得的价款优先受偿的行为。依据《民法典》第436条第2款规定,动产质权实现的条件有:首先,动产质权有效存在;其次,债务履行期届满;最后,作为质权人的主债权人未受清偿。

由于动产价格波动往往比较大,因此为了维护出质人的合法权益,《民法典》第437条第1款规定:"出质人可以请求质权人在债务履行期限届满后及时行使质权;质权人不行使的,出质人可以请求人民法院拍卖、变卖质押财产。"这就意味着,尽管质权人可以自行实现其权利,但是,如果任由质权人拖延时间,就会出现对出质人不利的后果。因为动产质权应以动产为标的物,而动产的价值往往波动很大,一些动产甚至越早变现就越好。所以在动产质权的实现时间上,往往是出质人迫切希望质权人快点行使权利,而在不动产抵押权的时候却多是抵押权人希望能够尽快实现抵押权。正因如此,《民法典》才给予了出质人一项请求质权人及时行使质权的权利。

如果在出质人已经请求了质权人及时行使权利,而质权人却怠于行使权利,以致造成出质人损害的,质权人应当承担赔偿责任。本书认为,质权人此种赔偿责任的请求权基础应为《民法典》第1165条第1款所规定的过错责任原则,构成要件如下:

1. 债务履行期届满且出质人请求了质权人及时行使权利。如果债务履行期尚未届满,出质人请求质权人及时行使权利,质权人能否实行质权?本书认为,如果出质人为债务人,则此种请求质权人行使质权的行为足以表明债务人届期将不履行债务,此时质权人当然可以行使质权;如果出质人为物上保证人,因出质人属于有利害关系的第三人,其当然有权代位清偿债务人的债务,故而其请求质权人行使质权就表明了要代位清偿债务,故此质权人也可以行使质权。

2. 质权人具有过错,即存在"怠于行使权利"的情形。申言之,质权人因可归责于自身的原因而不及时行使权利。例如,明知作为质押的财产的某电子产品的升级产品即将上市,如果在新产品上市后再变卖质押财产所获价款将很少,但是质权人认为即便如此也足以偿还自己的债权,于是没有及时将质押财产变卖。

3. 出质人遭受了损害,该损害通常为质物价格的下跌,例如,在"农行下仓营业所诉刘玉文返还质押贷款刘玉文以其在贷款到期后不行使质权致质物贬值要求以质物抵偿贷款案"中,出质人作为质物的解放牌142型大货车于债务履行期届满时(1998年6月20日)的价值为30,150元,而在质权人起诉债务人(出质人)即行使质权时(2000年10月23日)该质物仅值6300元,价格下跌了23,850元。[61]

4. 质权人具有过错的行为与出质人的损害之间存在因果关系。从实践来看,所谓质权人就由此造成的损失承担赔偿责任,通常的方法就是在出质人即债务人时,将质物因质权人怠于行使权利而造成的价格下跌的部分抵扣债权人的原债权即本金,而利息不予以抵扣。如果出质人是第三人,则抵扣全部被担保的债权,不仅包括本金也包括利息。

---

〔61〕 载最高人民法院中国应用法学研究所编:《人民法院案例选》(总第44辑),人民法院出版社2004年版,第257页。

（五）动产质权的消灭

《民法典》第 393 条规定了担保物权消灭的共同原因，如主债权消灭、放弃担保物权、实现担保物权等。此处主要讨论动产质权的两个特殊消灭原因。

1. 质物的返还。由于动产质权以质物的占有作为生效要件与存续要件，当质权人将质物返还给出质人时，因其已经丧失对质物的占有，此时已经无法通过占有向外界展示动产上存在的质权，所以为了防止第三人蒙受不测的损害，质权须归于消灭。这里的"返还质物"，是指质权人基于自己的意思而将质物的占有移转给出质人。倘若质权人非基于自己的意思而丧失对质物的占有，如质物被偷盗、抢夺等，则质权不会因此消灭。质权人有权针对不当占有人请求停止侵害、恢复原状、返还质物（《担保法解释》第 87 条第 2 款）。《民法典》没有对质物返还导致动产质权消灭作出规定。《担保法解释》第 87 条第 1 款第 2 句规定："质权人将质物返还于出质人后，以其质权对抗第三人的，人民法院不予支持。"

2. 质权人丧失质物的占有无法请求返还。当质权人非基于自己的意思而丧失质物的占有时，其可以行使基于占有的物权请求权，请求返还质物，当非法占有质物之人无法返还质物时（如质物为他人善意取得），质权将消灭。此时，质权人有权请求侵害人承担损害赔偿责任，由此获得的赔偿金成为质物的代位物，为质权的效力所及。

三、权利质权

（一）权利质权的概念与特征

权利质权，是指以所有权以外的、具有可以转让性的财产权为标的物而设定的质权。虽然权利质权是以某些权利作为客体设定的质权，但是，并非所有的权利均可设定质权，只有符合以下条件的权利才能设定权利质权：

1. 该权利必须是债务人或者第三人有权处分的权利。设定质权是一种处分行为，因此当债务人或者第三人对某一权利不享有处分权时，则不得以之设定质权。例如，甲将一张支票委托乙暂时保管。乙如果擅自以该支票为其向丙所负债务设定权利质权担保，其行为属于无权处分行为。至于丙能否取得该权利质权，则要看其是否能够善意取得。

2. 该权利必须是财产权利。权利质权是一种价值权，质权人通过控制作为质权标的物的权利的交换价值而确保债权的实现，因此，不具有财产价值的权利（如人格权、身份权等）无法变价，不能成为权利质权的标的。此外，不作为债权因某些债权的书面证明本身无财产价值，故此也不得设定权利质权。〔62〕 正因如此，《民法典》第 440 条第 7 项中才使用了"其他财产权利"作为兜底性规定。

3. 该权利必须是依法可以转让的财产权利。由于权利质权产生的目的在于担保债权的实现，因此当被担保的债权届期未受清偿时，质权人有权就作为质物的财产权利的价值优先受偿。如果作为质物的财产权利不具有可转让性，则质权人的优先受偿权必然无法实现，这就完全违背了权利质权的设立宗旨。〔63〕 不可转让的财产权利主要包括以下几种：

（1）依其性质不可转让的财产权利，这类权利包括：第一，基于特定的人身关系而专属于特定人的债权，即基于扶养关系、抚养关系、赡养关系、继承关系产生的给付请求权和劳动报酬、退休金、养老金、抚恤金、安置费、人寿保险、人身伤害赔偿请求权等权利［《合同法解释（一）》

---

〔62〕 参见最高人民法院《关于财产保险单能否用于抵押的复函》（1992 年 4 月 2 日，法函〔1992〕47 号）。

〔63〕《担保法》第 75 条第 2、3 项明确要求被质押的股份、股票或者知识产权具有可转让性。

第12条];第二,基于特殊信任关系而产生的债权,如委托合同中委托人对受托人的处理委托事务的请求权、雇佣合同中雇主对雇员的劳务请求权等;第三,具有从属性的财产权,如抵押权、质权是从属于主债权而不得单独转让或者作为其他债权担保的权利,因此也不能单独设定权利质权。

(2)依据当事人约定不得转让的权利,例如,航空公司出售的机票上如有乘机人的姓名时,则属于当事人之间约定不得转让的权利;再如,某航空公司或者某宾馆出售的标明了使用人姓名或身份证号码的购票优惠卡、贵宾卡、打折卡等,也属于依据当事人约定不得转让的权利。[64]但是,当事人的此种约定具有相对性,不得以之对抗善意第三人,如果善意第三人不知道当事人此种禁止转让的约定时,以该权利设定的质权依然有效。[65]

(3)法律、行政法规禁止转让的财产权利(《民法典》第426、446条)。例如,国务院颁布的《收费公路管理条例》第22条规定:"有下列情形之一的,收费公路权益中的收费权不得转让:(一)长度小于1000米的二车道独立桥梁和隧道;(二)二级公路;(三)收费时间已超过批准收费期限2/3。"因此,此类收费公路中的收费权不得设定权利质权。

4. 以该权利设定质权不违背法律的规定以及权利质权的性质。实践中,有大量权利虽为财产权利且可以转让,但如果以之设定权利质权必然违背现行法的规定或者与权利质权的性质相冲突,那么也不能成为权利质权的标的物。在我国法上,此类权利主要包括:第一,《公司法》第142条第5款规定:"公司不得接受本公司的股票作为质押权的标的。"第二,不动产上的物权,即国有土地使用权、农村土地承包经营权、宅基地使用权、养殖权、捕捞权、采矿权、探矿权等。因权利质权准用动产质权的规定,所以如果以这些不动产物权设定权利质权必然违背权利质权的性质。第三,动产所有权。由于动产质权的实质就是以动产所有权作为质权的标的物,因此动产所有权不能作为权利质权的客体,否则就无法区分动产质权与权利质权。

正是由于能够设定质权的权利必须符合上述条件,所以《民法典》第440条第1~6项明确列举了哪些权利能够设定质权,以便当事人在经济活动的实践中有法律规范可资依循。依据该条,能够设定质权的权利包括:(1)汇票、本票、支票;(2)债券、存款单;(3)仓单、提单;(4)可以转让的基金份额、股权;(5)可以转让的注册商标专用权、专利权、著作权等知识产权中的财产权;(6)现有的以及将有的应收账款。

此外,《民法典》第440条第7项还对可以抵押的财产作出了兜底性规定,即"法律、行政法规规定可以出质的其他财产权利",也可以设定质权。

(二)有价证券质权的设定

《民法典》允许以汇票、支票、本票、债券、存款单、仓单、提单设定质权。这些权利都属于有价证券的范畴。有价证券是一种表示具有财产价值的民事权利的证券,权利的发生、移转和行使均以持有证券为必要。依证券所表示的权利的性质不同,有价证券分为债权的有价证券、物权的有价证券和社员权的有价证券。债权的有价证券表示债权,即以债权为证券权利内容的为债权的有价证券。这是有价证券中范围最广的一类,如汇票、本票、支票、存款单、债券等。物权的有价证券表示物权,即以物权为证券权利内容的为物权的有价证券,提单、仓单属于此

---

〔64〕 参见刘健诉韩艳于质押期间丢失其质押的购机票优惠卡赔偿案,载最高人民法院中国应用法学研究所编:《人民法院案例选》(1998年第1辑,总第23辑),时事出版社1998年版,第78页以下。

〔65〕 谢在全:《民法物权论》(修订2版,下册),2003年台北自版,第314页。

类证券。但是,它们兼具债权效力与物权效力。社员权的有价证券表示社员权,即以社员权为证券权利内容的为社员权的有价证券,又称为团体的有价证券。股权就是一种社员权的有价证券。[66]

由于《民法典》第446条规定,权利质权除适用专门规定外还适用动产质权的规定,而动产质权的设定须采取书面形式订立质押合同,因此,以汇票、支票、本票、债券、存款单、仓单、提单出质的,当事人应当订立书面合同。之所以要求书面形式,主要目的一是防止当事人轻率地设定质权,使其三思而后行;二是防止发生纠纷,为纠纷的解决提供证据;三是权利质押以登记为生效要件,而办理登记就需要提交质押合同。

(三)有价证券质权的生效要件

有价证券质权的生效要件包括:首先,以这些权利出质时,原则上以权利凭证的交付作为质权的生效要件,即权利质权自权利凭证交付给质权人时设立。其次,在没有权利凭证时,则以办理出质登记作为权利质权的生效要件。该规定对于促进交易的快捷十分有用。因为就汇票、支票、本票、债券、存款单、仓单、提单而言,因其已经被证券化,[67]所以具有与动产相类似的法律地位,完全可以通过权利凭证的交付作为质权的生效要件,以贯彻物权的公示原则。只有对于那些尚未证券化的权利,才需要通过登记加以公示,表明权利质权的产生或消灭。

目前,在我国,汇票、本票、支票、存款单、仓单、提单以及部分债券(如凭证式国债)仍然有权利凭证,因此,以这些权利设定质权时,出质人应当将权利凭证交付给质权人。而许多债券如记账式国库券和在证券交易所上市交易的公司债券等,因完全无纸化而没有权利凭证,如果要以之设定质权,须办理出质登记。我国《民法典》为了实现动产质押和权利质押的登记机构的统一,故此删除了权利质押登记机构的规定,因为在未来统一登记后应由统一的登记机构负责登记。在没有统一之前,有价证券的登记机构是不同的,例如,记账式国库券必须到中央国债登记结算有限责任公司办理出质登记,而在证券交易所上市交易的公司债券则须到中央证券登记结算公司办理出质登记。

1. 票据质权的设定

票据是指发票人依据法律的规定发行的,由自己无条件支付或者委托他人无条件支付一定金额的有价证券。[68] 我国法上的票据包括三种:汇票、本票和支票(《票据法》第2条第2款)。以汇票、本票、支票设定质权的,出质人只需要将权利凭证交付给债权人,质权即设立了,不以设质背书为票据质权的生效要件。《民法典》第441条规定:"以汇票、本票、支票、债券、存款单、仓单、提单出质的,质权自权利凭证交付质权人时设立;没有权利凭证的,质权自办理出质登记时设立。法律另有规定的,依照其规定。"之所以本条要加上一句"法律另有规定的,依照其规定",是因为《票据法》对票据质押有专门的规定,应当依据该规定。《票据法》第35条第2款:"汇票可以设定质押;质押时应当以背书记载'质押'字样。被背书人依法实现其质权时,可以行使汇票权利。"由此可见,设质背书属于汇票质押的成立要件。

---

〔66〕 谢怀栻:《票据法概论》(增订版),法律出版社2006年版,第8页以下。

〔67〕 把权利表现在证券上,使权利与证券相结合,称为"权利的证券化"。参见谢怀栻:《票据法概论》(增订版),法律出版社2006年版,第6页。

〔68〕 谢怀栻:《票据法概论》(增订版),法律出版社2006年版,第16页。

2. 债券质权的设定

债券是指依照法定程序发行的,约定在一定期限还本付息的有价证券。债券是表明债权债务关系存在的凭证。债券关系中发行人是债务人,持券人是债权人。债券是证权凭证,具有可偿还性、收益性、可流通性、安全性等特点。在我国,依据发行主体的不同,债券主要可分为政府债券、金融债券、公司债券等几种。以债券出质的,有权利凭证的应当交付权利凭证,质权自权利凭证交付之时发生效力,否则该债券质权自办理出质登记时发生效力。例如,以凭证式国债设定质权向银行申请贷款的,出质人应当向其原认购国债的银行提出申请,经对申请人的债权进行确认并审核批准后,由借贷双方签订质权,出质人将作为质押财产的凭证式国债交付给质权人(贷款机构)时质权设立(《凭证式国债质押贷款办法》第6条)。再如,根据中国人民银行的有关规定,国家开发银行、中国进出口银行参与全国银行间债券市场只能用质押方式办理资金融出、融入业务,这两家银行属于政策性银行,它们发行的政策性银行债券是由中央国债登记结算公司托管的,因此必须在中央国债登记结算公司办理出质登记。至于以在证券交易所交易的公司债券设定质权,进行企业债券质押式回购交易的,应当在作为分托管人的中央证券登记结算公司办理出质登记。

3. 存款单质权的设定

存款单也称"存单",我国法律虽多次提到存款单,但均未给其下定义。[69]《储蓄管理条例》第3条第1款规定,储蓄是指个人将属于其所有的人民币或者外币存入储蓄机构,储蓄机构开具存折或者存单作为凭证,个人凭存折或者存单可以支取存款本金和利息,储蓄机构依照规定支付存款本金和利息的活动。因此,可以将存款单界定为:由银行等储蓄机构开具的证明自身与存款人之间存在储蓄法律关系的一种凭证。在我国,存款单分为记名式和不记名式,记名式的存单可挂失,不记名式的不可以挂失。可以设定质权的存款单主要是指各类定期存款单,因为活期存款可以随时存取,没有必要设定质权。以存款单出质的,质权自权利凭证交付之日起生效。[70]

4. 仓单质权的设定

仓单,是指仓库营业人应寄托人的请求所填发的一种有价证券。关于仓单的立法主要有三种:两单主义、一单主义以及并用主义。[71] 我国法律采取的是一单主义,即仓库营业人仅填发一份仓单,该仓单作为提取保管物的凭证,既可以转让也可以出质。《民法典》第908条规定:"存货人交付仓储物的,保管人应当给付仓单、入库单等凭证。"第910条规定:"仓单是提取仓储物的凭证。存货人或者仓单持有人在仓单上背书并经保管人签名或者盖章的,可以转让提取仓储物的权利。"依据《民法典》第441条,以仓单为标的物设定质权时,质押合同自权利凭证交付之日起生效。

5. 提单质权

我国《海商法》第71条规定,提单是指用以证明海上货物运输合同和货物已经由承运人

---

〔69〕 如《刑法》第177条第1款第2项、第194条第2款;《海关法》第68条第2项。

〔70〕 存款单质权与以特定化的货物设定的动产质权的差异,参见张洁芳:《从动产质押与权利质押的差异看权利质押的生效要件——北京源兴源加油站与中国经济开发信托投资公司存单纠纷案》,载北京市高级人民法院经济审判庭编:《金融审判案例研究》(2001年卷),法律出版社2001年版,第175页以下。

〔71〕 郑玉波:《论仓单》,载郑玉波:《民商法问题研究(一)》,1984年台北自版,第321页;史尚宽:《债法各论》,中国政法大学出版社2000年版,第554~556页。

接收或者装船，以及承运人保证据以交付货物的单证。提单中载明的向记名人交付货物，或者按照指示人的指示交付货物，或者向提单持有人交付货物的条款，构成承运人据以交付货物的保证。货物由承运人接收或者装船后，应托运人的要求，承运人应当签发提单。提单可以由承运人授权的人签发。提单由载货船舶的船长签发的，视为代表承运人签发。《海商法》第 79 条规定，记名提单不得转让；指示提单经过记名背书或者空白背书转让；不记名提单，无须背书，即可转让。因此，能够作为权利质权标的物的提单只能是指示提单与不记名提单两种。依据《民法典》第 441 条，以提单为标的物设定质权时，质权自权利凭证交付之日起生效。

（四）基金份额质权与股权质权

1. 基金份额质权的设定

《民法典》第 440 条第 4 项规定中的基金份额中的"基金"，仅指《证券投资基金法》调整的证券投资基金，即通过公开发售基金份额募集证券投资基金，由基金管理人管理，基金托管人托管，为基金份额持有人的利益，以资产组合方式进行证券投资活动的信托契约型基金，包括投资于不同对象的信托契约型基金、采用不同运作方式的信托契约型基金和选择不同投资收益与风险的信托契约型基金等，但不包括私募基金和公司型基金。[72] 因此，所谓"基金份额"，也就是"证券投资基金份额"。由于证券投资基金活动是以信托原理为基础的，基金合同当事人之间的关系属于信托关系。其中，基金份额持有人属于信托关系中的委托人，基金管理人与基金托管人属于受托人，投资人缴纳的用于认购基金份额的款项，在基金成立之后成为基金财产（信托财产），其既独立于投资人，也独立于基金管理人、基金托管人的固有财产，投资人丧失了对该认购基金份额的款项的所有权。投资人作为基金份额的持有人，依照基金合同的约定和法律的规定，按照其所持份额针对基金财产享有收益分配权、清算后剩余财产取得权和其他相关权利。《证券投资基金法》第 46 条第 1 款规定，基金份额持有人享有下列权利：（1）分享基金财产收益；（2）参与分配清算后的剩余基金财产；（3）依法转让或者申请赎回其持有的基金份额；（4）按照规定要求召开基金份额持有人大会或者召集基金份额持有人大会；（5）对基金份额持有人大会审议事项行使表决权；（6）对基金管理人、基金托管人、基金服务机构损害其合法权益的行为依法提起诉讼；（7）基金合同约定的其他权利。由此可见，《民法典》规定的以基金份额设定质权，其实质为基金份额持有人以其依照基金合同和法律规定享有的分享基金财产收益、参与分配清算后的剩余基金财产等财产权利为客体设定的权利质权。

依据基金运作方式的不同，证券投资基金可以分为封闭式基金、开放式基金以及采取其他运作方式的基金。封闭式基金即采用封闭式运作方式的基金，是指基金份额总额在基金合同期限内固定不变，基金份额持有人不得申请赎回的基金；开放式基金即采用开放式运作方式的基金，是指基金份额总额不固定，基金份额可以在基金合同约定的时间和场所申购或者赎回的基金。这两种基金的重要区别之一就是，基金份额的转让方式不同。封闭式基金的基金份额在基金合同期限内，基金份额持有人不得申请赎回。开放性基金的基金份额可以在基金合同约定的时间和场所申购或赎回。至于采用其他运作方式的基金，其基金份额发售、交易、申购、赎回的办法，由国务院另行规定。基金份额持有人以基金份额出质的，质权自办理出质登记时

---

〔72〕　李飞主编：《中华人民共和国证券投资基金法释义》，法律出版社 2003 年版，第 6 页以下。

设立。

2. 股权质权的设定

由于股权是以股东资格(公司这一社团法人中的社员资格)为发生基础,且内容非常复杂,既包括经济性质的,也包括非经济性质的,所以在民事权利体系中被界定为社员权的一种。由于股权中包含具有财产性质的权利(如股息分配请求权、剩余财产分配请求权、新股认购权等),具有经济价值且可依法转让,所以《民法典》允许以可以转让的股权设立质权。以股权出质的,质权自办理出质登记时设立。

(五)知识产权质权

可以转让的注册商标专用权、专利权、著作权等知识产权中的财产权可以设立质权,质权自办理出质登记时设立。[73] 注册商标专用权原则上可以转让,且该权利是纯粹的财产权利,不包含人身权利在内。著作权中既包括人身权利,也包括财产权利,著作权人能够全部或部分转让其中的财产权利,自然可以这些著作权中的财产权利设立质权。专利权也包括人身权利与财产权利两部分,人身权利是指发明人、设计人的署名权,而财产权利包括专利申请权、专利许可权、专利转让权等。专利权中可以转让的财产权也可以用来设立质权。《民法典》第 444 条第 1 款规定,以注册商标专用权、专利权、著作权等知识产权中的财产权出质的,质权自办理出质登记时设立。

(六)应收账款质权

《民法典》第 440 条允许以现有的以及将有的应收账款设立权利质权。所谓应收账款,是指未被证券化的、以金钱为给付标的的现有以及将来的合同债权。中国人民银行颁布的《应收账款质押登记办法》第 2 条规定,该办法所称应收账款是指权利人因提供一定的货物、服务或设施而获得的要求义务人付款的权利以及依法享有的其他付款请求权,包括现有的和未来的金钱债权,但不包括因票据或其他有价证券而产生的付款请求权,以及法律、行政法规禁止转让的付款请求权。该办法所称的应收账款包括下列权利:(1)销售、出租产生的债权,包括销售货物,供应水、电、气、暖,知识产权的许可使用,出租动产或不动产等;(2)提供医疗、教育、旅游等服务或劳务产生的债权;(3)能源、交通运输、水利、环境保护、市政工程等基础设施和公用事业项目收益权;(4)提供贷款或其他信用活动产生的债权;(5)其他以合同为基础的具有金钱给付内容的债权。《民法典》第 445 条第 1 款规定,以应收账款出质的,质权自办理出质登记时设立。

(七)权利质权的效力

1. 权利质权担保的债权范围

依《民法典》第 389 条规定,权利质权的担保范围也是首先由当事人约定,没有约定的,则担保范围包括主债权及其利息、违约金、损害赔偿金、保管担保财产和实现担保物权的费用。由于权利质权中不存在保管质物的问题,因此质物的保管费用以及因质物隐蔽瑕疵造成的损害均不属于权利质权担保的债权范围。

2. 权利质权效力所及的标的物范围

就权利质权效力所及的标的物范围而言,依据《民法典》第 446 条也应当适用关于动产质权的规定。

---

[73] 但是,在实践中,由于知识产权变价具有很大的不确定性,因此一些银行明确拒绝接受知识产权质押作为担保。

3. 出质人的义务

(1)基金份额质权或股权质权中出质人的义务。出质人将基金份额或股权出质后,虽未丧失对该权利的处分权,但是由于该权利已经成为质权的标的物,因此如果仍然允许出质人随意加以处分,必然危害质权人对该标的物的交换价值的支配权,权利质权所具有的担保功能将丧失殆尽。因此,法律上通常都要对出质人处分质物的权利加以限制。但是,通过登记设立的权利质权,有一点不同于动产质权和以交付权利凭证的方式设定的权利质权。后者的质权人占有作为标的物的动产或者权利凭证,因此出质人事实上是很难对标的物进行处分的。但是,在仅仅通过登记设立的权利质权,由于标的物是权利,出质人完全可以通过法律行为使该权利消灭,因此质权人对标的物的控制力比较弱。所以,法律要禁止出质人在未经质权人同意的情况下,以法律行为将作为标的物的权利加以消灭。故此,《民法典》第 443 条第 2 款规定:"基金份额、股权出质后,不得转让,但是出质人与质权人协商同意的除外。出质人转让基金份额、股权所得的价款,应当向质权人提前清偿债务或者提存。"

(2)知识产权质权中出质人的义务。《民法典》第 444 条第 2 款规定:"知识产权中的财产权出质后,出质人不得转让或者许可他人使用,但是出质人与质权人协商同意的除外。出质人转让或者许可他人使用出质的知识产权中的财产权所得的价款,应当向质权人提前清偿债务或者提存。"这一规定的理由在于:以注册商标专用权,专利权以及著作权等知识产权中的财产权设定质权后,质权人实际上无法控制出质人转让或者许可他人使用的行为的发生,而如果出质人仍然可以在未经质权人同意的情况下将这些已经质押的权利再次转让、(有偿或无偿地)许可他人使用,那么就会导致作为质押财产的权利的交换价值的减损,有害于质权人的合法权益,因此法律上必须作出相应的限制。

(3)应收账款质权设定后出质人的义务。《民法典》第 445 条第 2 款规定:"应收账款出质后,不得转让,但是出质人与质权人协商同意的除外。出质人转让应收账款所得的价款,应当向质权人提前清偿债务或者提存。"这一规定的理由与第 443 条第 2 款与第 444 条第 2 款相同,不再赘述。

4. 质权人的权利

权利质权准用动产质权的有关规定,因此权利质权人的权利义务基本上与动产质权人相同。例如,质权人享有占有或者留置权利凭证的权利、收取质物孳息的权利、变价质物的权利以及优先受偿的权利。

(八)权利质权的实现

权利质权的实现,是指质权所担保的主债权已届清偿期而债务人不履行债务时,质权人依法将质押的权利变价并就其价款优先受偿的行为。依据《民法典》第 446 条:"权利质权除适用本节规定外,适用本章第一节的有关规定。"因此,权利质权的实现与动产质权相同,这里主要论述有价证券兑现或提货日期与主债权清偿期不一致时存在的问题。

当出质人以票据、债券、存款单、仓单、提单等有价证券质押时,如果这些有价证券可以随时兑现或者提货,抑或兑现日期或提货日期与质权所担保的主债权的清偿日期相同,那么就质权的实现而言不存在问题。然而,实践中更可能出现的是以下两种情形之一:

1. 被质押的有价证券上所载明的兑现日期或者提货日期早于质权所担保的主债权的清偿日期。对此,我国《民法典》第 442 条规定,质权人可以兑现或者提货,并与出质人协议将兑现的价款或者提取的货物用于提前清偿所担保的债权或者提存。

2. 被质押的有价证券上所载明的兑现日期或者提货日期晚于质权所担保的主债权的清偿日期。此种情形下,质权人当然只能在兑现或者提货日期届满时兑现款项或者提取货物。对此无须特别规定。

第四节 留 置 权

一、留置权的概念、特征与类型

(一)留置权的概念与特征

留置权(Zurückbehaltungsrecht),是指债权人合法占有债务人的动产时,债务人不履行到期债务,债权人依法享有的留置该财产,以该财产折价或者以拍卖、变卖该财产的价款优先受偿的权利(《民法典》第447条第1款)。留置权具有以下几项特征:

1. 留置权是一种担保物权。我国《民法典》明确将留置权作为一种独立的担保物权加以规定,这与有些国家将民法上的留置权只是作为一种债权的特别效力而规定在债法当中有所不同。

2. 留置权是以动产为标的物的法定担保物权。一方面,留置权并非当事人设立的担保物权,而是依法产生的担保物权,属于法定担保物权。另一方面,我国《民法典》都只是承认动产的留置权,不承认不动产上的留置权。

3. 留置权是具有二次效力的担保物权。留置权的二次效力,是指留置权人在其债权未受清偿前得留置标的物,留置权人就其所占有的物有继续占有的权利,可排除债务人所为的债权请求权或物权请求权的行使,这是第一次效力即留置效力。当债务履行期限届满,且经过一定的期限债务人仍不履行债务时,留置权人有权以标的物折价或拍卖、变卖并就所得价款优先受偿,此中优先受偿的效力是留置权的第二次效力即优先受偿效力。[74]

4. 留置权不具有追及效力。留置权首先是一种物权,但是其并不具有作为物权属性的追及效力,因为留置权是以占有为基础的担保物权,在丧失占有后就消灭了权利本身(《民法典》第457条),留置权人只能基于占有行使返还请求权,而不能基于留置权行使作为物上请求权的返还请求权,所以留置权不具有追及效力。从这一点上说,留置权的物权性弱于其他担保物权如抵押权、质权。

5. 留置权具有从属性、不可分性与物上代位性。担保物权通常都具有从属性、不可分性与物上代位性等三大属性。留置权乃法律基于公平原则而创设之权利,其对主债权的从属性强于约定的担保物权。在抵押权、质权中,被担保的债权可以是将来发生的债权、附条件的债权,但是留置权却只能用于担保履行期限已经届满的债权,因此其从属性特别强烈。[75] 留置权的不可分性,是指债权人于其债权未受全部清偿前,得就留置物之全部,行使其留置权。然而,如果过分严格地强调留置权的不可分性可能会对债务人不公平,也不利于对留置物的充分利用。

---

〔74〕 史尚宽:《物权法论》,中国政法大学出版社2000年版,第487页。

〔75〕 关于留置权是否具有移转上的从属性,理论上有不同看法,参见曹杰:《中国民法物权论》,周旋勘校,中国方正出版社2004年版,第305页;谢在全:《民法物权论》(修订2版,下册),2003年台北自版,第390页。

试想,如果某个债权人可以为了仅仅担保几万元保管费用而留置价值上千万元的标的物,这显然极不合适。因此,原《物权法》第450条对留置权的不可分性作了一定程度上的缓和,该条规定:“留置财产为可分物的,留置财产的价值应当相当于债务的金额。”〔76〕此外,留置权还具有物上代位性。

(二)留置权的类型

留置权最为重要的一种分类就是民事留置权与商事留置权。这是依据适用的法律不同作出的划分,前者适用民法(主要就是民法典)上规定,而后者适用商事法律的规定。与民事留置权相比,商事留置权是因商事交易而生,注重的是适应商业交往的一些独特需求。二者的区别主要体现在(见表18-2):

表18-2 民事留置权与商事留置权的区别

区别	民事留置权	商事留置权
主体	民事主体之间	企业之间
成立要件	债权人留置的动产与债权属于同一法律关系	债权人留置的动产与债权可以不属于同一法律关系
留置物归属	被留置的动产必须是债务人的	被留置的动产可以不是债务人的

1. 主体不同。商事留置权适用于商人之间因双方的商行为而产生的债权,因此其主体即债权人与债务人都必须为商人,而民事留置权无此要求。

2. 成立要件上不同。民事留置权要求债权的发生与债权人占有的债务人的该动产具有牵连关系,而商事留置权一般不作此要求。易言之,商人之间因营业关系而占有的动产及其因营业关系所产生的债权,无论实际上是否存在牵连关系都视为存在牵连关系,只要该动产是债权人因商行为而占有的。〔77〕之所以如此是因为:商人之间的相互交易非常频繁且常常维持相当长的一段时间,此间各种债权债务关系不断发生消灭,如果按照民法上留置权的要求,债权人必须精确且逐一地证明每次交易所发生的债权与其所占有的债务人的动产之间存在个别牵连关系,非常困难。为了加强商业交易中的信用,确保交易的效率,故而不以动产与债权具有牵连关系为必要,各国商法典遂有此规定。

3. 留置物的归属不同。除非存在适用善意取得的可能,否则民事留置权中被留置的动产必须是债务人的,而商事留置权中债权人留置的动产可以不是债务人的,即便债权人明知该动产并非债务的,商事留置权依然有效存在。

4. 效力不同。在一些外国法上,商事留置权的效力强于民事留置权。例如,在日本法上,民事留置权仅具有留置效力而无优先受偿效力,故而于债务人破产时留置权不具有别除效力,而商事留置权却被视为特别的先取特权看待(《日本破产法》第93条),具有很强的效力。

---

〔76〕《担保法解释》第110条将留置权的不可分性规定为:“留置权人在债权未受全部清偿前,留置物为不可分物的,留置权人可以就其留置物的全部行使留置权。”

〔77〕参见《德国商法典》第369条第1款第1句、《瑞士民法典》第895条第2款、《日本商法典》第521条、我国台湾地区“民法”第929条。

我国采取的是民商合一的立法模式,在《民法典》中也注意到了商事关系的一些特殊之处。《民法典》第448条规定:“债权人留置的动产,应当与债权属于同一法律关系,但是企业之间留置的除外。”这显然是明确承认了商事留置权。因为按照这一规定,如果是企业与企业之间发生债权债务关系,那么作为债权人的企业占有作为债务人的企业的动产时,无须该动产与债权具有同一关系。这种规定,明显符合上述商事留置权与民事留置权的第一、二项区别。除了《民法典》外,在一些单行法如海商法上也有对商事留置权即船舶留置权的规定(《海商法》第25条第2款第1句)。

二、留置权的产生

留置权只能依法产生,而不能由当事人通过法律行为设定。在传统民法中,通常都将法律关于留置权的产生条件划分为两大类:积极条件与消极条件。积极条件是指留置权产生所应当具备的条件,消极条件是指只有当其不存在时留置权才能产生的那些条件。

(一)留置权产生的积极条件

1. 债权人合法占有了债务人的动产

依据《民法典》第447条第1款规定,只有债权人“合法占有的债务人的动产”,债权人才可能享有留置权。因此,不仅债权人依据合同关系而合法占有的债务人的动产可以被留置,而且债权人基于其他法律关系而合法占有的债务人的动产也可以被留置,如基于无因管理之债而占有的他人的动产,当受益人不偿付管理人由此而支付的必要费用时,管理人也有权留置该动产。

2. 债权人占有的债务人的动产与债权属于同一法律关系

《民法典》第448条要求“债权人留置的动产,应当与债权属于同一法律关系”,所谓“属于同一法律关系”,也被称为“有牵连关系”(《担保法解释》第109条)。之所以有此要求,是因为:在社会经济生活中,同一债权人与债务人之间发生的债权债务法律关系往往不是一项而是多项,如债权人甲与债务人乙之间可能有A、B两项债权债务关系,A是一个保管合同关系,债务人乙委托债权人甲保管一辆汽车。而B是一个修理合同关系,债权人甲修理了债务人乙的一台电脑。如果在债权人甲留置的动产与债权不具有同一关系的情况下承认债权人甲的留置权,那么在债务人乙已经清偿了债权人甲因修理电脑而产生的B债权的情况下,只要其没有支付保管费即未清偿A债权,债权人甲就有权同时留置债务人乙的电脑和汽车。这样就会导致交易关系的严重混乱,将不同类型的法律关系混在一起,引发更大的纠纷。所以,依据《民法典》第448条,甲在乙已经清偿了修理费而没有保管费的情形下,只能留置乙的汽车而不能留置乙的电脑。

关于如何认定“债权人留置的动产与债权属于同一法律关系”,理论上有不同的认识,存在所谓的单一标准说与双重标准说之争。[78] 目前的通说认为,凡是符合以下情形之一者,皆认为债权的发生与被留置的动产之间具有牵连关系:第一,债权就是由于该动产的本身而引发的,例如,当寄存人交付的保管物有瑕疵而未告知保管人时,寄存人应就该物所致保管人的损害承担赔偿责任。然而,由于《民法典》第903条规定:“寄存人未按照约定支付保管费以及其他费用的,保管人对保管物享有留置权,但是当事人另有约定的除外。”因此,损害赔偿之债不能为留置权所担保,此种牵连关系的判断目前在我国可能没有实际意义。第二,债权与动产的返还

〔78〕 详见谢在全:《民法物权论》(修订2版,下册),2003年台北自版,第396页以下。

请求权是基于同一法律关系而产生的。例如,在运输合同中,托运人或收货人请求承运人交付货物的请求权与承运人请求交付运费的权利就是基于同一法律关系而产生的。第三,债权与动产的返还请求权基于同一生活关系而产生的。例如,散会后甲乙两人相互拿了对方的雨伞,此时任何一方皆对于对方的雨伞享有留置权。显然,这种情况只是一种出于理论方便而举的例子,实际生活中没有太大的意义。

如前所述,《民法典》第448条规定,企业与企业之间的留置不要求动产与债权属于同一法律关系,这就是对商事留置权的规定。立法者作出规定是考虑到,如果全部要求债权人留置的动产应当与债权属于同一法律关系,过于狭窄,无法使留置权的功能最大限度地发挥出来。就企业与企业之间的商业交易而言,常常也无法判断动产与债权是否属于同一法律关系,因此承认商事留置权,即在企业与企业之间的商业交往中不要求债权人留置的动产与债权属于同一法律关系。如此,方能实现交易的快捷与效率,并确保企业之间的商业信用。

3. 债务履行期限届满

只有债务人不履行到期债务,即债务履行期限届满而债务人不履行债务时,债权人才享有留置权,事实上此时留置权也才有意义。[79] 但是,如果债务人于债务履行届满之时得向债权人主张同时履行抗辩权,则占有标的物的债权人仍不得主张留置权。此外,如果债权人存在受领迟延的情形,也不得主张留置权,因为如果债权人无正当理由拒绝受领而导致受领迟延仍可享有留置权,显然违背了公平原则。

实践中可能出现的一种情形是,债务履行期限虽未届满,但是债务人已经明确表示不履行债务或者以自己的行为表明届期无法履行债务,此时如果仍要求债权人必须于债务履行期限届满之时方能行使留置权,可能将对债权人严重不利且有失公平。因此,《担保法解释》第112条规定:"债权人的债权未届清偿期,其交付占有标的物的义务已届履行期的,不能行使留置权。但是债权人能够证明债务人无支付能力的除外。"

(二)留置权产生的消极条件

《民法典》第449条规定:"法律规定或者当事人约定不得留置的动产,不得留置。"这就是对留置权产生的消极条件的规定。

1. 法律规定不得留置的动产

(1)动产是债权通过侵权行为而占有的动产,因为《民法典》第447条只允许债权人"留置已经合法占有的债务人的动产",所以通过侵权行为而占有的动产是非法占有的动产,自然不得留置。

(2)法律、行政法规禁止转让的动产,即禁止流通物不得留置。《民法典》第426条规定:"法律、行政法规禁止转让的动产不得出质。"既然此类动产不得设质,因此本书认为也不得留置,否则留置权人在留置这些动产之后,因无法变价并优先受偿,所以无法实现留置权的担保功能。

(3)如果留置某一动产违反了公序良俗,则该动产也不得留置。我国《民法典》第8条规定:"民事主体从事民事活动,不得违反法律,不得违背公序良俗。"第132条规定:"民事主体不

---

[79] 如果债权人于债务履行期限尚未届满之时即擅自留置债务人的财产甚至自行变卖,很可能构成刑法上的侵占罪。参见张筱玉诉蒋建达犯侵占罪并赔偿经济损失上诉案,浙江省绍兴市中级人民法院刑事附带民事裁定书(2000)绍中刑终字第185号。

得滥用民事权利损害国家利益、社会公共利益或者他人合法权益。”如果留置权的行使导致了对社会的安全与公共利益的损害,则应当认为此种留置权的行使违反了公序良俗。例如,在非典型肺炎等大规模传染疾病暴发期间,承运人因托运人未支付运费而留置运往疫区的药品或防疫用具。

2. 当事人约定不得留置的动产

(1)当事人约定排除适用留置权的情形。我国法律中允许当事人通过约定不得留置的物而排除留置权。例如,《民法典》第 783 条规定:“定作人未向承揽人支付报酬或者材料费等价款的,承揽人对完成的工作成果享有留置权或者有权拒绝交付,但是当事人另有约定的除外。”此外,《担保法解释》第 107 条也规定,如果当事人在合同中约定排除留置权,债务履行期届满,债权人行使留置权的,人民法院不予支持。留置权本属法定担保物权,然而法律之所以允许当事人通过约定加以排除,根本原因在于:法律设立留置权的目的不过是基于公平的观念而保护债权人的利益,并未涉及公共利益或者第三人的利益,因此当事人的意思自治不应受到限制。

(2)留置权的行使与债权人承担的义务相抵触,或与债务人在动产交付前或交付时的指示相抵触。所谓与债权人承担的义务相抵触,是指如果债权人要留置其所占有的动产,就与其所负担的义务的本旨相违背。例如,承揽人主张定作人没有按照约定先付 1/3 的报酬,而将定作人交付的材料加以留置,拒绝完成工作成果。此种行为本身就与承揽人依据合同负有的完成工作成果的义务相抵触,承揽人应当在按照合同要求完成工作成果之后,如果定作人未按约定支付报酬,则可对已完成的工作成果享有留置权。当债务人在将动产交付前或交付时对债权人作出一项特别的指示,而债权人仍然接受该动产就意味着双方在合同中作出了一项特别的约定,此时债权人行使留置权的行为不能与该等约定相抵触。《担保法解释》第 111 条规定:“债权人行使留置权与其承担的义务或者合同的特殊约定相抵触的,人民法院不予支持。”

三、留置权的效力

(一)留置权担保的债权范围与留置权效力所及的标的物范围

留置权担保的债权范围包括:主债权、利息、违约金、损害赔偿金、保管留置物的费用以及实现留置权的费用。留置权效力所及的标的物范围,是指当留置权人实现留置权时可以就哪些东西进行折价、拍卖、变卖并优先受偿。留置权作为通过支配标的物交换价值旨在确保债务清偿的价值权,其标的物的范围与所有权标的物的范围自应同一。换言之,所有权的标的物也就是留置权的标的物,但是,为了维护留置物的经济效用与其交换价值,同时兼顾双方当事人的利益,对标的物以外的其他物或权利,在一定条件下,也应纳入留置权效力所及的标的物的范围,包括从物、孳息、代位物等。

(二)留置权人的权利与义务

1. 留置权人的权利

(1)占有留置物的权利。留置权人在债权未受清偿前,享有占有债务人的动产并留置的权利。留置权虽然具有不可分性,但是,《民法典》第 450 条规定:“留置财产为可分物的,留置财产的价值应当相当于债务的金额。”当然,如果留置财产是不可分物,那么债权人可以就该留置财产的全部行使留置权。

(2)保管费用求偿权。留置权人占有留置物,其应对之加以妥善的保管,为此而支出必要的保管费用时,留置权人有权请求留置物所有权人返还。该项费用为留置权的效力所及,属于留置权担保的债权范围。

(3)收取孳息的权利。《民法典》第452条第1款规定:“留置权人有权收取留置财产的孳息。”这是因为,留置财产由留置权人占有,由其收取孳息才是最方便、最可能的选择。否则,不仅对债权人不利,对于财产被留置的债务人也没有好处。

(4)实现留置权的权利。当债务履行期限届满而债务人仍不履行债务时,留置权人在符合法定条件下有权将留置物变价并就所得价款优先受偿。

2. 留置权人的义务

(1)妥善保管留置物的义务。因留置权人占有留置财产,因此其负有妥善保管留置物的义务,如果因保管不善致使留置物灭失或者毁损的,留置权人应当承担民事责任(《民法典》第451条)。所谓“妥善保管”,是指以“善良管理人的注意”予以保管。留置权人(债权人)的此种保管义务发生于留置债务人的财产之后,至于此前债权人应对其占有的债务人的财产尽到何种程度上的保管义务,应依据法律的具体规定。另外,如果留置权人在留置权存续期间,未经留置物所有人的同意,擅自使用、出租、处分留置物,因此给留置物所有人造成损失的,留置权人应当承担赔偿责任。

(2)返还留置物的义务。当留置权因债务人履行债务而消灭时,或因债务人另行提供担保并被债权人接受而消灭时,留置权人负有将留置物返还给债务人或者其他受领权人的义务。

(三)留置物所有人的权利与义务

1. 留置物所有人的权利

(1)损害赔偿请求权。当留置权人未尽善良管理人的注意义务而致留置物毁损、灭失时,留置物所有权人有权请求留置权人承担赔偿责任。

(2)返还留置物请求权。在留置权消灭时,留置物所有权人有权请求留置权人返还留置物。

(3)消灭留置权的请求权。我国现行法虽然规定了留置权人未尽到妥善保管留置物的义务而致留置物毁损、灭失,或者留置权人未经留置物所有人的同意擅自使用、出租、处分留置物因此给留置物所有人造成损失时,其应当承担赔偿责任。但是,如果留置权人虽未尽到妥善保管义务或者虽然擅自使用、出租、处分了留置物,却并未给留置物所有人造成损害时,债务人是否能请求消灭留置权?从国外的一些法律来看,对此有明确的规定。例如,《日本民法典》第298条第3款。

2. 留置物所有人的义务

(1)返还保管费用的义务。当留置权人因保管留置物而支付了必要的保管费用时,留置物所有人应当承担返还该费用的义务。

(2)损害赔偿义务。如果因留置物的隐匿瑕疵而致留置权人损害时,应当准用动产质权中关于因质物隐匿瑕疵而致质权人损害时的规定,即该损害纳入留置权担保的债权范围。

四、留置权与质权、抵押权的冲突

(一)留置权与动产抵押权的冲突

由于动产即可以被抵押,又可以被留置,因此实践中完全可能出现同一动产先被债务人向某一债权人设定动产抵押权后又被其他债权人留置的情形,也可能出现该动产先被留置后又被抵押的情形。此时,因同一动产上存在两个可以并存担保物权:一是抵押权;二是留置权。这两个权利人在实现权利时,何人应优先受偿?《民法典》第456条规定:“同一动产上已经设立抵押权或者质权,该动产又被留置的,留置权人优先受偿。”此外,即便是《民法典》第416条规定的购置款抵押权,也不得优先于留置权。之所以如此,是考虑到:留置权一般是由于留置权人就标的物提供了材料或劳务而未得到适当补偿而产生的,为了保证留置权人为标的物提供材料或劳务而使标的物增加的价值能得以收回,应当承认留置权优先。〔80〕 否则,不仅不公平,还会使承揽人因害怕自己投入的劳务和材料得不到确有保障的回报而拒绝任何加工、承揽服务,这对于社会也是不利的。〔81〕 此外,我国一些单行法律也明确规定了留置权优先于抵押权,如《海商法》第 25 条规定:"船舶优先权先于船舶留置权受偿,船舶抵押权后于船舶留置权受偿。前款所称船舶留置权,是指造船人、修船人在合同另一方未履行合同时,可以留置所占有的船舶,以保证造船费用或者修船费用得以偿还的权利。"

(二)动产质权与留置权的冲突

动产质权与留置权的冲突可以发生在以下两种情形当中:第一,质物被留置。例如,债权人取得动产质权后,将质物交予第三人保管,由于作为寄存人的债权人没有按照保管合同的约定支付保管费以及其他费用的,保管人对该质物享有留置权。在此种情形中,依据《民法典》第 456 条规定,留置权具有优先于质权的效力。此时法律赋予保管人以留置权的目的就在于确保寄存人本应履行的支付保管费以及其他费用的债务得以履行,如果认为质权具有优先于留置权的效力,那么就很难保障保管人的合法权益。此外,在保管人已经直接占有了质物,而质权人只是间接占有质物的时候,承认留置权的优先性也可以为防止某人在财产被留置之后又与他人恶意串通设定质权并以质权设定在先为由对抗留置权。第二,留置物被质押。由于动产质权的设定中质物的交付可以采用指示交付,因此出质人在其已经成为留置权标的物的动产上依然可以设定质权。此时,因留置权产生时间在先,自然也是优先于质权的。

五、留置权的实现与消灭

(一)留置权的实现条件

只有当留置权所担保的主债权的清偿期限已经届满,留置权才初步具备了实现条件。但是,留置权不同于其他担保物权的一个重要特点就在于其发生二次效力,当债权清偿期限届满而债务人不履行债务时,留置权仅产生留置的效力,即权利人有权留置标的物,但尚不发生优先受偿效力。申言之,留置权人不能立即将留置财产进行变价并优先受偿,而必须再履行一定的程序方能真正实现留置权。

《民法典》第 453 条第 1 款规定:"留置权人与债务人应当约定留置财产后的债务履行期限;没有约定或者约定不明确的,留置权人应当给债务人六十日以上履行债务的期限,但是鲜活易腐等不易保管的动产除外。债务人逾期未履行的,留置权人可以与债务人协议以留置财产折价,也可以就拍卖、变卖留置财产所得的价款优先受偿。"为什么在债务人的动产已经被债权人留置了的情况下,法律上还要求债权人与债务人约定一个债务履行期限或者(于没有约定或约定不明时)确定 60 日以上的履行债务的期限呢?原因在于:债务人被债权人留置的动产可能对其具有特别的用途与需要,如果一旦债务人不履行债务,动产被留置后,债权人就可以直接行使留置权,容易对债务人造成不利影响。况且,债权人既然已经得到了法律上的利益(即无须通过合意可直接依法获得了留置权),那么对于债务人就应当适当地宽容,与其再约定

---

〔80〕 许明月:《抵押权制度研究》,法律出版社 1998 年版,第 304 页;刘保玉:《论担保物权的竞存》,载《中国法学》1999 年第 2 期。

〔81〕 崔建远:《抵押权若干问题之我见》,载《法律科学》1991 年第 5 期。

一个债务履行期限,在没有约定或约定不明时确定一个60日以上的期限。等到此期限已经届满了,如果债务人还不履行债务,债权人才可以行使留置权,将留置财产变价并优先受偿。正因如此,留置权才被称为发生二次效力的担保物权。但是,如果僵化地适用60日以上债务履行期限的规定,在实践中又会发生一些弊端。如被留置的财产是鲜活易腐的动产,如债权人保管的债务人的动产是活鸡等,此时要等到至少60日结束,债权人才能拍卖、变卖这些留置财产,对债权人和债务人都不利。所以,《民法典》第453条又特别规定,在债权人留置的动产是"鲜活易腐等不易保管的动产"时,不适用约定债务履行期限或者确定60日以上的债务履行期限的规定。那么这是不是意味着债权人一旦留置这些"鲜活易腐等不易保管的动产"后,就可以直接拍卖或变价呢？本书认为,《民法典》第453条第1款第2句只是说不适用"60日以上的期间"的规定,而不是说债权人可以在没有约定或约定不明的情况下,完全不确认任何债务履行期限。

(二)留置权的实现方法

《民法典》第453第1款第3句规定,债务人逾期未履行的,留置权人可以与债务人协议以留置财产折价,也可以就拍卖、变卖留置财产所得的价款优先受偿。这一规定意味着,留置权人可以自行拍卖、变卖留置财产,而不是必须通过法院的强制执行程序来将留置财产变价。当然,依据《民法典》第453第2款规定,债权人拍卖或变卖留置财产时应当参照市场价格。这主要是为了防止债权人低价拍卖或变卖从而损害债务人的合法权益。

此外,如果留置权人在可以实现留置权时,拖延时间,那么很可能导致留置财产的贬值,这种情况对于留置权人也许没有影响,其债权依然可以获得全部受偿,但是对债务人就明显不利了。所以,《民法典》第454条规定:"债务人可以请求留置权人在债务履行期限届满后行使留置权;留置权人不行使的,债务人可以请求人民法院拍卖、变卖留置财产。"

(三)留置权的消灭

1. 占有的丧失导致留置权消灭。留置权是以占有为本体而成立的担保物权,一旦留置权人丧失对标的物的占有,自然法律创设留置权的现实基础已经失去,留置权自无存在的必要。因此,《民法典》第457条规定,留置权人对留置财产丧失占有的,留置权消灭。需要注意的是,如果留置权人丧失对标的物占有并非可归责于自己的原因如留置物被他人抢夺,此时只有在不能依占有保护的规定请求返还留置物之时,留置权才归于消灭,如果能够依据占有保护请求权重新获得留置物,那么短暂地丧失占有并不导致留置权的消灭。[82]

2. 留置权人接受债务人另行提供的担保的。由于留置权乃依法产生的,而非当事人通过合意创设的,因此当债务人另行提供担保时,这样并不损害债权人的利益,而且也不存在违反当事人物权合意的情形,法律自然应当允许消灭留置权。此外,允许债务人通过另行提供担保而解除留置权也可以避免债务人因无法使用留置物而遭受损失。一举多得,何乐不为。因此,《民法典》第457条规定,留置权人接受债务人另行提供担保的,留置权消灭。

---

〔82〕 姚瑞光:《民法物权论》,1999年台北自版,第383页。

参考案例

1. 中国建设银行股份有限公司广州荔湾支行诉广东蓝粤能源发展有限公司等信用证开证纠纷案,第111号指导案例(最高人民法院审判委员会讨论通过,2019年2月25日发布)。
2. 中国工商银行股份有限公司宣城龙首支行诉宣城柏冠贸易有限公司、江苏凯盛置业有限公司等金融借款合同纠纷案,第95号指导案例(最高人民法院审判委员会讨论通过,2018年6月20日发布)。
3. 汤龙、刘新龙、马忠太、王洪刚诉新疆鄂尔多斯彦海房地产开发有限公司商品房买卖合同纠纷案,第72号指导案例(最高人民法院审判委员会讨论通过,2016年12月28日发布)。
4. 中国农业发展银行安徽省分行诉张大标、安徽长江融资担保集团有限公司执行异议之诉纠纷案,第54号指导案例(最高人民法院审判委员会讨论通过,2015年11月19日发布)。
5. 福建海峡银行股份有限公司福州五一支行诉长乐亚新污水处理有限公司、福州市政工程有限公司金融借款合同纠纷案,第53号指导案例(最高人民法院审判委员会讨论通过,2015年11月19日发布)。
6. 黑龙江北大荒投资担保股份有限公司与黑龙江省建三江农垦七星粮油工贸有限责任公司、黑龙江省建三江农垦宏达粮油工贸有限公司等担保合同纠纷案,载《中华人民共和国最高人民法院公报》2018年第1期。
7. 大连倖旗投资管理有限公司与中国外运辽宁储运公司等借款合同纠纷案,载《中华人民共和国最高人民法院公报》2017年第7期。
8. 王军诉李睿抵押合同纠纷案,载《中华人民共和国最高人民法院公报》2017年第7期。
9. 长三角商品交易所有限公司诉卢海云返还原物纠纷案,载《中华人民共和国最高人民法院公报》2017年第1期。
10. 大连银行股份有限公司沈阳分行与抚顺市艳丰建材有限公司、郑克旭案外人执行异议之诉案,载《中华人民共和国最高人民法院公报》2016年第10期。
11. 李杰与辽宁金鹏房屋开发有限公司金融不良债权追偿纠纷案,载《中华人民共和国最高人民法院公报》2016年第4期。
12. 中国农业发展银行安徽省分行诉张大标、安徽长江融资担保集团有限公司保证金质权确认之诉纠纷案,载《中华人民共和国最高人民法院公报》2015年第1期。
13. 朱俊芳与山西嘉和泰房地产开发有限公司商品房买卖合同纠纷案,载《中华人民共和国最高人民法院公报》2014年第12期。
14. 香港上海汇丰银行有限公司上海分行与景轩大酒店(深圳)有限公司、万轩置业有限公司金融借款合同纠纷案,载《中华人民共和国最高人民法院公报》2014年第6期。
15. 广州市仙源房地产股份有限公司与广东中大中鑫投资策划有限公司、广州远兴房产有限公司、中国投资集团国际理财有限公司股权转让纠纷案,载《中华人民共和国最高人民法院公报》2010年第8期。
16. 中国信达资产管理公司西安办事处与陕西省粮油食品进出口公司西安中转冷库、陕西省粮油食品进出口公司借款担保合同纠纷案,载《中华人民共和国最高人民法院公报》2009年第12期。
17. 重庆索特盐化股份有限公司与重庆新万基房地产开发有限公司土地使用权转让合同纠纷案,载《中华人民共和国最高人民法院公报》2009年第4期。
18. 中国农业银行长沙市先锋支行与湖南金帆投资管理有限公司、长沙金霞开发建设有限公司借款担保合同纠纷案,载《中华人民共和国最高人民法院公报》2009年第1期。
19. 陆丰市陆丰典当行与陈卫平、陈淑铭、陆丰市康乐奶品有限公司清算小组、第三人张其心土地抵债合同纠纷案,载《中华人民共和国最高人民法院公报》2008年第4期。

20. 中国长城资产管理公司济南办事处与中国重汽集团济南卡车股份有限公司、山东小鸭集团有限责任公司借款抵押合同纠纷案，载《中华人民共和国最高人民法院公报》2008 年第 3 期。
21. 农银财务有限公司与广东三星企业(集团)公司车桥股份有限公司担保合同纠纷案，载《中华人民共和国最高人民法院公报》2007 年第 2 期。
22. 吉庆公司、华鼎公司与农行西藏分行营业部抵押借款合同纠纷案，载《中华人民共和国最高人民法院公报》2006 年第 8 期。
23. 百花公司诉浩鑫公司买卖合同纠纷案，载《中华人民共和国最高人民法院公报》2006 年第 3 期。
24. 李金华诉立融典当公司典当纠纷案，载《中华人民共和国最高人民法院公报》2006 年第 1 期。
25. 常州新区工行诉康美公司借款合同纠纷案，载《中华人民共和国最高人民法院》2005 年第 4 期。
26. 佛山市顺德区太保投资管理有限公司与广东中鼎集团有限公司债权转让合同纠纷案，载《中华人民共和国最高人民法院公报》2005 年第 12 期。
27. 滕州市城郊信用社诉建行枣庄市薛城区支行票据纠纷案，载《中华人民共和国最高人民法院公报》2004 年第 11 期。
28. 中国工商银行哈尔滨市和平支行诉高延民担保合同纠纷案，载《中华人民共和国最高人民法院公报》2001 年第 5 期。
29. 安阳汽车运输总公司诉南庄分社、临淇信用合作社质押存单兑付纠纷案，载《中华人民共和国最高人民法院公报》1998 年第 2 期。
30. 汇通支行诉富利达公司用益物权抵押合同纠纷案，载《中华人民共和国最高人民法院公报》1998 年第 2 期。
31. 中国投资银行天津分行诉天津市轻工业对外贸易公司票据质押纠纷案，载《中华人民共和国最高人民法院公报》1997 年第 1 期。

第十九章 占 有

导 读

占有在物权法中具有非常重要的位置。本章将对占有的性质、特征、类型以及占有保护请求权等问题进行介绍。需要注意的是,我国《民法典》物权编第五分编“占有”主要规范的是无权占有的情形下所有权人与无权占有人之间的权利义务关系。

第一节 概 述

一、占有的概念与特征

占有是对于物具有事实上的管领力的一种状态。关于占有的性质,有事实说与权利说。我国民法学界通说认为,占有是一种事实而非权利。[1] 占有具有以下几项特征:

1. 占有的标的物仅限于物,包括动产和不动产。通常,动产物权的公示方法是占有,而不动产物权的公示方法是登记。然而,在现实生活中,民事主体没有物权而占有不动产的情形也是经常存在的,如不动产承租人对于不动产的占有,以及未经登记的不动产移转而产生的占有等,因此《民法典》第二章“占有”将占有规则共同适用于动产和不动产。

2. 占有必须是对物产生了事实上的管领力。判断是否存在事实上的管领力,不应依照纯粹物理上的接触关系加以判断,而应依据社会上的一般观念加以决定。例如,甲在其面积巨大的私家花园里设置了几张躺椅,虽然该躺椅并非时刻与甲具有物理上的接触,但仍属于甲所占有之物。具体来说,判断某人是否对物产生了事实上的管领力的标准有以下三项:第一,其与物之间具有空间上的结合关系。例如,甲放在其屋子某处的一本书,虽然该书与甲没有物理上的接触,甚至甲都不知道该书究竟放在屋子的什么位置,也应认为甲对该书具有事实上的管领力。第二,其与物之间具有一定时间的结合关系,即对物的事实上的支配并非一时一刻之举,而是较为稳定、确定的支配,具有时间上的连续性。例如,客人入饭店就餐时,虽然坐在某张椅子上,但是由于该客人对椅子的支配只是短暂的,因此不能认为他对该椅子具有事实上的管领力。第三,其与物之间具有某种法律关系上的结合。占有并非必须由占有人对标的物加以直接的支配为必要,基于某种法律关系而使他人为媒介也可构成支配,无非此种支配属于一种观念上的支配。主要包括两种情形:一是依占有辅助人的占有,如主人让保姆占有菜篮子去买菜;二是间接占有,如房屋的出租人令承租人直接占有房屋,而自己则取得对房屋的间接占有。

---

[1] 王利明:《物权法研究》,中国人民大学出版社2002年版,第635页。

二、占有的要素

占有的成立除需具备上述“事实上的管领力(体素)”这一要件之外,占有人是否还需要具有占有的意思(心素),这是民法学上最富争议性的一个问题,存在主观说、客观说与纯客观说等观点。我国民法学界的通说认为,占有人应当具备占有的意思。所谓占有的意思,是指占有人意识到自己正在占有某物,如果对自己占有某物毫无意识,或者意识到或者应当意识到是在为他人占有某物,则不具有占有的意思,因此无意识的占有物、占有辅助人的占有都不构成占有。〔2〕此外,占有的意思并不意味着占有人应当具有为自己的利益而占有的意图,如某人在拾得他人的遗失物后希望尽快返还原主,此时其并不具有为自己的利益而占有该物的意图,但是仍然构成占有。

三、占有制度的功能

(一)保护功能

占有的保护功能,是指占有制度具有保护现实存在的状态不受第三人的自力侵犯,从而维护法律秩序的稳定。占有是对物的一种事实上的支配状态,这种状态可能是来自合法的权利,也可能是占有人通过非法手段而取得对某物的占有,但是就现实生活而言,这种事实上的支配状态构成了一种重要的法律地位,其意义就如同一种暂时的权利。占有人对物的外在的——通过空间联系的——事实上支配的可能性,以及其所具有的占有意思,在法律上被看作真实的权利状态的表达和象征。即便占有人是非法占有,但是除非权利人在其对物的占有被剥夺后立即采取自力救济措施,否则在经过一段时间后,由于非法占有人对物的支配关系具有一定程度上的稳定性,那么为了防止私人执法与暴力行为,法律不允许权利人以自力救济的方式去解除占有人对物的占有。此种解除行为必须通过司法程序由司法机关采取公共执法的方式进行。倘非如此,社会秩序将变得极不安宁和平。

(二)公示功能

占有是人类法律发达史中历史最为悠久的一种公示的方法,某人对某物进行占有,即将其在该物上的权利向外界加以展示,这就是占有制度的公示功能。不过占有的公示功能主要适用于动产上的物权,而不动产物权是通过登记加以公示。

(三)持续功能

持续的功能也称“继续的功能”,它是指在某些情况下,为了保障占有人对其占有具有继续使用的利益,占有制度所产生的保护合法占有人不受所有权人的权利继受人的侵犯的功能。例如,物权法中对取得时效的规定。占有制度具有此项功能的原因在于维护经济秩序的客观公正。

四、占有的类型

(一)有权占有与无权占有

依据占有人是否是基于本权而对物进行的占有,可以将占有分为有权占有与无权占有(见图19-1)。所谓本权就是指基于法律上的原因,而享有的包含占有物在内的权利。例如,所有权、租赁权、质权、留置权等权利。如果占有人是基于本权而对物进行的占有,则该占有为有权占有;反之,则为无权占有。例如,承租人基于租赁权而对租赁物的占有就属于有权占有,而盗

---

〔2〕 王利明:《物权法论》(修订版),中国政法大学出版社2003年版,第796页。

贼对偷盗之物的占有就属于无权占有。

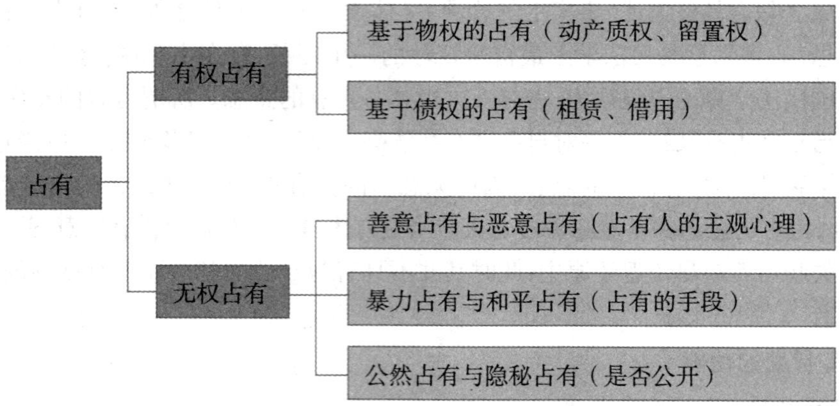

图 19-1 占有的类型

区分有权占有与无权占有的意义在于以下两方面:首先,无权占有人在权利人请求返还占有物时负有返还的义务,而有权占有人可以拒绝他人包括所有权人在内的返还请求权。其次,作为留置权的成立要件的占有必须是有权占有,如果是无权占有,则占有人不因此而享有留置权。

我国《民法典》第 458 条规定:"基于合同关系等产生的占有,有关不动产或者动产的使用、收益、违约责任等,按照合同约定;合同没有约定或者约定不明确的,依照有关法律规定。"这一规定就表明,对于基于合同关系产生的占有即有权占有,立法者认为,应当由当事人通过合同去约定,只有在合同没有约定或者约定不明确,或者完全不是基于合同而占有的情况,才需要由法律直接规定。本条中所谓"有关法律规定"当然包括《民法典》物权编第 20 章的规定以及其他法律的规定。由此可见,《民法典》物权编第五分编"占有"主要规范的是无权占有。

对于无权占有又可以作更详尽的分类:

1. 依据占有人的主观心理状态,可将无权占有分为善意占有与恶意占有。善意占有,是指占有人不知道或者不应当知道自己没有合法根据而从事的无权占有。恶意占有,是指占有人知道或者应当知道自己没有合法根据而从事的无权占有。区分善意占有与恶意占有的意义体现在以下几点:第一,能否适用动产善意取得制度的不同。只有善意占有才能依据善意取得制度而取得动产所有权或者他物权。第二,不动产取得时效中的时间不同。例如,在我国台湾地区"民法"中,不动产取得时效通常为 20 年,但是如果占有之初占有人为善意且无过失的,该期限为 10 年。第三,在其他的法律效果上的不同,如占有人的责任、占有人的收益取得权、占有人的费用偿还请求权等方面不同(《民法典》第 459 条以下)。

2. 依据占有手段的不同,可将无权占有分为暴力占有与和平占有,或公然占有与隐秘占有。暴力占有,是指通过暴力的手段而取得对某物的占有,如通过抢劫或抢夺而取得对他人手机的占有;和平占有,则是并非通过暴力手段取得对某物的占有,如某高校学生购买窃贼出售的赃车。公然占有,是指以公开的方式进行的无权占有;隐秘占有,是指以隐匿的方式,避免他人发现而为的无权占有。区分和平占有与暴力占有,或公然占有与隐秘占有的益处在于两者于能否适用取得时效上有所不同。和平的、公然的占有可以适用取得时效,但暴力的、隐秘的占有则不适用。

(二)直接占有与间接占有

依据占有人对于占有是否具有直接的关系,可将占有分为直接占有与间接占有。直接占有,是指直接对于物具有事实上的管领力的占有。换言之,占有人与物之间具有直接的关系。间接占有,是指占有人并不直接管领物,而是依据一定的法律关系而享有的对物的间接的支配关系。"一定的法律关系"也称占有媒介关系,是指能够在一定的时间内就他人之物进行事实上的管领的某种法律关系。原初意义上的占有仅指直接占有,而间接占有是德国民法扩张占有的概念的产物。通过此种扩张,使民法上关于占有的规定原则上也能适用于间接占有,而且动产的交付可以采取占有改定的方式,便捷了交易。

间接占有必须符合以下的条件方能成立:第一,必须存在占有媒介关系。在我国民法中,占有媒介关系包括租赁合同关系、保管合同关系、仓储合同关系等。因占有媒介关系的存在,就同一物而发生了双重占有:一是直接占有,该占有人称为直接占有人或占有媒介人;二是间接占有,该占有人属于间接占有人。例如,在保管合同中,保管人为直接占有人,寄存人为间接占有人;在租赁合同中,承租人为直接占有人,出租人为间接占有人;在质押合同中,质权人为直接占有人,出质人为间接占有人。第二,占有媒介关系必须是暂时性的而非永久的,至于时限是否实现确定,在所不问。第三,占有媒介人即直接占有人必须具有为他人占有的意思。申言之,直接占有人承认间接占有人作为上位占有人是具有更强的法律地位的。如果直接占有人改变为他人占有的意思,而是为自己而占有即自主占有,那么间接占有就归于消灭,因为自主占有人是不能承认存在一个法律地位高于自己的占有人的,因此自主占有人不能作为占有媒介人。〔3〕 第四,间接占有人对于直接占有人即占有媒介人享有返还请求权。当占有媒介关系有效存在时,则此项请求权来源于该关系;如果占有媒介关系无效时,则间接占有人享有不当得利返还请求权,或者基于所有权的返还请求权。

由于间接占有不以对物具有事实上的管领力为必要,因此在同一物上可以发生多层次的间接占有。〔4〕 例如,当甲把某房屋出租给乙,而乙又转租给丙时,在该房屋上就形成了两重间接占有,乙为第一重的间接占有人,而甲成为第二重的间接占有人。

我国《民法典》物权编第二十章"占有"没有对间接占有作出规定。理由在于:首先,无须通过间接占有制度去实现对间接占有人的保护。因为对间接占有人的侵害主要就是两种情况:一是占有的受让人侵害所有人的权利,此时因占有的受让人与所有人之间存在合同关系,因此完全可以通过违约责任保护所有人;二是第三人侵害占有,在这种情况下,由直接占有人通过直接占有制度实行自力救济或者行使占有保护请求权即可,至于所有权人可以通过行使物权请求权而无须通过间接占有制度来保护其所有权。其次,关于利用间接占有制度扩张取得时效的问题,由于间接占有人大多是所有人,不可能通过取得时效来取得自己的财产。加之,我国民法不承认取得时效,所以更没有必要规定间接占有了。

(三)自主占有与他主占有

当占有人以自己所有的意思而对物进行的占有称为自主占有。如果不是以自己所有意思而进行的占有则为他主占有。所谓自己所有的意思,只需具有自己所有的意思即可,至于占有人是真正的所有人,还是误认为自己是所有人,抑或明知自己并非所有人,在所不问。凡是作

〔3〕 [德]曼弗雷德·沃尔夫:《物权法》,吴越、李大雪译,法律出版社2002年版,第81页。

〔4〕 王泽鉴:《民法物权2·用益物权·占有》,中国政法大学出版社2001年版,第186~187页。

为占有媒介人而进行的占有均为他主占有,否则就不能成为占有媒介人。区分自主占有与他主占有的主要意义在于:二者在是否适用取得时效制度上存在差异。自主占有是适用取得时效的一项重要条件。至于在占有的保护方式上,两者是相同的。

(四)自己占有与占有辅助

自己占有是指占有人自己对物进行事实上的管领,而占有辅助是指基于特定的从属关系,受他人的指示,而对物进行事实上的管领。在占有辅助关系中,指示人为直接占有人,而对物进行事实上管领的人为占有辅助人。占有辅助与间接占有的区别在于:占有辅助人服从他人的指示,而间接占有人无须听从他人的指示,因此占有辅助人本身不是占有人,但间接占有人属于占有人。民法中确立"占有辅助"的原因在于:社会生活中有些人虽然在事实上确实对物进行管领或控制,但是此种管领完全是为了他人的利益并遵照他人的指示而进行的,如商店的售货员控制着本柜台的商品、工厂的工人控制着自己操作的机器等,从常识的角度看,任何人都不会认为这样的一种占有是具有法律意义的占有,其与法律上的占有存在较大的差别。因此,德国民法学者贝克尔为了将此种所谓的占有与法律上的占有相区分,而创造了占有辅助的概念。通过创设占有辅助及占有辅助人的概念,占有人可以让他人代为对物进行实际的控制管领,但却并不因此而使自己失去占有,使他人成为占有人。

第二节 占有的效力

在传统民法中,占有的效力通常包括:权利推定、事实推定、动产物权的善意取得、占有物的使用收益、占有人与回复请求权人之间的权利义务五项内容,由于动产物权的善意取得已经在所有权部分进行了论述,因此本节仅论述其余四项。

一、权利推定

近代民法为了保障交易的安全,权利义务关系首先应从其外部表现的形式加以判断,不动产依据登记,而动产则依据占有。此外,现实生活中占有人对物的占有大多是基于本权的作用,如所有权、质权、留置权等,因此当某人占有某物并在其上行使某种权利时,就可以通过占有这种外观而推定占有人是合法地享有该项权利的,这就是所谓占有的权利推定效力。我国《民法典》对此未作规定。

二、事实推定

生活中的占有事实纷繁复杂,有自主占有、他主占有;恶意占有、善意占有;直接占有、间接占有等多种多样的类型,因此在判定占有事实的正确性上,举证比较困难。为了谋求社会生活的稳定便利,法律上便设立对占有的各种事实推定。归纳起来主要有以下几类事实推定:首先,当占有究竟是自主占有还是他主占有不易判断时,推定为自主占有。其次,当占有究竟是善意占有还是恶意占有,或者究竟是公然占有还是隐秘占有不易判断时,推定为善意占有与公然占有。最后,连续占有的推定。当占有人先前曾经占有,现在也依然占有,则推定其在中间的时段也进行了占有。

三、占有物的使用收益

(一)有权占有人对占有物的使用收益

有权占有人对占有物的使用收益依据合同和法律规定处理。对此,《民法典》第458条有明确的规定:“基于合同关系等产生的占有,有关不动产或者动产的使用、收益、违约责任等,按照合同约定;合同没有约定或者约定不明确的,依照有关法律规定。”依据该条,既然有权占有是基于某种本权而进行的占有,而产生该本权多是合同关系(租赁合同、质押合同等)以及少数时候法律的规定(如留置权),因此这种情况下,占有人对于其占有的财产(包括动产和不动产)能否使用、能否收益以及相应的违约责任就应当首先按照合同的约定解决。在合同没有约定或者约定不明的时候,应依据法律的规定解决。例如,动产质权人占有质物是基于质权这一本权,而设定质权又是通过质押合同。因此,如果质押合同中约定质权人不能收取质物的孳息,则质权不得收取。反之,依据《民法典》第430条第1款质权人可以收取该质物的孳息。此外,依据《民法典》第432条以下,还就质权人擅自使用、处分质押财产时的损害赔偿责任,质权人妥善保管质押财产的义务及其赔偿责任、质权人能否转质等问题一一作出了规定。

(二)无权占有人对占有物的使用收益

无权占有人对占有物的使用收益取决于其是善意占有还是恶意占有。

1. 对占有物的使用。依据《民法典》第459条规定,如果善意占有人因使用占有的不动产或者动产,致使该不动产或者动产受到损害的,其不负赔偿责任,但是,恶意占有人应当承担赔偿责任。这是因为善意的占有人不知道自己的占有是无权占有,他(她)真诚地相信自己的占有是有权占有,并且能够使用占有物,其将不会感觉到要对什么人承担责任。况且,基于占有的权利推定规则,动产的善意自主占有就推定其为动产的所有人。作为所有人,占有人使用占有物是理所当然的。所以,善意占有人无须就使用占有物而造成的损害向权利人负责。

2. 对占有物的收益。《民法典》第460条规定:“不动产或者动产被占有人占有的,权利人可以请求返还原物及其孳息;但是,应当支付善意占有人因维护该不动产或者动产支出的必要费用。”这就意味着善意占有人和恶意占有人都应当返还占有物及其孳息,但是善意占有人有权就因维护占有物而支出的必要费用从权利人处获得偿还。这体现了法律对善意占有人的一种优待。《民法典》否定恶意占有人的费用偿还请求权的考虑是:如果承认恶意占有的费用偿还请求权,否则就会出现恶意占有人故意违背所有人等权利人的利益而支出费用然后要求权利人偿还的问题,这会导致更多的纠纷,也不利于遏制恶意占有情形的发生。

四、占有人的赔偿责任

当占有人为有权占有时,则其可以基于本权对抗包括所有人在内的其他人的返还请求权。例如,甲基于租赁合同而占有了乙的房屋,乙如果行使所有物返还请求权,则甲可以基于租赁权对抗此种请求权。但是,如果占有人为无权占有人时,真正的权利人如所有人、使用权人等有权请求其返还原物,则占有人应当返还原物和孳息。如果占有物发生灭失、毁损,此时应当区分造成占有物灭失、毁损的原因以及占有人是善意还是恶意的,分别处理。

(一)善意占有人的责任

1. 善意占有人造成占有物灭失、毁损时的赔偿责任。如果善意占有人因过错而对占有物造成损害,使之灭失或毁损,而无法返还占有物给权利人时,权利人可以请求修理、重作、更换或者恢复原状。如果善意占有人侵害物权,给权利人造成损害的,权利人还有权请求损害赔偿,也可以请求承担其他民事责任。

2. 非因可归责于善意占有人的原因导致占有灭失、毁损时的不当得利返还责任。《民法典》第461条规定:"占有的不动产或者动产毁损、灭失,该不动产或者动产的权利人请求赔偿的,占有人应当将因毁损、灭失取得的保险金、赔偿金或者补偿金等返还给权利人;权利人的损害未得到足够弥补的,恶意占有人还应当赔偿损失。"这就意味着当占有人是善意时,其占有的不动产或者动产只要不是因为可归责于占有人的原因而发生毁损或者灭失,那么该善意占有人只需要将因占有物毁损或灭失而获得的保险金、赔偿金或补偿金等返还给权利人即可。因为善意占有人也好,恶意占有人也罢,它们都是无权占有人,因此在占有物因毁损、灭失时虽然不再承担返还原物的责任,但是,无权占有人获得保险金、赔偿金或补偿金属于不当得利,因此应当返还给权利人。如果权利人的损害没有得到足够的弥补,善意占有人也不再承担赔偿损失的责任。这体现了法律对善意占有人的优待。

(二)恶意占有人的责任

1. 恶意占有人造成占有物灭失、毁损时的赔偿责任。恶意占有人因过错造成占有物损害时,使之灭失、毁损时,恶意占有人应当承担修理、重作、更换或者恢复原状的民事责任,在给权利人造成损害时,还应当承担赔偿责任。这与善意占有人相同。

2. 非因可归责于恶意占有人的原因导致占有物灭失、毁损时的责任。《民法典》第461条规定:"占有的不动产或者动产毁损、灭失,该不动产或者动产的权利人请求赔偿的,占有人应当将因毁损、灭失取得的保险金、赔偿金或者补偿金等返还给权利人;权利人的损害未得到足够弥补的,恶意占有人还应当赔偿损失。"这一规定明显加重了恶意占有人的责任。申言之,当占有人是恶意的时候,其不仅要承担返还保险金、赔偿金或者补偿金的返还责任,还需要就权利人在获得保险金、赔偿金和补偿金之后仍然存在的损失加以赔偿。法律之所以加重恶意占有人的责任,其理由在于:恶意占有人往往是通过侵权行为而占有权利人的动产或不动产的,因此在法律中判断恶意占有人责任时,应依据侵权损害赔偿的完全补偿原则确定,所以即便占有物的毁损、灭失不是因为恶意占有人的原因而发生的,其也难辞其咎,必须就权利人的损害没有得到足够弥补的部分继续承担赔偿责任。这种规定加重了恶意占有人的责任,有利于遏制恶意占有他人之物的行为。

第三节　占有的保护

占有的保护就是法律对占有人提供的以防占有遭受损害的保护手段。民法中对占有的保护可分为物权法上的保护与债法上的保护。物权法上的保护包括占有人的自力救济、占有保护请求权;债法上的保护包括不当得利与侵权损害赔偿请求权。《民法典》总则编规定的正当防卫、紧急避险以及侵权责任编规定的自助行为,可以适用于占有的保护。《民法典》物权编第五分编"占有"中对占有保护请求权作出了规定。

一、对占有的侵夺或妨害

对占有的侵夺,是指占有人对于占有物的事实上的管领力,因被侵害而被持续地剥夺。申言之,侵夺人违反了占有人的意思而强行将占有物的全部或者一部分纳入自己的管领或者控制范围。例如,某地痞流氓甲将他人的房屋霸占归为己用,或者抢走行人的手机自己使用。此外,占有辅助人未经占有人的同意而擅自将自己管领的物加以抛弃,也构成对占有的侵夺。例如,保姆将主人交给其使用的菜篮子丢弃。侵夺人对占有的侵夺可以是为了自己取得占有,也可以是为了第三人取得占有。

对占有的妨害,是指虽未剥夺占有人对占有物的全部或任何一部分的管领力,但是妨害了占有人对其物的管领,以致占有人的利益而遭受损害。例如,将垃圾或者污水侵入占有人的土地或者房屋当中。

侵夺占有或者妨害占有须具备以下构成要件:

1. 存在侵夺占有或者妨害占有的行为。申言之,必须存在外界可以观察到的积极的行为,如果只是消极的或者隐秘的行为,则不构成侵夺占有或者妨害占有的行为。

2. 非基于占有人的意思,如果占有人表示了同意,则不构成对占有的侵夺或者妨害。但是此种同意如果是在侵夺或者妨害之前作出的,占有人可以随时撤回。

3. 具有违法性。如果侵夺占有或者妨害占有的人具有违法阻却事由,则不具有违法性,例如,正当防卫、自助行为、基于相邻关系而产生的容忍义务或者法院依法强制执行。但是,侵夺人或妨害人仅具有某项权利无论是物权抑或债权,都不足以成为违法阻却事由。例如,债权人不能将债务人尚未交付的动产强行搬走;房屋出租人不能在租赁期限届满后强行将乙的东西扔到街上。

二、占有保护请求权

占有保护请求权,也被称为"占有人的物上请求权"、"占有物上请求权"或"占有人的请求权",它是指当占有人的占有被侵夺、被妨害或有被妨害危险存在时,占有人基于占有而享有的请求权,包括占有物返还请求权、排除妨害请求权和消除危险请求权。

(一)物权请求权与占有保护请求权的区别

占有保护请求权与物权请求权虽然在形式与结构上相似,但内容不同,尽管一些学者将占有保护请求权与物权请求权统称为广义的物权请求权,[5]但它们存在以下差别:

1. 目的与功能不同。占有保护请求权的目的是保护占有,以占有人作为请求权的主体,它主要是出于维护社会秩序与安宁,防止自行执法及出现暴力事件,而赋予占有人的临时性保护措施,此后再依照本权(尤其是所有权)对纠纷予以解决。所以,许多国家的民法典都对占有保护请求权规定了一个很短的时效期间。而物权请求权保护的目的是保护所有权,以所有权人与他物权人作为请求权主体,它并非一种临时性保护措施,而是终局性、确定性的保护方法,因此法律上对于各类物权请求权或规定不适用诉讼时效,或规定较长的诉讼时效。

2. 行使要件不同。行使物权请求权的基本前提是请求权人须为法律赋予了物权请求权的物权人,而行使占有保护请求权的前提是只要请求权人是物的占有人就可以,至于其占有是合法占有还是非法占有皆非所问。此外,占有物返还请求权以占有被侵夺作为要件,而所有人的所有物返还请求权以他人无权占有为行使要件,有权占有人可以对抗所有权人(如《俄罗斯民法典》第305条第2句规定,基于法律或合同规定的根据占有财产的人,有权保护其占有不受财产所有人的侵犯)。

3. 举证责任不同。行使物权请求权时,请求权人必须举证证明自己享有物权,如所有物返

〔5〕 王利明:《物权法论》(修订版),中国政法大学出版社2003年版,第102页。

还请求权的一个基本构成要件就是请求权人享有所有权。而行使占有保护请求权时只要证明自己是占有人就可以了,显然证明占有的事实更为简单。

由此可见,占有保护请求权与物权请求权的目的与效力各不相同,各自独立,互不妨碍,但实践中可以发生竞合关系,也可以合并行使或先后行使。就举证责任而言,主张占有保护请求权更为有利,但是实务上则以所有人物权请求权更为常见,因为此类请求权时效期间更长,且此种请求权具有终局性与确定的保护。[6]

(二)占有物返还请求权

《民法典》第462条第1款第1句规定,占有的不动产或者动产被侵占的,占有人有权请求返还原物。这里所谓的"占有人"不仅包括有权占有人,也包括无权占有人。但是,占有辅助人不能享有此项权利,因为其不过是占有人手足的延伸。至于占有物返还请求权所指向的对象是侵夺占有物的人及其继承人。但是善意的特定继承人在符合善意取得规定的情况下,其占有受到法律保护,该请求权不得针对他。此外,即便侵夺人对于占有享有实体的权利,如所有人或出租人,占有人亦得针对其行使返还请求权。《民法典》第462条第2款规定:"占有人返还原物的请求权,自侵占发生之日起一年内未行使的,该请求权消灭。"

(三)排除妨害请求权和消除危险请求权

《民法典》第462条第1款第2句规定:"对妨害占有的行为,占有人有权请求排除妨害或者消除危险。"这是对占有保护请求权中的排除妨害请求权和消除危险请求权的规定。享有排除妨害请求权的人是占有人,而相对人为妨害其占有的人。当占有人的占有虽未被现实地妨害,但是存在妨害的危险时,占有人有权要求消除危险。

三、侵害占有的损害赔偿请求权

如果占有人是基于物权而有权占有某物时,他人对该物加以侵占或妨害并造成损失时,该占有人不仅可以基于物权而行使物权请求权,还可以行使占有保护请求权,就所遭受的损害可以行使侵权损害赔偿请求权或违约损害赔偿请求权。但是,如果占有人是基于债权而占有某物,甚至是无权占有时,如果他人对其占有物加以侵占或妨害时,那么该占有人只能行使占有保护请求权,就所遭受的损害能否要求侵害人赔偿,涉及单纯的占有能否作为侵权行为法保护客体的问题。

就单纯的占有能否作为侵权行为的客体,理论上有不同看法。一种观点认为,如果占有人是有权占有人,那么侵害占有的实质就是侵害本权,占有人有权要求侵害人承担赔偿责任是没有疑问的。可是没有任何本权的占有只是一种事实,并非权利,不能纳入侵权行为法的保护范围。另一种观点认为,我国民法从来没有将侵权行为法的保护范围限制在权利,无论是民事权利还是民事利益都能受到法律保护。占有虽然是一种事实,但它对占有人毕竟有经济上的利益,所以可以成为侵权行为法的保护对象。《民法典》第462条第1款第3句规定:"因侵占或者妨害造成损害的,占有人有权依法请求损害赔偿。"这一规定,意味着将占有这一事实状态纳入侵权法的保护范围,赋予了占有人以侵权损害赔偿请求权。但是,由于本句明确了占有人有权依法请求损害赔偿,故此能否享有损害赔偿请求权还取决于具体法律的规定。

---

[6] 王泽鉴:《民法物权2·用益物权·占有》,中国政法大学出版社2001年版,第354页。

第四节 准 占 有

一、准占有的概念

占有的对象仅限于物,因此当某人对于某种权利具有事实上的管领力时,不属于占有的范围。但是由于这种对权利的事实上的管领力与对物的事实上的管领力没有本质的区别,因此各国法律也相应地给予保护。学理与立法上将此种对于某种权利的占有称为“准占有”,所谓“准”指的就是准用,即准占有要准用关于占有的规定。

二、准占有的构成要件

构成准占有的要件包括以下几项:

1. 标的物为法律所允许的权利。关于准占有的标的物究竟是哪些权利,各国家及地区存在差异,德国民法仅限于地役权与限制的人役权;日本民法与我国台湾地区都限于财产权。我国民法通说采取此种观点。

2. 准占有的标的物必须是不以物的占有为成立要件的那些财产权利,如抵押权、地役权、债权、著作权等。如果行使财产权必须占有物,则可以直接适用关于占有的规定。只有当行使财产权无须占有物时,才可能就该项权利本身形成所谓的准占有。

3. 必须事实上对该项财产权具有管领力。申言之,准占有人事实上在行使该项财产权利。如何判断是否为“事实上”,应当就财产权的种类、性质及外观等各种因素加以判断。通常来说,只要依据社会的一般观念,在外观上有使人误信其为真正的财产权利人的情形即可。例如,持有不记名存单的或不记名支票的人,就是对这些证券所体现的债权的准占有人。

三、准占有的效力

由于准占有准用关于占有的各项规定,因此法律关于占有的效力的规定,只要在性质上与准占有不相抵触,皆适用于准占有,如关于占有的事实推定效力、权利推定效力等。

法学阶梯
INSTITUTIONES
普通高等教育法学规划教材
普通高等教育“十一五”国家级规划教材

民法学（下）

Civil Law

第六版

王利明　杨立新
王　铁　程　啸
著

法律出版社
——北　京——
始创于1954年

好书，同好老师和好学生分享

缩略语表

◆ 主要法律法规及缩略语

《中华人民共和国民法典》	《民法典》
《中华人民共和国民法总则》	《民法总则》
《中华人民共和国民法通则》	《民法通则》
《中华人民共和国合同法》	《合同法》
《中华人民共和国物权法》	《物权法》
《中华人民共和国担保法》	《担保法》
《中华人民共和国侵权责任法》	《侵权责任法》
《中华人民共和国合伙企业法》	《合伙企业法》
《中华人民共和国公司法》	《公司法》
《中华人民共和国个人独资企业法》	《个人独资企业法》
《中华人民共和国消费者权益保护法》	《消费者权益保护法》
《中华人民共和国产品质量法》	《产品质量法》
《中华人民共和国食品安全法》	《食品安全法》
《中华人民共和国道路交通安全法》	《道路交通安全法》
《中华人民共和国城市房地产管理法》	《城市房地产管理法》
《中华人民共和国土地管理法》	《土地管理法》
《中华人民共和国农村土地承包法》	《农村土地承包法》
《中华人民共和国企业破产法》	《企业破产法》

◆ 主要司法解释及缩略语

最高人民法院《关于贯彻执行〈中华人民共和国民法通则〉若干问题的意见(试行)》	《民法通则意见》
最高人民法院《关于审理民事案件适用诉讼时效制度若干问题的规定》	《诉讼时效解释》
最高人民法院《关于适用〈中华人民共和国担保法〉若干问题的解释》	《担保法解释》
最高人民法院《关于适用〈中华人民共和国合同法〉若干问题的解释(一)》	《合同法解释(一)》
最高人民法院《关于适用〈中华人民共和国合同法〉若干问题的解释(二)》	《合同法解释(二)》
最高人民法院《关于审理买卖合同纠纷案件适用法律问题的解释》	《买卖合同解释》
最高人民法院《关于审理商品房买卖合同纠纷案件适用法律若干问题的解释》	《商品房买卖合同解释》
最高人民法院《关于审理技术合同纠纷案件适用法律若干问题的解释》	《技术合同解释》
最高人民法院《关于审理建设工程施工合同纠纷案件适用法律问题的解释》	《建设工程施工合同解释》
最高人民法院《关于审理建筑物区分所有权纠纷案件具体应用法律若干问题的解释》	《建筑物区分所有权解释》
最高人民法院《关于适用〈中华人民共和国物权法〉若干问题的解释(一)》	《物权法解释(一)》
最高人民法院《关于适用〈中华人民共和国婚姻法〉若干问题的解释(一)》	《婚姻法解释(一)》
最高人民法院《关于适用〈中华人民共和国婚姻法〉若干问题的解释(二)》	《婚姻法解释(二)》
最高人民法院《关于贯彻执行〈中华人民共和国继承法〉若干问题的意见》	《继承法意见》
最高人民法院《关于审理人身损害赔偿案件适用法律若干问题的解释》	《人身损害赔偿解释》
最高人民法院《关于确定民事侵权精神损害赔偿责任若干问题的解释》	《精神损害赔偿解释》
最高人民法院《关于适用〈中华人民共和国民事诉讼法〉若干问题的解释》	《民事诉讼法解释》

目　录

第一编　总　则

第二编　物　　权

第三编 合 同

第四编　人　格　权

第五编　婚姻家庭

第六编 继 承

第七编 侵权责任

第三编　合　　同

第二十章　债的一般原理

导读

债是特定人之间请求为一定行为或不为一定行为的关系。《民法典》虽然没有单设债法总则编，但是在合同编对于债法总则的主要内容作出了规定，尤其是对多数人之债、债务加入、选择之债、债的保全等作出了详细的规定。同时，在合同编的准合同部分对无因管理和不当得利作出了规定。学习本章应当掌握债的概念及特征、债的要素、债的各种类型以及非因合同产生的债权债务关系如何适用《民法典》合同编的相关规定。

第一节　债的概念及其特征

一、债的概念

债是特定人之间请求为一定行为或不为一定行为的关系。债的概念起源于罗马法，在我国古代，"债"最早有"赊欠"的意思，如《帝王世纪》中记载"贩于顿丘，债于传虚"。此处所说的"债"主要是指金钱赊欠的意思。实践中，提到债的概念，人们常常想到的就是"欠债还钱""债台高筑"等词汇，认为债就是金钱之债。可见，我国古代缺乏类似于罗马法的债的概念。将"obligatio"一词译为汉字的"债"最初始于日本。20世纪初，清末变法之际，债的概念开始引入我国。[1]

新中国成立以后，因为废除了国民党的"六法"，虽然有关法律文件中使用过"契约"或"合同"概念，但极少采用债的概念。改革开放以后，随着市场经济的发展，相关立法逐步重新使用债的概念。1986年《民法通则》明确采纳了债的概念，该法第84条第1款规定："债是按照合同的约定或者依照法律的规定，在当事人之间产生的特定的权利和义务关系。享有权利的人是债权人，负有义务的人是债务人。"《民法典》第118条规定："民事主体依法享有债权。债权是因合同、侵权行为、无因管理、不当得利以及法律的其他规定，权利人请求特定义务人为或者不为一定行为的权利。"依据这一规定，债本质上是发生在特定当事人之间的关系，债权人有权基于债向债务人提出请求，债务人也应当按照债的要求履行其债务。从该条的规定来看，《民法典》所采用的债的概念与大陆法系中债的概念基本一致。

二、债的特征

1. 债是一种民事法律关系。债不同于一般的生活关系，在债的关系中，因为当事人的约定

〔1〕 参见史际春：《关于债的概念和客体的若干问题》，载《法学研究》1985年第3期。

或者法律规定而在当事人之间产生了一定的法律关系,债的关系当事人都应当受债的关系的约束。债作为一种法律关系,是以民事权利、民事义务为其内容的,其不同于日常生活中人们所说的感情之债等非法律意义上的关系。

2. 债是一种财产法律关系。债的关系在本质上属于交易的形式,反映了一种财产交换关系,债应当以财产性给付为内容。因此,凡是不具有财产给付的内容,原则上都应当从债法中剥离出来。例如,赔礼道歉并非要交付一定的财产,而只是一种道歉行为,因此,不属于债的范畴。在民事权利体系中,债权属于财产权的范畴。债不具有人身性,它在本质上反映交换关系,因此,债应当以财产性给付为内容。

3. 债是发生在特定主体之间的法律关系,这也称为债的相对性。债的关系不同于物权关系之处在于,其主体具有相对性,即只有特定人对于特定人有请求给付的权利,或者负担给付的义务。在债的关系中,无论是债权人还是债务人,都必须是特定的。

4. 债是一种一方向另一方给付的法律关系。发生在特定人之间的给付是债的核心要素。例如,为他人处理事务、为他人提供劳务,甚至是单纯的不作为等。给付是债的概念中最为核心的内容,要理解债的概念,就必须理解给付。

5. 效力具有平等性。与物权是绝对权不同,债权在效力上具有平等性,在同一债务人负担多项债务的情形下,不论各项债权成立时间的先后,或者债权数额的大小,其在效力上都是平等的,即当债务人的财产不足以实现全部债权时,享有担保物权的债权可以得到优先受偿,而其他普通债权原则上应当按照债权比例公平受偿。

6. 产生原因具有多样性。传统上,债的类型主要有合同之债、侵权之债、不当得利之债、无因管理之债、缔约过失之债等类型,但随着社会生活的发展,又出现了因法定补偿义务而产生的债、因单方行为产生的债等债的类型。而且,即便是传统类型的债的关系,随着社会生活的发展,其内容也在发展变化。例如,就合同之债而言,其内涵也在不断丰富与完善,当事人权利义务的来源日益多样化,其不仅限于当事人所约定的主给付义务及相关的从给付义务,而且基于诚实信用原则,当事人之间还可能负担一定的协助、通知、保密等附随义务,一方当事人违反附随义务造成对方当事人损害的,也应当承担相应的损害赔偿责任。

债的关系是一个动态的发展和变动过程,债本身具有高度的变化性,它是随着时间的流逝而逐渐发展变化的。在债的不同阶段,债的关系的内容也存在一定的差异。所以,债常常被称为“动态的财产关系”。

三、债权与物权的区分

债权与物权的区分是对财产权利的基本区分方法,也是传统大陆法系民法典编纂的基本指导思想。按照通说,财产权是以财产利益为客体的民事权利,[2]它主要包括物权与债权。债权与物权是民法中最基本的财产权形式。债权与物权具有如下区别:

1. 债权是请求权,而物权是支配权。债权是债权人请求债务人依照债的规定为一定行为或不为一定行为的权利,而物权是权利人支配特定物的权利。请求权必须以相对人的意志作为中介,该权利的实现需要他人的积极协助行为。如果相对人未按照请求权人的意志积极实施某种行为,请求权人的利益就无法实现。例如,当事人在买卖合同中约定,出卖人应于某年某月交货,在交货期到来之前,买受人只是享有请求出卖人在履行期到来后交付货物的权利,

---

〔2〕 参见谢怀栻:《论民事权利体系》,载《法学研究》1996年第2期。

而不能实际支配出卖人的货物。而支配权是权利人以自己的意志对权利客体行使权利，不需要以他人的意志为中介，也不需要他人从事积极的协助行为。

2. 债权是对人权和相对权，而物权是对世权和绝对权。债权受到侵害以后，债权人只能针对债务人主张权利，而不能针对其他第三人主张权利。即便是第三人的原因导致债务无法履行，债权人也只能请求债务人承担债务不履行的责任。而物权是对世权，权利人可以对抗一切人，任何人都负有不得妨害或侵害的义务。只要物权受到侵害，不论行为人与物权人之间是否存在一定的法律关系，物权人都可以对行为人主张物权请求权，也可以请求行为人承担侵害物权的责任。

3. 债权具有平等性，而物权具有优先性。所谓平等性，是指不论债权成立时间的先后，各个债权在效力上都是平等的。在债务人不能清偿各个债权的情况下，各个债权无论成立时间的先后，都按照其债权比例清偿。但物权具有优先性。所谓物权的优先性，主要表现在同一标的物之上同时存在物权和债权时，物权的效力优先于债权。当同一物上多项其他物权并存时，应当根据法律规定和物权设立的时间先后确立效力的优先性。例如，抵押权优先顺位的确定就采取登记先后的规则，先登记的抵押权要优先于后登记的抵押权。〔3〕

4. 债权具有非公开性，而物权是公开化的权利。债权只是在特定的当事人之间存在的，它并不具有公开性，设立和转移债权也不需要公示，也正因如此，债权原则上不受侵权法的保护。如果债务人不履行债务，则债权人只能请求其承担违约责任。而物权作为一种绝对权，具有强烈的排他性，直接关系到第三人的利益，因而物权必须要对外公开，使第三人知道，由此决定了物权在设定、变动时必须公示。因此，当事人之间订立合同设立某项物权，如未公示，可能仅产生债权而不产生物权。正是因为物权具有社会公开性，所以受到侵权法的保护，任何人侵害物权或者妨害物权人行使权利时，权利人都可以通过提起侵权行为之诉来获得法律上的救济。

5. 债权可以由当事人自由约定，而物权的设立采法定主义。债权的设立由当事人自由约定，只要不违反法律的禁止性规定和公序良俗，当事人可以根据自己的意思设定债权，并自由约定债的内容和具体形式。当事人即使订立法定的有名合同之外的无名合同，也受法律保护。而物权具有法定性，物权的种类和基本内容由法律规定，不允许当事人自由创设物权种类或随意确定物权的内容，这有利于防止欺诈，维护交易安全。〔4〕

6. 债权主要以行为为客体，而物权的客体主要是有体物。债权主要以行为为客体，如交付货物、支付货款、提供劳务等。而物权作为支配权，必须以特定的物作为其支配的客体。按照《民法典》第114条的规定，物权以“特定的物”为客体。如果某物还尚未形成特定的物，是不能成为物权的支配对象的。例如，空气、云彩等无法为人力所支配的物，是不能成为物权客体的。正如法谚所称，“所有权不得未确定”。如果物不能独立和特定，则物权支配的对象亦不能确定，从而物权也难以存在。

7. 债权具有一定的存续期限，而物权具有永久性或长期性，他物权虽然有一定的存续期限，但其存续期限一般也较长。因此，物权在性质上属于长期稳定的财产权。而债权的存续期限一般较短，一旦债务人履行债务，当事人之间债的关系即终止。因此，债权对应着较为松散的财产结合关系。

---

〔3〕　参见谢在全：《民法物权论》（上），三民书局2003年版，第33页。

〔4〕　参见常鹏翱：《体系化视角中的物权法定》，载《法学研究》2006年第5期。

第二节 债的要素

一、债的主体

债的主体包括双方当事人,即债权人和债务人。在债的关系中,债权人和债务人都必须是特定的。债权人是指有权请求对方当事人为或不为一定行为的人,而债务人是指有义务向对方当事人为或不为一定行为的人。

债权人或债务人既可以是一人,也可以是多人。当债务人或债权人为多人时,即形成了多数人之债,包括多数人债务与多数人债权。对多数人之债而言,如果以作为债的标的的给付是否可分为标准,可以将其区分为可分之债与不可分之债;如果以当事人享有债权或者承担债务的形式为标准,又可以将其区分为按份之债与连带之债。与简单之债相比,多数人之债的权利义务关系以及债的履行等问题较为复杂,因此,我国《民法典》合同编在第四章"合同的履行"中专门对多数人之债的规则作出了规定。

二、债的内容

《民法典》合同编发挥债法总则的功能,合同编通则规定可以适用于非法定之债的规则,因此,《民法典》合同编条文中使用的是"债"、"债权"或者"债务",这意味着该条文能够适用于所有的债。

(一)债权

债权,是指债权人有权请求债务人为一定行为或者不为一定行为的权利,因此债权也称为请求权。依据债的发生原因不同,可以将债权分为合同债权、因侵权行为产生的损害赔偿请求权、不当得利返还请求权、因无因管理而产生的请求权等。债的发生原因不同,债权的内容也存在一定的差别。在民法上,债的概念常常以"债权"来表述。

债权是财产权。由于债权也是以一定实有利益为基础的财产,债权作为债权人所期待的利益可以作为一种重要的交易对象,而债权的转让也逐渐成为资产流转所不可缺少的形式,所以债权是一种重要的财产权,具有经济利益。债权原则上可以让与、继承,其与人身权利具有本质的区别。债权都有一定的存续期限。例如,合同都有明确的履行期限,因而合同债权只能在一定期限内存在。

债权在性质上属于相对权,其发生在特定的主体之间,除当事人特别约定和法律规定的情形以外,债权人只能向特定的债务人提出请求,要求其履行债务,债务人原则上也只能向特定的债权人履行债务。由于债权只是发生在特定的当事人之间,其具有非公开性,一般情形下,只有特定的当事人之间才能了解债权的存在,第三人通常并不知情,因此,在债权受到侵害的情况下,为了保护个人的行为自由,除行为人故意侵害债权等个别情形外,债权一般不受侵权法的保护。

债权的内容主要包括如下权利:第一,请求权。债权请求权是债权的基本权能,因为债权本质上就是债权人请求债务人为一定行为或者不为一定行为的权利,从效力上看,债权人只能依据其债权向债务人提出请求,[5]而不能直接依据债权取得相关的给付利益。第二,给付保有权。它是指债权人有权保有债务人所作的给付。债权的重要权能之一就是债权人有权保有债务人所作出的给付。因此,在债务人向债权人作出履行后,并不能基于不当得利向债权人请求返还,债权人所享有的债权即为其保有债务人给付的法律上的原因。第三,抵销权。它是指二人互负相同种类债务,各使双方债务在对等额内相互消灭的法律制度。除法律明确禁止抵销的情形外(如人身损害赔偿之债原则上不得作为被动债权抵销),只要符合抵销条件,原则上也应当允许抵销。第四,保全权。它是指在债务人的行为可能影响债权人的债权实现时,债权人有权采取一定的行为,以保障其债权的实现。债权人的债权保全权包括代位权和撤销权,这两种权利是确保债权实现的重要手段。第五,受领权。它是指债权人受领债务人给付的权利。债权的本质在于,债权人有权请求债务人给付,而且在债务人作出给付之后,债权人有权受领,从而接受债务人的给付。在债务人没有作出给付的情形,债权人可以催告债务人履行。[6] 基于受领权,债权人原则上是适格的受领主体。当然,债权人受领债务人给付,也并非必须亲自进行。除非法律另有规定或合同另有约定,债权人可以指定第三人受领给付,该第三人被称为"受领辅助人"。

(二)债务

1. 债务的概念和特征

债务,是指债务人对债权人所负有的为一定行为或不为一定行为的义务。债权是主张给付的权利,进行给付的义务就是债务。债的概念,从权利的方面来看,是指特定人对于特定人可以请求为特定给付的权利,即债权;从义务的方面来看,是指特定人对于特定人负担为特定给付的义务,即债务。[7] 总体上看,债务具有如下几个特点:

(1)债务具有拘束性。债务是一种义务,与权利不同。对权利而言,权利人既可以行使,也可以不行使,还可以将其权利抛弃,而义务则是"应当""必须"履行的。债务属于义务的一种,所以债务人必须按照债的要求履行债务,在债务人未按照债的要求履行债务的情形下,债权人有权请求债务人承担债务不履行或债务瑕疵履行的责任。

(2)债务是向特定人负担的义务。从债的相对性原则出发,债务也是具有相对性的,这就是说,债务人仅仅向特定人负担义务。此处的"特定人",既可以是债权人,也可以是债权人所指定的第三人,该第三人应当是特定的,而非不特定的第三人。当然,债务人也是特定的,债权人只能向特定的债务人主张债权。

(3)债务是为一定行为或不为一定行为的义务。债务内容通常包括两大类:一是作为义务,其中又包括给付一定财物(如移转财产)和提供一定的劳务;二是不作为义务,即债务人通过不作为方式履行对债权人的债务。不作为义务又可分为两类:一是单纯的消极不作为,即债务人以限制自己行为自由的方式而作出给付;二是容忍义务,即允许债权人为一定行为而不给予干涉。[8]

---

[5] Hans Brox, Allgemeines Schuldrecht, Muenchen, 2009, S. 14.

[6] 王泽鉴:《债法原理》,北京大学出版社 2013 年版,第 68 页。

[7] 参见黄茂荣:《债法总论》(第 1 册),2009 年台北自版,第 1 页。

[8] 参见陈猷龙:《民法债编总论》,五南图书出版公司 2005 年版,第 6 页。

2. 债务的分类

依据不同标准,可以对债务进行不同的分类,一般而言,可以将债务分为以下几种:

(1)作为债务和不作为债务。以债务人所为的给付的内容不同,可以将债务区分为作为债务和不作为债务,所谓作为债务,是指债务人应当向债权人交付一定的财产或者提供一定的劳务。所谓不作为债务,主要是指债务人应当消极地不为一定的行为。例如,关于公司高管不得在其他公司兼职的约定,就属于不作为债务。

(2)完全债务与不完全债务。按照债务的效力不同,可以将债务区分为完全债务和不完全债务。所谓完全债务,是指在法律上具有完全效力的债务。例如,甲和乙约定购买房屋一套,如果合同成立并生效,则基于该合同产生的债务就属于完全债务。而所谓不完全债务,是指效力不齐备的债务。对于不完全债务的不履行,债权人并不能请求法院强制执行,债务人也无须承担相应的债务不履行的责任。[9] 例如,诉讼时效已经届满的债务,就属于不完全债务,对于该债务无法通过法院进行强制执行。

(3)主给付义务、从给付义务和附随义务。从债务的角度予以观察,现代债法强调义务群,除主给付义务、从给付义务外,依据诚实信用原则,债的关系当事人之间还负有一定的附随义务,有关这一问题我们将在本书相关部分予以介绍。

3. 债务与责任

责任原则上以债务的存在为前提,但责任本身并不是债务,而是债务人违反债务所应承担的后果。《民法典》第176条规定:"民事主体依照法律规定或者按照当事人约定,履行民事义务,承担民事责任。"可见,责任与债务是相互依存的,责任主要是债务不履行的后果。但两者并非同一概念,债务与责任的区别有如下几点:

(1)债务是责任发生的前提,责任是债务不履行的结果。责任的发生以债务的存在为前提,没有债务则难以产生法律责任。而责任是为确保债务履行而设置的措施,它以债务的存在为前提,以督促债务人履行债务并保障债权人的债权为责任制度的宗旨。正是因为责任制度的存在,才使债权获得了一种"法律上之力"。[10] 也就是说,责任制度的存在,使债权人在债务人不为给付时,要凭借法律上之力,强制债务人履行债务或承担其他责任,以确保其权利的实现。

(2)债务是一种义务。责任是在债务人不履行债务时,国家强制债务人履行债务或承担法律责任的表现,即一旦债务人不履行债务,则债务在性质上转化为一种强制履行的责任。强制履行从表面上看,仍然是继续履行原债务,但实际上已不同于原债务,因为债务本身应当是自愿履行的,而强制履行的方式具有强行性,从这一意义上说,强制履行已不仅是对债权人的责任,而且是对国家应承担的责任。由此可见,责任与债务相比较,包含了一种国家的强制力。[11]

(3)责任是与诉权联系在一起的。民事责任之所以能成为保障民事权利的有效措施,乃是因为民事责任以诉权为保障,从而使其成为连结民事权利与国家公权力的中介。[12] 因为在债务不履行的情况下,债权人有权通过诉讼方式对债务人强制执行,从而使债权人的诉讼请求得到满足。而债务并不与诉权直接相连接,其以债务人自愿履行为原则。

---

〔9〕 参见郑玉波:《民法债编总论》,中国政法大学出版社2004年版,第7页。

〔10〕 参见梁慧星:《民法学说判例与立法研究》,中国政法大学出版社1993年版,第253页。

〔11〕 参见崔建远:《合同责任研究》,吉林人民出版社1992年版,第4页。

〔12〕 参见梁慧星:《民法学说判例与立法研究》,中国政法大学出版社1993年版,第254页。

(4)债务与责任的分离也是存在的。原则上,债务与责任相伴而生,两者如影随形,难以分开。但在例外情况下,两者也可以分离,在通常情况下,债务不履行会导致责任的产生,责任的内容也依附于债务的内容,但也存在无责任的债务,如自然债务。

三、债的客体

债的客体就是债的标的。在法律上,债的客体就是给付。给付包括了作为和不作为。如果给付的内容是债务人的作为,就是积极给付;如果给付的内容是债务人的不作为,就是消极给付。

作为债的客体的给付具有如下特点:第一,具有合法性。债的标的应当满足合法性的要求。例如,当事人约定买卖毒品若干,则该给付具有违法性,所以,不可能据此产生债务人的给付义务。第二,具有确定性。所谓确定,是指明确给付的内容。也就是说,在债务履行时,作为债的标的的给付应当是确定的。第三,一般具有财产性。在一般情况下,应将作为债的客体的给付主要限定为财产性给付,这有利于明确划定债权与其他民事权利的边界,债权是民事权利体系的组成部分,如果所有的请求关系都界定为债,则债权与其他权利无法区分,债权甚至无所不包,这显然会影响民事权利的体系划分。

以给付的性质是积极的作为还是消极的不作为为标准,可以将给付义务区分为作为义务与不作为义务,前者如买卖合同中交付标的物的义务,后者如合伙协议中禁止同业竞争的义务等。依据给付的财产性的内容不同,又可以将作为义务分为以下两大类:第一,交付财产,例如,根据买卖合同,出卖人负有交付财产的义务。第二,提供劳务。提供劳务包括提供技术、文化、生活服务等。例如,在保管、仓储、委托、行纪、居间合同中,合同一方当事人应当提供一定的服务,但是不需要保证特定结果的出现。此类合同在学理上常常被称为行为之债。此外,在一些提供劳务的合同(如承揽合同)中,不仅一方当事人要提供服务,而且该服务必须体现为一定的成果,在学理上常常被称为成果之债。

第三节　债的分类

一、单一之债与多数人之债

根据债的主体特征,可以将债区分为单一之债与多数人之债。所谓单一之债,是指债权人、债务人仅为一人的债。所谓多数人之债,又称多数当事人的债或复数主体的债,是指债权人或者债务人一方为二人以上的债。[13] 也就是说,多数人之债中,债的主体是多数人,但其标的为同一给付的债的关系。[14] 如果各个主体之间发生了多个给付关系,则不属于多数人之债,而是数个独立的债的关系。例如,甲、乙共同向丙借款200万元,则成立多数人之债;如果是甲、乙分别向丙各借100万元,由于给付不具有同一性,所以其应当属于两个独立的债的关系,即甲和丙之间的债的关系以及乙和丙之间的债的关系,这种情形不属于多数人之债。《民法典》所规定的按份之债和连带之债都属于多数人之债。

---

〔13〕 参见[日]我妻荣:《新订债权总论》,王燚译,中国法制出版社2008年版,第332页。

〔14〕 参见孙森焱:《民法债编总论》(下册),法律出版社2006年版,第871页。

单一之债和多数人之债主要具有如下区别:

1. 当事人的数量不同。单一之债是债的双方主体均为一人的债的关系。由于单一之债中并不存在多数债权人或者多数债务人,债的双方主体都是单一的,因此不存在债的内部关系,当事人之间的法律关系相对简单。在多数人之债中,既可能存在多个债权人,也可能存在多个债务人。

2. 产生原因的多样性不同。多数人之债既可因法律规定而产生,也可因当事人约定而产生,前者如在产品责任中,产品的生产者与销售者需要对受害人承担不真正连带之债。后者如在共同保证中,各个保证人可以约定承担连带责任。由此可见,多数人之债产生的原因具有多样性。单一之债虽然也可以基于当事人约定或者法律规定产生,但与多数人之债相比,其产生原因相对简单。

3. 债的关系的复杂性不同。单一之债中,当事人之间权利义务关系单纯、明确、相对简单明了,容易把握。多数人之债有多种类型,可以进行不同的分类。按照当事人之间的内部关系,可以将多数人之债分为连带之债、按份之债和不真正连带之债。当事人之间的权利义务显然不同于单一之债。

二、按份之债和连带之债

(一)按份之债

所谓按份之债,是指数个债权人或数个债务人按照一定的份额享有债权或负担债务。在按份之债中,作为债的给付的标的必须是可分的,而且每个债权人按照特定的份额行使权利,每个债务人按照特定的份额承担义务。《民法典》第517条规定:"债权人为二人以上,标的可分,按照份额各自享有债权的,为按份债权;债务人为二人以上,标的可分,按照份额各自负担债务的,为按份债务。按份债权人或者按份债务人的份额难以确定的,视为份额相同。"这就在法律上确立了按份之债。按份之债包括按份债权和按份债务,具体阐述如下。

1. 按份债权

所谓按份债权,是指二个或者二个以上的债权人就各自的债权份额享有债权。例如,甲、乙筹资100万元,借款给丙,借款合同中明确约定甲、乙各自享有50%的债权,此种情形下,甲、乙对丙所享有的债权即属于按份债权。按份债权是按份之债的一种类型,其成立需要具备如下几个条件:第一,主体必须是两个或者二人以上的主体。第二,债的标的可分,此处所说的标的可分,是指同一债权的标的可分,在金钱债权中,各个债权人借款的数额是可分的。第三,各个债权人所享有的债权份额是由法律规定或者当事人约定的。第四,各个债权人是按照特定的份额享有债权。也就是说,各个按份债权人只能就其享有的债权份额请求债务人履行债务,且只能在其债权的份额内受领债务人的履行。在按份债权中,某一债权人既无权请求债务人清偿超过其份额的债权,也无权受领超出其份额的债权。如果其受领超出其份额的清偿,则债务人有权请求其返还不当得利。某一按份债权人在其债权范围内对债务人作出免除、抵销的表示,都是合法有效的,但其属于对自己债权的处分,对其他债权人不应当产生影响。

2. 按份债务

所谓按份债务,是指债务人为二人以上,债的标的可分,各个债务人按照份额各自分担债务的多数人之债。在按份债务中,按份债务人只能就其自己所负担的债务负担清偿义务,对超出自己份额的部分,不负担履行义务。例如,甲将其100万元出借给乙、丙二人,约定乙、丙分别负担50%的债务,此种情形即属于按份债务。

按份之债的成立需要具备如下几个条件：第一，按份之债的主体必须是两个或者两个以上的主体。也就是说，无论是债权人还是债务人，至少有一方是多数人，否则属于单一之债，而不成立多数人之债。第二，债的标的可分。所谓标的可分，是指同一债务的给付是可以分割的。这就是说，按份之债是权利义务的内容是可分的，例如，依据《民法典》第 1172 条的规定，在二人以上分别实施侵权行为造成同一损害的情形下，各个行为人对受害人所负担的损害赔偿之债就属于按份债务。如果多数人之债的给付义务不可分，则只能成立连带之债，而无法成立按份之债。第三，对按份债务而言，各个按份债务人的债务份额可以由法律规定或者当事人约定，通常情形下，如果按份债权人或者按份债务人的份额难以确定的，视为份额相同。各个债务人按照确定的份额承担债务，债权人无权请求某一债务人履行全部债务。

在按份债务中，某一债务人对其他债务人所负担的债务份额并没有履行义务，在某一债务人清偿了超出其债务份额的债务时，如果其具有代为清偿的意愿，符合代为清偿的条件，则构成代为清偿；如果该债务人的清偿构成错误清偿，则其有权请求债权人返还不当得利。同时，在按份债务中，如果债权人免除某一债务人的债务或者抵销，则该行为对其他债务人不产生影响。

从原则上讲，按份之债是多数人之债的常态，而连带之债是多数人债务的特殊形态，由于连带之债关涉对债务人或债权人的利益影响重大，因此在没有法律规定或当事人约定的情形下，多数人之债原则上应当是按份之债。仅在法律有规定或当事人有约定的情形下，才成立连带之债。按份之债仅成立于可分之债上，可分之债可以在法律规定或者当事人约定的情形下成为连带之债。而对于不可分之债，由于给付不可分，因此只能准用连带之债的规定。〔15〕

（二）连带之债

1. 连带之债的概念

所谓连带之债，是指两个或者两个以上的债权人或者债务人，依照法律或者当事人的约定形成连带关系，享有连带权利的每个债权人，都有权要求债务人履行义务；负有连带义务的每个债务人，都负有清偿全部债务的义务。〔16〕 在连带之债中，各连带债权人或者连带债务人之间存在连带关系。在连带债务中，债权人有权要求任何一个债务人作出全部或者部分的履行。《民法典》第 518 条规定："债权人为二人以上，部分或者全部债权人均可以请求债务人履行债务的，为连带债权；债务人为二人以上，债权人可以请求部分或者全部债务人履行全部债务的，为连带债务。连带债权或者连带债务，由法律规定或者当事人约定。"该条对连带之债作出了规定。

2. 连带之债的成立要件

（1）债的主体是数人。连带之债的债权人或者债务人应当有二人及以上，这也是当事人之间产生连带关系的前提。如果债权人和债务人仅有一人，则无法成立多数人之债。

（2）多数债权人或多数债务人之间存在连带关系。连带关系是指依据法律规定或当事人约定，在多数当事人之间所形成的一种债权、债务的牵连关系，它是连带之债产生的基础。故在连带之债中，对于一个债权人或一个债务人发生效力的事项，也可能对其他债权人或者债务人产生效力。〔17〕 需要指出的是，尽管连带债权债务在外部关系上是连带的，但从连带之债的内

〔15〕 参见史尚宽：《债法总论》，中国政法大学出版社 2000 年版，第 689 页。

〔16〕 参见原《民法通则》第 87 条。

〔17〕 参见彭周全等：《连带债务略论》，载《社会科学家》1995 年第 1 期。

部关系上说,连带债权人和债务人之间又是按份的。也就是说,对于各个连带债权人或各个连带债务人的内部关系而言,应当按照当事人的约定或者法律规定来分配当事人的权利和义务。[18] 例如,就连带债务而言,在某一债务人履行全部债务后,其可以向其他连带债务人追偿。

(3)原则上以同一给付为标的。数个当事人之间的债务之所以能成立连带关系,原因在于他们共同承担的给付义务是同一的。至于给付内容是否可分,则并非连带之债的成立条件。例如,基于同一事实,甲应向丙承担侵权损害责任,乙应当向丙承担违约损害赔偿责任,即使损害赔偿的数额是相同的,任何一个债务人的履行都能导致另外一方债务的消灭,也不形成连带之债,而仅形成不真正连带之债。

(4)连带债务的产生以法律规定和当事人的约定为限。由于连带之债加重了单个债务人履行债务的负担,因此,连带之债的成立原则上应当以当事人明确约定或者法律明确规定为限。前者如保证合同中的连带债务关系,后者如共同侵权中的连带之债关系。对于法律所规定的连带之债,不允许当事人通过约定加以排除。

3. 连带之债与按份之债的区分

按份之债与连带之债都属于多数人之债的范畴,二者之间存在密切关联,都涉及多数债权人或者多数债务人之间关系的确定问题。尤其应当看到,连带之债主要从外部关系的角度考察各个债务人或者债权人之间的关系,就各个债务人或者债权人的内部关系而言,其仍然是按照特定的份额分担债务或者分享债权。但二者毕竟属于不同的法律概念,其区别主要体现在以下几个方面:

(1)适用范围不同。连带之债是债的特殊形态,只有在法律明确规定或者当事人明确约定的情形下才能成立,其适用范围是受到限定的。[19] 而按份之债是债的一般形态,在法律没有特别规定或者当事人没有特别约定的情况下,多数人之债一般是按份之债。从这一意义上说,法律对连带之债与按份之债的态度是不同的:连带之债的成立以法律有明确规定或者当事人之间有明确约定为前提,在法律没有明确规定或者当事人没有明确约定的情形下,一般推定为按份之债。

(2)给付是否可分不同。对连带之债而言,作为其标的的给付在性质上可以是可分的,也可以是不可分的,即使对于性质上可分的给付,仍可通过当事人的约定或者法律规定成立连带之债。而对按份之债而言,虽然其一般是基于数人共同的行为而产生,[20] 但作为其标的的给付必须是可分的,这也是各债务人按照确定的份额承担债务或者各债权人按照确定份额分享债权的基本前提,因为对不可分的给付,债务人仅能为全部履行,无法成立按份之债。

(3)债的效力不同。依据《民法典》第518、519条的规定,对连带之债而言,享有连带权利的每个债权人都有权要求债务人履行义务;负有连带义务的每个债务人都负有清偿全部债务的义务,实际承担债务超过自己份额的连带债务人,有权就超出部分在其他连带债务人未履行的份额范围内向其追偿。而对按份之债而言,各个债权人或者债务人按照确定的份额分享债权或者分担债务。例如,对按份债务而言,各个债务人按照确定的份额承担债务,债权人无权请求单一债务人履行全部债务,按份债权中,各个债权人也仅能请求债务人向其履行其所享有

---

〔18〕 参见孙森焱:《民法债编总论》,法律出版社2006年版,第734页以下。

〔19〕 参见孔祥俊:《论连带责任》,载《法学研究》1992年第4期。

〔20〕 参见江平主编:《民法学》,中国政法大学出版社2007年版,第449页。

的债权份额。

(4)各个债务人或者债权人之间是否存在内部追偿关系不同。对连带债务而言,如果某一债务人清偿了全部债务或者超出其按照内部关系应当分担的债务数额,则该债务人有权按照内部关系向其他连带债务人追偿;对连带债权而言,如果某一债权人受领了债务人的全部给付或超过了其按照内部关系应当享有的债权数额,则其他债权人有权按照内部关系向该债权人追偿。而在按份之债中,各个债务人或者债权人按照确定的份额分担债务或者分享债权,各个债务人仅负有按份清偿的义务,各个债权人也仅能请求债务人为部分清偿,因此,一般不发生各个债务人或者债权人的内部追偿问题。

4. 连带债权和连带债务

《民法典》第 518 条第 1 款规定:“债权人为二人以上,部分或者全部债权人均可以请求债务人履行债务的,为连带债权;债务人为二人以上,债权人可以请求部分或者全部债务人履行全部债务的,为连带债务。”该条规定了连带债权和连带债务。第 2 款规定:“连带债权或者连带债务,由法律规定或者当事人约定。”这就确认了连带之债中的两种基本形态,即连带债权和连带债务。

(1)连带债权。所谓连带债权是相对于按份债权而言的,是指具有连带关系的多个债权人之间所享有的债权,其特点在于:第一,债权人为多数,即债权人必须是二人以上。连带债权是多数人之债的一种类型,其债权人必须为二人以上,至于债务人是否为二人以上,在所不问。第二,各个债权人之间具有连带关系,连带关系可以由法律规定,也可以由当事人约定。例如,《民法典》第 307 条规定了共有的动产和不动产所产生的债权债务,各个共有人对其共有财产所产生的收益等享有连带债权。再如,《民法典》第 75 条规定了法人的设立人在从事民事活动中,各个设立人之间享有连带债权。第三,各个连带债权人都可以请求债务人履行全部债务,任何一个债权人也都可以接受债务人的履行,连带债权人中的任一债权人如果接受了债务人的全部清偿,连带债权也将因此消灭。

(2)连带债务。所谓连带债务,是指具有连带关系的多个债务人之间所承担的债务,其特点在于:第一,债务人必须为多数,即债务人必须为二人以上,连带债务是多数人之债的一种类型。第二,各个债务人之间具有连带关系,连带关系是连带之债产生的基础。此种连带关系可以由法律规定,也可以由当事人约定。例如,《民法典》第 75 条规定了法人的设立人在从事民事活动中,对外所负担的债务也为连带债务。第三,各个债务人都有义务向债权人作出全部履行,而且任何一个债务人作出全部履行后,都可以导致连带债务的消灭。只要债务没有完全清偿,任何一个债务人都负有清偿义务。因此,相对于按份债务而言,连带债务更有利于保障债权的实现。

5. 连带债务中的追偿权

所谓连带债务人之间的求偿权,是指连带债务人承担债务超出了其按照内部关系应分担的部分,而享有向其他债务人求偿的权利。《民法典》第 519 条第 2 款规定:“实际承担债务超过自己份额的连带债务人,有权就超出部分在其他连带债务人未履行的份额范围内向其追偿,并相应地享有债权人的权利,但是不得损害债权人的利益。其他连带债务人对债权人的抗辩,可以向该债务人主张。”该条第 2 款对债务人的追偿问题进行了规定。依据这一规定,连带债务人追偿权存在双重限制。

(1)连带债务人必须实际承担了超过其份额的债务。例如,甲享有对乙、丙、丁三人的 300

万元债权,乙、丙、丁三人是连带债务人,各自承担的份额相同。那么,在乙向甲清偿 80 万元后,甲未向其他债务人提出请求,此时,乙是否可以向丙、丁二人请求追偿呢?依据《民法典》第 519 条第 2 款的规定,乙不能向二人请求追偿。因为乙实际承担的 80 万元的债务并未超过其应当承担的 100 万元份额。

(2)已经承担超过份额的债务的连带债务人,只能就其他连带债务人未履行的份额追偿。在上例中,如果乙向甲清偿了 200 万元的债务,丙向甲清偿了 100 万元的债务,那么乙就不能就其超出份额的部分,向丙请求追偿,因为虽然乙已经承担了超出其份额的债务,但是丙并无未履行的份额,因此,乙只能向丁追偿。但是,如果乙向丁追偿时,丁不能履行其应分担份额,则乙可以请求丙在相应范围内按照比例分担。《民法典》第 519 条第 3 款规定:"被追偿的连带债务人不能履行其应分担份额的,其他连带债务人应当在相应范围内按比例分担。"此时,乙就可以就其超出份额的 100 万元,请求与丙分担。

(3)连带债务人之间债务份额采取二次分担原则。《民法典》第 519 条第 3 款规定:"被追偿的连带债务人不能履行其应分担份额的,其他连带债务人应当在相应范围内按比例分担。"该条明确了连带债务人之间债务份额的二次分担规则,其适用条件如下:第一,某个连带债务人实际承担的债务超过了自己的债务份额,这也是该连带债务人行使追偿权的前提。第二,某个被追偿的连带债务人不能履行其应分担份额。例如,该债务人因为资不抵债、破产等原因,无法履行其应分担的债务份额。第三,其他债务人应当在相应范围内按比例分担。例如,连带债务人甲、乙、丙、丁共同对债权人戊负担 1000 万元连带债务,各自应当负担 250 万元的份额,甲单独履行了 500 万元,乙、丙也单独承担了 250 万元的债务,而丁并未清偿。此时,甲向丁追偿 250 万元,丁因已无资产,所以无法在追偿之债中向甲作出履行。在此情形下,甲本应追偿的 250 万元面临无法实现的风险,此时,甲是否可以请求乙、丙分担,这就是二次分担规则所要解决的问题。依据《民法典》第 519 条第 3 款,在此情形下,乙、丙应当与甲共同分担剩余的 250 万元债务。

就连带债务中各债务人的内部关系而言,《民法典》第 519 条第 1 款规定:"连带债务人之间的份额难以确定的,视为份额相同。"依据该款规定,除法律另有规定或者当事人另有明确约定外,债务人应当平均分担债务。当某一债务人所清偿的债务超出其所应分担的债务份额时,其有权向其他连带债务人在其未履行的份额内追偿。当然,按照私法自治原则,债务人可以抛弃其求偿权。如果作出履行的债务人明确向其他连带债务人表示抛弃其求偿权,则该行为对所有连带债务人发生效力,此时,作出履行的债务人无权再向其他连带债务人求偿。

《民法典》第 520 条规定了债权人与连带债务人之间具有绝对效力的事项,该条规定:"部分连带债务人履行、抵销债务或者提存标的物的,其他债务人对债权人的债务在相应范围内消灭;该债务人可以依据前条规定向其他债务人追偿。部分连带债务人的债务被债权人免除的,在该连带债务人应当承担的份额范围内,其他债务人对债权人的债务消灭。部分连带债务人的债务与债权人的债权同归于一人的,在扣除该债务人应当承担的份额后,债权人对其他债务人的债权继续存在。债权人对部分连带债务人的给付受领迟延的,对其他连带债务人发生效力"。依据该条第 1 款规定,部分连带债务人的履行、抵销、提存导致其他债务人的债务在相应的范围内消灭。例如,甲拥有对乙、丙、丁三人的债权 300 万元,乙、丙、丁三人为连带债务人。乙向甲无论是采取履行、抵销或提存的方式清偿了 200 万元的债务,对于余下的 100 万元债务,乙、丙、丁都有仍负有向甲继续清偿的义务。乙在内部关系中,依据《民法典》第 519 条的规定,可以向丙、丁追偿。第520条第2款和第3款，针对免除和混同的情形，则并未规定追偿。这主要是考虑到，例如在上例中，甲免除了乙的100万元债务，或甲与乙发生混同的情形，丙、丁就还需承担200万元债务，乙并不享有追偿权。实际上，免除和混同具有限制的绝对效力。

需要注意的是，对于债权人与连带债务人之间的关系而言，具有相对效力的事项是一般情况，具有绝对效力的事项是例外情况。因此，《民法典》第520条事实上是关于债权人与连带债务人之间绝对效力事项的例外规定。部分债务人的履行迟延、时效中止等仍然仅具有相对效力，而不对全部连带债务人生效。在比较法上，具有绝对效力的事项呈现出逐渐减少的趋势，相应地，具有相对效力的事项则在逐渐增多。在司法实践中，绝对效力事项的适用空间也比较小，具有相对效力的事项仍然是原则性的，绝对效力的事项只是作为例外出现。

三、选择之债和简单之债

（一）选择之债和简单之债概述

所谓选择之债，是指在债成立时就有两种以上的给付可供选择的债。《民法典》第515条规定："标的有多项而债务人只需履行其中一项的，债务人享有选择权；但是，法律另有规定、当事人另有约定或者另有交易习惯的除外。享有选择权的当事人在约定期限内或者履行期限届满未作选择，经催告后在合理期限内仍未选择的，选择权转移至对方。"该条对选择之债作出了规定。

选择之债有广义和狭义之分。从广义上说，选择之债的范围较为广泛，其可以是对义务履行（如选择给付金钱或提供劳务）或标的物的选择；也可以是对不同履行时间、履行方式、履行地点的选择。除此之外，当事人甚至可以约定选择债务不履行的责任，其在性质上也应当属于选择之债的范畴。因此，凡在债的给付标的，履行时间、方式、地点，债务不履行的责任等方面可供选择的债，都为选择之债。

所谓简单之债，是指在债的关系成立后，债的关系当事人无法在数种给付中作出选择的债。对简单之债而言，债的标的较为单一，债务人应当严格按照法律规定或者当事人的约定履行债务，而不得以他种给付代替履行；债权人也仅能请求债务人按照债的要求履行债务，不得请求债务人提供他种给付以代替原定给付。因此，简单之债又可称为不可选择之债。[21]

选择之债与简单之债相比，主要具有如下区别：

1. 是否具有数个履行标的不同。对选择之债而言，债的标的有数个，而且各个给付的内容不同，因此才有选择的必要。而对简单之债而言，债的履行标的是单一的，债的关系当事人无法从数项履行中作出选择。

2. 债的内容或者履行方式不同。对选择之债而言，由于其有数项给付可供选择，因此，在选择权人作出选择之前，债的内容或者履行方式可能是不确定的。例如，债的关系当事人约定，债务人有权在数种标的物中进行选择，则在债务人作出选择之前，该选择之债的标的就是不确定的。从这个意义上说，选择之债是给付相对不确定的债。[22] 而对简单之债而言，由于其给付是单一的，因此，债的内容以及履行方式等都是确定的，债务人应当严格按照债务的要求履行债务，债权人也应当按照债的要求履行协助义务等。简单之债一旦成立，任何一方当事人原则上都无法对债的内容或者履行方式作出选择。

---

〔21〕 参见张广兴：《债法总论》，法律出版社1997年版，第129～130页。

〔22〕 参见黄立：《民法债编总论》，中国政法大学出版社2002年版，第360页。

3. 债在履行前是否需要当事人作出选择不同。对选择之债而言,在履行前,当事人必须在数个履行中作出选择。在选择之前,债的内容、履行方式等是不确定的,债也无法履行。因此,对选择之债而言,基于债权客体确定原则的要求,当事人必须在数个履行标的中作出选择,在当事人作出选择后,选择之债才能履行。而对简单之债而言,不需要债的当事人就债的履行作出选择。简单之债是债的常态形式,选择之债是当事人特别约定或者法律特别规定的特殊的债的形式。基于私法自治原则,当事人可以约定债的履行方式,如果当事人特别约定成立选择之债,则该约定应当具有法律效力。

(二)选择之债的履行

与简单之债相比,选择之债的特殊性主要体现在其履行方面,即在选择之债履行之前,一方对债的履行享有选择权,这也是选择之债的核心特征。

1. 选择权的特点

选择之债中的选择权具有如下特点:第一,选择之债中的选择权在效力上具有溯及性,一旦选择权人行使选择权,该选择权的效力溯及于选择之债成立之时。第二,选择权在性质上属于形成权,一旦权利人作出选择,则债的履行的相关内容便因此确定,即因一方当事人的意思即可使债的履行的相关内容确定。选择权人在行使选择权时不得附条件或者附期限。第三,选择之债中选择权的范围十分广泛。一般来说,选择权的范围既包括对标的物的选择(如约定出卖人可以在交付 A 套房与交付 B 套房之间进行选择),也包括对履行行为的选择(如选择债务履行的方式等)。第四,选择权的归属一般由当事人约定,但法律也可能对选择权的归属作出特别规定。如果法律规定或合同约定双方或一方有选择权,则应当由有选择权的一方行使选择权。如果当事人没有对选择权的归属作出约定,法律也没有对其作出规定且没有其他交易习惯的,此时选择权应当归属于债务人。

2. 选择权的行使

在选择权确定以后,应当如何行使选择权?由于选择权行使将使选择之债变成简单之债,这直接关系到合同义务的履行问题,对双方当事人关系重大,因此,有必要明确选择权的行使方式。一般而言,选择权的行使,应向相对人明确作出意思表示。如果一方享有选择权,该当事人行使选择权时,应当对对方当事人明确作出意思表示。选择权一旦行使,除权利人行使选择权是受欺诈、胁迫等原因而作出选择的以外,原则上不得撤销或者变更。在第三人享有选择权的情况下,第三人行使选择权应当向债权人和债务人作出选择的意思表示;如果仅向债的关系的一方当事人为意思表示,原则上不发生选择的效力。

3. 选择权的移转

选择之债中,选择权也可以依法发生移转。选择之债中,选择权的移转原则上应当由法律明确作出规定。关于选择权的移转,应当区分以下几种情况分别作出规定:

(1)当选择权归属于债务人时,如果债务人在约定期限内或者履行期限届满而未做选择的,则债权人可以催告债务人选择,债务人在催告后的合理期限内仍未选择的,则债务人不再享有选择权,而应当由债权人行使该选择权。

(2)当选择权归属于债权人时,如债权人在约定期限内或者履行期限届满而未做选择的,则债务人可以催告债权人选择,债权人在催告后的合理期限内仍未选择的,则债权人不再享有选择权,而应当由债务人享有选择权。

(3)当选择权归属于第三人时,如果第三人在约定期限内或者履行期限届满未做选择的,则债务人可以催告第三人选择，第三人在催告后的合理期限内仍未选择的，选择权应当由债务人行使。[23]

应当注意的是，在选择之债中，如果数项可供选择的给付中有部分嗣后发生给付不能，则选择权人仅能在剩余的给付中作出选择；如果仅存一项可能的给付，则该选择之债即特定化，当事人应当按照债的要求履行债务。[24]《民法典》第516条第2款规定了选择之债中发生履行不能的处理方法，当事人一方享有选择权，如果可选择的债务标的之中发生不能履行的情形，则享有选择权的当事人不能选择不能履行的标的，除非履行不能是由对方当事人造成的。例如，如果双方当事人约定，债权人可以在债务人画廊的两幅某著名画家的画作中，选择一幅请求交付。但是，在债权人选择前，该两幅画作中的一幅，又被该画廊卖给他人。由于另行出售画作，导致债务不能履行的情形是由画廊的原因造成的，因此债权人的选择权就不受到《民法典》第516条第2款的限制，债权人仍然可以选择请求画廊交付已经被出卖的画作。此时，如果发生了履行不能，债权人的合同请求权转化为违约损害赔偿请求权或违约金请求权，即使另一幅画作仍然可以交付，债权人仍然可以要约画廊承担违约责任。但如果该画作被他人盗窃，致使不能交付，那么由于该不能并非画廊造成的，因此，债权人不能选择要求交付被盗窃的画作，而可以请求交付另一画作。

四、金钱之债与非金钱之债

（一）金钱之债和非金钱之债概述

金钱之债又称货币之债，它是指债务人必须以给付一定货币履行债务的债。[25] 金钱之债的标的物一般包括：通用货币、外国货币和特种货币。[26] 但就我国而言，由于外国货币、特种货币属于限制流通物，因此，这里所说的货币之债仅指以通用货币为标的物的债。在我国国内交易中，货币支付应当以人民币交付，如果是涉外交易，当事人可以约定以外币交付。

所谓非金钱之债，是指其给付是金钱以外的其他标的的债。非金钱之债的范围十分广泛，依据给付内容的不同，可以将非金钱之债分为以下两类：第一，交付财产之债，主要是指债务人需要按照债的内容向债权人交付一定的财产，以履行债务。此处所说的财产主要是指有形的财产类型，无形财产一般不发生交付的问题。例如，在买卖房屋合同、买卖汽车的合同中，债务人应当按照合同约定向债权人交付相关的财产，此类交易是最为典型的财产交易。第二，提供服务之债，其主要是指债务人应当按照债的内容向债权人提供一定的服务，从而实现债的目的。提供服务之债一般以全部或者部分提供服务为债务的主要内容。债务人所提供的服务的范围十分广泛，如提供技术、文化、生活服务等。其主要包括两大类，一类是债务人仅需要向债权人提供一定的服务，如提供保管服务等；另一类是债务人不仅需要向债权人提供服务，而且需要交付一定的工作成果，如承揽合同之债。而债权人一般需要向债务人支付相应的服务费用。[27]

需要指出的是，金钱之债与非金钱之债的区分，并非就债的总体而进行的区分，而仅仅是

---

[23]　参见孙森焱：《民法债编总论》，法律出版社2006年版，第352页。

[24]　参见林诚二：《民法债编总论》，中国人民大学出版社2003年版，第257～258页。

[25]　参见郑玉波：《民法债编总论》，中国政法大学出版社2004年版，第201～202页。

[26]　王家福：《中国民法学·民法债权》，法律出版社1991年版，第60页。

[27]　参见全国人大常委会法制工作委员会民法室：《中华人民共和国合同法及其重要草稿介绍》，法律出版社2000年版，第150页。

就债的部分内容进行的观察。例如,就房屋买卖而言,买受人负有支付货币的义务,因此,其负担的就是金钱债务(或称金钱之债);而就出卖人而言,其负有交付房屋和移转房屋所有权的义务,因此,其负担的就是非金钱债务(或称非金钱之债)。

(二)金钱之债和非金钱之债的区别

金钱之债与非金钱之债的区别主要有以下几点:

1. 标的物不同。非金钱之债以货币之外的其他物作为标的物,或者以债务人向债权人提供一定的服务为标的。而金钱之债以一定的货币为标的物,由于货币是一般等价物,是财货交易的媒介、债务支付的手段、储蓄的方法。货币的所有权也具有其特殊性,即货币的占有往往可以推定为所有,这也决定了,金钱之债中货币所有权移转的特殊性。[28]

2. 能否发生履行不能不同。货币在性质上属于种类物,具有较强的流通性和可替代性,因此,金钱之债一般不发生履行不能的问题,即便债务人准备交付的货币因不可抗力灭失,债务人也不能援引不可抗力作为免责事由。

3. 债务的履行不同。由于金钱之债的标的为货币,因此,其在履行上具有一定的特殊性。从《民法典》第514条规定来看,除法律另有规定或者当事人另有约定外,债权人可以请求债务人以实际履行地的法定货币履行。对金钱之债而言,债务人原则上不需要交付特定的货币,而只需要向债权人交付等值的货币,债权人一般不得要求债务人交付特定的货币。对非金钱之债而言,当事人应当严格按照债的要求履行,不得主张以交付其他标的物代替当事人约定的标的物来履行债务。当然,如果当事人约定的标的物为种类物,而且该种类物未特定化的,则债务人仍有权选择交付特定品质的标的物,而不需要交付特定的标的物。

4. 是否约定利息不同。由于金钱之债的标的为货币,所以,金钱之债的履行通常会伴随利息的支付,当事人一般会在金钱之债中约定,债务人应当向债权人支付相关的利息,从而产生利息之债。当然,在金钱之债中,利息之债的效力并非完全独立,而是附属于金钱之债,如果产生金钱之债的主合同被宣告无效,则利息之债也随之不成立。而非金钱之债以财产的给付或者服务的提供为标的,一般不会产生利息之债。

(三)金钱之债的履行

金钱之债的履行具有如下特点:

1. 原则上不发生履行不能的问题。与其他债的关系不同,由于金钱具有很强的可替代性,因此,金钱之债原则上必须实际履行,违约方不得以任何理由针对非违约方的履行请求做出抗辩。《民法典》第579条规定:"当事人一方未支付价款、报酬、租金、利息,或者不履行其他金钱债务的,对方可以请求其支付。"从该条规定来看,其实际上赋予非违约方一种继续履行的请求权,即在金钱之债中,不存在履行不能的问题,债权人可以请求债务人实际履行。

2. 即使出现了不可抗力通常也不应当免除债务人的金钱债务。一般情况下,如果在债的履行过程中发生不可抗力,导致债务人履行不能,则债务人可以因此免责。但是,对金钱债务而言,即便发生不可抗力,债务人仍应当按照债的要求履行其债务。因为作为商品的一般等价物,货币是一种纯粹的可代替物,或称为特殊的种类物,不具有任何个性,任何等额的货币价值相等,可以互相代替,这就决定了金钱债务的标的即货币不可能发生不可替代的灭失,也不存在履行在经济上不合理的情况。债务人可能暂时遇到经济困难而不能交付,这也只会导致履

---

〔28〕 参见郑玉波:《民法债编总论》,中国政法大学出版社2004年版,第202页。

行迟延,而不会导致履行不能,从而也不能援引不可抗力免除责任。

3. 可能发生货币贬值的问题。与其他债的履行不同,金钱债务的标的物为货币,货币的币值与经济发展状况密切相关,极易发生波动,因此,金钱债务的履行可能发生货币贬值的问题。当然,为了维护债的关系的稳定性,在货币币值出现波动时,债的关系当事人原则上仍应当按照债的要求履行债务,而不得以货币币值变动为由请求增加或者减少给付数额。同时,按照私法自治原则,当事人可以约定保值条款,即当事人可以约定,在货币币值出现变动时,债的当事人应当适当增加或者减少给付,以维持债的标的的价值。例如,在长期租赁合同中,当事人可以在合同中约定保值条款,在合同履行过程中,如果货币贬值,当事人即可依据保值条款请求增加或者减少给付,按照私法自治原则,此种协议在法律上是有效的。当然,在例外情况下,即便当事人没有订立保值条款,也应当允许当事人请求增加或者减少给付。例如,在货币币值波动较为剧烈时,按照原定给付履行债务可能显失公平时,当事人可以依据情势变更原则请求适当增加或者减少原定给付的数额。

五、种类之债和特定之债

(一)种类之债和特定之债概述

种类之债是指以种类物的给付为标的的债。[29] 交易上所说的种类通常都是以物的性质等作为分类标准,包括产地(如金华火腿、道口烧鸡等)、用途(如食品、药品等)、品质(如一级大米、优等混煤等)、商标(如奔驰汽车、雪花啤酒等)等。在法律上所说的种类也是以上述分类标准为基础的,并形成了所谓种类物。种类物是指具有共同特征,可以用品种、规格或数量等加以度量的物,如某种标号的水泥、某种牌号的大米等。在现代社会,由于产品主要采用标准化、批量化的方式生产,因此,种类物的类型逐渐多样化,种类之债的适用范围也越来越广泛,种类物在交易中往往可以相互替代。在债法中,以种类物为标的物的债就称为种类之债。

特定之债是与种类之债相对应的概念。所谓特定之债,是指以特定物的给付为标的的债。特定物是指具有特定的特征,不能以其他物代替的物。如某幅图画、某个建筑物等。在交易中,不动产(如房屋、土地、树木等)以及某些动产(如宠物、宝石等),因其具有特定性,因此只能为特定之债的标的物。在特定之债中,债务人应当按照指定的特定物履行债务,不得以其他物代替。特定之债一般包括两类:一是标的物自始特定的特定之债。即以特定物为标的物的债,例如,当事人之间订立了房屋买卖合同。二是标的物事后特定的特定之债。也就是说,在债的关系成立时,其为种类之债,但在履行前标的物特定化的,即转化为特定之债。

种类之债和特定之债是相对应的法律概念,但种类之债和特定之债也是可以互相转化的。例如,某画家乙的作品是特定物,一般是特定之债的客体,但如果甲向乙购买 10 幅画,并没有指定是哪十幅画,则应当在甲、乙之间成立种类之债。[30] 再如,在种类之债中,债务人为交付种类物而完成必要行为时,或者经债权人同意指定其应交付的标的物时,该种类之债即转化为特定之债,债务人应当以该标的物履行债务。[31]

(二)种类之债与特定之债的区别

种类之债和特定之债主要具有如下区别:

---

〔29〕 参见史尚宽:《债法总论》,中国政法大学出版社 2000 年版,第 238 页。

〔30〕 参见黄立:《民法债编总论》,中国政法大学出版社 2002 年版,第 340 页。

〔31〕 参见郑玉波:《民法债编总论》,中国政法大学出版社 2004 年版,第 200 页。

1. 标的物不同。种类之债以交付种类物为客体,其标的物一般是可替代物。而对特定之债而言,其标的物既可以是特定物,也可以是种类物,即便其标的物是种类物,在该种类物特定化之后,债务人原则上也只能向债权人交付该特定的标的物,而不得以交付其他同类物予以替代。

2. 成立条件不同。特定之债中,由于标的物是特定物,因此,债的关系成立时无须就标的物的数量、质量等作出特别约定,债务人只需要按照债的要求向债权人交付该特定物即可。而在种类之债中,其标的物的性质虽然确定,但标的物的数量在债的关系成立时尚未确定,由于标的物数量是债的基本内容,是债成立的基本前提,如果标的物的数量无法确定,作为债的标的的给付也就无法确定。[32] 例如,当事人仅在合同中约定购买大米,但没有约定大米的数量,如果当事人事后无法根据《民法典》第511条的规定确定标的物的数量,且当事人事后不能达成补充协议的,则应当认定该合同因标的不确定而无法成立。

3. 是否发生履行不能不同。[33] 由于种类物具有可替代性,即使债务人的某一部分种类物发生灭失,债务人也可以以其他物替代,或者到市场上购买替代物以代替履行。法谚云:"种类物不灭失"(genus perire non censetur),因此,种类之债不发生履行不能。[34] 正是因为这一原因,对种类之债的不履行可以适用实际履行的方式,债务人不能以标的物已毁损灭失、事实上不能履行为由而对债权人实际履行的请求提出抗辩。当然,如果债务人实际履行的费用过高,则按照诚实信用原则,也应当允许债务人以损害赔偿代替实际履行。而对特定之债而言,由于标的物是特定的,则可能发生履行不能的问题。当然,对于标的物是种类物的特定之债而言,由于其标的物具有很强的可替代性,原则上也不发生履行不能的问题。在买卖合同的风险负担规则中,风险负担的转移必须以标的物特定化为前提。

4. 债务的履行不同。对种类之债而言,其只有在特定化之后才能履行。尽管种类之债中,当事人可能只是约定交付种类物,但在其履行时,必须将种类物中作为履行标的物的部分从该种类物中分离出来,加以具体确定,否则将无法实际履行。由于这种分离,导致种类之债的变更,即由种类之债变更为特定之债,使当事人能够履行合同,但合同的内容没有任何改变。而对特定之债的履行而言,则不存在特定化的问题,特定之债的标的物本身就是特定的,因此债务的履行不需要经过特定化的程序。

(三)种类之债的成立与履行

种类之债的成立除了应当具备债的成立的一般条件外,还应当具备如下条件:

1. 标的物是可替代的种类物。如前所述,法学上所谓"种类",是指按照一般交易观念,具有某些共同特征的一类物品。物品的共同特征越多,则该类物品越具有种类物的特点。种类物通常是可以替代的物,如大米、蔬菜等。如果债的标的物是特定物,则其应当属于特定之债。

2. 标的物的数量应当确定。种类之债的标的物虽然是以种类表示,但应当有明确的数量,否则可能因标的不确定而导致债的关系无法成立。例如,在标的物为种类物的合同之债中,一般而言,当事人应当在合同成立时约定标的物的数量,否则可能因约定不明导致合同无法成

---

〔32〕 参见史尚宽:《债法总论》,中国政法大学出版社2000年版,第239页。

〔33〕 参见张广兴:《债法总论》,法律出版社1997年版,第129页。

〔34〕 参见郑玉波:《民法债编总论》,中国政法大学出版社2004年版,第201页。

立。当然,标的物数量不确定也不必然导致种类之债无法成立,当事人也可以在事后通过补充约定的方式确定标的物的数量。

3. 标的物的质量应当确定。种类之债中,标的物的质量应当确定,如果当事人没有对标的物的质量作出约定,则应当依据《民法典》第 511 条的规定予以确定,该条第 1 项规定:"质量要求不明确的,按照强制性国家标准履行;没有强制性国家标准的,按照推荐性国家标准履行;没有推荐性国家标准的,按照行业标准履行;没有国家标准、行业标准的,按照通常标准或者符合合同目的的特定标准履行。"这是事后确定标的物质量的补充性规定。

在此需要讨论的是,如果种类之债的标的物质量不确定,是否影响种类之债的成立?本书认为,对此应当具体分析,标的物的质量是债的内容的重要组成部分,在种类之债中,虽然标的物并非完全特定,但当事人也应当就标的物的质量作出约定,如果当事人未约定,则应当依据《民法典》第 511 条的规定确定其质量,如能确定,则一般不应当影响合同的成立。但如果依据上述标准仍无法确定标的物质量的,则可能导致种类之债无法成立。〔35〕 例如,乙为某粮油企业,长期出售多种品质的大米,甲向乙表示将购买其 10 吨大米,但没有指定是何种品质的大米,如果依据《民法典》第 511 条的规定仍然无法确定甲购买何种品质的大米时,该种类之债即无法成立。基于这一原因,标的物质量确定应当是种类之债成立的必要条件之一。

(四)种类之债的履行

种类之债的履行以标的物的特定化为条件,种类之债的标的物一旦特定化,则种类之债即转化为特定之债,当事人应当按照债的要求履行债务。在标的物特定化之后,虽然债的内容发生了一定的变化,但债的内容的同一性并不受影响,因此,原债务之上的担保等仍然有效。

1. 依当事人的约定和债权人的同意而特定。按照私法自治原则,种类之债可以依据当事人的约定和债权人的同意而特定。一方面,种类之债可以因当事人的约定而特定化;另一方面,种类之债可以依债权人的同意而特定化,即在债务人指定某物交付时,债权人事前同意或事后认可,该物就成为特定物。例如,当事人订立沙发买卖合同,买受人只是指出了沙发的品牌、型号等,没有指定要哪一个沙发,如果出卖人将某沙发包装后的图片发给买受人看,买受人表示同意的,则该套沙发便已经特定化。

2. 依债务人的行为而特定。如果当事人在合同中没有约定使标的物特定化的方法,就应当由债务人在履行时将种类物的一部分分离出来,并予以交付。在债务人交付标的物的行为完成后,标的物也已特定化,此时种类之债就转化为特定之债。关于债务人的行为达到何种程度标的物才能特定化,本书认为,在当事人没有约定的情形下,只有债务人将标的物同其他种类物分离,并且通知债权人的,标的物才能特定化。

在种类之债特定化以后,种类之债已经转化为特定之债,债务人应当向债权人交付特定的标的物。例如,在某个"混煤买卖纠纷案"中,在合同订立时,当事人甲、乙只是约定购买 100 吨的混煤,山西混煤在性质上属于种类物,其既包括普通混煤,也包括优质混煤,当事人在合同订立时并没有明确给付特定的混煤,因此,在当事人之间应当成立种类之债。但后来卖方乙将混煤确定,并由买方甲现场确认,此种情况既属于因债务人的行为而确定标的物,也属于因债权人的同意而确定标的物的情形。此时,既然标的物已经确定,该种类之债已经转化为特定之债,乙应当按照约定向甲交付甲指定的混煤,然而乙只向甲交付普通混煤,显然违反了合同约

〔35〕 参见[德]梅迪库斯:《德国债法总论》,杜景林、卢谌译,法律出版社 2003 年版,第 153 页。

定,乙应当向甲承担违约责任。

问题在于,在种类之债特定化以后,当事人能否对已经特定化的标的物进行变更?本书认为,既然已经转化为特定债权,原则上不应该再允许变更。但在种类之债中,当事人以何种标的物履行债务,应当属于当事人意思自治的范畴,因此,即便种类之债已经特定化,债的双方当事人也可以通过协商变更标的物,对此法律应当允许。

第四节 债的法律适用

一、债法的概念

债法又称为债权法、债务关系法,它是指调整债权债务关系的法律规范的总称。在《德国民法典》制定之前,学者一般使用"债权法"的称谓,以突出债权(Forderung)的概念。但《德国民法典》将债编称为"债务关系编"(Schuldverhältnis)。此种称谓表明,其是从债务人视角、而非债权人视角来规范债的关系的。[36]《日本民法典》将债编称为"债权编",此种称谓凸显了债权的意义,从而符合权利本位的理念。本书认为,无论是将债法称为"债权法",还是将其称为"债务关系法",都并不十分妥当。虽然债权和债务是相互对立的,但两者毕竟又具有相应性,债权毕竟对应着债务;反之亦然。所以,将其称为"债法"突出了债法的包容性,无论是债权还是债务,都可以涵盖其中。

债法是以债的关系为其调整对象的,此种关系是指特定人之间请求为一定行为或不为一定行为的关系。[37] 债法的调整对象也称为给付关系,这就是说,债的关系主要是特定当事人之间以给付为内容的关系。这种给付关系,从债权人的角度来看,是请求的权利,而从债务人的角度来看,是给付的义务。通常来说,债的关系当事人之间互负给付义务,因此,债主要是交易关系的体现。给付的典型形态是交付财产和提供劳务,但也可以是照顾他人、协助、通知等。此外,如果某种不作为义务的价值也可以用金钱来衡量,那么其在性质上也应当属于给付。例如,企业高管的竞业禁止义务,具有财产性,一旦违反,会造成公司的财产损失,因此,属于财产给付的范畴。从规范的构成来看,各国或地区的民法典都规定了有关债的发生、债的效力、债的移转、多数人之债、债的消灭等债法总则的一般规范,以及各种具体类型债和具体合同的规范,由此构建了一个内容大体相同的债法规范体系。[38]

二、债的法律适用

(一)因合同产生的债的法律适用

因合同产生的债,适用《民法典》合同编的规则。《民法典》第463条的规定,"本编调整因合同产生的民事关系",依据该条规定,对因合同产生的债的关系而言,应当适用合同编的规定。当然,依据《民法典》第11条的规定,其他法律对民事关系有特别规定的,依照其规定。因此,如果特别法对合同关系作出了特殊规定(如《旅游法》对旅游服务合同作出了规定),应当优

---

〔36〕 杜景林:《德国债法总则新论》,法律出版社2010年版,第1页。

〔37〕 参见王泽鉴:《民法学说与判例研究》(第4册),1979年台北自版,第85页。

〔38〕 参见柳经纬:《我国民法典应设立债法总则的几个问题》,载《中国法学》2007年第4期。

先适用特别法的规定，只有在特别法没有对相关的合同关系作出规定时，才适用《民法典》合同编的一般规定。

因合同产生的债的法律适用，涉及合同编通则和典型合同的关系。这两部分也是一般规范和特别规范的关系。因此，在涉及具体合同的法律适用时，应当首先适用典型合同部分所规定的特别规范。

（二）非因合同产生的债的法律适用

所谓非合同之债，又称为法定之债，是指因法律规定而在当事人之间产生的债权债务关系，其主要包括不当得利之债、无因管理之债、侵权损害赔偿之债等。《民法典》第468条规定："非因合同产生的债权债务关系，适用有关该债权债务关系的法律规定；没有规定的，适用本编通则的有关规定，但是根据其性质不能适用的除外。"该条扩张了合同编通则的适用范围，使合同编通则不仅仅在合同编发挥作用，同时发挥债法总则的功能。

1. 非合同之债适用有关该债权债务关系的法律规定。由于我国《民法典》没有设置债法总则的情形下，为妥当规定各类法定之债（如不当得利、无因管理等）的规则，合同编借鉴英美法和法国法上"准合同"的概念，单设第三分编，对各类法定之债的规则作出规定，并将其置于合同编最后。所谓准合同，是指类似于合同的债的关系。[39] 准合同的概念起源于罗马法，盖尤斯认为，不当得利、无因管理也在一定程度上体现了当事人的意思，因此是类似于合同的债的关系，[40] 这一观点后来被法国法和英美法所吸收。由于合同编中设置了准合同一章，因此，不当得利、无因管理的相关规则也纳入合同编中调整。此外，《民法典》第499条规定的悬赏广告，作为单方行为受到合同编通则的调整。合同编要发挥债法总则的功能，就必须在一般规定中对非因合同产生的债权债务规则进行规定。

依据《民法典》第468条的规定，非因合同产生的债权债务关系，如不当得利、无因管理首要适用准合同的规定；再如侵权之债，首先要适用有关该债权债务的法律规定。也就是说，不当得利、无因管理首先要适用准合同的规则，对悬赏广告首先要适用《民法典》第499条的规定，侵权损害赔偿之债要适用侵权责任编的规定。例如，违反安全保障义务的行为作为侵权责任中的特殊侵权形态，首先适用侵权责任编关于违反安全保障义务的责任，但如果当事人之间就安全保障义务的内容事先作出了约定，一方违反该约定后如何确定违约责任，由于侵权责任编没有具体规定，则可以适用合同编的相关规定。之所以要适用特别法律的规定，一方面，是因为这些债的关系是法定之债，与合同之债这种意定之债不同。例如，不当得利、无因管理虽然与合同类似，但并非合同关系。另一方面，经过法律的发展，不当得利、无因管理等已经形成了自身特殊的规则，应当优先适用其自身的规则。还应当看到，不当得利、无因管理等虽然被放在准合同部分，但与合同编通则相比，其也属于特别规定，应当优先适用。再如，对于错误给付等准合同之债，也要先适用合同编关于不当得利的规定，只有在没有特别规定时，才能适用合同编通则的规定。

2. 如果没有特别规定，非合同之债适用《民法典》合同编通则的规定。严格地说，非因合同产生的债权债务关系一般不涉及典型合同的相关规则，因为其并非因为合同而产生，也没有以具体合同关系为前提，如果存在有基础合同关系就不再属于非因合同产生的债权债务，因此合

---

〔39〕 参见李世刚：《中国债编体系构建中若干基础关系的协调》，载《法学研究》2016年第5期。

〔40〕 丁超：《论准契约的基本问题》，载费安玲主编：《学说汇纂》（第3卷），知识产权出版社2011年版，第68页。

同编典型合同的规定原则上并不能适用于非因合同产生的债权债务关系。但是,在没有特别规定的情形下,依据本条规定,也可以适用合同编的规定,主要理由在于:一方面,非合同之债中的一些类型与合同关系十分密切,类似于合同关系。例如,在无因管理中,无因管理与委托合同关系密切,内容都是在管理他人事务。因此,关于无因管理的规则可能要适用委托合同的规定,正是基于这一原因,《民法典》第 984 条规定:"管理人管理事务经受益人事后追认的,从管理事务开始时起,适用委托合同的有关规定,但是管理人另有意思表示的除外。"除这种情况外,非因合同产生的债权债务关系一般不涉及有名合同规则的问题。另一方面,即便是在侵权责任编中,有些债的关系也涉及债的履行、保全等债的共通性规则的适用,而从我国《民法典》合同编的规定来看,这些债的一般性规则是规定在合同编之中的,因此,非合同之债也有适用合同编通则规定的可能。例如,侵权损害赔偿之债也可能有抵销、清偿抵充、保全甚至特定情形下的转让等问题,由于侵权损害赔偿在性质上仍然属于一种债的关系,只不过是因侵权行为产生,在发生抵销、清偿抵充、保全、甚至转让等问题时,也应当可以准用合同编通则的规则。《民法典》第 468 条为侵权损害赔偿之债适用债的一般规则提供了法律依据。

关于合同编通则中可以适用于非法定之债的规则,《民法典》的相关规定存在一定的标志。如果条文中使用的是"债"、"债权"或者"债务",这意味着该条文能够适用于所有的债。但如果条文中适用的是"合同"、"合同的权利"或者"合同的义务",这意味着该条文仅能够适用于合同之债。

需要指出的是,并非所有的非合同之债,都能够适用合同编通则的规定。依据《民法典》第 468 条的规定,"非因合同产生的债权债务关系,适用有关该债权债务关系的法律规定;没有规定的,适用本编通则的有关规定,但是根据其性质不能适用的除外",据此,需要根据非因合同产生的债权债务关系性质确定能否适用合同编通则的规定,即有必要对非因合同产生的债权债务进行区分,依据其性质来确定能否适用合同编通则。所谓依据其性质来确定,也就是说,依据非合同之债产生的特定的债权债务关系与合同的相关规则和性质是冲突的,存在本质差异,因此,不能适用合同编通则的规定。例如,有关侵权法中有关侵害生命权、健康权的法定损害赔偿,其赔偿范围、赔偿项目等是法律明确规定的,不能适用合同编通则的规定。但是,依据其性质与合同编规则并不矛盾和冲突的规则,则可以适用。

对有些债的关系而言,需要区分其内容而分别确定其能否适用合同编通则的规定,如果其内容属于债的一般规则,则通常可以适用合同编通则的规定,但如果其属于其特有规则,不适用债的一般规则调整范围,则无法适用合同编通则的规定。例如,就共同侵权而产生的债的关系而言,其责任构成是法定的,但行为人的对外连带责任、对内按份这一责任特定,则可以适用合同编通则的规定。

第二十一章　合同与合同编导论

导读

合同是当事人之间设立、变更、终止民事关系的协议。合同法主要规范合同的订立、效力、履行、保全、变更、转让、消灭、违反合同的责任等问题。合同法的基本原则是合同自由、诚实信用、合法原则和鼓励交易原则。

第一节　合同的概念与特征

一、合同的概念

合同也称契约。英文中的“contract”,法文中的“contract”或“Pacte”,德文中的“Vertrag”或“Kontrakt”,意大利文中的“Contractto”,都表示合同,而这些用语又都来源于罗马法中的合同概念“Contractus”。[1] 然而究竟应如何给合同下定义,在大陆法和英美法中一直存在不同的看法。大陆法学者基本上认为合同是一种合意或协议,而英美法学者大都认为合同是一种允诺。

合同是反映交易的法律形式,它反映的是等价交换的基本原则。在我国,千百年来契约的含义基本上仍保持了“合意”和“拘束”的含义。根据一些学者的考证,在我国,“合同”一词早在两千多年前即已存在,但一直未被广泛采用。[2] 古代汉语中的“契”,在古代同“锲”,即用刀子刻的意思;“约”,“缠束也”,该词“反映了远古时代刻木为信、结绳记事的遗风”。[3] 以后衍生出“合意”的意思。《说文解字》中说:“券,契也。券别之书以刀判契其旁,故曰契券。”《辞源》说:“合同即指契约文书。当事人订立一个‘约’,表示他们愿意受其约束。”“契”和“约”的基本含义就是“合意”“约束”。古代最典型的两种契约形式“质剂”和“傅别”,都表达了相同的含义。[4] 1949 年以前,民法著述中都使用“契约”而不使用“合同”一词。自 20 世纪 50 年代初

---

〔1〕 据学者考证,“Contractus”一词由“con”和“tractus”两部分组成。“con”由“cum”转化而来,有“共”的意思,“tractus”有交易的意思。因此,合同的本义为“共相交易”。参见王家福主编:《中国民法学·民法债权》,法律出版社 1991 年版,第 286 页。

〔2〕 参见周林彬主编:《比较合同法》,兰州大学出版社 1989 年版,第 79 页。

〔3〕 叶孝信主编:《中国民法史》,上海人民出版社 1993 年版,第 62 页。

〔4〕 “质剂”一词最初见于《周礼·天官·小宰》:“听买卖以质剂”,可见“质剂”是中国最古老的买卖契约。所谓“质剂”,就是“两书一札同而别之者,谓前后作二券,中央破之,两家各得其一”。(贾公彦《疏》)合在一起,称为“合同”。古代契约还有另外一种形式,称为“傅别”。据《周礼·天官·小宰》记载,“听称责以傅别”。它是古代最早的借贷契约。此种契约形式是指在竹木简上书写双方协议内容,然后在简中间剖开,双方各执一半,要“合券”才能读通,而“合券”实际上就是合同。

期至现在,除我国台湾地区外,我国的民事立法和司法实践主要采用了合同而不是契约的概念。[5] 我国民事立法在合同定义上,基本继受了大陆法的概念,认为合同是一种合意或协议。《民法典》第464条第1款规定:"合同是民事主体之间设立、变更、终止民事法律关系的协议。"根据这一规定,合同具有以下特点:

1. 合同是平等主体的自然人、法人和非法人组织所实施的一种民事法律行为。民事法律行为作为一种最重要的法律事实,是民事主体实施的、能够引起民事权利和民事义务的产生、变更或终止的合法行为。民事法律行为以意思表示为成立要件,没有意思表示,就没有民事法律行为。合同是当事人之间设立、变更、终止民事权利义务关系的协议,是当事人意思表示一致的结果,因此,合同是一种民事法律行为。由于合同是一种民事法律行为,因而民法关于民事法律行为的一般规定,如民事法律行为的生效要件、民事法律行为的无效和撤销等,均可适用于合同。此外,合同在本质上属于合法行为,只有在合同当事人所作出的意思表示符合法律要求的情况下,合同才具有法律约束力。如果当事人作出违法的意思表示,即使当事人达成合意,也不能产生法律拘束力。

2. 合同以设立、变更或终止民事权利义务关系为目的和宗旨。民事法律行为是以达到行为人预期的民事法律后果为目的的行为,对合同而言,这种预期的民事法律后果就是设立、变更、终止民事权利义务关系。所谓设立民事权利义务关系,是指当事人订立合同旨在形成某种法律关系(如买卖关系、租赁关系),从而具体地享受民事权利、承担民事义务。所谓变更民事权利义务关系,是指当事人通过订立合同使原有的合同关系在内容上发生变化,它通常是在继续保持原合同关系效力的前提下变更合同内容。所谓终止民事权利义务关系,是指当事人订立合同的目的旨在消灭原合同关系。无论当事人订立合同旨在达到何种目的,只要当事人达成的协议依法成立并生效,就会对当事人产生法律效力,当事人可以基于合同约定享有权利,但也应当按照约定履行义务。

3. 合同的成立需要当事人意思表示达成一致。合同又称协议,相当于英美法上的"agreement","协议"一词在民法中也可以指当事人之间形成的合意。[6] 实际上,"协议"一词常常也就是指"合意"。大陆法学者通常用"意思表示一致"或"合致"的表述来概括这种合意。[7] 任何合同都必须是订约当事人意思表示一致的产物。由于合同是合意的结果,因而它必须包括以下要素:第一,合同的成立必须要有两个以上的当事人;第二,各方当事人须作出意思表示,这就是说,当事人各自从追求自身的利益出发而作出某种意思表示;第三,各个意思表示是一致的,也就是说当事人达成了一致的协议;第四,当事人必须在平等、自愿基础上进行协商,形成合意。如果不存在平等、自愿,也就没有真正的合意。合同是由平等主体的自然人、法人或其他组织所订立的,因此,订立合同的主体在法律地位上是平等的,任何一方都不得将自己的意志强加给另一方。合同是反映交易的法律形式,而任何交易都要通过交易当事人的合意才能完成,所以合同必须是当事人协商一致的产物或意思表示一致的协议。总之,合同是作为平等主体的自然人、法人、非法人组织之间设立、变更、终止民事权利义务关系的协议,其是一种发生民法上效果的合意。

---

〔5〕 当然,从法律上看,合同和契约也是存在区别的,契约常常指双方法律行为,而且强调双方意思表示的对立性,而合同主要指多方法律行为,其主要强调各方意思表示方向的一致性。

〔6〕 参见梁慧星:《民法学说判例与立法研究》,中国政法大学出版社1993年版,第242~243页。

〔7〕 梁慧星:《民法学说判例与立法研究》,中国政法大学出版社1993年版,第243页。

二、有关身份关系的协议与合同的关系

所谓身份关系的协议，是指基于身份关系而订立的、不以交易为主要内容的协议。这些协议虽然也是当事人设立、变更、终止民事权利义务的协议，但其不是具有平等、等价有偿属性的民事合同，与市场经济活动存在本质的区别。此类协议是以身份关系的取得和变更为内容的协议。具体而言，有关身份关系的协议主要有如下几种：第一，婚姻关系中的协议。婚姻本身不是合同，不能直接适用《民法典》合同编的规定，但婚姻关系中也涉及一些协议，如婚前协议、分家析产协议、离婚协议等，在身份关系没有特别规定的情形下，可以准用合同编的规定。第二，收养协议。收养本身在性质上并不是民事合同，因此收养关系应当适用《民法典》婚姻家庭编的规定，一般不适用合同编的规定，但有关收养协议的要约、承诺，收养合同的效力等，在没有特别规定的情形下，可以准用合同编的相关规定。第三，监护协议。在我国《民法典》中，有关监护协议主要是成年监护协议。在此类协议发生纠纷以后，如果法律对身份关系没有特别规定，也可以准用《民法典》合同编的规定。第四，其他有关身份关系的协议，如继承编规定遗赠抚养协议等。应当看到，随着社会生活的发展，有关身份关系的协议也在不断发展，法律上很难全面列举。

《民法典》第464条第2款规定："婚姻、收养、监护等有关身份关系的协议，适用有关该身份关系的法律规定；没有规定的，可以根据其性质参照适用本编规定。"依据这一规定，对于婚姻、收养、监护等有关身份关系的协议，可以根据其性质参照适用合同编的规定，因为有关婚姻、收养、监护等有关身份关系的协议，针对合同履行、变更、解除特别是违约责任等问题，婚姻家庭编并没有作出规定，在当事人就上述问题发生纠纷后，法官在裁判时通常无法可依，如果不参照适用合同编的规定，则很难确定法律适用的规则。因此，《民法典》第464条规定了参照适用规则，该规定包括了如下两层含义：

1. 对于婚姻、收养、监护等有关身份关系的协议首先应当适用身份关系的法律规定，这是特别法优先于一般法这一原则的必然要求。有关身份关系的法律规定虽然就身份关系而言属于一般规范，但是其中婚姻、收养、监护等有关身份关系的协议的规定相较于合同规范而言则是特别规范。如果身份法上具有特别的规则，那么首先应当适用身份法上的相关规定，如关于夫妻婚内财产制的约定以及离婚财产分割等，婚姻编已经包含了一些规则，这些规则应当优先于合同编的规则适用。只有在身份法中没有规定的情况下，才能依据其性质准用合同编的规则。

2. 在有关身份法律关系的规范中没有规定时，应当依据该协议的性质，参照适用合同编的规定。这一规范意味着有关身份关系的协议可以参照适用合同编的规定。例如，意定监护协议在没有特别规范的情形下可以适用委托合同的规定，夫妻间赠与可以适用赠与合同的规定。同时，还需要依据该协议的性质判断能否参照适用合同编的规则，对于性质上不能适用的不能参照适用合同编的规则。例如，对于家事代理行为，就不能适用委托合同中的任意撤销权。

如何理解根据性质参照适用本编规定？也就是说，对于合同规则在身份关系协议中的适用应当对于不同的身份关系协议分别考虑，是否可以适用合同编的相关规则，需要根据相关协议中身份性的强弱分别确定。基于上述区分标准，可以将身份关系协议区分为三类：第一类是纯粹的身份关系协议。例如，结婚协议、离婚协议等，此类协议具有明确人身性质，与合同编规定的合同具有本质上的区别，原则上不适用合同编的规则。例如，婚姻也有人称为合同，但它是典型的人身关系，不能适用合同编的规则。第二类是基于身份关系作出的与财产有关的协

议约定。例如,夫妻双方订立的婚内财产制协议和离婚中财产分割协议等,这类协议是基于身份关系作出的关于财产的约定,可以参照适用合同编规则。[8] 当然,在确定是否可以适用合同编的相关规定时,也要具体确定身份性的强弱。第三类是纯粹的财产协议,这类协议虽然可能与身份关系有关,但是在性质上仍然属于财产协议,因而可以适用合同编的规则。例如,夫妻间的赠与协议,虽然赠与发生于夫妻之间,但是不影响赠与合同的性质,因此,也应当适用合同编的规则。再如,遗赠抚养协议,虽然具有一定的身份属性,但主要还是以财产为内容。

如果理解参照适用?参照适用就是"准用"(entsprechende Anwendung),准用是指法律明确规定特定法律规定可以参照适用于其他的情形。准用"乃为法律简洁,避免复杂的规定,以明文使类推适用关于类似事项之规定"。[9] 如此规定,即弥补身份权立法规定的不足。同时,也简化法律规定以避免重复。在法律适用中,法官首先应当穷尽现有的规则,在穷尽现有规则的情形下,才能通过该准用条款,参照适用合同编的规范。

最后需要指出的是,参照适用既包括当事人设立民事权利义务关系的协议,也包括当事人变更、终止民事权利义务的协议。变更民事权利义务关系,是指当事人通过订立合同修改原有的合同关系的内容。终止民事权利义务关系,是指当事人通过订立合同消灭原来存在的合同关系。

第二节 合同关系

一、合同关系的构成

合同是发生在当事人之间的一种法律关系。由于合同在本质上是一种合意的关系,这种合意关系既可以通过口头证据,也可以通过书面证据加以证明,因此,合同与能够证明合同存在的合同书是不同的。合同书和其他有关合同的证据一样,都只是用来证明合同的存在及合同的内容的证据,但其本身不能等同于合同关系,也不能认为只有合同书才有协议或合同关系的存在。

合同关系和一般民事法律关系一样,也是由主体、内容和客体三个要素组成的。

(一)合同关系的主体

合同关系的主体又称为合同的当事人,包括债权人和债务人。债权人有权请求债务人依据合同和法律的规定履行义务;而债务人则应依据合同和法律履行实施一定行为的义务。当然,债权人与债务人的地位是相对的,双务合同关系中双方互为债权人和债务人。合同关系的主体都是特定的,债权人只能向特定的债务人基于合同提出请求,合同债权也只能对抗特定的债务人。正是因为这一原因,合同债权又称为"对人权"。它与能够对抗一切不特定的第三人的物权是有区别的。

(二)合同关系的内容

合同关系的内容包括基于合同而产生的债权和债务,又称合同债权和合同债务。《民法

---

〔8〕 参见王雷:《婚姻、收养、监护等有关身份关系协议的法律适用问题——〈合同法〉第2条第2款的解释论》,载《广东社会科学》2017年第6期。

〔9〕 史尚宽:《民法总论》,中国政法大学出版社2000年版,第51页。

典》第118条第2款规定，债权是因合同、侵权行为、无因管理、不当得利以及法律的其他规定，权利人请求特定义务人为或者不为一定行为的权利。所谓合同债权，是指债权人依据合同的约定以及法律的规定而享有的请求债务人为一定行为的权利。合同债权在本质上是一种请求权，而不像物权那样是一种支配权。因为债权人一般不是直接支配一定的物，而是请求债务人依照债的规定为一定行为或不为一定行为。例如，买卖合同中约定，出卖人应于某年某月交货，在交货期到来之前，买受人只是享有请求出卖人在履行期到来后交付货物的权利，而不能实际支配出卖人的货物。也就是说，买受人只享有债权而不享有物权。只有在交货期到来后出卖人实际向买受人交付了财产，买受人占有了财产，才能够对该物享受实际的物权。当然，除请求权外，合同债权还包括代位权、撤销权等法定的权能。

合同债务是指债务人所承担的义务，即债务人向债权人为特定行为的义务。合同债务根据不同的标准有不同的种类，如主要义务和次要义务、给付义务和附随义务、明示义务和默示义务等。无论何种义务，债务人都应按照法律规定和合同约定履行。

（三）合同关系的客体

合同关系的客体为合同债权与合同债务所共同指向的对象。合同债权的客体是行为，即债务人应为的特定行为。

二、合同关系的相对性

（一）合同关系相对性的概念和内容

合同关系的相对性在大陆法中称为“债的相对性”，它是指合同主要在特定的合同当事人之间发生，合同当事人一方只能基于合同向与其有合同关系的另一方提出请求，而不能向与其无合同关系的第三人提出合同上的请求，也不能擅自为第三人设定合同上的义务。我国《民法典》第465条第2款规定：“依法成立的合同，仅对当事人具有法律约束力，但是法律另有规定的除外。”这就确认了合同相对性规则。根据合同相对性的原则，只有合同当事人才能享有基于合同所产生的权利，并承担根据合同所产生的义务，当事人一方只能向对方行使权利并要求其承担义务，不能请求第三人承担合同上的义务，第三人也不得向合同当事人主张合同上的权利和承担合同上的义务。从这个意义上说，合同原则上不具有对第三人的拘束力。

合同关系的相对性与物权的绝对性相对应，两者不仅确定了债权与物权的一项区分标准，而且在此基础上形成了债权法与物权法的一些重要规则。例如，由于合同债权具有相对性，仅发生在特定的当事人之间，并不具有公开与公示的特点，也不具有对抗第三人的效力。而物权作为一种绝对权，具有社会公开性，因而，物权变动必须要公示。合同相对性规则主要包含如下三个方面的内容。

1. 合同主体的相对性

所谓合同主体的相对性，是指合同关系只能发生在特定的主体之间，只有合同当事人一方能够向合同的另一方当事人基于合同提出请求或提起诉讼。具体来说，一方面，由于合同关系仅发生在特定的当事人之间，因而只有合同关系当事人彼此之间才能相互提出请求，与合同关系当事人没有发生合同上的权利义务关系的第三人，不能依据合同向合同当事人提出合同上的请求和诉讼。另一方面，合同一方当事人只能向另一方当事人提出合同上的请求和诉讼，而不能向与其无合同关系的第三人提出合同上的请求及诉讼。例如，甲、乙订立买卖合同后，甲委托丙向乙送货，结果因为丙的原因导致货物毁损，此时，乙只能请求甲承担违约责任，由于乙、丙之间并不存在合同关系，因而，乙无权请求丙承担违约责任。

2. 合同内容的相对性

所谓合同内容的相对性,是指除法律另有规定或者合同另有约定外,只有合同当事人才能享有合同债权,并承担合同义务,合同当事人以外的任何第三人都不能主张合同上的权利。在双务合同中,合同内容的相对性还表现在一方的权利就是另一方的义务,权利义务是相互对应的,权利人的权利须依赖于义务人履行义务的行为才能实现。从合同内容的相对性原理中,可以引申出如下几项规则:第一,合同规定由当事人享有的权利,原则上不能由第三人享有;合同规定由当事人承担的义务,一般也不能对第三人产生拘束力。第二,合同当事人无权为他人设定合同上的义务。一般来说,权利会对主体带来一定利益,而义务则会为义务人带来一定负担或使其蒙受不利益。如果合同当事人为第三人设定权利,法律可以推定,此种设定是符合第三人意愿的。但如果合同当事人为第三人设定义务,则只有经第三人同意后,才能对第三人发生效力,否则第三人并不受该条款的拘束。第三,合同权利与义务主要对合同当事人产生约束力。但法律为防止因债务人的财产的不当减少而给债权人的债权带来损害,允许债权人对债务人和第三人的某些行为行使撤销权及代位权,以保护其债权。这两种权利的行使都涉及合同关系以外的第三人,并对第三人产生法律上的拘束力。因此,合同的保全也可以看作合同相对性规则的例外。

3. 违约责任的相对性

合同义务的相对性必然决定违约责任的相对性。所谓违约责任的相对性,是指违约责任只能在特定的当事人之间即有合同关系的当事人之间发生,合同关系以外的人不负违约责任,合同当事人也不对其承担违约责任。即使是第三人的行为导致债务不能履行,则债务人仍应向债权人承担违约责任,债务人在承担违约责任以后,有权向第三人追偿。《民法典》第 593 条明确规定:“当事人一方因第三人的原因造成违约的,应当依法向对方承担违约责任。当事人一方和第三人之间的纠纷,依照法律规定或者按照约定处理”。当然,如果第三人的行为已直接构成侵害债权,则债权人有权请求该第三人承担侵权责任。

(二)合同相对性规则的例外

在法律具有特别规定的情形下,合同也可以产生对第三人的效力。因此,《民法典》第 465 条第 2 款规定:“依法成立的合同,仅对当事人具有法律约束力,但是法律另有规定的除外。”这就确认了合同相对性规则。依据该条的规定,合同相对性的例外只能通过法律规定的方式才能发生,单纯有当事人的意思并不能产生合同对当事人之外的人产生效力。法律作出这一规定的主要理由在于:一方面,合同是当事人之间的约定,只能在当事人之间产生效力,法律行为的原理要求,只有作出意思表示的人才能受意思表示的约束。另一方面,出于保护第三人的角度考量,双方当事人为他人设定合同义务应当是一概被否定的,但如果双方当事人为第三人设定权利,或者对第三人有利(如债务的加入)等,虽然同样符合保护第三人的目的,但也应该经由法律加以认可,同时,法律也要对第三人的拒绝权进行规定。所以,合同在当事人之外发生效力,仅仅有双方当事人的约定是不够的。诸如债务加入、利益第三人合同也是基于法律的规定而对第三人发生效力。

另外,《民法典》第 465 条第 2 款仅规定了法律另有规定的除外,而未规定当事人另有约定的除外。所谓“法律另有规定”,主要包括以下几种情形:第一,利益第三人合同。它是指合同当事人约定由债务人向合同当事人之外的第三人作出给付,该第三人即因此取得直接请求债务人作出给付权利的合同。[10]《民法典》第522条第2款对此作出了规定。第二,合同的保全,包括债权人代位权和撤销权。债权人行使这些权利时,也会对第三人产生效力。第三,建设工程合同对第三人的效力。《民法典》第791条第1款、第2款对此作出了规定。第四,运输合同对第三人的效力。《民法典》第830、834条作出了规定。

上述法律规定都表明了合同对第三人所产生的效力。严格地说,按照合同相对性的原理,合同对第三人的效力只是合同相对性的例外,而这种例外情况必须要由法律明确作出规定。也就是说,合同能否对第三人产生效力,产生何种效力,不应当由合同当事人决定,更不能由债权人单方决定,而应当由法律明确作出规定。因为合同的效力本质上就是法律所赋予的。法律既可以赋予合同对当事人双方的拘束力,也可以赋予合同在特殊情况下对第三人的拘束力。也只有在法律有特别规定的情况下,合同才能对第三人产生这种特殊的拘束力。

第三节　合同的分类

一、典型合同与非典型合同

根据法律上是否规定了一定合同的名称,可以将合同分为典型合同与非典型合同。

典型合同又称为有名合同,是指法律上已经确定了一定的名称及规则的合同。《民法典》合同编第二分编规定了19种典型合同,具体包括买卖合同,供用电、水、气、热力合同,赠与合同,借款合同,保证合同,租赁合同,融资租赁合同,保理合同,承揽合同,建设工程合同,运输合同,技术合同,保管合同,仓储合同,委托合同,物业服务合同,行纪合同,中介合同,合伙合同。除合同编之外,《民法典》的其他编也规定了一些典型合同,如物权编规定的建设用地使用权出让合同、土地承包经营合同、抵押合同、质押合同等。此外,一些特别法也规定了一些合同,如保险法中规定的保险合同,旅游法规定的旅游合同等。这些法律所规定的合同都是典型合同。法律上规定典型合同的主要意义在于:规范合同关系的内容,帮助当事人正确订约。对于典型合同的内容,法律通常设有一些规定,但这些规定大多为任意性规范,当事人可以通过其约定改变法律的规定。也就是说,法律关于典型合同内容的规定主要是要规范合同的内容,以任意性的规定弥补当事人约定的不足。除了合同的必要条款必须要当事人约定之外,对于其他非必要条款,如履行时间、履行地点、危险负担等方面的问题,如果当事人未作出约定,则可以适用法律关于典型合同的规定。可见,典型合同的规则并非要代替当事人订立合同,而是为了辅助当事人完善合同的内容。

所谓非典型合同又称无名合同,依据《民法典》第467条的规定,是指"本法或者其他法律没有明文规定的合同",此处的法律未明确规定是指合同编与其他法律均没有明确规定的合同。简单地说,非典型合同就是法律没有明确规定的合同。其他法律是指《民法典》其他编和《民法典》之外的特别法两种。依其内容构成可分为三类:第一,纯粹的无名合同,又称狭义的非典型契约,即以法律完全无规定的事项为内容的合同,或者说,合同的内容不属于任何有名合同的事项。例如,瘦身美容、企业咨询等现代新型合同,这些合同的内容并没有规定在现行

---

〔10〕 Vgl. MüKoBGB/Gottwald, 8. Aufl. 2019, BGB § 328 Rn. 1.

法律之中。第二,混合无名合同,即合同中可能同时包含多个典型合同的内容,从而使其难以归人某个典型合同之中。简言之,即双方当事人互负属于不同类型之主给付义务,学说上也称为“二重典型契约”或“混血儿契约”。[11] 例如,在租赁房屋时承租人以提供劳务代替交付租金的合同,该合同的内容由不同的有名合同的事项构成。再如,一方提供住宿,另一方帮助看管、维护房屋的合同,也属于混合合同。第三,准混合合同,即在一个有名合同中涉及一些法律没有规定的非典型合同的内容。[12] 与混合合同不同,准混合合同仅涉及典型合同与非典型合同的混合,而不涉及多个典型合同内容的混合。这种合同内容一部分属于典型合同,另一部分不属于任何典型契约,如一方提供劳务,另一方提供企业经营咨询服务的合同。此外,还有一种情况是当事人在订立合同时,对民法中的典型合同作相反的特别约定,如买卖合同中当事人双方作出变更风险移转时间的约定等。[13] 这种非典型合同的法律适用较为简单,其效力视其变更的条款类型是否属于强行法而定。如果违反了强行法的规定,则应当认定无效。除上述各种类型外,非典型合同还有很多新的形式,这也是交易发展的必然结果。

原则上说,合同编并不禁止当事人订立非典型合同。合同编关于典型合同的规定,并不是代替当事人订立合同,也不是要求当事人必须按照典型合同的规定来订立合同,只是在合同中没有特别约定或者约定不明确的情况下,才适用合同编的规则。按照合同自由原则,当事人完全可以在合同中约定各种非典型合同,只要当事人的约定不违反法律法规的强行性规定和社会公共利益,合同编就应当承认其效力。在这一点上,合同编与物权编中的物权法定原则是不同的。物权编对物权的类型采取“物权法定主义”,如果当事人设立某项权利不符合物权法规定的类型,则不能形成物权;但合同编完全允许当事人在法律规定的典型合同之外,确立各种非典型合同,这是合同自由的固有含义。非典型合同只要不违反法律、行政法规的强制性规定和公序良俗,则原则上都是有效的。

我国《民法典》合同编也为非典型合同的法律适用设置了相应的规则。依据《民法典》第467条规定,非典型合同可以适用或参照适用三种规则:一是合同编通则的规定;二是合同编关于典型合同的规定,即适用合同编分则的规定;三是其他法律最相类似合同的规定。例如,货物的互易合同可以参照买卖合同的规定,以提供劳务换取旅游服务的合同则可以适用《旅游法》中关于旅游合同的规定。《民法典》第467条规定:“本法或者其他法律没有明文规定的合同,适用本编通则的规定,并可以参照适用本编或者其他法律最相类似合同的规定。”此处所说的“最相类似”的规定,是指从合同的性质来看,待决案件中的合同与合同编中的规定某典型合同具有最相类似的特点。问题在于,此时究竟应当优先适用合同编通则的规定,还是优先参照合同编“典型合同”的相关规定?笔者认为,在此情形下,主要应当考虑,哪个规则与案件中的事实具有最密切的联系,联系越密切,就应当优先考虑适用。例如,如果相关争议涉及债务承担,则应当适用合同编通则的规定,需要债权人与原债务人达成协议。再如,就旅游合同而言,依据《旅游法》第63条的规定,该协议必须采用书面形式,该条规定显然变更了合同编通则关于形式要件的一般规则。因此,如果非典型合同与旅游合同最为类似,则应当优先适用该规则。

---

〔11〕 詹森林:《民事法理与判决研究》,1998年台北自版,第121页。

〔12〕 参见周林彬:《比较合同法》,兰州大学出版社1989年版,第127页。

〔13〕 参见詹森林:《民事法理与判决研究》,1998年台北自版,第120页。

二、双务合同与单务合同

双务合同，是指当事人双方互负对待给付义务的合同，即一方当事人愿意负担履行义务，旨在使他方当事人因此负有对待给付的义务。或者说，一方当事人所享有的权利，即为他方当事人所负有的义务，如买卖、互易、租赁合同等均为双务合同。[14] 双务合同是典型的交易形式。单务合同，是指合同当事人仅有一方负担给付义务的合同。例如，在借用合同中，只有借用人负有按约定使用并按期归还借用物的义务。

在法律上区分单务合同与双务合同的意义有以下两点：第一，双务合同中可以适用同时履行抗辩权制度。而在单务合同中不适用同时履行抗辩权制度。第二，在双务合同中，如果是非一方当事人的原因（如不可抗力的发生）导致其不能履行合同义务，其合同债务应被免除，其享有的合同权利也应归于消灭。而在单务合同中，一方因不可抗力而不能履行义务时，不会发生双务合同中的风险负担问题。

三、有偿合同与无偿合同

有偿合同，是指一方通过履行合同规定的义务而给对方某种利益，对方要得到该利益必须为此支付相应代价的合同。在实践中，绝大多数反映交易关系的合同都是有偿的。无偿合同，是指一方给付对方某种利益，对方取得该利益时并不支付任何报酬的合同。无偿合同是等价有偿原则在民法适用中的例外现象。在无偿合同中，一方当事人也要承担义务，如借用人无偿借用他人物品，负有正当使用和按期返还的义务。

有偿与无偿的区分意义，首先在于确定某些合同的性质。在债权合同中许多合同只能是有偿的，不可能是无偿的。如果要变有偿为无偿，或者相反，则合同关系在性质上就要发生根本的变化。例如，买卖合同是有偿的，如果变为无偿合同，则变成了赠与关系。其次在于确定当事人的注意义务。在无偿合同中，单纯给予利益的一方原则上只应承担较低的注意义务，如无偿保管合同中，保管人只有在故意和有重大过失的情况下，才对保管物的毁损、灭失承担责任，否则即可免责；而在有偿合同中，当事人所承担的注意义务显然要较无偿合同中之注意义务为重。

四、诺成合同与实践合同

诺成合同，是指当事人意思表示一致即告成立的合同，即“一诺即成”的合同。实践合同，又称要物合同，是指除当事人双方意思表示一致以外尚需交付标的物才能成立的合同。仅在法律有特别规定时，才为实践合同。例如，保管合同，除了达成合意外，必须要寄存人将寄存的物品交付给保管人，合同才能成立。绝大多数合同为诺成合同。《民法典》第 890 条规定：“保管合同自保管物交付时成立。”《民法典》第 679 条规定：“自然人之间的借款合同，自贷款人提供借款时成立。”

诺成合同与实践合同的主要区别在于，二者成立的时间是不同的。诺成合同自双方当事人意思表示一致（达成合意）时起合同即告成立；而实践合同则在当事人达成合意之后，还必须由当事人交付标的物以后，合同才能成立。通常，诺成合同属于合同的一般情形，而实践合同则属于合同的例外情形，应根据法律的规定及交易习惯而定。

五、要式合同与不要式合同

要式合同，是指根据法律规定应当或者必须采用特定方式的合同。对于一些重要的交易，

---

〔14〕　苏俊雄：《契约原理及其适用》，台北中华书局 1978 年版，第 24～25 页。

法律常常要求当事人必须采取特定的方式订立合同。不要式合同,是指当事人订立的合同依法并不需要采取特定的形式,当事人可以采取口头方式,也可以采取书面形式。除法律有特别规定以外,合同均为不要式合同。

要式合同与不要式合同的区别在于,是否应以一定的形式作为合同成立或生效的条件。有关书面合同的效力问题,必须要根据法律对某类书面形式的要求,以及在该要求中所体现的效力规定等来具体确定。首先是要确定法律、法规关于形式要件的效力是否有明确规定。例如,《民法典》第 668 条规定,“借款合同应当采用书面形式”,法律对这种合同的形式要件的规定属于成立要件而非生效要件的规定。在此情况下,当事人未根据法律的规定采用一定的形式,则合同不能成立;但有时法律规定的形式要件属于生效要件,当事人不依法采用一定形式,则已成立的合同不能生效。例如,《民法典》第 348 条规定:“通过招标、拍卖、协议等出让方式设立建设用地使用权的,当事人应当采用书面形式订立建设用地使用权出让合同。”如果未按照该规定订立书面合同,则合同不能产生法律效力,因此该形式要求属于生效要件。当然,对于不要式合同而言,可由当事人自由决定合同形式,无论采取何种形式,均不影响合同的成立和生效。

六、主合同与从合同

根据合同相互间的主从关系,可以将合同分为主合同与从合同。主合同,是指不需要其他合同的存在即可独立存在的合同。例如,对于保证合同来说,设立主债务的合同就是主合同。从合同,就是以其他合同的存在为存在前提的合同。例如,保证合同相对于主债务合同而言即为从合同。由于从合同要依赖主合同的存在而存在,所以从合同又被称为“附属合同”。从合同的主要特点在于其附属性,即它不能独立存在,必须以主合同的存在及生效为前提。

七、本约合同与预约合同

预约合同也称为预备性合同,它是指当事人所达成的、约定在将来一定期限内订立合同的允诺或协议。[15]《民法典》第 495 条第 1 款规定:“当事人约定在将来一定期限内订立合同的认购书、订购书、预订书等,构成预约合同。”这就规定了预约合同。当事人在将来所订立的合同称为本约合同,而当事人约定在将来订立本约的合同即属于预约合同。例如,当事人所订立的购买车票的合同为本约合同,而当事人事先达成的约定在将来购买车票的合同即为预约合同。从名称上看,究竟使用“预约”还是“预约合同”,在立法时曾经存在一定的争议。考虑到在实践中“预约”经常作为动词使用,如预约购房、预约租房、预约买货等,为避免歧义,《民法典》合同编借鉴相关司法解释的规定,采用“预约合同”的提法,不无道理。

由于预约合同在实践中已经广泛采用,时常发生纠纷,但我国《合同法》并没有对预约合同作出规定,这就不利于明晰当事人之间的权利义务关系。例如,甲向乙购买房屋,双方签订了购房意向书,甲向乙支付了 5 万元定金,后因房屋价格上涨,乙又将房屋转让给丙,甲请求乙承担继续履行的责任。在该案中,由于甲乙之间仅订立了预约合同,而没有订立房屋买卖合同,如果法律不承认预约合同,则购房人甲无权请求乙承担违约责任,而只能主张缔约过失责任,这对购房人甲而言显然是极其不利的。可见,在法律上承认预约合同,对消费者权益保护也是十分重要的。

---

〔15〕 Werk, in Münchener Kommentar zum BGB, Vor § 145, Rn. 60.

从性质上看，预约合同和本约是相互独立且相互关联的两个合同。[16] 尽管预约是为了订立本约合同而订立的，而且是在订立本约合同的过程中订立的，但当事人已经就订立预约形成合意并且该合意具有相对独立性，因此可以与本约合同相分离，作为独立的合同类型。法律上之所以承认预约合同，是因为虽然预约合同是为了订立本约，但其又不同于本约，因此有必要将两者分开，预约合同和本约的区别在于：

1. 缔约意图不同。预约合同以订立本约合同为目的，由于本约合同的缔约目的是要形成特定的法律关系，如买卖、租赁、承揽等关系，因此预约合同只是向本约合同的过渡阶段。当事人订立预约合同的目的主要是有足够的时间磋商，或者避免对方当事人反悔，从而选择以预约合同的方式为本约合同作准备。通常，要认定是否存在订立本约合同的意图，应当结合当事人在预约合同中的约定、当事人的磋商过程、交易习惯等因素，综合认定是否存在此种意图。因此，当事人必须明确表达要订立本约合同的意思表示，且当事人应当有受预约合同拘束的意思。[17]

2. 当事人约定的内容不同。预约合同的内容是将来订立本约，例如，预约租赁某个房屋，就使当事人负有订立房屋租赁合同的义务。又如，订购某件商品的预约合同，使当事人负有订立买卖该商品的合同的义务。而本约则是关于合同具体内容的约定。[18] 例如，在房屋租赁合同中，预约合同是将来订立租赁合同的约定，而关于价金、具体房屋的约定则属于本约的内容。

3. 违反合同的责任后果不同。在预约合同中，当事人一般不会约定违反本约的责任。而对本约合同而言，当事人通常都会约定违约责任条款，如违约金等。这也是当事人愿意受其意思表示拘束的具体体现。此外，当事人违反预约合同时，非违约方可以请求违约方订立合同，而当事人违反本约合同时，并不产生请求对方当事人订立合同的违约责任，而只是产生继续履行、赔偿损失等违约责任。《民法典》第 495 条第 2 款规定：“当事人一方不履行预约合同约定的订立合同义务的，对方可以请求其承担预约合同的违约责任。”这就明确了违反预约合同的责任。区分预约和本约在很大程度上也是为了区分二者的违约责任。如果双方当事人在预约合同中约定了违约责任，则应当根据当事人的约定确定其违约责任。但如果预约合同中没有约定违约的后果，则违反预约合同的一方究竟应当承担何种责任，应当依据具体情况予以判断。例如，要求当事人进行磋商或对不能订立合同的损失进行损害赔偿，[19] 在一方违反预约合同的情况下，另一方也可以要求解除该预约合同，并请求违约方承担违约金、定金等责任，在能够继续履行的情形下，也可以要求其继续履行。

八、为订约人自己订立的合同与为第三人利益订立的合同

根据订约人订立合同的目的是否为自己谋取利益，合同可以分为为订约人自己订立的合同和为第三人利益订立的合同。为订约人自己订立的合同，是指订约当事人订立合同是为自己设定权利，使自己直接取得和享有某种利益。由于当事人订立合同都是为了追求一定的利益，所以在绝大多数情况下，合同当事人订立合同都是为了给自己设定权利和义务，可以说，合同大多是订约人为自己订立的合同。

---

〔16〕 参见宋晓明、张勇健、王闯：《〈关于审理买卖合同纠纷案件适用法律问题的解释〉的理解与适用》，载《人民司法》2012 年第 15 期。

〔17〕 参见陈进：《意向书的法律效力探析》，载《法学论坛》2013 年第 1 期。

〔18〕 参见刘承韪：《预约合同层次论》，载《法学论坛》2013 年第 6 期。

〔19〕 参见韩强：《论预约的效力与形态》，载《华东政法学院学报》2003 年第 1 期。

然而,在特殊情况下,订约当事人并非为了自己设定权利,而是为第三人的利益订立合同,合同将对第三人发生效力,这就是所谓“为第三人利益订立的合同”。《民法典》第522条第2款规定:“法律规定或者当事人约定第三人可以直接请求债务人向其履行债务,第三人未在合理期限内明确拒绝,债务人未向第三人履行债务或者履行债务不符合约定的,第三人可以请求债务人承担违约责任;债务人对债权人的抗辩,可以向第三人主张。”这就在法律上规定了利益第三人合同。在当事人依法设定利益第三人合同中,第三人依法享有请求债务人履行的责任,在债务人不履行债务时,债权人有权请求债务人承担违约责任。

两者的区别主要在于:第一,是否使第三人享有履行请求权。在真正的利益第三人合同中,当事人双方约定使债务人向第三方履行义务,第三人由此取得直接请求债务人履行义务的权利。例如,甲乙双方约定,甲定购由乙所制作的蛋糕,由乙送给甲的朋友丙,丙为利益第三人。第二,第三人可否请求债务人承担违约责任;在第三人接受权利以后,第三人有权请求债务人向其作出履行,同时债权人也可以请求债务人向其作出履行。尽管第三人可以独立享受权利,却毕竟不是合同当事人,因此他不享有撤销、变更、解除合同的权利,也不能请求追究债务人的违约责任,这些权利只能由合同当事人行使。第三,债务人对债权人的抗辩,可以向第三人主张。例如,债权人应向债务人支付价款而未支付,在第三人请求债务人交付货物时,债务人可以向第三人提出抗辩。

第四节 合同法的概念、特征与调整对象

一、合同法的概念与特征

合同法是调整平等主体之间的交易关系的法律,它主要规范合同的订立、合同的效力及合同的履行、变更、解除、保全、违反合同的责任等问题。合同法并不是一个独立的法律部门,只是我国民法的重要组成部分。合同法有形式意义的合同法与实质意义的合同法之分。形式意义的合同法是指《民法典》合同编(第三编);实质意义的合同法是所有调整合同关系的法律规范的总称,如《民法典》合同编之外的有关民事法律以及相关司法解释对合同的规定。本书是在实质意义上使用“合同法”的概念的。

《民法典》合同编是调整有关合同的订立、履行、保全等法律关系的规范,该编共计526条。在《民法典》中超过1/3,其内容分为通则、典型合同和准合同三个分编:第一分编为通则。通则是关于合同的一般规则,或者说是所有典型合同共同适用的规则,其主要规范合同的订立、效力、履行、保全、变更和转让、终止及违约责任等问题。但为了与《民法典》总则的表述相区别,合同编使用了通则的提法。第二分编为典型合同。所谓典型合同,也就是有名合同,合同编一共规定了19种典型合同,包括买卖合同,供用电、水、气、热力合同,赠与合同,借款合同,保证合同,租赁合同,融资租赁合同,保理合同,承揽合同,建设工程合同,运输合同,技术合同,保管合同,仓储合同,委托合同,物业服务合同,行纪合同,中介合同,合伙合同,第二分编的大部分内容可以说就是1999年《合同法》中的分则内容。第三分编是准合同。所谓准合同,是指与合同相关的有关无因管理、不当得利的债的形态的规定。在该分编中,规定了无因管理、不当得利制度。严格地说,这些内容都属于传统债法的内容,本不应当规定在合同编,但由于我国《民

法典》没有设置独立的债法总则，而合同编在一定程度上又发挥了债法总则的功能，所以将这些法定之债的内容作为准合同，规定在合同编之中。

《民法典》第463条规定：“本编调整因合同产生的民事关系。”但严格地说，合同关系不仅仅受《民法典》合同编调整，其还要受《民法典》其他编以及许多单行法的调整。也就是说，《民法典》合同编只是调整部分合同关系，所有的合同关系是由合同法调整的，合同法是调整平等主体之间的交易关系的法律规范的总和，《民法典》合同编与合同法之间的关系表现在如下方面：

1. 合同编是合同法的重要组成部分。合同法是调整合同关系的法律规范的总称，除包含《民法典》合同编外，合同法还包括如下调整合同关系的规范：

（1）《民法典》其他编所规定的合同，除了合同编已确认的19类有名合同之外，《民法典》其他各编也可能调整合同关系，具体而言：第一，总则编中关于法律行为的规定主要针对的就是作为双方法律行为的合同。第二，物权编中关于土地承包经营合同、建设用地使用权出让合同等的规定、抵押合同、质押合同、土地使用权出让和转让合同等的规定。第三，人格权编中关于人格利益的许可使用合同的规定。第四，婚姻家庭编中关于夫妻对婚姻关系存续期间所得的财产以及婚前财产的约定等。第五，继承编中关于遗赠抚养协议的规定。上述内容都属于合同规范，可见，《民法典》合同编的规范局限于《民法典》合同编之内，合同法的概念是更为宽泛的。

（2）特别法中的合同法规范，除了《民法典》合同编之外，一些特别法也包含有合同法的规范，如《旅游法》中关于旅游服务合同的规定、《保险法》中关于保险合同的规定以及知识产权法中有关知识产权许可使用合同的规定等。依据特别法优先于普通法的规定，这些合同首先要适用《民法典》合同编以外其他编的特别规定，但是在这些编没有就合同订立、效力、履行、保全、变更和转让、终止及违约责任等问题作出规定的情况下，也可以适用合同编通则的相关规定。

（3）行政法规中的合同法规范。例如，《物业管理条例》中关于物业服务合同的规定。

（4）司法解释中的合同法规范，如最高人民法院《关于审理融资租赁合同纠纷案件适用法律问题的解释》中关于融资租赁合同的规定、最高人民法院《关于审理城镇房屋租赁合同纠纷案件具体应用法律若干问题的解释》中关于租赁合同的规定等。

由此可见，《民法典》合同编只是合同法的一部分，《民法典》第463条之所以采用了“调整因合同产生的民事关系”的表述，而并未使用“合同关系受本编调整”的表述，是因为《民法典》合同编只是合同法的组成部分，可见该条采用了广义的合同概念。

2. 合同编是合同法最基本的组成部分。《民法典》合同编是最为基础性的合同法规范，在发生合同纠纷后，法官首先应当且主要依据合同编的规定处理。但依据《民法典》第11条的规定，“其他法律对民事关系有特别规定的，依照其规定”，据此，如果对合同纠纷涉及法律特别规定的，可以依据单行法的规定予以处理。

3. 合同编是解释合同法的重要依据。也就是说，由于法典是基础性规范，因此，在解释《民法典》以外的有关合同的单行法律规定时，应当以《民法典》为依据。有关合同的单行法律规定不得以《民法典》合同编相冲突。

二、《民法典》合同编与债法的关系

所谓债法，是调整债权债务关系的法律规范的总称。合同本身是债的发生原因之一，性质

上是一种债的关系。因此,合同编本身也是债法的组成部分。讨论合同编与债法的关系,可以从如下几方面理解:

1. 合同编是债法的组成部分,不能概括所有的债法内容。合同之债是债的组成部分,是意定之债,其与不当得利之债、无因管理之债、侵权损害赔偿之债等法定之债一起,共同组成债的类型体系。但合同编只是债法的一部分,不能代替整个债法的内容。

2. 合同编具有相对独立性。合同编主要调整交易关系,但债法调整的给付关系更为宽泛,不完全是交易关系。合同编具有内在的逻辑体系,以交易为中心,以交易的发生、存续、消灭为主线展开。合同编首先规范合同双方当事人进行合同的磋商缔约阶段,然后规范合同的签订阶段。在合同成立并发生效力后,合同编还规定了双方当事人履行合同的义务以及合同履行过程中可能发生的同时履行抗辩、不安抗辩等抗辩权。此外,在合同履行期到来之前或之后,都可能发生违约情形,从而可能导致合同的解除或终止。我国《民法典》合同编通则正是按照这样一个交易过程的时间顺序展开的。这种"单向度"的规定模式必然使其内容具有非常明显的"同质性"(homogeneity)。

3. 合同编发挥了债法总则的功能。由于我国早在 1999 年就颁行了《合同法》,经过多年的适用,该法早已为法官和民众所广泛熟知和了解,且为了避免叠床架屋,避免法律规则的重复,因此,我国《民法典》没有规定债法总则,而只是继续保留了合同编通则,并在合同编中规定许多债法规则纳入其中,并在合同编中规定了准合同制度,对不当得利和无因管理这两种法定之债作出规定,可见,《民法典》合同编实际上发挥了债法总则的功能。以合同编发挥债法总则的功能,是我国《民法典》的重要特色。

三、合同法的调整对象

《民法典》第 463 条规定:"本编调整因合同产生的民事关系。"依据本条规定,合同编调整"因合同产生的民事关系",这就意味合同法调整平等主体之间因合同产生的平等主体间的法律关系。合同法是所有调整合同的订立、履行、变更、终止等的法律规范的总称。合同法以交易关系为其调整对象,它是市场经济的基本法律规则。它不仅规范了交易关系的全过程,而且对一些重要的交易类型即典型合同作出了规定。合同法也是社会生活的百科全书。《民法典》合同编与每个人的生活息息相关。一个人在一生中,可能不会与刑法打交道,但总是要订立合同,参与各种民事交往,从而受到合同法的广泛调整。《民法典》第 464 条规定:"合同是民事主体之间设立、变更、终止民事法律关系的协议。婚姻、收养、监护等有关身份关系的协议,适用有关该身份关系的法律规定;没有规定的,可以根据其性质参照适用本编规定。"依据这一规定,该条对我国合同法的调整对象作出了规定。

(一)合同法调整平等主体之间的协议

合同法所调整的合同关系是发生在平等主体之间的合同关系,合同是反映交易关系的法律形式。正如马克思所指出的,"这种通过交换和在交换中才产生的实际关系,后来获得了契约这样的法律形式"。[20] 所谓交易,是指平等主体基于平等自愿及等价有偿原则而发生的商品、劳务的交换,而由这些交换所发生的交易关系则构成了合同法的调整对象。一方面,这些交易关系的主体都是平等的。在市场中,各种交易关系,只要是发生在民事主体之间的,无论这种关系的客体是生产资料还是生活资料,是国家、集体所有的财产还是公民个人所有的财

---

〔20〕《马克思恩格斯全集》(第 19 卷),人民出版社 1979 年版,第 422 ~ 423 页。

产，一旦发生交易关系，都可以由合同法调整，并遵循合同法的基本原则和准则。另一方面，合同法所调整的合同关系具有等价有偿性以及合同订立的自愿性。凡不具有上述特点的合同，一般不能作为合同法调整的对象。

在确定某一类合同是否属于合同法的调整对象时，首先要考虑其主体是否具有平等性。例如，企业内部实行生产责任制，由企业及企业的车间与工人之间订立的责任制合同，只是企业内部的管理措施，是一种生产管理手段，当事人之间仍然是一种管理和被管理的关系，双方地位不平等，应由《劳动法》等法律调整，不应当由合同法调整。再如，有关行政合同（如有关财政拨款、征税和收取有关费用、征用、征购等），是政府行使行政管理职权的行为，政府机关在从事行政管理活动中采用协议的形式明确管理关系的内容，如与被管理者订立有关计划生育、综合治理等协议，因为这些协议并不是基于平等自愿的原则订立的，因此不是民事合同。应适用行政法的规定，不适用合同法。[21] 当然，政府机关作为平等的民事主体与其他民事主体之间订立的有关民事权利义务的民事合同，如购买文具、修缮房屋、新建大楼等合同，仍然应受合同法调整。

（二）合同法调整以确立民事权利义务为内容的协议

合同法只适用于私法领域而非公法领域，只是调整民事合同而非其他类型的合同。民事合同的重要特点在于它是以确定民事权利义务为内容的，实际上就是以平等自愿为基础的交易关系。“以民事权利义务关系为内容”，界定了双方之间的实质关系。因此，某一类合同即使在名称上称为合同，而确立的是管理和被管理、生产责任制等内容，不具有交易的特点，就不属于合同法调整的范围。例如，计划生育合同、企业内部的生产责任制合同等。合同法的调整对象主要是以财产给付为内容的交易关系，也就是动态的财产关系。合同法属于财产流转法，合同主要规范财产流转关系。与人身有关的一些财产交易，如肖像的许可使用等，可以适用合同法的规则。

需要指出的是，合同法调整的合同不同于行政协议。根据最高人民法院颁行了《关于审理行政协议案件若干问题的规定》第 1 条，行政协议是“行政机关为了实现行政管理或者公共服务目标，与公民、法人或者其他组织协商订立的具有行政法上权利义务内容的协议”。合同作为当事人之间产生、变更、消灭民事权利义务关系的协议，本质上是一种交易的产物，而行政协议不同于一般的民事合同之处就在于，其本质上不是一种交易的产物，而具有非市场性，行政协议的订立仍然是一种行政权的行使方式，在一定程度上以追求公益为目的。例如，就政府特许经营协议而言，其本质上是政府行使行政权的一种方式；再如，就土地、房屋等征收征用补偿协议而言，其属于政府行使征收权、征用权的必要环节，是政府征收权、征用权的组成部分，无法完全适用民法中的等价交换、公平等原则，也不能完全适用合同法的规定。

（三）合同法调整设立、变更、终止民事权利义务关系的协议

所谓设立，是指当事人通过合同确定当事人之间具体的权利义务；所谓变更，是指当事人通过订立合同修改原有的合同关系的内容；所谓终止，是指当事人通过订立合同消灭原来存在的合同关系。

---

〔21〕 顾昂然：《关于〈中华人民共和国合同法（草案）〉的说明》（1999 年 3 月 9 日在第九届全国人民代表大会第二次会议上）。

(四)合同法调整各类合同关系

合同法首先调整合同编分则所规定的各类典型合同,包括买卖合同,供用电、水、气、热力合同,赠与合同,借款合同,保证合同,租赁合同,融资租赁合同,保理合同,承揽合同,建设工程合同,运输合同,技术合同,保管合同,仓储合同,委托合同,物业服务合同,行纪合同,中介合同,合伙合同。典型合同是由法律明确规定的合同。但并非对民法典其他编和特别法所规定的合同以及无名合同不可适用。具体而言,合同法还可以适用于其他类型的合同:

1. 合同编以外的其他编关于合同的规定,首先要适用其他编的规定,但在其他编没有规定时,也要适用合同编通则的规定。例如,违反建设用地使用权转让合同的规定,涉及违约金或者损害赔偿责任的确定,就要适用合同编通则关于违约责任的规定。

2. 特别法规定的合同,如知识产权法所确认的专利权或商标权转让合同、许可合同、著作权使用合同、出版合同;海商法规定的船舶租赁合同,保险法是规定的保险合同,旅游法规定的旅游合同;《劳动合同法》所规定的劳动合同等。这些合同首先要适用特别法针对这些合同所作出的特殊规定,但在这些法律没有就这些合同的就合同就订立、合同的效力及合同的履行、保全、变更和转让、终止、违约责任等问题作出规定的情况下,也可以适用合同编通则的相关规定。

3. 无名合同。无名合同,是指民法典合同编和其他法律没有明文规定的合同,如借用合同等,合同法并不禁止当事人订立无名合同。按照合同自由原则,当事人完全可以在合同中约定各种无名合同,当事人订立无名合同只要不违反法律都是有效的,都应当受到法律保护,并受合同法的调整。即使是对于无名合同关系,也应当适用合同法的基本规则。依据《民法典》第467条规定:“本法或者其他法律没有明文规定的合同,适用本编通则的规定,并可以参照适用本编或者其他法律最相类似合同的规定。”

4. 非因合同产生的债权债务关系。《民法典》第468条规定:“非因合同产生的债权债务关系,适用有关该债权债务关系的法律规定;没有规定的,适用本编通则的有关规定,但是根据其性质不能适用的除外。”依据该条规定,对于非因合同而产生的债权债务关系,也可以适用合同法的规则。

由于合同是债的发生原因之一,按照大陆法的民法体系,合同法是债法的组成部分。所谓债法,是指调整特定当事人之间请求为特定行为的财产关系的法律规范的总称。〔22〕 我国传统上属于大陆法系,因而民法中一直继受大陆法的债的概念。我国《民法典》虽然没有规定债编,因此不存在由民法典所规定的形式意义上的债法,但是这并不意味着在我国民法典体系中实质意义上的债法就不存在了。《民法典》合同编中关于准合同等制度的规定,实际上属于传统债法的组成部分。

四、合同法的功能

所谓合同法的功能,是指合同法在社会经济生活中所发挥的作用。具体来说,合同法的功能主要表现在以下方面:

1. 鼓励交易、创造财富。合同法的目标就是尽可能鼓励当事人进行交易。物权只是一种静态的财产权,人与人之间的财产权只有通过缔结合同、发生交易,才能够进行财产权利的流转,从而满足不同主体的不同需求。只有通过合同规范的交易,才能实现资源的有效配置,而

---

〔22〕 参见王家福等:《合同法》,中国社会科学出版社1996年版,第1页。

合同法正是促进财富创造的法律，其保障当事人订约目的和基于合同所产生的利益得到实现，从而促进财产的流转和财富的创造。

2. 分配风险、规范交易。在市场经济社会，交易中的风险具有一定的不可预测性。合同法的目标是通过确立合同的示范样本，帮助当事人合理预料未来的风险，指引当事人订立完备的合同，从而有效地防范未来的风险、避免纠纷的发生。〔23〕 例如，《民法典》合同编规定的各类有名合同，为当事人的缔约提供了有效的指引，可以降低缔约时的磋商成本，避免交易风险。

3. 保障自由、实现允诺。合同最充分地体现了私法自治的内容和精神。“合同法的中心是承诺的交换”。〔24〕 合同作为一种各方当事人共同进行意思磋商和自治的工具，能够充分地体现当事人的意志和利益，合同法强调“契约严守”(*pacta sunt survanda*)的规则，要求当事人不得随意变更和解除合同。按照《法国民法典》的经典表述，〔25〕在当事人之间，合同具有法律的效力。合同所具有的法律效力有赖于合同法的保护，保障合同得到履行，就能使当事人的意志得到实现。

4. 保护信赖、维护秩序。合同使当事人之间形成合理信赖，此种信赖实际上构成交易安全的重要内容。只有依据合同法才能保障合同的顺利履行，实现当事人之间的信赖，进而保障交易安全。另外，合同法是构建市场经济秩序的法，它通过保障和支持成千上万的合同，从而构建了市场体制的基础。〔26〕

5. 组织私人生活、保障生活秩序。合同是组织私人生活的有效制度工具，它可以实现生活的可预期性，保障生活的秩序。合同就是日常生活中的法秩序，合同法规范了合同，也就规范了生活秩序。〔27〕 可以说，合同是构建国家、社会和个人三者之间和谐关系的基础。〔28〕

参考案例

1. 王碎永诉深圳歌力思服饰股份有限公司、杭州银泰世纪百货有限公司侵害商标权纠纷案，第82号指导案例(最高人民法院审判委员会讨论通过，2017年3月6日发布)。
2. 成都讯捷通讯连锁有限公司与四川蜀都实业有限责任公司、四川友利投资控股股份有限公司房屋买卖合同纠纷案，载《中华人民共和国最高人民法院公报》2015年第1期。
3. 海南康力元药业有限公司、海南通用康力制药有限公司与海口奇力制药股份有限公司技术转让合同纠纷案，载《中华人民共和国最高人民法院公报》2013年第2期。
4. 张励与徐州市同力创展房地产有限公司商品房预售合同纠纷案，载《中华人民共和国最高人民法院公报》2012年第11期。
5. 重庆雨田房地产开发有限公司与中国农业银行股份有限公司重庆市分行房屋联建纠纷案，载《中华人民共和国最高人民法院公报》2012年第5期。
6. 梅州市梅江区农村信用合作联社江南信用社诉罗苑玲储蓄合同纠纷案，载《中华人民共和国最高人民法

〔23〕 参见朱广新：《合同法总则》，中国人民大学出版社2008年版，第17页。
〔24〕 [美]罗伯特·考特等：《法和经济学》，张军等译，上海三联书店1994年版，第314页。
〔25〕 《法国民法典》第1134条规定：“依法成立的契约，在缔结契约的当事人间有相当于法律的效力。”
〔26〕 参见何宝玉：《英国合同法》，中国政法大学出版社1999年版，第51页。
〔27〕 参见[日]吉田克己：《现代市民社会的民法学》，日本评论社2008年版，第14页。
〔28〕 参见[日]吉田克己：《现代市民社会的民法学》，日本评论社2008年版，第11页。

院公报》2011 年第 1 期。

7. 安徽省福利彩票发行中心与北京德法利科技发展有限责任公司营销协议纠纷案，载《中华人民共和国最高人民法院公报》2009 年第 9 期。

8. 浙江省乐清市乐城镇石马村村民委员会与浙江顺益房地产开发有限公司合作开发房地产合同纠纷案，载《中华人民共和国最高人民法院公报》2008 年第 9 期。

9. 仲崇清诉上海市金轩大邸房地产项目开发有限公司合同纠纷案，载《中华人民共和国最高人民法院公报》2008 年第 4 期。

10. 大庆市振富房地产开发有限公司与大庆市人民政府债务纠纷案，载《中华人民共和国最高人民法院公报》2007 年第 4 期。

第二十二章　合同的订立

导读

合同的订立是两个以上当事人互为意思表示、达成合意的过程。其中,希望与他人订立合同的意思表示为要约,受要约人同意要约的意思表示为承诺。合同各方当事人的意思表示一致的,合同就成立。合同成立后就具有法律拘束力。在合同订立过程中,一方当事人违背诚实信用原则而损害另一方当事人信赖利益的,应承担缔约过失责任。

第一节　合同的成立和法律拘束力

一、合同成立的概念和要件

合同的成立,是指合同各方当事人的意思表示一致。换言之,当事人对合同的主要条款达成合意。如果合同是在双方当事人之间订立的,就应当在双方之间达成合意;如果是在多方当事人之间订立的,则应当由所有当事人达成合意。合同成立制度旨在解决合同是否存在的问题,合同的成立是合同履行、变更、终止、解释等制度的前提,也是认定合同效力的基础,如果合同根本没有成立,那么确认合同的有效和无效问题也就无从谈起。此外,合同的成立也是区分违约责任与缔约过失责任的重要标志。在合同成立以前,因合同关系不存在,则因一方的过失而造成另一方信赖利益的损失属于缔约过失责任而不属于违约责任范畴。只有在合同成立以后,一方违反义务才构成对合同义务的违反并应负违约责任。

根据我国《民法典》第502条的规定,依法成立的合同,自成立时生效。可见,在一般情况下,合法的合同一经成立便生效,合同成立的时间也就是合同生效的时间,因此合同成立的时间可以成为判断合同生效时间的标准。[1] 但也有一些合同的成立和生效时间是不同的。例如,效力待定的合同虽已成立,但效力处于不确定状态。当然,此类情况毕竟是例外现象。

合同的成立应当具备以下要件。

(一)存在双方或多方当事人

合同是双方或多方当事人意思表示一致的产物,所以,合同的成立必须存在双方或者多方当事人,如果仅有一方当事人,则无法形成意思表示一致,无法成立合同。例如,甲以某公司的名义订立合同,如果并不存在该公司,则可以认为不存在一方当事人,合同不能成立。合同当

〔1〕 参见赵德铭:《合同成立与合同效力辨》,载《法律科学》1994年第3期。

事人又称为合同主体,他们是实际享受合同权利并承担合同义务的人。[2] 有些合同当事人并未亲自参与合同的订立,但可以成为合同主体(如通过代理人订约),而另一些人可能参与合同的订立而不能成为合同主体(如代理人)。

(二)订约当事人经过要约承诺而达成了合意

订约当事人必须达成了合意,而这一合意的达成往往需要经过要约和承诺两个阶段。《民法典》第471条规定:"当事人订立合同,可以采取要约、承诺方式或者其他方式。"要约和承诺是合同成立的基本规则,也是合同成立必须经过的两个阶段。如果合同没有经过承诺,而只是停留在要约阶段,则合同根本未成立。例如,甲向某编辑部(乙)去函,询问该编辑部是否出版有关于律师考试的教材和参考资料,乙立即向甲邮寄了律师考试资料5本,共120元,甲认为该书不符合其需要,拒绝接受,双方为此发生争议。从本案来看,甲向乙去函询问情况并表示愿意购买律师考试资料和书籍,属于一种要约邀请行为,而乙向甲邮寄书籍行为属于现货要约行为。假如该书不符合甲的需要,甲拒绝收货实际上是未作出承诺,由于双方并未完成要约和承诺阶段,因而合同并未成立。

依据《民法典》第471条的规定,当事人订立合同,可以采取要约、承诺方式以外的其他方式,该条之所以允许当事人采用要约、承诺之外的其他方式订立合同,这是因为在实践中,有一些当事人采用了无法区分要约与承诺的订约方式,或在有一些场合中,区分要约与承诺并无必要。例如,交叉要约就属于以要约承诺之外的方式订立合同的形式。

(三)当事人就合同主要条款达成合意

合同成立的根本标志在于,合同当事人就合同的主要条款达成合意。所谓主要条款,又称必要条款,是指根据特定合同性质所应具备的条款,如果缺少这些条款合同是不能成立的。从现代合同法的发展趋势来看,为适应鼓励交易、增进社会财富的需要,各国合同法大多减少了在合同成立方面的不必要的限制(如现代合同法不像古代合同法那样注重形式),并广泛运用合同解释的方法,尽可能促使合同成立。《民法典》第470条规定:"合同的内容由当事人约定,一般包括以下条款:(一)当事人的名称或者姓名和住所;(二)标的;(三)数量;(四)质量;(五)价款或者报酬;(六)履行期限、地点和方式;(七)违约责任;(八)解决争议的方法"。该条使用了"一般包括"而未使用"必须包括"的用语,表明上述条款只是为当事人订约提供指引,为主要条款的判断提供参考,但并不是每一个合同所必须包括的主要条款。为了准确认定合同的主要条款,需要法院在实践中根据特定合同的性质具体认定哪些条款属于合同的主要条款,而不能将本条所规定的合同条款都作为每个合同所必须具备的主要条款。

根据《合同法解释(二)》第1条第1款的规定,除非法律另有规定或者当事人另有约定,在买卖合同中,仅当事人的名称或者姓名、标的和数量条款,为主要条款。因此,该条将标的和数量条款作为合同成立的必要条款。例如,订立买卖合同,首先就要确定购买何种货物,以及购买的数量,否则,买卖合同将难以有效成立。因此,依据这一规定,要约人在发出要约时,要约也应当包含这两个主要条款,而相对人在承诺时也应当对这两项内容作出承诺,对这两项内容作出变更的,构成实质性变更。当然,即便欠缺上述非必要条款,并不意味着合同无法有效成立,从鼓励交易的原则出发,《民法典》第510条、第511条也允许根据当事人事后达成补充协议或者交易习惯,明确上述非必要条款的内容。

---

〔2〕 参见苏惠祥主编:《中国当代合同法论》,吉林大学出版社1992年版,第67页。

以上只是合同的一般成立要件。如果法律规定或当事人约定可能对一些合同设定了特定的成立要件,要符合这些规定。例如,对实践合同来说,应以实际交付标的物作为其成立要件;而对于要式合同来说,则应履行一定的方式才能成立。尤其需要指出,如果当事人在合同中规定了特殊的成立条件(如必须办理公证合同才能成立),则应依当事人的约定。

二、合同的法律拘束力

《民法典》第465条规定,依法成立的合同,受法律保护。所谓受法律保护,就是指依法成立的合同对当事人具有法律拘束力。当事人应当按照约定履行自己的义务,不得擅自变更或者解除合同,任何一方违反合同,都应当依法承担违约责任。

合同的拘束力主要体现在对当事人的拘束力上,具体体现为权利、义务和责任三个方面。

1. 从权利方面来说,合同当事人依据法律和合同的约定所产生的权利依法受到法律保护。合同的权利包括请求和接受债务人履行债务的权利,以及在一方不履行合同时获得补救的权利、诉请强制执行的权利等。当事人因正当行使这些权利而获得的利益,也受到法律的保障。

2. 从义务方面来说,合同对当事人具有拘束力,当事人根据合同所产生的义务具有强制性,当事人应当按照法定和约定的义务履行合同。《民法典》第509条规定:"当事人应当按照约定全面履行自己的义务"。当事人拒绝履行和不适当履行义务或随意变更和解除合同,都是对法律的违反,因此本质上属于违法行为。

3. 从责任方面来说,如果当事人违反合同义务,则应当承担违约责任。也就是说,如果当事人不履行其应负的义务,将要借助国家的强制力强制义务人履行义务。因此,法律责任乃是合同义务的保障,失去了法律责任,合同将很难产生真正的拘束力。

合同不仅对当事人具有拘束力,而且在特殊情形下,还对合同当事人之外的第三人具有拘束力。也就是说,依法成立的合同所具有的效力,也包括排斥第三人非法干预和侵害的效力。有学者将债的效力界定为:"为实现债的目的,法律赋予债的当事人及有关第三人某种行为之力或者拘束之力以及在债务不履行时的强制执行力"。[3] 事实上,在实践中合同的履行通常受到第三人的影响,如第三人非法引诱债务人不履行义务或采取拘束债务人等非法强制手段迫使债务人不履行债务,或者与债务人恶意串通损害债权人利益等。如果不赋予合同在特殊情况下具有排除第三人非法干预和侵害的权利,就不能保证合同的正常履行和合同目的的实现。

当事人订立合同的目的,就是要使合同产生拘束力,从而实现合同所规定的权利和利益。如果合同不能生效,则合同等于一纸空文,当事人也就不能实现订约目的。从实践来看,如果当事人依据法律的规定订立合同,合同的内容和形式都符合法律规定,则这些合同一旦成立,便会自然产生法律拘束力。因此,在通常情形下,依法成立的合同,自成立时生效。但是在法律另有规定或者当事人另有约定的情形下,合同虽然已经成立,并不当然生效,这主要有如下几种情形:第一,附条件的合同。所谓附条件的合同,是指当事人在合同中特别规定一定的条件,以条件的是否成就来决定合同效力的发生或消灭的合同。例如,甲、乙双方约定,待甲将某项产品试验成功以后,乙即向甲赠送一套设备。在该例中,产品试验成功是一个条件,在该条件实现时,赠送设备的合同即发生效力。根据我国法律规定,除了法律明确规定的法律行为(如继承权的接受或放弃等民事法律行为不得附条件)之外,其他民事法律行为均可以由当事

---

〔3〕 章戈:《论债的效力》,载《法学研究》1990年第5期。

人设定条件,以此限制民事法律行为的效力,从而满足当事人的各种不同需要。第二,依法需要办理批准等手续生效的合同。如果法律、行政法规规定应当办理批准等手续生效的,依照其规定。未办理批准等手续的,该合同未生效,但是不影响合同中履行报批等义务条款以及相关条款的效力。应当办理申请批准等手续的当事人未履行义务的,对方可以请求其承担违反该义务的责任。第三,当事人约定了特殊生效要件的,应当符合当事人的约定。例如,当事人在合同中特别约定,以办理公证为合同生效要件,则合同签订以后,还不能立即生效,必须在当事人办理了公证以后才能实际生效。

第二节 要 约

一、要约的概念和特征

要约又称为发盘、出盘、发价、出价或报价等,是订立合同所必须经过的程序。《民法典》第472条第1款规定:"要约是希望与他人订立合同的意思表示"。依据这一规定,要约是一方当事人以缔结合同为目的、向对方当事人所作的意思表示。发出要约的人称为要约人,接受要约的人则称为受要约人、相对人或者承诺人。要约主要具有如下法律特征:

1. 要约是一种意思表示。所谓意思表示,是指向外部表明意欲发生一定私法上效果之意思的行为。意思表示中的"意思"是指设立、变更、终止民事法律关系的内心意图。所谓"表示",是指将此种内心意图表示于外部的行为。[4] 意思表示不同于事实行为,是因为意思表示的表意人具有旨在使法律关系发生变动的意图,该意图不违反法律强制性规定和公序良俗,因而发生当事人所预期的效力。从这个意义上说,意思表示是实现意思自治的工具,行为人可以依据自己的主观意志与外界发生法律关系,并能够依法产生、变更、终止民事法律关系,从而形成了民法特殊的调整方法。

2. 要约是希望和他人订立合同的意思表示。要约是订立合同的必经阶段,不经过要约的阶段,合同无法成立。要约作为一种订约的意思表示,能够对要约人和受要约人产生一种拘束力。尤其是要约人在要约的有效期限内,必须受要约的内容拘束。依据《民法典》第472条第2项的规定,要约的意思表示必须"表明经受要约人承诺,要约人即受该意思表示约束"。要约在到达受要约人后,非依法律规定或受要约人的同意,不得变更、撤销要约的内容。

3. 要约不是民事法律行为。尽管要约是一种意思表示,但其并不是民事法律行为。因为一方面,要约必须经过受要约人的承诺,才能产生要约人预期的法律效果(成立合同),而民事法律行为都可以产生行为人所预期的法律效果。另一方面,要约人所作出的意思表示可以是合法的,也可能是非法的。由于要约是一种意思表示且具有法律意义,并能产生法律后果,违反有效的要约将产生缔约过失责任。对要约来说,其内容只是表达了要约人一方要求订立合同的意思,合同是否能够成立,要约的条件是否能被受要约人所接受,均有待于受要约人作出承诺。如果没有承诺,则当事人没有达成合意,合同无法成立,要约就不能产生要约人所预期的法律效果。

---

[4] 参见胡长清:《中国民法总论》(上册),商务印书馆1935年版,第223页。

二、要约的生效条件

要约通常都具有特定的形式和内容，一项要约要发生法律效力，必须具备特定的生效条件，否则要约不能成立，也不能产生法律效力。依据《民法典》第472条，要约的生效条件包括：

1. 要约是由特定主体作出的意思表示。要约人发出要约旨在与他人订立合同，唤起相对人的承诺，并据此订立合同。因此，要约人应当是特定的主体。例如，对订立买卖合同来说，其既可以是买受人也可以是出卖人，但必须是准备订立买卖合同的当事人。要约是一种意思表示，而不是事实行为，其符合意思表示的构成要件，经受要约人承诺后，可以在当事人之间成立合同关系。

2. 要约必须表明经受要约人承诺，要约人即受该意思表示约束。要约人发出要约的目的在于订立合同，而这种订约的意图一定要由要约人通过其发出的要约充分表达出来，才能在受要约人承诺的情况下成立合同。根据《民法典》第472条的规定，要约是希望和他人订立合同的意思表示，要约中必须表明要约经受要约人承诺，要约人即受该意思表示拘束。在判断要约人是否具有订约意图时，应当考虑要约所使用的语言、文字及其他情况来确定要约人是否已经决定订立合同。"决定订约"意味着要约人并不是"准备"和"正在考虑"订约，而是已经决定订约。正是因为要约具有订约的意图，所以，一经对方承诺，即可成立合同。

3. 要约必须向要约人希望与之缔结合同的受要约人发出。要约只有向要约人希望与之缔结合同的受要约人发出，才能够唤起受要约人的承诺。要约原则上应向特定的人发出，特定人既可以是一个人，也可以是数个人。为什么受要约人原则上应当特定呢？因为一方面，受要约人的特定意味着要约人对谁有资格作为承诺人的问题作出了选择，也只有受要约人特定才能明确承诺人。一旦要约人确定了受要约人，这样一经对方的承诺，合同就可以成立。〔5〕反之，如果受要约人不特定，则意味着发出提议的人并未选择真正的相对人，该提议不过是为了唤起他人发出要约，其本身并不是要约。例如，向公众发出某项提议，通常是提议人希望公众中的某个特定人向其发出要约。另一方面，如果受要约人不能确定，却仍可以称为要约，那么向不特定的许多人同时发出以某一特定物的出让为内容的要约是有效的，如果多人向发出要约的人作出承诺，则可能导致一物数卖，影响交易安全。但要约原则上应向特定的受要约人发出，并不是说严格禁止要约向不特定人发出。例如，在校园内设置自动售货机的行为即构成要约，此种情形即属于向不特定的受要约人发出的要约。〔6〕再如，广告中声明"备有现货，售完为止"，此种广告也构成要约。同时，如果要约人愿意向不特定人发出要约，并自愿承担由此产生的后果，在法律上也是允许的。

4. 要约的内容必须具体确定。依据《民法典》第472条第1项的规定，要约的内容必须具体确定，具体来说包括两个方面：第一，要约的内容必须具体。所谓"具体"，是指要约的内容必须具有足以使合同成立的主要条款。要约是受要约人一旦承诺就使合同成立的意思表示，所以，如果要约不包含合同的主要条款，承诺人即难以作出承诺，或者即便作出了承诺，也会因为这种合意不具备合同的主要条款而使合同不能成立。由于要约旨在缔结具有特定内容的合同，因而要约本身必须确定或者能够确定，它必须包含特定合同的要素（essentialia negotii），从

---

〔5〕　参见徐炳：《买卖法》，经济日报出版社1991年版，第78页。

〔6〕　参见王泽鉴：《债法原理》，北京大学出版社2013年版，第175页。

而使要约一经承诺人的承诺就可使合同成立。[7] 第二,要约的内容必须确定。所谓“确定”,一方面是指要约的内容必须明确,从而使受要约人能够理解要约的真实含义,而不能含混不清,否则受要约人将无法承诺。另一方面,要约在内容上必须是最终的、无保留的。如果要约人对要约保留了一定的条件,则受要约人将无法作出承诺,在此情形下,要约人的意思表示在性质上并不是真正的要约,而是要约邀请。要约的内容越具体和确定,则越有利于承诺人迅速作出承诺。

三、要约与要约邀请的区别

(一)要约邀请的概念

要约邀请又称引诱要约,是指希望他人向自己发出要约的表示。《民法典》第 473 条第 1 款规定:“要约邀请是希望他人向自己发出要约的表示。”依据这一规定,要约邀请具有如下特点:第一,要约邀请是一方邀请对方向自己发出要约,[8] 而不是像要约那样是由一方向他人发出订立合同的意思表示。第二,要约邀请不是一种意思表示,而是一种事实行为,也就是说,要约邀请是当事人订立合同的预备行为,在发出要约邀请时,当事人仍处于订约的准备阶段。第三,要约邀请只是引诱他人发出要约,它既不能因相对人的承诺而成立合同,也不能因自己作出某种承诺而约束要约人。在发出要约邀请以后,要约邀请人撤回其邀请,只要没有给善意相对人造成信赖利益的损失,要约邀请人一般不承担法律责任。

关于要约邀请的性质,在学说上有两种不同的观点:一种观点认为,要约邀请不是意思表示,而是事实行为,没有法律意义。[9] 另一种观点认为,要约邀请是希望他人向自己发出要约的意思表示。笔者认为,要约邀请并不是一种没有法律意义的事实行为,但也不是意思表示,一方面,要约邀请并非意思表示,其虽然是有目的、自觉自愿的行为,但并非“法效意思(具体说,一定契约订立之意思)”之表示,因为意思表示要产生当事人预期的法律效果,而要约邀请并不能产生这种效果。另一方面,要约邀请也不同于意思通知,如果将要约邀请界定为意思通知,则邀请人应当具有相应的民事行为能力,这并不妥当。例如,寄送价目表的行为人并不需要具有行为能力。正是因为上述原因,《民法典》第 473 条修改了原《合同法》第 15 条的规定,将要约邀请界定为希望他人向自己发出要约的“表示”,而不再称为“意思表示”。

要约邀请虽然仍然是一种事实行为,但它是具有一定的法律意义的事实行为,具体而言,要约邀请具有如下的法律意义:第一,要约邀请的内容在特殊情况下有可能转化为合同的内容,在交易中一方提出要约邀请后使另一方产生合理的信赖,而双方在以后的要约和承诺过程中,没有作出相反的意思表示,则在某些国家合同法中,可认为其构成合同的默示条款。第二,某些特殊的要约邀请在法律上是有一定的意义的,如招标公告。依据《招标投标法》,招标公告应载明招标人的名称、地址、招标项目的性质、数量等事项,且不得以不合理的条件限制和排斥潜在投标人,可见,招标公告也具有法律效力。第三,在发出要约邀请以后,善意相对人已对要约邀请产生了合理的信赖,并为此发出要约且支付了一定的费用,若因为邀请人的过失甚至恶意的行为致相对人损失,邀请人就应当负责。例如,招标人在发出招标文件以后,违反招标文件的规定致投标人遭受损失,亦应依据具体情况负缔约过失责任。第四,在要约邀请阶段,邀

---

[7] MünchKomm/Busche, § 145, Rn. 6.

[8] 参见王家福主编:《中国民法学 · 民法债权》,法律出版社 1991 年版,第 283 页。

[9] 史尚宽:《债法总论》,中国政法大学出版社 2000 年版,第 20 页。

请人作出虚假陈述也可能构成欺诈，并应当承担相应的民事责任。

（二）要约邀请和要约的区别

在合同订立中，区分要约邀请和要约，关系到合同的成立问题，如果是一方发出要约，另一方接受要约，作出承诺，则合同关系成立；但如果一方发出的是要约邀请，则即便对方同意，也无法在当事人之间成立合同关系。如何区别要约邀请和要约，在实践中极为复杂。结合我国司法实践和理论，本书认为，可从如下几方面来区分要约和要约邀请（见表22－1）：

表22－1　要约与要约邀请的区别

区别	要约	要约邀请
当事人的意愿	具有订约意图	希望他人向自己发出要约
法律规定的形式	—	拍卖公告、招标公告、招股说明书、债券募集办法、基金招募说明书、商业广告和宣传、寄送的价目表等
订约提议的内容	应当包含合同的主要条款	不必包含合同的主要条款
意思表示针对的对象	原则上应向特定的相对人发出	大多是向不特定人发出

1. 依法律规定作出区分。如果法律明确规定了某种行为为要约或要约邀请，即应按照法律的规定作出区分。例如，依据《民法典》第473条的规定，拍卖公告、招标公告、招股说明书、债券募集说明书、基金招募说明书、商业广告和宣传、寄送的价目表等行为，属于要约邀请，据此，对这些行为一般应认定为要约邀请。

2. 根据当事人的意愿作出区分。此处所说的当事人的意愿，是指根据当事人已经表达出来的意思来确定当事人对其实施的行为主观上认为是要约还是要约邀请。具体来说，首先要考虑提议的内容，要约中应当含有当事人受要约拘束的意旨，而要约邀请只是希望对方主动向自己提出订立合同的意思表示。其次，要考虑提议中的声明，如当事人在其行为或提议中特别声明是要约还是要约邀请。例如，某时装店在其橱窗内展示的衣服上标明“正在出售”且标示了价格，或者标示为“样品”，则“正在出售”且标明价格的标示可视为要约，而“样品”的标示可认为是要约邀请。同时，当事人也可以明确表示其所作出的提议不具有法律拘束力，此时，其所作的提议可能是要约邀请而不是要约。最后，要考虑订约意图，由于要约是旨在订立合同的意思表示，所以，要约中应包含明确的订约意图。而要约邀请人只是希望对方向自己提出订约的意思表示，所以，在要约邀请中，订约的意图并不是很明确。

3. 根据提议的内容是否包含合同的主要条款来区分。要约的内容中应当包含合同的主要条款，如此才能因承诺人的承诺而成立合同。而要约邀请只是希望对方当事人提出要约，因此，它不必要包含合同的主要条款。当然，仅以是否包含合同的主要条款来作出区分是不够的，即使要约人提出了未来合同的主要条款，但如果其在提议中声明不受要约的拘束，或提出需要进一步协商，或提出需要最后确认等，都将难以确定他具有明确的订约意图，因此不能认为是要约。

4. 根据交易的习惯即当事人历来的交易做法来区分。例如，询问商品的价格，根据交易习惯，一般认为是要约邀请而不是要约。再如，出租车司机将出租车停在路边招揽顾客，如果根据当地的规定和习惯，出租车司机可以拒载，则此种招揽是要约邀请；如果不能拒载，则认定司机负有强制缔约的义务。

此外,在区分要约和要约邀请时,还应当考虑到其他情况,诸如是否注重相对人的身份、信用、资力、品行等情况(如招聘家庭教师的广告,招聘人注重家庭教师的个人情况,需要与其实际接触和协商),是否实际接触,一方发出的提议是否使他方产生要约的信赖等,应当综合各种因素考虑某项提议是要约还是要约邀请。

四、几种典型的要约邀请行为

《民法典》第473条第1款规定:"要约邀请是希望他人想自己发出要约的表示。拍卖公告、招标公告、招股说明书、债券募集说明书、基金招募说明书、商业广告和宣传、寄送的价目表等为要约邀请"。因此,下列行为属于要约邀请。

(一)拍卖公告

所谓拍卖,是指拍卖人在众多的报价中,选择报价最高者与其订立合同的一种特殊买卖方式。拍卖一般分为三个阶段:(1)拍卖表示,是指拍卖人经过刊登或发出拍卖公告,在拍卖公告中对拍卖物宣传和介绍。对拍卖表示,各国合同法一般认为属于要约邀请。[10] 因为在该表示中并不包括合同成立的主要条件,特别是未包括价格条款。(2)拍买(又称叫价),是指竞买者向拍卖人提出价款数额的意思表示。一般认为,拍买的表示属于要约,因为竞买人已就购买标的物提出了价格条件,并愿与出卖人订立合同,竞买人提出价款以后,在没有其他竞买人提出更高的价款之前,该意思表示对竞买人具有拘束力。(3)拍定,是指拍卖人以拍板、击槌或其他惯用方式确定拍卖合同成立或宣告竞争终结的一种法律行为。一般认为,这种行为在性质上属于承诺。一旦拍定,合同即宣告成立。在整个拍卖流程中,拍卖公告是拍卖的发起阶段,其属于典型的要约邀请。

(二)招标公告

招标是订立合同的一种特殊方式。以招标方式订立合同,要经过招标、投标、定标等阶段。所谓招标,是指订立合同的一方当事人采取招标公告的形式,向不特定人发出的、以吸引或邀请相对方发出要约为目的的意思表示。所谓投标,是指投标人(出标人)按照招标人提出的要求,在规定的期间内向招标人发出的以订立合同为目的、包括合同全部条款的意思表示。所谓定标,是指招标人在开标、评标后从各投标人中选出条件最佳者。招标行为都要发出公告。根据《民法典》第473条的规定,此种公告属于要约邀请行为。因为招标人实施招标行为是订约前的预备行为,其目的在于引诱更多的相对人提出要约,从而使招标人能够从更多的投标人中寻取条件最佳者并与其订立合同;而投标则是投标人根据招标人所公布的标准和条件向招标人发出以订立合同为目的的意思表示,在投标人投标以后必须要有招标人的承诺,合同才能成立,所以投标在性质上为要约。而定标则意味着招标人对投标人的要约予以承诺。

(三)招股说明书

在申请股票公开发行的文件中,招股说明书是一个十分关键的文件。它是指拟公开发行股票的公司经批准公开发行股票后,依法在法定的日期和证券主管机关指定的报刊上刊登的全面、真实、准确地披露发行股票的公司信息以供投资者参考的法律文件。根据《公司法》的规定,公司成立时,发起人向社会公开募集股份,必须向国务院证券管理部门递交募股申请,并报送招股说明书等有关文件。招股说明书应当载明发起人认购的股份数;每股的票面金额和发

---

〔10〕 参见[德]冯·巴尔等主编:《欧洲私法的原则、定义与示范规则:欧洲示范民法典草案》,高圣平等译,法律出版社2014年版,第272页。

行价格；无记名股票的发行总数；认股人的权利、义务；本次募股的起止期限及逾期未募足时认股人可撤回所认股份的说明等。招股说明书通过向投资者提供股票发行人各方面的信息，从而吸引投资者向发行人发出购买股票的要约，但其本身并不是发行人向广大投资者所发出的要约，而只是一种要约邀请。

（四）债券募集办法

债券募集办法又称为发行章程或募债说明书，是指申请发行债券的企业，在有关债券募集的公告中，告知相关的公司债券募集办法。债券募集办法首先应当经证券管理部门批准，在获得批准之后对外公布，在债券募集办法中，要向公众告知有关债券总额、债券的票面金额、债券的利率、还本付息的期限和方式、债券发行的起止日期等事项。由于债券募集办法只是发出公告，邀请相对人向自己购买企业债券，而不是在相对人作出购买的表示后直接成立合同关系，因此，企业发布债券募集办法在性质上属于要约邀请，而不构成要约。

（五）基金招募说明书

基金招募说明书又称为公开说明书，它是指基金管理人向投资者提供的经国家有关部门认可的介绍基金各项详细内容的法律文件。该法律文件是面向投资者的，以使广大投资者了解基金详情，并帮助其作出是否投资该基金决策为目的。[11]《证券投资基金法》第 53 条规定："公开募集基金的基金招募说明书应当包括基金募集申请的准予注册文件名称和注册日期，基金管理人、基金托管人的基本情况，基金合同和基金托管协议的内容摘要，基金份额的发售日期、价格、费用和期限，基金份额的发售方式、发售机构及登记机构名称，出具法律意见书的律师事务所和审计基金财产的会计师事务所的名称和住所，基金管理人、基金托管人报酬及其他有关费用的提取、支付方式与比例，风险警示以及国务院证券监督管理机构规定的其他内容。"企业发布基金招募说明书邀请投资者购买其基金，只是向公众发出了购买基金的邀请，有购买意愿的投资者在向企业发出购买基金的请求后，企业作出同意投资者购买的承诺，合同关系才能成立，因此，企业发布基金招募说明书的行为在性质上属于要约邀请，而不构成要约。

（六）商业广告和宣传

广义的广告包括商业广告、公益性广告及分类广告（如寻人、征婚、挂失、婚庆、吊唁、招聘、求购、启事以及权属声明等广告），而狭义的广告仅指商业广告。我国《广告法》第 2 条采纳了狭义的广告概念，即广告是指商品经营者或者服务提供者承担费用，"通过一定媒介和形式直接或者间接地介绍自己所推销的商品或者服务的商业广告"。

根据《民法典》第 473 条的规定，商业广告是要约邀请，发出商业广告不能产生要约的效力。法律上之所以将商业广告作为要约邀请，主要是因为：第一，商业广告旨在宣传和推销某种商品或服务，而一般并没有提出出售该商品或提供该服务的主要条款。发出广告的人通常只是希望他人向其发出购买该商品或要求提供该服务的要约，所以商业广告只是要约邀请。第二，商业广告发出后，不能因任何人接受广告的条件便使合同成立，否则广告人将要承担许多其不可预见的违约责任。第三，广告人并非针对特定的人发出，并不符合要约对象为特定主体的特点。

然而，商业广告虽然原则上不是要约，而是要约邀请，但如果商业广告的内容具体、确定，且包含了当事人订约的意思，也可以构成要约。《民法典》第 473 条第 2 款规定："商业广告和

---

〔11〕［英］R. R. 阿罗主编：《投资基金》，企业管理出版社 1999 年版，第 103 页。

宣传的内容符合要约规定的,构成要约”。因此,在符合要约规定的情形下,其本质上就成为希望与对方订立合同的意思表示,因此其性质上就是要约,而不仅仅是可以被“视为”要约。“视为”作为法律上的拟制,是立法者明知性质不同而做同等对待对待,但是满足要约条件的广告和宣传事实上已经具有了要约的性质,因此不宜再使用“视为”这一表述。例如,广告中声称:“我公司现有某型号的水泥 1000 吨,每吨价格 200 元,先来先买,欲购从速”,或者在广告中声称“保证有现货供应”,则可以依具体情况将该商业广告认为已经构成要约。一般认为,商业广告构成要约应当具备如下几个要件:第一,广告人具有明确的缔约意图,且有受该商业广告拘束的意思。例如,广告中明确标明“一经承诺合同即成立”或类似字样。第二,广告中必须包含了合同的主要条款,或者写明相对人只要作出规定的行为就可以使合同成立,即该广告的内容具体、确定,则应该认为属于要约而不是要约邀请。《欧洲民法典草案》第 2 - 4:201 条规定如果经营者在广告中明确表明,其要以特定的价格来提供某种商品或者服务,则视为经营者发出了以该价格提供商品或者服务的要约。

(七)寄送的价目表

生产厂家和经营者为了推销某种商品,通常向不特定的相对人派发或寄送某些商品的价目表。发出价目表的行为虽包含了商品名称及价格条款,且含有行为人希望订立合同的意思,但由于从该行为中并不能确定行为人具有一经对方承诺即接受承诺后果的意图,而只是向对方提供某种信息,希望对方向自己提出订约条件(如购买多少本图书或某种图书),所以,合同编第 473 条明确规定,寄送的价目表只是要约邀请,而不是要约。当然,如果行为人向不特定的相对人派发某种商品的订单,并在订单中明确声明愿受承诺的拘束,或者从订单的内容中可以确定他具有接受承诺后果拘束的意图,应认为该订单不是要约邀请,而是要约。

五、要约的法律效力

(一)要约生效的时间

要约生效的时间既关系到要约从什么时间对要约人产生拘束力,也涉及承诺期限的问题。关于要约生效的时间,理论上有三种观点:第一,发信主义。此种观点认为,要约人发出要约以后,只要要约已处于要约人控制范围之外,要约即产生效力。第二,到达主义。到达主义又称为受信主义,此种观点认为,要约必须到达受要约人之时才能产生法律效力。第三,了解主义。此种观点认为,要约人发出要约,在达到相对人后还不能立即生效,还必须相对人了解要约的内涵时,要约才能生效。例如,《联合国国际货物销售合同公约》第 15 条规定,“(1)发价于送达被发价人时生效。(2)一项发价,即使是不可撤销的,得予撤回,如果撤回通知于发价送达被发价人之前或同时送达被发价人”。可见,该公约采纳了到达主义。

我国原《合同法》第 16 条规定:“要约到达受要约人时生效”。可见,我国原《合同法》亦采纳了到达主义。但是,《民法典》第 137 条区分以对话方式和非以对话方式作出的意思表示,分别确定其效力,这实际上是修改了原《合同法》第 16 条规定,不再采用统一的到达主义。作出此种修改的主要原因在于,一方面,虽然诸如《联合国国际货物销售合同公约》并未对要约生效的时间进行区分,但是其针对的主要是商事交易,到达主义主要是针对以非对话方式作出的意思表示,由于我国采民商合一的体例,《民法典》合同编所规范的合同范围广、类型多,因此适用意思表示的一般规则更合适。另一方面,因为意思表示可以以多种方式作出,到达主义主要是针对在非对话方式的情形下,当事人处于异地,通过信件、邮件、传真等方式订立合同的场合,采纳到达主义则确定到达的时间才具有意义。但如果在即时交易中,当事人面对面地订立口头合同，由于意思表示的发出和到达就没有必要作出区分了，一般认为，在对话方式缔约中，依法作出意思表示，只要所表示出来的意思为对方理解，就应当发生效力。

依据《民法典》第474条的规定，“要约生效的时间适用本法第一百三十七条的规定”。《民法典》第137条对以对话方式作出的意思表示和以非对话方式作出的意思表示的生效规则分别作出了规定，这也意味着，需要区分以对话方式作出的要约和以非对话方式作出的要约，分别确定要约的生效的时间。

1. 以对话方式作出的要约，相对人知道其内容时生效。所谓以对话方式作出的要约，是指当事人直接以对话的形式发出要约。例如，当事人面对面地订立口头买卖合同，或者通过电话交谈的方式订立合同。关于以对话方式作出的意思表示的生效，《民法典》第137条第1款规定：“以对话方式作出的意思表示，相对人知道其内容时生效”。在以对话方式作出的意思表示中，意思表示的发出和相对人受领意思表示是同步进行的。[12] 依据该条规定，对以对话方式作出的要约而言，只有在相对人知悉对话的内容时，该要约才能够生效。如果相对人并不知道要约的内容，也无法作出相应的承诺，此时，应当认定要约未生效。因此，对以对话方式作出的要约而言，其生效实际上是采取了了解主义。

2. 以非对话方式作出的要约，到达相对人时生效。所谓以非对话方式作出的意思表示，是指当事人以对话以外的形式发出意思表示。例如，采用邮件、传真等方式订立合同。关于非对话方式作出的意思表示的生效，《民法典》第137条第2款规定：“以非对话方式作出的意思表示，到达相对人时生效”。依据这一规定，以非对话方式作出的意思表示，到达相对人时生效，可见，关于以非对话方式作出意思表示的生效，《民法典》采用了到达主义，即到达相对人时生效。所谓到达，是指根据一般的交易观念，已经进入相对人可以了解的范围。到达并不意味着相对人必须亲自收到，只要意思表示已进入受领人的控制领域，并在通常情况下可以期待受领人能够知悉意思表示的内容，就视为已经到达。[13] 也就是说，只要要约送达到受要约人所能够控制的地方（如受要约人的信箱等），即为到达。如果要约人未明确限制时间，应以要约能够到达的合理时间为准。在要约人发出要约但未到达受要约人之前，要约人可以撤回要约或修改要约的内容。之所以针对非对话方式作出的意思表示采用到达主义，是因为到达主义为我国立法和司法实践所采纳，尤其是在合同订立中，对要约、承诺的生效采取的是到达主义。因此，《民法典》第137条延续了这一立法和司法实践经验。[14]

3. 以非对话方式作出的、采用数据电文形式的要约的生效。在互联网时代，采用数据电文形式作出要约也是合同订立的重要方式。依据《民法典》第137条第2款的规定，“以非对话方式作出的采用数据电文形式的意思表示，相对人指定特定系统接收数据电文的，该数据电文进入该特定系统时生效；未指定特定系统的，相对人知道或者应当知道该数据电文进入其系统时生效。当事人对采用数据电文形式的意思表示的生效时间另有约定的，按照其约定”。依据该规定，以数据电文形式作出的要约，其生效分为两种情形：第一，相对人指定了特定的系统接收数据电文的，此时，该要约自该数据电文进入该特定系统时生效。在数据电文进入系统以后，

---

〔12〕 参见石宏主编：《中华人民共和国民法总则条文说明、立法理由及相关规定》，北京大学出版社2017年版，第328页。

〔13〕 参见徐国建：《德国民法总论》，经济科学出版社1993年版，第96页。

〔14〕 参见石宏主编：《中华人民共和国民法总则条文说明、立法理由及相关规定》，北京大学出版社2017年版，第329页。

尽管收件人尚未阅读,也认为是收到了电文。[15] 第二,依据《民法典》第137条的规定,在相对人未指定特定的系统接收数据电文时,则自相对人知道或者应当知道该数据电文进入其系统时生效。一般而言,如果相对人没有指定特定的系统接收数据电文,则自该数据电文进入其任何一个接收系统的时间作为要约生效时间,除非相对人能够举证证明其不应当知道。例如,其所用的邮箱长期不使用且双方对此明知的,对方仍继续发送至该邮箱,则可以认定相对人不应当知道。

(二)要约的存续期间

要约的存续期间,是指要约可在多长时间内发生法律效力。要约的存续期间完全应由要约人决定,如果要约人在要约中具体规定了存续期限(如规定本要约有效期限为10日,或规定本要约于某年某月某日前答复有效),则该期限为要约的有效存续期限。如果要约人没有确定,则只能以要约的具体情况来确定合理期限。

(三)要约法律效力的内容

1. 要约对要约人的拘束力。此种拘束力又称为要约的形式拘束力。法律允许要约人在要约到达之前撤回要约。但是,在要约生效以后,要约人不得随意撤销或对要约内容随意加以限制、变更和扩张。

2. 要约对受要约人的拘束力。此种拘束力又称为承诺适格,要约生效以后,只有受要约人才享有对要约人作出承诺的权利,受要约人必须根据要约规定的期限、方式等作出承诺;否则,不构成有效的承诺。

六、要约的撤回和撤销

(一)要约的撤回

要约的撤回,是指要约人在要约发出以后,未达到受要约人之前,有权宣告取消要约,从而阻止要约生效。如甲于某日给乙去函要求购买某种机器,但甲事后与丙达成了购买该机器的协议,即立即给乙发去传真要求撤回要约,在发出要约信函到达乙之前或与其同时到达,这种撤回应是有效的。《民法典》第475条规定:"要约可以撤回",这就承认要约可以撤回。

根据要约的形式拘束力,任何一项要约都是可以撤回的,只要撤回的通知先于或同时与要约到达受要约人,便能产生撤回的效力。允许要约人撤回要约,是尊重要约人的意志和利益的体现。由于撤回是在要约到达受要约人之前作出的,因而在撤回时要约并没有生效,撤回要约也不会影响到受要约人的利益。依据《民法典》第475条的规定,"要约可以撤回。要约的撤回适用本法第一百四十一条的规定"。而《民法典》第141条是对意思表示撤回规则的规定,依据该条规定,撤回意思表示的通知应当在意思表示到达相对人前或者与意思表示同时到达相对人,否则不产生撤回意思表示的效力。由于要约属于意思表示,因此要约的撤回需要遵循意思表示撤回的一般规则,既然总则编已经就意思表示的撤回进行了规定,因此,为避免重复,要约的撤回可以直接适用总则编的规定。

(二)要约的撤销

所谓要约的撤销,是指要约人在要约到达受要约人并生效以后,受要约人作出承诺前,将该项要约取消,从而使要约的效力归于消灭。法律允许要约可以撤销的理由在于:一方面,从

---

[15] 参见胡康生主编:《中华人民共和国合同法释义》,法律出版社1999年版,第41页。

理论上看,要约乃是要约人一方的意思表示,并没有像合同那样对双方产生拘束力,因此,原则上应当允许要约人撤回或者撤销,而不能以合同的拘束力确定要约的效力。另一方面,从实践来看,如果要约人不得撤销要约,可能赋予受要约人过多的特权,从而不利于保护要约人。因为要约达到后,在承诺人作出承诺之前,可能会因为各种原因如不可抗力、要约内容存在缺陷和错误、市场行情的变化等促使要约人撤销其要约。允许要约人撤销要约对保护要约人的利益,减少不必要的损失和浪费也是有必要的。我国《民法典》第476条借鉴比较法上先进经验的基础上,规定了"要约可以撤销"。

撤销要约与撤回要约都旨在使要约作废,并且都只能在承诺作出之前实施,但两者存在一定的区别,表现在:撤回发生在要约并未到达受要约人并生效之前,而撤销则发生在要约已经到达并生效,但受要约人尚未作出承诺的期限内。由于撤销要约时要约已经生效,因而对要约的撤销必须有严格的限定,如因撤销要约而给受要约人造成损害的,要约人应负赔偿责任。

关于电子合同订立过程中要约是否可以撤销的问题,应当根据具体情况来确定。尽管在EDI交易中,要约的撤销非常困难,但在理论上仍然是可能的。例如,在要约人发出一项要约的指令以后,尽管该指令已经进入对方的系统,但对方的计算机因为出现故障或其他原因没有自动做出应答,在此情况下,要约人完全可以撤销其要约。还要看到,美国虽然采发信主义,但美国法律协会在有关电子交易的报告中认为,在EDI的交易中,无论是要约还是承诺都应该采到达主义,从而接收人在收到信息之后,能够回信确认该信息是否有误。〔16〕

需要指出的是,在法律规定的例外情形下,要约是不得撤销的。《民法典》第476条规定:"要约可以撤销,但是有下列情形之一的除外:(一)要约人以确定承诺期限或者其他形式明示要约不可撤销;(二)受要约人有理由认为要约是不可撤销的,并已经为履行合同做了合理准备工作。"允许要约人有权撤销已经生效的要约,必须有严格的条件限制,否则必将在事实上否定要约的法律效力,导致要约在性质上的变化,同时也会给受要约人造成不必要的损失。那么,如何对要约的撤销作出限制呢?根据《民法典》第476条的规定,不可撤销的要约包括两种情况:

1. 要约人以确定承诺期限或者其他形式明示要约不可撤销。具体而言,第一,要约中规定了承诺期限。这实际上是指要约中明确允诺要约不可撤销或在规定期限内不得撤销。因为要约人在发出要约的时候,已经向受要约人明确告知要约的有效期限,该期限的确定,不仅对要约人产生拘束,而且也能够使得受要约人产生合理的信赖。例如,要约人在要约中声称"近一个月飞机票打折,价格维持在一千元之内",这实际上是确定了在1个月中价格维持在1000元之内,要约人在1个月内不能更改上述要约的内容。问题在于,在规定了承诺期限的要约到达相对人后的第二天,撤销要约的通知也到达,此时是否绝对不能撤销?笔者认为,《民法典》第476条规定"确定承诺期限"的要约不可撤销,这实际上是为了保护受要约人的信赖利益,但是如果受要约人并不存在合理的信赖,甚至是违反诚信原则行为,此时,就没有对其予以特别保护的必要,要约人仍然可以撤销要约。第二,以其他形式明示要约是不可撤销的。此处所说的其他形式是指除要约人明确规定承诺期限外,要约人以其他方式表明其要约不可撤销。例如,要约人在要约中声称,"我们坚持我们的要约直到收到贵方的回复",虽然在该要约中没有明确规定要约的期限,但该要约并没有明确限定承诺的期限,且要约的内容是不可更改的。

〔16〕 参见杨桢:《英美契约法论》,北京大学出版社2000年版,第89页。

2. 受要约人有理由认为要约是不可撤销的,并已经为履行合同作了合理准备工作。此种情形包括两个要件:第一,受要约人有理由认为要约是不可撤销的。如何理解"受要约人有理由认为要约是不可撤销的"?这实际上是指受要约人对要约行为已经产生了合理的信赖,因此要约不可撤销,作出该规定的主要目的在于保护当事人的合理信赖,维护交易安全。[17] 第二,受要约人已经为履行合同作了合理准备工作。例如,要约人在要约中附有某种条件,而受要约人要完成该条件,则需要从事广泛的、费用昂贵的调查,如果受要约人已经为此从事了相关的准备工作,则要约人不得撤回该要约。从两大法系的规定来看,要约发出以后,如果受要约人已经开始履行,一般认为要约不能撤销。[18]

需要指出的是,此处所说的"不得撤销"并不是指要约人必须无条件地按照要约的内容履行义务,此处所说的不可撤销,并非禁止撤销,也就是说,要约仍然可以撤销,只不过,如果受要约人在收到要约以后,基于对要约的信赖,已为准备承诺支付了一定的费用,在要约撤销以后应有权要求要约人予以赔偿。因此,要约的不可撤销规则只是为受要约人主张缔约过失责任提供了依据。

针对要约的撤销,《民法典》第 477 条区分两种情形:第一,以对话方式撤销要约,该意思表示必须在受要约人作出承诺前为其所知。在以对话方式作出的意思表示中,意思表示的发出和受领是同步进行的。[19] 依据该条规定,对以对话方式作出的意思表示而言,只有在表意人的意思表示被相对人知悉时,意思表示才能够生效。因此,在以对话方式作出的要约撤销中,该意思表示必须在受要约人作出承诺前为其所知。第二,以非对话方式撤销要约,则该撤销的表示必须在受要约人承诺前到达。例如,要约规定的期限为 15 日,在要约发出后经历了 10 日才到达受要约人,承诺人需要在5 日内作出承诺并到达要约人,如果撤销的意思表示在10 日后到达,需要区分受要约人是否已经作出承诺,如果受要约人尚未作出承诺,则可以发生要约撤销的效果,如果承诺人已经作出承诺,则不发生要约撤销的效果,在承诺到达要约人时合同成立。

七、要约失效

要约失效,是指要约丧失了法律拘束力,即不再对要约人和受要约人产生拘束。依据《民法典》第 478 条的规定,要约失效的情形主要有如下几种:

1. 要约被拒绝。拒绝要约是指受要约人没有接受要约所规定的条件。拒绝的方式有多种,既可以是明确表示拒绝要约的条件,也可以通过行为表示拒绝。受要约人一旦拒绝要约,要约即失效。不过,受要约人在拒绝要约以后,也可以撤回拒绝的通知,但必须在撤回拒绝的通知先于拒绝要约的通知或与其同时到达要约人处,撤回通知才能产生效力。

2. 要约依法被撤销。要约在受要约人发出承诺通知之前,可以由要约人撤销要约,一旦撤销,要约即失效。撤销要约的意思表示以对话方式作出的,该意思表示的内容应当在受要约人作出承诺之前为受要约人所知道;撤销要约的意思表示以非对话方式作出的,应当在受要约人作出承诺之前到达受要约人。

---

〔17〕 Christian von Bar and Eric Clive, *Definitions and Model*, *Rules of European Private Law*, Volume Ⅰ, Sellier European Law Publishers, 2009, p. 45.

〔18〕 Tadas Klimas, *Comparative Contract Law*, *A Transystemic Approach with an Emphasis on the Continental Law Cases*, *Text and Materials*, Carolina Academic Press, 2006, p. 39.

〔19〕 参见石宏主编:《中华人民共和国民法总则条文说明、立法理由及相关规定》,北京大学出版社 2017 年版,第 328 页。

3. 承诺期限届满,受要约人未作出承诺。凡是在要约中明确规定了承诺期限的,则承诺必须在该期限内作出,超过了该期限,则要约自动失效。要约没有确定承诺期限的,如果要约以对话方式作出的,应当即时作出承诺,但当事人另有约定的除外;如果要约以非对话方式作出的,承诺应当在合理期限内到达,承诺未在合理期限内到达的,要约即失去效力。

4. 受要约人对要约的内容作出实质性变更。受要约人对要约的内容作出实质性限制、更改或扩张的,表明受要约人已拒绝了要约,但从鼓励交易原则出发,可以将其视为向要约人发出了新的要约。如果在受要约人作出的承诺通知中,并没有更改要约的实质内容,只是对要约的非实质性内容予以变更,而要约人又没有及时表示反对,则此种承诺不应被视为对要约的拒绝。但如果要约人事先声明要约的任何内容都不得改变,则受要约人虽仅更改要约的非实质性内容,也会产生拒绝要约的效果。

在要约失效后,受要约人也丧失了其承诺的资格,其发出同意接受要约的表示,只能视为向要约人发出新的要约。因此,判断要约是否失效,对于认定合同是否成立十分重要。

第三节　承　　诺

一、承诺的概念和要件

承诺,是指受要约人同意要约的意思表示。换言之,承诺是指受要约人同意接受要约的条件以订立合同的意思表示。《民法典》第479条规定:“承诺是受要约人同意要约的意思表示”。

承诺的法律效力在于,受要约人所作出的承诺一旦到达要约人,合同便告成立。如果受要约人对要约人提出的条件并没有表示接受,而附加了条件、作出了新的提议,则意味着拒绝了要约人的要约,并形成了一项反要约或新的要约。

根据《民法典》第483条的规定,承诺一旦生效就会导致合同的成立,因而,承诺必须符合一定的条件。具体来说,承诺必须具备如下条件,才能产生法律效力。

(一)承诺必须由受要约人向要约人作出

一方面,承诺必须由受要约人作出。这是因为只有受要约人是要约人选定的,故只有受要约人才能作出承诺,第三人不是受要约人,不具有承诺资格。如果允许第三人作出承诺,则完全违背了要约人的意思。第三人向要约人作出承诺,视为发出要约。但需要指出的是,基于法律规定和要约人发出的要约规定,如果第三人可以对要约人作出承诺,则要约人应当受到承诺的拘束。如果要约是向某个特定人作出的,则该特定人具有承诺人的资格;如果要约是向数人发出的,则其均可成为承诺人。承诺可以由受要约人作出,也可以由其授权的代理人作出。

另一方面,承诺必须向要约人作出。既然承诺是对要约人发出的要约所作的答复,那么只有向要约人作出承诺,才能导致合同成立。如果向要约人以外的其他人作出承诺,则只能视为对他人发出要约,不能产生承诺的效力。

(二)承诺是受要约人决定与要约人订立合同的意思表示

根据《民法典》第479条规定,“承诺是受要约人同意要约的意思表示”。承诺在性质上属于意思表示,其必须符合意思表示的要件,即承诺人应当有受承诺拘束的意思。承诺在性质上是需要受领的意思表示。[20] 也就是说,承诺人作出承诺的意思表示后,必须到达要约人才能使合同成立。正如要约人必须具有与受要约人订立合同的目的一样,承诺中必须明确表明同意与要约人订立合同,才能因承诺而使合同成立。[21] 这就要求受要约人的承诺必须清楚明确,不能模糊不清。例如,受要约人在答复中提出,“我们愿意考虑你所提出的条件”或“原则上赞成你们提出的条件”等,都不是明确的订约表示,不能产生承诺的效力。如果答复中包含了承诺的意思,但订约的意图不十分明确,在此情况下,应根据诚实信用原则和交易习惯来确认承诺是否有效。

(三)承诺的内容必须与要约的内容一致

《民法典》第488条规定:“承诺的内容应当与要约的内容一致”。也就是说,在承诺中,受要约人必须表明其愿意按照要约的全部内容与要约人订立合同。也就是说,承诺是对要约的同意,其同意内容须与要约的内容一致,才构成意思表示的一致(合意),从而使合同成立。承诺的内容与要约的内容一致,具体表现在:承诺必须是无条件的承诺,不得限制、扩张或者变更要约的内容;否则,不构成承诺,应视为对原要约的拒绝并作出一项新的要约。

从现代合同法的发展趋势来看,从鼓励交易出发,在承诺的内容上采宽松立场,并不要求承诺必须与要约绝对一致,只要不改变要约的实质性内容,仍然构成承诺,而不是反要约。这一立法经验已经为我国合同立法所借鉴。《民法典》第488条规定:“承诺的内容应当与要约的内容一致。受要约人对要约的内容作出实质性变更的,为新要约。有关合同标的、数量、质量、价款或者报酬、履行期限、履行地点和方式、违约责任和解决争议方法等的变更,是对要约内容的实质性变更。”据此可见,该条确立了承诺不得变更要约的实质性内容的规则。如果构成实质性变更,将成为新要约或反要约。何为实质性内容?所谓实质内容,是指对当事人利益有重大影响的合同内容,其一般构成未来合同的重要条款。虽然《民法典》第488条对要约内容的实质性变更作出了规定,但对“实质性变更”的判断还需要遵循具体问题具体分析的思路,结合个案中的具体情形来判断,尤其需要考虑承诺对要约内容的变更对当事人利益的影响。另外,在认定是否构成实质性变更时,还应当考虑要约人的意思。如果要约人明确提出,要约的任何内容不得变更,在此情形下,就无所谓实质性变更和非实质性变更的区别,任何变更都属于发出新的要约。

承诺虽然不能改变要约的实质性内容,但这并不意味着承诺人不能对要约的内容进行任何更改。对要约非实质性内容作出更改,不应影响合同的成立。例如,将履行地点由某一栋小建筑的东门改到西门,而要约人又未及时表示反对的,应认为承诺有效。当然,即使是非实质性内容的变更,根据《民法典》第489条的规定,在以下两种情况下承诺也不能生效:第一,要约人及时表示反对,即要约人在收到承诺通知后,立即表示不同意受要约人对非实质性内容所作的变更。如果经过一段时间后仍不表示反对,则承诺已生效。第二,要约人在要约中明确表示,承诺不得对要约的内容作出任何变更,否则无效,则受要约人作出非实质性变更也不能使承诺生效。

(四)承诺必须在要约规定的期限内到达要约人

1. 承诺只有到达要约人时才能生效。我国《民法典》合同编在承诺方面采纳到达主义的原

---

〔20〕 MünchKomm/Busche, § 147, Rn. 3.

〔21〕 参见徐炳:《买卖法》,经济日报出版社1991年版,第100页。

则。所谓到达,是指承诺必须到达要约人控制的范围内。如果承诺以对话的方式作出,则可以立即到达要约人,承诺可立即生效。如果承诺以非对话的方式作出,则相关的承诺文件到达要约人的控制范围的时间为承诺的到达时间。例如,相关的承诺文件到达要约人的信箱或者放置于要约人的办公室,至于到达以后要约人是否实际阅读,则不影响承诺的效力。

2. 承诺必须在规定的期限内到达。承诺的到达必须具有一定的期限限制。《民法典》第481条规定:“承诺应当在要约确定的期限内到达要约人。要约没有确定承诺期限的,承诺应当依照下列规定到达:(一)要约以对话方式作出的,应当即时作出承诺;(二)要约以非对话方式作出的,承诺应当在合理期限内到达。”也就是说,只有在规定的期限内到达的承诺才是有效的。未能在合理期限内作出承诺并到达要约人,则视为承诺的通常迟延,或称为逾期承诺。此种逾期的承诺在民法上被视为一项新的要约,而不是承诺。由于要约已经失效,承诺人也不能作出承诺。对失效的要约作出承诺,视为向要约人发出要约,不能产生承诺效力。

(五)承诺的方式必须符合要约的要求

根据《民法典》第480条的规定,承诺应当以通知的方式作出,但根据交易习惯或者要约表明可以通过行为作出承诺的除外。也就是说,受要约人必须将承诺的内容通知要约人,但受要约人通知的方式还应当符合要约的要求。如果要约要求承诺必须以一定的方式作出,则承诺人必须按照该方式作出承诺。例如,要约要求承诺应以发电子邮件的方式作出,则不应采取纸质邮寄的方式。如果要约没有特别规定承诺的方式,则不能将承诺的方式作为有效承诺的特殊要件。

如果要约中没有规定承诺的方式,根据交易习惯也不能确定承诺的方式,则受要约人可以采用如下方式来表示承诺:第一,以口头或书面的方式表示承诺,这种方式是在实践中经常采用的。一般来说,如果法律或要约中没有明确规定必须用书面形式承诺,则当事人可以用口头形式承诺。第二,以行为方式表示承诺。这就是说,要约人尽管没有通过书面或口头方式明确表达其意思,但是通过实施一定的行为作出了承诺。例如,在现物要约中,接受标的物的一方虽然没有明确表示购买该标的物,但其接受并已使用该标的物,可以视为其以自己的行为作出了承诺。

二、承诺对要约内容不得作出实质性变更

(一)受要约人对要约的内容作出实质性变更将构成新要约

承诺的内容应当与要约的内容相一致,但并非绝对一致,但承诺对要约内容不得作出实质性变更。何为实质性变更?实质性变更是指承诺对要约内容的变更,将对要约的内容和当事人的利益产生重大影响。根据我国《民法典》第488条的规定,“有关合同标的、数量、质量、价款或者报酬、履行期限、履行地点和方式、违约责任和解决争议方法等的变更,是对要约内容的实质性变更”。也就是说,受要约人对要约中有关合同标的、数量、质量、价款或者报酬、履行期限、履行地点和方式、违约责任和解决争议方法等的变更,就构成实质性变更。实质性变更其实就是对要约的实质性内容所作出的变更。所谓实质内容,是指对当事人利益有重大影响的合同内容,这些内容虽然不应当是合同的必要条款,但其一般构成未来合同的重要条款。对这些内容作出变更,从根本上违背了要约人的意思,因此,此种变更不能产生承诺的效力。

需要指出的是,《民法典》第488条所列举的实质性变更的情形,这是就通常情形而言的,但合同类型繁多,对有关合同标的、数量、质量、价款或者报酬、履行期限、履行地点和方式、违约责任和解决争议方法等的变更,是否构成实质性变更,还需要考虑交易的具体情形。一方

面,实质性情形不限于上述所列各项,合同的条款很多,法律很难列举穷尽,本条使用“等”这一兜底性规定,表明其不限于法律规定的情形,例如,对纠纷解决适用法律的选择也应是实质性的条款。另一方面,在具体合同的订立中,要考虑其具体内容和情形。例如,在有些合同中,其履行方式可能并不重要,履行方式的变更就不应当作为实质性变更。再如,就标的物数量的微小调整,也不应作为实质性变更。总之,在判断实质性变更时,还需要结合交易的具体情形来判断。

实质性变更具有如下特点:第一,实质性变更是对要约内容的重大变更。依据《民法典》第488条的规定,有关合同标的、数量、质量、价款或者报酬、履行期限、履行地点和方式、违约责任和解决争议方法等的变更,是对要约内容的实质性变更。第二,实质性变更对当事人的利益具有重大影响。一般而言,对有关合同标的、数量、质量、价款或者报酬、履行期限、履行地点和方式、违约责任和解决争议方法等的变更,对要约人和承诺人的利益都会产生重大影响。第三,需要根据具体的交易情形予以判断。虽然《民法典》第488条列举了各种实质性变更的情形,但交易情形非常复杂,在特定交易中,该条所列举的情形未必都属于实质性变更的情形。例如,在同城交易中,履行地点的变化通常并不会不当增加当事人的履行负担,因此,不宜将其认定为实质性变更的情形。也就是说,如何判断某一合同内容的变化是否属于实质性变更,应当根据交易的具体情形予以判断。

在受要约人对于要约的内容作出实质性变更的情形下,不能发生承诺的效力,导致合同成立。《民法典》第488条规定,“受要约人对要约的内容作出实质性变更的,为新要约”,在此情形下,要约人将处于承诺人的地位。其可以拒绝也可以接受该新要约。

(二)承诺对要约内容作出的非实质性变更通常有效

《民法典》第489条规定:“承诺对要约的内容作出非实质性变更的,除要约人及时表示反对或者要约表明承诺不得对要约的内容作出任何变更外,该承诺有效,合同的内容以承诺的内容为准。”由此可见,法律上认可了承诺可以对要约的内容作出非实质性变更。所谓非实质性变更,是指除《民法典》第488条所规定的实质性变更以外的内容变更。从表面上看,非实质性变更也是对要约内容的变更,但此种变更没有实质改变要约的内容,对当事人的利益也没有产生重大影响,没有实质性地增加要约人的负担,因此,也可以成为有效的承诺。

具体来说,非实质性变更主要有如下情形:第一,对要约中实质性变更以外的内容作出变更。依据《民法典》第488条的规定,“有关合同标的、数量、质量、价款或者报酬、履行期限、履行地点和方式、违约责任和解决争议方法等的变更,是对要约内容的实质性变更”,对该条所列举的条款以外的内容所作出的变更,如对产品包装、售后服务等内容的变更,即属于非实质性变更。第二,对要约中实质性内容的轻微变更、对当事人利益不发生实质性影响的,不应属于实质性变更。尽管按照《民法典》第488条的规定,对有关合同标的、数量、质量、价款或者报酬、履行期限、履行地点和方式、违约责任和解决争议方法等的变更,都为实质性变更,但对这些内容作出轻微的改变,也可能仅为非实质性变更。例如,将购买10000台电脑改为9995台,如果要约人没有及时反对,也可以构成非实质性变更。第三,承诺人对要约的主要条款未表示异议,然而,在对这些主要条款承诺后,又添加了一些建议或者表达了一些愿望和希望。如果在这些建议和意见中并没有提出新的合同成立要件,则认为承诺有效。例如,在承诺中要求所购买的物是没有设定抵押的财产,应视为对要约内容的非实质性变更。第四,在承诺中增加了有关说明性条款。也就是说,受要约人为了使承诺内容表达得更为清晰,或者使当事人之间的权利义务表述的更加明确，对相关内容作出了更为详细的说明，并不会实质性增加要约人的负担，因此属于非实质性变更。第五，如果承诺中添加了法律规定的义务，不应认为构成反要约。例如，承诺人在承诺中提出，要求欲出售货物的要约人应提供产品的说明书，此种要求只是重复了法律规定的义务，并非提出了新的合同条件，不宜认定为对要约内容的实质性变更。

从现代合同法的发展趋势来看，从鼓励交易出发，在承诺的内容上采宽松立场，并不要求承诺必须与要约绝对一致，在交易实践中，要求承诺与要约内容完全保持一致，很可能不利于合同的成立，阻碍交易的正常进行，因此，只要不改变要约的实质性内容，仍然构成承诺，而不是反要约。这一立法经验已经为我国民事立法所借鉴。《民法典》第 489 条的规定总结了我国立法和司法实践的经验，也允许承诺可以对要约的内容作出非实质性变更。

然而，毕竟上述非实质性变更已经改变了要约的内容，此种变更能否发生承诺的效果，要取决于要约人的意愿，依据《民法典》第 489 条的规定，通常情形下，承诺对要约内容的非实质性变更，不影响承诺的法律效力，但是，在以下两种情形下，不能发生效力：

1. 要约人及时表示反对，即要约人在收到承诺通知后，立即表示不同意受要约人对非实质性内容所作的变更。在合同的订立过程中，承诺的内容应当与要约的内容保持一致，才能导致合同成立，承诺对要约的内容所作出的任何变更，都不得违背要约人的意思，因此，法律虽然许可承诺可以对要约的内容作出非实质性变更，但如果此种变更不符合要约人的意思，则要约人应当及时提出异议，阻止承诺生效。如果经过一段时间后仍不表示反对，则承诺已生效。

2. 要约表明承诺不得对要约的内容作出任何变更。所谓要约表明，是指要约人在要约中明确表示，承诺不得对要约的内容作出任何变更，否则无效，在此情形下，受要约人作出非实质性变更也不能使承诺生效。

在不存在上述两种情形下，承诺虽然对要约的内容作出非实质性变更，但仍然有效，承诺生效以后，则合同的内容应当以承诺的内容为准。

三、承诺的方式

《民法典》第 480 条规定："承诺应当以通知的方式作出；但是，根据交易习惯或者要约表明可以通过行为作出承诺的除外。"本条对承诺的方式作出了规定。

（一）承诺原则上应当采取通知的方式进行

所谓通知，是指受要约人向要约人作出的、接受要约的意思表示。承诺原则上应当采取通知的方式进行，这主要是因为承诺的意思必须以某种方式表达出来，显示于外部，且到达相对人，为相对人所知悉，才能够成为有效的承诺。这就要通过通知来完成。通知不仅在内容上必须包括接受要约的意思，而且通知必须到达要约人才能生效。这主要是因为我国《民法典》对意思表示的生效采到达主义，而非发信主义。从实践来看，承诺绝大多数都是以向相对人作出意思表示的方式实现的，仅在特殊的情形下，才可以通过行为等方式作出承诺。

承诺作为一种意思表示，自然可以依据意思表示作出的不同方式进行。以通知的方式作出承诺就是典型的明示承诺，这种明示的承诺只要求当事人将承诺的意思通知于要约人，而对于该承诺是以书面抑或口头的方式作出，则均无不可。除此之外，意思表示也可以以默示的方式作出，这种方式虽然不需要以语言或文字的方式作出表示，但是也必须为相对人所知悉，因此，需要通过一定的行为作出。

（二）依据交易习惯或者要约表明可以通过行为作出承诺的除外

根据《民法典》第 480 条的规定，承诺原则上应采取通知方式，但根据交易习惯或者要约表明可以通过行为进行承诺的除外。也就是说,如果要约表明,可以通过行为作出承诺的,则受要约人可以以行为的方式作出承诺。此处所说的以行为作出承诺的方式,就是以实际交付货物、支付价款等方式来作出承诺。在社会生活中,当事人经常在简单的交易中采取行为的方式承诺。例如,行为人乘坐地铁,其刷卡行为本身表明,其作出了承诺。再如,在自动售货机上投币,也属于以行为的方式承诺。在这些情况下,之所以可以以行为的方式承诺,是因为要约人允许承诺人以行为的方式承诺。此种承诺方式实际上就是德国法中所说的意思实现(Willens-betatigung)。所谓意思实现,是指行为人没有通过表达法律行为意思的方式而使法律后果产生,而是以创设相应的状态的方式,使行为人所希冀的法律后果实现。[22]《德国民法典》第151条规定:"根据交易习惯,承诺无需向要约人表示,或者要约人预先声明无须表示的,即使没有向要约人表示承诺,承诺一经作出,合同即告成立。应根据要约或者当时情况可以推知的要约人的意思,来确定要约约束力消灭的时间"。该条就是对意思实现的规定。[23] 我国《民法典》第480条规定:"承诺应当以通知的方式作出;但是,根据交易习惯或者要约表明可以通过行为作出承诺的除外"。该条规定实际上认为,根据交易习惯也可以承认意思实现的方式。

通过行为作出承诺包含如下两种情形:第一,根据交易习惯可以通过行为作出承诺。尤其是在长期的、继续性的合同关系中,双方当事人形成一定的交易习惯,即在合同到期后,只要一方向对方交货,另一方没有及时表示退货,则视为合同成立。此种情形下,按照此种交易习惯,当事人可以通过行为作出承诺。再如,在租赁合同到期后,承租人继续支付租金,对方接受租金的,则视为租赁合同继续有效。第二,要约人在要约中表明,可以以行为的方式承诺。例如,要约人在要约中载明,承诺人可以通过使用商品的方式作出承诺,则在承诺人作出此种行为时也可以认定为作出了承诺。此时,受要约人以行为的方式承诺,也是符合要约人的意思的。例如,在一方向另一方发出的要约中,明确规定,虽未收到对方的承诺通知,但对方已交付货物,也将达成合同。在此情况下,承诺人不作通知,而直接以行为的方式承诺,也构成有效的承诺。

问题在于,如果要约人没有在要约中明确以何种方式承诺,受要约人是否可以通过行为的方式承诺?我国《民法典》并不禁止以行为承诺。《民法典》第469条规定,合同可以采取口头的、书面的或其他形式,此处所说的"其他形式"其实就是指以行为的方式承诺。所以,承诺也可以在口头和书面形式之外以行为来作出。但从两大法系的规定来看,基本上都认为,单纯的缄默或不行动(silence or inactivity)本身不构成承诺。缄默或不作为都是指受要约人没有作任何意思表示,也不能确定其具有承诺的意思;例如,甲向乙、丙同时兜售某块手表,价值100元,甲问乙、丙是否愿意购买,乙沉默不语,未作任何表示,而丙则点头表示同意。乙的行为属于缄默或不作为,不构成承诺。而丙的行为则属于默示作出承诺。

四、承诺的期限

《民法典》第481条规定:"承诺应当在要约确定的期限内到达要约人。要约没有确定承诺期限的,承诺应当依照下列规定到达:(一)要约以对话方式作出的,应当即时作出承诺;(二)要约以非对话方式作出的,承诺应当在合理期限内到达。"该条对承诺的期限作出了规定,具体而言如下。

---

〔22〕［德］拉伦茨:《德国民法通论》,邵建东等译,法律出版社2003年版,第429页。

〔23〕B. S. Markesinis, W. Lorenz & G. Dannemarrn, *The Law of Contracts and Restilution: A Comparative Intronduction*, Clarendon Press, 1997, p. 57.

(一)承诺应当在要约确定的期限内到达要约人

《民法典》第481条首先明确了承诺期限的确定规则。承诺期限确定的首要依据是要约的内容,如果要约中明确了承诺的期限,则应当适用要约中关于期限的约定。严格地说,承诺的期限应当由要约人在要约中明确,因为承诺的权利是由要约人赋予的,但这种权利不是无期限地行使,如果要约中明确了承诺的期限,承诺人只有在承诺的期限内作出承诺,才能视为有效的承诺。值得注意的是,此处所说的作出承诺的期限,应当理解为承诺人发出承诺的通知以后实际到达要约人的期限,而不是指承诺人发出承诺的期限。例如,要约人在要约中规定,10日内作出答复或5日内作出通知,此处所说的10日和5日的期限,不是指受要约人应当在10日内或者5日内答复,而是指应当在10日内或者5日内承诺人的承诺应当到达要约人处。因此,承诺人在收到要约的信件以后作出承诺,如果是以信件的方式作出承诺,则应当考虑信件在途的时间。

承诺作为一种意思表示,从何时开始生效,两大法系存在截然不同的规定。大陆法采纳了到达主义,或称送达主义,即承诺的意思表示于到达要约人支配的范围内时生效,合同方告成立。如《德国民法典》第130条规定,在以非对话方式向相对人为意思表示时,以意思表示到达相对人时发生效力。根据《联合国国际货物销售合同公约》第18条第2款规定,接受发价于表示同意的通知到达发价人时生效。可见公约采纳了大陆法系的观点。英美法采纳了送信主义,或称为发送主义(doctrine of dispatch)。在美国也常常称为“信筒规则”(mailbox rule),是指如果承诺的意思以邮件、电报表示,则承诺人将信件投入邮筒或电报交付电信局即生效力,除非要约人和承诺人另有约定。这一规则最早起源于1818年英国的亚当斯诉林塞尔案。[24]根据美国《合同法重述》第64条的规定:“除非另有规定,承诺采用要约规定的方法和传递工具发出即能生效,而不论要约人是否收到承诺”。

依据我国《民法典》第481条的规定,关于承诺的生效采纳了到达主义,即承诺在要约确定的期限内及时到达要约人才能生效。所谓到达,指承诺的通知到达要约人支配的范围内,如要约人的信箱、营业场所等。至于要约人是否实际阅读和了解承诺通知,则不影响承诺的效力。承诺通知一旦到达于要约人,合同即宣告成立。如果承诺以非对话的方式作出,则相关的承诺文件到达要约人的控制范围的时间为承诺的到达时间。例如,相关的承诺文件到达要约人的信箱或者放置于要约人的办公室,至于到达以后要约人是否实际阅读,则不影响承诺的效力。如果承诺不需要通知,则根据交易习惯或者要约的要求,一旦受要约人作出承诺的行为,即可使承诺生效。

(二)要约没有确定承诺期限时承诺期限确定

《民法典》第481条第2款规定了在没有确定承诺期限的要约中,承诺期限如何确定的问题。针对要约没有规定承诺期限的情形,本款区分了以对话方式与非对话方式作出的要约,对两种情况分别作出了规定。

1. 如果要约是以对话方式作出的,应当即时作出承诺。要约中没有规定承诺期限,在以对话方式作出的要约中,由于当事人可以即时通讯,因此承诺应当在对话中即时作出。如果要约是口头要约,则意味着要约的意图是立即获得口头方式的答复。不过如果口头要约中规定了

---

〔24〕 Adams v. Lindsell[1818]1B& Ald. 681. 其余典型案例参见 Dunlop v. Higgins (1848) 1 HL Case381, Household Fire Insurance Company v. Grant (1879) 4 Ex D. 216。

承诺期限,也应当视为承诺期限的规定。《国际商事合同通则》第 2.7 条规定:“对口头要约必须立即作出承诺,除非情况另有表明。”我国《民法典》第 481 条规定,要约没有确定承诺期限的,如果要约以对话方式作出的,应当即时作出承诺,但当事人另有约定的除外。此处所说的“当事人另有约定的除外”,就是指口头要约中另外规定了承诺期限,则受要约人应当在该期限内作出答复。例如,一方对另一方在电话中提出,“给你 3 天时间考虑作出答复”,这就是在口头要约中另外规定了期限。

2. 如果要约是以非对话方式作出的,承诺人应当在合理期限内作出承诺。[25] 在以非对话方式作出的要约中,当事人双方可能处于异地,并未见面,不可能要求受要约人在收到要约后即时做出承诺,而应当给予受要约人一定的考虑时间和将承诺的意思表示发出并到达要约人的时间。如果要约人未在要约中明确这一时间,则只能确定合理期限作为标准。一般来说,该期限包括三个方面:第一,要约到达受要约人的时间。第二,受要约人作出考虑的期间。该时间因交易的数量等而有所区别。如果要约中规定“请立即答复”“请即刻回函”,则表明要约人的意图是承诺人不应当有过多的考虑时间,在收到信函以后,应当在一两天之内就作出答复。第三,承诺的信件到达要约人手中的合理期限。如果受要约人是在合理期限内发出的信件,但是因为送达等方面的原因而发生迟延,则构成承诺的特殊迟延,应当按照《民法典》第 487 条关于承诺逾期到达的规则确定其效力。

(三)以信件或者电报作出要约时承诺期限的确定

《民法典》第 482 条规定:“要约以信件或者电报作出的,承诺期限自信件载明的日期或者电报交发之日开始计算。信件未载明日期的,自投寄该信件的邮戳日期开始计算。要约以电话、传真、电子邮件等快速通讯方式作出的,承诺期限自要约到达受要约人时开始计算”。本条是关于承诺期限起算的规定。该条区分了以信件或者电报方式作出的要约和以电话、传真、电子邮件等快速通讯方式作出的要约。

1. 对于以信件作出的要约,承诺期限以信件载明的日期起算。在要约人以信件的方式作出要约时,如果要约人在信件中明确载明了承诺期限的起算点,则按照私法自治原则,应当尊重要约人的意愿,即以要约所载明的时间点作为承诺期限的起算点。

2. 没有载明日期的以投寄邮戳日期计算。对于以信件方式作出的要约,如果以要约到达受要约人作为承诺期限的起算点,显然会给要约人带来不利,因为在要约人以信件、电报等方式发出要约的情况下,要约人并不能控制要约何时才能达到受要约人,一概要求以到达时间作为起算时点,将使要约人处于不利地位。因此,为了保护要约人,本条规定此种情形下自投寄该信件的邮戳日期开始计算承诺期限。例如,要约人在要约中规定了承诺期限为 15 日,如果以投寄邮戳日期起算,可能会导致留给受要约人的时间较短,但即便如此,也不宜因此肯定应当自要约达到受要约人再开始起算承诺期限。因为要约人作出要约后,要约人就时刻受到要约的拘束,如果以要约到达受要约人起算承诺期限,由于要约人无法控制该信件的到达时间,就不得不一直受到该要约的拘束;况且一旦采用信件到达受要约人的时间作为起算点,要约人难以证明信件的到达时间,而受要约人则可能故意拖延承诺时间,并以信件到达时间较晚为由主张承诺有效,这就可能助长这种投机行为,使承诺期限制度的立法目的落空。所以,不宜采用到达时间作为起算点。即使由于信件到达时间较晚,承诺人也可以因没有足够时间思考而

---

〔25〕 参见《联合国国际货物销售合同公约》第 18 条、《国际商事合同通则》第 2.7 条。

拒绝缔约,这是其本应当承担的风险,而不宜牺牲要约人的利益使其一直受到要约的拘束。

3. 要约以电话、传真、电子邮件等快速通讯方式作出的,承诺期限自要约到达受要约人时开始计算。《联合国国际货物销售合同公约》第 20 条和《国际商事合同通则》第 2.8 条均在关于承诺期限的起算中区分了快速通讯方式与传统通讯方式。要约以电话、传真等快速通信方式作出的,由于以此种方式发出要约,要约在途中的时间几乎可以忽略不计,此时,要约一经发出即可到达受要约人,承诺期限也开始计算。因此,如果要约是以电子邮件的方式作出的,自电子邮件到达受要约人之时开始计算。

五、承诺的迟延

(一)承诺的通常迟延

所谓承诺迟延(late acceptance),是指受要约人未在承诺期限内作出承诺。《民法典》第 481 条第 1 款规定,"承诺应当在要约确定的期限内到达要约人"。也就是说,只有在规定的期限内到达的承诺才是有效的。未能在合理期限内作出承诺并到达要约人,则视为承诺的通常迟延,或称为逾期承诺。

承诺的迟延可以分为两种:第一,通常的迟延,也称为逾期承诺,此种迟延是指承诺人没有在承诺的期限内发出承诺。第二,特殊的迟延。此种迟延是指受要约人没有迟发承诺的通知,但因为送达等原因而导致迟延。《民法典》第 486 条规定:"受要约人超过承诺期限发出承诺,或者在承诺期限内发出承诺,按照通常情形不能及时到达要约人的,为新要约……"此处所规定的迟延就是通常的迟延。

依据我国《民法典》合同编的相关规定,承诺的期限通常是由要约规定的,如果要约中未规定承诺时间,则受要约人应在合理期限作出承诺。超过承诺期限作出承诺,该承诺不产生效力。《民法典》第 486 条规定:"受要约人超过承诺期限发出承诺,或者在承诺期限内发出承诺,按照通常情形不能及时到达要约人的,为新要约。"这就首先明确了迟到承诺的效力和性质,也就是说,一方面,迟到的承诺通常不能发生承诺的效力。另一方面,迟到的承诺应当被视为新的要约。在此情形下,要约人将处于承诺人的地位,其可以接受或者拒绝该新要约。

依据本条的规定,对迟到的承诺,如果要约人及时通知受要约人该承诺有效,可以使其发生效力。因为承诺迟延关涉要约人的利益,要约人自愿接受,表明其延长了承诺期限,该承诺仍然有效,但要约人应及时通知受要约人。一旦要约人及时通知受要约人,则该承诺有效。《民法典》第 486 条规定:"但是,要约人及时通知受要约人该承诺有效的除外。"也就是说,如果要约人不愿承认其效力,则该迟到的承诺为新要约,要约人将处于承诺人的地位。从《民法典》第 486 条的规定来看,在承诺迟延的情况下,该迟到的承诺在性质上转化为新要约,在迟到的承诺转化为新要约以后,要约人也应该及时承诺,以防止要约人在承诺迟到以后利用其选择权来从事投机行为。

(二)承诺的特殊迟延

承诺的特殊迟延,是指受要约人没有迟发承诺的通知,但因为送达等原因而导致迟延。《民法典》第 487 条规定:"受要约人在承诺期限内发出承诺,按照通常情形能够及时到达要约人,但是因其他原因致使承诺到达要约人时超过承诺期限的,除要约人及时通知受要约人因承诺超过期限不接受该承诺外,该承诺有效。"法律之所以作出此种规定,是因为受要约人在承诺期限内作出了承诺,但因为其他原因没有按期到达,迟延的原因并不是承诺人的过错造成的,因此不应当由受要约人承担承诺迟延的责任,这是完全符合过错责任原则的精神的。同时,从鼓励交易的角度出发，承认此种承诺构成有效的承诺，有利于交易的达成。而承认此种承诺的效力也不损害要约人的利益，因为如果要约人拒绝接受此种承诺，可以及时通知受要约人。

构成特殊的迟延应具备如下条件：

1. 受要约人在承诺期限内发出承诺。这既包括受要约人在要约期限内作出承诺，也包括要约没有规定明确的期限，而受要约人在合理的期限内作出承诺。也就是说，在要约没有规定承诺期限时，受要约人应当在合理期限内作出承诺。

2. 承诺按照通常情形能够及时到达要约人，但因其他原因，承诺到达要约人时超过承诺期限。也就是说，按照一般的交易习惯和生活经验，此种承诺应当能够按期到达于要约人手中，但因为送信人、传达人等非因受要约人的原因而发生迟延。[26] 如果送信人、传达人是根据受要约人的要求从事传达的，则应当视为受要约人的过错。因此，"因其他原因"不应当包括受要约人有过错的情形，而是因第三人的原因致使承诺迟延。

3. 如果要约人未及时通知受要约人因承诺超过期限不接受该承诺，该承诺有效。要约人如果要拒绝此种承诺，应当及时通知受要约人。而且为了防止发生纠纷，要约人拒绝承诺人承诺的通知也应当在达到承诺人后生效，否则，在要约人拒绝承诺以后，若拒绝承诺的通知发生丢失，要约人并不知道，则要约人以为合同没有成立，而承诺人以为合同已经成立，这就极容易发生纠纷。承诺的特殊迟延不同于承诺的通常迟延，对承诺的特殊迟延而言，如果要约人没有及时通知承诺人承诺的迟延，则承诺可以发生效力；而对承诺的通常迟延而言，其通常不发生效力，只有要约人及时通知该承诺有效的，其才能发生承诺的效力。

六、承诺的撤回

所谓承诺撤回，是指受要约人在发出承诺通知以后，在承诺正式生效之前撤回其承诺。承诺作为一种意思表示在作出之后，应当允许当事人在其生效前撤回。承诺的撤回对要约人也并不会产生不利的影响，因为该撤回的表示需要先于承诺或与承诺同时到达要约人。由于《民法典》第141条已经规定了意思表示的撤回，因此，为了避免重复，《民法典》第485条设置了引致规范。根据《民法典》第141条的规定，"行为人可以撤回意思表示。撤回意思表示的通知应当在意思表示到达相对人前或者与意思表示同时到达相对人"。依据该条的规定，撤回承诺意思表示只能在如下两种情况下生效：第一，撤回的通知应当在承诺到达相对人之前生效。这就是说，在承诺的通知到达以前，承诺撤回的通知应当到达，则撤回有效。第二，撤回的通知与承诺同时到达相对人。因为承诺一旦先于撤回的通知到达，则意味着承诺已经生效，合同已经成立。在这一点上承诺与要约不同。要约可以在合同生效前撤销，在要约达到后、合同成立前，要约虽然对要约人具有拘束，但并未成立合同，因此可以撤销。而承诺一旦先于撤回的通知到达，合同就宣告成立，因此双方当事人就必须受到合同的拘束，不履行合同将导致违约责任的产生。

七、承诺的生效

（一）以通知方式作出的承诺的生效

由于《民法典》第483条规定了合同成立时间原则上以承诺生效时间为准，因此，承诺生效的时间对于合同成立时间的判断而言至关重要。《民法典》第484条区分了以通知方式作出的承诺和行为方式作出的承诺，并设置了不同的承诺生效的规则。以通知方式作出的承诺属于

---

〔26〕 参见叶金强：《合同法上承诺传递迟延的制度安排》，载《法学》2012年第1期。

典型的明示的意思表示，因此应当适用意思表示生效的规则，即《民法典》第137条的规定。《民法典》第137条对以对话方式作出的意思表示和以非对话方式作出的意思表示的生效规则分别作出了规定。

1. 以对话方式作出的承诺的生效。所谓以对话方式作出的承诺，是指当事人直接以对话的形式作出承诺。例如，当事人面对面地订立口头买卖合同，或者通过电话交谈的方式订立合同。关于以对话方式作出的意思表示的生效，《民法典》第137条第1款规定："以对话方式作出的意思表示，相对人知道其内容时生效"。在以对话方式作出的意思表示中，意思表示的发出和受领是同步进行的。[27] 依据该条的规定，对以对话方式作出的承诺而言，只有在表意人的意思表示被相对人知悉对话的内容时，该承诺的意思表示才能够生效。因此，从该条规定来看，《民法典》对以对话方式作出的意思表示生效采取了了解主义。

2. 以非对话方式作出的承诺的生效。所谓以非对话方式作出的承诺，是指当事人以对话以外的形式发出承诺的意思表示。例如，采用邮件、传真等方式订立合同。关于非对话方式作出的意思表示的生效，《民法典》第137条第2款规定："以非对话方式作出的意思表示，到达相对人时生效"。依据这一规定，以非对话方式作出的意思表示，到达相对人时生效，可见，关于以非对话方式作出意思表示的生效，《民法典》采用了到达主义，即到达相对人时生效。所谓到达，是指根据一般的交易观念，已经进入相对人可以了解的范围。到达并不意味着相对人必须亲自收到，只要意思表示已进入受领人的控制领域，并在通常情况下可以期待受领人能够知悉意思表示的内容，就视为已经到达。[28]

3. 以非对话方式作出的采用数据电文形式的承诺的生效。依据《民法典》第137条第2款的规定，对于采用数据电文形式作出的承诺而言，其生效分为两种情形：第一，相对人指定了特定的系统接收数据电文的，此时，该意思表示自该数据电文进入该特定系统时生效。第二，相对人未指定特定的系统接收数据电文的，则自相对人知道或者应当知道该数据电文进入其系统时生效。在此情形下，相关数据电文到达相对人的任何一个系统，即被推定为相对人知道或应当知道，该数据电文进入其系统时生效，除非相对人举证证明其不应当知道。例如，其所用的邮箱长期不予使用且相对人明知的，则可以认定相对人不应当知道。

承诺以通知方式作出的，如果该通知未到达要约人，依据《民法典》第137条的规定，承诺不能发生效力，即承诺不能到达要约人的风险要由承诺人承担。

（二）无须以通知方式作出的承诺的生效

《民法典》第484条第2款规定："承诺不需要通知的，根据交易习惯或者要约的要求作出承诺的行为时生效。"因此，根据交易习惯或者要约表明可以通过行为作出承诺，承诺以行为方式作出时生效，这一规则也延续了《合同法》的规则。对于以行为方式作出承诺的，主要是意思实现的方式。例如，在试用买卖中，在试用期满后，如果买受人没有拒绝购买，则应当认定已经同意购买，而不需要买受人对出卖人作出购买的通知。需要指出的是，对于以行为方式承诺的，仅限于法律有明确规定、有交易习惯或要约有明确规定的情形，在没有法律规定、习惯或要约明确规定的场合，当事人应当以通知的方式作出承诺的意思表示。

---

〔27〕 参见石宏主编：《中华人民共和国民法总则条文说明、立法理由及相关规定》，北京大学出版社2017年版，第328页。

〔28〕 参见徐国建：《德国民法总论》，经济科学出版社1993年版，第96页。

第四节 特殊形式的要约与承诺

一、确认书及其性质

《民法典》第491条第1款规定:“当事人采用信件、数据电文等形式订立合同要求签订确认书的,签订确认书时合同成立。”这就确认了签订确认书的订约方式。所谓确认书,是指合同正式成立前,一方就合同的成立要求最终确认。确认书通常采用书面的形式,自签订确认书之日起,合同正式宣告成立。从实践来看,在当事人初步达成的合同文本中载明“以我方最后确认为准”,这就是要求签订确认书。

签订确认书实际上是与承诺联系在一起的。如果双方达成协议以后,一方要求以其最后的确认为准,这样其所发出的确认书实际上是其对要约所作出的最终的、明确的、肯定的承诺。在没有签订确认书之前,合同并没有成立。可见,在此种情形下,确认书实际上是承诺的重要组成部分,是判断是否作出承诺的要素。[29] 但如果当事人在合同中仅仅只是表明“交货时间以我方确认为准”,这意味着,当事人只是对合同的某个条款进行确认,而不是对合同成立时间的约定,即当事人只是未最终确定交货时间。

依据《民法典》第491条第1款的规定,确认书主要适用于当事人采用信件、数据电文等形式订立合同的情况。这是因为当事人采用信件、数据电文等形式订立合同时,其身处两地,没有在一个文件上共同签字,任何一方提出签订确认书,都是合理的。如果当事人是以口头形式订约,也就不存在签订确认书的问题。如果一方在通过信件、数据电文等方式订约时,提出要以最后的确认为准,那么,在其未发出确认书以前,双方达成的协议不过是一个初步协议,当事人之间的合同关系并未成立。在商业实践中,当事人也可能在长期谈判之后,签订一份非正式文件,冠以“初步协议”“谅解备忘录”“意向书”等名,并明确表示,经过一方或双方最终确认合同才成立。在此情况下,在最终确认以前的任何阶段,订约当事人虽然均可提出要求签订确认书,但当事人之间并未成立合同关系。[30] 也就是说,在订约当事人采用信件、数据电文等形式订立合同时,任何一方都有权提出确认,由一方提出签订确认书,而另一方接受的,那么签订确认书本身是双方约定的结果,应当以签订确认书的时间作为合同成立的时间。

以签订确认书的时间作为合同成立时间,是因为双方达成协议以后,一方要求以其最后的确认为准,在此情形下,确认书实际上是对要约所作出的最终的、明确的、肯定的承诺。可见,确认书是承诺的重要组成部分,是判断当事人是否已经作出承诺的要素。如果一方正式确认后,另一方在合理的期限内没有表示异议,则认为对方已经接受了确认的条件,双方已经形成了合意,都应当受到合同的拘束,任何一方不得事后再提出重新确认,否则应当构成违约。

确认书通常适用于对双方达成的初步协议的确认,而不适用于以合同书形式订立合同的情况。因为在以合同书形式订立合同后,双方已经在合同书上签字盖章,除非当事人事先在合同中明确授权一方可在某个时期内再次确认,否则不可能再重新确认。如果双方先前已经达

---

〔29〕 张玉卿主编:《国际商事合同通则2004》,中国商务出版社2005年版,第175页。
〔30〕 张玉卿主编:《国际商事合同通则2004》,中国商务出版社2005年版,第173页。

成了协议，但合同允许一方事后确认，后来当事人又签署了确认书，而且确认书对原先的协议进行了修改和补充，该确认书确认的内容是否有效？笔者认为，如果当事人在合同中约定，在合同成立后一方仍然有权最后作出确认，这实际上并不是赋予其确认权，而是赋予其单方面变更、修改、补充合同的权利。一旦一方作出重新的确认，另一方对此未表示异议，则双方实际上已达成变更合同的协议。当事人应当按照变更后的协议履行。当然，原先的协议中未修改和补充的部分仍然有效。

二、网上发布的商品或者服务信息符合要约条件时合同的成立时间

《民法典》第491条第2款规定："当事人一方通过互联网等信息网络发布的商品或者服务信息符合要约条件的，对方选择该商品或者服务并提交订单成功时合同成立，但是当事人另有约定的除外"。该条来自《电子商务法》第49条第1款的规定，合同编增加这一条款的目的主要在于适应电子商务发展的需要，有效解决因电子商务合同成立时间所发生的纠纷。依据本款的规定，如果一方通过互联网等信息网络发布的商品或服务信息符合要约条件，即由特定人作出、具有受拘束的意思、有相对人且内容确定，那么，相对方只要选择了该商品或服务，且提交订单成功，合同就宣告成立。相对方选择商品或服务并提交订单成功即意味着承诺已经到达要约人。具体而言，本条适用的条件如下：

1. 当事人一方通过互联网等信息网络发布的商品或者服务信息符合要约条件。在网上交易的情形下，当事人通常会通过网络发布相关的交易信息，但网上发布信息的形式多样，有的构成要约，有的只是构成要约邀请，如果当事人一方通过互联网等信息网络发布的广告等信息符合要约的条件，即该信息包含合同的主要条款，内容具体确定，且表明经受要约人承诺，要约人即受该意思表示约束，因此构成要约，对方提交订单应为承诺，此时合同成立。

2. 对方选择该商品或者服务并提交订单成功。在网上购物，都需要在平台上提交订单，如果没有特别约定，用户选择该商品或者服务并提交订单成功，合同成立。也就是说，在此种情形下，合同的成立需要如下两个条件：第一，买受人选择了特定的商品或者服务。买受人一旦选择特定的商品或者服务，就确定了合同的标的物。第二，买受人提交订单成功。如果买受人只是选择了特定的商品或者服务，则只是表明其有购买该商品或者服务的意向，还不能认定买受人有受该选择拘束的意思，不能据此认定合同已经成立。只有在买受人提交订单后，才能认定买受人已经作出了承诺，合同关系才能成立，买受人提交订单的时间就是合同成立的时间。

3. 当事人另有约定的除外。《民法典》第491条第2款但书规定"当事人另有约定的除外"，这主要是指当事人约定买受人提交订单为要约，出卖方确定有货并且发货时视为承诺。在实践中，有的网购平台会在格式条款中与消费者约定提交订单成功并不意味着合同成立，而是在发货后合同才成立。因此，当事人可能约定，需要卖方确定有货并且实际发货，合同才能成立，这种情况下，买受人提交订单在性质上应当属于要约。从实践来看，在某些网络交易中，即便当事人已经提交订单，合同关系也并不当然成立。例如，网上买机票，提交订单不一定合同成立，需要付款时合同才成立。再如，出卖人电商一方明确在商品宣传中声明，产品宣传无论多么详细，都是要约邀请，此时买受人提交订单只是要约，要付款或者发货才能成立合同。上述情形均属于本款但书所规定的例外情形。

三、交叉要约

所谓交叉要约，是指订约当事人采取非直接对话的方式，相互不约而同地向对方发出了内容相同的要约。[31] 例如,甲于1993年5月1日在某报刊登一广告"出售位于某地区的豪华别墅一栋,价值200万元,有意者请与××联系"。乙于5月3日去函,表示愿以150万元购买,甲于5月10日复函,称不低于190万元。甲见乙久无回音,于6月24日再致函乙,表示愿以170万元出售。于6月25日达到。乙不知甲的来信,也于6月24日去函给甲,表示愿以170万元成交,于6月26日到达。在该案件中,甲乙同时于6月24日各自向对方去信,表示愿以170万元的价格购买和出售该栋房屋,因此双方有缔约的相同意愿,这种情况就属于典型的交叉要约。邱聪智教授认为,证券市场上的上市公司股票买卖,期货交易市场上的期货商品买卖,大多采用了交叉要约的方式。上市有价证券之买卖,通常采用电脑撮合,价格符合竞价形成之买卖价格时即自动成交,无待承诺之成立及通知。[32] 可见,交叉要约也是常被采用的订约方式。

交叉要约具有如下特点:第一,双方各自向对方发出要约。交叉要约有两种形式:一是同时向对方发出要约,此处所说的同时,也可以是存在微小时间差的情形;二是双方先后发出要约,但是后发出要约的一方还没有收到先发出的要约。[33] 第二,双方是以口头形式以外的方式发出要约。如果双方以口头形式缔约,则当事人会即时对对方的要约作出表示,不可能存在交叉要约的情形。交叉要约往往是以信件等方式订约时出现的。第三,双方的要约必须到达对方。无论是同时发出,还是先后发出,要约只有到达对方才会发生法律效力,也才有探讨合同成立与否的必要。[34] 第四,双方的要约在合同必要条款方面是一致的。如果在合同必要条款上存在差异,则该合同也不可能成立。交叉要约最大的特点在于,通过交叉要约成立合同,使合同成立时间提前,从而鼓励交易,减少交易费用。当然,在一方要约到达另一方之后,另一方发出的要约尚未到达对方,则另一方可以在到达之前撤销该要约。

四、悬赏广告

(一)悬赏广告的概念和特征

所谓悬赏广告,是指悬赏人以广告的形式声明对完成悬赏广告中规定的特定行为的人,给付广告中约定报酬的行为。[35] 例如,悬赏人在其刊登的各种寻人、寻物启事中提出,如帮助寻找到某人或完成了某事,将支付若干报酬。我国原《合同法》并未明确规定悬赏广告,《合同法解释(二)》第3条规定:"悬赏人以公开方式声明对完成一定行为的人支付报酬,完成特定行为的人请求悬赏人支付报酬的,人民法院依法予以支持。但悬赏有合同法第五十二条规定情形的除外。"《民法典》在总结司法实践经验的基础上,于第499条规定:"悬赏人以公开方式声明对完成特定行为的人支付报酬的,完成该行为的人可以请求其支付。"这是我国首次从法律层面上对悬赏广告的规定。悬赏广告具有如下特征:

1. 悬赏广告是以公开的方式所作出的意思表示。所谓广告,即广而告之。悬赏广告既可以以招贴画张贴,也可在橱窗、路牌、霓虹灯等刊登,还可以通过报纸、网络等媒体刊载,甚至通过电台、广播等发布信息,总之都是以公开的方式发出意思表示。悬赏广告作为意思表示的一种,是悬赏人向不特定的多数人所作出的意思表示。但悬赏广告与一般的意思表示不同,它是

---

〔31〕 参见史尚宽:《债法总论》,中国政法大学出版社2000年版,第29页。

〔32〕 参见邱聪智:《新订债法各论》(上),中国人民大学出版社2006年版,第164页。

〔33〕 参见桂万先:《对交叉要约成立合同的质疑》,载《政法论丛》1998年第1期。

〔34〕 王家福主编:《民法债权》,法律出版社1991年版,第302页。

〔35〕 参见王家福主编:《民法债权》,法律出版社1991年版,第285页。

采取"广而告之"的方式。[36] 也就是说,悬赏广告是面向不特定的相对人作出的意思表示。

2. 它是以对完成特定行为的人给予报酬为内容的意思表示。悬赏是悬赏人以公开方式声明对完成特定行为的人支付报酬的行为,一方面,给付报酬乃悬赏广告的题中之义,悬赏人可以在悬赏广告中声明报酬的种类、数额以及支付方式等。具体而言,各种报酬支付方式如金钱、名誉、财物等,只要不违反法律规定,均可作为悬赏报酬。另一方面,其是针对完成特定的行为作出的,其在内容上并没有限制,凡是合法的行为,无论是事实行为,还是法律行为,都可以作为悬赏广告的对象。[37] 当然,该行为的内容和类型不得违反法律规定和社会公共利益。[38]

3. 悬赏广告是一种单方法律行为。虽然关于悬赏广告的性质存在争议,但依据《民法典》第499条的规定,悬赏广告在性质上属于一项单方法律行为,其成立并不需要悬赏人与相对人就悬赏广告的内容达成合意。

4. 悬赏广告是独立的债的发生原因。悬赏人一般会在悬赏广告中对实施一定行为的人允诺支付一定的报酬,这也使其负担了一定的债务。[39]《合同法解释(二)》第3条规定:"悬赏人以公开方式声明对完成一定行为的人支付报酬,完成特定行为的人请求悬赏人支付报酬的,人民法院依法予以支持。但悬赏有合同法第五十二条规定情形的除外"。这就在法律上确认了悬赏广告可以作为独立的债的发生原因。

(二)悬赏广告的性质

关于悬赏广告的性质,主要有两种观点:第一,单方行为说。此种观点认为,悬赏广告在性质上属于单方行为,悬赏广告为单方行为,因为"悬赏广告人以单独之意思表示对完成一定行为的人负给与酬报之义务,在行为人方面无须有承诺,惟以其一定行为之完成为停止条件"。[40] 单独行为说认为,悬赏广告是一种单方法律行为,广告人对完成一定行为的人单方面负有支付报酬的义务,而不需要完成行为人作出承诺。[41]《德国民法典》第675条将悬赏广告定义为单方行为,并为日本等国的判例学说采纳。在德国法上,悬赏广告在性质上属于单方法律行为,而且属于没有相对人的单方意思表示。[42] 第二,要约说。此种观点认为,悬赏广告为一种要约,在性质上属于对不特定多数人发出的要约,只要行为人完成悬赏广告所声明的行为,即构成对该要约的承诺,在当事人之间形成悬赏合同,完成行为人享有报酬请求权。[43] 我国台湾地区1983年颁布的"民法债编"通则部分条文修正草案则将单独行为说改为契约说。《欧洲合同法原则》(PECL)也有类似的规定。[44]

在我国,《合同法解释(二)》第3条规定:"悬赏人以公开方式声明对完成一定行为的人支付报酬,完成特定行为的人请求悬赏人支付报酬的,人民法院依法予以支持。但悬赏有合同法第五十二条规定情形的除外。"但是该条规定并没有明确指明法院支持这种请求权究竟采用何

〔36〕 孙森焱:《民法债编总论》(上册),法律出版社2006年版,第66页。

〔37〕 孙森焱:《民法债编总论》(上册),法律出版社2006年版,第66页。

〔38〕 参见孙森焱:《民法债编总论》(上册),法律出版社2006年版,第66页。

〔39〕 参见郑玉波:《民法债编总论》,中国政法大学出版社2004年版,第54页。

〔40〕 参见王伯琦:《民法债篇总论》,1962年台北自版,第30~31页。

〔41〕 参见张晓军:《悬赏广告问题研究》,载梁慧星主编:《民商法论丛》(第6卷),法律出版社1997年版。

〔42〕 Beck'scher Online – Kommentar BGB/Kotzian – Marggraf, § 657, Rn. 2.

〔43〕 参见郑玉波:《民法债编总论》,三民书局1988年版,第61页。

〔44〕 PECL Article 2:107.

种依据,即认为悬赏广告是双方当事人的合同,还是认为其是悬赏人的单方允诺,并没有明确,所以还不能够简单地认为该条就已经将悬赏广告纳入合同的范畴。根据《民法典》第317条的规定:“权利人领取遗失物时,应当向拾得人或者有关部门支付保管遗失物等支出的必要费用。”但是物权编主要是明确物的归属,不涉及当事人之间的债权请求权问题,当事人之间因遗失物返还而产生的请求权关系应当依据合同法等债的关系予以确定。

关于悬赏广告的性质,《民法典》第499条规定“悬赏人以公开方式声明对完成特定行为的人支付报酬的,完成该行为的人可以请求其支付”。本条实际上明确了悬赏广告的单方行为性质,采纳了单方行为说。这意味着,一方面,悬赏广告作出后,完成特定行为的人,无论是否具有完全民事行为能力,在其完成了悬赏广告指定的行为时,就可以请求悬赏人支付报酬。另一方面,完成特定行为的人无论是否知晓悬赏广告的存在,也可以因完成悬赏行为给而要求悬赏人履行义务。例如,某人张贴了自家宠物狗走失,如有人寻获将给付报酬的广告。那么即使是儿童寻得该宠物狗,也不因其不具有完全民事行为能力而不得请求报酬。我国《民法典》之所以将悬赏广告界定为单方行为而非合同,其原因在于:

1. 采单方法律行为说,有利于有效约束悬赏人的行为,符合诚实信用原则。在单方行为说下,只要悬赏人发出了悬赏广告,不需要他人作出同意即能发生法律效力,悬赏人就应当受到广告的拘束。如果某人不知道悬赏人发出了悬赏广告,而完成了广告中所指定的行为,该人仍能取得对悬赏人的报酬请求权,而悬赏人不得以该人不知广告内容为由拒绝支付报酬。〔45〕

2. 采单方法律行为说,使限制行为能力人、无行为能力人在完成广告所指定的行为以后,也可以对悬赏人享有报酬请求权。但若采用合同说,那么限制行为能力人和无行为能力人即使完成了广告所指定的行为,也将因为其无订约能力,从而无承诺的资格,从而无法基于合同享有对悬赏人的报酬请求权,这显然就不利于保护限制行为能力人和无行为能力人的利益。〔46〕

3. 采单方法律行为说,则任何人完成广告中所指定的行为都将是一种事实行为,而非具有法律意义的承诺行为,因此,只要相对人完成了广告指定的行为即享有报酬请求权,而不必准确地判定在什么情况下存在有效的承诺以及承诺的时间等问题,这就可以减轻相对人在请求悬赏人支付报酬时的举证负担。

(三)悬赏人负有按照其允诺支付报酬的义务

悬赏广告一旦生效,悬赏人就负有对任何完成悬赏广告所声明的行为的人给付报酬的义务。与此相应,完成特定行为的相对人即享有报酬请求权。此处所说的特定行为是指广告所指定的行为。如果广告中确定了完成特定行为的时间,则这一时间要求也构成对相对人完成特定行为的限制。由于悬赏广告在性质上是单方行为,因此,即便完成悬赏广告指定行为的人在行为时不知道广告的存在,其也仍应有权请求悬赏人支付报酬。〔47〕 例如,在“鲁瑞庚诉东港市公安局悬赏广告纠纷案”中,法院认为,“公安局以鲁瑞庚所提供的线索不符合悬赏通告所规定的条件为由,拒绝将被害人家属用于奖励的50万元全部给付卢瑞庚,并将其予以占有,超出了被害人家属的委托权限,也不符合其在悬赏通告中的承诺,没有任何的法律依据。鲁瑞庚对

〔45〕 参见王泽鉴:《债法原理》,北京大学出版社2013年版,第257页。

〔46〕 参见王泽鉴:《债法原理》,北京大学出版社2013年版,第257页。

〔47〕 参见梁慧星等:《中国民法典草案建议稿附理由·债权总则编》,法律出版社2013年版,第67页。

其主张权利,应予支持”。[48]

如果数人都完成了特定行为,则应当按照先来后到的原则,认定谁最先完成了该行为,并由谁获得悬赏。例如,某人发出广告,称如果有人游过某港湾,就奖励现金若干;如果数人完成,则先完成者获得报酬;但如果数人同时完成,广告中又没有明确先后顺序的,则应当由悬赏人向数人支付。而数人同时完成,原则上应当有数人平均分配报酬。[49] 此外,完成指定行为的人开始实施行为时,没有必要通知悬赏人。即使不知道广告的存在而完成了指定行为的人,也享有债权。

如果悬赏人在悬赏广告中声明对完成特定行为的相对人支付报酬,但没有明确具体的报酬数额,则在行为人完成悬赏广告声明的行为时,仍有权请求悬赏人支付相应的报酬,当事人可以就报酬的具体数额进行协商,协商不一致的,可以由法院进行判定。法院在判定数额时,可以参考行为人完成特定行为的时间、成本、所完成工作成果的归属等因素,确定悬赏人应当支付的报酬数额。

值得探讨的是,完成悬赏广告声明行为后所获得的利益的归属问题。相对人完成悬赏广告所声明的行为时,可能产生一定的利益。例如,悬赏人在悬赏广告中声明,对于在一定期间内完成某项工作成果的人,将给予一定的报酬。此时,该工作成果应归属于悬赏人抑或归属于完成该工作成果的行为人?本书认为,如果悬赏人在悬赏广告中声明,行为人应当将完成悬赏广告中特定行为的工作成果移转给悬赏人,则行为人要获得悬赏广告中声明的报酬,其应当将该工作成果移转给悬赏人。如果悬赏人在悬赏广告中并未约定该工作成果的归属,原则上应当作不利于悬赏人的解释,[50] 即如果悬赏广告中没有约定该利益归属的,其原则上应当归属于完成悬赏广告的行为人,此时,完成悬赏广告的行为人无须移转该工作成果,但其仍应有权请求悬赏人支付相应的报酬。

第五节　强制缔约

一、强制缔约的概念和特征

所谓强制缔约,是指只要一方当事人提出缔结合同的请求,另一方当事人就依法负有法定的、与之缔结合同的义务。强制缔约制度是对意思自治原则下当事人缔约自由的限制。当代合同法在保障自由价值的同时,也注重伸张社会正义和公平,以实现当事人之间及当事人与社会利益之间的平衡。[51] 强制缔约即为对合同自由的限制,通过此种限制可以有效地保护弱势群体的利益,实现合同的实质正义。《民法典》第 494 条规定了强制缔约制度。与一般的合同缔结相比,强制缔约具有如下特点:

1. 强制缔约属于法定义务。也就是说,在法律规定强制缔约的情形下,一方当事人依据法

---

〔48〕 参见《最高人民法院公报》2003 年第 1 期。

〔49〕 参见[日]我妻荣:《债权各论》(上卷),徐慧译,中国法制出版社 2008 年版,第 71 页。

〔50〕 参见黄茂荣:《债法总论》,中国政法大学出版社 2003 年版,第 248 页。

〔51〕 参见王晨:《日本契约法的现状与课题》,载《外国法评译》1995 年第 2 期。

律规定而负有义务与对方订约,义务人违反该义务应当承担相应的民事责任,甚至是行政责任。因此,无论当事人是否将强制缔约义务纳入合同,当事人均负有此种义务,且当事人不能在合同中规避这一法定要求。

2. 强制缔约是对合同自由的限制。强制缔约构成对缔约自由的限制,因为缔约当事人负有必须发出订立合同之意思表示的法定义务。[52] 另外,它也对缔约的内容施加了限制。针对要适用强制缔约的情形,当事人不仅负有缔约的义务,而且,应当按照法律规定的内容来缔约。强制缔约是对合同自由的限制。一方面,它为当事人强加了必须缔约的义务。缔约自由包括当事人有权决定是否缔约,以及选择缔约伙伴的自由,它是实现当事人利益的重要工具。[53] 然而,强制缔约构成对缔约自由的限制,因为缔约当事人负有必须发出订立合同之意思表示的法定义务。[54] 另一方面,它也对缔约的内容加以了限制。针对要适用强制缔约的情形,当事人不仅负有缔约的义务,而且应当按照法律规定的内容来缔约。因为处于弱势地位的一方,其往往不具有谈判能力,如果仅仅对强势一方强加了缔约义务,而没有对缔约内容加以限制,仍然无法实现对弱势群体的保护。从实践来看,缔约内容的限制往往要通过特别法的形式加以明确。[55] 需要指出,在强制缔约关系中,由于合同的缔结仍然需要经过要约和承诺环节,其在形式上仍然是当事人双方进行磋商、意思表达一致的产物。因此,强制缔约并没有从根本上否定合同意思自治的基本规则。"契约关系的发生,仍然有赖当事人互相意思表示一致而成立契约,准此,缔约强制尚未脱离契约原则的范畴"。[56]

3. 强制缔约的功能在于维护公共利益。强制缔约往往与特定企业具有相当市场支配力或者垄断地位有关。法律设置强制缔约制度,就是为了防止某些公共服务提供者选择性地提供公共服务、损害广大消费者利益,进而损及大众的公共利益。[57] 因为在特定情况下(如一方当事人处于垄断地位),缔约自由这一工具也可能失去其实现双方当事人利益的功能,从而损害一方当事人利益,关系到社会公共利益的实现。强制缔约制度的主要功能在于防止部分公共服务的提供者选择性地提供公共服务、损害广大消费者利益,进而损害社会公共利益。[58]

4. 强制缔约仍然要经过要约和承诺的程序,只不过一方当事人必须发出要约或者必须作出承诺而已。强制缔约并非意味着合同的成立不需经过要约和承诺两个阶段,而仅是指当事人负有强制承诺的义务。在法律规定了强制缔约义务的情况下,如果当事人没有作出承诺,该合同也并非当然不成立。在例外情况下,法院可以判决该合同成立,可以依据具体情形要求一方当事人必须依据法律规定作出承诺。[59]

从比较法上来看,各国立法大多规定了强制缔约制度。该制度对保护民生、强化弱势群体保护、维护消费者权益等都具有重要意义。我国《民法典》和有关的法律法规也确认了强制缔约制度。例如,《民法典》第 810 条规定:"从事公共运输的承运人不得拒绝旅客、托运人通常、合理的运输要求。"因此,只要旅客、托运人提出了通常合理的运输要求(要约),从事公共运输

---

〔52〕 Staudinger/Bork, vor § 145, Rn. 29 f.; Busche, Privatautonomie und Kontrahierungszwang, 1999, S. 243.

〔53〕 MünchKomm/Busche, vor § 145, Rn. 12, 2012.

〔54〕 Staudinger/Bork, vor § 145, Rn. 29 f.; Busche, Privatautonomie und Kontrahierungszwang, 1999, S. 243.

〔55〕 MünchKomm/Busche, vor § 145, Rn. 14.

〔56〕 陈自强:《契约之成立与生效》,学林文化事业出版有限公司 2002 年版,第 158 页。

〔57〕 MünchKomm/Busche, vor § 145, Rn. 12, 2012.

〔58〕 MünchKomm/Busche, vor § 145, Rn. 12, 2012.

〔59〕 参见崔建远:《合同法总论》(上卷),中国人民大学出版社 2008 年版,第 127 页。

的承运人就负有强制承诺的义务。公共承运人承担着公共运输的功能,要求其负有强制缔约的义务,是为了满足社会公众运输方面的一般需求。从今后的发展趋势来看,随着法律上合同正义要求的强化,以及对弱者保护的加强,强制缔约制度的适用范围将会不断扩展。

在强制缔约的情形,负有缔约义务的一方当事人必须受到约束,不能够拒绝社会上不特定相对人的缔约请求。[60] 从原则上说,即使是在强制缔约的情况下,合同的成立也需要经过要约、承诺的阶段,在相对人发出要约后,负有强制缔约义务的一方应当及时作出承诺的意思表示,否则,合同不能成立。只不过,依据特殊情形,如果受要约人不承诺,要约人可以起诉追究其法律责任,法院考虑法律设置强制缔约的目的等因素,也可以强制受要约人为承诺的意思表示,从而使合同成立。[61]

二、根据指令性任务或者国家订货任务的签订合同

强制缔约应当包括对缔约的限制和对内容的限制两方面的内容,因为合同一方当事人不仅负有与相对人订立合同的义务,而且还负有以相对人可接受的合理、相同内容订立合同的义务。[62]

在我国原有高度集中的经济管理体制下,对企业的生产经营活动实行指令性计划管理,国家有关部门向企业下达指令性计划以后,企业必须严格依据计划订立合同。合同的内容必须与指令性计划的要求相一致,合同在订立后也不得以违约金和损害赔偿代替合同的履行。履行合同不仅是对合同当事人的义务,也是对国家所应尽的完成指令性计划任务的义务。然而,自我国经济体制改革以来,为了搞活企业,扩大企业自主权,指令性计划的管理范围逐渐缩小,目前指令性计划的作用已经十分微弱。不过我国自 1992 年起开始试行国家订货制度,旨在维护全国经济和市场的稳定,保证国防军工、重点建设、防疫防灾以及国家战略储备的需要,对于国家还必须掌握的一些重要物资,将以国家订货方式逐步取代重要物资分配的指令性计划管理。[63] 因此,在法律上有必要对根据指令性任务或者国家订货任务订约的规则作出规定。

《民法典》第 494 条第 1 款规定:"国家根据抢险救灾、疫情防控或者其他需要下达国家订货任务、指令性任务的,有关民事主体之间应当依照有关法律、行政法规规定的权利和义务订立合同"。依据这一规定,一旦国家根据抢险救灾、疫情防控或者其他需要下达订货任务、指令性任务,民事主体就负有订约的义务。例如,在防疫期间,国家需要紧急运送医疗物资,需要给运输企业下达指令性任务。可见,根据国家根据抢险救灾、疫情防控或者其他需要下达国家订货任务、指令性任务签订的合同属于典型的强制缔约形态,因为一方面,在此类合同中,当事人需要根据国家下达的指令性任务或者订货任务的需要,依照有关法律、行政法规规定的权利与义务订立合同。[64] 也就是说,一方当事人负有与相对人订立合同的义务。另一方面,在合同内容上必须根据指令性任务或者国家订货任务的签订合同,有关企业不能够以合同自由原则加以拒绝。

---

〔60〕 MünchKomm/Busche, vor § 145, Rn. 23.

〔61〕 参见易军、宁红丽:《强制缔约制度研究——兼论近代民法的嬗变与革新》,载《法学家》2003 年第 3 期。

〔62〕 Staudinger/Bork, vor § 145, Rn. 15.

〔63〕 参见胡康生主编:《中华人民共和国合同法实用问答》,中国商业出版社 1999 年版,第 133 页。

〔64〕 参见朱广新:《合同法总则》,中国人民大学出版社 2008 年版,第 81 页。

三、强制要约

所谓强制要约,是指依据法律或行政法规的规定,一方当事人必须向他方当事人作出要约的意思表示。通常情形下,强制缔约主要体现为强制承诺,但在法律规定的特殊情形下,其才体现为强制要约。《民法典》第494条第2款规定:“依照法律、行政法规的规定负有发出要约义务的当事人,应当及时发出合理的要约”。可见,强制缔约不仅包括对承诺的强制,还包括对要约的强制,即根据法律的规定,某一权利主体有义务及时向他人发出要约以订立合同。[65] 例如,《证券法》第65条第1款规定:“通过证券交易所的证券交易,投资者持有或者通过协议、其他安排与他人共同持有一个上市公司已发行的有表决权股份达到百分之三十时,继续进行收购的,应当依法向该上市公司所有股东发出收购上市公司全部或者部分股份的要约。”这主要是为了保护中小股东的利益,强制要求持有表决权股份达到30%的投资者向所有股东发出出售股份的要约。当然,在强制要约的情形下,要约的内容应当符合法律的要求,且其内容必须合理。所谓合理,是指要约规定的条件必须合理。如果法律都对要约的内容作出了规定,要约人不能在法律规定之外另外提出要求,否则,相对人有权拒绝。

四、强制承诺

所谓强制承诺的义务,是指依据法律或行政法规的规定,一方当事人必须针对他人的要约作出承诺的意思表示,即对接受要约义务的强制。[66] 《民法典》第494条第3款规定:“依照法律、行政法规的规定负有作出承诺义务的当事人,不得拒绝对方合理的订立合同要求”。在强制承诺的情形下,如果一方当事人依照法律、行政法规的规定负有作出承诺的义务,则在一方作出要约的情形下,其就必须依法承诺。例如,《电力法》第26条规定:“供电营业区内的供电营业机构,对本营业区内的用户有按照国家规定供电的义务;不得违反国家规定对其营业区内申请用电的单位和个人拒绝供电。”这就确认了强制缔约义务。

当然,虽然承诺人依法负有必须订立合同的义务,但这并不意味着该合同可以依据法律的规定直接成立,而应当依据要约—承诺的一般程序订立合同。这就要求要约人必须作出明确的要约,强制缔约义务人负有必须作出承诺、订立合同的义务。

需要指出的是,即使一方当事人负有强制承诺的义务,合同的成立也需要经过要约、承诺的阶段,在相对人发出要约后,负有强制缔约义务的一方应当及时作出承诺的意思表示,否则合同不能成立。只不过,依据特殊情形,如果受要约人不承诺,要约人可以起诉追究其法律责任,法院应考虑法律设置强制缔约的目的等因素,可以强制受要约人为承诺的意思表示,从而使合同成立。[67] 例如,就强制责任保险来说,根据《机动车交通事故责任强制保险条例》第10条,保险公司具有强制缔约的义务,如果投保人选择某一保险公司投保,保险公司无故拖延或拒绝的,投保人可以向法院起诉要求保险公司与其订立保险合同,法院可以直接判决合同已经成立。如果因为保险公司就无故拖延或拒绝给投保人造成损失的,保险公司应当负缔约过失责任。

---

〔65〕 参见朱广新:《合同法总则》,中国人民大学出版社2008年版,第81页。

〔66〕 Staudinger/Bork, vor § 145, Rn. 29.

〔67〕 参见易军、宁红丽:《强制缔约制度研究——兼论近代民法的嬗变与革新》,载《法学家》2003年第3期。

第六节　合同成立的时间和地点

一、合同成立的时间

《民法典》第 483 条规定:“承诺生效时合同成立,但是法律另有规定或者当事人另有约定的除外”。依据本条规定,承诺的效果在于使合同成立,即一旦承诺生效,合同便宣告成立。承诺生效的时间,是指承诺什么时候产生法律效力。由于要约因承诺而使合同成立,因此,承诺生效的时间在合同编中具有重要的意义,其直接决定了合同成立的时间。因为合同在何时生效,当事人就于何时受合同关系的拘束,享受合同上的权利和承担合同上的义务。双方当事人就合同的主要条款完成要约承诺的过程,就意味着双方当事人达成了合意,合同也就应当随即宣告成立,因此承诺生效的时间就应当是合同成立的时间。该条规定承诺生效时合同成立,实际上是确立了合同成立的时间。此外,承诺生效的时间常常与合同订立的地点是联系在一起的,而合同的订立地点又与法院管辖权的确定以及适用法律的选择问题密切联系在一起。所以,确定承诺生效的时间意义重大。

依据《民法典》第 483 条的规定,承诺生效时合同成立,但是法律另有规定或者当事人另有约定的除外。也就是说,在法律另有规定或者当事人另有约定时,承诺生效也不一定导致合同成立。具体而言,有两种情况:

1. 法律另有规定。此种情形又包括如下两类:第一,如果法律明确规定合同应当采用特定的形式(如必须采用书面形式)订立才能成立的,则只有完成该特定的形式,合同才能成立,仅当事人作出承诺,合同还不能成立。第二,法律明确规定必须实际交付标的物才能使合同成立。例如,依据《民法典》第 679 条的规定,自然人之间借款合同的成立,即“自然人之间的借款合同,自贷款人提供借款时生效”。

2. 当事人另有约定。除法律另有规定的以外,当事人另有约定的,也应当遵循当事人的约定。例如,当事人约定应当采取书面形式订立合同的应当在签订书面合同后成立,或当事人约定办理公证后合同成立的,在办理公证前,即便当事人已经达成了合意,合同也并未成立。

二、合同成立的地点

(一)承诺生效的地点为合同成立的地点

在合同法上,合同成立地点具有如下方面的意义:第一,选择适用的法律。我国《涉外民事关系法律适用法》第 6 条规定:“涉外民事关系适用外国法律,该国不同区域实施不同法律的,适用与该涉外民事关系有最密切联系区域的法律。”合同签订地也可能被解释为与合同关系有最密切联系区域,所以,可能会对涉外合同关系中法律的选择产生影响。第二,确定诉讼管辖。根据《民事诉讼法》第 34 条的规定:“合同或者其他财产权益纠纷的当事人可以书面协议选择被告住所地、合同履行地、合同签订地、原告住所地、标的物所在地等与争议有实际联系的地点的人民法院管辖,但不得违反本法对级别管辖和专属管辖的规定。”据此,合同签订地是选择地域管辖的依据。由于合同的成立地有可能成为确定法院管辖权及选择法律的适用等问题的重要因素,因此明确合同成立的地点十分重要。

《民法典》第 483 条规定,承诺生效时合同成立,依据这一规定,关于合同的成立地点,可以

区分以下几种情形分别确定合同的成立地点:

1. 以对话方式作出承诺的通知。这种情形下,承诺的生效适用《民法典》第 137 条的规定,在以对话方式作出承诺时,承诺生效的时间为要约人知道承诺的内容时,此时,如果双方以面对面的方式作出了要约与承诺,则当事人对话的所在地应当成为合同成立地。如果该对话并非以面对面的方式作出,如以拨打电话等方式订立合同,则要约人知晓承诺内容的地点即要约人的所在地为合同的成立地。

2. 承诺以对话、通知以外的方式作出的。依据《民法典》第 484 条的规定,在有交易习惯或要约要求的情况下,可以不以通知的方式作出承诺,而是以作出一定行为的方式作出。例如,要约人以现物要约,承诺人将标的物拆开包装并进行使用,则依据《民法典》第 484 条规定,承诺的行为作出时承诺生效,相应地,承诺行为作出的地点则为合同成立的地点。

3. 以实际履行的方式作出承诺时合同的成立地点。如果当事人通过实际履行来订立合同的,则合同承诺到达相对人时发生效力,相应地,合同成立的地点也应当为默示承诺到达的要约人所在地为合同的成立地点。

4. 当事人采用合同书形式订立合同的。《民法典》第 493 条对当事人采用合同书的形式订立合同时合同的成立地点作出了特别规定,不再遵循承诺生效地的规则,即以最后签名、盖章或者按指印的地点为合同成立的地点,但是当事人另有约定的除外。

需要指出的是,合同成立的地点也可以由当事人另行约定。但承诺生效的地点是一个事实,真正有法律意义的是合同成立的地点。按照合同自由原则,当事人可以约定承诺生效的地点,也就是可以约定合同成立的地点。

(二)采用数据电文形式订立合同时合同成立的地点

《民法典》第 492 条规定:"承诺生效的地点为合同成立的地点。采用数据电文形式订立合同的,收件人的主营业地为合同成立的地点;没有主营业地的,其住所地为合同成立的地点。当事人另有约定的,按照其约定。"该条是对以数据电文形式订立合同的承诺地点的规定。

从原则上说,承诺生效的地点就是合同成立的地点,但以数据电文方式进行的意思表示如果遵循非对话方式的一般原则,将会导致在数据电文进入的特定系统所在地为合同成立地。由于数据电文形式的存储系统所在地往往与当事人订立合同没有紧密关系(如提供电子邮件等服务的企业的数据存储地和邮件收发地也并非准确对应)。因此,《民法典》第 492 条第 2 款吸收了联合国贸法会的《电子商业示范法》第 5 条第 4 款的规则,具体而言:

1. 采用数据电文形式订立合同的,收件人的主营业地为合同成立的地点。主营业务是指营利法人或者非法人组织为完成其经营目标而从事的主要经营活动,可以根据企业营业执照上规定的主要业务范围确定,营利法人在某个地方从事其主要经营活动,该地方就是其主营业地,收件人的主营业地为合同成立的地点。

2. 没有主营业地的,收件人经常居住地为合同成立的地点。一些营利法人或者非法人组织从事多种经营活动,并没有主营业地的,在此情形下,就应当以其经常居住地为合同成立的地点。

3. 当事人另有约定的,按照其约定。如果当事人约定以收件人主营业地和住所地以外的地点作为合同成立的地点,则按照当事人约定确定合同成立地点。例如,当事人约定以发件人住所地为合同成立地点,该约定也有效。

（三）以合同书形式订约的合同成立地点

《民法典》第493条规定："当事人采用合同书形式订立合同的，最后签名、盖章或者按指印的地点为合同成立的地点，但是当事人另有约定的除外。"本条是关于采用合同书形式订立合同时如何确定合同成立地点的规定。依据这一规定，当事人采用合同书形式订立合同的，如果当事人没有就合同成立地点作出约定，则最后签名、盖章或者按指印的地点为合同成立的地点。以最后签名、盖章或者按指印的地点为合同成立的地点，必须符合如下条件：

1. 必须是当事人采用合同书形式订立合同。因为只有以合同书形式订立合同，才有必要在合同书上签名、盖章或者按指印。例如，当事人分处北京、上海两地，虽然合同是由北京一方签名后邮寄给上海一方签名，但是当事人可以在合同中明确约定本合同在北京订立，如果当事人作出了这一约定，则应当认可此中约定的效力。如果当事人采用口头形式订立合同，就没有必要签名、盖章或者按指印，也就没有必要以最后签名、盖章或者按指印的地点为合同成立的地点。

2. 当事人对于合同成立地点有约定的，依据当事人的约定。如果合同约定的签订地与实际签名或盖章地点不符，应当认定约定的签订地为合同签订地。之所以采用这一规则，是因为按照合同自由原则，合同法主要是任意法，应采取约定优先原则。就合同签订地点的判断，优先适用当事人的约定。[68]

3. 合同没有约定合同成立地点，双方当事人签名或者盖章不在同一地点的，则以最后签名或者盖章的地点为合同成立地。如果当事人在同一时间，同一地点签约，不存在最后签名、盖章、按指印的地点。但是在当事人处于异地的情况下，如一方当事人签署后，邮寄给对方签署，则出现了不止一个的签名、盖章地点。因此，相较于这一规定，本条明确了当事人处于异地情况下，以最后签名、盖章或按指印的地点为合同成立地点。

第七节　缔约过失责任

一、缔约过失责任的概念

缔约过失责任，是指在合同订立过程中，一方因违背其依据诚实信用原则和法律规定的义务致另一方信赖利益遭受损失，应承担损害赔偿责任。《民法典》第500条规定，当事人在订立合同过程中，实施了假借订立合同、恶意进行磋商等违背诚信原则的行为，造成对方损失的，应当承担赔偿责任。这就确立了缔约过失责任制度，该条不仅完善了我国债和合同制度体系，完善了交易的规则，而且有助于维护诚实信用原则。

在缔约阶段，当事人因社会接触而进入可以彼此影响的范围，依诚实信用原则，应尽交易上的必要注意，以维护他人的财产和人身利益，因此，缔约阶段也应受到法律的调整。当事人应当遵循诚实信用原则，认真履行其所负有的义务，不得因无合同约束，滥用订约自由或实施其他致人损害的不正当行为。否则，不仅将严重妨碍合同的依法成立和生效，影响交易安全，

〔68〕 参见最高人民法院研究室编著：《最高人民法院关于合同法司法解释（二）理解与适用》，人民法院出版社2009年版，第48页。

也影响人与人之间正常关系的建立。根据本条的规定,缔约过失责任的成立须具备如下条件:

1. 缔约过失发生在合同订立过程中。缔约过失责任与违约责任的基本区别在于,此种责任发生在缔约过程中而不是发生在合同成立以后。只有在合同尚未成立,或者虽然成立,但因为不符合法定的生效要件而被确认为无效或被撤销时,缔约人才承担缔约过失责任。若合同已经成立,因一方当事人的过失而致他方损害,就不应适用缔约过失责任。即使是在附条件的合同中,在条件尚未成就以前,一方因恶意阻碍或延续条件的成就,视为条件已经成就,也因为合同已经成立且生效,则应按违约责任而不应按缔约过失责任处理。所以,确定合同成立的时间,是衡量是否应承担缔约过失责任的关键。

一般来说,合同成立的时间取决于缔约一方当事人对另一方当事人的要约作出承诺的时间。若一方发出了要约,而另一方尚未作出承诺,则合同尚未成立。在双方合意形成以前的阶段就是合同订立阶段。从我国立法和司法实践来看,依法必须以书面形式缔结的合同,双方虽然就合同主要条款达成口头协议,但尚未以书面形式记载下来并在合同上签名,应视为合同未成立,当事人仍处于缔约阶段。依据法律、行政法规的规定,应当由国家批准的合同,对于此类合同,如果当事人已经就合同内容达成协议,但未获批准时,则应认定当事人仍处于缔约阶段。

缔约过失责任虽发生在合同缔结阶段,但如果当事人之间没有任何缔约上的联系,无从表明双方之间具有缔约关系,因一方的过失而致他方损害,不能适用缔约过失责任。例如,某人并无购货之意思到百货店随便逛逛,不料在百货店内摔倒并遭受损害,由于双方并无订约上的联系,故对受害人的损害只能按侵权责任而不能按缔约过失责任处理。

2. 一方违背其依诚实信用原则所应负的义务。诚实信用原则是合同法的一项基本原则,民事主体在从事民事活动时,应讲诚实、守信用,以善意的方式行使权利并履行义务。根据诚实信用原则的要求,合同在订立时或成立后,当事人负有一定的附随义务。依诚实信用原则而产生的忠实、协助、保密等义务,相对于给付义务而言,它们只是附随义务,但它们也是依法产生的,因而也是法定义务,它随着双方当事人联系的密切而逐渐产生。当事人一方如不履行这种义务,不仅会给他方造成损害,而且会妨害社会经济秩序。因此,法律要求当事人必须履行上述依诚实信用产生的义务,否则将要负缔约过失责任。

应当指出,在缔约阶段,一方当事人负缔约过失责任的原因可能并不仅限于其违反了与合同义务相伴的附随义务,而且还在于要约人违反了其发出的有效要约。所以,缔约过失责任可能因当事人对缔约关系的破坏而产生。由于在缔约阶段,当事人均负有某种法定义务(附随义务和其他义务),从而表明缔约关系并不是事实关系,也不是法律作用不到的领域。事实上,当事人为缔结合同而接触与协商之际,已由原来的普通关系进入特殊的联系阶段,双方均应依诚实信用原则负互相协助、照顾、保护等义务。违反了该义务而致他人损害,将构成缔约过失。

3. 造成他人信赖利益的损失。依据本条规定,缔约过失责任的承担必须以造成对方损失为前提。缔约过失行为直接破坏了缔约关系,因此所引起的损害是指他人因信赖合同的成立和有效,但由于合同不成立和无效的结果所蒙受的不利益,此种不利益即为信赖利益或消极利益的损失。例如,信赖表意人的意思表示有效的相对人,因表意人滥用订约自由、随意撤销意思表示所受的损害。信赖利益与债权人就合同履行时可获得的履行利益或积极利益是不同的,信赖利益赔偿的结果,是使当事人达到合同未曾发生时的状态;而履行利益赔偿的结果,是使当事人达到合同完全履行时的状态。信赖利益的损失主要是指因他方的缔约过失行为而致信赖人的直接财产的减少,如支付各种费用等。当然,当事人的信赖必须是合理的,即一方的行为已使另一方足以相信合同能够成立或生效，由于另一方的缔约过失破坏了缔约关系，使信赖人的利益丧失，而且此种损失与缔约过失行为有因果关系。例如，如果按照交易习惯，当事人不应对合同的成立或者生效产生合理信赖，则即便其为合同的订立支付的一定的费用，也不应当属于信赖利益的损失。

二、缔约过失责任的类型

（一）假借订立合同，恶意进行磋商

假借订立合同，恶意进行磋商，将构成缔约过失。所谓“假借”，就是根本没有与对方订立合同的目的，与对方进行谈判只是个借口，目的是损害对方或者他人利益。[69] 换句话说，一方本不想和对方谈判，而是为了拖延时间或为了使对方丧失商业机会而与对方谈判。如甲就某项合同的订立与乙进行谈判，目的在于阻止乙与丙订立合同，或者使乙丧失其他商业机会。所谓“恶意”，是指假借磋商、谈判，而故意给对方造成损害。恶意包括两方面内容：一是行为人主观上并没有谈判意图；二是行为人主观上具有给对方造成损害的目的和动机。恶意是恶意谈判构成的最核心的要件，然而，受害人一方必须证明另一方具有假借磋商、谈判而使其遭受损害的恶意，才能使另一方承担缔约过失责任。

应当指出的是，在谈判过程中根据合同自由原则，双方都享有订立和不订立合同的自由，从这个意义上说双方都有权在达成协议以前中断谈判，一方中断谈判也不需要给另一方合理的理由，除非其进行谈判和中断谈判都出于恶意，且另一方有足够的证据证明其假借订立合同，恶意进行磋商，才可能构成缔约过失。

（二）故意隐瞒与订立合同有关的重要事实或者提供虚假情况

故意隐瞒与订立合同有关的重要事实或者提供虚假情况，属于缔约过程中的欺诈行为。所谓欺诈，是指一方当事人故意实施某种欺骗他人的行为，并使他人陷入错误而订立的合同。构成欺诈，必须符合如下要件：

1. 欺诈方具有故意。也就是说，欺诈方明知自己告知对方的情况是虚假的且会使被欺诈人陷入错误认识，而希望或放任这种结果的发生。故欺诈方告知虚假情况，无论是否使自己或第三人牟利，均不妨碍故意的构成。

2. 欺诈方客观上实施了陈述虚假事实或隐瞒真实情况的行为。所谓欺诈行为，是指欺诈方将其欺诈故意表示于外部的行为。在实践中大多表现为故意陈述虚伪事实或故意隐瞒真实情况使他人陷入错误的行为。第一，故意告知虚假情况，也就是指虚伪陈述。例如，将赝品说成是真迹，将质量低劣的产品说成是优质产品。第二，故意隐瞒真实情况，是指行为人有义务向他方如实告知某种真实的情况而故意不告知。例如，当事人在订立合同过程中，故意隐瞒其财产状况、履约能力，或者没有告知对方当事人标的物属于易燃、易爆或有毒物品等重要情况。在订约过程中，一方当事人故意隐瞒上述与订立合同有关的重要情况，或提供虚假情况，实际上已构成欺诈，如因此给对方造成财产损失，应负赔偿责任。

3. 相对人的认识错误与行为人的欺诈行为之间有因果联系，即相对人因行为人陈述虚假或隐瞒真实情况的行为而陷入认识错误。在欺诈的情况下，受欺诈方须因欺诈陷入了错误的认识，受害人基于虚假的情况而对合同内容发生了错误认识，如因误信对方的假药宣传而将假药当成了真药。受欺诈方未陷入错误或者所发生的错误内容并不是欺诈造成的，则不构成欺诈。

---

〔69〕 参见胡康生主编：《合同法实用问答》，中国商业出版社1999年版，第137页。

(三)泄露或者不正当地使用商业秘密或者其他应当保密的信息

《民法典》第501条规定:"当事人在订立合同过程中知悉的商业秘密或者其他应当保密的信息,无论合同是否成立,不得泄露或者不正当地使用;泄露、不正当地使用该商业秘密或者信息,造成对方损失的,应当承担赔偿责任。"该条规定了当事人在订立合同过程中,对于其知悉的商业秘密或者其他应当保密的信息的保密义务。传统的合同法理论认为,当事人在谈判过程中对于彼此所交换的信息没有为对方保密的义务,"由于一方当事人通常可以自由地决定是否披露那些与所谈交易相关的问题,这类信息原则上将被认为是非秘密的信息,即使合同没有达成,另一方当事人既可以公开给第三方,又可以纯粹用于其自己的目的"。[70] 然而,现代合同法认为,在谈判过程中,一方对另一方负有依据诚信原则产生的义务,不管一方在谈判中是否明确告诉对方其披露的信息属于商业秘密或者另一方知道或应当知道该信息属于商业秘密,另一方都应当对了解的秘密负有保密的义务,这不仅有利于维护诚实信用原则,而且维护双方当事人的合法权益。有关的示范法也采纳这一规定。例如,《商事合同通则》第2.1.16条规定:"在谈判过程中,一方当事人以保密性质提供的信息,无论此后是否达成合同,另一方当事人有义务不予泄露,也不得为自己的目的不适当地使用这些信息。在适当的情况下,违反该义务的救济可以包括根据另一方当事人泄露该信息所获得之利益予以赔偿"。

我国《民法典》第501条要求当事人在缔约阶段承担保密义务,是为了进一步强化落实诚实信用原则,充分体现了社会主义核心价值观,同时也加强对商业秘密的保护,从而强化对智力成果的保护,激励发明创造与提高经济效率;并有利于维护商业道德,使诚信原则得到切实遵守。我国《反不正当竞争法》和《民法典》侵权责任编都对侵害商业秘密的行为予以制裁,而《民法典》第501条也通过对有关商业秘密转让和使用的合同予以保护,从而形成了对商业秘密保护的完整的法律机制,合同编又通过缔约过失责任来保护商业秘密,从而使商业秘密的保护机制得到了进一步的完善。

依据《民法典》第501条的规定,当事人违反其对于其知悉的商业秘密或者其他应当保密的信息的保密义务,应当承担损害赔偿责任。依据本条规定,当事人违反其对于其知悉的商业秘密或者其他应当保密的信息的保密义务的,应当承担损害赔偿责任,此种责任的成立应当具备如下条件:

1. 当事人在订立合同过程中已知悉商业秘密或者其他应当保密的信息。根据《反不正当竞争法》第9条规定,商业秘密是指不为公众所知悉、具有商业价值并经权利人采取相应保密措施的技术信息、经营信息等商业信息。商业秘密是否为一种权利,以及属于何种性质的权利,仍然存在争议。但毫无疑问,商业秘密作为一种民事主体享有的合法利益,应当由法律予以保护。当事人在谈判过程中,可能要涉及商业秘密问题。在许多情况下,谈判的一方向另一方透露了某些商业秘密以后,可能明确要求对方不予泄露,或者明确声明某项信息属于商业秘密,但也可能并没有明确地禁止对方泄露。只要一方接触、了解另一方的信息后,知道或者应当知道该信息属于商业秘密,包括秘密配方、技术诀窍和在劳动生产、技术操作方面的经验、知识和技巧以及产品的性能、销售对象、市场营销情况等各种商业秘密,就应依据诚实信用原则负保密义务,不得向外泄露或做不正当使用。

《民法典》第501条规定了当事人订约中的保密义务。这一规定中需要保密的信息在原

---

[70] 张玉卿主编:《国际商事合同通则2004》,中国商务出版社2005年版,第187页。

《合同法》第43条规定的商业秘密基础上，增加了“其他应当保密的信息”。其他应当保密的信息主要是指除商业秘密外的在订立过程中知悉的一经泄露可能带来损失的秘密信息。增加此种信息的主要原因在于，本编所规定的合同，不仅包括商事主体所订立的合同，在同其他民事主体，如非法人组织、自然人等订立合同时，也需要负有保密的义务。诸如机关、学校甚至自然人等主体在缔约中也存在需要保密的信息，这些信息显然不属于商业秘密的范畴，但仍然值得保护。例如，在与学校订立合同中了解了学生的数据信息，在与自然人订立合同中了解了其疾病状况等，对于这些信息的保密也应当构成一种义务。

2. 泄露、不正当地使用该商业秘密或者信息。第一，披露商业秘密或者其他信息。所谓披露，是指将商业秘密透露给他人，包括在要求对方保密的条件下向特定人、少部分人透露商业秘密，以及以不正当的手段获取的，其披露行为违背权利人的意思。[71] 当事人在谈判过程中，可能要涉及商业秘密问题。在许多情况下谈判的一方向另一方透露了某些商业秘密以后，可能明确要求对方不予泄露，或者明确声明某项信息属于商业秘密，但在某些情况下并没有明确地禁止对方泄露。只要一方接触、了解另一方的信息后，知道或者应当知道该信息属于商业秘密，不管另一方是否告诉其披露的信息属于商业秘密，对此应依据诚实信用原则负保密义务，不得向外泄露或作不正当使用。第二，不正当使用商业秘密或者其他信息。[72] 所谓不正当使用，是指未经授权而使用该秘密或将该秘密转让给他人。如将商业秘密用于自己的生产经营，由自己直接利用商业秘密的行为或状态，或非法允许他人使用，都构成侵权。无论行为人是否因此而获取一定的利益，都有可能构成缔约过失责任。

3. 泄露、不正当地使用该商业秘密或者信息造成对方损失。因泄露和不正当使用商业秘密而给商业秘密的所有人造成了损失，至于行为人主观上出于故意或过失则不必考虑。

（四）其他违背诚实信用原则的行为

其他违背诚实信用原则的行为较多。例如，在合同无效和被撤销、违反强制缔约义务、无权代理等情况下，也能产生缔约过失责任。

三、缔约过失责任的赔偿范围

依据《民法典》第500、501条规定，当事人在订立合同过程中，实施了假借订立合同、恶意进行磋商等违背诚信原则的行为，造成对方损失的，应当承担赔偿责任。需要指出的是，此处所说的赔偿责任并非违约责任，因为在缔约阶段，合同还没有成立，即使实施了假借订立合同、恶意进行磋商等违背诚信原则的行为，另一方也不得请求其承担违约责任。

在缔约过失责任中，应当以信赖利益作为赔偿的基本范围，这与违约责任应救济非违约方的履行利益是不同的。信赖利益的损失限于直接损失，这里的直接损失是指因为信赖合同的成立和生效所支出的各种费用，具体包括：第一，因信赖对方要约邀请和要约有效而与对方联系、实地考察以及检查标的物等所支出的各种合理费用。第二，因信赖对方将要缔约，为缔约做各种准备工作并为此所支出的各种合理费用，如因信赖对方将要出售家具，而四处筹款借钱而为此支出的各种费用。第三，为支出上述各种费用所失去的利息。应当指出，各种费用的支出必须是合理的，而不是受害人所任意支出的。只有合理的费用才和缔约过失行为有因果联系，并且应当由行为人承担赔偿责任。

---

〔71〕 参见孔祥俊：《合同法教程》，中国人民公安大学出版社1999年版，第150页。
〔72〕 参见孔祥俊：《合同法教程》，中国人民公安大学出版社1999年版，第150页。

一般认为,信赖利益赔偿以不超过履行利益为限,即在合同不成立、无效或者被撤销的情况下,有过错的一方所赔偿的信赖利益不应该超过合同有效或者合同成立时的履行利益。[73]笔者认为,在一般情况下,基于信赖利益的赔偿,不可能超过合同有效或者合同成立时的履行利益的范围,但以此来限定信赖利益的赔偿范围,仍然是必要的。因为信赖利益不得超过履行利益乃是一项基本原则。例如,因一方的过错导致合同不能有效成立,另一方可以要求赔偿因信赖合同成立而支付的各种费用,而不能要求赔偿合同成立本应获得的利润。确立这一原则对实践中认定信赖利益的赔偿范围是十分必要的。

参考案例

1. 陈呈浴与内蒙古昌宇石业有限公司合同纠纷案,载《中华人民共和国最高人民法院公报》2016 年第 3 期。
2. 中国远大集团有限责任公司与中国轻工业对外经济技术合作公司进出口代理合同纠纷案,载《中华人民共和国最高人民法院公报》2016 年第 2 期。
3. 李德勇与中国农业银行股份有限公司重庆云阳支行储蓄存款合同纠纷案,载《中华人民共和国最高人民法院公报》2015 年第 7 期。
4. 成都市国土资源局武侯分局与招商(蛇口)成都房地产开发有限责任公司、成都港招实业开发有限责任公司、海南民丰科技实业开发总公司债权人代位权纠纷案,载《中华人民共和国最高人民法院公报》2012 年第 6 期。
5. 深圳富山宝实业有限公司与深圳市福星股份合作公司、深圳市宝安区福永物业发展总公司、深圳市金安城投资发展有限公司等合作开发房地产合同纠纷案,载《中华人民共和国最高人民法院公报》2011 年第 5 期。
6. 彭丽静与梁喜平、王保山、河北金海岸房地产开发有限公司股权转让侵权纠纷案,载《中华人民共和国最高人民法院公报》2009 年第 5 期。
7. 河北胜达永强新型建材有限公司与中信银行股份有限公司天津分行、河北宝硕股份有限公司银行承兑汇票协议纠纷案,载《中华人民共和国最高人民法院公报》2008 年第 1 期。
8. 韶关市汇丰华南创展企业有限公司与广东省环境工程装备总公司广东省环境保护工程研究设计院合同纠纷案,载《中华人民共和国最高人民法院公报》2007 年第 3 期。
9. 曾意龙诉江西金马拍卖有限公司等拍卖纠纷案,载《中华人民共和国最高人民法院公报》2006 年第 1 期。
10. 时间集团公司诉浙江省玉环县国土局土地使用权出让合同纠纷案,载《中华人民共和国最高人民法院公报》2005 年第 5 期。
11. 建行浦东分行诉中基公司等借款合同纠纷案,载《中华人民共和国最高人民法院公报》2004 年第 7 期。
12. 来云鹏诉北京四通利方信息技术有限公司服务合同纠纷案,载《中华人民共和国最高人民法院公报》2002 年第 6 期。
13. 王林祥、陈卫东诉雄都旅行社旅游合同纠纷案,载《中华人民共和国最高人民法院公报》2002 年第 3 期。
14. 鲁瑞庚诉东港市公安局悬赏广告纠纷案,载《中华人民共和国最高人民法院公报》2003 年第 1 期。
15. 李珉诉朱晋华、李绍华悬赏广告酬金纠纷上诉案,载《中华人民共和国最高人民法院公报》1995 年第 2 期。

---

〔73〕《德国民法典》第 307 条第 1 款中明确规定:“在订立以不能给付为标的的合同时,明知或可知其给付为不能的一方当事人,对因相信合同有效而受损害的另一方当事人负损害赔偿义务,但赔偿额不得超过另一方当事人在合同有效时享有的利益的金额。”该条已被废止。但《德国民法典》第 179 条有类似的规定。

第二十三章　合同的内容和形式

导读

合同的内容包括合同权利和合同义务，也被称为合同债权和合同债务。合同债权债务的具体内容由合同条款所承载。其中，对合同免责条款和格式条款应特别关注。为保护相对人的合法权益，《民法典》合同编对于免责条款和格式条款进行了详细的规范。

第一节　合同的内容

关于合同的内容，可以从如下两方面理解其含义。

一、合同的权利和义务

从民事法律关系的角度看，合同内容是指合同当事人享有的权利（合同债权）和承担的义务（合同债务）。[1] 换言之，合同的内容是指合同当事人依据法律规定和合同的约定所产生的权利义务关系，简称为合同权利和合同义务。

所谓合同权利，又称合同债权，是指债权人有权请求债务人为一定行为或者不为一定行为的权利。合同债权作为一种财产权利，主要有以下几项权能：第一，请求履行的权利。债权人有权请求债务人依据法律和合同的规定，为一定行为或不为一定行为，如请求债务人依据合同的规定交付财产或提供劳务等。这种权利体现为一种请求权，是合同权利的核心权能，也是合同债权的主要内容。第二，保全债权的权利。所谓合同的保全，是指法律为防止债务人的财产不当减少而给债权人的债权带来危害，从而允许债权人对于债务人或第三人的行为行使撤销权或代位权，以保护其债权。合同保全是债的对外效力的体现，是由法律直接规定的，其效力已经超出了请求权的范畴，是债权人所享有的一种法定权能。第三，请求保护债权的权利。当债务人不履行或不适当履行债务时，债权人有权请求国家机关予以保护，强制债务人履行债务或承担违约责任。第四，处分权能。债权人享有处分债权的权利，如债权人有权将债权转让给他人，有权通过免除债务人的债务而放弃债权，有权通过抵销而处分债权等。

所谓合同义务，又称合同债务，是指义务人依据法律规定和合同约定应当为一定行为或者不为一定行为。合同义务是债务的一种，义务具有强制性，即义务人必须依据法律规定或者当事人约定履行义务，义务人不履行其合同债务，债权人即有权请求其承担违约责任。合同义务是相对于合同权利而言的，是合同当事人依据法律和合同的约定而产生的义务。合同义务的

---

〔1〕 孔祥俊：《合同法教程》，中国人民公安大学出版社 1999 年版，第 49 页。

确定在合同中具有重要意义,其重要性表现在:一方面,合同义务的确定直接决定债务人的履行内容,合同义务一旦确定,债务人必须全面地、适当地履行;另一方面,合同义务的确定有利于维护债权人的利益和实现债权人的订约目的。还应看到,合同义务的确定也直接关系到当事人是否应当承担违约责任,以及责任范围的问题。由于违约责任从性质上说就是当事人违反合同义务所产生的后果,所以合同义务也是违约责任的前提和基础,只有在违反合同义务的情况下才会产生违约责任。但是,违约责任本身并不是债务,而是债务人违反债务所应承担的后果。我国原《民法通则》第 106 条第 1 款规定:“公民、法人违反合同或者不履行其他义务的,应当承担民事责任”。可见,责任与债务具有不同性质。

现代合同法发展的一个主要趋势是合同义务来源的多样化,也就是说,合同义务来自如下几方面的原因:第一,当事人的约定,约定义务是当事人在合同中经双方协商所确定的义务,这是合同义务产生的主要原因。第二,法律规定。法定义务,即法律、行政法规所规定的义务。法定义务包括一些法律及法规规定的合同当事人必须遵守的强行性义务,这些义务不能通过协商加以改变。第三,依据诚信原则所产生的附随义务。附随义务是依据诚实信用原则所产生的,根据合同的性质、目的和交易习惯,当事人所应当承担的通知、协助、保密等义务。我国《民法典》第 509 条第 2 款规定:“当事人应当遵循诚信原则,根据合同的性质、目的和交易习惯履行通知、协助、保密等义务。”附随义务的特点表现在:它不是由当事人在合同中明确约定的义务,而是依据诚实信用原则产生的,是诚实信用原则的具体体现。附随义务是附随于主给付义务的,主给付义务确定以后,附随义务才能随之而存在,附随义务本身不能独立于主给付义务而存在。例如,出卖人在交付标的物,履行主给付义务时,应当向买受人如实告知产品的使用方法。附随义务的内容是任何合同都应当具备的,但在不同的合同中,义务内容也不完全相同。与主给付义务不同的是,附随义务的内容将随着合同关系的发展而不断变化。在合同成立以后当事人究竟应当负有什么样的附随义务,应当根据合同关系的发展而逐步地确定。

二、合同条款

合同条款是合同内容的外在具体表现,是确定合同当事人权利义务的根据,合同的条款必须明确、肯定、完整,并且不能够自相矛盾,否则将构成合同的缺陷。[2] 合同的权利义务与合同条款之间关联密切,如果将合同理解为一种法律关系,合同当事人的权利义务正是通过合同条款确定和反映出来的。[3] 合同的条款是当事人协商一致的产物,所以合同的权利义务除少数由法律直接规定产生之外,大多是由当事人约定的,也就是说,是通过合同条款固定的。合同的权利义务来自合同项下的条款。总之,合同条款越明确、清楚,当事人之间的关系越确定,就越有利于当事人正确履行合同,并在纠纷发生时能够及时依据合同条款的规定解决纠纷。

按照合同自由原则,合同的内容应当由当事人在法律规定的范围内自由约定。依据《民法典》第 470 第 1 款的规定,“合同的内容由当事人约定”,这就强调了当事人选择合同内容的自由,即合同内容由当事人自由约定的原则。按照合同自由原则,当事人有权自由决定合同的内容,只要当事人的约定不违反法律和社会的公共道德,这种约定就能产生法律上的拘束力,但在当事人没有约定或者约定不明确的情况下,可能需要借助《民法典》合同编的任意性规定确定合同的内容。同时,该条也表明,缔约者可以自由地确立契约的标的、价款、交付方式、履约

---

〔2〕 董安生:《英国商法》,法律出版社 1991 年版,第 47 页。

〔3〕 参见郭明瑞、房绍坤:《新合同法原理》,中国人民大学出版社 2000 年版,第 129 页。

的时间和地点等内容，只要当事人就合同的必要条款达成合意，合同就宣告成立。如果当事人的合意内容不违反法律及社会公共道德，则在法律上就是有效的。

尽管合同的条款是当事人按照合同自由的原则通过意思表示一致而确立的，但并不是说，所有的合同条款都必须要通过合意来完成。现代合同法为了鼓励交易，充分尊重当事人的意志和利益，维护交易的安全和秩序，在合同的部分条款不具备的情况下，法律并不简单地宣告合同不成立或无效，而是通过合同解释的规则来确定合同的条款的意思，或通过漏洞填补的规则填补合同漏洞。也就是说，如果合同欠缺某个条款，并不一定直接导致合同不成立或无效。由此可见，虽然合同条款由当事人合意所形成的，但也可以通过合同解释的规则予以确定。

第二节　合同条款及其分类

一、合同一般包括的条款

《民法典》第470条第1款规定："合同的内容由当事人约定，一般包括下列条款：(一)当事人的姓名或者名称和住所；(二)标的；(三)数量；(四)质量；(五)价款或者报酬；(六)履行期限、地点和方式；(七)违约责任；(八)解决争议的方法。当事人可以参照各类合同的示范文本订立合同"。该条首先强调了合同自由原则，即合同内容由当事人自由约定的原则，按照合同自由原则，当事人有权自由决定合同的内容，只要当事人的约定不违反法律和社会的公共道德，这种约定就能产生法律上的拘束力，但在当事人没有约定或者约定不明确的情况下，将要适用《民法典》合同编的任意性规定。其次，该条适用了"一般包括"的提法，表明本条所规定的合同的主要条款并不是任何合同都必须具备的条款，因为交易的现象纷繁复杂，合同的性质和内容也各不相同，法律上不可能要求任何合同都必须要具备以下各项条款，如价金条款在买卖中是主要条款，但是在赠与合同中则不是主要条款，甚至不是合同的条款。合同应当具备什么条款，需要根据不同的合同来确定，除了依据合同的性质所必须具备的主要条款以外，对其他内容的选择完全由当事人自由约定，"一般包括"的表述表明，本条规定主要是一种建议性的或者是提示性的，[4]如果当事人在合同中的约定不具备上述某一项或者某几项条款，并不必然导致合同不能成立。

(一)当事人的名称或者姓名和住所

合同应当确定当事人的姓名和住所，并要由双方当事人签字，如果当事人是以合同书的形式订立的，则必须在合同中明确写明姓名，并且要签字、盖章。当事人的住所是表明当事人的主体身份的重要标志。合同中写明住所的意义在于通过确定住所，有利于明确债务履行地、诉讼管辖、涉外法律适用的准据法、法律文书送达的地点等事宜。当然，如果合同中没有规定住所，只要当事人是确定的，也不应当影响合同的成立。

(二)标的

标的是合同权利义务指向的对象。合同不规定标的，就会失去目的。可见，标的是一切合同的主要条款。当然，在不同的合同中，标的的类型是不同的。例如，在买卖、租赁等移转财产

---

〔4〕　参见胡康生主编：《中华人民共和国合同法释义》，法律出版社1999年版，第26页。

的合同中,标的通常与物联系在一起。换言之,标的是转移一定的物的使用权和所有权。而在提供劳务的合同中,标的只是完成一定的行为。但由于各类合同都必须要确定标的,所以如果在合同中没有规定标的条款,一般将影响到合同的成立。在合同中,合同的标的条款必须清楚地写明标的物或服务的具体名称,以使标的特定化。

(三)数量和质量

标的的数量和质量是确定合同标的的具体条件,是某一标的区别于同类另一标的的具体特点。数量是度量标的的基本条件,尤其在买卖等交换标的物的合同中,数量条款直接决定了当事人的基本权利和义务,数量条款不确定,合同将根本不能得到履行。例如,甲向乙发出一项意思表示,问乙是否需要某种货物,如果没有提出数量条款,则该意思表示仍然可能是不确定的,因此可能不构成要约。当事人在约定数量条款时,应当明确计量单位和计量方法,并且可以规定合理的磅差和尾差。除应适用国家明文规定的计量单位以外,当事人依法有权选择非国家或国际标准计量单位,但应当确定其具体含义。

合同中的质量条款也可能直接决定着当事人的订约目的和权利义务关系。例如,购买某种类型的货物,当事人通常需要该货物达到特定的质量要求,如果质量条款规定不明确,则极容易产生争议。当然,质量条款在一般情况下并不是合同的必要条款,如果当事人在合同中没有约定质量条款或约定的质量条款不明确,可以根据《民法典》第510条和第511条的规定填补漏洞,但不宜因此简单地宣布合同不成立。

(四)价款或者报酬

价款一般是针对标的物而言的,如买卖合同中的标的物应当规定价格。而报酬是针对服务而言的,如在提供服务的合同中,一方提供一定的服务,另一方应当支付相应的报酬。价款和报酬是有偿合同的主要条款,因为有偿合同是一种交易关系,要体现等价交换的交易原则,所以价款和报酬是有偿合同中的对价,获取一定的价款和报酬也是一方当事人订立合同所要达到的目的。当事人在合同中明确约定价款和报酬,可以有效地预防纠纷的发生。但价款和报酬条款并不是直接影响合同成立的条款,没有这些条款,可以根据《民法典》合同编的规定填补漏洞,但不应当影响合同的成立。

(五)履行期限、地点和方式

所谓履行期限,是有关当事人实际履行合同的时间规定。换言之,是指债务人向债权人履行义务的时间。在合同成立并生效之后,当事人不必实际地履行其义务,在履行期到来以后才应当实际地履行义务,在履行期到来之前,任何一方都不得请求他方实际地履行义务。履行期限明确的,当事人应按确定的期限履行;履行期限不明确的,可由当事人事后达成补充协议或通过合同解释的办法来填补漏洞。在双务合同中,除法律另有规定外,当事人双方应当同时履行。凡是在履行期限到来时,不作出履行和不接受履行,均构成履行迟延。

所谓履行地点,是指当事人依据合同规定履行其义务的场所。履行地点与双方当事人的权利义务关系也有一定的联系。在许多合同中,履行地点是确定标的物验收地点、运输费用由谁负担、风险由谁承受的依据,有时也是确定标的物所有权是否转移以及何时转移的依据。

所谓履行方式,是指当事人履行合同义务的方法。例如,在履行交付标的物的义务中,是应当采取一次履行还是分次履行,是采取现实交付还是采取占有改定方式,是采用买受人自提还是采用出卖人送货的方式,如果要采用运输的方法交货,则采用何种运输方式等,这些内容也应当在合同中尽可能作出约定,以免今后发生争议。

应当指出,有关合同的履行期限、地点和方式的条款并不是决定合同成立的必要条款。在当事人就这些条款没有约定或约定不明时,可以采用《民法典》规定的方法填补漏洞。

(六)违约责任

所谓违约责任,是指违反法律规定和合同约定的义务而应当承担的责任。换言之,是指在当事人不履行合同债务时,所应承担的损害赔偿、支付违约金等责任。违约责任是民事责任的重要内容,它有利于督促当事人正确履行义务,并为非违约方提供补救。但当事人可以事先约定违约金的数额、幅度,可以预先约定损害赔偿额的计算方法甚至确定具体数额,同时也可以通过设定免责条款限制和免除当事人可能在未来发生的责任。所以,当事人应当在合同中尽可能地就违约责任作出具体规定。但如果合同中没有约定违约责任条款,也不应当影响合同的成立。在此情况下,可以按照法定的违约责任制度来确定违约方的责任。

(七)解决争议的方法

所谓解决争议的方法,是指将来一旦发生合同纠纷,应当通过何种方式来解决纠纷。按照合同自由原则,选择解决争议的方法也是当事人所应当享有的合同自由的内容。具体来说,当事人可以在合同中约定,一旦发生争议以后,是采取诉讼还是仲裁的方式,如何选择适用的法律,如何选择管辖的法院等。当然,解决争议的方法并不是合同的必要条款。如果当事人没有约定解决争议的方法,则在发生争议以后,应当通过诉讼解决。

应当指出,《民法典》第470条规定了合同的内容一般应包括当事人的名称或者姓名和住所、标的、数量等条款,但本条并没有明确哪些条款是合同成立的必要条款,即合同应当具备哪些内容后才能成立。《合同法解释(二)》第1条对此予以了明确,该条规定:"当事人对合同是否成立存在争议,人民法院能够确定当事人名称或者姓名、标的和数量的,一般应当认定合同成立。但法律另有规定或者当事人另有约定的除外。"即只要合同中的"当事人名称或者姓名"、"标的"和"数量"三项合同条款能够确定的,且法律未对合同成立作特别规定或当事人未对合同成立作特别约定的,合同原则上就已经成立。因此,"当事人名称或者姓名"、"标的"和"数量"三项内容是合同成立的必要条款。不过,该条是针对买卖合同应当具备的主要条款所作出的规定,并不适用于所有的合同,例如,在劳务合同中,并不以数量作为必要条款,因此,合同的性质不同,其必要条款也存在差别,不可一概而论。

《民法典》第470条第3款规定:"当事人可以参照各类合同的示范文本订立合同。"所谓示范文本,是指根据法规和惯例而确定的具有合同示范作用的文件。在我国,房屋的买卖、房屋租赁、建筑等许多行业正在逐渐推行各类示范文本。示范文本的推广对于完善合同条款、明确当事人的权利义务、减少因当事人欠缺合同法律知识而产生的各类纠纷具有重要作用。但由于示范文本只是当事人双方签约时的参考文件,对当事人无强制约束力,双方可以修改其条款形式和格式,也可以增减条款,因此它不是格式条款。可以说,条款的内容能否与对方协商,是格式条款与示范文本的根本区别。因为格式条款与示范文本一样,都可能是为重复使用而预先拟定的,但格式条款是固定的且不能修改的,而示范文本只是订约的参考,因此是可以协商修改的。合同编之所以允许当事人可以参照各类合同的示范文本订立合同,是因为制定此类示范文本大多是当事人的行政主管机关或者行业主管部门。例如,房地产管理部门制订的房屋买卖合同,土地管理部门制订的土地使用权出让合同等,它们虽然只是由有关部门制订出来提供给缔约当事人参考的,并不具有强制性,但可以有效地规范、引导当事人正确定约,降低和减少交易成本,因此参照各类合同的示范文本订立合同,也具有重要意义。

二、合同条款的分类

根据合同条款在合同中的地位和作用,可以将合同条款区分为如下几类。

(一)必要条款和非必要条款

所谓必要条款,是指依据合同的性质和当事人的特别约定所必须具备的条款,缺少这些条款将影响合同的成立。依据《民法典》第470条的规定,合同一般包括当事人的名称和住所、标的、数量、质量、价款或报酬、履行期限、地点、方式、违约责任、解决争议的方法等。这些条款中有的是合同的必要条款,有的不一定是合同的必要条款。是否为合同的必要条款应依据合同的性质和当事人的特别约定来确定。《合同法解释(二)》第1条规定:"当事人对合同是否成立存在争议,人民法院能够确定当事人名称或者姓名、标的和数量的,一般应当认定合同成立。但法律另有规定或者当事人另有约定的除外。"因此,标的和数量一般属于必要条款。

所谓非必要条款,是指依据合同的性质在合同中不是必须具备的条款。也就是说,即使合同不具备这些条款也不应当影响合同的成立,如有关履行期限、质量等条款。在缺少这些条款的情况下,完全可以根据《民法典》第510条和第511条的规定填补漏洞。

必要条款和非必要条款的区别主要表现在:第一,是否依据合同的性质。必要条款是依据合同的性质所必须具备的条款,如所有的合同都应具备标的条款,买卖合同应当具备价金条款等。而非必要条款则是依特定合同的性质所不必具备的条款。第二,是否根据当事人的特别约定。一些必要条款是当事人特别约定合同必须具备的条款。即使是非必要条款,只要当事人在合同中特别约定并将其作为合同成立的必要条款,则这些非必要条款都可以成为必要条款。例如,当事人在合同中规定,本合同必须经过公证才能生效,则公证成为本合同的必要条款。第三,是否影响合同的成立与生效。原则上说,必要条款是特定合同所必须具备的,所以,缺少必要条款会影响到合同的成立或生效,而非必要条款的缺少并不产生如此效果。

(二)格式条款和非格式条款

格式条款,是指是由一方为了反复使用而预先制订的、在订立合同时不与对方协商的条款。非格式条款,是指当事人在订立合同时可以与对方协商的条款。

区分格式条款与非格式条款的主要意义在于加强对相对方(非格式条款制订人)权益的保护。为了加强对格式条款的规范,法律设立了三项重要规则:第一,明确格式条款制订者采取合理方式,提请对方注意免除或者限制其责任的条款;第二,禁止格式条款的制订者利用格式条款免除其责任、加重对方责任,排除对方主要权利;第三,在解释格式条款时应当作出不利于提供格式条款一方的解释。这些规定不仅对于经济上处于弱者地位的消费者的权利提供了有力的保障,而且可以有效地防止和限制公司与企业滥用经济优势损害消费者的利益。扩大格式条款的适用范围,显然对消费者的保护是十分必要的。

(三)实体条款和程序条款

实体条款是规定有关当事人在合同中所享有的实体权利义务内容的条款,如有关合同标的、数量、质量的规定等都是实体条款。而程序条款主要是指当事人在合同中规定的履行合同义务的程序及解决合同争议的条款,如有关标的物检验程序、关于商品房交付的质量检验程序、有关合同发生争议后的诉讼管辖或仲裁的选择、结算条款等。区分实体条款和程序条款的意义主要在于:一方面,两种条款对于当事人所享有的实体权利义务的影响不同。实体条款直接影响当事人的权利义务,而程序条款只是间接地影响当事人的权利义务。另一方面,两种条款应适用的法律规范不同。实体条款主要适用《民法典》等实体法的规定,而程序条款主要适用《民事诉讼法》《仲裁法》等程序法的规则。此外，实体条款主要涉及当事人之间的权利义务关系，而程序条款则涉及争议解决的方式，如仲裁条款。

第三节　格式条款

一、格式条款的概念与特征

《民法典》第496条第1款的规定，“格式条款是当事人为了重复使用而预先拟定，并在订立合同时未与对方协商的条款”，依据这一规定，所谓格式条款，是指由一方当事人为了反复使用而预先制订的、并由不特定的第三人所接受的，在订立合同时不与对方协商的条款。格式条款的产生和发展是20世纪合同法发展的重要标志之一。格式条款的出现，不仅改变了传统的订约方式，而且对合同自由原则形成了挑战。因此，各国都纷纷通过修改和制定单行法律等方式对格式条款进行规范。格式条款具有如下特点：

1. 格式条款是由一方为了反复使用而预先制订的。格式条款必须是在订约以前就已经预先制订出来，而不是在双方当事人反复协商的基础上制订出来的。制订格式条款的一方多为固定提供某种商品和服务的公用事业部门、企业和有关的社会团体等，当然也有些格式条款文件是由有关政府部门为企业制订的，如常见的电报稿上的发报须知、飞机票上的说明等。格式条款一般都是为了重复使用而不是为一次性使用制订的，因此从经济上看有助于降低交易费用，尤其是许多交易活动是不断重复进行的，许多公用事业服务具有既定的要求，通过格式条款的方式可以使订约基础明确、节省费用、节约时间，这也符合现代市场经济高度发展的要求。

2. 格式条款一方通常是不特定的。格式条款是为与不特定的人订约而制订的，因而，格式条款在订立以前，要约方总是特定的，而承诺方都是不特定的，这就与一般合同当事人双方都是特定主体有所不同。如果一方根据另一方的要求而起草供对方承诺的合同文件，则仍然是一般合同文件而不是格式条款文件。当然，在不特定的相对人实际进入订约过程以后，其事实上已由不特定人变成了特定的承诺人。正是因为格式条款常常将要适用于广大的消费者，所以对格式条款加以规范，对保护广大消费者的利益具有十分重要的作用。

3. 格式条款的内容具有定型化的特点。所谓定型化，是指格式条款具有稳定性和不变性，它将普遍适用于一切要与起草人订立合同的不特定的相对人，而不因相对人的不同有所区别。一方面，格式条款文件，普遍适用于一切要与条款的制订者订立合同的相对人，相对人对合同的内容只能表示完全的同意或拒绝，而不能修改、变更合同的内容。因此，格式条款也就是指在订立合同时不能协商的条款。另一方面，格式条款的定型化是指在格式条款的适用过程中，要约人和承诺人双方的地位也是固定的，而不像一般合同在订立过程中，要约方和承诺方的地位可以随时改变。

值得注意的是，《民法典》第496条第1款的规定，“格式条款是当事人为了重复使用而预先拟定，并在订立合同时未与对方协商的条款”，可见，格式条款的主要特点在于未与对方协商。本书认为，对《民法典》第496条第1款的规定，应理解为格式条款是指在订立合同时不能与对方协商的条款。因为未与对方协商的条款并不意味着条款不能与对方协商，某些条款有可能是能够协商确定的，但条款的制订人并没有与对方协商，而相对人也没有要求就这些条款进行协商,但这并不意味着这些条款便属于格式条款。格式条款只能是不能协商的条款,如果当事人一方在能够协商的情况下而不与对方协商,或放弃协商的权利,则不能将这些未协商的条款直接确定为格式条款。

4. 相对人在订约中居于附从地位。相对人并不参与协商过程,只能对一方制订的格式条款概括地予以接受,而不能就合同条款讨价还价,因而相对人在合同关系中处于附从地位。格式条款的这一特点使它与某些双方共同协商参与制订的格式条款不同,后一种合同虽然外观形式上属于格式条款,但因其内容是由双方协商确定的,所以,仍然是一般合同而不是格式条款。[5] 正是因为相对人不能与条款的制订人就格式条款的具体内容进行协商,所以格式条款的适用将限制合同自由,而且极易造成对消费者的损害。因为消费者通常都是弱者,条款的制订人通常都是大公司、大企业,它们有可能垄断一些经营与服务事业,消费者在与其进行交易时通常别无选择,只能接受其提出的不合理的格式条款。因此,格式条款的制订对制订的一方来说是自由的,而对相对人来说则是不自由的。这就造成了格式条款的弊端,从而有必要对格式条款在法律上进行控制。当然,对于相对人来说,虽然其不具有充分表达自己意志的自由,但从法律上看,其仍然应当享有选择是否接受格式条款的权利,因此仍享有一定程度的合同自由。所以,格式条款的适用,并没有完全否定合同自由原则。

合同法采用格式条款而不是格式合同的概念,意味着在一个合同中可以将所有的条款分为两类,即格式条款与非格式条款,即使不存在书面合同,那么对于已经纳入合同中的格式条款,也可以适用《民法典》合同编的相关规定。

格式条款常常与示范合同相混淆。所谓示范合同,是指根据法规和惯例而确定的具有示范使用作用的文件。在我国,房屋的买卖、租赁、建筑等许多行业正在逐渐推行各类示范合同。示范合同的推广对于完善合同条款、明确当事人的权利义务、减少因当事人欠缺合同法律知识而产生的各类纠纷具有一定的作用。但由于示范合同只是当事人双方签约时的参考文件,对当事人无强制约束力,双方可以修改其条款形式和格式,也可以增减条款,因而其不是格式条款。格式条款是固定的、不能修改的;而示范合同只是订约的参考,因此是可以协商修改的。

二、提供格式条款的一方负有遵循公平原则以及提请注意或说明的义务

《民法典》第496条第2款规定:"采用格式条款订立合同的,提供格式条款的一方应当遵循公平原则确定当事人之间的权利和义务,并采取合理的方式提示对方注意免除或者减轻其责任等与对方有重大利害关系的条款,按照对方的要求,对该条款予以说明。提供格式条款的一方未履行提示或者说明义务,致使对方没有注意或者理解与其有重大利害关系的条款的,对方可以主张该条款不成为合同的内容。"

1. 提供格式条款的一方应当遵循公平原则确定当事人之间的权利和义务。所谓公平原则,是指民事主体应本着公平、正义的观念实施民事行为,司法机关应根据公平的观念处理民事纠纷,民事立法也应该充分体现公平的理念。《民法典》第6条规定:"民事主体从事民事活动,应当遵循公平原则,合理确定各方的权利和义务。"这就在法律上明确确认了公平原则。公平原则是民事活动的目的性的评价标准。也就是说,任何一项民事活动,是否违背了公平原则,常常难以从行为本身和行为过程作出评价,而需要从结果上按照是否符合公平的要求来进

[5] 如1919年的"德国海上保险约款"就是由德国海上保险公司、海上贸易关系团体及保险契约者保护所协商制订的格式条款。

行评价。如果交易的结果形成当事人之间的极大的利益失衡,除非当事人自愿接受,否则法律应当作出适当的调整。例如,依据过错原则所作出的裁判结果违背了公平原则,则可以依据公平原则进行调整。由于公平是一种目的性的评价标准,所以公平原则更多地体现了实质正义的要求。

由于提供格式条款的一方常常居于优势地位,而相对人在订约中居于附从地位,为了保障交易的公平,法律要求提供格式条款的一方应当遵循公平原则确定当事人之间的权利和义务,在格式条款的制定中,不得利用其优势地位损害另一方的权益,更不得利用对方的无经验或者是利用自己的优势地位,从而导致民事主体之间利益关系失衡。

2. 提供格式条款的一方应当采取合理的方式提示对方注意免除或者减轻其责任等与对方有重大利害关系的条款。提供格式条款的一方应当采取合理的方式提示对方注意一些重要条款,就是说,提供格式条款的一方应当在合同订立过程中告知对方,注意一些重要条款,并应当理解这些条款的内容。因为各种原因,一方提供格式条款后,一些相关的重要条款表述的似是而非,非专业人士难以理解其中隐藏的含义,特别是隐藏设定的免责条款,更难以被相对人理解,对方可能并没有注意到一些条款的重要性,等到条款生效后已经来不及,这样不仅会使条款显失公平、损害相对人的利益,也会徒增纠纷。因此,法律要求提供格式条款的一方应当采取合理的方式提示对方注意一些重要条款。哪些条款应当提请注意？依据《民法典》第 496 条第 2 款,此类条款主要包括:其一,免除或者减轻责任条款,免责条款是当事人双方在合同中事先约定的,旨在限制或免除其未来的责任的条款。因此,对当事人利益攸关。其二,与对方有重大利害关系的条款,如仲裁条款、选择鉴定单位的条款等。何为与对方有重大利害关系的条款？笔者认为,其主要是指合同中的异常条款。根据《国际商事合同通则》第 2.1.20 条第 1 款规定:“如果标准条款中含有另一方当事人不能合理预见性质的条款,则该条款无效,除非对方明示地表示接受”。所谓异常条款,一方面,是指相对人不能合理预见到的条款。另一方面,是指对当事人的权利、义务、责任等有重大影响的条款。例如,双方在旅游合同中约定,旅行社仅仅作为游客住宿时旅馆经营者的代理人,不对该旅馆的食宿供应负责,该条款对游客是难以预见的。[6] 为了防止格式条款的制定者利用其优势地位拟订过分不利于相对人的条款。所以,提供格式条款的一方应当采取合理的方式提示对方注意。

依据《民法典》第 496 条第 2 款的规定,提请注意的方式应该合理。也就是说,提供格式条款的一方在订约时,有义务以明示或者其他合理、适当的方式提请相对人注意,且提请注意应当达到合理的程度。所谓合理方式,主要是指能起到引起注意、提请强调和吸引对方注意的方式。判断其是否达到合理的程度时,应当依据以下四个方面的标准:第一,文件的外形。从文件的外在表现形式来看,应当使相对人产生它是规定当事人权利义务关系的合同条款的印象。第二,提起注意的方法。根据特定交易的具体环境,提供格式条款的一方可以向相对人明示其条款或以其他显著方式如广播、张贴公告等形式提请相对人注意。在这些提请方式中,应当尽可能采用个别提醒的方式,不可能采用个别提请方式的,应采用公告方式。[7] 第三,清晰明白的程度,即提起相对人注意的文字或语言必须清楚明白。如果一个正常人都难以注意到格式条款的存在,则难谓尽到了合理的方式提请注意。例如,以公告明示方式来提请注意的,则其

---

〔6〕 参见张玉卿主编:《国际商事合同通则 2004》,中国商务出版社 2005 年版,第 201 页。
〔7〕 参见崔建远:《合同法总论》(上卷),中国人民大学出版社 2008 年版,第 148 页。

公告的内容和方式必须以使相对人容易察觉、阅读和理解为原则。[8]《合同法解释(二)》第6条规定:“提供格式条款的一方对格式条款中免除或者限制其责任的内容,在合同订立时采用足以引起对方注意的文字、符号、字体等特别标识,并按照对方的要求对该格式条款予以说明的,人民法院应当认定符合合同法第39条所称‘采取合理的方式’”。第四,提起注意的程度,即必须能够引起一般相对人的注意。合理注意在不同情况下所确定的标准是不同的,但总体来说,应通过合理的方式提起注意而使相对人对条款的内容有足够的了解,或使相对人能够有更多的时间认真考虑格式条款。对一般的格式条款和具有免除责任的格式条款,在处理上应当有所区别,对后者应当课以制订人更高程度的说明告知义务。

3. 提供格式条款的一方应当按照对方的要求,对该条款予以说明。《民法典》第496条第2款增加了对于“与对方有重大利害关系的条款”需要按照对方的要求进行说明。具体而言,首先由对方提出说明要求。也就是说,此种说明义务并非主动的作为义务,而是按照对方的要求所应当履行的义务。对方要求说明的,提供格式条款的一方有义务按照对方的要求说明,对方没有要求的,则提供格式条款的一方没有义务说明。其次条款起草人应当对“与对方有重大利害关系的条款”进行说明。所谓对该条款予以说明,就是说应当向对方详细阐述该条款的含义,使对方清晰地理解该条款。在某些情况下,尽管条款制订人已经告知对方哪些条款是格式条款,但对方并不一定清楚地理解格式条款的含义。如果对方要求以某种方式作出告知和说明,则条款制订人有义务按照对方的要求进行说明,当然,这种特殊的要求应当限定在合理的范围内。

原《合同法》第39条只规定了对于免除或限制责任条款的说明义务,说明义务覆盖的条款范围显然较小,不利于保护接受格式条款的一方当事人。因为在实践中,诸如争议解决条款、管辖条款甚至是诉讼时效条款等均对当事人有重大利害关系。因此,此次合同编将说明义务覆盖的条款范围扩大至所有与当事人具有重大利害关系的条款,是十分必要的。

4. 提供格式条款的一方未履行提示或者说明义务的后果。我国《民法典》第496条明确了未尽说明义务的法律效果。我国《民法典》第496条采用了“对方可以主张该条款不成为合同的内容”的表述,依据这一规定,一方面,由于该条的立法本意是保护相对人,因此必须由相对方主张该条款不成为合同的内容,而不是由该条款起草人提出此种请求。另一方面,相对人可以作出选择,如果其认可这些条款,选择将其纳入合同内容时,应当认定该条款的效力;如果相对人主张该条款不成为合同的内容,则该条款不能成为合同内容。

所谓“不成为合同的内容”,是指这些条款根本没有成立,即因为条款制作人一方没有履行提示或者说明义务,从而认定当事人没有就该条款达成合意,即这些条款无法成为合同的内容,而不是这些条款无效,在不成立的情形下,当事人无须履行这些条款规定的义务,但不必像无效那样,产生恢复原状的后果。可见,这一方式可以更好地保护接受格式条款的一方当事人的利益。但是,需要注意的是,依据诚信原则,接受格式条款的一方当事人必须及时主张是否将该条款纳入合同内容。

三、格式条款的无效

所谓格式条款的无效,是指格式条款因为违反了法律、行政法规的强制性规定以及公序良俗,应当被宣告无效。尽管格式条款与一般合同条款一样,都应当按照民事法律行为的一般生

[8] 参见余延满:《合同法原论》,武汉大学出版社1999年版,第127页。

效标准来判断,但格式条款本身具有其特殊性,对于格式条款的生效,在法律上应当有更为严格的限制。

（一）格式条款无效的情形

《民法典》第497条规定:“有下列情形之一的,该格式条款无效:(一)具有本法第一编第六章第三节和本法第五百零六条规定的无效情形;(二)提供格式条款一方不合理地免除或者减轻其责任、加重对方责任、限制对方主要权利;(三)提供格式条款一方排除对方主要权利。”可见,格式条款的无效情形,较之于一般合同条款更多,对格式条款的生效限制更为严格。具体而言,格式条款的无效包括如下情形:

1. 具有《民法典》第一编第六章第三节和第506条规定的无效情形。具体包括:

(1)具有《民法典》第一编第六章第三节规定的无效情形。《民法典》第153条规定:“违反法律、行政法规的强制性规定的民事法律行为无效。但是,该强制性规定不导致该民事法律行为无效的除外”。依据这一规定,违反法律、行政法规强制性规定的民事法律行为无效。该条规定不仅确立了一种无效民事法律行为的类型,而且,确立了判断民事法律行为无效的标准,当然可以适用于格式条款的效力判断。此外,依据《民法典》第一编第六章第三节的规定,恶意串通损害他人合法权益、以虚假的意思表示实施的民事法律行为等,都是无效的,这些规定都可以适用于格式条款的效力认定。

(2)具有《民法典》第506条规定的无效情形。在市场交易活动中,由于交易充满了风险,因此当事人需要通过免责条款合理分配双方的利益和风险,事先规避风险。免责条款的设定有助于控制未来风险、合理规避风险、降低交易成本,从而有利于鼓励各类交易、促进交易的发展,也有利于及时解决纠纷。当事人在规定免责条款时,必须符合法律、行政法规的强制性规定。格式条款中也会包括格式的免责条款,对这些条款的效力也应当根据法律关于免责条款效力的认定标准予以判断。《民法典》第506条规定:“合同中的下列免责条款无效:(一)造成对方人身损害的;(二)因故意或者重大过失造成对方财产损失的。”该规定当然可以适用于格式条款的效力认定。例如,一方在格式条款中规定“如果因本公司售出的设备造成损害,本公司只赔偿设备本身的损害,不赔偿其他的损失”。显然,该条款免除了条款提供者未来因为其售出的设备所造成的其他财产损失以及人身伤害的责任,其也应当属于无效条款。

2. 提供格式条款一方不合理地免除或者减轻其责任、加重对方责任、限制对方主要权利。这意味着条款制作人违反公平原则,不合理地安排当事人之间的权利和义务,导致格式条款显失公平。需要指出的是,依据《民法典》第497条的规定,并非在格式条款出现免除或者减轻其责任、加重对方责任、限制对方主要权利的情形后,该格式条款都无效,而要确定这些条款本身具有不合理性,即不合理地免除或者减轻其责任、加重对方责任、限制对方主要权利。关于合理和不合理的判断,需要根据一个合理的交易当事人的观点来判断。如果一个理性的交易当事人认为,有关免除或者减轻其责任、加重对方责任、限制对方主要权利的格式条款是不合理的,则应当认为存在效力瑕疵。具体而言,包括如下三种情形:第一,不合理地免除或者减轻责任。免除或者减轻责任条款本身是合法的,但格式条款的制定人不得不合理地免除或者减轻其责任,如规定在合同履行过程中发生的一切不利后果都由对方负责;再如,商店中标示的“本店商品一经售出概不退换”的告示,都属于不合理地免除或者减轻责任的条款。第二,不合理地加重对方责任。所谓加重责任,是指格式条款中含有在通常情况下对方当事人不应当承担的义务。如合同中约定消费者对于不可抗力发生的后果也应承担责任,有的规定了异常高的违约金。第三,限制对方主要权利。例如,条款制作人为了达到长期占有客户或者垄断市场的目的,在格式条款中约定对方不得与任何第三方交易,只能与条款制定人交易,从而限制对方自由交易的权利。

3. 提供格式条款一方排除对方主要权利。所谓排除主要权利,是指格式条款中含有排除对方当事人依据合同的性质和内容应当享有的主要权利,所对应的义务往往是主给付义务。如果《民法典》第 497 条第 3 项与第 2 项相比较,可以看出,两者规定的内容具有明显的区别:第一,第 3 项不存在不合理地限定,只要是排除对方主要权利,就可以宣告该格式条款无效。第二,第 3 项是排除,而并不包括限制。所以,在不合理地限制对方主要权利时,适用第 2 项,出现完全排除对方主要权利的情况时,则适用第 3 项。

何为主要权利?《民法典》合同编并未作明文规定,笔者认为,"主要权利"需要根据合同的性质予以确定,因为合同千差万别,性质各不相同,当事人享有的"主要权利"不可能完全一样。认定"主要权利"不能仅仅看双方当事人签订的合同的内容是什么,而应就合同本身的性质来考察。如果依据合同的性质能够确定合同的主要内容,则应以此确定当事人所享有的主要权利。〔9〕 例如,经营者在格式条款中规定,消费者对有瑕疵的物只能请求修理或者更换,不能解除合同或者减少价金,亦不能请求损害赔偿。再如,经营者在合同中拟定发生纠纷只能与其协商解决,而不能进行诉讼或仲裁,或者在合同中自主决定解决争议的方法而排斥消费者的选择权。〔10〕 当然,如果暂时限制起诉时间,不能认为是排除对方主要权利。例如,在"六盘水恒鼎实业有限公司、重庆千牛建设工程有限公司建设工程施工合同纠纷案"中,〔11〕最高人民法院认为,合同中约定在付款期限内不得提起诉讼的条款,并非排斥当事人的基本诉讼权利,该条款仅是限制其在一定期限内的起诉权,而不是否定和剥夺当事人的诉讼权利,只是推迟了提起诉讼的时间,故其主张在付款期限内不得提起诉讼的条款无效缺乏事实和法律依据。

(二)格式条款无效的后果

格式条款无效,是指格式条款因违反了法律、行政法规的规定,而应当被宣告无效。格式条款一旦被宣告无效,则为自始无效,民事法律行为一旦被确认无效,就将产生溯及力,使该行为自实施之时起就不具有法律效力,以后也不能转化为有效法律行为。对已经履行的,应当通过返还财产、赔偿损失等方式使当事人的财产恢复到法律行为实施之前的状态。

1. 格式条款的无效不一定导致合同无效。格式条款本身是整个合同的某个或者数个条款,该条款无效并不当然影响整个合同的效力。《民法典》第 156 条规定:"民事法律行为部分无效,不影响其他部分效力的,其他部分仍然有效。"依据这一规定,应当考虑格式条款无效是否会影响整个合同的效力。如果合同的内容可以分为若干部分,即有效部分和无效部分可以独立存在,一部分无效并不影响另一部分的效力,那么格式条款的无效,并不等于含有格式条款的合同的无效。格式条款的无效可能只是指某些格式条款的无效,属于部分无效,但不影响

〔9〕《上海市合同格式条款监督条例》第 8 条规定:"格式条款不得含有排除消费者下列主要权利的内容:(一)依法变更或者解除合同;(二)请求支付违约金或者请求损害赔偿;(三)行使合同解释权;(四)就合同争议提起诉讼的权利;(五)消费者依法享有的其他主要权利。"以上内容可资参照。

〔10〕 参见《关于〈上海市合同格式条款监督条例(草案)〉的说明》,载上海市工商行政管理局编:《上海市合同格式条款监督条例释义与应用》,华东理工大学出版社 2001 年版,第 60 ~ 61 页。

〔11〕 最高人民法院(2016)最高法民终 415 号。

合同其他条款的效力,也不影响合同的整体效力。[12] 当然,如果格式条款与整个合同条款不可分开,则有关格式条款被宣告无效,整个合同也应当被宣告无效。

2. 格式条款无效的补正。如果有关格式条款违反法律、行政法规的规定而无效,当事人也可以采取补正的方式使其有效。也就是说,有关格式条款违法,当事人通过协商对这些条款进行修正,例如,如果格式条款不合理地免除或者减轻其责任、加重对方责任,可以对这些条款进行修改,消除其无效的原因,从而使无效的格式条款变为有效条款。

3. 格式条款无效的后果。《民法典》第157条规定:"民事法律行为无效、被撤销或者确定不发生效力后,行为人因该行为取得的财产,应当予以返还;不能返还或者没有必要返还的,应当折价补偿。有过错的一方应当赔偿对方由此所受到的损失;各方都有过错的,应当各自承担相应的责任。法律另有规定的,依照其规定。"依据这一规定,格式条款被认定为无效后,应当产生返还财产、恢复原状、赔偿损失的法律后果。

四、格式条款的解释

(一)格式条款解释的必要性

所谓格式条款的解释,是指根据一定的事实,遵循有关的原则,对格式条款的含义作出说明。一般来说,如果格式条款的各项条款明确、具体、清楚,而当事人对条款的理解不完全一致,因而发生争执,便涉及合同的解释问题。例如,在我国温州等地,一些典当铺制订的格式条款中曾有"天灾人祸,皆不负责"的条款,当事人对天灾人祸含义的理解并不一致,容易产生纠纷。因此,对格式条款作出准确的解释,对于正确确定当事人之间的权利义务,保护各方当事人合法权益,并使格式条款保持合法性和公平性,十分必要。

由于格式条款与非格式条款之间存在诸多差异,因而格式条款的解释也具有一定的特殊性。从性质上看,由于格式条款仍然属于合同条款,而不属于法律规范,因而不能按照解释法律的方法来解释格式条款,而应当采纳一般合同解释所应遵循的原则对格式条款进行解释。例如,解释合同应考虑合同的目的,应按照合同的全部条款解释而不能仅拘泥于个别文字,应公平合理并兼顾双方的利益,不得违反法律规定等。

(二)格式条款解释的规则

需要指出的是,格式条款虽然是合同条款,却又与一般合同条款有所区别。因为格式条款是一方为了反复使用而预先制订的,格式条款不是为特定的相对人制订的,而是为不特定的相对人制订的,所以格式条款的解释所依据的原则又具有特殊性。根据本条规定,格式条款的解释应当采取以下三项特殊的解释规则:

1. 应当按照通常理解予以解释。按照通常理解予以解释,是指对于格式条款,应当以可能订约者平均、合理的理解为标准进行解释。既然格式条款是为不特定的人制订的,那么格式条款就应考虑到多数人而不是个别消费者的意志和利益。因此,在就格式条款发生争议时,应以可能订约者平均的、合理的理解为标准进行解释,具体来说:

(1)除了当事人有特别约定之外,格式条款的解释应超脱于具体环境及特殊的意思表示,即不应把各个具体的订约环境或特别的意思表示作为解释合同的考虑因素,并据此探求个别当事人的真实意志。

---

[12] 苏号朋:《论格式条款订入合同的规则》,载《第二届"罗马法、中国法与民法法典化"国际研讨会论文集》,第272页。

(2)对某些特殊的术语应作出平常的、通常的、通俗的、日常的、一般意义的解释。如果某个条款所涉及的术语或知识不能为某个可能订约的相对人所理解,则应以可能订约者的平均的、合理的理解为基础进行解释。同时,如果某个条款涉及的术语或知识不能为相对人的平均理解能力所理解,则条款制订人不能主张该条文具有特殊含义。当然,如果条款所适用的对象本身是具有专门知识的人(如海上保险条款),并为其所理解,则应就条款所使用的特殊术语作出解释。

(3)若格式条款经过长期使用以后,消费者对其中某些用语的理解,与条款制订方的理解有所不同,则应以交易时消费者的一般理解为标准进行解释。

(4)应根据其适用的不同地域、不同职业团体的可能订约者的一般理解来解释合同。格式条款适用于不同地域和团体时,各个地域和团体内的相对人对格式条款内容的理解是不同的,因此应以不同地域和团体的消费者平均的、合理的理解为标准进行解释。在格式条款中,如果某些术语或文字具有特定的含义,对此种含义,虽然不能被可能订约者的平均、合理的理解能力所理解,但确能为某个具有专门知识的订约人所理解,在此情况下,也仍应以格式条款可能订约者平均的、合理的理解为标准进行解释。

2. 作出对条款制订人不利的解释。法谚上有所谓"用语有疑义时,就对使用者为不利益的解释",各国大多采纳了这一规则,我国《民法典》第498条规定,应当作出不利于格式条款提供者一方的解释,因为既然格式条款是由一方制订的而不是由双方商订的,那么各项条款可能是其制订人基于自己的意志所作的有利于自己的条款,尤其是条款制订人可能会故意使用或插入意义不明确的文字以损害消费者的利益,或者从维持甚至强化其经济上的优势地位出发,将不合理的解释强加于消费者,所以,为维护消费者的利益,在条款含义不清楚时,就应对条款制订人作不利的解释。

3. 格式条款和非格式条款不一致的,应当采用非格式条款。在一般的合同解释中,如果个别商议的条款与一般条款不一致,那么个别商议条款应当优先于一般条款。对格式条款而言,其是由一方预先制订的,当格式条款与非格式条款的含义不一致时,应当认定非格式条款优先于格式条款。这既尊重了双方当事人的真实意思,也有利于保护广大消费者的利益。

此外,在格式条款的解释中,还应当遵循严格解释原则。严格解释又称为限制解释,它包括两层含义:一方面,是指在格式条款的解释中,应从维护公平正义的目的出发,对合同没有规定或规定不完备的事项,不得采用类推或扩张适用某些条文的适用范围的方法进行解释。因为如果允许对格式条款未规定或规定不完备的事项根据合同的条文简单加以类推、扩张和补充,可能会产生对相对人不利的后果。另一方面,在某个条文的适用范围不明确时,应从"最狭义"的含义进行解释。例如,免责条款未指明是免除合同责任还是侵权责任时,因侵权责任具有一定的强制性,通常涉及公共秩序,故应尽可能地不使当事人通过协议而免责。此外,在格式条款中,有时将具体事项一一加以列举,最后用"其他"或"等等"字样加以概括规定,对于"其他""等等"文句所包含的内容,应解释为与先前所列举的具体事项属于同一种类。此种解释方法,也是严格解释原则的体现。应当指出,严格解释规则是为了保护经济上处于弱者地位的相对人,但如果该规则的适用与保护相对人的要求相悖时,则应采用其他规则进行解释。

第四节　免 责 条 款

一、免责条款的概念与特征

免责条款是当事人双方在合同中事先约定的，旨在限制或免除其未来的责任的条款。按照合同自由原则，当事人可以在法律规定的范围内，自由约定合同条款，因此当事人既可以在合同中约定合同义务和违约责任，也可以在合同中约定免责条款。依法成立的免责条款是有效的。在合同编中，免责条款具有如下特点：

1. 免责条款是一种合同条款，它是合同的组成部分。许多国家的法律规定，任何企图援引免责条款免责的当事人必须首先证明该条款已经构成合同的一部分，否则他无权援引该免责条款。[13] 如果采用格式条款订立合同的，提供格式条款的一方应当按照对方的要求，对该条款予以说明。提供格式条款的一方未履行提示或者说明义务，致使对方没有注意或者理解与其有重大利害关系的条款的，对方可以主张该条款不成为合同的内容。如果提供格式条款一方未尽提示和说明义务，导致对方没有注意免除或者限制其责任的条款，对方当事人可以主张该条款不成为合同的内容。

2. 免责条款是当事人事先约定的。当事人约定免责条款是为了减轻或免除其未来发生的责任，因此只有在责任发生以前由当事人约定且生效的免责条款，才能导致当事人责任的减轻或免除。若在责任产生以后，当事人之间通过和解协议而减轻责任，则不属于免责条款。

3. 免责条款旨在免除或限制当事人未来所应负的责任。根据免责条款所免除或限制责任的性质不同，可将免责条款分为完全免责的条款和限制责任的条款。完全免责的条款是指完全免除一方责任的条款，如某些商店在其柜台上标明“货物出门，恕不退换”，就属于免除责任条款。限制责任的条款是指将当事人的法律责任限制在某种范围内的条款，如当事人在合同中约定，卖方的赔偿责任不超过货款的总额。此种分类在法律上的意义在于，对于完全免责条款应当从严审查，特别是在涉及消费者利益时，更应考虑该条款的合理性和公正性，而限制责任条款因只是免除部分责任，所以审查标准应相对宽松一些。

按照私法自治原则，既然民事主体可以在不损害国家和社会公共利益以及第三人利益的情况下，自由处分其财产权益。那么，当然可以通过达成协议设定免责条款，以免除其未来的责任。只要免责条款不损害国家、社会公共利益和第三人利益，则国家不应当对其进行干预。在市场交易活动中，由于交易充满了风险，因此当事人需要通过免责条款合理分配双方的利益和风险，事先规避风险。免责条款的设定有助于控制未来风险、合理规避风险、降低交易成本，从而有利于鼓励各类交易、促进交易的发展，也有利于及时解决纠纷。当然。当事人在规定免责条款时，必须符合法律、行政法规的强制性规定。我国《民法典》第 143 条规定，民事法律行为有效必须“不违反法律、行政法规的强制性规定，不违背公序良俗”。这一规定同样适用于免责条款。因此，当事人订立的免责条款必须符合法律和社会公共利益的要求，而不得通过其自

〔13〕 参见董安生等：《英国商法》，法律出版社 1991 年版，第 62 页。

行约定的条款排除法律的强制性规范的适用。此亦为我国司法实践所确认。例如,在招工登记表注明“工伤概不负责”,违反了《宪法》和有关劳动法规,也严重违反了社会主义公德,属于无效民事行为。同时,免责条款也不得违反公共秩序和公序良俗。公共秩序和公序良俗体现的是全体人民的共同利益,对此种利益的维护直接关系到社会的安定与秩序的建立,所以当事人不得设立违反公共秩序和公序良俗的免责条款。

二、免责条款的无效

免责条款一旦订入合同,就意味着当事人已经就免责条款达成了合意,但当事人已经达成的免责条款并不是当然有效的。我国法律从合同自由原则及经济效率考虑,允许当事人达成免责条款,但这并不意味着当事人可以对免责条款任意作出约定。虽然违约责任具有一定程度的任意性,但又具有一定的强制性。当事人在不违反法律和公共道德的情况下,可以自由设定免责条款,但免责条款必须符合法律规定,才能合法有效。依据《民法典》第506条的规定,合同中的免责条款在以下两种情形下是无效的:

1. 造成对方人身损害的。免责条款不得免除人身伤害的责任。对个人而言,最宝贵和最重要的利益就是人身的安全利益,公民的生命健康权是人权的最核心的内容,保护公民的人身安全是法律的最重要的任务。如果允许当事人通过免责条款免除造成对方人身伤害的责任,不仅将使侵权法关于不得侵害他人财产和人身权利的强制性义务形同虚设,使法律对人身权利的保护难以实现,而且将会严重危及法律秩序和社会公共道德。因此,各国合同法大都规定禁止当事人通过免责条款免除故意和重大过失造成的人身伤亡的责任。我国法律明确规定合同中的免责条款免除造成对方人身伤害责任的无效,体现了我国法律充分以人为终极目的和终极关怀这一价值取向,表明法律将对人的保护置于了最优先保护的地位。

2. 因故意或者重大过失造成对方财产损失的。“故意或重大过失责任的不得免除”的规则来自罗马法,并为大陆法国家的民法典所广泛接受。我国合同编采纳这一规则的依据在于:因故意或者重大过失致人财产损失的,不仅表明行为人的过错程度是重大的,而且表明行为人的行为具有不法性,此种行为应受法律的谴责。例如,双方当事人在合同中特别约定,“卖方交付的货物所造成的全部损失一概由买方负责”,该免责条款显然违反了上述规定。在免责条款设立以后,若一方可以随意毁损他人的财物,砸坏他人的物件,这显然是危害法律秩序的。还要看到,允许当事人通过免责条款免除因故意或者重大过失造成对方财产损失的责任,也可能违反公序良俗。

第五节 合同的形式

一、合同的形式概述

所谓合同的形式,又称合同的方式,它是当事人的合意所采取的方式。合同的形式是合同内容的表现方式,与合同的内容密不可分。从哲学上看,形式是内容的外在表现,任何形式都是为了表达一定的内容。同样,合同的形式是合同法律关系的外在表现形式。合同是一种法律关系,它可以有多种表现形式,其既可以体现为书面形式,也可以是口头形式或者其他形式。

形式不过是内容的外在表现，是内容的载体。在某些情况下，合同是否具备特定的形式对于判断当事人之间是否存在合同关系，以及确定合同的具体内容等，均具有重要意义。在法律对合同形式作出明确规定的情形下，合同欠缺法定形式可能导致合同不成立或者无效。如果当事人采用口头形式，但事后无法证明当事人已经就合同的主要条款达成合意，此时也可能导致合同不能成立。

在合同的形式选择方面，各国普遍从合同自由原则出发，采纳了可由当事人自由选择合同形式的原则，因此，在合同形式方面，采纳了以非要式为原则，以要式为例外的立法模式，该原则被许多国际示范法所广泛认可。〔14〕 我国《民法典》第 469 条第 1 款规定："当事人订立合同，可以采用书面形式、口头形式或者其他形式。"此处使用"可以采用"的表述，表明当事人可以依法自主选择合同的形式，这也是合同自由原则的具体体现。但是，对一些特殊类型的交易而言，法律也规定了书面形式的要求。我国《民法典》合同编对许多合同都规定了书面形式，例如，保证合同（第 685 条）、对租赁期限在 6 个月以上的租赁合同（第 707 条）、融资租赁合同（第 737 条）、保理合同（第 762 条）、建设工程合同（第 789 条）、建设工程委托监理合同（第 796 条）、技术开发合同（第 851 条）以及技术转让合同、技术许可合同（第 863 条）等，均规定了应当采用书面形式。除《民法典》合同编外，其他法律、法规也对合同的书面形式作出了规定。〔15〕但法律、行政法规规定某种类型的合同必须采用书面形式，即便当事人没有采用书面形式，也不宜简单地一概宣告合同不成立，如果一方当事人履行合同主要义务，对方接受的，也可以导致合同的成立。

二、合同形式的种类

依据《民法典》第 469 条第 1 款的规定，合同的形式主要可以分为书面形式、口头形式和其他形式。

（一）书面形式

所谓书面形式，是指以文字等有形的表现形式订立合同的形式。根据本条第 2 款，"书面形式是合同书、信件等可以有形地表现所载内容的形式"。书面形式的主要优点在于，它能够通过文字凭据确定当事人之间的权利义务，既有利于当事人依据该文字凭据作出履行，也有利于在发生纠纷时有据可查，准确地确定当事人的权利义务和责任，从而能够合理公正地解决纠纷。不过，书面形式主要起到证明合同关系存在的作用，有书面形式存在，就能够有效地证明合同关系的存在，并且通常也能证明合同的内容，尤其是作为书面形式的合同书，更能够有效地证明合同关系。但合同并不等于合同书，没有书面形式并不意味着当事人间并不存在合同关系，也不一定表明当事人无法通过其他形式证明合同关系的存在以及合同的内容，所以不能将合同书等书面形式等同于合同。在不存在书面形式的情况下，一方当事人要主张合同关系存在，其应当证明双方已经就合同关系的成立达成合意。可见，合同的形式原则上具有证据的效力。依据本条规定，当事人订立合同，可以选择书面形式、口头形式或者其他形式。

---

〔14〕 参见《联合国国际货物销售合同公约》第 11 条、《欧洲合同法原则》第 2:101 条第 2 款、《国际商事合同通则》第 1.2 条。

〔15〕 例如，原《物权法》对许多合同也规定了书面形式要件，如采取招标、拍卖协议等出让方式设立建设用地使用权的合同（第 138 条），建设用地使用权转让、互换、出资、赠与或者抵押的合同（第 144 条），设立地役权的合同（第 157 条），企业、个体工商户、农业生产经营者可以将现有的以及将有的生产设备、原材料、半成品、产品抵押的合同（第 181 条），设立抵押权的合同（第 185 条）以及设定质权的合同（第 210 条）等。

依据《民法典》第469条的规定,当事人订立合同,可以选择书面形式、口头形式或者其他形式。也就是说,当事人可以自由约定是否采用书面形式,但如果法律有特别规定和当事人在合同中有特别约定需要采用书面形式的,则应当采用书面形式。书面形式的主要功能在于:第一,保存证据的功能,即认为书面形式的主要作用是保存证据。第二,明确合同内容的功能,即通过订立书面合同,可以明确合同内容,避免事后发生争议。毕竟书面合同有据可查,条款清晰,能够进一步明确双方的权利义务关系,有利于督促双方履行合同。第三,提醒慎重缔约的功能,即书面形式的目的主要是提醒当事人在缔约时要慎重。第四,保护弱者的功能。例如,在不动产买卖、房屋租赁等交易领域,要求采取书面形式,国家发布了一些示范合同,该合同明确将一些保护消费者的条款列入其中,而且当事人不得约定排除,其主要目的就是保护消费者,防止对方当事人利用其优势订约地位侵害消费者的合法权益。第五,防止欺诈的功能。书面形式的最大好处是有助于防止欺诈和伪证,因为即便口头合同存在,当事人双方也不否认,但如一方不愿履约,即可依合同不具书面形式为由,拒不履约,这又导致欺诈活动的产生。[16]

《民法典》第469条第2款规定:"书面形式是合同书、信件、电报、电传、传真等可以有形地表现所载内容的形式。"如何理解有形地表现所载内容的形式?也就是说,一方面,书面形式都应当具有有形的载体,如合同书、信件等,可以有形地展现合同的内容。另一方面,书面形式必须能够记载并表现合同的内容。尤其是此种表现应当是将来可以随时查询的。如果只是暂时的储存而不能随时调取、查询,则不能称为书面形式。根据《民法典》第469条第3款的规定,"以电子数据交换、电子邮件等方式能够有形地表现所载内容,并可以随时调取查用的数据电文,视为书面形式",书面形式包括:

1. 合同书。合同书是指载有合同条款且有当事人双方签字或盖章的文书。合同书是最典型的、也是最重要的书面形式。合同书具有如下特点:第一,必须以文字凭据的方式作为内容载体,也就是说,必须要有某种文字凭据。第二,必须载有合同的条款,否则就不能成为合同。例如,收据等文字凭据尽管也可以证明合同关系的存在,但是该凭据上并未载有合同的条款,因此不是合同书。当然,如果一份合同书载有合同的全部条款或主要条款,则该合同书将可以构成一份完整的合同。如果一份合同书载有一项或者某几项条款,这样该合同书将需要和其他的合同书一起共同组成合同内容。第三,必须要有当事人双方及其代理人的签字或盖章。

需要指出的是,《民法典》第490条第1款第1句规定:"当事人采用合同书形式订立合同的,自当事人均签名、盖章或者按指印时合同成立"。该条强调必须是双方均签名、盖章或者按指印时合同才能成立。因此,如果仅有一方的签名、盖章或者按指印时,则不能视为合同书。如果当事人双方在合同中明确规定必须要采用合同书的形式缔约,那么在书面文件上只有一方的签名或者盖章或者按指印时,不能认为合同已经成立。该条对于合同书的达成规定只需要有双方的签名或者盖章,而不要求双方既签名又盖章,这是有利于鼓励交易、维护当事人利益的。

2. 信件。所谓信件,是指载有合同条款的文书,它是当事人双方书信交往的文件。合同法中所称的信件不同于一般的书信,其必须载有合同的条款,能够用来作为证明合同关系和合同内容的凭据。但信件又不同于合同书,表现在它不具有双方的签名或盖章,而通常只是有一方的签名或盖章。如果在一个信件上一方签名以后,另一方也在上面签名,则该信件有可能转化

---

〔16〕 参见徐炳:《买卖法》,经济日报出版社1991年版,第55页。

为合同书。《民法典》第 491 条第 1 款规定:“当事人采用信件、数据电文等形式订立合同要求签订确认书的,签订确认书时合同成立。”所谓签订确认书,实际上是最终作出承诺。由于采信件的方式只有一方的签名,且信件的内容也不像合同书那样规范,因而法律允许当事人采用信件缔约时要求签订确认书。但如果当事人采用合同书的形式缔约,则因为签名或盖章后合同已经成立,也不能再要求签订确认书。

3. 电报、电传、传真。电报、电传、传真是典型的书面形式,与本条规定所“数据电文”和电子邮件是相区分的,“数据电文”主要是指电子数据交换和电子邮件,不包括电报、电传、传真。因为一方面,电报、电传、传真等可以以书面的载体有形地表现所载内容,而电子数据交换和电子邮件不能够以书面的载体有形地表现所载内容。在这一点上,电报、电传、传真与信件并没有本质的区别。另一方面,只有电子数据交换和电子邮件才有可能进入指定数据电文接收系统。而电报、传真、电传只存在收件地址,而不存在指定系统的问题,这显然与“数据电文”的概念不同。

我国有关法律历来将电报、电传、传真作为书面形式而不是视为书面形式。例如,《海商法》第 43 条规定:“承运人或者托运人可以要求书面确认海上货物运输合同的成立。但是,航次合同应当书面订立。电报、电传和传真具有书面效力”。

4. 电子数据交换、电子邮件可视为书面形式。《民法典》第 469 条第 3 款的规定,“以电子数据交换、电子邮件等方式能够有形地表现所载内容,并可以随时调取查用的数据电文,视为书面形式。”依据本条第 3 款的规定,电子数据交换、电子邮件等方式能够被视为书面形式,必须满足如下两个要件:第一,必须能够有形地表现所载内容。第二,必须可以随时调取查用。根据联合国国际贸易法委员会《电子商务示范法》第 6 条,“如法律要求信息须采用书面形式,则假若一项数据电文所含信息可以调取以备日后查用,即满足了该项要求”。可见该规定强调了“信息可以调取以备日后查用”。根据联合国国际贸易法委员会的解释,“‘可以调取’是意指计算机数据形式的信息应当是可读和可解释的,应当保存读取此类信息所必需的软件;‘以备’一词并非仅指人的使用,还包括计算机的处理;至于‘日后查用’概念,它指的是‘耐久性’或‘不可更改性’等会确立过分严厉的标准的概念和‘可读性’或‘可理解性’等会构成过于主观的标准的概念”。〔17〕“日后查用”是指数据电文要能够成为书面的形式,仅仅只是可以有形地表现所载的内容是不够的,还必须可以调取以备日后查用。我国《民法典》第 469 条也要求数据电文“可以随时调取查用”。该规定是借鉴比较法上合同法立法经验的结果,通过数据电文形式订立的合同通常称为电子合同。将数据电文纳入书面形式范畴,符合世界各国商业发展与立法的趋势,也与国际电子商务的立法与实务相衔接。

(二)口头形式

口头形式,是指当事人通过口头对话的方式订立合同。在社会生活中,口头形式是最普遍采用的合同订立方式,其优点在于简单、便捷。“今天对于我们来说,不言自明的是,合同不应该要求具有任何特定形式,即使是口头合同也是可履行的,这一点已经得到广泛的认可。”〔18〕除了即时交易之外,即使是在大规模的交易中,也可能采取口头形式订约。例如,通过电话预

---

〔17〕 1996 年联合国国际贸易法委员会:《电子商业示范法颁布指南》,载阚凯力、张楚主编:《外国电子商务法》,北京邮电大学出版社 2000 年版,第 288 页。

〔18〕 [德]海因·克茨:《欧洲合同法》(上卷),周忠海等译,法律出版社 2001 年版,第 113 页。

定房间、购买产品等。口头的形式实际上是运用语言对话的方式缔约,也就是说,当事人只用语言为意思表示表达内容,而不用文字表达协议内容。《民法典》第469条允许当事人采用口头的形式缔约,凡是当事人没有约定或法律没有规定采用何种形式的合同,都可以采取口头形式,当然,如果采取口头形式,在发生争议的情况下,当事人应当负有举证证明合同关系存在和合同关系内容的义务。

口头的形式在实践中也运用得比较广泛,一般对即时结清的买卖服务和消费合同大都要采取口头形式订立,所以在日常生活中经常被使用,其主要优点在于简便易行、快捷迅速,但其固有的缺点是缺乏文字凭据,一旦发生纠纷,也可能使当事人面临不能就合同关系的存在以及合同的内容进行举证的危险。《民法典》合同编允许当事人采取口头形式缔约,既尊重了当事人的合同自由,也有利于鼓励交易。尤其是在现代市场经济条件下,既要求顾及交易安全,同时也要求交易迅速达成,尽可能降低交易成本,因此,在许多情况下允许当事人采用口头形式缔约是完全符合交易的要求的。当然,尽管口头形式具有缺乏文字凭据的缺点,但并非任何口头形式都不如书面形式。例如,对于一些重要的交易,当事人可以采用录音的方式将双方的对话内容录制下来,这也可以成为一种有效的证据而使用,所以在采用口头形式缔约的情况下,并不一定意味着当事人就不能就合同关系的存在和合同的内容进行举证。

(三)其他形式

所谓其他形式,是指推定形式,也有学者称为默示形式。推定形式是当事人未用语言、文字表达其意思表示,而是仅用行为向对方发出要约,对方通过一定的行为作出承诺,从而使合同成立。在实践中,当事人在交易过程中通过协商谈判,可能并没有就合同主要条款达成书面合同或者口头协议,但事后一方当事人向对方作出了实际履行(如交付了一定数量的货物),而对方又接受该履行的,可以通过当事人实际履行的行为认定合同已经成立。这种订约方式也被称为通过以实际履行的方式订立合同。此种订约方式的特点是,主要通过法律规定认定当事人具有订立合同的效果意思,从而发生法律效果。[19] 从鼓励交易的目的出发,《民法典》合同编第490条对以实际履行方式订约这一合同订立方式作出了规定。此外,日常生活中常见的公交车刷卡、自动售货机贩卖等合同订立方式,均难以归入口头或书面之中,而可以归入推定形式。在实践中,推定形式大多是指以行为的方式达成合意。也就是说,当事人既没有采用口头形式,也没有采用书面形式缔约,而是通过实际履行主要义务的方式来订约。《合同法解释(二)》第2条的规定即认可了这种推定形式。因此,本款规定了以其他方式订立合同的规则。

三、履行治愈规则

所谓履行治愈规则,是指欠缺法定或者约定形式要件的合同因当事人履行的事实而弥补合同缺陷,使本来无效的合同成为有效合同。[20] 在比较法上,履行治愈规则也是被普遍认可的。例如,德国民法就认可该规则。[21] 拉伦茨(Larenz)教授认为,在治愈规定的情形,法律将保护因法律行为承担义务的当事人免于因操之过急而遭受损害,弥补形式要件的欠缺。如果当事人嗣后履行了义务,那么合同形式要件的目的就已经实现,所以,法律允许形式瑕疵在事

---

〔19〕 参见谢鸿飞:《合同法学的新发展》,中国社会科学出版社2014年版,第114页。

〔20〕 参见王洪:《合同形式欠缺与履行治愈论——兼评〈合同法〉第36条之规定》,载《现代法学》2005年第3期。

〔21〕 Flume, Werner, Allgemeiner Teil des Bürgerliche Rechts, Bd. 2., Das Rechtsgeschaft, 4. Auf. 1, 1992, S. 278.

后得到“补正”。[22]《民法典》第490条第1款规定:“当事人采用合同书形式订立合同的,自当事人均签名、盖章或者按指印时合同成立。在签名、盖章或者按指印之前,当事人一方已经履行主要义务,对方接受时,该合同成立”。第2款规定:“法律、行政法规规定或者当事人约定合同应当采用书面形式订立,当事人未采用书面形式但是一方已经履行主要义务,对方接受时,该合同成立”。该条对履行治愈规则作出了规定,即在法定或者约定形式欠缺的情形下,当事人可以通过实际履行的方式弥补合同形式上的瑕疵。

通过实际履行的方式促使合同成立,必须符合如下条件:

1. 必须是一方履行了主要义务。之所以要求一方履行主要义务,是因为以实际履行方式订约也必须完成要约、承诺的过程,即一方必须以实际履行的方式发出要约。由于要约的内容必须具体、确定,也就是说,必须包含未来合同的主要条款,因此一方的实际履行中必须包含了未来合同中的主要条款,何为未来合同中的“主要条款”?依据《合同法解释(二)》第1条的规定可以确定合同主要条款的内容,“当事人对合同是否成立存在争议,人民法院能够确定当事人名称或者姓名、标的和数量的,一般应当认定合同成立。但法律另有规定或者当事人另有约定的除外”。笔者认为,司法解释的上述规定针对买卖合同而言是有道理的,因为买卖合同主要具备当事人、标的和数量这三个主要条款,但对其他类型的合同而言,其未必都要具备这三项条款。例如,提供劳务的合同就未必需要具备上述三项主要条款。合同的性质不同,其主要条款也不相同,不可泛泛而论,而应当根据合同的性质确定合同主要条款。如果根据合同的性质,认定一方当事人所履行的义务包含了合同的主要条款,而对方接受的,则应当认定合同已经成立。

2. 另一方必须无条件地接受履行,且并未提出异议。对于如何判断“对方已经接受履行”,经常发生争议。此处所说的接受,应当是指完全接受,而不能附带条件或提出新的条件,且没有提出任何异议。如果接受履行的一方当事人在接受时提出了异议,或提出新的条件,可能构成反要约,或提出了新的要约,仍然不能导致合同成立。

在判断合同成立时,上述两个要件缺一不可。这表明以实际履行方式订约也应当由当事人双方就合同的主要条款完成要约、承诺的过程,即就合同的主要条款形成合意,否则不能产生订立合同的效果。

参考案例

1. 彭丽静与梁喜平、王保山、河北金海岸房地产开发有限公司股权转让侵权纠纷案,载《中华人民共和国最高人民法院公报》2009年第5期。
2. 刘超捷诉中国移动徐州分公司电信服务合同纠纷案,载《中华人民共和国最高人民法院公报》2012年第10期。
3. 杨树岭诉中国平安财产保险股份有限公司天津市宝坻支公司保险合同纠纷案,载《中华人民共和国最高人民法院公报》2007年第11期。
4. 范有孚与银建期货经纪有限责任公司天津营业部期货交易合同纠纷再审案,载《中华人民共和国最高人

[22] [德]卡尔·拉伦茨:《德国民法通论》(下册),王晓晔等译,法律出版社2003年版,第563~564页。

民法院公报》2011 年第 6 期。

5. 戴雪飞诉华新公司商品房订购协议定金纠纷案,载《中华人民共和国最高人民法院公报》2006 年第 8 期。

6. 徐蕾诉中汇房产公司财产所有权纠纷案,载《中华人民共和国最高人民法院公报》2005 年第 9 期。

7. 孟元诉中佳旅行社旅游合同纠纷案,载《中华人民共和国最高人民法院公报》2005 年第 2 期。

8. 来云鹏诉北京四通利方信息技术有限公司服务合同纠纷案,载《中华人民共和国最高人民法院公报》2002 年第 6 期。

第二十四章　合同的效力

导　读

合同发生效力的过程分为成立和生效两个阶段。合同的成立是指缔约当事人就合同主要条款达成合意。合同成立后，其效力状态可分为有效、无效、可撤销和效力待定四种类型。生效的合同能发生合同当事人所期待的民事法律后果。效力待定合同可以因被追认而获得完全的效力或因未受追认而无效。合同被确认无效或被撤销后会发生返还财产的请求权和损害赔偿请求权。

第一节　概　　述

一、合同效力的概念

合同的效力，是指依法成立的合同在当事人之间产生的法律拘束力。合同的效力反映了法律对当事人之间合意的评价，因此，已经成立的合同只有具备了法定的生效要件（或称有效要件），才能有效。合同生效意味着合同产生拘束力，当事人应当依据合同约定行使权利和履行义务，违反合同义务应当承担相应的责任。合同一旦生效，当事人的约定就具有优先于法律规定的效力。

合同的效力可以分为对内效力和对外效力。所谓对内效力，是指合同对当事人产生的法律拘束力。《民法典》第136条第2款规定："行为人非依法律规定或者未经对方同意，不得擅自变更或者解除民事法律行为。"例如，当事人在订立合同后，即应当受到合同的严格拘束，必须严格履行合同，否则应当承担违约责任。所谓对外效力，是指民事法律行为对当事人以外的人产生的法律拘束力。例如，合同一旦生效，也可能会对合同当事人以外的第三人产生效力，其主要表现在为第三人利益的合同、债权保全制度、租赁权物权化、债权不可侵害性等方面。

合同能够产生法律拘束力，从表面上看是当事人的意思自治的结果，或者说是当事人自愿选择的结果；但从实质上看，合同的法律约束力或合同的效力不仅源于当事人的意志，而且源于法律的赋予。也就是说，由于当事人的意志符合国家的意志和社会利益，因而国家赋予当事人的意志以拘束力，并且使当事人所订立的合同能够产生其预期的效果。

《民法典》第136条第2款规定："行为人非依法律规定或者未经对方同意，不得擅自变更或者解除民事法律行为。"该条强调了民事法律行为的效力，就合同的效力而言，一方面，任何一方当事人不得擅自变更合同。从原则上说，合同的变更必须经当事人双方协商一致，并在原合同的基础上达成新的协议。合同的任何内容都是经过双方协商达成的，因此，变更合同的内容须经过双方协商同意。任何一方未经过对方同意,无正当理由擅自变更合同内容,不仅不能对合同的另一方产生约束力,反而将构成违约行为。由于合同变更必须经过双方协商,所以,在协议未达成以前,原合同关系仍然有效。特殊情况下,依据法律规定可以使一方享有法定变更合同的权利,如在重大误解、显失公平的情况下,受害人享有请求法院或仲裁机构变更合同内容的权利。但享有变更请求权的人必须实际请求法院或仲裁机构变更合同,且法院或仲裁机构经过审理,确认了变更的请求,合同才能发生变更。另一方面,任何一方当事人不得擅自解除合同。也就是说,合同一旦成立,任何一方当事人都不得随意解除合同。从我国《民法典》合同编的规定来看,合同的解除要么是基于当事人行使法律解除权实现,要么是基于当事人的协议解除或者当事人约定的解除权的行使而实现,除上述原因外,任何一方当事人都不得主张解除合同,否则将构成违约。此外,即便当事人享有解除权,其解除合同的程序也应当符合法律规定,否则无法产生合同解除的效力。

二、合同生效与合同成立的区别

所谓合同的成立,是指缔约当事人就合同的主要条款达成合意。一般来说,决定合同成立的主要条款,应当根据合同的性质来决定。合同的性质不同,其所要求的主要条款也不一样。合同的成立只是解决了当事人之间是否存在合意的问题,并不意味着已经成立的合同都能产生法律拘束力。换言之,即使合同已经成立,如果不符合法律规定的生效要件,仍然不能产生法律效力。

所谓合同的生效,是指已经成立的合同在当事人之间产生了一定的法律约束力,也就是通常所说的法律效力。这里所说的法律效力,并不是指合同能够像法律那样产生约束力。合同本身并不是法律,而只是当事人之间的合意,因此不可能具有法律一样的效力。所谓合同的法律效力,只是强调合同对当事人的约束性。合同之所以能具有法律约束力,并非来自当事人的意志,而是来源于法律的赋予。也就是说,因为当事人的意志符合国家的意志和社会利益,因此国家赋予当事人的意志以约束力,要求合同当事人严格履行合同。《民法典》第136条第1款规定:“民事法律行为自成立时生效,但是法律另有规定或者当事人另有约定的除外”。《民法典》第119条规定:“依法成立的合同,对当事人具有法律约束力。”可见,合同的约束力主要体现在对当事人的约束力上,具体体现为权利和义务两方面。

从权利方面来说,合同当事人依据法律和合同的规定所产生的权利依法受到法律保护。合同的权利包括请求和接受债务人履行债务的权利(包括抗辩权、代位权和撤销权),以及在一方不履行合同时获得补救的权利、诉请强制执行的权能等。当事人因正当行使这些权利而获得的利益,也受到法律的保障。从义务方面来说,当事人根据合同所产生的义务具有法律的强制性。《民法典》第509条第1款规定:“当事人应当按照约定全面履行自己的义务”。如果当事人违反合同义务则应当承担违约责任。也就是说,如果当事人不履行其应负的义务,就要借助国家的强制力强制义务人履行义务。因此,法律责任乃是合同义务的保障,失去了法律责任,合同将很难产生真正的约束力。

依据《民法典》第502条第1款的规定,依法成立的合同,自成立时生效。这就是说,一般情况下,只要当事人依法就合同的主要条款达成和合意,该合意就在双方当事人之间产生法律拘束力。所谓合同的成立,是指订约当事人就合同的主要条款达成合意。所谓合同的生效,是指已经成立的合同在当事人之间产生了一定的法律拘束力,也就是通常所说的法律效力。此处所说的法律效力并不是指合同能够像法律那样产生约束力。合同本身并不是法律,而只是当事人之间的合意,因此不能具有法律一样的效力。而所谓合同的法律效力,只不过是强调合同对当事人的拘束性。[1]

应当看到,合同的成立与合同的生效常常是密切联系在一起的。因为当事人订立合同旨在实现合同所产生的权利和利益,也就是使合同对当事人产生拘束力(当事人一方或双方故意订立无效合同的情况除外)。换言之,如果合同不能生效,则订约当事人所订立的合同不过是一纸空文,不能达到其订约目的。正是由于当事人合意的目的就是要使合同生效,罗马法曾规定了"同时成立之原则"(prinzip der simultanitot oder Simultan Erreichung),认为法律行为的成立与其效力同时发生。[2] 不过,在德国或法国继受罗马法时,已根本改变了这一原则。根据我国台湾地区学者王伯琦先生的解释,作出这种改变的原因在于,罗马法十分强调法律行为的方式,而忽视了当事人的意思。一旦法律行为的方式得到遵守,行为自然有效,因此不必要区分法律行为的成立与生效问题。而自文艺复兴以后,个人主义思潮在欧洲勃兴,意思主义在民法中占据主要地位,法律行为的方式逐渐退居次要地位,这就必须区分法律行为的成立与生效、不成立与无效问题。[3] 当然,尽管如此,仍有许多国家和地区的民法并没有严格区分合同的成立与生效问题。[4]

根据《民法典》第502条第1款的规定,依法成立的合同,自成立时生效。可见在一般情况下,合法的合同一经成立便生效,合同成立的时间也就是合同生效的时间,因此合同成立的时间可以成为判断合同生效时间的标准。[5] 但也有一些合同的成立和生效时间是不同的。如效力待定的合同虽已成立,但效力处于待定状态。合同的成立旨在解决合同是否存在的问题。同时合同的成立也是认定合同效力的前提条件,如果合同根本没有成立,那么确认合同的有效和无效问题就无从谈起,也就谈不上合同的履行、终止、变更以及解释的问题。尽管如此,但合同的成立和生效是两个不同的概念,二者的区别主要表现在:

1. 两者可能处于不同的阶段。合同成立是指当事人就合同的主要条款达成合意,在一般情况下,合同成立以后,只要内容和形式合法,合同成立同时即为有效。但在特殊情况下,合同成立以后可能因为内容不合法而导致合同无效,因此,已经成立的合同并不产生效力。合同成立是指合同订立过程的完成,即当事人经过平等协商对合同的基本内容达成一致意见,订约过程宣告结束。[6] 从法律评价标准来看,合同的生效实际上是在已经成立的基础上所作的价值判断,因此,合同生效的时间可能要晚于合同成立的时间,典型的情形如需要政府部门审批的合同等。

2. 两者的构成要件不同。合同的成立需要当事人就合同主要条款达成合意,而合同的生效要件至少应当包括合同成立的全部要件,但除此之外,还可能因为法律的规定或者当事人的特别约定而需要其他要件。根据《民法典》第143条的规定,"具备下列条件的民事法律行为有效:(一)行为人具有相应的民事行为能力;(二)意思表示真实;(三)不违反法律、行政法规的

---

〔1〕 参见苏惠祥主编:《中国当代合同法论》,吉林大学出版社1992年版,第98页。

〔2〕 参见郑玉波主编:《民法债编论文选辑》(中册),五南图书出版公司1984年版,第892页。

〔3〕 参见王伯琦:《法律行为之无效与成立》,载郑玉波主编:《民法债编论文选辑》(中册),五南图书出版公司1984年版,第727~729页。

〔4〕 参见郑玉波主编:《民法债编论文选辑》(中册),五南图书出版公司1984年版,第726页。

〔5〕 参见赵德铭:《合同成立与合同效力辨》,载《法律科学》1994年第3期。

〔6〕 参见苏惠祥:《略论合同成立与生效》,载《法律科学》1990年第2期。

强制性规定,不违背公序良俗”。此即为合同生效的一般要件,如果合同内容违法或者违背公序良俗,则虽然合同成立,但因不具备成立要件之外的“合法性要件”而归于无效。此外,当事人也可以特别约定合同的生效要件。例如,当事人在合同中约定合同必须经过公证才能生效的,则“合同公证”成为合同的生效要件,非经公证,已经成立的合同也不发生法律效力。

3. 两者体现的国家干预的程度不同。合同的成立是当事人就合同的主要条款达成一致意见。〔7〕 因此,它主要表现了当事人的意思,而且强调合同成立过程中的合意。至于合同的内容中是否存在欺诈、胁迫和其他违法的因素,则不是合同的成立制度而是合同的生效制度调整的范围。〔8〕 而合同的生效是指国家对已经成立的合同予以认可,如果当事人的合意符合国家的意志,将被赋予法律拘束力。如果当事人的合意违背了国家意志,不仅不能产生法律约束力,而且将要承担合同被宣告无效以后的责任。由此可见,合同生效制度体现了国家对合同关系的肯定或否定的评价,反映了国家对合同关系的干预。〔9〕

由此可见,合同成立与生效并非完全相同的概念,已经成立的合同需要满足法律所规定的要件,才能发生法律效力。在法律另有规定或当事人另有约定的情形下,合同即使依法成立,也并不一定生效,即在法律另有规定或当事人另有约定的情形下,合同成立后并非当然生效,具体而言:第一,法律另有规定,这主要是指合同成立与生效相分离的情形。例如,应当依法办理批准等手续的合同,即使合同成立也不发生效力。第二,当事人另有约定的,则主要是指附条件和附期限的合同。所谓附条件的合同,是指当事人在合同中特别规定一定的条件,以条件的是否成就来决定合同的效力的发生或消灭的合同。附生效条件的合同,自条件成就时生效。所谓附期限合同,是指当事人在合同中设定一定的期限,并把期限的到来作为合同效力的发生或消灭根据的合同。例如,当事人双方在合同中约定自 2012 年 10 月 1 日起,甲方将租赁乙方的房屋,为期两年,此合同便属于附期限的合同。可见,在附有法律行为附款的合同中,均可能发生生效期间的变化。本款的规则与《民法典》第 136 条第 1 款的规定保持了一致性。

三、合同的效力主要适用《民法典》总则编的规定

(一)涉及合同效力,如果合同编没有规定则适用总则编的规定

合同效力制度是合同法的重要内容,如果合同因违反法律、行政法规而不能生效,则该合同不仅不能履行,当事人还应当依法承担责任。合同的效力瑕疵形态多样,主要包括:第一,未生效合同,此类合同主要是指违反法定的报批义务而使合同无法生效。第二,效力待定的合同。它是指合同成立之后,是否已经发生效力尚不能确定,有待于其他行为或事实使之确定的合同。第三,无效合同。无效合同是指合同虽然已经成立,但因其在内容上违反了法律、行政法规的强制性规定和公序良俗而无法律效力的合同。第四,可撤销合同。它是指当事人在订立合同时,因意思表示不真实,法律允许撤销权人通过行使撤销权而使已经生效的合同归于无效。对于因欠缺有效要件而不能生效的合同,在学理上一般被称为“欠缺有效要件的合同”,我国《民法典》合同编借鉴《商事合同通则》等国际惯例以及国外立法的经验,〔10〕将合同的成立与合同的效力分开,专设了第三章“合同的效力”,从而在合同法中形成了有关合同效力的制度。

---

〔7〕 参见王家福主编:《民法债权》,法律出版社 1991 年版,第 314 页。

〔8〕 参见陈安主编:《涉外经济合同的理论与实务》,中国政法大学出版社 1994 年版,第 102 页。

〔9〕 参见陈安主编:《涉外经济合同的理论与实务》,中国政法大学出版社 1994 年版,第 103 页。

〔10〕《商事合同通则》中专门设立了以“合同的效力”为名的第三章。

然而,合同本身是民事法律行为的一种类型,有关民事法律行为效力的基本规则在《民法典》总则编中已经作出了规定,因此,为了避免与总则编的重复,合同编中有关合同效力的规则十分简略,正是因为这一原因,本书在合同编中不再详细讨论合同的生效要件,以及无效、可撤销的具体类型和附条件、附期限的合同问题。关于合同的效力,《民法典》第508条规定:“本编对合同的效力没有规定的,适用本法第一编第六章的有关规定”。由此可知,在合同效力的法律规则适用上,如果合同编没有规定,则适用总则编第六章关于民事法律行为的规定。《民法典》第508条在性质上属于指示适用性的规范。合同作为一种法律行为,应当适用总则编有关法律行为的规范。总则编已经就法律行为的生效、可撤销、无效等进行了规定,合同编之所以在第三章中将合同效力进行简略规定,正是因为总则编对于这些问题已经进行了详细的规定。如果在合同编再就这些内容进行规定,就会导致条文重复。例如,有关合同无效中,强制性规范的认定标准,由于《民法典》总则编已经进行了规定,就应当直接适用总则的规定。合同编为了与总则编保持一致,凡是合同编没有特别规定的,均需要适用总则的一般规定。因此,合同编对合同的效力没有规定的,适用《民法典》总则编第六章的有关规定。

(二)涉及合同效力,如果合同编具有特别规定则适用合同编的规定

依据《民法典》第508条的规定,如果合同编中对合同效力有规定的,则应当适用合同编的规定。在合同编有关合同效力规定中,有多个条款是总则编没有规定的,例如,关于无权代理人订立合同的法律后果,关于未生效合同、超出经营范围订立合同的效力,免责条款的无效情形等,凡是合同编已经作出规定的,则应当适用合同编的规定。《民法典》合同编第三章关于合同效力中具体规定了未生效的合同(第502条)、无权代理人订立合同的法律效果(第503条)、法定代表人超越权限订立合同的效力(第504条)、超越经营范围订立合同的效力(第505条)、合同中免责条款无效的情形(第506条)、争议解决条款的独立性(第507条),在此主要讨论《民法典》第504条和第505条规定的内容。

1. 法定代表人超越权限订立合同的效力

《民法典》第504条规定,“法人的法定代表人或者非法人组织的负责人超越权限订立的合同,除相对人知道或者应当知道其超越权限外,该代表行为有效,订立的合同对法人或者非法人组织发生效力”,相对人知道或者应当知道其超越权限包括两种情况:第一,在订立合同时相对人对法定代表人、负责人超越权限的情况是明知的。例如,甲代表法人对外订立担保合同时,未获得董事会的授权,债权人明知这一情况,多次要求甲利用职权私盖公章,后甲按照乙的要求在担保合同上加盖法人印章。第二,在订立合同时相对人应当知道法定代表人、负责人超越权限的情况。例如,法律明确规定企业的分离、合并必须要经过董事会的同意,仅由法定代表人一人同意不能决定企业的分离合并问题。而相对人在法定代表人未取得董事会同意的情况下,就与法定代表人订立合同,相对人知道或者应当知道法定代表人、负责人超越权限对外订立合同,该法定代表人超越职权的行为不构成表见代表。其原因在于,在此情况下相对人是恶意的、有过错的。在恶意的情况下,相对人不产生合理的信赖,即使存在信赖,这种信赖利益也不应得到保护。

2. 超越经营范围订立合同的效力

依据《民法典》第505条的规定,如果合同仅仅只是涉及超越经营范围的问题,不能因此而认定合同无效。当然,对此并不能从反面解释,即认定超越经营范围的合同都是有效的,毕竟对于一些特殊行业,如银行业、保险业等国家限制经营、特许经营的行业,经营范围的确定十分

重要。当事人不得超越经营范围行为,否则,将构成对法律、行政法规的强制性规定的违反。对于违反国家限制经营、特许经营以及法律、行政法规禁止经营的规定而超越经营范围的,因为不仅仅是保护第三人利益和维护交易安全的问题,还涉及国家对经济的法律规制和社会公共秩序,因此作为例外,这种超越经营范围的合同应当认定为无效。

依据这一条规定,在判断超越经营范围的合同是否有效时,“应当依照本法第一编第六章第三节和本编的有关规定确定”,这是因为一方面,总则编第六章第三节是关于法律行为效力的一般规则,超越经营范围订立的合同作为民事法律行为,也应当依据总则编第六章第三节来确定效力。其中一些法律中关于特定行业经营范围限制的规则可能属于《民法典》第153条中的“法律、行政法规的强制性规定”。一旦违反这些规定,超越经营范围所订立的合同应当宣告无效。例如,《商业银行法》第11条规定:“设立商业银行,应当经国务院银行业监督管理机构审查批准。未经国务院银行业监督管理机构批准,任何单位和个人不得从事吸收公众存款等商业银行业务,任何单位不得在名称中使用‘银行’字样。”

第二节 效力待定的合同

效力待定的合同,是指合同成立之后,是否已经发生效力尚不能确定,有待于其他行为或事实使之确定的合同。效力待定的合同主要有以下两类。

一、限制民事行为能力人依法不能独立订立的合同

《民法典》第145条规定:“限制民事行为能力人实施的纯获利益的民事法律行为或者与其年龄、智力、精神健康状况相适应的民事法律行为有效;实施的其他民事法律行为经法定代理人同意或者追认后有效。”限制民事行为能力人依法不能独立实施的行为,可以在征得其法定代理人的同意后实施。所谓同意,即事先允许。由于同意的行为是一种辅助的法律行为,因此,法定代理人实施同意行为,必须向限制民事行为能力人及其相对人明确作出意思表示。这种意思表示可以采取口头的形式,也可以采取书面的或其他的形式。限制民事行为能力人不能独立实施的民事法律行为,在实施后也可以由法定代理人进行追认,即事后予以同意,而使该法律行为有效。限制民事行为能力人依法不能独立实施的而未经其法定代理人同意的民事行为,只能由其法定代理人代理进行。

二、基于狭义无权代理而订立的合同

(一)狭义无权代理的概念和特征

狭义的无权代理,是指表见代理以外的欠缺代理权的代理。狭义无权代理人以被代理人名义与他人订立的合同,是一种效力待定的合同,而不是绝对无效的合同。这类合同尽管因代理人缺乏代理权而存在瑕疵,但此种瑕疵是可以修补的。也就是说,因被代理人的追认可以使无权代理行为有效。《民法典》第171条第1款规定:“行为人没有代理权、超越代理权或者代理权终止后,仍然实施代理行为,未经被代理人追认的,对被代理人不发生效力。”《民法典》第171条第3款规定:“行为人实施的行为未被追认的,善意相对人有权请求行为人履行债务或者就其受到的损害请求行为人赔偿。但是,赔偿的范围不得超过被代理人追认时相对人所能获得的利益。”

因此,无权代理合同只有经过被代理人的追认,才能对被代理人发生效力;未经被代理人追认,对被代理人不发生效力,由行为人负责。这里所谓的“追认”,是指被代理人对无权代理行为在事后予以承认的一种单方意思表示,一旦作出追认,在性质上视为补授代理权,从而使无权代理具有与有权代理一样的法律效果。追认具有溯及既往的效力。在法律上,被代理人是否作出追认,是被代理人所享受的一种权利,学者通常称其为“追认权”,它在性质上属于形成权的一种。[11] 追认既然是被代理人所享有的一种权利,那么被代理人有权作出追认,也有权拒绝承认。如果被代理人明确表示拒绝承认,则无权代理行为自始无效,无权代理合同不能对被代理人产生法律效力。

1. 它是指表见代理以外的无权代理。在民法上通常将无权代理区分为两类,即狭义的无权代理和表见代理,在这两种情况下,代理人都不具有代理权,但就法律效果而言,表见代理和有权代理是不同的。在狭义无权代理情况下,代理人完全不具有代理权,而在其实施代理行为时第三人又不可能相信其具有代理权,因此不能强制被代理人承担责任,只能由被代理人基于自身利益的考虑决定是否承认该行为的效果。可见,表见代理与狭义的无权代理在性质上是根本不同的。

2. 它是指代理人未获得相应的代理权而实施的代理行为。狭义的无权代理与滥用代理权不同,在代理权滥用的情形下,代理人仍然享有代理权。而狭义无权代理仅指欠缺代理权,并不包括无权代理人与相对人所实施的行为违反法律、法规的强行性规定以及公序良俗,也不包括代理人与相对人的行为涉及欺诈、胁迫等意思表示不真实的因素,否则只涉及合同的无效和可撤销问题,而不涉及狭义无权代理的效果问题。在无权代理的情况下,代理人通常具有完全的民事行为能力。

3. 狭义的无权代理是一种效力待定的行为。所谓效力待定,是指这种行为成立以后,并不能发生符合当事人意思表示的效力。其效力能否发生,尚未确定,一般须经有权人表示承认才能生效。我国法律认为狭义的无权代理是一种效力待定的行为。《民法典》第 171 条第 1 款规定:“行为人没有代理权、超越代理权或者代理权终止后,仍然实施代理行为,未经被代理人追认的,对被代理人不发生效力”。该条对狭义无权代理作出了规定,依据这一规定,基于狭义无权代理所实施的民事法律行为属于效力待定的民事法律行为。该条之所以作出此种规定,一方面,因为无权代理行为具有代理的某些特征。由于无权代理行为并不是当然都对被代理人不利,所以法律应当给予被代理人一种追认权,由被代理人根据自己的利益和意志考虑来决定是否承认这种行为的效力,经过追认可以消除民事法律行为存在的瑕疵。由此也充分表明了我国法律对当事人利益和意志的尊重。另一方面,因被代理人的追认而使无权代理行为有效,并不违反法律和社会公共利益,相反,经过追认而有效,既有利于促成更多的交易,也有利于维护被代理人和相对人的利益。通过被代理人的追认使效力待定的民事法律行为有效,而不是简单地宣告其为无效民事法律行为,是符合当事人的意志和利益的。

(二)基于狭义无权代理订立的合同属于效力待定的合同

在狭义无权代理的情形下,代理人与相对人所订立的合同并不属于无效合同,也不属于可撤销合同,而属于效力待定的合同。《民法典》第 503 条规定:“无权代理人以被代理人的名义

---

〔11〕 王伯琦:《民法债编总论》,台北“国立”编译局 1962 年版,第 42 页。

订立合同,被代理人已经开始履行合同义务或者接受相对人履行的,视为对合同的追认”。狭义的无权代理具有如下特点:

如前所述,狭义无权代理在性质上属于效力待定的行为。无权代理行为未经被代理人追认,对被代理人不发生效力。所谓追认,是指被代理人对无权代理行为在事后予以承认的一种单方意思表示,其特点在于:第一,追认的意思表示应当以明示或者默示的方式向相对人作出。如果仅向无权代理人作出此种表示,则必须使相对人知晓才能产生承认的效果。第二,追认是一种单方意思表示,无须相对人的同意即可发生法律效力。第三,一旦作出追认,在性质上视为补授代理权,从而使无权代理具有与有权代理一样的法律效果,因此,追认具有溯及既往的效力。如果被代理人明确表示拒绝承认,则无权代理行为自始无效,因无权代理所订立的合同不能对被代理人产生法律效力。

1. 被代理人的否认权

在狭义无权代理情况下,被代理人享有否认权,它是指拒绝承认无权代理行为的效力的权利。被代理人否认的意思必须向相对人明确表示或者在相对人催告以后不作表示。被代理人可以以两种方式行使否认权:第一,在被代理人发现无权代理人以被代理人名义从事无权代理行为,在相对人催告之前,直接向相对人表示否认该无权代理行为。如果被代理人仅向无权代理人作出否认的表示,还不能当然发生使无权代理行为无效的后果。被代理人和无权代理人是一种内部关系,而无权代理人以被代理人的名义对外从事无权代理行为,将涉及与相对人之间的关系,因此,否认的表示必须向相对人作出;否则,不能当然发生使无权代理行为无效的效果。第二,被代理人在相对人作出催告以后,既可以向相对人明确表示拒绝承认无权代理的效果,也可以针对相对人的催告拒绝作出答复。根据《民法典》第171 条第 2 款的规定,“相对人可以催告被代理人自收到通知之日起三十日内予以追认。被代理人未作表示的,视为拒绝追认。行为人实施的行为被追认前,善意相对人有撤销的权利。撤销应当以通知的方式作出”。因此,在被代理人未作表示的情况下,视为拒绝追认。

根据我国《民法典》第 171 条第 2 款的规定,相对人可以催告被代理人在 30 日内予以追认。被代理人未作表示的,视为拒绝追认。可见,在无权代理的情况下,相对人应当享有催告权和撤销权。催告权,是指相对人有权催促被代理人在 30 日内明确答复是否追认无权代理行为。追认权的行使必须以催告权的行使为前提,如果没有催告,被代理人无从知道无权代理人以被代理人名义实施民事行为,也不可能作出承认和拒绝的决定。法律为保护相对人的利益,除规定相对人享有催告权以外,还允许其行使撤销权。所谓撤销权,是指相对人在被代理人未承认无权代理行为之前,可撤销其与无权代理人订立的合同。由于善意相对人在与无权代理人从事民事行为时,不知道无权代理人未获得授权,其主观上是善意无过失的,因此在相对人认为无权代理人实施的行为对其不利的情况下,其当然应有权在被代理人正式追认以前,撤销其行为,这对保护善意相对人的利益也是十分必要的。

2. 被代理人的追认权

依据《民法典》第 171 条第 1 款的规定,在狭义无权代理的情形下,被代理人享有追认权。《民法典》之所以允许被代理人享有追认权,主要是考虑到,虽然无权代理行为是代理人在没有代理权、超越代理权或者代理权终止后以被代理人的名义实施的民事法律行为,本质上不符合被代理人的意愿,该法律行为的效果当然不能及于被代理人,但实践中的情形非常复杂,有些情况下，无权代理人所实施的民事法律行为对被代理人可能是有利的，被代理人也愿意该法律行为的效果及于自己，从而享有相应的民事权利并承担民事义务。故此，从鼓励交易的角度来说，法律上没有必要一概否定该行为的效力。此时，通过赋予被代理人以追认权，使其根据自己的利益选择相应的法律效果，更为妥当。故此，从比较法上来看，各国民法都承认狭义无权代理时被代理人的追认权。具体而言，如果被代理人行使了追认权，则该行为对被代理人发生法律效力，即在被代理人和相对人之间产生了相应的民事法律关系，无权代理行为实际上就是有权代理行为；如果被代理人不予追认，无权代理人实施的民事法律行为就不能对被代理人发生法律效力，该法律行为只是在相对人和无权代理人之间发生法律效力，善意相对人有权请求无权代理人即行为人履行债务或者就所受到的损害请求赔偿损失。

所谓被代理人的追认，可以以明示和默示这两种方式作出，即明示的追认和默示的追认。所谓明示的追认，是指明确向相对人表示其愿意以被代理人的身份与相对人订立合同。所谓默示的追认，即被代理人以一定行为的方式进行追认。《民法典》第 503 条规定："无权代理人以被代理人的名义订立合同，被代理人已经开始履行合同义务或者接受相对人履行的，视为对合同的追认。"该条就是对被代理人默示追认的规定。这种默示的追认体现为两种方式：其一，被代理人履行合同义务。虽然被代理人没有明确地追认，但是如果被代理人已经开始履行合同，则该行为足以表明其愿意接受合同的约束。其二，接受相对人的履行。如果被代理人已经接受了相对人的履行行为，同样可以构成默示的追认。这主要是因为，被代理人接受履行的行为已经向相对人传达了其愿意接受合同对自己发生效力。

第三节　未生效合同

一、未生效合同的概念和特征

所谓未生效合同，是指法律规定了合同生效应当满足特别的批准要件，在这些要件未被满足时合同的状态。[12] 未生效合同的典型形态是依据法律、行政法规的规定应当办理批准才能生效，而当事人并未办理批准手续的合同。可见，未生效的合同是与法律法规明确规定的审批义务联系在一起的。在实践中，有一些合同如采矿权、探矿权的转让，从事证券经纪、期货经纪业务、国有企业转让国有资产等合同，依据法律法规必须经过有关部门的批准方能生效。在当事人并未办理批准手续时，合同并未生效。此类合同在实践中发生了不少纠纷，但原《合同法》对该类合同的效力、违反该合同所应承担的责任等并未作出明确规定，因此，《民法典》第 502 条第 2 款规定："依照法律、行政法规规定，合同应当办理批准等手续的，依照其规定。未办理批准等手续影响合同生效的，不影响合同中履行报批等义务条款以及相关条款的效力。应当办理申请批准等手续的当事人未履行义务的，对方可以请求其承担违反该义务的责任。"该条对未生效合同的效力作出了规定，弥补了原《合同法》规定的不足。对于合同编第 502 条第 2 款规定，应当从如下方面理解：

1. 法律、行政法规规定应当办理批准等手续合同才生效的，依照其规定。法律、行政法规

〔12〕 谢鸿飞：《合同法学的新发展》，中国社会科学出版社 2014 年版，第 179 页。

规定应当办理批准等手续生效的合同,主要有如下情形:探矿权、采矿权转让合同,上市公司国有股转让合同,中外合资经营的合营协议,国有土地使用权转让、抵押合同,国有企业的合并合同等。《合同法解释(一)》第9条规定:“依照合同法第四十四条第二款的规定,法律、行政法规规定合同应当办理批准手续,或者办理批准、登记等手续才生效,在一审法庭辩论终结前当事人仍未办理批准手续的,或者仍未办理批准、登记等手续的,人民法院应当认定该合同未生效”;也就是说,法律、行政法规规定应当办理批准等手续生效的,可以补办,补办的时间可以延长至一审法庭辩论终结前,如果在此之前,当事人仍未办理批准手续的,则合同未生效。

2. 未办理批准等手续的,该合同未生效。也就是说,对于法律、行政法规规定应当办理批准等手续生效的,如果当事人没有办理批准手续,该合同虽然已经成立,但并不产生效力,也就是说,在此情形下,合同的成立和生效是相互分离的。

需要指出的是,未生效合同不同于无效合同。未生效合同是一个特定的概念,此处所说的未生效合同特指因未履行法定或者约定的审批义务,从而使合同尚未发生效力。其与无效合同的区别主要表现在:一方面,无效合同主要是因为合同内容违反了法律、行政法规的强制性规定或违背了公序良俗,而未生效合同的内容并不具有违法性,而只是未经过审批,程序上存在瑕疵而已。另一方面,无效是指自始无效、确定无效、当然无效,但是对于未生效合同而言,则并非如此,即使在发生争议后,如果当事人补办报批手续,则该合同也可能被确认为生效,而并非确定无效、当然无效。[13] 对未生效合同而言,在未报审批的情况下,尽管合同存在形式上的缺陷,但这种缺陷并非不能弥补,法院可以责令负有报批义务的一方履行该义务,从而使合同满足生效要件,一旦弥补了程序上的瑕疵,则可以认定该合同生效。因此,采纳未生效合同的概念,有利于尽量促成合同的生效,符合合同法鼓励交易的精神。

3. 合同未生效不影响报批义务条款的效力。《民法典》第502条第2款规定:“未办理批准等手续影响合同生效的,不影响合同中履行报批等义务条款以及相关条款的效力。应当办理申请批准等手续的当事人未履行义务的,对方可以请求其承担违反该义务的责任。”该款具有两层含义:

(1)报批义务条款具有独立性,即报批条款在性质上类似于合同中的清算条款和仲裁条款,也就是说,尽管合同因未报批而未生效,但是该条款仍应被认定为有效。报批义务条款具有相对独立性,即便合同尚未经批准,但报批义务应当已经生效,理由主要在于:一方面,报批义务因批准而生效不符合政府管理经济生活的目的。当前,较之于计划经济时期,我国需要审批的合同范围和数量已经大幅度减少,但在现阶段,对合同进行行政审批仍然是政府管理特定经济领域的重要方式,其目的在于对特定行业与领域加强管理,而非禁止,否认报批义务条款的独立性与这一立法目的并不符合。另一方面,报批义务条款因批准而生效也会影响诚实信用的市场秩序。如果认定合同中的报批义务在合同未经批准前未生效,则无异于否认报批义务的存在。如果报批义务条款不具有独立性,一旦负有报批义务的一方当事人不报批导致合同未生效,进而认为报批义务不复存在,这就会使负有报批义务的一方规避其义务和责任,[14]

---

〔13〕 参见胡康生主编:《中华人民共和国合同法释义》,法律出版社1999年版,第76页。

〔14〕 参见杨永清:《批准生效合同若干问题探讨》,载《中国法学》2013年第6期。

还应当看到,报批义务因合同被批准而生效也不符合当事人的订约目的,因为当事人订立合同的目的是使该合同有效并得以履行,只有使报批义务条款生效,法院才可以要求负有报批义务的当事人继续履行合同义务,以实现合同订立的目的。

(2)违反报批义务条款,应当承担违约责任。在未报审批的情况下,尽管该合同整体上未生效,但由于报批义务条款具有独立性,该条款仍然有效,因此,一方当事人依法有权请求应当办理申请批准等手续的另一方当事人履行义务,如果负有履行报批义务的人不履行义务,则应当承担违反该义务的责任。

二、违反未生效合同的责任

首先,违反未生效合同,应当区分为违反整个未生效合同与违反报批义务条款,二者存在一定的区别。如前所述,报批义务条款本身具有一定的独立性,因此,当事人违反报批义务条款,应当与违反整个未生效合同的责任存在一定的区别。《民法典》第 502 条第 2 款规定了“应当办理申请批准等手续的当事人未履行义务的,对方可以请求其承担违反该义务的责任”。笔者认为,此处所说的责任应当是违约责任,这就是说,当事人一方违反了报批义务条款,应当承担继续履行等违约责任。由于报批义务条款具有一定的独立性,即使整个合同并未生效,其中独立的报批义务条款却已经发生效力,因此违反这一已经生效的条款,所应承担的责任,在性质上应当是违约责任。此种违约责任的责任形式最主要的就是继续履行的责任,即当事人可以请求负有报批义务的一方继续履行报批义务。负有报批义务的一方拒绝报批的,则可能产生赔偿对方所遭受的损失的责任或违约金责任。但需要注意的是,此处的违约金责任,仅限于当事人专门就报批义务设定了违约金条款的情形,这一条款不因其他部分未生效而不发生效力。但是如果当事人仅就整个合同约定了违约金,则当事人仍然不能主张对方承担该违约金责任。

其次,违反未生效合同的责任应属于缔约过失责任。对于违反未生效合同而言,合同未经报批,并未生效,不履行合同内容无法要求当事人承担违约责任,而仅在违反先合同义务的情况下承担缔约过失责任,即使合同中约定有违约金条款,也不应适用。

三、合同的变更、转让、解除等情形依法应当办理批准等手续生效的情形

《民法典》第 502 条第 3 款规定:“依照法律、行政法规的规定,合同的变更、转让、解除等情形应当办理批准等手续的,适用前款规定”。本款所规定的变更、转让和解除的批准与本条第 1 款性质相同,对于法律规定需要办理批准等手续才能生效的,不办理批准就不具有合法性,在未办理批准手续前就不应发生效力。例如,《矿产资源法》第 6 条第 1 款第 2 项规定:“已取得采矿权的矿山企业,因企业合并、分立,与他人合资、合作经营,或者因企业资产出售以及有其他变更企业资产产权的情形而需要变更采矿权主体的,经依法批准可以将采矿权转让他人采矿”。依此规定,采矿权的转让在批准前并不发生转让的效力。

第四节 无效和可撤销合同

一、无效合同

无效合同是相对于有效合同而言的,它是最典型的违反生效要件的合同。无效合同,是指合同虽然已经成立,但因其在内容上违反了法律、行政法规的强制性规定和公序良俗而无法律效力的合同。无效合同是否也属于合同的范畴,对此我国法学界历来存在两种不同的观点。本书认为,合同乃是当事人之间产生、变更、终止民事关系的民事行为,当事人一旦就合同的主要条款达成合意便成立合同,合同是否有效则是法律对当事人达成的合意所进行的一种价值判断,在发生争议时还需要法院来确定。所以,合同在被法院宣告无效之前,其在性质上仍然属于合同。无效合同制度体现了国家对当事人合同自由的干预,对于维护国家和社会公共利益、维护正常的交易秩序具有重要意义。

无效合同具有如下几个特点:

1. 具有违法性。无效合同的违法性,是指违反了法律和行政法规的强制性规定以及公序良俗。这就意味着:第一,无效合同必须是违反了法律和行政法规的强制性规定。而判断无效的标准,应当以法律和行政法规的规定为依据。至于行政规章以及地方性法规等地方性文件,它们可以作为判断合同效力的参考依据,但不应作为判定合同效力的唯一依据。特别是对于那些不合理的、甚至与法律和行政法规的规定明显冲突的地方性法规或规章,显然不应该作为判定合同效力的依据。第二,所谓违法,是指违反了法律和行政法规的强制性规定,而并非指违反了法律和行政法规的任意性规定。对于法律的任意性规定,当事人可以通过协议而加以改变。我国司法解释认为,违法必须是违反了法律的效力性强制性规定,如果违反了法律的管理性强制性规定,并不一定导致合同无效。第三,从广义上理解,违法性还包括合同的内容违反了公序良俗。例如,当事人订立进口"洋垃圾"的合同,即使其内容并未违反现行法律规定,因其内容违反了社会公共利益和公共道德,所以也是无效的。无效合同的违法性表明此类合同根本不符合国家意志,因此不能使此类合同发生法律效力。

2. 具有应受国家干预性。由于无效合同具有违法性,因而对此类合同应实行国家干预,这种干预主要体现在:由法院和仲裁机构不待当事人请求,便可以主动审查合同是否具有无效的因素,如发现合同属于无效合同,便应主动地确认合同无效。正是从这个意义上说,无效合同是当然无效的。对无效合同的国家干预还表现在,有关国家行政机关可以对一些无效合同予以查处,追究有关无效合同当事人的行政责任。

需要探讨的是,请求确认合同无效是否应受诉讼时效的限制?本书认为,由于无效合同本质上具有违法性,从维护合法秩序的需要出发,当事人应有权在任何时候针对违法的无效合同请求法院和仲裁机构确认无效。由于对此类合同国家应进行干预,所以法院和仲裁机构不应当考虑时效的限制而应主动宣告合同无效。只有这样才能维护法律的实施和合法的秩序。如果认为确认合同无效应受时效的限制,则在经过一定的时间以后,违法的合同将变成合法的合同,违法的行为将变成合法的行为,违法的利益将变成合法的利益,这显然是不符合立法的宗旨和目的的,也与法律秩序的形成相矛盾。

3. 具有不得履行性。所谓无效合同的不得履行性,是指当事人在订立无效合同以后,不得依据合同实际履行,也不承担不履行合同的违约责任。即使当事人在订立合同时不知该合同的内容违法(如不知合同标的物为法律禁止流转的标的物),其也不得履行无效合同。因为若允许履行,则意味着允许当事人实施不法行为。例如,保证合同在成立以后,如果主合同因违法而被宣告无效,保证人是否应当继续承担保证责任?本书认为,既然主合同因违法而被宣告无效,则意味着主合同的义务不得履行,故也不允许保证人代替主债务人继续履行,如果保证人仍然要履行保证人的义务则意味着保证人要继续履行违法的合同,这显然是不符合宣告主合同无效的目的的。

对于无效合同而言,尽管当事人不能实际履行无效合同,但当事人可以依据法律的规定,对无效合同予以修正,删去违法的合同条款,使合同的内容完全合法。如果经过修正使合同在内容上已符合法律的规定,则该合同已转化为有效合同。

4. 属于自始无效的合同。由于无效合同在本质上违反了法律规定,因而国家不承认此类合同的法律效力。合同一旦被确认无效,就将产生溯及力,使合同自订立之时起就不具有法律效力,以后也不能转化为有效合同。对已经履行的,应当通过返还财产、赔偿损失等方式使当事人的财产恢复到合同订立之前的状态。当然,之所以确认为无效合同,是因为当事人一方或双方在订立合同时违反了法律的强制性规定或社会公共利益。

二、可撤销的合同

(一)可撤销合同的概念

"撤销"一词,在民法上的运用十分广泛,有意思表示的撤销、法律行为的撤销、非法律行为的撤销等多种情况。所谓可撤销合同,是指当事人在订立合同时,因意思表示不真实,法律允许撤销权人通过行使撤销权而使已经生效的合同归于无效。例如,因重大误解而订立的合同,误解的一方有权请求法院撤销该合同。

可撤销合同主要是意思表示不真实的合同。由于可撤销合同主要涉及当事人意思表示不真实的问题,而当事人意思表示是否真实,局外人难以判断,即使局外人已得知一方当事人因意思表示不真实而受到损害,当事人不主动提出撤销而自愿承担损害的后果,法律也应允许这种行为有效。所以,法律要将是否主张撤销的权利留给撤销权人,由其决定是否撤销合同。对此类合同的撤销问题,法院应采取不告不理的态度。如果当事人不主张撤销权,法院不能主动地宣告合同的撤销。对于可撤销合同,撤销权人有权决定是否提出撤销。如果撤销权人未在规定的期限内行使撤销权,或者撤销权人仅仅要求变更合同的条款,并不要求撤销合同,则可撤销合同仍然有效,当事人仍应依合同规定履行义务。任何一方不得以合同具有可撤销的因素为由而拒不履行其合同义务。

可撤销合同中的撤销权人可以撤销或变更合同,我国原《民法通则》称可撤销合同为可变更、可撤销的合同。对此类合同,撤销权人有权请求予以撤销,也可以不要求撤销而仅要求变更合同的内容。所谓变更,是指当事人之间通过协商改变合同的某些内容,如适当调整标的价格,适当减少一方承担的义务等。通过变更使当事人之间的权利义务趋于公平合理,在变更的情况下,合同仍然是有效的。从鼓励交易的需要出发,如果当事人仅提出变更合同而没有要求撤销合同,该合同仍然是有效的,法院或仲裁机构不得撤销该合同。如果当事人既要求变更也要求撤销,在此情况下,从鼓励交易的需要出发,法院也应当首先考虑当事人变更的要求。只有在难以变更合同,或者变更合同对当事人双方有失公平的情况下,才应撤销合同。

《民法典》对可撤销民事法律行为的撤销权的存续期间作出了更细致也更科学的规定。依据该法第 152 条规定,撤销权于下列情形消灭:当事人自知道或者应当知道撤销事由之日起 1 年内、重大误解的当事人自知道或者应当知道撤销事由之日起 90 日内没有行使撤销权;当事人受胁迫,自胁迫行为终止之日起 1 年内没有行使撤销权;当事人知道撤销事由后明确表示或者以自己的行为表明放弃撤销权;无论当事人是否知道,自民事法律行为发生之日起 5 年内没有行使撤销权。

(二)可撤销合同的种类

1. 因重大误解订立的合同

依据《民法典》第 147 条的规定,因重大误解订立的合同,行为人可以请求法院或仲裁机构撤销。重大误解,是指一方因自己的过错对合同的内容等发生误解而订立了合同。因重大误解而订立的合同应当具备如下条件:第一,表意人对合同的内容等发生了重大误解。一般的误解并不都能使合同撤销。第二,表意人因为误解作出了意思表示。第三,误解是由误解方自己的过失造成的,而不是因为受他人的欺骗或不正当影响造成的。第四,误解是误解一方的非故意的行为。如果表意人在订约时故意保留其真实的意思,或者明知自己已对合同发生误解而仍然与对方订立合同,则表明表意人希望追求其意思表示所产生的效果。误解既可以是单方面的误解(如出卖人误将某一标的物当作另一物),也可以是双方的误解(如买卖双方误将本为复制品的油画当成真品买卖)。

2. 显失公平的合同

显失公平的合同,是指一方在订立合同时因情况紧迫或缺乏经验而订立的明显对自己有重大不利的合同。依据《民法典》第 151 条的规定:"一方利用对方处于危困状态、缺乏判断能力等情形,致使民事法律行为成立时显失公平的,受损害方有权请求人民法院或者仲裁机构予以撤销。"据此,显失公平应包括客观和主观两个方面的构成要件:第一,客观要件。显失公平的客观要件是指当事人在给付与对待给付之间失衡或造成利益不平衡。当然,在市场经济条件下,要求各种交易中给付和对待给付都达到完全的对等是不可能的,做生意总会有赔有赚,从事交易必然要承担风险,更何况交易风险都是当事人自愿承担的。如果当事人因某个交易不成功或者某个合同亏本,就以显失公平为由要求撤销合同,显然违背了显失公平制度设立的目的。第二,主观要件。显失公平的主观要件,是指在订立合同时一方具有利用优势或利用对方轻率、无经验等而与对方订立显失公平合同的故意。在法律上之所以要求考虑主观条件,其目的在于保障交易的公平和公正,维护商业道德,保护处于弱者地位的消费者的利益。

3. 因欺诈、胁迫而订立的合同

欺诈,是指一方当事人故意实施某种欺骗他人的行为,并使他人陷入错误而订立合同。对因欺诈而订立的合同而言,欺诈方具有欺诈的故意,欺诈的一方明知自己告知对方的情况是虚假的且会使被欺诈人陷入错误认识,而希望或放任这种结果的发生。可见,欺诈方实际上是有恶意的。从《民法典》的规定来看,欺诈既包括相对人实施的欺诈行为,也包括第三人实施的欺诈行为。同时,被欺诈的一方因欺诈而陷入错误并因此作出了意思表示。也就是说,被欺诈人在因欺诈陷入了错误认识以后,基于错误的认识作出了意思表示并订立了合同。

因胁迫订立的合同是指以将来要发生的损害或以直接施加损害相威胁,使对方产生恐惧并因此而订立的合同。由此可见,胁迫行为包括两种情况:第一,以将要发生的损害相威胁。将要发生的损害,是指涉及生命、身体、财产、名誉、自由、健康、信用等方面的损害。第二,胁迫者以直接施加损害相威胁。也就是说,胁迫者通过实施某种不法行为,形成对对方当事人及其亲友的人身损害或财产的损害,而迫使对方订立合同,如对对方施行暴力(殴打、肉体折磨、拘禁等),或散布谣言、毁人名誉、毁损房屋等。

三、合同被确认无效或被撤销的后果

根据《民法典》第155条的规定,无效的或者被撤销的民事法律行为自始没有法律约束力。因此,合同被确认无效和被撤销以后,将溯及既往,自合同成立之日起就是无效的,而不是从确认合同无效之时起无效。尤其是对无效合同来说,因其在内容上具有不法性,当事人即使在事后追认,也不能使这些合同生效。一旦合同被确认无效和被撤销,合同关系将不再存在,原合同对当事人不再具有任何约束力,当事人也不得基于原合同而主张任何权利或享受任何利益。合同被确认无效或被撤销之后,一般认为,将产生返还财产和赔偿损失的后果。

(一)返还财产

《民法典》第157条规定,"民事法律行为无效、被撤销或者确定不发生效力后,行为人因该行为取得的财产,应当予以返还;不能返还或者没有必要返还的,应当折价补偿。有过错的一方应当赔偿对方由此所受到的损失;各方都有过错的,应当各自承担相应的责任。法律另有规定的,依照其规定"。因此,合同无效或者被撤销后,因该合同取得的财产,应当予以返还;不能返还或者没有必要返还的,应当折价补偿。所谓返还财产,是指一方当事人在合同被确认无效或被撤销以后,对其已交付给对方的财产享有返还请求权,而已经接受对方交付的财产的,则负有返还对方的义务。

(二)赔偿损失

依据我国《民法典》第157条的规定,合同被确认无效或被撤销以后,也将产生损害赔偿的责任。合同无效后的损害赔偿包括两方面:一是在合同订立过程中,因一方恶意谈判、欺诈、泄露商业秘密等给另一方所造成的损失;二是在合同履行过程中非过错的一方因对方的过错(如欺诈、以合法形式掩盖非法目的)所遭受的损失。但损害赔偿的直接目的应当是使受害人达到从未订立合同的效果,使合同关系恢复原状,当事人处于合同未订立的状态。权利人请求的根据在于其因对方的过错而遭受了信赖利益的损失,即因信赖合同将有效而支付了各种订约和履行费用,而合同无效使这些费用未能补偿,因此,有权要求过错方予以赔偿,而过错方赔偿的范围主要限于因信赖合同将有效而支付的各种订约和履行费用,不应当包括合同在有效的情况下获得的期待利益的损失(如未能获得标的物及利润的损失等)。

在确定损害赔偿的范围时,要考虑赔偿义务人的过错。根据《民法典》第157条的规定,"有过错的一方应当赔偿对方由此所受到的损失;各方都有过错的,应当各自承担相应的责任。法律另有规定的,依照其规定"可见,过错是合同无效的赔偿责任的重要构成要件。过错的表现形式有多种,如违反了法律规定、采取了欺诈和胁迫手段、乘人之危等。如果是单方过错,则由有过错的一方向非过错的一方承担因其过错而给对方造成的损失。如果是双方过错,则应适用双方过错原则,即根据双方的过错程度来确定其相应的赔偿责任。例如,一方是故意的而另一方仅为过失,则故意一方的责任应大于过失一方的责任。如果过错相当,可以由双方各自承担自己的责任。如果双方恶意串通,损害国家、集体或第三人利益的,因此取得的财产收归国家所有或者返还集体、第三人。

在合同被确认无效或被撤销以后,当事人除应承担民事责任以外,还可能因其具有违法行为而承担行政的甚至刑事的责任,如追缴当事人的非法所得、收归国库,吊销营业执照等。

四、合同无效、被撤销等不影响争议解决条款的效力

《民法典》第507条规定:“合同不生效、无效、被撤销或者终止的,不影响合同中有关解决争议方法的条款的效力。”这就确立了合同中有关解决争议方法的条款的独立性规则。所谓解决争议的方法,是指将来一旦发生合同纠纷,应当通过何种方式来解决纠纷。按照合同自由原则,选择解决争议的方法也是当事人所应当享有的合同自由的内容。具体来说,当事人可以在合同中约定一旦发生争议以后,是采取诉讼还是仲裁的方式,如何选择适用的法律,如何选择管辖的法院等。当然,解决争议的方法并不是合同的必要条款。如果当事人没有约定解决争议的方法,则在发生争议以后,可以通过诉讼解决。其主要包括以下几种类型:第一,仲裁条款,即双方人对争议解决方式以及仲裁机构的选择等;第二,鉴定机构的条款,这一条款主要是在建设工程合同中,双方约定一旦就建设工程质量发生争议,如何选择鉴定机构;第三,管辖权的约定,主要包括争议是否交由法院进行裁判以及由何地法院管辖。之所以合同不生效、无效或被撤销、终止不影响解决争议方法条款的效力,其主要原因在于,这些条款通常都具有一定的独立性。法律肯定这些条款的独立性的目的在于,避免合同不成立、无效、被撤销或终止时,纠纷无法按照当事人的意思加以解决。

依据《民法典》第507条的规定,合同不生效、无效、被撤销或者终止的,不影响合同中有关解决争议方法的条款的效力,该条确立了有关解决争议方法的条款的独立性原则。这就是说,应当把合同中的解决争议条款与合同中的其他条款看作两个不同的单独的协议,有关解决争议方法的条款独立于合同的其他条款而存在。尽管其依附于主合同,但其仍然可以与主合同的其他条款分离,独立于它所依附的主合同而存在。因此,有关解决争议方法的条款不因主合同的不生效、无效、被撤销,终止或而失效。当主合同发生不生效、无效、被撤销,终止等情形时,合同的当事人依然可以依据合同中的有关解决争议方法的条款解决其争议。例如,依据仲裁协议向仲裁机构申请仲裁,由仲裁机构对他们之间的争议做出裁决。

为什么合同不生效、无效、被撤销或者终止的,不影响合同中有关解决争议方法的条款的效力?其原因在于:

1. 尊重当事人的合同自由。因为当事人约定了有关解决争议方法的条款,就意味着当事人希望通过适用该条款来解决其发生的争议。如果合同因为不生效、无效、被撤销或者终止的,使有关解决争议方法的条款失效,则与当事人约定的要实现的订约目的不符。

2. 充分发挥作为救济手段和解决纠纷的程序作用。解决争议条款的独立性原则可以防止当事人拖延纠纷解决程序,能使纠纷得到及时、高效地解决。由于解决争议条款被看作与主合同或基础合同完全不同的两个单独的协议,具有独立的性质,因此,即便合同被确认不生效、无效、撤销、解除等,当事人仍然可以依据解决争议条款及时解决其纠纷。反之,如果该解决争议条款失效,则纠纷将难以及时解决。

3. 该规则也是比较法上公认的规则。[15] 例如,《联合国国际货物买卖销售合同公约》第81条规定:“(1)宣告合同无效解除了双方在合同中的义务,但应负责的任何损害赔偿仍应负责。宣告合同无效不影响合同中关于解决争端的任何规定,也不影响合同中关于双方在宣告无效后权利和义务的任何其他规定。”例如,从世界各国仲裁立法例、有关国际公约以及司法实践来

---

〔15〕 参见全国人大常委会法工委民法室编:《〈中华人民共和国合同法〉与国内外有关合同规定条文对照》,法律出版社1999年版,第47~48页。

看，仲裁条款独立于合同，与合同应被看作两个不同的单独的协议，仲裁条款独立于合同的其他条款而存在。

参考案例

1. 上海闽路润贸易有限公司与上海钢翼贸易有限公司买卖合同纠纷案，载《中华人民共和国最高人民法院公报》2016 年第 1 期。
2. 无锡市掌柜无线网络技术有限公司诉无锡嘉宝置业有限公司网络服务合同纠纷案，载《中华人民共和国最高人民法院公报》2015 年第 3 期。
3. 香港上海汇丰银行有限公司上海分行与景轩大酒店（深圳）有限公司、万轩置业有限公司金融借款合同纠纷案，载《中华人民共和国最高人民法院公报》2014 年第 6 期。
4. 徐州大舜房地产开发有限公司诉王志强商品房预售合同纠纷案，载《中华人民共和国最高人民法院公报》2013 年第 12 期。
5. 海南康力元药业有限公司、海南通用康力制药有限公司与海口奇力制药股份有限公司技术转让合同纠纷申请再审案，载《中华人民共和国最高人民法院公报》2013 年第 2 期。
6. 黄仲华诉刘三明债权人撤销权纠纷案，载《中华人民共和国最高人民法院公报》2013 年第 1 期。
7. 中国太平洋保险（集团）股份有限公司与中国东方资产管理公司青岛办事处、王志刚、胡建君船舶保险合同纠纷再审案，载《中华人民共和国最高人民法院公报》2012 年第 12 期。
8. 吴国军诉陈晓富、王克祥及德清县中建房地产开发有限公司民间借贷、担保合同纠纷案，载《中华人民共和国最高人民法院公报》2011 年第 11 期。
9. 中建材集团进出口公司诉北京大地恒通经贸有限公司、北京天元盛唐投资有限公司、天宝盛世科技发展（北京）有限公司、江苏银大科技有限公司、四川宜宾俄欧工程发展有限公司进出口代理合同纠纷案，载《中华人民共和国最高人民法院公报》2011 年第 2 期。
10. 梅州市梅江区农村信用合作联社江南信用社诉罗苑玲储蓄合同纠纷案，载《中华人民共和国最高人民法院公报》2011 年第 1 期。
11. 陈全、皮治勇诉重庆碧波房地产开发有限公司、夏昌均、重庆奥康置业有限公司合同纠纷案，载《中华人民共和国最高人民法院公报》2010 年第 10 期。
12. 中国光大银行与内蒙古包头华达合资卧具装饰厂、中国农业银行包头市青山区支行、包头市青山区人民政府自由路办事处侵权纠纷案，载《中华人民共和国最高人民法院公报》2010 年第 2 期。
13. 上海市弘正律师事务所诉中国船舶及海洋工程设计研究院服务合同纠纷案，载《中华人民共和国最高人民法院公报》2009 年第 12 期。
14. 安徽省福利彩票发行中心与北京德法利科技发展有限责任公司营销协议纠纷案，载《中华人民共和国最高人民法院公报》2009 年第 9 期。
15. 中国农业银行长沙市先锋支行与湖南金帆投资管理有限公司、长沙金霞开发建设有限公司借款担保合同纠纷案，载《中华人民共和国最高人民法院公报》2009 年第 1 期。
16. 广州市仙源房地产股份有限公司与广东中大中鑫投资策划有限公司、广州远兴房产有限公司、中国投资集团国际理财有限公司股权转让纠纷案，载《中华人民共和国最高人民法院公报》2010 年第 8 期。
17. 崂山国土局与南太置业公司国有土地使用权出让合同纠纷案，载《中华人民共和国最高人民法院公报》2007 年第 3 期。
18. 家园公司诉森得瑞公司合同纠纷案，载《中华人民共和国最高人民法院公报》2007 年第 2 期。

19. 广西北生集团有限责任公司与北海市威豪房地产开发公司、广西壮族自治区畜产进出口北海公司土地使用权转让合同纠纷案,载《中华人民共和国最高人民法院公报》2006 年第 9 期。
20. 西安市商业银行与健桥证券股份有限公司、西部信用担保有限公司借款担保合同纠纷案,载《中华人民共和国最高人民法院公报》2006 年第 9 期。
21. 福建三木集团股份有限公司与福建省泉州市煌星房地产发展有限公司商品房预售合同纠纷案,载《中华人民共和国最高人民法院公报》2006 年第 5 期。
22. 万通实业公司与兰州商业银行借款合同纠纷案,载《中华人民共和国最高人民法院公报》2005 年第 9 期。
23. 浙江金华市自来水公司诉江西三清山管委会联营建设索道纠纷案,载《中华人民共和国最高人民法院公报》2005 年第 4 期。
24. 中国工商银行青岛市市北区第一支行诉青岛华悦物资发展公司、青岛海尔空调器总公司、青岛海尔集团总公司借款合同担保纠纷上诉案,载《中华人民共和国最高人民法院公报》1997 年第 4 期。

第二十五章　合同的履行

导读

当事人应当按照约定全面履行合同义务，履行过程中应遵循诚实信用原则，并在履行主体、履行标的、履行地点、履行期限、履行方式和履行费用方面遵循一系列规则。双务合同履行过程中，当事人在一定条件下享有同时履行抗辩权、后履行抗辩权或者不安抗辩权。

第一节　概　　述

一、合同履行的概念

合同的履行，是指债务人依据法律和合同的规定作出给付的行为。合同的履行是合同关系从产生到消亡过程中的中心环节，而合同履行制度也是整个合同制度中最核心的制度。按照“合同严守”（*pacta sunt survanda*）原则，当事人应当严格按照合同约定以及法律规定履行债务。合同的履行是合同法律制度所要解决的核心问题，“合同履行是其他一切合同法律制度的归宿或延伸”。[1] 因为合同当事人订立合同的目的在于履行合同，使债权债务得到实现，如果合同不能得到履行，则合同成为一纸空文，合同的订立将毫无意义。

合同的履行是债权得以实现的前提，也是建立信用经济的基础，只有合同得到履行，才能形成良好的市场经济秩序。合同的履行是市场秩序的重要保障，市场本身就是成千上万以交易为内容的合同关系的总和，从这个意义上说，市场化就是契约化，市场的有序运行依赖于合同债务的严格履行和债权的充分实现，市场经济的发展也取决于作为交易基本规则的合同制度的完善。“民有私约如律令”，要维护市场的有序进行，要求当事人必须诚实守信，严格履行合同，这样才能保障市场经济有序发展。

二、合同履行的特征

在合同法中，合同履行具有如下特征：

1. 合同的履行是当事人依据法律和合同的约定作出给付、实现合同债权的行为。合同履行的形态是多样的，如交付约定的标的物、完成约定的工作并交付工作成果、提供约定的服务等。合同履行既可以是债务人实施积极的给付行为，也可以是债务人消极的不作为，后者如禁止将书稿再交给其他出版社出版，或禁止将某项权利再转交给他人等，债务人只要不从事合同

---

〔1〕 苏惠祥：《中国当代合同法论》，吉林大学出版社 1992 年版，第 146 页。

规定的行为,就认为是履行了合同,而不需要积极的给付行为。

2. 合同的履行是债务人自觉实现给付义务的行为。也就是说,一方面,履行是债务人自觉依据法律规定和合同约定实施的行为,而不是在债务人不履行的情况下,由法院强制其履行的行为。如果债务人在履行期到来以后,符合履行中的抗辩权的行使要件,其有权通过依法行使抗辩权而拒绝作出履行。但没有法定的和约定的根据,不得拒绝履行。另一方面,虽然履行是债务人实现给付义务的行为,但依据法律和合同的规定,债权人也负有合作、协力等义务,此种义务在性质上属于不真正义务。[2]

3. 合同的履行必须是依据法律规定和合同的约定而作出的行为。履行是达到清偿结果的一种手段,这就决定了履行必须符合法律和合同的规定,任何不符合法定和约定的履行,都要承担违约责任。在一方不履行或拒绝履行的情况下,另一方可以选择要求其承担实际履行的责任,作为违约责任形式的实际履行与原来的履行在性质上已有根本区别,它已经不是履行合同,而是违约责任的承担方式。不过,如果一方作出不适当履行、迟延履行、部分履行等行为,则因这些履行不符合合同的约定,一般不能发生因清偿而导致合同关系消灭的效果,但在有法律明确规定的情形下,如果一方作出了这些履行之后,另一方在约定期间不提出异议,这些履行是有效的,在法律上仍然构成一种履行。例如,《民法典》第 621 条规定:“当事人约定检验期限的,买受人应当在检验期限内将标的物的数量或者质量不符合约定的情形通知出卖人。买受人怠于通知的,视为标的物的数量或者质量符合约定”。依据该条规定,即便出卖人所交付的标的物的数量或者质量不符合约定,但如果买受人接受该标的物,并且怠于通知出卖人相关情况的,则出卖的履行行为仍可发生履行的效果。

4. 合同的履行必须是完全按照法律规定和合同约定的方式作出的给付行为。在履行开始以后,当事人可以在原来债的关系并未改变的情况下,通过各种方式使债发生消灭。例如双方可以约定以代物清偿的方式消灭债,或者通过单方抵销、提存的方式消灭债。而履行是合同债务消灭的重要原因。

第二节 合同履行的原则

合同履行的原则是体现在合同履行中,指导合同当事人正确履行合同的规则。合同履行的原则是合同法基本原则在合同履行中的具体体现。

一、全面履行原则

《民法典》第 509 条第 1 款规定“当事人应当按照约定全面履行自己的义务”。合同的全面履行是指合同当事人应当依据合同和法律的规定全面履行其合同项下的义务。换言之,债务人应当全面地、适当地完成其合同义务,从而使债权人的合同债权得到完全实现。具体来说,合同全面履行的原则包括以下几方面内容:

---

[2] 在德国法上,债权人迟延是不真正义务的违反。我国学者的论述,参见齐晓琨:《解读德国〈民法典〉中的债权人迟延制度》,载《南京大学学报》(哲学·人文科学·社会科学版)2010 年第 2 期;韩世远:《合同法总论》,法律出版社 2008 年版,第 386 页。

1. 依约履行。合同全面履行的原则首先强调当事人必须依据合同约定全面履行义务,即要求合同当事人必须按照合同规定的履行主体、标的、时间、地点以及方式等履行其义务。按照合同全面履行的原则,债务人的履行在质量、数量、履行方法、地点等方面都必须符合合同的约定,否则均可构成违约。全面履行原则是合同必须严守规则的具体要求,也是合同拘束力的直接表现。从维护交易秩序,保障市场经济正常发展的需要出发,必须强化人们诚实守信的道德观念,从法律上鼓励和督促当事人严格履行合同。

《民法典》第 531 条第 1 款规定:“债权人可以拒绝债务人部分履行债务,但是部分履行不损害债权人利益的除外”。也就是说,原则上债务人必须按照约定的数量履行,而不能部分履行,但是在实践中部分履行也可能并不损害债权人的利益。在此情形下,法律允许债权人从自身利益出发决定是否接受部分履行。不可分给付不得进行部分履行,而可分给付依据法律规定或合同约定可以分割履行。因此,如果法律和合同没有特别的规定,对可分债务也可以分别履行。不可分之债变为可分之债后,各债权人只能就自己的部分请求履行,各债务人亦只就其负担部分履行债务。[3]

2. 依法履行。依法履行包括三方面内涵:第一,除当事人特别约定之外,法律还例外规定了强制性义务,即无论当事人是否有约定,该法定义务都应当纳入合同关系而成为合同义务。因此,在合同履行过程中,当事人应当严格履行上述法定义务。第二,如果合同约定不明确或没有约定,则可以依据《民法典》合同编的相关规定,通过任意性规则完善合同,填补合同漏洞。在此情形下,当事人也应当按照合同编的任意性规则履行义务。第三,双务合同一般应同时履行。合同的全面履行原则是针对各类合同的履行而设定的。在双务合同中,判定当事人全面履行的一个重要标准是,如果合同未规定履行的先后顺序,则双方当事人应同时履行。如果一方不履行其义务,另一方在对方提出履行请求时,有权拒绝自己的履行。

3. 履行的义务内容包括主给付义务、从给付义务和附随义务。合同的义务是一个“义务群”,除了当事人约定的主给付义务之外,还有从给付义务和附随义务。例如,在合同履行过程中,为更好地保障当事人合同目的的实现,依据诚实信用原则,当事人还应当负有相关的附随义务。例如,在合同履行过程中,当事人应当负担相关的照顾、保护、保密等附随义务。双方当事人不仅要严格按合同的约定履行义务,而且当事人在履行合同的过程中应当互相给予对方必要的协作。

4. 无正当理由不得变更和解除。全面履行原则意味着合同当事人任何一方,未经对方同意不得随意变更合同,否则构成违约,应当承担违约责任。合同在有效成立之后,未经对方同意,当事人一方不享有法定的解除权,不得单方面解除合同。即使享有解除权,也必须在规定的期限内行使,超过了规定的期限行使解除权则不产生合同解除的效果。

总之,《民法典》第 509 条所规定的全面履行原则是一项内容极为广泛、含义十分丰富的原则,也是合同履行中的首要原则。由于合同履行是合同法的核心,所以全面履行原则也是合同法所强调的首要原则。

二、诚信履行原则

《民法典》第 509 条第 2 款规定:“当事人应当遵循诚信原则,根据合同的性质、目的和交易

---

〔3〕 参见黄立:《民法债编总论》,中国政法大学出版社 2002 年版,第 589 页。

习惯履行通知、协助、保密等义务。”在合同履行中,当事人不仅应当按照法律规定和合同约定履行义务,而且还要按照诚信原则履行。诚信原则作为直接规范交易关系的法律原则,与债权债务关系尤其是合同关系的联系最为密切。在合同订立、履行、变更、解除的各个阶段,甚至在合同关系终止以后,当事人都应当严格依据诚信原则行使权利和履行义务。

当然,由于诚信原则属于法律的一般条款,其内涵比较抽象,具有一定程度的不确定性,不像合同约定那样具体、明确,因此不能以诚信替代当事人约定的义务。只有在合同约定存在漏洞导致不能履行的情况下,才能允许法官依据诚信原则确定合同义务。就这个角度而言,全面履行是第一位的,其次才应当依据诚信原则履行。

诚信原则首先针对附随义务的履行而适用。所谓附随义务,是指合同当事人依据诚实信用原则所产生的,根据合同的性质、目的和交易习惯所应当承担的通知、协助、保密等义务,由于此种义务是附随于主给付义务的,因此,被称为附随义务。附随义务的产生实际上是在合同法领域中进一步强化了商业道德,并使这种道德以法定的合同义务的形式表现出来。这对于维护合同的实质正义起到了十分有益的作用。按照《民法典》第509条第2款规定,附随义务的产生与内容应该是:

1. 附随义务应当依据根据合同的性质、目的和交易习惯具体确定,“附随义务”的产生,从而极大地弥补了法律或合同所规定的义务的不足。

2. 附随义务的内容主要包括:第一,通知义务。在合同履行中,债务人应当依据诚信原则履行合同义务,包括履行使用方法的告知义务、重要情事的告知义务等。在履行中,债务人应当做好必要准备,履行使用方法的告知义务、重要情事的告知义务,不应做破坏债权人期待的行为。第二,协助义务。债权人对债务人的履行应当提供必要的协助(如给予指示、提供履行条件、协助办理特定手续、接受交付等),在合同履行过程中,当事人双方都应当依据诚信原则履行义务。例如,交付大额款项,不应当故意以硬币交付。第三,保密义务。当事人一方在合同的订立或者履行中,如果了解到对方的有关商业秘密或者其他应当保密的信息,应当负有保密义务。第四,保护等义务。其他附随义务种类也较多,具体包括:一是当事人在整个合同过程中应保护相对人的人身、健康、财产等法益。当事人依据诚信原则,一方实施某种行为之后,使另一方对该行为及其后果产生合理信赖,则其应当按照另一方合理信赖的方式行事。二是在合同订立以后,尚未履行以前,当事人双方都应当依据诚实信用原则,严守诺言,认真做好各种履约准备,不得滥用抗辩权。三是在合同履行过程中,因一方的不履行或不适当履行,另一方可以享有同时履行抗辩权。但同时履行抗辩权的行使必须遵循诚信原则,不得滥用抗辩权而造成他人的损失。例如,虽然债务人支付数量不足,但相差数量甚微,对债权人未造成明显损害,债权人不得拒绝接受,不得援引同时履行抗辩的规定拒付货款。四是在合同发生争议以后,当事人双方都应当依据诚信原则妥善地处理争议,主动承担各自应当承担的损失,避免给对方造成不应有的损失。无论是实行替代性购买还是替代性销售,都应依诚信原则进行,不得高价购买、低价变卖,损害另一方的利益。五是旧物回收义务,如出售打印机负有回收墨盒义务。六是如果当事人对合同约定的义务发生争议,则应当按照诚信原则作出解释,并依据诚信原则履行义务。例如,如果合同未规定履行时间,债务人提出履行,必须依据诚实信用原则,给对方必要的准备时间。

三、节约资源、保护生态原则

《民法典》第509条第3款规定:“当事人在履行合同过程中,应当避免浪费资源、污染环境和破坏生态。"这一规则顺应了节约资源和保护环境的现实需要,符合现代立法的发展趋势,明确了合同履行中应保护环境和避免浪费资源。本款首次以立法的方式,对合同当事人的环境保护义务进行规定。第一,应当节约资源,避免资源浪费。例如,当事人不得对标的物进行过度包装,也不得以有毒有害物质对标的物进行包装。第二,不得污染环境和破坏生态。例如,在买卖合同中,当事人在履行交付标的物的合同义务时,除了对于标的物包装有特别要求的情形以外,标的物的包装应当以保护标的物在运送中不致损害为必要。当事人不得对标的物进行过度包装,也不得以有毒有害物质对标的物进行包装。该条规定属于法定义务,即使当事人之间没有对这一义务进行约定,当事人也同样负有此种法定义务。虽然当事人违反此种义务并不必然产生违约责任,但是却可能导致其他责任的产生。

第三节　合同漏洞的填补

一、合同漏洞的概念

所谓合同漏洞,是指当事人在合同中对于合同条款没有约定或者约定不明确的现象。具体来说,第一,合同的内容存在遗漏,即对一些合同的条款,在合同中并没有作出规定,如合同中缺少对质量条款的约定;第二,合同中的约定不明确或者约定前后矛盾。例如,当事人订立的两份合同中,有关购买黄沙的质量标准不一致,为此,需要解释两份合同之间是否属于合同的变更,还是属于表述错误,就需要对其进行解释,此种情况即属于合同漏洞。

一般来说,合同漏洞是当事人在订立合同时所不知道的,且在合同中也没有约定如何填补。如果在缔约时已经知道而故意不予约定,尤其是已经在合同中约定了填补漏洞的方法,则不能视为合同漏洞。例如,当事人在买卖合同订立时,因为考虑到市场价格在交货时会急剧波动,所以在合同中并没有规定明确的价格,而只是约定价格随行就市,这就是通常所说的"活价条款"。"活价条款"虽未设定具体的价格,但实际上当事人在缔约时已经意识到这种情况,且约定了确定价格的方法,此种情况并不属于合同漏洞。严格地说,合同漏洞的存在一般不应影响合同的成立。在当事人对合同的非必要条款未作出规定或约定不明确的情况下,可以认定合同已经成立,法院可以依据合同的性质、交易习惯以及法律的任意性规范作出解释,从而填补合同的漏洞。

二、合同漏洞的填补

依据《民法典》第510条的规定,"合同生效后,当事人就质量、价款或者报酬、履行地点等内容没有约定或者约定不明确的,可以协议补充;不能达成补充协议的,按照合同相关条款或者交易习惯确定"。《民法典》第511条也规定了在存在合同漏洞的情况下,依据第510条规定仍然不能确定的,可以采取的填补合同漏洞的方法。依据第510条、第511条填补合同漏洞,应当按照以下程序进行:

(一)由当事人达成补充协议

填补漏洞的第一步,是由当事人达成补充协议。按照合同自由原则,合同的内容应当由当事人自由约定,在当事人就合同的条款约定不明确的情况下,应由当事人继续通过达成补充协议,来填补合同的漏洞,这就充分体现了合同自由原则。同时,通过当事人达成协议来解决当事人之间的争议,也是最有效的填补漏洞的方式。由当事人达成的补充协议,既可以是书面的,也可以是口头的,但补充协议必须针对合同的漏洞而达成,否则仍然不能解决合同条款的争议。

(二)按照交易习惯来确定

填补合同漏洞的第二步是在当事人不能达成补充协议的情况下,由法官按照合同的有关条款和交易习惯来确定。所谓按照有关合同的条款来确定,是指根据合同的性质以及现有合同的条款来确定合同究竟需要哪些条款,并在此基础上填补合同的漏洞。

交易习惯也是填补合同漏洞的确定标准。所谓交易习惯,是指在当时、当地或者某一行业、某一类交易关系中,为人们所普遍采纳的、且不违反公序良俗的习惯做法。我国《民法典》第142条规定,“有相对人的意思表示的解释,应当按照所使用的词句,结合相关条款、行为的性质和目的、习惯以及诚信原则,确定意思表示的含义”。因此,合同应当依据交易习惯进行解释,这就确立了习惯解释的原则。我国《民法典》合同编不仅在通则中将交易习惯确定为填补合同漏洞的标准,而且在分编中有大量根据交易习惯填补合同漏洞的条文。这表明我国《民法典》合同编极为强调以交易习惯来填补合同漏洞,这可以说是我国合同法律制度的一大特点。

如何认定交易习惯?《合同法解释(二)》第7条规定:“下列情形,不违反法律、行政法规强制性规定的,人民法院可以认定为合同法所称‘交易习惯’:(一)在交易行为当地或者某一领域、某一行业通常采用并为交易对方订立合同时所知道或者应当知道的做法;(二)当事人双方经常使用的习惯做法。对于交易习惯,由提出主张的一方当事人承担举证责任”。这就确立了判断交易习惯的标准。具体来说,交易习惯可以包括如下几种:第一,地域习惯,即交易对方订立合同时所知道或者应当知道的交易发生地的通常做法。这种习惯又称为特定区域的交易习惯,即所谓的地区习惯。由于我国地域广阔,不同地方的习惯是各不一样的,不能将某一地方的习惯套用到另一个地方去。第二,行业标准,即某一领域、某一行业通常采用并为交易对方订立合同时所知道或者应当知道的做法。交易习惯具有行业性和特定交易的特殊性。不同的行业也可能具有不同的习惯。第三,当事人经常使用的习惯做法。在特定的交易中当事人所从事的交易也具有特殊性,例如,当事人双方长期从事建筑材料买卖,习惯采取先交货、后付款的做法。当然,交易习惯须具有合法性。只有那些遵守法律和行政法规以及公序良俗的习惯才能够用于合同的解释。需要指出的是,无论是何种交易习惯,都应当具有时间性,也就是只能以合同发生纠纷时存在的习惯为依据,而不能以过去的或者已经过时的习惯为依据,且各种交易习惯都应当为各方当事人知道或者应当知道。

(三)根据《民法典》第511条的规定作出解释

《民法典》第511条规定:“当事人就有关合同内容约定不明确,依据前条规定仍不能确定的,适用下列规定:(一)质量要求不明确的,按照强制性国家标准履行;没有强制性国家标准的,按照推荐性国家标准履行;没有推荐性国家标准的,按照行业标准履行;没有国家标准、行业标准的,按照通常标准或者符合合同目的的特定标准履行。(二)价款或者报酬不明确的,按照订立合同时履行地的市场价格履行;依法应当执行政府定价或者政府指导价的,依照规定履行。(三)履行地点不明确,给付货币的,在接受货币一方所在地履行;交付不动产的,在不动产所在地履行;其他标的,在履行义务一方所在地履行。(四)履行期限不明确的,债务人可以随时履行,债权人也可以随时请求履行,但是应当给对方必要的准备时间。

(五)履行方式不明确的,按照有利于实现合同目的的方式履行。(六)履行费用的负担不明确的,由履行义务一方负担;因债权人原因增加的履行费用,由债权人负担。”这实际上解决了合同对履行义务约定不明确的情况下,应当如何履行义务的问题,明确了各种填补合同漏洞的规则。

应当指出,虽然《民法典》第511条确定的是填补合同漏洞的规则,但它们都是任意性的规则,也称为填补合同漏洞的任意性规则。也就是说,当事人可以通过其约定来排斥这些规定的适用。在当事人有特别约定的情况下,原则上应当依据当事人的约定;在当事人没有特别约定,又不能根据交易习惯来确定当事人的意图的情况下,则应当适用这些任意性的规定。可见,我国法律将任意性的规定置于交易习惯之后,表明了交易习惯的重要性。如果交易习惯与任意性的规定发生冲突,则应当适用交易习惯。

第四节　合同履行的基本规则

一、履行主体

履行主体,是指履行合同债务和接受债务履行的人。债权人、债务人是履行合同义务的主体。债权人、债务人以外的第三人也可以替代债务人向债权人作出履行或者替代债权人接受债务人的履行。

(一)由第三人接受债务人履行

1. 不真正利益第三人合同

《民法典》第522条第1款规定:“当事人约定由债务人向第三人履行债务,债务人未向第三人履行债务或者履行债务不符合约定的,应当向债权人承担违约责任。”该款是关于不真正利益第三人合同的规定。适用本条规则的前提是当事人在合同中必须明确约定由债务人向第三人作出履行,因此,向第三人作出履行是债务人依据合同应当承担的义务。但是在不真正利益第三人合同中,债务人仅仅是向债权人负担义务。不真正利益第三人合同中的第三人具有以下几个特征:

首先,不真正利益第三人合同中的第三人与受领辅助人不同。受领辅助人是由债权人指定的代其进行受领的人。而不真正的利益第三人合同中的第三人并非由合同当事人一方进行指定,而是由双方当事人在合同中进行约定。因此,不真正利益第三人合同中的第三人虽然与受领辅助人均是合格的受领主体,债务人向其作出给付均可以消灭债务,但是二者产生的方式是不同的。

其次,不真正利益第三人合同中的第三人不享有合同中的请求权。不真正利益第三人合同中的第三人不享有独立的请求权,因而,第三人只是可以接受债务人的给付,而不享有合同中的请求权,不能直接向债务人请求给付。而在真正利益第三人合同中,第三人享有独立的请求权,债务人不履行的,第三人可以直接请求债务人履行。

最后,如果债务人不履行,或不按照合同约定履行时,不真正利益第三人合同中的第三人不能向债务人主张承担违约责任。此时,能够主张违约责任的仍然是合同债权人。

2. 真正利益第三人合同

第三人利益合同又称为第三人利益订立的合同、利他合同、第三人取得债权的合同或向第三人给付的合同,它是指合同当事人约定由债务人向合同当事人之外的第三人作出给付,该第三人即因此取得直接请求债务人作出给付权利的合同。[4] 从广义上说,利益第三人合同可以被分为真正利益第三人的合同与非真正利益第三人合同。其中,“非真正利益第三人合同”是指第三人不能直接请求债务人履行的合同,这种合同的特征在于,发生合同争议时,第三人并不享有直接的请求权。而在“真正利益第三人合同”中,第三人享有直接的请求权。《民法典》第 522 条第 2 款规定:“法律规定或者当事人约定第三人可以直接请求债务人向其履行债务,第三人未在合理期限内明确拒绝,债务人未向第三人履行债务或者履行债务不符合约定的,第三人可以请求债务人承担违约责任;债务人对债权人的抗辩,可以向第三人主张。”从该条规定来看,其规定了真正利益第三人合同中第三人所享有的如下权利:

(1)拒绝权。按照合同相对性原则,非合同当事人本不应享有合同权利或承担合同义务,但是在利益第三人合同中,法律推定合同当事人为第三人设定权利是符合第三人利益的,或至少不会侵害其权利,因而合同当事人无权为第三人设定义务,但可以为第三人设定权利。然而,这毕竟只是法律上的推定,当事人在合同中为第三人设定权利是否真正符合其利益,第三人是否接受该利益,应当由第三人自己决定,所以,《民法典》第 522 条赋予第三人拒绝权是十分必要的。当然,第三人接受合同当事人为其设定的利益,并不需要以明确表示接受的方式作出,只要第三人没有明确反对,就应当视为其已经接受该利益。一旦第三人明确拒绝,则利益第三人合同中第三人利益条款不能生效,但合同的其他条款仍可在当事人之间生效,在此种情形下,利益第三人合同就转化为一般的合同。

(2)履行请求权。在为第三人利益订立的合同中,第三人并非订约当事人,但其可以请求债务人向其履行债务,并接受债务人的给付。[5] 由于利益第三人合同以为第三人设定权利和利益为目的,所以,《民法典》第 522 条肯定了第三人享有履行请求权,有利于实现合同目的。[6] 这就是说,在合同成立并且生效以后,债务人负有向该第三人履行债务的义务,如果债务人不履行债务,则第三人可以请求债务人及时履行。第三人可以请求的内容应当是合同中为其设定的权利和利益,其请求的范围不得超出合同的约定。[7]

(3)请求债务人承担违约责任。《民法典》第 522 条规定,如果债务人没有依约向第三人作出给付,则第三人应当有权请求债务人承担违约责任。但此处所说的“违约责任”并未明确具体的责任形式和赔偿范围。笔者认为,在利益第三人合同中,第三人应当享有违约损害赔偿请求权,但此种损害赔偿应当主要限于因债务人不履行债务使第三人为接受履行做出准备而遭受的损失。毕竟第三人不是合同当事人,因此,其违约请求权应当受到一定的限制,[8] 笔者认为,第三人原则上无权主张如下违约责任:第一,可得利益损失的赔偿,因为可得利益损失的赔偿是以当事人之间存在对价关系为基础的;第二,违约金责任。由于违约金是债权人与债务人约定的、在债务人不依约履行债务时向债权人承担的责任,因此第三人无权主张。第三,定金

---

〔4〕 Vgl. MüKoBGB/Gottwald, 8. Aufl. 2019, BGB § 328 Rn. 1.

〔5〕 Vgl. MüKoBGB/Gottwald, 8. Aufl. 2019, BGB § 328 Rn. 33.

〔6〕 参见韩世远:《试论向第三人履行的合同——对我国〈合同法〉第 64 条的解释》,载《法律科学》2004 年第 6 期。

〔7〕 参见朱岩:《利于第三人合同研究》,载《法律科学》2005 年第 5 期。

〔8〕 参见叶金强:《第三人利益合同研究》,载《比较法研究》2001 年第 4 期。

责任。由于定金是债权人向债务人支付的,而第三人并未向债务人支付定金,因此其无权主张定金责任。第四,第三人也无权解除合同。《民法典》只是赋予合同当事人解除合同的权利,而没有赋予第三人解除权。由此可见,在利益第三人合同中,第三人虽然享有请求债务人履行债务的权利,但由于第三人没有向债务人支付对价,所以,其不能如债权人一样请求债务人支付违约金、赔偿可得利益损失或在债务人违约时解除合同,在债务人不依约履行债务时,其仅能够请求债务人承担有限的违约责任。同时,债务人在不依约履行债务时,其仅应当向债权人或者第三人之一承担违约责任,而不应当使其承担双重责任。

依据《民法典》第 522 条第 2 款的规定,"债务人对债权人的抗辩,可以向第三人主张"。这些抗辩包括债权不成立的抗辩、产生债权的合同被撤销或者被宣告无效的抗辩、合同债权已经因履行或者清偿等原因而消灭的抗辩等以及同时履行抗辩、不安抗辩、后履行抗辩等。对此类抗辩,债务人对债权人的抗辩,也可以对第三人主张。例如,因为债权人没有付清全部价款,第三人要求债务人交付货物,债务人有权对第三人提出抗辩。

《民法典》第 522 条所规定的不真正和真正利益第三人合同,在实践中是经常发生的,但从该条规定来看,如果合同没有特别约定第三人享有的请求权,应当认定其性质上属于不真正利益第三人合同,且从体系解释来看,将不真正利益第三人合同置于第 1 款,将真正利益第三人合同置于第 2 款,这表明不真正利益第三人合同属于常态,而真正利益第三人合同属于例外情形,这也符合当事人的意愿。

(二)由第三人向债权人履行

所谓由第三人履行的合同,是指当事人约定在不变更合同当事人的情况下合同中的债务由第三人履行。《民法典》第 523 条规定:"当事人约定由第三人向债权人履行债务,第三人不履行债务或者履行债务不符合约定的,债务人应当向债权人承担违约责任。"该条规定了由第三人履行的合同。

依据合同相对性原理,合同当事人不得为第三人设定义务和负担,除非得到第三人同意,否则,该约定不能对第三人产生效力。由于在向第三人履行的合同中,只存在债权人与债务人之间的约定,第三人没有与债权人达成合意。因此,双方当事人的合意并不能约束第三人,债权人不能直接向第三人提出请求,第三人并非当事人或合同债务人。在第三人不履行或履行不符合合同的约定时,债权人只能向债务人请求履行债务,而不能向第三人请求履行债务或主张违约责任。严格地讲,合同相对性要求当事人不能为第三人设定债务,为第三人设定债务无效。因此,在由第三人履行的合同中,第三人是否履行取决于自愿,第三人可能是基于其与债务人之间的关系去履行合同,但这并不能成为债权人直接请求第三人履行或承担违约责任的依据。

此处的第三人不同于履行辅助人,履行辅助人是由债务人指定的替代债务人完成给付的人,而不需要当事人在合同中进行约定。此处的第三人也不同于基于债务承担而加入债权债务关系的债务人。在债务承担的场合,无论是并存的债务承担还是免责的债务承担,第三人都已加入债权债务关系之中,成为新的债务人。而此处的第三人并非债务关系中的债务人。此处的第三人也不是保证人,保证人是依据保证合同承担保证责任的人,保证债务具有从属性。无论是一般保证还是连带保证,均以保证合同的存在为必要,此处的第三人却未与债权人签订保证合同。

(三)第三人代为履行

《民法典》第524条规定:“债务人不履行债务,第三人对履行该债务具有合法利益的,第三人有权向债权人代为履行;但是,根据债务性质、按照当事人约定或者依照法律规定只能由债务人履行的除外。”该条规定了第三人代为履行的规则。第三人代为履行或基于债务人的委托,或基于其本身的赠与意思,或基于第三人对债务人的无因管理。由于债务在绝大多数情况下并不具有专属性,可以由第三人代为清偿,因此,为了促进债权的实现,同时有效保护债务人的利益,只要第三人对债的履行具有合法利益,且不违反法律规定和当事人的约定,可以由第三人代为清偿。[9]

第三人代为履行应当具备如下条件:

1. 第三人是指债务人及债务履行辅助人以外的人。第三人代为清偿与债务履行辅助人的清偿不同,第三人相较于债务人具有独立的地位,其清偿不能视为债务人的清偿,在第三人履行不符合债的要求时,债权人不能据此请求债务人承担债务不履行的责任。而债务履行辅助人的履行行为则视为债务人的履行行为。

2. 第三人对履行该债务具有合法利益。第三人代为履行以第三人对该债务具有合法利益为必要条件。也就是说,在第三人代为履行的情形下,第三人与债务人之间都可能存在利害关系,这一规则,在比较法上也存在先例。《欧洲民法典草案》在其第Ⅲ-2:107条中也明确规定了第三方出于合法利益而代为履行职务。关键的问题在于,此处所要求的“合法利益”应当如何判断?笔者认为,第三人对债务履行具有合法利益主要包括第三人与债务人之间具有一定的人身关系,或者在债务履行后,第三人可以获得一定的财产利益。从实践来看,第三人对履行该债务具有合法利益主要包括如下情形:第一,抵押物转让中受让人代为清偿主债务,这一涤除权规则原来被规定于《物权法》第191条之中,所谓涤除权,是指在标的物之上存在抵押权的情形下,如果抵押人将标的物转让给第三人时,第三人愿意代债务人清偿债务,以消除标的物之上的抵押权。《民法典》删除了物权编中的涤除权规则,改为通过本条进行规定,即在抵押人转让抵押财产的情形下,可适用《民法典》第524条,认定买受人对债务的履行具有合法利益,从而允许其代为清偿债务,以消除抵押权。第二,转租中次承租人代为支付租金,以避免自身承租的权利遭受损害。第三,母公司为子公司代为偿还债务,由于子公司的债务问题可能会对母公司的信用评级产生不利影响,因此,母公司可代子公司清偿债务。

3. 除合同有特别约定、法律有特别规定或债务在性质必须由债务人履行外,债权人不能拒绝第三人的代为履行。这就对第三人代为履行的消极条件作出了规定,也就是说,一般情况下,如果第三人对履行债务具有合法利益,且不具有本条所规定的消极条件时,债权人不得拒绝第三人的履行,但如果具有上述消极条件,则即便第三人对债务履行具有合法利益,债权人也可以拒绝其代为履行债务的行为。

依据《民法典》第524条规定,在如下情况下,债务只应当由债务人本人履行,而不得由债务人之外的第三人代为履行:第一,依据债务性质不能由第三人清偿。某些类型的债具有人身专属性,如以提供劳务为内容的债,债权人选择债务人承担债务可能是基于对其特有的资质、能力的信赖,由第三人代为履行可能会影响债的目的的实现,因此,此类债务原则上应当由债务人本人履行债务,而不得由第三人代为履行。例如,表演应当由债务人亲自履行,而不能由

[9] 参见郑玉波:《民法债编总论》,中国政法大学出版社2004年版,第475页。

第三人代为清偿。再如,聘请名师讲座的协议,或者聘请明星表演、聘请名师演讲等,不能由第三人履行。[10] 第二,按照当事人约定不得由第三人代为履行。除法律规定的情形外,当事人还可以约定债务必须由债务人本人履行,而不得由第三人代为履行,按照私法自治原则,此种约定具有法律效力。例如,当事人约定承揽工作必须由承揽人完成的,承揽人即不得将工作交由第三人完成。第三,依据法律规定不得由第三人清偿。在特定情形下,法律会对债的履行主体进行一定的限制,规定只能由债务人本人履行,而不能由债务人之外的第三人代为履行。例如,《民法典》第791条规定:"建设工程主体结构的施工必须由承包人自行完成。"由于承包人在建造工程方面存在一定的资质限制,而且此种资质直接关系到建设工程的质量,因此,为保障建设工程的质量,法律规定建设工程的主体结构必须由承包人自行完成,而不得转包他人。此种情形即属于依据法律规定不得由第三人清偿的情形。

在第三人未按照约定向债权人履行清偿义务时,原则上应当由债务人对债权人承担违约责任。

（四）不得以姓名、名称等变更而拒绝履行合同义务

《民法典》第532条规定:"合同生效后,当事人不得因姓名、名称的变更或者法定代表人、负责人、承办人的变动而不履行合同义务"。按照合同严守的原则,合同生效以后,第三人必须严格依据合同履行。依据上述规定,第三人不得在如下情形下不履行合同义务。第一,不得因姓名、名称的变更而不履行合同。姓名、名称的变更并不是合同主体的变更,虽然民事主体对其姓名或名称进行了变更,但是其主体资格并未发生变化,姓名和名称变更前后的主体仍然具有同一性。基于这一原因,民事主体在姓名或名称变更前实施的民事法律行为应当仍然继续对其产生法律约束力。当事人在姓名、名称变更以前所签订的合同,以及其他法律文件,不得因为自然人姓名、法人名称的变更而失效。第二,不得因法定代表人、负责人、承办人的变动而不履行合同义务。在法人或者非法人组织内部,法定代表人、负责人、承办人时常发生变动,这些变动并不是合同主体的变更,不影响合同的效力,因此,当事人不得以这些变动为由而不履行合同。法律之所以作出此种规定,一方面,是为了维护合同的效力,保障交易的安全和秩序。另一方面,这也是诚实信用原则的基本要求。诚信是社会主义核心价值观的重要内容,要求民事主体变更前实施的民事法律行为对其具有法律约束力,就是强化诚实守信。

二、履行标的

履行标的,是指债务人应当给付的内容,包括交付实物、支付货币、提供劳务等,按照合同的全面履行原则,债务人必须按照法律和合同规定的质量、数量等履行其义务。

（一）质量要求不明确的履行

《民法典》第511条规定,质量要求不明确的,按照强制性国家标准履行;没有强制性国家标准的,按照推荐性国家标准履行;没有推荐性国家标准的,按照行业标准履行;没有国家标准、行业标准的,按照通常标准或者符合合同目的的特定标准履行。依据该条规定,如果合同中质量要求不明确的,约定按照如下标准履行:

1. 按照强制性国家标准履行。对保障人身健康和生命财产安全、国家安全、生态环境安全以及满足经济社会管理基本需要的技术要求,应当制定强制性国家标准。强制性国家标准由国务院有关行政主管部门依据职责提出、组织起草、征求意见和技术审查,由国务院标准化行

---

〔10〕 参见孙森焱:《民法债编总论》,法律出版社2006年版,第837页。

政主管部门负责立项、编号和对外通报。《标准化法》第 2 条规定:“强制性标准必须执行。”《标准化法》第 25 条规定:“不符合强制性标准的产品、服务,不得生产、销售、进口或者提供。”也就是说,强制性标准是具有法规性质的技术性规范。

2. 没有强制性国家标准的,按照推荐性国家标准履行;对满足基础通用、与强制性国家标准配套、对各有关行业起引领作用等需要的技术要求,可以制定推荐性国家标准。推荐性国家标准由国务院标准化行政主管部门制定。推荐性国家标准与强制性国家标准不同,并不是具有法律上强制力的技术性规范。但是在当事人缺乏对标的物质量约定的前提下,推荐性国家标准仍然可以成为判定标的物质量的依据,这一标准在效力上虽然不如强制性标准,但是其在适用范围和重要程度上相较于行业性标准更广和更高。

3. 没有推荐性国家标准的,按照行业标准履行;《标准化法》第 12 条规定:“对没有推荐性国家标准、需要在全国某个行业范围内统一的技术要求,可以制定行业标准。行业标准由国务院有关行政主管部门制定,报国务院标准化行政主管部门备案。”

4. 没有国家标准、行业标准的,按照通常标准或者符合合同目的的特定标准履行。如果对合同标的物没有国家标准和行业标准的,则应当按照通常标准履行。所谓通常标准,是指在同类交易中产品应当达到的质量标准,一般根据合同的目的、产品的性能、产品的用途等各个方面来确定。如果合同中没有特殊的要求,则要交付的标的物的质量能够达到产品的一般质量要求,即符合质量要求。

(二)价款或者报酬不明确的履行

《民法典》第 511 条规定:“价款或者报酬不明确的,按照订立合同时履行地的市场价格履行;依法应当执行政府定价或者政府指导价的,依照规定履行。”这就对价款和报酬约定不明时的确定方法进行了规定。这一规定包含如下内容:

1. 首先应当判断该合同的标的是否有政府定价或政府指导价。如果有政府定价或政府指导价,则应当通过其相关规定确定价款或报酬。《价格法》第 3 条第 4 款、第 5 款规定:“政府指导价,是指依照本法规定,由政府价格主管部门或者其他有关部门,按照定价权限和范围规定基准价及其浮动幅度,指导经营者制定的价格。政府定价,是指依照本法规定,由政府价格主管部门或者其他有关部门,按照定价权限和范围制定的价格。”在通常情形下,政府定价将直接确定标的物的价格,而政府指导价通常只是确定标的物价格的幅度,只要当事人约定的价格在该幅度内,即符合政府指导价的要求。

2. 如果没有政府定价或政府指导价,则按照订立合同时履行地的市场价格履行。依据本条规定,在没有政府定价或政府指导价的情形下,应当按照合同订立时履行地的市场价格进行确定。即市场价格的确定地点必须是履行地而非合同的订立地点;市场价格确定的时间是订立时而非履行合同时。因为通常合同订立后至合同履行之间,标的物价格不断波动,以合同订立时确定价格,更符合当事人订立合同的意愿。

三、履行地点

在学理上,履行地也称为清偿地,是指债务人应当作出履行的地点。以债务人的住所为履行地的,在学理上称为索取债务或往取债务;以债权人的住所作为履行地的,在学理上称为赴偿债务。[11] 履行地一旦确定,债务人就必须在履行地作出履行,债权人也必须在履行地接受

〔11〕 史尚宽:《债法总论》,中国政法大学出版社 2000 年版,第 783 页。

履行。

对履行地点当事人有约定的，应当依当事人约定；当事人没有约定的，则应当依照法律的规定。根据《民法典》第511条规定："履行地点不明确，给付货币的，在接受货币一方所在地履行；交付不动产的，在不动产所在地履行；其他标的，在履行义务一方所在地履行。"依据这一规定，要区分如下情况：第一，给付货币的，在接受货币一方所在地履行。货币结算主要通过银行转账来完成，通常交付货币的一方需要通过银行将需要支付的货款打入接受货币一方的开户行，而其开户行一般都在接受货物一方所在地。第二，交付不动产的，在不动产所在地履行。不动产是特定物，当事人在订约时就必须要确定具体的不动产所在地。因此，涉及不动产的交付，应当在不动产所在地履行。第三，其他标的（包括动产、票据、有价证券等），在交付这种标的物的合同中，如果履行地点不明确，则应当在履行义务一方所在地履行。

四、履行期限

所谓履行期限，是指债务人应当履行债务的期限在履行期限确定以后，债务人在履行期尚未到来之前不必要作出履行，债权人也不得要求债务人作出履行。从这个意义上说，履行期的确定体现了债务人的利益，但如果履行期限是直接为债务人的利益而确定的（如不付利息的借贷），债务人也可抛弃其期限利益提前履行。在履行期到来后，债权人也可以延缓履行期限使债务人缓期履行。

如果合同规定了履行期限，债务人在选择具体的履行时间时也必须遵循诚实信用原则。例如，深夜敲门还钱、趁关店时交货等，都违背了诚信原则。一般来说，依诚信原则，应当在工作日内的适当时间履行债务，而不应当在休息日或节假日作出履行。

（一）法律和合同对履行期限规定不明确的期限确定

合同履行期限通常是当事人约定的，但在特殊情形下，法律也会对合同的履行期限作出规定。当然，法律规定的履行期限通常是在当事人约定不明时补充规定履行期限。例如，《民法典》第730条规定："当事人对租赁期限没有约定或者约定不明确，依据本法第五百一十条的规定仍不能确定的，视为不定期租赁；当事人可以随时解除合同，但是应当在合理期限之前通知对方。"

法律和合同对履行期限规定不明确的，根据《民法典》第511条的规定，"履行期限不明确的，债务人可以随时履行，债权人也可以随时请求履行，但是应当给对方必要的准备时间"。该规定包括了如下几层含义：

1. 由于合同关于履行期限的约定不明确，因此，债务人可以随时履行，债权人也可以随时要求履行。

2. 无论是债权人还是债务人，在作出履行或者请求履行时，都必须要给对方必要的准备时间。因此，在履行期限不明确的情况下，应当根据两个事实来确定具体的期限：一是当事人提出履行或要求履行的期限；二是作出履行必要的准备时间。必要的准备时间通常要根据具体的交易而确定。当然，如果按照合同的性质，必须在特定时间作出履行债权人的利益才能实现的，债务人应当在该特定时间给付。例如，订购月饼，债务人应当知道必须在中秋节前交付。

（二）债务人提前履行债务

《民法典》第530条规定："债权人可以拒绝债务人提前履行债务，但是提前履行不损害债权人利益的除外。"依据该条规定，合同生效以后，当事人应当按照合同规定的履行期限履行，债务人一般不得提前履行。但是如果提前履行不损害债权人利益，债权人不得拒绝债务人提前履行债务。因为在履行期到来前,债务人享有期限利益,债权人不得请求债务人提前清偿债务。所谓期限利益,是指当事人因期限的存续而享有的利益。在没有特别约定的情况下,期限利益一般属于债务人,按照私法自治原则,债务人可以通过提前履行,处分自己的期限利益。如果债务人抛弃此种利益,对于债权人可能是有利的,因此,在不损害债权人利益的前提下,债务人可以提前清偿债务,〔12〕只有在债务人提前履行可能不合理地损害债权人的利益时,债权人才有权拒绝债务人的提前清偿。在许多商事交易中,提前履行在特殊情形下也可能给债权人造成不合理的损害。〔13〕例如,银行为了收取利息而放贷,提前还贷会打乱银行的贷款计划,造成银行的损失。如果提前履行损害债权人利益,债权人可以拒绝债务人提前履行债务。

依据《民法典》第530条的规定:"债务人提前履行债务给债权人增加的费用,由债务人负担。"虽然提前履行时,债务人放弃了其期限利益,但毕竟提前履行不符合合同的约定。债务人提前履行债务可能会增加债权人的费用,例如,因为债权人尚未建好仓库,而委托他人保管货物,可能使债权人负担过高的保管费用,或者因债务人履行提前会增加债权人的人力物力,由此导致费用增加。对于该增加的费用,应由债务人承担。

五、履行方式

履行方式是债务人履行义务的方法。履行方式不明确的,应当按照有利于实现合同目的的方式履行。例如,合同目的确定的是买受人要接受出卖人交付的机器设备,用于投入实际生产,因此,出卖人不能将机器设备分成若干部件进行交付,而应当一次性交付完整的设备。根据《民法典》第511条的规定,履行方式不明确的,按照有利于实现合同目的的方式履行。

《民法典》第529条规定:"债权人分立、合并或者变更住所没有通知债务人,致使履行债务发生困难的,债务人可以中止履行或者将标的物提存。"该条规定了因债权人的主体资格发生变动或住所变动时,债务履行的问题。本条规定针对的是两种不同的情形,一是债权人发生分立、合并,在这种情形下,债权人的主体发生变动;二是债权人住所变更,这种情形的履行困难主要发生在赴偿之债中。在上述两种情形下,都可能导致债务人的履行困难,依据法律规定和诚实信用原则,债权人在发生上述变动后应当及时通知债务人,使得债务人能够继续履行债务。如果债权人未能及时通知债务人,确实导致债务人履行困难,例如不知向谁履行或在何处履行的,则债务人可以选择两种方式寻求救济:一是中止履行,即暂停向债权人完成给付,此时债务人的不履行不构成履行迟延;二是提存,即依据合同编有关提存的规定,以消灭债的关系。

六、履行费用

履行费用,是指债务人履行合同所支付的费用。履行费用的负担不明确的,由履行义务一方负担。履行费用包括运输费、包装费、邮寄费、装卸费、登记费、关税等。即使应由债权人负担费用,债务人也只能从清偿总额中扣除该项费用的数额,或在进行清偿后请求债权人返还费用,而不能在清偿同时请求债权人支付费用,这主要是为了保证清偿的顺利进行。根据《民法典》第511条规定,"履行费用的负担不明确的,由履行义务一方负担;因债权人原因增加的履行费用,由债权人负担"。

---

〔12〕 参见梁慧星等:《中国民法典草案建议稿附理由·债权总则编》,法律出版社2013年版,第144页。

〔13〕 《欧洲合同法原则》第7:103条规定:"1.当事一方可拒绝在履行期限到来之前的提前履行,除非接受履行并不不合理地损害了他的利益。2.当事一方接受另一方的提前履行并不影响合同规定的他自己履行合同义务的时间。"《国际商事合同通则》第6.1.5条也规定:"债权人可以拒绝接受提前履行,除非债权人这样做无合法利益。"

《民法典》第531条第2款规定:“债务人部分履行债务给债权人增加的费用,由债务人负担”。当然,如果因债权人的原因而导致债务人的履行费用增加,增加的费用应当由债权人承担,这主要表现在如下两方面:第一,债权人转让债权,使债务人增加履行费用。债权人转让债权后的受让人与原转让人处于不同的地点,这样债权人转让债权就可能使债务人的履行费用增加。第二,债权人变更营业场所,增加了债务人的履行费用。第三,在原合同规定的清偿地不能作出履行,双方当事人通过约定变更履行地点或由债权人指定新的履行地点,因此增加的费用应当由债权人承担。

第五节　合同履行中的抗辩权

一、同时履行抗辩权

(一)同时履行抗辩权的概念和特征

同时履行抗辩权,也称为履行合同的抗辩权,是指双务合同的当事人一方在他方未为对待履行以前,有权拒绝自己的履行。我国《民法典》第525条规定:“当事人互负债务,没有先后履行顺序的,应当同时履行。一方在对方履行之前有权拒绝其履行请求。一方在对方履行债务不符合约定时,有权拒绝其相应的履行请求”。该条是对同时履行抗辩权概念和行使条件的规定。同时履行抗辩权具有如下特点:

1. 同时履行抗辩权仅适用于双务合同。所谓双务合同,是指双方当事人互负对待给付义务的合同,[14]即一方当事人愿意负担履行义务,旨在使他方当事人因此负有对待履行的义务,或者说,一方当事人享有的权利也就是他方当事人所负担的义务。同时履行抗辩权是在双务合同中产生的,并且仅适用于双务合同关系,而不适用于单务合同(如无偿保管、无偿委托),以及非真正的(或称不完全的)双务合同(如委托合同)。

2. 同时履行抗辩权适用于双务合同中没有规定履行先后顺序的情况。就双务合同来说,依合同是否约定履行先后顺序可以分为两种情况:第一,异时履行,即当事人在合同中明确规定应由一方先履行,另一方后履行,如合同规定:“卖方应在买方付款后的10天内交货”。因此买方应当先作出履行。第二,同时履行。例如,合同规定“货到付款”就属于同时履行。一般来说,异时履行应由合同明确作出约定,如果合同未作出异时履行的约定,应认为双方负有同时履行的义务。针对异时履行和同时履行的情况,我国法律设定了不同的抗辩权。异时履行应适用后履行抗辩权和不安抗辩权,而同时履行则应适用同时履行抗辩权。可见,针对双务合同中的履行无先后顺序的情况而适用,是同时履行抗辩权与其他两种抗辩权的重要区别。

3. 同时履行抗辩权主要是一种拒绝权。我国《民法典》第525条强调,同时履行抗辩权是指“一方在对方履行之前有权拒绝其履行要求。一方在对方履行债务不符合约定时,有权拒绝其相应的履行要求”。这就表明,同时履行抗辩权是指一方在符合法律规定的条件下享有拒绝对方请求的权利。同时履行抗辩权的内涵为:当一方不履行或不适当履行而要求对方作出履行时,对方有权拒绝其相应的履行要求,它是对抗对方请求权的一种权利。同时履行抗辩权不

---

〔14〕　参见杨振山主编:《民商法实务研究》,山西经济出版社1993年版,第249页。

仅适用于买卖合同,而且适用于各类双务合同,它也绝非仅适用于现货交易和即时结清的买卖,而可以广泛适用于各类不履行和履行不符合约定的情况。

4. 同时履行抗辩权的法律根据在于双务合同的牵连性。所谓双务合同的牵连性,是指在双务合同中,一方的权利与另一方的义务之间具有相互依存、互为因果的关系。此种牵连性表现为发生上的牵连性、履行上的牵连性以及存续上的牵连性三个方面。既然双务合同中双方当事人应同时履行自己所负的债务,一方当事人只有在已经履行或者已提出履行的前提下,才能要求对方当事人履行义务。反过来说,在对方未为对待履行或未提出履行以前,可以将自己的履行暂时中止,而拒绝对方的履行请求。

(二)同时履行抗辩权的适用条件

同时履行抗辩权的行使必须符合下列要件:

1. 须由同一双务合同中双方互负债务。同时履行抗辩权乃是由于双务合同履行上的牵连性,根据诚信原则所产生的制度。同时履行抗辩权发生的前提条件是在同一双务合同中双方互负债务。具体来说,首先,须由同一双务合同产生债务,即双方当事人之间的债务是根据一个合同产生的。其次,需双方当事人互负相互牵连的债务。所谓互负债务,是指双方根据同一双务合同互相承担债务。所谓牵连关系是指双方所负的债务相互依存,不是相互独立的。最后,双方所负的债务之间具有相应性。我国《民法典》第 525 条所说的相应性实际上是指双方的债务之间具有对价关系。当然,对价问题原则上应根据当事人的意志决定,同时法律要求双方在财产的交换尤其是金钱的交易上力求公平合理,避免显失公平的后果,但这并不意味着价值与价格完全相等。按照学理上的一般观点,当事人取得的财产权与其履行的财产义务之间在价值上大致相当,即为“等价”。[15]

2. 须双方互负的债务均已届清偿期。同时履行抗辩权的适用,是双方对待给付的交换关系的反映,并旨在使双方所负的债务同时履行,双方享有的债权同时实现。所以,只有在双方的债务同时到期时,才能行使同时履行抗辩权。[16] 这就要求双方当事人互负的债务必须是有效的。如果原告向被告请求支付价金,而买卖合同不成立、无效或已被撤销;或债务业已被抵销或免除,债务实际上不存在,原告并不享有请求权,被告在此情况下已不是主张同时履行抗辩,而是主张自己无履行的义务。因此,债务的存在是主张同时履行抗辩的前提。

3. 须对方不履行或履行合同义务不符合约定。原告向被告请求履行债务时,原告自己已负有的与对方债务有牵连关系的债务未履行,被告因此可以主张同时履行抗辩权,拒绝履行债务。如果原告已履行债务,则不发生同时履行抗辩权的问题。不过,如果原告未履行的债务与被告所负的债务之间无对价关系,则被告不得援用同时履行抗辩权。[17] 如果一方不适当履行债务,如部分履行、履行有瑕疵等,另一方可援引我国《民法典》第 525 条的规定,拒绝对方相应的履行要求。

4. 须对方的对待履行是可能履行的。同时履行抗辩的机能在于一方拒绝履行可迫使他方履行合同,这样,可促使双方同时履行其债务。但是,同时履行是以能够履行为前提的。如果一方已经履行,而另一方因过错而不能履行其所负的债务(如标的物已遭到毁损灭失等),则只

---

〔15〕 张新宝:《民事活动的基本原则》,法律出版社 1986 年版,第 22 页。

〔16〕 参见王家福主编:《中国民法学·民法债权》,法律出版社 1991 年版,第 402 页。

〔17〕 参见王家福主编:《中国民法学·民法债权》,法律出版社 1991 年版,第 403 页。

能适用债务不履行的规定请求补救,而不发生同时履行抗辩问题。如果因不可抗力发生履行不能,则双方当事人将被免责。在此情况下,如一方提出了履行的请求,对方可提出否认对方请求权存在的主张,而不是主张同时履行抗辩权。

(三)同时履行抗辩权的效力

同时履行抗辩权属于延期的抗辩权,不具有消灭对方请求权的效力。依据《民法典》第525条规定,其效力仅表现为当事人一方在对方提出给付以前,可以暂时拒绝履行自己的义务,而并不是使自己的义务归于消灭。正当行使同时履行抗辩权不构成违约,因为行使抗辩权是合法行为,它和违约行为在性质上是根本有别的,不能将两者混淆。例如,一方交付的货物有严重瑕疵时,另一方拒付货款,乃是正当行使抗辩权的行为,不应作为违约对待。当然,在不符合行使抗辩权的条件的情况下拒绝履行义务或滥用同时履行抗辩权等,不属于正当行使权利的范畴,这些行为本身已构成违约,由此造成对方损害的,应负损害赔偿责任。如合同规定甲方交付大米1万公斤,甲方依约发运了货物,但乙方收到货后发现缺200公斤,乙方将该批大米接受并转卖以后,仍援用同时履行抗辩权的规定拒付全部货款,此时乙方的行为已构成违约。

同时履行抗辩权的行使与合同解除也是不同的。同时履行抗辩权的行使以有效的合同关系的存在为条件,尽管该权利的行使造成合同暂时不能履行,但当事人双方仍然希望维持合同的效力;而解除合同则是终止现有的合同关系,使基于合同发生的债权债务关系归于消灭,并使当事人之间的财产关系恢复到订约前的状况。

(四)同时履行抗辩权适用的排除

如出现以下情形,不得适用同时履行抗辩权:

1. 法律或合同规定一方负有先行履行的义务。此种情形意味着法律、合同确定了履行顺序,当事人必须按此顺序履行其义务,负有先为履行义务的一方当事人不得要求对方同时履行,这属于依合同履行义务的问题,不适用同时履行抗辩权。

2. 双方所负的义务无相应性或无牵连性。如果根据合同的性质或规定,合同双方所负有的义务是彼此独立、无牵连关系的,则一方违反了某项义务,不能成为另一方拒绝履行其义务的理由。例如,在混合合同中,合同规定了数项债务,各个债务的性质是不同的,如某个合同将买卖、租赁有关条款规定在一起,各个条款之间在性质上不同,此时,当事人就无法主张同时履行抗辩权。

3. 按照诚实信用原则不适用同时履行抗辩权。[18] 诚实信用原则是债务履行中的一项重要原则。根据这一原则,双方应负有相互协力、保护、保密、忠实等义务。按照诚实信用原则,如果一方交付货物的数量不足,但不足的数量甚少,或交付的标的物的瑕疵极为轻微,对对方无明显损害,或一方违反义务并不影响另一方的履行等,对方不得以此为依据拒绝接受履行并拒绝履行自己的义务。

二、后履行抗辩权

(一)后履行抗辩权的概念

《民法典》第526条规定:"当事人互负债务,有先后履行顺序,应当先履行债务一方未履行

〔18〕 参见王泽鉴:《民法学说与判例研究》(第6册),中国政法大学出版社1998年版,第164页。

的,后履行一方有权拒绝其履行请求。先履行一方履行债务不符合约定的,后履行一方有权拒绝其相应的履行请求。"该条是关于后履行抗辩权的规定。此种抗辩权是我国法律在同时履行抗辩和不安抗辩之外所新增加的一种抗辩权,也是一项为我国法所独创的抗辩制度。[19]

抗辩权不仅适用于对抗对方的履行请求方面,其还可以对抗对方所提出的履行或承担违约责任的请求。一方面,如果一方未履行,而要求另一方履行,另一方有权拒绝其履行要求。另一方面,如果一方不适当履行其债务,另一方亦有权拒绝其相应的履行要求。而在后一种情况下,必然是一方已经先作出了履行,因其履行不符合约定,而使后履行一方享有的抗辩权。在此情况下,同时履行抗辩与后履行抗辩将会发生竞合现象。

(二)后履行抗辩权的适用条件

依据《民法典》第526条的规定,后履行抗辩权的行使必须符合如下条件:

1. 同一双务合同中双方互负债务。与同时履行抗辩适用的条件一样,后履行抗辩权也是因双务合同履行机能上的牵连性而发生的,其适用的前提是由同一双务合同中双方互负债务。所谓同一双务合同双方互负债务,一方面,是指必须由同一双务合同产生债务,也就是说,双方的债务是由一个合同产生的,而不是由两个或两个以上的合同产生的。另一方面,双方当事人必须互负债务,互负债务表明双方应当发生双务合同关系,因为单务合同是很难互负债务的。

2. 须由一方当事人先为履行。履行是否具有先后顺序,是后履行抗辩与同时履行抗辩的根本区别。从原则上说,履行具有先后顺序,应当由当事人双方特别约定,如双方在合同中约定,先交货后付款,或先住店后结账,或先吃饭后付款。如果当事人在合同中未规定履行顺序,可以依交易习惯来确定。如根据当地的习惯,通常是先付款后吃饭,或先结账后住店,则应以此确定履行顺序。如果依据交易习惯不能确定履行顺序的,应当按照等价交换的原则,推定当事人双方负有同时履行的义务。

3. 先履行的一方不履行或履行合同义务不符合约定。后履行抗辩权是针对先履行一方的履行不符合合同规定而设定的。先履行一方未履行的,后履行一方有权拒绝其履行要求。先履行一方履行债务不符合约定的,后履行一方有权拒绝其相应的履行要求。《民法典》第526条所提及的"不符合约定"包括不履行或履行合同义务不符合约定(迟延履行、不适当履行、部分履行)。显然在迟延履行和瑕疵履行的情况下,必须构成根本违约,非违约方才能行使后履行抗辩权,而在部分履行的情况下,非违约方只能就违约部分拒绝相应的履行要求。

(三)后履行抗辩权的效力

后履行抗辩权既然为一种独立的抗辩权,应当具有独立的适用范围。因后履行抗辩权的行使,将随时阻止对方当事人请求权的行使,而不是导致对方请求权的消灭,从这个意义上说,后履行抗辩权属于延期的抗辩权。由于正当行使抗辩权乃是合法行使权利的表现,因而后履行一方在一方先履行以后因为履行不适当,可以通过行使后履行抗辩权而拒绝履行自己相应的义务。因后履行抗辩权的行使致使合同迟延履行的,迟延履行责任应由对方当事人承担。当然,在行使抗辩权过程中,必须符合法律规定的条件,且必须遵循诚实信用原则,而不得滥用抗辩权。由于后履行抗辩权的行使只是阻碍对方请求权的行使,因而在对方当事人完全履行

---

〔19〕 新修改的《商事合同通则》第7.1.3条承认了后履行抗辩权。该条第2款规定:当事人各方应相继履行合同义务的,后履行的一方当事人可在应先履行的一方当事人完成履行之前停止履行。该条是否为采纳中国经验的结果,值得探讨。

了合同义务以后,该抗辩权行使条件已不存在,后履行的一方应当履行自己的义务。

三、不安抗辩权

(一)不安抗辩权的概念和适用条件

所谓不安抗辩权,是指在异时履行的合同中,应当先履行的一方有确切的证据证明对方在履行期限到来后,将不能或不会履行债务,则在对方没有履行或提供担保以前,有权暂时中止债务的履行。《民法典》第527条规定:"应当先履行债务的当事人,有确切证据证明对方有下列情形之一的,可以中止履行:(一)经营状况严重恶化;(二)转移财产、抽逃资金,以逃避债务;(三)丧失商业信誉;(四)有丧失或者可能丧失履行债务能力的其他情形。当事人没有确切证据中止履行的,应当承担违约责任"。该条对不安抗辩权作出了规定。不安抗辩权是与同时履行抗辩权相对应的一种抗辩权。它们分别适用于异时履行与同时履行的情况,两者共同构成了大陆法债法中保护债权的抗辩权体系。尽管不安抗辩权与后履行抗辩权一样都适用于异时履行的情况,但不安抗辩权主要是为了保护先履行一方,是由先履行一方享有的权利,而后履行抗辩权主要是为了保护后履行一方,是后履行一方所享有的权利。

根据《民法典》第527条的规定,不安抗辩权的适用应具备如下条件:

1.须因同一双务合同互负债务。《民法典》第527条虽然没有将"当事人互负债务"作为不安抗辩权适用的条件之一,但从不安抗辩权的内容来看,它只能适用于双务合同。在双务合同中,一方当事人承担合同债务的目的,通常是为了取得对方当事人的对待履行,这就使双务合同当事人之间的债务具有对等性,即一方的权利是另一方的义务,反之亦然。只有在双务合同中,才有可能发生当事人之间的债务履行具有先后顺序的现象。因此不安抗辩权只能在双务合同中发生,在单务合同中是不能适用的。由于《民法典》第527条并没有将不安抗辩权的适用限定在某一双务合同中,因而应认为该项抗辩适用于各类双务合同。

2.需当事人约定一方应先履行债务,即当事人一方有义务向他方先作出履行。在双务合同中,如果履行在同一时间内发生,则只发生同时履行抗辩权。而不安抗辩权则是因异时履行发生的,这种异时履行必须由当事人特别约定。正是因为履行是在不同时间作出的,所以,一方在对方难以作出对待履行时,有权拒绝先作出履行。从根本上说,不安抗辩权是法律赋予先履行的一方在符合法律规定的条件下所享有的权利,这一点也是不安抗辩权与后履行抗辩权的区别。不安抗辩权的设置,可以有效地防止先履行的一方的利益受损害。如先履行的一方已有确切的证据证明另一方信用很差,如果先作出履行,对方极有可能不会作出对待履行,在此情况下行使不安抗辩权,便能预防损害的发生。

3.先履行的一方有确切的证据证明另一方不能或不会作出对待履行。《民法典》第527条具体列举了一方在履行后另一方将不能或不会作出对待履行的事由,这些事由主要包括以下几项:第一,经营状况严重恶化。所谓严重恶化,是指相对订约时而言,其责任财产和履行能力出现严重减弱的现象,如果是企业,则表现为债务增加、资产减少、盈利能力急剧下降等现象。第二,转移财产、抽逃资金,以逃避债务。这些行为均表明债务人信用不佳,存在极大的违约危险,可能到期不会履行合同。第三,丧失商业信誉,即与缔约前的状况相比,其在业界或同行中,商业信用处于不佳状态。第四,有丧失或者可能丧失履行债务能力的其他情形。丧失债务能力,是指已经不具有履行债务的资产或其他履行债务的能力。例如,某项特定物已遭受毁损,不可能交付该特定物。所谓可能丧失,是指虽然目前没有丧失履行能力,但是在债务到期时应当不具有履行能力的情形。例如,某演员在演出前几天已患重病而卧床不起,并且根据其病情判断,是无法按时登台演出的,则可以认为其可能丧失履行债务的能力。上述事实既可以表明后履行一方在先履行的一方作出履行后,极有可能不会作出对待履行,也可能表明其届时不会履行。因此先履行一方在出现上述事实后,应有权行使不安抗辩权。

(二)不安抗辩权行使的效力

依据《民法典》第528条规定,不安抗辩权行使的效力为:

1. 暂时中止合同的履行。根据《民法典》第527条,先履行一方有确切证据证明对方具有法律规定的不能或不会对待履行的事由以后,可以行使不安抗辩权,暂时中止合同的履行。可见,暂时中止合同的履行乃是不安辩权行使的主要效果。所谓暂时中止合同履行,是指暂停履行合同。暂时中止合同履行,既不同于终止合同也不同于解除合同,因为在暂时中止合同情况下,合同并没有发生终止或解除,它对当事人仍然是有效的,只不过合同债务暂时得不到履行。一旦另一方提供了适当的担保或恢复履行能力,合同应当继续履行。因此,即使先履行一方有确切的证据证明对方具有法律规定的不能或不会对待履行的事由以后,也只能暂时中止合同的履行,而不能直接解除合同。依据《民法典》第528条规定,"当事人依据前条规定中止履行的,应当及时通知对方",从而使对方及时了解合同中止履行的原因和具体情况,并采取必要的措施。

2. 请求提供适当的担保。依据《民法典》第528条规定,"当事人依据前条规定中止履行的,应当及时通知对方。对方提供适当担保的,应当恢复履行"。也就是说,一方在暂时中止合同履行之后,有权要求对方在合理期限内提供担保。此处所说的"担保"是指足以消除对方当事人不安的各种合同担保方式,其不仅包括物的担保,也包括人保即保证,也包括其他的非典型担保方式,以保证其能在合理期限内履行债务。也就是说,担保的方式可以多种形式,如抵押、保证等。此处所说的"适当",是指能够消除对方当事人不安的各种担保方式。无论采取何种形式,只要其足以消除"不安",都可以构成有效的担保。

3. 在符合预期违约构成要件的情况下,请求承担违约责任或解除合同。《民法典》第528条规定,"中止履行后,对方在合理期限内未恢复履行能力并且未提供适当担保的,视为以自己的行为表明不履行主要债务,中止履行的一方可以解除合同并可以请求对方承担违约责任"。《民法典》第528条将不安抗辩权与预期违约制度进行了有效衔接。依据这一规定,在出现下列条件下,对方将构成预期违约:第一,在合理期限内未恢复履行能力。所谓在合理期限内恢复履行能力。例如,一方经营状况只是暂时恶化,通过融资等手段在短期内缓解了经营状况恶化的情形,以消除对方的不安,此种情形即构成在合理期限内恢复履行能力。第二,未提供适当担保。如果当事人在合理期限内没有提供担保,或者提供的担保不适当,将不构成此处的提供适当担保。在具备上述两个条件的情形下,将构成预期违约。

在构成预期违约的情形下,一方有权请求对方解除合同和承担违约责任。一方面,虽然履行期限尚未到来,但一方的预期违约行为在性质上已经构成了根本违约,将使得对方当事人订约的目的无法实现。因此,该行为属于《民法典》第563条第1款第2项所规定的"以自己的行为表明不履行主要债务",因此,对方有权解除合同。另一方面,预期违约实际上也是一种违约形态,在构成预期违约的情形下,应当向对方承担违约责任。《民法典》第578条规定,一方以自己的行为表明不履行合同义务的,对方可以在履行其到来之前请求其承担违约责任。此种预期违约就属于此类情况,因而一方可以请求对方承担违约金、损害赔偿等责任。

同时履行抗辩权、后履行抗辩权、不安抗辩权的比较如表25-1所示:

表 25－1　双务合同履行中的抗辩权类型

比较	同时履行抗辩权	后履行抗辩权	不安抗辩权
适用条件	因同一双务合同互负债务	因同一双务合同互负债务	因同一双务合同互负债务
	双方互负的债务均已届清偿期	由一方当事人先为履行	由一方当事人先为履行
	对方不履行或履行合同义务不符合规定	先履行的一方不履行或履行合同义务不符合规定	先履行的一方有确切的证据证明另一方不能或不会作出对待履行
	对方的对待履行是可能履行的		
效力	延期的抗辩权；不具有消灭对方请求权的效力，而仅表现为在对方当事人提出给付以前，暂时拒绝履行己方义务	延期的抗辩权；随时阻止对方当事人请求权的行使	暂时中止合同的履行；请求提供适当的担保；符合预期违约构成的情况下，请求承担违约责任或者解除合同

第六节　情 势 变 更

一、情势变更的概念和特征

所谓情势变更，是指在合同有效成立后，合同履行期间，因为合同的基础条件发生了当事人订约时难以预见的重大变化，致使合同不能履行或者履行结果显失公平，根据诚实信用原则，当事人可以请求变更或解除合同的制度。[20] 所谓情势，是指合同成立后出现的不可预见的情况，即必须影响社会整体或部分环境的客观情况。[21] 一般认为，情势泛指作为法律行为成立基础或环境的一切客观事实。[22] 所谓变更，是指“合同赖以成立的环境或基础发生异常变动”。而情势变更，是指在合同成立并生效以后、履行终止以前，发生了当事人在合同订立时无法预见的客观情况变化，致使合同的基础丧失，以致如果继续履行合同将对一方当事人明显不公平，因此，依据诚信原则应当允许一方当事人变更或者解除合同。[23] 该原则最早出现在1756 年《巴伐利亚民法典》和 1794 年《普鲁士一般邦法》中。[24] 经过德国学者的发展，该理论逐渐被德国判例所采纳，[25] 并为大陆法系其他国家广泛采用。《民法典》第 533 条规定：“合同成立后，合同的基础条件发生了当事人在订立合同时无法预见的、不属于商业风险的重大变化，继续履行合同对于当事人一方明显不公平的，受不利影响的当事人可以与对方重新协商；在合理期限内协商不成的，当事人可以请求人民法院或者仲裁机构变更或者解除合同。人民法院或者仲裁机构应当结合案件的实际情况，根据公平原则变更或者解除合同。”

合同一旦有效成立，当事人就必须按照“契约必须严守”的原则来履行合同。但在合同订立后，却有可能因当事人在订约时无法预见的客观情况的变化导致合同不能履行或履行过于

---

〔20〕 参见梁慧星：《中国民法经济法诸问题》，法律出版社 1989 年版，第 200 页。

〔21〕 参见彭凤至：《情事变更原则之研究》，五南图书出版公司 1986 年版，第 240 页。

〔22〕 参见王家福：《民法债权》，法律出版社 1991 年版，第 399 页。

〔23〕 彭诚信：《“情事变更”原则的探讨》，载《法学》1993 年第 3 期。

〔24〕 Codex Maximilianeus bavaricus civilis von 1756, Ⅳ 15 § 12; ALR von 1794, I 5 § 378.

〔25〕 RGZ 100, 129, 132 f. (1920).

艰难,而当事人对于情势变更的发生又没有过错,在此情况下,强迫当事人继续履行合同或承担违约责任,确实有悖于诚实信用原则。尤其是在现代社会交易纷繁复杂、形态多样。在经济全球化的背景下,跨国贸易和投资迅速发展,电子商务(e-commerce)大量取代了传统的交易方式,与此同时,当事人缔约时不可预测的风险也相伴而生,例如,亚洲金融危机、非典以及新型冠状病毒的影响,导致许多合同难以履行。2020 年最高人民法院印发《关于依法妥善审理涉新冠肺炎疫情民事案件若干问题的指导意见(一)》指出:“继续履行合同对于一方当事人明显不公平,其请求变更合同履行期限、履行方式、价款数额等的,人民法院应当结合案件实际情况决定是否予以支持。因疫情或者疫情防控措施导致合同目的不能实现,当事人请求解除合同的,人民法院应予支持。”

情势变更的特征在于:

1. 情势变更发生在合同履行阶段。从《民法典》第 533 条规定来看,情势变更发生在合同成立后,即事情变更的事由发生在合同履行阶段。情势变更的事由并不是发生在合同订立过程中,在合同订立阶段,如果客观情况发生了变化,则根据合同自由原则,当事人可以选择不订立合同,从而规避相关的风险。情势变更的事由也不是合同履行完毕阶段的事由,在合同履行完毕后,合同关系已经消灭,此时,即便客观情况发生变化,也不存在变更、解除合同的问题。

2. 合同的基础条件发生了当事人订立合同时无法预见的变化。一方面,情势变更是当事人订立时无法预见的,如果当事人能够预见到相关的情形,则当事人可以选择不订立合同,或者在合同中对相关风险进行安排。如果当事人在合同订立阶段能够预见到相关的风险,但仍然订立合同,则其应当负担此种风险的不利后果。另一方面,情势变更是合同的基础条件发生了变化。《民法典》第 533 条在规定情势变更时,采用了“合同基础条件”发生变化这一表述,《德国民法典》称为交易基础。“合同基础条件”是关系到当事人订约目的和基本权利义务的条件,它将直接影响当事人的主要权利义务。例如,当事人在订立房屋买卖合同后,政府为了调控房价,将房屋首付比例大幅度提高,对买受人的履约产生重要影响,此种情形即属于合同的基础条件发生了重要变化。基础条件的判断是一个需要在个案中判断的问题,即这些条件会对于当事人是否订立合同以及订立合同的条件发生重大影响,反之,如果政府宏观调控政策的变化不会对当事人的权利义务关系产生实质性影响,则不属于情势变更。

3. 情势变更在性质上不属于商业风险。市场交易千变万化,包含多种交易风险,当事人参与市场交易,理应负担相关的商业风险。所谓商业风险,是指市场主体作为一个理性的商人,在从事商业活动时应当意识到并自愿承担的固有风险,其最典型的表现是由于价格的涨落和市场供求关系的变化而导致的商人在财产上受到的损失。应当看到,正常的商业风险并不属于情势变更。合同本身是一种交易,任何当事人都希望从该交易中获利,同时也就应当承担相应的商业风险,这主要是因为,当事人所承受的商业风险本身是可以通过交易得到补偿的。如果出现任何正常的商业风险,当事人都可以以情势变更为由变更或者解除合同,则合同毫无拘束力可言,正常的交易秩序也难以维系。所以,在法律上能否承认情势变更制度,并使该制度能够得到妥当适用,必须准确区分情势变更与商业风险。例如,商业风险通常具有一定的可预测性,即便当事人声称其没有预见,也应当从客观情事出发,推定当事人已经预见。[26] 在商业活动中,商业风险和收益是成正比的,即所谓风险越大收益越大。因此,《民法典》第 533 条在

---

〔26〕 参见张建军:《情事变更与商业风险的比较探讨》,载《甘肃政法学院学报》2004 年第 2 期。

规定情势变更时,对情势变更与商业风险进行了区分,将商业风险排除在情势变更的事由之外,值得肯定。情势变更不同于商业风险,因为商业风险通常具有可预见性,而且商业风险是市场交易中的通常风险,这与不具有可预见性的情势变更存在重要区别。

4. 继续履行对当事人一方显失公平。发生情势变更的变化之后,有可能导致合同无法继续履行,但在有些情形下,合同虽然可以继续履行,但继续履行合同可能对一方明显不公平。例如,在当事人订立采购消毒液的合同之后,发生了重大疫情,导致消毒液的生产成本和售价大幅度提升,此种情形下,如果继续按照原合同履行,将对出卖人一方显失公平。

二、当事人的继续谈判义务

依据《民法典》第 533 条的规定,在发生情势变更后,当事人负有继续谈判义务。即在发生情势变更后,受到不利影响的一方有权要求对方继续谈判。继续谈判义务在性质上也称为再磋商义务,在成立情势变更时,规定当事人负有继续谈判的义务有利于尽量维持合同的效力,这也符合《民法典》鼓励交易的立法目的。《民法典》合同编的重要功能在于鼓励交易,在发生情势变更的情形下,并不当然导致合同解除,如果合同仍然有继续履行的可能,则应当课以当事人及时继续谈判的义务,以尽量促成交易。[27]

从《民法典》第 533 条规定来看,在发生情势变更后,"受不利影响的当事人可以与对方重新协商",该条虽然使用了"可以"这一表述,但本书认为,这实际上是赋予受不利影响的当事人请求对方当事人继续谈判的权利,而对方当事人则负有继续谈判的义务,该义务既是一项法定义务,也是依据诚实信用原则产生的义务。在发生情势变更后,合同并不当然解除,课以当事人继续谈判的义务,通过变更合同的方式继续维持合同的效力,也符合鼓励交易的价值理念。这既是法定义务,也是诚信原则产生的义务。当然,此种义务也是一项不真正义务,即在当事人违反该义务后,并不会产生违约责任,但在法院或者仲裁机构变更或者解除合同后,该方当事人可能承担一定的不利后果。

三、通过诉讼或者仲裁变更和解除合同

依据《民法典》第 533 条的规定,在发生情势变更后,当事人可以重新协商,但如果当事人在合理期限内协商不成,则可以请求法院或者仲裁机构变更或者解除合同。从该条规定来看,其并没有对请求法院或者仲裁机构变更或者解除合同的当事人进行限定,这也意味着,在当事人无法通过重新协商变更合同的情形下,双方当事人均可请求法院或者仲裁结构变更或者解除合同。由于在发生情势变更的情形下,如果仍然强行要求当事人严守合同,虽然能实现一方当事人的目的,但无法实现另一方当事人的目的。其结果就造成了当事人之间新的不公平。所以,允许法官根据情势变更来变更或解除合同,使已经失衡的利益得到调整,这从根本上符合合同正义的要求。

此外,依据《民法典》第 533 条的规定,法院或者仲裁机构在裁判时,应当根据公平原则确定变更或者解除合同时,所谓根据公平原则,就是要综合考虑客观情况的变化对当事人权利义务产生的影响,并考虑当事人是否违反继续谈判的义务等多种因素,综合予以判断。

---

〔27〕　参见刘士国:《科学的自然法规与民法解释》,复旦大学出版社 2011 年版,第 50 页。

参考案例

1. 汤长龙诉周士海股权转让纠纷案,第67号指导案例(最高人民法院审判委员会讨论通过,2016年9月19日发布)。
2. 交通运输部南海救助局与阿昌格罗斯投资公司、香港安达欧森有限公司上海代表处海难救助合同纠纷案,载《中华人民共和国最高人民法院公报》2016年第11期。
3. 大宗集团有限公司、宗锡晋与淮北圣火矿业有限公司、淮北圣火房地产开发有限责任公司、涡阳圣火房地产开发有限公司股权转让纠纷案,载《中华人民共和国最高人民法院公报》2016年第6期。
4. 洪秀凤与昆明安钡佳房地产开发有限公司房屋买卖合同纠纷案,载《中华人民共和国最高人民法院公报》2016年第1期。
5. 吉林省东润房地产开发有限公司与吉林佳垒房地集团有限公司、第三人大商股份有限公司合资、合作开发房地产合同纠纷案,载《中华人民共和国最高人民法院公报》2013年第4期。
6. 齐河环盾钢结构有限公司与济南永君物资有限责任公司建设工程施工合同纠纷案,载《中华人民共和国最高人民法院公报》2012年第9期。
7. 俞财新与福建华辰房地产有限公司、魏传瑞商品房买卖(预约)合同纠纷案,载《中华人民共和国最高人民法院公报》2011年第8期。
8. 成都鹏伟实业有限公司与江西省永修县人民政府、永修县鄱阳湖采砂管理工作领导小组办公室采矿权纠纷案,载《中华人民共和国最高人民法院公报》2010年第4期。
9. 中银香港公司诉宏业公司等担保合同纠纷案,载《中华人民共和国最高人民法院公报》2005年第7期。

第二十六章　合同的保全

导读

合同的保全包括债权人的代位权与撤销权。这两种制度的目的都是通过防止债务人财产不当减少或者恢复债务人的财产，从而保障债权人权利的实现。在传统民法中，合同的保全是在债法总则部分加以规定的，也称“债的保全”。我国《民法典》合同编专章对合同的保全作出了详细规定。

第一节　概　　述

一、合同保全的概念和特征

合同保全，是指法律为防止因债务人的财产本不应减少却被不当的减少或本应增加却不当地未增加而给债权人的债权带来损害，允许债权人行使撤销权或代位权，以保护其债权。我国《民法典》合同编通则单独设立一章（第五章）规定了合同的保全，在该章中，具体规定了债权人的撤销权和债权人的代位权。

合同保全主要有以下特点：

1. 合同保全的基本方法是确认债权人享有代位权或撤销权。这两种措施都旨在通过防止债务人财产不当减少或恢复债务人财产，从而保障债权人的权利实现。无论债务人是否实施了违约行为，只要债务人实施了不当处分其财产的行为而有害于债权人的债权时，债权人就可以采取保全措施。可见，合同保全与违约责任是不同的。

2. 合同保全是合同相对性规则的例外。根据合同的相对性规则，合同之债主要在合同当事人之间产生法律效力。但是代位权或撤销权的行使，都会对第三人产生效力，这种现象可以看作是合同相对性规则的例外。

3. 合同保全主要发生在合同有效成立期间。也就是说，在合同生效后至履行完毕前，都可以采取保全措施，但合同根本没有成立、生效，或已被解除，或被宣告无效、被撤销，则不能采取保全措施。

二、合同保全与其他保障债权形式的区别

（一）合同的保全与合同的担保

在债的关系生效以后，债务人的所有财产，除对特定债权人设有担保物权以外，都应当用来作为对债权的一般担保。也就是说，债务人的全部财产应作为其清偿债务和承担责任的财

产,简称为责任财产。责任财产不仅为某一债权人的担保,而且应成为全体债权人的共同担保。可见,责任财产的增减对债权的实现关系十分重大。从这一意义上说,合同的保全主要是保障债务人责任财产的稳定性,在功能上与合同的担保类似。

虽然合同的保全与合同的担保存在密切关联,但二者属于不同的债权保障制度,其区别主要体现为:一方面,二者的成立时间不同。合同的担保一般设定在合同订立之时,或在合同履行之前就已确定。担保一旦成立,债权人或对担保的财产享有优先受偿的权利,或可请求保证人承担责任,这就为债务的履行或债权的实现提供了比较现实的物质基础。因此,它极有利于督促债务人履行债务。但合同的保全不同于合同的担保,在合同保全的情形下,债权人不像担保权人那样对第三人享有优先受偿的权利,也不能对保证人主张权利,因此,对债权的保障作用不如担保方式那样明显。另一方面,合同的担保通常必须是在债务人不履行债务的情况下,担保权人才能行使其担保权;而合同保全的适用并不以债务人不履行债务为前提,即只要债务人实施了严重影响其履行债务的行为,符合债权保全条件的,债权人都可以采取债权保全措施。

(二)合同保全与民事诉讼中的财产保全

所谓民事诉讼中的财产保全,是指人民法院在案件受理前或诉讼过程中,为了保证判决的执行,或避免财产遭受损失而对当事人的财产和争议的标的物采取查封、扣押、冻结等措施。虽然合同保全与民事诉讼中的财产保全都是为了保障特定主体履行债务,防止其责任财产的转移或者减少,但二者存在一定区别:一方面,民事诉讼中的财产保全是《民事诉讼法》所规定的措施;而合同保全则是《民法典》所规定的制度。民事诉讼中的财产保全是程序法所规定的措施,一般需要由当事人提出申请,而合同的保全是实体法中的制度,它是通过债权人行使代位权、撤销权而实现的。另一方面,诉讼上的财产保全的方法通常包括查封、扣押、冻结存款等措施;而合同保全只是通过债权人行使代位权、撤销权措施而实现的。此外,诉讼中的财产保全一般需要由当事人提出申请,但在特殊情况下,法院亦可主动采取诉讼保全措施,而合同保全则必须完全根据债权人的请求而由法院决定是否采取。

第二节 债权人代位权

一、债权人代位权的概念和特点

债权人的代位权,是指因债务人怠于行使其到期债权及与该债权有关的从权利,对债权人造成损害的,债权人可以向人民法院请求以自己的名义代位行使债务人债权及其从权利的权利。例如,甲欠乙100万元,丙欠甲50万元,甲在其债权到期后,一直不行使对丙的债权,致使其无力清偿对乙的债务,则乙可代位行使甲的权利,督促丙履行其对甲的债务。《民法典》第535条规定:“因债务人怠于行使其债权以及与该债权有关的从权利,影响债权人的到期债权实现的,债权人可以向人民法院请求以自己的名义代位行使债务人对相对人的权利,但是该权利专属于债务人自身的除外。”这就规定了债权人代位权。

债权人代位权作为一种法定的权利,具有如下特点:

1. 代位权针对的是债务人消极的不行使权利的行为,即怠于行使权利的行为。代位权的行使是为了保持债务人的责任财产,即旨在对债务人的责任财产采取法律措施予以保持。债权人行使代位权,一般都是在债权人与债务人之间的债务已经到期的情况下,因此,债权人行使代位权以后,如果没有其他人向债务人主张权利,债权人可以直接获得该财产。

2. 代位权是债权人以自己的名义代位行使债务人的债权及其从权利。代位权是债权人向相对人而不是向债务人提出请求,这就不同于债权人向债务人以及债务人向相对人提出的请求。例如,甲欠乙 100 万元的债务,而丙欠甲 150 万元的债务,乙向法院起诉请求丙向其清偿对甲的债务。而甲也同时起诉丙请求其清偿对其所欠的债务。在这两个诉讼中,前一个诉讼属于代位权诉讼,后一个诉讼属于一般的债务诉讼。

3. 代位权的行使须由债权人向人民法院提出请求。我国《民法典》第 535 条严格要求债权人行使代位权必须要向法院提起诉讼,请求法院保全其债权,而不能通过诉讼外的方式来行使代位权。这一规定有利于防止当事人以保全债权为名,采用不正当的手段抢夺债务人的财产,影响社会生活的安定。由于代位权是为了保全债权而代替债务人行使权利,并不是扣押债务人的财产或就收取的债务人的财产而优先受偿,因此它也不是诉讼上的权利,而是一种实体权利。

4. 债权人的代位权是一种权利而不是义务。代位权在性质上仍然属于债权的内容,债权人可以行使代位权,也可以不行使代位权。如果债权人不行使代位权,债权人仍然可以向债务人及其担保人提出请求,在任何时候都不能认为,因债权人没有行使代位权而认为其具有过错。

二、代位权行使的条件

(一)债权人对债务人的债权合法、确定且已届清偿期

债权人对债务人的债权合法,是指债权人与债务人之间必须有合法的债权债务的存在。如果债权债务关系并不成立,或者具有无效或可撤销的因素而应当被宣告无效或者可能被撤销,或者债权债务关系已经被解除,或者债权人和债务人之间的债权是一种自然债权,则债权人并不应该享有代位权。

债权必须确定,是指债务人对于债权的存在以及内容并没有异议,或者该债权是已经经过了法院或仲裁机构裁判所确定的债权。只有在债权人对债务人的债权确定以后,因为债务人怠于行使其自身的债权,债权人才应当向相对人提出请求。

债权人对债务人享有的债权必须已届清偿期,债权人才能行使代位权。《民法典》第 535 条第 2 款明确规定,代位权的行使范围以债权人的到期债权为限。这一点是代位权与撤销权在构成要件上的区别所在。在行使代位权的情况下,债权人对债务人的债务必须到期,然而在债权人行使撤销权的情况下,债权人对债务人的债务不要求必须到期。另外,在债权人从事保存行为时,债权不必到期。

(二)债务人怠于行使其到期债权及其从权利

债务人怠于行使其到期的债权,意味着债务人不仅应当对相对人享有债权,而且此种权利必须到期。因为没有到期,则谈不上怠于行使的问题。关于何为债务人怠于行使权利,《民法典》第 535 条没有作出明确规定,对此,《合同法解释(一)》第 13 条第 1 款规定:"合同法第七十三条规定的'债务人怠于行使其到期债权,对债权人造成损害的',是指债务人不履行其对债权人的到期债务,又不以诉讼方式或者仲裁方式向其债务人主张其享有的具有金钱给付内容的到期债权,致使债权人的到期债权未能实现。"据此,债务人怠于行使应当仅限于债务人能够通

过诉讼或仲裁的方式向其债务人主张权利,但一直未向其主张权利。

债务人怠于行使的权利包括两类权利,第一,债务人对次债务人的债权。债务人对次债务人的债权应当已经到期,否则债务人无权向次债务人主张债权,因此,只有债务人的债权已经到期,才有可能构成债务人怠于行使权利。第二,从权利。所谓从权利,是指依附于债务人债权的权利,如利息债权和担保债权。主权利消灭,从权利也随之消灭。由于债务人怠于行使从权利,也会影响债权人债权的实现,因此,债权人也有权依法行使代位权。例如,债务人怠于行使担保物权时,可能使债务人无法清偿对债权人的债务,此时,债权人也有权依法行使代位权。

(三)债务人怠于行使权利的行为影响债权人的到期债权实现

《民法典》第 535 条规定,债务人善于行使权利的行为,必须影响债权人到期债权的实现。何为"影响债权人的到期债权实现",可以从以下三个方面加以判断:

1. 债权人对债务人的债权已经到期。债务到期可以说是判断债务人怠于行使权利给债权人造成损害的第一个标准。由于债权人也必须在自己的债权到期以后,才能确定债务人的行为是否有害于其债权,尤其是债权人的债权尚未到期,债权人不能对债务人提出实际请求,当然也不应该行使代位权,要求第三人清偿债务,因此,债权人也必须在自己的债权到期以后才能行使代位权。

2. 债务人构成迟延履行。也就是说,在债权人对债务人的债权到期以后,债务人没有及时清偿债务,已经构成迟延,在此情况下,仍然怠于行使其对第三人的权利,造成其没有财产或没有足够的财产用来清偿对债权人的债务,这就从客观上对债权人造成了损害。

3. 债务人因怠于行使自己对相对人的权利,增加了债权人的到期债权不能实现的风险,也就是说,在怠于行使自己的债权与不能清偿自己的债务之间具有一定的因果关系。因为一方面,债务人怠于行使其权利使其不能及时清偿债务,或者在履行迟延的情况下,不具有足够的资产使其清偿债务,这已经在客观上影响了债权人到期债权的实现。另一方面,债务人怠于行使对相对人的权利,造成自己无力清偿对债权人的债务,本身表明债务人是具有过错的,即主观上具有一种不愿意清偿对债权人的债务,或者具有损害债权人的债权的故意或者过失。

(四)债务人的债权不是专属于债务人自身的债权

根据《民法典》第 535 条第 1 款规定,专属于债务人自身的权利,不得代位行使,据此,债权人可以代位行使的权利必须是非专属于债务人的权利。由此可见,代位权的客体必须是非专属于债务人的债权。对专属于债务人的权利,不得行使代位权。《合同法解释(一)》第 12 条将"专属于债务人自身的债权"解释为"基于扶养关系、抚养关系、赡养关系、继承关系产生的给付请求权和劳动报酬、退休金、养老金、抚恤金、安置费、人寿保险、人身伤害赔偿请求权等权利"。

三、保存行为

所谓保存行为,是指债权人债权到期之前,如果确实因为特殊情形,影响债权人债权实现,债权人可以为保存债权而及时行使代位权。《民法典》第 536 条规定:"债权人的债权到期前,债务人的债权或者与该债权有关的从权利存在诉讼时效期间即将届满或者未及时申报破产债权等情形,影响债权人的债权实现的,债权人可以代位向债务人的相对人请求其向债务人履行、向破产管理人申报或者作出其他必要的行为。"法律上之所以规定保存行为,是因为债权人代位权行使的范围以其到期债权为限。依据《民法典》合同编第 535 条第 2 款的规定,代位权的行使以债权人的债权到期为限,但是在未到期之前,如果债务人的权利因各种原因如不及时行使,将导致债务人的权利丧失或不能实现的,从保护债权人角度出发,例外允许未到期的债权人以行使债权人代位权的方式保全债权。因此,本条属于代位权行使以到期为必要的例外规则。

在债权到期前行使债权人代位权的债权,事实上是基于保存的需要而行使代位权,其情形主要包括以下几种:

1. 债务人的权利诉讼时效即将届满的。在债务人权利的诉讼时效期间即将届满时,如果不及时主张权利,则在诉讼时效期间届满后,相对人将享有时效届满的抗辩权,该抗辩权不仅可以对抗债务人,而且可以对抗债务人的债权人。如果债务人怠于行使权利,而债权人碍于自己的债权并未到期,又无法行使代位权,此时,如果不行使该代位权将导致债务人的债权罹于诉讼时效,债权人再行使代位权将遭到诉讼时效经过的抗辩。

2. 债务人的相对人进入破产程序,而债务人怠于申报债权的。在债务人的相对人进入破产程序的情况下,《破产法》第45条规定:"人民法院受理破产申请后,应当确定债权人申报债权的期限。债权申报期限自人民法院发布受理破产申请公告之日起计算,最短不得少于三十日,最长不得超过三个月。"债务人应当在此期限内申报债权,参与破产分配。如果债务人未及时申报债权,依据《破产法》第56条的规定不能参与申报前的破产分配。这将给债权人带来损失,此时立法允许债权人提前基于保存的需要而行使代位权。

3. 其他情形。《民法典》第535条在列举了上述两种情形后使用了"等"字,表明可以在到期前行使代位权的情形不限于上述两种。一般认为,这些情形还应当包括抵销,中断时效,请求不动产的移转登记、变更登记、更正登记、涂销登记等。[1] 但是,本条在性质上属于对代位权行使中债务人的债权到期要件的突破,性质上属于例外规定,不宜不加限制地进行扩大解释,否则将不适当地扩大了代位权的行使范围,造成对债务人的不适当的干预。所以,应当仅仅在情况紧迫,如果不及时行使将影响债权人的债权无法实现的情形下,才能允许对未到期的债权主张代位权的行使。

需要注意的是,《民法典》第536条所规定的保存行为与一般的代位权行使不同。在保存行为中,债权人不是请求债务人的相对人向自己作出履行,而是向债务人作出履行,这意味着,保存行为的效果与一般的代位权行使效果不同。一般的代位权行使采取的债权人优先受偿规则,而保存行为的效果是入库规则,因为在债权人基于保存行为的目的而行使代位权的情形下,债权人与债务人之间的债务尚未到期,债权人如果可以直接从债务人相对人的给付中优先受偿,就意味着会损害债务人的期限利益。因此,只有债权人的债权到期后,其才能请求债务人履行债务。这种基于保存的需要而行使代位权的对象,既可以是债务人的相对人,也可能是其他人。一般情形下,债权人的代位权应当向相对人行使,但是,进行破产申报时,则需要向破产管理人申报,在登记中可能是向登记机关请求办理登记。

四、代位权诉讼的主体

依据《民法典》第535条的规定,债权人行使代位权,可以向人民法院请求以自己的名义代位行使债务人对相对人的权利,因此,债权人可以以自己的名义向相对人行使权利,也可以向人民法院提出请求,即债权人可以提起代位权诉讼。那么,在代位权诉讼中,在债权人提起代位权诉讼以后,首先需要确定诉讼当事人。根据《民法典》第535条规定,因为债权人行使代位权,必须要以自己的名义提起诉讼,因此代位权诉讼的原告只能是债权人。《合同法解释(一)》

---

〔1〕 参见史尚宽:《债法总论》,中国政法大学出版社2000年版,第467页。

第16条规定:“债权人以相对人为被告向人民法院提起代位权诉讼,未将债务人列为第三人的,人民法院可以追加债务人为第三人。”“两个或者两个以上债权人以同一相对人为被告提起代位权诉讼的,人民法院可以合并审理。”可见,相对人应为被告,债务人应当为第三人。

五、代位权的行使范围

《民法典》第535条第2款规定,代位权的行使范围以债权人的债权为限。这就是说,一方面,某一债权人行使代位权,只能以自身的债权为基础,不能以未行使代位权的全体债权人的债权为保全的范围。另一方面,债权人在行使代位权时,其代位行使的债权数额应与其债权数额大致相等。当然,要求债权的数额绝对一致是非常困难的。如果债务人享有多项债权,债权人代位行使其中一项债权便可以使其债权得到清偿的,债权人便只能针对一项债权行使代位权。

六、代位权行使的效力

(一)对债权人的效力

代位权的行使主体是债权人,债务人的各个债权人在符合法律规定的条件下均可以行使代位权。当然,如果一个债权人已就某项债权行使了代位权,其他债权人也以该项债权行使代位权,则法院应当将多个代位诉讼合并审理。但由于债权人在提起代位权诉讼时,债务人并没有进入破产程序,所以,也不必要求债务人的债权人申报债权。债权人行使代位权将产生如下效力:

1. 债权人可获得来自相对人的直接清偿,即优先受偿。依据《民法典》第537条规定,“人民法院认定代位权成立的,由债务人的相对人向债权人履行义务,债权人接受履行后,债权人与债务人、债务人与相对人之间相应的权利义务终止。债务人对相对人的权利被采取保全、执行措施,或者债务人破产的,依照相关法律的规定处理”。该条规定了债权人行使代位权,接受债务人相对人的履行后,相应权利义务终止。也就是说,债权人行使代位权之后,对相对人的清偿享有优先于债务人的其他债权人而优先受偿。关于优先受偿的依据,学界存在不同的解释,一般认为,法律作出此种规定的主要目的在于激励债权人行使代位权,并且可以避免其他债权人“搭便车”,且我国司法实践历来采用优先受偿说,《民法典》在总结这一司法实践经验的基础上,再次确认了这一立场。

但债权人优先受偿也存在例外,依据《民法典》第537条第2款规定:“债务人对相对人的债权或者与该债权有关的从权利被采取保全、执行措施,或者债务人破产的,依照相关法律的规定处理。”依据本条规定,优先受偿效力存在两种例外:第一,债务人对相对人的权利被采取保全、执行措施。在这种情形下,债务人对相对人的权利上存在查封优先权(司法优先权),即债权人通过申请法院对债务人的责任财产进行查封、扣押、冻结,而享有对查封财产的查封优先权。在以隐匿财产逃避债务的现象时有发生的情况下,该规则的创设可以鼓励债权人查找债务人财产,并向法院申请查封财产,并可以有效提升执行效率。但需要注意的是,上述的查封优先权,仅适用于执行程序,一旦债务人进入破产程序,则不再享有上述权利。第二,债务人破产。在债务人进入破产程序时,债务人的所有财产将进入破产分配,此时,应当依照破产法所规定的规定进行破产分配。

2. 在相对人向债权人作出履行后,将导致“债权人与债务人、债务人与相对人之间相应的权利义务终止”。如何理解此处的“相应权利义务终止”?笔者认为,其包含了两方面含义,一方面,债权人行使代位权后,接受了债务人相对人的履行,无论该清偿多少,都能够导致清偿部分的债权因得到实现而消灭。另一方面,如果该履行不足以清偿债权人的全部债权,则债权人的债权并不全部消灭,对于未清偿的部分,债权人当然有权继续向债务人请求清偿。如果债务人的相对人的清偿超出债权的数额,该部分的给付应当归属于债务人,债权人应当返还给债务人。对于相对人而言,在债权人行使代为权的情形下,相对人向债权人作出履行实际上等于向债务人作出履行,所以如果相对人作出的履行不足以完全清偿其对债务人的债务,则相对人对债务人所负担的义务仍然存在;如果相对人的清偿超出了其应当承担的债务,则可能构成非债清偿的不当得利,债权人应当返还于相对人。因此,此处的"相应的权利义务终止"并不意味着代位权一经行使,就消灭所有债权债务关系,而只是就清偿的部分,相应的消灭债权范围内的已经清偿的部分。

（二）对债务人的效力

债权人行使代位权之后,如果债务人的相对人对债权人履行义务,债权人接受履行后,将对债务人发生效力,一方面,导致债权人与债务人之间的权利义务关系相应地终止。例如,在债务人欠债权人1000万元,如果相对人向债权人清偿了500万元,则导致债权人与债务人之间的500万元债务关系消灭。另一方面,债务人与相对人之间的权利义务关系也将相应地终止。

此外,债务人还应当负担债权人行使代位权的必要费用,对此,《民法典》第535条第2款第2句规定:"债权人行使代位权的必要费用,由债务人负担。"之所以要求债务人负担这一费用,原因主要在于,该费用的产生乃是由于债务人到期不履行债务,且在次债务中又怠于行使债权所致。而且这一费用即使由债务人向次债务人主张债权,也同样需要支付。因此,在符合债权人代位权的要件的前提下,债权人行使代位权所支出的必要费用应当由债务人承担较为合理。

（三）对相对人的效力

债权人一旦提起代位权诉讼,则将发生债权人和相对人之间的代位诉讼关系,相对人应作为被告参与诉讼,相对人不得以其与债权人之间无合同关系为由,拒绝参与诉讼或以此为由提出抗辩。相对人可以针对债权人行使代位权的条件不成立而提出抗辩,但代位权请求一旦成立,相对人便应当依据法院的裁判向债权人作出履行。

《民法典》第535条第3款规定:"相对人对债务人的抗辩,可以向债权人主张"。该规定承认了相对人对债务人的抗辩可以向相对人进行主张,因为债权人行使代位权虽然是以自己的名义向相对人提出请求,但其所行使的仍然是债务人对相对人的权利,应当允许相对人对债权人提出抗辩,不应当因为主张权利的主体不同而使相对人处于更不利的地位。本条中相对人所享有的抗辩主要包括权利不发生的抗辩、权利消灭的抗辩、债务未到期的抗辩、抵销的抗辩、保证中的先诉抗辩、同时履行抗辩等。相对人之所以可以主张这些抗辩,是因为债权人代位行使的仍然是债务人的债权,相对人本应享有的权利和抗辩,不应因为由债权人代位行使而遭受削减。

第三节　债权人的撤销权

一、撤销权的概念

所谓债权人的撤销权,是指因债务人实施减少其财产的行为对债权人造成损害的,债权人可以请求人民法院撤销该行为的权利。例如,甲欠乙1000万元,在法院执行甲的财产时,甲故意将其一栋价值2000万元的房屋,作价200万元卖给其亲戚丙,乙便在法院提起诉讼,请求撤销甲与丙之间的行为。《民法典》第538条规定:"债务人以放弃其债权、放弃债权担保、无偿转让财产等方式无偿处分财产权益,或者恶意延长其到期债权的履行期限,影响债权人的债权实现的,债权人可以请求人民法院撤销债务人的行为。"此处虽然采用了"可以请求"的表述,但撤销权的行使必须依一定的诉讼程序进行,也就是说,行使撤销权必须由债权人向法院起诉,由法院作出撤销债务人行为的判决才能发生撤销的效果,因此,撤销权又被称为"撤销诉权"或"废罢诉权"。

撤销权不是单纯的请求权,而是兼有请求权和形成权的特点。一方面,债权人行使撤销权,可请求因债务人的行为而获得利益的第三人返还财产,从而恢复债务人的责任财产的原状。另一方面,撤销权的行使又以撤销债务人与第三人的民事行为为内容。当然,撤销权的主要目的乃是撤销民事行为,而返还财产只是因行为的撤销所产生的后果。

撤销权作为债权的一项权能,是由法律规定所产生的,但它并不是一项与物权、债权相对应的独立的民事权利,而只是附属于债权的实体权利。也就是说,一方面,它必须依附于债权而存在,不得与债权分离而进行处分。当债权转让时,撤销权亦随之转让,当债权消灭时,撤销权也随之消灭。另一方面,撤销权作为债权的一项权能,本质上仍然是债权,而不能产生物权的效果。

债权人的撤销权和代位权一样,都使债权能够产生对第三人的效力。这两种权利的行使都涉及了债的关系以外的第三人,并对第三人产生了法律上的拘束力。可见,合同的保全是债的对外效力的体现。撤销权与代位权都是法定的债权权能,都属于债的保全内容,且必须附随于债权而存在。然而,代位权和撤销权又是有区别的,这主要表现在:第一,两者针对的对象不同。代位权针对的是债务人不行使债权的消极行为,通过行使代位权旨在保持债务人的财产,而撤销权针对的是债务人不当处分财产的积极行为,行使撤销权旨在恢复债务人的财产。〔2〕《合同法解释(二)》第18条规定,"债务人放弃其未到期的债权或者放弃债权担保,或者恶意延长到期债权的履行期,对债权人造成损害"的,债权人也可以撤销。第二,两者的构成要件不同。代位权和撤销权各自具有其不同的行使要件。例如,代位权的行使要求债务人必须怠于行使其到期债权,且债权人对债务人的债权必须到期,而撤销权的行使不需要具备这些要件。〔3〕第三,两者在效果上不同。例如,债权人行使代位权,一般都是在债权人与债务人之间的债务已经到期的情况下,而行使该项权利的,因此,债权人行使代位权以后,如果没有其他人向债务人主张权利,债权人可以直接获得该财产。但是,债权人行使撤销权可能是在债权人与债务人之间的债务尚未到期的情况下行使的。所以债权人行使撤销权以后,第三人向债务人返还了财产,该财产不能直接交付给债权人,而应当由法院代为保管,待债务到期以后,再交付给债权人。〔4〕

二、撤销权行使的条件

债权人撤销权的行使须具备客观要件和主观要件,且因债务人所为的行为是否有偿而有

---

〔2〕 参见[日]我妻荣:《新订债权总论》,王燚译,中国法制出版社2008年版,第154页。

〔3〕 参见李永军、易军:《合同法》,中国法制出版社2009年版,第310页。

〔4〕 参见韩世远:《债权人撤销权研究》,载《比较法研究》2004年第3期。

所不同。

（一）针对债务人无偿处分财产权益行使撤销权的条件

《民法典》第538条规定："债务人以放弃其债权、放弃债权担保、无偿转让财产等方式无偿处分财产权益，或者恶意延长其到期债权的履行期限，影响债权人的债权实现的，债权人可以请求人民法院撤销债务人的行为。"该条专门就债务人无偿处分财产权益时行使撤销权的条件作出了规定，具体而言包括如下条件：

1. 债务人实施了无偿处分财产的行为。在债务人无偿处分财产的情形下，债务人处分财产并未获得任何对价，导致其责任财产减少，进而可能影响债权人债权的实现。依据《民法典》第538条的规定，债务人无偿处分财产的行为包括如下几种：

（1）放弃债权。债务人放弃债权是指债务人明确表示免除其债务人的债务。无论债务人的债权是否到期，债务人放弃其债权，都将导致其责任财产的减少，如果因此导致债权人的债权无法实现的，则债权人有权依法行使撤销权。

（2）放弃债权担保。债权担保有利于保障债权的实现，在债务人无法履行债务人，债权人有权请求担保人承担担保责任，从而使其债权得到清偿，但如果债务人放弃其债权的担保，将使其债权的担保人不再承担担保责任，从而可能影响其债权的实现，这也可能导致其责任财产不足以清偿债权人的债权。

（3）无偿转让财产。无偿转让财产，这主要是指将财产赠与他人。当然，此处所说的赠与是指赠与已经实际生效，如果债务人与第三人只是达成了赠与合同，还没有交付赠与物，则债权人不得请求撤销。

（4）其他无偿处分财产权益的行为。除上述无偿处分财产的方式外，如果债务人实施其他无偿处分财产权益的行为，债权人也有权依法行使撤销权。例如，债务人实施名为买卖、实为赠与的行为，也将导致其责任财产不当减少，该行为也属于无偿处分财产权益的行为。

（5）恶意延长其到期债权的履行期限。债务人恶意延长到期债权的履行期限，也会导致债务人无法获得其应当获得的给付，这也可能影响债权人债权的实现。例如，债务人的债权到期后，债务人向相对人表示可以将其债权再延长十年，从而导致其债权无法得到及时清偿。

2. 债务人处分财产的行为已经发生法律效力。债权人之所以要行使撤销权，乃是因为债务人处分财产的行为已经生效，财产将要或已经发生了转移。如果债务人的行为并没有成立和生效，或者属于法律上当然无效的行为（如债务人与第三人恶意串通隐匿财产），或者该行为已经被宣告无效等，都不必由债权人行使撤销权。对债务人与第三人实施的无效行为，债权人可基于无效制度请求法院予以干预，宣告该行为无效。如果债务人与第三人以损害债权人为目的，恶意串通，且客观上此种行为侵害了债权人的债权，债权人应有权对该第三人提起侵害债权之诉。当然，债务人的处分行为必须在债权发生之后，如果发生在债权成立之前，则谈不上损害债权的问题，债权人不能行使撤销权。

3. 债务人无偿处分财产的行为影响债权人债权的实现。也就是说，债务人虽然实施了无偿处分财产的行为，但如果债务人有充分的财产清偿债务，就不能认为债务人无偿处分财产的行为将影响债权人债权的实现。在此情形下，债务人无偿处分其财产是其正当行使权利的表现，法律上不能对此进行干预，债权人更不得主张撤销。那么，如何判断影响债权实现呢？本书认为，只要债务人在实施处分财产的行为以后，已不具有足够资产清偿债权人的债权，就可以认定为影响债权人债权的实现。严格地说，债权人提出债务人所实施的行为影响其债权实现,只是一种推断,债权人很难作出举证。既然是一种推断,则应当允许债务人通过反证加以辩驳。如果债务人能够举证证明其在实施该行为以后,债务人仍有足够的资产清偿债务,则不能认为债务人的行为影响其债权实现,如何确定"影响",就要看债务人实施了处分行为以后,其现有的资产是否与其债务大体相当。在确定债务人的资产时只能以债务人实有的财产来进行计算,而不能将债务人的信用、劳力计算到债务人的资产之中。

(二)针对债务人有偿处分财产权益行使撤销权的条件

《民法典》第539条规定:"债务人以明显不合理的低价转让财产、以明显不合理的高价受让他人财产或者为他人的债务提供担保,影响债权人的债权实现,债务人的相对人知道或者应当知道该情形的,债权人可以请求人民法院撤销债务人的行为。"该条针对债务人有偿处分财产权益的行为撤销权行使的条件作出了规定,具体而言:

1. 债务人实施了不合理的有偿处分财产权益的行为。(1)以明显不合理的低价转让财产。以明显不合理的低价转让财产,如将价值100万元的房屋故意以1万元的价格转让给他人,此种行为大多是一种隐匿财产、逃避债务的行为。至于如何判断"明显不合理的低价",《合同法解释(二)》第19条第1款、第2款规定:"人民法院应当以交易当地一般经营者的判断,并参考交易当时交易地的物价部门指导价或者市场交易价,结合其他相关因素综合考虑予以确认。转让价格达不到交易时交易地的指导价或者市场交易价百分之七十的,一般可以视为明显不合理的低价。"(2)以明显不合理的高价受让他人财产。以明显不合理的高价受让他人财产,也会影响自己责任财产的减少,在很多情况属于变相转移财产、逃避债务的行为。依据《合同法解释(二)》第19条的规定,"对转让价格高于当地指导价或者市场交易价百分之三十的,一般可以视为明显不合理的高价"。(3)为他人的债务提供担保。在债务人为他人提供担保,将有可能导致其承担担保责任,这必然也会减少其责任财产,从而影响债权人债权的实现。

与《民法典》第538条中的放弃债权、放弃担保和无偿转让财产不同,本条所规定的三种情形,除提供担保外,都是以有偿的形式作出。此时,就需要对债务人低价转让财产和高价受让财产进行判断,以确定价格是否合理。而第538条中均为无偿的行为,因而并不存在价格是否合理的问题。"明显不合理"通常应当按照一般人的评判标准,即在理性的市场主体看来,定价与实际价格相比是否差距过大,如果差距过大则应当属于"不合理的价格"。

2. 影响债权人债权的实现。这主要是考虑到,虽然债务人可能实施了上述行为,但是债务人仍然有充足的财产用于清偿,因此,只要有证据证明债务人的责任财产仍然能够清偿债务的话,就不能适用本条的规定。

3. 相对人具有恶意。《民法典》第539条规定,在债务人实施不合理的有偿处分财产权益的行为时,只有"债务人的相对人知道或者应当知道该情形"时,债权人才能行使撤销权。此处相对人的恶意应当是指相对人知道或者应当知道债务人不当处分财产权益的行为影响债权人债权的实现,而不是指相对人知道或者应当知道交易价格不合理。该条规定要求相对人必须具有恶意,目的在于保护交易安全,保护相对人的合理信赖。当然,对相对人的恶意,应当由债权人举证证明。

三、撤销之诉的主体

依据《民法典》第538、539条规定,在撤销之诉中,撤销权人应当是因债务人不当处分财产的行为而使债权受到损害的债权人。债权人撤销权的行使必须由享有撤销权的债权人以自己的名义,向法院提起诉讼,请求法院撤销债务人不当处分财产的行为。如果债权人为多数人,可以共同享有并行使撤销权。如果某一个债权人向债务人提出撤销之诉以后,其他债权人也针对同一债务人提起了撤销之诉,人民法院可以合并审理。

关于撤销之诉的被告,《合同法解释(一)》第24条规定:“债权人依照合同法第七十四条的规定提起撤销权诉讼时只以债务人为被告,未将受益人或者受让人列为第三人的,人民法院可以追加该受益人或者受让人为第三人。”可见,撤销之诉的被告为债务人,受让人不得作为撤销之诉的被告,而只能作为诉讼中的第三人。

四、撤销权行使的范围

《民法典》第540条规定:“撤销权的行使范围以债权人的债权为限。”依据本条规定,撤销权的行使范围以债权人的债权为限,此处所说的债权不限于到期债权,因为债权人撤销权行使的对象是债务人积极实施的不当处分财产的行为,甚至是一种积极诈害债权的行为,必须及时予以制止,因此,即便债权人的债权没有到期,只要符合债权人撤销权的行使条件,债权人即可行使撤销权。具体而言:第一,某一债权人行使撤销权,只能以自身的债权为基础,不能以未行使撤销权的全体债权人的债权为保全的范围。第二,各债权人都有权依撤销权起诉,其请求范畴仅限于各自债权的保全范围,债权人的撤销权的行使范围仅以作为原告的债权人的债权为限,不包括其他未行使撤销权的债权人所享有的债权。根据《合同法解释(一)》的规定,数个债权人以同一债务人为被告,就同一标的提起撤销权诉讼的,人民法院可以合并审理。当数个债权人遭受同一债务人行为侵害时,各个债权人都可以主张撤销。各个债权的数额的总和,属于债权保全的范围。对于超出这些数额的部分,债权人也不应当行使撤销权。第三,债权人在行使撤销权时,其请求撤销的数额必须与其债权数额相一致。在债务人实施了多个不当处分财产的行为时,债权人应当在其债权数额范围内行使撤销权,而如果债务人仅实施了一个不当处分财产的行为,则即便相关财产的价值在数额上大于债权人的债权,债权人也应当有权请求撤销该行为。

应当指出的是,销撤的范围原则上应仅及于债权保全的范围,对债务人不当处分财产的行为超出债权保全必要的部分,不应发生撤销的效力。否则,势必不正当地干涉债务人正当行为的自由。

五、撤销权行使的效力

(一)对债权人的效力

债权人行使撤销权以后,对债务人和受让人所返还的财产是否能够优先受偿,在各国和有关地区的法律规定中并不完全相同。从法律上说,在撤销债务人的行为以后,某一债权人取回的一定的财产或利益,应作为债务人的全体债权人的共同担保,各债权人对这些财产都应当平等受偿。依据《民法典》第542条的规定,在债权人行使撤销权之后,债务人所实施的行为自始没有法律约束力,但该条并没有对债权人的优先受偿权作出规定,这实际上也是采纳了入库原则。所谓入库原则,是指产生恢复原状的效果,即债务人不当处分的财产应当回复到债务人的责任财产范围。

(二)对债务人的效力

依据《民法典》第542条的规定,债务人的行为一旦被撤销,则该行为自始无效。所谓自始无效,是指债务人所实施的影响债权实现的行为从一开始就不发生效力。依据本条的规定,债权人行使撤销权后,产生溯及既往的效力,对于这些法律行为而言,自始不发生效力。因此,已经履行的需要恢复原状,没有履行的不再履行,不能恢复原状的则要损害赔偿。如果债务人的处分行为被撤销,则债务人免除他人债务的行为视为没有免除,承担他人债务的行为视为没有承担,为他人设定担保的行为视为没有设定,让与财产的行为视为没有让与。

在债权人提起撤销之诉时,债权人与债务人之间的债务可能并没有到期,如果在撤销之后,债务人和受让人直接向债权人交付财产以清偿债务人的债务,则势必会剥夺债务人的履行利益。在此种情况下,可以将财产暂时交给法院代为保管,待债务到期以后,再交付给债权人。当然,如果债务已经到期,就可以该财产直接向债权人作出清偿。

此外,依据《民法典》第540条第2句规定:"债权人行使撤销权的必要费用,由债务人负担"。之所以由债务人负担债权人行使撤销权的必要费用,因为债权人之所以行使撤销权,是因为债务人的行为引起的,债务人对此具有过错,债务人应当负担相应的费用。

(三)对相对人的效力

在债务人不当处分财产的行为被撤销后,则相对人负有恢复原状的义务,也就是说,如果财产已经为受让人(受益人)占有或受益的,应向债务人返还其财产和收益,如果原物不能返还则应折价赔偿。受让人从债务人那里获得一定的利益,在转让行为撤销以后,则应当根据不当得利返还给债务人。如果占有标的物的,也负有返还标的物的义务。当然,并不是在任何情况下,都应当返还原物。如果原物不能返还,也可以采用补偿原则。

六、撤销权的行使期限

《民法典》第541条规定:"撤销权自债权人知道或者应当知道撤销事由之日起一年内行使。自债务人的行为发生之日起五年内没有行使撤销权的,该撤销权消灭。"撤销权事由出现后,债权人应当及时行使,否则,相关的法律关系可能长期处于不确定的状态,如果撤销事由发生之后,债权人再主张撤销相关行为,则财产很难恢复原状,也不利于保护当事人的合理信赖。该1年期限在性质上属于除斥期间,即该撤销权的权利存续期间,该期间不因任何事由而发生中断、中止或者延长,该期间一旦届满,撤销权即消灭。

参考案例

1. 成都市国土资源局武侯分局与招商(蛇口)成都房地产开发有限责任公司、成都港招实业开发有限责任公司、海南民丰科技实业开发总公司债权人代位权纠纷案,载《中华人民共和国最高人民法院公报》2012年第6期。
2. 中国银行股份有限公司汕头分行与广东发展银行股份有限公司韶关分行、第三人珠海经济特区安然实业(集团)公司代位权纠纷案,载《中华人民共和国最高人民法院公报》2011年第11期。
3. 国家开发银行与沈阳高压开关有限责任公司、新东北电气(沈阳)高压开关有限公司、新东北电气(沈阳)高压隔离开关有限公司、沈阳北富机械制造有限公司等借款合同、撤销权纠纷案,载《中华人民共和国最高人民法院公报》2008年第12期。
4. 湘财证券有限责任公司与中国光大银行长沙新华支行、第三人湖南省平安轻化科技实业有限公司借款合同代位权纠纷案,载《中华人民共和国最高人民法院公报》2007年第1期。
5. 中国农业银行哈尔滨市汇金支行诉江苏省张家港市涤纶长丝厂代位权纠纷案,载《中华人民共和国最高人民法院公报》2004年第4期。

第二十七章 合同的变更和转让

导 读

狭义的合同变更，也就是合同内容的变更，指的是当事人协商一致，在不变更原合同实质的情况下局部改变合同的内容。广义的合同变更尚包括合同主体的变更，可以分为债权让与、债务承担和债权债务的概括移转。合同主体变更后，合同原主体、变更后在主体和相对人之间发生一定法律效力。

第一节 合同的变更

一、合同变更的概念和特征

合同变更，有广义和狭义之分。广义的合同变更，是指合同的内容和主体发生变化。所谓主体的变更，是指以新的主体取代原合同关系的主体，即新的债权人、债务人代替原来的债权人、债务人，但合同的内容并没有发生变化。在这种变更方式中，债权人变更的，称为债权转让或债权移转；债务人变更的，称为债务移转。对此种合同的转让，下文将专门加以探讨。

合同内容的变更乃是狭义的合同变更，它是指在合同成立以后，尚未履行或尚未完全履行以前，当事人就合同的内容达成修改或补充的协议。《民法典》第 543 条规定："当事人协商一致，可以变更合同"。实际上是指此种合同的变更。这种变更具有如下特征：

1. 从原则上说，合同的变更必须经当事人双方协商一致，并在原合同的基础上达成新的协议。合同的任何内容都是经过双方协商达成的，因此，变更合同的内容须经过双方协商同意。任何一方未经过对方同意，无正当理由擅自变更合同内容，不仅不能对合同的另一方产生约束力，反而将构成违约行为。由于合同变更必须经过双方协商，所以，在变更合同的协议未达成以前，原合同关系仍然有效。

2. 合同内容的变更，是指合同关系的局部变化，也就是说，合同变更只是对原合同关系的内容作某些修改和补充，而不是对合同内容的全部作变更。如标的数量的增减，交货地点、时间、价款或结算方式的改变等，均属于合同内容的变更。如果合同内容已全部发生变化，则实际上导致了原合同关系的消灭，产生了一个新的合同。因为合同内容的变更是在保持原合同效力的基础上，再形成新的合同关系，这种新的合同关系应当包括原合同的实质内容。如果新的合同关系产生以后没有吸收原合同的实质内容，就不属于合同的变更，而是合同消灭以后订立的一个新合同。由于标的本身是权利、义务指向的对象，属于合同的实质内容，标的变更会使合同的基本权利与义务也发生变化。因此，变更标的，实际上已结束了原合同关系。当然，如果仅仅是标的数量、质量、价款发生变化,一般不会影响到合同的实质内容,而只是影响到局部内容,所以不会导致合同关系消灭的问题。

3. 合同的变更也会产生新的债权债务内容。当事人在变更合同时,可能会增加新的内容或改变某些内容。合同变更以后,不能完全以原合同内容来履行,而应按变更后的权利义务关系来履行。当然,这并不是说在变更时必须首先消灭原合同的权利义务关系。事实上,合同的变更是指在保留原合同的实质内容的基础上产生一个新的合同关系,它仅是在变更的范围内使原债权债务关系消灭,而变更之外的债权债务关系仍继续生效。从这个意义上讲,合同变更是使原合同关系相对消灭。

二、合同变更的要件

合同的变更也必须具备一定的条件,只有在满足如下条件时才能变更合同:

1. 原已存在有效的合同关系。合同的变更是在原合同的基础上,通过当事人双方的协商,改变原合同关系的内容。因此,不存在原合同关系,就不可能发生变更问题。如果合同应被确认无效,则不能变更原合同。

2. 合同的变更在原则上必须经过当事人协商一致。《民法典》第543条规定,"当事人协商一致,可以变更合同"。合同是当事人双方协商一致的产物,因而合同的变更也必须经过双方的协商,任何一方未经协商不得单方变更合同内容,否则,将构成违约。变更合同时必须订立变更合同的合同。此种合同也必须经过要约和承诺阶段,符合民事法律行为的生效要件,任何一方不得采取欺诈、胁迫的方式来欺骗或强制他方当事人变更合同。如果当事人没有形成一致的意思表示,则不能变更合同。《民法典》第544条规定:"当事人对合同变更的内容约定不明确的,推定为未变更。"据此可见,如果当事人对合同变更的内容规定不明确,则推定当事人并没有达成变更合同的协议,合同视为未变更,当事人仍应当按原合同履行。法律作出此种规定是为了减少当事人可能就合同的变更产生的纠纷,维护合同关系的稳定性。

3. 合同变更必须使合同内容发生变化。合同的变更是指非实质性的条款的变更。合同变更不同于合同的更新,如果是实质性条款的变更,就可能导致合同丧失同一性,构成合同的更新。换言之,这些条款的变更并不导致原合同关系的消灭和新合同关系的产生。至于何种条款为实质性条款或非实质性条款,只能根据具体合同进行分析。

4. 合同的变更必须遵循法定的程序和方式。《民法典》第502条第3款规定:"依照法律、行政法规的规定,合同的变更、转让、解除等情形应当办理批准等手续的,适用前款规定。"这就要求合同的变更必须遵循法定的程序和方式。在某些情况下,法律为维护国家利益、社会公共利益和当事人利益,维护社会经济秩序,预防和减少不必要的纠纷,对一些合同规定了一定的成立方式,如抵押合同、保证合同的成立应当采用书面形式。在这些情况下,当事人仅仅达成变更合同的协议是不够的,还必须依照法律、行政法规规定采用书面形式或办理批准、登记等手续。否则,合同不能发生变更。

第二节　合同债权的转让

一、合同债权转让的概念和特征

合同债权的转让，是指合同债权人通过协议将其债权全部或部分地转让给第三人的行为。合同债权在性质上是财产权，具有可转让性，在现代社会，合同权利的转让实际上是金融发展、资金融通的重要手段，鼓励债权转让并维护转让的正常有序进行，对市场经济发展具有重要作用。合同债权的转让主要具有如下特征：

1. 合同债权转让的主体是债权人和第三人，债务人不是也不可能是合同债权转让的当事人。尽管权利转让时债权人应当及时通知债务人，但这并不意味着债务人成为合同债权转让的当事人。不过，转让的合同债权必须是有效的权利，无效的权利是不能转让的。

2. 合同债权转让的对象是合同债权。债权是一种财产权，因此可作为转让的标的。合同规则调整交易关系，物权的流转关系和债权的流转关系都应当受其调整。但是，由于物权具有特殊性，整个物权的处分行为还要受到物权法律的调整。合同债权转让也不同于有价证券转让，一方面，合同债权转让的对象是合同权利，而有价证券转让的对象是一种证券化的权利。另一方面，合同债权的转让通常没有形式上的要求，一般情况下，债权人与受让人所订立的债权让与协议生效时，即可产生债权转让的效果。而有价证券的转让通常还需要交付或者办理变更登记。[1]

3. 权利的转让既可以是全部的转让，也可以是部分的转让。在权利全部转让时，受让人将完全取代转让人的地位而成为合同当事人，原合同关系消灭，一个新的合同关系产生。在权利部分转让的情况下，受让人作为第三人将加入原合同关系之中，与原债权人共同享有债权。

无论采取何种方式转让，都不得因权利的转让而增加债务人的负担；否则，应由转让人或者受让人承担费用或损失。

二、合同债权转让的条件

1. 须有有效的合同债权存在。这是合同债权转让的根本前提。如果合同根本不存在，或者已经被宣告无效或被撤销、被解除，在此情况下，所发生的转让行为都是无效的，转让人应对善意的受让人所遭受的损失承担损害赔偿责任。对于诉讼时效已经完成的合同债权是否可为让与的标的，理论上有不同的看法，但通说认为，诉讼时效完成后的合同债权也可以转让。

2. 转让双方之间须达成合同。此种合同的当事人是转让人和受让人，当事人订立权利转让合同应具备合同的有效条件。如有使合同无效的情形时，转让合同不能生效。在转让合同有可撤销或可变更的事由时，当事人可以请求撤销或变更。如果转让合同被撤销，但受让人已经接受债务人的履行的，应作为不当得利返还给原债权人。

3. 转让的合同债权须具有可让与性。所谓不具有可让与性，是指依据债权的性质以及法律规定或者当事人约定，某项特定的债权只能由债权人享有，不得转让给他人。不具有让与性的合同债权，权利人不得转让。关于不得转让的合同债权，《民法典》第 545 条第 1 款规定：“债

---

〔1〕 参见《商事合同通则》第 9.1.2 条，《欧洲民法典草案》第 3－5：101 条。

权人可以将债权的全部或者部分转让给第三人,但是有下列情形之一的除外:(一)根据债权性质不得转让;(二)按照当事人约定不得转让;(三)依照法律规定不得转让。”依据该条规定,下列合同债权不得转让:

(1)根据债权的性质不得转让的权利。根据债权的性质,如果只能在特定当事人之间生效,则不得转让。因为如果转让给第三人,将会使债权的内容发生变更,从而使转让后的债权内容与转让前的债权内容失去联系性和同一性,且违反了当事人成立债权的目的。一般来说,根据债权性质不得让与的权利主要包括如下四种:第一,根据个人信任关系而发生的债权,如雇佣人对受雇人的债权、委任人对受托人的债权。第二,以选定债权人为基础发生的合同债权,如以某个特定演员的演出活动、某个作家的创作活动为基础订立的演出合同、出版合同。第三,债权内容中包括了针对特定当事人的不作为义务,如禁止某人在转让其权利后再将该权利转让给他人、禁止某人使用某块土地或某项财产。第四,属于从权利的合同债权,如保证合同债权。

(2)按照当事人的特别约定不得转让的债权。根据债权自由原则,当事人可以在订立债权时或订立债权后特别约定,禁止任何一方转让债权,只要此约定不违反法律的禁止性规定和社会公共道德,就应当产生法律效力。任何一方违反此种约定而转让债权,将构成违约行为。当然,此种约定只能在特定当事人之间生效,不得约束第三人。也就是说,如果一方当事人违反禁止转让的规定而将债权转让给善意的第三人,则善意的第三人可取得这项权利。

《民法典》第545条第2款、第3款规定:“当事人约定非金钱债权不得转让的,不得对抗善意第三人。当事人约定金钱债权不得转让的,不得对抗第三人”。所谓金钱债权,是指以金钱给付为内容的债权。因为金钱债权的转让是交易的重要形式,鼓励金钱债权的转让,有利于鼓励资金融通,促进交易的发展,因此,对金钱债权而言,法律上应当予以鼓励。因此,该条规定区分了金钱债权转让和非金钱债权转让,两者的区别主要表现在:首先,对于金钱债权而言,由于金钱债权并不具有人身属性,所以法律往往鼓励金钱债权的转让;而对非金钱债权而言,尤其是涉及提供服务或者劳务等,具有一定的人身属性,法律上对其转让是有一定的限制的,当事人可以在合同中约定禁止转让的条款。其次,就当事人的特别约定而言,当事人约定非金钱债权不得转让的,不得对抗善意第三人,如果第三人知道或者应当知道当事人存在此种约定的,则该约定可以对抗第三人,如果第三人不知道,则不得对抗第三人。例如,在买卖汽车的合同中,买受人可以与出卖人约定请求交付汽车的债权不得转让。此时,如果买受人将交付汽车的债权转让给第三人时,可能就会造成出卖人履行合同的困难。因此,对于非金钱债权而言,其转让并不像金钱债权一样自由,需要受到一定控制,法律规定受让人只有在善意的情况下,才能够主张该债权转让有效。而对金钱债权而言,无论第三人是否知道当事人之间的此种约定,该约定都不得对抗第三人。因此,即便第三人知道当事人之间有禁止债权让与的约定,该约定也不能对抗第三人。

(3)法律规定禁止转让的债权。依照法律有关规定应由国家批准的合同,当事人在转让权利义务时,必须经过原批准机关的批准。如原批准机关对权利的转让不予批准,则权利的转让无效。

4. 必须通知债务人。债权的转让,是否以征得债务人的同意为要件,各国立法有三种不同的规定:第一,自由主义,即债权人转让其债权,不必征得债务人的同意,也不必通知债务人。第二,通知主义,即债权人转让其债权虽不必征得债务人的同意,但须将债权转让情况通知给债务人,才能对债务人发生效力。第三,同意主义,即债权人转让债权必须经过债务人的同意才能生效。我国《民法典》第546条第1款规定:"债权人转让债权,未通知债务人的,该转让对债务人不发生效力。"可见,我国法律采取了通知主义。也就是说,债权人转让权利时,只需将其转让权利的情况及时通知债务人,而不必征得债务人的同意。一旦通知到达债务人,则权利的转让发生效力;未经通知,该转让对债务人不发生效力,债务人仍然可以向原债权人履行义务。通知主义尊重了债权人处分债权的自由,也有利于鼓励债权转让和流通,符合市场经济发展的需要。《民法典》第546条第2款规定:"债权转让的通知不得撤销,但是经受让人同意的除外。"债权转让通知,债权转让通知一旦到达债务人,将发生法律效力,一旦允许撤销该通知,将造成债权受让人的损害,因此未经受让人同意,不得撤销该通知。但是如果受让人同意该通知,表明其自愿接受该撤销的不利后果,法律应当允许。

债权人所作出的转让权利的通知到达债务人以后,已经实际生效,债权人不得撤销该通知。否则,受让人取得权利后,若转让人可以随意撤销转让权利的通知,将会使已经转让的权利处于不稳定的状态。因此,《民法典》第546条第2款规定:"债权转让的通知不得撤销,但是经受让人同意的除外。"也就是说,如果受让人同意债权人撤销转让的通知,则权利的转让不发生效力,但受让人拒绝债权人的撤销行为,则权利的转让将发生效力。

5. 须依法办理有关手续。如果法律、行政法规规定,转让合同债权应当办理批准、登记等手续的,则债权人在转让债权时应当办理这些手续。

三、合同债权转让的法律效力

合同债权转让的生效,首先应取决于两个条件:一是合同债权转让合同的成立;二是债权人将权利转让的事实通知债务人以后,债务人未表示异议。在符合这两个条件的情况下,合同债权转让将会产生一定的法律效力。这种效力包括对内效力和对外效力。

(一)合同债权转让的对内效力

对内效力,是指合同债权转让在转让双方即转让人(原债权人)和受让人(第三人)之间发生的法律效力,这种效力具体表现在:

1. 合同债权由让与人转让给受让人。如果合同债权转让是全部权利转让,则受让人将作为新债权人而成为合同债权的主体,转让人将脱离原合同关系,由受让人取代其地位。如果是部分权利转让,则受让人将加入合同关系,成为共同债权人。

2. 在转让合同债权时从属于主债权的从权利,如抵押权、利息债权、定金债权、违约金债权及损害赔偿请求权等也将随主权利的移转而发生移转,但专属于债权人的从权利不能随主权利移转而移转。《民法典》第547条第1款规定:"债权人转让债权的,受让人取得与债权有关的从权利,但是该从权利专属于债权人自身的除外。"例如,在债权让与的情形下,该债权的从权利,如担保权、定金债权、利息债权、违约金债权及损害赔偿请求权等,将随主权利的移转而移转。当然,从该条规定来看,专属于债权人自身的权利不得转让,但哪些从权利具有人身专属性,本条并没有作出细化规定。一般而言,如果当事人有约定的,则依据当事人的约定。例如,合同中如果约定了一些特别条款,要求债务人必须亲自实施的,则是不得转让的。在当事人之间没有约定时,如果某项从权利只能由债权人享有,而不能由其他人享有的,则可以认定,该权利是从属于债权人的权利。例如,合同解除权关系到合同的存废,与原债权人不可分离,一般不随原债权的转让而移转给受让人。

《民法典》第547条第2款规定:"受让人取得从权利不因该从权利未办理转移登记手续或

者未转移占有而受到影响。”也就是说,在合同债权转让的情形下,合同债权的从权利将随之移转,而不需要办理相关的权利移转登记手续。例如,在合同债权转让的情形下,为该债权实现而设定的不动产抵押权也将随之移转,即便没有办理抵押权登记手续,受让人也能够取得该抵押权,因为抵押权是债权的从权利,不能单独存在,在债权让与时,也应当随债权一并移转。

3. 转让人应保证其转让的权利有效存在且不存在权利瑕疵。如果在权利转让以后,因权利存在瑕疵而给受让人造成损失的,转让人应当向受让人承担损害赔偿责任。当然,转让人在转让权利时,若明确告知受让人权利有瑕疵,则受让人无权要求赔偿。

4. 转让人在某项权利转让给他人以后,不得就该项权利再作出转让。如果转让人重复转让债权,则涉及应由哪一个受让人取得受让的权利的问题。一般认为,有偿让与的受让人应当优先于无偿让与的受偿人取得权利;全部让与的受让人应当优先于部分让与的受让人取得权利。同时,按照“先来后到”的规则,先前的受让人应当优先于在后的受让人取得权利。

5. 因债权让与而增加的履行费用,应当由让与人负担。《民法典》第 550 条规定:“因债权转让增加的履行费用,由让与人负担。”尽管合同债权的转让不会增加债务人的履行费用,但在特殊情形下,债权转让也可能增加债务人的履行费用。例如,因债权让与而导致合同履行地发生变动的,即可能因此增加债务人履行债务的负担。债权转让增加的履行费用是因债权让与而产生的,而且债权让与人从中获得了利益,因此,其应当负担因此给债务人增加的履行费用。同时,依据该条规定,因债权让与而增加债务履行费用的,让与人仅需要负担因此增加的履行费用,而不需要负担所有的履行费用。此外,因债权让与导致合同履行费用增加的,具体增加的数额应当由债务人举证证明。

(二)合同债权转让的对外效力

对外效力,是指合同债权转让对债务人所具有的法律效力。合同债权转让生效以后,针对债务人产生如下效力:

1. 债务人不得再向转让人即原债权人履行债务。如果债务人仍然向原债权人履行债务,则不构成债权的履行,更不应使债权终止。如果债务人向原债权人履行,造成受让人损害,债务人应负损害赔偿的责任。同时原债权人接受此种履行,构成不当得利,则受让人和债务人均可请求其返还。

2. 债务人负有向受让人即新债权人作出履行的义务,同时免除其对原债权人所负的责任。如果债务人向受让人作出履行以后转让合同被宣告无效或被撤销,但债务人出于善意,则债务人向受让人作出的履行仍然有效。

3. 债务人在合同债权转让时所享有的对抗原债权人的抗辩权,并不因合同债权的转让而消灭。《民法典》第 548 条规定:“债务人接到债权转让通知后,债务人对让与人的抗辩,可以向受让人主张。”依据该条规定,在债权转让后,债务人对原债权人所享有的抗辩,仍然可以对受让人主张,这些抗辩不仅包括债务人可以对原债权人所主张的抗辩权,如同时履行抗辩权、不安抗辩权、后履行抗辩权等,也包括抗辩权之外的一些抗辩,如债权不成立的抗辩、产生债权的合同被撤销或者被宣告无效的抗辩、合同债权已经因履行或者清偿等原因而消灭的抗辩等。从该条规定来看,无论是上述抗辩权,还是抗辩,只要债务人可以向原债权人主张,其都可以对债权受让人主张。需要指出的是,依据该规定,只有债务人接到债权让与的通知后,才可以主张上述抗辩,在没有通知债务人前,债务人仅能向原债权人主张上述抗辩权,即便债务人已经知道债权让与的事实,但在其收到债权让与的通知前,其也不能向受让人主张。

4. 债务人接到债权转让通知时,债务人对让与人享有债权,并且债务人的债权先于转让的债权到期或者同时到期的,债务人可以向受让人主张抵销。《民法典》第549条规定:"有下列情形之一的,债务人可以向受让人主张抵销:(一)债务人接到债权转让通知时,债务人对让与人享有债权,并且债务人的债权先于转让的债权到期或者同时到期;(二)债务人的债权与转让的债权是基于同一合同产生。"依据这一规定,在如下情形下,债务人可以向受让人主张抵销:

(1)债务人接到债权转让通知时,债务人对让与人享有债权,并且债务人的债权先于转让的债权到期或者同时到期。此种情形下,债务人在主张抵销时,实际上是满足了抵销的一般条件。如果债务人对让与人所享有的债权后于转让的债权到期的,则债务人不得主张抵销,否则会损害债权人的期限利益。

(2)债务人的债权与转让的债权是基于同一合同产生。也就是说,债务人的债权与转让的债权是基于同一合同而产生,即债务人与原债权人基于同一合同而互负债务。该款规定了在债权转让中债务人可以行使抵销权的一种特殊情形,即债务人的债权与转让的债权乃基于同一合同而发生。例如,甲与乙订立买卖设备的合同,约定甲向乙出卖该设备,并且甲将提供设备的组装服务。甲将价款的债权进行转让,丙取得了对乙的债权,如果甲拒绝提供组装服务的话,乙对甲就将取得损害赔偿请求权,由于乙对甲享有的损害赔偿请求权与价款请求权都是基于同一合同产生,乙将这一债权与甲转让给丙的价金债权进行抵销,且不受第一款要求主动债权先于被动债权到期或同时到期的限制。对于债权转让时债务人对让与人基于同一合同的债权可以向受让人主张抵销的问题,在比较法上得到了普遍的承认。[2] 合同编之所以增设这一规定,主要原因在于,在《民法典》第549条第1款中,立法者充分保护了受让人的权利,要求债务人的债权必须先于转让债权到期或同时到期。而在债务人的债权与转让的债权是基于同一合同产生时,受让人完全可以通过调查的方式判断该合同中是否可能产生可供债务人抵销的权利,因此,此时就不宜过度保护其权利,可以不再对抵销进行时间上的限制。因为在债务人的债权与被转让的债权是基于同一合同产生的情形下,受让人能通过尽调预知该主动债权的存在,且能够相应地采取控制风险的措施,就没有必要特别保护,而债务人更值得保护,毕竟债权转让没有经过债务人的同意,不能使其利益受损。但如果债务人的债权与被转让的债权不是基于同一合同产生的,受让人就无法预知债务人享有该主动债权,此时就应当保护受让人的利益,应通过本条第1款所规定的诸多要件对抵销予以限制。[3]

当然,《民法典》第549条规定来看,其在规定债务人的抵销权时,并没有对抵销的其他条件作出规定,笔者认为,此种情形下的抵销属于法定抵销,债务人在行使抵销权时,也应当符合法定抵销的一般条件。

---

〔2〕 新《日本民法典》第469条、《荷兰民法典》第6:130条第1款、《应收账款转让公约》第18条、PECL第11:307条第2款、DCFR第3-5:116条第3款、UCC第9-404条(a)、《担保交易示范法》第64条第1款均肯定了基于同一合同产生债权或债权紧密联系时的抵销规则。

〔3〕 参见黄薇主编:《中华人民共和国民法典合同编解读》(上册),中国法制出版社2020年版,第300页。

第三节 合同债务的移转

一、合同债务移转的概念和特征

合同债务的移转又称债务承担,是指基于债权人、债务人与第三人之间达成的协议将债务移转给第三人承担。《民法典》第551条第1款规定:"债务人将债务的全部或者部分转移给第三人的,应当经债权人同意。"第552条也对并存的债务移转作出了规定。合同债务移转可因法律的直接规定而发生,也可因法律行为而发生,但前者最为常见。因此,一般所指的合同债务移转,仅指依当事人之间的合同将债务人的债务移转于第三人承担。

合同债务的移转不同于第三人代为履行。依据《民法典》第524条规定,"债务人不履行债务,第三人对履行该债务具有合法利益的,第三人有权向债权人代为履行"。在第三人代为履行的情形下,第三人并没有成为合同关系的当事人,从性质上说,其本质上是债务人的债务履行辅助人,在第三人不履行债务或者不完全履行债务时,债权人无权请求其承担债务不履行的责任,而只能向债务人主张债务不履行的责任。但在债务移转的情形下,无论是免责的债务移转,还是并存的债务移转,新的债务人已经成为合同当事人,在其不履行债务时,债权人有权请求其承担债务不履行的责任。

合同债务移转具有如下特征:

1. 合同债务移转时,合同内容没有发生变化,而债务人发生变化。一方面,在合同债务移转的情况下,合同的内容并没有发生变化,尤其是合同债务的内容并没有发生变化。另一方面,在合同债务移转时,债务人发生了变化。债务人的变化又包括两种情况,即原债务人退出而由第三人替代,或原债务人不退出而新债务人加入。

2. 移转的对象是债务而不是债权。如果包括债权,就成了概括移转,而不是单纯的合同债务的移转。由于合同债务移转的对象是债务,债务不是一种可以由债务人处分的财产,而是一种负担的转让,所以债务的移转必须取得债权人的同意。一般来说,转让债务必须在转让时已经有效成立,对于已不存在的债务或已履行的债务,即使当事人之间已订立转让协议,也不应发生移转的效果。[4]

3. 债务移转可以是全部的也可以是部分的移转。无论是何种移转,合同债务的移转都必须要求债务是确定的且具有可移转性,如果是必须由债务人亲自履行的债务不得转移,否则不发生移转的效力。

4. 无论是债权人与第三人之间约定债务移转,还是债务人与第三人之间约定债务移转,债务的移转必须符合法定的形式要件。法律、行政法规规定应当办理批准、登记等手续的,应依法办理这些手续。

在债务承担中,债务人已经成为合同关系的当事人,如果是债务的全部转让则第三人将完全代替债务人的地位,债务人将退出该合同关系,原合同关系也将发生消灭。即使是部分转让,第三人也将加入合同关系成为债务人。但是在第三人代替债务人履行债务的情况下,第三

---

[4] 参见史尚宽:《债法总论》,中国政法大学出版社2000年版,第742页。

人只是履行主体而不是债的当事人。对于债权人来说，他只能将第三人作为债务履行的辅助人而不能将其作为合同当事人对待。

二、债务移转的类型

（一）免责的债务承担

所谓免责的债务承担，是指债权人或债务人与第三人之间达成转让债务的协议，将债务全部或部分移转给第三人，由第三人全部或部分取代原债务人的地位而负担债务。《民法典》第551条第1款规定："债务人将债务的全部或者部分转移给第三人的，应当经债权人同意。"这就对免责的债务承担作出了规定。例如，债务人与第三人约定，将买卖合同中支付价款的债务全部由第三人承担，经债权人同意后，债务人不再承担该债务。此类债务承担的主要特点在于：

1. 第三人在债务移转的范围内取代债务人的地位，成为新的债务人。在债务全部移转的情形下，第三人将完全取代债务人的地位，成为新的债务人；在债务部分移转的情形下，第三人仅在债务移转的范围内取代债务人的地位，与债务人一起对债权人负担债务。

2. 第三人在债务承担的范围内对债权人负担债务。在免责的债务承担的情形下，如果是债务的部分移转，则第三人与债务人均属于债权人的债务人，二者共同对债权人负担债务，但与并存的债务承担不同，第三人仅在债务承担的范围内对债权人负担债务，其承担的是一种按份责任。

3. 免责的债务承担应当经债权人同意。由于免责的债务承担将导致原债务人免责，而新的债务人能否履行债务，债权人往往并不了解，因此，此种债务承担应当经债权人同意。债权人同意既可以体现为债权人与第三人订立协议，也可以是债务人与第三人订立协议并经债权人同意。《民法典》第551条第2款规定："债务人或者第三人可以催告债权人在合理期限内予以同意，债权人未作表示的，视为不同意。"从该条规定来看，在免责的债务承担的情形下，债权人的同意应当以积极地方式作出，如通过明示的意思表示或者通过行为表示同意，但债权人未作表示的，则视为不同意承担。

（二）并存的债务承担

并存的债务承担又称为债务加入，它是指第三人与债务人约定，加入债务，或者第三人向债权人表示愿意加入债务，原债务人并没有脱离债的关系，其将与第三人共同向债权人承担债务。《民法典》第552条规定："第三人与债务人约定加入债务并通知债权人，或者第三人向债权人表示愿意加入债务，债权人未在合理期限内明确拒绝的，债权人可以请求第三人在其愿意承担的债务范围内和债务人承担连带债务。"该条对并存在债务承担作出了规定。例如，第三人向债权人表示，其愿意与债务人共同负担债务，债权人未予以拒绝的，则成立并存的债务承担。并存得债务承担的特点主要在于：

1. 第三人加入债的关系，成为债务人，但原债务人并没有退出债务关系，而是与第三人共同作为债务，对债权人负担债务。正是因为第三人与债务人均对债权人负担债务，因此，此种债务承担成为并存的债务承担。

2. 第三人与债务人对债权人负担连带债务。如果第三人只是承担部分债务，则第三人仅在债务承担的范围内与债务人负担连带债务。有关并存债务承担的规则要适用《民法典》合同编关于连带债务的规定。

3. 第三人与债务人约定债务承担。第三人与债务人约定债务承担的，该约定在性质上属于利益第三人合同，可以适用《民法典》合同编关于利益第三人合同的规定。不包括第三人与债权人约定以及第三人、债务人、债权人共同约定。

4. 第三人明确表示愿意加入债务,债权人没有明确表示拒绝的,将成立并存的债务承担。此种情形下,债务人并没有退出债务关系,第三人作为债务人实际上是增加了债权人债权实现的机会,因此在债权人没有明确拒绝的,则可以成立此种形式的债务承担。

在我国《民法典》颁行前,我国立法一直没有对并存的债务承担作出规定,实务中一直混淆了免责的债务承担和并存的债务承担,但事实上,二者存在一定的区别:第一,原债务人是否退出债务关系。在免责的债务承担中,原债务人将退出债的关系,而在并存的债务承担中,原债务人并未退出债的关系。第二,是否需要债权人表示同意。在免责的债务承担中,债务的移转需要经债权人同意,而并存的债务承担并不需要经过债权人同意。

债务加入与连带责任保证具有相似性,无论是新加入的债务人,还是连带责任保证中的保证人,都对债权人负连带责任,但二者的区别在于:一方面,二者的地位不同。在债务加入中,新加入的债务人处于债务人的地位,其不仅对债权人负担债务,而且享有债务人的抗辩权。而保证人则并不属于债务人,其不仅可以主张债务人对债权人的抗辩权,而且可以主张其基于保证合同而对债权人享有的抗辩权。另一方面,能否向债务人追偿不同。在债务加入中,除当事人另有约定外,新加入的债务人在对债权人履行债务后,其原则上不能向原债务人追偿。而在连带责任保证中,保证人在承担保证责任后,其可以向债务人追偿。

三、合同债务移转的条件

合同债务的移转只有符合一定条件,才能产生效力。根据我国法律的规定,合同债务的移转须具备如下条件:

1. 必须有有效的合同债务存在。当事人移转的合同债务只能是有效存在的债务。如果债务本身不存在,或者合同订立后被宣告无效或被撤销,自然不能发生义务转移的后果。将来可发生的债务虽然理论上也可由第三人承担,但仅在该债务有效成立后,债务承担合同才能发生效力。例如,附生效条件的合同债务,自合同债务有效发生时,转移协议才能生效。

2. 转让的合同债务必须具有可让与性。因为合同债务移转后,合同债务主体发生变更,所以,所移转的合同债务必须具有可让与性。依据法律的规定或合同的约定不得移转的义务,不得移转。例如,因扶养请求权而发生的债务,不得移转。

3. 必须存在合同债务移转的协议。合同债务的移转,须由当事人达成移转的协议。该合同债务移转协议的订立有两种形式:第一,债务人与第三人订立协议。债务人与第三人之间可以订立承担债务的协议,该协议一旦成立便生效。第三人作为债务承担人将取代原债务人,原债务人被免除债务。第二,在免责的债务承担的情形下,可以由债权人与第三人订立协议。在债权人与第三人之间订立合同债务移转协议时,可以认为债权人已经同意由该第三人履行债务,故债权人与第三人之间订立的合同债务移转的协议,一旦成立便生效。

4. 必须经过债权人的同意或债权人未明确拒绝。一般来说,债权转让不会给债务人造成损害,但债务的转让则有可能损害债权人的利益。因为债务人在转让其债务以后,新的债务人是否具有履行债务的能力,或者是否为诚实守信的商人等,这些情况都是债权人所无法预知的。如果允许债务人随意转让债务,而受让人没有能力履行债务,或者有能力履行而不愿意履行,将直接导致债权人的债权不能实现。传统大陆法系一般认为,并存的债务承担并不需要经过债权人的同意。但从比较法的发展趋势来看,无论是免责的债务承担,还是并存的债务承担,均需要经债权人同意。[5] 从我国《民法典》的规定来看,其区分了免责债务承担与并存的债务承担,在免责的债务承担的情形下,依据《民法典》第551条规定,其应当经债权人同意;对并存的债务承担而言,依据《民法典》第552条的规定,无论是债务人与第三人订立债务承担协议,还是第三人向债权人表示愿意承担债务的,只要债权人未在合理期限内明确拒绝的,则可成立并存的债务承担。

5. 必须依法办理有关手续。如果法律、行政法规规定,移转合同债务应当办理批准、登记等手续的,则在移转合同债务时应当办理这些手续。

四、合同债务移转的效力

(一)新债务人负有清偿债务的义务

对于免责的债务承担而言,合同债务全部移转的,新债务人将代替原债务人的地位而成为当事人,原债务人将不再作为债的一方当事人。如果新债务人不履行或不适当履行债务,债权人只能向新债务人而不能向原债务人请求履行债务或要求其承担违约责任。

对于并存的债务承担而言,原债务人与新加入的债务人共同对债权人承担连带责任。对于并存的债务承担而言,无论多少新的债务人加入,原债务人和新加入的债务人都要对债权人承担连带责任。原债务人与新债务人之间应承担的债务份额应依移转协议确定。

(二)新债务人可以主张原债务人对债权人的抗辩

合同债务移转后,新债务人可以主张原债务人对债权人的抗辩。依据《民法典》第553条的规定,"债务人转移债务的,新债务人可以主张原债务人对债权人的抗辩"。新债务人享有的抗辩既包括合同履行中的抗辩权,如同时履行抗辩权、不安抗辩权、先履行抗辩权等,也包括其他抗辩,如合同撤销和无效的抗辩、合同不成立的抗辩、诉讼时效已过的抗辩等。当然,这些抗辩事由必须是在合同债务移转时就已经存在的。不过,专属于合同当事人的合同解除权和撤销权非经原合同当事人的同意,不能移转给新的债务人享有。

(三)新债务人不得主张原债务人对债权人的抵销权

在合同债务移转的情形下。依据《民法典》第553条的规定,"原债务人对债权人享有债权的,新债务人不得向债权人主张抵销",这实际上就确认了,在债务承担中,原债务人对债权享有债权的,新债务人不得向债权人主张抵销的规则。例如,甲对乙享有债权,同时,还负有对乙的债务,丙承担乙对甲的债务后,不得以乙对甲的债权进行抵销。法律作出此种规定的原因在于,一方面,原债务人只是与新债务人之间达成了债务承担的协议,如果允许新债务人就原债务人对债权人所享有的债权对债权人主张抵销,实际上是允许新债务人行使原债务人对债权人的债权,这显然已经超出了债务承担的范畴。另一方面,债务承担只是使新的债务人承担了原债务人的债务,与原债务人对债权人所享有的债权并非同一债的关系,二者属于两个不同的法律关系,新的债务人不得主张抵销,因此,即便原债务人可以对债权人主张抵销,新的债务人也不得主张抵销。从这个法条所处的位置来看,其不仅适用于免责的债务承担,也适用于并存的债务承担。

---

〔5〕 例如,《欧洲民法典草案》第3-5:203条没有区分免责的债务承担与并存的债务承担,而且无论债务人是全部承担还是部分承担,只要是债务承担,均需要经债权人同意。《商事合同通则》第9.2.3条规定,原债务人和新债务人以协议方式转移债务,须经债权人同意,该条也没有区分免责的债务承担与并存的债务承担,而一概要求债务承担需要经债权人同意。

(四)从债务的移转

合同债务移转后,从债务也相应地发生移转,新债务人应当承担与主债务有关的从债务。例如,买卖合同的主要义务移转以后,有关交付单证、办理相关手续等从义务也相应移转。《民法典》第554条规定:“债务人转移债务的,新债务人应当承担与主债务有关的从债务,但是该从债务专属于原债务人自身的除外。”从债务与主债务是密切联系在一起的,不能与主债务相互分离而单独存在。所以,当主债务发生移转以后,从债务也要发生转移,新债务人应当承担与主债务有关的从债务。值得注意的是,主债务移转后,专属于原债务人自身的从债务(如特许经营资格的延续)不得移转。

第四节　合同权利和义务的概括移转

一、合同权利和义务概括移转的概念和特征

《民法典》第555条规定:“当事人一方经对方同意,可以将自己在合同中的权利和义务一并转让给第三人。”这就是对合同权利和义务的概括移转的规定。所谓合同权利和义务的概括移转,是指由原合同当事人一方将其债权债务一并移转给第三人,由第三人概括地继受这些债权债务。这种移转与前面所说的权利转让和义务移转的不同之处在于,它不是单纯地转让债权或移转债务,而是概括地移转债权债务。由于移转的是全部债权债务,与原债务人利益不可分离的解除权和撤销权也将因概括的权利和义务的移转而移转给第三人。

合同权利和义务的概括移转具有如下法律特征:

1. 合同权利和义务的概括移转包括合同债务承担和合同债权让与。合同权利和义务的概括移转不同于前述合同权利的让与和合同义务的承担,而是概括地移转合同债权债务。在合同当事人一方与第三人达成概括移转权利义务的协议后,必须因此经另一方当事人同意后方可生效。因为概括移转权利义务,包括了义务的移转,故必须取得合同另一方的同意。在取得另一方同意之后,承担人将完全代替原合同当事人一方的地位,原合同当事人的一方将完全退出合同关系。如在转让之后不履行或不适当履行合同义务,概括承担人应承担义务和责任。

2. 合同权利和义务的概括转移主要适用于双务合同。由于合同权利义务的概括移转,将要出让整个权利义务,因而只有双务合同中的当事人一方才可以转让此种权利和义务。在单务合同中,由于一方当事人可能仅享有权利或仅承担义务,因而不能出让全部的权利义务,故单务合同一般不发生合同权利义务概括移转的问题。

3. 合同权利义务的概括移转,既可以依据当事人的合意而发生,也可以因为法律的规定而产生(如因企业合并、分立而发生的合同权利义务的概括移转)。

二、合同权利和义务概括移转的类型

合同权利义务的概括移转,可以依据当事人之间订立的合同而发生,也可以因法律的规定而发生,在法律规定的移转中,主要包括如下情况:

1. 合同概括移转,也称为合同承担,是指一方当事人与第三人之间订立合同,并经原合同的另一方当事人同意,由第三人承担合同一方当事人在合同中的全部权利和义务。例如,在房屋租赁合同签订之后,承租人经出租人的同意,将承租人的地位全部转让给第三人,承租人不

再成为合同当事人，而由第三人取代其在合同中的地位。第三人不仅要承担承租人所负的债务（如交付租金），而且要享受承租人所享有的权利（如使用房屋）。在合同当事人一方与第三人达成概括移转权利义务的协议后，必须经另一方当事人同意后方可生效。

2. 企业合并和分立。所谓企业合并，是指两个以上的企业合并在一起成立一个新的企业，由新的企业承担原先的两个企业的债权债务，或者一个企业被撤销之后，将其债权债务一并移转给另一个企业。在实践中，企业合并常常采取吸收合并或新设合并两种方式，都会引起债权债务的概括移转。所谓企业分立，是指依照法定程序，将原企业分离为两个或两个以上的新企业。企业的分立引起的债权债务移转，是指在撤销一个企业的基础上，成立一个或数个新的企业，被撤销企业的债权债务移转给新的企业承担。可见，在企业合并的情况下，因为由多个企业合并成一个企业，因此由合并后的企业行使合同权利，履行合同义务。如果由一个企业分立为数个企业的，由分立后的企业对合同的权利和义务享有连带债权，承担连带债务。如果债权人和债务人另有约定，则可以不适用上述规定。

三、合同权利和义务概括移转的效力

《民法典》第556条规定："合同的权利和义务一并转让的，适用债权转让、债务转移的有关规定。"依据这一规定，在合同权利义务的概括移转时，要适用《民法典》合同编关于合同债权让与和合同债务承担的规则，这些法律规定的内容具体包括：第一，根据合同性质、当事人约定和法律规定不得转让的权利，不得因债权债务的概括移转而转让；第二，如果某些从权利专属于债权人，则受让人无法因合同权利义务的概括移转而享有该从权利；第三，债务人对原债权人所享有的抗辩权，仍可以对抗受让人；第四，如果债务人对让与人享有债权且符合抵销的条件，则债务人可以向受让人主张抵销；第五，新债务人可以主张原债务人对债权人的抗辩；第六，新债务人应当承担与主债务有关的从债务，但该从债务专属于原债务人自身的除外；第七，法律、行政法规规定转让权利或者转让义务应当办理批准、登记手续的，应依照其规定。

参考案例

1. 重庆雨田房地产开发有限公司与中国农业银行股份有限公司重庆市分行房屋联建纠纷案，载《中华人民共和国最高人民法院公报》2012年第5期。
2. 沈阳银胜天成投资管理有限公司与中国华融资产管理公司沈阳办事处债权转让合同纠纷案，载《中华人民共和国最高人民法院公报》2010年第5期。
3. 中国长城资产管理公司乌鲁木齐办事处与新疆华电工贸有限责任公司、新疆华电红雁池发电有限责任公司、新疆华电苇湖梁发电有限责任公司等借款合同纠纷案，载《中华人民共和国最高人民法院公报》2009年第2期。
4. 中国工商银行股份有限公司三门峡车站支行与三门峡天元铝业股份有限公司、三门峡天元铝业集团有限公司借款担保合同纠纷案，载《中华人民共和国最高人民法院公报》2008年第11期。
5. 中国信达资产管理公司成都办事处与四川泰来装饰工程有限公司、四川泰来房屋开发有限公司、四川泰来娱乐有限责任公司借款担保合同纠纷案，载《中华人民共和国最高人民法院公报》2008年第10期。
6. 陕西西岳山庄有限公司与中建三局建发工程有限公司、中建三局第三建设工程有限责任公司建设工程施工合同纠纷案，载《中华人民共和国最高人民法院公报》2007年第12期。
7. 大连远东房屋开发有限公司与辽宁金利房屋实业公司、辽宁澳金利房地产开发有限公司国有土地使用权

转让合同纠纷案,载《中华人民共和国最高人民法院公报》2006 年第 12 期。

8. 福州商贸大厦筹备处与福建佳盛投资发展有限公司借款纠纷案,载《中华人民共和国最高人民法院公报》2006 年第 7 期。

9. 钱碧芳、华宁公司与祝长春、华宇公司、祝明安及汪贤琛股东权纠纷案,载《中华人民共和国最高人民法院公报》2006 年第 7 期。

10. 佛山市顺德区太保投资管理有限公司与广东中鼎集团有限公司债权转让合同纠纷案,载《中华人民共和国最高人民法院公报》2005 年第 12 期。

11. 北沙坡村村委会诉西安市高新技术产业开发区东区管委会等拖欠征地款纠纷案,载《中华人民共和国最高人民法院公报》2005 年第 1 期。

12. 信达公司合肥办事处诉中国医药集团总公司等借款担保合同纠纷案,载《中华人民共和国最高人民法院公报》2004 年第 12 期。

13. 吉林冶金设备厂诉烟台冶金研究所加工承揽合同纠纷案,载《中华人民共和国最高人民法院公报》2004 年第 6 期。

14. 国际华侨公司诉长江影业公司影片发行权许可合同纠纷案,载《中华人民共和国最高人民法院公报》2004 年第 5 期。

15. 何荣兰诉海科公司等清偿债务纠纷案,载《中华人民共和国最高人民法院公报》2004 年第 4 期。

16. 新疆维吾尔自治区建筑木材加工总厂与中国民主同盟新疆实业发展总公司房屋租赁纠纷上诉案,载《中华人民共和国最高人民法院公报》2002 年第 1 期。

第二十八章　合同的权利义务终止

导读

合同终止也称合同的消灭，合同一旦终止，当事人不再受合同权利义务的约束。合同清偿是双方当事人适当履行、达成缔约目的后合同的自然消灭。合同解除指的是当解除条件达成时，依当事人的意思表示使合同消灭。当事人可以通过双方协议的方式解除合同，也可因一方当事人行使解除权而解除合同。解除权可以来源于法律规定或者当事人约定。除上述原因外，合同终止的原因还包括：抵销、提存、免除和混同，这些事由都有特殊的构成要件和法律效果。

第一节　概　　述

一、合同权利义务终止的概念与特征

合同权利义务终止，简称为合同终止。合同终止可以分为广义的终止和狭义的终止，广义的终止既包括合同关系向未来的消灭，也包括合同关系溯及既往的消灭。而狭义的终止仅指合同关系消灭，仅向将来发生效力，当事人没有恢复原状的义务。我国法采广义的终止概念。我国《民法典》第557条采用了债权债务终止这一表述，其列举的事项包括债务已经履行、债务相互抵销、债务人依法将标的物提存、债权人免除债务、债权债务同归于一人、法律规定或者当事人约定终止的其他情形，这显然是采用了广义的终止概念。

合同终止具有如下特征：

1. 合同的终止既包括向过去发生效力，同时，由于合同关系消灭使当事人不再负履行义务，因此合同终止也包括了向将来发生效力。

2. 合同终止的对象是已经发生效力的合同。合同债权都具有期限性，不能永久存在，期限届满，债权即归于消灭。由债权的期限性所决定，合同债权的终止是一个必然的现象。在这一点上它和物权特别是所有权是不同的，因为所有权都没有期限限制，在法律上推定其永久存在，但合同债权必须有期限限制。

3. 合同的终止是使合同关系在客观上不复存在，合同一旦终止，当事人不再受合同关系的约束，合同权利和义务归于消灭。因此，合同终止不同于合同履行的暂时中止。例如，一方在行使履行中的抗辩权时，可以暂时中止合同的履行，但合同关系依然对合同当事人产生约束力，并没有因合同履行的中止而终止。

从广义上说，合同解除也属于合同终止的一种原因，因为合同一旦被解除，将导致合同当

事人的权利义务关系终止,将在事实上消灭合同关系,正是因为这一原因,我国原《合同法》第91条将解除作为合同终止的一种原因,与合同终止的其他原因一并作出规定。但是,合同解除与合同终止的其他原因又存在区别,主要表现在:一方面,解除不仅仅是合同终止的原因,其也是非违约方所享有的一种违约救济手段,在违约解除的情形下,其也是非违约方所享有的一项权利。另一方面,在解除的情形下,合同权利义务关系并未完全终止,因为当事人之间还要依据合同进行清算,非违约方有权依据合同约定向违约方主张损害赔偿。正是因为这一原因,《民法典》第557条第2款"合同解除的,该合同的权利义务关系终止"不是与债权债务终止的其他原因一并规定的,而是单独作出规定的,这也表明,合同解除是合同不再向未来发生效力,但由于合同解除后,并不免除当事人因违反合同而产生的责任,因此,《民法典》第557条将合同解除作为合同终止的事项而单独予以规定。同时,由于解除仅仅适用于合同权利义务关系,所以,解除只是导致合同权利义务关系终止,而其他的终止原因将导致债权债务关系终止,因此,其不仅适用于合同,也适用于其他债的关系。

合同的终止也不同于合同的变更。合同的变更是指合同内容的变化,合同债权债务关系在客观上依然存在并没有消灭。在合同变更的情况下,变更后的合同与原合同具有同一性,但如果当事人通过协议变更合同时,对于原合同的内容作出了实质性变更或者使合同的客体发生了变化,可以认为合同关系已经发生了更新。原合同关系在客观上已经消灭,而产生了一种新的合同关系,就原合同关系而言已经发生了消灭。但如果没有发生此种变更,则合同内容的变更不会导致合同关系的终止。

二、合同终止的效力

1. 合同权利义务关系归于消灭。合同终止的事由发生以后,无论是主义务还是从义务,自合同终止的事由发生之时起消灭。合同的终止解除了双方当事人履行或接受履行的全部义务。合同关系消灭后,依附于主权利义务关系的从权利和从义务一并消灭,如担保物权、保证债权、违约金债权、利息债权等于合同关系终止时均归于消灭。

2. 合同终止不应影响非违约方对违约方所享有的损害赔偿请求权。尽管通过终止使合同的权利义务关系消灭,主要是使合同关系不再存在,但一方对原合同的违反而给另一方造成的损害赔偿责任不因终止而被免除。除了合同因违约解除之外,合同的终止一般导致合同关系消灭,合同中相关条款原则上不再发生效力。因此,当事人约定的违约金责任以及损害赔偿的计算方法因其本身是合同关系的组成部分,在合同关系被终止以后,如无当事人的特别约定,这些条款也将不再发生效力。另外,在合同关系被终止以后,债权人负有返还负债字据或涂销该字据的义务,此种义务属于后合同义务的范畴。负债字据是合同权利义务的证明,合同权利义务关系终止后,债权人应将负债字据返还给债务人。

3. 合同关系消灭后,依附于主权利义务关系的从权利和从义务一并消灭,如担保物权、保证债权、违约金债权、利息债权等于合同关系终止时均归于消灭。对此,《民法典》第559条规定:"债权债务终止时,债权的从权利同时消灭,但是法律另有规定或者当事人另有约定的除外"。例如,就独立保证而言,即便当事人之间的债权债务关系终止,保证债务也并不当然消灭。再如,就保证人的保证责任而言,当事人可以约定,其不仅对债务人的合同债务承担保证责任,而且在合同被宣告无效或者被撤销后,保证人也对债务人责任的履行承担保证责任。

4. 合同当事人之间发生后合同义务。后合同义务,是指合同关系消灭以后,当事人依诚实信用原则和交易习惯应负有某种作为或不作为的义务。我国《民法典》第558条规定:"债权债务终止后,当事人应当遵循诚信等原则,根据交易习惯履行通知、协助、保密、旧物回收等义务"。该条确定了所谓后契约义务,此种义务的特点表现在:

(1)它是依据诚信等原则产生的,虽然合同权利义务已经终止,合同权利义务已经不复存在,此种义务虽然是一种附随义务,但也是一种法定义务,法律规定此种义务,有利于合同目的的实现。

(2)它是依据交易习惯而定。不是说所有的合同均具有相同的附随义务,在合同履行的不同阶段以及根据合同履行的具体情形,要根据交易习惯确定。

(3)附随义务主要包括:第一,通知义务。所谓通知,是指当事人应当根据交易习惯将合同已经履行的情况及时告知对方当事人。第二,协助义务,即债务人在作出履行后,债权人也应当给予必要的协助。例如,租赁关系终止后,出租人应当将其所收到的承租人的信件及时交付给承租人。再如,在借款合同终止后,债权人负有返还负债字据,或涂销该字据的义务。第三,保密义务。在合同履行过程中,一方当事人可能掌握对方当事人的一些商业秘密以及其他私密信息,在合同关系终止后,当事人应当负有此种保密义务。第四,旧物回收义务,此种义务主要是基于环保的角度考虑而增加的附随义务。

(4)附随义务虽然是后合同义务,但当事人违反该义务的,也应当依法承担违约责任。

5. 合同中争议解决方法的条款和结算、清理条款继续有效。

在合同关系终止以后,并不是所有的合同条款都失去效力,依据法律的规定,合同某些条款的效力具有相对独立性,应当继续有效,这些条款主要包括两种情形:

(1)合同中的争议解决方法的条款。《民法典》第507条规定:"合同不生效、无效、被撤销或者终止的,不影响合同中有关解决争议方法的条款的效力"。所谓合同中的争议解决方法条款,是指当事人在合同中约定的解决合同争议的条款,如仲裁条款等。由于合同中的争议解决条款本身涉及对合同终止后事务的处理,且在法律上具有相对独立性,所以,合同终止以后这些条款并不当然终止。

(2)合同的结算、清理条款。《民法典》第567条规定:"合同的权利义务关系终止,不影响合同中结算和清理条款的效力"。所谓合同中的结算、清理条款,是指当事人在合同中约定的,在合同关系终止后如何处理合同遗留问题的约定。依据该条规定,如果当事人事先约定了有关合同终止后的结算和清理条款,则在合同关系终止后,此类条款仍然有效。

《民法典》第507条与第567条虽然均规定了合同无效或权利义务终止后部分条款效力的独立性,二者在实践中经常发生混淆,但《民法典》第567条中的结算和清理条款与《民法典》第507条中的争议解决条款并不能混为一谈。因此,应当区分二者,而不能将二者等同,表现在:一方面,争议解决方式条款主要是程序性的条款,而结算和清理条款是关系到实体性的权利义务关系的条款;另一方面,争议解决条款通常不涉及违约的问题,而结算和清理条款主要是违约后的清算问题。合同权利义务关系终止的原因很多,仅仅是因为诸如基于违约而解除合同的情形才会涉及违约金和损害赔偿等问题。

第二节 清　　偿

一、清偿的概念和构成要件

清偿就是指当事人按照合同的约定正确地、适当地履行了其合同义务,并使当事人订约目的得以实现。《民法典》第557条规定的“债务已经履行”就是指清偿。

构成清偿应当具备以下条件:

1. 清偿必须是双方当事人依据合同的规定作出了履行。由于合同大多为一种双务合同,双方当事人都互负权利义务,所以合同应当由双方作出履行才能因清偿而发生合同关系的消灭。如果仅仅是一方作出了履行,而另一方没有作出履行,对一方来说已经履行了其合同义务,对另一方来说尚未履行其合同义务,所以不构成合同的清偿,合同关系未终止。

2. 清偿必须是当事人正确地、适当地履行合同义务。所谓正确地、适当地履行合同义务,是指当事人依据法律的规定和合同的约定,以及根据诚信原则正确地、适当地履行其义务。它与履行的概念不同。履行还应当包括不适当履行、迟延履行、部分履行等形态。尽管这些履行不符合合同的约定,不能发生因清偿而导致合同关系消灭的效果,但在法律上其仍然是一种履行。

3. 清偿必须使当事人订立合同的目的得以实现。按照债务的目的向债权人或者其他有受领权人进行清偿,经其受领的,债权债务关系消灭。

二、清偿的主体、标的和期限

(一)清偿的主体

清偿的主体包括清偿人和清偿受领人。

1. 清偿人

清偿人是清偿债务的人,它不仅包括债务人,还包括被授予清偿权限的人和第三人。债务人负有清偿的义务,必须向债权人作出清偿,债务人包括连带债务人、不可分债务人、保证债务人。当债务的履行不仅需要债务人的行为,而且还需要其他人协助时,债务人可以使用履行辅助人。

债务人以外的第三人也可以为债务人履行。第三人代为清偿或基于债务人的委托,或基于其本身的赠与意思,或依无因管理处理。《民法典》第523条规定了当事人约定由第三人履行的情形,第524条规定了第三人对履行该债务具有合法利益的,有权向债权人代为履行。但依据法律规定、合同约定,以及合同的性质决定,必须要由债务人亲自履行的,不得由第三人履行。对于第三人依据法律规定或合同约定向债权人作出的清偿,债权人不得拒绝。但如果依据债的标的的性质或当事人的约定,债务必须由债务人亲自履行的,或第三人清偿可能对债权人造成明显损害的,或债权人有其他拒绝接受的正当理由的,债权人可拒绝接受清偿。

2. 清偿受领人

清偿受领人,即接受清偿的人。在一般情况下,无行为能力人、限制行为能力人也可以作为清偿受领人。[1] 我国《民法典》第522条规定了利益第三人合同,并区分了不真正利益第三人合同与真正利益第三人合同。在这两种情形下,第三人均有权受领债务人的给付。在实践中,凡是持有债权人签名的收据或者有效的债权凭证的,应当视为有受领权人。在清偿人作出清偿以后,必须由受领人予以受领,才能发生清偿的效果。债权人是当然的债权受领人,如果债权人已进入破产程序,则债权人不能亲自受领其债权,而必须由其破产清算人受领。

债务人应当向债权人作出清偿,债务人向债权人及其代理人以外的第三人作出的清偿,不发生债务消灭的效力。在作出清偿以后,接受履行的债权人,应当依债务人的请求为其出具收据并签字。清偿人对受领清偿人,也可以请求其交还受领证书。

(二)清偿的标的

清偿的标的,即履行的标的,给付的内容。清偿人应当依照全面履行和诚实信用原则全面、准确、适当地履行债务,否则即构成违约行为,应承担违约责任。当事人在合同中约定必须交付特定物的,则要按照合同约定交付特定物,不得以其他标的物替代。如果确实因为标的物发生意外毁损灭失的情况,则合同因为履行标的物的不存在而不能实际履行,但债务人仍然应当承担违约责任。如果债务人必须提供一定劳务的,债务人根据债的性质和交易习惯须向债权人亲自履行;如果是约定支付金钱,债务人不能以履行不能为由而被免除实际履行的责任,也不能援引不可抗力作为免责事由。原则上,债务人必须按照合同约定的数量全部履行债务,但部分履行不损害债权人利益的除外。

(三)清偿的期限

在合同履行期确定以后,债务人原则上应当按期限履行,但是由于履行期限涉及期限利益,而期限利益一般属于债务人,因此债务人可以按照私法自治原则,通过提前履行而处分自己的期限利益。债务人抛弃自己的期限利益,在一般情况下,对债权人都是有利的,因此债务人可以提前清偿,但提前清偿给债权人造成损害的,债务人应当承担赔偿责任。

在履行期确定以后,如果合同没有规定分期履行,债务人不得分期清偿,但如果分期履行不损害债权人利益,而债务人确有正当理由需分期履行,债权人依据诚信原则应当同意债务人作出分期履行。如果债权人予以拒绝的,法院可以在不损害债权人利益的前提下,根据债务人的请求允许债务人分期清偿。

三、清偿抵充

(一)清偿抵充的概念和条件

所谓清偿抵充,是指一人负担数宗债务,而给付的种类相同的,如清偿人提出的给付不足以清偿全部债务额时,由清偿人在清偿时指定其抵充的债务。[2] 例如,乙欠甲本金1万元,利息5000元,费用1000元,乙偿还8000元,该清偿是对本金的清偿?还是对费用或利息的清偿?这就可以由清偿人作出指定,究竟其清偿的是哪部分债务。如果清偿人没有指定,应依据法定的顺序进行抵充。《民法典》第560条规定:"债务人对同一债权人负担的数项债务种类相同,债务人的给付不足以清偿全部债务的,除当事人另有约定外,由债务人在清偿时指定其履行的债务。债务人未作指定的,应当优先履行已到期的债务;数项债务均到期的,优先履行对债权人缺乏担保或者担保最少的债务;均无担保或者担保相等的,优先履行债务人负担较重的债

---

[1] 黄立:《民法债编总论》,中国政法大学出版社2001年版,第660页。
[2] 参见史尚宽:《债法总论》,1978年台北自版,第752页。

务;负担相同的,按照债务到期的先后顺序履行;到期时间相同的,按照债务比例履行。”本条对清偿抵充规则作出了规定。依据该条规定,清偿抵充必须具备如下几个条件:

1. 一个债务人对同一债权人负担数项债务。这一要求包含了如下几方面的内容:第一,清偿抵充的债务人应当是同一债务人。具体而言,只有在同一债务人负担数项债务时,才有可能发生清偿抵充的问题,如果是多个债务人对同一债权人负担数项债务,则各个债务人应当分别清偿其债务,从而不发生抵充问题。〔3〕第二,清偿抵充的债权人应当是同一债权人。如果债务人对不同债权人负担数项债务,则原则上应当按照债权平等原则,分别对各个债权人作出清偿,而不发生清偿抵充的问题。第三,清偿抵充的成立以债务人负担数项债务为条件。如果债务人只是对债权人负担一项债务,债务人应当按照债的要求清偿该债务,如果不能完全清偿,则可能产生部分履行的问题,而无法成立清偿抵充。〔4〕当然,债务人所负担的数项债务既可能是同时产生的,也可能是因债务承担等原因而发生。

2. 债务人负担的债务给付的种类相同。所谓给付的种类相同,是指债务人所负担的给付义务应当属于同一种类,即债务人所负担的数项债务都是交付同一性质的财产或者提供同类劳务。〔5〕如果债务人所负担的债务种类不同,则债务人应当严格按照债的要求履行债务,而不存在清偿抵充的问题。例如,在同一合同关系中,债务人既要交付某个标的物,也要提供某项劳务,则债务人应当严格按照合同的约定履行债务,因两项债务种类不同,不能够以交付标的物清偿提供劳务之债。〔6〕

3. 清偿人提出的给付不足以清偿全部债务。也就是说,只有在债务人所提供的给付无法清偿全部债务时,才有必要由债务人确定其所作出的给付用于清偿哪一债务。如果债务人的给付可以清偿全部债务,则债权人的各项债权都能够实现,此时就没有必要再确立各个债权的清偿顺序。

只有符合上述条件时,在债务人作出给付时,才能由清偿人在清偿时指定其抵充的债务,或者依据法律的规定进行抵充。

(二)清偿抵充的形式

1. 约定抵充

约定抵充,是指当事人就抵充的方法达成合意,有约定时从约定,这是合同自由的表现。约定抵充应当优先于指定抵充和法定抵充。约定抵充既可以在清偿前约定,也可以在清偿时进行。例如,乙欠甲借款、货款各1万元,均已届期,乙向甲清偿8000元,双方约定该笔给付用于抵充借款,则从其约定。《民法典》第560条承认了约定抵充优先的规则。

2. 指定抵充

指定抵充,是指当事人一方以其单方意思确定债务人的清偿应抵充的债务。指定抵充符合私法自治原则,而且有利于简化法律关系。〔7〕依据《民法典》第560条的规定,在当事人没有规定抵充顺序的情形下,则“由债务人在清偿时指定其履行的债务”,这实际上是赋予了债务人指定抵充顺序的权利。从该条规定来看,指定抵充的主体限于债务人。但按照私法自治原

---

〔3〕参见孙森焱:《民法债编总论》,法律出版社2006年版,第868页。
〔4〕参见史尚宽:《债法总论》,中国政法大学出版社2000年版,第793页。
〔5〕MünchKomm/Fetzer, § 366, Rn. 4.
〔6〕史尚宽:《债法总论》,中国政法大学出版社2000年版,第793页。
〔7〕参见郑玉波:《民法债编总论》,中国政法大学出版社2004年版,第495页。

则,当事人也可以约定由债权人享有指定权,即由债权人来指定清偿何种债务。[8] 在当事人没有约定的情形下,指定权应当归属于债务人。指定权的行使,在性质上属于准法律行为,其与意思通知类似,即只要债务人对债权人作出清偿抵充的意思表示,其就可以发生清偿抵充的法律效果。[9]

此外,指定抵充不得损害债权人的利益。债务人指定抵充时,不得滥用其权利。例如,要求先抵充本金,再抵充利息,这就必然给债权人带来损害。[10]

3. 法定抵充

法定抵充,是指在当事人未约定抵充或作出指定抵充时,应依据法律规定的顺序和方法,对债务进行抵充。各国法律大多对法定抵充作出了明确规定。《民法典》第 560 条第 2 款规定:"债务人未作指定的,应当优先履行已到期的债务;数项债务均到期的,优先履行对债权人缺乏担保或者担保最少的债务;均无担保或者担保相等的,优先履行债务人负担较重的债务;负担相同的,按照债务到期的先后顺序履行;到期时间相同的,按照债务比例履行。"该条规定了法定抵充顺序。依据该条规定,法定抵充顺序如下:

(1)如果到期的债务和未到期的债务并存,应当先抵充已届清偿期的债务。数宗债务中有已到清偿期的,也有未到清偿期的,则已到清偿期债务优先抵充。《民法典》第 560 条第 2 款作出此种规定,原因在于,一方面,保护债务人的期限利益。因为在债务未到期时,债务人并不负有清偿的义务,如果将债务人的给付用于抵充未到期的债务,则可能侵害债务人的期限利益;另一方面,在债务人某一债务未到期的情形下,除非清偿人指定,否则,到期的债务优先抵充,这也更符合当事人的本意。例如,在湘临天下公司与唐某某民间借贷纠纷案中,法院认为,鉴于湘临天下公司所负 11 万元债务已届清偿期,而 80 万元债务并未约定还款期限,唐某某有权随时要求还款,而唐某某提起诉讼视为该笔债务已届清偿期。因此,上述两笔债务的清偿存在先后顺序,根据《合同法解释(二)》第 20 条之规定,应认定 7 万元系抵充 11 万元债务,湘临天下公司应对剩余债务的本金和利息承担偿还义务。[11]

(2)债务均已届清偿期或者均未届清偿期的,先抵充无担保或担保最少的债务。《民法典》第 560 条第 2 款作出此种规定的原因在于,担保的债务能够得到优先受偿,优先抵充无担保或担保最少的债务,有利于债权人的保护。已经有担保的债权或者担保较多的债权,其不能清偿的风险要小于没有担保或者担保较少的债权,因此,从保障债权人利益的角度出发,应当优先抵充没有担保或者担保较少的债权。

(3)均无担保或者担保相等的,优先履行债务负担较重的债务。法律作出此种规定,主要是为了保护债务人的利益,尽量减轻债务人的负担。

(4)负担相同的,按照债务到期的先后顺序履行。也就是说,如果债务的负担相同,则应当以债务到期先后顺序作为抵充的先后顺序,先到期的债务应当优先抵充。法律作出此种规定既是为了保护债务人的利益,也是为了保护债权人的利益。

(5)到期时间相同的,按照债务比例履行。在债务到期相同的情况下,因为各宗债务的到期时间相同,基于公平原则的考虑,应当按照比例抵充。

---

[8] MünchKomm/Fetzer, § 366, Rn. 8.

[9] MünchKomm/Fetzer, § 366, Rn. 9 f.

[10] 参见陈建勋:《论债的清偿抵充》,载《人民司法》2001 年第 11 期。

[11] 北京市第一中级人民法院(2013)一中民终字第 13207 号民事判决书。

（三）利息债务的清偿抵充规则

所谓利息债务，是指以利息为标的的债。利息债务实际上是主债务的从债务。在利息之债中，债务人应当按照约定的利率支付利息。但是在债务人作出的给付不足支付本金和利息时，就涉及应当优先清偿哪一部分债务的问题。对此，《民法典》第561条规定："债务人在履行主债务外还应当支付利息和实现债权的有关费用，其给付不足以清偿全部债务的，除当事人另有约定外，应当按照下列顺序履行：（一）实现债权的有关费用；（二）利息；（三）主债务。"依据这一规定，在涉及支付利息和费用的情况下，抵充的顺序是：第一，实现债权的有关费用。此处所说的费用包括保管费用、诉讼费用、执行费用等。第二，利息。利息包括法定利息和约定利息。利息是债权人预期的收益，所以，应当先于本金而抵充。[12] 第三，主债务。这是根据债权的保障确立的规则，因为本金是最能够得到保障的，而实现债权的费用最难得到保障。为了保障债权人利益，需要优先抵充实现债权的费用。

第三节　合同的解除

一、合同解除的概念和特征

合同解除，是指合同有效成立以后，当具备合同解除条件时，因当事人一方或双方的意思表示而使合同关系自始消灭或向将来消灭的一种行为。《民法典》第557条第2款规定："合同解除的，该合同的权利义务关系终止。"合同解除将导致合同权利义务终止，但由于解除作为一种救济方式，还要与损害赔偿并存，因此，合同解除后，当事人之间的权利义务关系并非完全消灭。因此，《民法典》在合同终止中单独对其作出了规定。

合同解除具有以下特征：

1. 合同解除适用于有效成立的合同。合同解除的对象是有效成立的合同。合同只有在成立以后，履行完毕以前，才能发生解除的效力。如果合同应当被宣告无效或被撤销，也不发生合同的解除，此类合同应该由合同无效或撤销制度来调整。尽管合同无效和可撤销在效力上溯及既往，但确认合同无效和可撤销与合同的解除在性质上是完全不同的。

2. 合同解除必须具备一定的条件。合同解除的条件可以是法定的，也可以是约定的。法定解除条件就是由法律规定在何种情况下合同当事人享有解除合同的权利。所谓约定解除条件，就是指当事人在合同中约定，如果出现了某种约定的情况，当事人一方或双方享有解除权。

3. 合同的解除必须有解除行为。即使符合解除的条件，合同也不能自动解除，必须由当事人行使约定或法定的解除权，才可以解除合同。一方行使解除权，作出解除合同的意思表示，这种意思表示不需要征得对方同意。但当事人根据约定解除权或法定解除权主张解除合同的，必须通知对方，合同自通知到达对方时解除。如果超过规定的期限不行使解除权，则该解除权消灭。享有解除权的一方事后不得再主张解除。

4. 合同解除的效力是使合同关系自始消灭或向将来消灭。在当事人有约定的情况下，只要这种约定没有损害国家利益和社会公共利益，就应尊重当事人的这种约定；当事人若没有特

---

〔12〕 参见郑玉波：《民法债编总论》，中国政法大学出版社2004年版，第498页。

别约定，那么合同解除的效力应依据合同的相关规定而具体确定。有些解除将发生溯及既往的效力，有些解除将不产生溯及既往的效力。

二、合同解除的种类

（一）协议解除

《民法典》第 562 条第 1 款规定："当事人协商一致，可以解除合同。"这是对协议解除的立法规定。协议解除，是指合同成立以后，在未履行或未完全履行之前，当事人双方通过协商解除合同，使合同效力消灭的行为。由于此种方式是在合同成立以后，通过双方协商解除合同，而不是在合同订立时约定解除权，因此又称为事后协商解除。

协议解除的法律特征在于：第一，协商解除本身是通过订立一个新的合同而解除原来的合同，当事人协商的目的是达成一个解除合同的协议。对这种合同有学者称为反对合同，其主要内容是解除原合同关系。第二，协商解除不得违背国家利益和社会公共利益，即协商解除合同的内容由当事人双方自己决定，但该内容违反了法律、损害了国家利益和社会公共利益的，协议解除无效，当事人仍要按原合同履行义务。第三，在协商解除的情况下，合同解除后是否恢复原状、如何恢复原状，也应由当事人协商确定。这也是协商解除的方法与其他解除方法的不同之处。

（二）基于约定解除权的解除

约定解除权，是指当事人双方在合同中约定，在合同成立以后，没有履行或没有完全履行之前，当事人一方在某种解除合同的条件成就时享有解除权，并可以通过行使合同解除权，使合同关系消灭。《民法典》第 562 条第 2 款规定："当事人可以约定一方解除合同的事由。解除合同的事由发生时，解除权人可以解除合同。"该条是关于约定解除权的规定。约定解除权解除具有如下特征：

1. 它是指双方在合同中约定一方享有解除合同的权利。解除权可以在订立合同时约定，也可以在订立合同后另行约定。但是，约定解除权解除属于事前的约定，它规定在将来发生一定情况时，一方享有解除权。但即使解除条件成就，也只是导致解除权产生，其本身并不导致合同的解除，只有在当事人实际行使解除权后方可导致合同的解除。

2. 双方约定解除合同的条件。约定解除权的解除是由双方当事人在合同中约定未来可能出现的解除合同的条件。如双方在租赁合同中约定，"一旦甲方的儿子回城，则甲方有权将房屋收回自用，解除租赁合同"。条件是可能发生也可能不发生的事实，一旦产生解除合同的条件，则将使一方享有解除权。

3. 享有解除权的一方实际行使解除权。解除合同的条件成就以后，只是使一方享有解除合同的权利，即解除权，但合同本身并不能自动发生解除。合同的解除，必须要由享有解除权的一方实际行使解除权，如不行使该权利，则合同将继续有效。在这一点上，约定解除合同条件的合同与附解除条件的合同是不同的。在后者，如果双方约定的条件成就，则合同自动解除。但在前者，如果双方约定解除权，则在条件成就以后，必须由解除权人主动行使解除权，才能导致合同解除。

（三）法定解除

法定解除，是指在合同成立以后，没有履行或没有履行完毕以前，当事人一方通过行使法定的解除权而使合同效力消灭的行为。在法定解除的条件方面，我国合同法采纳了根本违约的概念。所谓根本违约，也称重大违约，是指一方的违约使另一方的订约目的不能达到，或者使其遭受重大损害。《民法典》第 563 条第 1 款规定:“有下列情形之一的,当事人可以解除合同:(一)因不可抗力致使不能实现合同目的;(二)在履行期限届满之前,当事人一方明确表示或者以自己的行为表明不履行主要债务;(三)当事人一方迟延履行主要债务,经催告后在合理期限内仍未履行;(四)当事人一方迟延履行债务或者有其他违约行为致使不能实现合同目的;(五)法律规定的其他情形。”依据本条规定,在如下情况下,当事人享有法定的解除权,并可通过行使解除权而解除合同:

1. 因不可抗力致使不能实现合同目的。不可抗力发生以后,对合同的影响程度是不一样的。有些只是暂时阻碍合同的履行,有些只是影响到合同部分内容的履行。因此,只有在因不可抗力致使不能实现合同目的时,才能解除合同。所谓“不能实现合同目的”,是指当事人在订立合同所追求的目标和基本利益不能实现。如出卖货物是希望获得价金,支付价金是希望获得货物,如果上述目的因不可抗力的发生而不可能实现,才能解除合同。

2. 在履行期限届满之前,当事人一方明确表示或者以自己的行为表明不履行主要债务。此种情况属于预期违约的两种类型。所谓“当事人一方明确表示……不履行主要债务”,是指履行期前的明示毁约;所谓“以自己的行为表明不履行主要债务”,主要是指履行期前的默示毁约。在预期违约的情况下,表明毁约当事人根本不愿意受合同约束,也表明了该当事人具有了完全不愿受合同约束的故意,合同对于该当事人已形同虚设。在此情况下,另一方当事人应有权在要求其继续履行和解除合同之间作出选择。当非违约方选择了合同的解除时,合同对双方不再有约束力。只有允许非违约方在违约方已构成预期违约的情况下解除合同,才能使其尽快地从合同关系中解脱出来,避免遭受不必要的损失。

3. 当事人一方迟延履行主要债务,经催告后在合理期限内仍未履行。具体而言,包括:第一,必须是债务人在履行期限到来后未履行主要债务,而不是未履行次要债务。主要债务和次要债务应根据合同的内容来确定。第二,必须经过债权人的催告履行,如未催告则不能随意解除。第三,在催告后,债权人要给予债务人一段合理的宽限期,使债务人继续准备履行。在合理的宽限期到来后,如果债务人仍不履行,则债权人有权解除合同。至于宽限期多长才算合理,笔者认为,对此要根据每一个合同具体的情况来判断,不能由债权人或非违约方自行进行确定。第四,经催告后在合理期限内仍未履行。

4. 当事人一方迟延履行债务或者有其他违约行为致使不能实现合同目的的。该项实际上分为两种情况:第一,迟延履行影响到合同目的的实现,则不需要经过催告程序,便可以解除合同。迟延履约是否导致合同目的不能实现,应考虑时间对合同的重要性。如果时间因素对当事人的缔约目的的实现至关重要,迟延履行将导致合同目的不能实现,应允许非违约方解除合同;如果时间因素对合同并不重要,迟延造成的后果也不严重,则在迟延以后,不能认为迟延造成了合同目的的落空而解除合同。第二,有其他违约行为致使不能实现合同目的。需要指出的是,该项规定在“有其他违约行为致使不能实现合同目的”时,非违约方有权解除合同。实际上是赋予非违约方在违约方的违约已构成根本违约(fundamental breach)的情况下享有解除合同的权利。所谓根本违约,是指一方违反合同而致另一方损害,导致非违约方缔约目的无法实现。在根本违约情形下,非违约的一方当事人有权解除合同。这一制度产生于普通法,是普通法从条件和担保条款的分类中所发展出来的概念,而《联合国国际货物销售合同公约》借鉴了这一经验，在第25条中确立了根本违约的概念，[13]并在违约责任制度中确立了根本违约制度。我国合同法律制度借鉴了上述经验，确立了根本违约制度，该制度严格限制了合同解除的条件，为合同严守确立了重要的法律保障。同时，也为合同解除后的救济提供了合理的标准。该条不仅适用于迟延履行的情况，而且可以适用于其他构成根本违约的各类违约情况。

5. 法律规定的其他情形。除了上述法定解除权以外，我国《民法典》合同编分则以及民事特别法之中，也规定了不少法定解除的情形。例如，在融资租赁合同中，《民法典》第752条规定："承租人应当按照约定支付租金。承租人经催告后在合理期限内仍不支付租金的，出租人可以请求支付全部租金；也可以解除合同，收回租赁物。"依据该条规定，如果承租人未按照合同约定支付租金，经出租人催告后仍不支付的，出租人即有权解除合同，收回租赁物。该条即规定了出租人的法定解除权。再如，《消费者权益保护法》也对消费者的撤回权作出了明确规定。该法第25条第1款规定："经营者采用网络、电视、电话、邮购等方式销售商品，消费者有权自收到商品之日起七日内退货，且无需说明理由……"本书认为，应当将该条所规定的消费者的撤回解释为法定解除权，因为在消费者行使撤回权的情形，该买卖合同已经成立生效，不宜将"撤回"理解为要约或承诺的撤回；而且此种撤回在性质上也不应当属于行使撤销权，因为买受人在订立合同时并不存在意思表示错误、重大误解等事由，当事人的意思表示并没有出现不一致或者不自由的情形。因此，应当将此种撤回权解释为消费者的法定解除权。

（四）不定期合同的解除

所谓不定期合同，是指当事人未约定期限，或者期限约定不明确的合同。例如，租赁合同中，当事人没有在合同中明确约定租赁期限。关于不定期合同的解除，《民法典》第563条第2款规定："以持续履行的债务为内容的不定期合同，当事人可以随时解除合同，但是应当在合理期限之前通知对方。"该规则意在强调以持续履行的债务为合同的不定期合同的解除应当在一定期限之前通知对方当事人，以保护其合理信赖。该款规定的继续性合同的预告终止权，包括了两个要件：即该权利仅局限于继续性合同，且该继续性合同必须是不定期的，这主要是包括两种情形：当事人没有明确约定期限或约定期限不明的；期限届满以后一方继续履行义务，另一方没有提出异议。例如，承租人在租赁期满后继续在房屋内居住并支付租金，且出租人予以接受，在这种情况下，合同究竟会持续至何时间，并不确定，因此，对于这种合同，应当允许当事人在合理期限内通知对方予以解除，以避免当事人无限制地受到约束。在解除权的行使中，要求解除权人必须留给相对人合理期限进行准备，同时必须作出通知。本款作为新增的条款，实际上是吸纳了比较法中继续性合同的预告终止权，旨在保护当事人的合理信赖，避免继续性合同的无限延续。

（五）司法和仲裁确认解除

在违约救济的方式上，我国《合同法》将实际履行和损害赔偿交由非违约方选择，通常认为，合同解除权归应当属于守约方，违约方不享有合同解除权，但是在特殊情形下，合同时常出现解除僵局的情形，例如，一方与另一方订立五年租赁合同后，刚租满半年，承租人就因工作调动而无法继续承租房屋，但此种情形又不属于情势变更，而出租人又不愿意解除合同，此时合同就陷于僵局。在此情形下，法律必须要设定相应的规则，以终止合同关系，打破合同僵局。

---

[13] See Henry Gabriel, *Contracts for the Sale of Goods: A Comparison of US and International Law*, Oxford University Press, 2008, p. 528.

《全国法院民商事审判工作会议纪要》第48项规定:“在一些长期性合同如房屋租赁合同履行过程中,双方形成合同僵局,一概不允许违约方通过起诉的方式解除合同,有时对双方都不利。”因此,应当允许违约方根据一定的条件起诉解除合同。

我国《民法典》在总结司法实践经验的基础上,于第580条第2款规定:“有前款规定的除外情形之一,致使不能实现合同目的的,人民法院或者仲裁机构可以根据当事人的请求终止合同权利义务关系,但是不影响违约责任的承担。”依据该规定,如果符合如下情形,可以请求法院和仲裁解除合同:

1. 出现了法律上、事实上不能履行、履行费用过高等原因。在出现合同僵局的情形下,合同本身并非完全不能履行,在许多情形下,合同是可以履行的,但不过因为一方的原因,导致合同履行艰难,或者在经济上不合理。

2. 因上述原因致使不能实现合同目的。出现履行艰难和履行在经济上不合理之后,使一方当事人的订约目的无法实现。例如,一方因为工作调动,继续承租房屋在客观上失去意义。

3. 非违约方拒绝违约方解除合同的请求。之所以合同会形成僵局,是因为一方继续履行无法实现合同目的,因此其要求解除合同,而非违约方因为各种原因拒绝解除合同。在通常情形下,非违约方拒绝解除合同是为了“敲竹杠”、借机发难、索要更高的赔偿等原因造成。

4. 不属于情势变更的情形。即便出现了上述情形,但如果符合情势变更的适用条件,直接适用情势变更规则即可解决相关问题,而不需要适用《民法典》第580条第2款的规定。

如果符合上述条件的,任何一方当事人(包括违约方),都可以请求法院或者仲裁机关确认合同关系终止。允许法院或者仲裁机构依法确认合同关系解除,有利于使当事人从合同关系中解脱出来,有利于减轻当事人的负担、降低损失,也有利于维护诚信原则,防止非违约方提出不合理要求。但司法确认合同解除,并不意味着免除当事人的违约责任,在判定合同解除之后,非违约方仍然有权依法请求违约方承担违约责任。需要指出的是,允许违约方主张解除合同也只是允许其请求法院通过裁判解除合同,而不是赋予违约方解除合同的权利。

三、合同解除的程序

合同解除的程序,是指合同解除所要经过的必要步骤。除协议解除之外,合同解除一般应当遵循如下程序。

(一)解除权的行使方式

1. 单方行使解除权

在单方享有解除权的情况下,当事人的解除权在性质上属于形成权。形成权,是指当事人一方可以以自己单方的意思表示,使法律关系发生变动的权利。解除权作为一种形成权,同样使解除权人享有无须合同另一方同意就可以解除合同的权利。但是仅仅享有解除权,而不实际行使,并不能发生解除的效果。要实际行使解除权,当事人必须作出一定的意思表示。《民法典》第565条第1款规定:“当事人一方依法主张解除合同的,应当通知对方。合同自通知到达对方时解除;通知载明债务人在一定期限内不履行债务则合同自动解除,债务人在该期限内未履行债务的,合同自通知载明的期限届满时解除。对方对解除合同有异议的,任何一方当事人均可以请求人民法院或者仲裁机构确认解除行为的效力。”依据该条规定,当事人在行使解除权时,必须要将解除的意思明确地向非解除权人作出通知。行使解除权是形成权的行使,以单方的意思即可产生效力,不需征得对方的同意,但解除的意思必须要实际到达对方,否则不能产生解除权行使的效果。

解除的通知必须到达非解除权人。解除的通知也必须针对合同的另一方当事人及非解除权人作出，否则不产生解除的效力。对方有异议的，可以请求人民法院或者仲裁机构确认解除合同的效力。异议的期间可以由当事人约定，如果没有约定的，则异议期间为解除合同的通知到达之日起3个月[《合同法解释(二)》第24条]。如果在约定的或法定的异议期间内，当事人没有向人民法院起诉的，则不予支持。关于通知的形式，我国法律并没有严格限定为书面形式，但为了尽量减少纠纷，应以采用书面形式为宜。

无论是何种形式的解除，都必须遵守法定的形式要件。如果法律、行政法规规定解除合同应当办理批准、登记等手续的，应依照其规定。如以不动产、机动车辆、船舶为标的物的买卖合同的解除，应到原过户部门办理注销手续，否则，不发生解除的效力。

2. 通过诉讼或者仲裁方式解除合同

《民法典》第565条第2款规定："当事人一方未通知对方，直接以提起诉讼或者申请仲裁的方式依法主张解除合同，人民法院或者仲裁机构确认该主张的，合同自起诉状副本或者仲裁申请书副本送达对方时解除。"该款涉及通过诉讼方式解除合同的解除时点确定问题。该款规则适用于有解除权的一方没有通过行使解除权的方式解除合同，而是以诉讼或仲裁的方式向人民法院或仲裁机构主张解除。在此种情况下，如果法院确认合同解除，那么合同解除的时点为起诉状副本或者仲裁申请书副本送达对方时。需要注意的是，此处法院或者仲裁机构确认解除主张，实际上是因为主张解除一方当事人享有解除权，法院或仲裁机构确认了其解除权，如果当事人并不享有解除权就不能适用该条的规定。

(二)解除权的行使期限

解除权必须在规定的期限内行使。法律规定或者当事人约定了解除权的行使期限，期限届满当事人不行使的，该权利消灭。法律没有规定或者当事人没有约定解除权行使期限，经对方催告后在合理期限内不行使的，该权利消灭。《民法典》第564条规定："法律规定或者当事人约定解除权行使期限，期限届满当事人不行使的，该权利消灭。法律没有规定或者当事人没有约定解除权行使期限，自解除权人知道或者应当知道解除事由之日起一年内不行使，或者经对方催告后在合理期限内不行使的，该权利消灭。"

(三)相对人提出异议的权利

《民法典》第565条规定："当事人一方依法主张解除合同的，应当通知对方。合同自通知到达对方时解除；通知载明债务人在一定期限内不履行债务则合同自动解除，债务人在该期限内未履行债务的，合同自通知载明的期限届满时解除。对方对解除合同有异议的，任何一方当事人均可以请求人民法院或者仲裁机构确认解除行为的效力。当事人一方未通知对方，直接以提起诉讼或者申请仲裁的方式依法主张解除合同，人民法院或者仲裁机构确认该主张的，合同自起诉状副本或者仲裁申请书副本送达对方时解除。"

具体来说，该规定包括如下几个方面的内容：

1. 一方依法主张解除，如果对方没有提出异议，则合同自解除通知到达对方时起发生效力。"通知载明债务人在一定期限内不履行债务则合同自动解除，债务人在该期限内未履行债务的，合同自通知载明的期限届满时解除。"也就是说，如果解除的通知中已经明确告知了对方在一定期限内不履行债务，将导致合同解除，则对方未在该期限内履行债务的，则合同关系解除。

2. 一旦一方向另一方作出解除通知后，对方有异议的，可以提出异议，也可以不提出异议。

如果对方提出异议,则合同不能当然解除。如果约定了异议期限,当事人应当在约定异议期限内提出异议。如果当事人没有约定异议期限,则当事人应当在法定期限内提出异议。《合同法解释(二)》规定了合同当事人提出异议的期限。该解释第24条规定:"当事人对合同法第九十六条、第九十九条规定的合同解除或者债务抵销虽有异议,但在约定的异议期限届满后才提出异议并向人民法院起诉的,人民法院不予支持;当事人没有约定异议期间,在解除合同或者债务抵销通知到达之日起三个月以后才向人民法院起诉的,人民法院不予支持。"3个月的期限是审判实践经验的总结,确立这一期限,有利于督促当事人及时提出异议。上述3个月的期限是不变期间,不会中止、中断和延长。超过该期限向法院起诉,法院不予支持。

3. 一旦一方提出解除异议,则任何一方都可以通过诉讼和仲裁解除合同。这就是说,一方提出解除后,另一方对该解除提出异议,表明双方已经就合同解除发生争议,在此情形下,无论是主张解除的一方,还是提出异议的一方,都有权向法院请求解除合同。在任何一方提起合同解除诉讼时,法院都应当就合同解除是否符合法定条件、是否享有解除权进行审查。如果一旦确定当事人享有解除权,则应当宣告合同解除,但如果当事人不享有合同解除权,则应当继续维持合同的效力,并就当事人的相关争议进行审查。

在一方提起诉讼以后,主张解除的一方是否有权解除合同,法院应当予以审查。在法律上赋予另一方异议权,可以防止合同当事人随意解除合同。同时,也能够使另一方最大限度地保护自己的利益,避免在不符合解除条件的情况下使自己的利益遭受损害。如果当事人没有约定异议期限,则应当适用法定的异议期限。该解释明确了法定的期限,即自解除通知到达之日起3个月。

一旦一方当事人提出异议,则即便解除的通知到达,也不能发生合同解除的效力。是否解除合同,由法院或仲裁机构确定。

(四)解除权的抛弃

解除权可以采取明示或默示的方式予以抛弃。所谓明示方式,就是直接向非解除权人表示放弃解除权;所谓默示方式,通常是指继续接受对方的履行。换言之,如果一方继续履行,另一方接受了对方的履行,可以认为双方的意思是使合同继续有效,而享有解除权的一方已经抛弃了其解除权。

四、合同解除的法律后果

(一)合同解除的溯及力

《民法典》第566条第1款规定:"合同解除后,尚未履行的,终止履行;已经履行的,根据履行情况和合同性质,当事人可以请求恢复原状或者采取其他补救措施,并有权请求赔偿损失。"据此可见,首先,《民法典》承认合同解除应向将来发生效力,即对于尚未履行的应终止履行。其次,《民法典》承认合同解除可以产生溯及既往的效果,即已经履行的,可以要求恢复原状或采取其他补救措施。

恢复原状,是指当事人应恢复到订约前的状态。在合同解除以后,当事人要达到订约前的状态,应当包括如下两方面内容:首先,已经作出履行的,除返还财产以外,还应补偿因返还所支付的费用。其次,如果返还的是能产生孳息的物,则除应返还原物之外,还应返还孳息。一方在占有标的物时为维护标的物而支付的必要费用也应返还。但是,由于解除合同本身是对受害人的一种补救方式,它体现了对违约方的制裁,所以,返还作出的履行,应充分考虑保护非违约方的利益以及对违约行为的制裁,如违约方因履行或返还而产生的费用及非违约方已经得到的孳息，就不应返还。

所谓其他补救措施，是指如果依据合同的性质或当事人的实际状况，无法使合同履行恢复原状时，当事人可以采取修理、加工、减价等措施代替返还财产、恢复原状。

（二）合同的解除与损害赔偿的关系

《民法典》第566条第2款规定："合同因违约解除的，解除权人可以请求违约方承担违约责任，但是当事人另有约定的除外。"所谓当事人另有约定，是指当事人在合同中约定，或者在解除合同时明确免除对方的违约责任。因此，我国法律承认合同解除与损害赔偿是可以并存的。因为合同解除作为一种补救手段，只是使受害人摆脱了合同关系的束缚，从而使其可以选择新的订约伙伴，但其因对方的违约造成的损失并没有得到补救。即使是在解除后采取恢复原状的方法，也不能使受害人遭受的损失得到补偿，因为恢复原状是指恢复到双方订约前的状态。在某些情况下，要使当事人完全达到订约前的状态，仅仅通过返还履行的方法是不够的，还必须采用损害赔偿方法。例如，一方交付的财产发生了毁损灭失而不能返还，只能采用损害赔偿的方法。当然，如果赔偿损失已足以保护受害人权益（如非违约方希望保留合同标的物，而对方交付的标的物不合格），在此情况下，可以通过损害赔偿方法保护其利益，而不必解除合同。

（三）合同解除后的担保责任

《民法典》第566条第3款规定："主合同解除后，担保人对债务人应当承担的民事责任仍应当承担担保责任，但是担保合同另有约定的除外。"从实践来看，关于主合同解除后保证人是否需要承担保证责任，一直存在争议。《民法典》第566条对主合同解除后担保人的担保责任作出规定，明确了担保人的责任，此种规定具有合理性，因为在主合同被解除后，债务人所应当承担的责任是其合同债务的一种延续，担保人应当对其承担担保责任。当然，如果当事人在担保合同中明确约定，主合同解除后，担保人不再承担担保责任的，该约定也有效。

第四节　抵　　销

一、抵销的概念

所谓抵销，是指二人互负相同种类债务，各使双方债务在对等额内相互消灭的法律制度。抵销作为合同消灭的一种原因，为罗马法以来各国立法所普遍承认。在抵销中，提出抵销的一方所享有的债权，称为主动债权；被抵销的债权，称为被动债权。抵销依其产生的依据不同，可分为法定抵销和合意抵销。所谓合意抵销是根据合同当事人双方的约定所发生的抵销，它是当事人意思自由的体现，只要双方的合意不违背法律的禁止性规定，都应予准许。而所谓法定抵销，则是指在符合法律明确规定的构成要件的情况下，依当事人一方的意思表示而发生的抵销。两种抵销都会导致债权债务的消灭。

抵销具有如下法律功能：第一，消灭债权债务的功能。通过抵销的方法，免除双方互相履行的劳力、时间和费用，消灭债权债务，从而有利于降低交易费用，从经济效率上说，抵销是一种能十分有效增进效率的方法。第二，简化法律关系的功能。在抵销的情况下，当事人不必分别履行，就可以直接终止债权债务关系。这就可以使法律关系简化，避免当事人分别计算债务的麻烦。第三，担保的功能。抵销具有担保功能，因为在双方当事人互负债务时，如当事人一方只行使自己的债权，不履行其义务，那么，对方当事人就不能确保自己债权的实现，特别是在一方当事人财产状况恶化不能履行债务时，对方当事人行使抵销权就免除了自己的债务，实现了其债权。[14] 第四，代替清偿的功能。抵销从效果上看，与清偿并没有本质的区别，因为单方抵销实际上是不考虑对方的意思而实行自己债权的方式，通过抵销也可以使当事人双方的债权实现，从而产生与清偿相同的效果。从这个意义上说，抵销具有清偿的功能。

二、法定抵销

（一）法定抵销的概念和构成要件

法定抵销是抵销的典型形式，也可说是抵销的一般形式。法定抵销，是指在符合法律规定的条件下，经过一方作出抵销的意思表示而使双方的债权债务发生消灭的一种抵销方式。法定抵销的主要特点在于，一旦具备法律规定的抵销条件，抵销权人就可以通过单方面行使抵销权，使双方的债权债务关系消灭。因此，法定抵销需要具备法律规定的条件。在符合法定的抵销条件的情况下，当事人可以行使抵销权，而使债务发生抵销。《民法典》第 568 条规定："当事人互负债务，该债务的标的物种类、品质相同的，任何一方可以将自己的债务与对方的到期债务抵销；但是，根据债务性质、按照当事人约定或者依照法律规定不得抵销的除外。当事人主张抵销的，应当通知对方。通知自到达对方时生效。抵销不得附条件或者附期限。"

根据《民法典》第 568 条的规定，法定抵销的构成要件主要包括如下方面：

1. 当事人互负债务。双方当事人彼此相互负担对应的合法债务，也相互享有对应债权，此为抵销成立的前提。"当事人互负债务"包含了两方面的含义：第一，双方互相承担债权债务关系。例如，甲欠乙的债务，乙也欠甲的债务，两项债务相互对立。通常，主张抵销的一方的债权称为主动债权，被抵销的债权称为被动债权，只有在双方互负债务的情况下，才能抵销。第二，双方的债权必须有效存在，才能够抵销。这就意味着双方的债权债务关系必须合法，非法的债权债务不能抵销。但效力不确定之债经补正或可撤销之债因撤销权的消灭，或通过审判、仲裁方式得以合法有效时，也可以作为抵销的标的。依法律规定不能抵销的债权，不能进行抵销，如因故意侵权行为而产生的债权等。

2. 抵销标的物的种类、品质相同。依据《民法典》第 568 条的规定："当事人互负债务，该债务的标的物种类、品质相同的，任何一方可以将自己的债务与对方的到期债务抵销"。给付标的物种类、品质相同，才能主张抵销。因此，抵销的标的物原则上是动产。所谓种类相同，就是指动产的类型是同一的，如同为某型号的钢材或某等级的大米。所谓品质相同，是指标的物的质量是相同的，例如，一级大米与二级大米之间尽管种类是相同的，但品质是不同的，因此，原则上不得抵销。但是，如果主动债权的品质优于被动债权的，则应当允许抵销。[15] 具体来说，第一，双方债权均以特定物为标的的，即使该特定物属于相同的种类，一般也不得抵销。[16] 因为不动产都是特定物，彼此之间品质存在很大差异，所以，不动产债务原则上不适用抵销。第二，可以抵销的债权限于种类之债。种类之债的债权人，不得以其种类债权对特定债权主张抵销，但特定债权的债权人，则可以其特定债权，主张对种类债权的抵销。同属种类债权时，范围

---

〔14〕 参见潘卫东、杨坤：《贷款银行抵销权的法理研究》，载《财经问题研究》2000 年第 7 期。

〔15〕 刘春堂：《判解民法债篇通则》，三民书局 1991 年版，第 233 页。

〔16〕 余延满：《合同法原论》，武汉大学出版社 1999 年版，第 506 页。

较窄的种类债权可以作为主动债权，而范围较广的种类债权，则不得为主动债权。第三，货币是特殊的种类物，它们在种类、品质上都是相同的，因此，货币之间可以进行抵销。第四，选择之债依选择而使债权确定以后，可以成为抵销的对象，在未作出选择以前，因债的标的不确定，不能适用抵销制度。第五，破产债权人在破产宣告时，对于破产人负有债务的，无论给付的种类是否相同，都可以进行抵销。

3. 主动债权已届清偿期。依据《民法典》第568条的规定，“任何一方可以将自己的债务与对方的到期债务抵销”，从该条规定来看，在抵销的情形下，并不需要双方债权均届清偿期，而只需要主张抵销的一方当事人的债权已届清偿期，即主动债权已届清偿期。法律作出此种规定的原因在于，在主动债权已届清偿期的情形下，如果被动债权尚未届清偿期，主动债权的债权人主张抵销的，等于其放弃了期限利益，实质上是债务的提前清偿，法律应当允许。反之，如果主动债权尚未届清偿期，此时，其主张抵销将损害对方当事人的期限利益。

4. 双方的债务都不属于不能抵销的债务。抵销的债务应当具有合法性，应当说能够作为抵销标的的债权是十分广泛的，除了依据法律法规的规定以及债务的性质等不得抵销的以外，原则上一般债权都能够抵销。法律禁止抵销的债务以及依据债务的性质不能抵销的债务，是不能抵销的。例如，提供劳务的债权、不作为的债权等。此外，如果当事人约定某些债务不得抵销，则应当尊重当事人的约定，此类债务也不得抵销。

（二）法定抵销的方法

《民法典》第568条第2款规定：“当事人主张抵销的，应当通知对方。通知自到达对方时生效。抵销不得附条件或者附期限。”据此，主张抵销时应当注意如下几点：第一，抵销权人必须通知对方。也就是说，享有主动债权的一方应当向享有被动债权的一方作出表示，这种表示既可以向被动债权人自身作出，也可以向其代理人作出，但不得向代理人之外的第三人作出。第二，抵销的意思表示须于对方了解（通过对话方式表示时）或到达于相对人时，才能发生效力。第三，抵销的意思表示是一种单方行为。抵销的意思表示是以债权的消灭为目的的处分行为，同时是一种旨在以发生权利关系的变动为目的的形成行为。只要符合抵销的法定条件，抵销权人就可以通知对方而发生抵销的效果。也就是说，抵销为形成权之一种，为抵销时无须相对人之协助，亦无经法院裁判之需，一经向他方为意思表示即生消灭债务之效果，不待对方之表示同意。[17] 由于抵销实际上是对债权作出的一种处分，作出抵销的意思表示的人必须具有行为能力。第四，抵销的意思表示不得附条件或者附期限。抵销之所以不得附条件和期限，其主要原因在于：一方面，抵销权在性质上是形成权，基于抵销权人的单方意思便可以发生效力。如果对抵销权的行使设立条件和期限，并规定必须在条件和期限到来后，才能行使抵销权，则抵销就不能产生确定的效力，这就违背了抵销权作为形成权的性质，抵销也就不能根据单方的意志而发生，法律规定的抵销构成要件即使已经具备，也不能发生效力，这显然是不适当的。另一方面，抵销的效力应当溯及于抵销的构成要件成立之时，如果抵销的意思表示中附有始期，则抵销就不能产生溯及力。所以，抵销的意思表示不得附条件或者附期限。

（三）抵销权行使的效力

抵销权行使的效力，是指在具备法定的抵销权构成要件的情况下，当事人通过行使抵销权而发生的效果。抵销权行使的效果与抵销适状的效果是不同的。抵销适状，是指因具备法定

---

〔17〕 黄立：《民法债编总论》，中国政法大学出版社2002年版，第714页。

的抵销要件,将产生抵销权。而抵销权行使的效果是指在抵销适状的情况下,由当事人实际行使抵销权所发生的后果。具体来说,抵销权的行使后果表现在以下方面:

1. 抵销权的行使,使债务人和受让人之间的债权、债务关系按照双方能够相互抵销的同等数额而消灭,受让人在被抵销的债权范围内,不能再向债务人主张权利;如果在抵销以后,就原债务进行清偿,根据某些国家民法的规定,清偿人可以以不当得利为由请求返还。抵销的意思表示作出以后,将发生双方债权债务的消灭,因抵销的债权消灭,不得发生恢复原状的后果,当事人之间已作出抵销的意思表示的,不得撤销。

2. 抵销的发生,只是使双方在同等数额内所互负的债权发生消灭。对于未被抵销的部分,债权人仍然有权向债务人请求清偿,因此,在双方所互负的债权债务并不完全相等的情况下,并不发生债权债务的完全消灭,而只是部分的消灭。连带债务人中的一人或数人对于债权人有债权的,该债务人主张抵销时,债权为全体债务人的利益而消灭。

3. 一旦行使抵销权,则将从抵销权发生之时起产生溯及既往的效力。抵销权行使后,双方的债权债务关系溯及最初适合于抵销时,按照双方的债权能抵销的数额而消灭。一旦抵销后,从抵销权产生之时起,有关利息支付的义务应当消灭。即使一方已经构成迟延履行或因违约应当承担赔偿责任,在抵销后,都应当发生消灭。[18] 如果在抵销以后还应当追究利息之债以及损害赔偿责任,则债权债务关系并没有因抵销而发生消灭,这样不仅使当事人之间的法律关系更加复杂,也不符合法律设立抵销权制度的目的。当然,关键在于如何确定抵销权产生的时间。如果双方债务的清偿期相同,则以同时到期的时间作为抵销权产生的时间。如果双方债务的清偿期不同,则以后到期的债权的履行期限为最初应当抵销的时间。

三、合意抵销

合意抵销,就是指当事人双方通过订立抵销合同而使双方互负的债务发生抵销。《民法典》第 569 条规定:"当事人互负债务,标的物种类、品质不相同的,经协商一致,也可以抵销。"可见我国《民法典》合同编允许当事人采取约定的方式抵销双方的债务。约定抵销有两种情况:一是双方在合同中约定行使抵销权的条件,待条件成就时一方可以行使抵销权;二是当事人双方直接通过协议将双方的债务相互抵销。在此情况下,抵销合同是一种独立的合同,并不是原合同的组成部分,而是在原合同成立后,当事人已经实际承担债务的情况下,通过订立抵销合同使双方的债务消灭。法律上之所以允许当事人通过合意抵销,其主要原因在于合同债权是当事人双方约定的权利,既然法律允许当事人可以抛弃债权,当然也应当允许当事人通过合意抵销双方的债务。

当事人通过合同使债务发生抵销,将会改变法定抵销的条件或弥补法定抵销的不足。因为在不具备法定抵销权的情况下,当事人从各自利益出发考虑,需要及时将双方互负的债务抵销,从而充分实现其利益。合意抵销既然是基于当事人协议而产生的抵销,故应适用合同自由原则,抵销的内容、期限、后果等方面均由当事人协商确定。

---

〔18〕 余延满:《合同法原论》,武汉大学出版社 1999 年版,第 507 页。

第五节　提　　存

一、提存的概念和特征

所谓提存，是指由于债权人的原因，债务人无法向债权人清偿其到期债务，债务人将合同标的物交付给特定的提存部门，从而完成债务的清偿，使合同债务消灭。广义而言，提存包括担保提存和清偿提存，此处所说的提存限于清偿提存。由于债权人的原因导致债务人不能履行债务，债务人可以通过提存而使债务消灭。例如，债权人下落不明，债务人可以通过提存使其债务消灭。在债务履行期限到来后，债务人一直处于应向债权人履行债务的履行准备状态之中，附随于债务的担保或者违约金条款也不能消灭，甚至使债务人处于随时有义务履行债务的状态，这对债务人是极为不利的。所以法律上要寻求一种能够使债务人从原合同关系中解脱出来的方法，这就产生了提存制度。

关于提存的性质，理论上存在一定的争议。本书认为，对提存机关来说，接受提存人的提存是其依据法律法规对提存人负有的一种公法上的义务。提存机关作为国家机关，依法负有必须接受提存的义务，而不得拒绝债务人的提存行为，否则应当承担公法上的责任。当然，提存所产生的私法关系属于私法性质，债务人从事的提存行为将导致其债务消灭，而不导致行政关系的产生、变更和终止。即使提存中包含了公法上的因素，其消灭债权债务关系的效果仍然是私法上的效果。[19] 而且提存并不是债务人对国家负有的义务，而只是其消灭债务的一种方式。

提存的主要特征在于：

1. 由于债权人的原因导致债务人不能履行债务。债务人履行其债务往往需要债权人协助。当债务人为履行其债务而向债权人交付标的物时，如果债权人不予协助，债务人将无法履行其债务，虽然此时债务人有权请求债权人承担迟延履行的责任，也可以要求债权人赔偿因债权人的原因增加的履行费用。但要求债权人承担责任并不能使合同关系终止，债务人也仍然不能免负交付标的物的义务。在因债权人原因导致债务人不能履行债务时，债务人有权通过提存的方式消灭其债务。

2. 债务人将合同标的物交付给特定的提存部门。债务人因为债权人的原因不能交付标的物，但又不能因此免除债务人的交付标的物的义务，因为毕竟交付标的物属于债务人依据合同所负的主要义务，虽然债权人因为地址变更等原因使债务人难以履行义务，但毕竟债权人没有明确表示免除债务人的债务。因此，法律为了平衡债权人和债务人的利益，一方面，在上述情况下，不免除债务人的交付义务；另一方面，通过允许债务人向提存机关提存以消灭债务，从而保障了债务人的利益。

3. 在债务人提存后，债务人的债务消灭。提存行为尽管不是向债权人交付标的物，但在功

---

〔19〕 参见孙森焱：《民法债编总论》，法律出版社 2006 年版，第 888 页；林诚二：《民法债编总论》，中国人民大学出版社 2003 年版，第 553 页；郑玉波：《民法债编总论》，中国政法大学出版社 2004 年版，第 501 页；[日]我妻荣：《新订债权总论》，王燚译，中国法制出版社 2008 年版，第 273 页。

能上也是债的履行的一种特殊方式。提存作为清偿的替代方法存在,债务人履行债务无须得到债权人的协助即可完成,债务人得以免除给付义务。提存将产生与完成履约义务、清偿到期债务完全相同的结果。《合同法解释(二)》第25条第2款规定:“提存成立的,视为债务人在其提存范围内已经履行债务。”这也有利于债务人从合同关系中及时解脱出来,对增进效率是有利的。

二、提存的条件

(一)具有法律规定的提存原因

1. 债权人无正当理由拒绝受领。债权人无正当理由拒绝受领是指债权人应当并且能够受领,却无正当理由不予受领。所谓拒绝受领的正当理由,通常是指债务人履行不适当,如债务人的履行标的、履行地点、履行时间、履行方式等不符合合同的约定,则债权人可通过行使抗辩权拒绝受领。由于不可抗力使债权人无法接受标的物,债权人也可以拒绝接受债务人交付的标的物。在债权人有正当理由拒绝受领的情况下,债务人不得提存。如果债务人的履行完全符合合同的约定,债权人能够受领却拒绝受领,其拒绝受领无正当理由,此时,债权人的拒绝接受行为已经构成违约。债务人可以请求其承担违约责任,也可以由债务人依法提存,使其债务消灭。

在履行期到来之前,债权人有权向债务人表示,如果债务人作出履行,债权人将拒绝接受履行。此时,由于债务人并不能提前清偿,其必须在履行期到来时向债权人作出履行,在债权人拒绝清偿之后再提存也为时未晚,因此没有必要在履行期前提前提存。

2. 债权人下落不明。债务人履行其债务,需要债权人在合同履行地接受其履行,如果债权人下落不明,债务人可以将标的物提存以消灭其债务。所谓下落不明,是指当事人离开自己的住所、不知去向,或因为债权人地址不清而无法查找。债权人下落不明应当也包括债权人的代理人下落不明,因为如果债权人的代理人的下落是清楚的,则债务人可以向债权人的代理人交付标的物,而不得将标的物提存。[20] 债权人离开住所后在履行期限内难以查找,即使债权人未被宣告失踪,债务人也有权提存。如果债权人已经被宣告失踪,人民法院已为债权人指定了财产代管人,则债务人应当向债权人的财产代管人履行债务,而不得将标的物提存。

3. 债权人死亡时未确定继承人或者其丧失民事行为能力未确定监护人。债权人死亡或者丧失民事行为能力,并不必然导致债务人债务的消灭。当债权人死亡时,由于该债权人的继承人可以继承其债权,因此,在继承开始后遗产分配之前,债务人应当向遗产管理人履行债务。如果债权人死亡以后其继承人不能确定,债务人就无法履行其债务,因此,债务人可以将标的物提存。

4. 法律规定的其他情形。例如,因债权人分立、合并或者变更住所没有通知债务人,导致债务人无法履行债务的,债务人可以将标的物提存。

(二)标的物适合于提存

提存的标的物,是指债务人依合同的约定应当交付的并且也适于提存机关保管的标的物。一般来说,提存的标的物以适于提存者为限。债务人提存的标的物,原则上应当是清偿的标的物,并且在标的物是特定物时,应当是该特定物原物。标的物不适于提存或者提存费用过高的,债务人依法可以拍卖或者变卖标的物,提存所得的价款。例如,各种鲜活物品是不适合提

---

〔20〕 郭明瑞、房绍坤:《新合同法原理》,中国人民大学出版社2000年版,第317页。

存原物的，债务人可以将该物拍卖、变卖，并提存其价款。

关于提存标的物的范围，《民法典》未做具体规定，《提存公证规则》第 7 条规定："下列标的物可以提存：（一）货币；（二）有价证券、票据、提单、权利证书；（三）贵重物品；（四）担保物（金）或者替代物；（五）其他适宜提存的标的物。"理论上一般认为，动产可以成为适宜提存的物。标的物不适于提存或者提存费用过高的，债务人经提存机关的许可，依法可以拍卖或者变卖标的物，提存所得价款。不动产是否可以提存主要是一个能否管理的问题。由于提存机关受领不动产以后，可以自行保管，也可以由委托人进行保管，因此不动产原则上可以提存。

在某些条件下，法律也允许债务人出卖标的物而提存价金。《民法典》第 570 条第 2 款规定："标的物不适于提存或者提存费用过高的，债务人依法可以拍卖或者变卖标的物，提存所得的价款。"据此，提存价金可以有两种情况：第一，标的物不适合提存，如笨重物品，难以提交保管；再如果品肉类，因易于腐烂不适合于提存。第二，标的物提存费用过高，如喂养牛马等牲口，需要支出饲养费用。当标的物不适于提存或者提存费用过高时，债务人可以将标的物变价后提存价金。

（三）提存主体合法

提存涉及三方当事人，即提存人、提存机关和提存受领人。一般来说，提存人主要是指债务人。债务人在提存时应当具有完全民事行为能力，无行为能力人和限制行为能力人提存应当取得法定代理人的同意。第三人原则上不应当成为提存的主体，第三人尽管自愿表示承担债务，但毕竟第三人与债权人之间没有形成合同关系，第三人不得提存。

提存机关，是指依法负责接受提存物，并进行寄托、保管提存物等活动的机构。提存应当在清偿地的提存机关进行。无提存机关的，应向清偿地的基层人民法院提存。提存机关的职责是：第一，负责审查债务人的提存申请是否符合条件。第二，在接受提存物以后，在提存期间对提存物负有妥善保管的责任，并不得挪用提存物，也不得在条件成就后拒绝向提存人或债权人交付提存物。如果提存机关及其工作人员存在擅自挪用提存标的物的，或因过错造成提存的标的的毁损灭失等情形，应当向当事人承担损害赔偿责任。第三，在符合条件的情况下，应向债权人及时交付提存物。

三、提存的效力

由于提存涉及三方当事人，即债务人、债权人与提存机关，因而提存的效力可以区分三方的关系来确定。

（一）对债务人的效力

1. 债务人的债务得以免除。由于提存是清偿的代替方法，因而债务人将标的物提存可以使债务人与债权人之间的债权债务关系归于消灭。《民法典》第 571 条规定："债务人将标的物或者将标的物依法拍卖、变卖所得价款交付提存部门时，提存成立。提存成立的，视为债务人在其提存范围内已经交付标的物。"依据这一规定，对标的物不适于提存或者提存费用过高的，应当将拍卖、变卖价款交付给提存部门，债务人一旦将提存的标的物交付给提存部门，提存就成立。而且依据该条第 2 款规定，提存成立的，则视为债务人已经交付标的物，在其交付标的物的范围内消灭其债务。

债务人依法将标的物提存的，债务人的债务消灭。虽然《民法典》合同编将提存作为消灭债的原因之一，但为了充分保护债权人的利益，应当允许债权人在提取提存物时，对提存物是否符合合同的约定提出异议。当然，在债权人提出异议之前，应当推定提存是符合合同约定的,并可以产生与清偿同样的后果,使该债务人免责,债权人的债权归于消灭,债权人仅能向提存机关领取提存物,而不得向债务人请求清偿。

2. 支付利息以及收取孳息权利的消灭。在债务人将标的物提存后,债务人的债务消灭,债务人也不再负担支付利息的义务。同时,《民法典》第573条规定,“提存期间,标的物的孳息归债权人所有”。据此,债务人在将标的物提存后,其也不再享有收取标的物孳息的权利。

3. 特殊情形下取回提存物的权利。一般情形下,债权人自提存5年内不领取提存物的,提存物归国家所有。《民法典》第574条第2款规定了在下列两种情形下,债务人享有取回提存物的权利:第一,债权人未履行对债务人的到期债务。例如,出卖人为完成交付标的物的义务进行提存,而提存后买受人没有支付价金给出卖人,但是5年后,如果债权人破产,则债务人不得不参与破产程序获得赔偿,这将对债务人很不利。此时,应当例外允许债务人可以取回提存物。第二,债权人书面放弃权利时,由于债权人放弃的是受领合同中给付的权利,考虑到债务人对货物有利益,因此,例外允许债务人负担提存费用后取回提存物。

4. 风险移转。债务人将标的物提存后,标的物毁损灭失的风险负担由债务人移转至债权人。既然提存行为等同于清偿,应当视为标的物已经交付,因而标的物的风险也就当然移转。对此,《民法典》第573条规定,“标的物提存后,毁损、灭失的风险由债权人承担”。既然提存行为等同于交付,应当视为标的物已经交付,因此标的物的风险也就当然移转,标的物毁损灭失的风险负担也由债务人移转至债权人。[21]

5. 债务人的通知义务。《民法典》第572条规定:“标的物提存后,债务人应当及时通知债权人或者债权人的继承人、遗产管理人、监护人、财产代管人。”债务人及时通知债权人,可以使债权人了解债务已经履行的情形,而且债务人在作出通知后,也可以使债权人及时提取提存物,避免因提存物的长期保存而增加其提存费用负担。

(二)对债权人的效力

1. 标的物所有权移转于债权人。由于提存行为本身是一种替代履行的行为,一旦提存,视为标的物已经交付,因而其所有权也就自然从债务人转移到债权人。因此,在债务人将标的物交付给提存机关之时,提存物的所有权即移转于债权人。[22]

2. 提存物领取请求权。依据《民法典》第574条第2款的规定,关于债权人领取提存物的权利,包含如下几方面的内容:

(1)债权人享有领取提存物的权利。债务人将标的物提存以后,由于标的物所有权已经发生移转,债权人自然应对提存物享有领取的权利,该权利在性质上属于物权请求权。

(2)债权人可以随时领取提存物,在行使提存物领取请求权时,债权人不仅可以请求交付提存的原物,也可以请求交付由提存物所产生的孳息。但债权人申请领取提存物及其孳息的,应当持有提存通知书并提交债权合法有效存在的证明文件。

(3)债权人必须及时行使领取提存物的权利。应当看到,债权人虽然在债务人提存以后可以随时领取提存物,但是如果债权人长期不行使该权利,则不但提存机关将会遭受累积充塞之苦,而且提存物将长期处于闲置状态,其使用价值得不到发挥,不利于物尽其用。因此对债权人的提存物领取请求权的行使时间作出限制是必要的。其次,领取提存物的权利自提存之日

---

〔21〕 MüKo/Fetzer, BGB § 379, Rn. 3.

〔22〕 参见史尚宽:《债法总论》,中国政法大学出版社2000年版,第843页。

起5年内不行使而消灭，也就是说，提存物领取请求权受5年期限的限制，该期限类似于除斥期间，不发生中止、中断以及延长的问题。

如果债权人长期不提取提存物，则依据《民法典》第574条的规定，自提存之日起5年内，债权人提取提存物的权利消灭，提存物扣除提存费用后归国家所有。提存物在提存机关保管5年，由此所产生的提存费用，提存机关有权在提存物中提取。在扣除提存费用后，提存物属于国家所有。需要指出的是，对于逾期不领取提存物的，提存物归国家所有还是债权人所有，学理上存在不同看法。本书认为，此时属于国家所有比较合适，因为提存物提存后，所有权已经转移给债权人，债权人在5年之后仍然不领取提存物，可以推定债权人事实上已经抛弃该财产，此时提存物已经作为无主财产的存在，根据《民法典》物权编关于无主财产归国家所有的规定，该物应该归国家所有。

3. 支付提存费的义务。提存的费用，是指提存机关的保管费用。由于提存主要是债权人的原因造成的，并且提存机关保管提存物是为了债权人的利益，因而，因提存而支付的费用理所当然应该由债权人承担，《民法典》第573条对此作出了明确规定，“提存费用由债权人负担”。不仅如此，在标的物不适于提存而需要拍卖或者变卖的情况下，拍卖或变卖的费用也应由债权人负担。当债权人领取提存物时，提存机关有权要求债权人支付此项费用，否则，提存机关有权留置提存物。

（三）对提存机关的效力

1. 提存机关负有保管义务。对此，我国《提存公证规则》第19条规定，公证处“应当采取适当的方法妥善保管提存标的，以防毁损、变质或灭失。对不宜保存的、提存受领人到期不领取或超过保管期限的提存物品，公证处可以拍卖，保存其价款”。在提存期间内，提存机关未尽妥善保管义务，因提存机关的故意或者重大过失造成提存物毁损灭失的，应当由提存机关承担损害赔偿责任。

2. 提存机关负有交付提存物的义务。因债权人的请求，提存机关应当及时向债权人交付提存物，无法定的理由不得拒绝债权人的请求。

3. 提存机关有权向债权人收取合理的费用。在债务人将标的物提存以后，提存机关与债权人之间事实上已形成了保管关系，这种保管是有偿的，其有偿性表现在提存机关有权向债权人收取合理的费用（包括提存公证费、公告费、邮电费、保管费、评估鉴定费、代管费、拍卖变卖费、保险费等）。如果债权人拒绝支付费用，则提存机关有权留置价值相当的提存标的物（《提存公证规则》第25条第3款）。

4. 债权人对债务人负有到期债务的，提存机关有权依法拒绝债权人领取提存物。《民法典》第574条第1款规定：“债权人可以随时领取提存物。但是，债权人对债务人负有到期债务的，在债权人未履行债务或者提供担保之前，提存部门根据债务人的要求应当拒绝其领取提存物。”在债务人将标的物提存后，债权人虽然可以随时领取提存物，但是这以债权人履行了自己的合同义务或提供担保为必要。在双务合同中，在债务人通过提存消灭自己的债务后，如果债权人未履行到期债务，或者债权人向提存部门书面放弃领取提存物权利的，债务人在支付相关的提存费用后，有权取回提存物。因此，在债权人并未履行自己合同义务或提供担保的情形下，债权人并不当然直接享有与提存物相关的权利。债务人在提存后，可以向和提存部门说明债权人没有履行债务，只要债权人未履行或提供担保，提存部门可以拒绝债权人领取提存物。这一规定的目的在于保护债务人，是双务合同中同时履行抗辩权的延伸。

第六节 免 除

一、免除的概念和特征

免除,是指债权人基于其单方行为,免除债务人全部或部分的债务,从而导致合同权利义务关系全部或部分地消灭。在免除债务的情况下,债权人也应当作出意思表示。当这种免除债务的意思表示的通知送达债务人时,发生债的消灭。《民法典》第575条规定:“债权人免除债务人部分或者全部债务的,债权债务部分或者全部终止,但是债务人在合理期限内拒绝的除外。”该条对债务的免除作出了规定。

债务免除具有如下特征:

1. 债务免除是一种单方行为。尽管关于债务免除的性质在法律上仍然存在不同的看法,但我国法律实质上采纳了单方行为说。由于债务免除是一种单方行为,因此,一方面,一旦债权人向债务人作出免除债务的意思表示,即可以发生免除的效力。债权人实施免除的行为不需要征得债务人的同意;另一方面,在债权人作出了免除的意思表示以后,该行为便产生效力,债权人不得再撤销该意思表示。

2. 债务免除是一种无因的行为。这就是说债权人作出免除的行为时,无论其实施免除行为的原因和动机如何,都会导致免除的效果。债务免除可能是基于赠与的动机,或基于与债务人的和解等,无论是何种原因,只要债务的免除不损害国家利益、社会公共利益或他人的利益,不违反社会公共道德,该免除的表示都是有效的。必须指出的是,债权人作出免除以后,如果该合同本身具有无效的因素,该合同应被宣告无效,而不应适用免除的规定。

3. 债务免除是一种无偿行为。债务免除是债权人消灭债务人的债务负担的行为,并不以债权人取得相应对价为条件,免除本身为无偿行为。一般来说,免除不应当附条件,或以债务人负担某种义务为前提,否则就不是真正意义上的免除。

4. 债务免除是一种不要式行为。免除的意思表示无须特定的方式,书面、口头及其他形式均可。

二、免除的要件

债务免除作为一种单方的法律行为,应当符合法律行为的构成要件:

1. 债务免除人应当享有合法的债权,或对债权享有处分权。一方面,债权人对于被免除的债务,必须享有合法的债权或处分权。也就是说,债权人即使对债务人享有诸多的债权,但对于特定的被免除的债务不享有债权或处分权,则对此亦不能免除,否则将构成无权处分。另一方面,债务免除必须是处分自己的债权,而不能是处分他人的债权。如果是代理他人作出免除债务的意思表示,则必须要获得债权人的明确授权,并有权对债权作出处分。如系共同债权,则一个债权人免除债务人的债务时应当取得其他债权人的同意。

2. 债务免除人应当具有行为能力。由于免除行为解除了债务负担,使债权人遭受了一定程度的不利益,因此,只有那些能够具有完全的行为能力,能够独立认识、理解、判断自己行为性质和后果的人,才能从事免除行为。无行为能力人或者限制行为能力人未征得其法定代理人的同意,不得为免除行为。债务免除的意思表示必须要向债务人作出。

3. 免除的对象必须是债务人的债务。债权人如果放弃债的担保,不能认为其当然地免除了债务人的债务。在按份之债中,债权人免除了某一债务人的债务,只是使该债务人的债务被免除,其他债务人的债务并没有当然地被免除。而在连带责任中,如果债权人免除了连带债务人中的部分人的债务,则一般应当视为免除了全部债务人的债务,也就是说,免除对于其他债务人同样发生效力。当然,如果债权人明确表示只免除部分债务人应负担的债务部分,那么其他债务人的债务就仍然存在。还需要指出的是,免除应当是无偿的,在免除债务时不能要求债务人支付一定的对价或给债务人附加新的义务。

4. 免除的意思表示应当向债务人明确作出。免除既然是一种单方行为,则该意思必须要向债务人或其代理人明确作出,并且该意思表示应当直接通知债务人或其代理人。向任何第三人所作出的免除的意思表示都不能产生免除的效果。

5. 免除不得损害第三人的利益。债权人虽然有权免除债务人的债务,但是该权利的行使以不损害第三人的利益为限。例如,在债权人的债权上已经设定了质权,如果债权人免除债务人的债务,将损害质权人的利益。此时,债权人就不得免除债务人的债务。

6. 债务人未在合理期限内拒绝。在通常情形下,债权人免除债务对债务人都是有利的,但在特殊情形下,债务免除对债务人而言未必都是有利的。例如,债务人十分重视自己的个人声誉,不愿意对方免除自己的债务,认为债权人免除自己的债务会影响自己的声誉,或者认为债权人免除自己的债务会对自己产生其他不利影响,此时,其应当有权拒绝债权人免除债务的行为。

三、免除的效力

债务免除的直接效果是消灭合同关系。但合同关系是否完全消灭还要根据免除的内容决定。如果是免除全部债务的,则从免除生效之日起合同关系完全消灭;如果是免除部分债务的,则在免除的范围内发生合同义务的消灭。在免除债务的同时,因主债务被免除,附属于主债权的保证债权、利息债权等从权利也发生消灭。在债务全部免除以后,债权人应当向债务人返还有关债权的凭证。

第七节　混　　同

一、混同的概念

混同有广义与狭义之分,广义的混同包括权利与权利的混同(如所有权与他物权的混同)、义务与义务的混同(如主债务与保证债务的混同),以及权利与义务的混同(如债权与债务的混同)三种形态。狭义的混同仅指权利与义务的混同。此处所探讨的混同是指狭义的混同,即债权与债务同归于一人,从而使合同关系消灭的事实。我国《民法典》第576条规定:“债权和债务同归于一人的,债权债务终止,但是损害第三人利益的除外。”这就在法律上确认了此种混同可以作为合同终止的原因。

二、混同的效力

混同的效力表现为合同关系归于消灭。并且,主债消灭,附随于主债的从债,如利息债权、违约金债权、担保物权等均归于消灭,为债务人提供担保的第三人亦被解除责任。但在下列情况下合同并不因混同而消灭:第一,在涉及第三人利益的情况下,虽然债权人与债务人发生混同,合同关系并不消灭。如承租人经出租人同意而转租,虽出租人与承租人混同,但为了次承租人的利益,租赁权也不消灭。第二,在连带债务中,如果连带债务人中的一人与债权人混同,不能导致整个债权的消灭,只能导致该债务人份额内的债务消灭。

我国《民法典》第576条规定:"债权和债务同归于一人的,债权债务终止,但是损害第三人利益的除外。"《民法典》合同编第576条关于混同的规则中新增了"损害第三人利益的除外"的但书条款。原则上讲,在债权与债务同时归属于一人的情形下,债权债务便丧失继续存在的基础。但是,在一些情形下,混同导致债权消灭可能损害第三人利益。例如,在债权人以应收账款出质于第三人,债权人与债务人通谋由债务人收购债权人,此时如果基于混同消灭债权,将导致第三人遭受损害。此时,应当例外规定债权在债权人和债务人之间消灭,而对第三人不发生消灭的效力。

参考案例

1. 北京长富投资基金与武汉中森华世纪房地产开发有限公司等委托贷款合同纠纷案,载《中华人民共和国最高人民法院公报》2016年第11期。
2. 海南海联工贸有限公司与海南天河旅业投资有限公司、三亚天阔置业有限公司等合作开发房地产合同纠纷案,载《中华人民共和国最高人民法院公报》2016年第1期。
3. 青海方升建筑安装工程有限责任公司与青海隆豪置业有限公司建设工程施工合同纠纷案,载《中华人民共和国最高人民法院公报》2015年第12期。
4. 中化国际(新加坡)有限公司与蒂森克虏伯冶金产品有限责任公司国际货物买卖合同纠纷案,载《中华人民共和国最高人民法院公报》2015年第8期。
5. 成都讯捷通讯连锁有限公司与四川蜀都实业有限责任公司、四川友利投资控股股份有限公司房屋买卖合同纠纷案,载《中华人民共和国最高人民法院公报》2015年第1期。
6. 天津市滨海商贸大世界有限公司与天津市天益工贸有限公司、王锡锋财产权属纠纷案,载《中华人民共和国最高人民法院公报》2013年第10期。
7. 广东达宝物业管理有限公司与广东中岱企业集团有限公司、广东中岱电讯产业有限公司、广州市中珊实业有限公司股权转让合作纠纷案,载《中华人民共和国最高人民法院公报》2012年第5期。
8. 长治市达洋电器有限公司诉博西家用电器(中国)有限公司买卖合同纠纷案,载《中华人民共和国最高人民法院公报》2011年第11期。
9. 深圳富山宝实业有限公司与深圳市福星股份合作公司、深圳市宝安区福永物业发展总公司、深圳市金安城投资发展有限公司等合作开发房地产合同纠纷案,载《中华人民共和国最高人民法院公报》2011年第5期。
10. 青岛市国土资源和房屋管理局崂山国土资源分局与青岛乾坤木业有限公司土地使用权出让合同纠纷案,载《中华人民共和国最高人民法院公报》2008年第5期。
11. 新疆亚坤商贸有限公司与新疆精河县康瑞棉花加工有限公司买卖合同纠纷案,载《中华人民共和国最高人民法院公报》2006年第11期。
12. 厦门东方设计装修工程有限公司与福建省实华房地产开发有限公司商品房包销合同纠纷案,载《中华人民共和国最高人民法院公报》2006年第4期。
13. 上海万顺房地产开发公司诉永新实业发展有限公司等合作开发协议纠纷案,载《中华人民共和国最高人民法院公报》2005 年第 3 期。
14. 孟元诉中佳旅行社旅游合同纠纷案,载《中华人民共和国最高人民法院公报》2005 年第 2 期。
15. 沈家和诉北京出版社出版合同纠纷及侵犯修改权、保护作品完整权纠纷案,载《中华人民共和国最高人民法院公报》2002 年第 5 期。

第二十九章　违约责任

导读

违约行为即违反合同义务的行为，可以分为预期违约和实际违约。当事人因违反合同义务所承担的民事责任就是违约责任。违约责任的承担方式有实际履行、损害赔偿和支付违约金等。在双方违约的情况下，合同双方应各自承担相应的违约责任。在一方当事人因第三人的行为造成违约时，根据合同的相对性，违约当事人应承担违约责任，之后可以依法向第三人追偿。

第一节　概　述

一、违约责任的概念

违约责任，也称为违反合同的民事责任，是指合同当事人因违反合同义务所承担的责任。违约责任的产生是以合同的有效存在为前提的。合同一旦生效以后，将在当事人之间产生法律约束力，当事人应按照合同的约定全面地、严格地履行合同义务，任何一方当事人因违反有效合同所规定的义务均应承担违约责任，所以违约责任是违反有效合同所规定义务的后果。《民法典》第 577 条规定："当事人一方不履行合同义务或者履行合同义务不符合约定的，应当承担继续履行、采取补救措施或者赔偿损失等违约责任。"

二、违约责任的特征

1. 违约责任的产生是以合同当事人不履行合同义务为条件的。合同义务又称为合同债务，它和违约责任是两个既有联系又有区别的概念。债务是责任发生的前提，债务是因，责任是果，无债务则无责任，责任是债务不履行的后果。责任的实现并不以违约当事人的意思为转移，无论违约者是否愿意，均不影响责任的实现。可见，责任体现了强烈的国家强制性。正是由于责任制度的存在，才能有效地督促债务人履行债务，并在债务人不履行债务时，给予债权人充分的补救。

违约责任是合同当事人不履行合同义务所产生的责任。如果当事人违反的不是合同义务，而是法律规定的其他义务，则应负其他责任。例如，行为人违反了侵权法所规定的不得侵害他人财产和人身的义务，造成对他人的损害，则行为人应负侵权责任。再如，订约当事人在订约阶段，违反了依诚实信用原则产生的忠实、保密的义务，造成另一方信赖利益的损失，则将产生缔约上的过失责任。所以，违反合同义务是违约责任与侵权责任、不当得利返还责任、缔约过失责任等相区别的主要特点。

2. 违约责任具有相对性。如前所述,合同关系具有相对性,由于合同关系的相对性,决定了违约责任的相对性,因为违约责任本身是合同当事人违反合同约定所产生的后果。违约责任具有相对性也意味着,非违约方只能请求违约方承担违约责任,而不能请求违约方之外的第三人承担违约责任;同样地,违约方也只需要对非违约方承担违约责任,合同关系外的第三人原则上无权请求违约方承担违约责任。

3. 违约责任主要具有补偿性。违约责任的补偿性,是指违约责任旨在弥补或补偿因违约行为造成的损害后果。因为作为违约责任主要形式的损害赔偿应当主要用于补偿受害人因违约所遭受的损失,而不能将损害赔偿变为一种惩罚。受害人也不能因违约方承担责任而使其获得额外的不应获得的补偿。违约责任具有补偿性,从根本上说是平等、等价原则的体现,也是商品交易关系在法律上的内在要求。根据平等、等价原则,在一方违约使合同关系遭到破坏,当事人利益失去平衡时,法律通过违约责任的方式要求违约方对受害人所遭受的损失给予充分的补偿,从而使双方的利益状况达到平衡。

当然,强调违约责任的补偿性不能完全否认违约责任所具有的制裁性。因为违约责任和其他法律责任一样都具有一定的强制性,此种强制性也体现了一定程度的制裁性。在债务人不履行合同时,强迫其承担不利的后果,本身就体现了对违约行为的制裁。所以债务的成立与履行,在一定程度上体现了债务人的意愿,但是违约责任则体现了强制性与制裁性。正是因这种制裁性,使这种责任能够有效地促使债务人履行债务,保证债权实现。

4. 违约责任可以由当事人约定。违约责任尽管具有明显的强制性特点,但仍有一定的任意性,即当事人可以在法律规定的范围内,对一方的违约责任作出事先的安排。《民法典》第585条第1款规定:"当事人可以约定一方违约时应当根据违约情况向对方支付一定数额的违约金,也可以约定因违约产生的损失赔偿额的计算方法。"此外,当事人还可以设定免责条款以限制和免除其在将来可能发生的责任。对违约责任的事先约定,从根本上说是由合同自由原则决定的。此种约定避免了违约发生后确定损害赔偿的困难,有利于合同纠纷的及时解决,也有助于限制当事人在未来可能承担的风险。当事人的约定确实可以弥补法律规定的不足,然而,承认违约责任具有一定的任意性,并不意味着否定和减弱违约责任的强制性。为了保障当事人设定违约责任条款的公正和合理,法律也要对其约定予以干预。如果约定不符合法律要求,也将会被宣告无效或被撤销。

5. 违约责任是民事责任的一种形式。民事责任,是指民事主体在民事活动中,因实施违法行为而依照民法应承担的民事法律责任。违约责任不仅是合同法的核心内容,也是我国民事责任制度的组成部分。

第二节 违约责任的构成要件

违约责任的构成要件,是指违约当事人应具备何种条件才应承担违约责任。违约责任的构成要件可分为一般构成要件和特殊构成要件。所谓一般构成要件,是指违约当事人承担任何违约责任形式都必须具备的要件。所谓特殊构成要件,是指各种具体的违约责任形式所要求的责任构成要件。例如,损害赔偿责任构成要件包括损害事实、违约行为、违约行为与损害事实之间的因果关系、不存在法定和约定的免责事由。各种不同的责任形式的责任构成要件是各不相同的。本节仅讨论违约责任的一般构成要件。

一、违约行为

违约行为,是指合同当事人违反合同义务的行为。我国《民法典》采用了“当事人一方不履行合同义务或者履行合同义务不符合约定的”的表述来阐述违约行为的概念。在学理上,违约行为也被称为不履行合同债务的行为。

违约行为具有以下特征:

1. 违约行为的主体是合同关系的当事人。也就是说,违约行为的主体具有特定性。这一特征从根本上说,是由合同的相对性原则决定的。根据相对性原则,只有合同当事人才有可能构成违约,而第三人的行为不会构成违约。

2. 违约行为是以有效的合同关系的存在为前提的。也就是说,在违约行为发生时当事人已经受到有效合同关系的约束。如果合同关系并不存在(如尚未成立、已被解除、被宣告无效或被撤销),则不可能发生违约行为,任何一方当事人也不能基于合同请求另一方承担违约责任。

3. 违约行为在性质上都违反了合同义务。合同义务主要是由当事人通过协商而确定的。在特殊情况下,法律为维护公共秩序和交易安全,也为当事人设定了一些必须履行的义务。尤其应看到,根据诚实信用原则,当事人还负有忠实、协助、保密等附随义务。可见合同义务不限于当事人所约定的义务,还包括了法定的和附随的义务,违反这些义务都可能构成违约行为。

4. 违约行为在后果上都导致了对合同债权的侵害。违约行为不同于侵权行为的一个重要特点在于,侵权行为主要是对绝对权(如物权、人身权)的侵害,而违约行为则是对相对权即合同债权的侵害;由于债权是以请求权为其核心的,债权的实现有赖于债务人切实履行其合同义务,债务人违反合同义务必然会使债权人依据合同所享有的债权不能实现。所以,任何违约行为都导致了对债权人的债权的侵害。

违约行为包括了各种不同的类型,如不履行、迟延履行、不适当履行等,各种违约行为发生后,行为人如不存在法定或约定的免责事由,都应当承担违约责任。

二、不存在法定或约定的免责事由

我国合同立法一直坚持合同严守,在违约责任方面原则上采纳了严格责任原则,即在一方违约的情形下,另一方只要能够证明对方的行为构成违约,且不存在法定或者约定的免责事由,就可以请求对方承担违约责任。我国《民法典》合同编继续采纳了这一原则,该法典第 577 条规定:“当事人一方不履行合同义务或者履行合同义务不符合约定的,应当承担继续履行、采取补救措施或者赔偿损失等违约责任”。再如,《民法典》第 579 条规定:“当事人一方未支付价款、报酬、租金、利息,或者不履行其他金钱债务的,对方可以请求其支付。”从该规定来看,我国《民法典》在认定违约责任时并没有考虑违约方的过错,对违约责任采纳的是严格责任。也就是说,根据这些规定,非违约方只需举证证明违约方的行为不符合合同的规定,便可以要求其承担责任,但并不需要证明其主观上具有过错。违约方要想免于承担违约责任,必须举证证明其存在法定和约定的抗辩事由,法定事由主要限于不可抗力,而约定的免责事由主要是免责条款。可见,在我国《民法典》中已将严格责任作为一般的归责原则规定。

当然,严格责任是违约责任的一般原则,在特殊情形下,违约责任也采过错责任原则。事实上,从《民法典》合同编通则和分则的规定来看,涉及大量的有关过错责任的规定。这些规定可以表现出严格责任是合同法律的一般归责原则,过错责任是合同法律的特殊归责原则。

上述两个要件是违约责任的一般构成要件。不过,当事人要请求违约方承担违反某个具体合同义务的责任,还需要根据该合同特定的性质和内容负有不同的举证责任。

第三节　违约行为形态及其责任

违约行为的形态是根据违约行为违反的义务的性质、特点而对违约行为作出的分类。由于违约行为是对合同义务的违反,因此合同义务的不同将形成不同的违约形态。依据《民法典》第577条的规定,违约分为实际违约和预期违约,将实际违约分为不履行和履行不符合约定,并分别规定了不同的补救措施。(见图29-1)从总体上说,可以根据履行期限是否到来而将债务人的违约行为区分为预期违约和实际违约两种类型。

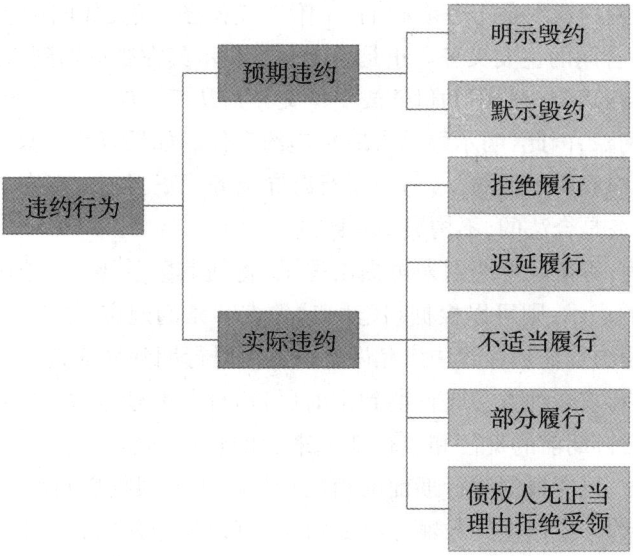

图29-1　违约行为形态

一、预期违约

(一)预期违约的概念和特征

预期违约,也称为先期违约,是指在履行期限到来之前,一方无正当理由而明确表示其在履行期到来后将不履行合同,或者以其行为表明其在履行期到来以后将不可能履行合同。《民法典》第578条规定:"当事人一方明确表示或者以自己的行为表明不履行合同义务的,对方可以在履行期限届满之前请求其承担违约责任。"这就规定了预期违约规则。依据这一规定,预期违约具有以下特征:

1. 预期违约是在履行期到来之前的违约。由于履行期尚未到来,当事人还不必要实际履行其义务,此时一方的违约只是表现为未来将不履行义务,不像实际违约那样表现为现实的违反义务。预期违约行为侵害的是期待的债权而不是现实的债权。当然,尽管履行期限尚未到来,由于合同已经生效,任何一方从事预期违约行为也属于对合同义务的违反,因而也构成违约。

2. 预期违约包括两种形态,即明示毁约和默示毁约。由于这两种形态都是发生在履行期到来之前的违约,因此可以看作是与实际违约相对应的一种特殊的违约形态。

3. 预期违约在责任后果上与实际的违约责任不同。一般来说,实际违约常常会造成非违约方的期待利益的损失,如一方急待原材料投入生产,因对方到期不交付产品使其不能按时投入生产从而获得利润。而就预期违约来说,有可能造成实际损失,但往往尚未造成任何实际损失,所以在预期违约的情况下,证明实际损失的发生更为困难。

(二)预期违约的两种形态

1. 明示毁约

明示毁约,是指一方当事人无正当理由,明确肯定地向另一方当事人表示其将在履行期限到来时不履行合同。我国《民法典》第578条规定:"当事人一方明确表示或者以自己的行为表明不履行合同义务的,对方可以在履行期限届满之前请求其承担违约责任。"

构成明示毁约必须要具备以下条件:(1)必须是一方明确肯定地向对方作出毁约的表示。换言之,一方表示的毁约意图是十分明确的,不附有任何条件的,如明确表示其不愿意付款或交货等。(2)不履行合同的主要义务。正是由于一方表示其在履行期到来之后,将不履行合同的主要义务(如不履行买卖合同中的付款或交货义务),从而会使另一方的订约目的不能实现,或严重损害其期待利益,因此,明示毁约人应负违约责任。如果行为人只是表示其将不履行合同的次要义务,则不构成明示毁约。(3)不履行合同义务无正当理由。在具有正当理由的情况下,一方拒绝履行义务是合法的,不构成明示毁约。

如果另一方认为,等待履行期到来再提出请求,将使其蒙受更大的损失,或者认为毁约方不可能撤回其毁约的表示,则可以根据《民法典》第578条的规定,立即提出请求,要求对方在履行期到来前承担违约责任。尽管法律允许另一方在履行期到来前选择各种违约补救方式来维护自己的权利,如要求毁约方在履行期到来时履行合同、赔偿损失、支付违约金以及解除合同等,但应当看到,履行期前的责任和履行期到来后的责任仍然是有区别的。例如,在确定预期违约的损害赔偿时,只能根据履行期前的市场价格而不能根据履行期到来时的市场价格来计算损失,并确定毁约方应赔偿的数额。再如,在计算赔偿数额时,应当考虑到从预期违约到履行期届至,非违约方可能有较长时间采取措施减少损害,如果他未采取措施减轻其应当减轻的损害,该数额应当从赔偿数额中扣除。总之,在确定预期违约的责任时,不能以履行期到来后的标准予以确定,否则将等于加速当事人债务的履行,使毁约方承担过重的责任。

2. 默示毁约

默示毁约,是指在履行期到来之前,一方以自己的行为表明其将在履行期到来之后不履行合同,而另一方有足够的证据证明一方将不履行合同,且一方也不愿意提供必要的履行担保。

《民法典》第578条规定:"当事人一方明确表示或者以自己的行为表明不履行合同义务的,对方可以在履行期限届满之前请求其承担违约责任。"《民法典》第527、528条规定了默示毁约。依据其规定,默示毁约的成立要件具体包括:(1)一方当事人具有《民法典》第527条所规定的情况,包括经营状况严重恶化;转移财产、抽逃资金以逃避债务;丧失商业信誉;有丧失或者可能丧失履行债务能力的其他情形。(2)另一方具有确凿的证据证明对方具有上述情形。如果另一方只是预见到或推测一方在履行期到来之后将不履行合同,不能构成确切的证据。(3)一方不愿提供适当的履约担保。另一方虽有确切的证据证明一方将不履行合同,但还不能立即确定对方已构成违约。根据《民法典》第528条规定,另一方要确定对方违约,必须首先要求对方提供履约担保。只有在对方不提供履约担保的情况下,才能确定其构成违约并可以要求其承担预期违约的责任。

一方已经提供适当的履约担保或者恢复履约能力的,不构成默示违约。在默示违约的情况下,非违约人既可以在履行期限到来之后要求毁约方实际履行或承担违约责任,也可以不必等待履行期限的到来而直接要求毁约方实际履行或承担违约责任。

二、实际违约

在履行期限到来以后,当事人不履行或不完全履行合同义务,都将构成实际违约。履行不符合约定又分为迟延履行、部分履行和不适当履行,据此,实际违约行为具体包括拒绝履行、部分履行、履行迟延和不适当履行这四种类型。从总体上看,实际违约包括不履行和履行不符合约定这两种情形,其都可以适用赔偿损失、违约金责任等违约责任承担方式,但二者也存在区别:第一,债务人不履行,主观上一般是故意的,而在债务人履行不符合约定时,债务人主观上并不当然是故意的。第二,违约的严重程度及其后果不同。在一般情形下,不履行常常表现为故意撕毁合同,一般都构成根本违约,与履行不符合约定相比,其违约情形较为严重,所造成的损害后果也更为严重。但是,在履行不符合约定的情形下,情形较为复杂,有的构成根本违约,有的只是轻微违约,需要根据违约的具体情形予以判断。第三,救济方式不同。对不履行而言,债权人有权请求债务人实际履行,并请求债务人承担赔偿损失等违约责任。而对履行不符合约定而言,可采取不同的救济方式《民法典》第582条规定:"履行不符合约定的,应当按照当事人的约定承担违约责任。对违约责任没有约定或者约定不明确,依据本法第五百一十条的规定仍不能确定的,受损害方根据标的的性质以及损失的大小,可以合理选择请求对方承担修理、重作、更换、退货、减少价款或者报酬等违约责任。"依据该条规定,在履行不符合约定时,首先按照当事人约定承担责任,如果当事人没有约定,则依照第510条予以确定违约责任,该条规定:"合同生效后,当事人就质量、价款或者报酬、履行地点等内容没有约定或者约定不明确的,可以协议补充;不能达成补充协议的,按照合同相关条款或者交易习惯确定。"如果依据该条规定仍然无法确定违约方的责任,则可以通过修理、重作、更换、退货、减少价款或者报酬等补救措施等方式对非违约方提供救济。

(一)拒绝履行

拒绝履行,是指在合同履行期限到来以后,一方当事人无正当理由拒绝履行合同规定的全部义务。我国《民法典》第577条所提及的"一方不履行合同义务"就是指拒绝履行的行为。拒绝履行的特点是,一方面,一方当事人明确表示拒绝履行合同规定的主要义务,如果仅仅是表示不履行部分义务则属于部分不履行的行为;另一方面,一方当事人拒绝履行合同义务无任何正当理由。学理上通常认为,一方严重违反合同使另一方订约目的不能实现或造成期待利益的重大损失的违约行为等同于拒绝履行行为。

在一方拒绝履行的情况下,另一方有权要求其继续履行合同,也有权要求其承担违约金责任和损害赔偿责任。但另一方是否有权解除合同,《民法典》第563条似乎没有明确作出规定,而只是规定"当事人一方迟延履行债务或者有其他违约行为致使不能实现合同目的"。实际上,根据该条的精神,在一方拒绝履行以后,其行为已转化为迟延履行,且此种违约通常构成根本违约,另一方有权解除合同。尤其应当看到,无正当理由拒绝履行合同,已表明违约当事人完全不愿接受合同约束,实际上已剥夺了受害人根据合同所应得到的利益,从而使其订立合同的目的落空,因此,受害人没有必要证明违约已造成严重的损害后果便可以解除合同。

(二)迟延履行

迟延履行,是指合同当事人的履行违反了履行期限的规定。迟延履行在广义上包括债务人的给付迟延和债权人的受领迟延,狭义上仅指债务人的给付迟延。迟延履行不同于拒绝履行。因为在迟延的情况下,违约当事人已经作出了履行并且愿意履行,而只是履行不符合期限的规定。而在拒绝履行的情况下,违约当事人不仅没有作出履行,还明确表示不愿意履行合同义务,可见拒绝履行是一种公然的违约。当然,在迟延以后,违约当事人不愿继续履行也可转化为拒绝履行。

在迟延履行的情况下,关键问题是确定合同中的履行期限。如果合同明确规定了履行期限,则应当依据合同的规定履行。如果合同没有规定履行期限,则应当依据《民法典》第 511 条第 4 项,"履行期限不明确的,债务人可以随时履行,债权人也可以随时请求履行,但是应当给对方必要的准备时间"。必要的准备时间也就是合理的履行期限。凡是违反履行期限规定的履行,无论是债务人还是债权人,都构成履行迟延。

在履行迟延的情况下,非违约方有权要求违约方支付迟延履行的违约金,如果违约金不足以弥补非违约方所遭受的损失,非违约方还有权要求赔偿损失。问题在于,非违约方是否有权解除合同?由于迟延履行的情况复杂,并非各种迟延履行都使债权人订约目的落空,如果迟延未给非违约方造成重大损失或者使其订立合同的目的落空,非违约方就不必要解除合同。依据《民法典》第 563 条的规定,非违约方可以行使解除权的情况主要有两种:第一,"当事人一方迟延履行主要债务,经催告后在合理期限内仍未履行";第二,"当事人一方迟延履行债务……致使不能实现合同目的",只有在这两种迟延的情况下,非违约方才能解除合同。

(三)不适当履行

不适当履行,是指当事人交付的标的物不符合合同规定的质量要求,也就是说,履行具有瑕疵。我国《民法典》合同编没有采取大陆法系的瑕疵担保责任,而认为不适当履行是一种独立的违约行为,违约当事人应当承担违约责任。在不适当履行的情形下,非违约方则可以选择各种违约的补救方式维护其权利。也就是说,在不适当履行的情况下,如果合同对责任形式和补救方式已经作出了明确规定(如规定产品有瑕疵应当首先进行修理替换),则应当按照合同的规定确定责任。如果合同没有作出明确规定或者规定不明确,受害人可以根据具体情况,选择各种不同的补救方式和责任形式。可见我国法律对瑕疵履行的受害人采取了各种方式进行保护。

(四)部分履行

部分履行,是指合同虽然履行,但履行不符合数量的规定,或者说履行在数量上存在不足。在部分履行的情况下,非违约方首先有权要求违约方依据合同规定的数量条款继续履行,交付尚未交付的货物、金钱以及提供尚未提供的服务。非违约方也有权要求违约方依约支付违约金。如果因部分履行造成了损失,非违约方有权要求违约方赔偿损失。由于在一般情况下,对部分不履行,债务人是可以补足的,因此不必要解除合同。如果因部分履行而导致合同的解除,则对已经履行的部分将作出返还,这将会增加许多不必要的费用。所以,除非债权人能够证明部分履行已构成根本违约,导致其订约目的不能实现,否则一般不能解除合同。

(五)债权人无正当理由拒绝受领

合同的履行需要双方当事人的协力,在债务人履行债务之后,债权人无正当理由拒绝受领,也会影响债务人履行债务,对此,《民法典》第 589 条规定:“债务人按照约定履行债务,债权人无正当理由拒绝受领的,债务人可以请求债权人赔偿增加的费用。在债权人受领迟延期间,债务人无须支付利息。”该条还专门规定了债权人受领迟延以及受领迟延的法律后果,从该条规定来看,债权人受领迟延在性质上也是一种违约行为。依据本条规定,债权人无正当理由拒绝受领应当符合如下条件:

1. 债务人按照约定履行债务。也就是说,在债权人无正当理由拒绝受领的情形下,债务人本身并没有可归责事由,即债务人已经按照约定履行债务,只不过债权人无正当理由拒绝受领。如果债务人作出了给付不符合约定,则债权人有正当理由拒绝受领,此时,将不构成债权人无正当理由拒绝受领。

2. 债权人无正当理由拒绝受领。即在债务人按照约定履行债务时,债权人本身有协助的义务,应当及时接受债务人的履行,债权人无正当理由拒绝履行,不符合合同约定,因此应当构成违约。所谓无正当理由,是指债权人没有法定的或者约定的拒绝受领的理由。例如,债权人提出其没有足够的仓储空间用于储存货物,进而主张拒绝受领,该理由并不是债权人拒绝受领的正当理由。

在债权人无正当理由拒绝受领的情形下,将产生如下法律效果:第一,债务人不构成履行迟延。因为在债权人无正当理由拒绝受领的情形下,该后果是因债权人的原因造成的,此时,即便债务人迟延履行债务,也不构成履行迟延,无须对此承担违约责任。第二,债务人可以请求债权人赔偿增加的费用。虽然债权人无正当理由拒绝受领,但如果该行为并没有增加债务人履行债务的费用,则债务人无权请求债权人赔偿。《民法典》第 589 条增加规定了债权人无正当理由受领迟延的赔偿责任。在债权人无正当理由拒绝受领时,法律允许债务人直接依据合同编的规定,进行提存以消灭债务。债务人也可以不选择提存,而由自己保管标的物,对于保管中出现的费用由债权人承担。第三,在债权人受领迟延期间,债务人无须支付利息。依据《民法典》第 589 条第 2 款规定,对金钱债务,债权人不及时受领金钱给付的,对于迟延期间内的利息不得请求支付。

第四节 实际履行责任

一、实际履行的概念与特征

实际履行也称为继续履行、强制实际履行。作为一种违约后的补救方式,实际履行,是指在一方违反合同时,另一方有权要求其依据合同的规定继续履行。我国《民法典》第 179 条将继续履行作为承担民事责任的一种方式。《民法典》第 577 条规定,“当事人一方不履行合同义务或者履行合同义务不符合约定的,应当承担继续履行、采取补救措施或者赔偿损失等违约责任”。《民法典》第 579 条和第 580 条针对金钱债务和非金钱债务两种情况中的实际履行问题也分别作出了规定。

实际履行的特征是:

1. 实际履行是一种违约后的补救方式。一方违约后,另一方有权要求违约方继续履行合同,也有权要求其承担支付违约金和损害赔偿等责任。是否请求实际履行是非违约方的一项权利。在学理上,常常将修理、重作、更换作为实际履行的具体形式,因为采取这些补救措施也是使违约方继续履行。然而《民法典》第 577 条将继续履行与这些补救方式区别开来,表明实际履行并不包括这些补救措施。

2. 实际履行的基本内容是,要求违约方继续依据合同规定作出履行。实际履行也是《民法典》第 509 条关于"当事人应当按照约定全面履行自己的义务"的规定的具体体现。不过对实际履行的适用,《民法典》区分了金钱债务和非金钱债务两种情况,对金钱债务,如果一方不支付价款或报酬,另一方当然有权要求对方支付价款和报酬。而对于非金钱债务,非违约方原则上虽可以请求实际履行,但在法律上有一定的限制(参见《民法典》第 580 条)。

3. 实际履行可以与违约金、损害赔偿和定金责任并用,但不能与解除合同的方式并用。因为解除合同旨在使合同关系不复存在,债务人不再负履行义务,所以它是与实际履行对立的补救方式。

二、金钱债务的实际履行

关于金钱债务的实际履行,《民法典》第 579 条规定:"当事人一方未支付价款、报酬、租金、利息,或者不履行其他金钱债务的,对方可以请求其支付。"依据该条规定,在债务人不履行金钱债务的情形下,债权人有权请求其实际履行,也就是说,对金钱债务而言,无论出现何种情形,债权人都可以请求债务人实际履行。法律作出此种规定的主要理由在于,金钱债务的客体为支付一定的货币,而货币具有很强的可替代性,并不存在履行不能的情形,因此,《民法典》第 579 条对所有的金钱债务均规定了继续履行的违约责任形式。

从《民法典》第 579 条规定来看,金钱债务的范围十分宽泛,其主要包括如下几种情形:第一,支付价款。支付价款的债务主要发生在买卖合同中,在买受人未支付价款的情形下,出卖人有权请求买受人支付价款。第二,支付报酬。支付报酬的债务主要发生在劳务合同中,即提供劳务的一方有权依法请求接受劳务的一方按照约定支付报酬。第三,支付租金。支付租金的债务主要发生在租赁合同中,即出租人有权请求承租人按照约定支付租金。第四,支付利息。支付利息的债务发生在借款合同中,即贷款人有权请求借款人按照约定支付利息。第五,其他金钱债务。从《民法典》第 579 条规定来看,其在列举金钱债务的类型时采用了"其他金钱债务"这一兜底表述,这表明金钱债务的类型并不限于支付价款、报酬、租金、利息等情形,只要是以支付金钱为客体的债务,通常都属于金钱债务的范畴。

值得注意的是,该条强调了金钱债务应实际履行,并没有提及金钱债务是否可以因不可抗力而被免责的问题。本书认为,对该规定实际上也可以理解为,无论在何种情况下,只要一方未支付价款或者报酬,另一方就有权要求其支付价款或者报酬。这就表明,金钱之债在任何情况下都必须履行,债务人不得以其履行不能提出抗辩。

三、非金钱债务的实际履行

关于非金钱债务的实际履行,《民法典》第 580 条规定:"当事人一方不履行非金钱债务或者履行非金钱债务不符合约定的,对方可以请求履行,但是有下列情形之一的除外:(一)法律上或者事实上不能履行;(二)债务的标的不适于强制履行或者履行费用过高;(三)债权人在合理期限内未请求履行。"从该条规定来看,对于非金钱债务,非违约方也可以要求实际履行。但对非金钱债务而言,因其具有如下几个特点,故可以采取其他方式替代:一方面,非金钱债务的标的大都具有可替代性,即随着市场的发达,物质的日益丰富,非违约方获得了金钱补偿以后可以到市场上获得替代品,而不必要求实际履行。另一方面,非金钱债务的不履行本身可以转化为损害赔偿,通过赔偿可以给受害人提供充分的补救。当然,在许多情况下,当事人订立合同的目的主要不是在违约以后寻求金钱赔偿,而是实现其订约目的,实际履行具有现实的需要,应当提出实际履行的请求。但是,若采取实际履行在经济上不合理,或确实不利于维护非违约方的利益,则可以采取解除合同、赔偿损失等其他补救措施。从非违约方角度来看,其有权要求对方作出实际履行,但对此违约方有权提出抗辩。依据《民法典》第580条的规定,在以下三种情况下,非金钱债务的违约方可以针对对方的履行请求提出抗辩。

(一)法律上或者事实上不能履行

法律上不能继续履行,就是说,实际履行不得违反法律的规定。一方面,在某些情况下,法律并不要求违约方负实际履行责任,而只是要求违约方承担违约金和损害赔偿责任。例如,对于提供个人服务的合同,不能采取实际履行措施。如果采取实际履行措施,则将对个人实施某种人身强制,这与我国宪法和法律关于公民的人身自由不受侵害的规定是相违背的。另一方面,法律从保护债权人的利益和交易秩序考虑,也不允许在某些情况下实际履行。例如,在债务人破产时,如果强制其履行与某个债权人所订立的合同,这实际上赋予了该债权人某种优先权,使其优先于违约方的其他债权人而受偿,这与破产法的有关规定是相违背的。再如,对于时效届满以后的债务,因时效届满而转化为自然债务,除非当事人自愿作出履行,否则债权人不能要求债务人实际履行。买卖合同订立后因为法律变化而导致标的物成为不流通物,该合同的履行违反法律禁止性规定,因而也不能请求强制履行。

实际履行事实上不可能,是指履行的标的客观不能或永久不能,如果债务人采取一定的行为或作出一定的努力仍可以履行合同,或者合同只是部分不能履行或暂时不能履行,则表明合同仍可以实际履行。在非金钱债务的实际履行中,债务人能够实际履行是适用实际履行责任的条件,如果违约方确实无能力继续履行合同,即使强迫其继续履行也是不可能实现的。实际履行的目的是促使违约方履行原合同规定的义务,但如果因违约方的违约使合同丧失了履行的可能性(如合同的标的物是特定物并已遭受毁损灭失),在此情况下,强制债务人履行义务也是不可能的。

(二)债务的标的不适于强制履行或者履行费用过高

1. 债务的标的不适于强制履行。债务的标的不适于强制履行,是指依据合同的性质以及合同所确立的标的,不适合强制履行。具体来说分为两个方面:第一,从合同的性质来看,对一些基于人身依赖关系而产生的合同,如委托合同、信托合同、合伙合同等,往往是因信任对方的特殊技能、业务水平、忠诚等所产生的,因此具有严格的人身性质,如果强制债务人履行义务,则与合同的根本性质相违背,故违约发生后最适当的办法就是采取解除合同或赔偿损害等补救方式。第二,从合同的标的来看,对于许多提供服务和劳务的合同来说,标的本身都具有不得实际履行的性质。在提供一定的服务或劳务的合同中,一般不得采用实际履行的方式。强制人身曾经在许多国家的历史上采用过,但已被现代民法所抛弃。现在大陆法系国家往往采用替代履行方式予以解决。我国宪法和民法都规定公民的人格尊严和人身自由不受侵害,这也意味着对公民个人的人身不得实行强制的方法。

2. 履行费用过高。所谓"履行费用过高",可以从两个方面考虑:一是继续履行在经济上不具有合理性,会造成一定的损失和浪费;二是如果履行时间过长,也不适合实际履行。可见实际履行也必须符合效率的要求。

(三)非违约方在合理期限内未提出继续履行的请求

我国《民法典》合同编从保护债权人的利益出发,将是否请求实际履行的选择权交给非违约方,由非违约方决定是否采取实际履行的方式。如果非违约方认为实际履行更有利于保护其利益,则可以采取这种措施。如果非违约方决定采取实际履行的补救措施,则必须要在合理的期限内向违约方提出继续履行的要求。如果在违约方违约后,未在合理期限内提出实际履行的要求,则依据《民法典》第 580 条的规定,不得再提出此种要求。一般来说,如果在一方违约以后,非违约方曾经要求违约方赔偿损失或支付违约金,而没有要求违约方实际履行,可以认为非违约方未在合理期限内要求履行。

还应看到的是,如果当事人在订立合同时明确规定,一方违约时,另一方只能要求其承担给付违约金和损害赔偿责任,不得要求其强制履行,而此种约定又不违背法律和社会公共道德,应当认定其有效。根据这一约定,债权人已经不再享有要求实际履行的权利。

四、打破合同僵局的规则

在一般情况下,应承认合同解除权由守约方享有,违约方原则上不应当享有解除权。如果允许违约方解除合同,则可能产生鼓励当事人违约的效果;但是,在某些情形下,合同继续履行使一方当事人无法实现订约目的,而该方当事人因不享有解除权而不能请求对方继续履行,守约方又不愿解除合同,就会出现合同僵局。例如,某人在签订了 5 年租赁合同后,因为工作调动要去外地工作,不能继续承租该房屋,如不解除合同将对使其合同目的无法实现,而享有解除权的一方又拒绝解除合同,在此情形下,应当允许违约方请求法院裁判解除合同,从而打破合同僵局。《民法典》第 580 条第 2 款规定:“有前款规定的除外情形之一,致使不能实现合同目的的,人民法院或者仲裁机构可以根据当事人的请求终止合同权利义务关系,但是不影响违约责任的承担”。该条规定有助于解决此种合同僵局。

打破合同僵局的规则的构成要件为:

1. 守约方无法请求继续履行。《民法典》第 580 条第 1 款中规定不能请求履行的三种情形,构成其中任何一种,守约方都无法请求违约方继续履行。

2. 违约方不存在恶意违约。如果违约方能够履行、继续履行完全可以实现其合同目的,而其拒不履行合同,在此情形下,如果法院判决解除合同,无异于鼓励违约,这也违反了诚实信用原则。

3. 继续履行合同致使不能实现合同目的。例如,在前例中,违约方租赁房屋的目的是用于自己居住,但因为其外地工作,继续租赁该房屋已经无法实现其缔约目的,因此,必须解除合同。通常,出现合同僵局是因为主给付义务难以履行,如果不能继续履行的仅仅是从给付义务,则可能并不会必然导致合同目的不能实现,此时当事人不能申请终止合同。

《民法典》第 580 条第 2 款的最主要的法律后果是:当事人有权申请终止。这里的当事人是指双方当事人,包括守约方和违约方,人民法院可以判决解除合同的,但违约方本应当承担的违约责任不能因解除合同而减少或者免除。也就是说,合同在终止以后,违约方因为违反合同应当承担的责任,不能因为合同终止而免除,其应当继续依据法律或合同承担违约责任。

五、第三人替代履行

《民法典》第 581 条规定,根据债务性质不能强制履行的,非违约方可以寻求第三人履行,并由违约方支付费用。依据该条规定,在根据债务的性质不得强制履行时,非违约方可以与第三人订立合同,由第三人作出替代履行,而由违约方负担替代履行的费用,这实际上是将无法请求继续履行的非金钱债务转化为损害赔偿,既有利于债权人合同目的的实现,也有利于违约责任的承担。在债务人违约的情形下,该条规定实际上是允许债权人寻求第三人履行债务,与财产损害赔偿责任相比,由第三人履行债务可能能够更好地保障债权人合同目的的实现。一般由非违约方寻找第三人完成替代给付,并通过由违约方支付费用的方式,实现清偿的效果,这种方式也被称为间接强制履行。这一新增的规定,对解决大量的不能强制履行债务的违约救济具有重要的意义。

第三人替代履行的条件为:第一,根据债务的性质不能强制履行。如前所述,在某些情形下,债权人无法强制债务人实际履行债务。第二,主要适用对象为有关提供劳务的合同。当然,本条适用的对象并不限于劳务合同,包括承揽、保管、委托等合同在内,均有适用的余地。第三,由非违约方寻求第三人替代履行。因为如果允许违约方寻求第三人替代履行,可能导致债务人积极逃避债务,而且由第三人替代履行,也不能保证债务的履行是否符合约定。在第三人替代履行的情形下,非违约方有权请求违约方承担替代履行的费用,因为第三人替代履行仍然是履行债务,该费用本应由债务人支出。第三人替代履行不同于损害赔偿,一般应以第三人替代履行的实际花费为限,而且替代履行的费用应当合理。[1]

六、实际履行与损害赔偿

《民法典》第583条规定:"当事人一方不履行合同义务或者履行合同义务不符合约定的,在履行义务或者采取补救措施后,对方还有其他损失的,应当赔偿损失。"依据这一规定,在一方已经作出了实际履行或采取了补救措施之后,并不意味着免除了其其他违约责任,毕竟实际履行只是违约责任的一种救济方式,并不当然能够为非违约方提供充足的救济。因此,在违约方作出履行后,如果非违约方还有其他损失,违约方仍应当予以赔偿。当然,此种损害赔偿与未作出实际履行的损害赔偿是有区别的,这主要表现在赔偿范围方面,这就是说,如果违约方未作出任何实际履行,则其应当赔偿非违约方的全部损失;而在违约方已经承担实际履行的责任后,其仅需要赔偿非违约方在接受实际履行后仍未获得填补的损失。

需要指出的是,该条只是确定了在作出实际履行后,如果还有其他损失的,应当赔偿损失,但该条并没有规定实际履行后能否适用违约金责任的问题。笔者认为,违约金具有替代履行的功能,通常不能与实际履行并存。但如果当事人仅就迟延履行约定了违约金,则违约方承担违约金责任后,应当仍然可以适用继续履行责任。

第五节　损害赔偿责任

一、损害赔偿责任概述

（一）损害赔偿责任的概念与特征

损害赔偿,又称违约损害赔偿,是指违约方因不履行或不完全履行合同义务而给对方造成损失,依据法律和合同的规定应承担损害赔偿的责任。

违约损害赔偿具有以下特征:

---

〔1〕 参见黄薇主编:《中华人民共和国民法典解读》(合同编·上),中国法制出版社2020年版,第394页。

1. 损害赔偿是因债务人不履行合同债务所产生的责任。也就是说,因债务人违约而使债权人遭受损害,当事人之间的原合同债务就转化为损害赔偿的债务关系。作为违约责任形式的损害赔偿,与缔约过失责任中的损害赔偿、合同无效后的损害赔偿、合同撤销后的损害赔偿不同的地方在于,它只能基于有效的合同提出请求,也就是说,合同关系的有效存在,是违约损害赔偿存在的前提。如果合同不存在、被宣告无效或被撤销,则不适用违约损害赔偿。当然,违约损害赔偿与其他损害赔偿在范围上也是不同的。

2. 损害赔偿原则上仅具有补偿性而不具有惩罚性。所谓惩罚性损害赔偿,是指由法院判令加害人支付给受害人的超过其财产损失范围的一种金钱赔偿。惩罚性赔偿是集补偿、惩罚、遏制等功能为一身的一项制度,[2]其具有补偿受害人遭受的损失、惩罚和遏制不法行为等多重功能。因为惩罚性赔偿在性质上是惩罚性的,而不是救济性的。本书认为,从等价交换原则出发,任何民事主体一旦造成他人损害都必须以等量的财产予以补偿。一方违约后,另一方必须赔偿对方因违约遭受的全部损失。损害赔偿也应完全符合这一交易原则。这就是说,损害赔偿应当具有补偿性,其主要目的在于弥补或填补债权人因违约行为所遭受的损害后果。合同法中原则上不适用惩罚性损害赔偿。因此,合同法中不宜过多采用此种赔偿方法,因为一方面,采用这一方式不符合等价交换的赔偿原则;另一方面,采用这一方式将会给对方当事人带来了极大的、不确定的风险,不符合交易的要求。

惩罚性赔偿仅适用于法律有特别规定的情形。例如,《民法典》第 179 条第 2 款规定:“法律规定惩罚性赔偿的,依照其规定。”《消费者权益保护法》第 55 条规定:“经营者提供商品或者服务有欺诈行为的,应当按照消费者的要求增加赔偿其受到的损失,增加赔偿的金额为消费者购买商品的价款或者接受服务的费用的三倍;增加赔偿的金额不足五百元的,为五百元。法律另有规定的,依照其规定。经营者明知商品或者服务存在缺陷,仍然向消费者提供,造成消费者或者其他受害人死亡或者健康严重损害的,受害人有权要求经营者依照本法第四十九条、第五十一条等法律规定赔偿损失,并有权要求所受损失二倍以下的惩罚性赔偿。”此外,《食品安全法》第 148 条第 2 款规定:“生产不符合食品安全标准的食品或者经营明知是不符合食品安全标准的食品,消费者除要求赔偿损失外,还可以向生产者或者经营者要求支付价款十倍或者损失三倍的赔偿金;增加赔偿的金额不足一千元的,为一千元。但是,食品的标签、说明书存在不影响食品安全且不会对消费者造成误导的瑕疵的除外。”惩罚性赔偿仅针对欺诈行为而适用,目的在于充分保护消费者的权益。它只是合同法律中损害赔偿的例外,而并非损害赔偿的一般原则。

3. 损害赔偿具有一定程度的任意性。当事人在订立合同时,可以预先约定一方当事人在违约时应向对方当事人支付一定数额的金钱。这种约定方式既可以用具体金钱数额表示,也可采用某种损害赔偿的计算方法来确定,同时,当事人也可以事先约定免责的条款从而免除其未来的包括损害赔偿责任在内的违约责任。

4. 损害赔偿以赔偿当事人实际遭受的全部损害为原则。一方违反合同后,另一方不仅会遭受现有财产的损失,而且会遭受可得利益的损失,这些损失都应当得到赔偿。我国《民法典》第 584 条规定:“当事人一方不履行合同义务或者履行合同义务不符合约定,造成对方损失的,损失赔偿额应当相当于因违约所造成的损失,包括合同履行后可以获得的利益……”只有赔偿

---

[2] Malzof v. United States, 112 S. Ct. 711, 715 (1992).

全部损失才能使非违约方获得在经济上相当于合同得到正常履行情况下的同等收益，由此才能督促当事人有效地履行合同。

（二）损害赔偿责任与其他补救方式的区别

1. 损害赔偿与实际履行。《民法典》第583条规定："当事人一方不履行合同义务或者履行合同义务不符合约定的，在履行义务或者采取补救措施后，对方还有其他损失的，应当赔偿损失。"可见，这两种补救方式是各有特点、不能相互替代的。有时实际履行仍不足以弥补债权人的损失，例如，债务人迟延交货使债权人生产停顿，遭受重大经济损失，尽管通过实际履行获得了合同规定的货物，但已经遭受的损失仍未得到弥补。如对这一部分损失不予赔偿，不仅不能保护受害人利益，也不能有效地制裁违约当事人，维护交易秩序和安全。当然，在确定赔偿数额时，应考虑到实际履行已使当事人获得了期待利益，因而不能要求债务人再赔偿这些利益的损失。

2. 损害赔偿与支付违约金。二者都是合同责任的主要形式。如果支付补偿性违约金不足以补偿受害人所遭受的损失，债务人还要承担损害赔偿责任以弥补违约金的不足部分，即违约金可与赔偿损失并用。但在两者并用的情况下，应该以实际损失作为责任的最高限额，即受害人不得获得超过实际损失的赔偿。

3. 损害赔偿与修理、重作、更换。在瑕疵履行的情况下，如果瑕疵可以修补，债权人有权要求债务人修补瑕疵，并由债务人承担修补费用。但修补后如仍使债权人遭受损失的，债权人有权要求损害赔偿。例如，债务人修补瑕疵造成迟延履行，而因迟延使债权人遭受损失，那么债权人有权要求赔偿损失。

二、约定损害赔偿

约定损害赔偿，是指当事人在订立合同时，预先约定一方违约时，应向对方支付一定的金钱或约定损害赔偿额。《民法典》第585条第1款规定："当事人可以约定一方违约时应当根据违约情况向对方支付一定数额的违约金，也可以约定因违约产生的损失赔偿额的计算方法。"该条允许当事人约定损害赔偿。

约定损害赔偿的预定性、约定性表明了它与法定损害赔偿不同。但尽管约定损害赔偿的范围与实际损害的范围可能不尽一致，它毕竟也是以违约和损害的发生为前提的，在这一点上它与法定损害赔偿相似。一般来说，损害赔偿的主要形式是法定损害赔偿，而约定损害赔偿是为了弥补法定损害赔偿的不足而产生的，该不足即法定损害赔偿常常要求考虑与实际损害完全一致，而原告证明损害的范围常常存在困难，法院也会遇到确定计算损害的范围时的困难。约定损害赔偿额解决了这一难题。约定损害赔偿一般要优先于法定赔偿而生效，这一规则正是合同自由下合同优先规则的具体反映。

约定损害赔偿条款与违约金条款关系非常密切，两者有相似性。一方面，两者都是事先约定的，都可以在违约发生后对受害人起到补救作用。从我国立法和司法实践来看，约定违约金与约定损害赔偿常常是相互替代的。另一方面，从担保的角度来看，约定损害赔偿金也能起到督促合同当事人履行合同的作用，在这一点上与违约金也是相似的。但损害赔偿金与违约金毕竟是有区别的。因为违约金的支付不以实际发生的损害为前提，只要有违约行为的存在，不管是否发生了损害，违约当事人都应支付违约金。而约定损害赔偿的适用应以实际发生的损害为前提。在约定违约金数额可能小于实际损失时，可同时适用损害赔偿；约定违约金的支付若不足以弥补实际损失，受害人可以再要求损害赔偿，因此违约金可与损害赔偿并用。而在约定损害赔偿的计算方法的场合,本身就已约定了损害赔偿,在取得了赔偿额以后,受害人就不能再另外要求赔偿损失了。

三、完全赔偿原则

完全赔偿原则,是指因违约方的违约使受害人遭受的全部损失都应当由违约方负赔偿责任。根据《民法典》第584条的规定,"当事人一方不履行合同义务或者履行合同义务不符合约定,造成对方损失的,损失赔偿额应当相当于因违约所造成的损失,包括合同履行后可以获得的利益"。该条采纳了完全赔偿原则。完全赔偿就是要通过赔偿受害人的实际损失和可得利益的损失,弥补受害人遭受的全部损失,使受害人恢复到合同订立前的状态,或者恢复到合同能够得到严格履行情况下的状态。

根据完全赔偿原则,违约方应赔偿受害人的实际损失和可得利益的损失,而可得利益的赔偿是必要的。所谓可得利益,是指合同在履行以后可以实现和取得的利益。可得利益是一种未来的、必须通过合同的实际履行才能实现的利益,是当事人订立合同时能够合理预见到的利益,一般来说,可得利益主要是指利润的损失,例如,获得标的物以后转卖所获得的利益、获得租赁物以后转租所获得的利益、获得机器设备等各种标的物并投入使用后所获得的利益、营业利益等。因为一方的违约而造成该利益不能得到实现,受害人有权要求补偿。可得利益的损失都是因违约造成的损失,和违约行为之间应具有直接的因果联系。可得利益具有如下特征:

1. 可得利益是一种未来利益。在违约行为发生时,它并没有为合同当事人所实际享有,而必须通过合同的实际履行才得以实现。可得利益因当事人是生产企业还是经营企业而分为不同的类型:第一,生产利润,即出卖人正常的生产经营计划因买受人违约而被打乱,因此而遭受的损失。例如,在合同签订后,因买方单方面要求取消合同,而卖方已经实际安排了生产经营计划,并购买了原材料或半成品,这时卖方的损失就属于生产利润损失。第二,经营利润。例如,在租赁合同中,因出租人没有交付租赁物,导致承租人无法取得租赁物进行经营而遭受的损失。第三,转售利润。转售利润是指因卖方违约而导致买方无法及时转售货物而因此失去的可得利润。可得利益是未来的不完全确定的利益,也就是说,具有一定的确定性,但又不完全确定。如果未来的利益是完全确定的,则应当视为积极损失。

2. 必须具有一定的确定性。在合同法律中,任何可以补救的损害都必须具有一定程度的确定性,否则是不能要求赔偿的。尽管可得利益并非实际享有的利益,但这种利益并不是臆想的,而有一定的现实性,也就是说,这种利益已具备实现的条件。只要合同如期履行,就会被当事人所获得,在通常情况下,当事人为实现这一利益做了一些准备,所以可得利益也具备了转化为现实利益的基础和条件。在确定是否可以获得某种可得利益时,应当考虑一般的交易惯例、经验、市场情况等各种因素。当然,确定性也要求可得利益的损害能够以金钱计算,如果完全不能以金钱确定,也不能视为可得利益。

3. 必须具有可预见性。合同法并不是对违约造成的所有损失都提供补救,而只是从合同的性质出发,对非违约方在订约时可以合理预见的损失提供补救,可得利益也是如此。它是当事人订立合同时期望通过合同的履行所获得的利益,是当事人在订约时能够合理预见到的利益,而可得利益的损失也是当事人能够预见到的损失。任何不具有可预见性的未来利益都不是可得利益。

在确定可得利益的赔偿时,受害人不仅要证明其遭受的可得利益的损失确实是因违约方的违约行为造成的,而且要证明这些损失是违约方在签订合同时能够合理预见的,且受害人的可得利益的损失与违约行为之间应当具有直接的因果关系。当然,可得利益的损失赔偿旨在弥补受害人遭受的全部实际损失,而并不赔偿其因从事一桩不成功的交易所蒙受的损失。如果不成功的交易所带来的损失由违约方承担,则是将交易的全部风险转嫁给违约方,使违约方实际上充当了非违约方的保险人。

完全赔偿并不意味着各种损害都应当赔偿。在违约责任中,对于因一方违约而造成对对方的人身伤害、死亡以及精神损害,原则上不应当赔偿。因为这些损害是违约方在订立合同时所不可预见的,如果要使违约方赔偿这些损害,将会使订约当事人在订约时对未来的责任不可预测,从而将会严重妨碍交易的正常进行。如果受害人要求加害人赔偿这些损害,则必须根据侵权行为责任提起诉讼。

四、损害赔偿的限制

(一)损害赔偿的可预见性规则

根据《民法典》第584条规定,损害赔偿不得超过违反合同一方订立合同时预见到或者应当预见到的因违反合同可能造成的损失。根据这一规定,只有当违约所造成的损害是违约方在订约时可以预见到的情况下,才能认为损害结果与违约行为之间具有因果关系,违约方才应当对这些损害负赔偿责任。如果损害不可预见,则违约方不应赔偿。采用可预见性规则的根本原因在于,只有在交易发生时,订约当事人才能预测其未来的风险和责任,才能计算其费用和利润,并能够正常地从事交易活动。如果未来的风险过大,则当事人就难以从事交易活动。所以,可预见性规则将违约当事人的责任限制在可预见的范围之内,这对于促进交易活动的发展,保障交易活动的正常进行,具有重要意义。

(二)损害赔偿的减轻

损害赔偿的减轻,是指在一方违约并造成损害后,另一方应及时采取合理的措施以防止损失的扩大,否则,应对扩大部分的损害负责。这一原则几乎为各国的立法和判例所承认和采纳。减轻损害的原则具有以下特征:

1. 一方的违约导致了损害的发生。也就是说,受害人对损失的发生没有过错,因而不构成双方违约。从广义上讲,受害人没有尽到减轻损害的义务也表明受害人具有过错,但是,如果从狭义上认为混合过错仅指当事人双方对损害的发生具有过错,而不包括一方或双方对损害的扩大具有过错,那么未减轻损害与混合过错是不同的。如果认为混合过错包括对损害扩大的过错,那么,受害人未尽到减轻损害的义务,也属于混合过错。

2. 未采取合理措施致使损失扩大。如何确定受害人采取的措施是合理的,主要应考虑受害人主观上是否按照诚实信用原则,努力采取一切措施以避免损失的扩大。受害人采取的措施不仅要在经济上合理,而且要及时,不得在损害发生以后迟迟不采取措施减轻损害。例如,在违约发生后,受害人应为违约当事人妥善保管标的物,而不能置标的物于不顾,使其遭受毁损灭失。如果一方在履行期到来前明确表示不履行合同,另一方便不能在坐等履行期到来的期限内,继续支出各种花费甚至增加履行费用。如果一方违反了劳务合同,另一方能够向他人提供劳务而不提供,从而使其不能获得一定的利益,此种损失不能都要求违约方赔偿。

3. 造成了损失的扩大。也就是说,违约已经发生并造成了损害,而受害人未能防止损害的进一步扩大。不过,在违反减轻损害的义务的情况下,受害人并没有从违约中获得利益。如果违约方的违约行为使受害人得到了某种利益,例如,因违约方的违约而使受害人免除了履行义务,并节省了履行费用,则将在确定损害赔偿额时,应采取损益相抵的规则,扣除所得的利益,而不适用减轻损害的规则。

我国《民法典》第591条第1款规定:"当事人一方违约后,对方应当采取适当措施防止损失的扩大;没有采取适当措施致使损失扩大的,不得就扩大的损失请求赔偿。"减轻损害的规则是依据诚实信用原则而产生的,未尽到减轻损害的义务,构成对诚信原则的违反。同时,按照过错责任原则的要求,一方在另一方违约后未能采取合理措施防止损失扩大,其本身也是有过错的,应对自己的过错行为所致的后果负责。当然,减轻损害的规则,对于减少财产的浪费和有效地利用资源,也具有重要意义。

受害人在采取措施减轻损害的过程中,也要支付一定的费用。《民法典》第591条第2款规定:"当事人因防止损失扩大而支出的合理费用,由违约方负担。"也就是说,依据诚信原则,在一方违约后,对方当事人负有防止损失扩大的义务,对于因防止损失扩大而支出的合理费用,毕竟该费用的支出是因违约方违约而引起的,因此,只要该费用是合理的,就应由违约当事人承担。

(三)过失相抵

《民法典》第592条规定:"当事人一方违约造成对方损失,对方对损失的发生有过错的,可以减少相应的损失赔偿额。"我国《民法典》合同编虽然采严格责任原则,但应当看到,严格责任主要是就责任的成立而言,在责任承担方面,仍然需要考虑双方当事人的过错及其对损害发生的影响,从而准确认定当事人的责任,据此,在一方违约的情形下,如果另一方对损失的发生也有过错的,则应当适用过失相抵规则,减轻违约方的责任。例如,一方迟延交付货物,但另一方在接受后也没有妥善保管货物,导致货物未能得到妥善保管而受到重大损害,此时,买受人就无权请求出卖人赔偿其全部损害,而应当对因其过错导致损害扩大的部分承担责任。

需要指出的是,《民法典》第592条所规定的过失相抵不同于双方违约,因为在一方违约的情形下,对方当事人可能对损害的发生具有过错,但该行为不一定与该方当事人的合同义务相关,并不当然构成违约。

第六节 违约金责任

一、违约金的概念和特征

违约金,是指由当事人通过协商预先确定的、在违约发生后作出的独立于履行行为以外的给付。《民法典》第585条第1款规定:"当事人可以约定一方违约时应当根据违约情况向对方支付一定数额的违约金,也可以约定因违约产生的损失赔偿额的计算方法。"可见,违约金具有以下特征:

1. 违约金的数额主要是由当事人双方通过事先约定而确定的。从原则上说,违约金必须是当事人事先约定的。明确违约金主要是由当事人约定的观点是必要的,表现在:第一,违约金由当事人约定,表明违约金必须通过当事人双方自愿的合意才能成立。史尚宽先生认为,悬赏广告中也可以设定违约金。[3] 这既强调了违约金的补偿性而非惩罚性,也充分表现了当事

---

〔3〕 史尚宽:《债法总论》,中国政法大学出版社2000年版,第496页。

人的意思自治。第二,按照约定优先的原则,当违约金与法定损害赔偿并存时,首先应当支付违约金,除非违约金条款应当被宣告无效。第三,违约金作为由当事人约定的条款,在性质上是从合同,它是附属于主合同的。主合同不成立、被宣告无效或者被撤销,则违约金条款也将被宣告不成立或失效。但违约金虽然是从合同,也可以单独约定。违约金只要在合同履行之前确定便可,而不一定必须与主合同同时成立。《民法典》第585条只是规定"当事人可以约定一方违约时应当根据违约情况向对方支付一定数额的违约金",但并没有规定违约金必须与主合同同时成立。违约金虽然是由当事人约定的,但也可以采用格式条款方式。如一些商店中规定"出现假货,买一罚十",属于以格式条款方式确定的违约金。

2. 违约金是由双方约定的,在违约后由一方向另一方支付的一笔金钱。首先,违约金是一种违约后生效的补救方式。换言之,违约金在订立时并不能立即生效,而只在一方违约以后才能产生效力。其次,违约金必须是一方向另一方支付的一笔金钱。最后,违约金原则上是向当事人一方支付的。

3. 违约金的支付是独立于履行行为之外的给付。在大陆法系和英美法系国家,只要当事人没有特别约定,支付违约金的行为不能替代合同履行,当事人在支付违约金后并不免除履行主债务的义务,即违约金并没有给予债务人一种违约的权利。尽管合同规定了违约金条款,但不妨碍主债务的履行。我国法律和司法实践也不允许以支付违约金替代实际履行。

4. 违约金的支付是一种违约责任形式。违约金作为一种责任形式,实际上是当事人的约定内容,按照合同自由原则,当事人的约定应当优先于法律的任意性规定而适用,所以违约金责任应当优先于法定的损害赔偿责任而适用。

二、违约金责任的成立

违约金条款是一种从合同,它是以主合同生效为条件的,也就是说,只有在双方当事人就主合同的内容达成一致的意见,并且合法生效的情况下,违约金条款才能生效。如果主合同根本不成立,或被宣告无效或被撤销,那么作为主合同的一项条款,违约金条款自然也不成立或生效。

违约金债权是附停止条件的债权,因此它不是立即发生效力的,必须在一定条件下才能生效。违约金支付须具备以下两个条件:

1. 违约行为的存在。只有在一方当事人违反合同的情况下,另一方当事人才有权要求其支付违约金。一般来说,各种违约的形态,如不履行、不适当履行、迟延履行等都可以导致违约金的支付,但是如果当事人在合同中仅就某种具体的特定违约行为约定了违约金(如仅就退货或延期付款的违约行为约定了违约金),则应以合同具体约定的特定的违约行为作为支付违约金的条件。如果没有发生此种违约行为,则不应依据合同的约定请求支付违约金。

在学术界和司法实务部门一直存在一种观点,即认为违约金责任的基本构成要件是违约行为和过错,并要求根据过错程度来确定违约金的数额。[4] 如果违约金在性质上兼具惩罚性和补偿性双重性质,则应以违约当事人主观上具有过错作为违约金支付的重要条件。由于我国《民法典》中的违约金主要是补偿性的,因此,一般不以过错作为违约金责任的承担要件,只要发生了违约行为就应支付违约金。

2. 合同是有效的。违约金作为从合同条款,它是依附于主合同的。只有在主合同有效的

〔4〕 崔建远主编:《新合同法原理与案例评析》(上),吉林大学出版社1999年版,第622页。

情况下,违约金条款才能发生效力。尽管不能单独宣布某个违约金条款无效,但如果整个合同是无效或可撤销的,在整个合同被宣告无效或被撤销后,违约金条款也应相应无效。需要注意的是,如果合同因违约被解除的,不影响非违约方要求违约方支付违约金的权利。[5]

根据一般的观点,违约金的支付不以实际的损失发生为条件,即违约金的成立根本不应当考虑实际的损失问题。[6] 我国《民法典》合同编认为违约金与损害赔偿的区别在于损害赔偿要以实际损失为前提,而违约金的支付则不需要具体证明实际的损失。笔者认为,这一观点从原则上说是正确的。就约定违约金来说,一旦发生此种违约行为就应当支付相应的违约金,不考虑实际损失问题。当然,有两点值得注意:第一,如果当事人在合同中明确约定违约金为预定的损害赔偿,尽管此种违约金在性质上与预定的损害赔偿略有区别,但它毕竟是为避免计算损失的困难而确定的并旨在代替损害赔偿而发生作用,对于这种违约金仍然需要以实际损失的发生作为条件。第二,对于一般违约金来说,如果数额过高或过低,则应当根据实际的损失而作出增减。

三、对违约金数额的调整

违约金作为当事人双方约定的从合同,一旦成立以后,只要主合同是有效的,则违约金条款都是有效的。如果主合同无效,则违约金条款当然无效。但这并不意味着违约金的约定是不能调整的。

我国法律采纳了对违约金条款予以干预的原则。《民法典》第585条第2款规定:“约定的违约金低于造成的损失的,人民法院或者仲裁机构可以根据当事人的请求予以增加;约定的违约金过分高于造成的损失的,人民法院或者仲裁机构可以根据当事人的请求予以适当减少。”调整违约金数额的程序是:

1. 必须基于当事人的请求进行调整。也就是说,只有在当事人提出请求时,法院和仲裁机构才可以考虑就违约金数额进行调整,如果当事人没有提出请求,法院和仲裁机构不宜依职权主动进行调整。这主要是因为,合同关系是当事人之间的利益关系,即使违约金数额过高而当事人自愿接受,因为不涉及社会公共利益、国家利益和他人的利益,所以没有必要对此进行主动干预。

2. 必须是违约金的数额过高或过低。尽管《民法典》规定对违约金数额过高或过低都可以调整,但必须看到,对于违约金数额过低的调整在实践中是没有必要的,因为如果违约金数额过低,当事人完全可以在主张违约金责任之外,另行主张损害赔偿,通过损害赔偿和违约金的并用,使其损失得到补救。且合同法规定的违约金多为补偿性的,而非惩罚性的,没必要必须通过违约金制度来弥补损害。当事人在订立合同时,本来对违约金条款就可以不予约定,而通过损害赔偿制度来解决。所以,一般来说,对违约金数额的调整主要是在违约金过高的情况下进行的。依据《合同法解释(二)》第29条第2款规定,违约金数额过高的标准为“当事人约定的违约金超过造成损失的百分之三十”。

3. 必须根据损失来进行调整。在违约金条款规定的数额过高或低于损失的情况下,当事人要求对于违约金数额进行调整,只需要证明违约金数额过高或低于损失,而不必证明违约金

---

〔5〕 例如,《买卖合同解释》第26条规定:“买卖合同因违约而解除后,守约方主张继续适用违约金条款的,人民法院应予支持;但约定的违约金过分高于造成的损失的,人民法院可以参照合同法第一百一十四条第二款的规定处理。”

〔6〕 王家福等:《合同法》,中国社会科学出版社1986年版,第491页。

数额的约定是否违背公平原则而成为显失公平条款。所谓违约金过高或过低,是指违约金数额与违约造成的损失相比较过高或过低。问题在于,根据《民法典》第585条的规定,调整的标准是"造成的损失",那么损失是指实际损失,还是应当包括可得利益的损失?本书认为,根据《民法典》第585条的规定,应该包括可得利益的损失。只有在调整的标准包括可得利益的损失的情况下,才能使非违约方因违约金责任的承担而达到如同合同完全被履行时一样,或者说像没有发生违约行为一样。

4. 人民法院或者仲裁机构应根据具体情形,决定是否调整以及如何调整违约金。原《合同法》第114条第2款的表述为,"当事人可以请求人民法院或者仲裁机构"予以调整,但《民法典》第585条第2款的表述为,"人民法院或者仲裁机构可以根据当事人的请求"予以调整,此种修改的本意是,是否决定调整和如何调整的权力在法院和仲裁机构,虽然违约金的调整必须以当事人请求为前提,但并不意味着,当事人一旦请求,就必须要调整,法院和仲裁机构必须要根据具体情形判断,如在作出判断时要考虑双方当事人是否为商事主体,合同是否具有涉外因素,当事人的主观过错以及造成的损失等各种因素,来判断是否调整以及如何调整等。

如果是专为迟延设定的惩罚性违约金,则不应当要求违约金的数额与实际损失基本保持一致,只要违约金的数额与实际的损失相比,不是过高或过低,法院和仲裁机构就不应当对违约金的数额作出调整。但是对于作为损害赔偿预定的违约金,其数额应当与实际损失大体保持一致。如果不一致,则法院和仲裁机构有权依当事人的申请予以调整。

第七节 定金责任

一、定金的概念

所谓定金,就是指合同双方当事人约定的,为保证合同的履行,由一方预先向对方给付的一定数量的货币或其他代替物。在合同法中,定金的形式有多种,如立约定金、证约定金、成约定金、解约定金以及违约定金等,但是除违约定金外,其他形式的定金都有特殊的要件要求,如解约定金需要当事人在定金条款中约定合同解除的内容,因此,在当事人没有特别约定时,定金一般都是指违约定金。关于定金责任,《民法典》第586条第1款规定:"当事人可以约定一方向对方给付定金作为债权的担保。定金合同自实际交付定金时成立"。可见,定金具有如下几个特点:

1. 定金的标的物为金钱或其他可代替物。定金的标的物通常是金钱,但当事人也可以其他可代替物作为其标的,例如以粮食、食油等作为定金的标的。作为定金标的的物是否限于可代替物,学者对此看法不一。大多数学者认为,由于定金要在一方违约以后发生双倍返还的问题,如果作为定金标的的物是不可代替物,则在一方违约以后,不能实行双倍返还。[7] 也有学者认为,"当事人如约定以不代替物,例如随身所戴钻戒作为定金,或移转土地、房屋等不动产作为定金,约定对方违约应加倍返还相当钻戒、土地或房屋价金之现金者……似无不许之

---

〔7〕 史尚宽:《债法总论》,三民书局1990年版,第493页。

理”。[8] 本书认为,为减少各种不必要的纠纷,定金主要应以金钱为标的,且作为定金标的的物必须是可代替物,不可代替物因为是独特的,不能在一方违约以后实行双倍返还,即使可以折合为现金,折合的标准很难掌握。总之,作为定金标的的物必须是可以同种类同数量替代的物。

2. 定金是当事人预先交付的。就违约定金而言,定金是当事人在合同履行前交付的,其目的在于担保合同的履行。正是因为它是预先交付的,所以才能对合同的履行产生担保作用。如果合同已经履行完毕或者在履行期限到来后一方已出现违约,则不宜再使用定金形式。

3. 定金合同是一种从合同。一方面,定金的交付将在当事人之间产生定金合同关系,该合同是当事人设立定金时所达成的协议。定金合同可以在合同的主文中载明,也可以单独设立。无论采取何种形式,都要求当事人就设立定金问题达成一致的协议。另一方面,定金是一种从合同,此种从合同的特点在于,它是非要式的要物合同。[9] 由于定金合同是为了担保主合同的履行而产生的从合同,所以它必须以主合同的成立和生效为前提条件。主合同发生无效或被撤销,也将影响定金合同的效力。

4. 定金具有担保合同债务的履行和违约责任形式的双重功能。一方面,当事人预先设立定金可以督促双方自觉履行合同。由于定金是预先交付的,定金数额在事先也是明确的,因此通过定金罚则的运用可以起到对合同的担保作用。另一方面,定金既可以作为担保方式也可以作为责任形式运用,我国现行法律所规定的定金主要是违约定金,法律关于定金的规定在原则上包含了对不履行合同的制裁。而由于定金罚则是对违约行为的惩罚,即给付定金的一方如果不履行合同将无权请求返还定金,而接受定金的一方不履行合同将双倍返还定金,这样定金也可以成为一种债务不履行的责任形式。因而对违约的制裁也是定金的另一个目的。

5. 定金合同是实践合同。依据《民法典》第 586 条第 1 款的规定,定金合同是实践合同,应以定金的实际交付为成立条件。即使当事人就定金的设立已经达成了协议,但如果没有实际交付定金,则定金没有成立。[10] 可见定金合同并非诺成合同,一般的合同大多为诺成合同,如果定金也为诺成合同,则以诺成合同证明诺成合同的存在,是不能成立的。更何况,定金一旦约定,在对方违约后应加倍返还,如果定金没有实际交付,则不能实行加倍返还。也就是说,当事人设定的定金能否生效,取决于一方预先给付另一方一定数量的货币或其他替代物作为定金。在合同履行完毕后,定金应当原数退还或抵作价款。由于定金合同是实践合同,因此,在定金合同因一方不交或少交而不成立以后,任何一方都不得请求法院强制另一方依据尚未成立的定金合同履行给付定金的义务,法院也不得强制一方向另一方给付定金,正是从这个意义上,笔者赞成此种观点,即由于“定金是实践合同,定金交付后,合同生效,定金的担保效力才正式形成。因此,定金不交或不交足并不构成违约行为”。[11]

二、定金的数额

关于定金的数额,我国《民法典》第 586 条第 2 款规定:“定金的数额由当事人约定,但是不得超过主合同标的额的百分之二十,超过部分不产生定金的效力。实际交付的定金数额多于

---

〔8〕 参见曾隆兴:《民法债编总论》,三民书局 1994 年版,第 450 页。
〔9〕 参见胡长清:《中国民法债编总论》,1964 年台北自版,第 359 页。
〔10〕 参见郑玉波:《民法债编总论》,三民书局 1990 年版,第 335 页。
〔11〕 参见史文清等:《有关定金的几个问题》,载《政治与法律》1986 年第 2 期。

或者少于约定数额的,视为变更约定的定金数额。"依据该条规定,当事人可以约定定金的数额,也就是说,按照私法自治原则,当事人可以在法律允许的范围内自由约定定金的数额。当然,当事人在约定定金数额时,也应当受到一定的限制,因为定金的数额如果过高,一旦适用,可能使合同的履行变相成为一种赌博行为。因此,依据《民法典》第586条的规定,当事人所约定的定金数额不得超过主合同标的额的20%,否则超过的部分不发生定金的效力。所谓不发生定金的效力,是指不能适用定金罚则。

依据《民法典》第586条第2款的规定,"实际交付的定金数额多于或者少于约定数额的,视为变更约定的定金数额",法律之所以作出此种规定,一方面,定金合同以实际交付定金为成立条件,但有关交付的数额,有约定的,应当按照合同的约定,如果当事人交付的定金数额少于约定的数额,则应当构成违约,但另一方完全接受而没有拒绝,则应当认定当事人以实际履行的方式接受了合同的变更。另一方面,法律作出此种规定有利于鼓励交易。

需要指出的是,我国《民法典》合同编所规定的定金责任并不具有补偿性,它与实际的损失并没有直接的联系,尤其是我国法律已经将定金的数额限制在主合同标的额的20%以内,这就没有必要在当事人约定了定金以后,对定金的数额进行调整。即使定金的数额高于实际的损失,只要没有超过主合同标的额的20%,则无论数额是否合理,都不应当对该数额进行调整。在一方违约以后,可以根据违约的情况确定是否适用定金。依据《民法典》第587条的规定,只有在根本违约的情况下,才适用定金罚则,如果是轻微违约,则不应当适用定金罚则。无论如何,不能根据违约的情况而减少定金责任的数额。即使是在部分履行的情况下,如果部分履行构成根本违约,也应承担定金责任。

依据《民法典》第587条的规定,"债务人履行债务的,定金应当抵作价款或者收回"。这就是说,定金主要起着担保的作用,担保债务人履行债务,如果债务人已经按照约定履行债务,则应当将其抵作价款,或者债务人有权收回该定金,究竟做何种处理,应当由债务人作出选择。

三、定金罚则

任何责任形式都具有责任适用的条件,定金责任也不例外,在定金合同成立之后,当事人双方都有可能不履行合同或者不完全履行合同,都有可能适用定金责任,但适用定金责任,应当符合一定的条件。依据《民法典》第587条的规定,"债务人履行债务的,定金应当抵作价款或者收回。给付定金的一方不履行债务或者履行债务不符合约定,致使不能实现合同目的的,无权请求返还定金;收受定金的一方不履行债务或者履行债务不符合约定,致使不能实现合同目的的,应当双倍返还定金"。从该条规定来看,无论是接受定金的一方,还是给付定金的一方,只有在构成根本违约的情形下,才能适用定金罚则。《民法典》第587条规定:"给付定金的一方不履行债务或者履行债务不符合约定,致使不能实现合同目的的,无权请求返还定金;收受定金的一方不履行债务或者履行债务不符合约定,致使不能实现合同目的的,应当双倍返还定金。"依据这一规定,定金责任既适用于不履行行为,也适用于不完全履行合同行为。但是定金罚则仅适用于根本违约的情形,如果当事人只是轻微违约,则不适用定金罚则。如前所述,定金罚则体现了对违约一方当事人的制裁。由于适用这种制裁会给违约一方经济上带来极为不利的后果,特别是这种制裁也可与违约金、实际履行等补救方式并用,因此必须将定金罚则的适用限定在特定的范围。如果认为任何违约,哪怕是轻微的违约都要适用定金罚则,那么将会使定金罚则的适用变成一种赌博。一方出现轻微违约就适用定金罚则,给违约一方强加极为沉重的经济负担,也不利于其继续履行合同,并且与法律上的诚实信用原则相悖。所以只有在一方完全不履行合同,或者不完全履行合同的行为构成根本违约,使非违约一方基于合同所产生的期待利益丧失,订立合同的目的不能达到,则可以视为不履行,因此适用定金罚则。具体而言,定金责任适用的情形主要包括如下两种情形:

1. 给付定金的一方不履行债务,或者履行债务不符合约定致使不能实现合同目的。这就是说,并非所有的违约都要承担定金责任。违约方的轻微的违约一般不应当承担定金责任,只有在如下情形下,违约方才应当承担定金责任。第一,给付定金的一方不履行合同,如明确拒绝履行。第二,履行债务不符合约定致使不能实现合同目的,也就是说,债务人不适当履行债务的行为已经构成根本违约。例如,债务人应当按照约定在中秋节之前交付月饼,但其在中秋节之后才交付月饼,致使债权人无法实现合同目的,应当构成根本违约。只有在这两种情形下,才应当承担定金责任。

2. 收受定金的一方不履行债务,或者履行债务不符合约定致使不能实现合同目的。《民法典》第587条规定:"给付定金的一方不履行债务或者履行债务不符合约定,致使不能实现合同目的的,无权请求返还定金;收受定金的一方不履行债务或者履行债务不符合约定,致使不能实现合同目的的,应当双倍返还定金"。依据这一规定,收受定金的一方的违约行为也包括两种:一是不履行债务致使相对人不能实现合同目的,二是履行债务不符合约定,致使相对人不能实现合同目的,即收受定金的一方构成根本违约。

关于定金罚则的内容,据此,对给付定金的一方适用定金罚则的后果是无权请求返还定金,而对收受定金一方适用定金罚则的后果是应当双倍返还定金。因为定金本身是合同履行的担保,在当事人不按照约定履行合同构成根本违约时,应当适用定金罚则;同时,对当事人适用上述定金罚则,也符合当事人的真实意愿,即给付定金的一方实施给付定金的行为,就意味着其违约时不得请求返还,而对收受定金的一方而言,其收受定金也意味着,在其不履行合同时,应当向给付定金的一方双倍返还定金,这也符合权利义务相一致的原则。可见,违约定金较之于立约、证约、成约定金而言,具有明显的担保功能,因为丧失或者双倍返还定金的罚则,使违约定金的设定有助于督促当事人履行合同。

四、定金责任与其他责任形式

(一)定金与违约金

由于在我国定金主要是违约定金,而违约定金与违约金的关系十分密切。一方面,两者都针对违约行为而适用,在一方违反合同的情况下,违约金和定金责任都是一种对违约的补救方式,作为责任形式两者都以违约行为作为共同的责任构成要件。另一方面,两者都具有担保作用,或者说都是担保合同履行的手段。但是,违约定金针对违约行为而设定,违约定金罚则已经成为一种责任形式。另外,尽管两种责任具有相同的功能,但定金和违约金在性质上是不同的,即便就违约定金而言,也不能将其等同于违约金,因为一方面,违约定金是预先交付的一笔金钱,定金的设立是一种要物合同,其成立以定金的交付为要件,而违约金并不需要实际交付,只需要事先约定具体数额。另一方面,违约金可以视为损害赔偿的预定,它具有补偿和惩罚的双重功能,而违约定金主要具有惩罚性,一般不能将其视为损害赔偿的预定。法律对定金的数额作出了明确的限制,但对违约金没有作出数额的限制。因此,不能将违约定金视为违约金,且两者由于在适用的对象、目的、功能等方面具有相似性,因此原则上不能并用。因为一方面,当事人约定定金与违约金的目的均在于约定违约的法律后果,二者在功能上具有重合性。另一方面,违约金和定金都具有惩罚的功能,如果叠加适用,可能使一方承担过重的责任。对此,

《民法典》第588条第1款规定:“当事人既约定违约金,又约定定金的,一方违约时,对方可以选择适用违约金或者定金条款。”依据该条规定,定金责任和违约金责任只能择一适用,而不能并用。

(二)违约定金与赔偿损失

违约定金和赔偿损失是两种既相区别又相联系的责任形式,二者的区别主要体现为:

一方面,定金责任的适用不以实际发生的损害为前提,即无论一方的违约是否造成实际损害都可能导致定金责任,但需要讨论如果定金责任超出了实际损害是否应认定定金条款无效,或者认为交付的定金在性质上属于部分价金的问题。本书认为,在此情况下仍然应确定定金条款的有效性并适用定金责任。其根本原因在于,定金的设定并不考虑实际的损害,定金罚则具有强烈的惩罚性,它只针对不履行或其他根本违约行为而发生效力,而无论这些违约是否产生实际损害或产生多大范围的实际损害。如果认为定金罚则的适用必须等同于实际损害,定金责任也不得超过实际的损害,这就意味着定金责任不得与法定赔偿责任相冲突,此种观点实际上等于否定了定金责任可以作为法定损害赔偿责任之外的一种单独责任存在。据此,本书认为,定金乃是最低损害赔偿额的观点是不妥当的。

另一方面,定金也不是法定损害赔偿的总额。本书认为,定金不是法定损害赔偿总额的理由在于,其一,如果定金是损害赔偿的预定,为什么要由合同当事人一方先行交付呢?因为在当事人预定损害赔偿总额的情况下,并不需要当事人一方实际交付定金,而只需要在合同约定具体的赔偿数额,便可以解决赔偿额的预定问题。其二,违约造成的损害,绝不是定金的丧失或者双倍返还能够限制的。因为当事人设立定金时并没有考虑也不可能考虑到未来所发生的损害,即使是法律规定的定金数额也与实际损害不一致。

从实践来看,在一方违约以后,违约方给非违约方造成的损失是在订立合同时难以确定的,违约方可能给非违约方造成较小的损失,甚至没有损失,但也可能造成较大的损失。这种损失之大,有可能超过全部合同标的的总值,而按照完全赔偿原则,只要这些损失是违约方在定约时能够合理预见的、依据《民法典》合同编能够赔偿的,则违约方都应当赔偿。而绝不能因为一方已经交付了定金,便可以以定金的丧失和双倍返还来作为损害赔偿的最高数额。所以在定金的数额低于损失额的情况下,由于认为定金是最高法定赔偿额,从而非违约当事人不能够在请求对方承担定金责任以外另外请求赔偿损失,如此则不能补偿其所受的损失,从而不利于对其利益的保护。对此,《民法典》第588条第2款规定:“定金不足以弥补一方违约造成的损失的,对方可以请求赔偿超过定金数额的损失。”也就是说,根据定金合同交付定金并不能等同于对非违约方实际损失的预估,也不是对非违约方实际损失的弥补,其主要起到担保合同债务履行的功能,因此,定金罚则的适用也不能替代违约损害赔偿。因此,在定金不足以填补非违约方的实际损失时,非违约方仍有权在定金数额之外请求违约方赔偿损失。

第八节　双方违约和因第三人的行为造成的违约

一、双方违约

双方违约,是指合同的双方当事人都违反了其依据合同所应尽的义务。我国《民法典》第

592条规定:“当事人都违反合同的,应当各自承担相应的责任。”双方违约的构成要件包括:第一,双方违约主要适用于双务合同。对于单务合同来说,因只有一方负有义务,因此不产生双方违约问题。第二,双方当事人都违背了其应负的合同义务。第三,双方的违约都无正当理由。如果是一方行使同时履行抗辩权或不安抗辩权,则不能认为是双方违约。例如,一方交付的货物有严重的瑕疵,另一方拒付货款,乃是正当行使抗辩权的行为,不应作为违约对待。如果当事人在对方违约后采取适当的自我补救措施,如在对方拒绝收货时将标的物以合理的价格转卖,不构成违约。

在双方违约的情况下,应当根据双方的过错程度及因其过错而给对方当事人造成的损害程度而确定各自的责任。如果双方过错程度相当,且因其过错而给对方当事人造成的损害程度大体相同,则双方应当各自承担其损失。如果一方的过错程度明显大于另一方,且给对方造成的损失也较重,则应当承担更重的责任。例如,一般来说,一方交货有严重瑕疵的行为与另一方受领迟延相比较,前者的过错更重。再如,一方故意违约,而另一方未尽到减轻损害的义务,两者的过错程度也是不同的。所以,在双方违约时,必须要正确地认定各方所应承担的责任,而不能使双方平均承担责任。

二、因第三人的行为造成的违约

在合同订立以后,当事人一方可能因为第三人的原因造成违约,在此情况下,应当如何确立违约责任呢?《民法典》第593条规定:“当事人一方因第三人的原因造成违约的,应当依法向对方承担违约责任。当事人一方和第三人之间的纠纷,依照法律规定或者按照约定处理。”该规定实际上是进一步确认了合同责任的相对性规则。根据该规则,在因第三人的行为造成债务不能履行的情况下,债务人仍然应当向债权人承担违约责任,债权人也只能要求债务人承担违约责任。债务人在承担违约责任以后,有权向第三人追偿。这就是所谓的“债务人为第三人的行为向债权人负责的规则”。

债务人在为第三人的行为向债权人负责后,可以依据法律规定向第三人追偿。例如,第三人造成标的物毁损灭失致使合同不能履行的,债务人可要求第三人依法承担侵权行为责任。债务人也可以依据其事先与第三人的合同向第三人追偿。例如,第三人不依据合同向债务人交货,使债务人不能履行其对债权人的交货义务,债务人在向债权人承担责任后,可依据其与第三人的合同要求第三人承担责任,但两个合同关系必须分开。

第九节 免责事由

一、免责事由的概念

免责,是指在合同履行的过程中,因出现了法定的免责条件或合同约定的免责事由,违约方将因此而免予承担违约责任。这些法定的免责条件和约定的免责事由被统称为免责事由。我国《民法典》合同编通则仅承认不可抗力为法定的免责事由。

二、法定免责事由

(一)不可抗力的概念与特征

《民法典》第180条规定,不可抗力“是不能预见、不能避免且不能克服的客观情况”。不可抗力包括某些自然现象和某些社会现象(如战争等)。其主要特征在于:第一,具有不能预见性。在判断是否可以预见时,必须以一般人的预见能力及现有的科学技术水平作为能否预见的判断标准。第二,具有不能避免并不能克服性。这就表明,对不可抗力事件,即使当事人已经尽到最大努力,也不能避免其发生,或者在事件发生以后,即使当事人已经尽到最大努力也不能克服事件所造成的损害后果并使合同得以履行。还要看到,不可抗力属于客观情况,也就是说,它是独立于人的行为之外的事件,不包括单个人的行为。例如,第三人的行为对被告人来说是不可预见并不能避免的,但第三人的行为并不具有外在于人的行为的客观性的特点,因此不能作为不可抗力对待。

(二)不可抗力的具体事由

不可抗力包括以下几种情况:第一,自然灾害,如地震、台风、洪水、海啸等。尽管随着科学技术的进步,人类对自然灾害的预见能力已经不断提高了,但自然灾害仍频繁发生并影响人们的生产和生活,阻碍合同的履行。因此,自然灾害属于典型的不可抗力。第二,政府行为。这主要是指当事人在订立合同以后,政府当局颁布新政策、法律或行政措施而导致合同不能履行。如合同订立后,由于政府颁布禁运的法律,使合同不能履行。第三,社会异常现象。这主要是指一些偶发的事件阻碍合同的履行,如罢工、骚乱等。这些行为既不是自然事件,也不是政府行为,而是社会中人为的行为,但对于合同当事人来说,在订约时是不可预见的,因此也可以称为不可抗力事件。

不可抗力虽为合同的免责事由,但有关不可抗力的具体事由很难由法律作出具体列举式的规定。按照合同自由原则,当事人可以在订立不可抗力条款时,具体列举各种不可抗力的事由(如将罢工作为不可抗力),一旦出现这些情况,当事人便可以被免责。

(三)不可抗力的免责效果

不可抗力发生以后,将导致当事人被免除责任。《民法典》第590条第1款规定:“当事人一方因不可抗力不能履行合同的,根据不可抗力的影响,部分或者全部免除责任,但是法律另有规定的除外。因不可抗力不能履行合同的,应当及时通知对方,以减轻可能给对方造成的损失,并应当在合理期限内提供证明”。可见,我国法律并不认为不可抗力发生后,当事人就自然被全部免除责任。在某些情况下,不可抗力只是导致合同部分不能履行或暂时不能履行,这样,当事人只能部分被免除责任,或者暂时中止履行,在不可抗力事由消除以后如能够履行还要继续履行。所以,不可抗力是否导致当事人被免除责任,应视具体情况而定。

在不可抗力事件发生以后,当事人一方因不可抗力的原因而不能履行合同,应及时向对方通报合同不能履行或者需要迟延履行、部分履行的事由,并应取得有关证明。同时也应当尽最大的努力消除事件的影响,减少因不可抗力所造成的损失。

参考案例

1. 孙银山诉南京欧尚超市有限公司江宁店买卖合同纠纷案,第23号指导案例(最高人民法院审判委员会讨论通过,2014年1月26日发布)。
2. 张莉诉北京合力华通汽车服务有限公司买卖合同纠纷案,第17号指导案例(最高人民法院审判委员会讨论通过,2013年11月8日发布)。

3. 李明柏诉南京金陵置业发展有限公司商品房预售合同纠纷案,载《中华人民共和国最高人民法院公报》2016 年第 12 期。
4. 陈明、徐炎芳、陈洁诉上海携程国际旅行社有限公司旅游合同纠纷案,载《中华人民共和国最高人民法院公报》2015 年第 4 期。
5. 喜宝集团控股有限公司诉中国农业银行股份有限公司青岛城阳支行银行结算合同纠纷案,载《中华人民共和国最高人民法院公报》2014 年第 12 期。
6. 湖北金华实业有限公司与苏金水等商品房买卖合同纠纷案,载《中华人民共和国最高人民法院公报》2014 年第 1 期。
7. 丁福如与石磊房屋买卖合同纠纷案,载《中华人民共和国最高人民法院公报》2012 年第 11 期。
8. 刘超捷诉中国移动徐州分公司电信服务合同纠纷案,载《中华人民共和国最高人民法院公报》2012 年第 10 期。
9. 广东达宝物业管理有限公司与广东中岱企业集团有限公司、广东中岱电讯产业有限公司、广州市中珊实业有限公司股权转让合作纠纷案,载《中华人民共和国最高人民法院公报》2012 年第 5 期。
10. 香港锦程投资有限公司与山西省心血管疾病医院、第三人山西寰能科贸有限公司中外合资经营企业合同纠纷案,载《中华人民共和国最高人民法院公报》2010 年第 12 期。
11. 杨珺诉东台市东盛房地产开发有限公司商品房销售合同纠纷案,载《中华人民共和国最高人民法院公报》2010 年第 11 期。
12. 广州市仙源房地产股份有限公司与广东中大中鑫投资策划有限公司、广州远兴房产有限公司、中国投资集团国际理财有限公司股权转让纠纷案,载《中华人民共和国最高人民法院公报》2010 年第 8 期。
13. 重庆索特盐化股份有限公司与重庆新万基房地产开发有限公司土地使用权转让合同纠纷案,载《中华人民共和国最高人民法院公报》2009 年第 4 期。
14. 史文培与甘肃皇台酿造(集团)有限责任公司、北京皇台商贸有限责任公司互易合同纠纷案,载《中华人民共和国最高人民法院公报》2008 年第 7 期。
15. 山西嘉和泰房地产开发有限公司与太原重型机械(集团)有限公司土地使用权转让合同纠纷案,载《中华人民共和国最高人民法院公报》2008 年第 3 期。
16. 张桂平诉王华股权转让合同纠纷案,载《中华人民共和国最高人民法院公报》2007 年第 5 期。
17. 张志强诉徐州苏宁电器有限公司侵犯消费者权益纠纷案,载《中华人民共和国最高人民法院公报》2006 年第 10 期。
18. 新宇公司诉冯玉梅商铺买卖合同纠纷案,载《中华人民共和国最高人民法院公报》2006 年第 6 期。
19. 上海盘起贸易有限公司与盘起工业(大连)有限公司委托合同纠纷案,载《中华人民共和国最高人民法院公报》2006 年第 2 期。
20. 北沙坡村村委会诉西安市高新技术产业开发区东区管委会等拖欠征地款纠纷案,载《中华人民共和国最高人民法院公报》2005 年第 1 期。
21. 国际华侨公司诉长江影业公司影片发行权许可合同纠纷案,载《中华人民共和国最高人民法院公报》2004 年第 5 期。
22. 沛时投资公司诉天津市金属工具公司中外合资合同纠纷上诉案,载《中华人民共和国最高人民法院公报》2003 年第 4 期。

第三十章　合同的解释

导 读

合同的解释就是对合同的内容和含义所做的说明。通过合同的解释，可以确定合同是否成立，或对于合同的内容进行补充和完善。合同的解释应当遵循文义解释、体系解释、目的解释、习惯解释、依据诚信原则解释等方法。

第一节　概　　述

一、合同解释的概念

所谓合同解释，是指依据一定的事实，遵循有关的原则，对合同的内容和含义所作出的说明。合同是当事人通过合意对于其未来事务的安排，然而，由于当事人在订立合同时，即使具有丰富的交易经验和渊博的法律知识，也不能对未来发生的各种情况事先都能作出充分的预见，并在合同中将未来的各种事务安排得十分周全，所以合同中的某些条款不明确、具体，甚至出现某些漏洞，是在所难免的。当事人通过合同对于其未来的事务作出安排时，需要通过一定的言语表达其内容，但由于各方面的原因，缔约当事人对合同的某个条款和用语也可能会产生不同的理解和认识，从而也难免发生争议，这就需要对合同进行解释。《民法典》第466条确立了合同解释的规则。

二、合同解释的目的

合同的解释旨在确定合同是否成立，或补充和完善合同的内容。一般来说，合同的解释不涉及合同形式的确定问题，因为无论是作为合同约定的缔约方式，还是作为法律对合同特殊的形式要件要求，都是显而易见的，当事人是否完成了这些要求也是非常明显的，无须作出解释。合同解释直接的目的在于正确地确定当事人的权利义务，从而合理地解决合同纠纷。具体而言，合同解释的目的主要包括如下两个方面：

1. 判断合同的成立和生效。合同的解释常常以合同的成立为前提，但在许多合同的内容不明确或者存在漏洞的情况下，合同既可以被解释为已经成立或生效，也可以被解释为不成立或未生效，此时需要通过合同的解释来促成合同的成立和生效。例如，甲向乙发出一份传真求购某种型号的钢材，乙在收到该传真后即向甲发送该型号的钢材，甲拒绝收货，双方为此发生了争议，而解决此种纠纷，法官首先需要解释传真的内容和性质，确定该传真是构成要约还是要约邀请。这就是合同解释需要解决的问题。

2. 明确合同的内容。传统的合同解释方法主要是阐明解释，或称为意义发现的解释，是指当事人在合同中表示的意思不明确、不清楚,或者双方当事人对于合同中的用语在理解上发生了分歧,需要根据一定的解释方法使用语明确。阐明解释的目的在于准确地解释、明确当事人的真实意思,从而使合同得到正确履行,纠纷得到合理解决。所谓明确合同的内容,主要要解决如下问题:第一,合同中的用语不明确、含混不清;第二,对合同的某些用语产生多种不同理解;第三,合同的内容有漏洞。合同的解释绝不限于合同所使用的文字,尤其需要填补合同的漏洞。现代合同法律发展了补充的解释方法,要求在合同内容存在漏洞的情况下通过发现当事人的真实意思,从而填补合同的漏洞。

我国《民法典》通过确定合同解释的规则,在一定程度上限定了法官在合同解释方面的权限,即法官解释合同时必须依据法律规定的程序,同时,合同解释规则也给法官提供了规范的解释方法,帮助法官正确地解释合同,从而有效处理合同纠纷。

第二节　合同解释的原则

一、依据《民法典》第 142 条第 1 款解释合同

《民法典》第 466 条第 1 款规定:"当事人对合同条款的理解有争议的,应当依据本法第一百四十二条第一款的规定,确定争议条款的含义。"依据这一规定,对合同条款理解有争议的,应当援引《民法典》第 142 条第 1 款进行解释。依据《民法典》第 142 条的规定,意思表示的解释通常分为有相对人的意思表示的解释和无相对人的意思表示的解释,所谓有相对人的意思表示的解释,是指对表意人向特定的相对人发出的意思表示进行的解释。例如,要约是一种意思表示,但要约必须要到达于受要约人,因为它属于向特定人发出的意思表示。所谓无相对人的意思表示的解释,是指对不需要相对人的意思表示进行的解释。例如,对不特定人的悬赏广告、订立章程和决议。由于合同解释都是有相对人的意思表示,因此,本条第 1 款规定:"当事人对合同条款的理解有争议的,应当依据本法第一百四十二条第一款的规定,确定争议条款的含义。"

二、有相对人的意思表示的解释

针对有相对人的意思表示,《民法典》兼采了主观解释与客观解释两种方式,依据《民法典》第 142 条第 1 款规定:"有相对人的意思表示的解释,应当按照所使用的词句,结合相关条款、行为的性质和目的、习惯以及诚信原则,确定意思表示的含义。"其中所谓"按照所使用的词句,结合相关条款、行为的性质和目的"解释,要求意思表示的解释应当探究表意人的主观目的和意图,主要体现了主观主义的解释方法。而按照"习惯以及诚信原则"解释,则体现了客观主义的解释方法,从这一意义上说,有相对人意思表示的解释实际上是两种解释方法的结合。

《民法典》第 142 条第 1 款规定:"有相对人的意思表示的解释,应当按照所使用的词句,结合相关条款、行为的性质和目的、习惯以及诚信原则,确定意思表示的含义。"同条第 2 款规定:"无相对人的意思表示的解释,不能完全拘泥于所使用的词句,而应当结合相关条款、行为的性质和目的、习惯以及诚信原则,确定行为人的真实意思。"依据这些规定,在进行解释时应当遵循以下规则:

1. 应当按照所使用的词句进行解释。所谓对用语应当按照通常的理解进行解释,是指在

当事人就意思表示本身的用语发生争议以后，对于有关的用语本身，按照一个普通人的合理理解为标准来进行解释。[1] 《民法典》第142条第1款规定："有相对人的意思表示的解释，应当按照所使用的词句，结合相关条款、行为的性质和目的、习惯以及诚信原则，确定意思表示的含义。"在用语不清晰、模糊的情形下，首先需要澄清用语的含义。关于用语的含义，当事人往往各执一词，在此种情形下，究竟应当依据何种标准确定其含义，法官应当考虑一般人在此情况下对有争议的意思表示用语所能理解的含义，以此作为解释意思表示的标准，避免荒谬的结论。按照一个普通人的标准来进行解释，法官既不能根据当事人一方的理解来解释意思表示，更不能根据起草的一方对意思表示所作的理解来解释意思表示，而应当以一个合理的人对意思表示用语的理解进行解释。一个普通人既可能是一个社会一般的人，也可能是在一定的地域、行业中从事某种特殊交易的人。如果意思表示当事人本身是后一种类型的人，则法官应当按照在该地域、行业中从事某种特殊交易的合理人的标准来理解该用语的含义。例如，买卖双方对交货的计量标准"车"的含义发生争执，则应当考虑当事人双方是从事何种活动的买卖，并按照从事该种行业的一般人对"车"的理解来进行解释。

2. 结合相关条款、行为的性质和目的、习惯以及诚信原则，确定意思表示的含义。具体包括：

(1)整体解释原则。所谓整体解释，又称为体系解释，是指将全部合同的各项条款以及各个构成部分作为一个完整的整体，综合考虑各个条款以及各个部分的相互关联性、争议的条款与整个合同的关系及其在合同中所处的地位等各方面因素，来确定争议的合同条款的含义。《民法典》第142条第1款规定："有相对人的意思表示的解释，应当按照所使用的词句，结合相关条款、行为的性质和目的、习惯以及诚信原则，确定意思表示的含义。"该条所规定的"结合相关条款"解释意思表示，实际上规定的就是整体解释规则。法谚云，"最佳的解释，要前后对照"。[2] 在罗马法中，就有"误载不害真意"(falsa demonstrio nocet)和"矛盾行为不予尊重"(protestatiodeclarationi)的合同解释规则，[3]它实际上强调的是整体解释原则。

整体解释实际上就是要从整个合同的全部内容上理解、分析和说明当事人争议的有关合同的内容和含义。整体解释要求合同解释不能局限于合同的字面含义，也不应当仅仅考虑合同的条款，更不能将合同的只言片语作为当事人的真实意图，断章取义。如果合同中的数个条款相互冲突，应当将这些条款综合在一起，根据合同的性质、订约目的等来考虑当事人的意图，尤其是当事人在合同中所使用的语言文字必须联系起来考察。

在适用整体解释原则时，还应当遵循以下规则：第一，借助整体来理解个别的规则。法谚有云：只有理解了整体，才能理解部分。[4] 如果合同中有多个条款表达同一内容，其中，某一条款比另一条款含义更为明确，则含义不够明确的条款可以被删除。例如，合同中多次提到"应根据本地的市价而定"或"根据市价而定"，显然前者的含义更为明确，可以据此而确定当事人的意思。第二，特别约定优先于普通约定的规则。如果当事人在合同中增加了特别条款，特别条款的效力可以优先于一般条款的效力。如果分合同规定的是总合同的例外和特殊的情况，

---

[1] Reinhard Bork, Allgemeiner Teil des Bürgerlichen Gesetzbuchs, 2. Auf., Rn. 545ff, S. 203ff.

[2] 郑玉波：《法谚》(一)，法律出版社2007年版，第310页。

[3] 参见王泽鉴：《债法原理》，北京大学出版社2013年版，第213页。

[4] See James A. Holland & JuLians, *Webb. Learning Legal Rules*, Oxford University Press, 2006, p. 242.

当分合同条款的意思与总合同条款的意思不一致时,分合同条款优先。[5] 第三,在同一份合同文件中,如果印刷条款与手写条款并存,且这些条款彼此间相互矛盾时,则应当认为手写条款优先。第四,明示其一即排斥其他规则。它是指当事人在合同中明确提及特定种类的一种或者多种事项,可以视为以默示的方法排除了该种类以外的其他事项。按照该规则,如果合同中明确提及某类东西中的一些,可解释为它无意包括同一类别中并未被提及的事项。例如,合同规定:“一方出售房屋连同门前屋后的树木、房屋后的庭院、门前的石狮子一对、假山一座等物”,其中是否包括在庭院中摆放的 20 盆名贵盆花? 显然,概括性词语“等物”的外延不应包括 20 盆名贵盆花,因为它不是与特殊列举事物相类同的事物。第五,数量和价格条款中,大写数字与小写数字并存,相互抵触,原则上应当确定大写数字的效力优先于小写数字。这主要是因为大写数字更为正规,较之于小写数字不易涂改,更充分地表达了当事人的真实意思。

(2)目的解释原则。依据《民法典》第 142 条第 1 款规定:“有相对人的意思表示的解释,应当按照所使用的词句,结合相关条款、行为的性质和目的……”这就要求结合合同的目的确定当事人的真实意思。按照私法自治原则,民事主体可以在法律规定范围内,为追求其目的而表达其意思,并通过双方的协议,产生、变更民事法律关系。当事人订立合同都要追求一定的目的,目的解释在合同解释中具有重要地位。[6] 合同订立的目的是当事人从事交易行为所希望达到的目的,合同本身也不过是当事人实现其目的的手段。因此,在解释合同时,应当考虑当事人的订约目的。当然,当事人双方可能具有不同的合同目的。例如,在“枣庄矿业(集团)有限公司柴里煤矿与华夏银行股份有限公司青岛分行、青岛保税区华东国际贸易有限公司联营合同纠纷案”中,最高人民法院认为,在通过目的解释的方法明确合同条款的内容时,“并非只按一方当事人期待实现的合同目的进行解释,而应按照与合同无利害关系的理性第三人通常理解的当事人共同的合同目的进行解释”。[7]

在实践中,根据合同的目的来解释,首先,要考虑当事人双方而不是当事人一方的目的进行解释,既考虑当事人在合同订立时的合同目的。如果难以确定双方当事人的缔约目的,则应当从一方当事人表现于外部的并能够为对方所合理理解的目的解释合同条款。[8] 其次,尽量作有效解释规则(utres magis valeat guam preat),也称为促进合同有效原则(favor contractus),这就是说,对合同的解释要以最大限度地促进合同的成立为解释方向,促成合同的实际履行,尽量避免宣告合同不成立或无效。例如,合同尚未成立,但当事人已经实际履行合同,在此情况下,应通过解释的方法努力促成合同成立。当事人订立合同的目的是尽量促成合同的成立,在合同可以被认定为有效的情形下,应当尽量承认合同的效力,这也符合当事人订立合同的目的。最后,当事人使用的多个文本的含义不一致时,应当根据当事人订立合同的目的解释合同。如果当事人在有关合同文本中所使用的用语的含义各不相同,应当根据合同的目的进行解释。例如,当事人双方共同投资兴办一家合资企业,在合资合同和章程中明确规定双方共同出资,但在当事人内部的一份合同中,规定双方为借贷关系,两份合同规定的内容不同,但从当事人双方缔约的真实目的在于共同出资兴办合资企业考虑,应当宣告此借贷合同无效。

(3)习惯解释原则。所谓习惯,是指当事人所知悉或实践的生活和交易习惯。合同乃是一

---

[5] 参见张玉卿主编:《国际商事合同通则 2004》,中国商务出版社 2005 年版,第 311 页。

[6] See Farnsworth, *Contracts*, Little, Brown and Company, 1990, p. 513.

[7] 最高人民法院(2009)民提字第 137 号民事判决书。

[8] 参见张广兴、韩世远:《合同法总则》(下),法律出版社 1999 年版,第 246 页。

种交易，所以在解释合同的时候通常根据交易习惯来解释当事人的意思。《民法典》第 142 条第 1 款规定："有相对人的意思表示的解释，应当按照所使用的词句，结合相关条款、行为的性质和目的、习惯以及诚信原则，确定意思表示的含义"。故此，解释合同应当依据交易习惯进行解释，这就确立了习惯解释的原则。

所谓习惯，包括生活习惯和交易习惯两大类。由于合同本质上是一种交易，因而，如果当事人就合同条款发生争议，则通常应当按照习惯解释合同条款。例如，双方订立一份租赁合同，乙方承租甲方 1000 平方米的房屋，但该房屋究竟是以建筑面积还是使用面积计算，双方发生了争议，乙方提出当地的习惯都是按照使用面积来计算租赁房屋的面积。所以，在解释面积条款时，可以以交易习惯作为解释的依据。

如果地区习惯与一般的习惯发生冲突，应当以一般的习惯为准。如果地区习惯与行业习惯发生冲突，应当确定行业习惯优先。如果对某一条款发生争议之后，一方是按照一般的或特殊的以及行业的习惯来理解的，而另一方是按照当事人过去从事系列交易时所形成的习惯来理解的，则应当按照当事人之间系列交易的习惯进行解释，这主要是因为从系列交易中形成的习惯更接近当事人的意思。

各种习惯的存在以及内容应当由当事人双方举证证明，在当事人未举证证明交易习惯的情况下，法官也可以根据自己对交易习惯的理解选择某种习惯来解释合同条款。

（4）依诚实信用原则进行解释。解释合同应依据诚实信用原则。从现代民法的发展趋势来看，诚实信用原则在合同解释中的作用日益重要，诚实信用原则也因此被称为"解释法"。依据《民法典》第 142 条第 1 款的规定，"有相对人的意思表示的解释，应当按照所使用的词句，结合相关条款、行为的性质和目的、习惯以及诚信原则"进行解释。该条要求法官将自己作为一个诚实守信的当事人来判断、理解合同内容和条款的含义，即如果当事人在合同中对相关事项约定不明，则应当按照一个诚实守信的人所应当作出的理智选择进行解释。法官在依据诚实信用原则解释合同时，需要平衡当事人双方的利益，公平合理地确定合同内容。

依据诚实信用原则解释合同，应当遵循如下规则：第一，如果当事人对合同的履行时间、地点等约定不明确的，则应当作有利于债务履行的方式。例如，合同约定在 6 月 1 日交货，但究竟是在白天交货还是夜间交货并不明确，法官可以直接根据诚信原则确定交货时间应为白天而非夜间。第二，对债务人的义务应当做减轻的解释。例如，对于无偿合同，应按对债务人义务较轻的含义进行解释，对有偿合同则应按对双方都较为公平的含义进行解释。第三，从诚信原则出发，应当认定当事人有相互协作的义务。在依据诚信原则解释合同的时候，应当强调当事人之间的相互协作等义务，并尽可能按照诚信原则来理解合同条款。第四，诚实信用原则还可以用来填补合同漏洞。也就是说，在当事人未就相关事项作出约定或者约定不明即存在合同漏洞时，此时法官要考虑一个合理的诚实守信的商人，在此情况下应当如何作出履行，或者说应当如何作出意思表示，以此来填补合同的漏洞。

上述各项合同解释的原则构成了一个完整的规则体系，一般来说，在当事人就合同条款含义发生争议时，首先应当按照文义解释的方法，对该条款的准确含义进行解释。如果该条款涉及合同的其他条款或规定，则应当适用整体解释的方法。如果依合同本身的文字材料不能进行解释时，则应当采用目的的、习惯的及诚信原则等方法进行解释。尤其是当合同存在漏洞时则应当适用诚信原则、习惯解释等方法加以解释。如果文义解释等与目的解释的结果不一致，应根据合同的目的进行解释。

三、针对采用两种以上文字订立的合同的解释

《民法典》第 466 条第 2 款规定,合同文本采用两种以上文字订立并约定具有同等效力的,对各文本使用的词句推定具有相同含义。各文本使用的词句不一致的,应当根据合同的相关条款、性质、目的以及诚信原则等予以解释。本条第 1 款主要涉及同一文本中具体条款的解释,第 2 款则是针对多个不同文本且使用词句不一致时的解释。本条第 2 款规定了合同文本以两种以上文字订立,且合同文本使用词句不一致情形下的合同解释问题。这与第一款所针对的情形不同。例如,双方分别用中英文两种语言签订了买卖合同,在中文合同中约定出现争议交由北京仲裁委进行仲裁,英文文本中则约定为提交仲裁机构进行仲裁。此时就出现了两种以上文本词句不一致的情况:

1. 对各文本使用的词句推定具有相同含义。当事人使用了多种语言订立同一意思表示,即使当事人没有特别约定各意思表示文本之间的关系,也可以推定各个文本所使用的词句具有相同的含义。根据本条第 2 款规定,合同文本采用两种以上文字订立并约定具有同等效力的,对各文本使用的词句推定具有相同含义。例如,甲乙双方在订立合同时适用了中英文两种文字,英文的翻译与中文的用语不一致,如果合同中明确规定两个文本具有同等的含义,便不应认为双方订立了两份合同,而应当考察,哪一个文本是另一个文本的翻译本,则翻译的文本应当根据基础文本确定其应有的含义。本款主要具有以下方面的意义:

(1)肯定两种以上文字的合同可以在当事人之间成立合同关系。在合同文本有两种以上语言时,当事人双方可以约定以一种语言作为作准文本,但是如果双方当事人约定两种语言的文本具有相同效力时,也应当认可当事人约定的效力。

(2)便于解释具有两种以上文字且效力相同的合同文本。在具有两种以上文字的合同文本的情况下,由于合同使用了两种以上语言,只有推定各种语言的文本所用的词句具有相同的含义,才能有效减少合同争议,便于展开合同的解释。

(3)明确举证责任的分担。本款对于两种不同语言的文本中的词句采用了“推定”具有相同含义的表述。这一推定实际上是对证明责任分配的规定,即主张两种文本使用的词句具有不同含义的一方承担证明词句含义不同的证明责任,主张词句含义相同的一方不承担此种责任。

(4)明确不同文本的词句含义不一致时的解释方法。在能够举证证明多种文字文本的含义不一致时,就会出现多种可能的解释方案,同时,由于当事人约定各文本具有相同的效力,因此无法确定何种文本优先,只能通过解释确认合同内容。此时,就需要根据合同的性质、目的以及诚信原则,进行合同解释,最终确定合同的内容。

2. 各文本使用的词句不一致的,应当根据合同的相关条款、性质、目的以及诚信原则等予以解释

(1)根据合同的性质进行解释。合同性质主要是指合同类型,如买卖合同、租赁合同等,依据合同性质可以判断词句不一致时,哪一种是更符合当事人意思的解释。当然,如果是不同文本所使用词句不一致,合同性质是一样的,不存在性质的差异问题。

(2)根据合同目的进行解释。所谓根据合同目的进行解释是指,在文本出现不一致的情况下结合合同目的确定词句的真实含义。解释合同应当首先判断当事人的目的。当事人订立合同都是要追求一定的目的,目的解释在合同解释中具有重要地位。[9] 合同订立的目的是当事

---

〔9〕 Farnsworth, *Contracts*, Little, Brown and Company, 1990, p. 513.

人从事交易行为所希望达到的目的,合同本身也不过是当事人实现其目的的手段。在这种方法中,解释者要探究当事人的目的。例如,在多个文字的原材料买卖的文本中对买卖的标的物使用了不一致的表述时,就可以结合当事人订约的目的是希望用于从事何种产品的生产,以确定当事人真实的购买意愿。

(3)依据诚实信用原则进行解释。解释合同应依据诚实信用原则。诚实信用原则是合同法中的一项极为重要的原则。也就是说,如果当事人在合同中缺乏规定或者条款本身不明确,则应当按照一个诚实守信的人所应当作出的理智的选择进行解释。也就是说,法官要考虑一个合理的诚实守信的商人,在此情况下应当如何做出履行,或者说应当如何作出意思表示,以此来填补合同的漏洞。

(4)结合合同的其他条款进行整体解释,也可以结合交易当事人的订约背景、相关资料以及交易习惯等。例如,在上述争议解决方式的争议中,就可以参看以往双方的交易中选择了何种争议解决方式,对于仲裁机构的选择一般表述为具体仲裁机构,还是只抽象选择争议解决方式,从而展开解释。

如果合同是由信笺、电报甚至备忘录等构成的,在确定某一条款的意思构成时,应当将这些材料作为一个整体进行解释。例如,当事人在合同中约定,备忘录和附件作为合同组成部分,当事人在附件中都已经签字,在备忘录中只有一方签字,而另一方没有签字,在发生争议以后,未签字的一方提出,其不同意备忘录的内容,已经签字的一方则认为对方实际上已经接受备忘录的条件。笔者认为,既然当事人在合同中已经约定备忘录和附件作为合同组成部分,因此,无论当事人是否在备忘录上签字,都可以认为备忘录已经成为合同的内容,并对当事人产生了拘束力。整体解释要求合同解释不能局限于合同的字面含义,也不应当仅仅考虑合同的条款,更不能将合同的只言片语作为当事人的真实意图,断章取义。

当事人在订立合同时所使用的文字词句可能有所不当,未能将其真实意思表达清楚,或合同未能明确各自的权利义务关系,使合同难以正确履行,从而发生纠纷。此时,法院或仲裁机构主要应当依据除诚实信用以外的其他规则,考虑各种因素(如合同的性质和目的、合同签订地的习惯等)以探求当事人的真实意思,并正确地解释合同,从而辨明是非,确定责任。尤其应当看到,依据诚实信用原则来解释合同过于抽象,给法官提供了过大的自由解释空间。所以,本书认为,我国《民法典》第466条第2款在确立合同解释的规则时,将诚信原则放在最后,也表明了立法者的意图在于诚信原则只能是在其他规则不能适用时,才能加以运用。

参考案例

1. 成都鹏伟实业有限公司与江西省永修县人民政府、永修县鄱阳湖采砂管理工作领导小组办公室采矿权纠纷案,载《中华人民共和国最高人民法院公报》2010年第4期。
2. 杨树岭诉中国平安财产保险股份有限公司天津市宝坻支公司保险合同纠纷二审案,载《中华人民共和国最高人民法院公报》2007年第11期。
3. 广州珠江铜厂有限公司与佛山市南海区中兴五金冶炼厂、李烈芬加王合同纠纷案,载《中华人民共和国最高人民法院公报》2014年第10期。

第三十一章　转移财产的合同

导读

民法典合同编第二分编典型合同部分规定了19类有名合同。它们大致可分为三类:一是转移财产的合同,对应着社会经济生活中的商品贸易;二是提供服务的合同,对应着社会经济生活中的服务贸易;三是其他合同,如保证合同、合伙合同等。转移财产的合同主要包括买卖合同,供用电、水、气、热力合同,赠与合同,借款合同,租赁合同,融资租赁合同,保理合同,技术转让合同和技术许可合同等。其中,买卖合同确立了这一类合同法律适用的一般规则。出于写作的便利,本章依循民法典的编排顺序,在借款合同之后介绍保证合同;将技术开发合同、技术转让合同和技术许可合同、技术咨询合同和技术服务合同在技术合同项下一并介绍。本章要重点掌握买卖合同和租赁合同。

第一节　买 卖 合 同

一、买卖合同的概念和特征

买卖合同,是出卖人转移标的物的所有权于买受人,买受人支付价款的合同(《民法典》第595条)。依约定应交付标的物并转移标的物所有权的一方称为出卖人,应支付价款的一方称为买受人。

买卖合同具有以下法律特征:

1. 买卖合同是一方当事人转移标的物的所有权、另一方当事人支付价款的合同。买卖合同的出卖人负有交付标的物并转移其所有权于买受人的义务,买受人负有向出卖人支付价款的义务,两项义务互为对价,同属买卖合同当事人所负担的主合同义务。这两项主合同义务使买卖合同区别于其他移转财产所有权的合同,如赠与合同、互易合同,以及移转财产使用权的合同,如租赁合同。

2. 买卖合同是双务合同。买卖合同的双方当事人在享有合同权利的同时,都负担相应的合同义务,因此,买卖合同是典型的双务合同。

3. 买卖合同是有偿合同。买卖合同中,出卖人所负担的交付标的物并转移其所有权于买受人的义务,与买受人所负担的支付价款的义务,互为对价,因此,买卖合同是典型的有偿合同。作为商品交换发展到一定阶段的产物,买卖合同是商品交换的基本法律形式。作为典型的有偿合同,民法典就买卖合同的有偿性所确立的原则,在其他类型的有偿合同未作特别规定或未有特别的交易惯例时,适用于其他的有偿合同(《民法典》第646条)。

4. 买卖合同是诺成合同。除法律另有规定或当事人另有约定外,买卖合同自双方当事人意思表示一致之时起成立,并不以一方当事人标的物的交付或一定行为的进行作为合同的成立要件,因此,买卖合同为诺成合同。

5. 买卖合同是不要式合同。法律和行政法规并未要求当事人之间的买卖合同须采用书面形式,因此,买卖合同为不要式合同。

二、买卖合同的当事人及标的物

(一)买卖合同的当事人

买卖合同的当事人包括买受人和出卖人。

对于买受人,依据民法典的规定,须具备相应的民事行为能力,除此以外,并无特别要求。但实际上,依据民法的基本原则、其他法律的规定以及特定买卖合同的性质,某些具有特别身份的人不得成为特定买卖合同中的买受人。如监护人负有保护被监护人、维护被监护人合法利益的责任。如果监护人购买被监护人的财产,就很难确保被监护人的利益。因此,监护人不得成为被监护人财产的买受人。再如受托人一般不得自行购买委托人委托其出售的财产;拍卖公司及其职员不得购买接受委托拍卖的财产(《拍卖法》第 22 条);公司的董事、高级管理人员不得同本公司订立合同或者进行交易,成为特定买卖合同的买受人(《公司法》第 61 条第 2 款、第 148 条第 4 项)。此外,军队、武装警察部队、司法机关和行政执法机关也不得成为商事经营活动中所订立的买卖合同的买受人。[1]

对于出卖人,除须具备相应的民事行为能力之外,还应当是买卖合同标的物的所有权人或其他有处分权人,否则根据《民法典》第 597 条第 1 款的规定,因出卖人未取得处分权致使标的物所有权不能转移的,买受人可以解除合同并请求出卖人承担违约责任。所谓所有权人,依据《民法典》第 240 条的规定,是指对自己的不动产或者动产依法享有占有、使用、收益和处分权利的人;所谓有处分权人,是指经过所有权人授权或基于法律的规定,可以对他人的财产为出卖行为的人。有处分权人在我国现行立法上主要包括:[2]

1. 抵押权人和质权人。抵押权人和质权人作为担保物权人,在债务人不履行到期债务或者发生当事人约定的实现权利的情形,有权依照抵押合同或者质权合同的约定将抵押人的财产变卖或拍卖,并从变卖、拍卖的价款中优先受偿。

2. 留置权人。留置权属担保物权的一种,留置权人在法律规定的条件满足时,有权留置其依照合同约定所占有的债务人的动产,并可依法将该财产变卖、拍卖,然后从变卖、拍卖的价款中优先受偿。

3. 法定优先权人。依据《民法典》第 807 条的规定,建设工程合同的承包人可以依照法律的规定,享有法定优先权。在发包人未按照约定支付价款,且经催告在合理期限内仍不支付时,得申请人民法院将建设工程依法拍卖,然后从拍卖的价款中优先受偿。

4. 行纪人。行纪人是接受委托人的委托,以自己的名义为委托人进行贸易活动的人。行纪人在所有权人的授权之下,可以遵从所有权人的指示进行财产的处分行为。

5. 经营权人。国有企业对国家授予的财产所享有的经营权,也包括占有、使用、收益和处分权能,故虽非所有权人,仍有权以出卖的方式处分财产。

---

[1] 张新宝、龚赛红:《买卖合同 赠与合同》,法律出版社 1999 年版,第 13 ~ 14 页。

[2] 崔建远主编:《合同法》,法律出版社 2003 年版,第 330 页。

6. 人民法院。依据我国《民事诉讼法》第 247 条的规定,人民法院对逾期拒不履行法律文书确定义务的被执行人的财产,有权进行查封、扣押,并交有关单位拍卖或者变卖,以人民法院的名义强制被执行人履行义务,实现债权人的债权。

如果订立买卖合同的出卖人,既非标的物的所有权人,又非标的物的有处分权人,出卖人与买受人之间的合同即为出卖他人之物的买卖合同。对于出卖他人之物的买卖合同,在各个国家和地区的立法上,由于物权变动模式立法选择的不同,效力认定上也存在区别。采取债权意思主义物权变动模式的法国民法,将其认定为无效合同(《法国民法典》第 1599 条);采取物权形式主义物权变动模式的德国民法,则将其认定为可以生效的合同(《德国民法典》第 433 条)。我国民法以债权形式主义的物权变动模式为原则,买受人取得标的物的所有权属于出卖人履行合同义务的法律效果,而非买卖合同生效的法律效果。买受人不能取得标的物的所有权,属于出卖人未能履行自己的合同义务,并不影响买卖合同的效力,因此,出卖他人之物的买卖合同同样属于可以生效的合同。[3] 出卖人未取得处分权致使标的物所有权不能转移的,买受人可以解除合同并请求出卖人承担违约责任。

如果出卖人就同一标的物订立数个买卖合同的,数个买卖合同都可以成为生效的合同。数个买受人中,只有一个买受人得取得标的物的所有权。未取得标的物所有权的买受人,得对出卖人主张违约责任(某些场合为侵权责任[4])的承担。

(二)买卖合同的标的物

在我国合同法上,买卖合同的标的物,依据《民法典》第 595 条的规定,应认定为实物。财产权利的转让则规定在诸如技术转让合同,建设用地使用权出让、转让合同等其他的合同类型中。

买卖合同的标的物可以是现实存在的物,也可以是将来产生的物;可以是特定物,也可以是不特定物。

如果买卖合同的标的物是禁止流通物,该买卖合同应认定为无效合同(《民法典》第 153 条第 1 款第 1 句)。如果买卖合同的标的物是限制流通物,该买卖合同属于办理批准等手续才能生效的合同。未办理批准等手续影响合同生效的,不影响合同中履行报批等义务条款以及相关条款的效力。合同当事人有义务去办理批准等手续,促成买卖合同的完全生效。当事人不履行报批等义务,致使买卖合同未能完全生效的,应承担违反该义务的责任(《民法典》第 502 条第 2 款)。

三、买卖合同的内容

买卖合同的内容主要由当事人约定,除了标的、数量和质量、价款、履行期限、履行地点、履行方式、违约责任、解决争议的方法等条款以外,当事人还可就包装方式、检验标准和方法、结算方式以及合同使用的文字及其效力等内容进行约定。

(一)标的

标的是买卖合同双方当事人权利义务指向的对象。买卖合同不规定标的,就会失去目的,

---

[3] 详请参见王轶:《物权变动论》,中国人民大学出版社 2001 年版,第 4 章。

[4] 例如,甲有一清代花瓶,与乙订立买卖合同在先,与丙订立买卖合同在后。在与乙订立买卖合同时,双方约定花瓶的所有权自合同成立之时起即归乙所有,但暂不移转花瓶的占有于乙。丙在与甲订立买卖合同时,不知道也不应当知道该花瓶已非属甲所有。双方的买卖合同成立之时,甲即将标的物交付于丙。此时,丙得基于动产的善意取得制度,取得花瓶的所有权,乙就丧失了业已取得的所有权。乙得向甲主张侵权责任的承担。

失去意义，因此，标的是买卖合同的必要条款。标的条款必须清楚地写明标的物的名称。

（二）数量

标的物的数量是确定买卖合同标的物的具体条件之一。标的物的数量要确切，应选择双方共同接受的计量单位，一般应采用通用的计量单位，也可以采用行业或者交易习惯认可的计量单位。要确定双方认可的计量方法，同时应允许规定合理的磅差或尾差。

标的物的数量属于买卖合同成立应当具备的必要条款。

（三）质量

标的物的质量是确定买卖合同标的物的具体条件。标的物的质量一般包括两个方面的要求：一是标的物的品种和规格，通常指标的物的型号、批号、尺码、级别等；二是标的物的内在品质，通常指标的物应达到其应有的功效，并且不含有隐蔽瑕疵、缺陷等。标的物的质量需订得详细具体。但在一般情形下，欠缺质量条款，并不影响买卖合同的成立。当事人没有约定质量条款或者约定不明确，可以依照《民法典》第 510 条以及第 511 条第 1 项补充确定。

（四）履行期限、地点和方式

履行期限直接关系到买卖合同义务完成的时间，涉及当事人的期限利益，也是确定违约与否的因素之一。履行期限可以规定为即时履行，也可以规定为定时履行，还可以规定为一定期限内履行。如果是分期履行，还应写明每期的准确时间。

履行地点是确定验收地点的依据，是确定运输费用由谁负担、风险由谁承受的依据；有时是确定标的物所有权是否转移、何时转移的依据；还是确定诉讼管辖的依据之一；对于涉外买卖合同纠纷，它是确定法律适用的一项依据。因而它十分重要，应在合同中写明。

履行方式，如是一次交付还是分批交付，是交付实物还是交付提取标的物的单证，是铁路运输还是空运、水运等，同样事关当事人的物质利益，因此，应在合同中写明。

履行期限、履行地点和履行方式未在买卖合同中作出明确约定，一般并不影响买卖合同的成立。当事人未约定履行期限、履行地点和履行方式条款或者约定不明确的，可以依照《民法典》第 510 条、第 511 条第 3 ~ 5 项以及第 603 条第 2 款、第 627 条、第 628 条补充确定。

（五）价款

价款是买受人取得标的物所应支付的代价，买卖合同应当对价款的数额作出明确的约定，同时对价款的币种作出约定，对不同币种之间的汇率作出约定。

价款通常指标的物本身的价款，但因商业上的大宗买卖一般是异地交货，便产生了运费、保险费、装卸费、报关费等一系列额外费用。这些费用由谁支付，需在买卖合同的价款条款中写明。

该项条款未在合同中作出明确约定，一般不影响买卖合同的成立。当事人在合同中没有约定价款条款或者约定不明确的，依照《民法典》第 626 条补充确定。

（六）违约责任

违约责任是促使当事人履行债务，使非违约方免受或少受损失的法律措施，对当事人的利益关系影响重大，合同对此应予明确规定。例如，对违约所致损害的计算方法、赔偿范围等予以明确规定，对于将来及时地解决违约问题意义重大。当然，违约责任是法律责任，即使买卖合同中没有违约责任条款，只要未依法或依约免除，违约方就应承担责任。

对该项条款未作出约定的，不影响买卖合同的成立。买卖合同的当事人违约的，依照民法典合同编第二分编第9章关于买卖合同当事人违约责任承担的特别规定以及民法典合同编第一分编第8章关于违约责任的一般规定处理。

(七)包装方式

标的物的包装包括两层含义:一是盛标的物的容器,通常称为包装用品或者包装物;二是包装标的物的操作过程。因此,包装方式既可以指包装物的材料,又可以指包装的操作方式。包装对标的物起保护和装饰作用。在某些情况下,包装还能反映标的物的质量。因此,在买卖合同中应明确约定包装的方式,包括包装材料、装潢,包装物的交付,包装费用承担等内容。产品包装应当按照国家标准或专业(部)标准执行;没有上述标准的,可按承运、托运双方商定并在合同中写明的标准进行包装。有特殊要求或采用包装代用品的,应征得运输部门的同意,并在合同中明确规定。产品包装时必须附有装箱清单。除国家规定由买受人提供的以外,包装物由出卖人提供,运输包装上的标记由出卖人印刷。可以多次使用的包装物,应按有关主管部门制定的包装物回收办法执行;没有规定的,由买卖双方商定包装物回收协议,作为买卖合同的附件。

除国家另有规定外,包装费用由出卖人负担,不得向买受人另外收取。如果买受人有特殊要求的,双方应在合同中约定,其包装费超过原定标准的,超过部分由买受人负担;其包装费低于原定标准的,相应降低产品价格。

对该项条款未作约定的,不影响买卖合同的成立。当事人未约定包装方式条款或者约定不明确的,依据《民法典》第510条仍不能确定的,依据《民法典》第619条确定。

(八)检验标准、检验期限和方法

合同应对检验标准、检验期限、凭封单检验还是凭现状检验以及对标的物质量和数量提出异议和答复的期限作出明确规定。

对该项条款未作约定或者约定不明确的,不影响买卖合同的成立,可以依照《民法典》第510条、第620条、第621条、第622条、第623条、第624条补充确定。

(九)结算方式

结算方式是指出卖人向买受人交付标的物后,买受人向出卖人支付标的物价款、运杂费和其他费用的方式。买卖合同的结算方式应遵守中国人民银行结算办法的规定,除法律或者行政法规另有规定的以外,必须用人民币计算和支付。同时,除国家允许使用现金履行义务的以外,必须通过银行转账或者票据结算,当事人对结算方式应当明确约定。用托收承付方式的,合同中应明确是验单付款还是验货付款。为便于结算,合同中应注明双方当事人的开户银行、账户名称、账号和结算单位。

对该项条款未作约定的,不影响买卖合同的成立。当事人未约定结算方式条款或者约定不明确的,依照《民法典》第510条补充确定。

(十)合同使用的文字及其效力

合同使用的文字及其效力,是涉外买卖合同及跨民族买卖合同的重要条款。在此类合同中双方当事人应就合同所使用的文字作出明确约定,当事人应当使用约定的文字订立合同。

对该项条款未作约定的,不影响买卖合同的成立。当事人未约定合同使用的文字及其效力条款或者约定不明确的,依照《民法典》第510条补充确定。

四、买卖合同的效力

买卖合同的效力是指生效买卖合同所具有的法律效力。广义的买卖合同的效力既包括买卖合同的对外效力,又包括买卖合同的对内效力。买卖合同对外效力的核心是合同债权的不可侵性,主要通过民法典侵权责任编的规定予以调整(《民法典》第1165条、第1166条、第1167条)。买卖合同的对内效力以买卖合同的内容为基础,主要表现为出卖人和买受人双方所享有的权利和所负担的义务。狭义的买卖合同的效力仅指买卖合同的对内效力。

前已提及,买卖合同的对内效力主要体现为合同当事人所享有的权利和所负担的义务,由于买卖合同是典型的双务有偿合同,一方当事人所负担的合同义务是对方当事人所享有的合同权利,所以买卖合同的对内效力可以通过双方当事人所负担的合同义务来体现。

(一)出卖人的合同义务

1. 交付标的物并转移标的物的所有权于买受人

该项义务是出卖人的主合同义务,它由两个方面的内容组成:一为交付标的物;二为转移标的物的所有权于买受人。

(1)交付标的物

买卖合同中,出卖人应将买卖合同的标的物交付给买受人。交付标的物可分为交付和替代交付。交付包括现实交付和拟制交付。所谓拟制交付,是指交付提取标的物的单证,以代替标的物的现实交付的交付方式。例如,交付仓单、提单以及可转让的多式联运单据等。替代交付包括简易交付、占有改定以及指示交付。现实交付,是指出卖人将标的物置于买受人的实际控制之下,即移转标的物的直接占有。所谓简易交付,是指买卖合同订立前,买受人已实际占有标的物的,标的物的交付系于合同生效的交付方式。所谓占有改定,是指由双方当事人签订协议,使买受人取得标的物的间接占有,以代替标的物直接占有的移转的交付方式。所谓指示交付,是指让与所有物返还请求权以代替现实交付。

依据《民法典》第512条的规定,通过互联网等信息网络订立的买卖合同,采用快递物流方式交付的,收货人的签收时间为交付时间。买卖合同的标的物为采用在线传输方式交付的,标的物进入买受人指定的特定系统且能够检索识别的时间为交付时间。

出卖人交付标的物,在标的物有从物时,若当事人无另外的约定,应当随同交付从物(《民法典》第320条)。

出卖人交付标的物的义务可亲自履行,也可由第三人履行。在第三人代为交付时,对交付中出现的违约情形,第三人不负违约责任,仍由出卖人承担违约责任(《民法典》第523条)。

出卖人应当按照约定的时间交付标的物。约定交付期限的,出卖人可以在该交付期间内的任何时间交付。出卖人提前交付标的物的,应取得买受人的同意,否则买受人有权拒收,但出卖人的提前交付不损害买受人利益的除外。出卖人提前交付给买受人增加的费用,由出卖人负担。当事人未约定标的物的交付期限或者约定不明确的,可以协议补充;不能达成补充协议的,按照合同有关条款或交易习惯确定;仍不能确定的,可以随时交付,但应当给买受人必要的准备时间。

出卖人应当按照约定的地点交付标的物。当事人未约定交付地点或者约定不明确的,可以协议补充;不能达成补充协议的,按照合同有关条款或者交易习惯确定;仍不能确定的,适用下列规定:第一,标的物需要运输的,出卖人应当将标的物交付给第一承运人以运交给买受人;第二,标的物不需要运输的,出卖人和买受人订立合同时知道标的物在某一地点的,出卖人应当在该地点交付标的物;不知道标的物在某一地点的,应当在出卖人订立合同时的营业地交付标的物(《民法典》第603条)。

出卖人应当按照约定的数量交付标的物。出卖人多交标的物的,买受人可以接收或者拒绝接收多交的部分;买受人拒绝接收多交部分的,应当及时通知出卖人(《民法典》第629条)。买受人接收多交部分的,按照约定的价格支付价款;出卖人少交标的物的,除不损害买受人利益的以外,买受人可以拒绝接收。买受人拒绝接收标的物的,应当及时通知出卖人。买受人怠于通知的,应当承担因此产生的损害赔偿责任。但出卖人交付的标的物数量在合理的磅差或尾差之内的,应视为交付的数量符合约定的标准。合同中约定分批交付的,出卖人应按照约定的批量分批交付。出卖人未按照约定的时间和数量交付的,应就每一次的不适当交付负违约责任。

出卖人应当按照约定的包装方式交付标的物。对包装方式没有约定或者约定不明确的,可以协议补充;不能达成补充协议的,按照合同有关条款或者交易习惯确定;仍不能确定的,应当按照通用的方式包装;没有通用方式的,应当采取足以保护标的物且有利于节约资源、保护生态环境的包装方式。

(2)转移标的物的所有权于买受人

取得标的物的所有权是买受人的主要交易目的,因此,将标的物的所有权转移给买受人,是出卖人的一项主要义务。移转标的物的所有权,是在交付标的物基础上,实现标的物所有权的转移,使买受人获得标的物所有权。依据《民法典》第224条的规定,动产物权的设立和转让,自交付时发生效力,但是法律另有规定的除外。这表明,标的物所有权的转移方法,可以有所不同。

就动产而言,除法律有特别规定的以外,所有权依交付而移转。这表明,我国现行民事立法就动产所有权的转移确立了债权形式主义的物权变动模式。

债权形式主义的物权变动模式允许当事人约定出卖人先行交付标的物,在买受人未履行支付价款或者其他义务时,标的物的所有权仍归出卖人所有,以担保买受人合同义务的履行,这就是所谓的所有权保留制度。

所有权保留作为一种新型的担保制度,在交易实践中,经常与分期付款买卖结合在一起。在保留所有权的分期付款买卖中,买受人在条件成就前,享有所有权的期待权,该项权利为物权化的债权或效力扩张的债权;出卖人基于其所保留的所有权享有取回权。出卖人对标的物保留的所有权,未经登记,不得对抗善意第三人(《民法典》第641条第2款)。在标的物所有权转移前,买受人有下列情形之一,造成出卖人损害的,除当事人另有约定外,出卖人有权取回标的物:其一,未按照约定支付价款,经催告后在合理期限内仍未支付;其二,未按照约定完成特定条件;其三,将标的物出卖、出质或者作出其他不当处分。出卖人可以与买受人协商取回标的物;协商不成的,可以参照适用担保物权的实现程序(《民法典》第642条)。出卖人依据《民法典》第642条第1款的规定取回标的物后,买受人在双方约定或者出卖人指定的合理回赎期限内,消除出卖人取回标的物的事由的,可以请求回赎标的物。买受人在回赎期限内没有回赎标的物,出卖人可以以合理的价格将标的物出卖给第三人,出卖所得价款扣除买受人未支付的价款以及必要费用后仍有剩余的,应当返还买受人;不足部分由买受人清偿(《民法典》第643条)。所有权保留制度以微观上的利益均衡、交易安全为宗旨,以权利拥有和利益享用相分离的权利分化理论为构思主题,以设定标的物所有权移转的前提条件为特征,精巧地实现了买受人对标的物的提前享用,有效消弭了出卖人滞后收取价金的交易风险,从而因其制度设计的内在合理性,在各个国家和地区得到了广泛应用。民法典对所有权保留制度的认可和完善,必将推动我国信贷消费的发展。[5]

依据《民法典》第225条的规定，就船舶、航空器和机动车等特殊类型的动产，所有权也自交付之时起转移，但未依法办理登记手续的，所有权的移转不具有对抗善意第三人的效力。

依据《民法典》第209条第1款以及第214条的规定，不动产所有权的转移须依法办理所有权的转移登记。未办理登记的，尽管买卖合同已经生效，但标的物的所有权不发生转移（《民法典》第215条）。这表明，我国民法典就不动产所有权的转移，仍然采债权形式主义的物权变动模式。

依据《民法典》第600条的规定，出卖具有知识产权的计算机软件等标的物的，除法律另有规定或当事人另有约定的以外，该标的物的知识产权并不随同标的物的所有权一并移转于买受人。原因在于：首先，知识产权是一种独立的无形权利。知识产权虽然必须通过一定的物质载体才能表现出来，但知识产权的客体并非它的物质载体。知识产权与标的物的所有权是可以分离的，两者是并行于标的物上的独立权利。在买卖合同中，出卖人转让的仅仅是标的物的所有权，而不包括知识产权，因为知识产权有独立的财产价值。其次，假设在出卖人转移标的物所有权的同时，标的物上的知识产权亦同时转让，势必造成如下矛盾：很多情况下，出卖人并非知识产权人，而仅为标的物的所有人，出卖人如何能把自己都不享有的权利转移于买受人呢？另外如标的物为种类物，转让标的物的所有权时，知识产权亦转移，势必造成每个买受人都享有标的物的知识产权，这样，同一客体的知识产权就有无数个主体，这显然是不可能的。[6]

2. 物的瑕疵担保义务

依据《民法典》第615条的规定，出卖人应当按照约定的质量要求交付标的物。出卖人提供有关标的物质量说明的，交付的标的物应当符合该说明的质量要求。这一义务被称为物的瑕疵担保义务。

出卖人负担物的瑕疵担保义务，是由买卖合同的有偿性决定的。在我国民法典上，物的瑕疵担保义务被表述为质量担保义务，即出卖人应当担保其交付给买受人的标的物符合合同约定的或者法律确定的质量标准。因此，确定标的物的质量标准，是判断出卖人是否全面履行该项义务的前提。买卖合同中，当事人对标的物的质量标准没有约定或约定不明确的，可以协议补充；不能达成补充协议的，按照合同有关条款或者交易习惯确定；仍不能确定的，出卖人交付的标的物，应当符合同种物的通常标准或者为了实现合同目的该物应当具有的特定标准。

出卖人交付的标的物不符合质量标准的，属于对物的瑕疵担保义务的违反，在传统民法上，发生物的瑕疵担保责任的承担。但在我国民法典上，因就违约责任的归责原则，一般（尤其是商事合同）采严格责任原则，使传统民法上违约责任与物的瑕疵担保责任的区别丧失了依据。因此，出卖人应当按照当事人的约定承担违约责任。对违约责任没有约定或者约定不明确，也不能达成补充协议或者按照合同有关条款以及交易习惯仍不能确定的，受损害方可以根据标的物的性质以及损失的大小，合理选择请求对方承担修理、更换、退货或者减少价款（《民法典》第582条）。其中，作为救济手段的退货，在通常情形下就是行使解除合同的权利。因标的物的主物不符合约定而解除合同的，解除合同的效力及于从物。因标的物的从物不符合约定而被解除的，解除的效力不及于主物（《民法典》第631条）。标的物为数物，其中一物不符合

---

〔5〕 王轶：《所有权保留制度研究》，载梁慧星主编：《民商法论丛》（第6卷），法律出版社1997年版。

〔6〕 李国光主编：《合同法释解与适用》，新华出版社1999年版，第650页。

约定的,买受人可以就该物解除。但是,该物与他物分离使标的物的价值显受损害的,当事人可以就数物解除合同(《民法典》第632条)。此项解除权不得与减少价款同时主张,也不得与修理、更换同时并举。质量不符合约定,造成其他损失的,受损方可以请求赔偿损失(《民法典》第583条)。

买受人要求出卖人承担违反物的瑕疵担保义务的违约责任,除非法律另有规定,以买受人及时向出卖人通知标的物质量不合格为条件(《民法典》第621条第1款)。买受人在订立买卖合同时知道或者应当知道标的物质量不合格的,不得向出卖人主张违反物的瑕疵担保义务的违约责任。商事买卖合同的当事人也可以通过免责条款的方式,预先免除出卖人违反物的瑕疵担保义务的违约责任。当事人约定减轻或者免除出卖人对标的物瑕疵承担的责任,因出卖人故意或者重大过失不告知买受人标的物瑕疵的,出卖人无权主张减轻或者免除责任(《民法典》第618条)。

3. 权利的瑕疵担保义务

依据《民法典》第612条的规定,出卖人就交付的标的物,除非法律另有规定,负有保证第三人不得向买受人主张任何权利的义务。这一义务称为出卖人的权利瑕疵担保义务。违反权利的瑕疵担保义务,在传统民法上发生权利瑕疵担保责任的承担。我国民法典上,由于违约责任和权利瑕疵担保责任的区分丧失了依据,因此,出卖人应对买受人承担违约责任。

在我国民法上,出卖人违反权利瑕疵担保义务,得承担违约责任的情形还包括:共有人出卖全部共有财产或者出卖共有财产中的他人份额;出卖人向买受人出售第三人享有优先购买权或法定优先权的财产;出卖人出售给买受人的财产上存在第三人的居住权或者租赁权;出卖人出售给买受人的财产,第三人得根据专利权或其他知识产权主张权利或要求。

依据《民法典》第613条的规定,在买卖合同订立时,买受人知道或者应当知道第三人对买卖的标的物享有权利的,出卖人不负担该项义务。另外,买受人能够依据保护交易安全的规定,善意取得标的物所有权的,出卖人也无须承担违反权利瑕疵担保义务的违约责任。

买受人有确切证据证明第三人对标的物享有权利的,可以在出卖人未提供适当担保时,行使合同履行的抗辩权,中止支付相应的价款,但是出卖人提供适当担保的除外(《民法典》第614条)。

4. 交付有关单证和资料

出卖人还应当按照约定或者交易习惯向买受人交付提取标的物单证以外的有关单证和资料(《民法典》第599条)。该项义务系属出卖人在买卖合同中所负担的从合同义务,该项义务辅助主合同义务,实现买受人的交易目的。交易实践中,与买卖合同标的物相关的其他单证和资料主要包括:保险单、保修单、普通发票、增值税专用发票、产品合格证、质量保证书、质量鉴定书、品质检验证书、产品进出口检疫书、原产地证明书、使用说明书、装箱单等。

在国际贸易中,出卖人交付有关单证和资料的义务因合同具体条件的差异也有所不同,如普通货物买卖无须进出口许可证;在FOB或CFR条件下,由买方自己办理保险,出卖人自然无须提供保险单或者保险凭证;在DDP条件下,出卖人就必须提供证明已经完成进口完税手续的单证。

除负担前述主合同义务和从合同义务外,出卖人还应遵循诚实信用原则,根据合同的性质、目的和交易习惯负担通知、协助、保密等附随义务(《民法典》第509条第2款)以及相应的不真正义务等法定义务(如《民法典》第591条),在履行合同过程中,应当避免浪费资源、污染环境和破坏生态(《民法典》第 509 条第 3 款)。

依照法律、行政法规的规定或者按照当事人的约定,标的物在有效使用年限届满后应予回收的,出卖人负有自行或者委托第三人对标的物予以回收的义务(《民法典》第 625 条),这也属于出卖人负担的附随义务。

(二)买受人的义务

1. 支付价款

支付价款是买受人的主要义务。买受人支付价款应按照合同约定的数额、地点、时间为之。

(1)价款数额的确定

价款数额一般由单价与总价构成,总价为单价乘以标的物的数量。当事人在合同中约定的单价与总价不一致,而当事人又不能证明总价为折扣价的,原则上应按单价来计算总价。当事人对价款的确定,须遵守国家的物价法规,否则其约定无效。

买受人应当按照约定的数额支付价款。对价款没有约定或约定不明确的,可以协议补充;不能达成补充协议的,按照合同有关条款或者交易习惯确定。如仍不能确定,按照订立合同时履行地的市场价格履行,依法应当执行政府定价或者政府指导价的,按照规定履行(《民法典》第 626 条)。详言之,当事人在合同中约定执行政府定价的,在合同约定的交付期限内政府价格调整时,按照交付时的价格计价。逾期交付标的物的,遇价格上涨时,按照原价格执行;价格下降时,按照新价格执行。逾期提取标的物或者逾期付款的,遇价格上涨时,按照新价格执行;价格下降时,按照原价格执行。

(2)价款的支付地点

价款的支付地点可由双方当事人约定。买受人应当按照约定的地点支付价款。对支付地点没有约定或者约定不明确的,可以协议补充;不能达成补充协议的,按照合同有关条款或者交易习惯确定;仍不能确定的,买受人应当在出卖人的营业地支付,但是,约定支付价款以交付标的物或者交付提取标的物的单证为条件的,则在交付标的物或者提取标的物单证的所在地支付(《民法典》第 627 条)。

(3)价款的支付时间

价款的支付时间,可以由双方当事人约定。买受人应当按照约定的时间支付价款。对支付时间没有约定或者约定不明确的,可以协议补充;不能达成补充协议的,按照合同有关条款或者交易习惯确定。仍不能确定的,按照同时履行的原则,买受人应当在收到标的物或者提取标的物单证的同时支付(《民法典》第 628 条)。价款支付迟延时,买受人不但有义务继续支付价款,还有责任支付迟延利息。

买受人在出卖人违约的情况下,有拒绝支付价款、请求减少价款、请求返还价款的权利。如出卖人交付的标的物有重大瑕疵以致难以使用时,买受人有权拒绝接受交付,并有权拒绝支付价款。如出卖人交付的标的物虽有瑕疵但买受人同意接受,买受人可以请求减少价款。标的物在交付后部分或全部被第三人追索,买受人不但有权解除合同、请求损害赔偿,也有权要求返还全部或部分价款。

(4)价款的支付方式

价款的支付方式,也可由当事人约定,但当事人关于支付方式的约定,不得违反国家关于现金管理的规定。

2. 受领标的物

买受人有依照合同约定或者交易惯例受领标的物的义务。若出卖人不按合同约定的条件交付标的物,如多交付、提前交付、交付的标的物有瑕疵等,买受人有权拒绝接受。

3. 及时检验出卖人交付的标的物

买受人收到标的物时,有及时检验义务。当事人约定检验期间的,买受人应当在约定期间内进行检验。没有约定检验期间的,买受人应当在收到标的物之后的合理期间内及时检验(《民法典》第620条)。

在约定的检验期间,或者在买受人发现或者应当发现标的物数量或者质量不符合约定的合理期间内,或者自买受人接收标的物的交付之日起2年内,买受人没有通知标的物的数量和质量不符合约定的;或者在标的物的质量保证期内,买受人没有通知标的物的质量不符合约定的,通知期间过后,发生一项事实确定规则的适用,即标的物的数量和质量视为是符合约定的。该通知期间与保证期间类似,既非诉讼时效期间,也非除斥期间,而是民法上一种独立的期间类型,属于或有期间。[7] 在通知期间内,买受人通知出卖人的,即可取得寻求违约救济的请求权和形成权,该请求权随即开始进行诉讼时效期间的计算,该形成权随即开始除斥期间的计算。

买卖合同当事人约定的检验期间过短,根据标的物的性质和交易习惯,买受人在检验期限内难以完成全面检验的,该期限仅视为买受人对标的物的外观瑕疵提出异议的期限。约定的检验期限或者质量保证期短于法律、行政法规规定期限的,应当以法律、行政法规规定的期限为准(《民法典》第622条)。当事人对检验期限未作约定,买受人签收的送货单、确认单等载明标的物数量、型号、规格的,推定买受人已经对数量和外观瑕疵进行检验,但是有相关证据足以推翻的除外(《民法典》第623条)。出卖人依照买受人的指示向第三人交付标的物,出卖人和买受人约定的检验标准与买受人和第三人约定的检验标准不一致的,以出卖人和买受人约定的检验标准为准(《民法典》第624条)。

但出卖人知道或应当知道提供的标的物不符合约定的,买受人得随时通知出卖人标的物的数量或质量不符合约定(《民法典》第621条第3款)。买受人通知出卖人的,买受人向出卖人寻求违约救济的请求权开始进行诉讼时效期间的计算,形成权开始除斥期间的计算。

该项义务属买受人所负担的不真正义务。该项义务的违反不发生违约责任的承担,但由此造成的损失由买受人自己负担。

4. 暂时保管及应急处置拒绝受领的标的物

在特定情况下,买受人对于出卖人所交付的标的物,虽可作出拒绝接受的意思表示,但有暂时保管并应急处置标的物的义务。该项义务属买受人所应负担的附随义务。这一点各国立法皆有规定。

买受人拒绝接受时的保管义务是有条件的:第一,必须是异地交付,货物到达交付地点时,买受人发现标的物的品质瑕疵而作出拒绝接受的意思表示;第二,出卖人在标的物接受交付的地点没有代理人,即标的物在法律上已处于无人管理的状态;第三,一般物品由买受人暂时保管,但出卖人接到买受人的拒绝接受通知时应立即以自己的费用将标的物提回或做其他处置,并支付买受人的保管费用;第四,对于不易保管的易变质物品如水果、蔬菜等,买受人可以紧急

---

〔7〕 王轶:《民法总则之期间立法研究》,载《法学家》2016年第5期。

变卖,但变卖所得在扣除变卖费用后须退回出卖人。买受人在拒绝接受交付时为出卖人保管及紧急变卖标的物的行为必须是基于善良的动机,不得扩大出卖人的损失。出卖人也不能因买受人上述情况下的保管或紧急变卖行为而免除责任。[8]

五、买卖合同中标的物的风险负担与利益承受

(一)买卖合同中标的物的风险负担

买卖合同中标的物的风险是指买卖合同的标的物由于不可归责于买卖合同双方当事人的事由毁损、灭失所造成的损失。风险负担是指该损失应由谁来承担。

我国民法对于物权变动,原则上采债权形式主义模式,将交付行为作为动产标的物所有权移转的成立要件。我国《民法典》第604条规定:“标的物毁损、灭失的风险,在标的物交付之前由出卖人承担,交付之后由买受人承担,但是法律另有规定或者当事人另有约定的除外。”从而使该条规定所确立的风险负担的一般规则与《民法典》第224条关于动产标的物所有权移转的一般规则“动产物权的设立和转让,自交付时发生效力”相一致。可见,我国的民事立法将动产标的物毁损灭失的风险负担的移转,在当事人没有特别约定的情况下,规定为既与标的物的交付相一致,又与标的物所有权的移转相一致。这样规定契合当今的立法潮流,应予坚持。其中《民法典》第604条所谓法律另有规定或当事人另有约定主要包括两种情况:一是在交付前标的物风险即由买受人负担;二是交付后的一段时间内标的物的风险仍由出卖人负担。

如果当事人双方约定动产标的物的所有权非自交付时起转移,如买卖合同的双方当事人采所有权保留制度作为合同履行的担保,风险负担仍应采交付主义。

买卖合同的标的物为不动产时,其风险负担的移转规则,与动产有所不同。就大陆法系而言,在物权变动采债权意思主义模式的国家和地区,由于不动产所有权的移转无须办理相应的登记手续,不动产毁损灭失的风险负担的转移在一般情形下与不动产所有权的移转相一致;在物权变动采债权形式主义或物权形式主义的国家和地区,由于单纯的不动产占有的移转并不能发生不动产所有权的移转,登记才是不动产所有权移转的成立要件,这就使标的物毁损灭失的风险负担的转移与标的物所有权的移转不尽一致,其中,作为买卖合同标的物的不动产毁损灭失的风险负担,仍在不动产交付时移转。[9]《商品房买卖合同解释》第11条第2款规定:“房屋毁损、灭失的风险,在交付使用前由出卖人承担,交付使用后由买受人承担……但法律另有规定或者当事人另有约定的除外。”

风险负担的交付主义规则在具体应用时,应注意以下问题:

1. 依据《民法典》第606条的规定,出卖人出卖交由承运人运输的在途标的物,除当事人另有约定的以外,毁损、灭失的风险自合同成立时起由买受人承担。这就是关于所谓路货买卖中标的物风险负担的规定。路货买卖是指标的物已在运输途中,出卖人寻找买主,出卖在途的标的物。它可以是出卖人先把标的物装上开往某个目的地的运输工具上,然后再寻找适当的买主订立买卖合同;也可以是一个买卖合同的买受人未实际收取标的物前,再把处于运输途中的标的物转卖给另一方。

在一般情况下,自合同订立之时起转移标的物的风险负担是合理的。但在实践中,以合同

---

〔8〕 郭明瑞、王铁:《合同法新论·分则》,中国政法大学出版社1997年版,第33页。

〔9〕 崔建远:《关于制定合同法的若干建议》,载《法学前沿》编辑委员会:《法学前沿》(第2辑),法律出版社1998年版,第47页。

订立之时来划分路货买卖的风险负担有时是比较困难的。因为在订立买卖合同时,货物已经装在运输工具上处于运输的途中。在无确切证据的情况下,买卖双方都难以确定风险到底是发生在运输途中的哪一段,是在合同订立之前还是合同订立之后。所以《买卖合同解释》第13条确认:“出卖人出卖交由承运人运输的在途标的物,在合同成立时知道或者应当知道标的物已经毁损、灭失却未告知买受人,买受人主张出卖人负担标的物毁损、灭失的风险的,人民法院应予支持。”

2. 当事人没有约定交付地点或者约定不明确,标的物需要运输的,出卖人将标的物交付给第一承运人后,标的物毁损、灭失的风险由买受人承担(《民法典》第607条第2款)。

3. 出卖人按照约定未交付有关标的物的单证和资料的,不影响标的物毁损、灭失风险的转移(《民法典》第609条)。这表明在约定保留所有权场合,即使出卖人未向买受人交付提取标的物的单证和资料,标的物毁损、灭失的风险仍自标的物交付时起转移。[10]

4.《民法典》第605条规定,因买受人的原因致使标的物未按照约定的期限交付的,买受人应当自违反约定之日起承担标的物毁损、灭失的风险。所谓因买受人的原因,主要包括两种情形:第一,买受人违约,比如买受人由于可归责于自身的原因陷入不履行或不完全履行,出卖人由于合同履行抗辩权的行使,在合同约定的履行期中止义务履行的;或者是买受人迟延受领或无正当理由拒绝受领的。第二,买受人对出卖人准备交付的标的物实施侵权行为,致使出卖人无法按照约定的期限交付标的物,双方又未补充约定变更合同履行期限的。在这两种情况下,即使出卖人没有完成标的物的交付,买受人仍应自约定的交付期限起,承担标的物毁损、灭失的损失。

5. 出卖人按照约定或者法律的规定将标的物置于交付地点,买受人违反约定没有收取的,标的物毁损、灭失的风险自违反约定之日起由买受人承担(《民法典》第608条)。

6. 因标的物质量不符合要求,致使不能实现合同目的的,买受人可以拒绝接受标的物或者解除合同。买受人拒绝接受标的物或者解除合同的,标的物毁损、灭失的风险由出卖人承担(《民法典》第610条)。

7.《民法典》第611条规定,标的物毁损、灭失的风险由买受人承担的,不影响因出卖人履行债务不符合约定,买受人要求其承担违约责任的权利。之所以如此,主要是考虑到违约责任的承担与风险负担同属合同法上对损失进行分配的途径,前者解决对于因可归责于一方或双方的事由所带来的损失的分配;后者用来解决对于因不可归责于双方当事人的事由所带来的损失的分配。在交易实践中,两种类型的损失有可能同时发生,此时既不能用违约责任的承担代替风险负担,也不能用风险负担代替违约责任的承担。而应当让两个制度同时发挥作用,分别进行损失的分配。

(二)买卖合同中的利益承受

利益承受是指标的物于买卖合同订立后所生孳息的归属。标的物于合同订立后所生孳息的归属与风险的负担是密切相连的,二者遵循同一原则。因此在利益承受上,标的物在交付前产生的孳息,归出卖人所有;标的物交付后产生的孳息,由买受人承受。合同另有约定的,依其

---

〔10〕 有立法机关人士认为,《民法典》第609条的规定系效法《联合国国际货物销售合同公约》第67条规定:“卖方有权保留控制货物处置权的单据,并不影响风险的转移。”详请参见胡康生主编:《中华人民共和国合同法释义》,法律出版社1999年版,第228~229页。

约定(《民法典》第630条)。

六、买卖合同的终止

买卖合同得基于合同终止的一般规则而终止,[11]但也有特殊性。例如,出卖人分批交付标的物的,出卖人对其中一批标的物不交付或交付不符合约定,致使不能实现合同目的的,买受人可以就该批标的物解除。出卖人不交付其中一批标的物或交付不符合约定,致使今后其他各批标的物的交付不能实现合同目的的,买受人可以就该批以及其他各批标的物解除。出卖人已经就其中一批标的物解除,该批标的物与其他各批标的物相互依存的,买受人可以就已经交付和未交付的各批标的物解除(《民法典》第633条)。再如商品房买卖中,《商品房买卖合同解释》第14条规定,出卖人交付使用的房屋套内建筑面积或者建筑面积与商品房买卖合同约定面积不符,合同有约定的,按照约定处理;合同没有约定或者约定不明确的,面积误差比绝对值超出3%,买受人请求解除合同、返还已付购房款及利息的,应予支持。其第23条规定,商品房买卖合同约定,买受人以担保贷款方式付款、因当事人一方原因未能订立商品房担保贷款合同并导致商品房买卖合同不能继续履行的,对方当事人可以请求解除合同和赔偿损失。

七、特种买卖合同

在我国民法典合同编买卖合同中,特种买卖合同包括分期付款买卖合同、样品买卖合同、试用买卖合同、招标投标买卖合同和拍卖合同等。

(一)分期付款买卖合同

分期付款买卖是一种特殊的买卖形式,是买受人将其应付的总价款按照一定期限分批向出卖人支付的买卖。《买卖合同解释》第38条第1款规定:"合同法第一百六十七条第一款规定的'分期付款',系指买受人将应付的总价款在一定期间内至少分三次向出卖人支付。"分期付款买卖在我国常常用于房屋及高档消费品的买卖。由于买受人的分期支付影响了出卖人的资金周转,故分期付款的总价款可略高于一次性付款的价款。在分期付款买卖中,为保护买受人的利益,只有当买受人未支付到期价款的金额达到全部价款1/5时,经催告后在合理期限内仍未支付到期价款的,出卖人方可请求买受人支付全部价款或者解除合同。出卖人解除合同的,可以向买受人请求支付该标的物的使用费(《民法典》第634条)。

同时,因为分期付款买卖中,出卖人须先交付标的物,买受人于受领标的物后分若干次付款,出卖人有收不到价款的风险。因此在交易实践中,当事人双方就分期付款买卖常有以下特别约定:

1. 所有权保留的特约。即在分期付款买卖合同中,买受人虽先占有、使用标的物,但在双方当事人约定的特定条件(通常是价款的一部或全部清偿)成就之前,出卖人仍保留标的物的所有权,待条件成就后,再将所有权转移给买受人。这种特约,一般仅适用于动产的买卖。

2. 解除合同的损害赔偿金额的特约。即当事人双方关于解除合同时一方应向另一方支付的赔偿金额的约定。解除合同时,当事人双方应将其从对方取得的财产返还给对方,有过错的一方并应赔偿对方的损失。分期付款买卖在因买受人一方的原因而由出卖人解除合同时,标的物已经交付买受人,因此,买受人在占有标的物期间的利益也即是出卖人的一种损失。为保护出卖人的利益,在分期付款买卖中当事人经常有关于出卖人于解除合同时得扣留其已受领的价款或请求买受人支付一定金额的约定。这种约定如过苛,则对买受人不利。为了维系公

---

[11] 《商品房买卖合同解释》就商品房买卖合同中法定解除权的产生及其行使,作了不少具体化的规定。

平和保护买受人的利益,各个国家和地区的法律通常要对关于出卖人解除合同时,出卖人得扣留价款或请求支付价款的约定作一定限制。《买卖合同解释》第39条第1款确认:“分期付款买卖合同约定出卖人在解除合同时可以扣留已受领价金,出卖人扣留的金额超过标的物使用费以及标的物受损赔偿额,买受人请求返还超过部分的,人民法院应予支持。”

(二)样品买卖合同

样品买卖,又称货样买卖,是指当事人双方约定一定的样品,出卖人交付的标的物应与样品具有相同品质的买卖。所谓样品,又称货样,是指当事人选定的用以决定标的物品质的货物。它通常是从一批货物中抽取出来的或由生产、使用部门加工、设计出来的,用以反映和代表整批商品品质的少量实物。

由于样品买卖是在普通买卖关系中附加了出卖人的一项“须按样品的品质标准交付标的物”的担保,因此,样品买卖除适用普通买卖的规定外,还产生下列效力:第一,当事人应当封存样品,并且可以对样品质量予以说明。出卖人交付的标的物应当与样品及其说明的质量相同(《民法典》第635条)。在判断交付的标的物是否与样品及其说明的质量相同时,应当依据合同的性质以及交易习惯确定。第二,凭样品买卖的买受人不知道样品有隐蔽瑕疵的,即使交付的标的物与样品相同,出卖人交付的标的物的质量仍然应当符合同种物的通常标准(《民法典》第636条)。其中所谓隐蔽瑕疵,是指经过一般、通常的检查不易发现的样品的品质瑕疵。

(三)试用买卖合同

试用买卖,是指当事人双方约定,于合同成立时,出卖人将标的物交付买受人试验或检验,并以买受人在约定期限内对标的物的认可为生效要件的买卖合同。这种买卖常见于某些新产品的销售。试用买卖作为一种特种买卖,与一般买卖合同相比,具有以下特征:第一,试用买卖约定由买受人试验或检验标的物;第二,试用买卖以买受人对标的物的认可为生效条件。

试用买卖的当事人可以约定标的物的试用期间。对试用期间没有约定或约定不明确的,可以协议补充;不能达成补充协议的,按照合同有关条款或者交易习惯确定;如仍不能确定,由出卖人确定(《民法典》第637条)。试用人在试用期内可以购买标的物,也可以拒绝购买。试用期间届满,试用人对是否购买标的物未作表示的,视为同意购买。试用人全部或部分支付价款,或就标的物为试验、检验以外的行为(如将该物转卖、转租或设定担保物权)时,虽未明确作出认可的意思表示,也应视为认可(《民法典》第638条)。

在试用期间内试用人作出不认可的意思表示,或未作出认可的意思表示,也没有前述情形的,为试用人不认可,该买卖合同不生效力。因此试用人负返还标的物的义务。因可归责于试用人的事由,造成标的物毁损、灭失时,试用人负赔偿责任。由于不可归责于出卖人和试用人的原因导致标的物毁损、灭失的,当事人之间如没有特别约定或特殊的交易习惯,由标的物的所有权人负担损失。

试用买卖的当事人对标的物使用费没有约定或者约定不明确的,出卖人无权请求买受人支付(《民法典》第639条)。

(四)招标投标买卖合同

招标投标买卖合同,是指由招标人向数人或公众发出招标通知或招标公告,在诸多投标人中选择自己最满意的投标人并与之订立买卖合同的方式。

招标投标买卖一般分为以下阶段:

1. 招标阶段。招标,是指招标人采取招标通知或招标公告的形式,向不特定的数人或公众发出的投标邀请。关于招标的性质,两大法系均认为招标属于要约邀请而不是要约,所不同的是,英美法认为招标虽属于要约邀请,但并非无法律意义,招标内容发出后,在法律上对招、投标方均有约束力。我国学者一般认为,招标的法律性质为要约邀请,邀请投标人投标即发出要约。但是,如果招标人在招标公告中已明确表示将与报价最优者订立合同,这一招标行为则已具有要约的性质。

2. 投标阶段。投标,是指投标人(出标人)按照招标文件的要求,在规定的期间内向招标人提出报价的行为。拟投标人必须在招标通知或招标公告规定的期限内,到指定地点索取招标文件,按该文件的规定和要求编制好有关文件、资料,做好参加投标的各项工作。投标书制好并密封后按规定的方法、地点、期限投入标箱。投标的法律性质为要约,在投标人投标以后必须有招标人的承诺,合同才能成立。

3. 开标、验标阶段。开标,是指招标人在召开的投标人会议上,当众启封标书,公开标书内容的行为。验标,是验证标书的效力,对不具备投标资格的标书、不符合招标文件规定的标书以及超过截止日期送达的标书,招标人可宣布其无效。

4. 评标、定标阶段。招标人对有效标书进行评审,选择自己满意的投标人,决定其中标。该定标若是对投标的完全接受,就是承诺。

5. 签订合同。中标人在接到中标通知后,在指定的期间、地点同招标人签订合同书。

(五)拍卖合同

拍卖有广义、狭义之分。广义的拍卖是指竞争买卖,即众多欲订约的人通过竞争与出卖人订立合同,购买物品,它包括狭义的拍卖和投标拍卖两种情况。其中,狭义的拍卖,是指对物品的拍卖,即以公开竞价的方法,将标的物的所有权转移给最高应价者的买卖方式。从拍卖的方式上说,广义的拍卖泛指以竞争方式的缔约,包括拍卖和招标。这里仅就狭义的拍卖进行阐述。

拍卖一般须经如下程序:

1. 拍卖的表示。拍卖的表示,是指拍卖人发出的对标的物进行拍卖的意思表示,它包括拍卖公告和拍卖师在拍卖开始时所作的拍卖表示。

2. 应买的表示。应买的表示,是指参加竞买的竞买人发出的购买的意思表示。在拍卖时,是由参加购买的应买人竞争,由出价最高者购买。参加竞争的应买人为竞买人,其提出的价格即为应价。竞买人一经应价,不得撤回,当其他竞买人有更高应价时,其应价即丧失约束力。[12]在一般情况下,拍卖的表示属于要约邀请,竞买人的应价为要约,竞买人应受其约束,但在其他人有更高应价时,其应价即丧失效力。而在拍卖人说明拍卖标的无保留价时,拍卖的表示即属于要约,竞买人的应价为承诺;竞买人一经应价买卖合同即告成立,但以无其他竞买人的更高应价为生效条件,即无其他竞买人的更高应价时条件成就,合同生效;有其他竞买人的更高应价时,条件不成就,合同失去效力。

根据《拍卖法》的规定,拍卖人及其工作人员不得以竞买人的身份参与自己组织的拍卖活动,并且不得委托他人代为竞买;委托人不得参与竞买,也不得委托他人代为竞买。拍卖人、委托人违反这一规定参与竞买的,其买卖的效力如何确定,对此有不同的观点。有的认为,拍卖人及其工作人员、委托人参与竞买的,其买卖应为无效。有的认为,拍卖人参与竞买的,经委托

---

〔12〕《拍卖法》第36条。

人的承认而生效力。根据我国《拍卖法》的规定,在发生上述情况时,工商行政管理部门应给予拍卖人或委托人以行政处罚,其买卖应为无效。

3. 卖定的表示。拍卖以拍卖人拍板或依其他惯用的方法,为卖定的表示。拍卖人作出卖定的表示,则买卖成交,竞争买卖结束。《拍卖法》第 51 条规定:"竞买人的最高应价经拍卖师落槌或者以其他公开表示买定的方式确认后,拍卖成交。"因此,拍卖人关于卖定的表示应属于承诺,但须以规定的方式公开表示。经拍卖人确认的出最高应价的竞买人即为买受人。拍卖经拍板成交后,买受人和拍卖人应当签署成交确认书。签署成交确认书并不是订立合同,而是对经拍卖成立的买卖合同的一种确认。

八、互易合同的法律适用

互易合同是指当事人约定易货交易,转移标的物的所有权的合同。互易合同是早期商品交换的合同形态,货币产生后,买卖合同渐居主导地位,互易合同的重要性下降。但考虑到当今社会仍有互易合同的存在余地,因此各个国家和地区的立法一般都给互易合同留有一席之地。依据《民法典》第 647 条的规定,互易合同参照适用买卖合同的有关规定。由此可见,互易合同的当事人主要应相互负担以下义务:第一,相互交付标的物并且移转标的物的所有权于对方的义务;第二,就交付的标的物相互负担瑕疵担保义务;第三,如果互易有附补足价金条款的,负担补足价金义务的一方应当按照约定履行补足价金的义务。

第二节　供用电、水、气、热力合同

一、供用电、水、气、热力合同概述

供用电、水、气、热力合同,是指一方提供电、水、气、热力供另一方利用,另一方利用这些资源并支付报酬的合同。供用电、水、气、热力合同属转移财产所有权合同的一种,实质上是特种商品的买卖合同。买卖合同中的相关规定,对于该合同同样有参照适用的效力。

供用电、水、气、热力合同具有以下特征:[13]

1. 公用性。指供应人提供的电、水、气、热力的消费对象不是社会中的某些特殊阶层,而是一般的社会公众。因此,供应人有强制缔约义务,不得拒绝利用人通常、合理的供应要求。

2. 公益性。指这类公共供用合同不只是为了供应方从中得到利益,更主要的是为了满足人民生活的需要,提高人民生活质量。公用供用企业并非纯粹以营利为目的的企业,而是以促进公共生活水平等公益事业为重要目标的企业。国家对于这类供用合同的收费标准都有一定的限制,供应人不得随意将收费标准提高。

3. 继续性。指供用电、水、气、热力合同中,利用人合同目的的实现需要供应方持续不断地履行合同义务。因此,与经由义务人的一次交付行为即可完成合同履行的合同不同,供用电、水、气、热力合同为继续性合同。在供用电、水、气、热力合同因各种原因终止之时,其效力仅能向将来发生,而不能溯及过去。

---

〔13〕 崔建远主编:《合同法》,法律出版社 2003 年版,第 352 ~ 353 页。

二、供用电合同

(一)供用电合同的概念和特征

供用电合同是供电人向用电人供电,用电人支付电费的合同(《民法典》第648条第1款)。

供用电合同具有以下法律特征:[14]

1. 合同的主体是供电人和用电人。供电人是指供电企业或者依法取得供电营业资格的非法人单位。其他任何单位和个人都不得作为供电人。受供电企业委托供电的营业网点、营业所不具有权利能力,不能以自己的名义签订合同,因而不是供电人。用电人的范围非常广泛,自然人、法人以及其他组织等,都有资格作为供用电合同的用电人,订立供用电合同。依据《民法典》第648条第2款的规定,向社会公众供电的供电人,不得拒绝用电人合理的订立合同要求。这是关于供电人强制缔约义务的规定,意在保护作为用电人的社会公众的利益。

2. 合同的标的物是一种无体物——电力。

3. 供用电合同属于持续供给合同。由于电力的供应与使用是连续的,因此合同的履行方式处于一种持续状态。供电人在发电、供电系统正常的情况下,应当连续向用电人供电,不得中断;用电人在合同约定的时间内,享有连续用电的权利。

4. 供用电合同一般按照格式条款订立。供电企业为了与不特定的多个用电人订立合同而预先拟定格式条款,双方当事人按照格式条款订立合同。用电人对该格式条款仅有同意或不同意的权利,而不能更改其内容。对供用电方式有特殊要求的用电人,可采用非格式条款订立合同。

5. 电力的价格实行统一定价原则。《电力法》第35条规定,"电价实行统一政策,统一定价原则,分级管理"。电价的确定,一般是由电网经营企业提出方案,报国家有关物价行政主管部门核准。供电企业应当按照国家核准的电价和用电计量装置的记录,向用电人收取电费。供电企业不得擅自变更电价。

6. 供用电合同为诺成、双务、有偿合同。

(二)供用电合同的内容

供用电合同的内容一般包括供电的方式、质量、时间,用电容量、地址、性质、计量方式,电价、电费的结算方式,供用电设施的维护责任等。

1. 供电方式,是指供电人以何种方式向用电人供电,包括主供电源、备用电源、保安电源的供电方式以及委托转供电等内容。

2. 供电质量,是指供电频率、电压和供电可靠性三项指标。

3. 供电时间,是指用电人有权使用电力的起止时间。

4. 用电容量,是指供电人认定的用电人受电设备的总容量。

5. 用电地址,是指用电人使用电力的地址。

6. 用电性质,是指用电人的行业分类和用电分类。

7. 计量方式,是指供电人如何计算用电人使用的电量。

8. 电价、电费的结算方式。电价即电网销售价格,是指供电企业向用电人供应电力的价格。电费是电力资源实现商品交换的货币形式。电价、电费的结算方式可以由当事人在合同中协商确定。

---

〔14〕 胡康生主编:《中华人民共和国合同法释义》,法律出版社1999年版,第262~263页。

(三)供用电合同的效力

供用电合同的效力主要体现为合同双方当事人所享有的合同权利和所负担的合同义务,由于该合同为双务有偿合同,因此其效力可经由双方当事人所负担的合同义务来体现。

1. 供电人的义务

(1)及时、安全、合格供电。用户提出申请的,供电企业应尽速确定供电方案,并在一定期限内正式书面通知用户。供电人应当按照国家规定的供电质量标准安全供电。用户对供电质量有特殊要求的,供电企业应当根据其必要性和电网的可能,依约提供相应的电力。供电人未按照国家规定的供电质量标准和约定安全供电,造成用电人损失的,应当承担损害赔偿责任(《民法典》第651条)。

《民法典》第650条规定:"供用电合同的履行地点,按照当事人约定;当事人没有约定或者约定不明确的,供电设施的产权分界处为履行地点。"那么,如何确定供电设施的产权分界处?供电设施的产权分界处是划分供电设施所有权归属的分界点,供电设施的产权分界处是供电设施所有权归属的分界点,分界点电源侧的供电设施归供电人所有,分界点负荷侧的供电设施归用电人所有。在用电人为单位时,供电设施的产权分界处通常为该单位变电设备的第一个磁瓶或开关;在用电人为散用户时,供电设施的产权分界处通常为进户墙的第一个接收点。上述供电设施的产权分界处为供用电合同的履行地点。[15]

(2)因限电、检修等停电的通知。供电人因供电设施计划检修、临时检修、依法限电或者用电人违法用电等原因,需要中断供电时,应当按照国家有关规定事先通知用电人。未事先通知用电人即中断供电,造成用电人损失的,应当承担损害赔偿责任(《民法典》第652条)。[16]

(3)对事故断电的抢修。事故断电,是指因为自然灾害造成供电设施毁坏,以致电力无法继续正常供应的情况。此时,供电人应当按照国家有关规定及时抢修。未及时抢修,造成用电人损失的,应当承担损害赔偿责任(《民法典》第653条)。

此外,供电人还负有因限电或停电造成用电人用电未达标时,补充供给一定量电力的义务;在用电人交纳电费时,向用电人开具用电数量详细情况凭证或记录的义务等。

2. 用电人的义务

(1)支付电费。供用电合同是双务、有偿合同,用电人应当按照国家有关规定和当事人的约定及时支付电费。依据《电力法》第33条第3款的规定,用户应当按照国家核准的电价和用电计量装置的记录,按时交纳电费。用电人拖欠电费的,应当按照约定支付违约金。经催告,用电人在合理期限内仍不交付电费和违约金的,供电人可以按照国家规定的程序中止供电,中止供电的,供电人应当事先通知用电人(《民法典》第654条)。供电人在用电人补交电费及迟延利息、支付违约金之后重新供电。

(2)保持用电设施的安全。保持用电设施处于安全状态,是保证用电安全的前提条件。因此,对于已经安全装设的用电线路和保险装置,用电人不应随意拆换,以防发生危险或留下隐患。同时,用电人也不应在已经检修合格的用电设施中再随意拉线,连接用电设施。对于用电设施出现故障需要修理的,一般也要请电工修理,不应自己随意接拉电线或修理。否则,造成

〔15〕 胡康生主编:《中华人民共和国合同法释义》,法律出版社1999年版,第267~268页。

〔16〕 《电力供应与使用条例》第28条第1项、第2项规定:"因供电设施计划检修需要停电时,供电企业应当提前7天通知用户或者进行公告","因供电设施临时检修需要停止供电时,供电企业应当提前24小时通知重要用户。"

损失或发生危险的，供电人对此不负责任。

(3)对供电人正当检修、停电、限电的忍受。供电属于高度危险作业，因各种意外事故而需要对用电设施进行检修，或是因此而停电、限电，都是较为常见的现象，也是防止危险发生的必要措施。用电人对此应当忍受。如果由于特定时期供电总量有限，需要限制用电人的用电量的，用电人也应负必要的忍受义务。同时，供电人检修供电设施时需要用电人协助的，用电人负有协助义务。

(4)依照约定用电。用电人应当按照国家有关规定和当事人的约定安全、节约和计划用电。用电人未按照国家有关规定和当事人的约定安全用电，造成供电人损失的，应当承担损害赔偿责任(《民法典》第655条)。

在实践中，用电人违反安全用电义务的行为主要包括：擅自改变用电类别；擅自超过合同约定的容量用电；擅自超过计划分配的用电指标用电；擅自使用已经在供电企业办理暂停使用手续的电力设备，或者擅自启用已经被供电企业查封的电力设备；擅自迁移、更动或者擅自操作供电企业的用电计量装置、电力负荷控制装置、供电设施以及约定由供电企业调度的用户受电设备；未经供电企业许可，擅自引入、供出电源或者将自备电源擅自并网。

三、供用水、供用气、供用热力合同的法律适用

根据《民法典》第656条的规定，供用水、供用气、供用热力合同，参照适用供用电合同的有关规定。

第三节　赠与合同

一、赠与合同的概念和特征

赠与合同，是指赠与人将自己的财产无偿给予受赠人，受赠人表示接受该赠与的合同(《民法典》第657条)。其中转让财产的一方为赠与人，接受财产的一方为受赠人。赠与合同中，赠与人向受赠人转移的一般是财产的所有权(当然并不限于所有权，土地使用权、股权、债权等也可以成为赠与的财产)，因此，买卖合同作为典型的转移财产所有权的合同，其相关规定对于赠与合同具有参照适用效力。赠与合同具有以下特征：

1. 赠与属于合同的一种。赠与属典型有名合同的一种，而非单方法律行为。因此，赠与要求在当事人之间存在合意。第一，赠与合同与遗赠明显不同，遗赠是被继承人在死亡前作出的将其财产在其死亡后赠与他人的单方意思表示，遗赠一般由民法典继承编加以调整。第二，赠与合同与捐赠也有所不同。所谓捐赠，是指赠与人为了特定公益事业、公共目的或其他特定目的，将其财产无偿给予他人的行为。捐赠既包括有明确的赠与人和受赠人，可以归类于普通赠与合同的捐赠，又包括受赠人不明确，无法归类于赠与合同的捐赠，即学说上所谓为特定目的的募捐。[17]

2. 在赠与合同中，必须存在给予行为，在减少赠与人财产的同时，使受赠人的财产因赠与而有所增加。

---

〔17〕　郭明瑞、王轶：《合同法新论·分则》，中国政法大学出版社1997年版，第91页。

3. 赠与合同为诺成合同。赠与合同为诺成合同还是实践合同,历来存在争议。我国以往的司法解释也将赠与合同作为实践合同加以规定,[18]但《民法典》合同编中,只要双方当事人意思表示一致,赠与合同即成立,依法成立的赠与合同,自成立时起生效,不以赠与人交付赠与物作为合同的成立要件。这一点与有些国家把赠与合同规定为实践合同有所不同。[19]

4. 赠与合同为单务、无偿合同。在赠与合同中,受赠人并无对待给付义务,仅赠与人负有给付赠与财产的义务,故赠与合同为单务合同、无偿合同。

二、赠与合同的效力

赠与合同为单务合同,仅赠与人一方负担约定的合同义务。赠与合同的效力主要是指赠与合同中赠与人所负担的合同义务。赠与人的义务主要有如下两项。

(一)转移赠与标的物的权利

赠与合同以使赠与财产的权利归于受赠人为直接目的,赠与人的主要义务是依照合同约定的期限、地点、方式、标准将标的物转移给受赠人。考虑到赠与合同为单务、无偿合同,当赠与人不履行移转赠与财产的义务时,其责任也应当有所限制。不应像一般双务合同那样,在履行给付义务的同时还要支付迟延利息或者赔偿其他损失。经过公证的赠与合同或者依法不得撤销的具有救灾、扶贫、助残等公益、道德义务性质的赠与合同,赠与人不交付赠与的财产的,受赠人可以请求交付,受赠人在赠与人不履行转移赠与财产的义务时,可以请求交付赠与财产(《民法典》第 660 条第 1 款),但不得主张支付迟延利息或者赔偿其他损失。

赠与的财产依法需要办理登记或者其他手续的,应当办理有关手续(《民法典》第 659 条)。未办理有关手续的,除非法律另有规定,赠与合同为生效合同,但赠与财产的权利在办理登记等手续前不发生转移。

赠与合同系无偿合同,因此,赠与人只在因故意或者重大过失致使赠与的财产毁损、灭失时,赠与人才承担损害赔偿责任(《民法典》第 660 条第 2 款)。

(二)瑕疵担保义务

赠与合同中,一般不要求赠与人承担瑕疵担保义务,但有如下两种例外(《民法典》第 662 条):

1. 赠与可以附义务。赠与附义务的,受赠人应当按照约定履行义务(《民法典》第 661 条)。在附义务赠与中,赠与的财产有瑕疵的,赠与人在附义务的限度内承担与出卖人相同的违约责任。

2. 赠与人故意不告知赠与财产的瑕疵或保证赠与的财产无瑕疵,造成受赠人损失的,应当承担损害赔偿责任。这里所谓造成赠与人损失,是指受赠人因相信赠与物无瑕疵所产生的损失,解释上认为属于信赖利益的损失,不包括赠与物完全无瑕疵时应得利益的损失。

三、赠与合同的终止

(一)赠与合同的任意撤销

赠与合同的任意撤销是指在赠与财产的权利转移之前,得由赠与人依其意思任意撤销赠

---

〔18〕《民法通则意见》第 128 条规定:“公民之间赠与关系的成立,以赠与物的交付为准。赠与房屋,如根据书面赠与合同办理了过户手续的,应当认定赠与关系成立;未办理过户手续,但赠与人根据书面赠与合同已将产权证书交与受赠人,受赠人根据赠与合同已占有、使用该房屋的,可以认定赠与有效,但应令其补办过户手续。”

〔19〕顾昂然:《中华人民共和国合同法讲话》,法律出版社 1999 年版,第 65 页。

与合同。但经过公证的赠与合同或者依法不得撤销的具有救灾、扶贫、助残等公益、道德义务性质的赠与合同，赠与人不得任意撤销(《民法典》第658条)。

(二)赠与合同的法定撤销

赠与合同中，赠与财产的权利转移之后，赠与人即丧失了任意撤销赠与合同的权利，但在以下条件具备时，赠与人仍可享有撤销赠与合同的法定权利：第一，受赠人严重侵害赠与人或者赠与人近亲属的合法权益；第二，受赠人对赠与人有扶养义务而不履行的；第三，受赠人不履行赠与合同约定的义务的(《民法典》第663条第1款)。

赠与人的撤销权，自知道或者应当知道撤销原因之日起1年内行使(《民法典》第663条第2款)。该期间为除斥期间。超过这一期间，赠与人不得再行使撤销权。

因受赠人的违法行为致使赠与人死亡或者丧失民事行为能力的，其继承人或其法定代理人可以撤销赠与。赠与人的继承人或者法定代理人的撤销权，自知道或者应当知道撤销原因之日起6个月内行使(《民法典》第664条)。这一期间同样也是除斥期间。

撤销权人撤销赠与的，可以向受赠人请求返还赠与的财产(《民法典》第665条)。

(三)赠与合同的法定解除

赠与人的经济状况显著恶化，严重影响其生产经营或者家庭生活的，可以解除赠与合同，不再履行赠与义务(《民法典》第666条)。该合同解除不发生溯及既往的效力，赠与人就原已履行的赠与，无权要求受赠人返还。

第四节 借款合同

一、借款合同概述

借款合同，是指借款人向贷款人借款，到期返还借款并支付利息的合同(《民法典》第667条)。其中，向对方借款的一方称为借款人，出借钱款的一方称为贷款人。借款合同依据贷款人的不同可以区分为金融机构借款合同和自然人间的借款合同。

我国合同法上的借款合同与传统民法上的借贷合同不同。在传统民法上，借贷合同一般分为使用借贷和消费借贷。使用借贷又称借用合同，是指当事人双方约定，一方(贷与人)将物无偿贷于他方(借用人)使用，借用人在使用后，依照约定返还该物的合同。消费借贷是指当事人双方约定一方(贷与人)将金钱或其他物品移转于他方(借用人)，借用人在约定的期限内将同等种类、数量、品质的物返还给贷与人的合同。

借款合同的主要特征为：借款合同的标的物为金钱，借款合同是转移标的钱款所有权的合同。借款合同的标的物为金钱，金钱既是可消耗物，又是特殊的种类物，金钱占有的移转，在双方当事人没有特别约定时，即发生金钱所有权的转移，因此，借款合同系属转移财产所有权的合同。买卖合同中关于财产所有权转移的相关规定，借款合同可以参照适用。借款合同中，在合同约定的或法律规定的还款期限届至时，借款人无须返还原物，仅需返还同样数量的金钱即可。

二、金融机构借款合同

(一)金融机构借款合同的概念和特征

金融机构借款合同,是指办理贷款业务的金融机构作为贷款人一方,向借款人提供贷款,借款人到期返还借款并支付利息的合同。

金融机构借款合同与自然人之间的借款合同相比,具有如下特征:

1. 有偿性。金融机构发放贷款,意在获取相应的营业利润,因此,借款人在获得金融机构所提供的贷款的同时,不仅负担按期返还本金的义务,还要按照约定向贷款人支付利息,利息支付义务系借款人使用金融机构贷款的对价,所以金融机构借款合同为有偿合同。在这一点上,该合同与自然人间的借款合同有所不同,后者为无偿合同,当事人对利息没有约定或者约定不明确的,视为没有利息(《民法典》第 680 条第 2 款)。

2. 要式性。金融机构借款合同应当采用书面形式,没有采取书面形式,当事人双方就该合同关系的存在产生争议的,推定合同关系不成立。如果一方当事人已经履行了主要义务,对方接受的,则合同成立。在这一点上,该合同也与自然人间的借款合同不同,对于自然人间的借款合同,当事人可以约定不采用书面形式(《民法典》第 668 条第 1 款后段)。

3. 诺成性。金融机构借款合同在合同双方当事人协商一致时,合同关系即可成立,依法成立的,自成立时起生效。合同的成立和生效在双方当事人没有特别约定时,不需以贷款人贷款的交付作为要件,所以金融机构借款合同为诺成性合同。自然人间的借款合同则有所不同,该合同自贷款人提供借款时成立(《民法典》第 679 条)。

(二)金融机构借款合同的内容

金融机构借款合同主要包括以下内容:

1. 种类。金融机构作为贷款人时,针对不同种类的贷款常实行不同的政策。因此,在合同中应当对贷款的种类作出明确的约定。

2. 币种。合同中应明确约定借款合同的标的物是人民币还是外币。

3. 用途。根据我国现行的金融政策,从金融机构获得的贷款应当专款专用,以保证贷款能够在金融机构的监督下及时收回。因此合同应对贷款的用途作出明确约定。

4. 数额。合同应明确约定贷款数量的多少,包括贷款的总金额以及在分批支付贷款时,每一次支付的金额。

5. 利率。合同应明确约定应收利息的数额与贷款数额的比率。

6. 期限。合同应明确约定借款人能够使用借款的期限。当事人一般根据借款人的生产经营周期、还款能力和贷款人的资金供给能力等,约定借款期限。

7. 还款方式。合同应明确约定以何种结算方式偿还借款给贷款人。

(三)金融机构借款合同的订立

金融机构借款合同的订立,除应遵循合同订立的一般规则外,还应注意:

1. 金融机构不得向关系人发放信用贷款,向关系人发放担保贷款应受法律限制。根据《商业银行法》第 40 条的规定,商业银行不得向关系人发放信用贷款。向关系人发放担保贷款的条件不得优于其他借款人同类贷款的条件。所谓关系人包括商业银行的董事、监事、管理人员、信贷业务人员及其近亲属以及这些人员投资或者担任高级管理职务的公司、企业和其他经济组织。

2. 借款人应在订立合同时负担如实申报义务。订立借款合同,借款人应当按照贷款人的要求提供与借款有关的业务活动和财务状况的真实情况(《民法典》第669条)。主要包括两个方面的内容:一是与借款人资格有关的基本情况;二是借款人财务状况的真实情况。借款人应当按照贷款人的要求,如实提供所有的开户行、账号及存贷款余额情况以及财政部门或会计师事务所核准的上年度财务报告等。贷款人对其了解的借款人的上述情况,承担保密义务。

3. 贷款人应当对借款人的借款用途、偿还能力、还款方式等情况进行严格审查;应当实行审贷分离、分级审批的制度(《商业银行法》第35条)。

4. 借款人在订立合同时应依约提供担保。借款人应依据金融机构的要求提供担保(《商业银行法》第36条)。在借款合同中,贷款人可以要求借款人提供保证、抵押、质押等担保。另外现代经济生活中,在传统的担保方式之外,又出现了让与担保等新型的担保方式,在金融机构借款合同中发挥着越来越重要的作用。贷款人应当对保证人的偿还能力,抵押物、质物的权属和价值以及实现抵押权、质权的可行性进行严格审查(《商业银行法》第36条第1款)。经贷款人审查、评估,确认借款人资信良好,确能偿还贷款的,可以不要求提供担保(《商业银行法》第36条第2款)。

三、金融机构借款合同的效力

金融机构借款合同的效力系指生效的金融机构借款合同所具有的法律约束力,主要体现为合同双方当事人的权利和义务。

(一)贷款人的合同义务

1. 按期、足额提供贷款的义务。该项义务系贷款人的主合同义务。贷款人应当按照约定的日期提供借款,未按照约定的日期提供借款,造成借款人损失的,应当赔偿损失(《民法典》第671条第1款)。贷款人还应当按照合同约定的数额足额提供借款,依据《民法典》第670条的规定,借款的利息不得预先在本金中扣除。利息预先在本金中扣除的,借款人有权按照实际借款数额返还借款并计算利息。由于贷款人未足额提供借款,给借款人造成损失的,应赔偿损失。

2. 保密义务。作为贷款人一方的金融机构,对于其在合同订立和履行阶段所掌握的借款人的各项商业秘密,有保密义务,不得泄密或进行不正当使用。该项义务系贷款人的附随义务。

(二)借款人的合同义务

借款人的合同义务主要包括:

1. 按照约定的日期和数额收取借款。贷款人应当履行按期、足额提供贷款的义务,对于借款人来讲,则应当按照约定的日期和数额收取借款。对于贷款人来讲,其盈利目标的实现主要依靠利息的收取,所以贷款人对自己的资金使用状况都有统一的安排和完整的计划,借款人如果未按照约定的日期和数额收取借款,必然会影响贷款人资金的正常周转,损害贷款人的合法利益。对于贷款人而言,所受到的损失主要就是利息损失。因此,我国《合同法》规定,借款人未按照约定的期限和数额收取借款的,仍需按照合同约定的借款日期和数额向贷款人支付利息(《民法典》第671条第2款)。

2. 按照约定用途使用借款。借款用途是借款人使用借款的目的。表面上,贷款人提供贷款的最终目标是回收本金、收取利息,与借款用途并不相干。但实际上,借款用途与借款人能否按期偿还贷款、依约支付利息有着很直接的关系。借款人擅自改变借款用途,会使当事人最初共同预期的收益变得不确定,增加了贷款人的经营风险。尤其是贷款人发放的某些贷款还是依据国家的宏观经济政策、信贷政策和产业政策进行的,如果借款人不按照约定用途使用借款,会使国家的政策调控失灵。因此,无论是我国的法律和行政法规,还是当事人之间订立的借款合同,一直都将借款用途作为借款合同的一项重要内容,都要求借款人应当按照约定的借款用途使用借款。借款人未按照约定的借款用途使用借款的,贷款人可以停止发放借款、提前收回借款或者解除合同(《民法典》第673条)。

3. 按期支付利息。金融机构借款合同作为有偿合同,借款人有义务按照约定的期限支付利息。双方当事人对支付利息的期限没有约定或者约定不明确的,可以协议补充,不能达成补充协议的,按照合同有关条款或者交易习惯确定。依据前述方法仍不能确定的,借款期间不满1年的,应当在返还借款时一并支付;借款期间在1年以上的,应当在每届满1年时支付,剩余期间不满1年的,应当在返还借款时一并支付。利息数额的确定,应当按照中国人民银行规定的贷款利率的上下限确定(《民法典》第674条、《商业银行法》第38条)。

4. 按期返还借款。借款人应当按照约定的期限返还借款。双方当事人对借款期限没有约定或者约定不明确,可以协议补充,不能达成补充协议的,按照合同有关条款或者交易习惯确定。依据前述方法不能确定的,借款人可以随时返还;贷款人可以催告借款人在合理期限内返还(《民法典》第675条)。借款人未按照约定的期限返还借款的,应当按照约定或者国家有关规定支付逾期利息(《民法典》第676条)。但借款人在还款期限届满之前向贷款人申请展期,贷款人同意的,可依照新确定的期限返还借款(《民法典》第678条)。借款人提前偿还借款的,除非当事人另有约定,借款人有权按照实际借款的期间计算利息(《民法典》第677条)。借款人到期不归还担保贷款的,贷款人依法享有要求保证人归还贷款本金和利息或者就担保物优先受偿的权利。贷款人因行使抵押权、质权而取得的不动产或者股票,应当自取得之日起1年内予以处分(《商业银行法》第42条第2款)。

5. 容忍义务。在贷款人按照约定检查、监督借款的使用情况时,借款人应当按照约定定期向贷款人提供有关财务会计报表或者其他资料(《民法典》第672条)。该项义务基于约定产生,未作约定的,借款人有权拒绝贷款人对借款使用状况进行检查、监督的请求。

四、金融机构借款合同的终止

金融机构借款合同终止的原因,主要有如下两种情况:第一,借款合同因期限届满双方履行合同而终止。借款合同期限届满,双方当事人未约定对合同继续展期的,则合同终止,借款人应依约定将借款及利息返还给贷款人,借款合同因此而消灭。第二,借款合同因解除而终止。借款人未按照约定的借款用途使用借款的,贷款人可以解除合同。借款合同因贷款人的解除而终止。此外,合同终止的其他原因也适用于借款合同。

五、自然人间的借款合同

自然人间的借款合同可以比照金融机构借款合同的相关规定处理。合同双方当事人约定有利息条款的,禁止高利放贷,借款的利率不得违反国家有关规定(《民法典》第680条第1款)。

第五节　保证合同

一、保证合同概述

保证合同是为保障债权的实现,保证人和债权人约定,当债务人不履行到期债务或者发生当事人约定的情形时,保证人履行债务或者承担责任的合同(《民法典》第 681 条)。

保证合同是主债权债务合同的从合同。主债权债务合同无效,保证合同无效,但是法律另有规定的除外。保证合同被确认无效后,债务人、保证人、债权人有过错的,应当根据其过错各自承担相应的民事责任(《民法典》第 682 条)。保证合同是为担保主债务的履行而订立,只有主债务存在时,保证合同的存在才有意义。因此,保证合同的成立以主合同的存在为前提。尽管如此,当事人可以约定就附条件的债务或将来发生的债务提供担保,最高额担保即为著例。保证合同系担保主债务而设立,由此而决定,保证债务的范围和强度从属于主债务。《民法典》第 691 条规定:“保证的范围包括主债权及其利息、违约金、损害赔偿金和实现债权的费用。当事人另有约定的,按照其约定。”主合同不成立、无效或被撤销之时,保证合同也无由发生。因此,主合同无效,则保证合同绝对无效;保证合同无效,则不影响主合同的效力。所谓“担保合同另有约定的,按照约定”,是指当事人可依其明示的意思表示排除从属性的适用,如无约定,仍得依从属性特征决定担保合同的效力。在保证之债中,主合同权利、义务的转移,原则上应导致保证合同所生权利、义务的转移,但保证债务不能与主债权相分离而单独转让或者作为其他债权的担保。保证债务以担保主债务为唯一目的,主债务如因清偿、提存、抵销、免除等原因而全部消灭的,保证债务随之消灭。

机关法人不得为保证人,但是经国务院批准为使用外国政府或者国际经济组织贷款进行转贷的除外。以公益为目的的非营利法人、非法人组织不得为保证人(《民法典》第 683 条)。

机关法人,是指依照法律和行政命令组建的,履行公共管理职能的各级国家机关,包括各级权力机关、行政机关、审判机关、检察机关、军事机关。在解释上,参公管理的社会团体法人、事业单位法人,包括各级党的机关、妇联、共青团等,也按照规定履行公共管理职能,在此范围内准用机关法人的相关规则。机关法人的主要职责是依法履行管理社会的公共职能,进行日常的公务活动,而且,机关法人的财产和经费由国家财政和地方财政划拨,用以维持国家机关的公务活动和日常的开支,保障国家机关正常履行其职责。因此,机关法人不能直接参与经济活动,不得为他人的债务提供保证。但机关法人可以为经国务院批准为使用外国政府或者国际经济组织贷款进行的转贷提供担保。外国政府和国际经济组织贷款主要是用于交通、能源、邮电通讯、环境保护、城市基础建设、扶贫开发等没有盈利或盈利很少或者短期内无法见到经济效益的项目,数额巨大。一般个人和单位组织不愿意也没有能力为这种贷款提供保证。在使用外国政府和国际经济组织贷款转贷和还款问题上,目前已形成了独特的还款及担保方式:中央政府将筹借到的外国政府或者国际经济组织贷款转贷给项目使用,同时要求地方政府委托其计划财政管理部门向中央政府提供还款担保,保证向中央政府偿还所用的贷款,中央政府和地方政府通过这种担保,共同维护国家偿还外债的信誉。由此可见,依法定程序经国务院批准后,机关法人可以为此类贷款的转贷活动提供担保。非营利法人,是指为公益目的或者其他非营利目的成立,不向出资人、设立人或者会员分配所取得利润的法人,包括事业单位、社会团体、基金会、社会服务机构等。公益法人、非法人组织为社会化公共利益(不特定的多数人的利益,一般是非经济利益)而设立,公益法人、非法人组织担任保证人与其设立宗旨不相符。

保证合同的内容一般包括被保证的主债权的种类、数额,债务人履行债务的期限,保证的方式、范围和期间等条款(《民法典》第 684 条)。保证合同可以是单独订立的书面合同,也可以是主债权债务合同中的保证条款。第三人单方以书面形式向债权人作出保证,债权人接收且未提出异议的,保证合同成立(《民法典》第 685 条)。

保证的方式包括一般保证和连带责任保证。当事人在保证合同中对保证方式没有约定或者约定不明确的,按照一般保证承担保证责任(《民法典》第 686 条)。《民法典》第 687 条第 1 款规定:"当事人在保证合同中约定,债务人不能履行债务时,由保证人承担保证责任的,为一般保证。""一般保证的保证人在主合同纠纷未经审判或者仲裁,并就债务人财产依法强制执行仍不能履行债务前,有权拒绝向债权人承担保证责任,但是有下列情形之一的除外:(一)债务人下落不明,且无财产可供执行;(二)人民法院已经受理债务人破产案件;(三)债权人有证据证明债务人的财产不足以履行全部债务或者丧失履行债务能力;(四)保证人书面表示放弃本款规定的权利。"由此可见,一般保证的保证人享有先诉抗辩权,仅在主债务人的财产不足以完全清偿债权时才对不能清偿的部分承担保证责任。《民法典》第 688 条规定:"当事人在保证合同中约定保证人和债务人对债务承担连带责任的,为连带责任保证。""连带责任保证的债务人不履行到期债务或者发生当事人约定的情形时,债权人可以请求债务人履行债务,也可以请求保证人在其保证范围内承担保证责任。"连带责任保证人并不享有先诉抗辩权,只要有主债务人不履行到期债务或者发生当事人约定情形的事实,债权人即可要求保证人承担保证责任。债权人请求连带责任保证人承担保证责任的,只需证明主债务人不履行到期债务或者发生当事人约定情形的事实即可,而无论债权人是否就主债务人的财产已强制执行,保证人均应依保证合同的约定承担保证责任。

保证人可以要求债务人提供反担保(《民法典》第 689 条)。反担保,又称求偿担保,是指债务人或第三人为确保担保人承担担保责任后实现对主债务人的求偿权而设定的担保。

保证人与债权人可以协商订立最高额保证合同,约定在最高债权额限度内就一定期间连续发生的债权提供保证。最高额保证合同除适用保证合同规定外,参照适用物权编最高额抵押权的有关规定(《民法典》第 690 条)。最高额保证,是指保证人与债权人约定,就债权人与主债务人之间在一定期间内连续发生的债权,预定最高限额,由保证人承担保证责任的合同。保证债务为从债务,须以主债务的存在为其前提。因此,主债务应于保证成立前发生,但并不以现实发生为必要,只要已有发生基础且将来可能发生为已足;将来债务的数额也无须具体确定,只要明定最高限额即可。只是最高额保证所从属者,并非一个确定的主债务,而是债权人与主债务人之间在一定期间内连续发生的债务,且该连续发生的债务还受约定的最高额的限制。最高额保证所担保的债权是一定期间内连续发生的债权,即债权是在最高额保证合同所担保的主合同约定的一定期间内连续发生的。该期间又称债权发生期,该期间届满之日又称决算期。

二、保证责任

(一)保证的范围

保证的范围,又称保证责任的范围、保证担保的范围、保证债务的范围,是指保证人在主债务人不履行债务或者发生当事人约定的情形时,向债权人履行保证债务的限度。保证的范围包括主债权及其利息、违约金、损害赔偿金和实现债权的费用。当事人另有约定的,按照其约定(《民法典》第 691 条)。

根据《民法典》第 684 条、第 691 条的规定,当事人订立保证合同时,应明确约定保证的范围,如无约定,直接依法律之规定确定保证的范围。

(二)保证期间

保证期间是确定保证人承担保证责任的期间,不发生中止、中断和延长。债权人与保证人可以约定保证期间,但是约定的保证期间早于主债务履行期限或者与主债务履行期限同时届满的,视为没有约定;没有约定或者约定不明确的,保证期间为主债务履行期限届满之日起6个月。债权人与债务人对主债务履行期限没有约定或者约定不明确的,保证期间自债权人请求债务人履行债务的宽限期届满之日起计算(《民法典》第692条)。在主债务履行期限届满后至保证期间完成前,保证人是否最终承担保证责任处于"待确定"状态,保证期间属于或有期间。

一般保证的债权人未在保证期间对债务人提起诉讼或者申请仲裁的,保证人不再承担保证责任。连带责任保证的债权人未在保证期间请求保证人承担保证责任的,保证人不再承担保证责任(《民法典》第693条)。

一般保证的债权人在保证期间届满前对债务人提起诉讼或者申请仲裁的,从保证人拒绝承担保证责任的权利消灭之日起,开始计算保证债务的诉讼时效。连带责任保证的债权人在保证期间届满前请求保证人承担保证责任的,从债权人请求保证人承担保证责任之日起,开始计算保证债务的诉讼时效(《民法典》第694条)。在一般保证的情形,债权人依主合同提起诉讼或申请仲裁请求主债务人履行债务,此时保证期间因未完成而失去意义。如在保证期间内,债权人不向主债务人以提起诉讼或者申请仲裁的方式主张债权,保证人不再承担保证责任,无保证债务诉讼时效之适用。在连带责任保证的情形,在保证期间内,债权人向保证人主张保证债权(不以提起诉讼或申请仲裁为必要),此时,保证期间因未完成而失去意义。如在保证期间内,债权人不请求保证人承担保证责任的,保证人不再承担保证责任,无保证债务诉讼时效之适用。

(三)主合同变更对保证责任的影响

债权人和债务人未经保证人书面同意,协商变更主债权债务合同内容,减轻债务的,保证人仍对变更后的债务承担保证责任;加重债务的,保证人对加重的部分不承担保证责任。债权人和债务人变更主债权债务合同的履行期限,未经保证人书面同意的,保证期间不受影响(《民法典》第695条)。

合同内容变更,是指有效成立的合同在尚未履行或未履行完毕之前,由于一定法律事实的出现而使合同内容发生改变。主合同内容的变更改变了主债权人和主债务人之间的权利义务的内容,从属于主合同的保证合同必将会因主合同的变更发生影响。在当事人变更主合同,并增加主债的数额或强度时,如未经保证人同意,对超过原债额或强度的部分,径直要求保证人承担保证责任,一方面会使债权人获得经保证人允诺以外的利益,另一方面当然也就使保证人蒙受其允诺外的不测损害,对保证人至为不公平。保证期间从主合同履行期限届满之日起计算,因此,主债务履行期限与保证期间的关系尤为密切。如果主合同双方当事人协商延长主合同履行期限,没有经过保证人的同意,并且延长后的主合同履行期限届满日,接近或者超过保证期间的,如果从延长后的主合同履行期限届满后,开始计算保证期间,无异于同时延长了保证期间,从而加重了保证人的保证责任。因此,主合同当事人协商延长主合同履行期限,不应当对保证责任产生期间影响,保证期间的计算,仍然应当以原合同约定的或者法律规定的期间为准。

(四)主债权转让对保证责任的影响

债权人转让全部或者部分债权,未通知保证人的,该转让对保证人不发生效力。保证人与债权人约定禁止债权转让,债权人未经保证人书面同意转让债权的,保证人对受让人不再承担保证责任(《民法典》第 696 条)。主债权转让仅涉及债权人的变化,对主债务人的履约能力不发生影响,一般不会增加担保人的风险和负担,因此,担保权利随同主债权一并转移,就成了一般规则。《民法典》第 547 条第 1 款规定:“债权人转让债权的,受让人取得与债权有关的从权利,但是该从权利专属于债权人自身的除外。”保证债权和担保物权自属从权利,应为该条文义所能涵盖。就保证债权而言,其实现端赖于保证人的履行行为,通知保证人也就成了此时的考量因素。主债权转让之时债权人通知保证人的,保证人对受让人承担相应的保证责任:全部转让时,受让人成为保证债权人,保证法律关系在受让人和保证人之间得以存续;部分转让时,债权人和受让人均为保证债权人。主债权转让之时未通知保证人的,该转让对保证人不发生效力。

(五)主债务转移对保证责任的影响

债权人未经保证人书面同意,允许债务人转移全部或者部分债务,保证人对未经其同意转移的债务不再承担保证责任,但是债权人和保证人另有约定的除外。第三人加入债务的,保证人的保证责任不受影响(《民法典》第 697 条)。主债务转移,又称债务承担,是就原债务人的债务在不失其同一性的前提下转由第三人承担而言。其中,转由第三人对债权人负债务履行责任的,为免责的债务承担;由第三人与原债务人共同对债权人负连带责任的,为并存的债务承担。主债务的转移涉及履行主债务的义务人的变化,担保人基于对原债务人的履约能力为主债务的履行提供担保,承担人是否如原债务人一样具有相应的履约能力,非担保人在提供担保时所能预估。如此一来,主债务的转移关涉担保人利益,未经担保人同意的主债务转移虽可在当事人之间发生效力,但不得对担保人主张,担保人在转移的主债务范围内免除担保责任。第三人加入债务,债务人的整体偿债能力只会增加而不会减损,对保证人的权益不发生不利影响,只会更有利于保证人,因此不需要保证人书面同意,保证人按照原来的约定继续承担保证责任。

(六)一般保证人的特定免责事由

一般保证的保证人在主债务履行期限届满后,向债权人提供债务人可供执行财产的真实情况,债权人放弃或者怠于行使权利致使该财产不能被执行的,保证人在其提供可供执行财产的价值范围内不再承担保证责任(《民法典》第 698 条)。在一般保证情形下,债权人应先就主债务人财产依法强制执行以使其债权受偿,保证人具有先诉抗辩权,仅就债权人未能获偿的部分承担保证责任。但先诉抗辩权仅具延期履行的效力,其行使并不能使债权债务关系消灭。因此,保证人在一定条件下要考虑以适当的方法进行自救。在主合同履行期限届满之后,保证人发现主债务人存在可供执行的财产,并向债权人提供了真实情况。此际,如债权人积极主张权利,通过诉讼或者仲裁的方式控制主债务人的该项财产,不仅是债权人的债权在相应范围内得以实现,而且也在相应范围内减轻了保证人的保证责任。但是,如债权人放弃或者怠于行使权利,致使相应财产流失而不能用以强制执行,势必加重保证人的保证责任。本条因此而规定,此时因债权人自己的原因导致对债务人财产执行不能,保证人可以在相应范围内免责。如此,保证人的抗辩由仅具延期履行效力的先诉抗辩权就演变成了一种新的免责抗辩权。

(七)共同保证

同一债务有两个以上保证人的,保证人应当按照保证合同约定的保证份额,承担保证责任;没有约定保证份额的,债权人可以请求任何一个保证人在其保证范围内承担保证责任(《民法典》第 699 条)。

根据保证人的人数的不同可以将保证合同分为一人保证与共同保证。一人保证,是指只有一个保证人为债务人提供担保,并按照保证合同的约定确定其承担保证责任的方式;共同保证,是指两个或两个以上的保证人为同一债务作保证的行为。两个或两个以上的保证人对同一债务人的不同债务提供保证,不能称为共同保证。共同保证可以再分为按份共同保证与连带共同保证。按份共同保证是保证人与债权人约定按照份额对主债务承担保证责任的共同保证;连带共同保证是各保证人约定均对全部主债务承担连带保证责任或保证人与债权人之间没有约定所承担保证份额的共同保证。共同保证人承担按份责任只限于保证人对保证份额有明确约定的情形。同一债务有两个以上保证人,没有约定保证份额的,债权人可以请求任何一个保证人在其保证范围内承担保证责任。

(八)保证人的求偿权与清偿代位

保证人承担保证责任后,除当事人另有约定外,有权在其承担保证责任的范围内向债务人追偿,享有债权人对债务人的权利,但是不得损害债权人的利益(《民法典》第700条)。

保证人的求偿权,又称保证人的追偿权,是指保证人履行保证债务后,可向主债务人请求返还的权利。保证人的清偿代位,是指保证人承担保证责任之后,在其承担保证责任的范围内承受债权人对于主债务人的债权,而对主债务人行使原债权人之权利的权利。保证人清偿代位的成立仅以"保证人承担保证责任"为要件。在解释上,"保证人承担保证责任"包括保证人自行清偿保证债务、经强制执行或破产清算而清偿保证债务在内。此外,依"保证人承担保证责任"之目的——在相应范围内消灭债权人与主债务人之间的债权债务关系而言,保证人以代物清偿、提存、抵销等其他方式足以消灭主债务的,也应包括在内。

(九)保证人对主债务人抗辩的援引

保证人可以主张债务人对债权人的抗辩。债务人放弃抗辩的,保证人仍有权向债权人主张抗辩(《民法典》第701条)。

保证债务具有从属于主债务的属性,主债务人对于债权人所享有的任何抗辩,保证人均可以主张以对抗债权人的履行请求。尽管保证人主张的是主债务人的抗辩,但保证人是以自己的名义而非以主债务人或主债务人的代理人的名义主张该项抗辩,因此,保证人的抗辩属于其依法享有的抗辩,独立于主债务人的抗辩而发生效力。

(十)保证人对主债务人抵销权或者撤销权的援引

债务人对债权人享有抵销权或者撤销权的,保证人可以在相应范围内拒绝承担保证责任(《民法典》第702条)。在主债务人对债权人享有抵销权的情形之下,若主债务人自己行使抵销权,则主债务消灭,保证人亦得援用而据以拒绝清偿。主债务人自己未主张抵销时,保证人即可依主债务人的抵销权在相应范围内拒绝承担保证责任。值得注意的是,保证人在此时并无直接行使主债务人对债权人的抵销权的权利。从保护当事人利益出发,抵销权是否行使,取决于债权人与主债务人之间的意思。但为保护保证人利益,在主债务人对债权人享有抵销权的情形,保证人在相应范围内应享有拒绝履行保证债务的抗辩权。

在主债务人基于法定事由对债权人享有撤销权的情形之下,若主债务人发出撤销的意思表示,则主债权债务合同即自始无效,保证合同亦随之失效。此时保证人亦得援用而据以拒绝履行保证债务。主债务人自己并未行使撤销权的,保证人即可依主债务人的撤销权在相应范围内拒绝承担保证责任。值得注意的是,保证人在此时并无直接行使主债务人对债权人的撤销权的权利。撤销权的规定,系为保护当事人之利益而设,在保证关系上,即系为保护主债务人之利益而设,保证人无权积极行使债务人的撤销权,尽管合同具有可撤销的理由,但是否行使撤销权是债务人的意思自治范畴,债务人可以放弃撤销权。但为具体周延地保护保证人利益,在主债务人对债权人享有撤销权的情形,保证人得以主债务人撤销权的存在为由,在相应范围内享有拒绝履行保证债务的抗辩权。保证人可得主张的主债务人对债权人的撤销抗辩权,在性质上属于暂时性抗辩权,故主债务撤销权因除斥期间经过而告失权的,保证人即不得再援引本条拒绝履行保证债务。

第六节　租 赁 合 同

一、租赁合同的概念和特征

租赁合同是出租人将租赁物交付承租人使用、收益,承租人支付租金的合同(《民法典》第703条)。租赁合同中交付租赁物供对方使用、收益的一方称为出租人,使用租赁物并支付租金的一方称为承租人。租赁合同的内容一般包括租赁物的名称、数量、用途、租赁期限、租金及其支付期限和方式、租赁物维修等条款(《民法典》第704条)。

租赁合同具有以下特征:

1. 租赁合同是转让财产使用权的合同。租赁合同以承租人使用、收益租赁物为直接目的,承租人所取得的仅是对租赁物的使用、收益权,而非租赁物的所有权。这是买卖合同与租赁合同的根本区别。由于租赁合同转移的仅是租赁物的使用权,因而承租人并不享有对租赁物的处分权,这是租赁合同区别于消费借贷合同的重要一点。

2. 租赁合同为有偿合同。租赁合同中,出租人所负担的交付租赁物供承租人使用、收益的义务与承租人所负担的交付租金的义务互为对价,因此,租赁合同为有偿合同。在这点上,租赁合同与借用合同有所不同。

3. 租赁合同为诺成合同。租赁合同中,出租人与承租人双方意思表示达成一致,合同即成立,所以租赁合同为诺成合同。

4. 租赁合同具有临时性。租赁合同具有临时性的特征,不适用于财产的永久性使用。在许多国家和地区的立法上都规定了租赁合同的最长存续期限。我国《民法典》规定租赁期限不得超过20年,超过20年的,超过部分无效。租赁期间届满,当事人可以续订租赁合同,但是,约定的租赁期限自续订之日起不得超过20年(《民法典》第705条)。

5. 租赁合同为继续性合同。继续性合同是与非继续性合同,又称一时性合同相对应的一种合同分类。它是指"债的内容,非一次给付可完结,而是继续地实现,其基本特色是时间因素,在债的履行上居于重要地位,总给付的内容系于应为给付时间的长度"。[20] 租赁合同中,承租人合同目的的实现,有赖于出租人在租赁期间内持续不间断地履行合同义务,因此,租赁合同为继续性合同。

二、租赁合同的标的物

租赁合同的标的物是租赁合同的重要构成要素,它是指出租人于合同生效后应交付承租人使用收益的物。该物既可以为动产,也可以为不动产,如其为动产,则租赁合同的性质决定

---

〔20〕 王泽鉴:《民法债编总论》(1),三民书局1993年版,第109页。

了该动产应为不可代替的非消耗物。以可代替物为标的物的,只能是用以为特定目的的使用,如用于展览,否则,以可代替物为标的物的合同,不能为租赁。不动产作为租赁合同的标的物,在我国目前仅限于房屋或其他建筑物、工作物,土地尚未包括在内,这一点与其他国家和地区的立法多有不同。在其他国家和地区,耕地、基地皆可成为租赁物,我国则仅认可土地使用权为租赁合同的标的物。

租赁合同的标的物应具有合法性。以法律禁止流通物出租的,租赁合同应为无效。以限制流通物作为租赁合同标的物的,该租赁合同属于办理批准等手续才能生效的合同。未办理批准等手续影响合同生效的,不影响合同中履行报批等义务条款以及相关关条款的效力。合同当事人有义务去办理批准等手续,促成租赁合同的完全生效。当事人不履行报批等义务,致使租赁合同未能完全生效的,应承担违反该义务的责任(《民法典》第502条第2款)。

租赁合同的标的物一般为现存的物,但不以现存的物为必要。当事人就将来之物成立租赁关系的,租赁合同也应为有效。

三、租赁合同的分类

(一)动产租赁与不动产租赁

以租赁合同的标的物为标准,可将租赁合同分为动产租赁合同和不动产租赁合同。以动产为标的物的租赁合同,为动产租赁合同;以不动产为标的物的租赁合同为不动产租赁合同。动产租赁包括一般的动产租赁、动物租赁、船舶租赁、汽车租赁等;不动产租赁在我国主要指房屋租赁,[21]另外建设用地使用权租赁、土地经营权租赁、宅基地使用权租赁等也视为不动产租赁。这种区分的意义在于,法律一般对不动产租赁有特殊的要求,如登记备案等;而动产租赁一般没有这些要求。需要注意的是,当事人未依照法律、行政法规规定办理租赁合同登记备案手续的,不影响合同的效力(《民法典》第706条)。

(二)定期租赁与不定期租赁

以租赁合同是否有固定期限为标准,可将租赁合同分为定期租赁合同和不定期租赁合同。定期租赁合同指合同约定有明确期限的租赁;不定期租赁合同的产生有三种情形:第一,当事人在租赁合同中未约定租赁期限;第二,当事人在租赁合同中将租赁期限约定为6个月以上,但未采取书面形式,双方当事人又就租赁期限产生争议的,租赁合同视为不定期租赁合同(《民法典》第707条);第三,租赁期间届满,承租人继续使用租赁物,出租人没有提出异议的,原租赁合同继续有效,但租赁期限为不定期(《民法典》第734条第1款)。这种区分的意义在于,在不定期租赁中,除非法律另有规定,双方当事人均可随时解除合同,但是应当在合理期限之前通知对方(《民法典》第730条)。

四、租赁合同的形式

就租赁合同而言,不定期租赁合同为不要式合同,无须采取书面形式;租赁期限不满6个月的定期租赁合同也为不要式合同,但租赁期限在6个月以上的定期租赁合同为要式合同,应当采用书面形式。未采用书面形式,双方当事人对租赁期限存在争议的,推定租赁合同为不定期租赁合同。

---

〔21〕 针对城镇房屋租赁合同,最高人民法院出台有专门的司法解释。参见最高人民法院《关于审理城镇房屋租赁合同纠纷案件具体应用法律若干问题的解释》。

五、租赁合同的效力

(一)出租人的义务

1. 交付租赁物并在租赁期间保持租赁物符合约定的用途的义务(《民法典》第708条)。由于租赁合同为诺成性合同,无须将标的物的交付作为合同的成立要件,因此交付租赁物是出租人于租赁合同成立后的一项债务。所谓交付租赁物,是指转移租赁物的占有于承租人,包括现实交付、指示交付和简易交付。承租人不仅应使交付的租赁物处于约定的使用、收益状态,而且于租赁关系存续期间也应保持租赁物的这种适合于约定使用、收益的状态。

2. 维修租赁物的义务(《民法典》第712条)。除合同另有约定外,出租人对租赁物有维修的义务。出租人的该项义务实际上是出租人保持租赁物使其合于使用、收益状态义务的延伸。在租赁物需要维修时,承租人可以要求出租人在合理期间内维修。出租人未履行维修义务的,承租人可以自行维修,维修费用由出租人负担。出租人因维修租赁物影响承租人使用的,应当相应减少租金或者延长租期(《民法典》第713条)。承租人未交付租金,出租人得行使同时履行抗辩权,拒绝履行其后的维修义务。

因承租人的过错致使租赁物需要维修的,出租人不承担前款规定的维修义务。

3. 物的瑕疵担保义务。出租人应担保所交付的租赁物能够为承租人依约正常使用、收益。如果租赁物有使承租人不能为正常使用、收益的瑕疵,出租人即应承担违约责任,承租人得解除合同或者请求减少租金。双方当事人在订立合同时,承租人已知道租赁物存在瑕疵的,其后不得解除合同,如果租赁物危及承租人的安全或者健康的,即使承租人订立合同时明知该租赁物质量不合格,仍然可以随时解除合同(《民法典》第731条)。

4. 权利的瑕疵担保义务。出租人应担保不因第三人对承租人主张权利而使承租人不能依约为使用、收益。如因第三人主张权利,致使承租人不能对租赁物使用、收益的,承租人可以要求减少租金或者不支付租金。第三人主张权利的,承租人应当及时通知出租人(《民法典》第723条)。

如果出租人没有将标的物供承租人为使用、收益的权限,如未经标的物的所有权人或者处分权人许可即出租他人之物,或者租赁物因受其他用益物权的限制,致使承租人事实上不能对租赁物为使用、收益的,即发生出租人违反权利的瑕疵担保义务所生的违约责任问题。

(二)承租人的义务

1. 依约定方法或租赁物的性质使用租赁物的义务。承租人在占有租赁物后,应当依照约定的方法使用租赁物,对使用租赁物的方法没有约定或者约定不明确,当事人可以协议补充,不能达成补充协议的,按照合同有关条款或者交易习惯确定。仍不能确定的,应当按照租赁物的性质使用(《民法典》第709条)。承租人按照约定的方法或者租赁物的性质使用租赁物,致使租赁物受到损耗的,不承担损害赔偿责任(《民法典》第710条)。承租人如果未依照约定的方法或者租赁物的性质使用租赁物,致使租赁物受到损失的,出租人可以解除合同并要求赔偿损失(《民法典》第711条)。从鼓励交易的立法宗旨考虑,出租人该项法定解除权的行使,一般应以租赁物遭受严重损失或虽未遭受严重损失,但承租人在出租人提出异议后,仍不修正使用方法作为前提。

2. 妥善保管租赁物的义务。承租人作为租赁物的占有人,应当妥善保管租赁物。承租人未尽妥善保管义务,造成租赁物毁损、灭失的,应当承担损害赔偿责任(《民法典》第714条)。承租人应以善良管理人的注意去保管租赁物。租赁物有收益能力的,应保持其收益能力。承租人违背妥善保管租赁物的义务,致使租赁物毁损、灭失的,应对出租人承担损害赔偿责任。

3. 不作为义务。租赁合同中,承租人的不作为义务主要包括以下内容:第一,不得随意对租赁物进行改善或在租赁物上增设他物。承租人基于租赁合同,对于租赁物所享有的租赁权,从权利属性上来讲,系属债权,因此,承租人只有在经过出租人同意的前提下,方可对租赁物进行改善或者增设他物,承租人未经出租人同意,即对租赁物进行改善或者增设他物的,出租人可以要求承租人恢复原状或者赔偿损失(《民法典》第715条)。第二,不得随意转租。所谓转租,是指承租人不退出租赁合同关系,而将租赁物出租给次承租人使用、收益。根据承租人的转租是否经出租人的承诺,可以将转租区分为合法转租与不合法转租。承租人经出租人同意转租的,为合法转租。就出租人和承租人而言,两者的租赁关系不因转租而受影响,承租人并应就因次承租人应负责的事由所产生的损害向出租人负赔偿责任。例如,我国《民法典》第716条第1款规定:"承租人经出租人同意,可以将租赁物转租给第三人。承租人转租的,承租人与出租人之间的租赁合同继续有效;第三人造成租赁物损失的,承租人应当赔偿损失。"不合法转租,是指未经出租人允许所进行的转租。我国《民法典》第716条第2款明确规定:"承租人未经出租人同意转租的,出租人可以解除合同。"承租人经出租人同意将租赁物转租给第三人,转租期限超过承租人剩余租赁期限的,超过部分的约定对出租人不具有法律约束力,但是出租人与承租人另有约定的除外(《民法典》第717条)。出租人知道或者应当知道承租人转租,但是在6个月内未提出异议的,视为出租人同意转租(《民法典》第718条)。承租人拖欠租金的,次承租人可以代承租人支付其欠付的租金和违约金,但是转租合同对出租人不具有法律约束力的除外。次承租人代为支付的租金和违约金,可以充抵次承租人应当向承租人支付的租金;超出其应付的租金数额的,可以向承租人追偿(《民法典》第719条)。

4. 支付租金的义务。承租人应当依照约定的期限支付租金,对支付期限没有约定或者约定不明确,可以协议补充,不能达成补充协议的,按照合同有关条款或者交易习惯确定。仍不能确定的,租赁期间不满一年的,应当在租赁期间届满时支付。租赁期间在1年以上的,应当在每届满1年时支付,剩余期间不满1年的,应当在租赁期间届满时支付(《民法典》第721条)。承租人无正当理由未支付或者迟延支付租金的,出租人可以要求承租人在合理期限内支付。此期间为宽限期,承租人逾期不支付的,出租人可以解除合同(《民法典》第722条)。

5. 返还租赁物的义务。租赁关系终止后,租赁物仍然存在的,承租人应当返还租赁物。返还的租赁物应当符合按照约定或者租赁物性质使用后的状态(《民法典》第733条)。

承租人在租赁期间未经出租人同意,对租赁物进行改建、改装或者增加附着物的,在返还租赁物时,出租人有权要求予以拆除,恢复租赁物的原状或者赔偿损失(《民法典》第715条第2款)。承租人的上述行为经出租人同意的,可不恢复租赁物的原状,并就因此而使租赁物价值增加的部分,转而请求有益费用的返还。

承租人在返还租赁物时,就其对租赁物所支出的必要费用,也可主张返还。所谓必要费用,是指为维护租赁物所不可缺少的费用。比如租赁物的保管费、机器的养护费、动物的饲养费等皆属之。

(三)租赁合同的特别效力

1. 承租人获取租赁物收益的权利。在租赁期间因占有、使用租赁物获得的收益,归承租人所有,但当事人另有约定的除外(《民法典》第720条)。

2. 租赁权的物权化。租赁合同本为一种债权债务关系。在早期民法上,承租人只能向出租人本人主张对租赁物的使用、收益,租赁权不能对抗第三人。这种权利配置反映了重视所有权,相对轻视使用、收益权的观念。随着社会经济的发展,民法逐渐地承认在房屋等财产的租赁关系中,租赁物所有权在租赁期间内的转移并不影响承租人的权利,原租赁合同对受让租赁物的第三人仍然有效,该第三人不得解除租赁合同,此即"买卖不破租赁"原则。这一原则突破了传统的合同相对性原则,使租赁权具有了对抗第三人的效力。这种情况被称为"租赁权的物权化"或"债权的物权化"。在这种情况下,承租人的租赁权性质如何,学者之间有争论。概括起来主要有债权说、物权说和物权化说三种学说。我国《民法典》第725条关于租赁合同对抗效力的规定即是租赁权物权化说的体现。依据该条规定,租赁物在承租人按照租赁合同占有期限内发生所有权变动的,承租人的租赁权可以对抗租赁物的新所有权人,承租人与出租人原来在租赁合同中所作的其他约定,租赁物的新所有权人也应一并遵循。

3. 房屋承租人的优先购买权。指当出租人出卖房屋时,承租人在同等条件下,依法享有优先于其他人购买房屋的权利。《民法典》第726条确认,出租人出卖租赁房屋的,应当在出卖之前的合理期限内通知承租人,承租人享有以同等条件优先购买的权利;但是,房屋按份共有人行使优先购买权或者出租人将房屋出卖给近亲属的除外。出租人履行通知义务后,承租人在15日内未明确表示购买的,视为承租人放弃优先购买权(《民法典》第726条)。出租人委托拍卖人拍卖租赁房屋的,应当在拍卖5日前通知承租人。承租人未参加拍卖的,视为放弃优先购买权(《民法典》第727条)。

优先购买权的权利属性为形成权,其实质系属对出租人选择合同对方当事人自由的限制。

就承租人的优先购买权,须注意承租人仅在同等条件下得享有优先购买权。此处的同等条件,主要是指出价条件,包括价格、交付房价期限、方式等,至于所出售房屋的部位、数量应无区别,更是题中应有之义。[22]

在房屋租赁合同中,承租人在租赁期间内死亡的,其生前共同居住的人或者共同经营人可以按照原租赁合同租赁该房屋(《民法典》第732条),并享有此项优先购买权。

出租人在转让房屋所有权时,未通知承租人或者有其他妨害承租人行使优先购买权情形的,承租人可以请求出租人承担赔偿责任。但是,出租人与第三人订立的房屋买卖合同的效力不受影响(《民法典》第728条)。

4、承租人的优先承租权。租赁期限届满,房屋承租人享有以同等条件优先承租的权利(《民法典》第734条)。

六、租赁合同中的风险负担

当由于既不可归责于承租人,又不可归责于出租人的事由,致使租赁物部分或全部毁损、灭失时,就产生了租赁合同中的风险负担问题。租赁合同中的风险负担问题,主要可以分解为两个问题。

1. 租赁物的风险负担问题,即当由于不可归责于承租人和出租人双方当事人的事由,致使租赁物部分或全部毁损、灭失的,租赁物部分或全部毁损、灭失的损失应由谁负担。就此问题,除非法律有特别规定,或当事人之间有特别约定,自罗马法以来,就形成了由物的所有人负担风险,即天灾归物权人负担的法律思想。此为标的物风险负担的一般原则。因而,租赁物的所有权人应负担此种情形下标的物毁损、灭失的风险。

---

〔22〕 王利明:《合同法疑难案例研究》,中国人民大学出版社1997年版,第350页。

2. 因不可归责于双方当事人的事由致使租赁物部分或全部毁损、灭失，从而引致租赁合同部分或全部履行不能时，租金风险应由谁负担的问题。与租赁物的风险负担不同，此处的风险负担主要解决双务合同对待给付义务的履行问题，尤其是承租人支付租金义务的履行问题。《民法典》第729条规定："因不可归责于承租人的事由，致使租赁物部分或者全部毁损、灭失的，承租人可以请求减少租金或者不支付租金；因租赁物部分或者全部毁损、灭失，致使不能实现合同目的的，承租人可以解除合同。"该条即包含有对租赁合同中的风险负担的规定。故当因不可归责于双方当事人的事由致使合同部分或全部履行不能时，承租人即可相应地减少履行或不履行其对待给付义务——请求减少租金或者不支付租金。

七、租赁合同的终止

租赁合同主要因下列事由而终止：第一，租赁合同得因期限届满而终止；第二，租赁合同因当事人的解除而消灭。

租赁合同期限虽未届满，但出现法定或约定情事，而由当事人双方或其中一方解除合同的，租赁合同也因此而消灭。在租赁合同中，法定解除的情形主要包括：

1. 承租人未按照约定的方法或者未根据租赁物的性质使用租赁物，致使租赁物受到损失的，出租人可以解除合同并请求赔偿损失（《民法典》第711条）。

2. 承租人未经出租人同意转租的，出租人可以解除合同（《民法典》第716条第2款）。

3. 承租人无正当理由未支付或者迟延支付租金的，出租人可以请求承租人在合理期限内支付。承租人逾期不支付的，出租人可以解除合同（《民法典》第722条）。

4. 租赁物被司法机关或者行政机关依法查封、扣押，或者租赁物权属有争议，或者租赁物具有违反法律、行政法规关于使用条件的强制性规定情形，非因承租人原因致使租赁物无法使用的，承租人可以解除合同（《民法典》第724条）。

5. 当租赁物由于不可归责于承租人的事由，部分或全部毁损灭失，致使租赁合同的目的无法实现时，承租人可以解除合同，终止双方当事人间的租赁关系（《民法典》第729条后段）。承租人所享有的解除合同的权利，在租赁物的毁损、灭失是由于可归责于出租人的事由所致时，系违约的救济手段；在租赁物的毁损、灭失是由于不可归责于双方当事人的事由所致时，系不可抗力制度作为合同法定解除事由的运用，意在对租赁合同中租金的风险进行分配。

6. 当事人对租赁期限没有约定或者约定不明确，依照《民法典》第510条的规定仍不能确定的，视为不定期租赁。当事人可以随时解除合同，但出租人解除合同时应当在合理期限之前通知承租人（《民法典》第730条）。

7. 租赁物危及承租人的安全或者健康的，即使承租人订立合同时明知该租赁物质量不合格，承租人仍然可以随时解除合同（《民法典》第731条）。

八、租赁合同的更新

租赁合同的双方当事人在租赁合同规定的租赁期限届满时，可以续订合同。所谓续订是指在原租赁合同其他内容不变的情形下，延长合同的期限，所以，续订租赁合同又被称为期限更新或租赁合同的更新。租赁合同的更新不同于租赁合同的期限变更，后者是指在租赁合同双方当事人约定的租赁期限内，协议更改租赁期限。租赁合同的更新只能发生在租赁期限届满时。[23]

---

〔23〕 郭明瑞、王轶：《合同法新论·分则》，中国政法大学出版社1997年版，第106页。

租赁合同的双方当事人更新期限续订合同有两种方式:约定更新和法定更新。其中约定更新,又称明示更新,是指当事人于租赁合同期限届满后,另订一合同,约定延长租赁期限。当事人另订租赁合同的,租赁的期限也不得超过法律规定的最高期限。所谓租赁合同默示的更新,又称租赁合同的法定更新,是指租赁期限届满后,承租人仍为租赁物的使用收益,而出租人不表示反对意思的,视为以不定期限继续租赁合同。《民法典》第734条规定:"租赁期间届满,承租人继续使用租赁物,出租人没有提出异议的,原租赁合同继续有效,但是租赁期限为不定期。"该条即是关于租赁合同默示更新的规定。

第七节　融资租赁合同

一、融资租赁合同的概念和特征

融资租赁合同,是出租人根据承租人对出卖人、租赁物的选择,向出卖人购买租赁物,提供给承租人使用,承租人支付租金的合同(《民法典》第735条)。当事人以虚构租赁物方式订立的融资租赁合同无效(《民法典》第737条)。

融资租赁合同具有以下法律特征:

1. 融资租赁合同是由两个合同——买卖合同和融资性租赁合同,三方当事人——出卖人、出租人(买受人)、承租人结合在一起有机构成的新型独立合同。这是融资租赁合同的形式特征。融资租赁合同是融资租赁交易的产物,融资租赁合同的主要特征是由融资租赁交易的特殊性决定的。融资租赁交易主要是由两个合同、三方当事人所构成的交易。这两个合同是由融资租赁公司与承租人所签订的融资性租赁合同以及由融资租赁公司与供应商所签订的买卖合同,两个合同在效力上相互交错。如融资租赁合同因买卖合同解除、被确认无效或者被撤销而解除,出卖人、租赁物系由承租人选择的,出租人有权请求承租人赔偿相应损失;但是,因出租人原因致使买卖合同解除、被确认无效或者被撤销的除外。出租人的损失已经在买卖合同解除、被确认无效或者被撤销时获得赔偿的,承租人不再承担相应的赔偿责任(《民法典》第755条)。

2. 融资租赁合同是以融资为目的,融物为手段的合同。这是融资租赁合同的实质特征,也是融资租赁合同不同于传统租赁合同的重要特征,亦为融资租赁合同与买卖、借款等合同的区别之一。因此,依照法律、行政法规的规定,对于租赁物的经营使用应当取得行政许可的,出租人未取得行政许可不影响融资租赁合同的效力(《民法典》第738条)。

3. 融资租赁合同中的出租人为专营融资租赁业务的租赁公司。融资租赁合同的出租人,只能是专营融资租赁业务的租赁公司,而不能是一般的自然人、法人或者非法人组织。这是融资租赁合同主体上的特征。在我国,考虑到融资租赁交易具有融资性,只有经金融管理部门批准许可经营的公司,才有从事融资租赁交易、订立融资租赁合同的资格。

4. 融资租赁合同为诺成合同、多务合同和有偿合同。融资租赁合同应当采用书面形式(《民法典》第736条第2款),为要式合同。

二、融资租赁合同的效力

融资租赁合同的效力,是指生效的融资租赁合同所具有的法律约束力。它主要是通过融资租赁合同的各方当事人所享有的权利和所负担的义务来具体体现。考虑到融资租赁合同是由两个合同、三方当事人结合在一起的新型独立合同，对于融资租赁合同效力的考察，将结合这一特征展开。

（一）出卖人与出租人之间所订立的买卖合同

一般情况下，该买卖合同应遵循《民法典》对买卖合同所确立的交易规则。但在以下几个方面，由于融资租赁交易的自身特性使然，与通常买卖合同有所不同：

1. 出卖人负有按照约定向承租人（而非作为买受人的出租人）直接交付标的物的义务。依据《民法典》第 739 条，出租人根据承租人对出卖人、租赁物的选择订立的买卖合同，出卖人应当按照约定向承租人交付标的物，承租人享有与受领标的物有关的买受人的权利。出卖人违反向承租人交付标的物的义务，有下列情形之一的，承租人可以拒绝受领出卖人向其交付的标的物：（1）标的物严重不符合约定；（2）未按照约定交付标的物，经承租人或者出租人催告后在合理期限内仍未交付。承租人拒绝受领标的物的，应当及时通知出租人（《民法典》第 740 条）。

2. 当出卖人不履行买卖合同义务时，根据出租人、出卖人、承租人之间的约定，由承租人行使索赔的权利，承租人行使索赔权利的，出租人应当协助（《民法典》第 741 条）。出租人有下列情形之一，致使承租人对出卖人行使索赔权利失败的，承租人有权请求出租人承担相应的责任：（1）明知租赁物有质量瑕疵而不告知承租人；（2）承租人行使索赔权利时，未及时提供必要协助。出租人怠于行使只能由其对出卖人行使的索赔权利，造成承租人损失的，承租人有权请求出租人承担赔偿责任（《民法典》第 743 条）。

3. 就出租人根据承租人对出卖人、租赁物的选择订立的买卖合同，未经承租人同意，出租人不得变更与承租人有关的合同内容（《民法典》第 744 条）。

4. 由于根据约定，出租人得享有与受领标的物有关的买受人的权利，因而，本应由作为买卖合同买受人的出租人所负担的及时检验义务，以及对于拒绝受领标的物的妥善保管义务，也转由承租人负担。

（二）出租人与承租人之间所订立的融资性租赁合同

融资性租赁合同是融资性租赁交易的核心，也正是在这一意义上，融资租赁合同与租赁合同都可归为转移财产使用权的合同。融资性租赁合同，从本质上讲，系属一种特殊形式的租赁合同，因而一方面，在民法典对于该合同未设特别的规定，或该合同未有特殊的交易惯例时，应遵循民法典关于租赁合同所作的一般规定；另一方面，该合同也有以下与普通租赁合同不同之处：

1. 出租人得享有以下特殊的法律利益：第一，租赁物不符合约定或者不符合使用目的的，出租人不承担违反物的瑕疵担保义务所应该负担的违约责任。但是承租人依赖出租人的技能确定租赁物或者出租人干预选择租赁物的除外（《民法典》第 747 条）。第二，在承租人占有租赁物期间，租赁物造成第三人的人身伤害或者财产损失的，作为租赁物所有权人的出租人不承担责任（《民法典》第 749 条）。第三，在承租人占有租赁物期间，出租人无须负担维修租赁物的义务（《民法典》第 750 条）。

2. 融资性的租赁合同中，尽管出租人仍应负担向承租人交付租赁物的义务，但该项义务是由出卖人作为履行交付租赁物义务的履行辅助人来完成的。在出卖人直接向承租人交付标的物时，承租人一方面是在受领租赁物的交付，另一方面也是作为出租人的受领辅助人，辅助完成标的物的所有权从出卖人向出租人的移转。

出租人应当保证承租人对租赁物的占有使用。出租人有下列情形之一的,承租人有权请求其赔偿损失:(1)无正当理由收回租赁物;(2)无正当理由妨碍、干扰承租人对租赁物的占有和使用;(3)因出租人的原因致使第三人对租赁物主张权利;(4)不当影响承租人对租赁物占有和使用的其他情形(《民法典》第 748 条)。

3. 承租人支付租金的义务也有不同。如同在租赁合同中一样,融资租赁合同中的承租人所负担的最主要义务是支付租金。融资租赁合同中出租人所收取的租金,既不同于一般租赁合同的租金,又不同于买卖合同中标的物的价金。出租人所收取的租金一方面应收回其为购买租赁物所支出的全部或部分费用,另一方面要获取一定的营业利润(《民法典》第 746 条)。租金的第一项构成,在实践中,主要根据出租人和承租人是如何在租赁合同中约定租赁期间届满时租赁物的归属而定的,如果双方当事人约定,租赁期间届满时,租赁物的所有权即转归承租人所有,那么出租人所收取的租金应包括购买租赁物的全部费用;如果双方当事人约定,在租赁期间届满时,出租人有权收回租赁物或者承租人再支付一部分价金即可取得租赁物的所有权时,出租人应收取的租金的构成就只应包括购买租赁物的部分价金。当然,该项规定为任意性规范,当事人得经由特约予以变更。

出租人得收取租金的另一项构成,即利润,利润应在一合理的限度内,如果约定得过高,承租人得依法主张显失公平,以维护自己的利益。

在租赁期间,承租人应按照约定向出租人支付租金,这是承租人的基本义务,承租人支付价款的义务,以承租人通知出租人收到标的物的通知为生效条件,而不以承租人实际使用租赁物为条件。

由于租金并非融物的对价而为融资的对价,所以,承租人支付租金的义务有以下主要特点:第一,在租赁标的物存有瑕疵时,承租人不得拒付租金。如前所述,融资租赁的出租人一般不负标的物的瑕疵担保义务,在标的物存有瑕疵时,承租人得向出卖人请求其承担违约责任,但即使因标的物有瑕疵致使承租人不能为使用、收益,也不影响承租人支付租金的义务,承租人仍应按照约定支付租金。第二,在租赁期间,承租人承担租金的风险。承租人占有租赁物期间,租赁物毁损、灭失的,出租人有权请求承租人继续支付租金,但是法律另有规定或者当事人另有约定的除外(《民法典》第 751 条)。第三,因承租人违约而由出租人收回标的物时,承租人不能以标的物的收回而拒绝履行支付租金的义务。

承租人不按照约定支付租金时,出租人得定合理期限要求承租人支付。经出租人催告,承租人在规定的期限内仍不支付租金的,出租人可采取以下两种救济措施:第一,请求承租人支付到期和未到期的全部租金。本来承租人是依约定按期交付租金的,对于未到期的租金,出租人无权请求承租人支付,这是承租人享有的一种期限利益。但是,在承租人不依约定按时交付租金,并且经催告仍逾期交付时,承租人的期限利益丧失,出租人不仅有权请求承租人支付已到期的租金,而且得请求承租人交付未到期的全部租金。第二,解除合同,收回租赁物。出租人不选择请求承租人支付全部租金的,得解除合同,收回租赁物,因为出租人对于租赁物享有所有权,出租人的所有权具有担保其租金债权的功能,所以在因承租人一方违约,出租人解除合同时,出租人得收回租赁物(《民法典》第 752 条)。如果当事人已约定租赁期间届满租赁物归承租人所有,承租人已经支付大部分租金,但无力支付剩余租金,出租人因此解除合同收回租赁物的,收回的租赁物的价值超过承租人欠付的租金以及其他费用的,承租人可以要求部分返还(《民法典》第 758 条第 1 款)。当事人约定租赁期限届满,承租人仅需向出租人支付象征性价款的，视为约定的租金义务履行完毕后租赁物的所有权归承租人(《民法典》第759条)。

在融资租赁交易实践中，在承租人违约不按期支付租金时，出租人在解除合同、收回租赁物的同时，还有权主张损害赔偿金的支付。此损害赔偿金或者以相当于残存租金额计算或者以残存租金额减去中间利息计算，后者又称规定损害赔偿金。其他国家和地区的判例和学说均肯定在承租人违约时，租赁公司有权获得损害赔偿金，因为融资性租赁具有金融的性质，其租金为投资资金之对价，而非物件使用、收益的对价，且租赁物件往往不具通用性，为保障租赁公司收回投资资金，在承租人违约解除合同之后亦应以损害赔偿金名义收取租金金额。

4. 承租人在占有租赁物期间承担维修租赁物的义务。与租赁合同不同，融资租赁合同具有较强的融资性，因此在融资租赁合同中，系由承租人，而不是由出租人履行占有租赁物期间的维修义务。

三、融资租赁合同的终止

与租赁合同一样，融资租赁合同也得基于租赁期限的届满、合同的解除等原因而终止。如承租人未经出租人同意，将租赁物转让、抵押、质押、投资入股或者以其他方式处分的，出租人可以解除融资租赁合同(《民法典》第753条)。依据《民法典》第754条，有下列情形之一的，出租人或者承租人可以解除融资租赁合同：(1)出租人与出卖人订立的买卖合同解除、被确认无效或者被撤销，且未能重新订立买卖合同；(2)租赁物因不可归责于当事人的原因毁损、灭失，且不能修复或者确定替代物；(3)因出卖人的原因致使融资租赁合同的目的不能实现。

在融资租赁期间，出租人对租赁物享有所有权。出租人对租赁物享有的所有权，未经登记，不得对抗善意第三人。但在租赁期间届满时，根据《民法典》第757条的规定，出租人和承租人可以约定租赁期间届满租赁物的归属。对租赁物的归属没有约定或者约定不明确，依照《民法典》第510条的规定仍不能确定的，租赁物的所有权归出租人享有。

融资租赁合同无效，当事人就该情形下租赁物的归属有约定的，按照其约定；没有约定或者约定不明确的，租赁物应当返还出租人。但是，因承租人原因致使合同无效，出租人不请求返还或者返还后会显著降低租赁物效用的，租赁物的所有权归承租人，由承租人给予出租人合理补偿(《民法典》第760条)。

第八节 保理合同

一、保理合同的概念和特征

保理合同是应收账款债权人将现有的或者将有的应收账款转让给保理人，保理人提供资金融通、应收账款管理或者催收、应收账款债务人付款担保等服务的合同。保理合同，是以债权人转让其应收账款为前提，集资金融通、应收账款催收或者管理、付款担保等服务于一体的综合性金融服务合同。[24] 保理合同的内容一般包括业务类型、服务范围、服务期限、基础交易合同情况、应收账款信息、保理融资款或者服务报酬及其支付方式等条款(《民法典》第

〔24〕《最高人民法院关于当前商事审判工作中的若干具体问题》(2015年12月24日)，《商业银行保理业务管理暂行办法》(中国银行业监督管理委员会令2014年第5号)。

762 条)。

保理合同具有以下法律特征:

1. 保理合同以债权人转让应收账款债权为前提。保理合同必须具备的内容是应收账款债权的转让,没有应收账款的转让就不能构成保理合同。所谓应收账款,是指权利人因转移财产或者提供服务而获得的要求债务人付款的权利以及依法享有的其他付款请求权,包括现有的和未来的金钱债权,但不包括因票据或其他有价证券而产生的付款请求权,以及法律、行政法规禁止转让的付款请求权。应收账款主要包括下列权利:(1)销售、出租产生的债权,包括销售货物,供应水、电、气、暖,知识产权的许可使用,出租动产或不动产等;(2)提供医疗、教育、旅游等服务或劳务产生的债权;(3)能源、交通运输、水利、环境保护、市政工程等基础设施和公用事业项目收益权;(4)提供贷款或其他信用活动产生的债权;(5)其他以合同为基础的具有金钱给付内容的债权。这些应收账款的转让可以是单独转让,也可以是批量集合转让,这取决于当事人之间的约定。应收账款的转让,应当适用民法典关于债权转让的一般规则。

应收账款债权人与债务人虚构应收账款作为转让标的,与保理人订立保理合同的,应收账款债务人不得以应收账款不存在为由对抗保理人,但是保理人明知虚构的除外(《民法典》第 763 条)。

2. 保理人负担的主合同义务包括提供资金融通、应收账款管理或者催收、应收账款债务人付款担保等服务。资金融通,是指保理人应债权人的申请,在债权人将应收账款转让给保理人后,为债权人提供的资金融通,包括贷款和应收账款转让预付款。应收账款催收,是指保理人根据应收账款账期,主动或应债权人要求,采取电话、函件、上门等方式直至运用法律手段等对债务人进行催收。应收账款管理,又称为销售分户账管理,是指保理人根据债权人的要求,定期或不定期向其提供关于应收账款的回收情况、逾期账款情况、对账单等财务和统计报表,协助其进行应收账款管理。付款担保,是指保理人与债权人签订保理合同后,为债务人核定信用额度,并在核准额度内,对债权人无商业纠纷的应收账款,提供约定的付款担保。除了这些服务之外,保理合同中,保理人提供的服务通常还包括资信调查与评估、信用风险控制等其他可认定为保理性质的金融服务。

3. 保理合同为要式合同。保理合同应当采用书面形式(《民法典》第 762 条第 2 款)。

二、保理人的通知义务

保理合同的核心是应收账款债权转让,在此应当适用民法典关于债权转让的一般规则,为保护债务人利益,依据《民法典》第 546 条第 1 款,债权人转让债权,未通知债务人的,该转让对债务人不发生效力。因此,应收账款债权转让未通知债务人的,该转让对债务人不发生效力,即使保理人取得了债权,债务人也有权拒绝保理人的履行请求;债务人向债权人履行债务的,债权消灭。如果应收账款债权转让通知了债务人,则债权转让对债务人发生效力,此时债务人即对保理人负有履行义务,并且有权以此拒绝债权人的履行请求;如果债务人仍然向债权人履行,则不发生债权消灭的效力。因此,只有通知了债务人,才可以最大程度上保护保理人的利益。关于转让通知的发出主体,在一般的债权转让中,发出转让通知的主体原则上应当仅限于让与人。在保理合同中,实践中的大多数情形都是保理人发出通知,因为其对此具有重大利益,以避免债务人在转让发生后仍向债权人履行债务,故保理人更有动力主动发出通知。

保理人向应收账款债务人发出应收账款转让通知的,应当表明保理人身份并附有必要凭证(《民法典》第 764 条)。保理人向债务人发出转让通知的,如果表明了保理人的身份并且附有经过公证的债权转让合同、保理合同或者转让通知等必要凭证，可以认为具有同债权人发出转让通知同等的效力。

应收账款债务人接到应收账款转让通知后，应收账款债权人与债务人无正当理由协商变更或者终止基础交易合同，对保理人产生不利影响的，对保理人不发生效力（《民法典》第 765 条）。应收账款债权人和债务人协商一致变更或者终止基础交易合同的情形主要包括延期、和解、协议抵销、协议解除等，也包括债权人免除债务人的债务而债务人未在合理期限内拒绝的情形；但是，不应当包括基于法律规定以及债务人单方行使基于法律规定享有的法定解除权等使基础交易合同发生变更或者终止的情形。如果债权人和债务人通过协商使得应收账款债权的价值落空或者减损，对保理人产生不利影响，如债权人和债务人协商一致变更基础交易合同而减少了债权数额，或者协商一致解除基础交易合同而对保理人产生了不利影响，对保理人不发生效力。

三、有追索权保理

有追索权保理，是指保理人不承担为债务人核定信用额度和提供坏账担保的义务，仅提供包括融资在内的其他金融服务，有追索权保理在应收账款到期无法从债务人处收回时，保理人可以向债权人反转让应收账款，或要求债权人回购应收账款或归还融资，又称为回购型保理。有追索权保理和无追索权保理是保理业务的基础分类。基于我国当前的保理实践，当事人一般都会在保理合同中就有无追索权作出约定，民法典同时规定有追索权保理和无追索权保理，供当事人自己选择。

当事人约定有追索权保理的，保理人可以向应收账款债权人主张返还保理融资款本息或者回购应收账款债权，也可以向应收账款债务人主张应收账款债权。保理人向应收账款债务人主张应收账款债权，在扣除保理融资款本息和相关费用后有剩余的，剩余部分应当返还给应收账款债权人（《民法典》第 766 条）。

依照《民法典》第 766 条，在有追索权保理中，在当事人无特别约定或者约定不明确时，保理人有权选择向应收账款债权人主张返还保理融资款本息或者回购应收账款债权，或者向应收账款债务人主张应收账款债权；保理人也可以同时向应收账款债权人和债务人主张权利。当然，保理人不能从债权人和债务人处获得重复清偿。同时，在有追索权保理中，保理人向应收账款债务人主张应收账款债权的，在获得债务人的履行后，首先应当扣除保理融资款本息和相关费用，具体包括：保理融资款本息、保理商未受清偿的应收账款融资额度承诺费、保理手续费、保理首付款使用费，以及其他债权人到期未付款等。在扣除后仍有剩余的这部分保理余款的归属，首先由保理人和债权人在保理合同中约定。保理合同对此无约定或者约定不明确时，保理余款应当返还给应收账款债权人，此时，保理人负有清算义务。

四、无追索权保理

无追索权保理，指保理人根据债权人提供的债务人核准信用额度，在信用额度内承购债权人对债务人的应收账款并提供坏账担保责任，债务人因发生信用风险未按基础合同约定按时足额支付应收账款时，保理人不能向债权人追索，又称为买断型保理。无追索权保理在性质上属于应收账款债权买卖，保理人受让债权并享有债权的全部清偿利益、负担债权不能受偿的风险，作为债权转让对价的融资款实际上是通过买卖取得债权的价款。

当事人约定无追索权保理的，保理人应当向应收账款债务人主张应收账款债权，保理人取得超过保理融资款本息和相关费用的部分，无须向应收账款债权人返还（《民法典》第 767 条）。

依照《民法典》第 767 条规定,当事人约定无追索权保理的,保理人应当向应收账款债务人主张应收账款债权,而不能向应收账款债权人主张返还保理融资款本息或者回购应收账款债权。保理人不再追索应收账款债权人是具有一定前提的,即债务人未及时全额付款系源于其自身信用风险,而非其他原因。如果债务人因不可抗力而无法支付,或者债务人依法主张基础交易合同所产生的抗辩、抵销权或者依法解除基础交易合同而拒绝付款,则保理人仍有权对债权人追索,向应收账款债权人主张返还保理融资款本息或者回购应收账款债权。基于无追索权保理在性质上属于应收账款债权买卖,因此保理余款应当归属于保理人,无须向应收账款债权人返还。

五、保理合同竞存

在实践中,经常会出现应收账款债权人就同一应收账款订立多个保理合同,致使多个保理人主张应收账款主张债权的情形。应收账款债权人就同一应收账款订立多个保理合同,致使多个保理人主张权利的,已经登记的先于未登记的取得应收账款;均已经登记的,按照登记时间的先后顺序取得应收账款;均未登记的,由最先到达应收账款债务人的转让通知中载明的保理人取得应收账款;既未登记也未通知的,按照保理融资款或者服务报酬的比例取得应收账款(《民法典》第 768 条)。

六、保理合同的法律适用

《民法典》第 769 条确认,"本章没有规定的,适用本编第六章债权转让的有关规定"。保理必须具备的要素是应收账款债权的转让,没有应收账款的转让就不能构成保理合同,而应收账款是债权的一种,应收账款债权转让属于债权转让,应收账款债权人就是债权转让中的让与人,保理人就是债权转让中的受让人,应收账款债务人就是债权转让中的债务人。因此,在保理合同章没有特别规定的情形,应当适用《民法典》合同编第六章关于债权转让的一般规定。

参考案例

1. 上海浦东发展银行股份有限公司深圳分行与梅州地中海酒店有限公司等借款合同纠纷案,载《中华人民共和国最高人民法院公报》2020 年第 4 期。
2. 盐城市天孜食品有限公司诉盐城市自来水有限公司供用水合同纠纷案,载《中华人民共和国最高人民法院公报》2020 年第 3 期。
3. 邓美华诉上海永达鑫悦汽车销售服务有限公司买卖合同纠纷案,载《中华人民共和国最高人民法院公报》2018 年第 11 期。
4. 上海德力西集团有限公司诉江苏博恩世通高科有限公司、冯军、上海博恩世通光电股份有限公司买卖合同纠纷案,载《中华人民共和国最高人民法院公报》2017 年第 11 期。

第三十二章　提供服务的合同

导读

提供服务的合同，主要包括承揽合同、建设工程合同、运输合同、保管合同、仓储合同、委托合同、物业服务合同、行纪合同和中介合同等。承揽合同是承揽人按照定作人的要求完成工作，交付工作成果，定作人给付报酬的合同。其中，完成工作并将工作成果交付给对方的一方当事人为承揽人，接受工作成果并向对方给付报酬的一方当事人为定作人。承揽属于提供服务的典型交易形式，因此，《民法典》合同编对于承揽合同所设置的法律规则，对于其他提供服务的合同具有参照适用的效力。本章重点需要掌握承揽合同和委托合同。

第一节　承揽合同

一、承揽合同的概念和特征

承揽合同是承揽人按照定作人的要求完成工作，交付工作成果，定作人给付报酬的合同。其中，完成工作并将工作成果交付给对方的一方当事人为承揽人，接受工作成果并向对方给付报酬的一方当事人为定作人。承揽属于提供服务的典型交易形式，因此，合同法对于承揽合同所设置的法律规则，对于其他提供服务的合同具有参照适用的效力。承揽合同的内容主要包括承揽的标的、数量、质量、报酬、承揽方式、材料的提供、履行期限、验收标准和方法等。

承揽合同具有以下特征：

1. 承揽合同以完成一定工作为目的。承揽合同中承揽人应当按照与定作人约定的标准和要求完成工作；定作人主要目的是取得承揽人完成的工作成果。承揽合同的这一特征决定了其标的只能是作为义务，否则定作人将无法实现其合同目的。

2. 承揽人完成工作的独立性。定作人与承揽人之间订立承揽合同，一般是建立在对承揽人的能力、条件等信任的基础上。只有承揽人自己完成工作才符合定作人的要求。定作人如将其主要义务交由其他人来完成，属于债务不履行，应负违约责任。

3. 定作物的特定性。承揽合同多属个别商定的合同，定作物往往具有一定的特定性。无论定作物的最终成果以何种形式体现，它都必须符合定作人提出的特别要求，否则交付的工作成果就不合格。

4. 承揽合同为诺成合同。双方当事人意思表示一致，承揽合同即可成立，无须交付定作物或加工物，因此承揽合同为诺成合同。

5. 承揽合同为有偿合同。承揽人要付出自己的劳动，将定作物按照定作人的要求进行加工;定作人取得承揽人完成的工作成果,要向承揽人支付约定的报酬。因此,承揽合同为有偿合同。

二、承揽合同的种类

依承揽具体内容的不同,承揽合同可以分为如下一些具体合同种类:

1. 加工合同。这是承揽合同中很常见的一种,指定作人向承揽人提供原材料,承揽人以自己的技能、设备和工作,为定作人进行加工,将原材料加工成符合定作人要求的成品并交付给定作人,定作人接受该成品并向承揽人支付报酬的合同。加工合同中材料必须由定作人提供,而不能由承揽人自备。

2. 定作合同。指依合同约定,由承揽人自己准备原料,并以自己的技术、设备和工作对该原料进行加工,按定作人的要求制成特定产品,将该产品交付给定作人,定作人接受该产品并向承揽人支付报酬的合同。定作合同与加工合同的区别在于材料提供人的不同。

3. 修理合同。指定作人将损坏的物品交给承揽人,由承揽人负责将损坏物品以自己的技术、工作修理好后归还给定作人,定作人接受该工作成果并向承揽人支付报酬的合同。修理合同是否仅指动产的修理合同,学者有不同的看法。本书认为,修理合同中的标的物仅为动产。

4. 复制合同。指承揽人依定作人的要求,将定作人提供的样品重新依样制作成若干份,定作人接受该复制品并向承揽人支付报酬的合同。承揽人依照定作人的不同要求可以采取不同的方式进行复制,如对文稿的复印,对画稿的临摹,对雕像的模仿塑造等。

5. 测试合同。指承揽人依定作人的要求,以自己的技术、仪器设备以及自己的工作,为定作人对定作人指定的项目进行测试,并将测试结果交付给定作人,定作人接受其成果并向承揽人支付报酬的合同。

6. 检验合同。指承揽人按照定作人的要求,对定作人提出的需要检验的内容,以自己的设备、仪器、技术等进行检验,并向定作人提供关于该检验内容相关问题的结论,定作人接受这一结论并向承揽人支付报酬的合同。

三、承揽合同与类似合同的关系

(一)承揽合同与买卖合同

买卖合同属于移转财产所有权的合同,而承揽合同也往往涉及财产所有权的移转,因此,这两种类型的合同具有一定的联系。但二者的区别是主要的,体现在:

1. 承揽合同属于以特定的工具和技能完成一定工作任务的合同,移转标的物的所有权并不是承揽人的主要合同义务;买卖合同则属于移转财产所有权的合同,移转标的物的所有权于买受人是出卖人的主要合同义务。

2. 承揽合同中的标的物只能是承揽人严格按照定作人的要求所完成的工作成果,具有特定性,若其为物,只能是特定物;而买卖合同的标的物是当事人约定出卖人应该交付的物,可以是特定物,也可以是种类物。因此,在承揽合同中,双方注重的是工作成果完成的条件,是承揽人的“创作”;而在买卖合同中,双方并不注重标的物的制作条件。[1]

需要指出的是,在传统民法上认为有承揽出卖合同,也称承揽供给合同或作成物供给合同,是指当事人一方将全部或主要以自己的材料作成的物,供给他方,他方根据约定支付报酬的合同。例如,甲向乙订购生日蛋糕或者甲公司向乙公司订购特种型号的生产设备等。这种

---

〔1〕 郭明瑞、王轶:《合同法新论·分则》,中国政法大学出版社1997年版,第217页。

类型的合同是买卖合同还是承揽合同,直接影响到对此类合同的法律适用。我国《民法典》中,就承揽出卖合同所对应的交易形式,在工作成果属于特定物时,称其为定作合同,属于承揽合同的一种;在工作成果属于种类物时,则未作出明文规定。为保持法律体系的和谐,平衡各方当事人的利益,理应依据以下标准进行判断:当事人在合同中有明确的意思表示,表明交易的意图,就依据当事人的意思表示进行判断;当事人未在合同中作出明确的意思表示,表明交易的意图,工作成果是种类物的,为买卖合同。

(二)承揽合同与劳动合同

承揽合同以完成工作为中心,完成工作就需要当事人提供劳务,因此承揽合同属于提供劳务的合同的一种,在这一点上,承揽合同与劳动合同有一定的联系。但两种合同的区别是主要的,表现在:

1. 承揽合同是较为纯粹的私法上的合同,适用合同自由原则,一般采用意思主义的法律调控方式;劳动合同的法律调整则具有较为明显的公法因素,大多采用法定主义的法律调控方式,因此在现代,劳动合同常通过单行法加以调整,被认为是一种特殊的合同类型。

2. 承揽合同强调工作的完成以及工作成果的交付;劳动合同则强调劳务本身,并不重视劳务的结果。

3. 尽管各个国家和地区的立法均赋予了定作人对承揽人工作一定程度的检查监督权,但承揽人并不因此而丧失工作的独立性和自主性。劳动合同中的劳动者则有服从指挥、听从安排的义务,其提供劳务的方式、时间等往往不能由自己决定,独立性较弱。因此,在劳动合同履行的过程中,劳动者给他人造成的损害,雇主通常要承担责任;承揽合同中,定作人无须对承揽人给他人造成的损害承担责任。[2]

(三)承揽合同与委托合同

承揽合同中的承揽人按照定作人的要求完成一定工作,这与委托合同中的受托人按照委托人的要求处理一定事务相似。但这两种类型的合同也有着显著的区别:

1. 承揽合同的承揽人是以自己的名义和费用按照定作人的要求完成一定工作的;而委托合同中的受托人一般是以委托人的名义和费用完成一定的工作。

2. 承揽合同中的承揽人在完成工作任务的过程中,一般不和第三人发生法律关系;而委托合同中的受托人在完成事务处理的过程中,常会与第三人发生法律关系。

3. 在我国《民法典》中,承揽合同是有偿合同,委托合同可以是无偿合同。

四、承揽合同的效力

(一)承揽人的合同义务

1. 完成承揽工作的义务。承揽人的主要合同义务是按照合同的约定,以自己的技术、设备完成所承揽的工作。这一义务包括:

(1)承揽人要在约定的期限内完成工作。承揽合同成立后,承揽人一般即应着手工作,不得拖延。在承揽人着手工作前,发现定作人提供的图纸或技术要求不合理并通知定作人修改,为此所造成的承揽人延期着手工作的,不应作为承揽人违约处理。承揽人未按时着手工作的,定作人可以请求其立即着手工作。

---

〔2〕 谢鸿飞编著:《承揽合同》,法律出版社 1999 年版,第 19 页。

(2)承揽人应以自己的工作依定作人要求完成工作。承揽合同的订立是建立在定作人对承揽人完成工作的条件和能力的信任基础之上的,因此,承揽人应当以自己的设备、技术和劳力,完成主要工作,但当事人另有约定的除外。所谓主要工作,首先是指对工作成果的质量起决定性作用的部分,如果其质量在承揽工作中不起决定性作用,工作成果属于一般人均可完成的工作,主要工作即指数量上的大部分。依据我国《民法典》第 772 条第 2 款以及第 773 条的规定,在经过定作人许可的情况下,承揽人可以将其承揽的主要工作交由第三人完成,在未经定作人许可的情况下,也可以将辅助工作交由第三人完成。此时,发生次承揽法律关系。根据合同的相对性原则,承揽合同的承揽人,应就次承揽人的工作向定作人负责。对此,我国《民法典》第 772 条第 2 款规定:"承揽人将其承揽的主要工作交由第三人完成的,应当就该第三人完成的工作成果向定作人负责……"第 773 条规定:"承揽人可以将其承揽的辅助工作交由第三人完成。承揽人将其承揽的辅助工作交由第三人完成的,应当就该第三人完成的工作成果向定作人负责。"承揽人未经定作人同意,将其承揽的主要工作交由第三人完成的,定作人有权解除其与承揽人之间的合同(《民法典》第 772 条第 2 款)。

2. 接受定作人提供材料或依约提供材料的义务。承揽合同中,依当事人双方的约定,可以由定作人提供材料(加工合同),也可以由承揽人自己准备材料(定作合同),并由承揽人对此材料加工,以完成合同约定工作。

定作人提供材料的,承揽人应当及时接受定作人交付的材料。为保证定作人提供的原材料符合合同约定,承揽人在定作人交付材料后,要及时对材料进行验收,如发现定作人提供的材料不符合约定的,应及时通知定作人更换或补齐,否则造成合同履行迟延的,承揽人要承担责任。在检验定作人提供的材料后,未发现不符合合同约定情况的,承揽人应接收并着手工作。承揽人对于定作人提供的材料负有妥善保管的义务,因保管不善造成毁损、灭失的,应当承担损害赔偿责任(《民法典》第 784 条)。承揽人不得擅自更换定作人提供的材料,不得更换不需要修理的零部件。承揽人对定作人提供的材料必须合理使用。因承揽人的行为,导致定作人提供的材料浪费的,承揽人也要负赔偿责任。

承揽人自己提供材料的,材料要符合合同约定的质量标准。合同中没有约定材料的质量标准的,可以依照《民法典》第 510 条以及第 511 条第 1 款的规定补充确定。定作人有权检验承揽人提供的材料是否符合合同约定的要求。承揽人对自己提供的材料应负担与买卖合同中的出卖人相同的瑕疵担保义务(《民法典》第 646 条)。如果依定作物的性质应当由定作人对承揽人提供的材料进行检验,而定作人未在合理期限内进行检验的,则视为定作人不对材料的质量提出异议(《民法典》第 621 ~ 623 条)。

3. 交付工作成果的义务。承揽人不仅应按照合同约定完成工作,还要将完成的工作成果交付给定作人,经定作人验收合格,才算完成合同的主要义务。承揽人交付工作成果应当按照合同约定的方式和地点为之。交付可以采取承揽人送交、定作人自提以及运输部门或邮政部门代交等各种方式。工作成果的交付地点可以参照适用《民法典》关于买卖合同的相关规定(《民法典》第 603 条)。但按照合同约定的承揽工作的性质不需要特别交付的,如维修房屋、粉刷墙壁等,则承揽人完成工作之日即为交付之日。

在一般情形下,定作人订立承揽合同的目的是取得工作成果的所有权,当工作成果为动产时,就承揽合同中工作成果所有权的归属和移转,应注意:

(1)在定作人提供材料时,经承揽人工作所完成的工作成果的所有权归定作人,当事人之间无须进行所有权的移转。在不规则承揽中,当事人经常约定,材料虽然由定作人提供,但承揽人可以以自己的同种类材料代替,此时,定作人仍可当然取得工作成果的所有权,承揽人无须为特别的财产移转行为。如果定作人与承揽人约定,材料的所有权移转归承揽人取得,则工作成果的所有权归承揽人,当事人之间须进行财产的移转行为。

(2)在承揽人提供材料时,承揽人完成的工作成果归承揽人所有,当事人之间须进行财产所有权的移转。[3]

(3)由双方提供材料时,应依据何方提供的材料形成工作成果的主要部分进行判断。如果定作人提供的材料形成工作成果的主要部分,则定作人取得工作成果的所有权,当事人之间不须进行财产所有权的移转;如果承揽人提供的材料形成工作成果的主要部分,则承揽人取得工作成果的所有权,当事人之间须进行财产所有权的移转;如果定作人与承揽人提供的材料对于工作成果的形成作用相当,则承揽人取得工作成果的所有权,当事人之间须进行财产所有权的移转。

(4)在材料由第三人提供时,需要首先根据承揽人与第三人之间的约定或者添附规则,在承揽人与第三人之间解决工作成果所有权的归属。在定作人与承揽人之间须进行财产所有权的移转行为。

工作成果为不动产时,无论材料由何方提供,均由定作人取得工作成果的所有权。

承揽合同不仅以有形物作为工作成果,也可以无形的结果作为工作成果。

4. 承揽人的瑕疵担保义务。瑕疵担保义务包括权利的瑕疵担保义务与物的瑕疵担保义务。考虑到在承揽合同中发生权利瑕疵的情形"殆属不可思议",[4]因此,以下仅介绍承揽人所负担的物的瑕疵担保义务。承揽人所完成的工作成果如果不符合合同中约定的质量标准和要求,或使工作成果的价值减少或不符合通常效用的,承揽人应承担违反瑕疵担保义务的违约责任。为确定工作成果是否有瑕疵,定作人应当按照合同的约定或者法律的规定及时进行验收。如果定作人发现工作成果有瑕疵,应当及时通知承揽人,此时可以适用《民法典》关于买卖合同的相关规定(第620~623条)。

承揽人交付的工作成果有瑕疵的,定作人可以要求承揽人承担下列类型的违约责任:第一,修理。定作人得享有瑕疵修补请求权,请求承揽人对工作成果的瑕疵进行修理。承揽人也可以要求定作人同意其对工作成果的瑕疵进行修理。第二,重作。其他国家和地区的民法典就定作人能否请求承揽人重作,一般都没有作出明确的规定。审判实践中的做法,也未尽明确。我国《民法典》明确认可定作人请求承揽人重作的权利,但如果存在《民法典》第580条所规定的情况,则定作人不得主张承揽人承担重作的违约责任。第三,减少报酬。各个国家和地区的民法典一般都认可定作人请求减少报酬的权利。我国《合同法》同样认可定作人的此项权利。第四,赔偿损失。承揽人完成的工作成果存在有瑕疵,给定作人造成损害的,定作人得主张承揽人赔偿损失。

除了修理、重作、减少报酬、赔偿损失这几种责任承担方式外,承揽人违反瑕疵担保义务,符合合同法定解除权产生条件的,定作人有权解除合同。定作人行使法定解除权解除承揽合

---

[3] 也有观点认为,此时工作成果的所有权应自始归定作人享有。详请参见王和雄:《承揽供给契约之性质及其工作物所有权之归属》,载郑玉波主编:《民法债编论文选辑》(下),五南图书出版公司1984年版,第1136~1138页。

[4] 陈和慧:《承揽契约之履行责任与瑕疵担保责任》,载郑玉波主编:《民法债编论文选辑》(下),五南图书出版公司1984年版,第1163页。

同的,不得主张修理、重作或者减少报酬,但可以主张赔偿损失。

定作人主张承揽人承担违反瑕疵担保义务的违约责任的,应适用《民法典》第 621 ~ 623 条的相关规定。

5. 容忍义务。承揽人完成工作期间,定作人可以对承揽人的工作进行检验和监督,承揽人不得拒绝其检验和监督。

6. 承揽人的保密义务和通知义务。依据诚实信用原则,承揽人应对定作人负担相应的保密义务,不得以任何方式泄露秘密,否则应承担违约责任。因其违反此义务给定作人造成损失的,定作人还可以向其请求损害赔偿。

承揽人对定作人提供的材料,应当及时检验,发现不符合约定时,应当及时通知定作人更换、补齐或者采取其他补救措施。承揽人发现定作人提供的图纸或者技术要求不合理的,也应当及时通知定作人。

(二)定作人的义务

1. 支付价款的义务。定作人获得承揽人的工作成果,应当及时向承揽人支付价款。这里的"价款"包括承揽人的工作报酬、承揽人提供材料时的材料费、定作人提供材料时或其迟延接收时承揽人的保管费用等。这是定作人最主要的合同义务。

由于定作人支付报酬与承揽人的实施工作并非同时进行,而是后于承揽人的工作,因此关于承揽合同中承揽人报酬债权是否与合同成立同时发生的问题,学者有肯定说与否定说两种意见。肯定说为通说。[5]

定作人迟延交付报酬的,应向承揽人支付迟延期间的利息。定作人拒不支付报酬的,承揽人对定作人享有所有权的工作成果可以行使留置权,通过留置权担保其报酬请求权。

2. 定作人的协助义务。合同的顺利履行往往是当事人双方互相协助的结果,承揽工作需要定作人协助的,定作人有协助的义务。

按照承揽合同的特点,需要定作人负协助义务的主要有如下几种情况:第一,依合同性质应由定作人提供材料的,定作人应当及时提供。如标的物为不动产的,定作人则应使该不动产处于可供工作的状态。第二,定作人自己提供设计图纸、技术要求或技术资料的,或者定作人提供样品的,定作人均应及时、合理提供。第三,依承揽人的通知,定作人应履行的某些协助义务,如及时更换、补齐有瑕疵的材料或技术资料、图表设计,为承揽人提供生活条件、工作环境等。定作人均应依诚实信用原则协力相助。

定作人不履行协助义务的,构成违约行为,承揽人可以确定合理期限催促其履行。如其逾期仍不履行的,承揽人不必再履行合同,可以解除合同并不承担因此而造成承揽工作无法完成的责任。

3. 受领工作成果。定作人是否有受领承揽人所完成的工作成果的义务,有不同的观点。我国学者则多认为定作人有受领义务。[6] 定作人在受领工作成果的同时,有义务对工作成果进行验收。但是验收本身并不能作为承揽人免除责任的理由。如工作成果依其性质在短期内难以发现瑕疵,或者是工作成果存在隐蔽瑕疵的,定作人仍可于验收后的相当期限内请求承揽人承担责任。受领不能被认为是定作人对于责任追究的放弃。定作人如无正当理由受领迟延

---

〔5〕 郑玉波:《民法债编各论》(上册),三民书局 1986 年版,第 382 页。

〔6〕 王家福主编:《中国民法学·民法债权》,法律出版社 1991 年版,第 700 页。

的,承揽人可请求其受领并支付相应的报酬和费用,包括违约金、保管费用等。定作人并应承担因其受领迟延而发生的工作成果的风险负担。

(三)定作人的中途变更权

定作人得中途变更承揽工作的要求,由于此项变更给承揽人造成损失的,定作人应当赔偿损失。

(四)共同承揽人的连带责任

共同承揽人不包括再承揽关系中的承揽人与次承揽人,而仅指对定作人均负直接完成承揽工作义务的多数承揽人。共同承揽人对定作人承担连带责任,但当事人另有约定的除外。

五、承揽合同中的风险负担

承揽合同中的风险负担,是一个需要在利益衡量的基础上,作出价值判断的问题。

(一)材料的风险负担

材料的风险负担是指承揽合同中,定作人或者承揽人(也可能是第三人)所提供的材料一旦由于不可归责于双方当事人的事由毁损、灭失所造成的损失由谁来承担。承揽合同中,材料毁损、灭失的风险负担应遵循民法上标的物毁损、灭失风险负担的一般规则,即由材料的所有人负担材料毁损、灭失的风险,当事人另有约定的除外。

(二)工作成果的风险负担

工作成果的风险负担,是指承揽人业已完成的工作成果一旦由于不可归责于双方当事人的事由毁损、灭失,工作成果本身所遭受的损失由谁来承受。对此问题,应首先区分承揽合同的类型。在承揽合同中,前已提及,一种类型是定作人自始即可取得工作成果的所有权,因此在当事人之间不须进行财产所有权的移转;另一种类型是承揽人首先取得工作成果的所有权,在当事人之间须进行财产所有权的移转。就第一种类型,由于不存在物权变动问题,因此应遵循民法上标的物毁损、灭失风险负担的一般规则,即由工作成果的所有人,即定作人负担工作成果毁损、灭失的风险,当事人另有约定的除外。就第二种类型,由于存在物权变动问题,应参照适用买卖合同标的物毁损、灭失风险负担的有关规定,工作成果的风险在交付以前由承揽人承担,在交付以后由定作人承担,当事人另有约定或者法律另有规定的除外。

(三)报酬的风险负担

所谓报酬的风险负担,实际上就是传统民法上所谓债务履行不能的风险负担,它主要是指承揽人业已完成的工作成果一旦由于不可归责于双方当事人的事由毁损、灭失,致使承揽人无法交付工作成果或者无法移转工作成果的所有权于定作人,定作人应否向承揽人支付约定的报酬。对此问题应区别而论:

1. 承揽人完成工作成果即由定作人自始取得工作成果所有权的,此时在承揽人业已完成的工作成果由于不可归责于双方当事人的事由毁损、灭失的情况下,承揽人不能够履行的是交付工作成果的债务,考虑到毁损、灭失的工作成果中,一般既包括定作人提供材料所形成的价值,也包括承揽人提供劳务所形成的价值,报酬的风险应依据这两部分价值之间的比例关系,由定作人和承揽人合理负担。承揽人只能依照定作人承担风险的比例主张报酬的支付。

2. 承揽人完成工作成果由承揽人首先取得工作成果所有权的,此时在承揽人业已完成的工作成果由于不可归责于双方当事人的事由毁损、灭失的情况下,承揽人不能够履行的是交付工作成果并移转工作成果的所有权于定作人的债务,报酬的风险负担应适用《民法典》第563

条第1款第1项的规定确定,即由承揽人负担报酬的风险,承揽人不得向定作人主张报酬的支付。

当事人另有约定的,依照其约定。

六、承揽合同的终止

承揽合同的终止原因很多,如一些国家和地区的民法典将定作人、承揽人的破产,承揽人的死亡或丧失完成工作的能力等事由认可为得以导致承揽合同终止的事由。这里简单介绍承揽合同因当事人行使合同解除权而终止的两种情况。

1. 定作人的任意解除权。定作人可以随时解除承揽合同,造成承揽人损失的,应当赔偿损失。定作人任意解除权的行使,应当在承揽人完成工作成果之前。

2. 承揽合同因当事人一方严重违约而解除。这种情况主要包括:第一,承揽人未经定作人同意将承揽合同的主要工作转由第三人完成的;第二,定作人未尽到协助义务,经承揽人通知仍不履行的。此外,符合《民法典》第563条有关合同法定解除权产生条件的规定时,当事人均可行使合同解除权,有损害存在的并可同时请求损害赔偿。

第二节 建设工程合同

一、建设工程合同的概念和特征

建设工程合同,是指建设工程的发包方为完成工程建设任务,与承包方签订的关于承包方按照发包方的要求完成工作,交付建设工程,并由发包方支付价款的合同。

建设工程合同实际上是承揽合同的一种,因此我国《民法典》第808条规定:"本章没有规定的,适用承揽合同的有关规定。"

但与一般承揽合同相比较,建设工程合同仍有特殊之处,表现在:

1. 合同的标的物一般仅限于基本建设工程。

2. 合同的主体应具备相应的条件。建设工程具有投资大、周期长、质量要求高、技术力量要求全面等特点,一般的民事主体不易完成。因此,建设工程合同的双方当事人的主体资格是有限制的,发包方一般是经过批准建设工程的法人,承包方也只能是具有从事勘察、设计、建筑、安装资格的民事主体。根据《建设工程施工合同解释》第1条规定,承包人未取得建筑施工企业资质或者超越资质等级的或者没有资质的实际施工人借用有资质的建筑施工企业名义的,建设工程施工合同无效。[7]

3. 建设工程合同具有较强的国家管理性。

4. 建设工程合同的要式性。建设工程合同应当采用书面形式(《民法典》第789条)。

二、建设工程合同的订立

对于建设工程合同的订立,法律提倡该类合同的签订采用招标、投标形式进行。建设工程合同招标投标活动应当遵循"公开、公平、公正"三原则。根据《建设工程施工合同解释》第1条

---

〔7〕《建设工程施工合同解释》第5条规定,承包人超越资质等级许可的业务范围签订建设工程施工合同,在建设工程竣工前取得相应资质等级,当事人请求按照无效合同处理的,不予支持。

规定,建设工程必须进行招标而未招标或者中标无效的,建设工程施工合同无效。

建设工程合同主要采取两种形式:第一,发包方与承包方就整个建设工程从勘察、设计到施工签订总承包协议,由承包方对整个建设工程负责。第二,由发包方分别与勘察人、设计人、施工人签订勘察、设计、施工合同,实行平行发包。各承包方分别对建设工程的勘察、设计、建筑、安装阶段的质量、工期、工程造价等与发包方产生债权债务关系。

国家重大建设工程合同,应当按照国家规定的程序和国家批准的投资计划、可行性研究报告等文件订立。

三、建设工程分包合同的订立

(一)建设工程的分包与转包

建设工程的分包和转包是两个既有密切联系,又有明显区别的概念。建设工程分包,是指工程的承包方(含勘察人、设计人、施工人)经发包人同意后,依法将其承包的部分工程交给第三人完成的行为。转包是指施工单位以营利为目的,将承包的工程转包给其他的施工单位,不对工程承担任何技术、质量、经济法律责任的行为。《民法典》禁止转包,《建设工程施工合同解释》第4条也确认,承包人非法转包建设工程的行为无效。该司法解释第8条同时确认,承包人将承包的建设工程非法转包,发包人请求解除建设工程施工合同的,应予支持。

(二)分包的法律适用

按照《民法典》和《建筑法》的规定,建设工程合同的承包方、勘察人、设计人、施工人与第三人签订分包合同,必须具备以下条件:第一,工程分包须经过发包人的同意,承包人将自己承包的部分工作交由第三人完成,第三人就其完成的工作成果与总承包人或者勘察、设计、施工承包人向发包人承担连带责任。第二,建设工程主体结构的施工必须由承包人自行完成。禁止承包单位将其承包的全部建筑工程转包给他人,禁止承包单位将其承包的全部工程肢解以后以分包的名义分别转包给他人。第三,分包人须具备相应建设资质条件,且只能分包一次。

《建设工程施工合同解释》第4条确认,承包人违法分包建设工程的行为无效。人民法院可以根据《民法典》第178条的规定,收缴当事人已经取得的非法所得。该司法解释第8条确认,承包人将承包的建设工程违法分包的,发包人请求解除建设工程施工合同的,应予支持。

四、建设工程合同的一般效力

建设工程合同是一种特殊形式的承揽合同,因此《民法典》关于承揽合同效力所作的一般规定,除非法律对于建设工程合同设有特别规定,对于建设工程合同具有适用效力。

(一)承包人的合同义务

1. 承包人的容忍义务

工程的进度、质量对发包人的利益影响较大,故承包方有义务接受发包人对工程进度和工程质量的必要的监督,对发包人的检查,承包人应予以支持和协助。如果发包人的检查影响到工程的正常作业,承包方有权在说明理由的基础上予以拒绝。发包人检查的内容主要包括对工程进度的检查以及对工程质量的检查。

2. 承包人的通知义务

在一个整体的建设工程中,有许多中间工程,特别是有一些需要及时隐蔽的工程,如为一项整体工程而铺设的自来水、煤气等地下管线工程。对这些隐蔽工程的检查验收一般要先于主体工程,如果在覆盖隐蔽后再与主体工程一道检查验收,则需要重新开挖,揭去隐蔽工程上的泥土等覆盖物,必然增加不必要的费用。在衡平发包人和承包人利益的基础上,法律规定了承包人的通知义务。即在隐蔽工程隐蔽前,承包方应及时通知发包人进行检查,以确定工程质量是否符合合同约定和法律法规规定的要求。怠于通知或未及时通知造成的损失,由承包人承担。

对于发包人没有及时检查的情况,《民法典》规定,即使发包人没有及时对隐蔽工程进行检查,承包人也不能自行检查后将工程隐蔽。同时,法律赋予承包人顺延工程日期,并享有请求赔偿停工、窝工损失的权利来对承包人予以救济(《民法典》第 798 条)。

(二)发包人的合同义务

1. 发包人的协助义务

发包人的协助,是建设工程承包合同得以顺利履行的重要保证。发包人应当按照合同的约定提供相关材料、设备、场地、资金、资料等。

建筑工程合同中,对材料和设备的供应方式往往有明确规定。除法律、法规规定必须由发包人供应的外,均可由双方自行约定物资供应方式,承包人对建筑工程采取包工不包料或者包工半包料的方式,则发包人应负责材料和设备的全部或者部分供应。如果发包人未按约定的时间和要求提供原材料、设备的,即构成违约。

所谓发包人提供场地,是指发包人负责办理的正式工程和临时设施所需土地使用权的征用、民房的拆迁、施工用地和障碍物拆除等许可证。发包人应按期完成这些工作,为承包人提供符合合同要求的施工场地,否则,构成违约。

发包人须按照合同的约定,在开工前或者施工过程中提供建设资金,如果不按照约定时间和支付方式提供工程价款的,应承担相应责任。

技术资料是建设工程顺利进行的技术保障。发包人应当按照合同的要求,及时全面地提供相关的技术资料,不得无故拖延或者隐匿,否则,应承担违约责任。

在发包人有上述违约行为的情况下,《民法典》规定了发包人承担如下责任:第一,顺延工程日期的责任;第二,赔偿停工、窝工等损失;第三,因发包人的原因致使工程停建、缓建的,发包人有义务采取措施弥补或者减少损失,防止损失的扩大。对于工程停建、缓建后,承包人按合同约定投入的人员、物资等需重新作出调整,造成建设工程的停工、窝工、倒运、机械设备调迁、材料和构件积压等,给承包人带来额外的损失和费用,发包人应按承包人的实际损失予以赔偿。

依据《民法典》第 806 条规定,发包人提供的主要建筑材料、建筑构配件和设备不符合强制性标准或者发包人不履行合同约定的协助义务,致使承包人无法施工,且在催告的合理期限内仍未履行相应义务,承包人可以解除建设工程施工合同。合同解除后,已经完成的建设工程质量合格的,发包人应当按照约定支付相应的工程价款,已经完成的建设工程不合格的,参照《民法典》第 793 条规定处理。

2. 对工程的验收义务

建设工程完工后,发包人应及时对工程进行验收,验收所应遵循的依据包括:第一,施工图纸及说明书。在一项工程中,一般都需经过勘察、设计、建筑安装诸阶段,建筑安装的施工通常以设计的图纸为依据,但在施工过程中,往往会对设计图纸予以更改,故如果设计图纸与施工图纸不一致的,验收时以施工图纸为准。施工图纸及说明书是承包合同的有机组成部分,是对承包人施工条款的具体化,对工程的验收自应将其作为重要依据。第二,国家颁发的施工验收规范。第三,国家颁发的建设工程质量检验标准。

建设工程必须经过验收由发包人正式接收该项工程后方可投入使用。工程的验收是发包人对承包人所承建工程的质量符合合同约定和法律规定的标准的确认。建设工程未经验收或者验收不合格的,不得交付使用。《建设工程施工合同解释》第13条确认,建设工程未经竣工验收,发包人擅自使用后,又以使用部分质量不符合约定为由主张权利的,不予支持。但是对这类工程在使用过程中出现质量问题的,承包人并不能当然免责,承包人应当在建设工程的合理使用寿命内对地基基础工程和主体结构质量承担民事责任。

3. 支付价款并接收建设工程的义务

发包人在对建设工程验收合格后,应按合同的约定,扣除一定的保证金后,将剩余工程的价款按约定方式支付给承包人。同时发包人应与承包人办理移交手续,正式接收该项建设工程,发包人可按自己的意图使用此建筑物,承包合同的主要条款即告履行完毕,该工程的诸多风险,自接收之日起,即由承包人移转到发包人。

给付工程价款是发包人应承担的主要合同义务。《民法典》第793条规定,建设工程施工合同无效,但建设工程经竣工验收合格,可以参照合同关于工程价款的约定折价补偿承包人。建设工程施工合同无效,且建设工程经竣工验收不合格的,按照以下情形分别处理:修复后的建设工程经竣工验收合格,发包人可以请求承包人承担修复费用;修复后的建设工程经竣工验收不合格,承包人无权请求参照合同关于工程价款的约定折价补偿。

当事人对建设工程的计价标准或者计价方法有约定的,按照约定结算工程价款。因设计变更导致建设工程的工程量或者质量标准发生变化,当事人对该部分工程价款不能协商一致的,可以参照签订建设工程施工合同时当地建设行政主管部门发布的计价方法或者计价标准结算工程价款。《建设工程施工合同解释》第22条确认,当事人约定按照固定价结算工程价款,一方当事人请求对建设工程造价进行鉴定的,不予支持。当事人约定有支付工程款时间的,从其约定。没有约定或者约定不明确的,根据《建设工程施工合同解释》第18条的规定,下列时间视为应付款时间:建设工程已实际交付的,为交付之日;建设工程没有交付的,为提交竣工结算文件之日;建设工程未交付,工程价款也未结算的,为当事人起诉之日。对于发包人未按约定支付价款的,发包人应承担逾期付款的违约责任。《建设工程施工合同解释》第17条确认,当事人对欠付工程价款利息计付标准有约定的,按照约定处理;没有约定的,按照中国人民银行发布的同期同类贷款利率计息。第18条确认,利息从应付工程价款之日计付。

在发包人不向承包人支付价款的情形下,《民法典》赋予了承包人法定优先权。根据《民法典》及其司法解释〔8〕的规定:第一,法定优先权担保的建设工程价款,包括承包人为建设工程应当支付的工作人员报酬、材料款等实际支出的费用,不包括承包人因发包人违约所造成的损失。〔9〕第二,法定优先权担保的债权得优先于其他民事主体的债权得到实现;也优先于其他民事主体在建设工程上设定的抵押权所担保的债权得到实现。第三,消费者交付购买商品房的全部或者大部分款项后,承包人的法定优先权不得对抗买受人。第四,法定优先权实现的时间。建设工程竣工交付验收后或建设工程在建期间,发包人虽未按约支付价款,承包人并不能立即实现优先权。在发包人尚未支付价款时,承包人还需对发包人进行催告,给发包人规定支

〔8〕 该司法解释是指最高人民法院于2002年6月20日颁布的《关于建设工程价款优先受偿权问题的批复》。

〔9〕 根据《建设工程施工合同解释》第6条第2款的规定,承包人的垫资在当事人未作其他约定时,按工程欠款处理。

付价款的合理期限,在期限届满后仍不支付的,承包人方可行使优先权。承包人行使法定优先权的期限为6个月,自建设工程竣工之日或者建设工程合同约定的竣工之日起计算。《建设工程施工合同解释》第14条确认,当事人对建设工程实际竣工日期有争议的,按照以下情形分别处理:建设工程经竣工验收合格的,以竣工验收合格之日为竣工日期;承包人已经提交竣工验收报告,发包人拖延验收的,以承包人提交验收报告之日为竣工日期;建设工程未经竣工验收,发包人擅自使用的,以转移占有建设工程之日为竣工日期。第五,法定优先权的实现方式。法律对建设工程合同中承包人优先权的实现规定了两种方式:一是通过发包人与承包人之间的协议,对建设工程进行折价,承包人在支付折价款与工程价款的差额后,取得该项建设工程的所有权,使其工程价款债权得到实现;二是对建设工程进行拍卖,拍卖需在人民法院的主持下进行,承包人在拍卖所得价款中优先受偿。第六,法定优先权不是基于法律行为取得的,而是基于法定条件的满足直接取得。因此,法定优先权人就该项权利的取得不需要办理相应的登记手续。

(三)承包人的损害赔偿责任

因承包人的原因致使建设工程在合理使用期限内造成人身和财产损害的,承包人应当承担损害赔偿责任。

五、建设勘察、设计合同

(一)建设勘察、设计合同的概念和内容

建设勘察、设计合同是勘察合同和设计合同的统称,系指工程的发包人或承包人与勘察人、设计人之间订立的,由勘察人、设计人完成一定的勘察设计工作,发包人或承包人支付相应价款的合同。

建设勘察、设计合同的主要内容为如下几项:一是提交勘察或者设计基础资料、设计文件(包括概预算)的期限;二是勘察、设计的质量要求;三是勘察、设计费用;四是其他协作条件。

(二)合同双方当事人责任的承担

1. 发包人的责任

发包人将一项工程的勘察、设计委托给勘察人、设计人后,勘察人、设计人即按合同约定开展勘察、设计工作。发包人则应严守合同的规定,不得随意更改勘察、设计内容,并应按合同约定,全面、准确、及时提供勘察、设计所需的资料、工作条件等。如果发包人违反合同约定,单方更改合同条款,或不尽协助履行义务,都会导致相同的损害后果,即会使勘察人、设计人支出额外的工作量,从而使勘察、设计费用不合理增加。由于该部分增加的工作量和相关费用是由发包人的违约行为引起的,故《民法典》第805条将发包人的此种违约责任的承担方式规定为,发包人应按照勘察人、设计人实际消耗的工作量增付费用,即按照勘察人、设计人所受到的实际损失承担赔偿责任。

2. 勘察人、设计人的责任

勘察人、设计人有下述两种行为,给发包人造成损失的,应对发包人承担违约责任:一是勘察、设计的质量不符合要求,包括勘察、设计的质量没有达到合同的要求或者勘察、设计的质量不符合法律、法规的强行性标准;二是勘察人、设计人未按照合同约定的期限提交勘察、设计文件,致使工期拖延的。

勘察人、设计人违约责任的承担方式为:一是由勘察人、设计人实际履行,继续完成勘察、设计;二是损害赔偿。勘察、设计合同中,勘察人、设计人进行损害赔偿的方式主要有:一是通过减收或者免收应得的勘察、设计费,补偿相对人的损失;二是勘察、设计费不足以赔偿的,勘察人、设计人还需赔偿对方的该部分损失,使发包人因勘察人、设计人违约遭受的实际损失完全得到赔偿。

六、建设施工合同

(一)建设施工合同的概念和内容

建设施工合同,是指发包方(建设单位)和承包方(施工人)为完成商定的施工工程,明确相互权利、义务的协议。依照施工合同,施工单位应完成建设单位交给的施工任务,建设单位应按照规定提供必要条件并支付工程价款。

建设施工合同的主要内容包括以下几项:工程范围、建设工期、中间交工工程的开工和竣工时间、工程质量、工程造价、技术资料交付时间、材料和设备的供应责任、拨款和结算、竣工验收、质量保修范围和质量保证期、相互协作条款。

(二)建筑工程施工人的责任

因施工人的原因致使建设工程质量不符合约定的,施工人应承担以下责任:

1. 无偿修理或者返工、改建。这是违约责任中的继续履行责任。承包人根据不合格工程的具体情况,或修理或返工或改建,使之达到合同约定的质量要求。承包人修理、返工、改建所支出的费用,均由其自行承担。

2. 逾期违约责任。因承包人的原因使工程质量不合格的,虽经承包人修理、返工、改建后,达到了合同约定的质量标准,但因修理、返工、改建导致工程逾期交付的,与一般的履行迟延相同,承包人应当承担迟延履行的违约责任,赔偿发包人因此而遭受的损失。

七、建设监理合同

建设监理合同,是指建设单位与取得了监理资质证书的监理公司、监理事务所等监理单位签订的,为委托监理单位承担监理业务而明确双方权利义务关系的协议。

建设监理合同的内容主要如下:

1. 工程名称。当事人应明确业主委托监理单位实施监理的工程的名称。

2. 工程地点。当事人应明确所监理的工程位于的具体位置、地点。

3. 监理职责。当事人应明确监理单位应对业主承担的义务。

4. 费用及其支付方式。当事人应明确约定监理单位监理酬金的计取方法,支付监理酬金的时间和数额,支付监理酬金所采用的货币币种、汇率等内容。另外,其他与费用有关的事项,如第三人对监理单位的收费、有争议的发票的解决等,也需详细定明。

第三节　运输合同

一、运输合同的概念和特征

运输合同,又称运送合同,是指承运人将旅客或者货物从起运地点运输到约定地点,旅客、托运人或者收货人支付票款或者运输费用的合同。运输合同具有以下特征:

1. 运输合同一般为有偿合同。在运输合同中,承运人负有将旅客或货物运送到约定地点的义务,旅客或托运人负有按照规定支付票款或运费的义务,两种义务互为对价关系,所以运输合同一般属于有偿合同。但作为例外情形,运输合同也有无偿的情况,如运送身高未达一定高度的小孩,即属免费运输。

2. 运输合同多为格式合同。运输合同多为承运人提供的为了重复使用而预先拟定的格式条款,在订立合同时旅客或托运人只有同意或不同意的权利。客票、货运单、提单等均依照专门法规统一印制,运费一般也是执行统一的规定。当然,运输合同一般为格式合同,这并不排除有的运输合同不采用格式合同的形式,而由双方协商订立。

二、运输合同的分类

运输合同范围广泛,种类繁多,采用不同的标准,可对运输合同作不同的分类:

1. 以运输的对象为标准,运输合同可分为旅客运输合同和货物运输合同。

2. 以运输工具为标准,运输合同可分为铁路运输合同、公路运输合同、航空运输合同、水上运输合同、海上运输合同及管道运输合同等。

3. 以承运人的多少为标准,运输合同可分为单一运输合同和联合运输合同。

三、承运人在合同订立中的强制性承诺义务

一般情况下,合同的订立遵循自由意志原则,但为了衡平作为弱者的社会公众与往往处于垄断经营地位的公用事业单位的利益,各国法律常常对这类合同的自由订立进行干预。《民法典》第 810 条规定从事公共运输的承运人不得拒绝旅客、托运人通常、合理的运输要求。这表明,我国法律限制了承运人可以自由承诺或不承诺的选择权利,为从事公共运输的承运人设定了强制性承诺义务。

四、运输合同的一般效力

运输合同的效力,即指运输合同关系中,基于当事人的权利和义务所产生的法律约束力。因运输合同为双务合同,承运人的义务即为旅客或托运人的权利,反之亦然。同时,对客运、货运及联运合同中当事人的权利、义务,以下各节中还有具体论述。故此处所谓运输合同的效力主要指承运人和旅客或托运人的一般性义务。

(一)承运人的义务

1. 承运人应当在约定期间或者合理期间内将旅客、货物安全运到约定地点。运输期间是指将旅客或货物运送到目的地所需的时间。承运人在运输期间的适当履行,表现为其按照运输合同约定的期间履行其义务和在合理的期间履行运送义务两种情况。承运人不能在约定期间和合理期间履行运送义务的,将承担相应的违约责任。承运人还负有将客货安全运输到目的地的义务。如果非因法定的免责原因而造成客货损害的,承运人应承担相应责任。

按照约定地点履行,是指承运人应当将旅客、货物安全运输到约定地点。约定地点是运输合同中明确规定的、托运人指定的、承运人认可的运输目的地。在旅客所持有的各种票证或承运人填发的运输单据、提货单据上,均明确载明了客货的到达地点。承运人应将客货运送到约定地点,否则,旅客、托运人或收货人的运输目的无法实现。承运人不履行按约定地点运送客货的义务,造成损害的,应负担违约责任。同时,承运人将货物运送到约定地点后,还负有将货物交付给合同载明或指示交付的收货人的义务。如果承运人交付对象错误,托运人的运输目的落空,对造成的损失,承运人须承担相应责任。

2. 承运人应当按照约定的或者通常的运输路线运送旅客、货物。运输路线是承运人承担运输业务所需经过的路线。在作为旅客运输合同的票证以及货物运输的运输单据上,一般对运输路线没有明确约定。但是,在铁路、公路、航空、水运等领域,运输主管部门和运输企业为了运输安全、便利和快捷,对运输路线往往都有统筹的计划和安排。运输路线的选择,影响着客货的运输时间,故承运人负有按通常的运输路线将旅客、货物运输到约定地点的义务。

(二)旅客、托运人或者收货人支付票款或运费的义务

旅客、托运人或者收货人应当按照约定支付票款或者运费。通常,客货运输的票款和运费本身,国家在较长时期内均定有稳定的价格,承运人对各种客票的价款应予公告,运输合同应当执行统一规定的票价和运费。承运人不得违反国家的规定收取票款或运费。另外,客货运输中的杂费,也属于旅客、托运人或收货人应交付款额范围。以铁路旅客及行李包裹运输为例,铁路在旅客及行李包裹运输的全过程中,向旅客及托运人、收货人提供辅助作业付出劳务,以及在运输契约外占用铁路设备用具等所发生的费用或旅客、托运人、收货人违章所加收的款额,均属客运杂费。

承运人未按照通常的路线运输增加票款或者运费的,旅客、托运人或者收货人可以拒绝支付增加部分的票款或者运费。同样,承运人未按规定而多收的杂费,旅客、托运人、收货人也有权拒付。

五、客运合同

(一)客运合同的概念和特征

客运合同,即旅客运输合同,是承运人与旅客关于承运人将旅客及其行李安全运输到目的地,旅客为此支付运费的协议。

客运合同为运输合同的一种,具有如下法律特征:第一,客运合同的标的为运输旅客的行为。第二,客运合同为实践性合同。客运合同自承运人向旅客交付客票时成立,但当事人另有约定或者另有交易习惯的除外(《民法典》第814条)。

(二)客运合同的效力

1.旅客的义务

(1)旅客有持有效客票乘运的义务。客票是表示承运人有运送其持有人义务的书面凭证,是收到旅客票款的收据,是旅客乘运的唯一凭证。因此,旅客通常须凭有效客票才能乘运。旅客无票乘运、超程乘运、越级乘运或者持失效客票乘运的,应当补交票款,承运人可以按照规定加收票款。旅客不交付票款的,承运人可以拒绝运输。

(2)旅客有限量携带行李的义务。旅客运输合同不仅约定承运人应将旅客送达目的地,还约定承运人应将旅客行李随同旅客送达的内容。旅客在运输中应当按照约定的限量携带行李。超过限量携带行李的,应当办理托运手续。

(3)旅客有不随身携带或者在行李中夹带违禁物品的义务。旅客不得随身携带或者在行李中夹带易燃、易爆、有毒、有腐蚀性、有放射性以及有可能危及运输工具上人身和财产安全的危险物品或者其他违禁物品。旅客违反规定的,承运人可以将违禁物品卸下、销毁或者送交有关部门。旅客坚持携带或者夹带违禁物品的,承运人应当拒绝运输。

2.承运人的义务

(1)承运人的告知义务。承运人应当向旅客及时告知有关不能正常运输的重要事由和安全运输应当注意的事项。

(2)承运人有按照客票载明的时间和班次运输旅客的义务。客票上所载明的时间、班次经承运人和旅客双方意思表示一致,业已成为客运合同的内容,双方均应按约定履行。对于承运

人未按客票载明的时间和班次进行运输的,旅客有权要求安排改乘其他班次或者退票。

实名制客运合同的旅客丢失客票的,请求承运人挂失补办时,承运人不得再次收取票款和其他不合理费用。

(3)承运人在运输过程中的救助义务。承运人在运输过程中,应当尽力救助患有急病、分娩、遇险的旅客(《民法典》第822条)。如果承运人对患有急病、分娩、遇险的旅客不予救助,因其不作为即可被要求承担民事责任。

(4)承运人的安全运送任务。运输合同生效后,承运人负有将旅客安全送达目的地的义务,即在运输中承运人应保证旅客的人身安全。对旅客在运输过程中的伤亡,承运人应承担损害赔偿责任,但伤亡是旅客自身健康原因造成的或者承运人证明伤亡是旅客故意、重大过失造成的除外。这种免责事由的规定,说明承运人应对旅客的人身伤亡承担无过错责任。承运人对旅客伤亡的赔偿责任及其免责事由的适用,不仅限于正常购票乘车的旅客,也适用于按照规定免票、持优待票或者经承运人许可搭乘的无票旅客(《民法典》第823条)。除上述旅客外,对于无票乘车又未经承运人许可的人员的伤亡,因没有合法有效的合同关系存在,承运人不承担赔偿责任。

承运人负有安全运输旅客自带物品的义务。在运输过程中旅客自带物品毁损、灭失,承运人有过错的,应当承担损害赔偿责任。

(三)客运合同的变更和解除

1. 因旅客自身原因导致的变更或解除。旅客运输合同成立后,在合同履行之前,旅客一方因自己的原因不能按照客票记载的时间乘坐的,可以在法定或约定的时间内变更或解除合同,即变更客票记载或办理退票手续。此种变更或解除被称为自愿变更或解除。旅客因自己的原因不能按照客票记载的时间乘坐的,应当在约定的时间内办理退票或者变更手续。逾期办理的,承运人可以不退票款,并不再承担运输义务。

2. 因承运人的原因导致的变更或解除。因承运人的原因导致的客运合同的变更或解除,称为非自愿的变更或解除,主要包括两种情况:第一,因承运人的迟延运输导致的变更或解除。承运人应当按照客票载明的时间和班次运输旅客。承运人迟延运输的,应当根据旅客的要求安排改乘其他班次、变更运输路线以到达目的地或者退票。第二,承运人擅自变更运输工具引起的合同变更。在客运合同订立后,承运人单方变更运输工具的,应视为一种违约行为。承运人擅自变更运输工具而降低服务标准的,旅客有权要求退票或者减收票款。承运人变更运输工具,提高服务标准的,无权向旅客加收票款。

六、货运合同

(一)货运合同的概念和特征

货运合同是指承运人将托运人交付运输的货物运送到约定地点,托运人支付运费的合同。

货运合同为运输合同的一种,除运输合同的一般特征外,还具有如下重要特征:

1. 货运合同往往涉及第三人。货运合同由托运人与承运人双方订立,托运人与承运人为合同的当事人,但托运人既可以为自己的利益托运货物,也可以为第三人的利益托运货物。托运人既可自己为收货人,也可以是第三人为收货人。在第三人为收货人的情况下,收货人虽不是订立合同的当事人,但却是合同的利害关系人。在此情况下的货运合同即属于为第三人利益订立的合同。

2. 货运合同以将货物交付给收货人为履行完毕。货运合同与客运合同一样,均以承运人的运输行为为标的。但是,客运合同中承运人将旅客运输到目的地义务即履行完毕;而货运合同中,承运人将货物运输到目的地,其义务并不能完结,只有将货物交付给收货人后,其义务才告履行完毕。

3. 货运合同为诺成性合同。

(二)货运合同的效力

1. 托运人的义务

(1)如实申报的义务。托运人在将货物交付运输时,有对法律规定或当事人约定的事项进行如实申报的义务。因托运人申报不实或者遗漏重要情况,造成承运人损失的,托运人应当承担损害赔偿责任。

(2)托运人有按规定向承运人提交审批、检验等文件的义务。在货物运输中,根据运输货物的种类、性质及国家的计划安排等,有的货物的运输需要得到有关部门的批准,有的货物的运输需要先经过有关机关的检验方可进行。托运人对需要办理审批、检验手续的货物运输,应将办完有关手续的文件提交承运人。

(3)托运人的包装义务。合同中对包装方式有约定的,托运人有按照约定方式包装货物的义务。合同中对包装方式没有约定或者约定不明确时,可以协议补充,不能达成补充协议的,按照合同有关条款或者交易习惯确定。仍不能确定的,应当按照通用的方式包装,没有通用方式的,应当采取足以保护标的物的包装方式。托运人违反约定的包装方式的,或者不按通用的包装方式或足以保护运输货物的包装方式而交付运输的,承运人有权拒绝运输。

(4)托运人托运危险物品时的义务。托运人托运易燃、易爆、有毒、有腐蚀性、有放射性等危险物品的,应当按照国家有关危险物品运输的规定对危险物品妥善包装,作出危险物标志和标签,并将有关危险物品的名称、性质和防范措施的书面材料提交承运人。托运人违反规定的,承运人可以拒绝运输,也可以采取相应措施以避免损失的发生,因此产生的费用由托运人承担。

(5)支付运费、保管费以及其他运输费用的义务。在承运人全部、正确履行运输义务的情况下,托运人或者收货人有按照规定支付运费、保管费以及其他运输费用的义务。托运人或者收货人不支付运费、保管费以及其他运输费用的,承运人对相应的运输货物享有留置权,但当事人另有约定的除外。货物在运输过程中因不可抗力灭失,未收取运费的,承运人不得要求支付运费;已收取运费的,托运人可以请求返还。法律另有规定的,依照其规定(《民法典》第835条)。

2. 承运人的义务

(1)安全运输义务。承运人应依照合同约定,将托运人交付的货物安全运输至约定地点。运输过程中,货物毁损、灭失的,承运人应承担损害赔偿责任。货物的毁损、灭失的赔偿额,当事人有约定的,按照其约定。没有约定或者约定不明确,当事人可以协议补充,不能达成补充协议的,按照合同有关条款或者交易习惯确定。仍不能确定的,按照交付或者应当交付时货物到达地的市场价格计算。法律、行政法规对赔偿额的计算方法和赔偿限额另有规定的,依照其规定。如果承运人能证明货物的毁损、灭失是因不可抗力、货物本身的自然性质或者合理损耗以及托运人、收货人的过错造成的,则不承担损害赔偿责任。

(2)承运人的通知义务。货物运输到达目的地后,承运人负有及时通知收货人的义务。当然,承运人只有在知道或应当知道收货人的通讯地址或联系方法的情况下,方负有上述通知义务,如果因为托运人或收货人的原因,如托运人在运单上填写的收货人名称、地址不准确,或者收货人更换了填写地址或联系方式而未告知承运人的,承运人免除上述通知义务。

3. 收货人的义务

(1)及时提货的义务。收货人虽然没有直接参与货物运输合同的签订,但受承运人、托运方双方签订的货物运输合同的约束,收货人应当及时提货,收货人逾期提货的,应当向承包人支付保管费等费用。

收货人不及时提货的,承运人有提存货物的权利。根据《民法典》第837条的规定,在货物运输合同履行的过程中,承运人提存货物的法定事由有两项:第一,收货人不明。这主要包括无人主张自己是收货人,通过现有证据,主要是货物运输合同也无法确认谁是收货人;以及虽有人主张自己是收货人,但根据现有证据,包括货物运输合同及主张人提供的证据,无法认定其即是收货人等情形。第二,收货人无正当理由拒绝受领货物。

承运人提存运输的货物后,运输合同关系即告消灭,该货物毁损、灭失的风险由收货人承担。提存期间,货物的孳息归收货人所有,提存所生费用也由收货人承担。

(2)支付托运人未付或者少付的运费以及其他费用。一般情况下,运费由托运人在发站向承运人支付,但如果合同约定由收货人在到站支付或者托运人未支付的,收货人应支付。在运输中发生的其他费用,应由收货人支付的,收货人也必须支付。

(3)收货人有在一定期限内检验货物的义务。货物运交收货人后,收货人负有对货物及时进行验收的义务。收货人应当按照约定的期限检验货物。对检验货物的期限没有约定或者约定不明确的,当事人可以协议补充,不能达成补充协议的,按照合同有关条款或者交易习惯确定。仍不能确定的,应当在合理期限内检验货物。收货人在约定的期限或者合理期限内对货物的数量、毁损等未提出异议的,视为承运人已经按照运输单证的记载交付的初步证据。

(三)货运合同的变更或解除

托运人或货物凭证持有人可以请求货物运输合同中如下具体内容的变更或解除:一是要求解除合同,由承运人中止运输、返还货物;二是要求承运人变更到达地;三是要求承运人将货物交给其他收货人,即变更收货人。

托运人并非可随时要求变更或解除运输合同,其请求变更或解除货物运输合同的时间应在承运人将货物交付收货人之前。如果承运人已将货物交付收货人,则货物运输合同已履行完毕,失去了变更和解除的必要和可能。对承运人因变更和解除所遭受的损失,托运人负有赔偿责任。

七、联运合同

(一)联运合同的概念

联运合同,是指当事人约定由两个或两个以上的承运人通过衔接运送,用同一凭证将货物运送到指定地点,托运人支付运输费用的协议。

联运合同包括单式联运合同和多式联运合同。

(二)单式联运合同

单式联运合同,是指当事人约定由两个以上承运人以同一种运输方式将货物运至约定地点,托运人支付运费的货物运输合同。两个以上承运人以同一运输方式联运的,与托运人订立合同的承运人应当对全程运输承担责任。损失发生在某一运输区段的,与托运人订立合同的承运人和该区段的承运人承担连带责任。

（三）多式联运合同

多式联运合同，是指多式联运经营人与托运人订立的，约定以两种或者两种以上的不同运输方式，采用同一运输凭证将货物运输至约定地点的货物运输合同。多式联运是近十年来迅速发展起来的、实行“一次托运、一次收费、一票到底、一次保险、全程负责”的“一条龙”服务的综合性运输，多式联运合同是该种交易形式的法律体现。

1. 多式联运单据

多式联运的托运人在办理多式联运手续时，在交付货物、支付运费的同时，还应填写相关联运单据。多式联运单据是确认当事人权利、义务的重要依据，也是确定当事人联运合同关系的凭证，并且对于多式联运的全程运输具有指示作用。

多式联运单据可以是可转让单据，也可以是不可转让单据。单据是否可转让，托运人享有选择权。

因托运人托运货物时的过错造成多式联运的承运人损失的，即使托运人已经转让多式联运单据，托运人仍然应当承担损害赔偿责任。

2. 责任承担

多式联运经营人负责履行或者组织履行多式联运合同，对全程运输享有承运人的权利，承担承运人的义务。因此，经营人享有全程运输的全部权利，包括收取运输费用，在托运人违约时请求赔偿等；同时，经营人也须向托运人履行全部义务和承担全部责任。各实际承运人在运送中构成迟延或者造成旅客或货物的损害的，由经营人负责赔偿。

多式联运经营人可以与参加多式联运的各区段承运人就多式联运合同的各区段运输约定相互之间的责任，但该约定不影响多式联运的经营人对全程运输承担的义务。货物的毁损、灭失发生于多式联运的某一运输区段的，多式联运的经营人的赔偿责任和责任限额，适用调整该区段运输方式的有关法律规定。

第四节 保管合同

一、保管合同的概念和特征

保管合同，又称寄托合同、寄存合同，是指双方当事人约定一方当事人保管另一方当事人交付的物品，并返还该物的合同。其中保管物品的一方为保管人，或称受寄托人，其所保管的物品为保管物，交付物品保管的一方为寄存人，或称寄托人。

保管合同包括一般保管合同和仓储保管合同，在《经济合同法》中仅规定了仓储保管合同。《合同法》由于采民商合一的立法体例，在规定仓储合同的同时对保管合同也一并加以明确规定，保管合同因而成为独立的有名合同。《民法典》同样将保管合同作为一类独立有名合同规定。保管合同具有以下法律特征：

1. 保管合同为实践合同。除非当事人另有约定，寄托人交付保管物是保管合同的成立要件，因此，保管合同为实践合同（《民法典》第890条）。

2. 保管合同为无偿合同、双务合同、不要式合同。保管合同是社会成员相互提供帮助或者服务部门为他人提供服务的一种形式，因此保管合同以无偿为原则。但即使是在无偿的保管合同中,寄存人仍须负担支付保管人为保管所支出的必要费用和有益费用的义务,因此保管合同为双务合同。另外,法律和行政法规并未要求保管合同必须或应当采取特定形式,故保管合同为不要式合同。

3. 保管合同以物品的保管为目的。

4. 保管合同中须移转标的物的占有。

二、保管合同的效力

(一)保管人的义务

1. 给付保管凭证的义务

除非另有交易习惯,寄存人向保管人交付保管物的,保管人应当给付保管凭证。保管凭证的给付,并非保管合同的成立要件,也非保管合同的书面形式,仅是证明保管合同关系存在的凭证。

2. 保管保管物的义务

(1)妥善保管保管物的义务

在保管合同中,保管保管物是保管人依保管合同应负的主要义务,保管人对保管物的保管应尽相当的注意。一般来说,在无偿的保管合同中,保管人有重大过失时,应对保管物的毁损、灭失负赔偿责任;在保管合同为有偿时,保管人应尽善良管理人的注意,即应负抽象轻过失的责任。为充分保护消费者的利益,应注意到特定场合下的保管合同所具有的间接有偿性。商业经营场所对顾客寄存物品的保管即属此类,此时无论其保管是有偿还是无偿,保管人都应尽善良管理人的注意义务。

作为保管人妥善保管保管物义务的体现,对保管人保管物的方法和场所,当事人有约定的,应从其约定;无约定的,应依保管物的性质、合同的目的以及诚实信用原则确定。当事人约定了保管方法和场所的,保管人不得擅自更改。但为维护寄存人的利益,基于保管物自身的性质或者因紧急情况必须改变保管方法或场所的,保管人得予以改变。

保管人违反保管合同中的妥善保管义务,致保管物毁损、灭失的,保管人应承担违约责任。当保管物的毁损、灭失是由于保管人自身的侵权行为所致时,还发生侵权责任与违约责任的竞合。

(2)亲自保管保管物的义务

保管人须亲自为保管行为,除当事人另有约定外,不得将保管义务转托给他人履行。所谓亲自保管,包括保管人自己保管,也包括使用履行辅助人辅助保管。保管人擅自让第三人代为保管的,为违法的转保管,对于保管物因此而发生的损害,保管人应负赔偿责任。例如,保管人将保管物擅自转由第三人保管时,即使保管物系因意外而毁损、灭失,保管人也应负赔偿责任。但若保管人能够证明即使不让第三人代为保管仍不能避免损害发生的,保管人可不负责任。

当事人另有约定,保管人使第三人代为保管的,保管人应就对第三人选任和指示的过失承担责任,于此情况下,若保管人在对第三人的选任和指示上没有过错,则不承担责任。但保管人应对其选任和指示没有过错负举证责任。

3. 不得使用或许可他人使用保管物的义务

保管人有权占有保管物,但不得使用保管物,也不能让第三人使用,但经寄存人同意或基于保管物的性质必须使用(亦即保管物的使用属于保管方法的一部分)的情形除外。如果保管人未经寄存人同意,其使用也不为保管物的性质所必要,擅自使用保管物或者使第三人使用保管物的，则无论保管人主观上有无过错，均应向寄存人支付相当的报酬，以资补偿。报酬的数额可比照租金标准计算，保管物为金钱的，保管人应自使用之日起支付利息。

4. 危险通知的义务

危险通知，是指在出现寄存人寄存的保管物因第三人或自然原因可能会失去的危险情形时，应通知当事人。保管人的危险通知义务是与其返还义务相关的，因为在危险发生时会导致保管人不能返还保管物。依据诚实信用原则，在保管物受到意外毁损、灭失或者保管物的危险程度增大时，保管人也应及时将有关情况通知寄存人。

5. 返还保管物的义务

在保管合同期限届满或者寄存人提前领取保管物时，保管人应及时返还保管物。合同没有规定返还期限的，保管人可以随时返还，寄存人也可以随时要求返还。如果保管合同规定有返还期限，则保管人非因不得已的事由不得提前返还。寄存人可以在期限届满前随时要求返还，因此给保管人造成损失的，寄存人应予以补偿。

保管人返还的物品应为原物，原物生有孳息的，保管人还应返还保管期间的原物孳息。但在消费保管合同中，由于保管物为种类物，保管人得取得保管物的所有权（或处分权），故而仅负以种类、品质、数量相同的物返还寄存人的义务。

返还地点一般应为保管地，保管人并无送交的义务，当事人另有约定的除外。

基于合同的相对性原理，保管人返还保管物义务的履行应向保管合同的另一方当事人即寄存人为之。在第三人对保管物主张权利时，除非有关机关已经对保管物采取了保全或者执行措施，保管人仍应向寄存人履行返还保管物的义务。

（二）寄存人的义务

1. 支付保管费和偿还必要费用的义务

保管合同为有偿时，寄存人应当按照约定向保管人支付保管费，该保管费为保管人为保管行为的报酬。对于保管人因保管保管物所支出的必要费用，寄托人应予以偿还。当事人另有约定的，依其约定。对于保管费的支付义务以及必要费用的偿还义务，寄存人应及时履行，否则保管人得就其寄存的物品行使留置权。就保管费用的支付期限，当事人得设明文，予以确定。未设明文，且依据《民法典》第510条的规定仍不能确定的，寄存人应当在领取保管物时同时支付。

2. 告知义务

寄存人交付的保管物有瑕疵或者按照保管物的性质需要采取特殊保管措施的，寄存人应当将有关情况告知保管人，由于寄存人未告知致使保管物受损失的，保管人不承担损害赔偿责任。

由于保管物本身的性质或者瑕疵使保管人受到损害的，寄存人应当承担赔偿责任。其中所谓保管物本身的性质，是指保管物为易燃、易爆、有毒、有放射性等危险物品或易腐物品的情形。所谓保管物本身的瑕疵，是指保管物自身存有破坏性缺陷的情形。在保管人于合同成立时已知或应知保管物有发生危险的性质或瑕疵的情况下，寄存人得免除损害赔偿责任；保管人因过失而不知上述情形时，寄存人仍不能免责，于此情况下，应适用过失相抵原则。寄存人以保管人于合同成立时知道或应当知道保管物有发生危险的性质或瑕疵而主张免责的，应负举证责任。因保管物的性质或瑕疵给第三人造成损害的，寄存人也应负赔偿责任，不过此种责任应为侵权责任，而非合同责任。

3. 声明义务

当寄存人寄存的物品为货币、有价证券或者其他贵重物品时,寄存人应向保管人履行告知义务,并经由保管人验收或封存。寄存人未尽告知义务的,保管人可以按照一般物品的价值予以赔偿(《民法典》第898条)。

第五节　仓储合同

一、仓储合同的概念和特征

仓储合同,又称仓储保管合同,是指当事人双方约定由保管人(又称仓库营业人)为存货人保管储存的货物,存货人为此支付报酬的合同。该合同在性质上属商事合同。仓储合同具有以下法律特征:

1. 保管人须为有仓储设备并专事仓储保管业务的主体。

2. 仓储合同的保管对象为动产。

3. 仓储合同为诺成合同。仓储合同不同于保管合同,为诺成合同。这是由仓储合同为商事合同的特性决定的。

4. 仓储合同为双务、有偿合同、不要式合同。仓储合同的当事人双方于合同成立后互负给付义务:保管人须提供仓储服务,存货人须给付报酬和其他费用,双方的义务具有对应性和对价性,所以,仓储合同为双务、有偿合同。对于仓储合同是否为要式合同,有不同的看法:有认为仓储合同为要式合同,必须采取书面形式;有认为仓储合同并不要求具备特定的形式,因而为不要式合同。本书认为,认定仓储合同为要式合同是没有根据的,现行法上也并未规定仓储合同必须采用特定形式。虽然仓储合同的保管人于接受储存的货物时应当给付存货人仓单或其他凭证,但开具仓单并不是合同的成立要件,而是保管人合同义务的履行。所以,仓储合同应为不要式合同。[10]《民法典》第905条明确规定,仓储合同自保管人和存货人意思表示一致时成立。

5. 存货方主张货物已交付或行使返还请求权以仓单为凭证。这是仓储合同的重要特征。仓单是表示一定数量的货物已交付的法律文书,属于有价证券的一种,其性质为记名的物权证券。仓储合同的存货人凭仓单提取储存的货物,存货人或者仓单持有人以背书方式并经保管人签字或盖章,可以将仓单上所载明的物品所有权移转给他人。

二、仓储合同的效力

(一)保管人的义务

1. 给付仓单义务

保管人(仓库营业人)应当向存货人给付仓单,这是保管人的一项合同义务。

仓单是保管人应存货人的请求而签发的一种有价证券,它应记载下列事项:(1)存货人的姓名、名称及住所;(2)储存货物的种类、品质、数量、包装、件数和标记;(3)货物的损耗标准;(4)货物的储存场所;(5)货物的储存期间;(6)仓储费;(7)储存的货物交付保险的,应记载其

---

〔10〕 郭明瑞、王轶:《合同法新论·分则》,中国政法大学出版社1997年版,第350页。

保险金额、期间以及保险人的名称;(8)仓单的填发人、填发地以及填发日期(年月日)。

仓单上所载明的权利与仓单是不可分离的,因此仓单具有以下两方面的效力:第一,受领保管物的效力。保管人一经填发仓单,持单人对于保管物的受领,不仅应提示仓单,而且还应缴回仓单。第二,移转保管物的效力。仓单上所记载的货物,非由货物所有人在仓单上背书,并经保管人签名,不发生所有权转移的效力。

仓单的持有人,可以请求保管人将保管的货物分割为数部分,分别填发仓单,同时持有人须交还原仓单。这在学说上称为仓单的分割。其目的是便于存货人处分保管物。分割仓单所支出的费用,由存货人支付或偿还。

如因仓单损毁或遗失、被盗而灭失,存货人或仓单持有人丧失仓单的,得依我国《民事诉讼法》的规定,通过公示催告程序确认其权利。

2. 接收、验收义务

保管人应按合同的约定,接受存货人交付储存的仓储物。保管人不能按合同约定的时间、品名(品类)、数量接受仓储物入库的,应承担违约责任。

《民法典》第907条规定,保管人在接受存货人交存仓储物入库时,应当按照合同的约定对入库仓储物进行验收。保管人验收时发现入库仓储物与约定不符合的,应当及时通知存货人。验收包括实物验查和样本验查。保管物有包装的,验收时应以外包装或仓储物标记为准;无标记的,以存货人提供的验收资料为准。保管人未按规定的项目、方法、期限验收或验收不准确的,应承担由此造成的实际损失。在双方交接仓储物中发现问题的,保管人应妥善暂存,并在有效验收期间内通知存货人处理,暂存期间所发生的一切损失和费用由存货人负担。仓储物验收时保管人未提出异议的,视为存货人交付的仓储物符合合同约定的条件。保管人验收后,发生仓储物的品种、数量、质量不符合约定的,保管人应当承担损害赔偿责任。

3. 通知义务

在储存的仓储物出现危险时,保管人有义务及时通知存货人或者仓单持有人。所谓仓储物出现危险,主要包括仓储物变质或有其他损坏。例如,发现仓储物出现异状,仓储物发生减少或价值减少的变化,保管人应及时通知存货人或者仓单持有人;对于外包装或仓储物标记上标明或者合同中申明了有效期的仓储物,保管人应当提前通知失效期。遇有第三人对保管人提起诉讼或者对保管物申请扣押时,保管人也应及时通知存货人或者仓单持有人。

保管人发现入库仓储物变质或者有其他损坏,危及其他仓储物的安全和正常保管的,应当催告存货人或者仓单持有人作出必要的处置。因情况紧急,保管人可以作出必要的处置,但事后应当将该情况及时通知存货人或仓单持有人。

4. 妥善保管义务

保管人应当按照合同约定的储存条件和保管要求,妥善保管保管物。保管人储存易燃、易爆、有毒、有腐蚀性、有放射性等危险物品的,应当具备相应的保管条件,应当按照国家或合同规定的要求操作和储存;在储存、保管过程中不得损坏货物的包装物。如因保管或操作不当使包装发生毁损的,保管人应当负责修复或按价赔偿。

因保管人保管不善而非因不可抗力、自然因素或货物(包括包装)本身的性质而发生储存的货物灭失、短少、变质、损坏、污染的,保管人均应承担损害赔偿责任。因仓储物的性质、包装不符合约定或者超过有效仓储期造成仓储物变质、损坏的,保管人不承担损害赔偿责任。

5. 容忍义务

保管人根据存货人或仓单持有人的要求,应当同意其检查仓储物或者提取样品,这就是保管人的容忍义务。在存货人或仓单持有人请求对仓储物为一定的保存行为时,除非有正当理由,保管人应予允许。

(二)存货人的义务

1. 说明义务

储存易燃、易爆、有毒、有腐蚀性、有放射性等危险物品或者易变质等特殊货物的,根据《民法典》第906条的规定,存货人应当向保管人说明货物的性质和预防危险、腐烂的方法,提供有关的保管、运输等技术资料,并采取相应的防范措施。存货人违反该义务的,保管人有权拒收该货物;保管人因接受该货物造成损害的,存货人应承担损害赔偿责任。

2. 提取仓储物的义务

当事人对储存期间没有约定或者约定不明确的,存货人或者仓单持有人可以随时提取仓储物,保管人也可以随时要求存货人或仓单持有人提取仓储物,但应当给予必要的准备时间。合同中约定有储存期间的,存货人或仓单持有人应当按照合同的约定及时提取仓储物。逾期提取的,应当加收仓储费。在仓储合同储存期间届满前,保管人不得要求返还或要求由存货人或仓单持有人取回保管物。在存货人或仓单持有人要求返还时,保管人不得拒绝返还,但不减收仓储费。

存货人或仓单持有人对于临近失效期或有异状的货物,应当及时提取或予以处理。于合同约定的储存期间届满,或者在未约定储存期间而收到保管人合理的货物出库通知时,存货人或仓单持有人应及时办理货物的提取。存货人或仓单持有人提取货物时须提示仓单并缴回仓单。由于存货人或仓单持有人的原因不能使货物如期出库造成压库时,存货人或仓单持有人应负违约责任。

三、仓储合同的法律适用

仓储合同系由一般的保管合同发展、演变而来,在法律对仓储合同有特别规定时,应适用法律的特别规定;在法律对其未设特别规定时,应适用法律关于保管合同的规定。

可见,法律关于一般保管合同的规定与法律关于仓储合同的规定,系一般法与特别法的关系。

第六节　委托合同

一、委托合同的概念和特征

委托合同,又称委任合同,是指一方委托他方处理事务,他方允诺处理事务的合同。委托他方处理事务的,为委托人;允诺为他方处理事务的,为受托人。

委托合同具有以下法律特征:

1. 委托合同是以为他人处理事务为目的的合同。委托合同是一种典型的提供劳务的合同。无论是民事行为还是事实行为,只要委托人委托的事项不违背法律、法规的强行性规定,不是与委托人人身密不可分的事务,都可借助委托合同委托他人代为处理。

2. 委托合同的订立以委托人和受托人之间的相互信任为前提。委托合同建立在委托人和受托人相互信任的基础上，因此在委托合同生效后，如果一方对另一方产生了不信任，可随时终止委托合同。

3. 委托合同是诺成合同、不要式合同。

4. 委托合同一般为无偿合同。委托合同以无偿为原则。尽管委托合同中委托人对于受托人处理委托事务的费用负担支付义务，但该项义务并非支付报酬的义务，与受托人负担的处理委托事务的义务不具有对价性。

二、委托合同的效力

(一)受托人的义务

1. 依委托人的指示处理委托事务的义务

在委托合同中，受托人的基本义务是依委托人的指示处理委托事务(《民法典》第922条)。受托人依委托人指示处理委托事务有以下含义：第一，委托人有指示时，应尽可能地遵守委托人的指示处理委托事务；第二，受托人在情势紧急时得变更委托人的指示，妥善处理委托事务；第三，受托人在变更指示后，负有报告义务。在变更委托人的指示时，受托人无法与委托人取得联系的，应在变更后及时报告委托人。如果因受托人的怠于报告而给委托人造成损失的，受托人应负赔偿责任。

2. 亲自处理委托事务的义务

《民法典》第923条规定，受托人应亲自处理受托事务。之所以要求受托人亲自处理委托事务，意在防止出现受托人有负委托人信任致委托人利益受损的情形。委托人同意转委托的，法律当然无禁止的必要。若有紧急情况发生，难以和委托人取得联系的，受托人于不得已事由之下，也可以转委托。

转委托，又称复委托，是指受托人经委托人同意，将委托人委托的部分或全部事务转由第三人处理，在委托人与第三人之间直接发生委托合同关系的行为，其中由受托人负责选定第三人。在转委托关系中，该被委托的第三人叫次受托人。转委托的内容，得依原委托的内容。转委托包括以下两种情况：第一，转委托经委托人同意或者追认的。对于由受托人所进行的转委托，经委托人同意或追认，受托人可以就委托事务直接指示转委托的第三人，即次受托人。由次受托人直接就委托事务向委托人负责。委托关系所生的权利义务也自然在委托人和转委托的第三人之间产生。委托人应向该次受托人支付报酬、发布指示、预付费用、赔偿损失；该次受托人也应对委托人本着诚信原则，尽力勤勉地履行义务。同时，受托人也可以向次受托人发布指示。因为次受托人的选任及其对次受托人的指示已经委托人同意，因而受托人仅对次受托人的选任及其对次受托人的指示承担责任。因受托人选人不慎或指示有误而给委托人造成损失的，受托人应当承担赔偿责任。第二，转委托未经委托人同意或者追认的。受托人所为的转委托未报知委托人或虽报知但委托人未同意的，该转委托的第三人应视为是受托人的履行辅助人。转委托的第三人处理事务的行为，应视为受托人自己的行为。因而，未经同意的转委托，第三人处理事务的行为给委托人造成损失的，应视为是受托人的行为所造成的损失。受托人应对未经同意或者追认的转委托的第三人的行为承担责任。

受托人所为的转委托，一般都要经委托人同意或者追认。未经委托人同意的或者追认的，转委托的第三人所为应被视为是受托人的行为，受托人对该第三人的行为承担责任。然而，在紧急情况下，受托人为了委托人的利益而进行的转委托，应当被视为委托人同意的转委托。受托人仅就其对次受托人的选任和指示承担责任。

在有偿的委托合同里,受托人应尽善良管理人的注意义务,若欠缺此注意,即为有过错。对于委托人因此所受的损害,应负赔偿责任。在无偿的委托合同里,受托人仅就故意或重大过失而给委托人带来的损失负责任。受托人在处理委托事务时,有一定的权限范围。当受托人超越该权限而处理事务时,若给委托人造成损失,则无论有无过错,均应对委托人负损害赔偿责任。

在委托合同关系中,受托人有时不止一个,委托人委托两个或两个以上的受托人共同处理委托事务,若其中一个受托人或数个受托人违反了受托人的义务,而给委托人带来损失的,委托人可以向所有受托人或其中任何一个要求赔偿,即受托人为数个时,相互之间负连带责任。但如果其中的一人或数人未与其他受托人协商而实施的行为,损害了委托人利益的,无过错的受托人可以在承担连带责任后向实施行为的受托人行使追偿权。负连带责任的受托人必须是委托人所委托的共同处理委托事务的人,若委托人分别委托不同受托人处理不同事务,则各受托人就各自处理事务向委托人负责,并不发生连带责任的问题。

3. 报告义务

受托人应当按照委托人的要求,随时或者定期报告受托事务的处理情况。受托事务终了或者委托合同终止时,受托人应当将处理委托事务的始末经过和处理结果报告给委托人,并提交必要的证明文件,如各种账目、收支计算情况等(《民法典》第924条)。

4. 财产转交义务

受托人因处理委托事务所取得的财产,应当转交给委托人。这些财产,包括金钱、物品及其孳息、权利等,无论是以委托人名义取得的,还是以受托人自己名义取得的,也不管是由次委托人取得的,还是由受托人自己在处理事务时直接取得的,受托人均应将其交还给委托人。委托人请求受托人交付财产的这项权利,可以让与(《民法典》第927条)。

(二)委托人的义务

1. 支付费用的义务

无论委托合同是否有偿,委托人都有支付费用的义务。委托人履行支付费用的义务有两种方式:一是预付费用;二是偿还费用。

委托人应当向受托人预付处理委托事务的费用。委托人应预付费用的多少以及预付的时间、地点、方式等,应依据委托事务的性质和处理的具体情况而定。预付费用是为了委托人的利益,与委托事务的处理并不成立对价关系,因此二者之间不存在适用同时履行抗辩权的问题。非经约定,受托人并无垫付费用的义务。因此,如果经受托人请求,委托人不预付费用的,即使受托人因此不履行处理受托事务的义务,受托人也不负履行迟延或拒绝履行的责任。同时,正因为预付费用是为了委托人的利益,因而,受托人并无申请法院强制委托人预付费用的权利。但在委托合同为有偿合同的场合,因委托人拒付费用以致影响受托人基于该合同的收益或给受托人造成损失时,受托人有权请求赔偿。

受托人无为委托人垫付费用的义务,一旦垫付,有请求委托人偿还的权利,与此相应,委托人也就负有偿还费用的义务。委托人偿还的费用一般应限于受托人为处理事务所支出的必要费用及其利息。所谓必要费用,是指处理受托事务不可缺少的费用,如交通费、住宿费、手续费等。当事人就必要费用的范围发生争议时,委托人应对其认为不必要的部分举证,以免使提前垫付费用的受托人处于不利地位,这样也可维系委托人和受托人之间利益的均衡。在确定必要费用的范围时,应充分考虑委托事务的性质、受托人的注意义务及支出费用的具体情况,实事求是地确定。在支付当时为必要的,即使其后已无必要,也应认定为必要费用;相反,在支付当时为不必要的,即使其后为必要的也不是必要费用。委托人偿还费用时,应加付利息。利息从垫付之日起计算。双方关于利息有约定的从约定;没有约定的应以当时的法定存款利率计算。

对于受托人在处理受托事务时所支出的有益费用,双方当事人没有约定或者约定不明确的,应根据无因管理或不当得利的规定,向委托人请求偿还。〔11〕

2. 支付报酬的义务

委托合同是无偿的,委托人自然无支付报酬的义务。然而在现代社会,市场经济日渐发达,委托合同的当事人之间多约定报酬,即使当事人之间没有约定报酬,但依习惯或者委托的性质应当由委托人支付报酬的,委托人应支付报酬,受托人享有给付报酬请求权。

对于因不可归责于受托人的事由,致委托合同解除或委托事务不能完成的,系属委托合同中的风险负担问题,对于此时的风险,《民法典》第928条规定委托人应当向受托人支付相应的报酬,即由双方当事人合理负担。对于因可归责于受托人的事由而致委托合同终止或委托事务不能完成时,受托人无报酬请求权。若报酬是分期给付的,对于受托人债务不履行前已支付的报酬,受托人无须返还。报酬的数额,由双方当事人自行约定。约定不明确的,依据《民法典》第510条、第511条的相关规定确定。报酬的标的不限于金钱,也可包括有价证券或其他给付,但当事人无约定时,应给付金钱报酬。

对于支付报酬的时间,各国民法大都采"后付主义",即除当事人另有约定事先支付报酬的外,非于委托关系终止及受托人明确报告始末后,受托人不得请求给付。因此,受托人不得以委托人未付报酬为由,就受托事务的处理行使同时履行抗辩权。一般情况下,委托人支付报酬并不以受托人成功地处理受委托事务为要件,但若有特别约定时,应从其约定。

3. 赔偿受托人损失的义务

一方面,委托人对于受托人在处理委托事务中非因自己过错所造成的损失应负赔偿损失的义务;另一方面,因再委托第三人处理委托事务给受托人造成损失时,委托人应负赔偿责任。

三、委托合同的终止

(一)委托合同终止的原因

委托合同终止的原因包括一般原因和特殊原因。委托合同终止的一般原因是指一般合同共同适用的终止原因。委托合同终止的特殊原因是指导致委托合同终止特有的原因,主要包括以下两种情况:第一,当事人一方任意解除合同。在委托合同中,合同的当事人双方均享有任意解除权,可任意解除合同。第二,当事人一方死亡、丧失民事行为能力或破产,致使委托合同终止。当事人一方死亡、丧失行为能力或破产时,委托合同当然终止。但双方当事人另有约定,或依委托事务的性质在发生上述情况时不宜终止委托合同的除外。受托人死亡、丧失行为能力或者破产,致使委托合同终止的,受托人的继承人、法定代理人或者清算组织应当及时通知委托人。

(二)委托合同例外不终止时的法律后果

1. 受托人有继续处理事务的义务。委托人死亡、丧失民事行为能力或者被宣告破产的,在委托人的继承人、法定代理人或者清算组织承受委托事务之前,受托人有继续处理受托事务的

〔11〕 郭明瑞、王轶:《合同法新论·分则》,中国政法大学出版社1997年版,第309~310页。

义务(《民法典》第935条)。

2. 受托人的继承人、法定代理人或者清算组织在委托关系终止时有采取必要措施的义务。受托人死亡、丧失民事行为能力或者被宣告破产,致使委托合同终止,将损害委托人利益的,在委托人作出善后处理之前,受托人的继承人、法定代理人或者清算组织应当采取必要措施。对于所谓"必要措施"应作广义理解,既包括消极的保存行为,也包括对委托事务的积极处理(《民法典》第936条)。

第七节 物业服务合同

一、物业服务合同的概念和特征

物业服务合同是物业服务人在物业服务区域内,为业主提供建筑物及其附属设施的维修养护、环境卫生和相关秩序的管理维护等物业服务,业主支付物业费的合同。物业服务人包括物业服务企业和其他物业管理人(《民法典》第937条)。

社会分工的发展,催生了物业服务。《民法典》第284条第1款规定:"业主可以自行管理建筑物及其附属设施,也可以委托物业服务企业或者其他管理人管理。"第285条也进一步规定:"物业服务企业或者其他管理人根据业主的委托,依照本法第三编有关物业服务合同的规定管理建筑区划内的建筑物及其附属设施,接受业主的监督,并及时答复业主对物业服务情况提出的询问。"基于物业服务合同在现实生活中的普遍性及其重要性,为了规范物业服务行业的健康发展,统一物业服务的司法实践,民法典新增加物业服务合同作为典型合同的一种专门予以规定,对双方当事人的权利义务予以整体的明确规定。

物业服务合同具有以下法律特征:

1. 物业服务合同属于提供服务的合同。物业服务人提供的服务具有综合性或者复合性,既涉及建筑物及其附属设施的维修养护,也涉及环境卫生和相关秩序的管理维护,既涉及对物的管理,也涉及对人的管理。因此,涉及委托、承揽、劳务等多种因素,但并非这些合同类型的简单组合,兼具委托、承揽、劳务等诸多合同类型中的部分给付的性质。[12]

2. 物业服务合同属于长期继续性合同。继续性合同,即以持续债务为内容的合同。就物业服务合同而言,物业服务并不是一次性完成的,而需要持续一定的时间,物业服务应当在服务期间内不间断地提供物业服务,物业服务人给付的范围单纯由时间决定,属于固有的继续性合同。由于继续性合同在终止时没有溯及既往的效力,在物业服务合同终止时,其效力向将来发生,对于物业服务人已经提供的服务,业主仍应当按照合同约定支付相应的报酬。

物业服务合同也是一种长期合同。长期合同包括长期的继续性合同和长期的非继续性合同。长期合同的重点是长期性所产生的合同社会关系性和不完全性,因此重心体现在诚信谈判、开放性或者待定条款、情势变更、弹性调整的实体和程序条款、后合同义务等方面。例如,在长期合同终止后,就会发生交接等后合同义务问题,因此,《民法典》第949条对此专门予以规定。

---

〔12〕 王利明:《合同法研究》(第4卷),中国人民大学出版社2017年版,第131~132页。

3. 物业服务合同属于集体合同。《民法典》第 939 条规定，建设单位依法与物业服务人订立的前期物业服务合同，以及业主委员会与业主大会依法选聘的物业服务人订立的物业服务合同，对业主都具有法律约束力。此时，就出现了合同的订立主体和合同的约束主体有可能出现不同。其主要的原因在于，由于业主或者全体业主人数众多，难以由业主或者全体业主直接参与合同订立过程，因此，法定的主体依据法定的程序和要求订立的物业服务合同，对全体业主都具有法律约束力。这充分体现了物业服务合同的集体合同特点。

既然物业服务合同是集体合同，业主作为业主团体的一员，享有接受物业服务人提供的物业服务的权利，但是单个业主的权利也要因此受到一定的限制。例如，《民法典》第 944 条第 1 款中规定，物业服务人已经按照约定和有关规定提供服务的，业主不得以未接受或者无须接受相关物业服务为由拒绝支付物业费；第 946 条第 1 款中规定，解除物业服务合同的，业主必须依照法定程序共同决定解聘物业服务人，单个业主无权解除合同。

4. 物业服务合同属于双务有偿合同、诺成合同、要式合同。根据《民法典》第 937 条，物业服务人提供物业服务，业主也要支付物业费，因此，物业服务合同是双务有偿合同。物业服务合同只要双方当事人意思表示达成一致即告成立，为诺成合同。物业服务合同应当采用书面形式（《民法典》第 938 条第 3 款），属于要式合同。

二、物业服务合同的内容

物业服务合同的内容一般包括服务事项、服务质量、服务费用的标准和收取办法、维修资金的使用、服务用房的管理和使用、服务期限、服务交接等条款。物业服务人公开作出的有利于业主的服务承诺，为物业服务合同的组成部分（《民法典》第 938 条第 1 款、第 2 款）。

1. 服务事项。物业服务事项是指物业服务企业按照约定应当提供的具体服务类型。

2. 服务质量。物业服务合同中可以明确约定物业服务的质量。

3. 服务费用的标准和收取办法。服务费用，是指物业管理企业按照物业服务合同的约定提供物业服务向业主所收取的费用。关于服务费用的标准，需要秉承合理、公开以及费用与服务水平相适应的原则；区分不同物业的性质和特点分别实行政府指导价和市场调节价。服务费用的计费方式，可以约定采取包干制或者酬金制。

4. 维修资金的使用。维修资金，是指专项用于共用部位、共用设施设备保修期满后的维修和更新、改造的资金。维修资金应当存入相关主管部门或者业主大会委托的住宅专项维修资金专户管理银行的住宅专项维修资金专户；该资金的使用则由物业服务人或者相关业主提出使用建议或者使用方案，并组织实施使用方案。

5. 服务用房的管理和使用。物业服务用房是满足物业服务人的物业服务设施设备、办公及值班等需求所使用的房屋。物业服务用房的所有权依法属于全体业主。物业服务用房的用途是特定的，只能用于物业服务，未经业主大会同意，物业服务人不得改变服务用房的用途。

6. 服务期限。服务期限，是指物业服务合同双方当事人约定的合同存续期限。

7. 服务交接。物业服务合同涉及的服务事项较多，一般服务期限较长，物业服务人不仅长期占有物业服务用房，而且还掌握了小区内相关设施、物业服务的很多相关资料，根据《民法典》第 949 条第 1 款规定，这些物业服务用房及相关资料等应当交还给业主委员会、决定自行管理的业主或者其指定的人，还应当配合新物业服务人做好交接工作，如实告知物业的使用和管理情况。

物业服务人公开做出的服务承诺，已经成为业主选聘物业服务人的重要依据，也是业主维护其权益的根据,有助于合理扩充物业服务人应承担义务的依据范围,维护业主的合理信赖,同时未不合理地额外增加物业服务人的义务。

三、前期物业服务合同

(一)前期物业服务合同对业主的法律约束力

建设单位依法与物业服务人订立的前期物业服务合同,以及业主委员会与业主大会依法选聘的物业服务人订立的物业服务合同,对业主具有法律约束力(《民法典》第 939 条)。

物业服务合同可以分为两大类,即前期物业服务合同和普通物业服务合同。前期物业服务合同,是指由建设单位与其委托的物业服务人依法签订的物业服务合同。普通物业服务合同,是指由业主委员会等依法与物业服务人签订的物业服务合同。

在前期物业服务合同中,建设单位与物业服务人订立了物业服务合同,物业服务合同对业主具有法律约束力,最终仍然源于业主通过购买体现出的意思表示或者通过业主共同管理体现出的意思表示,因此仍植根于业主的意思表示。实践中,在没有成立业主委员会之前,还存在由居民委员会与物业服务人订立物业服务合同的类型,基于同样的原理,该物业服务合同也同样对业主具有约束力。

既然物业服务合同对业主具有法律约束力,这意味着业主享有物业服务合同中的权利,承担物业服务合同中的义务,业主无权以其并非合同当事人或者未参与订立合同为由提出抗辩。

(二)前期物业服务合同的终止

建设单位依法与物业服务人订立的前期物业服务合同约定的服务期限届满前,业主委员会或者业主与新物业服务人订立的物业服务合同生效的,前期物业服务合同终止(《民法典》第 940 条)。

建设单位依法与物业服务人订立的前期物业服务合同约定的服务期限届满前,业主委员会或者业主与新物业服务人订立的物业服务合同生效,这里包括两种情形:第一,业主委员会与业主大会依法选聘的物业服务人订立物业服务合同,并且物业服务合同生效。第二,《物业管理条例》第 10 条的规定,即“只有一个业主的,或者业主人数较少且经全体业主一致同意,决定不成立业主大会的,由业主共同履行业主大会、业主委员会职责”,此时,业主直接与新物业服务人订立物业服务合同,并且物业服务合同生效,前期物业服务合同终止。

四、物业服务合同的效力

(一)物业服务人的义务

1. 亲自提供物业服务的义务

物业服务人应当亲自履行提供物业服务的义务。物业服务人将物业服务区域内的部分专项服务事项委托给专业性服务组织或者其他第三人的,应当就该部分专项服务事项向业主负责。物业服务人不得将其应当提供的全部物业服务转委托给第三人,或者将全部物业服务支解后分别转委托给第三人(《民法典》第 941 条)。

物业服务涉及卫生、环保、消防、特种设备维修、道路养护等诸多方面,其中许多方面具有一定的专业性。随着社会分工的进一步发展,应当允许物业服务人结合自己人员配备情况,将部分服务事项转委托给更为专业的机构或者人员来完成。例如,另外寻找保安公司、保洁公司等,将其所承担的小区保安、保洁、电梯服务等工作分别进行转委托。这既能够保证物业服务质量,同时也有利于降低物业管理成本,提高资源配置效率。因此物业服务人有权将物业服务区域内的部分专项服务事项委托给专业性服务组织或者其他第三人，无须经过业主同意。当该部分专业服务事项不符合约定时，业主有权依法请求物业服务人承担违约责任，而无权请求次受托人承担违约责任。

转委托合同与物业服务合同效力相互独立。物业服务合同的当事人是业主和物业服务人，转委托合同的当事人是物业服务人和次受托人，因此，并非合同权利义务的概括转移。转委托合同的效力与物业服务合同无关，物业服务合同无效或者被解除，不影响转委托合同的效力，仅仅是产生了法定的解除转委托合同的权利。

在物业服务合同中，之所以选聘某一物业服务人而非其他物业服务人，大多出于对物业服务人实力与服务质量的信任，一旦允许物业服务人将全部物业服务一并委托他人，将使业主大会所享有的选聘物业服务人的权利形同虚设，业主合法权益难以得到保障；另外，在实践中物业服务人之所以将全部物业服务移转他人，大多出于通过全部转委托赚取差额利润的动机，而次受托人因为支出了较高的成本，自然会基于谋取利益的需要，而在提供服务的质量层面有所降低，最终损害业主的合法权益。因此禁止物业服务人将其应当提供的全部物业服务转委托给第三人，或者将全部物业服务支解后分别转委托给第三人。所谓的物业服务人将其应当提供的全部物业服务转委托给第三人，指的是一并转委托，将全部物业服务转委托给同一个第三人。所谓的将全部物业服务支解后分别转委托给第三人，指的是将全部物业服务支解成各个服务事项，而分别转委托给不同的第三人，实质上也是将全部物业服务转委托。这里的“全部”不能理解为“主要或者实质内容”，主要原因是，物业服务中的各项内容很难区分出哪些是主要或者实质性的，一旦如此理解，就会难以区分合法转委托与违法转委托。

2. 妥善提供物业服务的义务

物业服务人应当按照约定和物业的使用性质，妥善维修、养护、清洁、绿化和经营管理物业服务区域内的业主共有部分，维护物业服务区域内的基本秩序，采取合理措施保护业主的人身、财产安全。对物业服务区域内违反有关治安、环保等法律法规的行为，物业服务人应当及时采取合理措施制止、向有关行政主管部门报告并协助处理(《民法典》第 942 条)。

物业服务人提供服务的区域是物业服务区域。目前在实践中，物业服务区域一般与建筑区划一致。物业服务人在物业服务区域内妥善提供物业服务主要包括以下内容：

(1)业主共有部分的维修养护。首先，应当注意的是，物业服务人此项服务的对象是业主共有部分而非专有部分。其次，业主共有部分也不等于共用部分。再次，供水、供电、供气、供热等的相关管线和专业设施设备，也不属于物业服务的范围。最后，所谓的维修养护，包括：一是日常养护和出现故障情形下的维修；二是静态的维修养护(如建筑物共有部分)和运行、使用的维修养护(如共有设备和设施)；三是包括建筑物，共有的设施、设备，以及道路、广场、构筑物等。具体的措施。例如，对房屋共有部分和共有的设施设备日常巡查和定期养护，运行、检修、保养等记录齐全，建立共有设施设备档案(设备台账)；需要维修，属于小修范围的，及时组织修复，对电梯、消防、技防、配电等涉及人身、财产安全以及其他有特定要求的设施设备的维修和养护，组织由专业机构实施；属于大、中修范围的，及时编制维修计划和住房专项维修资金使用计划，向业主大会或者业主委员会提出报告与建议，根据业主大会的决定，组织维修等。

(2)业主共有部分的清洁绿化。这主要是指共有部分环境卫生的管理维护。首先是清洁，物业服务人应当自行或委托专业性服务企业提供保洁服务，维护物业服务区域内良好的卫生环境。其次是绿化。在开发建设过程中，规划条件对于小区绿地面积、比例等都有明确要求，建设单位在房地产开发过程中应当按照相关规定,足额配置绿化。在物业交接之后,业主也可以委托物业服务人保持、改善绿化环境,物业服务人应当按照合同的约定,加强对小区绿化日常的维护管理。

(3)业主共有部分的经营管理。实践中,共有部分的具体经营管理事项,通常是由业主通过物业服务合同委托物业服务人代为经营管理。经营的方式较为多样,可能是承包,也可能是委托,需要在物业服务合同中加以约定;而在经营过程中,也需要从经营收益中支付给物业服务人一定的费用和报酬,其支付标准也需要在物业服务合同中加以约定。如果物业服务人未依法取得同意即对共有部分进行经营管理,扣除合理成本后的收益仍然由业主共有,物业服务人应当将该部分返还并相应赔偿资金占有损失,并且由物业服务人对成本支出及其合理性承担举证责任。

(4)维护物业服务区域内的基本秩序。物业服务人仅负有维护业主基本生活秩序的义务。例如,对出入人员和车辆的管理、制止影响业主和物业使用人安宁生活的行为等,而不负有维护公共秩序的义务。公共秩序应当由政府维护,相关开支应当以公共财政支付,而不应当由业主承担并支付相关成本。对于公共秩序的维护,物业服务人仅负有协助义务。

(5)采取合理措施保护业主的人身、财产安全。物业服务人应当负有采取合理措施保护业主的人身、财产安全的义务,该义务属于物业服务人依据合同所应当承担的附随义务。判断是否采取了合理措施,应当考虑多种因素,包括物业服务合同的约定、法律法规的规定、物业收费标准等,在个案中予以具体判断。[13]

(6)对违法行为采取合理措施制止,并且报告和协助处理。作为物业服务区域的管理者,物业服务人常常最先知悉其中发生的违法行为。物业服务人对禁止性行为负有采取合理措施制止,并且报告和协助处理的义务,有助于及时遏制禁止性行为蔓延,使有关部门尽早了解相关情况,采取有力措施,保持物业服务区域的安宁与秩序,最终促进社会整体利益的实现。

(7)其他义务。除了本条规定的物业服务人的义务的之外,物业服务人还需承担服务信息公开的义务、承接物业时的物业验收义务、物业服务档案资料和账务的管理义务、配合做好社区管理相关工作的义务等。

3. 公开和报告义务

物业服务人应当定期将服务的事项、负责人员、质量要求、收费项目、收费标准、履行情况,以及维修资金使用情况、业主共有部分的经营与收益情况等以合理方式向业主公开并向业主大会、业主委员会报告(《民法典》第943条)。

在物业服务合同履行过程中,业主和物业服务人对服务信息掌握的程度不同,存在明显的信息不对称,物业服务人的公开和报告义务,有助于防止物业服务人利用信息优势损害业主合法权益,有助于保障业主的知情权,便利业主行使监督权,维护自身权益,对物业服务作出正确评判,推进物业服务领域的市场竞争。

物业服务人公开和报告的内容、方式,可以在物业服务合同中明确约定,有约定的按照约定,没有明确约定的,按照有关的规定予以确定。

---

〔13〕 王利明:《合同法研究》(第4卷),中国人民大学出版社2017年版,第161页。

(二)业主的义务

1. 支付物业费的义务

业主应当按照约定向物业服务人支付物业费。物业服务人已经按照约定和有关规定提供服务的,业主不得以未接受或者无须接受相关物业服务为由拒绝支付物业费。业主违反约定逾期不支付物业费的,物业服务人可以催告其在合理期限内支付;合理期限届满仍不支付的,物业服务人可以提起诉讼或者申请仲裁。物业服务人不得采取停止供电、供水、供热、供燃气等方式催交物业费(《民法典》第944条)。

在物业服务合同中,物业服务人提供物业服务,而业主所负有的主给付义务就是向物业服务人支付物业费,因此,业主支付物业费就是基于物业服务合同,业主就负有按照物业服务合同的约定向物业服务人支付物业费的合同义务。负有支付物业费义务的主体就是业主。业主包括:(1)依法登记取得建筑物专有部分所有权者;(2)即使未登记,但依据《民法典》第229~231条规定取得建筑物专有部分所有权者;(3)基于与建设单位之间的商品房买卖民事法律行为,已经合法占有建筑物专有部分,但尚未依法办理所有权登记的人。除此之外,还有以下特殊的支付义务主体,如建设单位以及物业承租人、借用人或者其他物业使用人等。

业主违反约定逾期不支付物业费的,物业服务人可以催告其在合理期限内支付;逾期仍不支付的,物业服务人才可以提起诉讼或者申请仲裁。这是将物业服务人的催告作为提起诉讼或者申请仲裁的前置程序。这同时意味着,物业服务人只能采取催告的方式催交,而不得采取停止供应电、水、气、热力、通讯、有线电视等方式催交。以供电为例,供电合同的双方当事人是供电人和用电人,物业服务人并非供电合同的当事人。在特定情形下中止供电的权利人是供电人而非物业服务人,即使供电人委托物业服务人代收电费,也并未改变这一点。即使物业服务合同中约定在业主不支付物业费的情况下,赋予物业服务人中止供电的权利,这一约定也是无效的。

2. 业主的告知和协助义务

业主装饰装修房屋的,应当事先告知物业服务人,遵守物业服务人提示的合理注意事项,并配合其进行必要的现场检查。业主转让、出租物业专有部分、设立居住权或者依法改变共有部分用途的,应当及时将相关情况告知物业服务人(《民法典》第945条)。

物业的装饰装修是业主行使专有部分所有权的一种方式,但是,装饰装修对其他业主的利益会产生直接影响,不适当的装饰装修会危及建筑物的安全,妨碍物业服务人妥善提供物业服务,危害其他业主的利益。物业服务人对业主装饰装修活动应当进行适度的管理、指导、监督,防止损害业主团体和其他业主的合法权益,这是物业服务人履行物业服务合同,实现对“物”有效管理、维护的必要要求。因此,业主进行装饰装修活动的,应当及时将相关情况告知物业服务人,以便物业服务人采取适当措施。业主要遵守物业服务人提示的合理注意事项的义务。为了确保建筑物的安全,物业服务人有权对装饰装修活动进行必要的现场监督、检查,以便及时发现和制止不当行为。在此过程中,业主应当积极协助、配合物业服务人履行职责,不得横加阻挠。这同样以物业服务人的现场检查是必要的为前提。

业主转让、出租物业专有部分以及设立居住权,均属于业主依据专有权所享有的权利。但是,这些行为都涉及物业服务相对人的变化,业主负有告知物业服务人的义务,能够最大限度促使物业服务人了解情况,知悉相关物业真实使用情况,确定物业服务享有之主体、物业服务人救济权利主张的对象,为物业服务及时提供与物业服务区域有效维护创造前提。业主依法改变共有部分用途的,应当在依法办理有关手续后告知物业服务企业。

五、物业服务合同的终止

(一)业主共同决定解除物业服务合同

业主依照法定程序共同决定解聘物业服务人的,可以解除物业服务合同。决定解聘的,应当提前60日书面通知物业服务人,但是合同对通知期限另有约定的除外。解除合同造成物业服务人损失的,除不可归责于业主的事由外,业主应当赔偿损失(《民法典》第946条)。

物业服务合同是一种集体合同,业主的共同管理权应当由业主大会依照法定程序共同决定。物业服务合同属于服务合同的一种,在服务合同的履行中,需要当事人双方的特别信任和配合,也会出现服务受领人方面的信息不充分或者情况变化,因此服务受领人对解除合同具有合法利益。这些理由在物业服务合同中也同样适用。

业主依照法定程序共同决定解聘物业服务人的,如果物业服务合同对通知期限有明确约定,按照其约定。如果没有约定或者约定不明确,应当提前60日通知,并且应当采取书面形式。未提前通知的,只有在期限届满之后,解除才发生效力,而非解除无效。这也是基于特殊的政策考量,给物业服务人一定的准备期,以此减少业主的赔偿责任,避免业主承担过重的赔偿责任而产生的社会问题和执行难题。

解除合同造成物业服务人损失的,除不可归责于业主的事由外,业主应当赔偿损失。在合同解除是因不可归责于业主的事由而被解除的情况下,业主不承担赔偿责任。例如,物业服务人的商业信誉严重受损,导致业主无法相信物业服务人时,即使物业服务人不存在违约行为,业主此时也可以解除合同而无须赔偿;或者物业服务人存在非根本的违约行为,如物业服务人制作虚假财务报表,致使业主无法相信物业服务人时,也可以被认为属于不可归责于业主的事由。在不存在不可归责于业主的事由时,业主应当赔偿因解除物业服务合同给物业服务人造成的损失。

(二)续聘物业服务人

物业服务期限届满前,业主依法共同决定续聘的,应当与原物业服务人在合同期限届满前续订物业服务合同。物业服务期限届满前,物业服务人不同意续聘的,应当在合同期限届满前90日书面通知业主或者业主委员会,但是合同对通知期限另有约定的除外(《民法典》第947条)。

无论是前期物业服务合同还是普通物业服务合同,在物业服务合同期限届满前,依据《民法典》第278条规定,业主有权共同决定续聘或者解聘物业服务人,这要求由专有部分面积占比2/3以上的业主且人数占比2/3以上的业主参与表决,并且经参与表决专有部分面积过半数的业主且参与表决人数过半数的业主同意。在业主共同决定后,由业主委员会,或者未设立业主委员会情况下由全体业主,依据业主的共同决定而与物业服务人续聘或者解聘。同样,如果业主委员会未经业主大会同意,擅自续聘或者解聘,业主大会不予追认的,业主委员会的行为对全体业主不具有法律约束力,由此产生的后果由业主委员会中负有责任的个人承担。

无论是前期物业服务合同还是普通物业服务合同,物业服务期限届满后,物业服务人不负有订立新物业服务合同的义务,无论业主是否共同决定续聘,物业服务人都可以不同意续聘。物业服务人不同意续聘的,除非合同对通知期限另有约定,物业服务人应当在合同期限届满前90日书面通知业主委员会,未成立业主委员会的情形中,应当书面通知业主。

（三）不定期物业服务合同

物业服务期限届满后，业主没有依法作出续聘或者另聘物业服务人的决定，物业服务人继续提供物业服务的，原物业服务合同继续有效，但是服务期限为不定期。当事人可以随时解除不定期物业服务合同，但是应当提前60日书面通知对方（《民法典》第948条）。

无论是前期物业服务合同还是普通物业服务合同，在物业服务期限届满后，业主没有依法作出续聘或者另聘物业服务人的决定，但是物业服务人继续提供物业服务的，业主与物业服务人之间形成事实上的物业服务合同关系，但是服务期限为不定期。不定期物业服务合同的内容应当与原物业服务合同相同，因此，物业服务人应当依据原物业服务合同的约定提供物业服务，业主也应当按照原物业服务合同的约定支付物业费。当事人可以随时解除不定期物业服务合同，但是应当提前60日书面通知对方。

（四）物业服务人的交接义务

物业服务合同终止后，原物业服务人应当在约定期限或者合理期限内退出物业服务区域，将物业服务用房、相关设施、物业服务所必需的相关资料等交还给业主委员会、决定自行管理的业主或者其指定的人，配合新物业服务人做好交接工作，并如实告知物业的使用和管理状况。原物业服务人违反前款规定的，不得请求业主支付物业服务合同终止后的物业费；造成业主损失的，应当赔偿损失（《民法典》第949条）。

物业服务人在合同终止的交接义务就是物业服务人最为重要的后合同义务之一。交接义务的具体内容包括：退出物业服务区域，交还物业服务用房、相关设施、物业服务所必需的相关资料等，配合新物业服务人完成交接工作，并如实告知物业的使用和管理状况。

物业服务人违反交接义务，构成了对后合同义务的违反，应当依据《民法典》第577条的规定，承担继续履行、采取补救措施或者赔偿损失等违约责任。

（五）原物业服务人继续处理物业服务事项

物业服务合同终止后，在业主或者业主大会选聘的新物业服务人或者决定自行管理的业主接管之前，原物业服务人应当继续处理物业服务事项，并可以请求业主支付该期间的物业费（《民法典》第950条）。

第八节　行 纪 合 同

一、行纪合同的概念和特征

行纪合同，又称信托合同，是指一方根据他方的委托，以自己的名义为他方从事贸易活动，并收取报酬的合同。其中以自己名义为他方办理业务的，为行纪人；由行纪人为之办理业务并支付报酬的，为委托人。

行纪合同具有如下法律特征：(1)行纪合同中的行纪人具有主体的限定性。行纪人应当是经过批准可以从事行纪业务的自然人、法人和非法人组织。(2)行纪人以自己的名义为委托人办理业务。行纪人在接受委托办理业务时，须以自己的名义，而非委托人的名义进行民事行为。(3)行纪人为委托人的利益办理业务。(4)行纪合同的标的是行纪人为委托人进行一定法律行为。(5)行纪合同是双务、有偿合同、诺成合同和不要式合同。

二、行纪合同的效力

（一）行纪人的义务

1. 负担行纪费用的义务

行纪费用,是指行纪人在处理委托事务时所支出的费用。我国《民法典》第 952 条明确规定:“行纪人处理委托事务支出的费用,由行纪人负担,但当事人另有约定的除外。”可见,在我国,行纪费用以行纪人负担为原则,但当事人另有约定的除外。

2. 妥善保管委托物的义务

行纪人占有委托物的,应当妥善保管委托物。行纪合同为有偿合同,因而行纪人对物的保管应尽善良管理人的注意(《民法典》第 953 条)。

3. 合理处分委托物的义务

委托物交付给行纪人时有瑕疵或者容易腐烂、变质的,经委托人同意,行纪人可以处分该物;不能与委托人及时取得联系的,行纪人可以合理处分。行纪人违反对委托物的合理处分义务的,应承担违约责任,并赔偿给委托人造成的损害(《民法典》第 954 条)。

4. 依委托人的指示处理事务的义务

根据我国《民法典》的规定,对于委托人所指定的卖出委托物的价格或买入价格,行纪人有遵从指示的义务。该项义务可分解为以下两种情况来具体考察:第一,行纪人以低于指定价格卖出或者高于指定价格买进的。我国《民法典》第 955 条第 1 款规定,行纪人低于委托人指定的价格卖出或者高于委托人指定的价格买入的,应当经委托人同意,未经委托人同意,行纪人补偿其差额的,该买卖对委托人发生效力。第二,行纪人以高于指定价格卖出或低于指定价格买进委托物的。依据《民法典》第 955 条第 2 款的规定,行纪人高于委托人指定的价格卖出或者低于委托人指定的价格买入的,可以按照约定增加报酬。没有约定或者约定不明确的,双方当事人可以协议补充,不能达成补充协议的,按照合同有关条款或者交易习惯确定,仍不能确定的,该利益属于委托人。

委托人对价格有特别指示的,行纪人不得违背该指示卖出或者买入。

（二）委托人的义务

1. 支付报酬的义务

行纪人完成或者部分完成委托事务的,得请求报酬,委托人有支付报酬的义务。所谓报酬,系行纪人为行纪行为的对价,其数额应由双方当事人约定,无约定的,依习惯确定。行纪人的报酬,习惯上多以其所为交易的价额依一定比例提取,这在证券交易中尤为常见。

行纪人全部完成或部分完成委托事务,委托人应当支付报酬却逾期不支付的,行纪人有权留置委托物,并依照法律规定以委托物折价或从拍卖、变卖该财产所得的价款中优先受偿的权利。

2. 受领或取回标的物的义务

行纪人按照行纪合同的约定为委托人买回委托物的,委托人应当及时受领。经行纪人催告,委托人无正当理由拒绝受领的,行纪人可以提存委托物。委托物不能卖出或者委托人撤回出卖时,委托人应该将委托出卖物取回或处分。若经行纪人催告后仍不取回或处分的,行纪人有权提存该委托出卖物(《民法典》第 957 条)。

（三）行纪人的介入权

行纪人接受委托买卖有市场定价的证券或其他商品时,除委托人有相反的意思表示的以外,行纪人享有自己作为出卖人或买受人的权利,此项权利称为行纪人的介入权,或称行纪人的自约权。

因为行纪人的介入,使委托人和行纪人之间产生了买卖合同。民法上关于买卖的规定,均可适用。行纪人行使介入权之后,仍有报酬请求权。委托人应按合同约定付给行纪人报酬。当然,报酬的给付时间应在买卖实行之后,也即由行纪人所介入的买卖的实行是委托人给付报酬的前提。因委托人方面的原因而使买卖合同不能履行的除外(《民法典》第956条)。

三、行纪合同的法律适用

行纪合同在性质上与委托合同最为接近。我国《民法典》第960条规定,“本章没有规定的,参照适用委托合同的有关规定”。

第九节　中介合同

一、中介合同的概念和特征

中介合同,是指双方当事人约定一方为他方报告订立合同的机会或者提供订立合同的媒介服务,他方给付报酬的合同。其中报告订约机会的中介,称为报告中介;提供订立合同媒介服务的中介,称为媒介中介。在中介合同中,报告订约机会或提供交易媒介的一方为中介人,给付报酬的一方为委托人。

一般认为,中介合同有如下法律特征:(1)中介合同是一方当事人为他方报告订约机会或为订约媒介的合同。(2)中介合同为有偿合同。(3)中介合同为诺成合同和不要式合同。(4)中介合同中委托人一方的给付义务的履行有不确定性。在中介合同中,中介人的活动实现中介目的时,委托人才会履行支付报酬的义务。而中介人能否实现中介目的具有不确定性,因此委托人的给付义务的履行也具有不确定性。(5)中介合同的主体具有特殊性。法律和法规应当对中介人的资格作出限制,要求中介人具有相应的知识、能力和从业条件。并规定国家机关、领导干部等有特殊职权的人不得作为中介人从事中介交易。〔14〕

二、中介合同的效力

(一)中介人的义务

1. 报告订约机会或媒介订约的义务

此项义务是中介人的主要义务,中介人应忠实尽力地履行此项义务。在报告中介中,中介人对于订约事项,应就其所知,据实地报告给委托人。中介人对于相对人而言,并不负有报告委托人有关情况的义务。在媒介中介中,中介人应将有关订约的事项据实报告给各方当事人。无论中介人是同时接受主合同当事人双方的委托,还是仅接受委托人一方委托的,中介人都负有向双方报告的义务。

2. 忠实和尽力的义务

中介合同的中介人就自己所为的中介活动,有忠实义务。中介人的忠实义务包括以下几

〔14〕　郭明瑞、王轶:《合同法新论·分则》,中国政法大学出版社1997年版,第330～331页。

方面的要求:第一,中介人应将所知道的有关订约的情况或商业信息如实告知委托人。如我国《民法典》第962条规定:“中介人应当就有关订立合同的事项向委托人如实报告。中介人故意隐瞒与订立合同有关的重要事实或者提供虚假情况,损害委托人利益的,不得请求支付报酬并应当承担赔偿责任。”第二,不得对订立合同实施不利影响,影响合同的订立或者损害到委托人的利益。第三,中介人对于所提供的信息、成交机会以及后来的订约情况,负有向其他人保密的义务。

中介人在负有忠实义务的同时,还负有尽力义务。判断中介人是否有尽力义务及其范围如何,应依照诚实信用原则来解释。报告中介人的任务在于报告订约机会给委托人,媒介中介人的任务除向委托人报告订约信息外,应尽力促进将来可能订约的当事人双方达成合意,排除双方所持的不同意见,并依照约定准备合同,对于相对人与委托人之间所存障碍,加以说合和克服。

3. 负担中介活动费用的义务

中介人促成合同成立的,中介合同的费用,由中介人负担。中介人作为中介合同的一方主体,若欲为委托方了解相关的订约信息、商业信息及有关人的资信状况、信誉度、知名度等情况,必定会有一定的费用支出。对于此费用的支出,若委托方和中介人事先没有明确约定由哪一方负担,那么应当由中介人承担。这是因为在一般情形下,中介人支出的中介活动的费用都已计算在中介报酬内。

(二)委托人的义务

1. 支付报酬的义务

在中介合同中,委托人的主要义务是支付报酬。就报酬的支付方式,我国采约定报酬制。

2. 支付必要中介费用的义务

中介人进行中介活动所支出的费用,为中介费用。中介费用一般包含于报酬之中。在中介成功时,即中介人促成合同成立的,中介费用未经约定不得请求委托人偿还,由中介人负担。即使中介人已尽了报告或媒介义务,但仍不能使合同成立,达不到委托人的预期目的,其他国家和地区的立法都认为此时的中介费用不得请求委托人偿还。我国《民法典》第964条则规定:“中介人未促成合同成立的,不得请求支付报酬;但是,可以按照约定请求委托人支付从事中介活动支出的必要费用”。

依照《民法典》第965条的规定,委托人在接受中介人的服务后,利用中介人提供的交易机会或者媒介服务,绕开中介人直接订立合同的,应当向中介人支付报酬。

参考案例

1. 吉林冶金设备厂诉烟台冶金研究所加工承揽合同纠纷案,载《中华人民共和国最高人民法院公报》2004年第6期。
2. 齐河环盾钢结构有限公司与济南永君物资有限责任公司建设工程施工合同纠纷案,载《中华人民共和国最高人民法院公报》2012年第9期。
3. 河源市劳动服务建筑工程公司与龙川县人民政府建设工程施工合同纠纷案,载《中华人民共和国最高人民法院公报》2013年第6期。

4. 西安市临潼区建筑工程公司与陕西恒升房地产开发有限公司建设工程施工合同纠纷案，载《中华人民共和国最高人民法院公报》2008年第8期。
5. 大连渤海建筑工程总公司与大连金世纪房屋开发有限公司、大连宝玉房地产开发有限公司、大连宝玉集团有限公司建设工程施工合同纠纷案，载《中华人民共和国最高人民法院公报》2008年第11期。
6. 赵淑华与沈阳皇朝万鑫酒店管理有限公司、沈阳中一万鑫物业管理有限公司财产损害赔偿纠纷案，载《中华人民共和国最高人民法院公报》2018年第1期。
7. 宜兴市新街街道海德名园业主委员会诉宜兴市恒兴置业有限公司、南京紫竹物业管理股份有限公司宜兴分公司物权确认纠纷、财产损害赔偿纠纷案，载《中华人民共和国最高人民法院公报》2018年第11期。
8. 汤某1诉连云港光鼎置业有限公司、灌南县开源物业管理有限公司人身损害赔偿纠纷案，载《中华人民共和国最高人民法院公报》2017年第3期。
9. 陈书豪与南京武宁房地产开发有限公司、南京青和物业管理有限公司财产损害赔偿纠纷案，载《中华人民共和国最高人民法院公报》2013年第5期。
10. 无锡市春江花园业主委员会诉上海陆家嘴物业管理有限公司等物业管理纠纷案，载《中华人民共和国最高人民法院公报》2010年第5期。

第三十三章 技 术 合 同

导 读

技术合同,是指当事人之间就技术开发、技术转让、技术咨询或者服务所订立的确立相互之间权利和义务的合同的总称(《民法典》第 843 条)。技术合同包括技术开发合同、技术转让合同、技术许可合同、技术服务合同和技术咨询合同等。本章重点应掌握各类技术合同的效力。

第一节 技术合同的一般规定

一、技术合同的概念和特征

技术合同,是指当事人之间就技术开发、技术转让、技术许可、技术咨询或者服务所订立的确立相互之间权利和义务的合同的总称。

技术合同具有以下法律特征:(1)技术合同的标的物是技术成果和技术秘密。技术成果以及技术秘密是一种特殊的商品,是凝聚着人类智慧的创造性劳动成果。根据《技术合同解释》第 1 条规定,所谓技术成果,是指利用科学技术知识、信息和经验作出的涉及产品、工艺、材料及其改进等的技术方案,包括专利、专利申请、技术秘密、计算机软件、集成电路布图设计、植物新品种等。技术秘密,是指不为公众所知悉、具有商业价值并经权利人采取保密措施的技术信息。(2)技术合同的法律调整具有多样性。对技术合同的法律调整,涉及民法典中的合同部分以及知识产权法等多种法律。(3)技术合同是双务合同、有偿合同。(4)技术合同的主体一方具有特定性。技术合同当事人,通常至少一方是能够利用自己的技术力量从事技术开发、技术转让、技术服务或咨询的法人、自然人和其他组织。因此,技术合同的主体一方具有特定性。

二、技术合同的内容

订立技术合同的基本原则是,应当有利于知识产权的保护和科学技术的进步,加速科学技术成果的研发、转化、应用和推广(《民法典》第 844 条)。

与其他合同一样,技术合同的内容是通过技术合同的条款体现出来的。而技术合同的特殊性也正是通过技术合同条款的特殊性体现出来的。技术合同一般应包括以下内容:项目的名称,标的的内容、范围和要求,履行的计划、地点和方式,技术情报和资料的保密,风险责任的承担,技术成果的归属和收益的分配办法,验收标准和方法,名词和术语的解释等。

在当事人有明确约定的情况下,与履行合同有关的技术背景资料、可行性论证和技术评价报告、项目任务书和计划书、技术标准、技术规范、原始设计和工艺文件以及其他技术文档如图纸、表格、数据和照片等,可以作为合同的组成部分。在当事人就此没有约定时,以上内容仅能成为履行合同的参考。

技术合同涉及专利权的，应当注明发明创造的名称、专利申请人和专利权人、申请日期、申请号、专利号以及专利权的有效期限（《民法典》第 845 条）。

三、技术合同中价款、报酬和使用费的支付

对技术合同的价款、报酬和使用费，当事人没有约定或者约定不明确的，《技术合同解释》第 14 条规定，人民法院可以按照以下原则处理：对于技术开发合同和技术转让合同，根据有关技术成果的研究开发成本、先进性、实施转化和应用的程度，当事人享有的权益和承担的责任，以及技术成果的经济效益等合理确定；对于技术咨询合同和技术服务合同，根据有关咨询服务工作的技术含量、质量和数量，以及已经产生和预期产生的经济效益等合理确定。技术合同的价款、报酬、使用费中包含非技术性款项的，应当分项计算。

技术合同价款、报酬和使用费的支付方式多样，得由当事人自由约定。《民法典》第 846 条条明确认可了技术合同的当事人经常采用的两种支付方式。

（一）定额支付

定额支付，也称一次总算，一次总付或者一次总算，分期支付。当事人在签订合同时，将所有合同价款一次算清，在合同中明确地规定出总的金额、该合同价款中除了技术商品自身的价格外，通常还包含技术指导、人员培训等技术服务报酬。一次总算，并不意味着一次总付，在实践中，定额支付可以分为一次总付或者分期支付。

（二）提成支付

以技术转让合同为例，所谓提成支付，是指将技术实施以后所产生的经济效益按一定的比例和期限支付给转让方，作为对转让方出让技术的经济补偿。提成支付可以分为单纯提成和“入门费加提成”两种支付方式。

当事人约定采用提成支付的方式支付技术合同的价款、报酬或使用费的，其提成的具体数额可以按照产品价格，实施专利和使用技术秘密后新增加产值、利润或者产品销售额的一定比例提成。当事人另有约定的，从其约定。

无论采取何种提成方法，就提成支付的比例，当事人可以约定采取固定比例、逐年递增比例或者逐年递减比例。

当技术合同的双方当事人约定采用提成支付方式时，转让方、开发方或提供服务、咨询的一方（一般情况下是转让方），有权查核受让方的账目。双方当事人应当在合同中约定查阅有关会计账目的办法。

四、技术成果相关权利的归属

我国《民法典》将技术成果分为两类：一是执行法人或者非法人组织的任务或者主要是利用法人或者非法人组织的物质技术条件所完成的职务技术成果；二是职务技术成果以外的其他技术成果，或称为非职务技术成果，民法典中的这一分类方式与专利法的有关规定是基本一致的。

依照我国《民法典》第 847 条第 2 款的规定，职务技术成果主要包括两类：

1. 执行法人或者非法人组织的工作任务所完成的技术成果。“执行法人或者非法人组织的工作任务”，既包括工作人员从事他的本职工作，也包括履行法人或者非法人组织交付的本职工作以外的任务。《技术合同解释》第 2 条规定，执行法人或者其他组织的工作任务包括：履行法人或者其他组织的岗位职责或者承担其交付的其他技术开发任务；离职后 1 年内继续从事与其原所在法人或者其他组织的岗位职责或者交付的任务有关的技术开发工作,但法律、行政法规另有规定的除外。当然,法人或者其他组织与其职工就职工在职期间或者离职以后所完成的技术成果的权益有约定的,人民法院应当依约定确认。

2. 主要是利用法人或者非法人组织的物质技术条件完成的技术成果。《技术合同解释》第4条规定,所谓主要利用法人或者其他组织的物质技术条件,包括职工在技术成果的研究开发过程中,全部或者大部分利用了法人或者其他组织的资金、设备、器材或者原材料等物质条件,并且这些物质条件对形成该技术成果具有实质性的影响;还包括该技术成果的实质性内容是在法人或者其他组织尚未公开的技术成果、阶段性技术成果基础上完成的情形。但下列情况除外:对利用法人或者其他组织提供的物质技术条件,约定返还资金或者交纳使用费的;在技术成果完成后利用法人或者其他组织的物质技术条件对技术方案进行验证、测试的。

《技术合同解释》第5条规定,个人完成的技术成果,属于执行原所在法人或者其他组织的工作任务,又主要利用了现所在法人或者其他组织的物质技术条件的,应当按照该自然人原所在和现所在法人或者其他组织达成的协议确认权益。不能达成协议的,根据对完成该项技术成果的贡献大小由双方合理分享。

《民法典》所规定的职务技术成果以外的技术成果,都属非职务技术成果。

为了合理兼顾职务技术成果所涉及的法人或者非法人组织以及完成成果人的利益,鼓励科技发明和技术创新,调动各方的积极性,《民法典》一方面确认职务技术成果的使用权、转让权属于法人或者非法人组织,法人或者非法人组织可以就该项职务技术成果订立技术合同,还确认了职务技术成果的成果完成人享有优先受让权,即当法人或者非法人组织订立技术合同转让职务技术成果时,职务技术成果的完成人享有优先受让的权利。当然,职务技术成果的完成人只有在同等条件下,方可享有并行使该项优先受让权。

至于非职务技术成果,其使用权和转让权自然属于技术成果的完成人,该完成人可以就该项非职务技术成果订立相应的技术合同。

五、完成技术成果人的署名权和取得荣誉权

完成技术成果的个人有在有关技术成果文件上写明自己是技术成果完成者的权利和取得荣誉证书、奖励的权利。这就是《民法典》第849条关于完成技术成果人的署名权和获取荣誉权的规定。完成技术成果的民事主体,享有相应的人身权利。法律对完成技术成果人的人身权利的确认,其根本目的是鼓励创新。

六、技术合同无效的特别规定

非法垄断技术或者侵害他人技术成果的技术合同无效(《民法典》第850条)。依据《技术合同解释》第10条的规定,这里所谓非法垄断技术、妨碍技术进步,包括如下情形:第一,限制当事人一方在合同标的技术基础上进行新的研究开发或者限制其使用所改进的技术,或者双方交换改进技术的条件不对等,包括要求一方将其自行改进的技术无偿提供给对方、非互惠性转让给对方、无偿独占或者共享该改进技术的知识产权;第二,限制当事人一方从其他来源获得与技术提供方类似技术或者与其竞争的技术;第三,阻碍当事人一方根据市场需求,按照合理方式充分实施合同标的技术,包括明显不合理地限制技术接受方实施合同标的技术生产产品或者提供服务的数量、品种、价格、销售渠道和出口市场;第四,要求技术接受方接受并非实施技术必不可少的附带条件,包括购买非必需的技术、原材料、产品、设备、服务以及接收非必需的人员等;第五,不合理地限制技术接受方购买原材料、零部件、产品或者设备等的渠道或者来源；第六，禁止技术接受方对合同标的技术知识产权的有效性提出异议或者对提出异议附加条件。

第二节　技术开发合同

一、技术开发合同的概念与特征

技术开发合同，是指当事人之间就新技术、新产品、新工艺、新品种或者新材料及其系统的研究开发所订立的合同。依据《技术合同解释》第17条的规定，所谓新技术、新产品、新工艺、新品种、新材料及其系统，包括当事人在订立技术合同时尚未掌握的产品、工艺、材料及其系统等技术方案，但对技术上没有创新的现有产品的改型、工艺变更、材料配方调整以及对技术成果的验证、测试和使用除外。

技术开发合同区分为委托开发合同与合作开发合同两种。委托开发合同，是指当事人一方即委托方委托另一方即研究开发方进行技术研究开发的合同。[1] 合作开发合同，是指当事人各方就共同进行技术研究开发所达成的合同。

当事人之间就具有产业应用价值的科技成果实施转化订立的合同，参照技术开发合同的规定。依据《技术合同解释》第18条的规定，这里所谓"当事人之间就具有产业应用价值的科技成果实施转化订立的"技术转化合同，是指当事人之间就具有实用价值但尚未实现工业化应用的科技成果包括阶段性技术成果，以实现该科技成果工业化应用为目标，约定后续试验、开发和应用等内容的合同。

技术开发合同具有如下特征：(1)技术开发合同的标的物是具有创造性的技术成果。技术开发合同的标的物是创造性技术成果，即新技术、新产品、新工艺、新材料及其系统。(2)技术开发合同是双务合同、有偿合同、诺成合同、要式合同。(3)技术开发合同的当事人须共担风险。

二、技术开发合同的效力

(一)委托开发合同的效力

1.委托开发合同中委托人的义务

(1)按照合同约定支付研究开发费用和报酬。研究开发费用，是指完成研究开发工作所必需的成本。除合同另有约定外，委托方应当提供全部研究开发费用。研究开发报酬，是指研究开发成果的使用费和研究开发人员的科研补贴。委托方应按合同约定按时支付报酬。委托方迟延支付研究开发经费，造成研究工作停滞、延误的，研究开发方不承担迟延责任。委托方逾期经催告于合理期限内仍不支付研究开发费用或者报酬的，研究开发方有权解除合同，请求委托方返还技术资料、补交应付的报酬、赔偿由此所造成的损失。

(2)按照约定提供技术资料、原始数据，完成协作事项。委托方应依合同的约定，向研究开发方提供研究开发所需要的技术资料、原始数据，并完成其他协作事项。在研究开发中，应研

---

[1] 《技术合同解释》第19条第2款规定，技术开发合同当事人一方仅提供资金、设备、材料等物质条件或者承担辅助协作事项，另一方进行研究开发工作的，属于委托开发合同。

究开发方的要求,委托人应补充必要的背景材料和数据,但只以研究开发方为履行合同所必需的范围为限。委托方不依合同的约定及时提供技术资料、原始数据,完成协作事项或者所提供的技术资料、原始数据或协作事项有重大缺陷,导致研究开发工作停滞、延误、失败的,委托方应当承担责任;委托方逾期经催告于合理的期限内仍不提供技术资料、原始数据和完成协作事项的,研究开发方有权解除合同,并请求损害赔偿。

(3)接受研究开发成果。委托方应当按期接受研究开发方完成的研究开发成果。委托方不及时接受研究开发方交付的已完成的成果时,应承担违约责任并支付保管费用。经研究开发方催告并经过合理期间委托方仍拒绝接受的,研究开发方有权处分研究开发成果,从所得收益中扣除约定的报酬、违约金和保管费;如所得收益不足以抵偿上述款项,研究开发方有权请求委托方赔偿损失。

2. 委托开发合同中研究开发方的义务

(1)依约亲自制订和实施研究开发计划。计划的制订是开展研究开发工作的前提。合同订立并生效后,研究开发人应尽快制订研究开发计划。委托开发合同的标的物是具有创造性的技术成果,这决定了研究开发方具有主体上的限定性,亦即研究开发方必须有相当的研究开发能力。委托人之所以与特定的研究开发方签订委托开发合同,也正是着眼于研究开发方的研究开发能力。如果研究开发方未经委托人同意,擅自将技术研究开发工作的全部或主要部分交由第三人完成,则违背了委托人的信赖;而且也很可能因第三人的科研实力有限而影响研究开发工作的完成及质量。所以,研究开发方应当按照合同的约定亲自履行研究开发的合同义务,制订和实施研究开发计划。研究开发方不亲自履行研究开发义务的,委托方应有权解除合同,并请求返还研究开发经费和赔偿损失。

当然,在研究开发中对于研究开发工作的辅助部分,有的技术难度较小,或者其本身属于已被普遍掌握的技术,即使未经委托人同意,研究开发方也可以将其转由第三人完成。于此种情形下,研究开发方也应对该第三人完成的工作负责。

(2)合理使用研究开发费用。研究开发方在完成研究开发工作中应当依合同的约定合理使用研究开发费用。研究开发方将研究开发费用用于履行合同以外的目的的,委托方有权制止并要求其退还,以用于研究开发工作。由此而造成研究开发工作停滞、延误或失败的,研究开发方应支付违约金或赔偿损失;经委托方催告并经一合理期间,研究开发方仍不退还费用以用于研究开发工作的,委托方有权解除合同,并请求损害赔偿。

(3)按期完成研究开发工作并交付成果。研究开发方应当按照合同约定的条件按期完成研究开发工作,及时组织验收并将工作成果交付委托方。研究开发方在完成研究开发工作中不得擅自变更标的的内容、形式和要求。由于研究开发方的过错,致使研究开发成果不符合合同约定条件的,研究开发方应当支付违约金或者赔偿损失;致使研究开发工作失败的,应当返还部分或全部研究开发费用,支付违约金或赔偿损失。

(4)研究开发方的后续义务。研究开发方依照合同约定完成研究开发工作并交付工作成果时,还应当提供有关的技术资料,并给予必要的技术指导,对委托方人员进行技术培训,帮助委托方掌握该项技术成果。研究开发方不得向第三人泄露技术开发成果的技术秘密,不得向第三人提供该项技术成果,但当事人另有约定或法律另有规定的除外。

根据诚实信用原则,当事人双方除应履行上述各自主要义务外,还应共同在合同的订立和履行过程中承担相互不断地通报合同履行情况的义务。[2]

（二）合作开发合同的效力

《民法典》第 855 条规定，合作开发合同的双方当事人应负担以下义务：

1. 合作各方应当依照合同约定投资。合作开发合同当事人各方应依合同的约定投资。所谓投资，是指当事人以资金、设备、材料、场地、试验条件、技术情报资料、专利权、非专利技术成果等方式对研究开发项目所作的投入。以资金以外的形式投资的，应当折算成相应的金额，明确当事人在投资中所占的比例。

2. 合作各方应依合同约定的分工参与研究开发工作并相互协作配合。合作开发合同的各方有共同进行研究开发工作的权利和义务。合作开发合同的当事人可以由双方代表组成的指导机构，对研究开发工作中的重大问题进行决策，协调和组织研究开发工作。当事人各方均应按照合同中约定的分工参与研究开发工作，并在工作中相互协作、相互配合。若一方当事人仅提供资金、设备、材料等物质条件，或者承担辅助协作事项或是按约定的计划和分工进行或者承担设计、工艺、试验、试制等工作，是不能成为合作开发合同的当事人的。合作开发合同的当事人必须参与研究开发工作。

此外，合作开发合同的当事人各方应保守技术情报、资料和技术成果的秘密。

合作开发合同中，任何一方违反合同，造成研究开发工作停滞、延误或者失败的，应当承担违约责任。合作开发合同当事人的违约行为主要表现为：不按照合同约定进行投资（包括以技术进行投资）；不按照合同约定的分工参与研究开发工作；不按照合同约定与其他各方完成协作配合任务。

合作开发合同当事人在约定的期限内不履行义务的，另一方或其他各方有权解除合同。当事人一方应当支付违约金，或者赔偿因违约而给另一方或其他各方所造成的损失。

（三）技术开发合同中风险的负担

狭义的技术合同中的风险，是指当事人一方的债务因不可归责于双方当事人的事由而不能履行时，由此所产生的损害状态。风险负担，即指上述风险应由哪一方当事人负担。假如合同中没有对风险责任加以约定或者约定不明确，依照《民法典》第 510 条的规定仍不能确定的，根据《民法典》第 858 条的规定，风险由当事人合理分担。

当一方当事人发现技术开发合同履行过程中，因出现无法克服的技术困难，可能导致研究开发失败或者部分失败的，应当及时通知另一方并采取适当措施减少损失，如向委托方提供咨询报告和意见，建议改变研究开发内容或者全部放弃研究开发工作等。与此同时，研究开发方亦有权主动停止研究开发工作。如果当事人一方没有及时通知另一方并采取适当措施，致使损失扩大的，应当就扩大的损失承担责任。

（四）技术开发合同中技术成果权益的归属

技术开发合同中技术成果权益的归属，应遵循以下规则：

1. 委托开发所完成的技术成果，如属可申请专利的，则申请专利的权利在一般情况下归研究开发人，但法律另有规定或当事人另有约定的除外（《民法典》第 859 条）。但当事人约定申请专利的权利归委托人或由双方当事人共同行使的，从其约定。委托开发所完成的技术成果，如属不可申请专利或虽可申请专利，但当事人不欲申请专利的，对于此项技术秘密成果，一般

〔2〕 郭明瑞、王轶：《合同法新论・分则》，中国政法大学出版社 1997 年版，第 406～407 页。

情况下当事人各方都有使用、转让和收益的权利。当事人就此另有约定的,从其约定。

2. 合作开发所完成的技术成果,如属可申请专利的,申请专利的权利属于合作开发的当事人共有。当事人约定归其中一方或几方所有的,从其约定。合作开发所完成的技术成果,如属不可申请专利或虽可申请专利但当事人不欲申请专利的,对于此项技术秘密成果,合作开发的各方当事人均有使用、转让、收益的权利。当事人就此另有约定的,从其约定。

依据《技术合同解释》第 20 条的规定,对于技术秘密,所谓技术开发合同的"当事人均有使用和转让的权利",包括当事人均有不经对方同意而自己使用或者以普通使用许可的方式许可他人使用技术秘密,并独占由此所获利益的权利。当事人一方将技术秘密成果的转让权让与他人,或者以独占或者排他使用许可的方式许可他人使用技术秘密,未经对方当事人同意或者追认的,应当认定该让与或者许可行为无效。

三、技术开发合同终止的特别事由

作为技术开发合同标的物的技术已经由他人公开,致使技术开发合同的履行没有意义的,当事人可以解除合同。

第三节　技术转让合同和技术许可合同

一、技术转让合同的范围及其特征

技术转让合同,是指合法拥有技术的权利人将现有特定的专利、专利申请、技术秘密的相关权利让与他人所订立的合同(《民法典》第 862 条)。包括专利权转让、专利申请权转让、技术秘密转让等合同(《民法典》第 863 条)。

技术许可合同,是指合法拥有技术的权利人,将现有特定的专利、技术秘密的相关权利许可他人实施、使用所订立的合同。包括专利实施许可、技术秘密使用许可等合同(《民法典》第 863 条)。

技术转让合同和技术许可合同中关于提供实施技术的专用设备、原材料或者提供有关的技术咨询、技术服务的约定,属于合同的组成部分(《民法典》第 862 条)。

1999 年的《合同法》就技术转让合同的范围采广义的理解,即技术转让合同,是指合法拥有技术的权利人,包括其他有权对外转让技术的人,将现有特定的专利、专利申请、技术秘密的相关权利让与他人,或者许可他人实施、使用所订立的合同。《民法典》将相关内容分别规定为技术转让合同和技术许可合同。技术转让合同包括专利权转让、专利申请权转让、技术秘密转让等合同。技术许可合同包括专利实施许可、技术秘密使用许可等合同(《民法典》第 863 条)。

另依据《技术合同解释》第 22 条的规定,技术转让合同中关于让与人向受让人提供实施技术的专用设备、原材料或者提供有关的技术咨询、技术服务的约定,属于技术转让合同的组成部分。因此发生的纠纷,按照技术转让合同处理。当事人以技术入股方式订立联营合同,但技术入股人不参与联营体的经营管理,并且以保底条款形式约定联营体或者联营对方支付其技术价款或者使用费的,视为技术转让合同。

技术转让合同和技术许可合同具有以下法律特征:第一,合同的标的物是现有的技术成果。这是与技术开发合同的区别所在。第二,技术转让合同为双务合同、有偿合同、诺成合同、要式合同。

二、技术转让合同和技术许可合同中的"使用范围"条款

《民法典》第864条规定,技术转让合同和技术许可合同可以约定让与人和受让人实施专利或者使用技术秘密的范围,但不得限制技术竞争和技术发展。这就是关于技术转让合同和技术许可合同中所谓"使用范围"条款的规定。此处所称的"范围",是指技术转让方(许可方)与受让方(被许可方)在合同中约定的对实施专利技术或使用非专利技术的合理限制,它包含了当事人合法使用合同标的物技术的行为界限和活动领域。在专利实施许可或专有技术转让的情况下,合同首先应当明确,受让方取得的是普通使用权、排他使用权,还是独占使用权。

除了确定技术许可合同的性质外,合同中还可以规定转让方对受让方实施专利技术和使用专有技术的若干限制。这类限制主要包括:第一,期间范围。当事人对实施专利或者使用技术秘密的期限没有约定或者约定不明确的,受让人实施专利或者使用技术秘密不受期限限制。第二,使用地区的范围。第三,实施方式的范围等。

三、涉及专利权的技术转让合同的特别规定

专利权的一个主要特征就是期限性。一旦超过专利权的有效期限,该专利便进入公有领域,任何单位和个人都可以自由地、无偿地使用。此时,专利权人自然不得就此项专利再行订立专利实施许可合同。

专利权在一定情况下还可能被宣告无效。根据我国《专利法》的规定,宣告无效的专利权视为自始不存在。当事人自然也不得就宣告无效的专利权与他人订立专利实施许可合同。

四、技术转让合同和技术许可合同的效力

(一)一般效力

1. 技术转让合同中让与人和技术许可合同中许可人的义务

技术转让合同和技术许可合同中,让与人、许可人应当保证自己是所提供技术的合法拥有者,并且保证所提供的技术完整、无误、有效,能够达到约定的目标。这是技术转让合同和技术许可合同中让与人、许可人的权利瑕疵担保义务和物的瑕疵担保义务的具体体现(《民法典》第870条)。

让与人未按照约定转让技术的,许可人未按照约定许可技术的,应当返还部分或者全部使用费,并且应当承担违约责任;实施专利或者使用技术秘密超越约定范围的,违反约定擅自许可第三人实施该项专利或者使用该项技术秘密的,应当停止违约行为,承担违约责任;违反约定的保密义务的,应当承担违约责任(《民法典》第872条)。

受让人或者被许可人按照约定实施专利、使用技术秘密侵害他人合法权益的,由让与人或者许可人承担责任,当事人另有约定的除外(《民法典》第874条)。

2. 技术转让合同和技术许可合同中受让人的义务

技术转让合同的受让人、技术许可合同的被许可人应当按照约定的范围和期限,对让与人、许可人提供的技术中尚未公开的秘密部分,承担保密义务(《民法典》第871条)。

受让人、被许可人应当依约支付使用费,未按照约定支付使用费的,应当补交使用费并按照约定支付违约金;不补交使用费或者支付违约金的,应当停止实施专利或使用技术秘密、交还技术资料、承担违约责任;实施专利或者使用技术秘密超越约定范围的,未经让与人、许可人同意擅自许可第三人实施该专利或者使用该技术秘密的,应当停止违约行为,承担违约责任;违反约定的保密义务的,应当承担违约责任(《民法典》第873条)。

3. 后续改进技术成果的权益分配

所谓后续改进,是指在技术转让合同和技术许可合同的有效期内,一方或双方对作为合同标的物的专利或技术秘密所作的革新和改良。对于这种超出原有转让技术的新的改进和发展如何分享,当事人可以在合同中明确约定,没有约定或者约定不明确的,依照《民法典》第510条确定,仍不能确定的,一方后续改进的技术成果,其他各方无权分享(《民法典》第875条)。

(二)特别效力

1. 专利实施许可合同的效力

专利实施许可包括以下方式:第一,独占实施许可,是指让与人在约定许可实施专利的范围内,将该专利仅许可一个受让人实施,让与人依约定不得实施该专利;第二,排他实施许可,是指让与人在约定许可实施专利的范围内,将该专利仅许可一个受让人实施,但让与人依约定可以自行实施该专利;第三,普通实施许可,是指让与人在约定许可实施专利的范围内许可他人实施该专利,并且可以自行实施该专利。当事人对专利实施许可方式没有约定或者约定不明确的,应认定为普通实施许可。专利实施许可合同约定受让人可以再许可他人实施专利的,应认定该再许可为普通实施许可,但当事人另有约定的除外。

在专利实施许可合同中,双方当事人分别承担以下义务:首先,许可方应依合同约定许可被许可方在约定的范围、期限内实施专利技术。许可人应当保证其对专利技术享有许可他人使用的权利,并保证被许可人依合同约定使用其技术不会损害第三人权利。若合同中约定专利实施许可为排他实施许可,则许可人不得在已经许可被许可方实施专利的范围内,就同一专利与第三人订立专利实施许可合同,若合同中约定专利实施许可为独占实施许可的,许可人和任何第三人都不得在已经许可被许可方实施专利的范围内实施该专利。其次,许可人还负有在合同有效期内维持其权利的义务,包括依法缴纳专利年费和积极应对他人提出宣告专利权无效的请求,并应当办理法律规定的必要手续,交付与实施技术有关的资料,提供必要的技术指导。最后,受让方应当依照合同约定的范围、方式使用技术,未经许可人同意,不得允许第三人使用技术。支付使用费是受让方的主要义务,使用费可以理解为受让方对专利权人转让其专利使用权的报酬。

2. 技术秘密转让合同的效力

技术秘密转让合同,又称非专利技术转让合同,或专有技术许可合同,是指双方当事人约定转让方将其拥有的技术秘密(非专利技术或专有技术)提供给受让方,明确相互之间对技术秘密的使用权、转让权,受让方支付约定使用费的合同。

在技术秘密转让合同中,双方当事人分别应负担以下义务:第一,就转让人而言,应按照合同约定提供技术资料、进行技术指导;保证技术的实用性和可靠性;承担合同约定的保密义务。转让方未按照合同约定转让技术的,如转让方不按合同约定向受让方提供技术资料,或不按照合同约定向受让方提供技术指导的,除返还部分或全部使用费外,应当支付违约金或者赔偿损失。转让方逾期未提供合同约定的非专利技术成果的,受让方有权解除合同,转让方应当返还使用费、支付违约金或者赔偿损失。违反合同约定的保密义务,泄露技术秘密,使受让方遭受损失的,受让方有权解除合同,转让方应当支付违约金或者赔偿损失。第二,就受让人而言,应履行以下义务:在合同约定的范围内使用技术;按照合同约定支付使用费;承担合同约定的保密义务。但该保密义务不限制许可人申请专利,当事人另有约定的除外(《民法典》第868条)。

第四节　技术咨询合同和技术服务合同

一、技术咨询合同概述

技术咨询合同,是指当事人一方以技术知识为对方就特定技术项目提供可行性论证、技术预测、专题技术调查、分析报告等合同。依据《技术合同解释》第30条规定,所谓特定技术项目,包括有关科学技术与经济社会协调发展的软科学研究项目,促进科技进步和管理现代化、提高经济效益和社会效益等运用科学知识和技术手段进行调查、分析、论证、评价、预测的专业性技术项目。技术咨询合同具有如下特征:

1. 技术咨询合同在技术领域内具有自己特定的调整对象,即合同当事人在完成一定的技术项目的可行性论证、技术预测、专题技术调查等软科学研究活动中产生的民事法律关系。

2. 履行技术咨询合同的目的在于,受托方为委托方进行科学研究、技术开发、成果推广、技术改造、工程建设、科技管理等项目提出建议、意见和方案,供委托方在决策时参考,从而使科学技术的决策和选择真正建立在民主化和科学化的基础之上。因此,技术咨询合同的履行结果并不是某些立竿见影的科技成果,而是供委托方选择的咨询报告。

3. 技术咨询合同有其特殊的风险责任承担原则,即委托人因实施符合约定要求的咨询报告和意见作出决策所造成的损失,由委托人承担,但合同另有约定的除外。这一特殊的风险责任承担原则是技术开发合同、技术转让合同、技术服务合同所不适用的。

二、技术服务合同概述

技术服务合同,是指当事人一方以技术知识为对方解决特定技术问题所订立的合同,不包括承揽合同和建设工程合同。依据《技术合同解释》第33条的规定,所谓特定技术问题,包括需要运用专业技术知识、经验和信息解决的有关改进产品结构、改良工艺流程、提高产品质量、降低产品成本、节约资源能耗、保护资源环境、实现安全操作、提高经济效益和社会效益等专业技术问题。

技术服务合同在实践中主要包括技术辅助服务合同、技术中介合同和技术培训合同。其中所谓技术辅助服务合同,是指当事人一方利用科技知识为另一方解决特定专业技术问题所订立的合同。所谓技术中介合同,又称技术中介服务合同,是指一方当事人为另一方当事人提供订立技术合同的机会或者作为订立技术合同的媒介的合同。所谓技术培训合同,又称技术培训服务合同,是指一方当事人为另一方当事人所指定的人员进行特定技术培养和训练的合同。另依据《技术合同解释》第34条的规定,当事人一方以技术转让的名义提供已进入公有领域的技术,或者在技术转让合同履行过程中合同标的技术进入公有领域,但是技术提供方进行技术指导、传授技术知识,为对方解决特定技术问题符合约定条件的,按照技术服务合同处理,约定的技术转让费可以视为提供技术服务的报酬和费用,但是法律、行政法规另有规定的除外。

三、技术咨询合同的效力

(一)委托人的义务

1. 阐明咨询的问题,并按照合同的约定向受托方提供有关技术背景资料及有关材料、数据。必要时还应当依合同的约定为受托方作现场调查、测试、分析等工作提供方便。委托方迟延提供合同约定的数据和资料,或者所提供的数据资料有严重缺陷,影响工作进度和质量的,应当如数支付报酬,并应当支付违约金或者赔偿损失;委托方逾期不提供或者补充有关技术资料和数据、工作条件,导致受托方无法开展工作的,受托方有权解除合同,委托方应当支付违约金或者赔偿损失。

2. 按时接受咨询顾问的工作成果并按约定支付报酬。委托方迟延支付报酬的,应当支付违约金;不支付报酬的,应当退还咨询报告和意见,补交报酬,支付违约金或者赔偿损失。

(二)受托人的主要义务

受托方应按照合同约定按期提供咨询报告或者解答委托方提出的问题。受托人提出的咨询报告应达到约定的要求。

技术咨询合同的受托方未按期提出咨询报告或者所提出的咨询报告不符合合同约定的,应当减收或者免收报酬,支付违约金或者赔偿损失;受托方迟延提交咨询报告和意见的,应当支付违约金。咨询报告和意见不符合合同约定的条件的,应当减收或者免收报酬;不提交咨询报告和意见,或者所提交的咨询报告和意见水平低劣无参考价值的,应当返还报酬,支付违约金或者赔偿损失;受托方在接到委托方提交的技术资料和数据之日起超过约定期限不进行调查论证的,委托方有权解除合同,受托方应当支付违约金或赔偿损失。

合同对受托人正常开展工作所需费用的负担没有约定或者约定不明确的,由受托人负担(《民法典》第 886 条)。

(三)实施风险的负担

当技术咨询合同的委托方采纳和实施受托方作出的符合合同约定的咨询报告和意见后,如果出现一些不良后果,这种风险责任应当由谁承担?对此应当遵循的原则是:除合同另有约定外,委托方按照受托方符合约定要求的咨询报告和意见作出决策所造成的损失,应当由委托方承担。

四、技术服务合同的效力

(一)技术服务合同中委托人的合同义务

1. 按照约定提供工作条件,完成配合事项。

2. 在技术辅助服务合同中,委托人应当按照合同的约定按期接受受托方的工作成果,在验收工作成果时,如发现工作成果不符合合同约定的技术指标和要求,应当在约定的期限内及时通知对方返工或改进。

3. 委托方应按照约定给付报酬。技术服务合同的委托人不履行合同义务或者履行合同不符合约定,影响工作进度和质量,不接受或者逾期接受工作成果的,支付的报酬不得追回,未支付的报酬应当支付。

(二)技术服务合同中受托人的主要义务

技术服务合同的受托人应当按照合同约定完成服务项目,解决技术问题,保证工作质量,并传授解决技术问题的知识。技术服务合同的委托人未按照合同约定完成服务工作的,应当承担免收报酬等违约责任。

合同对受托人正常开展工作所需费用的负担没有约定或者约定不明确的,由受托人负担(《民法典》第 886 条)。

五、新技术成果权益的归属

在履行技术咨询合同、技术服务合同的过程中，受托人利用委托人提供的技术资料和工作条件所完成的新的技术成果，除合同另有约定外，属于受托人；委托人利用受托人的工作成果所完成的新的技术成果，除合同另有约定外，属于委托人（《民法典》第 885 条）。对新的技术成果享有所有权的一方当事人，可依法享有就该技术成果取得的精神权利（如获得奖金、奖章、荣誉证书的权利）、经济权利（如专利权、非专利技术的转让权、使用权等）和其他利益。

六、技术中介合同和技术培训合同的法律适用

技术中介合同和技术培训合同属于技术服务合同的两个具体类别。

技术中介合同，是指当事人约定一方以知识、技术、经验和信息为另一方与第三人订立技术合同进行联系、介绍以及对履行合同提供专门服务，另一方支付约定报酬所订立的合同。可见，技术中介合同，又称技术居间合同，《民法典》关于中介合同的规定对其有适用余地。此外，国家为规范技术中介市场，有一系列的规定出台，其中属法律或行政法规的，对技术中介合同也有适用余地。

技术培训合同，是指当事人一方委托另一方对指定的学员进行特定项目的专业技术训练和技术指导所订立的合同，不包括职业培训，文化学习和按照行业、法人或者非法人组织的计划进行的职工业余教育。技术培训合同是国际上公认的技术服务合同形式。就技术培训，其他法律、行政法规没有规定的，适用其规定。

参考案例

1. 汾州裕源土特产品有限公司与陕西天宝大豆食品技术研究所技术合同纠纷再审案，载《中华人民共和国最高人民法院公报》2018 年第 2 期。
2. 钦州锐丰钒钛铁科技有限公司与北京航空航天大学技术合同纠纷上诉案，载《中华人民共和国最高人民法院公报》2018 年第 1 期。
3. 深圳市硕星交通电子设备有限公司诉玉环隆中机车零部件有限公司专利实施许可及技术服务合同纠纷案，载《中华人民共和国最高人民法院公报》2010 年第 6 期。
4. 海南康力元药业有限公司、海南通用康力制药有限公司与海口奇力制药股份有限公司技术转让合同纠纷申请再审案，载《中华人民共和国最高人民法院公报》2013 年第 2 期。

第三十四章　合 伙 合 同

导 读

合伙合同是两个以上合伙人为了共同的事业目的，订立的共享利益、共担风险的协议。《民法典》中的合伙合同以未形成组织的合伙为规范重心，对合伙人的出资义务、合伙财产、合伙事务的决定和执行、合伙的利润分配与亏损分担、合伙的债务承担、合伙财产份额的转让、合伙人债权人代位权的限制、合伙合同的终止以及合伙剩余财产的分配等作出了规定。

第一节　合伙合同的概念和特征

一、合伙合同的概念

合伙合同是两个以上合伙人为了共同的事业目的，订立的共享利益、共担风险的协议（《民法典》第967条）。

在《民法典》之前，《合伙企业法》已经作为一类合伙规范而存在，其预设的规范对象是合伙企业，是典型的形成组织的合伙。为避免规则重复、充分发挥规范价值，《民法典》中的合伙合同以未形成组织的合伙为规范重心，从而形成了合伙规范的双轨格局。

二、合伙合同的特征

合伙合同具有如下特征：

1. 两个以上合伙人。合伙合同的当事人为两人以上，至于人数上限，不作限制，由当事人自行选择。如果合伙人数因死亡等原因少于两人，则合伙合同当然终止。无论是自然人、法人还是非法人组织，原则上都可以作为合伙人。

2. 共同的事业目的。合伙合同与民法典规定的其他典型合同最大的区别，即在于“共同的事业目的”。事业目的可以是任何合法的目的，不限于经营目的，无论是经济、科学还是艺术等目的，无论是公益、共同利益还是私益，无论是持续性的还是暂时性的，无论是为合伙人利益的还是为他人利益的，均无不可。而所谓“共同”，即合伙人共同追求该事业目的，但允许合伙人的动机不同。

3. 共享利益。基于共同的事业目的，合伙人应当共享利益，但此处的“利益”不必须是“利润”。

4. 共担风险。基于共同的事业目的，合伙人之间必须共担风险。

5. 不要式合同。民法典并未要求合伙合同应当采用书面形式，所以合伙合同为不要式合同。

第二节　合伙合同的内容

一、合伙人的出资义务

合伙人应当按照约定的出资方式、数额和缴付期限,履行出资义务(《民法典》第968条)。

所有合伙人都负有按照合同中规定的方式促进共同事业目的实现的义务,而出资是合伙人实现共同事业目的的经济手段,故合伙人都具有出资义务。出资方式由合伙人自行约定,由于合伙人对合伙债务承担连带责任,因此对出资方式的限制较小。出资的数额由各合伙人自由约定,不必均等分配。出资的缴付期限由各合伙人自由约定,不必一致。除了货币出资之外,其他方式的出资可以进行评估。

二、合伙财产

合伙人的出资、因合伙事务依法取得的收益和其他财产,属于合伙财产。合伙合同终止前,合伙人不得请求分割合伙财产(《民法典》第969条)。

合伙财产仅包括积极财产,而不包括消极财产,包括因合伙事业依法取得了收益和其他财产。除获得的收益之外,因合伙事业而取得的其他财产包括:用合伙财产所购入的新财产,合伙财产所生的天然孳息或者法定孳息,以及因合伙财产毁损灭失等原因而获得的保险金、赔偿金或者补偿金等。合伙财产属于全体合伙人共同共有,共有的基础就是合伙合同,合伙合同终止前,合伙人不得请求分割合伙财产。

三、合伙事务的决定和执行

合伙人就合伙事务作出决定的,除合伙合同另有约定外,应当经全体合伙人一致同意。合伙事务由全体合伙人共同执行。按照合伙合同的约定或者全体合伙人的决定,可以委托一个或者数个合伙人执行合伙事务;其他合伙人不再执行合伙事务,但是有权监督执行情况。合伙人分别执行合伙事务的,执行事务合伙人可以对其他合伙人执行的事务提出异议;提出异议后,其他合伙人应当暂停该项事务的执行(《民法典》第970条)。

合伙事务不仅是具体的合伙事务,也包括涉及合伙自身基础或者合伙人相互关系的行为,如订立、修改、补充合伙合同,终止合伙合同,接受他人入伙或者同意退伙等。原则上应当由全体合伙人一致同意。

为实现合伙合同追求的共同事业目的,需要作出包括法律行为和非法律行为在内的各项行为,统称为合伙事务执行。合伙事务的执行不同于合伙事务的决定。在全体合伙人一致同意就合伙事务作出决定后,可以将决定后的合伙事务的具体执行委托给部分合伙人。同样,经全体合伙人一致决定,也可以直接将合伙事务委托给部分合伙人执行,执行事务合伙人可以就委托的合伙事项作出决定而无须取得全体合伙人的一致同意。

合伙事务的执行区分为内部关系和外部关系。在合伙人的内部关系中,事务执行涉及合伙人共同意思的形成、职权、责任等问题。在与第三人之间的外部关系中,涉及行为效果是否归属于全体合伙人。

合伙事务执行的三种方法分别为:第一种是全体合伙人共同执行;第二种委托一个或者数个合伙人执行;第三种是合伙人分别执行。合伙事务原则上由全体合伙人共同执行,为使合伙事务的执行更为灵活、效率,按照合伙合同的约定或者全体合伙人的决定,以及法律有特别规定时,合伙人可以分别执行合伙事务,此时,各合伙人均享有单独执行合伙事务的权利,无须取得全体合伙人的一致同意。

在合伙合同中,内部关系不存在代理问题;而外部关系涉及的除了民事法律行为之外,还可能涉及准法律行为、公法上的行为等,这些行为应当参照适用代理的规则。对于违约责任和因合同无效、被撤销或者解除所产生的责任,应由全体合伙人承担。对于侵权责任,如果全体合伙人共同做出意思表示实施侵权行为,依照《民法典》第 1168 条的规定,应由全体合伙人承担连带责任。对于执行事务合伙人实施侵权行为时的责任承担,依据《民法典》第 167 条,只有在被代理人知道或者应当知道代理人的代理行为违法但未作反对表示时,被代理人和代理人才应当承担连带责任。所以在一般情况下,执行事务合伙人应当自己承担侵权责任,但在内部关系中可以依据合伙合同请求其他合伙人分担。

四、执行事务合伙人的报酬

合伙人不得因执行合伙事务而请求支付报酬,但是合伙合同另有约定的除外(《民法典》第 971条)。

执行合伙事务虽然是为全体合伙人的利益,但也是合伙人按照合伙合同应尽的义务,[1]况且实践中不乏以劳务的方式出资的合伙人,以无偿为原则最符合合伙的本旨。

五、合伙的利润分配与亏损分担

合伙的利润分配和亏损分担,按照合伙合同的约定办理;合伙合同没有约定或者约定不明确的,由合伙人协商决定;协商不成的,由合伙人按照实缴出资比例分配、分担;无法确定出资比例的,由合伙人平均分配、分担(《民法典》第 972 条)。

利润分配,指合伙在必要扣除后所获利润,在各合伙人之间分配。关于分配的时间和方法由合伙人在合伙合同中约定,未约定的,由全体合伙人依据《民法典》第 970 条第 1 款予以决定;仍无法决定,可以依照《民法典》第 510 条,考虑交易习惯和该合伙的具体情况予以确定。亏损分担,指合伙在一定时期内各种收入减去各项费用之后出现负差额,亦即发生了亏损时,就此等亏损在各合伙人之间分担。但是,除非合伙人另有约定或者决定,往往是在合伙合同终止且部分合伙人承担亏损后,才产生请求亏损分担的请求权和其他合伙人填补亏损的义务。不在该时点填补亏损的,应当由全体合伙人依据《民法典》第 970 条第 1 款予以决定。由于部分合伙人违约造成其他合伙人无法执行合伙事务的,在合伙人之间的内部关系中,其他合伙人不分担亏损。

合伙合同的利润分配与亏损分担的具体比例,遵循意定优先、法定补充的规则适用顺序,其目的是在保障当事人意思自治的前提下,确保合伙的损益分配有所依据。基于意思自治,合伙人完全可以就利润分配与亏损分担确定不同的比例。但是,如果合伙人仅确定了利润分配比例或者亏损分担比例的,有疑义时,推定该比例同时适用于利润分配和亏损分担。如果当事人无法就利润分配与亏损分担达成意定方案,则须诉诸法定方式。在法定方式中,优先按照各合伙人的实缴出资比例分配与分担,如无法确定出资比例的,则由各合伙人平均分配与分担。

六、合伙的债务承担

合伙人对合伙债务承担连带责任。清偿合伙债务超过自己应当承担份额的合伙人,有权

---

[1] 参见李飞主编:《中华人民共和国合伙企业法释义》,法律出版社 2006 年版,第 40 页。

向其他合伙人追偿(《民法典》第973条)。

合伙人对合伙债务承担连带责任。对外的连带责任使合伙债务更容易获得清偿,有助于保护债权人利益。合伙人承担连带责任,对外的关系要适用《民法典》第520条的规定,合伙人之一的事项原则上具有相对效力,而《民法典》第520条明确列举的事项具有绝对效力或者限制的绝对效力。由于合伙人对合伙债务承担连带责任,合伙人完全可能在自己应承担的份额之外清偿了合伙债务,此时即有追偿的必要。具体的构成要件和法律效果,应当适用《民法典》第519条予以确定。本处不再赘述。关于合伙人内部对合伙债务承担份额的确定,适用《民法典》第972条关于利润分配和亏损分担份额的规定。

七、合伙财产份额的转让

除合伙合同另有约定外,合伙人向合伙人以外的人转让其全部或者部分财产份额的,须经其他合伙人一致同意(《民法典》第974条)。

合伙份额外部转让以其他合伙人一致同意为原则,这实际上是维护民事合伙高度人合性的必然要求。合伙人对外转让合伙份额,既可以部分转让,也可以全部转让,后者使转让人实际上脱离了合伙,构成了退伙。转让合伙份额的多少属于当事人意思自治的范畴,由当事人约定。

合伙份额对外转让,如果经过全体合伙人的一致同意,必然会发生受让人的入伙,也可能会发生转让人的退伙。同时,符合《民法典》第977条但书规定的情形中,也会发生合伙人的退伙。

八、合伙人债权人代位权的限制

合伙人的债权人不得代位行使合伙人依照本章规定和合伙合同享有的权利,但是合伙人享有的利益分配请求权除外(《民法典》第975条)。

合伙人的债权人,是指合伙人个人债务的债权人。合伙人的个人债务是合伙人以自己的名义发生的债务,该债务可能与合伙事务有关,也可能与合伙事务无关。但是,即使是与合伙有关的债务,只要是以合伙人个人名义发生的,对外也仍然是个人债务,但在合伙人内部可以依照约定共同分担。《民法典》第535条规定了债权人的代位权,但是,合伙人对合伙所享有的权利,大多基于合伙人之间的特别信赖产生,自不应允许合伙人的债权人代位行使,否则即发生第三人介入合伙关系的结果。

九、不定期合伙合同

合伙人对合伙期限没有约定或者约定不明确,依据《民法典》第510条的规定仍不能确定的,视为不定期合伙。合伙期限届满,合伙人继续执行合伙事务,其他合伙人没有提出异议的,原合伙合同继续有效,但是合伙期限为不定期。合伙人可以随时解除不定期合伙合同,但是应当在合理期限之前通知其他合伙人(《民法典》第976条)。

第三节　合伙合同的终止

一、合伙合同的终止事由

合伙人死亡、丧失民事行为能力或者终止的,合伙合同终止;但是,合伙合同另有约定或者根据合伙事务的性质不宜终止的除外(《民法典》第977条)。

立足于合伙合同中的“合伙人相互牵连原则”,当合伙人死亡、丧失民事行为能力或者终止时,合伙合同即告终止。然而,如果合伙合同另有约定或者根据合伙事务的性质不宜终止的,则不应发生合同终止的后果。一方面为当事人留出了自治空间,另一方面考虑到根据合伙事务的性质不宜终止的特殊情况,避免过于僵化的处理结果。

二、合伙剩余财产的分配

合伙合同终止后,合伙财产在支付因终止而产生的费用以及清偿合伙债务后有剩余的,依照《民法典》第972条的规定进行分配(《民法典》第978条)。

在合伙合同终止后,对合伙的财产关系应予以结算清理。清算追求的目的是让合伙财产从共同共有的联结中脱离出来,以便让属于各合伙人的财产能够供其自由支配。合伙合同终止后,合伙财产先用于支付因终止而产生的费用以及清偿合伙债务,之后有剩余的才可以分配。

参考案例

1. 南通双盈贸易有限公司诉镇江市丹徒区联达机械厂、魏恒聂等六人买卖合同纠纷案,载《中华人民共和国最高人民法院公报》2011年第7期。

第三十五章　准　合　同

导　读

《民法典》于合同编中单设第三分编“准合同”来规定无因管理和不当得利。无因管理和不当得利均源自罗马法，并为各个国家和地区的民法所继受和发展。二者均为可以引起债的发生的法律事实，即债的发生原因，又称债的发生根据。本章应重点掌握无因管理的构成要件和效力以及不当得利的构成要件和效力。

第一节　无　因　管　理

一、无因管理的概念和性质

无因管理制度起源于罗马法，后被各个国家和地区的立法所继受。无因管理制度作为债的一种发生原因，使管理人和本人之间产生了债权债务关系。它较好地平衡了以下两个冲突的生活准则：一是要求对于个人事务，他人不得随意干涉；二是社会共同生活要求人们互相帮助。各个国家和地区关于无因管理制度的具体设计，对这两个生活准则各有侧重。

无因管理，是指没有法定的或约定的义务，为避免他人利益受损失，自愿管理他人事务或为他人提供服务的行为。管理他人事务的人，为管理人；事务被管理的人，为受益人。无因管理发生后，管理人与受益人之间便发生债权债务关系，这就是无因管理之债。其主要内容是，管理人享有请求受益人偿还因管理事务而支出的必要费用的债权，受益人负有偿还该项费用的债务（《民法典》第121条）。无因管理与代理的区别及相同之处如表35－1所示。

表35－1　无因管理与代理的比较

区别	无因管理	代　理
行为性质	管理人既无法定义务又无约定义务情况下实施的行为	代理人在有法定义务或约定义务情况下实施的行为
意思表示	管理人有为受益人谋利益的意思（管理意思）；该意思并非效果意思，一般情况下不表示出来	代理人有将法律后果归属于他人的意思（代理意思）；该意思为效果意思，必须表示出来
法律适用	适用有关无因管理的债法规范	适用有关代理及民事行为的规定
相同点——均是管理他人事务的行为		

无因管理能引起债的发生，因此是一种法律事实。该种债权债务关系的产生，是基于法律的规定，而非当事人的约定，故非民事法律行为。

如果管理人为受益人管理事务,使受益人获得利益,管理人因此受到损失,也符合不当得利的构成要件。对此问题的处理,各国立法不尽相同。在《查士丁尼法典》中,倾向于把管理费用的偿还视为不当得利的返还。在18世纪前后,德国法也曾把无因管理当作不当得利来处理。我国《民法典》第121条、第122条则分别确认了不当得利和无因管理两项制度,这是很有道理的。第一,没有法定的或约定的义务而管理他人事务,便在管理人与受益人之间形成一种社会关系。法律要想最佳地调整这种关系,至少应规定如下问题:管理人以为受益人谋利益的意思管理事务支出的必要费用,应有权请求返还;管理人因管理事务所获得的利益,有义务交还受益人;在可能的情况下,管理人有义务把管理事务的事实及进展情况及时通知受益人;管理人违反上述义务给受益人造成损害时,应承担赔偿责任;管理人因管理事务而受到其他损失时,有权请求受益人予以赔偿。这些内容只有无因管理制度才能包揽无遗,而不当得利制度只能解决其中的管理费用的偿还和因管理事务所获利益的返还问题,其他问题则鞭长莫及。第二,由于不当得利制度的目的在于使得利人返还不当得利,因此在得利人为善意时,返还的范围仅仅以"现存利益"为限,如果得利人未获利益或因其善意使所获利益丧失,则不存在返还问题。在无因管理中,管理人虽然因管理事务而支出了必要的费用,受益人却未获得利益的事例不在少数,若以不当得利制度取代无因管理制度,则不利于对管理人合法权益的保护。第三,无因管理是立法鼓励助人为乐、危难相助、见义勇为风尚的产物,它能划清侵权行为和互相帮助行为的界限,促使助人为乐、危难相助、见义勇为风尚的发扬光大,而不当得利制度则无此目的与功能。[1]

一般来说,在既无法定义务又无约定义务的情况下,管理他人的事务,属于干预他人事务的范畴。但是,法律所承认的无因管理,是为他人利益而主动管理他人事务的行为,是符合助人为乐、危难相助、见义勇为的道德准则的行为,因而是应该得到鼓励和受到保护的行为,而不是应受制裁的侵权行为。

二、无因管理的构成要件

无因管理的构成要件有三,即为他人管理事务,有为他人谋利益的意思,没有法定或约定义务。

(一)为他人管理事务

管理他人事务,就是为他人进行管理或者服务,这是成立无因管理的首要条件。这里所说的"事务",是指有关人们生活利益的一切事项。它可以是有关财产的事项,也可以是非财产的事项;可以是继续性的事项,也可以是一时性的事项;可以是民事行为,也可以是事实行为。但下列事项不能成为无因管理的对象:违法事项;不能发生债的关系的事项,如纯粹宗教的、道德的和属公益性质的事项;依照法律规定必须经本人授权才能办理的事项;必须由本人亲自办理的事项,如结婚登记、不作为事项等。

管理的事务必须是他人的事务。如将自己的事务误认为他人的事务而管理,即使目的是为他人避免损失,也不能构成无因管理。根据事务的自身性质,可以将事务分为三类:客观的他人事务;客观的自己事务;客观上无法判断是自己的事务还是他人的事务,也有人称为中性事务。客观的他人事务,得成立无因管理;中性事务中,主观的他人事务,也可成立无因管理,但管理人应负举证责任。

---

[1] 佟柔主编:《中国民法》,法律出版社1990年版,第470~471页。

所谓管理，就是处理事务的行为。它既可以是民事行为，也可以是事实行为。例如，保存行为、改良行为、利用行为和服务行为。

（二）有为他人谋利益的意思

为他人谋利益的意思，简称为管理意思，是构成无因管理的主观要件。由于管理意思是管理人的主观心理状态，所以对它的判明需借助于一定的判断标准。本书认为，管理意思的判断标准，应是本人对其事务的管理要求、事务管理的社会常识和管理人所具有的管理知识水平三种因素的有机结合体。之所以把本人的管理要求作为判断标准的构成要素之一，是因为本人对其事务一般有较正确的管理见解或特殊的需要，据此管理事务往往最能满足其需要。之所以把社会常识作为判断标准的构成要素之一，是因为本人未曾表示其管理要求时，就必须按社会常识来推断本人的管理要求；在本人虽然表示过其管理要求，但该要求违背社会常识，会导致不利于本人的结果的情况下，只有以社会常识为标准来认定有无管理意思，才符合无因管理制度的目的与功能。之所以要适当考虑管理人的管理知识水平，是因为管理人的管理知识水平并非总能与社会常识相一致，并非总能与本人的要求相适合。在管理人尚不具备足够的管理知识时，不将其管理行为视作侵权行为，而是认定为无因管理；而在管理人对某项事务具有高于社会常识的管理水平，他却仍按社会常识进行管理，因而未取得好的效果的情况下，就不应把管理行为认定为无因管理。

为他人谋利益的对立形态是专为本人谋利益的意思。但也允许管理人在有为本人谋利益的意思的同时，为自己的利益实施管理或服务行为。这里的“利益”，既包括无因管理行为使本人取得某种权益而直接受益，也包括本人得以避免或减少损失而间接受益。

（三）没有法定或约定义务

无因管理中所谓的“无因”，就是指“没有法定或约定义务”。没有法定或约定义务是无因管理成立的重要条件。因此在下列情况下就不能发生无因管理：一是管理人负有法定义务；二是管理人负有约定义务。需指出的是，管理人虽然有法定或约定义务，但在履行义务的过程中又超出义务范围管理了他人的事务，且不属于诚实信用原则的当然要求，仍可构成无因管理；或者进行事务管理之初，管理人负有义务，但在管理事务的过程中，义务消灭的，其后的事务管理，若非诚实信用原则的当然要求，也可构成无因管理。还应指出，衡量管理人有无法定或约定义务，应当以客观的标准确定，而不以管理人的主观认识为标准。如果负有义务而管理人误认为没有义务，其管理事务不能构成无因管理；如果本无义务而管理人误认为有义务，其管理事务照样构成无因管理。

管理人管理事务未满足前述条件，但是受益人享有管理利益的，受益人应当在其获得的利益范围内向管理人承担偿还因管理事务而支出的必要费用，补偿因管理事务而受到的损失（《民法典》第980条）。

三、无因管理的效力

无因管理的效力，表现在无因管理一经成立，管理人与受益人之间即产生债的关系。管理人有要求受益人偿付因管理而支付的必要费用和补偿因管理而遭受的相应损失的权利（《民法典》第979条第1款）。但与不当得利之债不同的是，无因管理之债中，管理人不仅是债权人，也是债务人。详言之，无因管理效力的内容如下。

（一）管理人的义务

1. 适当管理义务

这一义务表现在两个方面:第一,管理人不应违背受益人的管理意思。管理人在进行事务管理时,不得违背受益人明示的或可推知的管理意思。管理事务不符合受益人真实意思的,不构成无因管理。但是,受益人的真实意思违反法律或者违背公序良俗的除外(《民法典》第 979 条第 2 款)。第二,管理人应依有利于受益人的方法进行管理。管理方法是否有利于受益人,应从客观上判断,以能否避免受益人利益遭受损失为标准。中断管理对受益人不利的,无正当理由不得中断(《民法典》第 981 条)。

2. 通知义务

管理人应将管理事务的事实及时通知给受益人,这是管理人的从属义务。管理开始时,除管理人确实无法通知受益人之外,均应及时通知受益人。通知后,管理的事务不需要紧急处理的,应听候受益人的指示(《民法典》第 982 条)。

3. 报告、计算义务

报告、计算义务主要包括以下三项内容:第一,管理人应将管理事务的进行状态及时报告给受益人。管理关系终止时,应向受益人明确报告其始末。第二,管理人因管理事务所取得的物品、钱款及孳息应交付给受益人(《民法典》第 983 条)。第三,管理人为自己的利益而使用了应交付于受益人的钱款,或者使用了应为受益人利益而使用的钱款,应自使用之日起支付利息。

管理人违反上述适当管理义务的责任,应分两种情况确定:第一,管理人开始管理事务时,并不违反受益人的管理要求和社会常识,只是在具体的管理方法、措施方面不当,给受益人造成损害的,若管理人有故意或重大过失,应负赔偿责任;若管理人有一般过失,则应免除或减轻管理人的责任。国外有立法例规定,管理人对各种过失负其责任。本书认为,在一般侵权行为情况下,侵权行为没有为他人谋利益的意思也不过承担过失责任;在无因管理场合,管理人有管理意思,并且其管理事务在总体上并不违反受益人的管理要求和社会常识,仍然令其就各种过失承担责任,就在一定程度上模糊了侵权行为与无因管理的界限,对管理人过于苛刻,违背了无因管理制度的目的。第二,管理人员有管理意思,但其管理事务却违反受益人的管理要求或社会常识,使管理效果不利于受益人,管理人如有过错,则应负赔偿责任。国外有立法例规定,无论管理人有无过失均应负责。我国民法既然立足于鼓励人们进行无因管理,就应当坚持过失责任原则。

（二）管理人的权利

管理人管理事务对受益人有利并且不违反社会常识时,管理人有权要求受益人:第一,偿还管理人因管理事务所支出的必要费用及其利息;第二,管理人为受益人负担必要的债务时,受益人应清偿该债务;第三,管理人因管理事务而遭受损失时,受益人负责赔偿。

管理人管理事务违反受益人的意思,但管理事务的结果有利于受益人,则受益人应就实际所得的部分利益偿还管理人支付的必要费用,而不以管理人实际支付的费用为标准。但是,管理人所管理的事务属于为受益人尽公益的义务或为其履行法定义务时,如代缴税款、支付抚养费等,则受益人仍应负全部偿还管理费用的义务。

（三）事后追认的效力

管理人管理事务经受益人事后追认的,从管理事务开始时起,适用委托合同的有关规定,但是管理人另有意思表示的除外(《民法典》第 984 条)。

第二节　不当得利

一、不当得利的概念

不当得利制度作为债的发生原因,起源于罗马法,历经各个国家和地区私法的继受与发展,已构成民法上的基本制度。该制度奠基于衡平观念,对于当事人间的财产流转关系起着调节作用,意在恢复当事人之间在特定情形下所发生的非正常的利益变动。

不当得利,是指没有法律根据,使他人受到损失而自己获得了利益。正因为不当得利没有法律根据,因此虽属既成事实也不能受到法律的保护,不当利益应返还给受损失的人。这种权利义务关系就是不当得利之债。其中,取得不当利益的人为得利人,是不当得利之债的债务人,负有返还不当得利的债务;财产受损失的人为受损失的人,是不当得利之债的债权人,享有请求受益人返还不当利益的债权。

依照法律规定,不当得利能引起不当得利之债。所以它是一种法律事实,是债的发生根据。不当得利引起的债完全是基于法律的规定,而不是基于当事人的意思,因此它不属于民事法律行为。

二、不当得利的构成要件

不当得利的构成要件有四:一方获得利益,他方受到损失,获得利益和受到损失之间有因果关系,获得利益没有合法根据。

(一)一方获得利益

得利人没有法律根据取得不当利益是不当得利成立的要件之一(《民法典》第985条)。如果一方使他方的财产受到损害,自己并未从中获得任何利益,即使依法应负赔偿责任,也不构成不当得利。

所谓获得利益,是指因为一定事实使财产总额增加。增加有积极的增加和消极的增加两类。财产的积极增加,是指权利的增强或义务的消灭,使财产范围扩大。其具体表现形式为:财产权利的取得,占有的取得,财产权的扩张及效力的增强,财产权限制的消灭。财产消极的增加,是指当事人的财产本应减少却因一定事实而没有减少,包括本应支出的费用而没有支出,本应负担的债务而未负担或少负担,本应在自己的财产上设定负担而后来不再设定等。

获得利益的方法,可以是民事法律行为,也可以是事实行为;可以是得利人的行为,也可以是受损失的人的行为,还可以是第三人的行为;甚至可以是自然事实。

(二)他方受到损失

他方确实受到损失是不当得利成立的另一个要件。如果一方获得利益,他方并没有因此而受到任何损失,就不构成不当得利。

损失,包括现有财产利益的减少,即直接损失或积极损失和财产利益应当增加而没有增加,即间接损失或消极损失。[2] 其中,对于损失的解释不应像侵权行为或违约行为制度那么严

---

〔2〕 王利明、郭明瑞、方流芳:《民法新论》(下),中国政法大学出版社1988年版,第423页。

格,如在给付不当得利情形下,一方因他方为给付而受利益,对他方即构成损失;在非给付不当得利情形下,一方取得依权利内容应当归属于他方的利益,他方即构成损失。就间接损失而言,只要在通常情况下财产可能增加而实际没有增加即可。[3] 这是因为不当得利制度的功能在于使得利人返还其没有法律上原因而取得的利益,而非填补损害。

(三)获得利益和受到损失之间有因果关系

获得利益和受到损失之间有因果关系,是指他方的损失是因一方获得利益造成的。这种因果关系的含义,在民法理论上有直接因果关系说与非直接因果关系说之争。前者主张,获得利益和受到损失必须基于同一原因事实,才算两者之间有因果关系。如果获得利益的原因事实与受到损失的原因事实不同,即使获得利益和受到损失之间有所牵连,也无因果关系。例如,甲向乙借钱用于修理丙的房屋,甲无力还钱时,乙不得向丙请求返还不当得利。因为乙受损失的原因与丙取得利益的原因不是同一事实。非直接因果关系说认为,获得利益的原因事实不必与受到损失的原因事实相同,只要社会观念认为获得利益和受有损失有牵连关系,就可认定两者之间有因果关系。例如,甲拾得乙的金钱而赠与丙,即可构成不当得利。

不当得利制度的作用,在于依照衡平观念对财产利益的不当变动进行调节,一方没有法律上的原因而取得利益,他方因而受到损失,应当基于衡平观念并依照社会伦理来确定有无因果关系。在利益和损失之间尽管有第三人的行为介入,如果依照社会观念系属不当,并且利益的取得没有法律上的原因,即应适用不当得利的规定,令第三人负不当得利返还义务。如采直接因果关系理论,就会不当地排除受损害的人向间接获利的第三人主张不当得利返还请求权的机会。我国《民法典》第122条关于不当得利的规定,就是采取了非直接因果关系的观点,即只要他方的损失是由取得不当利益造成的;或者如果没有其不当利益的取得,他方就不会造成财产的损失,均应认为获得利益与受到损失之间有因果关系,构成不当得利。

(四)获得利益没有合法根据

造成他方损失而使自己获得利益,之所以构成不当得利,是因为该项利益的取得没有合法根据。可见,没有合法根据是不当得利成立的重要要件。如果一方获得利益和他方受到损失有法律上的根据,当事人之间的关系就受到法律的认可和保护,不构成不当得利。

没有合法根据,在罗马法上叫"无原因",在德国民法上称为"无法律原因",在瑞士债务关系法上称为"无适法的原因"。关于无法律原因的含义如何概括,历来有争论,大致分为统一说和非统一说。主张统一说的学者认为,无法律上的原因应当具有统一的意义,对任何情形下不当得利的构成均应作统一说明,概括出无法律原因的统一含义。非统一说认为,各种不同类型的不当得利有其存在的不同基础,应当区别给付不当得利的具体情形以及其他不当得利的类型,分别说明无法律上的原因的意义,不可能说明无法律原因的统一含义。这就需要发展和完善不当得利的类型理论。不当得利情况复杂,类型也多,但其基本类型可划分为两类:一是基于给付行为产生的不当得利,二是基于给付行为以外的事实产生的不当得利。非统一说贯彻了类型化思考方法,有助于法律的解释适用。

三、不当得利的基本类型

依据不当得利之债的发生是否基于给付行为,可以将不当得利区分为给付不当得利和非给付不当得利。这种划分不是基于历史的沿革,而是由其内在的本质特征决定的:给付不当得

---

[3] 崔建远:《不当得利研究》,载《法学研究》1987年第4期。

利调整欠缺给付目的的财产变动;非给付不当得利则与给付行为没有关系。

(一)给付不当得利的类型

1. 给付原因自始不存在的给付不当得利

这种类型的不当得利包括:第一,民事法律行为不成立、无效及被撤销所产生的不当得利。民事法律行为不成立、无效及被撤销,当事人已完成其给付行为的,由于民事法律行为并无法律效力,因此该项给付即属于自始没有给付原因的给付行为,考虑到我国现行民事立法并未承认所谓的物权行为独立性和无因性,所以,给付行为一方在原物仍然存在时,既可主张所有物返还请求权,要求受领人返还所有物,也可放弃此项效力较强的请求权,转而主张不当得利返还请求权。如果原物已被受领人消费,或由第三人合法取得,或标的物为种类物,无法进行原物返还的,给付行为人可对受领人主张不当得利返还。第二,履行不存在的债务所引起的不当得利。这即是所谓的非债清偿。此处所谓履行不存在的债务,既包括履行根本不曾存在过的债务,如甲欠乙 10 元,误还给丙,或甲根本不欠乙钱,却误以为欠钱,还给乙 10 元,也包括履行已经消灭的债务。

2. 给付原因嗣后不存在的不当得利

向他人为给付时尚存在给付原因,但履行给付行为后法律上的原因不存在或消灭的,也会构成不当得利。这种类型的不当得利包括:第一,因合同解除产生的不当得利。合同解除有溯及力的,基于合同发生的债权债务关系溯及既往地消灭。为给付行为的一方当事人对于其此前所为给付,如果原物仍然存在的,既可主张效力较强的所有物返还请求权,也可主张不当得利返还请求权。原物已被消费,或由第三人合法取得,或为种类物,无法返还原物的,可主张不当得利返还请求权。第二,因给付目的嗣后不能实现产生的不当得利。如发生财产保险事故后,保险人依照保险合同给付保险金后,被保险人从第三人处取得损害赔偿而填补损害,其所受领的保险金即构成不当得利,应当予以返还。

(二)非给付不当得利的类型

非给付不当得利包括如下类型:第一,基于得利人的行为而产生的不当得利,如得利人擅自出卖、消费他人之物而取得利益。第二,基于受损失的人的行为而产生的不当得利,如受损失的人将他人的土地误以为是自己的土地而耕种。第三,基于第三人的行为而产生的不当得利,如第三人擅自使用受损失的人的材料为得利人制作家具。第四,基于事件而产生的不当得利,如洪水过后,受损失的人养的鱼被冲到得利人的鱼塘里。

债务人放弃时效利益或者期间利益所为的给付(《民法典》第 985 条第 2 项)、因为履行道德义务而为的给付(《民法典》第 985 条第 1 项)、明知没有给付义务而为的给付(《民法典》第 985 条第 3 项)、不法给付,不得请求不当得利的返还。

四、不当得利的效力

不当得利一经成立,当事人之间即发生债权债务关系,受损失的人有权请求得利人返还不当得利,得利人负有返还不当得利的义务。

1. 得利人为善意,即在得利人取得利益时不知道且不应当知道没有法律根据,其返还利益的范围以利益存在的部分(现存利益)为限;如利益已不存在,则不负返还义务(《民法典》第 986 条)。所谓现存利益不限于原物的固有形态,如果形态改变,其财产价值仍然存在或者可以代偿,仍然属于现存利益。

2. 得利人为恶意,即在取得利益时知道或者应当知道没有法律根据,其返还利益的范围应是得利人取得利益时的数额,即使该利益在返还之时已经减少甚至不复存在,返还义务也不免除,并应当依法赔偿损失(《民法典》第 987 条)。之所以如此,是因为得利人明知其取得利益没有合法根据,却仍然置受损失的人合法利益于不顾,法律对此没有加以特别保护的必要。

3. 得利人在取得利益时为善意,嗣后为恶意的,其返还范围应以恶意开始之时存在的利益为准。

4. 得利人已经将取得的利益无偿转让给第三人的,受损失的人可以请求第三人在相应范围内承担返还义务(《民法典》第 988 条)。

参考案例

1. 喻山澜诉工行宣武支行、工行北京分行不当得利纠纷案,载《中华人民共和国最高人民法院公报》2005 年第 6 期。
2. 中国建设银行石林县支行诉杨富斌不当得利纠纷案,载《中华人民共和国最高人民法院公报》2003 年第 6 期。
3. 徐进良诉王忠海不当得利案,载《中华人民共和国最高人民法院公报》1996 年第 2 期。
4. 江苏百锐特贸易有限公司诉张月红不当得利纠纷案,载《中华人民共和国最高人民法院公报》2018 年第 5 期。
5. 广西桂冠电力股份有限公司与广西泳臣房地产开发有限公司房屋买卖合同纠纷案,载《中华人民共和国最高人民法院公报》2010 年第 5 期。

第四编　人　格　权

第三十六章　人格权的一般规定

|导　读|

人格权法的基本概念是学习人格权法的基础。人格是指人在法律上的资格。而人格权是指民事主体专属享有，以人格利益为客体，为维护其独立人格所必备的固有权利。

第一节　人格权的概念与性质

一、人格概念的含义

（一）人格的概念

人格（personality）来自拉丁语"persona"（人格），原指戏剧中的假面具，最初在希腊的戏剧中使用，后来被罗马的演员所采用，传说一个有名的罗马演员为了遮掩他不幸的斜眼，使用了假面具，称为"persona"。这个词经过古罗马哲学家的运用，词义逐渐确定为"人格"，表示理性的、个别（个体）的存在。

罗马法上的人格，是指享有权利能力的人就具有法律上的人格。与此相关的概念还有市民权和家族权，丧失家族权，会造成人格小减等；丧失市民权会造成人格中减等；而丧失自由权，则为人格大减等，完全丧失权利能力，成为奴隶，失去做人的资格。

中国法律中的人格概念，是清末修律变法，直接从日本法引入，在《大清民律草案》中专设"人格保护"一节。从此以后，人格成为中国法律的正式概念，一直使用至今。

简言之，人格就是人在法律上的资格。这一概念在法律上具有以下三重含义：

1. 人格是指具有独立法律地位的民事主体。其中自然人具有血肉之躯的人格，法人具有法律拟制的人格。在这个意义上，人格与人、与主体是相同的，具有独立性，表现为意志独立、行为独立、财产独立和责任独立，它是人格权的载体。它的产生和消灭将导致人格权的享有和丧失。

2. 人格是指民事权利能力，即成为民事主体所必须具备的资格。凡是具有这种资格的人，就可以成为民事法律关系的主体，享有民事权利，负担民事义务。不具有这样的主体资格，就无法享有人格权及财产权等民事权利。

3. 人格是指人格权的客体，即民事主体在人格关系上所体现的与其自身不可分离，受法律保护的利益。它包括人格独立、人格自由、人格尊严、人身安全等抽象人格利益，以及姓名、名称、肖像、名誉、荣誉、隐私等具体的人格利益。在此意义上使用人格的概念，就是指人格利益。

人格的上述三种法律含义，是相互联系又相互区别的。其中前两个含义在整个民法领域中广泛使用,后一个含义只在人格权的范围内使用。

(二)法人的人格

自然人当然有人格。法人是相对于自然人的另一种民事权利主体,是具有民事权利能力和民事行为能力,依法独立享受民事权利并承担民事义务的组织。而法人之所以能够独立地从事民事法律行为,就是因为它具有法律上的人格。

法律制度和观念都不过是社会经济生活的反映。法人观念的演化与社会组织在经济生活中的作用密切相关。法人在资本主义商品经济的发展中发挥了巨大的作用,使人们对这些经济组织的主体资格确信无疑。法律赋予社会组织的法人地位,正是由这些组织的社会属性,也就是它们在社会经济生活中的作用决定的。因此,社会组织在商品经济社会的实际作用,才是法人享有法律人格的本质所在。

因此,法人的人格就是民法所保护的法人实体在社会关系中所享有的法人意志自由和精神利益完整性等人格利益。

二、人格权的概念和特征

现代民法的人格权,是指民事主体专属享有,以人格利益为客体,为维护其独立人格所必备的固有权利。

1. 人格权是民事主体的固有权利。《民法典》第992条关于"人格权不得放弃、转让或者继承"的规定,就是说的人格权的固有性。人格权的固有性是人格权与其他民事权利的基本区别之一。其他任何权利都是人通过一定的行为和事件所取得的,只有人格权是人与生俱来的固有权。所谓固有,就是指人格权是由主体始终享有的权利。首先,表现在不是依据一定的法律事实而是依人的出生而取得,依法人的成立而取得。其次,表现在它与民事主体的存在共始终,既不能因某种事实而丧失,也不能基于某种原因而被剥夺,除非主体死亡或终止,否则人格权不能消灭。最后,表现在它脱离民事主体的个人意志而存在,不需要有独立的意志的个人实际享有,无论个人是否意识到这些权利的存在,无论民事主体存在何种差异,也无论民事主体是否实际参与各种法律关系,人格权都是客观、平等地存在的。

2. 人格权是民事主体的专属权利。人格权的专属性主要表现在三个方面:第一,人格权由民事主体专属享有,非为其他组织所享有。非民事主体不具有人格权。例如,其他组织也可以从事某些民事活动,但是它不享有人格权,不具有法律上的人格。第二,人格权由民事主体专属享有,只能由每个民事主体单独享有,不得转让、抛弃、继承,也不受他人的非法限制,不可与民事主体的人身相分离。民事主体抛弃、转让、继承人格权的行为,均属无效,非法限制、干涉民事主体行使人格权,属于侵权行为,应受法律制裁。第三,在自然人的人格权方面,专属性还表现为自然人出生或者死亡之后的某些人格利益的专属保护。例如,自然人在胎儿时期受到身体伤害,出生之后可以就其在没有出生前所受到的损害,请求民法保护;在自然人死亡之后,其名誉、肖像、姓名、隐私、身体等人格利益也受到民法的保护,受到侵害,其近亲属可以请求法院对侵权行为予以制裁。

3. 人格权是维护民事主体独立人格的必备权利。民事主体享有人格权的目的,就在于维护其作为法律上的人所必须具有的资格,保障民事主体在人格上的依法独立。因此,人格权不同于人格,人格是做人的资格,而人格权则是维护这种做人的资格的权利。人格权对于民事主体的必备性,主要体现在:一方面,在于民事主体不享有人格权,就不可能具有独立的人格,就根本不能作为主体存在。丧失人格权,就丧失法律上的人格,人就不成其为人,甚至会沦为他人的财产。在现代社会,虽然法律不会剥夺人的人格权,但是,人格权受到损害,仍然会使民事主体的法律人格受到损害,民事主体的独立性受到危害。另一方面,还表现在培养民事主体的独立人格观念,使民事主体时刻意识到自己的独立人格、自身价值和地位,充分尊重、保护他人的独立人格、自身价值和地位,在全社会实现人的尊严,使人的价值得到最充分的体现。民事主体不享有人格权,就会丧失独立人格意识,人的尊严和价值也就不复存在,社会生活也就会陷入混乱之中。其他民事权利,如知识产权等,具有严格的人身性,只能由特定的民事主体所享有,不是维护民事主体法律人格的必备权利,丧失这些权利虽然也会造成受害人的损害,但是并不会损害到受害人的人格地位。

4. 人格权是以人格利益为客体的基本权利。首先,人格权是一种基本权利,不是某一项具体权利,而是包括一大类民事权利。其次,人格权的客体是人格利益,而不是其他利益,因此而区别于其他权利。人格利益体现的是精神利益,但并不排除包含于这种精神利益中的物质利益因素。一方面,它表现在身体权、健康权、生命权受到损害时,自然人为医疗创伤、处理丧葬所支出的费用这种财产上的损失;另一方面,也表现在肖像权、名称权等人格权在客观上可能转化成的物质利益,以及所有人格权造成损害而为恢复权利所支出的必要费用。

此外,人格权就其自身属性来说,还是一种绝对权,其权利主体是特定的,义务主体是不特定的任何人,权利人行使权利无须借助于义务人实施一定的行为,只需义务人不加以妨害和侵害,权利即可实现。因此,人格权也是支配权,权利人有权对客体直接支配并排除他人的干涉,有权禁止他人妨碍其人格利益的实现。

三、人格权的权能

(一)控制权

控制权,是指人格权所含有的民事主体以自己的意思对自身的人格利益进行控制的权能。这种权能的行使,以将自己的人格权由自己的意志支配为内容。例如,自然人对自己姓名、肖像等人格利益的控制,使自己享受精神活动的自由,通过对身体、健康、生命的控制,如锻炼身体以增进健康,患病、受伤进行诊治,改进卫生饮食习惯以延长生命,因而享受生命、身体安全的利益。

控制权既是人格权的权利主体积极行使其权利的表现,又是权利主体行使人格权其他权能的基础。权利主体行使控制权,以维护其人格利益,使自己的意志支配于这些利益,同时,也只有行使控制权,才能行使其他权能。

(二)利用权

利用权,是指人格权所含有的权利主体以自己的意志去利用人格权的客体即人格利益,从事各种活动,以满足自身需要的权能。

利用权与使用权是否具有本质的差别,似难断言,但由于人格权客体的非物质性,使用利用权这样的称谓更为妥当,也便于与所有权的使用权权能相区别。利用权首先表现为利用自己人格权的客体,体现个体活动的特征、特点以区别于他人,体现个人存在的价值,如利用姓名、名称于社会活动和商业活动,以区分个体的标志;利用肖像于身份证、护照以及其他证明身份的场合,以区分个体的形象标志,等等。在社会生活中,如果对民事主体不能利用人格权的客体加以区别,则不可能进行任何有效的活动。利用权还表现为利用人格权的客体,以满足自身的需要。自然人享有隐私权,任何人不得侵害。自然人利用个人生活情报资料撰写小说、报告文学、回忆录,从事文学创作活动;利用自己的形象进行绘画、摄影、录像,从事艺术活动等,都是利用自己的人格权客体满足自身的需要。

(三)有限转让权

人格权的转让权是利用权部分的、有限制的延伸,是将权利主体对其部分权利客体的利用适当转让于他人。例如,将自己的肖像利用权部分地转让给他人,以使用该肖像;又如,将自己个人的生活情报资料告知他人,由他人进行文学创作。在人格权中,以名称权的转让权最为特殊,不仅可以转让使用权,还可以把整个名称权全部让与他人。

人格权的转让权并非普遍的权能,而受权利客体性质的限制。人身自由权、姓名权、名誉权、荣誉权等专属于个人的权利,不能转让,而肖像、名称等则可以转让。即使是可以转让的权利客体,除名称权以外,其转移的也只能是部分权能;且只能部分转让而不得全部转让。

有限转让人格权客体的利用权能,应依有效的民事法律行为进行,通常依权利人与利用受让人以合意的方式进行。转让行为是否有偿,应依当事人约定,双方当事人无约定而就是否有偿发生争议,应依权利人的意志确定,利用权的受让人通常应当给予适当报酬。

(四)适当处分权

适当处分权,是人格权所包含的权利人对于自己享有的人身利益进行适当的、自主支配的权能。很多学者反对人格权具有处分的权能,而认其有活动自由权的权能。这两种提法,内容有相同之处,但也有不同之处。活动自由权是讲人格权人在权利范围内的自由活动,适当处分权实际上是支配权,是指权利人在权利范围内不仅有自由活动的权利,而且具有对某些人格利益的支配权利,进行适当的处分。

人格利益的处分权能并不是绝对的,表现在:一是处分的人格利益范围的有限性,并不是所有的人格利益都可以自由处分,如自由、名誉等,不得抛弃、转让。二是处分内容的有限性,如对于生命利益的支配,为了正义、事业而献身,贡献生命,处分自己的生命利益,是合法行使处分权的行为;自杀,则是法律所禁止,为违法行为,并非合法处分生命利益的正当行为。

第二节　人格权的种类

人格权的基本分类,应分为一般人格权和具体人格权,具体人格权中分为物质性人格权和精神性人格权。《民法典》第990条第1款规定的是具体人格权,第2款规定的是一般人格权。为简便起见,就直接分为三种类型。这样,既确定了一般人格权的地位和与具体人格权的关系,同时也对具体人格权作出了具体的划分。

一、一般人格权

一般人格权是基本的人格权,既是一个独立的权利,又是一个抽象的权利。作为一个独立的权利,它自己有独自的调整范围,作为一个抽象的权利,它对具体人格权具有指导意义和规定意义。其客体为一般人格利益,而不是具体人格利益。《民法典》第990条第2款关于"自然人享有基于人身自由、人格尊严产生的其他人格权益"的规定,就是一般人格权。

在物权法和债权法上,没有一个类似于一般人格权的权利。因为物权的概念之下,就分为所有权和他物权,在他物权之下,分为具体的用益物权和担保物权。在债权的概念之下,分为合同之债、侵权之债、无因管理之债、不当得利之债和其他之债。而一般人格权既是具体人格权的上属概念，自己又独立调整其他人格利益，是一个很特殊的基本权利。

二、物质性人格权

物质性人格权是以自然人的物质载体所体现的人格利益为客体，概括保障这些物质性人格利益的权利。物质性人格权包括生命权、身体权、健康权三种。

这种具体人格权的特点是：

1. 这一类人格权的客体均体现为物质性的人格利益。无论是身体利益、健康利益还是生命利益，都是概括在人的物质性载体之上，体现在人的人身上面。物质性人格权的说法并不十分准确，就是因为这些权利并不是物质性的权利，而仅仅是说这种权利的客体体现在物质性载体之上，这种人格利益具有一定的物质属性而已。

2. 这一类人格权的客体均与人的物质载体息息相关。生命权、身体权、健康权都负载在人的人身之上，与人身的物质载体相依存。脱离自然人的人身，就无所谓物质性人格权，物质性人格权就无所依存，就不存在这样的权利。

3. 这一类人格权受到损害的表现和救济方法具有一致性。物质性人格权的载体是物质性的人体，无论是侵害生命权、健康权或者身体权，都表现为这些权利的物质载体受到了损害，受到损害的人身利益最终都表现为财产上的损失和精神上的痛苦。对这种权利的侵害进行救济，就是采用人身损害赔偿和精神损害抚慰金的方式进行，除此之外，没有其他办法。

三、精神性人格权

精神性人格权就是以民事主体的精神性人格利益为客体，维护其不受侵害的人格权。精神性人格权包括姓名权、名称权、肖像权、名誉权、荣誉权、人身自由权、隐私权、个人信息权、性自主权等。

精神性人格权具有以下法律特征：

1. 这一类人格权的客体都是民事主体的精神性人格利益。在精神性人格权中，其客体无论是姓名利益、名称利益、肖像利益、名誉利益，还是荣誉利益等，都表现为精神性的人格利益，体现的是精神性利益。这些人格利益并不像物质性人格权的客体那样，直接依附于物质性的人身，即自然人的人体，而是独立于人体之外，独立享有精神利益。

2. 这一类人格权的客体所体现的主要是非财产利益，但是，也都在一定程度上包含一些财产利益。既然精神性人格权的客体都是精神性人格利益，因而其客体的基本属性就是精神性，而不是物质性，不是财产性。但是，精神性人格权有一个基本特点，就是在精神性人格利益当中，包含着一定程度的财产利益。在精神性人格权中，其精神利益所包含的财产利益的程度，有以下三种形式：第一，具有直接的财产利益的人格利益，如荣誉利益、名称利益和肖像利益。荣誉利益中所包含的物质利益，就是被授予荣誉称号所带来的物质奖励。名称利益中的经济利益表现为使用一个口碑极好的企业名称所引致的经济效益增长。肖像利益中的财产利益则是肖像的美学价值在市场经济中转化而来的，使用这样的肖像就会产生经济利益。第二，包含一定的财产利益的人格利益。例如，使用名人的姓名，就会带来一定的经济效益；利用极好的名誉，就可以为他人担保，取得经济利益。即使是隐私利益，将具有利用价值的个人隐私作为创作的素材，也可以创造经济利益。第三，基本上没有经济利益的人格利益，如人身自由权、性自主权等，不包含财产利益。

3. 这一类人格权受到侵害后，都可以用精神性的救济方式进行救济，也可以采用财产损害赔偿的方式进行救济。精神性人格权受到损害，其精神利益受到损害，可以采用精神性的救济方法进行救济,如赔礼道歉、恢复名誉、消除影响、停止侵害等。同时,也都可以采用损害赔偿的方法进行救济,对受害人的精神创伤和精神利益损失进行补偿和抚慰,使损害得到平复。

第三节 一般人格权

一、一般人格权的概念和特征

一般人格权是指自然人和法人享有的,概括人格独立、人格自由、人格尊严全部内容的一般人格利益,并由此产生和规定具体人格权的基本权利。《民法典》第990条第2款规定的人格尊严,就是一般人格权。

一般人格权与具体人格权相比较,具有以下法律特征:

1. 权利主体具有普遍性。一般人格权的主体,是普遍主体。在历史上,罗马法中的自由、市民权和名誉具有一般人格权的某些属性或者特征,但其与现代一般人格权相比较,是把人的人格分成等级,因而不为所有的人享有或不完全享有。现代一般人格权对所有的自然人一律平等地享有,并且不独为自然人所享有,而且法人也享有一般人格权。具体人格权区分其不同种类,有的为自然人、法人共同享有,有的为自然人单独享有而法人不享有。一般人格权的主体既包括自然人也包括法人,所有主体一体享有,且自然人和自然人之间、法人和法人之间一律平等。只要一个人(包括自然人和法人),无论其在社会中有何种政治地位、身份,其在经济能力上有何不同,都平等地、普遍地享有一般人格权,并与个人的属性终生相随,直至其死亡或消灭。

2. 权利客体具有高度概括性。一般人格权的客体是一般人格利益。这种一般人格利益具有高度的概括性。从具体内容上分,一般人格利益包括人格独立、人格自由和人格尊严,但这些人格利益不是具体的人格利益,而是高度概括的人格利益。这种概括性包含两方面的意义:一是一般人格利益本身的概括性,人格独立、人格自由、人格尊严都不能化成具体的人格利益,也不能成为具体人格权的客体;二是一般人格利益是对所有具体人格权的客体的概括,任何一种具体人格权的客体,都概括在一般人格利益之中。因此,一般人格权才成为具体人格权的渊源,由此产生并规定具体人格权。

3. 权利内容具有广泛性。一般人格权的内容极为广泛。德国学者拉伦茨认为,一般人格权具有概括广泛性的特点。莱普迪则认为一般人格权不仅涉及国家和个人的关系,而且也涉及《德国民法典》第823条所包括的具体人格权,一般人格权范围极为广泛,在内容上是不可列举穷尽的。[1] 我国台湾地区学者施启扬也认为,法官的任务只是依有关价值观念将一般人格权具体化并确定其界限,因为人格的本质不易明确划分界限,一般人格权作为概括性权利,在内容上是不易完全确定的。[2] 一般人格权的内容包括具体人格权的内容,但是,对于具体人格权所不能包含的人格利益,也都包含在一般人格权之中。它不仅是具体人格权的集合,而且为补充和完善具体人格权立法不足提供切实可靠的法律依据。人们可以依据一般人格权,在自己的人格利益遭受损害,但又不能为具体人格权所保护时,可依据一般人格权的法律规定寻求

---

〔1〕 转引自王利明主编:《人格权法新论》,吉林人民出版社1994年版,第161页。

〔2〕 施启扬:《从个别人格权到一般人格权》,载《台湾大学法学论丛》第4卷第1期。

法律上的救济。

4. 一般人格权是人的基本权利。一般人格权相对于具体人格权而言,是基本权利。一般人格权虽然对具体人格权有概括的作用,但它也是一个独立的民事权利,是人格权中的基本权利。一方面,它决定并派生着各种具体的人格权;另一方面,它更为抽象和具有概括性,成为人格权中最具抽象意义和典型性的基本人格权。正如德国学者胡伯曼所说,一般人格权不同于人格权本身,也不同于各项具体人格权,而是个人的基本权利。否定一般人格权,实际就否认了个人的基本权利。[3] 在民法中,只有一般人格权具有这样的性质,在物权法、债权法、亲属法、继承法等法律中,都不存在与一般人格权相类似的基本权利。

二、一般人格权的基本功能

(一)解释功能

由于一般人格权的高度概括性和抽象性,使它成为具体人格权的母权,成为对各项具体人格权具有指导意义的基本权利,决定各项具体人格权的基本性质、具体内容以及与其他具体人格权的区分界限。正因如此,一般人格权对于具体人格权具有解释的功能。当对具体人格权进行解释时,应当以一般人格权的基本原则和基本特征为标准,有悖于一般人格权基本原理的解释应属无效。除了在学理解释上一般人格权所具有的解释功能外,它还具有在司法适用上的解释功能。在司法解释上,对于具体人格权立法应如何适用,也应依据一般人格权的基本原理进行解释,在具体人格权的法律适用上,也不得违背一般人格权基本原理的要求。

(二)创造功能

一般人格权是人格权的"渊源权",或称具体人格权的渊源,从中可以创造出各种具体的人格权。人格权是一个不断发展的概念。纵观人格权的发展历史,它是一个从弱到强、从少到多、逐渐壮大的权利组群。尤其是在近现代民事立法上,创造了大量的具体人格权,使具体人格权达到了十几种,其种类之多,其他类型的民事权利无法相比。这些权利的产生,无一不是依据一般人格权的渊源而创造出来的。在成文法国家,一般人格权的这种创造功能更为明显。成文法国家规定任何权利,必须依法律明文规定,无明文,则无权利。这种成文立法的局限性,对新生的具体人格权的确认和保护,不无障碍。正确地运用一般人格权的创造功能,可依靠一般人格权创造具体人格权,并在实务中予以适用。

(三)补充功能

一般人格权也是一种弹性的权利,具有高度的包容性,既可以概括现有的具体人格权,又可以创造新的人格权,还可以对尚未被具体人格权确认保护的其他人格利益,发挥其补充的功能,将这些人格利益概括在一般人格利益之中,以一般人格权进行法律保护。当这些没有被具体人格权所概括的人格利益受到侵害时,即可依侵害一般人格权确认其为侵权行为,追究行为人的侵权责任,救济其人格利益损害。例如,名誉权的客体是社会的评价,而不包括名誉感。当侮辱行为没有使受害人的社会评价降低,而仅使受害人的名誉感受到严重损害时,受害人不能依侵害名誉权得到救济,但是,由于名誉感关系到人格尊严,名誉感的伤害实际上表现为人格尊严受到损害时,就是侵害了一般人格利益,侵害了一般人格权,得依侵害一般人格权请求损害救济。

---

〔3〕 Stim Stromholm, *Right of Privacy and Right of the Personality*, Stakholm, 1967, p. 39.

三、一般人格权的内容

(一)一般人格权概述

一般认为,一般人格权的范围极其广泛,在内容上不可能列举穷尽。这是一个客观事实,但它只说明了一般人格权的一个方面;另外,采用高度概括的方式,也可以穷尽一般人格权的具体内容,将一般人格权极其广泛的内容涵括进去。学者对此进行了努力,曾将一般人格权的内容概括为人身自由和人格尊严两大类。[4] 在民法典人格权法编草案中,也存在这样的问题。确认一般人格权的内容包括人格尊严是正确的,但上述对一般人格权内容的阐释,还有两个问题值得研究:第一,作为一般人格权内容的自由,是人身自由还是人格自由。人身自由是自然人的身体自由(行为自由)和意志自由(思维自由),它是自然人的一项独立的具体人格权。它的主体既不包括法人,它的内容又不是一般人格利益而是具体人格利益。人身自由显然不是一般人格利益的内容。只有人格自由,才是一般人格权的内容之一。第二,一般人格权的内容是否应当包括人格独立。现代立法确认人的个人价值,反对个人对他人的人身依附。法律确认人格权、财产权乃至所有的民事权利,就是确认每个人在人格上的独立地位。因此,一般人格权也应包括人格独立。

据此可以认为,一般人格权的内容尽管极其广泛,但其概括的内容是可得而知的,这就是人格独立、人格自由和人格尊严。一般人格权的这三项基本内容,也是一般人格权客体的三大法益,可以概括人格权的所有内容。

(二)一般人格权的具体内容

1. 人格独立

人格独立是一般人格权的基本内容之一。人格独立的实质内容,是民事主体对人格独立地享有,表现为民事主体在人格上一律平等,在法律面前,任何民事主体都享有平等的主体资格,享有独立人格,不受他人的支配、干涉和控制。

我国 1982 年《宪法》第 33 条第 2 款规定:"中华人民共和国公民在法律面前一律平等。"同条第 3 款规定:"任何公民享有宪法和法律规定的权利,同时必须履行宪法和法律规定的义务。"依据这一宪法原则,《民法典》确认:民法调整的法律关系主体是平等主体(第 2 条),当事人在民事活动中地位平等(第 4 条)。这些法律规定确认我国民事主体人格独立、平等。

人格独立表明人人都有平等的权利,人人都有保护个人人格的权利,人人都有捍卫个人独立性的权利。它包括:

(1)民事主体的人格不受他人支配。主体人格生而平等,生而独立,这种独立的人格只由主体自我进行支配,依照自己精神生活、物质生活的需要而支配,不得由任何其他人进行支配。禁止他人对权利主体人格的支配,是保障人格独立的基本要求。任何人支配他人的人格利益,无疑是否定权利主体的独立人格。应当强调的是,当自然人不具有民事行为能力或不具有完全民事行为能力时,法定代理人可以代理该权利主体进行民事活动,甚至支配其人格利益,例如,父母同意将幼儿的肖像用于广告等营利活动。但这种支配的性质,是代理,而非强行支配幼儿的人格。

(2)民事主体的人格不受他人的干涉。人格为权利主体的做人的资格;保障人格独立,应由权利主体的意志决定,他人无权干涉。干涉他人人格,也是对人格独立的干涉。权利主体捍

[4] 王利明主编:《人格权法新论》,吉林人民出版社 1994 年版,第 175 页以下。

卫自己的人格独立,就要求他人不得干涉自己,如有干涉,则有权寻求司法保护。例如,干涉他人婚姻自主权,就其实质而言,是干涉了自然人的独立人格,造成了人的地位的不平等。

(3)民事主体的人格不受他人控制。在罗马法上,有“自权人”和“他权人”的概念。自权人和他权人虽然都是自由人,但他权人的人格须受自权人的控制。他权人必须在自权人的同意下,才能进行民事活动。在资产阶级的初期民事立法中,也留有这种一部分人控制另一部分人的人格的立法,如妻的人格受夫的人格控制,因而妻无独立的人格,或者说人格地位无完全的独立性。现代法律彻底否定自权人和他权人的概念,要求人人权利平等,地位独立,不受任何他人的控制。任何控制他人人格的行为,均为严重的侵权行为。

2. 人格自由

作为一般人格权内容之一的自由,不是人身自由。人身自由是具体人格权,具体内容是身体自由和意志自由。

作为一般人格权内容之一的自由,也不是政治自由。政治自由是公权利,包括宪法规定的言论自由、出版自由、集会自由、结社自由、游行自由、示威自由、宗教信仰自由。这些自由是人享有的政治权利,是公法上的自由;而人格自由则是私法上的自由,与其性质不同。

一般人格权中的人格自由,是私法上的抽象自由。它不是泛指主体的行为自由和意志自由,也不是指财产自由、契约自由,而是经过高度概括和抽象的人格不受约束、不受控制的状态。它既是指人格的自由地位,也是指人格的自由权利,是权利主体自主参加社会活动、享有权利、行使权利的基本前提和基础。权利主体丧失人格自由,就无法行使任何权利,不能从事任何社会活动。正如罗马法所言,自由人在行为受到阻碍或被人拘束时,他的具体自由权受到了限制,但他仍享有人格自由,不丧失自由人的身份,因而他仍可依其自由的人格而寻求司法保护,救济其具体自由权的损害。如果自然人、法人丧失人格自由,则其只能沦为他人的财产,成为物的具体形式,而不再称其为人。这种情况在一定意义上说明了人格自由与人身自由的关系,具有借鉴意义和启发意义。在今天的法律中,人格自由仍具有这种法律上的意义,它是自然人、法人享有一切具体自由权的基础和根源。

作为一般人格权内容的人格自由,包括以下两个方面的内容:

(1)保持人格的自由。人格自由是一种权利,更是一种地位,民事主体人人都有保持自己人格的自由。《瑞士民法典》以及其他国家民法典规定“任何人不得让与其自由”,不仅仅是说人不得让与其具体自由权,更重要的是强调主体不能让与其保持自己人格的自由。人格是作为人的资格,这种资格与生俱来,与人不可分离,主体只有保持自己的人格,才能成为主体,而不致成为他人的财产。保持人格的自由,就是主体保持自己做人的自由。任何人企图将他人变成私人的财产,就是侵害人格保持的自由。

(2)发展人格的自由。人格为与生俱来的资格,但主体在其生存期间,却可以采取各种方法,如接受教育、刻苦修养、不断深造、加强锻炼、接受治疗等,发展自己的人格,完善自己的人格,使自己成为更完美、更完善的人,提高自己的社会地位、资历、经验、知名度等,使自己的生活更具美的色彩,为社会做出更多的有益贡献。在这些方面,权利主体享有充分的自由,发展自己的人格,完善自己的人格。禁止他人接受教育、限制他人接受治疗等行为,都限制、干预了权利主体发展人格的自由,为侵害一般人格权的侵权行为。

3. 人格尊严

人格尊严是一般人格权的基本内容之一,也是一般人格权三大利益中最重要的利益,是一般人格权三项内容的核心。因此,人格尊严实际上也是一般人格权的代名词。

(1)人格尊严的概念

人格尊严是一个极抽象的概念,它并非像有的著作所说的每个自然人对自己的社会地位、社会价值的自我认识和自我评价,它是指民事主体作为一个“人”所应有的最起码的社会地位,并且应受到社会和他人最起码的尊重。换言之,所谓人格尊严,即把人真正当成“人”。因此,无论自然人职业、职务、政治立场、宗教信仰、文化程度、财产状况、民族、种族、性别有何差别,其人格尊严是相同的,绝无高低贵贱之分。[5]

(2)人格尊严的内容

人格尊严在性质上,与人格独立、人格自由并不相同。人格独立是人的客观地位,人格自由是人的主观状态。而人格尊严则是一种主观认识与客观评价的结合。

第一,人格尊严是一种人的观念。人格尊严是自然人、法人对自身价值的认识。这种认识基于自己的社会地位和自身价值,它来自自身的本质属性,并表现为自己的观念认识。因而,人格尊严具有主观的因素。

第二,人格尊严具有客观的因素。这种客观的因素是他人、社会对特定主体作为人的尊重。这种客观因素是一种对人的价值的评价,但与名誉这种社会评价不同,是对人的最起码的做人资格的评价,评价的内容不是褒贬,而是对人的最起码的尊重,是人真正作为一个人所应享有的尊重。因而无论人的各种属性、状态有何不同,其尊严的评价却无任何不同之处。

第三,人格尊严是人的主观认识和客观评价的结合。人格尊严既包括自我认识的主观因素,也包括社会和他人评价的客观评价和尊重,这两种因素结合在一起,才构成完整的人格尊严。

(3)人格尊严的地位

人格尊严是一般人格权客体即一般人格利益的基础。“人的尊严是宪法体系的核心。”[6]各国宪法均以相当重要的地位规定这一内容,并在民事立法中规定其为一般人格权的主要内容。中华人民共和国的前三部宪法都没有保护人格尊严的规定,因而导致了“文革”中和以后曾出现的严重践踏人格尊严的惨痛教训。1982 年以来,从宪法到基本法、单行法,都强调人格尊严受法律保护,构建了以人格尊严为核心的一般人格权体系。

人格尊严作为一般人格权体系的核心,决定了一般人格权所具有的三项基本功能。在法律适用中,应当依据人格尊严解释各项具体人格权,创造新的具体人格权,以及补充不被具体人格权所涵括的一般人格利益。例如,在实务上和理论上所争论的侵害肖像权中的营利目的是否为必要构成要件,只要弄清人格尊严是各项具体人格权的基础,则必然得出营利目的不是侵害肖像权责任构成的必要条件,就不会舍本求末,硬去强调侵害肖像权的构成必须具备营利目的的要件,以致对肖像权的法律保护走上歧途。

---

〔5〕　梁慧星:《中国民法经济法诸问题》,法律出版社 1991 年版,第 73 页。

〔6〕　王泽鉴:《人格权、慰抚金和法院造法》,载《法令月刊》第 44 卷第 12 期。

第四节　公开权和对死者人格利益保护

一、民事主体对人格权的客体即人格利益享有公开权

《民法典》第993条规定："民事主体可以将自己的姓名、名称、肖像等许可他人使用，但是依照法律规定或者根据其性质不得许可的除外。"这是对自然人基于人格权的某些客体享有公开权的规定。公开权也称之为商品化权、人格利益商业利用权、商事人格权等，是指民事主体包括自然人、法人、非法人组织对其具有一定声誉或吸引力的人格标识利益进行商品化利用并享有利益的抽象人格权。

公开权产生于美国。美国知识产权学家尼莫教授1954年发表了《论公开权》的论文，认为公开权是每个人对其创造和购买的公开的价值享有控制或获取利益的权利。[7] 也认为，名人需要的不是对于隐私的保护而是对于自己身份的商业价值的保护。"尽管名人不愿意将自己隐藏在隐私的盾牌之后，但他们也绝不愿意让他人未经自己的许可或者未向自己支付报酬而使用、公开自己的姓名、肖像或形象。"这一定义在1977年得到了美国最高法院的支持。在法官和学者的共同推动下，美国公开权从传统的隐私权中独立出来，形成一种新的权利类型。

可见，在人的人格利益中，有些特殊的人格利益能够引起他人的关注和兴趣，若这种人格利益用于市场经济中，将会产生财产利益。公开权的主旨，就是权利人可以将自己享有的这种人格利益许可他人使用，并获得相应的收益。因此，公开权的核心价值是某些人格利益的市场价值，基本方法是许可他人使用，所得收益归权利人所有，使用人可以分享。

公开权所保护的人格利益包括自然人的肖像、形象、[8]姓名、声音，法人或非法人组织的名称以及以上"可指示性要素"综合而成的整体形象。一是肖像。是通过影像、雕塑、绘画等方式在一定载体上所反映的特定自然人可以被识别的外部形象。对肖像进行商品化利用，属于公开权保护的范围。二是形象。即自然人面部之外的身体形象。包括人的形体特征、侧影、背影等。如媒体上出现"手形广告"中的手形，"内衣广告"中的形体都应属于公开权的保护范围。三是姓名。包括真实姓名、笔名、别名、绰号，姓名是标表主体身份的重要标识，也是商品化利用的主要对象。[9] 四是声音。是自然人人格标识之一，具有唯一性、稳定性的特征。一个人独特的声音或声音风格，如演唱者独特的演唱声音、朗诵声音也可以指示该演唱者或朗诵者的身份，因此，声音也应成为公开权的保护对象。五是名称。法人或非法人组织的名称是一定主体的标识，具有将被标识的对象从同类中区别出来和宣传该被表示对象的作用。名称以文字组成。但名称所表达的信息远远多于所组成名称的文字本身所包含的信息，往往包含了主体的信用、信誉以及一个法人或组织的整体形象，因此也应成为公开权的保护对象。六是各种形象因素的综合。在某些情况下一些可以指示特定身份的因素，如富有特色的装扮、特有的道具

[7] Nimmer, *The Right of Publicity*, 19 Law and Contemporary Problems 203, 216 (1954).

[8] 这里的"形象"是指自然人面部之外的身体形象。

[9] 但是，在重名的情况下，原告必须证明被告所使用的就是他的姓名或者说被告所用的姓名是指向自己，否则就不能证明被告使用了自己的人格标识。

等,综合起来,可明确指向某一特定的人,或者能让公众意识到某一特定的人。这些因素综合起来就是主体的人格标识并可加以商品化利用。[10]

这些人格利益都能够脱离权利人的本身而独立存在,能够产生声誉和吸引力,具有相当的市场价值,经过使用能够获得经济利益。在人格利益中,凡是具有这样属性的,都是公开权的客体。

并不是所有的人格利益都能成为公开权的客体,须依照法律规定或者根据其性质不得许可的除外。当法律规定某种人格利益不得许可他人使用时,权利人不得许可他人使用;当权利性质不得许可他人使用的,也不得许可他人使用,如生命、健康、名誉、人身自由等,都不得或者不能许可他人使用。

二、死者的近亲属对死者的人格利益有权进行保护

《民法典》第 994 条规定:"死者的姓名、肖像、名誉、荣誉、隐私、遗体等受到侵害的,其配偶、子女、父母有权依法请求行为人承担民事责任;死者没有配偶、子女且父母已经死亡的,其他近亲属有权依法请求行为人承担民事责任。"这是对死者人格利益保护及方法的规定。自然人死亡,其民事权利能力消灭,因而主体消灭。不过,一个人死亡后,虽然主体消灭了,但并不是其人格利益一并都予以消灭,这些仍然存在的死者人格利益仍须依法进行保护,否则,社会秩序将会出现混乱,道德观念受到损害,故对死者的这些人格利益必须予以保护。原《民法通则》只是规定了公民享有姓名权、肖像权、名誉权、隐私权,没有规定死者的人格利益受到损害的保护方法。最高人民法院通过"荷花女"案的审判,发布司法解释,确认死者的名誉应当受到法律保护。2002 年最高人民法院《关于确定民事侵权精神损害赔偿若干问题的解释》第 3 条规定,死者的姓名、肖像、名誉、荣誉、隐私以及遗体、遗骨受法律保护;第 7 条规定,死者的第一顺位保护人为配偶、父母和子女,第二顺位保护人为其他近亲属。这些规定在司法实践中效果良好,也受到各界的好评。

《民法典》第 185 条规定了英雄烈士的姓名、肖像、名誉、荣誉受到侵害应当予以保护,第 994 条全面列举对死者姓名、肖像、名誉、荣誉、隐私、遗体等受到侵害的,死者的近亲属有权进行保护。不过,这一条文规定的范围还是过窄,如死者的声音、个人信息等,也都需要依法予以保护,可以概括在"等"字当中。

对死者人格利益的保护,采取由死者近亲属保护的方式进行。对此,仍然采用司法解释确定的方法,即当死者的人格利益受到侵害时,死者的第一顺位近亲属即配偶、父母、子女有权向法院起诉,请求行为人承担民事责任,保护死者的人格利益。死者没有第一顺位近亲属的,其他近亲属即第二顺位的近亲属,即祖父母、外祖父母、孙子女、外孙子女、兄弟姐妹有权行使这种保护权利。

关于保护死者人格利益的请求权是否有期限限制的问题,本条采用司法实践的习惯,不规

---

〔10〕 1992 年,美国的"怀特"一案是将各种因素综合起来判定是否侵犯他人身份特征的典型判例。原告怀特是著名的电视娱乐节目"幸运之轮"(Wheel of Fortune)的女主持人,收看该节目的电视观众非常广泛。被告三星电子公司为新上市的盒式磁带制作了一则广告,画面为一个拟人的机器人形象,头戴金色假发,身着晚礼服,佩戴珍珠项链。这是广告设计者刻意模仿怀特穿着的结果。除此之外,这个类似机器人的形象还站立在一块竞赛牌子(牌子上写有各种英文字母)的旁边,就像怀特主持"幸运之轮"节目时所做的那样。第九巡回上诉法院认为,如果将广告中的各个要素分开来看,不能说被告侵犯了原告的权利。但如果将其中的各个要素综合起来,毫无疑问广告所描绘的就是原告。因此,被告显然使用了原告的身份。

定期限，而是以死者的近亲属健在为限，死者不再有近亲属的，法律不再予以保护；如果有涉及公序良俗需要特别保护的，应当由有关机关予以保护。

第五节　人格权的民法保护

人格权的民法保护方法，是指用民法上以人格权自身的请求权方法和确认侵害人格权的违法行为为侵权行为的方法，以使权利人享有损害赔偿为主要内容的请求权的形式，对人格权遭受侵害的权利人予以救济的法律保护方法。人格权的民法保护方法分为两个系统，即人格权请求权系统和侵权请求权系统。

一、人格权请求权的保护方法

人格权请求权是指民事主体在其人格权的圆满状态受到妨害或者有妨害的可能时，可以向加害人或者人民法院请求加害人为一定行为或者不为一定行为，以回复人格权的圆满状态或者防止妨害的权利。[11]《民法典》第995条规定："人格权受到侵害的，受害人有权依照本法和其他法律的规定请求行为人承担民事责任。受害人的停止侵害、排除妨碍、消除危险、消除影响、恢复名誉、赔礼道歉请求权，不适用诉讼时效的规定。"人格权请求权保护方法，就是赋予人格权人依据其权利而享有这种请求权，在权利受到侵害或者妨害时，能够依据该请求权，排除妨害、停止侵害、消除危险等，以救济损害，回复权利。所以，人格权请求权，是人格权本身包含的保护自己的请求权。这正像人体之内包含着保护自己防御疾病的抵抗力一样，人格权请求权就是人格权自己所包含的保护自己的救济权利。而保护人格权的外部力量，则是侵权请求权，是用外部的请求权保护人格权，就像感冒采取吃药、打针的方法进行治疗一样。

人格权请求权对保护人格权的最大价值，就在于弥补侵权请求权保护人格权的不足，因而使人格权的法律保护系统更为完善和完备。第一，人格权请求权的行使不以过错为构成要件，只要人格权受到侵害就可以行使，有利于保护权利人的权利完满状态。第二，人格权请求权对权利保护不受诉讼时效期间的限制，保护力度大，有利于对人格权的长期保护。第三，人格权请求权也是请求权体系中的重要内容之一，缺乏其存在，请求权体系将不完整。第四，侵权损害赔偿请求权的局限性，要求人格权请求权予以弥补，更好地保护受害人的利益。损害赔偿作为救济损害的基本责任方式不是万能的，耶林曾说："罗马法官使用的金钱判决制度是正确评价权利侵害的理念上利益的充分手段。这一制度给我们的近代证据理论带来灾难，变成司法为防止不法而曾使用过的手段之中尤为绝望的一个。"[12]

可见，在对人格权的保护中，侵权请求权保护的目的主要集中在要求加害人履行损害赔偿之上，其目的是填补权利人无法通过行使人格权请求权来恢复的损失，是以金钱的方式填补被损害的权利。而人格权请求权保护的目的，主要集中在对人格权的防范和预防，以及造成损害的权利恢复。人格权请求权与侵权请求权是两种不同的权利保护方法，是从不同的角度对权利损害予以不同的救济，两者可以独立适用也可以结合适用。那些认为人格权编规定本条等

---

〔11〕 杨立新、袁雪石：《论人格权请求权》，载《法学研究》2003年第6期。

〔12〕 [德]耶林：《为权利而斗争》，胡宝海译，载梁慧星主编：《民商法论丛》（第2卷），法律出版社1994年版，第53页。

内容,就是与侵权责任编规定的责任方式相重复的看法,是不正确的。

人格权请求权的具体方法,应当是除了损害赔偿方法之外的救济人格权被侵害的方式,如停止侵害、排除妨碍、消除危险、赔礼道歉、消除影响、恢复名誉等请求权。损害赔偿是侵权法救济损害的一般方法,不属于人格权请求权的内容。

正是由于人格权请求权是人格权本身包含的救济权利,因此,人格权请求权不受诉讼时效的限制,因而规定"受害人的停止侵害、排除妨碍、消除危险、消除影响、恢复名誉、赔礼道歉请求权的,不适用诉讼时效的规定"。而侵权请求权救济人格权的损害,则受诉讼时效的拘束。

二、侵权请求权的保护方法

人格权的侵权请求权的保护方法,就是确认侵害人格权的违法行为为侵权行为,赋予权利人以侵权请求权,通过行使该请求权,使损害得到救济,受到侵害的权利得到恢复,保持人格权的圆满状态。

民法确认侵害人格权的民事违法行为是侵权行为,是民法保护人格权的基本方法之一。正是基于民法的这一基本认识,才保障了对自然人、法人的人格权进行全面的民法保护。因此,成文法国家的民法典除在总则部分对人格权作出一般规定外,基本上是在债法的侵权行为法中规定具体人格权及其保护方法,非成文法国家则专设侵权行为法部门,加强对人格权的法律保护。

依据现行立法和学理,我国的侵权行为分为两个基本类型:一是侵害人格权的侵权行为;二是侵害财产权的侵权行为。这两种最基本的侵权行为,在法律特征上有很多相同之处,如它们都是一种民事违法行为,都是一种有过错的行为(在法律有特别规定的情况下除外),都是应当承担相应法律后果的行为。只是在侵权行为的侵害客体上,两种侵权行为截然不同。侵害财产权的侵权行为,侵害的客体是财产权,包括侵害物权即静态财产权,侵害债权即动态财产权,侵害知识产权即无形财产权,侵害继承权即含有身份关系的财产权。侵害人格权的侵权行为,侵害的客体是人格权。

第六节　对人格权保护的特别规定

一、民事主体享有违约精神损害赔偿请求权

《民法典》第 996 条规定:"因当事人一方的违约行为,损害对方人格权并造成严重精神损害,受损害方选择请求其承担违约责任的,不影响受损害方请求精神损害赔偿。"这是对违约行为造成精神损害可以直接适用精神损害赔偿责任救济的规定。

一个违约行为造成两种损害的形成机制是,对合同约定的义务,债务人未履行,造成了债权人的可得利益损害,而该合同履行利益对债权人而言,不仅具有财产利益,而且具有人身意义,该人身意义又包含着精神利益。当违约行为发生时,一方面造成了债权人的财产利益损害;另一方面又造成了债权人的精神利益的损害,也侵害了债权人的人格利益造成严重精神损害。例如,旅行社组织的旅行团混进严重传染病人,其他团员面临感染疾病的威胁,造成严重精神损害。

长期以来,我国采取违约行为不得请求适用精神损害赔偿责任的做法,当事人如果坚持主张,则应通过民事责任竞合的方法,选择侵权诉讼方可获得支持。这个规则是《最高人民法院关于确定民事侵权精神损害赔偿责任若干问题的解释》确立的,并为司法实践一直所坚持。[13]这样的做法虽然有一定道理,但是对当事人却形成讼累,一个违约行为既造成债权人的财产利益损害,又造成精神利益的损害,却须提起两个诉讼,并且可能还不是由同一个法院管辖。本条规定,因违约造成严重精神损害的,受害人可以直接起诉精神损害赔偿责任,就可以解决这个问题,有利于受害人方便、及时地行使权利,保护自己。

适用本条的要件是:第一,双方当事人存在合同等债的关系;第二,一方当事人违反合同构成违约行为;第三,在侵害了债权人债权的同时,还侵害了债权人的人格权造成严重精神损害;第四,既造成了债权人的财产利益损害,也造成了精神利益的严重损害。具备上述要件,受损害一方请求其承担违约责任,也可以一并请求违约方精神损害赔偿。

本条与《民法典》侵权责任编第 1183 条第 1 款关于精神损害赔偿责任一般性规定的关系是,第 1183 条是普通规定,本条是特别规定,在违约责任领域,本条具有优先适用的效力。

二、民事主体享有对侵害人格权的禁令请求权

《民法典》第 997 条规定:"民事主体有证据证明行为人正在实施或者即将实施侵害其人格权的违法行为,不及时制止将会使其合法权益受到难以弥补的损害的,有权依法向人民法院申请采取责令行为人停止有关行为的措施。"这是对民事主体享有的对侵害人格权禁令请求权的规定。禁令就是禁止实施某种行为的命令。侵害人格权的禁令,是人民法院发出的禁止行为人实施有可能侵害他人人格权的行为的命令。这种命令有强制性,受禁令禁止的行为人,必须遵从禁令的要求,不实施被禁令禁止的行为。违反者,应当承担民事责任。

在具体的诉讼中,禁令须法律作出明确规定。我国长期以来没有与人格权请求权相协调的禁令规则,立法存在较大缺陷。具体表现在:第一,《民事诉讼法》用先予执行替代禁令的做法存在局限。"先予执行"的作用与禁令的作用相似。对因情况紧急需要先予执行的案件,法院可以根据当事人的申请裁定先予执行,紧急情况包括需要立即停止侵害、排除妨碍以及立即制止某项行为的情形。但是,先予执行和禁令是不能相互代替的,因为先予执行是法院在诉讼过程中采取的措施,不能完全起到禁令的作用。[14] 第二,没有规定被告不执行禁令,人民法院仍有可能无法强制执行的相应措施。充当强制执行的客体仅仅是作为,而不包括不作为,在作为中仅指可替代的行为,而不包括不可替代的作为。即使人民法院做出了命令或者禁止的裁定,被申请人不履行裁定时,人民法院仍然有可能无法强制执行。[15] 第三,没有考虑到应该对不执行禁止令状的自然人和法人的不同的处理措施。第 997 条作出保护人格权的禁令的规定,弥补了这一立法缺陷,不仅使权利人保护自己的人格权有了禁令的规定,而且使人民法院采取禁令措施有了法律依据。

对行为人发出禁令的要件是:第一,民事主体有证据证明行为人正在实施,或者即将实施某种违法行为;第二,该种违法行为能够侵害受害人的人格权;第三,不及时制止将会使受害人

---

〔13〕 最高人民法院的这一司法解释确定的这个规则,是通过该司法解释的标题体现出来的,即"确定民事侵权精神损害赔偿责任",不适用于违约责任范围。

〔14〕 参见江伟、王景琦:《WTO 协议与中国民事司法制度的完善》,载《中国法学》2001 年第 1 期。

〔15〕 参见江伟、肖建国:《民事诉讼中的行为保全初探》,载《政法论坛》1994 年第 3 期。

的合法权益受到难以弥补的损害;第四,受害人须向人民法院请求发布禁令。符合上述要件要求的,人民法院应当对行为人发布禁令,行为人受到该禁令的拘束。

适用禁令,有两个问题注意:一是申请发布禁令的请求人对禁令应当提供担保,一旦请求禁令错误,使受禁令禁止的行为人受到损害的,应当承担侵权责任;未提供担保的,人民法院可以拒绝发布禁令。二是被禁令禁止的行为人违反禁令,继续实施被禁止的行为的,应当承担造成损害的赔偿责任,违反禁令的行为也应当同时受到民事诉讼强制措施的制裁。这些立法的不足,法院在积累足够的司法经验之后,应当作出司法解释,统一执法尺度。

三、认定侵害精神性人格权责任应当考虑的因素

《民法典》第998条规定:"认定行为人承担侵害除生命权、身体权和健康权外的人格权的民事责任,应当考虑行为人和受害人的职业、影响范围、过错程度,以及行为的目的、方式、后果等因素。"这是对认定侵害生命权、身体权、健康权以外的精神性人格权承担民事责任的新规则。

人格权通常分为物质性人格权和精神性人格权。侵害人格权后产生人格权请求权,由于侵害的人格权的类型不同仍有人身损害的人格权请求权和精神损害的人格权请求权之分。行为人承担侵害除生命权、身体权和健康权外的人格权的民事责任,就是指权利人享有的侵害精神性人格权的精神损害赔偿责任。

之所以对确定侵害精神性人格权的民事责任要考虑特定因素,是因为精神性人格权的客体均为无形的人格利益,在客观上没有实在的外在表象。例如,名誉权的客体是他人对自然人、法人、非法人组织的属性所给予的社会评价;隐私权的客体是与公共利益、群体利益无关私人生活安宁及不愿为他人知晓的私密空间、私密活动和私密信息;人身自由权的客体则是人的行为、意志不受他人约束的状态;等等。对这些精神性人格权的无形人格利益造成损害,其损害形态也是无形的。在具体认定侵害精神性人格权的民事责任中,应当看到侵害精神性人格权造成的人格利益无形损害可能表现为三种形态:一是财产利益损失,包括人格权本身包含的财产利益损失和为恢复受到侵害的人格而支出的必要费用;二是一般人格利益的损害,即人格评价的降低、隐私被泄露、自由被限制、肖像或名称被非法使用等;三是受害人的精神创伤和精神痛苦。这三种形态,以一般人格利益的损害为主要形态,其他两种形态均由该种损害所引起。人格利益无形损害的三种形态,决定了对这种损害的赔偿责任,既有可计算的一面,也有不可计算的一面,与人格有形损害形成鲜明对照。

确定侵害精神性人格权的精神损害赔偿责任,应当考虑的因素是:第一,行为人和受害人的职业;第二,侵权行为的影响范围;第三,行为人的过错程度;第四,行为人的行为目的、方式;第五,行为所造成的后果。例如,恶意诽谤他人的侵害名誉权的行为,与记者调查事实进行新闻报道因过失而使事实失实的侵害名誉权,虽然都是侵害名誉权,但是在职业、影响范围、过错程度以及行为人的行为目的、方式和后果等方面都有不同。认定侵害精神性人格权的民事责任,应当斟酌这些不同情节,确定适当的精神损害赔偿责任,而不能一概而论。

四、合理使用他人的人格要素与不合理使用的民事责任

《民法典》第999条规定:"为公共利益实施新闻报道、舆论监督等行为的,可以合理使用民事主体的姓名、名称、肖像、个人信息等;使用不合理侵害民事主体人格权的,应当依法承担民事责任。"这是对合理使用他人人格要素及不当使用应当承担责任的规定。

新闻报道,是媒体告诉公众正在发生事实的信息,是对新近发生的事实的报告。新闻的本

源是用事实说话，是对客观事实进行报道和传播而形成的信息，是对事实具有真实的传达。客观事实本身不是新闻，被报道出来的新闻是在报道者对客观事实进行主观反映之后形成的观念性的信息，是记者把自己对客观事实的主观传达出来而产生的信息。

舆论监督，是媒体以及其他舆论通过发表新闻、评论等，对社会的政治生活、经济生活、文化生活等方面进行批评，实行监督的权利和功能。原本意义上的舆论监督，涵括在权力监督体系之中。舆论监督被进一步扩展，其含义已经超出了对权力监督的职能，几乎成了无所不能的权利和功能。舆论监督属于新闻自由的范畴，是新闻批评的自由和权利，媒体通过行使新闻批评的自由和权利，实现对社会生活的监督功能。

正因如此，新闻报道和舆论监督不可避免地要涉及被报道和监督的人物的人格利益。为保障媒体的公正性和媒体职能的实现，新闻性就是抗辩承担侵害人格权民事责任正当事由。具有新闻性的合理抗辩事由，能够阻却新闻报道、舆论监督侵害人格权的违法性，成为正当的合法行为。

因正当事由合理使用他人人格要素的行为，不构成侵害人格权的民事责任。其要件是：第一，实施新闻报道、舆论监督等行为；第二，使用的是民事主体的姓名、名称、肖像、个人信息等人格要素；第三，须符合正当使用的范围，即为公共利益实施新闻报道、舆论监督。符合上述要件要求的，对他人人格要素的使用为正当使用，不承担民事责任。例如，拍摄新闻事件中人物的肖像进行报道，不构成侵害肖像权。

行为人对他人的人格要素进行不合理使用，应当依法承担民事责任。不合理使用的行为包括：第一，没有正当事由而使用，如为个人创作而使用；第二，使用的人格要素超出了法律规定的范围，如揭露个人隐私；第三，超出了正当使用的范围，即在正当使用的范围之外进行使用。这些对他人人格要素的使用都是非法使用，构成侵害人格权的民事责任。

五、行为人承担侵害人格权责任应与行为方式和影响范围相适应

《民法典》第1000条规定："行为人因侵害人格权承担消除影响、恢复名誉、赔礼道歉等民事责任的，应当与行为的具体方式和造成的影响范围相当。""行为人拒不承担前款规定的民事责任的，人民法院可以采取在报刊、网络等媒体上发布公告或者公布生效裁判文书等方式执行，产生的费用由行为人负担。"这是对行为人依照人格权请求权人的权利请求承担的民事责任，应当与其行为方式和影响范围相适应的新规则。

与人格权请求权相对应的是民事责任，包括消除影响、恢复名誉、赔礼道歉等，都是人格权请求权的内容。这里提到的几种民事责任，也都是精神性的民事责任，而不是侵权损害赔偿责任。当精神性人格权受到侵害后，救济该种精神损害的民事责任，就是侵害精神性人格权请求权的具体内容。

确定消除影响、恢复名誉、赔礼道歉等精神性民事责任方式的具体方法是：

第一，应当与行为的具体方式相当。要求行为人承担消除影响、恢复名誉、赔礼道歉责任，与行为人的行为方式不相适应，会引起损害扩大的后果。例如，在互联网上造成的损害，不能要求到传统媒体上消除影响。

第二，与行为造成的影响范围相当。不能扩大范围进行消除影响、恢复名誉、赔礼道歉，例如，在本地报刊上进行诽谤，不能责令行为人在全国性传统媒体进行消除影响等。不相适应的消除影响、恢复名誉、赔礼道歉，将会扩大损害后果，给人格权造成新的侵害。

消除影响、恢复名誉、赔礼道歉责任方式，可以口头方式，也可以书面方式进行，其内容不得违反法律规定和社会公德,书面材料需要公布的,必须经人民法院审核同意。消除影响、恢复名誉、赔礼道歉的范围,应当防止借此扩大侵权影响。如果采用停止侵害的责任方式,在媒体侵权中一般是禁止刊有侵权新闻的报纸、杂志继续发行。对此,应采慎重态度。在判决时采用须确有必要;在诉讼中,原告申请侵权禁令的,应当事先提供担保。

对确定了上述的民事责任,责任人拒不承担民事责任的,人民法院可以对这些民事责任方式进行强制履行,方法是,人民法院可以采取在报刊、网络等媒体上发布公告或者公布生效裁判文书等方式执行,对于强制履行方式而产生的费用由行为人负担。这本身也是一种制裁方式。

六、身份权请求权准用人格权请求权规则

《民法典》第1001条规定:"对自然人因婚姻家庭关系等产生的身份权利的保护,适用本法第一编、第五编和其他法律的相关规定;没有规定的,可以根据其性质参照适用本编人格权保护的有关规定。"这是对身份权请求权规定的新规则。

身份权请求权,是身份权本身包含的保护自己的请求权,在配偶权、亲权、亲属权受到侵害后,为救济身份权的损害,权利人请求行为人承担民事责任,以恢复身份权完满状态的请求权。

与物权请求权、人格权请求权一样,身份权请求权是身份权包含的权利,而不是身份权的本身,是身份权包含的手段性权利,系属权利保护请求权的一种。它的功能是预防、保全母体权利即身份权不受非法妨害,回复身份权的圆满状态。德国学者拉伦茨认为,人身亲属权(身份权)请求权实际上具有服务的功能。〔16〕 当遭遇妨害或者有妨害行为之虞时,绝对性转化为相对性,身份权法律关系中对于任意第三人的绝对义务就转变为直接针对加害人的相对义务。权利人可以向加害人直接行使,也可以向人民法院起诉。

需要进一步明确的是:第一,行使身份权请求权的前提是民事主体的身份权受到妨害。妨害是没有构成损害的侵害,妨害是对权利人之于其客体意思支配力的侵害;而损害则是造成权利之于其主体的物质上和精神上的有用性减损的侵害。〔17〕 第二,身份权请求权通常涉及三方主体,而其他绝对权请求权的主体一般只涉及两方当事人。这是因为作为身份权请求权基础的身份权的权利主体具有共生性,此类主体的权利能力可以称为身份性人格。第三,在民事责任体系中,身份权请求权单独对应的一类责任方式,称为状态责任,或者存续保障责任。〔18〕 第四,近亲属(甚至包括其他亲属)侵害身份权的时候,受害人原谅发生的频率往往很高,身份权请求权的适用通常是当事人退而求其次的选择。正是基于这些考虑,身份权请求权才往往让位于伦理规范。

这一规定的重大意义是:第一,确认身份权的概念。在以往的民事法律中,没有明确使用过身份权的概念,《民法典》总则编第112条使用的是"自然人因婚姻家庭关系等产生的人身权利"的概念,而本条是第一次正式使用身份权的概念。第二,确认身份权请求权的概念。在以往的民事法律中,将身份权请求权与侵权请求权相混淆,未加严格区分,立法正式确认身份权请求权,在民事权利保护体系中是一件大事。第三,对于身份权请求权的具体规则,适用本法

---

〔16〕 参见[德]卡尔·拉伦茨:《德国民法通论》(上册),王晓晔等译,谢怀栻校,法律出版社2003年版,第325页。

〔17〕 参见徐晓峰:《请求权概念批判》,载《月旦民商法学·法学方法论》,清华大学出版社2004年版,第134页。

〔18〕 "状态责任"的提法,参见[德]鲍尔/施蒂尔纳:《德国物权法》(上),张双根译,法律出版社2004年版,第233页。"存续保障责任"的提法,参见徐晓峰:《请求权概念批判》,载《月旦民商法学·法学方法论》,清华大学出版社2004年版,第140页。

总则编、婚姻家庭编和其他法律的相关规定；没有规定的，适用人格权请求权的具体规则，因而不再具体规定身份权请求权的具体规则。

参考案例

1. 齐玉苓诉陈晓琪等以侵犯姓名权的手段侵犯宪法保护的公民受教育的基本权利纠纷案，载《中华人民共和国最高人民法院公报》2001 年第 5 期。

第三十七章　具体人格权

|导　读|

本章逐一介绍了各种具体人格权的定义、特征、内容及法律保护，这是人格权法的主要组成部分。

第一节　生命权、身体权和健康权

一、生命权

（一）生命

生命原本是生物学的概念。法律学上的生命，并不是泛指一切生物的生命，而仅指自然人的生命。它是人体维持其生存的基本的物质活动能力。

人的生命是人的最高的人格利益，具有至高无上的人格价值，是人的第一尊严。生命之于人的最高价值在于：第一，生命是人具有民事权利能力的基础。人之所以具有民事权利能力，就是其具有生命，因而法律规定，自然人的民事权利能力始于出生终于死亡，即在其具有生命形式时，才具有民事权利能力。人不具有生命，即不成其为民事权利主体，亦不具有民事权利能力。第二，生命具有不可替代性。因而人的生命一旦丧失，就不可逆转地消灭，没有任何办法予以挽回。第三，生命不仅对于人的本身具有价值，而且对于整个社会具有价值。人之所以能够制造工具改造自然，创造物质财富和精神财富，系以其具有生命为前提。人享有生命而创造财富，对他人、对社会均具重要意义。

（二）生命权的概念和特征

生命权是以自然人的生命安全的利益为内容的、独立的具体人格权。生命权的法律特征是：

1. 生命权以民事主体的生命安全为客体。生命权与身体权为两大相互依赖的人格权。生命存在于身体之内，身体依赖于生命的存在而存在。尽管如此，生命权与身体权并非为一个权利，各自有不同的权利客体。生命权的客体是人的生命安全，即维护生命的正常活动，保障生命不受非法剥夺的人格利益。

2. 生命权以维护人的生命活动延续为其基本内容。生命权维护人的生命活动的延续，防止人为地令其终止。生命权与健康权相互依赖，人体生命活动的延续依赖于人的健康状况，人的健康状况又以人体生命活动的存在为前提。尽管如此，这是两种不同的人格权，有本质的区别。生命权维护的是人的生命活动的延续。违法行为侵害生命权,使人的生命活动不能再继续延续,其必然后果是死亡。

3. 生命权的保护对象是人的生命活动能力。生命活动能力的基础,在于人体蛋白质的新陈代谢能力。人体蛋白质的新陈代谢能力保证人体不间断地与周围环境进行物质交换,使人体生长、发育、运动、繁殖,保持其生命活动能力。生命权的保护对象,正是人的这种生命活动能力。人的生命活动能力与人的劳动能力的区别在于:一是内容不同,前者的内容为人体蛋白质的新陈代谢能力,后者是在具有生命活动能力的基础上,从事劳动并创造财富的体力和脑力。二是性质不同,前者是一项独立的人格利益,后者则不是一项独立的人格利益,而是健康利益的一项具体利益。

(三)生命权的内容

《民法典》第1002条规定:"自然人享有生命权。自然人的生命安全和生命尊严受法律保护。任何组织或者个人不得侵害他人的生命权。"其内容是:

1. 生命安全维护权。生命安全维护权的首要内容,是维护生命延续。人的生命延续是人体的正常功能,是自然的因素,人可以通过锻炼和增加营养等方式以提高健康水平,使人的生命适当延长,但却不可以改变其必然死亡的客观规律。法律保护人的生命延续,不是通过提高健康程度延长生命,而是保护人的生命不因受外来非法侵害而丧失,保护的是人的生命安全利益。生命安全维护权的实质,是禁止他人非法剥夺生命,而使人的生命按照自然界的客观规律延续。生命安全维护权的第二项内容,是当有非法侵害生命的行为和危害生命的危险发生时,为防止生命危害发生,可以采取相应的措施,保护自己,排除危害。其中最基本的措施,就是正当防卫和紧急避险。生命安全维护权的第三项内容,是改变生命危险环境。当环境对生命构成危险,但该危险尚未发生时,生命权人有权要求改变环境,消除危险。

2. 生命尊严权。生命尊严是人格尊严的重要组成部分,生命尊严包括生的尊严和死的尊严。不过,由于人没有选择出生的权利,因而对于个人维护自己的生的尊严而言,是难以做到的,通常由社会和其父母予以保障。只有在出生之后,在其具有民事权利能力后,享有人格尊严,才有权得到最起码的社会的尊重和他人的尊重,维护自己活的尊严。在自然人临近死亡时,有权保障自己死也要有死的尊严,有权选择自己有尊严的死去,这才能真正实现自然人的生命尊严。所以,死的尊严就包括在生命尊严之中。

3. 生命权的终极价值。生命权的终极价值在于维护人自己的人格尊严,而人格尊严在于人的自我决定,人因为能够自我决定,所以才具有尊严。基于自然人对自己的人格尊严的维护,就当然地对其生命具有决定力。尽管自杀不是合法的行为,不属于生命权的自我决定范畴,但是,当出现病痛使生命不能发挥维护人格尊严的作用,反而成为人格尊严的负累时,人就应当有权决定终止它,使自己有尊严地死去。如果只有活的尊严,而没有死的尊严,一个人的人格尊严就不完整,就无法保护自己最后的尊严。从这个意义上讲,生命尊严的核心价值,不在于维护生的尊严,而在于维护死的尊严。因此,维护生命尊严,特别是维护人的死的尊严,才是维护其人格尊严的最终价值,生命尊严是实现人的尊严的最终环节。

维护生命尊严最重要的是维护死的尊严,包括选择尊严死、生前预嘱和临终关怀等内容。当自然人的生命濒临终结不可治愈且采取延命措施会有巨大痛苦时,权利人有权以生前预嘱等方式,选择尊严死,实行临终关怀,给予减轻痛苦的医疗措施。维护生命尊严是否包括可以采取安乐死,是一个争论的问题。从原则上说,生命尊严是安乐死的上位概念,尽管本条并未明确规定积极安乐死,但是,消极安乐死应当包括在其中。不过,规定了生命尊严,将会给安乐死立法设定法律依据,有利于安乐死立法的进一步展开。

生命权的义务主体是权利人以外的其他任何组织或者个人,即"任何组织或者个人不得侵害他人的生命权"。生命权是绝对权,一个自然人是生命权的权利主体,其他任何自然人、法人或者其他组织都是该生命权的义务主体,都负有不得侵害生命权权利主体的生命的义务。生命权的权利主体之外的所有的自然人、法人和非法人组织,都概括在"任何组织或者个人"的概念之中,作为生命权的义务主体,都负有"不得侵害他人生命权"的法定义务。

(四)侵害生命权的救济

侵害生命权,以受害人死亡为其结果。受害人既已死亡,该损害赔偿法律关系缘何而生,历来有不同主张,都认为侵害生命权的损害赔偿请求权存在一个继承的问题,即侵害生命权的受害人享有损害赔偿请求权(或地位),在其死亡之后,由其继承人继承。这些学说忽视了一个客观的事实,就是在侵害生命权的法律关系中,实际上存在双重直接受害人。所谓双重直接受害人,是指侵害生命权的行为,既造成了生命权人生命丧失的损害事实,又造成了生命权人的近亲属的财产损失的损害事实。生命丧失的直接受害人是死者,而财产损失的受害人则是死者的近亲属。这两种受害人,均为侵害生命权的直接受害人。由于受害的生命权人已经死亡,而由死亡人的近亲属承受该损害结果。也正因如此,死者在死亡的间隙中享有的损害赔偿请求权,实际上与死者近亲属所享有的损害赔偿请求权,内容是同一的,因死者死亡,而并合成由死者近亲属一并行使的损害赔偿请求权。依照这种理论,侵害生命权的损害赔偿请求权实际上不存在继承的问题;同时,作为加害人,其负有的损害赔偿义务,实际上存在两个权利人,其中死者死亡以后,还存在另外一个权利人,因而加害人的损害赔偿义务并未发生任何变化,只是向仅存的受害人清偿赔偿义务而已。

确立这一理论,侵害生命权的间接受害人原理是一个有力的佐证。因侵害生命权行为而丧失扶养请求权的人,称为间接受害人。间接受害人因死者对其负有扶养义务,当行为人致死该死者时,即丧失了扶养的来源,因而侵害生命权的行为造成了间接受害人的财产利益的损失,因而享有损害赔偿请求权。同理,死者近亲属因生命权人死亡而造成财产损失,当然也享有损害赔偿请求权。

二、身体权

(一)身体和身体权

身体权是自然人的一项独立的民事权利。《民法典》第1003条规定:"自然人享有身体权。自然人的身体完整和行动自由受法律保护。任何组织或者个人不得侵害他人的身体权。"

身体是指一个人或一个动物的生理组织的整体。法律意义上的身体,专指自然人的身体,是指自然人的生理组织的整体,即躯体。身体包括两部分:主体部分和附属部分。主体部分是人的头颅、躯干、肢体的总体构成,包括肢体、器官和其他组织。附属部分,如毛发、指(趾)甲等附着于身体的其他人体组织。身体虽然由头颅、肢体、器官、其他组织以及附属部分所构成,但它是一个完整的整体。身体具有完整性和完全性的基本特征。破坏了身体的完整性和完全性,就破坏了身体的有机构成。移植的器官和其他组织与受移植人成为一体的,即成功的移植,应为受移植人身体的组成部分,他人不能再对这些器官、组织主张身体权。镶装、配置的人工制作的残缺身体部分的代替物,如假肢、假牙、义眼、人工心脏瓣膜、助听器等,已构成躯体不可分离的一部分的,应属于身体,可以自由装卸的则不属于身体。

身体权是公民维护其身体完全并支配其肢体、器官和其他组织的具体人格权。

（二）身体权的法律特征

1. 身体权以自然人的身体及其利益为客体。身体是公民享受法律人格的物质基础，离开了身体，自然人无任何权利可言，不能具备法律上的人格。没有身体，生命则不存在，健康权也不存在。自然人身体权以身体为客体，最重要的就是保持其身体整体的完全性、完整性。任何人破坏自然人身体的完整性，就构成对自然人身体权的侵害。

2. 身体权还表现为对自己身体组成部分的肢体、器官和其他组织的支配权。随着科学技术的发展和现代法律伦理的进化，允许自然人将属于自己身体组成部分的血液、皮肤甚至个别器官转让给他人。这种转让，正是体现自然人对其身体组成部分的器官、组织的支配权。它表明，对于自然人身体的上述器官、组织，只有自然人本人才享有支配的权利，任何人都无权决定其转让。如果他人违背自然人自己的意志，强行索取、使用自然人身体的组成部分，就是侵害了自然人对身体组成部分的支配权。

3. 身体权是自然人的基本人格权。身体权表现为自然人对于物质性人格要素的不转让性支配权。身体权支配的是自身的物质性人格要素。它的客体，仍然是自然人的人格。

（三）身体权、健康权和生命权的区别

1. 身体权与生命权的区别。生命权为不受他人之妨害，而对于生命安全享受利益的权利，它的客体是自然人的生命。生命依附于身体而存在，身体依赖于生命的存在而存活。尽管如此，生命权与身体权在法律意义上，是十分容易区分的。一是身体权保护的是身体组织的完整性，生命权保护的是人的生命活动能力；二是身体权受到侵害，表现为身体完整性的破坏，生命权受到侵害，必须以生命不可逆转的丧失为标准。

2. 身体权与健康权的区别。健康权是自然人以其器官乃至整体的功能利益为内容的人格权，它的客体是人体器官及系统，乃至身心整体的安全运作以及功能的正常发挥。二者的区别在于：一是身体权的客体是身体，健康权的客体是健康；二是身体权体现的利益是自然人身体组织的完全性，健康权体现的利益是自然人肌体功能的完善性；三是身体权是自然人对自己身体组成部分的支配权，健康权则没有明显的支配性质。

三、健康权

（一）健康和健康权

健康作为健康权的客体，是指生理健康，即维持人体生命活动的生理机能的正常运作和功能的完善发挥。健康有两个要素：一是生理机能的正常运作；二是生理功能的完善发挥。通过这两个要素的协调一致发挥作用，达到维持人体生命活动的最终目的。《民法典》第1004条规定："自然人享有健康权。自然人的身心健康受法律保护。任何组织或者个人不得侵害他人的健康权。"

健康权是指自然人以其机体生理机能正常运作和功能完善发挥，因而维持人体生命活动的利益为内容的具体人格权。

（二）健康权的法律特征

1. 健康权以人体的生理机能正常运作和功能的正常发挥为具体内容，但不是以人体的整体构造为客体。健康权、身体权的客体即健康和身体，都是人的物质性人格利益，但是健康包含的是人的机体生理机能正常运作和功能的完善发挥，身体包含的是人的肌体构造的完整性和完全性,健康一般是通过身体构造的完整性而实现。当人体的肉体构造遭到损害,进而损害健康者,如断人肢体而致生理机能的不完善,应以认定为健康权损害为宜。当身体构成的完整性、完全性受到损害,并对人体机能运作的正常性及其整体功能的完善性造成损害的,当认定为对健康权的损害。

2. 健康权以维持人体的正常生命活动为根本利益。这种根本利益,在于维护人体机能的完善性,进而维持人体的正常生命活动。尽管生命和健康紧密相连,但它们却不是一个概念。生命和健康同样存在于身体这一物质形态之中,相伴相存,但健康是维持人体正常生命活动的基础,当健康受到侵害时,无论是发生器质性的改变,还是功能性的改变,都可以经过医治而使其康复或好转,保持人体的生命能力。健康损害的可康复性和生命损害的不可逆转性,是健康权和生命权的一个重要区别。此外,健康权以维持人体的正常生命活动为根本利益,但它不是以生命为客体。在现实中,有些行为的侵害目标是健康权,但最终因健康状况的严重损害而最终导致生命的丧失,这种情况不认定是侵害健康权,而是认定为侵害生命权行为;没有造成死亡后果的,无论是否具有故意,也无论损伤多么严重,只要其生命尚存在,就认定其为侵害健康权的行为。

3. 健康权保护的是自然人身体功能的正常发挥,使其运作、运动自主。人的自主运动和自主思维,是指人体自身的功能,这种功能决定人能够按照自己的意志去行动和思维。侵权行为侵害健康权,作用于人的内在因素,使其不能自主运动、自主思维,原因在于人体机能完善性的破坏和功能发挥的限制,完全属于人体的内因。

(三)健康权的内容

1. 健康维护权。健康维护权是健康权的基本内容之一,既是自然人的基本人权内容,也是社会共同的利益所在。健康的维护权是自然人保护自己、造福人类的重要权利。

健康维护权的首要内容是自然人保持自己健康的权利。这不仅可以使自然人维护自身生命、提高自己生活质量,追求体格、精神的完美状态,同时也具有维护社会利益、提高人类生存质量的意义。保持自己的健康,就是使自己的健康状况保持完好的状态,通过各种体育活动提高健康水平,在生理机能、功能出现不正常状况,即健康状况下降时,有请求医疗、接受医治的权利,使健康状况达到完好的状态或者恢复到原有状态。健康维护权的另一项重要内容,是当自然人健康权受到不法侵害时,享有法律保护的请求权。健康权是绝对权、对世权,除权利主体之外,其他任何人都负有不得侵害的法定义务。违反这一义务,侵害他人健康权,致健康状况受到损害,受害人有权依法请求侵权人承担相应的民事责任,构成犯罪的,还应当依法承担刑事责任。受害人行使这一权利,可以直接向加害人请求,也可以向有关组织请求,还可以直接向人民法院起诉。

2. 劳动能力。劳动能力是自然人从事创造物质财富和精神财富活动的脑力和体力的总和,是自然人健康权的一项基本人格利益。劳动能力完全包含于健康权之中,为健康权的基本内容之一。自然人享有劳动能力这种人格利益,一是有权保有这种利益;二是有权利用这种劳动能力以满足自己及社会的需要;三是有权发展这种利益;四是当这种利益受到损害时,有权要求加害人损害赔偿。

四、维护生命权、身体权、健康权的特别规定

(一)负有法定救助义务的组织和个人负有及时施救的义务

《民法典》第1005条规定:“自然人的生命权、身体权、健康权受到侵害或者处于其他危难情形的，负有法定救助义务的组织或者个人应当及时施救。”当自然人的人身受侵害或者处于危难情形时，负有法定救助义务的组织和个人应当及时履行救助义务。这一规定与《民法典》第 184 条、第 1220 条关于医疗机构紧急救助义务的规定相衔接。

负有法定救助义务的组织和个人，是指医疗机构、院前急救机构以及负有法定救助义务的单位和个人等，这些机构和个人依照法律的规定，负有对处于危难之中的自然人的救助义务。应当实施法定救助义务的情形：一是自然人的生命权、身体权、健康权受到侵害之时；二是自然人的生命权、身体权、健康权处于其他危难情形。当出现这样的情形之时，负有法定救助义务的机构和个人，必须负起紧急救治的责任，对该自然人进行紧急救治。没有及时实施相应的医疗措施，应当依照《民法典》第 1220 条和第 1218 条规定，承担过错责任的侵权责任，赔偿受害人的损失。如果不属于负有法定救助义务的组织或者个人，发现自然人的生命权、身体权、健康权受到侵害或者处于其他危难情形，依据道德也是应当予以救助的，造成被救助人的损害，应当适用《民法典》总则编第 184 条规定，免除责任。

（二）完全民事行为能力人自主捐赠人体组成部分的范围与方式

《民法典》第 1006 条规定：“完全民事行为能力人有权依法自主决定无偿捐献其人体细胞、人体组织、人体器官、遗体。任何组织或者个人不得强迫、欺骗、利诱其捐献。”“完全民事行为能力人依据前款规定同意捐献的，应当采用书面形式，也可以订立遗嘱。”“自然人生前未表示不同意捐献的，该自然人死亡后，其配偶、成年子女、父母可以共同决定捐献，决定捐献应当采取书面形式。”自然人捐献自己的身体组成部分或者遗体，是行使身体权的行为，《民法典》第 130 条规定的自我决定权约束，须自主决定。捐献自己人体组成部分的行为，是有利于他人的高尚行为，在不影响或者不严重影响自己健康的情况下，依照权利人自己的意志进行。捐献行为不得有偿进行，但是，并不妨碍受益人给予一定的补偿或者营养费等费用，以弥补权利人健康受到的损害。捐献的对象是身体的组成部分，也可以是自己死亡后的遗体，但是，不得捐献影响生命或者严重健康损害的人体组成部分。

对于捐献自己身体组成部分的行为，任何组织和个人都不得进行强迫、欺骗、利诱，不能通过这样的方法强令自然人进行上述人体组成部分的捐献。实施强迫、欺骗、利诱的方法使自然人违背其真实意志而实施捐献行为的，构成侵害身体权的侵权行为，应当依照过错责任原则的规定，承担侵权责任。

自然人生前未表示不同意捐献的，不等于其拒绝捐献。自然人生前没有表示拒绝捐献自己的身体组成部分或者遗体的，在该自然人死亡后，其配偶、成年子女、父母可以采用书面形式共同决定捐献。

（三）禁止以任何形式买卖人体组成部分

《民法典》第 1007 条规定：“禁止以任何形式买卖人体细胞、人体组织、人体器官、遗体。”“违反前款规定的买卖行为无效。”任何人体细胞、人体组织、人体器官以及遗体，都是人的身体组成部分，或者是人的身体的变异物，都不是交易的对象。出于救助他人的高尚目的，自然人可以将自己的身体组成部分或者遗体捐献给他人或者公益组织，但这不是买卖，而是施惠于他人的高尚行为。进行人体细胞、人体组织、人体器官或者遗体的买卖行为，是违法行为。任何买卖人体细胞、人体组织、人体器官以及遗体的行为，都是无效的行为，都在被禁止之列。非法买卖人体组成部分的行为尽管也是转移标的物所有权，对方给予报酬的行为，但是由于其违反法律的强制性规定、违反公序良俗，因而是无效的民事法律行为。

(四)自然人进行临床试验的范围和程序

《民法典》第1008条规定:“为研制新药、医疗器械或者发展新的预防和治疗方法,需要进行临床试验的,应当依法经相关主管部门批准并经伦理委员会审查同意,向受试者或者受试者的监护人告知试验目的、用途和可能产生的风险等详细情况,并经其书面同意。”为了提高医学科学水平,维护人类的健康,法律准许对自愿受试者进行临床试验,经过临床试验后,取得医疗经验,将成熟的医疗技术和药品应用于临床,使更多的患者采用同样的医疗技术或者药品的进行治疗而受益,恢复健康,生活得更好。

凡是临床试验就会存在风险,而临床试验的目的之一,就是探索新的医疗技术和药品的风险所在,以及如何改进。因此,进行临床试验必须经过严格的批准程序,要符合法律规定的范围,否则就是违法的,是侵害受试者的身体权、健康权的行为。

本条规定临床试验的范围有四种:一是研制新药;二是研制新的医疗器械;三是发展新的预防方法;四是发展新的治疗方法。只有在这个范围的行为,才是法定的临床试验范围,超出这个范围进行的试验,都是违法的,都是侵害受试者的身体权、健康权的行为。

进行临床试验的程序是:第一,依法经过相关主管部门的批准;第二,经过医疗机构的伦理委员会审查同意;第三,须向受试者或者受试者的监护人履行告知义务,告知的内容是实验目的、用途和可能发生的风险等,告知的要求是要详细;第四,接受临床试验的受试者或者受试者的监护人须有书面同意,口头同意不发生效力,以避免日后发生纠纷。

(五)从事人体基因、人体胚胎等有关医学科研活动应依法进行

《民法典》第1009条规定:“从事与人体基因、人体胚胎等有关的医学和科研活动,应当遵守法律、行政法规和国家有关规定,不得危害人体健康,不得违背伦理道德,不得损害公共利益。”这是对从事与人体基因、人体胚胎的医学和科研活动须依法进行的规定,是为人体基因和人体胚胎有关医学和科研活动划出的一条不可逾越的红线。人体基因主宰生命,是人生老病死的根源。人体胚胎,是人体早期发生,从受精至第八周末的发育时期,即胚前期和胚期的胚胎。随着当代医学科学的发展,对人体基因的研究和生殖技术发展已经达到了相当的水平,并且在继续发展。因此,涉及人体基因和人体胚胎的医学和科研活动都在深入进行,这些活动都是有益于人类健康的,符合社会发展的需要。不过,凡是进行高科技研究,都会存在风险,处置不当就会对人类造成危害。

凡是从事人体基因、人体胚胎等有关医学和科研活动的,都必须遵守法律规定的红线,即:第一,必须遵守法律、行政法规和国家有关规定;第二,不得危害人体健康;第三,不得违背伦理道德;第四,不得损害公共利益。违反这些红线之一,就是突破了研究和医学的底线,就是违法行为,就在禁止之列。

第二节 姓名权、名称权和肖像权

一、姓名权

(一)姓名和姓名权

姓名是用以确定和代表个体自然人并与其他自然人相区别的文字符号和标记。其意义在

于，姓名在法律上使某一个自然人与其他自然人区别开来，便于参加社会活动，行使法律赋予的各种权利并承担相应的义务。

姓名权，就是自然人决定、使用和依照规定改变自己姓名的权利。《民法典》第 1012 条规定："自然人享有姓名权，有权依法决定、使用、变更或者许可他人使用自己的姓名，但是不得违背公序良俗。"

（二）姓名权的内容

1. 自我命名权。自然人有权决定自己的姓名，任何人无权干涉。自然人的姓，原则上无选择权，或者随父姓，或者随母姓。自然人的名，一般都是自然人出生时其父母给起的，但这不是对自我命名权的否定，实际上是父母亲权的表现，是父母实施亲权的代理行为。

2. 姓名使用权。自然人在民事活动中，除法律另有规定之外，可以使用本名，也可以使用自己的笔名、艺名或化名等。

3. 改名权。自然人可以按照自己的意愿依照规定改变自己的姓名，不受其他限制。按照现行规定，自然人改名应当经公安机关登记，否则不发生变更姓名的效力。

4. 许可他人使用权。由于姓名权具有专属性，准许他人使用须为正当，如委托代理、法定代理、意定代理对本人姓名的使用是正当的许可使用，未经本人同意，又没有行使他人姓名权的免责事由的，则构成侵害姓名权的侵权行为。比如，"乔丹"案件就是未经许可将他人姓名申请注册为商标并进行使用的行为，需要承担侵权责任。

（三）行使姓名权的特别规定

1. 自然人在行使姓名权时，不论是决定、使用、变更，还是许可他人使用，均不得违背公序良俗。姓名权的客体是姓名，姓名包括姓和名两部分，姓是一定血缘遗传关系的记号，标志着个体自然人从属于哪个家族血缘系统；名则是特定的自然人区别于其他自然人的称谓。姓和名的组合，表现了个人对社会团体或血缘家族或某一类人的归属，也表现了从个体到群体的关系。无论是从家族出发，还是从群体出发，都强烈要求自然人行使姓名权时不得违背公序良俗。

2. 自然人的姓氏应当随父姓或者母姓，但是有下列情形之一的，可以在父姓和母姓之外选取姓氏：一是选取其他直系长辈血亲的姓氏；二是因由法定扶养人以外的人扶养而选取扶养人姓氏；三是有不违背公序良俗的其他正当理由。少数民族自然人的姓氏可以遵从本民族的文化传统和风俗习惯。

3. 自然人决定、变更自己的姓名，应当依法向有关机关办理登记手续，但是法律另有规定的除外。自然人变更姓名，变更前实施的民事法律行为对其具有法律约束力。

4. 自然人具有一定社会知名度的笔名、艺名、网名、译名、姓名的简称等，被他人使用足以造成公众混淆的，参照适用姓名权有关保护的规定。

二、名称权

（一）名称

名称是指法人及特殊的自然人组合等主体在社会活动中，用以确定和代表自身，并区别于他人的文字符号和标记。特殊的自然人组合，是指个体工商户、个人合伙等不享有法人资格，但又不是自然人个体的其他组织，包括个体工商户、个人合伙以外的非法人组织，如不具有法人资格的私营企业等。名称的基本作用，在于使上述主体在社会活动中，确定自身的称呼，以其代表自身，并区别于其他自然人、法人和其他组织。

字号,是指商店、个体工商户、个人合伙所使用的名称。商号,是指商业主体依法申请登记,用以表示自己营业的名称,亦即商业主体在营业上所使用的名称。字号和商号均为名称之一种,并不是名称的全部。

(二)名称权的概念及其特征

名称权是指法人及特殊的自然人组合依法享有的决定、使用、改变自己的名称,依照法律规定转让名称,并排除他人非法干涉、盗用或冒用的具体人格权。

名称权具有以下法律特征:(1)名称权的性质是人格权,是绝对权、专属权、固有权、必备权。概言之,名称权是法人、个人合伙、个体工商户等之所以为主体的基本权利之一,不享有名称权,民事主体不能成立。(2)名称权的主体是法人和个体工商户、个人合伙等特殊的自然人组合。法人应包括企业法人和其他非企业法人。个体工商户、个人合伙均是特殊的自然人组合,也包括不具有法人资格的私营企业及其他类似的组织。(3)名称权的客体具有明显的财产利益因素。这主要表现在商业名称上,老字号、老商号、名牌企业效益好、信誉高,必然带来高利润,因而使商业名称具有较高的使用价值。基于此,名称权具有可转让性这一显著特征,区别于其他人格权,也区别于姓名权。

(三)名称权的内容

1. 名称设定权。法人及特殊自然人组合享有名称权的最基本内容,就是为自己设定名称的权利,他人不得强制干预。对法人尤其是企业法人,必须设定名称,并且依照法律的规定设定,非经依法登记,不发生效力,不取得名称权。对于个体工商户、个人合伙等自然人组合,依其自愿,可以设定名称,也可以不设定名称。

2. 名称使用权。名称权主体对其名称享有独占使用的权利,排除他人非法干涉和非法使用。名称经依法登记,即产生名称权主体的独占使用效力,法律予以保护,在登记的地区内,他人不得登记经营同一营业性质的该名称;未经登记而使用者,为侵害名称权。

3. 名称变更权。名称权主体在使用其名称的过程中,可以依法变更自己登记使用的名称。名称变更,可以部分变更,也可以全部变更。变更名称必须依法进行变更登记,其程序与设定名称相同。

4. 名称转让权。法人、非法人组织有权转让其名称。名称转让可以是部分转让,即将名称使用权转让于他人使用;也可以是全部转让,即将名称权全部转让于他人享有。部分转让者,名称权人仍享有名称权,仍得自行使用其名称,但名称使用人依其使用权的受让,而依约定使用该名称。全部转让者,原名称权人丧失名称权,不得继续使用;受让人成为该名称的权利人,享有专有使用权及名称权的一切权利。

5. 许可他人使用权。法人、非法人组织的名称权蕴含着一定的财产利益,其有权许可他人使用自己的名称。如果未经法人、非法人组织同意就使用其名称,又没有免责事由的,则构成侵害名称权的侵权行为。

三、肖像权

(一)肖像

肖像,是通过影像、雕塑、绘画等方式在一定载体上所反映的特定自然人可以被识别的外部形象。

肖像的法律特征是:第一,肖像首先是自然人的外貌形象。法律意义上的形象,是指自然人所具有的客观的、实在的物质实体的外在形态,因而只有自然人才会有肖像。第二,肖像是自然人外貌所再现的视觉形象。自然人的外貌形象并非肖像,自然人的外貌形象只有经过再现,即经过一种转换而得到的视觉的形象。肖像应当包括自然人的整个外貌形象,但最主要之点,在于其面部形象。第三,肖像是通过艺术手段固定在物质载体上再现的自然人形象。通过绘画、照相、雕塑、录像、电影艺术等形式将自然人外貌映像固定在物质载体上的再现,就是肖像。人的外貌映像只有固定在物质载体上,才能成为法律意义上的肖像,如果这种映像固定不下来,就不能使用,也不存在肖像权的问题。第四,肖像具有某种物的属性。肖像固定在物质载体之上,即与肖像人在客观上相脱离,独立于世;肖像固定在物质载体上,能够为人力所支配,同时即具有一定的财产价值。

(二)肖像权的概念和特征

肖像权,是自然人以在自己的肖像上所体现的利益为内容的具体人格权。肖像权作为一种具体的人格权,是包含肖像所体现的精神利益和物质利益为内容的民事权利。《民法典》第1018条规定:“自然人享有肖像权,有权依法制作、使用、公开或者许可他人使用自己的肖像。”

肖像权的法律特征是:第一,肖像权所体现的基本利益是精神利益。法律保护自然人的肖像权,最首要的就是保障自然人人格尊严,保护肖像权所体现的这种精神权利。第二,肖像权所具有的物质利益是肖像权所体现的一项重要内容。自然人的肖像作为艺术品,具有美学价值。在市场经济条件下,这种美学价值能够转化为财产上的利益,享有肖像权,就可以获得财产上的利益。尽管这种物质利益并不是其主要内容,但是亦应予以保护。第三,肖像权是自然人专有的民事权利。首先体现为形象再现的专有性,即自然人享有是否允许他人再现自己的形象的权利。其次体现在肖像使用的处分性。肖像的使用权属于肖像权人,肖像使用权的处分,是肖像权人对其肖像使用权的转让。第四,肖像权的主体只是特定的自然人。肖像是自然人有关形象的人格标识,反映的是自然人的外貌属性。肖像权只能由自然人所享有,且须由特定的自然人所享有。法人不享有肖像权。

(三)肖像权的内容

1. 制作专有权。肖像权人可以根据自己的需要和他人、社会的需要,通过任何形式由自己或由他人制作自己的肖像,他人不得干涉;有权禁止他人非法制作自己的肖像。

2. 使用专有权。肖像使用专有权的实质,就是肖像权人对于自己的肖像利用价值的专有支配权。肖像权人对自己肖像有权以任何方式进行自我使用。肖像权人有权禁止他人非法使用自己的肖像。任何人未经本人同意而使用肖像权人的肖像,都是对肖像使用专有权的侵害。肖像使用专有权可以部分地转让给他人。

3. 利益维护权。受到侵害时,肖像权人有权维护自己的肖像利益,对于恶意毁损、玷污、丑化自然人肖像的行为,肖像权人有权请求行为人停止侵害;任何人以营利目的使用他人肖像,肖像权人都有权要求赔偿其财产利益的损失。

(四)肖像许可使用合同

合法的肖像使用行为,除去具有《民法典》第1020条规定的阻却违法事由的肖像使用以外,是肖像许可使用合同。确认合法的肖像使用行为的性质为肖像许可使用合同,为肖像权的法律保护提供了有益的启发。在排除阻却违法事由之外,依照有效的肖像许可使用合同的约定使用肖像权人的肖像,为合法行为,法律予以保护;没有有效的肖像许可使用合同作为依据而使用肖像权人的肖像,或者超出肖像使用合同约定范围而使用肖像权人的肖像,必然是违法行为,法律不予保护。

依照《民法典》第1023条规定,对姓名等的许可使用,参照适用肖像许可使用的有关规定。对自然人声音的保护,参照适用肖像权保护的有关规定,确认声音权也是具体人格权。

第三节 名誉权和荣誉权

一、名誉权

(一)名誉

名誉是对民事主体的品德、声望、才能、信用等的社会评价。

名誉包括两个内容,即内部名誉和外部名誉。这两种名誉都是关乎民事主体的价值评价,但是二者是有严格区别的。外部名誉是第三人对于特定的民事主体存在价值的评价,这种评价是由他人做出的,存在于客观社会之中,具有客观的属性,有判断其损益的尺度,因而能为他人所感知,故称为客观名誉。内部名誉是特定的民事主体对自己内在价值的感受,是自己对自己的评价,存在于该民事主体的主观世界,为自己所感知,因而是主观上的名誉。

作为名誉权的客体,是指外部名誉,不是内部名誉。只有外部名誉即客观名誉才能够成为名誉的客体。

(二)名誉权的概念和特征

名誉权是指自然人和法人就其自身属性和价值所获得的社会评价,享有的保有和维护的具体人格权。《民法典》第1024条规定:"民事主体享有名誉权。任何组织或者个人不得以侮辱、诽谤等方式侵害他人的名誉权。"名誉权具有以下法律特征:

1. 名誉权的主体包括自然人、法人和非法人组织。名誉权是具体人格权,在人格权中,只有少数权利的主体包括自然人、法人和非法人组织,名誉权是其中之一。

2. 名誉权的客体是名誉及其利益。名誉利益是自然人、法人和非法人组织就其自身属性和价值所获得的社会评价。自身属性包括自然人的品德、才能和其他素质,包括法人、非法人组织的经营能力、履约能力、经济效益等状况。

3. 名誉权保护的是自己的社会评价。名誉权的基本内容是保有和维护自己的社会评价,在于保有自己的名声,维护其名声不受侵害。

4. 名誉权不具有财产性,但与一定的财产利益相关联。名誉权不具有直接的财产价值,也不能产生直接的经济利益。但是其所包含的财产利益因素较为明显。这不仅表现在名誉权受损害以后主体会因补救损害而受到一定的经济损失,同时,还可能导致自然人招聘、晋级、提薪受到影响,导致法人社会信誉的降低、利润减少,均可使其财产受到损害。

(三)名誉权的内容

1. 名誉保有权。一是保持自己的名誉不降低、不丧失;二是在知悉自己的名誉处于不佳状态时,可以自己的实际行动改进它。名誉保有权的实质,不是以自己的主观力量左右社会评价,而是通过自己的行为、业绩、创造成果作用于社会,使公众对自己的价值予以公正的评价。

2. 名誉维护权。一方面,对于其他任何人有不得侵害的不作为请求权,任何其他人都负有不得侵害名誉权的法定义务。另一方面,对于侵害名誉权的行为人,名誉权人基于维护权,可以寻求司法保护,要求司法机关对侵权人进行民法制裁,同时对自己遭受损害的权利进行救济。

3. 名誉利益支配权。名誉权人对于名誉权所体现的利益能够进行支配。自然人、法人可以利用自己良好的名誉,与他人进行广泛的政治、经济交往,使自己获得更好的社会效益和财产效益。

（四）确认侵害名誉权的特别规定

1. 为公共利益实施新闻报道、舆论监督行为不承担名誉权侵权责任。为公共利益实施新闻报道、舆论监督等行为,影响他人名誉的,不承担民事责任,但是,捏造事实、歪曲事实,对他人提供的严重失实内容未尽到合理核实义务,使用侮辱性言辞贬损他人名誉的,构成侵害名誉权。

2. 新闻媒体负有合理核实义务。认定媒体是否尽到合理核实义务,应当考虑的因素,一是内容来源的可信度;二是对明显可能引发争议的内容是否进行了必要的调查;三是内容的时限性;四是内容与公序良俗的关联性;五是受害人名誉受贬损的可能性;六是核实能力和核实成本。

3. 文学、艺术作品侵害名誉权的认定标准及免责情形。行为人发表的文学、艺术作品以真人真事或者特定人为描述对象,含有侮辱、诽谤内容,侵害他人名誉权的,受害人有权依法请求该行为人承担民事责任。行为人发表的文学、艺术作品不以特定人为描述对象,仅其中的情节与该特定人的情况相似的,不承担民事责任。

4. 媒体对失实作品负有更正和删除失实内容的义务。民事主体有证据证明报刊、网络等媒体报道的内容失实,侵害其名誉权的,有权请求该媒体及时采取更正或者删除等必要措施。

5. 信用权人对信用评价的权利及信用评价人的义务。民事主体可以依法查询自己的信用评价;发现信用评价不当的,有权提出异议并请求采取更正、删除等必要措施。信用评价人应当及时核查,经核查属实的,应当及时采取必要措施。

二、荣誉权

（一）荣誉和荣誉权

荣誉是特定民事主体在社会生产、社会活动中有突出表现或突出贡献,政府、单位、团体或其他组织所给予的积极的正式评价。

荣誉和名誉虽然都是一种评价,但是荣誉有自己独特的法律特征:第一,荣誉是社会组织给予的评价,而不是一般的社会评价。第二,荣誉是社会组织给予的积极评价,而不是消极的评价。第三,荣誉是社会组织给予的正式评价,而不是随意性的评价。第四,荣誉是民事主体依据自己的模范行为而取得的社会组织的评价,而不是自然产生的。

荣誉权是指民事主体对其所获得的荣誉及其利益所享有的保持、支配的具体人格权。事实上,荣誉权既有身份权的性质,也有人格权的性质,是一个性质复杂的民事权利。《民法典》第 1031 条对荣誉权作了具体规定。

（二）荣誉权的内容

1. 荣誉保持权。荣誉保持权的客体,是荣誉本身,而不是荣誉利益。荣誉的本身,包括各种荣誉称号,如劳动模范、战斗英雄、先进企业、文明商店等,各种奖励、表彰,如通报表扬、通令嘉奖等。

2. 精神利益支配权。荣誉权的精神利益,是指荣誉权人因获得荣誉而享有的受有尊敬、敬仰、崇拜以及荣耀、满足等精神待遇和精神感受。对精神利益的自主支配,是荣誉权的具体权利内容,权利人无须经他人同意或允许。

3. 物质利益获得权。当荣誉的本身带有物质利益时,权利人对此物质利益享有获得权。物质利益获得权,就是权利人对于荣誉附随的物质利益所享有的法定取得的权利。

4. 物质利益支配权。荣誉权人对于已经获得的物质利益,享有支配权。对于荣誉的一般物质利益的支配权,是完整支配权,它的性质属于财产所有权,即自物权。对于流动奖杯、奖旗等流动性奖品,则只是在一定的时期内享有占有权,不具有所有权。

第四节 人身自由权、隐私权、个人信息权和性自主权

一、人身自由权

(一)人身自由权的概念

作为具体人格权的自由权是指人身自由权,是自然人在法律规定的范围内,按照自己的意志和利益进行行动和思维,不受约束、控制或妨碍的权利。包括身体自由权和精神自由权。

身体自由权也称运动的自由权,是指自然人按照自己的意志和利益,在法律规定的范围内作为和不作为的权利。身体自由权所包含的,是自然人自由支配自己外在身体运动的权利。

精神自由权也称决定意思的自由。自然人按照自己的意志和利益从事正当的思维活动,观察社会现象,是进行正确的民事活动的前提,法律应当予以保障。因而,精神自由权是自然人按照自己的意志和利益,在法律规定的范围内自主思维的权利,是自然人自由支配自己内在思维活动的权利。

(二)对人身自由权的保护

《民法典》第1011条规定:"以非法拘禁等方式剥夺、限制他人的行动自由,或者非法搜查他人身体的,受害人有权依法请求行为人承担民事责任。"这一条文规定了两种侵害身体自由即行动自由的行为:一是以非法拘禁等方式剥夺、限制他人的行动自由;二是非法搜查他人身体的行为。前一种行为的范围比较广泛,不仅包括非法拘禁,还包括其他剥夺、限制他人行动自由的行为,都属于侵害人身自由权的行为。其实,在侵害人身自由权的行为中,非法拘禁等方式并不重要,重要的是剥夺、限制他人的行动自由,凡是非法剥夺、限制他人行动自由的行为,都是侵害人身自由权的行为。至于非法搜查他人身体,则比较单纯,没有合法手续搜查他人身体的,就是侵害人身自由的行为,都应当承担民事责任。

故意以使他人陷入错误为目的,或者故意以不当的目的和手段预告凶险而使人产生恐怖的行为,妨碍、干涉、限制他人正当的思维,使其陷于错误的观念,是侵害思维自由的违法行为,也应当承担民事责任。

二、隐私权

(一)隐私和隐私权

《民法典》第1032条规定:"自然人享有隐私权。任何组织或者个人不得以刺探、侵扰、泄露、公开等方式侵害他人的隐私权。""隐私是自然人的私人生活安宁和不愿为他人知晓的私密空间、私密活动、私密信息。"这一规定,把隐私和隐私权的概念都做了界定。

隐私权的法律特征是:第一,隐私权的主体只能是自然人。隐私权是自然人个人的私的权

利,其主体并不包括法人,尤其是企业法人。第二,隐私权的客体包括私人活动、个人信息和个人领域。私人活动,是一切个人的、与公共利益无关的活动;个人信息,也称为个人情报资料、个人资讯,包括所有的个人情况、资料;个人领域,也称私人空间,是指个人的隐秘范围。第三,隐私权的保护范围受公共利益的限制。当隐私权与公共利益发生冲突时,应当依公共利益的要求进行调整。例如,患病本来是个人隐私,但是 SARS 病毒感染的"非典"病为法定传染病,涉及公共利益,因此不得以个人隐私为由隐瞒非典病情。

(二)隐私权的内容

1. 隐私隐瞒权。权利主体对于自己的隐私有权进行隐瞒,使之不为人所知。这种隐瞒,不是不诚实的表现,而是维护自己的人格利益的需要,因为自己的隐私不经隐瞒,一旦泄露出去,将有损于自己的人格尊严,难以保护自己的人格利益。

2. 隐私利用权。自然人对于自己的个人资讯可以积极利用,以满足自己精神、物质等方面需要。这种利用是自我利用,而不是他人利用。

3. 隐私维护权。隐私维护权是指隐私权主体对于自己的隐私所享有的维护其不可侵犯性,在受到非法侵害时可以寻求司法保护的权利。

4. 隐私支配权。自然人对于自己的隐私有权按照自己的意愿进行支配,可以公开部分隐私,准许对个人活动和个人领域进行察知,准许他人利用自己的隐私。

(三)禁止实施的侵害隐私权行为

《民法典》第 1033 条规定六种禁止实施的侵害隐私权的行为,排除了不构成侵害隐私权的行为,即法律另有规定或者获得权利人的明确同意的。无论何种隐私,都因法律另有规定或者隐私权人同意而构成对侵害隐私权的抗辩,不成立侵害隐私权的行为。

1. 以电话、短信、即时通讯工具、电子邮件、传单等方式侵扰他人的私人生活安宁。私人生活安宁,是自然人享有的维持安稳宁静的私人生活状态,并排除他人不法侵扰,保持无形的精神需要的满足。短信、电话、即时通讯工具、电子邮件、传单等方式侵扰个人的生活安宁,通常称为骚扰电话、骚扰短信、骚扰电邮等,侵害个人的生活安宁,构成侵害隐私权。

2. 进入、拍摄、窥视他人住宅、宾馆房间等私密空间。隐私权保护的私密空间包括具体的私人空间和抽象的私人空间。前者如个人住宅、宾馆房间、旅客行李、学生书包、个人通信等,后者专指日记,即思想空间。凡是对私密空间进行搜查、进入、窥视等,都构成对隐私的侵害。

3. 拍摄、窥视、窃听、公开他人的私密活动。私密活动是一切个人的,与公共利益无关的活动,如日常生活、社会交往、夫妻生活、婚外恋等。对此进行拍摄、窥视、窃听、公开,都构成侵害私人活动。

4. 拍摄、窥视他人身体的私密部位。身体的私密部位也属于隐私,是身体隐私,例如生殖器和性感部位。拍摄或者窥视他人身体私密部位,构成侵害隐私权。

5. 处理他人的私密信息。私密信息是关于自然人个人的隐私信息,获取、删除、公开、买卖他人的私密信息,构成侵害隐私权。

6. 以其他方式侵害他人的隐私权。这是兜底条款,凡是侵害私人生活安宁、私密信息、私密活动、私密空间、身体私密等的行为,都构成侵害隐私权。

除此之外,《民法典》第 1039 条还规定,国家机关、承担行政职能的法定机构及其工作人员对于履行职责过程中知悉的自然人的隐私和个人信息,应当予以保密,不得泄露或者向他人非法提供。

三、个人信息权

(一)个人信息权的概念和特征

《民法典》第111条规定:“自然人的个人信息受法律保护。任何组织和个人需要获取他人个人信息的,应当依法取得并确保信息安全,不得非法收集、使用、加工、传输他人个人信息,不得非法买卖、提供或者公开他人个人信息。”《民法典》第1034条第2款规定:“个人信息是以电子或者其他方式记录的能够单独或者与其他信息结合识别特定自然人的各种信息,包括自然人的姓名、出生日期、身份证件号码、生物识别信息、住址、电话号码、电子邮箱、健康信息、行踪信息等。”

个人信息权,是指自然人依法对其本人的个人资料信息所享有的支配并排除他人侵害的人格权。

个人信息权的特征是:第一,个人信息权是具体人格权,是以个人的信息资料作为人格要素而设立的民事权利。第二,个人信息权的客体是个人的资料信息等人格要素,其与隐私权客体中的个人信息的区别是,隐私权所保护的个人信息是指人的隐私信息;当把个人资料信息作为权利客体构建个人信息权,个人资料信息就是原来隐私权所保护的个人信息中的个人身份信息和其他信息,并不包括个人隐私信息,即个人隐私信息仍然由隐私权保护,但是对个人身份信息等,用独立的个人信息权保护。第三,个人信息权的主体是自然人个人,不包括法人和非法人组织。第四,个人信息权的权利要求是,以自我决定权作为其权利基础,自然人的个人信息由自我掌握、自我支配,他人不得非法干涉和非法侵害。

(二)个人信息权的内容

个人信息权的权利内容包括:第一,占有权,即个人信息完全由权利人自己占有,他人不得非法占有。第二,决定权,权利人对于个人信息是否使用,是否可以由他人搜集、利用,都属于权利人自己的权利,他人无权决定。第三,保护权,不仅是自己可以保护自己的个人信息,而且自己的个人信息被他人依法收集、掌握后,仍然享有依法保护的权利,非法侵害自己的个人信息仍然有权提出保护的请求。第四,知情权,对于任何组织和个人掌握的自己的个人信息,权利人有权查询个人信息以及有关的处理情况,并有要求答复的权利,主要是有哪些个人信息被收集处理与利用,在此过程中,信息是否被保持完整正确,除非因公益或者保密的需要,任何机关不得剥夺。第五,更正权,权利人有权请求信息处理主体对所掌握的有关自己不正确、不全面、不时新的个人信息进行更正。第六,锁定权,在必要时,权利人有权请求信息处理主体以一定的方式,暂停信息处理,在没有通知当事人并获得其书面同意之前,信息处理主体不可以将个人为某种目的收集的信息用在另一个目的。第七,被遗忘权,权利人对已被发布在网络上的,有关自身的不恰当的、过时的、继续保留会导致其社会评价降低的信息,有权要求信息处理者予以删除。[1]

(三)保护个人信息权的特别规定

1. 处理个人信息应当遵循的原则和条件。个人信息的处理包括个人信息的收集、存储、使用、加工、传输、提供、公开等。处理个人信息的,应当遵循合法、正当、必要原则,不得过度处

[1] 杨立新、韩煦:《被遗忘权的中国本土化及法律适用》,载《法律适用》2015年第2期。

理，并符合下列条件：一是征得该自然人或者其监护人同意，但是法律、行政法规另有规定的除外；二是公开处理信息的规则；三是明示处理信息的目的、方式和范围；四是不违反法律、行政法规的规定和双方的约定。

2. 行为人合理处理自然人个人信息不承担民事责任。实施合法的处理自然人个人信息的行为，行为人不承担民事责任。一是在该自然人或者其监护人同意的范围内实施的行为；二是合理处理该自然人自行公开的或者其他已经合法公开的信息，但是该自然人明确拒绝或者处理该信息侵害其重大利益的除外；三是为维护公共利益或者该自然人合法权益，合理实施的其他行为。合理处理个人信息不构成侵害个人信息权，是法定抗辩事由的规定。

3. 个人信息权人享有查阅、复制及异议更正、及时删除的权利。自然人可以依法向信息处理者依法查阅或者复制其个人信息；发现信息有错误的，有权提出异议并请求及时采取更正等必要措施。自然人发现信息处理者违反法律、行政法规的规定或者双方的约定收集、处理其个人信息的，有权请求信息处理者及时删除。这是对个人信息权人享有权利的规定，是权利人对合法处理个人信息的处理者享有的权利。

4. 信息处理者负有法定的保密义务。信息处理者不得泄露、篡改其收集、存储的个人信息；未经自然人同意，不得向他人非法提供其个人信息，但是经过处理无法识别特定个人且不能复原的除外。信息处理者应当采取技术措施和其他必要措施，确保其收集、存储的个人信息安全，防止信息泄露、篡改、丢失。发生或者可能发生个人信息泄露、篡改、丢失的，应当及时采取补救措施，按照规定告知自然人并向有关主管部门报告。违反信息处理者对个人信息所负的保密义务，应当承担民事责任。

5. 国家机关、承担行政职能的法定机构及其工作人负有法定的保密义务。国家机关、承担行政职能的法定机构及其工作人员，对于履行职责过程中知悉的自然人的个人信息，应当予以保密，不得泄露或者向他人非法提供。

四、性自主权

《民法典》第1010条规定："违背他人意愿，以言语、文字、图像、肢体行为等方式对他人实施性骚扰的，受害人有权依法请求行为人承担民事责任。""机关、企业、学校等单位应当采取合理的预防、受理投诉、调查处置等措施，防止和制止利用职权、从属关系等实施性骚扰。"这实际上是对自然人享有性自主权的规定。

（一）性自主权的概念

性自主权是自然人保持其性纯洁的良好品行，依照自己的意志支配其性利益的具体人格权。未成年人尚未性成熟，不能行使性自主权，自18周岁起方可行使该权利，支配自己的性利益。性自主权不是身体权的组成部分，而是独立的具体人格权。

性自主权客体是性利益，是权利人就自己的性的问题上所享有的利益。性，被弗洛伊德定义为，指由异性的身体（尤其是性的器官）所得到的快感和满足；就最狭义的概念来说，意即指性器官的接触和性的动作的完成。[2] 性利益具有三位一体的内涵，即具有生理因素、心理因素和法律因素。就生理因素而言，性利益是指自然人的性自由，即任何人不能以暴力、胁迫或其他手段违背其意志实施性行为；就心理因素而言，性利益是权利主体因其保有性自由，通过性交往对象的选择，而获得内心快乐体验和美的享受；就法律因素而言，性自由的行使必须在法

〔2〕 转引自陈运华：《论作为人格权的性权利及其法律限制》，载《政治与法律》2008年第8期。

律范围内进行,超越法律范围的性行为即是不法性行为。

性利益的法律特征是:第一,性利益是自然人的性的品行;第二,男女享有平等的性利益;第三,性利益包括性的不可侵犯;第四,性利益的实质是自然人的性自由,当权利主体为支配自己的性利益而为承诺,与其发生性关系包括性交和性的其他关系的人,因其为不违背权利人的意愿而不为对性自主权的侵害。

(二)性骚扰行为

性骚扰行为,是行为人违背权利人的意愿,与权利人强制实施性交之外的性行为,侵害权利人性自主权的行为。对他人实施侵害性自主权的性骚扰行为,应当承担侵权责任。对性骚扰予以法律规制的中心价值,就是保护性自主权的权利本身。一切以暴力、胁迫、语言、动作、欺诈和诱导等方式施加以违背他人意愿的有关性的关系的行为,都是侵害性自主权行为。法律禁止以任何不当方式干预对性利益的自主决定权。对于任何一个人,除了生存权本身以外,几乎没有其他的个人权利和自由比性自主权更重要。因而,性自主权更加需要法律保护,依法制裁性骚扰行为。

规制性骚扰行为有两种立法模式:一是权利保护主义,即以保护性自主权人的权利为主,追究性骚扰行为人的民事责任。二是职场保护主义,即对性骚扰行为的制裁,以制裁职场负责人未尽保护义务的违法行为为主,以保护权利人的性利益安全。我国采取以权利保护主义为主,职场保护主义为辅的对策,既追究实施性骚扰行为的行为人的责任,辅之以追究职场负责人未尽保护义务的责任。

参考案例

1. 张静诉俞凌风网络环境中侵犯名誉权纠纷案,载《中华人民共和国最高人民法院公报》2001 年第 5 期。
2. 王春生诉张开峰、江苏省南京工程高等职业学校、招商银行股份有限公司南京分行、招商银行股份有限公司信用卡中心侵权纠纷案,载《中华人民共和国最高人民法院公报》2008 年第 10 期。
3. 李忠平诉南京艺术学院、江苏振泽律师事务所名誉权侵权纠纷案,载《中华人民共和国最高人民法院公报》2008 年第 11 期。

第五编　婚 姻 家 庭

第三十八章　婚姻家庭法与亲属关系

导读

婚姻家庭法调整的是一定范围亲属的人身关系和财产关系，是民法规范体系的重要组成部分。本章重点介绍亲属关系及其法律效力。

第一节　婚姻家庭法与亲属

一、婚姻家庭法

（一）婚姻家庭法的概念和特征

规定亲属身份关系的发生、变更和消灭，以及夫妻、父母子女和其他一定范围的亲属之间的身份地位、权利和义务的法律规范的总称，就是亲属法，我国《民法典》称为婚姻家庭编。形式上的亲属法，是《民法典》的婚姻家庭编。[1] 实质上的亲属法，是指一切规定亲属身份关系的发生、变更和消灭，规定配偶、父母与未成年子女以及其他一定范围内的亲属之间的身份地位、权利义务的法律规范的总称。《民法典》第1040条规定："本编调整因婚姻家庭产生的民事关系。"这种民事关系，就是亲属法律关系。

亲属法的法律特征是：第一，亲属法是规范亲属之间身份关系的法律，是配偶关系、亲子关系和其他近亲属之间关系的发生、变更以及消灭的民事法律。第二，亲属法是具有习俗性和伦理性的法律，受国家的环境、风俗、人情、习惯的影响，各有其传统。第三，亲属法是具有亲属团体性的法律，在其间固定亲属的身份地位，发生权利义务关系。第四，亲属法是强行法、普通法，表现在亲属身份的法律要件以及所生的法律效力，都为定型的、强制性的；亲属法为全体自然人所定，除了少数民族自治地区可以规定变通办法之外，其他地区一律适用，因此是普通法。

亲属法的性质是私法，所调整的法律关系都是民事法律关系，因此是民法的重要组成部分。《民法典》总则编第112条规定了身份权，就确认了亲属法的私法性质。

（二）亲属法的基本原则

1. 婚姻家庭受法律保护。婚姻和家庭是社会的细胞，是社会的最基础形态。调整好婚姻关系和家庭关系，保障婚姻家庭稳定和发展，将在社会安定、和谐、团结、发展中发挥巨大的作用。

---

〔1〕 下文对婚姻家庭法使用亲属法的概念。

2. 婚姻自由。婚姻自由是宪法赋予自然人的权利,是指自然人依照法律规定行使结婚或者离婚的权利不受拘束、不受控制、不受非法干预的权利。婚姻自由原则的具体内容包括:第一,依法行使婚姻权利。第二,当事人行使婚姻自主权时不受拘束、不受控制、不受非法干预,保障其自由状态。第三,包括结婚自由和离婚自由,前者是指缔结婚姻关系的自由,后者是指解除婚姻关系的自由。这两个方面互为补充,构成完整的婚姻自由。

3. 一夫一妻。一夫一妻是个体婚的基本形式,就是一男一女结为夫妻的婚姻制度,也是我国亲属法规定婚姻关系的基本原则。其含义是,任何人,无论居于何种社会地位,拥有多少钱财,都不得同时有两个以上的配偶;任何人在结婚后、配偶死亡或者离婚之前,不得再行结婚;一切公开的、隐蔽的一夫多妻或者一妻多夫的两性关系,都是非法的。

4. 男女平等。男女平等在亲属法领域,表现为在亲属身份关系中,无论男女都享有一样的权利,负担一样的义务。男女平等的基本含义包括:一是在婚姻关系中的男女平等;二是家庭成员的地位平等;三是所有的近亲属之间的地位平等。

5. 保护妇女、儿童、老人、残疾人的合法权益。这是社会公德的要求。亲属法特别强调对妇女、儿童、老人、残疾人合法权益的保护,将其作为亲属法的基本原则,以更好地保护亲属中的弱势群体,防止他们的合法权益受到侵害。[2] 贯彻这一原则,要特别强调反对家庭暴力,对实施家庭暴力的行为人依法追究其侵权责任。

6. 保障被收养人和收养人的合法权益。《民法典》第 1044 条规定:"收养应当遵循最有利于被收养人的原则,保障被收养人和收养人的合法权益。""禁止借收养名义买卖未成年人。"这是在收养领域应当遵循的基本原则。

二、亲属

(一)亲属的概念及特征

亲属,是指因婚姻、血缘和法律拟制而产生的人与人之间的特定身份关系,以及具有这种特定身份关系的人相互之间的称谓。

亲属概念包含三方面含义:第一,亲属是一种人与人之间的社会关系,这种社会关系因婚姻、血缘和拟制血缘而产生。第二,亲属标志着具有亲属身份关系的人的特定身份。第三,亲属也是具有亲属身份关系的人相互之间的共同称谓。我国亲属法的亲属概念,就是这样三位一体的概念。

亲属的法律特征是:第一,亲属是以婚姻和血缘为基础产生的社会关系,是以两性的结合和血缘的联系为基础而发生的民事法律关系。第二,亲属是有固定身份和称谓的社会关系,除依法律的规定,不得随意变更。第三,一定范围内的亲属有法律上的权利义务关系,通过这种方法,使亲属关系确定化、有序化,有利于人类自身的生存发展和社会的稳定。

(二)亲属的种类

亲属因婚姻、血缘和法律拟制而产生。现代立法因亲属产生原因的不同,将其划分为不同的亲属种类。《民法典》第 1045 条第 1 款规定:"亲属包括配偶、血亲和姻亲。"这里规定的就是亲属的种类。

1. 配偶

配偶是亲属,而且是关系最为密切的亲属。配偶是因男女双方结婚而发生的亲属。配偶

---

[2] 杨立新主编:《婚姻家庭继承法》,北京师范大学出版社 2010 年版,第 17 页。

是血亲的源泉,是姻亲的基础,是最重要的亲属之一。配偶的亲属身份始于结婚,终于配偶一方死亡或离婚。在婚姻关系存续期间,夫妻双方均发生配偶的权利和义务关系。

2. 血亲

血亲是指有血缘联系的亲属,是亲属中的主要部分。

(1)自然血亲和拟制血亲。血亲是自然发生的,也可以因法律拟制而产生,故血亲有自然血亲和拟制血亲的区分。自然血亲,是指出于同一祖先有血缘联系的亲属,如父母与子女、祖父母与孙子女、外祖父母与外孙子女、兄弟姐妹等。自然血亲在整个亲属范围内占重要地位,是家庭成员的主要组成部分。全血缘自然血亲是指同胞的兄弟姐妹,他们的血缘都来自同一对男女。半血缘自然血亲是指同父异母或者同母异父所生的兄弟姐妹,他们的血缘关系追根溯源,仅有一半相连。拟制血亲,是指本无血缘联系或者没有直接的血缘联系,但法律确认与自然血亲有同等权利义务的亲属。拟制血亲一般因收养而产生,在养父母养子女之间产生父母子女的权利义务关系。

(2)直系血亲和旁系血亲。这是按照血亲来源的不同所作的分类。直系血亲,是指有直接血缘关系的亲属,包括生育自己和自己所生育的上下各代的亲属。如父母与子女、祖父母与孙子女、外祖父母与外孙子女等。旁系血亲,是指有间接血缘关系的亲属,即与自己同出一源的亲属。如与自己同源于父母的兄弟姐妹,与自己同源于祖父母的伯、叔、姑以及堂兄弟姐妹和姑表兄弟姐妹,与自己同源于外祖父母的舅、姨以及姨表兄弟姐妹和舅表兄弟姐妹等。

(3)尊亲属、卑亲属和平辈亲属。这是按照血亲的辈分不同所作的分类。尊亲属,又称为长辈亲,是指辈分高于自己的亲属,即父母以及父母同辈以上的血亲。卑亲属,又称为晚辈亲,是指辈分低于自己的血亲,即子女以及子女同辈以下的血亲。平辈亲属,又称为同辈亲,是指与自己辈分相同的亲属。如同胞兄弟姐妹、表兄弟姐妹、堂兄弟姐妹等。凡是平辈亲属都是旁系血亲。

3. 姻亲

姻亲是指以婚姻为中介而产生的亲属,配偶一方与另一方的血亲之间为姻亲关系。如公婆与儿媳、岳父母与女婿等。我国的姻亲分为三类:

(1)血亲的配偶。指己身的血亲包括直系血亲和旁系血亲的配偶,如儿媳、女婿,为直系血亲的配偶,嫂、姐夫、弟媳、妹夫、伯母、婶母、姑夫、姨夫等为旁系血亲的配偶。

(2)配偶的血亲。指配偶的直系血亲和旁系血亲。就夫方而言,配偶的血亲是指岳父母、妻的兄弟姐妹及其子女等;就妻方而言,配偶的血亲是指公婆、丈夫的兄弟姐妹及其子女等。

(3)配偶的血亲的配偶。指自己配偶的血亲的夫或者妻。在男方而言,是指妻的兄弟之妻(舅媳)、姐妹之夫(连襟);就妻方而言,则是指夫的兄弟之妻(妯娌)、夫的姐妹之夫(姑夫)。[3]

姻亲也同样有尊亲属、卑亲属、平辈亲属以及直系姻亲、旁系姻亲之分。这种划分以其配偶或与配偶的亲系为准而定。

(三)亲系

亲系是指亲属之间的联络系统,或者叫作亲属之间的血缘联系,即亲属系统。[4] 亲属以血缘和婚姻为中介,在血亲之间存在血缘联系自不必论,即使对于以婚姻为中介的姻亲,虽然姻

---

〔3〕 俗称大姑姐夫和小姑妹夫。

〔4〕 李谟、汪翰章:《民法亲属新论》,大东书局1924年版,第16页。

亲之间没有血缘联系,但配偶与其亲属之间同样也存在血缘联系。因此,除配偶本身以外,一切亲属都可以因血缘联系的特点不同而划分为不同的亲属系统,即不同的亲系。

1. 直系亲和旁系亲

直系亲和旁系亲包括直系血亲、旁系血亲以及直系姻亲和旁系姻亲。

直系血亲,是指有直接血缘联系的亲属,包括己身所出和从己身所出两部分亲属,前者为直系尊血亲,如父母、祖父母、外祖父母、曾祖父母、外曾祖父母;后者为直系卑血亲,如子女、孙子女、外孙子女、曾孙子女、外曾孙子女等。直系姻亲,是指直系尊血亲的配偶、配偶的直系尊血亲。如儿媳、孙媳、女婿、孙女婿、公婆、岳父母等。

旁系血亲,是指有间接血缘关系的亲属,即除直系血亲外,与己身同出一源的血亲。如兄弟姐妹、堂兄弟姐妹、表兄弟姐妹、伯、叔、姑、舅、姨等。旁系姻亲,是指旁系血亲的配偶、配偶的旁系血亲、配偶的旁系血亲的配偶。如伯母、婶母、姑父、舅母、姨夫、嫂、夫的伯叔和兄弟姐妹、妻的伯叔和兄弟姐妹等。

2. 尊亲属和卑亲属

尊亲属和卑亲属由于辈分不同,权利义务的内容也不同。尊亲属是指辈分高于自己的亲属,如父母、祖父母、外祖父母、伯、叔、姨、舅、姑等。卑亲属是指辈分低于自己的亲属,如子女、孙子女、外孙子女、侄、侄女、甥、甥女等。尊、卑亲属之分一般局限于血亲,是因为在血亲之间就继承等问题存在必要性,而姻亲的尊卑之分则无此必要,当然实际上也存在尊卑之分,只是法律上意义不大而已。

(四)亲属的范围

亲属的范围,是指国家法律规定发生权利义务关系的亲属的范围。由于各国历史发展和风俗习惯的差异,立法对法律调整的亲属范围的规定各不相同。

我国现行立法由于对亲属的概念没有规定,因此对亲属范围的规定比较混乱。就目前立法的实际情况观察,亲属法上的亲属范围基本明确,这就是近亲属和其他亲属的概念,是界定亲属范围的基本依据。近亲属的范围是:(1)配偶;(2)父母、子女;(3)兄弟姐妹;(4)祖父母外祖父母、孙子女外孙子女。除了近亲属之外的亲属,是其他亲属。

我国亲属法规定的近亲属范围较为狭窄,没有将曾祖、曾孙、叔伯、姑舅姨等直系血亲和旁系血亲规定在其中,也没有将姻亲规定在亲属范围之中。对此,应当进行改进,采取世界上绝大多数国家的立法例,摒弃以近亲属和其他亲属的概念界定亲属范围的做法,直接规定“五亲等以内的血亲、配偶和三亲等以内的姻亲为亲属”,既可以使亲属的范围明确,又便于实践操作,且与世界各国立法相一致。

(五)亲属的法律效力

亲属的法律效力,是指一定范围内的亲属所具有的法定权利义务。亲属的法律效力在许多法律中都有表现。

1. 民法的效力。在民法中,亲属的法律效力表现在两个方面。第一,在亲属法方面的效力是:一定范围内的亲属有互相扶养的义务;一定范围内的亲属之间有互相继承遗产的权利;一定范围内的亲属有法定的共同财产。第二,在民法方面的效力是:一定范围的亲属对无民事行为能力人或者限制民事行为能力人享有监护权;一定范围的亲属对无民事行为能力人或者限制民事行为能力人享有法定代理权;一定范围内的亲属可以请求民事行为能力的宣告;根据一定的亲属身份关系,确定法定继承人的范围和继承顺序。

2. 刑法的效力。刑法规定某些犯罪的构成必须以有一定的亲属身份关系为条件；某些犯罪必须由具有一定的亲属身份关系的人才能够行使告诉权。

3. 诉讼法的效力。一定的亲属身份是司法人员回避的原因；一定范围内的亲属可以担任辩护人；具有一定条件的亲属可以代为行使诉讼权利；一定范围内的亲属可以在公民死亡后提起行政诉讼；一定范围的亲属可以作为死者人格利益的保护人提起民事诉讼。

4. 劳动法的效力。职工供养的配偶和直系亲属在患病时，有权享受医药劳保；职工死亡时，其生前供养的配偶和直系亲属有权取得一定的抚恤费和救济费；在国家机关、企业事业单位工作满一年的固定职工，与其分居两地的配偶、父母可以享受探亲假。

5. 国籍法的效力。中国国籍的取得依据一定的亲属身份关系；与中国公民有一定亲属身份关系的外国人、无国籍人可以申请加入中国国籍；与外国人有一定亲属身份关系的人可以退出中国国籍。

三、亲属身份关系

（一）亲属身份关系的概念

亲属身份关系也叫作身份关系或者亲属关系，是指特定的亲属之间的地位，以及相互之间的权利和义务关系。身份关系是本质的社会结合关系，其基本形式有夫妻、亲子、亲属，其内容与效力均规定于亲属法中。[5]

亲属身份关系有以下特征：第一，亲属主体具有多元性，包括不同的亲属。第二，亲属主体具有平等性，在亲属身份关系中，权利主体和义务主体的地位是交互的，互相均为权利主体和义务主体。第三，亲属身份关系具有专属性，非为他人所能够取得和替代，也不能转让。

（二）亲属身份关系的发生

亲属身份关系的发生有基于自然发生和人为发生两种情形。

亲属身份的自然发生，是指不以人的意志为转移，而是因出生的法律事实而形成的亲属身份关系。

亲属身份的人为发生，是指因人的法律行为而形成的亲属身份关系。例如，结婚行为产生配偶关系，收养行为产生养父母养子女关系。

基于自然发生的亲属身份关系不能完全解除，即使因收养而消灭了生父母子女间的权利义务关系，但不能改变他们之间的父母子女的血缘关系，仍在法律上具有一定的影响，如终生为结婚障碍等。人为形成的亲属身份关系则可以依照法律予以解除。

（三）亲属身份关系的重复

二人之间有两个以上不同的亲属身份关系的存在，就是亲属身份关系的重复，也叫作亲属身份关系的并存。

亲属身份关系的重复，是由于两个以上具有亲属身份关系的人，在原有的亲属身份关系之上，又建立了新的亲属身份关系。亲属身份关系重复，原则上各个亲属身份关系个别保有其固有的效力，不为他关系所吸收或者排斥，从而一亲属身份关系虽然消灭，对于他亲属身份关系不生影响。但是，并存的一个亲属身份关系所生的效力，得停止另一亲属身份关系所生的效力。[6]

---

〔5〕 林菊枝：《亲属法新论》，五南图书出版公司2006年版，第15页。

〔6〕 史尚宽：《亲属法论》，荣泰印书馆1980年版，第70页。

（四）亲属身份关系的消灭

亲属身份关系消灭，是因为法律规定的事实的出现，而使现存的亲属身份关系予以终止，不再存在。

配偶亲属身份关系的消灭有两个原因：一是配偶一方死亡；二是配偶离婚。配偶一方死亡，包括自然死亡和宣告死亡，发生配偶关系消灭的法律后果。配偶离婚，也发生配偶关系消灭的法律后果。

自然血亲关系的消灭，只能以亲属一方的死亡而消灭。故血亲关系之消灭，限于死亡，非其他人为方法所可为力。[7]

拟制血亲关系除了因死亡而消灭之外，还可以因法律行为而消灭。拟制血亲是因一定的法律行为而产生，也可以因一定的法律行为而消灭。

姻亲一般以配偶的死亡或者离婚而消灭。我国亲属法采取的是有条件的不消灭主义，习惯上对于夫死亡后妻不再嫁，妻死后夫未再娶，或者虽然再婚但仍与亡偶的父母等亲属共同生活的，仍视为姻亲关系存在。

四、身份法律行为

（一）身份法律行为概述

1. 身份法律行为的概念和特征

身份法律行为又称为亲属法律行为，简称为身份行为或身分行为，[8]是指民事主体实施的对亲属身份关系的发生、变更、消灭产生法律后果的民事法律行为。换言之，亲属身份行为就是自然人有意识地追求亲属身份法律后果的行为。[9]

狭义的身份法律行为仅指亲属身份行为，是指产生亲属身份关系发生、变更或者消灭法律后果的行为。广义的身份法律行为不仅包括身份法律行为，还包括亲属之间确定财产关系的法律行为。例如，夫妻之间约定财产关系的协议。

身份法律行为是民事法律行为的一种，是民事主体之间发生、变更或者消灭亲属民事法律关系的行为，具有民事法律行为的一切特征。除此之外，它还具有自己的特征：第一，身份法律行为在亲属法领域中并非普遍的法律事实，亲属法律关系的变动大多数是基于自然事实，少数亲属法律关系基于法律行为发生。第二，身份法律行为当事人的意思具有特殊性和习俗性，不能用通常的利益交换的思维模式作为对其解释的依据。第三，身份法律行为在性质上更具有社会性和伦理性，法律对身份行为给予更为积极的关注和规范，一方面使其关系内容更为定型，不允许当事人对其任意变更；另一方面则使其为要式行为，结婚、收养除了要有真实的意思表示并加以文字的记录之外，均须进行登记，否则不生效力。

2. 身份法律行为与民事法律行为的关系

身份法律行为与民事法律行为的关系是种属关系，身份法律行为是民事法律关系的下属概念。

由于身份法律行为与民事法律行为的这种关系，身份法律行为的法律适用是否直接适用民事法律行为的规定，应当遵循三个规则：第一，既然身份法律行为是特殊的民事法律行为，对

---

〔7〕 阮毅成：《中国亲属法概论》，世界书局1933年版，第11页。

〔8〕 林菊枝：《亲属法新论》，五南图书出版公司2006年版，第16页。

〔9〕 杨大文主编：《婚姻家庭法》（第5版），中国人民大学出版社2012年版，第72页。

于亲属法规定的身份法律行为的特别规定,必须首先予以适用。第二,亲属法对于身份法律行为没有明文规定的,而适用民事法律行为的一般规则又不具有社会不妥当性后果的,应当适用民事法律行为的一般规则。第三,亲属法对于具体的身份法律行为没有明文规定,而民事法律行为的一般规则的适用又不具有社会妥当性的,应当类推适用亲属法的相关规定,不能适用民事法律行为的一般规定。

(二)身份法律行为的种类

按照身份法律行为的构成划分,身份法律行为可以分为双方的身份法律行为和单方的身份法律行为。双方的身份法律行为,是指双方当事人的意思表示达成一致才能成立的身份法律行为。这样的身份法律行为实际上是一种合同行为,是典型的身份法律行为。单方的身份法律行为,是根据一方当事人的意思表示就可以成立的身份法律行为。这种身份法律行为无须他方当事人的同意就可以发生法律效力。

(三)身份法律行为能力

1. 身份行为能力的概念和构成

身份行为能力是指行为人实施身份法律行为的资格。身份行为能力不同于民事法律行为能力。民事法律行为是行为人实施民事法律行为的资格,民事法律行为是一般的民事行为,实施这样的民事行为需要具备一般的民事行为能力。而身份法律行为是特殊的民事法律行为,要求身份行为能力也必须是特殊的民事行为能力,因此,民法关于民事主体的一般民事行为能力的规定,原则上不适用于身份行为能力。[10]

身份行为能力的构成包括两个部分:一是行为人具备一般的民事行为能力;二是行为人具备身份行为能力的特殊要件。身份行为能力构成的特殊要件,在于法律特别规定。

2. 身份行为能力的类型

(1)结婚行为能力

结婚行为能力也称为结婚能力,是指依照法律规定可以结婚所必须具备的资格。

确定结婚行为能力的依据,在于人的自然因素和社会因素。自然因素是人的身体发育和智力成熟的状况。我国法律规定,结婚行为能力的构成应当具备两个要件:一是完全民事行为能力人;二是男性为22周岁以上,女性为20周岁以上。具备了这两个条件,就具有了结婚行为能力。

(2)收养行为能力

收养行为能力也称为收养能力,是指依照法律规定可以收养他人为自己的子女所必须具备的资格。

按照法律规定,我国自然人收养行为能力的要件:一是必须具备完全民事行为能力;二是必须年满30周岁以上。这样规定的原因,在于将收养人和被收养人的年龄距离拉大,有一个合理的年龄距离。收养能力的界限在30周岁,被收养人的年龄在14周岁以下,双方之间就保持了这个合理的年龄距离。我国法律规定收养行为能力的年龄过高,应当适当改革。

(3)支配行为能力

在他人的身份利益上实施支配行为,应当具有支配行为能力。支配行为能力是指实施支配他人身份的资格。

---

〔10〕 史尚宽:《亲属法论》,荣泰印书馆1980年版,第11页。

支配行为能力以具有完全民事行为能力为基础。在亲属法规定的结婚行为能力年龄要求较低的国家,存在未成年父母对未成年子女的身上支配行为,在我国,结婚行为能力高于一般民事行为能力的年龄要求,不存在这样的问题。

具有完全民事行为能力的人还不能就必然具备支配行为能力,还必须具备享有亲权或者监护权的要件,才能够具有支配行为能力。例如,亲权人或者监护权人的监护,支配被监护人的身份行为,以及支配被监护人的财产的附随身份行为,不单单要有一般的民事行为能力,还必须具备为合理行为的资格,而能够作为亲权人或者监护人,就具备了这样的资格。

第二节　身　份　权

一、身份与身份权的概念

身份,是指自然人在亲属身份关系中所处的稳定地位,以及由该种地位所产生的与其自身不可分离,并受法律保护的利益。

身份权,是指自然人基于特定的身份关系产生并由其专属享有,以其体现的身份利益为客体,为维护该种关系所必需的权利。《民法典》在第112条关于"自然人因婚姻家庭关系等产生的人身权利受法律保护"中规定的人身权利,就是身份权;第1001条关于身份权请求权的规定,再一次明确规定身份权的概念。

身份权具有以下法律特征:第一,身份权表达的是亲属之间的身份地位,身份权就是亲属地位的法律化。第二,身份权是亲属之间的权利义务关系,表明不同身份地位的亲属之间,相互享有的权利和所负担的义务。第三,身份权的主体有范围的限制,仅仅在法律规定的近亲属之间才发生身份权。第四,身份权的客体是身份利益,权利人只能支配身份利益,而不能支配对方亲属的人身。第五,身份权的本质以义务为中心,将权利的中心转向对对方亲属的保护。

二、身份权的内容

(一)身份权的形成权

身份权的形成权,是指基本身份权中关于依照权利人单方面的意思就能使一定的法律关系发生、变更或者消灭的派生身份权。

身份权形成权分为使亲属身份关系发生变动的身份形成权和使身份权发生变动的身份权形成权;身份形成权一经行使,即对亲属的身份关系发生变动,如婚姻、收养撤销权等。身份形成权一经行使,即使身份权发生变动,如亲权全部丧失(或停止)或部分(财产管理权)丧失(或停止)的宣告请求权等。

(二)身份权的支配权

身份权的支配权,是指基本身份权中关于对身份利益进行直接排他性支配和控制的权利。这种权利的行使不需要他人的配合,他人也不得为同样的支配行为。

身份支配权可分为对于他人的身上支配权和对于他人的财产支配权。身上支配权直接支配的是对方亲属的人身利益;财产支配权是对对方亲属的财产进行支配。

(三)身份权的请求权

身份权的请求权,是指基本身份权中权利主体可以要求对方亲属为特定行为的权利。身份权请求权与身份权支配权不同，请求权的主体不能对人身利益直接进行支配，只能请求对方亲属为一定行为，以满足自己的权利的要求。

三、身份权的行使与消灭

（一）身份权的行使

身份权行使方法，是指适用什么样的程序行使权利，分为以下三种：

1. 依诉讼程序行使权利的方法。法律规定必须依照诉讼程序行使身份权的，则必须依法提起诉讼，通过诉讼程序行使身份权。例如，婚姻无效的宣告，婚姻当事人享有无效婚姻宣告的请求权，婚姻关系当事人不得自行宣告婚姻无效，而必须经过诉讼程序，提出行使该权利的主张，由人民法院作出宣告婚姻无效的判决，该婚姻关系方可宣告无效。可撤销婚姻，婚姻当事人可以选择诉讼程序，请求法院对违法婚姻进行撤销，也不得自行宣告婚姻行为的撤销。

2. 依行政程序行使权利的方法。法律规定必须依照行政程序行使身份权的，则必须依法进行申请，经有关行政机关依法确认或者宣告等，才能够使权利得到实现。例如，结婚行为未经婚姻登记机关依法登记，不发生婚姻的法律效力。对于弄虚作假骗取结婚登记的，只能通过申请婚姻登记机关宣告婚姻无效，收回结婚证，并不能由自己的行为而使婚姻无效。

3. 依行使民事权利一般方法行使权利的方法。对于身份权，不以诉讼程序和行政程序为必要者，权利人可以依照自己的意愿，依据行使民事权利的一般方法行使身份权。

（二）身份权的消灭

身份权依据一定的法定事由而消灭。

1. 因当事人死亡而消灭。身份关系的当事人死亡，必然消灭身份权。自然死亡和宣告死亡均发生同样的效果。例如，婚姻关系当事人一方死亡，无论是宣告死亡还是自然死亡，都消灭婚姻关系。

2. 因法律事实而消灭。一定的法律事实的发生，也会对身份权发生消灭的后果。例如，子女年满 18 周岁，成为完全民事行为能力人，在其与父母之间消灭亲权关系，消灭抚养权，继之在父母和成年子女之间产生亲属权。

3. 因法律行为而消灭。身份关系的当事人为行使身份权而实施法律行为，可以消灭身份权，如解除收养的法律行为，可以消灭亲权关系或者亲属身份关系。

4. 因行政登记行为而消灭。身份关系因当事人申请行政行为，也可以消灭。例如，离婚登记，发生消灭婚姻关系的法律后果。

5. 因法院裁判而消灭。法律规定应当或者可以经过法院诉讼程序消灭的身份权，必须经过或者可以经过诉讼程序，由人民法院判决消灭该身份权。例如，法律规定宣告婚姻无效，必须经过法院的诉讼程序，因此法院宣告婚姻无效的判决已经发生法律效力，其婚姻关系即行无效，并且自始无效。

参考案例

1. 罗甲与周某侵权损害赔偿纠纷上诉案，载《人民司法 · 案例》2012 年第 14 期。

2. 李雪花、范洋诉范祖业、滕颖继承纠纷案，载《中华人民共和国最高人民法院公报》2006 年第 7 期。

第三十九章 亲属身份的发生和消灭

导 读

夫妻关系和亲子关系是家庭关系的核心部分，是亲属关系的最重要组成部分。本章阐述了婚姻关系的权利与义务，离婚引起的身份关系和财产关系的法律后果；分别介绍了因出生、法律的拟制和收养等不同情形下的亲子关系。

第一节 结 婚

一、婚姻概述

（一）婚姻的概念和性质

1. 婚姻的一般概念和法律概念

婚姻的一般概念，是指为当时的社会制度所确认的男女双方互为配偶的结合。[1] 婚姻的法律概念，是指男女双方以共同生活为目的，以产生配偶之间的权利义务为内容的两性结合。婚姻是最重要的身份关系，创设婚姻的行为是结婚的身份行为，是亲属法的内容。按照我国法律规定，婚姻行为还须得到法律的确认，这就是结婚行为再加上婚姻登记行为，就构成婚姻关系，产生配偶权。

2. 婚姻的性质

婚姻的本质是契约，是经过国家确认的、具有身份性质的、不是一般财产法意义上的契约。理由是：第一，婚姻的本质是契约。婚姻的缔结，必须未婚男女之间达成建立夫妻关系的合意，没有当事人之间的合意，无论国家如何干预，也不会建立婚姻。第二，婚姻的性质是身份契约，即建立婚姻身份关系的契约。第三，婚姻契约须要国家予以确认，没有通过国家法定的程序，经过法定的机关确认，婚姻当事人所缔结的婚姻契约就不能发生效力。

（二）婚姻的成立及其要件

结婚也称为婚姻成立，是指未婚男女双方依照法律规定的条件和程序确立配偶关系，并发生配偶权的身份法律行为。

1. 婚姻成立及法律效力

广义的婚姻成立，是指订婚和结婚，两者合为一体。狭义的婚姻成立，专指结婚。我国古

---

〔1〕 杨大文主编：《亲属法》，法律出版社 2003 年版，第 64 页。

代对婚姻成立采广义概念，订婚是结婚的先行阶段，十分重视婚约的效力。近现代则多采狭义概念，法律不规定订婚和婚约，订婚并非婚姻行为不可缺少的组成部分。

婚姻成立即发生法律效力，法律必须加强对婚姻关系的调整，保障婚姻关系的合法性。婚姻成立的法律效力，分为及于当事人的直接效力和及于第三人的间接效力。前者是发生配偶之间的权利义务关系，后者是以婚姻关系的成立为中介，发生亲属之间以及其他的权利义务关系。

2. 婚姻成立的要件

（1）实质要件和形式要件。婚姻成立的实质要件，是指结婚当事人的本身状况，以及一方与另一方的关系须符合法律的要求。具体要件是，结婚当事人必须到达法定婚龄，须有婚姻行为能力，须无禁止结婚的疾病，双方当事人须有结婚的合意，双方须无禁止结婚的亲属身份关系和其他法定障碍等。法律规定婚姻成立的实质要件的目的，是保障婚姻的内容必须合法。婚姻成立的形式要件，是指婚姻成立的方式及程序须符合法律的要求。我国《民法典》第1049条规定结婚的形式要件是进行登记。法律规定婚姻成立的形式要件的目的，是保障结婚的程序必须合法。

（2）必备条件和禁止条件。婚姻成立的必备要件，是指结婚必须具备的积极要件，如当事人必须到达法定婚龄、须有结婚合意等。婚姻成立的禁止要件，即结婚的消极要件，也叫作结婚障碍，是结婚必须不具有的法定情事。婚姻成立的必备要件和禁止要件也有广义、狭义之分。狭义的必备要件是指结婚的实质要件，而广义的必备要件和禁止要件还包括形式要件。

（3）公益要件和私益要件。公益要件，是指与公共利益有关的结婚要件，如结婚当事人须非重婚，须非禁婚亲等，涉及的都是公益。私益要件，则是指与私人利益有关的结婚要件，如当事人须有结婚的合意，国外规定的未成年人结婚须得法定代理人的同意等。我国亲属法一般不作这种区分，认为婚姻要件既是公益的，也是私益的。

二、婚约

（一）婚约的概念和性质

婚约是指男女双方以将来成立婚姻为目的所订立的预约，[2] 也是男女双方以结婚为目的而作的事先约定。[3] 订立婚约的行为叫作订婚。按照习俗，订婚之后，订婚的当事人取得未婚夫妻的资格。婚约不仅与结婚不同，而且与恋爱、未婚同居和事实婚姻都不相同。[4]《民法典》没有对婚约作出规定，但是在民间存在婚约，性质属于无配偶男女之间达成的具有道德约束力的婚姻预约。

我国立法不规定婚约，并不禁止未婚男女婚前订婚。对于婚约应当采取以下态度：第一，订婚不是结婚的必经程序，男女双方是否结婚，完全以他们在办理结婚登记时表示的意思为根据。第二，法律并不是不承认婚约或者禁止订立婚约。是否订婚，由当事人自主决定，订婚时，须出于本人自愿，须达到一定的年龄，须没有法定的婚姻障碍。第三，婚约由当事人自由意志决定，父母、尊长等代为订立的婚约一律无效，当事人无须受其约束。第四，婚约的效力极为薄

---

〔2〕 林菊枝：《亲属法新论》，五南图书出版公司1996年版，第52页。

〔3〕 杨大文主编：《婚姻家庭法》，中国人民大学出版社2012年版，第84页。

〔4〕 杨大文主编：《婚姻家庭法学》，复旦大学出版社2002年版，第124页。

弱,尽管对订婚男女俗称未婚夫妻,但在法律上不发生配偶或姻亲关系。[5] 当事人订立的婚约没有法律约束力,履行婚约以双方当事人的自愿为原则,并且可以解除婚约。

(二)婚约关系的解除

婚约解除的方式有两种:一种是依婚约当事人的协议而解除。双方当事人经过协商,一致决定解除婚约的,婚约即时解除;另一种是依一方当事人的要求而解除。任何人都享有婚姻自主权,不可强制订婚、结婚,一方要求解除婚约,亦发生解除的效力。

婚约解除后,双方当事人发生婚约财产纠纷,应当妥善处理。婚约财产纠纷的产生,是基于婚约而发生的赠与。基于婚约期间赠与行为性质的界定,当婚约解除后,对于价值较大的赠与物,受赠与人应当返还赠与人,如果受赠与人拒不返还赠与物,构成不当得利,负有返还义务,赠与人享有请求返还的权利。但是已经消耗的赠与物不应当返还。

婚约解除后,当事人是否可以请求对方损害赔偿,不应当一概而论。对基于解除婚约而请求赔偿青春补偿费、基于婚约约定的违约损害赔偿的,不予支持。对由于一方的过错解除婚约,因此造成对方财产损害的,则应当予以赔偿,以补偿受损害一方的财产损失。

婚约期间,由于当事人的资金共用,财物的合并以及共同投资而产生的共同财产,属于共有财产,应当视为按份共有。婚约解除之后,该共同财产能够确定份额的,按照各自的份额分割;不能确定各自份额的,则推定为份额均等,平均分割。

三、结婚条件

(一)结婚的必备要件

结婚的必备要件,也称结婚的积极要件,是当事人结婚时必须具备的法定条件。[6] 根据《民法典》的规定,结婚须具备以下三个必备要件:

1. 具有结婚合意。结婚合意是结婚的首要条件,是保障结婚自由的前提,是结婚自主权在亲属法中的体现。它的要求是:当事人双方确立夫妻关系的意思表示真实、一致,法律要求男女双方完全自愿。法律禁止当事人的父母或者第三人对婚姻进行包办、强迫或者执意干预,排斥当事人非自愿的被迫同意。

2. 达到法定婚龄。法定婚龄是法律规定的准许结婚的最低年龄,表示的是民事主体的婚姻行为能力必须符合法律要求。我国《民法典》第 1047 条规定:"结婚年龄,男不得早于二十二周岁,女不得早于二十周岁。"当事人只有具有婚姻行为能力,达到法定婚龄,才可以结婚。

3. 符合一夫一妻制。一夫一妻制是婚姻制度的基本原则,是结婚的必备条件。法律禁止重婚。已经有配偶的人不得再结婚。构成重婚的,依法追究刑事责任。

(二)结婚的禁止要件

1. 禁止结婚的血亲。也叫作禁婚亲,是指法律规定的禁止结婚的亲属范围。《民法典》第 1048 条对禁婚亲的规定是:直系血亲或者三代以内的旁系血亲禁止结婚。具体方法是,以世代计算法规定,凡是出自同一祖父母、外祖父母的血亲,都是禁婚亲;三代以内的旁系血亲,一是兄弟姐妹;二是伯、叔、姑与侄、侄女,舅、姨与甥、甥女;三是堂兄弟姐妹和表兄弟姐妹。在拟制血亲中,直系的拟制血亲之间不准结婚;旁系的拟制血亲关系未经解除,禁止结婚;如果拟制旁系血亲关系已经解除的,则准许结婚。

---

〔5〕 林菊枝:《亲属法新论》,五南图书出版公司 1996 年版,第 56 页。

〔6〕 杨大文主编:《婚姻家庭法》,中国人民大学出版社 2012 年版,第 85 页。

2. 其他禁止结婚的条件。为了维护被监护人的利益，很多国家立法规定禁止监护人和被监护人结婚。我国对此没有规定，应当借鉴，在监护人与被监护人的监护期间，应当禁止结婚。

四、结婚程序

婚姻是社会制度，所以男女的结合必须经过社会的承认，才能正式成立婚姻关系。[7] 结婚的程序是结婚的形式要件，是法律规定的缔结婚姻关系必须履行的法律手续。

我国结婚实行登记制。要求结婚的男女双方必须亲自到婚姻登记机关进行结婚登记。符合法律规定的予以登记，发给结婚证。结婚登记是我国婚姻成立的唯一形式要件，是结婚的法定程序。

我国实行登记婚结婚程序的法律意义在于，只有在履行了法律规定的结婚程序，即进行结婚登记之后，婚姻才具有法律上的效力，才能得到国家和社会的承认。无论男女双方是不是同居，是不是举行结婚仪式，都不是结婚的合法形式，只有进行结婚登记，才能发生结婚的法律效力。同时，加强结婚登记制度的管理，对于保障婚姻自由、一夫一妻、男女平等婚姻制度的实施，保护婚姻当事人的合法权益，都具有重要意义。

我国的结婚登记机关，在城市为街道办事处，或者市辖区、不设区的市人民政府的民政部门；在农村，为乡、民族乡、镇的人民政府。

五、无效婚姻和可撤销婚姻

（一）无效婚姻和可撤销婚姻的概念

合法性是婚姻的实质要件之一。如果婚姻不具有合法性的要件，就不能发生夫妻的权利义务关系，不能发生婚姻的法律后果。欠缺婚姻成立要件的男女结合，应当依法予以宣告无效或者被撤销。所以，无效婚姻和可撤销婚制度就是维护婚姻合法性的必要制度。

1. 无效婚姻的概念

无效婚姻，是指男女因违反法律规定的结婚要件而不具有法律效力的两性违法结合。无效婚姻是违反婚姻成立要件的违法婚姻，不具有婚姻的法律效力。

无效婚姻并不是一种单独的婚姻种类，而是用以说明借婚姻之名而违法结合的概念，属于无效的民事行为。

2. 可撤销婚姻的概念

可撤销婚姻，亦称可撤销婚，是指已经成立的婚姻关系因欠缺婚姻合意，受胁迫的一方当事人可向婚姻登记机关或者人民法院申请撤销的违法两性结合。

可撤销婚姻也是欠缺婚姻成立要件的违法婚姻，它与无效婚姻都是违法婚姻。二者区别见表 39－1 所示。

表 39－1　无效婚姻与可撤销婚姻的区别

区别	无效婚姻	可撤销婚姻
构成两性违法结合的原因	违反结婚法定条件	违反的是婚姻当事人的结合必须是真实的婚姻合意的要求
两性违法结合的法律后果	婚姻当然无效、绝对无效	不当然无效；申请撤销，则婚姻自始无效；不申请撤销，则婚姻继续存在，发生婚姻的法律效力

---

〔7〕 李宜琛：《婚姻法与婚姻问题》，正中书局 1946 年版，第 39 页。

续表

区别	无效婚姻	可撤销婚姻
请求宣告无效或者撤销的时限	没有时间的限制	必须在一定的时限之内进行
宣告婚姻无效和撤销的请求权人	婚姻关系当事人和利害关系人	婚姻关系当事人,其他人不享有

(二)无效婚姻和可撤销婚姻的法定事由

1. 无效婚姻的法定事由

依照《民法典》第1051条规定,以下情形为无效婚姻。

(1)重婚。任何人不得有两个或两个以上的配偶,有配偶者在前婚未终止之前不得结婚,否则即构成重婚,后婚当然无效。重婚包括法律上的重婚和事实上的重婚两种。无论哪一种,都构成婚姻无效的法定理由。

(2)当事人为禁婚亲。直系血亲和三代以内的旁系血亲禁止结婚。凡属上述范围内的亲属,无论是全血缘还是半血缘、无论是自然血亲还是拟制血亲,都不得结婚。

(3)未到法定婚龄。男女双方未到法定婚龄而"结婚"的,为无效婚姻,申请宣告婚姻无效的,应当依法准许。

2. 可撤销婚姻的法定事由

(1)胁迫。婚姻胁迫是指行为人以给另一方当事人或者其近亲属以生命、健康、身体、名誉、财产等方面造成损害为要挟,迫使另一方当事人违背自己的真实意愿而结婚的行为。构成婚姻胁迫,须具备以下要件:第一,行为人为婚姻当事人或者第三人,受胁迫者,则既可以是婚姻关系当事人,也可以是婚姻关系当事人的近亲属。第二,行为人须有胁迫的故意,其内容是通过自己的威胁而使一方当事人产生恐惧心理,并基于这种心理而被迫同意结婚。第三,行为人须实施胁迫行为,使其产生恐惧心理。这种行为已经实施。第四,受胁迫人同意结婚与胁迫行为之间须有因果关系。向法院请求撤销婚姻,除斥期间为一年,自胁迫行为终止之日起计算;非法限制人身自由的,自恢复人身自由之日起计算。

(2)一方患有重大疾病婚前未如实告知。一方患有重大疾病,在结婚之前不如实告知,为可撤销婚姻,另一方可在自知道或者应当知道撤销事由之日起一年内向法院请求撤销婚姻。

(三)违法婚姻的形成权及行使

1. 违法婚姻的形成权及形成权人

(1)违法婚姻的形成权

救济无效婚姻和可撤销婚姻的法定方法,是赋予权利人以宣告婚姻无效或者撤销婚姻的形成权。无效婚姻的形成权是主张现存的违法婚姻关系归于无效的权利。可撤销婚姻的形成权是主张将现存的形式上合法的婚姻关系予以撤销,归属于无效的权利。违法婚姻的形成权人,是可以主张婚姻无效或者主张撤销婚姻的权利人,他(或她)享有宣告婚姻无效或者撤销婚姻的形成权。

(2)违法婚姻的形成权人

无效婚姻的形成权人是婚姻当事人或者利害关系人。利害关系人的范围是:第一,以重婚为由申请宣告婚姻无效的,利害关系人是当事人的近亲属和基层组织。基层组织是当事人的所在单位、居民委员会、村民委员会、妇联等社会团体及户籍管理机关。第二,以未达法定婚龄为由申请宣告婚姻无效的,为未达法定婚龄者的近亲属。第三,以有禁止结婚的亲属身份关系为由申请宣告婚姻无效的,为当事人的近亲属。第四,以婚前患有医学上认为不应当结婚的疾病,婚后尚未治愈为由申请宣告婚姻无效的,为与患者共同生活的近亲属。

撤销婚姻的形成权人只能是婚姻当事人,其他人不享有该项形成权。婚姻关系因受胁迫而缔结,违反的是当事人的真实合意。是否将这个婚姻关系继续下去,应当由受胁迫的一方婚姻当事人作主决定,其他人无权行使这一权利。

2. 违法婚姻形成权的行使

宣告婚姻无效或者撤销婚姻,都必须由形成权人自己行使形成权。

行使宣告婚姻无效的形成权行使没有时限的限制,任何时候都可以就婚姻无效提出宣告的主张。撤销婚姻的形成权行使,受除斥期间的限制,超出期限提出撤销婚姻主张的,婚姻登记机关或者人民法院不予支持。

3. 行使违法婚姻形成权的程序

婚姻当事人或者利害关系人主张宣告婚姻无效,或者婚姻当事人主张撤销婚姻,都只能向人民法院提出诉讼主张,由人民法院依法判决婚姻关系是否有效,或者是否予以撤销。人民法院审理宣告婚姻无效案件,对婚姻效力的审理不适用调解,应当依法作出判决;有关婚姻效力的判决一经作出,即发生法律效力。涉及财产分割和子女抚养的,可以进行调解。调解达成协议的,另行制作调解书。对财产和子女抚养问题的判决不服的,当事人可以上诉。人民法院审理婚姻当事人因受胁迫而主张撤销婚姻的案件,应当适用简易程序或者普通程序。一审判决或者裁定之后都可以上诉。

(四)婚姻无效和被撤销的法律后果

婚姻被确认无效或者被撤销,其直接的法律后果是当事人间的不合法婚姻关系溯及既往地消灭。

1. 对当事人的法律后果。婚姻无效和婚姻被撤销,效力溯及既往,从婚姻关系开始时起就不具有婚姻的效力,当事人不具有夫妻的权利义务,相互不享有配偶权,并且自始不享有配偶权。

2. 对子女的法律后果。婚姻无效或者被撤销,其婚姻关系为自始无效,但为了保护子女利益,法律应当规定子女的婚生地位并不因父母婚姻被宣告无效或者被撤销而被改变,子女仍然是婚生子女,发生父母子女的亲权或者亲属权。在婚姻被宣告无效或者被撤销后,当事人必须妥善处理子女的抚养和教育问题;当事人不能就子女的扶养和教育达成协议的,由人民法院依法判决。

3. 对财产的法律后果。由于无效婚姻关系不具有婚姻的法律效力,原则上不能适用夫妻财产制的有关规定。同居期间的财产已经形成共有的,应当按照共有的一般规则处理;没有形成共有的,则按照各自的财产归个人的原则处理;无法确认财产所有的性质的,按照共有处理。

4. 婚姻无效或者被撤销的,无过错方有权请求损害赔偿。

六、事实婚姻和准婚姻关系

(一)事实婚姻

1. 事实婚姻的概念

事实婚姻是相对于法定婚姻而言的婚姻状态,是指具备结婚实质要件的男女,未进行结婚登记,便以夫妻关系同居生活,群众也认为是夫妻关系的两性结合。[8]

绝大多数国家都承认或者相对承认事实婚姻关系,说明承认事实婚姻存在必要性。在我们这样文化相对落后、人口众多、交通不够发达的发展中国家,亲属法完全否认事实婚姻的法律地位,却又在刑事法上承认具有事实重婚的效力,是不应该的。因此,对事实婚姻政策应当在立法和司法上进行检讨,对其重新界定,采取实事求是的态度,妥善解决。

2. 事实婚姻的构成

事实婚姻应当具备以下构成要件:第一,双方当事人都符合结婚的实质要件。双方必须具有结婚的合意,均达到法定婚龄,均无配偶,无禁婚亲和禁婚疾病。第二,双方当事人具有终生共同生活的目的。因此,事实婚姻与姘居、准婚姻关系具有原则区别。第三,双方当事人应当具有公开的夫妻身份。当事人向社会公开的身份是夫妻,而不是一般的性伴侣或者朋友,表明婚姻关系的公示性。第四,双方共同生活时间较长或者生有子女。应当考虑双方共同生活5年以上,或者已经生育子女,都可以确认为事实婚姻关系。第五,未履行结婚登记手续。双方当事人在形式上没有进行结婚登记,没有取得结婚证书。

3. 事实婚姻关系的法律后果

法律应当承认事实婚姻关系当事人之间产生配偶身份地位,确认他们是夫妻,享有配偶权,享有配偶之间的一切权利和义务。对于外部,当事人与其他所有的人构成配偶权法律关系,任何其他人都不得侵害该对配偶的合法权利。

构成事实婚姻,应当确认事实婚姻当事人所生的子女为婚生子女,对子女进行全面保护。在子女未成年时,子女与父母之间享有亲权,发生亲权的一切权利和义务,子女受到父母的亲权保护。在子女成年后,与父母之间享有亲属权,发生父母子女之间的权利义务关系。事实婚姻也发生子女的祖孙关系和外祖孙关系,发生兄弟姐妹之间的旁系血亲关系,相互享有亲属权。

事实婚姻关系的当事人在离婚时,应当按照法定婚姻的规定依法进行,解除婚姻关系。对子女抚养、财产分割等,均应依法进行。对于不构成事实婚姻关系的,法律不承认其婚姻的效力,不受法律保护。如果当事人主张"离婚",则应当依法解除其同居关系。

(二)准婚姻关系

准婚姻关系也称为亚婚姻关系,是未婚男女不办理结婚登记手续而同居的两性结合关系的事实状态。有的学者将准婚姻关系称之为非婚同居关系。[9]

准婚姻关系既不是结婚,又不是一般的同居或者姘居的其他法律关系,而是一种事实状态,表明了法律的态度。这类似于物权法对占有的认识,就是事实状态,不发生权利,而法律又承认这种事实状态。这种事实状态是亚婚姻事实状态,实质是两人在不违反法律禁止性规定前提下,在感情、经济和性等方面形成了相互依赖的家庭生活共同体,但没有选择婚姻的方式。[10]

准婚姻关系实际上是一种合同关系,即双方根据合意,而采取同居的准婚姻关系方式共同

---

〔8〕 王战平主编:《中国婚姻法讲义》,全国法院干部业余法律大学1986年内部发行版,第74页。

〔9〕 陈苇:《婚姻家庭继承法学》,群众出版社2012年版,第101页;王薇:《非婚同居法律制度比较研究》,人民出版社2009年版,第20页。

〔10〕 王薇:《非婚同居法律制度比较研究》,人民出版社2009年版,第20页。

生活。同居者如果愿意,可以缔结同居合同来规范他们的事务,适用合同法中有关默示合同的一般规定确定他们之间的关系。[11]

对于两性在同居期间发生的财产关系,《民法典》没有规定,可以参照"被宣告无效或被撤销的婚姻,当事人同居期间所得的财产,按共同共有处理。但有证据证明为当事人一方所有的除外"的司法解释规定的规则处理。[12] 婚姻无效或者被撤销,等同于双方当事人没有婚姻关系,其同居期间,相当于准婚姻关系的同居关系。因此,这两种两性同居的情形基本相同,可以适用同样的规则处理。所以,男女双方在同居期间的财产关系,如果有证据证明属于一方所有或者各自所有的,应当认定为双方当事人各自享有所有权;如果没有证据证明为各自所有的,可以认定为共同共有,享有共有权。[13] 在解除同居关系时,可以按照上述规则处理,比较稳妥。

第二节 离 婚

一、概述

(一)离婚的概念及特征

离婚也称为婚姻解除,是指夫妻双方生存期间依照法律规定解除婚姻关系的身份法律行为。离婚的意义,在于夫妻双方在其生存期间通过法律行为消灭既存的婚姻关系。这种意义表现在两个方面:一方面是消灭了配偶之间的内部权利义务关系,当事人不再受其拘束,恢复了无婚姻关系的状态,消灭了配偶权的对内权利义务;另一方面是消灭了婚姻关系的对世性,对外消灭了婚姻关系当事人的配偶权的对外权利义务,其他任何人都不再将其视为配偶,无须对该对配偶负担法律义务。

离婚的法律特征是:第一,离婚以有效的婚姻关系存在为前提,与婚姻无效和婚姻被撤销存在原则性的区别。第二,离婚须是在夫妻双方生存期间才能进行,不得在一方配偶已经死亡之后再请求离婚。第三,离婚须依照法定程序进行,没有依照离婚程序进行离婚,不发生法律效力。第四,离婚将产生相应的法律后果,消灭当事人之间的配偶身份和配偶权,还涉及夫妻共同财产的分割、共同债务的清偿、经济帮助,以及子女抚养、探望的法律后果。

(二)离婚的分类

1. 片意离婚与合意离婚。这是根据夫妻双方对离婚所持的态度所作的分类。片意离婚,是指配偶中只有一方有明确的离婚意愿,另一方反对离婚愿意继续保持婚姻关系的离婚,习惯上叫作一方要求离婚。合意离婚,是指配偶双方具有离婚的合意,一致要求解除婚姻关系,习惯上叫作双方自愿离婚。

2. 登记离婚与诉讼离婚。这是根据以离婚的程序是否涉及诉讼所作的分类。登记离婚,

---

〔11〕 [德]迪特尔·施瓦布:《德国家庭法》,王葆莳译,法律出版社2010年版,第476页。

〔12〕 参见《婚姻法解释(一)》第15条的规定。

〔13〕 也有的认为,这种情形应当认定为按份共有。参见杨立新:《论准婚姻关系》,载《中州学刊》2005年第6期。

是指不通过诉讼程序的离婚。当事人合意解除婚姻关系,按照行政登记程序规定,依当事人对离婚所达成的协议,到婚姻登记机关进行离婚登记,即发生离婚的法律效果。诉讼离婚,是指当事人依照诉讼程序的规定,向法院提起离婚诉讼,经法院审理后调解离婚或者判决离婚。

(三)我国离婚制度的特点

1. 保障离婚自由,反对轻率离婚。婚姻自由权是我国自然人的民主权利,离婚自由是婚姻自由和婚姻自主权的基本内容,缺少离婚自由,婚姻自由和婚姻自主就不完整。因此,保障离婚自由是我国亲属法的一贯精神。在保障离婚自由的同时,亲属法也反对轻率离婚。亲属法主张,在婚姻生活出现一些本属于正常的暂时失调或者局部冲突时,不应当将离婚作为唯一的解决矛盾的手段。轻率离婚,既不利于维护当事人自己的合法权益,也对他方当事人、子女、家庭和社会造成损害。《民法典》第 1077 条规定了登记离婚的冷静期制度,是反对轻率离婚的必要措施。

2. 离婚方式采取登记离婚和诉讼离婚双轨制。夫妻双方自愿离婚,并对子女和财产问题已经作出了适当处理的,可以由婚姻登记机关进行离婚登记,即合意离婚采取登记方式。一方要求离婚的片意离婚,或者离婚达成合意但对子女或者财产问题没有达成合意的,向法院提起离婚诉讼,由人民法院调解或者判决离婚或者不准离婚。

3. 诉讼离婚实行破裂离婚主义兼采过错离婚主义。《民法典》第 1079 条规定了离婚的部分法定理由,同时规定一个概括性条款,即“其他导致夫妻感情破裂的情形”。这说明我国采取的是破裂离婚主义。不限制过错一方的离婚请求权,在离婚的后果上部分采取了过错主义;无过错的一方有权请求损害赔偿,并且在分割夫妻共同财产中有无过错也作为一个考虑的因素。

二、离婚的程序

亲属法规定的离婚程序有以下两种:第一,行政登记程序。婚姻双方当事人达成离婚合意之后,离婚协议应当经过行政程序获得批准,方发生离婚的效果。我国现行的协议离婚必须经过行政登记程序,属于这种离婚程序。第二,司法裁决程序。在片意离婚的司法裁决程序,一方当事人须向法院提出离婚请求,由法院依照审判程序进行审理,依法作出裁决。我国的司法裁决程序就是这一种,是对片意离婚的司法裁决程序,但对具有离婚合意,在子女抚养和财产分割方面有争议的,也应经过司法裁决程序确定。

对离婚规定严格程序,是因为通过离婚解除婚姻关系会产生一系列的法律后果。第一,通过严格的程序,可以使当事人对于离婚的选择予以慎重对待,在这些严格的程序中,促使婚姻当事人反复进行思索,究竟是不是要选择离婚。在这样的基础上作出婚姻关系解除的宣告,能够更符合当事人的真实意愿。第二,通过严格的程序,将离婚的各方面法律后果予以明确,确定与离婚相关的事项,在法律上作出确定的处理,确定应当明确的权利义务关系。例如,确定对子女的抚养关系,确定夫妻财产的分割关系等,将各自的权利义务确定清楚。第三,通过严格的程序,对社会取得公示的效果,不仅公告婚姻双方当事人之间的婚姻关系消灭,消灭了他们之间的配偶权,而且他们的财产关系也由于离婚而发生了变化,具有物权属性的公示性。

三、离婚的法定理由

(一)基本事由

判决离婚的基本法定事由是夫妻感情确已破裂,婚姻的成立是基于感情,婚姻的离异也是基于感情,把夫妻感情确已破裂作为判断是否离婚的标准,体现了婚姻关系的本质。

夫妻感情确已破裂的含义是:夫妻之间感情已不复存在,已经不能期待夫妻双方有和好的可能。

确定夫妻感情确已破裂的客观表现的标准是：第一，主观标准是夫妻共同生活不复存在，而且不能期待恢复共同生活。判断夫妻感情是否确已破裂，应当从婚姻基础、婚后感情、离婚原因、夫妻关系的现状和有无和好的可能等方面综合分析。第二，客观标准是调解无效。经过这些工作之后仍然无法使当事人放弃离婚的要求的，才能认定为调解无效。在实践中，将这两个标准结合在一起，就可以判断一个婚姻关系是否为夫妻感情确已破裂。

（二）具体事由

《民法典》第1079条规定了以下事由为离婚法定事由：

1. 重婚或者与他人同居。第一，重婚是指有配偶者而与他人结婚的行为，包括有配偶者而与他人进行结婚登记，以及有配偶者而与他人以夫妻名义共同生活的事实重婚。对方提出离婚请求，则构成判决离婚的法定理由，应判决离婚。重婚方提出离婚的，应审查婚姻关系是否确已破裂，对确已破裂的，判决离婚。第二，与他人同居，是指与婚外异性不以夫妻名义，持续、稳定地共同居住。与他人同居是离婚的法定事由，对方起诉离婚的，法院应当判决准予离婚。在过错方请求离婚的情形，不应把处理其错误行为与是否判决离婚等同起来，一方坚决提起离婚时，如果确无和好可能，无论对方配偶是否同意，均视为婚姻关系无可挽回的破裂，可以判决离婚。

2. 实施家庭暴力或虐待、遗弃家庭成员。家庭暴力，是指行为人以殴打、捆绑、残害、强行限制人身自由以及其他手段，给对方配偶以及家庭成员的身体、精神等方面造成损害后果的行为。虐待，是指经常以打骂、冻饿、禁闭、有病不予治疗、强迫过度劳动、限制人身自由、凌辱人格等方法，对共同生活的家庭成员进行肉体上、精神上的摧残和折磨的行为。遗弃，是指负有扶养义务的家庭成员而拒不履行扶养义务的行为。这三种行为都违反了法律规定，都是夫妻感情确已破裂的客观表现，是判决离婚的法定理由。对配偶一方实施家庭暴力、虐待、遗弃的，是正当的离婚法定事由，对其他家庭成员实施家庭暴力、虐待、遗弃的，对方配偶提出离婚的，也是离婚的法定事由，应当准予离婚。

3. 有赌博、吸毒等恶习屡教不改。一方恶习，差不多都是各国亲属法规定的离婚法定事由。构成这一离婚法定事由须满足两个条件：第一，配偶一方确有赌博、吸毒等恶习，经教育、劝说屡不改正；第二，配偶一方因恶习不履行婚姻义务，夫妻难以共同生活。另外，赌博、吸毒仅仅是一般的例示性的规定，其他恶习诸如酗酒、嫖娼、卖淫、淫乱、好逸恶劳等，屡教不改的，也作为离婚的法定事由。

4. 因感情不和分居满2年。经过一定期间的分居，是各国亲属法普遍规定的离婚法定事由。分居，是指配偶双方拒绝在一起共同生活，互不履行夫妻义务的行为。在主观上，配偶确有分居的愿望，拒绝在一起共同生活；在客观上，配偶的夫妻共同生活完全废止，分开生活。按照法律规定，这种状态已满2年的，构成离婚法定事由。

5. 其他导致夫妻感情破裂的情形。其他原因是否构成离婚法定事由，判断标准是该原因是否直接引起了夫妻感情确已破裂，且经调解后仍无法挽回。符合这一要求的，构成离婚的法定理由，人民法院应据此判决离婚；否则不能作为判决离婚的法定理由。

6. 一方被宣告失踪。夫妻一方下落不明满2年，经利害关系人的申请，被人民法院宣告失踪的，当事人双方在事实上已经终止了夫妻的共同生活。如果另一方提出离婚的诉讼请求，则表明其已经失去了对婚姻的期待，应当认定为夫妻感情确已破裂，符合离婚的法定事由。

四、登记离婚冷静期

《民法典》第1077条规定登记离婚冷静期,即“自婚姻登记机关收到离婚登记申请之日起三十日内,任何一方不愿意离婚的,可以向婚姻登记机关撤回离婚登记申请”。“前款规定期限届满后三十日内,双方应当亲自到婚姻登记机关申请发给离婚证;未申请的,视为撤回离婚登记申请。”登记离婚冷静期,是指婚姻双方当事人协议离婚,依照法律规定,在登记离婚时留出给当事人冷静思考,确定是否必须离婚,以减少冲动离婚、草率离婚的必要期限。

我国规定的离婚冷静期的规则是:第一,双方自愿离婚,到婚姻登记机关申请离婚,符合离婚条件的,暂时不发给离婚证。第二,离婚冷静期是30日,自婚姻登记机关收到离婚登记申请之日起30日内,任何一方不愿意离婚的,都可以向婚姻登记机关撤回离婚登记申请。第三,在30日的冷静期之内,经过冷静思考,双方仍然坚持离婚的,应当亲自到婚姻登记机关申请发给离婚证,婚姻登记机关应当对其进行离婚登记,登记之后,应当发给离婚证,解除婚姻关系。第四,在30日的冷静期届满后的30日内,当事人未到婚姻登记机构申请离婚证的,视为撤回离婚登记申请,不发生离婚的后果。

五、离婚的法律后果

(一)离婚的法律后果及发生时间

1.离婚法律后果的概念

离婚的法律后果是指离婚所发生的各种法律效力。这些法律后果包括身份关系方面的法律后果和财产关系方面的法律后果。前者包括对配偶之间婚姻关系的解除,对子女抚养关系的改变,对子女探望权的产生等;对财产关系方面的法律后果,诸如夫妻共同财产解体为个人财产,对原来的共同财产需要进行分割,对共同债务也要进行清偿,同时对生活困难的一方应当确定经济扶助义务等。离婚的这些法律后果,其效力都指向将来,而无溯及力。

2.离婚法律后果发生的时间

离婚法律后果发生的时间,是指离婚的上述法律后果究竟在何时起生效。其原则是离婚的法律后果发生于婚姻关系正式解除之时。

具体的离婚法律后果发生时间是:第一,双方当事人协议离婚,到婚姻登记机关登记离婚的,离婚的法律后果发生于婚姻登记机关“完成离婚登记”之时。第二,经人民法院调解离婚的,其离婚的法律后果发生于人民法院制作的调解书向当事人正式送达之时。同时送达的,同时生效,分别送达的,对于个人而言,分别生效,就整体的调解书生效时间,应当是最后一方送达之时。第三,一审判决准予离婚,当事人不上诉,判决书送达次日起15日即过了上诉期之后,判决书生效之时,发生离婚的法律后果。第四,二审判决离婚,判决一经送达,即生法律效力。离婚的二审判决书送达之时,即发生离婚法律后果。

(二)离婚对亲属身份关系的法律后果

1.配偶身份消灭。配偶身份以结婚为发生的法定事由,双方互为配偶,具有配偶的固定称谓和身份。一经离婚,夫妻之间的婚姻关系即行解除,夫妻之间的配偶身份地位即告消灭。对此,不仅仅是发生对内的效力,而且具有对外的效力,他人不再对已经离婚的当事人负有不得与其结婚的义务。

2.结婚自由恢复。婚姻自由权包括结婚自由权和离婚自由权。当婚姻关系当事人一旦离婚,解除了配偶的身份关系时,即行恢复结婚自由权。对外,该当事人不再负有不得与他人结婚的负担,成为可以结婚的“自由人”;其他任何异性都可以与其结婚,也不再负有不得与其结婚的义务。

3. 相互之间的权利义务消灭。离婚使配偶权消灭，配偶权中关于夫妻之间的权利义务都已经随着配偶权的消灭而消灭。夫妻之间负有抚养义务，对方存在生活困难，须履行扶养义务。离婚之后，如果一方生活确有困难，对方应从住房等个人财产中给予适当帮助。

4. 配偶之间的继承权消灭。离婚发生法律效力后，消灭配偶之间的继承权，任何一方都不是对方遗产的法定继承人，无权再以配偶的身份继承对方的遗产。

5. 姻亲关系消灭。离婚后，姻亲关系是否消灭，我国立法虽未作明确规定，但在习惯上和法理上采消灭主义，认为姻亲关系因离婚而消灭。

6. 血亲关系继续存续。自然血亲关系不能人为地加以消灭，当然也就不受离婚的影响。父母与子女之间的关系，不因父母离婚而消除。离婚后，子女无论由父方或母方抚养，仍是父母双方的子女。人工授精所生的子女、共同收养的子女，也适用这样的规则。离婚不能消灭自然血亲关系，当然对直系血亲的亲属权也不发生影响。

（三）离婚对亲属财产关系的法律后果

1. 夫妻共同财产的分割和共同债务的清偿。离婚时，夫妻的共同财产由双方协议处理；协议不成时，由人民法院根据财产的具体情况，照顾子女和女方权益的原则判决。夫或妻在家庭土地承包经营中享有的权益，应当依法予以保护。

2. 一方对他方的经济补偿。指一方在家庭生活中尽了较多义务的，特别是女方在家庭生活中作出的工作更多，抚育子女、照顾老人等，在离婚时，另一方应当承担予以经济补偿的义务。

实行经济补偿义务，由共同生活中付出义务较多的一方当事人提出经济补偿请求，补偿的数额应当由双方协商解决。协商不成的，向法院起诉，由人民法院判决。

3. 一方对他方的适当经济帮助。离婚时，如一方生活困难，另一方应从其住房等个人财产中给予适当帮助。这种适当经济帮助义务应当是债的性质，是定期金之债。适当经济帮助与经济补偿义务不同，经济补偿义务必须是约定夫妻分别财产制，离婚时才发生这种义务，且是一次性义务；而适当经济帮助则是共同财产制分割共同财产后一方还有生活困难时发生的经济帮助义务。适当经济帮助义务与分割共同财产的适当照顾不同，适当照顾是分割共同财产时适当多分，而适当经济帮助义务是分割共同财产制后，一方从自己的财产中对对方进行帮助。

确定适当经济帮助义务的条件，一是要求适当经济帮助的一方确有困难，生活难以维持，或者没有住房；二是提供经济帮助的一方应当有经济负担能力，不仅指实际生活水平，而且包括住房条件等；三是接受帮助的一方没有再婚，也没有与他人同居。

按照法律规定，提供适当经济帮助的办法由双方当事人协议，协议不成时，由人民法院判决。确定适当经济帮助义务，应当考虑受助方的具体情况和实际需要，考虑帮助方的实际经济负担能力。提供帮助的具体方法，应当是适当的财产给付，给予金钱或者财物。如果一方以自己的住房对受助方予以经济帮助的，可以给付的是住房的居住权，或者是所有权、使用权。

4. 离婚住房问题处理。第一，原来的住房是夫妻共有。当事人原来的住房是夫妻共有的私有房屋，在离婚时进行分割，应当按照共有的规则处理。第二，原来的住房是一方所有，夫妻原来的住房是一方所有的个人财产，离婚时，原则上应当是婚前个人财产归个人，对方如果无法解决住房问题，可以采取租赁形式解决，或者采取使用权或者居住权的形式解决。如果所有房屋的一方当事人愿意将房屋无偿提供给无房居住的对方当事人居住,可以采取确定使用权或者居住权的方式处理。

(四)离婚对子女抚养的法律后果

1. 亲权变更

离婚对子女抚养的法律后果的实质是亲权变更,而不是亲权消灭。离婚后,父母与未成年子女之间的血缘关系不会消灭,亲权也不会消灭,但亲权的内容会发生部分变更,这就是直接抚养人由原来的双方变更为单方,监护人也由原来的双方变更为单方。

至于整体的亲权并不因离婚而有所改变,仍然是由父母双方共同享有,只是没有直接抚养未成年子女的一方当事人行使亲权受到一定的限制而已。

2. 直接抚养人、监护人的确定

确定直接抚养人的规则是:离婚后,不满2周岁的子女,以由母亲抚养为原则。已满2周岁的子女,如双方因抚养问题发生争执不能达成协议时,由人民法院根据子女的权益和双方的具体情况,按照最有利于未成年子女的原则判决。

父母双方对8周岁以上的未成年子女随父或随母生活发生争执的,应当尊重子女的意愿。他们可以根据自己的识别能力作出判断,究竟随父还是随母生活对自己更为有利,应当尊重他们的意见。

在离婚的子女抚养中,对于独生子女的抚养出现协议轮流抚养的做法,以分享抚养子女的机会。在有利于保护子女利益的前提下,父母双方协议轮流抚养子女的,可予准许。确定轮流抚养,必须有协议,并且必须有利于保护子女利益。

抚育费的确定规则是:离婚后,一方抚养子女,另一方应负担必要的生活费和教育费的一部或全部,负担费用的多少和期限的长短,由双方协议;协议不成时,由人民法院判决。关于生活费和教育费的协议或判决,不妨碍子女在必要时向父母任何一方提出超过协议或判决原定数额的合理要求。

确定子女抚育费的基本方法,是根据子女的实际需要,父母双方的负担能力,以及当地实际生活水平,确定具体的抚育费数额。应当将以上三个因素统一起来考虑,确定具体的数额。具体的方法是:有固定收入的,抚育费一般可按其月总收入的20%～30%的比例给付;负担两个以上子女的抚育费的,比例可以适当提高,但是最高不得超过月总收入的50%;有特殊情况的,可适当提高或降低上述比例。

子女抚育费给付可以采用三种方式:一是定期给付和一次性给付;二是以物折抵;三是协议免除。

子女抚育费给付的期限一般至子女18周岁时止。如果子女满16周岁不满18周岁,能够以其劳动收入作为主要生活来源,就视为完全民事行为能力人,当他或她能以自己的劳动收入维持当地一般生活水平时,父母也可以停止给付抚育费,让其独立依靠自己的劳动收入维持生活。

在特殊情况下,子女已满18周岁,但因特殊原因仍需父母给付抚育费的,虽然其已为完全民事行为能力人,仍应按父母的经济负担能力负担必要的生活费。一是对于丧失劳动能力的子女,父母应当继续负担必要的抚育费。二是对于尚在校就读的子女,父母应当继续负担必要的抚育费。三是对于确无独立生活能力和条件的子女,也应当继续提供必要的抚育费。

3. 子女抚养变更

(1)后子女抚养关系的变更

离婚后,一方要求变更子女抚养关系的,应当另行起诉。它不是对原案判决子女抚养关系的改判,而是作为一个新案,由请求变更抚养关系的一方起诉,对方当事人应诉。

变更子女抚养关系的具体事由包括:第一,与子女共同生活的一方因患严重疾病或因伤残无力继续抚养子女的。第二,与子女共同生活的一方不尽抚养义务或有虐待子女行为,或其与子女共同生活对子女身心健康确有不利影响的。第三,8 周岁以上未成年子女,愿随另一方生活,该方又有抚养能力的。第四,有其他正当理由需要变更子女抚养关系的。

协议离婚和判决离婚以后,要求变更子女抚养关系并非完全要向法院起诉,双方当事人达成了变更子女抚养关系的协议,只要没有违法事项和对子女成长不利问题,应准许其变更子女抚养关系。

(2)子女抚育费的变更

子女抚育费的变更,是指父母双方离婚时已经协议确定或经判决确定给付子女抚育费的数额,子女在必要时向父母任何一方要求增加抚育费。规则是,关于子女生活费和教育费的协议或判决,不妨碍子女在必要时向父母任何一方提出超过协议或判决原定数额的合理要求。子女要求增加抚育费的,应另行起诉,重新进行审理。法定理由如下:一是原定抚育费数额不足以维持当地实际生活水平;二是因子女患病、上学,实际需要已超过原定数额;三是其他应当增加抚育费的正当理由。

(3)子女姓氏的变更

夫妻离婚后子女归女方抚养,女方将子女改随后夫姓或者改随己姓,男方因此拒付抚育费的,应当采取两种办法:第一,父母不得因子女变更姓氏而拒付子女抚育费。第二,一方擅自将子女姓氏改为继母或继父姓氏而引起纠纷的,应责令恢复原姓氏。

4. 子女对离异父母的赡养

子女对父母的赡养义务,不因父母的婚姻关系变化而终止。父母离异后或者父母再婚后,子女拒绝履行赡养义务的,无劳动能力或者生活困难的父母可以提起赡养费给付之诉,请求人民法院对自己的权利予以保护。

(五)不直接抚养子女一方的探望权

探望权,是指夫妻离婚后,不直接抚养子女的父或母有探望子女的权利。直接抚养子女的一方有义务协助非抚养一方行使探望的权利。

规定探望权的意义在于,保证夫妻离异后非直接抚养子女一方能够定期与子女团聚,有利于弥合家庭解体给父母子女之间造成的感情伤害,有利于未成年子女的健康成长。

探望权的性质是亲权的内容。这是因为,被探望的对象只能是未成年的子女,父母对未成年子女的权利就是亲权,是对未成年子女的人身和财产照护权。探望权就是亲权的具体内容,是亲权的派生身份权,即亲权的具体内容。

(六)离婚过错损害赔偿

1. 离婚过错损害赔偿的概念和特征

离婚过错损害赔偿,是指夫妻一方因为过错实施法律规定的违法行为,妨害婚姻关系和家庭关系,导致夫妻双方离婚的,过错方应当承担的侵权损害赔偿责任。

离婚过错损害赔偿的法律特征是:第一,离婚过错损害赔偿是由于离婚而发生的损害赔偿;第二,离婚过错损害赔偿是基于过错而发生的损害赔偿;第三,离婚过错损害赔偿是侵害对方配偶的权利而造成婚姻关系损害的损害赔偿;第四,离婚过错损害赔偿是发生在婚姻领域中的侵权损害赔偿。

2. 我国离婚过错损害赔偿的理论基础

第一,离婚过错损害赔偿应采离因损害理论作为基础,《民法典》第1091条明文规定的五种离婚过错损害赔偿的事由,都是讲的离婚的原因,而不是讲离婚的结果。第二,离婚过错损害赔偿的基本规则适用《民法典》第1165条第1款规定的过错责任原则。第三,离婚损害赔偿的基本性质是妨害婚姻关系的侵权行为,这种侵权行为是侵害了受害人的配偶权,构成了对婚姻关系的妨害。

3. 离婚损害赔偿责任的构成要件

离婚过错损害赔偿责任构成须要具备以下四个要件:第一,离婚损害赔偿责任的违法行为,一是重婚的,二是有配偶者与他人同居的,三是实施家庭暴力的,四是虐待、遗弃家庭成员的,五是有其他重大过错的。《民法典》第1091条增加的"有其他重大过错"的违法行为,扩大了离婚过错损害赔偿责任的适用范围,有利于救济受到损害一方的合法权益。这种行为,首先是在主观上要有重大过错。其次,在客观上行为人实施了侵害对方当事人合法权益的行为,使其造成了损害。第二,离婚损害赔偿责任的损害事实,重婚、与他人同居,侵害的是对方配偶的配偶权;实施家庭暴力、虐待、遗弃,都可能侵害配偶的身体权、健康权,也构成侵害配偶权,因为虐待、遗弃本身,就是对配偶权的侵害;同时也构成对配偶之外的其他家庭成员的身体权、健康权和亲属权、亲权的侵害。第三,离婚损害赔偿责任的因果关系,具体形式是:违法行为(重婚、与他人同居、实施家庭暴力、虐待或者遗弃)→配偶权、身体权或者健康权、亲权或者亲属权等损害;配偶权、身体权或者健康权、亲权或者亲属权的损害→婚姻关系破裂的损害。第四,离婚损害赔偿责任的过错,既可能是故意,也可能是过失。

4. 离婚损害赔偿的责任方式

离婚损害赔偿的责任方式包括两种,即人身损害赔偿和精神损害赔偿。

第三节 亲　　子

一、概述

(一)亲子的概念

亲子是指亲属法上的父母与子女,即父母子女。

亲子关系是家庭关系的重要组成部分,它因出生的事实或者法律的拟制而发生,是最近的直系血亲。《民法典》第26条第1款关于"父母对未成年子女负有抚养、教育和保护的义务"的规定,就是对亲权的规定。

出生,不仅是子女离开母亲的身体而独立,也是母亲将孕育的子女娩出。子的"出"和亲的"生",构成亲属法上的法律事实,使父母亲和子女之间确定了亲子的身份地位,发生亲权关系。这一法律事实也使祖父母、外祖父母与孙子女、外孙子女之间产生直系血亲的身份地位,产生亲属权关系;使兄弟姐妹之间发生旁系血亲的身份地位,产生亲属权关系;在其他亲属之间也产生近亲属之外的亲属身份关系。

（二）亲子的种类

我国亲属法规定的亲子包括四种，即父母与婚生子女、生父母与非婚生子女、养父母养子女、继父母和继子女。按照血缘关系，可以分为两大类。

1. 自然血亲的亲子

自然血亲的亲子，是指通过自然血缘而构成的父母子女关系，即亲生父母子女。包括三种：第一，父母与婚生子女，是最自然的亲子关系；第二，生父母与非婚生子女，虽然非出生于合法的婚姻家庭关系当中，但仍然是自然的亲子关系；第三，经人工生育技术生育，并由妻子分娩的同质的父母子女，即由父亲提供精子受胎而生的亲子。

2. 法律拟制的亲子

法律拟制的亲子，是指亲子间没有自然血缘关系，通过法律拟制而成为血亲关系的亲子。包括三种：第一，养父母子女，通过收养关系而成立的拟制亲子；第二，继父母子女，父母通过再婚而与对方亲子形成的拟制亲子；第三，通过人工生育技术形成的，并非血缘同质的亲子，即不是妻的卵子也不是丈夫的精子而生的子女。

（三）子女姓氏

我国《民法典》第 1015 条规定，子女姓氏坚持男女平等原则，第一，子女出生后可以随父姓，可以随母姓。第二，究竟应当姓父姓还是姓母姓，由父母协商确定。第三，子女成年之后，可以进行选择而改变。

是否可以选择父姓、母姓之外的第三姓作为子女的姓氏？一家为一共同体，要求姓氏的一致。[14] 这是因为姓氏具有表明亲属血缘的意义。姓名分为姓和名，名字可以变更，但姓氏一般不得变更，即使变更，其范围也仅限于在父或母，以及养父母、继父母之间选择。如果准许子女选择父或母之外的任何第三姓，就无法保证家庭姓氏的同一，也不能表明血亲传承关系。因此，第 1015 条规定只有存在法定情形的，才可以在父姓和母姓之外选择姓氏：一是选择其他直系长辈血亲的姓氏；二是因由法定扶养人以外的人扶养而选择扶养人姓氏；三是有不违背公序良俗的其他正当理由。

二、婚生子女

（一）婚生子女的概念及构成

婚生子女，是指由父母于婚姻关系存续期间受胎而生的子女。子女非父母所生，不为婚生子女；父母非于婚姻关系存续期间受胎而生，也不是婚生子女。

构成婚生子女应当具备四个条件：一是其父母有婚姻关系存在；二是其子女为夫的子女；三是其子女为妻所生；四是其子女于婚姻中受胎而生。

（二）婚生子女推定

1. 推定的必要性

婚生子女推定，是指子女系生母在婚姻关系存续期间受胎或出生，该子女被法律推定为生母和生母之夫的子女。

在亲子关系中，母亲的身份依据出生的法律事实，不容易发生争议，但父亲的身份需要确

---

〔14〕 史尚宽：《亲属法论》，荣泰印书馆 1980 年版，第 478 页。

定。法律认定父亲资格以及婚生子女的身份,须借助于两个因素:一是婚姻关系;二是血缘关系。用婚姻关系的方法对子女进行婚生推定,不仅是对子女的婚生身份的推定,也是对父亲身份的推定,受婚生推定的子女即时取得婚生子女的法律地位,又推定了母亲的丈夫是该婚生子女的法律上的父亲。婚生子女推定实际上是在用婚姻关系的存续期间来推定子女的父亲,确定婚生子女身份,而不是靠血缘关系,因此有可能出现错误,可以被客观事实所推翻。法律允许利害关系人提出婚生子女否认之诉,推翻婚生子女推定。

2. 受胎期间

进行婚生子女推定的关键,是受胎期间。按照一般医学上的规律,胎儿从受胎到分娩,通常不少于181日,最长不多于302日。在其最长期与最短期相差的期间内,如有婚姻关系存在,就推定妻所生的子女为夫所受胎。该期间就叫受胎期间。

我国《民法典》没有规定过受胎期间,因此,对婚生子女推定没有计算的根据。对此,应当采用从子出生日回溯第181日起至302日止的122日为受胎期间的方法,在此期间妻所生的子女推定为婚生子女。

(三)婚生子女否认

《民法典》第1073条规定了确认和否认亲子关系的规则。

1. 婚生子女否认的概念和性质

婚生子女否认,是指夫妻一方或子女对妻所生的子女否认其为夫的亲子的法律行为,即在婚生子女推定的前提下,否认婚生子女为丈夫所生,而是由妻与婚外异性性结合所生的非婚生子女的行为。这种否认一般由丈夫提出,但妻否认其所生子女为其丈夫的婚生子女的,亦不乏其例。有的法律也承认子女有这种婚生子女否认权。

婚生子女否认制度的性质,是实体法上的制度,兼有确认之诉和形成权两种性质:是确认身份关系有无的制度,因而是确认之诉;权利性质既非请求权,又非支配权,而是因一定的事实而形成某种身份关系,属于形成权。

2. 婚生子女否认权的构成要件

构成婚生子女否认权须具备如下要件:

(1)权利人必须适格。权利人适格,应当包括夫、妻、成年子女中的任何一方。只要是现存夫妻、子女关系的主体,均为婚生子女否认确认之诉的权利主体,可以提起这种否认身份关系的诉讼。在诉讼中,当上述三方当事人一方起诉时,其他两方应为共同被告。子女起诉,以夫为被告,无须将妻列为共同被告。

(2)有婚生子女的推定。在婚姻关系存续期间妻受胎,如无反证,不会有人否认妻所生之子女的婚生子地位。凡是在婚姻关系中出生的子女,即为婚生子女。非在婚姻关系中出生的子女,不能推定为婚生子女。非在婚姻成立后180日或婚姻关系解除后303日出生的子女,也不能推定为婚生子女,均不构成否认婚生子女的要件。

(3)有否认婚生子女的客观事实。传统上认为,否认婚生子女的客观事实包括:一是性交不能;二是与受胎无因果关系;三是子女外在特征非与种族相同或相似;四是亲子鉴定否认为婚生子女。事实上,否定性的亲子鉴定是最重要、最有说服力的证据。在目前的科技条件下,DNA技术已经能够作出否定或肯定亲子的鉴定,证明更为便捷和肯定。

3. 婚生子女否认权的消灭

婚生子女否认权消灭的原因如下:

(1)依除斥期间完成而消灭,规定此诉权在一定期间内为之。婚生子女否认权在一定的期间不行使而消灭,但法定的时限各不相同。可以借鉴《瑞士民法典》第256—3条的规定,参照除斥期间的规定,即在知道或者应当知道子女为非婚生的事由起,2年内不行使该权利而消灭,不受终止、中断或者延长规定的限制。

(2)子女已死亡。子女死亡时,夫不得再提起否认之诉,起诉后子女死亡时,视为诉讼终结。[15] 但子女死亡时有直系卑亲属,如不准否认,尚涉及父与非婚生子的子女的抚养、继承关系。综合评价,采上述相对消灭原因的立法例更为合理。

(3)夫同意承认出生子女为婚生。夫在明知其子女为非婚生的事实之后,已经明确承认其为婚生的,不得再提出婚生子女否认,因为夫已经接受了这个事实。如果夫并不知情,而仅仅是基于婚姻关系存续期间而生子女而承认其婚生者,不能确认其已经为承认。

(四)欺诈性抚养关系及费用返还

欺诈性抚养关系,是指在婚姻关系存续期间乃至离婚以后,妻明知其在婚姻关系存续期间所生子女为非婚生子女,而采取欺诈手段,称其为婚生子女,使夫承担对该子女的抚养义务的事实。欺诈性抚养关系既产生于婚生子女否认之后,也产生于非婚生子女认领之后。婚生子女否认一经判决确认,否认权人与该子女在否认确定前的抚养关系,即属欺诈性抚养关系。非婚生子女经生父认领后,如该非婚生子女与其生母之配偶原有父子抚养关系者,该抚养关系亦为欺诈性抚养关系。

1. 抚养费返还

欺诈性抚养关系的抚养人为非抚养义务人,其之所以对非婚生子女履行抚养义务,是因为其妻的欺诈行为使其误认为非婚生子女为婚生子女,因而无论是在婚姻关系存续期间或是在离婚后所尽的抚养义务,亦即支出的抚育费用,都可以依法请求该非婚生子女的生父、生母返还。

2. 处理规则

(1)非婚生子女的生母与其配偶未离婚的。非婚生子女的生母与其配偶未离婚的,由于夫妻财产为共同共有财产,因而有两种情况:第一,非婚生子女已被生父认领,或者已知其生父的,被欺诈人有权向生父请求返还已支付的抚育费。此时生母与该被欺诈人仍为共同财产主体,不能作为共同侵权人承担侵权责任。但生母与其配偶对婚后财产约定为分别财产制的,则以共同侵权论,可以生父生母作为共同被告起诉之。第二,如果非婚生子女未被生父认领,又不知谁为其生父的,在夫妻共同财产的体制下,夫不得向妻即该子女的生母请求承担民事责任,亦因妻无法承担民事责任所致。如果双方约定为分别财产制的,则可以妻为被告,请求其承担民事责任。

(2)非婚生子女的生母已与被欺诈人离婚的。无论是夫妻共同财产制,还是约定分别财产制,均因离婚而使夫妻财产分解成个人所有的财产,被欺诈人可依共同侵权行为,诉请该子女的生父生母连带承担民事责任。

(3)保护非婚生子女的合法权益。处理此种案件,应特别注意保护非婚生子女的合法权益,不应因争执抚养关系而使非婚生子女受到权利上的损害。如果被欺诈人予以谅解并同意继续抚养该子女的,对该子女与被欺诈人的关系,应视为有抚养关系的继父与继子女的关系,

---

〔15〕 我国台湾地区“民事诉讼法”第576、592条。

发生父母子女的权利义务关系。如果受欺诈人追究生母的责任,而生母离婚、生父不认领,生母无经济能力,一旦承担民事责任将损害被抚养人利益的,可以减、免民事责任。

三、非婚生子女

(一)非婚生子女的概念和法律地位

1. 非婚生子女的概念

非婚生子女,是指没有婚姻关系的男女所生的子女。[16]

非婚生子女有三种:第一,无婚姻关系的妇女所生的子女,如单亲母亲。第二,已婚妇女所生但被法院判决否认婚生子女推定的子女,既然婚生子女的推定已经被否认,为非婚生子女。第三,已婚妇女所生的不受婚生性推定的子女,即为超出了婚生子女推定的范围,不能推定为婚生子女的子女。

对于已经宣告无效的婚姻或者已经被撤销的婚姻,其双方所生的子女,我国《民法典》第1054条第1款后段规定:无效或者被撤销的婚姻关系"当事人所生的子女,适用本法关于父母子女的规定",即确认该子女为婚生子女。

2. 非婚生子女与母亲的关系

确认非婚生子女与母亲的关系,都是基于子女出生的事实或者在出生证上登记母亲的姓名而自动取得。除了以上基本方法之外,还有以下三种:第一,通过认领,例如,出生之时被母亲抛弃的弃儿,母亲对其进行认领,经查属实者,可以认定生母子关系。第二,通过诉讼,人民法院经过调查确认母亲和子女关系的,应当认定为母子关系。第三,通过身份占有的事实,即双方一直以母子关系相称,彼此以母子相待,母亲以此身份负担了该子女的抚养、教育以及监护的责任,家庭以及社会也视他们为母子(女)关系的事实,也可以确定母亲的地位。

3. 非婚生子女与父亲的关系

非婚生子女与父亲的关系无法以分娩的事实作出确认,常见的方法是自愿认领和强制认领。立法确认非婚生子女的父亲的依据,分为两种基本立场:第一,血缘主义,又称为客观主义或事实主义,认为非婚生父子为自然血亲,所以只要有自然血缘关系的存在,法律上当然发生非婚生父子关系,不用任何手续。但作为发生父子关系前提的血缘关系的存在应有证明,从而生父自愿认领或者通过诉讼强制认领即成为确定生父的证明方式。第二,认领主义,又称为主观主义,认为自然血缘的亲子关系与法律上的亲子关系并不相同,后者除了具有前者的事实之外,尚须经生父的认领。因而非婚生父子关系的发生,以认领的意思表示为唯一依据,血缘关系仅为认领的意思表示的原因。确立我国的非婚生子女的生父,应当采纳认领主义,并以血缘关系的存在作为认领的基础。

4. 非婚生子女的法律地位

非婚生子女与婚生子女享有同等的法律地位。这是现代社会维护儿童合法权益的基本要求。作为子女,无法选择自己的出身和身份,如果因为出生而为非婚生子女,就等于人是生而不平等的,这与现代人权观念完全不相符。当代亲属法研究非婚生子女不是着眼于对非婚生子女权利的限制,而是要根除对非婚生子女的歧视,保障他们享有正常的法律地位,享有同等的人格,其合法权利不受任何侵犯。

---

〔16〕 巫昌祯主编:《婚姻家庭法新论》,中国政法大学出版社2002年版,第238页。

（二）非婚生子女准正

1. 非婚生子女准正的概念

非婚生子女准正，也叫作非婚生子女扶正，是指非婚生子女生父母结婚而取得婚生子女的法律地位。非婚生子女准正，实际上就是非婚生子女由于生父和生母在其出生后，而被婚生化，使非婚生子女取得了婚生子女的身份，被赋予婚生子女的合法地位。

非婚生子女准正必须发生在非婚生子女出生后其生父母结婚。如果是在子女出生前父母结婚，应当是婚生子女推定制度的适用，该子女已经出生即已取得婚生子女的身份地位，无须进行非婚生子女准正。

我国亲属法目前没有规定婚生子女准正制度，但在现实中是承认生父母结婚发生非婚生子女准正效果的。亲属法应当研究非婚生子女准正的具体内容，确定准正的具体方法。

2. 非婚生子女准正的形式

非婚生子女准正有两种形式：第一，婚姻准正，即非婚生子女因生父母结婚而取得婚生子女的法律地位。只要生父母结婚，取得了配偶地位，其婚前生育的非婚生子女即取得婚生子女的地位。第二，司法准正，司法宣告的非婚生子女准正，是指男女双方订立婚约后，因一方死亡或者存在婚姻障碍，使婚姻准正不能实现时，可依婚约一方当事人或者子女的请求，由法官宣告该子女为婚生子女。

3. 非婚生子女准正的要件

（1）有事实上的非婚生父母子女关系。非婚生子女准正必须是生父母的非婚生子女，之间须有事实上的血缘关系。如果司法准正，则须向法庭提供证据证明血缘关系，方可获得法官的确信，作出准正宣告。

（2）有生父母结婚的事实或者婚约。婚姻准正必须有生父母结婚的事实。该事实已经发生，即发生非婚生子女的准正效力。婚姻被宣告无效的，亦不妨因生父母的结婚而成为婚生子女，应当承认非婚生子女的婚生性，以保障其合法权利。在司法准正，因为没有结婚的事实，可以依据双方的婚约事实而认其为准正。

（3）婚姻准正无须法律行为，司法准正须经法定程序。非婚生子女准正的性质为事件，而不是法律行为，是生父母结婚的附随效力。非婚生子女准正无须生父母子女行为能力的要求，也不以任何人同意为必要。在程序上，也无须当事人任何表示，无须经过任何程序。唯有司法准正必须经过司法程序，经过法院的准正宣告而发生效力。

4. 非婚生子女准正的效力

非婚生子女准正，非婚生子女即获得婚生子女的身份和法律地位。准正的效果，首先发生于一切结婚前当事人之间的共同子女，包括已经被认领的子女，已经死亡的子女及其后裔，被他人收养的子女，他们都由非婚生转变为婚生子女。即使是婚姻被宣告无效或者被撤销，已经准正的关系不当然消灭，必须有准正关系不存在的确认判决的确定，才可以撤销该准正。

（三）非婚生子女认领

非婚生子女认领，就是《民法典》第1073条规定的确认亲子关系，是指生父对于非婚生子女承认为其父而认领为自己子女的行为。[17]

---

〔17〕 史尚宽：《亲属法论》，荣泰印书馆1980年版，第500页。

1. 任意认领

任意认领,也称为自愿认领,是生父的单独行为,无须非婚生子女或母之同意,以父的意思表示为足。而私生子(非婚生子女)因父的认领,父子名分因以确定。[18] 认领的权利归于父享有。该权利的性质为形成权,原则上对此权利的行使无任何限制。认领权可直接行使,亦可经法院判决确认其父子关系的存在。

任意认领须要认领人享有认领权。认领权的构成要件包括以下三项:第一,须为非婚生子女的生父本人认领,不具有生父身份的人不得认领,其法定代理人不得为之,生父死亡后,他人不得认领。认领权归于生父,非婚生子女或其母可请求认领,但最终认领应由生父同意或经法院裁判。第二,须为非婚生子女被认领,婚生子女及已经自己认领的非婚生子女,不得再为认领;已经他人认领的,非经判决确认其父子关系不存在,也不得为认领;他人被推定为婚生子女,非经否认之诉经法院判决后,不得为认领。[19] 第三,须认领人与被认领人间有事实上父子关系的存在,客观上能够证明属实的事实,经认领人及被认领人之母共同确认,或经亲子鉴定属实,均可认此父子关系。对已受他人婚生子女推定者,非经婚生子女否认之诉的判决确定,认领人不得认领。具备以上要件构成认领权,享有认领权的生父才可以对非婚生子女认领。

下述认领行为无效:一是无民事行为能力之人的认领;二是与事实不符的认领;三是对于婚生子女或受婚生子女推定的子女的认领;四是依遗嘱的认领,未具遗嘱方式而无效。上述认领,由于缺少构成要件,均为无效认领,不发生认领的效力,亦不得判决确认其认领。

在认领权人提出认领主张之时,被认领人和其他利害关系人可以主张反对事实,否认认领,这是另一种认领否认。此否认权属形成权,应向认领人行使,并无须举证。认领经否认之后,则应由认领权人请求确认其父子关系存在之诉,主张其为父并证明之。

2. 强制认领

强制认领,也叫作亲之寻认,是指应被认领人对于应认领而不为认领的生父,向法院请求确定生父关系存在的行为。[20]

强制认领的事实,须与生父有父子关系的事实证据证明。具体事实包括:一是受胎期间生父与生母有同居事实的;二是由生父所作的文书可证明其为生父的;三是生母为生父强奸、奸污、诱奸所生子女的;四是生母因生父滥用权势奸污的;五是有其他证据证明认领人与要求认领人为亲子关系的。

要求认领人提出认领主张后,被告应举出反证证明认领请求不存在事实上的依据,否则即可确认强制认领。

3. 认领的效力

非婚生子女一经认领,即视为婚生子女,产生父亲与子女间的权利义务关系,无论任意认领或强制认领,均与婚生子女相同。经父认领的非婚生子女对于生父之配偶,母之非婚生子女对于生母的配偶,均为姻亲关系,而无父母子女的血亲关系。

非婚生子女认领的效力溯及至出生之时。但第三人已得的权利,不因此而受影响。对于胎内的非婚生子女认领的,亦只溯及至出生时发生效力,但对死产者不生效力。对于已死亡的

---

〔18〕 屠景山:《亲属法原论》,世界书局1931年版,第177页。

〔19〕 史尚宽:《亲属法论》,荣泰印书馆1980年版,第502页。

〔20〕 史尚宽:《亲属法论》,荣泰印书馆1980年版,第511页。

非婚生子女为认领的，溯及于死者之生前，使其非婚生子女于生存中与认领者已有亲子关系，从而认领者与死亡者的直系卑亲属，亦有直系血亲关系。

（四）认领的否认

非婚生子女经认领之后，非婚生子女和其他利害关系人可以举出相反的事实，否认认领。这种情形一般是父进行认领，而非婚生子女以及生母进行否认。认领的否认有两种：第一，基于事实而否认认领，这是非婚生子女和其他利害关系人提出证据证明并非认领之父所亲生，因而主张否认认领。第二，纵有事实上父与子女关系的存在，但若认领对于被认领人有害，则被认领人或生母得否认之。〔21〕

四、养子女

养子女是通过法律拟制的方法即收养行为而成为养父母的子女。养父母子女关系，就是通过法律拟制的方法即收养行为而成立的父母子女关系。

收养法是亲子法中的一个重要组成部分，收养是改变父母子女关系的重要身份行为。《民法典》对收养行为及其法律后果专门进行了规范。

由于收养问题的复杂性，本章后设专节进行阐释。

五、继子女

（一）继子女的概念

继子女，是指丈夫对妻与前夫所生子女或妻子对夫与其前妻所生子女的称谓，也就是配偶一方对他方与其前配偶所生的子女为继子女。继父母，是指子女对母亲或父亲的后婚配偶的称谓，即继父和继母。

继父母子女关系，是指因父母一方死亡、他方带子女再行结婚，或者因父母离婚，抚养子女的一方或双方再行结婚，在继父母与继子女间形成的亲属身份关系。

（二）继父母子女关系的类型

按照继父母和继子女之间是否形成抚养关系的标准，继父母子女关系可以分为以下三种类型：

1. 拟制直系血亲关系的继父母子女关系。这种性质的继父母子女关系除了需要具备继父母结婚这一法律事实以外，还需要具备法律所规定的特定事实，即继父母和继子女之间相互有抚养的事实行为发生。在这种情况下，继父母与继子女关系在法律上的后果与养父母子女的关系大致相同。我国则将这种类型的继子女单独作出规定，规定其相应的法律后果。

2. 直系姻亲关系的继父母子女关系。这种性质的继父母子女关系是由继父母结婚的事实决定的，即只需要具有继父母结婚的这一法律事实，此时的继父母和继子女之间的关系即告形成。这种继父母子女关系属于直系姻亲，属于配偶的血亲，不构成血亲关系，不产生相互之间的权利和义务关系。

3. 不完全收养的继父母子女关系。这种抚养关系很难判断，如判断继父母与继子女之间形成抚养关系，是否要有时间的要求，需要多长的时间才能确定为形成了抚养关系，法律并没有规定。对此，可以根据事实情况，规定不完全收养的继父母子女关系，即继父母对继子女的抚养是时断时续的，或者是时间中断的，或者是临时性的，都发生不完全收养的继父母子女关系。

---

〔21〕　林秀雄：《婚姻家庭法之研究》，中国政法大学出版社2001年版，第183页。

(三)继父母子女关系的消灭

继父母子女关系依据以下事由而消灭:

1. 继父母子女一方死亡。继父母或者继子女一方死亡,在继父母子女之间消灭权利义务关系,不再具有约束力。这与其他任何父母子女关系一样,都因一方死亡而消灭父母子女关系。

2. 继父母离婚。未成年的继子女,由于生父与继母或者生母与继父离婚而消灭其与继父母间的权利义务关系。继父母愿意继续抚养该继子女,生父母又同意的,可以允许。

3. 协议解除。在继子女未成年时,经生父母、继父母协商一致,并经有识别能力的继子女同意,可以协议解除继父母和继子女之间的权利义务关系。继子女成年后,成年继子女与继父母关系恶化,也可以协议解除权利义务关系。

4. 诉讼解除。在解除已经形成抚养关系的继父母子女关系发生争议的,可以诉请人民法院裁决。法院一经判决解除继父母与继子女之间的权利义务关系,则即行解除,双方不再存在父母子女的权利义务关系。

生父母死亡时,继父母与继子女形成抚养关系的,不能自行解除。继父母不能因为未成年继子女的生父母死亡而停止对继子女的抚养教育。如果继子女的生父母一方还健在,要求将子女领回抚养的,要经继父母的同意。双方协商不成的,由人民法院根据子女的利益判决。如果未成年继子女被生父母生存一方领回抚养,则继父母的子女关系解除。在生父母死亡时,继子女已经由继父母抚养成人,无论继父母子女关系是否解除,继子女都应当对继父母尽赡养扶助义务。

继父母子女关系已经消灭,双方的父母子女的权利义务关系即行消灭。继子女是由继父母抚养成人的,并不消灭对继父母的赡养辅助义务。

六、人工授精所生子女

(一)人工体内授精子女

人工体内授精,也称为人工受精,是指通过人工的而非性交的方法使妇女接受精液而怀胎。

夫妻关系存续期间,双方一致同意进行人工授精,所生子女应视为夫妻双方的婚生子女,父母子女之间权利义务关系适用《民法典》婚姻家庭编的有关规定。

(二)人工体外授精子女

人工体外授精,也叫作试管婴儿,即 IVF,是指用人工方法将卵子自体内取出,与精子在培养皿中授精,再将受精卵或者胚胎植入女性的子宫内,使其着床、发育至分娩的过程。用这种人工生殖技术生育出来的子女,被称作试管婴儿。

试管婴儿技术也是人工生殖技术,不过由于试管婴儿的人工技术更为复杂,人工的成分更多,涉及的法律问题更为复杂,其主体就有不孕夫妇、精子捐赠人、卵子捐赠人和怀孕分娩者等。

(三)代孕所生子女

通过代孕方法生育的子女究竟是何种法律地位,司法解释没有规定,立法也没有规定。在这个问题上,对于司法操作而言,最大的障碍是行政规章中规定的禁止代孕的规定,[22]有的法

〔22〕《卫生部人类辅助生殖技术管理办法》第 3 条规定:"医疗机构和医务人员不得实施任何形式的代孕技术。"

院对此受到限制,作出认定代孕所生子女为继父母子女关系的判决,[23]损害了代孕所生子女的身份地位;也有的法院认为这一行政规章是对医疗机构的规范,法院裁判不受其拘束。[24]《民法典》对此没有规定,法院应当依照司法解释的规定精神,认定通过代孕已经出生的子女为婚生子女。理由是,既然妻子通过人工授精技术接受他人的精子怀孕所生子女为婚生子女,那么,利用他人的卵子和身体所生的子女,当然也应当认定为婚生子女。否则,将会出现亲属关系混乱的后果。

第四节　收　　养

一、概述

(一)收养的概念和特征

收养,是指自然人领养他人的子女为自己的子女,依法创设拟制血亲的亲子关系的身份法律行为。

依收养身份法律行为创设的收养关系,就是拟制血亲的亲子关系,是基于收养行为的法律效力而发生的身份法律关系。其收养者为养父或养母,被收养者为养子或养女。[25]这种拟制血亲的亲子关系,具有与自然血亲同样内容的权利义务关系。

在收养的身份法律行为中,当事人分别是收养人、被收养人和送养人。其中领养他人子女为自己的子女的人是收养人,被他人收养的人为被收养人,将子女或者儿童送给他人收养的自然人或者社会组织为送养人。

收养行为在法律上具有以下特征:第一,收养是身份法律行为,是要式行为,默示不发生收养关系。第二,收养行为人应是具有特定法律身份的人,收养人和被收养人必须是自然人,收养人、送养人和被收养人必须符合法律所规定的资格和条件,收养只能发生在非直系血亲关系的自然人之间,除了夫妻共同收养之外,禁止被收养人被二人所收养。第三,收养行为是产生法律拟制血亲关系的行为,与自然血亲的亲子关系没有区别。第四,收养行为消灭养子女的自然血缘关系但自然血缘关系仍然存在。

(二)收养的性质与基本类型

收养行为是民事法律行为,是身份行为,是私法行为,不是公法行为。对收养实行国家监督主义,有利于保障收养行为依法进行,保护被收养人的合法权益。

依据不同的标准,可以对收养划分为不同的类型。

1. 未成年人收养和成年人收养

根据收养对象的不同,收养分为未成年人收养和成年人收养。前者的收养对象是未成年人,后者的收养对象为成年人。我国法律规定被收养人必须不满 14 周岁,只有在收养三代以

[23] 参见杨立新:《如何确认代孕所生子女的亲属身份》,载《南方都市报》2016 年 8 月 11 日。

[24] 无锡市中级人民法院(2014)锡民终字第 01235 号民事判决书,内容参见杨立新:《一份标志人伦与情理胜素的民事判决——人的体外胚胎权属争议案二审判决释评》,载《法律适用》2014 年第 11 期。

[25] 陶汇曾:《民法亲属论》,上海法学编译社 1937 年版,第 170 页。

内旁系血亲的子女、收养继子女等特殊情形下才允许收养成年人。这表明我国以收养未成年人为原则,收养成年人为例外。

2. 完全收养和不完全收养

根据收养的效力不同可以分为完全收养和不完全收养。前者是指收养成立之后,养子女与生父母及其近亲属间的权利义务关系完全消灭,只与养父母之间发生亲子关系。不完全收养是指收养成立之后,养子女不但与养父母之间发生亲子关系,而且与其生父母仍保留一定的权利义务关系。我国收养法只规定完全收养,不承认不完全收养。

3. 生前收养和遗嘱收养

按照收养发生的时间,可以分为生前收养和遗嘱收养。前者是指收养人在生存期间与被收养人建立收养关系;后者是死后收养,是指收养人生前通过订立遗嘱的方式指定养子女,在收养人死亡后遗嘱发生法律效力,被收养人有权继承收养人的遗产。我国不采遗嘱收养制,如果有这样的遗嘱,按照遗嘱继承或者遗赠的规定进行。

4. 法定收养和事实收养

按照收养的成立是否履行法定的形式要件,分为法定收养和事实收养。前者是指依照法定的收养实质要件和形式要件成立的收养关系,后者是指不具备法律规定的收养的实质要件和形式要件,但已经形成了事实上的父母子女关系的收养。

5. 共同收养和单独收养

根据收养人数量的不同,收养可以分为共同收养和单独收养。收养人为一人的收养,是单独收养;收养人为二人以上的,是共同收养。无配偶者收养以及配偶一方进行收养,为单独收养。已婚夫妻收养子女,为共同收养。

(三)收养的基本原则

1. 有利于被收养的未成年人的抚养、成长原则。对于收养孤儿、残疾儿童、查找不到父母的弃儿以及继子女,法律都规定了较为宽松的条件。

2. 保证被收养人和收养人的合法权益原则。保护的标准,就是养父母子女关系适用法律关于父母子女关系的规定。贯彻这一规定,就体现了保护被收养人和收养人的合法权益的原则。

3. 平等自愿原则。收养行为的当事人、收养关系的主体,都完全处于平等的地位,实施收养行为必须各方出于自愿。贯彻平等自愿原则,就是要通过协议的方式,各方当事人能表达自己的真实意志。

4. 不得违背社会公德原则。实施收养行为必须依法办事,尊重当事人的意志,同时也要遵守社会公德,不能违反善良风俗。对收养当事人的行为应当加以必要的约束,不能妨害社会公德和社会秩序。

二、收养关系的成立

收养关系的成立,是指收养当事人依照收养法规定的条件和程序建立收养关系。收养关系的成立应当具备以下实质要件和形式要件。

(一)收养关系成立的实质要件

收养关系成立的实质要件是收养关系成立的实体性的必要条件。

1. 被收养人的条件。我国《民法典》第 1093 条规定,只有下列不满 18 周岁的未成年人具备被收养人的条件:一是丧失父母的孤儿;二是查找不到生父母的未成年人;三是生父母有特殊困难无力抚养的子女。

2. 送养人的条件。《民法典》第 1094 条规定的送养人的条件:一是孤儿的监护人;二是儿童福利机构;三是有特殊困难无力抚养子女的生父母。

3. 收养人的条件。按照我国《民法典》第 1098 条规定,收养人应当同时具备以下条件:一是无子女或者只有一名子女;二是有抚养、教育和保护被收养人的能力;三是未患有医学上认为不应当收养子女的疾病;四是无不利于被收养人健康成长的违法犯罪记录;五是年满 30 周岁。特殊情形的特别条件,如收养三代以内旁系同辈血亲的子女,收养孤儿、残疾儿童或者社会福利机构抚养的查找不到生父母的弃儿和儿童,继父母收养继子女,都可以适当放宽收养条件。

(二)收养关系成立的形式要件

收养关系成立的形式要件,是指收养关系成立所需要的程序性的必要条件。按照我国《民法典》的规定,收养登记是法定程序。收养协议和收养公证则是出于当事人的意愿和要求而进行的程序,不具有强制的意义。

1. 收养登记。收养的各方当事人达成收养合意,尚不能发生收养的法律效果,必须经过收养登记,才能实现变更当事人之间身份关系的效果。因此,收养登记具有对收养合意的确认、国家承认收养行为以及当事人身份关系变更的公示等效力。办理收养登记的机关是县级以上人民政府的民政部门。

2. 收养协议和收养公证。收养协议是收养合意的外在表现形式,是对当事人收养合意的记录。实施收养行为应当首先签署收养协议,然后才能进行收养登记。订立收养协议后,当事人一方或者双方主张进行公证的,应当进行公证。该公证证明的是收养协议的合法性,而不是证明其他。

3. 收养评估。民政部门进行收养登记,应当对要登记的收养关系进行收养评估,这是为了最大限度地保护被收养人合法权益所需要。

收养评估包括收养关系当事人的收养能力评估、融合期调查和收养后回访。

(1)收养能力评估,是指对有收养意愿的当事人(以下简称收养申请人)抚养教育被收养人的能力进行评估。主要包括对收养申请人个人和家庭基本状况、收养动机目的和养育安排、收养申请人提交的证件和证明材料情况等进行全面调查,从而对收养申请人及其共同生活的家庭成员抚养教育被收养人的能力做出综合评定。

(2)融合期调查,是指在收养登记办理前,对收养关系当事人融合情况进行评估。主要包括对被收养人与收养申请人及其家庭成员共同生活、相处和情感交融等情况、收养申请人履行临时监护职责情况、对被收养人的照料抚育情况和(被)收养意愿等进行调查评估。

(3)收养后回访,是指收养登记办理后,对收养人与被收养人共同生活的情况进行评估。主要包括收养人对被收养人的养育教育情况、被收养人健康成长和受教育情况、双方情感交融情况等进行调查评估。

收养评估的对象,是收养申请人及其共同生活的家庭成员。收养申请人应当配合收养评估开展。

收养评估工作可以由收养登记机关委托的第三方机构或者收养登记机关开展。民政部门优先采取委托第三方方式开展收养能力评估。

三、收养的效力

收养关系成立后,在当事人之间发生一系列的法律后果,法律赋予收养行为强制性作用力,即法律效力。[26]

(一)收养的法律效力

收养的法律效力,是指法律赋予收养行为而发生的强制性法律后果。这种法律后果表现为两个方面,即收养的拟制效力和解销效力。

1. 收养的拟制效力

收养的拟制效力,亦称为收养的积极效力,是指收养依法创设新的亲属身份关系及其权利义务的效力。收养的拟制效力不仅及于养父母和养子女以及养子女所出的晚辈直系血亲,同时及于养父母的血亲。

(1)对养父母与养子女的拟制效力。收养的拟制效力主要体现在自收养关系成立之日,养父母与养子女之间发生父母子女之间的权利义务关系。《民法典》第 1111 条第 1 款做了明确规定。凡是父母子女之间发生的权利和义务,在养父母、养子女之间同样取得。养子女的姓氏,既可以随养父姓,也可以随养母姓,还可以经过协商一致,保留原姓,而不改为养父母的姓。

(2)对养子女与养父母的近亲属的拟制效力。养子女与养子女的近亲属之间的权利义务关系,是养亲子关系在法律上的延伸。收养对养子女与养父母的近亲属的拟制效力,表现为养子女与养父母的近亲属以及养父母与养子女的近亲属之间发生的拟制效力,取得亲属的身份,发生权利义务关系。

2. 收养的解销效力

收养的解销效力,亦称为收养的消极效力,是指收养依法消灭原有的亲属身份关系及其权利义务的效力。

(1)对养子女与生父母的解销效力。收养关系生效,其养子女与生父母之间身份消灭,他们之间的权利义务同时消灭。

(2)对养子女与生父母以外的其他近亲属的解销效力。收养关系生效,养子女与生父母以外的其他近亲属间的身份消灭,他们之间的权利义务关系也消灭。养子女与生父母的父母不再存在祖孙间的权利义务关系,与生父母的子女间不再存在兄弟姐妹间的权利义务关系。

收养的解销效力,消灭的仅仅是法律意义上的父母子女关系,而不是自然意义上的父母子女关系。养子女与生父母之间基于出生而具有的直接血缘联系是客观存在的,不能通过法律手段加以改变。法律关于禁婚亲的规定仍然适用于养子女与生父母及其近亲属。

(二)无效收养行为

无效收养行为,是指欠缺收养成立的法定有效要件,不能发生收养法律后果的收养行为。从性质上说,无效收养行为就是无效民事行为。《民法典》第 1113 条规定:“有本法第一编关于民事法律行为无效规定情形或者违反本编规定的收养行为无效。”“无效的收养行为自始没有法律拘束力。”

发生无效收养行为的原因如下:第一,欠缺收养关系成立的实质要件。例如,收养人、送养人不具备相应的民事行为能力;收养人、送养人不符合收养法规定的收养或送养条件;收养人、送养人关于收养的意思表示不真实;年满 8 周岁以上的被收养人不同意收养而被收养的等。

---

〔26〕 孟令志等:《婚姻家庭与继承法》,北京大学出版社 2012 年版,第 223 页。

第二，欠缺收养关系成立的形式要件。例如，没有经过收养登记，欠缺收养成立的法定程序等。第三，违反法律或者社会公共利益。例如，以送养为由违反计划生育政策，借收养之名拐卖儿童或者出卖亲生子女等。

依照诉讼程序宣告收养无效的，一是当事人或者利害关系人提出请求确认收养无效之诉，由人民法院判决确定收养无效。二是人民法院在审理相关案件中，发现有收养无效的行为，依照职权，在有关的判决中直接宣告收养无效。后者主要是在赡养、抚养、监护、法定继承等案件中，涉及作为其基础的血缘关系的有无，法院必须作出判决以作为判决的基础，确认收养无效。

民政部关于收养登记的规定，规定明确当事人弄虚作假骗取收养登记的，可以宣告收养登记无效。

收养行为被人民法院判决宣告无效的，从行为开始时起就没有法律效力，在当事人之间不发生收养的权利义务关系。同样，收养行为经过收养登记机关依照行政程序确认为无效的，也是自始无效。收养无效的效力溯及既往，而解除收养关系仅仅是在收养关系解除之时消灭养父母和养子女之间的权利义务关系，因而存在原则的区别。

四、收养关系解除

（一）收养关系解除的概念

收养关系解除是指收养的法律效力发生后，因出现一定的法定事由，无法继续养亲子关系，通过法定程序将其人为消灭。

收养关系成立后不得随意解除。由于收养关系是拟制的血缘关系，如果出现收养关系恶化，难以为继，或者在事实上的解体，既然通过法律行为可以设立它，也就能通过法律行为和法定程序将其消灭。[27]

（二）收养关系解除的程序

1. 协议解除

协议解除收养关系适用于两种情况：第一，在收养关系成立之后，被收养人成年之前，收养人和送养人双方可以通过协议解除收养关系；第二，养父母与养子女间关系恶化，无法共同生活的，也可以通过协议解除收养关系。

协议解除的条件是：第一，双方当事人必须有解除收养关系的合意；第二，当事人必须具有完全民事行为能力；第三，夫妻共同收养的，解除收养必须夫妻双方共同解除。

协议解除收养的程序是：达成收养解除的合意的，到收养登记机关办理解除收养关系的登记。登记时，应当携带居民户口簿、居民身份证、收养登记证和解除收养关系的书面协议。收养登记机关收到解除收养关系登记申请书及有关材料后，自次日起30日内进行审查，符合收养法规定的条件的，办理解除收养关系的登记，收回收养证书，发给解除收养关系证明。收养关系自登记之日起消灭。

2. 诉讼解除

收养关系当事人就解除收养关系不能达成协议的，收养人、送养人以及已经成年的被收养人可以向人民法院提起诉讼程序，由人民法院裁决收养关系是否予以解除。人民法院应当根据查明的事实，确认解除收养关系的真实原因，养亲子关系的现状和生活实际情况，作出判决。

诉讼解除收养关系的适用情况，主要是三种情形：第一，养子女为未成年人，收养人或者送

〔27〕 杨大文主编：《婚姻家庭法》，中国人民大学出版社2012年版，第97页。

养人要求解除收养关系的;第二,被收养人已成年,关系恶化,一方要求解除收养关系的;第三,养父母死亡后终止收养关系的。

(三)解除收养关系的法律后果

1. 身份关系的效力

收养关系解除后,养子女与养父母及其他近亲属之间的权利义务关系即行消灭。养子女和养父母之间的亲子身份地位以及权利义务关系不再存在;养子女与养父母的近亲属身份关系,也不再具有子女与父母的近亲属之间的身份地位和权利义务关系。

收养关系解除后,养子女尚未成年的,养子女与生父母及其他近亲属之间的权利义务关系自行恢复;养子女已经成年的,其与生父母及其他近亲属的权利义务关系是否恢复,可以由成年的养子女与生父母协商确定,同意恢复的,即行恢复与生父母及其他近亲属之间的身份地位及其权利义务关系。

2. 其他效力

收养关系解除之后,还发生对解除收养关系后成年养子女的生活费给付义务和养父母的补偿请求权的效力。第一,成年养子女的生活费给付义务。收养解除之后,经养父母抚养的成年养子女,对缺乏劳动能力又缺乏生活来源的养父母,应当给付生活费,其标准一般应不低于当地居民的普通生活费用标准。第二,养父母的补偿请求权。养子女成年后虐待、遗弃养父母而解除收养关系的,养父母可以要求养子女补偿收养期间支出的生活费和教育费。如果是生父母要求解除收养关系的,养父母可以要求生父母适当补偿收养期间支出的生活费和教育费,但因养父母虐待、遗弃养子女而解除收养关系的除外。

参考案例

1. 莫君飞诉李考兴离婚纠纷案,载《中华人民共和国最高人民法院公报》2011 年第 12 期。
2. 李雪花、范洋诉范祖业、滕颖继承纠纷案,载《中华人民共和国最高人民法院公报》2006 年第 7 期。
3. 王德钦诉杨德胜、泸州市汽车二队交通事故损害赔偿纠纷案,载《中华人民共和国最高人民法院公报》2006 年第 3 期。
4. 杨清坚诉周宝妹、周文皮返还聘金纠纷案,载《中华人民共和国最高人民法院公报》2002 年第 3 期。
5. 人工授精子女抚养纠纷案,载《中华人民共和国最高人民法院公报》1997 年第 1 期。

第四十章　亲属身份关系

导 读

本章介绍了配偶权、亲权、亲属权的概念、特征和具体内容。

第一节　配　偶　权

一、配偶和配偶权

（一）配偶的概念和性质

配偶，是指男女双方因结婚而产生的亲属，即具有合法婚姻关系的夫妻相互间的同一称谓和地位。在婚姻关系存续期间，妻是夫的配偶，夫是妻的配偶，双方互为配偶。

我国配偶的性质是：第一，配偶为亲属，与血亲、姻亲共同构成亲属的三大种类，是血亲和姻亲关系赖以发生的基础。第二，配偶是夫妻之间的称谓，夫妻之间不分男女的统一称谓，只有配偶这一概念可以担当。第三，配偶是夫妻之间的法律地位，确定夫与妻的相互平等的法律地位。

（二）配偶权的概念和特征

配偶权，也叫配偶身份权，[1]是指夫妻之间互为配偶的基本身份权，表明夫妻之间互为配偶的身份利益由权利人专属支配，其他任何人均负不得侵犯的义务。

配偶权的法律特征是：第一，配偶权的权利主体是配偶双方，双方配偶均为配偶权的权利主体。第二，配偶权的客体是配偶利益，是确定和支配夫妻配偶关系所体现的身份利益。第三，配偶权的性质是绝对权，是表明该配偶之所以为配偶，其他任何人均不能与其成为配偶，具有公示性。第四，配偶权具有支配权的属性，是夫妻共同对配偶身份利益的支配，是平等的、非人身的支配权。

二、配偶权的具体内容

（一）夫妻姓氏权

夫妻姓氏权，也叫作夫妻称姓，[2]是指夫妻缔结婚姻关系后，妻是否有独立姓氏的权利，也包括赘夫是否有独立姓氏的权利。《民法典》第1056条对此作了规定。

---

〔1〕 杨大文主编：《婚姻家庭法》，中国人民大学出版社2012年版，第106页。

〔2〕 林秀雄：《婚姻家庭法之研究》，中国政法大学出版社2001年版，第265页。

我国夫妻姓氏权的含义是:第一,夫妻各用自己的姓氏,既不一方随另一方姓,也不一方须冠另一方姓。第二,夫妻姓氏权的平等,也意味着双方人格的真正平等,既不歧视妇女的独立人格地位,也不歧视赘夫的独立人格地位,赘夫也有独立的姓氏权。第三,法律做这样的规定,并不妨碍配偶双方在平等自愿的基础上,就姓名问题作出约定,并通过约定,女方可改姓男方的姓,男方也可以改姓女方的姓。第四,在婚姻关系存续期间,双方的姓名权得独立行使,依法可以使用自己的姓名、改变自己的姓名。

(二)婚姻住所决定权

婚姻住所决定权,是指配偶选择、决定婚姻住所的权利。婚姻住所是夫妻婚后共同居住和生活的场所,也称之为家庭住所,是配偶常住的处所。

婚姻住所是配偶共同生活的依托,关系共同生活基础,应由配偶双方共同决定。因而贯彻协商一致主义。

(三)同居义务

同居,是指异性男女共同生活,包括男女共同寝食、相互扶助和进行性生活。配偶之间的同居,是指合法婚姻关系的双方当事人共同生活,包括夫妻共同寝食、相互扶助和进行性生活。[3]

配偶同居义务,是指男女双方以配偶身份共同生活的义务。这是夫妻间的本质性义务,是婚姻关系得以维持的基本要件。现代民事立法实行男女平等,规定同居是配偶双方的平等义务。因此,同居义务是配偶双方共同的义务、平等的义务,双方互负与对方同居的义务。

同居义务的发生,以婚姻关系的有效成立为标志。当男女双方正式办理结婚登记手续之后,无论其是否举行结婚仪式,其婚姻关系均为有效成立,配偶双方即承担同居义务。在婚姻关系存续期间,同居义务始终存在,至婚姻关系因一方死亡或离婚而消灭时,同居义务终止。

有正当理由可以分居。诸如处理公私事务、生理方面的原因、被依法限制人身自由而不能履行同居义务时,不为违反法定义务。

无正当理由违反同居义务的后果,我国立法没有规定,应当借鉴国外立法,采取训诫促使其履行同居义务,并采用扣押收入、赔偿等方法予以制裁。构成违反同居义务的条件,一是以故意遗弃对方为目的;二是无正当理由;三是不履行同居义务达到一定期间。

(四)忠实义务

忠实义务,也称贞操义务,通常是指配偶的专一性生活义务,也称不为婚外性生活的义务。对贞操义务或忠实义务的广义解释,还包括不得恶意遗弃配偶他方以及不得为第三人的利益而牺牲、损害配偶他方的利益。[4]

忠实义务要求配偶之间相互负不为婚外性交的不作为义务,是为保持爱情专一和感情忠诚而负担的义务,履行义务的目的是忠实于配偶的对方当事人。忠实义务不仅约束配偶双方当事人,而且也约束配偶权的义务人。

(五)职业、学习和社会活动自由权

职业、学习和社会活动自由权,亦称为从业自由权或者平等从业权,是指已婚者以独立身

---

〔3〕 杨大文主编:《婚姻家庭法学》,复旦大学出版社 2002 年版,第 162 页。

〔4〕 李志敏主编:《比较家庭法》,北京大学出版社 1988 年版,第 105 页。

份，按本人意愿决定社会职业、参加学习和社会活动，不受对方约束的权利。

我国《民法典》第1057条规定配偶的从业自由权的内容，包括三个方面：第一，从业自由权，夫妻都有选择职业的自由，反对一方干涉另一方的择业自由。第二，学习自由权，有权通过适当的方式进行学习，提高自己的素质和能力。第三，社会活动自由权，可以自由参加参政、议政活动，参加科学、技术、文学、艺术和其他文化活动，参加群众组织、社会团体的活动，以及各种形式的公益活动。第四，一方不得对他方加以限制或干涉，确保已婚妇女的自由。

（六）日常事务代理权

日常事务代理权亦称家事代理权，是指配偶一方在与第三人就家庭日常事务为一定法律行为时，享有代理对方权利行使的权利。日常事务代理权行使的法律后果是，配偶一方代表家庭所为的行为，对方配偶须承担后果责任，配偶双方对其行为应当承担连带责任。《民法典》第1060条规定了家事代理权。

家事代理权的行使，应以配偶双方的名义为之。配偶一方以自己的名义为之者，仍为有效。行为的后果及于配偶二人。如为夫妻共同财产制，夫妻共同承担行为的后果，取得权利或承担义务；夫妻有其他约定的，从其约定。对于配偶一方超越日常事务代理权的范围，或者滥用该代理权，另一方可以因违背其意思表示而予以撤销，但行为的相对人如为善意无过失，则不得撤销，因为法律保护善意第三人的合法权益。

具体的行使规则是：第一，代理的事务限于家庭日常事务。第二，紧迫情形处理，该代理权的范围可以适当扩张，推定有代理权。第三，超出上述范围的婚姻事务，应当由夫妻双方共同决定，不得一方决定。第四，第三人无法辨别配偶一方是否有代理权的责任，该行为无法使第三人辨别是否已经超越日常事务代理权的，他方配偶应当承担连带责任。第五，夫妻一方滥用日常事务代理权的，他方可以对其代理权加以限制。为了保障交易的安全，保护善意第三人的合法利益，该种限制不得对抗善意第三人。

（七）相互扶养、扶助权

配偶之间享有相互扶养、扶助的权利，相对的一方负有此种义务。《民法典》第1059条对此作了规定。

夫妻之间的扶养，是指夫妻在物质上和生活上互相扶助、互相供养。这种权利和义务完全平等，有抚养能力的一方必须自觉承担这一义务，尤其是在一方丧失劳动能力时，更应当履行这一义务。一方违反义务，另一方有权要求其履行，可以请求有关组织调解，也可以向人民法院提起请求给付之诉。

配偶之间的彼此扶助义务，要求夫妻相互支持对方的意愿和活动，对家事共同努力，相互协力。当配偶一方遭遇危急，对方配偶负有救助、援救的义务。违反这种彼此协作、互相救助义务，法律一般将其作为离婚的法定理由。

三、对配偶权的法律保护

（一）侵害配偶权的行为

1. 重婚行为

重婚行为是有配偶者而与他人结婚或者明知他人有配偶而与其结婚的行为，是严重的侵害配偶权行为。其中的结婚，既包括法律婚，也包括事实婚。这种行为在刑法上构成刑事犯罪，在民法上应当构成侵害配偶权的侵权行为，在追究刑事责任的同时，可以追究民事责任，责令加害人承担精神损害赔偿责任，补偿受害人的精神损害。

2. 与他人同居

有配偶而与他人同居的行为,是侵害配偶权的行为。这种侵权行为的构成应当具备以下要件:一是加害人是有配偶者;二是行为人应当是与他人同居;三是应当因此而引起夫妻离婚,或者主要因此而引起离婚。具备以上要件,应当构成这种侵权行为,加害人应当承担民事责任。

3. 实施家庭暴力

实施家庭暴力侵害的对象不仅是配偶,侵害的客体也不仅仅是配偶权,还包括其他。例如,对孩子和老人实施家庭暴力的,构成侵权,但不是侵害配偶权,而是侵害受害人的身体权、健康权或者生命权等。实施家庭暴力侵害配偶权的,仅指对配偶实施家庭暴力行为。

对配偶实施家庭暴力,可能造成伤害,也可能没有造成伤害。侵害的客体也不单纯是配偶权,同时侵害的还有健康权或者身体权。造成伤害的,侵害的是健康权;没有造成伤害的,侵害的是身体权。受害人可以选择一个诉因起诉,究竟是选择侵害配偶权起诉,还是选择侵害健康权(或者身体权)起诉,由受害人自己决定。

4. 虐待、遗弃

虐待配偶者,有些是与对配偶实施家庭暴力行为是一样的,也有虐待不构成家庭暴力的。与实施家庭暴力行为一样的行为,构成请求权的竞合,由当事人选择诉因起诉。没有与实施家庭暴力行为竞合的虐待配偶行为,构成独立的侵害配偶权的行为。受害人请求加害人承担损害赔偿责任的,法院应当受理,并根据实际情况作出判决。

遗弃配偶者是一种不作为行为,即在夫妻关系存续期间,对配偶一方不尽配偶的扶养、扶助义务,使配偶一方遭受精神上的痛苦,构成遗弃,受害人请求损害赔偿的,应当准许。

(二)配偶权受到侵害的救济方法

侵害配偶权的损害赔偿主要是精神损害赔偿。侵害配偶权的精神损害赔偿的基本内容,是赔偿精神创伤和精神痛苦的损害,具有抚慰金赔偿的性质。确定损害赔偿的数额,应当依照一般精神损害赔偿的计算方法算定。当确定侵害配偶权的民事责任构成以后,应当按照上述办法,计算精神损害赔偿数额,责令侵权人承担精神损害赔偿责任。

对于配偶权遭受侵害造成财产损失的,特别是实施家庭暴力造成受害人人身伤害的,侵权人对财产损失也应当承担赔偿责任。这种财产损失,主要是为恢复权利所支出的费用。

对于侵害配偶权,还应当根据实际情况,确定其非财产民事责任。可以责令侵权人停止侵害,恢复名誉,消除影响,赔礼道歉。

第二节 亲　　权

一、亲权概述

(一)亲权的概念和特征

亲权,是指父母对未成年子女在人身和财产方面的管教和保护的权利和义务。[5] 换言之,

---

〔5〕 李志敏:《比较家庭法》,北京大学出版社 1988 年版,第 227 ~ 228 页。

民法上父母保护教养未成年子女之权利义务,谓之亲权。[6] 在近代法上,亲子关系之效力中最重要、最核心的部分就是亲权。[7]《民法典》第26条第1款规定了亲权,即"父母对未成年子女负有抚养、教育和保护的义务。"

亲权的法律特征是:第一,亲权的性质是基本身份权,是由若干派生身份权构成的权利的集合体。第二,亲权是权利和义务的综合体,既包括父母的权利,未成年子女必须服从父母的教养与保护;又包括是法定的义务,父母应对其未成年子女的养育和照顾尽全责。第三,亲权的主体是父母和未成年子女,子女成年即脱离父母亲权的保护。第四,亲权以教育、保护未成年子女为目的,只为父母所专有,亲权的行使仅限于监护子女的必要范围且符合子女的利益。

(二)亲权与监护权

在大陆法系,亲权与监护权是两个不同的概念,有严格区别。但在英美法系,亲权与监护权却不加区别,统称监护权。他们认为监护的职责,就包括亲权。我国亲属法采用大陆法系的立场,亲权与监护权是有区别的,亲权是父母与未成年子女之间的身份地位和权利义务关系,监护权是民事主体制度的内容。

亲权与监护权同为身份权,具有共同之处和相应的联系。这主要表现在,亲权和监护权都表明人与人之间的身份关系,亲权表现的是父母与未成年子女之间的身份关系,而监护权则表明的是监护人与被监护人之间的身份关系;亲权与监护权的客体都具有身份利益的性质(见表40-1)。

表40-1　亲权与监护权的区别

区别	亲权	监护权
性质	身份权;确定的是父母与未成年子女之间的身份权	准身份权;确定的是监护人与被监护人之间的权利义务关系
权利主体	仅限于父母;不包括其他亲属或者其他人	范围较宽泛;包括祖父母、外祖父母,兄、姐,配偶,子女,其他亲属、朋友,所在单位,居民委员会、村民委员会或民政部门
权利范围	仅限于对未成年子女的教养和保护的权利和义务	不仅包括父母对未成年子女的身份利益支配权,而且包括对其他无民事行为能力人或限制民事行为能力人的身份利益支配权
权利内容	教养权和保护权,包括住所指定权、子女交还请求权、惩戒权、职业许可权、法定代理权和同意权	只具有保护权,不具有教养权

二、亲权法律关系的当事人

(一)共同亲权原则

共同亲权原则是当代亲属法规定的亲权基本原则,《民法典》第1058条对此作了规定。共同亲权是指亲权的共同行使,即亲权内容的行使均应由父母共同的意思决定,并对外共同代理未成年子女。[8] 在美国家庭法,尽管不称为亲权而称为监护权,但也承认共同监护,认为在婚

〔6〕 林菊枝:《亲属法新论》,五南图书出版公司2006年版,第305页。

〔7〕 陈棋炎、黄宗乐、郭振恭:《民法亲属新论》(第2版),三民书局2002年版,第377页。

〔8〕 林菊枝:《亲属法专题研究》,五南图书出版公司1985年版,第143页。

姻关系存续期间,监护的权利由夫妻共同享有。[9]

共同亲权包括如下内容:第一,亲权为父母平等的权利。在父亲专权原则下,亲权只为父亲享有。现代立法规定亲权为父母平等的权利,无孰高孰低之分。第二,亲权为父母共同的权利。共同亲权原则不仅表现在平等享有,也表现在由父母所共同享有。亲权是一个整体的权利,父和母是共同亲权人,而不是将亲权分割,由父和母分别享有。第三,亲权的行使由父母共同为之。由父母共同的意思来决定,单独行使符合配偶权的相互代理权的,认其有效,但父母的一方违背另一方意思表示的亲权行为为无效。

父母共同行使亲权原则,以父母间有婚姻关系存在为前提。在父母离婚后,亲权由与未成年子女共同生活的一方行使;对非婚生子女,亲权由母亲行使,当其被认领后,亲权才得为父母共同行使。

父母共同行使亲权,当意思表示不一致时的规则是:第一,对于一般的日常事务,共同亲权原则并不排斥由父母各自独立处理。第二,对于必须由父母双方共同决定不可的重要事项,如果父母意思表示不一致,无法共同行使亲权时,首先应当坚持父母协商原则,在重大问题父母争议无法统一时,应当准许亲权人一方向法院起诉,法院依子女利益原则作出判决。

(二)亲权法律关系当事人的类型

亲权是绝对权,又具有相对性。亲权法律关系当事人包括以下三种主体:

1. 亲权权利主体。在共同亲权原则指导下,亲权权利主体是共同主体,即父母。在特殊情形下:一是婚生子女的父母一方死亡时,生存的一方父或母为单独亲权人,由其单独行使亲权。二是婚生子女的父母离婚时,亲权人应为抚养该未成年子女的父母一方,由该方单独行使亲权,但不应否认对方的亲权。三是非婚生子女,以母亲为亲权人;非婚生子女准正以后,父母为共同亲权人。四是养子女,其亲权人为养父母。五是继子女,与其共同生活的生父或生母为亲权人,与其形成扶养关系的继父或继母亦为共同亲权人。

2. 亲权的相对权利主体。亲权权利人的相对权利主体为子女。子女应为未成年人,即未满 18 周岁。子女满 18 周岁始,亲权自然消灭,子女脱离亲权照顾,失去亲权相对权利主体的资格。未成年子女作为亲权的相对权利主体,包括婚生子女、非婚生子女、养子女和形成扶养关系并共同生活的继子女。

3. 亲权义务主体。亲权是绝对权,其他任何第三人都是亲权义务主体,负有不得侵害亲权的不作为义务。

三、亲权的内容

(一)身上照护权

身上照护权的基本内容,是父母对未成年子女人身的教养、保护的权利和义务。

1. 住居所指定权

住居所指定权是教养、保护未成年子女权的重要内容,应由父母共同行使。非婚生子女,该权利由母亲行使。父、母亲离婚者,对于未成年子女住居所指定权,按我国户籍法的规定,应由与其共同生活的一方行使,户籍应与共同生活的父母一方相一致,不得自行决定;至于居所,可由父母双方商定,或由已有一定识别能力的未成年子女选择,但必须与父母中的一方的住所

---

[9] [美]哈里·D. 格劳斯、[美]大卫·D. 梅耶:《美国家庭法精要》,陈伟等译,中国政法大学出版社 2010 年版,第 149 页。

或居所相一致，不得他居。

2. 管教权

管教权，是父母对于未成年子女于必要时可予以必要管教的权利。它是基于教养、保护的人身照顾权，特别是基于教育权而产生的权利。

3. 子女交还请求权

子女交还请求权，是指当未成年子女被人诱骗、拐卖、劫掠、隐藏时，亲权人享有的请求交还该子女的请求权。在父母亲权照护下的未成年子女，如果被他人违法诱骗、拐卖、劫掠、隐藏时，是对父母亲权的侵害，也是对该未成年子女人身权的侵害，亲权人有权要求该他人交还子女，带回父母身边。尤其在拐卖、诱骗儿童脱离家庭的情况下，父母当然享有这种权利。该种请求权不受诉讼时效限制，但于子女成年而自然消失。

离异的父母，其未成年子女由一方抚养，行使亲权。当不行使亲权的另一方强行将该子女夺走归自己抚养时，亲权人有子女交还请求权，可以请求人民法院判令交还子女。

行使子女交还请求权的相反情况是，如果交回子女明显不符合子女利益时，则该父或母不得行使这种请求权。

4. 子女身份行为及身上事项同意权与代理权

未成年子女不能独立行使身份行为和决定身上事项，必须由父母代理或同意方能行使。该种亲权的代表权和同意权，须为身份行为及身心事项而行使。其主要内容是：第一，职业许可，未成年子女从事职业，必须经父母同意。不满16周岁以下的未成年子女无劳动行为能力，不得参加职业劳动，擅自参加者，父母享有撤销权；已满16周岁不满18周岁的未成年人从事职业必须经父母同意；未经父母同意，亲权人有撤销权。第二，收养、送养的承诺。未成年子女幼年时，被送养或被收养，不能自己为意思表示，父母可以作出收养或者送养的承诺。第三，身上事项的代理。未成年人的身上事项，由父母代理。第四，法律行为补正。未成年人实施的民事行为不完善时，其父母可对该行为进行补正，进行完善或者撤销。

5. 抚养义务

抚养，是指父母对未成年子女的健康成长所提供的必要物质条件，包括哺育、喂养、抚育、提供生活、教育和活动的费用等。父母对未成年子女的抚养义务是无条件的义务，不能以任何借口而免除。从子女出生开始直到能够独立生活止，都必须承担，即使父母离婚后也不能免除。

在亲权消灭以后，亲权的抚养义务消灭，如果成年子女需要抚养，则亲权的抚养义务转化为亲属权上的抚养义务，虽性质上有变化，但具体内容仍基本不变。所不同的是，子女因其已经成年，有自谋生路的义务，当其具有独立生活能力时，应当终止父母的抚养义务。

亲权抚养关系的权利主体是未成年子女。未成年子女作为权利人，有权要求亲权人履行抚养义务。亲权人拒绝履行抚养义务，权利人依法享有抚养费给付的请求权。第三人侵害亲权人的人身造成致残、致死后果的，侵害了抚养权利人的权利，权利人有权要求该侵权人承担赔偿责任。

6. 赔偿义务

亲权中的赔偿义务，是指亲权人对于其抚养的未成年子女致他人以损害，所应承担的赔偿该受害人损失的义务。应当依照《民法典》第1188条的规定进行。未成年人造成他人损害的，由其父母即亲权人承担赔偿责任。这种责任是法定的责任，亲权人不得推诿。

(二)财产照护权

亲权的财产照护权,是亲权保护权的体现。对于未成年子女的财产,亲权人有保护义务。

1. 财产行为代理权

亲权人为未成年子女的法定代理人,享有财产行为的代理权。

财产行为代理权,是亲权人对未成年子女实施财产行为的法定代理权。当未成年子女需要与他人实施具有财产内容的民事法律行为时,因其不具有民事行为能力或民事行为能力欠缺,需要由其父母即亲权人代理实施。

行使财产行为代理权,应以维护子女利益为原则,违反未成年子女利益的代理行为,为无效。例如,未成年子女的继承权之抛弃行为、遗产分割行为、放弃遗赠行为、不接受财产赠与的行为等,如果违背未成年子女的合法权益,则代理行为无效。

2. 管理权

亲权财产照护权中的管理权,是对子女特有财产的管理权,是指以财产价值的保存或增加为目的的行为。[10] 管理权的范围及于未成年子女所享有所有权的一般财产,但对于法律规定父母对子女的某些财产不得为财产管理人时,该父母不享有此种管理权。这种财产主要指以下三种:第一,指定父母不得为财产管理人的财产。指定父母一方不得为财产管理人时,则父母的另一方享有管理权,由该方父或母管理。如果父母双方均被指定不得为该财产管理人,应当为该未成年人的财产另行指定管理人。第二,未成年子女独立取得的财产。有劳动能力的未成年子女(16 周岁以上)经允许独立经营企业或因劳动所得的财产收入,由该子女自行管理,父母无权管理。第三,允许独立处分的财产。亲权人允许子女独立处分的财产,子女得独立处分,父母无管理权。

管理行为包括保存、利用、改良等行为。这些行为主要指事实行为,因管理行为中的法律行为已由亲权的财产行为代理权所包括。亲权人对子女财产未尽与处理自己事务为同一的注意,使子女财产受到损害者,负有赔偿责任,其管理权亦应宣告停止。[11]

3. 使用收益权

亲权中的使用收益权是指亲权人在不毁损、变更未成年子女享有的物或权利的性质的前提下,有支配、利用财产和获取天然孳息或法定孳息的权利。行使该种权利的目的,是维护未成年子女的财产权益。亲权人行使使用收益权,应从有利于保护未成年子女的合法财产权益出发,对未成年子女的财产为使用和收益。

我国亲属法对未成年子女财产收益使用权规定的规则是:第一,父母共享,但被剥夺或丧失亲权者除外。第二,使用、收益均可,为使用者,系亲权人为一定目的而利用未成年子女财产的使用价值;为收益者,是利用此财产而创造新的价值。第三,收益后果的归属,原则上应归该子女所有。第四,亲权人对于未成年子女财产的收益,应先用于清偿财产管理费用,然后用于该子女的养育费用。第五,对于支付养育该未成年子女费用仍有剩余的收益,可用于该子女的兄弟姐妹的扶养。第六,对于该项收益的最终收益归属于子女所有。

父母的使用收益权不得让与,也不得扣押。

---

〔10〕 史尚宽:《亲属法论》,荣泰印书馆 1980 年版,第 602 页。

〔11〕 史尚宽:《亲属法论》,荣泰印书馆 1980 年版,第 604 页。

4. 处分权

亲权人对于未成年子女的财产，为维护子女的利益的需要，可以为适当的处分。

对亲权人的财产处分权的基本限制，在于处分行为必须以为子女的利益和需要为目的，不具备此目的，亲权人对未成年人的财产不得为处分。

如何判断财产处分是否为子女利益，应以子女利益为判断，有利于子女利益的处分，如增加财产价值、有利于子女的生活、有利于子女长期利益的，为有效的处分，否则只对父母利益有利而对子女利益不利的行为，为法律所禁止。

父母即亲权人实施财产处分行为不利于子女利益时，该行为为无权代理行为，为无效，可以依裁判而予以撤销。造成子女利益损失的，应当赔偿损失，法院可以根据有关人员或者有关单位的申请，撤销亲权人的资格。

四、亲权的丧失、中止和消灭

（一）亲权的丧失

亲权的丧失是指亲权人因法定原因而失去行使亲权的资格。

1. 亲权的剥夺

亲权人滥用亲权，违反行使亲权的原则，给子女造成人身及财产上严重损害的，法院可以依法宣告剥夺亲权人的亲权。按照《未成年人保护法》第10条、第53条规定的精神，不履行亲权义务、侵害未成年子女的合法权益、虐待、遗弃未成年子女的，均为剥夺亲权的法定理由。

这些规定尚不完备，剥夺亲权的法定事由应当包括：第一，亲权人对未成年子女实施犯罪行为的，应当剥夺其亲权。对于虽未直接对子女实施犯罪行为，但为犯罪的共谋者或帮助犯的，亦应剥夺其亲权。第二，教唆、引诱子女犯罪或与子女共同犯罪的，是对子女合法权益的最大侵害，应当剥夺亲权人的亲权，以预防或制止未成年子女的犯罪行为。第三，侵害未成年子女人身权利、财产权利的，构成侵权行为的，除应承担侵权责任以外，还应当剥夺其亲权。第四，不履行亲权义务达到一定严重程度，给子女造成损害的，均认其为剥夺亲权的法定理由，我国立法对此有规定，应在实务中实行。第五，滥用亲权造成一定后果的，不利于保护未成年子女的合法权益，应当剥夺其亲权。第六，亲权人有赌博、吸毒、卖淫、流氓等显著劣迹或犯罪行为的，为预防未成年子女受其影响，应当剥夺其亲权。

剥夺亲权，须依一定的法律程序，由人民法院依审判确定。剥夺亲权包括剥夺全部亲权和剥夺部分亲权。部分剥夺亲权，亲权人仍享有未被剥夺的部分亲权。剥夺亲权应当对亲权人个人剥夺，即剥夺有法定剥夺亲权事由的一方亲权人的亲权，他方亲权并不一并剥夺，未被剥夺的一方亲权人仍得行使亲权。父母双方均受亲权剥夺宣告的，双方共同丧失亲权。

2. 亲权的移转

亲权移转，是指亲权因协议或法院的宣告，由亲权人移转给他人或儿童福利机构行使。亲权移转使原亲权人丧失亲权，由受移转人取得亲权或监护权。

亲权移转的主要事由是：第一，送养和收养未成年子女的协议，收养法律关系成立，送养父母的亲权即时消灭，收养人取得亲权。第二，父母双方协议将一方的亲权移转给另一方行使，该方亲权人的亲权丧失。第三，亲权人将亲权转移给社会救济机构，亲权人丧失亲权，受移转机构取得监护权。

（二）亲权的中止

亲权的中止是指亲权人因事实上的原因或法律上的原因不能行使亲权时，依法宣告停止其亲权,当其停止亲权的原因消灭时,仍恢复亲权的制度。

亲权的中止须有法定原因。这种法定原因包括事实上的原因和法律上的原因。事实上的原因也称为行使亲权的事实障碍,包括父母患重病、长期外出等;法律上的原因也称行使亲权的法律障碍,包括父或母被宣告为无民事行为能力人或限制民事行为能力人。

当亲权人有上述行使亲权的障碍出现时,如果是法律障碍,无须经法院判决,因为无民事行为能力或限制民事行为能力之宣告,即已确定其亲权的中止;如果是事实障碍,中止亲权应经法院判决。停止亲权的父或母,在亲权停止期间不得行使亲权。离婚时获得亲权的父母一方,当其亲权中止时,应将亲权移转给另一方。

(三)亲权的消灭

亲权的消灭是指亲权因一定事由而不复存在。

亲权消灭的事由分为事实原因和法律原因。事实原因,一为未成年子女已经成年,子女脱离亲权关系而自立;二为子女死亡。这两种情况使亲权自然消灭。法律原因为收养关系解除,养父母的亲权自然消灭。

五、民法对亲权的保护

(一)侵害亲权的行为

侵害亲权的行为分为两类:一是第三人侵害亲权的行为;二是亲权人侵害未成年子女合法权益的行为。

1. 第三人侵害亲权的行为

第三人侵害亲权的行为,是狭义的侵害亲权行为,也是典型的侵害亲权行为。

(1)非法剥夺亲权行为。亲权非因法定事由及法定程序不得剥夺。第三人非法剥夺亲权人的亲权,构成侵权责任。非法剥夺亲权包括非法剥夺全部亲权和部分亲权。

(2)侵害亲权权利行为。以作为的行为方式对亲权的权利进行非法侵害,可以是针对亲权的整体而为,也可以是针对亲权的具体内容而实施。无论侵害亲权整体还是侵害亲权的具体内容,都是侵害亲权的行为,应当承担侵权责任。

(3)侵害亲权人的人身而致其未成年子女抚养来源断绝的行为。这种行为由于受害人具有亲权人特定身份,因而同时构成侵害亲权的行为。

(4)非法使被监护人脱离监护导致亲权受到严重损害的行为。非法使未成年人脱离监护,而监护人又是由亲权人担任的,这种行为就构成侵害亲权的侵权行为。

2. 亲权人侵害未成年子女合法权益的行为

(1)违背法定义务。亲权人违背法定的抚养义务,断绝未成年子女的生活来源者,为不作为的侵害亲权行为,是侵害未成年子女的抚养权利的行为。

(2)滥用亲权。滥用亲权是以行使亲权的名义为亲权人自己谋私利,及虽为行使亲权的目的但因未尽义务而致未成年子女遭受损害。前者为故意滥用亲权,后者为过失滥用亲权。

(二)侵害亲权的救济方法

亲权损害的救济方法,主要适用侵权责任,同时对于违反抚养义务的行为应强制其履行抚养义务。第一,侵害亲权造成财产损失的,应当承担财产损害赔偿责任。第二,侵害亲权造成人身伤害的,应当承担人身损害赔偿责任;对于同时造成抚养权损害的,还应当承担抚养损害赔偿责任。第三,造成精神性人格权损害的,赔偿精神利益的损害。第四,侵害亲权造成精神痛苦、精神创伤的,应当赔偿抚慰金。第五,侵害亲权,还应当依据实际情况,承担除去侵害的非财产民事责任方式,责令侵权人承担停止侵害、恢复名誉、消除影响、赔礼道歉等责任。第六,亲权人拒不履行抚养义务,应责令其履行义务,仍不履行的,责令其强制履行。

第三节　亲　属　权

一、亲属权概述

(一)亲属权的概念和特征

亲属权也叫作其他亲属权,[12]是指除配偶、未成年子女与父母以外的其他近亲属之间的基本身份权,表明这些亲属之间互为亲属的身份利益为其专属享有和支配,其他任何人均负不得侵犯的义务。《民法典》第 26 条第 2 款规定的"成年子女对父母负有赡养、扶助和保护的义务",包含了亲属权的部分内容。

亲属权具有以下法律特征:第一,亲属权是独立的身份权,亲属权与配偶权和亲权三位一体,共同构成完整的亲属法身份权。第二,亲属权的客体是亲属身份关系中特定的身份利益,是除配偶、亲权以外的近亲属的身份利益。第三,亲属权的权利主体较为宽泛,包括父母与成年子女、祖父母与孙子女、外祖父母与外孙子女、兄弟姐妹,都是亲属权的权利主体。第四,亲属权具有绝对权和相对权的双重属性。

(二)亲属权为独立的身份权

亲属权的性质是独立的基本身份权。其理由是:第一,亲属权并不是身份权概念的本身,而是部分亲属之间的身份权,是身份权的下属概念。第二,亲属权是独立的基本身份权,除了配偶身份关系和亲子身份关系以外的其他亲属身份关系,也是一种身份关系,具有独立的特征,是一种独立的身份权。第三,亲属权与配偶权和亲权一道构成完整的身份权体系。

二、亲属权的内容

对亲属权的具体内容即亲属权的派生身份权,我国《民法典》规定得比较简略,归纳起来均为扶养权,根据不同的亲属权主体,分为抚养权、赡养权和扶养权,显系过窄,不能涵括亲属权的全部内容即全部派生身份权。

(一)亲属权中的一般内容

1. 孝敬尊重权

孝敬尊重权,包括长辈尊亲属基于其亲属身份而产生的被孝敬的权利,也包括平辈亲属相互之间以及尊亲属对卑亲属基于其亲属身份而产生的被尊重的权利。孝敬权既是权利,又是义务,在尊亲属,享有尊敬权,要求卑亲属必须对自己尊敬、孝敬;在卑亲属,则为义务,对尊亲属必须尽尊敬、孝敬的义务。同样,尊亲属也应当对卑亲属予以尊重,平辈亲属也应当相互尊重,不得进行人格歧视。

尊敬权不仅仅局限于父母子女之间,不仅父母享有尊敬权,而且举凡尊亲属均享有尊敬权。与此相对应,一切卑亲属均负尊敬的义务。

---

〔12〕 官玉琴:《亲属身份权理论与实务》,厦门大学出版社 2007 年版,第 214 页。

平辈亲属以及尊亲属对于卑亲属应有尊重的义务。尊重者,无论尊亲属、卑亲属还是平辈亲属,均应承担,这是因为尊重对方的人格,以及维持平等、亲密的亲属身份关系的缘故。

2. 帮助、体谅义务

亲属之间互负帮助、体谅的义务,当对方发生困难时,应尽力帮助,并予以体谅,不向其提出过高的要求,共同克服困难。

亲属权的这项派生身份权的基本含义:一是亲属之间的帮助、扶助,是指物质上的、劳务上的帮助、扶助;二是亲属间的体谅是精神上的谅解和关心。当一方亲属发生困难、遭遇挫折、出现麻烦时,他方应在精神上予以关心、同情,使其获得心理上的安慰,同时,应体谅亲属的困难,不向其提出超过其能力的请求或其他过分的要求。

3. 祭奠权

祭奠权也称之为悼念权,是指近亲属之间对亡故亲属的祭祀和悼念的意愿和可能,是亲属权的内容。

祭奠权的具体内容,是每一个近亲属对已故的近亲属(尤其是尊亲属)进行祭祀的权利,其共同的近亲属相互之间应当尊重对方的这一权利,相互通知,相互协助,使其真正享有这样的权利并使其得以实现。

(二)亲属权中的扶养权〔13〕

1. 扶养权的概念和特征

扶养权是指一定亲属之间一方接受生活供养、他方应当对其提供生活供养的权利和义务。提供扶养的人为扶养义务人,接受扶养的人为扶养权利人。单讲扶养权,仅指扶养权利人接受生活供养的权利;在一般情况下讲扶养权,是指扶养的权利义务关系。

扶养权是亲属权中最重要的派生身份权,关系亲属一方的生存、健康问题。我国扶养权分为三种:一是抚养权,是父母对子女的权利义务关系和祖父母外祖父母对孙子女外孙子女的权利义务关系;二是赡养权,是子女对父母、孙子女外孙子女对祖父母外祖父母的权利义务关系;三是扶养权,是配偶之间的权利义务关系以及平辈亲属间的权利义务关系。

2. 我国《民法典》规定的扶养权范围

我国《民法典》关于亲属间的扶养义务,包括以下各项:

(1)父母对无独立生活能力的成年子女。父母对尚无独立生活能力的成年子女,仍需尽抚养义务,至其有独立生活能力时为止。目前我国已满 18 周岁的成年人,一部分已经就业,一部分正在求学,对于诸如后一部分及其相似情形的成年子女,父母应继续提供抚养费和教育费。

(2)离婚后的未成年子女。因离婚等原因而中止亲权的父母一方或双方,对于其未成年子女,应继续负担抚养义务。

(3)子女对父母的赡养义务。子女对父母负有赡养义务,条件是父母有赡养的必要,如父母无劳动能力,或者生活有困难。此种赡养义务是法定义务,必须履行。

(4)祖父母、外祖父母对孙子女、外孙子女的抚养义务。以祖父母外祖父母有负担能力、孙子女外孙子女的父母已经死亡为必要条件。不具有这两个条件的,不发生此种抚养义务。

(5)孙子女、外孙子女对祖父母、外祖父母的赡养义务。以孙子女、外孙子女有负担能力,祖父母、外祖父母的子女已经死亡为必要条件。不具备这两个条件,不发生此种赡养义务。

---

〔13〕 本处研究扶养权,适当超出亲属权的范围,包括配偶权和亲权中的扶养问题。

(6)兄姐对弟妹的抚养义务。以父母已经死亡或者父母无力抚养为选择条件,具备其中之一者,发生此种抚养义务,否则不发生此种抚养义务。

我国《民法典》规定的上述扶养义务存在以下缺点:第一,就近亲属间各个不同身份分别规定,过于烦琐。第二,某些扶养关系的发生依据各个不同的必要条件,过于复杂,不易掌握和操作。第三,规定发生抚养关系的必要条件,有的不甚合理。

参考案例

1. 彭丽静与梁喜平、王保山、河北金海岸房地产开发有限公司股权转让侵权纠纷案,载《中华人民共和国最高人民法院公报》2009 年第 5 期。

第四十一章　亲属财产关系

导 读

亲属财产关系是派生于亲属身份关系的重要法律关系，包括夫妻财产关系、家庭财产关系和亲属个人财产关系。财产分割是本章学习的难点。

第一节　概　　述

一、亲属财产关系的概念和种类

（一）亲属财产关系的概念

亲属财产关系是指亲属之间在财产关系上的权利义务关系。其法律特征是：第一，亲属财产关系是发生在亲属法领域的财产关系。第二，亲属财产关系是广义的财产关系，包括物权关系、债权关系和知识产权关系。第三，亲属财产关系是以财产所有为基本内容的财产关系。第四，亲属财产关系适用法律具有双重性，具有明显的身份内容，但又不是身份权的内容。

在亲属法中研究亲属财产关系的意义在于：第一，确定亲属之间的财产归属和利用。亲属财产关系就是要解决在亲属之间作为共同生活基础的财产的归属关系和利用关系，明确亲属之间的财产权利界限，确定各自的支配利用关系。第二，保护亲属的共同生活基础。任何亲属对于自己的财产，以及对依法应当共有的财产，都有权利寻求法律保护，任何人不得侵害财产权利。第三，保障亲属身份权利义务的享有和履行。保护亲属的财产关系，也是保障身份权利的享有、身份义务的履行的基础，使其实现。第四，保护交易安全和善意第三人利益。亲属之间实行的是何种财产制，不仅关乎他们自己的权益问题，也关乎与其进行交易的第三人的权益问题，因而关系到保护交易安全，涉及保护第三人的合法权益问题。

（二）亲属财产关系的种类

1. 夫妻财产。夫妻虽然各具独立、自由、平等的人格，但对于共同生活体的圆满维持应共同负责，必须有财产来源。夫妻财产关系是派生于夫妻身份关系的重要法律关系，是实现家庭经济职能的基础性要素。反映夫妻财产的法律形式是夫妻财产制。

2. 家庭财产。家庭财产关系既与夫妻财产关系相联系，又与夫妻财产关系不同。家庭财产关系通常是以夫妻财产关系为基础，基于夫妻财产关系而发生家庭财产关系，但家庭财产关系与夫妻财产关系不同，基于亲属的共同生活和财产投入而发生。家庭财产关系和夫妻财产关系通常是混杂在一起的。

3. 个人财产。亲属在一起共同生活，如果没有采取共有财产制，而是约定或者实行的是个人财产，财产所得就是个人财产关系。即使实行共同财产制，也会存在个人的财产关系。

二、夫妻财产制

（一）夫妻财产制的概念和法律规范形式

夫妻财产制也叫作婚姻财产制，是指关于夫妻婚前财产和婚后所得财产的归属、管理、使用、收益、处分，以及债务的清偿、婚姻关系解除时财产清算等方面的法律制度。[1]

亲属法规范夫妻财产制的形式包括以下两种：

1. 约定财产制。又称为夫妻财产契约，是夫妻以约定进行选择。约定财产制在适用上具有优先于法定财产制的效力。夫妻约定财产制分为两种形式：第一，自由式的约定财产制，当事人可以自由约定夫妻财产关系的内容，只要不违反合同的一般禁止性规定，法律不加以限制，允许自由约定。第二，选择式的约定财产制，当事人虽然可以对夫妻财产约定排除法定财产制的适用，但只能在法律所规定的数种典型的夫妻财产制中选择一种，不得全面另行约定其内容。

2. 法定财产制。指依照法律规定而直接适用的夫妻财产制。夫妻之间无约定财产制的，直接适用亲属法规定的财产制。法定财产制分为两种：第一，通常法定财产制，是指夫妻在婚前或者婚后未进行夫妻财产约定，或者虽有约定但约定无效或者被撤销，因而适用法律所规定的夫妻财产制。第二，非常法定财产制，是指夫妻在婚姻关系存续期间，因发生特定事由，适用通常法定财产制或者约定财产制难以维持正常的夫妻财产关系时，依照法律的规定或经夫妻一方以及夫妻的债权人的申请由法院宣告，终止原来的财产制而适用分别财产制。

（二）我国现行的夫妻财产制

我国《民法典》规定的夫妻财产制的主要内容包括：

1. 限制夫妻共同财产范围。我国的法定夫妻财产制是“限定的婚后所得共同制”，夫妻共同财产具备三个属性：第一，必须是在婚姻关系存续期间双方合法取得的财产；第二，必须是没有被双方约定为个人所有的财产，以及约定无效的婚后所得；第三，必须是法定个人特有财产以外的双方婚后所得财产。

2. 强调保护婚姻当事人的个人财产。法律突出强调婚姻当事人的个人财产及保护。不仅规定婚前个人财产归个人所有，而且对于一方因身体受到伤害获得的赔偿或者补偿、遗嘱或者赠与合同中确定只归一方的财产、一方专用的生活用品以及其他应当归一方的财产，都属于个人财产。

3. 明确夫妻约定财产制的内容。改变对约定财产制过于概括的做法，明确规定了约定财产制的内容和形式。夫妻约定财产制的内容，是夫妻可以约定婚姻关系存续期间所得财产以及婚前财产归各自所有、共同所有或部分各自所有、部分共同所有。约定的形式是“应当采取书面形式”。

三、夫妻财产约定

（一）夫妻约定财产的概念和性质

夫妻约定财产是指夫妻以契约形式决定婚姻关系存续期间所得财产所有关系的夫妻财产

---

〔1〕 李志敏主编：《比较家庭法》，北京大学出版社1988年版，第109页。

制度,是夫妻法定财产的对称。《民法典》第1065条规定了夫妻约定财产制度。

夫妻财产约定其实就是夫妻财产制合同,是指夫妻或者即将成为夫妻的人,就夫妻间之财产关系所订立的合同。[2]

(二)夫妻约定财产的优先效力

在我国的夫妻财产关系中,法定财产制是基本的夫妻财产制,约定财产制是补充的、特殊的夫妻财产制。立法者将夫妻法定财产制确定为基本的夫妻财产制,将约定财产制作为特殊的、补充的财产制,尽管两者有性质和地位的不同,但在适用上,约定财产制却有着排斥法定财产制的效力,只要缔结夫妻财产契约的男女双方协议成立,在他们之间就不再适用法定财产制。

(三)夫妻财产约定的一般性问题

1. 夫妻财产约定自由的限制

夫妻财产约定的性质为夫妻财产契约,自应受契约自由原则调整,订立这种契约还是不订这种契约,订立何种内容的夫妻财产契约,在婚前还是婚后订立这种契约,夫妻财产契约订立后可否变更或撤销,原则上均由当事人自主决定。

2. 夫妻财产约定的要件

夫妻财产约定包括如下要件:第一,婚姻关系当事人须有订约能力。我国的法定婚龄比完全民事行为能力的年龄为高,从年龄的角度,有婚姻行为能力者即有缔结婚姻财产契约的能力。第二,订立夫妻财产契约须具备形式要件。我国立法规定夫妻财产契约必须以书面形式为之,口头约定无效。第三,夫妻财产契约须经申报登记程序确认,但我国目前尚未建立相应制度。

3. 夫妻财产约定的效力

夫妻财产约定具有两种效力,即对内效力和对外效力。

(1)对内效力。是指该契约对婚姻关系当事人的拘束力。夫妻财产契约成立并生效,即在配偶间及其继承人间发生财产契约的物权效力,婚姻关系当事人受此物权效力的约束。

(2)对外效力。是指夫妻对婚姻财产的约定可否对抗第三人。我国立法规定,第三人知道该约定的,即发生对抗第三人的效力,第三人不知道该约定的,就不发生对抗第三人的效力。如果第三人不知道该约定,不发生对抗效力,应当以双方当事人的财产清偿债务。

四、亲属个人财产

(一)夫妻个人财产

夫妻个人财产,是指夫妻在婚姻存续期间,于夫妻共同财产之外享有个人所有权的财产。夫妻个人财产具有三个明显特征:一是独立于夫妻共同财产之外;二是其权利主体是单个的人,是夫或者妻;三是其权利属于单独所有权,而不是共有权。

《民法典》第1063条规定的夫妻个人财产的范围是:第一,婚前个人财产。婚前个人所有的货币及一般的生产资料、生活资料归个人所有,不属于夫妻共同财产。第二,一方因受到人身损害获得的赔偿或者补偿。一方因受人身伤害而获得的医疗费、残疾人生活补助费,是因受到人身伤害而得到的补偿费中的部分。该种财产具有人身性质,是用于保障受害人生活的基

---

[2] 林秀雄:《夫妻财产制之研究》,中国政法大学出版社2001年版,第184页。

本费用,须归个人所有。第三,遗嘱或赠与合同中确定只归一方的财产。这种财产为个人所有,不能成为夫妻共同财产。第四,一方专用的生活物品。个人衣物、书籍、资料等都是极具个人属性的财产,为个人财产。第五,其他应当归一方所有的财产。包括婚前个人财产增值部分,复员、转业军人的复员费、转业费、医疗补助费和回乡生产补助费,夫妻一方的人身保险金,与个人身份密切相关的奖品、奖金,国家资助优秀科学工作者的科研津贴,一方创作的手稿、文稿、艺术品设计图、草图等,永远为个人所有,以及其他财产。

(二)其他亲属个人财产

其他亲属个人财产,是指家庭中的其他成员在家庭共同财产之外自己享有所有权的财产。其特征,一是独立于家庭共同财产之外;二是其权利主体是单个的家庭成员,不是夫或者妻,而是夫或妻之外的其他成员;三是其权利属于个人单独所有权,而不是共有权。

对于其他亲属的个人财产,法律予以保护。除非权利人同意,其他任何人包括家庭成员都不能侵害其他亲属的个人财产权。

第二节 夫妻共有财产

一、夫妻共有财产概述

夫妻共有财产,是指夫妻在婚姻关系存续期间,一方或双方取得,依法由夫妻双方共同享有所有权的共有关系。《民法典》第 1062 条规定的是夫妻共有财产。

夫妻共有财产的法律特征是:第一,夫妻共有财产的发生以夫妻关系缔结为前提,以夫妻没有选择其他夫妻财产制为必要条件,依照法律的规定而产生。第二,夫妻共有财产的权利主体是夫妻二人,不是一个权利主体,对财产的所有关系构成共有关系。第三,夫妻共同财产的来源为夫妻双方或一方的婚后所得,可以是双方所得,也可以是一方所得,都构成夫妻共同财产。第四,夫妻共有财产的性质为共同共有,夫妻作为共有人,不分份额地共同享有夫妻共同财产的所有权。

二、夫妻共有财产的产生和夫妻共同财产的范围

(一)夫妻共有财产的产生

夫妻共有财产关系的发生须具备两个条件:

1. 夫妻关系的缔结。婚姻关系的缔结,依照法律规定,须由缔结婚姻关系的男女亲自到婚姻登记机关,表示双方缔结婚姻关系的意愿,经审查符合结婚条件的,以结婚登记的时间作为婚姻关系缔结的时间。夫妻关系一经缔结,即具备发生夫妻共同共有关系的第一个要件。

2. 缔结婚姻的双方当事人未选择其他夫妻财产制。依照《民法典》规定,缔结婚姻的双方当事人有约定夫妻财产制而排除法定夫妻共有财产制适用的权利。如果双方行使这一权利,另行约定其他夫妻财产制形式,也不发生我国法定的夫妻共有关系。只要双方没有约定采取其他夫妻财产所有形式,夫妻共有财产关系自婚姻缔结之日起发生,夫妻一方或双方所得的财产均为夫妻共同财产。

(二)夫妻共同财产的范围

《民法典》第 1062 条规定,夫妻共同财产分为五个部分,只要是夫妻双方在夫妻关系存续

期间所得,即直接成为夫妻共同财产。

1. 工资、奖金、劳务报酬。工资、奖金均为劳动所得报酬,指夫或妻一方或者双方从事一切劳动包括脑力劳动、体力劳动所获得的工资报酬和奖金报酬以及劳务报酬。

2. 生产、经营、投资的收益。诸如承包、租赁、投资、购买债券等,凡属于夫妻关系存续期间一方或双方经营承包、租赁企业、私营企业、个体工商业、合伙等,其所获收益,均为夫妻共同财产。

3. 知识产权的收益。夫妻共同取得的知识产权,如共同写作的书籍、论文,共同发明的专利等,归夫妻共同享有,其所得经济利益,属于夫妻共同财产。一方取得的知识产权,权利本身属于个人所有,依该权利已经取得的经济利益为夫妻共同财产,在夫妻关系存续期间尚未取得的经济利益即预期利益,不属于夫妻共同财产。

4. 继承或受赠的财产。共同受赠、继承的财产为夫妻共有财产。如果遗嘱或者赠与合同明确规定只将遗产或者财产处分给夫妻一方的,他方不享有这项财产的所有权,不作为共同财产。

5. 其他应当归夫妻共同所有的财产。一是一方或双方取得的债权,二是获得的资助、捐助等,也为夫妻共有财产。

三、夫妻共有财产的效力

婚姻一经发生,在配偶之间就发生两个法律关系:一是配偶的身份关系;二是配偶的财产关系。配偶权和夫妻共有财产权是两个相互依赖、相互配合的权利,尽管性质不同,但也不能完全分开。离开了配偶权,夫妻共有财产权就失去了存在的基础;离开了共有权,配偶权就失去了物质依赖,无法保持和发展。只有这两个权利一起并存,才能保证夫妻关系和谐发展。

(一)夫妻共有财产主体的权利

1. 平等享有占有、使用、收益、处分权。配偶对于夫妻共有财产享有平等的权利,一律平等地享有所有权。配偶一方的权利都是针对全体夫妻共同财产的,是完整的权利,而不是共有权的某一个部分。平等的权利,完整的权利,构成夫妻共有财产权利的主要内容。

2. 共同处理权和单独处理权。共同处理权,是针对处分夫妻共同财产重大事务的权利,如变卖夫妻共同财产,在夫妻共同财产上设置他物权,以及其他使夫妻共同财产发生重大变化的事务,均应由配偶共同决定处理,任何人不得独断专行。单独处理权,是指对某些具体的、不涉及夫妻共同财产发生重大变化的事务,以及依据家事代理权进行的事务,配偶有单独的处理权。

3. 相互代表权。对于一般的夫妻共有财产处理,可以代表对方进行,但是重大事项不能代表。行使相互代表权应当受到必要限制,如转让共同的不动产等,应当双方协商一致。

4. 物上追及权。夫妻共有财产受到不法侵害的,配偶双方均享有此权利,可以独自行使停止侵害、排除妨碍、返还原物、赔偿损失的请求权。

(二)夫妻共有财产主体的义务

1. 将夫妻共同财产交付夫妻共同管理使用的义务。在实行夫妻共有财产的配偶之间,财产绝大多数是分为两部分的,一部分是夫妻共同财产;另一部分是个人财产。

2. 夫妻共同财产的维修、保管、改良义务。这项义务为配偶双方的义务,均应承担。具体操作,可以由双方配偶实行,也可以由配偶一方实行,所支出的费用由夫妻共同财产支付。

3. 对所欠债务的连带清偿义务。因家庭共同生活、共同经营中所欠债务,为夫妻共同债务，须负连带清偿义务，配偶为连带债务人。

4. 共同赔偿责任。夫妻共同财产致他人损害，或者夫妻一方造成他人损害时，应以夫妻共同财产承担赔偿责任。

5. 保持共有关系。在夫妻共有财产关系存续期间，任何一方不得要求划分份额、分割共有财产、擅自处分共有财产。夫妻双方均负此义务。

四、夫妻共有财产消灭和共同财产分割

（一）夫妻共有财产消灭

夫妻共有财产关系的消灭，应当基于婚姻关系消灭的原因事实，包括离婚和夫妻一方死亡。

离婚导致婚姻关系消灭，导致夫妻共有财产关系的消灭。离婚分为登记离婚和诉讼离婚。这两种离婚发生同样的法律效力。离婚的时间是夫妻共有财产终止的基准时间。从这时起，夫妻共有财产关系不复存在，夫妻共同财产开始分割，成为个人各自所有的财产。登记离婚的时间，应以离婚证上登记的时间为准；裁判离婚的时间，应以调解或判决离婚的法律文书发生法律效力的时间为准。

夫妻一方死亡，婚姻关系消灭，导致夫妻共同共有关系终止。死亡包括自然死亡和宣告死亡，产生同样的法律后果。夫妻一方死亡引起的夫妻共有财产终止与离婚引起的夫妻共有财产终止的效力基本相同，只是前者为分出死者的财产为遗产，后者进行共同财产分割而已。夫妻双方同时死亡，也同样发生婚姻关系消灭和夫妻共有财产消灭的后果，但共同财产成为遗产。

在夫妻之间实行夫妻共有财产期间，如果双方配偶共同约定不再实行夫妻共有财产制，重新约定实行分别所有制或者其他财产制，也消灭夫妻共有财产，发生新的财产关系。

（二）夫妻共同财产的原则分割方法

夫妻共同财产的分割方法分为两种，即原则分割方法和具体分割方法。原则分割方法是指离婚财产分割的一般方法，即原则上均等分割，辅以根据生产、生活的实际需要和财产来源等情况的适当差别，属于个人专用物品归个人所有。

1. 均等分割。均等分割夫妻共有财产，是我国司法实务一贯坚持的方法，即确定夫妻共有财产的范围之后，一分为二，平均分成两份。

2. 有所差别。在坚持均等分割的原则之下，允许在某些条件下适当地有所差别。这样的条件就是夫妻一方在生产、生活上有特别的需要，或者财产来源有特别的情况。夫妻一方有生产、生活特别需要的，如某一方具有使用某种生产资料特别技能，将此种生产资料分给该方不仅对发挥技术特长有利，而且还对发展社会生产有利。又如夫妻一方生活上有特别需要，生活上需要护理，生活有特别困难，应当适当多分一些财产予以扶助。

在离婚时，双方当事人已经对夫妻共同财产的分割达成协议也已经履行，但事后又发现还有其他夫妻共同财产当时没有分割的，经审查该财产确属离婚时未涉及的夫妻共同财产，人民法院应当依法予以分割。

（三）夫妻共同债务的范围及清偿

夫妻共同债务是以夫妻共同财产作为一般财产担保的债务，是在夫妻共有财产的基础上设定的债务。[3] 分割夫妻共同债务，首先以夫妻共同财产清偿。

---

〔3〕 蒋月：《夫妻的权利与义务》，法律出版社2001年版，第206页。

《民法典》第1064条规定:“夫妻双方共同签名或者夫妻一方事后追认等共同意思表示所负的债务,以及夫妻一方在婚姻关系存续期间以个人名义为家庭日常生活需要所负的债务,属于夫妻共同债务。”“夫妻一方在婚姻关系存续期间以个人名义超出家庭日常生活需要所负的债务,不属于夫妻共同债务;但是,债权人能够证明该债务用于夫妻共同生活、共同生产经营或者基于夫妻双方共同意思表示的除外。”

确定夫妻共同债务的规则是:夫妻双方共同签名或者夫妻一方事后追认等共同意思表示确认的所负债务,以及夫妻一方在婚姻关系存续期间以个人名义为家庭日常生活需要所负的债务,属于夫妻共同债务。具体标准是:

1. 夫妻双方共同签名或者夫妻一方事后追认等共同意思表示所负的债务。法律准许夫妻双方对财产的所有关系进行约定,也包括对债务的负担进行约定,双方约定归个人负担的债务,为个人债务。约定个人债务,可以与财产所有的约定一并约定,也可以单独就个人债务进行约定。举债时没有夫妻的共同约定,但是,在举债之后对方配偶追认是夫妻共同债务的,当然也是夫妻共同债务。

2. 夫妻一方在婚姻关系存续期间以个人名义为家庭日常生活需要所负的债务。包括为保持配偶或其子女的生活发生的债务,为了履行配偶双方或一方的生活保持义务产生的债务。例如,购置家庭生活用品、修缮房屋、支付家庭生活开支、夫妻一方或双方乃至子女治疗疾病、生产经营,以及其他生活必需而负的债务。为抚育子女、赡养老人,夫妻双方同意而资助亲朋所负债务,亦为夫妻共同债务。

对于夫妻一方在婚姻关系存续期间以个人名义超出家庭日常生活需要所负的债务,不属于夫妻共同债务。例如,一方未经对方同意擅自资助与其没有扶养义务的亲朋所负的债务,一方未经对方同意独自筹资从事经营活动,其收入确未用于夫妻共同生活所负的债务,以及因个人实施违法行为所欠债务,婚前一方所欠债务,婚后一方为满足个人欲望确系与共同生活无关而负的债务等。为保护债权人的合法权益,本条特别规定,债权人能够证明该债务用于夫妻共同生活、共同生产经营或者基于夫妻双方共同意思表示的除外。

第三节　家庭共有财产

一、家庭共有财产概述

(一)家庭共有财产的概念和特征

家庭共有财产,是指全体或部分家庭成员在家庭共同生活关系存续期间,对共同所得和各自所得的财产约定为共同共有的权利义务关系。

家庭共有财产的特征是:第一,家庭共有财产的发生以家庭共同生活关系为前提,依家庭成员的约定而发生。第二,家庭共有财产的主体是对家庭贡献财产的家庭成员,家庭成员须有愿意成为家庭共有财产权利主体的主观意愿。第三,家庭共有财产的来源为家庭成员的共同所得和各自所得。第四,家庭共有财产的性质为共同共有,各共有人不分份额,共同享有财产的所有权。

(二)我国家庭共有财产的现状

在我国现实生活中,家庭共有财产大量存在,具有相当的复杂性。具体有以下类型:

1. 同财共居。包括由父母、子女共同生活、共同共有财产,祖父母、父母、子女等共同生活、共同共有财产。这是典型的家庭共有财产关系。

2. 同财不共居。很多家庭的家庭成员虽不居住一起共同生活,但将收入除留下部分作生活费外,其余交由家庭中作共同共有财产。

3. 共居不同财。这种情况在城市比较普遍,多表现为子女与父母共同生活,但所得收入归子女所有,或者仅向父母交伙食费;子女婚后,与父母共同生活,亦只交生活费,其余财产自己所有。这种情况,并未形成家庭共有财产,只有共同的伙食费及为伙食而购买的物品才是家庭共有财产,范围十分狭窄。

二、家庭共有财产的发生和家庭共同财产范围

(一)家庭共有财产的发生

1. 家庭共有财产发生的要件

包括:第一,家庭共同生活关系存在。没有家庭共同生活关系存在,不发生家庭共有财产。家庭共同生活关系,是指所有家庭成员共同在一起为生存和发展进行各种活动的关系。第二,家庭成员协议实行家庭财产共同共有的约定。这种约定的内容是就家庭财产的全部或部分实行共同共有关系。约定的形式可以是书面的,也可以是口头的;它可以载于书面合同中,也可以由默示行为表现出来。

2. 家庭共有财产的主体

在家庭成员中,并不是每一个家庭成员都享有对家庭共有财产的共有权,只有以自己的财产参加到了家庭共有财产之中的,才可以成为家庭共有财产的权利主体。

未成年人在没有劳动能力之前,不应当成为家庭共同财产的共有人,他们不具有劳动能力,不能通过自己的劳动为家庭共同财产做出贡献,即使他们有自己的财产,也不宜将他们的财产作为家庭共同财产的组成部分。

成年的精神病人只要有财产,对家庭共同财产做出了贡献,应当作为家庭共同财产的共有人。

3. 家庭共有财产发生的时间

家庭共有财产发生的时间,是在家庭成员有了财产并愿意成立家庭共有财产关系的约定生效时发生。实际发生家庭共有财产的过程,往往是先存在夫妻共同财产,然后子女等家庭其他成员有了财产收入,将其收入的财产纳入家庭共有财产中来,发生家庭共有财产。在一般情况下,家庭共有财产中包含着夫妻共有财产。

(二)家庭共同财产的范围

确定家庭共同财产范围的基本规则是:第一,确定家庭共有财产的范围应以共有人的约定为准。第二,按照实际发生的共同财产关系认定。第三,无法查明是否为共有财产的,推定为家庭共有财产。第四,按照当事人的一致主张认定,通过以上方法无法判明家庭共同财产范围的,如果家庭成员一致主张为各自单独所有的,认定为各自所有,没有发生家庭共有财产关系。

家庭共同财产包括的内容是:

1. 父母的夫妻共同财产。这是构成家庭共同财产的基础,在构成家庭共同财产之后,成为家庭共同财产的主要部分,在没有分割家庭共同财产之前,都由全体家庭共同财产的共有人享受权利,承担义务。

2. 共同继承财产。这一部分财产也是作为家庭共同财产的一部分,在成为家庭共同财产以后,由全体家庭共同财产的共有人享有权利,承担义务。

3. 其他家庭成员投入家庭的财产。除此之外的其他家庭成员向家庭共同财产投入的财产,都是家庭共同财产,由全体家庭共同财产的权利人享有共有权。

4. 其他列为家庭共同财产的财产。其他没有列入上面三项内容的家庭共同财产,也是家庭共同财产的组成部分,全体家庭共有财产的权利人享有共有权。

(三)不属于家庭共有财产的个人财产

下列财产是家庭成员的个人财产,不能计入家庭共同财产的范围:

1. 夫妻个人财产。包括婚前的个人财产和婚后的个人财产。这种财产是个人所有的财产,且不计入夫妻共同财产范围,也不应当作为家庭共同财产。

2. 子女给付父母的赡养费。子女向父母给付赡养费是子女履行法定赡养义务,不是向家庭共同财产做出贡献,并且这种义务的履行具有严格的身份关系。因而子女给付的赡养费属于父母个人所有,不能作为家庭共有财产。

3. 父母给付子女的抚养费或赠与子女的财产。这都是转移财产所有权的行为,所有权从父母转移到了子女身上,子女享有了该财产的所有权。前者是父母履行抚养义务,后者是赠与财产行为,均转移了所有权,应归于子女个人所有,不再是家庭共同财产。

4. 子女按约定不作为家庭共同共有的劳动收入及其他财产。劳动收入是否作为家庭共同财产,应当根据约定。约定全部不作为家庭共有的,则全部收入均为个人所有,约定部分作为家庭共有的,剩余部分为个人所有。

5. 子女的其他所得。没有约定为家庭共有财产的,为个人财产,永远为个人所有。

三、家庭共有财产的效力

(一)家庭共有财产共有人的权利

1. 平等的所有权。家庭共有财产的权利主体即各共有人,对于家庭共同财产一律平等地享有所有权,不得歧视任何共有人。共有人对于共有财产享有平等的使用、收益权,共有人不得主张就共同共有财产划分特定的部分。

2. 共同处理权和单独处理权。共有人对家庭共同财产都享有共同处理权和单独处理权。共同处理权,是针对处分家庭共同财产的重大事务的权利,由全体共有人共同决定处理,任何人不得独断专行。单独处理权,是指对某些具体的,不涉及家庭共同财产发生重大变化的事务,以及全体共有人委托进行的事务的,单个共有人有处理权。

3. 代表权和推举权。在家庭共有财产中,全体共有人可以推举一名共有人作为全体共有人的代表。该代表人享有代表权,在家庭共有关系的范围内行使代理权,并主持家庭共有关系的各项经济活动,处理日常事务。代表权的范围是有限度的,并不能在一切方面都能够代表。对家庭共同财产的处分权,属于全体共有人,处分家庭共同财产的重大行为,必须经全体共有人一致同意,否则为无效。

4. 物权请求权。包括所有物被他人非法侵占时的所有权返还请求权、所有物受到妨害时的妨害排除请求权以及所有物有受到妨害之虞时的所有物妨害预防请求权。当家庭共同财产受到不法侵夺时,任何共有人均享有物上追及权,可以独自行使这一权利,以保全共有物。

5. 在家庭共同财产上设置负担的权利。行使此权利,应由家庭共有财产的全体共有人协商一致，由有代表权的共有人与他人以法律行为设立。例如，在共有物上设立担保物权、用益物权。这种行为涉及共有物的命运，必须由全体共有人同意才能够实施。

6. 共同管理权。家庭共有财产的管理，原则上由全体共有人进行，也可以由家庭中具有代表权的共有人代表管理。管理的费用由家庭共同财产支付。

（二）家庭共有财产共有人的义务

1. 履行约定的义务。家庭成员允诺以自己的财产参加家庭共有财产，成为共有人。家庭共同财产的共有人与其他共同共有人不同，应负有履行约定的义务，即按时将自己的所得按照约定的内容，交付家庭共有财产的代表人，使该财产成为家庭共有财产。

2. 对共有物进行维修、保管、改良义务。这项义务为全体共有人的义务，均应承担。在实际管理中，维修、保管、改良的行为，由家庭共有财产的代表人进行，或者由代表人委派具体的共有人实施，其后果归于全体共有人，而不能由个人负责。

3. 保持共有关系的义务。按照共同共有的基本规则，共同共有人负有保持共有关系的义务，约束共有人保持共有财产的完整性和统一性，在共同共有关系存续期间，不得分割共同共有财产或者处分全部共同共有财产。

4. 对所欠债务的连带清偿义务。因家庭共同生活、共同经营中所欠债务，为家庭共同债务，须负连带清偿义务，各共有人均为连带债务人。连带的方法，首先是债权人可以向任何一个家庭共有财产的共有人要求清偿，清偿债务的财产应从家庭共同财产中支付。

5. 共同赔偿责任。家庭共有财产致他人损害，应以家庭共同财产承担赔偿责任。家庭成员致人损害，均须由家庭共同财产承担赔偿责任，即从共有财产中支付赔偿金。

四、家庭共有财产的终止及分割

（一）家庭共有财产的终止

家庭共有财产关系终止的原因，是作为家庭共同生活成员请求终止家庭共有财产关系，致使家庭共同生活关系消灭。只要家庭共同生活关系消灭，就引起家庭共同共有关系终止，家庭共同财产就要被分割，转变为个人单独所有。家庭共同生活关系的消灭，分为全部消灭和部分消灭。

家庭共有财产关系依下列事实而消灭：

1. 实行家庭共有财产关系的约定终止。家庭共有财产的建立，是在家庭共同生活关系存在的前提下，依约定发生的。当该约定完成时，家庭共有财产关系即行消灭。如果约定未设定共同共有关系消灭的期限或条件，则家庭共有财产的共有人另行约定终止家庭共有财产关系的，依约定而终止共有关系，使全部共有关系消灭。

2. 家庭共有财产的共有人分出。共有人从家庭共有关系中分出，如果家庭共有财产关系中还有两个以上的共有人，为部分消灭共有关系；如果剩下的两个人是夫妻，也消灭家庭共有财产关系，仅剩下夫妻共有财产关系；如果仅剩一个共有人，则全部消灭共有关系。

3. 家庭共有财产的共有人死亡。共有人中的一人死亡，部分消灭家庭共有财产关系。如果在共有人之一死亡后，只剩一个共有人时，则家庭共有关系全部消灭。

家庭共有财产关系全部消灭的，分出的原共有人与尚在一起共同居住的原共有人可以组成新的共有关系，建立新的家庭共有财产。在其他共有人分出，只剩下夫妻以及没有财产收入的子女共同生活时，构成夫妻共同财产，原家庭共有财产应视为全部消灭。部分共有财产消灭，剩余的部分共有财产继续存在，继续实行共有关系。

(二)家庭共同财产的分割

对家庭共同财产的分割也称作析产。分割家庭共有财产应当遵循以下方法:

1. 确定家庭共有财产范围。应首先确定家庭共有关系终止的时间,以此时间为准,以后的财产不再作为家庭共有财产。其次,应将家庭成员个人的财产分开,防止将个人财产混入共有财产中一起分割而损害个人的财产权益。最后,还应当将混入家庭共有财产的其他财产,如寄托的他人财产、代管的他人财产等,从家庭共有财产中分离出去。

2. 确定家庭共有财产的权利主体。以家庭成员和将所得财产归入共同财产为必要条件。虽是家庭成员,但如果没有财产所得,或者有财产所得却未将其纳入共同财产范围,均不是家庭共有财产的权利主体,对家庭共有财产不享有共有权,因而也无分割家庭共有财产的权利。分割家庭共有财产将只在有分割权的共有人中进行。

3. 确定各共有人应当分得的份额。分割家庭共有财产,原则上是均等分割,但要依各共有人的贡献大小区分差别,即在贡献大小相等的情况下才均等分割,贡献有明显差别时,分割应体现差别。应当结合贡献大小,计算出各共有人的份额,首先分出父母的夫妻共同财产,如果有共同继承财产的,还要分出共同继承财产,对遗产在继承人中进行析产,然后分出各其他共有人的份额。确定上述份额时,对于负担抚养、赡养、扶养其他家庭成员义务的共有人应当适当多分。

4. 具体分割方法。应依分割共同财产的一般办法,主要是:第一,实物分割。家庭共有财产均为集合物,可按实物进行分割。对于可分物也应进行实物分割,每人分得若干部分。第二,变价分割。对于某些不可分或分割后损害其经济价值的共有物,或者共有人均不愿采取实物分割的共有物,可以变价出卖,将变价款进行分割。第三,作价补偿。对于某些不能分割,或虽可分割但有的共有人愿意取得实物、有的共有人不愿意取得实物的,可以将该共有物归愿意取得实物的共有人所有,对其他共有人作价补偿。

参考案例

1. 单洪远、刘春林诉胡秀花、单良、单译贤法定继承纠纷案,载《中华人民共和国最高人民法院公报》2006年第5期。
2. 石权诉邓国芬人身损害赔偿案,载《中华人民共和国最高人民法院公报》2000年第2期。
3. 刘玉坤诉郑宪秋离婚及财产分割案,载《中华人民共和国最高人民法院公报》1995年第2期。
4. 莫美欢、岑润明诉岑荣安、岑卓、林月弟继承纠纷案,载《中华人民共和国最高人民法院公报》1988年第1期。

第六编　继　　承

第四十二章　继承法与继承权

——|导 读|——

继承法也是民法规范体系的重要组成部分，其调整的遗产转移关系很多是以继承人和被继承人之间的亲属身份为发生基础的。本章的重点是继承权，尤其是继承权的丧失。

第一节　继承与继承法

一、继承

（一）继承的概念

民法中的继承概念有广义与狭义之分。广义的继承是指对死者生前权利义务的承受，不仅有财产继承，还有身份继承；狭义的继承是指对死者生前的财产权利义务的承受，又称为财产继承。继承法使用继承的概念是狭义概念，即财产继承，是指自然人死亡时，其遗留的个人合法财产归死者生前在法定范围内指定的或者法定的亲属依法承受的法律制度。

在继承中，生前所享有的财产因其死亡而移转给他人的死者为被继承人，被继承人死亡时遗留的个人合法财产为遗产，依法承受被继承人遗产的法定范围内的人为继承人。

（二）继承的本质

继承的本质也称为继承的根据，是指继承人基于何种原因承受被继承人的遗产。现代法上的继承根据有两个：

1. 继承人生活保障。在现代社会下，"家"中财产权利人死亡时，对此财产之储蓄有所协助者，或于过去、现在以及将来，须依靠此财产始能维持其生活者，理应有权利主张取得该死亡人所遗财产。继承即因家族共同生活体内之一构成员死亡，为避免其他构成员之生活陷入绝境，而使其与此共同生活曾有关系之特定生存人，承继该死亡人遗产之制度。

2. 社会交易安全保护。被继承人死亡后，如果其债务亦归于消灭，无从保护被继承人的债权人，因而不能保障交易安全。故被继承人所遗的债权、债务均应为继承的标的，由继承人继承，才能够保证社会交易安全。原因是，继承制度虽以继承人生活的保障为目的，但维护被继承人债权人的权益不容忽视。

（三）继承的分类

1. 遗嘱继承与法定继承

以继承人继承财产的方式为标准，可以将继承分为遗嘱继承和法定继承。

遗嘱继承是指于继承开始后,继承人按照被继承人的合法有效的遗嘱,继承被继承人遗产的继承方式。在遗嘱继承中,具体的继承人、继承顺序、应继份、遗产的管理、遗嘱的执行等都由被继承人在遗嘱中指定,也就是直接决定于被继承人生前的意思。

法定继承是指继承人范围、继承顺序、继承条件、继承份额、遗产分配原则及继承程序均由法律直接规定的继承方式。在法定继承中,有关继承的各个方面是由法律直接规定的,而不是由被继承人的意思直接确定的。

2. 限定继承与无限继承

以继承人继承被继承人财产权利义务的范围为标准,可以分为限定继承和无限继承。

限定继承又称有限继承,是指继承人得仅于一定的范围内继承被继承人的财产权利和义务的继承。有限继承的继承人继承被继承人的债务,仅以遗产的实际价值总额为限度,对于被继承人生前所欠债务超过遗产的实际价值的部分,继承人不负清偿责任。

无限继承又称为不限定继承,是指继承人必须承受被继承人的全部财产权利义务的继承。在无限继承,即使被继承人的债务超过其财产权利,继承人也须继承被继承人的遗产,而不得拒绝,继承人须以自己的财产清偿被继承人生前所欠的全部债务。所谓的“父债子还”,就是无限继承的表现。

3. 共同继承与单独继承

以得参与继承的人数为标准,继承可以分为共同继承和单独继承。

共同继承是指依法律规定由数个继承人共同继承被继承人的遗产。共同继承人是共同继承的数个继承人只能是同一顺序的法定继承人。共同继承只发生在法定继承中,遗嘱继承中由于指定继承人的遗产份额已经确定,不存在遗产份额的分配问题,不区分共同继承。

单独继承是指法律规定继承人仅为一人的继承,即仅由亲属中的一人继承被继承人的遗产。如仅由长子继承、幼子继承、旁系继承(如兄亡弟继)等。单独继承是古代法上存在过的制度,现代法上已不存在单独继承。

4. 本位继承与代位继承

以继承人参与继承时的地位为标准,可以将继承分为本位继承和代位继承。

本位继承是指继承人基于自己的地位,在自己原来的继承顺序上继承被继承人的遗产的继承。配偶、子女、父母以及对公、婆或岳父、岳母尽了主要赡养义务的丧偶儿媳或女婿为第一顺序法定继承人,由这些人参与继承时即均为本位继承。本位继承无论在法定继承还是在遗嘱继承中都存在。

代位继承是指在直接应继承被继承人遗产的顺序者不能为继承时,由其直系晚辈血亲代其地位的继承。我国《民法典》规定了两种代位继承制度。

二、继承法

(一)继承法的概念

继承法是指调整因自然人的死亡而发生的继承法律关系的法律规范的总称。我国《民法典》继承编就是现行继承法。

继承法的性质是兼有身份法性质的财产法,属于以亲属身份关系为基础的财产法。[1] 尽

---

〔1〕 张玉敏:《继承法律制度研究》,法律出版社 1999 年版,第 7 ~ 8 页;刘文:《继承法比较研究》,中国人民公安大学出版社 2004 年版,第 12 页。

管继承法在本质上属于财产法，但继承权是以一定的身份关系为前提，没有亲属身份关系，就没有继承的发生，也就没有继承制度。

（二）继承法的基本原则

继承法基本原则是我国继承法自身特色的集中体现，是我国宪法原则和民法原则在继承法上的具体化。

1. 保护自然人继承权原则

保护公民继承权原则的法律依据是《宪法》第13条关于"国家依照法律规定保护公民的私有财产权和继承权"的规定，确立了宪法保护公民继承权的基本原则。《民法典》第124条规定："自然人依法享有继承权。"第1120条规定："国家保护自然人的继承权。"保护自然人的继承权是我国继承法的目的和任务，是继承立法的基础和根据。

这一基本原则包含两方面的含义：一是法律保护公民享有依法继承遗产的权利，任何人不得干涉；二是公民的继承权受到他人非法侵害时，有权依照法律规定请求予以救济，国家以其强制力予以保护。

2. 继承权平等原则

平等原则是民法的一项基本原则，继承权平等原则就是民法平等原则的具体化。

继承权平等原则主要包括以下几点：一是继承权男女平等；二是非婚生子女与婚生子女继承权平等；三是养子女与亲生子女继承权平等；四是儿媳与女婿在继承上权利平等；五是同一顺序的继承人继承遗产的权利平等。

3. 遗嘱自由原则

遗嘱自由是自然人生前享有通过订立遗嘱处分自己身后财产的自由权利。遗嘱自由原则包含三方面含义：一是遗嘱内容的确定自由，在设立遗嘱时，有自由确定其遗嘱内容的权利；二是遗嘱形式的选择自由，可以根据自己的意愿和条件，按照法律规定的形式设立遗嘱；三是遗嘱变更、撤销的自由，可以自由变更或者撤销已经设立的遗嘱。[2]

遗嘱自由原则受到一定限制：一是遗嘱要受法律约束，不得违反法律法规的规定，违法的遗嘱无效；二是遗嘱不得违背社会公共道德和善良风俗，否则该遗嘱处分会被认定为无效；三是实行遗嘱自由，应当对缺乏劳动能力又没有生活来源的继承人保留必要的遗产份额，否则，涉及该应当保留的必要的遗产份额部分的遗嘱处分无效。

4. 权利义务相一致原则

继承与合同不同，不严格要求权利义务相一致，在继承的产生、遗产的分配等方面也不是以权利义务相一致作为决定性因素。把权利义务相一致作为继承法的一项基本原则，有利于保障权利人的权利，督促义务人履行义务，还有利于被继承人生前能得到较好的抚养，促使继承人履行应尽的义务，促进家庭内部的团结互助，也有利于人民法院处理财产继承纠纷。权利义务相一致原则在继承法中主要表现在以下方面：一是丧偶儿媳和女婿的权利义务相一致；二是同一顺序的继承人尽了主要抚养义务的权利义务相一致；三是接受遗产与清偿遗产债务的权利义务相一致；四是遗赠扶养协议中的权利义务相一致；五是遗嘱继承和附义务遗赠的权利义务相一致；六是继父母、子女、兄弟姐妹的权利义务相一致；七是尽到扶养义务不同的继承人的权利义务相一致。

---

〔2〕 李宏：《遗嘱继承的法理研究》，中国法制出版社2010年版，第150页。

第二节 继承法律关系

一、继承法律关系的概念与特征

继承法律关系是民事法律关系中的一种,是由继承法规范调整的,因自然人死亡而发生的继承人与其他人在财产继承上的民事权利义务关系。《民法典》第1119条关于“本编调整因继承产生的民事关系”。这种民事关系就是继承法律关系。

继承法律关系的特征是:

1. 继承法律关系是一种民事法律关系。继承法律关系是由继承法规范调整的继承人与其他人之间的财产关系,以民事权利和民事义务为核心,完全符合民事法律关系的构成。因此,继承法律关系为民事法律关系之一种,在继承法对继承法律关系没有特殊规定时,适用民事法律关系的有关规定。

2. 继承法律关系以被继承人死亡为发生根据。任何法律关系的发生都须以一定的法律事实为根据。一般民事法律关系的发生都是因生存行为人的行为,而继承法律关系则是因被继承人的死亡而发生,被继承人不死亡,不会发生继承法律关系。

3. 继承法律关系是绝对性财产法律关系。在继承法律关系中存在财产流转关系,是具有财产内容的财产法律关系。其权利主体是特定的继承人,而义务主体是不特定的继承人以外的一切人;继承人实现其权利无须借助于义务人的行为,义务人也不负有实施某种行为以使继承人实现权利的积极义务,所以继承法律关系是绝对财产法律关系。

4. 继承法律关系与亲属身份关系密切相关。继承法律关系属于财产法律关系而不属于亲属身份关系,但这种性质上的差别并不妨碍两者之间存在密切的关系。继承法律关系的内容与亲属身份关系密切相关,是一种与亲属身份关系相联系的财产法律关系。

5. 继承法律关系的权利主体只能是自然人。在继承法律关系中,作为权利主体的继承人只能是自然人,法人、其他组织或国家都不能作为继承人,法人、其他组织或国家获得遗产只能通过受遗赠,或者在遗产无人继承时收归国有或集体所有,但这都不是继承法律关系的内容。

二、继承法律关系的要素

(一)继承人

1. 继承人的概念与特征

继承人是继承法的基本概念,是指依照继承法的规定在法定继承或遗嘱继承中有权获得被继承人遗产的自然人。

继承人的特征是:第一,继承人须由继承法规定;第二,继承人必须是自然人;第三,继承人必须是在法定继承或遗嘱继承中对被继承人遗产享有继承权的人。

2. 继承人的类型

在我国,继承人根据其继承的方式,分为法定继承人和遗嘱继承人。这是继承法对继承人的基本分类。

法定继承人,是直接依照继承法有关法定继承人的范围、顺序、继承份额等规定,对被继承人的遗产享有继承权的人。法定继承人的继承权直接来自法律规定,无须被继承人通过遗嘱予以指定。法定继承人是法定继承的基础。我国《民法典》规定的法定继承人的范围比较狭窄,包括配偶、子女、父母、兄弟姐妹、祖父母、外祖父母、对公婆或者岳父母尽了主要赡养义务的丧偶儿媳或者丧偶女婿。在继承开始时,法定继承人并不是同时参加继承,而是依法律规定的先后顺序参加继承,只有前一顺序法定继承人不存在、全部丧失或者放弃继承权时,后一顺序法定继承人才能参加继承。

遗嘱继承人,是指在遗嘱继承中存在的,按照被继承人生前订立的合法有效的遗嘱指定而有权承受遗产的继承人。遗嘱继承人的继承权不是来自法律的直接规定,而是来自被继承人依照法律规定所设立的遗嘱。因此,遗嘱继承人是由被继承人的意志决定的。[3] 遗嘱继承人虽然表现为通过被继承人的遗嘱取得继承权,但同法律规定存在重要联系。因为被继承人只能在法定继承人范围之内指定遗嘱继承人,因此遗嘱继承人的继承权离不开法律规定,必须以法律规定的法定继承人范围为基础,如果超出这一范围,就不再是遗嘱继承人而是受遗赠人。因此,遗嘱继承人的继承权应当是由法律和被继承人共同决定的。

3. 继承能力

继承能力也称继承权利能力,是指能够享有继承权的法律资格,也叫作继承人的资格。

继承能力同民事权利能力紧密相连,是民事权利能力的一项内容。自然人自出生开始到死亡为止具有民事权利能力,因而具有继承能力,即继承人的继承能力只和自然人的生命相联系,与其他因素没有关系,[4]与自然人年龄、智力等状况无关,不因当事人的民事行为能力状态不同而不同。

继承自被继承人死亡时开始,被继承人的遗产自继承开始时转移于继承人。因此,只有于被继承人死亡时即继承开始时生存的自然人,才能享有继承权,继承被继承人的遗产。在继承开始时已经死亡的人,其法律人格消灭,继承能力不复存在,不能成为继承人,不享有继承权。

死亡包括自然死亡和宣告死亡。宣告失踪不同于宣告死亡,于继承开始时被宣告失踪的继承人也具有继承能力,不得否认其继承权。

胎儿具有准人格,即其民事权利能力受到限制。[5] 当其尚未出生前,因其具有准人格,尚未具备完整的人格,因而还不能继承,而是为其保留应继份;在其出生后,其民事权利能力受到限制的部分已经丧失,已经具备完全的民事权利能力,就可以继承了。如果胎儿是死体出生的,则其受到限制的那一部分民事权利能力消灭,不具有继承能力,保留的份额应当按法定继承处理。

(二)遗产

1. 遗产的概念和特征

遗产是继承法律关系的要素之一,是继承法律关系的客体,是继承人享有的继承权的标的。没有遗产就不存在继承法律关系。

我国《民法典》第1122条规定:"遗产是自然人死亡时遗留的个人合法财产。依照法律规定或者根据其性质不得继承的遗产,不得继承。"这一概念包含四方面的意思:第一,遗产是自然人死亡时遗留下的财产,不是自然人死亡时遗留下的财产不为遗产;第二,遗产是自然人的个人财产,不属于个人的财产不能为遗产;第三,遗产是自然人的合法财产,不是自然人合法取得

---

〔3〕 郭明瑞等:《继承法》,法律出版社2004年版,第51页。

〔4〕 张玉敏:《继承法律制度研究》,法律出版社1999年版,第24页。

〔5〕 刘召成:《准人格研究》,法律出版社2012年版,第187页。

和合法享有的财产,不能为遗产;第四,依照法律规定或者根据其性质不得继承的遗产,不得继承。

遗产的法律特征是:一是时间上的限定性,被继承人死亡的时间是划定遗产的特定时间界限。二是内容上的财产性,遗产只能是自然人死亡时遗留的个人财产,因而具有财产性。三是范围上的限定性,遗产必须为自然人死亡时遗留的个人财产,只有在被继承人生前属于被继承人个人所有的财产,才能为遗产。四是性质上的合法性,自然人死亡时遗留下的财产,无论是积极财产还是消极财产,并非都为遗产,只有依法可以由自然人拥有的,并且被继承人有合法取得根据的财产,才为遗产。五是处理上的流转性,遗产是要转由他人承受的被继承人死亡时遗留的财产,须具有流转性。

排除遗产范围的是:第一,依照法律规定不能继承的财产,如国有资源的使用权,自然人可以依法取得和享有,但不得作为遗产继承,继承人要从事被继承人原来从事的事业,须取得国有资源使用权的,应当重新申请并经主管部门核准,不能基于继承权而当然取得。第二,依照其性质不得继承的财产,如与自然人人身不可分离的具有抚恤、救济性质的财产权利,如抚恤金、补助金、残疾补助金、救济金、最低生活保障金等,专属于自然人个人,不能作为遗产由其继承人继承。

2. 遗产的确定

被继承人生前基于家庭生活需要或其他经济目的,会与配偶、家庭成员或其他社会成员发生财产共有关系。被继承人死亡后,其遗产也就与他人的财产混在一起。只有将遗产与他人的财产区分开,才能保证遗产分割的正确性,保护继承人和其他财产所有人的合法权益。

在存在夫妻共有财产的情况下,确定遗产时,须首先分出一半归生存的配偶所有,另外一半才能作为被继承人的遗产。属于夫或妻一方的个人财产,在夫妻一方死亡时,应当作为死者的遗产,不得作为共同财产分割后再作为遗产。

在确定家庭共有财产时,不能将家庭成员的个人财产当作家庭共同财产。家庭成员的个人财产主要包括:家庭成员没有投入家庭共同生活的财产;约定家庭成员个人所有的财产;基于家庭成员的赠与而获得的财产;未成年子女于继承、受赠所获得的财产等。这些财产都属于个人财产,当所有人死亡时,可以作为遗产。

财产共有关系,除夫妻共有财产、家庭共有财产之外,还存在其他形式的财产共有,如合伙共有财产等。当合伙人之一死亡时,应当将被继承人在合伙中的财产份额分出,列入其遗产范围。如果继承人愿意加入合伙,其他合伙人亦同意继承人加入的,不必对合伙财产进行分割,只需确定继承人作为新合伙人享有的合伙财产份额即可。

被宣告无效或被撤销的婚姻,在当事人同居期间所得的财产亦属于共有财产。在一方死亡时,应当将生存一方的份额分出,其余为死者的遗产。

第三节　继　承　权

一、继承权概述

(一)继承权的概念

继承权,是指自然人按照被继承人所立的合法有效遗嘱或法律的直接规定而享有的继承被继承人财产的权利。《民法典》第124条规定:"自然人依法享有继承权。自然人合法的私有财产,可以依法继承。”

掌握继承权的概念,应当从以下几个方面理解:第一,在继承权的主体方面,继承权只能是自然人享有的权利,[6]而不能是法人、其他社会组织和国家。第二,在取得根据方面,继承权是自然人依照合法有效的遗嘱或者法律的直接规定而享有的权利。继承权的发生根据有两种:或者是法律的直接规定,或者是合法有效的遗嘱的指定。第三,继承权的客体是被继承人的财产权利,而不是被继承人的遗产,更不能是被继承人的身份或者其他人身利益。

(二)继承权与受遗赠权、酌情分得遗产权

1. 继承权与受遗赠权

受遗赠权,是指法定继承人之外的自然人、法人或者国家、集体组织享有的接受被继承人生前在遗嘱中所遗赠的财产的权利。

受遗赠权与继承权有共同之处:第一,两者都是从被继承人处取得遗产,而且受遗赠权人与遗嘱继承权人所取得的遗产份额都根据遗嘱的指定;第二,继承权丧失的事由也大多准用于受遗赠权的丧失;第三,有关遗嘱继承权的一些规定同受遗赠权相同,如两者都通过遗嘱获得权利;第四,在对权利的保护上,受遗赠权与继承权的保护期限相同。二者的区别如表42－1所示。

表42－1　继承权与受遗赠权的区别

区别	继承权	受遗赠权
权利主体	法定继承人范围之内的人	国家、集体或法定继承人范围之外的人
适用范围	既适用于法定继承,也适用于遗嘱继承	—
对权利的接受和放弃方式	继承开始后,遗产分割前,继承人未明确表示放弃继承权的,视为接受	在继承开始60日后,受遗赠权人未对被继承人的遗赠表示接受,视为放弃

2. 继承权与酌情分得遗产权

我国继承法还存在酌情分得遗产的情形。《民法典》第1131条规定:“对继承人以外的依靠被继承人扶养的人,或者继承人以外的对被继承人扶养较多的人,可以分给适当的遗产。”能够分得适当遗产的权利,称为酌情分得遗产权。酌情分得遗产权既不属于继承权(如表42－2所示),也不属于受遗赠权,是我国法定继承制度中的一项独特的权利。[7]

表42－2　继承权与酌情分得遗产权的区别

区别	继承权	酌情分得遗产权
权利主体	法定继承人范围之内的人	仅限于法定继承人之外的与死者生前形成某种扶养关系的人
适用范围	既存在法定继承中,也存在遗嘱继承中	仅存在于法定继承中
份额	—	可以少于法定继承人的继承份额,也可以均等,甚至高于法定继承人的继承份额

---

〔6〕 在国外立法例上,有些国家明文规定法人、国家可以成为继承权的主体,采此立法例的有法国、德国、瑞士等。如《德国民法典》第1936条规定:“(1)在继承开始时,被继承人没有血亲,也没有同性生活伴侣,也没有配偶的,被继承人死亡时所隶属的邦的国库是法定继承人。被继承人隶属于两个以上的邦的,其中每一个邦的国库有资格按等份继承。(2)被继承人为不隶属于任何邦的德国人的,帝国国库是法定继承人。”

〔7〕 刘文:《继承法比较研究》,中国人民公安大学出版社2004年版,第33页。

(三)继承权的性质

继承权的性质为独立民事权利,继承权人可以基于自身的权利请求为某项事项,如接受或放弃继承,请求遗产分割,享有继承回复请求权等。继承权不同于物权、债权,是一项独立的民事权利,因为继承权具有自身的特性,无法为其他权利所包容。

二、继承权的丧失

继承权的丧失是指继承人因发生法律规定的事由失去继承被继承人遗产的资格。故继承权的丧失又称为继承权的剥夺。[8] 我国《民法典》第 1125 条规定了继承权丧失,是指继承人缺格,不包括继承人废除和特留份剥夺。

(一)继承权丧失的类型

根据继承权丧失后能否得以恢复,可以将继承权丧失分为继承权绝对丧失和相对丧失。

1. 继承权绝对丧失

继承权绝对丧失,是指因发生某种使某继承人丧失继承权的法定事由时,该继承人对特定被继承人的继承权便终局地丧失,该继承人再不得也不能享有对特定被继承人已丧失的继承权。继承权绝对丧失是不可改变的,不依被继承人或者其他人的意志而变化。

我国《民法典》第 1125 条第 2 款规定因故意杀害被继承人丧失继承权,为争夺遗产而杀害其他继承人丧失继承权的,为继承权绝对丧失。

2. 继承权相对丧失

继承权相对丧失,是指虽因发生某种法定事由继承人的继承权丧失,在具备一定条件时继承人的继承权也可最终不丧失的制度,所以又称为继承权的非终局丧失。法律规定继承权相对丧失并不是为了继承人的利益,而是为了促使继承人改恶从善,尊重被继承人的意愿,贯彻养老育幼的原则。

依遗弃被继承人或者虐待被继承人情节严重的,继承人丧失继承权,伪造、篡改、隐匿或者销毁遗嘱,情节严重,或者以欺诈、胁迫手段迫使或者妨碍被继承人设立、变更或者撤回遗嘱,情节严重,如果继承人其后确有悔改的表现,而被继承人表示宽恕或者事后在遗嘱中将其列为继承人的,可不确认继承人丧失继承权,因而属于继承权相对丧失。

(二)继承权丧失的法定事由

继承权丧失的法定事由,也就是得依法取消继承人继承权的原因或者理由。继承权丧失是对继承人继承权的取消,是一种严厉的制裁。根据《民法典》第 1125 条第 1 款规定,以下几种事由应为继承权丧失的法定事由:

1. 继承人故意杀害被继承人。这是一种严重的犯罪行为,无论其是否受到刑事责任的追究,都丧失继承权。继承权的丧失事关继承人的重大利益,构成故意杀害被继承人丧失继承权的事由须具备以下三个条件:一是须继承人实施的;二是须杀害被继承人的行为;三是须继承人主观上有杀害的故意。

2. 继承人为争夺遗产而杀害其他继承人。继承人故意杀害其他继承人,是指继承人中的一人或数人出于争夺遗产的动机而杀害居于同一继承顺序的其他继承人,或者杀害先于自己继承顺序的继承人,或者杀害被继承人在遗嘱中指定的继承人。实施杀害行为的继承人无知,

---

[8] 郭明瑞等:《继承法》,法律出版社 2004 年版,第 61 页。

认为后一顺序的继承人会妨碍他继承全部遗产而杀害了后一顺序继承人，也丧失继承权。构成继承人为争夺遗产杀害其他继承人的行为，须具备以下两个条件：一是继承人杀害的对象是其他继承人；二是继承人杀害的目的是争夺遗产。

3. 遗弃被继承人或者虐待被继承人，情节严重。继承人遗弃被继承人，是指继承人对没有劳动能力又没有生活来源和没有独立生活能力的被继承人拒不履行扶养义务。虐待被继承人，是指继承人在被继承人生前对其以各种手段进行身体上或者精神上的摧残或折磨。上述行为情节严重的，丧失继承权。

4. 伪造、篡改、隐匿或者销毁遗嘱，情节严重。被继承人的合法遗嘱受法律保护，任何人不能非法改变被继承人通过遗嘱表现出来的生前意愿。伪造、篡改或者销毁被继承人遗嘱，违背了被继承人生前的真实意愿，继承人实施这类行为往往是从利己的目的出发，为使自己多得或者独得遗产，会侵害其他继承人的合法利益。这是违反社会道德和法律的行为，对于这种行为应当进行制裁，通过使其丧失继承权，维护遗嘱人的合法权益。继承人伪造、篡改或者销毁遗嘱，侵害了缺乏劳动能力又没有生活来源的继承人利益，并造成其生活困难的，应认定其行为情节严重。

5. 以欺诈或者胁迫手段迫使或妨碍被继承人设立、变更或撤销遗嘱，情节严重。妨碍被继承人设立、变更或者撤销遗嘱，诬告被继承人，知道被继承人被谋杀而不告发，都导致继承人丧失继承权。这种事由，我国继承法没有规定，应当借鉴有关立法例，确立以欺诈或者胁迫的手段，迫使或者妨碍被继承人设立、变更或者撤回遗嘱，情节严重的行为，作为继承权丧失的事由之一。继承人有上述行为并且情节严重的，应剥夺其继承权。

（三）继承人的宽宥权

以法定继承权的丧失为前提，宽宥特指被继承人在情感上对继承人的故意或过失行为的谅解和宽恕，表达被继承人对继承人继承身份或资格的再次认可、肯定与承认，恢复其已丧失的继承权。在继承人丧失继承权后，只要被继承人对继承人予以宽宥，就应当恢复继承人已丧失的继承权。原《继承法》第7条没有规定宽宥制度，司法解释也没有规定。在被继承人和继承人之间，都有一定的血缘关系，对犯有过错的继承人，被继承人予以宽宥，还准许继承人继承自己的遗产，是符合情理的。设立宽宥制度，就会解决这些问题。

《民法典》继承编第1125条第2款规定，继承人存在遗弃被继承人，或者虐待被继承人情节严重，或者伪造、篡改、隐匿或者销毁遗嘱，情节严重，或者以欺诈、胁迫手段迫使或者妨碍被继承人设立、变更或者撤回遗嘱，情节严重的，尽管丧失了继承权，但是过后确有悔改表现，被继承人表示宽恕（明示的宽宥）或者事后在遗嘱中将其列为继承人（默示的宽宥）的，就表达了被继承人宽宥的意思表示。经过了被继承人的宽宥，该继承人就恢复了继承权，可以继承被继承人的遗产。宽宥作为被继承人的单方意思表示，不需要相对方即继承人作出任何意思表示，便产生法律效力。

（四）受遗赠人丧失受遗赠权

《民法典》继承编第1125条第3款规定了受遗赠人丧失受遗赠权的事由。受遗赠人实施第1125条第1款规定的五种情形之一的，丧失受遗赠权，且不得宽宥。

三、继承权的承认和放弃

（一）继承权的承认

1. 继承权承认的概念和方式

继承权的承认，是指继承人在继承开始后、遗产分割前，以一定的方式作出愿意接受被继承人遗产的权利的意思表示。我国对此采取的是当然继承主义。

对于继承权承认的方式,在大陆法系国家根据继承人对继承权承认是否附加条件(主要是对被继承人生前所欠债务是否表示以其所继承的遗产范围为限),划分为单纯承认和限定承认两种方式。

我国《民法典》以继承人承担有限责任为原则,不认可单纯承认。在继承权的承认方面,无论明示还是默示方式均可。如果在继承开始后、遗产分割前继承人未作出明确的表示的,视为接受继承。

2. 限定承认的效力

对继承权的承认采取限定承认方式,其效力主要体现于以下三个方面:

(1)继承人参与继承法律关系。继承人作出限定承认的意思表示后,其取得继承既得权,法律地位可以确定,可以实际参与继承法律关系,对遗产进行占有、管理,并有权请求分割遗产。由于我国继承法采取当然继承主义,继承人还须履行一定的义务,如在继承遗产的限度内清偿遗产债务。

继承权的限定承认须由本人实施,不得代理。不过,如果继承人是无民事行为能力人或限制民事行为能力人的,其法定代理人可以代理,但不得损害无民事行为能力人与限制民事行为能力人的权益。如果在继承开始时有胎儿继承人的,则由其母代为进行继承权的承认。

(2)继承人责任的限制。在限定承认时,继承人仅需以因继承所得的积极财产为限,对全部遗产债务承担清偿责任。对于遗产债权人而言,其债权额并未因继承人的有限责任而减少,债权人仍可以就其债权额之全部请求继承人偿还,只不过继承人享有以遗产为限承担责任的抗辩而已。倘若继承人以自己的固有财产清偿遗产债务,则由于债权为有效存在,遗产债权人的受偿并不构成不当得利,继承人事后不得以其不知享有抗辩为由请求返还。

在限定承认下,继承人虽可就遗产债务承担有限责任,但遗产债务的保证人或连带债务人则不得享受此待遇,保证人与连带债务人仍须对全部遗产债务负偿还责任。[9] 保证人与连带债务人负清偿责任后,依法享有对继承人的追偿权。

(3)继承人固有财产与遗产分离。由于限定承认使继承人仅负物的有限责任,为公平保护遗产债权人和继承人的权利,充分实现遗产上的物的责任,必须对继承人的固有财产与遗产进行分离,使其各自享有独立的法律地位。此种分离,一方面体现遗产与继承人财产的区分,即物质形态上的分别管理与处置,故继承人不得侵吞、隐匿或非法处分遗产;遗产债权人亦不得申请法院就继承人的固有财产为强制执行,否则继承人可以第三人身份提出异议。另一方面还体现在继承人对于被继承人的权利义务,不因继承而消灭。[10] 如果继承人对被继承人享有债权时,该债权将因混同而消灭,不能从遗产中求得清偿,其结果无异于将继承人的固有财产用于清偿遗产债务;反之,如继承人对于被继承人负有债务时,该债务也将因混同而不能归入遗产,亦无异于侵害了遗产债权人的利益。这两种情形皆与限定继承的本意不合,故应特设例外规定,以阻止混同效果的发生。[11] 我国现行继承法对后一种分离虽无明确规定,但从法理角度而言,应为同一解释。

---

〔9〕 陈棋炎等:《民法继承新论》,三民书局2001年版,第234页。

〔10〕 史尚宽:《继承法论》,中国政法大学出版社2000年版,第282页。

〔11〕 陈棋炎等:《民法继承新论》,三民书局2001年版,第236页。

（二）继承权的放弃

1. 继承权放弃的含义

继承权放弃又称继承权拒绝、继承权抛弃，是指继承人于继承开始后、遗产分割前所作出的放弃其继承被继承人遗产的权利的意思表示。继承权放弃是继承人自由表达其意志、行使继承权的一种表现，是一种单方民事法律行为，无须征得任何人的同意。

继承人放弃继承权与丧失继承权都不能取得遗产，其直系晚辈血亲也都不能代位继承，在后果上具有相同性。但二者在性质上完全不同（见表 42－3）。[12]

表 42－3　放弃继承权与丧失继承权的区别

区别	放弃继承权	丧失继承权
性质	继承人对自己权利的处分	法律对实施违法行为的继承人的一种民事制裁
放弃/丧失的权利	放弃的是继承既得权；没有丧失继承权的人才可以放弃继承权	丧失的是继承期待权；丧失继承权的人并无继承权可放弃
事由	继承人自愿作出的意思表示，不需要有何事由	发生法定事由而当然发生
发生阶段	只能在继承开始后遗产分割前实施；在继承开始前不能发生	可以发生在继承开始前；有的事由（如遗弃被继承人）只会发生在继承开始以前

2. 继承权放弃的要件

继承权放弃需满足以下要件：

（1）必须在继承开始后、遗产分割前放弃。这是放弃继承权的时间要件。由于继承人只能于继承开始后才享有继承既得权，因此，继承权的放弃只能于继承开始后实施。于继承开始前，继承人并不享有可以处分的继承既得权，仅享有继承期待权，而继承期待权仅是一种资格，是不得放弃的，即使放弃，也不发生效力。又因为继承权的放弃是继承人对自己继承权的处分，继承权的放弃也只能在遗产分割前实施。于遗产分割后，继承人再作出的不接受遗产的意思表示，属于放弃遗产，继承人放弃的不是继承权，而是单独的遗产所有权。

为了促使继承人尽快作出决定，稳定继承关系，对继承人放弃继承权有具体的期限规定，为继承开始后，遗产分割前。

（2）原则上由继承人本人放弃。这是放弃继承权的主体要件。继承权的放弃为单方民事法律行为，应当由继承人本人亲自实施，不得代理。不过，对于无民事行为能力和限制民事行为能力继承人而言，允许其法定代理人代理该继承人放弃继承，以保护无民事行为能力和限制民事行为能力的继承人利益。

（3）放弃继承权不得附加条件。继承人放弃继承权不得附加条件，在司法实践中倾向于不允许继承人附加条件。对于继承人在放弃继承时提出的将其放弃的遗产让与某人的附加条件，继承人所附加的条件和保留的意见，应当视为继承人在接受继承以后对自己的继承份额所作的处分。[13]

---

〔12〕　郭明瑞等：《继承法》，法律出版社 2004 年版，第 78 页。

〔13〕　刘春茂主编：《中国民法学·财产继承》，中国人民公安大学出版社 1990 年版，第 182 页。

(4)不得部分放弃。继承的放弃具有不可分性,应及于全部继承财产,如果继承人部分放弃继承权的,应当视为继承人接受继承后,对自己继承的遗产份额所作的处分,这不属于继承权放弃的性质,而是继承人对自己财产权的处分。

3. 继承权放弃的方式

继承权放弃的方式,是指继承人放弃继承权时表达意思表示的方式。继承权放弃的方式分为明示与默示两种方式,我国采取的是明示方式,可以口头方式或书面方式向其他继承人作出。如果主张继承人用口头方式表示放弃继承的,需本人承认,或有其他充分证据证明。如果继承人本人不承认,又没有其他充分的证据证明继承人表示过放弃继承权,则不能认定继承人放弃继承。

4. 继承权放弃的效力

继承权放弃的效力,指的是继承权放弃后的法律效果。继承权放弃不仅会对继承人自己产生法律约束力,而且对于放弃继承权的继承人的晚辈直系血亲、被继承人的其他继承人也会产生效果。

(1)对放弃继承权的继承人的效力

继承人放弃继承权,就丧失了参加继承法律关系的资格,应当退出继承法律关系。自继承人放弃继承权时开始,继承人不承受被继承人生前的债务,也不得继承被继承人生前的财产权利。继承人放弃继承权的效力,溯及自继承开始之时,并非其作出放弃之时。

继承人放弃继承权虽对被继承人的遗产丧失了权利,但如果该继承人已经实际占有被继承人的遗产的,则应当将自己占有的遗产移交遗产管理人或其他继承人,在未进行移交前,负有继续管理义务。放弃继承权的继承人不能因为自己放弃了继承权,就对原来由自己保管的遗产置之不理,有损于其他继承人、受遗赠人和被继承人的债权人的权益。此外,如果被继承人生前与继承人之间有债权债务关系的,该债权债务也不因继承人放弃继承而消灭,仍为遗产权利义务。

(2)对放弃继承权人的晚辈直系血亲的效力

继承人放弃继承的,其应继份是否发生代位继承,有两种立法例。一种认为,放弃继承不发生代位继承。另一种认为,放弃继承的继承人的直系卑亲属可代位继承。我国继承法仅仅将被继承人的子女先于被继承人死亡作为代位继承的发生原因,在继承人放弃继承权时,不发生放弃继承权人的晚辈直系血亲的代位继承问题。

(3)对被继承人其他继承人的效力

继承人放弃继承权的,其放弃的应继份应当按照法定继承处理。第一顺序的法定继承人中有人放弃继承权的,其放弃的应继份归属于同一顺序的其他继承人;没有同一顺序的继承人的,放弃的应继份归属于第二顺序的继承人;两个顺序的继承人均放弃继承权或者均不存在的,按照无人继承的遗产处理。如果遗嘱继承人放弃继承权的,则遗嘱对该继承人所指定的应继份按照法定继承处理。

(4)放弃继承权的表示撤回的效力

继承人放弃继承权的,其后可否撤销其放弃继承的意思表示,应当从继承权放弃的意思表示是否有瑕疵为标准判断。如果继承人放弃继承权的意思表示有瑕疵,是受欺诈或胁迫而放弃,或者行为能力欠缺而放弃,则根据民事法律行为理论,该行为应属于无效或可撤销民事行为,应当允许放弃继承权的继承人予以撤销。

四、继承回复请求权

继承回复请求权，又称继承恢复请求权，是指在发生继承权侵害情形时，真正继承权人所享有的请求侵害人或者通过法院诉讼程序，将自己的权利回复到继承开始时的状态的权利。

继承回复请求权作为一项独立的权利，在发生侵害继承权的客观事实时，继承人可以向侵害人直接提出回复的请求，也可以直接向有管辖权的人民法院提起诉讼，请求人民法院通过民事诉讼予以裁决。

一般情况下，继承回复请求权应当由继承权被侵害的继承人本人行使，但在继承人是无民事行为能力人或限制民事行为能力人时，由其法定代理人代理行使。如果胎儿的继承份额未在遗产分割时予以保留，在其尚未出生时，其母亲有权代理胎儿主张其继承回复请求权，要求保留其应继份。在胎儿出生后，其法定代理人都有权代理其行使继承回复请求权。

在共同继承中发生的继承回复请求权应当区分具体情形予以行使。因为在共同继承中不仅共同继承人之外的人会没有合法根据地占有遗产而侵害继承权，在共同继承人内部也会发生某些继承人否认其他继承人的继承权而侵害继承权。具体情形为：一部分共同继承人侵害其他共同继承人的继承权，如独立行使遗产权利、排除其他共同继承人进行遗产分割等，该其他共同继承人可以行使继承回复请求权；真正继承人之外的表见继承人同部分共同继承人进行遗产分割，被排除的其他共同继承人可以行使继承回复请求权；共同继承人之外的其他人侵害继承权的，无论单一继承人、共同继承人中的一部分还是全体共同继承人都可成为继承恢复请求权的主体，都可行使继承恢复请求权。

在继承人通过向法院提起诉讼行使继承回复请求权时，继承人只需证明自己是真正继承人即可，不必逐一证明其对遗产的真实权利。继承人应对自己有继承权的事实以及请求的标的物于继承开始时属于被继承人占有而为被告所侵害的事实，负举证责任，无须对被继承人的原有所有权及其他权原举证。

继承回复请求权的行使必须在诉讼时效内行使。否则，人民法院将不予以保护。

参考案例

1. 李维祥诉李格梅继承权纠纷案，载《中华人民共和国最高人民法院公报》2009 年第 12 期。
2. 王健华等五人诉王汝范继承纠纷案，载《中华人民共和国最高人民法院公报》1993 年第 2 期。

第四十三章　遗 产 继 承

导 读

遗产继承包括遗嘱继承和法定继承。遗嘱继承要注意遗嘱能力、遗嘱形式和法律效力。法定继承注意继承人范围、继承顺序、继承条件、继承份额、遗产分配原则。

第一节　遗 嘱 继 承

一、遗嘱继承概述

（一）遗嘱继承的概念和特征

遗嘱继承，是指于继承开始后，继承人按照被继承人合法有效的遗嘱，继承被继承人遗产的继承方式。在遗嘱继承中，具体的继承人、继承顺序、应继份、遗产管理、遗嘱执行等，都可由被继承人在遗嘱中指定，故遗嘱继承也被称作指定继承，与法定继承相对应。

在遗嘱继承中，生前立有遗嘱的被继承人称为遗嘱人或立遗嘱人，依照遗嘱的指定享有遗产继承权的人为遗嘱继承人。不过，遗嘱继承开始后，享有遗嘱继承权的人为遗嘱继承人，其他任何人（包括遗嘱继承人之外的法定继承人）作为义务主体，对遗嘱继承人的继承权都负有不得侵害的义务。遗嘱继承所指向的客体为被继承人指定的遗产份额。

遗嘱继承的特征是：第一，遗嘱继承以事实构成作为发生依据，除了必须具备被继承人死亡这一法律事实外，还须以被继承人所立的合法有效的遗嘱为要件，这两个法律事实缺一不可。第二，遗嘱继承直接体现被继承人的意志，在遗嘱继承中，不仅继承人，甚至继承人的顺序、继承人继承的遗产份额或者具体的遗产，都是被继承人在遗嘱中指定的。第三，遗嘱继承具有效力优先性，这关系到谁可以实际参与继承，关系到遗嘱继承人可以得到多少遗产份额。第四，遗嘱继承的主体具有限定性，限定在一定的范围之内。

（二）遗嘱继承的适用条件

遗嘱继承的适用须具备一定的条件，这就是遗嘱继承的适用条件。《民法典》规定，只有具备以下条件时，才按遗嘱继承办理：

1. 立遗嘱人死亡。在遗嘱继承中，被继承人就是立遗嘱人，遗嘱继承的适用，必须是立遗嘱人死亡。继承只有在被继承人死亡后才能开始，如果立遗嘱人还没有死亡，则遗嘱继承无法适用。

2. 被继承人立有合法有效的遗嘱。遗嘱必须是被继承人于生前订立，而且该遗嘱须为合法有效。在实践中，虽然被继承人生前订立遗嘱，但并非所有订立的遗嘱都会有效，还要考察遗嘱是否符合法律规定的有效条件。如果因被继承人无遗嘱能力、处分他人财产等情形，则遗嘱归于无效，不具有可以执行的效力。

3. 指定继承人未丧失或放弃继承权。在适用遗嘱继承时，遗嘱指定的继承人，也会因法定事由丧失继承权，此时指定的继承人就不具有继承资格，不能享有继承权。对遗嘱中指定的由该丧失继承权的指定继承人继承的遗产，须依照法定继承处理。指定继承人对于遗嘱继承可以放弃，只要符合放弃继承的要求，就会产生放弃继承的效果，对遗嘱指定的遗产不再享有继承权。此时，遗嘱中指定的由其继承的遗产也须按照法定继承处理。

4. 指定继承人继承开始后尚生存。在遗嘱继承中，被继承人一般都是提前立下遗嘱，在继承开始前的一段时间内，指定的遗嘱继承人可能会先于被继承人死亡，此时遗嘱涉及该指定继承人的部分不发生代位继承，也不发生转继承，只能适用法定继承。

5. 没有遗赠扶养协议。遗赠扶养协议具有最优先适用的效力，在执行完遗赠扶养协议后，再适用遗嘱继承或法定继承。

二、遗嘱概述

遗嘱，是指自然人在生前按照法律的规定对自己的财产处分做出意思表示，安排与此有关的事务，并于死后发生法律效力的单方法律行为。

在遗嘱中，设立遗嘱的自然人称为立遗嘱人或遗嘱人，而遗嘱指定的继承人则为遗嘱继承人。在订立遗嘱的过程中，有的遗嘱需要有人予以见证，这就是遗嘱见证人。此外，有的遗嘱还规定了遗嘱执行人。

遗嘱的法律特征是：

1. 遗嘱是无相对人的单方法律行为。遗嘱仅有立遗嘱人自己的意思表示即可成立，无须取得遗嘱指定继承人的同意，不存在合意问题，因此遗嘱属于单方法律行为。因此，在遗嘱生效前的任一时刻，遗嘱人都可以自己的意思予以变更或撤回。

2. 遗嘱是遗嘱人亲自作出的独立的法律行为。遗嘱是遗嘱人处分自己身后财产的法律行为，影响其处分决定的因素，主要是遗嘱人与有关亲属之间的感情和遗嘱人的愿望，具有强烈的感情色彩，必须由遗嘱人亲自进行，不得代理。[1] 故遗嘱是独立的民事法律行为。

3. 遗嘱是于遗嘱人死亡后发生法律效力的法律行为。遗嘱虽是于遗嘱人生前因其单独意思表示即可成立的行为，但于遗嘱人死亡时才能发生法律效力，因此是死因行为。只要遗嘱人还健在，不管遗嘱订立了多长时间，均不发生法律效力，任何继承人都不能要求按照已订立的遗嘱继承财产。

4. 遗嘱是要式法律行为。我国《民法典》明确规定了自书遗嘱、代书遗嘱、打印遗嘱、录音录像遗嘱、口头遗嘱、公证遗嘱的形式，立遗嘱人必须根据这些形式订立遗嘱，否则无效。

三、遗嘱能力

（一）遗嘱能力的概念

遗嘱能力，是指被继承人依据法律享有的，在生前通过订立遗嘱自由处分自己财产的资格。遗嘱能力虽然与民事行为能力存在联系，都是一种资格，但两者不同：第一，两者的适用范围不同。遗嘱能力仅指被继承人（指自然人）订立遗嘱的资格，而民事行为能力则是指民事主

---

〔1〕 张玉敏：《继承法律制度研究》，法律出版社1999年版，第238页。

体(包括自然人与法人)能够以自己的行为独立参加法律关系,行使民事权利和设定民事义务的资格。第二,两者的划分不同。虽然两者都根据行为人的意思表示能力来进行划分,但在具体的划分上不一样。遗嘱能力一般划分为有遗嘱能力与无遗嘱能力两类,而民事行为能力则划分为无民事行为能力、限制民事行为能力与完全民事行为能力三类。

(二)遗嘱能力的分类

1. 有遗嘱能力的人。有完全民事行为能力即具有遗嘱能力,年满18周岁的成年人和年满16周岁以上以自己的劳动收入为主要生活来源的未成年人,均有遗嘱能力人,得设立遗嘱处分自己的财产。

2. 无遗嘱能力的人。无民事行为能力人或者限制民事行为能力的成年人,都无遗嘱能力,不得以遗嘱处分其遗产,即使设立遗嘱也是无效的。

《民法典》未对患聋、哑、盲等生理疾病而无精神障碍的成年人的遗嘱能力问题作出特别规定。根据我国继承法的平等原则,患聋、哑、盲等生理疾病而无精神障碍的成年人应当与健全的成年人享有同样的遗嘱能力。

(三)确定遗嘱能力的时间标准

遗嘱能力的有一个确定时间的问题,各国继承法一般认为确定遗嘱能力的时间为立遗嘱时。我国《民法典》对此未明确规定,《继承法意见》第41条明确规定,遗嘱人立遗嘱时必须有行为能力。无行为能力人所立的遗嘱,即使其本人后来有了行为能力,仍属无效遗嘱。遗嘱人立遗嘱时有行为能力,后来丧失了行为能力,不影响遗嘱的效力。

四、遗嘱的订立

(一)遗嘱的形式

遗嘱的形式,是指遗嘱人表达自己处分其财产的意思的表示方式。遗嘱行为是要式法律行为,遗嘱人非依法定方式作成,遗嘱不能发生效力,法律须对遗嘱的形式进行规定。另外,遗嘱只有在遗嘱人死亡后才能生效,遗嘱的订立与生效之间存在时间差,为了确保遗嘱内容的真实性,防止发生纠纷,也需要对遗嘱的形式进行规定。

我国《民法典》第1134～1139条规定了自书遗嘱、代书遗嘱、打印遗嘱、录音录像遗嘱、口头遗嘱和公证遗嘱六种法定形式,并对有关遗嘱的适用作了规定。为了适应社会生活变化和人的实际需要,应当规定更多的遗嘱形式,如电子数据遗嘱、密封遗嘱等。[2]

1. 自书遗嘱

自书遗嘱,又称为亲笔遗嘱,是指由遗嘱人亲笔书写的遗嘱形式。自书遗嘱不需要见证人参加,只要遗嘱人亲笔书写出自己的意思表示即可。自书遗嘱对遗嘱人没有特别要求,只要遗嘱人有文字书写能力,就可以独立作出自书遗嘱。

自书遗嘱应当符合以下要求:第一,须由遗嘱人亲笔书写遗嘱的全部内容,不能让他人代写,而且还只能由遗嘱人用笔将其意思记录下来。用打字机、打印机打印等方式制作的遗嘱,属于打印遗嘱,遗嘱人应当亲笔签名,以便识别真伪。第二,须是遗嘱人关于其死亡后财产处分的正式的意思表示,如果不是正式制作的,仅是在日记或有关的信件中提到准备在其死亡后对某财产作如何处理,不应认定为自书遗嘱。第三,须由遗嘱人签名。只有遗嘱的全部内容,

---

〔2〕 杨立新:《对修正〈继承法〉十个问题的意见》,载《法律适用》2012年第8期。

而没有遗嘱人的签名,则没有法律效力。第四,须注明年、月、日,遗嘱中未注明日期的,或者所注的日期不具体的,例如只注明年、月,而未写日,遗嘱都不能有效。第五,增删或涂改时须签名并注明时间,否则,其涂改、增删的内容无效。

2. 代书遗嘱

代书遗嘱,亦称为代笔遗嘱,[3]是指由他人代为书写的遗嘱形式。在遗嘱人无文字书写能力或者由于其他原因不能亲笔书写遗嘱的,为了保护遗嘱人的遗嘱自由,允许遗嘱人在符合法定条件的情形下请他人代为书写遗嘱。

代书遗嘱须符合以下要求:第一,须由遗嘱人口授遗嘱内容,并由一代书人代书;第二,须有两人以上在场见证;第三,须代书人、其他见证人和遗嘱人在遗嘱上签名并注明年、月、日。

3. 打印遗嘱

打印遗嘱,是指遗嘱人通过电脑制作,用打印机打印出来的遗嘱。在电脑应用普及之后,已经很少有人用笔写作,通过电脑写作和打印已经是书写的常态。近年来,很多遗嘱人制作遗嘱,都是用电脑写作,之后用打印机打印出来,形成打印遗嘱。由于原《继承法》没有规定打印遗嘱这种遗嘱形式,因而在司法实践中对打印遗嘱的效力存在较多争议,有的认为是自书遗嘱,有的认为是代书遗嘱。这些意见其实都不准确。

在整个社会中书写方式已经变为电脑写作的情况下,不承认打印遗嘱的效力,不是实事求是的态度,也会对司法实践确定遗嘱效力造成困惑和麻烦,很难统一裁判尺度。鉴于打印遗嘱应用的普遍性和判断的复杂性,《民法典》第1136条首先规定打印遗嘱是法定的遗嘱形式,符合条件的,应当确认其法律效力。其次,规定打印遗嘱有效的要件:一是遗嘱为电脑制作、打印机打印出来的文本形式;二是打印遗嘱应当有两个以上的见证人在场见证,并且在打印遗嘱文本的每一页都签名;三是遗嘱人也必须在遗嘱文本的每一页都签名;四是在打印遗嘱的文本上,须注明立遗嘱的年、月、日。具备这些要件,打印遗嘱发生遗嘱效力。

4. 录音录像遗嘱

录音录像遗嘱,是指以录音或者录像方式录制下来的遗嘱人的口述遗嘱。[4] 这种界定随着科学技术的发展应当予以扩展,因为现在不再仅仅是录音,录像机、电脑等也日益普及,影像技术大为进步,应当将录音录像遗嘱扩展为视听遗嘱,即使遗嘱人通过摄像机等拍摄的音像资料,只要符合录音录像遗嘱的要求,也应当予以认可。事实上,录音录像遗嘱就是用录音录像技术记录的口头遗嘱。

录音录像遗嘱应当符合下列要件:第一,须有两个以上的见证人在场见证;第二,须由遗嘱人亲自叙述遗嘱的内容;第三,须遗嘱人、见证人将有关视听资料封存,并签名、注明日期;第四,须当众开启录音录像遗嘱。

5. 口头遗嘱

口头遗嘱,是指由遗嘱人口头表述,由见证人予以见证的遗嘱,也称为口授遗嘱。[5] 我国《民法典》第1138条规定,"遗嘱人在危急情况下,可以立口头遗嘱。口头遗嘱应当有两个以上见证人在场见证。危急情况消除后,遗嘱人能够以书面或者录音录像形式立遗嘱的,所立的口

---

〔3〕 陈棋炎等:《民法继承新论》,三民书局2002年版,第331页。

〔4〕 郭明瑞等:《继承法》(第2版),法律出版社2004年版,第146页。

〔5〕 陈棋炎等:《民法继承新论》,三民书局2002年版,第334页。

头遗嘱无效。”

口头遗嘱须具备以下条件：第一，须遗嘱人处于危急情况下，不能以其他方式设立遗嘱；第二，须有两个以上的见证人在场见证；第三，须不存在危急情况消除后遗嘱人能够利用其他形式立遗嘱的情形。

由于口头遗嘱原属遗嘱的简易方式，不得已而用之，对于其正确之点不能无疑，[6]因而设立有效期间十分必要。我国继承法应当规定口头遗嘱在危急情况消除后，经过3个月而失其效力，以保障遗嘱的真实性。如果遗嘱人于危急情况消除后不足3个月内未另立遗嘱而死亡的，应当承认其所立的口头遗嘱；如果遗嘱人于危急情况消除后3个月后仍未设立其他形式遗嘱的，则对其所立的口头遗嘱不予认可。[7]

6. 公证遗嘱

公证遗嘱，是指通过法律规定的公证形式订立的，有关的订立程序、形式都由法律规定的遗嘱。公证遗嘱与遗嘱公证不能等同，遗嘱公证是公证处按照法定程序证明遗嘱人设立遗嘱行为真实、合法的活动。

公证遗嘱作为一种遗嘱形式，具有重要意义。第一，公证遗嘱是最为严格的遗嘱，较之其他的遗嘱方式更能保障遗嘱人意思表示的真实性；第二，在当事人发生继承纠纷时，公证遗嘱是证明遗嘱人处分财产的意思表示的最有力、最可靠的证据。

公证遗嘱须符合以下要求：第一，须由遗嘱人亲自申办，无论在何种情形下，遗嘱人不能由他人代理办理遗嘱公证。第二，须于公证人员面前亲自书写遗嘱或者口授遗嘱，遗嘱人亲笔书写遗嘱的，要在遗嘱上签名或盖章，并注明年、月、日；遗嘱人口授遗嘱的，由公证人员作出记录，然后公证人员须向遗嘱人宣读，经确认无误后，由在场的公证人员和遗嘱人签名盖章，并应注明设立遗嘱的地点和年、月、日。第三，须公证人员遵守回避的规定，违反公证管理规则订立的遗嘱，不产生公证遗嘱的效力。第四，须公证人员依法作出公证。

7. 密封遗嘱

密封遗嘱，是指遗嘱人秘密作成，加密封后，于见证人前，提经公证人证明的遗嘱。密封遗嘱兼有自书遗嘱和公证遗嘱之长。[8] 遗嘱人希望于其生前保守其遗嘱内容的秘密，又希望遗嘱具有强有力的证明力，或其不愿自书遗嘱全文，又不愿见证人知悉其遗嘱内容，就可以利用密封遗嘱实现其愿望。[9] 这是密封遗嘱存在的必要性。《民法典》继承编没有规定密封遗嘱。

(二)遗嘱的内容

遗嘱的内容，是指遗嘱人订立遗嘱需要通过遗嘱表示出来对自己财产处分及安排相关事项的意思。

遗嘱的内容应当包括以下方面：

1. 指定遗嘱继承人、受遗赠人。这是遗嘱人订立遗嘱的主要目的。遗嘱人指定遗嘱继承人只能在法定继承人范围之内，具体指定的遗嘱继承人可为法定继承人中的任何人，并且不受法定继承人继承顺序的限制，但不能是法定继承人以外的人。遗嘱人也可以指定法定继承人

---

〔6〕 胡长清：《中国民法继承论》，商务印书馆1936年版，第201页。

〔7〕 郭明瑞等：《继承法研究》，中国人民大学出版社2003年版，第119页。

〔8〕 李宜琛：《现行继承法论》，国立编译局1947年版，第100页。

〔9〕 林秀雄：《继承法讲义》，元照出版有限公司2006年版，第230页。

范围之外的人为受遗赠人，也需要在遗嘱中载明受遗赠人的姓名或受遗赠的单位的名称。受遗赠人可以是国家、集体，也可以是自然人。

2. 指定遗产的分配办法或份额。遗嘱的目的在于遗嘱人对自己的财产进行身后处分，相应的有关遗产的情况应当为遗嘱的主要内容。遗嘱人应当在遗嘱中载明遗嘱处分的财产的状况。遗嘱人应当列明自己所留下的财产清单，具体说明每项财产的名称、数量、存放的地点以及财产是否共有、抵押等。遗嘱应当载明对遗产的处分意思。遗嘱中应当说明每个指定继承人得继承的具体财产。遗嘱中对财产的处置前后相互矛盾的，应推定为遗嘱人对该财产未作处分。

3. 对遗嘱继承人、受遗赠人附加的义务。遗嘱人不仅可以将自己的财产通过遗嘱处分给遗嘱继承人或受遗赠人，还可以在遗嘱中对遗嘱继承人或者受遗赠人规定附加义务，也可指定继承人承担其他的义务。对遗嘱继承人、受遗赠人附加的义务，如果指定的遗嘱继承人或受遗赠人接受继承或遗赠，就必须履行遗嘱所附加的义务，如果无正当理由不履行的，经有关单位和个人请求，法院可以取消其接受遗产的权利。

4. 再指定继承人、受遗赠人。再指定继承人，是指遗嘱人于遗嘱中指定在被指定的继承人不能继承时由某人继承。再指定受遗赠人，是指遗嘱人在遗嘱中指定在受遗赠人不能接受遗赠时将该遗产赠与某人。遗嘱中再指定的继承人一般称为替补继承人或者补充继承人；遗嘱中再指定的受遗赠人一般称为候补受遗赠人或补充受遗赠人。

5. 指定遗嘱执行人。遗嘱执行人是于继承开始后执行遗嘱的人。不过，遗嘱的主要内容并不是指定遗嘱执行人，因为遗嘱执行人并不是对遗产的处分，而只关涉遗嘱的执行。因此，遗嘱中未指定遗嘱执行人的，不影响遗嘱的成立和执行。

6. 遗嘱人的签名以及遗嘱制作的日期。公证遗嘱、自书遗嘱、代书遗嘱、录音录像遗嘱都需要遗嘱人签名，以确定是遗嘱人的真实意思表示。为了确定遗嘱人的遗嘱能力以及辨明遗嘱的前后顺序，这些形式的遗嘱都需要注明具体的年、月、日。

7. 其他事项。除上述内容外，遗嘱人还可以根据自己的意愿在遗嘱中说明其他事项，如关于丧事的安排和要求等。

（三）遗嘱见证人

遗嘱见证人，是指订立遗嘱时，亲临遗嘱制作现场，并对遗嘱真实性予以证明的第三人。遗嘱见证人证明的真伪直接关系着遗嘱的效力，关系到对遗产的处置。我国《民法典》规定，遗嘱人订立代书遗嘱、打印遗嘱、录音录像遗嘱、口头遗嘱时都须有两个以上的见证人在场见证。

1. 遗嘱见证人的条件

根据遗嘱见证人的目的，遗嘱见证人必须是能够客观公正地证明遗嘱真实性的人，应当具备以下三个条件：一是具有完全民事行为能力，未成年人、精神病患者、丧失或者部分丧失民事行为能力的成年人，不得充当遗嘱见证人；二是与继承人、遗嘱人没有利害关系；三是知晓遗嘱所用语言。

2. 遗嘱见证人的资格限制

我国《民法典》继承编对遗嘱见证人作了限制规定，下列人员不能作为遗嘱见证人，其证明不能起到见证的效力：一是无民事行为能力人、限制民事行为能力人以及其他不具有见证能力的人；二是继承人、受遗赠人；三是与继承人、受遗赠人有利害关系的人。不具备遗嘱见证人资格的人不能作为遗嘱的见证人，其所作的见证不具有法律效力。

3. 遗嘱见证人的见证事项

遗嘱见证人见证事项包括:第一,证明立遗嘱人的遗嘱能力;第二,证明立遗嘱时的情况;第三,记录遗嘱内容;第四,进行签名并注明年、月、日。

五、遗嘱信托

遗嘱信托,是指通过遗嘱而设立的信托,也叫死后信托。委托人以立遗嘱的方式,把自己的遗产交付信托,就是遗嘱信托。委托人应当预先以立遗嘱方式,将财产的规划内容,包括交付信托后遗产的管理、分配、运用及给付等,订立在遗嘱中。待遗嘱生效时,再将信托财产转移给受托人,由受托人依据信托的内容,管理处分信托的遗产。

遗嘱信托包括下列三方当事人:第一,委托人即被继承人。第二,受托人即遗嘱执行人,应当是具有理财能力的律师、会计师、信托投资机构等专业人员或专业机构。第三,受益人即继承人。遗嘱信托的受益人可以是法定继承人的一人或者数人。遗嘱人可以将遗产受益人指定为法定继承人以外的人。

《民法典》继承编第1133条第4款规定了"自然人可以依法设立遗嘱信托。"遗嘱信托应当采取书面形式订立。遗嘱信托的遗嘱,应当符合《民法典》关于遗嘱的规定;遗嘱信托的信托,应当符合《信托法》的规定。遗嘱信托在被继承人订立遗嘱后成立,并于遗嘱人(被继承人)去世后生效。

遗嘱信托分为遗嘱执行信托和遗产管理信托两种不同方式。

遗嘱执行信托是为了实现遗嘱人的意志进行的信托业务,其主要内容有清理遗产、收取债权、清偿债务、税款及其他支付、遗赠物的分配、遗产分割等。遗嘱执行信托是短期性的,一般遗嘱执行的成立有死亡者立的遗嘱为依据,继承人均已存在,因而不易发生纠纷。

遗产管理信托是主要以遗产管理为目的而进行的信托业务。遗产管理信托的内容与遗嘱执行信托的内容虽有交叉,但侧重在管理遗产方面。遗产管理人可由法院指派,也可由遗嘱人或者其亲属会议指派。

六、遗嘱的效力

遗嘱的效力,是指遗嘱人设立的遗嘱所产生的法律后果。遗嘱作为一种单方民事法律行为,只要有遗嘱人单独的意思表示就可以成立。但已经成立的遗嘱只有具备法律规定的条件才能发生法律效力;不具备法律规定的条件的遗嘱不能发生法律效力。

根据遗嘱订立后的具体情形,遗嘱的效力可以划分为遗嘱有效、遗嘱无效、遗嘱不生效以及遗嘱变更与撤回。

(一)遗嘱有效

遗嘱有效,是指遗嘱符合法律规定的要素,能够发生遗嘱人预期的法律后果,有关当事人可以请求执行该遗嘱。

遗嘱有效须具备以下条件:第一,遗嘱人须有遗嘱能力。第二,遗嘱须是遗嘱人的真实意思表示。第三,遗嘱的内容须合法;如果遗嘱的内容违法或者违反公序良俗,都将无效,不得执行。第四,遗嘱的形式须符合法律规定的形式要求。第五,须遗嘱人死亡。符合上述要件时,遗嘱发生法律效力,可以按照遗嘱处置被继承人的遗产,实现遗嘱人的意思表示。

(二)遗嘱无效

遗嘱无效,是指遗嘱因不符合法律规定而不能发生法律效力,遗嘱人在遗嘱中的意思不能实现,不能发生遗嘱人所预期的法律后果。

遗嘱无效主要有以下几种情况：一是无民事行为能力人或者限制民事行为能力人所立的遗嘱；二是受胁迫、受欺诈所设立的遗嘱；三是伪造遗嘱及代理订立遗嘱；四是被篡改的遗嘱内容；五是遗嘱中处分不属于遗嘱人自己财产的部分内容；六是遗嘱非法处分必留份。

（三）遗嘱不生效

遗嘱不生效，是指遗嘱虽然合法成立，但由于某种客观原因的发生，使遗嘱人死亡时该遗嘱不发生法律效力，不能执行遗嘱，遗嘱人的意思表示就无法实现。

遗嘱不生效与遗嘱无效的根本区别在于：遗嘱不生效并非因遗嘱违法，该遗嘱的有关要件合法，只是由于某些客观原因致使该遗嘱不发生效力，不得依据该遗嘱进行处分，而遗嘱的无效是因遗嘱不符合法律规定的条件而不能发生效力。

遗嘱不生效包括以下几种情形：一是遗嘱所指定的遗嘱继承人或受遗赠人已经先于遗嘱人死亡；二是遗嘱继承人或受遗赠人已经丧失继承权或受遗赠权；三是遗嘱人死亡时遗嘱中处分的财产标的已不复存在；四是附解除条件的遗嘱在遗嘱人死亡之前或之时条件成就；五是附停止条件的遗赠受遗赠人于条件成就前死亡。

（四）遗嘱变更和遗嘱撤回

1. 遗嘱变更和遗嘱撤回的概念

遗嘱变更，是指遗嘱人在遗嘱订立后对遗嘱内容的部分修改。遗嘱撤回，是指遗嘱人在订立遗嘱后又通过一定的方式取消原来所立的遗嘱。

遗嘱变更与遗嘱撤回的区别主要在于，遗嘱人对原立的遗嘱内容改变的程度不同。变更仅是遗嘱人部分地改变了原设立遗嘱时的意思，是对遗嘱部分内容的撤销；而撤回是遗嘱人改变原设立遗嘱时的全部意思，是对遗嘱内容的全部变更。

2. 遗嘱变更和遗嘱撤回的要件

遗嘱人虽可在遗嘱设立后的任一时间、以任一理由变更或撤回遗嘱，但撤回或变更遗嘱也须具备一定条件，才能发生遗嘱变更或撤回的效力。其条件是：第一，遗嘱人须有遗嘱能力；第二，须为遗嘱人的真实意思表示；第三，须由遗嘱人亲自依法定的方式和程序为之。

遗嘱变更、撤回的方式有明示方式和推定方式两种。遗嘱变更、撤回的明示方式，是遗嘱人以明确的意思表示变更、撤回遗嘱。遗嘱人依明示方式变更、撤回遗嘱的，须依照法律规定的设立遗嘱的方式作成。遗嘱变更、撤回的推定方式，是遗嘱人虽未以明确的意思表示变更、撤回所设立的遗嘱，但法律根据遗嘱人的行为推定遗嘱人变更、撤回了遗嘱。法律的这种推定，不许当事人以反证推翻。

3. 遗嘱变更、撤回的效力

遗嘱变更或撤回只要符合变更或撤回的条件，自作出之时即可发生效力。遗嘱变更或撤回的效力，就在于使被变更或撤回的遗嘱内容不生效力。

遗嘱变更的，自变更生效时起，以变更后的遗嘱内容为遗嘱人的真实意思表示，应以变更后的遗嘱来确定遗嘱的有效、无效，依变更后的遗嘱执行。即使变更后的遗嘱内容无效而原遗嘱内容可有效的，也应按变更后的遗嘱内容确认遗嘱无效。

遗嘱撤回的，自撤回生效时起，被撤回的原遗嘱作废，以新设立的遗嘱为遗嘱人处分自己财产的真实意思表示，以新设立的遗嘱来确定遗嘱的效力和执行。遗嘱撤回后遗嘱人未设立新遗嘱的，视为被继承人未立遗嘱。

七、遗嘱执行

遗嘱执行,是指于遗嘱生效后为实现遗嘱的内容所必要的行为及程序。[10]

遗嘱生效后,由于遗嘱人已经死亡,不存在遗嘱人履行的问题,发生遗嘱的执行问题。执行遗嘱的目的,是为了实现遗嘱人在遗嘱中所表述的意思表示。但遗嘱内容中的各项事项并非均须遗嘱的执行才能实现。遗嘱的执行不仅对于实现遗嘱人的意志具有决定性的意义,而且对于保护遗嘱继承人、受遗赠人及利害关系人的利益也关系重大。

由于遗嘱的执行为有关的行为及程序,具体的事项为遗嘱执行人所从事,因而,遗嘱执行须设遗嘱执行人。遗嘱执行人是指有权使遗嘱人订立的遗嘱内容得以实现的人。

第二节　法定继承

一、法定继承概述

(一)法定继承的概念和特征

法定继承,是指继承人范围、继承顺序、继承条件、继承份额、遗产分配原则及继承程序均由法律直接规定的继承方式。

法定继承的特征是:

1. 法定继承具有强烈的身份性。法定继承中的继承人是由法律直接加以规定的,而不是由被继承人指定。各国法律规定法定继承人的范围、顺序和份额,一般依据婚姻关系、血缘关系和扶养关系,法定继承人是与被继承人有亲属身份关系的人。

2. 法定继承具有法定性。法定继承的法定性,是指法定继承的继承人范围、继承人的继承顺序、继承人的应继份以及遗产的分配原则都是由法律直接规定的,而不是由被继承人决定。

3. 法定继承具有强行性。法律关于法定继承的规范为强行性规范,不得任意排除其适用,任何人不得改变法律规定的继承人的范围,也不得改变法律规定的继承人参加继承的先后顺序等,继承人在继承遗产时须按照法律规定的应继份及遗产分配原则来分配遗产。

(二)法定继承的适用范围

法定继承的适用范围,是指在何种情形下适用法定继承。在继承开始后,应当首先适用遗嘱继承,不能适用遗嘱继承方式时,才按法定继承方式继承。这就是"遗嘱在先原则"。[11]

在遗嘱在先原则的基础上,我国《民法典》第1154条对我国法定继承的具体适用范围作了规定,结合该条规定以及有关实践情形,有下列情形适用法定继承:

1. 被继承人生前未立遗嘱。遗嘱继承虽然优先于法定继承,但遗嘱继承必须以合法有效遗嘱的存在为前提,如果被继承人生前未立遗嘱,则被继承人的全部遗产应当按照法定继承处理。

2. 被继承人所立遗嘱未处分的财产。有的被继承人虽然生前立有遗嘱,但是该遗嘱只是对其所拥有的部分财产进行遗嘱处分,并未对全部财产予以处分,对于未处分的部分遗产,不

---

〔10〕 郭明瑞等:《继承法》,法律出版社2004年版,第164页。

〔11〕 刘素萍主编:《继承法》,中国人民大学出版社1988年版,第188页。

能推定被继承人按照遗嘱处理,应当按照法定继承处理,由被继承人的法定继承人取得该部分遗产。

3. 被继承人所立遗嘱无效所涉及的遗产。遗嘱的无效可分为全部无效和部分无效。遗嘱全部无效,被继承人的所有遗产都应当按照法定继承处理;遗嘱部分无效,遗嘱无效部分所涉及的遗产,适用法定继承。

4. 遗嘱继承人放弃继承或者受遗赠人放弃受遗赠。继承开始后,遗嘱继承人放弃继承和受遗赠人放弃受遗赠的,其放弃继承和受遗赠的遗产部分,适用法定继承处理。

5. 遗嘱继承人丧失继承权或受遗赠人丧失受遗赠权。遗嘱继承人丧失继承权或受遗赠人丧失受遗赠权的,遗嘱指定由其继承或受遗赠的遗产部分,适用法定继承。

6. 遗嘱继承人、受遗赠人先于遗嘱人死亡的。遗嘱继承人、受遗赠人先于被继承人死亡的,其因不具有继承能力或受遗赠能力而不能继承、受遗赠,遗嘱指定由其继承、受遗赠的财产部分适用法定继承。

二、法定继承人范围

(一)法定继承人范围的概念

法定继承人范围,是指在适用法定继承方式时,哪些人能够作为被继承人遗产的继承人。

确定法定继承人范围的主要因素包括:一是血缘关系;二是婚姻关系;三是扶养关系;四是民族传统和继承习惯。

我国《民法典》虽然也依血缘关系和婚姻关系所产生的亲属身份关系为基础确定法定继承人的范围,但对法定继承人的范围规定是最窄的国家之一,仅限于近亲属,具体包括:配偶、子女(特定情形下,其晚辈直系血亲可以代位继承)、父母、兄弟姐妹(特定情形下其子女可以代位继承)、祖父母、外祖父母,以及对公、婆或岳父、岳母尽了主要赡养义务的丧偶儿媳或女婿。这种做法应当修正。

(二)我国现行法定继承人范围

我国《民法典》第1127条和第1129条对法定继承人范围作了规定。我国法定继承人范围是:

1. 配偶。在继承法中,配偶特指在被继承人死亡时没有离婚且尚生存的配偶。对于配偶的继承权,采取男女平等主义。作为继承人的配偶必须在被继承人死亡时与被继承人之间存在合法婚姻关系,在被继承人死亡时已经解除婚姻关系的,不为被继承人的配偶,不得享有继承权。对于无效或可撤销的婚姻,已经宣告无效或者予以撤销,即自始无效,当事人不具有夫妻的权利和义务。在无效或被撤销的婚姻中的配偶不属于继承法所称的配偶,一方死亡,另一方对其遗产不享有继承权。

2. 子女。子女作为被继承人的最近的直系卑亲属,规定为第一顺序法定继承人。子女包括婚生子女、非婚生子女、养子女和有扶养关系的继子女。

3. 父母。父母作为被继承人最直接的直系尊血亲,也是子女最亲近的尊亲属。根据权利义务对等原则,子女有权继承父母的遗产,父母也有权继承子女的遗产。父母包括生父母、养父母和有扶养关系的继父母。

4. 兄弟姐妹。兄弟姐妹是被继承人最近的旁系血亲,兄弟姐妹一般都在家庭中共同生活多年,生活上相互照顾,经济上互相帮助,精神上相互慰藉,而且有负担能力的兄姐,对于父母已经死亡或父母无力抚养的弟妹有抚养的义务,因而兄弟姐妹间有相互继承的权利。兄弟姐妹的范围界定为:同父母的兄弟姐妹、同父异母或者同母异父的兄弟姐妹、养兄弟姐妹、有扶养关系的继兄弟姐妹。堂兄弟姐妹和表兄弟姐妹不属于继承法兄弟姐妹的范畴,相互间不享有继承权。

5. 祖父母、外祖父母。祖父母、外祖父母与孙子女、外孙子女之间是除父母子女以外的最近的直系血亲,彼此间的血缘联系密切,在现实生活中,祖父母、外祖父母与孙子女、外孙子女共同生活,彼此间形成抚养、赡养关系的十分普遍。

6. 对公婆或岳父岳母尽了主要赡养义务的丧偶儿媳或丧偶女婿。我国《民法典》第1129条规定:"丧偶儿媳对公、婆,丧偶女婿对岳父母,尽了主要赡养义务的,作为第一顺序继承人。"这种做法为我国继承法所独有,称得上具有中国特色,受到广泛好评。[12] 儿媳或女婿继承公婆或岳父母的遗产,应当具备一定的条件:第一,必须存在丧偶的情形;第二,必须丧偶儿媳或女婿对公婆或岳父母进了主要的赡养义务。只要儿媳或女婿符合了这两个条件,其就可以作为第一顺序继承人参与继承,取得遗产,而且不论有无代位继承人代位继承。

三、法定继承人的继承顺序

法定继承人继承顺序,又称为法定继承人的顺位,是指法律直接规定的法定继承人参加继承的先后次序。法定继承人皆有一定之继承顺序,顺序在先者有优先继承权,对于顺序在后者,得绝对排除之。[13]

法定继承开始后,法定继承人按照继承法规定的法定顺序参加继承,即先由前一顺序的继承人继承,没有前一顺序的继承人继承时,才由后一顺序的继承人继承。法定继承人的继承顺序具有以下的特征:

1. 法定性。继承人法定顺序的法定性,是指法定继承人的具体继承顺序是由法律根据继承人与被继承人之间关系的亲疏程度、密切程度直接规定的,而不是由当事人自行决定的。

2. 强行性。法律确定法定继承人参加继承的先后次序的目的,是保护不同情况的法定继承人的继承利益。在适用法定继承方式时,对于法律规定的继承顺序,任何人、任何机关都不得以任何理由改变。

3. 排他性。在法定继承中,继承人只能依法定的继承顺序依次参加继承,前一顺序的继承人总是排斥后一顺序继承人继承。只要有前一顺序的继承人继承,后一顺序的继承人就不能取得和实现继承既得权,无权主张继承遗产。

4. 限定性。作为遗产继承的两种基本方式,法定继承人的继承顺序只限定在法定继承中适用,各法定继承人须按照法律规定的继承顺序依次取得被继承人的遗产。

我国《民法典》规定了两个继承顺序,即第一顺序的配偶、子女、父母及对公婆或岳父母尽了主要赡养义务的丧偶儿媳或女婿,第二顺序的兄弟姐妹、祖父母与外祖父母。

四、代位继承

(一)代位继承的概念

《民法典》第1128条规定:"被继承人的子女先于被继承人死亡的,由被继承人的子女的直系晚辈血亲代位继承。""被继承人的兄弟姐妹先于被继承人死亡的,由被继承人的兄弟姐妹的子女代位继承。""代位继承人一般只能继承被代位继承人有权继承的遗产份额。"原《继承法》

---

〔12〕 何勤华等主编:《中华人民共和国民法史》,复旦大学出版社1999年版,第313页。

〔13〕 罗鼎:《继承法要论》,大东书局1947年版,第37页。

规定代位继承只是被继承人的子女的直系晚辈血亲的代位继承，范围比较窄，这一条文增加规定第2款，规定了被继承人的兄弟姐妹的子女的代位继承，扩大了代位继承的范围，有利于遗产在旁系血亲中的流转。

代位继承，是指被继承人的子女或者兄弟姐妹先于被继承人死亡时，由被继承人的继承人的晚辈直系血亲或者子女代替先亡的被继承人的子女继承被继承人遗产的法定继承制度。在代位继承中，被继承人的子女或者兄弟姐妹为被代位继承人，承继应继份的被继承人子女或者兄弟姐妹的直系血亲卑亲属为代位继承人。应继份，是指各继承人对遗产上一切权利义务可以继承的成数或比例。

（二）代位继承的要件和效力

代位继承的要件是：第一，须被继承人的子女或者兄弟姐妹在继承开始前已经死亡；第二，被代位人是被继承人的子女或者兄弟姐妹等直系血亲；第三，代位继承人必须是被代位人的直系晚辈血亲或者子女。

代位继承产生的法律效力，主要是代位继承人可以继承被代位继承人的应继份，即代位继承人有权继承被代位继承人应当继承的遗产份额。代位继承人的应继份应根据被代位继承人的应继份确定，按房或支来分割遗产。

（三）增加代位继承的价值

增加规定被继承人的兄弟姐妹的子女代位继承的主要价值，是扩大了法定继承人的范围。本法规定的法定继承人范围过于狭窄，在旁系血亲中只有兄弟姐妹为法定继承人。将被继承人的兄弟姐妹的子女规定为法定代位继承人，就有可能使侄子、侄女、外甥、外甥女成为代位继承的法定继承人，能够代位继承其叔伯、姑、舅、姨的遗产，减少无人继承的遗产。应当注意区别的，被继承人父母的子女的直系晚辈血亲的概念比较宽，包括孙子女、外孙子女、曾孙子女、曾外孙子女甚至玄孙子女、玄外孙子女等；而兄弟姐妹的子女，只包含兄弟姐妹的一代直系晚辈血亲。因此，兄弟姐妹的子女的代位继承范围比父母的晚辈直系血亲代位继承的范围要窄得多。

五、转继承

（一）转继承的概念与性质

转继承是在继承开始后，继承人未放弃继承，但于遗产分割前死亡的，其所应继承的遗产份额由其继承人承受的继承制度。《民法典》第1152条规定："继承开始后，继承人于遗产分割前死亡，并没有放弃继承的，该继承人应当继承的遗产转给其继承人，但是遗嘱另有安排的除外。"

关于转继承的性质，转继承只是将被转继承人应继承的遗产份额转由其继承人承受，转继承所转移的不是继承权，而是遗产所有权。转继承关系的客体是被转继承人应取得的遗产份额，而不是被转继承人应取得的全部遗产份额。[14]

（二）转继承的要件

转继承无论在法定继承中还是在遗嘱继承中发生，都须具备下列要件：

1. 在被继承人死后、遗产分割前继承人死亡。这是转继承发生的时间要件。只有在被继

---

〔14〕 王作堂等：《试论转继承的性质》，载《中外法学》1993年第5期；韩家勇：《转继承论析》，载《政治与法律》1992年第6期。

承人死后、遗产分割前,继承人死亡的,才会发生转继承,这就限定了一个时间范围,也就是在被继承人死后至遗产分割前这一时间范围内。如果被继承人还没有死亡,则继承就尚未开始,无论是法定继承还是遗嘱继承,不存在转继承的问题。即使继承人先于被继承人死亡,也只会发生代位继承,不存在转继承。如果继承人于遗产分割后死亡的,则该继承人的继承人直接继承其遗产,而不必直接参与被继承人遗产的分割,此时也不存在转继承的问题。

2. 继承人未丧失或放弃继承权。这是转继承发生的客体要件。如果继承人因法定事由丧失了继承权或者放弃了继承权,因其不能继承被继承人的遗产,即使其于被继承人死亡后、遗产分割前死亡,也不发生其应继份由何人承受问题,也就不发生转继承。

3. 由死亡继承人的继承人继承其应继承的遗产份额。这是转继承的结果要件。在转继承中,虽然继承人死亡,但其应继份并不归属于被继承人的其他继承人,而是归属于自己的继承人。至于具体的应继份以及死亡继承人的继承人的应得份额,根据具体的法定继承与遗嘱继承情形进行判定。

(三)转继承的效力

在适用转继承时,作为转继承的客体的被转继承人的应继份,根据死亡的被转继承人的继承方式而有差异。如果死亡的被转继承人根据法定继承方式进行继承,则其应继份为根据法定继承取得的份额;如被转继承人为遗嘱继承人时,则依照被继承人的遗嘱来取得应继份。

在转继承中,转继承人取得的份额也根据继承方式的不同而有差异。转继承人在存在合法有效遗嘱时,适用遗嘱继承取得被转继承人的遗产份额;无有效遗嘱存在时,适用法定继承取得被转继承人的遗产份额。在现实生活中,绝大部分遗嘱都是明确自己拥有的具体的遗产分配,而很少被转继承人对应继份进行立遗嘱分割的,因此转继承人获得遗产多为法定继承方式取得。

转继承是对被转继承人应继承的遗产份额的转移,因此,转继承的适用不能对继承关系的结果发生影响。也就是说,在不适用转继承时,如继承人有配偶存在,则其应继承的遗产属于夫妻双方共有。而在适用转继承时,除另有约定外,死亡继承人的遗产份额也应当作为夫妻共同财产,在死亡继承人的继承人进行转继承时,先分出死亡继承人配偶的部分,再将剩余部分进行遗产分割。

(四)代位继承与转继承的区别

转继承是由被继承人的继承人的继承人直接取得遗产的制度,因而转继承与代位继承在一些方面有相似性,如从表征上来看,两者都存在被继承人的子女死亡的情形,且均由其直系血亲卑亲属作为继承人直接取得被继承人的遗产。但转继承与代位继承在本质上是两种完全不同的继承制度,存在根本性区别(如表 43-1 所示)。主要体现在以下方面:

表 43-1 代位继承与转继承的区别

区别	代位继承	转继承
性质	代位继承人直接参与对被继承人遗产的继承	连续发生的二次继承
发生原因	被继承人的子女先于被继承人死亡	被继承人的继承人在被继承人死亡后、遗产分割前死亡

续表

区别	代位继承	转继承
主体	被代位继承人为被继承人的子女；代位继承人为被继承人子女的晚辈直系卑血亲	被转继承人为享有继承权的全体继承人；转继承人为被转继承人死亡时生存的所有继承人
客体	被代位人的继承权	遗产份额
适用范围	只适用于法定继承	适用于法定继承和遗嘱继承

1. 性质不同。转继承是一种连续发生的二次继承，是在继承人直接继承后又转由转继承人继承被继承人的遗产，转继承人实际上享有的是分割遗产的权利，而不是对被继承人的遗产继承权；而代位继承是在发生法定情形时，代位继承人基于其固有的代位继承权直接参与对被继承人遗产的继承的法律制度。

2. 发生的原因不同。转继承是因为被继承人的继承人在被继承人死亡后、遗产分割前死亡而发生，而且被转继承人对被继承人遗产的应继份是转继承的基础，如果被转继承人放弃或丧失继承权而不能获得应继份时，则不可能再发生转继承。而根据代位继承人的固有权性质，如果被继承人的子女先于被继承人死亡的，可以发生代位继承，即使被继承人的子女丧失继承权也可以发生代位继承。

3. 主体与客体不同。在转继承中，被转继承人为享有继承权的全体继承人，无论法定继承人还是遗嘱继承人，转继承人为被转继承人死亡时生存的所有继承人；而代位继承的主体具有特定性，被代位继承人为被继承人的子女或者兄弟姐妹，而代位继承人为被继承人子女的晚辈直系卑血亲或者子女，都是特定的。因此，引起转继承发生的机会要比代位继承发生的机会多。

转继承的客体，虽有的学者认为是已亡继承人的继承权，具体包括继承选择权和遗产分配权，[15]但转继承只是对遗产份额的再继承，而非继承权利的移转，故其客体应为遗产份额；而代位继承的客体是被代位人的继承权，代位继承人的应继份应依此确定。

4. 适用范围不同。转继承既可以适用于法定继承，又可以适用于遗嘱继承；代位继承因其性质决定，只适用于法定继承，因为在遗嘱继承中，若遗嘱指定的继承人或受遗赠人先于被继承人死亡的，遗嘱所指定份额按法定继承办理。遗嘱中指定的继承人发生法律规定的事由而丧失继承权时，对遗嘱中指定的由该丧失继承权的继承人继承的遗产，也须按照法定继承来继承。

参考案例

1. 王保富诉三信律师所财产损害赔偿纠纷案，载《中华人民共和国最高人民法院公报》2005 年第 10 期。
2. 向美琼等人诉张凤霞等人执行遗嘱代理合同纠纷案，载《中华人民共和国最高人民法院公报》2004 年第 1 期。
3. 王贵学等三人与王远德继承案，载《中华人民共和国最高人民法院公报》1985 年第 4 期。
4. 谢东辉、郑兆本诉陈世军等继承纠纷案，载《中华人民共和国最高人民法院公报》1992 年第 3 期。
5. 纪毛治诉纪亚琴房屋继承纠纷案，载《中华人民共和国最高人民法院公报》1988 年第 4 期。

〔15〕 张玉敏：《继承制度研究》，成都科技大学出版社 1994 年版，第 276 页。

第四十四章　遗产赠与

导读

本章主要阐述遗赠与遗赠扶养协议。注意区分遗赠与遗嘱继承、遗赠与赠与、遗赠与遗托的区别，并注意特留份的概念及其法律规定。

第一节　遗　　赠

一、遗赠概述

（一）遗赠的概念和特征

遗赠，是指自然人在生前订立遗嘱，将其个人财产赠与法定继承人以外的自然人或者国家、集体，而于其死亡后才发生法律效力的单方民事法律行为。立遗嘱的自然人为遗赠人，被指定赠与财产的人为受遗赠人，遗嘱指定赠与的财产为遗赠财产或遗赠物。《民法典》第1133条第3款规定："自然人可以立遗嘱将个人财产赠与国家、集体或者法定继承人以外的组织、个人。"

遗赠的法律特征是：第一，遗赠是一种单方法律行为，遗赠的成立并不以受遗赠人的意思表示为必要，只需有遗赠人一方的意思表示就可以成立。第二，遗赠是一种无偿的法律行为，在遗赠中遗赠人可以对遗赠附加某种负担，但所附加的负担也不是遗赠的对价。第三，遗赠是死因行为，遗赠人在其生前可以随时变更或撤销自己的遗赠，任何人不得干涉。第四，遗赠是必须由受遗赠人亲自接受的行为，受遗赠的主体具有不可替代性。第五，遗赠是对特定范围内的人赠与财产的行为，受遗赠人的范围具有特定性。

（二）遗赠的分类

遗赠的标的范围广泛，权利义务关系也各有不同，有必要对遗赠进行分类。

1. 概括遗赠与特定遗赠。概括遗赠，又称包括遗赠，是指遗赠人把自己的全部财产权利和义务一并遗赠给受遗赠人。特定遗赠，是指遗赠人将其某一特定财产（并非只限于特定物）遗赠给受遗赠人，而不能将财产义务一并遗赠。

2. 单纯遗赠与附负担遗赠。单纯遗赠，是指不附任何条件或义务的遗赠，遗赠人就遗赠附加某种义务或某种条件的遗赠为附负担的遗赠。在我国，遗赠既可以是单纯遗赠，也可以是附负担遗赠。

（三）遗赠与有关制度的区别

1. 遗赠与遗嘱继承

遗赠与遗嘱继承的区别如表44－1所示：

表44－1　遗赠与遗嘱继承的区别

区别	遗赠	遗嘱继承
权利主体范围	受遗赠人可以是法定继承人以外的任何自然人、组织或者国家、集体	遗嘱继承人只能是法定继承人范围之内的人
权利客体范围	受遗赠权的客体只是遗产中的财产权利，不包括财产义务	遗嘱继承权的客体是遗产，在承受遗产的同时，还担负着清偿被继承人债务的义务
权利行使方式	受遗赠权是形成权，而且60日的期间为受遗赠权的除斥期间	遗嘱继承人自继承开始至遗产分割前未明确表示放弃继承的，即视为接受继承

2. 遗赠与赠与的区别

遗赠与赠与都是将自己的财产无偿给予他人的行为。二者的区别如表44－2所示：

表44－2　遗赠与赠与的区别

区别	遗赠	赠与
性质	单方法律行为	双方法律行为；合同关系
方式	须以遗赠人所订立的遗嘱方式进行；要式法律行为	采取合同方式；非要式法律行为
发生法律效力的时间	须在遗赠人死亡后发生法律效力	生前行为，自赠与合同成立时就生效；受赠人可以要求赠与人进行遗赠

应当注意遗赠与死因赠与的区别。死因赠与，是指赠与人生前与受赠人订立的于赠与人死亡后才发生赠与财产利益效力的双方法律行为。死因赠与在人们现实生活中较为常见。由于遗赠与死因赠与都是在赠与人死亡后才发生效力，具有相似性，因此有的国家规定，关于遗赠的规定准用于死因赠与，但二者性质不同，遗赠是单方民事法律行为，而死因赠与为双方法律行为。两者的调整规范也不同，遗赠由继承法调整，而死因赠与由合同法调整。

（四）遗赠的效力

1. 遗赠发生效力的要件

（1）遗赠人有遗嘱能力。遗赠以遗嘱的形式进行，只有具有遗嘱能力的完全民事行为能力的人才可以进行遗赠，无遗嘱能力的无民事行为能力人、限制民事行为能力人不能为遗赠。

（2）遗赠人为缺乏劳动能力又没有生活来源的继承人保留必留份。遗赠不能损害缺乏劳动能力又没有生活来源的继承人的合法权益。如果继承人中有缺乏劳动能力又没有生活来源的人，遗赠人又没有为其保留必留份，涉及这一必留份的遗赠无效。

（3）遗赠人所立的遗嘱符合法律规定的形式。遗赠人设立的遗嘱必须符合法律规定的形式，不符合法定形式的遗嘱无效，遗赠当然无效。遗赠人的遗嘱是否符合法定形式，应当以遗嘱设立当时的法律要求为准。

（4）受遗赠人为法定继承人范围以外且在遗赠人的遗嘱生效时生存之人。受遗赠人须于遗赠人死亡时具有民事权利能力。先于遗赠人死亡或者与遗赠人同时死亡的自然人，不能成为受遗赠人,因为其不具有民事权利能力。

(5)受遗赠人未丧失受遗赠权。受遗赠权的丧失应当适用关于丧失继承权的规定。受遗赠人在接受遗赠时不具有丧失受遗赠权的,方可以接受遗赠。

(6)遗赠人死亡。遗赠是死因行为,必须遗赠人死亡才发生效力。受遗赠人无权在遗赠人死亡前要求执行遗赠。

2. 遗赠的具体效力

受遗赠权不是物权,受遗赠人不处于物权人地位,享有的只是请求有关的遗嘱执行人或继承人交付遗赠标的物的权利。受遗赠权又不完全等同于一般的债权,因为对于被继承人的一般债权应当进行清偿,而对于遗赠,如果被继承人的遗产在清偿债权后没有剩余遗产的,则不执行遗赠,受遗赠人不能基于债权人的地位请求清偿。故受遗赠权具有自身的特殊性,不能简单地等同于物权或债权。不过,在遗赠的具体效力上,无论遗赠的标的是否为特定物,受遗赠人都不能直接支配遗赠标的物,只能向受遗赠的义务人请求执行遗赠,即要求其给予遗赠的标的。

(五)遗赠的执行

遗赠符合有关要件,即发生法律效力。遗赠发生效力并不意味着受遗赠人实际取得遗赠物,还存在遗赠的执行问题。遗赠的执行是指在受遗赠人接受遗赠后,有关的遗嘱执行人按照遗嘱人的指示将遗赠的遗赠物移交给受遗赠人的制度。

1. 遗赠执行的义务人

受遗赠的义务人是遗嘱执行人。在遗嘱执行前,继承人尽管为被继承人遗产的承继人,但在遗嘱执行前,继承人并不能处分遗产,而遗赠属于遗嘱的内容,有遗嘱就有遗嘱的执行,故应以遗嘱执行人为遗赠执行的义务人。

2. 遗赠执行的权利人

遗赠执行的权利人为受遗赠人。受遗赠人在知道受遗赠后 60 日内,向遗嘱执行人作出接受遗赠的意思表示的,即享有请求遗嘱执行人依遗赠人的遗嘱将遗赠物交付其所有的请求权。遗赠执行人应依受遗赠人的请求交付遗赠物。

3. 遗赠执行的内容

遗赠人的债权人的债权优于受遗赠人的受遗赠权,受遗赠人不能与遗赠人的债权人平等分配遗产,不能先以遗产用于执行遗赠。遗赠执行人应于在清偿完被继承人生前所欠的税款及债务后,才能在遗产剩余的部分中执行遗赠。如果在清偿被继承人生前所欠的税款和债务后没有剩余的遗产,遗赠不能执行,受遗赠人的权利也就消灭,遗赠执行人也就没有执行遗赠的义务。如果遗赠人是以特定物为遗赠物的,而该物又已不存在时,则因遗赠失去效力,遗赠执行人当然无执行的义务。

二、遗托

(一)遗托的概念和特征

遗托,也叫作附负担的遗赠或者附义务的遗赠,是指遗嘱人在遗嘱中向遗嘱继承人或受遗赠人附加提出的必须履行的某项义务的要求。[1] 在遗托中,受遗赠人一边取得遗赠的利益,一边却需负担一定的义务,不像不附义务的遗赠那样,受遗赠人纯得财产上的利益。[2] 最典型的

〔1〕 刘素萍主编:《继承法》,中国人民大学出版社 1988 年版,第 316 页。

〔2〕 徐百齐:《民法继承》,商务印书馆 1935 年版,第 160 页。

遗托如遗赠房屋，而使受遗赠人看护及扶养自己的祖母。[3] 我国《民法典》没有使用遗托的概念，第1144条规定的制度实际上就是遗托。

构成遗托，受遗赠人称之为负担义务人，相对人称之为负担受益人，双方为遗托关系的当事人。

遗托的法律特征是：第一，遗托以遗嘱方式作出，只有遗嘱人以遗嘱的方式作出要求遗嘱继承人或者受遗赠人履行某项义务时，才能发生遗托的法律效力。第二，遗托是遗嘱继承和遗赠的附加义务，不是一种独立的义务，是一项依附于遗嘱继承或者遗赠的义务，也叫作遗赠的负担。第三，履行遗托的义务以接受遗产和接受遗赠为前提条件，只有遗嘱指定的遗嘱继承人接受遗产或者受遗赠人接受遗赠，遗嘱继承人和受遗赠人才有义务履行遗托义务。遗嘱继承人和受遗赠人已经接受了遗产或者遗赠，就必须履行遗托的义务。

（二）遗托与遗赠、附条件的遗赠

1. 遗托与遗赠

遗赠与遗托都为遗嘱人在遗嘱中指定的内容，但两者是不同的（见表44－3）。

表44－3　遗托与遗赠的区别

区别	遗托	遗赠
性质	遗嘱人在遗嘱中向遗嘱继承人或受遗赠人附加提出的必须履行的某项义务的要求	遗赠人通过遗嘱对他人赠与财产的单方民事法律行为
对象的权利	遗托指向的义务人必须履行遗嘱中指定的义务要求；有的遗托中仅仅要求义务人履行义务，而不享受权利[4]	受遗赠人获得财产利益，一般并不承担义务
独立性	附随于受遗赠权或遗嘱继承权，如果受遗赠人不接受遗赠，或者遗嘱继承人放弃继承权，则无履行遗托义务的责任	具有独立性，只要遗赠人做出了意思表示，在遗赠人死亡后即发生效力
是否可免除	只要遗托不违背法律和社会公德，不违反社会公共利益，又是可以履行的，即不可免除	—

2. 遗托与附条件的遗赠

通过遗嘱进行遗嘱继承，则不允许附条件。通过遗嘱进行遗赠的，由于遗赠不同于遗嘱继承，对于遗赠可以附停止条件。[5] 遗托与附条件的遗赠很相似，但亦存在区别（见表44－4）。

表44－4　遗托与附条件的遗赠的区别

区别	遗托	附条件的遗赠
性质	所附的是接受遗赠的附款，是义务	所附的是条件，不是义务
发生的时间	义务发生于受遗赠人接受遗赠之时	只有条件成就，遗赠的遗嘱才能生效
效力	遗托生效后，负担义务人应当履行义务，负担受益人产生请求权	所附条件不成就，遗嘱就不发生效力，不存在遗赠的效力问题

〔3〕 参见史尚宽：《继承法论》，荣泰印书馆1980年版，第496页。

〔4〕 史尚宽：《继承法论》，中国政法大学出版社2000年版，第560页。

〔5〕 郭明瑞、房绍坤、关涛：《继承法研究》，中国人民大学出版社2003年版，第126～127页。

(三)遗托的效力

遗托的效力主要表现在受遗赠人接受或者承认遗赠时而确定其负履行负担的义务。具体表现在两个方面。

1. 负担义务的归属和开始时间

遗赠的权利不具有债权的性质,但仍然是一种权利,因此也存在权利归属及其时间问题。

遗赠的归属就是负担义务的承认和接受,受遗赠人决定接受或者承认遗赠,这时,负担受益人开始产生请求负担履行的权利。在此之前,负担受益人对于负担仅享有一种期待权,还不是现实的既得权,只有受遗赠人承认遗赠接受遗赠,其权利才变为既得权,发生权利的归属问题。

归属的时间是继承开始的时间,从继承开始之时起,遗赠的负担受益人就产生这种权利,而受遗赠人作为负担义务人产生负担义务,必须履行负担。没有正当理由不履行义务的,经有关单位或者个人请求,人民法院可以取消他接受遗产的权利。

2. 受遗赠人以其所受利益为限负履行的义务

遗赠人确定遗赠负担的限度,不能超过遗赠的利益范围,超过遗赠利益范围的部分为无效。如果遗赠人所设负担超过了遗赠利益的范围,负担受益人无权请求超出遗赠利益范围的负担部分。负担受益人主张负担义务人承担超出遗赠利益范围的部分负担的,负担义务人有权拒绝。

确定负担义务是否超出遗赠利益范围的时间标准,可以选择以遗赠发生效力或者受遗赠人承认和接受遗赠时为准,但由于设置负担不得对受遗赠人课以不利益,通说认为应当以负担义务人履行义务时为准,即负担义务人在履行义务时,考察其所履行的义务与其所接受的遗赠利益的量的关系,负担的义务应当少于遗赠利益。如果出现负担利益超出遗赠利益的范围的情况,并非遗赠全部无效,而仅为超出遗赠利益范围的部分负担无效。

三、特留份

(一)特留份概述

1. 特留份的概念和特征

特留份,是指法律规定的遗嘱人不得以遗嘱取消的,由特定的法定继承人继承的遗产份额。特留份的实质是通过对特定的法定继承人规定一定的应继份来限制遗嘱人的遗嘱自由,如果没有给特留份权利人保留法定的份额,则其相应部分的处分无效。《民法典》只规定了必留份,没有规定特留份,但特留份与必留份并不相同。[6]

特留份的特征是:第一,特留份仅为法定继承人所享有,因继承开始而发生。第二,特留份是对遗嘱自由的限制,遗嘱人只有在为特留份权人保留特留份的前提下,才可自由处分其遗产。第三,特留份为法定的不可侵害的应继份,继承人只要未丧失或放弃继承权,就享有特留份权。

2. 特留份的性质

关于特留份的性质,一说认为是继承权,是继承人对遗产继承的权利;另一说认为是债权,为特留份权人对于继承人行使的债权。

---

〔6〕 特留份制度并非只有遗赠才适用,在遗嘱继承中也适用。在本章阐释特留份制度,仅仅是为了篇幅方便,而不是内容和逻辑的问题。

将特留份的性质认定为继承权,理由充分:一方面,特留份是法律规定的特留份权利人享有的被继承人不得取消的继承特定遗产份额的权利,是法定继承人才能享有的权利,以法定继承权为基础。另一方面,特留份是被继承人遗产的一部分,特留份并不是被继承人遗产的全部,对于特留份以外的遗产,被继承人可以行使自由处分权。作为特留份部分的遗产,并不是被继承人遗产中的某一项或某几项特定的财产,而仅仅是遗产中的一定份额。[7]

3. 法律规定特留份的必要性

特留份在许多国家继承法都有规定,是遗嘱继承中的一项重要制度,是对遗嘱自由的一种必要限制。

规定特留份制度是必要的,是在尊重遗嘱自由的同时,也保护法定继承人的合法继承权,是兼顾两种利益平衡的必要措施。特留份制度是限制被继承人不当处分遗产的必要措施,是对遗嘱自由的限制,但是这种限制是必要的,是保障被继承人继承权利的必要措施。法律规定特留份的实质,是通过对特定的法定继承人规定一定的应继份,来限制遗嘱人不当处分遗产而侵害法定继承人的权利。没有规定特留份制度,对于被继承人通过遗嘱不当处分遗产,剥夺了法定继承人继承遗产权利的行为无法处置,就会造成法定继承人权利的损害。

必留份即《民法典》第 1141 条规定的"遗嘱应当对缺乏劳动能力又没有生活来源的继承人保留必要的遗产份额"。必留份制度在大陆法系和英美法系都不存在,其主要问题,一是适用范围过窄,适用条件仅限于缺乏劳动能力又没有生活来源的继承人,不能保护其他法定继承人的权益;二是适用标准存在歧义,规定的"没有生活来源"的认定标准不确定;三是"必要的遗产份额"是一个不确定概念,在司法实践中操作存在困难。尽管在限制被继承人不当处分遗产,保护被继承人继承权的目的上,必留份和特留份是一致的,但并不能因为有了必留份制度,就否认了特留份制度的价值,也不能将必留份制度予以充实以替代特留份制度。

(二)特留份的主体

各国和地区继承法关于特留份权利人范围的规定并不完全相同,但基本上都把享有特留份的权利人限制在与被继承人较亲近的法定继承人的范围之内。

我国继承法应当借鉴国外立法例,规定特留份权的主体范围既不宜过宽,也不宜过窄。从我国目前的家庭关系现状及人们的基本道德观念考察,将第一顺序的配偶、父母、子女列为特留份权人是比较适当的。因为被继承人也只是与第一顺序的继承人存在较为紧密的扶养关系,需要被继承人订立遗嘱时为其保留特留份。

(三)特留份的算定

特留份数额的计算有两种方式:一是全体特留主义,即以被继承人的全部遗产额为基数,从总遗产额中划出一定比例的财产作为特留份。二是个别特留主义,即以各个法定继承人依法定继承时应得的应继份为基数,确定特留份的数额为应继份一定比例。两种方式比较,前一种计算方式较为简单,后一种方式更为合理。由于全体特留主义在特留份份额的计算上比较简单方便,使被继承人在立遗嘱时很容易知晓自己有权处分的遗产数额和应当保留的遗产数额,也便于法院在处理案件中更好地适用法律,应当采用第一种方式。

在采用全体特留主义方式的基础上,特留份具体数额的算定,应当按如下顺序进行:第一,确定被继承人的遗产数额;第二,以遗产的总额除去遗产债务,以求得积极遗产的数量;第三,

---

〔7〕 史浩明:《我国应建立特留份制度》,载《政法论丛》2003 年第 3 期。

在积极遗产数额上加上被继承人生前所为的特种赠与,由此即得出了特留份计算的基数;第四,在上述基数的基础上,乘以特留份权利人的特留份比例,由此算出特留份的具体数额。

第二节　遗赠扶养协议

一、遗赠扶养协议概述

(一)遗赠扶养协议的概念及地位

遗赠扶养协议,是指遗赠人和扶养人为明确相互间遗赠和扶养的权利义务关系所订立的协议,是我国继承法一项独立的继承法律制度。《民法典》第1158条规定:"自然人可以与继承人以外的组织或者个人签订遗赠扶养协议。按照协议,该组织或者个人承担该自然人生养死葬的义务,享有受遗赠的权利。"

在遗赠扶养协议中,需要他人扶养并愿将自己的合法财产全部或部分遗赠给扶养人的为遗赠人,也称为受扶养人;对遗赠人尽扶养义务并接受遗赠的人为扶养人。接受扶养的遗赠人只能是自然人,而进行扶养的扶养人既可以是自然人,也可以是有关组织。作为扶养人的自然人不能是法定继承人范围内的人,因为法定继承人与被继承人之间本来就有法定的扶养权利义务。

遗赠扶养协议属于继承制度,它既不同于遗赠,也不同于一般的遗产处理,更不是单纯的合同问题,应当作为一种独立的继承法律制度对待。理由是:第一,遗赠扶养协议不是遗赠。遗赠扶养协议是双方法律行为,遗赠是单方法律行为;遗赠扶养协议具有有偿性,遗赠是一种无偿行为;遗赠扶养协议是诺成协议,遗赠是死因行为;遗赠扶养协议具有优先性,在遗赠与遗赠扶养协议并存时,应当先执行遗赠扶养协议。第二,遗赠扶养协议不是单纯的遗产处理。遗赠扶养协议的内容,一为扶养,二为遗赠,扶养是更为重要的方面。执行时,由于协议已经对有关财产的遗赠作了明确,处理也比一般的继承简单得多。第三,遗赠扶养协议也不是单纯的合同问题。虽然遗赠扶养协议具有合同的外观形式,而且多表现为书面形式,但并不能简单地将其归结为合同之一种。

(二)遗赠扶养协议的特征

1. 双方法律行为。遗赠扶养协议是自然人生前对自己死亡后遗留遗产的一种处置方式,与被继承人立遗嘱处分遗产不同。在遗赠扶养协议中存在双方当事人,一方为接受扶养的遗赠人,另一方为扶养人,双方订立协议对有关扶养与遗赠事项进行明确,显然为双方法律行为。

2. 诺成法律行为。遗赠扶养协议自双方意思表示达成一致时起即发生效力,因此遗赠扶养协议是诺成法律行为。

3. 要式法律行为。根据遗赠扶养协议的性质,遗赠扶养协议应采用书面形式,不能用口头形式。由于遗赠扶养协议涉及扶养人与遗赠人双方利益,而且存续时间较长,法律对其形式采取严格要求。

4. 双务有偿法律行为。遗赠扶养协议是当事人双方都负有一定义务的法律行为,属于双务法律行为。在遗赠扶养协议中,通过协议确定扶养人负有负责受扶养人的生养死葬的义务,受扶养人也有将自己的财产遗赠给扶养人的义务。遗赠扶养协议是一种有偿的法律行为,任何一方享受权利都以履行一定的义务为对价。

5. 具有效力优先性。在自然人死亡后，如果遗赠扶养协议与遗赠、遗嘱继承并存，则应当优先执行遗赠扶养协议。

（三）遗赠扶养协议的内容

遗赠扶养协议应包括下列主要内容：第一，当事人的姓名、性别、出生日期、住址，扶养人为组织的应写明单位名称、住址、法定代表人及代理人的姓名；第二，当事人自愿达成协议的意思表示；第三，遗赠人受扶养的权利和遗赠的义务，扶养人受遗赠的权利和扶养的义务，包括照顾遗赠人的衣、食、住、行、病、葬的具体措施及责任田、口粮田、自留地的耕、种、营、收和遗赠财产的名称、种类、数量、质量、价值、坐落或存放地点、产权归属等；第四，遗赠财产的保护措施或担保人同意担保的意思表示；第五，协议变更、解除的条件和争议的解决方法；第六，违约责任。

（四）遗赠扶养协议的意义

遗赠扶养协议作为我国继承法的一项特色制度，符合我国国情，实现了“规范人事，而服务人世”的立法主旨，对我国现实生活具有重要意义：第一，有利于保护老年人的合法权益。我国已经步入老龄社会，老年人在整个社会人口中所占的比重将不断加大，遗赠扶养协议制度有利于老年人合法权益的保障。通过订立遗赠扶养协议，老年人选择适合自己的扶养人，并明确有关的扶养事项，就可以使老年人的生活有所保障，实现老有所养和养老优化。第二，有利于发扬我国的优良传统。在遗赠扶养协议中，通过协议确定扶养人对老年遗赠人的扶养义务，体现了尊老、敬老、爱老、助老的优良传统，可以使丧失劳动能力的孤寡老人或身边无子女照顾的病、残老人得到扶养和照料，以安度晚年。第三，有利于减轻国家和社会的负担。国家应当对老年人有义务提供完善的社会保障，但难以把所有的养老事业全部包下来。遗赠扶养协议制度可以使一些需要扶养的人，尤其无法定扶养义务人的人的生养死葬问题得到解决，使之有可靠的保障，无疑可以减轻国家和社会的负担。

二、遗赠扶养协议的效力

（一）遗赠扶养协议的对人效力

遗赠扶养协议由扶养人与遗赠人双方签订，在两者之间产生有关权利义务关系。同时，也会对有关第三人产生效力。

1. 遗赠扶养协议对扶养人的效力

根据遗赠扶养协议的性质，遗赠扶养协议的扶养人依协议的约定负有对遗赠人进行生养死葬的义务和于遗赠人死亡后取得协议中约定的财产的权利。具体的扶养义务及遗赠财产事项，应当根据具体的遗赠扶养协议确定。

基于遗赠扶养协议的性质，遗赠扶养协议扶养人的扶养义务自协议生效时起即发生效力，并且是继续性的。自协议生效时起，扶养人就须对遗赠人按照协议的约定或者合理情形予以扶养，并且这一扶养义务的履行除协议解除或出现法定事由时不得中断，直至遗赠人死亡。于遗赠人死亡时，扶养人还须依协议办理遗赠人的丧葬事宜。扶养人不认真履行扶养义务的，遗赠人有权解除扶养协议，并且对先前扶养费用不必进行补偿。

遗赠扶养协议的扶养人取得约定遗赠财产的权利自遗赠人死亡后才发生效力，并且以其认真履行扶养义务为前提条件。

2. 遗赠扶养协议对于遗赠人的效力

遗赠扶养协议对遗赠人的效力表现为遗赠人有权要求扶养人履行扶养义务，并负有于其死亡后将协议中约定的财产能够为扶养人取得的义务。扶养人对于将来可成为遗赠人遗产的财产,享有期待利益,遗赠人若处分协议中约定的财产则会侵害扶养人的权利。因此,遗赠人不得擅自处分协议中约定的财产,如征得扶养人事先同意或事后认可的,遗赠人可以处分协议中约定的财产。

3. 遗赠扶养协议对于第三人的效力

遗赠扶养协议对第三人产生的法律效果是:第一,对遗赠人的继承人、遗赠人的效力。遗赠人死后占有约定遗赠财产的继承人有将遗赠财产转移给扶养人的义务。如果遗赠人死亡时还留有遗赠扶养协议所约定的财产之外的遗产的,则根据遗赠人的意愿对该遗产进行遗赠、遗嘱继承或者法定继承。第二,对其他第三人的效力。对于在遗赠扶养协议存续期间与遗赠人基于约定遗赠的财产发生关系的继承人或受遗赠人之外的其他第三人,例如遗赠人未经扶养人同意而转让财物给第三人,遗赠扶养协议也具有约束力。

(二)遗赠扶养协议作为遗产处理根据的效力

遗赠扶养协议是遗赠人在生前对其财产所作的一种处分,也是遗产处理的依据之一。而且遗赠扶养协议在处理遗产上有最优先的效力。因此,遗赠扶养协议作为遗产处理的根据非常重要,需要在遗赠人死亡后,扶养人应当对遗赠扶养协议进行证实,以将遗赠人与扶养人签订的协议作为遗产处分的根据。由于遗赠扶养协议通常为采取书面形式的要式行为,扶养人提交书面的遗赠扶养协议即可。

参考案例

1. 李雪花、范洋诉范祖业、滕颖继承纠纷案,载《中华人民共和国最高人民法院公报》2006 年第 7 期。
2. 毛顺清、龙福臣诉梅正仙遗赠扶养协议纠纷抗诉案,载《中华人民共和国最高人民检察院公报》2000 年第 5 期。

第四十五章　遗 产 处 置

导 读

本章分为三部分，第一部分介绍了继承的程序和遗产管理，第二、三部分详细讨论了共同继承及遗产分割。

第一节　遗 产 处 理

一、继承开始

（一）继承开始的概念

继承开始，是指因一定法律事实的发生导致继承法律关系的发生。能够引起继承法律关系发生的法律事实，就是继承开始的原因。

现代民法的继承为纯粹的财产继承，如果被继承人没有遗留遗产，继承也不能开始。被继承人仅遗留债务，亦应继承之。

（二）继承开始的意义

1. 确定遗产的范围。遗产是被继承人死亡时所遗留的个人合法财产，是继承法律关系的客体。在被继承人死亡以前，其生前享有的各种财产经常处在不断变动之中，财产的数额、形态等都会发生变化。因此，遗产范围的确定只能以继承开始时为准。只有在继承开始时，尚存的属于被继承人的财产才能确定为遗产。

2. 确定继承人的范围。继承开始后，继承人的继承期待权即转化为继承既得权，产生了具体的继承法律关系，只有具备继承资格的人才能成为继承人，才有权要求取得遗产。首先，只有在继承开始时与被继承人具有近亲属身份关系的人才能享有继承权。在继承开始时已与被继承人解除婚姻关系或法律上的扶养的人，不为继承人。其次，只有在继承开始时生存的法定继承人或遗嘱继承人，才能享有继承既得权，可以按照法律规定或遗嘱指定继承被继承人的遗产。最后，在继承开始时，即使生存的法定继承人或遗嘱继承人也并非一定享有继承权。如果继承人丧失了继承权，则不能再作为继承人参加继承。

3. 确定遗产所有权的转移。在被继承人死亡后，因为其民事权利能力消灭，死亡的被继承人自不能对其所遗留下的财产再享有所有权。根据当然继承主义，继承开始后被继承人的遗产所有权便转归继承人。继承人为一人的，继承人单独继承，取得遗产的所有权；继承人为多人的，继承人共同继承，遗产归共同继承人共有。

4. 确定继承人的应继份。同一顺序法定继承人继承遗产的份额,一般应当均等,在特殊情况下也可以不均等。在分配遗产时,根据继承人的具体情况,有的应当予以照顾,有的可以多分,有的应当不分或少分。对于需要特别考虑的继承人的具体情况,应当以继承开始时的状况为准。

5. 确定放弃继承权及遗产分割的溯及力。继承人在继承开始后至遗产分割前,可以放弃继承权。继承人放弃继承权,意味着继承人不参加继承法律关系,从继承开始就对遗产不享有任何权利。放弃继承的效力,追溯到继承开始的时间。继承开始后,继承人可以具体确定遗产的分割时间。但无论何时分割遗产,其效力都应溯及继承开始。

6. 确定遗嘱的效力及执行力。继承开始,遗嘱即发生法律效力,同时具有了执行力。有时遗嘱继承的具体情况的确定亦取决于继承开始。例如,遗嘱是否为缺乏劳动能力又没有生活来源的继承人保留了必要的遗产份额,就应按遗嘱生效时该继承人的具体情况确定。

7. 确定20年最长时效的起算点。继承权受到侵害,向人民法院请求保护的期间,从继承人知道或者应当知道其权利被侵犯之日起计算。自继承开始之日起超过20年的,不得再提起诉讼。

(三)继承开始时间的确定

继承开始的时间就是被继承人死亡的时间。

1. 自然死亡时间的确定

自然死亡,又称生理死亡,是指自然人的生命的终结。在我国目前的司法实践中,以呼吸停止和心脏搏动停止为生理死亡的时间。具体的继承开始时间可按下列情况确定:医院死亡证书中记载自然人死亡时间的,以死亡证书中记载为准;户籍登记册中记载自然人死亡时间的,以户籍登记的为准;死亡证书与户籍登记册的记载不一致的,应当以死亡证书为准。继承人对被继承人的死亡时间有争议的,应当以人民法院查证的时间为准。

2. 宣告死亡时间的确定

宣告死亡的时间确定,判决宣告之日为其死亡的日期。如果在判决中已经确定了失踪人死亡时间的,应当以判决书确定的死亡时间为宣告死亡之人的死亡时间。

3. 互有继承权的继承人在同一事故中死亡的时间确定

两个以上互有继承权的人在同一事故中死亡,如果不能确定死亡先后时间的,各死亡人的死亡时间如何确定,直接影响继承人的利益。

我国《民法典》第1121条第2款确定了死亡在先和同时死亡相结合的推定制,即对没有继承人的死亡人和长辈的死亡人(各死亡人都有继承人)实行的是死亡在先的推定制;而对同辈的死亡人(各自都有继承人)实行的则是同时死亡推定制。

(四)继承开始处所的确定

继承开始的处所是继承人参与继承法律关系,行使继承权,接受遗产的场所。

确定继承开始的处所,有本籍地主义、住所地主义、死亡地主义、财产所在地主义等各种不同主张,[1]我国《民法典》继承编没有明确规定继承开始的处所。我国司法实践以被继承人的生前最后住所地或主要遗产所在地为继承开始的处所。[2] 这样有利于调查被继承人的遗产,

---

〔1〕 史尚宽:《继承法论》,中国政法大学出版社2000年版,第149页。

〔2〕 郭明瑞等:《继承法》,法律出版社2004年版,第188页。

有利于继承人参加继承、接受遗产,有利于分清继承人之间的责任,有利于继承人参加诉讼。[3]

被继承人死亡时住所地,就是他的户籍所在地的居住地。经常居住地与住所不一致的,经常居住地就是住所地。主要遗产所在地的确定,应当根据遗产的具体情况,如果遗产既有动产又有不动产的,一般以不动产所在地为主要遗产所在地;如果遗产属于同类动产,则应以财产的多少为标准确定主要遗产所在地,动产多者为主要遗产所在地;如果不属于同类动产,则应以各处遗产的价值额确定主要遗产所在地,价值高的动产所在地作为主要遗产所在地。

确定继承开始的处所为被继承人死亡时的住所地或主要遗产所在地的法律意义是:第一,继承开始的处所是继承纠纷的诉讼管辖地。第二,继承开始的处所关系涉外继承的法律适用。

(五)继承开始的通知

继承开始的通知,是指将被继承人死亡的事实通知继承人或遗嘱执行人,以便继承人及时处理有关继承问题。继承开始后,通知继承人是继承的必要环节,也是继承人行使继承权的前提条件。继承开始后,应当为继承开始的通知。《民法典》第1150条对此作了规定。

继承开始后,知道被继承人死亡的继承人应当及时通知其他继承人和遗嘱执行人。继承人中无人知道被继承人死亡或者知道被继承人死亡而不能通知的,则被继承人生前所在单位或者住所地的居民委员会、村民委员会负责通知。负有通知义务的继承人或单位如果有意隐瞒继承开始的事实,造成其他继承人损失的,应当承担责任。

负有通知义务的继承人或单位,应当及时发出通知,是否及时,应当根据具体情况确定;通知的方式应以将继承开始的事项传达给对方为原则,可采取口头方式,也可采取书面方式,还可以采取公告方式。

二、遗产管理

(一)遗产管理概述

遗产管理,是指对死者遗产负责保存和管理的制度。在继承开始后,为了保护遗产不被损毁或散失,必须确定遗产管理人,对遗产进行管理。

在继承开始后到遗产的最终分割、处理时止,必须对被继承人的遗产进行管理。《民法典》第1151条关于遗产管理的规定过于简单,仅仅规定:"存有遗产的人,应当妥善保管遗产,任何组织或者个人不得侵吞或者争抢。"对于被继承人的遗产无人存有时,如何进行遗产的管理缺乏规定,虽然有学者认为应当结合实际情况,由死者生前所在工作单位或者遗产所在地的继承组织负责管理,[4]《民法典》第1145~1149条规定了遗产管理人制度。

(二)遗产管理人

1.遗产管理人的产生方式是:

(1)继承开始后,遗嘱执行人为遗产管理人。被继承人在遗嘱中指定了遗嘱执行人,没有指定遗产管理人的,该遗嘱执行人即为遗产管理人,在遗嘱生效时取得遗产管理人身份。被继承人在遗嘱中明确指定了遗产管理人的,法律自应尊重,继承人也应服从,在遗嘱生效时,遗产管理人开始执行职责。遗嘱既指定遗嘱执行人,又指定遗产管理人的,遗嘱执行人和遗产管理人各负其责。遗产管理人未尽其义务或损害继承人及遗产债权人利益的,利害关系人可以请求法院予以撤换。

---

〔3〕 郭明瑞等:《继承法》,法律出版社2004年版,第188~189页。

〔4〕 刘文:《继承法比较研究》,中国人民公安大学出版社2004年版,第348页。

(2)被继承人没有指定遗嘱执行人的,继承人应当及时推选遗产管理人,以管理遗产。继承人只有一人的,被继承人的遗产直接转化为该继承人的个人财产,其进行的管理就是所有权人的管理,不存在遗产管理人的问题。继承人为多人的,每一个继承人都可以作为遗产管理人。但是,为了遗产管理更好地进行,全体继承人应当及时推选遗产管理人,遗产管理人确定后能够及时进行遗产管理活动。

(3)继承人未推选遗产管理人的,由全体继承人共同担任遗产管理人。全体遗产管理人共同管理遗产,按照共同的意思对遗产进行管理。不能取得一致意见的,应当按照多数人的意见进行管理。

(4)被继承人没有继承人或者继承人均放弃继承的,由被继承人生前住所地的民政部门或者村民委员会担任遗产管理人,民政部门或者村民委员会对遗产进行管理。

在上述情形下,法定继承人、民政部门、村民委员会担任遗产管理人的,不得辞任;但是,法定继承人放弃继承权的除外。

2. 指定遗产管理人

指定遗产管理人的特定情况是对遗产管理人的确定有争议,具体表现是:第一,遗嘱未指定遗嘱执行人或遗产管理人,继承人对遗产管理人的选任有争议。第二,遗嘱未指定遗嘱执行人或遗产管理人,被继承人没有继承人或者继承人的下落不明。第三,对指定遗产管理人的遗嘱的效力存在争议,其中包括遗嘱对遗产管理人的效力存在争议。第四,没有产生遗产管理人,遗产的债权人有证据证明继承人的行为已经或将要损害其债权利益。

出现上述情形之一,利害关系人可以向法院起诉,申请指定遗产管理人。为保证遗产的安全,避免遗产的损毁,人民法院在指定遗产管理人之前,经利害关系人的申请,可以对遗产进行必要的处分,即在紧急情况下(如遗产有毁损、灭失危险时),法院可代行遗产管理人的部分职责。法院在指定了遗产管理人之后,遗产管理人应当立即就位,履行遗产管理人的管理职责,保护各方当事人的合法权益。

3. 继承管理人的职责

遗产管理人的职责,关乎多方当事人的利益:一是被继承人处置遗产的意愿是否能够实现;二是继承人或者受遗赠人是否能够按照遗嘱指定或者法律规定取得应当获得的遗产;三是被继承人的债权人的债权是否能够实现其债权。由于遗产管理人在管理遗产上的责任重大,因此,法律必须明确遗产管理人的职责范围,遗产管理人应当按照法律规定的遗产管理人的职责范围履行职责。

遗产管理人的职责范围是:第一,清理遗产并制作遗产清单。遗产管理人首先要履行的职责,就是清理遗产。其次,在对有关遗产查清的基础上,遗嘱管理人应当编制遗产清单。第二,保管遗产。遗产管理人应当采取必要措施,防止遗产被毁损、侵夺。第三,处理被继承人的债权债务。在清偿完毕债务后尚有剩余遗产的,才能进行遗产分割。第四,按照遗嘱或者依照法律规定分割遗产。如果只有一个继承人,应当及时将遗产移交给继承人。如果有两个以上继承人的,则应当按照遗嘱指定或者法律规定,对进行遗产分割,将分割后的遗产交给继承人或者受遗赠人。

在实践中,遗嘱执行人就是遗产管理人,遗产管理人履行上述职责,自有根据。如果既有遗产管理人又有遗嘱执行人的,则遗产管理人负责遗产清理和遗产保管的职责,处理被继承人的债权债务,在法定继承中分割遗产;遗嘱执行人应当按照遗嘱的指定,执行遗嘱处分的遗产,分割遗产，如果遗嘱中还有处分债权债务的内容，遗嘱执行人应当依照遗嘱办理。

4. 遗产管理人的责任

遗产管理人应当依法履行职责，因故意或者重大过失造成继承人、受遗赠人、债权人损害的，应当承担民事责任。

5. 遗产管理人的报酬

遗嘱管理人提供遗产管理服务，可以是有偿服务，也可以是无偿服务。在通常情况下，遗产管理人是有偿提供服务的，原因是，遗产管理人是管理财产的行为，为实现遗产的保值，保护好遗产继承各方当事人的权益，支付管理费用理所当然。

三、遗产债务的清偿

（一）遗产债务的范围

遗产债务的清偿其实就是遗产的清算。[5]

遗产债务，是指应当以遗产负责的债务。在继承开始后，被继承人在遗留遗产的同时，也可能遗留下有关债务，在继承开始后还会基于遗产产生一些新的债务，如继承费用。对于这些遗产债务应当进行清偿。

对遗产债务的清偿，前提就是确定遗产债务的范围。遗产债务的范围包括：第一，被继承人生前所欠债务，包括被继承人因合同、侵权行为、无因管理、不当得利所欠债务以及依法应当缴纳的税款等。第二，继承费用，是指为完成管理、清算、分割遗产及执行遗嘱而支出的费用。这些费用是必须支出的，应从遗产中开支，并应将遗产费用作为享有优先权的债权。第三，酌给遗产债务，对继承人以外的依靠被继承人扶养的缺乏劳动能力又没有生活来源的人，或者继承人以外的对被继承人扶养较多的人，可以分给他们适当的遗产。酌给遗产债务是基于法律规定和扶养事实产生的，属于遗产债务。[6] 第四，遗赠债务，在继承开始后，受遗赠人有权请求有关义务人履行遗赠，交付遗赠财产。

（二）遗产债务清偿的原则

1. 有限责任原则。限定继承是指继承人对被继承人的遗产债务的清偿只以遗产的实际价值为限，超过遗产实际价值的部分，继承人不负清偿责任。继承人对被继承人的遗产债务不负无限清偿责任，而仅以继承的遗产的实际价值负有限的清偿责任。

2. 连带责任原则。各共同继承人对遗产债务承担的是连带责任。被继承人的债权人有权向共同继承人全体，或者共同继承人中的一人或数人请求在遗产实际价值范围内清偿全部遗产债务，任何继承人不得拒绝。尽管共同继承人对外就遗产债务承担连带责任，但在共同继承人内部仍有份额之分。当共同继承人全体或共同继承人中的一人或数人清偿了全部遗产债务时，在共同继承人内部，就应当按照各自遗产份额的比例分担遗产债务。

（三）遗产债务清偿的时间

继承开始后，继承人或遗产保管人在清点完遗产之后，应当及时通知债权人声明债权，以便于继承人清偿债务。对于已到期债务，继承人应当及时清偿；对于未到期债务，继承人经债权人同意可提前清偿，也可以在分割遗产时保留与债权数额相等的遗产数额，或分配给某一继承人负责清偿。债权人声明债权是否应当有时间限制，在我国法律没有规定的情况下，继承人

---

〔5〕 吴歧：《民法继承》，武汉大学出版社1933年版，第42页。

〔6〕 张玉敏：《继承法律制度研究》，法律出版社1999年版，第164页。

不能限定期间使债权人声明债权。但如果债权人超过了法律规定的诉讼时效期间而未申请清偿遗产债务,则继承人可以不负清偿责任。

(四)遗产债务清偿的顺序

遗产债务应当按以下顺序清偿:

1. 遗产管理费用。继承中的遗产债务清偿同破产的债务清偿具有相通性,由于遗产管理、清算、分割等费用的支出不仅是为了继承人的共同利益,也是为了遗产债权人的利益,应当优先清偿。

2. 被继承人生前所欠税款和债务。被继承人生前应当缴纳的税款,应当优先清偿。被继承人生前在进行法律行为是以获得债权为目的,而履行债务则是获得债权的代价,即债务是债权的基础。在清偿遗产债务时应当优先考虑被继承人生前所欠债务的清偿问题。

3. 酌给遗产债务。对于继承人以外的依靠被继承人扶养的缺乏劳动能力又没有生活来源的人或者继承人以外的对被继承人扶养较多的人,在清偿遗产债务时,应当向遗产酌给请求权人给付。具体遗产数量,按具体情况可以多于或少于继承人。

4. 遗赠债务。遗赠债务放在遗产债务清偿的最后顺位,是其他国家和地区的普遍做法。被继承人遗留的遗产不足以清偿全部遗产债务时,同一顺序的债权按照比例受偿。有缺乏劳动能力又没有生活来源的继承人的,即使遗产不足以清偿债务,也应在清偿前为其保留必要遗产份额。清偿遗产债务后剩余遗产的分配,遗赠扶养协议和继承扶养协议优先于遗赠和遗嘱继承;遗赠和遗嘱继承优先于法定继承。

四、归扣

归扣,是指共同继承人中有的继承人在继承开始以前已经从被继承人处受有特种赠与者,在进行遗产分割时应将所得特种赠与计入应继财产,并从该继承人在此基础上算定的应继份中扣除的制度。[7]

继承权平等原则体现为继承人继承遗产的权利平等,法定继承人的继承财产各有其应继份,继承人中有在被继承人生前因特种原因受有财产的赠与的,将受赠财产算入应继财产之内,再依此算定共同继承人的应继份,该应继份扣除受赠继承人从被继承人处所受赠与的价额,以其剩余额为该继承人之应得遗产,可以实现共同继承人之间的公平。

归扣的主体,包括归扣义务人与归扣权利人。归扣义务人,是指从被继承人处受有特种赠与的继承人。归扣权利人,不限于不受特种赠与之其他共同继承人,亦不限于受特种赠与较少的其他共同继承人,只要有人受特种赠与,其他共同继承人无论其是否受有特种赠与,亦不问其所受特种赠与价额多寡,均为归扣权利人。若全体共同继承人均受有特种赠与,则全体共同继承人皆为归扣义务人,亦皆为归扣权利人。[8] 抛弃继承权人、丧失继承权人与受遗赠人不是归扣权利人。

根据我国当前社会经济生活现实,以婚姻、营业、另居、为继承人支付的保险费和偿还债务支出的费用以及超出正常费用的教育费为归扣的特种赠与比较妥当:一是因婚姻所受赠与,应予归扣;二是因继承人从事营业活动,被继承人给予大额赠与的现象也有发生,为维护共同继

---

〔7〕 由于各国民法规定不同,对归扣还有许多不同称谓,如扣除、结算、合算、冲算等。但无论以何语词表述,其基本原则与内容是基本一致的。

〔8〕 林秀雄:《民法亲属继承争议问题研究》,五南图书出版公司2000年版,第281页。

承人间分割遗产的公平,也有必要进行归扣;三是子女成家后与父母分家另居,被继承人给予继承人大额赠与,亦应归扣;四是被继承人对继承人投保人寿险的费用较大,对此投保费用,应予归扣;五是为继承人偿还债务支出的费用,也应作为归扣的标的;六是对教育费用的归扣,对超出正常范围部分的教育费用应予归扣;七是除此之外的赠与,若被继承人明确要求归扣的,为尊重被继承人的意思,应予归扣。

五、无人继承又无人受遗赠的遗产

(一)无人继承又无人受遗赠遗产的概念

无人继承又无人受遗赠,是指在被继承人死亡后,在法定期限内没有人接受继承又没有人受领遗赠。形成无人继承又无人受遗赠的原因包括:没有法定继承人、遗嘱继承人和受遗赠人;法定继承人、遗嘱继承人放弃继承,受遗赠人放弃受遗赠;法定继承人、遗嘱继承人丧失继承权,受遗赠人丧失受遗赠权。

(二)无人继承又无人受遗赠遗产的管理

无人继承又无人受遗赠作为一种状态,会持续一定的时间,需要进行管理,才能保护有关当事人、国家或集体的利益。

1.遗产管理人的选任

没有继承人或者继承人下落不明,而遗嘱中又未指定遗嘱执行人的,经利害关系人申请,人民法院得指定遗产管理人;在指定遗产管理人之前,人民法院得对遗产进行必要的处分。

2.遗产管理人的职责

遗产管理人主导无人继承遗产的处理,其主要职责有:一是保管遗产,在遗产管理人选任之前,负有保管遗产义务的主体为存有遗产者;在遗产管理人选任之后,即应由遗产管理人决定该项遗产此后的保管方式。二是编制遗产清单。三是进行公告。四是清偿债务,遗产管理人应当对死者生前应缴纳的税款和债务进行清偿。五是剩余财产的移交,继承人如于法定公告期间内出现,或于遗产清算完毕前主张权利者,遗产管理人应在证实继承人身份后,将剩余财产交付于继承人。直至遗产清算完毕前仍无继承人主张继承,且遗产有剩余者,遗产管理人应负责将剩余遗产移交有关部门上缴国库所有;如果死者生前是集体所有制组织成员的,移交所在的集体所有制组织。

(三)无人继承又无人受遗赠遗产的归属

我国《民法典》继承编第1160条按死者的身份来确定无人继承遗产归属的:无人继承又无人受遗赠的遗产,归国家所有,用于公益事业;死者生前是集体所有制组织成员的,归所在集体所有制组织所有。

第二节 共同继承

一、共同继承概述

(一)共同继承和共同继承人的概念

共同继承是相对于单独继承的概念,是指依法律规定由两个或者两个以上的继承人共同继承被继承人的遗产。我国《民法典》对共同继承没有规定,但是在实践中大量存在。在我国的继承法律关系实践中,法定继承开始后,单独继承的情形比较少见,共同继承最为常见。在共同继承中,对内涉及各共同继承人之间的权利义务,对外关涉被继承人的债权人与债务人的利益,共同继承对遗产的管理、使用、收益、处分、清算及分割都十分重要。

共同继承人,是指共同继承的享有并且行使继承既得权的数个继承人。他们只能是同一顺序的法定继承人。

(二)共同继承的种类

我国的共同继承的形式多样,主要分为以下三种:

1. 暂存的共同继承。这种类型的共同继承,表现为仅仅是在共同继承人分割遗产之前的短暂时间内存在的共同继承,遗产在这时是共同共有财产,但是随着遗产的被分割,这种共同继承财产迅速消灭。

2. 明示的共同继承。在继承的事实发生,继承开始之后,共同继承人共同商定,协议共同继承,将继承的遗产作为共同财产所共有。这是有意识的发生共同继承财产,是典型的共同继承。

3. 默示的共同继承。这是在被继承人死亡,继承开始以后,共同继承人都没有明确表示接受遗产或者放弃遗产,因为没有明示放弃继承权,因而是在默认发生共同继承的事实,发生默示的共同继承,被继承人的遗产变为被数个继承人共同遗产。

(三)共同继承财产的概念和法律特征

共同继承财产,是指继承开始之后,两个或者两个以上的继承人共同继承遗产,或者数个继承人没有分割遗产之前,对继承的遗产共同共有的财产所有形式。

共同继承遗产的特征是:第一,共同继承财产是一种财产所有权形态,在共同继承后,遗产已经转移到了继承人的手中,变成了财产的所有权,不再是遗产的形态。第二,共同继承财产是数个继承人接受遗产形成的财产所有权形态,即在数个继承人身上发生对被继承人所遗留的遗产共同所有的财产所有权形态。第三,共同继承财产是遗产分割前的一种财产所有权形态,具有时间的限制,不是永久存续的。它存在的期间,就是在被继承人死亡之后,数个继承人对遗产进行分割之前的这一段时间。

(四)共同继承财产的性质

共同继承人对遗产的共有应为共同共有。遗产共同共有与普通共同共有毕竟存在差异,对此应加以注意。

二、共同继承财产关系的发生

(一)共同继承财产的发生条件

共同继承财产依据以下条件发生:

1. 被继承人死亡,继承已经开始。共同继承财产发生的前提条件是被继承人已经死亡,遗产继承已经开始。被继承人死亡包括自然死亡和宣告死亡,都发生遗产开始继承的效果。

2. 继承人为二人或者二人以上。发生共同继承财产须具有继承人的量的条件,即继承人须为二人或者二人以上。只有继承人在数量上符合要求,才能够在数个主体身上发生财产共有的效果。

3. 遗产由于共同继承或者尚未进行遗产分割而整体存在。共同继承财产的发生有三种不同的原因：一是正在等待遗产分割在没有分割遗产之前存在的共同继承财产；二是明示共同继承；三是继承人默示而构成共同继承遗产。这三种情形，都是遗产整体存在。

在具备上述三个条件之一时，共同继承财产发生，在各个继承人之间产生共同继承财产的共有权利义务关系。

（二）共同继承财产的潜在应有部分

共同继承财产为共同共有财产，由全体共同继承人对该财产共同享有权利，共同承担义务。

在共同继承财产的权利义务中，应当着重研究各个共同共有人即共同继承人在共同共有关系中的潜在应有部分。原因在于在共同共有关系中，共同继承财产的潜在应有部分表现得最为突出。在共同继承财产中，这种潜在的应有部分表现更为明显，这就是共同继承财产中的应继份。

遗产继承的应继份也就是遗产分割的份额，是指各个法定继承人应当分得的遗产的数额。[9] 在继承开始之后，只要存在数个继承人的，就发生共同继承财产，就会存在应继份。

共同继承财产中的应继份，就是共同共有财产的潜在应有部分。在与其他共同共有的潜在应有部分相比较，共同继承财产中的潜在应有部分表现得更为充分，是在继承一开始就显形的表现着；即使在共同继承财产关系存续期间，它也坚持地表现着，说明着继承是要按照应继份进行的；直到共同继承财产关系消灭，对遗产进行分割时，应继份就最终地发挥作用，要按照应继份分割共同遗产。

（三）共同继承财产的主体

共同继承财产的主体是共同共有的共同继承财产的权利主体，是指具有合法继承人身份的法定继承人。

（四）共同遗产范围及其特点

共同遗产的范围，就是被继承人的遗产范围。共同遗产的特点是：第一，共同继承遗产的范围相对固定，共同遗产范围是法定的，在被继承人死亡时就已经固定化了。第二，共同继承财产的数额会发生变化，会随着保持共有关系的延长而增加或者减少。因而，法律并不鼓励更长时间地保持共同继承财产的共有关系。第三，共同遗产经常与夫妻共同财产和家庭共同财产相互交叉，因而界限不清。第四，私人企业的集合财产为共同继承财产的较为普遍，也给共同遗产问题的处理带来困难。

三、共同继承人的权利与义务

共同继承人的权利义务关系是共同继承财产的法律关系，是指共同继承之后形成的共同继承人之间的权利义务关系和共同继承人与其他任何人之间的权利义务关系。共同继承人之间的权利义务关系是共同继承人内部关系，也叫作共同继承人对遗产的关系；共同继承人与其他人的权利义务关系，是遗产共同继承的对外关系，是共同继承人基于共同继承财产而与其他任何人构成的绝对权的法律关系。

（一）共同继承人享有的权利

1. 共同的使用收益权。对共同继承的遗产不能排除共同继承人的使用权、收益权，通过共

---

〔9〕 刘素萍主编：《继承法》，中国人民大学出版社 1988 年版，第 239 页。

同继承人对遗产的使用,以实现遗产的最大利用价值。在遗产共同共有期间,各共同继承人应当协商一致订立遗产使用规则,各共同继承人按此规则使用遗产。经其他共同继承人同意,各共同继承人也可对自己所占有的遗产单独进行使用,直至遗产分割时止。

2. 共同遗产的部分处分权。在共同继承财产关系存续期间,不能全部处分共同遗产,只能处分部分共同遗产。对共同遗产的处分权属于全体共同继承人,处分部分共同遗产也必须经全体共同继承人一致同意。

3. 物权请求权。共同继承人享有共同遗产的物权请求权,包括所有物被他人非法侵占时的所有权返还请求权、所有物受到妨害时的妨害排除请求权以及所有物有受到妨害之虞时的所有物妨害预防请求权。当共同遗产受到不法侵夺时,共同继承人均享有物权请求权。行使此种权利,必须为全体共有人的利益而行使,不得仅为个人或者部分共有人的利益而行使。

4. 设置共同遗产物上权的权利。行使此权利,应由全体共同继承人协商一致,或者由有代表权的继承人与他人以法律行为设立。例如,在共同遗产上设立担保物权、用益物权。这种行为涉及共同遗产的命运,必须由全体共同继承人同意才能够实施。

5. 代表权。共同继承人行使权利可以共同进行,也可以推举一个继承人作为代表,其行为代表全体共同继承人的意志。

6. 可以请求分割自己的应有部分。在共同继承财产关系中,如果是暂存的共同继承财产关系,各个继承人当然不得提出分割自己应有部分的请求,必须等到继承开始时,对遗产进行分割,取得自己应当继承的那一部分财产。在明示的共同继承财产关系和默示的共同继承财产关系中,共同继承人可以请求分割属于自己的那一部分应有部分。

7. 优先购买权。共同继承财产中的部分共同继承人可以主张分割自己的应有部分,适用优先购买权的规则,共同继承人在处分其应有部分与第三人时,其他共同继承人有优先购买权。[10]

8. 管理权。共同遗产的管理,既是权利也是义务,原则上应当由全体共同继承人共同进行,也可以由继承人中推举一人进行管理。[11]

(二)共同继承人承担的义务

1. 不得处分共同继承财产的义务。在共同继承中,遗产尚未分割前,遗产为共同继承人共同共有的特别财产,非经全体继承人一致同意,不得处分属于遗产的各个财产,擅自处分的,其处分行为无效。

2. 对共同遗产进行维修、保管、改良的义务。此项义务是全体共同继承人的义务,均应承担。具体履行这项义务,可由部分继承人负责,所支出的费用由共同遗产或者其使用的收益中支出。

3. 对被继承人所欠债务承担清偿责任。共同继承被继承人的遗产,也包括继承其债务。构成了共同继承财产关系,各共同继承人对该债务应当负清偿责任。在共同遗产没有分割的,用共同遗产予以清偿。

4. 对共同遗产所欠债务的连带清偿责任。共同遗产在使用、经营、管理、修缮、改良等日常生活和经营活动中所欠债务,共同继承人须负连带清偿责任,各共同继承人为连带债务人。

---

〔10〕 史尚宽:《物权法论》,荣泰印书馆 1979 年版,第 165 页。

〔11〕 史尚宽:《物权法论》,荣泰印书馆 1979 年版,第 166 页。

5. 共同赔偿义务。共同遗产因管理不善造成他人损害，全体共同继承人应当承担侵权赔偿责任。共同继承人在执行共同继承财产的事务中致人损害，须由共同遗产承担赔偿责任，从中支付赔偿金；不足部分，应当由全体共同继承人连带承担。

（三）共同继承人的对外关系

自继承开始时起，被继承人的债权成为全体共同继承人的共同债权，被继承人的债务人须向全体共同继承人进行清偿。被继承人的债务人向部分共同继承人清偿的，在法律上不能构成有效的清偿，对其他共同继承人仍然承担清偿责任。在被继承人的债务人对部分共同继承人享有债权时，被继承人的债务人不得主张抵销自己的债务，各共同继承人也不得以继承债权抵销个人的债务，以维护其他共同继承人的合法权益。

被继承人的债务也成为全体共同继承人的共同债务。被继承人的债权人既可以向共同继承人全体请求清偿，也可以向共同继承人中的任何一人请求全部债务的清偿，被请求的继承人不得以应继份为由拒绝清偿。虽然各共同继承人对被继承人的债务对外负连带责任，但各共同继承人相互间存在应继份的不同，相互间最终应当按其应继份比例承担被继承人的债务。此外，遗产债权人的同意为免除共同继承人连带责任的，自应允许。

四、共同继承财产关系的消灭和析产

（一）共同继承财产关系消灭

1. 共同继承财产消灭的原因

共同共有财产关系的消灭，在于产生这种共同共有财产关系的基础关系的终止。共同继承财产关系消灭的原因是：

（1）暂存的共同继承财产分割遗产。暂存的共同继承财产是一种继承的过渡阶段，是连接被继承人死亡到遗产被分割完毕之间的过渡阶段，也是连接继承发生到继承开始的这个阶段的过渡，是一种暂时的状态。当遗产清理完毕之后，开始进行遗产分割，共同继承财产的共同共有关系就消灭了。

（2）部分共同继承人请求分割共同继承财产。在部分共同继承人提出分割共同继承财产时，也消灭共同继承财产关系。除了被继承人有禁止分割遗产的遗嘱或者合同另有约定之外，各继承人可以随时请求分割共同继承财产。[12]

（3）全体共同继承人协议终止共同继承财产关系。在共同继承财产关系存续期间，全体共同继承人协议终止共同继承财产关系，发生消灭共同继承财产关系的后果。这种消灭共同继承财产关系的原因，是最典型的共同继承财产关系消灭的原因。

（4）其他原因。其他消灭共同继承财产关系的原因还有，共同遗产灭失，共同遗产被转让等，这些原因也都消灭共同继承财产关系。

2. 共同继承财产关系消灭的后果

共同继承财产关系消灭的后果，是其分割溯及于继承开始时，发生效力。[13] 不论共同继承财产关系存续多久，一旦消灭，其分割遗产的效力一直溯及继承开始之时，从那时起，计算共同遗产的分割问题。

---

〔12〕 史尚宽：《物权法论》，荣泰印书馆 1979 年版，第 166 页。

〔13〕 史尚宽：《物权法论》，荣泰印书馆 1979 年版，第 166 页。

(二)析产

在共同继承财产关系消灭之后,共同遗产分割之前,须对共同遗产进行析产,确定共同遗产的具体数量,为共同遗产进行分割做好准备。在司法实践中流行的一句法谚,就是“先析产、后继承”,就说明了析产在继承中的重要性和必要性。

1. 共同继承财产与夫妻共同财产的分析

夫妻在婚姻关系存续期间所得的共同所有的财产,除有约定的以外,分割遗产时应当先将共同所有的财产的一半分出为配偶所有,其余的为被继承人的遗产。只要没有其他的约定,夫妻财产制就是法定的夫妻共有财产制。分析夫妻共同财产与遗产,就是要将夫妻一方的财产分开,确定死亡的一方配偶的财产为遗产。

这种析产的规则是:第一,析出夫妻个人财产。将夫妻一方的婚前财产和婚后所得的依照法律应当为个人所有的财产分出来,或者作生存的一方的财产,或者作为死者的遗产。第二,确定夫妻共同财产的范围。将凡是属于夫妻共同财产的财产都放在一起统计,确定夫妻共同财产的范围。第三,分出共同继承财产。将确定为夫妻共同财产的财产一分为二,一半作为生存一方当事人的个人财产,另一半确定为遗产范围,为共同继承财产。

2. 共同继承财产与家庭共同财产的分析

遗产在家庭共有财产之中的,遗产分割时,应当先分出他人的财产。分析家庭共同财产和共同继承财产,是因为死者的遗产与家庭共同财产混合在一起,需要分清,确定遗产范围。这就是在家庭成员共同创造、拥有的财产中,将死者应有部分分析出来,确定是他的遗产。第一,应当注意析出家庭成员个人的财产,属于个人所有的财产为个人所有,不能作为家庭共同财产分割。第二,析出家庭共同财产中属于子女的财产。对家庭共同财产做出贡献的子女,在家庭共同财产中享有权利,析产时应当将他们的财产应有部分析出,不能把父母的共同财产作为遗产一起分割。第三,析出遗产为共同继承财产。在家庭成员一起出资建立的财产,无论是按份共有,还是共同共有,都要按照应有部分或者潜在的应有部分,分出死者的部分,作为遗产打入遗产的范围。第四,析出被继承人个人的遗产债务。被继承人生前所欠的债务,有的是家庭共同债务,有的是个人债务,应当区分开。

经过这样的析产过程,就确定了家庭共同财产中的遗产部分,分出来为遗产范围。

第三节 遗产分割

一、遗产分割的概念和分割原则

遗产分割,是指各共同继承人按其应继份进行分配以消灭遗产的共同所有关系为目的的法律行为。[14]

在继承人为复数的共同继承中,遗产被分割前,各继承人对遗产是一种共同共有的关系,但与普通共同共有关系不同,它只是暂时的状态,以遗产的分割为终局目的。只有经过遗产分割,各共同继承人才能个别地享有其权利及负担其义务,才能更好地发挥遗产的实际效用,促

---

〔14〕 刘文:《继承法比较研究》,中国人民公安大学出版社2004年版,第395页。

进财产的流通和安全,保护各共同继承人的利益。因此,各继承人享有遗产分割权,可以随时请求分割遗产。

遗产分割的原则是:

1. 遗产分割自由原则。指共同继承人得随时请求分割遗产。继承开始后,各共同继承人对遗产共同共有。但遗产共同共有与普通共同共有相比具有特殊性,即普通共同共有在存续期间,共有人不得请求分割共有财产,而遗产共同共有是一种暂时的共有关系,允许继承人得随时请求分割,以更好地满足继承人的生活和生产需要。

2. 互谅互让、协商分割原则。互谅互让要求继承人在分割遗产时要相互关心、相互照顾,对法律规定需要特殊照顾的继承人,适当多分给遗产;协商分割要求继承人在遗产分割时,对遗产的分割时间、分割办法、分割份额等都应当按照继承人之间协商一致的意见处理。

3. 不损害遗产效用原则。指在具体分割遗产标的物时,应当从有利于生产和生活的需要出发,注意发挥遗产的实际效用。

二、遗产分割的时间

继承从被继承人死亡时开始,在继承开始后,继承人有权随时请求分割遗产,而遗产分割的时间就是在继承人提出分割请求后进行实际分割遗产的时间。

(一)遗产分割时间的确定

遗产分割的时间必须在继承开始之后。按照遗产分割自由原则,在继承开始后的任何时间内,继承人都有权要求分割遗产。具体的分割时间由继承人协商确定;继承人协商不成的,可以通过调解确定,也可以通过诉讼程序由人民法院确定。如果继承人经过协商,确定在一定期限内不分割,或者继承人都不提出分割遗产的要求,这种遗产的共有状况就将持续下去。无论持续多长时间,继承人想分割遗产的,都有权请求分割。即使在继承开始20年以后,继承人仍然有权分割遗产。

(二)对遗产分割时间的限制

限制遗产分割时间的具体事由主要有以下几种:

1. 非经遗产债务清偿不得分割遗产。在遗产债务清偿与遗产分割问题上,我国司法实践采取以下两种方法:第一,先清偿债务后分割遗产。先清偿债务后分割遗产是一种总体清偿方式。按照这种清偿方式,共同继承人首先从遗产中清算出遗产债务,并将清算出的相当于遗产债务数额的遗产交付给债权人;然后,根据各继承人应继承的份额,分配剩余遗产。第二,先分割遗产后清偿债务。先分割遗产后清偿债务是一种分别清偿方式。按照这种清偿方式,共同继承人首先根据他们应当继承的遗产份额,分割遗产,同时分摊遗产债务;然后,各继承人根据自己分摊的债务数额向债权人清偿。

2. 遗嘱禁止在一定期间内分割的不得分割遗产。遗产的分割应尊重被继承人的意愿,被继承人得以遗嘱禁止遗产分割。如果被继承人在遗嘱中禁止分割遗产的时间过长,或无期限地禁止分割,使遗产永远或长期处于共同共有状态,须有一定期间限制,以10年期限较妥。

3. 继承人协议在一定期间内不得分割的不得分割遗产。经共同继承人一致同意,可以订立不分割遗产的协议,继续维持遗产共同共有关系。只要继承人订立的协议不违反法律,不损害公共利益及善良风俗,就应当承认其效力,继承人中的一人或数人不得随时请求分割遗产。

4. 有尚未出生继承人的暂时禁止分割遗产。这种限制是为了保护胎儿的继承利益。我国继承法虽然并不限制在存在胎儿的情况下继承人分割遗产,但为防止继承人之间串通,损害母亲及婴儿的合法权益,特别是在多胞胎的情况下,采用在胎儿出生后分割遗产的方法较为合适。

5. 遗产分割的暂缓。如果对遗产即时分割将会严重损害其价值的,法院应继承人的请求,得裁决暂缓分割。暂缓分割可适用于全部遗产或仅适用于遗产中的一部分。

三、遗产分割的方法

遗产分割方法,是指继承人取得遗产应继份的具体方法。遗产分割的方法有当事人协商分割、人民调解委员会调解分割和法院裁判分割三种方法。

(一)当事人协商分割

当事人协商分割方法是指全体继承人进行协商确定具体的遗产分割方法。至于遗产分割的具体方法,主要有以下四种方式:

1. 实物分割。遗产分割在不违反分割原则的情况下,可以采取实物分割的方法。适用实物分割的遗产可以是可分物,也可以是不可分物。对可分物,可以作总体的实物分割。对不可分物不能作实物分割的,应当采取折价补偿的方法即补偿分割。

2. 变价分割。如果遗产不宜进行实物分割,或者继承人都不愿取得该种遗产,可以将遗产变卖,换取价金,由继承人按照自己应继份比例,对价金进行分割。使用变价分割方法分割遗产,实际上是对遗产的处分,遗产的变价应当经过全体继承人的同意。

3. 补偿分割。对于不宜实物分割的遗产,如果继承人中有人愿意取得该遗产,则由该继承人取得遗产的所有权,由取得遗产所有权的继承人按照其他继承人应继份比例,分别补偿给其他继承人相应的价金。如果继承人中有多人愿意取得遗产的所有权,而又达不成协议,则应当根据继承人的实际需要和发挥遗产的效用,确定给某个继承人。

4. 保留共有的分割。遗产不宜进行实物分割,继承人又都愿意取得遗产的;或者继承人基于某种生产或生活目的,愿意继续保持遗产共有状况的,可以采取保留共有的分割方式,由继承人对遗产享有共有权,其共有份额按照应继份的比例确定。共有分割之后,继承人之间就不再是原来的遗产共有关系,而变成了普通的财产按份共有关系。

(二)人民调解委员会调解分割

如果各继承人对遗产的分割协商不成的,可以向人民调解委员会申请调解,通过调解确定遗产分割方法。在具体的分割方法上,应当遵照实物分割、变价分割、补偿分割与保留共有的分割方法进行。

(三)法院裁判分割

诉讼作为最终的争议解决方式,在各继承人协商或调解不成时,继承人可以向法院提起诉讼,请求裁判确定的遗产分割方法。法院裁判的具体方式,也应当遵照实物分割、变价分割、补偿分割与保留共有的分割方式进行。共同继承人诉请法院解决遗产分割的案件,很少有单纯的遗产分割方法的诉讼,往往与继承权的确认、应继份确定等问题联系在一起的。法院应当对存在争议的继承问题作出裁判,对纠纷进行彻底解决。

四、共同遗产的分割程序

(一)确定共同遗产的增减

共同遗产进行分割,遗产的范围应当按照继承开始时确定。对共同遗产进行分割时,不仅要将遗产的范围确定清楚,还要将遗产的增减数额及其原因分析清楚,为共同遗产的分割做好准备。

1. 分清共同遗产的自然消耗和折旧。这些因素应当从共同遗产中予以扣除。其中包括知识产权所缴纳的年费等费用。

2. 分清共同遗产的增值。共同遗产在经营中发生增值的,应当将增值部分计算清楚,也作为共同遗产的范围,参加分割。如果共同遗产增值较大或者巨大,则应当成为一般的共同共有财产,按照共同共有财产分割,而不再考虑共同遗产的分割方法进行分割。

3. 分清个人对共同遗产的占用或者侵占。在共同继承财产关系存续期间,有的共同继承人占用共同遗产或者对这一部分财产非法侵占的,应当准确确定,追回作为共同遗产参加分配;也可以将其价值作为分割给该人的部分,而不予追回。

(二)在共同遗产中保留必留份

按照《民法典》第 1155 条规定,遗产分割时,应当保留胎儿的继承份额。胎儿出生时是死体的,保留的份额依照法定继承办理。这种保留,只对暂存的共同继承财产发生作用。在暂存的共同继承财产关系进行遗产分割的时候,一定要保留胎儿的必留份。

(三)确定各人应当分得的份额

确定个人的应继份,应当按照《民法典》第 1130 条规定进行分割。

1. 在一般情况下应当均等分割。一般情况,是同一顺序的各个继承人在生活状况、劳动能力,以及对被继承人所尽赡养(扶养)义务等情况基本相同,没有大的区别。在这种情况下,应当均等分割。

2. 在特殊情况下可以不均等分割。对生活有特殊困难的缺乏劳动能力的继承人,对被继承人尽了主要扶养义务或者与被继承人共同生活的继承人,可以多分财产;对于有扶养能力和扶养条件却不尽扶养义务的继承人,可以不分或者少分。各继承人协商同意不均等分割的,也可以不均等分割。

五、遗产分割的效力

遗产分割效力,是指遗产分割在法律上产生什么样的法律后果。它主要包括遗产分割的溯及效力与共同继承人之间的瑕疵担保责任。

(一)遗产分割的溯及效力

由于遗产的分割一般都是在继承开始后的一段时间进行,遗产分割的效力是从遗产分割时开始,还是从继承开始时开始,就是遗产分割的溯及效力问题。对此,主要有转移主义与宣告主义两种不同立法例。我国通说采宣告主义。主要理由是:第一,有利于简化取得遗产所有权的手续;第二,有利于保护善意的继承人;[15] 第三,我国《民法典》采取的是当然继承主义,在继承开始后,继承人就取得遗产的权利,因此,遗产的分割只是将继承人的应继份加以特定化而已,并不是重新设立继承人的权利。

(二)遗产分割瑕疵担保责任

遗产分割瑕疵担保责任,是指共同继承人之间对分得的遗产瑕疵承担的相互担保责任。

1. 遗产瑕疵担保责任。即物的瑕疵担保责任,是指担保遗产标的物无瑕疵,即遗产标的物的价值、效用或品质无瑕疵。各共同继承人对其他继承人所分得的遗产的瑕疵负有担保责任,

---

〔15〕 郭明瑞等:《继承法》(第 2 版),法律出版社 2004 年版,第 217 页。

必须具备担保责任成立的要件:遗产的瑕疵必须在分割以前就已经存在;该瑕疵必须不是由于分得该物或权利的继承人本人的过失而发生的;在遗产分割时分得该遗产的继承人不知其所分得的物或权利有瑕疵;没有特别约定。[16]

2. 权利瑕疵担保责任。也称为对遗产被追夺的担保责任,是指担保遗产标的物的权利无瑕疵,保证不受第三人对遗产标的物主张任何权利而被追夺。应当将共同继承人的担保责任与出卖人的瑕疵担保责任等同,适用一样的规则。由于遗产分割的特殊性,共同继承人的瑕疵担保责任与出卖人的瑕疵担保责任在具体实现上略有不同,即继承人瑕疵担保责任的实现,可以采用重新分割遗产或者请求补偿的方式,而出卖人瑕疵担保责任的实现须承担违约责任。

参考案例

1. 莫美欢、岑润明诉岑荣安、岑卓、林月弟继承纠纷案,载《中华人民共和国最高人民法院公报》1988 年第 1 期。
2. 王德钦诉杨德胜、泸州市汽车二队交通事故损害赔偿纠纷案,载《中华人民共和国最高人民法院公报》2006 年第 3 期。

---

〔16〕 刘文:《继承法比较研究》,中国人民公安大学出版社 2004 年版,第 418 ~ 419 页。

第七编　侵 权 责 任

第四十六章　侵权行为与侵权责任

导 读

本章介绍的是侵权责任法的一般性规定，包括侵权责任法的基本概念、调整功能、保护范围、归责原则、责任构成、责任方式、责任竞合与并合、免责事由的基本规则。

第一节　侵权责任的调整功能和保护范围

一、侵权责任的调整功能

侵权责任的调整功能，是指通过侵权责任的适用所应达到的目的。《民法典》第1164条规定："本编调整因侵害民事权益产生的民事关系。"侵权责任的调整功能是民法调整功能的具体体现，也是侵权责任法规范存在的目的。

（一）补偿功能

侵权责任的补偿，就是对侵权行为的受害人填补损害，即侵权行为人在实施侵权行为，并造成受害人的实际损害以后，行为人须向受害人支付赔偿金，填补受害人所受到的损害。侵权责任的补偿功能，是指侵权责任法主要适用损害赔偿的手段，责令侵权行为人向受害人支付赔偿金，以填补受害人因侵权行为所受到的损害的法律功能。

补偿是指在行为人实施侵权行为并致他人损害以后，行为人应向他人负赔偿责任，以补偿受害人因其行为所受到的损失。侵权责任的补偿包括三方面的内容，即财产损害赔偿的补偿，人身损害赔偿即对因人身伤害和死亡所致损失的补偿，以及精神损害赔偿的补偿。侵权责任的补偿，旨在使被侵害的权利得以补救或恢复。

为了实现侵权责任的补偿功能，侵权责任以损害赔偿作为其基本方式。例如，侵权责任法对某些特殊侵权行为规定实行过错推定责任，对某些特殊侵权行为规定实行无过错责任原则，都是着重体现侵权责任法的补偿职能。

（二）惩罚功能

惩罚功能也称制裁功能。侵权行为是侵害他人人身权和财产权的行为，具有一定的社会危害性，因此应受到法律制裁。侵权责任法责令侵权行为人承担侵权责任，就体现了侵权责任对侵权行为的惩罚。制裁不法行为是法律对漠视社会利益和他人利益、违背义务和公共行为准则的行为的谴责和惩戒，它意味着法律依据社会公认的价值准则和行为准则对某种侵权行为所作的否定性评价,也是矫正不法行为的重要措施。[1]

对侵权责任法的惩罚性,很多学者尤其是国外学者持否定态度。我国侵权责任的基本功能是补偿,但是也不否认惩罚功能。一方面,侵权行为人依法应承担的损害赔偿等责任,是其对国家应负的责任。损害赔偿等民事责任虽可根据受害人的意愿而免除,但不得由加害人抛弃或者拒绝承担。另一方面,在绝大多数情况下,侵权行为人在实施侵权行为造成受害人的损害时,自己并未受有财产上的利益。[2] 侵权责任使未受有财产利益的侵权人承担财产责任,支付金钱,当然是一种财产惩罚,体现了法律对侵权行为的谴责和非难,是对侵权行为人的制裁。《民法典》第179条第2款关于"法律规定惩罚性赔偿的,依照其规定"的规定,确认侵权责任的惩罚性赔偿,实现的更是惩罚功能。

侵权责任对侵权行为的惩罚和制裁,并不是为了实现报复性惩罚的目的,而主要是保护民事主体的合法权利、矫正不法行为,并起到行为导向的作用,提出正确行为的要求,要求尊重他人权利,要求克职尽守。惩罚的目的就是要保证民法规范的遵守、保障民事权利的实现和民事义务的履行。

(三)预防功能

侵权责任的预防功能,是指通过规定侵权行为人应负的侵权责任特别是损害赔偿责任,教育不法行为人、引导人们正确行为、预防各种损害的发生,从而保持社会秩序的稳定和社会生活的和谐。我国侵权责任的预防功能表现在:通过对民事违法行为的民事制裁,对于社会和人们起到普遍的警戒和教育作用,促使人们在实施民事行为时,不得故意侵害他人的民事权利,履行应当履行的注意义务,采取积极预防措施,努力避免和减少损害;在造成损害的时候,要采取各种合理措施避免损害后果的扩大,以减少社会危险因素的发生,预防损害的发生。

二、我国《民法典》侵权责任编的立法目的

1. 救济受到损害的民事权利,保护民事主体的合法权益。《民法典》是权利法,其全部内容都是规定民事主体享有的民事权利,以及行使民事权利的基本规则。侵权责任编在民法典中的基本性质是民事权利保护法,发挥对民事主体民事权利提供保障的功能。民事权利受到非法侵害,确认在被侵权人一方取得侵权请求权,在侵权人一方构成侵权责任,通过由侵权人承担侵权责任的方式,救济被侵权人的民事权利损害,使其回复到没有受到损害时的状况,保护民事主体的民事权利。因此,侵权责任编最重要的立法目的就是保护民事主体的民事权益不受侵害,民事权利受到侵害后能够得到及时救济。

2. 确定侵权请求权的构成要件,明确侵权责任。《民法典》侵权责任编保护民事权利,救济民事权利损害的基本方法,是赋予受到侵害的民事权利主体以侵权请求权,被侵权人可以请求侵害其民事权利的侵权人承担损害赔偿等侵权责任。因此,侵权责任编的性质是责任法,而不仅仅是行为法,其全部内容都是规定法律对侵权责任的要求,不仅要规定侵权责任的归责原则和一般构成要件,规定侵权责任的方式、抗辩事由等侵权责任的一般要求,还要规定侵权责任的具体类型,规定特殊侵权责任的构成要求。因此,《民法典》侵权责任编是确定侵权责任的民事基本法,是通过确认侵权责任实现保护民事权利目的的法律。

3. 主要以财产性的侵权责任惩罚侵权人,制裁侵权行为。大陆法系侵权法并不强调侵权

---

[1] 王家福主编:《民法债权》,法律出版社1991年版,第441~443页。

[2] 在侵害知识产权等例外的场合,侵权行为人实施侵权行为,能够受有财产上的利益。

责任的惩罚性,而强调其补偿性。我国《民法典》侵权责任编在强调侵权法的补偿性功能之外,也强调其惩罚性,确定有限度的惩罚性赔偿金,更好地发挥对侵权人的惩罚性作用。

4. 预防侵权行为,促进社会和谐稳定。无论是对民事权利人的保护,还是对侵权行为的制裁或惩罚,其重要目的之一,是对侵权行为的预防。侵权责任编的这种预防作用类似《刑法》的一般预防,通过对侵权行为的制裁和对侵权人的财产惩罚,发挥其调整功能,在社会中发挥一般的警示作用,教育群众遵守民事法律,尊重民事权利,履行民事义务,防止侵害他人的民事权利,进而规范市民社会秩序,使民事法律关系的流转正常进行,促进社会的和谐和稳定,保障人民安居乐业。

三、我国侵权责任的保护范围

(一)侵权责任保护的民事权利范围

《民法典》总则编第五章"民事权利"所规定的民事权利,即人格权、身份权、物权、债权、知识产权、继承权、股权及其他投资性权利,均在侵权责任保护范围之内。其中,债权是民事权利,当然受到侵权责任的保护。

(二)侵权责任保护的民事利益范围

1. 其他人格利益。其他人格利益,在学说上叫作一般人格利益,即具体人格权不能涵盖但应当依法予以保护的人格利益。任何人格利益,凡是没有明文规定,但确需依法进行保护的,都可以概括在这个概念里,作为侵权责任保护的范围。《民法典》第 990 条规定的其他人格权益,就包括其他人格利益。

2. 死者人格利益。《民法典》第 994 条规定死者人格利益,是侵权责任保护的范围,包括死者的姓名、肖像、名誉、荣誉、隐私以及遗体。对于凡是侵害上述死者人格利益造成损害的,都应当认定为侵权行为,对死者的近亲属承担损害赔偿责任。

3. 胎儿人格利益。胎儿的人格利益应当得到法律保护,基本规则是:第一,胎儿在母体中受到身体损害或者健康损害,法律确认其产生损害赔偿请求权。第二,胎儿的损害赔偿请求权,在胎儿还没有出生之前,是一种潜在的权利,应待其出生后依法行使。第三,如果胎儿出生时为死体,胎儿不能产生损害赔偿请求权,由受害人即怀孕的母亲享有损害赔偿请求权。《民法典》第 16 条关于"涉及遗产继承、接受赠与等胎儿利益保护的,胎儿视为具有民事权利能力。但是,胎儿娩出时为死体的,其民事权利能力自始不存在"的规定中,就包含胎儿人身损害赔偿请求权这种对胎儿人格利益的保护。

4. 其他身份利益。其他身份利益,是亲属之间基于特定的亲属关系产生的,不能为身份权所概括的利益,属于人身利益的范畴。其他身份利益受到侵权行为的侵害,侵权责任提供保护。

5. 其他财产利益。其他财产利益,是物权、债权、知识产权等财产权所保护的财产利益之外的财产利益。这些财产利益都不是财产权利,但都应当得到侵权责任的保护。

第二节 侵权行为及其形态

一、侵权行为的概念和特征

侵权行为,是指行为人由于过错,或者在法律特别规定的场合不问过错,违反法律规定的义务,以作为或不作为的方式,侵害他人人身权利和财产权利及其利益,依法应当承担损害赔偿等法律后果的行为。

侵权行为具有如下特征:

1. 侵权行为是一种违法行为。违法性是侵权行为的基本性质。从违法行为这一性质出发考察,首先,侵权行为不是合法行为,而是一种违反法律规定的行为,侵权行为这一概念的本身,就体现了法律的谴责。其次,侵权行为违反的法律是国家关于保护民事主体民事权利的保护性法律规范和禁止侵害民事主体民事权利的禁止性法律规范。最后,侵权行为违法的方式,是违反法律事先规定的义务,包括作为的义务和不作为的义务。

2. 侵权行为是一种有过错的行为。侵权行为是具有过错的行为,只在法律有特别规定的情况下,才不要求侵权行为的构成须具备主观过错的要件。除在法律特别规定的高度危险作业、产品责任、环境污染、动物致害等特殊场合下的特殊侵权行为可以不具备过错这一主观要件以外,侵权行为都是含有行为人主观上故意或过失的违法行为。

3. 侵权行为包括作为和不作为两种方式。侵权行为首先必须是一种客观的行为,而不能是思想活动。这种客观的行为,可以是作为的方式,也可以是不作为的方式,其具体方式的形成根源,在于法律赋予行为人法定义务的形式。除了作为和不作为的方式之外,侵权行为没有其他表现方式。

4. 侵权行为是应当承担以损害赔偿为主要责任方式的行为。侵权行为造成损害,必然引起损害赔偿法律关系,行为人承担的主要法律后果,就是损害赔偿。

二、侵权行为的形态

侵权行为形态,指侵权行为的不同表现形式,是对各类具体侵权行为的抽象和概括。区分各类侵权行为形态,无论是在理论上还是在实践上,对于确定各种侵权行为所应适用的归责原则、责任构成要件、赔偿形式、赔偿范围和免责条件等都具有重要的意义。

(一)一般侵权行为和特殊侵权行为

一般侵权行为,是指侵权行为一般条款规定的侵权行为。特殊侵权行为是相对于一般侵权责任而言,是指欠缺侵权责任的一般构成要件,并适用过错推定原则或无过错责任原则归责的侵权行为。确定一般侵权行为和特殊侵权行为两种形态的标准,可以有不同的标志,如归责原则、责任构成要件等。事实上,这样两种侵权行为形态,最主要的区分标准,是承担侵权责任方式的不同。一般侵权行为形态的侵权责任形式是直接责任,即自己对自己的行为所造成的损害承担责任;而特殊侵权责任则是替代责任,即对他人行为所造成的损害结果或者对自己管领下的物件所造成的损害承担责任。

(二)单独侵权行为和共同侵权行为

根据侵权行为的行为主体数量的不同,可以将侵权行为分为单独侵权行为与共同侵权行为两种形态。单独侵权行为是相对于共同侵权行为而言的,是指单独的一个人实施的侵权行为。一个人,包括一个自然人或者一个法人。共同侵权行为,是指两个或两个以上的行为人,基于共同的故意或者过失,侵害他人合法民事权益,应当连带承担民事责任的侵权行为。

共同侵权行为的主体须为多个人,即共同侵权人须由二人或二人以上构成。共同侵权人可以是自然人,也可以是法人。共同侵权行为的行为人之间具有关联共同,基于此,而使数个行为人的行为连结为共同行为。

三、积极的侵权行为和消极的侵权行为

根据侵权行为的行为方式不同,可以将侵权行为分为作为的侵权行为和不作为的侵权行为两种侵权行为形态,也称为积极的侵权行为和消极的侵权行为。

积极侵权行为,是指以作为的方式实施的侵权行为。行为人违反法律规定的不作为义务而实施作为的行为,造成受害人的人身、财产以及精神损害的,构成积极的侵权行为。其特点是行为人主动实施违法行为,侵害对方当事人的人身权和财产权。在侵害财产权的侵权行为中,侵占、毁坏他人的财产,阻碍财产所有权人依法行使权利等,都是积极侵权行为。在侵害人身权的侵权行为中,殴打他人,剥夺他人生命,伤害他人健康,侮辱他人名誉,非法限制他人的人身自由等,都是积极侵权行为。

消极侵权行为,是指以不作为的方式实施的侵权行为。行为人违反法律规定的作为义务而不作为,致使受害人受到损害的,应当承担侵权民事责任。确定消极侵权行为的前提,是行为人负有特定的作为义务,这种特定的作为义务,不是一般的道德义务,而是法律所要求的具体义务。《民法典》侵权责任编第 1198 条规定的违反安全保障义务损害责任就是典型的消极侵权行为。

四、侵权行为一般条款

我国的侵权行为一般条款,是《民法典》第 1165 条第 1 款。其调整范围是确定一般侵权行为的范围和责任构成要件,规定对一般侵权行为适用法律的一般规则,确定一般侵权行为的界限,为一般侵权行为提供请求权的法律基础。

第三节 归 责 原 则

一、归责原则概述

(一)归责原则的概念

侵权责任归责原则是侵权责任法的统帅和灵魂,是侵权责任法理论的核心。

侵权责任归责原则是确定侵权人承担侵权损害赔偿责任的一般准则。它是在损害事实已经发生的情况下,为确定侵权人对自己的行为以及他人的行为或管领的物件所造成的损害是否需要承担民事赔偿责任的原则。

(二)归责原则体系

我国侵权责任归责原则体系是由过错责任原则、过错推定原则和无过错责任原则三个归责原则构成的。

1. 过错责任原则。这是我国侵权法的基本归责原则,是主要的归责原则,调整一般侵权行为的责任归属问题。《民法典》第 1165 条第 1 款规定的就是过错责任原则。

2. 过错推定原则。从本质上说,过错推定原则也是过错责任原则,但又与过错责任原则有区别,不是调整一般侵权行为的责任归属,而是调整部分特殊侵权责任。将过错推定原则独立出来作为一个单独的归责原则,具有积极的意义。《民法典》第 1165 条第 2 款规定的是过错推定原则。

3. 无过错责任原则。该原则是一个独立的归责原则,调整的范围与过错责任原则、过错推定原则不同,独立地调整部分特殊侵权行为的责任归属,具有独立存在的价值。它不仅有《民法典》第1166条作为依据,同时,也与过错责任原则、过错推定原则不同,独立地调整着部分特殊侵权责任的法律适用。

二、过错责任原则

(一)过错责任原则的概念和意义

1. 过错责任原则的概念

过错责任原则,是以过错作为价值判断标准,判断行为人对其造成的损害应否承担侵权责任的归责原则。一般侵权行为引起的损害赔偿案件,应当由主观上有过错的一方承担赔偿责任。主观上的过错是损害赔偿责任构成的基本要件之一,缺少这一要件,即使加害人的行为造成了损害事实,并且加害人行为与损害结果之间有因果关系,也不承担民事赔偿责任。

2. 过错责任原则的意义

传统民法采用过错责任原则的原因是,在资本主义自由竞争时期,民事主体需要保持行使权利的绝对性,不能受到任何限制;而行使权利就不可避免地会损害他人的利益,所以要用过错这个价值判断标准作为侵权损害责任构成的必要条件。我国《民法典》也把过错责任原则作为侵权法最基本的归责原则,根本目的是保护民事主体的人身权利和财产权利不受侵犯,保护民事主体的权利能够平等、自由地行使。把过错责任原则作为侵权法的基本的归责原则,是通过对因自己的过错而致国家、集体利益和他人合法权益受到损害的不法行为人,强加包括赔偿损失在内的民事责任,以保护自然人和法人、非法人组织的人身权利和财产权利,教育公民遵纪守法,预防和减少侵权行为的发生。

(二)过错责任原则的内涵和功能

1. 过错责任原则的内涵

(1)过错责任原则的性质是主观归责原则。过错责任原则要求在确定侵权行为人的责任时,要依行为人的主观意思状态来确定,而不是依行为的客观方面来确定,依此使过错责任原则与加害责任以及其他客观责任区别开来。这就是坚决地以行为人在主观上有无过错作为归责的绝对标准。行为人在主观上没有可非难性,就不能承担赔偿责任,除此没有其他标准。

(2)以过错作为侵权责任的必备构成要件。构成法律上的责任,必须具备法律所规定的一切要件。在侵权法的过错责任原则所适用的场合,行为人的主观过错是必备要件之一。如果行为人在主观上没有过错,就缺少必备的构成要件,就不能构成侵权责任。

(3)以过错为责任构成的最终要件。德国学者耶林指出:"使人负损害赔偿的,不是因为有损害,而是因为有过失,其道理就如同化学上之原则,使蜡烛燃烧的,不是光,而是氧,一般的浅显明白。"[3]这一论述精彩地描绘了过错要件在侵权责任构成中的最终的决定地位。过错责任原则以过错作为法律价值判断标准,就不仅仅要求将过错作为侵权责任构成的一般要件,而且要求将过错作为决定侵权责任构成的最终的、决定性的要件。只有这样,才能彻底贯彻"无过失即无责任"的精神。

2. 过错责任原则的功能

(1)确定侵权责任,救济侵权损害。实行过错责任原则的基本功能在于将侵权民事责任归

---

〔3〕 转引自王泽鉴:《民法学说与判例研究》(第2册),中国政法大学出版社1998年版,第144~145页。

属于有过错的民事主体来承担。在侵权行为造成损害结果的情况下，谁有过错，就由谁来承担赔偿责任。以此作为法律价值判断标准最公平，也最符合正义的民法观念。过错责任原则有很多功能，但是，只有确定民事责任归属的功能，才是它的基本功能。依此功能，使受害人的损害得到补偿，实现侵权法的救济损害、保护民事主体的民事权利的目的。

(2)确定民事主体的行为标准。过错责任原则坚持以人的主观过错作为承担侵权民事责任的价值判断标准。法律这样规定，就使过错在实际上意味着行为人选择了一种与法律和道德要求不相容的行为，不仅要使行为人承担民事责任，而且还要受到法律的谴责和道德的非难。这样就在实际社会生活中确定了人的行为标准。过错责任原则要求人们遵守行为的道德标准，并且以道德作为人的行为的评断标准。它要求行为人尽到对他人的谨慎和注意义务，竭力避免对他人造成损害；要求每个人都要尊重他人的权利，遵守自己应尽的作为和不作为的义务，以保障社会正常的生活秩序，维护和谐、健康的生活环境。在行为人正常的自由行为的范围内，享有广泛的行为自由，保护人的生机勃勃的创造性和积极精神，推动社会的进步。

(3)纠正侵权行为，预防损害发生。过错责任原则的价值之一，还在于通过惩戒有过错的行为人，指导人的正确行为，以预防侵权行为的发生。[4] 法律不能防止人们不出任何偏差，却能够阻止有偏差活动的继续；最轻微的责任也能够给侵权行为人某种有用的警告，使其意识到自己活动的危险。[5] 这正是过错责任原则的重要功能之一。

(三)过错责任原则的适用规则

1.过错责任原则的适用范围。过错责任原则适用于一般侵权行为。确定的标准是只有在法律有特别规定的情况下，才不适用过错责任原则，即特殊侵权行为不适用过错责任原则。

2.责任构成的要求。适用不同的归责原则，侵权责任的构成要件各不相同。适用过错责任原则确定赔偿责任，其构成要件是违法行为、损害事实、违法行为与损害事实之间的因果关系和过错。

3.举证责任。适用过错责任原则，按照“谁主张，谁举证”的民事诉讼原则，构成侵权责任的四个要件的举证责任全部由提出损害赔偿主张的受害人负担，加害人不承担举证责任。

4.侵权责任形态。在适用过错责任原则的场合，侵权责任的基本形态是自己的责任，即侵权人为自己的行为造成的损害后果负责，只有在特别场合才存在替代责任的情形，如《民法典》第1218条规定的医疗损害责任这种替代责任适用过错责任原则。

三、过错推定原则

(一)过错推定原则的概念

过错推定原则，是指在法律有特别规定的场合，从损害事实的本身推定加害人有过错，并据此确定造成他人损害的行为人赔偿责任的归责原则。

推定是指法律或法官从已知的事实推论未知事实而得出的结果，实际上就是根据已知的事实对未知的事实进行推断和认定。过错推定也叫过失推定，是指在受害人能够举证证明损害事实、违法行为和因果关系三个要件的情况下，如果加害人不能证明损害的发生自己没有过错，就从损害事实的本身推定加害人在致人损害的行为中有过错，并为此承担赔偿责任。

---

〔4〕 王利明：《侵权法归责原则研究》，中国政法大学出版社1991年版，第40页。

〔5〕《国际比较法百科全书·侵权行为·概述》，纽约海洋出版公司1975年版，第85页。

(二)过错推定原则的意义和地位

1. 过错推定原则的意义

适用过错推定原则的意义,在于使受害人处于有利的诉讼地位,切实地保护受害人的合法权益,加重加害人的责任,有效地制裁民事违法行为,促进社会的安定团结。

适用过错推定原则,从损害事实中推定行为人有过错,就使受害人免除了举证责任而处于有利地位,而行为人则因担负举证责任而加重了责任,因而更有利于保护受害人的合法权益。正因为过错推定原则具有这些优越性,它才随着侵权法理论的发展而发展,经久不衰,日臻完善,成为侵权法的归责原则。

2. 过错推定原则的地位

如果从严格的意义上讲,过错推定原则仍然是过错责任原则。因此,它的构成要件还是过错责任的四个构成要件。只是在适用过错责任原则时,在某些特殊情况下,受害人难以举出证据来证明加害人的过错。适用过错推定原则,受害人只要证明加害人不法行为所造成的损害事实,而加害人自己又不能证明自己没有过错,就可以从这些事实中推定加害人有过错。因此,推定过错原则的特殊性就在于举证责任的不同。一般的过错责任的举证责任在受害人;推定过错原则实行举证责任倒置,即把举证责任强加给加害人,加害人须证明自己无过错,如果加害人证明不了自己无过错,则推定其有过错,因而承担侵权赔偿责任。

(三)过错推定原则的适用规则

1. 适用范围。具体如表 46 – 1 所示:

表 46 – 1 《民法典》侵权责任编中规定的过错推定责任适用范围

责任	适用范围
监护人责任	第 1188 条
委托监护责任	第 1189 条
暂时丧失心智损害责任	第 1190 条
用人者责任	第 1192 条
定作人指示过失责任	第 1193 条
无民事行为能力学生在教育机构受到损害的学校责任	第 1199 条
机动车与非机动车驾驶人或者行人发生交通事故的赔偿责任	第 1208 条
医疗伦理损害责任	第 1219 条
动物园的动物损害责任	第 1248 条
除了高空抛物以外的建筑物和物件损害责任	第十章(第 1252 ~ 1258 条)

2. 侵权责任构成要件。在适用过错推定原则确定侵权责任时,其侵权责任的构成与适用过错责任原则没有原则的变化,仍须具备损害事实、违法行为、因果关系和过错要件。

3. 过错要件的举证责任倒置。在过错推定原则适用的场合,举证责任有特殊规则:第一,原告起诉应当举证证明三个要件,一是违法行为,二是损害事实,三是因果关系。原告承担这三个要件的证明责任。第二,这三个要件的举证责任完成之后,法官直接推定被告具有主观过错,不要求原告负责行为人在主观上存在过错的证明责任,不必举证,而是从损害事实的客观要件以及它与违法行为之间的因果关系中，推定行为人在主观上有过错。第三，实行举证责任倒置。如果被告认为自己在主观上没有过错，则须自己举证，证明自己没有过错；证明成立者，推翻过错推定，否认行为人的侵权责任。第四，被告如果证明不足或者不能证明者，推定过错成立，行为人应当承担侵权民事责任。

4. 侵权责任形态基本为替代责任。在适用过错推定原则的侵权行为中，行为人承担的责任形态基本上是替代责任，包括对人的替代责任和对物的替代责任，较少适用自己责任的侵权责任形态。

四、无过错责任原则

（一）无过错责任原则概念的界定

无过错责任原则，是指在法律有特别规定的情况下，以已经发生的损害结果为价值判断标准，与该损害结果有因果关系的行为人，不问其有无过错，都要承担侵权赔偿责任的归责原则。

对无过错责任原则可从如下方面加以认识：

1. 对无过错责任原则基本特征的认识。无过错责任原则归责的价值判断标准与其他归责原则有所不同，并依此与其他归责原则相区别。无过错责任原则归责的价值判断标准，是已发生的损害结果，而不是过错考虑。在这样的归责标准之下，确定责任的有无，不是过错，只是损害事实。有损害则有责任，无损害则无责任，其标准简单、明了。这是一个客观标准。

2. 对无过错态度的认识。对于无过错责任原则中的“无过错”的认识，有不同的意见。一是说“不以行为人的主观过错为责任要件的归责标准”；二是说“无论有无过错”；三是说“既不考虑加害人的过错，也不考虑受害人的过失”。实际上，无过错责任原则的基本内涵是以损害结果来确定责任。在这样的前提下，才可以说无论有无过错或者不以行为人的过错为责任构成要件的归责标准。

3. 对确认无过错责任构成的决定要件的认识。在适用无过错责任原则归责的情况下，一方面由于决定责任构成的基本要件是谁造成了损害结果，另一方面由于主观过错不再是侵权责任的构成要件，因而，决定责任构成的基本要件是因果关系。当损害结果和违法行为之间具有因果关系时，侵权责任即为构成。有因果关系者，构成侵权责任，无因果关系者，就不构成侵权责任。

4. 对法律特别规定的认识。按照《民法典》第1166条，仅在有法律规定时，才能适用无过错责任原则归责。如果没有法律规定，确定侵权责任就不能适用无过错责任原则。

（二）我国侵权法确立无过错责任原则的目的

我国侵权法确立无过错责任原则的根本目的，在于切实地保护人民群众生命、财产的安全，更好地保护民事主体的合法权益，促使从事高度危险活动和管领高度危险物的人，产品生产者和销售者，环境行为人以及动物的饲养人、管理人等行为人，对自己的工作高度负责，谨慎小心从事，不断改进技术安全措施，提高工作质量，尽力保障周围人员、环境的安全；一旦造成损害，能迅速、及时地查清事实，尽快赔偿人身损害和财产损失。适用这一原则的基本思想在于使无辜损害由国家和社会合理负担，保护受害人的利益。

（三）无过错责任原则的意义

适用无过错责任原则的意义，在于加重行为人的责任，使受害人的损害赔偿请求权更容易实现，受到损害的权利及时得到救济。在这一点上，可以在无过错责任原则与过错推定原则的比较中得到证实。

在适用过错推定原则的情况下,受害人不必举证证明加害人的主观过错,而是在损害事实中,推定加害人的过错。这样,受害人就免除了证明加害人过错的举证责任,转而由加害人承担自己举证证明自己无过错的责任,受害人的损害因此而比实行过错责任原则为优。在适用无过错责任原则的情况下,受害人当然更不用证实加害人的过错,在这一点上,无过错责任原则与过错推定原则相比,并没有不同;但是,在举证责任倒置的内容上,情况大不一样:实行过错推定,举证责任在加害人,证明的内容是加害人自己没有过错;实行无过错责任原则,举证责任在加害人,证明的内容是损害系由受害人的过错所引起;加害人证明自己无过错,在实践中,尚属可能;加害人证明损害是由受害人的故意所引起,实属不易。这样相比,无过错责任原则对于受害人来说,当然要比过错推定更为有利。应当注意的是,在实行无过错责任原则时,并不是所有的行为人都没有过错。在很多情况下,都可以证明或者从损害事实中推定出他们的故意或者过失。法律确认无过错责任原则,是说明主观过错不是责任构成要件,行为人无论有无过错,都应当承担赔偿责任。这样,就将行为人置于严格的责任监督之下,把受害人置于更为妥善的保护之中。

(四)无过错责任原则的适用规则

1. 适用范围。具体如46-2所示:

表46-2 《民法典》侵权责任编中规定的无过错责任原则适用范围

责任	适用范围
产品责任	第1202~1207条
医疗产品损害责任	第1223条
环境污染和生态破坏责任	第1229~1235条
高度危险责任	第1236~1244条
饲养动物损害责任	第1245~1247条、第1249~1250条
工伤事故责任	除第1192条规定外

2. 责任构成要件。适用无过错责任原则,其责任构成只需具备三个要件:一是违法行为;二是损害事实;三是违法行为与损害事实具有因果关系。在适用无过错责任原则的情况下,只要具备以上三个要件,行为人就应当承担赔偿责任,而不要求具备主观过错的要件。

3. 举证责任。适用无过错责任原则的举证责任也存在举证责任倒置的规则。具体规则是:第一,受害人即原告应当举证证明违法行为、损害事实和因果关系三个要件。对此,加害人不承担举证责任。第二,在受害人完成上述证明责任以后,无过错责任的就已经构成。如果加害人主张受害人的故意是致害的原因,应当承担证明责任,能够证明的,免除赔偿责任;举证不足或者举证不能,侵权责任即告成立。

4. 侵权责任形态。适用无过错责任原则的侵权行为,其责任形态一般是替代责任,包括对人的替代责任和对物的替代责任。

5. 受害人有过错的问题。在适用无过错责任原则的场合,受害人对于损害的发生与扩大也有过错的,是否实行过失相抵,有以下情况:第一,受害人故意造成损害的,应当依照《民法典》第1174条规定,免除行为人的责任。第二,受害人对于损害的发生或者扩大具有重大过失的,原则上实行过失相抵,减轻行为人的责任,但是法律有特别规定的除外。第三,受害人对于损害的发生有过失的，如果法律规定可以减轻责任的，依照其规定，如《民法典》第1240条规定从事高空、高压、地下挖掘活动或者使用高速轨道运输工具造成他人损害的，受害人对损害的发生有过失的，实行过失相抵，减轻责任；法律没有特别规定的，受害人过失不构成过失相抵。第四，受害人有轻微过失的，不实行过失相抵。

第四节　侵权责任构成要件

一、违法行为

（一）违法行为的概念和结构

违法行为，是指自然人或者法人违反法律而实施的作为或不作为。违法行为作为侵权责任构成的客观要件，包括行为和违法两个要素，这两个要素构成违法行为要件的完整结构。这一结构表明，侵权行为首先必须由行为来构成，而非由事件或思想等行为以外的事实构成。构成侵权民事责任的前提，必须有一定的行为。其次，这种行为必须在客观上违反法律，具有违法性的特征。

1. 行为

行为是人类或人类团体受其意志支配，并且以其自身或者控制、管领物件或他人的动作、活动，表现于客观上的作为或不作为。应当说明的是：

（1）法人的行为并非只是法人的机关于其职务范围内所为的行为，这种界定范围过窄。法人是人类的团体形式，其意志，即为法人机关之意志，其行为，应是其自身的活动和控制管领物件的活动。前者如生产、销售、管理等，后者如对工厂、厂房、机器、设备的管理、使用等。法人的上述行为也表现为作为和不作为两种形式。

（2）自然人、法人行为的基本形式，是其自身的动作或活动。但其控制、管领物件或他人的动作或活动，亦为自然人、法人行为的特殊形式，当由其控制管领的物件或他人致人损害之时，亦构成侵权责任，为替代责任，责任人为控制管领物件或他人的人。如建筑物以及其他设施或者建筑物上的搁置物、悬挂物坠落、倒塌致人损害，是为物体致害的替代责任；无民事行为能力人或者限制行为能力人致人损害，由其监护人承担替代责任，是为他人的行为致害的责任。在这些情况下，物体致害和无行为能力人限制行为能力人致害，是其管理人、法定代理人的行为的延伸，亦为自然人和法人的行为。

2. 违法性

违法的概念，在界定上有肯定主义与否定主义之分。肯定主义肯定违法的内涵，如认为，所谓违法，系指形式违法及实质违法。违反强制或禁止之规定者，为形式的违法，悖于善良风俗或公共秩序者，为实质的违法。[6] 否定主义采用否定不违法的行为的方法，界定违法概念，如认为，此所谓不法，系指无阻却违法之事由而言。侵害权利虽常属不法，但有阻却违法事由存在时，则非不法。[7]

---

〔6〕 史尚宽：《债法总论》，荣泰印书馆1978年版，第120页。
〔7〕 何孝元：《损害赔偿之研究》，台北商务印书馆1982年版，第99页。

违法是指行为在客观上与法律规定相悖,主要表现为违反法定义务、违反保护他人的法律和故意违背善良风俗致人损害。

(1)违反法定义务。违反法定义务,表现为两种情形:一是义务人违反绝对权的不可侵义务,是自然人、法人作为他人享有绝对权利的法定义务人时,负有法定的不得侵害该权利的法定义务,侵害该绝对权,即违反该法定的不可侵义务,为具有违法性。二是第三人违反对合法债权的不可侵义务,第三人对于他人之间的债权并无特定的义务,但是负有不可侵义务,违背债权的不可侵义务,也构成违反法定义务的违法性。

(2)违反保护他人为目的的法律。法律有时候直接规定对某种权利或者利益的特别保护。违反这种保护他人的法律,也构成违法性。例如,我国《消费者权益保护法》第 18 条规定:“经营者应当保证其提供的商品或者服务符合保障人身、财产安全的要求。”按照这一规定,经营者在提供商品或者服务时,对消费者的人身安全和财产安全负有保障义务,经营者疏于这种保护义务,就违反了以保护他人为目的的法律,构成违法性。

(3)故意违背善良风俗致人损害。关于违背善良风俗之违法性,本为不当,当故意以其为方法而加害他人时,构成违法。行为既不违反法定义务,亦不违反法律的禁止,但故意违背道德观念善良风俗而直接或间接加害于他人,亦构成违法。

违法性分为形式的违法性和实质的违法性。上述前两种违法性,在形式上都是违反法律规定的,因此称为形式违法。后一种违法性即违背善良风俗的违法性,行为在形式上并不违法,但是其在实质上违法,因此称为实质违法。

(二)违法行为的方式

违法行为依其方式可分为作为和不作为。这两种行为方式均可构成侵权行为的客观表现方式。区分行为的作为与不作为,应以法律规定的法定义务为标准。行为人违反法律规定的不作为义务而为之,为作为的违法行为。反之,行为人违反法律规定的作为义务而不履行之,即为不作为的违法行为。

1. 作为

作为的违法行为是侵权行为的主要行为方式。人身权、财产权均为绝对权,其他任何人都负有不得侵害的法定义务,即使是债权,第三人也负有不可侵义务。行为人违反不可侵义务而侵害之,即为作为的侵权行为。如伤害他人健康,用语言诽谤他人,侵害他人财产所有权。

2. 不作为

不作为的违法行为亦可构成侵权行为的客观行为方式。确定不作为违法行为的前提,是行为人负有特定的作为义务,这种特定的作为义务,不是一般的道德义务,而是法律所要求的具体义务。特定的法定作为义务的来源,主要有以下三种:

(1)法律的直接规定。例如,《民法典》婚姻家庭编规定,父母有管教未成年子女的义务,母亲对于哺乳期子女有抚养义务,亲属之间负有扶养义务等。违反上述法律上的作为义务而不予履行,即为不作为的违法行为。

(2)业务上或职务上的要求。例如,修建地下工作物应负预防危险的作为义务,游泳场救护员负有抢救落水者的作为义务,消防队员应负扑救火灾的义务等,都是来自职业或者业务上的要求,都是作为的义务。违反上述职务上或业务上的作为义务而不作为者,为不作为的侵权行为。

(3)行为人先前的行为。行为人先前的行为给他人带来某种危险,对此,必须承担避免危险的作为义务。例如,小说出版编辑者在发表具有侵权内容的作品这一行为后,产生采取措施为受害人消除影响、恢复名誉的作为义务。违反这一义务,构成不作为的侵害名誉权的违法行为。

(三)违法行为的样态

1. 自己的行为。自己的行为是直接行为,是一般侵权行为责任构成的违法行为样态。行为人自己实施行为,无论作为还是不作为,均构成一般侵权责任,即自己的责任。侵害人格权、身份权以及财产权等,均可由这种行为样态构成。

2. 监护、管理下的人所实施的行为。这是间接行为构成特殊侵权行为,行为人承担的侵权责任为替代责任。父母对于未成年子女实施的侵权行为,用人单位的工作人员执行职务致人损害的行为,均为此种间接行为。这种行为渊源于罗马法的准私犯,[8]《法国民法典》第1384条规定:“任何人不仅对其自己的行为所造成的损害,而且对应由其负责的他人的行为或在其管理下的物件所造成的损害,均应负赔偿的责任。”其中,应由其负责的他人的行为,即为这种间接行为。

3. 管理物件的不当行为。对于自己管理、控制的物件,应妥善处置。管理不当,物件致人损害,虽非自己的直接行为,却为间接行为。此种间接行为,亦构成特殊侵权责任,行为人应为自己的物件管理不当行为承担责任。此种间接行为亦产生于罗马法准私犯制度,《法国民法典》第1384条关于任何人“在其管理下的物件所造成的损害”,应负赔偿责任的规定,以及第1385条动物致害、第1386条建筑物致人损害,均为此种间接行为。

上述三种违法行为的样态,也可以分为直接行为和间接行为,前一种是直接行为,后两种是间接行为。

侵权法区分违法行为的上述三种不同的样态,意义在于行为人承担不同的侵权责任形态。为自己的行为负责是直接行为,行为人承担的是自己的责任,即自己为自己的行为承担侵权民事责任。为他人的行为负责和为自己控制、管领物件的不当行为负责是间接行为,责任人承担的是替代责任,是为他人的行为负责,或者为自己管领的物件所致损害负责。前者为一般侵权行为,适用过错责任原则归责;后者为特殊侵权行为,根据法律的规定,适用过错推定原则或者无过错责任原则归责。在审判实践中,应当注意区别违法行为究竟是直接行为还是间接行为。这对于正确适用侵权法,具有重要的实践意义。

二、损害事实

(一)损害事实的概念和结构

损害事实,是指一定的行为致使权利主体的人身权利、财产权利以及其他利益受到侵害,并造成财产利益和非财产利益的减少或灭失的客观事实。[9] 损害事实是侵权责任构成要件之一。

损害事实由两个要素构成:一是权利被侵害;二是权利被侵害造成利益受到损害的客观结果。一个损害事实必须完整地具备侵害客体和利益损害这两个要素,缺少其中任何一个要素,都不是侵权法意义上的损害事实,都不符合侵权责任构成要件的要求。侵害人身权民事责任的损害事实,必须具备人身权受到侵害和导致人格利益、身份利益损害这两个要素。侵害财产

[8] 江平等:《罗马法基础》,中国政法大学出版社1991年版,第198页。
[9] 杨立新:《侵权损害赔偿案件司法实务》,新时代出版社1993年版,第38页。

权民事责任的损害事实,也必须具备财产权受到损害和导致财产利益受到损失这两个要素。

1. 权利被侵害。权利被侵害这一要素的确定,意义之一就在于确定侵权行为的范围,分清侵权行为的不同性质。被侵害的权利是侵权行为的侵害客体。侵权行为的范围究竟有多宽,应当以能够成为侵权行为客体的民事权利的范围为限。行为造成了权利主体的权利损害,该权利属于侵权行为的客体范围,即可构成侵权行为;反之,则不能构成侵权行为。当侵害的权利属于侵害客体范围时,再根据具体权利的种类,可以确定该侵权行为是侵害财产权,还是侵害人身权;在侵害人身权中,是侵害身体权,还是侵害名誉权,以及侵害其他人身权。确定了这种性质,即可据此决定适用哪一法律条文,如何进行处理。

2. 利益被损害。利益损害这一要素的确定,意义在于是否成立侵权损害赔偿责任,以及如何确定赔偿范围。《民法典》第 1165 条、第 1166 条增加规定"损害"要件,体现的正是这个意思。在侵害财产权的场合中,利益的损害包括直接损害和间接损害,一般的侵害财产权,没有造成财产的直接损失或者间接损失,不构成侵权责任。在侵害人身权的场合中,利益损害包括人格利益损害和身份利益损害。当违法行为作用于人身时,如果情节轻微,没有造成利益的损害,也不构成侵权责任。只有违法行为作用于权利主体的财产权利或者人身权利,并且造成了财产利益以及人格利益和身份利益损害时,才能成立侵权责任,并且依该损害的实际范围,确定赔偿责任的大小。

3. 完整的损害事实要件。权利侵害和利益损失结合在一起,构成侵权责任的损害事实要件。这一客观要件的存在,是侵权法律关系赖以产生的根据。侵权责任只有在违法行为侵害了权利并且造成相应利益损害的条件下,才能发生。如果仅有违法行为而无权利侵害和利益损失的损害事实,就不能发生侵权民事责任。

(二)损害事实的种类

1. 对人身权利及利益的损害事实

侵害人身权的损害事实,最终表现为人格利益损害和身份利益损害这两种不同的损害事实种类。因为这两种利益就是人身两大权利种类的客体。

(1)人格利益损害

人格利益损害是侵害人格权所造成的损害事实。由于人格权可以分为物质性人格权和精神性人格权,因而人格利益损害也分为两种不同的损害事实。

第一,人身损害。侵害自然人身体权、健康权、生命权,其人格利益的损害为人身损害。这种损害首先表现为自然人的身体、健康损伤和生命的丧失。当违法行为作用于受害人的物质性人格权时,受害人所享有的作为物质性人格权的客体的人体利益将受到损害,造成伤害或死亡。人身利益,是人之所以为人的物质条件,维持生命,维护人体组织完整和人体器官正常机能,是享有民事权利、承担民事义务的物质基础。这种利益的损害,破坏了人体组织和器官的完整性及正常机能,甚至造成生命的丧失,因而在外在形态上是有形的。

人身损害其次表现为自然人为医治伤害、丧葬死者所支出的费用,这种财产上的损失,也表现为有形的损害。此外,人体伤害、死亡还可能造成其他财产上的损失,如伤残误工的工资损失,护理伤残的误工损失,丧失劳动能力或死亡所造成其扶养人的扶养费损失等,这些损害也是有形的损害。人格利益有形损害可以造成财产上的损失这一特点,给其金钱赔偿提供了准确计算的基础,因而人格利益的有形损害是可以计算,并用金钱准确赔偿的。

人身损害还表现为精神痛苦的损害。造成死亡,死者的近亲属的精神痛苦;侵害健康和身体，造成受害人的精神痛苦，都是这种损害。

第二，精神利益损害。侵害精神性人格权所造成的人格利益损害，是精神损害。精神性人格权的客体，均为无形的人格利益，在客观上没有实在的外在表象。例如，名誉权的客体，是他人对自然人、法人的属性所给予的社会评价；隐私权的客体，是与公共利益、群体利益无关且不愿让他人知道的个人信息；人身自由权的客体，则是人的行为、意志不受他人约束的状态等。对于这些精神性人格权无形的人格利益造成损害，其损害的形态，就是精神利益损害。

应当指出的是，精神利益损害可能表现为三种形态：一是财产利益的损失，包括人格权本身包含的财产利益的损失和为恢复受到侵害的人格而支出的必要费用；二是人格的精神利益遭受的损失，即人格评价的降低、隐私被泄露、自由被限制、肖像或名称被非法使用等；三是受害人的精神创伤和精神痛苦。

（2）身份利益损害

身份利益损害是侵害身份权所造成的损害事实。由于身份权有基本身份权和派生身份权之分，身份利益损害表现为两种形式，即身份利益的表层损害和身份利益的深层损害。这两种不同的损害，构成身份利益损害的两个不同层次。违法行为侵害身份权，首先表现为身份利益的表层损害，然后引起身份利益的深层损害，身份利益的深层损害是身份利益的最终损害形式。

身份利益的表层损害，是违法行为侵害基本身份权并造成基本身份权的客体即基本身份利益的损害。基本身份权的身份利益是身份权人对于特定身份关系的支配性利益，是为配偶、为父母、为亲属的利益。身份利益表层损害破坏了这种为配偶、为父母、为亲属的基本身份关系，丧失了对这种基本身份关系的支配，因而失去或损害了为配偶、为父母、为亲属的地位。

身份利益深层损害，是违法行为在侵害基本身份权的同时，侵害了派生身份权，造成了派生身份权的客体即派生身份利益的损害。由于派生身份权的多样性、复杂性，其客体即派生身份利益也具有多样性、复杂性，因而导致身份利益深层损害的多样性和复杂性。配偶权的深层损害，是配偶之间共同生活、相互依靠、相互体贴的依赖关系的损害，互相扶助扶养关系的损害等。亲权的深层损害，是父母对子女管理、教育、抚育以及相互尊重、爱戴关系的破坏。亲属权的深层损害，是亲属关系的破坏和相互扶养、抚养、赡养关系的破坏。

这些具体的身份利益的深层损害，可以分成几类具有共性的损害：一是亲情关系的损害；二是财产利益的损失；三是精神痛苦和感情创伤。

2. 对财产权利的损害事实

财产损害事实主要分为侵占财产和损坏财产。这是财产损害事实的主要形式。侵占财产是行为人将他人所有或合法占有的财产转为由自己非法占有，使原所有人或合法占有人丧失所有权或者丧失占有。损坏财产则是不转移占有，而是破坏所有人或占有人所有或占有之物的价值，使之丧失或者减少。除此之外，财产损害还包括其他财产利益的损害，主要的是所有权以外的其他财产权利的丧失或者破坏。在市场经济的形势下，后一种财产损害更为常见。

财产损害表现为财产损失，包括直接损失和间接损失。直接损失是现有利益的减少；间接损失是可得利益的丧失。

三、因果关系

（一）因果关系的概念

因果观念是人类一切自觉活动必不可少的逻辑条件，人类在研究任何社会现象的普遍联系的过程中,都离不开哲学上原因和结果以及因果关系作为基本的指导原则。当人们运用哲学因果关系的原理来指导侵权法上的原因和结果及其相互关系时,就形成了侵权法上的因果关系概念。侵权法上的因果关系以及原因和结果的概念,既不同于哲学上的相同概念,又与哲学上的相同概念具有密切的关系。

侵权责任构成中的因果关系要件,就是侵权法中的因果关系。它指的是违法行为作为原因,损害事实作为结果,在它们之间存在的前者引起后者、后者被前者所引起的客观联系。

(二)因果关系中的原因

因果关系中的原因,是违法行为。一些学者提出主张,否认违法行为为损害事实的原因,否认违法行为为侵权责任构成的客观要件。采取这样的立场,就不得不采取两种不同的办法解决:第一,承认行为为原因,但其侵权责任构成仅承认损害事实、因果关系和过错,其中却没有行为这一要件,因而使侵权责任构成要件不健全、不完整。第二,创造过错行为的概念,将过错行为作为原因,实际上正是混淆了主观概念和客观概念的界限,引出不正确的结论。反之,承认违法行为是侵权责任构成的客观要件,并认其为损害事实的原因,不仅可以完全避免上述不必要的麻烦,而且使侵权责任构成理论更完善、更严谨。

因此,侵权责任构成要件因果关系的原因,仍应为违法行为,而不是过错,也不是过错行为。

(三)确定我国侵权法因果关系要件的规则

1. 确定我国侵权法因果关系规则的理论分析

对于以上各种因果关系学说,应当进行分析,才能够确定我国侵权法在责任构成因果关系要件上的规则。

在大陆法系的因果关系学说中,最主要的就是条件说、原因说和相当因果关系说。学者一般认为,条件说范围太宽,原因说则属过严,且认定困难,均不宜采用,唯有相当因果关系说与民法公平原则颇相符合,堪称允正,应予采用。“客观归属理论”较为抽象,不易掌握,在实践中不宜采用。而盖然性因果关系说、疫学因果关系说和间接反证说,不过是在区分复杂的因果关系时的个别方法,并不是一个一般的因果关系学说,在实践中可以根据不同情况适用。至于英美法系的法律因果关系说,是判断因果关系的各种不同方法,其基本思路与相当因果关系说在实质上是相通的,因此可以借鉴。

2. 确定因果关系要件的基本规则

在我国侵权法理论中,确定行为与结果之间的因果关系,既应当参考国外的因果关系理论的精华之处,又要根据我国的具体情况,确立我国的因果关系规则。应当区别情况,分别遵循以下四个规则进行。

(1)直接原因规则

直接原因规则,就是“原因说”,也叫作“限制条件说”“必然因果关系说”,主张对原因和条件应加严格区别,仅承认原因与结果之间存在因果关系,而条件与结果之间则没有因果关系,因而法律上的原因与事实上的原因不同。原因说的主要之点在于:原因是对结果的发生有重要贡献的条件,而其他条件则对结果的发生只起到背景的作用,无直接的贡献,其仅仅为条件,不具有对结果发生的原因力。这一学说由德国学者宾丁·库雷尔首创,后来经不断发展,被广泛采用,形成了必然因果说等多种主张。这种理论着眼于已发现的外部的现实的各个违法行为及其结果,重视研究行为对于结果发生的作用,主张把行为与结果之间的因果关系定型化,以限定追究行为的责任范围。其中以必然因果说对责任范围的限制最为严格。

最常见的直接原因,就是一因一果的因果关系类型。一个原因行为出现,引起了一个损害结果的发生,这种因果关系极为简单,容易判断。

对于虽然有其他条件介入,但是原因行为与损害结果之间自然连续、没有被外来事件打断,尽管也有其他条件的介入,但是可以确定这些条件并不影响原因行为作为直接原因的,应当认定其与损害事实之间具有因果关系。

(2)相当因果关系规则

在行为与结果之间有其他介入的条件使因果关系判断较为困难,无法确定直接原因的,应当适用相当因果关系理论判断。确认行为是损害结果发生的适当条件的,认定行为与结果之间具有相当因果关系,否则为没有因果关系。

相当因果关系说也称为适当条件说,是19世纪末德国学者巴尔首先提出,由克利斯发表的《论客观可能性的概念》一文确定了它的基础,成为多数国家民法采用的理论。这种学说认为,某一事实仅于现实情形发生某种结果,尚不能认为有因果关系,必须在一般情形,依社会的一般观察,亦认为能发生同一结果的时候,才能认为有因果关系。例如,伤害他人之后,送受害人去医院治疗,不幸医院失火,致受害人烧死。这里的伤害与烧死就现实情形而言,固然不能说没有关系,但医院失火属于意外,依一般情况,不具有相当因果关系。如果伤害后患破伤风以致死亡,则在一般情形依通常经验观察,能致死亡,故其伤害行为与死亡结果之间为有因果关系。

相当因果关系学说分为三种不同的观点:第一,主观的相当因果关系说。此说认为,确定相当条件应当以行为人行为时所知或者应当知道的事实,作为判断的基础。至于该情事是否为普通人所能认知,则在所不问。因而,将普通人所能认知,而行为人并未认知或不能认知的情形除外,不认为该行为与结果之间有因果关系。第二,客观的相当因果关系说。此说认为,确定适当条件是基于法官的立场,法官依社会一般人对行为及结果能否预见为标准,以行为发生时在客观上所表现的情事,及行为所发生的结果,为观察对象,决定相当条件,而不是以行为人的主观作为主要判断依据来确定因果关系。第三,折中的相当因果关系说。这种相当因果关系学说综合了主观说和客观说的立场,认为应当以一般人能够认知和预见的情形以及行为人的特别认知、预见的情形为判断基础,也就是以行为时一般人所预见或可能预见以及虽然一般人不能预见而为行为人所认识或能认识的特别情势为基础,判断因果关系的有无。凡是一般人所能预见到的行为与结果之间的在伦理上的条件关系,无论行为人是否能预见,都认为存在因果关系。凡是为一般人不能预见但是行为人能预见的,亦认为存在因果关系。

适用相当因果关系学说,关键在于掌握违法行为是发生损害事实的适当条件。适当条件是发生该种损害结果的不可缺条件,它不仅是在特定情形下偶然的引起损害,而且是一般发生同种结果的有利条件。如何判断相当因果关系,史尚宽先生曾经概括了一个公式:“以行为时存在而可为条件之通常情事或特别情事中,于行为时吾人智识经验一般可得而知及为行为人所知情事为基础,而且其情事对于其结果为不可缺之条件,一般的有发生同种结果之可能者,其条件与其结果为有相当因果关系。”[10] 换言之,确定行为与结果之间有无因果关系,要以行

---

〔10〕 史尚宽:《债法总论》,荣泰印书馆1978年版,第163页。

为时的一般社会经验和智识水平作为判断标准,认为该行为有引起该损害结果的可能性,而在实际上该行为又确实引起了该损害结果,则该行为与该结果之间为有因果关系。

判断违法行为与损害结果之间具有相当因果关系,可以适用以下公式:

大前提:依据一般的社会智识经验,该种行为能够引起该种损害结果。

小前提:在现实中,该种行为确实引起了该种损害结果。

结论:该种行为是该种损害事实发生的适当条件,二者之间具有相当因果关系。

(3)法律原因规则

在特别情况下,如果确认因果关系确有困难,可以适用英美侵权法中的"事实原因—法律原因"的规则。也就是说,首先确定行为是否构成损害的事实原因,即产生一个结果的多个前提事实总和中的一个因素;其次确定行为是否为损害的法律原因,即一种自然的、未被介入因素打断的原因,没有这样的原因,就不会发生原告受害的结果。行为对于损害而言,既是事实原因,又是法律原因的,即可确定行为与损害之间的因果关系。

具体判断时,要掌握事实上的原因和法律上的原因的构成。

事实上的原因,就是跟随结果发生同时存在的各个事实。确定事实上的原因通常有四种规则。第一,传统规则,即"but for test"规则,就是"非他莫属"。倘若没有被告的行为,原告就不会遭受损害,那么被告的行为就是原告损害的原因。第二,实质要件规则,如果被告的行为是原告受损的实质要件或者重要因素,那么被告的行为就是原告受害的事实上的原因。第三,复合原因规则,造成原告受损害的原因力不是单一的,如果是两个或者两个以上的原因力共同作用导致同一个后果,这就是复合原因。在分辨责任时,需要确立划分责任的标准,并确定各自承担赔偿的数额,如果不能分清各自原因力的大小,则应承担连带责任。第四,其他方法,当以上方法都无法确认谁的行为是伤害的实际原因时,原告必须证明反正被告当中有一个人的过失引起了他的伤害,然后每一个被告都要证明自己的过失不是伤害的实际原因。如果他们没有一个能够证明,那么他们就要共同为原告的伤害负责。

法律上的原因也叫作近因,是被告对原告承担责任的最近原因,是一种自然的和继续的、没有被介入因素打断的原因,没有这种原因,就不会发生原告受害的结果。所谓最近,不必是时间或空间上的最近,而是一种因果关系上的最近,因此,损害的近因是主因或有效原因,附加原因、介入原因虽然在时间上或空间上是最近的,但并不是近因。确定法律上的原因,一是分析直接原因;二是分析后果的预见性;三是分析介入原因。直接原因,就是被告的行为与损害后果之间自然连续,没有被外来事件打断,被告的行为直接导致了伤害后果。预见性,就是被告只对他在行为时可以预见的后果负责。介入原因,就是在被告的行为与伤害后果之间,介入了外来的事件或者行动,与被告的行为结合起来导致伤害结果的发生,介入原因的出现改变了事件发生的过程和结果,改变了当事人之间的关系与责任。当介入原因能够取代被告的行为时,被告的责任就可能得到原谅。

(4)推定因果关系规则

推定因果关系规则即盖然性因果关系说,是在原告和被告之间分配举证责任的理论。即由原告证明公害案件中的侵权行为与损害后果之间存在某种程度的因果关联的可能性,原告就尽到了举证责任,然后由被告举反证,以证明其行为与原告损害之间无因果关系,不能反证或者反证不成立,即可判断因果关系成立。日本学者将这种学说称为"优势证据",在民事案件中心证的判断只要达到因果关系存在盖然性大于因果关系不存在的盖然性这一程度，便可认定因果关系的存在。[11]

在特定的场合，适用推定因果关系规则。盖然性因果关系说、疫学因果关系说和间接反证因果关系说，实质上都是一种推定因果关系。其基本要点，就是保护弱者，在受害人处于弱势，没有办法完全证明因果关系要件时，只要受害人举证证明到一定的程度，就推定行为与损害之间存在因果关系，然后由被告负责举证，证明自己行为与损害发生之间没有因果关系。应当注意的是，适用推定因果关系一定要有法律规定，或者是环境污染侵权，或者是医疗事故侵权纠纷，在其他场合适用这一规则应当特别谨慎。

因果关系推定的适用方法如下：

第一，分清违法行为与损害事实的时间顺序。作为原因的违法行为必定在前，作为结果的损害事实必须在后。违背这一时间顺序性特征的，为无因果关系。

第二，区分违法行为与损害事实之间是否存在客观的、合乎规律的联系。确定其间的因果联系，即在案件中，如果在违法行为与损害结果之间存在盖然性联系，则应解释在法律上存在因果关系。盖然性因果联系的证明责任还应当是由受害人举证。法官根据所积累的情况证明，如果可以作出与有关科学无矛盾的说明，即应当解释为法律上的因果关系得到了证明。其推定形式是：

大前提：在一般情况下，这类行为能够造成这类损害。

小前提：这一结论与有关科学原理无矛盾。

结论：这种损害事实是由这种行为造成的。

第三，由于这种因果关系是推定的，因而，还应当在损害事实与违法行为之间排除其他可能性。当确定这种损害事实没有任何其他原因所致可能时，即可断定该种行为是损害事实的原因，即推定因果关系成立。

实行因果关系推定，就意味着受害人在因果关系的要件上，就不必举证证明，而是由法官实行推定。

因果关系推定适用的范围是：第一，环境污染和生态破坏案件。环境污染、生态破坏致人身伤害案件，即公害案件。对此，《民法典》第1230条已有明确规定。在环境污染和生态破坏责任确定中，只要证明企业已经排放了可能危及人身健康的有害物质，而公众的人身健康在排污后受到或正在受到危害，就可以推定这种危害是由该排污行为所致。第二，其他有必要适用推定因果关系的案件。因果关系推定原则适用于公害案件，在某些特定的场合，也可以有条件地适用。

四、过错

（一）过错概念的性质

关于过错究竟是主观概念还是客观概念，学说上有不同的主张。

确定过错的本质属性，应当从过错的本质上去揭示它。在理论上的“主观过错说”和“客观过错说”，并不是说过错的本质属性是主观的，不是客观的，而是就判断过错的标准而言。正如学者所指出的那样，“主观过错说是以一定的心理状态作为衡量过错的标准”，“客观过错说是

---

〔11〕［日］加藤一郎：《公害法的生成与发展》，岩波书店1968年版，第29页。

以人的行为为判断标准”,[12]或者“注意”的衡量标准是一种客观标准。[13] 除了少数学者坚持过错是一种行为,是客观概念外,绝大多数学者认为过错就其本质属性而言,是人的主观心理状态,因而是主观的概念。

检验过错标准的客观化,是民法理论发展的必然。但是,检验过错标准的客观化却不能导致过错的本质属性发生质的改变而使过错本身客观化。就过错是客观概念的主张而言,就是沿着这一条道路走下去,改变了过错的本质属性,使过错由主观概念变成了客观概念。而过错是综合概念的主张,虽然以承认过错是主观心理状态为前提,但却从过错须从行为表现出来,又必须以行为来检验其有无的基础上,认为过错既是主观的概念,又是客观的概念。综合过错理论是折中主义的产物。

检验过错用客观标准,是指判断过错时,采用客观的标准来衡量,按此客观标准,违反之,为有过错,符合之,为无过错。过错的有无,仍然是说行为人在主观上有无不注意的心理状态,并不是说这种过错已经离开了行为人的主观世界,而成为客观上的形态。过错永远不能离开行为人的主观世界,而成为客观的实在形态。

同样道理,过错体现在行为人的行为之中,但不能说过错是行为本身。主张从行为中检验、判断行为人主观上是否有过错,是正确的观点。但由于过错体现在行为之中,并且应从行为中检验、判断行为人是否有过错进而认为过错本身就是行为,或者过错本身就有客观的属性,也是对过错本质属性的误解。

(二)过错的分类

过错分为两种基本形态,即故意和过失。

1. 故意

(1)故意的概念

故意,是行为人预见自己行为的结果,仍然希望它发生或者听任它发生的主观心理状态。

确定故意,在侵权法理论上有意思主义和观念主义之争。意思主义强调故意必须有行为人对损害后果的“希望”或“意欲”,观念主义强调行为人认识或预见到行为的后果。这两种主张,意思主义比观念主义要求为严。对此,本书认为应当采用折中主义的主张,行为人应当认识到或者预见到行为的结果,同时又希望或听任其发生。

(2)直接故意和间接故意

故意在侵权法中也分为直接故意和间接故意。不过,在侵权法中区分直接故意和间接故意并不是特别必要,因为在一般情况下,过失都构成侵权责任,间接故意当然也构成侵权责任。但是,在某些场合,确实存在间接故意的情形,区别间接故意还是直接故意还是有一定意义的。例如,在与有过失的过失相抵、连带责任和按份责任的责任份额的确定上,直接故意和间接故意的过错程度并不相同,行为人应当承担的责任有所区别。

2. 过失

(1)过失的概念

过失,包括疏忽和懈怠。行为人对自己行为的结果,应当预见或者能够预见而没有预见,为疏忽;行为人对自己行为的结果虽然预见了却轻信可以避免,为懈怠。疏忽和懈怠,都是过

---

〔12〕 王利明主编:《人格权法新论》,吉林人民出版社1994年版,第90、92页。

〔13〕 [荷]W. T. 瓦格纳:《波兰法上的债·波兰民法》(第2卷),莱顿,1974年版,第152页。

失,都是加害人对应负的注意义务的违反。因此,民法上的过失,就是行为人对受害人应负注意义务的疏忽或懈怠。

(2)注意义务的标准

既然过失是一种不注意的心理状态,即对自己注意义务的违反,那么,注意义务就应当有客观的标准。

第一,普通人的注意。这种注意标准,是指在正常情况下,只用轻微的注意,即可预见的情形。这种注意义务,是按照一般人在通常情况下能够注意到作为标准。如果在通常情况下,一般人也难以注意到,那么,行为人尽管没有避免损害,但也尽到了注意义务,因而不能认为其有过失。相反,对于一般人能够在一般情况下注意到却没有注意,为有过失。

第二,应与处理自己事务为同一注意。所谓自己事务,包括法律上、经济上、身份上一切属于自己利益范围内的事务。与处理自己事务为同一注意,应以行为人平日处理自己事务所用的注意为标准。判断这种注意义务,应以行为人在主观上是否尽到了注意的义务为标准,即主观标准。如果行为人证明自己在主观上已经尽到了注意义务,应认定其为无过失;反之,则应认定其有过失。[14]

第三,善良管理人的注意。这种注意义务,与罗马法上的"善良家父之注意"和德国法上的"交易上必要之注意"相当,都是以交易上的一般观念认为具有相当知识经验的人对于一定事件所用注意作为标准,客观地加以认定。行为人有无尽此注意的知识和经验以及他向来对于事务所用的注意程度,均不过问,只有依其职业斟酌,所用的注意程度,应比普通人的注意和处理自己事务为同一注意,要求更高。这种注意的标准,是一种客观标准。

上述三种注意义务,从程度上分为三个层次,以普通人的注意为最低,以与处理自己事务为同一注意为中,以善良管理人的注意为最高。与此相适应,违反这三种注意义务,构成三种过失:第一,重大过失。违反普通人的注意义务,为重大过失,亦称重过失。如果行为人仅用一般人的注意,即可预见之,而竟怠于注意不为相当准备,就存在重大过失。第二,具体轻过失。是指违反应与处理自己事务为同一注意的义务。如果行为人不能证明自己在主观上已尽该种注意,即存在具体轻过失。第三,抽象轻过失。是指违反善良管理人的注意义务。这种过失是抽象的,不以行为人的主观意志为标准,而以客观上应不应当做到为标准。因而,这种注意的义务最高,其未尽注意义务的过失则为抽象轻过失。

第五节　侵权责任方式

一、侵权责任方式概述

(一)侵权责任方式的概念

构成侵权责任,侵权行为人将承担与其所实施的侵权行为和救济侵权行为受害人相适应的民事责任方式。侵权民事责任方式,是指侵权行为人依据侵权责任法就自己实施的侵权行

---

〔14〕 在这种情况下,确定过错的标准也是主观标准,而不是客观标准,由此也可以说明过错并不都是以客观标准衡量的,因而不能说过错是客观概念。

为应当承担的具体的民事责任形式。从抽象的意义上说,侵权民事责任方式,就是侵权责任法规定的侵权人实施侵权行为应当承担的具体法律后果。

(二)侵权责任方式的类型

《民法典》规定侵权责任方式,主要是损害赔偿,也包括恢复原状、不登记的动产的返还财产。《民法典》第 1167 条规定的停止侵害、排除妨碍、消除危险等,主要是物权请求权、人格权请求权等的责任方式,在侵权责任中,作为禁令形式存在,应当不受诉讼时效的限制。

(三)侵权责任方式适用的一般原则

1. 救济损害需要。确定侵权责任方式最重要的原则,就是以救济受害人权利损害的需要为依据。在恢复受害人受到侵害的权利的目标下,需要适用什么责任方式,就适用什么责任方式。在任何情况下,只要有救济损害的需要,都可以适用综合型的民事责任方式。

2. 可以并用。在侵权责任方式中,各种方式各具特点,对于侵权行为造成损害的救济,可以单独适用一种责任方式,也可以适用多种责任方式。侵权责任方式并用的标准是根据各种责任方式保护受害人的利益不同,如果适用一种责任方式不足以保护受害人时,就应当同时适用其他的责任方式。

3. 适当处分。侵权责任方式从受害人的角度看,就是受害人享有的请求权。按照民法的基本原则,权利人可以处分自己的权利。

二、侵权民事责任方式的适用

(一)财产型民事责任方式的适用

1. 赔偿损失

赔偿损失是最主要、最基本的侵权民事责任方式,包括财产损害赔偿、人身损害赔偿和精神损害赔偿三种形式。损害赔偿是侵权责任法救济损害的最基本方式。《民法典》第 179 条第 2 款还特别规定了"法律规定惩罚性赔偿的,依照其规定",确认《消费者权益保护法》《食品安全法》《电子商务法》规定的侵权惩罚性赔偿。

2. 不登记的动产物权的返还财产

返还财产是普遍适用的侵权民事责任方式。作为侵权责任方式的返还财产,是指不登记的动产物权的返还原物,不法侵占他人财产的,应当返还原物。不动产和登记的动产物权的返还财产是物权请求权,不受诉讼时效限制,不是侵权请求权。

返还原物责任因不法行为人非法占有财产而产生。无法律和合同的根据而占有他人的财产,侵害了财产所有人或者占有人的权利。

返还原物适用的条件,是侵占财产,且原物依然存在。如果原物已经灭失,返还原物在客观上已经不可能,所有人只能要求赔偿损失,而不能要求返还原物。如果原物虽然存在,但已经遭受毁损,可以在请求返还原物的基础上,再提出赔偿损失。返还原物在性质上是物的占有的转移,而不是所有权的转移,因此必须要占有人将所有物转移至所有人的控制之下,才能视为原物已经返还。

返还原物应当返还原物所生的孳息。构成侵权行为的侵占财产均为恶意。在恶意占有的情况下,占有人应负责返还其在全部恶意占有期间所获得的一切孳息,并且亦无权请求所有人补偿其支付的费用。

3. 恢复原状

恢复原状,是指恢复权利被侵犯前的原有的状态。一般是指将损害的财产修复,即所有人的财产在被他人非法侵害遭到损坏时，如果能够修理，则所有人有权要求加害人通过修理，恢复财产原有的状态。广义的恢复原状，如通过返还财产使财产关系恢复到原有的状态，通过恢复名誉使受侵害的名誉权得到恢复，这些在侵权责任方式体系中都规定了专门的方式，不能包含在恢复原状的责任方式之中。在侵权法中，虽然恢复原状与修理、重作、更换的责任形式联系十分密切，采纳广义的恢复原状的概念，修理、重作、更换不过是恢复原状的手段，目的在于恢复权利人被侵害的权利，但修理、重作、更换不是侵权法的侵权责任方式，不是恢复原状的具体形式。

适用恢复原状应当具备的条件：一是须有修复的可能；二是须有修复的必要。

（二）侵权责任禁令的适用

1. 停止侵害

行为人实施的侵权行为仍在继续中，受害人可依法请求法院责令侵害人承担停止侵害的民事责任方式。任何正在实施侵权行为的不法行为人都应立即停止其侵害行为。停止侵害的责任形式可适用于各种侵权行为。停止侵害的主要作用在于：能够及时制止侵害行为，防止扩大侵害后果。但这种责任形式以侵权行为正在进行或仍在延续中为适用条件，对尚未发生的或业已终止的侵权行为则不得适用。责令停止侵害，实际上是要求侵害人不实施某种侵害行为，即不作为。

适用停止侵害责任方式应当注意：第一，可以先予执行；第二，请求时应当提供担保。

2. 排除妨碍

排除妨碍，是指侵权行为人实施的行为使受害人无法行使或不能正常行使自己的财产权利、人身权利，受害人请求加害人将妨碍权利实施的障碍予以排除。例如，在他人窗前或者通道上堆放物品，妨碍他人通风采光或者通行的，应将物品搬走。若行为人自己不排除妨碍，受害人可请求人民法院责令其排除妨碍。

3. 消除危险

消除危险，是指行为人的行为和其管领下的物件对他人的人身和财产安全造成威胁，或存在侵害他人人身或财产的可能，该他人有权要求行为人采取有效措施，将具有危险因素的行为或者物件予以消除。例如，房屋的所有人或管理人不修缮房屋，致使房屋处于随时倒塌、危及他人人身和财产安全时，或者化工厂排放污染物，还没有造成实际的损害，这些行为人都应承担消除危险的民事责任。适用消除危险的责任方式，必须是危险存在，确有可能造成损害的后果，对他人造成威胁，但是损害尚未实际发生，没有妨碍他人民事权利的行使。适用此种责任方式，能有效地防止损害的发生，充分保护民事主体的民事权利。

第六节　侵权责任竞合与侵权责任并合

一、侵权责任竞合

（一）侵权民事责任竞合的产生

当同一民事违法行为同时符合数种民事权利保护的规定，就构成民事责任竞合。

民法上的民事责任竞合，就是民事请求权竞合。这是因为，民法是以权利为中心，而它的外部表现形态,就是请求权。同一事实符合数个法律规范的情况,必然表现在请求权上。侵权民事责任或者侵权请求权的竞合,就是这一请求权与依其他民事规范产生的请求权是由同一法律事实发生的。

(二)侵权责任竞合的形态

1. 侵权民事责任与违约民事责任竞合

一个侵权行为,既产生侵权损害赔偿请求权,又产生违约损害赔偿请求权竞合。行为人的一个行为既产生侵权损害赔偿请求权,又产生违约损害赔偿请求权,两个请求权救济的内容是一致的,权利人只能行使一个请求权。如消费者购买的商品在使用中爆炸造成人身伤害,受害人既可以依据合同向商家请求违约损害赔偿,又可以依据侵权法向商家请求侵权损害赔偿,两个冲突的请求权只能行使一个。

2. 侵权责任与不当得利责任竞合

就是一个行为,既产生侵权损害赔偿请求权,又产生返还不当得利请求权。例如,出纳员出于工作上的疏忽,将一卷票面为 10 元的人民币误为每张 5 元交给了领款人,领款人恶意领受,这时,受害人即同时产生侵权损害赔偿请求权和返还不当得利请求权。

3. 侵权责任与其他民事责任竞合

就是一个行为,既产生侵权损害赔偿请求权,又产生其他请求权。例如,侵害公民姓名权、肖像权、名誉权、荣誉权的受害人既有要求停止侵害、恢复名誉、消除影响、赔礼道歉的请求权,又有要求赔偿损失的请求权。侵害公民、法人的著作权、专利权、商标权、发现权和其他科技成果权、发明权的行为,既产生要求停止侵害、消除影响的请求权,又有要求赔偿损失的请求权。

二、侵权责任并合

(一)侵权责任并合的概念与特征

侵权责任并合,是指在多数人侵权行为中,法律原本规定了一种侵权责任形态,又增加规定了新的侵权人承担同一种侵权责任形态或者其他侵权责任形态,构成更多的侵权人对同一损害承担同一种或者不同种侵权责任,并相互重合的责任形态。例如,《民法典》第 1203 条规定产品生产者和销售者对缺陷产品造成的损害承担不真正连带责任,《消费者权益保护法》第 45 条又规定广告主、广告经营者、广告发布者以及广告代言人对同一损害承担连带责任,就是在法律规定的不真正连带责任的基础上,又增加规定了其他侵权人对同一损害承担连带责任,构成多数人侵权的不真正连带责任与连带责任的并合。

侵权责任并合的特征是:第一,原侵权人和新侵权人的行为造成的是同一个损害;第二,法律原本规定了一种多数人侵权责任形态;第三,法律又规定新增加的侵权人加入多数人侵权责任之中;第四,原本规定的侵权责任形态与新增加的侵权人承担的责任形态相重合。例如,《消费者权益保护法》第 44 条第 2 款规定网络交易平台提供者承担的连带责任,原本是缺陷商品销售者和生产者应当承担的不真正连带责任,网络交易平台提供者加入其中后,构成了不真正连带责任与连带责任的并合,等于是网络交易平台提供者加入生产者与销售者承担的不真正连带责任之中,又与原来的不真正连带责任形态不同,要承担连带责任。这种侵权责任并合的情形,要比同种类的侵权责任并合的情形更为复杂。

(二)侵权责任并合的类型

1. 同质并合

同质并合,即同种类责任形态的侵权责任并合,是指原来的多数人侵权责任形态与后来增加的侵权人承担的责任形态属于同一性质，是相同的侵权责任形态的并合。例如，原数个侵权人承担的是连带责任，又增加了新的侵权人承担连带责任。最高人民法院《关于审理道路交通事故损害赔偿案件适用法律若干问题的解释》第6条规定："拼装车、已达到报废标准的机动车或者依法禁止行驶的其他机动车被多次转让，并发生交通事故造成损害，当事人请求由所有的转让人和受让人承担连带责任的，人民法院应予支持。"

2. 同质异形并合

同质异形并合，是相同的基本侵权责任形态中不同责任形态的并合，侵权人承担的尽管是连带责任或者不真正连带责任，但是并合的是非典型的连带责任、典型的不真正连带责任形态，如附条件的不真正连带责任、先付责任或者补充责任。[15]

3. 异质并合

异质并合，即非同种类责任形态的侵权责任并合，是指原来的多数人侵权责任形态与后增加的侵权人承担的责任形态不属于同一性质，是不同的多数人侵权责任形态的并合。具体表现为典型形态的连带责任、不真正连带责任和按份责任之间的并合。在目前法律规定的侵权责任并合中，多数是异质并合。

（三）侵权责任并合的责任分担规则

1. 侵权责任同质并合的责任分担规则

典型连带责任与典型连带责任并合，相当于构成了一个增大的连带责任，新责任人与原责任人都是连带责任人。

典型的不真正连带责任相互发生并合，相当于一个不真正连带责任的责任人范围的扩大，有更多的不真正连带责任人加入对同一个损害承担的不真正连带责任的责任主体范围，因而对受害人的损害赔偿请求权给予更高的保障。这时，原来的和新增加的不真正连带责任人都对同一个损害事实承担不真正连带责任。更多的责任人加入同一个不真正连带责任的责任主体范围，对责任性质不发生影响，仍然是不真正连带责任，每一个人对同一个损害都负有全部赔偿责任的中间责任，这是不变的；无论在几个不同的不真正连带责任人中，终将有一个人是最终责任人，将要承担最终的全部赔偿责任，因此，每一个承担了中间责任的人，只要自己不是最终责任人，就有权向最终责任人进行追偿，且为全额追偿。

2. 侵权责任同质异形并合的责任分担规则

（1）典型的不真正连带责任与附条件不真正连带责任并合

由于附条件不真正连带责任的成立条件是所附条件成就，因而在附条件不真正连带责任所附条件尚未成就之前，不发生不真正连带责任，更不发生与典型不真正连带责任并合的问题。当附条件不真正连带责任所附条件成就，发生的就是不真正连带责任的后果；如果此时法律还规定了此种情形仍有他人与此附条件不真正连带责任的责任人承担不真正连带责任的，就发生了实际上的不真正连带责任相互之间的并合，因而责任分担规则就与不真正连带责任并合的规则是完全一样的，为同质并合，即不真正连带责任人的范围扩大，责任性质仍然属于不真正连带责任，按照不真正连带责任的规则分担责任。

（2）典型不真正连带责任与先付责任并合

典型不真正连带责任与先付责任并合时有发生。例如，《民法典》第1203条与第1204条

---

〔15〕 由于按份责任并没有典型和非典型之分，因此不存在这种责任并合形态。

就会发生并合。不过,由于这种并合法律已经有了明确的责任分担规则,即该法第 1204 条,因此,优先适用第 1204 条规则,即先适用先付责任规则,由不真正连带责任人先承担全部赔偿责任,之后再向后顺位的责任人进行追偿。

(3)典型的不真正连带责任与补充责任并合

典型的不真正连带责任与补充责任并合后,首先发生并合的,是不真正连带责任人与补充责任中的先顺位责任人的责任并合,后顺位责任人的责任并不与不真正连带责任人的责任发生并合。因此,首先,受害人应当选择请求不真正连带责任人和补充责任的先顺位责任人承担全部责任,选择哪一个责任人,该责任人都应当对全部损害承担赔偿责任,或者请求其全部责任人承担责任;其次,不真正连带责任人或者先顺位责任人承担了中间责任的,有权向最终责任人进行追偿,通常先顺位责任人是最终责任人;最后,所有的不真正连带责任人以及补充责任的先顺位责任人不能承担全部赔偿责任的,受害人再向后顺位责任人请求承担相应的补充责任,在自己的过错程度和行为原因力相对应的范围内,承担补充责任。

(4)附条件不真正连带责任与先付责任并合

附条件不真正连带责任也会与先付责任发生并合。例如,《消费者权益保护法》第 44 条第 1 款的附条件不真正连带责任可能会与《民法典》第 1204 条的先付责任发生并合。发生以下情形:第一,先付责任是立法者保障受害人赔偿请求权的措施,避免受到损害的消费者为证明第三人过错而承担过重的诉讼负担。第二,网络交易平台提供者有先行赔付承诺而构成附约定条件的不真正连带责任,因而更加有利于对受到损害的消费者的保护,有更为优先的地位。第三,网络交易平台提供者承担附法定条件的不真正连带责任的立法思路,是要保护网络交易平台提供者,避免其承担过重的赔偿责任。

在这样的立法背景下,应当采取的责任分担规则是:一是凡是具备附约定条件不真正连带责任的,如网络交易平台提供者承诺先行赔付,该责任优先,受害人可以优先选择其承担赔偿责任;二是网络交易中的销售者与生产者均为不真正连带责任人,应当承担不真正连带责任的中间责任;三是附法定条件的不真正连带责任构成后,该责任人应当与其他不真正连带责任人一并承担不真正连带责任,先承担中间责任;四是所有的不真正连带责任人之一或者全部承担了中间责任之后,对第三人产生追偿权,请求其承担因赔偿受害人的损失而造成的损失;五是如果全部不真正连带责任人都不能承担赔偿责任,因而无法对第三人进行追偿,受害人无法获得赔偿时,受害人可以依照《民法典》第 1165 条第 1 款规定,向法院起诉请求第三人承担赔偿责任。[16]

(5)典型的连带责任与单向连带责任并合

当典型的连带责任与单向连带责任(混合责任)并合时,发生并合的只是承担连带责任的责任人,与承担按份责任的责任人的责任不发生并合,但承担了超出自己的最终责任份额的责任人,对没有承担自己相应责任的按份责任人,有追偿权。

对于部分连带责任,只在应当承担连带责任的部分发生并合,并不与非连带责任部分发生连带责任的并合问题。

---

〔16〕 最后这种情形,笔者称为"索赔僵局",破解的方法就是直接适用《民法典》第 1165 条第 1 款的规定,依照一般侵权行为的规则,起诉有过错的第三人承担赔偿责任,保护受害人的权利。

3. 侵权责任异质并合的责任分担规则

(1)典型连带责任与典型不真正连带责任并合及规则

连带责任与不真正连带责任之间容易发生并合,且发生并合之后,会对责任分担发生较大影响。例如,依照《消费者权益保护法》第44条第2款和《食品安全法》第131条第1款规定,除了本条规定的销售者和网络交易平台提供者之间要承担连带责任之外,还要加入造成损害的缺陷产品的生产者作为责任主体,因而形成典型连带责任与典型不真正连带责任并合。连带责任与不真正连带责任的相同点是在形式上,即在中间责任上是一致的,无论是连带责任还是不真正连带责任,在形式上或者在中间责任上,都是连带的。连带责任与不真正连带责任发生并合,受害人可以向任何一个连带责任人和不真正连带责任人主张承担全部赔偿责任,而无须考虑其究竟应当承担何种形式的最终责任。因而,这种责任并合形式更有利于保障受害人的赔偿请求权的实现。

连带责任与不真正连带责任的不同点在于最终责任的承担上的区别,即连带责任实质性的最终责任是要分配给全体连带责任人的,而不真正连带责任的实质性最终责任是归属于应当承担最终责任的那个责任人,该责任人承担全部赔偿责任。因此,在受害人对数个责任人行使了全部赔偿责任的请求权之后,追偿关系即实现最终责任的关系变得十分复杂:第一,如果承担中间责任的责任主体是连带责任的最终责任人,在其承担了超过其最终责任的份额之后,有权向其他应当承担最终责任的责任人进行追偿;第二,如果承担责任的责任主体是不真正连带责任的最终责任人的,在其承担了最终责任之后,不得向任何责任主体追偿;第三,如果承担责任的责任主体是不真正连带责任的中间责任人的,在其承担了中间责任之后,可以向其他最终责任人,包括连带责任的最终责任人和不真正连带责任的最终责任人,进行追偿。

(2)典型的连带责任与按份责任并合及其规则

连带责任与按份责任会发生并合,其后果是发生单向连带责任,即混合责任。规则是:受害人可以向承担连带责任的人请求承担连带责任,连带责任人承担了全部赔偿责任之后,就其中间责任部分,可以向按份责任人进行追偿;受害人向中间责任人请求赔偿,只能请求其承担按份责任,不能请求其承担连带责任,不得要求按份责任人就全部损害承担全部赔偿责任。

第七节　侵权责任的免责事由

一、免责事由概述

(一)免责事由的概念

免责事由,是指被告针对原告的诉讼请求而提出的证明原告的诉讼请求不成立或不完全成立的事实。在侵权责任法中,免责事由是针对承担民事责任的请求而提出来的,所以又称免责或减轻责任的事由,也叫作抗辩事由。[17]

(二)免责事由的构成要件

免责事由有效成立都必须具备两个构成要件:

---

〔17〕　王利明、杨立新:《侵权责任法》,法律出版社1996年版,第76页。

1. 对抗性要件。是指能够对抗侵权责任构成的具体要件,破坏整个侵权责任构成的内在结构,使原告诉请的侵权责任归于不能成立的事实要件。免责事由虽然是对抗对方当事人的诉讼请求的事由,但它具体对抗的是侵权责任构成,破坏对方当事人请求权的成立,导致对方的诉讼请求在法律上不成立。这就是侵权行为免责事由的对抗性的要求。侵权行为纠纷的被告提出的主张如果不具有对抗性,而仅仅能证明自己具有可以谅解性,但不足以对抗对方当事人请求,不能成为免责事由。[18]

2. 客观性要件。免责事由必须是客观事实,具有客观性的属性。它要求免责事由必须是客观存在的、已经发生的事实,不能是主观臆断的或尚未发生的情况。仅仅表明某种损害未发生,或单纯否认对方请求权不存在,也不能成为免责事由。

(三)免责事由的分类

免责事由分为一般免责事由和特别免责事由这样两大类。

一般免责事由,是指损害确系被告的行为所致,但其行为是正当的、合法的。这种事由与阻却违法行为相同。

特别免责事由,是指损害并不是被告的行为造成的,而是由一个外在于其行为的原因独立造成的。

这两种免责事由的主要区别在于,基于一般免责事由而致人损害,被告已经实施某种行为,但其行为是正当的、合法的,排除了行为人行为的违法性,因而表明行为人是没有过错的。据此,行为人应予免责。在特别免责事由存在的情况下,被告根本没有实施某种致人损害的行为,或者外来原因作用于行为人,使行为人不可避免的造成了损害,由此行为人不应当承担民事责任。各种一般免责事由和特别免责事由能否运用于具体案件,则应当根据具体案件和法律的具体规定来确定,不能一概而论。

二、《民法典》侵权责任编规定的法定免责事由

(一)受害人过错(受害人故意)

《民法典》第1174条规定:“损害是因受害人故意造成的,行为人不承担责任。”这一条文规定的是受害人故意,与传统侵权法规则以及民法理论有所不同。作为一般的免责事由应当是受害人过错。在司法实践中,在适用过错责任原则与过错推定原则的情况下,受害人具有故意或者过失,且其故意或者过失是造成自己损害全部原因的,构成免责事由。在无过错责任原则情况下,受害人故意引起损害为免责事由。

受害人过错,是指损害的发生或扩大不是由于加害人的过错,而是由于受害人的过错而发生的。这是侵权损害的一种特殊类型。在一般情况下,侵权损害是由加害人的过错造成的。

受害人过错有以下三种形式:

1. 受害人故意,是指受害人明知自己的行为会发生损害自己的后果,而希望或放任此种结果发生。受害人对损害的发生或者扩大具有故意,表明受害人的行为是损害发生的唯一原因,从而应使加害人免责。在过错责任原则适用的范围内,如果受害人具有故意,而加害人只有轻微过失,则加害人也可以免责。在无过错责任原则的适用范围内只要受害人故意造成损害,加害人即可免责。[19]

---

〔18〕 佟柔主编:《中国民法》,法律出版社1995年版,第571页。

〔19〕 例如,原《民法通则》第123条规定,受害人故意引起的损害,加害人不承担责任。

2. 受害人重大过失，是指受害人对于自己的人身和财产安全毫不顾及，极不注意，以至于造成了自身的损害。如果损害完全是由受害人的重大过失所致，加害人对损害的发生没有任何过错，则加害人不承担民事责任。如果加害人只有轻微过失，也可以免除加害人的责任。

3. 受害人过失，是指在加害人致受害人损害中或造成损害以后，受害人对损害的发生与扩大具有过失。如果受害人的一般过失是损害发生的全部原因，可以作为免责事由。

如果受害人具有故意或者过失，加害人也有过错的，应当适用过失相抵规则，而非适用本条规定免除责任。

（二）第三人过错

1. 第三人过错的概念和特点

第三人过错，也叫作第三人原因，是指除受害人和实际加害人之外的第三人，对受害人损害的发生或扩大所具有的过错。第三人过错的主要特征是主体上的特殊性，其过错形式则与其他类型的过错没有区别，包括故意和过失。《民法典》第 1175 条规定："损害是因第三人造成的，第三人应当承担侵权责任。"

第三人过错的特点是：第一，过错主体是第三人。第三人是过错的主体，造成损害的过错不属于实际加害人或受害人的任何一方。第三人过错是指第三人的过错是损害发生或者扩大的唯一原因。第二，第三人与实际加害人没有过错联系。如果第三人和实际加害人之间基于共同的意思联络（如第三人为被告的帮助人）而致原告损害，将作为共同侵权行为人而对受害人负连带责任。第三，第三人过错是免除实际加害人责任的依据。第三人过错造成损害，实际加害人没有过错，后果是免责。

2. 第三人过错的一般规则

第三人过错的法律后果，是第三人承担赔偿责任，免除加害人的赔偿责任。当第三人过错是损害发生的唯一原因的时候，第三人过错是免责的事由。损害纯粹由第三人的过错所致，被告对此没有过错，因此应使被告免责，而由第三人承担责任。

3. 第三人过错的特殊规则

《民法典》在第 1233 条和第 1250 条、第 1198 条和第 1201 条以及第 1204 条、第 1252 条和第 1253 条分别规定了第三人过错的特殊规则。这些第三人过错的特殊规则分为以下三种情形：

（1）第三人过错实行不真正连带责任。在第三人过错的情形下，《民法典》规定了以下两种不真正连带责任的规则，而不适用直接由有过错的第三人承担责任的一般性规则。第一，因第三人的过错污染环境造成损害的，被侵权人可以向行为人请求赔偿，也可以向第三人请求赔偿。行为人赔偿后，有权向第三人追偿。这样规定的目的，在于更好地保护被侵权人的权益，对于受到的损害能够及时救济。第二，因第三人的过错致使动物造成他人损害的，被侵权人可以向动物饲养人或者管理人请求赔偿，也可以向第三人请求赔偿。动物饲养人或者管理人赔偿后，有权向第三人追偿。第三人的过错致使动物致人损害的，也不实行第三人过错的一般规则，不是由第三人直接承担责任，而是赋予被侵权人选择的权利，实行不真正连带责任。

（2）第三人过错实行补充责任。在第三人过错的情形下，《民法典》还规定了以下两种补充责任的规则，而不适用直接由有过错的第三人承担责任的一般性规则。第一，在违反安全保障义务侵权责任中，因第三人的行为造成他人损害的，由第三人承担侵权责任；管理人或者组织者未尽到安全保障义务的，承担相应的补充责任，即先由第三人承担侵权责任；如果第三人不能承担或者不能全部承担侵权责任,则由未尽到安全保障义务的义务人承担相应的补充责任。第二,无民事行为能力人或者限制民事行为能力人在幼儿园、学校或者其他教育机构学习、生活期间,受到幼儿园、学校或者其他教育机构以外的人员即第三人人身损害的,由侵权人承担侵权责任;幼儿园、学校或者其他教育机构未尽到管理职责的,承担相应的补充责任。

(3)第三人过错实行先付责任。《民法典》规定适用先付责任的有三种:第一,在产品责任中,因运输者、仓储者等第三人的过错使产品存在缺陷,造成他人损害的,产品的生产者、销售者赔偿后,有权向第三人追偿。第二,在建筑物和物件损害责任中,建筑物、构筑物或者其他设施及其搁置物、悬挂物发生脱落、坠落造成他人损害,所有人、管理人或者使用人不能证明自己没有过错的,在承担侵权责任之后,如果另有其他责任人(第三人)的,所有人、管理人或者使用人赔偿后,有权向其他责任人追偿。第三,在建筑物和物件损害责任中,建筑物、构筑物或者其他设施倒塌、塌陷造成他人损害的,由建设单位与施工单位承担连带责任;如果对于损害的发生另有其他责任人(第三人)的,建设单位、施工单位赔偿后,有权向其他责任人追偿。

(三)自甘风险

《民法典》第1176条规定:"自愿参加具有一定风险的文体活动,因其他参加者的行为受到损害的,受害人不得请求其他参加者承担侵权责任;但是,其他参加者对损害的发生有故意或者重大过失的除外。""活动组织者的责任适用本法第一千一百九十八条至一千二百零一条的规定。"自甘风险也叫危险的自愿承担,是来自于英美法的免责事由,是指受害人自愿参加有一定风险的问题活动,因其他参加者的行为受到损害的,受害人不得请求其他参加者承担侵权责任,但是其他参加者对损害的发生有故意或者重大过失的除外的侵权责任免责事由。其构成要件是:第一,组织者组织的活动是具有一定风险的文体活动,例如蹦极等;第二,受害人对该种具有一定风险的文体活动有认识,但是自愿参加;第三,受害人因参加此活动因其他参加者的行为受到损害,该文体活动参与者的行为与受害人的损害之间有因果关系;第四,文体活动的参加者没有故意或者重大过失。具备这些构成要件的,即免除其他参加者的侵权责任。可见,即使其他参加者对于损害的发生有一般过失,也不承担赔偿责任。例如,参加足球、棒球等比赛活动受到其他运动员的损害,应当适用自甘风险的规定,免除造成损害的其他参加者的赔偿责任。

活动组织者的责任,是具有一定风险的文体活动的组织者对造成受害人损害是否承担侵权责任,应当适用违反安全保障义务侵权责任和教育机构损害责任的规定,分为两种情况:

1. 组织者未尽到安全保障义务造成受害人损害的,应当承担赔偿责任;组织者违反安全保障义务致使第三人造成受害人损害的,承担相应的补充责任,承担责任后可以向第三人追偿。

2. 无民事行为能力人或者限制民事行为能力人在幼儿园、学校或者其他教育机构学习、生活期间受到人身损害的侵权责任规则,这些教育机构未尽教育管理职责的,适用过错推定原则或者过错责任原则确定应当承担的侵权责任;第三人造成损害的,第三人承担责任不足的,这些教育机构承担补充责任,承担补充责任后也享有追偿权。

(四)自助行为

《民法典》第1177条规定:"合法权益受到侵害,情况紧迫且不能及时获得国家机关保护,不立即采取措施将使其权益受到难以弥补的损害的,受害人可以在保护自己合法权益的必要范围内采取扣留侵权人的财物等合理措施;但是,应当立即请求有关国家机关处理。""受害人采取的措施不当造成他人损害的,应当承担侵权责任。"自助行为,是指权利人为了保护自己的权利，在情势紧迫而又不能获得国家机关及时救助的情况下，对他人的财产或者自由在必要范围内采取扣押、拘束或者其他相应措施，为法律或社会公德所认可的行为。自助行为的性质属于自力救济。本条没有明文规定可以对他人人身自由施加拘束的内容，但是，在“等”字中包含了这个意思。例如，去饭店吃饭未带钱，店主不让其离开，等待他人送钱来结账的拘束自由行为，也是自助行为，并不是侵害人身自由权的侵权行为。

实施自助行为的要件是：第一，行为人的合法权益受到侵害；第二，情况紧迫且不能及时获得国家机关保护；第三，对侵权人实施扣留财产或者适当拘束人身自由的行为；第四，扣留财产或者限制人身自由须在保护自己合法权益的必要范围内，不得超出必要范围。

行为人实施了自助行为，在其合法权益得到保障后，即应解除相应措施；如果仍需继续采取上述措施的，应当立即请求有关国家机关依法处理。行为人如果对受害人采取自助行为的措施不适当，造成受害人损害的，应当承担侵权责任，赔偿损失。

三、《民法典》总则编规定的免责事由

（一）不可抗力

1. 不可抗力的概念和确定

不可抗力，是指人力所不可抗拒的力量，包括自然原因（如地震、台风、洪水、海啸）和社会原因（如战争）。不可抗力，是独立于人的行为之外，并且不受当事人的意志所支配的现象。《民法典》第 180 条规定的是不可抗力。

不可抗力作为免责事由的根据是，让人们承担与其行为无关而又无法控制的事故的后果，不仅对责任的承担者来说是不公平的，也不能起到教育和约束人们行为的积极后果。依据这样的价值观念，将不可抗力作为免责事由，必须是构成损害结果发生的原因。

确定不可抗力应当符合以下要求：第一，不可预见。这是从人的主观认识能力上来考虑不可抗力的因素，它是指根据现有的技术水平，一般人对某种事件的发生无法预料。须以一般人的预见能力而不是当事人的预见能力为标准，来判断对某种现象是否可以预见。第二，不可避免且不能克服。这是指当事人已经尽到最大努力和采取一切可以采取的措施，仍然不能避免某种事情的发生并克服事件造成的损害后果。不可避免和不能克服，表明事件的发生和事件造成损害具有必然性。某种事件是否不能避免并不能克服，也要根据具体情况来决定。第三，属于客观情况。这是指事件外在于人的行为的自然性。不可抗力作为独立于人的行为之外的事件，不包括单个人的行为。

2. 不可抗力的适用

在司法实践中应用不可抗力的基本规则是，因不可抗力造成损害的，当事人一般不承担民事责任。但是，不可抗力导致免责，必须是不可抗力成为损害发生的唯一原因，当事人对损害的发生和扩大不能产生任何作用。因此，在发生不可抗力的时候，应当查清不可抗力与造成的损害后果之间的关系，并确定当事人的活动在发生不可抗力的条件下对所造成的损害后果的作用。

（二）正当防卫

1. 正当防卫的概念和构成要件

正当防卫是一般免责事由，是指当公共利益、他人或本人的人身或者其他利益遭受不法侵害时，行为人所采取的防卫措施。《民法典》第 181 条对此作出了规定。正当防卫是保护性措施，是一种合法行为。对于因此造成的损害，防卫人不负赔偿责任。

构成正当防卫须具备以下要件:第一,必须有侵害事实。侵害的事实在先,防卫行为在后;侵害是防卫的前提,防卫是侵害导致的结果。没有侵害事实,就不得进行防卫。第二,侵害须为不法。正当防卫的对象,必须是不法侵害,对执行职务的“有权损害”不能进行防卫,如逃犯就不得以正当防卫为借口而拒捕。第三,须以合法防卫为目的。防卫人在防卫的时候,不仅应当意识到不法侵害现实存在,而且须意识到其防卫行为的目的,也就是说,必须是把防卫公共的、他人的或本人的权益免受侵害作为防卫的目的。第四,防卫须对加害人本人实行。对加害人的防卫反击,根据制止不法侵害的需要,可以是对人身的,也可以是对财产的。任何防卫行为都不能对第三人实施。第五,防卫不能超过必要的限度。造成的损害没超过必要限度,防卫人不负赔偿责任。

2. 正当防卫的适用

正当防卫超过必要的限度,造成不应有的损害的,应当承担适当的民事责任。这种适当的民事责任包括以下三层意思:第一,防卫过当不能免除民事责任;第二,对于防卫过当造成的损害,一般应当减轻民事责任;第三,防卫人在防卫过程中故意对不法侵害者采取加害行为的,对其超出必要限度的损害应当全部赔偿。防卫过当的赔偿范围,应当是超出防卫限度的那部分损害,即“不应有”的那部分损害。

(三)紧急避险

1. 紧急避险的概念和构成要件

为了社会公共利益、自身或者他人的合法利益免受更大的损害,在不得已的情况下而采取的造成他人少量损失的紧急措施,称为紧急避险。紧急避险是一种合法行为,是在两种合法利益不可能同时都得到保护的情况下,不得已而采用的牺牲其中较轻的利益、保全较重大的利益的行为。《民法典》第 182 条规定了紧急避险及避险过当的责任。

构成紧急避险须具备以下要件:第一,危险正在发生并威胁公共利益、本人或者他人的利益。对于尚未发生的危险、想象的危险,都不得实施避险行为;虽有危险发生但危险已经消除,或者危险已经发生但不会造成合法利益的损害的,也不得采取紧急避险。第二,采取避险措施须为不得已。所谓不得已,是指不采取紧急避险措施,就不能保全更大的法益,是指避险确有必要,而不是指避险人只能采取某一种而不能采取另一种措施避险。第三,避险行为不得超过必要的限度。紧急避险的必要限度,是指在面临紧急危险时,避险人应采取适当的措施,以尽可能小的损害保全较大的法益。

2. 紧急避险的适用

在一般情况下,如果有引起险情发生的人,应由引起险情发生的人承担民事责任。其中,险情发生系由紧急避险人所引起的,由紧急避险人对自己的过错负责;险情发生系避险行为的受害人所引起的,避险受害人对自己的过错负责;险情发生系由第三人引起的,第三人对自己的过错负责。他们对自己过错负责的范围,应以紧急避险必要限度或避险措施得当所造成的损失为标准,超过部分不应由其他人负担。

如果危险是由自然原因引起,没有引起险情发生的人,民事责任的承担则有两种情况:一是在一般情况下,紧急避险人不承担民事责任,对造成的损失不予赔偿;二是在特殊情况下,避险人也可以承担适当的民事责任。

紧急避险采取措施不当或者超过必要限度,造成不应有损害的,避险人应当承担适当的民事责任。适当责任,首先是不应免除责任;其次是可以减轻责任,也可以对过当部分全部负责。

在造成危险的行为人与受害人是同一人时，应当减轻避险过当人的责任；受避险损害人无过错而遭受损害的，则应由避险行为人负担全部责任，对避险必要限度以内的损害，由危险行为人负担责任。

如果既没有第三者的过错，也没有实施紧急避险行为人本身的过错，而遭受损害的人与受益人又不是同一个人，则受益人应当适当补偿受害人的损失。这是因为受益人的利益得到保全或者减少了损失，是以牺牲受害人的利益为前提的。

四、非法定免责事由

（一）职务授权行为

职务授权行为，也称为依法执行职务，是指依照法律的授权或者法律的规定，在必要时因行使职权而损害他人的财产和人身的行为。例如，消防队为了制止火灾的蔓延而将邻近火源的房子拆除，外科医生对外伤患者作必要的截肢手术，公安人员依法开枪打伤逃犯等，都属于职务授权行为。

执行职务行为是合法行为，行为人对执行职务所造成的损害，不负赔偿责任。但是，如果执行职务不正当而造成损害时，应当负赔偿责任。

确定行为人的行为构成职务授权行为，并将其作为免责事由，其构成要件是：第一，行为须有合法的授权。没有合法授权的行为，不是职务授权行为。第二，执行职务的行为须合法。超越法定授权的行为，或行为所依据的法律和法规已经失效或被撤销，或行为本身不符合法律的要求，则不构成职务授权行为。第三，执行职务的行为须为必要。只有在不造成损害就不能执行职务时，执行职务的行为才是合理的。如果造成的损害可以避免或者减少，这种行为就不构成或者不完全构成免责事由。

（二）受害人承诺

受害人承诺，是指受害人容许他人侵害其权利，自己自愿承担损害结果，且不违背法律和公共道德的一方意思表示。权利人有权处分自己的权利。权利人自行侵害自己的权利，只要不违反法律和善良风俗，是行使权利的行为。

受害人承诺成立，须具备以下要件：第一，须有处分该权利的能力与权限。允许他人侵害权利，必须权利人对于该项权利有处分的能力与权限，否则不构成免责事由。第二，须遵守一般的意思表示的规则。受害人承诺的意思表示应当遵守一般意思表示的规则，即须具备一般意思表示的生效要件。在一般情况下，承诺侵害自己的财产权利，应当为有效；承诺侵害自己的人身权利，则应区分具体情况，如承诺他人将自己身体致轻微伤害，当属正当的意思表示；如果嘱托他人帮助自杀，或者承诺他人将自己杀死或重伤，应受事先免责条款效力规则的限制，不属正当的免责事由。第三，受害人须有明确承诺。权利人没有明示准许侵害自己的权利的承诺，不得推定其承诺。受害人明知或预见到其权利可能受到损害，但其并未向加害人承诺，不构成免责事由。第四，受害人事前放弃损害赔偿请求权。承诺侵害自己的权利和放弃损害赔偿请求权是两个问题，不能混淆。放弃损害赔偿请求权，不必采取明示方法，只要有准许侵害自己的权利的承诺，没有明示其放弃该请求权的，可以推定其放弃，明示不放弃损害赔偿请求权的除外。

在受害人承诺作为免责事由时，应当特别注意掌握受害人承诺与事先免责条款的关系。事先免责条款则指双方当事人预先达成一项协议，免除将来可能发生损害的赔偿责任，分为违反合同的免责条款和侵权行为的免责条款。

凡是在合同中约定人身伤害事先免责条款的,为无效。合同约定免除因故意或者重大过失造成对方财产损失的责任的,也无效。除此之外,事先免责条款都是有效的,都免除行为人的侵权责任。《民法典》第506条规定:“合同中的下列免责条款无效:(一)造成对方人身损害的;(二)因故意或者重大过失造成对方财产损失的。”

(三)意外事件

意外事件,是指非因当事人的故意或过失,是由于当事人意志以外的原因而偶然发生的事故。我国《民法典》没有规定意外事件为免责事由,但在司法实践中常常把意外事件作为免责事由对待。意外事件不是因当事人的故意和过失而发生,而是偶然发生的事故,是外在于当事人的意志和行为的事件,它表明当事人没有过错,因而应使当事人免责。罗马法法谚认为“不幸事件只能由被击中者承担”,被告当然不承担民事责任。

作为免责事由的意外事件,应具备如下条件:第一,意外事件是不可预见的。确定意外事件的不可预见性,适用主观标准,即应以当事人为标准,即当事人是否在当时的环境下,通过合理的注意能够预见。第二,意外事件是归因于行为人自身以外的原因。行为人已经尽到了他在当时应当尽到和能够尽到的注意,或者行为人采取合理措施仍不能避免事故的发生,从而表明损害是由意外事故而不是当事人的行为所致。第三,意外事件是偶然事件。意外事件是偶然发生的事件,不包括第三人的行为。因此,意外事件的发生概率是很低的,当事人尽到通常的注意是不可预防的。

参考案例

1. 浙江省德清县上武汽车修理厂诉董艳峰损害赔偿纠纷案,载《中华人民共和国最高人民法院公报》2011年第6期。
2. 陈梅金、林德鑫诉日本三菱汽车工业株式会社损害赔偿纠纷案,载《中华人民共和国最高人民法院公报》2001年第2期。
3. 焦建军与江苏省中山国际旅行社有限公司、第三人中国康辉南京国际旅行社有限责任公司旅游侵权纠纷案,载《中华人民共和国最高人民法院公报》2012年第11期。
4. 李海峰等诉叶集公安分局、安徽电视台等侵犯名誉权、肖像权纠纷案,载《中华人民共和国最高人民法院公报》2007年第2期。
5. 吴文景、张恺逸、吴彩娟诉厦门市康健旅行社有限公司、福建省永春牛姆林旅游发展服务有限公司人身损害赔偿纠纷案,载《中华人民共和国最高人民法院公报》2006年第6期。

第四十七章　侵权责任形态

导读

侵权责任形态非常复杂，本章选择替代责任、连带责任、按份责任和不真正连带责任进行说明。学习本章的重点是，承担连带责任的侵权行为形态是共同侵权行为，承担按份责任的侵权行为形态是分别侵权行为，承担不真正连带责任的侵权行为形态是竞合侵权行为。

第一节　概　　述

一、侵权责任形态的概念和特征

侵权责任形态，是指侵权法律关系当事人承担侵权责任的不同形式，即侵权责任由侵权法律关系中的不同当事人按照侵权责任承担的规则承担责任的不同表现形式。

侵权责任形态具有以下法律特征：

1. 侵权责任形态所关注的不是行为的表现，而是行为的法律后果，即侵权行为发生并按照侵权责任构成要求符合构成要件之后，由应当承担责任的当事人承担行为的后果。它与侵权行为类型的不同就在于，侵权行为类型研究的是行为本身，而侵权责任形态研究的是侵权行为的后果，是侵权行为所引起的法律后果由谁承担。

2. 侵权责任形态表现的是侵权行为的后果由侵权法律关系当事人承担的不同形式，与侵权责任方式不同。侵权责任方式研究的也是侵权行为的法律后果，但是它研究的不是侵权责任在不同的当事人之间由谁承担的形式，而是侵权行为后果的具体表现方式。侵权责任形态研究的是由什么人来承担这些责任形式。因此，侵权责任形态也就是侵权责任方式在不同的当事人之间的分配。

3. 这些责任形态是经过法律所确认的、合乎法律规定的侵权责任基本形式。侵权责任形态必须经过法律的确认，不是随意的、任意的形式。同时，它也是承担侵权责任的基本形式，而不是具体的责任形式。它只规定是由当事人自己承担还是由他人承担，是连带承担还是按份承担等，至于由当事人具体承担什么样的责任，承担责任的程度是什么，是侵权责任方式和侵权责任具体内容所解决的问题。

二、侵权责任形态的作用和意义

1. 连接侵权责任的构成和方式。侵权责任构成和侵权责任方式都是侵权责任法的基本概念，侵权责任形态是连接这两个基本概念的概念，侵权责任构成、侵权责任形态和侵权责任方式，是侵权责任法的最基本的责任概念。

2. 落实侵权责任的归属。在侵权责任法中,侵权责任构成解决的是某一个人的行为是不是构成侵权责任。构成侵权责任之后,将这个责任落到实处,需要落实到人。而侵权责任形态就是将侵权责任落实到具体的责任人身上,由具体的行为人或者责任人承担侵权责任。没有侵权责任形态,就不会将已经构成的侵权责任落实到责任人,侵权责任就没有落实。

3. 实现补偿和制裁的功能。侵权责任的基本功能就是补偿和制裁。如果没有侵权责任形态,侵权责任无法落实,侵权责任的补偿功能和制裁功能就无法实现。

侵权责任形态是一个复杂的体系,本书只介绍最重要的侵权责任形态,即替代责任、连带责任、按份责任和不真正连带责任。

第二节　特殊侵权行为与替代责任

一、特殊侵权行为

(一)特殊侵权行为的性质

特殊侵权行为是相对于一般侵权行为而言的。它有很多特殊之处,例如归责原则的特殊、法规形式的特殊等,但是最本质的特殊,亦即与一般侵权行为的本质区别,就是其责任形态为替代责任。《法国民法典》第 1384 条所说的行为人"对应由其负责的他人的行为或在其管理下的物体所造成的损害,均应负赔偿的责任",就是对特殊侵权行为的经典性定义。可以说,特殊侵权行为的责任形态就是替代责任。在一般侵权行为中,责任人为自己的行为负赔偿责任,因而责任人与行为人是同一的。替代责任则不同,责任人不是为自己的行为负赔偿责任,而是责任人与致害行为人相分离,责任人替代行为人而负责任。就责任人的本意而言,他并无致害的意图,但因他与行为人以及与由其管领下的物件的特定关系,使他自己成了赔偿责任主体,承担赔偿责任。受害人应直接向责任人请求赔偿,而不是向行为人请求赔偿。当然,在对物的替代责任中,只有责任人一人。

(二)特殊侵权行为的特征

1. 归责原则适用的特殊性。一般侵权行为适用过错责任原则,而特殊侵权行为则依《民法典》规定,适用过错推定原则和无过错责任原则,以保护受害人的合法权益。归责原则的特殊性,也决定了特殊侵权责任在构成要件和举证责任上的特殊要求。

2. 责任构成要件的特殊性。特殊侵权行为的责任成立不能按一般侵权行为的责任构成要件确定,它由法律根据具体情况规定。例如,用人单位责任,其行为主体必须是用人单位的工作人员;高度危险责任,必须是从事对周围环境有高度危险的危险活动和危险物等。这些特殊要件不具有普遍性,每一种特殊侵权行为所要求的特别条件也各有不同,不具备该特别条件就不能构成该特殊侵权责任。

3. 举证责任的特殊性。由于特殊侵权行为适用过错推定责任原则或者无过错责任归责,所以在举证责任上有所不同。一般侵权行为的证明奉行"谁主张,谁举证"的原则,由赔偿权利人负举证责任,赔偿义务人不负此责任。特殊侵权行为实行举证责任倒置,其倒置证明的范围并不是全部侵权责任要件,而只是在过错证明上举证责任倒置。违法行为、损害事实、因果关系的要件仍应由赔偿权利人证明;在适用过错推定原则推定过错时,加害人予以否认的,应举证证明自己无过错;在适用无过错责任原则时,加害人主张损害是由受害人的故意所致时,应当负责举证。加害人证明自己的主张成立的,才可以免责或者减轻责任。

4.其责任形态是替代责任。但是也还包括其他一些非替代责任形式,如工伤事故等。其基本形式是替代责任,少数情况则不是替代责任,这是特殊侵权行为替代责任中的特殊情况。

(三)特殊侵权行为的种类

1.为他人的行为负责的特殊侵权行为。这是最典型的特殊侵权行为,其最显著特征是行为人与责任人相分离,责任人为行为人所造成的损害承担赔偿责任。在这种特殊侵权行为上,学者没有分歧意见。侵权法学所说的替代责任就是指这种特殊侵权行为。

2.为自己管领下的物件致人损害负责的特殊侵权行为。这是责任人为自己管领下的物件致损承担赔偿责任的特殊侵权行为。对这种特殊侵权行为,学者的意见有所不同:有的学者认为这种特殊侵权责任不是替代责任,不具有行为人与责任人相分离的特征;有的学者认为在这样一些特殊侵权行为中,有的还不能说是为自己管领的物件的损害承担责任的责任,如高度危险责任和环境污染和生态破坏责任。

特殊侵权行为的责任形态基本上是替代责任。高度危险作业(危险活动和危险物)责任和环境污染和生态破坏责任也都是为自己管领下的物件致害承担赔偿责任的替代责任,因为高度危险作业和环境污染的致害原因,也都是高度危险作业的物和环境污染的物。

二、替代责任的概念和特征

替代责任,是指责任人为他人的行为和为人的行为以外的自己管领下的物件所致损害承担的侵权赔偿责任形态。这一概念几乎概括了所有的特殊侵权责任。

替代责任的法律特征如下:

1.责任人与致害行为人或致害物相分离。在一般侵权行为中,责任人与加害人是一致的,单一的加害人由他自己承担责任,共同加害人由他们共同承担责任;当致害的是物或其他事物的时候,这种物或事物也与加害人有直接关系,如唆使动物致伤他人,这不是动物致害他人,而是加害人以动物为工具侵害他人,动物的行为即为加害人加害行为的必然延伸,责任人与加害人仍为一体。而替代责任则不同,它的前提是责任人与加害人并非一人,与致害物(及事实)并无直接联系,责任人本来并无致害他人的直接致害意图。在这里,致害的直接原因是责任人以外的加害人,或是人之行为以外的物件。这种责任人与加害人、致害物相分离的情形是产生赔偿责任转由责任人替代承担的客观基础。

2.责任人为加害人或致害物承担责任须以他们之间的特定关系的存在为前提。这种特定关系,在责任人与加害人之间,表现为隶属、雇佣、监护等身份关系;在责任人与致害物间之间,表现为所有、占有、管理等物权关系。从致害的角度上来看,这些关系并不表现为直接的联系,但却具有特定的间接联系。没有这种特定的间接联系,或者超出这种特定的间接联系,就失去了责任人承担替代责任的前提。例如,某人教唆他人致伤某人,这超出了特定的间接身份联系,成为共同侵权行为;某人见某动物致伤某人而不援救,他因与该动物没有特定的动物关系,只应受到道义的谴责,而不承担侵权赔偿责任。

3.责任人是赔偿责任主体承担赔偿责任。在一般侵权行为中,权利人的请求权指向加害人,加害人为责任主体。在替代责任中,无论致害的是人还是物,权利人请求权的指向都是未直接致害而与行为人或致害物具有特定的间接联系的责任人。在动物、工作物、建筑物致害时,其所有人、占有人或管理人为责任主体,自是理所当然;当与责任人具有特定身份关系的行为人致害时,其责任人为责任主体,受害人请求权并不指向具体的加害人。在这里不适用连带责任原理,权利人不能向行为人请求赔偿,而只能向责任人请求赔偿。

三、替代责任的赔偿法律关系

(一)替代责任赔偿法律关系的构成要件

特殊侵权行为的法律关系,是替代责任的赔偿法律关系。构成替代责任赔偿法律关系,除了侵权特殊行为构成的要件之外,还必须具备以下要件:

1. 替代责任人与加害人或致害物之间须有特定关系。构成替代责任的赔偿法律关系,在责任人和加害人、致害物之间,必须具有特定的关系。这种特定关系,在责任人与加害人之间,表现为隶属、雇佣、监护等身份关系。例如,在用人者责任中,用人单位和其工作人员之间的关系就是劳务关系,属于隶属关系。在监护人责任中,加害人实际上是未成年人或者精神病人等被监护人,而由监护人承担责任,就是因为他们之间具有亲权关系和监护关系。在责任人与致害物之间,则必须具有管领或者支配的关系,即致害物在责任人的支配之下。

从致害的角度看,这些关系并不与致害结果有直接关系,而是因为存在这些特定关系而使替代责任人与损害结果之间发生间接联系。没有这种间接联系,或者超出这种间接联系,就不能产生替代责任这种责任形态。

2. 替代责任人应处于特定地位。在所有的特殊侵权行为中,替代责任人都必须处于一种特定的地位之中。这种特定地位表现为替代责任人在其与加害人或致害物的特定关系中所处的带有支配性质的地位,它决定了替代责任人为加害人和致害物的损害后果负责的义务的产生。例如,在对人的替代责任中,责任人都对行为人具有支配的、管理的或者约束的权力,地位明显优越于行为人。用人单位的工作人员在执行工作任务中致人损害由用人单位承担责任,是因为用人单位是其工作人员的单位、组织或者团体,他们之间具有隶属关系,一方是支配者,另一方是被支配者,他们的地位是不平等的。在监护人的侵权责任中,监护人对被监护人而言,处于管教、管束、教育的地位,双方也不是平等的地位。只有这样,监护人才可能对被监护人的行为承担后果责任。

考察为加害人的损害后果负责的责任人地位,主要是看:双方有无确定特定关系的事实或合同;加害人是否受有责任人的报酬或抚育;加害人的活动是否受责任人的指示、监督或监护等约束;加害人是否向责任人提供劳务或公务。如果责任人是组织,加害人是否为责任人事业或组织的组成部分,是确定责任人特定地位的一个简明标准。当责任人处于这种特定地位时,责任人应当为加害人或致害物的损害后果负责。

对于致害物而言,责任人应当处于所有人、占有人、管理人的地位。在这样的地位中,责任人对于致害物享有支配权,在事实上具有支配致害物的权利。在《民法典》关于特殊侵权责任的条文表述中,对于致害物的责任人并没有使用统一的概念,事实上,只要确定是致害物的占有人,即明确了责任人对于致害物的地位。

3. 加害人应处于特定状态。在特殊侵权赔偿法律关系中,不仅责任人与加害人和致害物之间具有特定关系,不仅责任人处于特定的地位,而且加害人和致害物还必须处于特定状态。

加害人处于特定状态,分为三种情况:第一,当加害人属于责任人事业或组织的成员的时候,加害人的特定状态是执行职务,即执行工作任务或者因劳务。确定加害人是否执行职务,在理论上有“主观说”、“客观说”和“折中说”三种不同的理论,通说认为采用折中说较为适宜。对此采用客观说,即确定执行职务,应以执行职务的外在表现形态为标准。如果行为在客观上表现为与依责任人指示办理事件的要求相一致,就应当认为是属于执行职务范围。第二,当加害人完成定作人要求的加工时,加害人的特定状态是执行定作人的指示。第三,当加害人是被监护人时,其特定状态是被监护人在监护人的监护之下。

致害物的特定状态,是致害物在责任人的管领之下。如果虽然致害物是所有权人所有,但是其不在所有权人的管领之下,而是在使用人的支配之下,则所有权人不是致害行为的责任人,使用人才是致害行为的责任人。例如,动物致害,但是动物并不是在所有权人控制之下,而是出租给他人使用,该动物造成他人损害,正在占有使用的承租人是支配该动物的占有人,因此,该承租人是赔偿责任人。

(二)赔偿关系当事人和赔偿形式

替代责任赔偿关系的当事人具有显著特点,即加害人与责任人相脱离,致害物没有责任人的意志支配,赔偿的责任主体是责任人,而不是加害人。

为他人行为负责的特殊侵权责任是典型的替代责任。在这种赔偿法律关系中,赔偿权利主体是受害人;赔偿责任主体体现了替代责任的特点,只能是替代责任人,而不能是加害人。赔偿权利人行使赔偿请求权只能向责任人提出,责任人才是合格的当事人,而不能直接向致害行为人提出赔偿请求。

当然,在加害人因自己的过错行为致害而由责任人承担替代责任时,责任人承担了赔偿责任之后,取得向有过错的加害人的追偿权,有过错的行为人应向替代责任人赔偿因自己的过错行为所致损害所造成的损失承担赔偿义务。这种可追偿的替代责任实际上是在替代责任人承担赔偿责任之后又产生的一个损害赔偿法律关系,权利主体是替代责任人,义务主体是过错行为人。

在为责任人管领下的物件造成损害的替代责任中,由于致害的是物件,没有替代责任的行为人,因此,责任人就直接为损害负责,是赔偿法律关系的当事人,承担赔偿责任。受害人直接向责任人请求损害赔偿。

第三节　共同侵权行为与连带责任

一、共同侵权行为

(一)共同侵权行为的概念与特征

共同侵权行为,是指数人基于主观的或者客观的关连共同,实施侵权行为,造成他人人身、财产损害,应当承担连带责任的侵权行为。《民法典》第1168条规定:“二人以上共同实施侵权行为,造成他人损害的,应当承担连带责任。”

共同侵权行为有广义与狭义之分。广义的共同侵权行为除包括典型的共同侵权行为之外,还包括共同危险行为、合伙致人损害等非典型的共同侵权行为。狭义的共同侵权行为仅指典型的共同侵权行为,只是广义共同侵权行为中的一种类型。

共同侵权行为具有以下法律特征:

1. 共同侵权行为的主体须为多个人。共同侵权行为的主体即共同加害人须由二人以上构成,单个的侵权人无论实施何种行为,都不能构成共同侵权行为。这是共同侵权行为的量的规定性。共同加害人可以是自然人,也可以是法人。

2. 共同侵权行为的行为人之间具有主观的意思联络或者客观的关连共同。构成共同侵权行为,数个行为人须具有关连共同。关连共同分为主观的共同关连性与客观的共同关连性。主观的共同关连性是指数人对于违法行为有通谋或共同认识,对于各行为所致损害均应负连带责任。客观的共同关连性是指数人所为违法行为导致同一损害的,纵然行为人相互间无意思联络,仍应构成共同侵权行为。这种类型的共同侵权行为,其共同关连性乃在于数人所为不法侵害他人权利的行为,在客观上为被害人所受损害的共同原因。[1]

3. 数个共同加害人的共同行为所致损害是同一的、不可分割的。共同加害人的行为是相互联系的共同行为,其行为无论是否有分工,都造成一个统一的损害结果,而不是把每个加害人个人的独立行为所引起的后果机械相加。如果没有共同的损害结果,则不构成共同侵权行为,尤其是共同过失的共同侵权行为更是如此。

4. 数个共同加害人的行为与损害结果之间具有因果关系。在共同侵权行为中,各个行为人的行为尽管对共同的损害结果发生的原因力不会相同,但必须都与损害结果之间存在因果关系,行为具有原因力。

(二)共同侵权行为的立法基础

共同侵权行为的立法基础主要有以下几点:

1. 置民事权益受损害的人以更为优越的法律地位。数人共同侵害他人权利,无论是从加害人的数量上还是侵权行为的危害上,社会危险因素显然超过单独侵权行为,给受害人的损害更为严重。法律确定所有参加共同侵权行为的人,无论是实行行为人,还是教唆人、帮助人,以及共同危险行为人,均须对受害人承担连带责任,因而使受害人处于十分优越的地位,其损害赔偿请求权无论在何种情况下,只要能够找到一个共同加害人,或者还有一个共同加害人有赔偿能力,就能够保障实现,避免了共同加害人各负其责,当若干共同加害人无力赔偿时,而使受害人的赔偿请求权不能完全实现的弊病。这是确立共同侵权行为制度的立法主旨。

2. 加重共同侵权人的责任,惩戒民事违法,减少社会危险因素。在共同侵权行为中,让共同加害人承担连带责任,对外部而言,这是一个完整的责任,无论某一个共同加害人的行为与结果发生多大的原因力,都不能只承担自己应承担的那一份责任,而是要承担全部责任;加害人也不仅仅只能向全体加害人要求赔偿,也可以向任何一个共同加害人请求赔偿,这个人或这些人也就应当承担全部责任。共同侵权行为的这些规则,都是为了加重共同侵权人的责任,不仅仅起到保护受害人的一般权利保障的目的,而且更从一般预防的角度,惩戒民事违法行为,警诫社会,教育群众,最大限度地减少和预防社会危险因素,使民事主体的权利在普遍意义上得到保障。

(三)共同侵权行为的本质

共同侵权行为的本质究竟是什么,历来有不同的主张。一是意思联络说,认为共同加害人之间必须有意思联络即共同故意始能构成。二是共同过错说,认为共同侵权行为的本质特征在于数个行为人对损害结果具有共同过错,既包括共同故意,也包括共同过失。[2] 三是共同行

---

〔1〕 孙森焱:《民法债编总论》(上册),三民书局2004年版,第276~278页。

〔2〕 王利明、杨立新等:《民法·侵权行为法》,中国人民大学出版社1993年版,第354页;杨立新:《侵权损害赔偿》,吉林人民出版社1990年版,第135~137页。

为说,认为共同行为是共同加害人承担连带责任的基础,共同加害结果的发生总是同共同加害行为紧密联系,不可分割。[3] 四是关连共同说,认为共同侵权行为以各个侵权行为所引起的结果,有客观的关连共同为已足,各行为人间不必有意思的联络。[4] 上述各种主张可分为两种基本观点。前两种观点认为共同侵权行为的本质在于主观方面,后两种观点认为共同侵权行为的本质为客观方面。

我国侵权法学说对共同侵权行为长期坚持的是共同过错立场。近年来,有些学者采取扩大连带责任适用范围的立场,把共同侵权行为分为意思联络的共同侵权行为和非意思联络的共同侵权行为。构成共同侵权,数个侵权人均需要有过错,或者为故意或者为过失,但是无须共同的故意或者意思上的联络;各个侵权人过错的具体内容是相同的或者相似即可。[5]

共同侵权行为的本质特征应当从主观标准向客观标准适当过渡,可以借鉴共同侵权行为的本质特征为关连共同的立场,将共同侵权行为分为主观的关连共同和客观的关连共同。其依据是,数人共同不法侵害他人权利,对于被害人所受损害之所以应负连带责任,系因数人的侵权行为具有共同关连性。所谓共同关连性,即数人的行为共同构成违法行为的原因,因而发生同一损害。

(四)共同侵权行为的类型

1. 主观的共同侵权行为

主观的共同侵权行为就是有意思联络的共同侵权行为,是指数人基于共同故意产生的共同侵害他人权利造成损害的行为,其加害人包括实行行为人、教唆人和帮助人。

主观的共同侵权行为的条件是:第一,行为人为二人以上;第二,行为人具有共同的主观故意;第三,行为的共同性。可能有分工的不同,但每一个人的行为都是共同侵权行为的组成部分;第四,造成共同的损害结果。无论是一个损害结果还是数个损害结果,这些损害结果都是共同侵权人造成的损害后果,具有因果关系。

2. 客观的共同侵权行为

客观的共同侵权行为是客观的关连共同,是指数人虽然没有共同的意思联络,但是数个行为人实施的行为是损害发生的共同原因,造成同一损害结果,且该损害结果不可分割的侵权行为。这种侵权行为虽然不具有共同侵权行为主观上的特征,但由于其行为人之间行为相互结合的关连性,并且造成了同一个不可分割的损害结果,而形成了一个侵权行为,行为人应当承担连带责任。

客观的共同侵权行为的条件是:第一,行为人的共同性,即侵权人应为二人以上;第二,过失的共同性,即数人均具有过失,至于是否成立共同过失,则不论;第三,结果的共同性,即数人的行为已经造成了同一个损害结果,且为不可分;第四,原因的共同性,即数人的行为对于损害的发生均为不可缺的原因,并且须这些行为结合为一体才能够造成同一的损害结果,缺少任何一个行为都不能造成这种结果;如果缺少这个行为仍然会造成这个损害,不构成共同侵权行为。

3. 共同危险行为

共同危险行为就是二人或二人以上共同实施有侵害他人权利危险的行为,并且已造成损

---

〔3〕 邓大榜:《共同侵权人的民事责任初探》,载《法学季刊》1982 年第 3 期。

〔4〕 欧阳宇经:《民法债编通则实用》,汉林出版社 1978 年版,第 78 页。

〔5〕 张新宝:《侵权责任法原理》,中国人民大学出版社 2005 年版,第 81 页。

害结果,但不能判明其中谁是加害人。

(五)共同加害人

共同加害人是共同侵权行为的行为主体,是基于共同过错共同实施加害行为并造成他人损害的数个行为人。作为共同侵权行为的行为主体,共同加害人应当是二人或者二人以上,不能由单个人构成。共同加害人既可以是自然人也可以是法人,也可以是自然人和法人。

在简单的共同侵权行为中,各个共同加害人都是实行行为人,各个共同加害人都实施了致害他人的行为。在共同故意的形式下,各个共同加害人之间可能有分工的不同,在共同侵权行为中担负不同的角色,完成不同的任务,但他们的行为都是直接的共同侵权行为,因而都是实行行为人。在客观的共同侵权行为和叠加的共同侵权行为,其共同加害人只能是实行行为人,不可能有分工的不同或分担任务的不同。

在复杂的共同侵权行为中,共同加害人分为实行行为人、教唆人和帮助人。实行行为人是实施具体致人损害行为的人。教唆人是造意者,是共同侵权行为的造意人,在共同侵权行为的共同故意中,起策划、主使、教唆的作用。在他的主观意志支配下,实行行为人具体实施侵权行为,实现教唆行为人的造意。帮助人是对实行行为人予以帮助,使侵权行为得以实施的人,如提供损害工具,帮助创造侵权条件等。

共同加害人均应承担连带责任。在这一前提下,各个共同加害人对自身的过错和原因力承担相应的份额。教唆行为人和帮助行为人在确定内部责任份额时,不以其身份的不同确定责任份额的轻重,同样以过错程度和行为的原因力予以确定。

二、共同危险行为

在共同侵权行为类型中,共同危险行为比较特殊,因此单独作以下说明。

(一)共同危险行为的概念

共同危险行为又称为准共同侵权行为,是共同过错的另一种形式,是指二人以上共同实施有侵害他人权利危险的行为,并且已造成损害结果,但不能判明其中谁是加害人的侵权行为类型。《民法典》第1170条规定的就是共同危险行为。

数人均有加害行为而致损害,如果这一损害的发生是由于全体行为人的行为所致,这是共同侵权行为;如果这一损害的发生是由其中一人或一部分人的行为所致,而且已经判明谁是加害人,这是单独侵权行为或者共同侵权行为,已经判明与损害没有因果关系的行为人不负侵权责任;如果损害事实已经发生,并可判明损害确系数人的危险行为所致,但不能判明确为何人所致,这就是共同危险行为。

(二)共同危险行为的法律特征

1. 行为由数人实施。共同危险行为的行为主体必须是二人以上,这是共同危险行为成立的基本条件之一。一个人实施的行为即使造成他人损害,也只是单独侵权行为,不是共同危险行为。

2. 行为的性质具有危险性。指的是侵害他人人身权利、财产权利的可能性,从主观上,行为人没有致人损害的故意,既没有共同的故意,也没有单独的故意,只存在疏于注意义务的共同过失;从客观上,数人实施的行为有致人损害的现实可能性,这种致害他人的可能性可以从行为本身、周围环境以及行为人对致害可能性的控制条件上加以判断;此外,这一行为没有人为的侵害方向,共同危险行为不针对任何特定的人。

3. 具有危险性的共同行为是致人损害的原因。就共同危险行为的行为而言,其危险性虽然是一种可能性，但就共同危险行为的构成而言，这种危险性已经转化为现实的、客观的损害结果，具有危险性的共同行为与损害事实之间具有客观的因果关系。危险行为与损害结果没有因果关系的，不构成共同危险行为。

4. 损害结果不是共同危险行为人全体所致但不能确定具体侵权人。共同危险行为损害结果的发生，不是全体共同危险行为人的行为所致，但又不能判明谁是真正的加害人，如果已经判明谁是加害人，应由已经判明的加害人来承担赔偿责任。只有损害结果不是全体共同危险行为人所致，又不能判明具体侵权人，才能构成共同危险行为。

（三）共同危险行为人

共同危险行为人是共同危险行为的行为主体，是实施共同危险行为并造成他人损害的数个行为人。

共同危险行为人一般由自然人构成。数个自然人共同实施共同危险行为，该数个自然人构成共同危险行为主体。在某些情况下，共同危险行为人也可以由法人构成。

共同危险行为人是一个整体，不可分离。这是共同危险行为人与共同加害人之间的明显区别之一。共同加害人可以分为实行行为人、教唆人和帮助人，即使是实行行为人，也可以有不同的分工。共同危险行为人没有实行行为人、教唆人和帮助人的区别，在实施共同危险行为的时候，一般也没有行为轻重的区别。共同危险行为人的不可分离性，产生于共同危险行为人的共同过失。在共同危险行为中，把行为人联结在一起的是共同过失，即共同地疏于对他人权利保护的注意义务。

共同危险行为人的整体性，对于确定共同危险行为责任具有决定性的意义。

三、连带责任

（一）连带责任的概念

共同侵权行为的法律后果，是由共同行为人承担连带责任。这种侵权连带责任，是指受害人有权向共同侵权人或共同危险行为人中的任何一个人或数个人请求赔偿全部损失，而任何一个共同侵权人或共同危险行为人都有义务向受害人负全部赔偿责任；共同加害人中的一人或数人已全部赔偿了受害人的损失，则免除其他共同加害人向受害人应负的赔偿责任。

确定共同侵权行为和共同危险行为连带责任的目的是加重行为人的责任，使受害人处于优越地位，保障其赔偿权利的实现。共同加害人与共同危险行为人承担连带责任的根据在于数人的行为具有主观的关连共同或者客观的关连共同，使数人的行为形成一个统一的、不可分割的整体，各个行为人的行为都构成损害发生的原因，因而各行为人均应对损害结果负连带责任。确认这种连带责任，使受害人的损害赔偿请求权简便易行，举证负担较轻，请求权的实现有充分保障，不必因为共同加害人中的一人或数人难以确定，或因为共同加害人中的一人或数人没有足够的财产赔偿，而妨碍其应获得的全部赔偿数额。

（二）连带责任的特征

连带责任具有以下法律特征：

1. 连带责任是对受害人的整体责任。连带责任人的各个责任人都对受害人负连带责任，意味着他们都有义务向受害人负全部赔偿责任。无论各连带责任人在实施共同侵权行为、共同危险行为中所起的作用和过错如何不同，都不影响连带责任的整体性，对外，每个连带责任人都对受害人的赔偿请求承担全部责任。

2. 受害人有权请求连带责任人中的任何一个人承担连带责任。正因为侵权连带责任是对受害人的整体责任,因而受害人有权在连带责任中选择责任主体,既可以请求连带责任人中的一人或数人赔偿其损失,也可以请求全体连带责任人赔偿其损失。

3. 各连带责任人内部分有责任份额。连带责任人对外承担整体责任,不分份额;对内,应依其过错程度和行为的原因力不同,对自己的责任份额负责。各连带责任人各自承担自己的责任份额,是连带责任的最终归属,一方面,在确定全体连带责任人的连带责任时,须确定各自的责任份额,对外连带负责;另一方面,当部分连带责任人承担了超出了自己的责任份额以外的责任后,有权向没有承担应承担的责任份额的其他连带责任人求偿。

4. 连带责任是法定责任不得改变。连带责任是法定责任,不因连带责任人内部责任份额或内部约定而改变其连带责任性质。在连带责任中,连带责任人内部基于共同协议免除或减轻某个或某些连带责任人的责任,对受害人不产生效力,不影响连带责任的适用,只对其内部发生约束力。

(三)连带责任的适用范围

关于连带责任的适用范围,很多人认为连带责任是共同侵权行为的法律后果,因此,只有共同侵权行为才承担连带责任。《民法典》明确规定,并不是只有共同侵权行为才承担连带责任,除了共同侵权行为之外,法律规定应当承担连带责任的,也应当承担连带责任(见表47-1)。

表47-1 《民法典》侵权责任编中规定的连带责任适用范围

连带责任	适用范围
共同侵权行为的连带责任	第1168条
教唆、帮助人的连带责任	第1169条
共同危险行为的连带责任	第1170条
网络服务提供者经提示而未采取必要措施的连带责任	第1195条第2款
网络服务提供者明知侵权内容未采取必要措施的连带责任	第1197条
非法买卖拼装或者报废机动车的连带责任	第1214条
遗失、抛弃高度危险物的连带责任	第1241条
非法占有高度危险物的连带责任	第1242条

(四)连带责任的对外关系

依照《民法典》第178条关于连带责任外部关系的规定,应当掌握以下规则。

1. 整体责任的确定

共同侵权行为和共同危险行为以及其他法律规定承担连带责任的侵权行为发生以后,首先必须确定整体责任。无论被侵权人请求一人、数人或全体行为人承担侵权责任,都必须确定整体责任。连带责任人承担的这种责任为连带责任的中间责任,而不是最终责任。

确定共同侵权行为的整体责任,应当依据侵权行为的不同形式,依照不同的归责原则进行。对于一般侵权行为,应当适用过错责任原则确定整体责任;对于特殊侵权行为,应当适用过错推定原则或者无过错责任原则确定整体责任;确定以上整体责任,应当按照归责原则的不同要求,确定责任的有无乃至应承担的侵权责任的范围。

对于《民法典》规定的其他连带责任,则应当按照特别规定确定整体责任。

2. 对外连带负责

确定各共同行为人责任份额的基础，是连带责任。因此，各连带责任人各自的责任份额是连带责任的份额，而不是孤立的、单独的责任份额。在整体责任确定和各自份额确定之后，各连带责任人应连带承担责任。无论赔偿权利人向连带责任人中的一人、数人还是全体提出赔偿请求，连带责任人均须向赔偿权利人承担总的责任。各连带责任人均能承担自己的份额的，各个承担自己的份额以满足权利人的赔偿请求；其中一人或数人无力赔偿或不能赔偿的，则由其他连带责任人承担这些责任，以满足权利人的赔偿请求。这是中间责任的实现，表现的就是连带责任的基本特点和立法目的。

（五）连带责任的对内关系

连带责任的内部关系是：

1. 各连带责任人责任份额的确定

共同侵权行为连带责任确定之后，应当在连带责任人内部确定各自的责任份额。这种做法，并不是否认连带责任的整体性，而是为了公平地确定各连带责任人自己应承担的责任份额。连带责任人应当承担的各自的责任份额，则为连带责任的最终责任。

2. 连带责任人之间的追偿

支付超出自己赔偿数额的连带责任人，有权向其他连带责任人追偿，就是连带责任的追偿关系，是对最终责任的实现。

（六）教唆人和帮助人的责任确定

共同侵权人中的教唆人和帮助人，只能存在于共同故意的共同侵权行为之中，其在主观上必须与实行行为人有共同故意。

依据《民法典》第 1169 条的规定，确定教唆责任和帮助责任的基本规则是：

1. 教唆和帮助他人是共同侵权人，应当与行为人承担连带责任。在共同故意的共同侵权行为中，共同侵权人分为行为人、教唆人和帮助人。在一般情况下，教唆人和帮助人应当与行为人共同承担连带责任，对外整体负责，对内则按照过错程度和原因力确定最终责任份额。

2. 教唆、帮助无民事行为能力人、限制民事行为能力人实施侵权行为的应当承担侵权责任。在一般情况下，如果教唆、帮助无民事行为能力人或者限制民事行为能力人实施侵权行为，构成共同侵权行为。由于无民事行为能力人和限制民事行为能力人不具有识别能力或者识别能力有限，不能令其承担侵权责任。应当由教唆人或者帮助人承担侵权责任。这个侵权责任，可以是全部责任，也可以是教唆人或者帮助人应当承担的责任份额。教唆人应当承担全部责任的，则应当对全部责任承担赔偿责任；教唆人或者帮助人应当承担部分责任的，为责任份额，对外应当对全部责任连带负责，对内对自己应当承担的份额负责。

3. 监护人未尽到监护责任的应当承担相应的责任。从原因力的角度观察，监护人在教唆、帮助无民事行为能力人或者限制民事行为能力人实施侵权行为中，构成共同侵权行为，但无民事行为能力人不能独立承担侵权责任，且无法确定其过错，因此，并不认为构成共同侵权行为。但在这种侵权行为中，如果作为行为人的无民事行为能力人或者限制民事行为能力人的监护人具有监护过失，即没有尽到监护责任，则具有过失，成立共同侵权行为，应当承担相应的责任。对此，《民法典》第 1169 条第 2 款规定监护人承担的责任是“相应责任”，以过错程度和原因力确定其应当承担的责任份额。这种责任形态的性质，属于连带责任中的单向连带责任，教唆人和帮助人可以承担全部责任，并最终向监护人追偿；但监护人只能承担相应责任，不能请求监护人承担全部责任。

四、单向连带责任

《民法典》第1169条第2款规定的连带责任是单向连带责任。

单向连带责任是连带责任中的一种特殊类型,是以前的侵权法理论较少研究的一种侵权责任形态。对此应当深入研究,掌握其法律适用规则。

(一)单向连带责任的概念

单向连带责任,是指在连带责任中,被侵权人有权向承担侵权责任的责任人主张承担全部赔偿责任并由其向其他责任人追偿,不能向只承担相应的赔偿责任的责任人主张承担全部责任并向其他连带责任人追偿的特殊连带责任形态。简言之,单向连带责任就是在连带责任人中,有的责任人承担连带责任,有的责任人只承担按份责任的特殊连带责任形式。

在单向连带责任中,两个以上的责任人都对同一个侵权行为造成的损害负赔偿责任,不过其中有的责任人承担侵权责任,有的责任人承担相应的赔偿责任,承担侵权责任一方对全部责任负责,承担相应责任一方只对自己承担的相应份额负责。因而,被侵权人可以向承担侵权责任的责任人主张连带责任,承担全部赔偿责任,在承担了全部赔偿责任之后,可以向承担相应的赔偿责任的责任人主张追偿;被侵权人不能向承担相应的赔偿责任的责任人主张承担全部赔偿责任,并由其向应当承担侵权责任的责任人进行追偿。符合这样要求的侵权责任形态就是单向连带责任。

(二)单向连带责任的特征及与连带责任的区别

单向连带责任的特征是:第一,单向连带责任仍然是连带责任,但是在这种连带责任中,有的责任人承担侵权责任即对全部侵权责任承担连带责任;有的责任人只承担相应的责任即仅对自己应当承担的责任份额承担赔偿责任,超出自己的责任份额的部分不承担连带责任。第二,这种连带责任的各个责任人也都有最终责任的赔偿份额,按照各自的责任大小承担最终责任。第三,实行单向连带,被侵权人有权主张承担侵权责任的一方承担全部赔偿责任,但不能主张承担相应的赔偿责任的责任人对全部赔偿责任连带负责,承担相应责任的责任人不论怎样,都只对自己应当承担的赔偿份额承担责任,不对全部责任负责。第四,承担了全部赔偿责任或者承担责任超出了自己应当承担的赔偿份额的连带责任人,有权向承担相应的赔偿责任的按份责任人主张追偿,也有权向其他没有承担赔偿责任的连带责任人主张追偿。

基于以上分析,单向连带责任就是在一个连带责任中,有的责任人应当承担连带责任,有的责任人不承担连带责任只对相应的责任份额按份负责的连带责任形态。这是单向连带责任与连带责任的基本区别。

(三)单向连带责任的规则

单向连带责任的规则是:

1.构成单向连带责任,须具备承担侵权责任的一方和承担相应责任的一方对损害的发生都有过错,都具有原因力;如果一方具有过错和原因力,另一方的行为不具有过错或者原因力,则不构成单向连带责任。

2.在单向连带责任中,有的责任人应当承担侵权责任即全部责任,有的应当承担相应的责任。承担侵权责任的一方有可能就对损害的发生具有全部的过错和原因力,那时,他就应当自己承担赔偿责任,不存在连带责任。如果承担侵权责任的一方对于损害的发生具有部分的过错和原因力,但在单向连带责任中也应当对全部损害负责,属于连带责任人。承担相应的责任的一方对损害的发生不具有全部的过错和原因力，因此，他承担的相应的责任是按份责任，并且只对自己的责任份额承担责任，不论是自己承担，还是承担全部赔偿责任的人通过向其追偿而承担，都是如此。

3. 被侵权人在单向连带责任中，只能向承担侵权责任的责任人主张承担全部赔偿责任，而不能向承担相应责任的责任人主张承担全部赔偿责任，如果向承担相应责任的责任人主张承担责任，是按份责任，相应责任人仅对自己的份额负责。

4. 承担了连带责任的侵权责任人，如果超出了自己的责任份额的，就该部分有权向相应责任人追偿。

第四节　分别侵权行为与连带责任和按份责任

一、分别侵权行为的概念与类型

（一）分别侵权行为的概念与特征

分别侵权行为是指数个行为人分别实施侵权行为，既没有共同故意，也没有共同过失，只是由于各自行为在客观上的联系，造成同一个损害结果的多数人侵权行为。

分别侵权行为具有以下法律特征：

1. 两个以上的行为人分别实施侵权行为。分别侵权行为最基本的特征，是行为人为两人以上，因此符合多数人侵权行为的要求，属于多数人侵权行为的范畴。“分别”的含义：一是数个行为人各自进行，自己实施自己的侵权行为，客观上没有关连共同；二是各个行为人在各自实施侵权行为时，没有主观上的联系。

2. 数个行为人实施的行为在客观上针对同一个侵害目标。分别侵权行为的数个行为人在实施侵权行为时，尽管没有主观上的联系，但在客观上，每一个行为人实施的侵权行为实际上都针对同一个侵害目标。

3. 每一个人的行为都是损害发生的共同原因或者各自原因。分别侵权行为的数个行为人的行为都作用于同一侵害目标，是损害发生的共同原因，或者是损害发生的各自原因。共同原因，是数个行为人的行为结合在一起，共同作用于受害人的权利，集中地造成了受害人的同一个损害。各自原因，是数个行为人的行为分别作用于受害人的权利，造成了受害人同一权利的损害后果。

4. 造成了同一个损害结果且该结果可以分割。分别侵权行为的一个本质特点是，虽然造成了一个损害结果，但该结杲可以分割。在对物的损害中，这种情形尤为明显。如果受害人所受到的损害不可分割，就有可能属于客观关连共同的共同侵权行为，不构成分别侵权行为。

（二）分别侵权行为的类型

分别侵权行为分为三种类型，即典型的分别侵权行为、叠加的分别侵权行为和半叠加的分别侵权行为。其中半叠加的分别侵权行为并非由《民法典》第 1171 条和第 1172 条所规定，而是从两个条文的逻辑上推导出来的。

1. 典型的分别侵权行为。按照《民法典》第 1172 条规定，“二人以上分别实施侵权行为造成同一损害，能够确定责任大小的，各自承担相应的责任；难以确定责任大小的，平均承担责任"的这种分别侵权行为,是典型的分别侵权行为,其后果是按份责任,每个行为人只对自己的行为后果承担侵权责任,不存在连带责任的问题。

2. 叠加分别侵权行为。叠加分别侵权行为就是《民法典》第1171条规定的"二人以上分别实施侵权行为造成同一损害,每个人的侵权行为都足以造成全部损害的,行为人承担连带责任"的侵权行为。这并不是分别侵权行为的典型形态。叠加的分别侵权行为的特点是:每一个行为人的行为都是分别实施的,但是,每一个人的行为都是损害发生的全部原因,都具有100%的原因力,而损害结果却只是同一个,且不可分割。

3. 半叠加分别侵权行为。半叠加分别侵权行为是介于典型分别侵权行为与叠加分别侵权行为之间的分别侵权行为,是在两个以上的行为人分别实施侵权行为,有的行为人的行为足以造成全部损害,具有全部原因力,有的行为人的行为不能造成全部损害,只有部分原因力的分别侵权行为。其后果是成立部分侵权行为,即对于损害重合部分,每一个行为人都要承担连带责任,对于损害不重合的部分,由具有全部原因力的行为人单独承担。

二、分别侵权行为的责任形态

(一)典型的分别侵权行为承担按份责任

典型的分别侵权行为,应当按照各自的行为的原因力,各自承担按份责任,不实行连带责任。理由是,无过错联系的各行为人没有共同过错,不具备共同侵权行为的本质特征,不应当承担共同侵权行为的民事责任。

《民法典》第177条规定:"二人以上依法承担按份责任,能够确定责任大小的,各自承担相应的责任;难以确定责任大小的,平均承担责任。"确定典型的分别侵权行为的按份责任,应当依照以下规则处理:

1. 各个分别侵权行为人对各自的行为所造成的后果承担责任。典型的分别侵权行为属于单独侵权而非共同侵权,各行为人的行为只是单独行为,只能对其行为所造成的损害后果负责。在损害结果单独确定的前提下,应当责令各行为人就其行为所造成的损害承担赔偿责任。

2. 依照分别侵权行为人各自行为的原因力确定责任份额。分别侵权行为的在多数情况下是有一个共同的损害结果。各行为人在共同损害结果中无法确定自己的行为所造成的后果时,按照各行为人所实施行为的原因力,按份额各自承担责任。

3. 无法区分原因力的应当平均承担责任,确定各自应当承担责任份额。

4. 不实行连带责任,各个行为人只对自己的份额承担责任,不对他人的行为后果负责赔偿。

(二)叠加分别侵权行为承担连带责任

叠加分别侵权行为中的数人承担连带责任。其基本规则是:

1. 对外的中间责任。连带责任的对外效力,是一个侵权责任。被侵权人可以向数个行为人中的任何一个行为人请求承担全部赔偿责任,每一个分别侵权行为人都应当就全部损害承担赔偿责任。对此,应当依照《民法典》第178条第1款规定的规则承担中间责任。

2. 对内的最终责任。连带责任的内部效力,是对数个连带责任人确定最终责任,应当按照份额确定。对此,应当按照《民法典》第178条第2款前段规定的规则进行。

3. 追偿权。承担中间责任超过自己赔偿数额的连带责任人,有权向其他连带责任人追偿,实现最终责任,依照《民法典》第178条第2款后段规定的规则进行。

（三）半叠加分别侵权行为承担部分连带责任

半叠加分别侵权行为采用部分连带责任规则分担责任。例如，一个分别行为人的行为原因力是50%，另一个行为的原因力是100%；其中重合的部分是50%，就此，全体分别侵权行为人承担连带责任；原因力不重合部分的损失，由单独行为人单独承担责任。故承担连带责任的一方行为人的中间责任为50%，最终责任为25%。

第五节　竞合侵权行为与不真正连带责任

一、竞合侵权行为的概念与类型

（一）竞合侵权行为的概念界定

竞合侵权行为是指两个以上的民事主体作为侵权人，有的实施直接侵权行为，与损害结果具有直接因果关系，有的实施间接侵权行为，与损害结果的发生具有间接因果关系，行为人承担不真正连带责任的侵权行为形态。

（二）竞合侵权行为的类型

我国《民法典》以及司法解释规定了较多的竞合侵权行为的类型，规则各不相同。这既是竞合侵权行为类型的新发展，更是多数人侵权行为及责任的承担规则的新发展。竞合侵权行为类型分为以下四种：

1. 提供条件的竞合侵权行为。提供条件的竞合侵权行为，是指两个行为中的从行为（间接侵权行为）与主行为（直接侵权行为）竞合的方式，是从行为为主行为的实施提供了必要条件，没有从行为的实施，主行为不能造成损害后果的竞合侵权行为。换言之，间接侵权人的从行为是直接侵权人的主行为完成的必要条件，且这种间接行为是积极行为，这种竞合侵权行为就是提供条件的竞合侵权行为。典型表现为《民法典》第1202条、第1203条规定的产品责任规则。

2. "提供条件+政策考量"的竞合侵权行为。"提供条件+政策考量"的竞合侵权行为，是指符合提供条件的竞合侵权行为的要求，但是基于政策考量，规定间接侵权人先承担中间责任，之后向直接侵权人追偿以实现最终责任的竞合侵权行为。典型表现为《民法典》第1204条、第1252条第1款后段和第1253规定的责任规则。

3. 提供机会的竞合侵权行为。提供机会的竞合侵权行为，是指两个竞合的行为，从行为为主行为的实施提供了机会，使主行为的实施能够顺利完成的竞合侵权行为。从发挥的作用上考察，提供机会的竞合侵权行为与提供条件的竞合侵权行为有所不同，因为间接侵权人的从行为给直接侵权人的主行为造成损害结果只提供了机会，并不提供条件，因而这种间接行为通常是消极行为。典型表现为《民法典》第1198条第2款规定的防范制止侵权行为未尽安全保障义务的侵权责任，以及第1192条第2款和第1201条规定的侵权行为责任。

4. 提供平台的竞合侵权行为。《消费者权益保护法》第43条和第44条规定的侵权行为类型，就是提供平台的竞合侵权行为。第44条第1款规定："消费者通过网络交易平台购买商品或者接受服务，其合法权益受到损害的，可以向销售者或者服务者要求赔偿。网络交易平台提供者不能提供销售者或者服务者的真实名称、地址和有效联系方式的，消费者也可以向网络交易平台提供者要求赔偿;网络交易平台提供者作出更有利于消费者的承诺的,应当履行承诺。网络交易平台提供者赔偿后,有权向销售者或者服务者追偿。”网络交易平台提供者为网络交易双方当事人提供网络交易平台,销售者销售商品或者服务者提供服务,造成消费者损害的,本无交易平台提供者的责任,但是如果有约定条件或者符合法定条件的,就要承担附条件的不真正连带责任。这种提供平台所造成的侵权行为,也属于多数人侵权行为,即为提供平台的竞合侵权行为。

二、竞合侵权行为的责任承担

竞合侵权行为的后果是不真正连带责任。

侵权法上的不真正连带责任,是指多数行为人违反法定义务,对同一个受害人实施加害行为,或者不同的行为人基于不同的行为而致使同一个受害人的民事权益受到损害,各个行为人产生的同一内容的侵权责任,各负全部赔偿责任,并因行为人之一的责任履行而使全体责任人的责任归于消灭,或者依照特别规定多数责任人均应当承担部分或者全部责任的侵权责任形态。

不真正连带责任根据竞合侵权行为的不同类型,责任形态有所变化,形成不同的不真正连带责任的类型和规则。四种不同的竞合侵权行为类型,分别对应不同的不真正连带责任类型。

(一)必要条件的竞合侵权行为→典型的不真正连带责任

提供条件的竞合侵权行为的数个行为,其中一个是主要的侵权行为,另一个是为主要的侵权行为的实施或者损害后果的发生提供必要条件。例如,缺陷产品是由生产者形成的,该产品经过销售者而转移到消费者手中,两个行为竞合,发生同一个损害后果,生产者的行为是主要的侵权行为,销售者的行为就是侵权行为实施的必要条件。提供条件的竞合侵权行为的行为人承担典型的不真正连带责任。

典型的不真正连带责任的规则是:

1. 中间责任。在两个不同的不真正连带责任人之间,受害人可以选择其中一个提出损害赔偿请求,即可以向任何一个侵权人请求承担赔偿责任。任何一个不真正连带责任人都有义务承担全部赔偿责任,实现形式上的连带。

2. 最终责任。不真正连带责任的最终责任,是不真正连带责任的最终后果一定要由应当承担最终责任的人全部承担责任,而不是在不真正连带责任人之间实行实质的连带,即分担责任。最终责任必定要由承担最终责任的不真正连带责任人全部承担。不真正连带责任的最终责任只是一个责任,而不是份额的责任。

3. 追偿权。在不真正连带责任中,不真正连带责任人中的一人承担中间责任后,有权向最终责任人追偿,实现最终责任。中间责任人承担责任后,对最终责任人的追偿是全额追偿,包括必要的费用。

(二)“必要条件+政策考量”的竞合侵权行为→先付责任

“必要条件+政策考量”的竞合侵权行为,同样是必要条件的竞合侵权行为,但侵权法根据政策考量,将这种特定的竞合侵权行为改变责任承担规则,由典型的不真正连带责任改为先付责任。这种竞合侵权行为,同样一个是主要的侵权行为,另一个是为主要的侵权行为的实施或者损害后果的发生提供必要条件,构成必要条件的竞合侵权行为,但由于立法者为了更好地保护受害人,使受害人的损害能够得到更为及时的救济,因而规定受害人直接向提供必要条件的侵权人请求损害赔偿，而不是直接向主要的侵权行为一方请求赔偿，因此形成了先付责任这种特殊的不真正连带责任的类型，其规则的承担也与典型的不真正连带责任不同。[6]《民法典》第 1204 条规定的产品责任中的第三人责任，第 1252 条建筑物、构筑物及其他设施倒塌、塌陷损害责任和第 1253 条规定的建筑物、构筑物及其他设施脱落、坠落损害责任，规定被侵权人可以直接向应当承担中间责任的生产者、销售者或者所有人、管理人、使用人以及第三人，或者建设单位、施工单位请求赔偿；在他们承担了赔偿责任之后，再向应当承担最终责任的其他责任人追偿。

先付责任是不真正连带责任的一种变形，是特殊的不真正连带责任，其规则是：第一，承担中间责任的责任人先承担赔偿责任。第三人产品缺陷损害责任中的生产者、销售者不是产品缺陷的制造者，因此不是最终责任人，而是中间责任人。但法律规定，被侵权人应当直接向生产者或者销售者请求赔偿，而不是直接向产品缺陷的制造者即第三人请求赔偿。在建筑物等损害责任中，适用同样的规则。第二，中间责任人在承担了赔偿责任之后，有权向最终责任人进行追偿，追偿的范围是全额追偿，即最终责任的范围是全部赔偿责任。第三，索赔僵局及破解：由于《民法典》对先付责任的规则没有规定被侵权人可以直接向最终责任人索赔，因此存在中间责任人无法承担赔偿责任后，被侵权人又不能向最终责任人索赔的僵局。当出现上述索赔僵局时，准许被侵权人直接依照《民法典》第 1165 条第 1 款规定，向最终责任人起诉追究其赔偿责任。

（三）提供机会的竞合侵权行为→相应的补充责任

提供机会的竞合侵权行为的法律后果是承担相应的补充责任，即有限的补充责任。补充责任也是不真正连带责任的一种变形，是特殊的不真正连带责任。其规则是：

1. 直接侵权人即最终责任人首先承担责任。与先付责任不同，补充责任的最终责任人首先承担侵权责任，而不是中间责任人先承担责任。该最终责任人是第一顺位的侵权责任人，应当首先承担赔偿责任。

2. 间接侵权人承担补充责任。直接侵权人出现赔偿不足或者赔偿不能情形的，则由承担中间责任的间接侵权人承担相应的补充责任。相应的补充责任的范围，是与其过错和原因力相适应的责任，而不是全额补充。因而补充责任人为第二顺位的侵权责任人，对第一顺位的侵权责任人享有检索抗辩权（先诉抗辩权），以对抗第一顺位的责任人。

3. 间接侵权人享有追偿权。由于在相应的补充责任中，间接侵权人承担的补充责任是有限补充责任，且以其过错为基础，原《侵权责任法》第 37 条第 2 款等规定不得追偿；《民法典》纠正这一规定，第 1198 条第 2 款和第 1201 条都规定，间接侵权人承担了补充责任之后，享有追偿权。

（四）附条件的不真正连带责任

附条件不真正连带责任仍然属于不真正连带责任，其基本特征是提供平台的一方，对于展销会举办者、柜台出租者以及网络交易平台提供者在该平台上与消费者进行交易，造成了消费者权益的损害，只有在符合法律规定的条件的时候，才对受害人承担不真正连带责任，否则就只能由销售者或者服务者承担赔偿责任；并且平台提供者承担了赔偿责任之后，还有权向销售者或者服务者进行追偿。

---

〔6〕 杨立新：《侵权责任法》（第 2 版），法律出版社 2012 年版，第 129 页。

当附条件的不真正连带责任的所附条件成就时,责任人即承担不真正连带责任。这时的不真正连带责任,与典型不真正连带责任的规则完全一致。

参考案例

1. 衣念(上海)时装贸易有限公司诉浙江淘宝网络有限公司、杜国发侵害商标权纠纷案,载《中华人民共和国最高人民法院公报》2012 年第 1 期。
2. 吴凯诉朱超、曙光学校人身损害赔偿纠纷案,载《中华人民共和国最高人民法院公报》2006 年第 12 期。

第四十八章　侵权损害赔偿

—— | 导 读 | ——

本章介绍了侵权损害赔偿的五项基本原则以及三种基本方式，即人身损害赔偿、财产损害赔偿和精神损害赔偿。这些都对侵权责任的实践具有重要的指导作用。

第一节　侵权损害赔偿规则

一、侵权损害赔偿概述

（一）侵权损害赔偿的概念和特征

损害赔偿，是指侵权人因侵权行为或不履行债务而对受害人造成损害时应承担补偿对方损失的侵权责任，对权利人来说，损害赔偿是一种重要的保护民事权利的手段，对责任人来说，它是一种重要的承担民事责任的方式。[1] 同时，损害赔偿也是加害人或者债务人因侵权行为或债务不履行使受害人人身、财产遭受损害而产生的债权债务关系。[2]

侵权损害赔偿，是指侵权人实施侵权行为对被侵权人造成损害，在侵权人和被侵权人之间产生请求赔偿权利和给付赔偿责任的法律关系。

侵权损害赔偿的法律特征是：

1. 侵权损害赔偿的根本目的是救济损害。赔偿的根本目的是补偿损失，使受到损害的权利得到救济，恢复权利。除此之外，侵权损害赔偿也有制裁民事违法的作用以及慰抚受害人的作用，但这两个作用不是它的根本目的。

2. 侵权损害赔偿是财产性的责任方式。侵权损害赔偿完全是以财产的方式救济受害人。在损害的三种形式，即人身损害、财产损害和精神损害中，对财产损失必须以财产来赔偿；对人身损害，也必须以财产的形式赔偿受害人的财产损失；即使精神损害赔偿也只能以财产的方式进行，不可能用其他方式赔偿。

3. 侵权损害赔偿具有相对性的特征。相对性是债的关系的基本特征，侵权损害赔偿同样如此。损害赔偿永远发生在相对人之间，即权利主体和义务主体永远是特定的，且只在相对的特定主体之间发生。受害人只能向特定的行为人请求赔偿，赔偿责任主体也只需向特定的受害人承担赔偿责任。

---

〔1〕《中国大百科全书·法学》，中国大百科全书出版社 1988 年版，第 571 页。

〔2〕《法学词典》（增订版），上海辞书社 1988 年版，第 749 页。

(二)侵权损害赔偿的范围

对于侵权损害赔偿的范围,《民法典》侵权责任编第 1179 条、第 1180 条、第 1182 条、第 1183 条和第 1184 条作了规定。这 5 条规定的内容是人身损害赔偿、侵害人身权益财产损害赔偿、精神损害赔偿和财产损害赔偿。

(三)损害赔偿关系的当事人

1. 赔偿权利主体

在侵权损害赔偿法律关系中,受害人是赔偿权利主体,如果进行诉讼,则为原告,即诉讼请求的提出者。除受害人以外,还有受害人的利害关系人、死者的近亲属也是赔偿权利主体。赔偿权利主体分为直接受害人和间接受害人。

(1)直接受害人

直接受害人是侵权行为损害后果的直接承受者,是因侵权行为而使民事权利受到侵害造成损失的人。

第一,具有完全民事行为能力的直接受害人。受害人的资格不在于是否有完全民事行为能力,而在于其是否具有民事权利能力。凡是具有民事权利能力,又因侵权行为而使其民事权利受到侵害的人,就具有受害人的资格。有无民事行为能力,涉及的是否可以行使赔偿权利的问题,因而,区分直接受害人的民事行为能力还是有意义的。具有完全民事行为能力的直接受害人,可以自己行使侵权赔偿请求权,向赔偿责任主体请求赔偿。

第二,无民事行为能力或限制民事行为能力的直接受害人。直接受害人无民事行为能力或民事行为能力受限制,自己不能行使赔偿请求权,应当由其监护人代其行使侵权赔偿请求权。监护人可以作为直接受害人的法定代理人进行诉讼。

第三,侵害生命权的直接受害人。侵害生命权有双重直接受害人,即被致死的受害人和为死者治疗、送葬而遭受财产损失和精神损害的近亲属。前者是生命权受到侵害之人,其已经死亡不能行使赔偿权利;后者是财产利益和精神痛苦受到损害之人,可以依法行使请求赔偿财产损失和精神损害的权利。被侵权人死亡的,其近亲属为权利人;支付被侵权人医疗费、丧葬费等合理费用的人也是直接受害人,有权请求侵权人赔偿费用。

(2)间接受害人

间接受害人是指侵权行为造成了直接受害人的人身损害,因此而使人身权益受到间接损害的受害人。目前,这样的间接受害人有三种:

第一,因直接受害人死亡或者丧失劳动能力而扶养来源丧失的受害人。侵权行为侵害直接受害人,造成死亡或者丧失劳动能力的,使其收入断绝或者减少,因而使由其扶养的人的扶养来源断绝或者减少,扶养来源断绝或者减少的被扶养人是间接受害人。

第二,配偶间因配偶一方受到侵权行为侵害使其丧失性利益的对方配偶。行为人实施的侵害健康权行为,造成直接受害人丧失性能力,间接引起性利益减损或丧失的直接受害人的对方配偶,也是间接受害人。

第三,因目睹侵权行为受到惊吓而造成健康权受损的受害人。目睹正在发生的侵权行为残酷现场,因而造成惊吓使健康权受到损害的近亲属也是间接受害人,享有人身损害赔偿请求权。

(3)胎儿和死者近亲属

胎儿受到损害出生后享有请求权。对胎儿在其孕育过程中受到损害,如胎儿父亲因他人侵权行为而丧生或丧失劳动能力，其出生后的扶养损害赔偿问题；因污染、服药、损伤而使胎儿健康受到损害的赔偿问题等。对此，应当准许胎儿在其出生并取得民事权利能力后，行使赔偿请求权；出生后死亡的，健康受到损害的请求权，其继承人对该权利可以继承；出生时为死体的，这种损害视为对母亲的损害。

死者人格利益的保护人。死者的名誉、隐私、肖像、荣誉以及死者的遗体、遗骨等法益受到侵害，因其已经丧失民事权利能力和民事行为能力，其赔偿请求权由其近亲属享有，可以死者利益保护人的身份向法院提出损害赔偿诉讼，以保护死者的合法利益。

（4）损害赔偿请求权主体的特别规定

《民法典》第 1181 条对损害赔偿请求权主体特别规定了以下三个问题：第一，被侵权人死亡的，其近亲属为侵权请求权人。对此，采用的是双重受害人说，被侵权人已经死亡的，被侵权人是受害人，被侵权人的近亲属也是受害人，也是侵权请求权人，有权请求侵权人承担侵权责任。第二，被侵权人死亡的，支付被侵权人医疗费、丧葬费等合理费用的人，也是侵权请求权人，有权请求侵权人赔偿费用。这个赔偿权利人，可能是死者的近亲属，也可能不是死者的近亲属，但是都在这个受害人死亡的时候给他支出了费用。既然如此，他就是请求权人。特别提到的是，如果侵权人已经支付了这个费用的，则不享有请求权。第三，如果被侵权人是单位，造成损害的只能是财产，单位享有的这个请求权只能是财产损害的请求权。如果这个单位分立或者合并的，因分立或者合并而承继这个权利的单位为请求权人，有权请求侵权人承担侵权责任。

条文没有规定的是，被侵权人死亡时没有近亲属的应该怎么办。被侵权人死亡时没有近亲属，支付被侵权人医疗费、丧葬费等合理费用的人，有权请求侵权人赔偿相关费用。在这种情况下，有关国家机关或者救助站、村委会等有权主张对没有近亲属的人实施侵权行为的人追究侵权责任，但所得赔偿金应当纳入社会福利基金，或者作为村委会的公益金。

2. 赔偿责任主体

在侵权损害赔偿法律关系中，加害人是赔偿责任主体，在诉讼中为被告。除加害人以外，在某些情况下，直接加害人的责任承受者即替代责任的责任人，也是赔偿责任主体，为被告。无民事行为能力人或者限制民事行为能力人致人损害，司法实务不认其法定代理人为赔偿责任被告，但却是赔偿责任的承受者，由其支付赔偿费用。在物件致人损害中，物的所有人、占有人为赔偿责任主体。赔偿义务人是指因自己或者他人的侵权行为以及其他致害原因依法应当承担民事责任的自然人、法人或者非法人组织。

（1）直接加害人

直接加害人是直接实施侵权行为，造成受害人损害的人。直接加害人分以下三种情况：第一，单独的直接加害人。直接加害人为一人，为单独加害人。单独加害人为赔偿责任主体，由其个人承担赔偿责任。第二，共同加害人，共同侵权行为的加害人为共同加害人，承担连带赔偿责任，在诉讼中为共同被告。第三，共同危险行为人，共同危险行为的行为人不是共同加害人，但因共同危险行为的责任形式是连带责任，故共同危险行为人为共同的赔偿责任主体，为共同被告。

（2）替代责任人

对人的替代责任人。在替代责任形式的特殊侵权责任中，直接造成损害的行为人并不是赔偿责任主体，不直接承担损害赔偿责任。其赔偿责任主体是为直接造成损害的行为人承担赔偿责任的替代责任人。例如,用人单位的工作人员执行职务致人损害,用人单位承担赔偿责任;无民事行为能力人或者限制民事行为能力人致人损害,其监护人承担赔偿责任等。这些直接承担责任的主体是赔偿责任主体。

对物的替代责任人。物件致人损害,应由物件的所有人、占有人承担赔偿责任,这是侵权责任法一贯遵循的规则。因而,致害物件的所有人、占有人是该赔偿法律关系的赔偿责任主体,是赔偿诉讼中的被告。例如,高度危险作业的所有人、占有人,地下工作物、建筑物及其他地上物的所有人、管理人,缺陷产品的销售者、制造者,污染环境企业的所有人、经营者,动物的所有者、管理者等,都是赔偿责任主体。

二、侵权损害赔偿规则

(一)全部赔偿

1. 全部赔偿原则的含义

全部赔偿是侵权损害赔偿的基本规则,指的是侵权行为加害人承担赔偿责任的大小,应当以行为所造成的实际财产损失的大小为依据,全部予以赔偿。

全部赔偿是由损害赔偿的功能决定的。既然损害赔偿基本功能是补偿财产损失,那么,以全部赔偿作为确定损害赔偿责任大小的基本原则,就是十分公平、合理的。

确定全部赔偿作为损害赔偿责任的基本规则,应当将全部赔偿与全额赔偿区别开来。全部赔偿和全额赔偿是两个不同的概念,前者包含了赔偿范围和赔偿数额两方面的内容,后者仅指赔偿数额问题;前者包含了人身损害、财产损失和精神损害的赔偿责任范围及数额,后者则只包括对财产损失的赔偿数额。精神痛苦和其他非财产损害,尽管无法用金钱来衡量,但为了维护受害人的合法权益,慰抚受害人,制裁民事违法行为,立法仍规定给予赔偿一定数量的损害赔偿金,这也包括在全部赔偿之中。全额赔偿一般只指对财产的损失全部予以赔偿,不包括精神损害。

2. 适用全部赔偿原则应注意的问题

(1)确定损害赔偿数额即赔偿责任的大小只以实际损害作为标准,全部予以赔偿。在一般情况下,要特别注意不能以加害人过错程度的轻重作为损害赔偿数额的依据,也不能根据行为的社会危险性大小作为依据,只能以财产的实际损失作为赔偿责任大小的标准。同样,行为的社会危害性在确定刑事责任中起着重大的作用,但在确定民事赔偿责任时起决定作用的,仍然是行为所造成的实际损害后果。例外的是,对于确定精神损害赔偿责任的大小,加害人的主观过错程度则起重要的作用,加害人故意或者重大过失,是承担较重赔偿责任的根据。

(2)全部赔偿包括直接损失和间接损失。全部赔偿要求损害赔偿不仅要赔偿直接损失,而且对确定的间接损失也要予以赔偿。对间接损失如果不能予以全部赔偿,受害人的权利就得不到全面的保护,加害人的违法行为也不会得到应有的制裁。间接损失只要是当事人已经预见或者能够预见的利益,并且可以期待、必然得到的,就应当予以赔偿。

(3)全部赔偿应当包括对受害人为恢复权利,减少损害而支出的必要费用损失的赔偿。受害人因权利受侵害,为恢复权利、减少损害而支出的费用,是侵权行为所造成的损害,是应当予以赔偿的。但这种损失在实务中基本上不予赔偿。这没有体现全部赔偿的要求。依据《反不正当竞争法》第 17 条的规定,在实务中,对受害人为恢复权利、救济损害、减少损害的必要费用的支出,列入赔偿范围,予以全部赔偿。

(4)全部赔偿所赔偿的只能是合理的损失,不合理的损失不应予以赔偿。对于受害人借故增加开支,扩大赔偿范围的做法应当谴责,同时,对于故意扩大的赔偿开支也不应当予以赔偿。

(二)财产赔偿

1. 财产赔偿原则的含义

财产赔偿规则,是指侵权行为无论是造成财产损害、人身损害还是精神损害,均以财产赔偿作为唯一方法,不能以其他方法为之。

2. 确立财产赔偿原则的目的

(1)对于财产损害以财产的方式赔偿。对于财产损害只能以财产的方式赔偿,不能以其他方式赔偿。这是因为财产损失以财产赔偿最符合民法的等价有偿原则。以支付劳务、人身拘禁等方式偿付财产损失或者其他损害,有人身制裁的性质,都是不允许的。同时,现代侵权法也不主张进行损害投役,因为物的损害投役有可能不符合全部赔偿原则的要求,而人的损害投役限制加害人的人身,对人身进行强制,完全违反民法原则。[3]

(2)对于人身损害以财产的方式予以赔偿。对于人身损害也只能以财产的方式予以赔偿,不能用其他方式赔偿。这是因为:首先,人身损害不能用同态复仇的方式进行补偿。其次,人身损害不能用金钱计算其价值,既不能用金钱计算出受害人损伤器官的价格,也无法用金钱予以补偿人身损害的本身。最后,对人身损害,如致死、致伤、致残,应以财产的方式补偿因医治伤害所造成的财产损失,损失多少财产,就应当赔偿多少财产,不但公平合理,而且容易计算。人身损害引起的痛苦,应适用精神损害赔偿的方法,以财产方式予以赔偿。

(3)对于精神损害无论是否造成经济损失都应当以财产赔偿。对于纯粹的精神利益损害和精神痛苦损害,也只能以财产的方式予以赔偿,没有其他更合适的救济方式。精神损害并不仅仅指精神痛苦的损害,主要是精神利益损害。认为精神痛苦损害就是精神损害,法人没有精神痛苦因而也就没有精神损害也就不得请求精神损害赔偿的观点,显然是不正确的。

确认财产赔偿规则,就是明确侵权行为造成的一切损害都必须以财产的方式予以赔偿。从这一规则出发,处理一切侵权损害赔偿案件,都必须公平、合理,体现等价有偿的原则。受害人因损害而得到的赔偿恰好是能够填补实际损害,不能赔偿不足,也不能使之不当得利。同时,判令加害人承担赔偿责任也与其造成的损害相适应,不能让其负担过重的赔偿责任。

(三)损益相抵

1. 损益相抵的概念及特征

损益相抵,亦称损益同销,是指赔偿权利人基于发生损害的同一原因受有利益者,应由损害额内扣除利益,而由赔偿义务人就差额予以赔偿的确定赔偿责任范围的规则。[4]

损益相抵的法律特征是:(1)损益相抵原则是损害赔偿之债的原则,适用于一切损害赔偿责任确定的场合,不仅是侵权损害赔偿的规则,也是违约损害赔偿的规则。(2)损益相抵原则是确定侵权损害赔偿责任范围大小及如何承担的原则。它不是解决损害赔偿责任应否承担的规则,而是在损害赔偿责任已经确定应由加害人承担的前提下,确定加害人应当怎样承担民事责任,究竟应当承担多少赔偿责任的规则。(3)损益相抵所确定的赔偿标的,是在损害额内扣

---

〔3〕 损害投役是罗马法的侵权责任方式,动物造成他人损害即将动物所有权转移给受害人,人造成他人损害则将加害人交由受害人强制役使。

〔4〕 2008年9月23日《侵权责任法》草案曾经规定了损益相抵规则,即第19条规定:"因同一侵权行为在造成损失的同时,受害人受有利益的,应当依照有关法律规定从赔偿额中扣除所获得的利益。"

除因同一原因而产生的利益额之差额,而不是全部损害额。损益相抵就是要求受害人在请求损害赔偿时,须从房屋损害数额中扣除因此所得建筑材料的利益额,仅就该差额行使赔偿权利。(4)损益相抵由法官依职权行使。在诉讼中,法官可以不待当事人主张,径以职权根据确认的证据适用该原则。

2. 损益相抵的构成要件

在侵权责任中损益相抵的构成,必须具备以下要件:

(1)有侵权损害赔偿之债的成立。构成损益相抵,必须以损害赔偿之债的成立为必要要件。没有侵权损害赔偿之债的成立,亦即缺乏损害赔偿之债的要件,尚未构成侵权损害赔偿之债,不具备此要件。

(2)受害人受有利益。这是损益相抵的必备要件。如果受害人未因受损害而受有利益,则无适用损益相抵的余地。此种利益,包括积极利益和消极利益。积极利益为受害人现有财产的增加,消极利益为应减少的财产而未损失。应当扣减的利益包括:物的毁损而发生的新生利益;实物赔偿新旧相抵的利益;原应支出因损害事实的发生而免支出的费用;原无法获得因损害的发生而获得的利益;将来的多次赔偿给付改为现在的一次性给付的中间利息。[5]

(3)有构成损害赔偿之债的损害事实与所得利益间的因果关系。尽管损益相抵不以相当因果关系为绝对标准,然而因果关系作为损益相抵构成的必要要件之一,为判例和学说所公认,即须利益与损害系于同一的发生损害之原因间,有相当因果关系而后可,即须利益与损害于同一之相当原因而发生。[6] 不具有相当因果关系者,为损害与利益无适当关系,因此不得适用损益相抵原则。诸如:第一,第三人对于受害人赠与的财产,或受慈善机关救治,或国家、单位予以补助的财产;第二,因继承而得的利益;第三,退休金、抚恤金获得的利益;第四,非加害人所送的慰问金。

具备以上三个要件即构成损益相抵,应在损害额中扣除所得利益额。

3. 损益相抵的实行

损益相抵的计算与折抵方法,主要有以下五种,可以根据不同情况选择适用:

(1)损害造成的损失与利益均可以金钱计算时,直接相减,扣除利益,直接赔偿差额。赔偿计算公式是:

赔偿数额 = 原有价值 − 原有价值 / 可用时间 × 已用时间 − 新生利益

这一公式中的“原有价值 − 原有价值/可用时间 × 已用时间”,即为被损害之物的损失额;损失价值等于损失额与新生利益额相减的差额即为赔偿的数额。这种方法适用于财产损害赔偿。至于人身损害的损益相抵,则直接相减得出损害与利益的差额,即已实行了损益相抵。

(2)对于损害造成的损失已经金钱赔偿者,应当由赔偿权利人将新生之利益退还给赔偿义务人,实行损益相抵。例如致毁他人汽车或房屋,如果对所损坏的汽车、房屋的损失全额赔偿,则所余残存零部件或建筑材料应归赔偿责任人所有,否则违背公平原则。

(3)实物赔偿,新旧物的差价,应由赔偿权利人退还赔偿责任人,否则权利人对差价为不当

---

〔5〕 将来的多次赔偿给付改为现在的一次性赔偿的中间利息,在理论上应当认定为新生利益,予以损益相抵。但最高人民法院司法解释没有规定其为新生利益可以损益相抵。

〔6〕 何孝元:《损害赔偿之研究》,台北商务印书馆 1980 年版,第 45 页。

得利。

(4)返还原物,对所得消极利益应退还返还责任人。例如,侵占他人耕牛,应负返还义务,对侵占期间受害人所受损失亦应予以赔偿,但受害人在侵占期间减少草料、喂养人工等费用,应作为消极利益从中扣除。

(5)在人身损害致残、致死的场合,赔偿责任人对丧失劳动能力的人或其他间接受害人应定期给付生活补助费的,如果要把将来的多次给付变成现在一次性给付,应当依霍夫曼计算法扣除中间利息。

(四)过失相抵

1. 与有过失

过失相抵的基础是与有过失。侵权法的与有过失,是指侵权行为所造成的损害结果的发生或扩大,受害人也有的过错,受害人的行为和行为人的行为对损害的发生均具有原因力的侵权行为形态。《民法典》第1173条规定的就是过失相抵规则。

与有过失的法律特征为:第一,受害人对于损害的发生和扩大也有过错;第二,损害发生的原因事实相混合;第三,受害人一方受有损害。

与有过失制度是过错责任原则的发展和延伸,体现了过错责任提出的应依据过错确定责任的要求。根据受害人的过错而相应减轻加害人的赔偿数额,意味着无论是加害人还是受害人,最终都应对自己的过错行为负责,对他人的过错不负责任。它不仅体现了公平正义的要求,也体现了责任自负的精神。我国确认与有过失制度,对于督促和教育当事人合理行为,特别是促使受害人采取合理措施注意自身的财产和人身安全,从而预防和减少损害的发生,具有重要的作用。

2. 过失相抵

过失相抵,是债法的概念,是在损害赔偿之债中,由于与有过失的成立,而减轻加害人的赔偿责任。侵权行为的与有过失同样适用过失相抵原则。

过失相抵的法律特征为:第一,过失相抵是与有过失的法律后果;第二,过失相抵的内容是减轻加害人的赔偿责任;第三,过失相抵是一种侵权责任形态;第四,过失相抵的实行依职权主义。

过失相抵的构成,应从两个方面考虑:对于加害人的责任,应按照侵权损害赔偿责任构成要件的要求来确定。对于受害人应负的责任,其构成须具备以下三个要件:第一,受害人的行为系损害发生或扩大的共同原因。受害人的行为与加害人的行为共同作用,促成了一个损害结果的发生或扩大,或者是受害人的行为作用于已经发生的损害结果上,使其继续扩大。第二,受害人的行为须为不当。构成过失相抵,受害人的行为无须违法,只为不当即可。可以是积极的行为,也可以是消极的行为。第三,受害人须有过错。受害人为自己的行为负责的基础是自己有过错。如果受害人的行为虽然是损害发生或扩大的共同原因,但其主观上无过错,仍然不构成过失相抵。

构成过失相抵,须进行责任分担,是在过失相抵具备其要件时,法官可以不待当事人的主张,而依职权减轻加害人的赔偿责任。因此,过失相抵应当是职权主义,法官依其职权,得不待当事人主张而实行过失相抵,减轻加害人的赔偿责任。

(五)衡平原则

1. 衡平原则的含义

作为赔偿规则的衡平原则,是指在确定侵权损害赔偿范围时,必须考虑诸如当事人的经济状况等诸因素,使赔偿责任的确定更公正。例如,加害人的经济状况不好,全部赔偿以后将使其本人及其家属的生活陷于极度困难时,则可依据具体情况适当减少其赔偿数额。

2. 适用规则

(1)适用前提。适用衡平原则的前提,必须是已确定赔偿责任构成,在此基础上确定赔偿责任大小时适用这一原则。如果不具有这个前提,如赔偿责任尚未确定,就不能适用这一原则。

(2)适用顺序。衡平原则适用的顺序,应当在适用全部赔偿、财产赔偿、损益相抵和过失相抵等规则之后。衡平原则应当是最后才能考虑的原则。没有依据其他赔偿规则确定赔偿的基本范围之前,就适用衡平原则是不正确的。

(3)综合考虑各种因素。适用衡平原则应综合考虑各种因素,考虑最多的是当事人的经济情况。主要应考察当事人的经济收入,必要的经济支出,以及富裕程度等。除此之外,还应当考虑其他因素,如社会风俗、习惯、舆论、当事人身份、特殊需求等,综合判断,考虑是否可以减轻赔偿责任。考虑这些状况,不仅要考虑加害人的情况,也要考虑受害人的情况。如果仅仅考虑一方当事人的经济状况,有时可能会出现不公平结果。

(4)保障必要的生活费。适用衡平原则,应当为加害人及其家属留下必要的生活费用。适用衡平原则的结果,是减轻赔偿责任,降低加害人的负担,本身就对加害人有利。其承担责任的极限,在于承担责任以后还必须保留加害人及其家属的必要生活费用,而不能让其因负担赔偿责任而使生活陷入极度贫困。必要生活费用的标准,应当根据当地实际情况而定,但又不能像确定生活救济标准那样准确,原则上是让加害人在承担责任之后还能够正常生活。其家属范围应以有扶养关系的近亲属为限。

第二节　人身损害赔偿

一、人身损害赔偿的类型和赔偿范围

人身损害赔偿,是指自然人的生命权、健康权、身体权受到不法侵害,造成致伤、致残、致死的后果以及其他损害时,要求侵权人以财产赔偿等方法进行救济和保护的侵权法律制度。

人身伤害所概括的内容是:第一,侵害身体权所造成的损害,这种损害不以受害人感受身体上的痛苦为必要,也不以肉体上的实际损伤为必要;第二,人体致伤,以人体造成伤害为起点,以伤害经治愈为临界点,与人体致残相区别;第三,人体致残,以造成人体伤害为前提,以经治疗仍留有残疾为必要条件,与致伤、致死相区别;第四,致人死亡,是以受害人生命丧失为必要条件的人身权侵害,仍以死亡为必要条件;第五,侵害身体权、健康权、生命权所致的精神损害,其中身体权、健康权受损害的受害人精神损害是自己的损害,侵害生命权则是生命权丧失之人的近亲属所受的精神损害。

二、人身损害常规赔偿

1. 医疗费赔偿。医疗费根据医疗机构出具的医药费、住院费等收款凭证,结合病历和诊断证明等相关证据确定。赔偿责任人对治疗的必要性和合理性有异议的,应当承担相应的举证责任。医疗费的赔偿数额,按照一审法庭辩论终结前实际发生的数额确定。器官功能恢复训

练所必要的康复费、适当的整容费以及其他后续治疗费，赔偿权利人可以待实际发生后另行起诉。但根据医疗证明或者鉴定结论确定必然发生的费用，可以与已经发生的医疗费一并予以赔偿。

2. 误工减少的收入赔偿。误工减少的收入赔偿根据受害人的误工时间和收入状况确定。误工时间根据受害人接受治疗的医疗机构出具的证明确定。受害人因伤致残持续误工的，误工时间可以计算至定残日前一天。受害人有固定收入的，误工减少的收入按照实际减少的收入计算。受害人无固定收入的，按照其最近三年的平均收入计算；受害人不能举证证明其最近三年的平均收入状况的，可以参照受诉法院所在地相同或者相近行业上一年度职工的平均工资计算。

3. 护理费赔偿。护理费根据护理人员的收入状况和护理人数、护理期限确定。护理人员有收入的，参照误工费的规定计算；护理人员没有收入或者雇用护工的，参照当地护工从事同等级别护理的劳务报酬标准计算。护理人员原则上为 1 人，但医疗机构或者鉴定机构有明确意见的，可以参照确定护理人员人数。护理期限应计算至受害人恢复生活自理能力时止。受害人因残疾不能恢复生活自理能力的，可以根据其年龄、健康状况等因素确定合理的护理期限，但最长不超过 20 年。受害人定残后的护理，应当根据其护理依赖程度并结合配制残疾辅助器具的情况确定护理级别。

4. 转院治疗的交通费、住宿费的赔偿。交通费根据受害人及其必要的陪护人员因就医或者转院治疗实际发生的费用计算。交通费应当以正式票据为凭；有关凭据应当与就医地点、时间、人数、次数相符合。

5. 伙食补助费和营养费的赔偿。住院伙食补助费可以参照当地国家机关一般工作人员的出差伙食补助标准予以确定。受害人确有必要到外地治疗，因客观原因不能住院，受害人本人及其陪护人员实际发生的住宿费和伙食费，其合理部分应予赔偿。是否赔偿营养费，应当根据受害人伤残情况参照医疗机构的意见确定。

三、丧失劳动能力的赔偿

劳动能力丧失是受害人健康权遭受侵害所致的严重后果，使其无法继续劳动以维持生计，因而必须予以赔偿。对于劳动能力丧失的赔偿理论基础，原来采用的是“生活来源丧失说”。认为受害人劳动能力丧失与降低，必致其生活来源丧失，因而应当赔偿受害人的生活补助费，使其生活来源能够恢复。赔偿所救济的，既不是劳动能力丧失的本身，也不是受害人致残前后的收入差额，而是受害人致残前后生活来源的差额。人身损害赔偿司法解释采用“收入丧失说”，赔偿的是受害人因为人身损害而减少的收入。具体的赔偿范围是：

1. 残疾赔偿金。残疾赔偿金根据受害人丧失劳动能力程度或者伤残等级，按照受诉法院所在地上一年度城镇居民人均可支配收入或者农村居民人均纯收入标准，自定残之日起按 20 年计算。但 60 周岁以上的，年龄每增加 1 岁减少 1 年；75 周岁以上的，按 5 年计算。受害人因伤致残但实际收入没有减少，或者伤残等级较轻但造成职业妨害严重影响其劳动就业的，可以对残疾赔偿金作相应调整。这个标准是否可行，还须进行研究，以新的司法解释规定为准。

2. 残疾辅助器具费赔偿。残疾辅助器具费按照普通适用器具的合理费用标准计算。伤情有特殊需要的，可以参照辅助器具配制机构的意见确定相应的合理费用标准。辅助器具的更换周期和赔偿期限参照配制机构的意见确定。

四、造成死亡的赔偿

侵害生命权致受害人死亡的,应当赔偿丧葬费以及常规赔偿费用和死亡赔偿金。其中,丧葬费和死亡赔偿金的赔偿属于致人死亡的特有赔偿项目。

1. 丧葬费赔偿。丧葬费按照受诉法院所在地上一年度职工月平均工资标准,以 6 个月总额计算。

2. 死亡赔偿金。死亡赔偿金按照受诉法院所在地上一年度城镇居民人均可支配收入或者农村居民人均纯收入标准,按 20 年计算。但 60 周岁以上的,年龄每增加一岁减少一年;75 周岁以上的,按 5 年计算。死亡赔偿金实行城乡统一标准,特别是对同一侵权行为造成多人死亡的,采用相同数额确定死亡赔偿金。

五、人身损害的抚慰金赔偿

受害人或者死者近亲属遭受精神损害,赔偿权利人向人民法院请求赔偿精神损害抚慰金的。精神损害抚慰金的请求权,不得让与或者继承,但赔偿义务人已经以书面方式承诺给予金钱赔偿,或者赔偿权利人已经向人民法院起诉的除外。

人身损害抚慰金赔偿的范围包括:第一,侵害身体权。对于侵害身体权的,应当以赔偿抚慰金作为救济的主要方法,辅之以财产损失应予赔偿的方法。第二,侵害健康权。造成一般伤害结果或者造成残疾,侵害健康权的,应当赔偿精神损害抚慰金。第三,侵害生命权,造成死亡结果的,对遭受精神损害的死者的近亲属应当赔偿精神损害抚慰金。基本的赔偿方法,是由人民法院斟酌案件的全部情况,确定赔偿金额。

六、被扶养人的生活费赔偿

人民法院适用侵权责任法审理民事纠纷案件,如受害人有被抚养人的,应当依据最高人民法院《关于审理人身损害赔偿案件适用法律若干问题的解释》第 28 条的规定,将被抚养人生活费计入残疾赔偿金或死亡赔偿金。

第三节　人格权财产利益损害赔偿

一、人格权财产利益损害赔偿的概念

人格权财产利益损害赔偿,是指侵害他人人格权益造成财产损失,对被侵权人受到的损失予以赔偿的侵权损害赔偿责任。例如,侵害他人的姓名权、肖像权、名誉权、名称权、信用权、隐私权等人格权以及其他人格利益,造成被侵权人的财产利益损失,就是人格权的财产利益损害,对这种财产利益的损害赔偿,就是人格权财产利益损害赔偿。

这种损害赔偿责任,在学理上通常称作侵害公开权的损害赔偿。公开权是《民法典》第 993 条规定的权利,是指民事主体包括自然人、法人和其他组织对其具有一定影响力的人格标识利益进行商品化利用,并享有利益的权利,属于抽象人格权的范畴。

二、赔偿的计算方法

《民法典》第 1182 条规定:“侵害他人人身权益造成财产损失的,按照被侵权人因此受到的损失或者侵权人因此获得的利益赔偿;被侵权人因此受到的损失以及侵权人因此获得的利益难以确定,被侵权人和侵权人就赔偿数额协商不一致,向人民法院提起诉讼的,由人民法院根据实际情况确定赔偿数额。”侵害公开权造成财产利益损失的赔偿方法,按照原《侵权责任法》第 20 条规定的方法:一是被侵权人因此受到实际财产损失的,按照实际受到的损失承担赔偿责任;二是被侵权人的损失难以确定,侵权人因此获得利益的,按照其所获得的利益承担赔偿责任;三是侵权人因此获得的利益难以确定,双方当事人可以进行协商,按照协商一致的方法确定赔偿责任;被侵权人和侵权人就赔偿数额协商不一致,向人民法院提起诉讼的,由人民法院根据实际情况确定赔偿数额。

依照规定的计算方法,一是侵害他人人身权益造成财产损失的,按照被侵权人因此受到的损失或者侵权人因此获得的利益赔偿计算赔偿数额;二是被侵权人因此受到的损失以及侵权人因此获得的利益难以确定,被侵权人和侵权人就赔偿数额协商不一致,向人民法院提起诉讼的,由人民法院根据实际情况确定赔偿数额。这个计算方法的核心,是被侵权人有选择权。侵害人身权益造成财产损失,就是侵害了公开权造成了被侵权人的损害。究竟是按照被侵权人因此受到的实际损失赔偿,还是按照侵权人因此获得的利益赔偿,如果依照顺位关系,就不存在选择权。规定了二者之间为选择关系,选择权就为被侵权人享有。被侵权人可以根据自己的利益,选择其中一种计算方法,计算赔偿数额。对此,法院应当支持被侵权人的选择。

第四节　精神损害赔偿

一、精神损害赔偿的概念和结构

精神损害赔偿是民事主体因其人身权益受到不法侵害,使其人格利益和身份利益受到损害或遭受精神痛苦,侵权人通过财产赔偿等方法进行救济和保护的侵权损害赔偿责任。《民法典》第 1183 条第 1 款规定:“侵害自然人人身权益造成严重精神损害的,被侵权人有权请求精神损害赔偿。”

精神损害是指对自然人精神活动的损害。侵权行为侵害自然人的民事权利,造成的自然人精神活动的破坏,最终导致的精神痛苦和精神利益丧失或减损,就是精神损害。

与此相适应,精神损害赔偿分为两部分:一是精神利益损失的赔偿;二是精神痛苦的损害赔偿。精神利益的损害赔偿主要是对精神性人格权和身份权损害的救济手段,保护的对象是名誉权、人身自由权、肖像权、姓名权、隐私权、性自主权以及一般人格权等人格权和身份权。精神痛苦的抚慰金赔偿是对人格权益、身份权益损害造成精神痛苦的民事救济手段,保护的对象是自然人不受精神创伤的权利,因而只能对自然人适用,不能对法人适用。当自然人的人格权、身份权受到损害,除应当赔偿其财产上的损害以外,对其本人或亲属造成的精神痛苦应予以抚慰。抚慰金赔偿制度既包括精神性人格权受侵害的救济,也包括物质性人格权受侵害的救济,同时还包括身份权受侵害的救济。

二、精神损害赔偿的范围

精神损害赔偿的适用范围,一是侵害物质性人格权,可以请求精神损害抚慰金赔偿;二是侵害精神性人格权,可以请求精神损害赔偿;三是侵害一般人格权或者其他人格利益,可以请求精神损害赔偿;四是侵害身份权及身份利益,可以请求精神损害赔偿;五是侵害具有人身意义的特定物造成严重精神损害,可以请求精神损害赔偿;六是违约行为损害对方人格利益造成严重精神损害的,可以请求精神损害赔偿。

从损害利益的角度研究精神损害赔偿,可以确定精神损害赔偿的范围。

精神利益的损害在客观上表现为三种形式:

1. 精神利益损害所引起的直接财产损失。精神性人格权和身份权被侵害以后,造成人格利益和身份利益的损害,有可能导致直接的财产损失。这种直接的财产损失主要有两种:第一,身份权被侵害以后,使受扶养人的扶养请求权丧失。第二,精神性人格权和身份权被侵害,为恢复权利而支出的必要费用。

2. 精神利益中的财产利益因素的损失。在人格利益和身份利益中,基本利益都是精神利益。在这些精神利益中,可能具有一定的财产利益因素。当侵权行为发生以后,财产利益因素明显的权利受到侵害,其中的财产利益必遭损失,形成明显的财产损失,如肖像权、名称权或者信用权被侵害,均可造成其中财产利益的损失。

3. 纯粹精神利益的损害。这种形式的损害是指人格利益和身份利益的非财产因素的损害。这种损害是无形损害,纯粹表现为精神利益的损害,无法用金钱衡量。

三、计算精神损害赔偿金的基本方法

根据司法实践经验,算定精神损害赔偿金主要有三种方法。

(一)概算规则

对于纯精神利益损害的赔偿和精神痛苦的慰抚金赔偿的算定,适用概算规则。法官应将案件情况分为加害人过错程度的轻重、受害人被侵害的精神利益损害后果及所受精神痛苦程度、双方的经济负担能力、受害人的资力这些因素,适当斟酌,确定具体数额。

(二)比照规则

现行立法对于精神损害赔偿金算定已有明确规定的,应当比照该规定算定赔偿数额。目前立法中,只有《国家赔偿法》对由国家的行政侵权和司法侵权行为造成的人身自由权侵害、生命权侵害和扶养请求权侵害有具体的赔偿规定,也可以比照确定。

(三)参照规则

当确定精神利益中财产利益损失的数额时,可以参照其他标准确定赔偿金数额。例如,《民法典》第1182条规定的“侵权人因此获得的利益”,按照其获得利益赔偿,就是参照规则。

四、对财产损失的精神损害赔偿

(一)对《民法典》第1183条的正确理解

《民法典》第1183条第2款规定:“因故意或者重大过失侵害自然人具有人身意义的特定物造成严重精神损害的,被侵权人有权请求精神损害赔偿。”这是对精神损害赔偿责任的规定。应当承担精神损害赔偿责任的侵权行为,是侵害自然人人身权益的侵权行为。侵权行为造成财产损失,一般不以承担精神损害赔偿责任的方法进行救济。但是,因故意或者重大过失侵害自然人具有人身意义的特定物造成严重精神损害的,由于该特定物中包含人身利益(人格利益和身份利益)因素,对该特定物的损害会造成被侵权人的精神损害,被侵权人有权请求精神损害赔偿,侵权人应当对此因特定物的财产损害而造成的被侵权人的精神损害承担赔偿责任。

(二)规则要点

这一规则的要点是:第一,受到侵权行为侵害的是自然人具有人身意义的特定物,使该物毁损或者灭失。具有人身意义的特定物,首先是特定物,其次是物中包含人身意义,其实,就是该物中包含着人格象征意义,即人格利益或者身份利益。侵权行为不仅造成了物的毁损、灭失,而且造成了受害人的精神损害。第二,造成具有人身意义的特定物损害的行为是侵权行为人实施的,该行为具有违法性。第三,行为人实施的行为与造成具有人身意义的特定物的损害有因果关系,该行为不仅是造成物的损害的原因,而且也是造成受害人精神损害的原因。第四,行为人在主观上具有故意或者重大过失,故意或者重大过失是针对损害特定物的主观心理状态,有的也可能具有造成被侵权人精神损害的故意或者重大过失,但是,后者并非必要条件。对此,造成特定物的损害并造成受害人的精神损害,故意、重大过失当然可以构成精神损害赔偿责任,但是,不应当排除一般过失也构成精神损害赔偿责任,因为故意造成、重大过失造成具有人身意义的特定物损害,与一般过失造成具有人身意义的特定物的损害,并没有实质性的区别。本条作出这样的限制性规定,是值得斟酌的。符合上述构成要件的要求,被侵权人不仅有权请求侵权人承担财产损害的赔偿责任,而且有权请求精神损害赔偿责任。

五、违约行为侵害人格权的精神损害赔偿

《民法典》第 996 条规定:"因当事人一方的违约行为,损害对方人格权并造成严重精神损害,受损害方选择请求其承担违约责任的,不影响受损害方请求精神损害赔偿。"这是对违约行为造成精神损害可以直接适用精神损害赔偿责任救济的规定,以前的司法解释是禁止在违约责任中适用精神损害赔偿责任救济的。

一个违约行为造成合同预期利益损害和严重精神损害这两种损害的形成机制是,对合同约定的义务,债务人未履行,造成了债权人的可得利益损害,而该合同履行利益对债权人而言,不仅具有财产利益,而且具有人身意义,该人身意义又包含着精神利益。当违约行为发生时,一方面造成了债权人的财产利益损害;另一方面又造成了债权人的精神利益的损害,也侵害了债权人的人格利益造成严重精神损害。例如,旅行社组织的旅行团混进严重传染病人,其他团员面临感染疾病的威胁,造成严重精神损害。

长期以来,我国采取违约行为不得请求适用精神损害赔偿责任的做法,当事人如果坚持主张,则应通过民事责任竞合的方法,选择侵权诉讼方可获得支持。这个规则是《精神损害赔偿解释》确立的,并为司法实践一直所坚持。[7] 这样的做法虽然有一定道理,但是对当事人却形成讼累,一个违约行为既造成债权人的财产利益损害,又造成精神利益的损害,却须提起两个诉讼,并且可能还不是由同一个法院管辖。本条规定,因违约造成严重精神损害的,受害人可以直接起诉精神损害赔偿责任,就可以解决这个问题,有利于受害人方便、及时地行使权利,保护自己。

适用本条的要件是:第一,双方当事人存在合同等债的关系;第二,一方当事人违反合同构成违约行为;第三,在侵害了债权人债权的同时,还侵害了债权人的人格权造成严重精神损害;第四,既造成了债权人的财产利益损害,也造成了精神利益的严重损害。具备上述要件,受损害一方请求其承担违约责任,也可以一并请求违约方精神损害赔偿。

本条与《民法典》侵权责任编第 1183 条第 1 款关于精神损害赔偿责任一般性规定的关系是,第 1183 条是普通规定,本条是特别规定,在违约责任领域,本条具有优先适用的效力。

---

〔7〕 最高人民法院的这一司法解释确定的这个规则,是通过该司法解释的标题体现出来的,即"确定民事侵权精神损害赔偿责任",不适用于违约责任范围。

第五节　财产损害赔偿

一、《民法典》第1184条规定的一般方法

财产损害是指侵权行为侵害财产权,使财产权的客体遭到破坏,其使用价值和价值的贬损、减少或者完全丧失,或者破坏了财产权人对于财产权客体的支配关系,使财产权人的财产利益受到损失,从而导致权利人拥有的财产价值的减少和可得财产利益的丧失。《民法典》第1184条规定了基本的财产损害赔偿方法,即"侵害他人财产的,财产损失按照损失发生时的市场价格或者其他合理方式计算"。

侵害他人财产,实际上是侵害他人财产权,包括对物权、债权、知识产权、继承权、股权及其他投资性权利的侵害所造成的财产损失,财产损害赔偿就是对侵害这些财产权造成财产损失的赔偿责任。本条对这样复杂的财产损害赔偿责任的计算规则只规定了"按照损失发生时的市场价格"为主要计算方法,显然不利于保护受害人。好在还规定了"其他合理方式计算"的弹性规定作为补充,具有很大的伸缩性,可以进行选择,以适应财产损害赔偿计算方法的复杂要求。

按照损失发生时的市场价格的计算方法,主要针对的是损害具体的物的损失计算。当然,进一步扩展,对于建设用地使用权、债权、专利权、股权以及其他投资性权利的侵害,虽然也存在按照损失发生时的市场价格计算的可能性,但是并不普遍。而且有时候对物的损害按照损害发生时的市场价格计算,对受害人的保护是不完备的,例如对市场价格上升较快的物品的损害赔偿数额的计算,可能就存在这样的问题。

用其他合理方法计算财产损失数额,是一个概括的方法。其他,是指在损失发生时的市场价格计算方法之外的其他方法。合理,是对其他计算方法的要求,无论采取哪种计算方法,只要合理,符合公平原则和诚实信用原则的要求即可。例如,知识产权损害的计算方法可以按照单行法的具体规定计算;第三人侵害债权的财产损害主要是计算债权期待利益的损失等。其他合理计算方法也包括"可预期利益损失"计算规则。1999年6月21日凌晨,一辆轿车撞坏沈阳市故宫博物院门前"下马碑",肇事司机即福满楼火锅城的员工嗣后死亡。故宫博物院向法院起诉请求赔偿2700万元的财产损失,沈阳市中级人民法院判决福满楼火锅城负责维修费用,并赔偿损失100万元。这个案件的2700万元的损失完全超出了侵权人的预期,法院适用可预期损失规则确定赔偿责任,是实事求是的做法。

二、财产损害的赔偿范围

财产损害从其物理形态上分析,是物的本身的损害,即物的毁损和被侵占。但是财产权的客体不仅指有形物,还包括他物权、占有权、债权、知识产权的无形财产利益,这些无形财产对于权利人的重要性绝不亚于有形物。广义的财产权利,应当包括自物权、他物权以及债权和知识产权,财产损害中的财产包括自物权、他物权、债权和知识产权中的财产利益。从侵权法的救济手段上来认识财产损害的种类,应当包括三种,即侵占财产、损坏财产和损害其他财产利益。研究财产损害赔偿就是要从这样三种具体形态出发,研究对它们的具体救济手段。

确定财产损害赔偿范围应当以全部赔偿为原则,即财产损害赔偿数额的确定,以客观的财

产、财产利益所损失的价值为客观标准,损失多少赔偿多少。

对财产损害的全部赔偿,包括直接损失和间接损失。加害人既要对现有财产的直接减少进行赔偿,也要对在正常情况下实际上可以得到的利益即间接损失进行赔偿。直接损失是行为人的加害行为所直接造成的受害人的财产减少,如侵害财产权而造成的财物损坏、灭失,都属于直接损失,都应当全部赔偿。间接损失原则上也应当全部赔偿,因为在正常情况下受害人本应当得到这些利益,只是由于加害人的侵害才使这些可得利益没有得到。

三、财产损害数额的具体计算

(一)直接损失赔偿

直接损失是指现有财产的减少。侵害财产权的直接损失就是指加害人侵权行为侵占或损坏受害人的财产,致使受害人现在拥有的财产价值量的实际减少。

计算直接损失的赔偿范围,首先必须确定原物的价值。原物价值的确定,必须根据原物的原有价格、可以使用时间、已经使用时间等因素综合判断。其公式是:

原物价值 = 原物价格 - 原物价格/可用时间 × 已用时间

(二)间接损失赔偿

间接损失就是可得利益的减少。财物损害的间接损失是指加害人侵害受害人所有的财物,致使受害人在一定范围内的未来财产利益的损失。

计算财产损害间接损失的赔偿范围,同样要计算间接损失的价值,以间接损失价值的数额,作为对间接损失的赔偿数额。在间接损失价值的计算中,必须注意两个问题:一是财产的损害本身不是间接损失,而是直接损失,不能将财产损害的本身计入间接损失当中;二是在侵害的财产是生产、经营资料,受害人因财产被侵害而无法进行生产、经营的时候,不能在计算财产损害的间接损失的同时,再计算受害人停产的误工工资,因为这两项内容是同一性质的损失,不能重复计算。

计算间接损失价值的公式是:

间接损失价值 = 单位时间增殖效益 × 影响效益发挥的时间

在这一公式中,“单位时间增殖效益”是一个关键的量。确定这个量,通常用三种方法:一是收益平均法,即计算出受害人在受害之前一定时间里的单位时间平均收益值。二是同类比照法,即确定条件相同或基本相同的同类生产、经营者,以其为对象,计算该人在同等条件下的平均收益值,作为受害人损失的单位时间增殖效益的数额,按此数额确定受害人的单位时间增殖效益。使用这种计算方法要注意同等条件,如同等劳力、同等财产、同等生产、经营因素。三是综合法,将以上两种方法综合使用,使计算的结果更趋于准确。

(三)其他财产利益损失的推算

在其他财产利益的损害赔偿中,绝大部分是赔偿间接损失。这种间接损失主要又是预期利益损失。

对于预期利益损失的计算,首先必须准确地确定预期利益的数额,在此基础上,减去已得利益额和必要支出的费用,其余额即是预期利益的赔偿数额。

第六节　惩罚性赔偿

一、惩罚性赔偿的概念

惩罚性赔偿又称或报复性赔偿,是指由法庭所作出的赔偿数额超出实际损害数额的赔偿。惩罚性赔偿是加重赔偿,目的是在针对被告过去故意的侵权行为造成的损失进行弥补之外,对被告进行财产上的处罚,以防止将来重犯,同时也达到惩戒他人的目的。惩罚性赔偿具有公私混合法性质,其目的在于通过对行为人的惩罚,来维护社会利益,是国家为自身需要而作出的强制性干预结果,因而具有公法的性质。但是,惩罚性赔偿毕竟包含为受害人提供慰藉性救济的一面,其主体双方本身地位平等,并且又是将赔偿金支付给受害人,因而体现了私法性质。

二、法律规定的惩罚性赔偿责任条款

《民法典》有三个条文规定了惩罚性赔偿:

1. 第 1207 条规定:"明知产品存在缺陷仍然生产、销售,或者没有依据前条规定采取补救措施,造成他人死亡或者健康严重损害的,被侵权人有权请求相应的惩罚性赔偿。"这一条文是在原《侵权责任法》第 47 条基础上修改而成的,增加了对产品流通后发现存在缺陷,没有及时采取补救措施,造成他人死亡或者健康严重损害的,被侵权人也有权请求相应的惩罚性赔偿。

2. 第 1185 条规定:"故意侵害他人知识产权,情节严重的,被侵权人有权请求相应的惩罚性赔偿。"这是对故意侵害知识产权应当承担惩罚性赔偿的规定,是以前的侵权法没有规定过的新规则。

3. 第 1232 条规定:"侵权人违反法律规定故意污染环境、破坏生态造成严重后果的,被侵权人有权请求相应的惩罚性赔偿。"这是对环境污染和生态破坏惩罚性赔偿的规定,原《侵权责任法》没有这一规定,是环境污染和生态破坏责任的新规则。

《消费者权益保护法》、《食品安全法》及《电子商务法》规定的惩罚性赔偿条款:

《消费者权益保护法》第 55 条第 2 款规定:"经营者明知商品或者服务存在缺陷,仍然向消费者提供,造成消费者或者其他受害人死亡或者健康严重损害的,受害人有权要求经营者依照本法第四十九条、第五十一条等法律规定赔偿损失,并有权要求所受损失二倍以下的惩罚性赔偿。"

《食品安全法》第 148 条第 2 款规定:"生产不符合食品安全标准的食品或者经营明知是不符合食品安全标准的食品,消费者除要求赔偿损失外,还可以向生产者或者经营者要求支付价款十倍或者损失三倍的赔偿金;增加赔偿的金额不足一千元的,为一千元"。

《电子商务法》第 42 条规定:"知识产权权利人认为其知识产权受到侵害的,有权通知电子商务平台经营者采取删除、屏蔽、断开链接、终止交易和服务等必要措施。通知应当包括构成侵权的初步证据。电子商务平台经营者接到通知后,应当及时采取必要措施,并将该通知转送平台内经营者;未及时采取必要措施的,对损害的扩大部分与平台内经营者承担连带责任。因通知错误造成平台内经营者损害的,依法承担民事责任。恶意发出错误通知,造成平台内经营者损失的,加倍承担赔偿责任。"

三、惩罚性赔偿的计算方法

(一)消费者保护领域的惩罚性赔偿责任计算方法

《民法典》第1207条、《消费者权益保护法》第55条以及《食品安全法》第148条规定的惩罚性赔偿,基本上是局限在消费领域,只有《民法典》第1207条会有一部分超出消费者保护领域。其内容是:

1. 适用侵权惩罚性赔偿的范围,一是明知产品存在缺陷仍然生产、销售;二是产品流通后发现存在缺陷没有及时采取补救措施;三是明知商品或者服务存在缺陷,仍然向消费者提供;四是生产不符合食品安全标准的食品或者经营明知是不符合食品安全标准的食品。

2. 侵权人的主观状态应该是故意,包括直接故意和间接故意,过失不适用惩罚性赔偿责任。

3. 造成损害的程度,上述四种情形都是造成他人死亡或者健康受到严重损害。

4. 惩罚性赔偿责任的计算方法有两种:第一,在普通的消费者保护领域和提供产品,明知商品或者服务存在缺陷,仍然向消费者提供,在赔偿实际损失以后,再增加两倍的惩罚性赔偿;第二,在食品安全领域,对生产不符合食品安全标准的食品或者经营明知是不符合食品安全标准的食品,造成消费者损害的,除了赔偿实际损失以外,再增加3倍的惩罚性赔偿。

(二)其他领域的惩罚性赔偿的计算方法

对《民法典》规定的其他两种惩罚性赔偿的方法是:

1. 故意侵害知识产权的惩罚性赔偿。侵害知识产权惩罚性赔偿责任的构成要件,除了应当具备其他侵害知识产权侵权责任构成要件之外,还须具备两个条件:第一,故意侵害知识产权,即明知是他人的知识产权而执意实施侵权行为,过失侵害知识产权不适用惩罚性赔偿责任,只能请求实际损失的赔偿责任;第二,侵害知识产权的情节严重,而不是一般情节,究竟哪些是情节严重,可以考虑的,一是侵权人主观上具有恶意,二是行为的表现形式特别恶劣,三是造成的损害后果特别严重。符合这三个要件的要求,被侵权人有权请求相应的惩罚性赔偿。对侵害知识产权惩罚性赔偿责任的计算方法,可以借鉴《电子商务法》第42条第3款规定的方法,增加赔偿实际损失的一倍,因为侵害知识产权造成的损害就是财产损害,而不是《消费者权益保护法》《食品安全法》规定适用惩罚性赔偿责任都以明知而向消费者提供商品或者服务造成受害人死亡或者健康严重损害的情形,确定为1倍的惩罚性赔偿责任比较适当。

2. 故意环境污染和生态破坏承担惩罚性赔偿。故意实施环境污染和破坏生态的惩罚性赔偿构成要件是:第一,侵权人实施了环境污染和生态破坏的行为;第二,侵权人在主观上故意违反国家规定环境污染和生态破坏,即明知国家规定禁止环境污染和生态破坏而执意为之。重大过失不适用惩罚性赔偿责任。第三,侵权人故意实施的环境污染和生态破坏行为造成的损害后果严重,表现为受害人的死亡或者健康严重损害,而不是一般性的损害。符合上述要件的要求,被侵权人有权向侵权人请求承担相应的惩罚性赔偿。本条没有规定惩罚性赔偿责任的计算方法,根据本法和相关法律的规定,确定环境污染和生态破坏造成受害人死亡或者健康严重损害的,比照《消费者权益保护法》第55条规定的情形最为相似,因此,故意环境污染和生态破坏责任,应当在赔偿实际损失后,再赔偿实际损失2倍以下的惩罚性赔偿责任比较合适。

参考案例

1. 茅德贤、成县茨坝须弥山实业有限公司、甘肃有色地质勘查局106队、成县恒兴矿业有限公司与白银有色金属公司采矿权纠纷案,载《中华人民共和国最高人民法院公报》2012年第3期。
2. 荣宝英诉王阳、永诚财产保险股份有限公司江阴支公司机动车交通事故责任纠纷案,第24号指导案例(最高人民法院审判委员会讨论通过,2014年1月26日发布)。
3. 马旭诉李颖、梁淦侵权损害赔偿纠纷案,载《中华人民共和国最高人民法院公报》1996年第1期。

第四十九章　一般侵权责任类型

导 读

一般侵权行为是适用《民法典》第1165条第1款规定的侵权责任类型。本章总结出以下九种侵权行为为一般侵权责任类型,即故意或者过失侵害人身、故意或者过失侵害人格、妨害家庭关系、侵害物权、侵害债权、侵害知识产权、商业侵权、媒体侵权和恶意利用诉讼程序。这些侵权责任类型都是过错责任,被侵权人的侵权请求权基础是《民法典》第1165条第1款。

第一节　故意或者过失侵害人身

一、故意或者过失侵害人身侵权行为的基本规则

故意或者过失侵害人身的侵权行为,是故意或者过失地以生命权、健康权或者身体权及其相关人格利益为侵害对象的侵权行为。

故意或者过失侵害人身的侵权行为所侵害的客体,是物质性人格权,即身体权、健康权和生命权。凡是以这些权利为侵害对象的侵权行为,都是故意或者过失侵害人身的侵权行为。因此,故意或者过失侵害人身的侵权行为,可以分为侵害身体权、故意或者过失侵害健康权、故意或者过失侵害生命权。

在侵害人身的侵权行为中,还包括侵害胎儿和侵害死者遗体的侵权行为。这种侵权行为所侵害的客体,仍然是物质性人格利益。前者是人没有出生之前的形态,虽然他还没有民事权利能力,没有人格,但是他作为一个人的基本形态已经具备,产生民事权利能力和人格只是时间的问题。因此,胎儿的身体、健康利益受到损害的,应当受到侵权行为法的保护。人死亡之后,其物质性人格利益也要受到保护,这就是对尸体的保护。这两种物质性人格利益的保护,就是通常所说的人身权的延伸保护。[1]

二、故意或者过失侵害人身侵权行为的具体形式

(一)侵害身体权

侵害身体权的行为,就是故意或者过失触犯他人身体,破坏身体组成部分的完整性的侵权行为。侵害身体权的责任实行过错责任原则,不适用无过错责任原则。

侵害身体权是对自然人身体完整性的侵害,包括形式上的完整性破坏和实质上的完整性

---

〔1〕 杨立新:《人身权的延伸法律保护》,载《法学研究》1995年第3期。

破坏。对身体组成部分实质完整性的破坏,就是侵害身体权的实质的完整,造成身体组成部分的残缺,如强制性剪掉他人的毛发、对他人进行强制性的抽血等。对身体组成部分形式上完整性的侵害,就是对身体的冒犯,对身体的冒犯就是侵害身体权的侵权行为。

构成侵害身体权,应当承担赔礼道歉、停止侵害、赔偿损失等责任,造成精神损害的,受害人有权请求精神损害抚慰金。

(二)故意或者过失侵害健康权

很多类型的侵权行为都可以构成对健康权的损害。故意或者过失侵害健康权,单指行为人所实施的侵害的对象就是他人的健康权,而不是实施其他类型的侵权行为而侵害了健康权。

故意或者过失侵害他人健康权,分为两种基本类型:第一,一般伤害,受害人所受伤害经过治疗痊愈,恢复健康,没有丧失劳动能力。第二,造成劳动能力丧失,受害人健康权受到侵害造成残废,侵害了劳动能力。这两种侵权行为的区别是造成伤害或者造成残疾,都是侵害健康权的行为,只是后果不一样,承担的责任也不同。侵害他人健康权,首先应当承担赔偿财产损失的责任,同时,受害人也有权请求精神损害抚慰金的赔偿。

(三)故意或者过失侵害生命权

生命权是以自然人的生命安全的利益为内容的权利,[2]是自然人的最高人格利益,法律必须严密保护。凡是故意或者过失侵害生命权的,都构成侵权行为,应当承担侵权责任。

故意侵害生命权,是故意剥夺他人生命的行为,这种行为是犯罪行为,在侵权行为法上发生刑事附带民事损害赔偿责任。如果杀人的是无刑事责任能力的未成年人或者精神病人,因为其不能负刑事责任,因而是纯粹的民事侵权行为,是法定代理人的侵权责任,要由其法定代理人承担民事责任。未尽必要注意义务,造成了剥夺他人生命权的后果,构成过失侵害生命权的侵权行为。这种侵权行为较为常见,各种各样的行为人因为自己没有尽到注意义务,造成了他人的生命丧失,就构成这种侵权行为。侵害生命权侵权行为的责任形式是损害赔偿,应当承担赔偿损失的责任,包括赔偿财产上的损失和精神上的损害。受害死者的近亲属有权请求上述赔偿。

(四)侵害胎儿人身利益

对侵害胎儿身体健康的侵权行为,应当认定为侵害胎儿人身利益的侵权行为,加害人应当承担侵权责任。侵害胎儿的人身利益的侵权行为有两种形式:第一,直接侵害胎儿人身,行为人的行为直接指向胎儿的身体健康,意图造成胎儿的健康受损,这种侵权行为较为少见。第二,间接侵害胎儿人身,行为人的行为侵害了孕妇的身体健康,作为后果,造成了胎儿的身体健康受损。

(五)侵害尸体

死者的遗体、遗骨,以及骨灰和埋葬遗体及骨灰的墓葬,都受到法律保护,禁止进行非法侵害。凡是故意、过失侵害死者的遗体、遗骨或者墓葬的行为,都是侵权行为。例如,非法利用尸体(死胎)、非法损害尸体、非法陈列尸体、殡仪馆对尸体的不法处理等行为,都属于侵害尸体的侵权行为。对骨灰、墓葬的侵害,既是对死者人格利益的侵害,也是对死者近亲属祭祀权或者管理权的侵害。

---

〔2〕 史尚宽:《债法总论》,荣泰印书馆1978年版,第140页。

第二节　故意或者过失侵害人格

一、故意或者过失侵害人格侵权行为的基本规则

故意或者过失侵害一般人格权和精神性人格权及其利益的侵权行为，构成故意或者过失侵害人格的侵权行为。

这种侵权行为所侵害的客体，包括人身自由权、名誉权、隐私权、性自主权、肖像权、姓名权、名称权、荣誉权、信用权、人格尊严和其他人格利益（一般人格权）。这些权利都是精神性人格权，大致可以分为标表型的人格权，即姓名权、名称权和肖像权；评价型的人格权，如名誉权、荣誉权和信用权；其他人格权，如人身自由权、隐私权、性自主权；一般人格权，即人格尊严和其他人格利益。此外，对于死者的人格利益，即死者的姓名、肖像、名誉、荣誉和隐私利益，侵权行为法也予以保护。

凡是故意或者过失侵害人格及其利益的侵权行为，在归责上都是适用过错责任原则，不适用过错推定原则，也不适用无过错责任原则。确定故意或者过失侵害人格及其利益的侵权行为的精神损害赔偿，应当明确赔偿的是这些人格利益中的精神利益的损害，而不是一般的精神痛苦。只要是构成这类侵权行为责任，就应当考虑责令受害人承担精神损害赔偿责任。同时，也可能造成财产上的损害，这也是损害事实的内容。因此，对于这种侵权行为的受害人权利损害的基本救济手段是精神损害赔偿，辅之以停止侵害、赔礼道歉、消除影响、恢复名誉等非财产性的民事责任方式。造成财产利益损害的，应当赔偿财产损失。

二、故意或者过失侵害人格及其利益侵权行为的具体形式

（一）侵害姓名权

采取盗用、假冒、非法干涉、不当使用等方式，侵害他人姓名权的，构成侵权行为。侵害姓名权的主要方式，就是盗用和假冒。非法干涉、不当使用他人姓名的，也构成侵权行为。

侵害姓名权的违法行为一般由作为的方式构成。如盗用、冒用、干涉姓名的行为，均须以作为的方式进行，不作为不构成此种侵权行为。以不作为方式侵害姓名权，只存在应使用而不使用他人姓名的场合。侵害姓名权的损害事实，以盗用、冒用他人姓名、干涉他人行使姓名权、不使用他人姓名的客观事实为足，不必具备特别的损害事实。由于侵害姓名权的违法行为和损害事实合一化的特点，因而二者之间的因果关系无须加以特别证明。侵害姓名权的主观过错，应为故意，过失不构成侵害姓名权。

（二）侵害名称权

采取盗用、假冒、非法干涉、不当使用等方式，侵害他人名称权的，构成侵害名称权的侵权行为。侵害名称权的主要方式，是盗用和假冒，凡是盗用、假冒他人名称的，都构成侵权行为。非法干涉、不当使用他人名称的，也构成侵权行为。

确定侵害名称权损害赔偿责任的构成，仍须具备侵权民事责任的一般构成要件，即具备侵害名称权的违法行为、名称权受有损害的客观事实、该违法行为与损害结果有因果关系以及主观上的过错四个要件。

(三)侵害肖像权

侵害肖像权,是未经本人同意,擅自制作、复制、使用、销售、毁损他人肖像的侵权行为。凡是符合这样要求的非法使用他人肖像的,都构成侵害肖像权的侵权行为。

侵害肖像权责任构成,首先是须有肖像使用行为,就他人的肖像为公布、陈列、复制、利用或者进行商业化开发的,都属于肖像使用行为。其次是须未经肖像权人同意而使用,肖像的使用应以双方当事人之间进行协议,依照合同约定的范围而使用,未经同意而使用,破坏了肖像权的专有性,具有违法性。最后是须无阻却违法事由而使用,虽然未经本人同意而使用他人肖像,但如果有阻却违法事由,则该使用行为为合法。具备这三个要件,构成侵害肖像权。

在确定侵害肖像权的赔偿范围时,应当特别注意侵害肖像权而获得利益的。这种获利,是肖像权的人格利益所转化的财产利益,应当归属于权利人。在这种情况下,受害人有权在获利范围内请求赔偿损失。

(四)侵害名誉权

名誉,是对特定民事主体的综合才能的客观的综合评价。名誉是客观评价,不是主观名誉。主观名誉也称为名誉感,是民事主体对自己名誉的感受。名誉权只保护客观名誉,不保护主观名誉。因此,行为人实施的违法行为致使民事主体的客观名誉受到损害的,构成侵害名誉权。〔3〕 衡量名誉权受到损害的标准,就是行为人基于故意或者过失,将侮辱、诽谤的言辞或者行为予以公布,为第三人所知道,即构成该种侵权行为。

(五)侵害信用权

信用权,是民事主体就其所具有的经济能力在社会上获得相应信赖与评价所享有的保有和维护的人格权。侵害信用权的违法行为,首先必须具备有损他人信用的内容。这样的内容,包括对主体的经济实力、履约能力及态度、产品质量、经营现状、销售状况等经济能力的贬损、误导以及其他施加不当影响的事实。侵害信用权的损害事实,是侵权行为作用于社会,而导致公众对特定主体经济能力的信赖毁损和社会经济评价的降低,以及由此而造成的财产利益损失。侵害信用权的因果关系较易判断。侵害信用权的主观过错形态,不仅限于故意,无论行为人主张或散布有损他人信用的事实是出于故意,还是出于过失,均可构成信用权的侵害。〔4〕

(六)侵害荣誉权

荣誉权是权利人对取得的荣誉保有和维护的权利。非法剥夺、毁损、玷污他人荣誉,属于侵害荣誉权的行为。扣押、侵夺他人获得的荣誉中的财产的,同样构成侵权行为。

侵害荣誉权的违法行为,是行为人对荣誉权人的荣誉及其利益造成损害的作为和不作为。侵害荣誉权的损害事实,是指违法行为侵害荣誉权,造成荣誉的损害和荣誉精神利益、财产利益的损害。荣誉的损害往往导致财产利益的损失,如荣誉权的物质利益获得权和支配权受到损害的事实。侵害荣誉权的因果关系要件,要求侵害荣誉权的损害事实必须是由侵害荣誉权的违法行为所引起的。侵害荣誉权的主观过错要件,故意、过失均可构成。

(七)侵害人身自由权

人身自由权,是指自然人在法律规定的范围内,按照自己的意志和利益进行行动和思维,

---

〔3〕 对于主观名誉即名誉感的侵害,如果损害严重,应当认定为侵害其他人格利益,可以按照一般人格权的保护方法进行保护。

〔4〕 王利明、杨立新等:《民法·侵权行为法》,中国人民大学出版社 1993 年版,第 301 页。

不受约束、控制或妨碍的权利。人身自由权包括身体自由和意志自由。身体自由权所包含的，是自然人自由支配自己外在身体运动的权利。非法限制或剥夺自然人的身体自由，即为侵权行为。精神自由权也称决定意思的自由，是自然人按照自己的意志和利益，在法律规定的范围内自主思维的权利，是自然人自由支配自己内在思维活动的权利。非法限制、妨碍自然人的精神自由，即为侵权行为。

(八)侵害隐私权

采取披露、宣扬、窥视、窃听、偷拍等方式，侵入他人私人空间、侵害私人活动或者侵害私人信息的行为，是侵害隐私权的行为。侵害隐私权责任的构成，必须具备侵权责任构成的一般要件，即须具备违法行为、损害事实、因果关系和主观过错四个要件。首先，应当具备侵害隐私权的违法行为要件，侵害隐私权的行为一般为作为的方式，且须具备违法性。其次，损害事实表现为隐私被刺探、活动被监视、空间被侵入、资讯被公布、私生活被搅扰、行为被干预等。再次，侵害隐私权的因果关系，是指侵害隐私违法行为与隐私损害事实之间的引起与被引起的关系。这种因果关系容易判断，是因为侵害隐私权的行为与隐私损害事实的直接关联性，行为直接导致后果事实的出现。最后，侵害隐私权的行为人在主观上必须具备主观过错，才能构成侵权责任，无过错不构成此种责任。

(九)侵害个人信息权

任何组织和个人违反保护个人信息权的义务，都构成侵权责任，应当承担损害赔偿责任。任何组织和个人对于有权收集自然人个人信息的网络服务提供者、其他企业事业单位以及其他任何单位和个人，如果对依法获得的自然人个人信息非法使用、非法出售、非法提供，以及泄露、毁损、丢失，都认定为构成侵权责任。即使国家机关、承担行政职能的法定机构及其工作人员在履行职责中知悉的自然人个人信息，未尽保密职责，非法泄露、篡改、毁损或者出售以及向他人非法提供的行为，也构成侵权责任，应当予以制裁。

(十)侵害性自主权

侵害自然人的性自主权，是违背权利人的意志，对权利人进行强制性的性行为，造成损害的行为，包括强奸妇女、奸淫幼女、鸡奸幼童、猥亵妇女和性骚扰等行为。

(十一)侵害死者人格利益

对于死者的姓名、肖像、名誉、荣誉和隐私利益，都应当进行保护。因此，非法侵害这些人格利益，应当认定为侵权行为，对行为人予以民事制裁。

侵害死者姓名、肖像、名誉、荣誉、隐私利益的主要方式，是毁损这些人格利益，故意或者过失毁损死者上述人格利益的，都构成侵权行为。承担责任的方式，是加害人应当对死者的人格利益保护人即死者的近亲属承担停止侵害、赔礼道歉、赔偿损失等民事责任。近亲属的范围分为两个顺序：第一顺序是配偶、父母、子女；第二顺序是祖父母、外祖父母、孙子女、外孙子女、兄弟姐妹。第一顺序的近亲属在位时，由他们行使保护的权利；第一顺序的近亲属不在位时，第二顺序的近亲属行使保护的权利。

(十二)侵害一般人格权

一般人格权是抽象的人格权利，是概括人格尊严、人格自由和人格平等抽象人格利益的权利。一般人格权是具体人格权的渊源权、上位权、母权，对具体人格权具有指导意义，约束具体人格权的解释。同时，它对具体人格权没有规定的一般人格利益的保护起到补充作用，对受到侵害的、依据具体人格权无法进行保护的一般人格利益,起到概括和保护的作用。

侵害一般人格权民事责任属于普通的侵权责任,其责任构成,应当按照一般侵权行为的责任构成要件来要求。侵害一般人格权的违法行为,应当违反保护民事主体人格尊严的法律。

第三节 妨害家庭关系

一、妨害家庭关系侵权行为的基本规则

妨害家庭关系的侵权行为,就是侵害配偶权、亲权和亲属权等身份权的侵权行为。因此,在区分这种侵权行为的时候,将具体类型划分为侵害配偶权的侵权行为、侵害亲权的侵权行为和侵害亲属权的侵权行为三个类型。

妨害家庭关系的侵权行为所侵害的客体就是配偶权、亲权和亲属权。这三种权利都是身份权,调整的都是亲属之间的法律地位和相互之间的权利义务关系。凡是侵害身份权的侵权行为,都构成这类侵权行为。身份权的特点,是既有对世性,也有对人性。在亲属的外部关系,是对世性,表明特定的两个人之间是亲属关系。在亲属的对内关系,是对人性,是相对的亲属之间的权利义务关系。妨害家庭关系的侵权行为,原则上是对其对外关系的保护,但是在特定情况下,对内部的权利义务关系的侵害,也构成侵权行为。

二、妨害家庭关系侵权行为的具体形式

(一)妨害婚姻关系

妨害婚姻关系的违法行为,就是以通奸的方式致使配偶一方享有的配偶身份利益受到损害而违反配偶权保护法律的行为。这种行为须违反保护配偶权的法律,在配偶一方作为侵权人的,是违反配偶的忠实义务;在第三人作为侵权人的,是违反配偶权的不可侵义务。违法行为的方式须以作为方式为之,应以与有配偶之男女通奸为其内容。侵害婚姻关系的损害事实,是使配偶身份利益遭受损害的事实。一是合法的婚姻关系受到破坏;二是配偶身份利益遭受损害;三是受害配偶精神痛苦和精神创伤;四是为恢复损害而损失的财产利益。侵害婚姻关系违法行为与配偶身份利益损害事实之间须具备因果关系,只要确认行为人与配偶一方通奸的事实,即可确认构成因果关系要件。侵害婚姻关系的主观过错,应为故意形式。

(二)妨害亲权关系

侵害亲权关系,就是以亲权作为侵害客体的侵权行为。侵害亲权的行为必须违反法律,行为具有违法性。侵害亲权行为的行为主体,既包括侵害亲权的第三人,也包括侵害亲权关系相对人合法权益的亲权人。第三人侵害亲权,是违反不得侵害亲权的法定不作为义务,行为方式基本为作为的方式。亲权人侵害亲权,实际是亲权人违背亲权人的教养、保护未成年子女的合法权益的义务,以作为或不作为的方式侵害未成年子女的合法权益的行为。

(三)侵害亲属权

违反亲属权绝对义务的违法行为,为侵权行为。这是因为,亲属权是绝对权,除特定的亲属权权利人及相对人之外,其他任何人都是亲属权的绝对义务人,都负有不可侵犯的不作为义务。违背这种义务而使亲属权人遭受亲属利益损害的,构成侵权行为,应当承担侵权责任。亲属权的相对人违背自己的法定义务,造成相对的亲属权人的亲属利益损害的,也构成侵害亲属权的侵权行为。

侵害亲属权行为的违法性,表现在违反国家保护亲属权利的法律规定。侵害亲属权行为的义务主体,既包括亲属权的绝对义务主体,即特定亲属关系以外的第三人,也包括亲属权关系主体内部的相对义务人。第三人侵害亲属权,主要的行为方式是作为方式;相对义务人侵害亲属权,主要的行为方式是不作为。

第四节　侵 害 物 权

一、侵害物权侵权行为的基本规则

侵害他人所有权和他物权,造成财产利益损害的,构成侵害物权的侵权行为。侵害物权主要的行为的方式和后果有三种:第一,侵占,将他人合法所有或者占有的财产非法占有,或者据为己有,改变了财产的占有状态,使权利人丧失了对该物的权利或者占有。第二,损坏,侵权行为破坏了财产的价值和使用价值,使财产所有人或者占有人所拥有的财产的价值量发生减少。第三,造成财产利益的损失,这是其他行为方式侵害物权所产生的损害后果,也构成侵害物权的侵权行为。

侵害他人所有权和他物权,造成财产利益损失的,应当承担恢复原状、返还原物、赔偿损失的民事责任。侵害他人合法占有的,应当承担返还原物、恢复原状的责任;造成损失的,应当赔偿损失。

二、侵害物权侵权行为的具体形式

(一)侵占财产

没有法律根据而非法占有属于他人所有或者占有的财产,是非法侵占财产。非法侵占财产,可以是以非法侵占为目的,也可以是以非法取得所有权为目的,均构成非法侵占财产。以非法取得所有权为目的而非法侵占,是严重的侵权行为。以非法侵占为目的的侵占财产,加害人期待的是占有、使用或者收益。对于这种侵权行为,在实践中作为普通的侵害财产所有权或者占有的典型侵权行为处理。这种侵害财产权的行为,表现为财产的"位移",即侵害的标的物由所有权人或者占有权人的占有改变为侵权行为人占有。侵占财产侵权行为的侵权责任是返还原物和赔偿损失。

(二)损坏财产

损坏财产的侵权行为,是指侵害他人所有的财产,造成损害,使财产的价值或者使用价值受到破坏的行为。加害人因其故意或者过失而致他人财产毁损、灭失的,构成侵害财产所有权的行为,应负侵权责任。毁损,是指原物仍然存在,但在物理形态上受到损坏或物的内在价值减少,或者二者兼而有之。灭失,是指原物因遭受他人非法侵害,使其不复存在,或者不以原有的形态存在。这种损害,具体表现为财产的"质变",即受到损害的财产的本身品质有了改变。损坏财产的,应当恢复原状或者赔偿损失。

(三)非法侵入

侵入土地和建筑物的行为,为侵权行为,是侵害所有权的侵权行为。这种侵权行为在我国司法实践中较少认为是侵权行为。随着社会的发展和进步,人们进一步要求自己的不动产的权利保障,要求自己权利行使的安宁状态,禁止他人非法侵入自己财产领域。对于未经许可进入他人不动产的行为,应当认定为侵害财产权的侵权行为,应当承担停止侵害的责任;对于造成损失的,应当承担赔偿责任。

第五节　侵害债权

一、侵害债权侵权行为的基本规则

侵害债权,是指以他人享有的合法债权为侵害客体,故意实施侵害行为,造成该债权不能实现的损害后果的侵权行为。债权作为一种基本的民事权利,其本身就具有第三人的不可侵性。债权作为民事权利,这种不可侵性是法律赋予的,而不是人们所臆造的。因此,债权的不可侵性,既不是指债的对内效力,也不是指债的对外效力,而是指债权对抗债的关系当事人以外的其他第三人的效力。第三人侵害债权,就违背了这种法定的不作为义务,构成侵权行为。

侵害债权侵权行为的构成要件是:第一,须有合法债权的存在;第二,行为人必须是债的关系以外的第三人;第三,行为须违反法律;第四,第三人须出于主观上的故意;第五,第三人的行为须造成债权人债权损害。

侵害债权是侵害财产权的侵权行为,其责任方式为损害赔偿。赔偿的标的,就是债权没有实现造成的债权预期利益损失。

二、侵害债权侵权行为的具体形式

(一)诱使违约

诱使违约是侵害债权的一种具体方式,是一种具体的侵害债权的侵权行为。在侵权客体、侵权的损害后果、侵权的违法行为以及侵害债权的故意等方面,与侵害债权的基本要求是一样的。其区别在于,诱使违约的行为方式与一般的侵害债权不同,是债的关系以外的第三人作为加害人,以诱惑的方式,使债务人相信侵权人的诱惑而不履行债务,进而使债权人的债权不能实现,债权受到损害。诱使违约分成两种形式:一种是加害人的行为构成侵权,债务人的行为不构成侵权。这种侵权行为是加害人的故意侵权,而债务人只是由于错误相信加害人的诱惑,自己并没有侵害债权人的故意。对此,恶意诱使合同一方当事人(债务人)违约,给对方(债权人)造成损害的,受害人有权请求侵权人(第三人)承担民事责任。另一种是债务人明知侵权人的侵权故意,而与加害人共同实施侵害债权行为的,构成侵害债权的共同侵权行为,债务人与第三人即加害人都是共同加害人,应当与加害人承担连带责任。

(二)阻止债务履行

阻止债务履行行为也是一种具体的侵害债权行为,其责任的构成和承担与侵害债权行为基本相同。不同之处在于,债的关系以外的第三人侵害债权,是以损害他人债权为目的,行为方式是散布虚假信息或者采取非法手段,以此来阻止或妨害债务人履行债务的行为,致使其不能履行债务。其行为的结果是造成了债权人的债权损害,致使债权人的债权不能实现。例如,债务人决定向债权人交付的标的物,第三人故意毁损或消灭,致使债权无法实现。又如,第三人将作为债务人的演出者或者其他有特殊身份的人予以监禁或者限制人身自由,致使合同的债权人遭受损失。

(三)第三人与债务人通谋妨害债权实现

第三人与债务人恶意串通,隐匿财产或者设置财产担保,使债权不能实现。此种行为构成第三人与债务人共同侵权。如某甲负担某乙侵权债务,遂与甲之妻丙共同合谋,将全部财产藏于娘家,使债务无法履行。这种行为即为侵害债权的共同侵权行为。

第六节 侵害知识产权

一、侵害知识产权侵权行为的基本规则

侵害知识产权的侵权行为,是侵害著作权、专利权、商标权等无形财产权的侵权行为,主要是由知识产权的单行法规定。在侵权行为法中阐释的是侵害知识产权的侵权行为及其责任一般化的规则,就是侵害他人的著作权、专利权、商标权等造成损害的,应当承担停止侵害、赔偿损失等民事责任。

二、侵害知识产权侵权行为的具体形式

(一)侵害著作权

侵害著作权的侵权行为分为侵害著作人身权和著作财产权两种侵权行为。

侵害著作人身权的违法行为,必须违反《著作权法》关于著作人身权保护的法律规定。这种违法行为的主要行为方式,是作为的行为,但不作为亦构成。侵害著作人身权的损害事实,是指著作人身权受到损害的事实,第一,著作人身权中的发表权、署名权、修改权、维护作品完整权、收回权和追续权受到损害的事实;第二,作者精神利益的损害;第三,作者财产利益的损害。前两个损害事实是必须具备的,财产利益的损害,则不是必要条件。侵害著作人身权适用过错责任原则,侵权人必须在主观上有过错方能构成侵权责任。

凡是未经著作权人的许可而使用其作品的行为,以及使用著作权人的作品而不按照规定或者约定给付报酬的行为,都是侵害著作财产权的违法行为。侵害著作财产权的损害事实,是指著作权人所享有的著作财产权受到损害的事实。这种损害事实表现为以下两个层次:第一,著作财产权中的使用权、获得报酬权受到损害的事实;第二,作者财产利益的损害。在侵害著作财产权的损害事实中,这两个损害事实在一般情况下是必须具备的。侵害著作财产权的构成,适用过错责任原则,侵权人必须以主观上有过错方能构成侵权责任。

(二)侵害专利权

专利权受到侵害的客观事实,就是专利权人所独占享有的专利被他人以经营为目的而生产、使用、销售,或者专利发明方法被使用,或者专利产品被假冒的事实。专利侵权损害赔偿责任中的因果关系,只限于直接因果关系,只有当违反专利权保护法律是专利权损害事实发生的唯一的或者必要的原因时,才构成侵权损害赔偿责任的因果关系要件。在间接侵害专利权的行为中,这种行为是侵害专利权的直接行为的必要条件,它与直接行为相结合,就构成了侵害专利权的直接因果关系,仅仅单一的间接行为,不构成侵害专利权的行为。

(三)侵害商标权

侵害注册商标专用权的侵权行为,是侵权人实施侵害他人的商标专用权的行为,致使被侵权人合法的注册商标权益损害的违法行为。商标侵权行为人所实施的行为,必须是违反商标权保护法律的行为,这是构成商标侵权赔偿责任的必要条件。违反商标保护法律的行为人在主观上必须有过错。这种过错是该行为人在实施违反商标法律的行为时,对行为后果所持的故意或过失的心理状态。

第七节 媒体侵权

一、媒体侵权的基本规则

媒体侵权不过是将几种性质相似的侵权行为放在一起说明,并不是一个严格的概念。媒体侵权所概括的,是新闻侵权、文学作品侵权和网络侵权三种以媒体实施的行为侵害他人权利的侵权行为。

这三种侵权行为实际上都是以文字或者语言的形式侵害他人的民事权利和利益,主要侵害的客体是精神性人格权,尤其是名誉权、姓名权、肖像权、隐私权等权利以及其他人格利益。这三种侵权行为都适用过错责任原则,只有具备违法行为、损害事实、因果关系和主观过错四个要件,才能构成。这三种侵权行为的抗辩事由都有特殊的规定,应当注意在对这三种侵权行为表述中说明的内容。

二、媒体侵权的具体形式

(一)新闻侵权

新闻侵权,是新闻单位和新闻从业人员故意或者过失实施的行为侵害他人人格权的侵权行为。新闻侵权是一般侵权行为,应当以过错为构成侵权的必要条件,实行的是过错责任原则,因此,侵权责任的构成,应当具备违法行为、损害事实、因果关系和主观过错的要件。新闻侵权行为所侵害的客体,主要是名誉权,但是其他人格权如肖像权、姓名权、隐私权、荣誉权、信用权等人格权也能够受到侵害,因此,新闻侵权是侵害他人人格权的行为。

《民法典》第1025条规定:“行为人为公共利益实施新闻报道、舆论监督等行为,影响他人名誉的,不承担民事责任,但是有下列情形之一的除外:(一)捏造、歪曲事实;(二)对他人提供的严重失实内容未尽到合理核实义务;(三)使用侮辱性言辞等贬损他人名誉。”正当的新闻报道和舆论监督等行为具有社会正当性,是合法行为,也是履行媒体新闻报道和新闻批评职责的正当行为。应当肯定的是,即使是尖锐的、尖刻的批评,也还是批评,并非侵害名誉权。所以,要给舆论和媒体以“喘息的空间”,让媒体能够更多的干预公共事务,干预社会生活,这样才能够使社会更加和谐地发展。即使媒体在新闻报道和舆论监督等正当的新闻行为中,发生了对他人名誉造成影响的后果,也不构成侵害名誉权,不承担民事责任。例如,批评食品企业卫生条件不好督促其改进,对其名誉有一定的影响,但是,不构成侵害名誉权,而是正当的舆论监督行为。

在新闻报道和舆论监督等新闻行为中,如果存在本条规定的情形,则不具有正当性,而是构成侵权。

1. 捏造事实、歪曲事实。这是故意利用新闻报道、舆论监督而侵害他人名誉权的行为。捏造事实是无中生有,歪曲事实是不顾真相而对客观事实进行篡改。这些都是故意所为,性质恶劣，构成侵害自然人、法人或者非法人组织的名誉权。

2. 对他人提供的严重失实内容未尽到合理核实义务。这种情形是新闻事实失实，是因未尽合理核实义务而使事实背离真相，是过失所为。传统媒体对所报道事实的真实性负责，因而负有事实真实性的核实义务。传统媒体不只是对他人提供的事实负有核实义务，即使对媒体自己采制的新闻，也应当尽到核实义务。无论是对他人即通讯员提供的新闻，还是对自己记者采制的新闻，只要是未尽必要注意而使新闻事实失实，同样构成侵害名誉权的行为。

3. 使用侮辱性言辞等贬损他人名誉。在新闻报道、舆论监督中，虽然没有上述两种情形，报道和批评的都是客观事实，但是，在其中有侮辱性言辞，以及其他贬损他人名誉的内容，对被报道人或者被批评人的名誉有损害的，也构成侵害名誉权的行为。

（二）文学作品侵权

文学作品侵权，是一种重要的侵权行为，较为常见。文学作品的作者，以及文学作品的编辑、出版单位，写作、编辑、出版文学作品侵害他人人格权的，都构成文学作品侵权行为，应当承担侵权责任。《民法典》第1027条规定："行为人发表的文学、艺术作品以真人真事或者特定人为描述对象，含有侮辱、诽谤内容，侵害他人名誉权的，受害人有权依法请求该行为人承担民事责任。""行为人发表的文学、艺术作品不以特定人为描述对象，仅其中的情节与该特定人的情况相似的，不承担民事责任。"作者故意或者过失的在作品中表现了具有侵害他人人格权的内容，造成了他人人格权的损害，构成侵权责任。这种侵权，什么样的文学样式不拘，小说、剧本、电影、电视、诗歌等，都可以构成侵权。在主观方面，故意可以构成，过失也可以构成。

文学作品侵权有以下三种形式：第一，故意侵权，即利用编辑出版作品的机会，侵害他人的人格权。这种侵权行为很少见。第二，未尽事实真实性审查的义务，造成侵权后果。这种情况，应当是在对以真人真事作为描写对象的文学作品进行编辑中未尽事实真实性审查义务而构成的侵权行为，对于虚构的文学作品，不存在这样的侵权行为。第三，侵权的文学作品发表后，对其负有的更正或者道歉的义务没有履行，造成了侵权后果的扩大，构成侵权责任。

第八节　商业侵权

一、商业侵权的基本规则

商业侵权是现代侵权行为法中正在发展的一种特殊的侵权行为。这类侵权行为的基本特点，是发生在商业领域中的侵权行为，行为主体或者受害人是从事商业活动的人，包括法人或者自然人。

二、商业侵权的具体形式

（一）商业诽谤

商业诽谤，是商业侵权中的一种重要的侵权行为，侵害的客体，是经营者的信用权以及经营者的商品信誉。我国《反不正当竞争法》第11条规定："经营者不得编造、传播虚假信息或者误导性信息，损害竞争对手的商业信誉、商品声誉。"这一条文所说的商业信誉和商品声誉，就是商业诽谤行为所侵害的客体。商业诽谤行为侵害的是受害人的信用和商誉，同时也侵害了市场的正常交易秩序。制裁商业诽谤行为，既是对受害人的合法权益的保护，也是对正常的市场交易秩序的维护。

(二)不正当竞争

不正当竞争是商业领域中的侵权行为。在《反不正当竞争法》中,规定了多种不正当竞争行为,都是法律所禁止的行为。实施这些不正当竞争行为,侵害了其他经营者经营权的正常行使,构成侵权行为,侵权行为法应当予以制裁。

不正当竞争行为,在《反不正当竞争法》中规定得较为宽泛,其中很多是其他侵权行为责任所规制的行为,例如,假冒他人注册商标行为等,都有相应的法律规定,可以不按照不正当竞争行为认定为侵权行为。对于违反禁止垄断经营、权力经营、贿赂方式经营、虚假广告等规定,实施不正当竞争行为的,应当以不正当竞争侵权行为制裁,保护受害的经营者的合法权益。实施不正当竞争行为给他人造成损害的,行为人应当承担民事责任。

(三)违反竞业禁止

竞业禁止,是指禁止本公司的某些人员在职或者离职后自营或者到其他公司从事与本公司具有竞争关系的业务,包括法定竞业禁止和约定竞业禁止两种。违背竞业禁止义务,造成损害的,构成侵权行为。因此,行为人应当承担民事责任。

(四)盗用商业信息进行交易

经营者的姓名、账号、密码、执照等,都是经营者的商业信息,应当为经营者所支配使用,他人未经允许,不得擅自使用。未经权利人准许,盗用他人姓名、账号、密码、执照等进行交易,就是盗用他人商业信息,是侵权行为,造成他人损害的,行为人应当承担民事责任。

(五)商业欺诈

商业欺诈,是在商业领域中用欺诈的方法,使对方当事人受到损害的侵权行为。在一般情况下,这种行为的后果可以通过合同责任予以救济,如宣告合同撤销、对合同进行变更等方法,都可以使损害的后果得到救济。如果受到欺诈行为的侵害,造成了财产的损失,不能通过合同责任的方式得到救济的,可以请求依侵权行为法规定的方法进行救济。

(六)妨害经营

在商业领域,以不正当的方式,妨害他人正常经营活动,造成经营者损害的,构成商业侵权。对此,如果仅仅是妨害经营的,受害人有权请求行为人停止侵害;如果既造成妨害,又造成损失的,受害人有权请求行为人停止侵害、赔偿损失。

(七)证券侵权

1. 虚假陈述。虚假陈述的侵权行为及其责任的内容是:任何机构或者个人在证券发行、交易及其他相关活动中,实施不符合事实真相、严重误导、含有重大遗漏等虚假陈述,致使投资人受到损害的,全体发起人,发行人及其负责人,承销的证券公司及其负有责任的董事、监事、经理,为发行人出具文件的注册会计师及其所在事务所、专业评估人员及其所在机构、律师及其所在事务所,工程师或其他专业技术人员及其所在机构,应当承担连带赔偿责任。

2. 内幕交易。证券交易内幕人员,以获取利益或减少损失为目的,自己或建议他人,泄露内幕信息使他人利用该信息进行证券发行交易,并给在相同时间内从事同一证券买卖的相对人或其他投资者造成损害的,应承担赔偿责任。

3. 操纵市场。凡是故意从事操纵市场行为,影响证券市场价格,损害投资者利益的,构成操纵市场行为,应当向受害人承担赔偿责任。具体的行为方式是十种操纵市场行为,即通过单独或者合谋,集中资金优势、持股优势或者利用信息优势联合或者连续买卖,操纵证券交易价格;以散布谣言、传播虚假信息等手段影响证券发行、交易;为制造证券的虚假价格,与他人串通,进行不转移证券所有权的虚买虚卖;以自己的不同账户在相同的时间内进行价格和数量相近、方向相反的交易;出售或者要约出售其并不持有的证券,扰乱证券市场秩序;以抬高或者压低证券交易价格为目的,连续交易某种证券;利用职务便利,人为地压低或者抬高证券价格;证券投资咨询机构及股评人士利用媒介及其他传播手段制造和传播虚假信息,扰乱市场正常运行;上市公司买卖或者与他人串通买卖本公司的股票;其他操纵市场的行为。

第九节　恶意利用诉讼程序

一、恶意利用诉讼程序侵权行为的基本规则

利用诉讼程序是一类侵权行为,即刑事诉讼程序的非法控诉、民事诉讼程序的非法利用民事诉讼程序以及滥用诉讼程序,侵害他人合法权益的侵权行为。前两种侵权行为的基本特征,是行为人没有诉权而提起诉讼程序,即无可能原因而行为,其目的是追求刑事、民事诉讼请求适当审理以外的其他目的,并且除仅有一方当事人的诉讼外,诉讼程序有利于被告而终结。第三种侵权行为是行为人有诉权,但是故意利用这种诉权提起刑事或民事诉讼程序控诉他人,是为了达成该诉讼程序目的以外的其他非法目的,给被诉人造成损害的行为。

二、恶意利用诉讼程序侵权行为的具体形式

(一)恶意诉讼

狭义的恶意诉讼,是指对民事诉讼程序有恶意提起,意图使被告在诉讼中由于司法机关的判决而受其害。在这种侵权行为中,形式上的加害人是法院,是恶意诉讼人故意提起诉讼程序,在诉讼过程中法院作出错误的判决,使被告受到损害。但是其实质,是行为人故意所为,是行为人借用法院的力量,使被告受到损害。因此,故意以他人受到损害为目的,无事实根据和正当理由而提起民事诉讼,致使相对人在诉讼中遭受损失的,应当承担民事责任。

按照这一要求,构成恶意诉讼侵权责任,应当具备的要件是:第一,加害人必须是故意所为,过失甚至是重大过失都不能构成这种侵权责任。第二,加害人须是无事实根据和正当理由,即没有实体上的诉权和程序上的诉权。第三,受害人在这一诉讼程序中受到损害,主要是财产利益上的损害,并且损害事实与这一行为有因果关系。第四,该诉讼程序的最终结果是被告胜诉,而不是原告胜诉。具备这些要件的,构成恶意诉讼的侵权责任。恶意诉讼人应当承担损害赔偿责任。

(二)恶意告发

恶意告发,就是恶意提起刑事诉讼程序,使该程序中的被告在该诉讼程序中受到损害,恶意告发人应当承担赔偿责任的侵权行为。这种侵权行为与恶意诉讼行为基本相似,只是提起的诉讼程序有区别;另外,在追求的目的方面,一个是追求他人在民事诉讼中受到财产的损害,另一个是追求他人在刑事诉讼程序中受到名誉的或者其他人格的以及财产的损害。应当注意的是,这种恶意告发,主要是行为人自行提起刑事诉讼程序,但也包括通过侦查机关或者公诉机关提起诉讼程序。在一般情况下,如果通过侦查机关或者公诉机关提起的刑事诉讼程序,自

应由这些机关自己承担提起诉讼程序的后果责任,而不是由侵权行为法解决。但是,在告发人有恶意的情况下,即使告发人只是举报,刑事诉讼程序是由司法机关提起的,或者仅仅在侦查或者公诉的程序中,就终结了程序,使受害人受到损害的,恶意告发人也应当承担责任。

(三)滥用诉权

滥用诉权的侵权行为,是指行为人有诉权,但是其提起的刑事诉讼和民事诉讼,所追求的是正当诉权之外的非法诉讼目的,造成受害人损害的行为。

在行政诉讼中,不存在恶意诉讼的问题,因为行政诉讼的被告是政府,对于政府的诉讼即使是不当的,也不应当追究原告的责任。

参考案例

1. 拉科斯特股份有限公司与上海龙华服饰礼品市场经营管理有限公司注册商标专用权纠纷案,载《中华人民共和国最高人民法院公报》2010 年第 10 期。
2. 李忠平诉南京艺术学院、江苏振泽律师事务所名誉权侵权纠纷案,载《中华人民共和国最高人民法院公报》2008 年第 11 期。

第五十章　特殊侵权责任类型

导读

《民法典》侵权责任编第三章至第十章规定了特殊侵权责任类型，分别是监护人责任、暂时丧失心智损害责任、用人者责任、网络侵权责任、违反安全保障义务侵权责任、学生伤害事故责任、产品责任、机动车交通事故责任、医疗损害责任、环境污染和生态破坏责任、高度危险责任、饲养动物损害责任、建筑物和物件损害责任。前六种是该法第三章规定的内容，后七种是该法第四章至第十章规定的内容。

第一节　责任主体特殊的侵权责任类型

一、监护人责任

（一）监护人责任的概念和特征

监护人责任，是指无民事行为能力人或者限制民事行为能力人因自己的行为致人损害，由行为人的父母或者其他监护人承担赔偿责任的特殊侵权责任。《民法典》第1188条规定的是监护人责任，第1189条增加规定了委托监护人的责任。

监护人责任具有以下特征：

1. 监护人责任是对人的替代责任。监护人责任是替代责任，无民事行为能力人或者限制民事行为能力人实施具体的侵害行为，造成了被侵权人的人身损害或者财产损害，侵害了被侵权人的权利，但是，承担侵权责任的不是造成损害的行为人，而是行为人的监护人，是监护人替代实施加害行为的行为人承担侵权责任，是典型的替代责任。

2. 监护人责任是过错推定责任。监护人责任是过错责任，这种过错并没有体现在具体的加害人身上，而是体现在行为人的监护人身上。监护人的过错表现在监护人对无民事行为能力人或者限制民事行为能力人没有尽到监护责任的过错，并由此作为这种侵权责任构成的过错要件。由于实行过错推定责任原则，因此，监护人的过错并不需要原告证明，而是由具体的加害行为人的侵害行为而推定其监护人未尽监护职责的过错。

3. 监护人责任的执行受行为人财产状况的制约。在各国的侵权法中，对于监护人责任的确定都是依据行为人的责任能力而确定，即没有民事责任能力的未成年人或者心智丧失之人，不承担侵权责任，而由他们的监护人承担责任。我国立法没有采纳这种规则，而是确定监护人责任的承担，受无行为能力或限制行为能力的行为人有无财产的制约。行为人自己有财产的，应当先从他自己的财产中支付赔偿金，赔偿不足部分，则由其监护人承担补偿性的连带责任。

至于行为人的财产,可以是受赠的财产、继承的财产,以及其他合法所得财产。行为人没有财产的,则由其监护人承担赔偿责任。

4. 监护人责任以公平分担责任为补充。我国的监护人责任实行过错推定原则,但是,在监护人能够证明自己对于实施加害行为的未成年人或者精神病人已经善尽监护职责,即监护人自己无过错的时候,并不免除监护人的侵权责任,而是“可以减轻其侵权责任”。这是公平分担责任的适用,是考虑平衡双方当事人的经济利益而采取的措施。

(二)监护人责任的归责原则

确认我国监护人责任的归责原则是过错推定原则,并以公平分担损失责任作补充。

确定监护人责任,适用过错推定责任原则归责,即从加害行为人致人损害的事实中,推定其监护人有疏于监护的过失。监护人认为自己无过错,实行举证责任倒置,即监护人可以举证证明自己无过错。不能证明自己无过错的,监护人应当承担侵权替代责任。如果对监护人责任适用过错责任原则,被侵权人将因不能举证证明监护人的过错而无法得到赔偿。

确定监护人责任,在适用过错推定原则的基础上,如果证明监护人确已尽监督责任,即监护人无过错,本应免除监护人的侵权责任,但是为了平衡当事人之间的利益关系,则按照法律的规定,适用公平分担责任进行调整,合理确定赔偿责任归属。在根据公平分担责任原则确定当事人的责任时,应注重考虑当事人的财产状况、经济收入、必要的经济支出和负担、造成损害的程度等因素,公平合理地分担损失。

(三)法律适用的基本规则

1. 监护人承担责任。无民事行为能力人、限制民事行为能力人造成他人损害的,由监护人承担侵权责任。这里实行的是过错推定原则,即从无民事行为能力人或者限制民事行为能力人致人损害的事实中,推定监护人有过错,推定成立的,就应当由监护人承担赔偿责任。

2. 适用公平分担责任。监护人尽到监护责任的,可以减轻其侵权责任。监护人证明自己没有过失,也就是能够证明自己已经尽到监护责任的,适用公平分担责任规则,减轻其责任,由双方当事人分担损失。

3. 被监护人自己有财产的自己支付。有财产的无民事行为能力人、限制民事行为能力人造成他人损害的,从本人财产中支付赔偿费用。无论是未成年人还是精神病人,以及丧失或者部分丧失民事行为能力的老年人、植物人等,自己有财产的,就不必由监护人承担赔偿责任,在行为人的财产中直接支付赔偿金。

4. 监护人补充责任。如果行为人的财产不足以支付全部赔偿责任,则由监护人承担补充责任。这一规定,是完全的补充责任,只要是行为人不能承担的部分,全部由监护人补充承担。这一规定,与《民法典》侵权责任编第 1198 条规定违反安全保障义务人等承担的“相应的补充责任”完全不同。

(四)委托监护人的责任

委托监护损害责任,是指无民事行为能力人或者限制民事行为能力人造成他人损害,监护人将监护职责委托给他人,监护人与委托监护人分担责任的特殊侵权责任。委托监护损害责任的构成条件是:第一,委托监护,是监护人对自己负有的对无民事行为能力人或者限制民事行为能力人的监护职责,委托给他人承担;第二,无民事行为能力人或者限制民事行为能力人是在受托监护人的监护下,而不是在监护人的监护下;第三,被监护的无民事行为能力人或者限制民事行为能力人实施的行为,造成了被侵权人的损害;第四,对监护人推定其存在未尽监护职责的过失,对委托监护人的过失,应当由被侵权人举证证明,或者由主张分担责任的监护人承担举证证明。

委托监护责任的责任分担规则是:

1. 委托监护损害责任的主体有两个:一是监护人;二是受托监护人,监护人并未因其将委托监护职责委托给受托监护人而免除自己的责任,仍然是侵权责任人。

2. 两种责任主体承担的责任是单向连带责任,即混合责任:监护人承担的是对全部损害的赔偿责任,并且是连带责任;只要被侵权人主张监护人承担全部责任,监护人就须承担全部赔偿责任。

3. 能够证明受托监护人也存在未尽监护职责的过失的,受托监护人应当就其因过失造成损失的范围内,承担相应的赔偿责任,其责任性质不是连带责任,而是按份责任,被侵权人不能向其主张承担全部赔偿责任。之所以将这种单向连带责任称为混合责任,因为与美国侵权法上的混合责任是一样的,都是数人中,有的承担连带责任,有的承担按份责任。[1]

二、暂时丧失心智损害责任

(一)暂时丧失心智损害责任的概念和构成要件

暂时丧失心智损害责任,是指完全民事行为能力人对于因过错引起暂时心智丧失,或者因醉酒或者滥用麻醉、精神药品暂时丧失心智,造成他人损害,所应当承担的特殊侵权责任。

暂时丧失心智损害责任的构成,须具备以下要件:

1. 侵权人是完全民事行为能力人。这种特殊侵权责任的行为主体,即侵权人,必须是完全民事行为能力人,而不是限制民事行为能力人或者无民事行为能力人。无民事行为能力人和限制民事行为能力人造成他人损害,由其监护人承担责任,专门由监护人责任的特殊侵权责任规则调整。而完全民事行为能力人才存在暂时丧失心智的情况,需要专门规定规则调整。

2. 被侵权人须受到实际损害。在损害事实要件,被侵权人须造成实际损害,这种损害,既可以是人身损害,也可以是财产损害。对于造成人身损害的,对发生的精神损害,当然构成损害事实要件。但这种特殊侵权行为是否能够侵害精神性人格权造成精神利益的损失?笔者认为,心智丧失中的胡言乱语者,既然能够确认,不应当认定为侵权行为;但恶意诽谤、侮辱,借口心智丧失而主张者,不应当免除其责任。

3. 侵权人造成他人损害时暂时丧失心智。在造成他人损害时,侵权人须暂时丧失心智,对自己的行为暂时没有意识,或者失去控制。如果行为人并非存在此种身体状态,则应当按照一般侵权行为的要求处理,并非暂时丧失心智的损害责任。

4. 侵权人暂时丧失心智是因自己的过错所致。构成这种特殊侵权责任,被侵权人须具有过错,即侵权人自己的心智暂时丧失是基于自己的过失而发生。丧失心智的过错,除了《民法典》第1190条第2款规定的醉酒、滥用麻醉药品或者精神药品之外,其他故意或者过失所为都包括在内。这种特殊侵权责任的过错认定,应当实行过错推定原则,即被侵权人已经证明其他责任构成要件后,可以推定侵权人对其心智丧失有过错,丧失心智的行为人如果主张自己没有过错,应当举证证明。不能够证明自己没有过错的,侵权责任成立,应当承担赔偿责任。

---

〔1〕 [美]肯尼斯·S.亚伯拉罕、[美]阿尔伯特·C.泰特选编:《侵权法重述——纲要》,徐传玺、石宏译,徐传玺校,法律出版社2006年版,第346页。

(二)暂时丧失心智损害责任的法律适用

1. 侵权人承担过错责任。因过错导致暂时心智丧失致人损害的,应当由侵权人承担赔偿责任。完全民事行为能力人由于自己的过错,导致暂时心智丧失,因此而造成他人损害的,应当为自己的过错所造成的损害负责,因此,应当对被侵权人承担侵权责任。

2. 醉酒等属于侵权人的过错。因醉酒、滥用麻醉药品或者精神药品对自己的行为暂时没有意识或者失去控制造成他人损害的,应当由侵权人承担赔偿责任。这种情形同样是侵权人的过错所致,当然应当由自己承担侵权责任。事实上,《民法典》第 1190 条第 2 款规定的情形是第 1 款规定的过错的特殊表现形式,适用同样的规则,只不过这种过错已经证明,无须适用公平分担责任而已。

3. 没有过错的实行公平分担损失责任。完全民事行为能力人对自己暂时心智丧失没有过错的,应当依照公平分担责任规则,由双方当事人公平负担损失。由于暂时丧失心智损害责任实行过错推定原则,因此,必须有过错才承担责任。这种承担赔偿责任须是全部责任;如果行为人能够证明自己没有过错,则并不免除责任,而是按照公平分担责任的要求,根据行为人的经济状况对受害人予以适当补偿。行为人的经济状况良好的适当多赔,经济状况不好的适当少赔。

三、用人者责任

(一)用人者责任的概念和特征

用人者责任,是一种特殊侵权责任类型,它所概括的是用人单位的工作人员或者劳务派遣人员以及个人劳务关系中的提供劳务一方因执行工作任务或者在提供劳务过程中造成他人损害,用人单位或者劳务派遣单位以及接受劳务一方应当承担赔偿责任的特殊侵权责任。

用人者责任是替代责任,具有以下法律特征:

1. 是因执行工作任务致人损害的侵权行为。用人者责任都是因执行工作任务的侵权行为。无论是用人单位责任、劳务派遣责任还是个人劳务责任,都是工作人员因执行工作任务发生的侵权行为,其基本特点是,因执行工作任务,一方支配另一方的劳动。不是因执行工作任务发生的这种支配他人劳动的行为,不能构成用人者责任。

2. 行为人与责任人相脱离。这种侵权责任类型是最典型的替代责任,因此,其典型表现是行为人与责任人相脱离。在造成损害的过程中,直接行为人是用人单位的工作人员;承担侵权责任的不是行为人,而是对他们有支配关系的用人者。

3. 行为人造成损害的行为与责任人监督、管理不力的行为相区别。在用人者责任中,实际上存在两个行为:一个是造成损害的工作人员的行为,这是造成损害的具体行为;而另一个则是用人单位、劳务派遣单位或者雇主的监督不力、管理不当行为。仅仅研究一个行为,或仅仅研究单位或者工作人员、雇员的行为,是不够的,必须研究用人单位、派遣单位以及接受劳务一方的行为。他们的行为作用在工作人员或者工作人员的身上,才造成了工作人员的具体行为的发生。因此,在用人者责任的责任构成中,因果关系存在造成损害的直接原因和间接原因,两种原因行为相结合才能构成侵权责任。

4. 责任人的过错与行为人的过错作用不同。在用人者责任中,对过错的直接要求,是用人者的过错。没有用人者的过错,就不可能构成用人者责任。但是,在处理这种侵权责任的时候,也要考察工作人员、雇员的过错。这些过错尽管对侵权责任构成不起重要作用,但是在确定追偿关系上是重要的。因此,这两种过错的作用并不相同。

（二）用人者责任的类型

《民法典》将用人者责任规定为四种类型，即用人单位责任、劳务派遣责任、个人劳务责任和定作人指示过失责任。

1. 用人单位责任

用人单位责任，是指用人单位的工作人员因执行工作任务造成他人损害，由用人单位作为赔偿责任主体，为其工作人员致害的行为承担损害赔偿责任的特殊侵权责任。《民法典》第1191条第1款规定："用人单位的工作人员因执行工作任务造成他人损害的，由用人单位承担侵权责任。用人单位承担侵权责任后，可以向有故意或者重大过失的工作人员追偿。"

用人单位责任应当适用过错推定责任。过错推定原则的适用，能够从工作人员致被侵权人损害的事实中，推定用人单位疏于选任、监督之责的过错，实行举证责任倒置，由用人单位举证证明自己已尽相当的注意，无须被侵权人举证证明而直接推定法人的过失，就使被侵权人处于有利地位，使其合法权益能够得到更好的保护。

用人单位责任是替代责任，其赔偿法律关系与其他替代责任一样，具有赔偿主体与直接行为人相脱离的特点。在该种赔偿责任关系中，直接侵权人是用人单位的法定代表人、负责人和其他工作人员。而赔偿责任主体为用人单位，即致害他人的法定代表人或者其他工作人员所属的用人单位。在用人单位责任中，用人单位作为赔偿义务人，直接对被侵权人承担责任，而不是由直接行为人承担责任。用人单位在承担了赔偿责任之后，对于有过错的直接行为人，可以依法追偿。

2. 劳务派遣责任

劳务派遣，又称为劳动派遣，也被称为人力派遣或人才租赁，是指劳务派遣单位与用工单位签订派遣协议，将工作人员派遣至用工单位，在用工单位指挥、监督下提供劳动的劳务关系。

劳务派遣责任，是指在劳务派遣期间，被派遣的工作人员因执行工作任务造成他人损害的，由接受劳务派遣的用工单位承担责任，劳务派遣单位承担补充责任的特殊侵权责任。

劳务派遣责任的承担分为两种，《民法典》第1191条第2款分别作了规定：

（1）接受派遣用工单位的责任。具备前述劳务派遣责任构成要件的，成立接受派遣用工单位的责任，接受派遣用工单位应当承担赔偿责任。之所以在劳动派遣责任中不由劳务派遣单位承担责任，而由用人单位承担责任，原因在于用工单位在支配工作人员的劳动，工作人员是在用工单位的指挥、监督下，直接为用工单位进行劳动。如果工作人员在执行派遣劳务的工作过程中致人损害有过错的，则在用工单位承担了赔偿责任之后，有权向有过错的工作人员追偿。

（2）劳务派遣单位的责任。在派遣的工作人员因执行工作任务造成他人损害，派遣单位也有过错的，由于派遣单位与被派遣的工作人员之间有劳动关系，劳务派遣单位应当承担相应的补充责任。

3. 个人劳务责任

（1）个人劳务责任是一种特殊的用人者责任，属于特殊侵权责任，是指在个人之间形成的劳务关系中，提供劳务一方因劳务造成他人损害，接受劳务一方应当承担替代赔偿责任的特殊侵权责任。

个人劳务责任与其他侵权责任相比较，具有以下法律特征：第一，接受劳务一方与提供劳务一方之间具有个人劳务关系。第二，提供劳务一方执行劳务活动所造成的损害等于是接受劳务一方的行为造成的损害。第三,个人劳务责任的侵权责任形态是替代责任。

个人劳务责任适用何种归责原则,《民法典》第 1192 条第 1 款前段没有明确规定。个人劳务责任应当与其他用人者责任一样,适用过错推定原则。

(2)个人劳务工伤事故责任,即提供劳务一方因劳务自己受到损害的,根据双方各自的过错承担相应的责任。在提供劳务期间,因第三人的行为造成提供劳务一方损害的,提供劳务的一方有权请求第三人承担侵权责任,也有权请求接受劳务的一方给予补偿。接受劳务的一方补偿后,可以向第三人追偿。

4. 定作人指示过失责任

《民法典》第 1193 条规定的是定作人指示过失责任。这一条文实际上规定了两种责任:一是定作人指示过失责任中造成他人损害的责任,这是典型的定作人指示过失责任。二是造成承揽人自己损害的责任,这种损害责任的性质,其实是承揽人员工的工伤事故责任。

加工、定作和承揽统称为定作,是从定作人角度的界定,法律关系主体主要是定作人和承揽人,定作人委托承揽人进行加工、定作,承揽人依照定作人的指示进行加工、定作。由于承揽人在接受定作之后是独立进行定作、加工,尽管是按照定作人的指示进行,但是,应当由承揽人独立负责,承揽人在完成承揽任务过程中造成第三人损害或者自己损害,定作人不承担赔偿责任,而由承揽人承担责任或者负担自己的损失。这是一般性规则。如果定作人对于定作、指示有过失,或者对定作人的选任有过失的,则定作人承担相应的赔偿责任。

定作过失,是定作人确定的定作任务本身就存在过失,这种定作有可能造成他人损害或者定作人的损害。指示过失,是定作人下达的定作任务没有问题,是指示承揽人的定作方法存在过失,如不应该采用危险方法进行加工却作出这样的指示。这两种过失,都构成定作人指示过失责任中所要求的过失。选任过失,则是定作人选任承揽人有过失,例如,没有符合承担特种加工活动的资质的人而予以选任。

四、网络侵权责任

(一)网络侵权行为的概念和保护范围

网络侵权行为是指在互联网上,网络用户、网络服务提供者以及他人故意或者过失借助电脑网络和电信网络侵害他人民事权益的特殊侵权行为。其特征为:第一,网络侵权行为主体多样化。《民法典》第 1194～1197 条规定的侵权责任主体,一是网络服务提供者,二是网络用户。网络侵权行为主体并非只有这两种,还有其他侵权主体。第二,网络侵权行为智能化。第三,网络侵权行为的隐蔽性。第四,网络侵权行为实施的时间短促且损害范围广大。第五,主观状态多为故意,过失有可能构成侵权责任,如过失传播病毒等。

按照《民法典》第 1164 条规定,侵权责任保护范围是民事权益。在《民法典》第 1194 条有关网络侵权责任的规定中,也使用了“民事权益”的概念。对于“民事权益”的理解,为凡是在网络上实施侵权行为所能够侵害的一切民事权益,特别包括人格权益以及知识产权特别是著作权。

(二)网络侵权责任的基本规则

《民法典》规定了两种网络侵权责任:一是规定了网络用户和网络服务提供者对自己在网站上实施的侵权行为承担责任;二是规定了网络服务提供者在什么情况下对网络用户在自己的网站上实施的侵权行为承担连带责任。

1. 网络用户和网络服务提供者自己实施侵权行为的责任

《民法典》第 1194 条规定,网络用户、网络服务提供者利用网络侵害他人民事权益的,应当承担侵权责任。网络用户在网站上实施侵权行为,侵害他人民事权益,应当自己承担侵权责任,是一般侵权行为,适用过错责任原则。网络服务提供者在自己的网站上实施侵权行为,侵害他人民事权益,网络服务提供者自己要承担侵权责任。例如,网络服务提供者在自己的网站诽谤他人,网络服务提供者当然要自己承担责任。

不仅如此,其他人在网络上实施侵权行为,包括黑客侵害网络,也都是侵权行为,都要自己承担侵权责任。

2. 网络服务提供者对网络用户实施侵权行为承担责任

(1)网络侵权责任避风港原则中的通知规则

《民法典》第 1195 条规定:"网络用户利用网络服务实施侵权行为的,权利人有权通知网络服务提供者采取删除、屏蔽、断开链接等必要措施。通知应当包括构成侵权的初步证据及权利人的真实身份信息。""网络服务提供者接到通知后,应当及时将该通知转送相关网络用户,并根据构成侵权的初步证据和服务类型采取必要措施;未及时采取必要措施的,对损害的扩大部分与该网络用户承担连带责任。""权利人因错误通知造成网络用户或者网络服务提供者损害的,应当承担侵权责任。法律另有规定的,依照其规定。"这里规定的网络侵权责任避风港原则的通知规则比较复杂,概括起来是:

第一,权利人的通知权。网络用户利用他人的网络服务实施侵权行为的,网络服务提供者在原则上不承担责任,解决这种侵权纠纷的方法是避风港原则的通知规则:认为自己权益受到损害的权利人,有权通知网络服务提供者,对网络用户在该网站上发布的信息采取删除、屏蔽、断开链接等必要措施,消除侵权信息及其影响。行使通知权的通知,应当包括构成侵权的初步证据及权利人的真实身份信息。

第二,网络服务提供者的义务。网络服务提供者接到权利人的通知后,应当实施两个行为:一是及时将该通知转送相关网络用户,二是对侵权信息根据实际情况需要,及时采取删除、屏蔽或者断开链接等必要措施。网络服务提供者履行了上述两项义务的,就进入避风港,不承担侵权责任。

第三,网络服务提供者未及时采取必要措施的,构成侵权责任,要对损害的扩大部分与该网络用户承担部分连带责任,即网络服务提供者只对扩大的损害部分承担连带责任。

第四,对错误行使通知权的所谓权利人进行惩罚的措施。即因权利人错误行使通知权进行通知,依照该通知采取的必要措施造成了网络用户或者网络服务提供者损害的,错误通知的行为人应当对网络用户和网络服务提供者的损害承担侵权赔偿责任。不过,法律另有规定的,依照其规定。例如,《电子商务法》第 42 条规定在电子商务知识产权侵权领域,权利人恶意通知需要承担惩罚性赔偿责任。

(2)网络侵权责任避风港原则中的反通知规则

《民法典》第 1196 条规定:"网络用户接到转送的通知后,可以向网络服务提供者提交不存在侵权行为的声明。声明应当包括不存在侵权行为的初步证据及网络用户的真实身份信息。""网络服务提供者接到声明后,应当将该声明转送发出通知的权利人,并告知其可以向有关部门投诉或者向人民法院提起诉讼。网络服务提供者在转送声明到达权利人后的合理期限内,未收到权利人已经投诉或者提起诉讼通知的,应当及时终止所采取的措施。"这是对网络侵权责任避风港原则反通知规则的规定。

网络用户行使反通知规则的规则是:

第一,网络用户享有反通知权。当权利人行使对网络用户发布的信息采取必要措施的通知权,网络服务提供者将该通知转送网络用户,网络用户接到该通知后,即产生反通知权。

第二,行使反通知权的方式,是网络用户向网络服务提供者提交自己不存在侵权行为的声明及网络用户的真实身份信息。网络用户提交该声明,就是行使反通知权的行为。提交的反通知声明,也应当包括不存在侵权行为的初步证据,不符合这样的要求的反通知声明,不发生反通知的效果。

第三,网络用户行使反通知权发送声明。网络服务提供者在接到该反通知声明后,产生负有的义务:一是应当将该声明转送给发出通知的权利人,二是告知权利人可以向有关部门投诉或者向人民法院提起诉讼,而不是一接到反通知声明就立即终止所采取的必要措施。

第四,网络服务提供者在转送的反通知声明到达权利人后的合理期限内,未收到关于权利人已经投诉或者提起诉讼的通知的,应当及时对网络用户发布的信息终止所采取的删除、屏蔽或者断开链接等必要措施,保护网络用户即反通知权利人的表达自由。

第五,无论是权利人的通知权还是网络用户的反通知权,其义务主体都是网络服务提供者,负有满足通知权人或者反通知权人权利要求的义务。

(3)红旗原则的主观要件是网络服务提供者知道或者应当知道

《民法典》第1197条规定:"网络服务提供者知道或者应当知道网络用户利用其网络服务侵害他人民事权益,未采取必要措施的,与该网络用户承担连带责任。"这一条文规定的是红旗原则,即网络用户在网络服务提供者提供的网络上实施侵权行为,侵害他人的民事权益,非常明确,网络服务提供者知道或者应当知道而不采取必要措施,即应承担侵权责任的规则。

适用红旗原则的要件是:第一,网络用户在他人的网站上实施侵权行为;第二,该侵权行为的侵权性质明显,不必证明即可确认;第三,网络服务提供者知道或者应当知道网络用户在自己的网站上实施了这种侵权行为;第四,对这样的侵权信息没有采取删除、屏蔽或者断开链接的必要措施。

适用红旗原则的后果是,明知或者应知网络用户在自己的网站上实施侵权行为的网络服务提供者,对该侵权信息没有采取必要措施,须与实施侵权行为的网络用户一起,对被侵权人造成的损害承担连带赔偿责任。

五、违反安全保障义务损害责任

违反安全保障义务的侵权行为,是指依照法律规定或者约定对他人负有安全保障义务的人,违反该义务,因而直接或者间接地造成他人人身或者财产权益损害,应当承担损害赔偿责任的侵权行为。《民法典》第1198条规定的是违反安全保障义务损害责任。

(一)违反安全保障义务侵权责任的类型

1. 设施、设备违反安全保障义务。经营场所、公共场所或者社会活动场所设施、设备不符合国家的强制标准要求,没有国家的强制标准的不符合行业标准或者达到进行此等经营活动所需要达到的安全标准,存在缺陷或者瑕疵,造成了他人的损害,构成设施设备未尽安全保障义务的侵权责任。

2. 服务管理违反安全保障义务。经营场所、公共场所的经营者、管理者或者群众性活动的组织者在服务管理方面违反安全保障义务,造成他人损害,构成服务管理违反安全保障义务的侵权责任。

3. 对儿童违反安全保障义务。对儿童的保护适用特别标准,经营场所、公共场所的经营者、管理者或者群众性活动的组织者必须竭力做到保护儿童的安全。经营场所、公共场所的经营者、管理者或者群众性活动的组织者对儿童违反安全保障义务造成儿童的损害,应当承担赔偿责任。

4. 防范、制止侵权行为违反安全保障义务。对于他人负有安全保障义务的经营场所、公共场所的经营者、管理者或者群众性活动的组织者,在防范、制止他人侵害方面未尽义务,造成受保护人损害的,也构成违反安全保障义务的侵权责任,是一种特定的类型。

(二)违反安全保障义务的赔偿责任的承担

1. 自己责任。经营场所、公共场所的经营者、管理者或者群众性活动的组织者违反安全保障义务造成受保护人的人身损害,自己承担责任,就是自己责任。在设施设备违反安全保障义务的侵权行为、服务管理违反安全保障义务和对儿童违反安全保障义务的侵权行为中,违反安全保障义务的行为人如果是单一的主体,要承担自己责任。《民法典》第 1198 条第 1 款规定的责任就是违反安全保障义务侵权责任的自己责任。

2. 替代责任。如果经营场所、公共场所的经营者、管理者或者群众性活动的组织者是用人单位,违反安全保障义务的具体行为人是公共场所的管理人或者群众性活动组织者的工作人员,而且符合用人单位责任的要求,设施设备违反安全保障义务的侵权行为、服务管理违反安全保障义务和对儿童违反安全保障义务的侵权行为的责任形态是替代责任,而不是自己责任。

3. 补充责任。在违反安全保障义务的侵权行为中,防范制止侵权行为违反安全保障义务的一方当事人承担的损害赔偿责任,是补充责任。按照这一规定,防范制止侵权行为违反安全保障义务的侵权损害赔偿责任,是指第三人侵权导致被侵权人损害的,安全保障义务人对此有过错,承担相应的补充赔偿责任。经营者、管理者或者组织者在承担补充责任后,有权向第三人追偿。

六、学生伤害事故责任

(一)学生伤害事故的概念

学生伤害事故是指无民事行为能力或者限制民事行为能力的学生在幼儿园、学校或者其他教育机构学习、生活期间,受到人身损害,应当由幼儿园、学校或者其他教育机构承担赔偿责任的特殊侵权责任。《民法典》第 1199 ~ 1201 条对此作了明确规定。

(二)学生伤害事故的归责原则

对于无民事行为能力人在幼儿园、学校或者其他教育机构学习、生活期间受到人身损害的,适用过错推定原则;对于限制民事行为能力人在幼儿园、学校或者其他教育机构学习、生活期间受到人身损害的,适用过错责任原则。对于第三人的行为造成学生受到损害的,适用过错责任原则。

(三)学生伤害事故责任的类型

1. 无民事行为能力人受到损害的学校责任。幼儿园、学校或者其他教育机构承担的责任是过错推定责任。对于无民事行为能力人受到损害的学校责任,适用过错推定原则。被侵权人主张学校承担侵权责任,应当证明违法行为、损害事实和因果关系要件。证明成立的,直接推定幼儿园、学校等教育机构有过失。幼儿园、学校等教育机构主张无过失的,应当适用举证责任倒置,由自己举证证明自己没有过错。幼儿园、学校或者其他教育机构不能证明自己没有过失的,应当承担侵权责任;能够证明尽到了教育、管理职责的,不承担侵权责任。

2. 限制民事行为能力人受到损害的学校责任。对于限制民事行为能力的未成年学生在学校受到人身损害,确定学校等教育机构的责任,实行过错责任原则,有过错的承担赔偿责任,没有过错的不承担赔偿责任。确定过错,须由被侵权人承担举证责任。

3. 第三人伤害学生的责任。第三人责任事故,是指学生伤害事故的发生,不是由于学校的过错,而是由于第三人的过错行为所引起,应当由第三人承担民事责任的事故责任。

确定第三人造成学生人身伤害,应当根据造成学生伤害的具体侵权行为类型,确定不同的归责原则:第一,造成学生伤害事故的第三人实施的侵权行为是一般侵权行为,应当适用过错责任原则。第二,造成学生伤害事故的第三人实施的侵权行为,是法律规定应当适用过错推定责任的侵权行为,则应当参照《民法典》第 1165 条第 2 款的规定确定第三人的责任。第三,造成学生伤害事故的第三人实施的侵权行为,是法律规定应当适用无过错责任原则的侵权行为,则应当参照《民法典》第 1166 条规定,确定第三人的责任。

第三人造成学生人身损害,如果第三人能够承担全部赔偿责任,则按照该规定,由第三人承担全部赔偿责任,不存在学校的相应的补充责任问题。

幼儿园、学校或者其他教育机构未尽到管理职责的,承担相应的补充责任。幼儿园、学校或者其他教育机构承担补充责任后,可以向第三人追偿。

第二节 《民法典》规定的其他特殊侵权责任

一、产品责任

(一)产品责任的概念与特征

产品责任,是指产品生产者、销售者因生产、销售缺陷产品致使他人遭受人身伤害、财产损失或有致使他人遭受人身、财产损害之虞而应承担的赔偿损失、消除危险、停止侵害等责任的特殊侵权责任。

产品责任具有以下法律特征:

1. 产品责任发生在产品流通领域。产品进入流通领域的标志,是产品经过交易、转让等合同行为,由制造、生产者之手,转入消费者之手,中间可以经过若干流通环节,即批发、销售、仓储、运输等过程。产品责任发生在这个领域之中。

2. 致人损害的产品必须存在缺陷。产品责任并不是产品自身质量问题和自身损坏造成的产品本身的财产损失,而是产品因缺陷造成使用人的人身伤害或者缺陷产品以外的财产损害。这个问题关系产品责任的性质是侵权责任还是合同责任。早期的产品责任属于合同责任范畴,产品侵权责任源于合同责任。

3. 产品责任是特殊侵权责任。产品责任是物件致人损害的特殊侵权责任,是人对物所造成的损害负责任。产品致人损害时,与该致害产品有关联的人,即制造者、销售者等对所造成的损害承担赔偿责任,是一种特殊侵权责任。

(二)产品缺陷的概念和种类

《产品质量法》第46条对产品缺陷作了界定:“本法所称缺陷,是指产品存在危及人身、他人财产安全的不合理的危险;产品有保障人体健康、人身和财产安全的国家标准、行业标准的,是指不符合该标准。”缺陷的具体含义是:第一,缺陷是一种不合理的危险,合理的危险不是缺陷。第二,这种危险危及人身和产品之外其他的财产安全。第三,缺陷是产品不符合保障人体健康、人身、财产安全的标准。

产品缺陷有以下四种:

1. 制造缺陷。指产品在制造过程中所产生的不合理的危险。导致危险的原因多样,包括质量管理不善、技术水平差等。此种缺陷可能发生于从原材料、零部件的选择到产品的制造、加工和装配工序等各个环节。

2. 设计缺陷。指产品的设计,如产品结构、配方等存在不合理危险。[2] 考察设计缺陷,应当结合产品的用途,如果将产品用于所设计的用途以外的情形,即使存在不合理危险,也不能认为其存在设计缺陷。

3. 警示缺陷。指产品存在合理危险而销售产品时没有适当的警示与说明。警示包括警告和指示说明,警告是对产品所具有的危险性运用标志或文字所作的提示,指示说明则是对产品的主要性能、正确的使用方法以及错误使用可能招致的危险等所做的文字表述。产品的警示缺陷是指因产品提供者未对产品的危险性和正确使用作出必要的说明与警告所造成的不合理的危险。产品的合理危险是指产品虽然包含危险,但该危险只要依照合理的方法使用,危险就不会发生。凡是具有合理危险的产品,就必须进行充分的警示说明。

4. 跟踪观察缺陷。指在发展风险中,生产者将新产品投放市场后,违反对新产品应当尽到的跟踪观察义务,致使该产品造成使用人的人身损害或者财产损害的不合理危险。《民法典》第1206条规定的“产品投入流通后发现存在缺陷的,生产者、销售者应当及时采取停止销售、警示、召回等补救措施;未及时采取补救措施或者补救措施不力造成损害扩大的”,就是跟踪观察缺陷。产品生产者将未能发现有缺陷的产品投放市场后,应当尽到必要的跟踪观察义务,在法律确定的较长的观察期中如果没有发现产品存在的问题,并且因此而造成了损害,应当承担侵权责任。

(三)产品责任的归责原则和构成要件

产品责任适用无过错责任原则。根据无过错责任原则的规定性,构成产品责任须具备以下要件:

1. 产品存在缺陷。我国《产品质量法》第2条第2款规定,产品责任中的产品是指“经过加工、制作,用于销售的产品”。产品须具备两个条件:一是经过加工、制作,未经过加工制作的自然物,不是产品;二是用于销售,因而是可以进入流通领域的物,按照该法第41条第1项关于未进入流通的产品,生产者不承担赔偿责任的免责规定,产品应进入流通领域。产品缺陷的种类已如上述。上述产品存在缺陷,就构成本要件。

2. 人身、财产受到损害。产品责任中的损害事实包括人身损害、财产损害和精神损害。人身损害包括致人死亡和致人伤残。财产损失,不是指缺陷产品本身的损失,即购买该产品所付价金的损失,而是指缺陷产品外的其他财产的损失,其范围包括直接损失和间接损失。受害人

---

〔2〕 张新宝:《中国侵权法》,中国社会科学出版社1998年版,第493页。

应对损失的存在及其范围负举证责任。精神损害,是指缺陷产品致人损害,给受害人所造成的精神痛苦和感情创伤。

3. 因果关系。产品责任中的因果关系要件,是指产品的缺陷与受害人的损害事实之间存在的引起与被引起的关系,产品缺陷是原因,损害事实是结果。确认产品责任的因果关系,要由受害人证明,证明的内容是,损害是由于使用或消费有缺陷的产品所致。使用,是对可以多次利用的产品的利用;消费,是对只能一次性利用的产品的利用。这两者在构成侵权责任时无原则性区别,因此一般称作使用也可以。

(四)产品责任的法律关系主体

1. 产品责任法律关系的权利主体

产品责任的权利主体是“他人”。界定“他人”,应当将自然人、法人和非法人组织都纳入产品责任的保护范围,产品责任法律关系的权利主体应当包括因产品存在缺陷造成人身伤害或者财产损害的一切受害者,无论是自然人还是法人或其他组织都在其内。

2. 产品侵权法律关系义务主体

(1)生产者。应当包括:第一,成品制造者。成品制造者是产品责任的主要承担者。第二,零部件制造者、原材料生产者。产品缺陷由零部件制造者、原材料生产者造成的,受害人向其请求损害赔偿时,应承担侵权责任。第三,准制造者。对他人制造的产品像自己制造的产品一样进行销售或者以其他形式经营,视为制造者。例如,在他人的产品上以自己的名称、商标或其他具有识别性的标志表明自己为生产者,此种情形下,对其销售的产品,应当承担产品制造者的责任。另外,为出售、出租、转让等营业目的的进口商也视为制造者,这主要是为了避免受害人因管辖权的障碍无法对外国产品生产者起诉而蒙受损失。

(2)销售者。销售者是指生产者以外的产品经销商。由于销售者的过错使产品存在缺陷,造成人身、他人财产损害的,销售者应当承担赔偿责任。销售者不能指明缺陷产品的生产者或不能指明缺陷产品的供货者的,销售者应当承担赔偿责任。产品责任中的销售者应满足的条件是:第一,以经营该产品为业的人,如私车转让人不是销售者;第二,此种经营应是长期的,而不是临时或偶尔的;第三,不要求该致害产品是其主营业或唯一的营业,如影院出售的爆米花。至于销售者的范围,根据产品提供或经营方式,主要包括批发商、零售商、出租人、行纪人等。

(五)产品责任的不真正连带责任和免责事由

《民法典》第1202~1203条规定的是生产者与销售者在承担产品责任的基本责任形态。不论受害人向法院起诉生产者还是起诉销售者,只要生产或者销售的产品有缺陷,造成了损害,就应当由被起诉的被告承担责任,如果起诉的是销售者,而产品缺陷又是生产者造成的,那么,销售者在承担了侵权责任之后,可以向生产者求偿。

《产品质量法》第41条第2款规定,产品生产者能够证明有下列情形之一的,不承担赔偿责任:(1)未将产品投入流通的;(2)产品投入流通时,引起损害的缺陷尚不存在的;(3)将产品投入流通时的科学技术水平尚不能发现缺陷存在的。

(六)关于产品责任的特别规定

1. 产品责任的第三人责任

产品责任的第三人责任,是指在产品责任中,由于第三人的过错使产品存在缺陷造成他人损害,生产者或者销售者先承担的替代责任。处理这样的产品责任纠纷案件,应当掌握以下两点:第一,由于生产者或者销售者承担产品责任的中间责任是无过错责任,因此,无论有无过错,都应当对被侵权人承担赔偿责任。如果缺陷不是由生产者或者销售者造成的,而是仓储者或者运输者等第三人造成的,那么,生产者或者销售者承担了中间责任之后,有权向仓储者或者运输者等第三人追偿。第二,至于何为第三人,本条明确规定的有运输者和仓储者,在其后规定的"等"字中包含的,还有原材料提供者、零部件提供者以及进口商等。凡属于生产者、销售者之外的其他对缺陷产生具有过错的人,都是第三人。生产者或者销售者承担了赔偿责任之后,有权对他们进行追偿。

2. 跟踪观察缺陷产品责任

《民法典》侵权责任编第1206条规定:"产品投入流通后发现存在缺陷的,生产者、销售者应当及时采取停止销售、警示、召回等补救措施;未及时采取补救措施或者补救措施不力造成损害扩大的,对扩大的损害也应当承担侵权责任。""依据前款规定采取召回措施的,生产者、销售者应当负担被侵权人因此支出的必要费用。"这是对跟踪观察缺陷的法律确认。

按照这一规定,跟踪观察缺陷侵权的归责原则,应当适用过错推定原则。理由在于,一方面,"未及时采取补救措施或者补救措施不力"本身就说明产品生产者具有过失。另一方面,鉴于跟踪观察缺陷是违反跟踪观察义务导致的损害,显然属于过失认定的范畴。据此,其归责的基础应该是生产者的过错,即应当尽到相应的注意而没有尽到,具备道德上可责难性为基础。考虑到消费者和制造商之间的实力对比,以及生产者在跟踪观察义务履行中的积极地位,应该实行过错推定责任,先推定其存在过错,然后由其反证其没有过错。从未及时采取补救措施或者补救措施不力以及违反跟踪观察义务两个方面考虑,跟踪观察缺陷产品责任实行过错推定原则,是完全有道理的。

生产者、销售者采取召回措施时,需要负担被侵权人因此支出的必要费用。

3. 恶意产品责任或者未及时采取有效补救措施的惩罚性赔偿金

规定恶意产品责任或者未及时采取有效补救措施的惩罚性赔偿责任制度,目的在于参酌英美法系关于惩罚性赔偿金制度的做法,以惩罚不法行为,并吓阻不法行为再度发生,而维护消费者之合法权益。[3]

恶意产品责任适用惩罚性赔偿责任的要件是:第一,明知产品存在缺陷,或者产品投入流通后发现有缺陷;第二,仍然生产、销售,或者没有按照规定采取补救措施;第三,造成他人生命健康损害。

确定惩罚性赔偿责任的计算标准及方法,《民法典》第1207条没有作出规定。在实践中,可以采用实际损失数额的两倍以下确定为宜。如果产品是食品,则应当赔偿实际损失数额的三倍。在具体适用中,法官可以根据具体案件情节,在最高限额之下,确定具体的赔偿数额。

二、机动车交通事故责任

(一)机动车交通事故的概念

机动车交通事故,是指机动车与非机动车驾驶人员、行人、乘车人以及其他在公路、城市道路和虽在单位管辖范围但允许社会机动车通行的地方,以及广场、公共停车场等用于公众通行的场所上,进行交通活动的人员,因违反《道路交通安全法》和其他道路交通管理法规、规章的行为,过失或者意外造成的人身伤亡或者财产损失的事件。

---

〔3〕 戴志杰:《两岸〈消保法〉惩罚性赔偿金制度之比较研究》,载《台湾大学法学论丛》第53期。

(二)机动车交通事故责任的法律特征

机动车交通事故责任的法律特征是:第一,机动车交通事故责任发生在道路交通领域;第二,责任人与受害人在事故发生之前不存在相对性的民事法律关系;第三,机动车交通事故责任的主要形式是人身损害赔偿但常有财产损害赔偿;第四,机动车交通事故责任既受特别法调整也受基本法调整。

(三)机动车交通事故责任的责任形态

机动车交通事故责任就是损害赔偿责任,其基本责任形态是替代责任和自己责任。其中替代责任是常态,凡是机动车保有人与机动车驾驶人相分离的机动车交通事故责任,都属于替代责任;而机动车保有人自己驾驶机动车造成交通事故致人损害的,是自己责任。同时,机动车交通事故构成共同侵权,则无论是自己责任还是替代责任,都构成连带责任。

机动车交通事故替代责任,是指机动车保有人作为责任主体,为机动车驾驶人的过失行为造成的机动车交通事故致他人人身损害或者财产损害,应当承担赔偿责任;机动车保有人承担了赔偿责任之后,有权向有过错的机动车驾驶人追偿的侵权责任形态。在侵权法的侵权责任形态体系中,自己责任是常态,替代责任是非常态。但在机动车交通事故责任中,由于机动车交通事故是特殊侵权行为,因此,替代责任是机动车交通事故责任的常态,而自己责任则是非常态。

机动车交通事故自己责任,就是机动车保有人自己驾驶机动车,或者家庭成员驾驶家庭保有的机动车,由于自己的过错造成机动车交通事故致他人人身损害或者财产损害,应当由自己或者家庭承担赔偿责任的道路交通事故的责任形态。在机动车交通事故损害赔偿的责任形态中,作为侵权责任形态常态的自己责任却成为机动车交通事故责任中非常态的责任形态。虽然如此,自己责任也是机动车交通事故责任的基本形态之一,与替代责任一起构成基本的侵权责任形态体系。

(四)《道路交通安全法》第76条规定的交通事故责任基本规则

1. 保险优先原则。机动车发生交通事故,首先是由机动车强制保险赔付。在强制保险范围内,不适用侵权法的规则,不问过错,只按照机动车强制保险的规则进行。机动车强制保险赔付不足部分,适用侵权责任法的规则处理。

2. 二元归责原则体系。机动车交通事故责任的归责原则为二元化归责原则体系:机动车造成非机动车驾驶人或者行人人身损害的,适用过错推定原则,实行过错推定。机动车相互之间造成损害,以及其他机动车交通事故责任,适用过错责任原则。

3. 过失相抵规则。机动车与非机动车驾驶人或者行人在交通事故中各有过错的,构成与有过失,实行过失相抵规则。但应当注意的是,由于实行优者危险负担规则,因此,在按照过错程度和原因力规则确定了机动车一方的责任后,应当适当增加,以不超过10%为妥。例如,双方责任为同等责任,则机动车一方应当承担不超过60%的责任。

4. 机动车一方无过错。机动车一方无过错,损害是由非机动车驾驶人或者行人一方的过失引起的,机动车一方承担不超过10%的责任。具体数额,可以按照非机动车驾驶人或者行人的过错程度具体确定,不应低于5%。

5. 受害人故意。交通事故损失是因非机动车驾驶人或者行人的故意引起的,机动车一方不承担责任。对此,新修订的《道路交通安全法》第76条规定为"故意碰撞机动车",其范围过窄,应当依照《民法典》第1174条规定,凡是非机动车驾驶人或者行人故意引起的交通事故造成损失，都应当免除机动车一方的责任。

（五）机动车交通事故损害赔偿特殊责任主体

机动车交通事故的特殊责任主体，是机动车保有人和机动车使用人在机动车交通事故责任中究竟应当由谁承担侵权责任的问题。

1. 出租、出借机动车损害责任。因租赁、借用等情形机动车所有人与使用人不是同一人时，发生交通事故后属于该机动车一方责任的，保险公司在机动车强制保险责任限额范围内赔偿的不足部分，由机动车使用人承担赔偿责任；机动车所有人对损害的发生有过错的，承担相应的赔偿责任。这种机动车出租主要是指光车出租，而不是带驾驶员的出租。[4]

2. 买卖未办理过户登记的机动车损害责任。当事人之间以买卖等方式转让并交付机动车，但未办理所有权转移登记，机动车发生交通事故后，属于机动车一方责任的，由受让人承担赔偿责任。

3. 挂靠机动车损害责任。以挂靠形式从事道路运输经营活动的机动车，发生交通事故造成损害，属于该机动车一方责任的，由挂靠人和被挂靠人承担连带责任。

4. 擅自驾驶他人机动车损害责任。未经允许驾驶他人机动车，发生交通事故造成损害，属于该机动车一方责任的，由机动车使用人承担赔偿责任；机动车所有人、管理人对损害的发生有过错的，承担相应的赔偿责任。

5. 机动车强制保险、商业保险与侵权人责任顺序。机动车发生交通事故造成损害，属于该机动车一方责任的，先由承保机动车强制保险的保险人在强制保险责任限额范围内予以赔偿；不足部分，由承保机动车商业保险的保险人按照保险合同的约定予以赔偿；仍然不足或者没有投保机动车商业保险的，由侵权人赔偿。

6. 非法转让拼装或者报废机动车损害责任。在机动车管理中，严禁拼装机动车，也不准转让已经达到报废标准的机动车。违反法律规定，非法转让拼装的机动车或者已经达到报废标准的机动车，属于严重的违法行为。因此，采取这种非法方式转让拼装的机动车或者达到报废标准的机动车，并且发生交通事故造成损害的，无论是造成他人损害，还是造成自己损害，对于损害的发生，构成共同侵权，由转让人和受让人承担连带责任，并且不得免除责任或者减轻责任。

7. 盗抢机动车损害责任。盗窃、抢夺或者抢劫驾驶机动车，机动车处于非法持有者的完全控制之下，机动车所有人对机动车既不存在实际的运行支配，又没有对机动车享有运行利益，因此，盗窃、抢劫或者抢夺的机动车发生交通事故造成损害的，由盗窃人、抢劫人或者抢夺人承担赔偿责任，机动车所有人不承担赔偿责任。保险公司在机动车强制保险责任限额范围内垫付抢救费用的，有权向交通事故责任人追偿。

8. 好意同乘。好意同乘，是指无偿搭乘他人的机动车在运行中发生交通事故，造成无偿搭乘人的损害，属于该机动车一方责任的，减轻机动车一方赔偿责任的规则。《民法典》第 1217 条规定好意同乘的规则是，非营运机动车发生交通事故造成无偿搭乘人损害，属于该机动车一方责任的，应当减轻其赔偿责任，但是机动车使用人有故意或者重大过失的除外。

---

〔4〕 带驾驶员的机动车出租，造成损害的，应当适用最高人民法院《关于审理人身损害赔偿案件适用法律若干问题的解释》第 10 条规定的定作人指示过失责任规则。

三、医疗损害责任

(一)医疗损害责任概念的统一

摒弃医疗事故责任和医疗过错责任两个不同概念,使用统一的"医疗损害责任"概念。

(二)医疗损害责任的类型

1. 医疗技术损害责任,是指医疗机构及医务人员在医疗活动中,违反医疗技术上的高度注意义务,具有违背当时的医疗水平的技术过失,造成患者人身损害的医疗损害责任。这种医疗损害责任的构成,必须具备医疗技术过失的要件,即违背当时医疗水平的疏忽和懈怠,造成患者人身损害,因而应当承担的侵权责任。《民法典》第1221条规定的是医疗技术损害责任。

2. 医疗伦理损害责任,是医疗损害责任的基本类型之一,是指医疗机构和医务人员违背医疗良知和医疗伦理的要求,违背医疗机构和医务人员的告知或者保密义务,具有医疗伦理过失,造成患者人身损害以及其他合法权益的医疗损害责任。《民法典》第1219条第2款规定的是医疗伦理损害责任。

3. 医疗产品损害责任,是指医疗机构在医疗过程中使用有缺陷的药品、消毒药剂、医疗器械以及血液及制品等医疗产品,因此造成患者人身损害,医疗机构或者医疗产品生产者、销售者应当承担的医疗损害赔偿责任。《民法典》第1223条规定的是医疗产品损害责任。医疗产品损害责任既是医疗损害责任,也是产品责任,是兼有两种性质的侵权行为类型,是医疗损害责任的基本类型。

4. 医疗管理损害责任。医疗管理损害责任是指医疗机构和医务人员违背医政管理规范和医政管理职责的要求,具有医疗管理过失,造成患者人身损害、财产损害的医疗损害责任。医疗管理损害责任的特点:一是构成医疗管理损害责任以具有医疗过错为前提;二是医疗管理损害责任的过错是医疗管理过失;三是医疗管理过失的认定方式是原告证明;四是医疗管理损害责任的主要损害事实是人格、身份和财产损害。

(三)医疗损害责任的归责原则

《民法典》第1218条规定,医疗技术损害责任和医疗伦理损害责任适用过错责任原则;医疗管理损害责任也适用过错责任原则;第1223条规定,医疗产品损害责任适用无过错责任原则。

(四)医疗过失的证明及举证责任

医疗过失,是指医疗机构在医疗活动中,医务人员未能按照当时的医疗水平通常应当提供的医疗服务,或者按照医疗良知、医疗伦理应当给予的诚信、合理的医疗服务,没有尽到高度注意义务,通常采用违反医疗卫生管理法律、行政法规、部门规章、医疗规范或常规,或者未尽法定告知、保密义务等的医疗失职行为作为标准进行判断的主观心理状态,以及医疗机构存在的对医务人员疏于选任、管理、教育的主观心理状态。医疗过失就是医疗机构及医务人员未尽必要注意义务的疏忽和懈怠。

医疗过失分为医疗技术过失、医疗伦理过失和医疗管理过失。

1. 医疗技术过失是指医疗机构及医务人员从事病情的检验、诊断、治疗方法的选择,治疗措施的执行以及病情发展过程的追踪,术后照护等医疗行为中,不符合当时的医疗专业知识或技术水平的疏忽或者懈怠。确定这种医疗过失,适用"当时的医疗水平"标准,适当考虑地区、医疗机构资质和医务人员资质,通常以医疗法律、法规、规章以及医疗诊断规范和常规的违反为客观标准。其表现形式是：

医疗技术过失＝当时的医疗水平→高度注意义务→违反义务

2. 医疗伦理过失，是指医疗机构及医护人员在从事各种医疗行为时，未对病患充分告知或者说明其病情，未对病患提供及时有用的医疗建议，未保守与病情有关的各种隐私、秘密，或未取得病患同意即采取某种医疗措施或停止继续治疗等，违反医疗职业良知或职业伦理上应遵守的告知、保密等法定义务的疏忽和懈怠。确定这种医疗过失，判断标准是医疗良知和医疗伦理，通常为违反法律、法规、规章、规范、常规规定的医务人员应当履行的告知、保密等法定义务为标准，违反之，即为有过失，因此，通常并不需要医疗过失的鉴定，法官即可依据已知的事实作出推定。其表现形式是：

医疗伦理过失＝医疗职业良知和职业伦理→告知保密等义务→未履行

3. 医疗管理过失，是指医疗机构及医务人员在诊疗活动中违反管理规范或者管理职责的不注意的主观心理状态。医疗管理过失的表现形式是医疗机构及医务人员对医政管理规范或者管理职责的疏忽或者懈怠，通常不表现为故意。疏忽是医疗机构及医务人员对待管理规范或者管理职责的不经心、不慎重的不注意心理，因而应当做到的却没有做到。懈怠是医疗机构及医务人员轻信自己不会违反管理规范或者管理职责，但却因为不注意而实际违反了管理职责和管理规范。

（五）医疗损害责任的举证责任

1. 医疗技术过失的认定标准是当时的医疗水平。医疗技术过失就是合理的医师未尽高度注意义务。因此，认定医疗技术过失的注意义务，应当采纳“当时的医疗水平”为标准确定。医疗水平是指已由医学水平解明的医学问题，基于医疗实践的普遍化并经由临床经验研究的积累，且由专家以其实际适用的水平加以确定的，已经一般普遍化的医疗可以实施的目标，并在临床可以作为论断医疗机关或医师责任基础的医疗时的医疗水平。确定医疗过失，应以当时的医疗水平为标准，同时参考地区、医疗机构资质和医务人员资质，确定医疗机构和医务人员应当达到的高度注意义务。违反这样的注意义务，就是医疗过失。

受害患者如果能够证明医疗机构存在三种法定情形之一的，即可推定医疗过失：第一，医疗机构及医务人员违反法律、行政法规、规章等有关诊疗规范的规定。第二，医疗机构及医务人员隐匿或者拒绝提供与纠纷有关的病历资料。第三，医疗机构及医务人员伪造、篡改或者销毁病历资料。

2. 医疗伦理过失的证明及举证责任。医疗伦理过失，是指医疗机构或医护人员从事医疗行为时，违反医疗职业良知或职业伦理应遵守的告知、保密等法定义务的疏忽和懈怠。具体表现是未对病患充分告知或者说明其病情，未对病患提供及时有用的医疗建议，未保守与病情有关的各种隐私、秘密，或未取得病患同意就采取某种医疗措施或停止继续治疗，或者违反管理规范造成患者其他损害。事实上，医疗伦理过失就是医疗机构及医务人员未善尽告知、保密等法定义务的过失，这本身就构成医疗过失。

确定医疗伦理过失，判断标准采用医疗良知和医疗伦理，通常违反法律、法规、规章规定的医务人员应当履行的告知义务为标准，违反之，即为有过失，因此，通常并不需要医疗过失的鉴定，法官即可推定。同样，医疗机构未履行保密等义务也推定其有过失。

3. 医疗管理过失的证明及举证责任。医疗管理过失的证明责任,适用《民事诉讼法》规定的民事诉讼证明的一般方法,即"谁主张,谁举证"的原则,由受害患者证明。在医疗管理过失的证明中,既不适用举证责任倒置规则,也不适用举证责任缓和规则。

(六)医疗机构的免责事由和对患者及医疗机构的特别保护

《民法典》第1224条规定了医疗机构免除责任的法定事由。由于医疗活动和医疗事故的特殊性,医疗事故责任的免除事由与一般的侵权责任免除事由并不相同。

1. 患者或者其近亲属不配合医疗机构进行符合诊疗规范的诊疗。在诊疗护理过程中,医护人员对患者进行诊疗护理,必须得到患者及其家属的配合,否则会出现不利于治疗的后果。如果由于患者及其家属的原因而延误治疗,造成患者的人身损害后果,说明受害患者一方在主观上有过错。按照过错责任原则,如果损害后果完全是由于患者及其家属延误治疗造成的,就证明对损害的发生,医疗机构没有过错,应免除医疗机构的赔偿责任。如果患者及其家属不配合治疗是构成医疗损害后果的原因之一,医护人员也有医疗过失,构成与有过失,应当依据《民法典》第1173条关于过失相抵的规定,减轻医疗机构的赔偿责任。

2. 医务人员在抢救生命垂危的患者等紧急情况下已经尽到合理诊疗义务。在抢救危急患者等紧急情况下,如患者生命垂危必须采取紧急医学措施,都有可能造成不良后果。在这种情况下,由于紧急抢救措施是在危急情况下采取的,为了挽救患者生命,对紧急措施可能出现的不良后果不再考虑,两项衡量,抢救生命是第一位的,只要医务人员已经尽到合理注意义务的,即使造成不良后果,对患者的身体有一定的损害,也不认为构成医疗损害责任,因此,医疗机构不承担赔偿责任。例如,在抢救"非典"患者的生命时,其实都预料到大剂量注射激素类药物会有副作用,但舍此没有别的医疗措施可用,因此,对造成的后遗症等,医疗机构不承担责任。

3. 限于当时的医疗水平难以诊疗的。在人类发展过程中,人类对于自己的认识是不断发展的,直至今天也不能全部认识自己。因此,医疗技术和医学水平总是有局限性的。正因如此,限于当时的医疗水平难以诊疗的病症,医务人员无法治愈,就是正常的。《民法典》一方面将当时的医疗水平作为确定医疗技术过失的标准;另一方面将限于当时的医疗水平难以诊疗的作为免责事由,作出了合理的规定。对此,应当注意条文使用的"当时的医疗水平",与第1221条规定的内容完全一致,适用时,一定要与当时的医学科学水平相区别,不能采用当时的医学科学水平,也不能采用当时的医学科学技术的水平作为标准。在当时的医疗水平条件下,医疗机构对所发生的不良医疗后果无法预料,或者已经预料到了但没有办法防免,因此而造成的不良后果,不构成医疗技术损害责任,医疗机构不承担赔偿责任。

四、环境污染和生态破坏责任

(一)环境污染和生态破坏责任的概念

环境污染和生态破坏责任,是指行为人违反法律规定的义务,以作为或者不作为的方式污染环境、破坏生态,造成损害,依法不问过错,应当承担损害赔偿等法律责任的特殊侵权责任。

环境污染和生态破坏责任有以下几个特征:第一,环境污染和生态破坏责任是适用无过错责任原则的特殊侵权责任。第二,环境污染和生态破坏责任保护的范围,是环境和生态。第三,污染、破坏生态的行为是行为人的作为或者不作为。第四,环境污染和生态破坏责任保护的被侵权人比较宽泛,特别是保护国家的环境和生态利益。第五,环境污染和生态破坏责任方式范围广泛,可以适用停止侵害、排除妨碍、消除危险、赔偿损失、修复等多种责任方式,不局限于损害赔偿责任。

(二)环境污染和生态破坏责任的归责原则

环境污染和生态破坏责任适用无过错责任原则。其理由是:第一,环境污染和生态破坏责任适用无过错责任是各国立法的通例,采用这一立法例,可以顺应世界侵权法的发展潮流,有利于我国民商法与国际民商法接轨。第二,适用无过错责任,有利于使社会关系参加者增强环境意识,强化环境观念,强化污染环境者的法律责任,履行环保义务,严格控制和积极治理污染。第三,适用无过错责任,可以减轻被侵权人的举证责任,加重加害人的举证责任,更有利于保护被侵权人的合法权益。

(三)环境污染和生态破坏责任的因果关系推定

《民法典》第1230条规定环境污染和生态破坏责任适用因果关系推定规则。因果关系推定的规则是:第一,被侵权人证明存在因果关系的相当程度的可能性,其标准是,一般人以通常的知识经验观察即可知道二者之间具有因果关系。第二,法官对因果关系实行推定,在原告证明了因果关系盖然性标准的基础上,由法官实行推定。第三,举证责任倒置由行为人证明污染行为与损害没有因果关系,只要举证证明污染行为与损害事实之间无因果关系,就可以推翻因果关系推定,能够免除自己的责任。第四,如果行为人无因果关系的证明是成立的,则推翻因果关系推定,不构成侵权责任;行为人不能证明或者证明不足的,因果关系推定成立,具备因果关系要件。

(四)市场份额规则和第三人过错

1. 市场份额规则的适用。在环境污染和生态破坏责任中,存在适用市场份额规则的条件。两个以上的行为人污染环境,不能确定究竟是谁的污染行为造成的损害,但都存在造成损害的可能性。因此适用市场份额规则确定各自的责任,这种情况与产品责任中适用市场份额规则的条件完全相同,应当适用同样的规则,根据污染物的种类、浓度、排放量,破坏生态的方式、范围、程度,以及行为对损害后果所起的作用等因素确定。同时,每一个可能造成损害的行为人承担按份责任。

2. 第三人过错的不真正连带责任。《民法典》第1233条规定了环境污染和生态破坏责任中第三人过错的不真正连带责任规则,第三人过错造成环境污染损害的,不适用《民法典》第1175条关于"损害是因第三人造成的,第三人应当承担侵权责任"的一般性规定,而采用不真正连带责任规则,即因第三人的过错污染环境造成损害的,被侵权人可以向行为人请求赔偿,也可以向第三人请求赔偿。行为人赔偿后,有权向第三人追偿。

(五)惩罚性赔偿、修复责任和赔偿范围

1. 惩罚性赔偿。依照《民法典》第1232条规定,侵权人违反法律规定故意污染环境、破坏生态造成严重后果的,被侵权人有权请求相应的惩罚性赔偿。具体计算方法没有规定,可以参照有关法律规定确定。

2. 修复责任。依照《民法典》第1234条规定,违反国家规定造成生态环境损害,生态环境能够修复的,国家规定的机关或者法律规定的组织有权请求侵权人在合理期限内承担修复责任。侵权人在期限内未修复的,国家规定的机关或者法律规定的组织可以自行或者委托他人进行修复,所需费用由侵权人负担。

3. 赔偿范围。依照《民法典》第1235条规定,违反国家规定造成生态环境损害的,国家规定的机关或者法律规定的组织有权请求侵权人赔偿的损失和费用是:(1)生态环境受到损害至修复完成期间服务功能丧失导致的损失;(2)生态环境功能永久性损害造成的损失;(3)生态环境损害调查、鉴定评估等费用;(4)清除污染、修复生态环境费用;(5)防止损害的发生和扩大所支出的合理费用。

五、高度危险责任

(一)高度危险责任的概念

高度危险责任,是指高度危险行为人实施高度危险活动或者管领高度危险物,造成他人的人身损害或者财产损害,应当承担损害赔偿责任的特殊侵权责任。

(二)高度危险责任的归责原则

《民法典》第1236条明确规定,高度危险责任应当适用无过错责任原则。无论何种高度危险责任,采取何种不同规则,都同样适用无过错责任原则。

(三)各种具体的高度危险责任

1. 民用核设施发生核事故损害责任。民用核设施或者运入运出核设施的核材料发生核事故造成他人损害的,民用核设施的营运单位应当承担侵权责任;但是,能够证明损害是因战争、武装冲突、暴乱等情形或者受害人故意造成的,不承担责任。承担侵权责任的主体,是核设施的所有人或国家授权的营运单位,应当由所有人或者国家授权的营运单位承担民事责任。

2. 民用航空器损害责任。民用航空器造成他人损害的,民用航空器的经营者应当承担侵权责任;但是,能够证明损害是因受害人故意造成的,不承担责任。这种危险活动的损害,是指对地面人员和财产的损害,而不是对航空器本身所载的人或者财产的损害。

3. 占有或者使用易燃、易爆、剧毒、高放射性、强腐蚀性、高致病性等危险物损害责任。占有或者使用易燃、易爆、剧毒、高放射性、强腐蚀性、高致病性等高度危险物造成他人损害的,占有人或者使用人应当承担侵权责任;但是,能够证明损害是因受害人故意或者不可抗力造成的,不承担责任。被侵权人对损害的发生有重大过失的,可以适用过失相抵归责,减轻占有人或者使用人的责任。占有、使用易燃、易爆、剧毒、高放射性、强腐蚀性、高致病性等高度危险物,因物的危险性质造成他人损害的,其所有人、占有人或管理人应当承担民事责任。按照举证责任倒置的规则,如果高度危险物的所有人、占有人、管理人能够证明该损害是由于受害人故意或不可抗力造成的,则应当免除其责任。被侵权人对损害的发生有重大过失的,可以减轻占有人或者使用人的责任。

4. 从事高空、高压、地下挖掘、使用高速轨道运输工具损害责任。从事高空、高压、地下挖掘活动或者使用高速轨道运输工具造成他人损害的,经营者应当承担侵权责任;但是,能够证明损害是因受害人故意或者不可抗力造成的,不承担责任。被侵权人对损害的发生有重大过失的,可以适用过失相抵规则,减轻经营者的责任。

5. 遗失、抛弃高度危险物损害责任。遗失、抛弃高度危险物造成他人损害的,由所有人承担侵权责任。所有人将高度危险物交由他人管理的,由管理人承担侵权责任;所有人有过错的,与管理人承担连带责任。在对外关系上,被侵权人可以请求一方或者双方承担责任,在对内关系上,双方应当按照原因力的规则确定各自的责任份额,超出自己应当承担的责任份额的,有权对被侵权人进行追偿。

6. 非法占有高度危险物损害责任。非法占有高度危险物造成他人损害的,由非法占有人承担侵权责任。所有人、管理人不能证明对防止他人非法占有尽到高度注意义务的,与非法占有人承担连带责任。

(四)无过错责任的限额赔偿

承担高度危险责任,法律规定赔偿限额的,应当依照该规定确定限额赔偿,但是行为人有故意或者重大过失的除外。高度危险责任的限额赔偿分为两种类型:一是限定最高赔偿数额的总额,如国务院《关于核事故损害赔偿责任问题的批复》第7条规定,一次事故的损害赔偿限额,企业承担的最高限额为3亿元,不足部分,国家承担的仍然是限额赔偿,为8亿元。二是限定个人赔偿总额,《国内航空运输承运人赔偿责任限额规定》第3条规定,对每名旅客的赔偿责任限额为人民币40万元。

六、饲养动物损害责任

(一)饲养动物损害责任的概念和特征

饲养动物损害责任,是指动物饲养人或者管理人在饲养的动物造成他人损害时,根据致害动物的种类和性质适用无过错责任原则或者过错推定原则,应当承担赔偿责任的特殊侵权责任。

饲养动物损害责任的特征是:第一,致害动物是饲养的动物;第二,责任形态为对物的替代责任;第三,《民法典》对饲养动物损害责任的规定,既规定了一般条款,也规定了特殊责任,实行的是一般条款下的特殊责任的立法体例。

(二)饲养动物损害责任的归责原则

《民法典》确定我国饲养动物损害责任的二元化归责原则体系,根据具体情形分别适用无过错责任与过错推定责任。对于一般的饲养动物致人损害,适用无过错责任。对禁止饲养的烈性犬等动物造成他人损害的,以及遗弃动物或者逃逸动物造成他人损害的责任,实行更为严格的责任,不得免除责任或者减轻责任;确定为过错推定原则的饲养动物损害责任,是《民法典》第1248条规定的动物园的动物造成他人损害的责任。

(三)饲养动物损害责任的承担

饲养动物损害责任是典型的对物替代责任。对物的替代责任,就是责任人对自己管领下的物造成的损害所承担的责任。区别对物的替代责任的意义在于,唆使、利用物侵害他人是直接行为,对物管束不当致使物造成他人损害是间接行为,在法律适用方面是不同的,前者是一般侵权责任,后者是特殊侵权责任。对此,应当明确区分,不能混淆。

对于第三人过错造成饲养动物损害责任的,适用不真正连带责任,受害人既可以向动物饲养人或者管理人请求赔偿,也可以向第三人请求赔偿。

(四)饲养动物损害责任的免责事由

1. 受害人的故意。《民法典》第1245条规定受害人故意造成损害的,应当免除或者减轻动物饲养人或者管理人的赔偿责任。

2. 被侵权人重大过失。饲养动物造成他人损害,能够证明损害是因被侵权人的重大过失造成的,可以减轻或者免除责任。

七、建筑物和物件损害责任

(一)建筑物和物件损害责任的概念

建筑物和物件损害责任,即是为自己管领下的建筑物或者物件造成他人损害,应当由物件的所有人、管理人或者使用人等承担侵权责任的特殊侵权责任。

(二)建筑物和物件损害责任适用过错推定原则

由于建筑物和物件损害责任适用过错推定责任,因而对免责事由应当严格限制,只有不可抗力、受害人以及第三人原因造成损害才能免责,即便发生了意外事故,也应当承担责任。建筑物或者物件致人损害通常是物件本身存在某种缺陷,这就表明所有人没有及时发现或者消除,是有过错的,这种缺陷不是受害人能够发现或者举证的,应当适用过错推定责任。

(三)赔偿法律关系主体

建筑物和物件损害责任的赔偿权利主体是受害人,可以直接向该赔偿法律关系的责任主体索赔。

建筑物和物件损害责任的赔偿责任主体是建筑物和物件的所有人和管理人。根据实际情况,其赔偿责任主体有以下几种:

1. 所有人。建筑物或者物件的所有人,是建筑物或者物件致人损害的最直接的赔偿责任主体。当建筑物或者物件的所有人直接占有、管理该物时,该物件致人损害,该所有人应当承担赔偿责任。

2. 管理人。建筑物或者物件由非所有人管理、使用时,其赔偿责任主体不再是所有人,而是由管理人作为赔偿责任主体。根据委托关系为所有人管理建筑物或者物件的人,也是管理人。

3. 其他占有人。其他占有人作为赔偿责任主体,分为两种情况:第一,依承包、租赁等法律行为经营、使用他人建筑物或则和物件的,原则上由承包、租赁者承担责任,但如果承包、租赁者能证明其管理没有过错或者为防止损害发生已尽必要注意时,则应由所有人承担赔偿责任。第二,原则上其他占有人不对物件损害他人承担赔偿责任。

(四)各种具体的建筑物和物件损害责任

1. 建筑物、构筑物或者其他设施倒塌、塌陷损害责任

这种侵权责任适用过错推定原则,不适用过错责任原则和无过错责任原则。

建筑物、构筑物或者其他设施倒塌、塌陷损害责任分为两种类型:一为设置缺陷;二为管理缺陷。设置和管理缺陷,是指建筑物、构筑物或者其他设施设置和管理上的不完全、不完备的状态,因而致该建筑物、构筑物或者其他设施缺少通常应具备的安全性。

设置缺陷,也叫作建造缺陷,是指建筑物、构筑物或者其他设施在设置时,即已存在设计不良、位置不当、基础不牢、施工质量低劣等不完备的问题,致使建筑物、构筑物或者其他设施的设置存在缺陷。

管理缺陷,是指建筑物、构筑物或者其他设施在设置后,存在维护不周、保护不当、疏于修缮检修等不完善的问题,使建筑物、构筑物或者其他设施不具备通常应当具备的安全性。

建筑物、构筑物或者其他设施设置缺陷损害责任,其责任主体是建设单位或者施工单位。法律规定,对此,应当有建设单位和施工单位承担连带责任。如果造成建筑物、构筑物或者其他设施的设置缺陷并非建设单位、施工单位过错所致,则应当首先由建设单位、施工单位承担连带责任。建设单位、施工单位赔偿后,有权向其他责任人追偿。其他责任人包括勘测、设计、监理单位等,其地位相当于第三人。

建筑物、构筑物或者其他设施管理缺陷损害责任,《民法典》第 1252 条第 2 款规定,建筑物、构筑物或者其他设施因管理缺陷造成倒塌致人损害的责任主体是其所有人、管理人、使用人或者第三人,所有人、管理人、使用人或者第三人对由于自己的过错造成的管理缺陷,并因此造成他人损害后果,承担赔偿责任。

2. 建筑物、构筑物或者其他设施及其搁置物、悬挂物损害责任

该责任指建筑物、构筑物或者其他设施及其搁置物、悬挂物因设置或保管不善而脱落、坠

落等，给他人人身或财产造成损害，物件所有人、管理人或者使用人应当承担损害赔偿责任的特殊侵权责任。

搁置物或者悬挂物损害责任，首先由建筑物、构筑物或者其他设施的所有人、管理人或者使用人承担赔偿责任，在建筑物、构筑物或者其他设施的所有人、管理人或者使用人承担赔偿责任之后，有权向建筑物、构筑物或者其他设施及其搁置物、悬挂物的所有人、管理人或者使用人追偿。

3. 抛掷物坠落物损害责任

《民法典》第1254条对建筑物抛掷物、坠落物损害责任规定了新的规则，内容是：

(1)禁止从建筑物中抛掷物品。在建筑物中抛掷物品，是非常危险的危害公共安全的行为，必须严格禁止。

(2)从建筑物抛掷物品或者坠落物品造成损害由侵权人承担责任。任何人从建筑物中抛掷物品，或者建筑物上坠落物品，造成他人损害，都由侵权人承担责任，侵权人就是抛掷物品的行为人，或者坠落物品的建筑物的所有人、管理人或者使用人。

(3)经调查难以确定具体侵权人由可能加害的建筑物使用人给予补偿。经调查难以确定具体侵权人的，由可能加害的建筑物使用人给予补偿，建筑物抛掷、坠落物品致人损害侵权人不明补偿责任的构成要件是：第一，行为人在建筑物中抛掷物品，或者建筑物有坠落物品；第二，抛掷物品或者坠落物品造成他人损害，主要是人身损害；第三，对实施抛掷行为或者坠落物品的所有人不明，不能确定真正的加害人；第四，在特定建筑物的使用人中，不能证明自己不是侵权人。责任承担的方式，是由可能加害的建筑物使用人对受害人的损失给予补偿，而不是承担连带责任。

(4)可能加害的建筑物使用人补偿后有权向侵权人追偿。由可能加害的建筑物使用人承担补偿责任，其中必定有无辜者，即没有加害的建筑物使用人。如果查到了侵权人，当然对其享有追偿权，可以向其进行追偿。

(5)物业服务企业等建筑物管理人未采取安全保障必要措施依法承担责任。建筑物管理人是建筑物的管理者，即物业管理企业等物业管理人，他们对建筑物的安全负有安全保障义务。未尽此安全保障义务，造成损害的，应当依照《民法典》第1198条规定，承担违反安全保障义务的损害责任。

(6)公安等机关应当依法及时调查查清责任人。在加害人不明的高空抛物损害责任中，绝大多数其实都是能够查清的，因而规定"公安等机关应当依法及时调查，查清责任人"。对于造成损害后果的，公安机关应当依法立案调查，对责任依法给予治安管理处罚；构成犯罪的，应当依法追究刑事责任。[5]

4. 堆放物损害责任

堆放物损害责任，是指由于堆放物倒塌、滚落、滑落，致使他人人身或者财产权益受到损害，由所有人或者管理人承担赔偿责任的物件损害责任。

堆放物损害责任的赔偿权利主体是被侵权人，可以直接向该赔偿法律关系的责任主体索赔。堆放物损害责任的赔偿责任主体是堆放人，即堆放物是由谁堆放的，谁就是损害赔偿责任主体。

---

〔5〕 全国人民代表大会宪法和法律委员会《关于〈民法典侵权责任编（草案）〉修改情况的汇报》，第5条。

5. 障碍通行物损害责任

障碍通行物损害责任,是指在公共道路上堆放、倾倒、遗撒妨碍通行的障碍物,造成他人损害的,实施该行为的有关单位或者个人应当承担损害赔偿等责任的物件损害责任。

障碍通行物损害责任的责任主体是行为人,由他承担侵权赔偿责任。如果公共道路管理人不能证明已经尽到清理、防护、警示等义务的,应当承担相应的责任。

6. 林木损害责任

林木损害责任,是指林木折断、倾倒、果实坠落等造成他人人身损害、财产损害的,由林木所有人或者管理人承担损害赔偿等责任的物件损害责任。

林木损害责任适用过错推定原则,林木所有人、管理人不能证明自己没有过错的,应当承担赔偿责任。

林木损害责任的赔偿权利主体是被侵权人,可以直接向赔偿责任主体请求赔偿。林木损害责任的赔偿责任主体,是林木的所有人或者管理人。林木的所有人,是林木致人损害的最直接的赔偿责任主体。当林木的所有人直接占有、管理该林木时,该林木致人损害,所有人应当承担赔偿责任。林木由非所有人管理、使用时,其赔偿责任主体不再是林木所有人,而是由林木管理人作为赔偿责任主体。

7. 地下工作物损害责任

地下工作物损害责任,是指在公共场所或者道路等地表以下挖坑、修缮、安装地下设施等形成的地下工作物,以及窨井等地下工作物,由于其施工人或者管理人不能证明已经设置明显标志和安全措施,或者不能证明尽到管理职责,造成他人人身或者财产损害,施工人或者管理人应当承担赔偿损失责任的物件损害责任。

《民法典》第1258条第1款规定与第2款规定的区别在于:第1款规定的地下工作物是正在施工中的地下工作物,而第2款规定的窨井等地下工作物是使用中的地下工作物。同样都是窨井,前者是指窨井在修缮、安装过程中造成他人损害,后者是窨井在使用中而不是修缮、安装过程中造成他人损害。因此,前者是施工中“不能证明已经设置明显标志和采取安全措施”,后者是“管理人不能证明尽到管理职责”,对前后两种工作物损害责任的要求是不一样的。

地下工作物损害责任适用过错推定原则,因此,其构成要件仍然是违法行为、损害事实、因果关系和主观过错。地下工作物损害责任的赔偿责任主体为地下工作物的施工人或者管理人,施工中的地下物造成损害,责任人是施工人,使用中的地下物造成损害,责任人是管理人。

参考案例

1. 谢某某诉上海动物园饲养动物致人损害纠纷案,载《中华人民共和国最高人民法院公报》2013年第8期。
2. 赵春明等诉烟台市福山区汽车运输公司卫德平等机动车交通事故责任纠纷案,第19号指导案例(最高人民法院审判委员会讨论通过,2013年11月8日发布)。
3. 黄某某诉广州市白云区京溪小学、广东省三茂铁路国际旅行社等人身损害赔偿纠纷案,载《中华人民共和国最高人民法院公报》2008年第9期。

图书在版编目(CIP)数据

民法学 / 王利明等著. -- 6 版. -- 北京:法律出版社,2020(2025.1 重印)
ISBN 978 - 7 - 5197 - 4934 - 7

Ⅰ. ①民… Ⅱ. ①王… Ⅲ. ①民法-法学-中国-高等学校-教材 Ⅳ. ①D923.01

中国版本图书馆 CIP 数据核字(2020)第 173720 号

民法学(第六版)
MINFAXUE(DI - LIU BAN)

王利明 杨立新 王轶 程啸 著

责任编辑 吴 昉 郑怡萍
装帧设计 乔智炜

出版发行 法律出版社
编辑统筹 法律教育出版分社
责任校对 王晓萍
责任印制 刘晓伟
经　　销 新华书店

开本 787 毫米×1092 毫米 1/16
印张 74.75 **字数** 1785 千
版本 2020 年 10 月第 6 版
印次 2025 年 1 月第 15 次印刷
印刷 永清县金鑫印刷有限公司

地址:北京市丰台区莲花池西里 7 号(100073)
网址:www.lawpress.com.cn
投稿邮箱:info@lawpress.com.cn
举报盗版邮箱:jbwq@lawpress.com.cn
销售电话:010 - 83938349
客服电话:010 - 83938350
咨询电话:010 - 63939796

书号:ISBN 978 - 7 - 5197 - 4934 - 7
定价:149.00 元